ARCHAEOLOGIA HOMERICA

Band III

ARCHAEOLOGIA HOMERICA

Die Denkmäler und das frühgriechische Epos

Begründet von
Friedrich Matz † und Hans-Günter Buchholz

Im Auftrage des
Deutschen Archäologischen Instituts
herausgegeben von
Hans-Günter Buchholz

Band III

V&R

GÖTTINGEN · VANDENHOECK & RUPRECHT · 1988

CIP-Titelaufnahme der Deutschen Bibliothek

Archaeologia Homerica: d. Denkmäler u. d. frühgriech. Epos / begr. von Friedrich Matz u. Hans-Günter Buchholz. Im Auftr. d. Dt. Archäolog. Inst. hrsg. von Hans-Günter Buchholz. – Göttingen : Vandenhoeck u. Ruprecht.
NE: Matz, Friedrich [Begr.]; Buchholz, Hans-Günter [Hrsg.]
Bd. 3 (1988)
ISBN 3-525-25437-7

© 1988, Vandenhoeck & Ruprecht in Göttingen. – Printed in Germany. – Alle Rechte vorbehalten. Das Werk einschließlich seiner Teile ist urheberrechtlich geschützt. Jede Verwertung außerhalb der engen Grenzen des Urheberrechtsgesetzes ist ohne Zustimmung des Verlages unzulässig und strafbar. Das gilt insbesondere für Vervielfältigungen, Übersetzungen, Mikroverfilmungen und die Einspeicherung und Verarbeitung in elektronischen Systemen.

Gesamtherstellung: Hubert & Co., Göttingen

INHALT

Vorwort zu Band III XIV

Kapitel O: *Griechische Baukunst in geometrischer Zeit* von Heinrich
          Drerup . . . . O   1

    Vorbemerkungen . . . . O   3

    Denkmälerliste . . . . O   5
        Rechteckbauten (a: Einzelliger Oikos [O 5]. – b: Mehrzelli-
        ger Oikos [O 9]. – c: Antenhaus [O 10]. – d: Langhaus
        [O 19]. – e: Breithaus [O 21]. – f: Quadrathaus [O 22]) . . O   5
        Kurvenbauten (a: Apsishaus [O 25]. – b: Ovalhaus [O 29].
        – c: Rundhaus [O 31]) . . . . O 25
        Zusammengesetzte Hausformen . . . . O 31
        Siedlungen, Städte (a: Kreta [O 36]. – b: Übriges [O 44]) . . O 36
        Stadt- und Akropolisbefestigungen . . . . O 56
        Temenos- und Terrassenmauern, Stufenanlagen . . . . O 57
        Ingenieursanlagen . . . . O 62
        Komplexe Befunde, Isolierte Mauerzüge . . . . O 63
        Hausmodelle . . . . O 69

    Grundrißtypologie . . . . O 77
        Einführende Bemerkungen . . . . O 77
        Anfänge . . . . O 79
        Protogeometrische Zeit (a: Befunde [O 80]. – b: Typen
        [O 82]. – c: Gestaltungsprinzipien [O 83]) . . . . O 80
        Geometrische Zeit (a: Rechtecktypen [O 87], Oikos [O 87],
        Antenhaus [O 89], Breithaus [O 90], Quadrathaus [O 90]
        Typologie des Rechteckhauses [O 90]. – b: Apsis- und Oval-
        haus, Rundhaus [O 92]. – c: Zusammengesetzte Hausfor-
        men [O 94]. – d: Siedlungen, Stadtplanung [O 95]. – e:
        Stadtbefestigungen [O 100]. – f: Agora [O 103]. – g: Zu-
        sammenfassung [O 103]) . . . . O 87

    Material, Technik, Aufbau . . . . O 106
        Stein . . . . O 106
        Lehmziegel . . . . O 108
        Fachwerkkonstruktion . . . . O 108
        Führung der aufgehenden Mauer . . . . O 110
        Türen . . . . O 110
        Fenster . . . . O 111
        Säule . . . . O 112

VI   Inhalt

          Firstdach (a: Offener Dachstuhl [O 116]. – b: Abgesetzter
          Dachboden [O 118]) . . . . O 116
          Flachdach . . . . O 120
          Inneneinrichtung . . . . O 121
    Schlußfolgerungen . . . . O 123
          Das geometrische Herdhaus . . . . O 123
          Die geometrische Architektur und Homer . . . . O 128
    Ortsregister zur Denkmälerliste . . . . O 133
    Abkürzungsverzeichnis . . . . O 136

Kapitel P: *Hausrat* von Siegfried Laser . . . . P 1
    Das Bett bei Homer und im älteren Epos . . . . P 1
          Εὐνή . . . . P 1
          Κοῖτος und κοίτη . . . . P 3
          Λέχος . . . . P 4
          Λέκτρον . . . . P 7
          Δέμνιον . . . . P 7
          Betteinlagen (α: Χλαῖνα [P 11]. – β: Τάπης und ῥῆγος
          [P 12]. – γ: Κῶας [P 15]. – δ: Zusammenfassung [P 15]) . . P 10
    Das homerische Bett im Spiegel der Monumente . . . . P 15
          Einführung . . . . P 15
          Bildliche Darstellungen von Betten . . . . P 17
          Zeichnerische Wiedergabe der Liegefläche . . . . P 26
          Gesamtkonstruktion des Bettes in geometrischer Zeit . . . . P 32
          Bettauflagen . . . . P 34
    Sitzmöbel bei Homer und im älteren Epos . . . . P 34
          Θῶκος, θόωκος . . . . P 34
          Ἕδος . . . . P 35
          Ἕδρη . . . . P 35
          Δίφρος . . . . P 36
          Θρόνος . . . . P 38
          Κλισίη . . . . P 41
          Κλιντήρ . . . . P 43
          Κλισμός . . . . P 43
          Θρῆνυς . . . . P 44
          Σφέλας . . . . P 45
    Homerische Sitzmöbel im Spiegel der Monumente . . . . . . P 45
          Lehnenlose Sitzmöbel . . . . P 45
          Sitzmöbel mit Rückenlehnen . . . . P 48
          Fußschemel . . . . P 54
    Der Tisch bei Homer und im älteren Epos . . . . P 56

Der homerische Tisch im Spiegel der Monumente . . . . P 62
Truhen und Kästen bei Homer und im älteren Epos . . . . . . P 68
    Χηλός . . . . P 68
    Φωριαμός . . . . P 69
    Λάρναξ . . . . P 69
    Ὄγκιον . . . . P 70
    Κίστη . . . . P 70
Homerische Truhen und Kästen im Spiegel der Monumente . P 70
    Grundform der homerischen Truhe . . . . P 70
    Befestigung und Verschluß des Deckels . . . . P 74
    Dekoration der Kastenmöbel . . . . P 75
Zusammenfassung . . . . P 77
Beleuchtungsgerät, Anhang I von Ulf Jantzen und Renate
Tölle . . . . P 83
    Lichtquellen bei Homer und Hesiod (a: Δαΐς [P 83]. – b:
    Δάος [P 85]. – c: Δετή [P 85]. – d: Λαμπτήρ [P 86]. – e:
    Λύχνος [P 87]) . . . . P 83
    Beleuchtungsvorrichtungen nach den archäologischen Fun-
    den (a: Einführung [P 88]. – b: Kreta-Mykene [P 88: α
    Steinlampen, β Tonlampen, γ Bronzelampen]. – c: Syrien-
    Phönikien [P 92]. – d: Kypros [P 93]. – e: Griechenland im
    siebten Jahrhundert v. Chr. [P 95]. – f: Griechenland in ho-
    merischer Zeit [P 96]) . . . . P 88
    Beleuchtungsgerät im Kult . . . . P 97
    Zum Problem früher bildlicher Darstellungen von Lampen . P 97
    Zusammenfassung . . . . P 98
Die Elfenbein-Throne von Salamis, Zypern, Anhang II von
Vassos Karageorghis . . . . P 99
Literatur . . . . P 104

Kapitel Q: *Küchenwesen und Mahlzeiten* von Gerda Bruns . . . . Q 1
    Küchenwesen in mykenischer Zeit . . . . Q 1
        Einführung . . . . Q 1
        Küchen (α: Feste Herde und Küchengeschirr, allgemein
        [Q 2]. – β: Tragbare Herde [Q 5]. – γ: Feuertöpfe [Q 5]. –
        δ: Feuerung [Q 6]. – ε: Wassergefäße [Q 7]) . . . . Q 2
        Lebensmittel und Getränke . . . . Q 8
        Vorgänge beim Mahlen des Getreides . . . . Q 11
        Breiarten und Gewürze (α: Breischüsselchen [Q 13]. – β:
        Löffel [Q 13]. – γ: Hohlmaß, Waage [Q 13]) . . . . Q 13
        Milch, andere Getränke und Beerenobst . . . . Q 14
        Eier, Fische, Meerestiere . . . . Q 14
        Käse . . . . Q 15
        Honig und andere Süßstoffe . . . . Q 15

Brot . . . . Q 15
Eß- und Trinkgeschirr (α: Teller [Q 16]. – β: Schüsseln, Saucengießer und Siebgefäße [Q 16]. – γ: Bügelkannen und Trichter [Q 17]) . . . . Q 16
Kochgeschirr (α: *pi-je-ra₃* [Q 18]. – β: *ti-ri-po-da* [Q 19]. – γ: *ku-ru-su-pa* [Q 19]. – δ: Schöpfer [Q 20]. – ε: Säge, Beil [Q 20]. – ζ: *i-po-no*, Dreifußkessel, Stabdreifüße [Q 20]) . . Q 18
Fleischzubereitung (α: Feuerböcke und Spieße [Q 20]. – β: Pfannen [Q 21]. – γ: Messer und Schleifsteine [Q 21]) . . . Q 20
Gefäße zur Aufnahme und Aufbewahrung von Flüssigkeiten Q 22
Trinkgefäße und Zubehör . . . . Q 24
Vorratsgefäße, Reisegeschirr und -gerät, Konservierung . . . Q 28
Geschirr-Reinigung . . . . Q 30
Zusammenfassung, Bankettsaal . . . . Q 30

Küchenwesen in homerischer Zeit . . . . Q 31
Küchen (α: Tragbare und feste Herde [Q 31]. – β: Topfständer [Q 31]. – γ: Feuerböcke und Spieße [Q 31]. – δ: Backhauben, Grill, ἰπνός [Q 34]) . . . . Q 31
Lebensmittel, Gewürze . . . . Q 34
Küchengeschirr und -gerät (α: Mühlsteine und Mehlsiebe [Q 35]. – β: Χυτρόποδες [Q 35]. – γ: Breischüsseln, σκύφοι [Q 35]. – δ: Teller und Körbe [Q 36]. – ε: Tröge, Schüsseln [Q 36]. – ζ: Reibeisen, Trichter und Saucengießer [Q 37]. – η: Τρίποδες [Q 37]. – ϑ: Λέβητες, φιάλαι und Schöpfer [Q 38]. – ι: Pfannen [Q 39]. – κ: Messer, Gabeln und Löffel [Q 39]. – λ: Krüge und Kannen, Ringflaschen [Q 39]) . . . Q 35
Milchgefäße . . . . Q 41
Trinkgefäße und -geräte . . . . Q 42
Misch- und Vorratsgefäße für Wein . . . . Q 44

Küchenwesen und Mahlzeiten in den Epen . . . . Q 45
Vorbereitungen (α: Wasserholen [Q 46]. – β: Schlachten [Q 46]. – γ: Feuern [Q 46]. – δ: Vieh ausschlachten [Q 47]) Q 46
Fleischzubereitung: Werkzeug und Personal . . . . Q 47
Speisetische und Sitze . . . . Q 49
Tischsitten, Anteile am Mahl . . . . Q 50
Fest- und Zweckmahlzeiten . . . . Q 51
Getränke und Trinkzeremoniell . . . . Q 51
Leierspiel beim Mahl . . . . Q 53
Mahlzeiten aus Vorräten . . . . Q 53
Ernährung vornehmer Kinder und Jugendlicher . . . . . . Q 53
Reiseproviant und -geschirr . . . . Q 54
Bezeichnungen für Speisen . . . . Q 55
Ländliche Festmahlzeiten . . . . Q 56
Ἄριστον, δεῖπνον, δόρπον, Vesper . . . . Q 57
Tägliche Nahrungsmittel (α: Ziegen- und Schweinemagen [Q 59]. – β: Milchnahrung [Q 59]) . . . . Q 59

Große Festmahlzeiten (α: Hochzeitsmahl und Zeremoniell [Q 60]. – β: Finanzierung großer Opfer- und Gastmähler [Q 60])	Q	60
Κυκεών	Q	60
Zusammenfassung	Q	61
Ausdrücke zum Kapitel Küchenwesen und Mahlzeiten, zusammengestellt von Gerhard Jöhrens	Q	63
Gefäße und Geräte	Q	63
Speisen und Zutaten, Zubereitung	Q	64
Literatur	Q	68

Kapitel R: *Die Frau* von Gisela Wickert-Micknat . . . . R 1

Vorbemerkung zur Methode	R	2
Allgemeines	R	5
Begriffe und Beispiele (a: Die Wörter γυνή und θῆλυς [R 5]. – b: Bildszenen des Achilleus- und Heraklesschildes [R 8]. – c: Vergleiche in Ilias und Odyssee [R 10])	R	5
Die einzelnen Dichtungen: Eigenart, verbindende Elemente (a: Ilias [R 11: α Kriegsbeute, β Weibliche Arbeit im Krieg, γ Anteil am Kriegsgeschehen]. – b: Odyssee: Seeraub und Menschenhandel; häusliche Szenerie [R 15]. – c: Demeter- und Aphroditehymnos: Göttinnen in Gestalt menschlicher Frauen [R 16]. – d: Hesiod: Das weibliche Prinzip, Pandora [R 16]. – e: Übergreifende Funktion der Einzelheiten [R 17])	R	11
Öffentlichkeit	R	18
Totenklage (a: Vorrang und Zurücktreten der Großfamilie [R 18]. – b: Parallelen in der Bildkunst [R 20])	R	18
Reigen und Chorgesang (a: Nachrichten der Dichtung [R 22]. – b: Mitteilungen der Bildwerke [R 24: α Spuren der Realität, β Mädchen und Jünglinge, γ Mädchen, δ Initiation]. – c: Mädchenbünde [R 30])	R	22
Kult und Gemeinde (a: Publikum [R 30]. – b: Geraien [R 31]. – c: Ololyge [R 31]. – d: Bildliche Darstellungen [R 32]. – e: Öffentliches Wirken Einzelner [R 35: α Priestertum, β Heilkunde, γ Rechtswesen, δ Ort der Öffentlichkeit])	R	30
Häuslichkeit	R	38
Umgang mit Textilien (a: Männliche und weibliche ἔργα [R 38]. – b. c: Spinnen und Weben [R 39]. – d: Arbeitsgruppen [R 41]. – e: Produktion [R 42]. – f: Wirkungen in Dichtung und Sprache [R 45]. – g: Reflex in der Bildkunst, Arbeitsgerät [R 46])	R	38
Umgang mit Kornfrucht und Wasser (a: Die 'typische Szene' der Mahleinleitung [R 50]. – b: Kornfrucht [R 51: α Mahlen, β Gebrauch der gemahlenen Kornfrucht, γ Brotgewährung, Abstand vom Fleisch, δ Speisegewohnheiten, ε Verbin-		

dung zum Wein, Vorratshaltung, ζ Kultische Verwendung der Kornfrucht]. – c: Wasser [R 56: α Wasserholen, β Baden, Fußwaschung, Händewaschen, γ Reinmachen, Wäschewaschen, δ Poetischer Gebrauch]. – d: Archäologische Zeugnisse [R 61: α Gleichbleibende Zustände, β Behälter und Gefäße, γ Votivgebäck, δ Krugträgerin) . . . . R 50

Umgang mit Feuer und mit Gegenständen, Tieren, Menschen im Hausinneren (a: Feuer [R 65: α Licht und Wärme, β Häuslicher Herd]. – b: Hausinneres [R 67: α Inventar: Tisch und Stuhl, Truhe, Bett, β Lebewesen: Tier, Kind, Gast]. – c: Das Megaron [R 71]. – d: Archäologisches [R 73]) . . R 65

Unabhängige und abhängige Arbeit (a: Gleichwertigkeit der Geschlechter [R 74: α Sachbestimmte Arbeitsteilung, β Haushaltung]. – b: Frau und Tochter des Hauses [R 75: α Δέσποινα und andere Begriffe, β Zuständigkeit, γ Einübung in den künftigen Stand]. – c: Im Hauswesen beschäftigte Frauen [R 77: α Begriffe und Tätigkeiten, β Formen abhängiger Arbeit]) . . . . R 74

Ehe . . . . R 80

Familie (a: Stellung der Frau und ihrer Kinder [R 80: α Allgemeiner Zustand, β 'Rechte Gattin', γ Nebenfrau, δ Konkubine, ε 'Rechte Kinder', Nebenkinder, außereheliche Kinder]. – b: Familienordnung [R 86: α Großfamilie, β Eindimensionale Familie]) . . . . R 80

Brautgewinn und Hochzeit (a: Heiratsformen [R 89: α Zur modernen Terminologie, β Mannfolge, γ Fraufolge, δ Übergänge und Mischungen]. – b: Hochzeitsformalien [R 94: α Geben und Führen, β Kundbarmachung, γ Einsetzung ins Ehebett]. – c: Hochzeitsbilder [R 97: α Vorüberlegung, β Typos 'Begegnung', γ Typos 'Heimführung']) . . . . R 89

Eheführung (a: Sexualität [R 99: α Macht des Verlangens, β Terminologie, γ Spezifika der sexuellen Beziehung, δ Ehebruch, eheliche Treue, ε Jungfräulichkeit]. – b: Nachkommenschaft [R 105: α Zeugen und Gebären, β Gynäkologisches, γ Verhältnis zum Kind]. – c: Eheliche Zugehörigkeit [R 108: α Loyalität, β Beendigung der Ehe]. – d: Archäologischer Befund [R 110: α Typen der Darstellung, β Typos 'Nackte Stehende', γ Typos 'Brüstehaltende', δ Typos 'Kindhaltende', ε Heiligtümer der Geburtsgottheit]) . . . . . . R 99

Wirkung und Wert . . . . R 113

Merkmale der Weiblichkeit (a: Lebensphasen [R 113: α Geburt einer Tochter, β Mädchennamen, γ Terminologie, δ Tod der Frau, ε Frauengottheiten]. – b: Charakter und Gaben [R 116: α Öffentliche Meinung, β Weibliches und Weibisches, γ Misogyne Ansichten, δ Verstand, Vortrefflichkeit und Ruhm, ε Schönheit]. – c: Bildnis, Gegenstände des weiblichen Bereichs [R 123: α Hinweis, β Bild der Parthenos, γ Stehen und Schreiten, Sitzen, δ Haupt, ε Ornamentaler Gebrauch, ζ Gerät und Erzeugnis]) . . . . R 113

Ort im sozialen Gefüge . . . . R 129

Inhalt   XI

           Ausgewählte epische Wörter . . . .   R 131

           Literatur . . . .   R 140

Kapitel S: *Medizin und Körperpflege* von Siegfried Laser . . . .   S 1

           Vorwort . . . .   S 1

           Der menschliche Körper . . . .   S 2
               Einführung . . . .   S 2
               Die Knochen . . . .   S 4
               Die Gelenke und Glieder im allgemeinen . . . .   S 7
               Die Muskeln, Bänder und Sehnen . . . .   S 10
               Die Gliedmaßen im einzelnen (α: Arme [S 12]. – β: Beine
               [S 15]) . . . .   S 12
               Der Kopf (α: Gesicht [S 20]. – β: Augen [S 21]. – γ: Ohren
               [S 23]. – δ: Nase [S 23]. – ε: Mund [S 24]. – ζ: Unterkiefer
               [S 26]) . . . .   S 18
               Der Hals . . . .   S 26
               Der Rumpf (α: Brustpartie [S 28]. – β: Rücken und Gesäß
               [S 32]. – γ: Unterleib [S 33]) . . . .   S 28
               Das Leibesinnere (α: Brusthöhle [S 35]. – β: Bauchhöhle
               [S 46]) . . . .   S 35
               Die Oberfläche des Körpers und ihre Behaarung (α: Die
               Haut [S 51]. – β: Die Haare [S 53]) . . . .   S 51
               Anthropologisch-paläopathologischer Anhang (α: Anthro-
               pologische Vorbemerkungen [S 56]. – β: Zu pathologischen
               Skelettbefunden [S 57]. – γ: Zum Zustand der Zähne
               [S 59]) . . . .   S 56

           Krankheiten . . . .   S 62
               Allgemeines zum epischen Krankheitsbegriff (α: Krankheit
               als göttliche Strafe [S 62]. – β: Chronischer Verlauf als Si-
               gnum der nichttraumatischen Krankheit [S 63]. – γ: Ansätze
               zu rationaler Auffassung [S 64]. – δ: Krankheit und Jahres-
               zeit [S 65]. – ε: Zur Herkunft des Terminus »Koma« [S 66].
               – ζ: Zum Begriff der Gesundheit [S 67]) . . . .   S 62
               Nichttraumatische Krankheiten im einzelnen (α: Die 'Pest'
               [S 68]. – β: Malaria und Krankheiten der Erntezeit [S 69].
               – γ: Hunger als Krankheit [S 69]. – δ: Das Alter als Krankheit
               [S 70]. – ε: Erkältung [S 72]. – ζ: Trunkenheit [S 72]. – η:
               Geisteskrankheiten, mit einem Exkurs über die Bildüberlie-
               ferung zum Selbstmord des Aias von Hans-Günter Buchholz
               und Hans-Peter Gumtz [S 73]. – ϑ: Haut- und Geschlechts-
               krankheiten [S 84]. – ι: Plötzlicher, nicht gewaltsamer Tod
               [S 85]. – κ: Anhang: Gynäkologisches [S 85]) . . . .   S 68

           Heilung . . . .   S 88
               Heilgötter (α: Apollon [S 88]. – β: Anhang: Apollon und
               Artemis als Todesgottheiten, die Keren [S 90]. – γ: Eilei-
               thyien [S 92]. – δ: Paieon [S 93]. – ε: Poseidon [S 95]. – ζ:
               Chiron als heilkundiger Dämon [S 96]) . . . .   S 88

Ärzte (α: Asklepios [S 96]. – β: Machaon und Podaleirios [S 97]. – γ: Die anonymen Ärzte der Ilias [S 100]. – δ: Der Wanderarzt der Odyssee [S 102]. – ε: Drogenkundige Heilerinnen [S 102])	S 96
Versorgung Verwundeter und Kranker (α: Transport Verwundeter und Stätten ihrer Versorgung [S 104]. – β: Wundbehandlung und Kriegschirurgie [S 106]. – γ: Magische Therapie [S 117]. – δ: Kultisch-kathartisches Heilverfahren [S 117])	S 104
Heilmittel (α: Drogen und Gewürze zu mykenischer Zeit [S 119]. – β: Zum epischen Begriff φάρμακον [S 124]. – γ: Pharmaka in der chirurgischen Wundbehandlung [S 125]. – δ: Zur Frage innerlicher Verabreichung von Heilmitteln [S 128]. – ε: Pharmaka als Zaubermittel [S 130]. – ζ: Gifte [S 132])	S 119
Körperpflege	S 135
Zum epischen Begriff der »Pflege« (κομιδή)	S 135
Das Bad (α: Das Bad in der Ilias [S 138]. – β: Das Bad in der Odyssee und bei Hesiod [S 140])	S 138
Reinigung der Extremitäten (α: Waschen der Hände [S 148]. – β: Fußwaschung [S 151])	S 148
Pflege im Übergang zur Kosmetik (α: Pflege des Haars [S 154]. – β: Weibliche Schönheitspflege [S 156]. – γ: Totenkosmetik [S 160])	S 153
Zur Rolle des Öls bei Körperpflege und Kosmetik	S 162
Zusammenfassung	S 164
Ausdrücke zum Kapitel 'Medizin und Körperpflege'	S 172
Literatur	S 179
Kapitel T: *Sport und Spiel* von Siegfried Laser	T 1
Vorwort von Hans-Günter Buchholz	T 2
Einleitung: Zur gemeinsamen Wurzel von Sport und Spiel	T 4
Leibesübungen	T 6
Motive und Anlässe sportlicher Betätigung, das agonale Prinzip (a: Zur sogenannten agonalen Lebenshaltung im frühgriechischen Epos [T 6]. – b: Zur Grundbedeutung von ἀγών [T 11]. – c: Motive sportlichen Betätigungsdranges [T 13]. – d: Anlässe zu sportlichen Veranstaltungen [T 16: α Herausforderungen, β Brautwerbung, γ Feste zu Ehren Lebender, δ Feste zu Ehren Toter, ε Feste zu Ehren von Göttern])	T 6
Sportarten im einzelnen (a: Wagenrennen und Reiten [T 26]. – b: Lauf [T 32]. – c: Faustkampf [T 37]. – d: Ringen [T 49]. – e: Speerwerfen [T 53]. – f: Diskoswerfen [T 58]. – g: Bogenschießen [T 62]. – h: Springen [T 68])	T 26
Akrobatik und Verwandtes (a: Artistische Darbietungen [T 72]. – b: Zum sogenannten kretischen Stierspiel [T 75])	T 72

Preise, Sportfunktionäre und Zuschauer (a: Preise [T 79]. – b: Funktionäre [T 81]. – c: Zuschauer [T 83]) . . . . T 79
Götter und Athleten . . . . T 86

Spiele . . . . T 88

Ἄθυρμα, Allgemeines zu kindlichem Spiel und Spielzeug (a: Spiele mit dem Ball [T 90: α Reflexe sportlicher Ballspiele, β Tänzerisches Ballspiel]. – b: Figürliches Spielzeug [T 93]. – c: Puppen als Spielzeug [T 96]. – d: Spiel mit dem Kreisel [T 98]) . . . . T 89

(e: Rasseln und Schellen, Reifen, Wippen und Schaukeln, Exkurs von Hans-Günter Buchholz) . . . . T 100

Spiele mit Spielsteinen (a: Ἀστράγαλοι als Spiel- und Rechensteine [T 117]. – b: Ἀστράγαλοι beim Glücksspiel [T 118]. – c: Kubische Würfel [T 122]. – d: Πεσσοί [T 123]) . . . . T 117

(e: Brettspielende Helden, Anhang von Hans-Günter Buchholz [α Einführende Bemerkungen, β Das Thema der 'Brettspielenden Helden' in Kleinkunst und Glyptik, γ Zum sonstigen Vorkommen der 'Brettspielenden Helden' in der außerattischen griechischen Kunst, δ Nichtgriechische 'Brettspieler'-Darstellungen, ε Die attischen Vasendarstellungen der 'Brettspielenden Helden', ζ Schlußbetrachtung]) . . . . T 126

Zusammenfassung . . . . T 185
Wortverzeichnis . . . . T 191
Literatur . . . . T 194

Vorwort zu Band III

Gegenüber bisherigen Ankündigungen wird das Gesamtwerk »Archaeologia Homerica« in vier Bände gegliedert. Hiermit wird zunächst Band III vorgelegt. Die Lieferungen A bis N werden in den Bänden I und II erscheinen, die Lieferungen U bis X sowie die Register und eine abschließende Zusammenfassung seitens des Herausgebers sollen Band IV füllen. Im Einvernehmen mit dem Verlag habe ich mich entschlossen, Umschlag und Reihentitel der Einzellieferungen nicht mitaufzunehmen, weil auf ihnen das Gesamtwerk noch in der Aufteilung in drei Bände angegeben ist und auch andere vorläufige Informationen, die dort gedruckt erscheinen, überholt sind. Die endgültige Aufteilung in vier Bände ergab sich zwingend auf Grund des gegenüber der ursprünglichen Planung stark angewachsenen Gesamtvolumens, was sich auch auf den Umfang der für den vierten Band vorgesehenen Register auswirken wird.

An der Herausgabe war Friedrich Matz noch beteiligt (O–Q); er starb am 3. 8. 1974 (siehe die Nachrufe von H.-G. Buchholz, Nestor vom 1. 9. 1974, 940 f.; B. Andreae, Gnomon 47, 1975, 524 ff.). Ich stand bezüglich des dritten Bandes ab 1974 vor der Aufgabe des Alleinherausgebers der Lieferungen R bis T. Außer dem Verlust des Mitbegründers und Herausgebers beklagt die „Archaeologia Homerica" auch den Tod der Mitarbeiterin Gerda Bruns (gest. 12. 2. 1970).

Die Bearbeiter des vorliegenden Bandes sind Gerda Bruns, Heinrich Drerup, Siegfried Laser und Gisela Wickert-Micknat. S. Laser ist mit drei umfangreichen Beiträgen vertreten (P. S. T). Ferner sind als Mitautoren H.-G. Buchholz, H.-P. Gumtz, U. Jantzen, V. Karageorghis und R. Tölle zu nennen. Dazu ist im einzelnen folgendes zu sagen: Der Beitrag von V. Karageorghis über die Elfenbeinthrone von Salamis, Zypern, besaß 1968 besondere Aktualität, weil es sich damals um Neufunde handelte. Inzwischen ist deren Restaurierung weiter fortgeschritten; die Objekte sind in Nikosia, Cyprus Museum, ausgestellt und mehrfach in der archäologischen Literatur behandelt worden (s. bes. V. Karageorghis, Excavations at the Necropolis of Salamis III [1973] 87 ff.). Das Beleuchtungsgerät, ausgehend von den Lichtquellen bei Homer, haben U. Jantzen und R. Tölle zur Entlastung des Hauptbearbeiters von »Hausrat«, S. Laser, gemeinsam bearbeitet (P 83 ff.). Es schien H.-P. Gumtz und mir angemessen zu sein, dem von S. Laser behandelten medizinischen Aspekt des Wahnsinns und Selbstmords Beobachtungen zum 'Selbstmord des Aias in der antiken Kunst' anzufügen (S. 77 ff.; vgl. den Nachtrag in unserem Kapitel »Bildkunst, Teil 2« N 56 ff. mit Anm. 253 Abb. 19 b; zum Komplex der behandelten Problematik äußerte sich jüngst P. Walcot, Suicide, a Question of Motivation, in: Studies in Honour of T. B. L. Webster I [1986]). Desgleichen hat der Herausgeber in dem Kapitel T »Sport und Spiel« archäologische Ergänzungen zu 'Rasseln und Schellen, Reifen, Wippen und Schaukeln' (T 100 ff.) und einen Anhang über die 'Brettspielenden Helden' (T 126 ff.) verfaßt. Diese Form der Verteilung unterschiedlicher Aufgaben auf mehrere Verfasser hat sich bewährt.

G. Jöhrens war als Redaktor verantwortlich für die Lieferungen O und Q, H.-P. Gumtz für die Lieferungen R bis T. Bei der Redaktion sämtlicher Hefte habe ich mitgewirkt, lediglich Lieferung P habe ich allein redigiert. Für das Kapitel Q hat G. Jöhrens ein griechisches Wortverzeichnis zusammengestellt.

Abbildungen und deren Nachweis auf nunmehr wegfallenden Deckel- und Titelseiten sind – was den hiermit vorgelegten Band angeht – wie folgt erhalten: Die

Umschlagillustrationen der Lieferungen O und Q finden sich auf Tafel O IIIa wieder; das Umschlagbild P entspricht der Abbildung 48 auf S. E 245, das der Lieferung R entspricht Tafel N Xa. Das Umschlagbild von S erscheint auf Seite S 111 Abb. 8, das von T auf Seite T 53 Abb. 15.

Ein neues detailliertes Inhaltsverzeichnis ersetzt die teilweise nur summarischen Inhaltsverzeichnisse der Einzellieferungen.

Wie angekündigt sind die Tafeln der Einzelbeiträge am Ende des Bandes zusammengefaßt. Die Auffindbarkeit ist dadurch sehr erleichtert, daß der Kennbuchstabe auf sämtlichen Tafeln wiederholt ist. Es folgen auf die Tafeln R unmittelbar die des Faszikels T, denn Faszikel S ist nur mit Textabbildungen, jedoch nicht mit Tafeln ausgestattet. Entgegen früheren Ankündigungen hat es sich als ökonomisch erwiesen, die Nachweise sämtlicher Tafeln von Band I bis IV in letzterem zusammenzufassen. Dem Benutzer von Band III stehen bis dahin jeweils am Ort des Zitats die Einzelnachweise in den Anmerkungen zur Verfügung. Das gleiche gilt für die in diesem Band vorgelegten Textabbildungen.

Die Erscheinungsdaten der in Band III vereinigten einzelnen Hefte umfassen den Zeitraum von 1968 bis 1987 (O 1969, P 1968, Q 1970, R 1982, S 1983, T 1987). Die Literaturverzeichnisse schließen entsprechend ab; in ihnen spiegelt sich jeweils die Forschungsgeschichte. Lediglich in dem Beitrag »Griechische Baukunst in geometrischer Zeit« ist die benutzte Literatur dem Katalog und den Anmerkungen zu entnehmen, während sich die bibliographischen Angaben auf Seite O 136 auf die wichtigsten Abkürzungen beschränken.

Die in Band III vereinigten Einzellieferungen sind durchweg auf freundliche Aufnahme gestoßen und haben in den Rezensionsorganen ein positives Echo gefunden. Um dem Leser Gelegenheit zur Einblicknahme in die Buchbesprechungen zu geben, folgen hier Hinweise in der Reihenfolge der Beiträge, zunächst zu Kapitel O (H. Drerup, Griechische Baukunst in geometrischer Zeit): »Was Homer an einzelnem und insgesamt vom Bau- und Siedlungswesen der Heroenwelt zu sagen hat, läßt sich ohne Mühe als teils mehr, teils minder überhöhte Realität seiner eigenen Zeit verstehen« (A. Heubeck, Gymnasium 78, 1971, 447 f.). Vergleiche weiter J. V. Luce, Archäologie auf den Spuren Homers (deutsch, 1975) 184 Anm. 1. Ferner liegen Rezensionen zum Kapitel O von folgenden Verfassern vor: Y. Béquignon, Revue Belge de Philologie et d'Histoire 49, 1971, 220; J. Boardman, ClRev. 21, 1971, 143 f.; F. M. Combellack, CPh. 67, 1972, 204 f.; Ch. Delvoye, AntClass. 39, 1970, 334 f.; M. H. Groothand, BAntBeschav. 46, 1971, 222 ff.; J. M. Hemelrijk, Mnemosyne 25, 1972, 110; H. Hommel, Das Historisch-Politische Buch 18, 1970, 198 f.; H. Jucker, MusHelv. 29, 1973, 232; R. Nicolls, Gnomon 44, 1972, 698 ff.; G. Zinserling, DLZ. 92, 1971, 256 ff.

Die große Bedeutung des 'Hausrats' für die Feststellung des Verhältnisses von Epos und Denkmälern zueinander hat unser Mitarbeiter S. Laser in den Mittelpunkt seiner Ausführungen gestellt, was von den Rezensenten durchweg anerkannt worden ist: Y. Béquignon, Revue Belge de Philologie et d'Histoire 47, 1969, 1098; J. Boardman, ClRev. 19, 1969, 387 f.; A. Bruckner, MusHelv. 30, 1973, 184 f.; F. M. Combellack, CPh. 65, 1970, 270 f.; Ch. Delvoye, AntClass. 39, 1970, 334 f.; P. Faure, RA. 1970, 130 f.; M. H. Groothand, BAntBeschav. 44, 1969, 190 ff.; L. Guerrini, Archeologia Classica 21, 1969, 338; J. M. Hemelrijk, Mnemosyne 26, 1973, 223 f.; A. Heubeck, Gymnasium 76, 1969, 72 f.; B. Kytzler, Frankfurter Allgemeine Zeitung vom 17. 3. 1970; G. Schoeck, Neue Zürcher Zeitung vom 11. 3. 1969; A. Snodgrass, Gnomon 42, 1970, 157 ff.; D. Wachsmuth, Die Welt vom 4. 12. 1969.

»Die entscheidenden Anregungen für ihre Darstellung erhalten die Dichter aus ihrer Zeit und Umgebung. Und doch ist es eine eigene, irreale, fiktive Welt, in der sie ihre Helden tafeln und feiern lassen: eine Welt, deren Elemente neben Beobachtungen des Alltagslebens die überhöhende dichterische Phantasie und die – weithin schon vorgegebene und geprägte – epische Diktion geliefert haben« (A. Heubeck, Gymnasium 78, 1971, 562 f.). Weitere Rezensionen zu dem Faszikel Q verfaßten: Y. Béquignon, Revue Belge de Philologie et d'Histoire 49, 1971, 221 f.; J. Boardman, ClRev. 22, 1972, 291 f.; P. Chantraine, RevPhil. 47, 1973, 317 f.; W. Elliger, Welt und Wort, Literarische Monatsschrift 3, 1971; P. Faure, RA. 1973, 136; M. H. Groothand, BAntBeschav. 46, 1971, 226 ff.; J. M. Hemelrijk, Mnemosyne 27, 1974, 332 f.

Während der Mann als Krieger, Bauer, Seefahrer, Handwerker und Händler in nahezu allen Kapiteln unseres Werkes zu seinem Recht kommt, verlangte die 'Frau' eine eingehende Sonderbehandlung; dieser Aufgabe hat sich unsere Mitarbeiterin Frau G. Wickert-Micknat angenommen. Zu dem Thema 'Das Kind in der griechischen Kunst' existiert jetzt eine sehr ansprechende Zusammenfassung von H. Rühfel in der Reihe 'Kulturgeschichte der antiken Welt' (Mainz 1984). Zu der Behandlung des vielschichtigen Themas 'Die Frau' vergleiche besonders die Rezension von C. Isler-Kerényi in der Neuen Zürcher Zeitung vom 18. 2. 1983: »Die durch Homer geschilderten Frauen haben nicht nur im praktischen, sondern auch im emotionalen und sozialen Leben ihrer Männer sehr viel Gewicht und besitzen eine unverwechselbare Individualität. Dies bezeugen sowohl Eheabmachungen und Hochzeitsbräuche wie auch die Nachfolgeregelung.« Vergleiche weiterhin zu diesem Beitrag: B. Kytzler, Frankfurter Allgemeine Zeitung vom 11. 2. 1983; A. Wankenne, EtCl. 51, 1983, 191; M. M. Willock, JHS. 104, 1984, 190.

'Medizin und Körperpflege' sind eine außerordentlich schwierige Materie. S. Laser hat einen Beitrag geliefert, der im besten Sinn die Bezeichnung 'Zusammenfassung' verdient. So urteilte denn der Medizinhistoriker G. Rudolph: »Aber zum ersten Mal ist nach mancherlei wohlgemeinten Studien ein so fundiertes, ein so sachkundiges und alle philologischen und historischen Details ausschöpfendes Werk entstanden, zu dem man mit Begeisterung immer wieder zurückkehren wird« (Brief vom 5. 12. 1984). Ich weise außerdem auf folgende Rezensionen hin: G. Defossé, EtCl. 54, 1986, 209; R. Della Casa, Salesianum 46, 1984, 534; F. Eckstein, Wissenschaftlicher Literaturanzeiger 22/23, 1983/84, Ausgabe vom 13. 12. 1984; M. D. Grmek, History and Philosophy of the Life Sciences 8, 1986, 141 f.; R. Joly, AntClass. 54, 1985, 441; Nyt fra Historien 34, 1985.

Die zu erwartenden Rezensionen zum Kapitel 'Sport und Spiel' werden wir in einem späteren Band mitteilen.

Der Herausgeber möchte nicht versäumen, dem Verleger für Ausstattung und Gestaltung dieses dritten Bandes, der eine Vorstellung von dem endgültigen Aussehen des gesamten Werkes gibt, herzlich zu danken. Es ist zu betonen, daß über Jahrzehnte hin die Betreuung unseres wissenschaftlichen Unternehmens durch den Verlag unverändert intensiv und freundschaftlich erfolgt ist. Das Werk wird von mir im Auftrage des Deutschen Archäologischen Instituts herausgegeben. Ich möchte dem derzeitigen Präsidenten wie seinen Vorgängern verbindlichst danken. Schließlich gilt mein Dank der Deutschen Forschungsgemeinschaft.

Gießen, Herbst 1987   Hans-Günter Buchholz

ARCHAEOLOGIA HOMERICA
Kapitel O

ARCHAEOLOGIA HOMERICA

Die Denkmäler
und das frühgriechische Epos

Im Auftrage des
Deutschen Archäologischen Instituts
herausgegeben von
Friedrich Matz und Hans-Günter Buchholz

Kapitel O: H. Drerup, Griechische Baukunst in geometrischer Zeit

GÖTTINGEN · VANDENHOECK & RUPRECHT · 1969

GRIECHISCHE BAUKUNST
IN GEOMETRISCHER ZEIT

Von

Heinrich Drerup

GÖTTINGEN · VANDENHOECK & RUPRECHT · 1969

Verantwortlicher Redaktor: Gerhard Jöhrens/Berlin

© Vandenhoeck & Ruprecht in Göttingen 1969. — Umschlag: Karlgeorg Hoefer. — Printed in Germany. — Ohne ausdrückliche Genehmigung des Verlages ist es nicht gestattet, das Buch oder Teile daraus auf foto- oder akustomechanischem Wege zu vervielfältigen. Gesamtherstellung: Hubert & Co., Göttingen

Kapitel O

GRIECHISCHE BAUKUNST IN GEOMETRISCHER ZEIT

von Heinrich Drerup, Marburg

I VORBEMERKUNGEN	3
II DENKMÄLERLISTE	5
1) Rechteckbauten	5
a) Einzelliger Oikos	5
b) Mehrzelliger Oikos	9
c) Antenhaus	10
d) Langhaus (Frontgestaltung ungewiß)	19
e) Breithaus	21
f) Quadrathaus	22
2) Kurvenbauten	25
a) Apsishaus	25
b) Ovalhaus	29
c) Rundhaus	31
3) Zusammengesetzte Hausformen	31
4) Siedlungen, Städte	36
a) Kreta	36
b) Übriges	44
5) Stadt- und Akropolisbefestigungen	56
6) Temenos- und Terrassenmauern, Stufenanlagen	57
7) Ingenieursanlagen	62
8) Komplexe Befunde, Isolierte Mauerzüge	63
9) Hausmodelle	69
III GRUNDRISSTYPOLOGIE	77
1) Einführende Bemerkungen	77
2) Anfänge	79
3) Protogeometrische Zeit	80
a) Befunde	80
b) Typen	82
c) Gestaltungsprinzipien	83

4)	Geometrische Zeit	87
	a) Rechtecktypen	87
	Oikos	87
	Antenhaus	89
	Breithaus	90
	Quadrathaus	90
	Typologie des Rechteckhauses	90
	b) Apsis- und Ovalhaus, Rundhaus	92
	c) Zusammengesetzte Hausformen	94
	d) Siedlungen, Stadtplanung	95
	e) Stadtbefestigungen	100
	f) Agora	103
	g) Zusammenfassung	103

IV MATERIAL, TECHNIK, AUFBAU 106

1)	Stein	106
2)	Lehmziegel	108
3)	Fachwerkkonstruktion	108
4)	Führung der aufgehenden Mauer	110
5)	Türe	110
6)	Fenster	111
7)	Säule	112
8)	Firstdach	116
	a) Offener Dachstuhl	116
	b) Abgesetzter Dachboden	118
9)	Flachdach	120
10)	Inneneinrichtung	121

V SCHLUSSFOLGERUNGEN 123

1)	Das geometrische Herdhaus	123
2)	Die geometrische Architektur und Homer	128

VI ORTSREGISTER ZUR DENKMÄLERLISTE 133

VII ABKÜRZUNGSVERZEICHNIS 136

I. VORBEMERKUNGEN

Die Behandlung des Themas ‚Baukunst' im Rahmen der Archaeologia Homerica wird sich in der vorliegenden Untersuchung auf die Jahrhunderte nach der dorischen Wanderung, vorwiegend also auf die geometrische Architektur beschränken. Eine Behandlung der Denkmäler aus der Bronzezeit in einem ersten Heft ist entgegen der ursprünglichen Planung nicht mehr vorgesehen. Das selbständige Erscheinen dieses Heftes erklärt sich einmal durch äußere Umstände, nicht zuletzt durch das ungewollte Anwachsen des Manuskriptes über den vorgesehenen Umfang hinaus, zugleich rechtfertigt es sich durch die Überzeugung des Bearbeiters, daß das homerische Weltbild, was den Bereich des Bauens angeht, seine archäologische Beglaubigung ausschließlich in der geometrischen Architektur findet. Was die Gliederung und Schwerpunktverteilung der Untersuchung angeht, so ist in Übereinstimmung mit den Herausgebern ein vom Gesamtplan abweichender Weg beschritten worden. Das Quellenmaterial bildet nicht die homerische Wortkunde, sondern bilden die archäologischen Denkmäler, die katalogartig geordnet in einem ersten Teil zusammengefaßt sind. Die systematische Behandlung in den folgenden Abschnitten geht von ihnen aus und verfolgt in erster Linie archäologische Zielsetzungen. Andererseits ist jede Gelegenheit ergriffen worden, die Aussage der homerischen Epen mitzubehandeln. In den abschließenden Abschnitten ist das archäologische Ergebnis mit der Aussage der homerischen Epen konfrontiert worden. Die umgekehrte Wegfolge war vorgegeben durch die eingetretene Schwerpunktverlagerung der homerischen Frage im Bereich des Bauens auf die Archäologie hin. Es galt, ein in seiner Gesamtheit überraschend umfangreiches Material erstmals in das Bewußtsein der Forschung zu bringen und zu verarbeiten und innerhalb des gewonnenen archäologischen Gesamtbildes dem vielbehandelten und sehr viel kleineren Ausschnitt, den die homerischen Epen bilden, seinen Platz anzuweisen.

Einige Bemerkungen zur Denkmälerliste: Die Liste enthält die mir aus der Literatur bekannt gewordenen Bodenbefunde und Hausmodelle aus der protogeometrischen und geometrischen Zeit bis in die Frühzeit des 7. Jahrhunderts, die auf griechischem Boden stehen. Sie wird in einer gewissen typologischen Ordnung vorgelegt, die vom Grundriß ausgeht. Die gewählte Ordnung hat mehr die Aufgabe einer vereinfachenden äußeren Gliederung; die eigentlichen Fragen der Grundrißtypologie werden im systematischen Teil behandelt. Die Denkmälerfolge innerhalb der einzelnen Abschnitte erfolgt alphabetisch unter Zugrundelegung des topographischen Stichworts. Zusammenhängende Baukomplexe, in denen sich mehrere Einzeltypen vereinen, erfahren eine zusammenhängende Behandlung, auf die die einzelnen Stichworte verweisen. Die Angaben sind so knapp wie möglich gehalten. Sie beschränken sich auf die Bekanntgabe der einschlägigen Literatur, auf die Fakten des Bodenbefundes und die zu erschließende Grundrißdisposition, die Bautechnik. Andererseits schien es dort, wo der Befund Anlaß zu kontroversen Deutungen gegeben hat, geboten, den Forschungsstand in kurzen Worten und in kritischer Durchleuchtung zu referieren. Die Denkmäler aus dem Bereich der Grabarchitektur, vornehmlich also die gewölbten Tholosgräber, sind nicht aufgeführt worden, hier kann auf die Denkmälerlisten bei I. Pini, Beiträge zur minoischen Gräberkunde (1968) 97f. verwiesen werden.

Abb. 1 Karte der erwähnten Fundplätze

1. Samothrake
2. Hephaistia
3. Antissa
4. Altsmyrna
5. Emporio
6. Heraion, Samos
7. Melie
8. Milet
9. Didyma
10. Iasos
11. Vroulia
12. Praisos
13. Kavousi
14. Vrokastro
15. Olous
16. Dreros
17. Karphi
18. Gortyn
19. Phaistos
20. Archanes
21. Chaniale Tekke
22. Amnisos
23. Akropolis, Siphnos
24. Delion, Paros
25. Naxos
26. Tsikalario, Naxos
27. Delos
28. Xoborgo
29. Zagora
30. Sparta
31. Kastro von Argos
32. Argos
33. Asine
34. Tiryns
35. Mykene
36. Chaos bei Mykene
37. Korinth
38. Solygeia
39. Perachora
40. Thorikos
41. Lathouresa
42. Hymettos
43. Athen-Kallithea
44. Athen (Areopag, Kerameikos, Akad.)
45. Eleusis
46. Theben
47. Eretria
48. Leukanti
49. Aulis
50. Delphi
51. Thermos
52. Aetos
53. Othrys
54. Jolkos
55. Gonnoi

II. DENKMÄLERLISTE

1) Rechteckbauten

a) *Einzelliger Oikos*

DELOS. Bau Γ (Abb. 2)

R. Vallois, L'Architecture Hellénique et Hellénistique à Délos I (1944) 14ff. 109. Ders., Les Constructions Antiques de Délos (1953) Abb. 11. K. Schefold, Orient, Hellas und Rom (1949) 60. Gallet de Santerre, Délos Primitive 91f. und passim. Taf. B (Steinplan). Taf. D (Nr. 2). Taf. 20 Abb. 48. Taf. 21 Abb. 49. P. Bruneau - J. Ducat, Guide de Délos (1965) 80 Nr. 7.

3,55 × 7,95 m. Eingang im Norden. Wände 60—70 cm breit. Systemloses Mauerwerk aus grob behauenen, z. T. 1,10 m langen durchbindenden Blöcken. Monolithe Eingangsschwelle mit Zapflöchern und seitlichen Ausnehmungen für die Türpfosten. Der Bau war einräumig und stand frei aufrecht, hatte jedoch an drei Seiten anscheinend eine Umgrenzung. Die Eingangsseite war dem Naxieroikos zugewandt.

Der im Apollobezirk gelegene hochaltertümliche Bau ist von R. Vallois Jahrzehnte nach seiner Ausgrabung entdeckt worden, ohne daß er noch etwas über die Fundumstände ausmachen konnte. Er erwägt Erbauung in mykenischer Zeit, vor allem wegen der Steintechnik, die er mit den mykenischen Resten unter dem Artemision vergleicht. K. Schefold datiert den Bau in geometrische Zeit; G. de Santerre a. O. 93 Anm. 1 betont demgegenüber mit Entschiedenheit wieder mykenische Entstehung und weist darauf hin, daß in der Nähe der Fundamente nachträglich einige mykenische Scherben aufgelesen wurden. Der Bau stand die ganze Antike hindurch, sofern die Identifizierung mit dem ‚Plinthinos Oikos' der Inschriften gesichert ist (Vallois a. O. 18f.). Ältester Apollotempel (G. de Santerre a. O. 124, 139)?

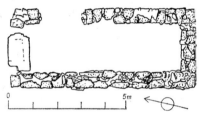

Abb. 2 Delos, Bau Γ

Der Charakter des freistehenden Hauses ist im Mykenischen bekannt, aber ungeläufig; die Verbindung von Einraumhaus und schmaler Rechteckform ist sowohl im Mykenischen als auch im Geometrischen bisher unbezeugt; die Steintechnik würde man mit Vallois eher für mykenisch ansprechen. Die Aufnahme des Baues in den Katalog soll deutlich machen, daß eine Entscheidung in der Frage mykenisch-geometrisch noch nicht möglich ist.

DREROS. Apollotempel (Abb. 3)

Marinatos, BCH. 60, 1936, 214ff. Taf. 26/27. 31. Ders., AA. 1936, 215ff. Demargne-van Effenterre, BCH. 61, 1937, 10ff. Taf. 1 (Tempel innerhalb seiner Umgebung, leichte Veränderungen im Steinplan). Kirsten, Antike 14, 1938, 73ff. Ders., RE. Suppl. VII 132ff. s. v. Dreros. Renard, AntCl. 36, 1967, 572ff.

Innerhalb eines Bergsattels und unmittelbar oberhalb der stufenumgebenen Agora (S. O 59) ist von S. Marinatos der schnell berühmt gewordene Tempel endeckt worden, von dem es unsicher ist, ob er dem Apollo Pythios oder dem Apollo Delphinios geweiht war. Der Tempel schiebt sich mit seiner Rückseite und seiner rechten Langseite, d. h. mit seiner Südwest-Ecke in den felsigen Berghang hinein; dort stehen die erhaltenen Mauern noch 2,50 m hoch an, um dann, beiderseits der Geländeneigung folgend, nach vorne bis zum Bodenniveau abzusinken. Gleichzeitig mit der Errichtung des Tempels ist der Berghang rechterhand durch eine Stützmauer abterrassiert worden, die zwischen sich und dem Tempel einen rückwärts spitzwinklig zulaufenden Hohlraum freiläßt. Die hier und auf der Felsterrasse gemachten Scherben- und Gefäßfunde sichern nach Ansicht des Ausgräbers Marinatos die Erbauungszeit innerhalb des späten 8. Jhs. (Matz, Gr. Kunst 371 datiert den Tempel auf Grund der bekannten Bronzestatuetten in die erste Hälfte des 7. Jhs.).

10,80/90 × ca. 7,20 m. Eingang im Norden. Die Mauern bestehen aus rechteckig zugehauenen Steinen vornehmlich mittleren und kleinen Formats in trockener Fügung, die an den Außenseiten den Eindruck eines grob pseudoisodomen Wandaufbaus vermitteln. Mauerstärke bis auf die Eingangsseite ca. 70 cm. Die Eingangsseite ruhte auf einem 1,10—1,20 m breiten Mauersockel aus drei isodom verlegten Lagen von Steinplatten mit sorgfältiger Außenglättung, der sich über die Eingangsseite hinaus bis zur Stützmauer fortsetzt. Marinatos nimmt an, daß die aufgehende Mauer wie die übrigen nur 70 cm stark war, wodurch ein vortretender Sockel entstanden sei, der als Sitzbank beiderseits des Eingangs gedient habe. Mit größerer Wahrscheinlichkeit wird man annehmen, daß dem breiteren Unterbau eine breitere Mauer entsprach und daß dieser die Aufgabe zufiel, den Druck der schiefwinklig anstoßenden Geländestützmauer aufzufangen. Nach Beendigung der Grabung ist ein Teil des Gebäudes und der Terrassenmauern wieder aufgebaut und dabei die Eingangsseite zurückgesetzt worden, was das Verständnis einiger Abbildungen, z.B. BCH. 60, 1936, 223 Abb. 9; 228f. Abb. 13 u. 14 erschwert. Im Innern Randsteine eines rechteckigen Opferherdes, darin kleine Eisenreste. Vor ihm ein zylindrischer Sockelstein für eine runde Holzstütze (vgl. hierzu Nylander, OpAth. 4, 1963, 73 Abb. 58–62. Die dort abgebildete Zylinderbasis mit angearbeitetem formlosem Fußstück ist hiermit nicht identisch), zu der Marinatos mit Recht ein Gegenstück hinter dem Opferherd annimmt. Rückwärts in der rechten Ecke eine aufgemauerte Kultbank, auf der Weihgaben aus Ton und Bronze lagen. Links daneben als späterer Anbau (von Renard a. O. zu Unrecht bestritten) Reste einer aus Steinplatten hochgeführten und vermutlich holzgedeckten Kiste, die Opferreste und Ziegenhörner enthielt und auf der die bekannten Bronzestatuetten gestanden haben dürften. Davor ein Opfertisch.

Die Eingangsseite ist vom Ausgräber mit einer vorgelegten Säulenhalle ergänzt worden. Die Vermutung gründet sich darauf, daß ein von Osten von der Agora (Abb. 50) hinaufführender Treppenweg dort, wo er parallel zur Eingangsseite den Tempel erreicht, sich auf 1 m verengt, um zwischen sich und dem Tempel einen abterrassierten Bodenstreifen freizuhalten. Die natürlichste Erklärung ist ein gepflasterter Tempelvorplatz, wie er z.B. am geometrischen Tempel in Phaistos (S. O 25) nachgewiesen wurde, dies um so mehr, als Spuren von Stützenbasen (entgegen Marinatos) nicht gefunden wurden. Liegt vom Befund kein Anlaß vor, eine Vorhalle zu ergänzen, so spricht anderes dagegen, vor allem der trapezförmige Grundriß des Vorplatzes, der Marinatos

Abb. 3 Dreros, Apollotempel

zur Ergänzung einer schiefwinkligen Vorhalle zwingt. Das Dach ist von Marinatos im Anschluß an das Tonmodell von Argos (S. O 70) als kombiniertes Flach-Satteldach rekonstruiert worden. Demgegenüber nimmt Payne, Perachora I 113 Anm. 6 mit sehr viel mehr Recht ein durch Pfosten gestütztes durchlaufendes Firstdach an.

KARPHI (Kreta). Häuser im Siedlungs- und Reihenverband. S. O 39.

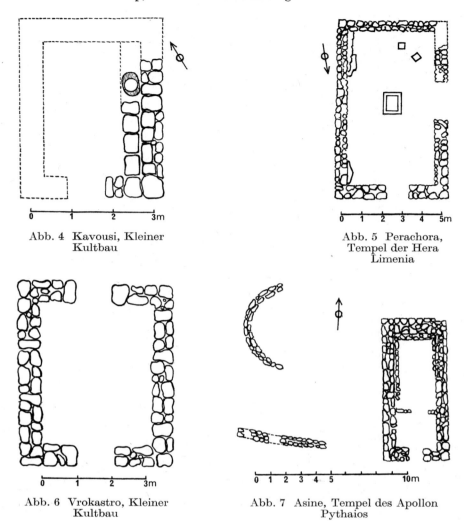

Abb. 4 Kavousi, Kleiner Kultbau

Abb. 5 Perachora, Tempel der Hera Limenia

Abb. 6 Vrokastro, Kleiner Kultbau

Abb. 7 Asine, Tempel des Apollon Pythaios

KAVOUSI (Kreta)

1. Kleiner Kultbau (Abb. 4)

Alexiou, KChron. 10, 1956, 7ff. Abb. 1. 2. Renard, AntCl. 36, 1967, 577.

Nach den vornehmlich aus dem Innern stammenden Beifunden Wende vom 8. zum 7. Jh. 4,50 × 3,50 m. Eingang im Süden. Bruchsteinmauerwerk von 0,60 m Dicke und bis zu 0,85 m Höhe. Erhalten der größere Teil der östlichen Langseite mit vorgesetzter Kultbank und die südliche Türwand, das übrige durch Bodenspuren »mit Sicherheit« ergänzbar.

2. Oikos im Siedlungsverband. S. O 41

PERACHORA. Tempel der Hera Limenia (Abb. 5)

Perachora I 110ff. Taf. 7. 140

Nach den Beifunden, die nördlich und östlich des Tempels in ungestörtem Schichtzusammenhang lagen, Mitte des 8. Jhs. Erbaut als Ersatz für einen älteren Tempel unmittelbar am Meer (S. O 28). Bis in das 5. Jh. hinein vermutlich einziger Bau innerhalb des ihn umgebenden rechteckigen Temenos, der außerdem nur ein Kultbassin gleichfalls des 8. Jhs. enthielt. (Ungedeutet ist ein Mauerzug des 8. Jhs. westlich des Tempels.)

9,50 × 5,60 m. Eingang im Norden, ein Nebeneingang in der Mitte der westlichen Langseite. Weitgehend erhalten die Fundamente bzw. der etwa 25 cm über dem ursprünglichen Niveau sich erhebende Steinsockel für den Oberbau, den man sich aus Fachwerk und Lehmziegeln zu denken hat. Grob behauene, nuregelmäßig geformte Steine verschiedener, vornehmlich mittlerer Größe (größte Länge 60 cm) im Lehmverband (der Steinplan Perachora I Taf. 116 unten bezieht sich nicht, wie a. O. S. 111 vermerkt wird, auf den Tempel, sondern auf eine in der 2. Hälfte des 5. Jhs. errichtete westliche Bezirksmauer). Mauerstärke 60 cm. Innerhalb der Türöffnungen je eine dünne Schicht vermoderten und verkohlten Holzes über einem Lehmestrich, die auf eingesetzte hölzerne Türrahmen schließen läßt. Im Innern rechteckiger Opferherd. Drei der Randsteine waren ursprünglich beschriftete Stelen, die Bratspieße trugen, der vierte Randstein ist späterer Ersatz. Unter diesem zwei Scherben mittel- oder spätprotokorinthischer Kotylen (zur Datierung der Inschriftstelen zuletzt ausführlich Jeffery, Local Scripts 122 ff.). Südlich des Opferherdes zwei kleine Sockelsteine in offenbar ursprünglicher Lage, für die die Ausgräber keine befriedigende Erklärung vorzubringen wußten (Perachora I 112. 187. Vgl. hierzu Drerup, AA. 1964, 202f. sowie hier S. O 126). Das ursprünglich vielleicht strohgedeckte Dach wurde im 7. Jh. mit Ziegeln eingedeckt.

VROKASTRO (Kreta). Kleiner Kultbau (Abb. 6)
Hall, Vrokastro 170f. Abb. 104 (Handskizze). Taf. 23, 1; 24, 2. Renard, AntCl. 36, 1967, 577.

Nach Beifunden im Innern 2. Hälfte des 8. Jhs. 5,25 m × 4,35 m (abgegriffen). Orientierung nicht angegeben. In beiden Schmalwänden Türöffnungen. Wandsockel aus Bruchsteinmauerwerk, der einen Oberbau aus Lehmziegeln trug. Fragmente von vier sorgfältig gearbeiteten Türlaibungen. Das doppelt abgetreppte Innenprofil diente dem Anschluß für die innere Türfüllung aus Holz.

b) *Mehrzelliger Oikos*

ASINE. Tempel des Apollon Pythaios (Abb. 7)
Frödin-Persson, Asine (1938) 149 ff. Abb. 130.

Der auf dem Barbunahügel außerhalb der Stadt gelegene Tempel steht auf einer Terrasse, in die südlich eine Eingangsöffnung eingreift und die mit dem Tempel etwa gleichzeitig sein dürfte. Die im Tempelinneren gefundenen Scherben geometrisch und protokorinthisch. Wahrscheinlich handelt es sich um den von Pausanias 2, 36, 5 genannten Tempel des Apollon Pythaios, der bei der Zerstörung der Stadt durch die Argiver Mitte bzw. Ende des 8. Jhs. geschont wurde. Seine Datierung durch A. W. Persson in das 7. Jh., worauf auch C. W. Vollgraff, Le Sanctuaire d'Apollon Pythéen à Argos (1956) 31 hinweist, ist zu tief gegriffen. — 4,30 × 9,60 m. Eingang im Süden. Die bis zu 0,60 m Höhe erhaltenen Mauern bestehen aus Bruchsteinen mit einer größten Länge von

1 m. Die Frontflächen sind geglättet. Breite der Rückmauer 1 m, sonst 0,80 m. Vor- und Hauptraum durch eine nur 0,20—0,30 m breite Zwischenmauer getrennt. Um die drei Seiten des Hauptraums läuft ein 0,30 m breiter Steinsockel. Reste von Steinpflasterung. Innerhalb der 1,20 m breiten Türöffnung eine aus 10 Steinen bestehende Türschwelle. Im Inneren außer den Gefäßscherben Aschenreste. Linkerhand des Tempels ein gebogenes und ein gerades Mauerstück, vermutlich Reste eines älteren Zustands.

KARPHI (Kreta). Zwei- und dreiräumiger Oikos. S. O 39.

KAVOUSI (Kreta). Dreiräumiger Oikos. S. O 41.

VROULIA (Rhodos). Zweiräumiger Oikos im Reihenverband. S. O 51.

XOBORGO (Tinos). Kleiner Kultbau (vgl. S. O 55 Abb. 46)
Kontoleon, Πρακτ. 1952 (1955) 531 ff. Abb. 1–8.

Der Bau ist Bestandteil einer mehrräumigen Reihenanlage, für die zwei in situ gefundene Reliefpithoi des 1. Viertels des 7. Jhs. einen terminus ante abgeben (Kontoleon a. O. Abb. 7/8. Vgl. J. Schäfer, Studien zu den Reliefpithoi [1957] 72 und passim). Der Kultbau hat seine nach Süden orientierte Eingangsseite und seine linke, westliche Langseite mit den Mauern eines Hofraumes gemeinsam, der ihn an den beiden übrigen Seiten umgreift und eine Eschara enthält. Es handelt sich also nur teilweise um den Typus des freistehenden Oikos. Ob der Kultbau mit der ihn umgebenden Anlage gleichzeitig errichtet wurde oder erst ein späterer Einbau ist, geht aus der Publikation nicht hervor. — Außenmaße der beiden im Hof stehenden Mauern 3,35 und 5,40 m, Breite nur 0,30 bzw. 0,43 m. Die Trennmauer zwischen Vorraum und Hauptraum nur 0,25 m breit, die beiden übrigen Mauern, die zugleich Hofmauern sind, breiter. Kleinsteiniges Bruchsteinmauerwerk, im Innern Reste weißen Kalkanstrichs. Der Eingangsöffnung entspricht rechts außerhalb eine zweite Eingangsöffnung in den umgreifenden Hofraum. Die beiden Öffnungen unterteilen die Hofwand symmetrisch, was zur Folge hat, daß der Eingang in den Kultraum nicht in dessen Mitte sondern nach rechts versetzt liegt, desgleichen die Öffnung der Zwischenmauer. In den beiden Eingangsöffnungen monolithe Schwellen. Sie haben zwei seitliche Angellöcher für eine Doppeltür und ein mittleres Riegelloch. Die ganze Anlage leicht schrägwinklig.

ZAGORA (Andros). Kulthaus S. O 55.

c) *Antenhaus*

EMPORIO (Chios)

1. 'The Megaron Hall' auf der Akropolis (Abb. 8). J. Boardman, Excavations in Chios. Greek Emporio. BSA. Suppl. VI (1967) 31 ff. Abb. 16 Steinplan (Die Aufteilung des Maßstabes muß dort von 5 m in 7,5 m geändert werden).

Das Haus lehnt sich mit seiner linken Langseite in leichter Schräge an die Innenwand der Akropolismauer (s. S. O 49). Gleiche Lage zur Akropolismauer hat das Antenhaus in Melie (Panionion u. Melie: JdI., 23. Erg.-H. 117 Plan 2). Vorne verschwindet die Langseite in ihr völlig, hinten löst sie sich in voller Breite von ihr ab, ohne daß eine klare Trennung zustande käme. Direkte Datierungsanhalte fehlen, die Bodenschichtung des Innern und mit ihr alle Reste sind durch einen Köhlermailer zerstört worden; andererseits muß das

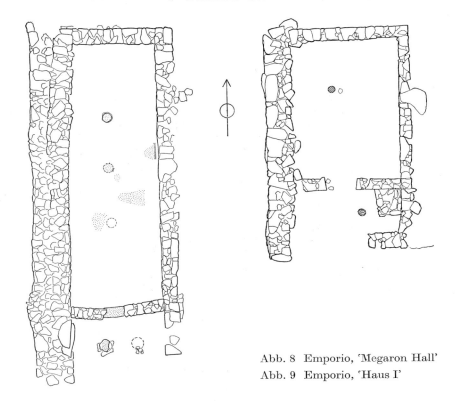

Abb. 8 Emporio, 'Megaron Hall'
Abb. 9 Emporio, 'Haus I'

Haus gleichzeitig mit der Akropolismauer entstanden sein, die noch in das 8. Jh. hinaufreichen dürfte. Die in der Bezeichnung 'Megaron Hall' vertretene Auffassung, daß es sich um den Palast des Stadtfürsten handelt, gründet sich auf das Fehlen von Altar und Weihgaben. Weihgaben, die bis in das 8. Jh. hinaufreichen, sind statt dessen unter dem im 6. Jh. errichteten Athenatempel gefunden worden. Da ein Herdhaus sich innerhalb der Siedlung befand (S. O 13), kann es sich in der Tat um ein repräsentatives Wohnhaus handeln. Eine klare Bestimmung ist nicht möglich.

18,25 × 6,40 m an der Rückseite. Die Vorhalle weist nach Süden. Die freistehenden Außenmauern 1 m stark, die Türwand 60 cm stark, erhaltene Höhe bis 50 cm. Kunstloses Konglomerat aus formlosen, in den Fundamentschichten z. T. großen Blöcken ohne Lehmmörtel, lediglich die Ecken und die freistehende rechte Mauerstirn waren mit einigermaßen orthogonalen Blöcken besetzt; Lehmziegel haben keine Verwendung gefunden. Im Grundriß verjüngt sich das Haus nach hinten und beschreibt die Türwand einen flachen auswärts gerichteten Bogen. In der Türöffnung eine monolithe Schwelle. Die Vorhalle ist flach, in ihr standen zwei Säulenbasen. Die eine erhaltene ist in ihrem oberen sichtbaren Teil grob kreisförmig zugeschnitten und zeigt eine kreisförmige Aufschnürung von 60 cm Durchmesser. Im Innern ursprünglich drei Säulenbasen in achsialer Aufstellung. Der Standort von zweien ist gesichert, die eine erhaltene weist bei gleicher Machart etwas geringere Maße auf.

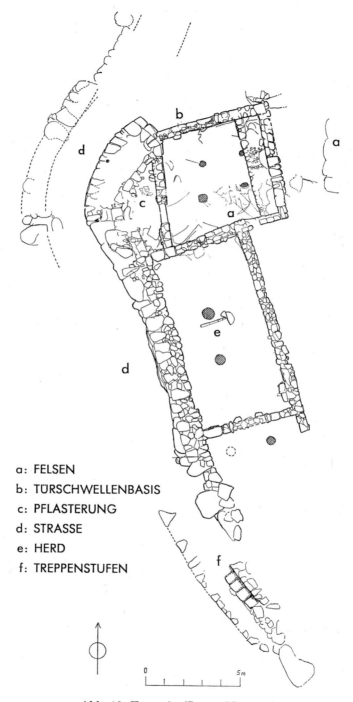

Abb. 10 Emporio, 'Lower Megaron'

2. 'The lower Megaron' innerhalb der Abhangsiedlung (Abb. 10). Boardman a.O. 40ff. Abb. 18 Steinplan. — In den Abhang des Burgberges schiebt sich mit seiner rechten Langseite ein gedrungenes Antenhaus. Die linke Langseite ist verloren, sie ruhte auf einer mächtigen abhangsparallelen Terrassierung oberhalb des Hauptweges. Als Datierung wird auch hier das späte 8. Jh. vermutet. 12,5 m (der Text nennt versehentlich 10,5 m) × 7 m. Die flache Vorhalle weist nach Süden. Die Außenmauern, soweit erhalten, haben eine Breite von 60 cm, die Türwand von 45 cm. Bruchsteinmauerwerk mit geglätteten Fronten. Keine Verwendung von Lehmziegeln. Die Bodenfläche des Innern z. T. Anschüttung, z. T. aus dem Felsen abgearbeitet. In der Türöffnung Unterlagsteine für eine Schwelle. Die Basis für eine der beiden Vorhallensäulen und für die beiden in Längsrichtung angeordneten Innensäulen stehen noch in situ, es sind konische Zylinderbasen. Zwischen den beiden Innenbasen befand sich ein rechteckiger Herd, von dem eine Randplatte noch erhalten ist. Eine mächtige Lehmschicht im Innern und eine obere Pithoshälfte als Schornsteinröhre geben Anlaß, ein Flachdach oder ein flaches Pultdach zu vermuten. An die Rückseite des Antenhauses ist später ein Quadrathaus mit 2 × 2 Innenstützen angesetzt worden.

3. 'House I' innerhalb der Abhangsiedlung (Abb. 9). Boardman a.O. 47ff. Abb. 24 Steinplan. — Am gleichen Hauptweg, in entsprechender Breitlage zum Abhang und entsprechend gleicher Südorientierung ein überaus gedrungenes Haus von 10,25 × 6,50 m, das der gleichen Frühzeit angehören dürfte. Die Steintechnik ist die gleiche. Die rechte Ante knickt einwärts um und wird Frontwand. Im Vorraum liegt zurückgesetzt eine Säulenbasis, eine zweite ist zu ergänzen; in der rechten Ecke außerdem ein Steinsockel. Im Innern eine Säulenbasis außerhalb der Mittelachse. Im vorliegenden Zustand liegt eine typologische Durchmischung zwischen Antenhaus und zweiräumigem Oikos vor, doch handelt es sich nach Meinung des Herausgebers bei der Gestaltung des Eingangs um spätere Veränderungen. Als offensichtliches Wohnhaus gehört es in den Zusammenhang der übrigen Wohnhäuser (S. O 49).

HEPHAISTIA (Lemnos). Antenhäuser im Siedlungsverband. S. O 50.

SAMOS. Ältester Heratempel (Abb. 11. 12. Taf. O VIIa)
Buschor, AM. 55, 1930, 13ff. Beil. 2. 3. Buschor-Schleif, AM. 58, 1933, 150ff. Beil. 47. H. Walter, Das griechische Heiligtum (1965) 35f. 41.

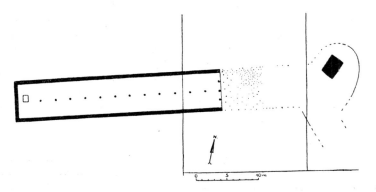

Abb. 11 Samos, Ältester Heratempel

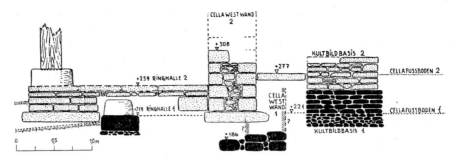

Abb. 12 Samos, Heratempel I (schwarz) und II

Die Tempelzella wurde von E. Buschor zunächst allgemein in das 8. Jh., später in die Wende des 9. zum 8. Jh. bzw. in den Beginn des 8. Jhs. und vor Altar III datiert (AM. 58, 1933, 152. AM. 74, 1959, 2). Die »datierenden Kleinfunde« sind im Krieg verlorengegangen, ohne publiziert worden zu sein. — Fundamentmaße 6,75 × 33,50 m. Den Befund zeigen die Pläne und Fotos AM. 55, 1930, 35 Abb. 13, Beil. 2 u. 3 mit den Ergänzungen und Berichtigungen AM. 38, 1933, 152f. Abb. 3/4 u. Beil. 47. Erhalten nur bis zu zwei Fundamentschichten aus wenig bearbeiteten Porossteinen und Porospackung mit nicht schließenden Fugen, die vor allem der südlichen Langseite angehören. Die Rekonstruktion ist einigermaßen gesichert, ohne daß sich selbstverständlich zentimetergenaue Maße angeben lassen. Sie zeigt einen zwischen Mauerstirnen nach Osten sich öffnenden, stark in die Länge gezogenen Bau mit einer mittleren Stützenstellung (Abstand von Stützenmitte zu Stützenmitte durchschnittlich 2,35 m), die den First eines Satteldaches trug, rückwärts eine Basis für das Kultbild. Die Lage der anzunehmenden Antenquermauer ist unbekannt, außerdem reicht der Befund nicht aus, um zu entscheiden, ob in der Zellamitte ein Opferherd gestanden hat (Oelmann, BJb. 157, 1957, 26).

Dem Tempel ist nachträglich, jedenfalls aber im 8. Jh. der Stylobat für eine Ringhalle umgelegt worden. Daß es sich um zwei Bauphasen handelt, hat der Befund an der westlichen Schmalseite gezeigt, wo die tiefer hinabreichende Steinpackung der Zellarückwand dort, wo sie sich unter die Stylobatsteine vorschiebt, von diesen durch eine Erdschicht getrennt ist (AM. 58, 1933, 151; Beil. 47). Die Breite des Pterons beträgt an den Langseiten und der Rückseite knapp 1,50 m vom Zellafundament aus gemessen, im Osten anscheinend etwas mehr. Auf einem Stein des Südstylobates wurde der Viertelkreis einer runden Aufschnürung beobachtet und östlich des Tempels eine sauber gearbeitete konische Säulenbasis mit einem unteren Durchmesser von 39 cm gefunden, die die Ausgräber vermutungsweise dieser Ringhalle zusprechen. Für die Aufteilung der Ringhallensäulen sind nur Vermutungen möglich. An den Langseiten ist eine Achsbeziehung zu den Innensäulen angenommen worden; an den Schmalseiten ist die Aufteilung völlig ungewiß, die bisherigen Rekonstruktionen sind unbefriedigend.

THERMOS. Bau B (Abb. 13a.b)

Grabungsberichte: Sotiriadis, Ἐφημ. 1900, 179ff. Ders., Πρακτ. 1906, 136ff. Ders., Antike Denkmäler II Taf. 49, 2. S. 3f. Rhomaios, Δελτ. 1, 1915, 242ff. Ders., Δελτ. 6, 1920/21, 168. Ders., Δελτ. 9, 1924/25, 4. — Darstellungen und Sekundärliteratur: G. Sotiriadis, Ἐλλειψοειδικὴ κτίσματα τοῦ Θέρμου (1909)

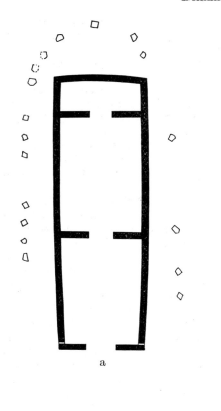
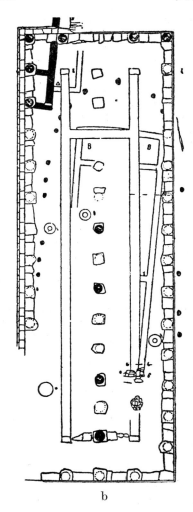

Abb. 13 Thermos
 a: Rechteckbau B.
 Teilrekonstruktion
 b: Apollotempel. Darunter Rechteckbau B

29. Dörpfeld, AM. 47, 1922, 43 ff. F. Poulsen, Thermos (Studier fra Sprog- og Oltids Forskning Nr. 133, 1924). Weickert, Typen 7 ff. Fiehn, RE. V A 2436 ff. s. v. Thermos. Bundgaard, BCH. 70, 1946, 51 ff. Drerup, MarbWPr. 1963, 1 ff.

Die Berichterstattung über die Ausgrabung der frühen Bauten von Thermos ist ungenügend und widerspruchsvoll. G. Sotiriadis hat bis 1908 dort gegraben, späterhin K. Rhomaios. Der Bau B ist von Sotiriadis 1898/99 teilweise freigelegt und in vorläufigen Berichten bekannt gemacht worden, deren erster einen ausführlichen Plan enthält. Rhomaios hat von 1915 an über seine eigenen ergänzenden Grabungen berichtet, teils in vorläufigen Mitteilungen, teils in einer grundsätzlichen Abhandlung (Δελτ. 1915), die zugleich eine heftige Stellungnahme gegen die Befundausdeutung durch Sotiriadis darstellt. Die zweite und letzte, gegenüber dem älteren Plan stark schematisierte Bauaufnahme ist dort veröffentlicht (a. O. 231 Abb. 2), aber auch sie ist durch spätere Schürfungen überholt. Eine zusammenfassende kritische Behandlung des gesamten komplizierten Fragenkomplexes unter Heranziehung der übrigen einschlägigen Literatur habe ich im MarbWPr. 1963, 1 ff. versucht. Da meine Ansichten sich seitdem nicht geändert haben, verweise ich auf die dort gemachten Ausführungen und Überlegungen und begnüge mich hier mit einem kurzen Referat der dort erarbeiteten Ergebnisse.

Unter den Fundamenten der langgezogenen Zella des Apollotempels des 7. Jhs. liegen die Reste eines älteren gedrungeneren Rechteckbaues. Ausrichtung nordsüdlich mit einer nicht unbeträchtlichen Abweichung nach Nordosten, im wesentlichen die gleiche Ausrichtung wie die des Nachfolgertempels. Eingang in beiden Fällen im Süden. Das flache Felsgelände beginnt unmittelbar östlich fühlbar anzusteigen. Länge ca. 21,40 m, Breite im Norden 7,30 m. Der Bau ist unterteilt in einen Vorraum (Länge 8,15 m), einen Hauptraum (Länge 9,13 m) und einen kurzen Querraum an der Rückseite (Länge 2,20 m). Die Zwischenwände waren nur noch in ihren beiderseitigen Ansätzen festzustellen. Basen für Innenstützen sind nicht ausgemacht worden. Die 0,55 m breiten Außenmauern bestehen aus Bruchsteinmauerwerk in Lehmverband. Mit Ausnahme der Eingangsseite ist ihr Verlauf nicht geradlinig, sondern schwach konvex gekrümmt. Gleichfalls mit Ausnahme der Eingangsseite stehen sie nicht senkrecht, sondern sind fühlbar einwärts geneigt: bei einem 0,90 m hoch erhaltenen Mauerstück der östlichen Langseite beträgt der Überstand 8 cm. Was die Eingangsseite angeht, so waren sowohl der östlichen als auch der westlichen Langseite die Ansätze einer quergerichteten Wand vorgelegt, deren Mittelstück mit der anzunehmenden Eingangsöffnung nicht mehr ausgemacht werden konnte. Über die Art des Anschlusses liegen vor allem für die rechte östliche Seite, wo Rhomaios die darüberliegende Zellawand des Nachfolgebaues entfernte, genaue Angaben vor. Danach endete die Langwand in einer mit zwei Hochkantplatten verkleideten Mauerstirn, vor der sich die Bettung für eine 15 cm breite Holzverkleidung befand, erst gegen diese war die Querwand gesetzt. Entsprechendes berichtet Karo im Fundbericht von 1913 für die westliche Langwand (AA. 1913, 99). Die Schlußfolgerung liegt nahe, daß eine ursprüngliche holzverkleidete Antenfront später durch eine querlaufende Eingangswand zugeschlossen worden ist. Die Fundamente des Baues liegen ebenerdig mit den Resten eines Plattenpflasters, das im Innern und im südlichen Vorgelände nachgewiesen werden konnte und über dessen nördlichem Teil eine starke Schicht von Opferasche und Opferrückständen lag. Offensichtlich handelt es sich um die Reste einer älteren Verehrungsstätte. Das mit Bau B zusammenhängende neue Niveau zeichnet sich im Innern durch einen Lehmfußboden ab, der gleichfalls von einer starken Schicht von Opferrückständen bedeckt war. Die gleiche Schicht konnte außerhalb des Baues vor allem im Süden und Westen festgestellt werden. Darüber hinaus lagen Pithoi mit Opferasche innerhalb und außerhalb des Baues, hinzu kommt ein steinummantelter Bothros im Süden mit gleichem Inhalt. Was das Alter der Anlage angeht, so hatte Rhomaios eine Datierung um 1500 ausgesprochen, gegen die Weickert allgemeine Bedenken anmeldete. Es ist möglich, demgegenüber einen bestimmteren Zeitansatz zu nennen. Einige der von Rhomaios abgebildeten Scherben sind nach ausdrücklicher Versicherung innerhalb der beiden genannten Schichten gefunden worden. Die Scherben datieren sowohl die ältere als auch die jüngere Anlage in protogeometrische Zeit.

Der Bau ist im Westen, Norden und Osten von 18 Standplatten umgeben — die ursprüngliche Zahl muß erheblich größer gewesen sein —, die sich insgesamt zu der Figur einer im Süden abgeschnittenen Ellipse zusammenschließen. Im Westen ist die Folge der Standplatten streckenweise erhalten, der Abstand von Steinmitte zu Steinmitte beträgt dort 1,20—1,60 m. Die Standplatten liegen, wie ihr Ausgräber Sotiriadis ausdrücklich hervorhebt, im Schichtniveau der zweiten Anlage, gehören also dem Bau B an. Ihr südlicher Abschluß konnte nicht ermittelt werden — ein hierfür von Rhomaios in Anspruch genommener Befund ist der oben genannte Bothros. Die Basen sind als Reste einer Ringhalle, einer Temenosumgrenzung oder eines gewaltigen Baldachins gedeutet worden. Demgegenüber habe ich die Vermutung ausgesprochen und zu begründen versucht, daß von ihnen schräg gegen das Dach gerichtete Pfosten ausgegangen sind, die die Aufgabe hatten, den schräg auswärts gerichteten Schub eines Satteldaches abzufangen — ein hochgeführtes Satteldach war nach Ausweis der tönernen Hausmodelle die gebräuchliche Dachform in geometrischer Zeit (vgl. S. O 116). Die Parallelen für eine derartige Konstruktionsform verteilen sich auf einen Zeitraum von vier Jahrtausenden und beziehen sich auf den mittel- und nordeuropäischen Raum. Als weitere Parallele kann inzwischen ein aus Lehmziegeln errichtetes Ovalhaus der späteren Bronzezeit, d. h. etwa des 10. Jhs. in Galera (Südspanien) genannt werden (vorläufig Pellicer-Schüle, El Cerro del Real Galera: Excavationes Arqueologicas en España 12, 1962). Die vorgeschlagene Rekonstruktion meint somit nichts Abwegiges, sondern bezeichnet eine zeitlose, von Fall zu Fall neu entwickelte Konstruktionsform des sattelgedeckten Hauses, die mit der Statik des Satteldaches zusammenhängt.

TIRYNS. Antenbau auf der Hochburg (Abb. 14)
H. Schliemann-W. Dörpfeld, Tiryns (1886) 259f. Tiryns I 2ff. 31f. (Frickenhaus). C. W. Blegen, Korakou (1921) 130ff. Nilsson, MMR. 475ff. Weickert, Typen 26. G. Karo, Führer durch Tiryns² (1934) 48. Ders., RE. VI A 1465f. s.v. Tiryns. Tiryns III 213f. (Müller). W. B. Dinsmoor, The Architecture of Ancient Greece (1950) 21. P. Ålin, Das Ende der mykenischen Fundstätten auf dem griechischen Festland (1962) 32f. G. E. Mylonas, Mycenae and the Mycenaean Age (1966) 49.

6,90 × 20,90 m. Eingang im Süden. Der Bau ist in das große mykenische Palastmegaron hineingebaut worden. Die östliche Langseite ruht auf den Resten der entsprechenden Wand des Vorgängerbaues, die westliche Langseite auf dessen Estrich. Die Abmessungen sind so berechnet, daß die rechte Reihe der mykenischen Stützenbasen die Mittelreihe des sehr viel schmaleren Nachfolgerbaues bildet, mit Ausnahme der nördlichen Basis, die unter dessen Rückwand verschwindet. Die Wände haben mit 56—60 cm nicht ganz die halbe Breite des älteren

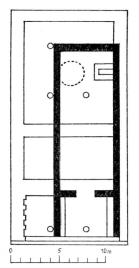

Abb. 14 Tiryns, Antenbau auf der Hochburg

Baues und stehen noch bis zu 65 cm Höhe aufrecht. Ihre Technik unterscheidet sich kaum von der älteren. Es wurden kleinere, meist flache und unbehauene Steine verwendet und mit Erdmörtel verbunden. An die Seitenwände der Vorhalle lehnt sich innen eine Bank an, entsprechend dem älteren Vorbild. Die Reste des mykenischen Megarons zeigen Brandspuren, die des Nachfolgerbaues nicht. Der Antenbau war wie die mykenische Hochburg insgesamt vor seiner Ausgrabung von einer über 1 m hohen Schuttschicht bedeckt.

W. Dörpfeld hatte in seiner ersten Behandlung des Befundes angenommen, daß der Bau bereits der griechischen Architektur angehöre, und dieser Meinung sind A. Frickenhaus, M. P. Nilsson, G. Karo, W. Müller und viele andere, zuletzt Lorimer, HM. 435 und Matz, EAA. VII 875 s. v. Tirinto beigetreten. Bestimmend hierfür war die Entdeckung eines etwa 22 m östlich gelegenen und mit Weihgaben gefüllten Bothros; eine Fülle weiterer Beigaben ist außerhalb der Burgmauer gefunden worden. Die Weihgaben beweisen die Existenz einer Verehrungsstätte auf der Burg, die bis in die Mitte des 8. Jhs. hinaufgereicht haben muß; es liegt nahe, diese Verehrungsstätte mit dem Antenbau zu identifizieren, ihn als Tempel zu bezeichnen. Die Konsequenzen, die diese Gleichsetzung nach sich zieht, sind dagegen folgende: Das Bodenniveau des Antenbaues ist das des vorangegangenen mykenischen Megarons und mit ihm das des Palasthofes. Das mykenische Megaron und sein Hof müßte also ungeachtet des umgebenden Trümmerschuttes auf unverändertem mykenischen Niveau bis in das 8. Jh. hinein gestanden haben und damals erst durch Brand zugrunde gegangen sein, um bald darauf durch den Antenbau ersetzt zu werden. Lediglich Nilsson hat sich dieser Konsequenz zu entziehen versucht, indem er die erhaltenen Mauern des Antenbaues als Fundamente erklärte, die in das Schuttniveau des seit langem zerstörten mykenischen Palastes eingesenkt worden seien. Daß dieser Ausweg nicht gangbar ist, hatte Frickenhaus vorher bereits mit aller Gründlichkeit klargelegt.

Es war C. W. Blegen, der auf das Befremdliche der angeführten Konsequenzen nachdrücklich aufmerksam machte, d. h. die innere Unwahrscheinlichkeit hervorhob, daß gerade der Palast der Burg der allgemeinen Brandkatastrophe in spätmykenischer Zeit entgangen sei und dann unverändert durch ein halbes Jahrtausend weiter gestanden habe, bis auch ihn ein zufälliger Brand vernichtet habe. Da andererseits Megaron und Antenbau zeitlich nicht weit voneinander getrennt werden können, sei dieser der letzte Palast des mykenischen Tiryns gewesen. Dieser Ansicht haben sich W. B. Dinsmoor, P. Ålin und G. E. Mylonas angeschlossen. Ålin betont außerdem, daß der vor dem Megaron stehende Altar im 8. Jh. keine Rolle gespielt habe.

In allen Äußerungen der Kontroverse spiegelt sich die weitgehende Unkenntnis über den Charakter der Verschüttungsschicht über dem Antenbau sowie die noch ausstehende Veröffentlichung der Keramik und Kleinfunde wider. An die Stelle stichhaltiger Beobachtungen treten deshalb allgemeine Erwägungen. Selbst wenn man — gewiß nicht leichten Herzens — die Existenz des mykenischen Megarons bis in reifgeometrische Zeit annimmt, so bleibt die Frage, welchem Zweck dieser repräsentative Bau bis dahin gedient hat, denn die Weihgaben setzen erst in der 2. Hälfte des 8. Jhs. ein. Hält man sich den allgemeinen Charakter des Antenbaues vor Augen, seine Isolierung, Engbrüstigkeit, Zweischiffigkeit und die dünnen Mauern, die auf ein leichtes Satteldach schließen lassen, so fällt der Widerspruch zu einem normalen mykenischen Megaron in die Augen, während die geometrische Zeit Parallelen bietet. Was die gestreckten Proportionen angeht, so muß andererseits nun auf zwei Raumfolgen im Bereich B des Palastes von Keos aus Beginn und Mitte der späthelladischen Zeit hingewiesen werden. Ich lasse die Frage nach dem Alter des Antenbaues ausdrücklich unentschieden.

ZAGORA (Andros). Wohnhäuser. S. O 56.

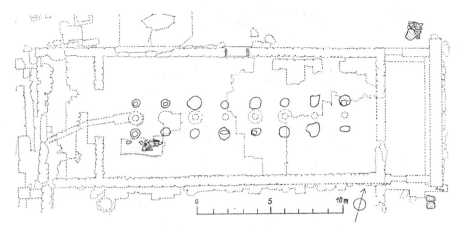

Abb. 15 Delos, Rechteckbau unter dem Naxieroikos

d) *Langhaus, Frontgestaltung ungewiß*

DELOS. Rechteckbau unter dem Naxieroikos (Abb. 15)
R. Vallois, Les Constructions Antiques de Délos (1953) Abb. 12. Gallet de Santerre, Délos Primitive 215f. mit der älteren Literatur; Plan B. P. Bruneau-J. Ducat, Guide de Délos (1965) 77f. Nr. 6. Eine Publikation wird von P. Courbin vorbereitet.

Zwei Reihen von je acht in den Felsen eingetriebenen Vertiefungen mit einer eingelassenen Basisplatte. Offensichtlich standen in ihnen Holzstützen, die bis zur Höhe des Fußbodens seitlich verkeilt waren. Richtung Ost-West. Abstand der Stützen in Längs- und Querrichtung ca. 2,10 m. Beifunde geometrisch. Es handelt sich um die übriggebliebenen Bodenspuren eines dreischiffigen Innenraumes von etwa 18,50 m Länge. Daß ein südlich angrenzender Fundamentrest der südlichen Außenmauer angehört, ist unwahrscheinlich, da die Seitenschiffe dann nur 0,30 m breit wären.

ERETRIA. Reste des geometrischen Kulthauses. S. O 64.

JOLKOS (Thessalien). Reste eines Langhauses. S. O 65.

SPARTA. Der ältere Tempel der Artemis Orthia (Abb. 16. Taf. O VIIIa)
Dawkins, Orthia 1ff. Weickert, Typen 11f. O. Lappo-Danilewski, Untersuchungen über den Innenraum der archaisch griechischen Tempel (1942) 11ff. Kirsten, BJb. 158, 1958, 170ff. Boardman, BSA. 58, 1963, 1ff. Beste fotografische Ansicht: A. Lawrence, Greek Architecture (1957) Taf. 17b. Rekonstruktionsversuch des Grundrisses: G. Gruben, Die Tempel der Griechen (1966) 29 Abb. 24.

Der Inhalt der übereinanderliegenden Schichten im Heiligtum der Artemis Orthia ist neuerdings von J. Boardman in eine stilchronologische Abfolge gebracht worden, die gegenüber den älteren Ansätzen durchweg zu späteren Daten kommt. Danach ist der ursprünglich tempellose Kultplatz mit Flußkieselpflasterung, Temenosmauer und ältestem Altar nicht älter als um 700 an-

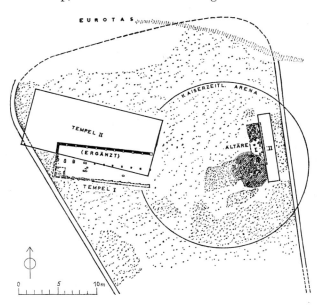

Abb. 16 Sparta, Älterer Tempel der Artemis Orthia

zusetzen. Wann der Tempel und der mit bzw. nach ihm errichtete zweite Altar genauer anzusetzen sind, läßt sich nicht mehr entscheiden, in jedem Fall muß es die erste Hälfte des 7. Jhs. gewesen sein.

Der Tempel öffnete sich nach Osten. Die Reste sind spärlich. Erhalten geblieben ist ein Teil der Rückwand sowie der von ihr ausgehenden südlichen Langwand. Die Ausdehnung bis zum Eingang läßt sich vielleicht erschließen durch im Osten gefundene zahlreiche Weihgaben, die aus dem Tempel entfernt und vor seiner Front vergraben wurden, die Länge müßte dann mindestens 12 m betragen haben. Über die Gestaltung der Front läßt sich nichts mehr ausmachen. Im Inneren Basisplatten für eine innere Stützenreihe, der Abstand von Stütze zu Stütze beträgt etwa 1,25 m. Den Basisplatten entsprechen in gleicher Anordnung solche innerhalb des Südfundamentes. Allgemein und sicher mit Recht ist hieraus auf einen zweischiffigen Innenraum mit einer Gesamtbreite von ca. 4,50 m geschlossen worden, der von einem Satteldach überdeckt war. Lediglich der Vollständigkeit halber sei darauf hingewiesen, daß eine weitere Basisplatte, die fluchtgerecht zwischen den beiden genannten Basisreihen liegt — sofern der stark schematisch gezeichnete Plan (Dawkins a. O. 14 Abb. 8) hierin zuverlässig ist — den Rest einer zweiten inneren Stützenreihe bedeuten könnte. Dadurch ergäbe sich ein dreischiffiger Raum von insgesamt etwa 3,50 m Breite und einer Schiffsbreite von gut 1 m. Zwar ist ein dreischiffiger Innenraum geometrischer Zeit auf Delos bezeugt (S. O 19), doch sind die genannten Maße unwahrscheinlich. — Die Fundamente bestehen aus kleinen Flußsteinen des Eurotas, darüber erhoben sich Lehmziegelwände, deren Sockelschicht außen durch 90 cm hohe und wenige Zentimeter breite Platten verkleidet war. In der Süd-Westecke des Tempels eine aufgemauerte Kultbank, die gleichfalls mit dünnen Platten verkleidet war. Reste eines

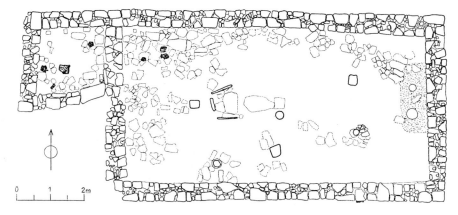

Abb. 17 Tsikalario, Rechteckbau

Opferherdes sind im Innern nicht gefunden worden, seine Existenz wäre angesichts der enggestellten Stützen und des in die Anfangszeit des Heiligtums zurückreichenden Außenaltares unwahrscheinlich.

TSIKALARIO (Naxos). Rechteckbau (Abb. 17)
Papadopoulou-Zaphiropoulou, Δελτ. 21 II 2, 1966 (1968), 395f. Abb. 8.

Von einem freistehenden einräumigen Rechteckbau, Bestandteil einer Siedlung mit Nekropole (S. O 51) liegt einstweilen ein Steinplan mit einigen ergänzenden Notizen vor. 10,3 × 6 m (abgegriffene Maße). Der Eingang muß sich in der westlichen Schmalseite befunden haben. Die nördliche Langseite übergreift den Bau an der Eingangsseite um 2,5 m und ist Bestandteil eines vorgelagerten kleinen Quadratraumes. Es liegt nahe, hierin die spätere Veränderung eines ursprünglich aus Haupt- und Vorraum bestehenden Hauses von 12,8 × 6 m zu sehen, doch muß es offenbleiben, ob es sich um ein Antenhaus oder um einen zweizelligen Oikos handelte. Im Innern Reste einer Plattenpflasterung, in der Mittelachse Randsteine eines rechteckigen Herdes. 6 teils runde, teils rechteckige Säulenbasen wurden in richtungsloser und sicher nicht mehr ursprünglicher Aufstellung gefunden. Eine achsiale Anordnung der Basen scheint jedoch ausgeschlossen, was die Annahme eines Flachdaches nahelegt. Über die Steintechnik fehlen nähere Angaben. Geometrisch.

e) *Breithaus*

KARPHI (Kreta). Breiträume. S. O 39.

KAVOUSI (Kreta). Breiträume. S. O 41.

OLOUS (Kreta). Kulthaus (Abb. 18)
BCH. 61, 1937, 474. BCH. 62, 1938, 386ff. Taf. 43; a. O. 482 (Fundberichte). Jamot, CRAI. 1938, 182. R. Vallois, L'Architecture Hellénique et Hellénistique à Délos I (1944) 122 Anm. 3. Yavis, Altars 60. Drerup, Festschrift Matz (1962) 36. Ders., MarbWPr. 1967, 11. Renard, AntCl. 36, 1967, 576.

Gefunden wurden die Fundamente eines Rechteckbaues von 11,25 × 4,75 m mit zu erschließender Eingangsöffnung in der westlichen Langseite. Vor dem Eingang eine Eschara, durchsetzt mit protogeometrischen Scherben, davor die Basisplatte für eine Holzstütze. Die Basisplatte muß als Rest einer dem Breithaus vorgesetzten Pfostenhalle verstanden werden, die die Eschara überdeckte. Im 2. Jh. v. Chr. ist der Kultbau durch einen etwa maßgleichen Neubau ersetzt worden, der das Grundschema leicht variiert übernimmt und damit bestätigt. An Stelle der Pfostenhalle wird die Eingangsseite durch einen geschlossenen Korridor eingenommen, die erhaltene Bauinschrift nennt den Korridor Pastas. Der beschriebene Befund ist inzwischen beseitigt worden.

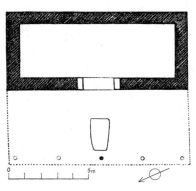

Abb. 18 Olous, Kulthaus

THORIKOS (Attika). Haus mit Vorhof (Abb. 19. Schraffierte Teile)

H. F. Mussche u. a., Thorikos II 1964 (1967) 25 ff. Plan 1. Thorikos III 1965 (1967) 31 ff. Plan 3.

Belgische Grabungen haben im Südwestabhang des Velaturihügels (E. Curtius - J. A. Kaupert, Karten von Attika [1881–1894] Bl. 16) eine durch spätere Terrassierungen gestörte Anlage aufgedeckt, die sich durch ihre in situ gefundene Keramik spätestens dem frühen 9. Jh. zuweisen läßt. Einem abhangsparallel ausgerichteten Breithaus ist in 50—80 cm tieferem Niveau in gleicher Breite aber geringerer Tiefe ein Hof vorgelagert. Die Gesamtmaße der nicht genau rechtwinkligen Anlage lassen sich zu etwa 10 × 9 m ergänzen. Die Eingänge in den Hof und vom Hof in das Haus lassen sich nicht mehr ausmachen. Das Haus umfaßt einen einzigen Raum von beträchtlicher Größe. Entlang der Rückwand und der linken Seitenwand verläuft ein 1,20—1,25 m breites Podest aus Steinplatten und Lehmziegeln, darüber ein 3–5 cm dicker Lehmüberzug. Über dem Boden eine dünne Ascheschicht. Eingesenkt zwei Feuerstellen, deren eine geschmolzenes Blei enthielt. An das Hofhaus lehnt sich rechter Hand und über dieses rückwärts hinausgreifend ein kleines Annexhaus etwa quadratischen Grundrisses (5 × 6 m) mit Eingang an der rechten Seite. Die etwa 60 cm breiten und bis zu 1 m hohen Mauern bestehen aus dünnen bis mitteldicken Platten in unregelmäßiger aber sauberer Schichtung.

f) *Quadrathaus*

ASINE. Geometrische Terrasse auf der Akropolis

Frödin-Persson, Asine 39 f. Abb. 20. P. Ålin, Das Ende der mykenischen Fundstätten auf dem griechischen Festland (1962) 33. 47 ff.

Zwei eng nebeneinanderstehende Einraumhäuser etwa quadratischer Form zeichnen sich innerhalb der Mauerreste der späthelladischen Siedlung ab. Seitenlänge 4–5 m. Geometrisch. Ein weiteres Haus scheint links angeschlossen zu haben.

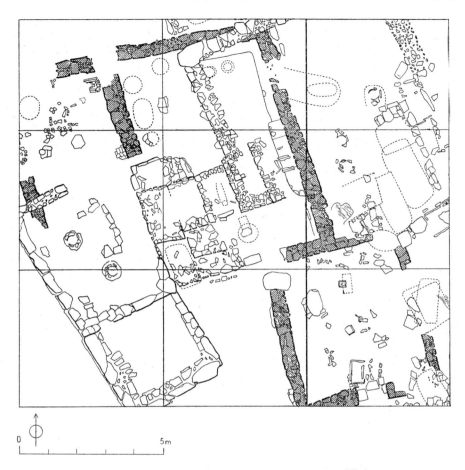

Abb. 19 Thorikos, Haus mit vorgelagertem Hof

DELOS. Heraheiligtum auf dem Kynthos (Abb. 20)
Délos XI 145ff. Abb. 101–104. R. Vallois, L'Architecture Hellénique à Délos I (1944) 79f. Gallet de Santerre, Délos Primitive 259ff. P. Bruneau-J. Ducat, Guide de Délos (1965) 145f. Nr. 101.

Nach den zahlreichen Weihgeschenkresten zwischen Kultbank und Rückmauer um 700. Es handelt sich um einen kleinen quadratähnlichen Bau mit vorgezogenen Seiten und Türwand. Die Türwand weist nach Süden und mißt 2,85 m, die Rückseite dagegen 3,40 m, die beiden Seitenwände sind etwa 2,80 m lang. Die besonders schräg laufende Westmauer wurde später erneuert. Gegen die Rückwand ist eine Kultbank gesetzt, die rechts einen schmalen Zwischenraum freiläßt. Die 0,30 m breiten Mauern stehen noch 0,60 m über den Fundamenten an. Sie sind in sorgfältig pseudoisodomer Schichtung aus 5 cm hohen, nach innen unregelmäßig gebrochenen Gneisplatten errichtet, dazwischen 20 cm hohe Quadern. Beiderseits der Eingangsöffnung enden die Mauern über einer Schwellplatte in einfacher Treppung. In den Fundamenten des Nachfolgerbaues und der Terrassierung wurden zehn Säulenbasen gefunden. Es handelt sich um anscheinend sorgfältig gearbeitete niedrige Zylinderbasen konischen Querschnitts. Unterer Durchmesser 29–42 cm, Höhe 12–26 cm. Es ist durchaus möglich, daß sie einer zugehörigen Ringhalle von 3 × 4 oder 4 × 4 Säulen entstammen.

DELOS. Älterer Artemistempel (Abb. 21)

Vallois, BCH. 48, 1924, 428ff. Ders., L'Architecture Hellénique et Hellénistique à Délos I (1944) 48f. 118. Ders., Les Constructions Antiques de Délos (1953) Taf. 2. Tréheux-Gallet de Santerre, BCH. 71/72, 1947/48, 148ff. Taf. 19 (Depotfund). Gallet de Santerre, Délos Primitive 127ff. 252ff. P. Bruneau-J. Ducat, Guide de Délos (1965) 99f. Nr. 46. Die von Ch. Picard und J. Replat vorbereitete Publikation des Tempels (BCH. 48, 1924, 428) ist noch nicht erschienen.

Durch den mykenisch-geometrischen Depotfund in die Wende vom 8. zum 7. Jh. datiert. Etwa 9,60 × 8,60 m. Eingang im Osten. Vor dem Eingang eine 80 cm breite Plattenlage. Ein Steinplan existiert nur von der Ostfront (BCH. 71/72, 1947/48, Taf. 19. Gallet de Santerre a. O. Taf. 3 Abb. 6), im übrigen ist man auf vereinfachende oder unklare Grundrißzeichnungen angewiesen (Vallois, Les Constructions Antiques Taf. 2. Gallet de Santerre a.O. Taf. 4 Abb. 7; Bruneau-Ducat a.O. 100 Abb. 14). Daß es sich um einen Bau ohne Vorraum handelt, wird von Vallois, L'Architecture Hellénique à Délos 118 ausdrücklich und im Gegensatz zu älterer Stellungnahme (BCH. 48, 1924, 433) betont, auch die gedrungene, fast quadratische Form ist gesichert.

DELPHI. Reste des geometrischen Wohngebietes. S. O 64.

EMPORIO (Chios). Abhangsiedlung. S. O 49.

LEUKANTI (Euböa). Quadrathaus. S. O 65.

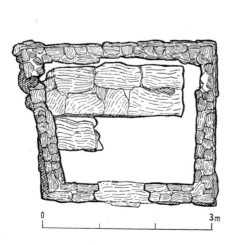

Abb. 20 Delos, Heraheiligtum auf dem Kynthos

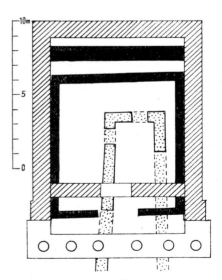

Abb. 21 Delos, Älterer Artemistempel (schwarz)

PHAISTOS. Tempelfundamente
BCH. 83, 1959, 746 (Fundbericht).

Westlich des Palasthügels haben Schürfungen Fundamentreste eines kleinen 'Tempels' subgeometrischer oder orientalisierender Zeit ergeben. Den vorläufigen Mitteilungen zufolge öffnet sich eine nahezu quadratische Zella auf einen Doppeleingang mit eingestellter Mittelsäule, dieser entspricht eine zweite Säule im Zellainneren. Der Tempel hat einen gepflasterten Vorplatz.

SAMOS. Heraheiligtum, Naiskoi
Buschor, AM. 55, 1930, 12ff. Ders., AM. 58, 1933, 166ff. Ders., AM. 74, 1959, 2.

Nördlich und südlich des älteren Altarmassivs liegen die Reste zweier auf dieses gerichteter Naiskoi, die von E. Buschor in die erste Hälfte des 7. Jhs. datiert und vermutungsweise Aphrodite und Hermes zugewiesen wurden. Der besser erhaltene nördliche Befund läßt die gesicherte Ergänzung zu einem in ganzer Breite auf den Altar geöffneten Naiskos mit einer Innenfläche von 4,05 m Länge und 3,30 m Breite zu. Kleinsteiniges, 43 bzw. 53 cm starkes Mauerwerk aus 5–10 cm hohen, im Innern unregelmäßig behauenen Platten, die sich an der Außenseite zu einem gut gefugten pseudoisodomen Verband zusammenschließen. Der sehr fragmentarische südliche Befund ist von Buschor analog einem mit seiner Westseite dem Altar zugewandten Naiskos ergänzt worden. Die sorgfältige Mauertechnik der Innenschale scheint auf etwas jüngere Entstehung zu verweisen.

SIPHNOS. Wohnhäuser. S. O 50.

THORIKOS. Annexhaus. S. O 22.

XOBORGO (Tinos). Quadrathäuser im Reihenverband. S. O 55.

ZAGORA (Andros). Häuser und Räume. S. O 55.

2) Kurvenbauten

a) *Apsishaus*

ALTSMYRNA. Spät- und subgeometrische Schicht. Vgl. S. O 47.

ANTISSA (Lesbos). Apsishaus (Abb. 22a.b)
Lamb, BSA. 32, 1931/32, 42ff. Desborough, Prot. P. 217. Drerup, AA. 1964, 184ff.

Über einem nach Nordosten geneigten Terrain erheben sich die Fundamente und Mauern eines nach Westen sich öffnenden, d. h. schräg zur Neigung ausgerichteten Apsishauses. Der Bau muß längere Zeit gestanden haben, bis im 8. Jh. über ihm ein etwas schmalerer Apsis- oder Ovalbau errichtet wurde (S. O 26). Die Ausgräberin datiert den Bau auf Grund der Scherbenfunde in das 9. oder noch in das 10. Jh.

17,25 × 5,50 m. Die Mauern bestehen außen beiderseits aus meist überaus kleinen, unregelmäßig gebrochenen Steinen in kunstloser Fügung, die sich innen verzahnen. Die Mauern sind 45–50 cm breit und an der Apsis noch 1,85 m hoch. Die beiden Schenkelmauern streben nach Westen etwas auseinander, um kurz vor der Frontmauer in leicht konvexer Krümmung sich wieder einander zu nähern. Von der schräg geführten Frontmauer nur spärliche Reste erhalten, die anzunehmende Türöffnung nicht mehr auszumachen. Die nördliche Langseite setzte sich jenseits der Frontmauer mit einem Basisstein fort, der zweifellos einen Pfosten, eine 'Ante' trug, sein Gegenstück im Süden ist verschwunden. Das Innere durch drei z. T. gleichfalls schräg geführte Quermauern unterteilt. Basisplatten für Innenstützen sind nicht ausgemacht worden, ebensowenig Reste einer Innenausstattung. In der Mitte der Nordwand befand sich nach Ansicht der Ausgräberin ein zweiter Eingang mit rechtwinklig abstehender Flankierungsmauer, der später durch eine im Viertelkreis zu dieser hinführenden Mauer zugesetzt wurde. Die Apsismauer fühlbar einwärts geneigt. In Höhe der Frontwand führt von Süden eine Mauer gegen die südliche Langseite.

ANTISSA (Lesbos). Apsis- oder Ovalhaus (Abb. 22a)
Lamb, BSA. 32, 1931/32, 45ff.

Über dem Apsisbau des 9. oder 10. Jhs. (S. O 25) erhob sich auf etwa 80 cm höherem Niveau und unter Verwendung des Mauerwerks der beiden älteren Langseiten als Fundament ein zweiter Apsis- oder ein Ovalbau, den die Ausgräberin auf Grund von Scherbenfunden und anderen Überlegungen allgemein ins 8 Jh. datiert. Die Mauerflächen unterscheiden sich von denen des Vorgängerbaues deutlich durch ihre sorgfältige polygonale Fügung unter Verwendung kleiner Füllsteine. Die Langwände verlaufen anders als dort geradlinig und weitgehend parallel, was zur Folge hat, daß der nördliche Mauerzug, der im Osten mittig auf der älteren Mauer aufruht, nach Westen hin sich mehr und mehr von dieser nach innen absetzt. Der Bau ist im Westen um etwa 2,50 m kürzer als der ältere. Er endet nicht wie dieser mit einer Frontmauer, sondern mit einer Apsis, d. h. genauer mit einer Frontmauer, die beiderseits kurvig in die Längsmauern übergeht, gewissermaßen also mit einer begradigten Apsis (ihr südlicher Teil ist jetzt deformiert). In der Mitte der Apsis eine später zugemauerte Tür. Den östlichen Abschluß bezeichnet im jetzigen Zustand eine zur Hälfte erhaltene rechtwinklig abschließende Quermauer. Sollte sie den antiken Abschluß bezeichnen, so würde die Erneuerung einen Apsisbau in entgegengesetzter Richtung darstellen. Doch läßt die Ausgräberin die Möglichkeit offen, daß die dahinter anschließende ältere Halbrundapsis vom Neubau übernommen, d. h. wieder aufgebaut wurde. In diesem Fall wäre die Erneuerung ein Ovalbau.

Eine von Wand zu Wand verlaufende Quermauer, gegenüber den Quermauern des Vorgängerbaues rechtwinklig eingezogen, teilt das Innere in einen längeren westlichen und einen kürzeren östlichen Raum. Inmitten des Westraums eine Herdstelle. Gegen die östliche Außenwand sind nach Zumauerung der Tür eine umlaufende Verstärkungsmauer sowie zwei quer angesetzte Mauern herangeführt worden. Im Laufe des 7. Jhs. ist der Bau von anders orientierten Mauern überdeckt worden. Die durch mehrere Jahrhunderte hindurch bewahrte bauliche Kontinuität und die zentrale Herdstelle sichern dem Bau eine kultische Bestimmung. — Für die langsam sich entwickelnde Geltung rechtwinkliger Grundrißführung ist die Baufolge ein anschauliches Beispiel.

DELPHI. Gebogener Mauerrest. S. O 64.

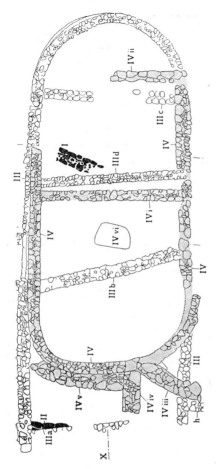 

a) Apsishaus mit späterem Überbau   b) Rekonstruktion des Apsishauses

Abb. 22a, b Antissa

ELEUSIS

G. E. Mylonas, Eleusis and the Eleusinian Mysteries (1961) 60.

Unter dem Tempel der Artemis Propylaia stellte K. Kourouniotis 1937 die Fundamente eines großen Apsishauses fest, der dem Ende der geometrischen Zeit anzugehören scheint. Keine weiteren Berichte.

ERETRIA

Die Schweizer Grabungen in Eretria haben in der Nähe der Toranlage den rückwärtigen Teil eines geometrischen Apsishauses festgestellt. Eine Bekanntgabe des Fundes liegt zur Zeit noch nicht vor.

LEUKANTI (Euböa). Reste eines Apsishauses. S. O 65.

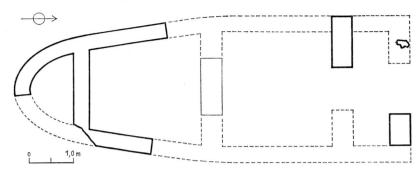

Abb. 23 Mykene, Apsishaus

MYKENE. Unterstadt (Abb. 23)
Ἔργον 1962, 106ff. Πρακτ. 1962 (1966) 85ff. Abb. 10. 1963 (1966) 110f. BCH. 87, 1963, 746 (Fundberichte).

Unmittelbar östlich des Hauses des Ölhändlers inmitten des sich dort verbreiternden mykenischen Straßenzuges, der über die Zerstörung hinaus in Benutzung blieb, ist von N. M. Verdelis ein Apsisbau freigelegt worden (Abb. 23). Unter den mitgefundenen zahlreichen Scherben spätgeometrischer Zeit befinden sich zwei protogeometrische Scherben. Aus ihnen hatte der Ausgräber anfangs eine Frühdatierung des Baues in die 2. Hälfte des 10. Jhs. gefolgert, doch neigte er später einer Datierung in geometrische Zeit zu, sicher mit größerem Recht. — 3,50 × 9,00 m. Türfront im Norden. Der Bau besteht aus schmalem Vorraum, quadratischem Mittelraum und rückwärts sich verengendem Annexraum. Der Annexraum senkt sich zur Apsis hin, außerdem ist er durch eine Quermauer, die vermutlich nur Brüstungshöhe erreichte, noch einmal unterteilt. Einige Tonfragmente, die der Ausgräber als Reste eines kleinen Verehrungsobjektes deutete, bestimmten ihn, den eigentlichen Apsisraum als Adyton und den ganzen Bau als Tempel zu bezeichnen.

PERACHORA. Tempel der Hera Akraia (Abb. 24)
Payne, Perachora I 27ff. Taf. 116. 139.

Die reichlich gefundene Keramik datiert den Tempel hoch ins 8. oder wahrscheinlicher noch ins 9. Jh. Erhalten im wesentlichen ein bis zwei Steinlagen der etwa 70 cm breiten Nordmauer mit Ansatz von Apsis im Westen und Eingangswand im Osten. Überaus kunstlose Fügung aus kleinen unbehauenen Steinen. Die Grundform eines einräumigen gedrungenen Apsishauses von etwa 8 m Länge ist mit Sicherheit zu ergänzen, doch bleibt eine genauere Festsetzung der Breite — 5 oder 6 m — ungewiß, da der erhaltene Rest der Apsis keine gleichmäßige Rundung zeigt. Keine weiteren Anhaltspunkte.

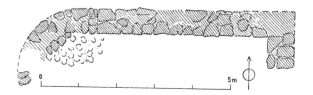

Abb. 24 Perachora, Tempel der Hera Akraia

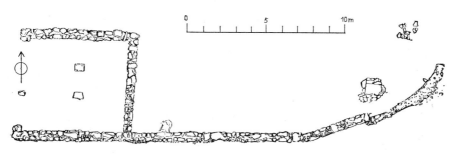

Abb. 25 Solygeia, Apsishaus

SOLYGEIA bei Korinth (Abb. 25)
Εργον 1958, 115ff. Verdelis, Archaeology 15, 1962, 184ff. Ders., Πρακτ. 1958 1965) 135ff. Abb. 2.

Erhalten die südliche Schenkelmauer, die südliche Apsishälfte, ein kleines Stück der nördlichen Apsishälfte und die Antenvorhalle eines nach Westen sich öffnenden Apsishauses von etwa 7 × 26 m (Abb. 25). Die Apsis war schräg verzogen und enthält eine π-förmige Steinsetzung nicht ganz klarer Bestimmung. Innerhalb der quadratischen Antenvorhalle drei Basissteine, die zwei Reihen von Stützenbasen angehörten. Der Ausgräber unterscheidet auf Grund der wenigen gefundenen Scherben und ihrer Fundlage eine ältere subgeometrische und eine jüngere, dem Anfang des 6. Jhs. angehörende Bauperiode, die ineinander überzugehen scheinen. Beim älteren Tempel sei die Vorhalle kürzer und nur mit zwei Stützen ausgestattet gewesen, außerdem sei anzunehmen, daß die Nordwand weiter ausgegriffen habe, wodurch sich im ganzen ein kürzerer und breiterer Grundriß ergäbe(?).

b) *Ovalhaus*

ALTSMYRNA. Protogeometrische Schicht. S. O 44.
Spät- und subgeometrische Schicht. S. O 47.

ANTISSA (Lesbos). Ovalhaus? S. O 26.

ATHEN. Nordabhang des Areopag (Abb. 26)
Burr, Hesperia 2, 1933, 542ff. Abb. 1ff.

Mehrere Teilstücke einer etwa 25–40 cm breiten und bis zu 25 cm hohen gebogenen Mauer werden von der Ausgräberin überzeugend zu einem unregelmäßig geformten Ovalhaus von etwa 5 × 11 m ergänzt (Abb. 26). Erbauungs-

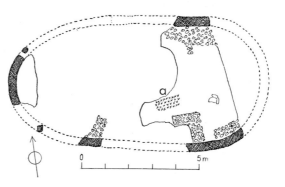

Abb. 26 Athen, Ovalhaus (a: Herd)

zeit etwa Mitte des 9. Jhs., gegen Mitte des 8. Jhs. zerstört und verlassen. Richtung West-Ost. Das Haus liegt innerhalb eines aufgelassenen geometrischen Gräberfeldes. Nach Zerfall des Hauses bildete sich eine Votivgrube zweifellos sepulkraler Bestimmung. Die Südmauer extrem kleinsteinig, für die Nordmauer wurden etwas größere Steine verwandt. Der Oberbau bestand vermutlich aus luftgetrockneten Lehmziegeln. Im Innern lief eine gegen die Außenwand gesetzte und gegenüber dem gestampften Boden etwa 15 cm erhöhte Bank um. In der Mitte eine Herdstelle. Basen für Innenstützen sind nicht ausgemacht worden, aber zu fordern; die Lage des Eingangs ist ungewiß. Gegen die Südmauer wurde später von außen eine Quermauer herangeführt, die ihrerseits gegen eine gleichfalls geometrische Terrassierung stieß und einen Hofraum umschlossen haben wird.

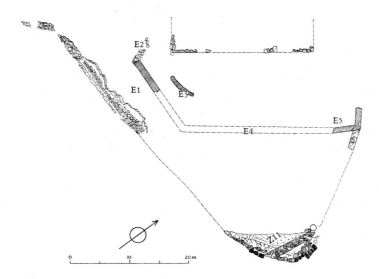

Abb. 27 Eleusis, Reste der ältesten Mysterienterrasse

ELEUSIS (Abb. 27, E3)
G. E. Mylonas, Eleusis and the Eleusinian Mysteries (1961) 57 f. mit der älteren Literatur.

Ein gebogenes Wandstück spätgeometrischer Zeit in kunstloser Steinfügung von 5,50 m Länge (Mylonas a.O. Abb. 13 E 3; Abb. 23 E 3; hier Abb. 27) ruht auf der gleichfalls spätgeometrischen Terrasse, kann also keine Temenosmauer gewesen sein. Für einen Apsisbau ist der Radius zu groß, desgleichen für einen Rundbau und erst recht für einen Altar, deshalb am wahrscheinlichsten Rest der südlichen Langseite eines gedrungenen Ovalhauses, in dem man das älteste Mysterienhaus wird erkennen dürfen.

GONNOI (Thessalien). Tempel der Athena Polias
Arvanitopoulos, Πρακτ. 1910, 253 ff.; a.O. 1911, 315 ff. Weickert, Typen 18 f.

Der Grundriß muß die Form eines an der Eingangsseite abgeschnittenen Ovals gehabt haben, doch bleibt der Abschluß der Frontseite unklar. Die beiden veröffentlichten Grundrißskizzen geben dem Bau eine verschiedene Länge und damit verschiedene Gestalt. Insgesamt gewinnt man den Eindruck einer flüchtigen und ungenau publizierten Grabung. — Breite etwa 7,5 m. Das 0,94 m breite Fundament aus kleinen und unregelmäßig geformten, aber gut gefugten Steinen springt in Sockelhöhe beiderseits stark zurück, um in einer Breite von 0,47 m sich als ein 2–3 Steinlagen hoher Unterbau fortzusetzen. Der Oberbau bestand aus Lehmziegeln, der sich bei der Ausgrabung durch eine große Masse abgeschwemmter lehmiger Erde zu erkennen gab. Datierende Beifunde sind nicht bekanntgegeben worden. Nach Mauertechnik und Grundrißform sicher noch geometrisch, allenfalls früharchaisch. Lamb, BSA. 32, 1931/32, 45 rückt den Bau in die Nähe des älteren Apsishauses von Antissa (S. O 25). Der Tempel blieb bis in den Hellenismus hinein in Benutzung, wie die zahlreich gefundenen Dachterrakotten beweisen. Auch die Reste zweier Porospfeiler(?) vor dem Eingang und ein Kultbildbathron im Innern wird man erst einer späteren Veränderung zuschreiben.

MILET
Mallwitz, IstMitt. 9/10, 1959/60, 76 ff. Beil. 6. G. Kleiner, Alt-Milet (1966) 14 f.

Unmittelbar nördlich des alten Athenatempels ovale, innen massive Steinsetzung von etwa 2 m Länge mit weitgehend zerstörter Umfassungsmauer. Spätgeometrisch. Vermutlich Verehrungsstätte. Deutung im einzelnen unklar. Ähnliche Steinsetzungen geometrischer Zeit sind bei der südlichen archaischen Stadtmauer festgestellt worden (S. O 68). Kleiner schreibt sie der karischen Bevölkerung zu.

c) *Rundhaus*

ALTSMYRNA. Spät- und subgeometrische Schicht. S. O 47.

AULIS. Gebogenes Mauerstück. S. O 64.

HYMETTOS bei Athen
Young, AJA. 44, 1940, 1 ff. AA. 1940, 174 f. (Fundbericht).

Fundamente eines kleinen Rund- oder Apsishauses mit Vasenscherben geometrischer bis orientalisierender Zeit. Genauere Angaben fehlen.

3) Zusammengesetzte Hausformen

ATHEN. 'Heiliges Haus' (Abb. 28)
Ἔργον 1958, 5 ff. 1960, 5 ff. 1961, 3 ff. 1962, 3 ff. Δελτ. 16, 1960, Chron. 33 ff. BCH. 83, 1959, 576 ff. 84, 1960, 644 ff. 85, 1961, 616 ff. 86, 1962, 654 ff. 88, 1964, 682 ff. Am ausführlichsten Πρακτ. 1958 (1965) 5 ff. Abb. 1. 2 (Stavropoullos).

Die vorläufigen Berichte vermitteln nur eine sehr lückenhafte Vorstellung des im Gelände des Heros Akademos von P. D. Stavropoullos ausgegrabenen Baues, selbst die bekanntgegebenen Grundrisse zeigen fühlbare Unterschiede in der Richtung einzelner Mauern. Nachdem im November 1961 ein Wolkenbruch das Ausgegrabene weitgehend weggeschwemmt hat, wird unsere Kenntnis des wichtigen Baues unvollkommen bleiben.

Nach der Scherbenstratigraphie anscheinend subgeometrisch. Sieben Räume beiderseits eines nach Norden ausgerichteten Korridors schließen sich außen

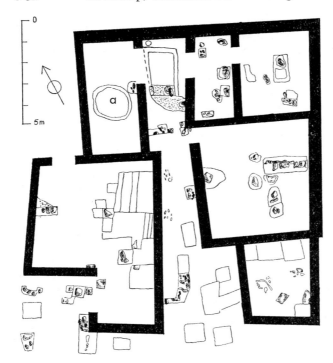

Abb. 28 Athen, 'Heiliges Haus' (a: Eschara)

zu einem gedrungenen Rechteck zusammen, aus dessen westlicher Seite ein Raum teilweise heraustritt. Größte Maße 15,30 × 14,60 m. Der Korridor mündet südlich in einen nach außen offenen Eingangsraum. Links des Korridors liegen drei, rechts vier Räume. Ihre Grundform ist zumeist ein deformiertes Quadrat, die Größe verschieden. Ihre Reihenfolge ist beiderseits des Korridors die gleiche: Auf einen kleinen Raum folgt der größte, schließlich ein Langraum, den auf der rechten Seite ein Quadratraum begleitet. Sämtliche Räume liegen gegeneinander versetzt, alle Mauern scheinen schrägwinklig zu sein. Ungewiß, ob alle Räume überdeckt waren. Der Grundriß zeigt verblüffende Ähnlichkeit mit einem frühhelladischen Haus in Zygouries (Blegen, Zygouries 17 Abb. 14), ohne daß hieraus irgendwelche Schlüsse gezogen werden sollen. In einem der Räume eine runde Eschara, in einem anderen Opferrinnen.

Lehmziegelwände, die anscheinend nur gelegentlich auf einem Steinfundament aufruhen. Der Boden besteht aus vier Schichten von Opferasche und Gefäßscherben, eine unterste Schicht dehnt sich unterhalb der Fundamente nach Westen aus. Die während des Wolkenbruchs abgeschwemmte Lehmmasse der Mauern war gleichfalls mit Asche und Scherben durchsetzt, doch geht es nicht an, hieraus auf eine ursprüngliche Durchsetzung der Lehmziegelmauern mit Asche und Scherben zu schließen. Unmittelbar westlich Reste weiterer geometrischer Mauern, weiter südlich eine geometrische Opferstelle. Nördlich Fundamente eines helladischen Apsishauses. Der Ausgräber vermutet, daß dieser Bau späteren Zeiten als das Haus des Gründerheros Akademos galt und daß sich auf ihn der Kult im „heiligen Haus" bezog.

ELEUSIS (Abb. 29)

Kourouniotis, Πρακτ. 1937, 42ff. Ders., RevArch. 11, 1938, 94ff. G. E. Mylonas, Eleusis and the Eleusinian Mysteries (1961) 59.

Unmittelbar außerhalb der südlichen Temenosmauer des 4. Jhs., innerhalb des nach Süden abfallenden Geländes und nach Süden durch eine Terrasse abgestützt Fundamente und Mauern eines Hauses aus dem späten 8. Jh. (Abb. 29). — Größte Breite 14,5 m. Größte Länge 10 m. Das Haus gliedert sich in drei quergelegte Abschnitte. Der oberste enthält Wohn- und Kulträume,

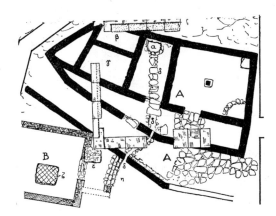

Abb. 29 Eleusis, Mehrzimmriges Kulthaus

davor ein Korridor, davor ein Hof. Die Mauern von Korridor und Hof setzen rechterhand in rechtem Winkel ein und verlaufen zunächst parallel, biegen dann aber, einer Biegung des leicht abfallenden Geländes folgend, einwärts, wodurch sich der Korridor gegen den Wohntrakt totläuft und die Gesamtanlage nach links zusammenrückt. Der Wohntrakt enthält von rechts nach links einen quadratischen Raum von 4,00 × 4,80 m mit einer Stützenbasis in der Mitte sowie einem Postament und einer Steinumgrenzung in zwei seiner Ecken. Die übrigen Räume sind wesentlich kleiner und dienten offensichtlich kultischen Zwecken. Der nächstfolgende Schmalraum enthielt einen Bothros mit unterirdischem Abzugskanal in den Hof, zwei weitere hintereinandergestaffelte Querräume enthielten mit Asche gefüllte Amphoren. Über die Steintechnik fehlen Angaben, doch vermitteln Plan und Abbildungen den Eindruck dünnwandigen und extrem kleinsteinigen Mauerwerks. In der Türöffnung zwischen Hof und Korridor ein Schwellstein.

GORTYN. Akropolis (Abb. 30)

G. Rizza - V. Santa Maria Scrinari, Il Santuario sull'Acropoli di Gortina I (1968) 23ff. 99ff. Renard, AntCl. 36, 1967, 570ff. Vorberichte: Levi, ASAtene 33/34 (N.S. 17/18) 1955/56, 209ff.; 35/36 (N.S. 19/20) 1957/58, 390f. ILN. vom 16. 12. 1959, 948.

Die Spitze der Akropolis von Gortyn nimmt ein nord-südlich ausgerichteter Rechteckbau von 12,50 × 15,50 m ein (Abb. 30). Unmittelbar vor der Südwestecke wurde eine mit einer Platte überdeckte Opfergrube gefunden, Hin-

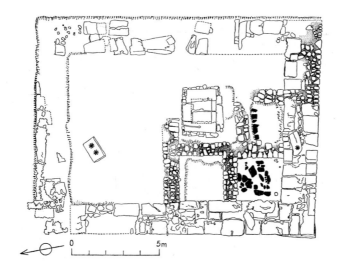

Abb. 30 Gortyn, Mehrzimmriger Rechteckbau

weis auf ein vorgenommenes Bauritual. Der Scherbeninhalt und die mit größter Genauigkeit vorgelegte Dokumentation der innerhalb und außerhalb des Mauerwerks gefundenen Scherben sichert entgegen den Zweifeln von Renard a. O. 572 eine Datierung zwischen 850 und 750. Der Bau ruht auf den Resten einer subminoischen Siedlung.

Die umlaufende Mauer ist mit geringen Ausnahmen 2 m breit. Sie besteht aus mächtigen rechteckigen Alabasterplatten, die als Läufer-Binderreihen im trockenen Verband übereinandergelegt sind. Die höher gelegene Nordmauer ist meist nur noch als Felsbettung erkennbar, im Süden liegen bis zu vier Plattenschichten übereinander. Der Plattenverband ist an der Südseite übergangslos durchsetzt mit kleinsteinigem Mauerwerk in gleichfalls trockenem Verband; die Gleichzeitigkeit beider Techniken ist gesichert. Wie der Oberbau ausgeführt war, ist ungewiß. Von der Ausgestaltung des Innern sind nur unzureichende Reste übriggeblieben. Die nördliche Hälfte scheint ein offener Hof gewesen zu sein. In der südlichen Hälfte sind noch vier Quadraträume erkennbar. Ursprünglich dürften es sechs gewesen sein, die in zwei Reihen zu dreien angeordnet waren. Die mächtigen Zwischenmauern (80–90 cm) haben die gleiche kleinsteinige Technik wie die entsprechende Stelle der Südwand. Sie ruhen auf tiefer hinabreichenden subminoischen Fundamenten (S. O 36), die die Außenmauern untergreifen. Der mittlere Raum der vorderen Reihe, der vielleicht offen war, enthält einen zur Hälfte aus dem Boden herausragenden Bothros von $2{,}3 \times 3$ m und $1{,}7$ m Tiefe aus großen Alabastersteinen mit Resten einer umlaufenden Pflasterung. Die Lage des Eingangs hat keine Spuren hinterlassen, er wird von den Ausgräbern in der Nordseite angenommen. Außerdem werden die Reste zweier Torsphingen des 7. Jhs. mit ihm in Verbindung gebracht, was bedeutet, daß eine Umgestaltung stattgefunden hat. Der Bau hat die ganze Antike hindurch gestanden. — Im Steilhang östlich des Tempels haben sich in 35–55 m Entfernung die Reste eines terrassierten Altarbezirks erhalten. Die untere Terrassierungsmauer aus mächtigen Orthostaten stammt noch aus dem 8. Jh.

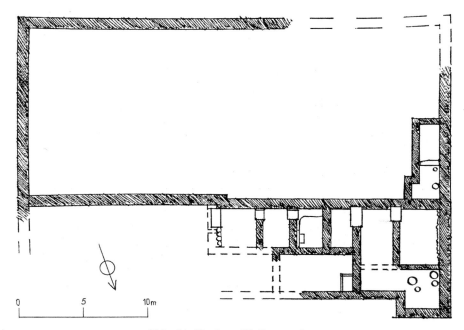

Abb. 31 Praisos, Hofhausanlage

HEPHAISTIA (Lemnos)
AA. 1930, 139 ff. (Fundbericht). Della Seta, ASAtene 15/16, 1932/33, 120 f.

Aus den vorläufigen und unbebilderten Mitteilungen geht hervor, daß drei aneinanderstoßende mittelgroße Räume Teil eines z. T. noch unausgegrabenen Heiligtums waren, dessen reiche Weihgaben in die geometrische Zeit hinaufreichen. Inmitten eines der Räume stand ein achteckiger Porospfeiler, in einem anderen Raum befand sich ein um zwei Wände herumgeführtes Porospflaster. Vgl. auch S. O 50.

PRAISOS, Kreta (Abb. 31)
Marshall, BSA. 8, 1901/2, 236 ff. Abb. 7. Weickert, Typen 14 f. Renard, AntCl. 36, 1967, 589 f.

Eine Rechteckumfassung von 32,0 × 14,5 m, sicher ein Hof, setzt sich jenseits der nördlichen Langseite, wo das Gelände abfällt, als ein vielzelliges Grundrißsystem fort, dessen westliche Hälfte erhalten ist (Abb. 31). Es handelt sich im wesentlichen um zwei vorgelagerte Fluchten aneinandergereihter Rechteckräume, die bis zum Niveau des Hofes hinaufgereicht haben müssen und möglicherweise ein zweites Stockwerk getragen haben. Der Ausgräber spricht sich, ohne seiner Sache sicher zu sein, für eine Datierung in geometrische Zeit aus. Die Anlage hat einen umfassenden Wiederaufbau z. T. aus den vorgefundenen Quadern und z. T. aus kleinsteinigem Verband über leicht verändertem, aber nicht mehr rekonstruierbarem Plan erfahren. Ein Grab mit frühkorinthischem Aryballos bezeichnet den Terminus ante für Einsturz und Aufgabe der zweiten Anlage. Angesichts der unzureichenden

Publikation muß die Möglichkeit offengehalten werden, daß die ältere Anlage noch in die minoische Zeit hineinreicht.

THORIKOS (Abb. 32)

H. F. Mussche u. a., Thorikos III 1965 (1967) 10 ff. Abb. 1–5; Plan II.

Auf der Spitze des Velaturihügels reichen Besiedlungsspuren bis in die neolithische Zeit zurück. Ein zusammenhängender Komplex besteht aus mittelhelladischen, spätgeometrischen und archaisch-klassischen Mauern von 40–80 cm Breite (Abb. 32). Vorherrschend und gestaltgebend ist die spätgeometrische Anlage; die mittelhelladischen Mauern sind in sie einbezogen worden, wenigstens teilweise. In archaisch-klassischer Zeit hat sie eine Erweiterung nach außen erfahren. Die Konsistenz der Anlage, in einigen Mauersockeln über ein Jahrtausend hinweg, ist erstaunlich und vielleicht aus der entlegenen Örtlichkeit zu erklären.

Obwohl die Ausgrabung noch im Gange ist, soll versucht werden, die spätgeometrische Grundrißdisposition in ihren Grundzügen zu begreifen. Auszugehen ist von einer in ost-westlicher Richtung geführten durchlaufenden Trennmauer. Aus ihr stößt nach Süden ein knapp queroblonges Haus (etwa 8 × 7 m) vor. Es ist in zwei hintereinandergestaffelte rechteckige Zonen unterteilt. Die vordere ist ein Hof mit Eingangsöffnung im Süden. Die rückwärtige besteht aus drei aneinandergereihten Zimmern. Am besten erhalten ist das östliche Eckzimmer G (2,6 × 3,25 m). An drei Seiten läuft eine 30 cm hohe Steinbank um, im Innern ein formloser Basisstein. Es war ein gemeinsamer Speiseraum, worauf auch die zahlreichen Gefäßreste hinweisen. Der nächste und übernächste Raum nach links hin (J und L) sind unter Benutzung helladischer Mauersockel entstanden. J mit Steinbank an der Rückseite scheint Küche gewesen zu sein. Jenseits der Trennmauer nach Norden hin setzt sich die Anlage fort, anscheinend als gegenüberliegendes selbständiges Haus. Angaben zur Grundrißdisposition sind hier noch nicht möglich. — Eine Stichgrabung 20 m weiter östlich ergab gleichfalls spätgeometrische Mauerreste.

Alle Mauern bestehen aus systemlos geschichteten Steinplatten handlicher Größe, die eine glatte Außenwand ergeben. Die helladischen und späten Mauerzüge scheinen etwas sorgfältiger gearbeitet zu sein. Eine einheitliche Lehmschicht über dem Gesamtkomplex deuten die Ausgräber als Rest aufgehender Lehmziegelwände, die sie der geometrischen Anlage zuschreiben. Streufunde von Bleiglätte im mittelhelladischen Niveau bezeugen, daß die Silbergewinnung in der Gegend von Laurion bis in diese Zeit zurückreicht (vgl. auch S. O 22).

ZAGORA (Andros). Haus des Stadtherrn. S. O 55.

4) Siedlungen, Städte

a) *Kreta*

GORTYN. Akropolis

G. Rizza - V. Santa Maria Scrinari, Il Santuario sull'Acropoli di Gortina I (1968) 4 ff.

Unterhalb und außerhalb der geometrischen Rechteckanlage auf der Spitze des Akropolishügels (S. O 33) sind spärliche Reste einer subminoischen Siedlung zutagegetreten, vor allem ruht die Raumaufteilung im Innern des

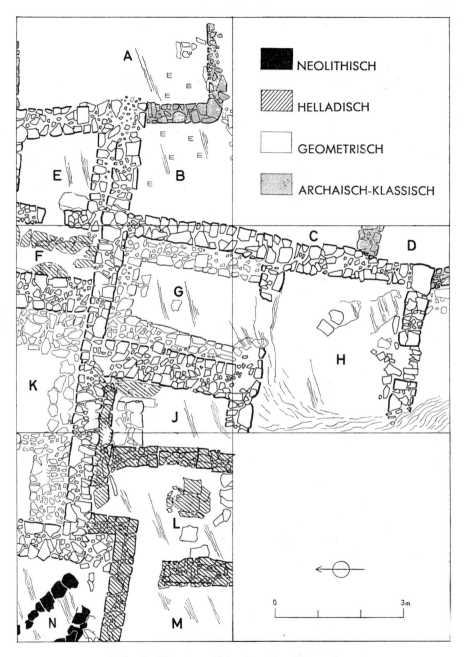

Abb. 32 Thorikos, Mehrzimmrige Hausanlagen

Abb. 33 Karphi, Siedlung

Rechteckbaues auf subminoischen Fundamenten. Die Herausgeber nehmen an, daß die Siedlung die Gestalt eines wabenförmigen und einigermaßen fluchtgerechten Konglomerates von kleinen Einzelräumen gehabt habe. Zwei runde Herdstellen wurden in den Räumen ausgemacht. Kunstlose kleinsteinige Fügung in trockenem Verband.

KARPHI (Abb. 33)

Pendlebury, BSA. 38, 1937/38, 57ff. (Taf. 9 enthält den durchnumerierten Plan). Desborough, Prot. P. 251f. Ders., The Last Mycenaeans 172. 187. 191. Seiradaki, BSA. 55, 1960, 1ff. Renard, AntCl. 36, 1967, 585ff.

Die Stadt liegt innerhalb eines zerklüfteten Bergmassivs beiderseits einer ansteigenden Geländefurche. Sie teilt sich in einen gedrängten Siedlungskern im Westen und eine östlich anschließende Erweiterung. Die Keramik gehört der SM IIIc-Stufe an, nur ganz vereinzelt Protogeometrisches. Die Existenz der Stadt erklärt sich, was ihre Anfänge angeht, am einleuchtendsten als Rückzugsgebiet der ansässigen Bevölkerung gegenüber den einwandernden Griechen. Sie dürfte spätestens in frühgeometrischer Zeit aufgegeben worden sein. — Der Siedlungskern im Westen zeigt dichte Bebauung: Ineinandergeschobene gedrungene Rechteckräume mit Eingang in der Schmalseite oder vorzugsweise in der Breitseite, teils in der Mitte, teils seitlich versetzt. Mehrere dieser Räume schließen sich zu einem Hauskomplex zusammen, die gegenseitige Abgrenzung ist nicht klar, die Grundrisse sind von Fall zu Fall verschieden. Um- und Anbauten lassen sich nachweisen. Die gepflasterten Straßen verlaufen systemlos und öffnen sich auf Plätze. Am Nordende ein Hof mit Altar in der Mitte und Kultbank längs der südlichen Schmalseite (Nr. 1). Die Stadtanlage ist im Prinzip orthogonal, dennoch dürfte kaum eine genau rechtwinklige Mauerführung aufzufinden sein. Hier und in einem aus dem Ostrand heraustretenden Raumkomplex (Nr. 8–18) finden sich monolithe Türschwellen.

Völlig anders die der Erweiterung angehörenden Bauten. Es handelt sich einmal um eine dem Siedlungskern unmittelbar östlich vorgelegte Randzone sowie um eine selbständige Hausfolge innerhalb des weiter östlich wieder ansteigenden Geländes. Die Häuser der Randzone sind auf ein leicht divergierendes, d. h. genau nordsüdliches Achssystem ausgerichtet, die Hausfolge im Osten folgt wieder der Ausrichtung des Siedlungskerns. Die Unterschiede betreffen einmal die stärkere Geltung übergreifender achsialer Bezüge sowie den Haustypus. Die Wände stoßen durchweg rechtwinklig aufeinander und schließen sich, was die Baugruppe oben angeht, zu einem fluchtgerecht ausgerichteten System zusammen. Die Häuser bzw. Räume stellen sich ausschließlich als gedrungene Langbauten dar. Vorzugsweise stehen sie als Reihenhäuser nebeneinander, wodurch die Eingangsseiten sich zu einer gemeinsamen Flucht zusammenschließen; rückwärts fächern die Räume in verschiedener Länge aus und setzen sich z. T. in andere Räume fort (Nr. 2. 4. 6. 7).

Eine Sonderstellung nimmt einmal ein um einen gedrungenen Oikos mehrfach erweiterter Komplex innerhalb des östlichen Stadtrandes ein (Nr. 8–18), in dem Pendlebury das Haus des Stadtherrn sieht. Außerdem ein Komplex innerhalb der östlichen Hausfolge (Nr. 136–141). Er enthält als größten einheitlichen Grundriß einen Oikos mit Vorraum, einen Hauptraum mit Herd und Pithosständer und einen rückwärtigen Raum (Nr. 138–140). Von den beiden anschließenden Häusern wirkt das nächstbenachbarte (Nr. 137. 141) zunächst wie ein Antenbau. Es handelt sich jedoch gleichfalls um ein Haus des

Oikostyps, dessen vorgezogene Langwände in Wirklichkeit den beiden vortretenden Nachbarbauten angehören, denn der so umgrenzte Vorraum war unbedeckt und die Tür führt zunächst wieder in einen Vorraum.

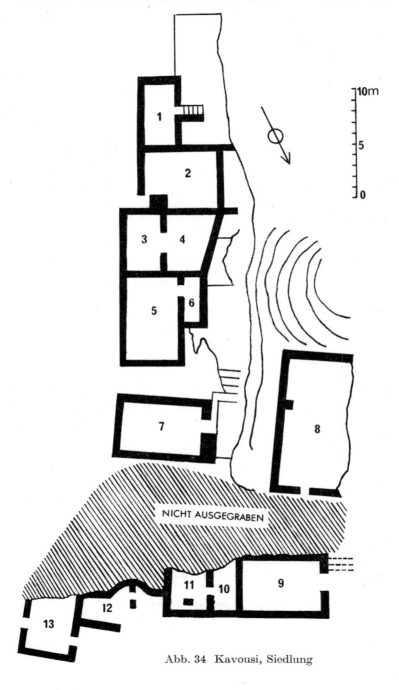

Abb. 34 Kavousi, Siedlung

Die Häuser beider Siedlungshälften waren flach gedeckt, Spuren von Querbalken sind nachgewiesen worden. Die Räume sind dem Gelände entsprechend terrassenförmig gestuft, die Siedlung muß in ihrem Charakter der heutigen benachbarten Siedlung Kavousi entsprochen haben. Das Mauerwerk besteht aus grob behauenen Steinen in trockener Fügung oder in Lehmmörtel. Ecken und Türlaibungen zeigen meist sauberes Quaderwerk. In zwei Räumen haben rechteckige Basen hölzerne Stützen getragen (Nr. 9. 113), doch nimmt der Ausgräber an, daß in allen größeren Räumen hölzerne Stützen gestanden haben. Einige der Tonscherben sind als Kaminröhren gedeutet worden.

Karphi zeigt exemplarisch den Zusammenstoß zweier Planungssysteme im Siedlungsbau, der nur durch den Zustrom einer neuen Bevölkerungsgruppe erklärt werden kann. Daß es sich hierbei um Festlandgriechen handelt, wird man nicht in Zweifel ziehen.

KAVOUSI, Kreta (Abb. 34)

Boyd, AJA. 5, 1901, 138ff. (Abb. 5 durchnumerierter Plan). Pendlebury, Crete 315. Desborough, Prot. P. 267f. Renard, AntCl. 36, 1967, 588f.

Kleine, in die Länge gezogene Siedlung auf einem beiderseits scharf abfallenden und seinerseits stark geneigten Bergsattel. Protogeometrisch/geometrisch. Die 13 untersuchten Räume sind durchweg gedrungen rechteckig und verschieden groß. Ungeachtet des zerklüfteten Geländestreifens schließen sich einige von ihnen — Quadrat- und Breiträume — teils durch Staffelung, vornehmlich durch Reihung und abgesetztes Niveau zu einem orthogonalen, nach Möglichkeit fluchtgerecht ausgerichteten Siedlungskonglomerat zusammen. Wo es sich um selbständige Häuser handelt, folgen sie zumeist dem Oikostyp. Bemerkenswert ein Oikos aus drei hintereinandergestaffelten Räumen, in dessen rückwärtige Räume der Fels einschneidet (Nr. 9–11). Die sauber ausgerichteten Mauern sind im Durchschnitt 0,50 m breit und bestehen aus unregelmäßig geformten Steinen in Lehmfüllung.

PHAISTOS (Abb. 35)

Levi: Bd'A. 40, 1955, 153f.; 41, 1956, 240f. ASAtene 35/36 (N.S. 19/20) 1957/58, 265ff.; 37/38 (N.S. 21/22) 1959/60, 433ff. Vor allem ASAtene 39/40 (N.S. 23/24) 1961/62, 397ff. mit Falttafel a u. b; 469ff. Renard, AntCl. 36, 1967, 581ff.

Die Ausweitung der italienischen Ausgrabungen auf den Südwestabhang des Palasthügels gegen die Mesaraebene hin hat sei 1954 Reste einer im wesentlichen protogeometrischen und geometrischen Stadtanlage freigelegt, die sich in den Trümmern des älteren und jüngeren Palastes eingenistet hat. Da in den älteren Grabungen die nachminoischen Schichten durchstoßen worden waren, ohne ausreichende Pläne zu hinterlassen (Bd'A. 41, 1956, 241. Auch bei den neuen Ausgrabungen sind Teile der geometrischen Bebauung abgerissen worden, um die minoischen Mauerzüge freizulegen: ASAtene 35/36, 1957/58, 265), bleibt es ungewiß, welche Ausdehnung die geometrische Siedlung nach Osten, also gegen die zentralen Teile des Palastes gehabt hat. Denn auch innerhalb des Nordost-Abhanges des Palasthügels unterhalb der Kapelle Hag. Photini und am Fuß des Südost-Abhanges haben sich Reste dichter geometrischer Bebauung gefunden.

Der ausgedehnteste Bezirk ist der im Südwesten des Palastes. Die vorläufigen Berichte vermitteln trotz großer Ausführlichkeit nur ein unzusammenhängendes Bild, da sie über den gesamten ungeheuer komplizierten Schicht-

Abb. 35 Phaistos, Siedlung

zusammenhang zu referieren haben. Den besten Überblick bieten die Faltpläne A und B der vorläufig letzten Berichte 1961/62 und der daraus gewonnene Gesamtgrundriß bei Renard a. O. Taf. 4. Es handelt sich demnach um einen zusammenhängenden Komplex von Häusern und Hausresten innerhalb des bogig nach Südwesten abfallenden Steilhanges mit einer Gesamtausdehnung von etwa 40 × 20 m. Die locker eingehaltene Nordsüd-Richtung der Mauern entspricht der des minoischen Palastes. Die Räume haben verschiedene Größe, durchweg sind sie gedrungen rechteckig und schieben sich in Längs- und Querrichtung ineinander. Straßenzüge lassen sich nicht beobachten. Gegen Westen zeigt eine durchlaufende Außenmauer das Ende der Siedlung an, jenseits derselben steigt ein gepflasterter Rampenweg nordwärts. Die Mauern ruhen auf gestampftem Schutt, seltener auf älteren Fundamenten, gelegentlich auf einem minoischen Orthostatensockel (Raum G). Übereinanderliegende Fußbodenschichten, Überbauungen und Planänderungen weisen auf lebhafte Bautätigkeit, die in subminoische Zeit hinauf- und in spätgeometrische Zeit hinabreicht. Sechs Räume (G. P. AA. CC. EE. FF) haben eine formlose oder rechteckige Herdstelle mit Randeinfassung entweder in der Mitte oder in der Ecke, hinzu kommen Pithoi auf Pithosständern. Ein Raum (R 3) enthält eine an zwei Seiten umlaufende Bank und eine runde Säulenbasis. Beherrschend ist ein leicht trapezförmiger Raum (AA) von 7 m Länge, der sich auf einen Hof öffnet. Ein weiterer Raum (G) enthält einen später eingebauten Töpferofen. Das Baumaterial besteht zum kleineren Teil aus wiederverwendeten minoischen Quadern, im allgemeinen aus zerschlagenen, gegen die Wandfront rechteckigen Trümmersteinen verschiedener Größe in Lehmfüllung und mit Kleinsteinverfestigung. Die Mauerecken und -stirnen sind aus Rechteckquadern errichtet; zum Teil stehen die Mauern noch 2,5 m hoch an. Säulenbasen sind kaum festgestellt worden (s. o.).

Die beiden Komplexe im Osten des Palasthügels sind kleiner. Der Grabungsausschnitt bei Hag. Photini zeigt vier Räume unregelmäßiger Gestalt und ungewisser Zusammengehörigkeit hinter einem in die Breite gezogenen Hof, in dem sich ein zweiter Töpferofen befindet. Im Südosten haben zwei Grabungsflächen geometrische Mauern und einen geometrischen Straßenzug freigelegt, die sich nicht zu einem erkennbaren System zusammenschließen. Für die Mauertechnik gilt in beiden Fällen das Gleiche.

Auf dem mittleren Hügel wurde auf längeren Strecken eine dem Übergang vom Subminoischen zum Protogeometrischen angehörende Befestigungsmauer ausgemacht, über die einstweilen nur vorläufige Bemerkungen vorliegen (Bd'A. 41, 1956, 241). Demnach besteht die 2,80 m breite Mauer aus zwei Steinschalen, im Innern kleingeschlagene Trümmersteine. Hervorgehoben wird eine in guter umlaufender Quadertechnik errichtete Mauerstirn, vermutlich Teil einer Toranlage. Zwei weitere Toranlagen werden an anderer Stelle vermutet.

Zum geometrischen Kulthaus vgl. S. O 25.

VROKASTRO (Abb. 36)

Hall, Vrokastro 81 ff. Taf. 18 enthält einen durchnumerierten Plan. Levi, ASAtene 10–12, 1927–1929, 551 ff. Pendlebury, Crete 305 ff. Kirsten, RE. Suppl. VII 304 ff. s. v. Istron. Heinrich, AA. 1958, 125 ff. Desborough, Prot. P. 262 ff. 266 f. Ders., The Last Mycenaeans 185 f. und passim. Renard, AntCl. 36, 1967, 587 f.

Die Siedlung liegt auf der etwa 80 m im Durchmesser betragenden Felsspitze eines beherrschenden Höhenzuges. Sie ist von Gräbern umgeben, doch haben sich auf einem unmittelbar benachbarten Höhenzug im Süden außerdem Hausreste sowie ein Kulthaus (S. O 9) gefunden. Das Gelände ist bereits in mittelminoischer Zeit besiedelt und dann wieder verlassen worden. Die Anfänge der aufgefundenen Siedlung müssen nach Ausweis der Kleinfunde noch innerhalb SM III b angenommen werden, doch ist über das zeitliche Verhältnis zum gleichfalls früh gegründeten Karphi nichts Sicheres auszumachen. Dagegen macht die beherrschende Höhenlage es im Gegensatz zu Karphi unwahrscheinlich, daß es sich hier um ein Rückzugsgebiet der einheimischen Bevölkerung gehandelt hat. Die Siedlung hat bis in geometrische Zeit bestanden, ohne daß die Keramik ihren eigenständigen 'quasigeometrischen' Charakter abgelegt hätte. — Nur vom zuerst ausgegrabenen südlichen Teil der Baureste ist ein als Handskizze bezeichneter Plan veröffentlicht worden. Er zeigt ineinandergeschobene Zimmer und Zimmerfolgen, zwischen denen unbebaute Felspartien stehengeblieben sind. Die Mauern liegen schräg zueinander und verlaufen z. T. bogig, der einzige mit Sicherheit festgestellte Straßenzug verläuft in mehrfacher Knickung. Als vorherrschende Bauform scheinen sich ein Langraum und ein Breitraum die Waage zu halten. Die Niveaudifferenzen der Räume werden durch Terrassierung und Treppen überwunden, längs der Straße eine Wasser-

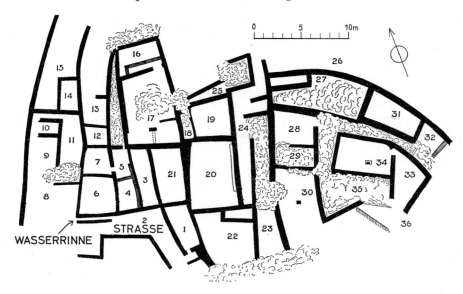

Abb. 36 Vrokastro, Siedlung

rinne. In zwei Räumen (Nr. 6. 34) sind Stützenbasen angetroffen worden. Kunstloses Mauerwerk aus unbehauenen Steinen. Für einen Oberbau aus Lehm haben sich keine Anhaltspunkte ergeben. Nach den Beigaben zu schließen hat eine Raumfolge im Westen (Nr. 9–11) dem Kult gedient.

b) *Übriges*

ALTSMYRNA

Nicholls, BSA. 53/54, 1958/59, 1 ff. E. Akurgal, Die Kunst Anatoliens (1961) passim. Ders., AJA. 66, 1962, 369 ff.

Von den Ergebnissen der englisch-türkischen Ausgrabungen 1948–1951 liegen in abschließender Veröffentlichung bis jetzt nur die Stadtmauern vor (Nicholls a. O.), die in einer Reihe von Quergräben angeschnitten wurden. Für das übrige steht vor allem ein der genannten Publikation beigegebener Gesamtplan im Maßstab 1 : 500 zur Verfügung, in dem die einzelnen Bauperioden durch verschiedene Farben gekennzeichnet sind. Hinzu kommen Bemerkungen allgemeiner und spezieller Art, Befund- und Rekonstruktionszeichnungen und Fotos bei Nicholls und Akurgal. Die eigentliche Publikation steht hierfür noch aus.

Protogeometrische Schicht (Abb. 40)

Nicholls a. O. Faltplan schwarz. Akurgal, Kunst Anatoliens 9 ff. Abb. 1. 2; 301 Abb. 1. — Rest eines Ovalhauses von etwa 3 × 5 m. Um 900. Eingang an der nördlichen Schmalseite. Von der einsteinigen Lehmziegelwand noch drei Lagen erhalten, außerdem Reste einer äußeren deckenden Lehmschicht. Die Maße der Ziegel sind 51 × 30 × 12 cm. Innenniveau tiefer als das äußere, als Ausgleich ist die Innenseite der Lehmziegelwand durch kleine Steine unterfüttert. Ein Pfostenloch mit verkohlten Holzresten im rückwärtigen Teil des

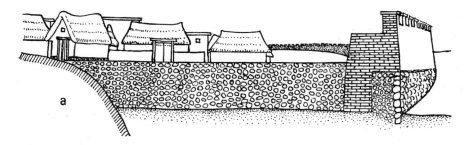

Abb. 37 Altsmyrna, Älteste Stadtbefestigung
(a: Stadtgrenze)

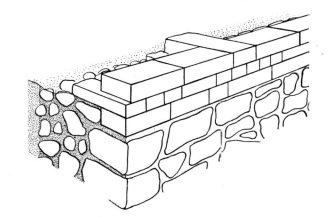

Abb. 38 Altsmyrna, Bastion der ältesten Stadtbefestigung

Innern ist Hinweis auf eine rückwärtige Innenstütze, der vermutlich eine vordere Stütze entsprach und die ein Firstdach trugen.

Früh- und mittelgeometrische Schicht

Stadtmauer (Abb. 37. 38). Nicholls a. O. passim. — Die älteste Stadtmauer muß in früh- bis mittelgeometrischer Zeit, d. h. um oder vor der Mitte des 9. Jhs. errichtet worden sein. Ihr Verlauf war durch die Gestalt der Halbinsel vorgezeichnet, auf der Smyrna lag, und ist von den späteren Verstärkungen und Erneuerungen beibehalten worden, sie umschloß ein Stadtgebiet von etwa 35000 m². Die Mauer ist wie alle späteren massiv gebaut. Sie erreicht in der Sohle einen Durchmesser von 4,75 m. Sie besteht von außen nach innen aus einer leicht schräg aufsteigenden 50–70 cm starken Schale aus formlosen Steinen in Lehmverband, einer 2 m starken Steinpackung sowie aus einem tiefer hinabreichenden, 2,10 m starken Mauerwerk aus Lehmziegeln in Läufer und Binderschichten, das z. T. 2 m hoch erhalten geblieben ist. Die Ziegel haben ein Format von 51 × 30 × 13 cm. Die Ausgräber nehmen an, daß die Lehmziegelschicht in den höheren Lagen nach vorne übergriff. Hinter der Mauer eine über 6 m breite Steinschüttung als Niveauausgleich zu den hier beginnenden Teilen der Stadt.

Anders gebaut ist eine in stumpfem Winkel umbiegende Bastion (Abb. 38), in deren Nähe ein Stadttor gewesen sein muß. Die Außenschale ist die gleiche, allerdings findet weißer Tonmörtel Verwendung, und über ihr erhob sich eine zweite sorgfältig gefugte Schale aus Orthostaten. Die mit der Steinsäge geschnittenen Quadern lagen in isodomen Schichten von 20 und 31 cm Höhe übereinander, die als abwechselnde Läufer- und Binderschichten angesprochen werden können. Hinter der doppelgeschossigen Schale Steinpackung, dahinter Erdfüllung innerhalb eines versteifenden Steinrostes.

Häuser. Nicholls a.O. Faltplan schwarz.Akurgal, Kunst Anatoliens 9ff. Abb. 2. An die Innenseite der Mauer lehnen sich einige Einzimmerhäuser von quadratischer oder gedrungener Rechteckform an, deren größtes 6×10 m beträgt und gewerblichen Zwecken gedient haben muß. Die z.T. 1,30 m hohen Mauern bestehen aus kleinen formlosen Steinen, die in grob pseudoisodomer Schichtung übereinandergelegt sind. Reste verkohlter Querbalken zeigen an, daß die Räume mit einem Flach- oder Pultdach gedeckt waren. Im Innern zahlreiche Pithoi und Behälter aus Lehmerde.

Reifgeometrische Schicht

Stadtmauer (Abb. 41). Die älteste Stadtmauer erfuhr nach nicht allzulanger Zeit eine umfassende Reparatur, vor allem eine Verstärkung nach rückwärts auf 9,50 m Durchmesser. Auch die Innenseite hat nunmehr eine polygonale Steinschale mit einem vortretenden Sockel samt Steinhinterfüllung. Der Lehmziegelverband der älteren Mauer rückt dadurch in die Mitte, über ihm erhebt sich die Lehmziegelfüllung der zweiten Mauer. Es begegnen verschiedene Ziegelmaße, allgemein ist die Tendenz, die Höhe der Lehmziegel zu verringern (bis zu 7 cm). Die Untersuchung ergab, daß jenseits der Mauer dort, wo im 7. Jh. der älteste Stadttempel über einem Podium sich erhob, damals bereits ein Podium bzw. eine Terrasse gestanden haben muß.

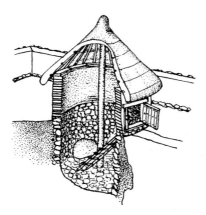

Abb. 39 Altsmyrna, Rundbau der spät- und subgeometrischen Schicht

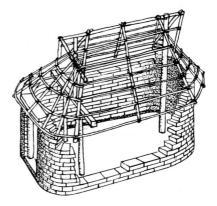

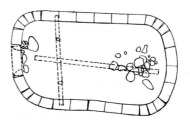

Abb. 40 Altsmyrna, Ovalbau der protogeometrischen Schicht

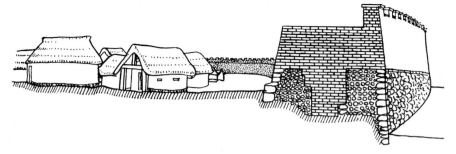

Abb. 41 Altsmyrna, Stadtmauer der reifgeometrischen Schicht

Spät- und subgeometrische Schicht
Ältestes Tempelpodium I (Nicholls a.O. 75ff. Abb. 21 Faltplan rot).
Um 700 zusammen mit einer durchgreifenden Reparatur des betreffenden Stückes der Außenmauer errichtet. Keine weiteren Angaben.
Häuser (Abb. 39). Nicholls a.O. Faltplan grün. Isolierter einräumiger Rechteckbau des Oikostyps. — Mauerzüge am Westende des Grabungsbezirkes lassen es als möglich erscheinen, daß dort ein Antenbau stand. — Rest eines Apsishauses. Bei Akurgal, Kunst Anatoliens 301 Abb. 5 erscheint eine Rekonstruktion mit Antenvorbau. — Ein kompletter Ovalbau; weitere Ovalbauten lassen sich aus den unzusammenhängenden Mauerresten ergänzen. Nach Akurgal, AJA. a.O. ist es die vorherrschende Bauform dieser Schicht. — Zwei Rundbauten mäßiger Größe, der eine innerhalb eines Hofes. Sie waren in die Erde eingetieft (JHS. 67, 1947, 42 Abb. 5). Die bei Akurgal, Kunst Anatoliens 301 Abb. 2 gegebene Rekonstruktion zeigt außerdem einen Mittelpfosten als Träger eines Zeltdaches und einen kleinen ebenerdigen Eingang. Es handelt sich offensichtlich um Speicher. — Im ganzen machen die ordnungslos und z.T. sich überschneidenden Reste den Eindruck einer ungeregelten und in mehreren Abschnitten sich vollziehenden Bautätigkeit.

ASINE. Geometrische Terrasse auf der Akropolis. S. O 22.

DELPHI. Reste des geometrischen Wohngebietes. S. O 64.

EMPORIO, Chios (Abb. 42)
J. Boardman, Excavations in Chios 1952–1955. Greek Emporio. BSA. Suppl. VI (1967) Teil I. Vorläufige Berichte in den Archaeological Reports: JHS. 74, 1954, 163ff. JHS. 75, 1955, Suppl. 20ff. JHS. 76, 1957, Suppl. 35ff. Das in den ILN. vom 23. 4. 1955 veröffentlichte Panoramabild (danach J. H. Cook, The Greeks in Jonia and the East [1962] 69 Abb. 18 und Drerup, MarbWPr. 1967 Taf. 4) ist in die Publikation nicht aufgenommen worden.

Englische Grabungen im Süden der Insel haben in umittelbarer Nähe des kleinen Hafens Emporio eine bis 240 m aufragende Bergstadt mit befestigter Akropolis und zugehörigem Hafen zutage gefördert. Die zahlreichen Scherben reichen im Hafengelände bis in das 9. Jh. hinauf, die ältesten Scherben und Weihgaben unter dem späteren Athenatempel auf der Akropolis entstammen dem späten 8. Jh. Datierende Scherben im Bauverband sind dagegen kaum gefunden worden, die Datierung der Siedlung muß sich also auf allgemeine Erwägung stützen. Die Anlage der Akropolismauer einschließlich der gleichzeitig errichteten 'Megaron Hall' wird man mit dem Herausgeber mit dem genannten Einsetzen der Scherben auf der Akropolis im späten 8. Jh. in Verbin-

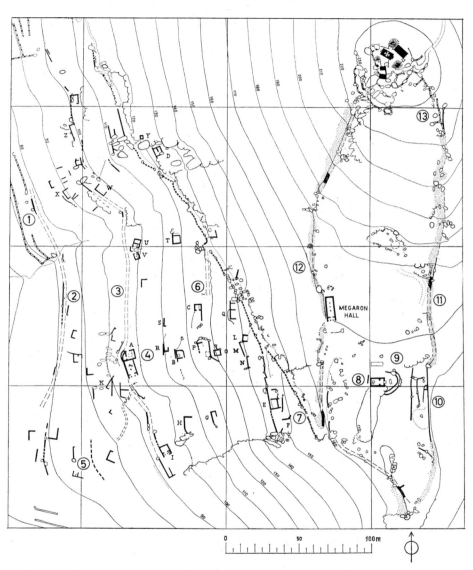

1 Moderne Terrassen
2 Straße zum Hafen
3 Wahrscheinlicher Straßenverlauf
4 Unteres Megaron
5 Ofen
6 Wahrscheinlicher Straßenverlauf
7 Rampenweg
8 Tempel
9 Altäre
10 Terrassenmauer
11. 12 Ost- und Westmauer der Akropolis
13 Moderne Terrassen

Abb. 42 Emporio, Siedlung mit Akropolis

dung bringen, desgleichen — dies entgegen der Meinung des Herausgebers — den größeren Teil der Abhanghäuser. Ende des 7. Jhs. ist die Abhangsiedlung geräumt worden, die Bevölkerung siedelte sich in der Umgebung des Hafens neu an.

Die Akropolis auf der Spitze und dem absinkenden Kamm der Felsnase bildet ein in Nord-Südrichtung gedehntes Oval. Sie wird in geländebedingtem Verlauf, der nirgends eine Gerade erkennen läßt, in einer Länge von 230 m bei nur 85 m größter Breite von einer Mauer umschlossen. Die Mauer ist etwa 2 m breit, gelegentlich auch breiter und erreicht z. T. noch eine Höhe von 2 m, die nach Meinung des Herausgebers nicht viel unter der ursprünglichen Höhe zurücksteht. Massive kunstlose Fügung von handgroßen Blöcken ohne Stirnglättung, Türme und Bastionen fehlen. Der Eingang führt von Süden mauertangential durch eine lange Gasse direkt auf den Eingang der 'Megaron Hall', eines an die Mauer sich anlehnenden Antenhauses (S. O 10); der Herausgeber sieht in ihm den Herrscherpalast. Es muß sich bei der Akropolis zugleich um eine befestigte Fluchtburg gehandelt haben.

Die Siedlung liegt zu Füßen der westlichen Breitseite der Akropolis im steilen Hanggelände und außer Sicht vom Hafen aus. Sie besteht aus Einzelhäusern, von denen etwa 50 nachgewiesen und 10 untersucht wurden (A. C. E. G. H. I. O. U. V. Das 'untere Megaron'). Die Häuser ruhen auf abhangparallelen Terrassierungen meist oberhalb von Rampenwegen, die abhangparallel geführt sind und deren besterhaltener in mäßigem Anstieg die Verbindung vom Hafen zum Südeingang der Akropolis herstellt. Auch die Häuser sind abhangparallel ausgerichtet. Sie lassen sich in zwei Haupttypen unterscheiden, in Antenhäuser und in Häuser mit einfacher Türwand. Dem Antentypus gehören das 'untere Megaron' und Haus I an, vgl. hierzu S. O 89. Die Häuser mit einfacher Türwand verkörpern den bescheidenen Wohnhaustypus. Sie sind kleiner und mit einer Ausnahme einräumig, ihre Form ist quadratisch, seltener gedrungen rechteckig (G. V.). Antenhaus I bezeichnet eine Mischform. Haus A ist das an das 'untere Megaron' später angesetzte eigentliche Wohnhaus. Die 50–80 cm breiten Mauern stehen gelegentlich noch 1,5 m aufrecht. Sie bestehen aus formlosen, gelegentlich auch gequaderten Steinen mit geglätteter Stirnwand, dazwischen Keil- und Füllsteine. Größere durchbindende Blöcke sind in jeder Mauer anzutreffen. In der Terrassierung finden sich polygonale Blöcke, die eine Länge von 1 m erreichen können. In fast allen Häusern sind Säulenbasen angetroffen worden. Es handelt sich um Zylinderbasen mit formlosem Unterteil, das im Boden versenkt war, und um konisch geformte Rundbasen, die in Bodenhöhe auflagen. In den Häusern befinden sich je nachdem eine bis vier Basen. Eine Einzelbasis steht in der Mitte des Raumes, im übrigen verteilen sich die Basen richtungslos im Raum oder bezeichnen ein Geviert. In drei Häusern hat sich rückwärts eine Schlafbank erhalten, eines besitzt in der Ecke noch einen Herd. Die meisten Türöffnungen müssen wie die der Antenhäuser monolithe Schwellen gehabt haben, weiteres über die Türkonstruktion war nicht mehr festzustellen. Der Herausgeber hat mehrere Pithoioberteile mit Recht als Schornsteine gedeutet. Hieraus und aus dem gelegentlichen Vorkommen von Lehmschichten im Inneren, weiter aus der genannten richtungslosen Säulenanordnung schließt er auf lehmgedeckte Flachdächer, ohne andere Dachformen ganz auszuschließen.

Der Herausgeber möchte die Antenhäuser in die Frühzeit der Baugeschichte rücken und die bescheideneren Einraumhäuser einer späteren Bau-

4 Arch. Hom. O

phase zuweisen. Wahrscheinlicher ist, daß beide Haustypen, die sich funktionsmäßig ergänzten, nebeneinander Verwendung fanden. Der größere Teil der Häuser dürfte somit noch in die Gründungszeit der Stadt im späten 8. Jh. hinaufreichen.

Vom Hafenheiligtum läßt sich nur der knappe Rest einer breiten umbiegenden Terrassierungsmauer noch in das 8. Jh. hinaufdatieren.

HEPHAISTIA (Lemnos)

AA. 1930, 139. AJA. 35, 1931, 196 (Fundberichte). Mustilli, ASAtene 15/16, 1932/33, 1 ff. 200 ff. 223 ff. Ders., EAA. III 230f. s. v. Efestia.

Die seit 1926 von der italienischen Schule ausgegrabene vorgriechische Siedlung des 8. bis 6. Jhs. liegt an einem Hügelabhang und besteht aus aneinandergereihten Häusern beiderseits einer gepflasterten Straße. Über die Form der Häuser wird mitgeteilt, daß sie die der Megara von Troja II sei. In der Steintechnik lassen sich drei Perioden unterscheiden mit abnehmender Sorgfalt der Arbeit; z. T. freigelegt wurde weiter ein aus mehreren Räumen bestehendes Heiligtum (S. O 35). Die Datierung gründet sich auf Funde, die in der Siedlung, im Heiligtum und in der zugehörigen Nekropole gemacht wurden. Grundrisse und Fotos sind bisher nicht bekanntgegeben worden.

LATHOURESA (Attika)

AA. 1940, 177f. — Geometrische Siedlung an einem Hügel in der Gegend von Lathouresa. Die vorläufige Notiz berichtet von 25 kleinen Häusern und einem völlig unberührten kleinen Heiligtum. Weiteres ist nicht bekanntgegeben worden.

SIPHNOS. Nordwestabhang und Nordostecke der Akropolis (Abb. 43)

Brock, BSA. 44, 1949, 6ff. Abb. 1. 2.

In unmittelbarer Nähe der Innenseite der westlichen Akropolismauer Reste eines Einraumhauses mit beiderseitigem Anschluß an weitere Räume (Abb. 43). Die in situ gefundene Keramik ergibt als allgemeines Datum die Mitte des 8. Jhs. Die etwa quadratischen Häuser von 4—5 m Seitenlänge haben gemeinsame Quermauern und lehnen sich mit ihrer Rückwand an den steil ansteigenden Burgfelsen an. In der Vorderwand befand sich der nicht mehr genauer auszumachende Eingang. Die Mauern bestehen aus dünnen Schieferplatten, die sich zu einem — anscheinend trocken verlegten — pseudoisodomen Gefüge von hervorragender Sorgfalt und zu einheitlicher Wandfläche zusammenschließen. Die linke Seitenwand des linken bzw. mittleren Hauses hat in halber Höhe eine Nische sowie unten einen Durchlaß, der das vom Dach abfließende Regenwasser nach innen leitete. Das Niveau des rechten Hauses ist 1,20 m höher. In der Mitte eine Schieferplatte als Stützenbasis. Die rechte stärkere und nach vorne sich fortsetzende Mauer des Hauses scheint zugleich der Stadtbefestigung anzugehören.

In der Nordostecke des Akropolisfelsens und außerhalb der archaischen Mauer an drei getrennten Stellen Reste von vier weiteren Einraumhäusern in der gleichen hervorragenden Steintechnik (Brock a. O. Taf. 1, YB. YC. YD). Die Scherbenfunde weisen auf das letzte Viertel des 8. Jhs. Die Häuser wurden gegen 675 verlassen. Die Rückmauer lehnt sich in gleicher Weise an den steil aufsteigenden Felsen. In einem der Häuser ein niedriges Podium, die Bettstelle, davor die Feuerstelle; ein anderes Haus hat in der Mitte eine Stützenbasis und in der Ecke die Herdstelle.

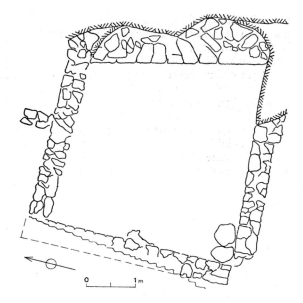

Abb. 43 Siphnos, Einraumhaus

THORIKOS

Inwieweit die belgischen Stichgrabungen (S. O 36) Bestandteil einer lockeren geometrischen Siedlung darstellen, kann vorderhand nicht entschieden werden.

TSIKALARIO (Naxos). Reste einer Siedlung (Abb. 45)

Papadopoulou - Zaphiropoulou, Δελτ. 21 II 2, 1966 (1968), 394f. Abb. 7.

Der von wenigen Notizen begleitete Steinplan läßt etwa 12 ineinandergeschobene Rechteckräume einer an eine Felswand sich anlehnenden Siedlung erkennen. Ein zusammenhängender Komplex von 9 Räumen im Westen — teils Zimmer, teils Höfe — scheint laut Notizen drei Häusern anzugehören. Zwei nebeneinanderliegende Zimmer eines Hauses haben je eine eingefaßte rechteckige Herdstelle in der Mitte. Über die Steintechnik fehlen genauere Angaben. Geometrisch. — Zur Siedlung gehört ein freistehendes Rechteckhaus (S. O 21) sowie eine Nekropole mit runden und gebogenen Steinsetzungen, die man als Tumulusumgrenzungen bzw. Umfriedungen wird deuten können.

VROULIA, Rhodos (Abb. 44)

K. F. Kinch, Vroulia (1914) 2f. 91f. 98f. 112f. Faltplan. — Die älteste Vase aus Vroulia ist ein Skyphos des ersten orientalisierenden Stils (Kinch a. O. Taf. 36 Nr. 2, 39 b. Ch. Kardara, Rhodiaki Aggiographia [1963] 31), der der Zeit um 700 angehört. Seine Datierung ist wichtig für die Datierung der Stadtanlage, die demnach dieser Zeit, spätestens dem ersten Viertel des 7. Jhs. angehört.

Die Anlage besteht aus einer 300 m langen Stadtmauer, die von Meerufer zu Meerufer reicht und dadurch einen schmalen Küstenstreifen als bebautes Stadtgebiet absondert. Zunächst die Mauer. Der rechte 177 m lange Zug verläuft geradlinig. Vom linken Zug, der nach scharfem Doppelknick einsetzt, haben sich zwei gleichfalls geradlinig geführte Stücke erhalten, die von der eingeschlagenen Richtung leicht abweichen. Dazwischen ein Mauerrechteck und eine Lücke, hier muß der tangential geführte Toreingang gestanden haben. Erhalten hat sich von der Mauer der 1,30 m starke und 1,00 bis 1,25 m hohe Steinsockel, der Aufbau bestand aus Lehmziegeln. Die zeichnerische Draufsicht, Kinch a. O. Taf. 2, vermittelt den Eindruck einer extrem kleinsteinigen ordnungslosen Fügung. Das genannte Mauerrechteck ist ein umlaufender Sockel von 13,50 × 6,75 m mit eingezogener Zwischenmauer. Auch hier kleinsteinige, aber sorgfältigere und pseudoisodome Fügung (Kinch a. O. Taf. 19). Der Sockel steht zur anstoßenden Mauer in versetzter Richtung, die einer geringen Geländeerhebung folgt und stößt mit Ecke heraus, möglicherweise handelt es sich um einen etwas späteren Einbau. Eine Eintiefung im Sockel für einen Eingang fehlt, der Ausgräber sieht in dem Rechteck deshalb einen Turm, der den Eingang schützte (vgl. jedoch S. O 103).

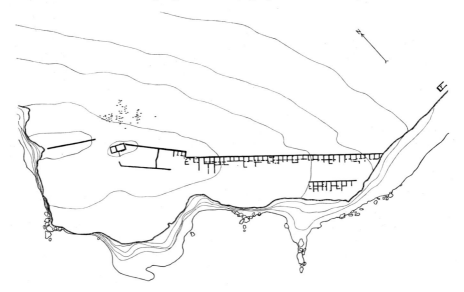

Abb. 44 Vroulia, Stadtanlage

An der Stadtseite des geradlinig verlaufenden Mauerzuges und unmittelbar gegen ihn gesetzt in gleichmäßiger Reihung 39 mehr oder weniger quadratische Räume mit einer Seitenlänge von 4,50 m. Ein Teil der Räume öffnet sich durch Türen auf einen schmalen Vorraum und darüber hinaus gelegentlich auf einen vorgelagerten Hof, ein anderer Teil zeigt weder Tür noch Vorraum. Die Reihe setzt sich nach dem genannten Doppelknick links fort, erhalten haben sich hier drei Räume. Genau parallel zum Hauptzug hat sich in 25 m Abstand vom Mauerinneren eine zweite Reihe von 10 Häusern erhalten, die mindestens die Ausdehnung der ersten hatte. Im linken Teil der Stadt lehnt sich an die Mauer und den genannten Rechtecksockel ein auch gegen das Innere mauerumgebener Platz mit 2 Altären, es handelt sich um ein offenes Heiligtum, das vielleicht gleichzeitig der Gemeindeplatz war. Vom linken Teil des Stadtinneren konnten keine Reste mehr nachgewiesen werden. Vroulia ist das älteste und besterhaltene, noch in die geometrische Zeit hinaufreichende Beispiel einer regelmäßigen Stadtplanung.

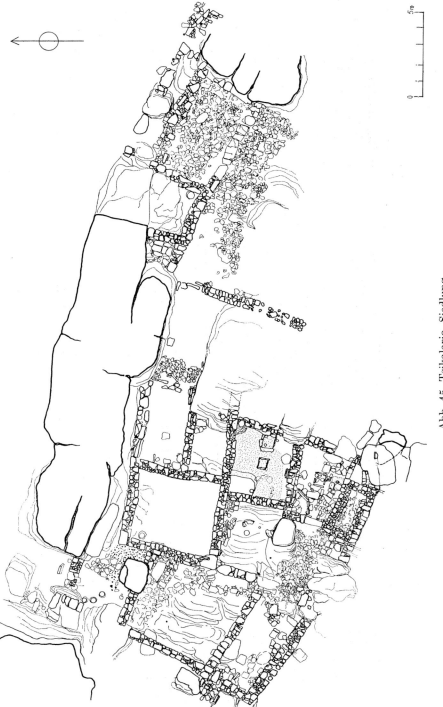

Abb. 45 Tsikalario, Siedlung

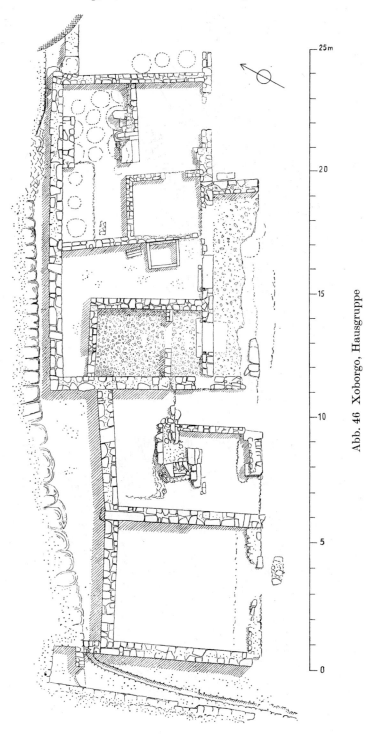

Abb. 46 Xoborgo, Hausgruppe

XOBORGO, Tinos (Abb. 46)
Kontoleon, Πρακτ. 1952, 531 ff.; a. O. 1953, 258 ff. Taf. 1.

Vier aneinandergereihte Räume etwa quadratischer Gestalt und mit einer Gesamterstreckung von 24 m lehnen sich rückwärts an den steil ansteigenden Burgfelsen an (Abb. 46). Durch ihre gegeneinander versetzte Front- und Rückwand schließen sich jeweils zwei von ihnen enger zusammen. Der versetzte Ansatz eines fünften Raumes zeigt an, daß die Reihe nach rechts weiterlief. Ein Reliefpithos des 1. Viertels des 7. Jhs., der im vierten Raum gefunden wurde (J. Schäfer, Studien zu den griechischen Reliefpithoi [1957] 71 f. Nr. T 12), bezeichnet für eine Datierung der Anlage den terminus ante quem. Sämtliche Räume mit Ausnahme des ersten besitzen Einbauten, von denen einige später sein dürften. Interesse verdient der dritte Raum. Die Frontmauer öffnet sich mit zwei symmetrisch angeordneten Türöffnungen auf einen vorgelagerten Hof anscheinend quergerichteter Erstreckung. Die linke Türöffnung führt von dort in einen Zweiraumoikos (vgl. S. O 10), die rechte in einen seitlich und rückwärts anschließenden Hof mit einer Eschara. Der vierte Raum mit zahlreichen Einbauten und Pithosresten ist vom Ausgräber als Mysterienheiligtum angesprochen worden. Die in sich geradlinigen und im Höchstfall 0,5 m starken Mauern sind sorgfältig geschichtete Steinpackungen in Lehmfüllung. Die beiden genannten Türöffnungen haben monolithe Schwellen und dahinter Vertiefungen für Drehzapfen.

ZAGORA, Andros (Abb. 47)
BCH. 85, 1961, 839 f. (unter Samos). Δελτ. 16, 1960, Chron. 248 f. Ἔργον 1967, 75 ff. Abb. 77 (Fundberichte).

Auf einem Felsrücken der Westküste von Andros haben griechisch-australische Grabungen die Reste einer geometrischen Siedlung des 8. Jhs. freigelegt. Die Häuser gehören ein und derselben Bauperiode an; Anfang des 7. Jhs. wurde die Siedlung verlassen. Freigelegt oder angeschnitten wurden 33 zumeist quadratische Räume verschiedener Größe aber einheitlicher Ausrichtung nach Südosten (Abb. 47). Den vorläufigen Mitteilungen und dem nicht minder vorläufigen Plan kann folgendes entnommen werden.

Das südliche Ende bildet ein von freiem Areal umgebener Tempel, er wird die Mitte der Siedlung eingenommen haben. Die Ausrichtung ist die gleiche wie die der Wohnräume, der Eingang liegt im Südosten. Es handelt sich um einen Oikos mit Vorraum und Hauptraum. 10,5 × 7,5 m. Inmitten des Hauptraums, leicht versetzt, der Sockel eines quadratischen Altars; innerhalb des genannten Areals wurden Opferreste gefunden.

Die Reste nördlich des Tempels lassen sich in zwei Komplexe aufgliedern. Zunächst der benachbarte südliche. Die Planskizze vermittelt den Eindruck eines zentral gelegenen Quadratraumes mit Eingang im Süden, also zum Tempel hin. Rechts und links wird er flankiert von zwei übergreifenden Raumfolgen, wodurch sich die Gesamtfigur eines H ergibt. Den Hauptraum umgibt in Π-Form ein umlaufendes Podest von 1,2 m Tiefe, die Mitte nimmt ein eingefaßter versenkter Herd ein. Einfache oder umlaufende Wandpodeste besitzen fünf weitere Räume, die Mitte eines sechsten Raumes nimmt ein zweiter Herd ein. Die Räume öffnen sich auf den vorderen oder hinteren Hof und, wo dies nicht möglich ist, untereinander. Nach Meinung der Ausgräber handelt es sich um den Palast des Stadtfürsten. Maßgebend für die Benennung waren offenbar die zentrale Lage, die symmetrische Grundrißführung und die Ausstattung der Räume.

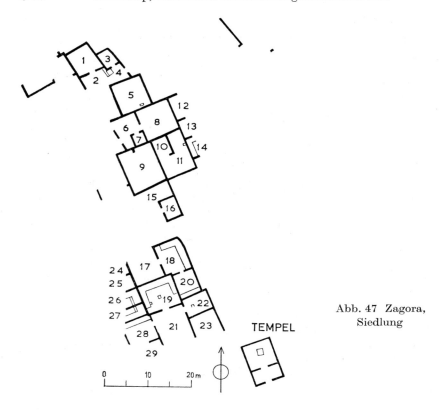

Abb. 47 Zagora, Siedlung

Den nördlichen Komplex bilden systemlos aneinandergebaute Privathäuser. Am nördlichen Ende zwei aneinandergebaute Antenhäuser gedrungener Gestalt und ungleichmäßiger Größe mit gemeinsamem Hof. Im Vorraum des größeren Hauses ein Podest, ein Treppenabsatz wird als Hinweis auf ein Obergeschoß gedeutet. Den Kern der südlich anschließenden Hausgruppe bildet ein Karree von vier Quadraträumen, die z. T. in sich unterteilt sind. In einem dieser Räume wieder ein Wandpodest, in einem anderen ein Herd.

Die Mauern bestehen aus dünnen Schieferplatten, seltener aus kleinen Marmorstücken in trockenem Verband. Die Fügung ist pseudoisodom oder regellos, in jedem Fall sorgfältig, die Mauerfläche ist einheitlich abgeglichen. Lehmziegel haben anscheinend keine Verwendung gefunden. Die Räume waren mit Balken und einer darüberliegenden Tonschicht anscheinend horizontal abgedeckt; Innenstützen haben keine Verwendung gefunden.

5) Stadt- und Akropolisbefestigungen

IASOS (Karien)

Levi, ASAtene 39/40 (N. S. 23/24) 1961/62, 527 ff.

Italienische Grabungen auf der inselartig vorspringenden Akropolis der karischen Küstenstadt konnten erstmals den Nachweis erbringen, daß die Besiedlung dort bis in die submykenische Zeit hinaufreicht. Innerhalb des östlichen Abhanggeländes wurde auf 80 m eine streng geradlinige, zum Schluß westlich umbiegende Befestigungsmauer von etwa 80 cm Stärke festgestellt, gegen die von innen her bis in die römische Zeit hinein zahlreiche Quermauern und eine Schalmauer geführt worden waren. Auch nach außen hat die Mauer Veränderungen und Verstärkungen erfahren. Die Fundamentschichten der Mauer enthielten protogeometrische und geometrische Scherben (Levi a. O. 537 Abb. 50b). Der Herausgeber läßt es offen, ob die untersten Schichten der im ganzen späteren Mauer geometrisch sind oder ob hier eine geometrische Vorgängermauer gestanden hat.

MELIE, Karien (Abb. 48)
Müller-Wiener in: Panionion und Melie (JdI. 23. Erg.-Heft 1967) 78ff. Plan 2.

Die Kuppe eines aus der Küstenebene aufragenden Bergkegels ist von einer Befestigungsmauer umgeben, die auf Grund der freilich spärlichen spätgeometrischen Keramikfunde noch in das 8. Jh. hinaufreichen dürfte. Die oval geführte Mauer umfaßt ein Gelände von maximal 200 × 90 m (Abb. 48). Es handelt sich also um eine Akropolis, doch ist keine zugehörige Abhangsiedlung ausgemacht worden. Melie ist vermutlich noch vor dem dritten Kimmiereinfall 645 zerstört, aber vor dem Ende des 7. Jhs. mit einem erweiterten Mauerring versehen und neu besiedelt worden. Dieser Zeit gehören ein Anten- und Ovalhaus innerhalb der Akropolis an. — Die in sich massive Steinmauer ist etwa 2 m stark und erreicht stellenweise noch eine Höhe von 1,5 m. Kunstlose, aus Blöcken mittlerer Größe bestehende Steinpackung. Der Mauerring setzt sich aus zahlreichen, in sich geraden Mauerstücken zusammen, die ohne Trennfuge ineinander übergehen. Von drei Maueröffnungen sind zwei später zugesetzt worden. W. Müller-Wiener vermutet in ihnen Baulücken zum Antransport des Materials. Das Osttor wird von einer weit vorspringenden Bastion flankiert. Von einer Mauertreppe im Innern sind der 4,65 m lange Unterbau und die untersten Stufen (Auftrittbreite 25–30 cm, Stufenhöhe 18–20 cm) erhalten geblieben. Müller-Wiener möchte hieraus eine Treppe von 19 Stufen und eine Mauerhöhe von 3,60 bzw. 4 m erschließen; wahrscheinlicher ist eine Treppe von 12–14 Stufen und damit eine Mauer von höchstens 2,50 m Höhe. Damit entfällt die Notwendigkeit, einen Oberbau aus Lehmziegeln anzunehmen. Gegen das Mauerinnere sind 10 Verstrebungspfeiler herangeführt worden; sie und die Torbastion stehen außer Steinverband, möglicherweise handelt es sich um spätere Verstärkungen.

Vgl. außerdem Altsmyrna (S. O 45f.). Emporio (S. O 49).
Phaistos (S. O 43). Siphnos (S. O 50). Vroulia (S. O 51f.).

6) Temenos- und Terrassenmauern, Stufenanlagen

HERAION VON ARGOS. Terrassierungsmauern
C. Waldstein, The Argive Heraeum I (1902) 110 Taf. 8. 9. Blegen, Prosymna 19ff. Abb. 21–23.

Der alte Tempel ruht auf einer Rechteckterrasse von 55,80 × 34,40 m im Geviert und 3,25 m Höhe, errichtet aus horizontal verlegten riesigen Blöcken, die bis 6 m lang sind. Der urtümlich kyklopische Charakter galt lange Zeit als mykenisch, bis Blegen durch zahlreiche Schürfungen im Mauerinneren und in der Terrassenfüllung zu der Überzeugung gelangte, daß die Mauer in geometrischer Zeit errichtet sein müsse. Die Monumentalität der Steinfügung ist

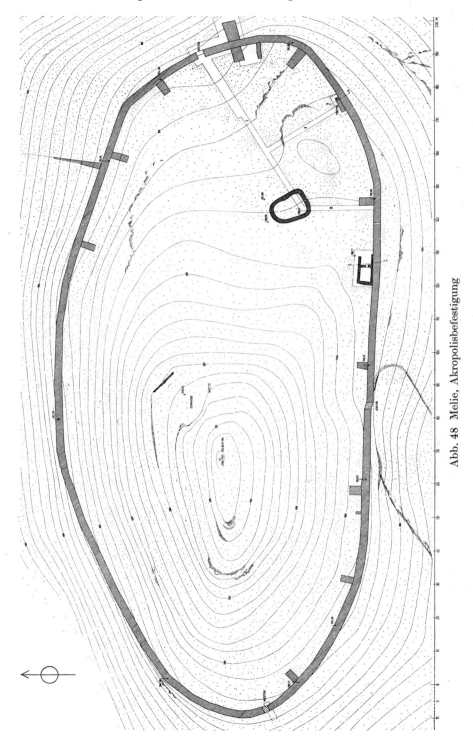

Abb. 48 Melie, Akropolisbefestigung

in diesem Zeitraum etwas völlig Ungewohntes, auch für Argos selbst. Eine etwa 1 km westlich des Heraions gelegene Stützterrasse von 12,50 × 8,50 m, die Blegen (AJA. 43, 1939, 410ff.) dem frühen 7. Jh. zuweist, zeigt eine wesentlich kunstlosere und kleinsteinigere Fügung. Auch die strenge Orthogonalität des Terrassengrundrisses findet im 8. Jh. noch keine Parallele. Die Möglichkeit muß deshalb offengelassen werden, daß die Mauer erst später, etwa bei Errichtung des alten Heratempels angelegt wurde. Die Schürfung ist in den meisten Fällen auf durchwühlte Erde mit mykenischem und geometrischem Inhalt gestoßen, es ist also denkbar, daß für Terrasse und Terrassenfüllung Abraumschutt aus älteren Perioden verwandt wurde.

DIDYMA, Apolloheiligtum. Älteste Temenosumgrenzung (Abb. 49. Taf. O VIII b)

Drerup — Hiller, AA. 1964, 333 ff.

Neuere Grabungen im Innern des Adytons erbrachten den Nachweis einer vorarchaischen Temenosumgrenzung, die nach Ausweis der keramischen Streufunde der spätgeometrischen Zeit angehört. Zum Teil erscheinen die Reste falsch gedeutet auf dem Steinplan der Didymapublikation (Didyma I [1941] Zeichnungen Taf. 70); weitere Reste erbrachte die Grabung, einiges ist bei der Ausgrabung des Adytons durch H. Knackfuß beiseitegeschafft worden, konnte jedoch an Hand eines Fotos rekonstruiert werden. Es handelt sich um die Reste einer nördlichen und einer südlichen Schenkelmauer. Die Lage der rückwärtigen Westmauer dürfte noch innerhalb des Adytonhofes gelegen haben. Die Mauern verliefen nicht parallel sondern nach Osten konvergierend. Ihre errechneten Abstände im Westen waren 10,30 m, 21 m weiter östlich 9,60 m. Ihre weitere Erstreckung nach Osten ist ungewiß. Andererseits läßt sich mit Gewißheit behaupten, daß sie nicht mehr die von Knackfuß als heilige Quelle deklarierte Stelle im Osten des Adytons (Didyma I 34 r. 46 r. Zeichnungen Taf. 7. Gruben, JdI. 78, 1963, 81 Anm. 7 und Abb. 1; vgl. jedoch ders., Die Tempel der Griechen [1966] 344 Abb. 273) umfaßt haben, da sich dann für die Temenosumgrenzung die Gestalt eines sich nach vorne verengenden Schlauches von 40 m Länge ergäbe und man die exzentrische Lage des eigentlichen Kultmales innerhalb des Heiligtums begründen müßte. Die heilige Quelle, die bei Erbauung des Heiligtums bereits auf ein Grundwasserloch zusammengeschrumpft war, wird man in Übereinstimmung mit den geologischen Beobachtungen innerhalb der erhaltenen Reste der ältesten Temenosumgrenzung zu suchen haben.

Die beiden Mauern führten über ein welliges, noch nicht planiertes Terrain. Erhalten sind bis zu drei Schichten trocken verlegter rechteckiger Steinplatten von etwa 90 cm Breite im Süden (Taf. O VIII b) und 105–110 cm im Norden; zwischen den Platten eingekeilte Steinbrocken. Die oberste Lage muß nach Glättung und abgetrepptem Horizontalverlauf die Euthynterie gewesen sein, zeigt aber weder Bettungs- noch Aufschnürungsspuren. Der Oberbau dürfte deshalb aus Lehmziegeln bestanden haben.

DREROS. Agora (?)-Stufen (Abb. 50)

Demargne - van Effenterre, BCH. 61, 1937, 10ff. Abb. 4 u. 5 Taf. 1. R. Martin, Recherches sur l'Agora Grecque (1951) 60.

Unmittelbar westlich bzw. unterhalb des Apollotempels (S. O 5f.) liegen die Reste einer beiderseits rechteckig umbiegenden Stufenfolge. Ihre Länge von

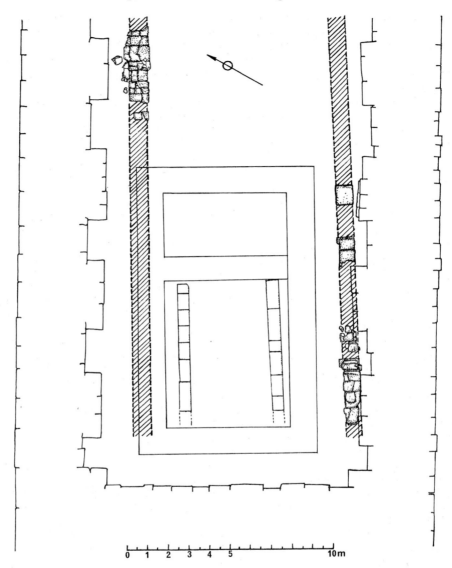

Abb. 49 Didymaion. Älteste Temenosumgrenzung

etwa 23 m legt es nahe, sie eher als Teil einer Agora denn als Schautreppe zu verstehen. An der westlichen Ecke liegen noch sieben Stufen übereinander, sie biegen nicht um, sondern greifen ineinander. Nach Ausweis der Abbildungen sind große und genau fugende Platten im Polygonalverband verwandt worden. Angaben zur Steintechnik fehlen. Aus dem baulichen Zusammenhang zwischen Agorastufen und Treppengang zum Tempel wird die gleiche Erbauungszeit wie die des Tempels, d. h. das 8. Jh. erschlossen (vgl. auch Kirsten, RE. Suppl. VII 131 s. v. Dreros).

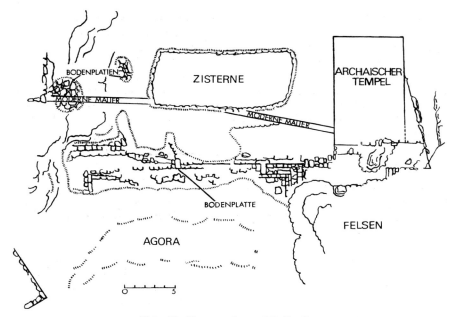

Abb. 50 Dreros, Agora(?)-Stufen

ELEUSIS. Älteste Stützmauer der Mysterienterrasse (S. O 30 Abb. 27 Nr. E 1. E 2. E 5)

G. E. Mylonas, Eleusis and the Eleusinian Mysteries (1961) 56 Abb. 4 Nr. 51 u. 53. Abb. 6 Nr. E 5, E 1 u. E 2. Abb. 14. Abb. 15 Nr. E 1 u. E 2. Abb. 23. W. Wrede, Attische Mauern (1933) 5 Abb. 3.

Von der ältesten Stützmauer der Mysterienterrasse sind in etwa 40 m Abstand ein nördliches und ein südliches Stück ausgemacht worden. Spätgeometrisch (Wrede) oder auch früher (Mylonas). Das nördliche Stück biegt nahezu rechtwinklig um, das südliche Stück stößt mit Mauerstirn gegen eine Freitreppe von 4,80 m Breite, die zu der etwa 2,50 m hohen Terrasse hinaufführte (Rekonstruktion Mylonas a.O. Abb. 23). Lockere und mit Kieseln verfestigte Fügung aus mittelgroßen Steinen mit grober Stirnglättung in ursprünglicher Lehmbettung. Die Mauerecke aus horizontalen Platten geschichtet, die Mauerstirn besteht außerdem aus hochkant gestellten Abschlußplatten, die geräumige Treppe besteht aus mittelgroßen Platten mit sauberem Randbeschlag. Nach Mylonas hat über der Terrassenmauer eine Begrenzungsmauer aus Lehmziegeln gestanden. Ein Mauerrest unter dem peisistratischen Zwischentor, den Wrede (a.O. 5 Nr. 2 Abb. 2) einer geometrischen Stadtmauer zuweist, gehört der Erweiterung der Mysterienterrasse im 7. Jh. an: Mylonas a.O. 53ff. Abb. 23 Nr. Z 11.

SAMOTHRAKE. Rest einer Terrassierung

Lehmann, Hesperia 19, 1950, 8 Taf. 1 Abb. 1. Taf. 6 Abb. 14. Taf. 7 Abb. 16. Taf. 8 Abb. 17. Ders., Samothrace. A Guide to the Excavations and the Museum[2] (1960) 53f.

Der älteste Baurest im Kabirenheiligtum ist eine in nordsüdlicher Richtung verlaufende Terrassierung mit Front nach Westen im Innern des Arsinoeions. Datierung letzte Jhh. des 2. oder erste Jhh. des 1. Jts. v. Chr. Es handelt sich um eine dem griechischen Heiligtum vorausliegende Steinsetzung in kunstloser Polygonalfügung aus mittelgroßen Steinen.

Vgl. außerdem Aetos (S. O 63), Amnisos (S. O 63), Asine (S. O 9), Dreros (S. O 5f.), Emporio (S. O 49), Gortyn (S. O 34), Phaistos (S. O 41 f.). Kleinere Terrassierungen, die sich allenthalben finden, sind unberücksichtigt geblieben.

7) Ingenieursanlagen

Brücke beim Kastro von Argos

Blegen, AJA. 43, 1939, 427 ff. Abb. 15 ff. J. Briegleb, Untersuchungen zu den vorrömischen Steinbrücken des Altertums (Diss. Tübingen 1964, maschinschrift. Exemplar 75 f.).

Eine Rampe von 3 m Länge und 1,60 m Höhe kann als Rest eines quer zum Bachtal verlaufenden Dammes mit einer in falschem Gewölbe konstruierten Öffnung für den Wasserlauf angesprochen werden. C. W. Blegen datiert die Brücke nach Ausweis der zahlreichen Streufunde in geometrische Zeit, J. Briegleb hält sie auf Grund allgemeiner Überlegungen für mykenisch. Kunstloses Polygonal aus mittelgroßen Steinen.

Uferbefestigung des 'Chaos' bei Mykene

Wace, Mycenae 27.

Gegen die mykenische Brücke stößt eine dem Revmabett des 'Chaos' entlanglaufende Uferterrassierung von 2,45 m Höhe, die auf 12 m verfolgt werden konnte (Wace a. O. Taf. 38 a, Hintergrund). Nach Ausweis der zahlreichen Streufunde wurde sie von Wace in geometrische Zeit datiert. Gegenüber der großsteinigen und kunstvoll gefügten mykenischen Brücke handelt es sich um kleinsteiniges Polygonal. Blegen (Prosymna 20) datiert — sicher zu Unrecht — auch die Brücke in nachmykenische Zeit.

Kanalisation im Apolloheiligtum von Delphi (Abb. 51)

BCH. 64/65, 1940/41, 259 ff. Abb. 26 (Fundbericht).

Das Brunnenbecken vor der Südwestecke der Polygonalmauer bezeichnet das Ende einer Kanalisation, die vom Westen der Tempelterrasse unterhalb und neben dem Schatzhaus XXI abwärts führt. Die intakte Scherbenstratigraphie datiert die Kanalisation im Gegensatz zum sehr viel späteren Becken 'mindestens' in das 7. Jh. Sie wird beschrieben als eine aus gleichmäßig geschnittenen Rechteckplatten beträchtlichen Formates bestehende vierseitige Kastenkonstruktion. Pomptow und Frickenhaus (RE. Suppl. IV 1360 s. v. Delphoi. AM. 35, 1910, 256 ff.) hatten die Anlage für erheblich später gehalten.

Große Hafenmole von Delos

Paris, BCH. 40, 1916, 5 ff. 64. Gallet de Santerre, Délos Primitive 220.

Die etwa 100 m lange, heute im Wasser versunkene Mole, die den Haupthafen von Delos vor den Nord- und Westwinden schützte, wird von J. Paris auf Grund von Scherbenfunden der geometrischen Zeit zugeschrieben. H. Gallet de Santerre erwägt eine spätere Datierung.

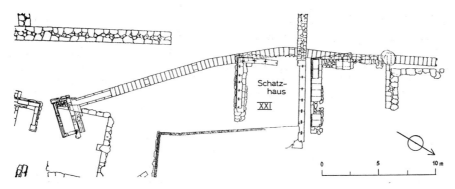

Abb. 51 Delphi, Kanalisation

8) Komplexe Befunde. Isolierte Mauerzüge

AETOS (Ithaka)

Heurtley-Lorimer, BSA. 33, 1932/33, 22ff. Heurtley, BSA. 43, 1948, 1ff. Benton, BSA. 48, 1953, 255ff. Taf. 40.

Die Berichterstattung ist uneinheitlich und unvollständig. Reste von drei konzentrischen Terrassierungs- bzw. Temenosmauern. Innerhalb des inneren Mauerzuges fanden sich auf einer Fläche von 6×10 m mindestens vier formlose Steinsetzungen, durchsetzt und überdeckt mit Scherben, Brand- und Speiseresten. Sie gehören der protogeometrischen Zeit an und sind zweifelnd als sepulkrale Kultstätten oder Hausreste angesprochen worden. Es dürfte sich um Opferstätten mit deponiertem Opferrückstand handeln. Ein isolierter Mauerzug weiter nördlich (Benton a.O. 258 Abb. 2 Nr. 27), vielleicht Rest eines Kulthauses, dürfte dem 7. Jh. angehören. Daneben in tieferem Niveau Rest einer gekrümmten Steinsetzung mit Herd.

AMNISOS (Kreta)

Marinatos, AA. 1934, 246ff. 1935, 245f. Ders., Πρακτ. 1934, 130. 1935, 196ff. Kirsten, RE. Suppl. VII 34ff. s. v. Amnisos. Desborough, Prot. P. 324.

In die Ruinen eines minoischen Baues sind an manchen Stellen Anlagen eines Heiligtums hineingetieft, offenbar eines offenen Bezirks mit Brandopferstätte, zu dem vom Hang herab eine Schautreppe herabführte. Ein Plan der einzelnen Mauern im Verhältnis zu den minoischen ist nicht veröffentlicht worden. Das Heiligtum scheint in geometrischer Zeit gegründet worden zu sein.

ASINE

Unterstadt. Frödin-Persson, Asine 81 Abb. 61. Desborough, The Last Mycenaeans 83.

Geradlinige Mauerzüge, schräg aufeinander bezogen. Geometrisch. Ein Schichtzusammenhang mit dem SH IIIc-Haus H (a.O. 76f. 82) hat nicht bestanden (Übersicht a.O. 90).

Barbouna-Hügel jenseits der Stadt. Asine 149 Abb. 130.

Auf der Tempel-Terrasse ein umbiegendes und ein geradlinig verlaufendes Mauerstück. Geometrisch (S. O 9 Abb. 7).

AULIS, Artemisheiligtum
BCH. 84, 1960, 762 (Fundbericht).
   Im Pronaos des Artemistempels ein gebogenes Mauerstück. Spätgeometrisch. Vom Ausgräber J. Threpsiadis als Rest eines Rundbaues angesprochen, der der älteste Artemistempel gewesen sei. Vielleicht handelt es sich aber nur um den Rest der ältesten Temenosmauer, die den Quellbezirk umgrenzte. Noch kein Plan.

DELOS
Gallet de Santerre, Délos Primitive 220 ff.
   Vereinzelte geometrische Baureste sind von der hypostylen Halle über das Heiligtum hinweg bis in das Theaterviertel hinein beobachtet worden.

DELPHI
BCH. 59, 1935, 275f. (Fundbericht). Lerat, RevArch. 12, 1938, 207ff. mit Plan bei S. 191. BCH. 74, 1950, 320ff. (Fundbericht). Lerat, BCH. 85, 1961, 316. 338ff. J. Pouilloux, La Region Nord du Sanctuaire (FdD. II) Taf. 24.
   Neuere Grabungen haben zahlreiche Mauerreste geometrischer und spätgeometrischer Zeit innerhalb und außerhalb des Apolloheiligtums festgestellt. Am dichtesten liegen die Reste im Nordosten des Heiligtums (östlich der beiden Theaterschatzhäuser, unterhalb und östlich der Knidierlesche, nördlich des Daochosmonumentes), weitere Mauerzüge zwischen Tempel und Altar, unterhalb des archaischen Apsishauses, nördlich des Prytaneions sowie ausgedehnte Reste im Wohngebiet östlich des Heiligtums. Die beiden vollständigsten Befunde östlich der beiden Theaterschatzhäuser (RevArch. a.O. 210ff.) und im Osten des Heiligtums (BCH. 85, 1961, 338ff.) ergeben zwei aneinandergereihte und rückwärts in das Gelände sich einschiebende Rechteckräume etwa quadratischer und queroblonger Erstreckung. Außerdem wird man annehmen, daß der unter dem Apsishaus festgestellte gebogene Mauerrest (RevArch. 12, 1938, 215) gleichfalls schon einem Apsishaus angehörte.

ERETRIA. Reste unter dem Apollotempel
Kourouniotis, Πρακτ. 1910, 268. Weickert, Typen 10. Konstantinou, Πρακτ. 1952, 153f. Schefold, AntK. 9, 1966, 115ff.
   Nach K. Kourouniotis, der die Erstausgrabung durchführte, aber keinen Plan veröffentlichte, befanden sich innerhalb der geometrischen Schicht die Reste dreier Ovalbauten. Eine von J. A. Konstantinou auf Grund von Neugrabungen vorgelegte Planskizze des Tempels enthält die Reste eines geraden und zweier gebogener Mauerreste, die sie der geometrischen Zeit zuweist. Die schweizerische Nachgrabung konnte zwei der von Konstantinou eingezeichneten Mauerzüge nicht wiederfinden (Schefold a.O. Abb. 4 unter Nr. F und G an falscher Stelle eingezeichnet), dagegen einen neuen gebogenen Mauerrest feststellen. Vor allem konnte die Nachgrabung den geometrischen Kultplatz ausmachen: Einen quadratischen Altar, der einen älteren runden Bothros ummantelt, und eine auf ihn zuführende gerade Mauer mit einbindender Quermauer, die dem ältesten Kulthaus (Oikos oder Antenbau) angehörte. Zwei weitere gerade Mauern werden als Reste von Stoen angesprochen. Hervorgehoben wird an den meisten Resten die abgeglichene Mauerstirn aus kopfgroßen Steinen mit kleinen eingeklemmten Füllsteinen. Die ältesten Weihgaben im Apollobezirk lassen sich in das 2. Viertel des 8. Jhs. datieren.

JOLKOS, Thessalien (Abb. 52. 53)

Theocharis, Πρακτ. 1961 (1964) 45ff. Berichte: BCH. 81, 1957, 592f. 85, 1961, 767ff. 86, 1962, 787ff. Ἔργον 1960, 55ff. Δελτ. 17B, 1961/62, 174. Desborough, The Last Mycenaeans 234f.

Der Übergang vom Helladischen zum Protogeometrischen ist noch nirgends in einer solchen Schichtenfülle beobachtet worden wie in dieser von D. Theocharis durchgeführten und noch nicht abgeschlossenen Grabung südlich des mykenischen Palastes. Von den insgesamt 30 Schichten gehören nicht weniger als 27 der Periode SH III sowie der nachfolgenden protogeometrischen Zeit an, deren Dauer der Ausgräber auf 200 Jahre (1100–900) veranschlagt. Der Übergang vom Helladischen zum Protogeometrischen vollzieht sich in der Keramik kontinuierlich. Eine eigentliche Zerstörungsschicht ist an dieser Stelle nicht ausgemacht worden, was die intensive Besiedlungsfolge erklärlich machen dürfte. Das ist um so bemerkenswerter, als der unmittelbar benachbarte mykenische Palast innerhalb der SH IIIc-Phase einer Brandkatastrophe zum Opfer gefallen ist.

Der Ausgräber glaubt mit Sicherheit drei und mit Wahrscheinlichkeit vier protogeometrische Bauschichten unterscheiden zu können. Soweit die bisher veröffentlichten Zeichnungen, ein Plan und ein zugehöriger Schnitt (Ἔργον 1960, 56f. Abb. 67. 68. Desgl. BCH. 85, 1961, 767f. Abb. 14. 15; hier Abb. 52. 53) ein Urteil zulassen, handelt es sich einmal um einen in der Mitte aussetzenden, leicht konvex geführten Mauerzug (Plan B 1–3. Schnitt Δ), der in späterer Zeit eine Erneuerung erfahren hat (Schnitt Γ); die zugehörige Parallelmauer könnte in BCH. 86, 1962, 787 Abb. 4 Planquadrat 5 eingezeichnet sein; weiter um einen seitlich etwas versetzten, im übrigen aber gleichgerichteten Mauerzug anscheinend mit Mauerstirn in höherem Niveau (Plan B 3–4. Schnitt B), der einem Ersatzbau angehören könnte; schließlich und zuoberst um eine Folge von drei hintereinandergestaffelten Räumen wiederum in der gleichen Richtung, deren Breite 4,5 m überschritten haben muß und die auf der einen Seite durch eine durchlaufende Außenmauer begrenzt sind (Plan A–Γ u. 3–7; Schnitt A; BCH. 86, 1962 a. O. Planquadrat 5), die somit den Typus des in eine Raumfolge unterteilten Langhauses erkennen lassen. Die Mauern des Langhauses verlaufen gerade, doch schließen die des Inneren nicht rechtwinklig, sondern in leichter Schräge an. Es ist denkbar, daß in jeweils höherem Niveau an etwa gleicher Stelle und unter Beibehaltung der allgemeinen Richtung ein Langhaus immer wieder neu errichtet wurde, über dessen frühe Gestalt sich nur ausmachen läßt, daß es gekurvte Mauerzüge besaß, während es sich in seiner spätesten Gestalt als ein Orthogonalbau darstellte. — Durchweg beziehen sich die bis zu 1 m hoch erhaltenen Mauerzüge auf Fundament und Unterbau, der Oberbau bestand aus Lehmziegeln. Die Bautechnik ist kunstloses und kleinsteiniges Bruchsteinmauerwerk, das sich von dem der helladischen Schichten — auch hier begegnen gekurvte Mauerzüge — in nichts unterscheidet. Die Mauerdicke der ältesten Schichten ist 40–50 cm, die des Rechteckhauses 50–75 cm.

LEUKANTI, Euböa (Abb. 54)

M. R. Popham - L. H. Sackett, Excavations at Lefkandi, Euboea 1964–1966 (1968).

An der Südküste Euböas zwischen Chalkis und Eretria haben englische Tiefgrabungen in einem niedrigen Schrägplateau, dem sog. Xeropolishügel eine Schichtenfolge angeschnitten, die von der frühen Bronzezeit bis etwa 700 reicht.

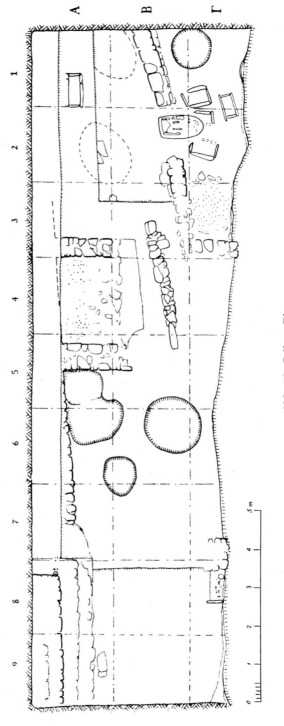

Abb. 52 Jolkos, Plan

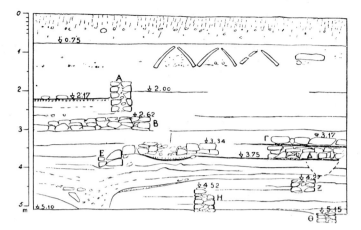

Abb. 53 Jolkos, Bauschichten

Allein innerhalb der SH III c-Periode haben sich drei Bauschichten nachweisen lassen, die alle durch Zerstörung zugrunde gegangen sind. Die Zeitspanne bis zur Wiederbesiedlung in protogeometrischer Zeit scheint nur kurz gewesen zu sein (C. G. Styrenius, Submycenaean Studies [1968] 161). Entgegen älteren Vermutungen (BCH. 90, 1966, 898 [Fundbericht]) gehören die geometrischen Baureste einer einzigen Schicht des 8. Jhs. an. Noch vor dem Ende des 8. Jhs.

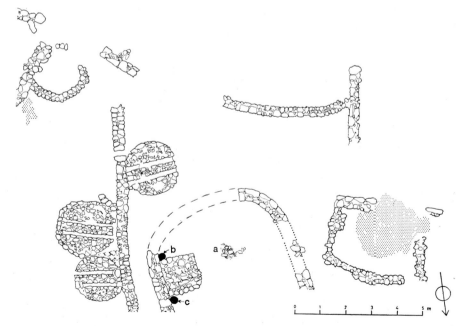

Abb. 54 Leukanti, Reste eines Anwesens mit Apsishaus
(a: Herd b. c: Pfostenlöcher)

hat auch die geometrische Siedlung ein gewaltsames Ende gefunden, das die Ausgräber mit dem lelantinischen Krieg in Verbindung bringen.

Eine vollständige Rekonstruktion der Reste ist nicht möglich. Wichtigstes Objekt muß ein Apsisbau von etwa 6 m Breite gewesen sein, von dem sich Teile der Apsis und der anschließenden Schenkelmauern erhalten haben (Abb. 54). Im Innern Reste einer Herdstelle, an der linken Innenwand eine quadratische Steinsetzung mit zwei flankierenden Pfostenlöchern, vielleicht ein Thronsitz. Erkennbar ist weiter ein kleines Quadrathaus mit gebogenen Wänden. Das übrige, zusammenhanglose und in der Mehrzahl gebogene Mauerzüge, entzieht sich der Erklärung. An den längsten Mauerzug — sicher eine Hofmauer — schließen sich rechts eine und links zwei runde massive Steinsetzungen von 2–2,5 m Durchmesser an, die von zwei parallelen Rinnen durchschnitten werden. Die Ausgräber vermuten in ihnen die Bodenspuren landwirtschaftlicher Einrichtungen, Olivenpressen oder eher Getreidespeicher; ein vierter rundgeführter Mauerzug dürfte dazugehören. Über die Mauertechnik fehlen Angaben, doch weisen Steinplan und Fotos eindeutig auf extrem kleinsteinige Fügung in Lehmbettung hin. Die aufgehenden Teile sollen aus Lehmziegeln bestanden haben. Der Vergleich mit den nur unwesentlich früheren späthelladischen Mauerzügen ist aufschlußreich für die Wandlung sowohl der Grundrißführung als auch der Mauertechnik.

MILET
Mauerzüge bei der archaischen Stadtmauer.

G. Kleiner, Alt-Milet (1966) 21 f. — Innerhalb des Südtraktes der archaischen Stadtbefestigung stießen Tiefgrabungen auf die Reste eines bogig geführten Mauerzuges spätgeometrischer Entstehung, der anscheinend mehrere ovale Steinsetzungen umfaßte (vgl. S. O 31). Ungewiß, ob der Mauerzug einem Ovalhaus, einem Apsishaus oder einer Temenosmauer angehörte. Nach Ausweis der Keramik eher griechisch als karisch (anders Kleiner a. O.).

Athenatempel.

Hommel, IstMitt. 9/10, 1959/60, 38. — Östlich des klassischen Athenatempels zwei rechtwinklig aneinanderstoßende Mauerzüge. Geometrisch.

Kalabaktepe.

A. von Gerkan, Milet I 8 (1925) 29 Taf. 3. Taf. 16, 2. — Unter der archaischen Befestigungsmauer ein nicht deutbares System von geraden und gebogenen Mauerzügen. Die Scherben sind nicht publiziert worden. Wahrscheinlich spätgeometrisch (AJA. 60, 1956, 381).

MYKENE. Akropolis
Ἔργον 1966 (1967) 93 ff. BCH. 91, 1967, 653 ff. (Fundberichte).

Nach der Zerstörung des Hauses 'Tsountas' (hierzu zuletzt P. Ålin, Das Ende der mykenischen Fundstätten auf dem griechischen Festland [1962] 16) und damit der gesamten Akropolis ist in dessen unmittelbarster Nähe noch in der Zeit SH III c 1 ein kleines Haus errichtet worden. Erhalten haben sich die Bodenfläche aus tonigem Lehm, zwei Porosbasen mit zylinderförmigen Einsenkungen für Holzstützen, dazwischen eine Herdstelle. Die eine Basis ist ein sauber gearbeiteter Rechteckstein wohl zweiter Verwendung. Die Außenwände haben keine Spuren hinterlassen. Ein kleiner Mauerrest in unmittelbarer Nähe gehört erst der Zeit SH III c 2 an.

NAXOS

Kontoleon, Πρακτ. 1950, 269ff. 1951, 214ff. 1961, 191ff. Berichte (Auswahl): AA. 1930, 134f. BCH. 86, 1962, 858ff. 88, 1964, 803f. Ἔργον 1961, 196ff. 1963, 149ff. 1967, 82ff. Vgl. auch Desborough, The Last Mycenaeans 149ff.

Inerhalb des der Stadt Naxos nördlich vorgelagerten Ufergeländes führt N. M. Kontoleon im Anschluß an Feststellungen, die G. Welter im Jahre 1930 treffen konnte, Grabungen an zwei Plätzen (Grotta, Aplomata) durch, die einer bis in das Mykenische hinaufreichenden Siedlung gelten. In beiden Fällen ergab sich, daß eine ausgedehnte mykenische Anlage anscheinend noch im Ausgang der mykenischen oder in submykenischer Zeit eine nicht minder ausgedehnte Überbauung erfahren hat, die keine Rücksicht auf die älteren Mauerzüge nimmt. Es handelt sich um Reste von mehrräumigen, orthogonal ausgerichteten Anlagen, die später eine Erneuerung bzw. Erweiterung erfuhren und u. a., wie es scheint, ein 'Megaron' erkennen lassen. Als oberste Bauschicht wurden mehrere gebogene Mauerzüge festgestellt, die protogeometrischer bis geometrischer Zeit angehören und deren ausgedehntester Rest die Ergänzung zu einem Ovalhaus von etwa 6,7 m Länge nahelegt. Genauere Angaben fehlen.

OTHRYS (Thessalien)

BCH. 82, 1958, 754. — Reste eines spätgeometrischen Tempels mit Temenosmauer. Keine weiteren Angaben.

PAROS. Delion

O. Rubensohn, Das Delion von Paros (1962) 9ff. Faltblatt 1. Kontoleon, Gnomon 38, 1966, 206f. — N. Kontoleon erwägt in seiner Besprechung des Buches von O. Rubensohn, daß zwei Quermauern zwischen den Längsfundamenten der Zella des Artemistempels einem kleinen Vorgängerbau des 8. Jhs. angehören.

THEBEN

Keramopoullos, Δελτ. 3, 1917, 66ff. AA. 1922, 273. Weickert, Typen 10. — Unmittelbar außerhalb des Tempels des Apollo Ismenios eingeebnete Reste eines Lehmziegelbaus, nach den Scherben geometrisch. Keine Abbildung.

9) Hausmodelle

RECHTECKHAUS

1. Aus Sala Consilina (Lukanien). Giebelhaus (Taf. O Va)

AJA. 64, 1960, 360 Taf. 103,4. JHS. 81, 1961, Suppl. 44 Abb. 10. Drerup, MarbWPr. 1962, 2. A. Maiuri, Passegiate in Magna Grecia (1963) Taf. 27. Hermann, AA. 1966, 355 Abb. 128.

Maße unbekannt. Geringe Ausbesserungen. Nach den Beifunden noch 9. Jh. (Mitteilung H. Müller-Karpe). Aus Ton. Die Türöffnung reicht in die Giebelzone hinein, in der rechten Schmalseite rechteckiges Fenster. Die Giebelränder setzen sich oberhalb der Spitze überkreuz fort und rollen sich einwärts ein, dahinter über dem First beiderseits ein Vogel. Reiche Bemalung in Zick-Zack und Mäander; Ecken, Sockelzone, Tür- und Fensterrahmen hervorgehoben. Wie bei den in Griechenland gefundenen Modellen handelt es sich um eine Weihgabe.

Abb. 55 Hausmodell aus dem argivischen Heraion

2. Aus dem argivischen Heraion. Giebelhaus mit Vorhalle (Taf. O IIIa. Abb. 55)
Müller, AM. 48, 1923, 52 ff. Taf. 6. 7. Weickert, Typen 65 f. Oikonomos, Ἐφημ. 1931, 1 ff. Robinson, RE. Suppl. VII 249 s. v. Haus. Payne, Perachora I 46 ff. S. D. Markman, Studies presented to D. M. Robinson I (1951) 259 ff.

Aus Ton. Länge je nach Ergänzung (s. u.) 37,5 cm oder 28,8 cm. Breite 28,5 cm. Ende des 8. Jhs.

K. Müller glaubte in den Scherben die Reste mindestens zweier Hausmodelle zu erkennen, eines 'dachlosen Hauses' und eines 'hauslosen Daches'. Sie zu einem einzigen Modell zu vereinigen hinderte ihn abgesehen von geringfügigen Unterschieden in der Bemalung die Konsequenz, daß dann wohl die Zella, nicht aber die Vorhalle von einem Giebeldach überdeckt würde, daß für die Vorhalle vielmehr ein Flachdach angenommen werden müßte. Seine Vorstellung über das ursprüngliche Aussehen der beiden Modelle legte er in einem Gipsmodell nieder, in dem das Giebeldach auch die Vorhalle bedeckt und dort von zwei Rundsäulen gestützt ist (a. O. Taf. 6, 1. Robinson a. O. 250 Abb. 1). G. P. Oikonomos sah die Bedenken als unbegründet an und gelangte unter Benutzung zweier weiterer, von Müller ausgeschiedener Fragmente, darunter des Vorhallenflachdaches, zu einer alle Scherben in sich vereinigenden Rekonstruktion eines einzigen Hausmodells mit Giebeldach und flachgedeckter Vorhalle. Den entgegengesetzten Weg ging S. D. Markmann, die über Müller hinaus noch eine 'hauslose Basis' absonderte und beide Ergänzungen ablehnte. Obwohl die vergipsten Scherben eine Stellungnahme im einzelnen nicht mehr zulassen, kann die Ergänzung von Oikonomos als zu großen Teilen gesichert und in sich überzeugend angesprochen werden (anders R. Martin, Recherches sur l'Agora Greque [1951] 126 Anm. 1). Sie bildet die feste Grundlage für die nachfolgenden Ausführungen.

Das Modell wird als Megaron bezeichnet, da die Längswände die Türwand antenartig übergreifen (Weickert). Der Überstand beträgt jedoch nur wenige Millimeter und findet sich in gleicher Weise an der Rückseite, die keine Tür hat. Ihr Sinn ergibt sich aus den senkrecht geführten Strichsystemen an den beiden Längswänden, die nur als eingebundene Pfosten und damit als fachwerkartige Versteifung einer Lehmziegelwand gedeutet werden können. Die beiderseitigen 'Anten' sind also heraustretende Holzpfosten, die der Versteifung der Ecken und ihrer Entlastung vom Dachaufbau dienen. An der Front sind sie gleichzeitig der Gegenhalt für eine zu den vorgestellten Pfosten hinführende Querverstrebung (s. u.). Was übrigbleibt, ist die ins Quadrat verkürzte Darstellung eines Rechteckhauses mit Giebeldach vom Oikostyp, dem eine flachgedeckte Vorhalle vorgelegt ist.

Als Stützen der Vorhalle hatte Müller Rundsäulen angenommen. Oikonomos setzt nach Ausweis der Haftspuren im Bodenteil an ihre Stelle Viereckpfeiler, d. h. Pfosten. Zwischen den Pfosten liegt vorn eine Tonleiste, zwei weitere Tonleisten sind seitlich zwischen Pfosten und Wand zu ergänzen. Müller deutet sie als Schwelle, Oikonomos als umlaufende Bank. Die Tonleisten setzen sich als Basisstrich an den Längswänden fort (voll ausgezogen an der linken Längswand: Ἐφημ. a. O. 12 Abb. 12; rechts undeutlich), es scheint sich also um den ins Freie herausgeführten Steinsockel des Fachwerkoberbaus zu handeln. Die Pfosten der Vorhalle waren in ihrem Kopfteil mit den eingebundenen Pfosten der Eingangswand durch freiliegende Verbindungsstäbchen, also durch einen horizontalen Balkenzug verstrebt. Die Ansätze der Verstrebung sind in den Pfosten der Eingangswand erhalten. Die Verstrebung setzt sich an den beiden Wänden als Längsstrich oberhalb des angegebenen Fachwerks fort. Es handelt sich also um einen durchlaufenden horizontalen Balkenzug als Versteifung der eingebundenen Pfosten. Aus Haftspuren an der Unterseite des Vorhallendaches erschließt Oikonomos einen über die beiden freistehenden Pfosten gelegten Balken, eine Art Türsturz also, über dem das Vorhallendach aufliegt. Die Dreiecköffnungen im Oberteil der Seitenwände meinen Luken vornehmlich für den Rauchabzug und die Belüftung (vgl. S. O 111). Als Brandlöcher des Tonmodells (Markmann) wären sie sinnlos. Zwischen Unterbau und Giebeldach schiebt sich eine umlaufende Leiste, die als heraustretende Platte die Vorhalle überdeckt und offenbar der heraustretende Zwischenboden ist. Die umlaufende schwarz-weiße Felderfolge seiner Dekoration meint, ohne daß die Deutung ins einzelne sich vortreiben ließe (so von Gerkan, JdI. 63/64, 1948/49, 1 ff.), die dichtgereihten Balkenstirnen. Der Rücksprung des Daches gegenüber dem Zwischenboden sagt aus, daß die Dachbalken in die Querzüge des Zwischenbodens eingreifen und dort ihren Gegenhalt finden. Die Konstruktion ist zeitlos und läßt sich beispielsweise am unterirdischen Heiligtum von Paestum und am Tempel C in Selinunt beobachten (A. T. Hodge, The Woodwork of Greek Roofs [1960] Taf. 12. Gabrici, MonAnt. 35, 1933, Taf. 16). Eine Durchmischung von Flachdach und Firstdach, wie Müller den Rücksprung deutet, kann sich also lediglich auf die gleichzeitige Existenz von Firstdach und flachgedeckter Vorhalle stützen, doch wird man auch hier prinzipielle Schlußfolgerungen besser beiseitelassen. Die Giebelfront zeigt eine große Rechtecköffnung, offenbar den oberen Eingang, die rückwärtige Giebelwand wird man sich geschlossen zu denken haben.

3. Aus Chaniale Tekke bei Knossos. Haus mit Flachdach (Taf. O IVb)
Dunbabin, JHS. 64, 1944, 86f. Abb. 4. H. Müller-Karpe, Vom Anfang Roms (1959) 50 Taf. 20,5 u. 5a. Hutchinson, BSA. 49, 1954, 220ff. Taf. 20. Svoronos-Hadjimichalis, BCH. 80, 1956, 504.

Aus Ton. Die Ergänzungen scheinen gesichert. Basismaße 26,5 × 26,5 cm. Höhe 31 cm. — Spätgeometrisch bis frühorientalisierend. Wände leicht auswärts geneigt. Türöffnung mit Verschlußplatte, darüber in gleicher Breite ein

Querfenster, beides eingefaßt von vortretendem Rahmenwerk. In den Seitenwänden je zwei hochgestellte Quadratfenster, darüber und an der Rückseite eine Reihe feiner Durchstiche. Das Flachdach ragt leicht über, auf ihm, leicht zurückgesetzt, eine umlaufende Leiste, in der Mitte Röhrenkamin. In der Rückwand des Inneren vortretende Querleiste, das Bodeninnere ist an drei Seiten von einer Fußplatte umgeben. Die Wandflächen sind durch senkrechte und waagrechte Linien in Quadrate aufgeteilt; gemeint ist vermutlich großsteiniges isodomes Mauerwerk.

4. Aus Samos, Heraheiligtum. Haus mit Flachdach (Taf. O I a)
H. Walther, Das griech. Heiligtum (1965) 30 Abb. 27.

Aus Kalkstein. H 13,5 cm. — Nach Ausweis der Abbildung handelt es sich um ein flachgedecktes Haus mit einwärts geneigten Seitenwänden und Türfront über einer heraustretenden Basis. Die Türwände abgetreppt, die Türschwelle hochgezogen. Über dem leistenförmig vorspringenden Flachdach ein niedriger Aufsatz. 8. Jh. Im Museum von Vathy befinden sich weitere, noch unpublizierte Steinhäuschen mit Flachdach.

APSISHAUS

5. Aus Perachora, Heiligtum der Hera Akraia (Taf. O II a. b. Abb. 56. 57 a–c. 58)
Apsishaus und Scherben von drei bzw. vier weiteren Apsishäusern.
H. Payne, Perachora I (1940) 34 ff. H. Bagenal ebenda 42 ff.; Taf. 8–9. 117–120.
S. D. Markmann, Studies presented to D. M. Robinson I (1951) 259 ff.

Außer dem bekannten Modell A haben sich 17 weitere Fragmente gefunden, die von H. Payne in 3 Gruppen geschieden wurden (B + C, D, E). Im ganzen muß es sich um 4 oder 5 Modelle gehandelt haben. Nach Ton und Herkunft argivisch. Die Modelle waren Weihgaben an die im Tempel verehrte Gottheit; Terminus ante demnach der Einsturz des Tempels Mitte des 8. Jhs. (S. O 28). Payne datiert den gesamten Komplex in das Ende des 9. bzw. in den Anfang des 8. Jhs. (vgl. auch S. Marinatos, Χαριστήριον εἰς 'Α. Κ. 'Ορλάνδον I [1965] 17). Am besten erhalten ist Modell A (Bagenal a. O. Taf. 8 u. 9 a; hier Taf. O II a. Basismaße 35,6 × 20,8 cm); es läßt sich jedoch ebensowenig wie die übrigen Fragmente aus sich heraus vollständig ergänzen. Payne verwendet deshalb die aus dem gesamten Material gewonnenen Anhaltspunkte zur Rekonstruktion eines Grundtyps (a. O. Taf. 9 b; hier Taf. O II b). Unter stärkerer Berücksichtigung der noch feststellbaren Abweichungen läßt er sich wie folgt beschreiben. Gedrungenes Apsishaus, dessen Seitenwände gegen die Eingangsseite zurückschwingen (Perachora Taf. 117 oben). Eingangsseite mit verjüngter Türöffnung über erhöhter Schwelle, darüber drei Quadratfenster. Die Eingangsseite ist wie am Argosmodell zurückgesetzt. Die Eckvorsprünge treten jedoch etwas stärker in Erscheinung und meinen deshalb nicht heraustretende Holzpfosten sondern heraustretende Mauern. Aus einem Fragment von D mit schwarzem Randstrich (Perachora 36 Taf. 120 X; hier Abb. 56) geht außerdem hervor, daß die Stirnwand der Seitenmauer eine Holzverklei-

Abb. 56 Perachora, Fragment des Hausmodells D

dung hatte. Es handelt sich also um die verkürzte Darstellung einer holzverkleideten Antenfront. Den Anten vorgesetzt ist eine Vorhalle. An Modell A wird sie getragen von zwei Zwillingssäulen auf gemeinsamer Rechteckbasis. In der Rekonstruktion tragen die Doppelsäulen ein gemeinsames Kapitell und darüber einen quergeführten Frontbalken, von dem zwei Längsbalken zu den Anten mit den hierfür vorgesehenen Ausnehmungen abgehen. Darüber ein offener Giebel. Die Rekonstruktion ist in sich glaubhaft. Andererseits muß B normale Einzelsäulen gehabt haben, vermutlich ohne Kapitell und ohne umlaufendes Gebälk, denn die Innenseiten des gleichfalls offenen Giebeldachs haben, wie die Einlaßspuren zeigen, unmittelbar in die Säulen eingegriffen (Perachora a.O. Taf. 118 unten; hier Abb. 57c). Die Außenwände zeigen an

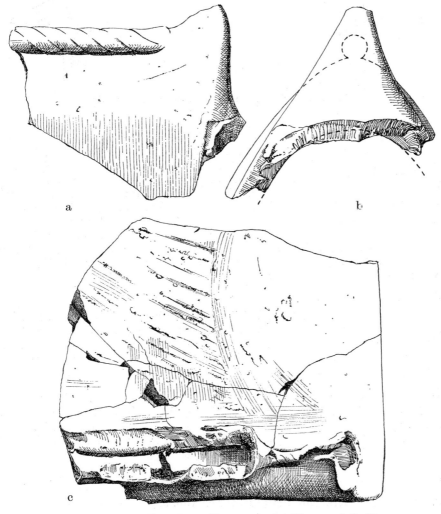

Abb. 57a—c: Perachora, Fragmente des Hausmodells B

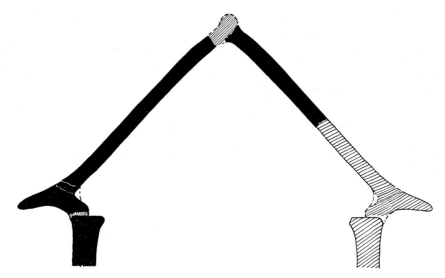

Abb. 58 Perachora, Querschnitt durch Hausmodell D

A und D in ihrem Oberteil die gleichen Dreieckfenster wie das Argosmodell. Das Dach ist in allen Fällen ein steiles Firstdach. Über der Front bildet es wie gesagt einen offenen Giebel (A und B), rückwärts ist es abgewalmt (B und D. Dazu MarbWPr. 1962, 5). Die für das Argosmodell charakteristische Trennleiste zwischen Wand und Dach fehlt (im Gegensatz zur Rekonstruktion), vielmehr schiebt sich die Dachschräge in auslaufendem Bogen über die Wand hinaus (A und D). Die Dachschrägen sind an A und B S-förmig gebogen, an D sind sie gerade mit horizontal auslaufendem Rand (Abb. 58). Der First ist schraubenförmig gedreht (B), meint also ein oben zusammengeflochtenes Strohdach. Wände und Dächer waren, z. T. verschiedenartig, mit Mäander-, Zickzack- und Streifenmustern dekoriert.

6. Aus Aetos, Ithaka. Scherben eines Apsishauses.

Robertson, BSA. 43, 1948, 101f. Taf. 45. — Tonfragmente eines Hausmodells. Die Scherben lassen keine vollständige Ergänzung zu, doch kann der Typus eines Apsishauses mit offenem Giebel mit Sicherheit ausgemacht werden. Die geraden Dachschrägen haben ein Schachbrettmuster, die Wände trugen eine figürliche Dekoration. Spätgeometrisch, wahrscheinlich argivisch.

7. Aus Samos, Heraheiligtum (Taf. O Ib)

Walter-Vierneisel, AM. 74, 1959, 18 Beil. 29, 2; 30. — Aus Fragmenten vollständig zusammengesetzt. Keine Maße. Aus Ton. Weitgehend massiv, grobe Arbeit. Giebelüberdecktes Apsishaus mit Eingang in der Giebelwand. Vielleicht noch geometrisch.

OVALHAUS

8. Aus Samos, Heraheiligtum (Taf. O Ic. Abb. 59)

Buschor, AM. 55, 1930, 16f. Abb. 6. Beil. 4. Drerup, MarbWPr. 1962, 1ff.

Länge etwa 20 cm. Aus Kalkstein. Bis auf geringe Aussprengungen vollständig erhalten. Gefunden in der Auffüllungsschicht des Rhoikostempels und von E. Buschor demzufolge von Mitte des 7. Jhs. bis Mitte des 6. Jhs. datiert. Scharf oblonger Grundriß. Eingang mit eingekerbtem Türgewände seitlich versetzt. Einwärts geneigte Wand, keine Fenster. Steilgeführtes Satteldach über mehrfach profilierter Randleiste (die Zeichnung hierin ungenau), an den Schmalseiten abgewalmt. Der oben abgeplattete Firstbalken tritt an der einen Schmalseite vor und bildet einen Miniaturgiebel, unter dem sich der Rauchabzug befindet.

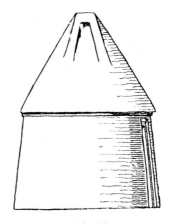

Abb. 59
Hausmodell aus Samos

RUNDHAUS

9. Aus Archanes. Herakleion, Archäologisches Museum. Früher Sammlung Giammalakis (Taf. O IIIb. vgl. Archaeologia Homerica Kapitel »Götterkult« Abb. 5a).
Alexiou, KChron. 4, 1950, 441. 445f.; a.O. 12, 1958, 277f. H. Müller-Karpe, Vom Anfang Roms (1959) 48. Drerup, MarbWPr. 1962, 4.

Aus Ton. Basisdurchmesser 14,2 cm. Größte Höhe 18 cm. Ergänzungen gesichert. Protogeometrisch. Kuppelüberdecktes Rundhaus. Die umlaufende Wand leicht auswärts geneigt. Türöffnung in ganzer Höhe; Verschlußplatte. Im Innern sitzende Gestalt mit erhobenen Armen. In der Mitte des Daches Kaminöffnung, daneben zwei liegende Männer und ein Hund. Der Grundtypus läßt sich in weiteren Modellen bis in die frühminoische Zeit hinaufverfolgen.

GETREIDESPEICHER

10. Athen, Agoramuseum.
Smithson, Hesperia 37, 1968, 93f. Nr. 22 Taf. 23

11. Athen, Agoramuseum (Taf. O IVa).
Smithson a.O. 94ff. Nr. 23 Taf. 24–27

12. Athen, Agoramuseum.
Young, Late Geometric Graves in the Agora (Hesperia Suppl. II [1939]) 187 Abb. 138

13. Aus dem Kerameikos. Athen, Nationalmuseum.
RE. Suppl. VII 249 s. v. Haus (Robinson). Smithson a.O. 92 Anm. 41 Nr. 10

14. Aus Athen. Karlsruhe, Landesmuseum.
Hafner, CVA. Karlsruhe I (1951) 11 Nr. 5–8 Taf. 4

15. Aus Kallithea (Athen).
BCH. 87, 1963, 413 (Fundbericht)

16. Aus Phaleron. Princeton, University-Museum.
Smithson a.O. 92 Anm. 41 Nr. 1

17. Aus Eleusis.
Ἐφημ. 1898, 112 Abb. 32

18. Aus Korinth. Berlin, Staatliche Museen.
F. Behn, Hausurnen (1924) 65 Nr. 5 Taf. 29e. Ders., in: RVV. V (1926) Taf. 73e

19. Herkunft unbekannt. Athen, Nationalmuseum.
Smithson a.O. 92 Anm. 41 Nr. 6

20. Herkunft unbekannt. Adolfseck, Schloß Fasanerie.
Brommer, CVA. Schloß Fasanerie II (1959) 15 Nr. 10 Taf. 56

21. Herkunft unbekannt. Heidelberg, Sammlung des Archäologischen Instituts der Universität.
Canciani, CVA. Heidelberg III (1966) 50 Nr. 7 Taf. 113

22. Herkunft unbekannt. Oxford, Ashmolean-Museum.
J. M. Cook, The Greeks in Jonia and the East (1962) 33 Abb. 6. Select Exhibition of Sir John und Lady Beazley's Gifts to the Ashmolean (1967) 24 Nr. 56 Taf. 4

Sämtliche Modelle der letzten Liste haben die gleiche bienenkorbartige und spitz zulaufende Form mit überdachter Öffnung unmittelbar unterhalb der Spitze. An zwei Modellen (12. 20) sind Leitern angegeben, die zu der Öffnung hinaufführen. Die durchschnittliche Höhe beträgt 5–12 cm, nur Nr. 10 erreicht eine Höhe von 28 cm. Nr. 11 besteht aus fünf Modellen, Nr. 18 aus drei und Nr. 16 aus zwei Modellen auf gemeinsamer Basis. Durchweg handelt es sich um attische Fabrikate. Die ältesten Stücke gehören der Frühphase des reifgeometrischen Stils an (10. 11. 16), der Rest ist spätgeometrisch und reicht in den Übergang zum Frühattischen hinein, darunter Nr. 18, das öfters als submykenisch angesprochen wurde. Wo Fundangaben vorliegen, beziehen sie sich auf Gräber (10–13. 15. 17), es ist anzunehmen, daß auch der Rest Gräbern entstammt. Als Deutung sind u. a. Totenglocken, Kinderrasseln, Bienenkörbe (Langlotz, Gymnasium 61, 1954, 265) und vor allem und sicher zu Recht Getreidespeicher vorgeschlagen worden (zuletzt Smithson, Hesperia 37, 1968, 93). Auch die runden Standplatten beiderseits der Hofmauer von Leukanti (S. O 68) sind für Getreidespeicher in Anspruch genommen worden. Als Getreidespeicher würden die Modelle auf den Besitzstand und damit auf die politische Geltung des Toten hinweisen. Entsprechend sind die fünf Getreidespeicher von Nr. 11 als Hinweis auf einen Pentakosiomedimnos gedeutet worden.

III. GRUNDRISSTYPOLOGIE

1) Einführende Bemerkungen

Die Zäsur zwischen kretisch-mykenischer und geometrischer Kultur tritt nirgends so abrupt und deutlich in Erscheinung wie im Bereich der Architektur. Sie äußert sich in einer nahezu absoluten Denkmälerlosigkeit des 11. und weithin noch des 10. Jahrhunderts sowie im grundverschiedenen Charakter der beiden Bauweisen. Zwar haben sich bodengebundene Kontakte zwischen Altem und Neuem in nicht geringer Zahl feststellen lassen. Hingewiesen sei auf eine mehrfach beobachtete Kontinuität der Besiedlung, wie sie am eindrucksvollsten in den Nekropolen von Athen sich darstellt[1], auf die gelegentliche Kontinuität des Kultes[2], weiter auf die Verehrung, die den Resten mykenischer Vergangenheit, vor allem den Gräbern entgegengebracht wurde[3], auf die Kontinuität einiger Grundrißtypen. Auf Kreta schließlich kann von einer gut dokumentierten Kontinuität des Baugeschehens überhaupt gesprochen werden. All dies sind Berührungspunkte mehr äußerlicher Art. Ihnen gegenüber stellt die geometrische Architektur insgesamt einen Neubeginn, den eigentlichen Beginn der griechischen Architektur dar.

Was die herangezogenen Denkmäler angeht (die Seitenverweise beziehen sich auf die Denkmälerliste im ersten Teil), so setzen sie zunächst sporadisch ein und werden gegen Ende des Berichtsraumes zahlreicher. Nur ein Teil von ihnen ist ausreichend publiziert, für das übrige liegen vorläufige Fundnotizen und allgemeine Mitteilungen vor. Noch bis in den Anfang dieses Jahrhunderts war die Existenz einer geometrischen Architektur so gut wie unbekannt. Der weitgehenden Denkmälerunkenntnis entsprach der spekulative Charakter der älteren Forschung und die Beschränkung der Fragestellung auf die Frühgeschichte des griechischen Tempels und der griechischen Säulenordnung. Eine systematisch geordnete Zusammenstellung des bis 1928 bekannt gewordenen Denkmälerbestandes hat erstmals C. Weickert in seinem epochemachenden Buch über die Typen der archaischen Architektur in Griechenland und Kleinasien unternommen, doch reichte das Material auch damals für eine Behandlung der geometrischen Architektur noch nicht aus. Aus dem gleichen Grund mußte sich F. Matz in seiner 1948 erschienenen Geschichte der griechischen Kunst auf Bemerkungen grundsätzlicher Art beschränken und ähnliches gilt für W. B. Dinsmoor in seiner 1950 erschienenen Geschichte der griechischen Architektur. Inzwischen ist, veranlaßt vornehmlich durch die Bekanntgabe einzelner Fundkomplexe, eine Fülle von konstruktiven Denkansätzen und Fragestellungen erarbeitet worden, die es weiter zu verfolgen gilt. Die Zeit ist reif geworden, die geometrische Architektur als eine in sich selbständige Epoche zu begreifen und die Frage nach ihrem Eigenwert sowie

---

1 Hierzu jetzt die vorzügliche Untersuchung von C.-G. Styrenius, Submycenaean Studies (1967) 19 ff. 2 Zusammenstellungen: Picard, Rel. Préhell. 207. 283; Nilsson, MMR. 473 ff.; Gallet de Santerre, Délos Primitive 96 ff. 211 ff.; Lorimer, HM. s. Index s.v. cults, temples. Zu Keos zuletzt Caskey, Hesperia 35, 1966, 363 ff. 3 Argivisches Heraion: Blegen, Prosymna 262 ff. Mykene: Mylonas, AncM. 165. 171. Eleusis: Hampe, Gymnasium 63, 1956, 5. Kuppelgräber Menidi: Wolters, JdI. 14, 1899, 103 ff. Kephallenia: Marinatos, Ἐφημ. 1933, 99. Pylos: Ἔργον 1961, 164 ff. J. M. Cook (Γέρας Ἀ. Κεραμοπούλλου [1953] 112 ff.; vgl. auch ders., BSA. 48, 1953, 33) ist geneigt, die Verehrung mykenischer Gräber unter dem Einfluß der Ilias erst im

nach ihrer Bedeutung für die weitere Geschichte der griechischen Architektur zu stellen.

Eine erste zusammenfassende Behandlung des Themas, deren äußerer Anlaß ein Vortrag vor der Archäologischen Gesellschaft in Berlin war, ist im AA. 1964, 180ff. erschienen. Bestimmte Einzelprobleme habe ich außerdem in einer Reihe von Aufsätzen monographisch behandelt, da ihre Erörterung den Gang der vorliegenden Untersuchung gesprengt hätte. Die in diesen und in vorausgegangenen älteren Arbeiten geäußerten Gedanken und Anschauungen haben sich in der Zwischenzeit zwar vertieft und bereichert, aber nicht geändert, sie bilden die Grundlage auch der folgenden Ausführungen[4].

Aus der Anlage des Katalogs geht hervor, daß die geometrische Architektur, was den Grundriß angeht, sich ohne besondere Schwierigkeit typologisch aufgliedern läßt. Ein zusammenfassender Überblick wird, bevor die Einzelbetrachtung einsetzt, von Nutzen sein. Die vorherrschende Bauform innerhalb des überlieferten Denkmälervorrats ist das Langhaus mit Eingang von der Schmalseite. Es sind im einzelnen: das Rechteckhaus mit einfacher Türfront (Oikos)[5] und mit offener Vorhalle (Antenhaus); weiter das Haus mit gebogenen Wänden, nämlich das Apsishaus, das sich sowohl auf eine Türfront als auch auf eine Vorhalle öffnet, sowie das Ovalhaus, dieses nur mit Einschränkung dem Langhaustypus zugehörig. Wo eine Untergliederung in mehrere Räume stattfindet, liegen sie naturgemäß hintereinander, nie nebeneinander. Die damit angesprochene gestaffelte Raumfolge ist für das Antenhaus, sofern man die Vorhalle als Raum betrachtet, unbedingt verbindlich, für Oikos und Apsishaus ist sie häufig, aber nicht verbindlich, für das Ovalhaus ist sie fraglich. Für sich betrachtet führen die Raumstaffelung und die Antenfront zurück zur Grundgestalt des Megarons. Beider Erscheinungsformen sind jedoch, wie deutlich geworden ist, in sich zu selbständig, sind zu vielgestaltiger Natur und zu wenig abgrenzbar nach außen, als daß es anginge, sie unter der Bezeichnung Megaron zusammenzufassen. Das Wort Megaron wird also aus Zweckmäßigkeitsgründen für die Typologie keine Verwendung finden und erst in der zusammenfassenden Behandlung (S. O 92) auftauchen. Dem Langhaus steht das richtungsindifferente Viereckhaus und das Breithaus gegenüber. An Zahl treten sie zurück, sofern es sich um Einzelhäuser handelt, gleichwohl erfordern sie Beachtung, denn sie bilden die Zelleneinheit übergreifender Hausgebilde, die zum Pastashaus führen. Alle genannten Vierecktypen besitzen schließlich die Fähigkeit, sich zu Häusergruppen zusammenzuschließen. Konglomeratgebilde sind selten, es überwiegt das Prinzip der Reihung.

Aufs Ganze gesehen kann behauptet werden, daß der Typenreichtum der geometrischen Architektur, das Nebeneinander von freistehenden Langhäusern verschiedenster Gestalt, von übergreifenden Raumgebilden und von Grup-

---

8.Jh. beginnen zu lassen, eine wohl zu rationale Deutung.   [4] Insgesamt handelt es sich um folgende Arbeiten: Architektur und Toreutik in der griechischen Frühzeit. MdI. 5, 1952, 7ff. — Zur Entstehung der griechischen Tempelringhalle. Festschrift Matz (1962) 32ff. — Zum geometrischen Haus. MarbWPr. 1962, 1ff. — Zu Thermos B. MarbWPr. 1963, 1ff. — Griechische Architektur zur Zeit Homers. AA. 1964, 180ff. — Prostashaus und Pastashaus. MarbWPr. 1967, 6ff. Im folgenden werden die Arbeiten ohne Titel und Verfassernamen zitiert.   [5] A. Furtwängler (Aegina. Das Heiligtum der Aphaia [1906] 3) hat den griechischen Wortsinn von Oikos vermutungsweise mit einem ringhallenlosen Kulthaus in Zusammenhang gebracht. C. Weickert verwendet das Wort Oikos ohne Rücksicht auf den griechischen Wortgebrauch als Typenbezeichnung für das Rechtecklanghaus mit Tür-

pierungssystemen erstaunen muß. Dieser Typenreichtum ist nicht konturlos und verwirrend, sondern nimmt in nuce bereits alle Möglichkeiten der späteren griechischen Architektur vorweg.

2) Anfänge

Über die Situation der griechischen Architektur in der Zeit des Übergangs vom Mykenischen zum Protogeometrischen lassen sich nur sehr allgemeine Feststellungen treffen. Sicher ist, daß die wohlgefügten Bauten und Burgen der bisherigen Landesherren nicht in einem einzigen Anlauf zerstört wurden, sondern daß erst im Lauf des 12. Jahrhunderts, am Ende eines vielfältigen, über ein oder mehr als ein Jahrhundert sich ausdehnenden Geschehens die meisten der bisherigen Siedlungsplätze zerstört oder verlassen waren. Noch im Endstadium der mykenischen Kultur (SH IIIc) sind in Asine[6], Leukanti, Jolkos und Naxos Wohnbauten errichtet worden[7], die ganz in der Tradition der älteren Zeit stehen. In Jolkos/Thessalien hat der Herrscherpalast bis in diese Zeit hinein gestanden, in der unmittelbar angrenzenden Siedlung ist eine Katastrophenschicht überhaupt nicht beobachtet worden. Ostattika, Achaia, Kephallenia, die Kykladen sind von der Katastrophe mehr oder weniger verschont geblieben, manche dieser Landschaften haben anscheinend Flüchtlinge aufgenommen[8]. Kreta ist nur am Rande betroffen worden, hier wirkte die ältere Tradition am stärksten weiter. Daß in Delos, Eleusis, Tiryns und Malthi (Messenien)[9] mykenische Bauten die dunklen Jahrhunderte überdauert haben, ist nicht ausgeschlossen, allerdings läßt der archäologische Befund der zum Teil weit zurückliegenden Grabungen eine sichere Antwort nicht zu.

Die entscheidende Zäsur bildet erst das 11. Jahrhundert. Eine ungeheuer entwickelte und leistungsstarke Bautätigkeit war zum vollständigen Erliegen gekommen und ist noch nicht zu beobachten. Das 11. Jahrhundert kann innerhalb der mehrtausendjährigen griechischen Architekturgeschichte als das denkmälerärmste angesprochen werden. Auf dem griechischen Festland sind lediglich in Jolkos einige Mauerzüge angetroffen worden, die der Ausgräber noch in das 11. Jahrhundert hinaufdatiert. Um so auffälliger nehmen sich demgegenüber die Verhältnisse auf Kreta aus. Dort lassen sich mehrere Plätze benennen, die zum Teil ausgedehnte Reste einer damals einsetzenden bzw. wiedereinsetzenden Besiedlung aufweisen.

Die absolute Denkmälerlosigkeit des griechischen Festlandes im 11. Jahrhundert ist angesichts der ganz anderen Verhältnisse auf Kreta ein Faktum, das nicht allein durch den Zufall der Überlieferung erklärt werden kann, vielmehr einer Begründung bedarf. Sicher spielte der Bevölkerungsrückgang eine nicht zu unterschätzende Rolle[10], andererseits haben auch die genannten Rückzugsgebiete keine Baureste hinterlassen[11]. Daß man in und über den Trümmern der zerstörten Bauten weitergewohnt habe, läßt sich nur gelegent-

front; in gleichem Sinn wird Oikos hier verstanden. **6** Asine 76f. Abb. 53. 56. Desborough, The Last Mycenaeans 31. **7** Zuletzt Πρακτ. 1965, 174ff. Ἔργον 1967, 82ff. (Kontoleon). Desborough, The Last Mycenaeans 31. **8** Desborough, The Last Mycenaeans 31. 98. 103. 115. 226. **9** Eleusis: G. E. Mylonas, Eleusis and the Eleusinian Mysteries (1961) 31ff. Abb. 11. Delos u. Tiryns s. S. O 5 u. 17. In Malthi ist eine Zimmergruppe, die die Zerstörung der Akropolis überdauert hat, noch um die Wende zum letzten Jahrtausend in Benützung gewesen (Valmin, OpAth. 1, 1953, 29ff.). **10** P. Ålin, Das Ende der mykenischen Fundstätten auf dem griechischen Festland (1962) 148ff. **11** Desborough, The Last Myce-

lich erweisen[12], vielmehr haben die einströmenden neuen Bevölkerungselemente andere Siedlungsgewohnheiten mitgebracht, über die noch zu sprechen sein wird. Mit Recht ist darauf hingewiesen worden, daß der eigentliche Grund in einem Niedergang bzw. Wandel der Bautechnik und der Baugesinnung gesucht werden muß[13]. Der Stein als Baumaterial spielte nicht mehr die Rolle wie in den vorangegangenen Epochen, Ansprüche an Monumentalität, Dauerhaftigkeit und Repräsentation sind kaum mehr gestellt worden.

3) Protogeometrische Zeit

a) *Befunde:* Das Bild ändert sich nicht entscheidend, wenn wir die Betrachtung auf das 10. Jahrhundert, die protogeometrische Epoche, ausdehnen. Immer noch sind die Baureste mit Ausnahme von Kreta verschwindend gering. Unter ihnen zählen jedoch einige nahezu unversehrte Grundrisse bzw. Unterbauten, die es gestatten, sich über die Tendenzen der langsam ins Blickfeld rückenden neuen Architektur Rechenschaft abzulegen. Zunächst eine Durchsicht des Materials. Sie beginnt mit dem Rechtecklanghaus. An erster Stelle steht hier der unter der Bezeichnung Thermos B bekannt gewordene Befund im südlichen Ätolien (S. O 14f. Abb. 13 a. b). Es handelt sich um einen vom Apollotempel des siebten Jahrhunderts überdeckten langgestreckten Rechteckbau von bedeutenden Dimensionen mit Unterteilung in Vorraum, Hauptraum und rückwärtigem Annexraum. Die Wände verlaufen mit Ausnahme der Frontwand nicht geradlinig, sondern sind leicht konvex gekrümmt, außerdem stehen sie, wieder mit Ausnahme der Frontwand, einwärts geneigt. Die Langwände enden in Mauerstirnen mit Holzverkleidung, d. h. in Anten, gegen sie ist die Frontwand mit der anzunehmenden Türöffnung gesetzt worden. Der Befund legt die Vermutung nahe, daß die Türwand erst später hinzugekommen ist. Den eigentlichen Ruhm von Thermos B machen die bekannten Standbasen aus, die den Bau in halbelliptischer Führung umgeben. Sie sind von der überwiegenden Mehrheit der Forscher als der Rest einer Ringhalle angesprochen worden, wodurch Thermos B die Tradition des Ringhallentempels in die Anfänge der griechischen Architektur hinaufverlegen würde. Es muß demgegenüber mit Nachdruck darauf hingewiesen werden, daß die Deutung auf eine Ringhalle nahezu unmöglich ist; ich habe die Basen mit schräg einwärts geführten Bohlen in Verbindung gebracht, die bestimmt waren, den Seitendruck des Firstdaches aufzufangen[14].

Den zweiten Befund stellt das bereits genannte Jolkos (S. O 65 Abb. 52.53) dar. Hier haben sich innerhalb eines Zeitraumes von 200 Jahren, der nach Angabe des Ausgräbers D. Theocharis die untere Grenze zum 9. Jahrhundert nicht überschreitet, drei übereinanderliegende Bauschichten feststellen lassen. Die Mauerzüge der obersten Schicht lassen sich zu einem Rechtecklanghaus mit drei hintereinander angeordneten Räumen ergänzen, dessen Querwände nicht

naeans 31. **12** Unmittelbar nach der Zerstörung der Akropolis von Mykene ist in der Nähe des Hauses 'Tsountas' ein kleines Herdhaus errichtet worden (S. O 68). In der Unterstadt von Mykene erstand ein geometrisches Heiligtum auf dem Niveau der mykenischen Straße (S. O 28). In Phaistos hat sich in den Trümmern des minoischen Palastes eine in subminoische Zeit hinaufreichende Siedlung niedergelassen (S. O 41). Ein spätgeometrisches Hofhaus in Thorikos ruht zum Teil auf späthelladischen Mauersockeln (S. O 36). In Asine liegen geometrische Mauerzüge richtungsunabhängig über späthelladischen (S. O 22). Über die Bauzeit des letzten Megarons von Tiryns hat sich eine Einigung nicht erzielen lassen (S. O 17).
13 Desborough, The Last Mycenaeans 29 ff. **14** MarbWPr. 1963, 6 ff.

rechtwinklig, sondern in leichter Schräge ansetzen. Ob die Frontseite geöffnet oder geschlossen war, bleibt unklar. Zwei bzw. drei isolierte Mauerzüge innerhalb der beiden tieferen Schichten behalten die gleiche Richtung bei und dürften älteren Häusern gleichfalls gestreckten Grundrisses — ihre genaue Form ist unbekannt — angehören. Die Häuser dürfen als Vorgänger des Rechteckhauses an gleicher Stelle angesprochen werden. Von Wichtigkeit ist, daß zumindest der älteste Mauerzug eine schwache aber deutliche Konvexführung zeigt. Weitere Rechtecklangbauten begegnen auf Kreta, sie werden im Zusammenhang mit der Siedlungsarchitektur zur Sprache kommen.

Nach dem Rechtecklanghaus ist das Breithaus zu nennen. Als Breitraum, d. h. als Bestandteil eng zusammengebauter Raumfolgen läßt er sich auf Kreta nachweisen (Karphi, Kavousi. S. O 39ff..). Etwas anderes sind zwei Befunde in Olous auf Kreta und in Thorikos in Attika aus protogeometrischer Zeit bzw. aus der Übergangszeit zum Geometrischen hin (S. O 21f. Abb. 18. 19). Beide Male handelt es sich um selbständige Anlagen, beide Male ist das Breithaus rückwärtiger Teil eines zweizonigen Grundrisses. In Olous ist die vorgelagerte Zone eine Pfostenhalle, in Thorikos ein Hof. In Thorikos ist der Breitraum in einen Abhang hineingebaut und geländeparallel orientiert, der Hof liegt in einem tieferen Niveau. Die zweizonige Grundrißführung versteht sich aus den Bedingungen einer Hanglage, ist zweifellos aus ihr entwickelt worden und bedeutet, daß hier und in Olous eine von der minoischen bzw. helladischen Tradition unabhängige Frühform des griechischen Wohnhauses vorliegt[15]. Bei der Behandlung des geometrischen Wohnhauses wird darauf zurückzukommen sein.

Dem Rechteckbau steht von Anfang an der Kurvenbau gegenüber. Ein Apsishaus in Antissa auf Lesbos aus dem Ausgang der protogeometrischen Zeit (S. O 25 Abb. 22a. b) ist der Länge nach in vier Räume unterteilt. Die Eingangsseite war eine Türwand, eine zweite Tür befand sich in der nördlichen Schenkelwand. Die Schenkelwände verlaufen gekrümmt, die Querwände verlaufen schräg und zudem in abweichenden Richtungen. Die noch 1,85 m hoch erhaltene Mauer der Apsis ist deutlich einwärts geneigt.

Der Typus des Ovalhauses läßt sich in Altsmyrna als überaus bescheidenes einräumiges Haus mit Eingang an der Schmalseite aus der Wende von der protogeometrischen zur geometrischen Zeit belegen (S. O 46 Abb. 40). In Thermos, wo das Ovalhaus bis in den Hellenismus weiterlebt, ist sein ältester Vertreter von K. Rhomaios in die mykenische Zeit hinaufdatiert worden[16], in die gleiche Zeit also, die er irrtümlicherweise Thermos B zuwies. Angaben über die mitgefundene Keramik fehlen, abgesehen davon ist die mykenische Keramik Ätoliens eine einstweilen noch nicht faßbare Größe. Es ist also wahrscheinlicher, daß das Ovalhaus in Thermos erst in protogeometrischer Zeit einsetzt.

Der Rundbau ist für die Frühzeit unbezeugt. Das dürfte kein Zufall sein, auch in den späteren Jahrhunderten der geometrischen Architektur spielt der Rundbau nur eine sehr geringe Rolle.

Ein Blick schließlich in die Anfänge der Siedlungsarchitektur. Mit Sicherheit in die Frühzeit hinaufreichende Reste können mit Ausnahme von

---

[15] Als minoisches Erbe betrachten den Breitbau Weickert, Typen 77 u. Marinatos, BCH. 60, 1936, 237. [16] Δελτ. 1, 1915, 252ff. Zum Typus des Ovalhauses zuletzt Müller-Wiener in: Panionion und Melie (JdI. 23. Erg.-Heft 1967) 118ff.

Kreta nicht namhaft gemacht werden. Immerhin möge Asine genannt sein, wo einige zusammenhanglose Mauern oberhalb der mykenischen Schichten zusammen mit geometrischer und einigen Scherben protogeometrischer Ware ausgemacht wurden (S. O 63). Um so auffallender ist die Sonderstellung Kretas, wo einige bekannte Siedlungen in die im übrigen denkmälerleeren Jahrhunderte nach der dorischen Wanderung hinaufreichen. Gemeint sind Gortyn, Karphi, Kavousi, Phaistos und Vrokastro (S. O 36 ff.). Am interessantesten ist der Befund in Karphi (S. O 39 Abb. 33). Die Siedlung wirkt nicht einheitlich. Es läßt sich ein Siedlungskern im Westen von einer anders gearteten Häusergruppe an dessen Ostrand und im Osten unterscheiden, die man beide einer späteren Erweiterung zuschreiben möchte. Im einen Fall handelt es sich um Breit- und Langräume, die sich zu einem mehr oder weniger systemlosen Konglomerat zusammenschließen. Im anderen Fall haben wir es mit Quadrathäusern, vor allem mit gedrungenen Langhäusern zu tun. Sie sind entschiedener orthogonal gebaut, ihr Zusammenschluß ist einem System unterworfen, wodurch die Eingangsfronten sich zu Fluchten zusammenschließen. Gebaut sind die Häuser im Oikostyp. Vorherrschend ist der einräumige Oikos, seltener der zweiräumige, einmal begegnet ein in drei Räume gestaffelter und entsprechend in die Länge gezogener Oikos. Weniger ergiebig ist der Befund in Vrokastro (S. O 43 f. Abb. 36). Die konglomeratartige Anlage wirkt sehr viel kunst- und systemloser, verursacht nicht zuletzt durch das zerklüftete Felsgelände. Langräume, Breiträume und Quadraträume liegen richtungsindifferent beieinander. Schließlich Kavousi (S. O 41 Abb. 34). Ungeachtet des zerklüfteten Geländes ist das Prinzip fluchtgerechter Reihung nach Möglichkeit durchgeführt worden. Als Raumtypen begegnen in geländebedingter Deformierung Breit- und Langraum, letzterer im Oikostyp, einmal einräumig, einmal dreiräumig. Über Phaistos, das seine endgültige Gestalt in mittel- und spätgeometrischer Zeit erreichte, soll weiter unten gehandelt werden.

b) *Typen:* Die Durchsicht der frühen Befunde erlaubt einige vorläufige Feststellungen zur Typologie. Für das Apsishaus sind im außergriechischen Raum Parallelen bisher nicht nachgewiesen worden, auch auf Kreta ist es zu keiner Zeit anzutreffen. Dagegen ist es der helladischen, vor allem der mittelhelladischen Architektur durchaus geläufig [17]. Hier also liegen offenkundig bodengebundene tradierende Kräfte aus der älteren Epoche vor, über deren Wirkungsweise sich selbstverständlich nichts Genaues ausmachen läßt.

Beim Ovalhaus kann von einem Nachwirken älterer Bodentradition kaum gesprochen werden. In der helladischen Architektur beschränken sich einwandfrei bezeugte Parallelen auf zwei frühhelladische Ovalhäuser innerhalb der Burg von Tiryns [18]; das genannte Ovalhaus in Thermos bleibt als angenommene helladische Vorstufe besser aus dem Spiel. Um so auffallender ist das Auftreten des Ovalhauses mit Beginn der nachmykenischen Bautätigkeit und seine Geltung innerhalb der nachfolgenden geometrischen Epoche, wiederum mit Ausnahme von Kreta. Nicht minder bedeutsam ist, daß das Ovalhaus außerdem der bevorzugte Haustyp der gleichzeitigen und älteren italisch-apenninischen Kultur ist [19] und neuerdings auch in Spanien im Übergang von der Bronze- zur Eisenzeit nachgewiesen wurde [20]. Nimmt man hinzu, daß das Ovalhaus

17 Nachweise in RE. Suppl. VII 224 ff. s.v. Haus (Robinson). Zum Apsishaus zuletzt Marinatos, Χαριστήριον εἰς ’Α. Κ. ’Ορλάνδον I (1964) 12 ff.   **18** Tiryns III 97. 108.
19 Die Beispiele sind in schnellem Anwachsen. AA. 1964, 183 Anm. 9. Außerdem: Bd'A. 49, 1964, 72 Abb. 11 (Porto Perone bei Tarent). AttiCIAC. II (1961) 70 Plan (Kasmenae/Sizilien).   **20** M. Pellicer - W. Schüle, El Cerro del Real Galera

im 7. Jahrhundert aus dem Typenschatz der griechischen Architektur wieder ausgeschieden wird, so ergibt sich der Eindruck eines überörtlichen Geschehens, an dem Griechenland nur zeitweise teilhatte [21].

Komplizierter ist die Situation beim Breithaus. Auf Kreta begegnet es, wie gesagt, als Breitraum im gedrängten Siedlungsverband, und zwar in Durchmischung mit Räumen mehr oder weniger oblonger Erstreckung. Die Unterscheidung der Raumtypen reduziert sich weitgehend auf die Lage der Eingangsöffnung, die ihrerseits öfters dem Zwang der Umstände unterliegt. Von einem Breitraum als Typus kann also nicht gesprochen werden, und damit erübrigt sich die Frage, inwieweit beim Breitraum minoisches Erbe wirksam geblieben sei. Im Gegenteil, gerade das Fehlen eines klar konturierten Raumtyps und die hierin sich äußernde Unentschiedenheit und Labilität der Grundrißgestaltung darf als minoisches Erbe gelten. Völlig anders liegen die Dinge beim freistehenden zweizonigen Breithaus. Hier liegt eine in ihrer Klarheit folgenreiche Neuschöpfung außerhalb der minoischen Tradition vor, die im festländischen Griechenland aus dem Gelände entwickelt wurde und von dort nach Kreta vorgedrungen ist.

Am verbreitetsten ist das Rechteckhaus mit Schmalfront. Die ältesten Beispiele im nachmykenischen Griechenland, Thermos und Jolkos sind repräsentative mehrzimmrige Raumfolgen in entsprechend gestreckter Gesamtgestalt und isolierter Position. Was das Rechteckhaus mit offener Vorhalle, das Antenhaus angeht, so ist oben die Ansicht ausgesprochen worden, daß Thermos B ursprünglich diese Gestalt gehabt habe, bevor es ein Oikos wurde. Ob Jolkos einen geschlossenen oder offenen Vorraum hatte, ist nicht mehr auszumachen. Thermos muß also einstweilen als ältestes und bis in das 8. Jahrhundert hinein einziges, später zudem in einen Oikos verwandeltes Beispiel den Antenhaustypus in der frühgriechischen Architektur vertreten. Nirgends tritt der zufällige, völlig unzulängliche Charakter der Denkmälerüberlieferung so nachdrücklich in Erscheinung wie in diesem Faktum. Denn sicher wird man das Wiederauftauchen des Antenhauses jenseits der dorischen Wanderung als einen allgemeingültigen Vorgang auffassen und ihn unbedenklich der gleichen weiterwirkenden Tradition zuschreiben, die auch das Apsishaus am Leben erhalten hat. Was die Grundform des Oikos angeht, so begegnet er in Karphi auf Kreta im Zuge einer Stadterweiterung als gedrungenes einräumiges und als mehr in die Länge gezogenes mehrzimmriges Haus. Es sind die ältesten klar erweisbaren Beispiele dieses für die folgenden geometrischen Jahrhunderte so wichtigen Bautyps. Gleichwohl wird man eine lokal kretische Entstehung angesichts des Fehlens jeglicher Voraussetzungen ausschließen und Import aus dem festländischen Griechenland annehmen.

Die vermutbaren Anfänge der Siedlungsarchitektur im festländischen Griechenland und die dabei entwickelten Haustypen werden im folgenden Kapitel zur Sprache kommen.

c) *Gestaltungsprinzipien:* Es ist notwendig, auf einige die Grundrißtypologie übergreifende Eigenschaften frühgriechischen Bauens hinzuweisen. An erster Stelle steht die Bedeutung, die der gebogenen Wand zukommt. Der älteste Mauerzug in Jolkos zeigt eine schwache aber deutliche Bogenführung, demgegenüber hat der Nachfolgerbau der dritten Schicht geradlinige Mauerzüge. Der Formwandel von gebogener zu gerader Mauer in der Geschichte ein

(Granada). Excavaciones Arqueologicas en España 12, 1962.   [21] Auch in Cypern lassen sich in dieser Zeit gebogene Mauerzüge nachweisen: SCE. II 642f.

und desselben Bauwerks läßt sich auch andernorts beobachten. In Antissa hat der besprochene frühe Apsisbau in reifgeometrischer Zeit eine die Fundamente benutzende Überbauung erfahren (S. O 26). Die Langwände der älteren Schicht sind gebogen und divergieren, die der jüngeren Schicht sind parallelgeführt und gerade. Entsprechend verlaufen die Querwände der älteren Schicht schräg, wie übrigens auch in Jolkos, die der jüngeren Schicht in rechtem Winkel. Schließlich Thermos B. Der Verlauf der Langwände ist wie in Antissa I divergierend und gebogen, die Rückwand ist gekrümmt, die Ansätze der Querwände sind rechtwinklig; der darüber errichtete Apollotempel des 7. Jahrhunderts ist ein klarer Orthogonalbau. In allen drei Fällen steht das gewohnte Bild orthogonaler Grundrißführung erst am Ende einer Entwicklung, an deren Anfang die gebogene Wand steht. Der Zeitraum, in dem die Entwicklung stattfand, muß großräumig bemessen werden, er umfaßt die gesamte geometrische Epoche.

Es darf behauptet werden: In der Frühzeit griechischen Bauens nach der dorischen Wanderung findet mit Vorzug die gebogene Wand Anwendung, auch bei von Natur aus orthogonalen Bauten, und dies um so mehr, je früher die Bauten datieren. Das führt zu einer ergänzenden Feststellung: Es liegt ein Bruch mit der helladischen Tradition vor. Zwar kennt auch die helladische Baukunst gebogene Mauerzüge, von einer systematischen Anwendung kann jedoch keine Rede sein, wie ein vergleichender Blick auf das helladische Apsis- und Antenhaus lehrt. Helladische Grundrisse sind nicht nur im Prinzip sondern auch praktisch orthogonal. In Leukanti auf Euböa (S. O 65 Abb. 54) hat sich eine dichte Baufolge vom Ausgang der späthelladischen Epoche bis in spätgeometrische Zeit feststellen lassen. Die späthelladischen Bauten zeigen durchweg streng orthogonale Grundrißführung, die geometrischen Mauerzüge verlaufen gebogen. Der Gestaltwandel darf als symptomatisch angesprochen werden. Wenn in Jolkos die spätesten helladischen Schichten gleichfalls gebogene Mauerzüge aufweisen, so heißt dies nur, daß die neuen Tendenzen bereits wirksam geworden sind. Eine Bestätigung anderer Art liefert die Beobachtung, daß der traditionsgebundenen kretischen Baukunst die gebogene Wand auch in nachminoischer Zeit nahezu unbekannt geblieben ist [22]. Andererseits ist es symptomatisch, daß der Ovalbau als die konsequenteste Verkörperung der gebogenen Wand erst jetzt in den Gesichtskreis der griechischen Architektur eintritt. Es erübrigt sich fast darauf hinzuweisen, daß auch die klassischgriechische Architektur mehr noch als die helladische die gebogene Wand auf das ängstlichste vermieden hat. Die gebogene Wand im Übergang von der mykenischen zur früharchaischen Architektur ist ein Fremdkörper im gewohnten Bild griechischer Grundrißführung. Die in der Forschungsgeschichte sich abzeichnende geringe Bereitschaft, den wirklichen Grundriß von Thermos B zur Kenntnis zu nehmen, zeigt das Befremden, das die atypische Form auslöste.

Einige weitere Feststellungen sollen vorgreifend hinzutreten, ihre Begründung erfolgt an gegebener Stelle. Zum Plantypus insgesamt: Am Anfang der nachmykenischen Bautätigkeit muß dominierend der isolierte Baukörper gestanden haben. Wie bei der gebogenen Wand führt das zu einer Trennung zwischen helladischer und frühgriechischer Architektur, innerhalb des frühgriechischen Zeitraumes zu einer entsprechenden Trennung zwischen kretischer und außerkretischer Architektur. Im Helladischen dominiert eindeutig die

Abb. 263 (Aija Irini).   [22] Lediglich in der subminoischen Siedlung von Gortyn

Konglomeratbauweise in ihren verschiedensten Erscheinungsformen, was die Existenz von Einzelbauten selbstverständlich nicht ausschließt, sie wirkt weiter im nachminoischen Kreta. Kretische alleinstehende Bauten dieser Zeit sind nur der Breitraum in Olous und die Anlage auf der Akropolis von Gortyn. Beide stehen außerhalb der minoischen Tradition und legen außerkretische Einflüsse nahe (S. O 83). Der Einzelbau ist das repräsentative Thema der ältesten griechischen Architektur, in ihm zuerst und vor allem äußern sich die zukunftweisenden Formgedanken, er ist eine Leitform der klassischen Architektur schlechthin geworden.

Zur Bauweise: Eine augenfällige Eigenschaft geometrischen Mauerwerks ist die Kleinsteinigkeit, Engbrüstigkeit und Formlosigkeit, letzteres vor allem in sehr frühen Beispielen. Für den Oberbau müssen Lehmziegel und Fachwerkpfosten zwar nicht als verbindlich, aber als charakteristisch angenommen werden. Die Unterschiede zum mächtigen Bild mykenischer Steinfügung, vor allem was die Paläste angeht, sind unübersehbar. Dagegen läßt sich in Kreta eine aus der minoischen Tradition überkommene technisch hochstehende Steinbauweise gerade in den frühen Jahrhunderten beobachten.

Zur Dachform: In der frühgriechischen Architektur begegnet mehr oder weniger beherrschend ein steiles Firstdach, es tritt in Konkurrenz mit dem der helladischen Tradition verhafteten weiterwirkenden Flachdach.

Damit sind einige Wesenszüge geometrischer Architektur genannt, die gerade in den Anfängen ihre stärkste Ausprägung finden und gleichwohl nicht aus der helladischen Tradition abgeleitet werden können. Eine von Grund auf andersartige, der helladischen Architektur widerstreitende Baugesinnung deutet sich an. Sie bemächtigt sich der überkommenen Bautypen und bringt neue, ihr gemäßere Typen (Ovalbau) ins Spiel. Nimmt man den Hiatus der allgemeinen Bautätigkeit hinzu, so läßt sich die Zäsur ermessen, die die dorische Wanderung in der Geschichte der griechischen Architektur darstellt. Keine andere Denkmälergattung zeigt einen ähnlich abrupten Neubeginn. Welcher Art ist das Neue, welche bewirkenden Kräfte waren am Werk? Es empfiehlt sich, die Betrachtung vorübergehend auf einige außergriechische Bautypen auszudehnen, um von dort etwas Licht auf die Anfänge zu werfen.

Die den griechischen zum Teil gleichzeitigen italischen Ovalhäuser[23] waren vorwiegend in einer deutlich erkennbaren Pfostenkonstruktion errichtet, die in einfacheren Fällen eine Lehm-Flechtwerkverkleidung getragen hat. Damit bestätigt sich die Nachricht des Dionys von Halikarnass (1,79), daß die Römer einstmals aus Holz und Stroh errichtete Hütten bewohnten, von denen eine auf dem Palatin bis in seine Tage noch gezeigt wurde. Mit der Pfostenkonstruktion hängt aufs engste zusammen, daß die italischen Ovalhäuser stets, auch wo sie eine Siedlung bilden, isoliert stehen. Nichts ist hier aufschlußreicher als ein Vergleich mit den in Stein errichteten Nuraghen auf Sardinien, die sich, obwohl es sich auch hier um Kurvenbauten handelt, zu formlosen Konglomeratgebilden zusammenschließen. Das Ovalhaus ist die einfachste und natürlichste Form einer Lehm-Flechtwerkkonstruktion, in abgelegenen ländlichen Bezirken des Mittelmeergebietes ist es als Schuppen und Scheune bis heute lebendig geblieben (Taf. O VIb)[24].

Weitere Beziehungen zur Pfostenkonstruktion gehen von Thermos B, d. h. von der bogigen Führung der Wände und dem nach außen abgestützten First-

---

ist eine im Halbkreis gebogene Mauerführung zutage getreten. **23** Vgl. S. O 82 Anm. 19.   **24** Z. B. AA. 1964, 194 Abb. 5. O. Almagià, Lazio (1966) 230.

dach aus. Das Großhaus des bandkeramischen Kulturkreises[25] und noch die frühmittelalterlichen Großhäuser des sächsischen (Taf. O VI a)[26] und skandinavischen[27] Raumes haben die Grundrißform eines langgezogenen Rechteckes, dessen Langwände gelegentlich ausbiegen. Der Konvexführung der Langwände entsprach ein bogig geführter Dachfirst, wie ihn die italischen Hüttenurnen anschaulich zeigen (Taf. O V b); die hierdurch erzielte Zugspannung ist ein zeitloses Prinzip der Pfostenkonstruktion überhaupt. Gleichfalls von Fall zu Fall ist der vom Firstdach ausgehende Seitendruck durch schräg gegen die Wand oder die Dachkonstruktion selbst geführte Außenpfosten abgefangen worden. Auch diese Technik ist zeitlos und ortlos und tritt meist zusammen mit der konvex geführten Langwand auf[28]. In einem neu ausgegrabenen Befund in Südspanien aus der späten Bronzezeit verbindet sie sich mit dem Typ des Ovalhauses[29]. Das Modell eines sächsischen Bauernhauses bei Warendorf (Taf. OVIa) kann die hiermit angesprochene Konstruktion illustrieren. Es sind diese Zusammenhänge, in die der atypische Grundriß von Thermos hineingestellt werden muß, um verständlich zu werden. Auch Thermos B war von einem aufragenden und mit Sicherheit rückwärts abgewalmten Firstdach überdeckt, das seine nach dem Prinzip der Zugspannung entwickelte kielförmige Biegung nach unten weitergab.

Es sind also die konstruktiven Bedingungen einer anfänglichen und dann verlorengegangenen Pfostenkonstruktion, die geeignet sind, bestimmte Eigenschaften der neu beginnenden griechischen Architektur auf einen Nenner zu bringen: den freistehenden Baukörper, die gebogene Wand, die Fachwerkbauweise, das steile und gebogene Firstdach, das Aufhören der Steingesinnung, der monumentalen Form überhaupt. Als letztes muß an den verschiedenen Erhaltungszustand der kretischen und außerkretischen Architektur erinnert werden. Während die kretische Frühzeit sich weiterhin des Steines bedient und entsprechend zahlreiche Reste hinterlassen hat, setzen die Reste im außerkretischen Bereich für Jahrhunderte nahezu völlig aus. Es ist einleitend betont worden, daß die Denkmälerlosigkeit abgesehen vom Bevölkerungsrückgang auf eine veränderte Bauweise zurückgeführt werden muß, die keine Spuren hinterlassen hat.

Alles fügt sich zusammen zum Bild einer zu Anfang in vergänglichen Materialien bauenden Bevölkerung, die späterhin den Weg von einer ausgebildeten Holzkonstruktion zum Steinverband gefunden hat und welche in ihm, gegen die Natur des Steines die in der Holzkonstruktion entwickelten Bauformen zunächst weiterführte. Zuerst wird man die repräsentativen Herd- und Gemeinschaftshäuser mit der Absicht des Dauerns in einer gemischten Holzsteintechnik errichtet haben und sich für den privaten Wohnbedarf weiterhin mit Hütten aus vergänglichem Material begnügt haben. Sicher war die historische Wirklichkeit vielfältiger als das entworfene schematische Bild. Es soll nicht verschwiegen werden, daß die geröllreiche Beschaffenheit des griechischen Bodens dem Pfostenbau nicht immer günstig war. Es mögen daneben leichte Steinfügungen am Anfang bestanden haben, die die Zeit wieder einebnete. Andererseits lassen sich Spuren in die Erde getriebener Pfosten

[25] Stieren, BerRGK. 33, 1943—1950, 63 Abb. 2. H. Quitta, in: Neue Ausgrabungen in Deutschland (1958) 68ff. [26] W. Winkelmann, in: Neue Ausgrabungen in Deutschland (1958) 492ff. Abb. 8. [27] E. Graf Oxenstierna, Die Wikinger (1959) 211 Taf. 80. Vgl. auch eine Halle des 9. Jhs. in Wessex (England): ILN. vom 30.3.1963, 462 Abb. 1. [28] Z.B. Stieren a.O. Abb. 2. 5, 2—5. Winkelmann a.O. Oxenstierna a.O. [29] Pellicer-Schüle a.O. (Anm. 20).

nachweisen (S. O 19), die vertiefte Pfostenbasis setzt den Pfahl voraus (S. O 68). Ob der Pfostenbau als importiertes Kulturgut der dorischen Wanderung oder lediglich als Ausdruck einer bescheideneren Baugesinnung angesehen werden muß, mag dahingestellt bleiben, Sicheres läßt sich nicht ermitteln. Etwas von den zur Sprache gekommenen Zusammenhängen ist auch im griechischen Bewußtsein erhalten geblieben. Pausanias (8, 10, 12) weist darauf hin, daß der zu seiner Zeit noch in der Erinnerung bekannte Tempel des Poseidon Hippios in Arkadien ganz aus Holz errichtet gewesen sei, und Vitruv als Sprecher der verbindlich gewordenen Anschauung über den Werdegang der griechischen Architektur betont ausdrücklich (4, 2), daß der Triglyphenfries aus einer Holzkonstruktion hervorgegangen sei.

4) Geometrische Zeit

Die griechische Architektur der frühgeometrischen bis orientalisierenden Zeit läßt sich von den im vorangegangenen Kapitel behandelten Bauten nicht als selbständige Epoche absetzen, bedeutet vielmehr deren kontinuierliche Fortsetzung und Weiterentwicklung. Allerdings ist das zur Verfügung stehende Material reicher, und entsprechend ergibt sich ein vielgestaltigeres Bild der baulichen Form. Auf eine allgemeine Tendenz ist oben bereits hingewiesen worden. Gebogene Mauerzüge und geländebedingte Deformationen begegnen auch weiterhin, doch spielen sie nicht mehr die Rolle wie in der Frühzeit. Mehr und mehr setzt sich im Rechteckbau eine orthogonale Grundrißführung durch, und entsprechend finden gebogene Mauerzüge vorzugsweise nur noch im Ovalhaus und Apsishaus Anwendung. Die repräsentative Bauform ist nach wie vor das freistehende Langhaus. Zugleich jedoch setzen, wenn wir vom früheren Erscheinen auf Kreta absehen, mehrzellige Raumgebilde, setzt der Reihenverband und die von einer Befestigungsmauer umgebene Stadtanlage ein. Die dichtere Denkmälerfolge zwingt zu einer gedrängteren Behandlung als im vorangegangenen Abschnitt. Die Grenze nach oben ist wie gesagt offen, was in gelegentlichen Überschneidungen zum Ausdruck kommen wird. Für alle Fragen des Befundes wird auf den Katalog verwiesen. Maßgebend für die Gliederung der Untersuchung ist nach wie vor der Grundrißtypus. Wir beginnen mit dem Rechteckhaus und hier zunächst mit einer Durchsicht des Bestandes.

a) *Rechtecktypen*

Oikos: Der am häufigsten anzutreffende und wandlungsreichste Typus der geometrischen Architektur ist, aufs Ganze betrachtet, der Oikos. In den frühen Jahrhunderten nach der dorischen Wanderung, d. h. im 10. und 9. Jahrhundert, ist er belegt innerhalb der kretischen Siedlungsarchitektur (Karphi, östliche Hälfte, S. O 39 Abb. 33; Kavousi S. O 41 Abb. 34 und in Altsmyrna S. O 46). Als einräumiger Oikos bildet er ein gedrungenes Rechteck; als dreizelliger Oikos erscheint er in entsprechender Längenerstreckung und zweifellos bevorrechteter Funktion nur auf Kreta. Auch der zweizellige Oikos ist in der Frühzeit einstweilen nur in Karphi auszumachen.

Im 8. Jahrhundert ist der Oikos der bevorzugte Typus des jetzt faßbaren freistehenden Herd- oder Kulthauses. Er läßt sich nachweisen (S. O 5 ff. Abb. 3–7) in Kreta (Kavousi, Vrokastro, Dreros), in der Peloponnes (Asine, Perachora), auf Andros (Zagora). In Tinos steht er nur teilweise frei in einer umgreifenden Hofarchitektur. Der oikosförmige Bau auf Delos (S. O 5 Abb. 2), der sowohl für die mykenische als auch die geometrische Zeit in Anspruch genommen wird, bleibt besser außer Betracht. Einraumoikos und Oikos mit Vorraum und Hauptraum halten sich in etwa die Waage. Der Zweiraumoikos kann einen vergleichsweise gelängten Grundriß annehmen (Asine), bestimmend für beide Varianten bleibt jedoch die gedrungene Gesamtgestalt. Der dreizellige Oikos scheint vornehmlich in Kreta lebendig geblieben zu sein. Beispiele lassen sich für das 8. Jahrhundert nicht nennen, berühmte Beispiele des 7. Jahrhunderts sind dagegen die beiden Tempel in Prinias[30] und der Vorgänger des griechischen Tempels in Phaistos[31]. Daß Thermos B aus einem dreizelligen Antenhaus zu einem dreizelligen Oikos verändert wurde, ist gesagt worden.

Die Geltung des Oikos für die frühe Form des Kulthauses läßt sich weiter aus der Rolle erschließen, die er als Tempel noch in den folgenden Jahrhunderten gespielt hat[32]. Der bekannte Tempel des Apollon Karneios auf Thera ist ein Oikos[33]. Daß er die theräische Tempelform schlechthin vertritt, beweist die Tempelarchitektur der theräischen Pflanzstadt Kyrene, die ihn in Abwandlung bis in das 5. Jahrhundert und später weiterführt. Nach den Bodenbefunden zu urteilen scheint der Oikos seine dominierende Rolle erst im 6. Jahrhundert an den Antentypus abgegeben zu haben. Als Kleintempel lebt seine charakteristische Gestalt in den Jahrhunderten der Klassik und des Hellenismus weiter, nicht nur in Rückzugsgebieten wie dem Norden Griechenlands und in Arkadien[34], sondern auch in Athen, auf den Inseln und im jonischen Festland. Ähnliches gilt für Süditalien und Sizilien[35]. Es mag schließlich darauf hingewiesen werden, daß die Zella des einzelligen etruskischen[36] und des aus ihm hervorgegangenen römischen Tempels nichts anderes als die geradlinig weitergeführte Tradition eines geometrischen Grundrißtyps von beherrschender Bedeutung darstellt.

Dem Oikos als Kulthaus steht der Oikos als Wohnhaus zur Seite. Die kleine Stadt Vroulia auf Rhodos aus dem frühen 7. Jahrhundert, über die als Stadt noch ausführlich zu sprechen sein wird (S. O 97), besteht aus straff aneinandergereihten egalisierten Häusern mit quadratischem Hauptraum und kurzem Vorraum (S. O 51 f. Abb. 44); davor liegt, soweit erkennbar, ein Hof. Der gleiche Haustyp in gleicher Egalisierung und Reihenbildung, aber ohne den vorgelagerten Hof, ist für das 8. Jahrhundert im phrygischen Gordion nachgewiesen worden[37], übrigens zusammen mit dem außer Verband stehenden Oikos, dem schon aus diesem Grunde bevorrechtete Geltung zukam[38]. Noch die Fundamente der nachfolgenden persischen Schicht haben Bauten des Oikostyps getragen[39].

Zum Bodenbefund tritt das bekannte Hausmodell aus dem argivischen Heraion (S. O 70f. Abb. 55 Taf. O IIIa), das meist als Beleg für ein Antenhaus

30 Pernier, ASAtene 1, 1914, 19ff. AJA. 38, 1934, 171 ff. Weickert, Typen 57ff. Matz, Gr. Kunst I 371 f. Gottlieb, AJA. 57, 1953, 106. **31** Weickert, Typen 62. **32** Eine Zusammenstellung von Oikosbauten in der griechischen Architektur findet sich bei R. Vallois, L'Architecture Hellénique et Hellénistique à Délos I (1944) 116ff. 121ff. und — in nicht ganz konsequenter typologischer Aufgliederung — bei P. Mingazzini, L'Insula di Giasone Magno à Cirene (1966) 110ff. Für das 7. Jh. ist nachzutragen ein Herdtempel auf Keos: Welter, AA. 1954, 64ff. **33** Thera I 275ff. **34** Taxiarchis: Δελτ. 10, 1926, 1ff. Dodona: Neue Ausgrabungen in Griechenland (Antike Kunst, Beiheft I 1963) 35ff. Kotilon: Ἐφημ. 1903, 151ff. **35** Nachweise bei Mingazzini a.O. (Anm. 32). **36** Veji, Piazza d'Armi: MonAnt. 40, 1945, 228f. AA. 1950/51, 181ff. **37** AJA. 64, 1960, 240f. 66, 1962, 164f. 68, 1964, 285f. **38** AJA. 61, 1957, 320f. 62, 1958, 144f. 64, 1960, 237. 66, 1962, 160f. 68, 1964, 286f. **39** AJA. 68, 1964, Taf. 85 Abb. 15.

mit Säulenhalle in Anspruch genommen wird. Was die 'Anten' angeht, so konnte in der Katalogbeschreibung deutlich gemacht werden, daß es sich lediglich um die an der Vorder- und Rückseite heraustretenden Holzpfosten einer Fachwerkkonstruktion handelt, die an der Front gleichzeitig den Gegenhalt für eine zu den 'Säulen' hinführenden Querverstrebung bilden. Hinzu kommt ein zweites, zeitlich etwas höher hinaufreichendes Modell eines klaren Rechteckhauses aus Sala Consilina in Lukanien (Taf. O Va), das den Oikos für das vorgriechische Süditalien bezeugt.

Antenhaus: Die berühmteste Spielart des Rechteckhauses, das Antenhaus, ist keineswegs die häufigste. Über Thermos B als das vermutlich einzige noch protogeometrische Beispiel ist oben gesprochen worden (S. O 80). Der älteste Heratempel von Samos (S. O 13) war ein Antenhaus, er führt darin die Hausform der frühhelladischen Siedlung weiter. Er ist zu einem späteren Zeitpunkt, aber noch im 8. Jahrhundert von einer Ringhalle, der ältesten nachweisbaren Tempelringhalle umgeben worden. Auch weiterhin ist das Antenhaus die verbindliche Grundrißform des samischen Heraheiligtums geblieben.

Der kultischen Funktion entspricht wie beim Oikos die Funktion als Wohnhaus. In Hephaistia auf Lemnos, einer Siedlung des 8.–6. Jahrhunderts, die noch auf ihre Publikation wartet (S. O 50), umsäumen aneinandergereihte Häuser eine Straße. Über die Form der Häuser wird mitgeteilt, daß es die der Megara von Troja II sei, es muß sich also um gelängte Antenhäuser handeln. In der Siedlung Emporio auf Chios (S. O 10ff. Abb. 8–10), deren Lebensdauer die gleiche Zeitspanne wie Hephaistia umfaßt, begegnet das Antenhaus in mehrfacher Funktion und Gestalt. Innerhalb der Akropolis und in deren Ringmauer mit einer Langseite eingreifend steht dem Eintretenden ein langgezogener Antenbau bedeutungsvoll gegenüber. In der Unterstadt unterscheidet sich das stattlichste Haus, ein Herdhaus durch seine Langform und seine Antenfront von den übrigen einfacheren Wohnhäusern, die quadratische Gestalt haben. Ein drittes Haus zeigt eine Durchmischung von Antenhaus und Quadrathaus, es dürfte sich demnach um ein Wohnhaus handeln. In Zagora auf Andros (S. O 55) haben zwei Wohnhäuser gleichfalls gedrungener Gestalt Antenfront. In allen diesen Fällen dürfte es sich um Bauten des 8. Jahrhunderts handeln. Es mag vermerkt werden, daß Hephaistia, Emporio und Zagora im inselionischen Raum liegen.

Damit sind die gesicherten Beispiele des geometrischen Antenhauses aufgezählt. Es mag überraschen, daß der bekannteste Antenbau der frühgriechischen Architektur nicht genannt wurde, der über dem großen Megaron der mykenischen Burg von Tiryns zu einem späteren Zeitpunkt errichtet wurde (S. O 17ff. Abb. 14). Die Datierung des Baues ist heftig umstritten. Er wird entweder noch der spätmykenischen Zeit unmittelbar nach der allgemeinen Brandkatastrophe, die die Burg heimsuchte, zugewiesen, oder in die Mitte des 8. Jahrhunderts datiert und dann als Kronzeuge für die unmittelbare Abhängigkeit des griechischen Tempels vom mykenischen Megaron herangezogen. Die Kontroverse ist auf einem toten Punkt angelangt und nur noch durch sorgfältige Beobachtungen an Ort und Stelle im einen oder anderen Sinn zu entscheiden. Es empfiehlt sich deshalb, das Antenhaus von Tiryns aus den weiteren Überlegungen auszuscheiden.

Was das 7. Jahrhundert angeht, so kann an bezeugten Antenbauten nur wenig genannt werden. Es sind im wesentlichen der 2. Heratempel auf Samos, der über dem Bau B errichtete Apollotempel von Thermos, der Heratempel von Olympia, ein später verändertes Herdhaus im Heraklesheiligtum von Thasos und ein Haus in der Akropolis von Melie (S. 57). Außerhalb des griechischen Kulturraumes läßt sich das Antenhaus in Gordion nachweisen, wo es neben dem dominierenden Oikos auftritt[40]. Als ausgesprochener Fremdkörper tritt es im 8. Jahrhundert schließlich auch in der nordsyrischen Architektur auf[41]. Der kretischen Architektur ist das Antenhaus fremd geblieben.

Breithaus: Das einräumige Breithaus ist als alleinstehender Baukörper im 8. Jahrhundert nicht bezeugt, was mit dem Zufall der Überlieferung zusammenhängen mag. Als Bestandteil übergreifender Gruppierungen begegnet es in Phaistos als Breitraum in Durchmischung mit dem Langraum, also in der gleichen Rolle wie vordem in Karphi. Das dort über den Breitraum Gesagte (S. O 39) gilt auch hier.

Quadrathaus: Ein bis jetzt unbeachtet gebliebener Grundrißtypus ist das einräumige Quadrathaus. Verständlicherweise, denn in der späteren Tempelarchitektur hat es keine Rolle gespielt und als geometrischer Kultbau begegnet es nur am Rande. Zu finden ist es vielmehr in der als Ganzes noch kaum beachteten Wohnhausarchitektur. Die Durchsicht beginnt mit dem Kulthaus. Zwei naiskosartige, in ganzer Breite sich öffnende Kleinbauten entstanden in der 1. Hälfte des 7. Jahrhunderts in unmittelbarer Nähe des Heraaltars von Samos (S. O 25); nach anfänglichem Zögern (Schatzhäuser) hat sie E. Buschor als Kultbauten angesprochen. In Delos hat das bekannte Heratempelchen auf dem Kynthos aus der Wende vom 8. zum 7. Jahrhundert die Form eines verzogenen Quadrats mit Türwand (S. O 23f. Abb. 20). Etwa quadratisch ist schließlich der der gleichen Zeit entstammende älteste Artemistempel auf Delos (S. O 24 Abb. 21); er hebt sich von den genannten Bauten durch seine größeren Maße ab. Innerhalb der Wohnhausarchitektur vermittelt die beste Anschauung Emporio auf Chios. Die Mehrzahl der Wohnungen sind einräumige Quadrathäuser von bescheidenen Abmessungen, als Ausnahme begegnet ein zweiräumiges Quadrathaus. Die Labilität der Grundrißführung ist vergleichsweise gering, an anderen Beispielen ist sie größer (Delphi, Leukanti, Siphnos), hinzu kommt eine Verformbarkeit des Quadrats in Richtung auf das Breithaus (Asine) oder Langhaus (Siphnos). Doch reicht sie nicht aus, um den Typus als solchen in Frage zu stellen. Zu ihm gehören außerdem die bescheidenen Abmessungen und die Türwand. In Emporio stehen die Quadrathäuser isoliert, ähnliches gilt für die Befunde in Asine und Leukanti. In Siphnos und Delphi findet sich das Quadrathaus in lockerem Reihenverband. In Zagora bildet ein quadratischer Raum die Zelleinheit größerer Wohnkomplexe und des Stadtpalastes; vor allem ist das Quadrathaus die Zelleinheit reicher organisierter Haustypen geworden, über die noch zu sprechen sein wird. Über das 8. Jahrhundert hinauf läßt sich das Quadrathaus einstweilen nicht verfolgen.

Typologie des Rechteckhauses: Es muß unsere nächste Aufgabe sein, die hiermit vorgeführten Typen des Rechteckhauses in ihrem gegenseitigen Verhältnis zu durchleuchten. Wir beginnen mit dem Verhältnis von Antenhaus und Oikos, soweit es sich um freistehende Bauten handelt.

Beschränken wir uns auf die gesicherten Beispiele des 8. und 7. Jahrhunderts, so wird deutlich, daß das Antenhaus sich vom Oikos, abgesehen von der Gestaltung der Front, auch durch seine Proportion unterscheidet. Beim ältesten Heratempel von Samos beträgt die Länge das fünffache der Breite. Die gleiche

---

[40] AJA. 61, 1957, 320ff.   [41] Tell Tainat: AJA. 41, 1937, 9ff.

extreme Längenentfaltung weist der Apollotempel von Thermos auf; der zweite Heratempel von Samos ist nur unwesentlich kürzer. Thermos B, das ursprünglich ein Antenhaus gewesen sein dürfte, hat ein Verhältnis von etwa 1 : 3, ebenfalls der Heratempel von Olympia. Das Antenhaus innerhalb der Akropolis von Emporio hat ein Verhältnis von 1 : 2,5. Das sind Längenmaße, die noch im Mindestfall die Breite um mehr als das Doppelte übertreffen und an kaum einem Oikos, den kretischen Dreiraumoikos ausgenommen, anzutreffen sind. Die Grundform des Oikos ist wie gesagt ein gedrungenes Rechteck, lediglich in Asine begegnet ein Verhältnis von etwas über 1 : 2. Und umgekehrt hat lediglich in Gordion der Antenbau die gedrungene Form des Oikos.

Legen wir zugrunde, daß der Breitenentfaltung des Oikos und des Antenhauses in geometrischer Zeit die gleichen technischen Grenzen gesetzt waren, so ergibt sich, daß der Unterschied der Proportion einen Unterschied des absoluten Größenmaßes, d. h. des absoluten Längenmaßes ausdrückte. Das Antenhaus verkörperte nicht nur durch die Ausgestaltung der Front, sondern auch durch seine größere Längenentfaltung gegenüber dem Oikos die repräsentative Form des Langhauses. Es ist bezeichnend, daß die am ältesten Heratempel von Samos erstmals nachweisbare Tempelringhalle auch im 7. Jahrhundert nur einen Antenbau umgibt (zweites Heraion von Samos, Apollotempel von Thermos, Heraion von Olympia), nicht aber einen Oikos[42]. Das kann schwerlich mit dem Zufall der Erhaltung zusammenhängen, auch die genannten Oikostempel der späteren Jahrhunderte sind in der Mehrzahl der Fälle ohne Ringhalle ausgekommen. Der Zusammenhang von Geltung und Langform läßt sich auch innerhalb des Antenhauses selbst demonstrieren. Gegenüber dem genannten Antenhaus in der Akropolis von Emporio sind zwei weitere Antenhäuser in der angrenzenden Siedlung bei etwa gleicher Breite kürzer. Wo das Antenhaus dem privaten Wohnbedürfnis dient, schrumpfen seine Maße auf das Verhältnis von 2 : 3 (Emporio, Zagora), d. h. auf Oikosform. Das spätere Prostashaus hat dieses Verhältnis übernommen. Nur in Hephaistia scheint das Antenhaus in seiner Langform auch in das Wohnhaus eingegangen zu sein. Im übrigen braucht auf die Grundrißtypen und Grundrißproportionen der späteren Jahrhunderte hier nicht eingegangen zu werden.

Zwar läßt sich die Trennung zwischen gedrungenem, d. h. kleinem Oikos und gestrecktem Antenhaus nicht mit völliger Reinheit durchführen, als Ganzes scheint sie jedoch eine brauchbare Typologie abzugeben. Man ist sogar versucht, mit ihrer Hilfe zweifelhafte Fälle zu entscheiden. Vom älteren Artemistempel in Sparta (S. O 19) beispielsweise sind nur Reste des rückwärtigen Teils der Zella erhalten geblieben, andererseits ist ein ursprüngliches Längen-Breitenverhältnis von 1 : 3 oder darüber hinaus erschlossen worden, was die Vermutung nahelegt, daß ein ringhallenloser Antentempel vorlag.

Was den Oikos selbst angeht, so ist es an der Zeit, seine Aufteilung in Ein-, Zwei- und Dreiraumhäuser zur Sprache zu bringen. Der Dreiraumoikos ist anscheinend ein Seitenzweig, er läßt sich, worauf hingewiesen wurde, mit Sicherheit nur auf Kreta nachweisen. Anders die beiden verbleibenden Typen, zusammen bestimmen sie die dominierende Gestalt des Kultbaues. Wieder anders werden die Dinge, wenn wir den Wohnbau ins Auge fassen. Ein- und Zweiraumoikos begegnen auch hier, aber nicht mehr in dominierender Stellung. Die typengeschichtliche Überlegung geht zweckmäßig vom Mehrraumoikos aus.

[42] Einen Sonderfall bildet der Naiskos der Hera auf dem Kynthos von Delos (S. O 23 u. 128).

Völlig eindeutig handelt es sich bei ihm um eine Staffelung von Vorraum und Innenraum bzw. Innenräumen, und diese Staffelung führt nicht minder eindeutig in Richtung auf die Grundgestalt des Megarons. Die strenge Definition des Megarons schließt bekanntlich die Antenvorhalle ein, ihr steht die Türfront des Oikos gegenüber. Es handelt sich beim Mehrraumoikos somit um ein Zwittergebilde, um eine Zwischenform, deren typologische Ableitung Schwierigkeiten bereitet. Es liegt nahe, Mehrraumoikos und Antenhaus als Varianten zu betrachten, in ihnen eine doppelte Tradierung des Megarontypus zu erkennen und ihnen den Einraumoikos gegenüberzustellen. Hierfür ließe sich anführen, daß innerhalb der Wohnhausarchitektur der Zweiraumoikos sich mit dem Antenhaus überkreuzte, daß beide im ostgriechischen Kulturraum beheimatet sind und dort im sog. Prostashaus eine Fortsetzung bis in den Hellenismus gefunden haben. Hier scheint in der Tat eine Megarontradition weiterzuleben[43]. Dem Einraumoikos hingegen wäre nun ein neuer Platz in der Nähe des gleichfalls einräumigen Quadrathauses und Breithauses angewiesen, wobei die Verformbarkeit des Quadrathauses nach beiden Richtungen das verbindende Glied darstellen könnte. Als Archetypus würde man ein Einraumhaus labiler Grundrißgestalt annehmen und dieses dem mehrräumigen Megarontypus (und den gebogenen Haustypen) zur Seite stellen. All diesen Spekulationen muß entgegengehalten werden, daß die Grundform des gedrungenen Oikos, sei er ein- oder zweiräumig, dem Antenlanghaus von Anfang an als ein einheitlicher Gesamttypus gegenübersteht, daß Türwand und Antenvorhalle, gedrungene und gelängte Rechteckform nicht minder typenbestimmte Elemente sind als Einräumigkeit und Mehrräumigkeit. Als Ergebnis bleibt übrig, daß eine genetische und typologische Trennung zwischen Megaron, welcher Gestalt auch immer und Einraumhaus, kurz daß eine klare Abgrenzung des Megarons als Typus von andersartigen Grundrißformen nicht möglich ist, daß die Frage sogar falsch gestellt ist. Wie einleitend betont wurde, ist deshalb der Begriff Megaron für die Typologie vermieden worden.

Zusammenfassend ergibt sich folgendes Gesamtbild. Der vermehrte Denkmälerbestand gestattet es, für die Grundform des Rechteckhauses eine weitgehende Differenzierung vorzunehmen, außerdem lassen sich nun Wohnhaus und Kulthaus voneinander trennen. Der Formtypus des mykenischen Megarons lebt in veränderter Gestalt und in spärlichen Beispielen im freistehenden Antenlanghaus weiter. Die beherrschende Bauform ist dagegen das quadratische oder gedrungene Haus mit einfacher Türwand.

b) *Apsis- und Ovalhaus, Rundhaus:* Gegenüber dem Rechteckhaus treten die Beispiele des Apsis- und Ovalhauses an Zahl zurück. Das Apsishaus kann einräumig sein (Perachora, Tempel der Hera Akraia. S. O 28 Abb. 24) oder eine gestaffelte Raumfolge enthalten (Antissa im ersten und zweiten Bauzustand, S. O 25 Abb. 22a. Mykene, S. O 28 Abb. 23, Solygeia, S. O 29 Abb. 25). Entsprechend führt die Gesamtproportion vom gedrungenen zum stark gelängten Baukörper. Die Lage des Eingangs ist durch die Frontseite vorgegeben, was nicht ausschließt, daß ein zweiter Eingang sich an einer Langseite befindet (Antissa II), wie übrigens auch am Rechteckhaus (Perachora, Tempel der Hera Limenia, S. O 8). Die Eingangsseite ist in der Regel eine einfache Türwand, nur das spätgeometrische Apsishaus von Solygeia öffnet sich auf eine Antenvorhalle. Gleichwohl muß die Verbindung von Apsishaus

---

[43] Hierzu MarbWPr. 1967, 6ff.

und Antenvorhalle zum mindesten im korinthischen Raum eine gewisse Geltung gehabt haben, denn auch die im ganzen älteren Tonmodelle von Perachora führen sie in mehreren Varianten vor. Solygeia zeichnet sich nicht nur durch die Antenvorhalle sondern außerdem durch eine Streckung der Proportion auf etwa 1 : 3 aus. Eine Unterscheidung zwischen langem Apsishaus mit Antenvorhalle und kurzem Apsishaus mit Türwand in Analogie zum Rechtecklanghaus wird man daraus jedoch nicht ableiten; Antissa I und Mykene, Bauten mit einfacher Türwand sind in ihrer Proportion noch gestreckter bzw. nur unwesentlich gedrungener.

Das Ovalhaus scheint nur einen Raum umschlossen zu haben, sofern man Antissa II als Apsishaus anspricht. Die Lage des Eingangs ist frontal, d. h. innerhalb einer Schmalseite (Altsmyrna, S. O 44, Gonnoi, S. O 30) oder seitlich versetzt (Hausmodell Samos. S. O 74f. Abb. 59 Taf. O I c), in anderen Fällen ist sie unklar. An das Ovalhaus in Athen (S. O 29 Abb. 26) wie übrigens auch an Antissa I stoßen einige Mauerzüge. Der Charakter des freistehenden Hauses, der auch für das Apsishaus verbindlich ist, dürfte hierdurch kaum eine Einschränkung erfahren haben, es handelte sich um Trennmauern von Höfen.

Was das Verhältnis von Apsis- und Ovalhaus angeht, so hat sich ihre Verbreitung in etwa die Waage gehalten. Auch hinsichtlich der repräsentativen Bauvorhaben müssen Apsis- und Ovalhaus als gleichrangig angesehen werden, ungeachtet der beim Apsishaus herausgestellten repräsentativen Frontseite. Das älteste Telesterion von Eleusis (S. O 30) und ein im genannten Modell bedeutsam zitiertes hochaltertümliches Kulthaus in Samos waren Ovalbauten. Daß die Funktion des frühen Kulthauses gerade im Ovalbau den angemessenen Rahmen fand, wird weiter unten ausgeführt werden (S. O 126). Im 7. Jahrhundert wird der Ovalbau seltener, im 6. Jahrhundert läßt er sich nicht mehr nachweisen. Als Wohnhaus begegnet er in der spätgeometrischen Schicht von Altsmyrna. Anders der Apsisbau. Auch er tritt gegenüber dem Rechteckbau mehr und mehr in den Hintergrund, ohne sich jedoch aus der Tempelarchitektur völlig zurückzuziehen. Am Mysterientempel von Samothrake, in dem eine Gemeinde sich um einen Opferherd versammelte, läßt er sich bezeichnenderweise bis in den späten Hellenismus verfolgen. Als Wohnhaus läßt sich der Apsisbau nur in Altsmyrna nachweisen.

Angesichts der Geltung des Kurvenbaues in geometrischer Zeit und der Existenz des Rundtempels in der klassisch griechischen Architektur muß es überraschen, wie spärlich in der Frühzeit der Rundbau (S. O 31) vertreten ist. In Altsmyrna, wo ein Rundbau des 7. Jahrhunderts bis zur Hälfte seiner Höhe in die Erde eingebettet war, ist er nichts anderes als ein Vorratsbau gewesen. Das entspricht der früher bereits ausgesprochenen Deutung helladischer Rundbauten und geometrischer Modelle, die einen sphärisch auslaufenden Rundbau mit Eingang in der Spitze zeigen, auf Getreidespeicher (S. O 75). Dagegen könnte ein kleiner Rundbau auf dem Hymettos, über den keine genaueren Nachrichten vorliegen, auf Grund der Scherbenfunde eine Verehrungsstätte gewesen sein. Ein gebogenes Mauerstück im Pronaos des späteren Artemistempels in Aulis ist vom Ausgräber als Rest eines Rundbaues und damit als Rest eines spätgeometrischen Vorgängertempels gedeutet worden; doch kann es sich genausogut um den Rest einer Temenosmauer handeln, die den Quellbezirk umsäumte. Rundgeführte Steinsetzungen in der Nekropole von Tsikalario auf Naxos können sowohl Einfassungen von Tumuli als auch umfriedeten Bezirken angehört haben (S. O 51). Damit läßt sich die Bedeutung der Rundform im sepulkralen und chthonischen Bereich bis in die geometrische Zeit hinaufverfolgen. Auf die Tholosgräber der geometrischen Architektur und auf ihre eingehende Behandlung durch I. Pini[44] kann hier nur verwiesen werden.

c) *Zusammengesetzte Hausformen:* Den bis jetzt besprochenen Grundtypen des Rechteck- und Kurvenbaues stehen kompliziertere Hausgebilde gegenüber. Nur am Rande hierhergehörig sind solche Fälle, in denen ein Einraumhaus durch Anbau oder Erweiterung sich zu einem kleinen Konglomerat erweitert. Als Beispiele sollen das untere Antenhaus in Emporio und das Breithaus in Thorikos genannt sein. Hierher gehören weiter das Apsishaus in Antissa und das Ovalhaus in Athen, gegen die später Hofmauern herangeführt wurden. Gemeint sind vielmehr mehrzellige Hausgrundrisse als geplante Anlagen. Gemeinsam ist ihnen der fehlende Richtungsbezug sowie die Fähigkeit, Einzelelemente verschiedener Art — Zimmer, Korridor, Hof — in sich als einem übergeordneten Organismus zu vereinigen. Die Grundrißgestalt ist freilich von Fall zu Fall eine andere. Die ältesten Befunde liegen auf Kreta. Die ineinandergewachsenen Häuser der Altstadt von Karphi (S. O 39) sind ihrerseits Konglomeratgebilde mehr oder weniger zufälliger Gestalt und bekunden in diesem ihrem Charakter ihre minoische Tradition. In eingeschränktem Maße wird man das Gleiche von den Häusern der unzureichend publizierten Siedlung in Vrokastro (S. O 43) annehmen. Die Anlage von Praisos (S. O 35) geht möglicherweise auf einen minoischen Vorgängerbau zurück und bleibt besser aus dem Spiel. Anders ein Bau auf der Akropolis von Gortyn (S. O 33f. Abb. 30). Es handelt sich um einen ansehnlichen und auf einem ungeheuren Orthostatenfundament ruhenden Bau aus geometrischer Zeit. Sein Äußeres beschreibt in klarer Achsenführung ein gedrungenes Rechteck, sein Inneres wird zur einen Hälfte von zwei Reihen quergelegter Räume eingenommen, die andere Hälfte war, falls die spätere Überbauung keine Reste entfernt hat, ein Hof. Die Lage des Eingangs ist bezeichnenderweise ungewiß. Weder zur minoischen und hethitischen Architektur lassen sich unmittelbare Beziehungen feststellen und auch aus der griechischen Architektur läßt er sich nicht erklären[45].

Alles übrige gehört dem 8. bzw. dem späten 8. Jahrhundert an. Drei Häuser liegen auf attischem Boden (Athen, S. O 31f. Abb. 28. Eleusis, S. O 33 Abb. 29. Thorikos, S. O 36f. Abb. 32), ein viertes liegt auf Andros (Zagora, S. O 55). Gegenüber der wuchtigen und streng orthogonalen Anlage in Gortyn ist die Grundrißführung beweglicher. Der Grundriß des Hauses in Athen ist schwer durchschaubar. Räume verschiedener Gestalt und Größe gruppieren sich um einen in die Tiefe geführten versetzten Mittelgang und schließen sich nach außen zu einem mehrfach getreppten Umriß von der Figur eines gedrungenen Rechtecks zusammen. Die vielzimmrige Anlage in Zagora besteht aus einem zentralen quadratischen Hauptraum und zwei flankierenden, beiderseits vorstoßenden Raumfolgen, wodurch sich die Grundform eines H ergibt. Die Mauern stehen zueinander orthogonal, jedoch nicht fluchtgerecht. Der ausgedehnte Hauskomplex in Thorikos ruht in einigen Mauerzügen noch auf mittelhelladischen Sockeln. Geht man von einer in Ost-Westrichtung verlaufenden Trennmauer aus, so erkennt man südlich davon ein knapp queroblonges Haus,

---

[44] I. Pini, Beiträge zur minoischen Gräberkunde (1968) 46ff. Die grundlegende Untersuchung über Sinn und kultischen Charakter der griechischen Rundbauten ist nach wie vor: F. Robert, Thymélè (1939). Zuletzt in größerem Zusammenhang H. V. Herrmann, Omphalos (1959) 68f. Hingewiesen sei weiter auf die runden oder ovalen Grabbauten im karischen Gebiet, die in geometrischer Zeit einsetzen: P. Hommel, in: Panionion und Melie (Anm. 16) 167ff. [45] Die in der Publikation (S. O 33) 53f. angestellten weitläufigen Vergleiche führen zu keinen Ergebnissen.

das in zwei hintereinandergestaffelte Zonen unterteilt ist. Die vordere ist ein Hof, die rückwärtige eine Folge von drei Zimmern. Jenseits der Trennmauer entwickelt sich ein zweites Haus, dessen Grundrißdisposition noch nicht geklärt ist. Schließlich das Haus in Eleusis. Es ist in einen flachen Berghang hineingebaut und folgt dessen Biegung. Unternimmt man es, den geländebedingten Grundriß zu entzerren, so ergibt sich ein klares System. Eine Folge von Räumen öffnet sich auf einen vorgelagerten gemeinsamen Korridor, ihm vorgelagert ist ein korridorartiger Hof.

Während die Grundrisse von Gortyn, Athen und Zagora singulären Charakter haben, unterliegen die Häuser in Thorikos und Eleusis dem Prinzip hintereinandergestaffelter Querzonen. Im einen Fall sind es zwei, im anderen Fall drei Querzonen. Sowohl die zweizonige als auch die dreizonige Staffelung findet ihre Fortsetzung in archaischen bis hellenistischen Hausgrundrissen[46]. Es handelt sich um nichts anderes als um den Grundtypus des griechischen Korridor- oder Pastashauses, das die griechischen Ausgrabungen in Olynth erstmals bekannt gemacht haben und das seitdem durch eine große Reihe weiterer Funde in seiner beherrschenden Geltung erkannt worden ist. Das ergibt eine bedeutsame Konsequenz, der man nicht wird ausweichen können: Der Grundtypus des griechischen Pastashauses ist in geometrischer Zeit entstanden. Es ist sogar möglich gewesen, seinen Werdegang zurückzuverfolgen, was hier kurz resümiert werden soll[47]. Auszugehen ist von der genannten Grundform, der Staffelung von drei oder zwei Querzonen. Das führt zurück zum protogeometrischen zweizonigen Breithaus, einem aus den Bedingungen der Hanglage entstandenen Haustypus, über den S. O 81 gehandelt wurde. Eine zweite Wurzel, die sich auf die Reihung der Wohnräume in der rückwärtigen Hauszone bezieht, ist das quadratische Einraumhaus bzw. das Prinzip seiner Reihung im Siedlungsverband, hierauf wird noch einzugehen sein. Die Existenz des Pastashauses in geometrischer Zeit erschließt eine Fülle überraschender Perspektiven, die von der überragenden Geltung des Haustypus in nachgeometrischer Zeit ausgehen und weit über den Bereich des Hausbaus, aber auch über den griechischen Kulturraum hinausführen. Ich habe diese Perspektiven an anderer Stelle angedeutet, es braucht hierauf nicht mehr eingegangen zu werden[48].

d) *Siedlungen, Stadtplanung:* Die Behandlung der Siedlungsarchitektur wird den staatsrechtlichen Unterschied zwischen Siedlung und Stadt unberücksichtigt lassen[49]. Die Frühzeit ist durch Befunde auf Kreta vertreten, die kurz genannt wurden, außerhalb Kretas fehlen Reste in dieser Zeit völlig. Auch in den folgenden Jahrhunderten ist das Erhaltengebliebene überaus spärlich. Hinzu kommt, daß bis jetzt erst weniges in ausreichenden Plänen vorliegt und das übrige in knappen vorläufigen Mitteilungen bzw. überhaupt noch nicht bekannt gegeben wurde. Gleichwohl lassen sich einige Feststellungen treffen. Zunächst der Wohnplatz. Wo Pläne und Mitteilungen vorliegen, zeigt sich, daß die Häuser in Abhänge hineingebaut sind und die Rückwand

---

[46] Vom 7. Jh. ab treten ein zweizoniger zweizimmriger und ein dreizoniger dreizimmriger Typus nebeneinander auf. Die ältesten Beispiele befinden sich in Dreros und Onythe auf Kreta. Dreros: BCH. 61, 1937, 15f. Taf. 1 (im schwarz ausgezeichneten Grundriß ist die Trennmauer A spätere Zutat. Zu den Pithosfragmenten vgl. J. Schäfer, Studien zu den griechischen Reliefpithoi [1957] 17f.). Onythe: BCH. 81, 1957, 619 Abb. 2.   [47] Hierzu MarbWPr. 1967, 6ff.   [48] MarbWPr. 1959, 5. AA. 1964, 199. MarbWPr. 1967, 12f.   [49] Hierzu E. Kirsten, Die griechische Polis als historisch-geographisches Problem des Mittelmeerraums (1956). E. Blumenthal, Die altgriechische Siedlungskolonisation im Mittelmeerraum. Diss. Tübingen

sich an eine Felswand anlehnt oder in das rückwärtige Gelände eingreift (Delphi, Emporio, Siphnos, Thorikos, Tinos) oder daß die Häuser sich auf einem Plateau bzw. Flachhang befanden (Asine, Eleusis, Zagora). Auch dort, wo Pläne oder Fotos noch nicht vorliegen, bezeugen die vorläufigen Mitteilungen Hanglagen, Hügelkuppen oder Plateaus als Wohngelände (Hephaistia, Lathouresa). Hinzu kommen schließlich die zeitlich großenteils höher hinaufreichenden kretischen Siedlungsreste (Gortyn, Karphi, Kavousi, Phaistos, Vrokastro). Nur vergleichsweise wenige Haus- und Siedlungsreste geometrischer Zeit liegen auf ebenem Gelände (Altsmyrna, Delos, Vroulia, Ovalhaus von Athen), doch muß ihre Zahl größer gewesen sein (z. B. Sparta). Die Feststellungen fügen sich im wesentlichen in das auf breiter Grundlage entwickelte Gesamtbild der dorischen Wanderung ein, wie es E. Kirsten eindringlich gezeichnet hat[50]. Bevorzugt wurden Hügel, Abhänge, Bergrücken, Plateaus und Halbinseln, aber auch Fruchtebenen, wobei sich eine natürliche Kontinuität zu den mykenischen Wohnplätzen ergab.

Was die Anordnung der geometrischen Siedlungen angeht, so lassen sich locker gruppierte Einzelhäuser von aneinander- und ineinandergebauten Häusern unterscheiden. Zunächst die Einzelhaussiedlung. Wie vorgreifend vermutet wurde (S. O 84), muß sie im festländisch-griechischen Raum am Anfang gestanden haben. Daß die Vorgeschichte des griechischen Tempels im Einzelhaus mündet, ist nie in Zweifel gezogen worden und hat die vorgelegte Dokumentation bestätigt. Für das Ovalhaus gilt zwangsläufig das gleiche. Was schließlich das Rechteckwohnhaus angeht, so kann auf die spätgeometrische Hangsiedlung von Emporio hingewiesen werden (S. O 47f. Abb. 42). Der vorherrschende Haustyp ist dort das urtümliche Einraumhaus. Die Häuser stehen betont richtungsabhängig vom Gelände auf gesonderten Terrassierungen, d. h. isoliert. Wir haben es in einem relativ späten, dafür in seiner Gänze erhaltenen Beispiel mit einer Frühform der griechischen Siedlung zu tun. In einem sehr viel kleineren Ausschnitt bietet sich ein ähnliches Bild in Asine. Eine Streuung isolierter Einzelbauten darf man auch für die Flachsiedlung annehmen. Daß Sparta den Typus der aufgelösten Siedlung bis in geschichtliche Zeit beibehielt, betont Thukydides[51]. Die spätgeometrische Siedlung in Altsmyrna (S. O 47) bestand aus Einzelbauten der verschiedensten Form, wobei die Zahl der gebogenen Mauerzüge auffällt. Das geometrische Ovalhaus in Athen läßt ähnliches erschließen.

Weitaus umfangreicher als die Einzelhaussiedlung sind die Reste zusammengebauter Siedlungen bzw. aneinandergebauter Häuser. Zwei Systeme sind zu unterscheiden, das wabenförmige Konglomerat und die Reihung. Das Konglomerat[52] ist typisch für die kretischen Siedlungen innerhalb des gesamten behandelten Zeitraums: für die subminoischen Reste auf der Akropolis von Gortyn, für den westlichen Teil von Karphi, für Phaistos und Vrokastro (S. O 36ff. Abb. 33. 35. 36). Gemeinsam ist das System ineinandergeschobener gedrungener Rechteckräume, die zumeist nur durch die Lage ihres Eingangs sich als Breit- und Langräume darstellen. Straßenzüge und Hauseinheiten,

---

1963.   **50** Kirsten a.O. 33ff. Vgl. auch die Bemerkungen von Müller-Wiener (Anm. 16) 124ff.   **51** Thuk. 1, 10: οὔτε ξυνοικισθείσης πόλεως ... κατὰ κώμας δὲ τῷ παλαιῷ τῆς Ἑλλάδος τρόπῳ οἰκισθείσης. Die Bemerkung wird übereinstimmend auf die Aufteilung Spartas in 4 Komen bezogen (zuletzt Kirsten a.O. 103), doch scheint mir, daß darüber hinaus der allgemeinere Sinn von οὔτε ξυνοικισθείσης πόλεως mitgehört werden muß. Zur Topographie Spartas RE. III A 1350ff. s.v. Sparta (Bölte).   **52** E. Heinrich, AA. 1958, 89ff. verwendet dafür den Ausdruck

soweit überhaupt auszumachen, folgen keiner erkennbaren Ordnung. Ergänzt wird das Konglomerat durch die Staffelung der Niveaus innerhalb des meist unebenen Geländes[53]. Außerhalb Kretas ist das Konglomerat bis jetzt nur selten angetroffen worden. Zu nennen sind Zagora auf Andros und Tsikalario auf Naxos (S. O 51ff. Abb. 45. 47). In Zagora hat der Einzelraum die Grundform des Quadrates, wodurch die Verflechtung zwangsläufig geringer wird, hinzu kommt eine betont fluchtgerechte Führung der Mauern. Der Tempel steht als Einzelhaus bedeutungsvoll dem Siedlungsverband gegenüber. Eine Zimmerfolge auf der Akropolis von Malthi in Messenien[54], die ganz den Konglomeratcharakter mykenischer Architektur aufweist, ist nach den Beifunden um die Wende zum letzten Jahrtausend in Benutzung gewesen. Es scheint sich um eine mykenische Anlage zu handeln, die die Zerstörung der Akropolis überdauert hat.

Die eigentlich charakteristische Form des griechischen Hausverbandes ist die Reihung. Der östliche Teil von Karphi besteht aus aneinandergereihten Häusern des gedrungenen Oikostyps in streng orthogonaler Anordnung. Im außerkretischen Bereich ist die gleiche Grundrißgestaltung labiler, auch hinsichtlich der Eckführung. In Asine, Delphi, Siphnos und Tinos haben sich bis zu vier aneinandergereihte Hauszellen feststellen lassen. In Asine sind die genannten Einraumhäuser durch einen schmalen Zwischengang voneinander getrennt, im übrigen reihen sich die Räume bzw. Häuser mit gemeinsamer Quermauer aneinander. Lediglich in Siphnos begegnen außerdem Abhanghäuser, die keinem Querverband angehören. In Hephaistia befinden sich kurzen Mitteilungen zufolge beiderseits einer Straße und dieser zugekehrt langgestreckte Antenhäuser, deren Grundriß mit den Megara von Troja II verglichen wird. Es ist möglich, daß hier die Siedlungsform von Thermi weitergelebt hat. Im übrigen muß der Ursprung der Reihung mit der genannten Bevorzugung von Abhängen und Hügelkuppen durch die neuankommenden Siedler und mit dem gleichzeitigen Wunsch nach niveaugleicher Fortsetzung einer Häuserfolge quer zur Hangrichtung zusammenhängen. In anschaulicher Weise läßt sich die Anwendung des Prinzips an der Siedlung Emporio verfolgen. Die Häuser ordnen sich durchweg der Gliederung des ansteigenden Geländes ein, zugleich lassen sich lockere Raumfolgen beiderseits einiger Straßen erschließen, die geländeparallel verliefen, während eine weitere Straße in leichtem Anstieg zur Akropolis führte (S. O 48 Abb. 42).

Der Typus des Reihenverbandes läßt sich in Altsmyrna und vor allem in Vroulia beobachten. In der frühgeometrischen Schicht von Altsmyrna verläuft eine Reihe von Einzelräumen der Innenseite der Stadtmauer entlang. Die Bauweise begegnet beispielsweise schon in der mittelhelladischen Stadt Malthi und lebt weiter bis Olynth, aber auch Tinos und Siphnos können genannt werden, wo sich die Häuser in entsprechender Weise an eine Felswand anlehnen. Ob das Prinzip der Reihung auch im Stadtinnern von Altsmyrna befolgt war, ist nicht ausgemacht worden.

Um so auffallender und unerwarteter stellt sich demgegenüber der Befund in Vroulia dar, wo nahezu eine ganze Stadt, wenn auch geringer Ausdehnung, erhalten geblieben ist. Die Stadt wird zu Beginn des 7. Jahrhunderts angelegt

Agglutinat und untersucht seine zeitlosen Formelemente.   **53** Für Dreros und das später einsetzende Lato scheint Kirsten dagegen Einzelhaussiedlung anzunehmen: RE. Suppl. VII 128ff. s.v. Dreros. 342ff. s.v. Lato. Antike 14, 1938, 319. **54** Valmin, OpAth. 1, 1953, 29ff. P. Ålin, Das Ende der mykenischen Fundstätten

worden sein und darf mit Wahrscheinlichkeit als eine Gründung von Lindos angesprochen werden. Vroulia ist offenkundig in einem Zug nach einem feststehenden Plan erbaut worden, dessen im Katalog gegebene Beschreibung (S. O 51 mit Abb. 44) nicht wiederholt zu werden braucht.

Wichtig dagegen ist das dem Plan zugrunde liegende System. Die Stadt besteht, was das Wohngebiet angeht, im wesentlichen aus zwei parallel geführten Reihen gleichförmiger Quadraträume mit kürzerem Vorraum und Türwand, also aus dem Typus des Zweiraumoikos; in vielen Fällen war ein Hof vorgelagert. Die eine Reihe lehnt sich an das Innere der Stadtmauer an, die also ihre Rückseite bildet, und blickt auf die Rückseite der zweiten Reihe, die gleichfalls als eine durchlaufende Wand verlief. Die scharfe Unterscheidung zwischen ausgefächerter Front und geschlossener Rückwand erklärt sich in Vroulia daraus, daß die frühen Hausreihen nicht allseitig begrenzte Baukörper waren, sondern sich an ein ansteigendes Gelände anlehnten. Die Unselbständigkeit der Rückwand ist in Vroulia in der an die Stadtmauer gelehnten Hausreihe noch mit aller Anschaulichkeit zu verfolgen. Neu ist die rigoros durchgeführte Orthogonalität des Systems, seine Eingliederung in durchlaufende Fluchten, der Schematismus in der Reihung absolut gleichförmiger Raumelemente. Der Herausgeber von Vroulia hatte die Anlage für eine Kaserne gehalten. Das Planungsprinzip der Reihung hat in der planmäßig angelegten Stadt seine folgenreichste Anwendung gefunden.

Nur kurz soll auf das nächstfolgende Plansystem eingegangen werden. Die nahezu vollständig ausgegrabene Stadt Kasmenai in Sizilien ist eine einheitliche Gründung der Jahrzehnte nach 643[55]. Das Stadtgebiet ist in seiner Gänze aufgeteilt in mindestens 38 langgezogene Häuserblocks durchweg gleicher Breite und Richtung. Jeder Block bildet ein geschlossenes Rechteck und besteht aus zwei parallel geführten Hausreihen, die durch einen mittleren Trenngang, die 'Peristasis'[56] auseinandergehalten werden. Die streng orthogonale Grundrißform der Wohnblocks und ihre Parallelführung ist die Voraussetzung für die Existenz von fluchtgerechten Straßenzügen. Der gleiche Trenngang findet sich wieder in Altsmyrna, dort an einer ausschnittweise freigelegten Zimmerfolge der zweiten Hälfte des 7. Jahrhunderts, die man gleichfalls zu einem Doppelblock ergänzen wird[57]. Ein zweiter Testgraben hat einige richtungsähnliche Mauerzüge ergeben[58], die jedoch nicht ausreichen, einen systematisch geordneten Stadtgrundriß anzunehmen[59]. Über die im Block zusammengeschlossenen Hausformen läßt sich in Altsmyrna und Kasmenai nur vermutungsweise urteilen. In Altsmyrna zeigt der unvollständig freigelegte Befund lediglich eine Reihe von Einzelzimmern. Noch schwieriger ist die Situation in Kasmenai, wo spätere Veränderungen die ursprüngliche Anordnung verändert haben, hinzu kommt der skizzenhafte, für die Einzelheiten un-

---

auf dem griechischen Festland (1962) 77. 69f. Castagnoli, ArchCl. 15, 1963, 192ff.   **55** Di Vita, Atti CIAC. VII 2 (1961)   **56** Zur Peristasis als Trenngang zwischen zwei Hausreihen E. Akurgal, Bayrakli (1950) 77.   **57** Nicholls, BSA. 53/54, 1958/59, Faltplan XI/K (rot). E. Akurgal, Bayrakli (1950) 76 Abb. 1 Taf. 2. Die beiden Grundrißzeichnungen zeigen erhebliche Maßunterschiede. Bei Nicholls mißt die Grabungsfläche 25 × 7,5 m, bei Akurgal (unter Annahme gleicher Länge) 25 × 12 m, entsprechend haben die Zimmer bei Nicholls einen gestreckten, bei Akurgal einen gedrungenen Grundriß. Das Grundrißsystem selber bleibt bis auf die Zimmerzahl (Nicholls a.O.: fünf. Akurgal a.O.: vier) von den Maßunterschieden unberührt. Es ist anzunehmen, daß Nicholls den richtigen Grundriß gebracht hat. Vgl. auch MarbWPr. 1967, 6ff.   **58** Nicholls a.O. Faltplan XVII J (rot). **59** So Akurgal a.O. 76.

zureichende Gesamtplan. Es ist nicht ausgeschlossen, daß hier Hausanlagen des ausgebildeten Pastastyps, bestehend aus Zimmerreihe, Korridor und Hof in Nord-Südrichtung, d. h. quer zum Hausblock, angeordnet waren.

Nur bedingt hierhergehörig, aber gleichwohl von zentraler Bedeutung ist schließlich der Wohnteil der phrygischen Schicht von Gordion aus dem 8. Jahrhundert. Der neueste Grabungsstand erlaubt klare Feststellungen[60]. Zwei Hausreihen stehen beiderseits einer streng geradlinig geführten Straße. Die Häuser bestehen aus Vorraum und quadratischem Hauptraum, sind also den Häusern von Vroulia vergleichbar und ordnen sich in ein orthogonal ausgerichtetes System übergreifender Mauerfluchten ein. Wie in Smyrna und Kasmenai stoßen beide Hausreihen rückwärts an einen Trenngang. Das Gebiet jenseits desselben ist im Westen noch nicht ausgegraben, im Osten zeigt es etwas Neues: Nebeneinanderstehende aber isolierte Häuser des gleichen Oikostyps, ihnen gegenüber weitere in verschiedene Richtungen weisende Einzelhäuser. Der Sinn des Unterschiedes zwischen Reihenhaus und Einzelhaus liegt auf der Hand. Im zweiten Fall haben wir es mit Häusern bevorrechteter Geltung zu tun. Die beiden Grundformen griechischen Bauens, der Reihenverband und das Einzelhaus, treten hier im gemeinsamen Haustypus des Oikos entgegen.

Überblickt man die wenigen Beispiele städtischer Siedlungsformen im 8. und 7. Jahrhundert, so drängen sich einige nicht unwesentliche Schlußfolgerungen auf. Die regelmäßige, d. h. planmäßig angelegte Stadt war in geometrischer Zeit bekannt. Das bezeugt allein die Existenz des unbedeutenden Städtchens Vroulia, denn sein Plan setzt voraus, daß andere und bedeutendere Städte das Vorbild abgegeben haben. Vorausgegangen war die systemlose Ansammlung isolierter Bauten oder allgemein der unregelmäßige Grundriß der gewachsenen Stadt, der daneben weiterexistierte. Was die regelmäßige Stadt angeht, so bezeichnet Vroulia innerhalb der überblickbaren Entwicklung die altertümlichste Lösung. Zwei einfache Hausreihen mit geöffneter Front und geschlossener Rückwand, die im einen Fall zugleich Stadtmauer ist, sind hintereinander angeordnet. Der aus zwei Hausreihen bestehende geschlossene Häuserblock mit mittlerem Trenngang, die von da an verbindliche Lösung, ist noch unbekannt, unbekannt ist damit auch die beiderseits begrenzte geführte Straße. Das älteste Beispiel für diesen folgenreichen Entwicklungsschritt ist erstaunlicherweise keine griechische, sondern eine phrygische Stadt, die außerdem über Vroulia zurück in das 8. Jahrhundert führt, Gordion.

Damit ergibt sich die Grundsatzfrage: Ist das Plansystem der regelmäßigen Stadt in Griechenland entstanden und entwickelt worden, oder ist die mächtige Hauptstadt des phrygischen Großreiches hierin vorangegangen, oder hat ein orientalischer Stadttypus den Weg über Phrygien nach Griechenland gefunden? Ohne die Frage im einzelnen abzuhandeln, was nur auf breiter Ebene möglich wäre, darf zunächst einmal der Orient ausgeschaltet werden. Regelmäßig angeordnete Wohnblöcke sind der orientalischen Stadt unbekannt, lediglich im Ägypten des Mittleren Reiches haben sie bei der Erstellung einer Arbeitersiedlung und bei der Gründung von Tell-el-Amarna Anwendung gefunden[61].

Abgesehen davon gewinnt man aus dem vorgelegten Material den Eindruck, daß ein organischer, von unten aufwachsender Vorgang stattgefunden hat.

60 AJA. 72, 1968, Taf. 72 Abb. 9.   **61** Es handelt sich um Kahun und Tell-el-Amarna. W. S. Smith, Art and Architecture of Ancient Egypt (1958) 96ff. 173ff. F. Castagnoli, Ippodamo di Mileto (1956) 53ff.

In zum Teil hypothetischer Zusammenfassung läßt er sich folgendermaßen darstellen. Am Anfang stehen aneinandergereihte Einzelhäuser bzw. Einraumzellen. Ihr Grundriß ist ein von Fall zu Fall in die Länge oder Breite abgewandeltes Quadrat, daneben begegnet die Staffelung von Vor- und Hauptraum, sei es im Typus des Oikos oder auch des geöffneten Antenhauses. Aus der Reihung von Einraumzellen entwickelt sich durch Vorlagerung eines riegelartig zusammenfassenden Korridors und weiter eines entsprechend gestalteten Hofes der Organismus des frühen Pastashauses. Oikos bzw. Antenhaus sind andererseits die Keimzelle des sog. Prostashauses, dessen Anfänge vielleicht in geometrische Zeit noch hinaufreichen (S. O 130) und dessen bekannte Spätform sich in Priene befindet. Auch bei der Entstehung des Prostashauses hat, worauf hier nicht eingegangen werden kann, die Reihung eine Rolle gespielt. Die Entstehung der regelmäßigen Stadt schließlich läßt sich auf das gleiche Grundprinzip der Reihung zurückführen, und zwar als ein von der Entstehung der Haustypen unabhängiger Vorgang. Die Grundformen und die in der Ausbildung begriffenen Typen des griechischen Hauses müssen in die frühe regelmäßige Stadt gleichzeitig Eingang gefunden haben. Die Hausfolge erscheint zunächst in einfacher, später in verdoppelter Reihung mit trennendem Mittelgang.

Bezieht man Gordion als gestaltenden Faktor — verdoppelte Reihung mit trennendem Mittelgang — in diesen Vorgang ein, so muß die skizzierte Abfolge ein griechisches und zugleich den griechischen Raum übergreifendes Geschehen widerspiegeln, dessen Geltungsbereich sich noch nicht abgrenzen läßt. Die andere einfachere Möglichkeit ist freilich die, ungeachtet der kulturellen Bedeutung des phrygischen Reiches in Gordion lediglich den Reflex einer in Griechenland vorher bereits erreichten Entwicklungsstufe zu sehen, die sich in Griechenland selber nicht mehr bezeugen läßt, und die ältere bzw. einfachere Lösungen — Vroulia — nicht verdrängt hat. Mehr läßt sich vorderhand nicht sagen, der derzeitige Wissensstand gestattet es nicht, die Erwägungen weiter zuzuspitzen.

e) *Stadtbefestigungen:* Auf die Existenz geometrischer Stadtbefestigungen ist die Forschung erst durch die Publikation der sensationellen Grabungsergebnisse in Altsmyrna durch R. V. Nicholls aufmerksam geworden[62]. Der im Verhältnis zur Stadt riesige Mauerring hat sich als eine Folge von vier Bauperioden nachweisen lassen, die vom mittleren 9. bis in das späte 7. Jahrhundert reichen. Nicholls benutzt die Publikation zu einer Skizze der Entwicklung griechischer Stadtbefestigungen von mykenischer bis in archaische Zeit, in der vor allem die Mauertechnik Berücksichtigung findet. Die folgenden Bemerkungen beschränken sich auf einige grundsätzliche Gesichtspunkte.

Daß die ältesten Siedlungen des griechischen Festlandes unbefestigt waren, wird ausdrücklich bezeugt[63]. Daß von Fall zu Fall ein Pallisadenzaun die Siedlung umgab, wie Homer ihn für die Phäakenstadt Scheria nennt (7,44), mag immerhin angenommen werden. Der antiken Bezeugung entspricht die archäologische Bilanz. Die ältesten Reste festländisch griechischer Stadtbefestigung reichen über das 7. Jahrhundert nicht hinauf[64], der tatsächliche Beginn mag immerhin in das 8. Jahrhundert hinaufreichen.

Anders die Inseln der Ägäis einschließlich Kreta und des jonischen Festlandes, wo inzwischen sechs Akropolis- bzw. Stadtbefestigungen geometrischer Zeit festgestellt wurden (Altsmyrna, Emporio/Chios, Iasos und Melie/Karien, Phai-

---

[62] Nicholls a.O. (Anm. 57) 35ff. Griechische Städteanlagen (1924) 18.
[63] Thuk. 1, 10. 3, 94, 4. A. von Gerkan,
[64] Nicholls a.O. 35ff. mit Nachweisen.

stos, Vroulia/Rhodos) und auf die möglichen Reste einer siebenten beiläufig hingewiesen wird (Siphnos). Die Plätze stehen in ihrer Zeit nicht allein. Hinzu kommen die großartigen Befestigungsmauern des phrygischen Gordion sowie die älteren und gleichzeitigen phönizischen Stadtbefestigungen auf Cypern[65], im Hintergrund stehen die Ringmauern der nordsyrischen und assyrischen Städte. Der Osten des frühgriechischen Kulturraumes fügt sich damit in die lebendige und traditionsreiche Befestigungsarchitektur des Orients ein.

Entsprechend gewinnen die häufigen Erwähnungen wohlumgürteter Städte durch Homer erneutes Gewicht[66]. Die befestigte Stadt war für Homer keineswegs nur märchenhaftes Motiv, mit dem eine große Vorzeit beschworen wurde, sondern war zugleich Abbild zeitgenössischer Realität vor allem im ostgriechischen Raum. Inwieweit die rühmende Erwähnung des Mauerrings auch bei Städten des griechischen Festlandes[67] etwas über den damaligen Zustand aussagt, muß demgegenüber offenbleiben. Eher wird man hier historische Zitate vermuten. Dagegen kann die vieldiskutierte Achäermauer vor Troja nicht als Mauerring angesprochen werden[68]. Sie muß im wesentlichen eine Erdbefestigung hinter einem ausgehobenen Graben gewesen sein, denn zehn Jahre nach ihrer Errichtung ist sie durch Regengüsse ins Meer geschwemmt worden (XII 17f.). Der Verstärkung dienten hölzerne Türme, die in Pfahlkonstruktion angelegt waren, als Material für die Fundamente wird neben Holz auch Stein genannt (XII 36. 259)[69]. Alles andere bleibt nach wie vor unsicher[70]. Sicher beschreibt Homer aus unmittelbarer Anschauung, die er auch bei seinen Hörern voraussetzt, wobei ihm vor allem der provisorische Befestigungsring neugegründeter Niederlassungen oder vorausgeschickter Kampfgruppen vor Augen gestanden haben dürfte.

Die Reste frühgriechischer Befestigungskunst beschränken sich, wie gesagt, auf die Inseln der Ägäis und das jonische Festland. Ihnen wenden wir uns nun zu. In Emporio sondert sich die hochgelegene Akropolis von der offenen Siedlung des Abhangs durch eine umlaufende Mauer ab. Emporio entspricht somit als Akropolisbefestigung dem Bild, das A. von Gerkan vor Jahren auf Grund eines sehr viel spärlicheren Materials von der Entstehungsgeschichte der griechischen Stadtbefestigung gezeichnet hat[71]. Auch bei der Ringmauer auf dem mittleren Hügel von Phaistos scheint es sich um eine Akropolisbefestigung zu handeln. Das ältere Melie scheint lediglich aus einer Akropolis bestanden zu haben. Anders ist der Befund in Altsmyrna und Vroulia, wo ein Akropolisfelsen fehlt und eine Mauer die gesamte Stadt von der Außenwelt trennt. Die älteste Ringmauer in Altsmyrna reicht, wie gesagt, in die Mitte des 9. Jahrhunderts hinauf, im eineinhalb Jahrhunderte später angelegten Vroulia sind Stadt und Stadtmauer in einem Zuge erbaut worden. Mehr und mehr ergibt sich also, daß entgegen der älteren Vorstellung für die Koloniegründungen des Ostens oder wenigstens für einen Teil von ihnen die Errichtung einer die Gesamtheit umgebenden Ringmauer eine der ersten Sorgen war.

65 Kouklia auf Paphos: F. G. Maier, AA. 1967, 303ff. Enkomi, Idalion, Kition, Palaepaphos auf Cypern: Nicholls a.O. 118 mit Nachweisen. BCH. 91, 1967, 314ff. 355ff. (Fundbericht). **66** Helbig, HE.² 93ff. mit sämtlichen Textnachweisen. **67** Kalydon: IX 573f. 588. Pheia in Elis: VII 135. Die Stadt der Kureten, offenbar Pleuron: IX 552. Das böotische Theben: IV 378. XIX 99. 11, 263f. Tiryns: II 559. **68** Hierüber zuletzt Nicholls a.O. 99f. und passim. **69** Nicholls a.O. 118f. nimmt in Analogie zur Stadtmauer von Smyrna — m.E. zu Unrecht — eine Lehmziegelmauer über Steinfundament an. **70** Das bezieht sich auch auf die Vermutungen von Nicholls a.O. **71** A. von Gerkan, Griechische Städteanlagen (1924) 7. Im gleichen Sinn noch Blumenthal (Anm. 49) 13f.

In Smyrna und Vroulia ist das vorherrschende Baumaterial Lehmziegel, in Smyrna nicht nur für den Oberbau, sondern großenteils auch für den Sockel. Nicholls nimmt an, daß den Anfang dort eine reine Lehmziegelmauer bildete, als Parallelen nennt er die phönikischen Lehmziegelmauern Cyperns [72]. Die Akropolismauern von Emporio und Melie sind massive Steinringe von etwa 2 m Stärke in kunstloser Fügung.

Die am besten erhaltene Mauer von Melie umgreift in durchlaufendem Oval den Akropolisbezirk, doch besteht das Oval aus zahlreichen, in sich geraden Teilstücken (S. O 57f. Abb. 48). Auch die Mauerringe von Emporio und Altsmyrna scheinen kontinuierlich herumgeführt worden zu sein. Mauertürme, wie Homer sie für die Achäermauer vor Troja nennt und der gleichzeitigen orientalischen Festungsarchitektur einschließlich Cyperns geläufig sind, haben sich bisher nirgends nachweisen lassen. Dagegen sind heraustretende Bastionen als Flankenschutz für Tore in Altsmyrna und Melie nachgewiesen worden, in Melie vielleicht als spätere Verstärkung. In Melie ist das anscheinend einzige Tor eine einfache Maueröffnung. Die Toranlage von Emporio ist ein durch Überlappung entstandener längerer Torweg parallel zur Mauerrichtung. In Altsmyrna ist nur die Lage des Tores zu erschließen, seine auch hier angenommene Parallelführung ist nicht gesichert. Die mauerparallele Eingangsführung setzt, worauf Nicholls hinweist, eine mykenische Tradition fort [73], im übrigen jedoch tritt der Unterschied zur hochentwickelten und steingerechten mykenischen Architektur nirgends so deutlich zu Tage wie im Bereich der Befestigungskunst. Groß ist auch der Abstand zur monumental und kunstvoll angelegten Torarchitektur von Gordion aus dem 8. Jahrhundert. Wie ihr Ausgräber hervorhebt, findet sie ihren Vorläufer in Troja VI [74], wodurch eine bodenständige nordwestanatolische Tradition faßbar wird, deren hoher Entwicklungsstand — auch in der Mauerführung — sich auf die beginnende griechische Stadtbefestigung nicht auswirkte.

Interessant ist ein Vergleich der Mauer von Smyrna und Vroulia im einzelnen. In Altsmyrna handelt es sich, wie gesagt, um eine turm- und absatzlos das Stadtgebiet einfassende Mauer von zunächst 4,75 m, später 9,5 m und schließlich 18 m Tiefe, die mehr eine Umwallung als eine Mauer war. In Vroulia besteht die Mauer aus drei geraden Teilabschnitten, von denen zwei in scharfem bastionartigem Doppelknick aneinanderstoßen. Der Steinsockel ist nicht stärker als 1,3 m, was für die Anlage einer Verteidigungsrampe nicht ausreicht. Es liegt nahe, die an das Mauerinnere herangeschobene erste Hausreihe sich als Unterbau der Verteidigungsrampe zu denken. Die nächste, durch zweieinhalb Jahrhunderte getrennte Parallele dieser material- und arbeitsparenden Lösung ist die Mauer von Olynth. Die Vermutung drängt sich auf, daß Smyrna und Vroulia als Stationen einer Entwicklung der Festungsarchitektur verstanden werden müssen, obwohl die dritte Bau- und Erneuerungsphase der Mauer von Smyrna später ist als die von Vroulia.

In unmittelbarer Nähe des Tores und an die Stadtmauer gerückt erhebt sich in Smyrna die Tempelterrasse des 7. Jahrhunderts. Darunter konnten die Reste einer älteren, in reifgeometrische Zeit hinaufreichenden Terrasse nachgewiesen werden, die das Vorgängerheiligtum getragen hat. Die Torlage des Stadtheiligtums ist bedeutsungsvoll und beschränkt sich nicht auf Altsmyrna. Auf der Akropolis von Emporio steht ein von den Ausgräbern als Herrscherhaus angesprochenes 'Megaron' dem Eingangsweg zur Burg gegen-

---

[72] Nicholls a.O. 17.   [73] Nicholls a.O. 116.   [74] Young, AJA. 59, 1955, 13.

über und bekundet damit auf seine Weise die Bedeutung von Tor und Eingang. In Vroulia steht in Tornähe und als Bestandteil der Stadtmauer ein isolierter Rechteckbau, der den Typus eines Oikostempels mit Vorraum und Hauptraum darstellt. Der Steinsockel weist keine Eingangsöffnung auf, der Ausgräber deutete den Befund deshalb als torbewachenden Mauerturm. Sicher zu Unrecht, denn der Typus des Grundrisses ist eindeutig; für einen Mauerturm wäre er unverständlich, es handelt sich auch hier um den torbewachenden Stadttempel über einem eingangslosen Unterbau. Neben ihm öffnet sich der Temenos des offenen Stadtheiligtums, der außerdem vielleicht eine Ursprungsform der späteren Agora darstellt, auch dieser auf den Mauerring bezogen. Da der in sich homogene Tempel den Mauerzug leicht durchstößt, scheint er später errichtet zu sein als dieser und das offene Stadtheiligtum durch ein gedecktes Haus ersetzt und ergänzt zu haben. — Die tor- und mauerbeschützende Funktion des griechischen Stadttempels reicht in dessen Anfänge hinauf. Späterhin ist sie nur noch gelegentlich faßbar, am eindrucksvollsten an den Tempeln von Akragas[75].

f) *Agora:* Die Agora der geometrischen Stadt hat so gut wie keine Spuren hinterlassen. Entsprechend verliert sich die Frühgeschichte der Agora in spekulativen Überlegungen, die von Homer ausgehen. Die von Sitzstufen eingefaßte Agora der Phäaken findet ihre reale Entsprechung nur auf Kreta, wo die Kombination von Platz und Stufen in die minoische Zeit hinauf und bis in die hellenistische Zeit hinabreicht. In Dreros (S. O 59 Abb. 50) liegt direkt unterhalb des Apollotempels eine beiderseits rechteckig umbiegende Stufenfolge von beträchtlicher Ausdehnung, die aus diesem Grunde als Rest der Agora der zugehörigen Stadt angesprochen wurde. Ob eine Stufenanlage oberhalb eines Heiligtums in Amnisos (S. O 63) kultische Schautreppe oder Teil einer Agora oder beides war, bleibt ungewiß. In gleicher Weise muß gefragt werden, ob in Vroulia der in der Nähe des Tores und des Stadttempels befindliche offene Kultplatz auch die Funktion einer Agora erfüllte. In Zagora öffnet sich der Stadtpalast bedeutungsvoll auf den Tempelplatz. Bringt man die wenigen Hinweise in Beziehung zu den Kultrelikten, die noch die klassische Agora auszeichnen[76], so verstärkt sich die Annahme, daß die Funktionen von Kultplatz und Agora in der frühen Stadt ineinanderliefen.

g) *Zusammenfassung:* In einem zweiten Rundgang sind die Grundrißformen des freistehenden Hauses, des Siedlungsverbandes und der frühen Stadt vorgeführt worden. Es bleibt als letztes die Aufgabe, der Gesamtentwicklung innerhalb des betrachteten Zeitraumes und der dahinter wirksamen Kräften nachzuspüren. Zunächst das freistehende Haus. Im Gegensatz zu den frühen Jahrhunderten erlauben die Denkmäler nunmehr eine durchlaufende Abgrenzung des Einzelhauses vom Siedlungsverband. Die für die außerkretischen Anfänge angenommene Einzelbauweise lebt, was das Wohnhaus angeht, nur noch in eingeschränktem Maß weiter, die verbleibende Domäne des Einzelhauses wird mehr und mehr das dem Nutz- und Individualbereich enthobene Repräsentationshaus vornehmlich kultischer Bestimmung, der Vorläufer des Tempels. Auf seine Grundrißtypologie braucht nicht mehr eingegangen zu werden. Dagegen soll auf ein mehrfach genanntes Faktum der Grundrißentwicklung nochmals hingewiesen werden, auf die zunehmende Bedeutung

---

[75] Vgl. auch Naxos auf Sizilien: Bd'A. 41, 1956, 327. 49, 1964, 154.   [76] R. Martin, Recherches sur l'Agora Grecque (1951) 164ff.

des rechtwinklig und geradlinig umgrenzten Baukörpers gegenüber gebogenen Mauern und schrägen Anschlüssen, gegenüber auch dem Oval- und Apsisbau, die als Erbe einer älteren Baugesinnung daneben weiterleben. Die hiermit eingeleitete Entwicklung findet im Lauf des 7. Jahrhunderts ihren Abschluß. In der gleichen Zeit dürfte sich auch in Italien das Rechteckhaus durchgesetzt haben. Verantwortlich für die Entwicklung war einmal die Bautechnik, d. h. die nun zu alleiniger Geltung aufgestiegene Technik des Steinverbandes bzw. eines Lehmziegelverbandes über Steinfundament gegenüber einer für die Anfänge erschlossenen leichten Pfosten- und Lehmflechtwerkbauweise.

Verantwortlich in nicht minderem Grade waren aber auch rein formbildende Kräfte. Das in der reif- und spätgeometrischen Bildkunst erstmals und mit Macht sich äußernde Bedürfnis nach zerlegender Formgestaltung muß auch in der gleichzeitigen Architektur und hier mit Vorrang an ihrem repräsentativsten Gegenstand, dem Kultbau, wirksam gewesen sein. Die naturgegebenen Zäsuren des Bauwerks sind die seitlich umknickenden Ecken und die Trennung zwischen Unterbau und Dach. Umbiegende Mauern mußten demgegenüber mehr und mehr als ausdruckslos empfunden werden. Nicht nur die Ecken als Formzäsuren, sondern auch die durch die Ecken angegebenen Größenwerte und ihr Verhältnis zueinander, kurz die artikulierte Gesamtgestalt rückten nunmehr in den Gesichtskreis der geometrischen Architektur. Aufschlußreich ist hier der Befund am ältesten Heratempel von Samos. Das streckenmäßige Verhältnis der Breite zur Länge drückt das Zahlenverhältnis 1 : 5 aus. E. Buschor hat mit Recht darauf hingewiesen, daß das Zahlenverhältnis intendiert war und daß zu seiner Verwirklichung ein Fußmaß notwendig war. Nach welchem Fußmaß der Tempel erbaut wurde, nach dem pheidonischen oder jonischen hat er unentschieden gelassen. Entsprechende Untersuchungen liegen für die übrigen behandelten Grundrisse noch nicht vor, es ist nicht beabsichtigt, sie hier nachzuholen. Der eine Fall genügt aber für den Nachweis, daß die reifgeometrische Architektur ein Maßsystem gekannt hat, und weiter, daß das Maßsystem über seinen technischen Anwendungsbereich hinaus der Verwirklichung einfacher schaubarer Zahlenverhältnisse dienen konnte. Die Bedeutung der Zahl und eines aus kongruenten Zahlen sich ergebenden Zahlenverhältnisses, der 'Symmetria' ist im griechischen Geistesleben bekannt, einen der frühesten Belege für diese Einstellung stellt das Heraion von Samos dar.

Es versteht sich, daß die Unterwerfung des Bauganzen unter ein gedankliches Zahlensystem nur möglich war, wenn die Ecken in rechtem Winkel umknickten und die Wandzüge geradlinig verliefen. Stumpfe Ecken und gebogene Mauerzüge stehen einer nach Maß und Zahl operierenden, in Zahlenbeziehungen denkenden Entwurfsplanung nicht nur technisch entgegen, sondern bezeichnen für das nunmehr erwachte griechische Formempfinden das Amorphe schlechthin. Die artikulierende, in gestalthaften Proportionen und reinen Zahlenbezügen denkende Formensprache der griechischen Architektur ist in geometrischer Zeit ans Licht getreten.

Völlig andere Aspekte stellen sich ein, wenn man das Wohnhaus und die Siedlung in die Betrachtung einbezieht. Zunächst das Wohnhaus, vornehmlich also das Einraumhaus und die Kombination von Hauptraum und Vorraum, das Zweiraumhaus in Anten- oder Oikosform. Es ist das schlichte Einraumhaus, von dem die weitere Entwicklung ausgeht, sie führt noch in geometrischer Zeit zur Staffelung dreier quergerichteter Zonen: Wohnraumreihe, Korridor, Hof und damit zur dominierenden Hausform der nachfolgenden Jahrhunderte, dem Pastashaus. Das im Osten des griechischen Kulturraumes beheimatete megaronförmige Zweiraumhaus steht abseits dieser Entwicklung, obwohl es als Einzelzelle eines Siedlungsverbandes gleichfalls in der Lage war, sich einem Reihenverband einzuordnen. Erst im 7. Jahrhundert wird eine unter dem Einfluß des Pastashauses vollzogene Kompromißlösung faßbar; als Prostashaus bildet sie eine vornehmlich im jonischen Bereich beheimatete Seitenlinie der späteren Wohnhausarchitektur. Eine ungeklärte Vorstufe des Prostashauses scheint im Odysseushaus vorzuliegen (S. O 130). Gruppierungen von Einzelräumen, die sich einstweilen keinem System oder Typus zuordnen lassen, warnen davor, sich das Gesamtbild zu einfach vorzustellen.

Der Siedlungsverband: Früh schon muß als ordnendes Prinzip die Nebeneinanderreihung von Einzelkomplexen in Kraft getreten sein. Es ist ausgeführt worden, daß der Wunsch nach niveaugleicher Anordnung der Häuser innerhalb eines ansteigenden Geländes hierfür den Anstoß gegeben hat. Das früheste, noch subminoische Beispiel findet sich in Karphi auf Kreta, und zwar bereits als geschlossene Hausreihe. Was die Reihung an sich angeht, so steht sie dort dem für Kreta charakteristischen konglomeratartigen Siedlungskern als neues Prinzip entgegen, das nur aus dem Festland dorthin gedrungen sein kann[77]. Denn nur dort und im übrigen Griechenland lassen sich die lockere Hausreihe, der reihenförmige Hausverband, schließlich der streng egalisierte und fluchtartig ausgerichtete Häuserblock der regelmäßigen Stadt als Stationen einer Entwicklung verfolgen. Die regelmäßige Stadt ist eine Schöpfung der geometrischen Architektur, ihr Ursprungsgebiet ist die östliche Hälfte des ägäischen Raumes. Es mag Zufall sein, daß in den erhaltenen beiden Beispielen als Zelleinheit nur der Zweiraumoikos erscheint und das älteste Beispiel — Gordion — über den griechischen Raum hinaus nach Phrygien weist. Wieder ist daran zu erinnern, daß der zeitlose Typus des dichten und ungeordneten Siedlungsverbandes nicht nur in Kreta sondern auch außerhalb Kretas anzutreffen ist.

Es ist also das Prinzip der Reihung, das auf zwei Ebenen als die eigentlich gestaltgebende Kraft der Entwicklung sich ausweist. Die Reihung von Einzelräumen und ihre Zusammenfassung durch Korridor und Hof führt zum Pastashaus, die Reihung des Einzelhauses führt zum Hausblock der regelmäßigen Stadt. Beide Vorgänge überschneiden sich, sind Teilaspekte eines übergeordneten Geschehens. Die Fluchtung und Aufgliederung des Hausblocks in größengleiche Einzelparzellen führt dabei zurück auf das Prinzip der Orthogonalität, von dem die Betrachtung ausgegangen ist.

Zugegebenermaßen verschließt die Herausstellung der bewirkenden Kräfte den Blick für die tatsächliche, zum Teil widersprüchliche Fülle der Erscheinungen, die das historische Bild bestimmen. Hieran sei zum Schluß erinnert. Es ist die Erscheinungsfülle und zugleich die ordnende Logik eines Entwicklungsgeschehens, worin sich die imponierende Einmaligkeit der griechischen Architektur ausspricht.

---

[77] Einwanderern aus dem Festland schreibt auch Popham, BSA. 60, 1965, 334 Anm. 44 die Gründung von Karphi zu.

IV. MATERIAL, TECHNIK, AUFBAU

Wie eingangs ausgeführt wurde (S. O 86), muß am Anfang der nachmykenischen Bautätigkeit die einfache Pfostenkonstruktion mit Lehmflechtwerkverkleidung gestanden haben, die keine Spuren hinterlassen hat. Das Einsetzen der Baureste in frühgeometrischer Zeit bedeutet demgegenüber, daß nun neue und andere Materialien in das Gesichtsfeld der Bautechnik getreten waren: der luftgetrocknete Lehmziegel und der Stein.

1) Stein

Die Verwendung des Steines beschränkte sich im allgemeinen auf Fundament und Sockel. In steinigen und gebirgigen Gegenden wird man allerdings dem Stein den Vorzug gegeben haben, auch die Funktion des Bauwerks muß eine Rolle gespielt haben. Terrassierungen, Uferverstärkungen, Brückensockel und Molen sind selbstverständlich reine Steinkonstruktionen. In Siphnos und Delphi begegnen einfache Einraumhäuser, die sich rückwärts in einen Steilabhang hineinschieben und aus diesem Grunde aus Stein gebaut sind. Doch standen in Altsmyrna Einraumhäuser aus Stein direkt hinter der schützenden Stadtmauer. In Emporio auf Chios und in Phaistos ist die Akropolisbefestigung eine reine Steinmauer, ihr stehen Befestigungsmauern aus Lehmziegeln gegenüber. In Antissa muß der frühe Apsisbau eine reine Steinkonstruktion gewesen sein; die Mauern der spätgeometrischen Siedlung von Zagora auf Andros waren Steinmauern. Die Beschränkung steinernen Mauerwerks auf Fundament und Sockel ist, wie die Zusammenstellung zeigt, nicht unverbrüchliche Regel, aber doch, wie seit langem vermutet wird, das Normale. Eine Ausnahme im Ganzen bildet lediglich Kreta, wo man in Fortsetzung der minoischen Bautechnik auch weiterhin die ganzsteinige Mauer bevorzugte.

Nachgewiesene oder vermutete Beispiele für Steinfundamente mit Lehmoberbau sind Thermos B, der Heratempel in Samos, der Tempel der Hera Limenia in Perachora, der Artemistempel in Sparta, das Mehrzimmerhaus in Thorikos, ein Oikos in Vrokastro auf Kreta, die Häuser von Emporio auf Chios, die Ovalhäuser in Athen und Gonnoi, die Häuser und Mauern von Vroulia, die Mauerzüge in Leukanti auf Euböa. Die Beispiele bezeichnen selbstverständlich nur einen zufälligen Ausschnitt innerhalb der erhaltenen, d. h. vornehmlich im Steinsockel erhaltenen Befunde. Auch die ganzsteinige Mauer der kretischen Architektur unterscheidet häufig — vollständige Beobachtungen fehlen — zwischen Sockelzone und Oberbau (s. u.).

Die augenfälligste Eigenschaft geometrischen Mauerwerks ist die Kleinsteinigkeit. Durch sie unterscheidet sie sich, wenn auch nicht in jedem Fall, so doch als Ganzes vom minoisch-mykenischen und erst recht vom archaischen Mauerwerk. Die Steine sind faust- bis kopfgroß, größere Steine sind selten (Asine) und finden sich vornehmlich in den Fundamentlagen. Der Kleinsteinigkeit entspricht die vergleichsweise geringe Mauerstärke, die in den Fundamenten nur ausnahmsweise einen Meter erreicht (Asine S. O 9), aber auch nur 25–30 cm betragen kann (Tinos S. O 10). Monumentale Steinfügung ist in der Frühzeit unbekannt. Die Terrasse des alten Tempels im Heraion von Argos (S. O 57) mit kyklopisch riesiger Steinsetzung ist sicher nicht mehr geometrisch.

Der häufigste Steinverband ist ungeordnetes Konglomerat mit behelfsmäßig geglätteter Außenschale. Daneben erscheint pseudopolygonaler Zusammenschluß mit abgeglichener Mauerstirn, gegen Ende des Zeitraums kunstvoll gefügtes Polygonalwerk[78]. Seltener begegnet pseudoisodome Fügung (Dreros, Siphnos, Heraheiligtum Delos, Zagora), in Siphnos und Zagora mit hervorragender Stirnglättung; die Schichthöhe ist in Siphnos nur 4–5 cm hoch. Die Konglomerat- bzw. Polygonalfügung ruhte wohl regelmäßig in einer Lehmmörtelbettung. Dagegen scheint die pseudoisodome Schichtung im trockenen Verband hochgeführt worden zu sein. Eine technisch interessante und ästhetisch hochstehende Steinfügung zeigt die Torbastion der ältesten Stadtmauer von Altsmyrna aus der Frühzeit der Steintechnik. In sorgfältiger isodomer Schichtung liegen Orthostatenreihen von 20 und 31 cm Höhe als Läufer- und Binderreihen über einem Polygonalsockel aus andersfarbigem Stein. Es scheint, daß hier der Lehmziegelverband über Steinsockel formbildend gewirkt hat. Die Orthostaten waren mit der Steinsäge geschnitten. Im Artemistempel von Sparta aus dem Ende der geometrischen Epoche ist die Sockelzone einer der Lehmziegelwand vorgeblendete Plattenreihe, d. h. eine imitierte Quaderzone. Wabenförmig reliefierte Steinplatten in Delos und auf Thasos, die der Archaik entstammen, sind von A. Rumpf mit der Nachricht in Zusammenhang gebracht worden, daß der zweite Apollotempel in Delphi aus Bienenwachs errichtet worden sei[79]. Der mythische Charakter der Überlieferung weist in die Frühzeit. In der Tat läßt sich der Formcharakter des kunstvollen Rapportsystems am ehesten in die geometrische Stilepoche eingliedern. Die Entstehung der Wabendekoration würde man dann als Umsetzung des geläufigen kleinsteinigen Polygonals in Kunstform auffassen.

Anders liegen die Verhältnisse auf Kreta. Auch hier wurde in kleinsteinigem Kongolomerat gebaut, zugleich aber wirkte die hochstehende Quadertechnik der minoischen Bauten weiter. In der mächtigen Rechteckanlage auf der Akropolis von Gortyn bestehen die 2 m starken Außenmauern in regelloser Folge entweder aus mächtigen Rechteckplatten, die in trockenem Verband und in Läufer-Binderschichtung isodom hochgeführt sind, und aus kunstlosem Polygonal. Zwei Baugesinnungen vereinigen sich übergangslos in ein und demselben Bauwerk. In Phaistos sind die wohlgefugten Orthostatensockel der geometrischen Häuser gelegentlich wiederverwendete minoische Mauern, darüber erhebt sich zeitgenössisches Konglomerat oder pseudoisodome Schichtung aus wiederverwendeten Quadern. Das Weiterleben des minoisch-mykenischen Tholosgrabes in den geometrischen Jahrhunderten beschränkt sich bezeichnenderweise fast ausschließlich auf Kreta, hier wirkt die minoische Quadertechnik in zeitbedingter Depravierung am längsten weiter[80]. Das Absterben der minoischen Steintechnik in geometrischer Zeit läßt sich allenthalben deutlich verfolgen, im 7. Jahrhundert ist sie nicht mehr anzutreffen[81].

Im ganzen ergibt sich der Eindruck eines neuen und bescheidenen Beginns. Wo der Steinverband repräsentative Funktion zu erfüllen hatte, war man gleichwohl von Anfang an in der Lage, eine handwerklich und ästhetisch hochstehende Lösung zu erreichen. Homer kennt den kleinsteinigen Verband und

---

[78] BSA. 32, 1931/32, Taf. 19, 3 (Antissa). [79] Jahrbuch der Berliner Museen 6, 1964, 5 ff. [80] I. Pini, Beiträge zur minoischen Gräberkunde (1968) 48 u. 104 ff. (Denkmälerliste); vgl. z. B. das in guter Quadertechnik errichtete protogeometrische Tholosgrab bei Gortyn: Ἔργον 1966, 154 Abb. 179. BCH. 91, 1967, 793 Abb. 2, außerdem das geometrische Grab von Hag. Paraskies: Ἐφημ. 1945—1947, 47 ff. (Hinweis Pini). [81] Eine ähnliche Durchmischung großsteiniger und extrem kleinsteiniger Mauerfügung zeigt das 'Anaktoron' von Mte S. Mauro bei Caltagirone im Übergang von einheimisch-sikulischer zu griechischer Bauweise. Seine Datierung schwankt zwischen dem 8. und 6 Jh.: Orsi, MonAnt. 20, 1910, 736 ff. 846 ff. Taf. 4. T. J. Dunbabin, The Western Greeks (1948)

rühmt die abgeglichene Mauerstirn. Im Schlußabschnitt wird darüber in größerem Zusammenhang zu reden sein.

2) **Lehmziegel**

Gegenüber dem Stein muß der Lehmziegel das weitaus gebräuchlichere Baumaterial gewesen sein[82]. Zwar hat der Lehmziegel auch in der mykenischen Architektur ausgiebige Verwendung gefunden, doch ist seine Anwendung nun sehr viel allgemeiner und umfassender. In Altsmyrna läßt er sich bis in die Mitte des 9. Jahrhunderts zurückverfolgen[83], auch seine weitere Formgeschichte ist dort am besten zu beobachten. In der Stadtmauer von Altsmyrna lagert der Lehmziegelverband direkt auf dem Untergrund, und zwar in sämtlichen Baustadien. In der frühen Ovalhütte von Altsmyrna beobachtet man eine dürftige und nur teilweise unterlegte Kieselbettung, in gleicher Weise ist das 'heilige Haus' in Athen bis auf den Grund aus Lehmziegeln errichtet. In manchen Gegenden scheint also der Lehmziegel am Anfang der Bautätigkeit gestanden zu haben. Das Normale ist jedoch, wie gesagt, ein Steinsockel als Träger der Lehmziegelmauer, als Wetterschutz wird sie einen Lehmverstrich getragen haben.

3) **Fachwerkkonstruktion**

Die folgenden Bemerkungen haben es nur noch mit der Haus- und Tempelarchitektur zu tun. Von einer versteifenden Fachwerkkonstruktion, wie sie vor allem bei der Lehmziegelwand für die Verankerung des Firstdaches kaum zu umgehen war, haben sich wenige, aber aufschlußreiche Hinweise erhalten. Hierher gehört das Hausmodell von Argos (S. O 70 Abb. 55 Taf. O IIIa). Die senkrechten Strichsysteme seiner Wandbemalung können nur als Darstellung eingebundener Pfosten gedeutet werden. War die Mauerstärke größer als die eingebundenen Pfosten, so rückten diese nach innen und traten aus der Innenwand als tragendes Dachgerüst in Erscheinung, gelegentlich durch einen knappen Wandvorsprung. So muß beim Artemistempel in Sparta eine auf das Innere ausgerichtete Pfostenkonstruktion hinter einem vorgeblendeten Sockel durch die Lehmwand geführt haben. Die Zweckmäßigkeit der Konstruktion erweist sich durch ihr Vorkommen auch im italischen Raum und auf Malta[84]. Sie erscheint bereits in einem subminoischen Kammergrab auf Kreta[85]. Ihre Nachbildung in einem frühetruskischen Kammergrab (Taf. O VIc)[86] zeigt leicht heraustretende und dekorierte Pfosten, die die Querzüge des offenen Dachstuhls tragen. Die eingebundenen Pfosten können sich auch aus der Mauer lösen und als selbständige Tragekonstruktion vor die Innenwände treten. Wenigstens ist dies die naheliegendste Deutung eines schmalen Sockels, der den

---

113ff. Adamesteanu, ArchCl. 7, 1955, 185.   [82] Zusammenstellung von Lehmziegelmaßen bei R. Naumann, Architektur Kleinasiens (1955) 46 und Nicholls, BSA. 53/54, 1958/59, 100ff. Vgl. außerdem R. Martin, Manuel d'Architecture Grecque I (1965) 35f.   [83] Entlang zwei Wänden des in das frühe 9. Jh. hinaufreichenden Breithauses von Thorikos laufen Podeste aus Lehmziegeln.   [84] Lipari: Bernabò Brea-Cavalier, Bd'A. 50, 1965, 202ff. Abb. 6ff. (10.—9. Jh.). Poggio Civitate (Prov. Siena): Philips jr., AJA. 71, 1967, 134f. Taf. 40, 3. AJA. 72, 1968, 121ff. Taf. 45 (1. Hälfte des 6. Jhs.). Eine ähnliche, allerdings auf einen Teilabschnitt der Innenwand beschränkte Disposition zeigt ein Oikostempel in Veji: MonAnt. 40, 1945, 228f. Abb. 34/35 (2. Hälfte des 6. Jhs.).   [85] KChron. 11, 1957, 332. JHS. 78, 1958, 24f.   [86] San Giuliano, Tomba Cima: M. Demus-Quatember, Etruskische Grabarchitektur (1958) Abb. 26 (spätes 7. Jh.). Das aus konzentrischen Rechtecken bestehende Ornament der Wandpfosten findet sich gelegentlich an geometrischen Dreifußbeinen wieder und beweist damit die Ver-

Seitenwänden und der Rückwand des Apollotempels von Asine vorgesetzt ist[87]. Am 2. Heratempel von Samos aus dem frühen 7. Jahrhundert ist ein vergleichbarer Befund entsprechend gedeutet worden, doch kann der Sockel hier auch eine andere Aufgabe gehabt haben (s.u. Anm. 149). Auch der Heratempel von Olympia muß in diesem Zusammenhang genannt werden, nachdem A. Mallwitz in einer Überprüfung der Dörpfeldschen Rekonstruktion die vortretenden Querwände zu Wandpfeilern reduziert hat[88]. Sie lassen sich nunmehr zwanglos als Versteinerungen heraustretender Wandpfosten deuten. Pfostenversteifung wird man vor allem bei Wänden aus Lehmziegeln annehmen. Wo Steinwände in größerer Höhe sich erhalten haben, sind eingebundene Pfosten nicht nachgewiesen worden.

Es ist hier der geeignete Ort, auf die vieldiskutierten μεσόδμαι im Saal des Palastes des Odysseus hinzuweisen. In den beiden hierfür in Frage kommenden Stellen (19,37. 20,354) werden die μεσόδμαι zusammen mit den Wänden genannt, was an sich schon die ältere Vermutung widerlegt, daß es sich um nischenartig zurückgesetzte Wandabschnitte, d. h. um die zurückgesetzte Gesamtwand[89] handelt. Mit W. Dörpfeld Quermauern dieser Namen zu geben[90] scheitert dagegen an der Feststellung, daß die damit angesprochene Grundrißdisposition des Heraions von Olympia, von der Dörpfeld ausgeht, nicht mehr aufrechterhalten werden kann (s. o.). Was schließlich die spätere Wortbedeutung als Querbalken des Dachstuhls angeht, so kann das Blut der ermordeten Freier wohl die Wände des Saales, unmöglich aber die außer Reichweite gelegenen Teile der Dachkonstruktion bespritzen. Somit bleiben auf dem Wege des Ausschlusses nur die eingelassenen Wandpfosten als Träger der Querbalken übrig. Bestätigend kommt der Hinweis auf die Schönheit der μεσόδμαι hinzu, denn in der genannten Tomba Cima zeigen die Wandpfosten eine Kerbschnittverzierung, deren geometrische Muster in die Frühzeit zurückverweisen (vgl. Anm. 86).

Das Prinzip der eingelassenen Wandpfosten fand an der Außenseite des Bauwerks seine naturgemäße Fortsetzung als hölzerne bzw. holzverkleidete Ante. Im Argosmodell liegt die Eingangs- und Rückwand leicht zurückgesetzt zwischen den frei endenden Langwänden. Für vorgezogene Antenwände ist der Vorsprung zu kurz, wie ein Vergleich mit dem Perachoramodell eindeutig nahelegt. Vielmehr handelt es sich um heraustretende Pfosten in Antenfunktion, nämlich als Versteifung der Ecken und als Träger des Frontbalkens. Die bauliche Entsprechung liefert der ältere Apsisbau von Antissa, dessen Eingangswand von zwei vorgesetzten Pfosten auf Steinbasen flankiert war. Anten im engeren Sinn sind die Stirnseiten und die anschließenden Abschnitte vorgezogener Antenwände. Es handelt sich um die statisch und witterungsmäßig exponiertesten Stellen eines Bauwerks. Hinweise auf holzverkleidete Antenstirnen sind in Thermos B (S. O 14f.) und an einem Perachoramodell (S. O. 72 Abb. 56) erhalten geblieben. Doch wird man bis zum Aufkommen des Quaderbaus für jede Ante Holzverkleidung anzunehmen haben[91].

Die Verwendung versteifender Horizontalbalken, die in der phrygischen Architektur sich reichlich nachweisen läßt, muß auch der geometrischen Archi-

gleichbarkeit tektonischer und toreutischer Zierformen. Vgl. S. O 115. [87] Hierzu eine Parallele in Sendschirli (Rekonstruktion): R. Naumann, Architektur Kleinasiens (1955) 115 Abb. 98. [88] Mallwitz, JdI. 81, 1966, 310ff. [89] Vgl. auch F. Passow, Handwörterbuch der griechischen Sprache s.v. μεσόδμη. [90] W. Dörpfeld - H. Rüter, Homers Odyssee I (1925) 278f. W. Dörpfeld, Altolympia I (1935) 218f. [91] Hierzu A. D. Brockmann, Die griechische Ante (Diss. Marburg

tektur bekannt gewesen sein. Am Argosmodell führten von den beiden Pfosten der Vorhalle zwei freiliegende Balkenzüge zur Eingangswand und führen von dort, als Längsstrich angegeben, die beiden Langwände weiter, wo sie als Horizontalversteifung der eingebundenen Pfosten verstanden werden müssen. Es versteht sich, daß durchlaufende Horizontalbalken nur über orthogonal angelegten Grundrissen Anwendung finden konnten. Die Kurvenbauweise, und das heißt die in der Frühzeit dominierende Bauweise, wird den Horizontalbalken, wenn überhaupt, dann in sinngemäßer Verkürzung gehandhabt haben.

Hölzerne Queranker, charakteristisch und notwendig für die mächtig ausladenden Mauern der anatolischen und mykenischen Architektur, sind unbezeugt und darüber hinaus unwahrscheinlich. Geometrisches Mauerwerk ist zu engbrüstig, um die Annahme von Querankern zuzulassen[92].

4) Führung der aufgehenden Mauer

Was die Führung der aufgehenden Mauer angeht, so waren die Wände von Thermos B einwärts geneigt, wie übrigens auch die von Thermos A. Die in beträchtlicher Höhe erhaltene Apsis des älteren Apsishauses von Antissa tritt nach oben fühlbar zurück. Betonte Einwärtsneigung der Wände zeigen das Samosmodell (Taf. O Ia) und die meisten italischen Hüttenurnen. Andere Modelle zeigen sie nicht, ein kretisches Hausmodell (Taf. O IVb) und einige Hüttenurnen haben im Gegenteil nach oben ausschwingende Wände. Ungeachtet der dürftigen und widersprechenden Hinweise drängt sich die Vermutung auf, daß die Einwärtsneigung als eine überörtliche, wenn auch nicht generelle Eigenschaft geometrischer Mauerführung anzusprechen ist, die den statischen Bedingungen einer Pfosten- bzw. Fachwerkarchitektur Rechnung trägt und möglicherweise in der Einwärtsneigung der klassisch griechischen Steinwand ihre Fortsetzung gefunden hat.

5) Türen

Die Türöffnung liegt beim Rechteck- und Apsishaus durchweg innerhalb einer der Schmalseiten, die dadurch Stirnseite wird, bzw. zurückgesetzt im Antenvorraum. Ein zusätzlicher Eingang befindet sich gelegentlich in einer der Langseiten (Antissa, Perachora). Auch im Ovalhaus wird man den Eingang in der Längsachse oder in deren unmittelbarer Nähe zu suchen haben. Im mehrzelligen Haus ist die Lage des Eingangs wie auch späterhin an keine feste Regel gebunden.

Die Gestaltung der Tür war verschiedenartig. In Perachora (S. O 8) erhob sich, wie die Bodenreste zeigen, ein hölzerner Türrahmen über einem fundamentlosen Lehmestrich, es wird die häufigste Bauweise gewesen sein. Nicht selten unterläuft die Fundamentierung die Türöffnung, aber nur selten hat sich eine steinerne Türschwelle erhalten. Im subminoisch-protogeometrischen Karphi liegen monolithe Türschwellen im Eingang zum Stadtheiligtum und zu einem auch sonst hervorgehobenen Hauskomplex. Alles übrige ist vergleichsweise spät, gehört dem 8. oder schon 7. Jahrhundert an. In der Türöffnung des Apollotempels von Asine lagen zehn kleine Schwellsteine nebeneinander. Auf Delos sind im kleinen Heraheiligtum mit der monolithen Türschwelle die Türinnenseiten erhalten geblieben, sie sind abgetreppt zur Aufnahme des hölzernen Türrahmens. Der spätgeometrische Artemistempel dortselbst hat vor, nicht

1968, Manuskr.). **92** Dagegen wurde das Gebälk durch Queranker zusammengehalten. Als regulae sind sie in die Steinarchitektur eingegangen.

in der Tür eine Plattenlage. Im kleinen Kultbau von Vrokastro auf Kreta, dessen Oberbau — für Kreta ungewöhnlich — aus Lehmziegeln bestand, haben sich Reste einer doppelt abgetreppten steinernen Türlaibung gefunden, die dazugehörende Schwelle ist nicht mehr angetroffen worden. Eine monolithe Türschwelle besitzt weiter das 'hl. Haus' in Eleusis. Zapfenlöcher sind nur ein einziges Mal festgestellt worden. Es handelt sich um die Eingangsmauer zu Tempel und umgebenden Hof in Xoborgo auf Tinos. In den beiden Türöffnungen liegen etwa 1,5 m lange geglättete Schwellsteine mit Zapfenlöchern für Doppeltüren. Monolithe Schwelle und Zapfenlöcher hat weiter das einräumige Langhaus Γ im Apollobezirk von Delos, das jedoch auch der mykenischen Epoche zugewiesen wird (S. O 5).

Ergänzende Erkenntnisse vermitteln die Hausmodelle und italischen Hüttenurnen. Eine Türschwelle fehlt nur am Samosmodell, und dort aus technischen Gründen. Dafür zeigt das Samosmodell den zurückgesetzten hölzernen Türrahmen. Im kretischen Hausmodell tritt der Türrahmen aus der Wand heraus und umschließt — eine aufschlußreiche Besonderheit — oberhalb der Türöffnung ein quergestelltes Oberfenster. Die Hüttenurnen haben, wo die Darstellung ins einzelne geht, durchweg heraustretende Türfüllung. Im besterhaltenen der Perachoramodelle (A. Taf. O II a. b) sowie in einigen der Hüttenurnen verengt sich die Türöffnung leicht nach oben, sonst ist sie rechteckig. Die Türe selbst erscheint als eingesetztes und mit Drahtstäben befestigtes Tonscheibchen an den Hüttenurnen, im übrigen besitzt nur das kretische Hausmodell ein Tonscheibchen als Türe, die waagrechten Linien der Bemalung meinen die Querversteifung des Türblattes.

6) Fenster

Fensteröffnungen lassen sich in den erhalten gebliebenen Mauerresten nicht nachweisen. Andererseits läßt sich auch dort, wo die Mauerreste noch vergleichsweise hoch hinaufreichen, in Dreros, Phaistos, Siphnos, Zagora nicht mit Sicherheit erschließen, daß Fenster überhaupt gefehlt haben. Auskünfte geben nur die Hausmodelle. In den Modellen aus Argos und Perachora haben die Langwände unmittelbar unter dem Dachansatz kleine Dreiecksöffnungen, die sich im Perachoramodell zu einer dicht besetzten Fensterzone zusammenschließen. Die übereinstimmende Darstellung ist glaubhaft und findet indirekte Bestätigung. Im phönikisch-mykenischen Palast von Ras Schamra hatte die steinerne Außenwand Dreiecksfenster[93]. Dreiecksfenster in der Oberzone zeigt weiter das Modell eines Breithauses aus Fratte bei Salerno aus archaischer Zeit[94]. Kleine Dreiecköffnungen unter dem Dachansatz lassen sich in entlegenen Gegenden Cyperns heute noch beobachten[95]. Sie sind dort in Lehmziegelwände eingelassen, wobei zwei gegeneinandergeführte Hölzer die Dreieckform bestimmen. Es liegt nahe, hier den technischen Ursprung der Dreieckform überhaupt zu sehen. Auch die Anordnung direkt unter dem Dachansatz ist geblieben, sie und die Kleinheit der Öffnungen weisen die Fenster als Luken für den Rauchabzug und die Durchlüftung aus.

Abzugsluken zeigt auch das Kretamodell (Taf. O IV b). Eine Reihe feiner Durchstiche verläuft in der Oberzone der Seitenwände und der Rückwand. Sie als Entlüftungslöcher für den Tonbrand anzusprechen geht schon des-

---

[93] Syria 31, 1954, 19f. Abb. 2. Die rundbogigen Fenster der Apadama von Altintepe (T. Özgüç, Altintepe [1966] Abb. 13) sind reine Erfindung. [94] Bd A. 33, 1948, 335 ff. [95] Perachora I 34 ff. Abb. 6a.

halb nicht an, weil hierfür andere und erheblich größere Öffnungen vorhanden waren: die Türöffnung mit Türfenster und außerdem zwei hochgestellte kleine Viereckfenster in den Seitenwänden. Das Kretamodell ist für letztere nicht das einzige Beispiel. Vier kleine Viereckfenster besitzt auch das Perachoramodell, sie liegen in der Antenrückwand oberhalb der Türöffnung. Gegenüber den gestaltlosen Luken meinen sie hier und dort geformte Maueröffnungen, die offensichtlich dem Lichteinfall dienten. Ein Viereckfenster in einer der Längswände hat weiter ein unteritalisches Hausmodell aus Sala Consilina (Taf. O Va), es unterscheidet sich durch seine größeren Maße und seine tiefere Lage. Das gleiche gilt in vermehrtem Maße für eine italische Hausurne (Taf. O Vb)[96] mit besonders großem und tief hinuntergeführtem Viereckfenster. Es scheint, daß ein genereller Unterschied griechischer und italischer Befensterung ausgemacht werden kann.

Ein völlig fensterloses Haus zeigt das Samosmodell (S. O 74f. Abb. 59 Taf. O Ic). Obwohl es sicher das späteste aller behandelten Hausmodelle ist, stellt es einen besonders primitiven Haustyp, das Ovalhaus, dar, doch wohl als bewußtes Zitat. Die Fensterlosigkeit als vereinfachende Ungenauigkeit anzusprechen verbietet sich angesichts der detaillierten und wirklichkeitsbezogenen Darstellung des Ganzen, sie und der Haustyp wollen ernst genommen werden. Als Lichtquelle bleibt also die geöffnete Tür, im Grunde nur die Rauchabzugsluke unter dem Dachfirst, über die noch zu sprechen sein wird. Auch das fensterlose, nur durch eine Dachöffnung erhellte Haus ist bekanntlich funktionsfähig. So berichtet Herodot (8,137) vom mythisch zurückprojizierten makedonischen Herrenhaus, daß die Sonne durch den Rauchabzug auf den Estrich scheinen konnte, und in der Beschreibung des homerischen Palastes fehlt durchweg die Erwähnung des Fensters. Es bietet sich die Vorstellung an, in der Fensterlosigkeit des Samosmodells einen urtümlichen Zug griechischer Hausarchitektur zitiert zu sehen. Falsch allerdings wäre es, die Fensterlosigkeit mit der urtümlichen Lehmflechtwerkbauweise in Verbindung zu bringen, die genannte italische Hausurne mit Viereckfenster meint ganz offensichtlich eine Lehmflechtwerkkonstruktion.

7) Säule

Die geometrische Architektur kannte selbstverständlich die freistehende Holzstütze, sie soll im folgenden als Säule angesprochen werden. Der vornehmlichste Platz der Säule war das Hausinnere, weiter standen Säulen im Eingang zwischen zwei Antenwänden bzw. vor dem Eingang; in fortlaufender Reihung ergaben sie eine Säulenhalle, gegen Ende des Zeitraums umsäumten sie die Zella eines Tempels.

Die Anordnung der Innensäulen, um mit ihnen zu beginnen, vermittelt ein vielfältiges und nicht ganz klares Bild. In den bescheidenen Wohnhäusern standen, wenn überhaupt, eine oder zwei Säulen, für letztere ist in einigen Fällen eine Anordnung in der Mittelachse bezeugt (Ovalhaus Altsmyrna, Haus G in Emporio). Im älteren Naxieroikos auf Delos bilden die in den Boden versenkten Innensäulen zwei Reihen, die einem dreischiffigen Innenraum angehört haben müssen. Ähnlich dürfte die Anordnung der Säulen im Rechteckhaus von Tsikalario auf Naxos gewesen sein. Ein oder zwei Quadrathäuser in Emporio besaßen im Geviert aufgestellte Säulen. Gleiche Säulenverteilung

---

[96] Etruscan Culture: Archaeological Research in San Giovenale (1962) 122 Anm. 8 Abb. 24.

zeigt ein Komplex unterschiedlich geformter Räume des späten 7. Jahrhunderts in Onythe auf Kreta[97] sowie ein Rechteckhaus auf Naxos.

Demgegenüber standen in Dreros, in den beiden Antenhäusern von Emporio, in Samos und Sparta, d. h. in Kultbauten bzw. Herdhäusern des Langhaustyps die Säulen in der Mittelachse, teilten den Raum also in zwei Schiffe. Die Zweischiffigkeit des Tempelinneren ist noch im 7. Jahrhundert dominierend[98] und tritt erst im 6. Jahrhundert in den Hintergrund.

Der überaus spärliche Befund an Vorhallensäulen (Emporio, Solygeia, Olous, Samos) wird ergänzt durch die Hausmodelle von Argos und Perachora, in gewisser Weise auch durch einige der italischen Hüttenurnen[99]. Eine Antenfront enthielt demnach — an sich eine Selbstverständlichkeit — zwei Säulen. Auch einer Säulenmittelreihe im Innern entsprach ein Säulenpaar im Eingang (die beiden Antenhäuser in Emporio). Die Verbindung von zweischiffigem Innern und zentraler Eingangsöffnung führt in die helladische Architektur zurück[100] und lebt weiter bis in das 6. Jahrhundert[101]. Neben der Antenfront gab es das auf Säulen ruhende Vordach. Die dem Breitraum in Olous vorgelegte Säulenlaube hatte kultische Funktion, sie überdeckte eine Eschara.

Die Tempelperistase läßt sich in geometrischer Zeit mit Sicherheit nur einmal, auf Samos belegen, wo sie im späteren 8. Jahrhundert den ursprünglich ringhallenlosen ältesten Heratempel umgab. Wahrscheinlich hatte auch das um 700 errichtete kleine Kulthaus der Hera auf Delos eine Ringhalle von 3×4 oder 4×4 Säulen. Die Spärlichkeit und das späte Datum der Befunde läßt sich angesichts eines erheblich vermehrten Denkmälerbestandes kaum anders erklären, als daß die Ringhalle in spätgeometrischer Zeit ins Leben getreten ist und der Heratempel in Samos eines der ältesten Beispiele überhaupt darstellt. Homer ist die Ringhalle noch unbekannt. Daß für die Entstehung der Tempelringhalle Thermos B auch unabhängig von seiner protogeometrischen Entstehung ausscheiden muß, ist dargelegt worden (S.O 86).

Die Säulenhalle, die an gesicherten Resten als selbständige Architekturgattung bis in das 7. Jahrhundert hinauf verfolgt werden kann[102], dürfte in gleicher Eigenschaft oder als einfache Laube auch in der geometrischen Architektur existiert haben. Zwei Mauertrakte im Apolloheiligtum vor Eretria werden von den Ausgräbern zu Stoen ergänzt. Die Tradition der griechischen Säulenhalle reicht bekanntlich in die mykenische Architektur hinauf[103].

Obwohl von den Säulen nur weniges übriggeblieben ist, läßt sich über Aufbau und Gestalt einiges zusammentragen. In den Boden eingesenkt waren die Säulen des Vorgängerbaus des Naxieroikos auf Delos sowie der Ovalhütte

---

[97] BCH. 81, 1957, 619 Abb. 2. [98] Keos: AA. 1954, 64 ff. Longà (Messenien), ältester Apollotempel: Δελτ. 2, 1916, 65. AA. 1922, 310 ff. Prinias A und B: ASAtene 1, 1914, 19 ff. Thasos, Herdhäuser: M. Launey, Le Sanctuaire et le Culte d'Héraclès à Thasos (1944). Thermos, Apollotempel: Ἐφημ. 1900, 172 f. Weickert, Typen 50 f. MarbWPr. 1963, 11 Anm. 1. [99] Z.B. H. Kähler, Rom und seine Welt (1958—1960) Taf. 3, 1. Modell der Hütte auf dem Palatin: E. Nash, Bildlexikon zur Topographie des antiken Rom II (1962) 165. [100] G. E. Mylonas, Aghios Kosmas (1959) 55 Abb. 15 (SH III). [101] Z.B. Naxieroikos auf Delos, 'Basilika' Paestum. [102] Samos, Südhalle: Gruben, AM. 72, 1957, 52 ff. Amandry, Hesperia 21, 1952, 231 ff. erwägt eine Datierung der Nordhalle des Heraions von Argos ins 7. Jh.; dem 7. Jh. gehören weiter Reste einer Säulenhalle in Aija Irini auf Cypern an: SCE. II 673. Der urartäischen Architektur waren sowohl die Säulenhalle als auch bereits der Säulensaal des Apadamatypus bekannt, wie aus den Grabungen in Altintepe hervorgeht: Özgüç, Anatolia 7, 1963, 43 ff. Ders., Altintepe (1966). [103] Bekanntestes Beispiel sind die Säulenhallen im Innenhof der Burg von Tiryns.

in Altsmyrna. Die beiden Beispiele reichen in die Frühzeit hinauf, vermutlich handelt es sich um die Nachwirkungen einer vorangegangenen Pfahlbauweise.

In ihrer großen Mehrzahl standen die Säulen auf steinernen Basen[104]. Meist liegen über die Basen keine näheren Angaben vor, es wird sich in diesen Fällen um formlose Platten oder Blöcke handeln. Wo Genaueres mitgeteilt wird, ist es von unmittelbarem Interesse. Innerhalb der Akropolis von Mykene ist der vielleicht älteste Rest nachmykenischer Architektur in Form zweier Säulenbasen mit stark eingetiefter Rundhöhlung zutage getreten. Die Rundhöhlung unterscheidet die beiden Basen, von denen die eine ein wiederverwendeter Werkblock sein dürfte, typologisch von den in Mykene und Tiryns zutage getretenen mykenischen Vergleichsstücken, die ein erhabenes Säulenauflager zeigen[105]. Es liegt nahe, die in die Basis eingetiefte Säule als etwas grundsätzlich Neues zu verstehen und auch hier Herkunft aus der Pfahlbauweise zu vermuten. Es ist in diesem Fall jedoch zu vermerken, daß die meisten Säulenbasen in Pylos unterhalb einer später aufgehöhten Bodendecke liegen und die Säulen entsprechende Leeren hinterlassen haben[106]. Es soll nicht ganz ausgeschlossen werden, hier das näherliegende Vorbild für die neue Aufstellungsweise zu suchen.

Für Delos, Dreros, Emporio und Samos sind geformte Basen bezeugt, die sich in zwei Typen scheiden lassen: Die Zylinderbasis und die Rechteckbasis. Die Zylinderbasis ist ein mehr oder weniger sorgfältig zugerichteter konischer Block, der bis zu 60 cm Höhe erreichen kann. Die Rechteckbasis ist lediglich in Samos bezeugt. Im Gegensatz zu sämtlichen übrigen Basen besteht sie aus zwei übereinanderliegenden Platten, die in der Regel eine bathronartige Stufung aufweisen. Wo über die Standfläche für die aufruhenden Stützen genauere Mitteilungen vorliegen, ist diese sacht eingebettet, um ein Abrutschen der Stützen zu verhindern.

Den beiden Basistypen entsprachen eine Rund- und eine Rechteckstütze, also die Säule im engeren Sinn und der freistehende Pfosten. Die Rundstütze ruhte sinngemäß auf Zylinderbasen, der Rechteckpfosten sowohl auf Rechteck- als auch auf Zylinderbasen. Die Rundsäule konnte einen Durchmesser von 60 cm erreichen (Emporio, Antenhaus auf der Akropolis), der Rechteckpfosten war schmächtiger. Durch die Verwendung einmal von runder und einmal von rechteckiger Stütze unterscheiden sich die Vorhallen des Argos- und des Perachoramodells. Es ergibt sich: die Aufgliederung in zwei Säulentypen betrifft die geometrische Architektur schlechthin. Die archäologische Typenscheidung findet ihre Bestätigung bei Homer. In der Odyssee kommen für die Säule zwei Bezeichnungen vor, κίων und σταθμός. Die mit κίων bezeichnete Stütze wird mit dem Baum verglichen (23,191) und meint demnach selbstverständlich die Säule; σταθμός dagegen bezeichnet unter anderem sowohl den Türpfosten als auch die Stütze[107], woraus sich nicht minder zwangsläufig die Form des Rechteckpfostens ergibt. Säule und Rechteckpfosten bzw. Pfeiler haben vor allem im jonischen Raum bis in das 6. Jahrhundert nebeneinander bestanden, erst damals hat die Säule ihre Alleinherrschaft angetreten[108].

---

104 Die Frühgeschichte der griechischen Säulenbasis behandelt die noch ungedruckte Marburger Dissertation von B. Wesenberg: Beobachtungen zur Entstehung der griechischen Säulenformen, Kapitelle und Basen (1966). **105** Zusammenstellung bei Nylander, OpAth. 4, 1962, 42ff. Abb. 34—52. **106** C. W. Blegen - M. Rawson, The Palace of Nestor at Pylos I 2 (1966) Abb. 67/68. 200/201. **107** In letzterer Bedeutung 1, 333. Hierzu Ebeling, LH. II 288. W. B. Stanford, The Odyssey (1950) 229. **108** Hierzu MdI. 5, 1952, 12 Anm. 21.

Einige Sonderformen verdienen zum Schluß Erwähnung. Am Perachoramodell begegnet der Typus der Doppelsäule, deren Sinn nicht mehr ausgemacht werden kann. In einem Raum des noch unpublizierten Heiligtums von Hephaistia, das in geometrische Zeit hinaufreichen soll, befand sich ein achteckiger Porospfeiler.

Über den tektonischen Charakter der frühgriechischen Stütze dürfen einige Vermutungen gewagt werden. Das Vorhallendach des Argosmodells ruhte auf Rechteckpfosten. Sie waren, wie oben ausgeführt wurde, in ihrem oberen Teil mit den Wandpfosten der Eingangsseite durch herausgeführte Balkenzüge verbunden, die einer durchlaufenden Querverstrebung angehörten. Die Vorhallenstützen geben bzw. gaben sich damit gewissermaßen als die freigesetzten Glieder einer Fachwerkversteifung zu erkennen. Von hier aus gesehen ist die frühgriechische Stütze nichts anderes als Bestandteil einer Zimmermannskonstruktion, und diesen Charakter wird sie häufig genug zur Schau gestellt haben.
Anders die Säule im engeren Sinn. Am Anfang mag der eingerammte Rundpfahl gestanden haben. Im Gegensatz zum Rechteckpfosten steht die Säule der Wand als selbständiges Gebilde mit eigenem Formgehalt gegenüber. Es ist also verständlich, daß die Verwandlung der funktionalen Stütze in eine autonome Architekturform sich vornehmlich und später ausschließlich an der Rundsäule vollzog. Dies um so mehr, als die mykenische Rundsäule keineswegs aus der Erinnerung geschwunden war. Ihre Tradierung erfolgte nicht so sehr über die Trümmer der mykenischen Paläste, als über Miniaturmodelle aus Elfenbein, die als kostbare Hinterlassenschaft mykenischen Reichtums der geometrischen Zeit bekannt waren. Bei der Grundsteinlegung des Artemistempels von Delos beispielsweise sind derartige Modelle zusammen mit einem ganzen Schatz mykenischer Kleinkunst unter die Erde gekommen[109]. Die Schlußfolgerung ist nahezu unabweislich, daß die geometrische Architektur mit der Rundsäule auch ein Rundkapitell gekannt hat, das als Zwischenstufe zwischen mykenischem und dorischem Kapitell gedacht werden darf. Nicht minder liegt es nahe, den Beginn der Säulenkannelur in die geometrische Zeit hinaufzuverlegen, d. h. sie nicht aus dem Polygon zu entwickeln, sondern sie von Anfang an als Kunstform zu begreifen, sei es als tektonische Entsprechung der reich verzierten Stützen geometrischer Dreifußkessel (s. o. S. O 108 Anm. 86), sei es in Fortsetzung einer mykenischen Tradition — wieder auf dem Weg der Elfenbeinmodelle. Schließlich wird man auch die Säulenverjüngung als geometrische Ursprungsform ansehen wollen und sie nicht erst mit der Entstehung der steinernen Säule in Zusammenhang bringen, übrigens im Gegensatz zum Pfosten, der auch als Pfeiler erst spät und überaus zurückhaltend eine Verjüngung in sich aufgenommen hat. Maßgebend dürften einmal äußere Gründe, das stärkere Volumen der Säule gewesen sein, vor allem muß das der geometrischen Kunst eigene Bedürfnis nach zerlegender Formgestaltung (s. o.) das antithetische Verhältnis von Schaft und Kapitell geschaffen haben.
Der gleichzeitigen orientalischen Architektur ist die Rundsäule bekannt gewesen, in der Hauptsache freilich nur in schmückender Verwendung, die sich vor allem in einer Verkleidung aus Erz äußerte[110]. Auch die geometrische Säule

---

[109] Gallet de Santerre-Tréheux, BCH. 71/72, 1947/48, 193ff. Taf. 34. Vgl. hierzu Festschrift für F. Matz (1962) 37 Anm. 45.
[110] MdI. 5, 1952, 15ff. In der urartäischen Architektur scheint die Säule eine größere Rolle als in der übrigen orientalischen Architektur gespielt zu haben (s. Anm. 102). In Altintepe haben sich Spuren blauer Säulenbemalung gefunden

muß bei repräsentativer Verwendung an den formbildenden Stellen einen Metallüberzug getragen haben. Es würde zu weit führen, die an anderer Stelle gegebenen Nachweise und angestellten Überlegungen zu wiederholen[111]. Daß die dem Rechteckpfosten nachweisbar zugeordnete Frühform des jonischen Kapitells in die geometrische Architektur hinaufreiche, konnte wahrscheinlich gemacht werden[112]. Daß die geometrische Architektur mehr war als ein Werk des Maurers und des Zimmermanns, wird weiter unten ausgeführt werden.

8) Firstdach

Das geometrische Haus trug ein Firstdach oder ein Flachdach. Die vorherrschende Rolle des Firstdaches, um mit ihm zu beginnen, ist nie in Zweifel gezogen worden. Den äußeren Beweis erbringen die Hausmodelle, die in der Mehrzahl das Firstdach zeigen und auch in dessen steiler Führung übereinstimmen. Auch Homer ist das Firstdach geläufig (XXIII 711f.).

Im einzelnen freilich ergeben sich bedeutsame Varianten. Die Modelle zeigen für das Ovalhaus die absatzlos umlaufende und im First zusammengeführte Dachschräge (Samosmodell, S. O 75 Abb. 59 Taf. O I c), für das Apsishaus die Verbindung von Giebelfront und umlaufendem Dach (Perachoramodelle, S. O 72 Abb. 58 Taf. O II a. b, Ithakamodell) und für das Rechteckhaus die doppelte Giebelfront (Argosmodell, S. O 70 Abb. 55 Taf. O III a). Als vierte Variante läßt sich für das Rechteckhaus ein über den Schmalseiten aufsteigender und mit Knick in die Seitenschräge umbiegender Walm erschließen (s. u. S. O 117). Im nördlichen Italien waren nach Ausweis der Hausurnen das umlaufende Dach und der abgesetzte Walm die einzig gebräuchlichen Formen, für den Süden Italiens bezeugt das Modell von Sala Consilina die beiderseitige Giebelfront (Taf. O V a).

a) *Offener Dachstuhl:* Zur Aufspaltung in die Einzeltypen kommt die generelle Unterscheidung zwischen offenem und geschlossenem Dachstuhl, die den folgenden Ausführungen unterlegt ist. Zunächst der offene Dachstuhl: Das Samosmodell zeigt in Firsthöhe eine Öffnung für den Rauchabzug, die vom heraustretenden Dachrücken überdeckt ist. Die Rauchöffnung im Dach setzt logischerweise den offenen Dachstuhl voraus und ist, da die Fensterlosigkeit ernst genommen werden will, zugleich Lichtöffnung (s. o. S. O 112). Die Dachschräge ist besonders steil, das Samosmodell ist Zitat eines hochaltertümlichen Haustyps. Auch den Männersaal des homerischen Palastes hat man sich mit offenem Dachstuhl überdeckt zu denken. Der rauchgeschwärzte Firstbalken (μέλαθρον)[113], die Dachsparren (XXIII 712: ἀμείβοντες) und die Querzüge (17,38: δοκοί), letztere von den Wandpfosten (μεσόδμαι, vgl. S. O 109) zu den Innensäulen (κίονες — σταθμοί, vgl. S. O 114) führend, werden genannt und sind demnach sichtbar. Die Innensäulen sind in Mittelreihe angeordnet und führen über die Querzüge hinauf zum Firstbalken. Athena entschwebt nach ihrem Gespräch mit Telemach als Vogel durch den Rauchabzug (1,320), der außen durch den überdeckenden Firstbalken gekennzeichnet ist (19,544). Die gleiche Konstruktion ist durch die Hausurnen (Taf. O V b) und die Tomba Cima (Taf. O VI c) für das altitalische Haus bezeugt[114]. Einen offenen Dachstuhl wenn auch anderer Konstruktion hatte das 1957 geöffnete phrygische Kammergrab von Gordion.

(T. Özgüç, Altintepe [1966] 44). **111** MdI. 5, 1952, 33ff. Zur Vor- und Frühgeschichte des dorischen Kapitells s. die S. O 114 Anm. 104 genannte Dissertation von Wesenberg. **112** MdI. 5, 1952, 11ff. **113** Hierzu MarbWPr. 1962, 8 Anm. 39. **114** Vgl. S. O 108 Anm. 86.

Der Rauchabzug öffnete sich vorzugsweise gegen die Eingangsseite. Das ergibt sich indirekt aus Homer, denn der über ihm, d. h. auf dem überdeckenden Firstbalken sich niederlassende Adler unterhält sich mit Penelope gewiß nicht an der Rückseite des Herrenhauses (19,544). Die Bestätigung liefern sämtliche Hausurnen, und auch am Samosmodell gehören Rauchabzug und seitlich versetzter Eingang zusammen. Überall dort, wo das geometrische Langhaus sich mit abgetrenntem Vorraum nach außen öffnet, muß also bei Annahme eines offenen Dachstuhles außerdem angenommen werden, daß der Rauchabzug entsprechend zurückgesetzt war, um seine Funktion im Hauptraum erfüllen zu können. Der Vorraum war also nicht mit Giebel, sondern mit zurückgesetztem Walm überdeckt, wodurch zugleich die Grundrißgliederung sinnvoll und ansichtig wurde. Die Schlußfolgerung ist selbstverständlich nicht zwingend, Thermos B beispielsweise — eine Raumfolge mit offenem Dachstuhl — muß nach Ausweis der äußeren Schrägstützen eine Giebelfront gehabt haben. Auch das Hausmodell in Sala Consilina scheint ein Giebelhaus mit offenem Dachboden darzustellen, sofern die in die Giebelzone hineinreichende Türöffnung ernst genommen werden will. Andererseits hat man sich die αἴθουσα des homerischen Palastes mit Walm überdeckt zu denken[115]. Im übrigen sind die herumgeführte Dachschräge des Ovalhauses und das Walmdach des Rechteckhauses, beide mit offenem Dachstuhl und Rauchabzug im First, im nördlichen Italien bis weit in das 7. Jahrhundert hinein dominierend geblieben[116], das Walmdach hat noch im Frontgebälk des dorischen Tempelkanons Spuren hinterlassen.

Es ist hier der Ort, die aus dem Befund von Thermos B gewonnenen Erkenntnisse einzufügen. Der mächtige und mehrfach untergliederte Bau war mit einem rückwärts umbiegenden Firstdach überdeckt, das über dem Eingang in einer Giebelfront endete. Der First ruhte nicht auf einer mittleren Stützenstellung, vielmehr war der Bau an drei Seiten von Pfosten umgeben, die schräg einwärts gegen den Dachrand geführt waren und die Aufgabe hatten, den entgegenstehenden Druck der Dachschräge abzufangen. Die Pfosten hatten ihren Gegenhalt in Standplatten und umgaben den Bau in Form eines abgeschnittenen Ovals. Von hier aus läßt sich die Form des Firstdaches rekonstruieren. Der First verlief nicht horizontal, sondern der bogigen Grundrißführung der Außenpfosten entsprechend konvex gekrümmt; gekrümmt abfallend und sphärisch hat man sich die Form des Daches insgesamt vorzustellen. Das konstruktive Prinzip beruhte auf dem Gedanken, die Festigkeit des Ganzen durch Zug, Spannung, Druck und Gegendruck, also mit den statischen Eigenschaften einer Holzkonstruktion zu erzielen.

Thermos ist für die Abstützung des Firstdaches von außen her nicht das einzige Beispiel. Eine sich rasch vermehrende Zahl entsprechender Befunde verteilt sich auf die Zeit vom 3. vorchristlichen bis zum 1. nachchristlichen Jahrtausend und umfaßt einen Raum, der von Spanien bis Mittel- und Nordeuropa reicht[117]. Die Bauweise läßt sich mehr oder weniger überall dort nachweisen, wo Pfostenkonstruktion und Langhaus zusammentreffen. Sie kann schwerlich aus einer einheitlichen Tradition verstanden werden, sondern wird von Fall zu Fall neu entwickelt worden sein. Mit Thermos B ist sie nun erstmals auch im griechischen Raum vertreten, sie mag mit der dorischen Wanderung eingedrungen sein.

115 Hierzu MarbWPr. 1962, 5.   **116** Andrén, RendPontAcc. 32, 1959/60, 34ff. 52ff.   **117** Vgl. S. O 86 Anm. 28 u. 29.

Dem außengestützten Dach stand das bodenständige und weit gebräuchlichere innengestützte Dach zur Seite. Auch hier muß am Anfang die gekrümmte Führung des Firstes und mit ihr die sphärische Gesamtform gestanden haben, die vor allem beim Ovalbau kaum zu umgehen war. Das gekrümmte Firstdach ist bekanntlich charakteristisch für die Mehrzahl der italischen Hausurnen und hat mit Recht in die Rekonstruktion des altitalischen Pfostenhauses Eingang gefunden. Auch das im Samosmodell abgebildete Haus muß entgegen der Darstellung die Außenkrümmung auf den Dachfirst übertragen haben.

b) *Abgesetzter Dachboden:* Handelte es sich bis jetzt um das Dach mit offenem Dachstuhl, so ist nun über das Haus mit abgesetztem Dachboden zu sprechen. Archäologisch läßt sich der abgesetzte Dachboden im Zusammenhang mit dem Giebelhaus nachweisen. Auszugehen ist vom Argosmodell. Zwischen Haus und Dach schiebt sich eine trennende Leiste, die den heraustretenden Zwischenboden darstellt und als heraustretendes Flachdach die Vorhalle überdeckt. Die Schrägen des Giebeldaches führen nicht darüber hinweg, sondern treten ihm gegenüber zurück, sie sind in ihn eingefalzt zu denken. Die fast bis zum Ansatz herabreichende Rechtecköffnung im Giebel ist als Rauchabzug unverständlich, sie kann nur eine zweite obere Eingangsöffnung meinen. Dafür sind in die Seitenwände hochgesetzte Dreiecksluken getrieben, die bereits als Rauchluken angesprochen wurden. Unmißverständlich zeigt das Argosmodell ein Giebelhaus mit abgetrenntem selbständigem Dachboden, der durch Leiter oder Treppe von außen erreichbar war. Das für die griechische Tempelarchitektur maßgeblich gewordene abgesetzte Giebeldreieck kann nur konstruktiv, und zwar aus dem hier dargestellten Sachverhalt abgeleitet werden[118].

Das bekannteste der Perachoramodelle zeigt ein offenes, unten abgesetztes Giebeldreieck und die gleiche Befensterung des Innenraumes, verstärkt durch drei Quadratfenster über der Tür, auch hier handelt es sich um die Darstellung eines in Unter- und Obergeschoß abgeteilten Giebelhauses. Ein offenes Giebeldreieck schließlich ergeben die Reste eines spätgeometrischen Hausmodells aus Ithaka, man wird daraus die gleichen Folgerungen ziehen dürfen.

Der heraustretende Zwischenboden des Argosmodells zeigt eine umlaufende schwarz-weiße Felderfolge. Ohne daß die Deutung sich ins einzelne vortreiben ließe, kann es sich nur um die gleichmäßig aneinandergereihten Balkenstirnen von Querzügen handeln. Damit ist die Frage nach der Vorgeschichte des Triglyphenfrieses gestellt; denn ungeachtet der terminologischen Schwierigkeiten, die das Wort Metope bereitet[119], wird man in Übereinstimmung mit der vorherrschenden Meinung der Antike und der modernen Forschung die Triglyphen mit den Balkenstirnen von Querzügen in Verbindung bringen[120]. Beim einfachen Rechteckhaus lagen die Querzüge über den beiden Langwänden, erst eine hinzukommende Säulenvorhalle bzw. Tempelperistase hat die Querzüge um das Bauwerk herumgeführt[121] und sie zugleich über einen von Säule zu Säule gespannten Balkenzug, den Architrav gelegt. Lagen mehrere Architravbalken nebeneinander, wurden sie durch Regulae, d. h. durch Queranker, die einzigen nachweisbaren Queranker griechischer Holzkonstruktion

---

[118] Vgl. auch MarbWPr. 1962, 6.   [119] Sie sind in neuerer Zeit für R. Demangel Anlaß gewesen, die Triglyphen aus Fenstern abzuleiten: BCH. 70, 1946, 132ff. 71/72, 1947/48, 359ff. 73, 1949, 476f. ASAtene 24—26 (N.S. 8—10) 1946—1948, 17ff.   [120] Zum Forschungsstand Drerup, Gymnasium 62, 1955, 138ff. 168 Anm. 36—38.   [121] von Gerkan, JdI. 63/64, 1948/49, 1ff.

zusammengehalten. Damit waren die konstruktiven Voraussetzungen für das dorische Gebälk geschaffen. Die enge formale Verzahnung von Triglyphen und Regulae ist bekanntlich erst im Lauf des 6. Jahrhunderts zustande gekommen[122]. Unabhängig von den konstruktiven Voraussetzungen, vor allem was die umlaufende Führung angeht, wollen Triglyphe und Metope aber auch als rapportartig sich fortsetzende Elemente eines sich schließenden Bandes, als gliedernder Ornamentstreifen zwischen Unterbau und Dach verstanden werden, dessen Stilcharakter in die geometrische Zeit hinaufweist. Dies ins einzelne und unter Heranziehung der gleichzeitigen Gefäßdekoration zu begründen, würde den Rahmen der Untersuchung sprengen.

Einige Bemerkungen zur Geschichte des geometrischen Firstdaches. Die Scherbe eines Perachoramodells zeigt einen schraubenförmig gedrehten Dachfirst (S. O 73 Abb. 57a), er ist mit Recht als Darstellung eines oben zusammengebundenen Strohdaches gedeutet worden[123]. Die Dachschräge war an der gleichen Scherbe und am bekannten Hauptmodell S-förmig geschwungen, Hinweis auf eine elastische Spannkonstruktion, die auch für die Erzielung der sphärischen Gesamtform (s. o. S. O 86) notwendig war. Dagegen zeigt die Scherbe eines weiteren Perachoramodells bereits starre Dachschrägen mit lediglich geschwungenem Auslauf in die Horizontale (S. O 74 Abb. 58). Am Argosmodell sind die Dachschrägen in ihrer Gänze starr. Der Rücksprung des Dachansatzes gegenüber dem Dachboden ist als Reminiszenz des geschwungenen Dachauslaufs aufgefaßt worden[124]; eher wird man annehmen, daß ein in den Dachboden eingefalzter Dachstuhl dargestellt ist.

In alledem wird ein allgemeiner Umbruch faßbar: Mit der zunehmenden Bedeutung orthogonaler Grundrißführung muß auch das Firstdach die gekrümmte Führung nach und nach abgestoßen und die klare Gegenüberstellung von zwei in sich starren Dachschrägen herausgebildet haben. Zwar läßt sich die gekrümmte Spannkonstruktion als zeitlose Form bis in die Gegenwart verfolgen[125], für die Geschichte des griechischen Daches spielte sie keine Rolle mehr. Mit dem starren Giebeldach, das übrigens bereits im Modell von Sala Consilina begegnet, waren die Voraussetzungen für die Verwendung des Dachziegels gegeben. Das Dach des spätgeometrischen Ithakamodells trug ein Schachbrett-

[122] Am Apollotempel auf der Orthygia in Syrakus (MonAnt. 41, 1951, 827 Abb. 101) und an der älteren Tholos in Delphi (Zeitschrift für Geschichte der Architektur 4, 1910/11, 197 Abb. 25) verlaufen Regulae und Triglyphen noch in getrenntem Rhythmus.
[123] H. Payne, Perachora I (1940) 40. [124] Marinatos, Χαριστήριον εἰς ’Α. Κ. ’Ορλάνδου I (1965) 12f. 20. Mit Recht bringt Marinatos in diesem Zusammenhang den späteren Knickgiebel in Erinnerung, allerdings an Hand eines unglücklich gewählten Beispiels: Der Athenatempel in Paestum hatte einen ungeknickten Giebel (Krauss, RM. 46, 1931, 1ff.). Andererseits scheint mir die Skepsis von Dinsmoor (AJA. 54, 1950, 275ff.) gegenüber der Existenz eines Knickgiebels zu weit getrieben zu sein. Geistvoll, aber nicht überzeugend ist denn auch der Versuch von Marinatos, die Bezeichnung ἀετός zunächst auf den geschwungenen Giebel, dann auf den Knickgiebel und erst zum Schluß auf den Dreieckgiebel zu beziehen und sie vom Flugbild des Adlers abzuleiten. Vgl. dagegen Festschrift für F. Matz (1962) 37 Anm. 44. [125] Feldhütten mit rundgeführtem Spanndach werden bekanntlich heute noch errichtet. Vgl. z. B. O. Almagià, Lazio (1966) 258 Abb. Ein neu gefundenes Hausmodell mit Runddach anscheinend des 7. Jhs. befindet sich im Museum von Melos (Hinweis Himmelmann). Ein Tempelmodell aus Sabucina/Siz. (Bd’A. 48, 1963, 220 Abb. 11) verbindet die Rundwölbung mit einem Ziegeldach. Die Deckel der klazomenischen Sarkophage zeigen die horizontal auslaufende S-Krümmung. Das gewölbte Dach des Hauses der Thetis und des Brunnenhauses auf der François-

muster, vermutlicher Hinweis auf ein damals neuartiges Ziegeldach[126]. Die ältesten erhaltenen Dachziegel reichen — von möglichen helladischen Vorläufern abgesehen[127] — einstweilen nicht über das 7. Jahrhundert hinaus[128]. Mit der Einführung des Ziegeldaches schließlich wird man die flachere Führung der Dachschrägen in Zusammenhang bringen.

Über geometrischen Firstdachschmuck können nur Vermutungen angestellt werden. Beim Giebelhausmodell aus Sala Consilina setzen sich die Giebelränder jenseits des Firstes als über Kreuz eingerollte Voluten fort, die gleiche Anordnung zeigen die über den Dachbelag gelegten Befestigungsbalken der italischen Urnen. Die griechischen Modelle zeigen nichts dergleichen. Gleichwohl wird man die Anfänge und Grundformen der späteren Akrotere in geometrischer Zeit zu suchen haben. Auf Einzelheiten soll nicht eingegangen werden.

9) Flachdach

Über das Flachdach kann kürzer gehandelt werden. Eine Anschauung vermittelt das kretische Hausmodell mit senkrecht aufsteigendem Röhrenkamin (S. O 71 f. Taf. O IV b); die bauliche Entsprechung bilden die Häuser von Karphi mit ursprünglich laub- oder strohgedecktem Flachdach über Querzügen und mit durchgeschobenen Tonröhren. Das Flachdach mit Röhrenkamin ist in der kretischen Architektur beheimatet und wie so vieles andere aus der mächtig nachwirkenden minoischen Bautradition zu erklären[129]. Außerhalb Kretas läßt sich das Flachdach auf den ägäischen Inseln und im jonischen Osten nachweisen. Das Modell eines 'Brunnenhauses' auf Lemnos[130] und ein 'Kalksteinhäuschen' in Samos (Taf. O I a) sind flach gedeckt. Flachdächer bzw. flache Pultdächer, zum Teil mit Röhrenkamin, werden von den Ausgräbern für einige Häuser in Altsmyrna und Emporio und vermutungsweise für alle Häuser in Zagora auf Andros angenommen. Flachgedeckt wird man sich weiter die Häuser in Naxos, Siphnos und Vroulia zu denken haben. Es scheint, daß in weiten Bezirken des Ostens das Flachdach vorherrschend gewesen ist. Alleinherrschend war es nicht, denn auch das Firstdach läßt sich nachweisen (Ovalhausmodell in Samos, Ovalhütte in Altsmyrna), hinzu kommt die Rolle, die das Firstdach bei Homer spielt (XXIII 711f.). Im griechischen Festland dominiert ohne jeden Zweifel das Firstdach. Kaum mit Recht ist im Argosmodell mit abgehobenem Zwischenboden und flachgedeckter Vorhalle eine Durchmischung von Firstdach und Flachdach vermutet worden[131]. Inwieweit eine innere Beziehung zwischen dem Siedlungstypus des Konglomerates und dem Flachdach angenommen werden darf, läßt sich erst an Hand eines vermehrten Materials entscheiden. Es ergibt sich: Eine gebietsmäßige Abgrenzung zwischen Firstdach und Flachdach kann nur in Hinsicht auf die größere Geltung der einen oder anderen Dachform durchgeführt werden. Die größere Geltung insgesamt wird man dem Firstdach zugestehen.

vase bleiben besser aus dem Spiel.   **126** Heurtley, BSA. 43, 1948, 102.   **127** Die Frage nach der Existenz mykenischer Dachziegel ist von Åkerström (OpArch. 2, 1941, 164ff.), E. B. Smith (AJA. 46, 1942, 99ff.), Dinsmoor (ebd. 370ff.) und Blegen (AJA. 49, 1945, 35ff.) erörtert worden.   **128** Sie entstammen dem Vorgängerbau des Apollotempels in Korinth (Hesperia 24, 1955, 153ff.) sowie dem Vorgängerbau des Poseidontempels in Isthmia (Χαριστήριον εἰς ’Α. Κ. ’Ορλάνδον III [1966] 64).   **129** Z.B. C. W. Blegen, The Palace of Nestor at Pylos (1966) 81 (Röhrenkamin). Flachgedeckte Häuser des 7.Jhs. auf Kreta: BCH. 81, 1957, 619.   **130** AA. 1930, 143 Abb. 23. ASAtene 15/16, 1932/33, 120f. Taf. 18. AJA. 38, 1934, 177 Taf. 20b.   **131** K. Müller, AM. 48, 1923, 65ff. Oikonomos, ’Εφημ. 1931, 16 unter Hinweis auf Od. 10, 558f. (Haus der Kirke). Dagegen Weickert, Typen 66.

In Zagora ist ein Flachdach in Verbindung mit einem oberen Stockwerk angenommen worden.

Aufs Ganze gesehen ergibt sich ein überraschender, um nicht zu sagen einmaliger Reichtum an Dachformen, der dem nicht minder überraschenden Reichtum an Grundrißlösungen zur Seite steht.

10) Inneneinrichtung

Von der Innenausstattung des geometrischen Hauses ist nur wenig übriggeblieben. Zunächst die Vorhalle. Im letzten 'Megaron' auf der Burg von Tiryns lehnen sich an die Innenwände der Antenvorhalle Steinbänke. Die Anordnung folgt dem Vorbild des mykenischen Vorgängerbaus. Da über die Zeitstellung des letzten Megarons keine Einigkeit zu erzielen ist — der Bau wird entweder der spätmykenischen oder der reifgeometrischen Epoche zugeschrieben —, hat der Befund nur bedingten symptomatischen Wert. Der einzig sichere geometrische Befund ist ein einräumiges Wohnhaus des späten 8. Jahrhunderts auf Andros mit Antenvorraum, an dessen eine Innenwand eine breite Bank angebaut ist. Die Vorhalle des Argosmodells hat Tonleisten, die G. P. Oikonomos als Sitzstufen angesprochen hat, wobei er von den nicht genauer lokalisierbaren Sitzgelegenheiten vor dem Eingang zum homerischen Männersaal ausging (3, 406. 16, 344). Die Deutung läßt sich nicht beweisen, es kann auch eine umlaufende Schwelle oder — am wahrscheinlichsten — ein durchlaufendes Podium gemeint sein.

Wichtigster, wenn auch nur selten angetroffener Bestandteil des geometrischen Innenraums ist die Herdstelle. Sie tritt auf in doppelter Funktion: als bedeutungsvoller Mittelpunkt eines seinetwillen angelegten Hauses, des 'Herdhauses', über das im nächsten Abschnitt genauer zu sprechen sein wird, sowie als notwendiges Requisit des privaten Wohnhauses. Die beste Anschauung des Herdhausherdes, der Eschara, vermitteln die Oikoi von Dreros und Perachora. Der Herd ist ein durch Randsteine markiertes Rechteck in Bodenhöhe von 1–1,2 m Länge, das bei der Auffindung noch mit Asche gefüllt war. Die gleiche Grundform zeigt eine Eschara im Hof des Kulthauses von Tinos. Die Eschara lebt — in von Fall zu Fall veränderten Größenmaßen — bis in die Klassik weiter. Im Hauptraum der als Palast des Stadtfürsten angesprochenen Anlage von Zagora ist der zentrale Herd ein in den Boden gesenkter Kasten. Wo randlose Herdstellen angetroffen wurden, und das ist die Mehrzahl, bleibt es dem Ermessen überlassen, eine ursprüngliche Einfassung anzunehmen bzw. sich diese kunstloser zu denken. Über der Herdstelle hat man eiserne Feuerböcke anzunehmen. Das ist nicht nur naheliegend, es haben sich auch Reste solcher Feuerböcke gefunden (dazu Archaeologia Homerica, Kapitel »Küchenwesen und Mahlzeiten« mit Taf. Q VI d. e und »Seewesen« Kat.-Nr. G 12. 13). Dem Herdhausherd steht die Kochstelle des privaten Wohnhauses zur Seite. Der archäologische Befund ist noch geringer, nur in Emporio, Phaistos, Thorikos und Zagora sind Reste festgestellt worden. Auch die Kochstelle ist ebenerdig und hat kunstlose Randeinfassung, ihre geringere Bedeutung äußert sich gelegentlich in ihrer peripheren Lage innerhalb einer Raumecke (Emporio, Thorikos).

Steinsetzungen, die als Kultbänke der Aufstellung von Verehrungsobjekten dienten, sind sowohl in größeren Tempeln als auch in kapellenartigen Heiligtümern angetroffen worden. In Dreros befindet sich eine kleine Kultbank an der Rückwand, im Artemistempel von Sparta ist eine mit Erde gefüllte Plattenstellung an der Rückwand mit Recht als Kultbank angesprochen worden. In den kapellenartigen Heiligtümern von Delos, Kavousi und Vroulia verläuft eine Kultbank entlang der Rückwand oder Seitenwand. Eine Querleiste in der Rückseite des Hausmodells aus Kreta wird man als Kultbank ansprechen dürfen. Daß die geometrische Kultbank eine minoisch-mykenische Tradition weiterführt, ist längst erkannt und betont worden[132]. Wohl nicht zufällig entstammt ein großer Teil der Beispiele kretischem Boden, hinzu kommt die in subminoische Zeit hinaufreichende offene Verehrungsstätte von Karphi mit Kultbank an einer der Schmalseiten. Andererseits sind die erhaltenen Reste zu gering, um auf eine generelle Verwendung steinerner Kultbänke in geometrischer Zeit schließen zu können, häufig genug werden auch transportable Untersätze Verwendung gefunden haben. Die Ablösung der Kultbank durch die Kultbildbasis muß sich vornehmlich im 7. Jahrhundert vollzogen haben, beginnt jedoch bereits in geometrischer Zeit (Heratempel von Samos). Die Tradition der Kultbank läßt sich bis in den Hellenismus hinein verfolgen[133].

Etwas völlig anderes als die zierlichen Kultbänke sind Sitz- und Liegebänke. Steinsetzungen, die die Rückwand von Einraumhäusern bzw. Zimmern in Siphnos, Emporio und Zagora einnehmen, sind offenkundig Schlafstellen[134]. Umbiegende Steinbänke sind in Thorikos und Zagora zutage getreten. Hier wird man in Analogie zu den hölzernen 'μεντέρια' des heutigen Griechenland[135] annehmen, daß sie sowohl zum Schlafen als auch zum Sitzen dienten. Zweimal umbiegende Steinbänke, die drei Seiten eines Raumes umlaufen, wird man ausschließlich als Sitzbänke ansprechen. Repräsentativstes Beispiel ist der Haupt- und Herdraum des Stadtpalastes von Zagora. Die gleiche dreiseitige Bankführung begegnet an einem sehr viel bescheideneren Beispiel in Thorikos.

Was über die weitere Einrichtung geometrischer Häuser zu sagen bleibt, ist schnell aufgezählt. Pithosständer scheinen eine Eigentümlichkeit kretischer Häuser gewesen zu sein, sie sind in Karphi und Phaistos festgestellt worden. Eine Eigentümlichkeit der Häuer in Zagora sind in den Boden gesenkte Behältnisse aus Steinplatten. In die Wand eines Hauses in Siphnos ist ein Alkoven eingelassen worden.

---

132 Zusammenstellung kretischer Kultbänke minoischer und griechischer Zeit: Banti, ASAtene N S. 3—5, 1941—1943, 40ff. Vgl. auch Gallet de Santerre, Délos Primitive 217 Anm. 4. H. V. Herrmann, Omphalos (1959) 72.   **133** Z.B. Demeterheiligtum in Priene (4.Jh.): Priene 147ff. Doppeltempel in Olous auf Kreta (2.Jh.): Bousquet, BCH. 62, 1938, 386f. Taf. 43. Vgl. auch Gallet de Santerre, Délos Primitive 217 Anm. 4.   **134** BSA. 44, 1949, 11.   **135** Ἔργον 1967, 78.

V. SCHLUSSFOLGERUNGEN

1) Das geometrische Herdhaus

Die archäologische Aufarbeitung der geometrischen Architekturreste in den beiden vorangehenden Abschnitten hat einige Fragen offengelassen, die nun im Zusammenhang behandelt werden sollen. Als erstes soll nach der Vorgeschichte des griechischen Tempels in geometrischer Zeit gefragt werden, soweit es seine Funktion betrifft.

Den Ausgangspunkt der Überlegungen bildet zweckmäßigerweise Thermos B. Unter dem protogeometrischen Langbau liegt ein gleichfalls protogeometrisches Plattenpflaster, das zur einen Hälfte von einer Brandschicht, durchmischt mit Knochenresten und Gefäßscherben bedeckt war. Es handelte sich um eine Opferstätte im Freien, deren Opferreste einschließlich der Asche an Ort und Stelle gesammelt wurden und sich zu einer wachsenden Bodenschicht anhäuften. Die zahlreichen übrigen Brandopferstätten des frühen Griechenland einschließlich der aus ihnen hervorgegangenen Aschenaltäre sind von M. P. Nilsson zusammengestellt und in den ihnen zukommenden Bedeutungsbereich gerückt worden [136]. Als weiterer Befund dürfte Aetos auf Ithaka (S. O 63) dieser Reihe zuzurechnen sein. Brandopferstätten, die in gleicher Weise durch Aufbewahrung des Abfalls — Asche, Knochen und Gefäßscherben — zustande kamen, haben sich weiter in großer Zahl im alpinen und süddeutschen Raum gefunden [137], was selbstverständlich nicht ausschließt, daß es sie andernorts nicht gegeben hat.

Die Bedeutung von Thermos B liegt darin, daß über der Brandopferstätte im Freien sich später ein ansehnliches Langhaus erhob, über dessen Lehmboden und in dessen unmittelbarer Umgebung sich gleichfalls eine bis zu 35 cm hohe Schicht aus Asche, Knochenresten und Gefäßscherben ausbreitete. Asche, Knochenreste und Scherben enthielten weiter eine Reihe von Pithoi und ein gemauerter Bothros. Thermos B war also Behausung einer ursprünglich im Freien tagenden Opfer- und Speisegemeinschaft. Über dem protogeometrischen Langbau erhob sich der Apollotempel des 7. Jahrhunderts, der im 3. Jahrhundert teilweise von Grund auf neu errichtet wurde. In Thermos B läßt sich somit die Geschichte und Gestaltwerdung eines Kultes bis zum Tempel hin verfolgen. Unmittelbarer Vorläufer des Tempels ist ein Haus, das der Beherbergung einer Kult- und Speisegemeinschaft diente.

Es ist dieser allgemeine Zusammenhang, in den die bereits genannten Herdhäuser gestellt werden müssen. Ihr weithin gemeinsames Merkmal ist die Herdstelle, die Eschara, die bedeutungsvoll die Hausmitte einnimmt [138]. Vor und sicher auch hinter der Herdstelle erhob sich in Dreros sowie im Herdhaus von Emporio je ein Pfosten als Träger des Daches. Die Anordnung ist uralt und muß typische Geltung gehabt haben. Sie findet sich als submykenischer Befund in der Burg Mykene und reicht zurück in die helladische Architektur; sie begegnet unverändert noch im 7. Jahrhundert in den Herdhäusern von Prinias, im Heraklesheiligtum von Thasos und in Koressia auf Keos [139]. Als

---

[136] Nilsson, GGR.² 86ff.   [137] W. Krämer, Prähistorische Brandopferplätze. Helvetia Antiqua (Festschr. E. Vogt [1966]) 111ff.   [138] Zur Eschara allgemein: Guarducci, La Eschara del Templo Greco Arcaico (SteMat. 12, 1936) 181.   [139] C. W. Blegen, Korakou (1921) 81. Zu Prinias, Thasos und Koressia vgl. S. O 113 Anm. 98. H. Kähler, Der griechische Tempel (1964) 8, nimmt an, daß der älteste Tempel des

geometrische Herdhäuser können weiter angesprochen werden der Tempel der Hera Limenia in Perachora, der Hauptraum der als Palast des Stadtfürsten angesprochenen Anlage in Zagora, die Apsishäuser in Antissa und Leukanti und das Ovalhaus in Athen. In Thermos B, im Apollotempel in Asine, im 'Heiligen Haus' in Athen und im Pastashaus in Eleusis hat sich kein Herd gefunden, doch sind dort, z. T. in Mengen, Asche- und Speisereste angetroffen worden, die die Bezeichnung Herdhaus nicht minder nachdrücklich sicherstellen. Darüber hinaus muß angesichts der allgemeinen tiefgreifenden Zerstörung eine Verwendung als Herdhaus auch dort erwogen werden, wo Asche und Herd nicht ausgemacht wurden, und das sind zahlreiche Fälle. Thermos B und das Pastashaus in Eleusis enthielten Behältnisse, in denen Asche- und Speisereste gesammelt wurden, der Apollotempel von Dreros enthielt ein Behältnis für Ziegenhörner[140]. In nachgeometrischer Zeit ist das Sammeln von Asche- und Speiseresten im Herdhaus abhanden gekommen. Aber noch der durch die ganze Antike lebendig gebliebene Brauch, mit den Schädeln der geopferten Tiere das Tempeläußere zu schmücken, geht auf diese Sitte zurück.

Aus dem skizzierten Überblick geht hervor, daß das Herdhaus seine entscheidende Rolle in geometrischer Zeit gespielt hat. Es umfaßt nahezu sämtliche behandelte Haustypen und ist meist deren wichtigster Repräsentant. Seine Geltung reicht in das 7. Jahrhundert hinein, bekanntlich sind noch im Hellenismus Herdhäuser in Benutzung gewesen.

Das Auftreten des Herdhauses ist selbstverständlich nicht in dem Sinn zu verstehen, daß es in jedem Fall eine unter freiem Himmel tagende Kultgemeinschaft abgelöst hat — in dieser Hinsicht kann Thermos B nicht als symptomatisch angesehen werden. Die Kultgemeinschaft im Freien muß die umfassendere Institution gewesen und geblieben sein, es ist anzunehmen, daß sie in der Frühzeit innerhalb des Gemeinwesens einer Stadt zugleich politische Funktionen erfüllte. Ihr gegenüber bezog sich das Herdhaus auf eine beschränkte und in gleicher Weise durchaus nicht nur kultische Gemeinschaft, über die noch zu sprechen sein wird. Nach vorherrschender Ansicht war es denn auch der Kultplatz im Freien, der zur Aufspaltung in Tempel und Altar, zum Tempel in seiner eingeschränkten Funktion als Behausung des Kultbildes geführt hat. Die Ansicht ist schwer zu widerlegen, bedarf jedoch der Ergänzung: Am Anfang des Tempels stand zugleich das Herdhaus. Wie kompliziert die Dinge liegen, mag der früheste Heratempel in Samos verdeutlichen. Dem Herakult diente ursprünglich der Lygosstrauch und ein Aschealtar im Freien[141]. Der erste Heratempel entstand später, um die Wende vom 9. zum 8. Jahrhundert und hat die Funktion des Aschealtars nie außer Kraft gesetzt. In ihm befand sich — gleichfalls von Anfang an — auf einer Basis das älteste Kultbild. Andererseits hat gerade dieser Tempel Ausmaße, die aus seiner eingeschränkten Funktion als Behausung des Kultbildes kaum abgeleitet werden können[142]. Bei Homer ist der Athenatempel in Troja Behausung des Kult-

---

Heraions von Argos keinen Außenaltar gehabt habe, da die Tempelterrasse hierfür zu klein gewesen sei, was die Annahme eines Innenaltars nach sich ziehen würde. Doch reichen die wenigen Bodenreste des Tempels nicht aus, um den Grundriß mit einiger Sicherheit zu rekonstruieren. Der in der Grabungspublikation (C. Waldstein, The Argive Heraeum I [1902] Taf. 5) eingezeichnete und seitdem allgemein übernommene Grundriß ist völlig hypothetisch.   **140** Ch. Picard, CRAI. (1935) 486ff. u. Marinatos, BCH. 60, 1936, 242 weisen in diesem Zusammenhang auf den aus Hörnern errichteten Altar auf Delos hin, um den Theseus nach seiner Rückkehr aus Kreta tanzt (Plut. Thes. 21).   **141** Einstweilen Δελτ. 19, 1964, Chron. 402f.
142 AA. 1964, 205.

bildes und zugleich ein Haus, in dem Stieropfer dargebracht wurden (VI 93f. 274f. 308f.Vgl. auch II 550f.).

Sieht man im Herdhaus mehr als nur eine Parallelerscheinung zum Kultplatz im Freien, so ist es notwendig, seine Eigenart ihm gegenüber herauszustellen. Mittelpunkt des Kultplatzes war der in die Höhe geführte Brandopferaltar, kultische Zweckform sui generis. Die Herdstelle des Herdhauses dagegen war ebenerdig und unterschied sich darin nicht von der Herdstelle des Privathauses. Die unterschiedslose Verwendung von ἑστία und ἐσχάρα bei Homer für Herd und Herdaltar ist aufschlußreich[143]. Die Ebenerdigkeit erklärt sich einmal aus dem Zwang, mit Rücksicht auf das meist niedrig ansetzende Holzgebälk die Feuerstelle mit daraufliegenden Feuerböcken möglichst niedrig, in Bodennähe anzusetzen, außerdem aus der anderen Funktion des Herdes. Er war nicht wie der Brandopferaltar herausragender Mittelpunkt einer mehr oder weniger zahlreichen Gemeinde, sondern die natürliche Mitte einer sehr viel kleineren und vor allem sitzenden Gemeinde, genauer einer um ihn sitzend versammelten Herdgemeinschaft. Daß man in der Frühzeit sitzend und nicht liegend speiste, ist bezeugt und hat sich in konservativen Landschaften wie Kreta und Makedonien als dauernde Sitte erhalten. Auch im ältesten Rom saß man um den gemeinsamen Herd als kultische und sitzende Gemeinschaft (Ov. Fasti 6, 305).

Damit wird die Frage dringlich, ob sich für das Herdhaus umlaufende Sitzgelegenheiten nachweisen lassen. An erster Stelle ist hier nochmals auf den Hauptraum des Stadtpalastes von Zagora mit seiner an drei Seiten symmetrisch umlaufenden Steinbank zu verweisen. Das Beispiel ist repräsentativ, es bezeichnet den typologischen Ursprung des Versammlungsraumes mit umlaufenden Steinbänken, wie er sich in der Folgezeit für den kultischen und politischen Bereich herausgebildet hat[144]. Darüber hinaus ist es Glied einer Griechenland weit übergreifenden Form des frühen Kult- und Versammlungsraumes. Hingewiesen sei auf die zentralen Räume der Nuraghen von Sardinien[145] sowie auf einige etruskische Kammergräber des 7. Jahrhunderts[146], die darin einen Haustyp zitieren[147].

Um so befremdlicher mag es auf den ersten Blick sein, daß einstweilen kein weiteres Herdhaus mit Steinbank nachgewiesen werden konnte. Andererseits

---

[143] W. B. Stanford, The Odyssey II² (1962) p. XLII.
[144] Eine Zusammenstellung ausgewählter Beispiele bei G. Richter, The Furniture of the Greeks, Etruscans and Romans (1966) 48 Abb. 270—275. Innerhalb des kultischen Bereiches haben die Säle für Mysterienkulte diesen Typus übernommen, innerhalb des politischen Bereichs das Rathaus. Das Rathaus von Gortyn auf Kreta (Kirsten, RE. Suppl. VII 352ff. Abb. Nr. 36; danach R. Martin, Recherches sur l'Agora Grecque [1951] 226ff. Abb. 25) zeigt den Grundtypus noch unverändert. Hingewiesen sei weiter auf das spätarchaische 'Westgebäude B' beim Aphaiatempel auf Ägina (A. Furtwängler - E. R. Fiechter - H. Thiersch, Ägina [1906] 107ff.) sowie auf den großen Versammlungsraum hellenistischer Zeit in Phaistos (Il Palazzo Minoico di Festos I [1935] Taf. 2. Vgl. auch Kirsten, RE. XIX 1603 s.v. Phaistos). Die noch in die geometrische Zeit hinaufreichenden Stufenanlagen von Dreros und Amnisos (Abb. 50) gehören Versammlungsplätzen an. Vgl. auch C. Anti, Teatri Greci Arcaici (1947) 35.   [145] Z.B. G. Lilliu, La Civiltà dei Sardi (1963) 196 Abb. 39. 213 Abb. 47; Zervos, Sardaigne 280 Abb. 338. 284 Abb. 346. 290 Abb. 353.
[146] Die ältesten Beispiele (7.Jh.) in Cervetri: MonAnt. 42, 1955, 343 Abb. 73. a.O. 1079 Abb. 9 (Bankreihe unterbrochen von zwei Klinen). EAA. III 501 Abb. 604. Spätere Beispiele (Auswahl): NSc. 1932, 500 Abb. 18 (Bieda). MonAnt. 42, 1955, Taf. 15 (Cervetri). L. Canina, Etruria Marittima (1846) Taf. 65, 4 (Cervetri?).
[147] San Giovenale: Etruscan Culture (1962) 301 Abb. 274. Boethius, Palladio 15, 1965, 3f. Über die etruskische Grab- und Hausarchitektur demnächst F. Prayon in

haben sich Anhaltspunkte für die Annahme gefunden, daß an Stelle steinerner auch hölzerne Sitzgelegenheiten Verwendung gefunden haben. Zu nennen ist das ovale Herdhaus in Athen. Der umlaufenden Innenwand war ein etwa 15 cm aus dem Fußboden herausragender gleichfalls umlaufender Sockel vorgelegt. Entsprechende Anordnung zeigt ein etwa gleichzeitiges ovales Herdhaus in Spanien[148]. Es kann sich nur um Postamente für umlaufende Sitzgelegenheiten aus Holz handeln. Im Herdhaus von Perachora sind in unberührter Fundlage zwei Steinwürfel von etwa 30 cm Seitenlänge ausgemacht worden, die nach Lage, Kleinheit und fehlender Verankerung im Boden als Stützenbasis ausscheiden müssen. Nach Meinung des Ausgräbers H. Payne würde sich bei Ergänzung zweier symmetrisch angeordneter Steine eine Art Apsis, im ganzen also ein Oval ergeben. Die Vermutung soll deshalb gewagt werden, daß es sich um die Sockelsteine hölzerner Sitzbänke handelt, die den Herd in ovaler Rundung umgaben. Damit wendet sich der Blick dem Ovalhaus zu. Die Ovalform des ältesten Kulthauses in Eleusis und des im Samosmodell zitierten hochaltertümlichen Kulthauses begreift sich am zwanglosesten als Umhegung kontinuierlich herumgeführter Sitzreihen im Innern. Es soll weiter auf den Vestatempel in Rom hingewiesen werden, der bezeugtermaßen auf eine älteste Pfosten-Flechtwerkkonstruktion zurückgeht. Die Rundgestalt des späteren Steintempels kann, wie mir scheint, nur als abgeleitete Form, als Geometrisierung und Normalisierung einer ursprünglich gleichfalls ovalen Hütte verstanden werden, wie sie für das eisenzeitliche Italien typisch war, und die man sich wieder mit Herd und umlaufenden Sitzgelegenheiten vorstellen wird. Die Apsis des Mysterientempels von Samothrake, in dem die Tradition des Herdhauses offenkundig weiterlebt, wird von hier aus als bewußtes Zitat verständlich. Sicher muß das geometrische Ovalhaus zunächst aus der Bautechnik und den Baugewohnheiten der Frühzeit abgeleitet werden. Das schließt aber nicht aus, daß seine Funktion, eine in gestrecktem Rund um einen Herd sitzende Gemeinde zu beherbergen, formend mitgewirkt hat[149].

Auf einige Befunde, die jenseits des Herdhaustypus liegen, soll zum Schluß kurz hingewiesen werden. Inmitten des Tempels von Zagora erhob sich ein quadratisches Postament. Es wird als Rest eines Brandaltars angesprochen, der in diesem Fall die Stelle eines Herdes einnahm. In Olous und Tinos befindet sich der Herd unmittelbar außerhalb des Tempels, in Olous wird er von einer Pfostenlaube überdeckt.

Die Herdgemeinschaft hat in der Frühzeit beherrrschende Geltung gehabt, wer ihr nicht angehörte, war ein verlorener Mann (XXII 498). Schon hieraus geht hervor, daß sie nicht ausschließlich kultischen, sondern außerdem genossenschaftlich-politischen Charakter hatte. Auch eine gewisse Differenzierung

---

seiner gleichnamigen Dissertation (Marb.). **148** M. Pellicer - W. Schüle, El Cerro del Real Galera (Granada): Excavationes Arqueologicas en España 12, 1962. **149** Es mag in diesem Zusammenhang auf einen nicht ganz befriedigend gedeuteten Befund innerhalb des 2. Heratempels von Samos aus dem frühen 7. Jh. hingewiesen werden (AM. 55, 1930, 36ff. Beil. 2. 3, 1. — AM. 58, 1933, 157 Abb. 16 Beil. 47, 3). Längs der erhaltenen Wandreste, d. h. eines Teiles der Rückwand und der südlichen Seitenwand läuft ein niveaugleicher Sockel aus Plattenlagen von 60 bzw. 40 cm Vorsprung, der in der Rekonstruktion mit Recht um das ganze Tempelinnere herumgeführt wurde. Die Ausgräber haben die »bankartigen Längsfundamente« mit einer gegen die Wand gerückten Pfostenstellung in Verbindung gebracht, wie sie hier für Asine vermutet wurde (S. O 9). Für eine Pfostenstellung sind die Platten jedoch bemerkenswert breit, hinzu kommen ihre fluchtenden Abschlußkanten. Es soll die Möglichkeit deshalb nicht ganz ausgeschlossen werden, daß es sich auch hier

in Funktionen muß bereits stattgefunden haben. Die genossenschaftlichen Speisegemeinschaften der Archaik sind Relikte uralter Institutionen[150]; die schmausenden Adelsgemeinschaften der homerischen Epen fügen sich diesem Bild ein, selbst die Götter bilden eine Speisegemeinschaft. Die genossenschaftlich organisierte Speisegemeinschaft war im Gegensatz zur kultischen nicht unbedingt an eine Opferstätte gebunden, sondern konnte als reisender Gefolgschaftsverband seinen Herd mit sich führen. Das vor einigen Jahren entdeckte spätgeometrische Grab eines nach Rüstung und Beigaben hochgestellten Kriegers in Argos ist hier aufschlußreich[151]. Unter den Beigaben befanden sich zwei Feuerböcke und zwölf Bratspieße, Hinweis darauf, daß der Verstorbene Anführer eines genossenschaftlichen Männerverbandes war, der Speisegemeinschaft, Kampfgemeinschaft und — aus der Form der Feuerböcke zu erschließen — Schiffsmannschaft in einem gewesen sein muß. Der Grabinhalt in Argos ist bekanntlich kein Einzelfall. Vom späten 8. Jahrhundert ab sind vor allem außerhalb Griechenlands, auf Cypern, im mittel- und norditalischen Raum, weiter in Westeuropa bis nach Portugal Feuerböcke und Bratspieße zutage getreten, die eine entsprechende Interpretation gestatten[152]. Der Besitz von Bratspießen und das heißt von Gefolgschaft war in derartigem Maß synonym mit wirtschaftlicher Macht, daß Bratspieße in Griechenland die Rolle einer Geldwährung übernehmen konnten. Sie sind von König Pheidon von Argos eingezogen und als bedeutungsvolle Weihung in den Heiligtümern deponiert worden. Man wird den Vorgang als das Ende einer gesellschaftlichen Epoche ansprechen dürfen, die durch Homer unsterblich geworden ist und die außerhalb Griechenlands ungebrochen weiterlebte.

Für die Funktion des Herdhauses ergeben sich aus den angestellten Überlegungen einige Vermutungen. Eine Unterscheidung in Opferhäuser und Männerhäuser muß im Prinzip angenommen werden und läßt sich in einigen Fällen beweisen. In Zagora blickt der Stadtpalast mit seiner zentralen Herdhalle auf den freistehenden Tempel mit Brandopferaltar im Innern. In Emporio steht innerhalb der Akropolis das repräsentative Antenhaus abseits einer gleichzeitigen Verehrungsstätte im Freien, über der sich später ein Tempel erhob. Über seine Funktion ist gesprochen worden, es dürfte der Herrscherpalast gewesen sein. Das inmitten eines Gräberbezirks gelegene Ovalhaus in Athen könnte zur Abhaltung von Totenmahlzeiten errichtet worden sein[153]. Im allgemeinen wird man den Herdhäusern wenigstens primär eine kultische Funktion zubilligen. Sie ergibt sich aus den mitgefundenen Kultobjekten und der Bindung an den Ort, die in der späteren Geschichte des Kultplatzes offenbar wird.

Steht das Herdhaus in seiner ambivalenten Funktion zwischen kultischer Opferstätte und der Behausung einer Männergemeinschaft, so ist der Tempel

um die Plattenunterlagen von umlaufenden Bankreihen handelt. **150** E. Kirsten, Das dorische Kreta (1942) 135 mit Nachweisen. **151** Courbin, BCH. 81, 1957, 322ff. 370ff. **152** Nachweise: Courbin a.O. 378 Anm. 3 u. 4. Deonna, BCH. 83, 1959, 250 Anm. 7—10. Außerdem: BCH. 87, 1963, 277f. 292f. (Palaepaphos auf Cypern). BCH. 91, 1967, 343f. (Salamis auf Cypern). StEtr. 33, 1965, 521f. (Montagnola bei Florenz). S. Aurigemma, La Necropoli di Spina in Valle Trebba (Scavi di Spina I 1 [1960]) 61 (Spina). F. v. Duhn - F. Messerschmidt, Italische Gräberkunde II (1939) 203ff. (Fabriano/Ancona). E. Cartailhac, Ages Préhist. de l'Espagne et du Portugal (1886) 268 (Beja/Portugal). s. a. Archaeologia Homerica »Küchenwesen und Mahlzeiten« Taf. Q VI d.e und »Seewesen« Kat.-Nr. G 12. 13. — Die weite Verbreitung von Feuerböcken und Bratspießen im keltischen Kulturbereich ist neuerdings von G. Jacobi, Das Gerät des keltischen Oppidums von Manching (Diss. Marburg 1968, Manuskr. S. 121f.) untersucht worden. **153** Zum

im eigentlichen Sinn, in seiner später verbindlich gewordenen Funktion als Behausung des Kultbildes, in geometrischer Zeit nicht nur ins Leben getreten — Homer ist der so verstandene Tempel bekannt [154] —, sondern als solcher bewußt herausgestellt worden. Damit muß zum zweiten Mal auf den ältesten Heratempel in Samos verwiesen werden. Der bereits stehende Bau ist nachträglich, aber noch im 8. Jahrhundert, mit einer umlaufenden Pfostenstellung umgeben worden, der ältesten nachweisbaren und einer der ältesten Tempelringhallen überhaupt. Das quadratische Heratempelchen auf Delos aus der Wende vom 8. zum 7. Jahrhundert scheint eine Ringhalle von 3×4 oder 4×4 Säulen gehabt zu haben. Homer ist die Ringhalle noch unbekannt, er hätte sie sonst gewiß rühmend hervorgehoben. Technische Gründe, seien es Regenschutz oder Verankerung des Daches, können für die Existenz einer Ringhalle nicht namhaft gemacht werden. Ebensowenig geht es an, in ihr das fertige Endergebnis einer nicht mehr verfolgbaren Entwicklung zu sehen, die den Säulenschmuck der Vorhalle langsam auf den ganzen Tempel ausbreitete. Als Bereicherung der Außenerscheinung kann die Ringhalle nicht verstanden werden, außerhalb des Tempels hat sie zu keiner Zeit Anwendung gefunden. Die Säulenhalle schließlich, deren Typus in geometrischer Zeit sicher bekannt war, ist als Zweckeinrichtung, als schattende Laube, in Erscheinung getreten, zum Tempel führt kein Weg. So bleibt nur übrig, die Ringhalle in ihrem Ursprung bereits als das zu begreifen, was sie zu allen Zeiten war, d. h. ein in sich selbständiges Bauelement, das den Tempel nicht bereichert, sondern ihn verändert, ihn absichtsvoll dem aus Wänden gefügten Haus gegenüberstellt und etwas meint. Ich habe an anderer Stelle den Nachweis versucht, die Ringhalle als Zitat eines umgebenden Baldachins zu verstehen [155], jener Symbolform also, die von jeher kraft ihrer Bedeutung als überhöhendes Würdezeichen ein Verehrungsobjekt aus der umgebenden Profanwelt heraushob. Das genannte Heratempelchen auf Delos dürfte mit seinem etwa quadratischen Säulenumgang in der Tat das Aussehen eines standfesten Baldachins gehabt haben. Die bedeutsamste Aussage vermittelt der Heratempel von Samos. In dem Augenblick, da er aus einem Kulthaus zu einem Tempel im eigentlichen Sinn, zur Behausung eines Verehrungsobjektes wurde, ist ihm die Würde einer Ringhalle, eines umgebenden Baldachins zugestanden worden.

2) Die geometrische Architektur und Homer

Es ist Zeit, Überschau zu halten und Homer ins Spiel zu bringen. Ausgeschaltet war Homer bisher keineswegs, im konkreten Einzelfall sind immer wieder Angaben aus den beiden Epen herangezogen worden, um archäologische Erkenntnisse zu unterbauen. Es geht nunmehr darum, die homerische Dingwelt insgesamt, soweit sie Architektur betrifft, mit der archäologischen Wirklichkeit zu konfrontieren. Die entscheidende Frage ist dabei eine doppelte: Sind die Angaben in den beiden Epen in der Lage, den vorgelegten archäologischen Wissensstand gedanklich zu vertiefen, und umgekehrt: Ist es möglich, Homer archäologisch einzukreisen, zwischen poetischer Absicht [156], tradierten Vorstellungen und beschriebener Wirklichkeit zu unterscheiden? Es ist nicht

---

Totenmahl jetzt Archaeologia Homerica »Totenkult«, S. W 106f.   **154** Helbig, HE. 419ff. (Zusammenstellung der Textstellen), Lorimer, HM. 439ff. Der Apollotempel in Troja (V 446. VII 83) enthält ein Adyton, ist also zweiräumig.   **155** Festschrift für F. Matz (1962) 32f.   **156** Hierzu jetzt F. Müller, Darstellung und poetische Funktion der Gegenstände in der Odyssee (Diss. Marburg 1968, maschinen-

beabsichtigt, den weitgesteckten und vielbehandelten Themenkreis systematisch abzuschreiten, nur einige Bemerkungen, die zugleich als Zusammenfassung der Ergebnisse verstanden werden wollen.

Das Haus des Odysseus hat mehr als alles andere die archäologisch interessierte Homerforschung beschäftigt. Die Vergleichsobjekte sind dabei nahezu ausschließlich der mykenischen Haus- und Palastarchitektur entnommen worden[157]. Beschränkt man den Blick auf den geometrischen Denkmälerbestand, so bemerkt man als erstes, wie vollständig und genau das Zentrum des Odysseus-Hauses, der Männersaal, sich mit einem bestimmten Herdhaustypus in Deckung bringen läßt. An Stelle des von der Homerarchäologie einstimmig angenommenen mykenischen Rundherdes mit vier flankierenden Säulen beschreibt Homer ein fensterloses Firsthaus mit offenem Dachstuhl und Rauchabzug unter dem Firstbalken, dessen Herdstelle nur zwischen zweien der hintereinander angeordneten Säulen gelegen haben kann. Der Vorraum war mit einem Walm überdeckt. Über die Einzelheiten der Holzkonstruktion ist gesprochen worden. Die Sessel der Schmausenden waren im Phäakenpalast an die umlaufende Wand gerückt, entsprachen in ihrer Grundrißführung also der Einrichtung eines Herdhauses. Selbst ein an die Wand gerückter Thronsitz hat sich anscheinend nachweisen lassen (Leukanti, S. O 65). Die weite Verbindlichkeit des Herdhaustypus hat F. Oelmann in einem richtungweisenden Aufsatz angezeigt[158]. Das Zentrum des Odysseushauses ist zeitgenössische Wirklichkeit.

Es stellt sich von hier aus die Frage, ob die Gleichsetzung von Männersaal und Herdhausarchitektur auch auf das Wort Megaron ausgedehnt werden kann[159]. Die kontroversenreiche Literatur über Geschichte und Bedeutung des Wortes braucht nicht referiert zu werden. In der Hauptsache steht der nachhomerische Wortgebrauch zur Diskussion, der sich vom homerischen bekanntlich nicht unerheblich unterscheidet. Sieht man von der Notlösung ab, zwei gleichlautende Worte für die Bezeichnung ganz verschiedener Dinge anzunehmen, wird man nach einem Weg suchen müssen, die homerische und nachhomerische Dingbedeutung in Deckung zu bringen[160]. Am konsequentesten ist hier N. M. Kontoleon vorgegangen, der von der Worterklärung des Ammonios von Lamptrai[161] ausgehend als bleibende Grundbedeutung einen umfriedeten oder überdeckten Herd oder Altar annimmt. Von hier aus würde es in der Tat nicht schwerfallen, das Herdhaus und die mit dem Wort Megaron bezeichneten späten Kultstätten definitionsgemäß an den homerischen Männersaal anzuschließen. Andererseits muß zugestanden werden, daß für die Behausungen der in archaischer Zeit über ganz Griechenland verbreiteten Speisegemeinschaften in keinem Fall das Wort Megaron bezeugt ist.

Die Betrachtung wendet sich nunmehr dem Odysseushaus insgesamt zu. Das vielbetriebene Spiel, aus den Texten eine archäologische Rekonstruktion

schriftl. Exemplar). **157** Palmer, Transactions of the Philological Society 1948, 92ff. (Ableitung von der skandinavischen Halle). Im übrigen Ableitung vom mykenischen Palast: Deroy, Revue Belge de Philologie et d'Histoire 26, 1948, 533f. (Deutung von μέλαθρον auf Dachlaterne). Lorimer, HM. 406ff. Wace, JHS. 71, 1951, 203ff. Bérard, REG. 67, 1954, 1ff. Gray, ClQu. 49, NS. 5, 1955, 10ff. Wace-Stubbings, Companion 494. **158** BJb. 157, 1957, 11ff. **159** An neuerer Literatur sei lediglich genannt: RE. Suppl. VII 439ff. s.v. Megaron (Ziehen). F. Robert, Thymélè (1939) 210ff. N. M. Kontoleon, Τὸ Ἐρέχθειον ὡς οἰκοδόμημα χθονίας λατρείας (1949) 41f. Ders., Mélanges O. Merlier I (1956) 293ff. Rubensohn, JdI. 70, 1955, 23f. EAA. IV 974ff. s.v. Megaron (Matz). **160** Daß die griechische Tempelzella aus den Überlegungen auszuscheiden hat, ist zuletzt mit Nachdruck von E. Lapalus, Le Fronton Sculpté en Grèce (1947) 36ff. betont worden. **161** Diff. adf. voc. p. 34 (Valkenaer): βωμός, ἑστία, ἐσχάρα, μέγαρον, περιῳκοδομη-

zu gewinnen, wird keine Fortsetzung erfahren, entscheidend ist einstweilen nur der aus zentralem Männersaal und beigeordneten Bauelementen sich ergebende Konglomeratcharakter des Ganzen. Ein Blick auf die unter 'Zusammengesetzte Hausformen' (s. oben S. O 31 ff.) vereinigten Befunde ergibt kaum Vergleichbares, nur an einer einzigen, erst seit kurzem bekannten Anlage bleibt er haften, es ist innerhalb der Siedlung Zagora das Haus des Stadtherrn. Ein zentraler Herdsaal mit umlaufenden Bänken wird flankiert von zahlreichen Räumen verschiedener Bestimmung. Unmittelbar gegenüber, innerhalb eines zugehörigen Areals und in den Maßen sehr viel kleiner, der Tempel der Stadtgottheit mit einem Brandaltar im Innern. Erstmals stößt der Archäologe auf ein vielzimmriges geometrisches Herrenhaus, dessen zentrale Funktion die Beherbergung einer genossenschaftlichen Speisegemeinschaft war. Damit ist der homerische Palast, was seine Grundstruktur angeht, in der zeitgenössischen Wirklichkeit untergebracht worden. Geht man auch nur irgendwie ins einzelne, so fehlt freilich jede weitere Vergleichbarkeit. Andererseits gewinnt nunmehr erhöhte Wichtigkeit alles das, was sich an partiellen Gleichsetzungen sonst noch vorbringen läßt. Einiges sei angeführt: Ein vorgelagerter und mauerumschlossener Hof — die αὐλή — ist dem geometrischen Haus durchaus bekannt. Die spätgeometrische Schicht von Altsmyrna enthält einige Rundbauten, einen innerhalb eines Hofes. Sie waren in die Erde eingetieft und hatten einen Mittelpfosten als Träger eines Zeltdaches. Daß es sich um Getreidespeicher handelt, darf als erwiesen gelten, ihre Gleichsetzung mit der Tholos im Hof des Odysseushauses ist mit Recht vorgenommen worden[162]. Ein durch Treppe erreichbares Obergemach, ein ὑπερῷον ist in Zagora in einem weiteren Haus der Siedlung nachgewiesen worden[163], es ist nicht ausgeschlossen, daß auch das Herrenhaus ein ὑπερῷον besessen hat. Der den Männersaal umlaufende Korridor, die λαύρη ist bekanntlich ein Charakteristikum des mykenischen Palastes und gilt als Kronzeuge für das hohe Alter des Odysseushauses[164]. Es besteht neuerdings kein Grund mehr, eine λαύρη für das geometrische Herrenhaus auszuschließen. Im phrygischen Gordion des 8. Jahrhunderts begegnet nicht nur erstmals der späterhin obligatorische Trenngang zwischen zwei Hausreihen, es werden außerdem vier der bisher freigelegten 'Megaron'-Bauten seitlich oder zugleich rückwärts von Trenngängen umgeben[165]. Der vielbehandelte Kyanos ist nahezu einstimmig mit den bekannten kretisch-mykenischen Alabasterfriesen gleichgesetzt worden. Daß neuerdings auch geometrische Schmuckplatten in den Bereich der Denkmöglichkeit getreten sind, ist an gegebener Stelle ausgeführt worden (S. 107). Man gewinnt den Eindruck, daß eine Gleichsetzung zwischen Odysseushaus und geometrischer Palastarchitektur über die Grundstruktur hinaus nur noch eine Frage der Zeit ist. Am ehesten wird man an einen Vorläufer des Prostastyps denken[166]. Die Isolierung des Männersaals von den übrigen Gebäuden durch einen Trenngang würde dann als ein altertümlicher Zug verstanden werden, der dem integrierten Gesamtgrundriß des Prostashauses, wie er im 7. Jahrhundert bereits vorlag, vorausging. Der vielbemühte mykenische Palast hingegen dürfte seine Rolle in der Homerarchäologie ausgespielt haben.

Einfacher liegen die Dinge beim schlichten Haus, der Hütte, die ein- oder mehrräumig sein kann[167]. Die Gleichsetzung von Wohnhütte, Hirtenunterkunft

μένη ἑστία.   **162** E. Akurgal, Die Kunst Anatoliens (1961) 13.   **163** Ἔργον 1967, 78.   **164** Vgl. hierzu die Anm. 157 genannten Arbeiten.   **165** AJA. 68, 1964, Taf. 85.   **166** MarbWPr. 1967, 6ff.   **167** Die Hütte des Eumaios hat

und Lagerbehausung durch die gemeinsame Bezeichnung κλισίη ist nicht minder aufschlußreich wie der Hinweis auf Wandpfosten und die Bedachung aus Schilf bei der Lagerwohnung des Achilles (XXIV 450). Es ist nie bezweifelt worden, daß der κλισίη die allgemeine Vorstellung eines Blockhauses bzw. einer Flechtwerkhütte zugrunde liegt. Auch die daraus notwendig abgeleitete Isolierung der Einzelbehausung, die meist von einem Zaun umgeben ist, wird als selbstverständlich vorausgesetzt. Damit bestätigt sich die auf rein archäologischem Wege gewonnene Einsicht (S. O 84), daß am Neubeginn der griechischen Architektur nach der dorischen Wanderung die locker gestreute Hütte gestanden habe.

Schließlich die Stadt[168]. Von der Phäakenstadt auf Scheria werden genannt die Pallisadenmauer, der Hafen, die auf den Hafen sich öffnende Agora mit umlaufenden Steinstufen und einem Poseidonheiligtum, der Herrscherpalast mit Wasserschöpfstelle (6,266f. 7,43f. 130f.). Eine hiervon ausgehende Einzelbehandlung ist nicht mehr beabsichtigt, es kann auf die einschlägigen Abschnitte verwiesen werden. Wichtig dagegen ist folgendes. Die Phäakenresidenz bietet das Bild einer fürstlichen Hofhaltung vor dem schattenhaften Hintergrund einer betriebsamen Stadt. Und diese ist außerdem unvollständig vorgeführt. Obwohl die Phäakenstadt einschließlich ihrer Häuser als Werk des Nausithoos genannt (6,9) und damit als eine geplante und in einem Zug erbaute Anlage zu verstehen ist, wie es die jonischen Koloniegründungen in der Tat gewesen sind, fällt über ihren ausgedehntesten Bezirk, über die Wohnviertel, über Straßen und Häuserreihen kein Wort. Das ist umso bemerkenswerter, als die systemhaft angelegte Stadt und die frühe Form des Häuserblocks in eben diesen Koloniegründungen als existierend und damit Homer und seinen Hörern als bekannt angenommen werden muß. Hier ist mit Nachdruck ausgespart worden, um den Glanz des Fürstenhofes um so nachdrücklicher hervorzuheben. Der Abstand zur zeitgenössischen Wirklichkeit, die sich in eben diesen Wohnblocks äußerte, ist ungeheuer.

Als nächstes soll die Frage nach der Erscheinungswirklichkeit homerischer und geometrischer Architektur gestellt werden. Wir gehen von einem ganz bestimmten Phänomen aus und beginnen mit dem Haus des Alkinoos (7,86ff.). Ehern ist die Schwelle und sind die Wände des Männersaales, goldene Fackelträger beleuchten ihn. Eine goldene Pforte in silbernem Rahmen mit goldenem Ring wird von goldenen und silbernen Hunden, Werken des Hephaistos bewacht. Das Alkinooshaus ist kein Einzelfall. Der Palast des Menelaos erstrahlt in Erz, Silber, Gold, Elfenbein und Bernstein (4,72f.). Das Haus des Poseidon in den Meerestiefen bei Aigai erstrahlt in Gold (XIII 21), das des Hephaist in Erz (XVIII 369), das Haus des Zeus (XX 11) und der Thalamos der Hera (XIV 166) sind von Hephaist erbaut worden.

Es ist die märchenhafte Welt des blinkenden und kostbaren Metalls, die in Beziehung zur Architektur tritt. Ist diese Welt des Glanzes nur das poetische Bild für Ansehen und Reichtum? Überraschen muß die Detailgenauigkeit, mit der die Tür des Alkinooshauses beschrieben wird[169], hier bekundet sich echtes Interesse. Vor allem: Wenn dem Gott des kunstvollen Schmiedehandwerks und kostbarer Gerätschaften die so völlig andersartige Funktion des Architekten übertragen wird, so führt das über poetische Zielsetzung hinaus und

---

einen Vorraum (πρόδομος), die Lagerwohnung des Achilles besteht aus mehreren Räumen.   **168** Die Rolle der Stadt im homerischen Weltbild behandelt W. Hoffmann, Die Polis bei Homer (Festschrift B. Snell [1956]) 153ff.   **169** Abgesehen davon sind die goldenen und silbernen Hunde als Reminiszenz orientalischer Portal-

trifft ein Zeitgefühl. Bekanntlich ist die Schmiedekunst das angesehenste, das eigentlich königliche Handwerk der geometrischen Zeit gewesen, ihre Leistungskraft tritt durch Neufunde immer nachdrücklicher ins Bewußtsein. Daß sie in der Person des Hephaist stellvertretend für künstlerisches Schaffen eintreten konnte, daß sie über ihren kunsthandwerklichen Gattungsbereich hinaus die Beurteilungsmaßstäbe schlechthin setzte, war nur möglich in einer Zeit, in welcher die monumentale Form und mit ihr die Architektur als eigengesetzlicher Gattungsbereich erst im Entstehen begriffen war und statt ihrer die vielgestaltigen Werke des kunsthandwerklichen Schaffens es vermochten, ein Zeitgefühl in Form umzusetzen. Aber nicht nur dies. Ich habe mich seinerzeit um den Nachweis bemüht, daß in den repräsentativen Bauten das Erz in der Tat einen festen Platz eingenommen habe[170]. Es würde zu weit führen, die weitläufigen Überlegungen zu referieren, nur einige zusammenfassende Bemerkungen zum tatsächlichen Aussehen geometrischer Bauten.

Steinhaftigkeit, Monumentalität und Plastizität der Einzelform haben erst von der frühen Archaik ab das einprägsame Bild der griechischen Architektur bestimmt; all dies muß zunächst einmal eliminiert werden. Geometrische Bauten hatten den Charakter einer schlanken Pfosten- und Fachwerkarchitektur. Das Formenarsenal war nicht eben klein. Als Stütze fanden Verwendung der Pfosten, die Säule, die Doppelsäule, und dies kaum ohne die zugehörigen Vorformen des dorischen und jonischen Kapitells[171]. Bekannt war vermutlich schon die Kannelur, bekannt in jedem Fall der Triglyphenfries und die Möglichkeit seiner dekorativ schmückenden Verwendung; die Schmuckformen des Daches müssen vielfältig gewesen sein.

In Analogie zur geometrischen Formensprache muß für die Bauten des 8. Jahrhunderts eine auf Gliederung und Artikulation der Einzelteile zielende Gestaltung angenommen werden, die in einer scharf abgesetzten Farbigkeit Unterstützung gefunden haben dürfte[172]. Voraussetzung war die orthogonale Gesamtgestalt, die Markierung von Einzelabschnitten durch Ecken und Gesimse, ihrerseits Ergebnis einer von gebogener Grundrißführung und gebogener Dachform ausgehenden Entwicklung. Die Kleinsteinigkeit geometrischen Mauerwerks findet ihren Reflex bei Homer (XVI 212. 23,193), die geglättete Stirnwand wird rühmend genannt (VI 244. 10,211). Die ästhetische Bewertung kleinsteinigen Mauerwerks läßt sich auch archäologisch erweisen. Erstrebt wurde der Eindruck des Zierlichen und Reichen. Die Zweiteilung der Wand in Sockelzone und Oberbau ist in ihren formbildenden Möglichkeiten erkannt worden. Noch die spätarchaische Steinfügung hat den Charakter des Zierlichen beibehalten. Die Fähigkeit, gelegenheitsbedingte Zurüstung und temporären Schmuck in sich aufzunehmen, ist der griechischen Architektur nie ganz verlorengegangen, am größten muß sie unter den angegebenen Voraussetzungen in geometrischer Zeit gewesen sein und läßt sich durch Homer belegen. Die gut beglaubigte Rolle des Erzes in der geometrischen Architektur,

---

löwen zu verstehen. Vgl. MdI. 5, 1952, 31f.   170 MdI. 5, 1952, 7ff. Neuere Zusammenstellung der Belege bei A. K. Orlandos, Τὰ ὑλικὰ δόμης τῶν ἀρχαίων Ἑλλήνων II (1958) 3ff.   171 R. M. Cook, Jonia and Greece 800—600 (JHS. 66, 1946, 17) nimmt an, daß die dorische und jonische Säulenordnung in Analogie zu den scharf ausgeprägten Landschaftsstilen der Vasenmalerei in räumlicher Unabhängigkeit sich ausgebildet haben. Das Nebeneinander von zwei Stützenformen im festländischgriechischen Raum ist nicht geeignet, diese Annahme zu stützen. Vgl. MdI. 5, 1952, 35.   172 Der Vorgängerbau des Poseidontempels in Isthmia aus der ersten Hälfte des 7. Jhs. hatte farbige Außenbemalung; Χαριστήριον εἰς Ἀ. Κ. Ὀρλάνδον III (1966) 64f.

von der wir ausgegangen sind, fügt sich in das skizzierte Gesamtbild ein. Das höchste Lob, das Homer über ein Bauwerk zu vergeben hatte, war seine Kostbarkeit, sie muß einen realen Anspruch auf Repräsentation ausgedrückt haben. Das Maß seiner Verwirklichung ist uns unbekannt. Unberührt davon ist der Grundcharakter geometrischer Baukunst, soweit er sich noch erkennen und erschließen läßt: seine Zierlichkeit und Heiterkeit.

Als abschließende Erkenntnis kann verbucht werden: Die griechische Architektur der geometrischen Zeit ist zu einem Forschungsgegenstand herangewachsen, der es erlaubt, die Aussage der homerischen Epen unter Ausschluß der mykenischen Reste ausschließlich auf ihren zeitgenössischen archäologischen Gehalt zu überprüfen, zugleich aber das, was Homer mitzuteilen hat, in seinem Gehalt schärfer zu erfassen. Das vielgestaltige Bild der geometrischen Architektur reduziert sich in den Epen auf einen kleinen Ausschnitt, wobei die Blickverengung auf den fürstlichen Herrn den Ausschlag gab. Das Odysseushaus ist als Architektur und in seiner Funktion noch unberührt von den neuen Tendenzen, die in der Folgezeit zum Durchbruch kommen. In gleicher Weise bleibt die frühe Stadt als Stadt gesichtslos und hat die beherrschende Stellung des frühen Kult- und Herdhauses keinen Eingang in die Epen gefunden. Die homerische Welt ist noch ungebrochen die des feudalen Adelssitzes und des reisenden Gefolgschaftsverbandes, ihre Welthaftigkeit hat hier ihre Wurzel. Und sie ist umgeben von den verklärenden Zügen einer großen Vorzeit.

VI. ORTSREGISTER ZUR DENKMÄLERLISTE
(Lediglich Verweise sind unberücksichtigt geblieben)

Aetos	63
Altsmyrna	44
Amnisos	63
Antissa	
Apsishaus	25
Apsis- oder Ovalhaus	26
Argos	
Heraion	57
Kastro	62
Asine	
Tempel des Apollon Pythaios	9
Geometrische Terrasse auf der Akropolis	22
Mauerzüge	63
Athen	
Ovalhaus	29
'Heiliges Haus'	31
Aulis	64
Delos	
Bau Γ	5
Rechteckbau unter dem Naxieroikos	19
Heraheiligtum auf dem Kynthos	23

Älterer Artemistempel	24
Hafenmole	62
Mauerzüge	64

Delphi

Kanalisation	62
Haus- und Mauerreste	64

Didyma	59

Dreros

Apollotempel	5
Agorastufen (?)	59

Eleusis

Apsishaus	27
Ovalhaus	30
Mehrzimmriges Kulthaus	33
Stützmauer der Mysterienterrasse	61

Emporio

Einzelne Häuser	10
Siedlung	47

Eretria

Apsishaus	27
Mauerreste	64

Gonnoi	30

Gortyn

Mehrzimmriger Rechteckbau	33
Siedlungsreste	36

Hephaistia

Mehrzimmriges Heiligtum	35
Siedlung	50

Hymettos	31
Iasos	56
Jolkos	65
Karphi	39

Kavousi

Kleiner Kultbau	8
Siedlung	41

Lathouresa	50
Leukanti	65
Melie	57

Milet

Ovale Steinsetzungen	31
Mauerzüge	68

Mykene

Apsishaus	28
Uferbefestigung	62
Stützenbasen	68

Naxos	69
Olous	21

Othrys	69
Paros	69
Perachora	
Tempel der Hera Limenia	8
Tempel der Hera Akraia	28
Phaistos	
Tempelfundamente	25
Siedlung	41
Praisos	35
Samos	
Ältester Heratempel	13
Naiskoi	25
Samothrake	61
Siphnos	50
Solygeia	29
Sparta	19
Theben	69
Thermos	14
Thorikos	
Haus mit vorgelagertem Hof	22
Mehrzimmrige Hausanlagen	36
Siedlung (?)	51
Tiryns	17
Tsikalario	
Rechteckbau	21
Siedlung	51
Vrokastro	
Kleiner Kultbau	9
Siedlung	43
Vroulia	51
Xoborgo	
Kleiner Kultbau	10
Hausgruppe	55
Zagora	55

VII. ABKÜRZUNGSVERZEICHNIS

Außer den in der Archäologischen Bibliographie aufgeführten Abkürzungen sind folgende verwandt worden:

Dawkins, Orthia	R. M. Dawkins, The Sanctuary of Artemis Orthia at Sparta. JHS. Suppl. V (1929).
Desborough, The Last Mycenaeans	V. R. d'A. Desborough, The Last Mycenaeans and their Successors (1964).
Desborough, Prot. P.	V. R. d'A. Desborough, Protogeometric Pottery (1952).
Ebeling, LH.	H. Ebeling, Lexicon Homericum I—II (1880—1885).
Gallet de Santerre, Délos Primitive	H. Gallet de Santerre, Délos Primitive et Archaique (1958).
Lorimer, HM.	H. L. Lorimer, Homer and the Monuments (1950).
Mylonas, AncM.	G. E. Mylonas, Ancient Mycenae (1957).
Nilsson, GGR.[2]	M. P. Nilsson, Geschichte der griechischen Religion I—II. 2. Aufl. 1955—1961.
Nilsson, MMR.	M. P. Nilsson, The Minoan-Mycenaean Religion and its Survival in Greek Religion. 2. Aufl. 1950.
Pendlebury, Crete	J. D. S. Pendlebury, The Archaeology of Crete. 2. Aufl. 1963.
Picard, Rel. Préhell.	C. Picard, Les Religions Préhelléniques (1948).
SCE.	The Swedish Cyprus Expedition I—IV (1934—1962).
Wace, Mycenae	A. J. B. Wace, Mycenae (1964).
Wace-Stubbings, Companion	A. J. B. Wace - F. H. Stubbings, A Companion to Homer (1962).
Weickert, Typen	C. Weickert, Typen der archaischen Architektur in Griechenland und Kleinasien (1929).

Es werden bezeichnet mit römischen Ziffern die Bücher der Ilias, mit arabischen Ziffern die Bücher der Odyssee.

Manuskriptabschluß: Herbst 1968

ARCHAEOLOGIA HOMERICA
Kapitel P

ARCHAEOLOGIA HOMERICA

Die Denkmäler
und das frühgriechische Epos

Im Auftrage des
Deutschen Archäologischen Instituts
herausgegeben von
Friedrich Matz und Hans-Günter Buchholz

Kapitel P: S. Laser, Hausrat

GÖTTINGEN · VANDENHOECK & RUPRECHT · 1968

HAUSRAT

Von

Siegfried Laser

GÖTTINGEN · VANDENHOECK & RUPRECHT · 1968

© Vandenhoeck & Ruprecht in Göttingen 1968. — Umschlag: Karlgeorg Hoefer. — Printed in Germany. — Ohne ausdrückliche Genehmigung des Verlages ist es nicht gestattet, das Buch oder Teile daraus auf foto- oder akustomechanischem Wege zu vervielfältigen. Gesamtherstellung: Hubert & Co., Göttingen

Kapitel P

HAUSRAT

von Siegfried Laser, Kiel[1]

mit Anhang I, Beleuchtungsgerät
von Ulf Jantzen und Renate Tölle, Athen

und

Anhang II, Die Elfenbein-Throne von Salamis, Zypern
von Vassos Karageorghis, Nikosia

1. Das Bett bei Homer und im älteren Epos, a) εὐνή, b) κοῖτος und κοίτη, c) λέχος, d) λέκτρον, e) δέμνιον, f) Betteinlagen (ἐνεύναιον), α) χλαῖνα, β) τάπης und ῥῆγος, γ) κῶας, δ) Zusammenfassung. — 2. Das homerische Bett im Spiegel der Monumente, a) Einführung, b) Bildliche Darstellungen von Betten, c) Zeichnerische Wiedergabe der Liegefläche, d) Gesamtkonstruktion des Bettes in geometrischer Zeit, e) Bettauflagen. — 3. Sitzmöbel bei Homer und im älteren Epos, a) θῶκος, θόωκος, b) ἕδος, c) ἕδρη, d) δίφρος, e) θρόνος, f) κλισίη, g) κλιντήρ, h) κλισμός, i) θρῆνυς, j) σφέλας. — 4. Homerische Sitzmöbel im Spiegel der Monumente, a) Lehnenlose Sitzmöbel, b) Sitzmöbel mit Rückenlehnen, c) Fußschemel. — 5. Der Tisch bei Homer und im älteren Epos. — 6. Der homerische Tisch im Spiegel der Monumente. — 7. Truhen und Kästen bei Homer und im älteren Epos, a) χηλός, b) φωριαμός, c) λάρναξ, d) ὄγκιον, e) κίστη. — 8. Homerische Truhen und Kästen im Spiegel der Monumente, a) Grundform der homerischen Truhe, b) Befestigung und Verschluß des Deckels, c) Dekoration der Kastenmöbel. — 9. Zusammenfassung. — Anhang I: Beleuchtungsgerät. — 10. Lichtquellen bei Homer und Hesiod, a) δαΐς, b) δάος, c) δετή, d) λαμπτήρ, e) λύχνος. — 11. Beleuchtungsvorrichtungen nach den archäologischen Funden, a) Einführung, b) Kreta-Mykene, α) Steinlampen, β) Tonlampen, γ) Bronzelampen, c) Syrien-Phönikien, d) Kypros, e) Griechenland im siebten Jahrhundert v. Chr., f) Griechenland in homerischer Zeit. — 12. Beleuchtungsgerät im Kult. — 13. Zum Problem früher bildlicher Darstellungen von Lampen. — 14. Zusammenfassung. — Anhang II: Die Elfenbein-Throne von Salamis, Zypern. — 15. Literatur.

1. Das Bett bei Homer und im älteren Epos

Für die Bezeichnung von »Bett, Lagerstätte« kennt das Homerische Epos die Ausdrücke εὐνή, κοῖτος, κοίτη, λέχος, λέκτρον, δέμνια.

a) Εὐνή

Das Wort εὐνή wird am häufigsten gebraucht (rund 80 Stellen). Es bezeichnet das Lager, die Bettstatt, insbesondere das gebrauchsfertige Bett. 3, 405 erhebt sich Nestor aus seinem Bette: ὤρνυτ' ἄρ' ἐξ εὐνῆφι, 15, 58 Menelaos von der Seite Helenas: ἀνστὰς ἐξ εὐνῆς. Man legt sich zu Bett, wie Penelope 17, 101f.: ὑπερώιον εἰσαναβᾶσα λέξομαι εἰς εὐνήν oder 1, 425ff.: Τηλέ-

[1] Hans Diller zum 60. Geburtstag am 8. 9. 1965 gewidmet.

μαχος δ'ὅθι οἱ θάλαμος ... δέδμητο ... ἔνθ' ἔβη εἰς εὐνήν ... Auch vom Bette des Gastes wird εὐνή gesagt, z. B. 4, 294; IX 618.

Weiter bezeichnet εὐνή die komplette Bettstatt als Ergebnis einer Zurüstung. 19, 317f. läßt Penelope den Bettler versorgen:

ἀπονίψατε, κάτθετε δ' εὐνήν,
δέμνια καὶ χλαίνας καὶ ῥήγεα σιγαλόεντα.

Hier besteht εὐνή aus dem Bettgestell, δέμνια, und dem Bettzeug, χλαῖναι καὶ ῥήγεα. Laertes kennt ein derartiges Lager nicht mehr (11, 188f):

οὐδέ οἱ εὐναί,
δέμνια καὶ χλαῖναι καὶ ῥήγεα σιγαλόεντα.

23, 289ff. wird nach dem Wiedererkennen der Gatten das Ehelager hergerichtet:

Εὐρυνόμη τε ἰδὲ τροφὸς ἔντυον εὐνήν
ἐσθῆτος μαλακῆς ...
αὐτὰρ ἐπεὶ στόρεσαν πυκινὸν λέχος ἐγκονέουσαι,
γρηῦς μὲν ...   οἰκόνδε βεβήκει·
τοῖσιν δ'Εὐρυνόμη θαλαμηπόλος ἡγεμόνευεν
ἐρχομένοισι λέχοσδε, δάος μετὰ χερσὶν ἔχουσα.
    ... οἱ μὲν ἔπειτα
ἀσπάσιοι λέκτροιο παλαιοῦ θεσμὸν ἵκοντο.

Über die Synonymik dieser Stelle wird noch weiter unten zu reden sein. Εὐνή wird neben λέχος ohne erkennbaren Unterschied gebraucht in dem Verse 3, 403: τῷ δ' ἄλοχος δέσποινα λέχος πόρσυνε καὶ εὐνήν, das heißt »ihm gewährte« oder »mit ihm teilte die Gattin das Lager« (ähnlich 7, 347; 8, 269)[2].

Seltener bezeichnet εὐνή die bloße Bettstelle, so 14, 518ff., wo Eumaios dem Bettler eine Lagerstatt herrichtet:

... τίθει δ' ἄρα οἱ πυρὸς ἐγγὺς
εὐνήν, ἐν δ' οἰῶν τε καὶ αἰγῶν δέρματ' ἔβαλλεν.
ἔνθ' Ὀδυσεὺς κατέλεκτ'. ἐπὶ δὲ χλαῖναν βάλεν αὐτῷ,

oder 16, 34f., wo Telemach sich nach des Vaters Bette erkundigt:

Ὀδυσσῆος δέ που εὐνὴ
χήτει ἐνευναίων κακ' ἀράχνια κεῖται ἔχουσα[3].

Einmal muß εὐνή die Bettauflage bedeuten, wofür sonst ἐνεύναιον gesagt wird. 23, 177ff. weist Penelope die Mägde an:

ἀλλ' ἄγε οἱ στόρεσον πυκινὸν λέχος, Εὐρυκλέεια,
ἐκτὸς εὐσταθέος θαλάμου ...
ἔνθα οἱ ἐκθεῖσαι πυκινὸν λέχος ἐμβάλετ' εὐνήν,
κώεα καὶ χλαίνας καὶ ῥήγεα,

das heißt, das Bettgestell, λέχος, soll herausgestellt und das Bettzeug, εὐνή, daraufgelegt werden, das aus Fellen, Decken und Tüchern, κώεα, χλαῖναι, ῥήγεα, besteht.

Neben dem bezeichneten Gebrauch lassen manche Stellen fast nur die Funktion in der Bedeutung Nachtruhe, Schlaf hervortreten. Nach 20, 130 hat der Fremdling Anspruch auf Speisung und εὐνή. XXIV 129f. denkt

---

[2] Vgl. Leaf zu III 411.   [3] Zur umstrittenen Deutung der Stelle vgl. unten zu ἐνεύναιον.

Achill οὔτε τι σίτου οὔτ' εὐνῆς, wo aus dem folgenden auch schon an die spezielle Bedeutung »Beischlaf« zu denken ist, die 8, 248f. ebenfalls transparent wird, wo die Freuden der Phäaken beschrieben werden:

αἰεὶ δ' ἡμῖν δαίς τε φίλη κίθαρίς τε χοροί τε
εἵματά τ' ἐξημοιβὰ λοετρά τε θερμὰ καὶ εὐναί.

So wird εὐνή häufig zwar noch als Sache, doch speziell als Bett zum Beilager, Ehebett verstanden. In formelhaften Verbindungen wird vom Besteigen, ἐπιβαίνειν, des Bettes einer Frau geredet (IX 133 u. ö.). Die Freier wollen im Ehebett des Odysseus schlafen: κρατερόφρονος ἀνδρὸς ἐν εὐνῇ .. εὐνηθῆναι (4, 333f. u. ö.). 8, 269 entehrt der Ehebrecher Ares das Ehebett des Hephaistos: λέχος δ' ᾔσχυνε καὶ εὐνήν. Die keusche Gattin achtet das Ehebett des Gemahls: εὐνήν τ' αἰδομένη πόσιος (16, 75 u. ö.). Vollends zum Abstraktum Beischlaf wird εὐνή besonders in zahlreichen Formelversen in der Verbindung ἐμίγη φιλότητι καὶ εὐνῇ (III 445 u. ö.) »sich in Liebe und Beilager verbinden«.

Schließlich meint εὐνή jeden Liege- und Lagerplatz im Freien, so II 783 von der Lagerstätte des Typhoeus im Land der Arimer, XXIV 615 von den Lager- und Wohnplätzen der Nymphen, X 75 u. ö. von den Lagerplätzen der Krieger auf Feldwache, 11, 194 von Laertes' Blätterlager: φύλλων κεκλιμένων χθαμαλαὶ βεβλήαται εὐναί. Ein ähnliches provisorisches Lager im Freien bereitet sich 5, 482f. der schiffbrüchige Odysseus: εὐνὴν ἐπαμήσατο χερσὶ φίλῃσιν εὐρεῖαν. Εὐνή heißen auch die Lagerstätten, die 4, 438 Eidothea für Menelaos und seine Begleiter in den Sand gräbt.

Endlich bedeutet εὐνή jedes Lager wildlebender Tiere (XV 580 u.ö.), und auch die Schweinekofen im Vorwerk des Eumaios werden so genannt (14, 14). Obwohl in der von uns zunächst behandelten Bedeutungsgruppe die konkrete Sachbedeutung nicht zu bestreiten ist, läßt sich doch die Tendenz zur funktionellen, abstrakten Bedeutung, die auch der Zahl nach überwiegt, nicht verkennen. Dem entspricht, daß εὐνή über keine Beiwörter verfügt, die irgend etwas über die sachliche Beschaffenheit des Möbels aussagen. Das einzige Attribut, das sich auf eine konkrete Bedeutung bezieht, ist μαλακός. 23, 349 erhebt sich Odysseus εὐνῆς ἐκ μαλακῆς, IX 618 lädt Achilleus Phoinix ein, εὐνῇ ἔνι μαλακῇ zu schlafen — ähnlich XXII 504 von Astyanax —, und 23, 289f. rüsten die Mägde εὐνὴν ἐσθῆτος μαλακῆς. Wo mit εὐνή die Sache gemeint ist, herrscht also die Vorstellung des weichen Lagers vor. Die allgemeine, unspezifische Bedeutung »Lagerstätte« wird die ursprüngliche gewesen sein. Singular und Plural werden immer präzise gebraucht — einzige Ausnahme II 783, formelhaft nach XXIV 615. Zur sachlichen Orientierung ließ sich entnehmen, daß sich das Bett Telemachs (1, 427) in seinem θάλαμος befindet und das Ehebett des Odysseus im θάλαμος der Eheleute steht (23, 178). Penelope schläft in Abwesenheit des Gatten im ὑπερῴον (17, 101).

b) Κοῖτος und κοίτη

Beide Ausdrücke sind weniger häufig aber ähnlich zu werten wie εὐνή. Sie gehören deverbativ zu κεῖμαι und bedeuten das Lager[4]. 19, 510 tritt die Funktion stärker als die Sache hervor: καὶ γὰρ δὴ κοίτοιο τάχ' ἔσσεται ἡδέος ὥρη »die Stunde des Zubettgehens wird bald da sein«. Dieselbe abstrakte Bedeutung das Zubettgehen, sich Niederlegen liegt in zahlreichen Verbindungen

---

[4] Risch, Wortbildung § 11b.

mit μέδεσθαι und μιμνήσκεσθαι vor, z. B. 3,333f. ἀθανάτοισιν σπείσαντες κοίτοιο μεδώμεθα
oder 16,480f.
>   αὐτὰρ ἐπεὶ πόσιος καὶ ἐδητύος ἐξ ἔρον ἕντο,
>   κοίτου τε μνήσαντο καὶ ὕπνου δῶρον ἕλοντο.

Wenn Penelope 19,515f. von ihren nächtlichen Sorgen spricht αὐτὰρ ἐπὴν νὺξ ἔλθῃ ἕλῃσί τε κοῖτος ἅπαντας, κεῖμαι ἐνὶ λέκτρῳ, kann κοῖτος nur als Schlaf verstanden werden. Nach Hesiod soll man zur Erntezeit schattige Plätze καὶ ἐπ' ἠόα κοῖτον (Op. 574) meiden, das heißt den Schlaf bis zum Morgen. Nur einmal liegt die konkrete Bedeutung Lagerstätte vor. 22, 470 wird von den ungetreuen Mägden, die wie Dohlen in der Schlinge erhängt werden, gesagt: στυγερὸς δ' ὑπεδέξατο κοῖτος »ein schlimmes Lager nahm sie auf«; ähnlich ironisch heißt es 22, 196 von Melanthios, der an den Balken gefesselt ist: εὐνῇ ἔνι μαλακῇ καταλέγμενος. Die gleiche Bedeutung ist an der einzigen Stelle zu κοίτη anzunehmen. 19, 341 sagt der Bettler, er habe schon viele Nächte schlaflos zugebracht ἀεικελίῳ ἐνὶ κοίτῃ.

c) Λέχος

Das Wort λέχος bedeutet »Bettlager, Liegestatt«. Es bezeichnet zunächst das gebrauchsfertige Bett, worin man sich zur Ruhe begibt: πρὸς ὃν λέχος ἤιε (I 609: Zeus), von dem man sich erhebt, XI 1: Ἠὼς δ' ἐκ λεχέων ... ὤρνυθ', in dem man schläft:

>   ὣς ὁ μὲν ἔνθα καθεῦδε ... Ὀδυσσεὺς
>   τρητοῖς ἐν λεχέεσσιν ὑπ' αἰθούσῃ ἐριδούπῳ

(7, 344f.: Odysseus als Gast des Alkinoos), in dem man jemand zur Ruhe bringt: τὸν δ' αὐτοῦ κοίμησε ... τρητοῖς ἐν λεχέεσσι ὑπ' αἰθούσῃ (3, 397ff.: Nestor seinen Gast Telemach), in dem man sitzt: κλαῖον δ' ἐν λεχέεσσι καθήμενος (10, 497).

Vornehmlich ist mit λέχος das Möbel, die Bettstelle gemeint, besonders, wo vom Herrichten eines Bettes gesprochen wird. Das schildert eingehend 7, 335ff., wo Arete ein Gastbett für Odysseus herrichten läßt:

>   κέκλετο ...   ἀμφιπόλοισι
>   δέμνι' ὑπ' αἰθούσῃ θέμεναι καὶ ῥήγεα καλὰ
>   ... ἐμβαλέειν, στορέσαι τ' ἐφύπερθε τάπητας,
>   χλαίνας τ' ἐνθέμεναι οὔλας καθύπερθεν ἕσασθαι ...
>   αὐτὰρ ἐπεὶ στόρεσαν πυκινὸν λέχος ἐγκονέουσαι,
>   ὤτρυνον δ' Ὀδυσῆα ...
>   ὄρσο κέων, ὦ ξεῖνε, πεποίηται δέ τοι εὐνή.

Die häufig gebrauchte Wendung πυκινὸν λέχος στορέσαι bedeutet demnach »ein Bettlager herrichten, indem man eine Bettstelle mit Bettzeug versieht«. Den gleichen Vorgang bezeichnet man mit εὐνὴν ποιεῖν (7, 342) und εὐνὴν ἐντύειν (23, 289; siehe oben zu εὐνή). Aus 23, 179

>   ἔνθα οἱ ἐκθεῖσαι πυκινὸν λέχος ἐμβάλετ' εὐνήν,
>   κώεα καὶ χλαίνας ...

geht hervor, daß πυκινὸν λέχος die Bettstelle meint[5] — gleichbedeutend mit δέμνια 7, 336 — und στορέσαι mit ἐμβάλλειν εὐνήν — letzteres in der Sonder-

---

[5] Antike Erklärer bezogen das Beiwort ohne Berücksichtigung von 23, 179 auf eine festgezogene, straffe Unterlage; vgl. Eust. zu 7, 336: διὰ τὴν τοῦ στρώματος

bedeutung »Betteinlage«, — das heißt »das Bettzeug auflegen«, gleichzusetzen ist. Die merkwürdige Formulierung IX 660f.:

... στόρεσαν λέχος ὡς ἐκέλευσεν,
κώεά τε ῥῆγός τε λίνοιό τε λεπτὸν ἀωτόν

faßt κώεα ... sicher nicht als Apposition zu λέχος, sondern als eine Art 'innerer Akkusativ' und will wohl nichts anderes besagen als »sie versahen ein Bett mit Bettzeug unter Verwendung von Fellen, Laken usw.«. Die beim Gebrauch von στορέσαι sonst übliche Erwähnung des Aufstellens einer Bettstelle, auf die das Bettzeug gelegt wird[6], fehlt hier. Im Demeterhymnus wird das λέχος στορέσαι (Demeterhymn. 143) als typische Arbeit einer Dienstmagd hervorgehoben. In den homerischen Hymnen und bei Hesiod heißt demnach ein gebrauchsfertig hergerichtetes Bett (εὖ) στρωτὸν λέχος[7]. Die Bettstelle ist schließlich überall da gemeint, wo der Verbalgebrauch diese Bedeutung voraussetzt. Man stellt ein Bett irgendwohin (23, 184 u. ö.), man fügt es zusammen (23, 189), man hobelt es (23, 199), man versieht es mit Löchern (23, 198).

XXIV 743 ist das Sterbebett gemeint, wo Andromache um Hektor klagt: οὐ γάρ μοι θνῄσκων λεχέων ἐκ χεῖρας ὄρεξας. XVIII 352 ist es das Totenbett, auf dem Patroklos aufgebahrt wird: ἐν λεχέεσσι δὲ θέντες ἑανῷ λιτὶ κάλυψαν. So wird allgemein vom Aufbahren eines Toten ἐντίθεσθαι λεχέεσσιν gesagt[8]. XVIII 233 wird der den Feinden entrissene Leichnam des Patroklos ἐν λεχέεσσιν gelegt und sodann als κείμενον ἐν φέρτρῳ (236) erwähnt. Hier bezeichnet λέχος also synonym mit φέρτρον die Totenbahre zum Transport des Gefallenen. Diese ist sachlich nicht identisch mit dem Bett, auf dem der Leichnam beim eigentlichen Totenzeremoniell liegt (XVIII 352). Ähnliches läßt sich im vierundzwanzigsten Buch beobachten. Vers 589, 600 und 702 ist die Totenbahre gemeint, auf welcher der Leichnam auf dem Wagen in die Stadt befördert wird. Erst XXIV 720 legt man ihn τρητοῖς ἐν λεχέεσσιν, das eigentliche Prothesisbett.

Schließlich meint λέχος oft das Ehebett, Bett zum Beilager, so III 411, wo sich Helena weigert, zu Alexandros zu gehen κείνου πορσανέουσα λέχος, das heißt »für sein Ehelager zu sorgen«, oder in der Formel λέχος πόρσυνε καὶ εὐνήν (3, 403 u. ö.; vgl. zu εὐνή). Λέχος bezeichnet ausdrücklich das Ehebett in dem Vers νωίτερον λέχος αὐτῶν κουρίδιον (XV 39: Hera zu Zeus). Von der Entehrung des Ehebettes, λέχος, wird 8, 269 gesprochen (vgl. Hesiod, Frgt. 93; Apollonhymn. 328). Häufig begegnen, ähnlich wie bei εὐνή, Wendungen wie λέχος τινὸς εἰσαναβαίνειν, die sich jedoch, von VIII 291 abgesehen, nur auf Hesiod beschränken. Παραὶ λεχέεσσι κλινθῆναι für »beischlafen« findet sich 1, 366; 18, 213 und ähnlich Aphroditehymnus 126.

Der Sprachgebrauch zeigt, daß bei λέχος die Sachbezeichnung als Möbelstück im Vordergrund steht. Wo es weniger auf die konkrete Bedeutung ankam, näherte es sich dem Gebrauch von εὐνή an, etwa in den allgemeinen Wendungen »zu Bett gehen« und ähnlichem, oder in der Bedeutung »Ehebett, Beilager«. Auf die Sachbedeutung verweisen die Beiwörter πυκινός (IX 621 und an weiteren fünf Stellen), ἀσκητός (23, 189), εὐποίητος (Aphroditehymn. 161), δινωτός (III 391) und τρητός (III 448 und an weiteren fünf Stellen).

πυκνότητα. Danach bietet LS. s. v. noch »wellstuffed«.   6 7, 336; XXIV 644; 23, 179; 4, 297.   7 Hes. Th. 798; h. Ven. 157; h. Cer. 285.   8 XXI 124; XXII 353; XXIV 720 u. ö.; vgl. dazu hier das Kapitel »Totenkult«.

Εὐποίητος, ἀσκητός und πυκινός sind unspezifische Qualifikationen handwerklicher Arbeit[9]; für δινωτός wird man trotz des abweichenden Bedeutungswertes XIII 407, wo es als Beiwort des Schildes nur »rund gearbeitet« heißen kann, als Beiwort zu Möbeln die traditionelle Übersetzung »gedrechselt« beibehalten müssen[10]. Δινωτὸν λέχος würde dann ein Bett mit gedrechselten Füßen meinen[11], da gerade diese Bauglieder nach Ausweis der Monumente über Jahrhunderte Anreiz zur Drechselarbeit boten. Was das umstrittene τρητός bedeutet, werden wir im Rahmen der archäologischen Erörterungen zu klären suchen.

Von Wichtigkeit für die Sacherklärung ist die Beurteilung des Gebrauchs von Singular und Plural, den wir in unserer semasiologischen Übersicht nicht berücksichtigt haben. Es war ein entscheidender Fehler älterer Erklärer, im Gebrauch der Numeri Bedeutungsunterschiede aufspüren zu wollen. Seit K. Wittes bahnbrechenden Untersuchungen wissen wir, daß im Epos Gebrauch und Wechsel von Singular und Plural durch metrische Rücksichten bestimmt waren[12]. Witte demonstrierte seine Erkenntnisse unter anderem gerade an Beispielen zu λέχος, λέκτρον, δέμνιον. Ältere Interpretationen, etwa in der Art von E. Buchholz, der den Singular λέχος als »Bettstelle« und den Plural λέχεα als »gebrauchsfertiges Bett« verstehen wollte[13], halten einer genaueren Prüfung nicht stand[14].

Nicht unerwähnt bleiben darf die berühmte Schilderung vom Bau des Ehebettes, das sich Odysseus selber zimmert (23, 190 ff.). Um einen Ölbaum wird der Thalamos gebaut. Dann wird dem Baum die Krone abgeschnitten und der säulendicke Stamm mit Hilfe der Richtschnur sorgfältig zu einem Bettfuß, ἑρμίς, zurechtgezimmert. Dann, so sagt Odysseus, »bohrte ich alles mit dem Bohrer, τέτρηνα δὲ πάντα τερέτρῳ. Von diesem Bettfuß ausgehend zimmerte ich das vollständige Bett und glättete es, ἐκ δὲ τοῦ ἀρχόμενος λέχος ἔξεον, versah es mit Verzierungen von Gold, Silber und Elfenbein und bespannte es mit Riemen aus rotgefärbtem Rindsleder«, ἐν δ' ἐτάνυσσ' ἱμάντα βοὸς φοίνικι φαεινόν[15]. Unsere Vorstellungen von der Beschaffenheit des homerischen Bettes werden durch diese Schilderung nur wenig bereichert. Der Ölbaumstumpf bildet wohl einen der vier Bettfüße und hat immerhin gewissen technischen Sinn, weil er die Standfestigkeit des Möbels erhöht. An ihn wird der Bettrahmen mit den übrigen Bettfüßen gefügt und das fertige Werk mit kostbaren Einlegearbeiten verziert[16]. Die näheren Umstände sprechen nicht gerade dafür, daß es sich um ein zuverlässiges Zeugnis zeitgenössischer

---

[9] Vgl. jedoch zu πυκινός unten Anm. 151.   [10] Weiteres vgl. zu κλισίη, S. P 41f.   [11] Vgl. Schol. A zu III 391 (Dindorf I 162): διὰ τὸ τετορνεῦσθαι τοὺς πόδας.   [12] K. Witte, Singular und Plural, Forschungen über Form und Geschichte der griechischen Poesie (1907); ders., RE. VIII 2231 s. v. Homeros. [13] Buchholz, Realien II 2, 150ff.   [14] Die Stellen sind zahlreich, wo der Singular das komplette Bett meint, z. B. I 609; 23, 294 und an 14 weiteren Stellen, an denen λέχος das Ehebett bezeichnet. III 447 f. sagt doch förmlich, daß zwischen Singular und Plural kein sachlicher Unterschied besteht: ἦ ῥα, καὶ ἦρχε λέχοσδε κιών· ἅμα δ' εἵπετ' ἄκοιτις. τὼ μὲν ἄρ' ἐν τρητοῖσι κατεύνασθεν λεχέεσσιν. 10, 12 schlafen die Söhne des Aiolos ἔν τε τάπησι καὶ ἐν τρητοῖς λεχέεσσι. Hier ist die Betteinlage zusätzlich erwähnt, λέχεα muß also die Bettstelle meinen, was bei allen Verbindungen mit τρητός und vergleichbaren Beiwörtern ohnehin anzunehmen ist. Desgleichen wird XVIII 233 der Plural gebraucht, wo das φέρτρον gemeint ist, auf dem der Leichnam — gewiß doch ohne Bettzeug — aus der Schlacht getragen wird.   [15] Der Singular ἱμάντα hat sich als metrisch bequemere Form gegenüber ἱμάντας durchgesetzt. Vgl. Witte, RE. VIII 2231. [16] Zur Fragwürdigkeit dieser Angabe vgl. unten S. P 10 und Anm. 35.

Möbelherstellung handelt[17]. Allenfalls läßt sich daraus noch entnehmen, daß dieses Bett keine gedrechselten Füße hatte. Mehrfach hören wir, daß das Bett für den Gast in die Säulenhalle, αἴθουσα, πρόδομος, gestellt wird[18].

d) Λέκτρον

Der Ausdruck λέκτρον »Liegestatt, Bett« gehört zum gleichen Stamm wie λέχος[19]. Er bezeichnet gewöhnlich das Bett in seiner Gesamtheit: ἕζετο δ' ἐν λέκτρῳ, μαλακὸν δ' ἔκδυνε χιτῶνα (1, 437: Telemach), ἐν λέκτροισι καθεζομένη μαλακοῖσιν (20, 58: Penelope), ἀλλ' ἔρχευ, λέκτρονδ' ἴομεν (23, 254: Odysseus zu Penelope), ähnlich 8, 292: λέκτρονδε τραπείομεν (Ares zu Aphrodite). »Im Bette liegen oder schlafen« heißt 19, 516 κεῖσθαι ἐνὶ λέκτρῳ, 8, 337 εὕδειν ἐν λέκτροισι. 23, 296 begeben sich die Gatten ins Schlafgemach: ἀσπάσιοι λέκτροιο παλαιοῦ θεσμὸν ἵκοντο. 20, 141 berichtet Eurykleia von dem Bettler, er habe nicht in einem komfortablen Bette schlafen wollen: οὐκ ἔθελ' ἐν λέκτροισι καὶ ἐν ῥήγεσι καθεύδειν, obwohl Penelope den Mägden aufgetragen habe δέμνι' ... ὑποστορέσαι (20, 139), das heißt, ebenso wie λέχος στορέσαι, »eine Bettstelle mit Bettzeug versehen«. Diese Formulierung wird im Vers 141 wieder aufgegriffen, wo ῥῆγεα für die Betteinlage, λέκτρα für δέμνια steht, so daß an dieser Stelle λέκτρα die Bettstelle bedeuten kann. Die Betteinlage wird gelegentlich nur durch einen der konventionellen Bestandteile ausgedrückt, vgl. 10, 12: εὕδουσ' ἔν τε τάπησι καὶ ἐν τρητοῖσι λέχεσσι.

Λέκτρον bedeutet also vornehmlich das vollständige Bettlager. Das Beiwort μαλακός (20, 58) berücksichtigt die Betteinlage, παλαιός (23, 296) die Bettstelle. E. Buchholz' Differenzierung von Singular — »vollständiges Bett« — und Plural — »Betteinlage« — ist ebenso unhaltbar wie seine entsprechenden Ausführungen zu λέχος[20].

e) Δέμνιον

Allgemein leitete man das Wort von δέμω »bauen«, ab[21], was zur Vorstellung eines nicht nur zusammengesetzten, sondern auch zusammensetzbaren Bettes führte[22]. Das ausschließliche Vorkommen im Plural trug mit dazu bei, daß man an eine aus Einzelteilen bestehende Sache dachte. Die Erkenntnis, daß sich dieser Plural als die metrisch bequemere Form gegenüber dem Singular durchsetzte, und nicht semasiologisch zu werten ist, ist wiederum K. Witte zu verdanken[23]. Die alte Ableitung gilt heute als unsicher. Gesichert ist lediglich, daß die Neutra auf -ιον Konkreta bezeichnen[24]. H. Frisk

---

[17] Der mythisch-symbolische Charakter liegt auf der Hand. Manches erinnert an germanische Vorstellungen vom 'Heil' einer Person oder Sippe, das sich an bestimmte Dinge im Hause knüpfen kann, wie die vier Pfosten, die das Dach über dem Sitz des Hausherrn tragen, den Herdbalken u. a. m. »Neben diesen natürlichen Zentren konnte das Heil einen eigenen individuellen Hochsitz im Hause haben. Auf Thord Gellirs Hofe, Hvamm, lag mitten in der Stube ein Stein, der kein gewöhnlicher Felsblock war, denn auf ihm wurden große Schwüre abgelegt. Und von dem Stein auf Hvamm wenden die Gedanken sich leicht zu dem Hause Völsungs. Es war nach der Sage um eine Eiche gebaut, dergestalt, daß der Stamm das Rückgrat des Hauses bildete, während die Blätter die Halle überschatteten, und es wird weiter gesagt, daß der Stamm, der den Grundstock des Hauses bildete, der Kinderbaum genannt wurde«. (W. Grönbech, Kultur und Religion der Germanen[6] II [1961] 112f.). [18] Näheres s. zu δέμνια. [19] λεχ-, λεγ- »legen«. Vgl. hom. ἐλέξατο. Risch, Wortbildung § 31a. [20] Buchholz, Realien II 2, 153ff. [21] Meister, Beiträge zur Kunde der indogermanischen Sprachen 11, 176. [22] Grashof 21; Buchholz, Realien II 2, 155ff. [23] RE. VIII 2231. [24] Risch,

hat, ohne eine sichere Erklärung bieten zu können, nach einer schon früher geäußerten Ableitung an einen Zusammenhang mit δέω, »binde«, gedacht[25]. Es empfiehlt sich also, den Sprachgebrauch ohne jede etymologische Voreingenommenheit zu prüfen.

Der Gebrauchswert Bettstelle steht fest. Das gilt besonders für die Verse, wo in formelhaften Verbindungen das Herrichten eines Bettes für den Gast geschildert wird[26]. 4, 296ff. wird für Telemach und Peisistratos ein Nachtlager bereitet:

>... Ἑλένη δμωῇσι κέλευσεν
>δέμνι' ὑπ' αἰθούσῃ θέμεναι καὶ ῥήγεα καλὰ
>πορφύρε' ἐμβαλέειν, στορέσαι τ' ἐφύπερθε τάπητας,
>χλαίνας τ' ἐνθέμεναι ...

Die Mägde aber, heißt es weiter (301), δέμνια δὲ στόρεσαν. Die Schilderung besagt, daß eine Bettstelle, δέμνια, in die Vorhalle gesetzt und das Bettzeug daraufgelegt wird. Dieser Vorgang heißt δέμνια στορέσαι »eine Bettstelle mit Bettzeug versehen«. XXIV 644 befiehlt fast gleichlautend Achilleus, für Priamos und den Herold Gästebetten ὑπ' αἰθούσῃ zu stellen. Wo die Ausführung geschildert wird, steht dort nicht mehr δέμνια δὲ στόρεσαν, sondern στόρεσαν δοιὼ λέχεα (XXIV 648), desgleichen 7, 340, nachdem Arete befohlen hat, für Odysseus δέμνια ὑπ' αἰθούσῃ θέμεναι ...: αὐτὰρ ἐπεὶ στόρεσαν πυκινὸν λέχος[27]. Δέμνια στορέσαι wird also, wie schon oben zu λέχος bemerkt wurde, mit λέχος στορέσαι synonym gebraucht. 20, 139 hat Penelope angeordnet, für Odysseus δέμνι' ὑποστορέσαι. Das kann nicht anders verstanden werden, wenn das ὑπο- auch etwas maniriert wirkt: »eine Bettstelle mit Bettzeug (als Unterlage) versehen«.

Die bloße Bettstelle ist ebenso gemeint, wo δέμνια unter den Bestandteilen einer kompletten εὐνή aufgezählt werden, wie 19, 317f.: κάτθετε εὐνήν, δέμνια καὶ χλαίνας καὶ ῥήγεα (ähnlich 11, 189). Doch wird δέμνια wie λέχος — und εὐνή — auch dann gebraucht, wenn ein vollständiges Bett bezeichnet wird.[28]. So 8, 277, wo Hephaistos sein Ehebett mit einer Fangvorrichtung für die Ehebrecher versieht: βῆ ῥ' ἴμεν ἐς θάλαμον, ὅθι οἱ φίλα δέμνι' ἔκειτο. Die δέσματα, die er wie ein Spinnennetz rings um die Füße des Bettes legt und auch über dem Bette am Dachbalken anbringt, lassen sich für den Bau des Bettes nicht auswerten. Wichtig ist jedoch, daß hier das ständig an seinem Ort im Thalamos befindliche Bett des Hausherrn auch δέμνια heißt und an drei weiteren Stellen diesen Namen beibehält[29]. Ebenso wird 6, 20 das Bett Nausikaas, das in ihrem Thalamos steht, so bezeichnet. Dort erscheint dem Mädchen die Göttin: βῆ ῥ' ἴμεν ἐς θάλαμον .. ᾧ ἔνι κούρη κοιμᾶτο .. ἡ δ' ἀνέμου ὡς πνοιὴ ἐπέσσυτο δέμνια κούρης (6, 15ff.). Wenn schließlich von Laertes 11, 189 gesagt wurde, er kenne kein ordentliches Lager: δέμνια καὶ χλαῖναι ..., das heißt, keine Bettstelle mit Bettzeug, so wurde doch auch hier δέμνια gesagt, obwohl man kein provisorisches, schnell arrangiertes Lager ins Auge faßte,

---

Wortbildung 107 § 41a.   **25** H. Frisk, Griechisches etymologisches Wörterbuch (1960) 364: »falls δέμνια ursprünglich die verbindenden Gurte bezeichnete, empfiehlt sich der Vergleich mit κρή-δεμνον 'Kopfbinde'«.   **26** 4, 296ff.; 7, 335ff. XXIV 643ff. Vgl. 3, 397ff.   **27** Diese αἴθουσα wird mit πρόδομος gleichgesetzt; vgl. XXIV 673; 4, 302. Wenn im Bereich dieser Formelverse der Hausherr μυχῷ δόμου ὑψηλοῖο schläft, heißt das wohl nicht »in einem Winkel des Megarons«, sondern in seinem ehelichen Thalamos. Vgl. 3, 402; 4, 304; 7, 346.   **28** Vgl. Eust. zu XXIV 645: δῆλον δὲ ὡς δέμνια ἐκ μέρους καὶ ἡ ὅλη στρωμνὴ λέγεσθαι εἴωθε. **29** 8, 282. 296. 314.

sondern das normale Bett eines Hausbewohners. Das alles mag zeigen, daß es unhaltbar ist, unter dem Eindruck des Formelverses in δέμνια nur ein bewegliches, zusammensetzbares Gästebett zu verstehen[30]. Auch Hesiod widerlegt diese Auffassung. Er sagt, daß die Götter den bestrafen, der κασιγνήτοιο ἑοῦ ἀνὰ δέμνια βαίνῃ (Op. 328), wo δέμνια überdies, wie schon 8, 277 ff., zur Bedeutung Ehebett tendiert.

Wie sich einerseits zeigen läßt, daß δέμνια durchaus nicht nur ein improvisiertes Bett meint, gibt es Stellen, aus denen hervorgeht, daß auch ein für den Gast rasch gerichtetes Lager mit den Bezeichnungen bedacht werden kann, die E. Buchholz nur für das Bett gelten ließ, »welches gewissermaßen als stabiles Hausinventar seine Stelle behauptet, in welche Kategorie die Lagerstätten der Hausherrschaft und der bleibenden Hausgenossen gehören«[31]. 3, 399 bettet Nestor seinen Gast τρητοῖς ἐν λεχέεσσιν ὑπ' αἰθούσῃ ἐριδούπῳ, ohne daß im Kontext überhaupt von δέμνια die Rede war. Daß πυκινὸν λέχος στορέσαι, sei es nach vorangegangener Erwähnung von δέμνια (7, 340) oder häufiger ohne diese (IX 621 u. ö.), gerade bei Beherbergung eines Gastes, also vom improvisierten Lager gesagt wird, sollte davor warnen, im Beiwort πυκινός das 'starre' Bett im Gegensatz zum zusammensetzbaren bezeichnet zu finden[32]. Δέμνια wird 8, 277 mit dem Beiwort φίλα bedacht, das in der Bedeutung »eigen« von Körperteilen und Dingen gesagt wird, die in einem animistischen Partizipationsverhältnis zur Persönlichkeit ihres Besitzers stehen. Es ist nicht sehr wahrscheinlich, daß unter allen Bettbezeichnungen gerade diejenige dieses Beiwort erhalten haben sollte, die nur ein zu gelegentlichem Gebrauche vorgesehenes Möbel bezeichnet habe.

Die semasiologische Untersuchung zeigt, daß sich im älteren epischen Sprachgebrauch in den verschiedenen Bezeichnungen für das Bett ebensowenig sachliche Unterschiede nachweisen lassen, wie im Gebrauch von Singular und Plural. Es scheint vielmehr, daß auch bei der Synonymik das Bemühen um metrische Ausweichmöglichkeiten stärker war als die Neigung zu sachlicher Differenzierung. Wenn wir in den verschiedenen Bezeichnungen auf Grund des Sprachgebrauches nicht verschiedene Sachen zu erkennen wagten, ist damit nicht gesagt, daß die Betten, die im Epos erwähnt werden, alle gleich gewesen seien. Die Betten der Hausgenossen, die sich als ständiges Mobiliar in den θάλαμοι befanden, können durchaus schwerer gewesen sein als jene, die für gelegentlichen Besuch in die αἴθουσα gestellt wurden. Bei allem phantastischen Gepräge verrät die Schilderung vom Bau des Bettes im dreiundzwanzigsten Buch eine Vorliebe für schwere und dauerhafte Konstitution eines Möbels, das gleichsam im Boden verwurzelt auf säulendicken Beinen, πάχετος ἠΰτε κίων, steht. Daß die leichteren Betten zusammensetzbar waren, ist gar nicht einmal unwahrscheinlich. Ein in den nördlichen Provinzen des indischen Subkontinents noch heute gebräuchliches, leichtes Bett (hind. 'charpoy', 'Vierfuß', Abb. 6), das wie kaum ein anderer rezenter Typ zur Erläuterung des 'geometrischen' Bettes geeignet ist[33], wird von seinen Benutzern auf Reisen und bei Besuchen dergestalt mitgeführt, daß man die hölzernen Teile aus ihren Verzapfungen löst und in die Bettmatte rollt[34]. Parallelen dieser Art sprechen freilich für die alte Deutung von δέμνια im

---

[30] Buchholz, Realien II 2, 155ff. erklärte das, was gegen seine Ansicht sprach (8, 277. 282 usw.) für unecht oder übersah es (6, 20; Hes. Op. 328). [31] Realien II 2, 156. [32] Zu πυκινός vgl. unten Anm. 151. [33] s. unten S. P 32 f. [34] Diesen Hinweis gab mir E. Jäckel, Kiel.

Sinne eines zusammensetzbaren, leichten Bettes, das bei Homer aber nicht nur als Bett des Gastes begegnet, sondern, wie wir sahen, in allen Verwendungsbereichen anzutreffen ist.

Alle technischen Angaben sind dürftig und vage. Ölbaumholz ist das Material von Odysseus' Bett. Ein Riemengeflecht, das den Bettrahmen füllt, schafft eine elastische Unterlage. Die Verzierung mit Gold, Silber und Elfenbein möchte man einem Laien eigentlich nicht zutrauen[35]. Ein ähnlich verzierter Lehnstuhl Penelopes ist (19, 56f.) glaubhafter von einem Handwerker hergestellt[36]. 1, 436 betritt Telemach seinen θάλαμος, setzt sich auf sein Bett und legt seinen Chiton ab. Man würde wohl nicht so schildern, wenn dieses Bett nicht auch eine relativ bequeme Verwendung als Sitzgerät gestattet hätte. Das setzt seiner Höhe gewisse Grenzen[37], zumal das Bett im Epos die später übliche Fußbank als Zubehör noch nicht kennt.

f) Betteinlagen (ἐνεύναιον)

Die Betteinlagen bestehen aus Fellen oder Textilien. Als Genusbezeichnung wird ἐνεύναιον gebraucht, »die Betteinlage, das worauf man schläft«[38]. 14, 50f. nimmt Eumaios den Bettler gastlich auf, richtet ihm einen provisorischen Sitz aus Reisig und deckt darauf δέρμα ... ἀγρίου αἰγός, αὐτοῦ ἐνεύναιον, μέγα καὶ δασύ, »seine eigene Schlafunterlage« als besonderes Zeichen seiner Gastfreundschaft[39]. Die Bettstelle, aus der das Fell stammt, wird 14, 519 erwähnt. Im Plural begegnen wir dem Wort 16, 35. Telemach, von seiner Reise zurück, kehrt bei Eumaios ein und fragt, ob die Mutter noch zu Hause weile oder einer der Freier sie schon heimgeführt habe und Odysseus' Bett ohne Bettzeug und von Spinnweben entstellt dastehe: 'Οδυσσῆος δέ που εὐνὴ χήτει ἐνευναίων κάκ' ἀράχνια κεῖται ἔχουσα. Man hat hier witzig bemerkt, die Spinnen störe ja das Bettzeug nicht und hat den Genitiv ἐνευναίων einer antiken Erklärung folgend vom Maskulinum abgeleitet: »aus Mangel an Leuten, die darin schlafen«[40]. So plausibel diese Erklärung zunächst scheint, sie schafft nur größere Schwierigkeiten. Es würde bedeuten, daß Penelope oder einer der Freier bislang im Ehebett des Odysseus geschlafen habe. Von der Hausherrin wissen wir dagegen, daß sie in ihrer Kammer im ὑπερώιον schläft, und das Bett des Hausherrn einem Freier zur Benutzung zu überlassen, käme einer Schmähung des Abwesenden gleich. Abgesehen davon, daß sich der Dativ χήτει durchaus nicht nur kausal, sondern auch modal auffassen läßt, machen sich Spinnweben als äußeres Zeichen der Verwahrlosung nicht an einem gebrauchsfertigen Lager, sondern erst an der nackten, seiner Auflagen beraubten Bettstatt recht bemerkbar. Das Entfernen des Bettzeuges im Augenblicke einer neuen Eheschließung bedeutet, daß man den Gedanken an eine Rückkehr des Hausherrn endgültig aufgegeben hat; man hält sein

---

[35] Lorimer, HM. 274 hält den entsprechenden Vers aus technischen Gründen sogar für unecht: »a line (23, 200) has been absurdly interpolated into the recognition scene to make the ultra-primitive bedstead fo the young Odysseus ... more worthy of its epic role«. Für eine Athetese bietet diese richtige Beobachtung freilich keine Handhabe. [36] s. zu κλισίη. [37] Diese Überlegung gewinnt gewisse Bedeutung für die Beurteilung der Betten auf geometrischen Gefäßen. [38] Pollux VI 10 (Bethe): τὸ δὲ ἀγγεῖον, ἐν ᾧ τὰ στρώματα ἐνῆν, κοίτην ὠνόμαζον· τὰ δ' εἰς κοίτην στρώματα ἐνεύναια λέγουσιν. [39] R. Kühner-B. Gerth, Ausführliche Grammatik der griechischen Sprache I (1890) § 455 Anm. 1; Od. 14, 112 läßt er ihn aus seinem eigenen Trinkbecher trinken. [40] Faesi-Hinrichs zu 16, 34. Stanford lehnt ebenfalls die Bedeutung »Bettzeug, Betteinlagen« ab,

Bett nicht mehr, wie bisher, in benutzungsfertigem Zustand, wozu ein regelmäßiges Richten des Bettzeuges gehören mag[41]. Der Ausdruck χήτει ἐνευαίων, »des Bettzeuges beraubt«, steht als stärkster Ausdruck der Vernachlässigung zugleich bildhaft dafür, daß man nicht mehr mit einer Rückkehr des Hausherrn rechnet. Wie dürftig und bar jedes Symbolwertes nimmt sich dagegen die andere Deutung aus, selbst wenn man die schon genannten Schwierigkeiten nicht berücksichtigen wollte. Daß unsere Deutung richtig ist, zeigt die Sorge, mit der man die Vorratskammer des Odysseus umgibt (2, 337ff.): Da liegt »Gold und Erz geschichtet, reichlich Tücher und Gewandung in Truhen, auch duftendes Öl. Und Pithoi mit altem, süffigen Wein standen gereiht an der Wand, falls Odysseus irgendeinmal heimkehren sollte«. Nach dieser Schilderung wird es fast zur Gewißheit, daß auch ein gepflegtes Lager zu jenen Dingen gehört, die für eine überraschende Rückkehr des Helden stets bereitgehalten werden.

α) Χλαῖνα: Woraus das Bettzeug im einzelnen besteht, sagen am genauesten die Formelverse XXIV 644ff. (4, 297ff.; 7, 336ff.). Es wird jeweils befohlen,

ῥήγεα καλά
πορφύρε' ἐμβαλέειν, στορέσαι τ' ἐφύπερθε τάπητας,
χλαίνας τ' ἐνθέμεναι οὔλας καθύπερθεν ἔσασθαι.

Danach bilden ῥήγεα und τάπητες in einer noch zu klärenden Anordnung die Unterlage, die χλαῖναι dienen zum Bedecken, ἔσασθαι. Der doppelten Verwendungsmöglichkeit als Bettdecke und Kleidungsstück, die an einigen Stellen besonders deutlich wird[42], entspricht das Vokabular. Ἕννυσθαι heißt »bekleiden« und »bedecken«. Einmal (23, 290) heißt das Bettzeug ἐσθής: man rüstet εὐνὴν ἐσθῆτος μαλακῆς, »ein Lager von weichen Decken«. 11, 191 heißt es von Laertes, er schlafe im Winter in der Asche am Herd, κακὰ δὲ χροῒ εἵματα εἷται, was hier bedeutet, daß er keine ordentliche Bettdecke hat, sondern sich mit Lumpen zudeckt. Gelegentlich deckt der Gastgeber selbst den Gast zu, so 14, 520 von Eumaios: ἐπὶ δὲ χλαῖναν βάλεν αὐτῷ oder 20, 143 von den Mägden: χλαῖναν δ' ἐπιέσσαμεν ἡμεῖς (sc. αὐτῷ). An einigen Stellen steht χλαῖναι formelhaft neben ῥήγεα, besonders, wenn ein normales, bequemes Bett im Gegensatz zu einem Behelfslager am Boden umschrieben wird. So 11, 188f. von Laertes:

οὐδέ οἱ εὐναί
δέμνια καὶ χλαῖναι καὶ ῥήγεα σιγαλόεντα.

19, 337f. sagt der Bettler: ἐμοὶ χλαῖναι καὶ ῥήγεα σιγαλόεντα ἤχθετο, »sind mir verhaßt«. 20, 2ff. erhält der Bettler, der sich mit einem Lager auf der Rindshaut am Boden begnügt, dennoch eine χλαῖνα:

κὰμ μὲν ἀδέψητον βοέην στόρεσ', αὐτὰρ ὕπερθεν
κώεα πόλλ' οἴων, ...
Εὐρυνόμη δ' ἄρ' ἐπὶ χλαῖναν βάλε κοιμηθέντι.

Ungewöhnlich ist die Anordnung des Lagers von Anchises (Aphroditehymn. 155ff), auf dem der Hirte und Aphrodite der Liebe pflegen: Ἀφροδίτη ἕρπε ... ἐς λέχος εὔστρωτον, ὅθι περ πάρος ἔσκεν ἄνακτι χλαίνῃσιν μαλακῆς ἐστρωμένον. αὐτὰρ ὕπερθεν ἄρκτων δέρματ' ἔκειτο ... τε λεόντων. Hier scheinen die χλαῖναι

findet aber wegen der genannten Schwierigkeiten keine Lösung. **41** Man braucht daher in der Schilderung 23, 289ff. keinen Widerspruch zu sehen. Diese Zurüstungen können der angedeuteten Gepflogenheit entsprochen haben. **42** 14,

μαλακαί zunächst für die vollständige Bettauflage zu stehen, über die man zusätzlich Bären- und Löwenfelle gebreitet hat. Als die Göttin den Schlafenden weckt und sich ihm zu erkennen gibt, liegt er unter einer χλαῖνα (Aphroditehymn. 183): ἂψ δ' αὖτις χλαίνῃ τε καλύψατο καλὰ πρόσωπα. Eine konkrete Vorstellung von der Anordnung der einzelnen Teile des Lagers scheint hier gar nicht mehr vorzuliegen.

Viele χλαῖναι zu besitzen gilt als Zeichen von Wohlhabenheit. 3, 348 setzt Nestor den ἀνείμων, das heißt »einen, der keine Decken und Tücher besitzt«, dem Armen gleich und rühmt sich, über genügend χλαῖναι καὶ ῥήγεα καλά zu verfügen, um seine Gäste zur Nacht damit versehen zu können. XVI 224 befinden sich χλαῖναι neben anderen Geweben und Kostbarkeiten in der Truhe, die Thetis ihrem Sohn Achilleus mitgegeben hatte. 4, 299 und 7, 338 deutet das Beiwort οὖλος auf Wollgewebe; 14, 521 wird πυκνὸς καὶ μέγας gesagt. Μαλακός, das sonst als Attribut der Unterlage verwandt wird, wurde im Aphroditehymnos (158) vielleicht bewußt als Beiwort zu χλαῖναι gebraucht, weil diese dort die gesamte Bettauflage bezeichnen. Ἀνεμοσκεπής (XVI 224) bezieht sich mehr auf den Gebrauch als Kleidungsstück (siehe dazu und zum folgenden das Kapitel »Kleidung«, S. A 9f.). Im Gegensatz zur χλαῖνα, die das Gewand bezeichnet, wird bei der Schlafdecke nie eine Färbung erwähnt. 1, 443 schläft Telemach in seinem Bett κεκαλυμμένος οἰὸς ἀώτῳ, »eingehüllt in die Flocke des Schafs«, was als poetische Umschreibung für die wollene χλαῖνα gelten darf. Problematischer ist es, wenn IX 661 das Bettzeug, das für Phoinix aufgelegt wird, aus κώεά τε ῥῆγός τε λίνοιό τε λεπτὸν ἄωτον besteht. Da ῥῆγος (siehe unten) zur Unterlage gehören muß, deckt sich Phoinix hier mit einem feinen Leinentuch zu. Nach diesem Verse müßte man λίνον in 13, 73f. entsprechend deuten, wo die Herrichtung eines Ruhelagers für Odysseus auf dem Phäakenschiff knapp geschildert wird:

κὰδ δ' ἄρ' Ὀδυσσῆι στόρεσαν ῥῆγός τε λίνον τε
νηὸς ἐπ' ἰκριόφιν γλαφυρῆς

(vgl. 13, 118).

β) Τάπης und ῥῆγος: Während die Funktion der χλαῖνα als Decke zum Zudecken sich aus dem epischen Sprachgebrauch mit Evidenz ergab, ist die genauere Bestimmung von τάπης und ῥῆγος schwieriger. Nach den Formelversen XXIV 644f. (4, 297ff; 7, 336ff.) müssen damit die Teile der Unterlage gemeint sein. Die Schilderung des Vorgangs, der nicht nur durch die Reihenfolge, die an sich noch nicht verbindlich wäre[43], sondern auch durch Ortsadverbien und präpositionale Verbalkomposita in seinem Ablauf genau bestimmt wird, verdient, ernst genommen zu werden. Danach wird zuerst die Bettstelle hingesetzt, dann heißt es:

ῥήγεα καλά
πορφύρε' ἐμβαλέειν στορέσαι τ' ἐφύπερθε τάπητας
χλαίνας τ' ἐνθέμεναι οὔλας καθύπερθεν ἕσασθαι.

Also bilden die ῥήγεα die unterste Lage, darauf kommen die τάπητες und dann die χλαῖναι, die ausdrücklich zum Bedecken dienen. Bei einer derartigen Anordnung der Unterlage mag man an Matratze und Laken denken, wobei 'Matratze' nicht notwendigerweise ein festes Polster ist, sondern aus einer Auflage von dicken Decken gebildet sein kann. Man wäre also genötigt, ῥήγεα als die dicke Unterlage zu verstehen und den τάπητες die Rolle eines

480. 488. 500. 520.   **43** Das 'Hysteronproteron' gehört zu den legitimen Er-

Lakens zuzuweisen, das mit seinem feineren, glatteren Gewebe den Körper des Schlafenden vor der Berührung mit der gröberen Unterlage schützen soll. Nun wird eine Bestätigung dieser Auffassung zunächst dadurch erschwert, daß sowohl ῥῆγεα wie τάπητες, jedes für sich allein, zur Bezeichnung der Unterlage gebraucht werden.

3, 344 wollen Athene und Telemach auf dem Schiffe schlafen, Nestor aber sagt (3, 351):

ἐμοὶ πάρα μὲν χλαῖναι καὶ ῥήγεα καλά.

11, 188f. heißt es von Laertes:

οὐδέ οἱ εὐναὶ δέμνια καὶ χλαῖναι καὶ ῥήγεα σιγαλόεντα. Er schläft vielmehr in der Asche am Herd.

19, 337f. sagt Odysseus (dazu 19, 318):

ἐμοὶ χλαῖναι καὶ ῥήγεα σιγαλόεντα ἤχθετο. Er verbringt seine Nächte auf kümmerlichem Lager.

20, 141 heißt es von Odysseus:

οὐκ ἔθελ᾽ ἐν λέκτροισι καὶ ἐν ῥήγεσσι καθεύδειν. Er schlief auf einer Kuhhaut am Erdboden.

13, 73f. heißt es von den Phäaken (dazu 13, 118):

κὰδ δ᾽ ἄρ᾽ Ὀδυσσῆι στόρεσαν ῥῆγός τε λίνον τε νηὸς ἐπ᾽ ἰκριόφιν.

Im Gegensatz zu den eben genannten Stellen, an denen ῥήγεα jeweils die einzige Benennung der Unterlage bildeten, schlafen die Söhne des Aiolos (10, 12) ἔν τε τάπησι καὶ ἐν τρητοῖσι λέχεσσιν. Wenn ῥήγεα die Matratze meint, wäre damit der wesentliche, kompakte Teil der Schlafunterlage bezeichnet und der vorwiegende Gebrauch 'pro toto' gegenüber dem einmaligen τάπητες ganz einleuchtend. Aus den erstgenannten Stellen wird aber deutlich, daß ῥήγεα für die Unterlage immer dann gesagt wurde, wenn der Unterschied zwischen einem zivilisierten Bettlager und einer primitiven Schlafstelle hervorgehoben werden sollte. Als sekundär anzusehen ist die unpräzise Verwendung von 13, 73.

Es kam an diesen Stellen also weniger darauf an, mit ῥήγεα einen funktionell wichtigen Teil des Bettlagers als vielmehr einen für ein kultiviertes, anspruchsvolles Lager typischen Bestandteil zu kennzeichnen. Die Beiwörter zu ῥῆγος und τάπης werden zeigen, daß es unmöglich ist, an den Bedeutungen, die die Reihenfolge des Formelverses nahelegte, festzuhalten. Ῥῆγος, das schon seiner Etymologie nach auf eine Färbung hinweist[44], wird sechsmal mit σιγαλόεις verbunden[45], viermal mit καλὸς πορφύρεος[46], einmal mit καλός[47] und bleibt viermal ohne charakteristisches Beiwort[48]. Τάπης heißt zweimal πορφύρεος, aber nur, wo die Sitzunterlage eines Stuhles gemeint ist[49], einmal mit dem Genitiv μαλακοῦ ἐρίοιο[50], einmal οὖλος[51], einmal von einem zum Kopfkissen dienenden τάπης φαεινός[52], sechsmal[53] ohne charakteristisches Beiwort. Von den Beiwörtern zu ῥῆγος ist σιγαλόεις typische Zubenennung

scheinungen epischen Stils.   44 Risch, Wortbildung § 31a: deverbativ zu dem ῥέζω oder ῥήζω der Grammatiker, »gefärbte Decke«.   45 6, 38; 11, 189; 19, 318. 337; 23, 180; 13, 118.   46 4, 297f.; 7, 336f.; 10, 352f.; XXIV 644f.   47 3, 351. 48 3, 349; 20, 141; 13, 73; IX 661.   49 20, 151; IX 200.   50 4, 124. 51 XVI 224.   52 X 156.   53 4, 298; 7, 337; 10, 12; 24, 276; XXIV 230.

von Leinengeweben[54], nach F. Studniczka so benannt, weil der Faden beim Weben eine Appretur mit Öl erhielt[55]. Πορφύρεος, »purpurfarbig«, ist die einzige Farbe für Leinengewebe[56]. Καλός weist allgemein auf Wertschätzung und Ansehnlichkeit. Wenn bei τάπης schmückende Beiwörter auch nicht völlig fehlen, sind sie seltener und vor allem nicht auf die Verwendung als Bettzeug bezogen. Μαλακοῦ ἐρίοιο und οὖλος weisen auf dickes, zottiges Wollgewebe hin[57]. Wollten wir also unsere Deutung aufrechterhalten, würden die dünnen, kostbar gefärbten ῥήγεα aus Linnen ohne rechten Sinn und Nutzen unter den dicken, weichen τάπητες liegen, während sie ihrer Beschaffenheit nach in umgekehrter Folge aufgelegt werden sollten[58]. Auch die antike Homerexegese hat diese Schwierigkeit gesehen. Der Scholiast zu 4, 297 bemerkt: τινὲς οὕτω τὸ ὑπέρβατον: δέμνια ὑπ' αἰθούσῃ θέμεναι, στορέσαι τ' ἐφύπερθε τάπητας, καὶ ῥήγεα καλὰ πορφύρε' ἐμβαλέειν (Dindorf I 102). Die Lösung könnte darin liegen, daß wir uns die ῥήγεα, die ja zuerst auf das Bett gelegt wurden, so groß vorzustellen haben, daß sie noch um die daraufliegenden τάπητες herumgebreitet werden können und so gewissermaßen einen Bezug für die τάπητες abgeben. Auf diese Weise können sie, obwohl sie zuerst aufgelegt wurden, ihre schöne Aufbereitung zur Geltung bringen und ihre Funktion als Laken erfüllen. Die antike Sacherklärung kommt dieser Deutung entgegen. Sie definiert ῥῆγος in sehr bemerkenswerter Übereinstimmung durchweg als περιβόλαιον bzw. περίστρωμα[59]. Daraus geht zunächst hervor, daß kein antiker Erklärer an ein gestopftes Polster gedacht hat. Zum anderen ist περιβόλαιον und περίστρωμα unbeschadet einer späteren Bedeutungserweiterung, wonach man schließlich ein Tuch oder eine Decke jeder Art darunter verstehen konnte[60], ursprünglich »das, was man herumbreitet oder umlegt« gewesen. In dieser Bedeutung wird es gelegentlich auch für die Definition der χλαῖνα verwandt[61]. Es war dann das, was man ebenso um die Matratze wie um den Schläfer herumbreiten konnte. Da der Verwendungszweck der χλαῖνα den Erklärern aber völlig klar sein mußte, kann das Wort, wo es zur Erklärung für ῥῆγος diente, eben nicht die Funktion der χλαῖνα gemeint haben, sondern, wie wir glauben, die eines Umschlaglakens. Haben die Erklärer das Wort nur noch in einem vieldeutigen Sinne als 'Bettuch' verstanden und sich bei dem περι- nichts mehr gedacht? Selbst wenn es in Einzelfällen so gewesen sein mag — die auffallende Gleichförmigkeit der Definition, die bei der Erklärung der übrigen Teile der Betteinlage nicht hervortritt, weist auf die Tradition einer spezifischen Vorstellung hin. Das Etymologicum Magnum wenigstens läßt an präzise Definition denken: ῥῆγος· τὸ πορφυροῦν περιβόλαιον.

645. **54** 15, 60; 19, 232 u. ö. Vgl. Helbig, HE. 170. **55** Beiträge zur Geschichte der altgriechischen Tracht. Abh. des archäologisch-epigraphischen Seminars der Universität Wien 6, 1886, 50 und Anm. 43; vgl. dazu und zum folgenden auch hier das Kapitel »Kleidung«, S. A 5f. **56** Leaf zu IX 661. **57** Schol. Gen. zu IX 200 (Nicole II 95): τάπησι μαλλωτοῖς ὑφάσμασιν. Vgl. Eust. zu IX 200. **58** Nachhaltig hat die etymologisch überholte Deutung von Grashof 22 gewirkt, der unter ῥῆγος ursprünglich »zerzupfte Schafwolle, Kuhhaar« verstand und so zur Bedeutung »Matratze, Polster« gelangte. Bei dieser Auslegung war man gezwungen, die charakteristischen Beiwörter und Aussagen zu ῥῆγος auf einen hypothetischen Überzug aus Leinen zu beziehen, besonders 6, 38 (Nausikaas Wäsche). Vgl. Buchholz, Realien II 2, 158; Studniczka a.O. **59** Et. Mag.; Hesych; Schol. A, B, T, Gen. zu IX 661; Schol. zu Od. 3, 349 u. 13, 73. **60** Diese Tendenz, die bei vielen Spezialausdrücken für die Teile des Bettlagers zu verzeichnen ist, erschwert eine exakte Klärung der Kataloge bei Pollux VI 9 und X 42 sehr. **61** Schol. A zu XXIV 229 (Dindorf II 283): χλαῖνα τὸ περίβλημα. Vgl. Et. Mag. zu ἄωτον (IX 661): περιφραστικῶς λινοῦν περι-

Demgegenüber τάπητες· ἐπιβόλαια ἢ στρώματα. Letzteres kann in dieser Gegenüberstellung doch nur die 'Matratze' meinen.

γ) Κῶας: Eine gewisse Probe für die Richtigkeit unserer Deutung zu τάπης und ῥῆγος ermöglichen die Stellen, an denen Felle die Unterlage bilden. Genusbezeichnung ist κῶας, »Vlies, Fell«. Da es zusammen mit ῥήγεα, aber nicht mit τάπητες genannt wird, liegt es nahe, daß eine den τάπητες ähnliche Beschaffenheit und Funktion vorliegt. Dementsprechend definiert Hesych: κῶας· τάπητα. 20, 3 (20, 95. 142) dienen dem Bettler Schaffelle, unter die er eine Rindshaut gebreitet hat, als Nachtlager. Obwohl er auf χλαῖναι und ῥήγεα verzichtet hat (19,337), bedeckt ihn Eurynome mit einer χλαῖνα. Eumaios hat in seinem Bett δέρμα ἰονθάδος ἀγρίου αἰγός, ... μέγα καὶ δασύ, »ein dichtes, zottiges Ziegenfell« als Unterlage (14, 50f.), desgleichen eine χλαῖνα zum Zudecken (14, 520). Ῥήγεα kann er seinem Gast allerdings nicht bieten (14, 518ff.). 23, 179f. läßt Penelope — zum Schein — für Odysseus ein Lager richten: ἐκθεῖσαι λέχος ἐμβάλετ᾿ εὐνήν, κώεα καὶ χλαίνας καὶ ῥήγεα. Sicher nötigt der Vers nicht dazu, die Reihenfolge dem Funktionsablauf hier gleichzusetzen[62]. Auch ein geehrter Gast, hier der noch nicht zweifelsfrei erkannte Gemahl, kann Felle anstatt der τάπητες erhalten. So auch Phoinix, IX 661, als Gast des Achilleus. Κώεά τε ῥῆγός τε λίνοιό τε λεπτὸν ἄωτον bilden die Bestandteile seines Bettlagers. Auch eine Fellunterlage wird durch ῥήγεα also zum kultivierten Lager.

δ) *Zusammenfassung:* So läßt sich abschließend sagen, daß die Herrschaft und der geehrte Gast zur üblichen Schlafunterlage aus dicken Decken, τάπητες, oder Fellen die feinen, meist rot gefärbten oder gebleichten ῥήγεα als Laken benutzen. Auf bloßen Fellen schlafen einfache Leute. Eumaios hat immerhin eine Bettstelle, in der sein Ziegenfell liegt. Die niederen Bediensteten schlafen auf dem Boden, soweit man dieses dem Bericht über Laertes entnehmen kann, der ohne Bettstelle und ordentliches Bettzeug schläft ὅθι δμῶες ἐνὶ οἴκῳ ἐν κόνι ἄγχι πυρός (11, 190f.). Regelrechte Matratzen lassen sich nicht nachweisen. Ihre Stelle nehmen die τάπητες, »Teppiche«, ein, die, gerade wie die χλαῖναι, als wertvoller Besitz in Truhen verwahrt werden (XVI 224) und sich durch ihren Namen als Importgut aus dem Vorderen Orient ausweisen[63]. Bemerkenswert ist, daß unter den Bettutensilien nie von Kopfkissen oder Kopfpolstern die Rede ist[64]. Die χλαῖνα, die man als Kleidung trägt, ist im Normalfall nicht identisch mit jener, die als Schlafdecke benutzt wird. Die zweimal genannten Leinentücher zum Bedecken sind wohl mehr epischer Dekor als wirklich geübter Brauch.

2. Das homerische Bett im Spiegel der Monumente

a) Einführung

Lassen schon die Reflexe des Epos wenig Rückschlüsse auf die technische Beschaffenheit homerischer Möbel im einzelnen zu, ist es um die monumentalen Zeugnisse kaum besser bestellt. Sieht man von einigen, nicht sonderlich er-

---

βόλαιον.   **62** s. oben Anm. 43.   **63** Nach Risch, Wortbildung § 9b, Boisacq, s. v. Lehnwort, wahrscheinlich aus dem Iranischen übernommen. Vgl. Schroff, RE. IVA 2251ff. s. v. Tapes.   **64** Der τάπης φαεινός, den sich Diomedes X 156 im Freien unter das Haupt gebreitet hat, wirkt merkwürdig, verrät aber wenigstens, wie auch X 152, daß ein Bedürfnis, beim Schlafen das Haupt zu stützen, vorhanden ist.

giebigen, erhaltenen Möbelresten ab[65], kann noch am ehesten eine Untersuchung der Bilder auf den sogenannten geometrischen Vasen zur Vermittlung konkreterer Vorstellungen führen. Die an den Grabkult gebundenen Gefäße bieten mit ihren Prothesis- und Ekphora-Darstellungen sowie einer Reihe weiterer Bilder aus dem attischen Grab- und Heroenkult (dazu weiteres im Kapitel »Totenkult«) eine Fülle von Möbelabbildungen, die sich ohne großes Risiko als die Betten, λέχεα, δέμνια, und Sitzmöbel wie δίφροι, θρόνοι, κλισμοί, des Homerischen Epos ansprechen lassen. Die Darstellungen entstammen grob gerechnet der Zeit zwischen 800 und 700 v. Chr.[66]. Sie fallen also in die Zeit der höchsten Entfaltung epischer Dichtung, und die Gefäßmaler dürften sich, unabhängig davon, ob sie Vergangenes oder Gegenwärtiges, Wirklichkeit oder Heroisch-Episches bezeichnen wollten[67], in der zeichnerischen Wiedergabe ihrer Requisiten in jedem Falle nach den handwerklichen Erzeugnissen ihrer eigenen Zeit gerichtet haben. Somit werden wir in den Abbildungen auf den geometrischen Gefäßen Attikas Reflexe attischer Möbel des achten Jahrhunderts v. Chr. erblicken dürfen, Zeugen also der Entstehungszeit des Homerischen Epos, dessen kleinasiatisch-jonischen Ursprungsbereichen sie auch stammesgeschichtlich nahe genug stehen, um sich als Anschauungsmaterial zum Epos zu qualifizieren. Streng genommen freilich nur insoweit, als auch dem epischen Dichter das Hausgerät seiner eigenen Zeit vorschwebte und er nicht traditionsgebundene Schilderungen übernahm, die die Verhältnisse einer ferneren Vergangenheit widerspiegeln. Da mit solchen Auswirkungen eher in der Ilias zu rechnen ist als in der Odyssee, deren zeitgenössisch-biotisches Gepräge oftmals gar nicht zu verkennen ist und wir eben diesem Epos in erster Linie konkretere Vorstellungen vom Hausgerät verdanken, dürfen wir die Gefahr, hier zu irren, relativ gering veranschlagen. Da es den geometrischen Gefäßmalern innerhalb ihrer Themenkreise mehr auf die Bezeichnung von Funktionszusammenhängen als auf Wiedergabe des Augeneindrucks ankam, bleibt zu prüfen, ob und wie weit die Darstellungen überhaupt geeignet sind, technisch interpretiert zu werden.

Zunächst fällt auf, daß wir angesichts einer recht einheitlichen Wiedergabe der Menschen einer überraschenden Typenvielfalt der Totenbetten begegnen[68]. Es scheint also, daß das Bett auf diesen Bildern nicht nur Funktionsformel ist, wie etwa das über dem Toten in Aufriß 'schwebende' Leichentuch, das mit der emphatischen Gleichförmigkeit seines Schachbrettmusters immer wieder ins Auge springt[69]. Die Frage, ob wir in den Totenbetten der Prothesisszenen das profane Gebrauchsbett der Zeit erkennen dürfen oder mit besonderen Paradebetten des Totenkults rechnen müssen, ist verschieden beantwortet

---

65 Da sich eine systematische Zusammenstellung der Funde im Rahmen einer Untersuchung, die sich an den geometrischen Darstellungen orientieren will, methodisch nicht empfiehlt, werden Nachweise passim erfolgen, wo die Abhandlung Ansatzpunkte bietet. **66** Zusammenfassung zur Datierung bei Hinrichs I 97ff.; Davison, Workshops 122ff. Kritisch zu den Möglichkeiten und Grenzen einer absoluten Datierung Kraiker, BJb. 161, 1961, 119. **67** Literatur zur Frage bei Marwitz 15 mit Anm. 36. **68** Hinrichs I 31 sieht in der Verschiedenheit dieser Formen lediglich ein stilistisches Phänomen, das sie mit der wechselnden Darstellung zwei- und vierbeiniger Betten vergleicht. Bei dieser Erklärung scheinen uns Dinge, die die künstlerische Grundauffassung betreffen, in unzulässiger Weise mit Detailfragen verquickt zu sein. Außerdem sollte es die geistige Physiognomie dieser alles andere als verspielten Malerei nicht eben nahe legen, bei der Verschiedenheit der Formen an bloße Produkte der Phantasie zu denken. **69** Besonders deutlich etwa auf einem Krater in Athen, Nat. Mus. Inv. Nr. 990 (Hin-

worden⁷⁰. Den Vorzug dürfte die erstere Annahme verdienen, zumal es dem ursprünglichen Sinn des Bestattungszeremoniells entsprochen haben wird, daß das Totenbett zugleich das Gebrauchsbett des Verstorbenen war. Aus Ilias XXIII 171 geht hervor, daß der Leichnam mitsamt den Totengaben auf dem Bette liegend verbrannt wird[71]. Bei der Beurteilung der Totengaben, zu denen nach unserer Auffassung auch das Bett gehört, wird man nun nicht ausschließlich vom Gebrauchswert der Dinge für den Toten ausgehen dürfen, denn der Sinn des κτέρεα κτερεΐζειν wird zunächst darin zu suchen sein, daß man diejenigen Dinge, mit denen der Tote zu Lebzeiten am engsten in Berührung kam, mitbestattete, weil sie im Bereiche primitiven Seelenglaubens als wesentliche Bestandteile und Stellvertreter der Persönlichkeit des Verstorbenen von der Bestattung nicht ausgenommen werden durften[72]. Zu diesen Dingen gehört nach L. Lévy-Bruhl neben der Kleidung und den persönlichsten Gerätschaften auch das Bett[73]. Das homerische Beiwort φίλος, das in seiner spezifischen Bedeutung »zur Person gehörig« nicht nur als Attribut von Körperteilen begegnet, sondern in den Verbindungen φίλα εἵματα (II 261) und φίλα δέμνια (8, 277) auch die Kleidung und das Bett in diesen Bereich einbezieht, weist auf die gleichen, urtümlichen Vorstellungen hin. Nicht entscheidend, aber stützend kommt hinzu, daß das Epos keine verschiedenen Bezeichnungen für Gebrauchsbett und Totenbett kennt.

b) Bildliche Darstellungen von Betten

Unserer Einzeluntersuchung soll zunächst eine Typologie zu den Darstellungen von Betten auf geometrischen Gefäßen zur Orientierung vorangestellt werden (Abb. 1a—o; Nachweise: Anm. 74).

Was Dimensionen und Proportionen der geometrischen Klinen angeht, sind sie für unseren Zweck nahezu wertlos. Immerhin werden sie sich durch Vergleich mit Bekanntem und technisch Möglichem wie aus einem besonders die Vertikale überbetonenden Zerrspiegel in glaubhafte Maße umsetzen lassen. Auf die generelle Unverbindlichkeit der Größenverhältnisse geometrischer

---

richs II Taf. 2). Zum Formelcharakter vgl. Marwitz 11 Anm. 19 und S. 14f. **70** Zschietzschmann (28) glaubt an »ein besonders hohes Prothesisbett« eigener Art. Hinrichs (I 31) vertritt mit E. Reiner (Die rituelle Totenklage der Griechen [1938] 36) die Ansicht, daß es sich um das Gebrauchsbett des Toten gehandelt habe und verweist auf die Unverträglichkeit solchen Aufwandes mit der schlichten Ausstattung der attischen Gräber jener Zeit.   **71** Der Scheiterhaufen ist gerichtet, der Leichnam darauf gelegt, und Achilleus bringt Honig und Öl in Krügen πρὸς λέχεα κλίνων. Vgl. noch A. Mau, RE. III 340 s. v. Bestattung. Für die geometrische Zeit äußert sich entsprechend G. Rodenwaldt, RE. XI 850 s. v. Kline: »Die Sitte der Prothesis und Ekphora führte dazu, den Toten auch im Grabe auf einer Kline liegend beizusetzen«. Weitere Argumente bei Watzinger, Holzsarkophage 66.   **72** L. Lévy-Bruhl, Die Seele der Primitiven (1958) 115. 117f.   **73** Lévy-Bruhl a.O. 115.
74 *Abb. 1a*: Kraterfrgt. in Athen, Nat. Mus.: Mon. Inst. 9 Taf. 39, 3; Hinrichs II Taf. 12. Vgl. auch Anm. 77. *Abb. 1b*: Krater in New York, Metr. Mus. Inv. Nr. 14. 130. 14: Davison, Workshops Abb. 26; Richter Abb. 57. Ferner: Amphora in Athen, Nat. Mus. Inv. Nr. 18062: Davison a.O. Abb. 28; Krater in Athen, Nat. Mus. Inv. Nr. 990: Davison a.O. Abb. 25; Scherbe in Bonn, Inv. Nr. 16: Tölle, AA. 1963, 659f. Abb. 17. 18; Zeichnung besser bei Himmelmann-Wildschütz, AA. 1967, 170 Abb. 2. *Abb. 1c*: Kanne in Dresden, Inv. Nr. 1635: Hinrichs II Taf. 6. *Abb. 1d*: Amphora in Kopenhagen, Ny Carlsberg Glypt. Inv. Nr. 2680: F. Poulsen, Vases Grecs (1922) 1 und Abb. 2. 3. *Abb. 1e*: Amphora in Athen, Benaki Mus. Inv. Nr. 7675: Davison a.O. Abb. 50. *Abb. 1f*: Amphora in Athen, Nat. Mus. Inv. Nr. 804: Davison a.O. Abb. 1. Ferner: Amphora in Sèvres, Musée

Darstellungen hat man bereits aufmerksam gemacht[75]. Die Vorbilder der geometrischen Klinen mögen höher gewesen sein als manches rezente Bett. Doch setzte ihnen ihre mutmaßliche Konstruktion eine Stabilitätsgrenze, die in den Proportionen der geometrischen Bilder entschieden überschritten ist.

Was man in den Abbildungen an technischen Einzelheiten und sachlicher Komplettierung erwarten darf, läßt sich nicht auf eine kurze Formel bringen. Allgemein scheint zu gelten, daß Merkmale festgehalten sind, die für die Areté der Sache als wesentlich angesehen wurden, ohne daß man immer Vollständigkeit oder eine dem Auge plausible Verbindung solcher Einzelheiten wiedergeben wollte. Abgesehen von dem in Aufsicht über dem Toten 'schwebenden' Leichentuch wird, wie wir noch zeigen wollen, das Matten- und Flechtwerk des Bettrahmens sorgfältig bezeichnet, eine Wiedergabe der zweifellos gebräuchlichen Auflagen und Matratzen fehlt aber zumeist. Oder es werden, dem 'schwebenden' Leichentuch vergleichbar, die beiden 'äußeren' Beine der Kline auf einem Krater in New York (Metrop. Mus. Inv. Nr. 14. 130. 15; vgl. hier Abb. 1h. Taf. W IX) ohne sichtbare Verbindung mit dem Möbelstück gezeichnet. Ein Teil der Klinen ist vierbeinig dargestellt, wobei ein Beinpaar der Langseite verkürzt, aber nicht perspektivisch richtig, zwischen den beiden anderen Beinen erscheint. Zweimal sind jedoch alle vier Beine gleich groß dargestellt (Abb. 1h. j). Bei den vierbeinig gezeichneten Sitzmöbeln sind dagegen die Beine stets gleich lang und ihre Sitzfläche erscheint im Gegensatz zur Liegefläche der Betten fast nie 'hochgeklappt' in Aufsicht. Es ist überhaupt bezeichnend, daß wir bei dem Versuch, hier allgemeingültige Merkmale aufzudecken, mit unseren Analogie-Erwartungen dauernd in Schwierigkeiten geraten. So sind bei der Mehrzahl der Betten die Beine in Silhouette wiedergegeben, die dazugehörenden Stühle, δίφροι, aber zumeist in Umrißzeichnung, die durch Strichelungen ganz oder teilweise ausgefüllt ist. Dreibeinige Möbel scheinen stets als solche kenntlich gemacht zu sein, wenn man dieses aus den stets vollzähligen Beinen auf den zahlreichen Dreifußabbildungen schließen darf[76].

Cèramique, ehem. Louvre Inv. Nr. A 516: Davison a.O. Abb. 2; Kraterfrgt. in Paris, Louvre Inv. Nr. A 517: Davison a.O. Abb. 3; Amphorenfrgt. in Königsberg, Inv. Nr. 50: R. Lullies, Antike Kleinkunst in Königsberg (1935) 12 Nr. 12; Scherbe in Paris, Louvre Inv. Nr. A 522: Davison a.O. Abb. 15a; Scherbe in Paris, Louvre Inv. Nr. A 547: Davison a.O. Abb. 22; Kraterfrgt. in Paris, Louvre Inv. Nr. A 541: Davison a.O. Abb. 23; Kraterfrgt. in Paris, Louvre Inv. Nr. A 552: Davison a.O. Abb. 24; Kraterfrgt. in Sidney, Nicholsen Mus. Inv. Nr. 49. 41: Marwitz Taf. 2, 4; Scherbe in Halle, Robertinum Inv. Nr. 58: Nottbohm, JdI. 58, 1943, Abb. 3. 4. *Abb. 1g*: Amphora in Karlsruhe, Inv. Nr. B 2674: Hinrichs II Taf. 7. Ferner: Amphora in Athen, Nat. Mus. Inv. Nr. 803: Marwitz Taf. 3, 5; Scherbe in Florenz, Mus. Arch. Inv. Nr. 86416: Tölle, AA. 1963, 661 Abb. 19; Scherbe in Uppsala, Univ. Inv. Nr. 137: Tölle, AA. 1963, 662 Abb. 21. *Abb. 1h*: Krater in New York, Metr. Mus. Inv. Nr. 14. 130. 15: Davison a.O. Abb. 139. *Abb. 1i*: Scherbe v. Kerameikos, ohne Inv. Nr.: Tölle, AA. 1963, 660 Abb. 16. *Abb. 1j*: Kanne in London, Brit. Mus. Inv. Nr. 1912. 5—22. 1: Davison a.O. Abb. 29. *Abb. 1k*: Amphora in Brüssel, Mus. Royaux du Cinquantenaire Inv. Nr. A 1506: Zschietzschmann Beil. VIII 6. *Abb. 1l*: Krater in New York, Metr. Mus. Inv. Nr. 34. 11. 2: Davison a.O. Abb. 138. *Abb. 1m*: Amphora in Oxford, Ashmolean Mus. Inv. Nr. 1916. 55: Davison a.O. Abb. 111a. *Abb. 1n*: Amphora in Athen, Agora Mus. Inv. Nr. P 4990: Davison a.O. Abb. 36. *Abb. 1o*: Amphora in Havanna, Samml. de Lagunillas: Davison a.O. Abb. 35. Ferner: Amphora in Essen, Folkwang Mus. Inv. Nr. K 969: Tölle, AA. 1963, 215f. Abb. 3; Amphorenfrgt. in Athen, Kerameikos Mus. Inv. Nr. 1371: Davison a.O. Abb. 39a.
75 Hinrichs I 5 u. 33 Anm. 16 mit dem Hinweis, daß auf einigen »realistischeren Bildern der Frühstufe wie durchweg in spätgeometrischer Zeit« die Klinen niedriger gezeichnet sind als im Reifestil.   **76** Vgl. Benton, BSA. 35, 1934/35, Taf. 25,

Abb. 1 Betten auf geometrischen Vasen

a: Kraterfragment, Athen, Nat. Mus., b: Krater, New York, Metr. Mus., c: Kanne, Dresden, d: Amphora, Kopenhagen, Ny Carlsberg Glypt., e: Amphora, Athen, Benaki Mus., f: Amphora, Athen, Nat. Mus., g: Amphora, Karlsruhe, h: Krater, New York, Metr. Mus., i: Scherbe vom Kerameikos, j: Kanne, London, Brit. Mus., k: Amphora, Brüssel, Mus. Royaux du Cinquantenaire, l: Krater, New York, Metr. Mus., m: Amphora, Oxford, Ashmolean Mus., n: Amphora, Athen, Agora Mus., o: Amphora, Havanna, Sammlung de Lagunillas

Die Mehrzahl der Klinen ist zweibeinig gezeichnet, worin man vielleicht gewisse Konzessionen an den Augeneindruck auf Kosten der Funktionsdarstellung erblicken darf, soweit sich hierin die Tendenz zur Wiedergabe des Bettes in einer unperspektivischen Seitenansicht bemerkbar macht, die für Jahrhunderte verbindlich blieb. Die Liegefläche bleibt dabei zunächst in üblicher Weise 'hochgeklappt', zeigt dann aber gewisse Neigung zu verkürzter Darstellung. Das vierbeinige Bett auf einem Kraterfragment in Athen (Schema der Kline: Abb. 1a) zeigt die Liegefläche in herkömmlicher Weise in Aufsicht, den verhüllten Toten aber unverkennbar in Seitensicht[77]. Die vierbeinige Kline auf einer Athener Amphora im Benaki Museum, die sonst ganz im traditionellen Schema vierbeiniger Betten gezeichnet ist (Abb. 1e), bietet, auf der linken Seite gut erkennbar, eine über die Köpfe der Bettpfosten herabhängende, doppelte Unterlage in Seitensicht. Gleichzeitig macht sich eine leichte Verkürzung der mit einem Strichgitter versehenen Liegefläche bemerkbar. Ein weiterer Ausweis einer sich anbahnenden Auffassung in Seitensicht ist hier das Fehlen des 'schwebenden' Leichentuchs. Noch deutlicher läßt sich auf einer Scherbe in Florenz erkennen (Taf. PIg)[78], daß sich mit der Profilwiedergabe einer Bettauflage auch das Rechteck der Liegefläche mehr und mehr verkürzt, das heißt in die Seitenansicht gedrängt wird. So will das nun schon zweibeinig dargestellte Bett auf einer Amphora in Kopenhagen (Abb. 1d), das eine vorn und hinten herabhängende Bettauflage zeigt, wohl nur noch en profil verstanden werden. Das Rechteck, das ursprünglich die Liegefläche in Aufsicht meinte, bezeichnet hier den seitlich gesehenen Bettrahmen, das zunächst als Flechtwerk zu deutende Strichgitter ist zum Ornament geworden.

Der Übergang vom vierbeinigen zum zweibeinigen Schema läßt sich noch auf einem anderen Wege ablesen. Wenn man vom Typ der vierbeinigen Kline Abb. 1b (Taf. W II) ausgeht, kann man die merkwürdige Darstellung des Bettes auf einer Amphora in Brüssel (Abb. 1k), in der man eine Art Stilisierung der Typen Abb. 1i und 1j sehen kann[79], so verstehen, daß sich die Gitterzeichnung des Bettrahmens auf die Zwischenräume zwischen den durch einfache Striche dargestellten Beinpaaren ausgedehnt hat. Das zunächst technisch zu wertende Netz wächst sich zum Füllornament aus, eine Erscheinung, die in der Darstellung des Leichentuchs gewisse Parallelen findet[80]. Dieses möglicherweise so entstandene Gebilde ließ sich nun als ein blockartiges Gefüge en profil verstehen, eine Deutung, die z.B. für den Rest der 'Kline' auf einem Krater in New York (Metrop. Mus. Inv. Nr. 34.11.2; Abb. 1l) allein annehmbar erscheint. Auf diesem Wege kann sich eine Manier herausgebildet haben, die für einen Teil der geometrischen Darstellungen so bezeichnend ist: Klinen mit klobigen, in Umrißzeichnung gebotenen Beinen, auf denen das Strichgitter als Füllmuster Verwendung findet. Dabei wird die Neigung spürbar, sich im Rahmen dieser neuen Darstellungsweise wieder einem traditionellen Schema anzunähern. So deutet die blockartige Kline auf einer Amphora in Oxford

---

1—4; 26, 1—3.   [77] Vgl. Matz, Gr. Kunst I 64. Das Fragment wurde inzwischen vervollständigt: Himmelmann-Wildschütz, MWPr. 1960, 16 Taf. 2, 1. [78] Mus. Arch. Inv. Nr. 86416; Tölle, AA. 1963, 661 Abb. 19.   [79] Vgl. unten S. P 24f.   [80] Besonders deutlich, wenn man das akkurate, mit Fransen versehene Leichentuch auf einem Krater in Athen, Nat. Mus. Inv. Nr. 990 (Hinrichs II Taf. 2) mit dem vergleicht, was etwa auf einer Amphora in Karlsruhe (Hinrichs II Taf. 7) oder auf einer Amphora in Athen, Nat. Mus. Inv. Nr. 803 (Marwitz Taf. 3, 5) daraus geworden ist. Die hier angedeutete Tendenz des sachlichen Details ins Ornamentale zu wuchern, ist prinzipiell schon bei Hinrichs II 132

(Abb. 1m) durch Dreiecke, andere Darstellungen dieses Bereichs durch Kreise oder Ovale (Abb. 1n) die Form der Pfostenköpfe an und sind somit bestrebt, den in neuer Manier gebotenen Bettpfosten in herkömmlicher Weise zu artikulieren. Ja, es sind selbst 'Rückfälle' in das ältere, vierbeinige Schema in dieser Darstellungsweise zu finden (Abb. 1o). Daß solche Wandlungen zum Wesen tradierter Formen gehören, hat man an der Sprache des Epos schon seit längerem gezeigt[81]. Jedenfalls werden sich aus den manierten Darstellungen dieser Art — man vergleiche den monströsen Katafalk auf einer Amphora in Athen (Abb. 1n) — nur wenig Hinweise auf die Beschaffenheit zeitgenössischer Möbel gewinnen lassen.

Den zuletzt besprochenen, für unseren Zweck kaum verwertbaren Abbildungen steht eine Gruppe von Darstellungen gegenüber, die die Beine der Betten in Silhouette und die Liegefläche in Aufsicht zwischen den Pfostenköpfen der Beine wiedergeben. Innerhalb dieser Gruppe läßt sich mehr oder weniger evident zeigen, daß wirkliche Möbelformen zum Vorbild dienten[82]. Wir beginnen mit den Typen, deren Nachwirkung auf spätere Möbel am augenfälligsten ist.

Bei der Kline Abb. 1e verjüngen sich birnenförmige Pfostenköpfe nach unten zu in einen Hals, der auf einem etwas breiteren Schaft aufsitzt. Dieser Beintyp begegnet, wie schon bemerkt wurde, auf einem Pinax des siebten Jahrhunderts v. Chr. in Boston (Taf. PIc)[83] und läßt sich noch an Klinen des fünften Jahrhunderts v. Chr. nachweisen[84]. An Stühlen sind Beine dieses Typs überaus häufig und können bis ins vierte Jahrhundert v. Chr. verfolgt werden.[85] Dem geometrischen Schema kommt ein δίφρος auf einer Amphora in Boston (Abb. 9g) und auf einer rotfigurigen Vase in New York (Abb. 9e) nahe[86]. Der weitaus häufigste Typ, der als die geometrische Kline schlechthin angesprochen werden kann, unterscheidet sich von dem eben beschriebenen nur dadurch, daß die sonst genauso gebildeten Pfostenköpfe oben durch eine horizontale Fläche begrenzt werden (Abb. 1f. Taf. WI). Der Befund zu Abb. 1e zeigte uns, daß wir in der Praxis mit Betten und Stühlen gleicher 'Garnitur' rechnen dürfen. Dementsprechend finden wir auf geometrischen Darstellungen neben Betten vom Typ Abb. 1f häufig Stühle gleicher Bauart. Wenn wir auf späteren Denkmälern nur δίφροι dieses Typs werden nachweisen können, wird damit also auch die Existenz entsprechender Klinen hinlänglich wahrscheinlich werden. Die auf den geometrischen Bildern so häufige Pfostenform dieser Art findet man nun auf späteren Bildern wesentlich seltener als die vorher behandelte[87]. Am deutlichsten ist sie erkennbar auf einer Scherbe des sechsten

---

Anm. 25 ausgesprochen worden. [81] M. Leumann, Homerische Wörter (1950). Wenn wir im Bereich des tradierten Wortes auch nicht für jede der in unserem Bereich aufgezeigten Phasen Parallelen beibringen können, wird durch Leumanns Untersuchung doch soviel klar, daß herkömmliche, sprachliche Verbindungen in gewissen, doppeldeutigen Konstellationen einen neuen Sinn erhalten konnten, der sich u. U. auch in entsprechenden Neubildungen innerhalb gebräuchlicher Kategorien der Sprache (Nomen, Verbum) niederschlug. Man vergleiche etwa a.O. 79ff. die Ausführungen zu ἐπίορκος. [82] Allgemeine Hinweise auf Nachwirkung 'geometrischer' Möbel in späterer Zeit schon bei Ransom 23 und 27; Richter 23f., 31 u. passim. [83] Hinrichs I 31; dies., II Taf. 15. [84] Richter Abb. 185; ferner auf den Schalen des Duris in Florenz und Paris, Pfuhl, MuZ. Abb. 464. 469; rf. Prothesisamphora in Würzburg, E. Langlotz, Griechische Vasen (1932) Taf. 174 Nr. 506. [85] Nachweise mit zahlreichen Abb. bei Richter 31f. [86] Amphora in Boston: Richter Abb. 82. Vase in New York: G. Richter, Red-figured Athenian Vases in the Metropolitan Museum of Art (1936) 120 Nr. 90 Taf. 92. [87] Beide Typen haben sich später mehr und mehr angeglichen. Bei

Jahrhunderts v. Chr. von der Akropolis (Abb. 8c)[88]. Auch der δίφρος auf einem Relief des fünften Jahrhunderts aus Thasos steht diesem Typ noch nahe (Abb. 9f)[89]. Schließlich sind auch die Beine des etruskischen Bettes aus dem Regolini-Galassi-Grab diesem Typ zuzuordnen (Abb. 2f)[90]. Trotz ihrer Gedrungenheit und geringen Artikulierung lassen sich die gleichen Grundformen erkennen. Die Beine der eben behandelten Typen zeigen auf den späteren Monumenten mehr und mehr die Tendenz, den Ansatz der Pfostenköpfe nicht mehr durch die deutliche Einschnürung eines schmalen Halses, sondern einen ringförmigen, im Profil spitz zulaufenden Wulst zu markieren (Abb. 8d)[91]. Die älteren Bilder machen aber die Herkunft aus der geometrischen Form noch deutlich. Die Schäfte können sich dabei, wie es auch die geometrischen Darstellungen zeigen, nach unten zu gelegentlich verjüngen oder auch verbreitern.

Der nächste Typ weicht von dem vorgenannten insoweit ab, als die Pfostenköpfe ohne Einschnürung eines Halses oder besondere Markierung eines Ansatzpunktes unmittelbar in die Schäfte auslaufen (Abb. 1g). Diese Form findet man bei einer Reihe von δίφροι auf Abbildungen des fünften Jahrhunderts[92]. Wir zeigen in Abb. 9h einen Stuhl auf einem Skyphos in London. Bei den meisten Möbeln dieser Art verdicken sich die Schäfte nach unten zu, was auch an den geometrischen Klinen dieses Typs zu erkennen ist.

Zeigten die oben beschriebenen Formen, die im wesentlichen den gleichen Möbeltypus darstellen, daß die dazugehörenden geometrischen Abbildungen Formvarianten wirklicher Möbel festhielten, womit erwiesen ist, daß es sich bei diesen Bildern grundsätzlich nicht um Zufallsprodukte der Phantasie handelt, sollte man auch bei der nachstehenden Gruppe von Darstellungen davon ausgehen, daß es Vorbilder solcher Art wirklich gegeben hat, auch wenn die Nachwirkungen geringer sind oder womöglich ganz fehlen.

Die Kline Abb. 1a zeigt im vierbeinigen Schema schwere, nur wenig gegliederte Beine. An den 'äußeren' Beinen dieses Schemas ist die technische Detaillierung verschwommen, weil die zeichnerische Verbindung mit der Liegefläche offenbar Schwierigkeiten machte. Doch lassen die 'inneren' Beine erkennen, daß sie sich oben und unten nach mäßiger Einschnürung nach den Enden zu etwas verbreitern, so daß man sich an die Form eines Elefantenbeins erinnert fühlt. Eine tönerne Miniaturkline aus einem SH-Grab im Bereich des argivischen Heraions steht dieser Bettenform nahe (Abb. 2d)[93]. Sie zeigt auffällig ähnliche Beinformen und ein verwandtes Konstruktionsschema: Vier Beine, die durch keine Stabilisierungsleisten verbunden sind, tragen einen rechteckigen Rahmen, der allerdings an einem Ende die Andeutung eines niedrigen Kopfbrettes, am anderen Ende zwei Auswüchse aufweist, die sich als die durch die Pfosten hindurchgeführten Zapfen der Bettrahmenleisten deuten lassen. Dieselbe technische Eigentümlichkeit will die Zeichnung der geometrischen Kline Taf. P I g andeuten. Verwandtschaft mit der geometrischen Kline Abb. 1a zeigt sich auch darin, daß die Liegefläche des Terrakotta-Modells deutliche Spuren eines aufgemalten Strichgitters aufweist, das hier wie dort nur als Andeutung des Rahmengeflechts verstanden werden kann[94].

Richter findet man keine Differenzierung. [88] B. Graef-E. Langlotz, Die antiken Vasen von der Akropolis zu Athen I (1925) Taf. 104, 2531b. [89] Winter, KiB. I 239, 2. [90] L. Pareti, La Tomba Regolini-Galassi (1947) Taf. 30. [91] Graef-Langlotz a.O. Taf. 112, 2687. [92] z.B. auf einer Schale des Penthesilea-Malers in Hamburg, H. Hoffmann, Kunst des Altertums in Hamburg (1961) Taf. 73. [93] Blegen, Prosymna II 33 Abb. 156 Nr. 421. [94] Blegen, Pro-

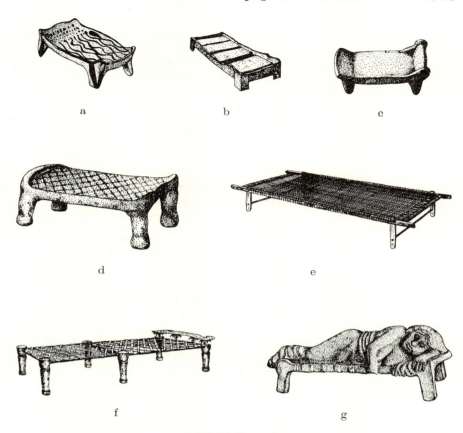

Abb. 2 Betten
a. c—d. g: Terrakotta-Modelle aus Zygouries (a), Lachisch (c), Prosymna (d), Brit. Mus., Herkunft unbekannt (g), b: Totenbett aus Mirabello, Ostkreta, e: Totenbett aus Baghouz, Grab Z 144 (Rekonstruktion), f: Bronzebett aus Etrurien, Regolini-Galassi-Grab

Der Ausgräber C. W. Blegen vermutet in der Terrakotta-Kline ein Modell des hölzernen Totenbettes, von dem sich wenige Spuren im gleichen Grabe fanden[95]. Nach allem ist es möglich, daß die geometrische Kline Abb. 1a eine sehr altertümliche Form festhält, die auch in mykenischer Zeit in Gebrauch war. Die Form der Beine läßt unter allen vergleichbaren Typen am ehesten vermuten, daß die Drehbank nicht zur Anwendung kam.

Die Beine der Kline Abb. 1b (Taf. W II) lassen an einen eiförmigen Mittelteil denken, der sich oben und unten zu Kegeln verbreitert. Die auf Abb. 1a schwach angedeutete Gliederung ist hier scharf durchartikuliert. Auf demselben Gefäß, dem die Abb. 1b entstammt, ist ein Lehnstuhl mit Beinen gleicher Art ab-

symna I 367: »the top of the table bears a regular checkered pattern of crossing lines ... The suggestion has already been offered (p. 76) that these lines represent wooden slats or bands of cloth or leather, and that the table is really a miniature bier«.   **95** Blegen, Prosymna I 76ff.; II 31 Abb. 149.

gebildet, die allerdings die kegelförmigen Ansätze am oberen Ende nicht aufweisen; diese sind übrigens auch an den drei anderen zu diesem Typ gerechneten Klinenbildern nicht erkennbar, so daß hier mit einer Formvariante zu rechnen ist, die in unserer Typologie nicht berücksichtigt wurde. Der Charakter der Formgebung weist eindeutig auf Drechselarbeit hin[96]. Auch G. Richter hat hier an eine echte Möbelform gedacht und auf vergleichbare Elemente an ägyptischen Möbeln aufmerksam gemacht[97]. Bei der Kline Abb. 1c schließt sich an kugelförmige Pfostenköpfe der Schaft, der sich etwa in der Mitte zu einem kugeligen Wulst verdickt und am unteren Ende die von Abb. 1b her bekannte kegelförmige Verbreiterung zeigt. Vier Klinen auf einer schwarzfigurigen Schale in Würzburg aus Theben (?) (daraus Taf. PIb)[98] zeigen die gleichen Formelemente, die man sonst vielleicht noch an Abbildungen von Möbeln phönikischer Provenienz wiedererkennen könnte[99].

Der Typ Abb. 1d zeigt schwere, massive Beine, die durch eine starke Abschnürung des oberen Drittels in einfachster Form gegliedert sind. Vergleichbare spätere Formen sind nicht bekannt. Auf der Kline Abb. 1h (Taf. W IX) — einziges Beispiel dieser Art unter den geometrischen Darstellungen — sind die Beine über die Liegefläche hinaus nach oben verlängert. Allerdings lassen die verdickten Pfostenenden mit den darin angedeuteten dreieckigen Zapflöchern[100], in die offenbar die Querhölzer des Bettrahmens eingelassen waren, vermuten, daß die nach unten gerückte Liegefläche nicht technologisch zu werten ist, sondern einen eigenwilligen Versuch darstellt, Bettrahmen und Toten in Aufsicht dem Pfostengefüge einzuordnen[101]. Aus der schlichten, sich nach oben verbreiternden, ungegliederten Form der Bettpfosten hat G. Richter auf Beine rechteckigen Querschnitts geschlossen[102], wie man sie etwa auf rotfigurigen Vasen des fünften Jahrhunderts v. Chr. finden kann[103].

Abb. 1i zeigt Schäfte, die sich nach oben und unten zu Kegeln verbreitern. Unsere Ergänzung nach Abb. 3b[104] wird durch folgende Typen nahegelegt: Eine an der Grenze des technisch Auswertbaren stehende, in mancher Hinsicht interessante Abbildung von vier Klinen auf einer Kanne in London (danach Abb. 1j)[105] zeigt prinzipiell ähnliche Formen. Der unzuverlässigen, vari-

---

[96] Gedrechselte Knäufe aus Elfenbein und Vasen aus Alabaster sowie eine gedrechselte Schale aus Zypressenholz aus Schachtgräbern von Mykene (Karo, Schachtgräber Taf. 136. 137—140. 147) zeigen, daß die Technik seit etwa Mitte des 2. Jts. v. Chr. in Griechenland bekannt gewesen sein muß. Zunächst blieb sie auf kleinere Werkstücke beschränkt. Der Tisch auf dem Sarkophag von Hagia Triada hat schon gedrechselte Füße (Mon Ant. 19 Taf. 2; vgl. Richter 23). Reiche Drechselformen zeigen die Überreste des Totenmobiliars aus den Kammergräbern von Baghouz (= Korsote, Xen. Anab. I 5, 4) am westlichen Euphrat, m. W. die ältesten Beispiele für gedrechselte Möbelteile im Vorderen Orient (16.—14. Jh. v. Chr.). s. Du Mesnil du Buisson 30ff. [97] Richter 23f. und Abb. 56. [98] E. Langlotz, Griechische Vasen (1932) 84 Nr. 449 Taf. 124. [99] Vergleichbare Elemente innerhalb einer etwas komplizierteren Ordnung vielleicht auf einem kyprischen Sarkophag des 5. Jhs. in New York (Ant. Denkm. III 1 [1912] Taf. 5; 2. Kline von links), desgl. auf einer phönikischen Bronzeschale aus Salamis, Zypern: Ohnefalsch-Richter 129 und Abb. 143; Zwei Hocker auf altitalischer Stele in Siponto, AA. 1966, 279 Abb. 25e; Kugeln als Pfostenköpfe auf einer Kabirenvase (P. Wolters-G. Bruns, Das Kabirenheiligtum bei Theben [1940] Taf. 28 Abb. 3). [100] Richter 66. [101] Ebenso Hinrichs I 32f. [102] Richter 66. [103] Zur Anschauung sind geeignet ein δίφρος auf dem Außenbild einer Schale in Goluchow, J. D. Beazley, Greek Vases in Poland (1928) Taf. 17, 2 und auf einer Kylix in New York, G. Richter, Handbook of the Greek Collection (1953) 228 Taf. 68c. [104] Tölle, AA. 1963, 660 Abb. 16. [105] Unkonventionell

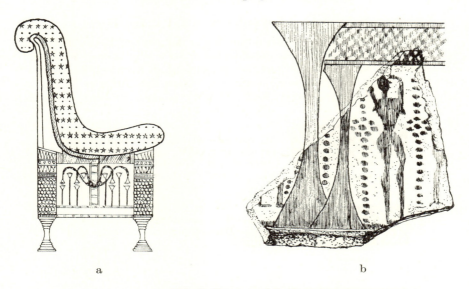

Abb. 3 Thron und Bett

a: Detail eines Wandgemäldes im Grabe Ramses III., b: Scherbe vom Kerameikos (ergänzt)

ierenden Wiedergabe der Beine läßt sich wenigstens entnehmen, daß sich die Pfosten an ihren oberen und unteren Enden verbreitern. Ebenso weist auf die Grundform der Abb. 1i die problematische Zeichnung auf einer Amphora in Brüssel hin (Abb. 1k; vgl. dazu oben S. P 20). In einer Art Abstraktion wurden hier die Schäfte nur noch durch Striche, die kegelförmigen Schaftenden durch dreieckartige Gebilde angedeutet. Auf einem Napf in München findet sich eine Kline mit vergleichbarer Beinform (Taf. PIa)[106]. Bemerkenswerte Vorläufer dieser ungewöhnlichen Drechselform gibt es an ägyptischen Möbeln des zwölften Jahrhunderts v. Chr. (Abb. 3a)[107].

Unsere Erörterungen zu den Bettendarstellungen auf geometrischen Gefäßen lassen sich dahin zusammenfassen, daß mit den Abb. 1a—o zunächst eine Typologie von Bildern und nicht von Möbelformen geboten wird. Als wirkliche Formvarianten dürfen die Abbildungen gelten, die sich durch spätere Monumente verifizieren ließen. Wo das nicht gelingt, ist es nicht auszuschließen, daß gelegentlich stilistische Variationen in der Wiedergabe der gleichen Form vorliegen. Das könnte bei Abb. 1a und 1b der Fall sein, und auch Abb. 1d ließ sich mit den Abb. 1e—g zu einem im wesentlichen gleichen Möbeltyp stellen. Diese Grundform scheinen auch die manierierten Darstellungen Abb. 1m—o zu meinen.

ist die Zeichnung des Leichentuchs und Kopfpolsters sowie die vierfache Wiedergabe des Bettes. Vgl. Zschietzschmann 18; Hinrichs I 33ff.; Marwitz 12. 16 und passim. Nach dem Aussagewert des Schachbrett-Leichentuchs wird man das Schachbrettmuster auch hier für eine Gewebeformel, also ein Laken, und nicht für das Rahmengeflecht halten dürfen.   **106** P. Wolters-G. Bruns, Das Kabirenheiligtum bei Theben (1940) Taf. 58 Abb. 1.   **107** Richter Abb. 56.

c) Zeichnerische Wiedergabe der Liegefläche

Ehe wir uns der Gesamtkonstruktion des geometrischen Bettes zuwenden, empfiehlt es sich, gewisse Eigentümlichkeiten in der zeichnerischen Wiedergabe der Liegefläche näher zu betrachten. Sie wird zumeist als Rechteck dargeboten[108] und stets durch ein Strichwerk ausgefüllt[109], das sich auf vier Muster beschränkt[110] (Abb. 4; Nachweise: Anm. 111): Man könnte zunächst an eine den

Muster a

Diagonales Strichgitter, typisch für vierbeinige Abbildungen, auch Füllmuster, vgl. Abb. 1a—c. e. i. k. o

Muster b

Zickzack, ausschließlich auf zweibeinigen Darstellungen vom Typ Abb. 1f und g

Muster c

Fischgrätenmuster, ausschließlich auf zweibeinigen Darstellungen vom Typ Abb. 1f und g

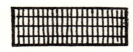

Muster d

Rahmenparalleles Strichgitter, vgl. Abb. 1h

(Die Reihenfolge a—d entspricht der Häufigkeit des Gebrauchs)

Abb. 4

---

[108] Zu einer Entwicklung von der Aufsicht zur Seitensicht siehe oben S. P 20. Eine klare Seitenbegrenzung der Liegefläche fehlt bei den vierbeinigen Typen Abb. 1 b. c. e. i. [109] Zum Schachbrettmuster auf Abb. 1j siehe oben Anm. 105. Schachbrettartig gerastert ist vielleicht auch die Liegefläche auf einer Amphora in Essen (s. Anm. 74 zu Abb. 1o). [110] Gewisse Abweichungen von der kurzen Statistik bei Marwitz 11 Anm. 19 mögen darauf zurückgehen, daß hier nur technologisch verwertbare Abbildungen herangezogen werden konnten. Weitere Auseinandersetzung ist nicht möglich, da bei Marwitz keine Einzelnachweise geführt sind. [111] Muster a: Krater in New York, Metr. Mus. Inv. Nr. 14. 130. 14: Davison, Workshops Abb. 26. Ferner: Amphora in Athen, Nat. Mus. Inv. Nr. 18062: Davison a.O. Abb. 28; Krater in Athen, Nat. Mus. Inv. Nr. 990: Davison a.O. Abb. 25; Scherbe v. Kerameikos: Tölle, AA. 1963, 659f. Abb. 17. 18; Zeichnung besser bei Himmelmann-Wildschütz, AA. 1967, 170 Abb. 2. Kraterfrgt. in Athen: Hinrichs II Taf. 12; Kanne in Dresden, Inv. Nr. 1635: Hinrichs II Taf. 6; Amphora in Athen, Benaki Mus. Inv. Nr. 7675: Davison a.O. Abb. 50; Amphorenfrgt. in Athen, Kerameikos Mus. Inv. Nr. 1371: Davison a.O. Abb. 39a; Scherbe in Paris, Louvre Inv. Nr. A 522: Davison a.O. Abb. 15a; Scherbe in Florenz, Mus. Arch. Inv. Nr. 86416: Tölle, AA. 1963, 661 Abb. 19; Scherbe v. Kerameikos: Tölle, AA. 1963, 660 Abb. 16. Muster b: Amphora in Athen, Nat. Mus. Inv. Nr. 804: Davison a.O. Abb. 1. Ferner: Kraterfrgt. in Paris, Louvre Inv. Nr.

geometrischen Intentionen durchaus entsprechende Flächenfüllung denken, zumal alle Arten von Schrägstrichgittern (Abb. 4, Muster a) und parallelen Zickzacklinien (Abb. 4, Muster b) zum traditionellen Formenbestand geometrischer Ornamentik gehören[112]. Das trifft wenigstens nicht in gleichem Maße für das horizontal-vertikale Strichgitter (Abb. 4, Muster d) und das Fischgrätenmuster mit durchgezogener Mittellinie (Abb. 4, Muster c) zu, so daß sich gerade hier der Eindruck verdichtet, daß spezielle technische Gegebenheiten bezeichnet werden sollten. Alle vier Muster lassen sich als Schemata gebräuchlicher Flecht- und Mattentechniken verstehen. Wenn Muster a und b zu typischen Füllornamenten geworden sind, verraten sie durch ihre 'präzise' Verwendung auf den geometrischen Bettdarstellungen ihre Herkunft aus der Flecht- und Webetechnik[113]. Es wird kaum Zufall sein, daß sich beide Muster besonders auch an Abbildungen von Wagen finden, bei denen die Verwendung von Flechtwerk für den Wagenkorb oder entsprechende Bestandteile vielfach erwiesen ist[114].

Muster a, das auf den Bildern der Betten am häufigsten zu sehen ist und dessen technische Ausdeutung in dem Strichgitter auf einer späthelladischen Terrakotta-Kline von Prosymna Bestätigung findet (Abb. 2d; s. S. P 22), dürfte ein mehr oder weniger weitmaschiges Geflecht aus derbem Material, z.B. ledernen Riemen, wie Od. 23, 201, meinen.

Das etruskische Bronzebett aus dem Regolini-Galassi-Grab (Mitte 7. Jahrhundert, Abb. 2f) vermittelt eine sehr gute Vorstellung dieser Technik[115], deren Verbreitung fraglos sehr weit gewesen ist, wie unter anderem ein Modellbett der ägyptischen Spätzeit in Hildesheim zeigt (Taf. P IIe)[116].

Muster b mit seinen parallellaufenden Zickzacklinien entsteht bei allen Flecht- und Webearten in der sogenannten Köper-Technik (twill-weave). Ein Modell einer verfeinerten Köpertechnik, die für Bettmatten seit dem vierten Jahrtausend in Ägypten nachzuweisen ist und dem geometrischen Muster am ehesten entspricht, zeigt Taf. P Id[117].

Muster c meint eine sehr einfache Rahmenbespannung aus zwei Lagen schräg verlaufender Stränge, die sich in der Mitte kreuzend derart verflechten, daß sie sich nicht mehr gegeneinander verschieben lassen und so eine relativ feste Matte bilden. Die Schnittpunkte bilden optisch in der Mitte eine Linie, die auch unser Modell Taf. P I e erkennen läßt[118].

A 541: Davison a.O. Abb. 23; Kraterfrgt. in Sidney: Marwitz Taf. 2, 4; Amphora in Athen, Nat. Mus. Inv. Nr. 803: Marwitz Taf. 3, 5; Amphora in Paris, Louvre Inv. Nr. A 516: Davison a.O. Abb. 2. Muster c: Amphora in Karlsruhe: Hinrichs II Taf. 7. Ferner: Kraterfrgt. in Paris, Louvre Inv. Nr. A 517: Davison a.O. Abb. 3; Scherbe in Paris, Louvre Inv. Nr. A 547: Davison a.O. Abb. 22; Kraterfrgt. in Paris, Louvre Inv. Nr. A 552: Davison a.O. Abb. 24. Muster d: Krater in New York, Metr. Mus. Inv. Nr. 14. 130. 15: Davison a.O. Abb. 139. Ferner: Amphora (boiot.) in Paris, Louvre Inv. Nr. A 575: Winter, KiB. 111, 3. [112] Vgl. Davison, Workshops 15.   [113] Für die Herkunft des gesamten geometrischen Ornamentenschatzes aus der (Korb-)Flechterei setzte sich Kekulé (AA. 1890, 106f.). Seine Ausführungen korrigierte und ergänzte E. Buschor, Beiträge zur Geschichte der griechischen Textilkunst, Diss. München 1912, 8ff. Vgl. noch Matz, Gr. Kunst I 50f.   [114] XXIII 335: εὐπλέκτῳ ἐνὶ δίφρῳ. Helbig, HE. 127. Bildnachweise: unter vielen anderen Beispielen Davison a.O. Abb. 22. 25. Marwitz Taf. 2, 4.   [115] L. Pareti, La Tomba Regolini-Galassi (1947) Taf. 30. Ebenso ein Bett aus einem Hypogaeum in Paestum mit metallenem Geflecht, Ende 6. Jh. (?), Sestieri, Archaeology 9, 1956, 22ff. mit Abb. 5. 6.   [116] H. Kayser, Göttliche Tiere[2] (1960) Abb. 23.   [117] Nach G. M. Crowfoot bei Singer-Holmyard, HT. I 420 handelt es sich um »3 × 3 herringbone twill«. Vgl. noch a.O. 417 Abb. 260a. b. f; 419f. u. Abb. 265.   [118] Hinrichs (I 32) wollte in diesem Mittel-

Muster d mit dem rahmenparallelen Kreuzstrichgitter kann als Schema für eine Fülle entsprechenden Flecht- und Mattenwerks beansprucht werden[119]. Ein sehr altes Beispiel bietet die zuverlässig rekonstruierte Bespannung eines Totenbettes aus dem Grabe Z 144 von Baghouz (16. bis 14. Jahrhundert v. Chr.; Abb. 2e)[120].

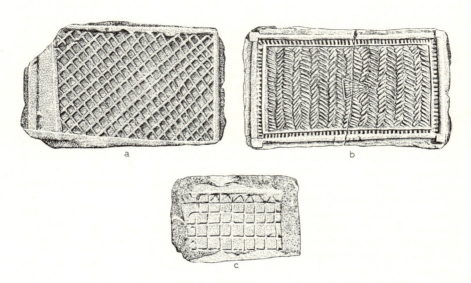

Abb. 5
Muster von Bettmatten auf Terrakotta-Modellen altmesopotamischer Betten im Britischen Museum

Endgültige Bestätigung erfährt unsere Deutung durch Tonmodelle altmesopotamischer Betten im Britischen Museum, vermutlich aus der Isin-Larsa-Zeit[121], an denen das Geflecht der Bettmatten sorgfältig wiedergegeben ist. Wir finden dort unsere Muster a (Abb. 5a), Muster b (Abb. 5b); es handelt

strich die Leiste des Bettrahmens erkennen, »der die Bettfläche nach oben und unten auseinanderklappen läßt«. Möglicherweise wurde diese Deutung durch den etwas stark geratenen Mittelstrich auf einer Amphora in Karlsruhe (Hinrichs II Taf. 7) angeregt. Es bedeutet eine nicht tragbare Komplizierung, wenn man alle übrigen Rechtecke als Liegeflächen in Aufsicht gelten läßt, bei diesem Schema hingegen mit einer völlig andersartigen Orientierung rechnet, zumal Betten ein und desselben Typs (Abb. 1f) außer dem eben behandelten Muster auch die Muster a und b aufweisen. **119** G. M. Crowfoot bei Singer-Holmyard, HT. I 417 Abb. 259 und 260e und S. 418. Ferner Ransom 62ff. und JdI. 17, 1902, 127 mit der Beschreibung der Liegefläche eines hölzernen Bettes aus Theben (Richter Abb. 183) als einer Matte aus Stäben von Palmholz, die durch rechtwinkelig-querlaufende Schnüre miteinander verbunden sind. — Das geometrische Muster scheint auch überall da verwandt zu sein, wo auf einfachste Art Gewebe dargestellt werden sollte. Als Leintuch einer Kopfauflage ist es auf der Vorlage zu Abb. 1b und Taf. P Ig (Scherbe aus Florenz, Mus. Arch. Inv. Nr. 86416: Tölle, AA. 1963, 661 Abb. 19) anzusehen. Zur Kennzeichnung eines Segels findet man es auf einer geometrischen Scherbe nach Mon. Inst. 9 Taf. 40, 4 (Helbig, HE. 77 Abb. 14). **120** Du Mesnil du Buisson Taf. 56. **1 12** Salonen 320f.

sich dabei um die gleiche, in Längsrichtung geflochtene Technik) und Muster d (Abb. 5c) wieder[122]. In allen Fällen konnte das Flechtmaterial, soweit es etwa aus Seilen oder ähnlichem bestand, aus mehreren aneinandergelegten Strängen zu einem Flechtstrang vereinigt werden, was man gelegentlich an den Abbildungen erkennen kann[123] und auch an dem oben S. P 9 genannten rezenten Bett aus dem Pandjab (Abb. 6) zu beobachten ist. Von besonderer Bedeutung ist die Art der Befestigung des Rahmengeflechts am Bettrahmen[124]. Sie bezeichnet zugleich gewisse Etappen handwerklichen Fortschritts im Möbelbau. Die einfachere, urtümliche Art der Befestigung bestand darin, daß die Flechtstränge um den Rahmen geschlungen und unter demselben verknotet wurden. Diese Befestigungsart erkennt man an dem eben erwähnten indischen Bett und an erhaltenen antiken Hockern aus Ägypten[125]. Ihr Nachteil wird darin bestanden haben, daß sich die Stränge durch Stoß und Reibung am Rahmen abnutzten und vielleicht auch höheren ästhetischen Ansprüchen nicht gerecht wurden. Nachweise für diese Befestigungsart sind an griechischen Betten im Gegensatz zu den Sitzmöbeln selten. Auf einer Terrakotta im Britischen Museum (Abb. 2g)[126] sieht man deutliche Markierungen des um den Rahmen geführten Flechtmaterials, das am ehesten an ein weitmaschiges Riemengeflecht denken läßt. Auf Abbildungen von Stühlen wird diese Befestigung des Geflechts häufig durch vertikale Striche auf der Rahmenleiste angedeutet[127]. Einen sehr frühen Beleg bietet die Abbildung eines Stuhls auf einem Terrakotta-Relief der Ur III-Periode (Abb. 9c)[128], das älteste Zeugnis im griechischen Bereich ein δίφρος auf einer Scherbe des achten Jahrhunderts von der Akropolis (Abb. 9d)[129]. Auch die erwähnte gelegentliche Vereinigung mehrerer Seile zu einem Flechtstrang wird an diesem Abbildungsschema oft deutlich[130]. Die verfeinerte Art der Befestigung des Geflechtes bestand nun darin, daß man den Rahmen durchbohrte und das Flechtmaterial durch die Löcher zog[131]. Beide Befestigungsarten haben sich bis heute nebeneinander erhalten. Bei den Griechen bewahrten vor allen die Sitzmöbel, besonders die Lehnstühle der klassischen Zeit, die ältere Technik. Bei den Betten blieb sie offenbar auf die geringeren Möbel beschränkt, wenn man das aus der Seltenheit

[122] Salonen Taf. 16, 1. 17, 2. 19, 3. [123] Drei Seile zu einem Flechtstrang vereinigt auf einem Krater in New York, Metr. Mus. Inv. Nr. 14. 130. 14 (AJA. 19, 1915, Taf. 17; Davison, Workshops Abb. 26; Richter Abb. 57; hier Abb. 1b). Jeweils vier Seile auf dem Totenbett des Grabes Z 125 von Baghouz, Du Mesnil du Buisson Taf. 54. [124] Einges darüber bei Ransom 64. [125] Ransom, JdI. 17, 1902, 132 Abb. 7. Richter Abb. 59. [126] Inv. Nr. C 208. s. Richter 67 und Abb. 176. [127] Zuerst geäußert Ransom, JdI. 17, 1902, 132 Anm. 22. Besonders häufig bei den Abbildungen der καθέδραι des 5. Jhs. mit den geschwungenen Lehnen und Beinen. Ransoms Vermutung, daß diese Technik bei den δίφροι mit gedrechselten Beinen nicht üblich war, trifft nicht zu. Vgl. sf. Amphora in Boston (Richter Abb. 82; hier Abb. 9g), Scherbe von der Akropolis (B. Graef-E. Langlotz, Die antiken Vasen von der Akropolis zu Athen I [1925] Taf. 104, 2531b; hier Abb. 8c). [128] E. Strommenger, Fünf Jahrtausende Mesopotamien (1962) Abb. 143. [129] B. Graef-E. Langlotz, Die antiken Vasen von der Akropolis zu Athen I (1909) Taf. 8, 256. [130] z.B. auf einer Tonplatte des Exekias, E. Pfuhl, 1000 Jahre griechischer Malerei (1940) Taf. 73 Abb. 278. [131] Auf dem Prokrustes-Bett einer Amphora in München (Richter Abb. 151) ist der Bettrahmen nach Art eines Tennisschlägers horizontal durchbohrt. Eine verfeinerte Art der Befestigung findet sich bereits an einem frühdynastischen Bett. Vgl. Singer-Holmyard, HT. I Abb. 493; W. Wolf in: H. Th. Bossert, Geschichte des Kunstgewerbes aller Zeiten und aller Völker IV (1930) Abb. auf S. 86. Weitere Vervollkommnung der Technik demonstriert Ransom an ägyptischen Möbeln,

der Nachweise und ihrer Beschaffenheit entnehmen darf[132]. Die geometrischen Abbildungen der Betten bieten keinerlei Hinweise auf die eine oder andere Befestigungsart. Wahrscheinich sind beide vorauszusetzen. Die urtümliche Befestigungsart weist der geometrische δίφρος Abb. 9d auf.

Wenn wir nun in den reichen Drechselformen der geometrischen Betten generell einen Hang zur Verfeinerung zu erkennen glauben und eine naive Freude an einer vielleicht noch jungen, handwerklichen Errungenschaft, der auch die qualifizierende Zubenennung δινωτός recht entspräche, zögern wir nicht, das andere für uns wichtige homerische Beiwort τρητός auf jene zuletzt besprochene Vervollkommnung in der Befestigung der Liegefläche zu beziehen. Die Bedeutung dieses Attributs ist seit den Tagen der antiken Grammatiker umstritten. E. Risch vergleicht das deverbative τρητός »durchbohrt« mit τέρετρον[133]. E. Boisacq stellt τρητός »durchbohrt« neben τετραίνω »durchbohren« zu τείρω »reiben«[134], im Sprachgebrauch jedoch nur im Sinne von 'quälen'. L. Doederlein hatte angesichts der sachlichen Schwierigkeiten, die eine Bedeutung von τρητὸν λέχος »durchbohrtes Bett« bot, das Wort zu τείρω gestellt und kam unter Heranziehung der zu *ter-* gehörenden lateinischen Wörter zu der Bedeutung »glatt und sauber poliert«[135]. Ähnlich hatte C. G. Heyne das Wort als Synonymum zu δινωτός betrachtet, was Doederlein aus sprachlichen Gründen wiederum ablehnte. Seine Konsequenzen führten zu Verstiegenheiten. Daß wenigstens πολύτρητος σπόγγος auf die Bedeutung »durchlöchert« verweist, wird heute niemand mehr bezweifeln. A. Vaniček's Hinweis[136] auf die Hesychglosse: τέρεσσεν· ἐτόρνωσε ließ wieder an die Bedeutung von δινωτός »gedrechselt« denken[137]. Daraus ergibt sich, daß τρητός vielleicht mehr als eine Ableitung und Deutung zuläßt[138], daß aber die Kenntnis der Bedeutung »durchbohrt« für das Homerische Epos unbestreitbar ist. Daß daneben vielleicht noch die andere Bedeutung wirksam war, könnte allenfalls aus 13, 77 entnommen werden: πεῖσμα δ' ἔλυσαν ἀπὸ τρητοῖο λίθοιο[139]. Hatte von der sprachwissenschaftlichen Seite her die Bedeutung »durchbohrt« noch am meisten für sich, brachte die sachliche Erklärung von τρητὸν λέχος ihre eigenen Schwierigkeiten mit sich. E. Buchholz' Deutung

---

JdI. 17, 1902, 125ff.   **132** s. S. P 29 und Abb. 2g.   **133** Wortbildung § 10c.
134 948f.   **135** Homerisches Glossar (1850—1858) Nr. 644.   **136** Griech.-lat. etymologisches Wörterbuch I (1877) 287.   **137** Vgl. Schol. A zu III 448 (Heliodor): τρητοῖς· εὖ τετραμμένοις. Ähnlich Schol. zu 10, 12: τετορνευμένοις und zu 1, 440: τορνευτοῖς.   **138** Vgl. zu der Doppelbedeutung der -θρονος und -πεζος-Komposita Buschor 31f. und unten Anm. 279.   **139** Solche Steine hat man sich, wie hier im Hafen von Scheria, als fest im Ufer eingelassene Poller vorzustellen. Ein Durchbohren wäre im Hinblick auf den Verwendungszweck eine kaum begreifliche Mühsal, die allenfalls bei den Ankersteinen (εὐναί), die mit der Leine fest verbunden bleiben und schon deshalb nicht mit diesen λίθοι identisch sein können, sinnvoll wäre. Von den εὐναί wird allerdings nie τρητός gesagt. Die Gleichsetzung des τρητὸς λίθος mit der Gattung der εὐναί (E. E. Seiler-K. Capelle, Vollständiges Wörterbuch über die Gedichte des Homeros und der Homeriden[9] [1889], nach A. Breusing, Nautik der Alten [1886]) ist also falsch. Für die im Ufer eingelassenen Steine genügt es nun, wenn sie soweit profiliert sind, daß ein Abgleiten der Achterleinen am oberen Ende verhindert wird. Die Bedeutung »abgerieben, gedrechselt« muß hier als angemessener empfunden werden. Beim Landen in einem Hafen (I 436) werden zunächst vom Vorschiff aus die an Leinen befestigten εὐναί ausgeworfen, die Leinen vorn am Schiff befestigt und, sobald das Heck in Ufernähe herumgeschwenkt ist, die Achterleinen an den Befestigungsvorrichtungen an Land — nach 13, 77 den τρητοὶ λίθοι — angebunden. Einmal ersetzt diese Vorrichtung beim Landen an offener

»zierlich geschnitzt und mit durchbrochener Arbeit ausgestattet«[140] hat wohl am nachhaltigsten gewirkt, weil sie, wenn auch nicht ohne willkürliche Erweiterung der Bedeutung, dem Beiwort wenigstens noch den Charakter des Epitheton ornans verlieh. Solche Arbeiten sind zwar von ägyptischen Prunksesseln und den Fußbrettern ägyptischer Betten her bekannt[141] — auch in dem neuerlich entdeckten Königsgrab des achten Jahrhunderts v. Chr. von Gordion in Phrygien fand sich ein Tisch mit feiner, durchbrochener Arbeit[142] — doch fehlen für den griechischen Bereich literarische oder monumentale Nachweise. Andere Deutungen schlugen nicht durch, weil sie das Wort auf Routineverrichtungen der Möbelherstellung bezogen und damit dem Wesen des epischen Epithetons nicht gerecht wurden. Nach W. Leaf[143] und W. B. Stanford[144] soll man glauben, man hätte die Betten nach den Löchern charakterisiert, die nötig waren, um die Einlegearbeiten zu befestigen, oder die Löcher seien ein Hinweis auf die Verzapfung und Verfugung der einzelnen Teile[145]. Eine zunächst sehr ansprechende Lösung bot P. Girard, der die Beiwörter δινωτός und τρητός als Charakterisierung zweier Typen von Betten nach der Form ihrer Beine verstehen wollte[146]: δινωτός habe Klinen mit gedrechselten Beinen, τρητός solche mit vierkantigen, ausgeschnittenen Beinen sogenannten jonischen Typs gemeint[147]. Es hat etwas Bestechendes an sich, die beiden Haupttypen griechischer Betten seit dem sechsten Jahrhundert, die man seit je nach den unterschiedlichen Formen ihrer Beine kategorisierte[148], in den beiden wichtigsten homerischen Epitheta des Bettes wiederzuerkennen, zumal die tiefen Ausschnitte wirklich unter Verwendung des Bohrers zustande gekommen sein mögen. Aber auch diese Deutung scheitert daran, daß es nicht gelingt, Klinen des letzteren sogenannten jonischen Typs für so frühe Zeiten nachzuweisen[149]. Nun wurde schon im Altertum eine Deutung geboten, die, wie wir meinen, am meisten für sich hat und am deutlichsten im Etymologicum Magnum ausgesprochen wird: τρητὸν λέχος· παρὰ τὸ τετρῆσθαι κατὰ τὰ ἐνήλατα, εἰς ἃ ἐμβάλλεται ἡ σπάρτος, das heißt die Betten wurden 'durchbohrt' genannt, weil sie an den Rahmenleisten Bohrlöcher hatten, durch die das Flechtmaterial hindurchgezogen wurde. Daß diese Deutung, soweit man sie vertrat, im Altertum wie in der Neuzeit[150], meist mit einem Fragezeichen bedacht und durch andere Erklärungsversuche entkräftet wurde, lag wohl daran, daß man auch diese Vorrichtung zur Routine des Möbelbaus rechnete und somit eines Beiwortes, das sich auf eine im Grunde zweitrangige Zurüstung bezog und nichts Qualifizierendes an sich hatte, nicht recht froh wurde. Indessen wird die Qualifikation, die dem Beiwort erst rechten Sinn gibt, sofort spürbar, wenn wir in dem τρητός die technische Errungenschaft und den Fortschritt gegenüber der urtümlichen Bauart heraushören[151].

Küste ein Felsstück (10, 96).   **140** Realien II 2, 152.   **141** H. Carter-A. C. Mace, Tutenchamun[6] I (1927) Taf. 39.   **142** Young, AJA. 62, 1958, Taf. 27 Abb. 22. 23; ders., Archaeology 10, 1957, 219.   **143** Zu III 488 u. 23, 196ff.   **144** Zu 1, 440.   **145** Nach Schol. A zu III 448 (Dindorf I 166): διὰ τὸ κατὰ τὴν ἁρμογὴν τετρῆσθαι. Ähnlich Hesych: τρητοῖς ἐν λεχέεσσι· τοῖς κατὰ τὰς ἁρμογὰς τετρημένοις.   **146** DA. III 2, 1014 s. v. lectus.   **147** Zur Erläuterung dieses Typs vgl. Ransom 21ff., 44ff., 72ff., 89. Richter 58ff.   **148** Rodenwaldt, RE. XI 853f. s. v. Kline.   **149** Dieser Einwand wird von Ransom 111 Anm. 23 gegen Girard erhoben.   **150** Buchholz, Realien II 2, 152; Faesi zu 1, 440; Leaf zu III 448.   **151** Eust. zu 1, 440 denkt, abgesehen von einer zweifelhaften Gleichsetzung von τρητός mit πυκινός, ganz ähnlich: τρητὰ δὲ λέχη πρὸς διαστολὴν τῶν στιβάδων τὰ τεκτονηθέντα. Für πυκινός könnte die Erklärung des Eustathius durchaus zutreffen: neben seinem qualifizierenden Bedeutungs-

Unsere Überlegungen lassen sich an der Zubenennung eines anderen wichtigeren Kulturgerätes verdeutlichen. Der Pflug, der ursprünglich ein starker Baumast war, dessen natürliche Verästelungen Handgriff, Schar und Zugstange bildeten, wurde, als man den Wert einer metallenen Pflugschar erkannt hatte und ihn aus Teilen zusammensetzte, πηκτόν (ἄροτρον) benannt. Daneben blieb der primitive Pflug, αὐτόγυον ἄροτρον, wie Hesiod lehrt[152], weiter in Gebrauch, gerade wie die einfacheren Betten neben den τρητὰ λέχεα weiterhin benutzt wurden[153]. Diese Errungenschaft ließ sich ebensowenig auf den geometrischen wie auf den späteren griechischen Darstellungen festhalten, da normalerweise der Bettrahmen nur auf der Innenseite, also für den Beschauer der Außenseite nicht sichtbar, durchbohrt war[154].

d) Gesamtkonstruktion des Bettes in geometrischer Zeit

Die mutmaßliche Gesamtkonstruktion der Betten, die in der Grundform auch später beibehalten wurde, ist denkbar einfach. In die Pfostenköpfe wurden runde oder kantige Rahmenhölzer eingelassen, die den rechteckigen Bettrahmen bildeten. Bei der Kline Abb. 1h (Taf. W IX) sind die Zapfenlöcher eingezeichnet. Diese lagen übereinander (Abb. 8a), wobei dann die Querleisten über den Längsleisten lagen, weil diese Anordnung zugleich eine erhöhte Kopfauflage schuf (Abb. 6). Nach einer schon an den Grabmöbeln von Baghouz nachweisbaren, verfeinerten Technik[155] konnte man trotz vollständiger Durchbohrung der Pfostenköpfe auch alle Rahmenhölzer in gleicher Höhe in die Pfosten einlassen (Abb. 8b). In jedem Falle ragten die Pfostenköpfe ein wenig über den Bettrahmen hinaus. Dieses einfache Gestell, dessen Beine durch keine Verstrebung stabilisiert waren, setzte eine solide Verarbeitung und vor allem eine Begrenzung der Höhe voraus, von der wiederum der indische Charpoy eine Vorstellung vermitteln kann. Dieser Überlegung kommt die Schilderung 1, 436f. (siehe oben S. P 10) entgegen. Wie im Epos ließen sich schwerere und leichtere Typen unterscheiden. Die kompakten Beine der Kline Abb. 1a erinnern an den Ölbaumstumpf des Odysseus-Bettes: πάχετος δ' ἦν ἠΰτε κίων. Fremdeinwirkungen, die sich vielleicht beim Typ Abb. 1c bemerkbar machen, reflektieren gegebenenfalls die im achten Jahrhundert v. Chr. einsetzende entscheidende Phase phönikischen Kultureinflusses, den zu würdigen die Behandlung der übrigen Möbel mehr Gelegenheit bieten wird. Dennoch bleibt angesichts der Abb. 1e—g, in denen man den Prototyp der geometrischen Kline wird sehen dürfen, der Eindruck gewahrt, daß das attische Bett des achten Jahrhunderts v. Chr. ein Möbel sui generis war. Ziehen wir Bauart und Benutzungsweise des indischen Charpoy

---

wert »gefügt, fest und tüchtig« ist auch ein relativierender herauszuhören, nämlich das »gefügte, gezimmerte« Bett im Gegensatz zum primitiven Erdlager; τρητός wäre dann die nächste Errungenschaft. **152** Op. 432ff. **153** Unsere Ausführungen sind auch für die technische Deutung mesopotamischer Betten nicht ohne Belang. An diesen Betten war die Bettmatte gewöhnlich mit Ringen versehen, die in Haken am Bettrahmen eingehängt wurden (Salonen 148). Doch ist daneben auch nach der alten Technik das Flechtwerk um den Rahmen herumgeführt worden, was sich einem Tonmodell der Isin-Larsa-Zeit (Salonen Taf. 18) entnehmen läßt. Da in akkadischen Texten von *eršu šuburtu*, d. h. einem »Bett mit Löchern« die Rede ist, liegt nichts näher, als diese in ihrer Bedeutung bisher umstrittene Wendung (vgl. Salonen 135 Nr. 36) als Hinweis dafür zu nehmen, daß an mesopotamischen Betten auch die Technik des durchbohrten Bettrahmens im Sinne von τρητὸν λέχος gebräuchlich war. **154** s. oben Anm. 131. **155** Du Mesnil du Buisson 37 und Taf. 46. 55.

mit heran (Abb. 6, vgl. oben S. P 9), liegt es nahe, in diesem Typ die δέμνια der Odyssee wiederzuerkennen[156]. An ein Kopfbrett oder eine Kopfstütze wird nicht zu denken sein, da die späteren Betten, in denen wenigstens die Grundform des geometrischen Bettes weiterlebte, zunächst auch keine konstruktiven Kopfstützen aufweisen und erst später durch ein Brett zwischen den Pfostenköpfen für eine Erhöhung der Bettauflagen am Kopfende gesorgt wurde[157].

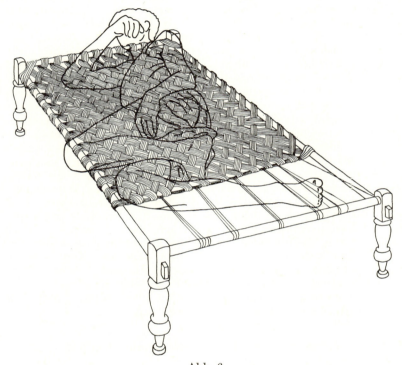

Abb. 6
Rezenter indischer 'Charpoy' aus dem Pandjab

Ein kretischer Sarkophag aus der Zeit nach der Zerstörung der Paläste (SM III; Abb. 2b) könnte, falls er eine gebräuchliche Möbelform wiedergibt, dafür sprechen, daß im zwölften Jahrhundert v. Chr. im griechischen Raum eine weitere, an rezente europäische Typen erinnernde Bettstelle in Form eines Bettkastens auf niedrigen Beinen in Gebrauch gewesen ist[158]. Auch eine etwa gleichzeitige Terrakotta-Miniatur aus Zygouries steht diesem Typ nahe (Abb. 2a)[159]. Schließlich darf hier ein interessantes, schwer einzuordnendes Tonmodell eines divan-artigen Bettes aus Lachisch, Palästina, achtes/

[156] Nur einmal in dem späten XXIV. Buch der Ilias (Vers 644). [157] Ransom 20ff. [158] H. v. Effenterre, Le Sommier d'Ulysse, RA. 18, 1, 1941, 169ff. (mit Abb. 1) beansprucht dieses singuläre Stück als Muster »des Bettes des Odysseus«; namentlich die mehrteilige Füllung des Bettrahmens wird als Erklärung für ἱμάντα βοός (Od. 23, 201) verwandt. Ich bezweifle, daß man Lederstücke solcher Proportionen noch ἱμάς genannt hat. [159] Blegen, Zygouries 206

siebtes Jahrhundert v. Chr. (Abb. 2c), mit schräggestelltem Kopf- und Fußbrett angefügt werden[160]. Jedenfalls hat unter den spärlichen Reflexen mykenischer Betten[161] nur der Typ von Prosymna (Abb. 2d) gewisse Nachwirkungen unter griechischen Möbeln zu verzeichnen.

e) Bettauflagen

Zur Erläuterung der homerischen Bettauflagen werden wir von den geometrischen Darstellungen nicht allzuviel erwarten dürfen. Einerseits lehrt das Epos, daß die Toten zur Prothesis mit besonderem Bett- und Leinenzeug versehen werden[162], andererseits sahen wir S. P 18, daß die Bettauflagen auf den geometrischen Bildern generell vernachlässigt sind. Wo dies nicht der Fall ist, sind die Zeichnungen nicht so einheitlich, daß man daran spezifische Angaben des Epos wiedererkennen könnte. Den χλαῖναι entspricht das fast immer über dem Toten erscheinende Leichentuch (ταφήιος sc. φᾶρος) mit dem charakteristischen Schachbrettmuster[163], womit auf Abb. 1j ausnahmsweise ein Laken gemeint sein könnte[164]. Wo τάπητες und ῥήγεα dargestellt sind, sind sie im Profil wiedergegeben. Nach unserer Deutung der epischen Angaben könnten sie zeichnerisch durch eine einzige Auflageschicht gekennzeichnet sein. Das trifft für Abb. 1d zu. Die Reste auf Abb. 1e zeigen indessen zwei Schichten, die Kline auf einem Pinax in Boston (Taf. PI c)[165], die zur Ergänzung der geometrischen Darstellungen herangezogen werden kann, mindestens drei. Einzigartig in der Detaillierung der Bettauflagen ist eine Scherbe in Florenz (Taf. PI g)[166]. Eine dicke, matratzenartige Unterlage wird offenbar durch zwei daruntergelegte Polster am Kopfende angehoben, die Kopfauflage durch ein in die Bildfläche 'geklapptes' Leinentuch bezeichnet[167]. Hier und an einigen weiteren Abbildungen lassen sich also Kopfpolster nachweisen[168], von denen im Epos nie ausdrücklich die Rede ist[169].

An den Überresten eines Totenbettes des achten Jahrhunderts in dem Königsgrab von Gordion ließen sich Spuren einer Auflage von mehreren Schichten leinener und wollener Tücher entdecken[170].

3. Sitzmöbel bei Homer und im älteren Epos

Epische Bezeichnungen für Sitzgelegenheiten sind θόωκος, ἕδος, ἕδρη, δίφρος, θρόνος, κλισίη, κλιντήρ, κλισμός.

a) Θῶκος, θόωκος

Der Ausdruck θῶκος, episch θόωκος, begegnet vorwiegend als Abstraktum in der Bedeutung »Sitzung, Versammlung«. 5, 3 spricht davon, daß sich die

Abb. 196; Kulczycki II 44.   **160** C. Tufnell, Lachisch III (1953) Taf. 29 Nr. 21. **161** Ein technisch unergiebiges, verstümmeltes Tonmodell eines zweischläfrigen Bettes mit ruhendem Paar bei J. G. Szilágyi-L. Castiglione, Museum der bildenden Künste, Budapest, Griechisch-römische Sammlung (1957) Taf. 2,2; ein Tonmodell aus Thapsos (11. Jh.?) könnte auch eine Bank oder einen Tisch meinen (MonAnt. 6, 1895, 129 mit Taf. 5, 13).   **162** XVIII 352ff.; 2, 97ff. u. ö.   **163** Vgl. Marwitz 11ff.   **164** s. Anm. 105.   **165** Hinrichs II Taf. 15.   **166** Mus. Arch. Inv. Nr. 86416; Tölle, AA. 1963, 661 Abb. 19. Dasselbe Schema offenbar auf einer stärker verstümmelten Scherbe in Uppsala, Tölle, AA. 1963, 662 Abb. 21. **167** s. Anm. 119.   **168** Auf unseren schematischen Darstellungen nicht abgebildet. Zusammenstellung bei Zschietzschmann 18; Hinrichs I 34.   **169** Vgl. oben S. P 15 mit Anm. 64.   **170** Young, Archaeology 10, 1957, 218.

Götter zum ϑῶκος niederlassen, Hesiod sagt, daß Götter und Menschen einst gemeinsame Gastmähler und ϑῶκοι verbanden (Fr. 82). Nach 2, 26 hat, seit Odysseus fortging, weder ἀγορή noch ϑόωκος stattgefunden. Aus dieser und der vergleichbaren Stelle 15, 468 ist zu entnehmen, daß es sich um eine vorberatende Versammlung, etwa die βουλή der γέροντες handelt[171]. Konkret wird damit auch der Sitz am Versammlungsort bezeichnet, so 2, 14, wo sich Telemach am Versammlungsplatz auf den ϑῶκος des Vaters setzt. Solche Sitze werden uns als ξεστοὶ λίϑοι, »geglättete Steine«, beschrieben (XVIII 504; 8, 6). Etwas Ähnliches werden 12, 318 die ϑόωκοι der Nymphen in der Grotte meinen. VIII 439 sind es die Sitze der Götter an ihrem Versammlungsplatz auf dem Olymp, die sonst ϑρόνοι genannt werden. Im Apollonhymnus wird Zeus' Göttersitz ϑῶκος πολυδαίδαλος (345) genannt und damit schon deutlich als Möbel bezeichnet. Schließlich ist an den beiden Stellen bei Hesiod (Op. 493. 574) damit jeder Platz gemeint, der für Zusammenkünfte geeignet ist und dazu einlädt. Wo ϑῶκος konkret ein Sitzgerät bezeichnet, meint es also im Grunde einen festen Sitz an einem Versammlungsplatz im Freien.

b) Ἕδος

Mit ἕδος wird jeder Sitzplatz und Sitz bezeichnet, auch im weiteren Sinne des Wohnsitzes. Nach I 534 stehen die Götter ἐξ ἑδέων auf, wenn der Göttervater im Olymp erscheint. IX 194 springt Achill beim Nahen der Bittgesandtschaft auf: λιπὼν ἕδος, ἔνϑα ϑάασσεν. Nur Demeterhymnus 195f., wo Jambe der unerkannten Demeter einen Stuhl anbietet, ist ausdrücklich ein Sitzmöbel bezeichnet: ἔϑηκε . . . πηκτὸν ἕδος, καϑύπερϑε δ' ἐπ' ἀργύφεον βάλε κῶας. Von dem gleichen Möbel wird Vers 198 gesagt: ἧστ' ἐπὶ δίφρου. Als »Wohnsitz, Wohnplatz« begegnet das Wort in Wendungen wie ἀϑανάτων ἕδος (V 360 u. ö.) zur Umschreibung des Olymps oder anderer Ortsbezeichnungen. Nach certamen 38 — Orakelanfrage des Kaisers Hadrian — ist Homer ἕδος δ' Ἰϑακήσιος »dem Wohnsitz nach ein Mann aus Ithaka«. An zwei Stellen der Ilias ist die Funktion »das Sitzen, das Platznehmen« gemeint. XI 648 lehnt Patroklos Nestors Einladung, sich zu setzen, mit den Worten ab: οὐχ ἕδος ἐστί, γεραιέ, das heißt, »Platz zu nehmen kommt nicht in Frage« (ähnlich XXIII 205).

c) Ἕδρη

Das Wort ἕδρη hat ausschließlich konkrete Bedeutung und meint zunächst jeden Sitzplatz im Freien oder im Inneren des Hauses. XIX 77 spricht Agamemnon in der Heeresversammlung αὐτόϑεν ἐξ ἕδρης, οὐδ' ἐν μέσσοισιν ἀναστάς. II 96 (ähnlich II 211) halten neun Herolde Ordnung unter den Achäern, die sich zur Heeresversammlung einfinden (II 99): σπουδῇ δ' ἕζετο λαός, ἐρήτυϑεν δὲ καϑ' ἕδρας. Καϑ' ἕδρας ist hier distributiv zu verstehen: »sie wurden nach Sitzgruppen in Ordnung gehalten«. Das Heer behält auch sonst beim Sitzen seine Ordnung κατὰ στίχας bei (vgl. III 326). Mit ἕδρη ist hier also ein Kollektiv von Sitzplätzen gemeint. Diese Bedeutung liegt auch 3, 7f. vor, wo der Kult- und Festplatz am Strande von Pylos beschrieben wird: ἐννέα δ' ἕδραι ἔσαν, πεντήκοντοι δ' ἐν ἑκάστῃ ἥατο. Auf diese Stätte bezieht sich auch 3, 31: ἷξον δ' ἐς Πυλίων ἀνδρῶν ἀγυρίν τε καὶ ἕδρας. 3, 37f. läßt Peisistratos eben dort seine Gäste Platz nehmen παρὰ δαιτὶ κιώσιν ἐν μαλακοῖσιν ἐπὶ ψαμάϑοις ἁλίῃσιν. Mit dauerhaften Sitzvorrichtungen werden wir hier also ebensowenig rechnen

---

[171] Buchholz, Realien II 2, 139.

dürfen wie am Platze der Heeresversammlung. Innerhalb eines für die neun Gemeinden am Strande abgesteckten Bezirkes wird der eigentliche Sitz aus Fellen improvisiert. Dagegen sind die Sitze auf dem Versammlungsplatz der Phäaken aus Stein. Die Schilderung von 8, 16: ἔμπληντο βροτῶν ἀγοραί τε καὶ ἕδραι wird durch den Vers 8, 6 erläutert, der auf die gleiche Örtlichkeit zu beziehen ist: ἐλθόντες δὲ καθῖζον ἐπὶ ξεστοῖσι λίθοισιν. Solche steinernen Sitze sind auch außerhalb der Versammlungsplätze zu finden. Nach 3, 405 ff. befinden sich προπάροιθε θυράων am Palaste Nestors ξεστοὶ λίθοι λευκοί, ἀποστίλβοντες ἀλείφατος· οἷς ἔπι μὲν πρὶν Νηλεὺς ἵζεσκεν[172]. 3, 428 f., wo die Mägde den Auftrag erhalten sollen ... ἀγακλυτὰ δαῖτα πένεσθαι, ἕδρας τε ξύλα τ' ἀμφί ... hat man an Stühle zu denken. In der Hütte des Eumaios macht der Bettler Odysseus dem eintretenden Telemach Platz (16, 42): τῷ δ' ἕδρης ἐπιόντι πατὴρ ὑπόειξεν. Doch dieser wehrt freundlich ab (16, 44): ἡμεῖς δὲ καὶ ἄλλοθι δήομεν ἕδρην, und Eumaios improvisiert ihm einen Sitz aus einer Reisigschüttung, auf die er ein Fell breitet[173]. So kann auch im Inneren des Hauses jede Sitzgelegenheit mit ἕδρη bezeichnet werden. Αὐτόθεν ἐξ ἑδρέων bringen 13, 56 die pokulierenden Phäaken den Göttern die Trankspende dar. Damit sind die θρόνοι gemeint, die nach 7, 95 ff. an der Wand der Halle stehen. Ἕδραι steht auch Apollonhymnus 4 für θρόνοι, wo die Götter vor Apoll ἀφ' ἑδράων aufspringen. An zwei Stellen der Ilias bezeichnet ἕδρη einen Ehrensitz beim Mahle, der mit dem Vorrecht auf erlesene Speisen und Getränke verbunden ist. Nach VIII 162 genießt Diomedes, nach XII 311 Sarpedon und Glaukos dieses Vorrecht. Ob dieser Ehrensitz auch äußerlich gekennzeichnet war, ist dem Text nicht zu entnehmen; jedenfalls war es ein θρόνος. Diese Sonderbedeutung erfährt eine gewisse Abstraktion in dem späten neunundzwanzigsten Hymnus:

Ἑστίη ἣ ... ἐν δώμασιν ...
ἀθανάτων τε θεῶν ... τ' ἀνθρώπων
ἕδρην ἀΐδιον ἔλαχες πρεσβηΐδα τιμήν (1 ff.).

Danach hat Hestia für alle Zeiten in den Häusern der Götter und Menschen einen »Ehrenplatz« erhalten. Die ursprüngliche Bedeutung »Sitzplatz« erweitert sich bei Hesiod und Späteren zu »Aufenthaltsort«. Hesiod läßt Kratos und Bie Zeus aufs engste verbunden sein, weder δόμος noch ὁδός noch ἕδρη sieht sie von Zeus getrennt (Th. 386). Im neunzehnten Hymnus begibt sich Hermes ῥίμφα δ' ἐς ἀθανάτων ἕδρας (42), was an das formelhafte ἀθανάτων ἕδος »Wohnsitz der Götter« anklingt.

d) Δίφρος

Der Ausdruck δίφρος bedeutet »Stuhl« und ist in unserer Zusammenstellung der Sitzgelegenheiten das erste Wort, das ein Möbelstück in eigentlichem Sinne bezeichnet. Von siebzehn Stellen ist es zehnmal Objekt eines Verbs der Bewegung[174]: δίφρον (κατα-, παρα-) τιθέναι, ἑλεῖν, φέρειν, ἕλκειν. Damit erweist sich δίφρος als ein leicht bewegliches Sitzgerät. In der Ilias gehört es zum Mobiliar des Ehegemachs. III 424 stellt Aphrodite im θάλαμος des Paris einen δίφρος für Helena in die Nähe des Gatten. VI 354 läßt Helena

---

[172] Auf Spuren entsprechender Vorrichtungen an dem Megaron des Palastes von Pylos weist Hampe 23 f. hin.   [173] Stühle scheint es in der Hütte des Eumaios nicht zu geben, denn 14, 49 richtet er seinem Gast einen ähnlichen Sitz her.
[174] III 424; 17, 330; 19, 97. 101. 506; 20, 259. 387; 21, 177. 182; h. Cer. 195 ff.

im gleichen Raum ihren Schwager Hektor auf einem δίφρος Platz nehmen. Ähnlich befinden sich in der Odyssee δίφροι besonders in den Räumen, die den Frauen und der Hausfrau vorbehalten sind, θάλαμος, οἶκος, ὑπερῷον, μέγαρον γυναικῶν. 4, 717 setzt sich Penelope aus Kummer über Telemachs Abreise nicht auf einen δίφρος, obwohl sich viele in ihrem Gemach befanden, πολλῶν κατὰ οἶκον ἐόντων, sondern auf die Schwelle des θάλαμος. Der δίφρος, auf dem sie sitzt, als sie unbemerkt mithört, was die Freier im Megaron reden, stammt aus ihrem θάλαμος (20, 387). Aber auch in anderen Räumen, wie z. B. im Männersaal, hat man mit einer Anzahl δίφροι zu rechnen, die sich bei Bedarf rasch als Sitzplatz an beliebiger Stelle verwenden lassen. Um bequemer durch die Äxte schießen zu können, läßt Antinoos einen δίφρον μέγαν holen (21, 177. 182) und ein Fell darauf legen. Auf diesem Möbel sitzt auch Odysseus, als er den Meisterschuß tut (21, 420). Da sich μέγας nicht auf die Höhe des Stuhles beziehen kann — er müßte hier mit Rücksicht auf die geringe Höhe des Ziels eher niedrig sein — könnte an diesen Stellen etwas wie eine Bank gemeint sein.

Deutlich wird die Rolle, die δίφρος als Sitzplatz des Untergeordneten und minder Geachteten spielt. 17, 330 holt sich Eumaios, der soeben mit dem Bettler zum Megaron gekommen ist, wo die Freier beim Mahle sitzen, auf einen Wink Telemachs den δίφρος, auf dem sonst der Vorschneider sitzt, und darf am Tisch des jungen Herrn Platz nehmen und mitessen, dieses aber auf dem Stuhl eines Bedienten; dasselbe Möbel wird 17, 602 wieder erwähnt. Der Bettler, der ihn begleitet hat, setzt sich seinem Range entsprechend bescheiden auf die Schwelle des Megarons, eine Geste, die gelegentlich auch als ein Zeichen der Trauer und Bedrückung verstanden werden kann (vgl. 4, 717). Auch der Rinderhirte Philoitios, der als Vorleger beim Mahl fungiert (20, 254), sitzt auf einem δίφρος (21, 392). 24, 408 trifft der Altknecht Dolios Odysseus, Laertes und die treuen Hirten beim Mahl und setzt sich auf einem δίφρος zu ihnen. Ausdrücklich abwertend wird das Wort 20, 259 verwendet: Telemach läßt dem Bettler im Verlaufe des Mahls einen »schäbigen Stuhl«, δίφρον ἀεικέλιον, und ein Tischchen in die Nähe der Schwelle rücken; 21, 243 sitzt Odysseus auf demselben Stuhl. Penelope, die sich mit dem Bettler zu unterhalten wünscht, sitzt auf einem prächtigen Lehnstuhl, der Bettler darf sich auf einem δίφρος zu ihr setzen (19, 55f. 97. 101. 506). Priamos erhält in Achills Hütte einen θρόνος zum Sitzen (XXIV 515. 522. 553), während seinem Herold ein δίφρος angeboten wird (XXIV 578). Im Demeterhymnus kommt die Göttin als Magd in das Haus des Keleos von Eleusis. Doch der Glanz, der von ihr ausgeht, veranlaßt die Hausherrin Metaneira, der Fremden ihren eigenen Sessel, κλισμὸς φαεινός, anzubieten. Doch diese lehnt ab und nimmt erst Platz, als man einen dem Range der Magd entsprechenden δίφρος bringt (Vers 195ff.)[175].

Hinweise auf Aussehen und Beschaffenheit eines δίφρος sind dürftig. Dreimal findet sich das Beiwort εὔξεστος (17, 602; 19, 101; 24, 408), einmal die Umschreibung als πηκτὸν ἕδος (Demeterhymnus 196). Μέγας δίφρος (21, 177) deutete auf eine Bank. Danach würde unter δίφρος jedes schlichtgezimmerte, wohl lehnenlose, leichte Sitzgerät zu verstehen sein. Der δίφρος im Zimmer der Hausfrau ist zierlicher und ansehnlicher (περικαλλής: 20, 387) als einer zu ordinärem Gebrauch (ἀεικέλιος: 20, 259). Gelegentlich wird ein Fell als Sitz-

---

[175] Vers 196 spricht zunächst von πηκτὸν ἕδος, das jedoch zwei Verse weiter als δίφρος spezifiziert wird.

unterlage aufgelegt, was zu einem hölzernen Sitz gut paßt, einen geflochtenen, elastischen aber nicht ausschließt[176].

e) Θρόνος

Als vornehmstes Sitzgerät gehört der θρόνος zum ständigen Mobiliar des Männersaals. Über die Anordnung informiert die Schilderung vom Palast des Alkinoos (7, 95ff.):

> ἐν δὲ θρόνοι περὶ τοῖχον ἐρηρέδατ'[177] ἔνθα καὶ ἔνθα.
> ἐς μυχὸν ἐξ οὐδοῖο διαμπερές, ἔνθ' ἐνὶ πέπλοι
> λεπτοὶ εὔννητοι βεβλήατο, ἔργα γυναικῶν.
> ἔνθα δὲ Φαιήκων ἡγήτορες ἑδριόωντο
> πίνοντες καὶ ἔδοντες.

Die θρόνοι stehen an den Wänden des Megaron. Auf ihnen pflegt der Kronrat der Phäaken, die zwölf βασιλῆες (8, 390), beim Mahl zu sitzen. Der Thron des Alkinoos steht neben dem Sitz der Gattin an einer Säule (6, 305ff.)[178]. Wenn wir uns an den Überresten der Megara von Tiryns und Pylos orientieren[179], müßte eine der vier Säulen gemeint sein, die in der Mitte der Halle den Rundherd umgeben. Der Platz an einer der Säulen am Herd scheint als Ehrenplatz zu gelten[180]. 8, 65f. wird er dem blinden Sänger Demodokos eingeräumt:

> τῷ δ' ἄρα Ποντόνοος θῆκε θρόνον ἀργυρόηλον
> μέσσῳ δαιτυμόνων, πρὸς κίονα μακρὸν ἐρείσας.

Aus der Formulierung geht zudem hervor, daß die θρόνοι beweglich sind: θῆκε θρόνον .. ἐρείσας (8, 65f.) erklärt zugleich θρόνοι περὶ τοῖχον ἐρηρέδατο (7, 95) und θρόνος ποτικέκλιται (6, 308 vom Thron des Alkinoos; vgl. oben Anm. 177). Nach dieser Schilderung hat sich der Thron von seiner ursprünglichen Funktion gelöst, das heißt 'gelöst' im wahrsten Sinne des Wortes[181], und hebt nicht mehr, wie etwa im Thronsaal von Knossos[182], den Herrscher über seine Vasallen hinaus. Alkinoos sitzt auf demselben Möbel wie seine ἡγήτορες und Gäste von Stand. Sein θρόνος steht zwar an einer bevorzugten Stelle, aber diese Ehre kann, wie wir sahen, auch anderen zu Teil werden. So darf sich Odysseus, der als ἱκέτης ins Haus kommt, auf einen von dem Prinzen Laodamas geräumten Thron neben Alkinoos setzen (7, 169).

Wo im Epos θρόνοι erwähnt werden, ist zumeist auch von gemeinsamen Mahlzeiten adliger Männer oder geachteter Gäste die Rede. Einen θρόνος bietet Telemach dem Gastfreund Mentes/Athene an (1, 130). Er bildet jeweils

---

176 19, 97. 101; 21, 177. 182; h. Cer. 196. **177** Von den θρόνοι der Phäaken wird überall dort, wo wir »setzen, stellen« erwarten, »lehnen« oder »stützen«, ποτικλίνω, ἐρείδω, gesagt. Diese Eigentümlichkeit versuchen wir unten S. P 50ff. und Anm. 242 technisch auszuwerten. **178** Die Hausfrau setzt sich sonst wohl gelegentlich ins Megaron, hat aber nicht, wie hier, einen ständigen Platz darin. **179** Vgl. Hampe 22 Abb. 10. **180** Auch in der altisländischen Halle galten die Sitze an den Herdpfeilern als Ehrenplätze. Vgl. W. Schultz, Altgerm. Kultur in Wort und Bild (1935) Taf. 103. **181** »Befestigt, festgegründet, mit befestigtem Fundament« sind die charakteristischen Attribute des altmesopotamischen Throns. s. Salonen 35. 38. 277f. **182** Der unverrückbare, durch eine Basis erhöhte Thron erhebt sich über die Sitzbänke an den Wänden (D. Fimmen, Die kretisch-mykenische Kultur [1921] Abb. 42). Die Markierungen des Thronplatzes in den Megara von Tiryns und Pylos sprechen ebenfalls für eine besondere Kennzeichnung und Heraushebung des Herrscherthrones, wofür das Epos keine Belege bietet. Vgl. Hampe 22 Abb. 10; S. 50.

den Sitz des Gastes, wo Kalypso den Odysseus (5, 195), Kirke den Odysseus und seine Gefährten (10, 233 u. ö.), Achilleus den greisen Priamos (XXIV 522. 553) bewirten. Auf θρόνοι setzen sich die Freier in der Halle des Odysseus zum Mahl (1, 145 u. ö.), Nestor und seine Söhne mit ihren Gästen (3, 389), Telemach und Peisistratos als Gäste des Menelaos (4, 51 u. ö.). 24, 385 setzen sich die Hirten Eumaios und Philoitios, die mit Odysseus im Hause des Laertes speisen, auf Sitze, die sonst nur den Herren zukommen: ἑξείης ἕζοντο κατὰ κλισμούς τε θρόνους τε. Man ist zunächst versucht, diesen Verstoß gegen homerische Sitte durch den formelhaften Gebrauch des Verses zu erklären[183]. Doch es wird sich gerade an diesem scheinbaren Lapsus zeigen lassen, mit welch unerwarteter Genauigkeit in Fragen der Etikette hier verfahren wird. 21, 213ff. (vgl. 14, 63ff.) hat Odysseus den treuen Hirten, falls mit ihrer Hilfe die Rache gelinge, die Freilassung versprochen. Diesem Umstand scheint Vers 24, 385 Rechnung zu tragen. Man vergleiche 24, 408, wo sich der Altknecht Dolios, dieser nun seinem Stande entsprechend, dazusetzt: ἕζετ᾽ ἐυξέστου ἐπὶ δίφρου. Anschließend nehmen Dolios' Söhne Platz. Auch dieser Vers (24, 411) beginnt formelhaft: ἑξείης δ᾽ ἕζοντο ... Läge oben (24, 385) gedankenlose Verwendung des Formelverses vor, müßte auch hier folgen: κατὰ κλισμούς τε θρόνους τε. Nun wird aber evident der Formel ausgewichen und fortgefahren: παραὶ Δόλιον πατέρα σφόν. Der eben besprochene Formelvers zeigt, daß der gleich näher zu betrachtende κλισμός dem θρόνος als Sitzgerät des angesehenen Mannes nahekommt. Dennoch liegen ursprünglich nicht zwei Ausdrücke für dieselbe Sache vor, wenn auch an einigen Stellen kein Unterschied gemacht wird. XI 645 springt Nestor von einem θρόνος auf, während das gleiche Gerät Vers 623 als κλισμός bezeichnet wurde. Achill erhebt sich XXIV 515 von einem θρόνος. Bezüglich dieses Möbels heißt es Vers 597: ἕζετο δ᾽ ἐν κλισμῷ ... ἔνθεν ἀνέστη. Wenn wir lesen, daß homerische Helden auch in ihren Lagerhütten über θρόνοι verfügen[184], wäre es denkbar, daß hier das ausgeprägte Gefühl für Etikette die Neigung zu veristischer Schilderung überwog. Der θρόνος ἀργυρόηλος, auf den Anchises in seiner Hirtenbehausung vor der Vereinigung mit der Göttin seine Kleider legt (Aphroditehymn. 165), verdankt seine Existenz nur noch dem Bedürfnis nach glanzvollem Requisit. Als Kleiderablage benutzen auch Telemach und Theoklymenos κλισμούς τε θρόνους τε vor dem Bade (17, 86). Die Freier legen ihre χλαῖναι beim Betreten des Hauses darauf[185]. Sonst werden Gewebe und Decken aller Art zur Zierde und Bequemlichkeit auf θρόνοι gebreitet. 1, 130 legt Telemach λῖτα, »ein Leintuch« — Singular oder Plural — auf den Sessel, den sein Gast Mentes benutzt. Danach sollte man nicht zögern, auch für die πέπλοι λεπτοὶ εὔννητοι, die sich auf Alkinoos' Thronsesseln befinden, den gleichen Verwendungszweck anzunehmen, trotz der πέπλοι, die V 194 als Bezüge für die Wagen des Lykaon dienen[186]. 10, 352f. legt Kirkes Dienerin bei der Vorbereitung zum Mahl Leintücher, darüber Purpurdecken, ῥήγεα πορφύρεα, auf die θρόνοι:

... ἔβαλλε θρόνοις ἔνι ῥήγεα καλά,
πορφύρεα καθύπερθ᾽, ὑπένερθε δὲ λῖθ᾽ ὑπέβαλλεν.

---

[183] 1, 145; 3, 389; 10, 233; 15, 134; 17, 86. 179; 20, 249; 24, 385.   [184] XI 645; XXIV 515. 522. 553.   [185] Vgl. Ameis-Hentze zu 21, 118; hierzu und zum folgenden vgl. auch das Kapitel »Kleidung«, S. A 6. 11.   [186] Schonbezüge für Möbel (so gedeutet von Buchholz, Realien II 2, 141 und Grashof 10) gehören doch wohl eher ins 19. Jh. als in homerische Zeit. Im Palast des Alkinoos

Dabei sollen die Leintücher vielleicht schützende Unterlage für die kostbareren ῥήγεα abgeben oder es soll lediglich die Kostbarkeit der Auflage durch Erwähnung zweier wertvoller Gewebe Ausdruck finden[187]. 20, 150f. läßt Eurykleia τάπητας πορφυρέους, »purpurne Decken«, auf die Thronsessel legen. Dem praktischen Nutzen ausschließlich dienen Felle, die man auf θρόνοι breitet (17, 32). Odysseus legt Schaffelle und eine χλαῖνα, die ihm zum Nachtlager dienten, auf einen Thron im Megaron (20, 95). Das kann ihr üblicher Platz gewesen sein.

Nach dem Freiermord werden Throne und Tische von den Mägden mit Wasser und Schwamm gereinigt (22, 438. 452). Das geschah aber auch sonst in regelmäßigen Abständen (1, 111 u. ö.). Der θρόνος ist ein großes, schweres Möbelstück. Nur einmal wird, ganz im Gegensatz zum δίφρος, davon gesprochen (8, 65), daß ein θρόνος bewegt wird. So wird bei der Bewirtung nicht der Sessel an den Tisch gestellt, sondern der schwere Thron bleibt an seinem Platz und dem Gast wird der Tisch davorgestellt (10, 354 u. ö.). Für die Standfestigkeit spricht 22, 87f., wo der Freier Eurymachos im Todeskampf über den Tisch fallend zu Boden stürzt, seinen θρόνος »mit beiden Füßen schlagend erzittern läßt«, ihn aber nicht umwirft. Der tötlich getroffene Antinoos sinkt auf seinem Sitz zur Seite, ἐκλίνθη ἑτέρωσε, stößt mit den Füßen seinen Tisch um, fällt aber nicht zu Boden (22, 17ff.) Hier könnte man zudem an Seitenlehnen denken.

Die Beiwörter weisen in der Mehrzahl auf ansehnliche und kunstreiche Beschaffenheit hin. So sechsmal ἀργυρόηλος »mit silbernen Buckeln versehen«[188]. Χρύσειος — zweimal — meint goldene Beschläge oder Gold(Bronze)blechverkleidung[189]. Δαιδάλεος, fünfmal, bezieht sich auf jedes kunstvolle Werkstück aus Holz oder Metall. Die glänzend polierte Oberfläche wird viermal durch φαεινός und einmal durch σιγαλόεις bezeichnet. Bloß ästhetische Urteile bieten καλός und περικαλλής. Wichtiger ist ὑψηλός (8, 422). Bemerkenswerte Höhe geht schon aus 22, 362ff. hervor, wo der Herold Medon mitsamt der umgehängten Rindshaut unter einem θρόνος Platz gefunden hat. Diese Höhe erfordert den Gebrauch einer Fußbank, θρῆνυς, die als Vervollständigung des θρόνος fünfmal genannt wird[190]. Daß sie zuweilen daran befestigt war, ist möglich, geht aber aus keiner der Belegstellen mit Sicherheit hervor. Nach allem hat man sich unter θρόνος ein schweres, oft reich verziertes Möbel mit hoher Rückenlehne und gelegentlich wohl auch Armlehnen an den Seiten vorzustellen, das sicher mehr der Repräsentation als erhöhter Bequemlichkeit diente.

---

herrscht ständig gastlicher Betrieb. Vgl. 6, 256f.; 7, 49f. 98f.; 8, 248. **187** Die Deutung Grashofs (10) und Älterer, die λῖτα gewissermaßen als Teppich unter die Sessel gebreitet verstehen wollen, ist abwegig. **188** Vergleichbare Zierbuckel sind an einigen etruskischen Totensesseln zu beobachten, desgl. an dem Thron aus dem Regolini-Galassi-Grab. Vgl. Helbig, HE. 121; Richter Abb. 247. 249 und unsere Abb. 91; Webster, Mykene 151; Lorimer, HM. 274. **189** Ein gutes Beispiel für diese Technik bietet der (syrisch-phönikische) Thronsessel aus dem Regolini-Galassi-Grab, s. vorige Anm. Hinweise auf Blechverkleidung assyrischer Möbel bei Hug, RE. IV A 410f. s. v. Stuhl. Vgl. ferner Helbig, HE. 108f. 121f. Überaus zahlreiche Nachweise namentlich kupferplattierter Sitzmöbel im alten Mesopotamien bei Salonen 46ff. u. ö. Das Beiwort χρυσόθρονος sollte hier außer Betracht bleiben, weil es wahrscheinlich von den kyprischen θρόνα, Gewandverzierungen, abzuleiten ist, obwohl es später als θρόνος-Kompositum verstanden wurde. Buschors Annahme (30f. 46. Vgl. daselbst auch 32 zu den -πεζος-Zusammensetzungen) wird dadurch gestützt, daß sich das Kompositum, auch nachhomerisch, nur auf weibliche Gottheiten bezieht. **190** XIV 240; XVIII 390; 1, 131; 10,

Ein Blick auf die Rolle des Throns in der olympischen Hierarchie soll unsere Übersicht abschließen. Zeus' Thron ist χρύσειος (VIII 442), die anderen Götter erheben sich von ihren Sitzen (ἐξ ἑδέων I 534) und bleiben stehen, bis er sich ἐπὶ θρόνου setzt (I 536). Das sieht zunächst nach einer Erhöhung des Herrschersitzes aus. Der Eindruck verliert sich bei näherer Betrachtung. Wäre die Vorstellung vom goldenen Thron als einem Privileg des Herrschers lebendig, würde nicht Hera dem Hypnos einen solchen als Belohnung versprechen (XIV 238). Das unspezifische ἐξ ἑδέων (I 534) wirkt zunächst differenzierend, doch können damit auch nur die Sitzgelegenheiten gemeint sein, die bei anderer Gelegenheit stets θρόνοι genannt werden. VIII 199 sitzt Hera auf einem θρόνος, desgleichen XV 150. XV 124 verläßt Athene ihren Thron und nötigt den unbändigen Ares, auf seinem θρόνος sitzen zu bleiben (XV 142). Der Dichter des Apollonhymnus läßt seinem Gott die gleichen Ehren zuteil werden, die oben (I 536) Zeus genießt: die Götter im Olymp erheben sich zur Begrüßung, und Leto geleitet ihn zu seinem Thron (Apollonhymn. 9). Nur eine Stelle scheint dem bisher gewonnenen Eindruck zu widersprechen: VIII 436f. setzen sich Hera und Athene, die von Zeus durch Iris zurechtgewiesen wurden, χρυσέοισιν ἐπὶ κλισμοῖσι ... μίγδ' ἄλλοισι θεοῖσι, φίλον τετιημέναι ἦτορ. Der Göttervater dagegen nimmt auf einem Thron Platz: αὐτὸς δὲ χρύσειον ἐπὶ θρόνον ... ἕζετο (VIII 442f.). Wollte der Dichter des achten Buches wirklich in der Bezeichnung der Sitze einen Rangunterschied hervorheben? Konsequent wäre es jedenfalls nicht, denn VIII 199 hatte er der Hera noch ihren θρόνος belassen. Außerhalb des olympischen Konvents benutzen die Götter den θρόνος nach irdischen Gepflogenheiten. Er ist der Sitz des geehrten Gastes (XVIII 389; 5, 86). Allerdings sitzt so, wie der Gott, auch die Göttin auf dem θρόνος, was von einer sterblichen Frau nie zu lesen ist (vgl. XVIII 389). Der Thron hebt also auch unter den Göttern keinen Einzelnen heraus, sondern bleibt Standesvorrecht. Nie macht er sich bei Homer, wie in orientalischen Bereichen, als magisches Requisit und eigentliches Abzeichen der Herrscherwürde bemerkbar[191].

f) Κλισίη

Der Ausdruck κλισίη gehört zu κλίνω und bezeichnet den Platz, auf dem man sich niederläßt, lagert, zurücklehnt. Zweimal wird das Wort zur Bezeichnung eines Lehnstuhls gebraucht, der das bevorzugte Sitzgerät der Hausfrau bildet und zum ständigen Mobiliar ihres Gemachs gehört. 4, 123, wo Helena in hoheitsvollem Aufzug aus ihrem θάλαμος in den Männersaal tritt, bringen ihr Dienerinnen einen Sessel, κλισίην εὔτυκτον[192], und eine weiche Decke, τάπητα μαλακοῦ ἐρίοιο. 4, 136 schildert, wie Helena Platz nimmt: ἕζετο δ' ἐν κλισμῷ, ὑπὸ δὲ θρῆνυς ποσὶν ἦεν. Κλισίη und κλισμός sind hier also synonym, und man wird auch im Gebrauch von κλισμός bestätigt finden, daß an einen sachlichen Unterschied nicht zu denken ist. Wie beim θρόνος dient also auch bei κλισίη (κλισμός) eine Fußbank zur Vervollständigung.

---

315. 367.   **191** Diese Rolle wird deutlich bei Hdt. VII 15, wo Xerxes seinen Ratgeber Artabanos überredet, den Königsornat anzulegen, sich auf den Thron zu setzen und schließlich in dem königlichen Bette zu schlafen, damit das Traumbild, das dem König erschienen war, kraft der Königsinsignien auch ihm erscheine. Nach Steins Bemerkung zu Hdt. VII 16, 3 galt es sonst als Hochverrat, sich auf den Königsthron zu setzen und wurde mit dem Tode bestraft. **192** Aus der verdorbenen Lesart des Harl. εὔκτυκτον konjizierte Bekker gegen die Vulgata εὔτυκτον ohne zwingenden Grund εὔπτυκτον. Immerhin ist es bemerkenswert, daß der seit der Bronzezeit weit verbreitete Faltstuhl (δίφρος ὀκλα-

19, 55 ff. wird eine besonders kostbare κλισίη beschrieben. Ähnlich wie in der oben erwähnten Szene, läßt sich Penelope den Sessel aus ihrem θάλαμος in den Saal ans Feuer stellen, um sich mit dem Bettler zu unterhalten:

> τῇ παρὰ μὲν κλισίην πυρὶ κάτθεσαν, ἔνθ' ἄρ' ἐφῖζεν,
> δινωτὴν ἐλέφαντι καὶ ἀργύρῳ· ἥν ποτε τέκτων
> ποίησ' Ἰκμάλιος καὶ ὑπὸ θρῆνυν ποσὶν ἧκεν
> προσφυέ' ἐξ αὐτῆς, ὅθ' ἐπὶ μέγα βάλλετο κῶας.

Im Gegensatz zum selbstgefertigten Bett des Odysseus ist dieser kostbare Sessel die Arbeit eines professionellen Handwerkers, dessen namentliche Nennung als Zeichen für Ruf und Wertschätzung dieses Kunsthandwerks gelten darf. Der Name Ikmalios weist auf Zypern hin[193]. Das paßt gut zu der erwähnten Elfenbeinarbeit, einer alten phönikischen Spezialität, mit der sich Griechen am ehesten in Zypern vertraut gemacht haben können (vgl. hier Anhang II)[194]. Vielleicht steht Ikmalios für einen der wandernden δημιοεργοί, mit denen nach 17, 381 ff. zu rechnen ist. Problematisch ist die Deutung von δινωτὴν ἐλέφαντι καὶ ἀργύρῳ. Wenn man δινωτός als Beiwort zu λέχος nicht anders verstehen kann, als »gedrechselt«, wird man es auch hier auf die gedrechselte Form der Beine beziehen müssen, wobei die Dative ἐλέφαντι καὶ ἀργύρῳ eher soziativ als im Sinne eines dativus materiae zu fassen sind: »mit gedrechselten Füßen unter Verwendung von Elfenbein und Silber zur Verzierung«[195]. Obwohl bei leichteren Möbelstücken massive Beine aus gedrechseltem Elfenbein nicht auszuschließen sind[196], wird man bei diesem Lehnstuhl aus Gründen der Stabilität und angesichts zahlreicher Funde aus neuerer Zeit an eingelegten oder applizierten Elfenbeinschmuck zu denken haben[197]. Für die Silberverzierung bot das Beiwort ἀργυρόηλος (zu θρόνος)

δίας) keine Spuren im Epos hinterlassen hat.   **193** Zu kypr. ἰκμάω, (lat. *ico*); vgl. LS. s. v., desgl. Stanford ad l., Webster in: Wace-Stubbings, Companion 461; s. auch hier Anm. 527.   **194** Bereits im 12. Jh. befand sich in Paphos eine phönikische Elfenbeinmanufaktur von hohem Range (Barnett 59 Anm. 1). Vgl. S. P 78 und Anm. 366.   **195** Ähnlich Grashof 8; Richter 74. Anders Stanford, der Leaf folgt: »adorned with inlaid spirals or circles of these materials«. Die Beschaffenheit der bisher gefundenen Möbelverzierungen aus Elfenbein (s. Anm. 197) legt es durchaus nicht nahe, sie als δινωτός, »rund gearbeitet«, zu bezeichnen. Wenig einleuchtend auch Ventris-Chadwick, Documents 341; ähnlich Webster, Mykene 151: »graviert«.   **196** Ein phönikisches Stuhlbein aus gedrechseltem Elfenbein, Höhe 32 cm, spätes 8. Jh., bei Singer-Holmyard, HT. I 679 Abb. 479; drei elfenbeinerne Möbelfüße in Form von Tierpranken in New York, Decamps de Mertzenfeld Taf. 128 Nr. 1104. 1105. 1106; desgleichen aus Ras Schamra (Ugarit), 14. Jh., Schaeffer, Syria 31, 1954, 54 Abb. 5; elfenbeinerner Schuh eines Möbelfußes aus Mykene, Wace-Stubbings, Companion Taf. 36b. **197** Elfenbeineinlagen aus Mykene: Hampe Taf. 14a (BSA. 49, 1954, Taf. 33); Elfenbeinapplikate aus Delos und Mykene: Hampe Taf. 10 (BCH. 71/72, 1947/48, Taf. 25) und 11 (JHS. 74, 1954, Taf. 10); weitere Elfenbeineinlagen und -platten als Möbelverzierung aus Mykene: BSA. 48, 1953, Taf. 5; BSA. 49, 1954, Taf. 35. 38. 39; BSA. 50, 1955, Taf. 25. 26; Möbelapplikate von einem phrygischen Königsgrab, Gordion, 8. Jh.: AJA. 64, 1960, Taf. 60 Abb. 25; elfenbeinerne Relieftafeln von einem phönikisch-ägyptischen Bett des 14. Jhs. aus Ras Schamra, der erste Fund dieser Art in situ: Schaeffer, Syria 31, 1954, 51 ff. und Taf. 8—10 (P. Matthiae, Ars Syria [1962] Taf. 24. 25); Bettwand mit ähnlichen Elfenbeinauflagen aus einem reichen Magazinfund in dem neuassyr. Kalchu, 8./7. Jh., abgebildet bei E. Strommenger, Fünf Jahrtausende Mesopotamien (1962) Taf. 267; weitere Hinweise auf elfenbeinverzierte Luxusmöbel aus Samaria, Arslan Tasch und Kalchu, 9./8. Jh., bei Lorimer, HM. 274; über alle Fragen zu elfenbeinverzierten Möbeln syrisch-phönikischer Provenienz unterrichten am besten R. D. Barnett, The Nimrud Ivories in the Brit. Mus. (1957); C. Decamps de Mertzenfeld, Ivories

bereits eine mögliche Erklärung[198]. Nur an dieser Stelle ist zweifelsfrei davon die Rede, daß die Fußbank mit dem Sessel fest verbunden war, προσφυής. Die aus der Bezeichnung κλισίη zu erschließende geneigte Lehne wird in der stammverwandten Benennung eines ähnlichen Sitzmöbels noch deutlicher.

g) Κλιντήρ

Ein Lehnstuhl, der sich ebenfalls im Zimmer der Hausfrau befindet, wird einmal κλιντήρ genannt (18, 190). Darauf ruht Penelope zurückgelehnt, ἀνακλινθεῖσα, und schläft, während Athene ihrer Schönheit nachhilft. Die dürftigen Angaben lassen nicht erkennen, ob es sich um ein anderes Möbel als die κλισίη handelt. Ein Sopha scheint nicht gemeint zu sein, was sich mit einiger Wahrscheinlichkeit einem Vers des Apollonios Rhodios entnehmen läßt[199].

h) Κλισμός

Die am häufigsten gebrauchte Bezeichnung des Lehnstuhls ist κλισμός. Wie bei κλισίη, wofür 4, 136 κλισμός gesagt wurde, handelt es sich um den angesehensten Sitz der Herrin des Hauses und freien Frau. Er gehört zur ständigen Einrichtung der Frauengemächer. Ähnlich wie Helena 4, 136[200] setzt sich Penelope 17, 96f. in den Männersaal:

... παρὰ σταθμὸν μεγάροιο
κλισμῷ κεκλιμένη, λέπτ' ἠλάκατα στρωφῶσα.

An beiden Stellen handelt es sich um die Hausfrau, die auf ihrem κλισμός frauliche Handarbeiten verrichtet. Im Demeterhymnus sitzt die Hausfrau Metaneira, während sie ihr kleines Kind versorgt, auf einem φαεινὸς κλισμός, als die Göttin in Gestalt der Magd das Haus betritt (Demeterhymn. 191. 193). Die sterbliche Frau sitzt in der Darstellung des Epos nie auf einem θρόνος. Selbst bei der völlig emanzipierten Arete wird einer näheren Bezeichnung ihres Sitzgeräts vielleicht bewußt ausgewichen. Sie sitzt ἐπ' ἐσχάρῃ ἐν πυρὸς αὐγῇ — um nicht sagen zu müssen ἐν κλισμῷ — ἠλάκατα στρωφῶσ' ἀλιπόρφυρα, das heißt, mit der für die Frau im κλισμός 'obligatorischen' Handarbeit, während der Gatte Alkinoos auf einem θρόνος danebensitzt (6, 305f. 308). Wenn der Dichter des achten Buches der Ilias, Göttinnen, denen sonst der θρόνος zusteht, ἐπὶ κλισμοῖσι plaziert (VIII 436), sieht es fast so aus, als habe er einen Augenblick die olympische Etikette außer Acht gelassen und sich an die irdische gehalten[201].

Neben diesem so typischen Gebrauch des κλισμός als des eigentlichen Sessels der Dame — darin erinnert er an den charakteristischen Lehnstuhl der klassischen Zeit[202] — wird er auch außerhalb des Lebensbereiches der Frau als Sitzgerät der Herren und Gäste genannt. Wenn Telemach 1, 130 seinem Gast Mentes/Athene einen θρόνος anbietet und selbst auf einem κλισμός

Phéniciens (1954); R. D. Barnett in: Singer-Holmyard, HT. I 675ff. **198** Vgl. Lorimer, HM. 274. Wenn die Deutung der Pylos-Tafeln richtig ist, wird dort in den Möbelkatalogen mehrfach Silber-Einlegearbeit an Möbeln erwähnt. s. Ventris-Chadwick, Documents 339 (zu Nr. 239 = Ta 642). 342 (zu Nr. 241 = Ta 715). 344 (zu Nr. 244 = Ta 714). **199** Ap. Rh. III 1159f.: ἷζε δ' ἐπὶ χθαμαλῷ σφελαΐ κλιντῆρος ἔνερθεν, λέχρις ἐρεισαμένη λαιῇ ἐπὶ χειρὶ παρειήν. Die Erwähnung der Fußbank deutet auf eine Sitzgelegenheit, denn nach epischer Tradition gehört die Fußbank zum Sessel und nicht, wie später, auch zum Bett. Vgl. noch unten Anm. 239. **200** Vgl. zu κλισίη. **201** s. zu θρόνος. **202** Abbildungen bei Richter Abb. 129—137.

Platz nimmt (1, 132), drückt sich in der Wahl der Sitzmöbel eine Rangordnung aus. Daher muß auch an eine Differenzierung dem Range nach gedacht werden, wenn der Dichter des gleichen Buches (1, 145) sich die Freier in der Halle des Odysseus zum Mahle niedersetzen läßt mit der Formel ἑξείης ἕζοντο κατὰ κλισμούς τε θρόνους τε. Ἑξείης heißt dann: die Älteren, Ranghöheren sitzen auf θρόνοι, die Jüngeren auf κλισμοί. Noch einige weitere Stellen lassen mehr oder weniger an diese Differenzierung denken[203], an anderen ist sie kaum greifbar[204], und zweimal sind θρόνος und κλισμός nur noch verschiedene Bezeichnungen für die gleiche Sache[205]. Desgleichen kann ein Unterschied zu θρόνος nicht mehr empfunden worden sein, wo sich sowohl Gastgeber wie auch Gäste von Stand auf κλισμοί setzen: XI 623 Nestor und sein Gast Machaon in der Lagerhütte, 17, 90 Telemach und sein Gast Theoklymenos in der Halle, IX 200 Achilleus und seine Gäste Odysseus und Phoinix in der Lagerhütte. Der κλισμός wird seltener bewegt als der δίφρος, jedoch häufiger als der θρόνος[206]; er dürfte also an Format und Gewicht zwischen den beiden genannten Sitzmöbeln stehen. Im Gegensatz zu dem mehr auf Glanz und Würde abgestellten θρόνος trägt er in höherem Maße der Bequemlichkeit Rechnung.

Die Beiwörter zeigen, daß gediegene Ausführung die Regel, kostbare Verarbeitung nicht selten ist: πολυδαίδαλος (XXIV 597), ποικίλος (1, 132), χρύσεος (VIII 436), φαιεινός (Demeterhymn. 193). Soweit mit κλισμός der Damensessel gemeint ist, darf κλισίη als Synonymum gelten. Wie bei den Sitzgeräten üblich, werden weiche Unterlagen aufgelegt. IX 200 sind es purpurne Decken, τάπητες, 4, 124 ebenfalls eine Decke, τάπης, aus weicher Wolle und 19, 58 ein großes Fell. Über Armlehnen läßt sich nichts ermitteln. Dem geringeren Gewicht entsprechend wird der κλισμός (κλισίη) niedriger gewesen sein als der θρόνος. Die Vervollständigung durch eine Fußbank[207] wird nicht so notwendig gewesen sein wie beim Thron, wo sie allein schon als βάθρον nicht gut zu entbehren war.

i) Θρῆνυς

Die Fußbank, die in der geschilderten Weise θρόνος und κλισμός (κλισίη) ergänzt, heißt θρῆνυς[208]. Am häufigsten begegnet sie als Zubehör des θρόνος beim Gastmahl[209] und ist mit diesem nicht starr verbunden, so daß sie der Freier Antinoos unter dem Tisch hervorholen kann:

... θρῆνυν ἑλών, ὑπέφηνε τραπέζης
κείμενον, ᾧ ῥ' ἔπεχεν λιπαροὺς πόδας εἰλαπινάζων (17, 409f.)

und sie als Wurfgeschoß benutzt (17, 462. 504). An die κλισίη der Penelope ist die Fußbank fest angearbeitet: προσφυέ' ἐξ αὐτῆς (19, 58). Danach könnte man auch bei XIV 240 an eine feste Verbindung denken, wo Hera dem Hypnos verspricht, Hephaistos werde ihm einen goldenen θρόνος fertigen: ὑπὸ δὲ θρῆνυν ποσὶν ἥσει. Die sonst stets gebrauchte Formel ὑπὸ δὲ θρῆνυς ποσὶν

---

[203] 3, 389; 24, 385.   [204] 10, 233; 15, 134; 17, 86. 179; 20, 249.   [205] XI 623 (645); XXIV 597 (515). Wenn im 1. Buch der Odyssee differenzierte Bedeutungswerte vorliegen, im XI. Buch der Ilias dagegen synonyme, darf dieser Bedeutungswandel natürlich nicht chronologisch gewertet werden. Das (späte) 1. Buch der Odyssee kann sich um neue Prägnanz einer alten Formel bemüht haben. Es handelt sich um den gleichen Dichter, der schon in dem oben besprochenen Vers 24, 385 (vgl. S. P 39) ausgeprägtes Gefühl für Etikette zeigte.   [206] 4, 123 (136); 19, 55; 1, 132.   [207] 4, 136; 19, 57.   [208] Zu θράομαι »sitzen«.   [209] XIV 240; 1, 131; 10, 315. 367.

ἦεν²¹⁰ sagt über die Art der Verbindung nichts aus. Es mag fest angearbeitete und unverbundene Fußschemel gegeben haben.

j) Σφέλας

Eine weitere Bezeichnung der Fußbank ist σφέλας; das Wort läßt sich sachlich von θρῆνυς nicht trennen. Die Prophezeiung des Ziegenhirten, dem Bettler würden viele Schemel, πολλὰ σφέλα, im Haus des Odysseus um den Kopf fliegen (17, 231), erfüllt sich durch Antinoos Wurf mit dem θρῆνυς sowohl (s. oben) wie durch Eurymachos' Wurf mit dem σφέλας (18, 394); aus der gleichen Situation möchte man auf die gleiche Sache schließen.

4. Homerische Sitzmöbel im Spiegel der Monumente

a) Lehnenlose Sitzmöbel

Unsere Untersuchung zu den monumentalen Zeugnissen der Betten führte auch für die Sitzmöbel zu einer Reihe von Erkenntnissen, die zusammengefaßt und ergänzt werden sollen. Zunächst ist auf eine, die Darstellung der Sitzgelegenheiten auf geometrischen Gefäßen allgemein betreffende Eigentümlichkeit einzugehen. In unseren Vorbemerkungen zu den geometrischen Abbildungen wiesen wir darauf hin, daß die Stühle häufig in Umrißzeichnung wiedergegeben werden, gelegentlich selbst da, wo die dazugehörenden Betten in Silhouette ausgeführt sind. Diese Umrißzeichnungen sind ganz oder teilweise mit vertikalen und horizontalen Strichen ausgefüllt, deren Beurteilung zunächst Schwierigkeiten macht. Nun zeigt die S. P 29 schon erwähnte Darstellung eines für die geometrischen Abbildungen typischen, plumpen δίφρος in Silhouette (Abb. 9d) auf dem Sitzrahmen helle, vertikale Ritzlinien, für die es keine passendere Deutung gibt, als daß sie in der Manier, die sonst seit der Wende vom siebten zum sechsten Jahrhundert auf griechischen Abbildungen üblich ist, das um die Rahmenleisten geführte Flechtwerk des Sitzes andeuten (vgl. S. P 29 mit Anm. 127). Wenn wir einen in Umrißzeichnung gebotenen δίφρος des gleichen Typs daneben stellen (Abb. 7d), gewinnen wir den Eindruck, daß hier die vertikalen Striche auf der Sitzleiste zunächst ebenfalls technisch gemeint waren, dann aber in ähnlicher Weise ins Ornamentale wucherten, wie wir es S. P 20 für einen Zweig der Klinendarstellungen verständlich zu machen suchten. Der Einzeluntersuchung soll auch hier eine Typologie der geometrischen Abbildungen von lehnenlosen Sitzmöbeln vorausgehen (Abb. 7a—g; Nachweise: Anm. 211).

---

210 XVIII 390; 1, 131; 10, 315. 367; 4, 136.
211 *Abb. 7a*: Amphora in Athen, Nat. Mus. Inv. Nr. 804: Davison, Workshops Abb. 1. Ferner: Kraterfrgt. in Athen, Nat. Mus. Inv. Nr. 802: Hinrichs II Taf. 13; Davison a.O. Abb. 10a; Kraterfrgt. in Paris, Louvre Inv. Nr. A 541: Davison a.O. Abb. 23; Scherbe in Paris, Louvre Inv. Nr. A 547: Davison a.O. Abb. 22; Scherbe in Halle, Robertinum Inv. Nr. 58: Nottbohm, JdI. 58, 1943, Abb. 3; Amphora in Sèvres (ehem. Paris, Louvre Inv. Nr. A 516): Davison a.O. Abb. 2. *Abb. 7b*: Scherbe nach AnnInstCorrA. 44, 1872, Taf. I 3; Möbius, AM. 41, 1916, Taf. 5, 6. *Abb. 7c*: Kraterfrgt. in Sidney, Nicholsen Mus. Inv. Nr. 49/41: Marwitz Taf. 2, 4. *Abb 7d*: Scherbe von der Akropolis: B. Graef-E. Langlotz, Die antiken Vasen von der Akropolis I (1925) Taf. 8 Nr. 256. Ferner: Kraterfrgt. in Paris, Louvre Inv. Nr. A 517: Davison a.O. Abb. 3; Scherbe in Paris, Louvre Inv. Nr. CA 3385: CVA France 18 Taf. 9, 6; Amphorenfrgt. in Königsberg, Inv. Nr. 50: R. Lullies, Antike Kleinkunst in Königsberg (1935) 12 Nr. 12. *Abb. 7e*: Krater in

Für den lehnenlosen homerischen δίφρος, einen einfachen, in großer Zahl verfügbaren Gebrauchsstuhl, bieten die geometrischen Bilder zahlreiche Beispiele. Am häufigsten findet man einen dem Typ der Kline Abb. 1f entsprechenden δίφρος (Abb. 7a. Taf. W I). Die Darstellung auf einer Scherbe des sechsten Jahrhunderts v. Chr. von der Akropolis gleicht noch völlig der geometrischen Form (Abb. 8c)[212]. Entsprechende Beispiele aus späterer Zeit bieten die Abb. 9e—g[213]. Eine Rekonstruktionszeichnung dieses für das Attika des achten Jahrhunderts so charakteristischen Gebrauchsmöbels wird in Abb. 8i gegeben. Der δίφρος Abb. 7b stellt eine Variante dar, bei der die ältere, rechtwinkelige Abschnürung des Pfostenhalses durch eine Ordnung ersetzt wird, die im Prinzip die Artikulierung durch einen spitz zulaufenden Ringwulst, der sich später auf attischen Möbeln dieser Bauart durchgesetzt hat (vgl. S. P 22 und Abb. 8d. 9f), vorwegnimmt. Der Stuhl Abb. 7c entspricht der Kline Abb. 1g. Die Pfostenköpfe gehen ohne Markierung eines Halses in die Schäfte über. Zu Beispielen dieser Form seit dem sechsten Jahrhundert sind S. P 22 und Abb. 9h zu vergleichen. Der plumpe, gedrungene Stuhl Abb. 7d ist für das geometrische Mobiliar besonders bezeichnend. Evidente Entsprechungen lassen sich unter späteren Möbelformen nicht ermitteln. Wahrscheinlich steht dieser geometrische Typ einer besonders auf attischen Vasen des sechsten Jahrhunderts erscheinenden Form nahe[214]. Am ehesten ist ein Stuhl von einem Dreifuß in Athen vergleichbar[215]. Möglicherweise besteht ein Zusammenhang zwischen der genannten Gruppe, zu der man auch noch den Thron auf der Metope von Thermos[216] stellen könnte, und der Form eines niedrigen ägyptischen Hockers in New York[217]. Den Monumenten läßt sich entnehmen, daß wir hier nicht mit gedrechselten Beinen, sondern solchen viereckigen Querschnitts zu rechnen haben und daß die Rahmenleisten, wie bei den eben behandelten Stuhltypen, so in die Beine eingefügt waren, daß diese die Sitzfläche oben ein wenig überragten. Die Rahmenleisten hat man sich mit den Seilen des Sitzgeflechtes dick umwunden vorzustellen. Diese technische Eigentümlichkeit scheint an dem Sitzmöbel auf einem archaischen Bronzeblech aus Perachora gemeint zu sein (Abb. 8e)[218]; auf einem kykladischen Reliefpithos ist an der Rahmenleiste eine Art Fransenzier sichtbar, deren Zusammenhang mit dem Sitzgeflecht fraglich bleibt (Taf. P II d)[219]. Im übrigen zeigt auch dieses Sitzmöbel — wenn zwar mit Lehnen versehen — eine Verzapfung der Beine wie bei dem Hocker Abb. 8h, der einen Rekonstruktionsversuch der zuvor genannten Stühle geometrischer Zeit wiedergibt. Einen wahrscheinlich überall und zu jeder Zeit gebräuchlichen Typ meint Abb. 7e (Taf. W IX), ein einfaches Gerät, das sich ebenso als Hocker wie als Tischchen oder Untersatz verwenden ließ. Die konstruktive Verbindung der

New York, Metr. Mus. Inv. Nr. 14. 130. 15: Davison a.O. Abb. 139. Ferner: Kanne in Athen, Nat. Mus. Inv. Nr. 17497: Hahland Nr. 8 S. 179; Davison a.O. Abb. 129. *Abb. 7f*: Kanne in Athen: BSA. 12, 1905/06, 81f.: Hahland Taf. 7, 1. Ferner: Kanne in London, Brit. Mus. Inv. Nr. 1916. 1—8, 2: Hahland Taf. 7, 2. 8; Kanne in Athen, Nat. Mus.: Karo, AA. 1934, 144; Hahland Taf. 13, 10; Kanne in Kopenhagen, Nat. Mus. Inv. Nr. 9367: Hahland Taf. 16, 13. 17, 14. *Abb. 7g*: Kanne in Athen: Hahland Taf. 13, 10 (s. zu Abb. 7f.). **212** Graef-Langlotz a.O. Taf. 104 Nr. 2531b. **213** *Abb. 9e*: Diphros auf einer rf. Vase in New York: G. Richter, Red-figured Athenian Vases in the Metropolitan Museum of Art (1936) 120 Nr. 90 Taf. 92. *Abb. 9f*: Relief aus Thasos im Louvre: Winter, KiB. I 239, 2. *Abb. 9g*: Diphros auf einer Amphora in Boston: Richter Abb. 82. **214** Vgl. Richter 35f. mit Abb. 96—99. **215** Richter Abb. 99. **216** Richter glaubte dabei ägyptischen Einfluß zu erkennen. Vgl. Richter 24 mit Abb. 58. **217** Richter Abb. 59. **218** H. Payne, Perachora I (1940) 148 Taf. 50, 11. 12. **219** Schefold, Sagenbilder Taf. 13.

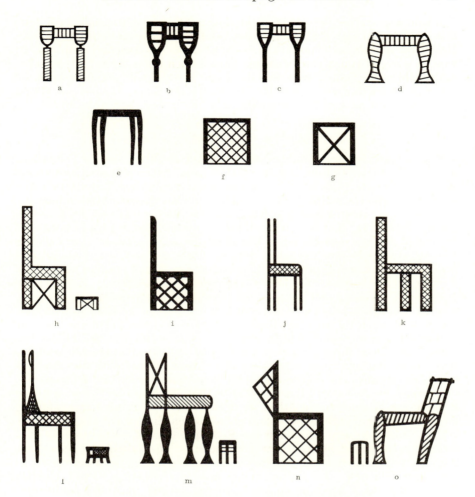

Abb. 7 Sitzmöbel auf geometrischen Vasen
a: Amphora, Athen, Nat. Mus., b: Scherbe aus Athen, c: Kraterfragment, Sidney, Nicholsen Mus., d: Scherbe aus Athen, Akropolis, e: Krater, New York, Metr. Mus., f: Kanne, Athen, Library der Brit. School, g: Kanne, Athen, Nat. Mus., h: Kanne, Paris, Louvre, i: Schale, Athen, Nat. Mus., j: Kanne, Athen, Nat. Mus., k: Kanne, Kopenhagen, Nat. Mus., l: Kanne, Brüssel, Mus. Royaux du Cinquantenaire, m: Krater, New York, Metr. Mus., n: Schale, London, Brit. Mus., o: Schale, Athen, Nat. Mus.

wohl rechteckigen Platte mit den vier Beinen ist nicht zu ermitteln. Als älteste Beispiele im aegaeischen Raum können die Stühle von kykladischen Kleinplastiken aus Thera in Karlsruhe gelten (Abb. 9b)[220]. Nachweise aus der Fülle späterer Denkmäler erübrigen sich. Wohl nicht mehr als δίφροι im eigentlichen Sinne zu bezeichnen sind kasten- und würfelförmige Hocker auf einer Reihe geometrischer Gefäße (Abb. 7f und g). Da man die dort dargestellten Szenen

[220] Zervos, Cyclades Taf. 316. 317.

auf Kultstätten bezog[221], ist es nicht auszuschließen, daß damit auch feste Sitze im Freien, also homerische θῶκοι und ἕδραι gemeint sein können. Als Hausgerät sind sie bei Homer nicht nachzuweisen. Das Strichgitter in Abb. 7f wird, wie auch bei den geometrischen Lehnstühlen unten Abb. 7h.i. k und n, nur ornamentale Füllung sein. Das diagonale Kreuz Abb. 7g kommt auch auf späteren Darstellungen solcher Hocker vor[222], wo Seher, Sänger und Götter dieses Sitzgerät zu bevorzugen scheinen[223].

b) Sitzmöbel mit Rückenlehnen

Eine spätgeometrische Grabbeigabe aus Athen-Kallithea hat die Vorstellung von den Thronen jener Epoche gegenüber den geometrischen Vasendarstellungen wesentlich erweitert. Es handelt sich um einen vierbeinigen Terrakotta-Thron von 15,7 Zentimetern Höhe mit Armlehnen runden Querschnitts und zusätzlicher schräger Abstützung; die Rückseite der Rückenlehne ist reich bemalt (BCH. 87, 1963, 414 ff. Abb. 8. 9 Taf. 12). Auch die mit Rückenlehnen versehenen Sitzmöbel auf den geometrischen Darstellungen zeigen zumeist sehr schlichte Formen, strenge Rechtwinkeligkeit der Bauglieder und weisen auf solide, meist aus Vierkanthölzern gezimmerte Lehnstühle hin. Zur Typologie der Abbildungen vergleiche man Abb. 7h—o (Nachweise: Anm. 224).

In den Abb. 7h.i.j und l könnte man die Form des homerischen θρόνος erkennen. Allerdings lassen sich nirgendwo mit Sicherheit Armlehnen ermitteln, die übrigens auch bei der überwiegenden Zahl vergleichbarer Monumente aus vorhomerischen Bereichen fehlen. Frühe griechische Beispiele für Throne mit Armlehnen, die in ihrer schlichten Ausführung und Gliederung auch noch als Anschauungsmaterial zum Epos geeignet erscheinen, bieten die älteren archaischen Sitzstatuen von Samos und Milet, besonders der Thron des Chares von der heiligen Straße zum Didymaion (Taf. P III c)[225], ebenso der Thron auf einer Scherbe von Klazomenai in Athen, an dem je eine Sphinx als Rahmenfüllung zu beiden Seiten unterhalb des Sitzes phönikischen Einfluß verrät (Abb. 16)[226]. Abb. 7h und l weisen sich durch die Fußbank, die auf geometrischen Darstellungen nie mit dem Stuhl fest verbunden ist, als 'komplette' θρόνοι aus. Abb. 7h zeigt zwischen den Beinen ein diagonales Kreuz, auch bei der dazugehörigen Fußbank. Daß es sich dabei um ein technisches Detail, nämlich kreuzförmige Verstrebungen zu beiden Seiten handelt, läßt sich zahlreichen vor- und nachhomerischen Monumenten entnehmen[227]. Auf Abb. 7l könnte

---

[221] Hahland 177ff. [222] z. B. Richter Abb. 123; Winter, Terrakotten II 138, 11. [223] Auf altmesopotamischen Siegelbildern »sitzt die Gottheit auf einem würfelförmigen Hocker, dessen Holzrahmen gewöhnlich durch sich rechtwinklig kreuzende Leisten verstärkt ist« (Salonen 23).
[224] *Abb. 7h*: Kanne in Paris, Louvre Inv. Nr. CA 1940: Hahland Taf. 11. *Abb. 7i*: Schale in Athen, Nat. Mus. Inv. Nr. 729: Hahland Taf. 18, 16. *Abb. 7j*: Kanne in Athen, Nat. Mus. Inv. Nr. 17497: Hahland 179 Nr. 8; Davison, Workshops Abb. 129. *Abb. 7k*: Kanne in Kopenhagen, Nat. Mus. Inv. Nr. 9361: Hahland Taf. 19, 17. 20, 18. *Abb. 7l*: Kanne in Brüssel, Inv. Nr. A 1941: Hahland Taf. 12. *Abb. 7m*: Krater in New York, Metr. Mus. Inv Nr 14, 130. 14: Davison a.O. Abb. 26. *Abb. 7n*: Schale in London, Brit. Mus. Inv. Nr. 1950. 11—9, 1: Davison a.O. Abb. 83. *Abb. 7o*: Schale in Athen, Nat. Mus. Inv. Nr. 784: Winter, KiB. 112, 9. [225] G. Perrot-Ch. Chipiez, Histoire de l' Art dans l' Antiquité VIII (1898) 272 Abb. 110. [226] AM. 23, 1898, Taf. 6,1; Pfuhl, MuZ. 33 Nr. 146.
[227] Auf Siegelabdrücken aus Kültepe, Anfang 2. Jt.: M. Riemschneider, Die Welt der Hethiter (1954) Taf. 95 unten links; aus Ras Schamra, 15.—14. Jh.: Bossert, Altsyrien Abb. 831a; Thron auf Schildbügelstreifen aus Delphi: E. Kunze, Archaische

mit dem Kreuzstrichgitter so, wie bei den Klinen, vielleicht ein geflochtener
Sitz gemeint sein. Ungewöhnlich ist die stundenglasähnliche Zeichnung, die
parallel zur Rückenlehne verläuft. Vielleicht kann man darin die Andeutung
irgendeiner elastischen Bespannung der Lehne verstehen. Während wir uns
die Rückenlehne der Throne[228] wohl zunächst als solide Holzfüllung oder als
ein hölzernes Leistenwerk vorzustellen haben[229], hat man, auch der Frau
zuliebe, wie es der epische Befund zu κλισμός, κλισίη lehrt, der Bequemlichkeit
Konzessionen gemacht und sich um eine weiche, womöglich auch geneigte
Rückenlehne bemüht. In dieser Abänderung wird der Schritt vom θρόνος zum
κλισμός getan, der sich an den Monumenten noch gut ablesen läßt. Das zur
Erhellung unserer Vorstellungen vom homerischen θρόνος besonders aufschlußreiche Bronzemodell eines Throns von Enkomi (Taf. P III a. b)[230] ist
seinem Grundcharakter nach gut neben die geometrischen Zeichnungen zu
stellen. Obwohl es noch in eine Zeit gehört, für die sich mykenischer Kultur-
einfluß auf Zypern nachweisen läßt[231], ist seine Grundform durchaus nicht
mykenisch. Das sehr sorgfältig gearbeitete Modell weist auf eine schlichte,
aus Vierkanthölzern rechtwinkelig gezimmerte Stuhlform hin, der man nirgendwo so augenfällig begegnet, wie auf den späthethitischen Monumenten des
zehnten bis achten Jahrhunderts[232]. Taf. P III e zeigt zum Vergleich die Darstellung auf einem Relief aus Marasch[233]. Ein weiteres Merkmal, das der Thron
von Enkomi mit den hethitischen Thronen gemeinsam aufweist, sind die
Stabilisierungsleisten (stretcher), die die Beine parallel zum Sitzrahmen miteinander verbinden. Sie fehlen an den hethitischen Stühlen fast nie. Man findet
sie auch an griechischen Möbeln — übrigens nirgendwo so massiert, wie auf dem
lykischen Harpyienmonument von Xanthos —, doch scheint dieses technische
Element bei griechischen Möbeln so wenig ursprünglich zu sein, daß sein
Fehlen geradezu als griechische Eigentümlichkeit gelten kann. Auch altitalische,

Schildbänder (Olymp. Forsch. II) Taf. 50, 38; sf. Amphora im Brit. Mus.: Richter
Abb. 8; Pyxis in Athen: Richter Abb. 38.   **228** Unsere Ausführungen zum
Thron der homerischen Zeit wären unvollständig ohne den Hinweis auf eine sicher
alte Form der Thronlehne, die wir in unserem Untersuchungsbereich mit zu berücksichtigen haben, obwohl wir keine zeitgenössischen monumentalen Nachweise
beibringen können. Bei dieser Form ist der horizontale Stollen, der die Lehne
oben abschließt, über die beiden vertikalen Lehnenpfosten hinaus verlängert und
dabei oft so angesetzt, daß auch die vertikalen Pfosten den horizontalen Abschluß
kreuzend überragen. Diese Lehne findet man bei allen vier Typen, in die G. Richter
die θρόνοι nach der Form ihrer Beine eingeteilt hat, besonders auf Terrakotten
mit thronenden Muttergottheiten. Vgl. Richter Abb. 15. 19. 44. 45. 52. 55. 67. 74.
75. 76. Auch der Thron aus dem Regolini-Galassi-Grab scheint zu diesem Typus
zu gehören.   **229** Bronzezeitl. Tonmodell aus Zypern, ASAtene 39/40, N. S.
23/24, 1961/62, 131 Abb. 173; E. Buschor, Altsamische Standbilder II (1934)
Taf. 142; Richter Abb. 52. 288.   **230** Catling, Bronzework Taf. 45; hierzu und
zum folgenden s. Anhang II.   **231** C. A. Schaeffer, Enkomi-Alasia (1952) 422.
232 Reliefs aus Marasch: M. Riemschneider, Die Welt der Hethiter (1954)
Taf. 76. 86. 104; Bossert, Altanatolien Abb. 810. 815; ders., Altsyrien Abb. 499;
Thron der Göttin v. Tell Halaf, Bossert, Altanatolien Abb. 453; Reliefs aus Malatya:
Bossert, Altanatolien Abb. 765; Karaburclu: Bossert, Altanatolien Abb. 811;
Karkemisch: Bossert, Altanatolien Abb. 845; Sendschirli: Riemschneider a. O.
Taf. 74, hier Taf. P III f; Ördek Burnu: Bossert, Altanatolien Abb. 957. Als
Sonderform begegnet gelegentlich am oberen Ende gebogene oder leicht ein-
gerollte Lehne, ohne daß sich der Grundcharakter ändert. Bemerkenswert ist
in diesem Zusammenhang auch der Thron von einem Felsrelief mit Großkönigs-
inschrift aus Kara Dağ, Bossert, Altanatolien Abb. 761, der vielleicht »in die
dunkle Zwischenzeit nach Zusammenbruch des Großreiches« im 12. Jh. gehört
(Bossert, Altanatolien 69 zu Abb. 761).   **233** Riemschneider a. O. Taf. 77.

ähnlich konstruierte Lehnstühle sind zwischen den Beinen unverstrebt (Taf. P IIc)[234].

Bemerkenswert ist am Thron von Enkomi noch die Befestigung des Sitzrahmens, der nach Art der geometrischen δίφροι so in die Beine eingelassen ist, daß das vordere Beinpaar ein wenig über die Sitzfläche hinausragt ('Stollenstuhl'). Ein Tonmodell der frühen Bronzezeit aus Vounous-Bellapais (Abb. 17d; Taf. P VIII a.b; s. S. P 102) und ein Thron auf der Bronzeschale von Idalion in New York zeigen, daß diese Konstruktion auf Zypern nicht vereinzelt vorkam[235]. Ein Thron auf einer schwarzfigurigen Amphora im Britischen Museum läßt die gleiche Bauart erkennen[236]. Die Fußbank des Throns von Enkomi wird durch ein einfaches Bathron gebildet, das man sich wohl in fester Verbindung vorzustellen hat, wie die Fußbank an der κλισίη der Penelope. Der Sitz wird durch ein rahmenparalleles Geflecht gebildet, das man sich im Sinne des Beiwortes τρητός (vgl. S. P 30ff.) durch die durchbohrten Rahmenleisten hindurchgeführt wird denken müssen. Die sorgfältige, materialgerechte Ausführung des Modells läßt mit Sicherheit erwarten, daß die einfachere Technik, bei der das Flechtmaterial um die Rahmenleisten herumgeführt wird, sichtbar dargestellt worden wäre, wenn man letztere Art der Befestigung voraussetzen wollte. Einen Eindruck dieser Befestigungstechnik vermittelt ein niederdeutscher Stollenstuhl aus dem frühen neunzehnten Jahrhundert, der zugleich die Bauart des Bronzemodells gut veranschaulicht (Taf. P IIId)[237]. Jedenfalls zeigt das Stuhlgeflecht des Throns von Enkomi, wie sich das Strichgitter der Abb. 7 l und j verstehen läßt. Die verlängerten hinteren Stuhlbeine bilden die Pfosten einer Rückenlehne, die oben durch keine feste Querleiste abgeschlossen wird. Dergleichen fehlt, wo die Lehne nicht durch eine starre Fläche, sondern, wie hier, durch irgendein elastisches Material, vielleicht ein Lederstück gebildet wird. Wenn man nun das zur Lehne bestimmte Leder, oder was es sonst sein mochte, nicht rechteckig sondern trapezartig schnitt und es mit der Langseite nach oben zwischen den Pfosten befestigte, erhielt man eine geneigte Lehne, ohne daß man die Rechtwinkeligkeit der konstruktiven Teile aufzugeben brauchte. Darin scheint die Lösung für das zunächst so rätselhafte Schema der Abb. 7n zu liegen. Der nächste Schritt zum κλισμός, der sich aus der traditionellen Throngestalt entwickelte, läßt sich an einem Relief aus Sendschirli ablesen (Taf. P IIIf)[238]. Der Fortschritt liegt in der Schrägstellung der Lehnenpfosten, deren Stabilität die Armlehnen offenbar mit erhöhen sollen; doch wird auch hier, wie im Falle der Deutung zu Abb. 7n, die Bequemlichkeit einer geneigten Lehne durch statische Gefährdung erkauft[239]. Es würde daher

---

234 Bd'A 47, 1962, 108 Abb. 10; AA. 1966, 279 Abb. 25 f. g.   **235** Tonmodell aus Vounos Bellapais: ASAtene 39/40, N. S. 23/24, 1961/62, 131 Abb. 173 = Bossert, Altsyrien Abb. 97—99; Bronzeschale von Idalion: Winter, KiB. 107, 5.   **236** Richter Abb. 8.   **237** Ottenjann Abb. 195.   **238** Riemschneider a. O. Taf. 74; Bossert, Altanatolien Abb. 953.   **239** Eine interessante Lösung des hier behandelten statischen Problems bieten ägyptische Stühle, bei denen eine geneigte Lehne vor die senkrechte gearbeitet ist (W. Wolf in: H. Th. Bossert, Geschichte des Kunstgewerbes aller Zeiten und aller Völker IV [1930] 91 Abb. 2; hier Taf. P IV a). Sind die Proportionen eines Tonmodells aus Lachisch, Palästina, das man in

---

Abb. 8 (siehe die Abbildung auf S. P 51)

a. b: Pfostenköpfe mit Zapfenlöchern (Rekonstruktion), c: Stuhlbein auf Scherbe aus Athen, Akropolis, d: Tonmodell eines Möbelbeins aus Athen, Akropolis, e: Fußschemel auf archaischem Bronzeblech aus Perachora, f: Elfenbeinauflagen mit Voluten, vermutlich von Fußbänken aus Mykene und Dendra, g: Goldring aus Tiryns, h. i: Rekonstruktionen geometrischer Diphroi (h: entspricht Abb. 7d und 9d)

Homerische Sitzmöbel im Spiegel der Monumente

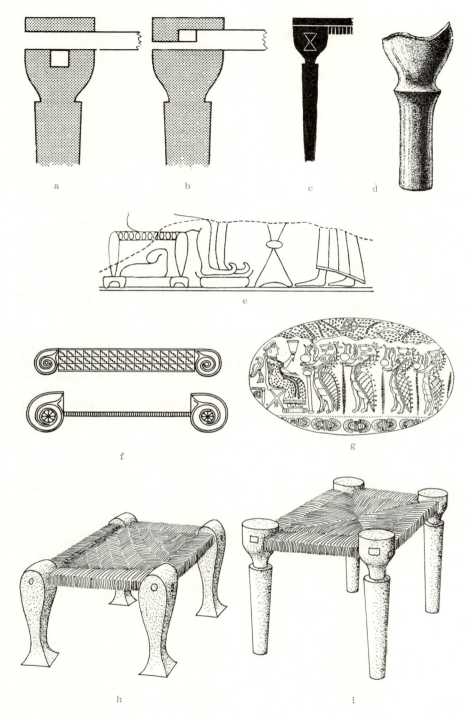

einleuchten, wenn solche ϑρόνοι, oder, wenn man will, κλισμοί, wie der von
Sendschirli, so gestellt wurden, daß sie einen sicheren Rückhalt hatten. Von
den Thronsesseln der Phäaken wird nie einfach gesagt, daß sie irgendwohin
»gestellt« sind, sondern fünfmal heißt es, daß sie an Wände oder Säulen
»gelehnt« bzw. »gestützt« sind, ποτικλίνω, ἐρείδω [240]. Das läßt auf ähnliche
statische Verhältnisse schließen. Nachdem wir zunächst die Weiterentwicklung
der Bauart des Bronzemodells von Enkomi verfolgt haben, können wir die
κλισμοί Abb. 7m und o folgen lassen, die beide über elastische Rückenlehnen
verfügen. Davon bietet Abb. 7m (Taf. W II) das einzige Beispiel für einen geometrischen Lehnstuhl mit gedrechselten Beinen (κλισίη δινωτή, Od. 19,55f.). Auf
dem Bilde eines Kraters in New York sitzt darauf, wie Metaneira im Demeterhymnos, eine Mutter mit ihrem Kind. Die hinteren Stuhlbeine sind wohl mit
den Pfosten der Lehne aus einem Stück gearbeitet zu denken, die Lehne selbst
mit einem Kreuzband bespannt. Das läßt sich einer Terrakotta aus Tiryns entnehmen (Taf. P IV e) [241]. Die Fußbank, die bisweilen als Zubehör des homerischen κλισμός genannt wurde, findet sich hier und auch bei Abb. 7o. Bei dem
letztgenannten Typ erinnert die schwerfällige Form des Unterbaus an den δίφρος
Abb. 7d. Die Zeichnung der Rückenlehne, die nichts Ornamentales an sich hat,
läßt sich als ein weitmaschiges Gurtennetz verstehen. Die Deutung der Gesamtkonstruktion dieses Möbels ist problematisch [242]. Eine Miniaturterrakotta unbekannten Fundortes aus Zypern wird man ihrer Bauart nach zwischen den
Thron von Enkomi und den Thronsessel von Sendschirli stellen dürfen (Abb.
10e; Taf. P VIId. c) [243].

Unsere von den geometrischen Darstellungen ausgehende Untersuchung
zu ϑρόνος und κλισμός ließ auf einen Entwicklungszweig des Möbelbaus schlie
ßen, der im Zeichen eines Ringens um erhöhte Bequemlichkeit unter gleichzeitiger Gebundenheit an traditionelle Konstruktionsprinzipien stand. Seine
Praktiken deuteten auf eine handwerkliche Stufe, der das Biegen des Holzes
(vgl. Abb. 10a) [244] oder Ersatztechniken nicht geläufig, wenn nicht gar unbekannt waren [245]. Dennoch ist auch zu geometrischer Zeit mit einer Form des

das 8./7. Jh. datiert, richtig (O. Tufnell, Lachisch III [1953] Taf. 29 Abb. 19;
hier Taf. P IV c), zeichnet sich eine andere Lösung des statischen Problems darin
ab, daß man die Stabilität durch Verlängerung der Sitzfläche erhöhte. Auf solchem
Möbel konnte man schließlich nicht mehr normal sitzen, sondern mußte die Beine
strecken. Vielleicht hat man sich die Entstehung und Beschaffenheit des homerischen κλιντήρ ähnlich zu denken.   240 6, 307. 308; 7, 95; 8, 66. 473.   241
Tiryns I Taf. 2, 3.   242 Die Lehne ist hier geneigt. Ob sie ein selbständiges
Bauelement darstellt, scheint nicht sicher, weil sie mit den hinteren Beinen in
einer Linie verläuft. Es kann sich um eine Verzeichnung der rechtwinklig zu
denkenden Konstruktion handeln, doch ist die Möglichkeit nicht völlig auszuschließen, daß es sich um die Wiedergabe einer primitiveren Vorstufe des Throns
von Sendschirli handelt, bei der sich mit der Schrägstellung der Lehne auch die
mit dieser aus einem Stück gearbeiteten Beine nach innen verschieben mußten.
Diese zunächst nicht gerade wahrscheinlich anmutende Deutung ließe sich durch
manche Lehnstühle auf späthethitischen Reliefs (z.B. Bossert, Altanatolien Abb.
815; Riemschneider a. O. Taf. 86) stützen. Es könnte also eine kuriose Zwischenlösung
vorliegen, die trotz erhöhter Gefährdung der Standfestigkeit nicht undenkbar
ist, wenn solche Möbel, wie die Sessel der Phäaken, an die Wand gelehnt wurden.
Es ist durchaus möglich, daß ein rezenter Sessel unbekannter Herkunft aus Norddeutschland, bei dem Fußleisten für die statische Sicherung sorgen, die Erinnerung
an eine urtümliche Lösung des Problems der geneigten Lehne im angedeuteten
Sinne festhält (Taf. P IV b).   243 Bossert, Altsyrien Abb. 244; J. H. Hall,
Atlas of the Cesnola Collection II (1886) Nr. 704. s. a. S. P 103.   244 Lakonische Schale, München: J. Sieveking - R. Hackl, Die königliche Vasensammlung
zu München I (1912) 33 Nr. 384 Taf. 13.   245 Was diese Technik auf ihrem

κλισμός zu rechnen, die keinen Niederschlag in den geometrischen Vasenbildern fand und offenbar einem anderen Bereich entstammt, als dem eben betrachteten, der von geraden und rechtwinkeligen Baugliedern beherrscht wird. Eine geometrische Miniaturterrakotta in New York kann man unter den geometrischen Monumenten erstmalig als wirklichen Fauteuil ansprechen (Abb. 9p)[246]. Vier nach außen geneigte Stützen tragen eine halbkreisförmige Brüstung und setzen sich unterhalb des Sitzes in vier Beinen fort, die die Neigung der Lehnenpfosten durch eine entsprechende Schrägstellung statisch ausgleichen. Diese Errungenschaft, über die die bisher betrachteten Sesselformen nicht verfügten, findet man bei einer ganzen Reihe spätmykenischer dreibeiniger Miniatursessel aus Terrakotta, die vielleicht einer dem Grabkult nahestehenden, thronenden Gottheit zugehören (Taf. II a. b)[247]. Einen Miniatursessel dieser Art, der aus dem submykenischen Inventar Zyperns stammt, zeigt Abb. 9o[248]. Ob es sich bei dem Vorbild dieser Sessel um ein reisigumflochtenes Holzgestell handelte, wie man es für einen ähnlichen Typ dieser Gruppe angenommen hat (Abb. 9n)[249], wagen wir nicht zu entscheiden. Jedenfalls ist es nicht unwahrscheinlich, daß das Urbild dieser Form ein geflochtener Rundsessel in der Art der etruskischen Kanopen-Sessel war (Abb. 9 l)[250]. Daneben kann auch jenes Möbel von Einfluß gewesen sein, das mit entsprechenden minoischen Idiogrammen gemeint ist. G. Kulczycki hat auf ähnlich geformte, aus massiven Baumstämmen gearbeitete, bäuerliche Lehnstühle Nordeuropas hingewiesen[251]. Hierzu gehört offenbar ein Typ, der auf mykenischen Vasen zu belegen ist[252] und durch eine Miniaturterrakotta aus Prosymna, die C. W. Blegen veröffentlichte, erläutert wird (Abb. 9k)[253]. Wenn die Dreibeinigkeit der mykenischen Terrakotten, wie man glaubt, ein Merkmal sakraler Verwendung ist[254], könnte der dreibeinige Thron auf einer Kanne in Kopenhagen als Relikt mykenischen Brauchtums ein Sakralmöbel meinen (Abb. 7k)[255]. Unter den mykenischen Miniaturen eignet sich ein Sessel aus Nauplia in Athen zum Vergleich (Abb. 9m)[256], der sich dem geometrischen Typ annähert.

Rückschauend stellen wir fest, daß sich in der Bauart geometrischer Sitzmöbel und ihrer hethitisch-kyprischen Verwandten eine Schlichtheit bemerkbar macht, die in ihrem Ursprung weniger ästhetisch als technisch bedingt zu sein scheint. Ältere Errungenschaften des Möbelbaus, wie das Biegen des Holzes (Beispiel archaischer Zeit: Abb. 10a) oder die Lösung gewisser sta-

Höhepunkte zu leisten vermochte, bezeugen die zahlreichen Abbildungen des klassischen κλισμός. Vgl. Richter Abb. 129ff.   **246** G. Richter, Handbook of the Greek Collection (1953) 173. Ähnliche spätgeometrische Fragmente: Richter a.O. Taf. 13i und Hesperia, Suppl. II (1939) 65 Abb. 41.   **247** Möbius, Form und Bedeutung der sitzenden Gestalt, AM. 41, 1916, 152. Zuletzt G. E. Mylonas, Seated and Multiple Mycenaean Figurines in the Nat. Mus. of Athens, Festschr. Goldman 110ff., mit einer Zusammenstellung der Funde.   **248** Jetzt in Rom, Mus. Preistorico. Bossert, Altsyrien Abb. 134.   **249** Kulczycki I 582; G. Richter, Handbook of the Greek Collection (1953) Taf. 7c; Mylonas a.O. Taf. 14, 5a.   **250** O. W. v. Vacano, Die Etrusker (1955) Taf. 27 unten links (Chiusi, 6. Jh.).   **251** Kulczycki I 582 u. Abb. 11—13. II 87ff. Taf. 1. 2.   **252** BCH. 31, 1907, 232.   **253** Blegen, Prosymna II 151 Abb. 619.   **254** Mylonas a.O. 118. Dreibeinige Hocker lassen sich als Gebrauchsmöbel belegen. Zum thessalischen σκολύθριον vgl. Pollux X 48 (Bethe); Platon, Euthydem. 278 B. Bei einem Sessel nach Art der mykenischen Terrakotten Abb. 9n und o würde der Rücken des Benutzers auf der mittleren Stütze der Lehne aufliegen; dennoch ist mit derartigen Gebrauchsmöbeln zu rechnen (vgl. dreibeinige Pfostenstühle aus dem Oldenburger Münsterland bei Ottenjann Abb. 193. 194).   **255** Zur Dreibeinigkeit auf geometrischen Darstellungen vgl. oben S. P 18. Zur Deutung des Bildes äußert sich ausführlicher Hahland 180f.   **256** Athen, Nat. Mus. Inv. Nr. 3554:

tischer Probleme, über die das minoisch-mykenische Handwerk bereits verfügt haben muß (Abb. 9 a. i. j. n. o)[257], haben auf den geometrischen Vasenbildern keine Spuren hinterlassen. Das Tonmodell des geometrischen Sessels Abb. 9p kann immerhin als Zeugnis dafür gelten, daß auch die handwerkliche Tradition mykenischer Formen nicht völlig abriß. Prunk- und Luxussessel des Epos[258] sind wohl in erster Linie — durch kyprische Vermittlung (vgl. hier Anhang II) — phönikischem Einfluß zu verdanken (dazu weiteres im Kapitel »Handel«). Als ureigenes geometrisch-griechisches Erzeugnis möchten wir auch hier die δίφροι ansehen, die den Klinen der Abb. 1e—g entsprechen (vgl. oben S. P 32 und Abb. 8 c. i; 9 e—g).

c) Fußschemel

Zu den Fußschemeln wurde schon S. P 48 bemerkt, daß sie auf den geometrischen Bildern nie mit den Sitzmöbeln fest verbunden sind. Ihre später so wichtige Rolle als Zubehör der Kline zeichnet sich auf unseren Bildern ebensowenig ab wie im Epos. Die geometrischen Fußschemel gleichen sich in ihrer einfachen Form den Thronen und Sesseln an. Wir können vierbeinige und dreibeinige unterscheiden. Zum ersten Typ gehören die auf Abb. 7h und l, die dem Typ a in G. Richters Einteilung entsprechen; dort sind Abbildungen dieses einfachen Geräts seit archaischer Zeit nachgewiesen[259]. Dreibeinige Fußschemel scheinen für die geometrische Zeit charakteristisch zu sein. Ein Schemel dieser Art ist auf einer geometrischen Amphora in Athen abgebildet[260]. Was die Zahl der Beine angeht, sollte man an der Zuverlässigkeit des technischen Aussagewertes der Abbildungen nicht zweifeln. Abb. 7m zeigt einen dreibeinigen Schemel neben vierbeinigem Sesselschema, Abb. 7o neben einem zweibeinigen Schema[261]. Zum literarischen Nachweis dreibeiniger Hocker in späterer Zeit ist Anm. 254 zu vergleichen. Wenn wir zur Ergänzung der Übersicht die hethitischen Monumente mit heranziehen, ist auch mit kastenförmigen Schemeln[262] und einem klotzartigen Typ[263] zu rechnen. Der älteste erhaltene griechische Fußstuhl aus der Mitte des siebten Jahrhunderts, ein geschnitzter, hölzerner Schemel aus Samos (Taf. P If)[264], gehört wohl einem der zwei letztgenannten Typen an. Die seit archaischer Zeit in Griechenland nachweisbare und lange in Gebrauch gebliebene Fußbank mit Löwen-

---

Mylonas Nr. 8 (Festschr. Goldman Taf. 14, 5c).   [257] Abgesehen von den oben behandelten Terrakotten sind monumentale Reflexe mykenischer Sitzmöbel spärlich. Ein lehnenloser Stuhl auf einer Elfenbeinplatte von Mykene (Eos 33, 1931, Taf. 1, 2; hier Abb. 9a) teilt seine Vorliebe für bogenförmige Bauglieder mit dem (nach hölzernem Vorbild gearbeiteten) Steinthron von Knossos (Evans, PM. IV 921 Abb. 985; Matz, Kreta-Mykene-Troja Taf. 31 unten; hier Abb. 9j). Hochentwickelte Biegetechnik läßt sich für noch frühere Zeit an dem 'kyladischen' Thron des Harfenspielers von Keros in Athen (Zervos, Cyclades Abb. 333. 334; hier Abb. 9i) ablesen.   [258] Dem Prunksessel der Penelope vergleichbar erwähnen die Pylos-Tafeln Stühle aus Ebenholz mit Elfenbeinverzierung (Ventris-Chadwick, Documents 342f. Nr. 242 = Ta 707; 344 Nr. 243 = Ta 708), desgleichen ein Stuhl mit Kyanos-, Silber- und Goldeinlagen (a.O. 344 Nr. 244 = Ta 714).   [259] Richter 72f. Abb. 26. 29.   [260] Davison, Workshops Abb. 36. [261] Vgl. oben S. P 18ff.   [262] Bronzemodell von Enkomi: Catling, Bronzework Taf. 45, hier Taf. P III a. b; Felsrelief aus Kara Daǧ: Bossert, Altanatolien Abb. 761; Relief aus Malatya: Bossert a.O. Abb. 765.   [263] Relief aus Sendschirli: Riemschneider, Die Welt der Hethiter (1954) Taf. 74, hier Taf. P IIIf; Relief aus Ördek Burdu: Bossert a.O. Abb. 957 u. ö.   [264] AM. 68, 1953, 88ff. Abb. 3 (Rekonstruktion) und Beil. 22; H. Walter, Das griechische Heiligtum (1965) Abb. 18.   [265] Auf einem steinernem Salbbüchschen nicht mitgeteilten Fund-

Abb. 9 Sitzmöbel

a—h: Lehnenlose Hocker, Relief auf Elfenbeinplatte aus Mykene (a), Detail einer Kleinplastik aus Thera in Karlsruhe (b), Detail eines altorientalischen Tonreliefs (c), Diphros auf geometrischer Scherbe aus Athen, Akropolis (d), Diphroi auf rotfiguriger Vase in New York (e), auf Relief aus Thasos im Louvre (f), auf Amphora in Boston (g), auf rotfigurigem Skyphos in London (h). i—p: Sitzmöbel mit Lehnen, Detail einer Kleinplastik aus Keos in Athen (i), Thron im Thronsaal von Knossos (j), mykenische Miniatur-Terrakotta aus Prosymna (k), etruskischer Kanopensessel, Chiusi (l), mykenische Miniatur-Terrakotten aus Nauplia in Athen, Nat. Mus. (m), aus Zypern in New York, Metr. Mus. (n), aus Zypern in Rom, Mus. Preistorico (o), geometrischer Miniatursessel in New York, Metr. Mus. (p)

klauen ist vielleicht schon auf einer späthethitischen Darstellung abgebildet[265] und dürfte einer syrisch-phönikischen Möbelform verpflichtet sein.

Beziehungen mykenischer Fußschemel zu geometrischen Darstellungen werden nirgendwo deutlich. Auch passen die Schemel des Epos, die als Wurfgeschosse gegen unliebsame Besucher rasch bei der Hand sind, wenig zu den Luxus-Fußbänken aus Ebenholz mit Elfenbein-, Gold- und Silberverzierung, die auf den Pylos-Tafeln vorkommen[266], eher schon die Fußbank an der κλισίη Penelopes. Die Form mykenischer Fußschemel oder -kissen ist eigenwillig und findet auch unter den späteren Abbildungen griechischer Möbel keine deutlichen Entsprechungen (Abb. 8f und g)[267], obwohl nach Ausweis der Darstellung auf einem Bronzeblech aus Perachora in archaischer Zeit mit mancherlei Sonderformen zu rechnen ist (Abb. 8e)[268]: es handelt sich um eine kissenförmige Fußstütze mit eigenartigen hochgebogenen Fortsätzen, die das Abgleiten der Füße verhinderten. Die einzige Fußbank, die an kykladischen Monumenten nachweisbar ist, stammt von einer jetzt verschollenen Kleinplastik einer Sitzenden mit Kind aus Tegea (?)[269].

5. Der Tisch bei Homer und im älteren Epos

Der Tisch heißt τράπεζα, mykenisch *torpeza*[270]. Er bildet im Epos nicht Bestandteil einer festen Raumausstattung, sondern wird nach Bedarf zur Mahlzeit bereitgestellt. Das wird am häufigsten in der Odyssee in formelhaften Wendungen beschrieben, wonach der Gastgeber einem, allenfalls zwei Gästen, die in seinem Hause Platz genommen haben, einen Tisch vorsetzen läßt: ἀμφίπολος ... παρὰ δὲ ξεστὴν ἐτάνυσσε τράπεζαν (1, 138 u. ö.). Auch bei der Mahlzeit im Megaron ist es Regel, daß jeder Speisende seinen eigenen Tisch hat. So erhält der Sänger, der die Phäaken beim Mahle unterhält (8, 69) seinen eigenen Tisch, und Telemach läßt dem Bettler, der sich im Saal nahe der Schwelle niedergelassen hat, ὀλίγην τράπεζαν (20, 259) vorsetzen. 17, 447 verscheucht Antinoos den Bettler mit den Worten: στῆθι ... ἐμῆς ἀπάνευθε τραπέζης. 17, 333 holt sich Eumaios, der von Telemach zum Essen geladen ist, einen Stuhl und stellt ihn πρὸς Τηλεμάχοιο τράπεζαν,.

Im Regelfall hat also jeder Speisende 'seinen' Tisch. IX 199ff. wird die Bewirtung der Bittgesandtschaft, bestehend aus Phoinix, Aias, Odysseus sowie

---

ortes, M. Riemschneider a.O. Taf. 104.   **266** Ventris-Chadwick, Documents 343ff.; Karageorghis, Kadmos 6, 1967, 98f.   **267** Ventris-Chadwick, Documents 346 Abb. 23; hier Kapitel »Haar- und Barttracht« Taf. B II e. Vgl. Wace-Stubbings, Companion 533 Abb. 61 (Elfenbeinauflagen mit Voluten, vermutlich von Fußbänken, aus Mykene und Dendra). Zu vergleichen ist das Idiogramm ⌐⌐ für *ta-ra-nu*, hom. θρῆνυς. Hierher gehört auch die Fußbank auf dem Goldring von Tiryns, Ventris-Chadwick, Documents 333 Abb. 21.   **268** H. Payne, Perachora I (1940) 148 Taf. 50, 11. 12.   **269** Bossert, Altkreta Taf. 246 Abb. 424. Vgl. Kulczycki I 584.

270 *τετράπεζα (Boisacq). Vgl. Et. Mag. s. v. τράπεζα· τέσσαρας πέζας ἔχουσα. αἱ γὰρ τῶν παλαιῶν τράπεζαι τετράγωνοι ἦσαν. Der alte Name erhielt sich auch in einer Zeit, in der vorwiegend der dreibeinige Speisetisch (τρίπους) in Gebrauch war (vgl. Richter 76ff.) so daß schließlich ohne Rücksicht auf die jeweilige Zahl der Beine sowohl τράπεζα als auch τρίπους für »Tisch« gesagt werden konnte. Daraus erklären sich die Wortspielereien des Epicharmis und Aristophanes, die Athenaios (II 49 a f.) überliefert. Barnett 120: »The table for the ritual banquet was most often three-legged. This was a type generally accepted among Near Eastern peoples. From them the Greeks first learnt the article and its name in the fourteenth century B. C. using for it a borrowed word, which seems to be, but cannot really be, Greek (Linear B: *torpeza*, Greek τράπεζα, three-foot)«. Die

den Herolden Odios und Eurybates bei Achilleus beschrieben. IX 216f. heißt es: Πάτροκλος μὲν σῖτον ἑλὼν ἐπένειμε τραπέζῃ καλοῖς ἐν κανέοισιν. Hier wird, wie es zunächst scheint, die Sitte nicht mehr gewahrt, jedem seinen Speisetisch zu geben, ebenso XXIV 625, wo Automedon das Brot auftischt: ἐπένειμε τραπέζῃ, obwohl auch hier — es handelt sich um Priamos' Bewirtung durch Achilleus — mit mehreren Teilnehmern an der Mahlzeit zu rechnen ist. Dennoch sollte mit dem formelhaften ἐπένειμε τραπέζῃ (IX 216 = XXIV 625) wohl nicht zum Ausdruck kommen, daß alle an einem Tisch essen. Wo genauer geschildert wird, hält man sich auch in diesem Bereich an den üblichen Brauch. Als Priamos XXIV 472 in die Hütte des Achilleus kommt, hat dieser gerade sein reguläres δόρπον beendet. Er sitzt abseits von seinen Gefährten, ἕταροι δ'ἀπάνευθε καθείατο, und sein Tisch steht noch vor ihm, ἔτι καὶ παρέκειτο τράπεζα. Die Mahlzeit, die serviert wird, besteht gewöhnlich aus Brot, σῖτος, häufig in Schüsseln, κάνεια, gereicht, Fleisch, κρέας, auf hölzernen Platten, πίνακες, und Wein, der in Trinkbecher, δέπα, κύπελλα, gefüllt wird. Nestors Taubenbecher, »den, wenn er gefüllt war, ein anderer kaum vom Tische zu heben vermochte« (XI 636), bleibt ein Einzelfall. Der schwere Mischkrug, κρητήρ, jedenfalls stand auf keinem Speise- oder Anrichtetisch, sondern auf dem Boden (21, 145; 22, 341). Der wohlgefüllte Tisch wird zum Sinnbild behaglichen Lebensgenusses, so am Anfang des neunten Buches der Odyssee, wo es für Odysseus nichts Lieblicheres gibt, als in froher Gesellschaft dem Sänger zuzuhören:

παρὰ δὲ πλήθωσι τράπεζαι
σίτου καὶ κρειῶν, μέθυ δ'ἐκ κρητῆρος ἀφύσσων
οἰνοχόος φορέῃσι καὶ ἐγχείῃ δεπάεσσιν (9, 8ff.;
vgl. Cert. Hom. et Hes. 86ff.)

Ein ähnliches Bild entwirft Eumaios vom Wohlleben der Freier (15, 333f.): εὔξεστοι δὲ τράπεζαι σίτου καὶ κρειῶν ἠδ' οἴνου βεβρίθασιν, die Tische »biegen« sich gewissermaßen unter der Last der Speisen. Unter der τράπεζα des adeligen Herrn findet man gelegentlich die τραπεζῆες κύνες, die auf praktische Art für Beseitigung des Abfalls sorgen (17, 309; XXII 69; XXIII 173).

Nach der Mahlzeit oder dem Gelage wird der Tisch mitsamt den Resten abgeräumt. XXIV 476 hat Achilleus seine Mahlzeit beendet. Sein Tisch steht aber noch (ἔτι) vor ihm, das heißt er ist noch nicht, wie sonst üblich, weggeräumt. Wie das Abräumen vor sich geht, wird genauer 19, 60ff. geschildert:

ἦλθον δὲ δμωαὶ λευκώλενοι ἐκ μεγάροιο[271].
αἱ δ' ἀπὸ μὲν σῖτον πολὺν ᾕρεον ἠδὲ τραπέζας
καὶ δέπα ἔνθεν ἄρ' ἄνδρες ... ἔπινον (vgl. 7, 232).

Wo bleiben die τράπεζαι nach dem Abräumen? Vielleicht gibt 15, 465ff. einen Hinweis. Eumaios berichtet in seiner Lebensgeschichte von der phönikischen Magd:

ἡ δ' ἐμὲ χειρὸς ἑλοῦσα δόμων ἐξῆγε θύραζε·
εὗρε δ' ἐνὶ προδόμῳ ἠμὲν δέπα ἠδὲ τραπέζας
ἀνδρῶν δαιτυμόνων, οἵ μευ πατέρ' ἀμφεπένοντο.

Griechen haben, wie wir zeigen wollen, einen dreibeinigen Tisch aus dem Orient übernommen, der mit *torpeza* bezeichnet sein könnte. Dennoch können sie einen profanen Speisetisch mit vier Beinen schon vorher besessen und entsprechend benannt haben. Der Benennungstypus scheint durchaus idg. zu sein, wenn man hind. '*charpoy*', 'Vierfuß' für »Bett« vergleicht. **271** Damit kann hier wohl

οἱ μὲν ἄρ' ἐς θῶκον πρόμολον δήμοιό τε φῆμιν,
ἡ δ' αἶψα τρί' ἄλεισα ...
ἔκφερεν.

Der πρόδομος wäre in der Tat ein geeigneter Abstellraum für die Tische, weniger für wertvolle Pokale. Wenn es ihr üblicher Abstellort gewesen wäre, würde sich freilich die Bemerkung erübrigen, daß gerade eine Mahlzeit stattgefunden habe. Man denkt doch zunächst daran, daß die Magd alles so findet, wie es von den Schmausenden verlassen wurde. Andererseits hören wir sonst nie, daß man im πρόδομος ißt[272].

Das Säubern der Tische und des Geschirrs geschieht nicht nach dem Abräumen, sondern vor der Mahlzeit am Vormittag. 20,149 ff. teilt Eurykleia den Mägden am Morgen ihre Hausarbeit zu und läßt dabei die Tische mit Schwämmen säubern und die Mischkrüge und Becher reinigen. Ebenso werden 1,111f. Tische und Geschirr von κήρυκες καὶ θεράποντες gereinigt, während sich die Freier vor dem Essen die Zeit vertreiben. Die Reinigung der Tische nach dem Freiermord (22,438f. 452f.) hat neben der praktischen auch kathartische Bedeutung. Wenn 21,28f. vom Gastfreund, der den Gast erschlug, gesagt wird: οὐδὲ θεῶν ὄπιν ᾐδέσατ' οὐδὲ τράπεζαν τὴν ἥν οἱ παρέθηκεν »er achtete nicht den gastlichen Tisch, den er ihm vorsetzte« spüren wir, wie das Wort zur Metapher der Gastfreundschaft wird, was in der Schwurformel ἴστω νῦν Ζεὺς πρῶτα θεῶν ξενίη τε τράπεζα, ἱστίη τ' Ὀδυσῆος[273] dann vollends deutlich wird.

Vierzehnmal hören wir davon, daß der Tisch vor den Gast gestellt oder weggeräumt wird. Für Einzelpersonen recht eigentlich berechnet, dazu von großer Beweglichkeit, wird dieser Tisch nicht viel mehr als eine Servierplatte gewesen sein, die man mit einem Fußgestell versehen hatte. Obwohl im Regelfall erst der Tisch hingesetzt wird und dann die Speisen aufgetragen werden, gibt es auch Reflexe dafür, daß der Tisch wie ein Tablett mitsamt den Speisen vorgesetzt werden konnte, z. B. 5,92f.: θεὰ παρέθηκε τράπεζαν ἀμβροσίης πλήσασα. Nach 22,74 sind die τράπεζαι handlich und leicht genug, um sich als Schilde verwenden zu lassen. 22,19f. stößt ein Freier im Todeskampf mit dem Fuß seinen Tisch um.

Die Beiwörter sagen wenig aus. Am häufigsten findet man ξεστὴ τράπεζα[274], wie bei δίφρος und θρόνος übliches Beiwort der Tischlerarbeit, »gehobelt, geglättet«. Daneben kommt das gleichbedeutende εὔξεστος, εὔξοος vor[275]. Sieht man von dem nichtssagenden καλός[276] und den kaum anders zu bewertenden ἀργύρεαι τράπεζαι der Kirke (10,354f.) ab, reflektieren die Beiwörter soweit ein einfaches Gebrauchsgerät, das weniger zu kostbarer Ausstattung reizte als etwa die Sitzmöbel. Eine gewisse Ausnahme bildet der Tisch in der Lagerhütte Nestors, derselbe, von dem, wie wir hörten, kaum ein anderer

nur das μέγαρον γυναικῶν gemeint sein. **272** Beide Ansichten werden von den Textkommentatoren vertreten. G. Finsler (Homer[3] [1924] 52), A. Hug (RE. XV 940 s. v. Mensa) und Stanford zu 15,466 betrachten den πρόδομος als Abstellort für Tische und Geschirr nach der Mahlzeit. J. U. Faesi[6] (Kayser) zu 15,466 vertritt die Ansicht, die Geronten der Insel hätten ihren Eranos unter Abweichung von der homerischen Sitte nicht im Megaron, sondern im Vorhause abgehalten. Wenn 19,61 ἀφαιρεῖν τραπέζας bedeutet, daß die Tische aus dem Megaron geschafft werden, bleibt der πρόδομος immer noch der wahrscheinlichste Aufbewahrungsort, nur kann man es nach dieser Stelle kaum entscheiden (s. noch Anm. 281). **273** 14,158f.; 17,155f.; 20,230f.   **274** 1,138; 4,54; 7,174; 10,370; 15,137; 17,93.   **275** 15,333; XI 629.   **276** 8,69; XI 629.

als Nestor den schweren Taubenbecher zu heben vermochte. Wenn wir dazu noch lesen, daß die Zukost zum Trunk in einer ehernen Schüssel (χάλκειον κάνεον, XI 630) darauf gestellt wird, gewinnen wir angesichts dieses gewichtigen Geschirrs den Eindruck, daß der Dichter hier wohl einen Tisch von kräftigerer Bauart, als der oben erschlossenen, vor Augen gehabt haben muß. Dazu kommt ein Beiwort, mit dem nur dieser Tisch bedacht wird. Hekamede stellt ihn vor Nestor und seinen Gast Patroklos (XI 628 ff.):

> ἥ σφωιν πρῶτον μὲν ἐπιπροίηλε τράπεζαν
> καλὴν κυανόπεζαν ἔϋξοον.

Mit κυανόπεζα fassen wir eine ebenso eigentümliche wie problematische Zubenennung. κυανο- bedeutet in einer ganzen Reihe adjektivischer Komposita lediglich »dunkelfarbig«. Diese Bedeutung dürfen wir hier ausschließen. Denn abgesehen von den Kyanos-Wandverzierungen in Alkinoos' Palast erwähnt im Epos nur noch das elfte Buch der Ilias, aus dem auch unsere Stelle stammt, Kyanos als Werkstoff: Nach XI 24 ff. besteht der kostbare kyprische Brustpanzer Agamemnons aus Streifen von Gold, Zinn und Kyanos; ebenso sind die darauf abgebildeten Schlangen κυάνεοι. Schließlich ist der Buckel seines Schildes, der in ähnlicher Weise aus Ringen verschiedenen Metalls zusammengesetzt ist, aus »dunklem Kyanos« (XI 35) gearbeitet. Das ausschließlich im elften Buch gebrauchte Beiwort κυανόπεζα wird dann doch den gleichen Werkstoff bezeichnen, der auch an den übrigen Stellen dieses Buches gemeint ist, und sollte nicht in dem unspezifischen Sinne der Komposita vom Typ κυανοχαίτης verstanden werden[277]. Nach XI 21 muß es sich in diesem Komplex um kyprischen Kyanos handeln, einen mit Kupfererzen gefärbten Glasfluß, der als Ersatz für den echten Kyanos aus Lapislazuli diente und — ebenso wie die Elfenbeinverarbeitung — als phönikische Spezialität galt[278]. Im Sinne der traditionellen Übersetzung müßte κυανόπεζα dann heißen: »mit Beinen von blauem Glasfluß«, was technisch nicht möglich ist. Wenn wir es etwas großzügiger — vorbehaltlich technischer Möglichkeit — als »mit blau emaillierten Beinen« verstehen, werden wir diese Art der Zubenennung zwar nicht von vornherein als undenkbar zurückweisen können, finden die partielle Hervorhebung derartig ausgestatteter Beine an einem Tisch doch etwas merkwürdig. Besonderes Interesse verdienen daher einige antike Erklärungsversuche, die eine semasiologische Korrektur der -πεζος = Komposita nahelegen. Scholion T zu XI 629 (Maas I 516): κυανόπεζαν· πέζαν εἴωθε τὸ ἄκρον καλεῖν, οὐ τὸν πόδα· 'πέζῃ ἐπὶ πρώτῃ' (XXIV 272) καὶ 'ἀργυρόπεζα'. οὐκ ἔστιν οὖν κυανόποδα ἀλλὰ τὴν ἀπὸ κυανοῦ ἔχουσαν τὸν κύκλον τὸν ἔξωθεν. Ähnlich Eustathius zu XI 629: ἔχουσαν κυανέαν τὴν πέζαν, ὅ ἐστι τὸν ἔξω κύκλον, καθὰ φασιν οἱ παλαιοί. Aus Kyanos besteht dann der »Saum«[279], das heißt die Einfassung der Tischplatte[280], die sich die antiken Erklärer rund vorstellen.

---

[277] Das hat Blümner, RE. XI 2238 s.v. κύανος übersehen.   [278] Hauptquelle: Theophrast, de lapid. 55. Grundlegende Arbeit: Lepsius, Die Metalle in den ägyptischen Inschriften, Abhn Bln. 1871, 53ff. 117ff. 129ff. Zusammenfassend: Blümner, RE. a. O. s. v. κύανος. Zur Frage Niello-Kyanos zuletzt Ventris-Chadwick, Documents 340.   [279] Vgl. Ap. Rh. IV 46 ἄκρην ὑψόθι πέζαν ἀερτάζουσα χιτῶνος. In diesem Sinne hat auch E. Buschor neben den -θρονο Komposita die mit -πεζα zusammengesetzten aus der Textilkunst hergeleitet und gezeigt, wie ἀργυρόπεζα, »die mit dem silbernen Gewandsaum«, später zur »Silberfüßigen« wurde. s. Buschor 30ff. 46.   [280] Auf den Pylos-Tafeln katalogisierte Tische werden häufig a-pi-qo-to genannt. Die Deutung bei Ventris-Chadwick (passives Verbaladjektiv zu ἀμφιβαίνω) »it

Nachdem wir soweit versucht haben, den Tisch Nestors als einen Typ eigener Art zu verstehen, kehren wir noch einmal zum homerischen 'Gebrauchstisch' zurück. Das wichtigste Indiz für seine Beschaffenheit blieb noch unerwähnt. Es liefert der zu Beginn dieses Abschnitts erwähnte Formelvers (1, 138 u. ö.): ἀμφίπολος ... παρὰ δὲ ξεστὴν ἐτάνυσσε τράπεζαν. τανύω (τιταίνω), das von Erklärern und Übersetzern gemeiniglich mit »hinstellen« wiedergegeben wird, meint im Grunde »spannen, straffen, strecken«, danach auch »ausdehnen, verbreiten«; daneben meint es nur scheinbar «setzen, stellen, legen«, denn auch im Gebrauch innerhalb der letztgenannten Bedeutungsgruppe wird eine Dynamik im Sinne der Grundbedeutung spürbar, weil es in solchen Fällen ein »Hinstrecken« bezeichnet, das heißt das Plazieren eines Objekts seiner längsten Ausdehnung nach, etwa einer Lanze (15, 282f.) oder eines Menschen (XI 844 u. ö.). Da man einen Tisch zu seiner Nutzanwendung nicht anders, als auf seine Füße stellt, bliebe es merkwürdig, wenn man zur Bezeichnung dieses normalen Vorgangs ein Verb wählen sollte, das sonst eine außergewöhnliche Plazierung im oben erläuterten Sinne meint. Bleiben wir bei der Grundbedeutung, lösen sich die Schwierigkeiten und wir erhalten zugleich konkretere Vorstellungen von der homerischen τράπεζα. Dann heißt τράπεζαν τανύειν »einen Tisch spannen, strecken oder ausbreiten«, das sind Bedeutungswerte, die vollkommen zu einem Klapptisch passen, einem Möbel, das sich nach der Benutzung raumsparend unterbringen ließ[281]. In die Richtung dieser Deutung weisen einige, sehr bemerkenswerte antike Erklärungen. Auch der modernen Homerexegese blieben gewisse Zusammenhänge nicht verborgen[282], ohne daß diese indessen mit dem erforderlichen Nachdruck vertreten wurden. Am ausführlichsten faßt Eustathius zu 10, 354 zusammen: ... τὸ δὲ ἐτίταινε τραπέζας ἐμφαίνει μὴ στρογγύλας αὐτὰς ἀλλὰ προμήκεις εἶναι ἢ καὶ ἄλλως ἀποδιπλουμένας καὶ οὕτω τεινομένας. καθὰ καὶ ὁ ὀκλαδίας δίφρος τέταται, ὅτε εἰς καθέδραν ἑτοιμασθῇ. Kürzer Scholion zu 7, 174 (Dindorf I 341): ἐτάνυσσε τράπεζαν· ὡς πτυκτῆς οὔσης τῆς τραπέζης. Etwas nachdrücklicher Scholion B (∼ T) zu XI 628 (Dindorf III 481): πτυκταὶ γὰρ ἦσαν αἱ τράπεζαι. Nach Eusta-

---

may refer to a broad edging round the top« (a.O. 341) entspricht unserer Deutung zu κυανόπεζα, die lt. Ventris-Chadwick, Documents 340 schon von Wace erwogen wurde. Einlagen von Kyanos an einer *torpeza raeja* (stone table) erwähnt die Pylos-Tafel Nr. 239 = Ta 642, Ventris-Chadwick, Documents 339. In einer Liste eines königlichen Archivs in Ras Schamra aus dem 14. Jh. werden »fauteuils, chaises et tabourets, incrustés d'or et de lapis-lazuli« aufgeführt (Syria 31, 1954, 38).
[281] Bei dem sog. Hindeloopener Tisch, einem Klapptisch friesisch-holländischer Herkunft, » wird die Platte des Tisches, wenn er nicht mehr gebraucht wird, hochgeklappt ... und der ganze Tisch an die Wand gerückt« (Ottenjann 68). Vielleicht ist die in Anm. 272 behandelte Frage auch in diesem Sinne zu lösen.
[282] An einen Klapptisch haben schon H. Blümner bei A. Baumeister, Denkmäler des klassischen Altertums III (1889) 1818 s. v. Tisch, Hug, RE. XV 939f. s. v. Mensa und Boisacq 979 gedacht. Buchholz, Realien II 2, 162 setzte sich ohne ausreichende Berücksichtigung des epischen Befundes für einen Ausziehtisch ein, »der aus mehreren ineinandergeschobenen Platten besteht, durch deren Ausziehen ein

---

Abb. 10 (siehe die Abbildung auf S. P 61)
a: Innenbild einer lakonischen Schale in München, b. c: Details von geometrischen Kannen in Athen, Nat. Mus., d: Plastisches Detail vom Deckel eines etruskischen Aschengefäßes in Florenz, e: Miniaturterrakotta aus Zypern in New York, Metr. Mus., f—l: Darstellungen von Tischen, Detail von phönikischer Silberschale aus Idalion in New York, Metr. Mus. (f), vom Sarkophag des Ahiram, Beirut, Nat. Mus. (g), von Bronzeschale aus Kreta (h), von späthethitischen Reliefs aus Gaziantep und Marasch (i—l)

Der Tisch bei Homer und im älteren Epos   P 61

a

b

c

d

e

f

g

h

i

j

k

l

thius ist also von τιταίνω (τανύω) die Rede, weil es sich möglicherweise um Tische gehandelt habe, die man nach Art eines Klappstuhls aufspannte. Die Faltbarkeit heben die übrigen genannten Scholien hervor. Wie weit in diesen Erklärungen noch eine wirkliche Erinnerung an die Beschaffenheit dieses Tisches zu Worte kommt, ist ungewiß. In dem δίφρος ὀκλαδίας hatten die Erklärer jedenfalls, wie es die Bemerkung des Eustathius zeigt, noch ein uraltes analoges Gerät vor Augen, dessen Konstruktion und Abbildungsschema ihnen geläufig war. Angesichts dieses Befundes überrascht es zunächst, weder auf den geometrischen noch auf späteren griechischen Monumenten Klapptische zu entdecken. Was die geometrischen Darstellungen betrifft, sind wir überzeugt, daß wir dem Schema des Klapptisches begegneten, wenn die Themenkreise dieser Bilder durch ihre Gebundenheit an Totenkult und sakrale Sphäre Abbildungen profaner Gastmähler, die später so häufig sind, nicht von vornherein ausschließen würden. Es scheint — warum, vermögen wir noch nicht befriedigend zu beantworten —, daß der homerische Klapptisch ebenso radikal verschwand, wie sich der seit früharchaischer Zeit zu belegende Tisch mit rechteckiger Platte und drei Beinen[283], der griechische Speisetisch κατ'ἐξοχήν[284], durchgesetzt hat (vgl. Taf. P IV d und Abb. 11 g, aus dem Heraion von Samos). Dieser Wechsel des Mobiliars steht wahrscheinlich in unmittelbarem Zusammenhang mit der Einführung der Sitte, bei Tisch zu liegen[285].

6. Der homerische Tisch im Spiegel der Monumente

Über annähernd zeitgenössische Abbildungen eines griechischen Möbels, das wir als 'homerischen' Tisch ansprechen könnten, verfügen wir nicht. Insbesondere lassen uns hier, wie schon bemerkt, die geometrischen Abbildungen wegen der Einschränkung ihres Themenkreises völlig im Stich. Ledig-

langer Tisch hergestellt wird, der für mehrere Personen berechnet ist«. **283** Ein aus Lava grobgearbeiteter, kleiner Grabtisch aus Thera, der schon die neue Grundform zeigt (H. Dragendorff, Thera II [1903] 18 Abb. 13), gehört vielleicht noch ins 8. Jh. **284** Beschreibung und Bildnachweis bei Richter 80 ff. **285** Mahl- und Gelageszenen auf griechischen Denkmälern, die man seit dem 7. Jh. findet, zeigen durchweg die neue Sitte der Speisekline. Daß auch im frühen 6. Jh. selbst in Ionien daneben noch mit der alten Sitte zu rechnen ist, geht aus Phokylides F 14 D hervor: χρὴ δ' ἐν συμποσίωι κυλίκων περινισομενάων ἡδέα κωτίλλοντα καθήμενον οἰνοποτάζειν. Demgegenüber aber Xenophanes F 18 D: πὰρ πυρὶ χρὴ τοιαῦτα λέγειν χειμῶνος ἐν ὥρηι ἐν κλίνηι μαλακῆι κατακείμενον, ἔμπλεον ὄντα, πίνοντα γλυκὺν οἶνον ... Die Frauen sitzen jedoch stets beim Mahl (soweit es sich nicht um Hetären handelt). Von den Göttern werden Dionysos und Herakles liegend dargestellt, die vornehmeren Olympier sitzen auch weiterhin. Ebenso soll sich die alte Sitte, bei Tisch zu sitzen, auf Kreta und in Makedonien weiter erhalten haben (Herakleides Pontikos III 6; Athenaios I 31). Seit der Wende zum 7. Jh. scheint sich der neue Brauch vom jonischen Kleinasien ausgehend über Griechenland und Italien verbreitet zu haben. Etruskische Mahldarstellungen im alten Schema gibt es noch in der ersten Hälfte des 6. Jhs. (L. Banti, Die Welt der Etrusker [1960] zu Taf. 13 u. 28). Im alten Mesopotamien hat man bei den Mahlzeiten auf Stühlen gesessen, desgleichen in Ägypten. Bisher hat man sich damit begnügt, die Einführung der Speisekline in Griechenland auf 'orientalischen' bzw. 'asiatischen' Einfluß zurückführen. Literatur: W. A. Becker, Charikles II (1877) 301 ff.; P. Jakobsthal, Theseus auf dem Meeresgrunde (1911) 14 und Anm. 1 (dort Hinweis auf K. F. Hermann - H. Blümner, Privataltertümer³ [1882] 235; E. Saglio, DA. I 2, 1269 ff. s. v. coena; A. Furtwängler, Die Sammlung Saburoff [1883] 24 ff.; ders., Meisterwerke der griechischen Plastik [1893] 188; H. Dragendorff, Thera II [1903] 107); K. G. Vollmöller, Griech. Kammergräber mit Totenbetten (1901) 54 ff.; Rodenwaldt 852 f.; Richter 78; L. Banti, Die Welt

lich auf einer Kanne in Athen (Schema Abb. 10 b)[286] finden sich zwei dreibeinige, daher wohl runde Tischchen (ὀλίγη τράπεζα), die zwischen je einem Paar sich gegenübersitzender Gestalten, einem Zitherspieler und einem Plemochoen-(Rassel?-) Schwinger, stehen und jeweils als Untersatz für einen Kantharos dienen. Sicher ist, daß es sich bei dieser Darstellung nicht um eine profane Mahlszene handeln kann. Auf einer Kanne in Athen (Taf. U II b)[287] befinden sich ebenfalls zwischen sitzenden Gestalten, die die gleiche Tätigkeit ausüben wie die auf der oben genannten Kanne, Geräte, die man als flache Schalen ansprechen möchte, die von einem sich nach unten verbreiternden Sockel tischartig angehoben werden (Abb. 10 c) und sich durch zahllose Abbildungen ähnlicher Geräte erläutern ließen. Mit homerischen Daten kann man diese dürftigen Zeugnisse tischartiger Gerätschaften auf geometrischen Gefäßen nicht in Verbindung bringen. Indessen finden wir auf den sogenannten späthethitischen Monumenten, also in jenem Bereich, der sich bereits zur Veranschaulichung homerischer Sitzmöbel heranziehen ließ, einen Speisetisch abgebildet, der sich seinem Abbildungsschema nach am ehesten als Klapptisch deuten läßt und zudem so konzentriert auftritt, daß er geradezu als besonderes Kennzeichen jener 'späthethitischen' Kultur Anatoliens und Nordsyriens im zehnten bis achten Jahrhundert gelten darf[288]. Es handelt sich dabei um einfache Möbelstücke, wie im Epos für eine oder zwei Personen berechnet, die im bekannten Schema des Klappstuhls mit gekreuzten Beinen dargestellt sind (Taf. P IV g). Die Beinpaare werden vielleicht im Schnittpunkt, vielleicht auch an den Fußenden, durch Stabilisierungsleisten miteinander verbunden gewesen sein. Ob die Platte durch ein Scharnier in der Mitte regelrecht faltbar, oder im ganzen drehbar oder abnehmbar war, braucht hier wohl nicht entschieden zu werden. Mit starren Tischen ähnlicher Konstruktion wird man immerhin auch rechnen müssen, wie schließlich auch nicht alle im Schema des Klappstuhls abgebildeten Sitzmöbel wirklich faltbar gewesen sind. Vielleicht hängt eine vertikale Stütze (?), die gelegentlich sichtbar ist und zwischen Tischplatte und der oben erwähnten hypothetischen Verbindungsleiste zu denken ist (Abb. 11 f und Taf. P III f)[289], mit dem Klappmechanismus zusammen. Die Tischplatte wird man sich rechteckig und im Normalfall, wie auch die übrigen Bauglieder, hölzern denken müssen. Die Beine waren kantig und gerade, was dem Typus der dazugehörenden Sitzmöbel entspricht, oder auch rund und leicht geschwungen. Daß die Fußenden manchmal in Ochsenklauen, ein altes Merkmal mesopotamischer Möbel[290], auslaufen, wird man am ehesten auf neuassyrischen Einfluß zurückführen dürfen, was an einem Relief von

---

der Etrusker (1960) Bemerk. zu Taf. 13; Erman-Ranke, Ägypten 219 ff.; Barnett 117. **286** Hahland Taf. 13. 14; zur Deutung s. Hahland 186 ff. **287** Nat. Mus. Inv. Nr. 17497: Davison, Workshops Abb. 129; vgl. Hahland 179 Nr. 8 (mit Erläuterungen). **288** Aus **Marasch**: Bossert, Altanatolien Abb. 808 (9. Jh.). 810 (8. Jh.); ders., Altsyrien Abb. 499 (9. Jh.); **Malatya**: Bossert, Altanatolien Abb. 765 (10. bis 9. Jh.); M. Riemschneider, Die Welt der Hethiter (1954) Taf. 84c; **Karkemisch**: Bossert, Altanatolien Abb. 833 (10.? Jh.; Salonen zu Taf. 58, 2: 8. Jh.; hier Taf. P IV g); **Karaburclu**: Bossert, Altanatolien Abb. 811 (8. Jh.); **Sendschirli**: Bossert, Altanatolien Abb. 911 (9./8. Jh.). Abb. 953 (8. Jh.; hier Taf. P III f). Vgl. noch Barnett 120: »North Syria however, and Anatolia seem to have preferred a four legged table the legs crossing in the shape of an X. This arrangement of legs is familiar too in Egypt in the New Kingdom especially as adapted for foulding stools and thrones.« Ägyptische Klapptische habe ich nicht ermitteln können. **289** Bossert, Altanatolien Abb. 811. 953 (hier Taf. P III f); Salonen Taf. 32 und H. R. Hall, Babylonian and Assyrian Sculpture in the Brit. Mus. (1928) Taf. 36 unten links, hier Abb. 11 f. **290** Salonen 12.

Sendschirli (Taf. P III f) deutlich wird, wo die Ochsenklauen an den strengen, kantigen Beinen durchaus aufgepropft wirken; die Beine ruhen dort noch auf T-förmigen Fußklötzen.

Nestors Tisch in der Ilias (XI 628 ff.) ließ nun an einen zweiten, schwereren Typ denken. Die Scholienerklärung zu κυανόπεζα wies auf einen runden Tisch, der sich als zweite Form ohnehin anbietet. Wenn wir die Geschichte des Rundtisches verfolgen, in dessen Bereichen ein entsprechendes homerisches Möbel vielleicht zu suchen ist, können wir auf eine zunächst wohl zu kultischen Zwecken benutzte Schale verweisen, die durch einen Sockel erhöht wurde und in der Art der Abb. 10 c[291] gewissermaßen als Vorform eines Rundtisches gelten kann, über dessen Entstehung mesopotamische Urkunden Aufschluß geben. Akkadisch *buru*, »Tisch«, ist Lehnwort nach sumerisch *bur*, ursprünglich »(Stein-)Schale, (Stein-)Gefäß«, dann »Tisch«[292]. Akkadisch *itgurti paššūri* ist »Schale des Tisches«, das heißt wohl »flache Schüssel als Tischplatte«[293]. Solche Tische, deren 'Platte' gewissermaßen ein großer Teller bildete, dessen Mulde sich durch ein Brett oder eine Scheibe abdecken ließ, kann man auf den Abbildungen des Vorderen Orients oft finden[294]. Damit haben wir einem weiteren Schritt der Entwicklung vorgegriffen: Wurde die Schale nicht durch einen einfachen Sockel angehoben, bot sich für ein Kultgefäß der Dreifuß als adäquates Fußgestell an. Diese Grundüberlegung wird durch die Denkmäler erhärtet. In dem späthethitischen Kulturkreis des zehnten bis achten Jahrhunderts gibt es einen Typ steinerner Schalen, deren Verwendungszweck dem hier angedeuteten entsprechen dürfte. Das Interessante an ihnen ist, daß sie jeweils mit einem Fußgestell versehen sind, das in kunstvoller Steinmetzarbeit aus dem gleichen Stück gefertigt wurde. In Abb. 11 i und j zeigen wir Beispiele aus Karkemisch und dem Tell Halaf[295]. Soviel ist klar, daß die Form nicht für dieses Material erfunden sein kann: Von den drei Füßen, die die Schale tragen, laufen Verstrebungen zur Mitte und tragen dort, wo sie sich vereinigen, eine vertikale Stütze, die zum Mittelpunkt des Schalenbodens führt. Dieses Strebenwerk zeigt, daß es sich um die Nachbildung eines hölzernen, allenfalls metallenen Dreifußes von offenbar stark traditionsgebundener Bauart handelt. Von dem soweit behandelten Komplex glauben wir einen Tisch nicht trennen zu können, der auf einer phönikischen Schale aus Idalion in New York (Schema Abb. 10 f) abgebildet ist[296], die in homerische Zeit datiert wird[297]. Nestors

[291] Eine altarähnliche Sockelschale auf einer phönikischen Kupferschale aus Olympia in Athen, Winter, KiB. I 107, 4. [292] Salonen 192. [293] Salonen 198 f. [294] Darstellungen auf einem Bitumenrelief aus Susa (Salonen Taf. 64, 2) und auf neuassyrischen Reliefs (Salonen Taf. 48. 49) zeigen mehr oder weniger deutlich, daß die Schale zum spezifischen Gebrauch als Tisch durch eine Platte oder Scheibe abgedeckt wurde, falls es sich nicht um eine besonders dicke, sich zur Peripherie hin verjüngende 'normale' Tischplatte handelte. [295] Zur Formengeschichte jetzt ausführlich: Buchholz, JdI. 78, 1963, 1ff. Zu unserer Abb. 11 j: B. Hrouda, Tell Halaf IV (1962) Taf. 6 u. 7, zeitlich kaum zu trennen von dem Stück aus Karkemisch (L. Woolley, Carchemish III [1952] Taf. 69c; Bossert, Altanatolien Abb. 962, hier Abb. 11 i). Zur Zusammengehörigkeit der Geräte vgl. die vierfüßige Steinschale mit Stierköpfen nordsyr. Typus' vom Tell Halaf (v. Oppenheim Taf. 49a 4) mit dem gleichartigen Gerät aus Karkemisch (Woolley a. O. Taf. 69d). Zum Typ der Dreifußschale gehört wohl auch ein Tonmodell (neben einer tönernen Sockelschale in der Art unserer Abb. 10c) aus einem Fund in Megiddo (11. Jh.), Bossert, Altsyrien Abb. 1142. Drei sich in der Mitte vereinigende Streben an bronzezeitlichen Dreifüßen aus Zypern und Ras Schamra: Bossert, Altsyrien Abb. 283 u. 786. [296] L. P. di Cesnola, Cypern (1879) Taf. 29; Winter, KiB. 104, 3. Zur phönikischen Provenienz dieser und aller nachstehend als 'phönikisch' bezeichneten Schalen vgl. Kunze, AM. 60/61, 1935/36, 229 Anm. 2. [297] Wat-

τράπεζα κυανόπεζα als Luxusmöbel läßt generell an phönikischen Einfluß denken, der insbesondere durch die Kyanosverzierung noch wahrscheinlicher wird: Wir erinnern an die übrigen kyanosverzierten Erzeugnisse kyprisch-phönikischen Kunsthandwerks, die das elfte Buch der Ilias so nachdrücklich hervorhebt (vgl. oben S. P 59). Zur Sacherklärung leisten nun die Steinschalen Abb. 11i und j wertvolle Dienste. Danach haben wir es mit einem dreibeinigen Tisch in zweibeinigem Darstellungsschema zu tun[298], dessen Füße von naturalistisch geformten Tierbeinen gebildet werden, von denen je eine Strebe in der oben beschriebenen Weise zur Mitte verläuft, wo eine vertikale Stütze das horizontale Leistenwerk mit der Tischplatte oder -mulde verbindet. Es handelt sich bei dieser Darstellung um eine spezifisch phönikische Möbelform, bezeugt durch ein Relief auf dem Sarkophag des Ahiram, dem wohl wichtigsten Monument altphönikischen Kunstschaffens, das in das dreizehnte Jahrhundert datiert wurde (s. Anm. 374) und im Gegensatz zu allen nennenswerten späteren altphönikischen Funden dem phönikischen Mutterlande, nämlich Byblos, entstammt (Schema Abb. 10g)[299]. Selbst wenn dieser wichtige Beleg fehlte, würde eine Reihe vergleichbarer Darstellungen auf phönikischen Metallarbeiten und anderen Monumenten, die sich nur dort finden, wo phönikischer Einfluß sicher oder wahrscheinlich ist[300], zu dem gleichen Schlusse nötigen. In Abb. 10h zeigen wir das Schema eines Tisches von einer Bronzeschale aus der kretischen Idagrotte[301], bei dem die Füße unterhalb des horizontalen Leistenwerks ergänzt sind. Nach Ausweis anderer Darstellungen, namentlich der auf dem Sarkophag des Ahiram (Abb. 10g), wäre auch eine Ergänzung durch Raubtiertatzen denkbar. Das Abbildungsschema dieser Tischform, der man angesichts des erborgten Formenschatzes syrisch-phönikischen Kunstgewerbes den Rang einer Leitform einräumen sollte, treffen wir auch auf den späthethitischen Reliefs an. Die Haupttypen dieser Darstellungen sind in Abb. 10 i bis l wiedergegeben[302]. Es sieht so aus, als sei hier

---

zinger, HAW. VI 1 (1939) 839.   **298** Drei Beine vermutete schon Ohnefalsch-Richter 126.   **299** P. Montet, Byblos et l'Égypte (1928/29) 228 Taf. 127—141. Die Möbel auf dem Sarkophag des Ahiram hat schon Watzinger (a. O. 802) als »einheimisch« bezeichnet.   **300** Schon bronzezeitliche Dreifüße aus Zypern und Ras Schamra mit vergleichbaren Horizontalverstrebungen, geschwungenen Beinen und Andeutungen von Tierkrallen (s. Anm. 295) lassen sich als Vorstufen ansehen; Tisch auf einer Elfenbeinplatte aus Megiddo, Decamps de Mertzenfeld Taf. 36 Nr. 343; Kesseluntersatz einer phönikischen Bronzeschale aus Salamis (Enkomi), A. Palma di Cesnola, Salaminia[2] (1884) Abb. 66; Ohnefalsch-Richter Abb. 143; Tisch auf einer phönik. Metallschale in New York, Metr. Mus. Cesnola Coll. Inv. Nr. 4557: Watzinger a.O. Taf. 203, 2 (7. Jh.). Da phönikische Kultureinwirkungen auf Neuassyrien sicher sind (Watzinger a.O. 805ff.), kann man auch auf einen Tisch von einem Obelisken aus Ninive (M. A. Beek, Bildatlas der assyrisch-babylonischen Kultur [1961] 139; Salonen Taf. 34, 1) sowie den Altar des Assurbanipal, H. R. Hall, Babylonian and Assyrian Sculpture in the Brit. Mus. (1928) Taf. 13, und den Tisch auf einem spätassyr. Relief, Hall a.O. Taf. 17 verweisen. Bei den letztgenannten Nachweisen fehlt die vertikale Mittelstütze, der Grundtyp bleibt erhalten. Es ist nicht ausgeschlossen, daß ein für die spätassyrischen Monumente sehr charakteristischer Tisch, z.B. auf dem Gartenfestrelief des Assurbanipal, Salonen Taf. 48, hierher gehört Zieht man die vermutlich spätassyrischen Zutaten ab (Vermehrung der Verstrebungen bis auf zwei oder drei Lagen übereinander, traubenförmige Fußklötze), bleibt die phönikische Grundform übrig. Daß wir es auch hier mit Verstrebungen der geschilderten Art und nicht etwa mit Unterplatten zu tun haben, geht deutlich aus einem Relief aus Khorsabad in Bagdad (Salonen Taf. 47, hier *Taf. P IV f*) hervor.   **301** Mus. Ital. II Taf. 9; Winter, KiB. 107, 3.   **302** *Abb. 10i*: Gaziantep, 8. Jh.: Bossert, Altanatolien Abb. 813; *Abb. 10j*: Marasch, 9./8. Jh.: Bossert

das naturalistisch geformte phönikische Vorbild in den diesen Möbeln eigenen schlichten Stil umgesetzt worden[303]. Daß zu dem gleichen Fußgestell schon früh statt der Schale auch Tischplatten verwendet werden konnten, zeigt Abb. 10g. Damit sei der Bereich umrissen, dem Nestors τράπεζα κυανόπεζα am ehesten verpflichtet sein könnte.

Wie wir oben andeuteten, muß die Wandlung der Speisesitte auch eine wesentliche Änderung des Mobiliars mit sich gebracht haben. Der homerische Speisetisch, wie ihn die späthethitischen Monumente erläutern, verschwand. Auch gelegentlich beim Mahl benutzte Rundtische phönikischer Art müssen zurückgedrängt worden sein[304], als zusammen mit der Speisekline ein neuartiges Möbel Eingang fand, das sich in der Folgezeit als Speisetisch behauptete, jener dreibeinige Tisch mit rechteckiger Platte (Taf. P IV d), dem alle Anzeichen eines Mischproduktes anhaften und der, wenn wir recht sehen, gewissermaßen als späte Spielart einer besonders langlebigen Möbelform der alten Welt, auch noch das Erbe des phönikischen Rundtisches in sich birgt[305].

a.O. Abb. 814; Karkemisch(?), 9./8. Jh.: Bossert a.O. Abb. 869; *Abb. 10k*: Marasch, 9./8. Jh.: Bossert a.O. Abb. 815; *Abb. 10l*: Marasch, 8. Jh.: Bossert a.O. Abb. 806.   **303** Wir zögern hier nicht, in der phönikischen Form die primäre zu sehen. Wie schwierig es dennoch ist, in diesem Raum vielfältiger ethnischer Verzahnung wegen des ständigen Zivilisationsaustausches Richtungen eines Kulturgefälles zu bestimmen, mag daraus hervorgehen, daß man auf der gleichen Schale von Idalion, der unser Muster Abb. 10f. entstammt, eine kantigschlichte Form des gleichen Möbels findet (Ohnefalsch-Richter deutet es 126 wohl zu Unrecht als vierfüßiges Gestell). Wenn wir andererseits den schlichten Klapptisch als charakteristisches Zeugnis der hethitischen Kultur ansehen möchten (oben S. P 63), müssen wir darauf hinweisen, daß auf der Kupferschale in Athen, Winter, KiB. 107, 4 ein Schalenuntersatz im Schema eines Klapptisches dargestellt ist, dessen Füße nach phönikischer Art von Tierschenkeln gebildet werden. **304** Ein Rundtisch auf drei Tierfüßen, den wir uns nur schwer ohne jede Beziehung zu der phönikischen Form vorstellen können (vgl. Richter Abb. 213. 214), läßt sich nach Richter 87f. unter den monumentalen Zeugnissen griechischer Möbel erst seit dem 4. Jh. entdecken, ohne daß irgendwelche sonstigen Filiationen sichtbar werden.   **305** Allein schon die Kombination von rechteckiger Platte und drei Beinen sieht wenig ursprünglich aus. Daß durch diese Anordnung der Tischbeine der Frau das Sitzen auf dem Fußende der Kline ermöglicht bzw. dem Mann das Aufstehen von der Kline erleichtert worden sei, wie Dragendorff, Thera II (1903) 107 behauptet, ist durchaus nicht einzusehen. Zeigen griechische Möbel an sich schon wenig Neigung zu Stabilisierungsleisten (vgl. oben S. P 49), wirkt das Leistenwerk, das normalerweise an Tischen dieses Typs zu finden ist, so merkwürdig und sitzt — wenigstens nach Ausweis zahlloser Vasenbilder — so hoch unter der Tischplatte, daß es fraglich erscheinen muß, ob wirklich ein Stabilisierungsbedürfnis und nicht allein handwerkliche Tradition zu dieser Zurüstung geführt hat. G. Richter (81) verdanken wir genaue Kenntnis der Konstruktion: Zunächst sind die beiden Beine auf der einen Schmalseite durch eine Leiste miteinander verbunden, von deren Mitte eine zweite, lange Leiste zu dem einzelnen Bein auf der anderen Schmalseite hinführt. In einigen Fällen hat sich sogar noch eine vertikale Stütze zwischen der langen Leiste und der Tischplatte erhalten, was auf einem Terrakottamodell aus Zypern in New York gut zu erkennen ist (J. L. Myres, Handbook of the Cesnola Collection of Antiquities from Cyprus [1914] 348 Nr. 2124; Richter Abb. 200; *hier Taf. P IV d*). Nach allem sieht es so aus, als sei die symmetrische Ordnung des phönikischen Vorbildes in dieser Weise unorganisch in ein oblonges Schema gepreßt worden. Nicht allein das Strebenwerk, sondern auch die Tierfüße, die wohl keine griechische Erfindung sind und sich an diesem Möbel zäh behaupten, lassen sich als Residuen ihres Vorbildes ansehen. Die älteren Typen dieses Speisetisches zeigen sogar noch geschwungene Beine (Richter 81), schließen sich somit enger an die naturalistisch geformten Beine ihres Vorbildes an. Wie man sich die Entstehung dieses Typs im einzelnen zu denken hat, wobei möglicherweise unter Zugeständnissen an

Abb. 11 Tische

a—e: Rekonstruktionen nach Holzresten aus Grab Z 67, Baghouz, f: Detail eines Reliefs aus Ninive in London, g: Holztisch des 7. Jhs. v. Chr. aus dem samischen Heraion, h: Mykenisches Tonmodell aus Prosymna, i. j: Steinerne Dreifußschalen aus Karkemisch (i) und Tell Halaf (j)

Wenn sich die Ausführungen soweit bemühten, auch spärlichste Aussagen des Epos an dem archäologischen Inventar zu erhellen, gilt es hier, dem Eindruck vorzubeugen, als erschöpfe sich das homerische Tischmobiliar in den beiden erschlossenen Typen. Schon der kleine dreibeinige Tisch Abb. 10b weist auf ein wenig charakteristisches Gebrauchsmöbel, das in seiner Grundform zu einfach war, als daß es sich nach Ursprung, Entwicklung und Wanderung erfassen ließe. Von derartigem Gerät mag es mehr gegeben haben. So soll, ohne daß wir an das Epos weiter anzuknüpfen vermögen, noch auf einige Tischformen der alten Welt verwiesen werden, die sich zur Verdeutlichung möglicher Varianten homerischer Tische eignen. Zwei Typen von Rundtischen, die sich unter dem Totenmobiliar der Gräber von Baghouz am mitt-

griechische Bedürfnisse oder Geschmacksrichtung die Bauprinzipien einer phönikischen Möbelform beibehalten wurden, läßt sich noch nicht befriedigend beantworten. Immerhin wächst angesichts dieses morphologischen Befundes die Wahrscheinlichkeit, daß es auch phönikischer Einfluß war, der den Wandel der grie-

leren Euphrat befinden, sind wegen ihres hohen Alters (16. bis 14. Jahrhundert) und wegen des Einblicks, den sie in gewisse technische Einzelheiten vermitteln, von besonderer Bedeutung[306]. Abb. 11a zeigt ein vierbeiniges, durch Streben verbundenes Fußgestell auf dem die Platte aufliegt. Nach Abb. 11e sind drei Beine in die jeweils vollständig durchbohrte Tischplatte schräge eingelassen und werden in ihrem Schnittpunkt durch einen hölzernen Ring zusammengehalten. Die Platten haben einen ausgearbeiteten, erhöhten Rand und sind aus drei Brettern zusammengesetzt, die durch zwei durchgehende Pflöcke zusammengehalten werden (Abb. 11b—d)[307]. Einen einfachen, dreibeinigen Schalentisch gibt ein Tonmodell des SH III aus Prosymna wieder (Abb. 11h)[308]. Einen runden Speisetisch mit schräggestellten Beinen zeigt eine Terrakotta-Gruppe vom Deckel eines Aschegefäßes in Florenz aus der Gegend von Volterra, das wohl ins frühe siebte Jahrhundert zu datieren ist und als rundplastische Darstellung eines Totenmahls von besonderem Wert ist (Abb. 10d)[309].

7. Truhen und Kästen bei Homer und im älteren Epos

Zum homerischen Hausrat gehören schließlich die Behälter, Kästen und Truhen, die auch die späteren Schränke ersetzten[310] und gelegentlich als Reisekoffer Verwendung finden konnten. Die epischen Bezeichnungen sind χηλός, φωριαμός, λάρναξ, ὄγκιον, κίστη.

a) Χηλός

Das Wort χηλός[311] bezeichnet »Lade, Truhe«. Χηλοί befinden sich in den Wohn- und Vorratsräumen, θάλαμοι, so 8, 438; 2, 339; 21, 51, und dienen besonders zur Aufbewahrung der kostbaren Decken, Kleider und Gewebe (2, 339: ἐσθής; 21, 52: θυώδεα εἵματα). Wo die Schilderung genauere Hinweise auf Inhalt und Fassungsvermögen gibt, hat man sich geräumige Truhen vorzustellen. Die χηλός, in der sich die Gastgeschenke der Phäaken für Odysseus befinden, enthält vierzehn φάρεα, vierzehn χιτῶνες, dreizehn χρυσοῖο τάλαντα und ein ἄλεισον χρύσεον[312]. Wie diese dient auch die Truhe als Reisekasten, die Thetis ihrem Sohn Achilleus mitgab, als er nach Troja zog. Sie steht in der Hütte des Helden, ist gefüllt mit χιτῶνες, χλαῖναι und τάπητες (XVI 223f.)

chischen Tischsitte nach sich zog. **306** Du Mesnil du Buisson Taf. 42 (hier Abb. 11a) und 44 (hier Abb. 11e). **307** Du Mesnil du Buisson Taf. 44. 46. 49. **308** Blegen, Prosymna II 138 Abb. 557 Nr. 632. Zur Ergänzung des Nachweises: Opfertisch auf dem Sarkophag von Hagia Triada mit gedrechselten Füßen, MonAnt. 19 Taf. II. Zum gleichen Typ des Opfertisches s. Nilsson, MMR. 229ff. (vgl. Matz, KChron. 1961/62, 215ff.): Steatitsiegel in Candia (Nilsson a.O. 230 Abb. 113), Siegelabdruck aus Knossos (Nilsson a.O. 230), Gemme aus Mykene in Berlin (A. Furtwängler, Die antiken Gemmen I [1900] Taf. 2, 22; Nilsson a.O. 230), Gemme aus Mykene (Furtwängler a.O. Taf. 2, 18; Nilsson a.O. 230). Weitere Ergänzungen bei Kulczycki I Taf. 8 u. 9 und Deshayes, Argos Taf. 96, 10. Zu weiteren Tischformen im nordsyrisch-anatolischen Raum s. Barnett 120. **309** M. Santangelo, Musei e Monumenti Etruschi (1960) 21; O. W. v. Vacano, Die Etrusker (1955) Taf. 22a.
310 Schränke sind erst seit dem Ende des 5. Jhs. nachzuweisen. Vgl. E. G. Budde, Armarium und Κιβωτός. Ein Beitrag zur Geschichte des antiken Mobiliars, Diss. Münster 1940, 7ff.; G. Richter, Were there Greek Armaria?, in: Hommages á W. Deonna (1957) 418ff. u. Taf. 58. 59. **311** Zu idg. *gha-, ghe-, dazu lat. *hiare*. Boisacq 1058. Nach Schol. B zu XVI 221 (Dindorf IV 121; desgl. Eust. ad l.) hieß das Gerät in Mytilene ἀντίπηξ. **312** 8, 390ff. 425. 430f. Das Schwert, das Odysseus von Euryalos erhält (8, 406ff.), wird wohl sogleich in Gebrauch

und birgt auch seinen Trinkbecher. Die χηλός läßt sich mit einem Deckel, πῶμα, verschließen[313]. Die Ausdrucksweise πῶμα ἐπαρτύειν (8, 447) »den Deckel darauf fügen«, im Gegensinn ἀπὸ χηλοῦ πῶμα ἀνοίγειν (XVI 221), läßt nicht mit Sicherheit darauf schließen, daß der Deckel am Kasten befestigt war[314]. Odysseus sichert den Deckel seiner Reisetruhe mit einem kunstvollen Knoten, den ihn Kirke lehrte (8, 443ff.)[315]. Die χηλός ist nicht nur ein zweckgebundenes Gerät, sondern hat als gefällig gearbeitetes Möbelstück ihren Eigenwert. So läßt Alkinoos nicht irgendeine Truhe für Odysseus bereitstellen, sondern χηλὸν ἀριπρεπέ᾽, ἥτις ἀρίστη (8, 424). Die Beiwörter εὔξεστος (13, 10) und auch πυκινός (13, 68) qualifizieren die Schreinerarbeit, auf schöne Ausstattung verweisen περικαλλής (8, 438) und καλὸς δαιδάλεος (XVI 222), wobei das letztgenannte Beiwort besonders getriebene Metall- und Schnitz(Relief)arbeit bezeichnen kann.

b) Φωριαμός

Der Ausdruck φωριαμός[316] kommt dem Verwendungszweck von χηλός am nächsten. XXIV 228 öffnet Priamos seine Truhe(n), φωριαμῶν ἐπιθήματα καλ᾽ ἀνέῳγεν, und entnimmt daraus je zwölf πέπλοι, χλαῖναι, τάπητες, φάρεα und χιτῶνες als Lösegeld. In einem Thalamos im Hause des Menelaos werden neben anderen Kleinodien auch die kunstvollen Gewebe der Hausfrau in Truhen aufbewahrt (15, 104f.):

Ἑλένη δὲ παρίστατο φωριαμοῖσιν,
ἔνθ᾽ ἔσαν οἱ πέπλοι παμποίκιλοι, οὓς κάμεν αὐτή.

Wie χηλός dient also auch φωριαμός als Behälter für Decken und Gewebe, ist mit einem Deckel, ἐπίθημα, versehen und setzt ansehnliche Größe voraus. An einem, bei Apollonios Rhodios III 802 φωριαμός genannten Gerät befinden sich δεσμοί, Bänder, die beim Öffnen gelöst werden müssen und an die Sicherung von Odysseus' χηλός erinnern (8, 443ff.).

c) Λάρναξ

Eine Werkzeugkiste in der Schmiede des Hephaistos heißt XVIII 413 λάρναξ[317]. Sie ist aus Silber, weil sie dem Gott gehört:

ὅπλα τε πάντα
λάρνακ᾽ ἐς ἀργυρέην συλλέξατο τοῖς ἐπονεῖτο.

genommen (8, 416). **313** πώματα haben sonst noch Köcher, Pithoi, und Amphoren. **314** Ob die homerische χηλός einen befestigten Deckel hatte, wie es Young für die ἀντίπηξ (vgl. oben Anm. 311) glaubhaft macht (Hesperia 10, 1941, 138), läßt sich der Stelle nicht entnehmen. Zu möglichen Befestigungsarten des Deckels vgl. unten S. P 74f. **315** Technische Einzelheiten zum Verschluß und zur Sicherung des Deckels s. unten S. P 74f. Eine interessante Reminiszenz an einen alten Schnurverschluß und Knotenzauber hat sich an rezenten Truhen erhalten. Ottenjann zeigt in Abb. 20 eine friesische Stollentruhe aus dem 19. Jh., deren Schüsselloch vom Ornament des 'Zauberknotens' (in Norwegen 'Olafsrose' genannt) umgeben ist. Literatur bei Ottenjann Anm. 240. **316** Nach Boisacq 1045 zu φώρ, also etwa »Behälter zum (Ver)-bergen«. Nach Risch. Wortbildung 41 § 19b eher Lehnwort. Die antiken Erklärungen setzen φωριαμός, χηλός und λάρναξ mit κιβωτός gleich, einem seit Hekataios gebräuchlichen Wort für »Truhe, Kasten«. Vgl. Et. Mag., Hesych unter den Stichwörtern, desgl. Schol. T zu XVIII 413 (Maas II 268), Schol. A zu XXIV 228 (Dindorf II 283), Schol. B zu XVI 221 (Dindorf IV 121). Außerdem ist λάρναξ nach Schol. B zu XVI 221 παρὰ τοῖς Ἀττικοῖς die Bezeichnung für χηλός, so daß es nicht unwahrscheinlich ist, daß auch λάρναξ die Truhe im Sinne von χηλός und φωριαμός mit bezeichnen konnte. **317** Etym. unklar, vielleicht Lehnwort. Vgl. Risch. Wortbildung 149 § 59a.

Doch konnten wohl auch Truhen vom Verwendungszwecke der χηλός und φωριαμός mit λάρναξ bezeichnet sein[318]. XXIV 795 nimmt eine χρυσείη λάρναξ Hektors Gebeine nach der Verbrennung des Leichnams auf (vgl. XXIII 253; 24, 74). Die Stelle ist wichtig, weil sie zeigt, daß unter Umständen »Knochenkiste, Sarg« die gleiche Benennung wie »Truhe« finden konnte.

Nicht mehr als Möbel und Hausrat im eigentlichen Sinne sind die folgenden Behälter anzusehen:

d) Ὄγκιον

Mit dem Ausdruck ὄγκιον[319] ist eine Kiste im Thalamos des Odysseus bezeichnet, die allerlei eisernes Gerät enthält (21, 61f.): ὄγκιον, ἔνθα σίδηρος κεῖτο πολὺς καὶ χαλκός ‚ἀέθλια τοῖο ἄνακτος. Zu den ἀέθλια, »Wettkampfgeräten«, die sich darin befinden, gehören die zwölf Äxte zur Bogenprobe.

e) Κίστη

Der Behälter, in dem Nausikaa 6, 76 ihre Wegzehrung mitführt, heißt κίστη[320]: μήτηρ δ'ἐν κίστῃ ἐτίθει μενοεικέ' ἐδωδήν. Wahrscheinlich haben wir uns darunter einen geflochtenen Deckelkorb vorzustellen[321].

8. Homerische Truhen und Kästen im Spiegel der Monumente

a) Grundform der homerischen Truhe

Auch von diesen Möbeln vermitteln die geometrischen Abbildungen keine Anschauung. Dennoch können wir uns eine gute Vorstellung von der Beschaffenheit einer homerischen Gebrauchstruhe machen, da es als sicher gilt, daß Aschenkisten, Särge und Sarkophage sich in ihrer Form den gebrauchsüblichen Truhen und Kästen anglichen[322] und ursprünglich sogar mit diesen identisch gewesen sein können[323]. Auszugehen ist von den theräischen Aschenkisten aus vulkanischem Tuff (Abb. 12c)[324], die dem achten und siebten Jahrhundert angehören, also noch als 'homerisch' angesprochen werden dürfen. H. Dragendorff, der diese Behälter beschrieben hat[325], verwies auf die λάρναξ, die im vierundzwanzigsten Buch der Ilias als Knochenbehälter dient, verglich mit den Aschenkisten aus Thera eine Darstellung auf einer schwarzfigurigen Lutrophoros in Athen um 500 v. Chr., die eine hölzerne Bestattungslarnax ähnlicher Bauart wiedergibt, und machte daran deutlich, daß die Tuffkisten aus Thera Schreinerarbeit nachahmen. C. Watzinger hat in seiner Arbeit über die griechischen Holzsarkophage aus der Zeit Alexanders des Großen, der wohl bedeutendsten Darstellung antiker Schreinerarbeit, an Dragendorffs Ergebnisse angeknüpft und auch die theräischen Aschenkisten eingehend gewürdigt[326]. Danach weisen diese auf eine bereits hochentwickelte Rahmentechnik hin, bei der die vier Seitenwände aus einem stabilen Rahmen gebildet werden, der von leichterem Bretterwerk, durch Nut und Feder befestigt, gefüllt wird.

---

[318] Zur Synonymik vgl. oben Anm. 316. [319] 'Hakenkiste' zu ὄγκος »Widerhaken«. Risch, Wortbildung 106 § 41a. [320] Boisacq 461: »panier, corbeille, Cf. prob. e. v. irl. ain-chis 'fiscina'«. Auf einen geflochtenen Korb weist auch die antike Erklärung: Hesych: ἀγγεῖον πλεκτόν. [321] Dazu Richter 98f.
[322] Watzinger, Holzsarkophage 63; G. Reincke, RE. VII A 703 s. v. Truhen. [323] Watzinger, Holzsarkophage 63. 70f. [324] H. Dragendorff, Thera II (1903) 28 Abb. 74 (ähnlich Abb. 190). [325] a.O. 90. [326] Watzinger, Holzsarko-

Durch diese Konstruktion sollte ein Werfen und Verziehen der Holzwände in ihrer ganzen Ausdehnung verhindert werden. Den an den Tuffkisten aus Thera fehlenden Deckel hat man sich nach der Mehrzahl der späteren attischen Vasenbilder flach vorzustellen. Die Truhenform von Thera gehört zum Typ der sogenannten Stollentruhe[327], der im Kulturbereich der alten Welt seit frühester Zeit vorherrscht (vgl. einen karthagischen Sarg aus Zedernholz, Abb. 12d)[328]. Bei diesem Typ bilden vier Pfosten, gewöhnlich rechteckigen Querschnitts, wobei die Langseite in Längsrichtung der Truhe gestellt ist, die Beine und zugleich vertikalen Abschluß der Truhenwände, die, wie eben ausgeführt, als Rahmenwerk oder solide Bretterwand gebildet sein können. Angesichts der Langlebigkeit dieses Truhentyps, die sich aus den weiteren Ausführungen noch ergeben wird, bedeutet C. Watzingers oben genannte Veröffentlichung der griechischen Holzsarkophage des vierten Jahrhunderts aus Abusir und Südrußland (vgl. Abb. 15c und 13e)[329] eine wertvolle Bereicherung unseres Anschauungsmaterials.

Die ältesten Reflexe von Stollentruhen im ägäischen Raum bieten kretische Tonsarkophage, deren bekanntesten, den von Hagia Triada, Abb. 12b zeigt[330]. Wo an kretischen Tonsarkophagen dieses Typs der Deckel erhalten blieb, zeigt er gewöhnlich die Form eines Satteldaches (Abb. 13a)[331]. Da sich diese Deckelform für Stollentruhen von minoischer Zeit an über rund dreieinhalb Jahrtausende bis in die Gegenwart verfolgen läßt (Abb. 13a—f)[332] und auch die Holzsärge von Abusir und Südrußland im vierten Jahrhundert diese Form des Deckels vorwiegend aufweisen (Abb. 13e), ist es wenig wahrscheinlich, daß sie der homerischen Zeit fremd gewesen sein sollte, selbst wenn keine zeitnahen Abbildungen zur Hand sind[333]. Dennoch wird speziell im Bereich

phage 63f. **327** Nach der Terminologie von Ottenjann 14f. **328** G. Picard, Le Monde de Carthage (1956) Taf. 70 oben; Schüle-Pellicer Catalán, MM. 4, 1963, 47f. Abb. 3 und Anm. 25. **329** Watzinger, Holzsarkophage Abb. 78 u. 79. **330** F. Schachermeyr, Die minoische Kultur des alten Kreta (1964) Taf. 35. 36a. 37a. b. Detail: hier das Kapitel »Kleidung« Taf. A IV. **331** Vornehmlich als Walmdach, was innerhalb dieses Typs eine kretische Eigentümlichkeit zu sein scheint. **332** *Abb. 13a*: Schachermeyr a.O. 289 Abb. 155 unten lks.; *Abb. 13b*: Richter Abb. 220; *Abb. 13c*: Kübler, Kerameikos IV 6 und Taf. 3; vgl. Steinpyxis aus Amorgos: Winter KiB. 83, 11; F. Schachermeyr, Die ältesten Kulturen Griechenlands (1955) Taf. 12, 1; *Abb. 13d*: Richter Abb. 274; *Abb. 13e*: Watzinger, Holzsarkophage Abb. 78; *Abb. 13f*: Ottenjann Abb. 2. **333** Das älteste mir bekannte Gefäß in Form einer Stollentruhe mit gewölbtem Satteldach, an dem durch eine Giebelblende an einer Schmalseite stärker als bei allen anderen hier erwähnten Behältern dieser Art der Hauscharakter betont wird, ist eine Graburne aus Chudeira, Palästina, aus dem 4. Jt. (Bossert, Altsyrien Abb. 984). Zwei tönerne Ösen(?) an der Giebelblende erinnern an ähnliche Vorrichtungen bei kretischen Tonsarkophagen. Vgl. S. P 75. Bei mesopotamischen Särgen (Truhen), wo neben Ton und Holz das Flechtwerk noch eine bedeutende Rolle als Baumaterial spielt, soll in der Ur III Zeit der Satteldachtyp des Deckels der übliche gewesen sein (Salonen 205 mit einigen Nachweisen); die Verbindung von Stollentruhe und Satteldach habe ich jedoch nicht ermitteln können. Die Form eines einfachen Kastens ohne Füße mit Satteldach findet man auch in Kleinasien (Tonsarkophag des 6. Jhs. aus Klazomenai, A. S. Murray, Terrakotta Sarkophagi [1898] 3 Abb. 1). Im kyprisch-phönikischen Bereich liegt in dem Sarkophag aus Amathous (J. L. Myres, Handbook of the Cesnola Collection of Antiquities from Cyprus [1914] 1365 A, hier Abb. 14b) eine echte Stollentruhen-Form vor. Der Satteldachsarkophag aus Athienou(?) in New York (Bossert, Altsyrien Abb. 53) hat zwar Füße, doch handelt es sich bei dem mutmaßlichen Vorbild um untergesetzte Fußklötze und keine echte Stollen. Auch das wertvollste Monument zur Veranschaulichung phönikischer Truhen, ein elfenbeinerner Spieltisch aus Enkomi in London (um 1200 v. Chr.) in Form einer vierfüßigen Truhe mit flachem Deckel

Abb. 12 Truhen und Kästen
a: Mittelminoischer Kastensarkophag aus Vorou, Zentralkreta, b: Sarkophag aus Hagia Triada, c: Aschenkiste aus vulkanischem Tuff, Thera (8./7. Jh. v. Chr.), d: Holzsarg aus Karthago, e—g: Deckelbefestigung an einer ägyptischen Truhe des Mittleren Reiches

Abb. 13 Truhen

a: Spätmykenischer Tonsarkophag aus Pentamodi, b: Truhe des Tutenchamun, Kairo, Nat. Mus., c: Protogeometrisches Tonkästchen vom Kerameikos, d: Bronzene etruskische Aschenkiste aus Falerii in Rom, Villa Giulia, e: Hölzerner Kindersarg des 4. Jhs. v. Chr. aus Abusir in Leipzig, f: Neuzeitliche Stollentruhe aus dem Emsland

unserer Untersuchung der flache Deckel der übliche gewesen sein. Neben dem flachen und satteldachförmigen ist mit einer gewölbten Form des Deckels zu rechnen, die durch eine Truhe aus dem Tutenchamon-Grab gut veranschaulicht wird (Taf. P V c)[334]. Vereinzelt findet sie sich auch bei den Holzsärgen von Abusir (Taf. P V b)[335] und ist auch sonst noch im griechischen Mutterland anzutreffen[336]. Eine etruskische Abart dieser Form reflektiert eine kleine bemalte Urne in Tarquinia (um 500 v. Chr.), bei der ein Deckel zwar fehlt, der Zuschnitt der Seitenwände aber auf eine gewölbte Form schließen läßt[337].

Zur mutmaßlichen Grundform der homerischen Truhe läßt sich zusammenfassend sagen: Nach Analogie der Aschenkisten von Thera sowie vor- und nachhomerischer Monumente ist in homerischer Zeit so gut wie ausschließlich die Stollentruhe in Gebrauch gewesen. Aus den gleichen Überlegungen sind drei Formen des Deckels, eine flache, eine satteldachartige und eine gewölbte, nach denen schon G. Richter die ägyptischen Kästen einteilte[338], vorauszusetzen. Auch bei der Fülle kleinerer Kästen und Behälter, die vornehmlich zum Lebensbereich der Frau gehörten (vgl. Taf. P V a)[339], wird als Grundform die Stollentruhe mit flachem Deckel vorgeherrscht haben. Vielleicht reicht der satteldachförmige und der gewölbte Deckel noch in eine Zeit und Umgebung zurück, in der die damit versehenen Behälter noch keine eigentliche Raumausstattung bildeten, sondern im Freien oder auf Dielen Regen und Verschmutzung ausgesetzt waren[340].

b) Befestigung und Verschluß des Deckels

Die Befestigung des Deckels konnte ohne feste Verbindung mit der Truhe etwa dergestalt erfolgen, daß zwei unter dem Deckel angebrachte Leisten auf einer Seite an den Enden so angeschrägt oder ausgearbeitet waren, daß sie zwei Zapfen bildeten, die in entsprechende Ausnehmungen auf der Innenseite der Kistenwand eingreifen konnten und den Deckel in horizontaler Lage blockierten. Abb. 12e—g erläutert diese Befestigungstechnik an einer hölzernen Truhe mit flachem Deckel aus dem Mittleren Reich[341]. Daneben konnte ein dachförmiger oder gewölbter Deckel über vertikale Pfosten, die in die vier

---

(Singer-Holmyard, HT. I 677 Abb. 476a; Lorimer, HM. Taf. 11, 1; hier Abb. 14a) scheint keine echte Stollentruhe zu reflektieren. Bei den ägyptischen Stollentruhen mit Satteldach, die erstmalig im neuen Reich auftauchen (Abb. 13b), denkt Watzinger (Holzsarkophage 64) an den Einfluß mykenischer Vorbilder, da in Ägypten das Haus mit Satteldach als Vorbild fehle und auch die Einwirkung mykenischer Ornamente nachzuweisen sei. Es lag daher nahe, an einen kretischen Ursprung dieser Möbelform zu denken. Für den etruskischen Kulturbereich kann auf eine bronzene Aschenkiste aus dem 7. Jh. in der Villa Giulia (Abb. 13d) und eine aus der Tomba del Duce in Vetulonia (NDA. 1887 Taf. 18) verwiesen werden. Eine nicht datierte neuzeitliche Stollentruhe mit Satteldach aus dem Emsland zeigt Abb. 13f. Zur Verbreitung dieser Truhen über ganz Europa, die man später »aus sehr alter gemeinsamer Wurzel, eben der indogermanischen ...« ableitete, äußert sich Ottenjann Anm. 32.   [334] Salonen Taf. 62, 2; P. P. Riesterer, Grabschatz des Tut-ench-Amun (1965) Taf. 15.   [335] Watzinger, Holzsarkophage Abb. 8.   [336] Richter 97 u. Abb. 243.   [337] Bloch, Die Kunst der Etrusker (1958) Taf. 38; Schüle-Pellicer Catalán, MM. 4, 1963, 47f. Abb. 4.   [338] Richter Abb. 218—220.   [339] Tarent, Museo Naz. Inv. Nr. IG. 8332: E. Langlotz, Die Kunst der Westgriechen in Sizilien und Unteritalien (1963) Taf. 75.   [340] Vgl. Ottenjann Anm. 36.

[341] Salonen Taf. 53 (nach M. Ricketts, in: K. M. Kenyon, Excavations at Jericho I [1960] 533 Abb. 230). Eine ähnliche Vorrichtung demonstriert C. Aldred bei Singer-Holmyard, HT. I Abb. 495 an einem Kasten aus Theben (Ägypten).

Ecken des Kastens eingepaßt waren und über den Rand hinausragten, auf die Truhe gestülpt werden. Ein hölzerner Sarg in Berlin kann zur Erläuterung dienen[342]. Die einfachste feste Verbindung ließ sich herstellen, indem man den Deckel mit zwei Bolzen in entsprechenden Lagern in den Seitenwänden wie eine Tür drehbar befestigte[343]. Ein regelrechtes Scharnier zeigen einige der von C. Watzinger beschriebenen Satteldach-Sarkophage, bei denen der 'First' aus mehreren, durch Zapfen und Löcher ineinandergreifenden Holzzylindern bestand, die abwechselnd derart durch Pflöcke an den Sattelbrettern angebracht waren, daß sich das eine davon frei beweglich aufklappen ließ, während das andere fest mit der Truhe verbunden war (Abb. 15d)[344]. Eine Vervollkommnung dieser Art stellen die Knochenröhren dar, die sich nach H. Blümner an Truhen aus Pompeji fanden[345]. Sie konnten mit einem durchgehenden Bolzen verbunden werden.

Zum Verschluß des Deckels diente eine Schnur, die gewöhnlich um zwei Knöpfe geschlungen wurde, von denen der eine vorn am Deckel, der andere oben an der Außenwand der Truhe befestigt war. So wird auch der Verschluß von Odysseus' Truhe 8, 447f. zu verstehen sein (vgl. oben S. P 69 und Abb. 12e—g). Das System ließ sich durch Vermehrung der Knöpfe vervollkommnen. An kretischen Tonsarkophagen können statt der Knöpfe tönerne Ösen erscheinen[346], die auch an Pithoi häufig zu sehen sind, wobei nicht sicher ist, ob mit einer entsprechenden Vorrichtung an hölzernen Truhen zu rechnen ist. Doch scheint der beschriebene Verschluß mittels Knöpfen auch in Kreta nicht unbekannt gewesen zu sein (Abb. 12a)[347]. Andererseits zeigt ein bemaltes Tonkästchen aus der Zeit um 1000 v. Chr. vom Kerameikos (Abb. 13c)[348] den an späteren attischen Kästen nicht üblichen Deckelverschluß durch Ösen an Deckel und Kasten. Auch in der pyramidenartigen Form des Deckels kann man vielleicht ein Nachleben der Walmdachdeckel kretisch-mykenischer Tonkästen sehen. Doch läßt die Eigentümlichkeit des Deckels und Verschlusses an noch engere Beziehungen zu kykladischen Steinbüchsen denken[349].

Die Bemalung ahmt, wie auf dem Tonsarkophag von Hagia Triada, eine hölzerne Stollentruhe mit Rahmenwerk nach.

c) Dekoration der Kastenmöbel

Über die Dekoration der Kastenmöbel, die mit ihren großen Flächen besonderen Anreiz zur Verzierung bieten mußten, erfahren wir aus dem Epos wenig Konkretes. Bemalung wird seit je die übliche Verzierung der tönernen sowie der aus weichem Holz gefertigten Kästen gewesen sein, Schnitzverzierung die der Hartholzkästen[350]. Bei der letztgenannten Art dürfte die Ritztechnik am urtümlichsten gewesen sein[351], wie wir sie etwa an einem Fußschemel des siebten Jahrhunderts aus Samos vorfinden (Taf. P I f). Zu

---

[342] Watzinger, Holzsarkophage Abb. 9.   [343] Watzinger, Holzsarkophage 64; Ottenjann 16.   [344] Watzinger, Holzsarkophage 70 Abb. 127. Bei der etruskischen Bronzetruhe in der Villa Giulia (Abb. 13d) scheint ein Firstscharnier von merkwürdigen gekreuzten Sparren gebildet zu werden, die offenbar 'Hängehölzer' nachahmen, wie sie an weichgedeckten Häusern Nord- und Mitteleuropas zur Befestigung des Daches dienten.   [345] H. Blümner bei A. Baumeister, Denkmäler des klassischen Altertums III (1889) 1920 s. v. Truhen.   [346] z.B. Zervos, Crète Abb. 777.   [347] Zervos, Crète Abb. 420.   [348] Kübler, Kerameikos IV 6 Taf. 3.   [349] z.B. Spiralpyxis aus Amorgos: Bossert, Altkreta Abb. 402; F. Schachermeyr, Die ältesten Kulturen Griechenlands (1955) Taf. 12, 1.
[350] Ottenjann 101 Anm. 4.   [351] Ottenjann 117 Anm. 70.

Abb. 14
a: Elfenbeinernes Spielkästchen aus Enkomi in London, Brit. Mus., b: Kalksteinsarkophag des 6. Jhs. v. Chr. aus Amathous in New York

den traditionellen Ornamenten der Truhen, die wahrscheinlich so alt sind, wie das Bedürfnis, Kastenmöbel zu verzieren, gehören Scheiben, Sterne und Rosetten in den verschiedensten Variationen[352]. Das vornehmste literarische Beispiel für eine unter Verwendung von Gold und Elfenbein mit reichem figürlichem Schmuck versehene Prunktruhe des siebten Jahrhunderts ist die sogenannte Kypseloslade, bei deren Beschreibung Pausanias' Interesse fast ausschließlich den mythologischen Darstellungen galt[353]. Goldene und silberne Möbel des Epos mahnen, zumal wenn sie Göttern gehören, zur Vorsicht. Freilich können bei Hephaistos' silberner λάρναξ (XVIII 413) und der goldenen, die Hektors Asche aufnimmt (XXIV 795), metallplattierte Kästen zum Vorbild gedient haben[354]. Es liegt ohnehin nahe, καλὸς δαιδάλεος (XVI 222)

[352] Ottenjann 23. 29. 113 Anm. 62; 114 Anm. 65; Ohly, Goldbleche 57.
[353] Paus. V 17, 5. Zur Technik der Kypseloslade einiges bei Ohly, Goldbleche 57.
[354] Vgl. zu dieser Technik bei Sitzmöbeln S. P 40 u. Anm. 189.

auf Metall- und Schnitz- bzw. Reliefarbeiten zu beziehen. Kastenbeschläge in Gestalt getriebener Goldbleche hat D. Ohly in attischen Gräbern des achten Jahrhunderts ermittelt und dabei gezeigt, daß sich dieser Schmuck in seiner ornamentalen Anordnung der Form der Stollentruhe anpaßt[355]. Zwei Fragmente eines goldenen Kastenbeschlages aus einem Grabe des achten Jahrhunderts in Eleusis ermöglichen ihm eine zuverlässige Rekonstruktion des Beschlages (Abb. 15a und b) und vortreffliche Erläuterung der goldenen Knochenlarnax der Ilias[356]. Daß auch mit reliefgeschmückten Truhen zu rechnen ist, zeigen unter anderem das auf einem späteren großgriechischen Tonpinax dargestellte Möbel (Taf. P Va)[357] und bereits ein elfenbeinerner phönikischer Spieltisch in Truhenform aus Enkomi in London (um 1200 v. Chr.; Abb. 14a)[333]. Eine gute Vorstellung einer reich verzierten Stollentruhe, deren Paneele mit Reliefs versehen waren — vielleicht nach Art der Reliefplatten aus Elfenbein, die von phönikischen und neuassyrischen Möbeln her bekannt sind[358] —, vermittelt ein Kalksteinsarkophag des sechsten Jahrhunderts aus Amathous (Abb. 14b)[359]. Es wird kein Zufall sein, daß wir auch bei den Kastenmöbeln auf Zeugnisse phönikischer Provenienz angewiesen sind, wenn wir Prunk- und Luxusausführungen verdeutlichen wollen — daneben spricht für die Existenz schlichter Ausführungen unter anderem ein karthagischer Sarkophag (Abb. 12d)[360] —, obwohl keinerlei Einflüsse Phönikiens auf die Grundform der 'homerischen' Truhe zu verzeichnen sind.

9. Zusammenfassung

Unsere Untersuchung zu den griechischen Möbeln der homerischen Zeit, die, soweit es möglich war, von den Reflexen attischer Möbel auf geometrischen Vasen des achten Jahrhunderts ausging, vermittelte im ganzen gesehen das Bild eines schlichten Mobiliars, das jene 'altgriechische' Kargheit zeigt, die nach Erlöschen der mykenischen Kultur wieder sichtbar wird und das Panorama bestimmt. Doch begegneten vereinzelt, besonders unter den Sitzmöbeln, auch Formen, die an mykenische Traditionen anknüpfen (S. P 53). Mit Sicherheit reicht die Stollentruhe, vielleicht die älteste europäische Möbelgattung überhaupt, in ihren Ursprüngen über mykenische Tradition hinaus. Nichts nötigte dazu, sich die im Epos gemeinten Gebrauchsmöbel wesentlich anders vorzustellen, als die für die homerische Zeit aus den Monumenten ermittelten. Im Megaron des Odysseus, das heißt wohl überall dort, wo eine gewisse Zeitnähe nicht zu verkennen ist, spürt man im Grunde wenig von mykenischem Glanz. Sehen wir von unspezifischen Beiwörtern ab, die häufig mehr dem epischen Stil als veristischem Schilderungsbedürfnis Rechnung tragen, bleibt wirklich kostbares Mobiliar die Ausnahme. Dazu gehört Penelopes Prunksessel (19, 55f.), dem ein konkretes Vorbild zu Grunde zu liegen scheint (dazu und zum folgenden siehe hier Anhang II). Nachdem die Pylos-Tafeln erstmalig genauere Vorstellungen von mykenischen Prachtmöbeln vermittelt haben, hat die Forschung, soweit sie dazu neigt, die Epen in ihrem wesentlichen Bestande auf mykenische Traditionen zurückzuführen, nicht gezögert,

---

[355] Ohly, Goldbleche 56ff.   [356] Ohly, Goldbleche 71f. u. Taf. 15, 2. 16.
[357] Tarent, Museo Naz. Inv. Nr. IG. 8332: E. Langlotz, Die Kunst der Westgriechen in Sizilien und Unteritalien (1963) Taf. 75.   [358] Nachweise: Anm. 197.
[359] J. L. Myres, Handbook of the Cesnola Collection of Antiquities from Cyprus (1914) 1365 A.   [360] G. Picard, Le Monde de Carthage (1956) Taf. 70 oben; Schüle-Pellicer Catalán, MM. 4, 1963, 47f. Abb. 3 und Anm. 25.

den elfenbein- und silberverzierten Sessel der Penelope für mykenisch zu halten[361]. Man liest in den Pylos-Tafeln von Stühlen aus Ebenholz (Surrogat) mit Elfenbeinverzierung und Einlagen aus Kyanos, Silber und Gold[362]. T.B.L. Webster hat dieses Mobiliar eingehend gewürdigt und ein anschauliches Bild von dem internationalen Charakter der mykenischen Zivilisation um die Mitte des zweiten Jahrtausends entworfen, aus dem zugleich erhellt, wie schwer es ist, unter den vielfachen — besonders ägyptischen und syrischen — Fremdeinflüssen den spezifisch mykenischen Anteil an diesen Erzeugnissen der materiellen Kultur zu fassen[363]. Nun weist der Name des Handwerkers Ikmalios, der den Sessel Penelopes fertigte, nach Zypern und legt damit bereits gewisse Schlüsse auf die Herkunft seiner Kunst nahe. Als sich gegen Ende des zweiten Jahrtausends nach dem Zusammenbruch der vorderasiatischen Großreiche der phönikische Seehandel zu entfalten begann[364], ging damit auch das phönikische Kunsthandwerk einer Blüte entgegen. Etwa seit dem zwölften Jahrhundert ist auf Zypern, wo Griechen und Phöniker in Gemeinschaft gelebt haben müssen[365], mit phönikischen Werkstätten und einer handwerklichen Tradition zu rechnen, die sich besonders der Elfenbeinbearbeitung widmete[366]. Da die Berichte des Epos über die Phöniker, das heißt die Sidonier, am ehesten in die nachmykenische Zeit ihrer politischen Emanzipation passen[367], lag es nahe, darin einen Niederschlag jener seit dem Ende des achten Jahrhunderts einsetzenden Phase zu sehen, in der die Phöniker am nachhaltigsten auf die materielle Kultur der Griechen eingewirkt haben. Dieses Urteil besteht wenigstens für die im Epos genannten Erzeugnisse des phönikischen Kunsthandwerks sicher zu Recht[368], so daß Vorbilder für den elfenbeinverzierten Sessel der Penelope immer noch am ehesten unter Luxusmöbeln phönikischer Art zu suchen sind, von denen etwa Elfenbeinpaneele des neunten und achten Jahrhunderts aus Samaria, Nimrud und Arslan Tasch einen Eindruck vermitteln[369]. Dazu sollte ein wesentliches Merkmal der Möbel in den Pylos-Katalogen nicht übersehen werden. Wo dort von Elfenbeinschmuck die Rede ist, bestehen die Möbel fast immer aus *ku-te-so*, einem von M. Ventris und J. Chadwick überzeugend als κύτισος[370] gedeuteten Ebenholzsurrogat, das die Tafeln mit dem gleichen Nachdruck nennen, wie das übrige kostbare Material[371]. Das Epos kennt weder die Ebenholz-Elfenbein-Kombination noch κύτισος selbst, was man erwarten sollte, wenn dieser Möbeltyp wirklich zum Vorbild gedient hat. Dabei ist das Elfenbein dem Epos wohlbekannt, und wenn es die ältere Ilias nur zweimal nennt, die jüngere Odyssee dagegen achtmal[372], ohne daß dieses Verhältnis auch nur im geringsten durch die thematische Eigenart der Epen bedingt sein kann, wird man auch darum weniger an traditionsgebundene Schilderung mykenischer Verhältnisse als an Anregungen durch die Umwelt des Dichters zu denken haben[373]. Es gibt weitere bemerkenswerte Zeugnisse für phönikische Ein-

---

361 Webster, Mykene 47. 151; Wace-Stubbings, Companion 461. **362** Nachweise s. Anm. 258. **363** Webster a.O. 47 ff. Möglicherweise ist der Möbelstil der Pylos-Kataloge durch Phöniker der Bronzezeit über die mykenischen Niederlassungen in Syrien und auf Zypern (Lorimer, HM. 52 f. 151) mit beeinflußt. **364** A. Heuss, Propyläen Weltgeschichte III (1962) 111. **365** Mentz, NouvClio 7/8, 1955/56, 40 ff. **366** Megaw, JHS. 74, 1954, 172; Barnett 59 Anm. 1. **367** Nilsson, Homer 132. **368** Vgl. Nilsson, Homer 135. **369** Lorimer, HM. 274. 429. 507; unsere Anm. 197. **370** Theophrast, HP. I 6, 1; V 3, 1. **371** Ventris-Chadwick, Documents 341 Nr. 240 = Ta 713; 342 Nr. 241 = Ta 715; 342f. Nr. 242 = Ta 707; 344 Nr. 243 = Ta 708. **372** IV 141; V 583; 4, 73; 8, 404; 18, 196; 19, 56. 563. 564; 21, 7; 23, 200. **373** Vgl. Lorimer,

Zusammenfassung P 79

flüsse auf den griechischen Möbelstil. Der Thron auf einer Scherbe von Klazomenai (Abb. 16; s. S. P 48 und Anm. 226), die zwar selbst einer jüngeren Zeit angehört aber eine alte Möbelform festhält, wie sie zur Zeit des homerischen Epos im jonischen Kleinasien noch in Gebrauch gewesen sein kann, zeigt in den Sphingen, die zu beiden Seiten unterhalb des Sitzes den Rahmen füllen, Beeinflussung durch das vornehmste Sitzgerät der Phöniker, den von zwei

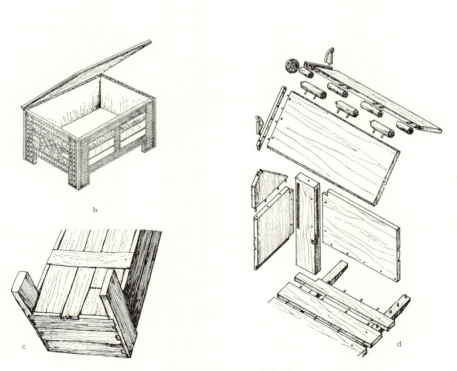

Abb. 15 Kästen und Truhen
a. b: Rekonstruktion eines Kästchens des 8. Jhs. v. Chr. aus Eleusis, c: Hölzerner Kindersarg aus Abusir in Leipzig (vgl. Abb. 13e), d: Konstruktionsskizze eines Holzsarges aus Abusir

Sphingen flankierten Königsthron, der in Reliefdarstellung auf dem Sarkophag des Ahiram abgebildet ist[374] und sich auch später durch syrische und kyprische Monumente belegen läßt[375]. Auch der κλισμός mit thronender Göttin auf einer spätgeometrischen Schale vom Dipylon (vgl. Abb. 7o)[376], gehört zu einer Kultszene, deren Typik an zeitgenössische phönikische Darstellungen erinnert[377]. Ein weiteres Luxusmöbel des Epos, Nestors τράπεζα κυανόπεζα (XI 629), das man wohl wegen der Kyanosverzierung als mykenische Reminiszenz in Anspruch genommen hat[378], scheint bei näherer Betrachtung auch eher phönikisch als mykenisch beeinflußt zu sein. Sehen wir zunächst davon ab, daß die Kyanostechnik auch von den Phönikern auf Kypros beherrscht worden ist[379]: Nestors Tisch mit der Blaulasur-Einfassung läßt sich nicht von den übrigen kyanosverzierten Geräten des elften Buches der Ilias trennen, die als kyprische Erzeugnisse bezeichnet werden, zum Teil als Geschenk des Kinyras (XI 20), an dessen phönikischer Herkunft man nicht zweifeln sollte[380]. Die Verzierung von Agamemnons Brustpanzer fand nach F. Poulsens Untersuchungen überzeugende Parallelen in der phönikischen Toreutik des achten und siebten Jahrhunderts, desgleichen der Buckelschild mit den konzentrischen Ringen und dem Gorgoneion[381]. Zu welchen erzwungenen Lösungsversuchen ein Präjudiz von dem mykenischen Ursprung dieser Rüstungsszene nötigt, zeigen die Ausführungen T. B. L. Websters zu dieser Stelle[382].

HM. 507f. **374** Watzinger, Holzsarkophage Taf. 189, 1; vgl. Anm. 299. Die Möbel auf dem Ahiram-Sarkophag werden dagegen von A. Aymard und J. Auboyer, Histoire Générale des Civilisations I (1953) 237 ohne näheren Nachweis für ägyptisch ausgegeben. Der Sarkophag wurde gewöhnlich ins 13. Jh. datiert. F. Matz (brieflich) setzt sich für eine Herabdatierung in die Zeit um 1000 v. Chr. ein; s. auch J. B. Pritchard, Archaeology and the Old Testament (1958) 99f. und Abb. 37. **375** Auf Elfenbeintafel aus Megiddo, Decamps de Mertzenfeld Taf. 35, 342a; Terrakottaminiatur aus Ajia Irini, Bossert, Altsyrien Abb. 130. 131 (Bossert a.O. 9 zu Abb. 130. 131: »Cyprisch-archaisch I«); s. noch Barnett 116. **376** AM. 18, 1893, 113 Abb. 10; Winter, KiB. 112, 9. **377** Bronzeschale aus Idalion in New York: Winter, KiB. 107, 5; phönik. Elfenbeinrelief (9./8. Jh.): Bossert, Altsyrien Abb. 676; AM. 18, 1893, 113ff.; Lorimer, HM. 507. **378** Webster, Mykene 151. Der Taubenbecher, der darauf gesetzt wird, gehört zwar zu den nicht eben zahlreichen, wirklich überzeugenden mykenischen Reminiszenzen im Epos, ist aber doch kein ausreichendes Argument dafür, daß die Gerätschaften, die sich in seiner Umgebung befinden, deshalb auch mykenisch sein müßten. Es ist etwas anderes, wenn wir diejenigen Dinge im XI. Buch der Ilias als historische Einheit zu sehen bemüht sind, die in der Kyanosverzierung ein gemeinsames Merkmal aufweisen. Nicht so sehr diese Geräte sondern den Kyanos-Fries im Palast des Alkinoos (7, 87) hat man sonst für mykenischen Ursprungs gehalten, Nilsson, Homer 138 mit gewissem Vorbehalt (»perhaps not so striking«). Lorimer (HM. 429 Anm. 1) macht darauf aufmerksam, daß sich diese Art der Kyanosverzierung überzeugender an neuassyrischer Architektur demonstrieren läßt als an dem gewöhnlich zum Vergleich herangezogenen Megaron von Tiryns (Nilsson Abb. 38). **379** Anm. 278. **380** Leaf zu XI 20. Lorimer, HM. 208. 465. **381** Nilsson, Homer 125f. Lorimer, HM. 177f. 190f. F. Poulsens Beobachtung, daß die Schlange (XI 26) als dekoratives Element in der minoisch-mykenischen Kunst nicht vorkommt, schließt allein schon mykenische Herkunft aus und wird durch Websters Anm. 16 zu S. 281 nicht entkräftet. **382** Webster a.O. 282 »Die Wappnung Agamemnons war offenbar schon eine große Szene in der mykenischen Dichtung; sie wurde stückweise modernisiert — Agamemnon behielt seinen mykenischen Brustharnisch, aber seine Speere und sein Schild wurden der Gegenwart angepaßt; dann hörte ein Dichter des achten Jahrunderts von den neuen, herrlichen Schilden und fügte das zu dem bereits vorhandenen Schild hinzu, dessen Pracht er damit noch steigerte«. — Ja, es kommt nicht einmal der allein noch mykenisch verbliebene Brustpanzer ungerupft davon: »die

Zusammenfassung

Auch jenes Möbel, das eine Wende in der griechischen Wohnkultur bezeichnet, der Speisetisch mit rechteckiger Platte und drei Beinen, verdankt wahrscheinlich seine Form phönikischen Einflüssen. Er taucht zusammen mit der Speisekline an der Wende vom achten zum siebten Jahrhundert auf (Anm. 283) und verdrängt, vom jonischen Kleinasien nach Westen wandernd, den Klapptisch, der sich als charakteristischer Speisetisch der homerischen Zeit, in der man zu Tische saß, erschließen ließ und an den 'späthethitischen' Monumenten erläutert werden konnte. Der Brauch, zu Tisch zu liegen, setzte sich in der Folge mit wenigen Ausnahmen (Anm. 285) im gesamten griechischen Kulturbereich von Kleinasien bis Etrurien durch, wobei die Erinnerung an eine importierte Verweichlichung offenbar nie völlig verlorening: Die olympischen Götter stellte man beim Mahle weiterhin im homerischen Schema dar (Anm. 285). Der neue rechteckige Speisetisch auf drei Beinen, versehen mit einem Leistenwerk, das weniger statischen Bedürfnissen als handwerklicher Konvention zu verdanken war, erwies sich in seiner Gesamtstruktur als ein Kuriosum, das ohne Anlehnung an traditionelle Grundformen kaum denkbar ist und sich an einem Rundtisch phönikischer Provenienz orientiert haben dürfte (Anm. 305), der zunächst sakralen Zwecken diente und auf kyprische und syrische Dreifußformen der Bronzezeit zurückgeführt werden kann (Anm. 300). Dieser Rundtisch schien uns am ehesten geeignet, Nestors τράπεζα κυανόπεζα zu verdeutlichen. Ein Rundtisch mit ähnlichem Strebenwerk und drei Tierfüßen, der sich in Griechenland wieder seit dem vierten Jahrhundert nachweisen läßt, wird auf die phönikische Grundform (Abb. 10g) zurückgehen, wenn kontinuierliche Nachweise auf Monumenten auch noch fehlen (Anm. 304). Der morphologische Befund des neuen, rechteckigen Speisetisches legte den Schluß nahe, daß auch die neue Sitte phönikischer Einwirkung zu verdanken ist. Vielleicht ist es kein Zufall, daß sich die ältesten Spuren dieses neuen Tisches auf Thera finden (Anm. 283), das wahrscheinlich schon bei der Übernahme der phönikischen Buchstabenschrift eine Mittlerrolle gespielt hat[383]. Auch ägyptische Einflüsse, die sich vereinzelt registrieren ließen[384], werden sich eher auf Vermittlung durch die Phöniker als auf direkte Verbindungen zurückführen lassen.

Mesopotamische Parallelen betreffen in erster Linie technische Zurüstungen[385], die sich bezüglich genetischer Zusammenhänge schwieriger klären lassen als Gemeinsamkeiten stilistischer Art[386]. Problematischer ist die Beurteilung der Beziehungen zu hethitischem Mobiliar. Obwohl sich die Gemeinsamkeiten hier auf sehr einfache Grundformen beziehen, schließt der archäologische Befund genetische Zusammenhänge nicht aus, zumal unsere Hypothese eines homerischen Klapptisches durch die späthethitischen Monumente gestützt wird. Da die Berührung der Griechen zu homerischer Zeit mit den Erben des Hethiterreiches in Anatolien und Nordsyrien wohl zu ephemer war, als daß sich eine tiefgreifende Beeinflussung der materiellen Kulturen in der einen oder anderen Richtung daraus herleiten ließe, ist man versucht, diese Verwandtschaft auf ein indoeuropäisches Substrat zurück-

---

Schlangen und der Regenbogen können moderner Symbolismus sein« (Anm. 16 zu S. 281). **383** Wace-Stubbings, Companion 554. A. Heuss, Propyläen Weltgeschichte III (1962) 104. **384** s. S. P 46 mit Abb. 8h, S. P 25 mit Abb. 1i. 3a. b und Taf. P I a. **385** z. B. Bettmatten; vgl. S. P 28f. mit Abb. 5a—c und Anm. 153. **386** Genetische Zusammenhänge kann man vielleicht für den kykladischen Thron des Harfenspielers von Keros (Zervos, Cyclades Abb. 333; hier Abb. 9i) und den lehnenlosen Sessel der Statuen vom Typ des Gudea von

zuführen[387]. Denn wenn die Kunst der hethitischen Spätzeit, der wir die Möbelabbildungen in erster Linie verdanken, »die Fortsetzung der Kunst des Großreiches in jeder Beziehung« gewesen ist[388], halten die späthethitischen Möbelabbildungen, soweit sie nicht phönikisch oder neuassyrisch beeinflußt sind, altererbte Formen fest, in welchen man zugleich die Vorfahren 'altgriechischer' Möbel sehen könnte, die im geometrischen Möbelstil — soweit dieser keine Fremdeinflüsse zeigt — wieder greifbar sind, nachdem das überdeckende minoische Element mit dem Erlöschen der mykenischen Kultur verschwunden ist. Die Konsequenz, schon für die frühe Bronzezeit mit ausgereiften Möbelformen rechnen zu müssen, bereitet angesichts der Kykladenmöbel (Abb. 9i) und unseren Ermittlungen zu den Kastenmöbeln (Anm. 333) keine Schwierigkeiten.

Doch sei abschließend die Bemerkung gestattet, daß alle weitreichenden Folgerungen, die sich hier nur auf die Beobachtung eines relativ schmalen Sektors der materiellen Kultur stützen können, mit dem Vorbehalt vertreten werden, der ohne ausreichende Berücksichtigung des Gesamtinventars geboten ist.

Abb. 16
Schematische Darstellung eines Throns,
nach Scherbe aus Klazomenai in Athen

Lagasch annehmen (Kulczycki I 581).   **387** Auf Parallelen mykenischer Verhältnisse zum Germanischen und zum Hethitischen macht Hampe 43 aufmerksam. Soweit diese Parallelen die protogriechisch-indoeuropäische Komponente des Mykenertums betreffen, kommen sie unserer Deutung entgegen.   **388** Bossert, Altanatolien 68.

Manuskriptabschluß: Herbst 1966

Anhang I

Beleuchtungsgerät

von Ulf Jantzen und Renate Tölle, Athen

10. Lichtquellen bei Homer und Hesiod

a) Δαΐς

Den Schilderungen der Vorgänge im Zelt des Achilleus vor Troia, im Hause von Odysseus und Penelope oder im Palaste des Phaiakenkörigs Alkinoos flicht Homer gelegentlich eine Aussage über das Licht ein, mit dem die Räume erleuchtet werden. Dasselbe findet sich in den Erzählungen über den Besuch des Telemachos am Hofe des Menelaos in Sparta und innerhalb der Schildbeschreibung. Für die verschiedenartigen Lichtquellen kennt Homer die Ausdrücke ἡ δαΐς, τὸ δάος, ἡ δετή, ὁ λαμπτήρ und ὁ λύχνος, unter denen ἡ δαΐς am häufigsten belegt ist. Δαΐς hängt mit dem beinahe ausschließlich episch und poetisch verwendeten Verbum δαίω zusammen[389] und geht wie dieses auf den Stamm δαϜ zurück, von dem sich über δαϜις die Form δαΐς ableitet[390]. Damit ist zunächst nicht mehr gesagt, als daß mit δαΐς etwas Brennendes und Leuchtendes gemeint ist, dessen genauere Bestimmung aus einer Homerstelle erschlossen worden ist (18, 306ff.):

> τοῖσι δὲ τερπομένοισι μέλας ἐπὶ ἕσπερος ἦλθεν.
> αὐτίκα λαμπτῆρας τρεῖς ἵστασαν ἐν μεγάροισιν,
> ὄφρα φαείνοιεν· περὶ δὲ ξύλα κάγκανα θῆκαν,
> αὖα πάλαι, περίκηλα, νέον κεκεασμένα χαλκῷ,
> καὶ δαΐδας μετέμισγον· ἀμοιβηδὶς δ' ἀνέφαινον
> δμωαὶ Ὀδυσσῆος ταλασίφρονος.

Im Gegensatz zu dem gewöhnlichen trockenen Brennholz werden hier die δαΐδες hervorgehoben und durch das ἀνέφαινον als besonders leicht brennbares und hell leuchtendes Material gekennzeichnet[391]. Die allgemein angenommene Erklärung, daß hiermit nur Kienspäne, als harzhaltiges Nadelbaumholz, gemeint sein kann, stimmt insofern mit anderen Stellen der Epen überein, als sich Kienspäne nicht nur im lodernden Feuer sondern auch gut als Fackeln verwenden lassen, die nach den folgenden Homerstellen in Händen getragen werden.

So hat sich die Deutung und Übersetzung »Fackel« aus Homer selbst ableiten lassen.

> τῷ δ' ἄρ' ἅμ' αἰθομένας δαΐδας φέρε κεδνὰ ἰδυῖα
> Εὐρύκλει', Ὦπος θυγάτηρ Πεισηνορίδαο, (1, 428f.)

und einige Zeilen später (1, 434f.):

> ἥ οἱ ἅμ' αἰθομένας δαΐδας φέρε, καί ἑ μάλιστα
> δμωάων φιλέεσκε, καὶ ἔτρεφε τυτθὸν ἐόντα.

---

[389] akt.: anzünden, anbrennen; pass.: brennen, flammen, leuchten.
[390] H. Frisk, Griechisches etymologisches Wörterbuch (1960) 342 s. v. δαίω.
[391] Vgl.

Wenn wie in diesen beiden zusammenhängenden Stellen Telemachos am Abend seine Lagerstatt aufsuchen will, so begleitet ihn eine Magd — und nicht die geringste, wie wir am Beispiel der Eurykleia hören — mit zwei lichtspenden Fackeln zu seiner Kammer (19, 47f.):

ὣς φάτο, Τηλέμαχος δὲ διὲκ μεγάροιο βεβήκει
κείων ἐς θάλαμον, δαΐδων ὕπο λαμπομενάων.

Ähnlich wird es auch für Odysseus geschildert (23, 289ff.):

τόφρα δ' ἄρ' Εὐρυνόμη τε ἰδὲ τροφὸς ἔντυον εὐνὴν
ἐσθῆτος μαλακῆς δαΐδων ὕπο λαμπομενάων.
αὐτὰρ ἐπεὶ στόρεσαν πυκινὸν λέχος ἐγκονέουσαι,
γρηῦς μὲν κείουσα πάλιν οἰκόνδε βεβήκει,
τοῖσιν δ' Εὐρυνόμη θαλαμηπόλος ἡγεμόνευεν
ἐρχομένοισι λέχοσθε δάος μετὰ χερσὶν ἔχουσα·

Ferner kommt es in der Beschreibung des Heraklesschildes ganz deutlich zum Ausdruck, daß die δαΐδες häufig von den Mägden herumgetragen werden (Hes. Sc. 275f.):

τῆλε δ' ἀπ' αἰθομένων δαΐδων σέλας εἰλύφαζε
χερσὶν ἐνὶ δμῳῶν·

Es ist nicht von vornherein ersichtlich, ob bei dem hier geschilderten Hochzeitsfest die Fackeln lediglich als Lichtspender dienen, wozu am Tage keine Veranlassung besteht, oder ob nicht vielmehr durch das Licht der Fackeln der festliche Glanz einer Hochzeit veranschaulicht werden sollte. Letzteres ist wahrscheinlicher und wird durch die Beschreibung des Hochzeitsfestes auf dem Achilleusschild bekräftigt (XVIII 492f.):

νύμφας δ' ἐκ θαλάμων δαΐδων ὕπο λαμπομενάων
ἠγίνεον ἀνὰ ἄστυ, πολὺς δ' ὑμέναιος ὀρώρειν.

Aus einer Stelle der Odyssee geht ganz unmißverständlich hervor, daß es auch Vorrichtungen gab, in die man die brennenden Fackeln hineinstellen konnte, um sie nicht dauernd tragen zu müssen (7, 100ff.)[392]:

χρύσειοι δ' ἄρα κοῦροι ἐϋδμήτων ἐπὶ βωμῶν
ἕστασαν αἰθομένας δαΐδας μετὰ χερσὶν ἔχοντες,
φαίνοντες νύκτας κατὰ δώματα δαιτυμόνεσσι.

Derartige Fackelhalter werden nicht immer so reich ausgestaltet gewesen sein wie hier im Palaste des Königs Alkinoos. Ebenso wie in der Szene mit Eurykleia, die nicht zugleich die Fackeln halten und Telemachos behilflich sein kann[393], und wie in den oben zitierten Parallelstellen[394], werden auch in jenen drei Wiederholungen der Odyssee Fackelhalter vorausgesetzt, in denen fast mit denselben Worten geschildert wird, wie Penelope nachts beim Scheine der Fackeln das am Tage Gewebte wieder auftrennt:

νύκτας δ' ἀλλύεσκεν, ἐπὴν δαΐδας παραθεῖτο[395].

Δαΐς wird in einigen weiteren Stellen bildhaft für »Glanz, Licht« gebraucht[396]; und δάϊς, das sich auch von δαίω ableitet, bedeutet die Hitze des Kampf-

Schol. BQ zu 18, 310 (Dindorf 665). **392** Vgl. Rumpf, Cd'A. 19/20, 1939, 17ff. bes. 25. **393** Vgl. h. Cer., in dem Demeter suchend durch die nächtliche Dunkelheit eilt: αἰθομένας δαΐδας μετὰ χερσὶν ἔχουσα (h. Cer. 48; vgl. 52. 61). **394** 19, 47f.; 23, 289f. **395** 2, 105; 19, 150; 24, 140. **396** 18,354.

getümmels³⁹⁷; beides braucht in diesem Zusammenhang nicht in Betracht gezogen zu werden.

b) Δάος

Seltener als ἡ δαΐς verwendet Homer τὸ δάος, das auf denselben Stamm δαϜ zurückgeht und auch »Fackel« bedeutet. Τὸ δάος erscheint immer nur im Singular und jedesmal in der Formel: δάος μετὰ χερσὶν ἔχουσαι.

Von den fünf Belegen sind vier identisch, und unter diesen vieren wiederum beziehen sich drei in sehr ähnlichen Szenen auf die Errichtung einer Lagerstatt (XXIV 647; 4, 300; 7, 339):

αἱ δ' ἴσαν ἐκ μεγάροιο δάος μετὰ χερσὶν ἔχουσαι.

Dieser Topos wird Odyssee 22, 497 wieder aufgenommen, und zwar in dem Zusammenhang, da Odysseus sich den Mägden zu erkennen gibt und von diesen willkommen geheißen wird. Man hat in dieser Zeile eine spätere Einschiebung gesehen, da es noch nicht dunkel ist und da die herbeigerufenen achtunddreißig Dienerinnen bei der Begrüßung keiner Fackeln bedürfen; im Gegenteil, diese würden bei den Begrüßungsgesten hinderlich sein³⁹⁸. In der fünften und letzten Stelle wird τὸ δάος wiederum zur Erleuchtung eines Lagers verwandt (23, 293f.):

τοῖσιν δ' Εὐρυνόμη θαλαμηπόλος ἡγεμόνευεν
ἐρχομένοισι λέχοσδε δάος μετὰ χερσὶν ἔχουσα·

Diesen Versen geht die oben zitierte Erwähnung der δαΐδες unmittelbar voraus³⁹⁹; demnach scheint zwischen beiden Worten kein Bedeutungsunterschied zu liegen.

Wenn auch ἡ δαΐς und τὸ δάος im Hinblick auf die archäologische Realienforschung nicht viel ausgeben, so ist doch deren Bedeutung als Fackel, als Lichtspender gesichert; und die genannten Stellen zeigen einige Anlässe auf, bei denen man sich der Fackel bediente.

c) Δετή

Weniger klar ist die Wortbedeutung von αἱ δεταί, was im allgemeinen auch mit Fackel übersetzt wird, aber doch wohl etwas anderes meint als ἡ δαΐς und τὸ δάος. Die Grundbedeutung — Ableitung von δέω — ist wohl »Reisigbündel«, und in diesem Sinne sind die δεταί zu verstehen, die in der Ilias dem Feind brennend entgegengeschleudert werden (XI 552ff.; XVII 661 ff.):

θαμέες γὰρ ἄκοντες
ἀντίον ἀΐσσουσι θρασειάων ἀπὸ χειρῶν,
καιόμεναί τε δεταί, τάς τε τρεῖ ἐσσύμενός περ·

Selbst, wenn in den Homerscholien δεταί mit λαμπάδες und δαΐδες erklärt werden⁴⁰⁰, haben αἱ δεταί bei Homer doch einen anderen Sinn als Fackel im üblichen Sprachgebrauch; gemeinsam ist ihnen nur, daß sie jeweils gebündelt sind, was aber allein nicht hinreicht, um δεταί bei Homer auch als Lichtquelle anzusprechen.

Die große Bedeutung der Fackel in homerischer Zeit läßt sich indirekt aus zwei weiteren Stellen ersehen: »Der Rauch des Herdes wie des Kienholzes,

---

397 XIII 286; XIV 387; vgl. XXIV 739; Hes. Th. 650. 674.
398 Ameis zu Od. 22, 497.   **399** S. P 84; 23, 289ff.   **400** Schol. DA zu XI 554.

durch welches man die Gemächer bei Einbruch der Dunkelheit erleuchtete und erwärmte, mußte mit der Zeit die Wände und Decken schwärzen, wie denn die Decke im Hause des Priamos[401] und das Megaron des Odysseus[402] ausdrücklich als rußig — αἰθαλόεις — bezeichnet werden«[403].

d) Λαμπτήρ

Die Fackel wurde an erster Stelle behandelt, weil diese von Homer am häufigsten genannt wird. Doch kann man nicht sagen, daß Homer zur Beleuchtung eines Raumes nur die Fackel kennt[404]. Im achtzehnten und neunzehnten Gesang der Odyssee wird dreimal von λαμπτῆρες gesprochen, bei denen es sich nach antiken Kommentatoren um Ständer für Brennholz handelt, die mit einem Herd verglichen[405] oder als erhöhte Feuerstellen angesprochen werden[406]. Diese Leuchtbecken werden im Hause des Odysseus beschrieben:

αὐτὰρ ὁ πὰρ λαμπτῆρσι φαείνων αἰθομένοισιν
ἑστήκειν ἐς πάντας ὁρώμενος (18, 343f.).

αἱ δ' ἀπὸ μὲν σῖτον πολὺν ᾕρεον ἠδὲ τραπέζας
καὶ δέπα, ἔνθεν ἄρ' ἄνδρες ὑπερμενέοντες ἔπινον,
πῦρ δ' ἀπὸ λαμπτήρων χαμάδις βάλον, ἄλλα δ' ἐπ' αὐτῶν
νήησαν ξύλα πολλά, φόως ἔμεν ἠδὲ θέρεσθαι (19, 61ff.).

Diese λαμπτῆρες erfüllen also einen doppelten Zweck, sie dienen zur Erwärmung und zur Beleuchtung eines Raumes. Die dritte Erwähnung von λαμπτήρ wurde bereits oben zitiert[407]: Hier wird das übliche Brennholz der Leuchtpfannen mit Kienspänen gemischt, auf daß es heller und wärmer werde. Ein Scholiast gibt hierzu folgende Erklärung[408]: Wenn mehrere Mägde abwechselnd das Feuer schüren, dann waren entweder das Holz und die Kienspäne weit vom Leuchtbecken entfernt gelagert, oder es leistete eine Magd nach der anderen am Feuerbecken den Dienst. Solche Erklärungsversuche interessieren hier jedoch nur am Rande, denn eine genauere Vorstellung dieser Leuchtbecken ist aus ihnen nicht zu ermitteln. Ein anderes Scholion geht etwas genauer auf unsere Fragestellung ein, läßt aber auch vieles offen und unklar[409]: λαμπτῆρας· μετεώρους ἐσχάρας, ἢ τοὺς χυτρόποδας, ἐφ' ὧν ἔκαιον. Nach Aristophanes ist χύτρα ein Feuerbecken, in dem man zu seiner Zeit aus Weinranken bestehende Fackeln, φανοί, anzündete[410].

Daß man andererseits nicht nur die Leuchtbecken, sondern auch das übliche, wärmespendende Herdfeuer als Lichtquelle ausnutzte, sagt Homer sowohl in der Ilias als auch in der Odyssee: So zerlegen Achilleus und Patroklos ein Mastschwein im Scheine des Feuers (IX 205f.):

Ὣς φάτο, Πάτροκλος δὲ φίλωι ἐπεπείθεθ' ἑταίρωι.
αὐτὰρ ὅ γε κρεῖον μέγα κάββαλεν ἐν πυρὸς αὐγῆι.

Dann wird die Mutter der Nausikaa geschildert, wie sie am Herde sitzt und im Glanze des Feuers Fäden dreht (6, 305f.):

ἡ δ' ἧσται ἐπ' ἐσχάρῃ ἐν πυρὸς αὐγῇ
ἠλάκατα στρωφῶσ' ἁλιπόρφυρα, θαῦμα ἰδέσθαι.

---

[401] II 414. [402] 22, 239. [403] Helbig, HE. 117 Anm. 6. [404] Vgl. O. Bronner, Corinth IV 2 (1930) 5. [405] Apollon. Lex. s. v. λαμπτῆρες. [406] Schol. BQV zu 18, 307 (Dindorf 665). [407] S. P 83; 18, 306ff. [408] Schol. BQ zu 18, 310 (Dindorf 665). [409] Schol. BQV zu 18, 307 (Dindorf 665). [410] Lys. 308.

e) Λύχνος

Am umstrittensten und am häufigsten kommentiert ist der Ausdruck ὁ λύχνος[411], den Hesiod nicht kennt und der bei Homer nur einmal vorkommt: Die goldene Lampe der Athena (19, 31 ff.):

(τὼ δ' ἄρ' ἀναΐξαντ' Ὀδυσεὺς καὶ φαίδιμος υἱὸς
ἐσφόρεον κόρυθάς τε καὶ ἀσπίδας ὀμφαλοέσσας
ἔγχεά τ' ὀξυόεντα·) πάροιθε δὲ Παλλὰς Ἀθήνη
χρύσεον λύχνον ἔχουσα φάος περικαλλὲς ἐποίει.

Schon die antiken Kommentatoren konnten sich diese Stelle nicht erklären, da einerseits die Lampe als junge Erfindung galt[412] und für die homerische Zeit nur Fackeln bekannt waren, andererseits aber ὁ λύχνος ausnahmslos Lampe bedeutete. So wundert es nicht, daß in den Scholien ein wirres Durcheinander von Erläuterungen gegeben wird, die sich im Grunde bei Äußerungen über Athena als lichttragende Göttin verlieren, die aber zu der eigentlichen Antiquarienfrage nichts aussagen[413]. Dabei wird ὁ λύχνος entweder mit Fackel gleichgesetzt oder die offensichtliche Unstimmigkeit aus dem göttlichen Wesen der Athena unter Hinweis auf die unauslöschliche Lampe in Athen erklärt. Ebensowenig wie von den antiken Scholiasten, die nicht die geringsten Anhaltspunkte besaßen und nicht einmal, wie wir heute, die kretisch-mykenischen Lampen kennen konnten, ist von der modernen philologischen Sekundärliteratur eine Klärung dieses Rätsels zu erwarten. Man hat an eine Fackel[414], einen goldenen Kandelaber, in den eine Fackel gesteckt wurde[415] oder an eine Fackel mit goldener Hülse gedacht[416]. Andererseits wird aus dieser Stelle geschlossen, daß auch in homerischer Zeit die Lampe den Griechen bekannt gewesen sein muß[417]. Daneben steht die Meinung, daß die die Lampe tragende Göttin Homer fremd war[418], was auf einen späteren Ursprung dieser Stelle hinzielt. Da philologische Datierungsfragen in diesem Zusammenhang aber außer Betracht bleiben sollen, muß hier von dem für Homer überlieferten Text ausgegangen werden. Die Frage, ob Homer und seine Zeit die Lampe kannten, ist eigentlich nur von archäologischer Seite zu beantworten, was dem zweiten Teil vorbehalten werden soll.

Für denjenigen, der annimmt, Lampen habe es in homerischer Zeit nicht gegeben, weil es sonst keine literarischen Zeugnisse dafür gibt, bleiben nur die bereits vorgeschlagenen Deutungen: Kandelaber oder Fackel. Man könnte diesen Erklärungsversuch vielleicht mit dem Hinweis auf die oben[419] zitierte Odysseestelle konkretisieren, in der es heißt, daß goldene Knaben auf gut gebauten Sockeln standen und brennende Fackeln in Händen hielten. Es wäre erwägenswert, daß Homer an einen derart reich ausgestalteten Fackelhalter in der Hand der Athena gedacht hätte, wenn damit nicht die eigentliche Wortbedeutung von λύχνος übergangen würde, wofür es a priori keinen zwingenden Grund gibt. Denn wenn auch in homerischer Zeit die Fackeln mit Sicherheit das übliche und gebräuchlichste Beleuchtungsgerät sind, so können gelegentlich daneben ja auch Lampen verwendet worden sein. Für

---

411 Lorimer, HM. 509ff.; Webster, Mycenae 107. 212; Pfuhl, JdI. 27, 1912, 55.
412 Athenaios XV 700e: οὐ παλαιὸν δ' εὕρημα λύχνος. φλογὶ δ' οἱ παλαιοὶ τῆς τε δᾳδὸς καὶ τῶν ἄλλων ξύλων ἐχεῶντο. 413 Schol. BQ, V, Q, HQV zu 19, 34 (Dindorf 670). 414 z.B. Übersetzungen von A. Weiher, R. A. Schröder u. a.
415 Homers Odyssee erklärt von J. U. Faesi (1850) 151. 416 Ameis zu 19, 34.
417 Ebeling, LH. s. v. λύχνος. 418 H. Düntzer, zitiert bei Ebeling a.O.
419 S. P 84; 7, 100ff.

diese Frage sollte man die Odysseestelle nicht übermäßig strapazieren, denn aus ihr geht offensichtlich hervor, daß es Homer mehr am Herzen liegt, das Licht, das Athena spendet, hervorzuheben, als etwas über die Lampen auszusagen.

Zusammenfassend muß gesagt werden, daß uns die homerischen Epen zwar wissen lassen, daß Fackeln und Feuer die Häuser erleuchteten, daß sie darüberhinaus aber keine genauere Vorstellung zu vermitteln vermögen. So wissen wir nicht, welche Arten von Fackeln, die die Antike kannte und die von A. Mau zusammengestellt worden sind[420], Homer vor Augen hatte, oder wo und zu welchen Anlässen sie außer den genannten aufgestellt wurden. Eine genauere Vorstellung, die über das Bild der Dichtung hinausgeht, ist auch mit archäologischen Mitteln nicht zu gewinnen. Denn da sowohl die Fackeln als auch das Feuer verbrennen, besitzen wir keinerlei Zeugnisse. Damit wäre das Thema der Beleuchtung in homerischer Zeit eigentlich abgeschlossen, bliebe nicht der stille Verdacht, daß vielleicht in der Zeit zwischen den beiden großen Epochen, der kretisch-mykenischen und der archaischen, aus denen Lampen in großer Zahl bekannt sind, Kenntnis und Gebrauch der Lampe weitergegeben wurde und nicht verlorenging. Dieser Frage muß auch unabhängig von der umstrittenen goldenen Lampe der Athena nachgegangen werden.

11. Beleuchtungsvorrichtungen nach den archäologischen Funden

a) Einführung

Konstruktion und Gebrauch der antiken Lampen sind höchst einfach und von den frühesten Zeiten bis in die Spätantike keinem wesentlichen Wandel unterworfen. Als Lichtquelle diente ein Docht aus Hanf oder Flachs, als Brennstoff in den Mittelmeergebieten vor allem Olivenöl, vielleicht auch Fette von Haustieren. Die Lampe selbst, der eigentliche Ölbehälter, ist von verschiedenen Ausmaßen, im allgemeinen von bescheidener Größe, und ist entweder zum Aufstellen, Tragen oder Aufhängen gedacht. In ihrer einfachsten Form besteht die Lampe nur aus einem offenen Schälchen mit Randausbuchtung, die dem Docht einen gewissen Halt geben soll. Diese Grundkonstruktion bleibt zwar immer bestehen, doch wird die äußere Form vielfach abgewandelt. Schnauzen oder Tüllen können besondere Formen annehmen, Griffe, Füße oder Ständer werden hinzugefügt. Da die Leuchtkraft eines ölgespeisten Dochtes begrenzt ist, mußte man, um sie zu steigern, entweder die Zahl der aufgestellten Lampen, was das übliche war, oder die Zahl der Dochte und Tüllen erhöhen. Am häufigsten sind die eindochtigen Lampen, doch sind auch zwei-, drei- und mehrdochtige Lampen nicht selten.

b) Kreta-Mykene

α) *Steinlampen:* Die Zahl der erhaltenen Lampen aus kretisch-mykenischer Zeit ist relativ groß[421]. Innerhalb der reichen und langen Lampenentwicklung der Antike stellen die Steinlampen auf hohem Fuß der minoischen Zeit einen ersten Höhepunkt dar. Sie bestehen vorwiegend aus Stein — Steatit, Porphyr,

---

[420] R.E. VI 1945ff. s. v. Fackel.
[421] Im folgenden soll kein vollständiger Katalog der Lampenfunde gegeben werden; es werden jeweils die wichtigsten Stücke exemplarisch genannt.

Marmor, Kalkstein — und erreichen eine Höhe bis zu 40 oder 50 cm. Der Fuß besteht aus einem säulenartigen Schaft, der mit einem Querwulst mit Blattornament oder mit spiralartigen Bändern verziert ist, und der in eine kreisförmige oder kleeblattartige Standfläche übergeht. Die eigentliche Lampenschale ist in einem Stück mit dem Fuß gearbeitet: der Übergang zum Schaft wird gelegentlich in Form eines Papyrusbündels gestaltet, wie bei einigen Steinlampen aus Knossos, wo eine stattliche Zahl dieser großen und reich ausgeschmückten Lampen gefunden wurde [422]. Vergleichbare Stücke aus Phaistos [423] könnten vermuten lassen, daß diese prunkvollen Gebrauchsgegenstände nur in Palästen verwendet wurden. Die Funde aus Palaikastro [424] lehren aber, daß sie auch zum Inventar der Häuser einer städtischen Siedlung gehörten. Dasselbe gilt für die spätminoischen Steinlampen mit niedrigem Fuß, die in Isopata [425], Knossos [426], Mallia [427], Mochlos [428], Nirou-Chani [429], Palaikastro [430], Phaistos [431] und Pseira [432] gefunden wurden. Sie bestehen aus Gipsstein, Steatit oder purpurfarbenem Kalkstein. Ebenso wie bei den Lampen auf hohem Fuß werden auch bei diesem Typus vornehmlich die Ränder der Lampenschale verziert, in die gegenständig zwei, seltener vier Dochttüllen eingekerbt sind. Gleichsam eine Zwischenform zwischen diesen beiden Typen stellen die Sockellampen mit konischem Fuß dar, die am besten in Mochlos [433] und Palaikastro [434], Archanes [435] und Mallia [436] vertreten sind. Diese Lampen sind unverziert, die relativ tiefe Schale ist mit zwei Dochtschnauzen und zwei Griffen zum Tragen versehen. Schließlich gibt es unter dem minoischen Steingerät noch Ständer, die im allgemeinen als Lampenständer angesprochen werden. Ihre Verwendung als Fackelhalter kann erwogen werden [437].

Die Steinlampen des mykenischen Kulturkreises sind aus den minoischen abgeleitet, bestehen ebenfalls aus Steatit oder Speckstein, bleiben im Format nur wenig hinter den minoischen Vergleichsstücken zurück und lassen sich in dieselben Typen aufgliedern. Steinlampen auf hohem Fuß sind aus Dendra [438] und Mykene [439] bekannt, Steinlampen auf niedrigem Fuß aus Asine [440], Pronoia [441], Mykene [442] und Dendra [443]. Weitere Lampen aus dunkelgrünem Steatit, violettem Granit oder Serpentin aus Pylos [444] und Ialysos auf Rhodos [445] zeigen an, daß diese mykenischen Steinlampen weite Verbreitung fanden.

β) *Tonlampen:* Auffälligerweise wurden bisher aus kretisch-mykenischer Zeit Tonlampen in viel geringerer Zahl als Steinlampen gefunden. Der Grund

---

[422] Evans, PM. I 345 Abb. 249; Bossert, Altkreta Abb. 216; Matz, Kreta-Mykene-Troja Taf. 68; Zervos, Crète 322f. Abb. 467f.; vgl. Durm, ÖJh. 10, 1907, 63. [423] Savignoni, MonAnt. 14, 1904, 522 Abb. 36. [424] R. C. Bosanquet-R. M. Dawkins, The Unpublished Objects from Palaikastro Excavations, 1902—1906, BSA. Suppl. I (1923) 138 Abb. 119b; Zervos a.O. 322 Abb. 466. [425] Fast alle genannten Stücke befinden sich heute im Museum Herakleion. [426] Evans, Archaeologia 59, 2, 1905, 540 Abb. 126f. Taf. 98; Bossert a. O. Abb. 218. [427] Zervos a.O. 321 Abb. 464. [428] Seager, AJA. 13, 1909, 297. 302 Abb. 17ff. [429] Zervos a.O. 321 Abb. 465. [430] Bosanquet-Dawkins a.O. 138 Abb. 119c. [431] Zervos a.O. 320 Abb. 463. [432] R. B. Seager, Pseira (1910) 37 Abb. 17; vgl. 38 Abb. 19. [433] Seager, AJA. 13, 1909, 302 Abb. 21; 297 Nr. 2. [434] Bosanquet-Dawkins a.O. 140 Abb. 121a. [435] Cook, JHS. 70, 1950, 9; Platon, KChron. 2, 1948, 584ff. [436] Zervos a.O. 336 Abb. 491. [437] z.B. aus Palaikastro: Bosanquet-Dawkins a.O. 139 Abb. 120a. [438] Persson, Dendra I 103 Abb. 77; Dendra II 57 Abb. 64. [439] Tsountas-Manatt 80 Abb. 31. [440] O. Frödin-A. W. Persson, Asine (1938) 377f. Abb. 247. [441] Cook-Boardman, JHS. 74, 1954, 153. [442] Tsountas-Manatt 79f. Abb. 29f. [443] Persson, Dendra I 38 Abb. 23; 104 Abb. 78. [444] Blegen, AJA. 60, 1956, Taf. 43. [445] Monaco, Clara Rhodos X (1941) 95f. Abb. 42f.; Maiuri, ASAtene 6/7, 1923/24,

mag darin zu suchen sein, daß bisher vor allem die minoischen und mykenischen Paläste und die dazugehörigen Gräber der Begüterten ausgegraben wurden, zum anderen darin, daß kleine Tonschälchen, die als Lampen verwendet werden konnten, wenig Beachtung fanden. Die Annahme geht sicher nicht fehl, daß die ärmeren Schichten der Bevölkerung nur kleine Handlampen aus Ton besaßen. Die kretisch-mykenischen Tonlampen sind von weniger einheitlichem Typus als die großen Steinlampen der gleichen Zeit. Sehr unterschiedliche Formen stehen nebeneinander, ohne daß sich eine Leitform herauskristallisiert. Abgesehen von einer Tonlampe aus Prosymna [446], die offensichtlich eine Steinlampe imitiert, wurden eigene und von diesen unabhängige Formen gefunden. Ganz singulär ist eine Tonlampe aus Hagia Triada [447]: Am oberen Rand eines kyathosartigen Gefäßes ist in der Henkelzone ein kleines Lampenschälchen angebracht, das frei über dem Gefäßinnenraum schwebt und dessen spitz ausgezogene Schnauze nach innen weist. Welcher praktische Nutzen hiermit erzielt werden sollte, ist nicht eindeutig ersichtlich. Es ist wenig wahrscheinlich, daß sich in dem größeren Gefäß ein Ölvorrat befand, da es schwierig sein dürfte, hieraus das Öl in die eigentliche Lampe zu schöpfen. Vielleicht war dieser größere Behälter mit Wasser gefüllt, um die Lampe zu kühlen, da sich Tonlampen bei längerer Brenndauer stark zu erhitzen pflegen. Von den vier Tonlampen aus Palaikastro [448] sind zwei offen gearbeitet, zwei dagegen mit überbrückter Schnauze, horizontalem Henkel und etwas verengter Einmündung. Überbrückte Schnauzenlampen sind für Kreta und Mykene ungewöhnlich, sie gelten vielmehr als typisch attische Lampen. Daher hat man angenommen, sie seien vielleicht später in eine ältere Schicht geraten [449]. Das ist nicht ausgeschlosssen; nachdem aber in Asine ein Gegenstück gefunden wurde [450], ist dieser Typ auch für das Festland belegt, so daß man ihn auch für die kretisch-mykenische Zeit postulieren muß. Anders verhält es sich bei einer mit Wellenlinien bemalten Tonlampe in Schiffchenform aus Ialysos [451], die aus der Endphase der spätmykenischen Zeit stammt und der protogeometrischen Keramik unmittelbar vorausgeht. Hier kann mit dem Henkel, der den Innenraum überspannt, nur eine Handhabe zum Tragen gemeint sein.

Die einfachste Form der Tonlampe, ein offenes Schälchen mit nur leicht eingedrückter Schnauze für den Docht, wie sie sich auch in späteren Epochen für den Hausgebrauch immer wieder findet, ist auch im kretisch-mykenischen Kulturkreis vertreten, aber — wie gesagt — bisher nicht häufig belegt. Als Beispiel seien die Tonlampen aus der diktäischen Grotte genannt [452], die mit einem kurzen Griff versehen sind. Bei ähnlicher Grundform ist an einer Tonlampe aus Zygouries ein interessantes Detail zu bemerken [453]: An der dem Griff gegenüberliegenden Seite ist im Innern der flachen Schale ein geschwungener Wulst oder Steg eingearbeitet, der nur so erklärt werden kann, daß er das Abrutschen des Dochtes verhindern sollte. Dadurch erübrigt sich dann die Anbringung einer Schnauze. In Zygouries [454] wurden ferner — ebenso auch in Dendra [455] — kumpartige Tongefäße gefunden, deren Henkel so weit nach

---

234 Abb. 151.   **446** Blegen, Prosymna 455 Abb. 535.   **447** Zervos a.O. 388 Abb. 568.   **448** Bosanquet-Dawkins a.O. 130 Abb. 12; Dawkins, BSA. 9, 1902/03, 326 Abb. 27.   **449** Burrows-Ure, JHS. 31, 1911, 97f.   **450** O. Frödin-A. W. Persson, Asine (1938) 307. 309 Abb. 213, 8.   **451** Maiuri, ASAtene 6/7, 1923/24, 159 Abb. 85.   **452** Hogarth, BSA. 6, 1899/1900, 105 Abb. 35. **453** Blegen, Zygouries 154 Nr. 187 Abb. 145.   **454** Blegen a.O. 160 Nr. 186 Abb. 155.   **455** Persson, Dendra II 24 Nr. 2; 25 Abb. 28, 1.

unten schwingen, daß das Henkelende dieselbe Höhe wie der Gefäßboden erreicht, der nur wenig Standfläche bietet. Der Ausgräber C. W. Blegen erklärt diesen Gegenstand als Schöpflöffel, weil sich in dem Henkel eine kleine Rinne befindet, die er sich als Ausguß denkt[456]. A. J. B. Wace denkt an Räuchergefäße des Totenkultes[457], da viele dieser Gefäße mehr oder weniger durch Feuer zerstört sind. Da aber die Rinne im Henkel zum Räuchern überflüssig und zum Ausgießen zu klein ist, scheint die Deutung von A. W. Persson wahrscheinlicher[458], daß es sich hier um Lampen handelt und der lang ausgezogene, nach unten gebogene Griff die Lampe befähigt, auch selbständig zu stehen. Schließt man sich dieser Deutung an, so erklärt sich der auffällige Befund, daß in den Gräbern der Reichen Steinlampen so häufig vorkommen, in den Gräbern der Armen aber fehlen: Diese hätten dann als Beigaben Tonlampen erhalten, die sogenannten Schöpflöffel.

γ) *Bronzelampen:* Aus Kreta sind Bronzelampen dieses Zeitraumes nicht bekannt; es gibt lediglich aus der Argolis einige kleine Bronzegefäße, die als Lampen gedeutet werden. Ähnlich den einfachen Schalenlampen aus Ton sind auch die in Dendra gefundenen Bronzegeräte nur flach gewölbt, mit einem langen, dünnen Griff versehen, aber ohne Schnauze[459]. Ebenfalls ohne Schnauze — und das läßt an einer Verwendung als Lampe zweifeln — ist eine flache steilwandige Bronzeschüssel mit Griffstab aus Prosymna[460]. Ob man eine kleine Bronzeschale mit Ringhenkel und Andeutung einer Schnauze aus Asine[461] für eine Lampe hält oder nicht, bedeutet zugleich eine Entscheidung in einer von G. Karo aufgeworfenen Frage[462]. Es handelt sich um die 'Bronzetassen' aus den Schachtgräbern III und IV in Mykene, die den zitierten von Asine entsprechen. »Obwohl der Ausguß an Lampen erinnert, zögere ich, solche hier zu erkennen, da auch die sonst im minoischen und mykenischen Kreise so häufigen tönernen und steinernen Lampen in den Schachtgräbern fehlen«. So argumentiert Karo; ein nicht ganz einzusehender Schluß e silentio. Wäre eine einzige mykenische Lampe eines der bekannten Typen in einem Schachtgrab gefunden worden, würde man das nicht als merkwürdig, sondern als zum Inventar gehörig bezeichnen. Ebensowenig dürfte der Fund einer Bronzelampe überraschen oder Zweifel erregen. Die Kernfrage lautet vielmehr, ob diese Bronzegeräte Lampen darstellen oder nicht. Eine sichere Entscheidung läßt sich hierüber nicht fällen, doch ist der Hinweis auf die Schnauze ein wahrscheinliches Indiz, daß es sich hier wirklich um Lampen handelt. Die Analogie zu den Tonlampen stützt diese Annahme, wenn auch immer noch die Möglichkeit offenbleibt, daß die Ausbuchtung zum Ausgießen hergestellt wurde. Sieht man in diesen Bronzetassen keine Lampen, so ist beim heutigen Stand der Forschung eine chronologische Schlußfolgerung nur mit Vorsicht zulässig: Wenn die Schachtgräberzeit die Lampe noch nicht kennt, so kann diese erst in der Folgezeit, das heißt in SH II, von Kreta eingeführt worden sein[463].

Um der Kernfrage dieser Untersuchung näherzukommen, ob in der Nachfolge einer so reichen Lampenentwicklung wie der kretisch-mykenischen diese Tradition völlig abreißen kann, sollen im folgenden zunächst die orientalischen und dann die griechischen Lampen des siebten Jahrhunderts behandelt werden, um so den homerischen Zeitraum zeitlich und räumlich einzukreisen.

[456] a.O. Anm. 453. 454.   [457] ChT. 184.   [458] Dendra II 103. 105 Abb. 113; hier Taf. P VI.   [459] Persson, Dendra I 94 Nr. 11; 97 Abb. 70. Dendra II 45 Nr. 12; 46 Abb. 49, 1.   [460] Blegen, Prosymna II Taf. 33, 159.   [461] O. Frödin-A. W. Persson, Asine (1938) 393 Abb. 257.   [462] Karo, Schachtgräber 227 Taf. 164, 170.   [463] Vgl. Lorimer, HM. 510.

Vorbilder für die kretischen und auch für die orientalischen Lampen sollen die ägyptischen Lampen gewesen sein[464], wofür als Quelle immer wieder Herodot herangezogen wird: »Wenn sie sich zum Feste in Sais versammeln, zünden sie in einer Nacht viele Lampen an und stellen sie im Kreise um die Häuser. Diese Lampen sind flache Gefäße, die mit Salz und Öl gefüllt werden[465]; obenauf ist der Docht. Diese Lampen brennen die ganze Nacht, und das Fest heißt das Fest der brennenden Lampen. Auch wer an dem Feste nicht teilnimmt, zündet in dieser Festnacht jene Lampen an, so daß sie nicht bloß in Sais, sondern im ganzen Ägypten brennen«[466]. Die Ableitung der kretischen und orientalischen Lampen von den hier beschriebenen ägyptischen geht von der irrigen Annahme aus, daß Herodot hier über das Alte Ägypten spricht. Aus dem Kontext im zweiten Buch der Historien geht aber deutlich hervor, daß Herodot ausschließlich von der Spätzeit berichtet und Sais zur Zeit der Saiten und zur Zeit seines Besuches schildert, also Festgebräuche und Lampen des siebten bis fünften Jahrhunderts beschreibt. Wenn sich auch diese Theorie nicht bewahrheitet, so muß hier dennoch auf die syrisch-phoinikischen Lampen kurz eingegangen werden, weil sie sich wesentlich von den kretisch-mykenischen Lampen unterscheiden, und weil der orientalische Lampentypus im frühen siebten Jahrhundert in Griechenland eingeführt worden sein soll und die frühen Griechen hiermit die ersten Lampen kennengelernt haben sollen.

c) Syrien-Phönikien

Die hier zu nennenden Lampen des syrischen Raumes stammen aus dem frühen ersten Jahrtausend vor Chr., also aus der Zeit der israelischen Königreiche. Aus den Fundumständen geht hervor, daß sie in vielen Fällen kultisch verwendet wurden[467]; es fällt aber auf, daß Brandspuren häufig fehlen. Eine besondere kultische, unerklärte Eigenheit zeigen die Funde aus Gezer und Lachisch[468]: Am Fuß der Hausmauern oder auch unter diesen, wurden Tonlämpchen gefunden, die in eine flachbodige Schüssel gesetzt und von einer zweiten Schüssel zugedeckt waren. Aus dem kultischen Bereich kennen wir ferner die im Alten Testament mehrfach beschriebenen, großen goldenen Leuchter[469], zu denen bisher keine vergleichbaren Gegenstücke gefunden wurden. Die israelitischen, syrischen und phoinikischen Lampen sind vielmehr immer aus Ton und von bescheidenen Ausmaßen. Es handelt sich gleichsam um eine Grundform der Lampe: Einfache flache Tellerchen oder Schälchen mit Rand und ausgebildeter Schnauze[470]. Dieser Typus hält sich ohne wesentliche Veränderungen durch Jahrhunderte. Im Vergleich zu den Vorformen, wie sie aus der mittleren Bronzezeit aus Jericho bekannt sind[471], haben die

---

[464] L. Borchardt, Das Grabdenkmal des Königs Sahure (1910—13) 133f.; Thiersch 467f.; Burrows-Ure, JHS. 31, 1911, 89; Pfuhl, JdI. 27, 1912, 56; O. Waldhauer, Die antiken Lampen der kaiserl. Ermitage (1914) 22; Persson, Dendra II 102ff. [465] Das Salz wirkte als Fortsetzung des Dochtes und saugte das Öl ein. [466] II 62; Übersetzung von A. Horneffer.
[467] Vgl. Galling, Die Beleuchtungsgeräte im israelitisch-jüdischen Kulturbereich, ZDPV. 46, 1923, 46; Smith, The Household Lamps of Palestine in Intertestamental Times, BiblA. 27, 1964, 101ff. [468] Thiersch, AA. 1908, 24f. Abb. 14. [469] AT. 2.Mos. 25, 31ff.; 37, 17ff.; vgl. 2.Mos. 25, 6, 37f.; 3.Mos. 24, 2ff.; 4.Mos. 8, 1ff.; 1.Kön. 7, 49; 1.Chron. 28, 15; 2.Chr. 4, 7; 20, 21; Richter 15, 4f. — Vielleicht ist eine einfachere Form von Leuchtern in den Bronzegeräten aus Megiddo zu sehen, die Catling, Bronzework 212f. Nr. 49—56 Taf. 37 als 'offering stands' bezeichnet. [470] C. Watzinger, Denkmäler Palästinas I (1933) 114f. Taf. 19 Abb. 42 Nr. 24—27. [471] K. M. Kenyon, Archaeology in the

Lampen des frühen ersten Jahrtausends lediglich etwas akzentuierte Formen, die Schnauze wird stärker eingedrückt und ein Fußring hinzugefügt. Nachdem sich diese Grundform herausgebildet hat, wird sie vielerorts — z. B. in Megiddo[472], Tell Taanach[473], Samaria[474], Lachisch[475], Ain Shems[476], Gezer[477] — in völlig gleicher Weise hergestellt und beherrscht die Lampenindustrie Israels, der Philister (Tell Fara[478]) und der Phoiniker[479]. Einzige Ausnahme zu dieser genormten Form ist eine in Megiddo gefundene Lampe auf niedrigem Fuß mit sieben Dochtschnauzen[480]. Seltener als die übliche und weitverbreitete Schalenlampe ist der davon abgeleitete Typus: Die Schalenlampe mit trichterförmigem Einsatz in der Mitte[481].

Für die Lampen des syrischen Raumes können zusammenfassend folgende Merkmale hervorgehoben werden: 1. Einheitliche Schalenform in einem großen Verbreitungsgebiet und durch mehrere Jahrhunderte hindurch. 2. Keine wesentlichen Entwicklungstendenzen; keine Weiterentwicklung über die reine Zweckform hinaus. 3. Die Lampe ist so einfach, daß sie autochthon sein kann und nicht aus einem anderen Kulturkreis abgeleitet zu werden braucht. 4. Mit den kretisch-mykenischen Tonlampen, und erst recht mit den dortigen Steinlampen, haben die syrisch-palästinensischen Lampen nichts gemein; es sind verschiedene Typen zweier unabhängiger Kulturkreise[482].

d) Kypros

Diese syrisch-phoinikischen Lampen treten häufiger auch auf Kypros auf[483], das infolge seiner Lage zwischen dem Orient und Griechenland vermittelt. Während es in der frühen und mittleren Bronzezeit auf Kypros keine Lampen gibt, werden diese in der späten Bronzezeit häufiger[484] und bilden ein Leitmotiv bei Siedlungs- und Gräberfunden. Für die kyprische Eisenzeit nahm C. F. A. Schaeffer Beleuchtung durch Feuer an[485]; E. Gjerstad konnte jedoch in Lapithos zwei Lampen nachweisen[486], die durch ihren Fundzusammenhang eindeutig in die Phase kypro-geometrisch II, das heißt in die Zeit zwischen 950 und 850 v. Chr. datiert sind. Bei diesen beiden kleinen Tonlampen bleibt die Frage offen, ob es sich um ein Weiterleben der Lampen aus spätkyprisch II oder um eine Neueinführung aus Syrien in kypro-geometrisch II nach einer Unterbrechung in spätkyprisch III und kypro-geometrisch I handelt. Auch wenn dieser Lampentypus von Syrien ausgegangen sein sollte, so sind sie später doch auf Kypros selbst hergestellt worden. Denn das Vorkommen von

Holy Land (1960) 174. 177 Abb. 40, 42. **472** R. S. Lamon - G. M. Shipton, Megiddo I (1939) Taf. 37; Kenyon a. O. 216 Abb. 51. **473** Thiersch, AA. 1907, 328. **474** J. W. Crowfoot, The Objects from Samaria (1957) 179 ff. Abb. 27. **475** Thiersch, AA. 1908, 24 f. Abb. 15. **476** E. Grant - G. E. Wright, Rumeileh, Ain Shems Excavations IV (1938) Taf. 40, 29. **477** Thiersch, AA. 1909, 347 ff. **478** Kenyon a. O. 229 Abb. 56. **479** L. Palma di Cesnola, A Descriptive Atlas of the Cesnola Collection in the Metropolitan Museum of Art II (1885) Taf. 138. **480** C. Watzinger, Denkmäler Palästinas I (1933) 114f. Taf. 19 Abb. 42, 23; vgl. Crowfoot a. O. 180 Abb. 27, 5. **481** Watzinger a. O. Abb. 42, 6. 7. Thiersch, AA. 1908, 25 Abb. 15. **482** Vgl. dagegen H. Vincent, Canaan d'après l'Exploration Recente (1907) 342.
483 z. B. A. S. Murray - A. H. Smith - H. B. Walters, Excavations in Cyprus (1900) 42; Poulsen, JdI. 25, 1911, 241. 247; vgl. Anm. 479; vgl. die Umsetzung in Bronze, Swed. Cypr. Exped. IV 2 (1948) 149 Abb. 27, 1—2; Catling a. O. 162 Nr. 1 Taf. 25a. **484** E. Gjerstad, Swed. Cypr. Exped. IV 2 (1948) 402. **485** C. F. A. Schaeffer, Enkomi-Alasia I (1952) 222 ff. **486** OpArch. 4, 1946,

Lampen mit gehobener Basis auf Kypros zwingt nicht zu dem Schluß, daß diese technische Entwicklung einem erneuten syrischen Einfluß verpflichtet ist. Sie kann ebensogut eine parallele kyprische Erfindung sein.

Eine weitere Gattung, die bisher nicht besprochen wurde, aber zum Beleuchtungsgerät hinzugehört, sind die Kandelaber, die gerade für Kypros charakteristisch sind, und deren früheste Vertreter in eine Zeit gehören, in der die Griechen ihre Lampenformen noch nicht entwickelt haben. Sie stellen ebenso wie die Tonlampen von Kypros ein bedeutsames Zeugnis aus homerischer Zeit dar und machen später ihren Einfluß auf Griechenland geltend.

Der Zweck des Kandelabers besteht darin, ein Öllämpchen in genügende Höhe zu bringen, um so den Wirkungskreis des Lichtes zu erweitern. Bei den kyprischen Kandelabern lassen sich zwei Typen unterscheiden: 1. Die Kandelaberstange trägt eine flache Schale, auf die die Öllampe gesetzt wurde[487]. 2. Das Kandelaberoberteil besteht aus drei langen, an den Spitzen auswärts eingerollten Blättern und mehrfachen Blattüberfällen am Schaft. Bevor sich die Spitzen der Blätter nach außen drehen, werden diese durch einen Ring verbunden[488]. Dieser Ring wäre für ein Lampenschälchen nicht unbedingt erforderlich. Daher könnte man auch erwägen, ob Kandelaber mit derartigen Oberteilen als Fackelhalter gedacht waren. Andererseits kennen wir Fackelhalter von Kypros in anderer Form[489]: In der Mitte einer flachen Schüssel steht ein kegelförmiger Behälter zur Aufnahme der Fackel. Es ist daher ebenso wahrscheinlich, daß für diesen zweiten Kandelabertypus auch Öllampen verwendet wurden: Kleine, einfache Schälchen, wie sie neuerdings auch im Heraion von Samos in zwei Exemplaren gefunden wurden[490]. Die versuchsweise auf Taf. P V d vorgenommene Zusammenfügung eines kyprischen Kandelaberoberteils[491] und eines dieser Bronzeschälchen[492] zeigt, daß Lampe und Kandelaber gut zusammenpassen könnten.

Gegenstücke zu den von Homer genannten λαμπτῆρες mögen die kyprischen Dreifüße darstellen, auf die dann Leuchtbecken in Form von flachen Schüsseln gesetzt wurden[493]. Für diesen Zweck eignen sich sowohl die kyprischen Stabdreifüße[494] als auch die 'cast tripods'[495], die häufig auch in Ton kopiert wurden[496], die in der griechischen Welt des frühen ersten Jahrtausends weite Verbreitung fanden und sich in ähnlicher Form bis auf den heutigen Tag in den Ländern des Mittelmeerraumes gehalten haben. Sieht man in diesen Dreifüßen Untersätze für Leuchtbecken, wodurch sich auch die unterschiedliche Höhe erklären würde, so müßte man auch die sogenannten Larnakes als vierseitige Ständer für λαμπτῆρες ansprechen[497]. Denn Dreifüße wie Larnakes sind

---

19f.; vgl. Nilsson, OpArch. 6, 1950, 99.   [487] Swed. Cypr. Exped. IV 2 (1948) 137 Abb. 22, 11; 149 Abb. 27, 19–20; New York, Cesnola Coll.: G. Richter, Bronzes (1915) 365ff. Nr. 1285ff.; L. Palma di Cesnola, Cypern, seine alten Städte, Gräber und Tempel (1879) 276 Taf. 70, 3.   [488] Swed. Cypr. Exped. IV 2 (1948) 149 Abb. 27, 16—18; Ohnefalsch-Richter Taf. 43; Richter a.O. Nr. 1270ff.; Bossert, Altsyrien 232 Abb. 789.   [489] Swed. Cypr. Exped. IV 2 (1948) 149 Abb. 27, 22. — Das Bronzegerät, das von Catling, Bronzework 162 Nr. 1 Taf. 25 b. c, als Fackelhalter angesprochen wird, dürfte wohl einem anderen Verwendungszweck gedient haben, denn wie sollte in dieser flach gemuldeten Schale eine Fackel stehen können.   [490] Inv. Nr. B 1271 und B 1350.   [491] Inv. Nr. B 479.   [492] Inv. Nr. B 1271.   [493] Am besten belegt aus spätmykenischer Zeit und zusammengestellt von Catling, Bronzework Abb. 18, 2. 19, 1, 6, 9. Taf. 21 b. d.   [494] Riis, Acta Arch. 10, 1939, 1ff.; Catling a.O. 192ff. Nr. 1—20 Taf. 27ff.   [495] Catling a.O. 199ff. Nr. 21—30 Taf. 31f.   [496] Catling a.O. 213ff. Taf. 38f.   [497] Catling a.O. 203ff. Nr. 31—47 Taf. 33ff.

für denselben Zweck hergerichtet, nämlich zum Tragen eines Ringes, der seinerseits ein Becken halten soll. Zudem sind beide Gattungen in den gleichen Werkstätten und in derselben Technik gearbeitet. Die viereckige Form erklärt sich wahrscheinlich aus der Anbringung von Rädern, die diesen Ständern Beweglichkeit verleihen sollten. Die Deutung auf λαμπτῆρες findet eine Stütze in dem spätmykenischen Becken auf drei Füßen aus Mykene[498], das unmittelbar an die oben (S. P 86 Anm. 409) wiedergegebene antike Erklärung der λαμπτῆρες als χυτρόποδες erinnert. Mit diesem Leuchtbecken auf Füßen, das mit einem Ausguß, χύτρα von χέω, versehen ist, besitzen wir eine so genau übereinstimmende Parallele zu der schriftlichen Überlieferung, daß wir hiermit einen homerischen λαμπτήρ vor Augen haben. Die typologische Verwandtschaft dieses Leuchtbeckens aus Mykene zu den kyprischen Dreifüßen läßt für diese eine entsprechende Verwendung vermuten.

e) Griechenland im siebten Jahrhundert v. Chr.

Auf Grund der Ähnlichkeit der kyprischen und syrischen Lampen ist es unmöglich zu bestimmen, in welchem Grade Kypros für die Verbreitung der Tonlampen in Griechenland und anderen Teilen des Mittelmeergebietes verantwortlich ist. Daß die syrischen Lampen — vielleicht durch die Vermittlung von Kypros — im Zuge der zunehmenden Kontakte zum Orient im achten und siebten Jahrhundert einen Einfluß auf die frühen griechischen Tonlampen ausgeübt haben, steht außer Zweifel. Als Beispiel seien hier zwei Lampen der Agora in Athen genannt[499], die dank der subtilen Ausgrabung gut datiert sind: Eine in das erste Viertel des siebten Jahrhunderts, die zweite in die zweite Hälfte desselben Jahrhunderts. Auch an anderen Orten Griechenlands wurden derartige Tonlampen gefunden, die hier im einzelnen nicht aufgeführt zu werden brauchen; wichtig ist vielmehr, daß durch die Agora-Grabung die frühesten dieser schwer datierbaren Lampen für den Anfang des siebten Jahrhunderts gesichert sind.

Die sogenannte altattische Lampe mit überbrückter Schnauze gilt immer als Erfindung des siebten Jahrhunderts[500]. Nachdem aber oben dieser Typus auch für den kretischen und mykenischen Kulturkreis nachgewiesen werden konnte, scheint es sich hier doch eher um das Weiterleben alten Formengutes zu handeln.

Die Weiterentwicklung dieses Typus in den großen archaischen Marmorlampen, die gegen Ende des siebten Jahrhunderts aufkommen[501], kann hier unberücksichtigt bleiben.

Singulär bleibt die Tonlampe aus Kamiros aus der ersten Hälfte des siebten Jahrhunderts in Form einer Frauenfigur[502], die mit beiden Händen auf ihrem Kopfe eine Lampe mit drei Schnauzen trägt.

---

498 Wace, Mycenae 319 Nr. 440; Karo, Schachtgräber 116 Nr. 579 Taf. 163.
499 R. H. Howland, Greek Lamps and their Survivals, The Athenian Agora IV (1958) 7f. Taf. 1, 29 (Inv. Nr. L 564, L 3022, vgl. L 3579). **500** Vgl. H. Dragendorff, Thera II (1903) 75f. Abb. 274a. **501** Zusammengestellt von Beazley, JHS. 60, 1940, 22ff.; später gefunden: Marmorlampe aus Brauron mit drei Löwenköpfen: Πρακτ. 1949, 84. 86 Abb. 15. **502** London, Brit. Mus. Guide to the Exhibitions Illustr. Greek and Roman Life³ (1929) 105 Nr. 305 Abb. 106.

f) Griechenland in homerischer Zeit

In größerem Zusammenhang gesehen ist es verwunderlich, daß in homerischer Zeit in Griechenland die Lampe unbekannt gewesen sein soll, da ja — wie wir gesehen haben — eine reiche kretisch-mykenische Lampenproduktion vorausgeht und eine ebenso reiche archaische folgt. Es kommt hinzu, daß im gesamten östlichen Mittelmeergebiet des gleichen Zeitraumes Lampen für Syrien und Phoinikien, für Ägypten[503] und Kleinasien — nämlich Phrygien[504] und Urartu[505] — einschließlich Kypros nachgewiesen sind.

Bei genauerer Beobachtung lassen sich vielleicht doch einige missing links finden. V. R. d' A. Desbourough hat eine handgemachte, nur vier Zentimeter hohe Tonlampe aus Mykene publiziert[506], die in rein protogeometrischem Zusammenhang gefunden wurde, die formal nicht in mykenischer Tradition steht und auch keine Beziehungen zu den kyprischen Lampen aufweist.

Ferner fand sich in dem geometrischen Tempelbezirk von Dreros auf dem Altar eine ganz erhaltene Lampe aus Ton und vor dem Tempel weitere Lampenfragmente[507]. Eine exakte Datierung dieser Lampen ist nicht möglich, da sich diese einfache Form über Jahrhunderte hin hält. Für einen frühen Ursprung spricht jedoch die Fundlage. Ähnlich liegen die Verhältnisse in Arkades[508], wo in Raum III der 'casa grande' und in der Befestigung zwei Tonlampen gefunden wurden, die denen von Dreros verwandt sind. D. Levi datiert diese — nicht unwidersprochen — in geometrische Zeit[509]. Bei allen Funden, die der griechischen Frühzeit zugewiesen werden könnten, besteht wegen zu wenig ausgeprägter Formen und mangels gesicherter Funde eine gewisse Unsicherheit in der Datierung und Deutung. Hält man aber die Öllampe in homerischer Zeit nicht von vornherein für ausgeschlossen, so mögen sich im Laufe der Zeit die Zeugnisse mehren, zumal wenn man ihnen mehr Beachtung schenkt. So ist zu erwarten, daß sich von den zahlreichen schwer datierbaren Tonlampen aus Kreta[510] und Griechenland[511] in Zukunft einige an gesicherte geometrische Funde anschließen lassen.

Wenn sich unser Bild dahin ändern sollte, daß den frühen Griechen die Lampe vielleicht doch nicht ganz unbekannt war, so werden wir Homer doch Glauben schenken, daß zu seiner Zeit die Fackeln das wichtigste Beleuchtungsgerät waren. Dieser Sachverhalt ist vielleicht durch zweierlei zu begründen. Griechenland wurde im Zuge der dorischen Wanderung weitgehend verwüstet und verarmte in der Folgezeit. Sollten die alten Ölbaumkulturen in Mitleidenschaft gezogen worden sein, so kann durch Jahrhunderte hindurch das Öl rar gewesen und nur mit Sparsamkeit gebraucht worden sein. Eine weitere Ursache für die Seltenheit der Lampe in homerischer Zeit mag ferner darin zu suchen sein, daß während dieser 'dark ages' sowohl aus der Kunst

---

503 Herodot II 62.   **504** Bossert, Altanatolien 84 Abb. 1089f.   **505** Bronzekandelaber aus Toprakkale, H. Hoffmann, Jahrbuch der Hamburger Kunstsammlungen 6, 1961, 143ff.; Bossert, Altanatolien 91 Abb. 1179, vgl. Abb. 1171—1174.   **506** BSA. 51, 1956, 128ff. Taf. 34a; Wace, JHS. 76, 1956, Suppl. 40 Taf. 1e.   **507** Marinatos, BCH. 60, 1936, 259 Abb. 23.   **508** Levi, ASAtene 10—12, 1927—1929, 35 Abb. 13, 55. Abb. 39; S. 500: Hinweis auf weitere kretische Fundorte.   **509** Nilsson, OpArch. 6, 1950, 99; Marinatos, BCH. 60, 1936, 260. **510** Levi a.O. 500; Kato Zakro: Hogarth, BSA. 7, 1900—1901, 128 Abb. 41. **511** C. Waldstein, The Argive Heraeum II (1905) 97. 138; Thiersch 467ff.; Legrand, BCH. 29, 1905, 302 (Troizen); Tiryns I 100f.; Deonne, BCH. 32, 1908, 139. 142 Beibl. Abb. 1 (Delos); Burrows-Ure, JHS. 31, 1911, 93 Abb. 18 (Eleusis); vgl. Xanthoudidou, Ἐφημ. 1906 Taf. 10.

als auch aus den Gebrauchsgegenständen bescheidene Verhältnisse abzulesen sind, so daß man bei derartigen Voraussetzungen gar keine größeren oder reicher ausgeschmückten Lampen, sondern nur kleine, oft schwer erkennbare Tonschälchen erwarten darf. Eine kleine Tonlampe mit nur einem Docht gibt aber nur wenig Licht, und so mag es den frühen Griechen praktischer erschienen sein, helleuchtende Fackeln anstelle der dunkleren und kostspieligeren Öllampen zu verwenden.

Die homerische Überlieferung über den weitverbreiteten Gebrauch von Fackeln findet in einigen Stücken aus Aetos auf Ithaka eine Entsprechung[512], wenn nämlich die dort gefundenen Tongeräte der geometrischen Zeit und des beginnenden siebten Jahrhunderts richtig als Fackelhalter gedeutet sind, woran nicht gezweifelt zu werden braucht.

12. Beleuchtungsgerät im Kult

Aus den homerischen Epen lernen wir Beleuchtungsgeräte nur im Hausrat kennen; aus einigen Beigaben wissen wir, daß Lampen dem Toten mit ins Grab gegeben wurden. Ob es sich hierbei lediglich um Grabbeigaben handelt, oder ob die Lampen auch im Zeremoniell anläßlich einer Begräbnisfeier verwendet wurden, entzieht sich unserer Kenntnis. Homer erwähnt jedenfalls bei den ausführlichen Schilderungen der Leichenfeier zu Ehren des Patroklos weder eine Lampe noch eine Fackel[513].

Die Fackel spielte im griechischen Kult zwar eine bedeutende Rolle[514], doch stammen alle Quellen aus späterer Zeit und für die griechische Frühzeit besitzen wir keine Anhaltspunkte. M. P. Nilsson nimmt an, daß der alte griechische Kult nur Kienfackeln, also keine Lampen kannte[515]. Andererseits zeugen die zahlreichen archaischen Lampen, die in Heiligtümer gestiftet wurden, die Lampen aus dem geometrischen Tempelbezirk von Dreros und der Opferkalender aus Milet[516], der neben δαΐς auch λαμπάς nennt, von einer kultischen Verwendung der Lampe. Wieweit, und gegebenenfalls in welcher Form, Lampen bei eigentlichen Kultzeremonien benutzt wurden, darüber vermögen die Funde naturgemäß nichts auszusagen.

13. Zum Problem früher bildlicher Darstellungen von Lampen

Darstellungen von Lampen sind weder aus kretisch-mykenischer noch aus frühgriechischer Zeit, weder aus dem griechischen noch aus dem vorderasiatischen Kulturbereich bekannt. S. Loeschke[517] hat in seiner Abhandlung über antike Laternen und Lichthäuschen auf einer subgeometrischen Fibel[518] und einem Diadem[519] Darstellungen von Schiffslampen sehen wollen. Das am Mast gezeichnete Viereck erklärt sich aber nach Ausweis einer Fibel in Berlin[520] als Mastkorb.

---

[512] Robertson, BSA. 43, 1948, 88f. Nr. 530—532 Taf. 38; Benton, BSA. 48, 1953, 328 Nr. 1036—1039 Abb. 26.
[513] XXIII 243ff.   [514] M. Vassits, Die Fackel in Kunst und Kultus der Griechen, Diss. München 1900.   [515] OpArch. 6, 1950, 96ff.; Rez. Weinberg, AJA. 57, 1953, 29ff.   [516] Milet I 3 (1914) Nr. 31.
[517] BJb. 118, 1909, 372.   [518] Hampe, Sagenbilder Nr. 100 Taf. 1.
[519] Helbig, HE. 160 Abb. 46.   [520] Hampe, Sagenbilder Nr. 62a Taf. 4.

14. Zusammenfassung

In der bisherigen Forschung, das heißt vornehmlich in der älteren Lampenliteratur, die hier ohne Stellungnahme referiert wird, wurde die Geschichte der Lampen folgendermaßen dargestellt[521]:

Von den ägyptischen Lampen (siehe S. P 92) sollen einerseits die kretisch-mykenischen, andererseits die syrisch-kyprischen Lampen abhängen. Mit dem Untergang der kretischen und später der mykenischen Paläste soll in Griechenland auch Kenntnis und Gebrauch der Lampe verlorengegangen sein, während im syrischen Bereich, der von der Wanderungswelle weniger betroffen wurde, die Lampe weiter fortlebte. Von hier aus soll dann in der sogenannten orientalisierenden Epoche den Griechen die Lampe neu geschenkt worden sein. Eine Kontinuität von kretisch-mykenischer bis in archaische Zeit wird im allgemeinen bestritten; vielmehr soll durch mehrere Jahrhunderte die Lampe völlig in Vergessenheit geraten sein. Als einziger hat H. Thiersch den zögernden Versuch gemacht[522], an Hand seiner Funde von Aigina auf mögliche Zwischenglieder hinzuweisen, ohne jedoch damit Glauben zu finden. Die Ablehnung von Thierschs Vermutung läßt sich teilweise aus der Sicht der damaligen Zeit verstehen, in der der orientalische Einfluß auf das Griechenland des siebten Jahrhunderts überbewertet wurde, teilweise aus einem langgehegten Vorurteil, in homerischer Zeit habe es keine Lampen gegeben, weil es lange keine Zeugnisse dafür gab. Nach dem oben Dargelegten zeigt es sich aber, daß man auf dem Ansatzpunkt von Thiersch aufbauen kann. Wenn auch die Griechen der homerischen Zeit überwiegend von Fackeln und Leuchtbecken Gebrauch machten (siehe S. P 94f.), so haben sie doch wahrscheinlich auch die alte Tradition der Öllampe weitergegeben, wenn auch in bescheidenen Formen, in einfachem Material wie Ton und in mäßigem Umfang. Sollte sich diese Vermutung durch künftige Grabungen und Funde erhärten, so würde damit auch die strittige Homerstelle der goldenen Lampe der Athena eine Erklärung finden[523]. Vielleicht kann die Lampe der Athena, nachdem einige, wenn auch wenige Lampen aus protogeometrischer und geometrischer Zeit bekannt geworden sind, schon jetzt als Zeugnis für die Kenntnis der Lampe in homerischer Zeit stärker als bisher in Anspruch genommen werden.

---

521 Vgl. Anm. 463; ferner: Messerschmidt, AA. 1933, 327f.; E. Gjerstad, Swed. Cypr. Exped. IV 2 (1948) 402; C. F. A. Schaeffer, Enkomi-Alasia I (1952) 223; R. H. Howland, Greek Lamps and their Survivals, The Athenian Agora IV (1958) 7; Nilsson, OpArch. 6, 1950, 98.   **522** 467f.   **523** 19, 33f.; s. dazu Pfeiffer, Die goldene Lampe der Athene, StIt. 27/28, 1956, 426ff.

Manuskriptabschluß: Herbst 1965

Anhang II

Die Elfenbein-Throne von Salamis, Zypern

von Vassos Karageorghis, Nikosia

Neben zahlreichen kyprischen tönernen Modellen und Darstellungen auf Vasen besitzen wir aus 'homerischer Zeit' jetzt auch Throne in voller Größe, die 1966 bei den Ausgrabungen in der Nekropole von Salamis gefunden wurden: In dem langen Dromos des dortigen Grabes 79 kam ein mehr oder weniger vollständiger Thron zutage, sowie Spuren von zwei weiteren, beide in Verbindung mit Schemeln. Das Grab hat eine aus sorgfältig bearbeitetem, mächtigem Felsgestein hergestellte Kammer und rechtfertigt nach Größe und Ausstattung die Bezeichnung 'Königsgrab'. Die Erbauung und Erstbenutzung erfolgte gegen Ende des achten Jahrhunderts v. Chr., eine zweite Bestattung wahrscheinlich zu Beginn des siebten Jahrhunderts. Alle drei Throne gehören zur ersten Bestattung, mithin ins ausgehende achte Jahrhundert. Wie andere Grabbeigaben der früheren Bestattungen wurden diese Möbel an die nördliche Seitenwand des Dromos geräumt, um Platz für die Beigaben der zweiten Bestattung zu schaffen. Da die Throne relativ gut erhalten sind, kann der Zeitraum zwischen der ersten und zweiten Bestattung nur kurz gewesen sein; denn auch zwei der Wagen, die ebenfalls aus der ersten Bestattung stammen, ließen sich noch zur Südseite des Dromos rollen, als dieser für die zweite Bestattung geöffnet wurde.

Der am besten erhaltene Thron bestand aus jetzt völlig zerfallenem Holz, das ganz und gar mit dünnen Elfenbeinplättchen bedeckt war (Fundsituation: Taf. P VII b und BCH. 91, 1967, 345 Abb. 150). Der rechteckige Sitz muß ebenfalls aus Holz oder aus Lederstreifen bestanden haben, wovon außer einer schwarzen Verfärbung des Erdreichs nichts erhalten geblieben ist. Auf dem Sitz dürfte ein Kissen gelegen haben, denn man fand Spuren davon auf dem Boden des Dromos in der Nähe des Thrones. Die Beine und die oben leicht gerundeten Lehnen waren aus rechteckig-massivem Vierkantholz (5,5 × 4,5 cm) gefertigt, die Verstrebungen der Beine dagegen aus etwas dünneren Leisten (3 × 6 cm). Der Elfenbeinbelag der vierkantigen Bestandteile des Sitzmöbels war verdübelt.

Zur Zeit wird dieser Thron in den Museumswerkstätten von Nikosia rekonstruiert (Abb. 17a), indem die Elfenbeinplättchen auf einem Holzmodell angebracht werden, das dem Original in den Dimensionen genau entspricht: Der Thron ist neunzig Zentimeter hoch, die Höhe der Vorderbeine beträgt bis zum Lehnenansatz achtzig Zentimeter. Die Armlehnen sind achtundvierzig Zentimeter lang, der Sitz und das Geviert der Beinverstrebungen bilden gleich große Rechtecke (58,5 × 49 cm).

Die Rückenlehne ist leicht gewölbt. Ihre Innenseite war mit neunzehn Elfenbeinbändern belegt (je 21 × 4 cm). Sie bilden zwei vertikale Reihen, in denen schmucklose Plättchen und solche mit einem Flechtbandmuster abwechseln (Taf. P VIIa, Abb. 17b). Diese Reihen sind auf jeder Seite durch zwei dünne Elfenbeinstreifen abgeschlossen. Der Dekor ist nicht in die Plättchen eingeritzt, sondern in Gestalt von dünnen Elfenbeinfolien aufgesetzt, ebenso verhält es sich mit dem Schmuck derjenigen Streifen, die unten den horizontalen Lehnenabschluß bilden. Von ersteren verblieben einige in situ, andere gingen verloren. Den unteren Abschluß der Rückenlehne bilden in deren ganzer Breite zwei horizontale Anthemienfriese, die jeweils oben und unten von vertikal gerillten Streifen begrenzt und durch ein breites, unverziertes Horizontalband voneinander getrennt sind (Taf. P VII a, Abb. 17 b). Ein breiteres konvexes Plättchen am oberen Teil der Rückenlehne weist eine feine Goldauflage auf, mit in Treibtechnik hergestelltem Schuppenmuster, wovon lediglich Spuren erhalten sind.

Der zweite ursprünglich ebenfalls aus Holz bestehende Thron unterscheidet sich in seiner Konstruktion vom ersten insofern, als er mit Silberstreifen und wahrscheinlich auch Elfenbein überzogen war, mit Einlagen aus blauem Glas oder Glaspaste. Das Holz ist vollständig zerfallen, die dünnen Silberplättchen haben aber Oxydationsspuren im Boden hinterlassen: Rückenlehne und Sitz sind mit langen schmalen Silberplatten ausgelegt gewesen. Vergoldete Silberknöpfe bildeten den Dekor der Verstrebungen der Beine, zumindest an der Vorderseite. Auf dem Boden des Dromos lagen unmittelbar neben diesen Thronen Elfenbeinplättchen mit blauen Glaseinlagen. Es ließ sich nicht mit Sicherheit entscheiden, ob diese Plättchen zu diesem Thron gehörten, an dem dann alternierend Elfenbein- und Silberplättchen auf dem Holz befestigt gewesen wären. Unmittelbar neben dem zuletzt besprochenem Thron befand sich ein ebenfalls mit Silberplättchen geschmückter Stuhl.

Von dem dritten Thron ist sehr wenig erhalten. Seine Holzteile waren mit Elfenbeinplättchen und kleinen Elfenbeinscheiben verziert, letztere in vertikaler und horizontaler Reihung angeordnet. Einige fand man in situ, aber der größte Teil fiel wahrscheinlich schon ab, als der Thron während der Maßnahmen für die zweite Bestattung an die Südseite des Dromos gebracht wurde.

Für die Throne aus Salamis bieten erhaltene Reste assyrischer Möbel ebenso wie Möbel in assyrischen Reliefdarstellungen die besten Parallelen. Die assyrischen Paläste waren mit prachtvollem Mobiliar ausgestattet; das bezeugen zahlreiche Darstellungen auf Palastreliefs ebenso wie Schriftzeugnisse, die Möbel als Beute oder als Geschenke für den König erwähnen [524]. In dem Palast von Nimrud fanden sich zahlreiche, fragmentarisch erhaltene Möbelreste, dabei Teile eines Thrones aus Elfenbein mit Flechtbandverzierung [525]. Luxusmöbel mit Elfenbein-, Gold- und Silbereinlagen muß es allenthalben an den Höfen des Nahen Ostens gegeben haben. Salamis, das vom Ende des achten Jahrhunderts an unter assyrischer Herrschaft stand, wird hierin keine Ausnahme gemacht haben; in seinen Palästen ist mit ebensolchen Möbeln zu rechnen, die entweder aus einem syrischen Herstellungszentrum stammten, oder am Ort unter starkem assyrischen Einfluß angefertigt wurden. Elfenbeinstühle mit Silber- und Goldauflagen sind in altorientalischen Dokumenten erwähnt [526].

---

[524] H. S. Baker, Furniture in the Ancient World (1966) 179ff.; vgl. auch B. Hrouda, Die Kulturgeschichte des assyrischen Flachbildes (1965) 66ff. 125. 146f. Taf. 13—16. [525] M. E. L. Mallowan, Nimrud and its Remains II (1966) 512. [526] Baker a.O. 180.

Abb. 17 Kyprische Throne (siehe die Abbildung auf S. P 101)
a. b: Rekonstruktion und Detail eines Elfenbeinthrons aus Salamis in Nikosia, Cyprus Mus., c: Detail eines Kraters aus Aradippo in Paris, Louvre, d: Miniatur-Terrakotta vom Modell eines Heiligtums aus Vounous, e: Detail der 'Hubbard-Amphora', beide Nikosia, Cyprus Mus., f. g: Detail einer Amphora aus Ormidia in New York, Metr. Mus.

Es überrascht nicht, daß gerade Homer, der orientalische Kunstwerke kannte und wertschätzte, von ihrer Existenz wußte, zumal sie auch nach Griechenland gelangt sein mögen. Er sagt von dem Thron der Penelope κλισίη δινωτὴ ἐλέφαντι καὶ ἀργύρῳ (19, 55ff.; vgl. oben S. P 42). Das Flechtbandmuster an einem der Throne aus Salamis und die Silberplättchen des zweiten entsprechen genau dieser Beschreibung. Andere Epitheta Homers für diesen Thron sind καλός, δαιδάλεος (1, 130ff.), ποικίλος (1, 132), die verständlich werden angesichts des Goldes, Silbers, Elfenbeins und der blauen Glaseinlagen der Throne von Salamis. Der Elfenbein-Thron der Penelope ist dem Dichter zufolge von Ἰκμάλιος gefertigt. Der Name Ἰκμάλιος hängt mit dem kyprischen Wort ἰκμάω zusammen; er ist eine treffende Bezeichnung für einen Metall und Elfenbein bearbeitenden Handwerker und bedeutet 'Hämmerer, Klopfer'[527].

Obwohl wir die Throne aus Salamis auf einen orientalischen Prototyp zurückführen, muß darauf hingewiesen werden, daß für sie mykenische Tradition nicht völlig auszuschließen ist. Zwar sind kaum Beispiele dieser Art aus mykenischer Zeit oder aus dem folgenden 'Dunklen Zeitalter' erhalten geblieben[528], doch bezeugt die Tatsache, daß es in Zypern Throndarstellungen seit dem zwölften Jahrhundert gibt, ihre einstige Existenz. Außerdem sind Throne und andere Sitzmöbel in den mykenischen Linear B-Tafeln mehrfach erwähnt, es heißt von ihnen, sie seien »ausgelegt mit Kyanos, Silber und Gold« (Ta 714)[529].

Auf Zypern selbst gab es Throne bereits weit länger als tausend Jahre vor den salaminischen Neufunden. Ein Überblick über repräsentative Sitzmöbel der Inselkultur soll das strukturelle und stilistische Verhältnis der Throne von Salamis zu jenen besser erkennen helfen: Das früheste monumentale Zeugnis ist Teil eines tönernen Miniaturheiligtums der frühen Bronzezeit aus Vounous (Höhe des Thrones: 9 cm; Abb. 17d, Taf. P VIIIa. b)[530]. Er hat eine Rückenlehne mit drei vertikalen Paneelen und einer horizontalen Stütze in deren Mitte. Die oberen Enden der drei Lehnenpfeiler sind verdickt und eingetieft. Die Größe der auf dem Thron sitzenden Gottheit und ihr Kopfschmuck sprechen dafür, daß es sich um einen Thron und nicht um einen gewöhnlichen Stuhl handelt.

Die Throndarstellungen der kyprischen Spätbronzezeit sind hingegen von dem mykenischen Prototyp des dreibeinigen Sessels abhängig (zu dreibeinigen Sesseln vgl. S. P 53, Abb. 9k. n. o). Wir finden sie als tönerne Modelle und auf Vasendarstellungen: Ein Tonmodell der Cesnola-Sammlung hat eine gerundete Rückenstütze und hohe Armlehnen[531]. Der dreibeinige Thron auf einem Krater aus Aradippo im Louvre weist eine sehr hohe Rückenstütze auf, darauf sitzt ein Vogel. Dargestellt ist augenscheinlich eine Gottheit, deren Füße auf einem Schemel ruhen (Abb. 17c)[532].

---

527 Vgl. W. B. Stanford, Odyssey I (1948) 317f.; L. Lacroix, Ikmalios, in: Hommages à W. Deonna (1957) 309ff.; vgl. hier das Kapitel »Bergbau, Steinbruchtätigkeit und Hüttenwesen«, S. K 17.   **528** Vgl. Gray, BICS. 6, 1959, Taf. 10 links unten (tönernes Thronmodell aus Perati, Attika, nach Πρακτ. 1954, 99 Abb. 11). **529** Ventris-Chadwick, Documents 344; Stühle sind in dieser Abhandlung nicht beschrieben. Der Autor hat einen Artikel über Fußschemel in Kadmos 6, 1967, 98f. publiziert.   **530** Dikaios, Archaeologia 88, 1940, Taf. 7; Bossert, Altsyrien Abb. 97—99.   **531** J. L. Myres, Handbook of the Cesnola Collection of Antiquities from Cyprus (1914) 337 Nr. 2018 mit Abb.   **532** Webster, Mycenae Abb. 17.

Gegen Ende der Bronzezeit erscheint der vierbeinige Thron wieder: Ein Tonmodell der Cesnola-Sammlung aus Idalion weist in den Ausgang des zwölften oder ins frühe elfte Jahrhundert v. Chr. (Abb. 10e, Taf. P VII c. d)[533]. Es hat eine hohe, der menschlichen Rückenrundung angepaßte Rückenlehne rechteckiger Form, gerade Armstützen und Stabilisierungsleisten zwischen den Beinen.

Aus Enkomi stammt ein prächtiger kleiner, vierbeiniger Thron des zwölften Jahrhunderts v. Chr., der aus Bronze gegossen ist (Taf. P III a. b)[534]. Die Rückenstütze des gebrauchsgroßen Vorbildes hat offenbar aus Leder oder Tuch bestanden, der rechteckige Sitz dagegen aus geflochtenen Lederstreifen. Dieser beste Tischlerarbeit spiegelnde Thron hat glatte, im Querschnitt rechteckige Lehnen und Füße, die mit Stabilisierungsleisten verbunden sind. Dazu gehört ein niedriger Fußschemel. Hockerartige Sitzgelegenheiten der gleichen Zeit vertreten ebenfalls das Prinzip der Vierbeinigkeit; dargestellt sind sie mehrfach auf kyprischen durchbrochenen Bronzereliefs[535].

Aus dem Ende der kypro-geometrischen und in kypro-archaischer Zeit gibt es zahlreiche Throndarstellungen in Ton und auf Vasen: Ein archaisches, tönernes Miniaturmodell in rechteckiger Form (Taf. P VII e. f)[536] und ein ähnliches, ebenfalls archaisches mit einer sitzenden Gottheit, wohl Baal-Hammân (Taf. P VIII c. d)[537], wurden in den letzten Jahren gefunden.

Auf der geometrischen 'Hubbard'-Amphora (Abb. 17e)[538] ist eine Gottheit dargestellt, die auf einem Thron mit Fußschemel sitzt, dessen hohe Rückenlehne nach hinten gewölbt ist. Armlehnen und Beinverstrebungen sind ebenfalls leicht gewölbt. Die Beine scheinen in Tierhufen auszulaufen; das ist allerdings nicht sicher zu erkennen.

Auf einer früharchaischen Amphora aus Ormidia sind vier Throne dargestellt (Abb. 17f. g)[539]. Es sieht so aus, als ob das dem Vasenmaler vorschwebende Vorbild mit runden Scheiben verziert gewesen ist, was dem dritten bereits beschriebenen Thron aus Salamis entspricht[540].

In das Ende des achten und das siebente Jahrhundert fällt die Blütezeit der kyprischen Stadtkönigtümer. Während dieser Zeit werden die Künstler häufig Throne gesehen haben, und so überrascht das Vorkommen von Throndarstellungen und wirklichen Thronen nicht. Zwar fehlt ihnen die Pracht ägyptischer Pharaonen-Throne, die wohl einen mächtigen Einfluß auf die Ausgestaltung der Throne im Nahen Osten ausgeübt haben, aber sie lassen uns doch die Möbel, die Homer bekannt waren oder wenigstens zu seiner Zeit benutzt wurden, besser verstehen. Durch die Vermittlung Zyperns wurden solche Möbel und andere Luxusartikel des Orients, die Homer bewunderte und im Detail beschrieb, in der griechischen Welt bekannt.

---

[533] I. H. Hall, Atlas of the Cesnola Collection II (1886) Taf. 78, 703—705. Der Dekor entspricht stilistisch der 'Proto-White Painted' Keramik.   [534] C. F. A. Schaeffer, Enkomi-Alasia I (1952) 372ff. Abb. 115 Taf. 72. 73. 75; Catling, Bronzework 253f. Taf. 45.   [535] Catling a.O. Taf. 34d. 35d.   [536] Karageorghis, BCH. 91, 1967, 285 Abb. 24a. b.   [537] Megaw, JHS. 83, 1953, 135 Taf. 4d (aus dem von V. Karageorghis untersuchten archaischen Heiligtum von Litharkes-Meniko, hier Taf. P VIII c. d).   [538] Dikaios, BSA. 37, 1936/37, 57ff. mit Taf. 7. 8a; V. Karageorghis, Treasures in the Cyprus Museum (1962) Taf. 21.   [539] Myres, AJA. 58, 1954, Taf. 13. 14.   [540] Myres (a.O. 41) bemerkt, daß diese Scheiben »probably represent inlays of ivory or light metal«.

Manuskriptabschluß: Frühjahr 1967

15. Literatur
(Auswahl)

1. Hausrat

1858	*Grashof*	K. H. F. Grashof, Über das Hausgerät bei Homer und Hesiod. Programm des Gymnasiums Düsseldorf.
1878	*Buchholz, Realien*	Realien II 2, 138 ff. (*Sitzgeräte, Betten und Tische*).
1893	*Ohnefalsch-Richter*	M. H. Ohnefalsch-Richter, Kypros, die Bibel und Homer.
1905	*Ransom*	C. L. Ransom, Couches and Beds of the Greeks, Etruscans and Romans.
1905	*Watzinger, Holzsarkophage*	C. Watzinger, Griechische Holzsarkophage aus der Zeit Alexanders des Großen. WVDOG. 6.
1912	*Buschor*	E. Buschor, Beiträge zur Geschichte der griechischen Textilkunst. Diss. München.
1921		G. Rodenwaldt, RE. XI 850ff. s. v. Kline.
1926	*Richter*	G. Richter, Ancient Furniture, a History of Greek, Etruscan and Roman Furniture.
1928	*Zschietzschmann*	W. Zschietzschmann, Die Darstellungen der Prothesis in der griechischen Kunst. AM. 53, 17ff.
1931	*Kulczycki I*	G. Kulczycki, Die Möbelformen des ägäischen Kulturkreises. Eos 33, 580ff.
1934	*Kulczycki II*	G. Kulczycki, Die Möbelformen des ägäischen Kulturkreises. Eos 35, 87ff.
1948	*Du Mesnil du Buisson*	Du Mesnil du Buisson, Baghouz, l'Ancienne Corsôte. Le Tell Archaique et la Nécropole de l'Âge du Bronze. Documenta et Monumenta Orientis Antiqui 3.
1951	*Hinrichs I*	E. Hinrichs, Frühe attische Kultdarstellungen. Diss. München [Maschinenschr.].
1954	*Decamps de Mertzenfeld*	Decamps de Mertzenfeld, Inventaire Commenté des Ivoires Phéniciens et Apparentés de Couverts dans le Proche Orient.
1954	*Hahland*	W. Hahland, Neue Denkmäler des attischen Heroen- und Totenkults, in: Festschrift für F. Zucker 175ff.
1954	*Ottenjann*	H. Ottenjann, Alte deutsche Bauernmöbel.
1955	*Hinrichs II*	E. Hinrichs, Totenkultbilder der attischen Frühzeit. Annales Universitatis Saraviensis 4, 124ff.
1955	*Singer-Holmyard, HT.*	G. M. Crowfoot, Textiles, Basketry, and Mats, in· HT. I 413ff.
1955		M. Ventris, Mycenaean Furniture on the Pylos Tablets. Eranos 53, 109ff.
1956	*Hampe*	R. Hampe, Die homerische Welt im Lichte der neuesten Ausgrabungen. Gymnasium 63, 23ff.
1956	*Festschr. Goldman*	G. E. Mylonas, Seated and Multiple Mycenaean Figurines in the Nat. Mus. of Athens, in: Festschr. Goldman 110ff.
1956	*Ventris-Chadwick, Documents*	Textiles, Vessels and Furniture. Documents 313ff. Inventories of Vessels and Furniture at Pylos. Documents 332ff.
1957	*Barnett*	R. D. Barnett, The Nimrud Ivories in the British Museum. A Catalogue of the Nimrud Ivories with Other Examples of Ancient Near Eastern Ivories in the British Museum.
1961	*Davison, Workshops*	J. M. Davison, Attic Geometric Workshops. Yale Classical Studies 16.

1961	*Marwitz*	H. Marwitz, Das Bahrtuch. Homerischer Totenbrauch auf geometrischen Vasen. Antike und Abendland 10, 7ff.
1963		H.-G. Buchholz, Steinerne Dreifußschalen des ägäischen Kulturkreises und ihre Beziehungen zum Osten. JdI. 78, 1ff.
1963		T. H. Robsjohn-Gibbings-C. W. Pullin, Furniture of Classical Greece.
1963	*Salonen*	A. Salonen, Die Möbel des alten Mesopotamien nach sumerisch-akkadischen Quellen. Annales Academiae Scientiarum Fennica, Ser. B. 127. *Rez.: Oberhuber, OLZ. 60, 1965, 34f.*
1965		F. Canciani-G. Pettinato, Salomos Thron, philologische und archäologische Erwägungen. ZDPV. 81, 88ff.
1965		F. Eckstein, Lexikon der Alten Welt 1976f. s. v. Möbel.
1965		B. Hrouda, Die Kulturgeschichte des assyrischen Flachbildes 66ff. 125f. 146f. Taf. 13 bis 16 (*Möbel*). Saarbrücker Beiträge zur Altertumskunde 2.
1965		G. Richter, The Furnishing of Ancient Greek Houses. Archaeology 18, 26ff.
1966		H. S. Baker, Furniture in the Ancient World.
1966		G. Richter, The Furniture of the Greeks, Etruscans and Romans.
1966		B. Rutkowski, Larnaksy Egyskie. Bibliotheca Antiqua 7.
		H. Kyrieleis, Orientalische und griechische Sitz- und Liegemöbel vorhellenistischer Zeit. Ein formgeschichtlicher Versuch. Diss. Münster (in Druckvorbereitung).

2. Lampen

1900		M. Vassits, Die Fackel in Kunst und Kultus der Griechen. Diss. München.
1906	*Thiersch*	H. Thiersch, Lampen, in: A. Furtwängler, Aigina 467f.
1909		S. Loeschcke, Antike Laternen und Lichthäuschen. BJb. 118, 370ff.
1911		R. M. Burrows-P. N. Ure, Kothonos and Vases of Allied Types. JHS. 31, 72ff.
1912		E. Pfuhl, Zur Geschichte der griechischen Lampen und Laternen. JdI. 27, 52ff.
1914		O. Waldhauer, Die antiken Lampen der kaiserlichen Ermitage Petersburg.
1924		A. Osborne, Lychnos et Lucerna.
1927		A. Hug, RE. XIII 1566ff. s. v. Lucerna (*mit ausführlicher Bibliographie*).
1930		O. Broneer, Terracotta Lamps, in: Corinth IV 2, 299ff. (*mit ausführlicher Bibliographie*).
1933		F. Messerschmidt, Etruskische Kandelaber. AA. 327ff.
1937	*Galling, Bibl. Reallex.*	Lampen. Bibl. Reallex. 347ff.
1940		J. D. Beazley, A Marble Lamp. JHS. 60, 22ff.

1950	M. P. Nilsson, Lampen und Kerzen im Kult der Antike. OpArch. 6, 98ff.
1955 *Singer-Holmyard, HT.*	H. S. Harrison, Fire-Making, Fuel, and Lighting, in: HT. I 216ff.
1958	R. H. Howland, Greek Lamps and their Survivals. The Athenian Agora IV, Einleitung IX (Select Bibliography).
1961	H. Menzel, EAA. IV 707ff. s. v. Lucerna.
1961	J. Perlzweig, Lamps of the Roman Period. The Athenian Agora VII, Einleitung X (Select Bibliography).
1964	H. P. Rüger, Biblisch-historisches Handwörterbuch II 1046f. s. v. Lampe.
1965	U. Jantzen, Lexikon der Alten Welt 1670 s. v. Lampen.

ARCHAEOLOGIA HOMERICA

Kapitel Q

ARCHAEOLOGIA HOMERICA

Die Denkmäler
und das frühgriechische Epos

Im Auftrage des
Deutschen Archäologischen Instituts
herausgegeben von
Friedrich Matz und Hans-Günter Buchholz

Kapitel Q: G. Bruns, Küchenwesen und Mahlzeiten

GÖTTINGEN · VANDENHOECK & RUPRECHT · 1970

KÜCHENWESEN UND MAHLZEITEN

Von

Gerda Bruns

GÖTTINGEN · VANDENHOECK & RUPRECHT · 1970

Verantwortlicher Redaktor: Gerhard Jöhrens/Berlin

ISBN 3-525-25416-4

© Vandenhoeck & Ruprecht in Göttingen 1970. — Umschlag: Karlgeorg Hoefer. — Printed in Germany. — Ohne ausdrückliche Genehmigung des Verlages ist es nicht gestattet das Buch oder Teile daraus auf foto- oder akustomechanischem Wege zu vervielfältigen. Gesamtherstellung: Hubert & Co., Göttingen

Kapitel Q

KÜCHENWESEN UND MAHLZEITEN

von Gerda Bruns

1. Küchenwesen in mykenischer Zeit, a) Einführung, b) Küchen, α) Feste Herde und Küchengeschirr, allgemein, β) Tragbare Herde, γ) Feuertöpfe, δ) Feuerung, ε) Wassergefäße, c) Lebensmittel und Getränke, d) Vorgänge beim Mahlen des Getreides, e) Breiarten und Gewürze, α) Breischüsselchen, β) Löffel, γ) Hohlmaß, Waage, f) Milch, andere Getränke und Beerenobst, g) Eier, Fische, Meerestiere, h) Käse, i) Honig und andere Süßstoffe, j) Brot, k) Eß- und Trinkgeschirr, α) Teller, β) Schüsseln, Saucengießer und Siebgefäße, γ) Bügelkannen und Trichter, l) Kochgeschirr, α) pi-je-ra$_3$, β) ti-ri-po-da, γ) ku-ru-su-pa, δ) Schöpfer, ε) Säge, Beil, ζ) i-po-no — Dreifußkessel, Stabdreifüße, m) Fleischzubereitung, α) Feuerböcke und Spieße, β) Pfannen, γ) Messer und Schleifsteine, n) Gefäße zur Aufnahme und Aufbewahrung von Flüssigkeiten, o) Trinkgefäße und Zubehör, p) Vorratsgefäße, Reisegeschirr und -gerät, Konservierung, q) Geschirr-Reinigung, r) Zusammenfassung, Bankettsaal. — 2. Küchenwesen in homerischer Zeit, a) Küchen, α) Tragbare und feste Herde, β) Topfständer, γ) Feuerböcke und Spieße, δ) Backhauben, Grill, ἰπνός, b) Lebensmittel, Gewürze, c) Küchengeschirr und -gerät, α) Mühlsteine und Mehlsiebe, β) χυτρόποδες, γ) Breischüsseln — σκύφοι, δ) Teller und Körbe, ε) Tröge, Schüsseln, ζ) Reibeisen, Trichter und Saucengießer, η) τρίποδες, θ) λέβητες, φιάλαι und Schöpfer, ι) Pfannen, κ) Messer, Gabeln und Löffel, λ) Krüge und Kannen, Ringflaschen, d) Milchgefäße, e) Trinkgefäße und -geräte, f) Misch- und Vorratsgefäße für Wein. — 3. Küchenwesen und Mahlzeiten in den Epen, a) Vorbereitungen, α) Wasserholen, β) Schlachten, γ) Feuern, δ) Vieh ausschlachten, b) Fleischzubereitung: Werkzeug und Personal, c) Speisetische und Sitze, d) Tischsitten, Anteile am Mahl, e) Fest- und Zweckmahlzeiten, f) Getränke und Trinkzeremoniell, g) Leierspiel beim Mahl, h) Mahlzeiten aus Vorräten, i) Ernährung und Mahlzeiten vornehmer Kinder und Jugendlicher, j) Reiseproviant und -geschirr, k) Bezeichnungen für Speisen, l) Ländliche Festmahlzeiten, m) ἄριστον, δεῖπνον, δόρπον, Vesper, n) Tägliche Nahrungsmittel, α) Ziegen- und Schweinemagen, β) Milchnahrung, o) Große Festmahlzeiten, α) Hochzeitsmahl und Zeremoniell, β) Finanzierung großer Opfer- und Gastmähler, p) κυκεών. — 4. Zusammenfassung. — 5. Ausdrücke zu Küchenwesen und Mahlzeiten, a) Gefäße und Geräte, b) Speisen und Zutaten. — 6. Literatur.

1. Küchenwesen in mykenischer Zeit

a) Einführung

Die Frage nach dem Küchenwesen und den Mahlzeiten bei Homer ist zugleich die Frage, ob Homer zeitgenössisches oder weiter zurückliegendes Brauchtum schildert. Es empfiehlt sich daher zunächst der Versuch, kretischmykenisches Küchenwesen darzustellen, um dann das, was wir aus dem ersten Viertel des ersten Jahrtausends wissen können, und die Schilderung der Epen dagegenzustellen.

Bei einem Thema mit solcher Fülle von Funden — Geschirr — und zugleich so wenig nachweisbaren Kenntnissen — Rezepten — kann eine Darstellung nur die Erörterung des grundsätzlich Wißbaren und Beispiele mit dem gelegentlichen Hinweis auf Möglichkeiten geben.

Die Helden Homers kommen vom griechischen Festland, aus Kreta und von den Inseln. Für unser Thema, bei dem es sich um die Grundformen von Gebrauchsgefäßen und Gerät handelt, brauchen wir uns daher nicht um die stilistischen Unterschiede einzelner Kunstprovinzen in der großen mykenischen oder frühgriechischen Koine zu kümmern. Bei dem Versuch, Rechenschaft zu geben über das Essen und Trinken und über die Gastereien der verschiedenen Bevölkerungsschichten setzen die kostbaren Geräte und Gefäße nur die Glanzlichter. Dabei begnügen sich die Epen mit Gold und Silber; Gefäße aus anderen kostbaren Materialien, beispielsweise aus Bergkristall, wie das im Grab Omikron des Gräberrundes B von Mykene gefundene[1], haben keine Erinnerung hinterlassen.

Durch die Entzifferung der Linear-B-Schrift und die Erkenntnis, daß die Texte der Täfelchen griechisch geschrieben sind, ist eine tragfähigere Grundlage für unsere Überlegungen geschaffen, als das noch vor zwanzig Jahren zu erhoffen war. Wir können jetzt guten Gewissens sagen, daß es für die Frage des Küchenwesens auch von untergeordneter Bedeutung ist, ob wir ein Gefäß der mittel- oder spät-minoischen oder auch der submykenischen Periode als Beispiel heranziehen. Die hier benutzten Worterklärungen beruhen auf M. Ventris - J. Chadwick, »Documents in Mycenaean Greek« (1956) unter gelegentlicher Zuziehung späterer Arbeiten[2].

Versuchen wir also auf Grund der vorhandenen Geräte und deren Namen, soweit wir diese kennen, und auf Grund der Rohmaterialien, von denen wir wissen, daß sie im dritten Viertel des zweiten Jahrtausends in Griechenland bekannt waren, zu erschließen, wie man die Küche in jener Zeit gestalten konnte.

b) Küchen

α) Feste Herde und Küchengeschirr, allgemein: Zum Kochen braucht man Feuer. Wir wissen, daß die mykenischen Griechen feste Herde in ihren Häusern hatten. A. Morpurgo sieht die Gleichsetzung des Wortes *e-ka-ra* mit ἐσχάρα als gesichert an[3]. Die Funde zeigen derartige Herde sowohl für Kreta wie für das Festland. Im ʻHaus des Ölhändlersʼ in Mykene fand sich ein kleiner Herd, etwa in Bodenhöhe, mit einem Rauchabzug, der an der Schwärzung der Wände zu erkennen war. Verkohlte Knochenteile und einige verbrannte Früchte fanden sich dort[4].

Einen eigenen Raum für die Küche hatte das sogenannte Westhaus in Mykene; darin war ein großer, ebenfalls tiefgelegener Herd, in dem noch die Kloben lagen, mit großem Zugloch und Höhlung in der Wand (Abb. 1)[5].

---

1 Mylonas, AncM. Abb. 60f. — Die nach dem Manuskript-Abschluß (Januar 1967) erschienene Literatur ist redaktionell in den Anmerkungen und in der Bibliographie nachgetragen worden, hat aber die Ausführungen der Verfasserin nicht mehr beeinflußt. Dazu gehören insbesondere die Verweise auf andere inzwischen erschienene Kapitel der Archaeologia Homerica. **2** Die von A. Morpurgo, Mycenaeae Graecitatis Lexicon (1963) nicht aufgenommenen Wörter und Lesungen älterer Autoren sind hier außer acht gelassen. **3** Morpurgo 78 s.v. *e-ka-ra*. **4** Ἔργον 1958, 130f.; 1959, 104f. **5** Zu den Rauchabzügen in antiken Häusern s. Svoronos-Hadjimichalis, L'Évacuation de la Fumée dans les Maisons Grecques des

Abb. 1 'Westhaus' in Mykene, Küche mit Herd. Im Mittelgrund angebrannte Holzkloben

Küchengeschirr — große Amphoren und ein Tüllengefäß — wurden neben einem Dreifußkrug gefunden. Die kleineren Gefäße sind noch nicht im einzelnen bekannt gemacht[6]. Die Amphoren belegen wir zu Recht mit diesem Namen (s. S. Q 27 Tabelle und Abb. 2a). Ideogramm 209[7] gibt für Knossos den Lautwert *a-pi-po-re-we*, wo sich die Form der Bauchamphora nähert, während das pylische Ideogramm eher eine Halsamphora darstellt. Der mykenische Lautwert ist *a-po-re-we*. Morpurgo hält die Gleichsetzung mit ἀμφορεύς für gesichert[8]. Als Kohlenpfanne wird das am besten als Kugelkalotte zu bezeichnende Gerät mit dem stark nach unten gebogenen Stil angesprochen (Abb. 2e). Man könnte auch an große Schöpfer oder Schaufeln für Getreide denken (Abb. 2c)[9]. Allerdings kennen wir jetzt auch Schöpfer in Form nicht allzu großer Näpfe mit senkrecht aufstehendem Schlaufenhenkel[10].

Eigentümlich ist das Gefäß mit weit abstehender enger Röhrentülle und einem Henkel, der quer über die Öffnung gebogen ist, dem sogenannten Bügelhenkel (Abb. 2g). Es ließ sich gut tragen und daraus in ein enges Gefäß, aber auch in eine Tasse gießen[11]. Für diese beiden Küchengeschirre können wir keinen Namen angeben.

Wichtig für das Kochen ist ein runder, oben leicht eingezogener Topf mit Henkel auf drei kurzen Beinen (Abb. 2i)[12]. Er diente sicher zum Kochen des Gersten- oder Weizenbreies, der die Grundlage der Ernährung war, damals wie

---

V. et IV. Siècles, BCH. 80, 1956, 483ff.   **6** Verdelis, in: Chadwick, Tablets III 23ff. Abb. 35ff.   **7** Die Ideogrammnummern werden aufgeführt nach Ventris-Chadwick, Documents in Mycenaean Greek (1956). Unsere Tabelle s. ebenda 324 Abb. 16.   **8** Morpurgo 29 s.v. *a-po-re-we*. Für alle aufgeführten Gefäßformen sind die Typenlisten bei Furumark, MP. 21ff. Abb. 2—21 zu vergleichen. Amphoren: Furumark, MP. 21 Abb. 2a.b.   **9** Verdelis a.O. 24 Abb.39. Typ: Furumark, MP. 75 Abb. 21, 311, s.a. Deshayes, Argos Taf. 53,4—7.   **10** Deshayes, Argos Taf. 68, 4 (hier S. Q 18 Abb. 5f.g).   **11** Verdelis a.O. 24 Abb. 38. Typ: Furumark, MP. 31 Abb. 6, 160.   **12** Furumark, MP. 75 Abb. 21,

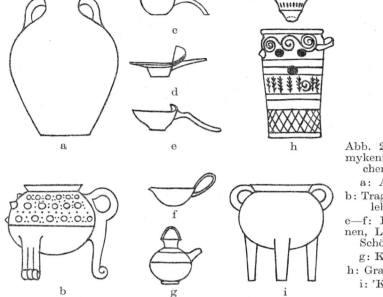

Abb. 2 Minoisch-mykenisches Küchengeschirr
a: Amphora,
b: Tragbares Kohlebecken,
c—f: Kohlenpfannen, Lampen und Schöpfkellen,
g: Kännchen,
h: Granitiergefäß,
i: 'Kurusupa'

noch im früheren zwanzigsten Jahrhundert n. Chr. in Griechenland. Das Gefäß konnte so auf den Herd gestellt werden und 'nebenbei' kochen, es konnte ebenso, wo auch immer, mit Scheiten erhitzt werden. Mit zwei Henkeln ist ein solches Gefäß als Ideogramm 207 aufgeführt mit dem Lautwert ku-ru-su-(pa_3) [13]. Man möchte für das Gefäß an den griechischen χυτρόπους denken; aber Vorsicht ist geboten, denn χυτρεύς wird fragweise mit ku-te-re-u-pi zusammengebracht [14]. Die Gefäßform kommt schon neolithisch vor und ist auch in klassischer Zeit noch in Gebrauch (s. S. Q 35). In einer Ecke der Küche liegen noch mehrere Gefäße, auch Bügelkannen [15]. Auf diese werden wir noch zurückkommen (s. S. Q 17). Gegenüber dem Eingang an der Westwand war in dem Küchenboden eine rechteckige flache Eintiefung, für die N. Verdelis keine Erklärung geben kann [16]. Sie könnte die Eintiefung für ein Küchengerät sein, das etwas fester stehen sollte, etwa ein Mörser oder eher eine Handmühle [17].

Interessant ist die Lage der Küche innerhalb des Palastgrundrisses in Zakro [18]. Auch von Herden, die in Innenhöfen kretischer Häuser standen, haben wir Reste [19], so eine runde Steinsetzung von einer Steinhöhe.

Seiner Eigenart wegen sei ein Herd mit vier Brennstellen aus submykenischer Zeit, allerdings aus dem westlichen Mittelmeergebiet, genannt, der bei Porto Perone gefunden wurde [20]. Er ist gebildet aus einer Art Tonbank mit breiter Rücklehne. Auf dem 'Sitz' stehen die Brennstellen, die ähnlich geformt sind wie Topfuntersätze, aber eine vielfach durchlochte Deckplatte hatten. Bei dem

320.   [13] Morpurgo 172 s.v. ku-ru-su: »nomen vasis videtur«.   [14] Morpurgo 174 s.v. ku-te-re-u-pi, s.a. die Bemerkungen bei Ventris-Chadwick, Documents 327 zu Ideogramm 207.   [15] Verdelis a.O. 25 Abb. 42.   [16] Verdelis a.O. 26 Abb. 45.   [17] s. S. Q 11f.   [18] Daux, BCH. 90, 1966, 920ff. Abb. 1ff.   [19] BCH. 82, 1958, 780f. Abb. 7 (Kephala, SM III).   [20] Lo Porto, Gli Scavi

zweiten Brenner ist die Deckplatte teilweise erhalten. Auf die Platte der Lehne konnte man Geschirr stellen oder auch Gerichte, die durch die abströmende Hitze warm gehalten wurden. Es ist die weitest entwickelte Herdstelle der Zeit, die mir bekanntgeworden ist. Der Abzug fehlt allerdings.

Feste Feuerstellen gab es auch gelegentlich in Gräbern. Eine solche, auf der noch der große tönerne Topf mit Kohle und Asche ringsum stand, ist — wieder in Fußbodenhöhe — direkt an die Innenmauer eines Tholosgrabes in Peristeria bei Pylos gebaut [21]. Die mächtige und auch häufig prächtig verzierte Eschara im Hauptraum des Megarons ist in mykenischer Zeit wohl mehr Herdaltar als Kochherd gewesen. Doch ist gewiß der Typ des Herdaltars auch als wirklicher Herd anzusprechen [22].

β) Tragbare Herde: Viel häufiger als feste, eingebaute sind tragbare Herde erhalten. Berühmt ist der Inhalt des 'Grabes mit dem Dreifußherd' in Knossos (Abb. 3) [23]. Eine runde, in der Mitte wenig vertiefte Platte, auf der die Kohlen liegen, wird gehalten von einem festen Reifen mit drei leicht nach auswärts geschwungenen Beinen; in diesem Grab finden sich die wesentlichsten Gefäße, die zum Kochen nötig sind, in Metall, also in besonders kostbarer Ausführung. Verschiedene Kochtopf-, Kannen-, Schüssel- und Wannenformen — eine mit niedrigen Beinen —, ein Becher, Schöpfer und ein schöner Dreifuß [24]. Wohl nur zu kultischem Zweck gebraucht war der Dreifußherd in dem Schlangenraum in Knossos, bei dem das Feuer in einem Kessel lag, der von einem breiten, festen Rand überdeckt war, so daß nur ein relativ kleines Loch oben offenblieb [25]. M. Lang [26] gibt die Lesung eines Täfelchens aus Pylos, auf dem zwei tragbare Herde mit Füßen notiert sind. Der eine ist *a-pi-qo-to*, was A. Morpurgo mit ἀμφιβαίνω verbindet [27], während Lang an einen Rand »rim« denkt. Der zweite ist mit einem *i-to-we-sa*, *ἰστοϝεσσαν* (?), versehen, also wohl — nach Lang — einem Ständer mit Haken, an dem man einen Kessel aufhängen könnte; solche Kessel, für die Bügelhenkel vorauszusetzen wären, kennen wir kaum. Nur kleinere Gefäße dieser Art sind bisher bekannt [28]; die vielen Gefäße mit Schnurhenkelösen waren nicht geeignet, da die Schnüre durch die Hitze gefährdet gewesen wären [29]. Dreifußkrüge, bei denen der obere Gefäßteil ringsum mit einer oder mehreren Reihen kleiner Löcher versehen war, konnten ebenfalls als tragbare Herde verwendet werden (Abb. 2b). Man tat die Feuerung nicht unter, sondern in das Gefäß und stellte einen Topf zum Kochen darauf, für dessen Inhalt man eine gleichmäßige Hitze brauchte [30].

γ) Feuertöpfe: Nicht unter die Rubrik der tragbaren Herde fallen die sehr amüsanten Feuertöpfe in Mallia [31], deren Nutzraum im Verhältnis zum Feuerungsraum so gering ist, daß sie wohl Räuchergefäße sind, wie die Ausgräber annehmen.

Doch gab es in Mallia auch richtige Feuerbecken, runde 'Mangals', in denen die Holzkohle im Freien so lange verbrennen muß, bis alle Gase abgebrannt sind. Das Wort für Köhler glaubt J. Chadwick vielleicht erkennen zu sollen in

sull' Acropoli di Satyrion, Bd' A. 49, 1964, 72ff. Abb. 16. **21** Daux, BCH. 87, 1963, 783 Abb. 8f. **22** Yavis, Altars 59ff. Ergänzend: Ölmann, Homerische Tempel und nordeurasische Opferhäuser, BJb. 157, 1957, 23 und passim. **23** MM III—SM I. Evans, PT. 34ff. Abb. 33; ders., PM. II 2, 634ff. Abb. 398; Ventris-Chadwick, Documents 326 Abb. 18. **24** Einzelbehandlung s. S. Q 19f. 26f. **25** Evans, PM. IV 151 Abb. 117. **26** Lang, AJA. 62, 1958, 189. **27** Morpurgo 28 s. v. *a-pi-qo-to*. **28** z. B. Karo, Schachtgräber Taf. 135, Silberbecherchen. **29** Für Drähte waren die Ösen nicht geeignet. **30** CVA. Brit. Mus. (5) III a Taf. 1, 1—11. Typ: Furumark, MP. 75 Abb. 21, 316. Furumark, MP. 77, hält Körbe für möglich, da keine Feuerspuren vorhanden sind. **31** z. B. EtCrét. XII (1962)

pu-ka-wo[32]. Die rote Glut kann dann sowohl zum Heizen dienen wie auch um darin direkt zu rösten oder einen Rost[32a] darauf zu legen. Auch den Inhalt eines nicht zu großen Topfes kann man in der Glut zum Kochen bringen[33]. Das Becken steht auf drei Beinen und hat zwei waagerechte Henkel. Zwei Zierbuckelchen unter der Lippe und ein Kerbring am unteren Gefäßrand schmücken es. Ebenso konnten wohl die kleinen Kohlenbecken spätminoischer Zeit, die S. Marinatos veröffentlicht hat, gebraucht werden, um in kleinen Gefäßen darauf zu rösten und zu kochen[34].

Ein komplizierteres Gerät ist ein Tonzylinder (H 38 cm, Dm 43 cm), der unten ein Feuerloch hat (Taf. Q I a. b)[35]. Dieses Feuerloch, das durch einen Tonboden nach oben abgeschlossen ist, nimmt etwa ein Viertel der Gesamthöhe ein. An der dem Feuerungsloch gegenüberliegenden Seite ist der obere Zylinderteil weit geöffnet. Man hat also sorgfältig vermieden, daß die Speise mit der Feuerung in Berührung kam. Ob man auf dem Tonboden besser direkt bäckt oder ob man ein Kochgeschirr hineinstellt, müßte man ausprobieren können. R. M. Dawkins hat für ein ähnliches Gerät, allerdings mit siebartig durchlöchertem Boden, vorgeschlagen, es als Backofen für Brot anzusehen[36]. Als Gefäß zum Gratinieren werden Töpfe in Mallia angesprochen, die Deckel mit Schlitzen zum Topfinnern hin hatten (Abb. 2 h); in diesen Deckeln konnte man Feuerung unterhalten[37].

δ) Feuerung: Über das Feueranmachen und Feuerungsmaterial hat R. J. Forbes ausführlich gehandelt, doch meist nach späten Quellen[38]. Er zitiert auch die von W. Hough aufgestellte Entwicklungsreihe der Kochtechnik mit direkter und indirekter Hitze. Beide Verwendungsarten sind im zweiten Jahrtausend ganz geläufig, auch das Braten in Pfannen, wie erhaltene Pfannen zeigen[39].

Die primitivsten Formen, das Backen von Brotfladen auf heißem Stein oder auch das Erhitzen einer Flüssigkeit durch das Hineinlegen eines heißen Steines in das Gefäß, laufen auch heute noch neben den entwickelteren Formen her.

Das Feuer war heilig, mußte aber, auch wenn es profan war[40], aus praktischen Gründen dauernd unterhalten werden, denn Feuer zu entfachen war mühsam. Mußte es neu angemacht werden, geschah es hauptsächlich mit dem Drill[41].

Man bedurfte zum Hantieren mit der Holzkohle, auch mit brennenden Holzscheiten, der Feuerzange; das Wort dafür ist *pu-ra-u-to-ro*, (nom. dual.), das πυραύστρα und auch πύραστρον gleichgesetzt wird[42]. Ein sicheres Beispiel für eine Feuerzange vermag ich nicht beizubringen. Der Form nach geeignete, erhaltene Greifer und auch Kohlenschaufeln gab es auf Zypern[43]. Auch ein Kohlenrechen wird genannt[44].

In Makritichos, 250 Meter nördlich des Palastes von Knossos, wurde 1959 ein Raum ausgegraben, den man der Einzelfunde wegen als Küche bezeichnete[45].

Taf. 9 und 40.   **32** Chadwick, Linear B 145, s.a. Morpurgo 264 s.v. *pu-ka-wo*. **32a** Vgl. ein minoisches Beispiel aus Kato Zakro: Πρακτ. 1967, Taf. 161. **33** EtCrét. I (1928) 56 Taf. 29, 1.   **34** Δελτ. 11, 1927/28, 73 Nr. 16 Taf. 2. **35** EtCrét. IX (1953) 91f. Nr. 28 Taf. 39, 1 und 2. Taf. 58 Nr. 4 (SM II). **36** BSA. 9, 1902/03, 325 Abb. 25.   **37** EtCrét. XI (1959) Taf. 10; EtCrét. XII (1962) Taf. 9 und 40f.   **38** Forbes VI 4ff. 19ff. 57ff. — Zum Brennmaterial gehörten außer Holz und Holzkohle dürre Zapfen, gepreßtes trockenes Laub, trockene Mistfladen usw. Holz und Kohle waren das vornehmste Material. **39** Karo, Schachtgräber Taf. 163.   **40** Zum heiligen Herd s. Fauth, KlPauly II (1967) 1118ff. s.v. Hestia. Das Feuer muß vom Herd getrennt werden, wenn man das Feuer mit L. Graz, Le Feu dans l'Iliade et l'Odyssée (1965) 349 als profan betrachten will.   **41** Forbes VI 8; h. Merc. 108ff.   **42** Morpurgo 265 s.v. *pu-ra-u-to-ro*.   **43** Catling, Bronzework Taf. 10.   **44** Ventris-Chadwick, Documents 337 Nr. 237.   **45** Hood-de Jong, BSA. 53/54, 1958/59, 182ff.

Abb. 3 Küchengerät aus Bronze. Inhalt eines Grabes in Knossos-Isopata

Nur mit Trageherden könnte in diesem Raum gekocht worden sein. Darin gefunden ist nur ein Gerät, das eine Kohlenpfanne oder Schaufel war (Nr. 13) mit Aufhängeloch im Henkel und ein Dreifußkrug mit zwei Henkeln (Nr. 12). Im übrigen fanden sich eng- und weithalsige Amphoren (Nr. 3—6), ein Schöpfer (Nr. 14), ein- und zweihenkelige Krüge und Kannen mit und ohne Ausgüsse (Nr. 7.8.17). Auch eine tiefe Schüssel von 28 Zentimetern Durchmesser mit zwei Henkeln ließ sich zusammensetzen. Zwei kleine Breischüsselchen und ein kleiner Pithos sind zu beachten. Becherreste und Rhytonbruchstücke waren in größerer Zahl vorhanden.

ε) Wassergefäße: In keiner der beiden 'Küchen' sind Eimer vorhanden. Neben dem Feuer gehört zum Kochen als erstes das Wasser. Es muß Gefäße gegeben haben, die geeignet waren, es aus den tiefen Brunnen heraufzuheben. Das waren sicher Holzeimer. Metall wird der Schwere und der Kostbarkeit wegen selten verwendet worden sein. Ton war ungeeignet, weil ein Tongefäß zu leicht zerbrach, Lederbeutel, weil sie sich nicht oder nur sehr schwer füllten.

Auf dem Sarkophag von Hagia Triada (Detail: Kapitel »Kleidung« Taf. A IV) ist ein Mädchen dargestellt, das Eimer an Tragestangen zur Libation trägt. Die Stange ist durch die auf dem Eimerrand senkrecht aufstehenden Henkel gesteckt[46]. Es gibt ein Ideogramm mit dem Lautwert u-do-ro; das Wort muß mit ὑδρο- zusammenhängen und das Gefäß ein Wassergefäß sein. Doch die entsprechende Wortform ὑδρός hieß Wasserschlange[47]. Das Ideogramm 212 hat auch Eimerform (S. Q 27 Tabelle), aber die Henkel sitzen in halber Höhe, so daß man Ideogramm und Eimer auf dem Sarkophag nicht zusammenbringen kann.

Taf. 45—48.   **46** Evans, PM. I 440 Abb. 317; Matz, Kreta-Mykene-Troja Taf. 47.   **47** Ventris-Chadwick, Documents 328 Nr. 212.

Als Wassereimer hätte man die *u-do-ro* nur benützen können, wenn man Stricke durch die Henkel gezogen hätte. Das aber ist unglaubhaft, weil unpraktisch [48].

Wir haben von Küchen und einigem Gerät gesprochen. Die Kultur des zweiten Jahrtausends im kretisch-mykenischen Gebiet ist eine Hochkultur, von der man annehmen muß, daß sie auch im Küchenwesen ihren Ausdruck findet. So darf man nicht von den primitivsten Voraussetzungen ausgehen. Aber auch bei Primitiven stünde am Anfang aller Kochkunst 'man nehme'.

c) Lebensmittel und Getränke

Ehe wir uns weiter mit dem Zweck der erhaltenen Geräte und Gefäße befassen, müssen wir über die vorhandenen Lebensmittel Klarheit haben [49]. J. Chadwick hat die auf den Täfelchen erwähnten Lebensmittel und ihre Verwendung zusammengestellt [50]. Ein kurzer Abschnitt sei hier im Auszug wiedergegeben [51].

Das wichtigste Lebensmittel war das Korn; Weizen und Gerste [52] sind durch Ideogramme charakterisiert. Frauen haben es abgemessen und gemahlen, Bäcker waren Männer. Brot und Breispeisen konnten mit Gewürzen verfeinert werden. Koriander ist das häufigste, aber eine Liste aus Mykene enthält auch Sellerie, Kümmel, Zypergras, Fenchel, Minze, Krauseminze, Saflor — Blüten und Samen — und Sesam [53]. Käse, *tu-ro*, wurde den Gottheiten geopfert und wurde häufig und viel gegessen [54]. Die Sklavinnenrationen von Pylos betragen ebensoviel Feigen wie Korn [55]. Man genoß Olivenöl und Oliven. *E-ra₃-wo* ist das Wort für Öl [56]; man trank Wein, wahrscheinlich auch ῥετζίνα [57]. Die charak-

---

48 Zu Wasser, Brunnenbau usw. s. Forbes I 146 f. Ob man Mineralwasser schon damals als Getränk mit besonderen Wirkungen kannte, ist kaum zu entscheiden. Negrioli, NSc. 1928, 323 spricht nur von römischer Verwendung. **49** Für diesen Abschnitt vgl. jetzt auch die anschauliche Schilderung der Landwirtschaft von L. A. Stella, La Civiltà Micenea nei Documenti Contemporanei (1965) 159 ff., bes. 177 ff. mit weiterer Literatur, die mir leider erst nach Abschluß des Manuskripts bekannt wurde, so daß nur einige Zitate noch eingefügt werden konnten. **50** J. Chadwick, Linear B. Die Entzifferung der mykenischen Schrift (1959) 145 ff. **51** Die Belege dazu s. bei Ventris-Chadwick, Documents 213 ff. 283 ff. Außerdem s. Vickery, Food passim und Archaeologia Homerica »Die Landwirtschaft im homerischen Zeitalter« passim. **52** Orth, RE. VII 1 (1910) 1275 ff. s.v. Gerste. **53** Koriander: s. Hehn 209 ohne nähere Angaben; Frisk I 922 s.v. κορίανον; Sellerie: Olck, RE. VI 1 (1907) 252 ff. s.v. Eppich; Kümmel: Gossen, RE. Suppl. VIII (1956) 255 ff. s.v. Kümmel; Zypergras, eine Binsengrasart. Abb. auf Gefäßen (?). Stella Taf. 81; Fenchel: Olck, RE. VI 2 (1909) 2172 ff. s.v. Fenchel; Steier, RE. XV 2 (1932) 2020 ff. s.v. Minze; Safran: Orth, RE. I A 2 (1920) 1728 ff. s.v. Safran, Krokos, Saflor; Sesam: Steier, RE. II A 2 (1923) 1849 ff. s.v. Sesam. Zu Gewürz- und Gemüsenamen s.a. L. Deroy, Initiation à l'Épigraphie Mycénienne (1962) 43 und passim. Für die Klassifikation der Texte s. M. Doria, Avviamento allo Studio del Miceneo (1965) 98. **54** Stella 161. 185; nur für Vornehme. **55** Die Monatsration für eine Frau waren 24 Liter Feigen und 24 Liter Korn (Chadwick, Tablets III 62 Ue 663; in Knossos soll der Satz die Hälfte betragen haben, s. Ventris-Chadwick, Documents 214 Nr. 89 = E 777; s.a. Page, HHI. 181). H. Blanck verdanke ich den Hinweis auf eine revidierte Zusammenstellung der Rationen: L. R. Palmer, Linear B Texts of Economic Interest, Serta Philologica Aenipontana (1962) 1 ff. Eine Trennung von Sommer- und Winterration, wie in den Erga 560, läßt sich, so weit ich sehe, nicht erkennen. Zu Feigen: Olck, RE. VI 2 (1909) 2100 ff. s.v. Feige. **56** Hoops, Geschichte des Ölbaums, SBHeidelberg 1942/43 (1944) 40. 44 ff. Hier das Kapitel »Die Landwirtschaft im homerischen Zeitalter«. S. H 134 ff. Das Öl diente zum Essen und Salben wie in Palästina (als Nahrung für einen Holzhauer liefert es Salomo 2 Chron. 2, 9). Die kretischen Pithoi dienen auch zur Aufbewahrung des für Ägypten bestimmten Öles. Neuerdings (BCH. 89, 1965, 892 Abb. 8) konnte ein Schälchen mit Oliven in Kato Zakro geborgen werden, das aus der MM II—III-Periode stammt. Zur Verwendung von Pistazien und Mohnöl s. Peruzzi, Appunti sull' Iscrizione HT 6a, Minos 8, 1963, 7 ff. bes. 13 f. **57** s. Chadwick,

teristischen Bierseihegefäße, wie sie die Philister brauchten, fehlen. Das spricht gegen das Biertrinken bei den Mykenern[58]. Honig opferte man den Göttern und benutzte ihn als wichtigstes Ingredienz zum Süßen[59].

An Vieh nennen die Texte hauptsächlich Schafe, dann Ziegen, Rinder, Schweine; vereinzelt werden Hirsche erwähnt. Funde ergänzen diese Angaben[60]. Wildziegen und Wildschweine wurden in Tylissos gefunden; 'Schellfische' auf Kreta und auf dem Festland, Austern und Muscheln in Mykene. Auch Tintenfisch aller Arten führt K. F. Vickery auf.

Es fehlen in den Aufzählungen der Täfelchen alle Hülsenfrüchte, Linsen, Saubohnen, Kichererbsen, deren Vorhandensein durch Funde belegt ist[61].

An Getreidearten waren Gerste, Einkorn und Emmer bekannt. Alle Weizenarten sind seltener als Gerstenarten. Traubenkerne kommen bereits in frühhelladischer Zeit vor, doch so wenige, daß M. Hopf überlegt, ob im dritten Jahrtausend vielleicht noch nicht gekeltert wurde. Gerste, Emmer und Wein seien seit der FH II-Periode eingeführt. Olivenkerne waren aufgespalten, um den ölhaltigen Kern zu entnehmen.

Vickery[62] nennt aus anderen Fundorten auch Bohnen, Erbsen und Wicken. Auf Grund vorgriechischer Namensformen erkennt Vickery außerdem als im zweiten Jahrtausend bekannt an: Wassermelone, σίον, und Kürbis, κολοκύνθη, Chicoree, σέρις, Gurken, σίκυος, Knoblauch, σκόρδον, und Lauch, πράσον. Σίσαρος setzt Vickery mit Rampion, Rapunzelglocke, gleich. Liddell-Scott übersetzen »parsnip—Pastinake«. H. Gossen[63] zählt sechs Arten auf, deren Alter wir im einzelnen nicht kennen: Mohrrübe, Daucus gingidium, Pastinak, Ammi maius, Sanddolde, Sichelmöhre, also Nahrungs- und Medizinpflanzen[64]. M. Möbius[65] erkannte auf Darstellungen mit großer Wahrscheinlichkeit den Kapernstrauch und die Lupine. Unsicher ist zu erkennen Melisse und Wegerich, die als Wildgemüse dienen können.

Eßbare Eicheln fand man in Sesklo und Lerna, Mandeln auf Kreta — auf dem Festland nur Wildfrüchte. Reste wilder Birnen wurden in Dimini erkannt. Pflaumen und Granatäpfel kennen wir aus Darstellungen[66]. Auch das Wort für Apfel, μῆλον, ist vielleicht ägäisch. *Ku-do-ni-ja* (Quitten) sind jetzt gelesen[67]. Die Darstellungen der Palmen zitiert Vickery ebenfalls. Doch werden wir mit der Folgerung, daß man Datteln aß, sehr vorsichtig sein. Die Früchte werden auch damals kaum reif geworden sein.

Linear B 146. Ch. Seltman, Wine in the Ancient World (1957) 15. Singer-Holmyard, HT. I 275ff.; zu ῥετζίνα: Åström, OpAth. 4, 1962, 298ff. [58] Mit der Feststellung, daß Bierseihegefäße fehlen, würden sich die Theorien von A. Maurizio, Geschichte der gegorenen Getränke (1933) erledigen. Sollten andere Siebe verwendet worden sein, kann das Bier keine große Rolle gespielt haben, sonst würde es wohl erwähnt sein. Wir können auch nicht beurteilen, ob Kwaß viel getrunken wurde, auch wenn er bekannt war (s. A. Neuburger, Die Technik des Altertums [1919] 102ff.). Um 700 ist Bier in Griechenland bekannt, s. Schrot, KlPauly I (1964) 900 s.v. Bier. Zu Met s. S. Q 52. [59] Nach Myres, Groceries 7 sind Homers Bienen wild. H. M. Fraser, Beekeeping in Antiquity (1931) 94 spricht von steinernen Bienenkörben in homerischer Zeit. Hesiod Th. 594 nennt Bienenkörbe σμῆνες. Für μελιτεύς, Bienenzüchter, ist *me-ri-te-u* nachgewiesen (Stella 187) und damit Bienenzucht im 2. Jt. Zu Zucker und Zuckerersatz im Altertum, s. Forbes V 87f. [60] Ventris-Chadwick, Documents 129ff.; Vickery, Food 69ff. [61] Hopf, Nutzpflanzen vom lernäischen Golf, JbZMusMainz 9, 1962, 1ff. [62] Vickery, Food 55ff. [63] RE. XVIII 4 (1949) 2103ff. s. v. Pastinaca. [64] Zu Terebinthen: Steier, RE. V A 1 (1934) 577ff. s.v. Terebinthos. [65] JdI. 48, 1933, 1ff. [66] Evans, PM. I 500 Abb. 358 und 496 Abb. 354a. [67] Stella 177 Anm. 39.

M. Hopf[68] nennt außer den Leguminosen als eßbare wilde Grasarten »Taubhafer, Eselsdistel (mit einer artischockenähnlichen Knospe) und Trespe (ein Unkrautgras)«. Ob der Spargel als Wildgemüse einheimisch ist, scheint unklar[69]. Asphodelos und Malve (s. S. Q 35) werden nicht erwähnt. Wir wissen auch nicht, ob der Senf, νᾶπυ, dessen Stauden als Gemüse gegessen werden, schon im zweiten Jahrtausend oder erst später aus Ägypten nach Griechenland kam[70]. In einem Oxyrynchos Papyrus wird erwähnt, daß man junge Ölbaumtriebe als Gemüse gegessen habe[71]. Ob man das für mykenische Zeit auf griechischem Boden annehmen darf, bleibt so ungewiß wie alles, was wir aus orientalischer Überlieferung kennen. Es ist hier daher verzichtet, auf die Möglichkeiten hinzuweisen, die sich aus der Kenntnis orientalischer Verhältnisse hätten ergeben können.

Dieser Zusammenstellung wird man hinzufügen dürfen, daß da, wo in höheren Lagen Buchen und Kastanien vorkommen[72], sicher auch die Bucheckern und Kastanien gegessen wurden[73]. Kirsche und Erdbeerbaum waren auch früh — ob aber schon im zweiten Jahrtausend? — in Griechenland bekannt[74].

Von all diesen Gemüse- und Obstarten wissen wir bisher nicht sicher, wie weit sie gezüchtet oder nur gepflegt wurden[75]. Die Listen auf den Täfelchen mit der Angabe der abgelieferten Menge, scheint mir, spricht für Gemüse und Obst für bewußte Zucht[76], was für die Vielfalt und Qualität der Gerichte durchaus wesentlich ist.

An jagdbarem Wild zählt K. F. Vickery[77] auf kretisch-mykenischem Gebiet auf: Bär, überraschenderweise auch Elch, Wildziege, Igel, Rebhuhn, Perlhuhn, Fasan, Kaninchen, Hase und Wasservögel.

Es fehlt in allen Zusammenstellungen das Haushuhn, und so wird man weiterhin mit P. Wolters annehmen, daß es erst nach 1200 aus Persien nach Griechenland kam[78]. Das widerspricht auch nicht der Auffassung von B. Schlerath[79], der mit anderen annimmt, daß das Haushuhn im zweiten Jahrtausend den Indogermanen bekannt ist. Ἀλεκτρυών kommt als Personenname *a-re-ku-tu-ru* vor[80], braucht nach seiner Bedeutung des Abwehrenden[81] aber nicht die Kenntnis des Hahnes vorauszusetzen, der ja wohl seines Charakters wegen so genannt wurde.

---

68 Hopf, JbZMusMainz 9, 1962, 1ff.   **69** Vogler, RE. II 2 (1896) 1712ff. s. v. Ἀσπάραγος. Gams, KlPauly I (1964) 649 s. v. Asparagos.   **70** So Hehn 207; Steier, RE. Suppl. VI (1935) 812ff. s. v. Senf.   **71** Oxyrynchos Papyrus 1849, 1 (redaktionell ergänzt). Pease, RE. XVII 2, 2010 s. v. Ölbaum.   **72** St. Fellner, Homerische Flora (1897) 39ff.   **73** Kastanie als heimisch an der Südküste Kleinasiens erwähnt bei W. Hoops, Geschichte des Ölbaums (1944) 27; Kastanie: Stadler, RE. X 2 (1919) 2338ff. s. v. Kastanie sagt: »in Griechenland von je heimisch«. Buche: Schmidt, RE. III 1 (1897) 971ff. s. v. Buche; Gams, KlPauly I (1964) 960 s.v. Buche.   **74** Nach Hehn 409. 415. Zustimmend Stella 178 Anm. 40.   **75** Olck, RE. VII 1 (1910) 768ff. s. v. Gartenbau.   **76** So Hopf a. O. 19 bereits für das Neolithikum. Stella 171 nimmt Züchtung als sicher an auf Grund von Ackergerät für Getreide.   **77** Vickery, Food 81ff.   **78** P. Wolters, in: Εἰς Μνήμην Σ. Λάμπρου (1935) 486ff. Das angeführte Vasenbild dürfte allerdings kaum ein Hahn sein. Die früheste mir bekannte Darstellung auf einem Dipylongefäß, CVA. Providence Taf. 8,1 a. Mit Chr. Alexander wird man schwanken, ob der geometrische Bronzevogel, BMetrMus. 30, 1935, 255 mit Abb., nicht eher ein Pfau als ein Hahn ist. Auch die Bronzevögel im argivischen Heraion wird man lieber für Pfauen halten, als sie mit Ch. Waldstein als Hähne zu bezeichnen (Waldstein, The Argive Heraion II [1905] Taf. 77 Nr. 46—48). Dagegen möchte ich in den Tonvögeln aus dem 3. Viertel des 8. Jhs. (Kübler, Kerameikos V 1 Taf. 144 Inv. Nr. 1308. 1309) wegen der Gesamthaltung der Tiere, wegen des kleinen Kammes und der Schwanzform Hühner erkennen. So ist der von Wolters aufgeführte Terrakottahahn nicht mehr vereinzelt.   **79** ZvglSpr. 71, 1953/54, 30.   **80** Morpurgo 34 s. v. *a-re-ku-tu-ru-wo-no*.   **81** LfgrE. s. v. ἀλεκτρυών.

Vielleicht ist es klärend, wenn wir kurz aufzählen, was es an heute im Mittelmeergebiet selbstverständlichen Lebensmitteln nicht gab.

Zitronen werden erst in römischer Zeit, Apfelsinen durch das Kalifat aus dem tropischen Ostasien eingeführt. Paprika und Mistel sind aus Japan importiert. Kartoffel, Mais und Tomate kommen aus Amerika, ebenso der Feigenkaktus und die Erdnuß, die heutige Erdbeerform und die Sonnenblume. Pfirsich und Aprikose kamen erst im ersten Jahrhundert aus Ostasien nach Rom. Daß Mispel, Kakiäpfel und Maulbeere späte Erscheinungen im Mittelmeergebiet sind, ist uns jederzeit bewußt. Aber auch der Walnußbaum stammt aus Ostasien. Pfeffer ist ebenfalls nicht bekannt.

Noch in spätrepublikanischer Zeit kannte man nur den glatten, den krausen und den Wildkohl. Kohlköpfe bilden sich auch heute im Mittelmeerklima nur schwer. Blumenkohl wird seit dem 16. Jahrhundert n. Chr. in Europa gepflanzt, Rosenkohl seit dem 18. Jahrhundert in Belgien gezüchtet. Der Kohlrabi ist im Mittelalter aus der Vorform der Futterrübe gezüchtet, alle feineren Speiserüben wie beispielsweise Karotten und Teltower Rübchen waren noch nicht entwickelt. Man kannte nur die derbe lange Möhrenform. Von Kürbis und Melonen kannte man nicht alle heute geschätzten Sorten. Hafer, Roggen und Spelt[82] wuchsen ebenso wie der aus Asien stammende Buchweizen nur in Mitteleuropa.

Sehr viel Neues lernten die Griechen durch die Alexanderzüge kennen, einiges auch schon durch die griechischen Söldnerheere, etwa unter Xenophon. Theophrast erwähnt beispielsweise die Haselnuß[83]. Reis kam erst durch die Alexanderzüge als Medizinpflanze nach Griechenland[84].

Die Annahme, daß die Griechen vor der Einwanderung in Griechenland Butter gegessen hätten[85], ist für unsere Fragestellung belanglos, da sie es in Griechenland, schon aus klimatischen Gründen, nicht taten.

Liest man die Rezepte bei Apicius durch, so ließe sich die Liste des für das zweite Jahrtausend nicht Bekannten noch wesentlich verlängern. Hier sollte bloß der auffälligste Unterschied gegen das heute Geläufige aufgezeigt werden[86].

Was können wir nun für die kretisch-mykenische Bevölkerung als mögliche Ernährung annehmen?

Wenn uns auch die riesigen Viehherden, deren Stückzahlen auf den Täfelchen zum Teil fünfstellig sind, davor bewahren werden, den Fleischverbrauch zu gering anzusehen, so wird doch das Getreide eine hauptsächliche Ernährungsgrundlage bei Ackerbauern sein.

d) Vorgänge beim Mahlen des Getreides

Zum menschlichen Genuß mußte das Getreide aufbereitet werden[87]. Es wurde von den Spelzen befreit, angefeuchtet, geröstet und dann gestampft

---

82 Wo in den Übersetzungen antiker Schriftsteller Spelt für ζόα und ὄλυρα steht, muß man nach E. Schiemann einen Fehler anmerken (E. Schiemann, Entstehung der Kulturpflanzen [1932] 149). Dagegen äußert sich jetzt Ehrenberg, Neues zu Vorkommen und Bedeutung des Spelzes im Altertum und jetzt, Zeitschrift für Ackerbau 98, 1954, 279ff., der annimmt, daß die Italiker den Spelt aus Mitteleuropa ins Mittelmeergebiet brachten; aber vielleicht kannten ihn auch schon die Ägypter (s. a. Werth, Über die Entstehung der Pflanze, Berichte der Botanischen Gesellschaft 60, 1942, 255ff.; W. La Baume, Frühgeschichte der europäischen Kulturpflanzen, Gießener Abfolgen zur Agrar- und Wirtschaftsforschung des europäischen Ostens 16, 1961). 83 Theophrast, HP III 15, 1—3 (redaktionell ergänzt). Stadler, RE. VII 2 (1912) 2486ff. s. v. Haselnuß. 84 Hehn 502ff. 85 C. Meyer, Das Öl im Kultus der Griechen, Diss. Heidelberg 1917, 57. 86 Vgl. auch hier die Kapitel »Die Landwirtschaft im homerischen Zeitalter« und »Jagd und Fischfang«. 87 L. A. Moritz, Grain-Mills and Flour in Classical Antiquity

als Vorbereitung zum Mahlen. Damit war es nicht mehr für gesäuertes Brot verwendbar.

Sicher als Getreidemörser und Stößel verwendete Geräte, wie wir sie von schwarzfigurigen Gefäßen und böotischen Terrakotten[88] kennen, kann ich für mykenische Zeit nicht nachweisen (dazu ausführlich: Buchholz, JdI. 78, 1963, 62ff.).

R. J. Forbes meint, daß Mörser auch aus Ton mit Quarzzusätzen gebrannt wurden, damit sie recht hart wurden[89]; überliefert sind solche Exemplare, so weit ich sehe, erst römisch[90]; diese Mörser wurden auf hohen Ständern befestigt. Erhalten sind kleine Steinmörser mit Ausguß, die wohl für Gewürze, vielleicht gelegentlich auch zum Zerkleinern von Körnern zu brauchen waren[91]. Die Getreidemörser sind in der Mehrzahl als große, ausgehöhlte Baumstammteile zu denken; ebenso waren die Stößel aus Holz[92]. Die griechischen Worte ὕπερος und ὅλμος sind in der Linear-B-Schrift nicht bekannt. Nackt-Getreidearten bedurften der Behandlung im Mörser nicht, waren aber seltener und damit kostbarer.

Dann mußte das Getreide gemahlen werden. Dazu benutzte man die Sattelmühle[93]. Schöne Exemplare sind gefunden. Die Untersteine sind etwa 65 Zentimeter lang, 39 breit und sechs Zentimeter dick, also verhältnismäßig leicht beweglich, aber zu schwer, als daß eine Frau sie auf die Knie nehmen könnte. Ganz unmöglich war das bei den Untersteinen, die bis Ende des zweiten Jahrtausends üblich waren mit einer Dicke von etwa 20 Zentimetern. Diese wurden wahrscheinlich ein wenig in die Erde eingegraben (s. S. Q 4), und die Arbeiterin kniete davor. Die Obersteine waren im zweiten Jahrtausend so geformt, daß sie rund über den Unterstein geführt werden mußten; in homerischer Zeit waren sie flach mit seitlichem Griffansatz, so daß die Bewegung ein einfaches Vor und Zurück erlaubte. Mit einer Länge von durchschnittlich 40 Zentimetern bei einer Breite von 17 Zentimetern haben auch diese Obersteine mit 10 Zentimetern Dicke ein erhebliches Gewicht. Die Steine bestanden aus Lava, Basalt oder anderem Gestein, das auf den Mahlflächen mit Riefenmustern versehen wurde. Das Mahlprodukt mußte nach jedem Mahlgang entfernt und gesiebt werden, damit diese Riefen nicht verklebten. Wahrscheinlich wurden sie auch mit Reiserbesen gefegt. Mehlsiebe waren aus vergänglichem Material — Roßhaar[94], Binsen und Bast — und sind daher nicht erhalten. Tonsiebe sind erhalten, doch waren diese eher für die Milchwirtschaft geeignet[95]. Für spätere Zeit ist die Trennung des Mahlgutes in Schrot und Mehl (in κρέμνα »grob«, ἄλφιτα »mittel« und ἄλευρα »fein«) überliefert[96]. Die Kleie konnte man zum Säuern verwenden.

(1958) 22ff.; ders., Husked and Naked Grain, ClQu. 49, 1955, 129ff.; Herter, Die kulturhistorische Theorie der hippokratischen Schrift von der alten Medizin, Maia 15, 1963, 464ff. bes. 465—469   [88] Sparkes I Taf. 7,2; Sparkes II Taf. 29,4.   [89] Forbes III 148.   [90] A. Neuburger, Die Technik des Altertums (1919) 93 Abb. 148. Die Dreifuß-Steinmörser aus dem um 1200 v.Chr. datierten Wrack von Kap Gelidonya sind sehr tief und haben eine Ausgußtülle. Man wird eher an eine Presse denken (Bass, The Cape Gelidonya Wreck, AJA. 65, 1961, 275 Taf. 87 Abb. 41; ders., Transactions of the American Philosophical Society, N.S. 57, 1967, VIII 126f. Abb. 135. 136 Nr. St 3. St 4).   [91] Dm 21 cm. E. L. Bennet, The Mycenae Tablets II (1958) 41 Abb. 64, s.a. Mörser für Harz oben S. Q 8 Anm. 57 (Seltman). [92] Mörser und Stößel zum Enthülsen von Kastanien werden jetzt noch in Kalabrien benutzt. Es sind Fässer aus Kastanienholz, die Stößel sind mit Eisen und Nägeln beschlagen (KUML 1961, 164 Abb. 14).   [93] White, AJA. 67, 1963, 199ff. Taf.67. [94] Überliefert sind Roßhaarsiebe allerdings erst aus Gallien, wo Plinius n.h. 18, 108 sie erwähnt, aber sie sind bei der berühmten Pferdezucht in Thessalien und der Argolis auch in Griechenland vorauszusetzen.   [95] Daux, BCH. 79, 1955, 235 Abb. 7; zur Milchwirtschaft s. hier das Kapitel »Die Landwirtschaft im homerischen Zeitalter« S. H 62ff.   [96] Bis ins 5.Jh. v.Chr. soll man das Mahlgut ungetrennt

e) Breiarten und Gewürze

Die Trennung von Mehl und Schrot wird man auch in der zweiten Hälfte des zweiten Jahrtausends durchzuführen verstanden haben. Bei so ausgesprochen höfischen Verhältnissen mit so vielerlei raffinierten Lebensgewohnheiten wie in Kreta wäre es sonderbar, diese Kenntnis nicht anzunehmen. T. P. Howe[97] wies schon darauf hin, daß die unendliche Menge der erhaltenen Becher, Tassen und Schüsselchen nicht nur zum Weintrinken benutzt worden sein kann.

α) Breischüsselchen: Auf den Übersichtstafeln bei C. W. Blegen und A. Furumark[98] findet sich eine sehr große Zahl der verschiedensten Napf- und Tassenformen, die eher zum Essen oder Trinken von Suppen und Brei geeignet erscheinen als zum Trinken von Wasser, Milch oder Wein (Abb. 4a—d).

β) Löffel: Aus manchen Gefäßen[99] wird man wohl immer den Inhalt nur mit Löffeln gegessen haben. Tonlöffel sind uns schon aus Mochlos erhalten[100]. Mit spitzer Laffenform und kurzem Stiel kennen wir sie aus Lerna[101]; häufiger waren sicher Holzlöffel, wenn vielleicht auch bei der ärmeren Bevölkerung — ebenso wie heute — Kürbis- und andere Fruchtschalen benutzt wurden. Es gab für kultische Zwecke auch besonders kostbare Löffel aus Bein und Alabaster[102]. Ich möchte annehmen, daß es sie auch aus Horn und Metall gab.

Aus der Kombination der verschieden fein gemahlenen Gersten- und Weizenarten ließen sich mit Wasser, Milch und Wein vielerlei mehr oder weniger flüssige Brei-Arten entweder roh als 'Müsli' anrühren oder auch stärker oder schwächer kochen. Die für die mykenische Zeit bekannten Gewürze erlaubten reiche Geschmacksvarianten. Die in den Texten aufgeführten Gewürze müssen als die kostbareren gelten.

γ) Hohlmaß, Waage: Es gab eine eigene Gewürzeinheit in Form eines 'Pfeffertopfes'[103]. Das entsprach dem allgemeineren Brauch mit Hohlmaßen zu messen[104]. Aber man wog auch mit Wiegeschalen. Es sind nicht nur die zarten Goldgebilde aus Schachtgrab III erhalten, sondern auch bronzene Waagebalken und Bleigewichte[105].

Salz ist so wenig genannt, wie alle die anderen einheimischen Geschmacksingredienzien. Die Gewinnung des Salzes war eine der vordringlichsten Notwendigkeiten für eine richtig zusammengesetzte menschliche Ernährung und wurde dementsprechend früh und vielseitig betrieben[106]. In Griechenland wurde weniger Steinsalz als Meersalz verwendet. Viele verschieden geformte Schüsselchen waren als Salzfäßchen geeignet, auch offene und geschlossene Büchschen (Abb. 4e.f)[107]. Als Behälter für mehrere Gewürze bieten sich im profanen Gebrauch die 'Kernoi' an, die wir hauptsächlich als Kultgefäße

für die Breiherstellung benutzt haben. Moderne Versuche mit alten Sattelmühlen haben ergeben, daß nur 3% Mehl beim ersten Mahlgang herauskommen. Alles andere ist Schrot. Für ein 'Pound' grob gemahlenen Getreides braucht man eine Stunde, dabei blieben noch ganze Körner übrig (Jasny, Daily Bread of the Ancient Greeks and Romans, Osiris 9, 1950, 227ff.). [97] Howe 49f. [98] Furumark, MP. 48ff. Abb. 13—16. Unsere Abb. 4a—d nach Furumark, MP. 49 Abb. 14, 282. 65 Abb. 18, 10 und 305.66 Abb. 19, 210. [99] Wie z. B. den Typen bei Blegen, Troy III 2 Taf. 292a Nr. A 47—56. A 69—A 72b. Nr. A 73—83. A 87—89. A 91—98. A 100. [100] Evans, PM. I 57 Abb. 16. [101] Daux, BCH. 79, 1955, 243 Abb. 27 (FH). [102] z. B. Karo, Schachtgräber Taf. 136 Nr. 824/25 und Taf. 139 Nr. 164. [103] Ventris-Chadwick, Documents 222 Nr. 123. [104] Ein archaisches Hohlmaß aus Dreros s. bei v. Effenterre, Un Sékôma Crétois, BCH. 84, 1960, 233ff. (mit Berechnungen). [105] Karo, Schachtgräber 247 Taf. 34. [106] Blümner, RE. I A 2 (1920) 2075ff. s.v. Salz; Myres, Groceries 5; Forbes III 157ff. (vorklassisch nur Natron und gewöhnliches Salz bekannt). [107] Furumark, MP. 53 Abb. 15, 204. 206; 67 Abb. 20, 317. 318.

kennen (Abb. 4i). Ein solches Gefäß der spätminoischen Periode aus Stein hatte acht verschiedene Abteilungen[108], meist waren es nur vier bis sechs[109].

Wollte man frische Gewürze vorsichtig verwenden, so konnte man mit Zweigen — beispielsweise Lorbeer — oder ganzen Büscheln das Gericht beim Kochen rühren, wie das Apicius erwähnt und die Griechen heute noch tun. Mit der Knoblauchzehe konnte man die Topfwände ausreiben.

f) Milch, andere Getränke und Beerenobst

Zimt und Zucker, um die gestockte Milch zu bestreuen, die man in Holz- oder Tonsatten (Abb. 5e)[110] sauerstellen konnte, gab es nicht; man hat angenommen, daß es Fruchtsäfte gab. Wir wissen nichts über das Pressen von Früchten außer Wein; nur wenige, nicht hochgezüchtete Obstsorten würden sich dazu eignen. Wir wissen auch nichts über die Verwendung von Beerenobst. Noch heute gibt es wohlschmeckende Brombeeren, im Apennin in höheren Lagen auch Heidelbeeren. Man wird annehmen dürfen, daß es Waldbeeren und Pilze auch damals gab und daß sie gegessen wurden.

g) Eier, Fische, Meerestiere

Ob man Vogeleier gesammelt und verwendet hat, wissen wir nicht. Die Erklärung einer tönernen Dreifußplatte mit »metallischem Lüster« mit halbkugeligen Vertiefungen als Eierständer ist verlockend[111], doch nicht beweisend. Man könnte auch an eine Schneckenpfanne denken. Der Lüster bei diesem speziellen Exemplar könnte dagegensprechen. Doch da die reichen Darstellun-

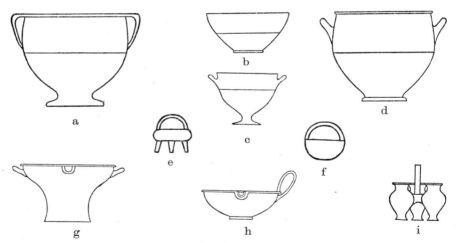

Abb. 4 Schüsseln und Behälter verschiedenster Form
a—d: Napf- und Becherformen für Suppe und Brei, e—f: 'Salzfäßchen', g: Rührschüssel mit Schnauze, h: 'Saucengießer', i: Gewürzbehälter

---

[108] Aus Palaikastro. Zervos, Crète Abb. 601.   [109] z. B. EtCrét. VI (1942) 50 Abb. 27. Das Beispiel Abb. 4i mit 3 Abteilungen nach Furumark, MP. 67 Abb. 20, 324.   [110] z. B. Furumark, MP. 53 Abb. 15, konische Formen. Unsere Abb. 5e: ebenda 75 Abb. 21, 321.   [111] Evans, PM. II 307 Abb. 178.

gen der 'frutti di mare' zeigen, daß man an allem, was da schwamm, kreuchte und fleuchte, interessiert war, wird man es auch gekostet haben. Es ist mir nach diesen Darstellungen nicht wahrscheinlich, daß die Kreter die gleiche Abneigung gegen Fisch und Meeresgetier hatten wie die Helden Homers. Etwas, was gar nicht schmeckt, wird man sich nicht auf sein Eßgeschirr malen. Die Fischer auf dem Ständer von Phylakopi zeigen es deutlich[112]. Da der höfische Lebensstil der Kreter von den Eroberern auf dem Festland weitgehend übernommen war[113], wird man auch dort solche Delikatessen gekannt haben.

h) Käse

Käsereste sind erhalten, eine Reibeschüssel kommt schon in Phaistos vor[114]. Man wird für spätere Zeit Reiben, vielleicht schon aus Metall, ansetzen können; man konnte also seine Mehlspeise auch mit Käse bestreuen.

i) Honig und andere Süßstoffe

Gesüßt hat man mit Honig. Es gibt ein eigenes Ideogramm 135 (Gg) für Honigamphora[115]. Da Feigen bekannt waren, wird man auch Feigensirup gemacht haben, um zu süßen. Auch die Zugabe von Rosinen süßt. Dreibeinige Töpfe, die zum Kochen solcher Breigerichte geeignet waren, sind oben S. Q 4 Abb. 2i schon mit ihrem Namen *ku-ru-su-pa* genannt. Auch die in Troja gefundene Form sei als besonders glücklich für diesen Zweck angeführt[116].

j) Brot

Außer all den vielen Breiarten konnte man, wie oben erklärt, aus den von den Spelzen befreiten Gersten- und Weizenarten Fladenbrot machen. Das Linear-B-Wort für μάζα ist nicht bekannt. Die Fladenbrote hat man einst wie jetzt auf heißen Steinen, an den Innenseiten der heißen Öfen oder an — vielleicht gefegten — Kaminwänden gebacken. Leider sind, soweit ich sehe, keine Darstellungen oder Nachbildungen von Kuchen- oder Brotformen erhalten, wie wir sie aus klassischer Zeit kennen. Dennoch wird man annehmen dürfen, daß aus Nackt-Getreidearten gesäuerte Brote hergestellt wurden. Man konnte Sauerteig aus Kleie oder aus Zwiebeln machen, ein Rezept, das mir ein Bäcker als im ersten Weltkrieg in Belgien verwendet, nannte. Man wird auch noch andere Sauerteige, etwa aus Weintreber oder dergleichen, gekannt haben. Ob man Hirschhornsalz aus Geweihen und Klauen oder Pottasche aus Pflanzenasche hergestellt hat, um nicht säuernde Treibmittel zu gewinnen, wissen wir nicht. Bei der reichlichen Benutzung von Horn für Werkzeuge und der ständigen Verwendung aller nur möglichen Reste für Feuer, die zu verschiedenen Aschen verbrannten, möchte ich die Möglichkeit eher bejahen als verneinen.

---

[112] Zervos, Cyclades Taf. 230ff. Howe 51 meint, daß Fischgerichte gewürzt wurden im Gegensatz zu Fleischgerichten. [113] Marinatos, Die Wanderung des Zeus, AA. 1962, 904ff. [114] Pernier, Festòs I 294 Abb. 171. *tu-ro$_2$*, τυρός, versieht Morpurgo (343 s.v.) mit Fragezeichen. [115] s. S. Q 28. [116] Blegen, Troy III 2 Taf. 295 D 38. Daß diese Formen aus neolithischer Tradition überkommen sind, zeigen auch die Funde aus Thermi auf Lesbos, BSA. 30, 1928—1930, Taf. 6f. Der Typ bei Furumark, MP. 75 Abb. 21, 320 (hier Abb. 2i). Ein besonders schönes Exemplar aus Kato Zakro: Daux, BCH.90, 1966, 829 Abb. 22.

Aber den Göttern wurden offenbar keine Brote und Kuchen dargebracht[117]. Die Opfertische sind immer leer[118]. Das würde den Aufzählungen der Opfergaben auf den Täfelchen entsprechen, die Gerste, Feigen, Weizenmehl, Öl, Honig und Wein nennen; zu anderer Jahreszeit wird Fenchel und Koriander aufgeführt, nicht aber Kuchen, Brot oder andere zubereitete Speisen[119]. Das überrascht, wenn man an die tiefen Teller mit Opfergaben in Knossos denkt[120]. Der Inhalt der Gefäße befand sich in einem chemischen Verkohlungszustand, der keine Deutung erfahren hat, in dem sich aber Oliven befanden[121]. Der gleiche Inhalt befand sich offenbar in dem Gefäß, das man als kleine Kohlenpfanne ansprechen könnte. Die anderen waren normal große Teller von 12 bis 19 Zentimetern Durchmesser und 5 bis 7 Zentimetern Tiefe.

k) Eß- und Trinkgeschirr

α) Teller: Ich möchte entsprechend der Menge der breiig genossenen Speisen einschließlich der Gemüse diese Gefäße als Eßteller ansprechen[122]. Aus der Tatsache, daß es keine Tischgabeln gab[123], muß man auf eine Zubereitung der warm genossenen Kost schließen, die erlaubte, alles entweder mit Löffeln oder mit den Fingern zu essen, soweit man es nicht trinken konnte. Also muß man auch die Gemüse kleingeschnitten und verkocht haben, soweit man nicht Salate aß. Essig[124] wird man gekannt haben, da nach G. Schrot die Essigsäure zu den ältesten den Menschen zugänglichen Säuren gehört. Man machte sie aus Wein und anderen Früchten[125]. Ebenso kannte man saure Milch. Leider kennen wir keine Einzelheiten über Milchverwendung und Käsebereitung, die wohl wie später in Tierschläuchen vor sich ging[126].

β) Schüsseln, Saucengießer und Siebgefäße: Es gibt ein sehr interessantes Gefäß, eine Art zylindrischer Rührschüssel, bei der auf dem Rand ein kleines Trichtergefäß sitzt, dessen Öffnung in die Schüssel führt (Taf. Q IIIc)[127]. Man wüßte gern, was da so tropfenweise in den Schüsselinhalt fallen sollte. Öl in Mehl? Sahne in eine Sauce? Saucengießer könnten einhenklige Schalen mit hochstehendem Henkel und Gießtülle sein (Abb. 4h), auch solche mit Bügelhenkel gibt es[128].

Schüsseln zum Rühren oder auch zum Waschen der Lebensmittel finden sich in großer Auswahl[129]. Dabei gibt es auch solche, bei denen sich sehr gut durch eine kleine Schnauze abgießen läßt, mit und ohne Deckel, so daß man kein Sieb brauchte (Abb. 4g)[130]. Man benutzte auch eimerförmig tiefe Gefäße, deren seitlicher Henkelansatz an das Ideogramm 212, *u-do-ro*, denken läßt; das Gefäß ist durch einen Siebrand geschlossen, der nur wenig mehr als ein Drittel des Durchmessers als Mittelöffnung frei läßt, und hat eine kleine Schnauze

---

[117] Die Gegenstände in dem Korb auf dem Sarkophag von Hagia Triada (Matz, Kreta - Mykene - Troja Taf. 47 Mitte) sind nach den verschiedenen Farben eher Früchte als Brote.   [118] s. dazu hier das Kapitel »Götterkult«.   [119] Ventris-Chadwick, Documents 303ff.   [120] Evans, PM. II 134 Abb. 68.   [121] Evans, PM. II 135 Anm. 1: »Grey earth containing carbonized particles«.   [122] Etwas flacher s. Furumark, MP. 53 Abb. 15, 222.   [123] Zu πεμπώβολον s. S. Q 39.   [124] Schrot, KlPauly II (1967) 378f. s.v. Essig. Das Wort für ὄξος ist in den Linear-B-Texten nicht erwähnt.   [125] Forbes III 78ff.   [126] s. hier das Kapitel »Die Landwirtschaft im homerischen Zeitalter« S. H 62ff.   [127] Zervos, Crète Abb. 727. Weitere solche Gefäße etwas abgewandelter Form zählt Seiradaki auf (BSA. 55, 1960, 12 Abb. 7 Taf. 4a).   [128] Furumark, MP. 48 Abb. 13. 241. 253. Verdelis, in: Chadwick, Tablets III 21 Abb. 29.   [129] z.B. Furumark, MP. 48ff. Abb. 13—15.   [130] Furumark, MP. 53 Abb. 15, 290. 300.

(Abb. 5a)[131]. A. Evans denkt, daß vielleicht Traubensaft damit geseiht wurde. Für jede andere Flüssigkeit, bei der sich etwas setzen sollte, war es ebenso geeignet. Ein solches Gefäß ohne Siebeinsatz ist in Mallia gefunden[132]. Eigentümlich ist ein Krug mit Röhrentülle und Bügelhenkel, der auf der Lippe aufsetzt. Die Öffnung ist mit einem Sieb verschlossen[133]. Nur bei sehr vorsichtigem Eingießen war das Gefäß zu brauchen. Um zu filtern ist der Gefäßteil über dem Sieb zu klein. Man könnte höchstens einen Absud machen, etwa Kräutertee.

γ) Bügelkannen und Trichter: Die schier unübersehbare Menge erhaltener Bügelkannen zeigt, wie sehr die Mykener enge Gefäßausgüsse zu schätzen wußten[134]. *Ka-ra-re-we* heißt das Wort zu dem Ideogramm 210 (S. Q 27 Tabelle)[135].

Die Bügelkanne war das Ölgefäß κατ' ἐξοχήν. Weit verbreitete Meinung ist, daß man Olivenöl in griechischer Zeit nur zu kosmetischen Zwecken verwendet habe. J. Chadwick[136] reiht das Olivenöl zu Recht unter die Lebensmittel ein. Es gibt große Exemplare von Kannen, eindeutig Vorratsgefäße, derbe Küchenware und feinste kleine Flakons (Abb. 5b—d)[137]. Die Form stirbt in der submykenischen Zeit in beiden Varianten aus[138], sowohl derjenigen, bei der der 'Mittelhals' zwischen den Henkeln der Aus- und Einguß ist[139], wie der normalen mit eigenem Ausguß auf der Schulter. In langen Reihen stehen die großen Vorratsgefäße mit Stopfen auf den Tüllen bei dem 'Ölhändler' in Mykene[140], das 'Küchengefäß' haben wir genannt[141].

Schöne Exemplare aus Gournia sind ein großes Gefäß mit Gräserverzierung und ein kugeliges Exemplar mit Oktopus, beide SM I[142]. Die häufigste Form mit Kreislinienverzierung sei in schönen Exemplaren aus Mykene aufgeführt[143]. Aus Mykene kommt auch ein Gefäß, das statt des normalen Tüllenausgusses einen interessanten Siebausguß[144] hat. Tontrichter zum Füllen der *ka-ra-re-we* hatte man (Abb. 5h)[145]; die Vorgängerform, etwa aus dem zweiten Palast von Palaikastro, hatte gewölbtere Schalen. Mohnkolbenförmige Exemplare gab es schon in Eutresis[146]. Es gab Metalltrichter: die erhaltenen Exemplare dürften ausnahmslos im Kult Verwendung gefunden haben[147]. Ich kenne keine Bügelkanne aus Metall; A. Evans Annahme, daß es solche gegeben haben müsse wegen des Dekors[148], scheint mir nicht mit der Möglichkeit der Übertragung des gleichen Dekors auf verschiedene Gefäßformen zu rechnen. Man hat Öl wohl kaum in Metallkrügen aufgehoben, im ausgesprochenen Gegensatz zu Honig (s. S. Q 28).

301; Chadwick, Tablets I Taf. 15 Abb. 16; restauriert: ebenda III 28 Abb. 55. Ein als Ossuarium verwendetes Gefäß jetzt BCH. 90, 1966, 928 Abb. 1.   **131** Evans, PM. IV 73 Abb. 45 (MM I).   **132** EtCrét. XII (1962) Taf. 42 oben rechts.   **133** Deshayes, Argos 156 Taf. 68, 5. 6.   **134** Furumark, MP. 31 Abb. 6. Daux, BCH. 90, 1966, 829 Abb. 24.   **135** Neumann, Glotta 39, 1960/61, 173ff.; Galavotti, RivFil. 40, 1962, 146ff.; die Deutung ist noch zu unklar, als daß hier eine Äußerung dazu möglich wäre, s.a. Morpurgo 130 s.v. *ka-ra-re-we*.   **136** s. S. Q 8.   **137** z. B. Furumark, MP. 37 Abb. 9, 164. 44 Abb. 12, 182.   **138** Wenige Nachzügler gibt es in protogeometrischer Zeit, z. B. Kübler, Kerameikos I Taf. 61; IV Taf. 4.   **139** Die auch als Amphora bezeichnet wird und an die späteren Feldflaschen erinnert. Zervos, Crète Abb. 732. 735 (hier Taf. Q IIId)   **140** Chadwick, Tablets II Abb. 34ff. Einzelstück: Tablets I Taf. 14 Abb. 11.   **141** s. S. Q 4 Anm. 15.   **142** Zervos, Crète Abb. 426 und 586.   **143** Verdelis, in: Chadwick, Tablets III 21 Abb. 24. 25. Daux nennt entsprechende protogeometrische Gefäße mit Siebausgüssen der Darstellung wegen als zum Grabkult gehörig, BCH. 85, 1961, 855.   **144** Verdelis a.O. 21 Abb. 21.   **145** Furumark, MP. 75 Abb. 21, 198.   **146** Deshayes, BCH. 86, 1962, 563 Abb. 21f.   **147** Silbertrichter aus Schachtgrab IV: Karo, Schachtgräber Taf. 122; vgl. auch einen unfertigen Metalltrichter aus Ras Schamra: Schaeffer, AfO. 21, 1966, 131f. Abb. 9.   **148** Evans,

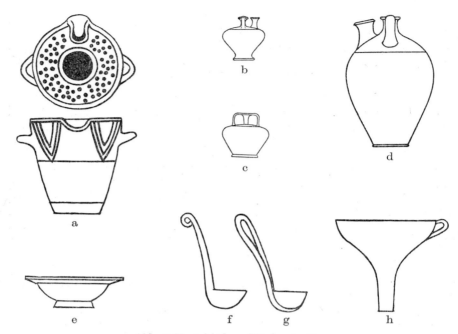

Abb. 5 Verschiedene Küchengeräte
a: Siebschüssel, b—d: Bügelkannen, e: 'Satte', f. g: Schöpfer
(vgl. auch S. Q 4 Abb. 2f), h: Trichter

1) Kochgeschirr

Stellen wir die Frage nach den eigentlichen Kochgeschirren außer dem oben S. Q 4 kurz erwähnten Dreifußkrug *ku-ru-su-pa₃*, so bieten sich die *pi-a₂-ra* und der *ti-ri-po-de* — Ideogramm 200 und 201 — an.

α) pi-je-ra₃: *Pi-je-ra₃* oder *pi-a₂-ra* ist eindeutig ein großer flacher Kessel, zum Kochen oder als Wanne zu gebrauchen. In Knossos zeigt das Ideogramm zwei Beine, das Gefäß muß aber entweder vier, was seltener ist, oder drei Beine gehabt haben, um stehen zu können. In Pylos hat es eine Mittelvertiefung nach unten (s. S. Q 27 Tabelle). Große flache Kessel mit hochstehenden Henkeln kennen wir in großer Zahl[149], allerdings ohne die Mittelvertiefung. Sie waren weniger geeignet, direkt auf die Holzkohle gestellt zu werden als etwa der Kessel 604 a aus Schachtgrab IV[150] und der S. Q 5 genannte Tontopf aus dem Tholosgrab bei Pylos. Man wird daher, obwohl wir keine Stabdreifüße aus Metall aus mykenischer Zeit nachweisen können[151], annehmen, daß diese Kessel zum Kochen auf Untersätze gestellt wurden, zumal eine flach geschwungene Kesselform mit festverbundenen Beinen vorkommt (Taf. Q II c)[152]. Das Gefäß aus Mykene hat seitlich ansetzende Henkel und eine kleine Schnauze zum Ausgießen, man hat also ein flüssigbleibendes Gericht darin zu kochen gedacht.

PM. II 2, 640.   **149** z. B. Karo a.O. 157 Abb. 76 Taf. 158f. s.a. Grumach, Kadmos 1, 1962, 85 Abb. 4.   **150** Karo a.O. Taf. 161.   **151** In dem Text Tn 996 (Ventris-Chadwick, Documents 338 Nr. 238) hat Ventris »drei Stabdreifüße« ergänzt. Der aus Tiryns bekannte (s. S. Q 20 und Anm. 172) gehört erst in das 11. Jh.   **152** Evans, PM. II 2, 634 Abb. 398; Karo a.O. Taf. 163.

Das Wort *pi-a₂-ra* entspricht der homerischen φιάλη[153], die als ἀμφίθετος — nach den Ideogrammen also zweihenklig[154] — und ἀπύρητος[155] »noch nicht auf dem Feuer gestanden« bezeichnet wird. Diese Iliasstelle darf hier erwähnt werden, da es eine hübsche Ergänzung dazu auf dem Täfelchen Ta 641 aus Pylos gibt[156]. Dort wird ein wegen seiner verbrannten Füße unbrauchbar gewordener Dreifuß genannt. Beides paßt zu dem Kochgeschirr, das das Ideogramm darstellt. H. Luschey[157] hat dargelegt, daß Homer eine alte Form meint, nicht die seit etwa 700 v. Chr. als φιάλη bezeichnete Schalenform. Ein in den Proportionen dem knossischen Ideogramm entsprechendes Gefäß kenne ich nicht.

β) ti-ri-po-da: Dagegen sind die den pylischen Ideogrammen 201 entsprechenden *ti-ri-po-de* — oder *ti-ri-po-di-ko* in Mykene (S. Q 27 Tabelle) — in größerer Zahl erhalten; sie entsprechen dem τρίπους und τριποδίσκος[158].

Die Gebrauchsdreifüße in Knossos bestehen aus steilwandigen Kesseln mit flachen Böden ohne oder mit waagerecht angebrachten Henkeln. Senkrechte Beine umgreifen mit einer Art Attaschen den unteren Gefäßrand (Taf. Q II b)[159]. Sehr merkwürdig ist der oben erwähnte Text aus Pylos Ta 641. Es werden da zwei kretische Dreifüße des Typs *ai-ke-u*[160] und einer, mit einem Henkel, auf einem Fuß genannt. Könnte man für die *ai-ke-u* genannten an eine Formvariante des Kessels denken, so ist der einfüßige kaum zu erklären. Dächte man an ein Gefäß mit Mittelstütze zwischen drei Beinen, so ist es nicht zu gebrauchen, was es dem Zusammenhang nach sein müßte. Hat es überhaupt nur ein Bein, mit dem man es in tiefe Asche hätte stecken können, warum heißt es dann Dreifuß? Ob man die Kugelsegmentkessel mit aufrechtstehenden Henkeln, an denen die Beine etwas schräg ansetzen, nur als *pi-a₂-ra* oder auch als *ti-ri-po-de* bezeichnen darf, ist wohl nicht mehr zu entscheiden. Ein sehr schöner Bronzedreifuß stammt aus Tiryns[161] und hat niedrige Beine, wie sie das knossische Ideogramm 200 für die *pi-je-ra₃* genannte Form zeigt, und einen getreppten Boden. G. Karo setzt das Stück in das Ende der mykenischen Zeit[162].

γ) ku-ru-su-pa: Dagegen setzen sich deutlich ab die S. Q 4 schon erwähnten *ku-ru-su-pa₃*, Ideogramm 207, große Kochtöpfe mit drei Beinen und Henkeln. Bei einem sehr schönen frühen Exemplar aus Phaistos springt die obere Hälfte des Gefäßes leicht nach außen vor und ist dunkel gegen die helle untere Hälfte abgesetzt[163]. Es wird der protopalazialen Periode zugeschrieben. Der in Makritichos gefundene Dreifußkrug[164] zeigt eine klassische Kochtopfform für direktes offenes Feuer: nicht zu hohe Beine — damit man wenig Feuerung braucht —, flachen Boden, stark gebauchten Gefäßkörper, energische Einziehung der Lippe, nahe der Mündung stehende, nicht zu große senkrechte Henkel, damit man sich beim Zufassen nicht an der offenen Flamme verbrennt. Der Fund gehört in die Periode SM III, gleichzeitig mit einem Fund aus Wohnhäusern oder einem Heiligtum in Chondros Viannou[165].

Während der Dreifußkrug — wie wir gleichmäßig für das ein- und zweihenklige Gefäß sagen wollen — nur in Ton erhalten, ein reines Gebrauchsgefäß

---

153 Morpurgo 245 s.v. *pi-a₂-ra* und 246 s.v. *pi-je-ra₃*. **154** Andere Möglichkeit s. LS. s.v. **155** XXIII 270. **156** Ventris-Chadwick, Documents 336 Nr. 236. **157** H. Luschey, Die Phiale, Diss. München 1939, 10ff. **158** Morpurgo 332 s.v. **159** Evans, PM. II 2, 628ff. Abb. 394; Zervos, Crète Abb. 605f. **160** Morpurgo führt das Wort nicht auf. **161** Karo, Schatz von Tiryns, AM. 55, 1930, 119ff. Nr. 6226d Beil. 35. **162** s. a. die Dreifußbeine ebenda 137 Abb. 7 Nr. 6230. **163** ASAtene 39/40, N.S. 23/24, 1961/62, 389 Abb. 21. **164** BSA. 53/54, 1958/59, 188 Nr. 12 Abb. 6 Taf. 46a. **165** Πρακτ. 1957 Taf. 69b.

für die tägliche Küche, wohl in der Hauptsache für das Kochen von Brei und allenfalls Gemüsen gebraucht wurde, wissen wir, daß in geometrischer Zeit der Bronzedreifuß zum Auslassen von Fett verwendet worden ist (XXI 362ff.). Das darf man ohne Bedenken auch für die mykenische Zeit annehmen. Er eignete sich auch zum Kochen von 'Eintopf' aus Gemüse, Fleisch und Knochen, wenn auch immer wieder betont werden muß, daß wegen der mühseligen und daher teuren Beschaffung von Brennmaterial sehr viel mehr roh gegessen wurde als später.

δ) Schöpfer: Wir haben große tönerne Schöpfer schon aus frühminoischer Zeit (Abb. 5f.g)[166]. Man hat also Portionen aus großen Bronze- oder Tonkesseln geschöpft[167].

ε) Säge, Beil: Wollte man das Mark aus den Knochen haben, so konnte man diese zersägen. Das Wort für Säge ist *pi-ri-je* und wird πρίων (?) gleichgesetzt[168]. Die zerkleinerten Knochen zerschlug man dann mit einem Beil[169]. Man glaubt das Wort dafür in *pa₂-ra-to-ro*, σπάλαθρον, wiedererkannt zu haben[170].

ζ) i-po-no — Dreifußkessel, Stabdreifüße: Ein weiteres Kochgeschirr heißt nach M. Ventris *i-po-no*, Ideogramm 213; es ist ein Gefäß in Form einer Kugelkalotte (s. S. Q 27 Tabelle). Das Wort wird von A. Morpurgo frageweise mit ἰπνός zusammengestellt, dessen spätere Bedeutung Ofen und Backofen ist[171]. Tongefäße dieser Art scheinen nicht erhalten zu sein, ein entsprechendes Metallgefäß stammt aus Tiryns (Abb. 6b)[172]. Ein solches Gefäß ohne Henkel zum Kochen zu benutzen scheint mir sehr schwierig. Karo möchte es auf den unteren Ring des Dreifußes Tiryns 6225 setzen[173]; auf dem Dreifuß müßte also ein Gefäß gestanden haben, dessen Inhalt nach unten tropfen sollte. Eine Tonamphora für kühles Wasser? Das führt weit von der Bedeutung 'Ofen' fort, paßte aber gut zu dem schön verzierten Dreifuß.

m) Fleischzubereitung

α) Feuerböcke und Spieße: Über die Zubereitung von Fleisch wissen wir nur aus geringen Funden. Dank der Feuerböcke — der griechischen κρατευταί, das Linear-B-Wort ist nicht bekannt — aus Mallia ist sicher, daß Fleisch am Spieß gebraten wurde[174]. Daß es sich bei diesen Tonstegen um κρατευταί handelt, erkannte F. Chapouthier auf Grund von Beobachtungen in Fez, wo sie heute noch fabriziert werden[175]. Die Geräte sind spätneolithisch sogar schon mit Verzierungen an den Enden in Kleinasien bekannt[176]. Ein einfacheres Exemplar, etwa gleicher Zeit, stammt aus Thermi auf Lesbos[177] mit einem Mittelloch

---

166 Deshayes, BCH. 86, 1962, 562 Abb. 19f., wo auch ein mykenisches Exemplar aus Argos abgebildet ist. Andere Formen s. Furumark, MP. 49 Abb. 14, 236 (hier S. Q 4 Abb. 2f); 75 Abb. 21, 311 (hier S. Q 4 Abb. 2c). 167 Der flache, langstielige silberne Schöpflöffel aus Vaphio (Evans, PM. IV 2, 940 Abb. 911) wird auf Grund seines Fundzusammenhangs als Salbenlöffel erklärt. Das Wort *a-ta-ra* (Ventris-Chadwick, Documents 331 Ue 611; Morpurgo 40 s.v.) für Schöpfer ist fraglich. 168 Sägen s. Evans, PM. II 630 Abb. 394. Blegen, Troy III 2 Taf. 300; Catling, Bronzework Taf. 9. 169 Morpurgo 276 s.v. *qe-ro₂*; Ventris-Chadwick, Documents 329f. K 740; Catling a.O. Taf. 8. 170 Morpurgo 271 s.v. *qa-ra-to-ro*. Ventris-Chadwick, Documents 337 Ta 709. 171 s. S. Q 34. 172 Karo, AM. 55, 1930, Beil. 36 Nr.6226g. 173 Karo ebenda Beil. 33. Weitere Stabdreifüße aus Bronze s. Catling, Bronzework Taf. 27ff., aus Ton als Ständer Taf. 38f. bis in geometrische Zeit hinabreichend. 174 EtCrét. VI (1942) 51 Abb. 28. 175 REA. 43, 1941, 13f. 176 K. Bittel, Prähistorische Forschungen in Kleinasien (Istanbuler Forschungen 6, 1934) 71f. 177 BSA. 30, 1928—1930, 45 Abb. 16a.

für den Verbindungsstab. Es gibt in Mallia zwei Typen; der Typ B ist als vierkantige Tonrinne gestaltet, deren beide obere Ränder in etwa 5 bis 8 Zentimeter Abstand voneinander Kerben haben, in die man kleine Bratspieße legen kann. In der Rinne liegt die Glut zum Braten des Fleisches. Es bedarf großen Geschicks bei vielen Spießen dafür zu sorgen, daß alle rechtzeitig genügend gedreht werden. Bei dem Typus A stehen die Tonstege auf schmalen Fußplatten und sind oben unregelmäßig gewellt. Man kann sie also auf der Unterlage, auf der die Glut liegt, beliebig weit auseinanderrücken, so daß man längere Spieße verwenden kann. An einem Fragment ist ein Griffansatz erhalten; man konnte an diesen Griffen das Gerät tragen, vielleicht sogar hin- und herschieben. Selbstverständlich hat man, wie heute noch beim Osterfest, für das Braten ganzer Tiere Spieße aus dünnen Baumstämmen zugerichtet und diese auf Holzböcke gelegt. Man mußte sie sehr sorgfältig drehen, um Unheil zu verhüten und das Tier, das im eigenen Fett schmoren mußte, gleichmäßig gar werden zu lassen. Eisenspieße kannte erst das erste Jahrtausend. Für kleine Spieße wird man, wie heute noch auf Euböa, Schilfstengel passend zugeschnitten haben.

β) Pfannen: Die kretisch-mykenische Küche kannte auch Pfannen, allerdings sind nicht viele erhalten. Die zwei Kupferpfannen aus Mykene haben bei einem Durchmesser von 28,5 und 30 Zentimetern eine Tiefe von 6,5 und 9 Zentimetern[178]. Während die tiefere mit dem senkrecht in eine Tülle eingesteckten Holzgriff (Nr. 175) sich eher eignet, gefüllte Gurken oder Zwiebeln in Öl zu sieden[179], wäre die flachere mit dem waagerecht ansetzenden Henkel (Nr. 176) recht gut zum Braten von Fleisch zu brauchen. Ob man besser wußte als die Nachfahren, wie man Fleisch schneiden muß, daß es beim Braten nicht zäh wird, können wir nicht mehr feststellen.

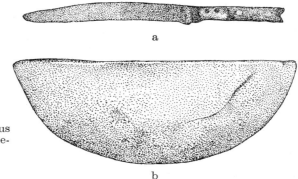

Abb. 6 a: Bronzemesser aus Leukanti, Euboia, b: Bronzeschale aus Tiryns

γ) Messer und Schleifsteine: Messer hatte man für den Haushalt in großer Anzahl (Abb. 6a), auch Schleifsteine dazu[180]. An einem nicht abgebildeten Messer sind noch Reste des Holzgriffes erhalten[181]. Die Schleifsteine sind aus

---

[178] Karo, Schachtgräber Taf. 163.   [179] Dafür besonders geeignet die schöne Bronzepfanne mit 2 Henkeln auf dem Rand: Ἐφημ. 1957, Chron. 16 Abb. 1. Eine schöne Tonpfanne kommt aus dem Töpferladen, Blegen, Zygouries 165 Abb. 160.   [180] Besonders schön mit Griffansatz: Daux, BCH. 90, 1966, 903 Abb. 12; sichelförmig: AJA. 66, 1962, Taf. 121. Zusammenfassend: Karo, Schachtgräber 221f. Taf. 35. 72. 96f. Feuersteinmesserchen, die auch noch in klassischer Zeit in Heiligtümern verwendet werden, waren wohl nur dem Kult vorbehalten, nicht im täglichen Gebrauch verwendet.   [181] Karo, Schachtgräber 102 Nr. 426.

Flußgeschiebe mit Aufhängeloch[182], aus gelbem Granit (?)[183] und Kalkstein[184]. G. Karo sagt[185], daß sie nur in Männergräbern vorkommen; noch in der Ilias haben nur Männer Fleisch zubereitet. Aber zum Gemüseschneiden brauchten auch Frauen Messer. Auch diese werden im zweiten Jahrtausend aus Metall, nicht mehr aus Obsidian gewesen sein. Also brauchte man auch Schleifsteine. Man mußte ja alles in eßbaren Happen zu Tisch geben, was nicht mit dem Löffel gegessen werden konnte. Wenn man Hornlöffel benutzte, durfte das Gericht auch nicht zu heiß sein. Man hat auch daran erinnert, daß die Brocken mit den Fingern zu Kugeln gedreht und gegessen wurden.

n) Gefäße zur Aufnahme und Aufbewahrung von Flüssigkeiten

Man brauchte in der Küche auch die verschiedensten Krugformen — für Wasser, für Milch, für Saucen. Der Typenvorrat ist reich. Die Texte kennen einen Wasserkrug in der Form der klassischen Hydria, Ideogramm 206 (s. S. Q 27 Tabelle). Der Lautwert ist *ka-ti* und entspricht dem griechischen Wort κηθίς[186]. E. Diehl[187] führt nur Tonexemplare von SM-Hydrien auf. Ein schönes Exemplar stammt aus Elis[188], ein anderes, kleines Gefäß aus Perati[189]. Die großen Bronzehydrien, beispielsweise aus Mykene, die statt der zwei seitlichen Henkel einen Quergriff unter dem senkrechten Henkel haben, sind als Vorform der klassischen Hydria anzusprechen[190]. Eine Formvariante zeigt ein Gefäß aus Kato Zakro mit Tüllenausguß und ganz kleinem Schulterhenkel zwischen waagerechten Griffen[191]. Eine besondere Form der Hydria aus Naxos, SM III, hat in der Höhe der Henkel auf einer Seite einen Siebausguß, zu dem sich Schlangen hinwinden[192]. Diese Form ist höchstwahrscheinlich kultischem Zweck zuzuordnen. Die Gefäßform als solche muß aber praktisch erprobt sein, ehe man sie den Göttern anbieten konnte.

Über die Art, wie man die Hydrien vom Brunnen heimgetragen hat, wissen wir nichts. Die Haltung der vornehmen Damen läßt nicht annehmen, daß sie Hydrien auf dem Kopf tragen konnten; doch das sagt nichts aus für die dienenden Frauen.

Von der Vieldeutigkeit der Ideogramme gewinnen wir einen Begriff bei der Betrachtung von Nummer 204 *qe-ra-na*, dessen verschiedene Gestalten auf dem Täfelchen 235 = Ta 711 genannt sind[193]. Sogar für ein Stierkopfrhyton, das auch selbst als Zeichen mit dem Lautwert *ke-ra-a* vorkommt, konnte es gebraucht werden. Die Stierkopfrhyta scheinen mir ebenso wie die Trichterrhyta nicht in den Rahmen des Küchenwesens und der Mahlzeiten zu fallen, sondern nur für kultischen und repräsentativen Gebrauch bestimmt zu sein[194]. Kleine Gefäße wie das SMI-Kännchen mit Ziegenkopf möchte ich als, vielleicht spielerische, Zwischenform betrachten[195]. Der Krug *qe-ra-na* ent-

---

182 Karo a.O. Taf. 102 Nr. 512.   **183** Karo a.O. 118 Nr. 594.   **184** Karo a.O. 149 Nr. 859—861.   **185** Karo a.O. 223.   **186** Ruijgh, Tabellae 66 verweist auf Hesych II 391, 153 (Latte) s.v. κάθιδοι· ὑδρίαι. Ἀρκάδες. Morpurgo 135 s. v. *ka-ti* verweist auf Neumann, Glotta 39, 1960/61, 175ff. mit andrer Ansicht. **187** E. Diehl, Die Hydria. Formgeschichte und Verwendung im Kult des Altertums, Diss. Mainz 1964, 223f.   **188** Daux, BCH. 87, 1963, 793 Abb. 8. Schlankere Form: Furumark, MP. 35 Abb. 7, 128 (hier Abb. 7c).   **189** Daux, BCH. 83, 1959, 597f. Abb. 30.   **190** Karo, Schachtgräber Taf. 154ff. s.a. Evans, PM. II 2, 634 Abb. 398; 636 Abb. 400.   **191** Πρακτ. 1961, Taf. 177γ.   **192** Ἔργον 1959, 127 Abb. 136; vgl. das Grabgefäß Ἔργον 1960, 191 Abb. 219.   **193** Ventris-Chadwick, Documents 335, mit Verweis auf 327.   **194** Zum Stierkopfrhython als Kultgefäß s. hier das Kapitel »Götterkult«.   **195** Evans, PM. II 2, 537

spricht den mykenischen Kannen in Silber und Alabaster (Taf. Q IIa)[196], aber auch dem wirklichen Gebrauchsgerät. Ein schönes Bronzegefäß im Nationalmuseum Athen entspricht gut der Ideogramm-Form[197]. Tonkannen kommen ebenfalls aus den Kammergräbern[198]. Aus Grab 6 kommt eine Kanne mit breiter Tellerlippe[199]. Andere Formen zeigen beispielsweise Exemplare aus Hagios Elias, Ätolien[200]. Diese Kannen waren für alle Arten Flüssigkeiten brauchbar.

Eine Gattung hat den Namen *pe-ri-ke* geführt, der mit πελίκη identisch ist. M. Ventris[201] möchte einen Wasserkrug darin erkennen. Die im archäologischen Sprachgebrauch übliche Verwendung von πελίκη für eine bestimmte Amphorenform ist Willkür[202].

Bei jeder Grabung kommen neue Formen zutage. Und wenn man so derbe Gefäßformen aus Troja VI, wie etwa Blegen, Troy III Taf. 320, 34.280 und 35.471, betrachtet, fällt es nicht schwer, an über Jahrtausende entfernte römische Garum-Töpfe und -Kannen aus Nordafrika zu denken[203]. Man kann dabei an die zähe Tradition erinnern und beide Gefäßarten für den gleichen Zweck in Anspruch nehmen; man kann, korrekter, mit einem nescimus schließen, wie es bei unseren Fragen so häufig nötig ist.

Die manirierte Kannenform, Ideogramm 205, in Knossos erscheint noch übersteigert bei der Kultszene auf einem Goldring aus Tiryns[204]. Da das Ideogramm in Pylos eine durchaus gebrauchsfähige Gefäßform zeigt (Abb. 7a.b.f), wird man nicht folgern wollen, daß *a-te-we* nur ein Kultgefäß sei. M. Ventris weist darauf hin, daß die Wasserkanne auf dem Tablett K 93 die gleiche Form hat[205]. Es ist der Name einer Bronzekanne sagt A. Morpurgo[206]. Ein schönes Tongefäß aus Mykene entspricht aber auch der Form[207]. Als Krug für Wasser, das man vor dem Essen für das Waschen der Hände brauchte — und wohl auch nachher —, scheint das Gefäß prädestiniert. Als Wasserschüsseln, allerdings einfacher Art, seien zwei Gefäße aus Kato Zakro genannt[208]. Morpurgo setzt *ke-ni-qe-te [we* frageweise mit χέρνιψ gleich. Die Form entspricht nicht dem Ideogramm[209].

Nicht als Ideogramm vorhanden ist der Typ der runden Kannenform, den Furumark abbildet (Abb. 7d)[210]. Als große Gefäße waren sie für vielseitigste Verwendung geeignet. Als Milchkannen möchte man etwa Nr. 148 ansehen, für die als Original ein SMI-Exemplar aus Knossos genannt sei[211].

Eigens erwähnt werden muß noch eine Art enghalsiger Krüge mit Bügelhenkel, die aus der sogenannten Askosform entwickelt scheint (Abb. 8a)[212]. Die Askoi selbst waren als Nachbildung der Lederschläuche vielleicht auch Aufbewahrungsgefäße. Ein schönes Ton-Askos-Exemplar SM IIIa—b aus Volimidia bildet G. Daux ab[213].

Abb. 341.   **196** Karo, Schachtgräber Taf. 134. 140.   **197** Daux, BCH. 79, 1955, 207 Abb. 3.   **198** Karo a.O. Taf. 170. 173f.   **199** Karo a.O. Taf. 175. **200** BCH. 88, 1964, 763 Abb. 3. 767 Abb. 14.   **201** Ventris-Chadwick, Documents 331 Nr. 234 = Ue 611. Morpurgo 242 s.v. *pe-ri-ke*; sicher Gefäßname, aber keine Übereinstimmung über die Bedeutung des Wortes.   **202** Richter-Milne 5. **203** M. Ponsich - M. Tarradell - A. Piganiol, Garum et Industries Antiques de Salaison dans la Méditerranée Occidentale (1965) Taf. 23.   **204** Ventris-Chadwick, Documents 333 Abb. 21. Hier Kapitel »Haar- und Barttracht« Taf. B IIe, Kapitel »Hausrat« S. P 51 Abb. 8g.   **205** Ventris-Chadwick, Documents 325 Abb. 17.   **206** Morpurgo 42 s.v. *a-te-we*.   **207** Karo, Schachtgräber Taf. 169. Unsere Abb. 7a.b.f nach Furumark, MP. 35 Abb. 7, 135. 36 Abb. 8, 118, 148. 44 Abb. 12, 139.   **208** Πρακτ. 1961, Taf. 176.   **209** Morpurgo 140 s.v. *ke-ni-qe-te-we*, s. dazu auch Chadwick, Eranos 57, 1959, 4.   **210** Furumark, MP. 30f. Abb. 5. 6.   **211** Zervos, Crète Abb. 538.   **212** z.B. Styrenius, The Vases from the Submycenaean Cemetry on Salamis, OpAth. 4, 1962, 103 Taf. 4, 3649. Unsere Abb. 8a nach Furumark, MP. 67 Abb. 20, 195.   **213** BCH. 89, 1965, 735

o) Trinkgefäße und Zubehör

Kein Bild mit der Darstellung einer Mahlzeit ist aus der kretisch-mykenischen Epoche erhalten. Aber eine Darstellung gibt es, in der zwei Jünglinge auf Klappstühlen einander gegenübersitzen[214]. Der eine reicht dem andern einen hochbeinigen, zweihenkligen Kelch[215]. Das Gefäß ist schön blau bemalt, man könnte daher versucht sein, an einen silbernen Becher zu denken. Im vierten und fünften Schachtgrab haben wir — allerdings einhenklige — Exemplare dieser Form in Gold. Der eine Kelch ist mit Rosetten verziert, der andere mit laufenden Tieren[216].

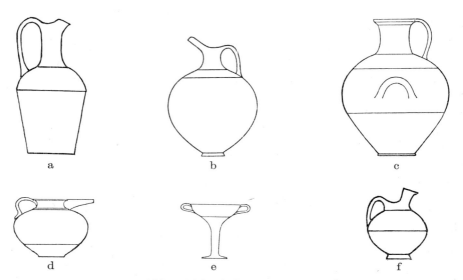

Abb. 7 Mykenische Gefäßformen
a. b. f: Krüge, c: Hydria, d: 'Milchkanne', e: Kelchbecher

Nach der großen Menge der erhaltenen Gefäße für Getränke hat man großen Wert auf gutes Trinken gelegt. Wir müssen also den Getränken und den dazugehörigen Geschirren unsere Aufmerksamkeit zuwenden.

Wein und Wasser als hauptsächliche Grundelemente gepflegten Getränkes sind selbstverständlich. Über Gewürzzutaten wissen wir nichts. Man hat den Wein, wie auch später, gemischt, das Wort *ka-ra-te-ra*, Krater, ist gelesen[217]; leider gibt es kein Ideogramm dazu. Gefäße, die sich als Mischkrüge eigneten, gibt es aber in verschiedenen Formen (Abb. 8 d. e)[218]. Eigentümliche tönerne Kratere, meist mit Stierdarstellungen, kommen in später Zeit aus Zypern[219].

Abb. 3. Zur Entwicklung des Askos: U. Rüdiger, Askoi. Maschinenschr. Diss. Freiburg 1960, mit dem Nachweis, daß es sich hauptsächlich um eine in Gräbern gefundene Gefäßform handelt. Rüdiger hält daher kultischen Gebrauch für wahrscheinlich.   **214** Evans, PM. IV 2, 388 Abb. 323 Farbtaf. 31.   **215** Zur Form: Furumark, MP. 60f. Abb. 16f. Unsere Abb. 7e ebenda 61 Abb. 17, 259.   **216** Karo, Schachtgräber Taf. 111. 126.   **217** Ventris-Chadwick, Documents 331 Nr. 234 = Ue 611.   **218** Furumark, MP. 23 Abb. 4 Nr. 7, 34. 53. 45; 8; 54; 55.   **219** V. Karageorghis, Nouveaux Documents pour l'Étude du Bronze Récent à Chypre

Besonders schöne Kupfergefäße mit zwei oder drei Henkeln, die senkrecht auf dem Rand aufstehen, fanden sich in den Schachtgräbern[220]. Sie waren noch genietet. G. Karo bezeichnete sie als Kratere. Diesem Zweck können sie durchaus gedient haben. In der Form sind sie dem Ideogramm 202 nicht fern, für das die Lesung *di-pa* gesichert ist (s. S. Q 27 Tabelle). Bei diesem Gefäß scheint ein Bedeutungswandel des Wortes von der mykenischen Zeit zu der Zeit Homers greifbar zu werden. Denn *di-pa* ist das homerische δέπας[221]. Der *di-pa* ist in der weiten Form des knossischen Ideogramms durchaus geeignet, etwas darin zu mischen. Er hat zwei bis vier senkrecht auf dem Rand stehende Henkel oder ist auch henkellos. In der Form entspricht er einem Krater in Knossos oder einem Krug in Pylos[222].

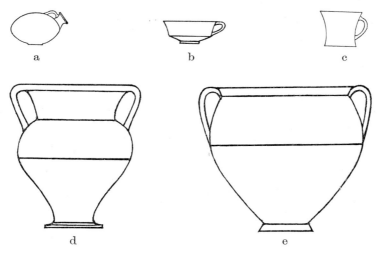

Abb. 8 a: Enghalsiges Gefäß mit Bügelhenkel, 'Askos', b: Einhenkelige Tasse, κύπελλον, c: Becher, d. e: Kratere

Das Ideogramm hat zur Erklärung des uns überraschenden Gebrauchs von δέπας im Falle des 'Nestorbechers' XI 632ff. geholfen und gibt auch den Hinweis für den 'Heliosbecher'[223]. Die Lösung sah N. R. Collinge[224]. Es handelte sich bei diesen berühmten Gefäßen nicht um Becher, was δέπας sonst bei Homer heißt. Hekamede bereitet im δέπας des Nestor einen Trunk für zwei Personen, und das Gefäß ist so schwer, daß es nur mit Mühe zu heben ist[225]. Mit einem kleinen Gefäß konnte man aus dem *di-pa* gut schöpfen. Gern würden wir für die pylischen Ideogramme Tonformen in Anspruch nehmen, wie Furumark, MP. 22 Abb. 3 und Karo, Schachtgräber Taf. 167. Bei all diesen Gefäßen

---

(1965) Taf. 23ff.   **220** Karo, Schachtgräber Taf. 160.   **221** Literatur, auch ablehnende, s. bei Morpurgo 65 s.v. *di-pa*.   **222** Ventris (Documents 326) nimmt ein kleines Gefäß an. Das Zeichen auf dem Ideogramm liest Lang (AJA. 66, 1962, 149 Mb 1366) als *di-wi-jo*. Morpurgo 68 s.v. *di-wi-jo* gibt keine Übersetzung dafür. Es ist besonders bedauerlich, daß dies Zeichen noch nicht geklärt ist. **223** J. Vürtheim, Stesichoros' Fragmente und Biographie (1919) 15. Brommer, JdI. 57, 1942, 120 Anm. 1. 2.   **224** Collinge, Mycenaean *di-pa* and δέπας. BICS. 4, 1957, 55ff.   **225** Das Fassungsvermögen der pylischen Gefäße reicht von 0,01—22,0 Liter: Lane, Pylos

Abb. 9
a. b: Vorratsgefäße, Pithoi

sitzen die Henkel aber auf der Schulter, nicht auf dem Gefäßrand (vgl. Abb. 9 a. b). Das entspricht dem Material, und es bleibt die Frage, ob es den *di-pa* nur in Metall gab, zumal für die Tonform in Pylos das Ideogramm 203 und der Lautwert *qe-to* zur Verfügung stehen (s. S. Q 27 Tabelle).

Ventris sieht den *qe-to* frageweise als Weinkrug an. Die Gleichsetzung von *qe-to* mit πίθος hat J. Chadwick bezweifelt [226]. Man müßte, gäbe man den Einwänden nicht statt, auch hier einen Bedeutungswandel oder zum mindesten eine Bedeutungserweiterung annehmen.

Sicher zum Mischen des Weins standen also zwei Gefäße zur Verfügung, der *ka-ra-te-ra* und der *di-pa*.

Als δέπας ἀμφικύπελλον [227] wird von G. Daux neuerdings ein Zwillingsgefäß aus Volimidia bei Pylos bezeichnet, das zum Trinken ganz ungeeignet war [228]. Man würde es am ehesten als großen Gewürzbehälter ansprechen können, in dem man dann wieder verschiedene Gewürze untereinander mischen konnte. Nicht unerwähnt soll bleiben, daß auf einem Behälter eines solch kleinen Zwillingsgefäßes zwei Vögelchen sitzen [229]! Beide Teile dieses SMII-Gefäßes sind Krüge, der eine mit engem, der 'Taubenverzierte' mit weitem Ausguß. Hier ist die Verwendung ganz unklar.

Hinter dem *ka-ra-te-ra* stehen in der Aufzählung Ue 611 vier *po-ro-ko-wo* [230]. Die Gleichsetzung dieses Wortes mit πρόχοος ist angenommen [231]. Wir denken an das Goldkännchen aus Mykene [232], das zum Einschenken in die kostbaren goldenen Becher dieser Gräber das rechte Geschirr ist. In weitem Abstand stehen die im gleichen Grab gefundene, tönerne Schöpfkanne und der dazu passende Tonbecher [233].

Wir kennen eine große Anzahl Becherformen mit reichen Varianten im Laufe der kretisch-mykenischen Entwicklung (Abb. 8c). Zu der Form der Vaphio-

---

Pots and the Mycenaean Units of Capacity, AJA. 68, 1964, 99f. **226** Studii Clasice 2, 1960, 62; zum πίθος s. S. Q 28. **227** s. S. Q 42f. **228** BCH. 89, 1965, 738ff. Abb. 12f. (MH). **229** Zervos, Crète Abb. 532. Weitere Beispiele: Daux, BCH. 83, 1959, 598 Abb. 30, aus Perati; dgl. BCH. 81, 1957, 575 Abb. 1 ein Vierlingsgefäß (Kernos) aus Diasela, das man sicher für profanen Gebrauch in Anspruch nehmen darf. Dagegen ist sicher nur für kultischen Gebrauch bestimmt ein Kernos aus acht kleinen zylinderförmigen Steingefäßchen, die in zwei Reihen nebeneinander geordnet waren (Zervos, Crète Abb. 601). Die von den Kykladen bekannten Gefäße (z. B. Zervos, Cyclades Abb. 75. 242f.) möchte man der Form nach wieder auch für profanen Gebrauch in Anspruch nehmen. **230** Ventris-Chadwick, Documents 331. **231** Morpurgo 256 s. v. *po-ro-ko-wo*; die kretische πρόχοος sieht Ventris (Documents 331) zugleich (?) als eine Maßeinheit an. **232** Karo, Schachtgräber Taf. 103. **233** Karo a. O. Taf. 166.

becher[234] kennen wir aus dem Täfelchen K 872 das Ideogramm, aber leider nicht den Lautwert[235]. Die goldenen Becher aus Mykene[236] gehören zu dieser Gattung. Als Ton- und Metallform kommt mit leichten dem Material entsprechenden Varianten bei den Henkeln eine schön geschwungene niedrige zweihenklige Tassenart vor[237]. Einmal glauben wir auch wenigstens den Teil eines Namens zu kennen: *po-ti-*[ ]*-we* gehört zu dem Ideogramm 211 (s. unten, Tabelle), das etwa die Form des Goldbechers 440 aus Schachtgrab IV wiedergibt[238]. M. Ventris denkt allerdings an einen »water-bowl«. Zu dem Wort *ku-pe-ra* in Ue 611[239] fehlt das Ideogramm, so daß wir nicht wissen, welche Gefäßform mit dem κύπελλον zu identifizieren ist. Wir verbinden es meist mit einer einhenkligen Tassenform (Abb. 8 b)[240].

Als letztes Becher-Gefäß normaler Form sei das Ideogramm 208 genannt, wieder ohne Lautwert, aber illustriert durch die schönen Bronzegefäße aus Schachtgrab III und IV[241]. Ob man sie auch zum Schöpfen aus dem Krater benutzte, wozu sie sich gut eigneten, ob man sie als Tassen anspricht, wie

	Knossos		Pylos		Mykene	Gefäßart
200				*pi-je-ra₃*		FLACHER KOCHKESSEL
				pi-a₂-ra		
201				*ti-ri-po-de*	*ti-ri-po-di-ko*	HOHER DREIFUSSKESSEL
202		*di-pa*		*di-pa*		BECHER?
203				*qe-to*	*qe-to*	WEINGEFÄSS?
204				*qe-ra-na*		KANNE
205				*a-te-we*		KANNE
206				*ka-ti*		HYDRIA
207		*ku-ru-su-pa₃*				DREIFUSS-AMPHORA
208						FLACHER HENKELKESSEL
209		*a-pi-po-re-we*		]*-re-we*	*a-po-re-we*	AMPHORA
210		*ka-ra-re-we*		*ka-ra-re-we*		BÜGELKANNE
211		*po-ti-*[ ]*-we*				WASSERBEHÄLTER?
212		*u-do-ro*		*u-do-ro*		WASSERGEFÄSS?
213		*i-po-no*				KOCHTOPF

Tabelle der Gefäßideogramme in Linear B (beachte zu 201—204. 208. 209 Detailaufnahmen in: Olivier, BCH. 93, 1969, 832ff. Abb. 1—7. 9—14. 17. 18)

234 Matz, Kreta - Mykene - Troja Taf. 64f. **235** Ventris-Chadwick, Documents 330. **236** Karo a.O. Taf. 103f. 107f.; für die Tonformen s. Furumark, MP. 53 Abb. 15 Nr. 224ff. Nr. 228: unsere Abb. 8c. **237** Karo a.O. Nr. 864 Taf. 135. Furumark, MP. 60 Abb. 16, 263. **238** Karo a.O. Taf. 108. **239** Ventris-Chadwick, Documents 331. **240** z. B. Ἔργον 1954, 42 Abb. 53. Unsere Abb. 8b: Furumark, MP. 53 Abb. 15, 232. **241** Karo a.O. Taf. 164; für die Tonformen s.

geschehen, brauchbar sind sie für beides, und das Gefühl für Entsprechung von Form und Verwendungszweck kann sich ebenso gewandelt haben wie bei uns in den letzten Jahrzehnten, in denen die flache Sektschale den tiefen Sektkelch abgelöst hat.

p) Vorratsgefäße, Reisegeschirr und -gerät, Konservierung

Noch haben wir nicht über die großen Vorratsgefäße gesprochen (Abb. 10a)[242], die nicht nur die Exportvorräte enthalten haben werden, sondern auch dem den Bedarf einer großen Küche Einteilenden — in den Epen der Schaffnerin, die aus unendlichem Vorrat das Beste für den Gast holte — die Sicherheit der Disposition gab. Wir sind gewöhnt, sie πίθος zu nennen, weil sie später so hießen. Das Verhältnis des Wortes zu *qe-to* ist unklar (s. S. Q 26). Zu *a-ke-a*$_2$, ἄγγεα, vgl. S. Q 42.

Der Vorratsverwalter braucht, abgesehen von den Amphoren für Wein und Honig, abgesehen auch von den Krügen oder auch Fässern für Öl, große Fässer für alle Getreidesorten. Diese wurden mit Deckeln verschlossen[243]. So konnten Fässer und Amphoren in den Vorratsräumen stehen, aber auch in den Küchen oder Wohngemächern selbst. Auch in Küchen verwendete man ja Amphoren (s. S. 3), so daß man auch deshalb annehmen muß, daß sie nicht nur für Wein dienten; der Wein hätte in einem verrußten Küchenraum gelitten. Zwar kann man wohl Weinspeisen voraussetzen, wie heute in griechischen Dorfhaushalten noch ein bestimmtes Gebäck mit Weinzusatz am Tag des heiligen Demetrios gebacken oder eine gallertartige Masse zum Erntedankfest bereitet wird. Aber da braucht man nur wenig von dem edlen Getränk. Außer Wein wird auch Öl und Honig (XXIII 170) in dem Amphoreus aufbewahrt. *A-pi-po-re-we* oder *a-po-re-we* heißt die Lesung zu dem Ideogramm 209. Eine schöne SM-Amphora aus Argos weist schon auf protogeometrische Formen voraus[244]. A. Evans macht wahrscheinlich, daß die Honigamphoren aus Metall waren[245].

Das Wort κέραμος für Krug ist mykenisch nicht überliefert; aber *ke-ra-me-we*, κεραμεύς[246], läßt erwarten, daß wohl auch diese Bezeichnung gebraucht werden konnte. Tönerne Feldflaschen, wie sie aus Troja erhalten sind[247] und mit kleiner Standfläche auch in Knossos vorkamen (Taf. Q IIId)[248], wird man auf die Reise oder auf den Acker mitgenommen und so als Picknickgefäß zu bezeichnen haben. In Mykene hatte man Ringflaschen[249]. Meistens werden auch solche Gefäße aus Hartholz gewesen sein, da sie weniger zerbrechlich waren. In den Tongefäßen blieb der Trank allerdings kühler. Kleine hölzerne Vorratsbehälter für Speisen zum Mitnehmen gab es sicher auch neben den Schläuchen. In Ton kennen wir sie ebenfalls aus Knossos[250].

Um die trockenen Vorräte aus den großen Fässern[251] — neben denen es sicher auch Holztruhen gab — fortzutragen, brauchte man Körbe; *ka-na-to*, κάνεα, κάναστρον, und *ka-ra-ti-ri-jo*, κάλαθος, sind überliefert[252]. Ein Gefäß aus

---

Furumark, MP. 48 Abb. 13.   [242] Furumark, MP. 75 Abb. 21, 13. — vgl. auch die Vorratsgefäße oben S. Q 26 Abb. 9 a.b.   [243] EtCrét. XI (1959) Taf. 12,2.   [244] Daux, BCH. 80, 1956, 363 Abb. 4.   [245] Evans, PM. IV 732; vgl. die Honiggefäße aus Bronze (6.Jh.) in Paestum: Sestieri, Bd'A. 40, 1955, 56ff.; wir sind erstaunt, daß der Honig in Metall nicht säuerte.   [246] s. Morpurgo 142 s.v. *ke-ra-me-we*; s. jetzt auch Stella 137.   [247] Blegen, Troy III 2 Taf. 322.   [248] Zervos, Crète Abb. 735.   [249] Canciani, CVA. Heidelberg (3) Taf. 97.   [250] Zervos, Crète Abb. 733.   [251] Beispiele für große Pithosmagazine: Evans, PM. IV Suppl.-Taf. 61; Matz, Kreta - Mykene - Troja Taf. 40; BCH. 80, 1956, 337 Abb. 3f.   [252] Ue 611; Ventris-Chadwick, Documents 331f.

Pseira zeigt eher die Nachbildung eines Tragekorbes oder Beutels als die spätere Kalathos-Form (Taf. Q IIIb)[253]. Doch auch diese kennen wir, allerdings in Bechergröße (Taf. Q IIIa)[254]. Als κάνεα könnte man vielleicht flache, platte Formen mit niedrigen Rändern ansprechen (Abb. 10c)[255]. Diese beiden letzten Formen würden sich zum Gebrauch bei Tische eignen. Zum gleichen Zweck konnte man auch Holzschalen verwenden. Solch schönes hölzernes Exemplar, wie das aus Schachtgrab V, konnte als Korb oder als 'Teller' dienen[256].

Man braucht auch kleinere Vorrats- und Einmachtöpfe (Abb. 10b)[257], die man, sei es mit Stoff[258], sei es mit Tierblase, verschließen kann, um Konserven aufzubewahren — gesalzenen Fisch, Salzoliven, eingelegte Gurken und Früchte. Einfach zudecken konnte man Gefäße mit tönernen Deckeln (Abb. 13c)[259]. Erstaunlicherweise ist das Wort für ἅλς »Salz« in den Linear-E-Texten noch nicht nachgewiesen, aber selbstverständlich hatte man Salz[260] und verstand es ebenso zum Konservieren zu verwenden wie Honig. In Honig konservierte man Früchte, denn nicht alle Früchte eigneten sich zum Trocknen wie Trauben und Feigen. Ob man Dörrfisch selbst gemacht hat, den man noch in klassischer Zeit importierte, wissen wir nicht. Es gibt zu *qe-to* eine Diminutivform *qe-ti-ja*[261]. Beispiele für solche Gefäße haben wir in großer Zahl, schöne hochwandig zylindrische, aber auch gebauchte Gefäße mit schwach vorspringender Lippe. Ein Gefäß aus Kato Zakro sei für die zylindrische Form als Beispiel genannt[262];

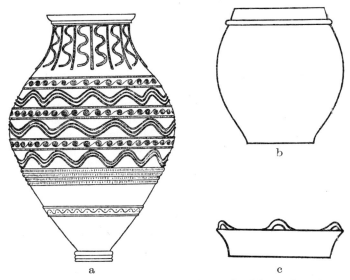

Abb. 10 a: Reliefiertes Vorratsgefäß, Pithos, b: Einmachtopf, c: κάνεον

---

253 Zervos, Crète Abb. 557.   **254** Zervos a.O. Abb. 366, hohe schlanke Form (MM II); Abb. 564f., niedrige breit ausladende Form (SM I).   **255** z.B. Furumark, MP. 75 Abb. 21, 322.   **256** Karo, Schachtgräber Taf. 147.   **257** z.B. Furumark, MP. 75 Abb. 21, 2.   **258** Unsere Mütter legten Gurken oder Sauerkraut mit den nötigen Zutaten in Steintöpfe, darauf ein im Durchmesser zum Topf passendes Holzbrett, und beschwerten dieses mit Steinen. Der Topf wurde mit einem Tuch verschlossen.   **259** Stravokephalo bei Olympia, in Olympia, Neues Mus. Inv. Nr. P 354; vgl. auch Kerameikos I Taf. 21 Inv. Nr. 420; Typ: Furumark, MP. 37 Abb. 9, 63.   **260** s. S. Q 13.   **261** Ventris-Chadwick, Documents 331 Nr. 234.   **262** Ἔργον 1961, 222 Abb. 236.

für die gebauchten Gefäße ein Gefäß aus Kakovatos, das wegen der Henkel gewählt sei [263]. Die Vorratsgefäße sind immer mit mehreren Ösenhenkeln versehen, völlig verständlich bei den Riesenpithoi, die nur von mehreren Männern durch geschicktes Handhaben von Stricken zu heben waren. Wir sehen hier aber, daß man die kleineren Gefäße ebenso handhabte. Man vervielfältigte die Henkelzahl auch bei Gefäßen, die wir mit Amphoren bezeichnen. Vielleicht benutzten auch die Alten diesen Namen dafür. Häufig sind gerade diese Gefäße nach unten besonders spitz zugehend; wir nehmen als selbstverständlich an, daß sie auf Ständern standen [264]. Diese Vorrichtung war sehr sinnvoll, besonders wenn der Inhalt flüssig war; so konnten die porösen Tongefäße ausreichend Flüssigkeit ausschwitzen und verdunsten lassen, so daß der Inhalt in der Hitze nicht zu warm wurde [265].

q) Geschirr-Reinigung

Besonders bei diesen großen Gefäßen, aber auch ganz allgemein stellt sich die Frage nach den Reinigungsmethoden. Überliefert ist nichts. Aber man hatte warmes und kaltes Wasser, Schwämme und Besen aus Reiser und Stroh; man hatte Kiesel zum Schwenken und Sand zum Schrubben. Es gab Natron, Soda und Asche, und man wird verschiedene Erden wie als Seife [266] so als Putzmittel verwendet haben. Man wird vermutlich auch verstanden haben, Bürsten aus Tierborsten herzustellen. Auf jeden Fall mußte das Geschirr ebensogut gereinigt werden wie die Tische im Megaron des Odysseus (1,111), wo solche Tätigkeit ganz ausnahmsweise einmal erwähnt wird.

r) Zusammenfassung, Bankettsaal

Fassen wir unsere Betrachtungen zusammen, so haben wir eine gewisse Vorstellung von dem, was möglich war, aber keine genaue Kenntnis, was alles gekocht, gegessen und getrunken wurde. Ich meine aber, man wird für die herrschende Schicht nach den Geräten eine durchaus gepflegte Küche annehmen können, für die Bevölkerung im allgemeinen mit einer nicht zu primitiven oder gar ärmlichen Kost rechnen müssen [267].

Ein schönes Geschenk brachten die jüngsten Ausgrabungen in Kato Zakro mit dem 'Bankettsaal' mit Amphoren und Oinochoen, einem Bronzedreifuß und einem dreihenkligen Tongefäß, in dem wir uns die Besitzer schmausend vorstellen können [268]. Sie saßen auf Stühlen, *to-no*, θρόνος (?), die nach den Beschreibungen sehr kostbar waren, mit Fußbänken, *ta-ra-nu*, θρῆνυς, davor an Tischen, *to-pe-za*, τράπεζα [269], oder auf Hockern, wie wir auf dem knossischen

---

[263] Matz, Kreta - Mykene - Troja Taf. 111, vgl. auch Furumark, MP. 22f. Abb. 3, 15 (frühe), Abb. 4 (spätere Formen), s. S. Q 26 Abb. 9a.b.   [264] s. S. Q 40.
[265] Forbes VI 104ff. zeigt für den Vorderen Orient Kühlmethoden, von denen wir für Kreta leider gar nichts wissen. So selbstverständlich Einflüsse in der Küche und ihren Künsten möglich sind, so wenig erscheinen sie gesichert, wenn man an die Eigenständigkeit verschiedener, benachbarter Länder noch heute denkt. Es wird deshalb, wie schon oben gesagt, die Möglichkeit, orientalische Sitten zur Ergänzung heranziehen, bewußt nicht benutzt, vgl. auch Forbes III 50ff.   [266] Blümner, RE. II A 1 (1921) 1112ff. s.v. Seife.   [267] s. die oben S. Q 8 Anm. 55 angegebenen Deputatmengen.   [268] BCH. 89, 1965, 889ff. Abb. 3ff. MM II und III. Auch in Phaistos ist ein 'Bankettsaal' freigelegt, Graham, AJA. 65, 1961, 165ff. Taf. 61ff.   [269] Ventris-Chadwick, Documents 234. 243. Zusammenfassend: Ventris, Mycenaean Furniture on the Pylos Tablets, Eranos 53, 1955, 109ff. s. a. hier das Kapitel »Hausrat«.

Wandbild sahen. Sie ließen sich aus kostbaren Kannen über schönen Becken das Waschwasser über die Hände gießen, und dann genossen sie, je nach Würde, aus goldenen oder silbernen, aus ehernen oder tönernen Gefäßen, was das Land und der Handel zu bieten hatten.

Wie verhält sich dazu die Situation im 8. Jahrhundert?

2. Küchenwesen in homerischer Zeit

a) Küchen

α) Tragbare und feste Herde: Auch die Griechen der geometrischen Zeit kennen feste Herde. Es sei beispielsweise der in einem geometrischen Raum östlich des Heiligtums in Delphi genannt. Erhalten ist ein in den Boden eingetieftes Halbrund von 69 Zentimetern Durchmesser mit Tonboden und einem seitlich vorn angelegten Kamin, der ebenfalls halbrund ist. Die erhaltene Höhe beträgt rund 25 Zentimeter. P. Amandry fand 1949 solche Herde auch im Heiligtum selbst. Durch einen protogeometrischen Herd in Argos ist die Kontinuität festgebauter Herde gesichert, sofern das überhaupt nötig ist[270]. Schon in das fünfte Jahrhundert führt der Küchenraum mit Herd und Brunnen in Halieis[271]. Alle diese Küchen sind Räume neben anderen. So etwa wird man sich das Feuer, den Herd, vorstellen, an dem Achill für die Gesandtschaft der Griechen in seinen κλισίαι das Fleisch am Spieß brät (IX 206ff.). Der Herd[272] mit den großen Bohlen in Mykene (s. S. Q 2) fällt einem bei dieser Schilderung ein. Auch Eumaios brät das Schwein für Odysseus auf der ἐσχάρα im Haus (14, 414ff.).

Tragbare Herde werden in den Epen nicht erwähnt, denn die Feuerbecken, λαμπτῆρες, werden nur als Lichtquellen genannt (18, 307 u. a.)[273]. Aber tragbare Feuerbehälter, auf die man Töpfe setzen konnte, sind aus geometrischer Zeit in Fragmenten erhalten[274].

β) Topfständer: Aus Gräbern auf der Agora in Athen kommen Topfständer (Abb. 11b)[275], die gegenüber der frühhelladischen Form aus Nemea sehr entwickelt sind[276]. Auch aus dem fünften Jahrhundert wurden in Athen solche Exemplare gefunden[277]. Es sind Tonzylinder, von denen etwa ein Drittel senkrecht ausgeschnitten ist, so daß man unter den auf dem Zylinder stehenden Topf das Feuer legen konnte. Es konnte mit einem Vogelfittich glühend erhalten werden. Auch kleine, grobgeformte hellenistische Dreiböcke aus Ton zur Aufstellung von Kochtöpfen über dem Feuer spiegeln offensichtlich eine uralte Tradition (Red.-Zusatz, nach O. Frödin-A. Persson, Asine [1938] 335 Abb. 226,2).

γ) Feuerböcke und Spieße: Auch sind Feuerböcke, κρατευταί, für das Auflegen der Spieße, ὀβελοί, aus dem neunten und siebenten Jahrhundert erhalten, allerdings aus Italien. Die aus dem neunten Jahrhundert stammenden Krateutai aus Faenza[278] sind Tonständer, die den minoischen sehr ähneln. Die Bronzeexemplare aus Campovalano bei Teramo (Abb. 12b) und aus der Tomba

---

[270] Daux, BCH. 81, 1957, 708 Abb. 3 (Delphi). 680 Abb. 31 (Argos). [271] Ostargolis; vorläufige Abb. bei Joung, Expedition 5, 1962/63, Nr. 3, 4. [272] Ob die ἐσχάρα, an der sich Odysseus bei Alkinoos niederläßt (7, 153), auch zum Kochen benutzt wurde, läßt sich nicht sagen. Zum Herd s.a. Süß, RE. VIII 1 (1912) 1270ff. s.v. Hestia; Preuner, in: Lex. Myth. I 2630ff. s.v. Hestia. [273] Dazu s. hier das Kapitel »Hausrat« S. P 86. [274] Brann, Agora Taf. 40, 623. [275] Desborough, Prot. P. Taf. 15 oben; Brann, Agora Taf. 11, 211; 40, 626. [276] Harland, An Early Helladic Kitchen Utensil, in: Studies presented to D. M. Robinson I (1951) 106 Taf. 3. [277] Sparkes I Taf. 5, 4. [278] Monti, NSc. 1961, 237

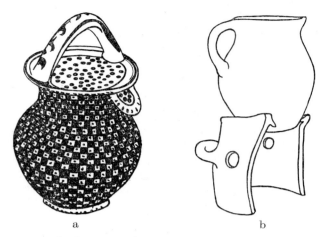

Abb. 11 a: Krug mit Bügelhenkel, Sieb und Ausgußschnauze aus Myrrhinous, Attika, 8. Jh., b: Protogeometrischer Topfständer. Agora, Athen

Regolini-Galassi (Abb. 12a)[279] sind mit den dazugehörigen Bronzespießen in Längen zwischen 87 und 110 Zentimetern[280] erhalten (Abb. 12c). Sehr schön ist an ihnen die Spiraldrehung am obersten Ende unter dem Aufhängering ausgearbeitet. Das waren Spieße, an denen große Stücke oder ganze Tiere gebraten werden konnten[281]. Bei den κρατευταί sind die Seiten schön hoch geschwungen und blattförmig ausgearbeitet, damit der Spieß während des Drehens nicht seitlich abrutschte. Längs dem eigentlichen Auflageblech sind Spiraldrähte angebracht, die neben dem Zierwert eine große Erleichterung beim Drehen bedeutet haben müssen. Die sicher am meisten gebrauchte Form waren Krateutai aus kreuzweise übereinandergenagelten Hölzern wie sie heute noch gebraucht werden.

Die IX 213f. geschilderten κρατευταί sind aus Stein, wie das Scholion A zu IX 214 (Dindorf I 312) sagt. Das ist sicher oft so gemacht worden. Bei der für das Braten an einem großen Spieß notwendigen Höhe über dem Feuer könnte man die Bronzefeuerböcke aus dem Regolini-Galassi-Grab in Schlitze von Steinen gestellt denken, damit sie hoch genug über dem Feuer standen und nicht fortrutschten. Frühestens in archaische Zeit gehören nach den Mit-

Abb. 9.   **279** Zu den Exemplaren aus Campovalano vgl. die folgende Anm. — L. Pareti, La Tomba Regolini-Galassi (1947) Nr. 230. 241/42 Taf. 27. 33 (hier Abb. 12a) und Nr. 256—275 Taf. 36. W. Helbig, Führer durch die öffentlichen Sammlungen klassischer Altertümer in Rom I⁴ (1963) 491 Nr. 640; vgl. auch die Exemplare des späten 5. und 4. Jhs. aus Este, fondo Capodaglio, Grab 38 (Eisen) und Grab 31 (Bronze, mit Bronzespießen): O.-H. Frey, Die Entstehung der Situlenkunst (RGF. XXXI [1969]) 99 Taf. 31, 17. 32, 1—3 sowie geschulterte Bratspieße auf der Situla Certosa in Bologna, Mus. Civico (6. Jh.): W. Lucke—O.-H. Frey, Die Situla in Providence (RGF. XXVI [1962]) 59 Nr. 4 Taf. 18 unten.   **280** Die angegebenen Maße beziehen sich auf Spieße aus dem Regolini-Galassi-Grab. Die hier (Abb. 12c) abgebildeten aus Campovalano, Chieti, Mus. Naz. Inv. Nr. 5158, haben eine Länge bis zu 73 cm. V. Cianfarani, Antiche Civiltà d'Abruzzo (1969) 64 Nr. 103f. Taf. 48. Nachtrag der Redaktion.   **281** vgl. Kapitel »Bergbau, Steinbruchtätigkeit, Hüttenwesen« S. K 28 Abb. 15; »Baukunst« S. O 127. Ein 61 cm langes Fragment eines eisernen Spießes wurde in Delphi gefunden (Daux, BCH. 84, 1960, 402 Abb. 20). Weiteres: Simon, Götter 47 Anm. 35. Zu Obeloi-

funden zwei Tonkrateutai aus Sabucina²⁸², deren Seitenschutz in Form von Ochsenköpfen gebildet ist; damit kommen sie den prähistorischen Stücken wieder nahe²⁸³. Aus homerischer Zeit fanden sich in den Nekropolen von Argos, Kouklia-Altpaphos (Taf. Q VId) und Salamis auf Zypern (Taf. Q VIc) paarweise, aus Eisen geschmiedete Feuerböcke²⁸⁴. Sie haben zwei Füße, die aus u-förmig gebogenen, mit den Auflagern für die Spieße vernieteten Flacheisen bestehen. Sie sind in Form stilisierter Schiffe gestaltet. Krateutai werden sogar als ἱερὰ χρήματα auf Inventarstelen des frühen vierten Jahrhunderts erwähnt²⁸⁵.

Wenn man die Spieße nicht ganz voll Fleisch steckte, konnte man sie auch freihändig über einem Feuer drehen (Taf. Q VIIc)²⁸⁶. Kunstgerecht ist das

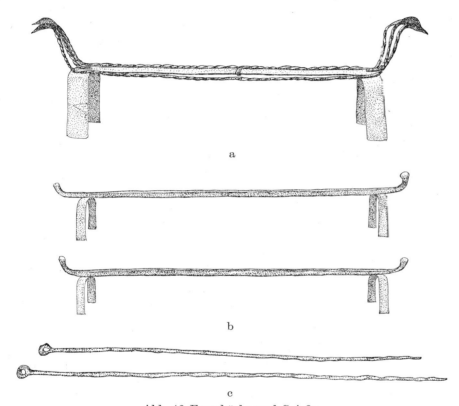

Abb. 12 Feuerböcke und Spieße
a: Bronzenes Exemplar aus der Tomba Regolini-Galassi. Rom, Vatikanisches Museum; b. c: Bronzene Feuerböcke und Spieße aus Campovalano bei Teramo. Chieti, Mus. Naz.

Fragmenten aus Idalion und argivischen Entsprechungen s. Karageorghis, RDAC. 1964, 71 Abb. 24, 40. 68 und Buchholz, Historische Zeitschrift 200, 1965, 368 (Zusatz der Redaktion).   282 ArchCl. 15, 1963, 94 Taf. 39, 2.   283 s. S. Q 20 Anm. 176.   284 Courbin, BCH. 81, 1957, 370ff. Abb. 54ff. Taf. 5 (Argos); Karageorghis, AA. 1963, 551f. Abb. 29. BCH. 87, 1963, 277f. Abb. 17. 18. 19a—d (Kouklia); ders., BCH. 91, 1967, 343f. Abb. 148 (Salamis); ders., Salamis (deutsch, 1970) Taf. 51—53 (Feuerböcke und gebündelte Oboloi); Nachtrag der Redaktion.   285 Platon-Feyel, Inventaire Sacré de Thespies, BCH. 62, 1938, 157.   286 sf. Lekythos in Athen, Nat. Mus. Inv. Nr. 595: C. H. E. Haspels,

über dem lodernden Feuer auf dem Altar allerdings nicht, denn das Fleisch müßte verbrannt sein, das Feuer darf nur glosen. T. P. Howe[287] überlegt, daß das Mehl oder die Grütze nicht, wie Homer sagt[288], auf das Fleisch gestreut sein könne, weil es trocken verbrannte und feucht schmierte. Das Mehl wurde erst nach dem Braten auf das Fleisch gestreut, damit man das Fett band und sich am heißen Fleisch die Finger nicht so sehr verbrannte. Zu trocken wurde das nicht, denn man hatte ja das Getränk dazu. Auch die italienische Küche kennt das Bestäuben des gebratenen Fleisches. Es gibt ein Gericht, bei dem das gebratene Fleisch, dick mit Mehl bestäubt, in eine sehr heiße aromatische Sauce gegeben wird.

δ) Backhauben, Grill, ἰπνός: Ob das achte Jahrhundert schon solch ausgezeichnete Backhauben kannte wie sie auf der Agora in Athen gefunden wurden[289], möchte ich bezweifeln. Grill und Grillpfannen haben aber sicher nicht anders ausgesehen als im fünften Jahrhundert[290]. Es ist richtig, wenn B. A. Sparkes trotz der mancherlei eingebauten Herde sagt, daß 'Küche' im Griechischen weniger Raum als Funktion ist[291]. Er hätte dafür die Bedeutung des Wortes ἰπνός anführen können, das Ofen, Backofen heißen kann[292], das aber auch für einen Topf zum Erhitzen von Wasser gebraucht wird und dann etwa ein dem χυτρόπους verwandtes Gefäß bezeichnet. Bei Semonides 7, 61 scheint mir das Wort so übersetzt werden zu müssen. Erst vom fünften Jahrhundert an heißt ἰπνός auch Küche.

b) Lebensmittel, Gewürze

Soweit wir sehen können, ist an Lebensmitteln im ersten Viertel des ersten Jahrtausends nichts zusätzlich in Griechenland bekannt geworden[293]; vielmehr sind die Angaben in den Epen so, daß man eher das Gegenteil annehmen könnte. Am auffälligsten ist das bei den Gewürzen. Homer nennt nur das Salz[294]. Platon begründet das mit der Diät der Sportsleute und Krieger[295]. Er nimmt danach als selbstverständlich an, daß auch die Zeitgenossen Homers die anderen Gewürze kannten; wir haben kaum Grund an der Kontinuität der Kenntnis der Gewürze zu zweifeln, wenn sie vielleicht auch, nach den Gefäßen zu urteilen, nicht so 'gekonnt' gebraucht wurden wie im zweiten Jahrtausend.

Attic Black Figured Lekythoi (1936) 226 Nr. 8 Taf. 33, 1; vgl. ASAtene 37/38 N.S. 21/22, 1959/60, 331 Abb. 12; vgl. ferner Kolonettenkrater des Pan Malers, Neapel, Mus. Naz.: Simon, Götter 309 Abb. 296 und Kapitel »Götterkult« Abb. 14b: Hydria in Rom, Villa Giulia, Ricci, ASAtene 24—26 N.S. 8—10, 1946—1948, 47ff. Taf. 3—6, sämtlich so weit benannte Nachweise sind Zusatz der Redaktion; vgl. ferner eine sf. Lekythos, Chase-Pease, CVA. Fogg Museum and Gallatin Collections USA (8) Taf. 44, 1d.   [287] Howe 47ff. und Willemsen, Collecta Membra, AM. 76. 1961, 214f. Beil. 92.   [288] 14, 76 und XVIII 559f.   [289] Sparkes I 128 Abb. 2 Taf. 4, 2.   [290] Sparkes I Taf. 5, 5.   [291] Sparkes I 129; dem entspricht z.B. auch noch die Situation in den Häusern in Olynth, Graham, Olynthiaka 6, The Kitchen Complex, Hesperia 23, 1954, 328ff.   [292] Herodot V 92.   [293] s. dazu jetzt Vermeule, Bronze Age App. I 317ff., Tabellen zu Funden und Erwähnungen in mykenischer Zeit und bei Homer. Vgl. hier das Kapitel »Die Landwirtschaft im homerischen Zeitalter«.   [294] Kleine Gefäßchen als Salznäpfchen in Napf- und Becherform gab es reichlich (z.B. Brann, Agora Taf. 8 Abb. 142; Taf. 10 Abb. 189; CVA. Athen (1) III Hd Taf. 6, 15ff.; gekoppelte Gefäße für Gewürze scheint es nicht zu geben, denn die ringförmigen Kernoi sind sicher zu Kultzwecken bestimmt [Kübler, Kerameikos V 1 Taf. 157 Inv.Nr. 4833]).   [295] Platon, Politeia III 13 = 404 B—D. Handelsware zur Zeit Homers s. hier das Kapitel »Handel«; vorläufig s.a. Pigott, Antiquity 33, 1959, 122f. Das Silphion soll erst kurz vor der Gründung Kyrenes entdeckt worden sein; Steier, RE. III A 1 (1927)

Asphodelos und Malve nennt Hesiod als Nahrungsmittel[296]. Wir dürfen annehmen, daß die einfache Bevölkerung sie auch im zweiten Jahrtausend schon aß.

Von den vielen Gemüse- und Obstarten, von deren Existenz wir durch die Untersuchungen der Botaniker wissen, und die gewiß ebenso gegessen wurden wie im zweiten Jahrtausend, erfahren wir von Homer ebensowenig wie mit der einen eben genannten Ausnahme von Hesiod. Wir hören nur von Zwiebeln zum Trunk (XI 630) und wissen aus Vergleichen von Hülsenfrüchten (XIII 589).

c) Küchengeschirr und -gerät

Betrachten wir also das für Küche und Mahlzeiten zur Verfügung stehende Geschirr und Gerät unter der wohl erlaubten Voraussetzung, daß die Griechen des achten Jahrhunderts noch oder auch durch den neu aufkommenden Handel wieder die gleichen Lebensmittel kannten wie die Mykener.

α) Mühlsteine und Mehlsiebe: Auch jetzt waren Getreideprodukte die Hauptennährungsgrundlage[297]. Die Vorbereitung des Getreides und das Mahlen gingen noch ebenso vor sich wie einst[298]. Μύλαι heißen Handmühlen[299]. Homer schildert uns die schwache Müllerin 20, 105f.; apfelfarbenen Weizen mahlen die Dienerinnen des Alkinoos (7, 104). Hesiod (Frgt. 264, Rzach) erwähnt ebenfalls das Mahlen dieses Getreides. Auch jetzt waren die Siebe aus vergänglichem Material, und man wird verschieden grobes Mahlgut sowohl getrennt wie vermischt für verschiedene Brei- und Brotsorten verwendet haben. Grünkern dürfte weitere Abwechslung ermöglicht haben.

β) χυτρόποδες: Kaum geändert haben sich die χυτρόποδες. Hesiod erwähnt sie (Erga 748); die von den Scholien genannte Bedeutung ἐσχάρα τῶν μαγείρων ist weniger klar als die andere τὰ ὑπὸ πόδα ἀγγεῖα, doch ist ein solcher Topf ja in der Tat beides[300]. Ein geometrisches Exemplar sei aus dem Kerameikos genannt (Taf. Q VIa)[301].

γ) Breischüsseln — σκύφοι: Auch die geometrischen Tassen und Schüsselchen konnten zum Breiessen benutzt werden. T. P. Howe[302] verweist auf die als Skyphoi bezeichneten Näpfe mit zwei Henkeln (Taf. Q Ve)[303]. Diese Gefäße eignen sich sehr gut zu diesem Zweck; wenn aber die Bezeichnung Skyphos dafür richtig ist, so steht dem die einzige Stelle entgegen, an der Homer den Skyphos erwähnt, und zwar ausgesprochen als Trinkbecher (14, 112). Auch die Situation in den Hesiodfragmenten[304] läßt nicht an Brei denken, wenn auch nicht ausdrücklich von Weintrinken die Rede ist; bei Alkmann gießt Dionysos Milch aus dem goldenen Skyphos[305].

103ff. s.v. Silphion.   **296** Op. 41, s. Wagler, RE. II 2 (1896) 1730ff. s.v. Ἀσφόδελος. Steier, RE. XIV 1 (1928) 922ff. s.v. Malve.   **297** Nach Howe 54 aßen die Griechen Mykenes Fleisch mit Gartenprodukten, die mit Olivenöl zubereitet waren, reichlich Fisch, wenig Brot als Fladen. Getreidekost löst Fleisch erst nach Hungersnot durch Mangel an Weideland ab.   **298** Flache Platten, die als Mörser angesprochen werden, können nicht für Getreide, höchstens als Reibschalen für Gewürze oder dgl. benutzt worden sein. Ein Beispiel ist das schöne Kultgerät auf einem Sphingendreifuß aus Basalt in Nikosia (Karageorghis, BCH. 84, 1960, 280 Abb. 60).   **299** s. S. 11f. Zur Weiterentwicklung des oberen Mühlsteins s. S. Q 12 Anm. 93.   **300** s. aber LS. s.v. χυτρόπους Abschnitt 1.   **301** Kübler, Kerameikos V 1 Taf. 156.   **302** Howe 49 Anm. 24.   **303** Brann, Agora Taf. 8f. Desborough, Prot. P. Taf. 10f. versteht Fußbecher darunter.   **304** Frgt. 165 (der Skyphos ist sogar silbern) und Frgt. 166 (Rzach).   **305** Diehl, Antho-

Der Graffito Θάριο εἰμὶ ποτέριον auf einem Gefäß der Form, die wir als σκύφος bezeichnen, dürfte jeden Zweifel am Charakter als Trinkgefäß ausschließen[306]. Doch stehen so viel andere Tassen- und Napfformen — und vor allem Exemplare — zur Verfügung, daß solche Gefäße sicher für das Porridgeessen verwendet wurden, die einhenkligen Näpfe und ebenso die henkellosen Schüsselchen von der Agora (Taf. Q IV b)[307] und die entsprechenden Exemplare aus dem Kerameikos[308].

δ) Teller und Körbe: Mehr oder weniger tiefe Tellerformen lassen sich von der protogeometrischen Zeit bis in das achte Jahrhundert an den Funden im Kerameikos und auf Samos verfolgen[309]. Flache Bronzeteller kennen wir erst in späteren Exemplaren[310]. Das Wort πίναξ ist für die große Fleischplatte gebraucht (1, 141 u. ö.); es kann für den kleinen Teller ebenso benützt werden wie für Tabletts[311].

Die oben S. Q 16 als tiefe Teller bezeichneten Behälter, die sich zum Essen von allerlei breiig gekochten Speisen eigneten, hält d'A. Desborough für Vorläufer der späteren Kalathoi[312]. Man könnte diese tiefen Gefäße auch für rohes Obst und Gemüse gebrauchen, nachdem der Boden erheblich größer geworden ist und nun erst dem ähnelt, was wir als κάλαθος zu bezeichnen pflegen. Wir haben aber auch Nachbildungen von 'Einkaufskörben' und geflochtenen Körben (Abb. 13a)[313]. Die später so häufigen 'Fruchtschalen' beginnen erst im letzten Jahrzehnt des achten Jahrhunderts[314].

Brot wurde bei Homer zu jeder Mahlzeit gegessen und in Körben auf den Tisch gestellt. Für die Brote haben wir auch jetzt kein Rezept, wir kennen sie nur aus den späteren Darstellungen, die ebensogut Kuchen wiedergeben können. Aber die Backöfen können in geometrischer Zeit nicht primitiver gewesen sein als die der böotischen Tonfigürchen (Taf. Q VII b)[315]. Sehr schöne kleine Brote trägt eine solche Bäckerin auf einem Holzschieber, wie er heute noch gebraucht wird, um das Gebäck in den Ofen zu schieben[316]. Auch eine ganze Backstube wird dargestellt mit der Flötenspielerin für die Arbeitsmusik dazu[317]. Das alles hat zu Homers Zeit sicher ebenso ausgesehen.

ε) Tröge, Schüsseln: Der Teig wurde in großen Trögen geknetet. Solche Tröge werden meist aus Holz gewesen sein[318]. Es gab aber auch tönerne

logia Lyrica Graeca II Frgt. 37 (34). **306** Young, Geom. Graves 124 B 55 Abb. 89f., ders., Hesperia 5, 1936, 34 Abb. 34. **307** Brann, Agora Taf. 10 und 6, 107. **308** Kübler, Kerameikos V 1 Taf. 105ff. **309** Kraiker-Kübler, Kerameikos I Taf. 52; V 1 Taf. 101—104. Eilmann, AM. 58, 1933, 110ff. Abb. 54ff. **310** Jantzen, AM. 63/64, 1938/39, 140ff. **311** Es kann sogar Schiffstrümmer bezeichnen: 12, 67. Zur Wortform s. Chantraine, Formation 294. **312** Desborough, Prot. P. 113f. Taf. 8; frühere Exemplare: Desborough, The Last Mycenaeans Taf. 7 (aus Jalysos und Perati). **313** Ἔργον 1960, 34 Abb. 46; Kübler, Kerameikos V 1 Taf. 108. 118; Canciani, CVA. Heidelberg 3 Taf. 114; Brann, Agora Taf. 16, 271. **314** Kübler, Kerameikos VI Taf. 56 oben. **315** K. A. Neugebauer, Antiken in deutschem Privatbesitz (1938) 29 Nr. 96 Taf. 40; R. Lullies, Eine Sammlung griechischer Kleinkunst (o.J.) 48 Nr. 129 Bildseite 53 (Zusatz der Redaktion); s. a. Sparkes I Taf. 8, 2. 4. **316** Sparkes II Taf. 29, 2. **317** Encyclopédie Photographique de l'Art. Le Musée du Louvre II (o.J.) 172. H. Rasmussen, Brødbagning in Syditalien, KUML 1959, 166ff., führt aus, wie in Süditalien jetzt noch die Ofenhitze neben dem Backen zum Vorwärmen des Getreides, zum Gehen des Teiges und zum Trocknen von garen Broten genutzt wird. Winter, Typen I 35, 2. 3, sei genannt für die typische Tatsache des Zusammenarbeitens vieler, wie auch der Müllerinnen in 20, 107. Eine mykenische Terrakotte eines Brotbäckers in Athen (hier Taf. Q VIIa) s. ASAtene 24—26 N.S. 8—10, 1946—1948, 15 Abb. 1—4. Zusammenstellung: Sparkes I 132ff. **318** Der Backtrog hieß κάρδοπος. In den Epen ist das Wort nicht überliefert. Neumann, Glotta 39,

Wannen. Reste eines solchen geometrischen Gefäßes fanden sich in Knossos[319]. Der Durchmesser wurde auf 95 Zentimeter errechnet. Aus dem späten achten Jahrhundert stammt ein Becken von der Agora[320]. Wie man mit solchem Gerät umgehen konnte, zeigt noch eine Pelike des Gerasmalers[321].

Eine reich bemalte Wasserschüssel mit Ausguß und zwei Henkeln in Kopenhagen ist 25 Zentimeter hoch. Ich möchte nach der Dekoration aber eher eine Grabbeigabe als ein Haushaltsgefäß in diesem Exemplar sehen[322].

Vor 30 Jahren konnte man am Stadtrand von Pergamon Zigeunerinnen antreffen, die auf einem heißen Stein Fladen backten. Das sah genauso aus wie ein böotisches Tonfigürchen in Berlin[323] und wird auch einige Jahrhunderte früher so ausgesehen haben.

ζ) Reibeisen, Trichter und Saucengießer: Auch Rührschüsseln haben wir in verschiedener Art, allerdings keine mit Reibfläche. Die κνῆστις, das »Reibeisen«, wird jetzt aus Metall gemacht und als eigenes Gerät gebraucht. Im Heraion in Samos sind Bronzereiben aus geometrischer Zeit gefunden[324]. Exemplare des fünften Jahrhunderts aus Bronze und sogar aus Silber mit Metallgriff kennen wir aus Jalysos, Kamiros und anderen Orten[325].

Sehr überraschend ist, daß die Rührschüssel mit Tropfeneinlauf im fünften Jahrhundert wieder vorkommt[326]. Es ließe sich gut ein Trichter in die Öffnung stecken, so daß man die Schüssel mit der einen Hand halten und mit der anderen schön gleichmäßig rühren kann. C. Boulter und B. A. Sparkes sprechen von Kasserolen und halten die Tülle nur für einen 'spout'[327]. Dafür scheint sie mir durch Schwingung und vor allen Dingen Höhe weniger geeignet als bei einem sehr ähnlichen Gefäß[328]. Ein geometrisches Beispiel dieser Schüsselart kenne ich nicht. Ebensowenig scheint ein Trichter erhalten zu sein. Χοάνη, χώνη ist auch erst später belegt[329]. Aber es gab sie sicher ebenso wie in mykenischer Zeit. Man hat Trichter vielleicht, wie ich es gelegentlich in Böotien beobachtete, auch aus vergänglichem Material gemacht[330].

Als Saucengießer konnte man alle Napf- und Becherformen mit Ausguß benutzen oder auch kleine Krüge (Taf. Q IV d. V c)[331].

Vom Kochen hören wir bei Homer, außer vom Braten des Fleisches, wenig; es läßt sich meist nur erschließen. Die erwähnten Geräte und Gefäße müssen helfen.

η) τρίποδες: Außer dem χυτρόπους gibt es den τρίπους, den λέβης und die φιάλη. Für den τρίπους ist die Entwicklung aus dem Mykenischen augenfällig[332].

1960/61, 177 f. versucht mit Hinweis auf Hom. Epigr. XV 5 eine Ableitung aus Linear A $ka\text{-}ro\text{-}pa_3$.   **319** Coldstream, A Geometric Well at Cnossos, BSA. 55, 1960, 159.   **320** Brann, Agora 57 Nr. 223 Taf. 12. 42 (auch 46 Nr. 120—124 Taf. 6).   **321** Amyx, AJA. 49, 1945, 510.   **322** Kopenhagen, Nat. Mus. Inv. Nr. 726: CVA. Copenhague (2) III H. Taf. 72, 4.   **323** Berlin, Inv.Nr. Tc 7682; Winter, Typen I 35, 6.   **324** U. L. Gehrig, Die geometrischen Bronzen aus dem Heraion von Samos, Diss. Hamburg 1964, 9 Nr. 50—54 (leider nicht abgebildet).   **325** Jacobsthal, AM. 57, 1932, 2ff. Abb. 1f. mit weiteren Exemplaren. Ein sehr hübsches spät-archaisches Stück, bei dem ein Ziegenbock den Griff bildet, H. Hoffmann, N. Schimmel Collection (1964) Nr. 12.   **326** s. S. Q 16 Anm. 127. Boulter, Hesperia 22, 1953, Taf. 36, 112.   **327** Sparkes I 131 Taf. 6, 5. **328** Ebenda Taf. 6, 3.   **329** LS. s.v.   **330** Es wurde in eine Kürbisschale ein rundes Loch geschnitten und dahinein eine Papptülle gesteckt, die in den Flaschenhals geschoben wurde.   **331** z.B. Brann, Agora Taf. 6, 98 ff. Taf. 11, 207 ff.   **332** Für alle bei Homer vorkommenden Gefäßnamen s. Brommer, Hermes 77, 1942, 356 ff. Wichtig sind dort die Zusammenstellungen über Verwendung, Material, Aussehen (Epitheta), Vorkommen und Herkunft der Gefäße. Zu den Metallgefäßen

Die Form des Beckens ist flacher und runder, das ganze Gerät ist repräsentativer geworden[333]. Die großen hochstehenden Ringhenkel erklären das Epitheton ὠτώεις. Außer den Bronzedreifüßen gibt es auch eiserne Kessel[334] und Bronzekessel mit eisernen Beinen und Henkeln[335]. 1, 137 ist ein silberner erwähnt. XVIII 348 wird für den Kesselteil des Dreifußes das Wort γάστρη gebraucht. Das Feuer spielt um den γαστήρ des Tripous! Einmal (XVIII 373 ff.) wird erwähnt, daß Hephaist Räder an die Dreifüße mache. Wir haben Reste solcher Exemplare[336]. Hier also erwähnt Homer ein zeitgenössisches Gerät. Besonders großartig sind die haltbaren ἐπηετανοί, Dreifüße und Lebetes, nach Hermes' Schilderung im Hause seiner Mutter Maja[337]. Das paßt zu Hesiod (Frgt. 94, 44 ff. Rzach):

... κειμήλια γ⟨ὰρ μάλα πολλὰ
ἔκτητο χρυσόν τε λέβητάς τ⟨ε τρίποδάς τε
καλά.

Kleine tönerne Grabbeigaben ahmen diese großartigen Geräte nach[338].

Athenaios (II 37 f—38 b) sagt, daß es in alter Zeit zwei Typen von Dreifüßen gegeben habe. Die Lebetes mit drei Füßen haben gelegentlich senkrechte Griffe[339]. Diese entsprechen der geometrischen Dreifußform: Kessel mit Henkeln und drei flachen oder runden Füßen, je nachdem ob die Kessel aus Bronze oder Ton waren. Der Dreifuß in Lebesform stand über dem Feuer, ἐμπυριβήτης ὁ καὶ λοετροχόος. Der andere Typus wurde Krater, κρατήρ, genannt. In diesem wurde der Wein gemischt. Hierfür zitiert Athenaios die IX 122 genannten ἕπτ' ἀπύρους τρίποδας. Es folgt dann ein Zitat des Semos von Delos: τρίπους χαλκοῦς οὐχ ὁ Πυθικός, ἀλλ' ὃν νῦν λέβητα καλοῦσιν. In diesen Lebetes wurde das Wasser heiß gemacht, wie der Vergleich 12, 237 zeigt. Dazu standen sie auf Stabdreifüßen. Auch Schmalz konnte man dann in ihnen auslassen. Der Vorgang ist sehr lebhaft geschildert (XXI 362 ff.); man konnte sie allerdings, wie wir oben S. Q 4 sahen, auch direkt auf den Herd stellen. Stabdreifüße sind in Griechenland sicher nachgewiesen für das elfte Jahrhundert v. Chr. aus Athen und Tiryns[340].

Neuerdings hat H. V. Herrmann gezeigt[341], daß auch die Kessel mit Greifenprotomen und Attaschenhenkeln schon im achten Jahrhundert hergestellt wurden. Homer hat sie nicht erwähnt[342].

ϑ) λέβητες, φιάλαι und Schöpfer: Der einfache Lebes[343] findet auch als Wanne Verwendung (Odysseus' Fußwaschung 19, 386. 469). Sehr schöne Bronzelebetes des achten Jahrhunderts fanden sich jetzt in Eretria, allerdings als Urnen verwendet (Taf. Q VI b)[344]. Das Wort kommt im Mykenischen nicht vor. M. Anger

---

s.a. Gray, JHS. 74, 1954, 3.   **333** Zur Entwicklung des Dreifußes: Willemsen, Dreifußkessel aus Olympia, Olymp. Forsch. III (1957).   **334** Willemsen a. O. 2.   **335** Kunze, Δελτ. 17, 1961/62, II 114 Taf. 125 b.   **336** Willemsen a. O. 2, s.a. Brommer, Gefäßformen 368.   **337** h. Merc. 61.   **338** Kraiker-Kübler, Kerameikos I Taf. 63 f.; V 1 Taf. 68.   **339** Athenaeus II 38b: καὶ τούτων ἔνιοι ὠτώεντες τρίποδα δὲ τὴν ὑπόβασιν ἔχοντες τρίποδες ὠνομάζοντο.   **340** Riis, ActaArch. 10, 1939, 7. W. Lamb, Greek and Roman Bronzes² (1969) Taf. 11. Für die Frage des Imports aus Urartu und lokale Nachahmungen vgl. Rolley, BCH. 86, 1962, 476 ff., s.a. Amandry, Grèce et Orient, Études d'Archéologie Classique 1, 1955/56, 3 ff. Taf. 1—7.   **341** H. V. Herrmann, Die Kessel der orientalisierenden Zeit I (Olymp. Forsch. VI 1966) 101 ff.   **342** Es kann also auch in dieser Beziehung nicht e silentio geschlossen werden entgegen Brommer, Gefäßformen 366, s.a. U. Jantzen, Griechische Greifenkessel (1955) 84 ff. und Peroni, EAA. II (1959) 267 ff. s. v. Calderone.   **343** Brommer, Gefäßformen 359. 366 f.   **344** Sche-

sagt, die Form des Dinos ähnele der des Lebes[345]. Doch wir kennen die Dinosform der geometrischen Zeit weder aus Beschreibungen noch von Inschriften. Homer nennt τρίποδες und λέβητες in ungleicher Zahl nebeneinander, so zwei Dreifüße und vier Kessel (XXIV 233). Es scheint mir sehr sinnvoll[346], in zwei Kesseln nacheinander auf dem gleichen Stabdreifuß oder Herd zu kochen, wenn man größere Mengen zuzubereiten hat, etwa so, wie man Fleisch schon am Spieße brät, während anderes noch vorbereitet wird (s. S. Q 48f.). Es ist ja für den Gebrauch unmöglich, die Größe des Lebes unbegrenzt zu steigern[347]. So ist es sehr praktisch, mehrere Kessel für eine Feuerstelle zu haben. Daß dergleichen nicht besonders erwähnt wurde, entspricht der Selbstverständlichkeit der Sache für den Mitlebenden.

Diese Kessel wird man mit dem Namen Lebes bezeichnen dürfen, wenn man sich nicht zu eng auf eine bestimmte Form festlegt. Schon C. A. Mastrelli überlegt[348], ob Lebes das neue homerische Wort für φιάλη (s. S. Q 19) ist, eine Überlegung, zu der man bei Durchsicht des Materials zwangsläufig geführt wird.

Um den Inhalt aus diesen Kesseln herauszunehmen, bedurfte man wieder der Schöpfer; Homer spricht nicht davon. Aus Koukounara kommt ein Gefäß, das G. Daux als κύαθος bezeichnet und sich als Weinschöpfer gedacht hat (Abb. 13b)[349]. Es eignet sich ebenso für Brei oder 'Eintopf'.

ι) Pfannen: Durch die sorgfältigen Beobachtungen auf der Agora in Athen sind uns jetzt auch tönerne Bratpfannen allerdings erst späterer Zeit bekannt geworden[350].

χ) Messer, Gabeln und Löffel: Wir können wohl trotzdem das Braten guten Gewissens auch für die Küche der homerischen Zeit voraussetzen und für das Zurichten des Fleisches die gleichen Messer wie ein halbes Jahrtausend zuvor[351].

Tischgabeln sind so wenig bekannt wie im zweiten Jahrtausend. Das πεμπώβολον (I 463; 3, 460) muß eine Art großer Gabel gewesen sein, bei der fünf Zacken im Rund standen. Nur aus Dendra ist — soweit ich sehe — etwas entsprechendes, ein Sechszack, erhalten[352]. Bei 11,2 Zentimeter Höhe und 7,5 Zentimeter Breite ist das Gerät durchaus auch für den täglichen Küchengebrauch geeignet.

Als Löffel konnte man harte Fruchtschalen benutzen wie früher auch, vielleicht hartgebackene Brotrinde. Selbstverständlich hatte man Holzlöffel verschiedener Form zum Essen wie zum Rühren. Leider sind keine Reste erhalten. Auch kenne ich keine sicher geometrischen Löffel aus Metall, die die genaue Griff- und Laffenformen des Gerätes zeigen[353].

λ) Krüge und Kannen, Ringflaschen: Neben den Töpfen und Pfannen sind in der Küche besonders wichtig die verschiedenen Krugformen. Die Vornehmste bleibt die in unzähligen Exemplaren überkommene Amphora (Taf. Q Va)[354].

---

fold, AntK. 9, 1966, 122f. Taf. 26ff.   **345** Anger, RE. XV 2 (1932) 2033f. s.v. Mischkrug. Das Wort Dinos für Gefäß erscheint erst im 5.Jh. bezeugt und kommt wohl von δινέω, drehen, wirbeln, also rundes Gefäß (zur Herkunft s. Frisk I 395f. s.v. δίνη).   **346** Anders Brommer, Gefäßformen 367.   **347** Eine erhebliche Vergrößerung des Kessels war erst bei der Feldküche, die Wagen, Herd und Kochtopf verbindet, möglich.   **348** Mastrelli, Miceneo Pi-a₂-ra, Pi-je-ra₃ e Greco φιάλη, φιέλη, StIt. 32, 1960, 97ff.   **349** BCH. 88, 1964, 748 Abb. 6.   **350** B.A. Sparkes - L. Talcott, Pots and Pans of Classical Athens (1964) Abb. 40.   **351** Kübler, Kerameikos V 1 Taf. 166 (geometrische Exemplare).   **352** Persson, Dendra I Taf. 34; II 126. s.a. Karo, Schachtgräber 223, wobei ich das dort aufgeführte Gerät eher für eine dreizinkige Harke halten möchte. — Zu πεμπώβολον in späterer Zeit vgl. v. Duhn. AA. 1926, 331 Abb. 1 (Zusatz der Redaktion).   **353** s.a. Hug, RE. XIII 1 (1926) 965ff. s.v. Löffel.   **354** z.B. Kübler, Kera-

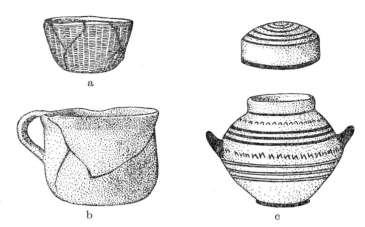

Abb. 13 a: Nachbildung eines geflochtenen Korbes geometrischer Zeit aus Myrrhinous, Attika, b: Mykenischer Kyathos aus einem Tholosgrab von Koukounara-Akona, Pylos, c: Gefäß mit tönernem Deckel aus Stravokephalo bei Olympia

Es gibt auch Amphoren, die auf Schlaufenhenkeln stehen; man überlegt, ob diese anstatt der Spitzamphoren auf Ständern zum Verdunsten gedacht sind. Wenn man die Schlaufenfüße auf einen Teller stellte, taten sie den gleichen Dienst[355].

7,20 trägt Athena eine κάλπις; im Demeterhymnus 107 tragen die Töchter des Keleos das Wasser in ehernen κάλπισι vom Brunnen nach Hause[356], und zwar wahrscheinlich auf dem Kopf[357]. Wir können also Hydria mit κάλπις gleichsetzen. Die erhaltenen Beispiele in Ton sind zahlreich (Taf. Q V b)[358]. Die Eimer waren sicher auch jetzt aus Holz; W. Kraiker (Kerameikos I [1939] 130) bezeichnet das auf Taf. 50 abgebildete Gefäß T 28 als eimerartig. Doch scheinen mir die Henkel zu niedrig, um eine Stange hindurchzustecken, auch die Proportion nicht geeignet für solches Tragen[359]. Dagegen wurde in Naxos ein Gefäß mit einem Bügelhenkel gefunden, das man als Situla bezeichnen könnte[360]. Es eignet sich trotz des Röhrenausgusses in etwa zwei Drittel der Höhe gut zum Tragen. Es sei auch an den schönen Bronzeeimer aus Mantinea erinnert, obwohl er erst in das letzte Drittel des sechsten Jahrhunderts zu datieren ist[361].

meikos V 1 Taf. 25—49 (unsere Taf. Q V a ebenda Taf. 38 oben links); Brann, Agora Taf. 1—3.   **355** Kübler, Kerameikos VI Taf. 9 Inv.Nr. 918. Vorläufer könnten Gefäße gewesen sein wie Vermeule, The Mycenaeans in Achaia, AJA. 64, 1960, Taf. 3, 19—21, s. a. das Gefäß mit Schlaufenfüßen BCH. 85, 1961, 900 Abb. 1. Zu Schlaufenfußgefäßen zusammenfassend: Buchholz, JdI. 83, 1968, 58ff. **356** Κάλπις ist das in Thessalien gebräuchliche Wort für Hydria, LS. s.v.; E. Diehl, Die Hydria. Formgeschichte und Verwendung im Kult des Altertums, Diss. Mainz 1964, benutzt das Wort nur als archäologischen Terminus (2. 30ff.; geometrische Hydrien: 51ff.).   **357** So auf einem Kantharos in Kopenhagen, Nat. Mus. Inv.Nr. 727: CVA. Copenhague (2) III H Taf. 74, 6. W. Hahland, in: Corolla L. Curtius (1937) 126ff. Taf. 42. 2; hier das Kapitel »Totenkult« S. W 122f. Abb. 10b. 11e.   **358** z. B. Kübler, Kerameikos V 1 Taf. 50; Brann, Agora Taf. 3, 37. 39 und 12, 218f.   **359** Ich möchte mit Desborough, Prot. P. Taf. 13 an eine Pyxis denken. Auf einem sf. Skyphos des Theseusmalers tragen allerdings 2 Männer eine Amphora an einer Tragestange; sie ist mit Stricken durch die Henkel an der Stange festgebunden (E. Kunze-Götte, CVA. Stuttgart 1 Taf. 19, 2). **360** BCH. 85, 1961, 850 Abb. 2. Die sog. ostgriechische Situla entspricht diesem Vorschlag nicht (Cook, CVA. Brit. Mus. (8) 29ff.).   **361** Lehmann, Hesperia 28,

Als Wasserkanne wurde die πρόχοος (s. S. Q 26) ebenso benutzt — in der Odyssee sechsmal — wie als Weinkrug (18, 397). Die Verwendung von kleinen Exemplaren ist die gleiche wie bei Hesiod, wo das Wort gleichbedeutend mit οἰνοχόη gebraucht wird[362]. Man schöpft den Wein damit aus dem Krater. Es ist müßig, Formen und Namen genau verteilen zu wollen.

Eine schöne Dipylonkanne hat eine kleine Trinkschale als Deckel[363]. Die Funde von der Agora in Athen und aus dem Kerameikos zeigen die Vielzahl der dem geometrischen Haushalt zur Verfügung stehenden Kannenformen (Taf. Q IV c)[364]. So wenig wir all diese Formen mit bestimmten Namen bezeichnen können, so wenig läßt sich trennen, für welche Flüssigkeiten sie benutzt wurden. Als ἠθμός ('strainer') bezeichnet man die Krüge mit Bügelhenkel und abschließendem Sieb (s. S. Q 16f.), die es in geometrischer Zeit auch mit Ausgußschnauze gibt (Abb. 11 a)[365], so daß sie ebensowenig zu reinigen waren, wie die älteren Exemplare. Daß man auch in den mit einem Sieb verschlossenen kleinen Kannen mit Röhrentülle Saugflaschen erkennen sollte, wie in offenen Flaschen mit Röhrenausguß, ist mir — eben der Reinigungsfrage wegen — unwahrscheinlich.

Homer spricht nur von einer λήκυθος[366] mit Salböl darin. Sie war golden. Man könnte sie sich in der Form enghalsiger Kugelkannen mit Kleeblattausguß denken[367]. Auch im Hausgebrauch kommen enghalsige Krüge vor, die man gut für Öl gebrauchen könnte (Taf. Q IV e)[368]; dabei setze ich voraus, daß man Öl auch für Salate und Gemüse verwendete, auch wenn wir keinen literarischen Beleg dafür haben. Es war zu selbstverständlich, um es aufzuzeichnen.

Auch bei den Kannennamen können wir feststellen, daß die Bezeichnung sich verschob. Die ὄλπη beispielsweise ist bei Theokrit (2.156) eine Ölflasche für Ringkämpfer[369], während die Olpis bei Sappho (Frgt. 141, 3f. Lobel-Page) von Hermes benutzt wird, um den Göttern Wein einzugießen[370]. Wir müssen uns hüten, zuviel erhaltene Gefäße und Wörter miteinander verbinden zu wollen.

Als ἀσκοί braucht Homer wirklich nur Schläuche, also Tierfelle; aber wir kennen auch geometrische Gefäße in Askosform[371]. Feld- und Ringflaschen gibt es auch jetzt (Taf. Q III e)[372].

d) Milchgefäße

Nur bedingt Küchengeschirr sind die bei Homer genannten γαυλός, σκαφίς und πέλλα. Die beiden ersten sind Melkgefäße und dürften meist aus Holz gewesen sein, doch eignete sich auch Ton und Metall dafür. Nur 9,223 sind sie genannt, so daß wir zwei Melkgefäße unterscheiden müssen[373]. Es muß sich um nicht zu flache Schüsseln und um Eimer gehandelt haben, in denen man

---

1959, 153ff. Taf. 31ff. Eimer aus Olympia, Kunze, Δελτ. 17, 1961/62, Chron. 113 Taf. 124. **362** Erga 744. **363** Daux, BCH. 84, 1960, 621 Abb. 1. **364** Küchenware: Brann, Agora Taf. 11, 203ff.; kultiviertere Gefäße: ebenda Taf. 4f. 7, 83f. ('Kleeblattkannen'); Gefäße verschiedener Form und Qualität aus Gräbern: Kübler, Kerameikos V 1 Taf. 78ff. (Taf. 81 oben hier Taf. Q IVc), spätere Formen: Kübler, Kerameikos VI 1 Taf. 62ff. **365** Ἔργον 1960, 35 Abb. 47. **366** 6, 79. 215. **367** Kopenhagen, Nat.Mus. Inv.Nr. 7060. 7307: CVA. Copenhague (2) III H Taf. 72, 1. 2. **368** Brann, Agora Taf. 5 (obere Reihe); Kübler, Kerameikos V 1 Taf. 83 (oben Mitte; hier Taf. Q IVe). **369** Für die Frage, warum sie dorisch genannt wird, und ob sie aus Leder war, s. Theocritus II 61f. **370** Frisk I 503 s.v. ἕλπος. **371** Doch vgl. die Interpretation von U. Rüdiger (S. Q 23 Anm. 213). **372** Kübler, Kerameikos I Taf. 62 (unten links). IV Taf. 25 oben. **373** s. hier das Kapitel »Die Landwirtschaft im homerischen Zeitalter«

Milch auch im Hause aufheben oder sauerstellen konnte [374]. Der im Scholion zu Erga 590 genannte ἀμολγεύς [375] muß ein Gefäß gewesen sein, in das gemolken werden konnte, das aber auch zum Teigkneten geeignet war. Eine crux ist die Erklärung des Wortes πέλλα, von dem wir nicht wissen, ob es einen Melkeimer oder einen Becher bezeichnet [376]. Die πέλλαι stehen mit Milch gefüllt im Stall, wenn Milch in ἄγγεα fließt (XVI 642f.). Ist die Milch in den πέλλαις dann schon geseiht? Kann sie im Haus in den gleichen Gefäßen aufbewahrt werden? Ἄγγεα und ἀγγεῖα sind allgemein Gefäße [377].

Nach Athenaios XI 495c.d nennt bereits Hipponax (6. Jh.) das bei Homer als πέλλα bezeichnete skyphosähnliche, aber weitere Melkgefäß πελλίς. Man habe daraus getrunken, da man keine Becher hatte. Philetos von Kos (4. Jh.) überlieferte, daß die Böoter ihre Kylix als Pella bezeichneten. Auch die Thessaler und Äoler benutzten nach Kleitarch (4. Jh.) das Wort Pella für Becher, (ποτήριον), während ἀμολγεύς, also das Milchgefäß, πελλητήρ hieß. Hier ist der Wechsel der Gefäßbezeichnungen besonders deutlich. Man würde für die homerische Zeit für die πέλλα unter Gefäßformen suchen müssen, die größer als Becher, aber so geformt waren, daß man trotzdem daraus trinken konnte. Phönix von Kolophon (3. Jh.) gebrauchte πέλλα im Sinne von Phiale, also Trinkgefäß. Daß die πέλλα aus Holz war, wie H. G. Liddell - R. Scott annehmen, ist wahrscheinlich, aber nicht sicher und vielleicht auch nicht einheitlich.

e) Trinkgefäße und -geräte

Trinkgefäße lernen wir bei Homer in großer Zahl kennen. Sie sind immer als Weinbecher gemeint.

Brommer [378] gruppiert sie in der Weise, daß er ἄλεισον, δέπας, δέπας ἀμφικύπελλον und κύπελλον zusammenfaßt; δέπας ἀμφικύπελλον wird als übergeordneter Begriff »Trinkgefäß« aufgefaßt, was ποτήριον entspräche; ἄλεισον, δέπας, κύπελλον und ἀμφικύπελλον werden als spezielle Formen des allgemeinen Begriffes angesprochen [379]. Gesondert stünden dann σκύφος (s. S. Q 35), κοτύλη und κισσύβιον [380].

Am meisten hat man sich um die Erklärung der Wörter δέπας und ἀμφικύπελλον δέπας bemüht [381]. S. Q 25 ist gezeigt, daß das Wort δέπας Gefäße verschiedener Funktion bezeichnet hat: Außer dem Trinkbecher auch das Gefäß, in dem der κυκεών gemischt wurde.

Die Datierungsergebnisse von H. V. Herrmann zu den Attaschenkesseln (s. S. 38) lassen überlegen, ob der alte große *di-pa*, von dem man Kunde hatte, in dichterischer Phantasie noch großartiger ausgestaltet wurde als diese Kessel. Man dachte ihn mit goldenen Buckeln, mit zwei Tauben um jeden der vier Henkel [382], und mit πυθμένες. Πυθμήν wurde mit »Stütze, Fuß« übersetzt. In

S. H 62f.   **374** Mykenisch *sa-pi-de* stellt Deroy, AntClass. 29, 1960, 315ff. mit σκαφίς zusammen; Morpurgo 305 s.v. *sa-pi-de* übernimmt das nicht.   **375** Der ἀμολγεύς durfte also nicht zu flach, mußte aber auch weit genug sein, damit weder der Milchstrahl herausspritzte noch der Bäcker beim Kneten behindert war. Gefäße wie Brann, Agora Taf. 6 Nr. 99 konnten der Form nach geeignet sein, 25 cm H bei 33 cm Dm. Ob ἀμολγεύς mit σκαφίς oder γαυλός oder auch πέλλα gleichgesetzt werden kann, ist unsicher.   **376** Leumann, Wörter 267f.   **377** Brommer, Gefäßformen 356.   **378** Brommer, Gefäßformen 363f.   **379** s. aber die Auswechselbarkeit der Namen 3, 37ff., wo das gleiche Gefäß zweimal δέπας, zweimal ἄλεισον und einmal ἀμφικύπελλον δέπας genannt wird.   **380** Zu den Bechernamen s. auch Anger, RE. XV 2 (1932) 2031 s.v. Mischkrug.   **381** XI 624ff.; 10, 316 und h. Cer. 206ff. wird das δέπας auch zum Trinken gebraucht und daher nicht eigens beschrieben.   **382** Ein Beispiel für sonderbare Henkelbildungen zeigt die

Jolkos fand sich neuerdings eine handgemachte protogeometrische Schüssel auf zwei menschengestaltigen Füßen, allerdings nur zehn Zentimeter hoch[383]. Diese hybride Form findet sich schon frühbronzezeitlich bei einem Krater[384]. Man könnte für die πυθμένες auch an Standringe geometrischer Gefäße denken, die häufig so senkrecht durchbrochen sind, daß man von zwei oder mehr Stützen sprechen könnte[385]. Die Benutzung des Depas muß für die lockige Hekamede schließlich höchst unbequem gewesen sein[386]. Daß man schon Ende des achten Jahrhunderts diese Schilderung als märchenhaft empfand[387], scheint mir die Inschrift auf dem Tonbecher aus Pithekoussai zu beweisen, in der der Besitzer zugunsten seines einfachen Bechers auf den des Nestor verzichtet[388]. Verschiedentlich hat man das geometrische δέπας mit dem Kantharos gleichgesetzt[389]. In der archäologischen Terminologie versteht man unter Kantharos ein Trinkgefäß mit senkrechten, meist hohen Henkeln (Taf. Q V d)[390].

Homer benützt das Wort κάνθαρος nicht. Wenn das ἄλεισον[391] eine spezielle Form des δέπας ἀμφικύπελλον ist, könnte man den Kantharos mit hochgezogenen Henkeln der attischen und böotischen Form darin erkennen[392], da ἄλεισον mit ἄμφωτος verbunden ist (22,9f.). Zu vergleichen ist das Scholion zu 3,63 (Dindorf I 124). Es erklärt δέπας ἀμφικύπελλον als τὸ ἀμφοτέρωθεν κυπτόμενον. »Doppelt gebuchtet« übersetzt Schadewaldt.

Häufig wird der einhenklige, tassenförmige Becher κύπελλον genannt (Taf. Q IVa). Einfach Tasse sagt Kübler[393]; v. Lorentz will einen henkellosen Becher in dem κύπελλον erkennen[394]. Das könnte der Auffassung von G. Daux entsprechen (s. S. 26), daß ἀμφικύπελλον die Verdoppelung eines Gefäßes bedeutet. Da das δέπας ἀμφικύπελλον aber ein Trinkgefäß ist und auch zur Spende (IX 656; 8,89), ja sogar als Schöpfer (XXIII 219f.) verwendet wird, ist das schwierig.

Mitra von Axòs, wo die senkrechten Ringhenkel auf Füßchen auf dem Dreifuß angebracht sind. Auf den Henkeln sitzen Vögel: AJA. 49, 1945, 295 Abb. 15. D. Levi hat über die Mitra später gehandelt, PP. 7, 1952, 41ff. **383** Theochares, Ἀνασκαφαὶ ἐν Ἰωλκῷ, Πρακτ. 1960 (1966) 55 Taf. 36a. **384** J. Korek - I. Kovrig, The Archaeological Collections of the Hungarian Museums (o.J. 1966) Abb. 3. **385** z. B. Kübler, Kerameikos V 1 Taf. 127. Taf. 134 ist ein Fußbecher mit einem Vogel auf dem Henkel abgebildet. LS. führen unter πυθμήν II »stock, roof of tree« an und geben als Beispiele 13, 122. 372 (Olivenbaum), Hes. Frgt. 134, 8 Rzach (Eiche) an usw. Bei beiden Bäumen kommt das Auseinanderklaffen des unteren Stammteiles vor, so daß auch von daher die Erklärung »Fuß« für πυθμήν zu überlegen wäre. Eine andere Erklärung, bei der leider die Inkongruenz der zwei Stützen zu den vier Henkeln ungeklärt bleibt, hat Parlasca versucht (JdI. 78, 1963, 268 Abb. 10), s. Frisk II 620f. s.v. πυθμήν. **386** Zu älteren Identifikationen mit erhaltenen Gefäßen s. Marinatos, Festschrift B. Schweitzer (1954) 11ff. **387** Dagegen mußte für die griechischen Helden märchenhaft sein, wenn eine auf dem Thron sitzende Dame mit einem langen, geknickten Trinkhalm aus einer Amphora schlürft, die von einer Dienerin gefüllt wird. Die Amphora steht auf einem Ständer (Dikaios, An Iron Age Painted Amphora in the Cyprus-Museum, BSA. 37, 1936/37, 56ff. Taf. 7f. 9. Jh.; s.a. Kapitel »Musik und Tanz« S. U 7ff. Kat.-Nr. 120 mit anderer Datierung). **388** Page, ClRev. N.S. 6, 1956, 95ff. Buchner-Russo, La Coppa di Nestore e un'Iscrizione, RendLinc. 8 Ser. 10, 1955, 215ff. Taf. 1—4; s. aber die neuere Interpretation bei Jeffery, Local Scripts 235f. Taf. 47, 1, die Vermeule, Bronze Age 310 folgt. Sie ändert nichts an der Auffassung des Verhältnisses von Homers Schilderung zu der Inschrift von Pithekoussai. **389** Zuletzt L. Asche, Der Kantharos, maschinenschr. Diss. Mainz 1956; dort die frühere Literatur; die Auffassung, daß der κάνθαρος bis zum 5. Jh. nur als Kultgefäß des Dionysos anzusprechen sei, scheint mir nicht haltbar. **390** Kübler, Kerameikos IV Taf. 21; V 1 Taf. 86ff. (Taf. 88 oben rechts: unsere Taf. Q Vd). Brann, Agora Taf. 10, 169—172. **391** LfgrE. s.v. **392** Beispiele für die Form: Brann, Agora Taf. 10, 169—176. **393** Kerameikos V 1 Taf. 105—109 (Taf. 106 unten links: unsere Taf. Q IVa). **394** v. Lorentz, RE. Suppl. VI (1935) 211f. s.v.

Auch kann die Herleitung des Wortes von κύπη nicht für die Henkellosigkeit des Gefäßes in Anspruch genommen werden gegenüber der Tatsache der Verwendung bei Homer, die mindestens für den Schöpfer einen Henkel verlangt. Die Wörter werden so fließend im Gebrauch gewesen sein wie auch unsere Gefäßbezeichnungen [395]. So können wir auch die Trinkgefäße mit und ohne Fuß nicht namentlich unterscheiden.

Den Becher von Pithekoussai nennen wir κοτύλη. Die Form ist charakterisiert durch 5, 433 κοτυληδονόφις von den Saugnäpfen des Polypen und durch die zweite Bedeutung des Wortes 'Gelenkpfanne'. Die geometrische, jetzt κοτύλη genannte Becherform entspricht dieser Gleichsetzung (Taf. Q Vf) [396], ein Näpfchen, zunächst mehr breit als tief — später tiefer werdend — mit waagerechten Henkeln dicht unter dem Rand. XXIII 34 heißt es vom Aufschöpfen des Blutes κοτυλήρυτον. Auch das spricht für ein flaches Schüsselchen [397].

Das κισσύβιον [398] ist in späterer Zeit ebenfalls ein Trinkgefäß, das wegen seines Zusammenhanges mit κισσός für hölzern gehalten werden kann, aber wohl nicht auf Efeuholz beschränkt zu sein braucht. Brommer weist darauf hin [399], daß Homer (14,78) das Wort offenbar für ein größeres Gefäß gebraucht, in dem Wein gemischt wird; das Scholion zu 14,78 (Dindorf II 582) nennt es ein ἀγροικικὸν ἔκπωμα; mit beiden Händen reicht es Odysseus dem Polyphem (9, 346). Von der Form haben wir keine Vorstellung [400]. Zum σκύφος vgl. S. Q 35.

f) Misch- und Vorratsgefäße für Wein

Der Wein wurde nicht pur getrunken, man brauchte Mischgefäße. Ein Teil Wein wurde mit drei oder neun Teilen Wasser gemischt (oder zwei zu fünf), besonders schwerer Wein (θεῖον ποτόν) aus vorgetrockneten Trauben (Erga 611 f.) verlangte unter Umständen zwanzig Teile Wasser (9, 209f.). So mußte der κρατήρ ein großes Gefäß sein (XXIII 741: ἓξ μέτρα). Die Tradition aus mykenischer Zeit ist durch das Wort gesichert (s. S. Q 24). Auch die Form ist überkommen [401]. Nach etwa 800 v. Chr. ist ein schlankeres Gefäß entstanden [402]. Hier ist die Henkelform, bei der ein senkrechter auf einem waagerechten Henkel aufsitzt, voll ausgebildet. Das Gefäß ist also so eingerichtet, daß es gefüllt gut von einer Stelle zur anderen gesetzt (waagerechte Henkel) und leer ebenso bequem benützt und hochgehoben werden kann (senkrechte Henkel). Ebenso überkommen ist der Typus des Fußkraters [403]. Daneben kommt dann eine Variante auf, bei der ein eiförmiger Gefäßkörper auf einem geschwungenen Standring steht [404]. Auch bei diesen Fußkratern kommt die Verbindung von waagerechtem und senkrechtem Henkel in geometrischer Zeit vor (Taf. Q IV f) [405]. Die Form mit dem niedrigeren Fuß [406] weist hin auf die gedrungene korinthische Form, bei der die breite über dem Henkel liegende Platte die Funktion des senkrechten Henkels übernommen hat, derart, daß man die Hände unter die Platte schiebt [407]. Ein besonders hübsches Beispiel wegen der

κύπελλον.   **395** Zur Verschiedenheit, besonders der landschaftlich gebundenen Gefäßbezeichnungen als Beispiel: Glas, Becher, Kump, Humpen, Kelch, Pokal oder auch Schale, die von der flachen fußlosen Deckelschale bis zur hochstieligen Sektschale reichen kann.   **396** Brann, Agora Taf. 9, 153f. Kübler, Keramikos V 1 Taf. 132f.   **397** s.a. Viedebantt, RE. XI 2 (1922) 1542ff. s.v. Kotyle. **398** Frankenstein, RE. XI 1 (1921) 523 s.v. Kissybion.   **399** Brommer, Gefäßformen 365.   **400** Brann, Agora Taf. 8, 125—131.   **401** Desborough, Prot. P. Taf. 12.   **402** K. Schefold, Tausend Jahre griechischer Malerei (1940) Taf. 6 Nr. 24.   **403** Brann, Agora Taf. 5, 92.   **404** Brann, Agora Taf. 5, 95. **405** Kübler, Keramikos V 1 Taf. 23. Anger, RE. XV 2 (1932) 2031f. s.v. Mischkrug.   **406** z. B. Daux, BCH. 85, 1961, 676 Abb. 4.   **407** AJA. 60, 1956,

auf dem Gefäß dargestellten Kratere ist der sogenannte Dümmlerkrater⁴⁰⁸.

Mit dem Krater (24, 275) wird wie mit dem Lebes das Epitheton ἀνθεμόεις verbunden⁴⁰⁹. Da die Bezeichnung »blumenreich — mit Rosetten geschmückt« zwar auf kretisch-mykenische Exemplare paßt⁴¹⁰, sich eine derartige Bildtradition über das protogeometrische herunter aber nicht nachweisen läßt, wird man eher eine Neueinführung der Rosetten aus dem Orient annehmen, zumal Homer im Zusammenhang mit dem Krater von Geschenken aus Sidon spricht⁴¹¹.

Aus diesen Krateren schöpft man mit der Oinochoe den Trunk in die Becher⁴¹²; häufig aber werden die Becher auch zum Schöpfen benutzt, so das δέπας (III 295) und das δέπας ἀμφικύπελλον (XXIII 219f.). Auch die κοτύλη wird als Schöpfgefäß gebraucht (XXIII 34). Ein besonders schönes Exemplar, das zugleich als Gießgefäß zu benutzen war, kommt aus dem Kerameikos⁴¹³. Ein Beispiel für den langstieligen Metall-Schöpfer⁴¹⁴, der im sechsten und fünften Jahrhundert häufig wird, kann ich für die geometrische Zeit nicht nennen.

Κέραμος heißen die Weingefäße, die bei dem neun Tage währenden Gastmahl benutzt wurden, das den Phönix im Elternhaus zurückhalten sollte (IX 469). Mir scheint, trotz des im Zusammenhang damit gebrauchten Wortes 'trinken', der Schilderung nach ein großes Gefäß gemeint zu sein, nicht ein Becher⁴¹⁵. An eine große Krugform zu denken, wird richtig sein. Das Wort hatte in hellenistischer Zeit so sehr die Bedeutung 'Krug' angenommen, daß es sogar mit ἀργυροῦς verbunden werden konnte⁴¹⁶. Eine spezielle Krugform können wir mit dem Wort nicht verbinden, am ehesten möchte man für den täglichen Gebrauch auf ganz indifferente Formen verweisen⁴¹⁷. Als kostbarere, verschließbare Vorratskrüge für Wein eignen sich besonders Deckelkrüge, deren Deckelknäufe teilweise in Becherform gebildet sind⁴¹⁸.

Die Verschlüsse der großen Vorratsgefäße, der πίθοι⁴¹⁹, hießen κρήδεμνα (3, 392). Die Fässer bewahrte man, wie einst, in den Kellern, die man ihrerseits sorgfältig verschloß⁴²⁰.

3. Küchenwesen und Mahlzeiten in den Epen

Betrachten wir nun, nachdem wir das Küchen- und Eßgerät der mykenischen und geometrischen Zeit kennen, die Schilderungen oder Erwähnungen Homers, der Homerischen Hymnen und Hesiods zum Thema.

Taf. 74ff. **408** J. Bouzek, in: Geras, Studies Presented to G. Thomson (1963) 61ff. Taf. 2—4. **409** Leumann, Wörter 249ff. **410** EAA. III (1960) s.v. Festo (Farbtaf. nach S. 630); Marinatos-Hirmer, Farbtaf. 12; Karo, Schachtgräber Taf. 111ff. **411** XXIII 743ff.; 4, 617f.; 15, 116f. Die Deutung des Schol. zu 24, 275 (Dindorf II 730) λαμπρὸς καὶ καινός sei μεταφορικῶς ἀπὸ τῶν ἀνθέων zu erklären, wird man nicht aufnehmen. **412** Op. 744, wo das Schol. οἰνοχόη mit κύαθος (s. S. Q 39 Anm. 349) gleichsetzt. **413** Kübler, Kerameikos V 1 Taf. 117 Inv.Nr. 812. **414** z. B. auf der Darstellung einer Kleeblattkanne CVA. Athen Nat.Mus. (1) III Hg Taf. 2; CVA. Wien, Kunsthistorisches Mus. (1) Taf. 35, 3, wo der Knabe auch ein Weinsieb in der Hand hält. Für das Weinsieb ist ein schönes Beispiel aus Olympia abgebildet bei Daux, BCH. 90, 1966, 818 Abb. 13. **415** So Brommer, Gefäßformen 365. **416** LS. s.v. **417** Kübler, Kerameikos V 1 Taf. 154f. **418** Kübler, Kerameikos V 1 Taf. 113ff.; andere Krugformen ebenda Taf. 77ff. **419** J. Schäfer, Studien zu den Reliefpithoi des 8.—6. Jahrhunderts v.Chr., Diss. Tübingen 1957. **420** h. Merc. 247f.

a) Vorbereitungen

α) **Wasserholen**: Das Wasser für den Haushalt wird vom Brunnen vor der Stadt geholt (ὑδρεύειν: 17, 205f. Dem. H. 106f.)[421]. Aus tiefer Quelle wird es 10, 105 heraufgeholt[422]. Das Gefäß zum Wassertragen ist die κάλπις[423].

β) **Schlachten**: Zur Vorbereitung einer Mahlzeit wird Vieh herangetrieben; denn ein gutes Mahl besteht aus Fleisch und Wein (15, 506f.; 9, 557). Καρπαλίμως — wendig soll es gehen, wenn es eilt (VIII 505f. 545ff.). Nur Rinder, Schafe, Ziegen und Schweine werden geschlachtet. Der Kopf des Tieres wird zurückgebogen und die Kehle durchschnitten, es wird also geschächtet (σφάττειν: I 469; 4, 320; 14, 426 u.a.)[424]. Nur einmal (14, 425) wird mit der Keule das Tier — ein Schwein! — betäubt und dann geschlachtet. Die Schweine werden abgesengt (IX 468; XXIII 33; im Hof: 2, 300; 14, 426).

Das Schlachten findet κατὰ κλισίας statt (VII 466). Ob unter κλισίη immer das Innere des Hauses gemeint ist, wie sicher bei Eumaios (ἔνδον: 14, 407f. 419ff.), oder ob κλισίη nicht ebenso das Anwesen mit dem Hof meint, wie die Schilderung XI 773 den Vorgang darstellt, ist mir nicht sicher[425]. VII 466 wird βουφονέω für Schlachten gebraucht — meist aber ἱερεύω (z. B. VII 314), in dem der Begriff des Opferns bei jeder Schlachtung mit enthalten ist. Immer gehört zum Schlachten das Opfer, wie die Spende zum Weintrinken gehört. Nie ist eine Korn- oder Brotspende erwähnt[426].

γ) **Feuern**: Man bedarf zur Zubereitung der Mahlzeit des Feuers (Herm. H. 108ff.). Hermes erfindet das Feueranmachen. Einen prächtigen Ast vom Lorbeerbaum richtet er zu, schält ihn mit dem Messer so, daß er in die Hand paßt. Heißer Rauch dunstet auf, Hermes richtete einen Drill zu. Bündelweise sammelt er Holz, tut es in ein Erdloch, und weithin leuchtend loht eine Flamme eines mächtig blasenden Feuers auf. Vom Drehen des Drills im Feuerloch wird nichts gesagt. Καπνίζω heißt das Feueranmachen II 399, κατακαίω II 425 im Zusammenhang mit dürren Scheiten, σχίζῃσιν ἀφύλλοισιν. 14, 425 erfahren wir, daß das 418 zum Braten des Schweines gespaltene Holz Eichenholz ist. Der Kyklop sammelt 9, 233f. eine Unmenge Holz, laut Scholion zu 9, 234 (Dindorf II 425) nur, um sich die Höhle zu beleuchten; aber Liddell-Scott übersetzen (s. v. ποτιδόρπιος) vorsichtig: »serve to dress his supper«.

Holzkohle wird IX 211 verwendet; Patroklos πῦρ δαῖεν μέγα ἰσόθεος φώς. Für Feuer- »nähren« ist das Verbum δαίω gewählt. Nichts aber könnte besser den Vorgang kennzeichnen; der gesamte Holzkohlebedarf muß zunächst hell brennen. Die sich entwickelnden Gase müssen lodernd abgebrannt sein (212), ehe die nun nur noch dunkelrot glühende Holzkohle sorgsam verteilt zum Rösten des Fleisches geeignete Hitze abgibt. Bevor man die Mahlzeit zubereitet, wäscht man sich die Hände (10, 182) und legt die Chlaina auf Stühle

---

421 Eine Parallelbildung dazu ist οἰνίζεσθαι (VIII 506; s. Leaf z. Stelle). **422** Auf frühen Vasenbildern finden wir auch Brunnenhäuser (z.B. G. Richter, The Furniture of the Greeks, Etruscans and Romans [1966] Abb. 618), aber sie sind unter Bauwerken des 8. Jhs. noch nicht aufgefunden. Man hat das Wasser aus Brunnenlöchern geschöpft oder einen ausgehöhlten Baumstamm unter eine Quelle gelegt und vielleicht eine Laubhütte zum Schutz gegen die Sonne darüber errichtet. **423** Zu κρήνη und κάλπις s.a. 6, 292 und 7, 20. **424** vgl. »Landwirtschaft« S. H 49 u. »Götterkult« Abb. 14a (Hydria in Rom, Villa Giulia: ASAtene 24—26, N.S. 8—10, 1946—1948, Taf. 4, 1). **425** Vgl. hier das Kapitel »Baukunst«. **426** s. hier das Kapitel »Götterkult«.

(z. B. 17, 179ff.)[427]. Man betont die Schönheit und Güte der Schlachttiere. XXIV 621ff. springt Achill nach der Rede auf und schlachtet schnell einen ἄργυφον ὄιν[428]. Die Gefährten häuten ihn ab, ἄμφεπον, und richteten ihn mit Eifer zu.

δ) Vieh ausschlachten: Das geschlachtete Tier muß zerlegt werden, διαχέω (14, 427); eine ungewöhnlich drastische Schilderung gibt der Hermeshymnos: ἐκύλινδε δι' αἰῶνος τετορήσας (119f.). Das Schlachtmesser heißt μάχαιρα (Apoll. H. 535f.). Nach dem Zerlegen wird das Fleisch gebraten (I 464ff.). Die μηροί, die Lendenstücke[429], werden den Göttern dargebracht. Danach werden die σπλάγχνα als Vorspeise gegessen. Man möchte σπλάγχνα mit Innereien[430], also Lunge, Herz, Leber, allenfalls Milz und Magen, wiedergeben, weil deren Zubereitung verhältnismäßig schnell geht. Wann die heute so beliebten κουκουρέτσι gegessen wurden, bleibt fraglich. Das Säubern der Därme, das Auf-die-Spieße-Wickeln dauert lange und würde wohl erwähnt sein. Vielleicht waren sie die Speise der einfachen Leute. Ἐπώπταον ἔγκατα πάντα (12, 363) könnte ein Hinweis darauf sein. Erst nach dem Verzehren der σπλάγχνα beginnt 365 mit dem Kleinschneiden, μιστύλλω, des übrigen Schlachttieres die Bereitung der eigentlichen Mahlzeit. Es wird also zwischen das Opfer und die Zubereitung der Hauptmahlzeit eine kurze Mahlzeit eingeschoben — verständlich bei der Dauer der Zubereitung, die nun folgt.

b) Fleischzubereitung: Werkzeug und Personal

Das kleingeschnittene Fleisch wird an ὀβελοί, Spieße, ringsum gesteckt, ἀμφί, und dann sehr vorsichtig gebraten, ὤπτησάν τε περιφραδέως (I 465ff.). Danach wird es von den Spießen wieder heruntergezogen, ἐρύσαντο, und gegessen. Man machte 'σουβλάκια'.

Das Hesiodfragment 208 (Rzach) lautet: ὤπτησαν μὲν πρῶτα περιφραδέως δ' ἐρύσαντο. Der Vers entspricht I 466 und II 429, ist aber dahin verändert, daß das περιφραδέως zu ἐρύσατο statt zu ὤπτησαν gestellt ist. Beides bedarf der Sorgfalt: das Braten, damit das Fleisch die richtige Konsistenz erhält, das Abziehen vom Spieß, damit die Stücke nicht zerreißen. Es ist dem Text von I 466f. direkt nicht zu entnehmen, ob es sich um die kleinen Spieße handelt, an denen man Fleisch in sehr kleingeschnittenen Stücken brät, oder um große Spieße, an die man größere Stücke steckt. In beiden Fällen mußten genügend fette Stücke an den Spießen stecken, um das Verbrennen zu verhüten, vor allem aber, um das Fleisch saftig werden zu lassen. Vers 467 wird von der Vorbereitung und Herrichtung des Mahles δαίς zur Tatsache des Essens δαίνυντ' übergeleitet und dieses ebenso wie die Befriedigung an Speise und Trank mit dem stereotypen Vers αὐτὰρ ἐπεὶ πόσιος καὶ ἐδητύος ἐξ ἔρον ἕντο (469) wiedergegeben[431].

Ergänzend erfahren wir II 425f., daß das Opferfleisch auf blätterlosen Reisern verbrannt und die Innereien über der Flamme am Spieß gebraten wurden. Für das Auf-den-Spieß-Stecken der Eingeweide ist das Wort ἀμπείραντες gebraucht, während das Fleisch zur Mahlzeit ἀμφ' ὀβελοῖσιν ἔπειραν (II 428; VII 317 heißt es nur πεῖράν τ' ὀβελοῖσιν).

---

427 Zu den benützten Kannen und Wannen s. S. Q 23. 36f. 39f. **428** Frisk I 134 s. v. ἄργυφος: »vermittels des φο-Suffixes gebildet, das u. a. in Farbenadjektiven zu Hause ist«. **429** Der Auffassung von Buchholz, Realien II 2, 202, daß μηροί nur die Schenkelknochen sind, widerspricht Hesiod, Th. 540, wo Prometheus den Zeus beim Opfer mit den unter Fett verborgenen Rinderknochen betrügt. **430** Mit LS. und den Übersetzern. **431** Siehe Arend 65ff. Schema 8.

Bei den σπλάγχνα genügt also das einfachere ἀναπείρω »aufspießen«, gegenüber dem »rings um die Spieße stecken«, das in ausführlichen Beschreibungen für das feste Muskelfleisch gebraucht wird. Auch 3,9 werden am Gestade in Pylos gerade σπλάγχνα gegessen, als Telemach ankommt.

VII 313 ff. wird der Eifer der mit der Herrichtung der Mahlzeit Betrauten und ihr Sachverständnis betont. Das gemahnt an 15, 318 ff., wo Odysseus den Freiern seine Dienste anzutragen vorgibt. Er versteht alle Arbeit, die Niedere den Höhergestellten leisten, Holzhacken, Feuer aufschichten, Fleisch schneiden, am Spieße braten, Wein verteilen. 332 f. werden die Diener geschildert, die diese Arbeiten den Freiern erledigen. Die Helden machen sich keineswegs immer alles selbst. Im Hause ist das alles Aufgabe des Personals (16, 253), und der Weg zum berufsmäßigen Koch[432] ist nicht mehr weit.

IX 200 ff. wird die Vorbereitung des Fleisches ausführlich dargelegt. Achilleus stellt selbst die große Fleischbank so hin, daß er sehen konnte — ἐν πυρὸς αὐγῇ »im Lichte des Feuers« —, legte darauf den Rücken, νῶτον, ohne Artikel kann das Homer sagen, von Schaf und fetter Ziege, 'ein im Fett blühendes', das heißt durchwachsenes Stück von συὸς σιάλοιο. Statt der Übersetzung »Mastschwein« möchte W. Leaf die Diminutivbedeutung von σίαλος zu σῦς gewahrt wissen. Die beiden ersten von τρέφω abgeleiteten Worte des Scholion A[433] sprechen meines Erachtens ebenso wie das σεσιτευμένος, in dem die Getreidemast ausgedrückt ist, für die geläufige Bedeutung. Schließlich muß ῥάχις nach Scholion D zu IX 208 das Lendenstück sein, da es gegen νῶτον (Rücken) abgesetzt wird. Ἀγγεῖον ist für »Gefäß« geläufig (s. S. Q 42); nach Scholion D ist es hier ein Gerät, das — wenig ausgehöhlt — erlaubt, Fleisch daraufzulegen: es handelt sich um den κρεοδόχος (Hackklotz, Fleischbank). Daß Achill das Fleisch, das er später auf Spieße stecken will, erst in ein Gefäß legte, ist unwahrscheinlich nach der vielseitigen Bedeutung des Wortes, noch mehr aber von der Sache her. Das Fleisch würde im tiefen Gefäß leicht 'Wasser ziehen' und eignete sich schlechter zum Braten. Automedon hält das Fleisch, das Achill selbst zerschneidet (IX 209). Unabhängig von der hier gemeinten Atmosphäre zeigt die Stelle den Brauch beim Empfang gleichrangiger, besonders zu ehrender Gäste. Die mit Fleisch besteckten Spieße werden über der Kohle ausgebreitet, indem sie auf die κρατευταί (IX 214; s. S. Q 32) gehoben werden; dann wird vom heiligen Salz darübergestreut (IX 214). Eine zwar etwa zweihundert Jahre jüngere Darstellung sei dennoch genannt, weil sie die Fleischbank und das Fleischschneiden so passend zu der homerischen Schilderung darstellt: es ist eine Darstellung auf dem Deckel einer schwarzfigurigen böotischen Pyxis in Adolphseck (Taf. Q VIIIa—c)[434]. Auch hier geht diese Arbeit in einem Innenraum vor sich, wie die Säulen zeigen. 17, 330 f. sitzt der Fleischzerteiler, δαιτρός (μάγειρος: Schol. zur Stelle, Dindorf II 645), auf einem δίφρος bei seiner Arbeit; wie auf der Darstellung müssen auch bei Homer die κρεοδόχοι, die Fleischbänke, niedrig gewesen sein, daß man so hantieren konnte. Auf dem Deckelbild (Taf. Q VIIIa. b) gibt es zwei verschiedene Typen solcher Fleischbänke. Dann wird das Fleisch auf die Spieße gesteckt. Die Spieße liegen zum Braten auf Krateutai, die aus über kreuz genagelten Hölzern gemacht

---

[432] Bilabel, RE. XI 1 (1921) s.v. Kochbücher, besonders 932 ff. Berufsköche etwa ab 7. Jh. Nach den Aufzählungen von Berufen auf den Linear-B-Täfelchen möchte ich denken, daß es auch in mykenischer Zeit ausgebildete Köche gab.
[433] Schol. A zu IX 208 (Dindorf I 312): σιάλοιο] ἐντροφίου, ἁπαλοτρεφοῦς, ὡς 'ζατρεφέων σιάλων' [Od. 14, 19]. ἢ σεσιτευμένου.   [434] Brommer, CVA. Deutschland, Schloß Fasanerie 1 Taf. 63. 64, 1—2; zur Frage, ob im geschlossenen Raum

sind; das geht im Hof vonstatten, 'außerhalb' der Säulen. Es wird schon gebraten, während noch Fleisch an die Spieße gesteckt wird (3, 33)[435].

Weitere Schilderungen zur Herstellung von Fleischmahlzeiten geben die Epen XI 773ff.; 3, 470ff. ὑπέρτερα festes Fleisch im Gegensatz zu den σπλάγχνα; 10, 56ff.; 12, 306 landet man zur Zubereitung des δόρπον nahe bei Süßwasser. Ἐπισταμένως wird das Essen bereitet. 13, 23 wird ἀλεγύνω für das Herrichten einer Mahlzeit gebraucht; in gleicher Bedeutung kommen auch die Wörter πένομαι (14, 251) und τεύχομαι (14, 408) vor. 14, 75ff. brät Eumaios Ferkelfleisch und gibt es Odysseus (θερμ' αὐτοῖς ὀβελοῖσιν, ὁ δ' ἄλφιτα λευκὰ πάλυνεν: 14, 77). Eindeutig wird hier das Fleisch warm an den Spießen übergeben und danach mit mittelfein gemahlener Gerste bestreut. Es ist also anzunehmen — was an sich selbstverständlich ist —, daß überall da, wo das Fleisch von den Spießen gezogen und danach verteilt wird, die großen Spieße gemeint sind (s. S. Q 21. I 464ff.). In solchen Fällen wird es auch nach dem Braten auf die ἐλεοῖσιν, die »Küchentische«, gelegt, um von da aus verteilt zu werden (14, 432f.). Eumaios wußte, wie das vor sich zu gehen hatte (20, 279ff.).

Wenn bei der Zubereitung Eile geboten ist, wird αἶψα oder τάχιστα gebraucht (24, 215. 360).

24, 384 wird nur gesagt, daß das Essen zubereitet ist.

c) Speisetische und Sitze

1, 111f. waschen die θεράποντες die Tische mit Schwämmen, σπόγγοι, und stellen sie πρότιθεν »an ihren Platz« für die Mahlzeit[436]. Die Gäste begeben sich zu Tische — ἐπὶ δαῖτας ἵενται heißt es bei Hesiod (Frgt. 155, Rzach). Längs den Wänden stehen die Tische ἑξείης; der Reihe nach setzt man sich hin, ἑξείης ἕζοντο κατὰ κλισμούς τε θρόνους τε (1, 145; 3, 389; 24, 385; 24, 411; vgl. 2, 340ff., wo die πίθοι mit Wein gefüllt im Keller ἑξείης stehen). Und selbst einzelne Personen sitzen an eigenen Tischen an gegenüberliegenden Wänden (IX 218f.; XXIV 596ff.)[437]; XXIV 476 stehen die Tische einzeln da und können einzeln weggeräumt werden. Als Stühle benutzt man κλισμοί mit porphyrfarbenen τάπητες (IX 200; 20, 150f.); 10, 352f. ist die Ausstattung bei Kirke besonders reich geschildert.

Κλισμός wird gleichbedeutend mit θρόνος gebraucht (XI 623. 645), aber gelegentlich auch deutlich unterschieden (10, 233). Man sitzt bei Tisch und hat einen θρῆνυς »Fußschemel« (XIV 240; XVIII 390; 1, 130f.) zur Stütze der Füße.

Δίφροι werden von dienenden Personen benutzt, so dem δαιτρός und von Eumaios (17, 330ff.), der sich seinem Herrn gegenüber an den Tisch setzt. Auch der bettelnde Odysseus bekommt einen δίφρος (20, 259); ἀεικέλιος (schäbig) wird er hier genannt. Nur 1, 108 könnte man denken, daß die Freier sich gelagert hätten, aber auch hier nach der Mahlzeit heißt es ἥμενοι ἐν ῥινοῖσι βοῶν. 3, 37 werden Telemach und Mentor bei Nestor aufgefordert, auf Schaffliesen am Kiesstrand Platz zu nehmen. Es ist die einzige Stelle, wo ἱδρύειν als Verbum für Sitzen im Zusammenhang mit der Mahlzeit gebraucht wird.

---

oder im Hof geschlachtet wird, vgl. auch Ölmann, BJb. 157, 1957, 28f. **435** Der Vorschlag, in der Darstellung das Backen von Obelioskuchen, also Baumkuchen zu sehen (so L. Talcott - E. Vanderpool ablehnend zitiert von Brommer a. O. 22) scheint mir, abgesehen von der eindeutigen Fleischbank und den großen Schlachtmessern auch wegen der dünnen Spieße unmöglich. Teig ließe sich m.E. nur um dickere Stangen drehen. **436** Ausführlich zu Tischen, Stühlen u.a. hier das Kapitel »Hausrat«. **437** Ameis-Hentze (zu IX 219 und XXIV 598) denken an die dem

d) Tischsitten, Anteile am Mahl

Auf einen noch fehlenden Teilnehmer am Essen wartet man mit dem Essensbeginn (24, 394ff.).

Man wäscht sich die Hände vor der Mahlzeit (1, 136ff.; 7, 172ff.; 10, 368ff.; vgl. 4, 216 und 10, 182). 15, 134ff. bringt eine Dienerin in schöner goldener πρόχοος (s. S. Q41) Waschwasser und begießt, νίψασθαι, über dem silbernen λέβης (s. S. Q38) die Hände[438]. Man soll das auch vor der Spende an Zeus tun, also morgens (Erga 724)[439]. 4, 213ff. geschieht das ohne ausdrückliche Erwähnung der Trankspende vor der Mahlzeit. Hier hebt sich die Odyssee deutlich von der Ilias ab.

Jeder Teilnehmer am Mahl bekommt seinen Anteil — I 468 ἐΐση »angemessen, gebührend«. Man könnte auch »entsprechend seinem Rang und Ansehen« sagen[440]. Der δαιτρὸς κρεῶν trägt das Fleisch auf großen πίνακες herum, und die ehrbare Schaffnerin bringt das Brot und εἴδατα πολλά aus ihrem Vorrat (1, 139ff.; vielleicht Salate oder Gemüse; wir wissen nicht, was von den Möglichkeiten, die wir kennen, gewählt wurde). Das gleiche gilt für das Getränk. Es ist das Vorrecht des Agamemnon, einen stets gefüllten Becher zu haben, das er als Ehrung stets und nur dem Idomeneus zugesteht (IV 261ff.). Dem eben Gesagten widerspricht die Äußerung Agamemnons (IV 343ff.), wo eindeutig gesagt wird, daß bei den festlichen Mahlzeiten der achäischen Fürsten gebratenes Fleisch gegessen und honigsüßer Wein getrunken werden kann, soviel jeder mag (»solange Ihr jedesmal Lust habt«, übersetzen Ameis-Hentze den Iterativ). Es läuft also zweierlei Auffassung nebeneinander her, denn zwischen »soviel« und »solange« zu trennen schiene mir in diesem Zusammenhang spitzfindig.

4, 65 reicht Nestor νῶτα βοός ... πίονα » die fetten Rückenteile des Rindes « den Gästen, sie gebraten in den Händen haltend. Das Ehrenstück ist lange Vorrecht der Könige geblieben, das sie zur Ehrung weitergeben können oder auch der Sitte nach weitergeben müssen, beispielsweise an den Sänger.

8, 474ff. setzte sich Odysseus auf den für ihn neben dem König stehenden θρόνος. Das Fleisch wird zerschnitten, der Wein gemischt, der Sänger nimmt seinen Platz ein; Odysseus reicht dem Herold von dem vorher abgetrennten Schweinerücken, um den rings Fett war — also mit schöner Kruste —, ein Stück, daß er es dem Sänger als Ehrung und Anteil bringe; es ist also ein charakteristischer Zug der höfischen Mahlzeit, der dem Gast vorschreibt, von seiner Ehrengabe auszuteilen.

VII 321f. ehrt Agamemnon den Ajas besonders unter den Fürsten Achaias, für die er ein fünfjähriges Rind schlachten läßt. Ajas erhält die längslaufenden Rückenstücke — νῶτα διηνεκέα, das Filet — des Rindes. Diese galten — wie heute — als die besten Teile. Die anderen Stücke wurden nicht alle in gleichmäßig große Portionen geschnitten, denn die δαίς, das »Zugeteilte«, die Portion, ist ἐΐση »angemessen« (320 = II 431 s.a. I 468) der Würde des Empfängers und damit verschieden in Größe und Qualität[441]. 323 ist der Abschlußvers der Mahlzeit (ebenso I 469 und II 432).

Eine noch größere Ehrung widerfährt dem Odysseus durch Alkinoos beim Abschiedsmahl (8, 42: φιλέω)[442]. Alkinoos läßt es sich 12 Schafe, 8 Schweine und 2 Rinder kosten (8, 41ff., bes. 59ff.). Auch Hesiod spricht von der Ehrung durch Festmähler (Frgt. 192).

Eingang gegenüberliegende Wand; davon ist aber nichts gesagt.   **438** s. dazu auch Nilsson, Homer 139 Anm. 4.   **439** s. hier das Kapitel »Körperpflege und Heilkunst«.   **440** Vgl. Leaf zu I 306; ἐΐση auch VII 320.   **441** Hier also wieder die oben als erste zitierte Auffassung.   **442** 15, 546 heißt bewirten

e) Fest- und Zweckmahlzeiten

Bei den immer wiederkehrenden gemeinsamen Mahlzeiten — auch Zweckmahlzeiten — der achäischen Fürsten gehört zum Fleisch Brot und Wein und ein bestimmter Ritus von seiten des Gastgebers, den Achill und Patroklos den Abgesandten Agamemnons gegenüber strikt einhalten (IX 215ff.). Nachdem Patroklos das Fleisch gebraten und ἐν ἐλεοῖσιν ἔχευε, nahm er σῖτος und verteilte es in schönen Körben auf dem Tisch. Das Fleisch aber verteilte Achilleus. Achill achtet also nicht selbst auf das Braten des Fleisches. Er kümmert sich offenbar als Hausherr um die Unterhaltung seiner Gäste. Erst nachdem das Fleisch auf den ἐλεοῖσιν liegt, wendet er sich wieder der Mahlzeit zu, indem er jedem Gast seinen Fleischanteil gibt. Ἐλεός ist im Plural gebraucht, es waren also mehrere davon vorhanden. Nach Scholion A zu IX 215 (Dindorf I 312) ist ein ἐλεός ein länglicher, zur Speisezubereitung gehöriger Tisch, von dem man die Speisen wegnimmt. Diese liegen direkt auf der Tischplatte. Diese Küchentischplatten waren aus Sumpfrohr geflochten (Schol. A und D zur Stelle), konnten also leicht erneuert werden. Körbe sind geflochten, waren also meist aus Weidenruten oder Rohr; hier, wo sie Patroklos verteilt — auffallend ist die τράπεζα im Singular —, werden die Körbe nur als zierlich bezeichnet. Aus Gold sind sie 10, 355; ehern ist der Korb XI 630; aber der ist für die Zwiebeln als ὄψον zum Trunk, nicht für Brot bestimmt. Die Helden sitzen wieder längs den Wänden einander gegenüber — so noch heute in ländlichen Gegenden der Levante — und erhalten das Fleisch von Achilleus. Dann wird geopfert und in dem stereotypen Vers IX 221 mit der Mahlzeit begonnen. »Nachdem das Verlangen nach Trank und Speise gestillt war« (222), hebt Odysseus das mit Wein gefüllte δέπας Achill entgegen, und als Einleitung des beabsichtigten Gespräches wird mit einer lobenden Bemerkung für das Essen gedankt[443], daß man, nachdem man in den eigenen Zelten gebührend Nahrung habe, nun auch hier entsprechend bewirtet sei. Denn πάρα μενοεικέα πολλά steht da, zum Verzehren. Wir wissen nichts darüber, daß es unschicklich gewesen wäre, sich während der Mahlzeit zu unterhalten, außer wenn ein Sänger sein Lied vortrug (1, 339f.)[444]. Aber es wäre durchaus unschicklich gewesen, über den Zweck und das Thema eines Besuches während des Essens zu sprechen.

In anderen Fällen ist das Hinstellen der Speisen Aufgabe der Diener oder Dienerinnen (z. B. 1, 139f.); die Körbe enthalten (über die Maßen) aufgehäuftes Brot (16, 51: σῖτον δ'ἐσσυμένως παρενήνεεν ἐν κανέοισιν, vgl. auch 17, 335. 20, 254f. und das Scholion zu 1, 147).

f) Getränke und Trinkzeremoniell

Der immer wiederkehrende Vers αὐτὰρ ἐπεὶ πόσιος καὶ ἐδητύος ἐξ ἔρον ἕντο (I 469) zeigt, daß das Getränk gleichwertig zur Mahlzeit gehörte; XIV 5 gilt Wein als Stärkungstrunk schon vor dem Bade, und ebenso VI 261, was man wohl kaum als nicht im Sinne der Ernährung ansprechen kann.

In der Hauptsache aber soll er den Durst löschen und in der entsprechenden Situation zugleich einen höflichen Empfang bedeuten. So fordert IX 202ff. Achill den Patroklos auf, einen größeren Krater hinzustellen und ζωρότερον zu mischen. Ζωρός ist an sich feurig, rein, schier, ohne Wasserzusatz. Die Scholien

---

κομίζω; 7, 256 ist τρέφω »Nahrung geben« mit φιλέω verbunden.   **443** IX 228: δαιτὸς ἐπηράτου; Schol. D zur Stelle erklärt ἐπηράτου mit ἐπηράστου· καλῆς· ἡδείας.
444 Zum Gesang im frühgriechischen Epos s. hier das Kapitel »Musik und Tanz« S. U 29ff.

zeigen, daß diese Bedeutung des Wortes seit Empedokles immer lebendig geblieben ist[445]. Wenn hier der Komparativ steht, so muß diese Form eine ähnlich einschränkende Bedeutung gegenüber dem Positiv haben, wie wir sie auch im Deutschen kennen[446]. Die Helden Homers trinken zum Essen Wein. Δέπας δ' ἔντυνον ἑκάστῳ gibt Achill als Weisung IX 203. Patroklos soll jedem ein δέπας bereiten (zur Gefäßform s. S. Q 25). Ἔντυνον interpretiert das Scholion D hier mit παρασκεύασον, ἐντρέπισον. Das muß »zubereiten mit sorgfältiger Beachtung« beinhalten. Über die Verteilung der Becher werden wir I 596ff. belehrt. Der Mundschenk reicht den Becher zunächst dem Höchstgeehrten und geht dann ἐνδέξια im Kreise der Anwesenden; ἐνδέξια hat die Bedeutung rechts herum von links aus beginnend in nahezu allen Übersetzungen. W. Leaf (zu I 597 und XII 239) versteht mit dem Scholion: »die Richtung der guten Vorbedeutung«, wie immer sie war. Wir können nicht entscheiden, welche Richtung, oder auch ob immer die gleiche Richtung verbindlich war. Danach erhebt man den Becher zum Gruß, ... χρυσέοις δεπάεσσιν δειδέχατ' ... (IV 3f.)[447]. XXIV 101f. aber gibt Hera der Thetis den Becher in die Hand, die ihn nach dem Trunk zurückreicht, eine Sitte also, die auf das besprochene mykenische Wandbild zurückweist[448]. 18, 119ff. wird sogar der bettelnde Odysseus von Amphinomos so gegrüßt.

Im Apollonhymnus (10f.) grüßt Zeus den Apollon δέπαϊ χρυσομένῳ δεικνύμενος. Diese Geste gehört, wie sich auch aus dieser Stelle ergibt, besonders zu den Trinkzusammenkünften ohne Essen oder zum Zusammensein nach dem Essen, das zu dem Gesamtbild der Mahlzeit als gesellschaftlichem Abschluß gehört (I 469f.). Jünglinge füllen die Kratere, verrichten Spendopfer[449] und verteilen dann die Becher, die zu Gesängen und Tanz geleert werden. Es wird hier — wie auch 1, 148, wo das Wort, in Verbindung mit κρατῆρες gebraucht, sicher verdünnten Wein angibt — ποτοῖο nicht das übliche οἶνος oder μέθυ (wie IX 469; 4, 746 u.a.) gebraucht. Das sagt aber nichts über ein Mischungsverhältnis aus. Μέθυ bezeichnet bei Homer »jedwedes starke, berauschende Getränk, vornehmlich Wein«[450]. Zugleich haftet dem Wort von seiner ursprünglichen Bedeutung und Zubereitung mit Honig her der Begriff des besonders Süßen an. Es ist auch nicht zu erweisen, daß unter μέθυ der besonders schwere und süße Wein aus vorgetrockneten Trauben zu verstehen wäre, im Gegensatz etwa zu οἶνος (7, 265; auch 17, 533). Μέθυ ist sprachlich identisch mit »Met«[451].

Sehr einfach im Getränk geht es bei Eumaios zu (14, 78). In einem κισσύβιον (s. S. Q 44) wird der Wein gemischt. Ἀγροικικῷ ἐκπώματι sagt das Scholion zur Stelle (Dindorf II 582). Zu 20, 255 erwähnt das Scholion (Dindorf II 692) ausdrücklich, daß der Wein nicht erst in den κυπέλλαις gemischt wird, da er es schon war. Das Mischen in den Bechern war also allgemein verbreitet, nicht nur bei Hirten üblich[452]. XII 319f. genießen die Könige der Lykier fette Schafe und

---

445 s. Leaf zu IX 203.   **446** E. Schwyzer - A. Debrunner, Griechische Grammatik II (1950) 184 führen zur Komparativbenutzung (I 32, nicht 10, 72) σαώτερος ὥς κε νέηαι »auf daß du einigermaßen (oder: noch eben) heil zurückkommst«, also bereits eine reduzierte statt steigernde Bedeutung des Komparativs an.   **447** Das Verbum δείδεγμαι entspricht nach Ameis-Hentze (zu IV 4) der Bemerkung des Schol. zur Stelle (Dindorf III 194): ἀπὸ τῆς δεξιᾶς.   **448** s. S. Q 24.   **449** Das Spendopfer geht dem der Mahlzeit folgenden Fest voraus, muß nicht ein ungewöhnliches Opfer am Schluß einer Mahlzeit sein, wie Leaf zu I 471 meint.   **450** Schuster, RE. XV 2 (1932) 1 s.v. Met.   **451** s. Schuster a.O. 1ff. LS. verstehen nur Wein darunter. Μέθυ älter als Wein s. Kerényi, Licht, Wein, Honig, KChron. 15/6, 1961/62, I 200ff. besonders 205ff.   **452** Daß sorgfältig auf Ordnung gerade auch in einfachen Verhältnissen gesehen wurde,

auserlesenen süßen Wein, leben also ebenso wie die Fürsten der Griechen. Ἔδουσιν ist hier auf Fleisch und Wein bezogen, kann also auch indifferent »zu sich nehmen« bedeuten. Auffällig ist die einmalige Verwendung von ἔξαιτον gerade an dieser Stelle[453]. Waren die Könige der Lykier anspruchsvoller als die Griechen in bezug auf die Qualität ihres Weines[454]?

Roten Nektar aber kann Ganymed nur den Göttern aus dem goldenen Krater schöpfen. Unverdünnt? (Aphr. H. 206).

g) Leierspiel beim Mahl

Im Hermeshymnus (475ff.) gehört die Leier so sehr zum Mahl, daß Hermes sie in aller Form dem Apollon schenkt, damit er sie zum Festmahl spiele, und so tun dann nach Apolls Vorbild die Sänger, hochgeehrt durch Sitz und Mahlzeit[455]. Μέσσῳ δαιτυμόνων wird 8, 65ff. der Sessel des Sängers an eine Säule gestellt. Δαίς[456] und φόρμιγξ »sättigen«, κορέννυμι, gemeinsam die Herzen, sagt das Scholion zu 8, 98f. nach Aristarch. Diese Lesart, die die festliche Mahlzeit so gut charakterisiert, ist jetzt angenommen[457].

h) Mahlzeiten aus Vorräten

Einfachere Mahlzeiten waren die, bei denen vom noch vorhandenen Fleisch einer früheren Schlachtung aufgetischt wird, etwa einem überraschend kommenden Gast (z. B. 15, 96f.). Menelaos befiehlt dem Eteoneus, Feuer zu machen und Fleisch zu braten. Hier wird der partitive Genetiv benutzt, es handelt sich also um Teile des am Vortag geschlachteten Tieres; es ist kein neues Opfer nötig; oder auch 16, 49ff., wo das Fleisch auf πίνακες (s. S. Q 36) herangebracht wird.

i) Ernährung vornehmer Kinder und Jugendlicher

Entsprechend der Vorliebe für Fleisch bei Homer wird auch die Nahrung kleiner Kinder charakterisiert. Der einjährige Astyanax verträgt es, daß er als Nahrung täglich das Mark und das 'fette Fett' der Schafe erhält, wozu er auf des Vaters Schoß sitzt (XXII 500f.). Zu Vers 501 stellt das Scholion B (Dindorf IV 304) moralische Betrachtungen an. Statt über Verweichlichung würden wir uns über die Widerstandskraft solcher Säuglingsmägen wundern. An dieser Stelle läßt sich vielleicht einer der märchenhaften Züge des Epos auch im Rahmen des Themas »Ernährung« aufzeigen.

Veranlassung zur Nennung dieser Mahlzeit ist die Darstellung der Situation eines verwaisten Kindes in der Klage der Andromache (XXII 490ff.). Man reicht ihm die κοτύλη als mildtätige Gabe zum Benetzen der Lippen. Was der Becher enthält, ist nicht gesagt, aber es handelt sich eindeutig um den Trunk der Erwachsenen, von denen es etwas abbekommt. Die Kinder noch lebender Eltern verstoßen das Verwaiste ἐκ δαιτύος, weil sein Vater nicht μεταδαίνυται. Lebt der Vater, so nehmen die Söhne also auch an den großen Mahlzeiten der Erwachsenen teil. So erinnert Eurymachos 16, 442ff. den Odysseus daran, daß

---

zeigt das Wegräumen des Brotes nach Tisch durch Mesaulios (14, 455: ἀφεῖλε). **453** Das beobachteten Leaf und Ameis-Hentze. **454** Dabei wurde thrakischer Wein täglich für die Griechen nach Troja gefahren, und Nestor kann den Agamemnon auffordern, die Fürsten dazu und zu einer Mahlzeit einzuladen. **455** Selbstverständlich schweigen die Gäste während des Gesanges (1, 339f.). Zu den Musikinstrumenten in homerischer Zeit hier das Kapitel »Musik und Tanz« S. U 2ff. **456** Zu δαίς vgl. Pagliaro, Il Banchetto degli Uccelli, Maia 1, 1948, 48ff. **457** Zum

er ihm einst gebratenes Fleisch in die Hände und Wein zu trinken gab. Etwas älter als Astyanax war Achill bei der von Phönix geschilderten Mahlzeit (IX 486ff.). Er habe nicht zu Mahlzeiten gehen, noch im Megaron essen wollen (πατέομαι· πάομαι [γεύσασθαι· φαγεῖν] ergänzen die Scholien dazu), bevor er ihn nicht auf den Schoß genommen (auf seine Knie gesetzt) habe und, nachdem er von dem ὄψον geschnitten habe, ihm von diesem und Wein an die Lippen gereicht habe (IX 489). Das Scholion (Dindorf I 326) erklärt ὄψον als Zukost im weitesten Sinn [458].

Ein zwar erst altattisches, aber vielleicht doch auf früheres Gedankengut zurückgehendes Zeugnis ist die Berliner Vase mit Chiron, der an einem großen Ast als Nahrung für den kleinen Achill einen Löwen, einen Bären oder Wolf und einen Eber heranbringt [459].

Die Töchter aus vornehmem Haus essen im eigenen Zimmer mit ihrer Amme (7, 7 ff.; Nausikaa). Auch die Hausfrau ißt offenbar für sich allein, doch kann sie sich, wie Helena und Arete, später zu den Gästen gesellen.

j) Reiseproviant und -geschirr

Wie die großen Gastmähler hat der Reiseproviant in den Epen eine typische Zusammensetzung. 2, 289ff. wird für den Reiseproviant des Telemach und seiner Gefährten ἦϊα, allgemein »Kost«, gebraucht. Das Scholion zur Stelle (Dindorf I 105f.) interpretiert ausführlich: es sollen ἄγγοι benutzt werden; die ἀμφιφορεῖς für den Wein nennt das Scholion »megarisch«; (dann folgen Worterklärungen von ἄλφιτον und μυελός). Fest sollen die Schläuche sein, damit sie nicht auseinanderreißen (Scholion zu 2, 291: τοῖς μὴ ἀπ' ἀλλήλων ἀραιουμένοις). Das Mehl wird in Tierhäuten, die enthaart sein müssen, transportiert. Danach ist anzunehmen, daß die Schläuche aus gegerbtem Leder gemacht sind. (Käse wurde bis in die Neuzeit hinein in noch mit dem Haar versehenen Bälgen transportiert [460].) 2, 349ff. gibt Telemach die in Vers 289ff. enthaltene Weisung an Eurykleia weiter. Zwölf ἀμφιφορεῖς, das allgemein übliche Wort für große Krüge, soll sie mit dem zweitbesten vorhandenen Wein füllen und mit Deckeln verschließen, πώμασιν ἄρσον [461]. Zwanzig Maß ἄλφιτον ἀκτῆς, auf den Mühlen gemahlen, soll sie in dicht genähte Schläuche tun, χεῦον ἐϋρραφέεσσι δοροῖσιν, die also gleichbedeutend mit den πυκινοῖσιν δέρμασιν (291) sind. Χέω kann, wie das Scholion zu 2, 380 (Dindorf I 114) betont, nicht nur für Flüssigkeiten, sondern auch ἐπὶ τῶν μαλακῶν — also von leicht gleitenden trockenen Sachen — gebraucht werden. 2, 431 f. werden die Kratere bis zum Rand mit Wein gefüllt [462]. 3, 479f. bringt die Schaffnerin den Proviant für die Reise des Telemach zu Menelaos. Σῖτος, οἶνος und ὄψα, wie Könige sie essen, das heißt in diesem Falle wohl Brot, Wein und Zukost, deren Bestandteile wir nicht kennen.

Fest tanzen auch Tänzer zwischen den Tafelnden (4, 15f.).   [458] Zum Bedeutungswandel von ὄψον zu Fleisch—Fisch und dem neugriechischen Wort ψάρι s. Kalitsounakis, Festschrift für P. Kretschmer. Beiträge zur griechischen und lateinischen Sprachforschung (1926) 96ff.   [459] Beazley, BAntBeschav. 14, 1939, I 4ff. Nach Beazley ist Chiron erst ab der 1. Hälfte des 7.Jhs. als Nährvater Achills anzunehmen.   [460] Anfang der 30er Jahre wurde noch in der Peloponnes gewürzte Milch in innen behaarte Schläuche gegossen, stehengelassen und dann geschlagen. Man brauchte dann kein Lab für die Bereitung des Käses. Zu Feigenlab s. Buchholz, Realien II 1, 151.   [461] Schol. zu 2, 349 (Dindorf I 112): ἀμφιφορεὺς καλεῖται τὸ παρὰ ἰδιώταις λεγόμενον φλασκίον. Unter φλασκίον wird man ähnlich wie unter πυτίνη eine Art Flasche mit Weidendeckel verstehen.   [462] Nach dem Schol. zur Stelle (Dindorf I 117) bis zur Krone oder zur Lippe, στεφάνη oder χεῖλος.

Ausführlicher ist die Darstellung 5, 165f. und 265ff. Dem Versprechen der Kalypso an Odysseus, Reiseproviant in Form von σῖτος, ὕδωρ und οἶνος ἐρυθρός (μενοεικής erklärt das Scholion zur Stelle [Dindorf I 260] mit ἀσκετός »genug von allem«) mitzugeben, folgt die Ausführung. Ein ἀσκός voll dunklen Weines, ein großer, voller Wasser — weil er das Dreifache des Weines enthalten müsse [463]--, ἧα »Lebensmittel« in einem κωρύκῳ und μενοεικέα πολλὰ ὄψα kommen in das Floß. Zu κώρυκος [464] sagt das Scholion zu 5, 267 (Dindorf I 269); es sei gleichbedeutend mit θύλακος und ἀσκός, also sack- oder schlauchförmig. Es muß sich bei den ἧα also um Lebensmittel handeln, für deren Transport sich ein Sack eignet, sei es Getreide oder Grütze oder aber Hülsenfrüchte, von deren Verwendung wir XIII 588 hören. Das Wort wird nicht für einen Korb verwendet.

Um Wein von den Schiffen zur Kyklopenhöhle zu transportieren, benutzt Odysseus einen Ziegenschlauch (9, 196: αἴγεον ἀσκόν). Das Scholion (Dindorf II 421) sagt hier ausdrücklich zu ἀσκός, daß man ἄλφιτα καὶ οἶνον hineinfülle. 9, 212 wiederholt Odysseus, daß er einen großen Ziegenschlauch mit diesem Wein [465] und ἧα κωρύκῳ füllen ließ. Fleisch muß man sich auf der Reise erjagen. Wenn wie 12, 329 ff. der Vorrat im Schiff ἐξέφθιτο »völlig verbraucht ist« [466], werden in der Not auch Fische und Vögel verzehrt; Fische werden geangelt wie 4, 368. Die Verhältnisse waren im Alltagsleben anders als im Heldenleben der epischen Gesänge. Man hat Gänse gezüchtet (15, 173), Fische gefangen und Austern gefischt (XVI 746ff.).

6, 76ff. wird Nausikaa von der Mutter für die Fahrt ans Meer versorgt; in eine κίστη, das ist ein geflochtener Behälter [467], wird παντοίην ἐδωδήν »verschiedene Speise« getan, vermutlich Gemüse [468], Obst, eventuell auch Süßigkeiten. Außerdem gibt es noch ὄψα in den Wagen, und Wein wird in einen Ziegenschlauch gefüllt. Das Scholion zur Stelle (Dindorf I 300) sagt, daß die Attiker τὸ σκεῦος, also den Behälter, der für die ἐδέσματα zur Reise gehört, κίστη nennen. Sie sei die ἐδεσματοθήκη.

Da wir verschiedene κίσται aus Metall erhalten haben (noch auf der 'Ficoronischen' [469] werden solche aus dem Schiff gebracht), wird man auch im achten Jahrhundert nicht nur mit geflochtenen, sondern auch mit Metallkästen und sicher auch solchen aus Holz rechnen können.

k) Bezeichnungen für Speisen

Auffällig anders scheinen die mitgenommenen Nahrungsmittel hier benannt wie bei dem bisher besprochenen Proviant, der aus σῖτος [470] und Wein bestand. Σῖτος καὶ οἶνος [471] bedeutet Speise und Trank IX 705f., wo man sich nach dem Essen gleich zur Ruhe begibt, ebenso XIX 160ff. beim Frühstück vor dem

---

[463] So Schol. zu 5, 266 (Dindorf I 269).　[464] Frisk II 63f. möchte κώρυκος als kilikisches (?) Fremdwort ansehen.　[465] Anschauung von einem solchen Weinaskos gibt z. B. eine lakonische Schale des 6. Jhs. in Rhodos: Clara Rhodos III (1929) 122ff. Abb. 115 Taf. B (Zusatz der Redaktion).　[466] Das Schol. zu 12, 329 (Dindorf II 551) erklärt ἤια als βρώματα δηλονότι, also deutlich nicht nur Vorrat für einen Tag. s. LS. s. v. ἤια: »Provisions for a journey«.　[467] s. Frisk I 860 s. v. κίστη; Boisacq 461 s. v.; hier das Kapitel »Hausrat« S. P 70.　[468] Buchholz, Realien II 2, 175 Anm. 7 zitiert nur die Angabe des Athenaeus I 24f.: παρετίθετο δὲ τοῖς ἥρωσι δειπνοῦσι καὶ λάχανα als Beleg dafür. Doch entheben uns die Funde der Notwendigkeit literarischer Nachweise.　[469] Pfuhl, MuZ. Abb. 628.
[470] Heichelheim, R.E. Suppl. VI (1935) 819ff. s. v. Sitos, bes. 826f. Anders Howe 54 (meist Fleisch, wenig Fladenbrot, viel Fisch mit Öl zubereitet).　[471] Entsprechend wird σιτέομαι (24, 209) für essen und οἰνοποτάζω (6, 309) für trinken

Kampf. Ἄκμηνος σίτοιο, ungekräftigt von σῖτος, »nüchtern« kann man nicht kämpfen (vgl. dazu das ἄκμηνος und ἄπαστος des Achill XIX 346 und ἄσιτος 4, 788). Δίψα καὶ λιμός, Durst und Hunger, werden gegenübergestellt dem Zustand des Gesättigtseins, κορεσσάμενος, durch οἶνος und ἐδωδή. Σῖτος und ἐδωδή werden gleichbedeutend für Speise verwendet. Ἐδωδή gebraucht Eumaios 14, 42 für das, was Odysseus sich erbetteln soll. Bei der Verproviantierung des Phäakenschiffes 13, 69 und 72 wird σῖτος und βρῶσις gleichbedeutend gebraucht. XXIV 602. 619 und 4, 745 f. ist σῖτος ebenfalls allgemein Nahrung. Βρῶσίν τε πόσιν τε παρτιθεῖ ist 1, 192 f. der Sammelbegriff für die Mahlzeiten des Laertes, und 6, 246 ff. greift ἁρπαλέως[472] »voller Begier« oder auch nur »mit Wohlbehagen« der seit langem nüchterne Odysseus nach βρῶσίν τε πόσιν τε (ebenso »Nahrung« 16, 83: σῖτον ἄπαντα ἔδμεναι; 16, 110 und Apoll. H. 461). Auch in Versen, mit denen der Abschluß einer Mahlzeit angezeigt wird, heißt es σῖτος, verbunden mit μελίφρων (z.B. 24, 489; Apoll. H. 499). Allerdings bedeutet βρώμη 10, 460; 12, 23 und 302 nach dem Scholion σῖτος καὶ κρέας, also Brot und Fleisch, was zu 19 paßt, wo σῖτος das Brot zu Fleisch und Wein ist. Doch scheint dieser Schluß nicht unbedingt nötig von der Einzelstelle aus. Βρώμη verwendet auch Demeter bei ihrer entscheidenden Frage an Persephone für Speise (Dem. H. 393 f.)[473]. Πύρνον erbettelt sich Odysseus (15, 312).

Σῖτος ist 14, 449 sicher 'Brot' und überall, wo es in Körben auf den Tisch gestellt wird (z. B. 16, 51). In ihrer Bedeutung sind unbestimmt: die παντοίη ἐδωδή und die ὄψα der Nausikaa (6, 76 f.), auch ἤια πάντα (4, 363), wo das Scholion ἄρτος sagt, was gewiß nicht generell gilt.

l) Ländliche Festmahlzeiten

Zwei Mahlzeitschilderungen zeigen einen anderen Charakter; es sind ländliche Feste. Die erste findet sich in der Schildbeschreibung (XVIII 558 ff.). Unter einer Eiche wird für die Schnitter und Winzer (ἔριθοι »Landarbeiter«) ein Mahl bereitet. Κήρυκες δαῖτα πένοντο »sind geschäftig am Bereiten der Mahlzeit«[474]. Sie opfern ein großes Rind und richten es zu.

Schwierigkeit bereitet für das Verständnis des Satzes αἱ δὲ γυναῖκες δεῖπνον ἐρίθοισιν λεύκ' ἄλφιτα πολλὰ πάλυνον. Im Scholion A zur Stelle (Dindorf II 177) wird δεῖπνον mit ἄριστον gleichgesetzt. Ameis-Hentze wollen πάλυνον als »Brei anrühren« verstehen, obwohl das Wort sonst streuen, bestreuen heißt (XI 640). »Brei anrühren« entspricht dem Scholion T (Maaß II 278), das ἔμασσον oder ἔφυρον als synonym anführt, also kneten oder anrühren, durcheinanderrühren[475]. Leaf will das Rinderopfer dem Fürsten vorbehalten, da es zu aufwendig für die Arbeiter sei; es sei denn, es handle sich um ein Lunch zu einem Fest, und davon zu trennen sei das tägliche Mahl. Das erleichtere auch das Verständnis des hier unklaren πάλυνον[476]. T. P. Howe schließt sich der Auffassung als Fest an[477], zu dem der Ochse gerichtet wird, und nimmt an, daß die Frauen »doled (or spread) out the dinner for the workmen, much white barley«. Ἄλφιτα sei Speise oder

---

gebraucht. 472 s. Frisk I 149 s.v. ἁρπαλέος. 473 L. Preller, Griechische Mythologie I⁴ (1894) 763 und Hehn 243 sehen darin nur das Symbol für Vollzug der Vermählung. 474 Vgl. 2, 322. Schol. T (Maaß II 278) sagt, daß noch zu seiner Zeit in Athen 'κήρυξ' in ähnlichem Zusammenhang gebraucht wird. 475 LS. s.v.: »mix something dry with something wet«. 476 Zu παλύνω vgl. auch A. Walde - J. Pokorny, Vergleichendes Wörterbuch der indogermanischen Sprachen II (1926/27) 59 Spreu, bestreuen, besteuben? Frisk II 470 παλύνω und πάλλω im Zusammenhang mit πάλη, Mehl. 477 Howe 48.

Mahlzeit gleichzusetzen. Das ἄλφιτον müsse vorgekocht gewesen sein, und schmackhaft gemacht mit Milch oder Wein, sei die Flüssigkeit nun nachträglich darübergegossen oder gleich mitgekocht. Howe erinnert dafür an die normalen Speisen nachgebildeten Unterweltsopfer, bei denen man über Honig süßen Wein und Wasser gegossen habe; über das ganze sei dann weiße Gerstengrütze gestreut worden. Der Text ergibt wörtlich nur, daß ein Rind für die Leute geopfert wurde, und daß Frauen den Landarbeitern viel weiße 'Gerste' als 'δεῖπνον πάλυνον'. Weder über die Sitten bei der Mahlzeit noch über die Zubereitungsweise des Essens erfahren wir etwas. Das ist bei den Hörern wieder als bekannt vorausgesetzt. Wenn aber der Herr seine Knechte durch κήρυκες und γυναῖκες bedienen läßt, so ist das ganz gewiß ein Fest, wahrscheinlich ein Erntedankfest. Dann muß es auch für die Leute ein 'gutes Mahl', das heißt Fleisch und Wein (15, 506), geben, und man wird die Gerstengrütze für die Landarbeiter über das Fleisch streuen, wie es Eumaios tut (14, 77); hier bedurfte es einer großen Menge, weil ein ganzer Ochse geschlachtet war. Ein Brei wäre gewiß nichts Festliches, damals so wenig wie heute, wo man Weißbrot zum Fleisch ißt.

Ein anderes ländliches Fest im Sommer beschreibt Hesiod in den Erga 589 ff. An einem von Felsen beschatteten Platz in der Nähe einer auch in der heißen Jahreszeit fließenden Quelle soll es stattfinden; man genießt besonders schmackhafte Gerichte: μάζα τ' ἀμολγαίη, das heißt mit Milch (oder Käse?) zubereitetes Brot; ἄρτος sagt das Scholion oder ἐν τῷ ἀμολγεῖ gemischte μάζα. Es bleibt danach unklar, ob Hesiod ein gesäuertes Brot oder einen ungesäuerten Fladen meint. Weiter gehört zum Festmahl Milch nichtsäugender Ziegen. Sie haben ψυχρὸν γάλα, besonders erfrischende Milch, die dünnflüssiger ist als gleich nach dem Wurf. Das Fleisch soll von Rindern stammen, die mit Waldlaub genährt sind und noch nicht geboren haben, also Färsenfleisch, das auch wir noch besonders schätzen. Außerdem wird Fleisch von Erstlingsböckchen gegessen und roter Wein aus Biblos (Thrakien) dazu getrunken. Dieser Wein ist im Verhältnis eins zu drei mit Wasser zu mischen[478]. Aber man trinkt erst Wein, wenn die Mahlzeit, zu der man Milch trank, beendet und der Hunger gestillt ist; so wenigstens, scheint mir, muß man das ἐπὶ δ' Vers 592 verstehen, wenn man nicht annehmen will, daß Milch und Wein nebeneinander beim Mahl getrunken werden. Bevor man Wein zu trinken beginnt, läßt man sich vom fächelnden Zephyr kühlen. Daß es kein Gemüse beim Festmahl gibt, entspricht der auch heute noch herrschenden Sitte in ländlichen Gegenden des Mittelmeergebietes; auch jetzt ißt man nur Brot zum Fleisch und allenfalls Salate.

Leider ist XI 86 nicht gesagt, was die Holzfäller essen, so daß man kein Gegenbeispiel für eine alltägliche Mahlzeit auf dem Lande hat. In dieses Milieu paßt wohl die Mahnung, sich bei Tisch nicht die Nägel zu schneiden[479].

m) ἄριστον, δεῖπνον, δόρπον, Vesper

An dieser Stelle (XI 86) ist um das Wort δεῖπνον[480] eine Kontroverse entbrannt. Das Scholion zu II 381 (Dindorf I 105) erläutert die Bedeutung der Wörter: ἄριστον »normale Frühmahlzeit«; δόρπον »Abschlußmahlzeit des Tages«, also normalerweise die Abendmahlzeit; δεῖπνον ist nach der Charakterisierung eher mit Lunch als mit Mittagessen wiederzugeben und kann erste und

---

[478] Das Mischgefäß nennt das Schol. zu Hes. Op. 596 ἔκπωμα; vgl. das κισσύβιον 14, 78 (s. S. 44); ἄγγεα 16, 13f., κύπελλα 20, 255 (s. S. 43). [479] Erga 742f. [480] s. a. Schneider, RE. XIV 1(1928) 524ff. s.v. Mahlzeiten.

zweite Tagesmahlzeit in sich vereinen. Da mit δεῖπνον, der Mahlzeit der Holzfäller, dasselbe Wort gebraucht wird wie bei der Angabe der Mahlzeit, nach der die Griechen einen Sturmangriff beginnen, kann nur der frühe Mittag gemeint sein. Zenodot, der, wie Scholion A zur Stelle sagt (Dindorf I 375), hier δόρπον einsetzen wollte, hat an die Sitte der Arbeiter gedacht, abends ausgiebiger zu essen als mittags, aber die Gesamtsituation nicht beachtet.

XXIV 124f. heißt es: Alle waren geschäftig und bereiteten das ἄριστον, 'das Frühessen'[481]. Hier erklärt Scholion D die Verschiebung der Wortbedeutungen. Das von Homer noch gar nicht gebrauchte ἀκράτισμα ist später an die Stelle von ἄριστον getreten; so konnte ἄριστον zum Lunch und δεῖπνον zur Abendmahlzeit werden. Man kann also die Interpretation des Scholions zu XI 86ff. annehmen; s. dazu auch: VIII 503 und XXIV 444, wo δόρπον im Plural gebraucht wird, als Abendmahlzeit, die für alle zu richten ist. Ebenso IX 88, wo von der Abendmahlzeit der Griechen und Troer gesprochen wird.

XXIV 2 ist das Essen nach dem Kampf δόρπον genannt, so daß das Scholion D ἐπιμελοῦντο τροφῆς, also »Nahrung«, sagt. XXIV 601 fordert Achill den Priamos zur Mahlzeit auf, νῦν δὲ μνησώμεθα δόρπου. 4, 786 steht δόρπον in Erwartung des Dunkelwerdens; 7, 166; 8, 394f., wo die zum Mahl gehörende Freude und Unbeschwertheit betont wird (die hier durch Gastgeschenke bewirkt werden soll). Ποτιδόρπιον setzen Liddell-Scott mit πρὸς δόρπον gleich (9, 234 und 248f.), was der Interpretation des Scholions zu 9, 234 (Dindorf II 425) entspricht. 12, 283 und 14, 408 steht bei δόρπον das selten gebrauchte Attribut λαρόν, also 'wohlschmeckendes, köstliches Mahl'. 14, 407 kommen die Hirten zum δόρπον nach Hause; 15, 300ff. heißt δορπέω »Nachtmahl zu sich nehmen«; 16, 453 richten (ὡπλίζοντο) Odysseus und Telemach das δόρπον ἐπισταδόν (ἐπιστημόνως laut Scholion zur Stelle, Dindorf II 632). 18, 44f. wird die Mahlzeit nach dem Wettkampf der Bettler beschrieben[482].

Zur Zeitbestimmung wird μεταδόρπιος gebraucht (4, 194). Gleichbedeutend stehen δεῖπνον und δόρπον im Demeterhymnus 128f. nebeneinander; ebenso wird im Apollonhymnos (497. 511) δειπνέω zu δόρπον gestellt, was nach dem Scholion zu XXIV 124f. auf spätere Redaktion oder auch Entstehung hinweisen würde.

X 577ff. wird am Ende der Dolonie das Frühmahl des Odysseus und Diomedes erwähnt. Zunächst wird gebadet. Die Mahlzeit wird nicht mit ἄριστον, sondern mit δεῖπνον bezeichnet; was die Helden essen, wird nicht gesagt. Honigsüßer Wein wird aus einem Krater für Athena geschöpft und gespendet, nachdem man zur Mahlzeit Platz genommen hat[483]. Entsprechend ist δεῖπνον die Verbindung von erster und zweiter Mahlzeit vor dem Beginn eines Kampfes XIX 171 und 346; oder 15, 396 und 500 vor dem Austreiben der Herde.

Das δεῖπνον als Mahlzeit in der Mitte des Tages findet sich XXIII 158f. in Verbindung mit ὅπλεσθαι. Δειπνῆσαι muß das Einnehmen der Mittagsmahlzeit bezeichnen (Apoll. H. 497ff. 511); denn Apoll will die Männer danach noch von Itea nach Delphi führen. Auch 15, 77 (wiederholt 93) wird für das Gastmahl von Menelaos sinngemäß δεῖπνον gebraucht; denn Telemach will noch am gleichen Tage aufbrechen. Δεῖπνον πασσάμενος soll Athena in Gestalt des Mentor 1, 123f. sprechen, und nachher wird sie noch weiterreisen.

---

[481] s. Frisk I 140 s.v. ἄριστον.   [482] δόρπον weiterhin: XVIII 298f.; XXIII 55; 12, 307. 439f. (für unsere Fragestellung unergiebig).   [483] Leaf zu X 578 bemerkt hier, daß es sich um die dritte Mahlzeit des Odysseus in dieser Nacht handle (IX 90), wozu aber 221 noch gehört. Nach Aristarch ist diese Mahlzeit eher ein Frühstück als ein Souper.

Nur einmal, 17, 599f., wird eine Vesper erwähnt[484], und zwar so, daß man annehmen muß, die Mahlzeit ist keine Ausnahme. Eumaios soll erst δειελιήσας fortgehen. Das Scholion erklärt entsprechend Vers 606 (Dindorf II 652) ἐπήλυθε δείελον. Leider erfahren wir nicht, was um diese Zeit zu essen üblich war.

Ein Frühstück, ἄριστον, ist selten erwähnt; es ist 16, 1f. gemeint; dementsprechend interpretiert das Scholion (Dindorf II 621) ἀκρατισμός.

n) Tägliche Nahrungsmittel

α) Ziegen- und Schweinemagen: Wir haben bisher über die Hauptmahlzeiten der Fürsten — das Volk nimmt daran nicht teil, XXIII 158ff. — und über Festmahlzeiten gehört. Fleisch, Brot und Wein sind die immer wiederkehrende Nahrung bei diesen Anlässen, zu denen die σπλάγχνα als Vorspeise hinzukommen. Doch gelegentlich wird auch in den Epen anderes nicht nur erwähnt, sondern gegessen. Mit T. P. Howe[485] den μυελὸς ἀνδρῶν (2, 290; 20, 108) aus der Situation heraus als »porridge« zu erklären, kann ich mich nicht recht entschließen. Das scheint mir zu eng gefaßt. Aber 18, 44f. gibt es Ziegenmagen mit Blut und Fett gefüllt, die für das δόρπον auf dem Feuer liegen. Das Scholion (Dindorf II 656) überlegt, ob im Feuer oder vielmehr neben dem Feuer. Man wird nicht überinterpretieren, wenn man entweder schwache Holzkohlenglut annimmt, auf der die Ziegenmägen direkt aufliegen konnten, oder, besser und sicherer für die Zubereitung, einen tiefliegenden Rost. 18, 118ff. erhält Odysseus einen solchen Ziegenmagen (er entspricht etwa unserem Schwartenmagen oder unserer Blutwurst), und Amphinomos gibt ihm noch zwei Brote dazu, δύο ἄρτους, als charakterisierendes Wort gegenüber dem allgemeineren σῖτος.

20, 25ff. ist anschaulich geschildert, wie ein mit Fett und Blut (κνίση und αἷμα) gefüllter Schweinemagen über dem Feuer hin und her gewendet wird (ἔνθα καὶ ἔνθα αἰόλλη) voller Ungeduld, daß er fertig werde (μάλα δ᾽ ὦκα λιλαίεται ὀπτηθῆναι). Sogar Hermes brät nicht nur Fleisch am Spieß, sondern macht Blutwurst, indem er schwarzes Blut in Därme füllt (Hermes H. 122f.: μέλαν αἷμα ἐργμένον ἐν χολάδεσσιν).

β) Milchnahrung: Den Griechen erscheint freilich Milchnahrung in mancher Form fremdartig. XIII 5 erscheinen die milchessenden Stutenmelker, die Hippemolgoi. Die Interpretation des Scholions wird von der neueren Philologie abgelehnt[486]. Das γαλακτοφάγων reizt zu der Vermutung, daß die skythischen Nomadenvölker schon damals Joghurt kannten. Hesiod (Frgt. 54, Rzach) heißt es: γαλακτοφάγων ἐς γαῖαν ἀπήνας οἰκί᾽ ἐχόντων. Nach Ephoros bei Strabon handelt es sich auch hier um die Pferdemilch essenden Skythen. Fragment 55 (Rzach) heißen die Skythen deutlich ἱππημολγοί! Aber Milch als Getränk kennt ja auch Hesiod (s. S. Q 57), und auch Homer schätzt Milch und Käse, sonst wäre 4, 87ff. die Tatsache, daß es das ganze Jahr süße Milch, Käse und Fleisch gibt, nicht das Kennzeichen für den Reichtum Äthiopiens; und 9, 232 essen Odysseus und die Gefährten offenbar ganz gern von dem Käse des Kyklopen (τυρῶν φάγομεν); 9, 222 ist von großen Mengen Molke (ὀρός) die Rede. 17, 225 erklärt das Scholion (Dindorf II 642) ὀρός als den wässrigen Teil der Milch! 9, 246ff. wird die Milch geteilt zur Käsebereitung und als Getränk zum Abendessen (ποτιδόρπιον εἴη). 9, 297 trinkt der Kyklop ungemischte Milch, ἄκρητον γάλα,

---

484 Anders Buchholz, Realien II 2, 193f.   485 Howe 48f.   486 s. Leaf zu XIII 4.

zum Menschenfleisch. Man wird trotz D. Page[487] bei dieser Deutung bleiben können. Ein Fehler des Dichters (Milch statt Wein) ist nicht anzunehmen; das Scholion ist durchaus verständlich[488]. Die Milch ist ungemischt und besteht nur aus dem Molkeartigen, dem Käseartigen und dem Ölartigen, also aus dem, was getrennt 'Buttermilch', gestockte Milch und Rahm ergäbe. Es ist nicht zusätzlich Wasser hineingegossen. Der Scholiast kennt eindeutig die Abschöpfung der Sahne und also Magermilchkäse. Interessant ist, daß die Sahne als ἐλαιώδης bezeichnet wird.

Märchenhaft ist das Essen der Lotophagen, οἵ τ' ἄνθινον εἶδαρ ἔδουσιν (9, 84).

o) Große Festmahlzeiten

α) Hochzeitsmahl und Zeremoniell: Wenn Homer von einem Festschmaus spricht, gebrauchte er das Wort εἰλαπίνη (XXIII 201). XVIII 491 und 1, 226 ist vom Hochzeitsmahl die Rede. Abends tafelte man bei Fackelschein (7, 98). XXIII 307 will Iris mit den Göttern an einer Festopfermahlzeit bei den Äthiopen teilnehmen (μεταδαίσομαι ἱρῶν). Hesiod, Fragment 163 (Rzach), lautet: 'Ἡδὺ ... ἔστ' ἐν δαιτὶ καὶ εἰλαπίνῃ τεθαλυίῃ τέρπεσθαι μύθοισιν, ἐπὴν δαιτὸς κορέσωνται. Die Zusammenstellung von δαίς und εἰλαπίνη mit dem Epitheton τεθαλυίῃ gibt die üppigste Mahlschilderung der Epen, bei der durch τέρπομαι und κορέννυμαι nochmals der Genuß betont wird.

β) Finanzierung großer Opfer- und Festmähler: Solch große Gastereien konnten über die finanziellen Möglichkeiten des einzelnen, bei großen Opfern[489] auch des Fürsten gehen. Es trugen dann die Teilnehmer nach Rang und Vermögen ihren Teil bei (3, 13. 4, 620ff.). Oder man ißt, da man gemeinsame Mahlzeiten besonders schätzt (Hesiod Erga 722f. Frgt. A 57. 82. 158, Rzach), reihum (1, 374f.) im Kreis der Freunde. An einem Gastmahl teilnehmen heißt θοινάω (4, 36)[490]. Der Gastgeber fordert zum Essensbeginn auf (z. B. 4, 60); wenn ein Gast nachträglich kommt, muß auch er warten, bis er zum Essen aufgefordert wird (7, 215). In solchen Fällen kann Wein nachgemischt werden (7, 162).

Solange getrunken wird, darf das Schöpfgerät, die πρόχοος (18, 397), oder die Oinochoe (Erga 744) nicht über den Krater gelegt werden. Daß nur geweihtes Gerät gebraucht werden darf, ist selbstverständlich, doch erwähnt es Hesiod noch eigens (Erga 748).

Zu großen Mahlzeiten gehört der Wein, aber auch der Aperitif.

p) κυκεών

Aus den Epitheta für Wein wissen wir, wie sehr der Honig geschätzt ist. Aber über seine Verwendung in der Küche wissen wir nur gelegentlich der Zubereitung eines besonderen Getränks. Kirke bereitet 10, 234f. einen κυκεών, indem sie Käse, Gerstengrütze und Honig in pramnischen Wein mischt (ἐκύκα); in dieses σῖτον tut sie dann das Gift. Daß der κυκεών aber ein Getränk ist, geht aus der Tatsache, daß er aus einem δέπας getrunken wurde, ἔκπιον (237), deutlich hervor[491].

---

487 D. Page, The Homeric Odyssey (1955) 7f.   **488** Schol. zur Stelle (Dindorf II 429): ἀπαραμιγὲς ἔχον καὶ ὀρρῶδες καὶ τὸ τυρῶδες καὶ τὸ ἐλαιῶδες.   **489** z. B. liefert beim Opfer am Strand von Pylos jede ἕδρα zu 500 Mann 9 Stiere ab. Es waren 9 ἕδραι (3, 7ff.).   **490** So übersetzt Schadewaldt wohl der Atmosphäre gemäßer als LS., die das Wort mit »eat« gleichsetzen. Zum Stimmungsgehalt homerischer Mahlzeiten s. E. Ch. Welskopf, Probleme der Muße im alten Hellas (1962) 36ff. (Ich verdanke den Hinweis A. Mannzmann).   **491** Zu πίνω im Zusammenhang

Wir haben auch ein ganz ausführliches Rezept für dieses Getränk, XI 624. 628ff. Hekamede bereitet den κυκεών in dem 'Zelt' des Nestor. Sie nimmt zunächst einen dunkelfüßigen Tisch, setzt darauf ein χάλκειον κάνεον mit Zwiebeln als ὄψον, wie man heute noch im Süden eingelegte Oliven, Zwiebeln oder andere würzige Kleinigkeiten zum Aperitif nimmt. Außerdem stellt sie gelbgrünen (χλωρός [492]) Honig hin und ἀκτή von heiliger Gerste. Dazu setzt sie ein sehr schönes δέπας (s. S. Q 43) auf den Tisch, das Nestor von Hause, aus Pylos, mitgebracht hat. Hekamede macht darin eine Mischung, deren Grundlage pramnischer (roter, herber) Wein ist. Darüber reibt sie Ziegenkäse auf einem ehernen Reibeisen (κνῆστις, s. S. Q 37) und streut weiße ἄλφιτα darauf. Sie fordert Machaon und Nestor auf zu trinken (πινέμεναι ἐκέλευσεν), nachdem sie den κυκεών bereitet hat. Hekamede hat offenbar nur soviel Käse in den Wein gerieben und ἄλφιτα daraufgestreut, daß es sich noch um ein Getränk handelte. Man darf also κυκεών nicht mit 'Weinmus' übersetzen, sofern man unter Mus ein mit einem Löffel zu essendes Gericht versteht. Während der Käse ein sehr interessantes Geschmacksingredienz abgibt und stärkend ist, bindet die gemahlene Gerste ab [493]. Vers XI 642 bestätigt noch einmal, daß der κυκεών getrunken wird. Wieder ist πίνειν gebraucht, und außerdem wird der Durst auf diese Weise gelöscht, ἀφέτην πολυκαγκέα δίψαν. Scholion D erklärt πολυκαγκέα· ξηραντική ('ausgetrocknet'). Das Getränk war durch einen geringen Zusatz von Käse und Gerstengrützmehl durstlöschender als reiner Wein. Die zuvor gegessene süße Zwiebel, der Honig und die ἀκτή hatten offenbar die 'Grundlage' für diesen Trunk abgegeben.

Ungleich zarter ist der Trunk gleichen Namens im Demeterhymnus (206ff.). Die Göttin verlangt statt des Weines, der ihr von Metaneira in einem δέπας angeboten wird, einen κυκεών aus Wasser, Gerstenschrot und zartschwellender Polaiminze. Γλήχων = βλήχων ist die älteste Bezeichnung einer Minzenart [494].

Hier fehlt der von Hekamede zu den Vorspeisen gegebene Honig völlig, der nach dem Hermeshymnus (559) von göttlichen Jungfrauen (σεμναί) in ganzen Waben gegessen wurde. Er macht bereit, die Wahrheit zu künden, und ist die süße Speise der Götter.

Das aber gehört nicht mehr zur täglichen, auch nicht zur feiertäglichen Küche.

4. Zusammenfassung

Überblicken wir das Ergebnis unserer Überlegungen insgesamt, so zeigt sich, daß die mykenischen Griechen im zweiten Jahrtausend nahezu die gleichen Lebensmittel kannten wie die Zeitgenossen Homers. Das Haushuhn und das Silphion dürften hinzugekommen sein [495].

Wir haben die Lebensmittel aus den Texten der Linear-B-Täfelchen, aus den Funden und Forschungen der Botaniker und Zoologen kennengelernt, und wir haben uns Geschirr und Gerät vergegenwärtigt. Es ist, einschließlich der Herde

---

mit XIV 5 s. MusHelv. 14, 1957, 75ff.   **492** Zur Farbbezeichnung χλωρός, braun, s. O. Körner, Die homerische Tierwelt² (1930) 70f.   **493** T. P. Howe (48) hat den κυκεών zu wilder Ente mit Erfolg versucht, also eine Art Ketchup daraus gemacht. Ich nehme an, daß der von Hekamede zubereitete Trunk dünnflüssiger und nicht gekocht war; das Wort Cocktail möchte ich nicht dafür benutzen, weil darunter zumeist eine Mischung verstanden wird, bei der zwei oder mehrere Sorten Alkohol, dabei mindestens ein Destillat, verwendet wird.   **494** Steier, RE. XV 2 (1932) 2021 s. v. Minze.   **495** Keine gute Meinung von der Küche in mykenischer

in beiden Perioden, grundsätzlich das gleiche. Ganz verschwunden ist nur die Bügelkanne. Allerdings schwankt anscheinend der Prozentsatz der verschiedenen Gefäße und Gerätschaften zueinander. Es bedürfte einer riesigen Statistik, um einen Eindruck zu erhärten, den eine Durchsicht des publizierten Materials hervorruft. Es scheint nämlich, daß auf Kreta die Zahl der einzelnen Gerät- und Gefäßformen für Herstellung von Besonderheiten wie Saucen- und Gewürzschälchen größer ist als im mykenischen Kulturbezirk.

Die allgemeine Nahrung kann sehr vielseitig gewesen sein. Sie kann auch in den mykenischen Herrenhäusern nach dem gefundenen Geschirr noch wirklich reichhaltig und abwechslungsreich in der Zusammenstellung und in den Zutaten zubereitet worden sein. Die einfache Bevölkerung mußte sich, schon wegen des mühsam zu beschaffenden Brennmaterials, wohl immer bescheiden, ohne etwa zu darben.

Die Vielfalt des Geschirrs wird im zehnten und neunten Jahrhundert im ganzen von Griechen besiedelten Gebiet sehr reduziert, um danach, etwa vom achten Jahrhundert an, wieder zuzunehmen. Zugleich hat sich die formale Gestaltung wesenhaft verändert; offenbar wechselte teilweise auch die Namengebung der Gefäße.

Homer schildert, wie längst gesehen, die Mahlzeiten der Fürsten seiner Zeit aus besonderem Anlaß[496]. Diese sind stereotyp gestaltet[497]. Aus gelegentlichen Bemerkungen ersehen wir, daß das häusliche tägliche Essen anders ausgesehen haben muß als die geschilderten kostbaren Fleischmahlzeiten[498].

Unter westgriechischem Einfluß wurde die Küche dann wieder gepflegter. Die berühmten Köche kamen aus Sizilien[499].

Sparta blieb immer besonders streng, Athen hielt etwa die Mitte; die Spartaner fanden die Athener schon zu üppig, wenn ein normales Essen aus einem kleinen Schüsselchen Lauch, etwas gesalzenem Stör, zwei Seeigeln, zehn Muscheln und einem Stückchen Kuchen bestand[500]. Daß Griechenland auch in klassischer Zeit in seinen Essensgewohnheiten immer einfach blieb und stolz darauf war, überliefert uns Herodot: »Es heißt auch, Xerxes hätte bei seiner Flucht aus Griechenland sein ganzes Gepäck Mardonios überlassen. Als dann Pausanias all das Gold und Silber und die bunten Vorhänge im Zelt des Mardonios erblickte, hätte er den Bäckern und Köchen befohlen, ein Mahl wie für Mardonios anzurichten. Als sie das getan und Pausanias die gold- und silbergestickten Polster, die goldenen und silbernen Tische und die prächtige Zubereitung des Mahles gesehen, hätte er, erstaunt über solche Pracht, seinen Dienern befohlen, zum Spaß nun auch eine lakonische Mahlzeit anzurichten. Wie aber der Unterschied zwischen beiden so groß gewesen, hätte Pausanias gelacht und die Obersten der Griechen kommen lassen, ihnen beide gezeigt und gesagt: ich habe die Herren rufen lassen, um ihnen zu zeigen, welch ein Tor der

---

Zeit hat Vermeule, Bronze Age 180. **496** Howe 50. **497** Arend 65ff. Schema 8. **498** Noch auf einer Makronschale bedeutet die Zusammenstellung eines Bäckers auf dem Innenbild und die Fleischbereitung auf den Außenseiten die festliche Ausnahmemahlzeit (Sparkes II Taf. 30, 5). Hammel am Spieß ist noch heute die Osterfestmahlzeit. Hanfmann, Horsemen from Sardis, AJA. 49, 1945, 581, ist allerdings der Auffassung, »Homeric descriptions were reminiscences of things very much past. No wonder that Hesiods father left for Boeotia«. Schneider, RE. XIV 1 (1928) 525 s.v. Mahlzeiten, spricht von bewußtem Archaisieren Homers bei den Mahlzeitschilderungen. Zur allgemeinen Ernährung der späteren Zeit: Bilabel, RE. XI 1 (1921) 932ff. s.v. Kochbücher. **499** Bilabel, RE. a.O. s.v. Kochbücher. **500** Orth, RE. XI 1 (1921) 953 s.v. Kochkunst. Zu Kuchen speziell Orth, RE. XI 2 (1922) 2088ff. s.v. Kuchen.

Perser war, der von seiner reichbesetzten Tafel zu uns kam, um mit unserer schmalen Kost vorlieb zu nehmen. Das soll Pausanias, der König von Sparta, zu den Obersten der Griechen gesagt haben« (IX 82).

Denken wir an die möglichen Ansprüche der Lyker beim Wein, so fragen wir uns, ob nicht auch bei den homerischen Griechen in der Anschauung über die Notwendigkeiten des täglichen Lebens der gleiche Unterschied zu den Orientalen bestand wie bei dem Spartanerkönig Pausanias gegenüber den Persern. Hätten sonst für die Helden Homers die geschilderten Mahlzeiten der Inbegriff von Festessen sein können?

5. Ausdrücke zum Kapitel Küchenwesen und Mahlzeiten

Zusammengestellt von Gerhard Jöhrens, Berlin

(Antike Belege sind, wenn nicht anders angegeben, über die zitierten Seiten und Anmerkungen dieses Kapitels zu finden)

a) Gefäße und Geräte

$a\text{-}ke\text{-}a_2$, ἄγγεα	Gefäße	Q 42.
ἄλεισον	Trinkgefäß	Q 42.
ἀμολγεύς	Milchgefäß	Q 42.
$a\text{-}pi\text{-}po\text{-}re\text{-}we$, $a\text{-}po\text{-}re\text{-}we$, ἀμφιφορεύς, ἀμφορεύς	Amphora	Q 3. 28. 54.
$a\text{-}pi\text{-}qo\text{-}to$	Kessel, tragbarer Herd mit Füßen	Q 5.
ἀσκός	lederner Schlauch zum Aufbewahren des Weines	Q 41. 55.
$a\text{-}ta\text{-}ra$	Gefäß	Q 20 Anm. 167.
$a\text{-}te\text{-}we$	Kanne	Q 23.
γαυλός, σκαφίς	Melkgefäß	Q 41 f.
δέπας	Becher, Gefäß, Schöpfer	Q 25. 42. 45. 51 f. 60 f.
δέπας ἀμφικύπελλον	Trinkgefäß, Spendegefäß, Schöpfer	Q 26. 42 f. 45.
$di\text{-}pa$ (δέπας)	Mischgefäß	Q 25 f.
δίφρος, θρόνος ($to\text{-}no$), κλισμός	Stuhl, Sitz	Q 30. 49.
$e\text{-}ka\text{-}ra$, ἐσχάρα	Herd	Q 2. 31.
ἐλεός	Küchentisch	Q 49. 51.
ἰπνός	Ofen, Backofen, Kochtopf; später auch: Küche	Q 20. 34.
$i\text{-}po\text{-}no$	Kochtopf	Q 20.
$i\text{-}to\text{-}we\text{-}sa$, *ἰστοϝεσσα	Kessel	Q 5.
κάλαθος	tiefes Gefäß	Q 36.
κάλπις	Wassergefäß, Hydria	Q 40. 46.
$ka\text{-}na\text{-}to$, κάνεον, κάναστρον	Korb	Q 28. 51. 61.
$ka\text{-}ra\text{-}re\text{-}we$	Bügelkanne	Q 17.
$ka\text{-}ra\text{-}te\text{-}ra$, κρατήρ	Krater	Q 24. 44.
$ka\text{-}ra\text{-}ti\text{-}ri\text{-}jo$, κάλαθος	Korb	Q 28.
κάρδοπος	Backtrog	Q 36 Anm. 318.
$ka\text{-}ti$, κηθίς	Hydria	Q 22.

κέραμος	Weingefäß, -krug	Q 28. 45.
κισσύβιον	Trinkgefäß, Mischgefäß	Q 44. 52. 57 Anm. 478.
κίστη	geflochtener Behälter	Q 55.
κνῆστις	Reibeisen	Q 37. 61.
κοτύλη	Becher, Näpfchen, Schöpfgefäß	Q 44f. 53.
κρατευταί	Feuerböcke	Q 20. 31f. 48.
κρεοδόχος	Hackklotz, Fleischbank	Q 48.
κρήδεμνον	Verschluß eines Mischkruges	Q 45.
ku-pe-ra, κύπελλον	Trinkgefäß	Q 27. 43. Ilias III 248.
ku-ru-su-(pa₃)	Dreifußamphora	Q 4. 19.
κώρυκος	lederner Sack für den Transport von Lebensmitteln	Q 55.
λέβης	Becken, Kessel	Q 38f. 50.
λήκυθος	Ölflasche	Q 41.
μάχαιρα	Schlachtmesser	Q 47.
μύλη	Handmühle	Q 35.
ὀβελός	Spieß	Q 47.
οἰνοχόη	Schöpfgerät	Q 45. 60.
ὅλμος, ὕπερος	Mörser, Stößel	Q 12. Ilias XI 147. Hesiod, op. 423.
ὄλπη	lederne Ölflasche	Q 41.
pa₂-ra-to-ro, σπάλαθρον	Beil	Q 20.
πέλλα	Melkeimer, Becher	Q 42.
πεμπώβολον	fünfzackige Gabel	Q 39.
pe-ri-ke, πελίκη	Gefäß	Q 23.
pi-a₂-ra, pi-je-ra₃, φιάλη	flacher Kochkessel	Q 18f. 39.
πίθος	Vorratsgefäß	Q 28. 45.
πίναξ	Teller, Schüssel, Tablett	Q 36. 50. 53.
pi-ri-je, πρίων	Säge	Q 20.
po-ro-ko-wo, πρόχοος	Kanne, Krug	Q 26. 41. 50. 60.
ποτήριον	Trinkgefäß	Q 42.
po-ti-[ ]-we	Gefäß	Q 27.
pu-ra-u-to-ro, πυραύστρα, πύραστρον, πυράγρα	Feuerzange	Q 6. Ilias XVIII 477. Odyssee 3, 434.
πυθμήν	Boden, Fuß, Stütze (eines Gefäßes)	Q 42f.
πυτίνη, φλασκίον	Flasche mit Weidendeckel	Q 54 Anm. 461.
qe-ra-na	Krug, Kanne	Q 22.
qe-to (Diminutiv: qe-ti-ja)	Weingefäß	Q 26. 29.
σκύφος	Trinkbecher	Q 35.
σπόγγος	Schwamm (zum Reinigen der Tische und Stühle)	Q 49.
ti-ri-po-de, ti-ri-po-di-ko, τρίπους, τριποδίσκος	hoher Dreifußkessel	Q 19. 37f.
to-pe-za, τράπεζα	Tisch, Tafel	Q 30. 49.
u-do-ro	eimerförmiges Gefäß, wohl Wassergefäß	Q 7. 16.
χοάνη, χώνη	Trichter	Q 37. Plato, R. 411a.
χυτρόπους	Topf, Kessel	Q 4. 35.

b) Speisen und Zutaten, Zubereitung

ἄκμηνος, ἄπαστος, ἄσιτος	ohne gegessen zu haben, nüchtern, hungrig	Q 56.
ἄκολος	Bissen, Brocken	Odyssee 17, 222.

Ausdrücke zum Kapitel Küchenwesen und Mahlzeiten

ἄκρητος, ζωρός	unverdünnt, ungemischt, rein	Q 51. 59. Odyssee 2, 341. 9, 297.
ἀλεγύνειν, πένεσθαι, τεύχειν	das Mahl bereiten, das Mahl genießen	Q 49.
ἅλς	Salz	Q 34. 48.
ἄλφιτον	gemahlenes Getreide	Q 49. 54. 56f. 61.
ἄμεναι, κορεννύναι	sättigen	Q 53. Ilias XIX 307.
ἀμπείρειν, ἀναπείρειν, πείρειν	aufspießen	Q 47f.
ἀμφιέπειν, ἀμφέπειν	abhäuten	Q 47.
ἄριστον	Frühessen, nachhomerisch: ἀκράτισμα	Q 57ff.
ἄρτος	Brot	Q 56f. 59.
ἄρτυμα	Gewürz	Batrach. 41.
ἀσπάραγος	Spargel	Q 10. Theophrast, HP VI 4, 2.
ἀσφόδελος	Asphodelos	Q 35.
βιβρώσκειν, ἔδειν, ἐσθίειν, πατεῖσθαι, σιτεῖσθαι	essen, zu sich nehmen, genießen	Q 52f. 60.
βουφονεῖν, ἱερεύειν	schlachten	Q 46.
βρώμη, βρῶσις, βρωτύς, εἶδαρ, ἐδητύς, ἐδωδή	Speise, Essen, Kost, Nahrung	Q 47. 50f. 55f. 60.
γάλα	Milch	Q 57. 59.
γαστήρ	Magen (gefüllt mit Fett und Blut)	Q 59.
δαίειν	Feuer nähren	Q 46.
δαίεσθαι	teilen, zuteilen	Odyssee 15. 140.
δαινύναι	ein Mahl geben, ausrichten, Med.: essen, schmausen	Q 47. Ilias IX 70. XV 99.
δαίς, δαιτύς	Mahl, Gastmahl, Portion	Q 47. 49f. 53. 60.
δαιτρεύειν	Fleisch zerlegen, vorschneiden	Odyssee 15, 323.
δαιτρόν	Portion	Ilias IV 262.
δαιτρός	Fleischzerteiler	Q 48ff.
δαιτροσύνη	Zerlegen des Fleisches	Odyssee 16, 253.
δαιτυμών	Tischgenosse, Gast	Q 53.
δειελιᾶν (nur Part. Aor.: δειελιήσας)	zu Abend essen, vespern	Q 59.
δειπνεῖν	Mahlzeit halten	Q 58.
δείπνηστος	Essenszeit	Odyssee 17, 170.
δειπνίζειν	bewirten	Odyssee 4, 535.
δεῖπνον	Mahlzeit (erste oder zweite Tagesmahlzeit)	Q 57f.
διαχεῖν	zerlegen	Q 47.
δίψα	Durst	Q 56. 61.
διψαλέος	durstig	Batrach. 9.
διψῆν	dursten	Odyssee 11, 584.
δορπεῖν	zu Abend essen, Nachtmahl zu sich nehmen	Q 58.
δόρπον	Abendmahlzeit; später: Nahrung, Mahl	Q 57f.
εἰλαπινάζειν	schmausen	Odyssee 2, 57.
εἰλαπιναστής	Schmauser, Gast	Ilias XVII 577.
εἰλαπίνη	Festschmaus, Hochzeitsmahl	Q 60.
ἔρανος	Mahlzeit, zu welcher jeder seinen Beitrag leistet, Picknick	Odyssee 1, 226; 11, 415.

e-ra-wa, ἐλαία	Ölbaum, Olive	Ventris-Chadwick, Documents 219 Nr. 94.
e-ra₃-wo, *e-ra-wo*, ἔλαιον	Öl	Q 8.
ἐρέβινθος	Kichererbse	Q 35.
ἔρυσθαι	(Fleisch) vom Spieß ziehen	Q 47.
εὕειν	absengen (die Borsten des Schweines)	Q 46.
ζειά, ὄλυρα	Emmer	Q 11 Anm. 82. Odyssee 4, 41. 604. Ilias V 196.
ἦια, ἦα	Kost, Lebensmittel	Q 54f.
θοινᾶν	an einem Gastmahl teilnehmen	Q 60.
θοίνη	Gastmahl, Speise	Batrach. 40. Hesiod, Sc.114.
ka-na-ko, κνῆκος	Saflor	Q 8 Anm. 53.
καπνίζειν	Feuer anzünden	Q 46.
ka-ra-ko, γλάχων, βλήχων	Poleiminze	Q 61 Anm. 494. Ventris-Chadwick, Documents 226.
ki-ri-ta, κριθή, κριθαί	Gerste (?)	Ventris-Chadwick, Documents 215 Nr. 90.
κνίση	Fett	Q 59.
κολοκύνθη	Kürbis	Q 9. Theophrast, HP VII 1, 2.
κομίζειν, φιλεῖν	bewirten	Q 50 Anm. 442.
ko-ri-a₂-da-na, *ko-ri-ja-do-no*, κορίαννον	Koriander	Q 8 Anm. 53.
κρέας	Fleisch, Fleischstück	Q 48ff.
κρέ' ὑπέρτερα	festes Fleisch (Ggs.: σπλάγχνα)	Q 49.
κρόμυον	Zwiebel	Q 35. 51. 61.
ku-do-ni-ja	Quitten	Q 9.
ku-mi-no, κύμινον	Kümmel	Q 8 Anm. 53.
ku-pa-ro, κύπειρος	Zypergras	Q 8 Anm. 53. Ilias XXI 351.
κύαμος	Bohne	Q 35.
κυκεών	Mischtrank	Q 60f.
λαρός	wohlschmeckend	Q 58.
λιμός, πείνη	Hunger	Q 56. Odyssee 15, 407.
μᾶζα	Brot	Q 57.
μαλάχη	Malve	Q 35.
ma-ra-tu-wo, μάραθον, μάραθρον	Fenchel	Q 8 Anm. 53.
μέθυ	berauschendes Getränk, Wein	Q 52.
μέλι	Honig	Q 60f.
μηλέη	Apfelbaum	Odyssee 7, 115.
μῆλον	Apfel	Q 9. Ilias IX 542.
μηροί	Lendenstücke	Q 47.
μιστύλλειν	kleinschneiden	Q 47.
mi-ta, μίνθα, μίνθη	Minze	Q 8 Anm. 53.
μυελός	Mark	Q 59.
νᾶπυ, σίναπι	Senf	Q 10. Theophrast, HP I 12, 1. VII 1, 2.
νῶτον	Rückenstück	Q 48. 50.
ὄγχνη	Birne, Birnbaum	Odyssee 7, 115. 120.

Ausdrücke zum Kapitel Küchenwesen und Mahlzeiten Q 67

οἰνοποτάζειν	Wein trinken	Q 55 Anm. 471.
οἶνος	Wein, Trank	Q 52. 54 f.
οἰνοχεῖν	Wein einschenken	Ilias II 127.
ὀνείατα	Speise, Mahl	Ilias I 91. 221. Odyssee 1, 149.
ὄξος	Essig	Q 16 Anm. 124. Aeschylus, Agamemnon 322.
ὁπλίζειν	zubereiten	Q 58. Ilias XI 641.
ὀπός	Saft des Feigenbaumes (zum Gerinnen der Milch gebraucht)	Ilias V 902.
ὀπταλέος, ὀπτός	gebraten	Ilias IV 345. Odyssee 16, 50.
ὀπτᾶν	braten	Q 47. 59.
ὀρός	Molke	Q 59.
ὄψον	Zukost	Q 51. 54 ff. 61.
πεινῆν	hungrig sein	Ilias XVI 758.
πίνειν	trinken	Q 60 f.
πόσις, ποτής, ποτόν	Trank, Getränk	Q 44. 47. 51.
πράσον	Lauch	Batrach. 54.
πύρνον	Weizenbrot	Q 56.
πυρός	Weizen	Ilias VII 188.
ῥάχις	Rückenstück	Q 48.
ῥοιή	Granatapfelbaum	Odyssee 7, 115.
sa-sa-ma, σήσαμον	Sesam	Q 8 Anm. 53.
se-ri-no, σέλινον	Sellerie	Q 8. Ilias II 776. Odyssee 5, 72.
σέρις	Chicoree	Q 9. Dioscorides, de materia medica 2, 132.
σίκυος	Gurke	Q 9. Theophrast, HP VII 1, 2. 4, 1.
si-to (σῖτος)	Getreide	Ventris-Chadwick, Documents 170 Nr. 35.
σῖτος	Brot, Speise	Q 51. 54 ff.
σκόρδον, σκόροδον	Knoblauch	Q 9. Herodot II 125.
σπλάγχνα	Innereien	Q 47 f.
σφάζειν, σφάττειν	schächten	Q 46.
su-za, σῦκον, συκέη	Feige, Feigenbaum	Q 8 Anm. 55.
tu-ro_2, τυρός	Käse	Q 8. 15 Anm. 114. 59.
ὑδρεύειν	Wasser holen	Q 46.
ὠμός	roh, ungekocht	Ilias XXII 347.

6. Literatur

1. Homerische Ernährung und Mahlzeiten

1871—1883	Buchholz, Realien	Realien I 2, 146ff. (*Tierreich, Pflanzenreich, Mineralreich*); II 1, 132ff. (*Viehzucht, Jagd, Fischfang*); II 2, 38ff. (*Gastfreunde, Hausgesinde, Wohnung, Gerätschaften, Ernährung*).
1933	Arend	W. Arend, Die typischen Szenen bei Homer (64ff.: *Opfer und Mahl*).
1956	Hampe	R. Hampe, Die homerische Welt im Lichte der neuen Ausgrabungen. Gymnasium 63, 1ff. (15ff.: *Das Privatleben*. 32ff.: *Mykenische Gefäße und ihre Namen*).
1962	Wace-Stubbings, Companion	Companion 522ff. (*Food and Agriculture*).
1968	Richter	W. Richter, Die Landwirtschaft im homerischen Zeitalter. Archaeologia Homerica II, Kapitel H.

2. Die antike Ernährung

1936	Vickery, Food	K. F. Vickery, Food in Early Greece.
1943—1961		S. Bommer - L. Bommer-Lotzin, Die Ernährung der Griechen und Römer. 2. völlig neu bearb. Aufl. 1961: Die Gabe der Demeter. Die Geschichte der griechischen und römischen Ernährung. (*Nicht berücksichtigt, obwohl mehrfach andere Auffassungen, da nur allgemeine Literaturübersicht, aber keine Einzelzitate*).
1953	Myres, Groceries	J. L. Myres, Ancient Groceries. Greece and Rome 22, 1ff.
1956	Ventris-Chadwick, Documents	Documents 195ff. (*Livestock and Agricultural Produce*).
1958	Howe	T. P. Howe, Linear B and Hesiods Breadwinners. TAPhA. 89, 44ff.
1962	Sparkes I	B. A. Sparkes, The Greek Kitchen. JHS. 82, 121ff.
1964		H. Dohm, Mageiros. Die Rolle des Kochs in der griechisch-römischen Komödie. Zetemata 32.
1965	Sparkes II	B. A. Sparkes, The Greek Kitchen. Addenda. JHS. 85, 162ff.
1965	Stella	L. A. Stella, La Civiltà Micenea nei Documenti Contemporanei (159ff.: *La Campagna*).
1969		D. und P. Brothwell, Food in Antiquity.

3. Tiere und Pflanzen

1930		O. Körner, Die homerische Tierwelt[2].
1959		A. Carnoy, Dictionnaire Etymologique des Noms Grecs de Plantes.

4. Außergriechische Ernährung

1922		H. F. Lutz, Viticulture and Brewing in the Ancient Orient (*Rez.*: K. Galling, ThLZ. 50, 1925, 78 f.).
1959		G. Contenau, So lebten die Babylonier und Assyrer (81 ff.: *Ernährung*).
1961		H. Helbaeck, Studying of Diet of Ancient Man. Archaeology 14, 95 ff.

5. Gefäße und Geräte

1935	*Richter-Milne*	G. M. A. Richter - M. J. Milne, Shapes and Names of Athenian Vases.
1941		F. Chapouthier, La Vasselle Commune et la Vie de tous les Jours à l'Époque Minoenne. REA. 43, 5 ff.
1942	*Brommer, Gefäßformen*	F. Brommer, Gefäßformen bei Homer. Hermes 77, 356 ff.
1954		D. Gray, Metalworking in Homer. JHS. 74, 3 ff.
1956	*Ventris-Chadwick, Documents*	Documents 228 ff. (*Mycenaean Vessel Names*).
1959		J. Chadwick, Linear B. Die Entzifferung der mykenischen Schrift (142 ff.: *Mykenische Gefäße und ihre Namen*).
1966		F. Canciani, CVA. Heidelberg 3 (*Zusammenstellung geometrischer Gefäße*).
1966	*Herrmann, Kessel*	H. V. Herrmann, Die Kessel der orientalisierenden Zeit I. Olymp. Forsch. VI.

Ferner sind in diesem Kapitel folgende Abkürzungen benutzt worden:

Chadwick, Tablets I(—III)	J. Chadwick, The Mycenae Tablets III. Transactions of the American Philoscphical Society. N.S. 52 (1962) VII 13 ff.
Forbes I(—VI)	R. J. Forbes, Studies in Ancient Technology (1955-1958).
Morpurgo	A. Morpurgo, Mycenaeae Graecitatis Lexicon (1963).
Ruijgh, Tabellae	C. J. Ruijgh, Tabellae Mycenenses selectae (1962).
Young, Geom. Graves	R. S. Young, Late Geometric Graves and a Seventh Century Well in the Agora. Hesperia Suppl. II 1939.

G. Bruns hatte das Manuskript am 1. Januar 1967 vorläufig abgeschlossen. Ihre Überarbeitungen erstreckten sich bis in das Jahr 1969 hinein. Es war ihr nicht vergönnt, letzte Hand an den bereits gesetzten Beitrag zu legen. Sie verstarb während der Fahnenkorrektur am 12. 2. 1970.

ARCHAEOLOGIA HOMERICA

Band III, Kapitel R

ARCHAEOLOGIA HOMERICA

Die Denkmäler und das frühgriechische Epos

Begründet von
Friedrich Matz † und Hans-Günter Buchholz

Im Auftrage des
Deutschen Archäologischen Instituts
herausgegeben von
Hans-Günter Buchholz

Band III
Kapitel R: G. Wickert-Micknat, Die Frau

GÖTTINGEN · VANDENHOECK & RUPRECHT · 1982

DIE FRAU

Von

Gisela Wickert-Micknat

GÖTTINGEN · VANDENHOECK & RUPRECHT · 1982

Redaktion: Hans-Peter Gumtz

Manuskriptabgabe: 1979
Umschlagbild: Halsbild einer attisch-geometrischen
Amphore in Düsseldorf, Privatbesitz, siehe
S. R 25 f. U 77 Kat.-Nr. 75 Taf. N X a

ISBN 3-525-25417-2

Gedruckt mit Unterstützung des Deutschen Archäologischen Instituts, Berlin

© Vandenhoeck & Ruprecht in Göttingen 1982. – Umschlag: Karlgeorg Hoefer. – Printed in Germany. – Ohne ausdrückliche Genehmigung des Verlages ist es nicht gestattet, das Buch oder Teile daraus auf foto- oder akustomechanischem Wege zu vervielfältigen.
Gesamtherstellung: Hubert & Co., Göttingen

Kapitel R

DIE FRAU

von GISELA WICKERT-MICKNAT, Köln

I. Vorbemerkung zur Methode. – II. Allgemeines, 1. Begriffe und Beispiele, a) Die Wörter γυνή und θῆλυς, b) Bildszenen des Achilleus- und des Heraklesschildes, c) Vergleiche in Ilias und Odyssee. – 2. Die einzelnen Dichtungen: Eigenart – Verbindende Elemente, a) Ilias: Kriegssituation, α) Kriegsbeute, β) Weibliche Arbeit im Krieg, γ) Anteil am Kriegsgeschehen, b) Odyssee: Seeraub und Menschenhandel – Häusliche Szenerie, c) Demeter- und Aphroditehymnos: Göttinnen in Gestalt menschlicher Frauen, d) Hesiod: Das weibliche Prinzip – Pandora, e) Übergreifende Funktion der Einzelheiten. – III. Öffentlichkeit, 1. Totenklage, a) Vorrang und Zurücktreten der Großfamilie, b) Parallelen in der Bildkunst, 2. Reigen und Chorgesang, a) Nachrichten der Dichtung, b) Mitteilungen der Bildwerke, α) Spuren der Realität, β) Mädchen und Jünglinge, γ) Mädchen, δ) Initiation, c) Mädchenbünde. – 3. Kult und Gemeinde, a) Publikum, b) Geraien, c) Ololyge, d) Bildliche Darstellungen, e) Öffentliches Wirken Einzelner, α) Priestertum, β) Heilkunde, γ) Rechtswesen, δ) Ort der Öffentlichkeit. – IV. Häuslichkeit, 1. Umgang mit Textilien, a) Männliche und weibliche ἔργα, b) Spinnen, c) Weben, d) Arbeitsgruppen, e) Produktion, f) Wirkungen in Dichtung und Sprache, g) Reflex in der Bildkunst – Arbeitsgerät. – 2. Umgang mit Kornfrucht und Wasser, a) Die 'typische Szene' der Mahleinleitung, b) Kornfrucht, α) Mahlen, β) Gebrauch der gemahlenen Kornfrucht, γ) Brotgewährung – Abstand vom Fleisch, δ) Speisegewohnheiten, ε) Verbindung zum Wein – Vorratshaltung, ζ) Kultische Verwendung, c) Wasser, α) Wasserholen, β) Baden, Fußwaschung, Händewaschen, γ) Reinmachen – Wäschewaschen, δ) Poetischer Gebrauch, d) Archäologische Zeugnisse, α) Gleichbleibende Zustände, β) Behälter und Gefäße, γ) Votivgebäck, δ) Krugträgerin. – 3. Umgang mit Feuer und mit Gegenständen, Tieren, Menschen im Hausinneren, a) Feuer, α) Licht und Wärme, β) Häuslicher Herd, b) Hausinneres, α) Inventar: Tisch und Stuhl – Truhe – Bett, β) Lebewesen: Tier – Kind – Gast, c) Das Megaron, d) Archäologisches. – 4. Unabhängige und abhängige Arbeit, a) Gleichwertigkeit der Geschlechter, α) Sachbestimmte Arbeitsteilung, β) Haushaltung, b) Frau und Tochter des Hauses, α) Δέσποινα und andere Begriffe, β) Zuständigkeit, γ) Einübung in den künftigen Stand, c) Im Hause beschäftigte Frauen, α) Begriffe und Tätigkeiten, β) Formen abhängiger Arbeit. – V. Ehe, 1. Familie, a) Stellung der Frau und ihrer Kinder, α) Allgemeiner Zustand, β) 'Rechte' Gattin, γ) Nebenfrau, δ) Konkubine, ε) 'Rechte' Kinder, Nebenkinder, außereheliche Kinder, b) Familienordnung, α) Großfamilie, β) Eindimensionale Familie. – 2. Brautgewinn und Hochzeit, a) Heiratsformen, α) Zur modernen Terminologie, β) Mannfolge, γ) Fraufolge, δ) Übergänge und Mischungen, b) Hochzeitsformalien, α) Geben und Führen, β) Kundbarmachung, γ) Einsetzung ins Ehebett, c) Hochzeitsbilder, α) Vorüberlegung, β) Typos 'Begegnung', γ) Typos 'Heimführung'. – 3. Eheführung, a) Sexualität, α) Macht des Verlangens, β) Terminologie, γ) Spezifika der sexuellen Beziehung, δ) Ehebruch – Eheliche Treue, ε) Jungfräulichkeit, b) Nachkommenschaft, α) Zeugen und Gebären, β) Gynäkologisches, γ) Verhältnis zum Kind, c) Eheliche Zugehörigkeit, α) Loyalität, β) Beendigung der Ehe, d) Archäologischer Befund, α) Typen der Darstellung, β) Typos

'Nackte Stehende', γ) Typos 'Brüstehaltende', δ) Typos 'Kindhaltende', ε) Heiligtümer der Geburtsgottheit. – VI. Wirkung und Wert, 1. Merkmale der Weiblichkeit, a) Lebensphasen, α) Geburt einer Tochter, β) Mädchennamen, γ) Terminologie, δ) Tod der Frau, ε) Frauengottheiten, b) Charakter und Gaben, α) Öffentliche Meinung, β) Weibliches und Weibisches, γ) Misogyne Ansichten, δ) Verstand – Vortrefflichkeit und Ruhm, ε) Schönheit, c) Bildnis – Gegenstände des weiblichen Bereichs, α) Hinweis, β) Bild der Parthenos, γ) Stehen und Schreiten – Sitzen, δ) Haupt, ε) Ornamentaler Gebrauch, ζ) Gerät und Erzeugnis. – 2. Ort im sozialen Gefüge. – VII. Ausgewählte epische Wörter. – VIII. Literatur.

I. Vorbemerkung zur Methode [1]

Bei den epischen Dichtungen, die hier im besonderen zur Sprache kommen – Ilias und Odyssee, Hesiods Theogonie und Erga, die homerischen Hymnen auf Demeter und Aphrodite –, geht die Darstellung von der Einheit der einzelnen Dichtung aus, so wie sie in den heutigen Ausgaben erscheint, und fragt im allgemeinen weder nach der Entstehungsgeschichte der Werke noch nach der Überlieferungsgeschichte ihres geschriebenen Textes. Sie ist bemüht, von den epischen Gedichten jedes für sich ins Blickfeld zu bringen, und will zugleich zeigen, welcher Art Verbindungen zwischen ihnen offenbar werden, wenn man sie unter ein und demselben Gesichtspunkt betrachtet.

Als Zeitraum für das Zustandekommen der vorliegenden Fassung im großen und ganzen nehmen wir für die Ilias den Ausgang des 8. Jahrhunderts v. Chr. an, für Theogonie und Erga die erste Hälfte des siebten, für die Odyssee das mittlere Drittel desselben Jahrhunderts, für die beiden Hymnen dessen zweite Hälfte. Die Betrachtung umfaßt also reichlich hundert Jahre, eine Spanne, in der sich viele Veränderungen vollzogen, und zwar gerade in den gesellschaftlichen Verhältnissen.

Schließlich stützt sich die Darstellung auf die Überzeugung, daß Dichtung, ihrem Charakter als Phantasiegebilde gemäß, sich der Erforschung von handfesten Realien widersetzt, und dies im Bezirk der gesellschaftlichen Zustände noch stärker als da, wo es um greifbare Kulturgüter geht. Andererseits ist Dichtung, wenn sie ihre Themen und Motive zur Anschauung bringen will, darauf angewiesen,

---

1 Zur Methode: G. Wickert-Micknat, Saeculum 21, 1970, 57–70. – Gemessen an der Vielfältigkeit des Themas »Die Frau« ist der Umfang der hier vorgelegten Bearbeitung beschränkt. In vieler Hinsicht verzichtet sie auf die nötige Ausführlichkeit und bietet dem Leser manches Mal Thesen, anstatt ihn auf die Ergebnisse hinzuführen. Die Untersuchungen, die man jetzt vermißt, hoffe ich an anderem Ort zu geben. Nicht zu vermeiden ist es, daß öfters zwei angrenzende Themen ins Blickfeld geraten, »Der Mann« und »Das Kind«. Zu danken habe ich A. Greifenhagen und E. Thomas für Rat und Hilfe. – Photographien stellten folgende Institutionen und Personen zur Verfügung: Deutsches Archäologisches Institut, Abteilung Athen (Taf. R IIc. IIIb. c. V a–d. VI a.b); Dr. U. Gehrig, Berlin-Charlottenburg, Antikenmuseum (Taf. R VIc); Frau Dr. J. Mertens, New York, Metropolitan Museum (Taf. R I a.b. IV b); Dr. C. Vermeule, Boston, Museum of Fine Arts (Taf. R II a.b); Frau Dr. Chr. Grunwald und Dr. U. Sinn, Bonn, Akademisches Kunstmuseum (Taf. R VI d). Wir danken Dr. Peter Kranz, Bochum, für freundliche Vermittlung, Herrn G. Ortiz für die großzügige Erlaubnis, ein Stück aus seinem Besitz abbilden zu dürfen (Taf. R IV c). Für Zeichenarbeiten ist M. Morkramer, Gießen, zu danken (Abb. 1. 3. 4. 5. 7. 8. 11. 12).

Materialien aus der Realität, die außerhalb von ihr liegt, zu beziehen. Diese Realität, die wir in unserem Fall als außerepisch bezeichnen, wird selten oder nie die einer weitentlegenen Epoche, etwa der mykenischen, sein. Die Gegenwart ist es vor allem, welche der Poesie den Grundstoff für die jeweils realistischen Züge liefert. Denn einer der Antriebe, nicht der schwächste, für das Bedürfnis der Dichtung nach realer Materie ist die Tatsache, daß sie sich an ein Publikum wendet. Für die frühe epische Poesie der Griechen gilt dies in besonderem Grade, weil sie in ihrer Zeit zugleich das Publikationsorgan für Zeitfragen war und der Kreis derer, die dem Vortrag lauschten, die Öffentlichkeit darstellte. Das Epos ist auf den Austausch zwischen 'Sänger' und Zuhörern angelegt. Aber auch da, wo nicht Aktuelles zur Debatte steht, wo die Erzählung sich um ihrer selbst willen entfaltet, ist nachprüfbare Realität vonnöten. Das Publikum braucht Anhaltspunkte, irdische gewissermaßen, damit der Flug der hörenden Phantasie nicht ins Grenzenlose geht, sondern sich immer wieder am Vorhandenen und Erfahrenen zu orientieren vermag, wenigstens bei alle dem und mit Hilfe von alle dem, was als das Gegenwärtige und Alltägliche, das Beiläufige und Nebensächliche, als das selbstverständliche Grundmuster des Lebens eine Rolle spielt und übrigens auf seine Weise ebenso das Interesse weckt wie das Ferne und Vergangene, das Unbekannte und Ungeheure.

Da Dichtung solche Realien nur für bestimmte Zwecke braucht, wählt sie aus. So ist es der Zufall, wenn auch der durch Poetik geleitete, der uns Kunde von Einzelheiten in den gesellschaftlichen Verhältnissen gibt. Es kann deshalb nicht gelingen, vollständige Reihen oder gar ein System sozialer Beziehungen vorzuführen. Zwar existiert neben der Dichtung eine andere in Sprache fixierte Überlieferung, die inschriftliche. Doch bietet sie, da von geringer Menge und begrenzter Aussagekraft, nur gelegentlich Bestätigung und Ergänzung. Daher bleiben in der Kenntnis von den realen Zuständen bedeutende Lücken; sie zu schließen ist nur selten möglich, und der Einzelfall muß bisweilen zu weitreichenden Überlegungen herhalten. Die Ilias ist bekanntlich kein Geschichtsbuch, wie die Odyssee kein Geographiebuch ist. Aber die epischen Gedichte sind auch kein Buch der Rechts- und Sozialkunde. Sie sind Dichtung.

Unsere Methode besteht demnach darin, daß wir, den Absichten der Dichtung nachgehend, die vorhandenen Realien aufzudecken trachten und sie, so gut es geht, zusammenfügen zu einem Bild, das weiße Stellen zeigen wird. Die Haupthandlung der einzelnen Werke mit ihren wichtigen Nebenhandlungen, ihren sagenhaften und mythischen Verflechtungen, die volkstümlichen Erzähltypen, die hergebrachten Erzählmotive scheiden, da sie vorgegebene Strukturelemente sind, für die Suche nach Realien zumeist aus. Was sich als Füllung in der Struktur findet, wird dagegen häufig von Wichtigkeit sein. Bei anderen vorgeformten Elementen, wie es die sogenannten epischen Formeln und typischen Szenen sind, ist von Mal zu Mal zu entscheiden, ob sie einer bereits lange währenden Sängertradition entstammen und darum für die außerepische Gegenwart wenig oder nichts besagen, oder ob sie, aus eben dieser Gegenwart hervorgegangen, für die Zustände ihrer eigenen Zeit Zeugnisfähigkeit besitzen, die Formeln durch Übernahme von festen Wendungen der Umgangssprache oder aus Sondersprachen wie der Sprache des Rechts, die Szenen als Einfügung von sich wiederholenden, jedem Hörer vertrauten Vorgängen des täglichen Lebens. Wir rechnen mit einem großen Maß an Tradition, aber mit einem größeren Maß an Eigenwilligkeit bei dem, den wir, wenn er nicht Hesiod heißt, faute de mieux, den 'Sänger' nennen. Er ist es, dessen

Auswahl aus den Realien seiner Welt, dessen Ansichten von der Realität seiner Tage uns zu den meisten der Aussagen verhelfen, die wir über unser Thema zu machen imstande sind.

Die archäologische Überlieferung gibt nur für einen Teil der Fragen, die unser Thema betreffen, Auskunft, und nicht immer eindeutige. Andererseits verhilft sie nicht selten dem Bild von der außerepischen Welt, das wir aus der epischen Dichtung zu gewinnen suchen, zu größerer Deutlichkeit, nicht allein weil sie bestätigt, vor allem weil sie ergänzt. Zwar sind die materiellen Funde in den Nachrichten, die sie übermitteln, der Dichtung an Nuancenreichtum häufig unterlegen, dagegen behaupten sie den Vorzug, augenfällig und handgreiflich zu existieren. Bei der Betrachtung der Kunstgegenstände unter ihnen wenden wir ästhetische und stilistische Kategorien nur insofern an, als wir damit rechnen, daß die bildende Kunst wie die Dichtung aufgrund eines Auswahl- und Zuordnungsprinzips, sei es traditioneller, sei es individueller Art, die historischen Realien in einen veränderten Zustand versetzt, von dem es zu abstrahieren gilt beim Versuch, einen Eindruck der Realität wiederzuerlangen.

Katalogartige Vollständigkeit ist bei der Breite unserer Fragestellung nirgends zu erreichen. Aus der Fülle wählen wir für unseren Zweck Beispiele, meistens zeitgenössische, das heißt wir verweilen auch hier in dem Zeitraum zwischen etwa 730 und etwa 600 v.Chr. Nur ausnahmsweise gehen wir bis in die frühen Perioden des geometrischen Stils zurück oder bis in das erste Drittel des sechsten Jahrhunderts voraus. Minoische und mykenische Abbilder des weiblichen Lebens und der weiblichen Erscheinung, so bedeutsam sie für die Auffassung von der Frau in ihrer Epoche sein mögen, werden nicht berücksichtigt, da wir, wie gesagt, der Überzeugung sind, daß die Realien der epischen Welt nicht der zweiten Hälfte des zweiten Jahrtausends v.Chr. angehören, sondern dem achten und siebten Jahrhundert[2].

Auch andere Möglichkeiten nehmen wir nicht wahr. Analogien und Parallelen rechts- und sozialhistorischer, volkskundlicher und ethnologischer Art lassen wir fast ganz beiseite. Manches zum Thema wäre auf diesem Weg zu bemerken, aber er führte zu weit. Ebenso wenig verstehen wir uns zu einer theoretisch bestimmten Grundlegung, halten uns jedoch an die Einsicht, daß die allgemein menschliche Nähe, die man aufgrund der unveränderlichen biologischen Funktion der Frau wie aufgrund der gleichbleibenden natürlichen Spannung im Verhältnis der Geschlechter zueinander zu erkennen glaubt, sich durch die geschichtliche Entfernung als scheinhaft erweist. Denn die Gesellschaft, in der diese Problematik zum Ausdruck kommt, die Gesellschaft im Zeitalter der epischen Dichtung, zeigt sich uns, allen Anstrengungen sie auszuforschen zum Trotz, immer von neuem in einer großen, letzten Endes unverständlichen Fremdheit. So bleibt allein die Beschrei-

---

2 Zum Thema »Frau in kretisch-mykenischer Zeit«: Reiches Bildmaterial (Darstellung von Frauen, Gegenstände des weiblichen Bereichs) bei Buchholz-Karageorghis und bei Marinatos-Hirmer. Ein Einzelproblem behandelt H. Reusch, Die zeichnerische Rekonstruktion des Frauenfrieses im böotischen Theben (1956). Die Linear-Texte geben vorerst wenig aus. Einzelne mykenische Wörter sind bei den 'ausgewählten epischen Wörtern' (s. u. S. R 131 ff.) unter den entsprechenden Vokabeln verzeichnet. Zur speziellen Frage der Frauen auf den pylischen Tafeln der A-Reihe: vor allem F. J. Tritsch, The Women of Pylos, in: Minoica 406–445; J. A. Lencman, Die Sklaverei im mykenischen und homerischen Griechenland (1966) 151 ff.; vgl. meine Rez., Gnomon 39, 1967, 594 ff.; zusam-

bung des Vorgefundenen und der Verzicht darauf, die Vergangenheit an dem zu messen, was die Gegenwart für erstrebenswert hält.

Die Bibliographie beschränkt sich auf die Notierung zitierter Literatur. Es wäre eine reizvolle Aufgabe, die Schriftwerke aufzustellen und zu mustern, die sich seit dem Ende des achtzehnten Jahrhunderts mit der »Geschichte der Weiber im heroischen Zeitalter« befassen oder sie als Beispiel verwenden, bis hin zu »Goddesses, Whores, Wives, and Slaves« vom Jahr 1975. Aber eine solche Arbeit gälte einem anderen Thema. Alle diese Schriften nämlich, auch die, denen wie Bachofens »Mutterrecht« oder Engels' »Ursprung der Familie« eine bedeutende Wirkung beschieden ist, sagen, selbst wo sie Tatsächliches mitteilen, weniger über die Rolle der Frau in der Antike aus als über die Meinung, welche die Autoren der Bücher und das Zeitalter, dem sie angehören, von der Rolle der Frau haben [3].

II. Allgemeines

1. Begriffe und Beispiele

a) *Die Wörter γυνή und θῆλυς*

In der griechischen Sprache ist γυνή, wie es scheint, eine altererbte Bezeichnung für die Frau. In den beiden homerischen Epen wird das Wort häufig gebraucht, in der Odyssee noch öfter als in der Ilias. Denn wenn auch eines von deren Hauptthemen der Kampf um eine Frau ist, so stellt sie sich doch im Einzelnen vorwiegend als ein Epos von Männern und deren Taten dar, während ein großer Teil der Szenen der Odyssee im häuslichen Bereich spielt, der Domäne der Frauen. Zu γυνή hinzu tritt in der homerischen Sprache eine Menge anderer Wörter für 'Frau', welche das Grundwort teils variieren, teils spezialisieren, und mit der Fülle dieser Synonyma übertrifft nun die Ilias die Odyssee. Dies liegt daran, daß in dem älteren Epos eheliche und familiäre Beziehungen, vor allem die Lebensform der Großfamilie mit den differenzierenden Benennungen für ihre Mitglieder einen breiten Raum einnehmen [4].

menfassend Hiller-Panagl, Frühgriech. Texte 105–116.   3 Die oben zitierten Titel lauten vollständig: C. Lenz, Geschichte der Weiber im heroischen Zeitalter (1790); in der Beurteilung des Sachlichen vielfach veraltet, aber mit einem noch heute lesenswerten und zu beherzigenden Vorwort; J. J. Bachofen, Das Mutterrecht. Eine Untersuchung über die Gynäkokratie in der alten Welt nach ihrer religiösen und rechtlicher Natur (1861); F. Engels, Der Ursprung der Familie, des Privateigentums und des Staates (1884); S. B. Pomeroy, Goddesses, Whores, Wives, and Slaves. Women in Classical Antiquity (1975; ²1976); mit energisch feministischen Akzenten. Neuere Arbeiten zum Thema: E. Burck, Die Frau in der griechisch-römischen Antike (1969); Cl. Vatin, Recherches sur le mariage et la condition de la femme mariée à l'époque hellénistique (1970) 2ff.; V. Zinserling, Die Frau in Hellas und Rom (1972); R. Flacelière, La femme antique en Crète et en Grèce, in: P. Grimal, Histoire mondiale de la femme I 4 (1974); zum Prinzipiellen: G. Grimal, ebd. I S. 7–11. IV S. 555–565; P. Samuel, Amazones, guerrières et gaillardes (1975); F. d'Eaubonne, Les femmes avant le patriarcat (1976); E. u. F. K. Dörner, Kultbild und Porträt. Frauenbildnisse im griechischen Altertum. Antike Welt 8, 1977, Sonderh., bes. 43–52. Weiteres im Literaturverzeichnis s. u. S. R 140 ff.   4 Die Konkordanzen von Prendergast-

In beiden Epen ist die Existenz einer Frau – hier Penelope, dort Helena – die treibende Kraft für das Geschehen, haben andere Frauen einen wichtigen Part in seinem Verlauf, in der Odyssee Aréte und Nausikaa, in der Ilias Andromache und Hekabe, Briseis, Chryseis und andere, ja man kann sagen, daß mit dem Streit um Briseis nicht nur die äußere, sondern die gesamte innere Handlung der Ilias beginnt, daß aller Schicksalsvollzug mit diesem, so peripher erscheinenden Vorgang anfängt. Nimmt man hinzu, daß den Hintergrund der Ereignisse der Kriegszug gegen Troja und troische Städte bildet, bei dem mancherlei erbeutet wird, aber vor allem doch Frauen, so erklärt sich, warum auch in diesem Epos der Männerwelt der Begriff γυνή nicht selten vorkommt.

In beiden Epen wird γυνή in vielfacher Hinsicht verwendet. Ein großer Teil der Zeugnisse bringt das Wort in seinem allgemeinen Inhalt, der dem lateinischen *mulier,* dem deutschen 'Frau', sofern es als Gattungsbegriff gemeint ist, entspricht, und schon anhand dieser einen Bedeutung ergibt sich ein vielfältiges Bild. Hier sei zunächst nur darauf verwiesen, daß es Formeln gibt, wie αἱ δὲ γυναῖκες, durch welche 'die Frauen' in einen zumeist prinzipiell begründbaren Gegensatz zu 'den Männern' gestellt werden, dann nämlich, wenn es um die Trennung von weiblichen und männlichen Daseins- und Wirkungsbereichen geht[5], und andere, wie ἀνέρες ἠδὲ γυναῖκες, in denen 'die Frauen' mit 'den Männern' zusammen ebenso prinzipiell in Leben und Tätigkeit als gleich und gleich erscheinen[6].

Hinzu treten Möglichkeiten der Spezialisierung. Eine Einengung des Begriffs, jedoch noch innerhalb desselben, allgemeinen Bereichs, findet statt, wenn das Wort einerseits – singularisch gebraucht – für 'Herrin', andererseits – pluralisch gebraucht – für 'weibliche Bedienstete' eingesetzt wird. Der Übergang in einen Sonderbezirk vollzieht sich, wenn das Wort für 'Gattin' steht. Von der sich so ergebenden Bedeutungsreihe 'Frau – Herrin und Dienerinnen – Gattin' ist der Aufbau unserer Darstellung bestimmt[7].

Anzumerken ist aber auch, was das Wort nicht ausdrückt. Es bezeichnet keine Altersstufe. Jenseits der Kindheit ist jedes menschliche weibliche Wesen γυνή: das junge Mädchen, die reife Frau, die Greisin. Bemerkenswert ist endlich, daß eine Göttin keine γυνή ist. Θεά und γυνή sind Begriffe, die einander ausschließen, wie übrigens auch θεός und ἀνήρ. Daher kommt es, daß in den homerischen Götterhymnen γυνή nicht allzu oft erscheint, nur dann, wenn Frauen am Kult der angeredeten Gottheit teilhaben oder wenn Göttinnen vorübergehend menschliche Gestalt annehmen wie Demeter und Aphrodite. Zwar ist auch in Hesiods Erga das Wort relativ selten. Dennoch läßt sich, betrachtet man nur die Verse, in denen γυνή vorkommt, schon am bloßen Gebrauch des Wortes ablesen, welche Ansicht der Verfasser von der Frau hat: er hebt ihre Nützlichkeit hervor und ihre negativen Eigenschaften. In der Theogonie enthalten, abgesehen vom vorletzten Vers,

Marzullo und Dunbar-Marzullo verzeichnen zu γυνή für die Ilias 96, für die Odyssee 167 Stellen. Zur Etymologie: Frisk (gegen Boisacq und Hofmann s.v., welche γυνή zu μνάομαι »freien« stellen, und mit É. Benveniste, Formes et sens de μνάομαι, in: Sprachgeschichte und Wortbedeutung 13–18) und Chantraine s.v.: gemeindoeuropäisches Wort für 'Frau'; vgl. auch A. Giancalone Ramat, Archivio glottologico italiano 54, 1969, 105–147. Zum Wortgebrauch: J. Mehler, Woordenboek op de gedichten van Homeros (1948) und Ebeling s.v. γυνή.   [5] XVIII 495. 559; 11, 225; 20, 161; Hes. Sc. 242.   [6] XV 683; 15, 163; 19, 408; 21, 323; h. Ap. 160; vgl. VII 139; IX 276 = XIX 177; XVII 435; XXIV 698; 4, 142; 6, 161; 13, 308; 23, 147; Hes. Th. 600; Hes. Op. 813; h. Cer. 139; h. Ap. 154; zum Vergleich heranzuziehen ist LfgrE. s.v. ἀνήρ (Latacz, Grimm, Hoog).   [7] Zu

der mit φῦλα γυναικῶν auf die Katalogoi überleitet, allein die Verse das Wort, welche (ohne daß der Name fällt) von der schlimmen Frau Pandora und den schlimmen Folgen ihrer Erschaffung berichten. Im weitaus größten Teil der Dichtung fehlt γυνή; die auftretenden weiblichen Personen sind göttlicher Abstammung[8].

Für die Göttin steht der spezielle Begriff θεά zur Verfügung, doch ist sie gleichfalls θεός; durch den Artikel oder durch die Form des Adjektivs kann der feminine Bezug verdeutlicht werden, aber das muß nicht sein[9]. Soll der Nachdruck darauf liegen, daß eine Gottheit zum weiblichen Geschlecht gehört, so tritt zu θεός die Beifügung θῆλυς[10] oder θήλεια. Das geschieht nicht häufig. Viel öfter dient θῆλυς wie das männliche Pendant ἄρσην[11] zur Bezeichnung des Geschlechtes bei domestizierten Tieren, bei Pferden, Schafen, Schweinen, Rindern. Es ist ebenso gut möglich, von einer Stute zu sagen Αἴθη θῆλυς ἐοῦσα[12] wie von einer Göttin Ἥρη θῆλυς ἐοῦσα[13], wobei im ersten Fall ἵππος zu ergänzen ist, im zweiten θεός. Einmal wird der Klang weiblicher göttlicher Stimmen durch das Wort charakterisiert: θῆλυς αὐτή ist das Schreien und Kreischen der Nymphen[14]. Als Attribut für Menschenfrauen wird θῆλυς/θήλεια nicht verwendet, so wie ἄρσην nicht für Menschenmänner. Für diese gibt es kein analoges Attribut, für die Frauen die erweiterte Form θηλύτεραι[15]. Doch dem göttlichen Begriffspaar θήλεια θεός – ἄρσην θεός[16] entspricht bei den Menschen γυνή – ἀνήρ[17]. Der Wortgebrauch rückt hier die Götter näher zu den Haustieren der Menschen als zu den Menschen selbst.

Man nimmt an, daß die Wortgruppe θῆλυς/θήλεια/θηλύτεραι mit θῆσθαι »saugen« verwandt ist, und leitet daher eine Bedeutung wie »säugend« oder »mit Zitzen« ab. Ein dem sich nähernder Wortinhalt ist im epischen Sprachgebrauch vielleicht in der Fügung θῆλυς ἐέρση[18] »tränkender« oder »feuchtender Tau« aufzuspüren, sonst aber nirgends, auch nicht da, wo θῆλυς Attribut von Tieren ist; dort bedeutet das Wort etwa »-weibchen« wie ἄρσην »-männchen«. Überall kommt man ohne weiteres und am besten mit »weiblich« aus.

Immerhin ist zu beachten, daß frühe figürliche Darstellungen geometrischen Stils öfters Gestalten als Frauen kennzeichnen, indem sie, sozusagen ideogrammatisch, mit zwei Strichen die Brüste angeben. Das männliche Geschlechtsmerkmal wird, gleichfalls zeichenhaft, durch einen Strich notiert. Doch anders, als man nach diesem Befund erwarten möchte, läßt sich für ἄρσην kein dazu passender Inhalt nachweisen. Die Etymologie des Wortes ist über die Bedeutung »männlich« hinaus nicht zurückzuverfolgen.

den verschiedenen Bedeutungen von γυνή weiteres unten an seinem Ort.   8 Γυνή in den kleineren epischen Dichtungen: h. Cer. 11mal; h. Ven. 6mal; h. Ap. 2mal; h. Merc. einmal; insgesamt 20mal; Hes. (ohne Fr.): Th. 6mal; Op. 14mal; Sc. 5mal; insgesamt 25mal.   9 Zu θεός/θεά: H. Humbach, Münchener Studien zur Sprachwissenschaft 7, 1955, 46 ff.; Risch, Wortbildung² 15 f. – Eine wohl ältere selbständige Bezeichnung für die weibliche Gottheit ist θέαινα, gebräuchlich nur als Anrede unter Göttern und nur in der Formel πάντες τε θεοὶ πᾶσαί τε θέαιναι: VIII 5. 20; XIX 101; 8, 341; h. Ap. 311; Risch a.O. 139.   10 Frisk s.v.; Chantraine s.v. θηλή; Humbach a.O. 51.   11 Chantraine u. Frisk s.v.; LfgrE. s.v. ἄρσην (Anastassiou); Benveniste, Institutions I 21 ff.   12 XXIII 409.   13 XIX 97.   14 6, 122 f.   15 E. Schwyzer, Griech. Grammatik. HAW. (1934 ff.) II 183; E. Benveniste, Noms d'agent et noms d'action en indoeuropéen (1948) 117 f.; Risch a.O. 92 Anm. 79.   16 VIII 7; Plur.: Hes. Th. 667.   17 s.o. Anm. 6; die andere epische Bezeichnung für Mann, φώς, ist ungeklärt, Frisk s.v.   18 5,

Zur Zeit der endgültigen Fassung der epischen Gedichte ist aber – trotz θῆλυς ἐέρση – auch der konkrete Sinn von θῆλυς kaum noch im Bewußtsein. Eindeutig ist dieser Sachverhalt beim Gebrauch von θηλύτεραι. Das Wort verbindet sich einmal mit θεαί[19], sonst immer mit γυναῖκες, tritt mit einer Ausnahme nur in formelhaften Wendungen auf, und dann an denselben Stellen des Verses[20]. Der Inhalt »säugend« ist nach den jeweiligen Gegebenheiten des sprachlichen und gedanklichen Zusammenhangs auszuschließen, und spräche die Wendung von »Göttinnen mit Brüsten« oder »Frauen mit Brüsten«, so wäre sie bloße Tautologie. Die Formel θηλύτεραι γυναῖκες bezieht sich nie auf einzelne Frauen, stets auf ihre Gesamtheit, die Gattung. Der Gegensatz zur Gattung der Männer hat dabei, wenn er überhaupt zum Ausdruck kommt, weniger Gewicht als die Hervorhebung der Gemeinschaft des weiblichen Geschlechts. Entsprechendes gilt von der einen Stelle, an der θηλύτεραι θεαί erscheint, sie betrifft die Gesamtheit der weiblichen Götter.

Die Formel, gelegentlich von γένος[21] oder φῦλον[22] abhängig, und somit der Wendung φῦλα γυναικῶν[23] ähnlich, meistens aber selbständig gebraucht, zielt jedoch nicht auf das 'schwächere Geschlecht', auch nicht auf das 'andere Geschlecht', sondern auf das 'Geschlecht der Frauen', eine Gesamtheit, die in Formulierungen wie ἀνέρες ἠδὲ γυναῖκες zwar in einem Atem mit dem 'Geschlecht der Männer' genannt werden kann, aber in weiten Bereichen des natürlichen wie des sozialen Lebens eigenen Regeln folgt. Noch im Tode bilden die θηλύτεραι γυναῖκες unter Persephones Walten eine Einheit für sich (11,385f.).

b) *Bildszenen des Achilleus- und des Heraklesschildes*

Die Schildbeschreibung des achtzehnten Gesanges der Ilias zeigt im eigentlichen Sinn die Weltanschauung der Zeit. Die Stadt im Frieden wird charakterisiert durch Hochzeitszug und Gerichtssitzung, welch beides als Zeichen einer lebendigen Ordnung dient. Da werden Bräute durch die Straßen geführt, bei Musik und Fackelschein; die Frauen der Stadt stehen als Publikum vor dem Zugang ihrer Häuser und äußern Bewunderung. Die Männer erscheinen in der Versammlung, als Publikum beim Prozeß. Beide Szenen sind nicht als gleichzeitig anzusehen, als wären sie Teile einer Erzählung. Sie geben, was typisch ist: ein städtisches Ereignis, bei dem die Frauen eine repräsentative Rolle haben, und eines, bei dem den Männern dies zufällt[24]. Außerhalb der Ordnung befindet sich die Stadt im Kriege, in der – weil die Männer draußen sind – die Frauen, zusammen mit den noch nicht oder nicht mehr Wehrfähigen, den Knaben und Greisen, die Mauern verteidigen[25]. Der Schild weist vieles auf, was nicht Sache der Frauen ist: das Kriegshandwerk an sich, die Teilnahme an der Versammlung, das gefährliche Hirtenamt, die mühsame Feldbestellung. Doch für die Schnitter richten Frauen die Gerstenspeise zu dem Braten, den sachverständige Männer bereiten[26]; bei der Weinernte tragen junge Mädchen gemeinsam mit jungen Männern hüpfend und singend die Traubenkörbe[27], und den Reigen, der das ganze menschliche Treiben

467; Hes. Sc. 395.   [19] 8, 324.   [20] VIII 520; γυναικῶν θηλυτεράων (am Versende): 11, 386; 23, 166; h. Cer. 119. 167 ≈ 222; Hes.Sc. 10; Hes.Fr. 30, 34. θηλυτέρῃσι γυναιξί (am Versanfang): 11, 434 = 15, 422 = 24, 202.   [21] Hes.Th. 590.
[22] Hes. Sc. 4.   [23] IX 130 ≈ IX 272; Hes.Th. 591; Hes.Fr. 1, 1.   [24] XVIII 491ff.
[25] XVIII 514f.; vgl. VIII 517–522.   [26] XVIII 558–560.   [27] XVIII 567–572.

beschließt, tanzen sie, die heiratsfähigen Mädchen, im Verein mit den Junggesellen[28].

Die Beschreibung bedient sich zweimal, am Versende, der Formel αἱ δὲ γυναῖκες, und zwar im Gegensatz zu Bezeichnungen für Männer in bestimmten männlichen Funktionen, λαοί und κήρυκες[29]. Einmal wird ἄλοχοι »Gattinnen« verwendet in einem Zusammenhang, in dem auch γυναῖκες vorkommen könnte. Doch hier fügt sich das Wort dem Versmaß nicht, und das vermag an sich ein entscheidender Grund für die Wahl von ἄλοχοι zu sein. Überdies aber gelangt durch die Erwähnung der »Gattinnen« in der Formel ἄλοχοί τε καὶ νήπια τέκνα ein Gefühlston in die Schilderung, denn der Kampf um die Stadt geht im besonderen um Frauen und Kinder[30]. Die jungen Frauen der Brautführung sind νύμφαι[31], die jungen Mädchen beim Tanzen und Singen παρθενικαί[32] (wozu νεήνιδες zu ergänzen ist) und παρθένοι (dieses mit dem Zusatz ἀλφεσίβοιαι »rindereinbringend« versehen)[33]; ihre Partner, ἠΐθεοι, sind die noch Unbeweibten der jungen Mannschaft. Alle diese Wörter sind pluralisch in der Form, generalisierend im Inhalt gebraucht. Der Schild gibt nämlich innerhalb seines Weltbildes auch eine Ansicht von der Frau. Als Gattung und Gruppe sind die Frauen der Gattung und Gruppe der Männer gegenübergestellt: αἱ δὲ γυναῖκες. Frauen treten typisiert auf in den Gestalten, in denen sie Symbol für den Fortbestand des Lebens in der Stadt sind, als Gattinnen: ἄλοχοι; als Bräute, Jungvermählte, junge Frauen: νύμφαι; als mannbare Mädchen: παρθενικαί, παρθένοι. Andere Erscheinungsformen der weiblichen Existenz, denen ein mehr genrehafter Charakter eigen ist – die Frau als Mutter, als Witwe, als kleines Mädchen, als Greisin – fehlen; für den Kosmos, den der Schild bietet, sind sie ohne exemplarische Bedeutung.

Zwei bis drei Generationen jünger mag die Beschreibung des Heraklesschildes in der Aspisdichtung sein, die unter Hesiods Namen geht. Nicht nur der Stil der Darstellung ist ein anderer, auch der Stil des Dargestellten und im besonderen dessen Inhalt. Frauen kommen hier nur in den beiden Szenen vor, die, wohl durch die Schildbeschreibung der Ilias angeregt, ihr am nächsten zu sein scheinen, tatsächlich aber weit entfernt von ihr sind[34]. Die Frauen der Stadt im Krieg stehen auch jetzt auf den Mauern, doch nicht zur Verteidigung; sie gebärden sich expressiv mit Schreien und Wangenkratzen. Im Verlauf der eigentlichen Iliaserzählung wäre eine solche, mehr akzidentielle Szene wohl denkbar, kaum aber unter den Beispielen des Achilleusschildes.

Stärker weicht die andere Szene ab, der Hochzeitszug der Stadt im Frieden. Jetzt wird eine Braut allein, und zwar mit dem Wagen, zum Haus des Mannes gebracht. Entgegen kommt ihr dessen weibliche Dienerschaft, Fackeln tragend, mit tanzenden Männern, Musikanten, tanzenden Frauen im Gefolge. Die Stadt ist erfüllt von Tanz und Musik. Dennoch ist dieser Hochzeitszug kein städtisches Ereignis wie der des Ilias-Schildes, in dem die Bräute alle zugleich durch die Straßen der Stadt geführt werden, vorbei an den Frauen der Gemeinde als dem Publikum und Zeugen des Geschehens. Die Bräuteführung des Achilleusschildes ist keine Abspiegelung der Realität; die Hochzeiten, welche in der Gemeinde im Laufe des Hochzeitsmonats, eines Gamelion etwa, gefeiert werden, sind hier in einen Moment zusammengefaßt als ein typisches, vorbildliches, wiederholbares Ereignis. Die Brauteinholung des Heraklesschildes, so typisch sie als Vorgang sein

28 XVIII 593 ff.   **29** XVIII 495. 497. 558 f.   **30** XVIII 514.   **31** XVIII 492.
32 XVIII 567.   **33** XVIII 593.   **34** Hes. Sc. 242–244. 272–285.

könnte, erscheint als einmalige, einzelne Begebenheit, als eine in einer bunten Reihe von vielen.

Vor allem fehlt ihr das Gegenstück, wodurch das Bild der Stadt im Frieden erst zum Paradeigma wird, die Gerichtssitzung. Daß die Braut fährt, nicht geht, daß sie heimgeholt, nicht heimgeführt wird, sind keine unwichtigen Einzelheiten, weil sie die Veränderung von Sitten anzeigen. Wichtiger aber ist das Fehlen des Typischen und Exemplarischen in beiden Szenen. Daher rührt es, daß sich aus der Bildreihe des Heraklesschildes, im Gegensatz zum Bildprogramm des Achilleusschildes, keine allgemeine Aussage über die Frau gewinnen läßt [35].

c) *Vergleiche in Ilias und Odyssee*

Kein Weltbild wie auf dem Schild des Achilleus, aber ein Lebensbild, im allgemeinen von anderer Art, als es die Haupthandlung darstellt, ergibt sich aus den Vergleichen der Ilias. Hier sieht man wie auf dem Schild Frauen in allerlei Szenen und bei allerhand Tätigkeiten. Nun aber tritt als typisch nicht das Ganze hervor, sondern die Einzelheit. Die Lohnarbeiterin, die sich müht, um ihre Kinder durchzubringen, wägt Wolle ab; ihre Redlichkeit wird gerühmt [36]. Die geschickte Weberin aber ist eine von den Herrinnen oder aus dem Kreis von deren Helferinnen. Darauf verweist das Beiwort, das sie erhält, εὔζωνος »wohlgegürtet«, und vor allem die Art ihrer Beschäftigung: Weben ist feine Arbeit [37]. Die meionische Frau, die karische Frau färben Elfenbeinschnitzereien mit Purpur ein. Das fertige, kostbare Schmuckstück bleibt in der Schatzkammer liegen; es ist für das Pferdegespann eines Königs bestimmt [38]. Auf der Chaussee vor der Stadt, zwischen Männern, bestaunen Frauen einen Mann beim Reiten [39]. In der Stadt, mitten auf der Straße, tragen Frauen einen Streit aus und bringen zornentbrannt Beschuldigungen gegeneinander vor, die teils den Tatsachen entsprechen, teils nicht [40]. Jäh und quälend ergreift der Wehenschmerz die Frau [41]. Mehrfach zeigen Vergleiche die Frau als Mutter: sie wehrt dem schlafenden Kind die Fliege ab, tritt zum bedrängten Kind hinzu und hilft; hinter die Mutter duckt sich das Kind schutzsuchend, von ihr will das kleine Mädchen getragen sein [42]. Das junge Mädchen schwatzt vertraulich und ausgiebig mit dem jungen Mann [43]. Witwen klagen [44]. Der toten Frau wird wie dem toten Mann eine Stele errichtet [45].

Bilder aus dem Leben sind dies, denn zum Vergleich kann man nur benutzen, was allgemein bekannt ist und unmittelbar einleuchtet. Was an weiblicher Beschäftigung und weiblicher Situation auf dem Schildbild und als Vergleich erscheint, ist fast ausschließlich dem alltäglichen und natürlichen Dasein der Frau entnommen. Eine außerordentliche Feststellung ist jedoch die, daß in der umkämpften Stadt des Schildes Frauen zur Verteidigung auf den Mauern stehen. Ebenso außerordentlich ist die Situation einer Frau in einem Vergleich, der vom Wagenrennen zu Ehren eines toten Mannes handelt. Sie und ein Dreifußkessel

---

35 s. K. Fittschen, unser Kap. »Bildkunst« N 22. Zur Kumulierung der Hochzeiten auf dem Achilleusschild: L. Gernet, REG. 61, 1928, 334ff.; W. Marg, Der Schild des Achilleus² (1971) 32f. **36** XII 433–435. **37** XXIII 760–763. **38** IV 141–145. **39** XV 679–684. **40** XX 251–255. **41** XI 269–272. **42** IV 130f.; XXIII 782f.; VIII 271f.; XVI 7–11. **43** XXII 126–128. **44** II 289f. **45** XVII

sind als wertvolle Preise ausgesetzt. Eine solche Frau stammt in der Ilias aus der Kriegsbeute[46].

In den Kriegszusammenhang, so könnte man meinen, fügt sich auch der eine von den beiden Frauenvergleichen, welche die Odyssee bietet. Dieser ist weit gespannt. Odysseus, der Entfernung von der Heimat und der Leiden in der Fremde gedenkend, bricht in Tränen aus. Er weint wie die Frau, die sich aufschreiend über ihren sterbenden Mann geworfen hat; er liegt vor den Mauern, gefallen, als er zusammen mit den anderen Männern »von der Stadt und den Kindern« – nach einer zweiten antiken und mehr plausiblen Lesart »von der Stadt und den Gattinnen« – »den Augenblick ohne Erbarmen fernhalten wollte«. Noch während die Frau klagt, legen die Feinde Hand an sie und treiben sie fort zum Schiff, »zu Mühsal und Elend; in erbarmungswürdigstem Kummer schwinden ihre Wangen dahin«[47].

Der Vergleich scheint Iliasstimmung, Kriegsstimmung, in die sonst anders geartete Welt der Odyssee zu bringen; bis in die Wendungen der Sprache hinein spielt er auf die Hektor-Andromache-Szene des sechsten Gesanges an. Sieht man aber den Vorgang, den er wiedergibt, zusammen mit anderen Begebenheiten der Odyssee, dann erkennt man, daß es sich hier nicht um die Einnahme einer Stadt im Kriege handelt, bei der die Frauen insgesamt als Gefangene der Eroberer fortgeführt werden, sondern um einen Piratenüberfall, bei dem man einzelne Frauen zum Verkauf in die Fremde erbeutet. Der Hörer sollte den Anklang an das heroische Vorbild spüren, aber er verstand die Situation aufgrund der Erfahrungen seiner eigenen Zeit, in der Kinder, Männer, Frauen leicht zum Objekt für Seeraub und Menschenhandel wurden, Frauen vor allen. Deshalb exemplifiziert der Vergleich mit einer Frau, welche als Beute von Piraten dazu bestimmt ist, fern von der Heimat in der Fremde Leiden zu ertragen. In dieser Bestimmung liegt das Tertium comparationis zwischen dem Weinen der Frau und dem Weinen des Odysseus.

Der zweite, sehr knapp gefaßte Vergleich erwähnt eine vor sich hin murmelnde alte Backfrau, γρηῢς καμίνω[48], eine von den vielen minder Bemittelten, die im Haushalt der Begüterten Arbeit und Auskommen finden. Das Motiv der 'kleinen Leute' ist der Ilias keineswegs fremd, doch die Odyssee bringt es vielfältiger zur Anschauung. So sind an beiden Vergleichen, den einzigen, die unser Thema angehen, Spezifika der Odyssee festzustellen.

2. Die einzelnen Dichtungen: Eigenart – Verbindende Elemente

a) *Ilias*

α) *Kriegsbeute:* Es ist ein spezielles Merkmal der Ilias, daß der Krieg nicht allein Basis des Hauptgeschehens ist; er bildet, an den Umständen der realen Gegenwart sich orientierend, auch den gesamten Hintergrund, den weiteren und den engeren. Wie in der belagerten Stadt der Schildbeschreibung, so befindet die Frau sich auch hier in der Kriegssituation, und dies immerfort. Das ist eine Eigentümlichkeit, durch welche sich die Ilias von allen übrigen frühepischen Dichtungen unterscheidet, und sie verlangt, daß man auf diese besondere Lage der Frau näher eingeht.

434f. 46 XXII 162–164. 47 8, 522–530; v.l. zu V.525: ἄστεϊ καὶ ὤρεσσιν (Kallistratos in Schol. H). 48 18, 26f. 49 XIX 301f.; vgl. XVIII 339–342.

Die Frauen sind bei dem Tun zu sehen, das sie auf den figürlichen Darstellungen spätgeometrischer Gefäße üben, bei der Totenklage, doch gilt ihr Trauern im Epos allein Männern als Opfern des Krieges. Gefangene Frauen klagen an der Leiche des Patroklos[49], die Troerinnen an der Leiche Hektors[50]; wie menschliche Frauen betrauern die Meermädchen mit Thetis den kommenden Kriegstod Achills[51]. Die Menschenfrauen beklagen zugleich das eigene Los, Beute zu sein oder zu werden[52]. Damit sagen sie, was die Rolle der Frau in der Ilias fast immer ist: auf beiden Seiten werden die Frauen genannt, denn sie sind Gegenstand des Angriffs wie der Verteidigung[53]. Ursprünglich war ihre Existenz vielleicht auch eine der möglichen Ursachen für einen Krieg[54]. Nun sind sie, gegenwärtig oder künftig, Beute, Ehrenanteil für verdiente Krieger, Freundesgeschenk, Preis im Wettkampf[55], und man kann Aussagen darüber machen, wievielen Rindern oder welcher Art von Metallgerät ihr Wert entspricht[56]. Objekt des Streites zwischen Herren sind sie und Versöhnungsgabe, wenn der Streit zu Ende ist[57]. Hervorgehoben werden in solchem Zusammenhang ihr Aussehen und ihr Wuchs, ihr Verstand und ihre Geschicklichkeit, vor allem die im Weben[58]. Erbeutete Frauen waschen, kleiden und beklagen im Heerlager die Toten; doch erblickt man sie auch bei der häuslichen Arbeit des Alltags: sie richten das Bett, bereiten das Bad,

28–31.   50 XXIV 166–168. 720ff. 746 (auch XXII 515), s. S. R 14. 18f. Klage um den noch lebenden Hektor: VI 497–500.   51 XVIII 50–67; XXIV 83–86.   52 XIX 301f.: ... ἐπὶ δὲ στενάχοντο γυναῖκες, Πάτροκλον πρόφασιν σφῶν δ'αὐτῶν κήδε' ἑκάστη; vgl. XXIV 166–168. 746.   53 Angriff: IV 238f.; XVI 831f.; XVIII 265; vgl. VIII 164–166; IX 594; IX 327; vgl. III 301; IV 161f. Verteidigung: VIII 57f.; vgl. V 485f.; X 420–422; XVI 830–836; XXII 57; XXI 587; vgl. XXIV 729f.; VI 275f.; XVII 223f.; XV 496–499. Formelhafter Gebrauch solcher Wendungen auf seiten der Achaier, zu deren Situation der Inhalt nicht paßt: XV 661–664 (Micknat, Studien 20f.); vgl. aber II 136f. 292; V 212f. 480. 688.   54 In der Erzählung der Il. ist nur noch Helena Anlaß zum Krieg: II 160–162. 176–178. 589f.; III 156f.; IX 337–339; XIII 625–627; vgl. III 46–51. 69–75. 90–94. 136–138. 253–255. 280ff. u.a.m. Aus den in Anm.53 genannten, zum großen Teil formelartigen Versen kann man schließen, daß es einmal Kriege gegeben hat, die um den Besitz von Frauen gingen. Kriegszweck ist der Erwerb von Frauen noch in der Ilias: XVIII 265; IX 327; XVI 830–832; VIII 165f.; Micknat, Studien 39f.   55 Beute: II 226–229. 689f.; IV 238f.; VI 425f. 465; VIII 165f.; IX 364–366. 594. 664f.; XVI 830–832; XVIII 28. 265. 338–342; XX 191–193; XXII 62–65; XXIII 549f.; vgl. II 657–660. Γέρας ist in der Il. oft gleichbedeutend mit 'edle Frau als Anteil an der Kriegsbeute': I 118–120. 133–139. 161f. 184f. 275f. 356. 368f. 507; vgl. I 391f.; II 240; IX 111. 344. 367f.; XI 624–627; XVI VII 53–59; XVIII 444; XIX 89 (Micknat, Studien 40, 6). Frauen, aus der Beute erlost: IX 365–367, aus der Beute erwählt: IX 138f. ≈ 280f.; Preis für Tapferkeit: VIII 289–291. Δουρικτήτη »speererworben« ist die mit eigener Hand erbeutete Frau: IX 342f.; vgl. XVIII 265; s.u. Anm.457. Freundesgabe: IX 666–668. Preis im Wettstreit: XXII 162–164; XXIII 257–261. 510–513. 550f. 704f.   56 VIII 289–291: Frau soviel wert wie Dreifußkessel oder Pferdegespann mit Wagen; XXII 163f.: Dreifußkessel und Frau von gleichem Wert; XXIII 262–264; vgl. 510–513: Frau und Tripous zusammen, ein außerordentlich wertvoller Preis; XXIII 704f.: Frau »vier Rinder wert« τεσσαράβοιον, der bes. kunstvoll gearbeitete und kostbare Dreifußkessel »zwölf Rinder wert« δυωδεκάβοιον: XXIII 703f.; die Wertangaben sind relativ (Micknat, Studien 45, 2).   57 Streitobjekt: Chryseis im ersten Gesang, Briseis vom ersten Gesang an durch den größeren Teil der Handlung bis in den XIX. Gesang, vgl. bes. I 181–187. 298; II 375–378. 688f.; IX 106ff. 636–638; XVI 83ff.; XIX 56–63. 270–274. Versöhnungsgabe: IX 128–131 ≈ 270–273. 138–140 ≈ 280–282. 638f.; XIX 194f. 245f. 280.   58 I 112–115; IX 128–130. 139f. 270–273. 281f. 638; XI 638; XIX 245; XXIII 263. 704f.;

tischen Trank und Speise auf[59]. Selbstverständlich stehen sie den Kriegsherren sexuell zur Verfügung[60].

β) *Weibliche Arbeit im Krieg:* Obwohl die Webkunst gefangener Frauen hoch gepriesen ist, erfährt man nicht, daß sie im Lager weben. In Troja bedienen die Frauen den Webstuhl trotz Krieg und Belagerung. Die Arbeit geht weiter, als wenn Frieden wäre[61]. Um so schroffer wirkt der Gegensatz, wenn Andromache beim Weben inmitten häuslich ruhigen Tuns die Nachricht von Hektors Tod erreicht[62]. Helena treibt die plötzlich erwachte Sehnsucht nach Menelaos, ihrem ersten Mann, vom Webstuhl fort zur Mauer, zum Blick aufs Schlachtfeld[63]. Als Hektor und Andromache zum letzten Mal miteinander sprechen und Andromache versucht, den Mann vom Kampf an der entscheidenden Stelle zurückzuhalten, verweist er sie auf Spinnen und Weben als auf die Werke der Frauen, die Werke des Krieges sind Sache der Männer[64].

Daß Hektor von allen weiblichen Arbeiten gerade Spinnen und Weben in Parallele zur Kriegstätigkeit des Mannes stellt, ist wohlberechtigt. Denn die Frauen produzieren nicht nur die nötigen Textilien für den täglichen Gebrauch, im besonderen schaffen sie Schatzgüter, die in Kriegszeiten von noch größerem Wert sind als sonst. Die schönsten Gewebe holt Hekabe aus ihrer Textilschatztruhe, sie sind zum Bittgeschenk für Athene bestimmt, damit sie sich der Stadt, der Frauen und Kinder erbarme[65]. Andere dienen als Lösungsgabe für den Leichnam Hektors, andere zum Totengewand und Totenopfer für ihn[66]. Die troischen Frauen werden auch als Gefangene weben, drüben, im Land der Argeier, vermutlich unter der Weisung der Frau oder der Mutter des Herrn, dem sie als Beute zuteil werden. So plant Agamemnon es für Chryseis, so stellt Hektor Andromache ihr künftiges Leben dar[67].

Zu Andromaches Pflichten wird es dann auch gehören, für die Herrin Wasser von der Quelle zu holen. Vom Wasserholen ist im übrigen nirgends die Rede. Das Selbstverständliche bleibt ungesagt: daß man nun auf die Wasserstellen im Innern der Stadt angewiesen ist, daß der übliche und beliebte Gang der Mädchen zum Brunnen vor den Mauern in Kriegsnot unterbleiben muß. Das gilt auch für eine andere Arbeit, welche die Frauen und Töchter der Troer selbst verrichten, das Waschen. Denn die Waschgruben, die sie sonst benutzten, liegen bei den Quellen außerhalb der Stadt[68].

γ) *Anteil am Kriegsgeschehen:* Die Frauen in Troja sind dem Gesetz des Krieges in gleichem Maße unterworfen wie die gefangenen Frauen im Achaierlager. Nicht nur, daß deren Schicksal auch das ihre sein wird, nicht nur, daß sie als Ziel des Angriffs, als Objekt der Verteidigung immerfort im Denken der Männer anwesend sind. Sie müssen auch mit Hand anlegen[69], sie, die sich doch nicht auf die

s.u. S. R 40.   **59** XXIV 582–590. – IX 658–661; XXIV 643–648. – XIV 5–8. – XI 638–641.   **60** I 30; II 232f. (vgl. II 354–356, wo die Vergewaltigung troischer Frauen gleich nach der Einnahme der Stadt gemeint ist). VIII 291; IX 132–134. 336f. 663–668; XIX 175–178. 261–263; XXIV 675f. Die Ansicht, es handele sich um Einzelfälle, welche W. Beringer, Historia 10, 1961, 275ff. vertritt, ist nicht akzeptabel. Die einzelnen Erwähnungen haben, da sie nicht in einer Statistik, sondern in einer Dichtung erscheinen, exemplarischen Charakter.   **61** III 125–128. 386–388. 422; VI 323f.   **62** XXII 437ff. **63** III 139ff.   **64** VI 490–493; s.u. S. R 38.   **65** VI 89–93. 269–273. 288– 291. 302f.   **66** XXII 510ff.; XXIV 228–231. 580ff. 795f.   **67** I 29–31. – VI 456. **68** VI 456–458. – XXII 153–156; s.u. S. R 61.   **69** VII 235f.; vgl. VI 490–493.

Werke des Krieges verstehen. Kriegsgebot ist es zwar, aber noch ganz im Bereich weiblicher Kompetenzen gelegen, daß Frauen in der höchsten Not, als der Feind dicht vor der Stadt kämpft, als Bittflehende zu Athene geschickt werden[70]. Eigentliches Kriegsgebot ist es dann, wenn die Troerinnen, ähnlich den Frauen des Schildbildes, während die Männer draußen lagern, sich am Schutz der Stadt beteiligen. Sie unterhalten große Feuer in den Hallen, damit die auf den Türmen wachenden Knaben und Greise genügend Licht haben[71].

Zu den Frauen eilen die zurück, die aus der Schlacht flüchten; die Verantwortlichen sehen es nicht gern, und die Gegner spotten darüber. Zu den Frauen kommen die Streiter heim, müde vom Kämpfen[72]. Die Frauen selbst sind immer voller Sorge und Angst; deshalb umdrängen sie Hektor, wenn er draußen war, mit Fragen nach Gatten, Söhnen, Brüdern und den anderen männlichen Anverwandten[73]. Die Männer leben in der Vorahnung des eigenen Todes, in der Vorstellung von der künftigen Verlassenheit der Frauen. Denn die Frauen sind es, denen schließlich das größere Leid bevorsteht: eines Tages werden die Männer nicht mehr lebend wiederkehren[74]. Sogar Thetis, die Göttin, wird eine von den Müttern sein, die um den toten Sohn trauern müssen[75]. Oft kommt nicht einmal der Leib des Toten zurück. Manch einer fällt in fremdem Land, und es ist der schlimmste Wunsch, den man dem sterbenden Feind mitgibt – zugleich auch der ruchloseste, denn Eltern, Frau und Kinder haben ein Recht auf den Leichnam des Gefallenen –, daß nicht Mutter, nicht Gattin ihm das Totenlager bereiten sollen[76], daß ihn, den Toten, jetzt die raubgierigen Vögel umschwärmen mögen, in größerer Zahl als die Frauen, die sich, solange er lebte, um ihn scharten. Die Gegenüberstellung dieser beiden Situationen, des letzten gräßlichen, dazu schmachvollen und unfrommen Ausgeliefertseins und eines schmeichelhaft festlichen Höhepunktes der männlichen Existenz, ist von eindringlicher Kraft. Aus der Kraßheit eines ähnlichen Kontrastes erreicht auch die knappe Aussage, daß die erschlagenen Troer daliegen, »den Geiern viel mehr zugehörig als den Lagergenossinnen«, die Stärke des Ausdrucks[77]. Stiller, aber nicht minder bewegend wirkt der Gegensatz, wenn im Todesaugenblick eines Kämpfers an seine Hochzeit erinnert wird[78].

Mit den Männern verlieren die Frauen ihren Schutz. Am deutlichsten werden Not und Gefahr für sie, als Hektor gefallen ist, gerade er ein Verteidiger aller Frauen von Troja. Wehklage und Totenklage ertönen: Schwester und Gattin, Mutter und Schwägerin erheben vor dem Chor der übrigen Frauen ihre Stimme. Vor allen sind Gattin und Mutter betroffen. Aber auch Schwestern und Schwägerinnen hatten Hektors Schutz genossen und sind nun preisgegeben wie alle Troerinnen. Schlimm wird es ihnen, wenn die Stadt eingenommen ist und die Männer alle getötet sind, im Augenblick der Gefangennahme ergehen, und dann wartet ein schweres Leben in der Fremde auf sie. Die Stimmen der Frauen der Priamosfamilie vereinigen sich mit den Stimmen der Frauen der ganzen Stadt und schließlich mit dem gesamten Demos zur Klage um den toten Schirmherrn[79].

[70] VI 86–95. 111–115. 269–279. 296–310.   [71] VIII 517–522; vgl. XVIII 514–516.
[72] VI 80–82. – XVII 207f.; XXII 442–444.   [73] VI 237–241.   [74] V 684–688;
XIV 501–505.   [75] XVIII 55–60. 329–332; XIX 421f.   [76] II 699–701; V 412–
415; VIII 155f.; XI 241–243; XVII 27f. 34–40. 207f.; XVIII 121–125; XXII 52–56. – XI
451–454; XXI 123–125; XXII 86–89. 259b (vgl. VII 79f.). 426–428; XXIV 35–37.
[77] XI 161f. 393–395.   [78] XI 221–247; XIII 364–372 (vgl. 373–384). 427–440.
[79] XXIV 729f. (vgl. V 485–492); XXII 56–58. – Kassandra: XXIV 697ff. Hekabe: XXIV
747ff. u. XXII 430–437. Andromache: XXIV 723ff. u. XXII 475ff. Helena: XXIV 761ff.;

b) Odyssee: Seeraub und Menschenhandel – Häusliche Szenerie

Der zeitgeschichtliche Hintergrund der Odyssee, reichlich zwei Generationen später, ist dadurch charakterisiert, daß Menschen, einzeln und in Gruppen, unterwegs sind. Immer noch bestimmt die Kolonisation diese Bewegung, doch treten nun Handel und Seeraub stärker hervor. Unsicherheit im Gefolge eines dauernden Hin und Her breitet sich aus. In die Hand von Piraten kann jeder fallen. Das Schicksal des Knaben Eumaios ist ein Beispiel dafür, aber auch das seines phoinikischen Kindermädchens, einer Kaufmannstochter aus Sidon[80]. Noch andere Frauen sind da zu nennen: die anonyme Frau im vorhin erwähnten Vergleich[81]; die für den Hörer ebenfalls namenlos bleibende Sikelerin, welche die Frau des Gärtners Dolios und die Pflegerin des alten Laertes ist[82]; Eurymedousa, vom nordwestgriechischen Festland stammend, erst Kindermädchen, dann persönliche Bediente Nausikaas[83]; Eurykleia, die Haushälterin des Odysseusoikos, wohl griechischer Herkunft und aus namhafter Familie[84].

Sie alle haben auf solche oder ähnliche Weise ihre Freiheit verloren, einige schon in der Kindheit, und sind, manche mit Sicherheit, manche wahrscheinlich, durch Kauf zum Besitz ihrer Herrschaft geworden. Wenn in der Odyssee gelegentlich mit formelhaften Wendungen von Frauen die Rede ist, die ihr Besitzer mit eigener Hand erbeutet, die er als Ehrenanteil oder als irgendeine Art von Geschenk entgegengenommen habe, so liegt allemal Imitation der als heroisch verstandenen Iliasverhältnisse vor und nicht Resonanz der zeitgenössischen außerepischen Wirklichkeit[85]. In unfreie Dienstbarkeit gerät man jetzt durch Verkauf und Kauf, die dem Raub oder der Entführung folgen.

Die unfreien Mägde, noch wenige an Zahl, leben wie der unfreie Knecht Eumaios im Oikos ihrer Herrschaft, zusammen mit der relativ größeren Zahl von freien Frauen und Männern, die sich verdingt haben oder anderswie freiwillig in das Hauswesen gelangt sind. Alle arbeiten miteinander und gemeinsam mit den Angehörigen der Herrenfamilie, die Männer meistens außerhalb des Hauses beschäftigt, in den Ställen und auf den Weiden, auf den Äckern und in den Gärten, die Frauen meistens innerhalb des Hauses, aber auch draußen, am Brunnen und auf dem Waschplatz.

Die Frauen, in ihrer Mitte die Herrin, sind es, die mit ihrer Tätigkeit den näheren, den alltäglichen Hintergrund der Odysseeerzählung schaffen, das, was man 'häusliche Szenerie' nennen möchte. Überall ist das so: im Hause des Odysseus, bei Nestor, bei Menelaos, bei Alkinoos, aber auch bei den Nymphen Kalypso und Kirke. Der Ilias fehlt diese häusliche Szenerie nicht, und auch in den kleineren epischen Dichtungen, zumal im Demeterhymnos, kann man auf sie stoßen. Doch in der Odyssee wird die häusliche Szene zum charakterisierenden Merkmal. Sie stellt das Gegengewicht her zur Unruhe des reisenden und abenteuernden Mannes. Immer wieder kehrt er in ein Hauswesen ein, in die Ruhe der gleichbleibenden Verrichtungen, erhält durch das Walten und Wirken der Frauen Bad und Kleidung, Speise, Trank und Nachtlager und bricht gestärkt von neuem auf. So ist die Odyssee die wichtigste und reichste literarische Quelle für das Motiv der Häuslichkeit.

s. S. R 18. 20. Mutter und Gattin: XXIV 710–712. Töchter und Schwiegertöchter: XXII 61–65; XXIV 166ff.   [80] 15, 424–428.   [81] 8, 522–530.   [82] 24, 211 u.ö.
[83] 7, 7–12.   [84] 1, 428–433f.   [85] 3, 154, vgl. IX 593f.; 7, 10, vgl. XVI 56 = XVIII

c) *Demeter- und Aphroditehymnos: Göttinnen in Gestalt menschlicher Frauen*

So scharf die Trennung zwischen den Begriffen ϑεά und γυνή ist, die Grenzen zwischen der äußeren Erscheinung einer Göttin und dem Auftreten einer Frau verschwimmen leicht: weil beiden gemeinsam der Anteil an der Weiblichkeit ist. Nicht selten kommt es in den beiden homerischen Epen vor, daß jemand unsicher ist, ob er eine Göttin, ob er eine Frau vor sich hat, ἢ ϑεὸς ἠὲ γυνή, oder daß jemand, vom Aussehen der vermeintlichen Frau getäuscht, erst allmählich merkt, mit wem er es zu tun hat. Am leichtesten verwischt sich der Unterschied zwischen jugendlichen Göttinnen, vor allem Nymphen, und jungen Mädchen[86]. Göttinnen nehmen zu bestimmten Zwecken wohl auch einmal die Gestalt eines Mannes an, sonst aber, zumal wenn sie unter Menschen etwas erreichen wollen, was sie selbst betrifft, halten sie sich an die Erscheinungsform der Frau oder des menschlichen Mädchens.

Die beiden von den großen homerischen Hymnen, in deren Mittelpunkt eine Göttin steht, haben eine solche Gestaltannahme als tragendes Motiv, der Demeterhymnos eine Zeitlang, der Aphroditehymnos durchgehend. Demeter, die Mutter, welche die Tochter verloren hat, erstrebt zeitweilig Unterkunft und dauernd Kult in Eleusis. Sie wählt die Erscheinung einer älteren Frau, die auf Suche nach einer Vertrauensstellung ist. Die Geschichte, die sie zu diesem Zweck vorbringt, ist auf Verständnis und Mitleid der Zeitgenossen berechnet: Seeräuber haben sie und andere Frauen von Kreta gebracht und wollten sie verkaufen; sie ist geflohen und, um leben zu können, muß sie sich verdingen[87]. Aphrodite, die wünscht, von Anchises ein Kind zu empfangen, kommt als junges, naiv wirkendes, zugleich äußerst verführerisches Mädchen; Kleidung, Haartracht und Schmuck zeigen, daß sie Tochter aus vornehmem Haus ist[88]. Beide Göttinnen wählen vertraute, eigentlich typische Gestalten: die alte dienende Frau, das junge Mädchen. Später offenbaren sie sich als die, welche sie sind, als Gottheiten mit segnenden wie mit bedrohlichen Kräften. Dabei erhöhen sie die menschliche Erscheinung, die sie angenommen hatten, ins Alterslose, werden übermenschlich groß, verbreiten göttlichen Glanz. Doch das, was sie mit den Menschenfrauen verbindet, die Weiblichkeit, legen sie nicht ab.

Über dieses spezielle Motiv hinaus enthalten beide Hymnen in den Szenen unter Menschen manche Einzelheiten, die für unser Thema von Wichtigkeit sind. Aber auch Details der Szenen im göttlichen Bereich erlauben oftmals eine Zurückführung auf irdische Verhältnisse, denen sie entnommen sind, auf menschliche Zustände, Sitten und Gewohnheiten. Einzelnes von dieser Art findet sich auch in anderen der älteren homerischen Hymnen, im kleinen Aphroditehymnos, im Hymnos auf Apollon, auf Hermes, auf Gaia. Wir gehen auf dieses alles jetzt nicht ein, sondern jeweils in dem allgemeineren Zusammenhang, in den es gehört.

d) *Hesiod: Das weibliche Prinzip – Pandora*

Soweit der Inhalt der hesiodeischen Katalogoi-Fragmente die mythologischen Beziehungen der verschiedenen Heroinen betrifft, ist er für unser Thema kaum

444; 24, 278f., vgl. IX 139. Vgl. auch 1, 398 ≈ XVIII 28.   [86] 10, 228 ≈ 255; 6, 149; h. Ven. 92ff. – III 121ff. 383ff.; 6, 22; 7, 20; 16, 157f. (vgl. 13, 289f.); 20, 30f.   [87] h. Cer. 98ff. 187–190. 275–280.   [88] h. Ven. 81ff. 171ff.

ergiebig. Im Beiwerk kann man bisweilen Mitteilungen entdecken, die für die Beantwortung dieser oder jener Einzelfrage von Nutzen sind. Ähnlich steht es mit der Theogonie, doch erlaubt sie überdies – wie die homerischen Götterhymnen – nicht selten eine Rückprojizierung von Verhältnissen der Götterwelt auf die Welt der Menschen. Einen besonderen, nämlich einen formalen Bezug zum Problem der Weiblichkeit haben Theogonie und Katalogoi insofern, als der Ablauf ihrer Berichte zumeist durch das weibliche Prinzip von Empfängnis und Gebären rhythmisiert wird, ohne das es bei Menschen keine Nachkommenschaft gibt und bei den Göttern gewöhnlich auch nicht. In den Erga gehört es zu den Segnungen der gerechten Stadt, daß die Frauen Kinder gebären, die nach ihren Eltern geraten, während es bei den ungerechten Menschen zwischen Vätern und Kindern keine Übereinstimmung gibt. Außerdem liefern die Erga zum Thema einige handfeste Details aus dem Lebensbereich des mittleren Bauern, eine Ergänzung zu den Nachrichten aus dem vorwiegend großbäuerlichen Leben der homerischen Epen[89].

Kernstück der Theogonie und Kernstück der Erga ist für unsere Überlegungen jeweils die Versgruppe, welche den Mythos von Pandora erzählt, von der Erschaffung der Urfrau. Vorher bestand die Menschheit nur aus Männern[90]. Ihnen zur dauernden Strafe für den Frevel des Prometheus wird Pandora gesandt, als ein »schönes Übel« – καλὸν κακόν[91] –, ein »großes Unheil« – μέγα πῆμα[92]. An Pandora, von der das Geschlecht der Frauen stammt – ἐκ τῆς γὰρ γένος ἐστὶ γυναικῶν θηλυτεράων –, stellt sich die weibliche Verführungskraft dar, aber auch die Verführbarkeit des Mannes, welcher die Frau nimmt, weil sie so reizend ist und so nützlich zu sein scheint. Doch dann erweist sie sich als töricht, unnütz und schlimm. Seit dem Beispiel des Epimetheus heißt jeder Mann mit der Frau nichtsahnend »sein Übel« – ἑὸν κακόν – willkommen. Daß die Frau für den Mann ein κακόν[93] ist, ein unvermeidbares zudem, dieser Gedanke wird mehrfach wiederholt. Auch die homerischen Epen enthalten kritische und unfreundliche Bemerkungen über die Frau. Aber eine solche Ballung von Misogynie wie bei Hesiod ist erst am Anfang des sechsten Jahrhunderts wieder überliefert, bei Semonides von Amorgos[94].

e) *Übergreifende Funktion der Einzelheiten*

Jede dieser epischen Dichtungen hat also im Hinblick auf das Thema 'Frau' ihre Sonderart. Unter demselben Aspekt zeigt sich aber auch ein nicht geringes Maß an Verbindendem zwischen ihnen. Das bewirken die vielen Nachrichten von Einzelheiten aus dem Dasein und Tun der Frau, die sich zumeist im Beiläufigen, aber auch im jeweiligen Hauptstrang finden, eine Menge von Elementen, die, zusammengenommen und in eine Ordnung gebracht, als Ganzes eine verhältnismäßig deutliche Ansicht von der Frau im Zeitalter und in der Welt der epischen Dichtung vermitteln.

---

89 Hes. Op. 235; vgl. 182.   **90** Hes. Th. 510 ff. 570 ff.; Op. 54 ff. Zum Motiv West, Theogony 306 f.   **91** Hes. Th. 585.   **92** Hes. Th. 592; Op. 56. 82.   **93** Hes. Th. 600. 602. 609. 612; Op. 57. 58. 89.   **94** Semonides Fr. 7 D. (vgl. Fr. 6); W. Marg, Der Charakter in der Sprache der frühgriechischen Dichtung (1938, Ndr. 1977) 6 ff. bes. 35 ff.

Wir versuchen, die Fülle der Phänomene in das einfache Schema zu bringen, das aus ihnen selbst hervorgeht: die Frau hat Aufgaben in der Öffentlichkeit; sie hat Aufgaben in der Häuslichkeit; die ihr selbstverständliche Form der Lebensführung findet sie in der Ehe. Weibliche Erscheinung, weibliches Wesen und Verhalten bringen eine Wirkung hervor, die zu Urteilen über den Wert der Frau veranlaßt. Bei der Betrachtung eines jeden von diesen Teilbereichen, die das Gesamtbild ausmachen, ist mit Hilfe der literarischen wie der archäologischen Zeugnisse die historische Frage nach Veränderung und Beständigkeit der Phänomene zu stellen.

III. Öffentlichkeit

1. Totenklage

a) *Vorrang und Zurücktreten der Großfamilie*

Männer sind an der Totenklage nicht unbeteiligt: die troischen Männer stimmen als Demos am Ende in die Klage um Hektor ein. In der Männergesellschaft des Heerlagers beklagen Männer die Toten[95]. Aber wenn Frauen im Lager vorhanden sind, als Gefangene, so erheben sie die Totenklage, wie es Briseis, akkompagniert von den übrigen Frauen, für Patroklos tut[96]. Auch auf den Bildern des Totenkults, welche der Iliaszeit etwa entsprechen, sind bisweilen Männer als Klagende oder unter den Klagenden zu sehen; doch Frauen haben dort wie in der Dichtung den Vorrang. Ex officio ist die Klage um die Toten Sache der Frauen, und aus dieser Aufgabe entwickelt sich ein weiblicher Beruf, der des Klageweibes.

In der Ilias ist die Totenklage keineswegs eine professionelle Angelegenheit. Davon vermittelt die Klage um Hektor einen nachhaltigen Eindruck. Zwar ist hier die Familie des Stadtfürsten Trägerin der Trauer, und der Tote war der künftige Stadtherr. Aber die Klagszenen auf attischen spätgeometrischen Gefäßen bezeugen, daß es 'die großen Familien' überhaupt waren, die mit ihrer Trauer vor die Öffentlichkeit traten. Die mittleren und unteren Schichten mögen, mit geringerem Aufwand und mit geringerem Anspruch an Öffentlichkeit, ähnliche Sitten des Totenkults gepflegt haben.

Halten wir uns an das Zeugnis der Ilias und nehmen wir den Vorgang, den sie wiedergibt, in seinem äußeren Verlauf als etwas Typisches, so treten die großen Familien beim Traueakt in Gestalt der Großfamilie hervor. Die Frauen, welche zur Einzelklage bestimmt sind, verkörpern die verschiedenen familiären Beziehungen des Toten. Mit dem rituellen Schrei, welcher der weiblichen Stimme vorbehalten ist, verkündet Kassandra den Tod Hektors (κώκυσε) und ruft alle Troer und Troerinnen zur Klage herbei. Als Schwester des Toten vertritt sie die gesamte Blutsverwandtschaft. Die Gattin Andromache spricht als Ehepartnerin und für die Deszendenz, das Kind Astyanax; Hekabe spricht als Mutter für die Aszendenz; die Schwägerin Helena, als letzte der Klagenden, spricht für alle Angeheirateten. Damit ist die ganze Dimension der Familie in der Trauer repräsentiert. Als einzi-

---

Jenzer, Wandlungen 54f.; s.u. S. R 117.   **95** XVIII 314–355; XXIII 4ff. u.ö.; 24, 45f. 63f.; M. Wegner, unser Kap. »Musik und Tanz« U 48f.   **96** XIX 282ff.   **97** XXIV

ger Mann nimmt der Vater Priamos nach dem Ende der Klage das Wort: er ordnet Arbeiten zur Feuerbestattung an und löst die Trauerversammlung auf[97].

Eine Frauensituation von gleicher Intensität und Wirkung enthält die Odyssee nicht. Sie hat freilich keinen Anlaß, den offiziellen Akt einer Totenklage vorzuführen. Gegeben hat es die Bekundung der Trauer zu ihrer wie zu aller Zeit. Aber die Großfamilie, die, manifestiert in ihren weiblichen Mitgliedern, in der Ilias deren Träger ist, tritt in der Odyssee weit zurück, ist fast verschwunden. Laertes nennt als die Angehörigen, die zur Äußerung der Trauer um einen Mann durch Geste und Klagelaut verpflichtet sind, den Vater, die Mutter, die Gattin, also die engere Familie. Schwester und Schwägerin als Vertreterinnen der weiteren Familie fehlen in der Aufzählung[98]. Die Selbstdarstellung der Großfamilie, die Darbietung ihrer Geschlossenheit und Bedeutung vor dem Hintergrund der Gemeinde sind zurückhaltender Trauersitte gewichen. Dabei nehmen Frauen der Familie weiterhin eine Funktion wahr, aber ihre repräsentative, nach außen, in die Öffentlichkeit wirkende Rolle haben sie verloren.

Die Odyssee berichtet in der Nekyia des vierundzwanzigsten Gesanges zwar ausführlich von der Totenklage um Achill, die Thetis, zusammen mit ihrem weiblichen Gefolge, den Nereiden und Musen, erhebt. Dort aber sind die zuhörenden Achaier bestürzt und verstört durch die Fremdartigkeit und Gewalt des Geschehens. Die Sprache bedient sich keiner offiziellen Terminologie. Die Zeremonie erscheint ungewöhnlich, unvertraut. Nestor, der Alte, der vergangene Zeitalter erlebt hat, muß sie den Erschrockenen erst erklären. Die machtvolle Wirkung, die von der Frauenklage früherer Generationen ausgeht, kann nur als göttlich begriffen werden[99].

Vielleicht zeigt sich hier – wie in der oben erwähnten begrenzenden Aufzählung der aktiv Trauernden durch Laertes – bereits ein Reflex der Beschränkungen, denen Trauer- und Begräbnisbrauch, insbesondere der großen Familien, seit der zweiten Hälfte des siebten Jahrhunderts v.Chr. an vielen hellenischen Orten gesetzlich unterworfen wurden. Zwar sind bei Solon die Frauen der weiteren Familie, die »Nichtenschaft«, zur Klage zugelassen. Aber das ist, da es mit dem Verbot der Beschäftigung professioneller Klageweiber zusammengeht, eher der Versuch einer Wiederbelebung alter Sitte. Das Zurücktreten der öffentlichen, von Familienmitgliedern getragenen Frauenklage ist aus dem Schwinden der echten, in einem einzigen Oikos zusammenlebenden Großfamilie zu erklären[100].

697–708. 719–781. – κωκύειν: das Aufschreien einer einzelnen Frau leitet die Klage jeweils ein, begleitet die Berührung des Leichnams, verbindet sich mit den übrigen weiblichen Klagegebärden; wo der Gebrauch des Wortes profaniert erscheint, liegt tatsächlich Übertragung von der Totenklage her vor. Κλαίειν gehört zu der mit Worten vorgebrachten Einzelklage, στενάχεσθαι ist der Klagelaut der Gruppe; beides ist häufig formelhaft gebraucht, oft miteinander verbunden, meist mit weiblichem Subjekt. – Zur Sache: M. Andronikos, unser Kap. »Totenkult« W 9ff., z.T. mit anderer Interpretation der vorliegenden Texte; E. Reiner, Die rituelle Totenklage der Griechen (1938) 12. 54ff.; G. Petermann, Die monologische Totenklage. RhMus. 116, 1973, 12ff. – Der Terminus »die großen Familien« nach dem Vorbild von »les grandes familles«, vgl. Grand Larousse (1973) s.v. famille; Benveniste, Institutions I 208. Zur Großfamilie s.u. Kap. V.1.b); Definition des Begriffes bei Weber, Wirtschaft und Gesellschaft 219.   98 24, 292–296; 3, 260f. steht dazu nicht im Widerspruch.   99 24, 35–64. – Auch die interne Klage ist in der Il. am Muster der offiziellen orientiert: VI 497–502, bes. 499f. (Andromache); XVIII 50–66; XXIV 83–86 (Thetis). In der Od. hat sie privaten, geradezu genrehaften Charakter: 1, 362–364 = 19, 602–604 ≈ 16, 449–451 (Penelope).   100 Solon Fr. 109 (= Demosth. 43, 62),

b) *Parallelen in der Bildkunst*

Eine Gegenüberstellung von bildlicher und epischer Mitteilung – wobei die Bilder exemplarisch gewählt sind – kann Übereinstimmendes und Unterscheidendes hervorheben. Auf einem attisch-geometrischen Grabkrater des Metropolitan Museums in New York (Taf. R Ia; nach 750 v. Chr.) ist die Mehrzahl der Trauernden durch die Andeutung von Brüsten – eine Abbreviatur für 'Frau' – als weiblich deklariert. Die Gestalten, die sich, gewissermaßen im Schatten des großen Bahrtuchs, dem Aufgebahrten zunächst befinden, sind Mitglieder seiner Familie; unter ihnen, links, zu Füßen des Toten, eine sitzende Frau mit einem Kind auf dem Schoß, rechts, zu seinen Häupten, eine stehende Frau, die einen Arm in Trauergebärde über den Kopf legt. Jede der beiden Frauen hält einen Stab, der in eine stilisierte Verzweigung ausläuft, das Skeptron, zum Zeichen dafür, daß sie mit einer Einzelklage betraut ist. Hinter den beiden Klagenden reihen sich die Frauen des Klagechors von rechts und links auf die Aufbahrung zu [101].

Trotz seiner abkürzenden Mitteilungsform erinnert das Bild an das Tableau der Klage um Hektor. Der Inhalt beider Darstellungen aber ist bei aller Ähnlichkeit keinesfalls identisch, nicht nur, weil Einzelheiten divergieren, vor allem weil der innere Stil verschieden ist.

Das Bild gibt das Wesentliche, das heißt in diesem Fall das Typische, das, was die Gesellschaft beim Tode eines der Ihren von den Frauen erwartet und was zu tun diese verpflichtet und gewohnt sind. Die Darstellung ist allgemein und somit vieldeutig, vielfach beziehbar. Das Grabgefäß beschreibt keinen bestimmten Trauerfall, es könnte auf Vorrat gefertigt sein. Die Ilias spezialisiert, nicht allein, weil sie eine besondere Klage, die Klage um Hektor, schildert, sondern auch weil sie zeigt, wie sich die Frau in der gegebenen Situation bei der Ausübung des überkommenen Brauchs dennoch individuell verhält. Die Klagen Andromaches, Hekabes, Helenas folgen zwar dem Schema der Klage von Gattin, Mutter, Schwägerin als Vertreterinnen der Großfamilie, aber jede der klagenden Frauen hat über das ihr von der Rolle Gebotene hinaus etwas vorzubringen, das in ihrem persönlichen Verhältnis zum Toten begründet ist. Am deutlichsten wird das an der Klage Helenas, die der Briseis um Patroklos wäre ein weiteres Beispiel. Nimmt man diese Verknüpfung von Usus und persönlichem Anlaß als das in der Totenklage Übliche, dann ist die Dichtung mit ihrer Möglichkeit zu differenzieren hier näher bei der Realität, als es die Bildkunst sein kann, vielleicht auch als sie es sein will.

Z. 7 u. 9: ἐντὸς ἀνεψιαδῶν. Hierhin gehört auch das Gesetz von Iulis auf Keos (um 420 v. Chr. inschr. festgehalten, doch älter: L. Ziehen, Leges Graecorum sacrae e titulis collectae II [1906] Nr. 93, S. 260 f.) mit der Beschränkung auf Mutter, Gattin, Schwestern, Töchter; weiteres bei Nilsson, GGR. I² 714 f. Ausführliche Erläuterungen zum Begriff 'Oikos' bei Weber, Wirtschaft und Gesellschaft, bes. 230 ff.; sie sind bis heute mit geringer Modifikation maßgeblich geblieben, vgl. z. B. M. Austin – P. Vidal-Naquet, Économies et sociétés en Grèce ancienne (1972) 54 ff. Unser Gebrauch des Terminus weicht etwas ab. Wir bezeichnen mit 'Oikos' das Hauswesen, insofern es Arbeits- und Existenzgemeinschaft von Herrenfamilie (ἄνακτες) und ständigen Bediensteten (οἰκῆες, δμῶες) ist; s. u. Kap. IV. 4. a)–c) u. auch Kap. IV. 3. c).   [101] Inv.-Nr. 14.130.14 (nach Museumsphoto Neg.-Nr. 137747); s. unsere Taf. W II. Detail auch in G. Ahlberg, Prothesis and Ekphora in Greek Geometric Art (SIMA. XXXII, 1971) Taf. 25 f.; die Klagefrauen unter den Henkeln ebd. Taf. 25 b u. d. Zum Prinzipiellen E. Hinrichs, Totenkultbilder der attischen Frühzeit (Annales Universitatis Saraviensis 4, 1955, 144 ff.). – Zweig als Skeptron: Hes. Th. 30 f.

Der Krater ist wahrscheinlich um einiges älter als die Ilias. In deren Zeit selbst könnte eine attisch-geometrische Amphora des Folkwang-Museums in Essen gehören. Vergleicht man diese mit dem Krater, so zeigen sich auffällige Veränderungen. Die Prothesis ist nicht auf dem Leib des Gefäßes dargestellt, sondern auf dem Hals. Die klagenden Frauen, für die in der Halsmetope der Schauseite kein Platz mehr ist, bilden ihre Reihe auf der Gegenseite, vom Prothesisbild abgetrennt, für sich. Die Klageszenerie ist, obwohl alle Einzelheiten vorhanden sind, durch die Verteilung auf zwei Seiten des Gefäßes nicht mehr geschlossen und auch nicht mehr offiziell. Die weitere Entwicklung kann dahin gehen, daß die Szene mit dem Leichnam inmitten der trauernden Familienmitglieder wegbleibt und nur noch die dekorative Reihung der klagenden Frauen als Halsbild erscheint, wie zum Beispiel auf einer Amphora in New York (Taf. R Ib; gegen 700 v. Chr.). Die weibliche Gestalt, vielfach wiederholt, dient nun weniger dem Ausdruck der Trauer, ist mehr ornamentales Element[102].

Möglicherweise kann man also im Bereich der Bildkunst dieselbe Beobachtung machen wie im Verhältnis von Ilias zu Odyssee: die Frauenklage als ein öffentliches und die Öffentlichkeit mit einbeziehendes Ereignis nimmt ab an Bedeutung, sie tritt zurück aus dem Kreis allgemein interessierender Gegenstände ins Private. Die Bildkunst, deren Erzeugnisse zum unmittelbaren Gebrauch bestimmt sind, registriert diese Veränderung früher als die Dichtung. Erst die Odyssee konstatiert die große Frauenklage als etwas Ungewohntes, wenn nicht Fremdartiges.

Schon der Odysseezeit nahe steht ein frühattischer Becher vom Kerameikos mit einer Prothesisdarstellung (Taf. R IIIc; um 670 v. Chr.). Die Szene hat keinerlei offiziellen Charakter, allerdings auch keinen bloß ornamentalen. Die Frauen, die den Toten beklagen, folgen gewiß auch jetzt gebotenen Regeln. Aber durch die Art, wie sie sich um den Aufgebahrten gruppieren, wie sie sich ihm zuwenden und um sein Haupt bemüht sind, wird nun in der Bildkunst die menschliche Nähe spürbar, welche die Dichtung schon etwa fünfzig Jahre früher in die Klage um Hektor hineinlegt, obwohl diese ein hochoffizieller Vorgang ist. Dort hält Andromache, der Sitte gemäß, Hektors Haupt, während sie klagt[103].

Das Motiv der Frau bei der Totenklage findet sich in der ersten Hälfte des siebten Jahrhunderts v. Chr. mehrfach auch in Form der Statuette, die selbständig oder als ornamentales Glied verwendet wird, als einzelne Figur oder als eine von mehreren (Taf. R IIIb).

Die Klage als ein großer öffentlicher Akt aber ist aus dem Schatz der Bildthemen verschwunden, in den hinein sie länger als ein halbes Jahrhundert gehört hat. Die Klage selbst besteht fort, im Leben und – nach einigen Jahrzehnten der Unter-

---

102 Att.-geometr. Amphora, Metr. Mus. Inv.-Nr. 10.210.8 (nach Museumsphoto Neg.-Nr. 137729); s. a. Buschor, Vasen Abb. 20 (Gegenseite). – Zur Essener Amphora (Inv.-Nr. K 969): R. Tölle, AA. 1963, 210ff. Abb. 3 u. 4; vgl. M. Wegner, unser Kap. »Musik und Tanz« U 45, z. T. mit anderer Interpretation.   103 XXIV 723f. – Zu Taf. R IIIc: Inv.-Nr. 1280 (DAI Athen, Neg.-Nr. KER. 4991); s. Kübler, Kerameikos VI 2 Taf. 13 (Kat. 23). Auf dem Henkel Spur einer sitzenden Klagenden; zu vergleichen sind die Gegenstücke: Kübler a.O. Taf. 10 u. 12 (Kat.-Nr. 20 u. 22); S. 380f. Das Motiv ist bereits spätgeometr. belegt: Young, Hesperia Suppl. 2 Abb. 35f. Nr. 18; R. Lullies, Eine Sammlung griechischer Kleinkunst (1955) Nr. 28 Taf. 10. Die ältesten bekannten stehenden Figuren klagender Frauen sind die vom Totenwagen von Vari (M. Andronikos, unser Kap. »Totenkult« Taf. W IVa); s. u. S. R 128; Richter, Korai Nr. 23–27 Abb. 86–102; E. Homann-Wedeking, Die Anfänge der griechischen Großplastik (1950) Abb. 13. – Zu einem Tonrelief mit Prothesis

brechung – auch in der Bildkunst. Aber sie ist jetzt ein intimes Ereignis, kein extensives mehr. So wird nun mit dem neuen Typos des Klagebildes die Illustration zu einer epischen Situation gegeben, zu eben jener Szene, die schon die Achaier der Odyssee als etwas bestürzend Ungewöhnliches empfinden: Auf einer korinthischen Hydria (um 570 v. Chr.) beklagen Thetis und die Nereiden den toten Achill, nun aber nach der privat und intim anmutenden Art der trauernden Frauen auf dem Becher des Kerameikos [104].

Nicht erst die solonische Gesetzgebung mit ihren einschränkenden Bestimmungen für den Totenkult ist die Ursache für diese Veränderung, sie wirkt nur in einer bereits vorhandenen Richtung weiter. Die Großfamilie hat schon vor der Mitte des Jahrhunderts ihre normative Bedeutung eingebüßt. Ob aus ökonomischen Gründen, ob aus politischen, ob aus Gründen, die in der Familienstruktur selbst liegen, das vermögen wir nicht zu erkennen, vielleicht aus allen diesen. Das siebte Jahrhundert v. Chr. ist ein Zeitalter der krisenhaften Erscheinungen und des Aufkommens von neuen Formen. Mit dem Zurücktreten der Großfamilie, mit dem Abnehmen ihrer Existenz bis zur Auflösung verlieren die Frauen der Familie zwar nicht die Pflicht, die Toten zu beklagen, wohl aber den Auftrag, die Trauer der Familie in der Öffentlichkeit und mit der Öffentlichkeit zu demonstrieren, und so treten auch sie selbst aus der Öffentlichkeit zurück.

Vielleicht dient eine Zeitlang die Mietung von professionellen Klagefrauen dem Bestreben, auch der enger gewordenen Familie eine Art von Repräsentation im alten Stil zu verschaffen. Gerade dagegen sind solonische Bestimmungen gerichtet; sie heben zugleich die Zuständigkeit der Frauen der weiteren Familie für die Totenklage hervor. Diese konservative Bemühung kann jedoch nicht darüber täuschen, daß die einstige Einheit der Großfamilie endgültig dahin ist. Ein Reflex des Vorgangs ist schon an die hundert Jahre früher das Verschwinden der großen offiziell gefaßten Frauenklage unter den Themen der Bildkunst und nicht viel später auch unter den Motiven der Dichtung [105].

2. Reigen und Chorgesang

a) *Nachrichten der Dichtung*

Ein anderes öffentliches Auftreten von Frauen, ihre Teilnahme am festlichen Reigen, zu schildern, bietet das Hauptgeschehen der Ilias keine Gelegenheit. Aber unter den Paradeigmata des Schildbildes ist der Reigen das beschließende, umfassende. Tanz und Gesang von »Junggesellen und Jungfrauen« bei der Weinernte, welche das Schildbild ebenfalls vorführt, sind zwar auch nicht als spontane Handlung, sondern als ländlich jahreszeitliches Brauchtum zu verstehen, aber

---

s.u. Anm. 673.   **104** 24, 47–64. – Korinth. Hydria, Paris, Louvre E 643; Buschor, Vasen Taf. 79; Schefold, Sagenbilder Taf. 79. – Ähnliche Überlegungen bei I. Scheibler, Die symmetrische Bildform in der frühgriechischen Flächenkunst (1960) 44 f. 50 f. 61 Taf. 12a–c.   **105** Zur Entwicklung: W. Zschietzschmann, Die Darstellung der Prothesis in der griechischen Kunst. AM. 53, 1928, 27–35; Schweitzer, Geom. Kunst 48; Kübler, Kerameikos VI 1, 93 f. VI 2, 198 ff. 381. – Zum Eingreifen Solons: J. Boardman, Painted Funerary Plaques and some Remarks of Prothesis. BSA. 50, 1951, 55 f.; K. Friis Johansen, The Iliad in Early Greek Art (1976) 21; Reiner a.O. (Anm. 97) 57 f.; s.o. Anm. 100.

die Beteiligten bleiben unter sich. Der Reigen der »Junggesellen und rindereinbringenden Jungfrauen« am Schluß der Darstellung hat dagegen offiziellen Charakter. Das zeigt sich an Festgewandung und Zierat: die jungen Männer tragen Dolche am Gürtel, die Mädchen Diademe im Haar. Vor allem: der ὅμιλος, die lockere Versammlung der Gemeindemitglieder, der weiblichen wie der männlichen, umsteht den Reigen als Publikum. Er ist Teil eines Gemeindefestes, wohl einer Kultbegehung [106].

Mädchenreigen im Artemiskult kennt die Ilias. Der Aphroditehymnos erwähnt, Iliasformeln verwendend, einen Reigen von »Bräuten und rindereinbringenden Jungfrauen« im Dienst der Artemis [107]. Auch er vollzieht sich umringt vom ὅμιλος [108]. Im Apollonhymnos führen die Chariten, die Horen und die anmutigsten von den übrigen Göttinnen zusammen mit Ares und Hermes vor Zeus und Leto einen ähnlichen Tanz auf; Apollon macht die Musik dazu. Das ist im göttlichen Bereich Vorbild und zugleich Abbild eines menschlichen Kultreigens: Mädchen tanzen ihn, zwei junge Männer machen die Chorführer, und ein dritter spielt die Lyra [109]. Reigen, bei denen junge Männer allein die Tanzenden sind, gibt es ebenfalls [110].

Im Apollonhymnos treten Mädchen als Chorsängerinnen auf. Die Deliaden, κοῦραι Δηλιάδες, sind wahrscheinlich eine Vereinigung von Töchtern angesehener Familien aus ionischen Gemeinden, die – Männer, Frauen, Kinder – auf Delos zur Panegyris zusammenkommen. Als ἑκατηβελέταο θεράπναι stehen sie im Dienst Apolls. Von ihm handelt ihr Lied zuerst, darauf von Leto und Artemis, dann von den Menschen vergangener Zeit, doch bezieht ihr Gesang auch Aktuelles ein wie das erwünschte Lob des Hymnossängers. Der hochberühmte Chor der menschlichen Mädchen – μέγα θαῦμα – hat sein Gegenbild im Chor der Musen, der göttlichen Mädchen, die vor Zeus und Leto von Göttern und Menschen singen. Ungesagt bleibt, ob die Chorsängerinnen auch tanzen. Man könnte sich vorstellen, daß sie ihr Lied mit rhythmisierenden Bewegungen und Gesten begleiten. Die Musen der Theogonie scheinen bei ähnlicher Gelegenheit Gesang und Reigen zu verbinden [111].

Es gibt auch eine unbekümmerte Art des Mädchentanzes, neben der öffentlichen. Dann sind die Mädchen unter sich, und Reigentanzen, παίζειν, gehört zu ihren Vergnügungen wie Blumenpflücken und Ballspiel. Der Bericht des Demeterhymnos von dem Augenblick, in dem Persephone geraubt wird, die Schilderung der Odyssee von Nausikaas und ihrer Gefährtinnen Zeitvertreib, bis die Wäsche trocken ist, führen solche Szenen vor [112].

Den Reigentanz in der Öffentlichkeit erwähnt die Odyssee nicht, doch sie nennt einen abendlichen Hochzeitsreigen, angeblich von Teilnehmern der Hochzeitsgesellschaft, von »tanzenden Männern und schöngegürteten Frauen«, in Wirklichkeit von den Hausgenossen des Odysseus und nur zum Schein ausgeführt. Er

---

106 XVIII 567–572. 590ff.   107 XVI 181–183; h. Ven. 117–120 (vgl. V. 19; V. 118 ≈ XVI 183; V. 119, 2. Hälfte = XVIII 593, 2. Hälfte).   108 h. Ven. 120; XVIII 603f.; wohl auch Hes. Fr. 75, 7. Auch Trauernde umsteht der ὅμιλος: XXIV 712.   109 h. Ap. 194–203; vgl. h. Hom. 27, 15; Od. 18, 194; Hes. Th. 1–8; h. Hom. 6, 10–13.   110 XVIII 494f.; 8, 262ff. – Zum ganzen Komplex: M. Wegner, unser Kap. »Musik und Tanz« U 40ff. 64f. 55.   111 h. Ap. 156–176 (zu V. 157 vgl. AHS. ad l.). 189–193; Hes. Th. 65ff. (vgl. auch Sc. 202ff.).   112 h. Cer. 4ff. 417ff.; vgl. h. Hom. 30, 14f. auf Gaia, nach 600 v. Chr.; Od. 6, 99f. – παίζειν »tanzen, springen« wie h. Ap. 201; h. Ven. 120; Hes. Sc. 277. 282; Od. 8, 251; anders H. Hommel, Tanzen und Spielen. Gymnasium 56, 1949, 201–205.

findet hinter dem verschlossenen Tor im Inneren des Hauses statt. Das scheint nicht Ausnahme zu sein, sondern Gewohnheit. Denn Odysseus kann diese Tatsache zur Täuschung der Vorübergehenden benutzen, die glauben sollen, Penelope mache Hochzeit, und sie tun das auch. Wie bei der Klage, so ist in der Odyssee auch beim Tanz ein Fehlen von Öffentlichkeit zu beobachten und damit verbunden ein Zurücktreten der Frau von der Repräsentation. Ob dies zeitlich bedingt ist, ob örtlich, ob es von einem bestimmten Punkt in der Entwicklung des Gemeinwesens oder einfach vom Zufall der poetischen Auswahl abhängt, das wissen wir nicht zu sagen[113].

b) *Mitteilungen der Bildwerke*

α) Spuren der Realität: Bei den bildlichen Fassungen des Reigens zeigt sich, anders als bei den Darstellungen der Klage, kein auf dem Usus begründeter Vorrang des einen Geschlechts vor dem anderen. Dort gibt es wie in der epischen Dichtung Reigen mit nur männlichen, Reigen mit nur weiblichen Tanzenden, Reigen mit der Beteiligung beider Geschlechter in verschiedenen Versionen. An Zahl stehen die Mädchenreigen bei weitem voran. Daß Bildkunst und Dichtung, obwohl ihre Zeugnisse unterschiedlichen griechischen Landschaften entstammen, im Reigenmotiv übereinstimmen, läßt den Schluß auf das Vorbild der Realität zu[114].

Man möchte annehmen, daß alle Teile der Bevölkerung den Tanz pflegten, wie alle ihre Toten beklagten. Odysseus kann zum vorgetäuschten Hochzeitstanz alle veranlassen, die in seinem Haushalt anwesend sind, die Hirten ebenso gut wie das weibliche Hauspersonal. Im Singetanz der Weinlese, den das Schildbild skizziert, zeigt sich die Spielart eines locker gefügten Tanzes, der aus der gemeinsamen Arbeit beider Geschlechter hervorgeht. In den Reigen der Bildkunst aber muß man festlich traditionelle Tänze sehen, die für die Öffentlichkeit bestimmt sind, und in den Reigentänzern und Reigentänzerinnen, genau wie in den Figuren der Klage, Angehörige der oberen Schicht. Denn deren Mitglieder sind als die Abnehmer der so gezierten Gegenstände zu denken und öfters auch als ihre Besteller. Mit den weiblichen Gestalten der Reigen sind junge Damen vornehmen Standes gemeint. Anders als bei der Klage ist bei den Reigen jedoch nicht die Familie Träger des Bildgedankens, sondern die Gemeinde, repräsentiert in einzelnen jugendlichen Vertretern der großen Familien, so wie man es sich bei den öffentlichen Reigen der epischen Dichtung vorzustellen hat. Der ὅμιλος, der dort häufig den Reigen umsteht, ist beim Bild durch die Betrachter ersetzt.

Soweit die Reigenbilder die Zusammenkunft von männlichen und weiblichen Teilnehmern wiedergeben, sagen sie außerdem etwas über das Verhältnis der Geschlechter zueinander aus. Selbstverständlich vollzieht sich der Reigen als ein repräsentativer Vorgang nach strengen Regeln. Davon lassen die Bilder etwas spüren: die Bewegungen der Tanzenden sind gehalten, gleichmäßig, jeder ist an seiner Stelle. Aber im realen Leben bietet der Tanz, an dem beide Geschlechter teilhaben, wenn er durch Etikette noch so sehr gebunden ist, nun einmal eine Chance, sich zu sehen und sich zu verständigen, durch Blicke wie durch Worte.

---

[113] 23, 129–152. 297f.   [114] Zu den Reigen der Bildkunst: A. Brinkmann, BJb. 130, 1925, 118–146; Tölle, Reigentänze passim; M. Wegner, unser Kap. »Musik und Tanz« U 49ff.; Kübler, Kerameikos VI 2, 41f.; G. Franzius, Tänzer und Tänze in der archaischen

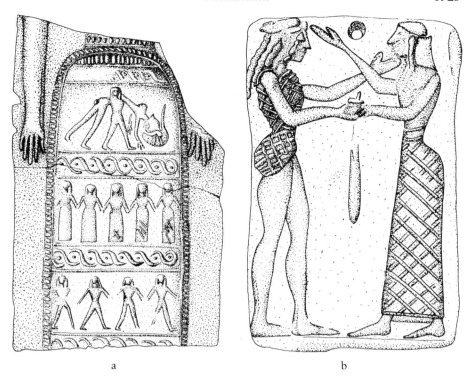

Abb. 1 a.b   Tonpinakes   a: mit Reigentanz als Bekleidungsornament, Neapel, Mus. Arch.
b: mit Begegnungsszene, aus Tarent

Zudem findet der Reigen am öffentlichen Ort statt, auf dem Tanzplatz, im Kultbezirk oder in einem anderen Zentrum der Gemeinde, deren weibliche und männliche Mitglieder dort als Homilos zusammentreffen, eine erwünschte Möglichkeit zur Begegnung, nicht nur für die am Tanz beteiligten jungen Leute, auch für ihre ehestiftenden Verwandten und Freunde.

Die Reigen, die nur von dem einen Geschlecht ausgeführt werden, geben den Angehörigen des anderen Gelegenheit zu Betrachtung, Meinungsaustausch und Wahl. Daraus entwickelt die epische Dichtung ein Erzählmotiv: ein Mädchen wird aus dem Kreis der Tanzenden entführt, von einem Mittelsmann oder vom Liebhaber selbst [115]. Von alledem teilen die Bilder der Phantasie des Betrachters etwas mit, und das ist nicht ihr geringster Reiz. Wie die erdichteten Reigen des Schildbildes, so typisieren auch die Reigenbilder auf Vasen. Sie stellen 'die' jungen Männer dar, 'die' jungen Mädchen. Aber es bleibt dem zeitgenössischen Betrachter unbenommen, hinter der zeichenhaften Aussage ein konkretes eigenes Erlebnis, eine spezielle menschliche Beziehung zu erkennen.

β) *Mädchen und Jünglinge:* Eine attisch-geometrische Amphora aus dem letzten Drittel des achten Jahrhunderts v.Chr., Exemplum eines nicht häufig, aber doch

Vasenmalerei (1973).   **115** h.Ven. 117–121; h. Cer. 5. 425; wohl auch Hes.Fr. 26,

mehrfach vertretenen Typos, erinnert an den Tanz von festlich geschmückten jungen Leuten beiderlei Geschlechts, welcher die Schildbeschreibung zu ihrem Ende führt. Sie zeigt auf der einen Seite des Halses eine Reihe von jungen Männern, die hinter einem Doppelflötenbläser schreiten und dabei alle mit der gleichen Bewegung in die Hände klatschen; die Mädchenreihe der Gegenseite hält sich an den Händen gefaßt. Auf wieder eine andere Weise bewegen sich auf dem Hals einer frühattischen Amphora des Louvre (Taf. R Ic; nach 700 v. Chr.) zur Musik der Doppelflöte zwei Paare, von links und von rechts, das Mädchen jeweils voran; jedes Paar ist als das erste einer längeren Reihe anzusehen[116].

Die beiden Reigenbilder entstammen etwa dem Beginn der Iliaszeit und ihrem Ende. Der Odysseezeit ungefähr ist das Fragment eines Tonpinax zuzurechnen (Abb. 1a; um 650 v. Chr., unbekannten, wohl großgriechischen Ursprungs). Dargestellt ist eine Reihe von fünf Mädchen, unterhalb von ihr eine Reihe von vier jungen Männern. Obwohl beide Reihen durch einen Ornamentstreifen getrennt sind, sieht der Betrachter sie als zu ein und demselben Reigen gehörig an. Das Ganze ist ein Bild im Bild, Teil des Musters in einem Gewebestück, das als mittlere Bahn oder als Stola für ein Frauenkleid dient, Gewand vielleicht der Reigentänzerin, deren Abbild zum Votiv bestimmt war[117].

Die Zeit, in der diese drei Reigenbilder entstanden sind, erstreckt sich über eine Spanne von siebzig bis achtzig Jahren. Der Wandel des künstlerischen Stils ist klar zu sehen, aber auch der Wandel der Mode, zum Beispiel an den Mädchenkleidern. Ein prinzipieller Unterschied ist nicht festzustellen. Bei den Klagebildern wandeln sich Inhalt und Wirkungsabsicht in dem betrachteten Zeitraum zusammen mit den gesellschaftlichen Gegebenheiten, die der Darstellung zugrunde liegen, das heißt in diesem Fall mit der Familienordnung. Für die Reigenbilder scheint es keinen Anlaß zur Veränderung zu geben, vermutlich weil öffentliche Reigen eine Angelegenheit der Gemeinde, ein Moment ihrer bleibenden Kulte und wiederkehrenden Feste sind[118].

γ) *Mädchen:* Die athenischen Mädchen haben, nicht anders als in der epischen Dichtung Persephone oder Nausikaa und ihre Freundinnen, auch zum bloßen Vergnügen getanzt. Die bildlichen Fassungen des Mädchenreigens aber halten den öffentlichen Auftritt fest, bei dem es nicht ausgelassen zugeht, sondern geordnet, die Mädchen festlich gekleidet sind, oft Zweige oder Kränze in den Händen tragen.

Die Nachfrage nach Abbildungen von Mädchenreigen ist offensichtlich lebhaft gewesen. Als Beispiel für das letzte Drittel des achten Jahrhunderts v. Chr. nennen

18 ff.; vgl. Plut. Thes. 31.   116 Louvre, Inv.-Nr. CA 2985; Arias-Hirmer Farbtaf. 2 (danach unsere Taf. R Ic); Buschor, Vasen 38 Abb. 43; M. Wegner, unser Kap. »Musik und Tanz« U 62 f. Kat. 133; Tölle, Reigentänze 21 Nr. 50; Umzeichnung des Halsbildes bei K. Fittschen, unser Kap. »Bildkunst 1« N 16 Abb. 6. Das Bild der Gegenseite ist das gleiche. – Zur zuvor erwähnten Amphora (in Privatbesitz): Tölle, Reigentänze Kat.-Nr. 26 Taf. 8 u. Wegner a.O. Taf. U Vb; Kat.-Nr. 75.   117 Neapel, Mus. Archeologico; Umzeichnung nach Schefold, Sagenbilder Taf. 32 b; Matz, Gr. Kunst Taf. 279; zu vergleichen ist eine böotische Terrakottapuppe des späten 8. Jhs. v. Chr. (Abb. 11 a).   118 Noch der Reigen auf dem Krater des Kleitias und Ergotimos (um 570 v. Chr.; Florenz, Mus. Archeologico, Inv.-Nr. 4209; Schefold, Sagenbilder Taf. 51 b; Arias-Hirmer Taf. 43) muß durch Bildumgebung und Beschriftung gekennzeichnet werden, damit man ihn nicht für einen der üblichen Jünglings-Mädchen-Reigen hält, sondern als ein einmaliges mythisch-historisches

Abb. 2 Reigenszene auf einer frühattischen Hydria aus Analatos

wir eine attisch-geometrische Hydria, auf deren Hals sich eine Reihe von fünfzehn Mädchen nach rechts bewegt, in fußfreien, gemusterten Gewändern, mit schulterlangem Haar. An das Ende der Iliaszeit gehört das Fragment eines korinthischen Schmuckblechs aus Gold (um 700 v. Chr.), auf dem sieben Mädchen im knöchellangen Peplos nach rechts gehen. An Belegen für die Odysseezeit mangelt es. Aber obwohl das Thema des Mädchentanzes (wie des Reigens überhaupt) nicht mehr im Vordergrund steht, scheint es fortzuleben. Das könnte zum Beispiel ein korinthischer Napf des sechsten Jahrhunderts bezeugen, auf dem dreiundzwanzig Tänzerinnen nach rechts um den ganzen Gefäßleib herumschreiten[119].

Plastische Gruppen von reigentanzenden Mädchen in Ton oder Bronze sind von der spätgeometrischen Zeit an bis ins sechste Jahrhundert überliefert. Der Typos scheint geläufig, ohne in größeren Mengen produziert zu werden. Die Figuren sind zum Kreisinneren gewandt, legen einander die Hände über die Schultern, ein Musikant oder eine Musikantin mit dem Aulos ist zuweilen Teil oder Mitte der Gruppe. Der heutige Betrachter könnte meinen, diese Kreisreigen seien im Gegensatz zu den Reihenreigen ein Abbild von zwanglosen Mädchentänzen, wie sie die epische Dichtung gelegentlich erwähnt. Aber die plastischen Darstellungen sind ebenfalls Fixierung einer vom Kult bestimmten Handlung und als Weihgeschenk hergestellt[120].

δ) *Initiation:* Vielleicht ist es möglich, den Realitätsbezug der Reigenbilder genauer zu erfassen. Das Halsbild der Analatos-Hydria (Abb. 2; aus der attischen Übergangszeit um 700 v. Chr.) bietet eine Reigenphase, bei welcher zwei Reihen

Ereignis versteht.   **119** Att.-geometr. Hydria, Paris, Louvre Inv.-Nr. CA 1333: Tölle, Reigentänze Kat.-Nr. 15 Taf. 5; M. Wegner, unser Kap. »Musik und Tanz« Kat.-Nr. 130. – Korinth. Schmuckblech, Berlin, Staatliche Museen, Preußischer Kulturbesitz, Antikenabteilung Inv.-Nr. 31093: A. Greifenhagen, Schmuckarbeiten in Edelmetall (1970) I 24 Taf. 6, 1; E. Bielefeld, unser Kap. »Schmuck« Taf. C VIe; Wegner a.O. Kat.-Nr. 65. – Korinth. Napf, Paris, Bibl. Nat. Nr. 4839; CVA. France 7 Taf. 15. 19. 22; Detail: Taf. 16, 1. – Zwei Figuren eines weiblichen Reigens auf einem Frgt. eines Bronzeschildes im Museum von Iraklion (Inv.-Nr. 32) datiert Wegner (a.O. U 49 f. Kat.-Nr. 91) ins 7. Jh. v. Chr.; anders Kunze, Bronzereliefs 31 Nr. 70. 212 Taf. 48, 70 b; Kübler, Kerameikos VI 2, 212 f.   **120** Bronze-

aufeinander zu- oder aneinander vorbeitanzen, sechs junge Männer hinter einem Lyraspieler nach rechts, vier Mädchen nach links. An der jeweils letzten Figur läßt sich sehen, daß der Maler Schwierigkeiten hatte, mit der vorhandenen Malfläche auszukommen.

Eine abweichende Fassung dieses Bildgedankens findet sich auf dem Hals einer etwas älteren attischen Hydria in Cambridge. Hier schreitet von links eine Mädchenreihe hinter einem Lyraspieler, von rechts eine ihm entgegen. Haartracht, Gewandung, Handhaltung sind ähnlich wie bei den Mädchen der Analatos-Hydria. Das Bild im Ganzen entspricht dem der jüngeren Vase in einer nur auf Mädchen bezogenen Variante [121].

Die beiden Hydrien unterscheiden sich im malerischen wie im keramischen Stil. Um so auffälliger ist die Verwandtschaft zwischen den beiden Halsbildern. Die Vermutung stellt sich ein, daß derartige Gefäße in der Werkstatt auf Vorrat vorhanden waren, entweder in verschiedenen Fassungen fertig oder so weit vorgefertigt, daß die Bemalung des Halses je nach Anlaß und auf Bestellung ausgeführt werden konnte.

In Verhältnissen wie den frühen attischen, die den Verhältnissen der Ilias vergleichbar sind, haben bildliche Darstellungen aus dem realen Menschenleben einen zweckgebundenen Inhalt. Die Bürger, welche solche Gefäße erwarben oder in Auftrag gaben, wollten in deren Bildern Situationen ihres eigenen Standes – öffentliche, nicht private – erkennen und zur Kenntnis geben. Es könnte sein, daß die Reigenbilder Bezug auf ein bestimmtes Ereignis im Leben der jungen Leute nahmen, daß sie als Weihgeschenk dienten oder als Erinnerungsgabe an irgendein Fest, das speziell den jungen Menschen betraf, vielleicht seine Aufnahme in die Gemeinschaft der Erwachsenen, die sogenannte Initiation. Es wäre begreiflich, daß ein Gefäß dieser Art, wenn es denn sein mußte, seinem jugendlichen Besitzer oder auch dem, der das Ziel, einer von den Erwachsenen zu sein, gerade nicht mehr erreicht hatte, zum Grab folgte, so wie die Loutrophoros dem unvermählt gestorbenen Mädchen.

Es mag verschiedene Weisen gegeben haben, auf die das Fest der Initiation zu begehen war, je nach Kultgemeinschaft, nach Familie, nach Stand. Die beiden Hydrien, die von Cambridge und die von Analatos, könnten dafür stehen. Artemis ist möglicherweise eine von den Gottheiten, in deren Kult sich Initiationsreigen vollzogen. Sie ist eine Göttin der Heranwachsenden und heißt gelegentlich κουροτρόφος. Zweige und Kränze in den Händen der Tanzenden, vor allem der Mädchen, fänden so eine Erklärung, die sie über den Rang von bloßen Accessoires heraushöbe.

gruppen aus Olympia: M. Wegner, unser Kap. »Musik und Tanz« Kat.-Nr. 49 u. 124; Terrakottagruppen: ebd. Kat.-Nr. 56 u. 105. Eine Terrakottagruppe des 6. Jhs. v. Chr. bei Tölle, Reigentänze 59 Taf. 28a. Zur Sache: Schweitzer, Geom. Kunst 164ff.; H.-V. Herrmann, Olympia. Heiligtum und Wettkampfstätte (1972) 75, bes. Anm. 283–285. – Zum Mädchenchor des h. Ap. (V. 514ff.): Tölle a.O. 82f.; Wegner a.O. 32f.   [121] Abb. 2 nach Umzeichnung der Abrollung in A. Baumeister, Denkmäler des klassischen Altertums III (1888) 1948 Abb. 2078 (Athen, Nat.-Mus. Inv.-Nr. 2696); s.a. F. Weege, Der Tanz in der Antike (1926) Abb. 73; Schweitzer, Geom. Kunst Taf.-Abb. 52–55; Tölle, Reigentänze Kat.-Nr. 47 Taf. 17; M. Wegner, unser Kap. »Musik und Tanz« U 62 Kat.-Nr. 25. – Zur Cambridge-Hydria: Mus. of Classical Archaeology Inv.-Nr. 345; vor 700 v. Chr.; s. Tölle a.O. 21 Kat.-Nr. 49 Taf. 18; Wegner a.O. U 76 Kat.-Nr. 72 Taf. UIIb. – Zur Handhaltung:

Ist es so, wie wir vermuten, dann bewahren die Reigenbilder nicht diesen und jenen von vielen möglichen Tänzen, die Mädchen und Jünglinge in der Öffentlichkeit aufführen, sondern immer ihren ersten öffentlichen Tanz, den Tanz, der von besonderer Bedeutung für den Jugendlichen ist, weil er den Übergang in einen neuen Lebensabschnitt markiert. Nach diesem Debut, so wäre es denkbar, haben παρθένοι und ἠίθεοι, die nun heiratsfähigen »Jungfrauen« und »Junggesellen«, die Aufgabe, in der Gemeinde bei verschiedenen Anlässen und in wechselnden Gruppierungen den Reigen zu tanzen, so lange, bis sie die Ehe eingehen. Reigen solcher Art sind es, von denen die epische Dichtung Mitteilung macht. Herodot erwähnt, mit sprachlichem Anklang an die Ausdrucksweise der Ilias, χοροὺς παρθένων καὶ ἠϊθέων im samischen Artemiskult [122].

Einen Hinweis auf den neuen Zustand, der durch das Eintreten der körperlichen Reife signalisiert und durch das Initiationsfest kundbar wird, könnten die epischen Wörter πρωθήβη und πρωθήβης enthalten. In den Erga gilt als das günstigste Heiratsalter für das Mädchen fünfte Jahr nach dem ersten Zyklus. Diesen zu bezeichnen dient das Wort ἡβᾶν, »reif sein« [123]. Eurykleia ist, als Laertes sie kauft, πρωθήβη, »gerade zur Reife gelangt« [124]. Bei den Phaiaken sind die »Tanzverständigen«, welche das Lied des Sängers mit ihrem Reigen begleiten, eben die jungen Männer, die »gerade zur Reife gelangt sind«: κοῦροι πρωθήβαι – δαήμονες ὀρχηθμοῖο [125].

Über Vermutungen ist jedoch nicht hinauszukommen. Die Vorgänge, die zur Initiation von Jugendlichen führen, gehören zu den Arcana. Deshalb ist die Überlieferung, nicht nur die attische, bruchstückhaft und fast völlig dunkel. Spuren der Vorbereitung speziell von Mädchen zur Initiation oder auch Spuren des Initiationsvorgangs selbst glaubt man in der Tradition einiger Orte und verschiedener Kulte, vor allem im Artemis- und Athenakult wahrzunehmen. Daß in Athen zwei Mädchen während der Exerzitien zum Arrhephorienfest als erstes und als erste am Peplos für Athene weben, darin meint man eine Erinnerung an einen ursprünglichen Brauch zu erkennen, dem zufolge alle heranwachsenden Mädchen Athens in einer solchen Einübungszeit mit dem Beistand Athenes das Weben erlernten, die Kunst, die zu ihrer wichtigsten Tätigkeit wird, wenn sie Frauen sind. Es mag sein, daß auch die von der epischen Dichtung erwähnte Zugehörigkeit von Mädchengruppen zu Artemis χρυσηλάκατος, der Göttin »mit dem goldenen Rokken«, hierher zu rechnen ist. Denn Spinnen ist die andere wichtige weibliche Arbeit. Eine Mädchenweihe ist in der epischen Dichtung ebenso wenig zu entdecken wie eine Knabenweihe [126].

XVIII 594 ≈ h. Ap. 196: ὤρχευντ' ἀλλήλων ἐπὶ καρπῷ χεῖρας ἔχοντες. **122** Artemis als Schützerin der Jugend: RE. II 1 (1895) 1346 s.v. Artemis (Wernicke); Beziehung zu Bäumen und Blumen: ebd. 1342f.; Tänze 1353. 1394f. s.v. Ὀρθία; 1388 s.v. Καρυᾶτις; 1390 s.v. Κορυθαλία; Nilsson, GGR. I² 486. 490f. – Mädchentänze an den Tauropolien: L. Deubner, Attische Feste (1932) 208. – Herodot 3, 48, 3; vgl. Il. XVIII 567. 593; auch XXII 127f. **123** Hes. Op. 698 (West, Works, ad l.); vgl. die Formulierung V. 132 u. Platon, Leg. VIII 833a ἄνηβαι κόραι (bis zum 13. Jahr). **124** 1, 431. **125** 8, 262f.; vgl. VIII 518 (παῖδες); h. Merc. 55f. (κοῦροι ἡβηταί). **126** Zur Frage der Initiation: H. Jeanmaire, Couroi et Courètes (1939) 257ff. (Artemis). 264ff. (Athene). 407ff. (Delphi); W. Burkert, Hermes 94, 1966, 1–25, bes. 3f. 13f.; ders., Homo necans. Interpretationen altgriechischer Opferriten und -mythen (1972) 171; A. Brelich, παῖδες e παρθένοι (1969) 229–311; P. Vidal-Naquet in: Faire de l'histoire. Nouveaux problèmes III (1974) 137–168; C. Calame, Les chœurs de jeunes filles en Grèce archaïque (1977) 439ff.,

c) *Mädchenbünde*

Mädchenbünde kennt die Dichtung. Zwar haben diese keine so ausgeprägte Form wie der spätere sapphische Mädchenbund, doch ganz unähnlich sind sie diesem nicht: der nach menschlichem Vorbild geschilderte Bund der Freundinnen, zu dem das göttliche Mädchen Persephone zählt; der Chor der ionischen Mädchen, der beim delischen Apollonfest singt, und sein göttliches Pendant, der Chor der Musen[127]. In der Odyssee wird eine Höhle an der thrinakischen Küste erwähnt, in der Nymphen ihre Tanz- und Sitzungsplätze haben, offenbar für Zusammenkünfte nach Art eines Mädchenbundes[128]. Ob in diesen Mädchenkreisen außer Tanz, Gesang, Spiel und dem Umgang mit Blumen anderes betrieben wurde, ist nicht auszumachen. Mädchenbünde mit einer Aufgabe im Kult sind die Vereinigung der Therapnai des delischen Apoll und die Choroi der Artemis Chryselakatos[129].

Der Vorrang des Mädchenreigens fällt auf, nicht nur in der Bildkunst, auch in der Dichtung. Dort äußert er sich jedoch nicht in der Menge, sondern in der Intensität der Mitteilungen. Der Gott Hermes wird von Liebe ergriffen, als er ein Mädchen erblickt, »mit seinen Augen unter den Tanzenden im Reigen für Artemis mit dem goldenen Rocken, die Lärmende«, und folgt der Erwählten sogleich. Der Menschenmann fühlt sich gewiß nicht weniger hingerissen beim Anblick einer »Reigenschönen«, χορῷ καλή, doch genießt er nicht dieselbe Freiheit wie der Gott. Daß ein Mädchen gelegentlich aus der Schar der Tänzerinnen entführt wird, haben wir erwähnt[130].

Nach dem Modell von Mädchenreigen wird der Reigen tanzender weiblicher Gottheiten geschildert, der Tanz der anmutigen Göttinnen vor Zeus und Leto, der Tanz der Musen um Quelle und Zeusaltar am Helikon. Die Möglichkeiten des Vergleichens gehen dabei hin und her. Nausikaa tanzt und spielt mit dem Ball unter ihren Gefährtinnen »wie Artemis« unter den Nymphen, und die Musen sind nichts anderes als Mädchen, göttliche zwar, welche den »schönen und Liebessehnsucht erregenden Reigen bilden« und dazu »mit den Füßen geschäftig sind« gleich den Mädchen der Reigenbilder, deren Knöchel und Füße das Gewand fast immer sehen läßt[131].

3. Kult und Gemeinde

a) *Publikum*

Die Frauen, die auf dem Schildbild der Ilias das Publikum für den Hochzeitszug ausmachen, erfüllen eine öffentliche Pflicht. Daß sie vor ihre Häuser getreten sind, eine jede von ihnen, ist nicht als idyllische Szene zu werten; das widerspräche der

---

bes. 441; F. Graf, Die lokrischen Mädchen. Studi Storici Religiosi 2, 1978, 70–72. – s.u. S. R 124ff. (zu den Korenbildern).   **127** 6, 96ff.; h. Cer. 4–8. 417–428; h. Ap. 156ff. 189–193. 194–199; vgl. die Musen bei Hes.Th. 60ff. u. Sc. 202ff. Hierzu das Bild, das W. Schadewaldt (Sappho, Welt und Dichtung [1950] 10–14) von den lesbischen Mädchenthiasoi entwirft (ohne Belege); R. Merkelbach, Sappho und ihr Kreis. Philologus 101, 1957, 3.   **128** 12, 318.   **129** XVI 183; h. Ven. 118; zu χρυσηλάκατος s.u. Anm. 167.   **130** XVI 179ff.; zu V. 180 Leaf u. Ameis-Hentze ad l.; vgl. h. Ven. 117ff. **131** 6, 101–109; Hes. Th. 1–8 (vgl. Sc. 280); V. 8 ... ἐπερρώσαντο δὲ ποσσίν.

ins Allgemeine strebenden Tendenz der Schildbeschreibung. Die Frauen, αἱ δὲ γυναῖκες, haben hier, in den Straßen der Stadt, beim Hochzeitszug ebenso eine auf das Gemeindeleben bezogene Funktion wie die Männer, λαοὶ δέ, dort, in der Agore, bei der Gerichtssitzung [132].

Wie bei Klage und Reigen findet sich auch hier in der Odyssee nichts Vergleichbares. Eine Art offizieller Funktion von Frauen ließe sich allenfalls bei der Sitte der Tischgenossenschaft des Menelaos finden. Während die δαιτύμονες selbst Wein und Kleinvieh zum gemeinschaftlichen Mahl bringen, geben ihre ἄλοχοι das Brot dazu mit. Die Frauen dieser oberen Schicht fungieren gewissermaßen als Bäckerinnen für die Gesamtheit ihres Standes. Aber die Szene spielt in Sparta, und es ist eine Stammessitte, die sie festhält, nicht die Sitte eines städtischen Gemeinwesens [133].

b) *Geraien*

Die Teilnehmerinnen am öffentlichen Reigen sind heiratsfähige Mädchen, παρθένοι. Verheiratete Frauen sind die Ausübenden einer anderen weiblichen Funktion, welche die Ilias überliefert. Die Frauen beim Gewandopfer sind die γεραιαί, nach einer zweiten, gleichfalls antiken Lesart die γεραιραί von Troja [134]. Das bedeutet nicht etwa, daß sie 'alte Frauen' sind. Die junge Frau Andromache rechnet wie alle ihre Schwägerinnen zu ihnen [135]. Sie sind die Gemahlinnen der γέροντες von Troja. Aus der Stellung ihrer Männer im Gemeinwesen ergibt sich die ihre: sie versehen den Kult der Stadtgöttin. Wie Antenor, nächst den Mitgliedern der königlichen Familie, der angesehenste unter den Geronten ist, so ist seine Gemahlin Theano die angesehenste unter den Geraien. »Die Troer« haben sie als Priesterin Athenes eingesetzt: Τρῶες ἔθηκαν Ἀθηναίης ἱέρειαν [136]. Zum Bittgang werden die Geraien durch die Frau des Stadtfürsten, Hekabe, zusammengerufen [137].

Ähnliche Pflichten der Frauen der Oberschicht sind für einige hellenische Städte bezeugt. In Argos gibt es γεραράδες. Die antike Definition des Wortes steht dem nahe, was über die Geraien Trojas zu sagen ist: sie sind »die Frauen angesehener Männer, und in dieser Eigenschaft kleiden sie das Athenabild in Argos ein«. Vornehme Frauen sind auch die γεραιραί, die im Dionysoskult Athens eine Aufgabe haben [138].

c) *Ololyge*

Als die Priesterin der Göttin Athene das Gewandopfer darreicht, erheben die troischen Geraien die ὀλολυγή [139], den weiblichen Ruf, der die Vollendung eines

---

[132] XVIII 495f.   [133] 4,621–623.   [134] VI 87 (v.l. in Schol. D ad l.: γεραράς). 270 (v.l. in cod. Ven. A: γεραιράς). 287. 296. Das Wort ist von γέρας abzuleiten und inhaltlich nach der Bedeutungsnuance »Ehrenanteil« zu bestimmen. Zum Problem: Ameis-Hentze zu VI 87; Schulze, Quaestiones epicae 500–503, entschieden für γεραιραί; ihm folgend Bechtel, Lexilogus, s.v. γεραιρα. Anders Wackernagel, Unters. 208f.; Frisk u. Chantraine s.v. γέρας (vgl. s.v. γέρων).   [135] VI 379.   [136] VI 297ff.   [137] VI 286f.   [138] Anecdota Graeca (Bekker) I 231 s.v. γεραράδες· αἱ τῶν ἀρίστων ἀνδρῶν γυναῖκες, καὶ αἱ τὸ τῆς Ἀθηνᾶς ἐν Ἄργει ἄγαλμα ἐνδύουσαι. Ebd. I 288 s.v. γεραιραί; Burkert, Homo

gottgeweihten Werkes anzeigt. Schlachtopfer stellt Theano zum Dank für die Errettung erst in Aussicht. Aber blutige Opfer sind ohnehin Sache der Männer wie der Umgang mit Fleisch überhaupt. Frauen bringen als Opfer Dinge, mit denen sie auch sonst umgehen: Textilien und Kornfrucht. Doch sind sie beim Schlachtopfer zugegen, sofern sie zur Kultgemeinschaft gehören. In der Odyssee opfert Nestor für den glücklichen Verlauf von Telemachs Reise Athene ein Rind. In dem Augenblick, in dem die Männer der Familie das Tier getötet haben, stimmen die Frauen der Familie – Gattin, Töchter, Schwiegertöchter – die Ololyge an: ὀλόλυξαν [140]. Es ist nicht ohne Bedeutung, daß dieses große Familienopfer im Nestoroikos vor sich geht, der zu den Relikten der Großfamilie in der Odyssee gehört. Die beiden Vorgänge unterscheiden sich auf eine bemerkenswerte Weise: Das Schlachtopfer der Familie bringt der Herr der Hausgemeinschaft dar; die Frauen des Oikos wirken mit, soweit sie zu ihm in einer familiär festgelegten Beziehung stehen. Beim öffentlichen Opfer in einem Kult, dessen Verwaltung Frauen obliegt, vertreten Frauen aus einzelnen Familien die Gemeinde; der Gegenstand des Opfers hat einen speziell weiblichen Charakter und wird von einer Frau als Priesterin dargebracht.

Penelope läßt die Ololyge ertönen, als sie mit ihren Begleiterinnen Athene am häuslichen Altar ein Gerstenopfer für Telemachs glückliche Heimkehr weiht. Eurykleia bricht in den Ruf aus, als sie die erschlagenen Freier erblickt. Odysseus verweist ihr das ὀλολύζειν in diesem Fall: was der Frau nach frommer Sitte geziemt, wenn das Tier als Opfer erschlagen ist, das auf getötete Menschen zu übertragen, ist unfromm [141].

Im Aphroditehymnos werden Ololygai in Verbindung mit Mädchenreigen im Artemiskult erwähnt [142]. Im delischen Teil des Apollonhymnos begrüßen die Göttinnen die endliche glückliche Entbindung Letos mit der Ololyge. Im pythischen Teil heißt es, als Apollon das heilige Feuer entflammt hat, in formelhafter Wendung von den Frauen von Krisa: αἱ δ' ὀλόλυξαν Κρισαίων ἄλοχοι καλλίζωνοί τε θύγατρες. Das ist ein Aition, dazu bestimmt, die Tatsache zu erklären, daß Frauen am Apollonkult der Gemeinde beteiligt sind [143].

d) *Bildliche Darstellungen*

Die Szene der Ilias, in welcher die troischen Frauen Athene zur Errettung der Stadt einen Peplos weihen, scheint in der Odysseezeit auf einer Reliefamphora ins Bild gesetzt worden zu sein (Taf. R IIa–b; um 650 v. Chr., vielleicht kykladischer Herkunft). Das wäre ein Zeichen dafür, wie verbreitet, aber zugleich auch wie literarisch schon die Kenntnis der Ilias zu diesem Zeitpunkt ist. Vier Frauen, nach Gestalt und Gewandung reiferen Alters und vornehmen Standes, gehen in einer Prozession hintereinander und tragen hocherhoben einen Ballen Stoff. An der Spitze des Zuges schreitet eine einzelne Frau. Es ist Hekabe, die zum Zeichen der Gemeindevertretung das Skeptron führt. Die Frauen hinter ihr sind die übrigen Geraien von Troja, das Gewebe, das sie bringen, ist das schönste Stück aus Heka-

necans (Anm. 126) 257ff.   [139] VI 301.   [140] 3, 450–452.   [141] 4, 767. – 22, 407–416.   [142] h. Ven. 19.   [143] h. Ap. 119. 445–447. Zur Sache allgemein: L. Deubner, Ololyge und Verwandtes (1941); J. Rudhardt, Notions fondamentales de la pensée religieuse et actes constitutifs du culte dans la Grèce classique (1958) 178 ff., z. T. mit

Abb. 3   Kultszene auf einer korinthischen Pyxis in München

bes Textilschatztruhe. Die Darstellung ist literarisch, d. h. sie folgt einem epischen Vorbild und illustriert es. Dabei kann sie sich auf Formen der Kultübung beziehen, die eine alte Tradition haben, doch auch gegenwärtig verbreitet und in Gebrauch sind. Das bezeugt noch am Ende des Jahrhunderts das Reigenlied, das Alkman für den Chor der spartanischen Mädchen am Fest der Artemis Orthia verfaßt hat: die Mädchen bringen der Göttin ein Gewebe, ein φᾶρος, dar [144].

Nicht literarisch, sondern auf die realen Verhältnisse beziehbar wie die Klage- und Reigenbilder ist die Wiedergabe von Kultszenen auf einer korinthischen Pyxis, die bereits in das erste Drittel des sechsten Jahrhunderts datiert wird, also außerhalb des hier zu behandelnden Zeitraums steht (Abb. 3; nach 580 v. Chr.). Wir ziehen sie dennoch heran, weil Kulte und Kultverrichtungen lange in denselben Formen verharren und Vorgänge wie die hier fixierten über Jahrhunderte hin typisch sein können.

Das Gefäß ist ganz auf Weibliches bezogen. Mädchenprotomen bilden die Henkel, und alle Figuren auf dem umlaufenden Fries des Leibes und den beiden Friesbildern der Schulter sind weiblich. Auf allen drei Friesen erscheint eine thronende Göttin mit Rocken und Spindel. Auf den Schulterbildern thront ihr gegenüber eine gleichfalls weibliche Gottheit. Sie hält auf dem Schoß, sich zugewendet, eine Mädchengestalt en miniature, eine Puppe, die das Mädchen, das sich vor der Göttin befindet, heraufgereicht hat. Auf einem der beiden Bilder der Schulter folgt ein zweites Mädchen, das eine Puppe trägt. Die meisten Gestalten der drei Szenen sind Mädchen mit Kränzen auf dem Kopf und in den Händen.

anderer Interpretation der vorliegenden Textstellen.   144 Taf. R II a–b: Reliefamphora aus Theben, nach Photos des Mus. of Fine Arts, Boston, Inv.-Nr. 529; vgl. Schefold, Sagenbilder Taf. 30 u. 31; A. Fairbanks, Catalogue of Greek and Etruscan Vases I Taf. 53; Hampe, Sagenbilder 69 f. Taf. 36 u. 37; Matz, Gr. Kunst 414 f. 494. – Hervortreten des Motivs der Frauenprozession in der Bildkunst des 7. Jhs.: Kübler, Kerameikos VI 2, 212 f.; vgl. Richter, Korai Taf. 8a; Arias-Hirmer Farbtaf. 3. – Alkman Fr. 1, 60 ff. D.; vgl. Pausanias V 16, 2: Peplos für das Herabild in Olympia; Gewand für das Athenabild in Argos s. o.

Festgehalten sind zwei Arten der Artemisverehrung. Einmal ist Artemis die Göttin, welcher die Mädchen vor dem Hochzeitstag die Puppen weihen, zum anderen ist sie die Göttin, die in der epischen Dichtung χρυσηλάκατος zubenannt wird, die Göttin mit dem Rocken, in deren Dienst die Mädchen Reigen tanzen und überdies wohl den Umgang mit dem Rocken lernen. Die stehende weibliche Gestalt mit Rocken und Spindel, welche auf der etwa hundert Jahre älteren Porosstele von Prinias eingeritzt ist, könnte Artemis in eben dieser Erscheinung sein.

Votivpuppen böotischer Herkunft aus der Zeit um 700 v.Chr. (Abb. 11a) wiederholen auf ihre Weise wie die Bilder der Pyxis die Erscheinung des Mädchens in verkleinertem Format. Die epische Dichtung spricht nicht von der Weihung der Puppen oder anderen Mädchengeräts, wozu an manchen Orten auch die Spindel rechnet. Der Grund des Schweigens liegt kaum darin, daß gemeinhin unterdrückt bleibt, was zum Stil der epischen Gesellschaft, das heißt sowohl der im Epos dargestellten wie der dem Eposvortrag lauschenden, nicht paßt, was zu grob oder zu niedrig oder ganz einfach zu volkstümlich ist, sondern im Auswahlprinzip der Dichtung: es ergab sich kein Anlaß, die Überreichung der Hinterlassenschaft der Mädchenjahre an Artemis vor der Hochzeit zu erwähnen [145].

Wenden wir den Blick zurück auf den Beginn des Zeitraums, den wir betrachten, so ist auf das Bild im Innenrund einer geometrischen Schale vom Kerameikos zu verweisen (Abb. 4; um 730 v.Chr.). Die Darstellung umfaßt drei Abschnitte, von denen zwei Kultakte zeigen, einen mit männlichen, einen mit weiblichen Agierenden. Die Reihe der vier weiblichen Gestalten schreitet im Reigenstil auf eine thronende, anscheinend weibliche Gottheit zu. Anders als auf den Reigenbildern sonst, aber ähnlich wie auf der zitierten korinthischen Pyxis, ist die Gottheit, welche verehrt wird, einmal mit im Bild [146].

Wenn unsere Interpretation der Reigenbilder als Wiedergaben von Initiationsreigen richtig ist, dann betreffen sie implicite einen wichtigen Moment im weiblichen Leben, die Menarche, das Anzeichen der körperlichen Reife. Kultübungen der Frau in Angelegenheiten des weiblichen Geschlechts, in dem Bezug auf die spezifischen Phasen des weiblichen Lebens, mit der Wendung an die speziellen Gottheiten der weiblichen Sphäre, wie sie zum Beispiel die Puppenweihung der Pyxis aus dem frühen sechsten Jahrhundert v.Chr. darstellt, sind in der epischen

---

Anm. 138.   **145** Abb. 3: Schulterbild einer korinth. Pyxis des Mus. antiker Kleinkunst München, Inv.-Nr. 7741; CVA. München 3 Taf. 144, 5–6; 145, 1–2; S. 40f. Abb. 6–9 (Umzeichnung nach Abb. 8). Zur Datierung Lullies ebd. u. AA. 1938, 454f. Nr. 24 mit Abb. 27–28; R. J. Hopper, Addenda to Necrocorinthia. BSA. 44, 1945, 214 Nr. 3. – Bezug auf Artemis auch bei I. Jucker, Antike Kunst 6, 1963, 52f. 57ff. (im übrigen abweichende Interpretation); Franzius a.O. (Anm. 114) 102. – Stele von Prinias: P. Demargne, La Crète dédalique. Etudes sur les origines d'une renaissance (1947) 284 Abb. 52; Matz, Gr. Kunst Taf. 292a; I. Beyer, Die Tempel von Dreros und Prinias A (1976) 37f. Kat.-Nr. 72 Taf. 55, 2–3. Zu vergleichen ist eine Elfenbeinstatuette aus Ephesos (Müller, Frühe Plastik 216 Taf. 29, 327; Lorimer, HM. Taf. 28, 3; E. Akurgal, AJA. 66, 1962, Taf. 99 Abb. 17), die eine Göttin oder eine Frau mit Rocken und Spindel wiedergibt. – Abschiednehmen der Bräute von Artemis mit Geschenken (Puppen, Spindel mit Haarlocke): Wernicke a.O. (Anm. 122) 1346f.; προτέλεια γάμων: Nilsson, GGR. I² 493f.; Rouse, Votive Offerings 249f. – Zu Abb. 11a s. u. S. R 124f. – VIII 164 gibt vielleicht das epische Wort für Puppe: γλήνη.   **146** Athen, Nat. Mus. Inv.-Nr. 784; nach Schweitzer, Geom. Kunst Taf.-Abb. 65; Kübler, Kerameikos V 1, 177 Anm. 171; M. Wegner, unser Kap. »Musik und Tanz« U 55f. Kat.-Nr. 27; Tölle, Reigentänze Kat. 7; B. Borell, Attisch geometrische Schalen

Abb. 4 Kultszene auf einer geometrischen Schale vom Kerameikos

Dichtung kaum zu finden, und auch in der parallel zu ihr existierenden Bildkunst sind sie nicht leicht zu entdecken. Gegeben hat es diese Art des speziell weiblichen Kultes ohne allen Zweifel auch im achten und siebten Jahrhundert v. Chr.

e) *Öffentliches Wirken Einzelner*

α) *Priestertum:* Ein offizielles Amt der Frau, ihr von der Gemeinde verliehen, ist in der Ilias, wie das Beispiel Theanos zeigt, das Amt der Priesterin. Vom männlichen Priesteramt scheint es prinzipiell nicht unterschieden zu sein. Die Bezeichnung ἱέρεια ist nach dem Masculinum ἱερεύς gebildet. Die Odyssee bietet keine Situation, in der eine Priesterin walten könnte, deshalb dürfte es am Zufall der poetischen Auswahl liegen, wenn dieses weibliche Amt in der Odyssee fehlt [147].

β) *Heilkunde:* Eine andere weibliche Funktion, die – ohne öffentlichen Auftrag – dem Gemeinwesen zum Nutzen dient, ist die Ausübung der Heilkunde. In der Ilias berichtet Nestor von der blonden Agamede, »die sich auf alle Heilmittel verstand, welche die weite Erde hervorbringt«. Kenntnis und Anwendung der Pharmaka gehören zusammen. Es mag sein, daß Frauen bei der ärztlichen Tätigkeit den Umgang mit Fleisch und Knochen meiden wie auch sonst und darum den Män-

(1978) 8f. Nr. 24 Taf. 20.   [147] Ἱέρεια: VI 300. Zum Wort: H. Humbach, Münchener Studien zur Sprachwissenschaft 24, 1968, 49f. Zur Sache: L. R. Farnell, ARW. 7, 1904, 70–94, bes. 93f.; F. Heiler, Die Frau in den Religionen der Menschheit (1977) 25ff. – Kassandra ist in der epischen Dichtung (Il., Od.) noch nicht Seherin. h. Ap. erwähnt die delphische Priesterin, die Pythia, noch nicht. Μαινάς bezeichnet XXII 460 eine seelische Verfassung und die daraus hervorgehende körperliche Bewegung; h. Cer. 385f. könnte die

nern, die sich eben darauf verstehen, die Chirurgie überlassen bleibt, in welcher sie sich in der Ilias hauptsächlich betätigen. Doch beziehen die männlichen Ärzte, die ἰητροὶ πολυφάρμακοι, ihre Kenntnis der Pharmaka vielleicht von den sachkundigen Frauen. Man kann sich ausmalen, wie Erfahrung und Kunst Agamedes nicht nur ihrem eigenen Oikos zugute kommen, wie auch Nachbarn und Umwohner sich an sie um ärztliche Hilfe wenden; ihre Fähigkeiten sind allgemein bekannt[148].

Die knappe Erwähnung in der Ilias läßt vermuten, daß Frauen als Heilkundige keine ungewohnte Erscheinung sind; hervorgehoben wird an Agamede nur, daß ihre Kenntnis der Pharmaka umfassend ist. Hekamede, die Lagerhüttengenossin Nestors vor Troja, ist ebenfalls eine Heilkundige. Bei Verwundung und Erschöpfung hilft sie mit einem Stärkungstrank[149]. Unter den Göttern sind außer dem Arzt Paiaon die Göttinnen Leto und Artemis Sachverständige[150].

In der Odyssee stellt Kirke einen ähnlichen Trank wie Hekamede für ihre Gäste her, doch sie tut ein übelwirkendes Pharmakon hinein, ein Gift, das nur mit einem Gegengift zu bewältigen ist. Wie die Ärzte der Ilias erhält Kirke das Attribut πολυφάρμακος, und ihre Kenntnis von den Pharmaka mag umfassend sein wie die Agamedes, aber sie macht einen schädlichen Gebrauch davon, und so ist sie eine Zauberin, keine Heilkundige. Allerdings ist sie auch keine Frau, sondern eine Nymphe, gehört nicht der zivilisierten Welt an, sondern der Wildnis[151].

Helena ist in der Odyssee die Frau, die mit den heilenden Pharmaka umzugehen weiß, über »wirksame Arzneien, wohltuende«, verfügt sie. Als Gäste und Gastgeber beim Gespräch tiefe Betrübnis überfällt, wirft sie ein Mittel in den Wein, das alle Anwesenden (und jedem anderen ginge es genau so) Kummer, Zorn, Trauer rasch und völlig vergessen läßt, ein Psychopharmakon. Denn hier handelt es sich nicht um ein Zaubermittel und auch nicht um die Wirkung von Helenas Charme, wie manche meinen, sondern um ein veritables Medikament. Helena hat es mit weiteren Pharmaka von einer anderen sachkundigen Frau bekommen, von der Ägypterin Polydamna. In Ägypten nämlich bringt die Erde Pharmaka in reichster Menge hervor, jeder ist dort ein Arzt und versteht sich auf Arzneien[152].

In der Odyssee ist die Ausübung der Heilkunde sonst ein Beruf, die Ärzte zählen zu den Demioergoi, den Spezialisten, die im Demos ihren Geschäften nachgehen. Der Hinweis auf die ärztlichen Fähigkeiten Helenas aber bezieht sich auf nichts anderes als auf das Fortleben der nichtprofessionellen Medizin im griechischen Bereich. An ihr haben vor allem Frauen teil, und es sieht nach einer durchaus realistisch wiedergegebenen Erfahrung aus, wie eine Frau der anderen von ihren Medikamenten schenkt und die Kenntnis von deren Anwendung vermittelt.

»Mänade« gemeint sein.   148 XI 739–741; V. 741 ἣ τόσα φάρμακα ᾔδη, ὅσα τρέφει εὐρεῖα χθών. XVI 28: ἰητροὶ πολυφάρμακοι.   149 XI 624–643.   150 V 447f. (vgl. auch das Wirken Aphrodites 20, 68f.); Artemis als Heilkundige: Wernicke a.O. (Anm. 122) 1351.   151 10, 234–236. 276; das Gegengift μῶλυ V. 302–306.   152 4, 219ff.; V. 220f.: φάρμακον ... νηπενθές τ' ἄχολόν τε κακῶν ἐπίληθον ἁπάντων (Ameis-Hentze ad l.); V. 227f.: τοῖα Διὸς θυγάτηρ ἔχε φάρμακα μητιόεντα ἐσθλά; V. 228a = XI 741 (s.o. Anm. 148); V. 228f.: die Ägypterin Polydamna. Tragen heilkundige Frauen sprechende Namen? F.G. Welcker, Medea oder die Kräuterkunde bei den Frauen. Ephyra (1831) in: Kleine Schriften 3 (1850) 20–26; H. Usener, Göttername. Versuch einer Lehre zur religiösen Begriffsbildung (1896) 160ff.; eine andere Auffassung bei F. Kudlien, Der Beginn des medizinischen Denkens bei den Griechen von Homer bis Hippokrates (1967)

Ohnehin gibt es spezielle weibliche Tätigkeiten, die Vertrautheit mit Pharmaka verlangen, zum Beispiel, wie der Demeterhymnos zeigt, das Wirken der Kinderfrau, wahrscheinlich aber auch die Geburtshilfe, die, wie sich aus dem Apollonhymnos ergibt, die Frauen des Oikos einander leisten; die Hebamme als Spezialistin ist in der epischen Dichtung nicht bezeugt [153].

γ) *Rechtswesen:* Von einem einzigartigen Wirken der Frau in der Gemeinde berichtet die Odyssee. Aréte, die Gemahlin des Alkinoos, wird, wenn sie durch die Straßen geht, von den Phaiaken wie eine Gottheit verehrt, weil sie imstande ist, die Rechtsstreitigkeiten der Männer zu entscheiden [154]. Νείκεα λύειν ist ein juristischer Begriff. Er gehört in die Auseinandersetzung um die Handhabung des Rechtes, von der die Zeit beherrscht wird. Odysseus preist bei den Phaiaken den rechtskundigen Mann mit Worten, die zum Teil unmittelbar an die Charakterisierung Arétes erinnern [155].

Dem hier zu erwartenden Einwand, die hohe Verehrung Arétes im Volk sei doch nichts anderes als die Spur des vergangenen Matriarchats [156], die in der Märchenwelt der Insel Scherie bewahrt geblieben sei, kann man entgegen halten, daß die Problematik der Rechtsprechung, das ἀνδράσι νείκεα λύειν, kein Thema grauer Vorzeit ist. Das Leben der Phaiaken zeigt sich, genau betrachtet, als gar nicht märchenhaft oder altertümlich; es ist voll realer, höchst moderner Züge, die der außerepischen Gegenwart entnommen sind; dazu zählt auch die Beendigung von Rechtsstreitigkeiten durch richterlichen Bescheid anstelle der vorher üblichen uneingeschränkten Selbsthilfe.

δ) *Ort der Öffentlichkeit:* Nicht unwichtig ist die Frage, wo Aréte Recht spricht. Kaum in der ἀγορή, denn zur Versammlung gehen bei den Menschen nur die Männer. Wir haben gesehen, wie das Schildbild in der Darstellung der Stadt im Frieden den weiblichen und den männlichen Raum der Öffentlichkeit – dort die Straßen der Stadt, hier die Agore – konfrontiert. Der Odysseetext erlaubt vielleicht die Interpretation, daß Aréte ihre richterliche Tätigkeit in den Straßen der Stadt ausübt. Die Leute treten mit ihren νείκεα vor sie hin, wenn sie des Wegs kommt. Man kann sich vorstellen, wie sich sogleich ein Homilos um sie schart, die Verhandlung umsteht und ihr so die nötige Publizität gibt.

Bei den Göttern kommen auch die Göttinnen zur Agore. In der Versammlung des Hermeshymnos zum Beispiel, in welcher Zeus den Rechtsstreit, das νεῖκος, zwischen Apollon und Hermes entscheidet, stellen Götter und Göttinnen zusammen die λαοί dar, welche wie die Männer in der Gerichtssitzung des Schildbildes den Prozeß verfolgen [157]. Im Demeterhymnos bleibt Demeter erzürnt und bekümmert der Agore der Götter fern [158]. In den Götterversammlungen der Ilias und der Odyssee spielt der Unterschied zwischen männlichen und weiblichen Gottheiten

---

32, 2. 105f.   153 h.Cer. 227–230 (s.u. S. R 70). – h.Ap. 92–125 (s.u. S. R 106).
154 7, 69–74; in der Ilias ist νείκεα λύειν eine Aufgabe der Ehegöttin Hera (XIV 205–207 = XIV 304–306): sie schlichtet Ehestreit; in der Theogonie haben weibliche Gottheiten eine auffällige Beziehung zum Rechtswesen: die Musen (81–84), Hekate (434), Leto (406–408). Auf die Problematik dieser und der in Anm. 155 genannten Textstellen, die auch das Verständnis einzelner Wörter betrifft, gehe ich hier nicht ein.   155 8, 169–173 (vgl. 2, 230–234 = 5, 8–12). Ähnlich auch Hes.Th. 81–93.   156 s. Hirvonen, Survivals 109f.
157 h.Merc. 325f.; vgl. 332.   158 h.Cer. 92; vgl. auch h.Ap. 309f. Hes Sc. 203ff.

ebenfalls keine Rolle. Wir würden das Gleichberechtigung der Geschlechter nennen. Auch außerhalb der Versammlung ist das so. Wenn in der Ilias Zeus Aphrodite den Rat gibt, die »Werke des Krieges« zu meiden und sich den ἔργα γάμοιο zu widmen, so geht es wieder nicht um den Unterschied der Geschlechter – Athene ist für die ἔργα πολέμοιο genau so zuständig wie Ares –, es geht um die Zuordnung der menschlichen Lebensbereiche zu den göttlichen Machtsphären [159].

IV. Häuslichkeit

1. Umgang mit Textilien

a) *Männliche und weibliche ἔργα*

Sieht man auf die Reihe der männlichen und weiblichen Tätigkeiten, die in der epischen Dichtung zur Verwaltung des Hauswesens gehören, so zeigt sich eine Erscheinung, die man das 'Nebeneinander der Umgangsbereiche' nennen kann, der Umgangsbereiche, nicht der Arbeitsbereiche, weil die Arbeit jeweils nur ein, allerdings der zentrale Teil unter mehreren ist, die das Ganze ausmachen. Umgangsbereiche, die der Frau eigentümlich und in mancher Hinsicht ihr allein vorbehalten sind, gibt es nicht mehr als fünf: Textilien, Kornfrucht, Wasser, Feuer, Hausinneres. Jeder dieser Bereiche umfaßt Lebensnotwendiges. Doch kommt dem Umgang mit den Textilien ein vorzüglicher Rang zu [160].

Ihn betreffen die Worte Hektors zu Andromache, mit denen er weibliches und männliches Wirken nebeneinanderstellt: »Geh nur ins Haus und besorge deine Werke, den Webstuhl und den Rocken, und heiße auch die Frauen deines Gefolges ans Werk gehen. Der Krieg soll Sache der Männer sein, aller Männer, die es in Ilios gibt, doch vor allem meine.« In der Odyssee zitiert Telemachos diese Worte zweimal seiner Mutter gegenüber und wandelt sie dabei ab, wie es zu seinem Zweck gerade paßt [161]. In allen drei Fällen betont der Mann die Sonderung der Bereiche, weil er sich durch die Worte der Frau irritiert fühlt. Sein Wirkungsbereich erweist sich als variabel, je nach der Situation, bald ist es der Krieg, bald der Umgang mit dem Wort, bald der Umgang mit dem Bogen. Der Wirkungsbereich der Frau ist jedesmal derselbe: die Textilarbeit.

Das Weben und sein Produkt, die Gewebe, das sind die »Werke der Frauen«, ἔργα γυναικῶν [162]. In den formelhaften Wendungen, welche die Beziehungen der Frau zu ihren ἔργα festhalten, hat das Wort allein diesen Inhalt. Auch die ἔργα

---

159 V 428–430.   **160** Die zum Abschnitt »Häuslichkeit« gehörenden Paragraphen IV 1.–4. bedürften einer breiteren Darstellung als sie hier gegeben werden kann. **161** VI 490–493 ≈ 1, 356–359 ≈ 21, 350–353; auf den Zitatcharakter und seine poetologische Bedeutung gehe ich hier nicht ein.   **162** VI 289 f. (Sidonierinnen); V. 289 = v.l. 15, 105; 7, 97 (allgemein); anders Hes. Th. 603; vielleicht liegt übertragene Bedeutung vor, das wäre bemerkenswert. Ἔργα, verbunden mit ἀμύμονα, ἀγλαά, κλυτά (Anm. 172. 200) ist immer »Weben« oder »Gewebe«, doch auch von ἔργα ohne Beifügung gilt dies häufig.

θεάων¹⁶³ sind Webarbeiten, und ἐργάζεσθαι kann einfach »weben« bedeuten. Aber auch die »Werke der Männer«, ἀνδρῶν (ἀνθρώπων) ἔργα, sind ursprünglich nur Eines: die Feldbestellung und ihr Produkt, die tragenden Äcker¹⁶⁴. Eigentlich ist also die Tätigkeit auf den Feldern die für den Mann, die Tätigkeit am Webstuhl die für die Frau typische Arbeit. Die Trennung der Bereiche kommt nicht durch ein Verhältnis von weiblicher Unterordnung und männlicher Überordnung zustande, sondern aufgrund unterschiedlicher Sachkenntnisse und unterschiedlichen technischen Könnens. Es handelt sich um Sachbereiche. Spinnen und Weben sind Sache der Frauen, ausschließlich ihre, und heben sie gegen die Männerwelt ab. In ihnen repräsentiert die Frau einerseits den Oikos, andererseits ihr Geschlecht, und so auch sich selbst.

b.c) *Spinnen und Weben*

Zur Repräsentation ist, wie die Odyssee anschaulich vorführt, der Rocken mit der Spindel, das handliche Gerät, besonders geeignet. Die Hausherrin vermag beim Spinnen in der Halle um sich zu schauen, auf ihr Gegenüber. Zugleich ist sie selbst als Mittelpunkt zu erkennen. Denn sie sitzt auf dem nur ihr gebührenden Platz am Herd in dem Sessel, welcher ihr allein zusteht. Manchmal hat sie ihre Frauen um sich, die ihr zuarbeiten, Wolle glätten, das Vorgarn (ἠλάκατα) für den Rocken richten, zudem mit Geplauder die Zeit verkürzen. Durch das Spinnen wird die Funktion der Herrin des Hauses offenbar. Sie ist es, in deren Hand die gesamte Textilproduktion des Oikos liegt. Das bezeugt ihren Wert und ihre Würde. Deshalb spinnt sie, auch wenn Gäste zugegen sind, ja gerade dann.

Als Odysseus das Megaron des Alkinoosoikos betritt, erblickt er Aréte beim Spinnen, hinter ihr das weibliche Gefolge, vor ihr Alkinoos mit den tafelnden Phaiaken, sie selbst in der Mitte¹⁶⁵. Penelope ist mit dem Spinnrocken zugegen, während der Sohn mit dem Gast zur Nacht speist¹⁶⁶. Ganz zeremoniell ist die Art, wie Helena ihren Platz einnimmt, als sie sich zu Menelaos und seinen Gästen gesellt. Dienerinnen rücken der Herrin den Lehnstuhl zurecht und reichen das Arbeitsgerät, den Korb (τάλαρος) mit dem schon fertig gesponnenen Garn (νῆμα ἀσκητόν), auf welchem der Rocken (ἠλακάτη) mit der veilchenfarbenen Wolle liegt. Der Rocken wird hier zum Attribut der Dame des Hauses, Zeichen ihrer Kunstfertigkeit und Zierat ihrer Person. Noch ehe Helena ihn zur Hand nimmt, erscheint sie bereits »wie Artemis mit dem goldenen Rocken«, Ἀρτέμιδι χρυσηλακάτῳ εἰκυῖα. Der Rocken ist, wie gesagt, Signum der Göttin, in deren Dienst die jungen Mädchen Reigen tanzen. Die Hausherrin, eine reife Frau, wirkt jugendlich mit dem Rocken, eben 'wie Artemis'. So mag es die Mode wollen¹⁶⁷. In der

---

163 10, 222f.; vgl. XVIII 420.   164 XII 283; XIX 131; vgl. V 92; XVII 549f.; 10, 98 (ähnlich h. Cer. 93); weitere Angaben bei Cunliffe s.v. ἔργον, 7 u. 12c. Zur Sache W. Richter, unser Kap. »Landwirtschaft« H 6 Anm. 19.   165 6, 303–309; ἠλάκατα στρωφῶσ' ἁλιπόρφυρα ist Formel; sie wird kurz zuvor (6, 50–55) dazu verwendet, das männliche Wirken 'draußen' gegen das weibliche Wirken 'drinnen' abzusetzen.   166 17, 96ff.; ihre Frauen 18, 313–316.   167 4, 121–136; zu χρυσηλάκατος Chantraine u. Frisk s.v. Das Wort ist vermutlich ein Kultname für Artemis als Göttin mit dem Rocken (s.o. Anm. 129 u. 145): XVI 183 ≈ h. Ven. 118; XX 70; h. Ven. 16; h. Hom. 27, 1 (auf Artemis); Hes. Fr. 23, 18 (ergänzt); Od. 4, 122. – Vergleich mit Artemis zur Hervorhebung jugendlicher

Ilias finden sich solche Szenen nicht. Das Spinnen bleibt im Hintergrund, fast unerwähnt [168].

Der Webstuhl steht im Megaron, von wo aus die Hausfrau das Tun und Treiben im Hause überblicken und wo sie selbst von allen gesehen werden kann. Daß Penelope sich zum Weben ins Obergemach zurückzieht, ist eine Ausnahme, Ausdruck ihrer bedrängten Lage. Auch der Webstuhl dient als Hinweis auf die weibliche Kunstfertigkeit und als Zierde der weiblichen Person. Kirke wie Kalypso bieten, am Webstuhl geschäftig und dabei singend, dem Betrachter ein Panorama anmutiger und tüchtiger Weiblichkeit, die Ansicht einer weiblichen Welt, die dem abenteuernden Mann Geborgenheit, Frieden und Berückung verheißt [169]. Gänzlich zum Schaubild geworden sind die steinernen Naiaden, ihre Webstühle und Gewebe in der Stalagmitenhöhle auf Ithaka [170]. Die Szenen der Ilias, die dem an die Seite zu stellen sind, Helena und Andromache unmittelbar vor Ereignissen, die für das Ganze und für sie selbst von äußerster Wichtigkeit sind, nehmen sich daneben schlicht und häuslich aus. Doch auch sie bilden einen Kontrast zur unfriedlichen Welt der Männer, auch sie enthalten ein Moment der Repräsentation, weil sie die Hausherrin bei ihrer wichtigsten Arbeit zeigen [171].

In der Ilias beruht der Wert der Frau wesentlich darauf, daß sie sich auf »untadelige Webarbeiten« versteht. In der Odyssee sind es zumeist, in einer Variation der Iliasformel, »strahlend schöne Webarbeiten«, eine Feststellung, mit der sich hier wie dort manchmal das Lob von Aussehen und Wuchs und oft von resolutem Verstand verbindet, denn den braucht man zum Weben. Die formelhafte Charakterisierung καλή τε μεγάλη τε καὶ ἀγλαὰ ἔργα ἰδυῖα wird für die freie Frau gebraucht wie für die unfreie Magd. Die Formel betrifft die Frau an sich, unabhängig von ihrem Stand. Denn wie die weibliche Tüchtigkeit im Weben für den Mann der Ilias Anreiz zur Heirat ist, aber auch zur kriegerischen Erbeutung von Frauen, so ist sie für den Mann der Odyssee Anreiz zur Heirat, aber auch zum Erwerb von Frauen durch Kauf [172].

Die Frauen freilich, die im Hause des Alkinoos weben – δμωαὶ γυναῖκες, »im Hause beschäftigte Frauen« –, sind freie Phaiakinnen. Das wird völlig klar aus der Art, in der ihre Tüchtigkeit neben die Tüchtigkeit der phaiakischen Männer gestellt und die Kongruenz des hohen Könnens hervorgehoben wird. Wie die Phaiakenmänner unübertrefflich sind in der Kunst, ein Schiff übers Meer zu lenken, so sind die Phaiakenfrauen unübertrefflich in der Kunst des Webens [173]. Eine Parallele dazu bietet die Ilias: die sidonischen Frauen sind berühmte Weberinnen, die sidonischen Männer berühmte Metallwerker [174].

In der Odyssee, in der Ilias, im Aphroditehymnos ist es Athene, welche die Gabe des Webens, über die sie selbst in göttlichem Maße verfügt, den Frauen verleiht. In den Erga stattet sie Pandora, das Urbild der Frau, mit der Kunst des

Schönheit: 6, 102 (Nausikaa); 17, 37 = 19, 54 (Penelope); vgl. 20, 71.   **168** Der Rocken kommt in der Il., abgesehen von dem Beiwort χρυσηλάκατος, nur VI 491 vor, das Spinnen nur in übertragener Bedeutung (s.u. Anm. 210).   **169** 10, 220–228. 252–255. – 5, 58–62.   **170** 13, 107–109 (Stanford zu 13, 104ff.).   **171** III 125ff. – XXII 437ff.   **172** 13, 288f. = 16, 157f. ≈ 15, 417f.; 24, 278 ≈ IX 128 ≈ IX 270 ≈ XIX 245 ≈ XXIII 263; Hes. Th. 264; Fr. 197, 1. Zur Sache: I 114f.; XIII 431–433; XXIII 705 u. die Formel ἔργα ἐπίστασθαι 2, 117 (Penelope) = 7, 111 (Phaiakinnen); vgl. XVIII 420.   **173** 7, 103–111; dazu Wickert, Gnomon 39, 600f.; die herkömmliche Auffassung, daß diese Frauen unfrei seien, muß V. 108–111 als Interpolation ansehen; so neuestens wieder Gschnitzer, Terminologie II 67.   **174** VI 289–292. – XXIII 743.

Webens aus[175]. Auch andere Göttinnen weben: Chariten, Nymphen, Naiaden, Nereiden[176]. Ihre Webarbeiten sind nicht nur fein, reizend, strahlend, sondern, im Gegensatz zu den menschlichen Webarbeiten, ἄμβροτα, »von ewiger Haltbarkeit«: Beschädigung, Verschleiß, Motten können ihnen nichts anhaben[177].

d) *Arbeitsgruppen*

Die phaiakischen Weberinnen gehören zu einer größeren Gruppe von Frauen (die Rundzahl Fünfzig ist nicht wörtlich zu nehmen), die im Oikos des Alkinoos arbeiten, auch Spinnerinnen sind unter ihnen und Müllerinnen. Die Nachricht bezieht sich auf ein freies Arbeitsverhältnis. Der Arbeitsvertrag, der dazu gehört, wird nicht eigens genannt, doch ist er vorauszusetzen[178]. Die Kräfte des Oikos reichen demnach für die Textilproduktion nicht aus. Unterstützung durch weibliche Arbeitskräfte, die von außen kommen, ist nötig. Das dürfte der Realität eher entsprechen als die epische Stilisierung, durch welche die textile Tätigkeit im Hause auf die Herrin und ihr nächstes Gefolge beschränkt erscheinen soll[179]. Die 'fünfzig' δμωαὶ γυναῖκες im Hause des Odysseus sind mit dem Weben, mit der Vorbereitung der Wolle und außerdem mit der übrigen häuslichen Dienstleistung, der δουλοσύνη, beschäftigt. Unter Anleitung Eurykleias, der Vorsteherin des weiblichen Hauspersonals, haben sie gelernt, was dazu nötig ist[180].

Für den eigenen Hausgebrauch sieht man Frauen der unteren Schicht nie weben. Daß sie dies in der außerepischen Wirklichkeit für den Bedarf ihrer Familie getan haben, kann als sicher gelten. In den mittelbäuerlichen Verhältnissen der Erga ist häusliches Weben so selbstverständlich wie in den großbäuerlichen Verhältnissen der homerischen Epen, doch von bescheidenerem Umfang und geringerem Anspruch. Wichtig ist, daß die Frau für einen Vorrat an Textilien sorgt[181].

In der Ilias wird die Wolle zum Teil im Haus, zum Teil außer Haus vorbereitet. Das Gleichnis, in dem eine γυνὴ χερνῆτις, eine Heimarbeiterin, beim Wolleabwä-

---

[175] V 733–735 = VIII 384–386; IX 390; XIV 178f.; 7, 110f. ≈ 2, 116f.; 20, 72; h. Ven. 14f.; Hes. Op. 63f.; Fr. 43(a) 71f.; Hes. Th. 573–577 kleidet sie Pandora ein. [176] V 338. – 5, 58–62; 10, 221ff. – 13, 107–109. – Hes. Th. 263f.   [177] 10, 222f.: ἱστὸν ... μέγαν ἄμβροτον, οἷα θεάων λεπτά τε καὶ χαρίεντα καὶ ἀγλαὰ ἔργα πέλονται. – ἄμβροτα εἵματα: 7, 265 ≈ 24, 59 ≈ XVI 670 ≈ XVI 680 ≈ h. Hom. 6, 6; h. Ap. 184; 7, 295f. Anders LfgrE. s.v. ἄμβροτος, B 2 (Risch). [178] Arbeitsverträge für weibliche Arbeitskräfte sind aus h. Cer. 172f. zu erschließen; vgl. auch 166–168 = 221–223 und das Verdingungsgespräch im Ganzen 212ff. Arbeitsverträge für männliche Arbeitskräfte mit Abmachungen über Dauer der Arbeit, Beköstigung, Bekleidung, Lohn: XXI 444f. (vgl. auch Hes. Op. 370); 17, 223–225; 18, 357–361. Zur Sache: Mele, Società 206ff.   [179] VI 323f. 490–492; vgl. auch XXII 511; 7, 235; 19, 514.   [180] 22, 421–423; Wollarbeiten 18, 313–316. Δουλοσύνη (22, 423) ist an dieser ersten und einzigen Stelle, in der das Wort in der epischen Sprache vorkommt, nichts weiter als »abhängige Tätigkeit«, Arbeit in einem Dienstverhältnis; anders Gschnitzer, Terminologie II 10; nicht haltbar W. Beringer, Athenaeum 38, 1960, 92. Zu 22, 422 τὰς μὲν ἔργα διδάξαμεν ἐργάζεσθαι vgl. 20, 72; Hes. Op. 63f. u. h. Cer. 144 (in der Emendation von Voß): ἔργα διδασκήσαιμι γυναῖκας.   [181] Hes. Op. 63f. 538 mit genauer technischer Angabe und den Termini κρόξ »Einschlag«, στήμων »Kette«, μηρύεσθαι »einziehen«; 779 ἱστὸν στήσασθαι etwa »das Gewebe anlegen«, die Kette aufziehen; vgl. Od. 2, 94 = 24, 129 ≈ 19, 139. Der Ratschlag Hes. Op. 776–778 stellt das Netzweben der Spinne und die Vorratsanhäufung der Ameise (ἡ ἴδρις »die Erfah-

gen erscheint, gibt einen überraschenden Einblick in die Realität. Die Frau, die für den Unterhalt ihrer Kinder arbeitet (eine Witwe vielleicht), wird als ἀληθής gerühmt, das heißt sie »verhehlt nichts« von der Wolle, die sie zur Bearbeitung ins Haus genommen hat[182]. Bei den Heimarbeiterinnen der Realität, deren Existenz sich aus dem allgemeinen Charakter des Gleichnisses ergibt, mag es öfters anders gewesen sein. Helena hat aus Sparta eine Frau, die ihr schon dort diesen Dienst versah, als Wollarbeiterin (εἰροκόμος) mit in den troischen Haushalt genommen[183]. Paris hat aus Sidon Frauen für die Webarbeit beschafft[184]. Wie das vor sich gegangen ist, bleibt ungesagt. Kriegsgefangene Frauen sind vielfach für die Arbeit am Webstuhl vorgesehen (ἱστὸν ἐποίχεσθαι: »am Gewebe hin- und hergehen«)[185].

e) *Produktion*

Der Umgang mit den meisten handwerklichen Materialien – Leder, Metall, Horn, Stein, Holz, Ton – ist Sache der Männer, vielfach der Spezialisten unter ihnen. Der Umgang mit den Textilmaterialien ist, nachdem der Rohstoff einmal gewonnen ist, ausschließlich Sache der Frauen. Sie kämmen und streichen die Faser, drehen das Vorgarn, spinnen den Faden, wägen und verweben das Garn, waschen das fertige Gewebe. Wahrscheinlich besorgen sie auch das Einfärben der Faser. Es ist nirgends erwähnt, doch ist es Voraussetzung für das Vorhandensein der farbigen Garne und bunten Gewebe, die der Text nennt. Die Weberei ist von großer Vielfalt, das zeigt sich an den vielerlei Wörtern für die verschiedenartigen Gewebstücke. Dagegen werden mit ein und demselben Wort, ἱστός, der Webstuhl und das daran in Arbeit befindliche Gewebe bezeichnet. Auch Verwahrung und Pflege der fertigen Textilien ist Aufgabe der Frauen[186].

rene«; vgl. Od. 7, 108f. und Chantraine s.v. οἶδα) in Beziehung zu der Webtätigkeit der Frau.   **182** XII 433–435; Frisk s.v. χερνής; anders Hofmann s.v. χερνῆτις. **183** III 386ff.   **184** VI 289–292.   **185** I 30f. (Chryseis); VI 456 (Andromache) u.ö. **186** Zu den Materialien für männliche Arbeiten F. Eckstein, unser Kap. »Handwerk 1« L 38–42; zur Wollgewinnung W. Richter, unser Kap. »Landwirtschaft« H 57–59; zur Technik der Textilarbeit und zu Bezeichnungen für Textilien S. Marinatos, unser Kap. »Kleidung« A 2ff.; Befestigung der Kleidungsstücke durch Nadeln, Fibeln, Gürtel ebd. 35–38; ῥάπτειν »nähen« nur von der Lederarbeit oder im übertragenen Sinn. – Frauen beim Färben, aber von Elfenbein, im Vergleich: IV 141–147; Wolle kämmen und streichen: εἴρια πέκειν (18, 316), εἴρια ξαίνειν (22, 423); Vorgarn (Spinngarn) bereiten: ἠλάκατα στροφαλίζειν (18, 315); Vorgarn vom Rocken abspinnen, den Faden drehen: ἠλάκατα στρωφᾶν (6, 53 ≈ 6, 306; 7, 105; 17, 97); das fertige Webgarn: νῆμα ἀσκητόν (4, 134), νήματα (2, 98 = 19, 143 = 24, 133); vgl. νῆμα νεῖν (Hes. Op. 777, von der Spinne); Wolle wägen im Gleichnis XII 433–435; weben: ὑφαίνειν; Cunliffe s.v. ὑφαίνω 1; allgemeinere Wörter für das Produzieren von Geweben: ἀσκεῖν (XIV 178f., auch von der Vorbereitung der Wolle, εἴρια ἀσκεῖν, III 388), τεύχειν (XXII 511; 7, 235), κάμνειν (V 338; 15, 105), ποιεῖσθαι und κάμνειν (V 735 = VIII 386; bei der Wendung κάμε χερσίν liegt der Nachdruck auf der eigenhändigen, mühevollen und kunstreichen Ausführung; Hervorhebung der Hände der Weberinnen auch XXII 511; 15, 126); ἱστὸν τεχνῆσαι »Gewebe mit Kunst herstellen« (7, 110; v.l. ἱστῶν τεχνῆσσαι, auf γυναῖκες bezogen); Eckstein a.O. L 6–8; Waschen des fertigen Gewebes 24, 147f. Zu ἱστός Cunliffe s.v., 2–5. Geräte: ἠλακάτη »Rocken« mit der Spindel (VI 491 = 1, 357 = 21, 351; 4, 131. 135); κερκίς »Weberschiffchen« (XXII 448; 5, 62); κανών »Webstab« (XXIII 761). Ferner: πηνίον »Einschlag«, μίτος »Zettel« (XXIII 762); s.o. Anm. 181; s.u. Anm. 208–210. Zur

Gewebe sind Produkte des Hausfleißes und in erster Linie für den Hausgebrauch bestimmt. Soweit die Textilproduktion den nicht gering zu bemessenden Bedarf der Haushaltung übersteigt, wird sie thesauriert. Der Gewebeschatz befindet sich in Obhut und Verwaltung der Herrin des Hauses. Der Hausherr nimmt bei Gelegenheit davon oder veranlaßt die Hausfrau, etwas davon herauszugeben. Aber in erster Linie verfügt sie selbst darüber[187]. Im Gesetz von Gortyn, dessen frühe Vorlagen an die Odysseezeit heranreichen, gilt die Hälfte dessen, was die Frau »eingewoben« hat, als ihr persönlicher Besitz[188].

In beiden homerischen Epen stellen die Gewebe einen bedeutenden Teil des mobilen Familienvermögens dar. Sie finden Verwendung im diplomatischen Verkehr mit Gästen[189], Freunden, Feinden, Göttern[190], als Brautgabe[191] und bei den Situationen, in denen die Familie an die Öffentlichkeit tritt, bei Leichenbegängnis und Hochzeitszug als Totenausstattung[192] und Gewand von Braut und Brautführern[193]. Als Telemachos sich auf die Heimreise begibt, tritt Helena zu der Truhe mit den Geweben, die sie selbst verfertigt hat, nimmt das unterste, das größte und am schönsten gemusterte heraus und überreicht es dem Gast als Abschiedsgeschenk »zur Erinnerung an Helenas Hände«, μνῆμ' Ἑλένης χειρῶν. Sie bestimmt auch den Zweck der Gabe: Telemachs künftige Frau soll das Gewebe als Hochzeitskleid tragen, bis dahin möge Penelope es aufbewahren[194]. »Schmuckstücke«, ἀγάλματα, sind die Stoffe, die man in den Tempeln sehen kann als Teile des Tempelschatzes oder als Gewand des Kultbildes. Frauen haben sie zu dem Zweck hergestellt oder aus ihrer Textiltruhe herausgegeben. Sie selbst bringen das Gewebe auch dar als Opfer aus ihrem eigensten Wirkungsbereich[195].

Jedem Gast stehen die Textilien des Hauses zum direkten Gebrauch zur Verfügung. Nach dem Bad erhält er frische Kleidung, wenn er wieder aufbricht, bekommt er ein Reisekleid[196]. Den Bettler, der eine gute Nachricht weiß, belohnt die Hausfrau mit schönem Leibrock und Mantel. Ähnlich stattet sie den Knecht des Hauses aus, wenn er einen Außenposten bezieht. Dem Lohnarbeiter steht neben anderem Entgelt Kleidung zu[197]. Die Mutter gibt dem Sohn, die Frau dem Gatten eine Lade voller Textilien mit, wenn er sich in die Fremde aufmacht[198]. Weiche Wolltücher liegen in den Sesseln. Tücher verschiedener Art braucht man zum Richten des Bettes. Wer nicht hinreichend Bettzeug besitzt, ist außerstande, die Pflicht der Gastfreundschaft zu erfüllen; als ἀνείμων, als Mann »ohne Textilien«, kann er einen Gast nicht beherbergen[199].

Die Frau schafft durch ihre produktive Tätigkeit Werte, die der Mann mit seinen landwirtschaftlichen Erzeugnissen kaum erreicht. Will er die Schätze des Hauses mehren, so muß er agrarische Güter und Vieh auf irgendeine Weise verhandeln oder er muß sich in die Fremde begeben, um Metalle, Metallgerät, Tex-

Bereitung des Vorgarns RE. XII 1 (1924) 600f. s.v. Lana (Orth). – Zur Textilarbeit in mykenischer Zeit Hiller-Panagl, Frühgriech. Texte 183–192.   187 XXIV 228–230; 8, 423f. – VI 288–295; 7, 235; 15, 105.   188 Inscriptiones Creticae 4, col. II 51. III 25ff. (ἐνυπάνει).   189 13, 135f. 217f.; 16, 230f.; vgl. 13, 10; 17, 557.   190 VI 271ff. 278ff.   191 18, 292f.; Gabe der Eltern für die heiratende Tochter: h. Ven. 139f.   192 XVIII 352f.; XXIV 580. 587f.; 2, 96–102 = 19, 141–147 = 24, 132–136; Totenopfer: XXII 511–514.   193 6, 26–30; 15, 125ff.   194 15, 104–108 (15, 107f. = VI 294f.). 123–129.   195 3, 274; s.o. Anm. 190.   196 22, 487–489; s.u. Anm. 264–266. – 5, 264.   197 14, 132; 17, 549f. 557f.; 21, 339–342. – 15, 368–370. – 18, 361. Die Wendungen für die Vergabe von Textilien zur Bekleidung sind fast durchweg formelhaft.   198 XVI 221–224; 19, 255–257.   199 3, 346–351.   200 20, 72; περί-

Abb. 5a   Frauen bei der Wollarbeit, att.-sf. Lekythos in New York

tilien als Gastgeschenk oder als Beute heimzubringen. Die Frau ist zudem nicht bloß Produzentin, schafft nicht nur materielle Güter, die den Reichtum des Oikos erhalten und vermehren, sie vergrößert auch das Ansehen des Oikos, indem sie Webarbeiten als Kunstgebilde schafft, die als Weihgaben in die Heiligtümer, als Gastgeschenke in die Welt gelangen. Das ist ein Effekt, den der Mann im allgemeinen nur im Beruf des Handwerkers oder Künstlers zu erreichen vermag.

Kein Wunder, daß sich Formeln entwickeln, in denen die Frau als Urheberin von ἀμύμονα ἔργα, ἀγλαὰ ἔργα oder sogar von κλυτὰ ἔργα, von Webarbeiten, über die man spricht, erscheint[200]. Das gilt von den Weberinnen aller Schichten, aber im besonderen von der Herrin eines großen Hauses. Sie organisiert, unterstützt von klugen Verwalterinnen wie Eurykleia, den gesamten Produktionsablauf. Sie arbeitet selber mit, und ihre eigenen Arbeiten sind höchsten Ranges; selbst von den kritischen Geschlechtsgenossinnen werden sie bewundert[201]. Helena und Andromache weben kunstvolle Muster in den Stoff. Mit einem Blick erkennt Aréte Textilien, die von ihr und ihren Frauen hergestellt sind. Leuchtkraft, Glanz und Zartheit der Gewebe werden gerühmt. Sicher erweist der 'Sänger' mit solchen Worten der Herrin des Hauses – nicht allein der, von der er singt, sondern auch der, vor der er singt – eine Reverenz, aber auch das wäre ohne Anhaltspunkt in der Realität nicht möglich[202].

Es liegt in der Natur der Sache, daß innerhalb der reichlich hundert Jahre, die wir hier betrachten, sich im textilen Bezirk keine prinzipiellen Unterschiede zeigen. Die Textilarbeit ist eine von den Urtätigkeiten, bei denen nur grundlegende technische Neuerungen Veränderungen bewirken. Industrielle Zwecke gibt es nicht, und der Handel, der sich in der Odysseezeit auf mannigfache Objekte, auch auf den Menschen, bezieht, läßt die Textilien beiseite. Sicher gelangen, vermutlich

κλυτὰ ἔργα VI 324; κλυτὰ εἵματα 6, 58; s.o. Anm. 172.   201 19, 235 (ἐθηήσαντο). Die Formel θαῦμα ἰδέσθαι, die Kenntnisnahme und Anerkennung enthält: für den Spinnfaden 6, 306, für das Gewebe 8, 366; 13, 108; vgl. auch 7, 105–111.   202 7, 233–239 (Aréte). – Bunt- und Bildweberei: ἐμπάσσειν III 126 (Helena), XXII 441 (Andromache); A. J. B. Wace, AJA. 52, 1948, 53f. – Muster: ποικίλματα VI 294 = 15, 107; θρόνα XXII 441; δαίδαλα XIV 179, πολυδαίδαλον ἱστόν Hes. Op. 64. Bunt, buntgemustert: ποικίλος V 735 = VIII 386; 18, 292f.; XXII 441; durch und durch gemustert: παμποίκιλος VI 289; 15, 105. Vergleiche für Schönheit und Glanz des Gewebes: VI 295 = 15, 108 ἀστὴρ δ' ὣς ἀπέλαμπεν; 19, 232–235 Zwiebelschale und Sonne; 24, 147f. Sonne und Mond.

Abb. 5b   Frauen beim Weben und Wiegen der Wolle, s. Abb. 5a

schon zur Iliaszeit, einzelne Stoffe, etwa aus dem vorderen Orient, als Geschenke in den Besitz einzelner Hellenen, sicher kommen mit Frauen aus fremden Ländern auch neue Muster von einer Völkerschaft zur anderen. Aber von Importen kann nicht die Rede sein. Dafür besteht kein Bedarf, denn die Textilproduktion des Oikos reicht hin.

Was sich gewiß ändert im Lauf der Zeit, das ist die Mode, nämlich der Stil der Webmuster und die Farbkompositionen. In der Ilias sind die außergewöhnlich schönen, die durch und durch gemusterten Stoffe – πέπλοι παμποίκιλοι – das Werk von Helenas sidonischen Frauen. Die Helena der Odyssee beherrscht diese Technik selbst bis zur Vollkommenheit. Dieses Nacheinander könnte man als ein Beispiel für die Ausbreitung des orientalisierenden, die Ablösung des geometrischen Stils in der Textilkunst betrachten [203].

f) *Wirkungen in Dichtung und Sprache*

Die Dichtung erwähnt solche Tatsachen nicht nur mehr oder minder beiläufig, sie macht auch einen poetischen Gebrauch davon, der von der einfachen Form des Vergleichs [204] bis zur Verflechtung mit dem Hauptgeschehen reicht. Andromaches ahnungsvolles Erschrecken drückt sich darin aus, daß das Weberschiffchen ihrer Hand entfällt [205]. Helena verfertigt ein Gewebe, dessen Bildschmuck sich auf ihre eigene Geschichte bezieht. Im Weben reflektiert sie über die Ereignisse der Gegenwart und über die Veranlassung, die sie selbst dazu gegeben hat [206]. Penelopes Gewebe endlich ist selber ein bestimmender Teil des Geschehens. Von der Weberin mit gattungsspezifischer, weil webender List in die Handlung eingebracht, behindert es diese erst, beschleunigt sie dann und markiert schließlich den Wendepunkt: in dem Augenblick, in dem das Gewebe fertig ist und die Freier sich am Ziel glauben, betritt Odysseus das Gehöft des Eumaios [207].

Nur andeuten können wir die Wirkung, welche die weiblichen Tätigkeiten des Spinnens und Webens für die Sprache der epischen Dichtung und von daher für

203 VI 289f. – 15, 104f.; s.u. S. R 50.   204 XXIII 758–764; Buchholz, Realien II 1, 185ff.   205 XXII 448.   206 III 125–128.   207 2, 93ff.; 19, 137ff.; 24, 126ff. (2, 93–110 = 24, 128–146; 19, 138–156); die Koinzidenz der Ereignisse 24,

die Sprache der kommenden Jahrhunderte haben. Ein wichtiger männlicher Bereich, die Schiffahrt, übernimmt Termini aus dem Bezirk des Webens. Nach dem Webebaum, ἱστός, ist der Mastbaum benannt. Die Segel heißen ἱστία[208], nicht weil sie gewebt sind (obwohl das der Fall sein kann), sondern weil sie am Mastbaum hängen wie das entstehende Webstück am Webebaum.

Das Wort für das Weben selbst, ὑφαίνειν, wird im Sinnbezirk der geistigen Tätigkeit für das planende Denken gebraucht, für die bedächtige Überlegung und die dazu gehörige Rede, für den klugen Rat, freilich auch für die List[209]. Das Spinnen wird als »Zuspinnen« oder »Abspinnen« zur bildlichen Wendung für die Bestimmung des menschlichen Schicksals durch übermenschliche Mächte. Auch an solchen Übertragungen zeigt sich, von welchem Gewicht die textile Tätigkeit der Frau für die dargestellte Gesellschaft ist und für die zuhörende[210].

g) *Reflex in der Bildkunst – Arbeitsgerät*

Eine Lekythos des Amasis-Malers trägt auf ihrem Leib einen Fries mit Frauen bei der Textilarbeit (Abb. 5a–b; um 560 v. Chr.). Die Herstellung des Vorgarns, das Spinnen, das Aufknäueln und Wägen des Garns, das Weben und schließlich das Falten und Aufeinanderlegen der fertigen Webstücke sind abgebildet. Der Fries schildert eine häusliche Szene, nicht eine kommerzielle. Ungeachtet des jüngeren Datums bietet die Darstellung eine Parallele zu den Vorgängen der Textilarbeit, die sich in den homerischen Epen beobachten lassen. Nichts Wesentliches hat sich geändert[211].

Die Bildkunst, die der epischen Dichtung zeitlich entspricht, überliefert zu diesen Einzelheiten nichts. Es paßte kaum zu ihren Intentionen. Aber das fertige Gewebe bildet sie ab. Bei den repräsentativen Wiedergaben des Totenkults und des Reigens fällt die ornamentale Verwendung von Textilien ins Auge, die lebhaft schachbrettartig gemusterten Bahrtücher, die unterschiedlich strukturierten Stoffe, vornehmlich der Frauengewänder. Häufig findet sich schräge Gitterung wie auf der oben erwähnten attisch-geometrischen Amphora (Taf. R Ib; gegen 700 v. Chr.), bisweilen auch durchgehende Punktierung, die vielleicht ein Rosettenmuster andeutet, wie auf der vorhin genannten protoattischen Loutrophoros (Taf. R Ic; nach 700 v. Chr.). Rosetten könnten auch die bunten θρόνα sein, die Andromache einem purpurroten Stoff einwebt. Die Muster, mit denen Helena in

147–152.   208 s. Chantraine u. Frisk s. v. ἱστός.   209 III 212. – VII 324 = IX 93; 4, 678. 739; 9, 422; 13, 303. 386; Hes. Sc. 28. – VI 187; 5, 356. – 9, 422. Auch τολυπεύειν (zum nichtepischen Substantiv τολύπη) »knäueln« könnte hierhin gehören; Penelope von ihrer Weblist: ἐγὼ δὲ δόλους τολυπεύω, 19, 137; Struck, Bedeutungslehre 53.   210 Ἐπινεῖν, ἐπικλώθειν, ἐπικλώθεσθαι, κατανεῖσθαι (Cunliffe s. v. κλώθω): 4, 207 f. – XX 127 f. – XXIV 209 f. – 16, 64. – XXIV 525; 1, 17; 3, 208; 8, 579; 11, 139; 20, 195 f. (z. T. formelhaft). – 7, 197 f. Κλῶθες; Hes. Th. 218 f. 905; Sc. 258–260: Κλωθώ. Zum ganzen Komplex R. B. Onians, 'On the Knees of the Gods'. ClRev. 38, 1924, 2–6; Onians, Origins 305 f. 335 f. 349 ff.   211 Metr. Mus., New York, Inv.-Nr. 31.11.70; Detail-Umzeichnung nach M. Bieber, Entwicklungsgeschichte der griechischen Tracht² (1967) Taf. 1,1; Beazley, ABV. 154 Nr. 57; S. Karousou, The Amasis Painter (1956) Taf. 43, 1–4; 44, 1. App. III 43 f.; die Erklärung des Abgebildeten weicht an manchen Stellen von der hier gegebenen ab; J. Boardman, Athenian Black Figure Vases (1974) 55 f. Taf. 78; eine Nachbildung des Webstuhls bei H. Faxson, A Model of

Abb. 6   Ornamentfries auf einer attisch-frühgeometrischen Kanne aus Athen

der Ilias beschäftigt ist, Kämpfe zwischen Achaiern und Troern, muß man sich stilisiert und in einen Fries geordnet denken, ähnlich der freilich ins Malerische gewendeten Art, in welcher ein Zug von Wagenlenkern auf der Bauchzone der gerade zitierten Gefäße abgebildet ist.

Bei diesen beiden Gefäßen, die an das Ende der Iliaszeit gehören, ist der textile Charakter der gesamten Dekoration, ihre Anordnung nach dem Prinzip von Querzonen unverkennbar. Auch der Hintergrund der Figurenfriese ahmt eine textile Struktur nach. Hier haben wir die Einwirkung einer hochentwickelten Textilkunst vor Augen, die sich nicht nur in Einzelheiten wie in den Stoffmustern der wiedergegebenen Gewänder äußert, sondern das Ganze erfaßt. Die Weberei läßt durch den Einfluß, den sie ausübt, im Medium der anderen Kunst das Aussehen ihrer verlorenen Werke wenigstens ahnen[212].

Daß der geometrische Stil zu einem großen Teil seinen Ursprung in der Textilkunst hat, ist bekannt. Sehr deutlich läßt sich diese Tatsache machen, wenn man den Ornamentfries vom Leib einer attisch-frühgeometrischen Kanne zeichnerisch ablöst und in die Gerade verlegt (Abb. 6; um 900 v. Chr.): sogleich liegt ein langes, vielfältig gemustertes Webstück da[213].

Aber man sollte sich den Vorgang der Beeinflussung nicht so vorstellen, als habe er in der Frühzeit des Stils ein für alle Mal stattgefunden. Gerade die beiden vorhin erwähnten Gefäße zeigen, daß sich dieser Einfluß immer erneuerte, über die Stilphasen hinweg und in neue Stilformen hinein. Die sich ändernden gemalten Dekors – wie auch die reliefierten – korrespondieren mit sich ändernden textilen Dekors. So stark war der Einfluß der Frau in ihrer Eigenschaft als Weberin. Doch den umgekehrten Weg muß man gleichfalls ins Auge fassen: die Weberin ließ sich ihrerseits, wenn sie alte Muster variierte, neue erfand, von den Erzeugnissen der übrigen Bildkunst anregen. Auf der hohen Stufe der Produktion, auf der die Textiltätigkeit einzelner Mitglieder des Oikos zu vermuten ist, hat es eine textile Bildkunst gegeben, die auf ihre Art der Bildkunst der Gefäßmalerei ebenbürtig war.

an Ancient Greek Loom. BMetrMus. 27, 1932, Abb. 1.   **212** Taf. R Ib: s.o. Anm. 102; Taf. R Ic: s.o. Anm. 116; für das Stoffmuster und den textilen Dekor im ganzen ist die Analatos-Hydria zu vergleichen (s.o. Anm. 121; Detail: Abb. 2). Zu den Gewandmustern Tölle, Reigentänze, Beil. VI. Zu den Leichentüchern H. Marwitz, Das Bahrtuch, Homerischer Totenbrauch auf geometrischen Vasen. AuA. 10, 1961, 11f. – Θρόνα XXII 441; das Wort ist ungeklärt, Chantraine s.v.; G.M. Bolling, AJPh. 79, 1958, 275–287. **213** Oinochoe aus Athen, in Privatbesitz; nach Hesperia 21, 1952, Taf. 78 zu C.W. Blegen, Two Athenian Grave Groups of about 900 B.C., S. 279–294; Schweitzer, Geom. Kunst 29 Abb. 7; 31 Abb. 8. – Zum Verhältnis Textilkunst – Bildkunst: E. Buschor, Beiträge zur Geschichte der griechischen Textilkunst (1912) 9ff.; Matz, Gr. Kunst 475ff.; Schweitzer

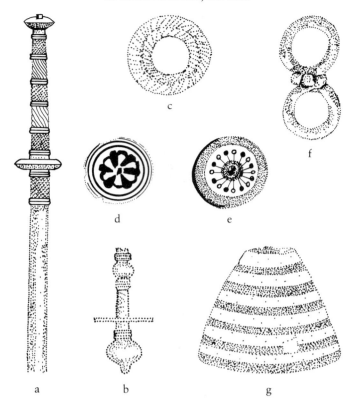

Abb. 7 a–g Gerät und Gebäck a.b: Rocken aus Bein und Spindel aus Bronze, Lindos d.e: Tönerne Spinnwirtel aus Perachora g: Tönernes Webgewicht aus Korinth c.f: Tönernes Votivgebäck aus Tiryns. Ohne Maßstab

Erhalten haben sich von den ἔργα γυναικῶν nur geringe Spuren, weil sie eben nicht ἄμβροτα, »von ewiger Haltbarkeit«, waren. So kann außer den Nachrichten der Dichtung nur die Spiegelung von Geweben in der sonstigen Bildkunst (auch die Toreutik wäre hier zu nennen) einen Eindruck von den »Werken der Frauen« vermitteln.

Von den technischen Gerätschaften sind wenige Fragmente von Spindeln und Rocken überkommen, viele Spinnwirtel und Webgewichte aus verschiedenen Materialien und eine Menge Nachbildungen von Körben in Ton, den τάλαροι der epischen, den κάλαθοι der späteren Sprache, welche zu verschiedenen Zwecken, im besonderen aber bei der Textilarbeit benutzt wurden (Abb. 7 a.b.d.e.g; 8. und 7. Jh.). All das war entweder von Frauen solchen Göttinnen geweiht, die eine enge Beziehung zur weiblichen Tätigkeit hatten, Spinngerät zum Beispiel der Athena Lindia auf Rhodos, Kalathoi vor allem der Hera Akraia und der Hera Limenia im korinthischen Gebiet, oder es war als intimes Werkzeug weiblicher Arbeit, als persönlichster Besitz Frauen ins Grab mitgegeben worden [214].

a.O. 27–31.   214 Abb. 7a: Fragment eines Rockens aus Bein, früharchaisch; L

Abb. 8 Protokorinthischer Aryballos mit plastischem Frauenkopf in Paris, Louvre

Die Odyssee erwähnt keine einzelnen Stoffdessins, wohl aber das Prinzip der durchgehenden Musterung, das sich in der gleichzeitigen Bildkunst ebenfalls registrieren läßt. Ein Kleid mit einem Schachbrettmuster trägt etwa die Frau auf dem Halsbild der Amphora von Melos mit Artemis und Apollon. Das Muster kehrt im Hauptbild zweimal wieder, dürfte demnach als modisch gelten. Rosetten und andere aus dem Kreis oder im Kreis entwickelte Ornamente sind den Kleidern der

19,3 cm; nach Chr. Blinkenberg, Lindos I Taf. 13, 333. – Abb. 7b: Fragment einer früharchaischen Spindel aus Bronze; H 6,8 cm; nach Blinkenberg a.O. Taf. 13, 341. – Abb. 7d–e: Tönerne Spinnwirtel, 1. Hälfte oder Mitte des 7. Jh. v.Chr. u. frühkorinth.; Dm 4,4 u. 4,6 cm; nach Perachora II Taf. 39, 1317. 1319 (S. 131). – Abb. 7g: Tönernes Webgewicht, 2. Hälfte des 8. Jh.; H 4,8 cm; nach Corinth XII Taf. 146d (S. 149). – Weiteres bei Blinkenberg a.O. 130ff. Taf. 13–15; Friis Johansen, Exochi 34. 186ff. Abb. 58–60; Sp. Marinatos, unser Kap. »Kleidung« A 17 Abb. 1; Daremberg-Saglio s.v. fusus (Lafaye) Abb. 3390; Blümner, TuT. I² 120 Abb. 14. Zum Kalathos: Perachora I 98f. Taf. 14, 5; 30, 21; mit durchbrochen gearbeiteter Wandung 13, 11; 31, 6; vgl. CVA. Heidelberg 3 Taf. 114, 1–2; Perachora II 87ff.; Corinth VII 1 Nr. 148. 149. 169; Friis Johansen a.O. 142f. Zum Gebrauch: Blümner a.O. 130f.; RE. X 2 (1919) 1548 s.v. Kalathos (Hug). Zu τάλαρος: κάλαθος Pollux X 125; Suda s.v. τάλαρος. – Darstellungen von Frauen mit Rocken und

Frauen des Gewandopfers und diesem selbst eingewebt (Taf. R II a.b; um 650 v. Chr.). In ähnlicher Weise gemustert sollte man sich vielleicht das Bahrtuch für Laertes denken.

Besonders kunstvoll sind auch jetzt Stoffe mit figurierten Mustern. Die Amphora von Melos als Ganzes könnte man als den Reflex von Geweben nach Art der epischen πέπλοι παμποίκιλοι ansehen, freilich nur als Reflex, denn der gemalte Dekor entsteht nach anderen Gesetzen als die gewebte Figurenreihe. Das Fragment eines Tonpinax (Abb. 1a; um 650 v. Chr.) läßt den unteren Teil eines Frauengewandes erkennen, das zwischen Ornamentbändern drei Zonen mit der Darstellung menschlicher Figuren trägt. Zwei davon, Mädchen im Reigen und schreitende Jünglinge, die uns oben schon beschäftigt haben, wirken gleich den Ornamentbändern textilen Friesen nachgebildet. Die Einzelszene heroischen Inhalts dagegen, unterhalb der mehrreihig ornamentierten Gürtung, ist ein selbständiges Bild. In ihrer völlig geschlossenen Form, ohne denkbare Fortsetzung nach rechts und links, ist sie der textilen Phantasie ursprünglich fremd.

Anders geartet, aber noch deutlicher zeigt sich das Prinzip des Bildes innerhalb einer 'textilen' Umgebung auf einem protokorinthischen Salbfläschchen (Abb. 8; um 650 v. Chr.). Der Gefäßleib ist als Frauengewand empfunden, er wird von einem weiblichen Kopf gekrönt, der den Ausguß bildet. Erinnerung an textile Muster sind die ornamentalen Szenen der Dekoration, denen auch ein Fries mit Hunden, die den Hasen jagen, zuzurechnen ist. Die Darstellung der Bauchzone aber ist, obwohl sie umläuft, ein Bild. Die Häupter der Kämpfenden ragen durch die obere Trennlinie in den darüber sich hinziehenden Ornamentfries. Diese Ausdehnung des Abgebildeten über die Grenze der Horizontale ins Vertikale ist ein Kunstgriff, widerspricht eigentlich textilem Charakter[215].

In beiden Fällen ist die Malerei mit einem möglichen textilen Vorbild souverän auf ihre Manier umgegangen. Auch in dieser Epoche, der beginnenden Odysseezeit, haben tatsächlich vorhandene Stoffe der Bildkunst Anregungen gegeben, die zum Teil bildlich nachgeahmt, zum Teil originär in Bild umgesetzt wurden. Beides zeugt, jedes auf seine Weise, für die große Wirkung der Webkunst, das heißt von einer Tätigkeit der Frau, in der sie materiell produktiv ist und schöpferisch produktiv sein kann.

2. Umgang mit Kornfrucht und Wasser

a) Die 'typische Szene' der Mahleinleitung

Der Beginn eines Mahles, zu dem Gäste gekommen sind, geht nach Regeln vor sich, die eine gewisse Variationsbreite haben, im Kern aber stets dieselben bleiben. In der Odyssee gibt es eine Reihe von Formeln, die, zu einem Versatzstück zusammengefügt, fast immer dann eingeschoben werden, wenn die Schilderung einer solchen Mahleinleitung ansteht. Die fünf Verse des zentralen und beständigen

---

Spindel s.o. Anm. 145, s.u. Anm. 554. – Rouse, Votive Offerings 72f.   **215** Abb. 8: Aryballos, Paris, Louvre, Inv.-Nr. CA 931; nach Richter, Korai Taf. 5b; Payne, Necrocorinthia Taf. 1, 8–11; Buschor, Vasen 30 Abb. 34; Matz, Gr. Kunst Taf. 83b. – Zur Amphora aus Melos (Athen, Nat. Mus. Inv.-Nr. 3961.911): Buschor, Vasen Taf. 66; Matz, Gr. Kunst Taf. 171; Zeichnung der Frau bei Sp. Marinatos, unser Kap. »Kleidung« A 45

Teils dieser typischen Szene betreffen die weiblichen Tätigkeiten bei diesem Anlaß. Eine Dienerin trägt Wasser in einem Krug herbei und gibt es in ein Becken zum Händewaschen für die Teilnehmer am Mahl. Die Tamie (die Beschließerin der Vorräte) bringt das Brot, legt es auf den Tisch und serviert an Beilagen reichlich von dem, was gerade zur Verfügung ist. Formelhaft gefaßt, aber veränderlich, folgen hier öfters Verse, welche die männlichen Verrichtungen notieren: der Daitros (der Vorschneider) trägt verschiedene Sorten Fleisch auf Platten herbei, legt sie vor und stellt die Becher auf den Tisch. Der Keryx (ein Mann mit vielen der Vermittlung dienenden Ämtern) gießt den Wein ein. Formelhaft und variabel sind auch die dem Mittelteil manchmal vorausgeschickten Verse: die Gäste nehmen ein Bad, reiben die Haut mit Öl ein und legen frische Kleidung an. Bei diesen drei Verrichtungen assistieren Frauen, eine Tochter oder Dienerinnen des Hauses[216].

Wiederum erscheinen männliche und weibliche Tätigkeiten voneinander gesondert und in formelhaften Wendungen festgehalten. Wieder ergibt sich daraus eine Zuordnung von getrennten Bereichen an beide Geschlechter: Männer haben die Sorge für Fleisch und Wein, Frauen, außer für Kleidung, wie es ihrem Textilressort entspricht, für das Brot mitsamt der Zukost und für das Wasser, zu dem sich bisweilen das Öl gesellt. Diese Aufteilung wird durch weitere Nachrichten der epischen Texte bestätigt. Abweichungen lassen sich jeweils begründen. Der Wein zum Beispiel gehört, solange er im Vorrat bleibt, in die Obhut der Frau. Auch ist in mancher Hinsicht Stellvertretung durch das andere Geschlecht möglich. Es besteht zwar Trennung der Bereiche, aber kein Tabu.

b) *Kornfrucht*

α) *Mahlen:* Der Gewinn der Kornfrucht vollzieht sich wie der Gewinn der Textilfaser in allen Abschnitten aufgrund der »Werke der Männer«. Sobald das reine Korn vorhanden ist, geht es wie die reine Faser in den Arbeitsbereich der Frau über. Die epische Gesellschaft, jedenfalls die der dargestellten Oberschicht, befindet sich nicht mehr in dem Zustand, daß die Frau des Hauses das Korn selbst mahlt. Damit ist nach der Aussage der Odyssee eine größere Zahl von weiblichen Arbeitskräften beschäftigt[217]. Trotzdem besteht kein Zweifel daran, daß die tägliche Schmauserei der Freier für den Haushalt der Odysseusfamilie eine unerträgliche Belastung ist, nicht nur was die Fleischbeschaffung, auch was die Mehlbereitung anbetrifft. Deutlich wird das an der einen γυνὴ ἀλετρίς unter den Müllerinnen des Odysseusoikos. Die »Mahlfrau«, eine Lohnarbeiterin, ist mit dem Übermaß ihres Tagespensums nicht fertig geworden und sitzt noch bei Nacht an der Mühle. Das ist etwas Außergewöhnliches. Groß ist der Verbrauch an Mehl und Schrot im Haushalt immer, und die Arbeit des Mahlens ist entsprechend wichtig.

Abb. 9f. – Zu Taf. R II a. b s. o. Anm. 144; zu Abb. 1 a s. o. Anm. 117.   [216] Die typische Szene: 1) Wasser, Brot, Zukost 1, 136–140 = 4, 52–56 = 7, 172–176 = 10, 368–372 = 15, 135–139 = 17, 91–95; 2) anschließend Fleisch und Wein 1, 141–143; V. 141–142 = 4, 57–58 u. 15, 140–141 eine Variation (kleinere Abweichungen sind nicht vermerkt); 3) vorausgehend Bad, Öl, frische Kleidung 4, 49–50 ≈ 10, 364–365 ≈ 17, 88–89. Der Bewirtungsszene 7, 172–176 entspricht die Badszene 8, 454f. Zum Grundsätzlichen: W. Arend, Die typischen Szenen bei Homer (1933) 68ff. – Über den Status der Beschäftigten, ob sie frei oder unfrei sind, kann die Szene nichts aussagen (Wickert, Gnomon 39, 602f.).   [217] Die Müllerinnen des Alkinoos 7, 104 (≈ Hes. Fr. 337).

Doch unter normalen Umständen stehen Verzehr und Herstellung in einem ausgewogenen Verhältnis[218].

β) *Gebrauch des gemahlenen Korns:* Die typisierende Schildbeschreibung zeigt die Männer beim Braten des Fleisches, die Frauen beim Anrichten einer Gerstenspeise[219]. In Nestors Hütte serviert Hekamede zusammen mit Zwiebeln und Honig ein Gericht aus Wein, geriebenem Käse und Gerstenmehl, das die Erschöpfung vertreibt[220]. Ähnliche Zutaten enthält das ominöse Gerstenmus Kirkes[221]. In einer Gemeinschaft von Männern, zum Beispiel unter Hirten, muß ein Mann diese eigentlich weibliche Aufgabe erfüllen und das Gerstengericht bereiten[222].

Brot ist neben dem Brei das wichtigste Nahrungsmittel. Aber sooft auch vom Brot die Rede ist, wie es gebacken wird, erfährt man nicht, und auch nicht, wer es bäckt. Zwei Andeutungen der Odyssee erlauben die Annahme, daß Frauen dies tun. Die Gemahlinnen der Tischgenossen des Menelaos scheinen das Brot für die Syssitien der Männer zu backen[223]. Die γρηῦς καμινώ, die alte Backfrau, welche in einem Vergleich ἐπιτροχάδην, »wie ein Laufrad«, redet, ist vermutlich nicht von altweiberhafter Geschwätzigkeit, sondern bespricht den Brotteig mit Formeln, die ursprünglich – und fast bis in unsere Zeit hinein – zum Kneten des Teigs gehören und oft derb sexuellen Inhalts sind. Der Vergleich enthielte dann den Hinweis auf etwas, das von der epischen Dichtung sonst fern gehalten wird, auf die magischen Handlungen, mit deren Vorhandensein in der außerepischen Realität man rechnen muß, gerade im Alltag der weiblichen Verrichtungen[224].

γ) *Brotgewährung – Abstand vom Fleisch:* Das Brot kommt im Korb auf den Tisch, von der ταμίη aufgetragen, manchmal mit Unterstützung anderer weiblicher Bediensteter[225]. Die Frau des Hauses läßt ihren Bezug zu den Speisen nur mit einiger Zurückhaltung erkennen[226]. In der Ilias verweist das Attribut ἠπιόδωρος, »loyal gebend«, das Hekabe, der Herrin des großen, vielgegliederten Priamosoikos, zuteil wird, noch auf die Verbindung der Hausmutter zu den Vorräten: sie gibt allen gerecht in gleichem Maß[227]. Die Brotsendung der Spartanerinnen bewahrt den repräsentativen Charakter, der dem Umgang der Frau mit dem Brot innewohnt. Brot als Wegzehrung nebst Zukost und Wein gibt die Hausfrau manchmal noch eigenhändig aus[228]. Aber in fast allen Haushaltungen, von denen

---

218 20,105–120; zu deren Status und zur poetischen Bedeutung der Szene: Wickert, Gnomon 39, 603; andere Aspekte bei K. Hirvonen, Cledonomacy and the Grinding Slave, Od. XX 91–121. Arctos. Acta Philologica Fennica n.s. VI, 1969, 5–21. **219** XVIII 558–560. **220** XI 638–641. **221** 10, 234–236. **222** 14, 77; zu παλύνειν »bestäuben« oder »einrühren«: G. Bruns, unser Kap. »Küchenwesen« Q 56f. Zum ganzen Komplex, auch zum folgenden: W. Richter, unser Kap. »Landwirtschaft« H 107ff. **223** 4, 623. **224** 18, 26f. s. Chantraine u. Frisk s. v. κάμινος; das Wort ist ungeklärt. Auch III 213 charakterisiert ἐπιτροχάδην den gleichmäßigen Redefluß. Zur Brotmagie: H. E. Jacob, Sechstausend Jahre Brot² (1954) 446ff. **225** 7, 166; 17, 259f. u. in der typischen Szene der Mahleinleitung (s. o. Anm. 216). **226** Frauen (δμωαί/γυναῖκες) reichen das Brot (1, 147), bereiten das Mahl (3, 427f.; 4, 683 δαῖτα πένεσθαι; 15, 76f. ≈ 93f. δεῖπνον τετυκεῖν), tischen ab (7,232; 19,61f.). 15,93f. richtet der Hausherr die Aufforderung, das Mahl zu bereiten, an die Hausfrau mit ihren Frauen. Daß dies, soweit es die Hausfrau (Helena) betrifft, rein formell ist, zeigt der Fortgang der Szene. Während der Mahlzeit reicht einmal der Keryx Brot: 17, 334f. (17, 342f. u. 18, 119f. handelt es sich um eine besondere Situation). **227** VI 251. **228** 4, 621–623. – 6, 76–78; 13, 64–69

die Odyssee berichtet, hat die Tamie als die Nächste nach der Hausfrau und als Verwalterin aller Vorräte im Oikos die Pflicht der Brotreichung übernommen[229]. Für den Hausherrn tritt auf ähnliche Weise nun der δαιτρός ein. Er serviert, bisweilen unterstützt von männlichen Bediensteten, das Fleisch, das an sich in die Zuständigkeit des Hausvaters gehört, weil er es ist, der das Schlachtopfer darbringt[230].

In einer Männergemeinschaft müssen Männer das weibliche Amt der Brotreichung versehen. Die Vorratsbeschließer der Achaierschiffe heißen ταμίαι mit dem Zusatz σίτοιο δοτῆρες: sie verteilen das Brot an die Besatzung[231]. Das Masculinum ταμίης scheint nach dem Femininum ταμίη gebildet zu sein[232]. Wenn Achill in seiner Lagerhütte Gäste empfängt, so legt er als der Hausherr selbst das Fleisch vor. Das Brot reicht der Freund Patroklos und nach dessen Tod Achills Wagenlenker Automedon[233]. Hier hat die Männergesellschaft des Feldlagers ein Moment der Oikosordnung adaptiert. Wer dem Heerführer an Rang und Zugehörigkeit am nächsten steht, übernimmt die Pflicht der Brotgewährung, die in der Familie ursprünglich der Hausfrau zukommt. In den Männergemeinschaften der Odyssee, bei den Schweinehirten und zeitweilig auch bei den Freiern, geht es ähnlich zu wie im Achaierlager[234].

Das Gegenstück bildet die weibliche Gemeinschaft bei Kirke. Menschliche Gäste werden hier wie bei Kalypso mit der Kost der Sterblichen, mit Brot und Wein, bewirtet. Die typische Szene der Mahleinleitung beschränkt sich auf die Teile mit den weiblichen Verrichtungen. Den Wein mischt anstelle des Keryx eine Amphipolos. Das Auftragen des Fleisches aber ist mit solcher Bewußtheit weggelassen, daß man sogleich aufmerksam wird. Ein Fleischgericht gehört nicht in die nicht nur göttliche, sondern auch ganz und gar weibliche Welt der Nymphen[235]. Trotzdem empfangen die Männer später, als sie von der Nekyia zurückkehren und den Anschluß an die Oberwelt wieder gewinnen müssen, aus den Händen der Nymphen eine vollständige Männermahlzeit: Wein, Brot und Fleisch. Auch im rein weiblichen Bezirk ist Stellvertretung möglich[236].

δ) *Speisegewohnheiten*: Obwohl man die üppigen Mahlzeiten an Fleisch, vor allem vom Rind, welche die homerischen Epen schildern, als eine heroische Steigerung der alltäglichen Verhältnisse betrachten muß und nicht eine Spiegelung der Realität in ihnen sehen darf, weil diese in ihren Ansprüchen und Möglichkeiten viel bescheidener ist, so bleibt doch bestehen, daß Fleisch als Speise gilt, die Män-

---

(Aréte); 5, 165f. 265–267 (Kalypso).   **229** 2, 337ff. 379f.; 4, 745f.; s.o. Anm.225. **230** (Nur Od.) 1, 141 = 4, 57; 17, 331; Diener in dieser Funktion 17, 258; δαιτρεῦσαι u. ὀπτῆσαι als Männerarbeit 15, 319–324.   **231** XIX 44f.   **232** Zu τέμνειν in der Bedeutung »sondern, teilen«. Ταμίη/ταμίης ist, wer etwas in Verwahr hat und unter Umständen davon herausgibt. Frisk s.v. ταμία.   **233** IX 216f. ≈ XXIV 625f.   **234** Mesaulios 14, 449. 455; Philoitios 20, 254f.   **235** Speise οἷα βροτοὶ ἄνδρες ἔδουσιν bei Kalypso, 5, 196f.; vgl. 5, 165f. Nymphe als Weinschenk 10, 356f. Der übergreifende Satz ἐστθέμεναι δ᾽ἐκέλευεν (sc. ταμίη), welcher den Wegfall des Fleischgerichts signalisiert: 10,373. **236** 12, 18f. Der Vorgang ist so exzeptionell wie vorher das unvermittelte Vorhandensein zweier Opferschafe (10, 569–574). Nymphen können zwar im Gegensatz zu menschlichen Mädchen Hirtinnen sein, aber ihre Herde bleibt immer dieselbe, ohne Vermehrung, ohne Verminderung (12, 127–136). Fleischessen der Männer kommt in der Kirkeepisode ferner in der Formel vor, die festhält, wie Männern gemäß einem männlichen Lebensideal die Zeit verstreicht: beim Dasitzen, Weintrinken, Fleischessen (10, 468 = 10, 477 = 12, 30 =

ner ehrt. Frauen essen im Epos kein Fleisch. Sollten sie es in der außerepischen Realität getan haben, so unterdrückt die Dichtung diese Tatsache. Aber es liegt nicht fern anzunehmen, der seltene Fleischgenuß sei den Männern vorbehalten, die ja auch sonst mit dem Fleisch umgehen. Man fragt sich, was Frauen denn essen könnten, und kommt zu der Vermutung, daß sie von den Nahrungsmitteln zu sich nehmen, die sie selbst verarbeiten und verwalten: Brot und Gerstenbrei, Honig und Käse und Zukost aller Art[237].

Wenn wir damit recht haben, dann korrespondiert mit der Fleischenthaltung der Frauen die Trennung der Speisegemeinschaft zwischen den Geschlechtern, jedenfalls in der Odyssee; dort haben Frauen, selbst die Herrin des Hauses, an den Mählern der Männer nicht teil, auch wenn sie wie Aréte mit ihrem weiblichen Gefolge zugegen sind. Penelope macht, mit Spinnen beschäftigt, acte de présence, während Telemachos und sein Gast beim Nachtmahl sitzen. Sie selbst ißt nicht[238]. Für Nausikaa serviert die Dienerin das Abendbrot auf dem Zimmer; sie speist für sich allein[239].

Eine bemerkenswerte Ausnahme gibt es: Alle Mitglieder des Aiolos-Klans, Vater und Mutter, Söhne und Töchter (die miteinander verheiratet sind), halten die Mahlzeit gemeinsam[240]. Aber das geschieht auf einer einsamen Insel und ist eine exotische Angelegenheit, für die hinzukommenden Achaier der Erzählung wie für 'Sänger' und Hörer der Odyssee. Uns erscheint es nicht unmöglich, aus dieser Nachricht zu schließen, hier liege eine vage Erinnerung an die Großfamilie der Iliaszeit vor. Von den Speisegewohnheiten der Priamosfamilie erfährt man zwar nichts, doch in der göttlichen Großfamilie der Ilias sitzen Götter und Göttinnen zusammen beim Mahl[241]. Die Männer der Nestorfamilie, obwohl auch sie in der Odyssee ein Residuum der Großfamilie ist, tafeln dagegen unter Ausschluß der Frauen als Männergemeinschaft der Pylier (wie es Lakedaimonier und Phaiaken tun) oder als Männergemeinschaft der Familie[242].

Die Trennung der Speisegemeinschaft zwischen den Geschlechtern ist, ethnologisch gesehen, Merkmal einer Primitivgesellschaft und resultiert aus der verschiedenen Art, auf die Männer und Frauen Nahrung beschaffen[243]. In der epischen Gesellschaft sind Frauen jedoch an Erwerb und Produktion von Nahrungsrohstoffen in keiner Weise beteiligt. Wie der Feldbau, so sind Gartenbau, Honiggewinnung und Milchwirtschaft Männersache. Frauensache ist die Verarbeitung der Erzeugnisse aus Feld und Garten, die Verwendung von Honig und Käse.

außerhalb der Episode 9, 162 = 9, 557 = 10, 184). 237 Geringe Bedeutung des Fleischgenusses, Getreide als Hauptnahrungsmittel: W. Richter, unser Kap. »Landwirtschaft« H 107f.; zu den zurückgedrängten Realien gehört das Essen von Fisch und frutta di mare. Aßen Frauen davon? Die Frage, was die Frauen des Epos eigentlich essen, stellt schon C. Lenz a.O. (Anm. 3) 72. Aphrodite zieht Mädchen mit Käse, Honig und Wein auf (20, 69f.). Nausikaas Proviant besteht aus οἶνος, ὄψα, ἐδωδὴ παντοίη (6, 76f.); im letzten ist σῖτος enthalten (7, 295); ἐδωδή ist ein weitgefaßter, oft formelhaft gebrauchter Begriff. 238 17, 96–100; vgl. 19, 321f. 239 7, 13. 240 10, 5–12. 61. 241 I 575f.; XV 95. 242 3, 30–33. 386–396; was die bis dahin anwesenden Frauen der Familie inzwischen tun, bleibt ungesagt. Vgl. auch VIII 161–164 (Cunliffe s.v. τεύχω 8b), vielleicht auch h. Cer. 126ff. – Nicht auf familiäre Speisegemeinschaft zu beziehen ist 8, 241–244 (obwohl 8, 243 ≈ 10, 61, s.o. Anm. 240): der Fremde, wieder »zuhause bei Frau und Kindern«, wird den Tischgenossen ein Mahl geben. 243 5, 195–202 essen Kalypso und Odysseus zur selben Zeit und am selben Ort, aber völlig verschiedene Speisen. – Zur Speise-

ε) *Verbindung zum Wein – Vorratshaltung:* An der Traubenlese wirken nach dem Ausweis des Schildbildes beide Geschlechter mit. Beim Männermahl ist der Wein Begleiter des Bratens. Aber er gehört zum Brot. Wie ἀμβροσίη und νέκταρ bilden σῖτος und οἶνος ein Begriffspaar. Die gemahlene Kornfrucht und der Wein lagern im θάλαμος, über den die Hausfrau oder an ihrer Stelle die Tamie gebietet. Eurykleia hat außerdem das Öl im Vorratsraum unter Verschluß, dazu die Truhen mit den Textilien und die Metallschätze des Hauses. Telemachos muß sich Mehl und Wein als Reiseproviant von ihr ausbitten [244]. In schlichten Verhältnissen hat die Hausfrau keine Tamie und versorgt die Vorräte selbst. Das ändert der Hermeshymnos für den Haushalt der Nymphe Maia auf göttlichen Stil um, aber das Vorbild der Menschenwelt bleibt erkennbar [245].

Frauen, auch die jungen Mädchen, trinken Wein. Wie die Gattin dem Gatten, die Mutter dem Sohn den Becher mit Wein reicht, zur Spende für die Götter und zur eigenen Erquickung, so bietet man auch der Frau, die man zu ehren wünscht, einen Becher mit Wein und fügt wohl einen Trinkspruch hinzu [246]. Bei den Göttern geschieht es mit dem Nektar nicht anders. Den Nektarschenk macht bald Hephaistos, bald Hebe. Bei Kirke gießt eine Nymphe den Wein ein, doch bei den Menschen ist dies ein männliches Amt [247].

Wein und Kornfrucht verbinden Frauen, wenn sie einen Stärkungstrank bereiten. Dessen übrige Ingredienzien, Honig und Käse, unterstehen ihnen wie auch die gesamte Zukost, ὄψα und εἴδατα, was immer man sich darunter zu denken hat: Obst, Gemüse und Kräuter, Rohes und Gekochtes, contorno. Die weibliche Aufgabe der Verwahrung der gemahlenen Kornfrucht hat sich auf die Nahrungsvorräte im Ganzen ausgedehnt. Das allgemeine Wort für Brot, σῖτος, wird zum Inbegriff der Speise, soweit sie in der Verfügung der Frauen ist. Aus dem Umgang mit den Materialien für die Speisen, aus der Erfahrung von deren Wirkung auf den menschlichen Organismus geht die pharmakologische Kenntnis der Frau, die weibliche Art der Heilkunde hervor [248].

Daß Frauen backen, kann man wahrscheinlich machen, daß Frauen mahlen, mengen und mischen, ist offensichtlich. Daß sie kochen, davon hört man nichts. Aber es kann als gewiß gelten, daß sie am Herd, dessen Feuer in ihrer Obhut ist, Speisen bereiten. Als Hermes im Hymnos ein Loblied auf den Haushalt seiner Mutter Maia singt, da rühmt er auch ihre unerschöpflichen Kochkessel: ἐπηετάνους τε λέβητας (h. Merc. 60f.).

ζ) *Kultische Verwendung der Kornfrucht:* Brot- und Kuchenopfer, sonst im griechischen Bereich von Frauen dargebracht, sind in der epischen Dichtung nicht erwähnt. Korn und Mehl haben ihren Platz im Kult, die Weihenden aber sind fast ausschließlich Männer. Penelope bringt Athene einmal ein Gerstenopfer dar [249], und der Trank aus Wasser, Gerstenmehl und Minze, den Metaneira Demeter

---

trennung der Geschlechter RV. VIII 425 s.v. Nahrung (Thurnwald). [244] 2, 337ff.; vgl. 15, 24–26; die Tamie des Kikonenpriesters Maron 9, 205–207; Nestors Tamie 3, 390–393. [245] Die ἄδυτοι Maias: h. Merc. 246–251; vgl. 178–181. [246] XXIV 305f.; VI 258–267 (Hekabe); VIII 184–190 (Andromache); 13, 56–62 (Odysseus); h. Cer. 206f. (Metaneira). [247] XXIV 101f. (Hera); XV 85–91 (Themis). – I 597–600 (Hephaistos); IV 1–3 (Hebe); 10, 356f. (Nymphe). [248] Ergänzung der epischen Mitteilungen durch archäologische Funde, z.B. in bezug auf Gemüse: G. Bruns, unser Kap. »Küchenwesen« Q 55, 486; zu σῖτος »Speise«, doch im besonderen »Brot«: ebd. Q 56; Cl. Moussy, Recherches sur τρέφω et les verbs grecs signifiant 'nourrir' (1969) 91. [249] 4, 761.

anstelle von Wein reicht, hat gleichfalls kultische Bedeutung[250]. Beides weist auf einen Anteil der Frauen am Kornfruchtopfer. Aber die Beziehung erscheint weniger intensiv als man aufgrund der Nähe erwartet, in welcher die Frau zur Kornfrucht steht[251].

c) *Wasser*

α) *Wasserholen*: Das Wasser, das im Oikos in Mengen gebraucht wird, schaffen Frauen herbei, und zwar junge Mädchen, Töchter oder Mägde. Als Odysseus die Stadt der Phaiaken betritt, kommt Athene ihm in einer vertrauten und Vertrauen erweckenden Erscheinung entgegen, »in Gestalt eines Mädchens im Heiratsalter, den Wasserkrug tragend«[252]. Die Mädchen, die den Brunnengang machen, wissen immer Bescheid, über Zustände und Begebenheiten in der Stadt, über Ereignisse vor den Mauern, unter denen die Ankunft eines Fremden besonders bemerkenswert ist. Wasserträgerinnen schwatzen auch untereinander gern, auf dem Weg oder am Brunnen verweilend. Deshalb mahnt Eurykleia die Hausmädchen, beim Wasserholen ein bißchen schnell zu machen[253].

Die alte Frau des Demeterhymnos, in der sich die Göttin selbst verbirgt, hat sich mit Absicht beim Brunnen im Olivenhain vor der Stadt, dem παρθένιον φρέαρ, niedergelassen. Sie sucht Arbeit, und ein Gespräch mit wasserholenden Mädchen kann der Vermittlung dienen. Der Verfasser des Hymnos nimmt hier Gelegenheit, die Anmut junger Mädchen zu beschreiben: Wenn sie die Krüge gefüllt haben, schreiten sie stolz aufgerichtet davon; ihre Bewegungen sind gemäßigt, weil sie die Wassergefäße auf dem Haupt balancieren. Als sie später ohne die Krüge noch einmal zurückkommen, laufen sie »wie Hinden oder Färsen im Frühjahr springend«, die Kleider gerafft und mit wehendem Haar[254]. In der Theogonie ist Iris unterwegs, um in »goldener Kanne« das Eidwasser für einen Rechtsstreit zwischen Göttern zu holen. Doch trotz dem feierlichen Anlaß wirkt die Göttin nicht anders als ein Mädchen, das mit dem leeren Gefäß »schnellfüßig« zum Wasser unterwegs ist[255].

Der Weg zum Brunnen ist nicht ohne Gefahr. Herodot berichtet, wie in der Frühzeit Athens die Mädchen beim Wasserholen an der Enneakrounos von Pelasgern überfallen worden seien[256]. Dergleichen melden die epischen Dichtungen nicht. Doch die Situation der Tochter des Laistrygonenkönigs, die vor der Stadt, an der Quelle Artakie, »von wo man das Wasser zu holen pflegte«, ihren Krug füllt, ist bedrohlich genug. Plötzlich sieht sie sich drei fremden Männern gegenüber[257]. Wasserholen ist auch keine leichte Arbeit. Später wird sie häufig von unfreien Männern verrichtet. Aber schon die kriegsgefangene Andromache mußte, wie man aus der Ilias erfährt, für ihre Herrin das Wasser von der Quelle holen[258].

250 h. Cer. 207–211 (κυκεών).   251 Zum Speiseopfer: Nilsson, GGR. I² 47. – Votivgebäck s. u. S. R 64.   252 7, 19 ff.; V. 20: παρθενικῇ ἐϊκυῖα νεήνιδι κάλπιν ἐχούσῃ; ihr Quellhain 6, 291 ff.   253 20, 153 ff.; V. 154: ... καὶ οἴσετε θᾶσσον ἰοῦσαι.   254 h. Cer. 98 ff. 169 ff.   255 Hes. Th. 780 ff.   256 Hdt. 6, 137, 3 (φοιτᾶν ἐπ' ὕδωρ).   257 10, 105–111; V. 108 ... ἔνθεν γὰρ ὕδωρ προτὶ ἄστυ φέρεσκον; vgl. 7, 131; 17, 206; h. Cer. 99: ὅθεν ὑδρεύοντο πολῖται. – Ὑδρεύεσθαι »Wasser holen lassen«, ὑδρεύειν (10, 105) »Wasser holen«, sonst ὕδωρ φορέειν oder φέρειν: VI 457; 3, 429; 10, 108. 358; 20, 153 f.; Hes. Th. 784 f.; h. Cer. 106.   258 VI 457 f.   259 Mädchen und

Die Erscheinung der jungen Mädchen beim Wasserholen prägt sich ebenso sinnfällig ein wie ihr Auftreten beim Reigen, und wie Kranz und Zweig, so ist auch der Wasserkrug ihr Attribut. Unter den weiblichen Götterwesen sind die Nymphen den Mädchen am nächsten, wie diese tanzen sie den Reigen, wie diese haben sie mit dem Wasser zu tun. Aber auch Athene ist als Göttin eines Quellhains ein Mädchen. Sie hat sich also nicht verwandelt, als sie mit dem Wasserkrug daherkommt, sondern tritt Odysseus in einer ihr eigentümlichen Gestalt entgegen [259].

β) *Baden, Fußwaschung, Händewaschen*: Eine von Kirkes Hausgehilfinnen, Nymphen wie sie, ist in der typischen Szene der Mahleinleitung die Amphipolos, die das Handwaschwasser bringt. In den vorausgehenden Versen sorgt eine Amphipolos für das Bad des Odysseus, und zwar auf die bei den Menschen übliche Weise. Sie holt Wasser, facht das Feuer an und bringt Wasser zum Kochen, veranlaßt den Gast, sich in die Wanne zu setzen, und übergießt ihm Haupt und Schultern mit angenehm temperiertem Wasser. Dann reibt sie ihn mit Öl ein und gibt ihm frische Kleidung. Odysseus fühlt sich wie neugeboren [260].

Die beiden Verse αὐτὰρ ἐπεὶ λοῦσέν τε καὶ ἔχρισεν λίπ' ἐλαίῳ / ἀμφὶ δέ με χλαῖναν καλὴν βάλεν ἠδὲ χιτῶνα kommen als Paar häufig vor, jeder auch für sich allein. Sie werden vielfach variiert, vor allem wechselt das Subjekt. Doch wird es mit einer Ausnahme von Frauen gebildet, mehrfach sind es δμωαί, im Haushalt beschäftigte Frauen. Die δμωαί Achills, das Personal seiner Lagerhütte, kriegsgefangene Frauen, waschen, salben und kleiden Hektors Leichnam [261]. Dem toten Patroklos erweisen ἑταῖροι, die nächsten Kampfgefährten, diesen Dienst. Das ist die gerade erwähnte Ausnahme. Sie basiert auf der schon genannten Existenzform der Männergemeinschaft im Heerlager. Dem allgemeinen Brauch entspricht es, wenn Frauen Leichenwäsche und Leichenbekleidung vollziehen [262]. Sie sind für Reinigung und Bekleidung des menschlichen Körpers zuständig. Auch das Neugeborene waschen und kleiden sie [263].

In der Odyssee betrifft das Verspaar ausschließlich den lebenden Menschen. Die Formel hält die Gewohnheit fest: weibliche Bedienstete leisten Hilfe beim Baden. Vom Gast können sie dafür ein γέρας, eine »Ehrengabe«, erwarten. Sie sind dabei nicht nur als Gruppe von Dmoiai tätig, auch als einzelne [264]. Eigentlich aber hat ein weibliches Mitglied der Familie, wenn nicht die Hausfrau selbst, diese Aufgabe zu erfüllen [265], doch wird sie häufig auf dienende Frauen delegiert. Deutlich zeigt sich der Übergang der Kompetenzen bei der Badeszene im Palast des Alkinoos. Der Hausherr fordert die Hausfrau auf, für das Bad des Gastes zu sorgen.

Nymphen: 6, 101ff. 122–125 u.ö.; Nymphen: Nilsson, GGR. I² 244f.; M.Ninck, Die Bedeutung des Wassers in Kult und Leben der Alten (1921, Ndr. 1960) 12ff.   **260** 10, 358–365.   **261** XXIV 582. 587f. Zur Sache: M.Andronikos, unser Kap. »Totenkult« W 2ff.   **262** XVIII 343ff.; vgl. 24,44f. 58f. 188–190; φίλοι (V.188) »die Angehörigen«.   **263** h.Ap. 120–122; vgl. h. Merc. 268; Ginouvès, Balaneutiké 235–238. **264** Die Badeformel (ohne Hinweis auf Variationen): XVIII 350 (Hetairoi); XXIV 587f.; 4, 49f.; 8, 454f.; 17, 88f. (immer Dmoiai); 23, 154f. (Tamie); 24, 366f. (Amphipolos); 4, 252f. (Helena); 10, 450f. (Kirke); 10, 364f. (Kirkes Amphipolos); 3, 466f. (Nestors Tochter). – Das γέρας für die λοετροχόος (sc. γυνή) 20, 296f. Das Bad für den Lebenden in der Il.: XIV 6f. (Hekamede); XXII 442–444 (ἀμφίπολοι); XXIII 39ff. (κήρυκες); XVIII 344 ≈ XXIII 40 ≈ XXII 443 (≈ 8, 434).   **265** V 905 (Hebe); 3, 466f. (Poly-

An ihre Stelle tritt die Tamie, unterstützt von Dmoiai, die das Subjekt der Formel sind, mit der die Szene schließt[266].

Das Formelverspaar mit weiblichem Subjekt, vor allem die Verse, in denen Polykaste, die jüngste Tochter Nestors, die Handelnde ist und Telemachos beim Baden hilft, haben spätere Zeiten zu Spekulationen sexuellen Inhalts veranlaßt[267]. Die Badeszenen der epischen Dichtung sind jedoch von solcher Selbstverständlichkeit, daß man nichts hinter ihnen zu suchen braucht. Mit nicht geringerer Selbstverständlichkeit wird aber auch über sexuellen Umgang berichtet. Gehörte er zum Bad, wäre er ohne weiteres Teil der Badeformel. Wie genau das Gefühl für das Schickliche ist, zeigt die Begegnung des Odysseus mit Nausikaa und ihren Mädchen und sein Bad im Fluß[268].

Oft wird die wiederherstellende Kraft des Bades gepriesen: »Er stieg aus der Wanne, an Gestalt Unsterblichen gleich.«[269] Das Bad bedeutet eine Zäsur, es markiert das Ende von Arbeit, Mühsal, Trauer, Irrfahrt und den Beginn eines neuen Zustandes, hat also außer der säubernden eine kathartische Wirkung. An ihr haben die Frauen aufgrund ihrer Verbindung zum Wasser teil. Sie sind Vermittlerinnen. Einen solchen Sinn muß man auch in der Fußwaschung sehen, die Eurykleia an Odysseus in seiner Bettlergestalt vornimmt. Vorbereitet wird sie wie sonst das Bad, und ihr Abschluß ist mit dem letzten der beiden Formelverse gegeben[270]. Dazwischen aber liegt das Ereignis, daß Odysseus durch die Fußwaschung von Eurykleia unwiderlegbar als Odysseus erkannt wird. Die Fußwaschungsszene bezeichnet den günstigen Umschlag, die Irrfahrt ist zu Ende. Das Bad, das Eurymache, die andere Tamie der Familie, für den Heimgekehrten bereitet, als er wieder zum Herrn seines Hauses geworden ist, hat dann die Rekreation stiftende Kraft, die das Charakteristikum des Bades ist[271].

In all diesen Fällen sind Männer die Badenden. Natürlich baden auch die Frauen und leisten einander dabei Hilfe. Nausikaa und ihre Gefährtinnen baden nach der Arbeit im Fluß und reiben sich darauf mit Öl ein[272]. Die junge Bauerntochter in Hesiods Erga tut dasselbe im Hause und hält sich schön im Warmen, weil Winter ist[273]. Gesteigert erscheint die Bedeutung des Bades da, wo der erste der Formelverse mit den Chariten als Subjekt sich auf Aphrodite bezieht. Ihr Bad im Lied des Demodokos ist Reinigung nach dem sexuellen Genuß, ihr Bad im Aphroditehymnos dessen Vorbereitung. Vorbild ist das Bad, das Hera in der Ilias nimmt, um Zeus zu betören[274]. In allen drei Fällen intensiviert das Bad, mit dem sich wie bei Menschen der Gebrauch des Salböls und das Anlegen frischer Kleidung verbindet, die erotische Ausstrahlung. Der Gedanke an das kultische Brautbad ist fernzuhalten. Wieder einen anderen, einen sicher kathartischen Zweck hat das Bad Penelopes nach der Klage und vor Opfer und Gebet an Athene[275].

---

kaste); 4, 252f. (Helena); 5, 264 (Kalypso); 10, 450f. (Kirke).   **266** 8, 426–457.
267 3, 464ff. Energische Ablehnung der sexuellen Beziehung beim Baden schon bei Buchholz, Realien II 2, 15f.; Ginouvès, Balaneutiké 159–162.   **268** 6, 127ff. 209ff.
269 3, 468 ≈ 23, 163 (vgl. 157–162) ἐκ ῥ' ἀσαμίνθου βῆ δέμας ἀθανάτοισιν ὅμοιος; variiert 24, 371f. (vgl. 367–369); ähnliches 10, 363; 6, 229ff.   **270** 19, 317ff.; der Formelvers 19, 505 (vgl. 23, 74f.); Ginouvès, Balaneutiké 156.   **271** 23, 154–163.
272 6, 96 (≈ 1. Hälfte der Badeformel).   **273** Hes. Op. 522ff.   **274** 8, 364–366; h. Ven. 60ff. – XIV 166–172 (h. Ven. 60 = XIV 169; V.61–62 = 8, 364–365; V.63 = XIV 172).   **275** 4, 750ff.; 17, 48ff. (4, 750 = 17, 48; 4, 759 = 17, 58); nicht kathar-

Abgekürzt und konzentriert ist die kultische Waschung, wenn man sich vor der Weinspende die Hände benetzt. Hier ist die Frau ebenfalls Vermittlerin[276]. Wie sonst läßt sich auch diesmal beobachten, daß in der exklusiven Männergesellschaft ein Mann, der Keryx, dieses weibliche Amt übernimmt. Indessen hat auch er eine spezielle Beziehung zum Wasser. Er vermischt den Wein mit dem Wasser und schenkt aus[277]. Hier ist zu bemerken, daß weibliche Personen, abgesehen davon, daß sie den gesamten Wasservorrat ins Haus schaffen, mit dem Wasser, wenn es zum Trinken dient, nicht ausdrücklich zu tun haben. Eine Ausnahme bilden Nymphen[278].

γ) *Reinmachen und Wäschewaschen:* In der Odyssee gibt es zwei Säuberungsszenen, die eine vor dem Beginn des Apollonfestes, die andere an dessen Ende, nach der Tötung der Freier. Am Morgen teilt Eurykleia die Arbeit ein und ermuntert die Mägde, sich zu tummeln. Eine Gruppe fegt den Saal (κορέειν), besprengt den Boden mit Wasser (ῥαίνειν) und breitet frische Decken auf die Sessel. Die zweite Gruppe wischt mit Schwämmen die Tische sauber (ἀμφιμαίεσθαι), spült Mischgefäße und Trinkbecher (καθαίρειν). Die dritte Gruppe geht zum Brunnen. Die Szene macht den Eindruck normaler Geschäftigkeit[279].

Die Säuberungsszene nach dem Gericht an den Freiern enthält gleiche oder ähnliche Elemente, hat aber kathartischen Charakter. Die treulosen Mägde, unterstützt von den Hirten, bringen alles wieder in seine Ordnung (διακοσμέεσθαι), schließlich schaffen sie den Schmutz hinaus, dann werden sie selbst, als mit Übel behaftet, aus dem Hause geführt. Eurykleia bringt Feuer und Schwefel, der Hausherr selber räuchert den Saal aus[280].

Bei aller Verschiedenheit zeigen beide Szenen, daß es die Aufgabe der Frauen ist, das Haus rein zu halten. Die Säuberung anderer Bezirke, zum Beispiel der Ställe, ist Aufgabe der Männer. Im ganzen scheint die Putz- und Spülarbeit und, dieser vorausgehend, das Abräumen der Tische zu geringerer Würde gelangt zu sein. Weder die Herrin noch die Tochter noch die Tamie des Hauses legen Hand dabei an[281].

Das Waschen verrichten Herrinnen und Herrentöchter selber. Das geht zusammen mit der weiblichen Beziehung zu den Textilien. Penelope wäscht das für Laertes bestimmte Bahrtuch gleich nach der Vollendung – oder sie läßt es waschen. Allzu eng darf man das aktive Genus des Verbs nicht auffassen. Die Herrin des Hauses hat viele Pflichten. Deshalb gibt sie das Waschressort ab wie das Ernährungsressort, und, wenn man das Beispiel Arétes verallgemeinern darf, nicht an die Tamie, sofern eine Tochter vorhanden ist. »Das hängt doch alles an mir« – »τα δ' ἐμῇ φρενὶ πάντα μέμηλεν«, sagt Nausikaa, als sie sich vom Vater den Wa-

---

tisch 18, 171–180.   276 Die typische Szene s.o. Anm. 216; außerdem XXIV 302–305 (Tamie); 3, 428; vgl. 440f. (Dmoiai).   277 IX 174 ≈ 1, 146 = 3, 338 = 21, 270 ≈ 4, 216.   278 5, 165. 265–267; 10, 356f. – In den biblischen Brunnenszenen ist es von Bedeutung, daß die wasserholenden Mädchen dem Reisenden zu trinken geben und seine Tiere tränken (Gen. 1, 24, 11ff. 29, 1ff.; 1. Sam. 9, 11ff.).   279 20, 149–162; der Hinweis auf das Apollonfest: 20, 277f.; ἀμφιμαίεσθαι (20, 152) etwa »die Hände überall herumgehen lassen«, Chantraine u. Frisk s.v.   280 22, 430ff.; zu καθαίρειν (22, 438f. ≈ 452f.; vgl. auch V. 462) Rudhardt a.O. (Anm. 143) 163–168; διακοσμέεσθαι 22, 440. 457. Das Ausräuchern 22, 481–494; V. 481 κακῶν ἄκος; vgl. 23, 50f.   281 7, 232; 19, 61. Für die Freier wischen auch θεράποντες die Tische 1, 109ff. Σηκοκόρος »Gehege-

gen, zur Beförderung der Wäschestücke auf den Waschplatz ausbittet. »Das alles« bezieht sich auf die Pflege der Textilien, die im Gebrauch sind, und auf die, welche im Vorrat liegen[282].

Der Wagen ist nötig, weil die πλυνοί[283], eigens angelegte Mulden zum Waschen der Wäsche – auch βόθροι[284] »Gruben« genannt – weit entfernt sind, nämlich an einer günstigen Stelle, wo der Fluß ins Meer mündet und die Mulden unaufhörlich mit frischem und bewegtem Wasser füllt. Die πλυνοί der Troerinnen liegen gleichfalls vor der Stadt, bei den Quellen des Skamander, die ununterbrochen sprudeln, die eine mit warmem, die andere mit kaltem Wasser; die troischen πλυνοί sind mit Steinen ausgemauert[285].

Der Vorgang des Waschens (πλύνειν[286]) wird in der Nausikaaszene recht deutlich. Die große Wäsche findet in längeren Abständen statt. Alles in allem braucht man für sie einen ganzen Tag, der früh anfängt. Stück für Stück wird die Wäsche in die Mulden gelegt. Die natürliche Kraft des sich stets erneuernden Wassers wird durch menschliche Kräfte unterstützt: die Mädchen steigen in die Gruben und treten die Wäsche (wobei sie einen vergnüglichen Wettstreit austragen). Ein Waschmittel wird nicht benutzt. Wenn die einzelnen Teile durch die beständig spülende Bewegung des Wassers und das Stampfen und Walken der Mädchenfüße (στείβειν[287]) sauber sind, werden sie auf dem Trockenplatz ausgebreitet, in einer Reihe auf den Kieseln am Meeresstrand. Die Zeitspanne, in der die Wäsche dort in der Sonne trocknet (τερσήμεναι[288]), reicht zu Bad, Picknick und Spiel für die Wäscherinnen. Dann folgt das Zusammenlegen der Wäsche (πτύσσειν[289]). Nach dem Rücktransport werden die Textilien sogleich ins Haus getragen. Für Nausikaa besorgen das die Brüder. Ihr Zugreifen ist beiläufig wieder ein Hinweis darauf, daß die Trennung von Bereichen nicht mit einem Tabu verbunden ist. Νεόπλυτα εἵματα sind ein erwünschter Artikel[290]. Nach jedem Bad werden sie gereicht. Auch das Textilgeschenk für den Gast ist »wohlgewaschen«, ἐϋπλυνές[291].

Wie das Wasserholen ist das Waschen keine leichte Arbeit und keineswegs gefahrlos. In den Kriegszeiten der Ilias ist es überhaupt nicht möglich, daß Frauen und Mädchen die große Wäsche außerhalb der Stadt halten. Das Waschfest, das Nausikaa veranstaltet, ist Ausdruck des Friedens und der Sicherheit, die sich die Phaiaken auf ihrer Insel in der sonst oft unsicheren und friedlosen Welt der Odyssee geschaffen haben. Trotzdem erregt auch hier das Auftreten eines Fremden unter Mädchen, die sich in einiger Entfernung von der Siedlung befinden, großen Schrecken[292].

In der Realität der Odysseezeit, das heißt im mittleren Drittel des siebten Jahrhunderts v. Chr., drohte Insel- und Küstenbewohnern von Fremden, die zur See kamen, nicht selten Gefahr. Gerade die Frauen waren bei den Außentätigkeiten des Waschens und Wasserholens solchen Übergriffen ausgesetzt. Gewalt und Entführung, daraus resultierend Verkauf und Unfreiheit konnten über sie kommen. Die Phoinikerin der Kindheitsgeschichte des Eumaios, die angebliche alte Frau des Demeterhymnos sind von Piraten geraubt worden. Die näheren Umstände werden nicht mitgeteilt. Doch vermochte die Phantasie des Hörers sie leicht zu ergänzen[293].

feger« 17, 224.   **282** 6, 24–40. 56ff.   **283** 6, 40. 85–87.   **284** 6, 92. **285** XXII 153f.   **286** XXII 155; 6, 31. 59. 93 (πλύνειν u. καθαίρειν); 15, 420; 24, 148.   **287** 6, 92.   **288** 6, 98.   **289** 6, 111. 252 (auch vom Zusammenlegen des gebrauchten Gewandes 1, 439f.; ähnlich vielleicht ξύειν »glätten« XIV 178f.).   **290** 6, 64.   **291** 8, 392. 425; 13, 67; 16, 173.   **292** 6, 126ff.   **293** 15, 415ff. –

δ) *Poetischer Gebrauch:* Der Umgang der Frau mit dem Wasser hat außer der reinigenden und erneuernden eine Verbindung schaffende Kraft. Auch diese kann, wie die Brunnenszenen zeigen, als poetisches Motiv genutzt werden. Voll entfaltet ist es in der Nausikaaszene. Nach göttlichem Willen soll durch Nausikaas Vermittlung die Heimkehr des Odysseus endlich zustande kommen. Also erscheint der Traum, durch den Athene Nausikaa den Gedanken an den Waschtag eingibt. Aber abgesehen vom Traum entwickelt sich alles natürlich und realistisch, weil Waschplatz und Arbeit des Waschens zu Begegnung und Gespräch geeignet sind, ebenso wie Brunnen und Weg zum Wasserholen.

Die Erwähnung der troischen Waschmulden bei Hektors Flucht vor Achill zielt auf anderes. Die Erinnerung an die troischen Frauen und Mädchen beim Waschen vor der Stadt wirkt auf den Hörer oder Leser deshalb so stark, weil in einem einzigen Augenblick Krieg und Frieden, und wohl auch Tod und Leben scharf voneinander abgegrenzt erscheinen. Das Motiv des Bades, in der Odyssee zur Atmosphäre von Rast und Heimkehr gehörig, wird in der Ilias gleichfalls kontrastierend verwendet. Andromache läßt durch die Amphipoloi das Bad richten zu Hektors Erquickung, wenn er nach Hause kommt. Aber es wird vergeblich bereitet. Hektor ist zur selben Zeit schon gefallen und »weit entfernt von jeglichem Bad«[294].

Die epische Dichtung erlaubt keinen Schluß über die Ursache der Trennung zwischen männlichen und weiblichen Tätigkeitsbereichen, sie begründet nicht, warum die Männer mit dem Fleisch umgehen, die Frauen mit Kornfrucht und Wasser. Doch sie konstatiert die Trennung und läßt sie von Bedeutung sein. Odysseus, von Aréte befragt, woher er seine, offensichtlich von ihr selbst gewebte, Kleidung habe, antwortet mit dem Lob Nausikaas, die sich, obwohl noch sehr jung, dem Hiketes gegenüber mit reifem Verstand betragen habe: »Denn sie gab mir Brot in Fülle und dunklen Wein, trug Sorge für mein Bad im Fluß und gab mir diese Kleider hier« — »ἥ μοι σῖτον δῶκεν ἅλις ἠδ' αἴθοπα οἶνον, / καὶ λοῦσ' ἐν ποταμῷ καί μοι τάδε εἵματ' ἔδωκεν«. Die beiden Verse umfassen drei von den der Frau eigentümlichen Bereichen, ihren Umgang mit der Kornfrucht, der hier wie öfters den Wein einschließt, ihren Umgang mit dem Wasser, im besonderen zur Reinigung des menschlichen Leibes, ihren Umgang mit Geweben zu seiner Bekleidung. Das heißt: als Odysseus unter die Mädchen trat, war er nackt und schmutzig, halbverhungert und halbverdurstet; durch die speziell weiblichen Aktivitäten ist er wieder zum Menschen geworden[295].

d) *Archäologische Zeugnisse*

a) *Gleichbleibende Zustände:* Die Arbeiten, die sich aus dem Umgang mit Kornfrucht und Wasser ergeben, ändern sich über Jahrhunderte hinweg nach Art und Technik wenig oder gar nicht. Man könnte demnach, wollte man die Tätigkeiten des Mahlens und Backens illustrieren, ebenso gut die Darstellung einer ägypti-

---

h.Cer. 122–138.   **294** XXII 442–446; V.445 ... μάλα τῆλε λοετρῶν.   **295** 7, 295 f. (zu vergleichen sind die auf Kalypso bezogenen Verse 7, 264 f., Nausikaas Worte 6, 191–193 und ihr Gespräch mit Odysseus 8, 457 ff.). Zu 7, 295 f. auch W. Schadewaldt, Kleiderdinge. Zur Analyse der Odyssee. Hermes 87, 1959, 13–26 (jetzt in: Hellas und Hesperien I [1970] 79–93); vgl. aber den Einwand bei H. Kilb, Strukturen epischen Gestaltens im 7.

schen Müllerin aus der Zeit um 2000 v. Chr. heranziehen wie die einer mahlenden rhodischen Frau aus der Mitte des fünften Jahrhunderts, könnte ebenso gut das Abbild einer backenden Frau aus mykenischer Zeit wie das einer böotischen Bäckerin des sechsten Jahrhunderts vorführen [296]. In der griechischen Bildkunst aber fehlen in der uns angehenden Epoche derartige Alltagsmotive. Eine Ausnahme machen Figurinen aus Kypros: Frauen beim Mahlen und Sieben, am Backofen, beim Waschen, eine Frau, die einen in der Wanne sitzenden Mann bedient. Doch bezeugen sie eher das Fortleben einer sonst einstweilen verschwundenen Bildform in einer hellenischen Randlandschaft [297]. Örtlichkeiten weiblicher Arbeit, Brunnen und Waschgruben, sind für diese Zeit, wie es scheint, nicht nachzuweisen [298].

β) Behälter und Gefäße: Am ehesten läßt sich über das in den beiden Bereichen verwendete Arbeitsgerät etwas aussagen, wenn auch nicht viel. Auch ihm ist eine gewisse Konstanz über die Zeiten hin eigen. Das Epos bietet mit der Erwähnung von Körben und Gefäßen einige Anhaltspunkte. Allerdings waren im realen Alltag Gerät und Geschirr zumeist nicht so beschaffen, wie die Dichtung sie den Hörern gern vorführt, nicht aus Gold oder Silber waren sie und selten aus Bronze, sondern aus Ton, Holz, pflanzlichem Geflecht. Dazu ist anzumerken, daß die Frauen der epischen Gesellschaft im Gegensatz zu den Frauen anderer Frühkulturen weder töpfern noch flechten, ihre Wirtschaftsgegenstände also nicht selber herstellen.

Bei dem Versuch, den Gebrauch bestimmter Gefäße dem einen Geschlecht oder dem anderen zuzuweisen, bleibt vieles fraglich, obwohl einzelne Erkenntnisse vorliegen. Auffällig ist das Vorkommen handgemachter Krüge in der Brandschüttung von athenischen Frauengräbern zwischen etwa 950 und 800 v.Chr. Diese Krüge haben offensichtlich einen besonderen Bezug auf das weibliche Leben, sind als typisches Frauengerät der Bestattung beigefügt. Unseren bisherigen Überlegungen folgend, möchten wir sie dem weiblichen Umgang mit dem Wasser zuordnen. Auch handgemachte spät- und subgeometrische Hydrien und Oinochoen, attische und korinthische, wären in diesen Zusammenhang zu rücken [299].

Die epische Dichtung gibt für das Wassergefäß, außer dem allgemeinen Begriff für den transportablen Behälter, ἄγγος [300], die Vokabeln κάλπις und πρόχοος. Beide Wörter kommen nicht eben häufig vor, werden jedoch in beiläufigen und typischen Alltagsszenen mit solcher Selbstverständlichkeit verwendet, daß man ihre Existenz in der außerepischen Sprache voraussetzen kann. Die Prochoos dient

und 23. Gesang der Odyssee (1973) 96, 2.   **296** Die beiden Bäckerinnen bei G. Bruns, unser Kap. »Küchenwesen« Taf. Q VII a–b. Die beiden mahlenden Frauen bei L. A. Moritz, Grain-mills and Flour in Classical Antiquity (1958) Taf. 1, 1–2.   **297** Metr. Mus. Handbook of the Cesnola Coll. of Antiquities from Cyprus by J. L. Myres (1914) Nr. 2120 (Mahlen und Sieben), 2123 (Mahlen), 2122 (Backen). Die Wäscherinnen (an einem gemeinsamen Bottich mit den Händen tätig) bei E. Pottier, Figurines archaïques de terre cuite. BCH. 24, 1900, Taf. IX 2. Die Badeszene bei Ginouvès, Balaneutiké 35 Taf. III 8; Pottier a.O. 515 Abb. 2.   **298** Zur Topographie von Eleusis und bes. des Parthenion Phrear: Richardson, Hymn to Demeter 326 ff. – Der Brunnen von Asprosykia, den W. A. Heurtley (Excavations of Ithaca. BSA. 50, 1939/40, 7. 10) für die ithakesische κρήνη τυκτή (Od. 17, 204 ff.) in Anspruch nimmt, gehört der mykenischen Epoche an.   **299** Handgemachte protokorinth. Oinochoe: Corinth VII 1 Taf. 23, 170; Handgemachte Krüge und Hydrien: Kübler, Kerameikos V 1 Taf. 154 (10. Jh. bis 3. Viertel des 8. Jhs.). Taf. 155 (Ende des 9. Jhs. bis 7. Jh.); Corinth VII 1 Taf. 13, 82; 14, 88 (spätgeometr.); zur Sache: Kübler a.O. 26 ff. 37. 80.   **300** h. Cer. 170.   **301** Zum Wasserholen: Hes. Th. 785; zum Was-

zur Beförderung und, wie ihr Name sagt, zum Gießen, fast ausschließlich von Wasser, und ist dann immer in der Hand von Frauen[301]. Die Kalpis wird nur für Wasser gebraucht und nur von Frauen[302]. Welche Art von Gefäß mit der Bezeichnung jeweils gemeint ist – Krug, Kanne, Hydria – und ob immer dieselbe, darüber läßt sich nichts sagen[303].

Auch mit dem großen Vorratsbehälter, dem πίθος, gehen die Frauen um. In der Odyssee ist der Pithos als Faß für Wein in der Obhut der Tamie[304]. Hesiods Geschichte von Pandora, misogyn gefärbt und auf weibliche Neugier gemünzt, lebt davon, daß es die Frau ist, welche den Pithos, was immer er enthält, öffnet und schließt[305]. Von Behältern, in denen die gemahlene Kornfrucht aufbewahrt wird, ist im Epos keiner genannt.

Unter den realen Gefäßen darf man vielleicht den Typos 'in Form eines Bienenkorbs' für den Umgang der Frau mit der Kornfrucht in Anspruch nehmen und als ein weiteres typisches Frauengerät, als Vorratsbehälter für Mehl und Schrot ansehen. Das Gefäß, in einzelnen Exemplaren früh-, spät- und subgeometrischen Stils vorhanden, stammt öfters aus attischen Frauengräbern. Es ist meist handgemacht, hat gegen das kegelförmige Haupt hin eine Luke mit einem dachartigen Vorsprung darüber, einmal auch einen abhebbaren Deckel. Wäre dieser Typos, wie man vermutet, tatsächlich Getreidespeichern nachgebildet – 'model granary' –, so käme das als Unterstützung für unsere These gelegen. Es gibt schlichte Ausführungen und reich verzierte wie zum Beispiel die Reihe von fünf solcher 'Bienenkörbe' als Aufsatz auf dem Deckel eines rechteckigen Behälters aus dem Grab einer vornehmen Athenerin (um 850 v. Chr.). Der Behälter könnte eine Mehltruhe sein[306].

Andere Gefäße, mit denen Frauen zu tun haben, sind zwar häufig, aber nicht allein in weiblichem Gebrauch: der Korb (τὸ κάνεον/κάνειον), welcher die Opfergerste, das Brot, die Beilagen enthält[307], der geräumige Topf (ὁ λέβης), der als Wasserbecken, aber auch als Kochkessel Verwendung findet[308]. Dagegen scheint der Dreifußkessel (ὁ τρίπους/τρίπος), sofern er nicht Schatz-, sondern Haushaltsgerät ist, im besonderen für weibliche Arbeiten bestimmt zu sein. Er dient zum

sergießen: XXIV 304; 1, 136 = 4, 52 = 7, 172 = 10, 368 = 15, 135; zum Weingießen: 18, 397.   302 7, 20; h. Cer. 107; das Wort ist wie viele Gefäßnamen ohne gesicherte Etymologie; Frisk s.v.   303 Zu den Gefäßformen der epischen Dichtung: F. Brommer, Hermes 77, 1942, 356–372.   304 2, 340 ff. 379 f. (Eurykleia); vgl. 3, 390 ff.; 9, 207 u. XXIV 527 ff. (Zeus als Tamias).   305 Hes. Op. 94–98; H. Neitzel, Pandora und das Faß. Zur Interpretation von Hesiod Erga 42–105. Hermes 104, 1976, 387–419, bes. 394 ff.   306 s. H. Drerup, unser Kap. »Baukunst« Taf. O IVa; S. O 75 f.; E.L. Smithson, Hesperia 37, 1968, Taf. 27, Kat.-Nr. 23 und Taf. 24–26. Zur Frage des Vorkommens und der Zweckbestimmung: Smithson a.O. 92 ff.; Deutung als Bienenkörbe: Ersie Richards-Mantzoulinou, AAA. 12, 1979, 72 ff. – Ein anderes Gefäß dieses Typos bei Smithson a.O. Taf. 23, Kat.-Nr. 22; ferner CVA. Karlsruhe 1 Taf. 4, 5–8 (spätes 8. Jh. v. Chr.); CVA. Heidelberg 3 Taf. 118, 7 (spätes 8. Jh. v. Chr.); CVA. Schloß Fasanerie 2 Taf. 56, 10 (nach 700 v. Chr.; mit abnehmbarem Deckel). Weiteres bei Smithson a.O. 92, 41.   307 4, 761 für Opfergerste; 1, 147 für Brot; XI 630 u 10, 355 für Brot oder Beilagen. Zur kultischen Verwendung: J. Schelp, Das Kanoun (1975) 13 ff. 57 f.; Kat.-Nr. 1–15a. Andere Arten von Körben, die Frauen gebrauchen: ἡ κίστη für Proviant (6, 76); ὁ τάλαρος bei der Traubenernte (XVIII 568), bei der Textilarbeit (4, 125. 131; s.o. Anm. 214); τὸ λίκνον als Säuglingskörbchen (h. Merc. 21. 63. 150. 254. 358; s.u. S. R 106).   308 In der typischen Szene der Mahleinleitung (s.o. Anm. 216) für χέρνιψ, gelegentlich auch χέρνιβον genannt (XXIV 304); 19, 386. 469 für ποδανίπτρα (19, 343. 504). Als Siedetopf für Speisen: h. Merc. 61; für Fett (XXI 362–365) und Wasser (12,

Erhitzen von Wasser und zum Gießen (in welchem Fall Gefäß wie gießende Frau als λοετροχόος bezeichnet werden kann) und zum Kochen von Speisen[309]. Die »Siedetöpfe auf Füßen«, χυτρόποδες, von denen Hesiod spricht, sind wohl mit τρίποδες identisch[310]. Von den überkommenen Dreifußkesseln sind sicher nicht die bronzenen, sondern die schlichten irdenen, zum Beispiel handgemachte Krüge mit drei Füßen, als Wirtschaftsgerät zu betrachten[311].

Schließlich ist noch das mit Öl gefüllte Kännchen anzuführen, ἡ λήκυθος, das Aréte Nausikaa gibt; diese reicht es später weiter an Odysseus[312]. Da die Frau die Ölreserve des Hauses in Verwahr hat, so muß man sich vorstellen, wie die vielen Ölkännchen, die auf uns gelangt sind, die aufwendigen (Abb. 8; um 650 v.Chr.) wie die einfachen, irgendwann einmal durch die Hände von Frauen gegangen sind, wenn diese Öl aus ihrem Vorrat hineinfüllten[313].

γ) *Votivgebäck*: In einigen Heraheiligtümern der Peloponnes haben sich tönerne Nachbildungen von Gebäck, wahrscheinlich von Brot, in verschiedenen Formen gefunden, oft sind sie wie breite, abgeflachte Kringel anzusehen (Abb. 7c u. f); auch Teller mit mehreren Sorten von Backwaren darauf kommen vor. Frauen, so ist anzunehmen, haben diese Abbilder von Produkten aus einem ihrer Umgangsbereiche der Frauengöttin geweiht, so wie sie es mit Nachbildungen von Kalathoi, mit sonstiger Gerätschaft des Textilbereichs und mit Küchengeschirr taten[314].

δ) *Krugträgerin*: Frauen mit Körben auf dem Kopf, Kanephoren, sind in der Bildkunst der epischen Zeit bisher nicht bezeugt. Von Frauen, die Krüge auf dem Haupt tragen, gibt es Darstellungen, wenn auch nicht viele, etwa die mit dem bloßen Auge kaum zu erkennende, eigentlich nur zu ahnende Gruppe von drei Krugträgerinnen auf einem attisch-spätgeometrischen Goldband[315]; die beiden Krugträgerinnen auf einem attischen Kantharos derselben Zeit, die als erste einer

237–239) ohne Angabe des handelnden Subjekts.   309 XXII 443; 8, 434 (≈ XXIII 40); 8, 437 (= XVIII 348); 10, 359. 361 für Badewasser; λοετροχόος τρίπους 8, 435 (≈ XVIII 346); λοετροχόος für die Badedienerin (20, 297) ist vielleicht Ausdruck von Geringschätzung. Τρίπους als Kochtopf: h. Merc. 61.   310 Hes. Op. 748f.; H. Troxler, Sprache und Wortschatz Hesiods (1964) 155f.   311 Ein Dreifußkessel aus Ton: Perachora I Taf. 14, 6; handgemachte Krüge mit drei Beinen: Kübler, Kerameikos V 1 Taf. 156, auch bei G. Bruns, unser Kap. »Küchenwesen« Taf. Q VIa; Brann, Agora VIII Taf. 40 zu Nr. 627; Tiryns I 102 Abb. 39 (Nr. 206). Bronzene Votiv-Dreifußkesselchen (Olympia IV 72–75 Taf. XXVII 534–538; M. Maass, Olymp. Forsch. 10, Kat.-Nr. 323–426, Taf. 56–58) könnten Nachbildungen von Haushaltsgerät sein. Der Typos ist zeitlos, in Gebrauch, solange es offene Herdstellen gibt. Noch heute kann man ihn als Erinnerungsstück aus Urgroßmutters Haushalt antreffen.   312 6, 79. 215. Der seltene epische Gebrauch weist hier wieder auf Geläufigkeit in der außerepischen Sprache. Das Wort an sich sagt über Form und Verwendung nichts Erkennbares aus; die Etymologie ist ungeklärt, Chantraine u. Frisk s.v.   313 s.o. Anm. 215; Beispiel eines schlichten protokorinth. Aryballos in Perachora I 30,8; eine spätgeometr. att. Lekythos im Mus. antiker Kleinkunst, München, Inv.-Nr. 6420; CVA. München 3 Taf. 117, 13.   314 Abb. 7c u. f: Votivgebäck aus Terrakotta in Form eines Kringels (Dm 7 cm) und einer Bretzel (L 9 cm) aus dem Heraheiligtum von Tiryns; nach Tiryns I 85 Abb. 26 (Nr. 154) u. Abb. 27 (Nr. 154a); verschiedenartiges Gebäck auf Tellern: ebd. Abb. 28 (Nr. 155) u. Abb. 29 (Nr. 155a); ähnlich Waldstein, Heraion II 42 Nr. 267 Abb. 77; flache Brotringe (in Form der ngr. κουλλοῦρα): Perachora I 67ff. Taf. 16. 33, 16; Perachora II 328ff. Taf. 130; E. Vermeule, unser Kap. »Götterkult« V 138.   315 s. Ohly, Goldbleche A 20a Taf. nach S. 40.

länger zu denkenden Reihe mit Zweigen in den Händen einem Lyraspieler folgen[316]; die Bronzestatuette einer Krugträgerin im Museum zu Tegea (Abb. 11b; 8. Jh. v. Chr.), welche die frühest Überlieferte von mehreren Hydrophoren aus dem Areal der Athena Alea ist[317]. Der aufrechte Gang, die stolze Haltung, welche der Demeterhymnos notiert – φέρον ἄγγεα κυδιάουσαι –, machen die krugtragenden Frauen geeignet zu einem derartigen Bildnis[318]. Aber die Dargestellten sind nicht etwa bei der Alltagsarbeit wie im Epos die Amphipolos mit der Prochoos, das Mädchen mit der Kalpis. Sie schreiten als Hydrophoroi bei kultischen Verrichtungen. Dies aber ist letzten Endes wieder in der alltäglichen Beziehung der Frau zum Wasser begründet. Von einem Kultdienst solcher Art ist übrigens in der epischen Dichtung nirgends die Rede.

Für einen kultischen Zweck ist auch der Typos des Wasserbehälters bestimmt, der seit der Mitte des siebten Jahrhunderts über den gesamten hellenischen Bereich hin verbreitet ist. Drei oder vier Mädchenstatuetten, auf einer Basis (manchmal von Löwen) stehend, tragen mit ihren Häuptern gemeinsam ein Becken (Taf. R III a). Das Motiv der Krugträgerin erscheint hier abgewandelt, ornamental architektonisch verwendet und mit einem anderen Motiv verbunden: den λέβης mit dem Wasser für die kultische Handwaschung zu reichen, ist, wie die Dichtung bezeugt, eine weibliche Aufgabe. Hier wird sie von Mädchenstatuetten erfüllt[319].

3. Umgang mit Feuer und mit Gegenständen, Tieren, Menschen im Hausinneren

a) *Feuer*

α) *Licht und Wärme:* Das Brennholz spalten und schichten Männer. Hermes hat ihnen diese Technik übermittelt und auch die des Feueranzündens, notwendige Voraussetzung für die männliche Arbeit des Fleischbratens[320]. Sache der Frauen ist es, das Feuer am Brennen zu halten, es zu schüren und zu nähren. Die persönliche Bediente Nausikaas heizt am Abend im Zimmer ihrer jungen Herrin ein, indem sie das Feuer zum Aufflammen bringt[321]. Im Hause des Odysseus erwecken die Mägde am Morgen die schlafende Glut in der ἐσχάρη, dem häuslichen Herd[322]. Eine Dienerin Kirkes facht das Feuer an, um Wasser für ein Bad zu erhitzen[323]; im Demeterhymnos tut dies eine von den eleusinischen Königstöchtern[324]. In der Ilias lassen die Troerinnen die Nacht über die Feuer in den Hallen der Häuser lodern, weil die Verteidiger Licht brauchen[325]. Im Megaron der Odys-

---

316 Kopenhagen: CVA. Dänemark 2 Taf. 73, 5b; 74, 6 (Detail); Tölle, Reigentänze 80f.; Ohly a.O. Taf. 18 oben rechts; Matz, Gr. Kunst Taf. 16a.   317 Inv.-Nr. 327 (H 7 cm); nach Tölle, Reigentänze Taf. 27c; Ch. Dugas, Le sanctuaire d'Aléa Athena à Tégée. BCH. 45, 1921, 345 Nr. 51 Abb. 17. Spätere Darstellungen: Winter, Typen I Taf. 157, 2. 5. 6. 8 (alle aus Tegea). Weiteres: Müller, Frühe Plastik Taf. 24, 300f. (aus Olympia); Taf. 47, 438 u. 440 (aus Zypern; 438 mit saugendem Kind im Arm); U. Gehrig, Die geometrischen Bronzen aus dem Heraion von Samos (1964) 18ff. 21ff. Kat.-Nr. 1. u. 2.   318 h. Cer. 170.   319 Dies halte ich für die Antwort auf die Frage, welche G. Richter (Korai 28) stellt, warum diese Wasserbecken immer von weiblichen Gestalten getragen werden; s. Taf. R IIIa. Zu Lebes und Handwaschung s. o. S. R 50f. R 59.   320 15, 95f.; 20, 160f. – 15, 319ff. (vgl. h. Merc. 108–114).   321 7, 7f. 13.   322 20, 122f.   323 10, 358.   324 h. Cer. 287.   325 VIII 520f.   326 18, 308–311. 343f. (vgl.

seusfamilie stellen die Freier am Abend Feuerbecken auf und setzen Kienholz in Brand. Dann sorgen die Mägde dafür, daß die Flammen aufleuchten. Eine Zeitlang löst der Bettler sie dabei ab, doch ist dies deutlich Stellvertretung. Als die Freier gegangen sind, kommen die Frauen zurück, lockern die Glut und legen Holz nach, »damit Licht und Wärme vorhanden sind«[326].

Sonst dienen zum Leuchten Fackeln. Diese zu tragen ist gleichfalls Aufgabe von Frauen; der Vorgang ist in Formeln fixiert. Der Herrschaft leuchtet die Tamie zu Bett[327]. Bei anderen Gelegenheiten haben Mitglieder der übrigen weiblichen Dienerschaft die Pflicht des Vorleuchtens[328]. Als Odysseus und Telemachos die Waffen wegbringen, sollen die Mägde dies nicht wissen, sind folglich auch nicht mit Fackeln zur Hand. An ihrer Statt erhellt eine weibliche Gottheit, Athene, den Weg, und sie benutzt dazu einen auffälligen Gegenstand, eine Lampe[329]. Beim Hochzeitszug tragen Dienerinnen Fackeln[330]. Den heimgekehrten Herrn begrüßen die treuen Mägde am hellen Tag mit Fackeln[331]. Wenn die Fackeln nicht getragen werden, stecken sie in Haltern. Im Megaron des Alkinoos gibt es dafür goldene Kouroi auf Postamenten[332]. Da haben vermutlich fremdländische Leuchter der Dichtung die Anregung gegeben. Der Sitte gemäß müßte man weibliche Fackelhalter, also Statuetten von Kourai, erwarten. Die hier gebrauchten Worte αἰθομένας δαΐδας μετὰ χερσὶν ἔχοντες sind die Variation einer Formel, die sonst nur mit dem weiblichen Partizip ἔχουσαι/ἔχουσα anzutreffen ist[333].

β) *Häuslicher Herd:* Vielleicht ist der Umgang der Frauen mit Feuer und Licht daher bestimmt, daß seit alters die Hausfrau das Herdfeuer in ihrer Obhut hat[334]. Das kommt jedoch wie vieles dieser Art in der epischen Dichtung nicht zum Ausdruck. Eine Spur davon könnte sich abzeichnen, wenn geschildert wird, wie Aréte am Herd sitzend im Feuerschein die Spindel dreht und Odysseus als Hiketes sich an sie als an die Herrin des Hauses wendet, dann abwartend sich in der Asche des Herdes niederläßt. Es ist demnach die Hausfrau, die den Fremdling in den Schutz des Herdes aufnimmt. Aréte bezeichnet Odysseus später ausdrücklich als ihren Gast: ξεῖνος δ' αὖτ' ἐμός ἐστιν, und die Geschenke für den Gast werden zunächst ihr ausgehändigt[335].

Der unmittelbare Fortgang der Hiketesszene zeigt allerdings eine Verschiebung der Kompetenz: nicht Aréte, Alkinoos heißt den Fremden aus der Asche aufstehen und macht ihn zum Gast. Er tut dies als Hausherr, aber veranlaßt dazu haben ihn die in der Halle versammelten Phaiaken. Hier sind Veränderungen angedeutet, rechtliche wie politische, auf die wir nicht einzugehen haben. Daß auch der Herr

V. 317); 19, 63f. (V. 64 ... φόως ἔμεν ἠδὲ θέρεσθαι). – Zum Motiv des Feuers L. Graz, Le feu dans l'Iliade et l'Odyssée. (1965) 446ff.   **327** 1, 428 ≈ 1, 434; 23, 293f. **328** 19, 24f.   **329** 19, 33ff.   **330** Hes. Sc. 275f. (vgl. XVIII 492).   **331** 22, 497. **332** 7, 100f.   **333** h. Cer. 48 ≈ 61; die Variation δαὸς μετὰ χερσὶν ἔχουσαι (ἔχουσα): XXIV 647 = 4, 300 = 7, 339 = 22, 497 ≈ 23, 294. – Zu den Leuchtgeräten des Epos: U. Jantzen u. R. Tölle bei S. Laser, unser Kap. »Hausrat« P 83–88. 94–98; der dort (95) erwähnte Terrakottaleuchter aus Kamiros, Frau mit einer Lampe auf dem Kopf (Winter, Typen 20, 7; 2. Hälfte d. 7. Jhs. v. Chr.), jetzt bei D. M. Bailey, A Catalogue of Lamps in the British Museum I (1975) Q 363 Taf. 72f. Eine Votivlampe aus Marmor (spätes 7. Jh. v. Chr.) mit einem weiblichen Kopf bei Langlotz-Hirmer, Kunst der Westgriechen Taf. 2. **334** Frauen und Feuer in Primitivkulturen: RV. III 276f. s. v. Feuer (Thurnwald). **335** Frauen und Asyl: RV. I 252 s. v. Asyl (Thurnwald). – 6, 305 (vgl. 6, 52). 310–315; 7, 140ff. 153ff. 169; 8, 417ff. 438ff.; 11, 335ff. (V. 338 die zitierten Worte); 13, 59ff. 66ff.

des Hauses eine Beziehung zum häuslichen Herd hat, versteht sich aus seiner Stellung als Haupt des Oikos. Eine mehrfach verwendete Beteuerungsformel der Odyssee ruft erst Zeus zum Zeugen an, darauf den gastlichen Herd wie den gastlichen Tisch des Odysseus. Da ist der Herd mit dem Namen des Hausherrn verbunden, nicht mit dem der Hausfrau, doch während die Bezeichnung des Herdes sonst ἐσχάρη ist, wird in dieser Formel, und allein dort, ἱστίη gebraucht [336].

Die Herrin des Hauses hat überall ihren angestammten Platz am Herd. Zum Zauber der Häuslichkeit, den Kalypso entfaltet, gehört nicht nur, daß sie webt, auch daß sie dies beim flackernden, duftenden Herdfeuer tut [337]. Kirke lockt mit dem Rauch ihres Herdes die Fremden an [338]. Auch Penelope hat am Herd ihren Platz, den offiziellen sozusagen, an dem sie mit dem Gast spricht. Am Herd vollziehen sich ihre Begegnungen mit Odysseus, erst mit dem Bettler, der das Licht des Herdes meidet, dann mit dem heimgekehrten Gatten, von dem sie zunächst nicht zu glauben wagt, daß er wieder »am Herde« ist [339].

b) *Hausinneres*

α) *Inventar: Tisch und Stuhl – Truhe – Bett:* Den gastlichen Tisch stellen in der typischen Szene der Mahleinleitung, aber auch außerhalb davon, Frauen vor dem auf, der zu speisen wünscht oder geladen ist. Meistens tun dies Dienerinnen. Sie bringen auch die Sitze. Es ist unübersehbar, daß die Versorgung mit Tisch und Stuhl eine von den dienenden weiblichen Tätigkeiten ist. Aber nicht immer scheint das so gewesen zu sein. In einzelnen Fällen rückt auch jetzt noch die Hausfrau den Tisch für den Gast zurecht oder reicht ihm den Stuhl und lädt ihn ein, Platz zu nehmen [340].

Mit den großen Truhen, den φωριαμοί, in denen die Textilvorräte lagern, aber auch andere Schätze, haben Frauen zu schaffen [341]. Ebenso gehen sie mit den χηλοί um, den kleineren Truhen, die denselben Zweck erfüllen, sich jedoch auch zum Reisekoffer eignen. Hausfrau und Tamie öffnen die Truhen, legen etwas hinein, nehmen etwas heraus, packen sie als Koffer, schließen sie wieder. Dienende Frauen tragen sie von einem Ort zum anderen [342].

Beim Richten des Bettes verbindet sich die Beziehung der Frau zum Hausinneren mit der zu den Textilien. Denn aus dem Textilvorrat sind die Unterlagen, Laken und Decken genommen, mit denen die Bettstelle ausgestattet wird. Das

---

[336] 14, 158f. = 17, 155f. ≈ 19, 304f. = 20, 230f.; ἱστίη außerdem: Hes. Op. 734. Die Göttin Hestia nicht Il. u. Od., aber Hes. Th. 454; h. Ven. 22ff.; h. Hom. 24 u. 29. Zur Sache: Stanford I S. XLII. [337] 5, 59–61. [338] 10, 148–152. 195ff. [339] 19, 55. 389; 23, 71. 88ff. [340] Tisch: 1, 138 = 4, 54 = 7, 174 = 10, 370 = 15, 137 = 17, 93; XI 628f. (Hekamede); 5, 92 (Kalypso); 10, 354f.; 8, 69 stellt ausnahmsweise ein Keryx den Tisch auf. – Sitz: III 424f. (Aphrodite); VI 354 (Helena); XVIII 389f. (Charis); 4, 123f.; 10, 233 u. 314f. (Kirke); 10, 352f. 366f.; 19, 55–58. 97–101; h. Cer. 191 (Metaneira). 195f. – 3, 428 sollen die Mägde draußen Sitze und Tische (ἕδρας τε ξύλα τ') aufstellen; vgl. Frisk u. LS. s.v. ξύλον. [341] XXIV 228–231 mit Hekabes Gewebeschatz; vgl. VI 271ff. 288–295 (mit v.l. zu VI 288); 15, 104–109 mit Helenas Gewebeschatz. [342] 2, 339 mit Geweben, unter Eurykleias Aufsicht; 21, 51f. unter Penelopes Vorräten. Als Reiselade XVI 220–230. 254 von Thetis mit Geweben für Achill gepackt (vgl. 19, 255–257); 8, 424f. 438ff.; 13, 10ff. 67f. von Aréte mit Geweben und anderen Gaben für Odysseus gepackt. – 21, 61f. tragen Amphipoloi ein ὄγκιον, eine 'Trage', mit

»Bettenspreiten«, στορέσαι λέχος oder bloßes στορέσαι, erscheint als typischer Vorgang, öfters in einzelne Formelverse, dreimal auch in die Form einer vollständigen typischen Szene gefaßt[343]. Die Aufforderung, das Nachtlager zu bereiten (stets für einen Ankömmling), geht aus von der Herrin – in Achills Lagerhütte von Patroklos, der dort den Part der Hausfrau wahrnimmt – und richtet sich an die Dmoiai[344]. Die Aufgabe wird zunächst als Ganzes ausgesprochen, dann werden die einzelnen Teile des Bettzeugs aufgezählt. Darauf nehmen die Mägde Fackeln und verlassen die Halle, um sich an die Arbeit zu machen. Der Schluß der Szene wird je nach der Situation variiert. Bei Aréte fordern die Dmoiai selbst den Gast auf, sich zur Ruhe zu begeben: πεποίηται δέ τοι εὐνή[345].

Die Tamie ist für das Bettenmachen verantwortlich. Der Herrschaft bereitet sie das Lager selber. Die stellungsuchende Frau des Demeterhymnos nennt unter den Arbeiten, auf die sie sich versteht, auch das Bettenspreiten für die Herrschaft: καί κε λέχος στορέσαιμι ... δεσπόσυνον[346]. Bei der Prüfung, welcher Penelope den heimgekehrten Gatten unterwirft, spielt das im Wechsel vorgebrachte Geheiß der Eheleute an die Tamie, das Bett zu richten, eine wichtige Rolle[347].

Aber die Herrin macht das Bett auch noch mit eigener Hand fertig, nämlich für sich und den Gatten. In der Odyssee gibt es für dieses Tun eine formelhafte Wendung: ἄλοχος (γυνὴ) δέσποινα λέχος πόρσυνε καὶ εὐνήν[348]. Die Vokabel πορσύνειν (auch πορσαίνειν) wird gelegentlich als sexuell aufzufassender Euphemismus verstanden[349]. Kaum zu Recht. Das Wort bedeutet »fertigmachen, ordnen«. Im Demeterhymnos bezeichnet es die Tätigkeit der vornehmen eleusinischen ἄλοχοι, die für die Ordnung ihres großen Hauswesens sorgen: κατὰ δώματα πορσαίνουσι[350]. Aus der Odysseeformel ergibt sich also zunächst nichts weiter, als daß die Hausherrin, die δέσποινα, das eheliche Lager eigenhändig richtet; zu welchem Zweck, das ist eine andere Frage. Im dritten Gesang der Ilias beziehen sich Helenas Worte »λέχος πορσαινέουσα« der Situation gemäß auf die sexuelle Konsequenz[351]. Die beiden Odysseeverse, die Nestors Gemahlin und Aréte betreffen, sind ohne sexuellen Nebensinn voll verständlich[352].

Die Frau besorgt in ihrer Eigenschaft als Mutter oder Gattin auch die Bettung des Toten. Als schlimmes Geschick gilt es, wenn es zu dieser Bettung nicht kommt. In einem weiteren Sinn gehört Penelopes Weben am Bahrtuch für Laertes ebenfalls hierher. Das Totenlager ist ein Bett und seine Bereitung daher eine weibliche Pflicht[353].

β) *Lebewesen: Tier – Kind – Gast:* Zu dem Vieh, das in der Landwirtschaft genutzt wird, haben Frauen keine erkennbare Beziehung, ebenso wenig wie zu Stall, Weide, Feld. Die einzige Ausnahme findet sich in einem Vers der Erga, dessen Echtheit freilich umstritten ist: die Magd soll hinter den Pflugrindern ge-

metallenen Gerätschaften für die Bogenprobe. **343** XXIV 643–648 ≈ 4, 296–301 ≈ 7, 335–342. Teilweise formelhaft: IX 658–661; 19, 317–319; 23, 289–295. **344** IX 658ff.; XXIV 643ff. gibt der Hausherr Achill die Weisung selbst; Patroklos ist tot; beide Male sind die Hetairoi mit angesprochen, aber nur die Dmoiai arbeiten. **345** 7, 342. **346** h. Cer. 143f. **347** 23, 171ff. (V. 171 Odysseus: ἀλλ'ἄγε μοι, μαῖα, στόρεσον λέχος. V. 177 Penelope: ἀλλ'ἄγε οἱ στόρεσον πυκινὸν λέχος, Εὐρύκλεια); 23, 289f.; vgl. auch 1, 434ff. **348** 3, 403 ≈ 7, 347 (vgl. auch 4, 305). **349** Chantraine u. Frisk s.v. πόρσω; s. Richardson, Hymn to Demeter 199f.; S.Laser, unser Kap. »Hausrat« P 5. **350** h. Cer. 156; vielleicht auch Hes. Fr. 43(a)69; 70, 8; 217, 4. **351** III 410–412. **352** s. Anm.348. **353** XXI 123f.; XXII 352f.; vgl. 24, 293f. In der Männergemein-

hen. Doch mag es da Unterschiede der Landschaften wie der sozialen Schichten geben³⁵⁴.

Mit den Tieren, die den Wagen ziehen, verhält es sich anders. Andromache tränkt und füttert bisweilen Hektors Rosse³⁵⁵. Die Damen der Iliaszeit wissen mit Pferden umzugehen. Ihr Vorbild ist es, nach dem Göttinnen, Hera und Iris, im Epos den Diphros lenken und am Ende der Fahrt die Rosse abschirren und ihnen zu fressen geben; Hera spannt sie auch eigenhändig ein³⁵⁶. Nausikaa, die junge Dame der Odysseezeit, ist imstande, die Maultiere vor den Wagen zu schirren, und kutschiert mit einer Sicherheit, die für Mädchen nicht ungewöhnlich zu sein scheint, jedenfalls für Mädchen ihres Standes; aber auch ihre Begleiterinnen verstehen es zum mindesten, Maultiere auszuschirren. Es könnte sein, daß die Remise Teil des Wohngebäudes ist und Pferde und Maultiere insofern zum Hause zählen. Eine genaue Aussage ist nicht zu machen³⁵⁷.

Hund und Gans gehören ins Haus hinein. Der Herr zieht in der Halle – ἐν μεγάροισι – Hunde auf, zu verschiedenen Zwecken. Die Sorge für Argos, den Jagdhund des Odysseus, obliegt männlichem Personal, sooft das Tier im Freien bewegt wird. Die eigentliche Pflege, bestimmt die Reinhaltung, vermutlich die Fütterung, ist Aufgabe der γυναῖκες, das heißt der δμωαί. Es wird übel vermerkt, daß sie in Abwesenheit des Herrn den Hund vernachlässigt haben, so sehr, daß er seinen Platz nicht mehr im Hause hat, sondern auf dem Mist³⁵⁸.

Die Herrin hält Gänse, Penelope eine ganze Schar, zwanzig. Die Gänse wohnen in der Halle – ἐν μεγάροισι – und werden dort auch gefüttert – von den Dmoiai, wie man hinzufügen kann. Vom Ei, den Federn, dem Fleisch der Gans ist nicht die Rede, nur von der Augenweide, die sie bietet. Sie wäre also zum Zeitvertreib da, als reiner Luxus, als Attribut der Weiblichkeit. Im Traum und als Vorzeichen bedeuten die Gänse die Freier. Auch das führt darauf, daß sie bloße Umgebung Penelopes sind und sonst von keinem Nutzen³⁵⁹. Helena scheint ebenfalls Gänse zu halten³⁶⁰. Alles in allem erweist die Beziehung der Frau zum Tier sich als einigermaßen beiläufig, während in der männlichen Welt das Tier, wild oder domestiziert, viel Raum einnimmt.

Unter den häuslichen Tätigkeiten, zu denen die alte Frau des Demeterhymnos sich anbietet, ist die Kinderpflege: τιθαίνεσθαι³⁶¹. Das nomen agentis dazu, τιθήνη, nimmt seinem Ursprung nach Bezug auf den weiblichen Akt des Säugens.

---

schaft richten Männer Nachtlager und Totenbett.   354 Hes. Op. 406 (West, Works ad l.).   355 VIII 185–190.   356 Hera (mit Athene) V 720–777; Iris (mit Aphrodite) V 364–369.   357 6, 81–84. 89f. 253. 316–320; 7, 2–4. – Zur Sache: W. Richter, unser Kap. »Landwirtschaft« H 30. Wagen und Pferde im Megaron vielleicht h. Cer. 379. – Reitende Frauen kommen in der epischen Dichtung nicht vor. Zum Motiv in der Bildkunst: Schweitzer, Geom. Kunst 166f. Taf. 195 (Olympia). 196 (Arkadien); J. Wiesner, unser Kap. »Fahren und Reiten« F 117 Abb. 21f.   358 XXII 69; XXIII 173f.; 17, 309f.; Argos: 17, 291ff.; die Frauen V. 319.   359 19, 536ff. – W. Richter, unser Kap. »Landwirtschaft« H 83f. – Es wäre zu fragen, ob das Motiv der Gans in der Bildkunst eine besondere Beziehung zur weiblichen Welt hat. Vgl. z.B. W. Kraiker, Aigina. Die Vasen des 10. bis 7. Jhs. (1951) Taf. 7, 105 (u. B 105): Deckel einer rhodisch geometr. Pyxis mit weidender Gans; Taf. 5, 68: verschiedene Scherben argivisch geometr. Herkunft, darunter Mädchenreigen oberhalb eines Gänsefrieses; Payne, PV. Taf. 32, 2: rhodische Oinochoe mit Gänsefries auf der Schulter. – Daß die Nymphen Kalypso und Kirke von Wildvögeln und gezähmtem vierfüßigen Wildgetier umgeben sind, hat weniger mit ihrer Weiblichkeit zu tun als mit ihrem Naturwesen.   360 15, 160–178.   361 h. Cer. 141f.

Aber davon hat der Wortgebrauch sich entfernt. Ob die τιϑήνη, die den kleinen Astyanax hütet, eine Nähramme ist, muß dahin gestellt bleiben [362]. Im allgemeinen nähren die Damen der epischen Gesellschaft ihre Kinder selber. Die dienstbare Frau des Demeterhymnos ist bestimmt keine Milchamme; es wird hervorgehoben, daß sie das Gebäralter hinter sich hat [363]. Auch die Schwestern nähren den Kleinen ja nicht und werden doch (obwohl halb scherzhaft) als τιϑῆναι ἠδὲ τροφοί bezeichnet. Sie geben ein Beispiel dafür, wie die älteren Schwestern nach der Gewohnheit großer Familien sich der jüngeren Geschwister annehmen [364].

Wendungen wie δέχεσϑαι κόλπῳ, ἐν κόλπῳ ἔχειν, ἐπὶ μαζῷ τρέφειν (εἶναι) [365] mögen zwar von der Vorstellung des Kindes an der Mutterbrust hervorgerufen sein, doch beschreiben sie, zumeist von der Amme, seltener von der Mutter gesagt, nichts anderes als eine bergende Bewegung und Haltung [366]. Für Saugen und Säugen wird die Vokabel ϑῆσϑαι gebraucht [367]. Auch die τροφός ist keine Nähramme. Eurykleia ist zwar τροφός des Odysseus, aber sie hat ihn nicht genährt [368]. Der Text spricht mit aller Klarheit aus, daß es dazu an der biologischen Voraussetzung fehlte. Τρέφειν ἐν μεγάροισι ist wie ἀτιτάλλειν ἐν μεγάροισι Terminus technicus für die Aufzucht des Kindes im Hause bis zur Reife und bezieht sich fast immer auf die Tätigkeit der Amme [369].

Das Verdingungsgespräch zwischen der arbeitsuchenden Frau des Demeterhymnos und der Königin Metaneira überliefert Formeln und Gesten, die zwischen Mutter und Amme bei Übertragung und Übernahme des Kindes üblich sein könnten [370]. In ähnlicher Form hat Eurykleia den kleinen Odysseus von der Mutter Antikleia empfangen [371]. Die Tithene oder Trophos verrichtet am Kind all das, was sonst die Mutter tut. Wieder zeigt sich, daß die Herrin eines großen Hauses eine ihrer Pflichten auf eine Stellvertreterin delegiert, um für bestimmte Funktionen frei zu sein. Die Mutter, die in Vergleichen der Ilias auf alltägliche Weise mit ihrem Kind beschäftigt ist, gehört vielleicht einer anderen Gesellschaftsschicht an [372].

Die Verbindung zwischen Amme und Kind ist eng. Der kleine Eumaios läuft auf Schritt und Tritt hinter seinem phoinikischen Kindermädchen her – zu seinem

---

[362] VI 389. 467; XXII 503 (ferner VI 132 Tithenai des Dionysos; vgl. h. Hom. 26, 3ff.; h. Cer. 227). [363] h. Cer. 101f. [364] h. Cer. 284–291. [365] h. Cer. 187. 141. 231. 238. 286; h. Hom. 26, 4; vgl. h. Cer. 226ff.; VI 399f. 483 (vgl. VI 467); XXII 503. – 11, 448; 19, 482f.; XXII 83. [366] Die schützende Funktion bes. deutlich VI 136; XVIII 398. [367] »saugen«: XXIV 58 (vgl. XXII 80 u. XVI 203); h. Cer. 236; »säugen«: h. Ap. 123 (s.o. Anm.10). [368] Τροφός: h. Ven. 114; h. Cer. 103. 291; in der Od. nur von Eurykleia (notabene 1,433), meist als Formel: 2, 361 ≈ 4, 742 ≈ 19, 21 ≈ 22, 419 ≈ 22, 485 ≈ 22, 492 ≈ 23, 25 ≈ 23, 39 ≈ 23, 69 ≈ 22, 480; 19, 15 = 21, 380; 17, 31; 19, 491. 489; 22, 391. 394; 23, 289. [369] h. Cer. 164f. 235; h. Ven. 114; 7, 12; XIV 202 = XIV 303; 15, 450; 19, 354 (vgl. h. Ven. 231). Τρέφειν »wachsen lassen«, vgl. Moussy a.O. (Anm.248) 111f.; ἀτιτάλλειν »an Mutterstelle aufziehen«, ders. in: Mélanges Chantraine (1972) 161ff. [370] h. Cer. 219–232 (221–223 ≈ 166–168). Die Formeln: V. 219 παῖδα δέ μοι τρέφε τόνδε; V. 226f. παῖδα δέ τοι πρόφρων ὑποδέξομαι ... τρέψω. Die Geste V. 231f. ... δέξατο κόλπῳ χερσίν τ'. Die zeitliche Grenze der Tätigkeit: ἥβης μέτρον V. 166 ≈ 221. Die Ammentätigkeit Demeters V. 225f.; zur magischen Formel V. 227–30: Richardson, Hymn to Demeter ad V. 229f. [371] Eurykleia hat Odysseus aufgezogen (19, 354f. ... ἐῦ τρέφεν ἠδ' ἀτίταλλε δεξαμένη χείρεσσ', ὅτε μιν πρῶτον τέκε μήτηρ; vgl. 19, 482f.), aber auch Telemachos (1, 435 ... καί ἔτρεφε τυτϑὸν ἐόντα). Die zweite, jüngere Tamie, Eurynome, scheint Penelopes Amme gewesen zu sein (17, 499; 18, 170). [372] s.o. Anm. 42. [373] 15, 450–453. [374] h. Ven. 113ff.

Unglück³⁷³. Das angebliche junge Mädchen des Aphroditehymnos hat die ihm fremde troische Sprache von der Trophos, einer Troerin, gelernt³⁷⁴. Wenn der Pflegling die ἥβη erreicht hat, ist der Ammendienst vorbei. Inzwischen hat die Kinderfrau eine Vertrauensstellung erlangt. Sie bleibt im Hause, wird etwa zur persönlichen Bedienten, zur θαλαμηπόλος, des Mädchens, das sie aufgezogen hat, folgt der jungen Frau vielleicht auch in die Ehe, ist manchmal Kinderfrau noch der zweiten Generation. Schließlich wird die Trophos, da sie einen großen Teil ihres Lebens im Oikos verbracht hat, alle Personen kennt, alle Verhältnisse überschaut, zur Tamie, zur Verwalterin des ganzen Haushalts, zur Aufseherin über Vorräte und weibliches Personal, übernimmt also einen großen, wenn nicht den größten Teil der Aufgaben, die eigentlich der Frau des Hauses zukommen. Im Demeterhymnos heißt diese Tätigkeit »das Haus verwahren«, δώματα τηρῆσαι, und es erscheint als Gewohnheit, daß in den Häusern der Hochgestellten ältere Frauen als Kinderfrau und Haushälterin beschäftigt sind³⁷⁵. Weil die Trophos die Mutter vertreten hat, spricht man sie auch später mit der zutraulichen Anrede μαῖα an, und daß sie immer die Vertraute bleibt, stammt gleichfalls aus den Erfahrungen der Kinderzeit³⁷⁶.

Das Paradeigma des im Hause von Frauen Umsorgten aber ist, in stärkerem Maße noch als das Kind, der Gast, jedenfalls nach den Intentionen der epischen Dichtung, die energisch für die Beachtung des Gastrechts eintritt. Penelope kündigt dem zum Gast erhobenen Bettler Fußwaschung, Bett und Bad an und faßt dann zusammen: Wie könnte der Gast sonst merken, daß sie anderen Frauen an Verstand und fürsorglichem Sinn überlegen ist, wenn sie zuließe, daß er, ohne körperliche Pflege und frische Kleidung empfangen zu haben, sich in ihrem Haus zu Tisch setze³⁷⁷. Aber trotz Penelopes Worten, trotz der Tatsache, daß der Gast sich an die Hausfrau als an die für ihn Zuständige wendet – in der Praxis ist es wieder die Tamie, welche zusammen mit dem übrigen weiblichen Personal die nötige Mühe für den Gast aufbringt. Weil Eurykleia die Verantwortliche ist, fragt Telemachos sie – denn der Mutter fehle es ja am rechten Überblick –, ob dem Bettler zuteil geworden sei, was dem Gast gebührt: εὐνὴ καὶ σῖτος. Nicht das Walten der Hausfrau, das Schalten der Tamie wird zum Inbegriff der Fürsorge für das Innere des Hauses und alle, die darin anwesend sind³⁷⁸.

c) *Das Megaron*

Das epische Megaron ist kein ʽMännersaalʼ. Zwar verweilen Hausherr und Haussohn mit Tischgenossen und Gästen, mit der männlichen Dienerschaft zu manchen Zeiten und zu bestimmten Zwecken darin, vor allem um zu essen, zu trinken, dem Sänger zuzuhören. Aber die Männer sind stets für kürzere Frist dort und seltener als die Frauen, deren ganzer Arbeitstag, abgesehen von den notwen-

---

(V. 115 παρὰ μητρὸς ἑλοῦσα).   **375** Amme als Kammerfrau 7, 12; δώματα τερῆ-σαι h. Cer. 142; τροφοὶ ... καὶ ταμίαι h. Cer. 103 f.; γυναικῶν δμωάων σκοπός 22, 395 f.   **376** Μαῖα »Mamma«: h. Cer. 147; 17, 499 für Eurynome, sonst immer für Eurykleia: 2, 349. 372; 19, 16. 482. 500; 20, 129; 23, 11. 35. 59. 81. 171 (zu vergleichen ist die Anrede ἄττα »Pappa« in der Il. für Phoinix, IX 607; XVII 561; in der Od. für Eumaios 16, 31 u.ö.).   **377** 19, 325–328. 598 f.   **378** 20, 128–143; V. 130 εὐνῇ καὶ σίτῳ ...; vgl. 20, 4. Auf die Tamie Eurykleia (δμωάων ... ἀρίστη) zielt Athenes Rat (15, 24–26): Ihr soll Telemach, falls die Mutter weggeht, all das Seine anvertrauen, bis er selbst eine

digen Gängen nach draußen zur Wasserstelle oder zum Waschplatz, im Megaron verläuft. Einen gesonderten Raum für die Frauen, ein 'Frauenmegaron', gibt es nicht. Die Halle mit dem Herd ist das Zentrum des Oikos, gewissermaßen der Ort der Öffentlichkeit für seine Mitglieder. Vielerlei und Verschiedenerlei vollzieht sich darin nebeneinander zur selben Zeit. Auch wer ständig draußen zu tun hat wie der Hirt, kehrt im Megaron ein, trifft dort auf die Herrin und ihre Frauen und behält so den Zusammenhang[379].

Alle Thalamoi dagegen sind Räume der Abgeschlossenheit, für Vorräte und Waffen, für den Schlaf[380]. Im Priamosoikos gibt es Thalamoi für die Söhne und Töchter, in denen sie und ihr Ehepartner schlafen und sich auch sonst manchmal aufhalten[381]. Im Haus des Odysseus befindet sich das Ehebett in einem der Halle benachbarten Thalamos[382]. Aber beim Landmann der Erga hat es seinen Platz noch nahe dem häuslichen Herd[383]. Es gibt Wendungen, die darauf weisen, daß einstmals Zeugen, Gebären, Sterben sich im Megaron vollzogen. Auch jetzt wachsen die Kinder darin auf, wird der Tote dort gewaschen und gebettet. Andere Formulierungen halten fest, daß der Platz der Ehefrau im Megaron ist: ἐνὶ μεγάροις wartet die Frau mit ihren Kindern auf den fernen Gatten, ein Mann, der stirbt, »hinterläßt« die Frau ἐν μεγάροισιν[384].

Im besonderen ist das Megaron die Residenz der Herrin eines großen Hauses. Daß Penelope sich auch über Tag öfters ins Obergeschoß zurückzieht (der Ehethalamos bleibt ohnehin unbewohnt), ist etwas Außergewöhnliches, durch ihre Bedrängnis veranlaßt[385]. Denn vom Megaron aus leitet die Hausfrau das Hauswesen, von hier entsendet sie Botschaften, hier nimmt sie solche entgegen; hier empfängt sie Dienstleute, männliche wie weibliche, und Fremde, den Gast wie den phoinikischen Händler[386]. Im Megaron übt die Herrin für alle sichtbar ihre wichtigste Tätigkeit aus: da steht ihr Webstuhl, da spinnt sie[387]. Da hat sie den ihr vorbehaltenen Lehnsessel am Herd: κλισίη, κλισμός, κλιντήρ. Wie zum θρόνος, dem Sitz des Hausherrn, gehört zu ihm ein Schemel, θρῆνυς, als Stütze für die Füße. Der Sessel hat seinen Platz vor einem der Dachpfosten, κίων oder σταθμός, die den Herd umgeben. Dort sitzen Penelope und Aréte und spinnen in der Gegenwart von Gästen. Dort sitzt Metaneira mit dem Kind auf dem Schoß, während sie

Hausfrau heimführt. **379** Μέγαρον: technisches Lehnwort, Frisk s.v.; im Sprachgebrauch öfters identisch mit δῶμα, δόμος; der Inhalt von Sing. u. Plur. stimmt überein; M.O. Knox, ClQu. 67, 1973, 1–21. Aus keiner der Stellen, die dafür in Anspruch genommen werden (Ameis-Hentze zu 19, 16. 53. 60, Stanford zu 18, 316), ergibt sich die Existenz eines gesonderten Arbeits- und Aufenthaltsraumes für Frauen; immer läßt sich zeigen, daß es sich um die allgemeine Halle handelt, durch die hin vielerlei zur selben Zeit geschieht. **380** Frisk u. Chantraine s.v.; A.J.B.Wace, JHS. 71, 1951, 207ff. **381** VI 242ff.; vgl. III 391. 423f. Paris als Erbauer seines Ehehauses VI 313–317; Wohnungen der verheirateten Nestorkinder 3, 396; vgl. 3, 401. Ehehäuser in der polygamen Großfamilie von Primitivgesellschaften: Thurnwald, Gesellschaft 84ff. **382** 23, 177ff. **383** Hes. Op. 733f. (Wilamowitz u. West, Works, ad l.). Ehebett im Megaron: h. Cer. 342f. **384** II 136f.; 11, 181–183 = 16, 37–39 ≈ 13, 336–338; XXII 483–485 ≈ XXIV 725–727; 13, 403; vgl. 13, 333f. **385** 1, 362 ≈ 4, 751 = 17, 49 ≈ 19, 602 = 21, 356 ≈ 23, 364 ≈ 4, 760 u.ö. **386** Megaron als Residenz der Hausfrau: 1, 415f.; vgl. 15, 515–517; 17, 569–572; 23, 113f. 302; 15, 461f. (Händler); 10, 112ff. (Ankunft von Fremden). – Megaron als Raum der Hausfrau: 11, 162; 15, 127f.; vgl. 1, 432; als Raum auch der Tamie: 23, 23f.; h. Cer. 115. **387** 2, 94 = 24, 129 ≈ 19, 139, vgl. 15, 515ff.; in V. 515–517 wird die Abweichung von der Regel begründet. In der Ilias arbeitet Helena gelegentlich mit den Frauen im Thalamos. Sonst webt sie wie Andromache im Megaron VI 323f.; III 125; XXII 460; vgl.

die alte Frau als Trophos in Dienst nimmt [388]. Selbst wenn Penelope im Stehen vor den Freiern eine Mitteilung macht, verhält sie vor einem der Dachpfosten beim Herd und gibt auf diese Weise zu erkennen, daß aller Verquerheit der Situation zum Trotz das Megaron ihr Raum ist, der Raum der Herrin des Hauses [389]. Falls Telemachos die Mutter zwänge, einem der Freier zu folgen, so käme das der Vertreibung der Hausfrau aus dem Megaron (ἀπὸ μεγάροιο) gleich, und »da sei Gott vor«, μὴ τοῦτο θεὸς τελέσειεν [390].

Die Frau regiert und arbeitet im Megaron, aber das bedeutet nicht, daß sie auf das Innere des Hauses beschränkt wäre. Sie bewegt und betätigt sich auch draußen mit Sicherheit und Freiheit, und dies nicht nur bei speziell weiblichen Verrichtungen. In den Straßen der Stadt ist sie aus verschiedenem Anlaß unterwegs, etwa mit Botschaft oder Nachricht, menschliches Gegenbild zu Iris, der Göttin mit den raschen Füßen [391]. Die Schilderung, wie Aréte auf der Straße geht und von den Leuten, weil sie ihnen den Rechtsstreit schlichtet, ehrfurchtsvoll gegrüßt wird, hinterläßt beim Hörer einen mindestens so starken Eindruck wie die Tatsache, daß Aréte beim abendlichen Empfang im Megaron den Mittelpunkt bildet [392].

d) *Archäologisches*

Die materielle Überlieferung bietet wenig an Anschaulichem zum Umgang der Frau mit Feuer und Hausinnerem. Die Wiedergabe des Totenbrauchs auf Vasen erlaubt eine Vorstellung von Stuhl, Bett und Bettdecke. Für Tisch und Truhe findet sich kaum Vergleichbares. Sieht man von der poetischen Sublimierung mancher Gegenstände ab, dann ergibt sich aus der epischen Dichtung eine Schlichtheit des Inventars, die der zeitgenössischen Realität entsprechen könnte und zugleich eine Erklärung dafür böte, daß dieses Inventar vergänglich gewesen ist bis zur Spurlosigkeit. Der elfenbeinerne Sessel Penelopes, die goldene Lampe Athenes gehören wie Helenas goldsilberner, mit Rädern versehener Handarbeitskorb zu den singulären Erscheinungen, die eher der phantasievollen Erinnerung an irgendwann irgendwo einmal Gesehenes zu verdanken sind als der täglichen Anschauung von Dingen, die Frauen im Gebrauch haben. Die Statuetten thronender Göttinnen dagegen (Taf. R IVb–c) lassen auf die Art schließen, in welcher die menschliche Herrin im Megaron in ihrem Sessel sitzt [393].

440 (Cunliffe s. v. μυχός); vgl. h. Ven. 14f.   388 h. Cer. 185–188; 6, 308; 17, 96f. Zu den Sitzgelegenheiten für Herrn und Herrin: S. Laser, unser Kap. »Hausrat« P 38–45. Göttinnen haben gelegentlich einen θρόνος VIII 199; XV 124. 150; XVIII 389.   389 1, 333 = 16, 415 = 18, 209 = 21, 64 (= 8, 458 Nausikaa); 19, 55.   390 20, 343f. 391 VI 286f.; 13, 66–69. Iris als Botin speziell in weiblichen Angelegenheiten, in ihrer eigenen oder in einer angenommenen weiblichen Gestalt: h. Ap. 102f. 107f.; h. Cer. 314ff.; III 121ff.; vgl. VIII 397ff. In der Od. fehlt Iris.   392 7, 70–74; vgl auch XVIII 495f.; XX 251–55; 15, 441.   393 Zum Inventar: S. Laser, unser Kap. »Hausrat« P passim, bes. P 77. 82. Zum Sessel Penelopes ebd. P 42. 78ff.; zu Athenes Lampe: U. Jantzen u. R. Tölle ebd. 98 (s. auch o. Anm. 333). Zur Truhe ebd. Abb. P 13c: protogeometr. Tonkästchen vom Kerameikos; zu vergl. wäre der untere Teil der vermutlichen Mehltruhe, s. o. Anm. 306. Das Tonrelief aus Reggio mit der Textilientruhe (Laser a. O. Taf. P Va) gehört zwar dem 5. Jh. v. Chr. an, gibt jedoch ein Beispiel dafür, wie beständig die Verhältnisse des weiblichen Bereichs sind: an der Wand hängen u. a. Kalathos und Lexythos, vor der Truhe steht der Lehnsessel. Zum Tisch: Laser a. O. Abb. P 10b, von att.-geometr.

Die Bedeutung des Herdes und der ihn umgebenden Halle wird durch den Nachweis des 'Herdhauses' in der Architektur der Eposzeit bestätigt. In der Architekturforschung gilt die Halle allerdings speziell als Versammlungsraum für die Speisegenossenschaft der Männer. Die Möglichkeit, sie könnte der zentrale Ort für die Erfüllung weiblicher Aufgaben und die Residenz der Frau des Hauses sein, wird, soweit ich sehe, nicht erwogen[394].

4. Unabhängige und abhängige Arbeit

a) *Gleichwertigkeit der Geschlechter*

α) *Sachbestimmte Arbeitsteilung:* Die Trennung von männlichen und weiblichen Umgangsbereichen leitet sich jeweils vom Objekt des Umgangs her. Der Grund für die Sonderung müßte demnach in der Beziehung zwischen Objekt und Geschlecht zu finden sein. Die Suche führt jedoch nur zu negativen Ergebnissen. Die epische Dichtung gibt selbst keine Erklärungen. Mit dem Hinweis auf die Verschiedenheit der Körperkräfte läßt sich durchgehend ebenso wenig argumentieren – Frauen verrichten auch schwere Arbeit – wie mit der Abgrenzung eines männlichen Aktionsbereiches 'draußen' gegen einen weiblichen Aktionsbereich 'drinnen' – Frauen arbeiten auch entfernt vom Hausbezirk. Ein Tabu als Ursprung der sachlichen Arbeitsteilung ist nicht festzustellen: kein Bereich des einen Geschlechts ist für das andere verboten; Stellvertretung, Hilfeleistung, Grenzüberschreitung sind erlaubt. Weiterhin hat Tätigkeit in einem bestimmten Bereich an sich nicht die Folge der Festlegung und einer von daher möglichen Unterdrückung. Wenn erbeutete oder gekaufte Frauen zur Textilarbeit genötigt werden, so basiert die Unterdrückung weder darauf, daß der betroffene Mensch eine spezielle Fertigkeit besitzt, noch darauf, daß er weiblichen Geschlechts ist (ungeachtet der Tatsache, daß beides zum Erwerb anreizen kann), sondern auf der durch Erbeutung oder Kauf begründeten Abhängigkeit. Mit seinen eigenen Geschlechtsgenossen verfährt der Mann bei Bedarf und Gelegenheit nicht anders.

Alles in allem herrscht zwischen den Geschlechtern ein Gleichgewicht von Arbeitsanteil und Arbeitswert. Wenn das eine Geschlecht irgendwo durch eine seiner Tätigkeiten den Vorrang gewinnt, die Frau etwa durch die Textilarbeit, so balanciert das andere Geschlecht dies an anderer Stelle aus, der Mann etwa durch die Feldarbeit. Überprüft man das Verhältnis, indem man auf das Freisein von Arbeit, die Muße, blickt, so erkennt man eine leichte Verschiebung der Gewichte. Ein betont männliches Ideal der Muße ist vorhanden, aber es findet in der Erzählung keine vollkommene Entsprechung. Nicht einmal die Freier, Vertreter eines, wie man meinen könnte, unbeschränkten Müßiggangs, dürfen es sich leisten, ihre Landwirtschaft ständig zu versäumen. Gewohnheit ist es, am Abend in der Halle sich zu unterhalten oder dem Sänger zuzuhören. Beides tun auch die Frauen. Aber die Männer sind dann in der Tat müßig, während die Frauen oft, nicht immer, sich mit Textilarbeit beschäftigen. Dieser Unterschied wird indes durch den repräsentativen Charakter der textilen Tätigkeit einigermaßen ausgeglichen. Daß die

Kanne (entspricht kaum der epischen τράπεζα).   **394** s. H. Drerup, unser Kap. »Baukunst« O 121. 123f. 125ff. 129f. 131; zur Frage des 'Frauenmegarons' s.o. Anm. 379. – Ferner s.o. Anm. 357 (Reiterinnen) u. Anm. 360 (Gänse).   **395** Zur Arbeitsteilung der

Frauen untertags häufig freie Zeit haben, dann nämlich, wenn sich aus der Arbeit selber längere Pausen ergeben, zeigt sich an Nausikaas Waschtag[395].

β) *Haushaltung:* Männliche und weibliche Umgangsbereiche bestehen nebeneinander, zusammen erst bieten sie die Grundlage für ein Leben, das der Notwendigkeit gerecht wird und Annehmlichkeiten darüber hinaus bietet. Die Summe der Umgangsbereiche macht die Haushaltung aus. »Haushalten«, οἶκον ἔχειν, ist gemeinsame Sache von Hausherr und Hausfrau. Odysseus wünscht Nausikaa, die Götter möchten ihr zum Gatten und zum Hauswesen auch tüchtige Eintracht gesellen – καὶ ὁμοφροσύνην ὀπάσειαν ἐσθλήν, »denn es gibt nichts Stärkeres und Besseres, als wenn beide einmütig im Denken und Planen haushalten, Mann und Frau«. Das ist ein Lob der guten Ehe, weniger gemüthaft als praktisch orientiert[396]. Von allen Frauen, die ὑπ' ἀνδράσιν »haushalten«, ist Arḗte die, welche am höchsten geehrt wird. Ὑπ' ἀνδράσιν, »in der Obhut von Männern«, bezieht sich auf die eheliche Verbindung[397]. Die Grundlage der Haushaltung ist für beide, Mann wie Frau, der Ehestand. Aufgabe der Ehefrau ist es, für die Ordnung des Hauswesens zu sorgen: ... ἄλοχοι κατὰ δώματα πορσαίνουσι[398].

Die Worte, die im Demeterhymnos Hades zu Persephone spricht, um ihr die Rechte zu weisen, die ihr als seiner Gemahlin zukommen, könnten – auf menschliche Verhältnisse reduziert – etwa so lauten: Wenn du hier eintrittst, sollst du Hausherrin sein über alles, was lebt und sich regt; höchste Ehren sollst du haben unter den Oikosgenossen; wer dir Unrecht tut, soll Buße zahlen, sein Leben lang. Die Fassung, die der Hymnos gibt, mag Variation einer Formel sein, mit welcher im realen Leben der Ehemann die Ehefrau in dem Augenblick, in dem sie sein Haus betritt, in die Rechte einsetzt, die ihren Anteil an der Haushaltung umfassen, die Regentschaft im Hause[399].

b) *Frau und Tochter des Hauses*

α) *Δέσποινα und andere Begriffe:* Das Verb, das oben durch »Hausherrin sein« wiedergegeben wird, δεσπόζειν[400], gehört zu δέσποινα; das Substantiv bezeich-

---

Geschlechter: P. Herfst, Le travail de la femme dans la Grèce ancienne (1922); RV. I 209 s. v. Arbeit (Thurnwald); Thurnwald, Gesellschaft 49 f.; Burkert, Griech. Religion 384. 388. Ich bin der Meinung, daß bei einem Thema wie dem unseren mit modernen, oft emotionell gefärbten Begriffen wie 'Rollendiktat', 'Rollenverhalten' nicht weit zu kommen ist. – Zur Gleichwertigkeit Jenzer, Wandlungen 34. – Zum männlichen Mußeideal z.B. 9, 5–11 u. s.o. Anm. 236.   **396** 6, 180–185; V. 182 ff.: ... οὐ μὲν γὰρ τοῦ γε κρεῖσσον καὶ ἄρειον, ἢ ὅθ' ὁμοφρονέοντε νοήμασιν οἶκον ἔχητον ἀνὴρ ἠδὲ γυνή.   **397** 7, 66–68. **398** h. Cer. 156.   **399** h. Cer. 364–367: ἔνθα δ' ἰοῦσα δεσπόσσεις πάντων ὁπόσα ζώει τε καὶ ἕρπει, τιμὰς δὲ σχήσησθα μετ' ἀθανάτοισι μεγίστας, τῶν δ' ἀδικησάντων τίσις ἔσσεται ἤματα πάντα. Das für den Verlauf der Erzählung anstößige Futur (Richardson, Hymn to Demeter ad V. 363 ff.) läßt sich ebenso wie das überlieferte Partizip ἰοῦσα erklären, wenn man Einverleibung einer Rechtsformel in die epische Sprache annimmt. In diesen Zusammenhang gehören auch Penelopes Worte δῶμα κουρίδιον, μάλα καλόν, ἐνίπλειον βιότοιο (19, 579–581 = 21, 77–79); zu vergleichen ist ihr Gebrauch einer formelhaften Wendung κτῆσιν ἐμήν, δμῳάς τε καὶ ὑψερεφὲς μέγα δῶμα (19, 526), die sonst mit dem männlichen Objekt δμῶας von Männern gesprochen wird (XIX 333 = 7, 225). Aus 4, 743 f. ist zu entnehmen, daß die Hausfrau wie der Hausherr die Hausgerichtsbarkeit ausübt. **400** Episch nur h. Cer. 365 (s.o. Anm. 399).   **401** Δέσποινα (zur selben Wurzel wie δό-

net die Hausfrau als die, welche »im Hause die Macht hat«, als »Herrin des Hauses«. Dieser spezielle Terminus findet sich innerhalb der epischen Dichtung nur in der Odyssee. Er kann mit ἄλοχος verbunden sein, mit γυνή, und ist im Gebrauch vor allem in bezug auf Haus, Dienerschaft, Gast. Das männliche Gegenstück δεσπότης fehlt in der epischen Sprache[401]. An seiner Stelle benutzt die Odyssee ἄναξ, ein Wort, das auch die Ilias häufig verwendet, aber nie für den Hausherrn. Weder für diesen noch für die Frau des Hauses hat das ältere Epos einen Begriff. Die spezielle Ordnung des familiären Zusammenlebens, die es aufweist, die Großfamilie, ließe eher Termini wie 'Vater des Oikos' – 'Mutter des Oikos' erwarten. Das weibliche Pendant zu ἄναξ existiert in der epischen Sprache: ἄνασσα dient zur Anrufung und als Titel von weiblichen Gottheiten. Zwar redet Odysseus Nausikaa so an, aber er läßt unentschieden, ob er sie für eine Göttin oder eine Sterbliche hält[402].

Ein drittes Wort für 'Herrin', πότνια, ist im allgemeinen ebenso weiblichen Gottheiten vorbehalten. Eine Ausnahme bildet die episch oft gebrauchte, vermutlich althergebrachte Formel πότνια μήτηρ[403]. Während δέσποινα auf die Stellung der Ehefrau im Hauswesen geht, kommt in πότνια μήτηρ ihre in der Familienordnung begründete Stellung als Hausmutter zum Ausdruck. Das zugehörige Masculinum πόσις ist schon in den frühesten Bezeugungen auf den Inhalt »rechtmäßiger Gatte« festgelegt. Ähnlich steht es mit δάμαρ[404], einem Wort ohne genauen männlichen Parallelbegriff, das die Frau eigentlich als »Ordnerin des Hauses« benennt, aber nur in der Bedeutung »rechtmäßige Gattin« anzutreffen ist. Das allgemeine Wort für Frau dagegen, γυνή, kann, vorzüglich wenn Gäste und Bediente es für die Hausfrau verwenden, den Beiklang 'Herrin' haben[405].

Zu βασιλεύς, der Bezeichnung für einen Mann, der als Haupt einer der großen Familien in der Gemeinde maßgebliches Ansehen genießt, gibt es in der Odyssee das Femininum βασίλεια, für Penelope, Aréte, Nausikaa[406]. Zumeist wird es von denen gebraucht, die zum Hause gehören oder sich zeitweilig darin aufhalten, und zwar im Sinne von 'Herrin'. Der Inhalt steht also dem von δέσποινα unmittelbar nahe, doch ist die Wurzel des Wortes, da es einem nicht griechischen Idiom entstammt, undurchschaubar geworden. Βασίλεια scheint die Entwicklung vom häuslich familiären Begriff zum politischen, die für βασιλεύς anzunehmen ist, nicht mitgemacht zu haben. Die Verbindung zwischen den beiden Wörtern wäre demnach nur noch locker. Demgegenüber haben in der Ilias in dem Wortpaar γέροντες – γεραιαί, wie wir gesehen haben, beide Teile einen Bezug auf das Gemeindeleben[407].

μος und zu πότνια; Benveniste, Institutions I 88): Aréte 7,53; 7,347 (δ. γυνή); Penelope 14, 9 = 14, 451; 14, 127; 15, 374. 377; 19, 83; 23, 2; Nestors Frau 3, 403 (δ. ἄλοχος). Δεσπότης zuerst belegt bei Herodot und Aischylos; δεσπόσυνον episch nur h. Cer. 144 (δ. λέχος; s.o. S. R 68). 402 LfgrE. s.v. (Grimm). – 6, 149. 175; in vergleichbarer Situation Anchises zu Aphrodite, dem angeblichen Mädchen: h. Ven. 92. 403 Vielleicht 'Mutter des Oikos', Il. u. Od. häufig, h. Cer. dreimal. 404 s.u. Anm. 434. 405 16, 334; 21, 86; häufig als Anrede, z.B. 19, 107. 221. 555 (Penelope); 6, 168 (Aréte); 11, 248 (Nausikaa). 406 Chantraine u. Frisk s.v. βασιλεύς; außer h. Hom. 12, 2 (Hera) nur Od.; Penelope: 4, 697. 770; 16, 332. 337; 17, 370 = 17, 468 = 18, 351 = 21, 275; 17, 513. 583; 18, 314; 23, 149; Aréte: 7, 241; 11, 345; 13, 59; Nausikaa: 6, 115; absolut: 11, 258. Βασιλεύειν von Frauen: VI 425 u. 11, 285, beide Male mit lokaler näherer Bestimmung, etwa 'residieren'; die Schlüsse, welche S.B. Pomeroy, REG. 88, 1975, 16–19 aus VI 405–496 zieht, scheinen mir zu weit zu gehen. 407 s.o. Anm. 134. 408 Fast jeder Haushalt,

β) *Zuständigkeit:* Die Kompetenzen der Despoina erstrecken sich auf alle Umgangsbereiche, die als spezifisch weiblich auszumachen sind. Die Herrin des Hauses verfügt über die dort in Frage kommenden Objekte und befiehlt den mit diesen befaßten Personen, das heißt dem weiblichen Personal. Bei Bedarf gebietet sie aber auch den männlichen Bediensteten, wie der Hausherr und in seiner Vertretung der Haussohn den weiblichen. Ein Urzustand, in welchem alle Arbeiten, die in den verschiedenen weiblichen Umgangsbereichen anfallen, von der Hausmutter selbst verrichtet werden (wie die entsprechenden männlichen Arbeiten vom Hausvater), ist aufgrund der epischen Dichtung nicht rekonstruierbar. Trotzdem kann man es für möglich halten, daß dies in den sozial niederen Schichten zur Eposzeit noch der Fall ist. Für die bäuerliche Familie der Erga, die einer gehobenen sozialen Schicht angehört, ist die Hilfe von Knecht und Magd etwas Selbstverständliches. Auf der hohen Stufe der Gesellschaft, deren häusliches Leben in der Ilias und im Demeterhymnos in einzelnen Zügen angedeutet, in der Odyssee reich entfaltet wird, hat die Frau des Hauses nominell auch jetzt die Verantwortung für alle weiblichen Arbeiten. Tatsächlich aber hat sie, wie wir öfters feststellten, den größeren Teil ihrer Pflichten übertragen; die Kinderaufzucht auf Trophos oder Tithene, die Verwaltung der Vorräte, die Ordnung der alltäglichen Hausarbeit, die Aufsicht über die weibliche Dienerschaft auf die Tamie, anderes auf andere Frauen, einiges auch auf die Tochter. Ohne diese Entlastung könnte die Herrin des Hauses ihre gesellschaftlichen Pflichten nicht erfüllen, vermöchte sie es vor allem nicht, sich auf ihre wichtigste Aufgabe zu konzentrieren, die Organisation der Textilarbeit im Oikos und ihren eigenen handwerklichen und künstlerischen Anteil daran. Um für eine anspruchsvolle Tätigkeit frei zu sein, braucht sie Freiheit von der übrigen Arbeit und also Hauspersonal [408].

γ) *Einübung in den künftigen Stand:* Wie ein Haussohn – Telemachos – sich in den Pflichten des Hausherrn versucht, das entwickelt die Odyssee über viele Verse hin. Aber man kann auch eine Tochter des Hauses – Nausikaa – in der Sorge für einen bestimmten Aufgabenkreis, die Reinhaltung und Verwahrung der Textilien, beobachten. Im Demeterhymnos sind die Keleostöchter bei der Pflege eines kleinen Bruders zu sehen und beim Wasserholen. Es scheint, daß die Töchter des Hauses die weiblichen Arbeiten von Grund auf kennenlernen und auf diese Weise in die Verantwortung hineinwachsen, die sie später als Despoina eines großen Hauses zu tragen haben.

c) *Im Hauswesen beschäftigte Frauen*

α) *Begriffe und Tätigkeiten:* Die unabhängige Arbeit der Despoina und der Töchter des Hauses wird durch abhängige weibliche Arbeit unterstützt und in mancher Hinsicht überhaupt erst ermöglicht. Nicht allein die Spezialisierung der Hausfrau auf die Textilarbeit, auch Ausdehnung und Differenzierung des gesamten Haushaltes verlangen Hilfe von Bediensteten beiderlei Geschlechts. Für dienende

von dem in der Od. die Rede ist, hat eine Tamie. Der große Odysseusoikos hat deren sogar zwei. Eurynome, vermutlich ehemals Kinderfrau Penelopes, wird mehrfach so bezeichnet (17, 495 = 18, 169; 19, 96; 23, 154), Eurykleia nur einmal (2, 345), doch in charakteristischem Zusammenhang; sie übt sämtliche Funktionen der Tamie aus (anders Ramming,

Frauen hat die epische Sprache eine Reihe von Bezeichnungen. Wie es das Auswahlprinzip der Dichtung mit sich bringt, ist aus ihnen jedoch keineswegs eine Nomenklatur der weiblichen Dienstbarkeit zu gewinnen.

Der Herrin am nächsten stehen Haushälterin, Kinderfrau, Kammerfrau (θαλαμηπόλος: »die sich im Gemach – der Herrin – bewegt«), zumeist ältere Frauen, auf deren Position und Aufgaben wir bereits eingegangen sind [409]. Der Herrin nahe, häufig ihr zur Seite oder doch jederzeit für sie verfügbar sind die 'Begleiterinnen', ἀμφίπολοι: »die sich um (die Herrin) bewegen«, meist jüngere Frauen; sie werden manchmal auch für Arbeiten im Haushalt herangezogen, zum Beispiel bei der Mahleinleitung [410]. Das männliche Pendant ist θεράποντες.

Einige Wörter, Hapaxlegomena oder Rara, beziehen sich auf einzelne, gewöhnlich untergeordnete Arbeiten in den weiblichen Umgangsbereichen; auf den Textilbereich: γρηῦς εἰροκόμος »alte Wollarbeiterin«; auf den Kornfruchtbereich: γυνὴ ἀλετρίς »Mahlfrau« und γρηῦς καμινώ »alte Backfrau«; auf den Wasserbereich: λοετροχόος »Badgießerin« [411]. Diese Wörter sind nicht Termini technici, sondern ad hoc gebrauchte Ausdrücke. Dasselbe gilt von γυνὴ χερνῆτις, etwa »Handwerk-Frau«, und συνέριθος, »Aushilfe« [412].

Allgemeineren Inhalts sind außer ἀμφίπολοι noch δρήστειραι als Bezeichnung für Dienerinnen im Umkreis der Herrin (δρηστῆρες sind Herrendiener [413]) und der Oberbegriff δμωαὶ γυναῖκες, der auch zu δμωαί [414] oder zu γυναῖκες [415] verkürzt wird. Dieser Terminus umfaßt alle »im Hauswesen beschäftigten« Frauen von der Haushälterin bis zur Mahlfrau, wie δμῶες alle »im Hauswesen beschäftigten« Männer [416]. Beim Wortgebrauch erfolgt keine scharfe Trennung zwischen den

Dienerschaft 103).   **409** 7, 8; 23, 293; Chantraine u. Frisk s.v. πέλομαι; s.o. S. R 69ff. **410** LfgrE. s.v. (Schuh/Latacz); Chantraine u. Frisk s.v. πέλομαι; häufig sind zwei ἀμφίπολοι in unmittelbarer Gesellschaft der Frau oder der Tochter des Hauses (III 143 = 1, 331 = 18, 207; 1, 335 = 18, 211 = 21, 66; 6, 18); dem nachempfunden sind die beiden goldenen Amphipoloi, welche Hephaistos als Krücken dienen (XVIII 417f.), doch können es auch drei, vier oder mehr sein (4, 133f.; 10, 348f.). Die Od.-Stellen bei Ramming, Dienerschaft 162. Il.: III 422; VI 286f. 324. 491 (= 1, 357 = 21, 351). 499; XXII 442. 461 (≈ 6, 84); h. Merc. 60. Der Gebrauch ist vielfach formelhaft, bisweilen aber auch individuell, mit Namensnennung. Der Sing. betrifft entweder eine aus der Schar der Amphipoloi (z.B. 4, 133f.; 6, 115f.; 19, 90) oder eine Bediente mit spezieller Aufgabe: die Wasserträgerin der typischen Szene der Mahleinleitung (s.o. Anm.216), die Tithene (VI 372), die Tamie (XXIV 302. 304; 16, 152), die Thalamepolos (23, 227), die Pflegerin des Laertes (1, 191; 24, 366).   **411** 20, 297 sinngemäß Femininum (G. Autenrieth, Wörterbuch zu den homerischen Gedichten⁸ [1897] s.v.; anders Cunliffe s.v.); der Inhalt von δμῶες im Fortgang des Verses ist nicht 'männliches Gesinde', sondern geschlechtsneutral 'das Gesinde'. **412** 6, 32; keine Bediente, sondern eine Freundin Nausikaas; zu ἔριθος s.u. Anm.417. Die übrigen Einzelbezeichnungen sind oben mit den Umgangsbereichen behandelt; s.u. 'Ausgewählte epische Wörter' S. R 131ff.   **413** 10, 349 ≈ 19, 345; δρηστῆρες der Freier 16, 248; 18, 76; 20, 160; dazu δρηστοσύνη 15, 321.   **414** Nur Plur.; Chantraine u. Frisk s.v. δμώς; Benveniste, Institutions I 296f. »qui est de la maison«. 305; Micknat, Studien 58f.; die Od.-Stellen bei Ramming, Dienerschaft 164; Il.: VI 323. 375f.; IX 477. 658; XVIII 28; XIX 333 (v.l.); XXII 449; XXIII 550; XXIV 582. 587. 643; Hes. Sc. 276. **415** 'Dienende Frauen': Od.-Stellen bei Ramming, Dienerschaft 163; in der Il. läßt sich keine Stelle mit Sicherheit für diesen Inhalt in Anspruch nehmen; der Sing. γυνή ist in dieser Hinsicht in beiden Epen nicht festzulegen.   **416** Die Betrachtung müßte die Begriffe für männliche Bedienstete einbeziehen, wenn das Bild klar werden sollte, auch die Pendantbegriffe: der ταμίη entspricht in mancher Beziehung der δαιτρός, den ἀμφιπο-

genannten Begriffen. Metrum und Rhythmus des Verses, formelhafte Fügung bewirken die Wahl. Vor weitgehenden soziologischen Schlüssen aufgrund des stilistischen oder statistischen Befundes muß man sich hüten.

Allen diesen Bezeichnungen, gleich ob sie generell oder speziell sind, ist gemeinsam, daß sie mehr oder minder klar etwas über Art oder Bezug der Tätigkeit aussagen, nichts aber über den Status der Tätigen, also auch nichts darüber, ob diese sich mit ihrem Willen oder gegen ihren Willen in einem Arbeitsverhältnis befinden, das heißt ob sie Freie oder Unfreie sind.

β) Formen abhängiger Arbeit: Freie Frauen aus einer sozial niederen Schicht gehen zur Lohnarbeit in das Haus einer der großen Familien und erfüllen dort ein tägliches Pensum. Zu ihnen zählen die Mahlfrau und ihresgleichen bei Odysseus. Diese Frauen gehören auf Zeit zum Oikos. Unter allen Beschäftigten scheinen sie es am schwersten zu haben und am bedürftigsten zu sein. Der spezielle Terminus für sie ist vielleicht συνέριθος »Aushilfe«; bei Hesiod findet sich die Vokabel ἔριθος »Lohnarbeiterin«[417]. Freie Männer in einem entsprechenden Arbeitsverhältnis sind θῆτες[418]. Auch die γυνὴ χερνῆτις im Gleichnis der Ilias ist Lohnarbeiterin, doch erledigt sie ihr Pensum daheim; sie ist Ernährerin der Familie.

Freie Frauen ohne Anhang verdingen sich auf Dauer in einen großen Oikos und verbringen ihr Leben ganz oder fast ganz darin. Beispiel einer Verdingungsabsprache mit Angaben zu Arbeitsart und Arbeitslohn gibt der Demeterhymnos für die Tätigkeit der Kinderfrau. Der älteren alleinstehenden Frau bietet sich so die Möglichkeit von Unterkommen und Schutz. Aber auch junge Frauen verdingen sich auf Dauer. Aktoris, persönliche Bediente und Vertraute Penelopes, hat schon in deren Elternhaus Dienst getan. Der Vater »gab« sie der jungen Frau mit nach Ithaka. Daraus darf man freilich nicht schließen, Aktoris sei eine Unfreie, über die verfügt werden dürfe[419]. Wenn eine Bedienstete, etwa das ehemalige Kindermädchen, aus dem Haushalt der Eltern in den Haushalt der Tochter übergeht, so ist Anhänglichkeit im Spiel und die Aussicht auf einen festen und guten Arbeitsplatz. Eine besondere Art der Stellung einer Bediensteten im Oikos kommt durch Aufnahme in die engere Familie zustande. Penelope hat, da sie ohne Tochter ist, Melantho, ein Kind des Gärtners Dolios, zu sich genommen und an Kindes Statt aufgezogen, um eine Haustochter zu haben – ein Fehlgriff, wie sich später erweist[420].

Die unfreie Frau gibt es zwischen den »im Hauswesen Beschäftigten« wie den unfreien Mann. Als Ursprung der Unfreiheit erscheint in der Ilias die Kriegsgefangenschaft von Frauen und Kindern, in der Odyssee und im Demeterhymnos der Menschenkauf als eine Konsequenz von Seeraub und Seehandel. Aber die Zahl

λοι entsprechen außer den θεράποντες manchmal auch die κήρυκες; δμῶες und ἀμφίπολοι können ein Begriffspaar bilden (9, 206). Die Tätigkeit der τροφός üben gelegentlich Männer aus. In der Il. berichtet Phoinix, wie er Achill aufgezogen hat (IX 485–95), in der Od. entspricht dem Verhältnis zwischen Eurykleia und Odysseus das zwischen Eumaios und Telemachos (16, 12ff.), dieser redet den Schweinehirten mit ἄττα an (s.o. Anm. 376).   [417] Hes. Op. 602; in der Il. masc. verwendet (XVIII 550. 560), in der Od. (6, 32; s.o. Anm. 412) in der Zusammensetzung συνέριθος fem.; die verbindende Vorstellung ist die der Hilfe. Das Wort ist wie θής und andere Bezeichnungen für Arbeitende ohne gesicherte Etymologie, Chantraine u. Frisk. s.v.).   [418] 4, 644 (Gegensatz δμῶες); Hes. Op. 602.   [419] 23, 225–30; auch Aktoris ist, ohne daß die Bezeichnung für sie angewendet würde, θαλαμηπόλος.   [420] 18, 323 (παῖδα δὲ ὣς ἀτίταλλε;

derer, die auf solche Weise unter die Dienerschaft einer der großen Familien gelangen, ist gering. Mit Gewißheit kann man zu ihr nur die Menschen rechnen, von denen gesagt wird, wie sie unfrei geworden sind. Von den dienenden Frauen der Odyssee sind dies Eurykleia (Ithaka)[421], Eurymedousa (Scherie)[422], das Mädchen aus Sidon (Syrie)[423]. Für ein ziemlich sicheres Indiz der Unfreiheit halten wir auch die Angabe der ethnischen Herkunft in der Fügung γυνὴ Σικελή[424] (Ithaka), die den Fügungen γυνὴ Φοίνισσα[425] (Mädchen aus Sidon), γυνὴ ἀπειραίη[426] (»vom Festland«, Eurymedousa) zu vergleichen ist. Wie die freie Frau, die sich auf Dauer in ein Hauswesen verdingt, geht die unfreie Frau in den Oikos ein; er gewährt ihr Schutz und Versorgung, vermutlich auch bei Krankheit und bis zum Tod. Sieht man vom Mangel der Freiheit ab, dann ist das Leben der unfreien Frau unter den δμῳαὶ γυναῖκες besser als das einer um Lohn arbeitenden freien Frau, etwa der γυνὴ ἀλετρίς.

So zukunftsträchtig die Form des Gewinns von häuslichen Arbeitskräften durch Kauf ist, in der Gesellschaft des Epos sind »die im Hauswesen beschäftigten« Frauen und Männer zum weitaus größten Teil freie Menschen, die sich aus eigenem Willen in ein vertraglich abgesichertes Arbeitsverhältnis begeben haben. Das Strafgericht an den treulosen Mägden des Odysseus kann nicht als Gegenargument dienen. Die Bediensteten unterstehen wie jeder im Hause dem Hausrecht des Hausherrn, das zur Odysseezeit noch in Geltung ist, wenn auch nicht mehr unbestritten[427].

V. Ehe

1. Familie

a) *Stellung der Frau und ihrer Kinder*

α) Allgemeiner Zustand: In der epischen Überlieferung erscheinen die weiblichen Mitglieder der Oberschicht manchmal als heiratsfähige, bereits umworbene Mädchen, meistens aber als Ehefrauen. In welchem Familienstand die weiblichen

vgl. XXIV 59f.).   **421** 1, 429–431.   **422** 7, 8–11.   **423** 15, 427–429; außerdem die ὠνητὴ παλλακίς auf Kreta, 14, 202f.   **424** 24, 211. 389; vgl. 366 (ἀμφίπολος).   **425** 15, 417.   **426** 7, 8.   **427** Die Behandlung der epischen Terminologie der Dienstbarkeit und die Beurteilung des Status der Dienenden sind, trotz Einwänden und Einschränkungen, bis in die neueste Zeit von der Annahme bestimmt, daß zur Gesellschaft des epischen Zeitalters wie zur Polis Athen im 5. Jh. v. Chr. eine voll ausgebildete Sklaverei gehöre. Wenn man diese Vorstellung in die Realität umgesetzt denkt und dazu die Zahlangaben realistisch interpretiert, dann müßte es im 8. u. 7. Jh. v. Chr. Mengen von Unfreien, insbesondere von unfreien Frauen gegeben haben. Dem widersprechen im Epos viele Zeugnisse im einzelnen und das Bild der epischen Gesellschaft im Ganzen. – Neuere Lit. zum Problem (ohne Hinweis auf den jeweiligen Standpunkt): W. Beringer (s. o. Anm. 60); J. A. Lencman (s. o. Anm. 2) 203ff.; Mele, Società 135ff.; Ramming, Dienerschaft; Gschnitzer, Terminologie II; vgl. auch W. Richter, unser Kap. »Landwirtschaft« H 15ff. – Meine Untersuchungen zur Unfreiheit in der frühgriechischen Gesellschaft werden als Band der 'Forschungen zur antiken Sklaverei' (hrsg. im Auftrag der Mainzer Aka-

Mitglieder der Dienerschaft sich jeweils befinden, wird selten mitgeteilt. Aber dort gibt es auch unter den älteren Frauen ledige. Verheiratet ist die Bedienerin des Laertes; sie ist die Frau des Gärtners[428]. Vermutlich hätte die Frau des Schweinehirten, wenn dieser, wie er sich wünscht, mit Hilfe seines Herrn zu Acker, Haus und Gattin käme, ebenfalls eine Aufgabe im Odysseusoikos[429]. Für die Einstellung von Personal auf Zeit empfiehlt allerdings Hesiod Leute ohne eigene Familie zu nehmen: eine Lohnarbeiterin, die einen Säugling zu nähren hat, ist eine schlechte Hilfe[430].

In allen sozialen Schichten dürfte normaler Weise der Weg des Mädchens in die Ehe führen. Aber sieht der Beobachter ab von den vorgenannten Fällen und den wenigen praktischen Ratschlägen der Erga zu Heiratsalter, Brautwahl, Hochzeitstermin[431], dann ist er für seine Feststellungen ganz auf die Verhältnisse der Oberschicht angewiesen. Von diesen aus auf Heirats- und Ehesitten der übrigen Bevölkerung zu schließen, mag bis zu einem gewissen Grad erlaubt sein, weil überall, im kleinen wie im großen Haus, die Frau infolge der Heirat die prinzipiell gleichen Funktionen hat: sie ist Sexualpartnerin des Ehemannes, Mutter der Kinder, Verwalterin ihres Anteils am Hauswesen. Aber schon auf ein und derselben sozialen Stufe können sich bedeutende Unterschiede zeigen: Hekabe ist Herrin und Mutter eines sich weit ausbreitenden Familienkosmos, Penelope Herrin eines umfangreichen und vielgestaltigen Oikos, doch als Mutter beschränkt auf eine Familie kleinster Dimension.

β) '*Rechte Gattin*': Der Mann redet seine Frau mit γύναι[432] an, die Frau ihren Mann mit ἄνερ[433]. Für den speziellen Begriff 'Gattin' gibt es eine Reihe von Wörtern. Δάμαρ, immer mit dem Genitiv des Mannesnamens verbunden, weist vielleicht auf die Zugehörigkeit der Frau zum Mann, insofern sie seine 'Hausfrau' ist[434]. Ὄαρ, nur pluralisch und formelhaft gebraucht, nimmt vielleicht Bezug auf das familiäre Vertrauensverhältnis zwischen Ehefrau und Ehemann[435]. Drei Wörter, ἄλοχος, ἄκοιτις, παράκοιτις, bezeichnen an sich die Frau als »Lagergenossin« des Mannes; dieser Inhalt ist, ohne verloren zu gehen, zurückgetreten hinter die Bedeutung 'rechte Gattin'. Ἄλοχος ist das häufigste Wort für 'Gattin'; es korrespondiert mit πόσις[436], der Bezeichnung für den 'rechten Gatten'. Ἄκοιτις und παράκοιτις sind seltener[437]. Wie die nach ihnen gebildeten, gleichfalls selte-

---

demie von J. Vogt u. H. Bellen) erscheinen.   **428** 24, 386ff.   **429** 14, 63f. **430** Hes. Op. 602f.   **431** Hes. Op. 405. 407: Haus, Frau, Pflugrind, Wirtschaftsgerät zum Leben erforderlich; V. 695 ff.: Heiratsalter des Mannes um das 30. Jahr, der Frau etwa das 18.; auf jeden Fall soll das Mädchen ehereif, παρθενική, sein; überhaupt soll man mit Bedacht wählen; V. 800: der günstigste Tag zur Hochzeit.   **432** III 438; VI 441; XXIV 300; 4, 148. 266; 8, 424; 23, 203. 248. 254. 350. 361. – Die folgende Behandlung der Begriffe und der mit ihnen verknüpften rechtlichen Fragen ist summarisch. Die Lit. ist überreich (s.u. Anm. 488. 490); dennoch bleibt vieles zu klären.   **433** XXIV 725. **434** III 122; XIV 503; 4, 126; 20, 290; 24, 125; h. Ap. 212; s. Risch, Wortbildung² 196: »das Haus ordnend« (s.o. S. R 76); Schulze, Quaestiones epicae 37, 4; Benveniste, Institutions I 296. 305; Chantraine u. Frisk s.v.: Etymologie ungeklärt; L. Gernet in: Mélanges Boisacq 1 (1937) 393–96. Das Wort ist in der älteren att. Rechtssprache erhalten: Solon Fr. 20; Fr. 48b.   **435** IX 327; V 486; 8, 525 (v.l.) (stets im Zusammenhang von Angriff und Verteidigung). Risch, Wortbildung² 195: vielleicht zu ἀραρίσκω; Chantraine u. Frisk s.v.: ungeklärt. Ὀαρίζειν und andere abgeleitete Wörter bezeichnen in der Sprache des Epos die Vertrautheit zwischen Menschen, speziell zwischen Mann und Frau. **436** Nur singularisch gebraucht; zum Wort Chantraine u. Frisk s.v.   **437** Ἄλοχος zu

nen Masculina ἀκοίτης[438] und παρακοίτης[439] haben sie vielfach offiziell feierlichen Charakter. Auch γυνή kann 'Gattin' bedeuten, unzweifelhaft dann, wenn wie bei δάμαρ der Mannesname im Genitiv hinzukommt, aber auch sonst. Dieser Sprachgebrauch setzt sich in der Odyssee stärker durch[440].

Ἄλοχος ist häufig von Wörtern begleitet, welche betonen, daß die eheliche Verbindung rechtmäßig zustande gekommen ist. Die Gattin ist μνηστή[441]: vom Manne rechtens »gefreit«, das heißt durch Übereignung von Brautgeld, ἔεδνα[442], an den Brautgeber; sie ist κουριδίη[443]: vom Vater oder seinem Stellvertreter rechtens »zur Ehe gegeben, wie es der Tochter (κούρη) zukommt«; πολύδωρος »vielbringend« ist sie, wenn der Brautgeber für sie reiche ἔεδνα entgegengenommen hat[444]; das Wort wird durch eine Aussage über den Gatten erläutert: πόρε μυρί' ἔεδνα. Die Bedeutung anderer ständiger Epitheta zu ἄλοχος, zu ἄκοιτις/παράκοιτις, auch zu γυνή: φίλη[445], αἰδοίη, κυδρή, κεδνή[446], θαλερή[447], ἰφθίμη[448], ist schwer oder gar nicht zu durchschauen, doch kann bei all diesen Wörtern als sicher gelten, daß ihr Inhalt nicht gemüthaft, sondern sozial bestimmt ist. Gefühlsbetont dagegen ist die für den Augenblick gefundene Wendung »ἄλοχον θυμαρέα«, welche herzliche Zuneigung ausdrückt[449].

Alle aufgeführten Substantive, in besonderer Fügung selbst das allgemeine Wort γυνή, implizieren, auch ohne bestärkendes Adjektiv, die ausgezeichnete

λέχος, λέγεσθαι; ἄκοιτις zu κοῖτος, κοίτη, beide mit α-copulativum; Risch, Wortbildung² 143. 198. 216 (auch zu παράκοιτις); weiteres LfgrE. s.vv. (Knebel). Der Vorrang von ἄλοχος ist offensichtlich (z.B. Il. 60mal gegen 11mal ἄκοιτις u. 8mal παράκοιτις), doch ist die Wortwahl nicht selten durch Formel oder Metrum bedingt.   **438** XV 91; 5, 120; 21, 88; h. Cer. 363; Hes. Sc. 9; Fr. 176, 6; zum Wort: LfgrE. (Knebel).   **439** VI 430; VIII 156; Hes. Th. 928.   **440** VI 160. 460; 17, 152 = 19, 165 = 262 = 336 = 583. Ebenso kann ἀνήρ 'Gatte' bedeuten. – Zum Fragenkomplex: P. Chantraine, REG. 59/60, 1946/47, 221 ff.   **441** VI 246; IX 399. 556; XI 242; 1, 36; 11, 177.   **442** s.u. Anm. 490–495.   **443** I 114; VII 392; XI 243; XIII 626; XIX 298; 13, 44f. (Plur.); 14, 245; 15, 356; h. Ven. 127; h. Hom. 6, 17. Das Wort tendiert von »zur Ehe gegeben, wie es der Tochter zukommt« zu »in die Ehe gegeben, ehelich« (vgl. Buttmann, Lexilogus I 33 f.) und kann in der Folge in masculiner Form auch zu den Bezeichnungen für den Ehemann treten, in neutraler zu Sachen, die Bezug auf die eheliche Gemeinschaft haben (λέχος XV 39f., δῶμα 19, 579f. = 21, 77f.). V 414 bewahrt κουρίδιος πόσις als Terminus für den Erbtochtermann wahrscheinlich den ursprünglichen Inhalt. Andere oder abweichende Auffassung bei P. Thieme, ZvglSpr. 78, 1963, 161–248, bes. 216–221; Chantraine s.v. κόρος; Frisk s.v. κόρη (mit Bechtel, Lexilogus 200 f.): »jungfräulich, unberührt«, scheint mir aufgrund der Textstellen nicht zu halten.   **444** Andromache: VI 394; XXII 88; Penelope: 24, 294. s. Risch, Wortbildung² 184. 186. Andere Auffassung bei Finley, Marriage 181, 44.   **445** s. M. Landfester, Das griechische Nomen φίλος und seine Ableitungen (1966) 31. 97; Benveniste, Institutions I 345.   **446** Diese Wörter weisen am ehesten auf eine aus der ehelichen Zugehörigkeit (φιλότης s.u. Anm. 569) wechselseitig sich ergebende Loyalität und Treue.   **447** Das Wort erinnert vielleicht an das festlich reiche Mahl, durch das die Eheschließung kundbar gemacht wird (s.u. Anm. 539), ginge dann also auf die Rechtmäßigkeit (für den Ehemann θαλερός).   **448** Das Wort spielt kaum auf Sexualität und weibliche Fruchtbarkeit an, wie J. Warden (Phoenix 29, 1969, 143ff.) meint; das paßte nicht zu der Art, in welcher die epische Gesellschaft sich darstellt; eher ist an eine Beziehung auf die üppigen ἔεδνα zu denken; in dieser Richtung gehen die Überlegungen von A. Athanassakis, Glotta 49, 1971, 1–21.   **449** IX 336: Achill von Briseis; wird 23,232 wiederholt, als Odysseus Penelope endlich in die Arme schließt; formelhaft (?) bei Hes. Fr. 43 (a) 20. Sozialen Bezug hat dagegen die Wendung ἀμφιδρυφὴς ἄλοχος (II 700; vgl. XI 393), sie beschreibt die Gattin beim vom To-

Rechtsstellung der gemeinten Frau, benennen die Gattin im Gegensatz zur Konkubine oder, wenn bei einem Mann mehrere Ehefrauen sind, die Hauptfrau im Gegensatz zur Nebenfrau.

γ) *Nebenfrau:* In der Gesellschaft der Ilias haben Fürsten und andere große Herren neben der ἄλοχος eine weitere Frau oder auch mehrere, mit denen sie keineswegs im Konkubinat, sondern in legitimer Ehe leben. Bei den Troern sind dies Priamos und Antenor, bei den Achaiern Telamon und Oïleus. An der Situation der beiden Nebenfrauen des Priamos, Laothoe[450] und Kastianeira[451], läßt sich erkennen, daß solche zweiten und dritten Ehen neben der ersten aus politischen Gründen zustande kommen, einem Bündnissystem dienen, wie übrigens die ersten Ehen auch. Die Odyssee erwähnt ein einziges Mal eine Nebenfrau, für deren Vorhandensein sich jedoch eine andere, ebenfalls plausible Erklärung findet. Der Fürst (Menelaos) hat von der ersten Frau (Helena) eine Tochter, und da die 'rechte Gattin' keine Kinder mehr bekommt, braucht der Mann eine zweite Frau, um weiteren Nachwuchs, vor allem um den Sohn und Nachfolger zu gewinnen[451a].

Die Legitimität der Nebenehe ergibt sich aus dem Verb, das für die Eheschließung verwendet wird, ὀπυίειν[452], einem Wort nichtgriechischen Ursprungs, immer mit der Vorstellung von Rechtmäßigkeit verknüpft. Diese ist durch die vornehme Abkunft der Nebenfrauen geboten, und bestätigt wird sie durch das hohe Ansehen, das Nebenfrauen und ihre Kinder genießen. Das dennoch prekäre Wesen, das im Verhältnis zur Hauptehe der Nebenehe anhaftet, wird aus der Tatsache deutlich, daß der Lelegerfürst Altes seiner Tochter Laothoe ein Vermögen mit in die Ehe gibt, nicht als Mitgift und zur Verfügung des Ehemannes Priamos, sondern zur Aufwendung für die Tochter und deren Abkömmlinge in besonderen Fällen[453]. Sollte dahinter stehen, daß bei Beendigung der Ehe, etwa durch Tod des Mannes oder Verstoßung der Frau, das Vermögen an den Schwiegervater zurückfällt, so wäre damit eine gewisse Sicherung für die Nebenfrau und ihre Nachkommenschaft gegeben.

Keiner der speziellen Begriffe für die Hauptfrau wird auf die Nebenfrau übertragen. Diese ist einfach γυνή. Es könnte sein, daß δούλη, ein Wort nichtgriechischer Herkunft und rar in der epischen Sprache, der eigentliche Terminus für 'Nebenfrau' ist. Ἄλοχος und δούλη kann man nebeneinanderstellen, nicht als gegensätzliche, sondern als graduell unterscheidende Bezeichnungen für die Frau in ihrer Stellung zum Mann[454].

δ) *Konkubine:* Selten ist auch der Terminus für die Frau, die mit dem Mann, und zwar innerhalb von dessen Hauswesen, in nichtehelicher sexueller Verbindung lebt: παλλακίς. Dem griechischen Nomen liegt wohl ein altmediterranes Wort für

---

tenzeremoniell verlangten Brauch der zerkratzten Wangen.   **450** XXI 84 ff.; XXII 48 ff; V. 48 κρείουσα γυναικῶν, vgl. Hes. Fr. 26,7.   **451** VIII 302–305; V. 304 ... ἐξ Αἰσύμηθεν ὀπυιομένη ...   **451a** 4, 10 ff.   **452** s.u. Anm. 534.   **453** XXII 51: πολλὰ γὰρ ὤπασε παιδὶ φίλῃ.   **454** III 409; 4, 10 ff.; Micknat, Studien 59; Wickert, Gnomon 39, 597 f. Anders Knebel, LfgrE. s.v. ἄλοχος § 7, nach W.P. Clark, CPh. 35, 1940, 188–190; ähnlich Gschnitzer, Terminologie II 9 f. – Zu vergleichen ist auch die Nachricht über die Abkunft des Archilochos, Kritias Fr. 44 (II 390 Diels-Kranz): er ist υἱὸς τῆς δούλης, d.h. ein νόθος (s.u. Anm. 460). Die »übrigen Frauen« im Gegen-

'Mädchen' zugrunde. Ob die Pallakis der Ilias, deretwegen es zum Zerwürfnis zwischen Phoinix und seinem Vater kommt, sich in sozialer Abhängigkeit vom Sexualpartner befindet, bleibt unklar. Abhängig aufgrund von Kauf, ὠνητή, ist die Pallakis der Odyssee, als deren Sohn sich Odysseus in einer Lügenerzählung ausgibt. Wie die Phoinixgeschichte zeigt, kann die 'rechte Gattin' sich durch das Vorhandensein einer Pallakis in ihrer Ehre geschmälert fühlen; die Existenz einer Nebenfrau bedeutet, jedenfalls prinzipiell, keine Kränkung für die Hauptfrau[455].

Selbstverständlich sind die freien Frauen, die sich in den Oikos verdingt haben, nicht der sexuellen Willkür ihres Dienstherrn unterworfen. Aber auch die unfreie Frau im Oikos gerät nicht ohne weiteres in diese Situation. Die Rechte der Alochos und ihrer Kinder wirken als Regulativ: aus Scheu vor seiner Gattin verzichtet Laertes darauf, das junge Mädchen Eurykleia, das er gekauft hat, zu seiner Pallakis zu machen[456].

Die kriegsgefangene Frau ist, zum mindesten in der Praxis, ihrem Kriegsherrn sexuell unterworfen. Doch kann ihre Abhängigkeit temporär sein. Das Adjektiv δουρικτήτη, »speererworben«, das Achill einmal im Hinblick auf Briseis verwendet, ist durch ἄλοχος zu ergänzen und besagt nichts anderes, als daß die Frau anstatt nach Recht und Sitte gefreit – μνηστή – durch Gewalt gewonnen ist. Der Erbeuter betrachtet die Kriegsgefangene als seine Ehefrau, und es wäre zu erwarten, daß sie nach dem Ende des Krieges den Regeln gemäß zu seiner 'rechten' Gattin' wird[457].

ε) *'Rechte Kinder', Nebenkinder, außereheliche Kinder:* Daß Nebenfrauen eine Ehe minderen Rechtes führen, ist an der Sonderstellung ihrer Kinder zu erkennen. Diese sind νόθοι[458] im Gegensatz zu den γνήσιοι[459], den 'rechten Kindern', welche allein die ἄλοχος gebären kann; ihr ältester Sohn ist der präsumptive Nachfolger des Familienhauptes. Aber die Kinder der Nebenfrau, der νόθος υἱός, die κούρη νόθη, sind gleichfalls eheliche Kinder ihres Vaters, von ihm geliebt, aus Gefangenschaft ausgelöst, im Tod betrauert. Ohne Frage sind sie Freie und vornehmen Ranges wie ihre Mutter, geeignet in das System politischer Ehen eingeordnet zu werden. Der Inhalt des etymologisch nicht bestimmbaren Wortes νόθος ist in der Ilias ungefähr der, den das solonische Recht (freilich für eine andersartige Gesellschaftsordnung) bewahrt: halbbürtig. In der übrigen epischen Dichtung fehlt das Wort[460].

satz zur Hauptfrau: XXIV 497; im Gegensatz zu einer Nebenfrau: XXI 88.   **455** IX 449ff.; 14, 202f.; Chantraine u. Frisk s.v. παλλακή. In der att. Rechtssprache impliziert das Wort den Inhalt der Unfreiheit nicht; H.J. Wolff, Tijdschrift vor Rechtsgeschiednis 20, 1952, 29.   **456** 1, 429–433.   **457** Δουρικτήτη (nur IX 343) wird von Achill selbst erklärt, XVI 56f.: κούρην ... δουρὶ δ'ἐμῷ κτεάτισσα. Das Wort ist nicht als Terminus technicus anzusehen. – Briseis als ἄλοχος Achills IX 336–343 (in seinen eigenen Worten), als seine künftige κουριδίη ἄλοχος XIX 297–299 (in dem von Briseis wiederholten Versprechen des Patroklos). Anders Clark a.O. (Anm.454) 190. – Weitere namentlich genannte kriegsgefangene Frauen: Chryseis bei Agamemnon I 369 (vgl. I 29–31. 112–115. Sollte sie in Argos Nebenfrau sein oder Pallakis?); Diomede und Iphis bei Achilleus und Patroklos IX 664–68; Hekamede bei Nestor XI 624ff. Vgl. auch IX 131–134 ≈ 273–276 ≈ XIX 175–177; s.o. Anm. 60; Micknat, Studien 39ff.   **458** Chantraine u. Frisk s.v.   **459** Eher zu γίγνομαι als zu γιγνώσκω Frisk s.v.; Chantraine s.v. γίγνομαι C; M.Scheller in: Sprachgeschichte und Wortbedeutung 399–407; seine Definition (399; ihr folgt Frisk a.O.) weicht von der hier gegebenen ab.   **460** Auch der

Verse, die νόθοι betreffen, erlauben die Interpretation, daß Nebenkinder bei der Mutter leben, mit ihr zusammen eine der kleinen Wohngemeinschaften bilden, aus denen der Oikos der Großfamilie besteht. Wenn ein Mann (aus welchen Gründen immer) einen Nothos in den eigenen Haushalt aufnimmt und die Hauptfrau dann als μητρυιή, als Stiefmutter, das Nebenkind wie ein eigenes aufzieht, so gilt das als bemerkenswerte Leistung; es geschieht »dem Gatten zuliebe«[461].

Vereint sind 'rechte Kinder' und Nebenkinder als Mitglieder einer Großfamilie, als Kinder eines Vaters. Die Verbindung zwischen allen Geschwistern ist eng[462]. Wie der Status der Kinder so wird auch der Grad ihrer Verwandtschaft durch die Mutter bestimmt. Ὄπατρος ist der Bruder allein vom Vater her, ὁμογάστριος, »aus gemeinsamem Leib«, der Bruder auch von der Mutter her. Ὁμογάστριοι sind allernächste Verwandte[463].

In der Odyssee taucht ein Problem auf, das der Ilias fehlt, die Situation des Kindes, welches einen Freien zum Vater, eine Unfreie zur Mutter hat. Der Kreter der Lügengeschichte, Sohn einer »gekauften Pallakis«, ist frei wie sein Vater, der ihn den rechtbürtigen Brüdern, den ἰθαγενέες, gleich achtet. Er ist erbberechtigt, trotzdem kommt es zu Erbauseinandersetzungen mit den Halbbrüdern, den γνήσιοι ἐξ ἀλόχου[464]. Die Kinder des Freien Dolios von der wahrscheinlich unfreien Sikelerin sind gleichfalls Freie. Der Status des Vaters bestimmt jetzt den Status des Kindes[465]. Beide Male handelt es sich um eine andere soziale Schicht als die in der Ilias hervortretende. Aber auch in der Familie des großen Herrn

---

νόθος des att. Rechts ist in legitimer Ehe geboren, allerdings nicht in der 'rechten' Ehe; Liddell-Scott s.v.; Plut. Them. 1; Solon Fr. 50a; 50b; RE. XVII 1 (1936) 1067ff. s.v. νόθοι (Latte); Wolff a.O. (Anm. 455) 27ff. – Alle Kinder des Priamos VI 242–250; die Kinder der verschiedenen Frauen XXIV 495–501, darunter Hektor, der »Einzige«; viele Nebenkinder werden, mit oder ohne Beifügung von νόθος, mit Namen genannt, oft gerühmt; Medesikaste ist eine κούρη νόθη, XIII 173. Antenors Nebensohn Pedaios: V 69–71; V. 70f.: ὅς ῥα νόθος μὲν ἔην, πύκα δ'ἔτρεφε δῖα Θεανὼ ἶσα φίλοισι τέκεσσι, χαριζομένη πόσεϊ ᾧ. – Achaiische Nothoi: Teukros, Sohn Telamons, Bruder des Aias: VIII 281–285 u.ö.; V. 283f.: ὅ (Telamon) σ'ἔτρεφε τυτθὸν ἐόντα, καί σε νόθον περ ἐόντα κομίσσατο ᾧ ἐνὶ οἴκῳ. Medon, Sohn des Oileus, Bruder des Aias; seine Mutter ist Rhene (II 727f.), seine Stiefmutter Eriopis, die Hauptfrau des Oileus (XIII 697 = XV 336). 461 V 70f. (s.o. Anm. 460). – Μητρυιή XIII 697 = XV 336; ferner V 389f. und in zum mindesten leicht negativer Bdtg. Hes. Op. 825; zum Wort Chantraine s.v. μήτηρ B 2. 462 Bes. eng ist die Verbindung von Wagenlenker und -kämpfer; öfters besteht sie als Nothos-Gnesios-Paaren: XI 101ff.; XVI 737ff.; XII 87ff.; die Familie ist auch eine Kampfgemeinschaft (V 472ff.; G. Stagakis, A Study in the Homeric Family: Brothers in the Iliad and the Hetairos Association, in: ders., Studies in the Homeric Society [1975] 65–93). Der Gnesios verteidigt den lebenden oder den toten Nothos: VIII 330ff.; XVI 756ff.; XX 419ff. 463 (Κασίγνητος) ὁμογάστριος: XXI 95; XXIV 46f.; Umschreibung dieses Verwandtschaftsgrades: III 237f.; XIX 293; XXII 232ff. – Κασίγνητος καὶ ὄπατρος: XI 257; XII 371; Hes. Fr. 280, 21 (vgl. 18). Ὄπατρος »denselben Vater habend«: F. Bader, RevPhil. 3, 43, 1969, 35 (anders Frisk s.v.). – Ἀδελφεός hat, entgegen der angenommenen Etymologie, schon im Epos den Inhalt 'aus gemeinsamem Leib' nicht mehr: VIII 318; XIII 695 = XV 334 (anders Benveniste, Institutions I 219f.); das Wort bezeichnet den Bruder als 'Bruder' (das Fem. fehlt), während κασίγνητος (fem. κασιγνήτη) ihn als 'Geschwister', γνωτός (fem. nur Plur. γνωταί) ihn als 'Verwandten' benennt. In der älteren att. Rechtssprache sind ὁμοπάτριοι Halbgeschwister, ὁμομήτριοι Vollgeschwister: Solon Fr. 47 (mit Anm.); der Befund deckt sich mit dem der Il.   464 14, 199ff.; V. 201f.: υἱέες... γνήσιοι ἐξ ἀλόχου; zu ἰθα(ι)γενής (V. 203) Chantraine u. Frisk s.v.   465 Dies ergibt sich aus dem Zusammenhang.

Menelaos erweisen sich die Verhältnisse als verändert. Der Sohn ἐκ δούλης – »von der Nebenfrau«, wie wir annehmen – ist allem Anschein nach der Tochter der Alochos gleichgestellt und zum Nachfolger des Vaters ausersehen[466].

Das außerehelich geborene Kind gehört – so viel sich aus den wenigen in der Ilias erwähnten Fällen entnehmen läßt – zum Oikos der Mutter. Wenn diese einem Mann in die Ehe folgt, bleibt das Kind im Oikos zurück und wird vom Vater der Mutter als sein eigenes aufgezogen. Es kommt auch vor, daß ein Mann die Schwangere als seine 'rechte Gattin' heimführt und das Kind, das nun in seinem Oikos geboren wird, als das seine betrachtet; ob das Kind etwa von ihm selbst vorehelich gezeugt ist, läßt der Text in der Schwebe. Wenn einmal ein außereheliches Kind als παρθένιος bezeichnet wird oder als σκότιος, so sind diese Wörter in der epischen Sprache kaum Termini technici, sondern ad hoc auf den besonderen Umstand der Geburt bezogen. Im einen Fall ist die Mutter παρθένος, und das heißt nichts anderes als 'ehereif, doch nicht verheiratet', als das Kind zur Welt kommt, im anderen Fall, dem des σκότιος, des offiziell nicht Anerkannten, geht es um den ältesten, aber eben illegitim gezeugten Sohn (Bukolion) eines Stadtfürsten (Laomedon)[467].

Wie man an der Stellung innerhalb der Gesellschaft erkennen kann, haftet bei außerehelicher Geburt weder an der Mutter noch am Kind ein Makel. Allerdings gilt, jedenfalls nach der Tendenz des Epos, bei offiziell unbekanntem Vater zumeist ein Gott als Erzeuger. Dem entsprechend hat das uneheliche Kind eines bekannten Vaters eine Göttin zur Mutter. Aber selbst in solch außerordentlichem Fall nimmt der Vater (Anchises) den außerehelich gezeugten Sohn (Aineias) nicht in den eigenen Oikos auf; das Kind wächst bei dem Mann einer Halbschwester, seinem Schwager, heran[468].

b) *Familienordnung*

α) *Großfamilie:* Wenn man die poetische Überhöhung (etwa die phantastisch große Zahl der Kinder) reduziert und wenn man zudem die Einschränkung macht, daß die polygame Komponente wohl nichts Außergewöhnliches, aber doch etwas relativ Seltenes ist, weil sie einen Aufwand verlangt, den die minder oder gar nicht Mächtigen und Vermögenden nicht aufbringen können, dann ist die Priamosfamilie ein gutes Beispiel für die Struktur der Großfamilie. Die verschiedenen Frauen des Familienhauptes und alle seine Söhne und Töchter, ohne Unterschied von 'rechten Kindern' und Nebenkindern, leben, gegebenenfalls mit Ehepartner und Nachkommen, im gemeinsamen Oikos, jede Nebenfamilie und jede Unterfamilie für sich, alle aber miteinander als Glieder einer Familieneinheit. Die Familie Antenors, welcher ein Generationsgenosse des Priamos und der Zweitvornehmste in Troja ist, bietet ein im einzelnen mehr differenziertes, im ganzen sehr ähnliches

---

466 4, 3ff.; V. 11f.: Μεγαπένθης ἐκ δούλης.   **467** XVI 180ff.; V. 180 παρθένιος; V. 192 ὡς εἴθ᾽ ἐὸν υἱὸν ἐόντα. XVI 173ff.; V. 177 ἐπίκλησιν Βώρῳ (sc. τέκεν). Vgl. auch II 511–515; VI 198f.; XXI 141–143; 11, 235ff. 305ff. Bukolion, der ältere Bruder des Priamos: VI 23f.   **468** XIII 463–467; vgl. XIII 427ff. u. II 819–821. Nymphen als Mütter solcher Kinder: II 864f.; VI 20ff.; XIV 443–445; XX 382–385; Hirvonen, Survivals 19ff. – Neoptolemos muß man sich wohl als außerehelichen Sohn des unverheirateten Achilleus

Bild, das, weniger mit poetischer Zutat versehen und eher beiläufig zustande kommend, vielleicht näher bei der Realität ist[469].

In beiden Familien hat die Hauptfrau des Familienchefs die beherrschende Stellung. Das hat seine Wirkung auch nach außen: Beide Frauen verwalten ein hohes Amt in der Gemeinde, durch das sie die Familie repräsentieren, Theano ist Priesterin der Stadtgöttin, Hekabe Vorsteherin des Geraienkollegiums[470]. Die Nebenfrauen (Antenor hat mindestens eine) treten in keiner großfamiliären Funktion in Erscheinung. Die Schwiegertöchter sind innerhalb ihrer eigenen kleinen Wohngemeinschaft Herrin, im Oikos aber der Schwiegermutter untergeordnet. Von den verheirateten Töchtern müßte Entsprechendes gelten; die Regentschaft der Mutter über Söhne und Töchter kommt im Begriff πότνια μήτηρ zum Ausdruck[471].

Leicht hat es die Schwiegertochter bei der Schwiegermutter, die Schwägerin unter den Schwägerinnen nicht. Mit der männlichen Schwäherschaft ist eher auszukommen. Spannungen sind aus der Klage Helenas um Hektor herauszuhören[472]. Auch aus den Worten Andromaches zu Hektor, daß er, ihr Mann, für sie ihre ganze verlorene Familie bedeute, Vater, Mutter, Geschwister, klingt kein Gefühl der Geborgenheit in der Großfamilie. Wenn die Schwiegertochter als Witwe »in der Halle« zurückbleibt, bricht für sie und ihr Kind eine herbe Zeit an. Da kommt aller poetischen Ausgestaltung zum Trotz reale und bittere Erfahrung zu Wort[473].

Die Sprache notiert das schwagerschaftliche System, wie es jenseits von Emotionen Bestand hat. Die Neuvermählte ordnet sich ihm ein wie alle, die im Oikos leben. In diesem System erscheint die Frau, je nach Relation, als Schwiegermutter: ἑκυρή[474], als Schwiegertochter: νυός[475], als Schwägerin, und dann als Mannesschwester: γάλως[476], als Brudersfrau oder Mannesbrudersfrau: εἰνάτηρ[477] (auch νυός). Korrespondierende männliche Begriffe sind vorhanden; auch der einheiratende Mann fügt sich in dieses System. Von den Termini für die Verschwägerten des Familienkreises, aus dem das neue Mitglied kommt, überliefert die epische Sprache lediglich das Masculinum πενθερός[478], das sich zwar einmal speziell auf den Schwiegervater als den Vater der Frau bezieht, aber wohl den Gegenschwäher überhaupt, Schwiegervater oder Schwager außerhalb des eigenen Oikos bezeichnet[479].

vorstellen; aber er soll Erbe seines Vaters werden (XIX 326ff.).   469 Elf Söhne und ein Enkel Antenors werden vorgeführt oder erwähnt; zwei, Pedaios (V 69ff.) und Koon (XI 248ff., bes. 257) haben nicht Theano zur Mutter. Pedaios ist Nothos, seine Mutter wird nicht genannt; Koon ist entweder gleichfalls Nothos, oder er stammt aus einer früheren 'rechten' Ehe Antenors.   470 s.o. Anm. 136 u. 137.   471 s.o. Anm. 403. – Ehethalamoi s. Anm. 381. 483.   472 XXIV 765–772.   473 VI 411ff., bes. 411–413. 429f.; XXII 482ff.; XXIV 725–727.   474 XXII 451; XXIV 770 (männl. ἑκυρός). 475 = Schwiegertochter XXII 65; XXIV 166; 3, 451 (männl. γαμβρός); = Brudersfrau III 49; h. Ven. 136 (männl. γαμβρός = Schwestermann).   476 III 122; VI 378. 383; XXII 473; XXIV 769 (männl. δαήρ = Mannesbruder).   477 (Nur Plur.) VI 378. 383; XXII 473; XXIV 769 (männl. γαμβρός = Mannesschwestermann).   478 VI 170; 8, 582; Chantraine u. Frisk s.v.   479 Terminologie der Geschwisterschaft s.o. Anm. 463. – Terminologie der Vater- und Mutterverwandtschaft: πατροκασίγνητος »Vatersbruder«; μητροπάτωρ »Muttervater«; μήτρως »Mutterbruder«, diesem Terminus kommt besondere Bedeutung zu; an der Beziehung zum Bruder, der in der Nachfolge des Vaters zum Chef der Familie wird, erweist sich die bleibende Bindung der Frau an den väterlichen Oikos (II

Nur hingewiesen sei auf die Großfamilie der Götter in der Ilias. Sie wiederholt in gesteigerter Abspiegelung die menschliche Großfamilie. Gerade in den turbulenten Szenen gibt sie Arten der familiären Auseinandersetzung preis, die für den menschlichen Bereich allenfalls angedeutet werden. Hera behauptet den Vorrang der Oikosmutter[480].

β) *Eindimensionale Familie:* Die Gemeinschaft der Großfamilie ist für ihre Mitglieder in vieler Hinsicht Stütze, in mancher aber auch Bedrängnis. Die Kleinfamilie, die innerhalb der großen ihr jeweils eigenes Leben führt, bietet dagegen Raum für Privates, für Zärtlichkeit, von der sonst nicht viel zu spüren ist, auch für eine gewisse Unabhängigkeit; sie entzieht zum Beispiel die junge Frau wenigstens zeitweilig der Kritik ihrer Schwägerinnen, der Herrschaft ihrer Schwiegermutter. Die Hektorfamilie nimmt die zukünftig Regel werdende Form der Familie vorweg. Denn nicht allein, weil diese Eheleute noch jung sind, ihre Ehe noch nicht lange währt, ist da nur ein Kind. Ihre kleine, aus Vater, Mutter, Kind bestehende Gemeinschaft hat exemplarischen Charakter. Die Generation Hektors (und das heißt wohl auch die Generation derer, von denen nicht wenige dem Eposvortrag zuhören) scheint sich von der Vorstellung der Väter, daß zur Bestätigung des Mannestums das Vorhandensein vieler Kinder gehöre, zu entfernen. Außer in allgemeinen Formulierungen ist von der dritten Generation selten die Rede[481].
Der Landwirt Hesiods in seinen engeren Verhältnissen soll möglichst nur einen Sohn zeugen, also überhaupt wenige Kinder haben, damit das Erbe beisammen bleibt[482]. In der Odyssee ist die aus nur einem Zweig der Generationenfolge bestehende Familie, die des Protagonisten Odysseus, das Selbstverständliche, die Großfamilie eine nicht mehr in allem begriffene Sonderform. Die Familie Nestors, des Helden alter Zeit und Art, zeigt in Einigem noch Übereinstimmung mit der Antenor- oder der Priamosfamilie[483], die götternahe Aiolosfamilie ist bereits ein Phänomen aus dem Fabelreich[484]. Die Familie des Alkinoos ist mit fünf Söhnen (zwei verheiratete, ὀπυίοντες, darunter) und einer Tochter immerhin stattlich,

661 ff.; IX 553 ff., bes. 565–72; XVI 715 ff.; vgl. XIII 696 f. = XV 335 f.; s. S. R 92. 113); eine Spur matriarchalischer Verhältnisse (Hirvonen, Survivals 40 ff.) braucht man darin nicht zu erkennen. Μητρώιον δῶμα ist für den Enkel das Elternhaus der Mutter (19, 410). E. Risch, MusHelv. 1, 1944, 115–122; K. Latte, Beiträge zum griechischen Strafrecht. Hermes 66, 1931, 33–36; M. Miller, JHS. 73, 1953, 51; Benveniste, Institutions I 207 f. 245 ff.; H. Phelps Gates, The Kinship Terminology of Homeric Greek (1971); O. Szemerényi, Hermes 105, 1977, 385–405.   480 Abweichend von menschlichen Gepflogenheiten hat Zeus nicht Hauptfrau und Nebenfrau, sondern zwei ἄλοχοι (XXI 499), nämlich Leto und Hera. Die Interpretation von Clark a.O. (Anm. 454) 189, ἄλοχοι bedeute hier 'Konkubinen', geht in die Irre. Leto ist als Gemahlin des Zeus in Böotien mehrfach bezeugt (Preller-Robert I⁴ 233 f.). Die Formel Διὸς κυδρὴ παράκοιτις bezieht sich XVIII 184 u. Hes. Th. 328 auf Hera, 11, 580 auf Leto. XXI 489 ff. ohrfeigt Hera die Tochter der 'anderen'. Die Stellung Diones (V 370. 381) bleibt undeutlich. – Hirvonen, Survivals 61.   481 Hektor, Andromache, Astyanax VI 392 ff. – Echeklos, Sohn Agenors, Enkel Antenors, ist bereits erwachsen (XX 474).   482 Hes. Op. 376 f.; sind doch mehrere Söhne da, dann ist es ein Trost, daß auf diese Weise Arbeitsleistung und Ertrag größer werden (V. 378 f.).   483 3, 386 f. 450–452; die verheirateten Kinder bewohnen eigene Häuser, der ἠίθεος Peisistratos lebt im Hause des Vaters (3, 396. 401).   484 10, 5–12. 60 f. Daß Söhne und Töchter dort als miteinander verheiratet dargestellt sind, verrät eine nur vage Vorstellung von der Großfamilie. Geschwisterehe gibt es bei Menschen nicht; auch bei Göttern ist sie selten. Hera ist κασιγνήτη und ἄλοχος des Zeus (XVI 432 ≈ XVIII

und wenn man ὀπυίειν als »in die Ehe führen« wörtlich nimmt, dann ist sie auch eine Großfamilie[485]. Aber sie wirkt nicht als solche und ist in ihrer Erscheinung der mehrdimensionalen Nestorfamilie viel weniger ähnlich als der eindimensionalen Odysseusfamilie. Deren Beschränkung auf Vater, Mutter, Kind hat wie die der Hektorfamilie natürliche Gründe. Zugleich ist aber auch sie ein Paradeigma der neuen Familienordnung. Die Generation der Großväter ist an den Rand gerückt. Laertes lebt auf dem Altenteil. Schon dessen Familie – Vater, Mutter, Sohn und Tochter – war eine Familie nur einer Dimension[486].

Für die Stellung der Frau hat die Veränderung der Familienform Konsequenzen. Die Gattin des Haussohns braucht jetzt nicht zu warten, bis die Schwiegermutter ihr Platz macht, falls überhaupt die Reihe an sie käme, der Großfamilie als Mutter des Oikos vorzustehen. Mit der Heirat gewinnt die Frau die Regentschaft im Hause, wird Despoina. Helena, Aréte, Penelope sind Vertreterinnen der neuen Frauengeneration, Penelope in einem besonderen Maße. Sie ist die Frau, die mit dem Kind allein steht so wie Andromache nach Hektors Tod. Aber im Gegensatz zu ihr, die in den Schranken der Großfamilie verbleibt, ist Penelope unabhängig, schaltet im gesamten Oikos nach eigenem Ermessen. Dabei tritt freilich ein Problem zutage, das so noch nicht anzutreffen war, eine Art von Generationenkonflikt. Zwischen Telemachos und Penelope gibt es Spannungen, weil die Mutter das ganze Hauswesen allein regiert, der herangewachsene Sohn danach drängt, den männlichen Anteil selbständig zu verwalten. Penelope spielt mehrmals, einmal nicht ohne Ironie, auf diesen Konflikt an. Aus den Spannungen auf eine Abhängigkeit der Mutter vom Sohn, die etwa gar rechtlich begründet wäre, zu schließen, besteht kein Anlaß. Im Gegenteil, Penelope läßt keineswegs zu, daß der Sohn in ihre Kompetenzen eingreift und den weiblichen Bediensteten Befehle gibt[487].

2. Brautgewinn und Hochzeit

a) *Heiratsformen*

α) *Zur modernen Terminologie:* Von den Begriffen, die in der Forschung häufig für die verschiedenen Arten der Ehebegründung im epischen Zeitalter verwendet werden, treffen die einen – 'Kaufheirat', 'Dienstheirat' – den Sachverhalt nicht genau, sind die anderen – 'Raubheirat', 'Beuteheirat' – von einer Vorstellung genommen, der in der epischen Dichtung keine Tatsache entspricht. Der 'Raub Helenas' zum Beispiel ist einem weitverbreiteten Erzählmotiv zuzuordnen, aber keiner der üblichen Heiratsformen. Die Begriffe 'patriarchalisch' und 'matriarchalisch', die öfters zur Charakterisierung epischer Eheformen herangezogen werden, sind in sich vieldeutig, auch gibt es in der epischen Dichtung keine Ehe, auf die das eine oder das andere der beiden Beiwörter ohne Abzug paßte.

Wir setzen im Folgenden den Terminus 'Mannfolge' ein, wenn die Frau durch Heirat in den Oikos des Mannes übergeht, 'Fraufolge', wenn der Mann zum

---

356; vgl. h. Hom. 12, 3; h. Ven. 40). **485** 6, 62f. **486** 11, 187ff.; 15, 363ff. **487** Odysseus überträgt bei der Abreise Penelope die Sorge für Eltern, Sohn, das gesamte Hauswesen; sobald Telemachos erwachsen ist, kann sie frei über sich verfügen (18, 265ff.; vgl. 19, 530–534; 20, 341ff.). Anders beurteilt die Lage Penelopes W.K.Lacey, JHS. 86, 1966, 55–68. – Die ironische Frage Penelopes (17, 101–106) bezieht sich zunächst auf Telemachs Worte 17, 45–51, dann aber auch auf 1, 356–359; vgl. 19, 159–161. Telema-

Zweck oder in Konsequenz der Heirat in den Oikos der Frau zieht. Alle Heiratsformen der epischen Gesellschaft lassen sich diesen beiden Begriffen subsumieren. Mannfolge ist dort immer Exogamie, Fraufolge bei bloßer Einheirat Exogamie, bei Erbtochterheirat Endogamie [488].

β) *Mannfolge:* Merkmal der Heirat, bei welcher der Mann die Frau als 'rechte Gattin' heimführt, ist die Entrichtung von ἔεδνα an den Brautgeber. Die Regel wird bestätigt durch die negativ gebildete Bezeichnung ἀνέεδνος für ein Mädchen, das der Bewerber gewinnt, ohne ἔεδνα zu geben. In diesem Ausnahmefall hat der Mann als Abgeltung der Eedna eine einmalige Tatleistung, ein ἔργον, vorzuweisen, ehe er die Braut bekommt. In der Ilias, auf welche der Gebrauch des Wortes beschränkt ist (den Vorgang kennt auch die Odyssee), bedeutet das: der Freier verpflichtet sich, zum endgültigen Sieg zu verhelfen, auf troischer oder auf achaiischer Seite. Der Ausnahme von der Regel liegt hier ein politisches Motiv zugrunde. Othryoneus, der Bewerber um die Priamostochter Kassandra, ist in dieser Lage, und Achill wäre es, wenn er auf das Angebot Agamemnons eingehe, der ihm für die erneute Teilnahme am Krieg eine Tochter zusagt. Brautgeber und Bewerber schließen einen Vertrag, von dessen Formular sich Spuren im Epos erhalten haben [489].

Etymologie und Wortbedeutung von ἔεδνα sind umstritten. Schwierigkeiten der Interpretation, die sich aus dem Wortgebrauch ergeben, lassen sich lösen, wenn man die Eedna als Pfand betrachtet, das der Bewerber beim Brautgeber hinterlegt als Sicherheit für die Frau, die sich aus dem Schutz ihrer Familie in den fremden Oikos begibt [490]. Bei Beendigung der Ehe durch Verschulden der Frau verlangt der

chos und die Mägde 22, 426f.   **488** Vgl. Wickert-Micknat a. O. (Anm. 1) 61–64; A. M. Snodgrass (JHS. 94, 1974, 114–125) verwendet die Termini 'virilocal' und 'uxorilocal'. – Aus der Menge der Arbeiten zum Thema nenne ich einige, ohne im einzelnen Stellung zu nehmen: G. Glotz, La solidarité de la famille dans le droit criminel en Grèce (1904) 31 f. 80; C. W. Westrup, Ztschr. für vergleichende Rechtswissenschaft 42, 1927, 47–145; ders., Introduction to Early Roman Law I 1, 1 (1944); W. Erdmann, Die Ehe im alten Griechenland (1934); P. Koschaker, Ztschr. für ausländisches und internationales Privatrecht, Sonderheft zu Bd. 11, 1937, 77ff.; R. Köstler in: Homerisches Recht (1950) 29–48; Schwarz, Soziale Stellung 53–133; Wolff a. O. (Anm. 455) 1–29. 157–181; Finley, Marriage; Lacey a. O. (Anm. 487); ders., The Family in Classical Greece² (1972) 39–44; Hirvonen, Survivals 96–103. 141–146; Benveniste, Institutions I 205–276; Snodgrass a. O.; J.-P. Vernant, Le mariage, in: Mythe et société en Grèce ancienne (1974) 57–81.   **489** Ἀνέεδνος XIII 366. – IX 146 ≈ IX 288. Das Wort ist der Bildung und seinem rechtlichen Charakter nach mit ἀνάποινος (I 99) zu vergleichen. XIII 366 μέγα ἔργον. Die Verhandlungen zwischen Hera und Hypnos (XIV 263–289; der Eid ist zu beachten) und die Ereignisse der Pero-Erzählung (11, 287–291; 15, 235–237) gehören in den gleichen Zusammenhang, obwohl das Wort ἀνέεδνος fehlt. XIII 381 f. συνέεσθαι ἀμφὶ γάμῳ (vielleicht auch Hes. Fr. 204, 81): sich auf den Heiratsvertrag einigen; XIII 369 ὑποσχεσίαι: der Heiratsvertrag; sein Formular läßt sich aus den Versen XIII 365–382 einigermaßen rekonstruieren.   **490** Die Auseinandersetzung um den Charakter der ἔεδνα nimmt in der rechtshistorischen wie in der kulturhistorischen Literatur breiten Raum ein. Referat verschiedener Ansichten: RE. VII 2 (1912) 2592 s. v. ἔδνα (Thalheim); RE. XIX 2 (1938) 2041 f. s. v. φερνή (Schultheß; mit älterer Lit.); RE. XXIII 1 (1957) 49 ff. s. v. προίξ (Wolff). Ferner: Westrup a. O. (Anm. 488) 52 f.; Köstler a. O. (Anm. 488) 49–64; Finley, Marriage 178 ff.; A. Heubeck, Gymnasium 71, 1964, 44 f.; Lacey a. O. (Anm. 487); Hirvonen, Survivals 141 ff.; Snodgrass a. O. (Anm. 488) 115 ff. – Zum Wort: Chantraine u. Frisk s. v. ἔδνα; J. Pokorny, Indogermanisch-etymologisches

Mann das Pfand zurück[491]; sinngemäß müßte es bei Verschulden des Mannes verfallen. Die Garantie dafür, daß die als ἀνέεδνος geheiratete Frau in den Genuß ihrer Rechte als Alochos, Mutter der 'rechten Kinder' und Herrin des Hauses kommt, scheint durch einen Vertrag gegeben zu sein, vielleicht auch durch einen Eid vor Zeugen. Bei der Eedna-Heirat und deren Sonderfall, der Aneednos-Heirat, ist die Frau kein Objekt, über das verfügt wird; sie selbst ist es, die Rechte gewinnt, und der Ehemann ist es, der für die Wahrung dieser Rechte Garantie zu leisten hat.

Die Höhe der Eedna wird durch den Wert, das heißt das Ansehen der Umworbenen bestimmt. Hoch ausgehandelte Eedna lassen ihr Ansehen steigen, daher das Epitheton πολύδωρος[492] für die 'rechte Gattin'. In der Ilias bestehen die Eedna aus Großvieh und Kleinvieh; es ist möglich, einen Teil bei Vertragsschluß, den Rest später zu geben. Die Bezeichnung heiratsfähiger Mädchen als παρθένοι ἀλφεσίβοιαι[493] gehört in diesen Zusammenhang, wohl auch Mädchennamen wie Eeriboia, Periboia, Polymele, Polydore[494]. Auffällig ist, daß in einer Zeit, in welcher als Gastgeschenk, Wergeld und Lösegabe Metall, Metallgerät und Edelsteine dienen, für den Brautgewinn weiterhin Vieh der Wertmaßstab bleibt. Allerdings ist Vieh ein sich mehrendes Kapital[495].

In den Hesiodfragmenten, welche von der Werbung um Helena berichten, erscheint Vieh als Eedna, wenn der Freier einen archaischen Lebensstil pflegt oder aus entlegener Gegend stammt[496]. Sonst umfassen die Eedna nun Metall und wertvolles Gerät. Auch webkundige Frauen werden aufgeführt, doch ist dies eher heroische Reminiszenz als Reflex der Realität[497]. In der Odyssee schicken die Freier Schmuck und Textilien; Vieh bringt man dort nur zur Bestellung des Hochzeitsmahles[498]. Nicht allein die Art, auch der Zweck der Eedna hat sich geändert. Jetzt sind sie Geschenke für die Braut, zum Teil Gegenstände zu ihrem persönlichen Gebrauch, und nicht der eine erwählte Freier bringt sie aufgrund eines Vertrages. Viele treten zum Wettstreit an (um Helena, Penelope, Nausikaa)[499]. Wer die meisten und wertvollsten Gaben bringt (πλεῖστα πορών), bekommt die

---

Wörterbuch I (1959) 1115f.; vgl. aber auch 1109; É. Benveniste, Hittite et indo-européen. Études comparatives (1963) 34ff.; vgl. auch J. u. W. Grimm, Deutsches Wörterbuch (1854ff.) s.vv. Wittum und widmen. **491** 8, 317–320; die Fügung ... ἔεδνα, ὅσσα οἱ ἐγγυάλιξα ... εἵνεκα κούρης läßt erkennen, daß die Eedna ein Ehepfand sind. **492** s.o. Anm. 444. **493** XVIII 593; h. Ven. 119; Leaf zu XVIII 593; LfgrE. s.v. ἀλφεσίβοι(ος) (Radt); Chantraine s.v. ἀλφάνω; É. Benveniste, L'année sociologique 3, 1951, 20; ders., Institutions I 131; vgl. auch die Kontroverse J. D. Meerwaldt – W. J. Verdenius, Hermeneus 28, 1957, 103; 29, 1958, 4–7. 25f. **494** V 389. – XXI 142. – XVI 180. – XVI 175; G. Murray, The Rise of Greek Epic (1911) 180; H. Strasburger, Der soziologische Aspekt der homerischen Epen. Gymnasium 60, 1953, 107. **495** Die Höhe der Eedna wird durch unbestimmte Mengenangaben bezeichnet: ἀπειρέσια, μυρία, πολλά; nur scheinbar genau sind die Rundzahlen 100 Rinder, 1000 Stück Kleinvieh; diese Eedna werden in zwei Raten aufgebracht: XI 244f. **496** Hes. Fr. 198, 9–11; 204, 44–51. **497** Hes. Fr. 197, 1–5; 198, 2–11; 199, 9; 200, 3–6; 204, 44–51. 85–87. **498** 18, 272–303 (ohne das Wort ἔεδνα); Vieh zum Hochzeitsmahl: V. 276–279. Es gibt den Freiwerber (Hes. Fr. 197, 4) wie beim Gewinn einer ἀνέεδνος den Stellvertreter für das ἔργον (11, 291f.). **499** Μνηστήρ »Freier«, μνηστύς »Freite«, μνηστεύειν »freien« und μνάεσθαι in dieser Bedeutung (Benveniste a.O. [Anm. 4]) fehlen in der Il. Das häufige Vorkommen dieser Wörter in der Od. und in Katalogoifragmenten ist nicht nur durch das jeweilige Thema gegeben, sondern auch durch den Wettbewerbcharakter der Freite, z.B. 11, 117 = 13, 378; 15, 17f.; 16, 391 = 21, 161; 18, 276f.; auch 6, 159; Hes. Fr. 198,

Braut[500]. Freilich steht manchmal, wenn nicht immer, von vornherein fest, wer dies sein wird. Auch jetzt steigt das Ansehen der Umworbenen, diesmal mit der Fülle der Geschenke und der Menge der Bewerber. Πολυμνήστη ist nun ein weiteres ehrendes Epitheton für die Ehefrau[501]. Ein Novum ist auch, daß der Brautgeber der Neuvermählten die gesammelten Eedna, die Gaben aller Freier, als Brautschatz mit in die Ehe gibt[502]. Dabei, so sieht es aus, tritt der ursprüngliche Pfandcharakter der Eedna wiederum zutage: im Falle der Vertreibung der Frau »aus dem Megaron« steht dem Brautgeber Rückerstattung zu[503]. Die Sitte, daß die Eedna beim Brautgeber verbleiben, ist noch bekannt, wirkt aber antiquiert[504]. Eine Mitgift, über die der Ehemann frei verfügen könnte, gibt es im Epos weder dem Wort noch der Sache nach[505].

Die Frau verliert aufgrund der Mannfolge die Zugehörigkeit zum elterlichen Oikos nicht. Unter Umständen kehrt sie dahin zurück, etwa um von dort aus eine neue Ehe einzugehen[506]. Auch behält sie ihren Mädchennamen. Theano ist »Kisseustochter« und »Antenorfrau«, Κισσηὶς ἄλοχος Ἀντήνορος[507], Penelope ist Ὀδυσσῆος παράκοιτις, bleibt aber κούρη Ἰκαρίοιο[508]. Die Kinder der Mannfolgeehe gehören zum Oikos des Vaters; Abweichung von der Regel ist möglich[509].

γ) *Fraufolge*: Exogame Einheirat liegt vor, wenn ein Oikosfremder als Tochtermann in die Familie aufgenommen wird, wie es mit dem Antenorsohn Helikaon, einem Schwiegersohn des Priamos, zu sein scheint[510]. Öfters ist der Oikosfremde auch Landfremder. In der Ilias gilt das von dem Aitoler Tydeus, der eine Tochter des Königs von Argos heiratet[511], und von dem Argiver Bellerophontes, welcher eine Tochter des Lykierkönigs und Anteil an dessen Herrschaft bekommt[512]. Das schlichteste Beispiel bietet die Odyssee: Alkinoos hätte den Fremdling gern als Schwiegersohn, und Nausikaa wünscht sich ihn zum Mann. Ausstattung des Einheiratenden mit Haus und Vermögen ist in solchem Fall selbstverständlich[513].

Erbtochterheirat ist Endogamie. Zweck der Verbindung ist es, da Söhne fehlen, über die Tochter mit Hilfe eines nahen Blutsverwandten die Familie im Man-

---

5 f.; 204, 89 f.   500 16, 392 = 21, 162; 16, 76 f.; 20, 335 f.; Hes. Fr. 200, 8; 204, 87.
501 Penelope: 4, 770 u. 23, 149; die künftige Frau des Eumaios: 14, 64.   502 15, 17 f. – Mitgabe der Eedna in die Ehe: 1, 277 f. = 2, 196 f.; 2, 53 f.; V. 54 χαρίζεσθαι »Genüge tun« (Cunliffe s.v. 3); V. 53 ἐεδνόεσθαι etwa »die Tochter mit den ἔεδνα ausstatten«; vgl. J. Tsitsiklis, Hellenika 17, 1960, 33; A. Heubeck, Gymnasium 71, 1964, 44 f.); ἐεδνωτής (XIII 382) bezeichnet den, der die ἔεδνα bestimmt und entgegennimmt, den Brautgeber (Tsitsiklis a.O. 39; anders R. Merkelbach, Glotta 38, 1960, 271 f.).
503 Dies ist 2, 132 f. gemeint.   504 8, 317–320.   505 Die Wendungen πολλὰ γὰρ ὤπασε παιδὶ φίλῃ (XXII 51; s.o. Anm. 453) und ὅσσα οὔ πώ τις ἑῇ ἐπέδωκε θυγατρί (IX 148 = IX 290) können nicht als Belege für die Existenz der Mitgift dienen. Beide betreffen außerordentliche Umstände. Den ersten Fall, das Eingehen einer Nebenehe, haben wir oben behandelt. Im zweiten Fall ist das Beziehungswort μείλια zu beachten; Agamemnon will außer der Tochter noch »Sühnegaben« an Achill geben. Die ἄποινα des h. Ven. (V. 139 f.) sind tatsächlich »Lösegeld« und ähnlich wie ζωάγρια (8, 462) zu verstehen.   506 VI 427 f. (nach dem Verlust der Mannesfamilie); zu erschließen aus 8, 317–320 (heimgeschickt als Ehebrecherin) u. 2, 53 f.; vgl. V. 133 (zur Wiederverheiratung).
507 VI 299.   508 21, 158. – Bezeichnung als κούρη Ἰκαρίοιο (z.B. 1, 329) häufig und formelhaft; vgl. Anm. 479.   509 Übergang des Sohnes aus der Familie des Vaters in die des Muttervaters: XI 221 ff.   510 III 121–124.   511 XIV 119–124.
512 VI 191–195.   513 7, 311–316.   514 V 410–415; XI 221–226; s.u. Anm. 517.

nesstamm fortzusetzen, damit Grundbesitz, gegebenenfalls Würde und Macht bei der Familie bleiben, ihr spezieller Kult weiterbesteht. Die Ilias berichtet von zwei Heiraten solcher Art. Der Achaier Diomedes, der Troer Iphidamas haben beide eine jüngere Schwester ihrer Mutter zur Frau[514]. In der Odyssee ist Alkinoos mit der Tochter seines älteren Bruders verheiratet[515]. Daß es sich in der Ilias beide Male um die Familie der Mutter, in der Odyssee um die Familie des Vaters handelt, macht keinen Unterschied. Ein Schema kann die grundsätzliche Übereinstimmung vor Augen führen.

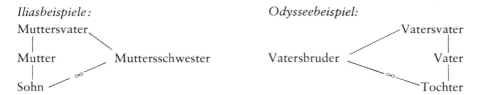

In keiner der drei Familien ist Erbtochterheirat Prinzip; nur weil kein Sohn vorhanden ist, kommt es dazu. In der Familie des Argiverkönigs folgen exogame und endogame Einheirat unmittelbar aufeinander. Der Oikosfremde Tydeus heiratet die ältere Tochter, beider Sohn, der Oikosangehörige Diomedes, die jüngere Tochter. Einen Terminus für die Erbtochter überliefert die epische Sprache nicht. Bei beiden Arten der Fraufolge gehören die Kinder zum Oikos der Mutter[516].

δ) *Übergänge und Mischungen:* Die Heiratsformen der Mannfolge (Eedna-Heirat mit der Variante der Aneednos-Heirat) und der Fraufolge (exogame Einheirat, Erbtochterheirat) bestehen nebeneinander und werden gewählt, wie sich aus Notwendigkeit oder Gelegenheit ergibt. Der Eindruck, daß die mit der Entrichtung der Eedna verbundene Mannfolge die bevorzugte Form der Eheschließung sei, beruht auf Täuschung. Priamos und Hekabe, Paris und Helena, Hektor und Andromache leben in Mannfolgeehe. Weil diese Paare im Vordergrund der Erzählung stehen, bestimmen sie das Bild. Paare mit Fraufolgeheirat sind Neben- oder Randfiguren, aber ihre Zahl ist keineswegs gering.

Nicht zu übersehen ist jedoch die Bedeutung der Eedna-Heirat für die Kontamination der Formen. Iphidamas führt eine Fraufolgeehe, nämlich mit der Erbtochter. Aber er hat, von der Heiratsform her gesehen ganz ohne Sinn, Eedna gegeben. Wenn man die beiden Vorgänge getrennt betrachtet, kann man Iphidamas als Kronzeugen für jede der beiden Heiratsformen heranziehen[517]. Ähnlich verhält es sich bei dem Heiratsangebot Agamemnons an Achill; hier stehen Mannfolge und exogame Einheirat nebeneinander[518]. Den Grund für die Vermi-

---

[515] 7, 53–66; τοκῆες (V.54) sind die gemeinsamen Großeltern der Eheleute; der folgende Text zeigt eindeutig, daß keine Geschwisterehe vorliegt. [516] Die Sitte der Erbtochterheirat ist im griech. Bereich verbreitet; Erdmann a.O. (Anm. 488) 65 ff. Außerhalb des Epos gibt es für die Erbtochter verschiedene Bezeichnungen: ἐπίκληρος in Attika, RE. VI 1 (1909) 114–117 s.v. (Thalheim); πατροῦχος in Sparta (Hdt. 6, 57, 4), RE. XVIII 4 (1949) 2306f. s.v. (Schaefer); πατρωιῶκος in Gortyn, Wolff a.O. (Anm. 455) 161f.; dorisch ist auch ἐπιπάματος (Hesych. s.v.); Schultheß a.O. (Anm. 490) 2051; J.H.Thiel, Mnemosyne 57, 1929, 201f.; Benveniste, Institutions I 272. [517] Erbtochterheirat: XI 221–226; Stellung von Eedna und deren Konsequenzen: XI 241–245. [518] Gewinn einer Aneednos: IX 141–147 ≈ IX 283–289; Konsequenzen der exogamen

schung beider Formen sehen wir darin, daß die Mannfolgeheirat, bei welcher die Frau der stärkeren Sicherung bedarf, mit Formen und Formeln (zum Beispiel den Bezeichnungen für die 'rechte Gattin') ausgestattet ist. Diese Formen und Formeln werden in Analogie auf die Fraufolgeheirat übertragen, die dergleichen Kautelen an sich nicht nötig hat, weil die Frau im elterlichen Oikos bleibt. Die Mischung der Formen im Epos ist wie ihre Gleichzeitigkeit nicht Ergebnis poetischer Zusammenfügung, vielmehr Zeugnis für das Hereinwirken der außerepischen Realität, in welcher einerseits Bedarf an festen Regeln besteht, andererseits Beweglichkeit und Anpassung von Fall zu Fall erforderlich sind [519].

b) *Hochzeitsformalien*

α) Geben und Führen: Ein Schema der Hochzeitsformalien ergibt sich aus den verstreuten epischen Mitteilungen nicht, wohl aber eine Folge von Einzelheiten. Nach dem Abschluß der Verhandlungen zwischen Brautgeber (gewöhnlich der Vater, aber auch beide Eltern gemeinsam, die Brüder, der Sohn, die Herrin, jedenfalls ein Vertreter des Oikos [520]) und Brautwerber (meist der künftige Ehemann selbst, aber auch sein Vater, sein Bruder, sein Herr, jedenfalls ein Vertreter des Oikos [521]) folgt die beiderseitige Erfüllung des Vertrags, erst die Vorleistung des Bräutigams, darauf die Vergabe der Braut [522]. Offiziell scheint das Mädchen zur Sache nicht gehört zu werden, und wie zu allen Zeiten kommt es vor, daß ein Vater, etwa für politische Zwecke, über eine seiner Töchter verfügt; aber ein Prinzip kann man daraus nicht ableiten [523]. Im Allgemeinen sieht es eher so aus, als herrsche zwischen Mädchen und Freier, zwischen Vater und Tochter Einverständnis. Hypnos weiß genau, daß er von den Chariten die eine, Pasithea, zur Frau haben will [524]. Sollte Pasithea selber dies nicht wissen? Die Wünsche des Alkinoos, welche auf den Fremdling gerichtet sind, stimmen mit den Wünschen der Tochter Nausikaa überein [525]. Penelope wird sich dem vermählen, »den sie wünscht« [526].

Einheirat: IX 147–156 ≈ IX 289–298.   **519** Zu beachten ist die Übertragung der Vorstellung von der κουριδίη ἄλοχος auf den Erbtochtermann als den κουρίδιος πόσις (V 414). Von den Termini für die 'rechte Gattin' (s.o. Anm. 432. 434. 435. 437. 440) ist ὄαρ indifferent, erscheinen ἄκοιτις und παράκοιτις in der Il. nur bei Mannfolge, ἄκοιτις in der Od. auch bei Fraufolge (7, 66; vgl. 5, 120 ἀκοίτης); δάμαρ (III 122, vermutlich) und ἄλοχος kommen ebenfalls bei Fraufolge vor (XI 242; V 415: das Beiwort ἰφθίμη läßt sich hier auf das reiche Erbe der Erbtochter beziehen). Zur Sache: Wickert-Micknat a.O. (Anm. 1) 62f.; anders Snodgrass a.O. (Anm. 488).   **520** Eltern: XIX 291; 15, 367; Brüder: Hes. Fr. 197, 3f. u.ö.; Sohn: 1, 292 ≈ 2, 223; Herrin des Oikos: XIV 268; vgl. XXIV 59–61; Bezeichnung und Darstellung der Achaier insgesamt als ἐεδνωταί (XIII 377–380) ist als übertragene Ausdrucksweise zu werten.   **521** Vater des Bräutigams: IX 393ff.; 4, 10; Hes. Fr. 26, 23f.; Bruder 11, 291f.; 15, 236f.; Hes. Fr. 197, 4f.; Herr des Oikos: 14, 62–65; 21, 214.   **522** Vertragsabschluß XIII 368f. (vgl. 376) = 4, 6f. Terminus für die Vertragserfüllung ist τελεῖν: XIII 377; vgl. 4, 7. – Ein Wort für 'Bräutigam' fehlt (zu γαμβρός s.o. Anm. 475. 477); νύμφη kann den Inhalt 'Braut' haben, doch ist das Bedeutungsfeld breiter; s.u. Anm. 665.   **523** Eine Tochter Agamemnons: IX 144–147 ≈ IX 286–289; die Tochter des Menelaos: 4, 5–7. Gegen ihren Willen sind Thetis (XVIII 85. 432ff.) und Persephone (h. Cer. 79) verheiratet worden; beide Ehen sind nicht eben glücklich. Übrigens ist zu beachten, daß in einer streng patriarchalischen Gesellschaft nicht nur über die Tochter, sondern auch über den Sohn verfügt wird.   **524** XIV 275f.; vgl. 267f.   **525** 7, 311–315. – 6, 244f.   **526** 18, 270; 20, 342; 2, 128 (vgl. 2, 50 u. XVIII 433f.).

Die Verhandlung zwischen Hera und Hypnos ist auf einen Satz konzentriert, der als eine unter Menschen übliche Formel ins Vokabular der Göttin geraten sein könnte: »Ich werde sie dir geben, daß du sie in die Ehe führst und sie deine rechte Gattin heiße.« Der Beginn der Formel: δώσω ὀπυιέμεναι ist variabel, der Ausgang: καὶ σὴν κεκλῆσθαι ἄκοιτιν einigermaßen stereotyp[527]. Fest steht auch der Begriff für die Vergabe: διδόναι (θυγατέρα)[528]. Korrespondierende Formeln auf seiten des Bewerbers sind: ἄλοχον (ἄκοιτιν) ποιεῖσθαι[529] und θέσθαι ἄκοιτιν (γυναῖκα)[530] »zur Frau nehmen«; ἄγεσθαι γυναῖκα[531] »als Frau heimführen«; schließlich ἔχειν[532] »zur Frau haben«, mit dem Akkusativ des Namens der Frau verbunden oder mit dem Hinweis darauf, wessen Tochter sie ist. Zu ἄγεσθαι (γυναῖκα) fügt sich ἕπεσθαι (ἀνδρί): die Frau »geht mit« dem Mann[533].

Alle diese Formeln sind, wie wir meinen, aus der Vertragssprache der außerepischen Realität in die epische Sprache übernommen. Von διδόναι abgesehen, betreffen sie allein die Mannfolge. Das gilt auch von dem einen der beiden speziellen Wörter für 'heiraten', ὀπυίειν (vom Mann) – ὀπυίεσθαι (von der Frau), einem Lehnwort im Griechischen, dessen Inhalt im epischen Gebrauch etwa »in die Ehe führen« – »in die Ehe folgen« ist[534]. Das andere Spezialwort, γαμεῖν (vom Mann) – γαμεῖσθαι (von der Frau), wird bei Mannfolge und bei Fraufolge verwendet; das Wort scheint sich vor allem auf den öffentlich festlichen Teil der Heirat zu beziehen, auf die Hochzeit[535].

β) *Kundbarmachung:* Γάμος ist der »Heiratsvertrag«[536], dessen Konsequenz, die »Eheschließung«, und deren Bekanntgabe in der Öffentlichkeit. Den offiziellen Charakter hebt die Fügung ἀμφάδιος γάμος hervor[537]. Die Kundbarmachung

---

527 XIV 268 (vgl. 275 u. XIII 378f.); h. Cer. 79; Hes. Fr. 26, 24. Varianten der 2. Hälfte (anstatt σήν: φίλην/θαλερήν): Hes. Th. 410; Fr. 195, 4; Il. III 138; vgl. auch IV 60f. = XVIII 365f.; Variation mit ἄλοχος h. Ven. 126f. 148; mit πόσις 6, 244 (wegen der Einheirat? vgl. 7, 313).   528 z.B. XIII 369. 378; XIX 291; 2, 53f.; 4, 6f.; 11, 289; 15, 367; h. Cer. 3. 79; Hes. Th. 819; Od. 1, 292 ≈ 2, 223 (μητέρα). Il. VI 192 = XI 226 αὐτοῦ μιν κατέρυκε, δίδου δ' ὅ γε θυγατέρα ἥν (vgl. 7, 315ff.) bezieht sich auf Fraufolge. Auf den reziproken Charakter von διδόναι verweist Benveniste (L'année sociologique, s. Anm. 493) 7ff.; ders., Institutions I 81ff.; vgl. I 239ff.   529 z.B. IX 397; 7, 66; h. Ven. 44; Hes. Th. 921. 946. 948. 999.   530 21, 316; Hes. Th. 937. 953; vgl. XIX 298 τιθέναι ἄλοχον vom Brautgeber; ἐγγυᾶν betrifft in der epischen Sprache allein die Bürgschaft (8, 351).   531 z.B. IX 146f. ≈ IX 288f.; XVI 190; 6, 159; 14, 211; h. Hom. 6, 17; Hes. Th. 265f. 507f. 901; Op. 695. 800. (Ohne oder mit Bestimmungen wie οἴκαδε, πρὸς οἶκον, πρὸς δώματ').   532 z.B. III 123; 4, 569; Hes. Th. 608; ἔχεσθαι von der Frau VI 398; vgl. auch κτήσασθαι παράκοιτιν 24, 193.   533 16, 76 ≈ 19, 528. 579 = 21, 77 ≈ 21, 104; 22, 324.   534 Ὀπυίειν: häufig, z.B. XVI 178; XVIII 383; 2, 207; 2, 336 = 16, 386; Hes. Th. 819; Sc. 356; ὀπυίεσθαι VIII 304. Das Wort ist wahrscheinlich zu etrusk. *puia* »Frau« zu stellen und wie παλλακίς und δούλη altmediterraner Herkunft (Chantraine u. Frisk s.v.); in der Sprache des attischen und des gortynischen Rechts wird es verwendet, ohne auf Mannfolge spezialisiert zu sein.   535 Γαμεῖν: häufig, z.B. IX 388. 391. 399; 1, 36; 4, 208; Hes. Op. 699f.; Th. 960. 977; γαμεῖσθαι: Il. nur v.l. zu IX 394 mit abweichender Bedeutung, etwa »zur Heirat beschaffen«; Od. häufig, z.B. 2, 113. 128; Hes. Op. 698; γαμετή Hes. Op. 406. Die Etymologie ist ungeklärt; γάμος (s.u. Anm. 536–539) gilt als Rückbildung zum Verb, Chantraine u. Frisk s.v. γαμέω (dort auch zu γαμβρός, s.o. Anm. 475. 477); V. Georgiev, Die Etymologie des Verbums γαμέω und sein Gebrauch bei Homer und Hesiod (1934) ist mir unerreichbar (Packard-Meyers Nr. 1211.35).   536 s.o. Anm. 489.   537 6, 288; zu vergleichen

geschieht durch ein Festessen (mit Musik, Tanz und Geschenken). Demgemäß ist γάμος auch das »Hochzeitsmahl«; der Brautgeber richtet es aus; δαινύναι γάμον ist Terminus technicus. Als Gäste sind die Nachbarn geladen, Stammesgenossen, Wehrgenossen, Tischgenossen; sie sind die Zeugen der Eheschließung[538]. Bezug auf das Mahl hat vermutlich die Wendung θαλερὸς γάμος. Dasselbe Epitheton findet sich bei Bezeichnungen für die 'rechte Gattin', den 'rechten Gatten', vielleicht als Reminiszenz an das offizielle Hochzeitsessen[539]. Einen Sakralakt, der die Hochzeit im besonderen beträfe, braucht man nicht. Er ist mit dem feierlichen Opfer, durch welches jedes Festmahl – δαὶς θάλεια – eingeleitet wird, ohnehin gegeben[540].

Mit dem Begriff γάμος verbindet sich in der epischen Dichtung die Vorstellung des τέλος, des Zieles, das man ersehnt oder fürchtet, das man langsamer oder schneller erstrebt, das man auch verfehlen kann, dann nämlich, wenn man das Telos des Todes eher erreicht. Im allgemeinen aber langt jeder beim Gamos an. Das τέλος γάμοιο ist für beide Geschlechter ein und dasselbe, ebenso notwendig wie selbstverständlich: die Grenze zwischen dem ersten Abschnitt des Lebens und seinem zweiten[541]. Aphrodite bereitet den Gamos vor durch die ἔργα γάμοιο, die Werke, die zu ihm hinführen[542]. Über den Gamos selbst verfügt Zeus, für Menschen und Götter[543]. Hestia, eine von den Göttinnen, die ehelos bleiben wollen, erhält von ihm ἀντὶ γάμοιο die immer und überall gültige Ehre des Platzes inmitten des Hauses, die Herdstelle, an der zu residieren in der menschlichen Welt der Frau zukommt, wenn sie sich verheiratet hat[544].

Zur Kundbarmachung gehört noch der Weg, den die Neuvermählte vom Haus des Brautgebers zum Haus des Mannes zurücklegt, zu Fuß oder zu Wagen, vom Mann geführt oder eingeholt. Jetzt ist, wie die beiden Schildbilder darstellen, die ganze Stadt Zeuge und Festteilnehmer; das Hochzeitslied, der ὑμέναιος, begleitet den Zug[545].

γ) *Einsetzung ins Ehebett*: Nur Spuren deuten darauf hin, daß es die Sitte gab, die neuen Eheleute in das gemeinsame Bett einzusetzen. Um zu betonen, daß Thetis zur Ehe gezwungen worden ist, überträgt Achill die Vorstellung ins Gewaltsame und sagt, die Götter hätten Thetis dem Peleus ins Ehebett »geworfen«[546]. Wenn Hera (angeblich) ihre zerstrittenen Pflegeeltern versöhnen und

---

ist ἀναφανδὸν ὀπυίειν (XVI 178) und εὐνάζεσθαι ἀμφαδίην (5, 119f.). **538** XIX 299 (μετὰ Μυρμιδόνεσσι); 4, 3 (πολλοῖσι ἔτῃσι; zu ἔτης Benveniste, Institutions I 331); δαίνυσθαι von den Gästen (XXIV 62f.; 4, 15f. γείτονες ἠδὲ ἔται), wohl auch vom Bräutigam Archilochos Fr. 9 D.; h. Ven. 141f. richtet der Bräutigam das Festmahl selbst aus. Zur Sache Athenaios 185b (zu 4, 3); Ameis-Hentze zu XIX 299; B. Borecký, Survivals of some Tribal Ideas in Classical Greece (1965) 16. Γάμος und εἰλαπίνη: XVIII 491; 1, 226; 11, 415; vgl. 18, 278f.; Vorbereitung des γάμος im Hause des Brautgebers: 1, 277 = 2, 196; Musik und Tanz: XXIV 62f.; 4, 17–19; 23, 130ff.; Geschenke: XVIII 84f.; XXII 470–472.   **539** 6, 66; 20, 74; h. Hom. 19, 35; s.o. Anm. 447.   **540** VII 475; 3, 420; 8, 76. 99.   **541** 20, 74; vgl. 17, 476; 15, 524; 20, 307; 4, 7, den Gebrauch des Wortes ἄγαμος III 40 und die Wendungen Hes. Op. 697; Od. 6, 27; 15, 126. – Nachteile und Vorteile, die das Erreichen des Gamos dem Mann bringt, hängen vom Charakter der Frau ab: Hes. Th. 603ff. – Zur Sache: Onians, Origins 432ff.   **542** V 429 (vgl. Hes. Th. 203–206); 20, 73–75.   **543** 20, 73–76.   **544** h. Ven. 29–32; vgl. h. Hom. 29, 1–4.   **545** XVIII 491–496; Hes. Sc. 270–285; vgl. S. R 8ff. 30f. Ὑμέναιος ist sprachlich ungeklärt, Chantraine s.v. ὑμήν 2.   **546** XVIII 85 ... ἔμβαλον εὐνῇ.

dazu bringen will, die eheliche Gemeinschaft wieder aufzunehmen, so muß sie diese zum zweiten Mal ins Ehebett einsetzen. Den Vorgang drückt sie in Worten aus, die vielleicht wiederum einer Formel für menschlichen Brauch entsprechen. Diese könnte gelautet haben: In das Bett setze ich euch ein, damit ihr euch vereinigt in ehelicher Zugehörigkeit[547].

Das Ehebett ist Sinnbild ehelicher Eintracht. Der Eid beim ehelichen Lager, den Hera einmal vor ihrem Gemahl schwört, mag in der Menschenwelt zwischen Mann und Frau außergewöhnlich sein wie zwischen den göttlichen Ehepartnern, aber nicht ungewöhnlich[548], ebenso wenig wie die Tatsache, daß das Ehebett da, wo es seinen Ort noch im Megaron hat, für Gatten und Gattin auch der gemeinsame und offizielle Sitzplatz ist. Der Bote Hermes trifft Hades, den Hausherrn, drinnen im Hause an, wo er neben der Gemahlin auf dem Ehebett sitzt[549]. Ein Geheimnis zwischen Eheleuten, die Unverrückbarkeit ihres Ehebettes, ist der Gegenstand der Prüfung, welcher Penelope den heimgekehrten Gatten unterwirft[550].

c) *Hochzeitsbilder*

α) *Vorüberlegung:* Nach der Aussage der epischen Dichtung treten seit der ersten Hälfte des siebten Jahrhunderts bei der Eedna-Leistung an die Stelle von Vieh mehr und mehr Produkte der häuslichen Textilarbeit und des künstlerischen Handwerks. Eine Möglichkeit, von den überlieferten materiellen Objekten dieses oder jenes dem Bereich des Brautgewinns zuzuordnen, dürfte es jedoch kaum geben.

Auf die Hochzeit dagegen lassen sich unter den bildlichen Darstellungen der Epoche einige Figurenszenen beziehen. Ob diese dem Mythos (Zeus und Hera) und der Sage (Menelaos und Helena; Theseus und Ariadne) zuzuordnen sind oder den schlichten menschlichen Verhältnissen, diese Frage ist für unser Thema von geringem Gewicht, weil die Formen für die Darstellung des Motivs in jedem Fall in der Realität ihr Vorbild haben. Dem Wesen der Zeit wäre es nicht unangemessen, wenn die Eheschließung auch durch ein Bild kundbar gemacht würde, das als Votiv für die zur Heirat verhelfende Gottheit, zum Beispiel für Hera, bestimmt wäre. Das Motiv kann auf Szenen der Mythen- und Sagenerzählung leicht übertragen werden; eindeutig wird der neue Bezug allerdings nur da, wo Beischriften gegeben sind.

Das Hochzeitsbild erscheint in zwei Typen; den einen könnte man – behelfsmäßig – 'Begegnung' nennen, den anderen 'Heimführung'. Beide sind in dem uns angehenden Zeitraum nicht allzu häufig, aber kontinuierlich vertreten[551].

β) *Typos 'Begegnung':* Bei diesem Typos, der Mannfolge wie Fraufolge betreffen kann, ist vielleicht der Augenblick nach der Brautvergabe (διδόναι) festgehal-

---

[547] XIV 208f. εἰ ... εἰς εὐνὴν ἀνέσαιμι ὁμωθῆναι φιλότητι ... [548] XV 39f. ... νωίτερον λέχος αὐτῶν κουρίδιον, τὸ μὲν οὐκ ἂν ἐγώ ποτε μὰψ ὀμόσαιμι. [549] h. Cer. 342f. τέτμε δὲ τόν γε ἄνακτα δόμων ἔντοσθεν ἐόντα ἥμενον ἐν λεχέεσσι σὺν αἰδοίῃ παρακοίτι. [550] 23, 166–230. 295f. οἱ μὲν ἔπειτα ἀσπάσιοι λέκτροιο παλαιοῦ θεσμὸν ἵκοντο. [551] Grundsätzliche Erwägungen zum Motiv: C.H.E.Haspels, BCH. 54, 1930, 436ff.; Kunze, Schildbänder 164ff.; Fittschen, Sagendarstellungen 132ff. (im

ten: die neuen Ehepartner stehen einander gegenüber. In die Iliaszeit gehört die heraldisch stilisierte Darstellung auf einem Elfenbeintäfelchen aus dem Heiligtum der Artemis Orthia (Taf. R Va; 2. Hälfte des 8. Jhs. v. Chr.)⁵⁵². Lockerer gefügt zeigt sich die Szene zu Beginn der Odysseezeit auf einem tönernen Votivpinax aus Tarent (Abb. 1b; 1. Drittel des 7. Jhs. v. Chr.); hier hält die Frau einen Gegenstand in die Mitte des Bildes; es könnte eine Spindel sein. Das Motiv findet sich mit leichten Varianten mindestens bis in das sechste Jahrhundert hinein. Gemeinsam ist allen Darstellungen die Zuwendung der Partner zueinander, die sich in den jüngeren Bildern vor allem in Arm- und Handbewegungen ausdrückt. Diese Gesten sind vermutlich für die Situation traditionell festgelegt; sicher zielen sie nicht auf eine gemüthafte Wirkung beim Betrachter[553].

γ) *Typos 'Heimführung':* Die Brautführung (ἄγεσθαι) 'zu Fuß', die der Achilleusschild beschreibt, scheint als Bildmotiv relativ jung zu sein. Der Typos bezieht sich, zum mindesten ursprünglich, allein auf Mannfolgeheirat. Auf einem bronzenen Schildbandrelief aus Olympia (Abb. 9; vor 600 v. Chr.) hat die Frau das Haus des Brautgebers hinter sich gelassen; sie trägt Attribute der Weiblichkeit mit sich, in der Hand Rocken und Spindel, am Arm den Festkranz. Beim Partner entsprechen dem die männlichen Attribute des Helms, der übrigen Leibesrüstung, des gezogenen Schwertes. Die Haltung der Waffe ist wahrscheinlich ebenso traditionell bestimmt wie der Griff an der Handwurzel, durch den das Paar verbunden ist. Bewegung gelangt durch die Schrittstellung des Mannes ins Bild. Der Gedanke an Brautraub oder Entführung ist fernzuhalten. Das Motiv kehrt in mehreren, leicht variierten Fassungen bis in den Anfang des fünften Jahrhunderts wieder[554].

Kat. GP). 140–142.   [552] Mus. Sparta Inv.-Nr. 15511 (DAI Athen, Neg.-Nr. N. M. 3482); H 5,2 cm, Br 3,7 cm; Marangou, LEB. Abb. 3; ebd. Abb. 7; S. 10 f. 17 f.; Dawkins, Orthia Taf. 92, 1; Matz, Gr. Kunst Taf. 285 a; Kunze, Schildbänder 76 f.; Fittschen, Sagendarstellungen Kat.-Nr. GP 11.   [553] Abb. 1 b: Umzeichnung nach Schefold, Sagenbilder Taf. 27 a; s. bereits E. Langlotz in: Antike Plastik. Festschrift Amelung (1928) 113 ff. Abb. 1; A. v. Salis, Theseus und Ariadne (1930) Abb. 4; Matz, Gr. Kunst Taf. 140 b; Fittschen, Sagendarstellungen Kat.-Nr. GP 14. – Fortführung des Motivs: Der Mann hält einen langen Stab, Bronzerelief, Schildband, Olympia (1. Viertel des 6. Jhs. v. Chr.), Kunze, Schildbänder 8 f. Typus II f, Kat.-Nr. 5 Taf. 9. 11. 73 Beil. 6; S. 75 ff.; Schefold, Sagenbilder Textabb. 32. Variante mit Beischriften: E. Kunze, Δελτ. 17, 1961/62, 120 Taf. 137 c. – Weitere Fassungen des Motivs: Henkel eines subgeometr. Gefäßes aus Ithaka, BSA. 43, 1948, Abb. 29; Schefold a. O. Textabb. 3; Fittschen, Sagendarstellungen Kat.-Nr. GP 5; C. Weickert, Eine geometrische Darstellung aus der Odyssee?, in: RM. 60/61, 1953/54, 56 Abb. 1. – Pithos aus dem Mus. Iraklion, um 700 v. Chr., BSA. 29, 1927/28, Taf. 11; Buschor, Vasen Taf. 54; Matz a. O. Taf. 163; Schefold a. O. Textabb. 1; Fittschen a. O. Kat.-Nr. GP 9; E. Vermeule, unser Kap. »Götterkult« V 161 Abb. 16 a. – Kanne aus Arkades im Mus. Iraklion, nach 700 v. Chr., Buschor a. O. Taf. 56; Matz a. O. Taf. 166 d; Schefold a. O. Taf. 27 b; Fittschen a. O. GP 13. – Stele im Mus. Sparta, Anfang 6. Jh. v. Chr., Tod-Wace Kat.-Nr. 132 f. Nr. 1 Abb. 27; Schefold a. O. Taf. 68. – Rouse, Votive Offerings 247 f.   [554] Abb. 9 nach Kunze, Schildbänder Taf. 20 b (Kranz und Spindel gesichert, Handhaltung vermutet); s. a. Kunze a. O. 166 Taf. 9 b; Schefold, Sagenbilder Textabb. 33. – Weitere Fassungen des Motivs bei Kunze a. O. Kat.-Nr. 27 b Taf. 43 d (Schildbandrelief aus dem 1. Viertel des 6. Jhs. v. Chr.) u. ebd. Kat.-Nr. 19 d Taf. 35 d (Schildbandrelief aus dem 1. Drittel des 5. Jhs. v. Chr.). – Vielleicht gehört auch das Fragment einer Darstellung auf der Unterseite eines liegenden Tieres aus dem Heraion von Argos hierhin (Waldstein, Heraion II 253 Nr. 87; Marangou, LEB. Abb. 23 b). – Amphora des Amasis-Malers in München, Mus. antiker Kleinkunst;

Abb. 9 Darstellung eines Paares auf einem bronzenen Schildbügel aus Olympia

Vorhanden ist es auch im achten Jahrhundert schon, allerdings eingefügt in ein anderes Darstellungsschema, als Heimführung 'zu Schiff' auf einem Kessel aus Theben.

Die Heimführung 'zu Wagen' ist in der Bildkunst erst verhältnismäßig spät nachzuweisen, etwa auf einer Amphora aus Melos (um 600 v. Chr.) oder auf einer frühen Lekythos des Amasis-Malers (um 570 v. Chr.). In epischer Sprache erscheint sie außer in der Beschreibung des Heraklesschildes in einem Ansingelied, der sogenannten Eiresione, wohl samischer Herkunft, doch umstrittenen Alters [555].

3. Eheführung

a) *Sexualität*

α) *Macht des Verlangens:* Zwei Verse der Theogonie beschreiben das Wirken Aphrodites, die Liebe zwischen den Geschlechtern, als einen sich steigernden Verlauf: dem vertrauten Umgang junger Leute, die zur Ehe reif sind, und dem lockenden, reizenden Spiel zwischen ihnen folgt die Erfüllung des Verlangens und schließlich die wechselseitige Zugehörigkeit und Zuwendung [556]. Die Erga bestimmen den erotischen Reiz der Frau derb und direkt: es ist der Anblick eines mit Geschick zur Geltung gebrachten weiblichen Gesäßes, welcher den Mann um die besonnene Überlegung bringt [557]. Vom Verstandverlieren ist auch in der Ilias die

CVA. München 3 Taf. 22, 1 u. 23, 1–3; Karousou a.O. (Anm. 211) Taf. 6. – Der Kranz wird im allgemeinen als Brautkranz angesehen. Könnte ein Brotring gemeint sein? Vgl. S. R 64.   **555** Zum Kessel aus Theben: London, British Mus., Inv.-Nr. 1899. 2–19–1; s. D. Gray, unser Kap. »Seewesen« Kat.-Nr. G 15 (dort weitere Lit.) Taf. G IX a; Schweitzer, Geom. Kunst Taf. 72; zu vergleichen ist die Schiffsszene auf einem lakonischen Elfenbeinkamm des 7. Jhs. v. Chr. (Dawkins, Orthia Taf. 109 f.; Marangou, LEB. 83 ff. Abb. 86; Fittschen, Sagendarstellungen 52 ff. Kat.-Nr. AA 3; Gray a.O. 63 Kat.-Nr. H 10 Abb. 20). – Zur Amphora aus Melos (Ende des 7. Jhs.): Buschor, Vasen Taf. 67; Matz, Gr. Kunst Taf. 173; Schefold, Sagenbilder Taf. 57 c. – Zur Lekythos des Amasis-Malers: Boardman a.O. (Anm. 211) Taf. 77, 1–2; A. Nawrath, De Graecorum ritibus nuptialibus e vasculis demonstrandis (1914) bes. 11 f. 14 f. – Eiresione: Hom. Epigr. 15, 10 (= vita Herodotea 167) V. 8–10.   **556** Hes. Th. 205 f.: παρθενίους τ'ὀάρους μειδήματά τ'ἐξαπάτας τε τέρψιν τε γλυκερὴν φιλότητά τε μειλιχίην τε (auf meine Interpretation des letzten Substantivs gehe ich hier nicht ein); zu vergleichen ist XXII 127 f.   **557** Hes. Op. 373 f.

Rede: unter den Zauberkräften des »bunten Riemens«, den Aphrodite auf der Brust trägt, sind es vertrauliche Nähe und Überredungskunst, die solchen Effekt haben [558].

Das sexuelle Begehren erfaßt beide Geschlechter, bei den Göttern wie bei den Menschen. Die Attraktion ist im allgemeinen stärker weiblich, die Aktivität stärker männlich, doch gibt bald das eine, bald das andere Geschlecht dem Trieb zuerst nach; und sind es zumeist Männer, die zur Liebe überreden, und Frauen, die sich durch Aphrodites Macht überreden lassen, so kann es doch auch umgekehrt sein [559]. Die Szene zwischen Paris und Helena im dritten Gesang der Ilias hat ihr Gegenstück in der Szene zwischen Hera und Zeus im vierzehnten. Hier wirkt Aphrodite durch den Verleih des Zauberriemens, dort in menschlicher Gestalt, aber unverkennbar sie selbst. Der Hymnos läßt nach dem Willen des Zeus auch sie vom Begehren ergriffen werden und zu seiner Erfüllung den Menschenmann überlisten. In der Odyssee, im Lied des Demodokos, ist sie die vom Liebhaber verführte Ehegattin.

Außerhalb der Ehe mächtig, zieht das Verlangen oft Unordnung, ja Katastrophen nach sich: Entführung und Ehebruch, Verfluchung, Mord, Krieg und Stadtzerstörung. Im günstigsten Fall verursacht es die Existenz eines Kindes, das dann eine Gottheit zum Vater oder zur Mutter hat. Innerhalb der Ehe sorgt das Verlangen für den Fortbestand der Familie, doch nicht weniger für Dauer und Innigkeit der ehelichen Gemeinschaft. Ehen zu stiften ist nicht eigentlich sein Zweck. Da sind häufig andere Kräfte wirksam. Aber es macht Lust zu heiraten. Aphrodites ἱμερόεντα ἔργα γάμοιο geben das Verlangen nach Hochzeit ein. Die Beziehung der Göttin zu Hochzeit und Ehe ist nicht zu leugnen [560]. Andromache hat sie am Hochzeitstag einen Kopfschmuck, ein κρήδεμνον, geschenkt. Als die Frau beim Anblick des von Achill geschleiften Hektor ohnmächtig wird, fällt das Kredemnon zu Boden, ein Sinnbild dafür, daß die eheliche Gemeinschaft aufgelöst ist [561].

β) Terminologie: Die epische Sprache der Sexualität ist zugleich unmittelbar und diskret. Die meist formelhaft verwendeten Wörter für das sexuelle Verlangen und für den Sexualakt sind alltäglich wie der Vorgang. Obszönität und Zweideutigkeit (in der außerepischen Sprache gewiß ebenso vorhanden wie in der 'lyrischen' des Archilochos) bleiben ausgespart. Die großen Sexualszenen – Ares und

---

γυνὴ ... πυγοστόλος (Wilamowitz ad l.). **558** Der κεστὸς ἱμὰς ποικίλος (XIV 214ff.; vgl. 197f.) enthält φιλότης, ἵμερος, ὀαριστύς, πάρφασις. Zur Sache neuestens: F.E.Brenk, Classical Bull. 54, 1977, 17–20. **559** h.Ven. 34f.: ausgenommen sind Athene, Artemis, Hestia, τῶν δ' ἄλλων οὔ πέρ τις πεφυγμένος ἔστ' Ἀφροδίτην οὔτε θεῶν μακάρων οὔτε θνητῶν ἀνθρώπων. – Ἠπεροπεύειν »verführerisch reden« III 399 u. V 349 (vgl. V. 421–425) von Aphrodite, 15, 419 von einem Mann; 15, 420–422 die Verführbarkeit der Frauen. Paris ist ἠπεροπευτής (III 39 = XIII 769), γυναιμανής (ebd.), παρθενοπίπης (XI 385). Aggressive weibliche Sexualität scheint bei Hes. Op. 586 gemeint zu sein (vgl. Fr. 132). Widerstand gegen Verführung: VI 161f. (männlich), 3, 265f. (weiblich). **560** V 429; 20, 73–75; sie selbst gibt ein Beispiel für die 'zur Hochzeit reizenden Werke' im h. Hom. 6, 15–18. Lokalkulte der Göttin, die Hochzeit und Ehe betreffen: Nilsson, GGR.² I 524f. – Zum Thema im Ganzen: R.Flacelière, L'amour en Grèce (1960) 7–57; A.Lesky, Vom Eros der Hellenen (1976) 18–40. **561** XXII 466–72; κρήδεμνον: etwas, das Frauen und Mädchen um den Kopf binden; zum Wort: Chantraine u. Frisk s.v.; zur Sache: Sp. Marinatos, unsere Kap. »Kleidung« u. »Haar- und Barttracht«

Aphrodite im Netz des Hephaistos[562], die Präliminarien des Beilagers von Zeus und Hera[563], von Paris und Helena[564], die Entkleidungsepisode des Aphroditehymnos[565] – sind deutlich und nicht ohne Komik, obszön oder schwül sind sie nicht.

Himeros und Eros gehören als Gottheiten geschlechtlichen Verlangens und geschlechtlicher Lust zu Aphrodites Gefolge[566]. Aber ἵμερος und ἔρος sind auch Verlangen und Lust zu anderem, zum Essen und zum Trinken, zum Singen, zum Tanzen, zum Klagen, und hier wie dort stellt sich am Ende Sättigung, τέρψις[567], ein und manchmal sogar Überdruß, κόρος[568]. Εὐνή und λέχος sind Liebes- und Ehelager, aber auch jedes andere Bett. Φιλότης, häufig Bestandteil sexualsprachlicher Formeln, bezeichnet an sich die gegenseitige Zugehörigkeit auf vertraglicher Basis, also auch die Zugehörigkeit aufgrund der Eheschließung. Diese volle Bedeutung wird durch die Formelhaftigkeit des Sexualidioms abgeschliffen, ohne gänzlich zu schwinden[569]. Γάμος, γαμεῖν, ὀπυίειν dagegen betreffen im epischen Sprachgebrauch allein den rechtlichen und sozialen Akt der Ehekonstituierung[570].

Terminus technicus für die geschlechtliche Vereinigung ist μίσγεσθαι »sich mischen«, oft mit εὐνῇ und φιλότητι oder mit einem von beiden kombiniert[571]. Weniger unmittelbar, aber deutlich sind Ausdrücke wie εὐνῆς ἐπιβαίνειν[572], εὐνάεσθαι[573], παραλέγεσθαι[574]. Eher verhüllend sind die Verben des Schlafens, παρα/καταδαρθάνειν[575], εὕδειν[576], καθεύδειν[577], und τέρπεσθαι »sich genüge tun«[578]. Hoher Stil scheinen Wendungen mit ἀγκάς/ἀγκοίνη, »in den Armen halten« oder »ruhen« zu sein[579]. Singulär ist die Verbindung von Metaphorik und Direktheit, wenn der Name der Göttin selbst für den Sexualakt steht: Ἀφροδίτην ἔχειν (ὑπ' ἀνδρί)[580]. Sonst wird nur bildlich von ihren ἔργα oder δῶρα gesprochen[581].

Weitere Termini wären zu nennen, doch bleibt die Zahl beschränkt wie die Möglichkeit der Beschreibung des Vorgangs. Tabuisiert ist er keineswegs. Man

---

A 46; B 21f. Taf. B IVd; E.Bielefeld, unser Kap. »Schmuck« C 2f.   **562** 8, 295ff. **563** XIV 312ff.   **564** III 424ff.   **565** h. Ven. 155ff.   **566** Hes.Th. 201f. Beide Wörter sind sprachlich ungeklärt. Sexueller Inhalt ist häufig, ebenso bei ἱμείρεσθαι und ἔρασθαι, selten bei ἱμερόεις und ἐρατεινός. XXIV 130f. wird die körperliche Liebe zu den notwendigen Gütern des Lebens – wie Nahrungsgenuß und Schlaf – gerechnet: ἀγαθὸν δὲ γυναικί περ ἐν φιλότητι μίσγεσθ'.   **567** Hes.Th. 206 (s.o. Anm.556). **568** XIII 636ff.   **569** Benveniste, Institutions I 340ff. Das Wort in der Bedeutung 'eheliche Zugehörigkeit' bedürfte eingehender Untersuchung. In demselben Zusammenhang gehören φίλη als Beiwort für die 'rechte Gattin' und φιλεῖν etwa 'als sich zugehörig betrachten'. Dagegen ist φιλοτήσια ἔργα (11, 246) eindeutig sexuell gemeint. – Die epische Sexualsprache könnte umfänglicher beschrieben werden, als es hier geschieht (s. Anm 571–581), doch ändert sich das Bild im Ganzen kaum. Wackernagel, Unters. 226ff.   **570** s.o. Anm. 534–539.   **571** Häufig, auch: μιγῆναι; μιγάζεσθαι 8, 271; συμμίσγειν und ἀναμίσγειν als Tätigkeit Aphrodites h. Ven. 39. 50. 52.   **572** IX 133 = IX 275 = XIX 176; 10, 334. 340. 342. 347. 480; Hes. Sc. 40; vgl. 16. ἀντιάειν λέχος I 31. Zu λέχος καὶ εὐνὴν πορσύνειν s.o. Anm. 348ff.   **573** Häufig; εὐνάζεσθαι 5, 119.   **574** Auch παρακαταλέγεσθαι: häufig; παριαύειν IX 336; κοιμάεσθαι 8, 295.   **575** XIV 163; 20, 88. – 8, 296.   **576** XIV 334.   **577** 8, 313.   **578** III 441 ≈ 8, 292; IX 337; XIV 314; 5, 227; J.Latacz, Zum Wortfeld 'Freude' in der Sprache Homers (1966) 184ff. 203f. – Κυνεῖν »küssen« hat keinen sexuellen Inhalt; es dient zur Begrüßung, auch 23, 87. **579** XIV 213. 346. 353; 11, 261. 268; Hes. Fr. 43(a)81; 252, 5; die Wendungen werden nur gebraucht, wenn wenigstens einer der Partner göttlich ist.   **580** 22, 444f. **581** Hes. Op. 521; h. Ven. 9. 21. – Hes. Sc. 47 (anders III 54. 64f.).   **582** XIV 330ff.;

spricht und hört davon, ohne Anstoß zu geben oder zu nehmen. Anders verhält es sich mit dem Anblick. Da spielt, zum mindesten auf weiblicher Seite, das Moment der Schicklichkeit eine Rolle. Hera wünscht nicht, von anderen gesehen zu werden, wenn sie in den Armen des Gatten liegt; das wäre anstößig[582]; und während die männlichen Götter bereit sind, Zeugen von Aphrodites Ehebruch zu sein, bleiben die Göttinnen in angemessener Rücksicht zu Hause[583]. Eingeordnet wird die geschlechtliche Verbindung als das, was bei den Menschen θέμις ist, und zwar für Mann und Frau in gleichem Maße: von Natur »gesetzt«, selbstverständlich[584].

γ) *Spezifika der sexuellen Beziehung:* Opfer sexueller Gewalt wird die Frau bei der Einnahme einer belagerten Stadt. Reines Sexualobjekt ist sie als Kriegsbeute im Achaierlager oder da, wo sie vom Mann speziell zu geschlechtlichem Gebrauch erworben wird, als Pallakis[585]. Daß selbst in solchen Situationen seelische Bindung entstehen kann, zeigt das Beispiel der Kriegsgefangenen Briseis, doch darf man es nicht zu weit verallgemeinern.

Rechtlich verschieden, aber ähnlich im Effekt ist die Lage der Frau, die von den Angehörigen zur Heirat gezwungen wird. Thetis spricht es aus, daß sie die Lagergemeinschaft mit dem unerwünschten Mann äußerst widerwillig ertragen hat[586]. Für gewöhnlich sind, weil es eben θέμις ist, Einverständnis und Bereitschaft der Frau zur Kohabitation vorauszusetzen, auch da, wo die Ehe nicht unbedingt aus Neigung zustande kommt. Jedes Mädchen weiß, daß ihm die Heirat und die soziale Aufgabe, Kinder zu gebären, bestimmt ist. Heiratsfähigen Mädchen wünscht man, daß die Götter ihnen den rechten Mann bescheren und daß sie Kinder haben, die nach dem Herzen der Eltern sind[587]. Wenn eine Parthenos die Bewerber abweist und darauf besteht, unverheiratet zu bleiben, so ist das etwas Außerordentliches, eigentlich nur für eine Göttin (Hestia) denkbar[588].

Ehevertrag und Ehepfand, so möchte man annehmen, schützen die Ehefrau vor Mißachtung und Mißbrauch auch im Sexuellen. Wenn indes die Hauptfrau sich mit einer Nebenfrau, die Gattin sich mit einer Konkubine in die sexuelle Zuwendung des Mannes zu teilen hat, so ist die Frage, ob sie dies durchaus als Zurücksetzung empfindet, sofern ihre und ihrer Kinder Rechte gewahrt bleiben. Gewiß ruht hier Stoff zu Konflikten. In der Phoinixgeschichte veranlaßt die Mutter aus geschlechtlicher Eifersucht und aus gekränktem Ehrgefühl den Sohn, dem Vater bei dessen Pallakis zuvorzukommen[589].

Eifersucht und Streitlust Heras, der Ehegattin par excellence, haben göttliche Dimension, doch lassen sie ahnen, mit welcher Vehemenz dergleichen auch bei

---

V. 336 ... νεμεσσητὸν δέ κεν εἴη.   **583** 8, 324 θηλύτεραι δὲ θεαὶ μένον αἰδόϊ οἴκοι ἑκάστη.   **584** IX 134 ἢ θέμις ἀνθρώπων πέλει, ἀνδρῶν ἠδὲ γυναικῶν, variiert IX 276 = XIX 177 ἢ θέμις ἐστίν ... ἤ τ'ἀνδρῶν ἤ τε γυναικῶν.   **585** Vergewaltigung II 354–356, s.o. Anm. 60; s.o. Anm. 54 (Erbeutung von Frauen als Zweck von Kriegen und Überfällen); s.o. Anm. 55 (Frauen als Beute); s.o. S. R 83f. (Pallakis).   **586** XVIII 433f. ... καὶ ἔτλην ἀνέρος εὐνὴν πολλὰ μάλ' οὐκ ἐθέλουσα.   **587** h. Cer. 135–137: ἀλλ'ὑμῖν μὲν πάντες Ὀλύμπια δώματ'ἔχοντες δοῖεν κουριδίους ἄνδρας καὶ τέκνα τεκέσθαι ὡς ἐθέλουσι τοκῆες. Zu vergleichen ist der Wunsch 6, 180f. (s.o. S. R 75) und der Gedanke, daß dem Mann, der gute Kinder hat, Zeus bei Heirat und Zeugung – γαμέοντί τε γεινομένῳ τε – Segen »zugesponnen« hat (4, 207f.).   **588** h. Ven. 28f. παρθένος ἔσσεσθαι πάντ'ἤματα.   **589** IX 445ff.; V. 452 ... παλλακίδι προμιγῆναι, ἵν' ἐχθήρειε γέροντα. Dem Eingriff in die sexuellen Rechte des Vaters folgt die Verfluchung des Sohnes, und zwar dem Frevel gemäß im geschlechtlichen Bereich: er soll kinderlos bleiben. –

menschlichen Ehefrauen sich äußert. Streit zwischen Ehegatten kann zur sexuellen Verweigerung führen. Wieder spiegelt sich menschliche Realität in der göttlichen Sphäre: Hera (die Ehegöttin) will bei dem (von ihr erfundenen) Zwist ihrer Pflegeeltern als Vermittlerin auftreten, Versöhnung und die Erneuerung der ehelichen Gemeinschaft stiften. Ohne Aphrodites Hilfe geht das freilich nicht [590].

δ) *Ehebruch – Eheliche Treue:* Menschliche Erfahrung gibt auch der göttlichen Ehebruchszene im Lied von Hephaistos, Ares und Aphrodite die drastisch realistischen Züge. Da hat der Ehebrecher, vor Zeugen überführt, an den Ehemann »Fanggeld bei Ehebruch«, μοιχάγρια, zu zahlen, die ehebrecherische Frau wird dem Vater zurückgeschickt, und der muß das Ehepfand (ἕεδνα) herausgeben [591]. Der Bericht über den versuchten Ehebruch Anteias, der Gemahlin des Proitos, ist dagegen so dicht von traditionellen Erzählmotiven umhüllt, daß sich Reales kaum greifen läßt [592].

Die beiden berühmten treulosen Ehefrauen, Helena und Klytaimestra, machen sich genau genommen des Ehebruchs nicht schuldig. Beide scheiden sich von ihrem ersten Mann und gehen rechtens (in Mannfolge) eine neue Ehe ein. Helena bereut ihre Entscheidung gelegentlich [593]. Klytaimestra verhält sich illoyal: sie leistet Beihilfe zur Ermordung ihres früheren Gatten [594]. Die berühmte getreue Ehefrau ist Penelope. Trotzdem läßt der Text keinen Zweifel daran, daß sie als Frau eines Verschollenen, ohne Vorwürfe zu verdienen, eine neue Ehe schließen könnte [595].

Der Begriff der 'doppelten Moral', die dem Mann erlaubt, was sie der Frau verbietet, ist auf die Verhältnisse der epischen Gesellschaft nicht anwendbar; er ist ihrer Vorstellung fremd. Die Forderung nach der ehelichen Treue der Frau versteht sich von selbst, weil die Kinder, die sie gebiert, die 'rechten' sind. In diesem Sinn ist Telemachs Ausspruch zu verstehen: die Mutter versichere, daß er der Sohn des Odysseus sei; von sich aus nämlich könne er wie jeder Mensch nicht wissen, wer sein Vater sei [596]. Die Abstammung von der Mutter besteht ohne Frage. Die Forderung der ehelichen Treue, die ein familiäres Prinzip ist, erstreckt sich jedoch auch auf den Mann: 'rechte' Kinder kann er nur mit der 'rechten' Gattin zeugen.

Im übrigen wird den speziellen Bedürfnissen des Mannes einiges zugestanden: die Existenz von Nebenfrau oder Konkubine, die sexuelle Fremdbetätigung auf Kriegszug und Reisen. Von Prostitution allerdings hört man im Epos nichts. Mit

Klytaimestra tötet Kassandra 11, 421–423.   590 XIV 188 ff. 205–207 = 304–306 ... ἤδη γὰρ δηρὸν χρόνον ἀλλήλων ἀπέχονται εὐνῆς καὶ φιλότητος, ἐπεὶ χόλος ἔμπεσε θυμῷ; s.o. S. R 96. Heras ζηλοσύνη h. Ap. 99 ff.   591 8, 266 ff.; V. 269 f. ... λέχος ᾔσχυνε καὶ εὐνὴν Ἡφαίστοιο ἄνακτος; V. 332 ... τὸ καὶ μοιχάγρι' ὀφέλλει; W. Burkert, RhMus. 103, 1960, 130–144; die Rechtsfragen sind vielfach behandelt, vgl. die in Anm. 488. 490 genannte Literatur. Zu vergleichen ist Hes. Op. 328 und der Schwur Agamemnons bei der Rückgabe der Briseis: IX 132–134 ≈ IX 274–276 ≈ XIX 175–177. 592 VI 160 ff.; V. 161 ... κρυπταδίῃ φιλότητι μιγήμεναι; vgl. 8, 268 f. ... μίγησαν ... λάθρῃ. Der Gegensatz ist εὐνάζεσθαι ἀμφαδίην (5, 119 f.), nämlich wenn man verheiratet ist.   593 III 40 (Hektor wünscht, Paris wäre ἄγονος und ἄγαμος gestorben.); III 140. 163 (Menelaos als 'früherer Gatte' Helenas); XXIV 760 ff. (Helena als Mitglied der Priamosfamilie).   594 1, 35 ff. (μνάεσθαι und γαμεῖν als Verben für das Tun des Aigisth); 3, 272 (ἤγαγε ὅνδε δόμονδε). Die Illoyalität: 11, 409 ff.; vgl. aber 3, 265 f. 595 Dazu stehen die *rumores* 23, 149–151 nicht im Widerspruch.   596 1, 215 f.:

Kirke [597] und Kalypso [598] schließt Odysseus – nimmt man den Text wörtlich – eine Ehe, aber zum Leidwesen der weiblichen Partner nur auf Zeit. Der intime Umgang mit den Nymphen verdrängt niemals – in der Kalypsoepisode wird dies besonders deutlich – die Sehnsucht nach Penelope und die Treue zu ihr. Gefährlich könnte die Begegnung mit dem menschlichen Mädchen Nausikaa werden, stände nicht von vornherein fest, daß Odysseus auf den Plan einer Heirat, die für die Dauer wäre, nicht einzugehen vermag [599]. So ist nach der Auffassung des Epos der abenteuernde, vielversuchte Mann am Ende nicht weniger treu als seine zu Hause von Freiern hart bedrängte Frau.

ε) *Jungfräulichkeit:* Es hat nicht den Anschein, als gehöre Unberührtheit des Mädchens vor der Ehe zu den von der epischen Gesellschaft als unbedingt gesetzten Werten. Die Vokabeln, welche manche Interpreten für die Vorstellung von Jungfräulichkeit heranziehen, sagen, genau betrachtet, nichts Derartiges aus. Daß κουριδίη nach Inhalt und Sprachgebrauch nicht »jungfräulich, unberührt« bedeutet, sondern »wie es der Tochter zukommt (in die Ehe gegeben)«, haben wir oben ausgeführt [600]. ῎Αδμης (ἀδμήτη), auch von Rindern, Pferden, Maultieren gesagt, meint »noch nicht an das Haus (den Stall) gewöhnt«. Bei der Formel παρθένος ἄδμης ist also nicht an die noch ausstehende sexuelle 'Bezwingung' gedacht, sondern an die Freiheit, deren sich das Mädchen trotz einigen Pflichten erfreut, im Gegensatz zu der Frau im Ehestand, der für vieles verantwortlichen Herrin des Hauses [601]. Im Demeterhymnos werden dahinrennende Mädchen mit jungen Hirschkühen und Färsen verglichen, die sich im Frühjahr auf der Wiese tummeln: gerade das ist der Inhalt von ἄδμης [602].

Die jungen Leute gehen frei miteinander um, sofern die Eltern dies billigen. Zwar kommt es ohne deren Wissen manchmal zu vorehelichem oder unehelichem Sexualverkehr. Doch wenn dann ein Kind unterwegs ist, findet sich eine Übereinkunft; wir haben das vorhin dargestellt [603]. Die Bezeichnungen παρθένος und ἠΐθεος, »Jungfrau« und »Junggesell«, beziehen sich auf die Geschlechtsreife, die

μήτηρ μέν τ'ἐμέ φησι τοῦ ἔμμεναι, αὐτὰρ ἐγώ γε οὐκ οἶδ'· οὐ γάρ πώ τις ἑὸν γόνον αὐτὸς ἀνέγνω. – 'Doppelte Moral' z.B. Lesky a.O. (Anm.560) 28.   **597** 10, 333ff.; die genaue Interpretation des Textes kann ich hier nicht geben. C.Segal, TAPhA. 99, 1968, 419ff.   **598** 5, 119f. 153–155; 23, 333–337; R.Harder, Odysseus und Kalypso (1952), in: Kleine Schriften (1960) 148–163.   **599** N.P.Gross, ClW. 69, 1975/76, 311–317; W.Kendall Freiert, The Motifs of Confrontation with Women in Homer's Odyssey (1972) war mir nicht zugänglich.   **600** s.o. Anm.443.   **601** Π. ἄδμης 6, 109 ≈ 6, 228 ≈ h.Cer. 145 ≈ Hes.Fr. 59, 4; h.Ven. 133 ist sexueller Inhalt möglich. – 4, 637; h.Merc. 103: Maulesel und Rinder, die zum ersten Mal von der Weide ins Gehöft kommen; vgl. νεόδμης h. Ap. 231. Π. αδμήτη h. Ven. 82; sonst nur von Vieh, das noch nicht zur Arbeit genutzt wird (notabene XXIII 266 eine trächtige Stute). Anders LfgrE. s.vv. ἄδμης u. ἄδμητος (Mette). – Δαμάζειν hat nirgends direkte sexuelle Bedeutung; wo das Wort in diesem Zusammenhang erscheint, betrifft es die Anwendung von Gewalt (III 301; XVIII 432).   **602** h.Cer. 174f. αἱ δ'ὥς τ'ἢ ἔλαφοι ἢ πόρτιες ἤαρος ὥρῃ ἄλλον τ' ἂν λειμῶνα κορεσσάμεναι φρένα φορβῇ ...   **603** XIV 295f.: ... ὅτε πρῶτόν περ ἐμισγέσθην φιλότητι εἰς εὐνὴν φοιτῶντε, φίλους λήθοντε τοκῆας (Zeus und Hera); vgl. h. Ven. 131ff. – Kinder vor der Ehe s.o. S.R|86. – In den Worten Nausikaas (6, 286–288) καὶ δ'ἄλλῃ νεμεσῶ, ἥ τις τοιαῦτά γε ῥέζοι, ἥ τ'ἀέκητι φίλων πατρὸς καὶ μητρὸς ἐόντων ἀνδράσι μίσγηται, πρὶν ἀμφάδιον γάμον ἐλθεῖν bedeutet ἀνδράσι μίσγεσθαι »sich unter Männer mischen«. – Was Herodot (5, 6, 1) von den thrakischen Mädchen und Frauen zu seiner Zeit berichtet, ist den epischen Verhältnissen nicht allzu fern.

zur Ehe befähigt, sie sind soziale, nicht sexuale Begriffe⁶⁰⁴. Formulierungen wie ὤμοσε ... παρθένος ἔσσεσθαι παντ'ἤματα⁶⁰⁵ oder οὔ τοι ἔτι δὴν παρθένος ἔσσεαι⁶⁰⁶ betreffen Beibehaltung oder Veränderung nicht einer körperlichen Befindlichkeit, sondern eines sozialen Status. Die Wendung λύειν παρθενίην ζώνην hat nicht die übertragene Bedeutung, die ihr später anhaftet; sie meint, was sie sagt⁶⁰⁷. Der Gürtel, ἡ ζώνη, ist ein spezifischer Teil der weiblichen Kleidung⁶⁰⁸; die mit -ζωνος gebildeten Epitheta betreffen nur weibliche Personen⁶⁰⁹. Vielleicht darf man aus dem Ausdruck παρθενίη ζώνη schließen, daß der Gürtel der Parthenos ein anderer ist als der einer verheirateten Frau.

b) *Nachkommenschaft*

α) *Zeugen und Gebären:* Die körperliche Vereinigung von Mann und Frau gewährt Lust, schafft Wohlbehagen, das wird unbefangen gesagt. Doch wenn aus dem Zusammenleben von Kriegern und gefangenen Frauen, von Freiern und Mägden, von Odysseus und Nymphen niemals ein Kind hervorgeht, so ist das ein romanhafter Zug, dem die Realität widerspricht. Die Ehe schließt man, um Kinder zu haben. Ohne Nachkommen zu sein, ist Fluch oder Unglück: im Alter entbehrt man die Pflege, und das Erbe verliert sich an entfernte Verwandte⁶¹⁰.

Zeugen und Gebären sind eine Einheit. Τίκτειν/τίκτεσθαι und γίγνεσθαι bezeichnen jeweils beides, den Anteil des Vaters, den Anteil der Mutter, und außerdem deren gemeinsame Beteiligung. Beide Wörter betreffen den physischen Vorgang, aber nicht minder den sozialen Akt, durch den ein neues Mitglied in die Familie gelangt⁶¹¹. Die Vokabeln für Vater und Mutter, πατήρ und μήτηρ, haben sozialen und rechtlichen Inhalt. Die körperliche und gemüthafte Nähe zu den Eltern drückt das Kind im Kosenamen, im Lallwort, aus. Die epische Sprache überliefert dies allerdings nur für den Vater⁶¹².

604 Παρθένος, παρθενική (νεῆνις) s. S. R 29 u. R 114; παρθένιος s. o. S. R 86. Zu Wort und Sache: G. Klingenschmitt in: Antiquitates Indogermanicae (1974) 273–278, mit überraschender Etymologie 'die Brüste heraushabend' (vgl. aber O. Szemerényi, Gnomon 49, 1977, 8). Tatsächlich ist dies das Merkmal der Parthenos, s. u. S. R 125 u. Abb. 11a. Allerdings darf παρθένος nicht ohne Blick auf den Gegenbegriff betrachtet werden: ἠΐθεος, ein Wort mit ungewisser Etymologie, doch dem Sprachgebrauch nach eindeutig Bezeichnung für den heiratsfähigen jungen Mann.   605 h. Ven. 26–28.   606 6, 33.   607 11, 245; vgl. h. Ven. 164.   608 XIV 181 (Hera); 5, 231f. (Kalypso) ≈ 10, 544f. (Kirke); vgl. Hes. Th. 573 = Op. 72 (Pandora) u. h. Ven. 255. 282 (Aphrodite). P. Schmitt, AnnEconSocCiv. 32, 1977, 1059ff.   609 Die Beiwörter βαθύζωνος, εὔζωνος, καλλίζωνος sind häufig; auch βαθύκολπος gehört in den Zusammenhang (Anm. 740. 742). 610 Kinderlosigkeit als Fluch: Hes. Op. 244; IX 453–457; Verlust der Kinder als Unglück, χηρωσταί als Erben: V 152–158; vgl. Hes. Th. 606f.; Benveniste, Institutions I 83f.; J. Tsitsiklis bei A. Heubeck, Gymnasium 78, 1971, 102. – Rückerstattung der elterlichen Fürsorge durch die Kinder: θρεπτήρια (θρέπτρα) ἀποδιδόναι Hes. Op. 188; IV 477f. ≈ XVII 301f. (anders h. Cer. 168 = 223: θρεπτήρια Entlohnung der Amme für die Aufzucht des Kindes). – Die Götter geben oder versagen die Nachkommenschaft: 4, 12–14; 16, 117–120.   611 Zu τίκτω Cunliffe s. v.; zu γίγνομαι ders. s. v. II. Der Vorgang der Empfängnis wird nicht selten durch τίκτειν/γίγνεσθαι ὑπό τινι ausgedrückt (Cunliffe s. v. ὑπό II 2e).   612 s. Chantraine a. O. (Anm. 440) 234ff. – Vocativ πάππα 6, 57; παπ-

β) Gynäkologisches: Mitteilungen aus diesem Bereich sind selten, zum einen weil hier körperliche Erscheinungen auftreten, die zu den in der epischen Dichtung unterdrückten Realien gehören, zum andern weil sich wenig Anlaß für derartige Nachrichten bietet. Die meisten sind der Schilderung der Apollongeburt zu entnehmen. Was man erfährt, geht über bloße Empirie hinaus und spricht für geordnete Vorstellungen, eine Tatsache, die in frühen Gesellschaften gerade auf diesem Gebiet keineswegs etwas Selbstverständliches ist. Es ist bekannt, daß die Frau das Kind nicht aus sich allein erzeugt, sondern daß dazu die Mitwirkung des Mannes nötig ist, daß zwischen Menstruation (die ausdrücklich nie erwähnt wird) und Gebärfähigkeit ein Zusammenhang besteht, daß es für den Geburtstermin Abweichungen von der Regel geben kann, wenn die Austreibung der Frucht sich verzögert oder wenn eine Frühgeburt (ἠλιτόμηνος), ein Siebenmonatskind, sich einstellt[613]. Spezialwörter sind κύειν/(ὑπο)κύεσθαι »schwanger sein«, ὠδῖνες »Wehen«, ὠδίνειν »Wehen haben, kreißen«[614]. Die Wehen sind »stechend«, die Frau ist von ihnen »durchbohrt«, das Einsetzen der einzelnen Wehe läßt sich mit dem Eindringen eines scharfen, schneidenden Geschosses vergleichen[615]. Ὠδίνειν wird schon in epischer Sprache auf schlimmen körperlichen Schmerz allgemein übertragen[616].

Löst man den Bericht von Letos Entbindung unter dem delischen Palmbaum aus den besonderen Umständen heraus, setzt ihn in reale Verhältnisse um und erweitert ihn mit Hilfe einiger verstreuter Bemerkungen, dann erhält man folgende Einzelheiten des Geburtsablaufs: Die Gebärende stemmt sich mit den Knien gegen den Boden, auf den eine weiche Unterlage gebreitet ist, und umschlingt mit den Armen ein Widerstand bietendes Objekt, etwa einen der Dachpfosten im Megaron. Das Kind »springt heraus ans Licht«, »entspringt dem Schoß der Mutter«, »fällt zwischen die Beine der Frau«[617]. Die Beistand leistenden Frauen des Oikos oder der Nachbarschaft (Männer sind nicht zugegen) erheben in diesem Augenblick die Ololyge. Sie baden, windeln und wickeln das Kind. Später liegt der Säugling im Körbchen (λίκνον)[618]. Die Mutter nährt ihn gewöhnlich selbst. Das Stillen bewirkt im Kind die ehrfurchtsvolle Liebe zur Mutter, die das Leben hindurch dauert[619]. Als Hektor sich zum Zweikampf mit Achill aufmacht und nichts

πάζειν V 408.   **613** h.Cer. 101f. Charakterisierung der γρηΰς: ... ἥ τε τόκοιο εἴργηται δώρων τε φιλοστεφάνου Ἀφροδίτης. h.Cer. 164f. 219f. 252 ein spät geborenes, schon nicht mehr erhofftes Kind (ὀψίγονος/ἄελπτος). — Der normale Termin für die Geburt liegt im zehnten Monat der Schwangerschaft (h. Merc. 11f.); Verzögerung: XIX 119; h. Ap. 91f.; Frühgeburt XIX 117f. Ἠλιτόμηνος 'den Monat verfehlend', Frisk s.v., Chantraine s.v. ἀλειτής. Volkstümlich Abergläubisches dagegen bei Hes. Op. 753 (Wilamowitz ad V. 750ff.). — H.J.v.Schumann, Sexualkunde und Sexualmedizin in der klassischen Antike (1975) ist für die Frühzeit (7f. 95f.) wenig ergiebig.   **614** XIX 117; VI 26; 11, 254; Hes. Th. 125. 308. 405. 411; Fr. 7, 1; 26, 27; 145, 15; 205, 1; 343, 11; h. Hom. 1, 4; 32, 15; auch von Stuten: XX 225; XXIII 266.   **615** XI 271 (πικραί; vgl. V. 269f. βέλος ὀξὺ ... δριμύ); h. Ap. 91f. (ἀέλπτοις ὠδίνεσσι πέπαρτο).   **616** Vergleich für plötzlichen heftigen Schmerz: XI 269; der vor Schmerzen rasende Kyklop: 9, 415.   **617** h.Ap. 116–119: τὴν τότε δὴ τόκος εἷλε, μενοίνησεν δὲ τεκέσθαι. ἀμφὶ δὲ φοίνικι βάλε πήχεε, γοῦνα δ'ἔρεισε λειμῶνι μαλακῷ, ... ἐκ δ'ἔθορε πρὸ φόωσδε, θεαὶ δ'ὀλόλυξαν ἅπασαι; vgl. V. 25f.; h. Merc. 20: ... μητρὸς ἀπ'ἀθανάτων θόρε γυίων; XIX 110: ... ὅς κεν ... πέσῃ μετὰ ποσσὶ γυναικός. Hierzu wohl auch Hes. Th. 460 (West, Theogony ad l.); F.G.Welcker, Entbindung (1833) a.O. (Anm.152) 185–208.   **618** h.Ap. 120–122; V. 121 σπάργειν »windeln« (σπάργανον »Windel«, h. Merc. 151. 237); V. 122. 128 στρόφος »Wickelband«; λίκνον h. Merc. 21. 63.   **619** Zu θῆσθαι

ihn halten kann, öffnet Hekabe ihr Kleid, hebt mit der Hand die Brust dem Sohn entgegen und versucht, ihn durch die Erinnerung an die »stillende Mutterbrust« am Aufbruch zu hindern [620].

Εἰλείθυια »führt« oder »bringt das Kind ans Licht heraus«. Der Name, wohl nichtgriechischer Herkunft, erscheint auch im Plural [621]. Die Eileithyien sind Töchter Heras von Zeus. In den Wirkungsbereich der Ehegöttin gehört auch der Einfluß auf die Geburt. Kraft dieser Funktion ist sie imstande, eine Niederkunft zu verzögern (die ihrer Rivalinnen Leto und Alkmene) oder eine Frühgeburt zu veranlassen, indem sie hier die Eileithyien vorzeitig schickt, dort sie zurückhält oder zurückruft [622]. Die Eileithyien haben das Beiwort μογοστόκοι; es bedeutet wohl, daß sie »in den Mühen des Gebärens« zugegen sind. Sie bringen die Wehen und vor allem die Geburt selbst. Ihr Beistand ist für die Gebärende notwendig im eigentlichen Sinn des Wortes [623]. Damit Eileithyia zu Hilfe kommt, verspricht man ihr ein Geschenk, im Apollonhymnos eine lange Halskette aus Goldfäden [624]. Die Odyssee kennt ein Heiligtum Eileithyias, ihre Grotte in Amnisos bei Knossos [625].

γ) *Verhältnis zum Kind:* Vom Tod von Frauen im Wochenbett gibt die epische Dichtung keine Nachricht, ebenso wenig vom Tod von Neugeborenen, Säuglingen und Kleinkindern. Sterblichkeit dieser Art ist in der außerepischen Realität gewiß nicht selten gewesen. Von Kindesaussetzung, die in späterer Zeit nachweislich praktiziert wird, ist gleichfalls nicht die Rede. Die Verstoßung des mißgestalteten Hephaistos durch die Mutter Hera ist ein emotionaler, kein geplanter Akt; auch nehmen sich des Kindes, dem sich die Mutter verweigert, sogleich andere Göttinnen an [626]. Weibliche Fürsorge für verwaiste Kinder, Annahme an Kindes Statt kommen in verschiedener Form vor [627].

Dem realen Leben entnommen scheinen mehrere Szenen mit dem Motiv 'Mutter und Kind'. Vergleiche der Ilias zeigen die Mutter, das kleine Kind hegend und schützend [628]. Auch erwachsene Töchter und Söhne brauchen Trost und Hilfe der Mutter. Vielfältig variiert wird das Motiv 'Mutter und Sohn', es lohnte eine eigene Darstellung. Aber auch das Motiv 'Tochter und Vater' wäre zu nennen, wie überhaupt die Beziehung des Vaters zum Kind kaum weniger eng ist als die der Mutter. Der Umgang mit dem Kind ist herzlich, aber nicht sentimental. Die Herrin eines großen Hauswesens muß, wie wir gesehen haben, das Kind zeitig einer dazu bestellten Pflegerin überlassen [629]. Als Großmutter spielt die Frau in der

»saugen/säugen« s.o. Anm. 367. Hes. Op. 603 ὑπόπορτις »mit Säugling«.   620 XXII 79ff.; V. 80: κόλπον ἀνιεμένη, ἑτέρηφι δὲ μαζὸν ἄνεσχε. V. 82ff.: Ἕκτορ τέκνον ἐμόν, τάδε τ'αἴδεο, καί μ'ἐλέησον αὐτήν, εἴ ποτέ τοι λαθικηδέα μαζὸν ἐπέσχον· τῶν μνῆσαι φίλε τέκνον. s.u. S.R 111f. Zu vergleichen sind Heras Worte (XXIV 58f.), in denen der Unterschied zwischen 'Frau' und 'Göttin' scharf markiert wird.   621 Myk. *ereutija*; Etymologie unklar, Chantraine u. Frisk s.v., anders A. Heubeck, Kadmos 11, 1972, 87–95. 622 Hera als Mutter der E.: Hes. Th. 922; XI 271; ihre Verfügung über E. und Geburt: XIX 114–119; h. Ap. 97–101.   623 Chantraine s.v. μόγος, Frisk s.v. μογέω. Die Formel: XI 270; XVI 187; XIX 103; h. Ap. 97. 115. Die E. führen die »stechenden Wehen« mit sich (wie Pfeile im Köcher) und entsenden sie als Geschoß: XI 269–271. Die Geburt: XVI 187f. E. ἐξάγαγε πρὸ φόωσδε; XIX 103f. φόωσδε ... ἐκφανεῖ. XIX 118 tut Hera dies selbst. – h. Ap. 102ff.; E. wird geholt (V. 110ff.); sobald sie da ist, tritt die Geburt ein (V. 115).   624 h. Ap. 103f.   625 19, 188; s.u. S.R 112f. 626 XVIII 394–99.   627 20, 67ff. – XIV 201–204; V. 201f. = XIV 302f.; XXIV 59f.; 18, 321–323.   628 s.o. Anm. 42.   629 Penelope mit dem kleinen Telema-

epischen Dichtung keine Rolle, auch da nicht, wo man dies eigentlich erwartet, in der Großfamilie.

Kinder sind den Eltern ähnlich, bald dem Vater, bald der Mutter, im Äußeren und im Wesen. Stärker aber als Vererbung wirkt in der epischen Gesellschaft das Vorbild. Daß der Sohn sich am Vater orientiert, wird ausgesprochen. Daß die Tochter sich nach der Mutter richtet, kann man erschließen. Mann und Frau haben im Hauswesen wie im Gemeinwesen bestimmte Aufgaben zu erfüllen; auf diese hin werden die Kinder durch das Beispiel der Eltern und der Erwachsenen überhaupt gelenkt, Knaben durch Männer, Mädchen durch Frauen. Wenn in der gerechten Stadt der Erga die Frauen Kinder gebären, die den Eltern gleich sind[630], wenn im Demeterhymnos die alte Frau den Keleostöchtern Kinder wünscht, die so sind, wie es die Eltern gern haben[631], dann ist dies auch, wenn nicht vor allem, im Sinn einer solchen Einübung in geschlechtsspezifische Aufgaben zu verstehen[632].

c) *Eheliche Zugehörigkeit*

α) *Loyalität:* Ein spezieller Terminus für 'Ehe' fehlt. Φιλότης καὶ εὐνή schaffen die Verbindung zwischen den Partnern, machen die Ehe aus. Als 'eheliche Zugehörigkeit' umfaßt φιλότης, ehe der Begriff auf 'sexuelle Zugehörigkeit' eingeengt wird, alles, was den Eheleuten gemeinsam ist: Erzeugung und Aufzucht der Kinder, Verwaltung von Haus, Gesinde, Besitz, und all dies auf der Grundlage einer beiderseitigen Loyalität[633]. Die Ehe ist die selbstverständliche Lebensform, für den Mann wie für die Frau. Ausnahmen sind selten und lassen sich begründen. Selbst die misogyn gefärbte Beurteilung des Ehestandes in der Theogonie geht von der Ehe als dem Gegebenen aus und räumt ein, daß der Mann, der eine Frau mit besonnenem Verstand hat, so schlecht nicht daran ist[634]; die Heiratsempfehlungen der Erga gestehen zu, daß der Mann nichts Besseres zu erlangen vermag als eine tüchtige Frau, freilich auch nichts Ärgeres als eine untüchtige[635].

Was in den menschlichen Verhältnissen die eheliche Zugehörigkeit gefährden oder zerstören könnte, weil es einen Mangel an Loyalität offenbart: Ehebruch und Eifersucht, heimliches und eigenmächtiges Tun, Handeln gegen den erklärten Willen des anderen, Lüge und Betrug, Bedrohung und Mißhandlung, das führt die Ilias in Kumulierung, aber ohne prinzipielle Folgen, an der Ehe des göttlichen Paares Zeus und Hera vor. Bei den Menschen findet sich manche Ehe, die durch

---

chos auf dem Arm: 11, 447–449; Astyanax, Andromache, Hektor: VI 466ff. (H. Herter, Der weinende Astyanax. Grazer Beiträge 1, 1973, 157–164). – Dione tröstet Aphrodite, die sich auf ihren Schoß geflüchtet hat: V 370ff.; Leto sammelt Bogen und Pfeile auf und trägt sie der Tochter nach, die weinend zum Vater gelaufen ist: XXI 502ff. – s.o. S. R 69ff. zu Tithene – Trophos. 630 Hes. Op. 235 τίκτουσιν δὲ γυναῖκες ἐοικότα τέκνα γονεῦσι. 631 h. Cer. 136f. ... τέκνα τεκέσθαι ὡς ἐθέλουσι τοκῆες. 632 O.v.Allmen, Das Kind in der epischen Dichtung der Griechen (1923); R. Kassel, Quomodo quibus locis apud veteres scriptores Graecos infantes atque parvuli pueri inducantur, describantur, commemorentur (1954) 6–22. 633 s.o. Anm. 569. Es läßt sich wahrscheinlich machen, daß Wendungen mit den sprachlich ungeklärten Wörtern ἤπιος und κεδνός sich häufig auf eheliche Loyalität beziehen. 634 Hes. Th. 607–609; V. 608 κεδνὴν δ'ἔσχεν ἄκοιτιν ἀρηρυῖαν πραπίδεσσι. Im folgenden ist der Text schwer verständlich (West, Theogony ad l.). 635 Hes. Op. 702f. οὐ μὲν γάρ τι γυναικὸς ἀνὴρ ληίζετ'

Illoyalität irgendwelcher Art in Schwierigkeiten, Verwirrung, Auflösung gerät. Andererseits gibt es nicht wenige Ehen, die vorbildlich gut sind – was keineswegs heißt ohne Spannungen.

Die Ehe steht im Licht der Öffentlichkeit. Der Mann soll so heiraten, daß er den Nachbarn keinen Grund zur Schadenfreude gibt, rät Hesiod[636]. Die Worte des Odysseus zu Nausikaa haben wir zum Teil schon zitiert: Die gemeinschaftliche Führung des Hauswesens durch Mann und Frau auf der Basis übereinstimmenden Denkens bewirkt ein höchstes Gut, die gute Ehe, die den Böswilligen ein Ärgernis, den Wohlmeinenden eine Freude ist, eine Freude vor allem auch für die Eheleute selbst[637]. Einen anderen Aspekt, den der Dauer, hebt Penelope in Worten hervor, die sie an den zurückgekehrten Gatten richtet: Das volle Glück der Ehe – das ihnen beiden freilich die Götter vorenthalten haben – besteht darin, daß die Partner, beieinander bleibend, die Fülle der jungen Jahre genießen und zusammen alt werden. Die beiden Aussagen der Odyssee verwenden den Dual zur Bezeichnung der Einheit von zweien[638].

β) *Beendigung der Ehe*: Das Ende der ehelichen Zugehörigkeit wird durch Scheidung des einen Partners vom anderen bewirkt, durch Verschollenheit und, am häufigsten, durch Tod des Partners. Die Ilias benutzt als Terminus für die hinterlassene Frau ein Wort, das den Mangel konstatiert: χήρη ist die Gattin, die des Gatten beraubt ist[639]. Sie verbleibt mit den Kindern in der Familie des Mannes, geduldet, aber an den Rand geschoben, vielleicht weil sie nun wieder die Oikosfremde ist, als welche sie kam. Andromache beklagt das harte Los der Witwe und der Waise (παῖς ὀρφανικός)[640]. Die Witwe ohne Kinder scheint in den väterlichen Oikos zurückzukehren. Ein Wort für 'Witwer' wird nicht überliefert[641]. Daraus sollte man keine weitgehenden Schlüsse auf die Gesellschaftsstruktur ziehen. Denn das Thema der Ilias ist der Krieg; immerfort ist vom Sterben von Männern die Rede und deshalb oft von Witwen. Den verwitweten Mann gibt es natürlich. Wenn er wieder heiratet, ist die Frau μητρυιή, Stiefmutter seiner Kinder aus der vorigen Ehe[642]. Auch die verwitwete Frau heiratet, wie sich aus dem Beispiel der Briseis ergibt, nach Möglichkeit wieder. Im Einzelnen bleibt die Situation von Verwitweten bei beiden Geschlechtern undeutlich.

Innerhalb der Großfamilie ist die Lage der Witwe nicht einfach. Ist sie auf sich allein gestellt, hat sie es in der Gemeinde schwer. Penelope, die als verwitwet gilt, verfügt über ein großes Maß an Selbständigkeit, aber sie wird zu einer neuen Ehe gedrängt aus Gründen, die etwas mit der Nachfolge im Amt des Mannes zu tun haben, ohne recht durchschaubar zu sein. Heiratet Penelope jedoch, wie es ihr gutes Recht wäre, zum zweiten Mal, so wird es dennoch kritische Reden geben. Die Odyssee knüpft an die Wiederheirat eine sonderbar aus positivem und negati-

ἄμεινον τῆς ἀγαθῆς, τῆς δ'αὖτε κακῆς οὐ ῥίγιον ἄλλο. **636** Hes. Op. 701. **637** 6, 180–185; s.o. S.R 75. **638** 23, 210–212; V. 211 f.: ... παρ' ἀλλήλοισι μένοντε ἥβης ταρπῆναι καὶ γήραος οὐδὸν ἱκέσθαι. K. Gaiser, Für und wider die Ehe. Antike Stimmen zu einer offenen Frage (1974) 11 f. **639** Frisk s.v. χήρα; Benveniste, Institutions I 83 f. – II 289 f. (Vergleich); VI 432 (τιθέναι χήρην); XXII 483 f. ≈ XXIV 725 f. (χ. λείπειν ἐν μεγάροισι); XXII 499 (ἐς μητέρα χ.); VI 408 f. (χήρη σεῦ ἔσομαι); XVII 36: χερόειν »zur Witwe machen« (V 642 in übertragenem Sinn); zur poetischen Bedeutung Wickert-Micknat a.O. (Anm. 1) 64. **640** XXII 482 ff.; XXIV 725 ff. **641** Es ist im gesamten indoeuropäischen Sprachbereich nicht nachzuweisen, Koschaker a.O. (Anm. 488) 118; aber auch χήρη ist ein Ersatzwort. **642** s.o. Anm. 461. **643** Penelopes

vem Urteil gebildete Gnome: Es liegt im Wesen der Frau, daß sie das Haus des Mannes, der sie heimführt, reich zu machen sucht. Darum denkt sie nicht mehr an die Kinder aus erster Ehe und fragt nach ihnen ebenso wenig wie nach dem verstorbenen ersten Mann [643].

d) *Archäologischer Befund*

α) *Typen der Darstellung:* Den Bereichen 'Sexualität' und 'Verhältnis zum Kind' kann man drei weibliche Figurentypen zuordnen, dem ersten die 'Nackte Stehende', dem zweiten die 'Brüstehaltende' und die 'Kindhaltende'. Wir sind der Ansicht, daß es sich bei diesen drei Typen durchweg um Abbilder von weiblichen Gottheiten, nicht von menschlichen Frauen handelt. Da deren Erscheinung aber das Vorbild für die göttliche Erscheinung bietet, ziehen wir diese hier dennoch heran. Ein Teil der überkommenen Exemplare ist nachweislich Weihgeschenk oder Grabbeigabe. Einen vierten Typos, dessen Bedeutung zwar mit dem Sexualbereich zu tun hat, aber nicht auf ihn beschränkt ist, sehen wir als eindeutig menschlich an und sprechen über ihn, den Korentypos, an späterer Stelle (Abb. 12a–b; Taf. R IVa u. R Vd).

β) *Typos 'Nackte Stehende':* In der epischen Dichtung ist von unbekleideten Frauen nie die Rede. Der Aphroditehymnos beschreibt eine Entkleidung, aber nicht die nackte Göttin. Weibliche Nacktheit öffentlich zu erwähnen, ist in der epischen Gesellschaft nicht üblich. Unverhohlen kommt dagegen zum Ausdruck, daß der bekleidete weibliche Körper, das Ensemble von Gestalt, Gewand, Haartracht, Schmuck, Salböldust sexuelle Anziehung ausübt [644].

Das Unbekleidetsein von Figuren der Klage und des Reigens auf spätgeometrischen Vasenbildern ist nicht realistische Mitteilung, sondern Abkürzung für 'Mensch', 'Mann', 'Frau'. In diesem Sinn ist auch die Krugträgerin von Tegea (Abb. 11b; 8. Jh. v. Chr.) zwar ohne Angabe von Kleidung, aber nicht nackt wiedergegeben. Tatsächlich nackt ist die spätgeometrische Bronzestatuette von Delphi. Typengleich, doch im Stil der Natur näher sind die Elfenbeinstatuetten vom Dipylon (Taf. R Vb–c; 3. Drittel des 8. Jhs. v. Chr.) und die Bronzestatuette von der Akropolis. Taille, Brüste, Gesäß und Leib sind bei diesem Typos deutlich konturiert; die Arme hängen herab und berühren die Schenkel. Im siebten Jahrhundert ist der Typos durch eine Reihe von Terrakotten vertreten. Die Darstellung, welche Gottheit sie auch meint, hypostasiert den weiblichen Sexus an sich [645].

Lage: 18, 269f.; 19, 524ff., bes. 527; 23, 149–151. – 15, 20–23: Athene im Traum zu Telemachos: οἶσθα γὰρ οἷος θυμὸς ἐνὶ στήθεσσι γυναικός. κείνου βούλεται οἶκον ὀφέλλειν ὅς κεν ὀπυίῃ, παίδων δὲ προτέρων καὶ κουριδίοιο φίλοιο οὐκέτι μέμνηται τεθνηότος οὐδὲ μεταλλᾷ; s. u. Anm. 696. 697. **644** s. S. R 58. 124. Auch die γυνὴ πυγοστόλος der Erga (s. o. Anm. 557) wirkt nicht etwa durch Entblößung. Zur Sache: W. A. Müller, Nacktheit und Entblößung in der altorientalischen und in der älteren griechischen Kunst (1906); RE. XVI 2 (1935) 1544f. s. v. Nacktheit (F. Pfister). **645** Zu Abb. 11b s. o. Anm. 317. – Zu Taf. R Vb–c: Athen, Nat.-Mus. Inv.-Nr. 776, H 24 cm (DAI Athen, Neg.-Nr. N. M. 3282); Richter, Korai Abb. 16–19; zur Datierung ebd. 21f. – Bronze von Delphi ebd. Abb. 13–15, Bronze von der Akropolis Abb. 23–24; die übrigen Statuetten vom Dipylon ebd. Abb. 20–22. H.-V. Herrmann, Werkstätten geometrischer Bronzeplastik. JdI. 79,

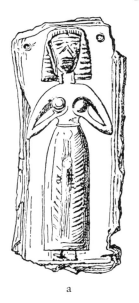 

a   b

Abb. 10 a. b Griechisch-archaische Frauendarstellungen
a: Tonpinax aus Aigina, Göttin des brüstehaltenden
Typs, um 660 v. Chr. b: Terrakotta einer Frau mit
Kind auf dem Arm, aus Tarent, 2. Drittel des 7. Jhs.

γ) *Typos 'Brüstehaltende'*: Der Typos der stehenden weiblichen Figur, welche die Brüste mit den Händen hält und gewöhnlich einen langen Rock trägt, fehlt im achten Jahrhundert nicht, kommt aber im siebten häufiger vor, beispielsweise als Terrakottavotiv (Abb. 10a; um 660 v. Chr.; von Aigina), in Vierergruppe als Stütze von Tongefäßen, deren Gebrauch bisher unklar ist (um 620 v. Chr.), als Büste auf rhodischem Goldschmuck. Die formal nächsten Beziehungen bestehen zu ungefähr gleichzeitigen syrischen Darstellungen. Die Haltung der Hände typisiert das Bereitmachen der Brüste zum Säugen [646].

Eine genauere Bestimmung der Geste und damit vielleicht auch dessen, was sich in der göttlichen Erscheinung manifestiert, kann man mit Hilfe einer menschli-

1964, 47f. Abb. 33–38; Schweitzer, Geom. Kunst 137f. Taf. 130f. 146–148; N. Himmelmann-Wildschütz, Bemerkungen zur geometrischen Plastik (1964) 16. 20 Abb. 24–36. – Terrakotten: Higgins, Greek Terracottas Taf. 6D (Kamiros), 7A (Attika) spätgeometr.; Taf. 10E (Praisos), 11A (Kamiros), 15E (Ephesos), 21G (Sparta) 7. Jh. v. Chr.   [646] Abb. 10a nach Higgins, Greek Terracottas 49 Abb. 15. Fragmente von weiteren, mit derselben Matrize hergestellten Exemplaren bei A. Furtwängler, Aegina. Das Heiligtum der Aphaia (1906) Taf. 111, 2–3. – Stützfiguren: Richter, Korai Nr. 12 Abb. 57–59, aus Paestum, Heraion von Foce del Sele; ebd. Nr. 13 Abb. 63–65, vielleicht von Rhodos; zum möglichen Gebrauch (Lampe, Salbölgefäß) Richter a. O. 30. – Goldschmuck aus Kamiros im Brit. Mus., Marshall, Cat. of Jewellery Nr. 1152. 1153. – Beziehungen zum Orient P. J. Riis, Berytus 9, 1949, 69–90 bes. 84ff. Taf. 17, 1–2; Winter, Typen I 14 Abb. 6; 19 Abb. 1. 4–6. Zur Bedeutung der Geste G. Neumann, Gesten und Gebärden in der griechischen Kunst (1967) 93. – Die frühkykladischen Idole mit unter der Brust übereinanderliegenden Armen

chen Szene geben, welche die Ilias schildert. Hekabe versucht durch die Entblößung des Busens und die Gebärde des Brüstehaltens, das Äußerste, das sie einzusetzen vermag, Hektor am Zweikampf mit Achill zu hindern. Die Geste und ihre Worte beschwören das Gedenken an Nährung und Tröstung, die der Sohn als hilfloses Kind von ihr erfahren hat, aber auch die αἰδώς, die ehrfurchtsvolle Rücksicht, welche er dem mütterlichen Organ schuldet[647]. Daß dies nicht allein in der Beziehung zwischen Mutter und leiblichem Kind so ist, sondern die allgemeine Gültigkeit hat, die im Bildnis der Gottheit ausgedrückt sein könnte, scheint eine Metope der Reliefamphora von Mykonos (um 670 v.Chr.) mit der Eroberung Trojas zu bezeugen. Dort hebt die Frau dem Krieger, der sie mit dem Schwert bedroht, die entblößte Brust entgegen, um ihm Einhalt zu gebieten[648].

δ) *Typos 'Kindhaltende'*: Die weibliche Gestalt mit einem Kind im Arm, in der Forschung meist Kourotrophos genannt, kommt innerhalb der ganzen Epoche als Standbild (Abb. 10b; 2.Drittel des 7.Jhs.; wohl aus Tarent)[649] und als Sitzbild vor (Taf.R IVc; Anfang des 7.Jhs.; vermutlich aus Böotien). Funde von 'Kourotrophoi' in der Eileithyia-Höhle von Tsoutsouros auf Kreta und in Hera-Heiligtümern legen den Schluß nahe, die Dargestellte sei jeweils die göttliche Geburtshelferin selber, wie sie sich des Kindes annimmt[650].

Das menschliche Paar 'Frau und Kind' zeigen manchmal spätgeometrische Prothesisbilder (Taf.R Ia). Im siebten Jahrhundert, auf den Reliefs der Amphora von Mykonos, dient das Motiv zur Illustrierung des Epos. Auf einer Metope hält die Frau das Kind schützend umschlungen, während sie selbst vom Schwert eines Eroberers getroffen wird (Taf.R IIc). Andere Metopen bringen gewissermaßen die Verkehrung des Motivs: das Kind ist der Frau entrissen, steht von ihr getrennt oder wird vor ihren Augen getötet, entsetzliche Szenen, welche in der Ilias als zukünftige Schrecken angekündigt werden[651].

ε) *Heiligtümer der Geburtsgottheit*: Die Gewohnheit, Eileithyia für die glückliche Entbindung ein Geschenk zu versprechen, ist aus der Erzählung von der

(Müller, Frühe Plastik Taf.10, 215; Buchholz-Karageorghis, z.B. Nr.1191. 1197–1199. 1204–1207) stellen einen anderen Typos dar.   **647** XXII 79ff.; s.o. S.R 106f. **648** M. Ervin, A Relief Pithos from Mykonos. Δελτ. 18, 1963, Taf.22; Schefold, Sagenbilder Taf.35a. Gegen die Deutung des Paares als Menelaos und Helena spricht vieles. – Die Geste der männlichen Figur auf dem samischen Holzrelief (Schefold a.O. Taf.39; Richter, Korai Nr.33, Abb.115f.; E.Vermeule, unser Kap. »Götterkult« V 141 Taf.V VIIIc) würde ich dementsprechend nicht als erotisch interpretieren, sondern als Hinweis auf die Funktion der weiblichen Brust.   **649** Triest, Mus. Civico Inv.-Nr. 229 (H 20,5 cm); nach Higgins, Greek Terracottas 54 Abb.16; Hadzistelliou-Price, Kourotrophos Nr.31; Winter, Typen I 103 Abb.1.   **650** Taf.R IVc: aus Slg. von George Ortiz; Kranz, Sitzfiguren Taf.4, 1; K.Schefold, Meisterwerke griechischer Kunst (1960) 136 Taf.2, 84. – Votive in Tsoutsouros: Hadzistelliou-Price a.O. (Anm.649) 86ff. Taf.2a-b (Nr.14); Taf.13 (Nr.79); Votive für Hera ebd. 21f. 144ff.; weiteres ebd. Abb.3 (Nr.27, Tegea); Abb.4 (Nr.17, Böotien); Abb.5 (Nr.30, evtl. Süditalien). Der Typos ist zeitlos, vgl. z.B. Mollard-Besques, Cat. des figurines I Taf.A 3. G.A.S.Snijder, De forma matris cum infante sedentis apud antiquos (1920).   **651** Taf.R IIc: Metope aus der Mitte der unteren Reihe (DAI Athen, Neg.-Nr. Mykonos 89); Ervin a.O. (Anm.648) Taf.27 Metope 16b. Die Darstellung ist allgemein und nicht speziell auf die Tötung des Astyanax zu beziehen. Metopen mit Bedrohung oder Tötung des Kindes ebd. Taf.23–24. 27–28; G.Daux, BCH. 86, 1962, 856. – Voraussage der Tötung des Kindes im Mutterleib VI 57–60, der Kinder überhaupt

Apollongeburt zu erschließen[652]. Ihr Kult auf Delos ist alt, doch für unseren Zeitraum ohne Belege. Ihre Grotte bei Amnisos, eine Stalaktitenhöhle, wird in der Odyssee erwähnt und ist als Kultstätte wiederentdeckt. Die Höhle von Tsoutsouros hat Votive geboten, außer Kourotrophoi Darstellungen von Liebespaaren, Schwangeren, Schiffen. Die Verehrung Heras, der Mutter Eileithyias, als Geburtshelferin ist auf dem Festland und auf Inseln bezeugt[653].

VI. Wirkung und Wert

1. Merkmale der Weiblichkeit

a) *Lebensphasen*

α) *Geburt einer Tochter:* Eine Gesellschaft wird auch dadurch charakterisiert, wie sie sich zur Geburt eines Mädchens stellt. In der Gesellschaft des epischen Zeitalters ist die Geburt einer Tochter ein erfreuliches Ereignis. Auf die Zukunft hin bietet es durch Verschwägerung Gewähr für Bündnis und Freundschaft zwischen Sippen, sichert durch die Erzielung von Nachwuchs das Fortbestehen der Familien und ihres Erbes, erhält damit auch den Bestand der Gemeinde, verhilft schließlich jeglichem Hauswesen (und niemand vermag außerhalb eines solchen zu existieren) zur Hausfrau, die Hab und Gut verwaltet, den Mitgliedern des Oikos gebietet. Zwar ist üblicherweise der Erbe ein Sohn, doch wenn es an diesem mangelt, setzt sich die Erbfolge über die Tochter fort. Die Eltern sind der Tochter zärtlich zugetan; folgt sie einem Mann in die Ehe, so bricht auch bei größerer räumlicher Entfernung die Verbindung nicht ab[654].

β) *Mädchennamen:* Von den weiblichen Personennamen der epischen Dichtung ist der größere Teil griechischen Ursprungs. Die meisten (wie Laodike, Andromache, Hippodameia) deuten auf vornehme Herkunft; solche Namen werden jedoch (wie Eurykleia, Eurynome) auch von weiblichen Bediensteten geführt. Einige (wie Polymele, Eeriboia) scheinen auf künftiges reiches Brautgeld anzuspielen[655], andere (wie Agamede, Hekamede) den Wunsch nach besonderer Begabung auszudrücken. Hinweise auf speziell weibliche Eigenschaften oder Tätigkeiten sind in den Mädchennamen nicht enthalten. Ihr Inhalt stimmt mit dem der männlichen Personennamen überein.

III 300 f., des Astyanax XXIV 736 ff.; dessen Tod Ilias parva Fr. XIX 1–5 (Allen), Iliou Persis Fr. II (Allen). 652 s. o. Anm. 621–625; Nilsson, GGR. I² 312 ff.; RAC. 788 ff. s. v. (Kraus). 653 Delos: Paus. 1, 18, 5; Hadzistelliou-Price, Kourotrophos 150 f. – Amnisos: 19, 188; Paus. a. O.; Nilsson, GGR. I² 262; P. Faure, Fonctions des cavernes crétoises (1964) 82 ff.; M. Gérard, SMEA. 3, 1967, 31 ff.; Hadzistelliou-Price a. O. 81 ff.; Photographie der Höhle bei Marinatos-Hirmer Taf. 1. – Tsoutsouros: Faure a. O. 90 ff.; Hadzistelliou-Price a. O. 86 ff. Abb. 2 c (Schwangere). 654 Zu den Heiratsformen s. o. S. R 89 ff. Von dem in Frühgesellschaften oft üblichen Brauch der Wechselheirat, z. B. des Schwesterntauschs zwischen Sippen oder Stämmen, findet sich in der epischen Dichtung keine Spur. – Verhältnis zur Tochter z. B. XIII 429–431; 6, 56–70; 19, 399 f. 655 s. o. Anm. 494. K. Meister, Die homerische Kunstsprache (1921 Ndr. 1966) 228 (griech. u.

Eine Form der Namengebung (von mehreren möglichen) ist in der Pandoraerzählung der Erga zusammen mit dem Anklang an die dazu gehörige Formel bewahrt. Dort heißt es von Hermes: ὀνόμηνε δὲ τήνδε γυναῖκα Πανδώρην. Anschließend wird die Namenwahl begründet[656]. Es kommt auch vor, daß Eltern der Tochter zum traditionellen Namen (Kleopatre) einen Beinamen (Alkyone) geben, der an ein bestimmtes Ereignis erinnern soll. Wie der Sohn wird die Tochter oft mit dem Patronymikon genannt[657].

γ) *Terminologie*: Auf die Stellung der Tochter im Oikos und auf ihre Relation zu den Eltern, insbesondere zum Vater, beziehen sich, unabhängig von Altersstufe und Stand, θυγάτηρ und κούρη. Das Wort θυγάτηρ steht seiner Bildung nach in unmittelbarem Zusammenhang mit den familienrechtlichen Termini πατήρ und μήτηρ[658]. Κούρη, etwa »weiblicher Sprößling«, ist das kleine Mädchen so gut wie die Parthenos, doch auch die verheiratete Frau. Penelope ist κούρη Ἰκαρίοιο: trotz der Heirat bleibt ihr Verhältnis zum väterlichen Oikos unverändert. Aus der speziellen Bedeutung von κούρη »Tochter« geht die allgemeine »Mädchen« hervor[659]. Von den übrigen Wörtern für »Abkömmling« werden τέκος und τέκνον ohne Unterscheidung des Geschlechtes gebraucht, παῖς mit dem Artikel oder sonst einem auf das Geschlecht bezüglichen Zusatz versehen.

In der ersten Lebensphase nach der Kindheit ist das Mädchen νεῆνις[660]. In Verbindung mit παρθενική[661] dient das Wort als Variante von παρθένος, dem genau festgelegten Begriff für das geschlechtsreife, heiratsfähige Mädchen. Wir haben παρθένος zusamt dem männlichen Pendant ἠΐθεος schon behandelt[662] und tragen hier nur nach, daß παρθένος wie ἄλοχος, μήτηρ, δέσποινα weibliche Standesbezeichnung ist. Die Parthenos ist αἰδοίη: wie die verheiratete Frau hat sie – aus guten Gründen – Anspruch auf αἰδώς, auf Rücksicht und Achtung[663]. Das Auftreten der Δίκη in den Erga ist deshalb so eindrucksvoll, weil Hesiod sie als παρθένος αἰδοίη darstellt. Tut einer ihr Schaden (etwa durch Verleumdung), so erhebt sie Klage vor ihrem Vater[664].

Ein diffuser Terminus ist νύμφη. Die Etymologie ist ungeklärt. Dem Wortgebrauch nach ist das Mädchen in Hinsicht auf seine Hochzeit νύμφη; das Wort bedeutet bald »Braut«, bald »Jungvermählte«, bald »junge Frau«[665]. Für das abgeleitete Masculinum νυμφίος gilt Entsprechendes[666]. Im vertrauten Umgang kann man auch die reife Frau noch mit νύμφα anreden[667]. Die 'Nymphen' haben

---

nichtgriech. Namen). 38, 2 (Frauennamen).   [656] Hes. Op. 79–82 (West, Works ad V. 80).   [657] IX 556ff., bes. 561ff.   [658] Frisk u. Chantraine s.v.; ein interessanter Vorschlag zur Etymologie bei Szemerényi a.O. (Anm. 479) 387f. Das Wort für 'Sohn' υἱός steht außer der Reihe.   [659] Masc. κοῦρος; s.o. Anm. 443 u. 508. – XVI 7–11 (kleines Mädchen); II 872 (Parthenos).   [660] XVIII 418; 7, 20f.   [661] XVIII 567; 7, 20; 11, 39; Hes. Op. 63. 519. 699.   [662] s.o. S.R 29. R 104f.; Anm. 604.   [663] s.u. Anm. 775.   [664] Hes. Op. 256ff. ἡ δέ τε παρθένος ἐστὶ Δίκη, Διὸς ἐκγεγαυῖα, κυδρή τ'αἰδοίη τε ... Βλάπτειν (V. 258) ist ein Wort der Rechtssprache. – Während τέκος, τέκνον gar nicht, ἡ παῖς (ὁ παῖς), κούρη (κοῦρος), νεῆνις (νεηνίης) nach dem Geschlecht differenzieren, γυνή (für ein Mädchen z.B. 6, 168; 19, 81) der Geschlechtsgruppe zuordnet, bestimmt θυγάτηρ (υἱός) die Stellung in der Familie, παρθένος (ἠΐθεος) die in der Gemeinde.   [665] Chantraine u. Frisk s.v.; Chantraine a.O. (Anm. 440) 228ff.; IX 560; XVIII 492; 11, 38. 447; h. Ven. 119; Hes. Th. 298.   [666] XXIII 223; 7, 65.   [667] III 130 (Helena); 4, 743 (Penelope).   [668] Γρηΰς, ein altes, mit γέρων,

ihren Namen vielleicht daher, daß sie alterslos im Zustand des hochzeitlichen Mädchens, der jungen Frau verharren.

Jenseits der Gebärfähigkeit ist die Frau γρηΰς. Das Wort gibt wie παρθένος zunächst vom Erreichen einer Grenze Kunde, wird dann aber zum allgemeinen Begriff für 'alte Frau'[668].

δ) *Tod der Frau:* Die epischen Nachrichten hierzu sind karg. Einiges ergibt sich aus dem Gespräch, das Odysseus in der Unterwelt mit seiner Mutter Antikleia führt, mit ihr, die anders als die dort auftretenden Heroinen eine durchaus menschliche, dem Leben noch nahe Frau ist[669]. Den normalen Tod, wozu auch das Sterben beim Gebären und im Kindbett zu rechnen ist, schickt Artemis den Frauen mit den Geschossen, die »der Regel gemäß« sind, ἀγανοῖς βελέεσσιν[670]. Frauen sterben aber eines natürlichen Todes auch aus anderen Ursachen, an Krankheit, vor Kummer. In der Unterwelt ist Persephone Gebieterin über das »Geschlecht der Frauen«[671]. Auf Erden bleibt das Grab mit einer Stele zur Erinnerung, wie es der »Ehrenanteil der Verstorbenen« ist, für Mann und Frau[672].

Nur wenige bildliche Darstellungen mit der Klage um eine tote Frau sind bisher bekannt. Immerhin können diese zusammen mit der Fülle der Beigaben aus Frauengräbern dafür zeugen, daß auch in der Realität den Frauen das γέρας θανόντων zuteil wurde[673].

ε) *Frauengottheiten:* Die Götter sind im Epos Daseinsmächte. Den Einfluß aber, den weibliche Gottheiten auf das alltägliche weibliche Leben und seine Phasen haben, kann man aufgrund der epischen Überlieferung zumeist nur ahnen. Artemis, in der außerepischen Welt eine machtvoll wirkende Frauengottheit, bringt in der epischen Dichtung, wie gesagt, den Frauen den normalen Tod. Ihr Kult spielt für die jungen Mädchen bis zum Augenblick der Heirat eine Rolle, hat etwas mit ihren Reigentänzen zu tun und, wie sich nicht ohne Mühe herausfinden läßt, mit ihrer Ausbildung im Spinnen[674]. Die Kunst des Webens vermittelt ihnen Athene[675]. Aphrodite fördert die Liebe, die zur Ehe führt und die Ehe erhält, doch muß man vor ihr auch auf der Hut sein[676]. In Heras Bereich gehören Ehestiftung, Eheschließung, Versöhnung bei Ehestreit und die Geburt, bei der in ihrem Auftrag Eileithyia hilft[677].

Aber das alles ist vielfach nur angedeutet, beiläufig und manchmal sogar versteckt mitgeteilt. Hera offenbart sich als Ehegöttin vor allem als Prototyp der Gattin. Die Verbindung der jungen Mädchen zu Artemis, zu Athene und zu den Nymphen kommt deutlicher als in der kultischen Beziehung darin zum Ausdruck, daß diese Göttinnen in mädchenhafter Gestalt erscheinen[678].

γέρας verwandtes Wort (Frisk s.v.): Il. nur III 386, sonst häufig. Definition h. Cer. 101f. Hierher auch γραίη 1, 438.   669 11, 152ff.   670 Artemis: XXI 483f.; VI 428; XIX 59; 11, 324; 15, 478; 18, 202f.; 20, 60ff. 80; vgl. VI 205; XXIV 606. Ihr Geschoß: 15, 411; 11, 173 = 11, 199 (= 5, 124); ἀγανός 'regel-recht'.   671 11, 386f.   672 Τύμβος und στήλη: XVII 434f.; vgl. XVI 456f. = 674f.; ferner σῆμα: II 814.   673 Ahlberg, a.O. (Anm. 101) 40f.; Hinrichs a.O. (Anm. 101) Taf. 15; Richter, Korai Nr. 22 Abb. 85 (um 630 v.Chr.).   674 s. S.R 23. 28. 29f. 33f. 39. 121.   675 s.o. S.R 40f.   676 s. S.R 38. 96. 100f. 103; Anm. 613.   677 s. S.R 95; Anm. 489. – R 96f. 103; Anm. 154. – S.R 107.   678 s. E. Vermeule, unser

b) *Charakter und Gaben*

α) Öffentliche Meinung: Von den allgemeinen Bemerkungen über weibliches Tun und weibliche Art sind manche im Vorausgehenden im jeweils engeren Zusammenhang bereits zur Sprache gekommen. Wir führen nur noch weniges an. Dabei bleibt zu bedenken, daß die vorliegenden Dichtungen männliche Verfasser haben, daß den Äußerungen über Weibliches demnach weithin männliche Vorstellungen und Wünsche zugrunde liegen. Aber doch nicht diese allein. Wir können mit einem breiteren gesellschaftlichen Konsensus rechnen, der öffentlichen Meinung. Zu dieser tragen Frauen ebenso bei wie Männer. Das Urteil der Leute, δήμοιο φῆμις, ist das Urteil von Männern und von Frauen, φάτις ἀνδρῶν ἠδὲ γυναικῶν. Man darf davon ausgehen, daß dies nicht allein bei den Menschen innerhalb der Dichtung so ist, sondern auch bei dem Publikum, das dem Vortrag der Dichtung lauscht [679]. Männern und Frauen ist am guten Ruf gelegen. Wie wichtig es für ein Mädchen ist, sich an die gesellschaftlichen Regeln zu halten, um nicht ins Gerede zu kommen, das erläutert Nausikaa dem Fremden mit großer Anschaulichkeit [680]. Das Beiwort ἀμύμων »ohne Tadel« tritt außer zu Namen gern zu Wörtern, welche die soziale Stellung bezeichnen, bei weiblichen Personen zu ἄκοιτις, μήτηρ, θυγάτηρ, κούρη [681].

β) Weibliches und Weibisches: Die kriegerische Welt der Ilias kennt weibliche Krieger. Aber die Amazonen sind etwas so Außerordentliches, daß sie das Beiwort »männergleich«, ἀντιάνειραι, erhalten [682]. Denn Krieg und Kampf bilden einen speziell männlichen Bereich. Frauen führen keine Waffen, sind wehrlos, ἀνάλκιδες [683]. Das ist eine an sich wertfreie Feststellung. Doch wenn Männer es an Kampfbereitschaft fehlen lassen, sind sie weibisch: Ἀχαιΐδες οὐκέτ' Ἀχαιοί [684]. Aufgabe der Frauen ist es, den rituellen Schrei auszustoßen (ὀλολύζειν, κωκύειν), die Toten zu beklagen [685]. Doch als weibisches Gejammer kann man es ansehen, wenn Männer schreien und klagen – obwohl sie dies in der Ilias keineswegs seltener tun als Frauen [686]. Für Archilochos ist »weibisches Trauern«, γυναικεῖον πένθος, vollends etwas, das Männer von sich abtun sollten [687]. Was speziell Frauen zukommt, gilt am Mann als unmännlich, als weibisch, eine negative Bewertung, die leicht auf die Beurteilung des weiblichen Verhaltens zurückwirkt [688].

Kap. »Götterkult« V 82. 84–87. 89. 110f.   **679** 16, 75 = 19, 527; 21, 323; 24, 200f. (vgl. 11, 433f.; 19, 328–34). VI 442 = XXII 105; XXII 514.   **680** 6, 273–288 (V. 274 μωμεύειν); vgl. auch 6, 29f.; 23, 148–151; III 411f. (V. 412 μωμάεσθαι). **681** LfgrE. s.v. (A. Mette); VI 374; 13, 42. – 15, 15. – 4, 4. – 7, 303; 24, 194f. (v.l.; vgl. V. 198). – XIV 444; häufig als Beiwort zu ἔργα (24, 278) s.o. Anm. 172. Auf untadelige Wesen beziehen sich auch εὔεργος (11, 434 = 15, 422 = 24, 202) und ἀγαθή (18, 276; Hes. Op. 703; Gegenbegriff: κακή). – Die einfühlsame Beschreibung weiblichen Wesens in der Od. hat S. Butler, The Authoress of the Odyssey (1897), zu reizvollen, freilich nicht akzeptablen Vermutungen gebracht. – Zum Thema der Bewertung der Frau: J.Th. Kakridis in: Homer Revisited (1971) 68–75; Ch.R. Beye, Ramus 3, 1974, 87–101; Hirvonen, Survivals 150f.; Schwarz, Soziale Stellung 173ff.; H. Strasburger, Zum antiken Gesellschaftsideal (1976) 22, 63 gegen M.J. Finley, Die Welt des Odysseus (1968) 138ff. **682** III 189; VI 186.   **683** V 348ff.; XXII 124f.; ohne Kampferfahrung: VII 236 (vgl. VI 490ff.); von schwacher Kraft: XI 389f.   **684** II 235 ≈ VII 96.   **685** s.o. Anm. 139–143. 97.   **686** II 289f.   **687** Archilochos Fr. 7, 9f. D. Γυναικεῖος tendiert zur negativen Bedeutung (11, 437); ähnlich γύναιος: γύναια δῶρα (11, 521 ≈ 15, 247) sind Geschenke, mit denen man Frauen besticht.   **688** II 872; VIII 161–164; XX 251ff.

Während in der Ilias ein weinender Mann abschätzig mit einem kleinen Mädchen verglichen wird, das bei der Mutter Tränen vergießt, ist in der Odyssee der angemessene Vergleich für das bittere Weinen des Odysseus bei den Phaiaken aus einem speziell weiblichen Bereich genommen: er weint wie die Frau, welche um ihren sterbenden Mann klagt[689]. Der Vergleich für die Empfindung Penelopes, als sie endlich wieder mit dem Gatten vereint ist, entstammt einem speziell männlichen Bereich: so froh ist sie beim Anblick des Heimgekehrten wie Schiffsleute sind, wenn sie, aus Seenot sich rettend, endlich den Hafen erblicken[690]. Männlicher und weiblicher Gefühlsausdruck werden nicht gegeneinander gewertet, sie sind austauschbar. Es mag dies ein weiteres Anzeichen sein für eine Tatsache, von der schon öfters die Rede war: In der Odysseezeit ändert sich die Stellung der Frau. Aus dem Verband der Großfamilie gelöst, besitzt die Frau größere Selbständigkeit. Daraus folgt eine stärkere Angleichung der Geschlechter aneinander.

γ) Misogyne Ansichten: Die Frauen sind für die Männer, meint Hesiod, ein großes Übel. Am Wohlstand haben sie teil, aber nicht an der Mühe, die ihn hervorruft[691]. Das heißt: während die Männer draußen schaffen, sitzen die Frauen bequem im Haus wie die Drohnen im Stock, die sich von den unermüdlichen Bienen füttern lassen[692]. In der Konsequenz dieses Bildes ist am Ende des Jahrhunderts im Frauenjambos des Semonides die eine gute Frau von Bienenart[693]. Unter ihrem Wirken gedeiht das Lebensgut und mehrt sich. Daß die Frau zu wenig arbeitet und zu viel ißt, gehört zu den populären Weisheiten, die zu aller Zeit mit mehr oder minder triftigem Grund Männer über Frauen vorbringen. Semonides bleibt der volkstümlichen Redeweise nahe[694]. Auch Hesiod hat dergleichen schlichte Dicta. Aber in der Pandora-Erzählung sublimiert er die Misogynie zum Mythos: Das Unheil hat die Frau ins menschliche Leben gebracht. Übrigens ist es eine männliche Gottheit, die Pandora mit der Fähigkeit zu lügen, zu betrügen, zu verheimlichen ausstattet: Hermes. Die tüchtige Frau, die Hesiod doch auch kennt, ist »wohlgefügt« in ihrem Sinn[695].

Frauenfeindliche Äußerungen enthält auch die Odyssee, das Epos, in dem viele tüchtige Frauen vorkommen. In den beiden Nekyien konfrontiert Agamemnon die illoyale Ehefrau, Klytaimestra, mit der loyalen, Penelope. In die Gegenüberstellung hinein sind Sätze, oftmals von formelhafter Struktur, geschoben, die sich nicht ohne Mühe in den Zusammenhang fügen. Löst man sie heraus, so klingen sie wie geläufige Redensarten, die Männer unter sich austauschen: Der Mann soll seiner Frau gegenüber nicht zu loyal (ἤπιος) sein. Nicht alle seine Pläne soll er ihr offenbaren. Anvertrauen darf man Frauen nichts. Eine Frau, die Schlimmes tut,

---

689 XVI 7–11. – 8, 521 ff. (s.o. S. R 11). Auch XI 267–272 wird die Erfahrung des einen Geschlechts zum Vergleich für eine Erfahrung des anderen herangezogen. Einer negativen Aussage dienen die Vergleiche II 289. 872; XX 252–256; 18, 26 f. Von den Frauenvergleichen (s.o. Anm. 36 ff.) sind die Muttervergleiche u. XII 433–435 positiv bestimmt, die übrigen indifferent.   690 23, 231 ff.   691 Hes. Th. 592–602; V. 593: οὐλομένης πενίης οὐ σύμφοροι, ἀλλὰ κόροιο.   692 Das Drohnentier ist im Griech. masc.: ὁ κηφήν; Hes. Op. 304 wird es als Vergleich für Männer gebraucht, die nicht arbeiten. 693 Semonides Fr. 7, 83 ff. D.; V. 85: θάλλει δ'ὑπ'αὐτῆς κἀπαέξεται βίος; Marg a.O. (Anm. 94) 27 ff.; H.F. North, Illinois Classical Studies 2, 1977, 35–48.   694 Die κακὴ γυνή ist δειπνολόχη (Hes. Op. 703 f.); vgl. Semonides Fr. 7, 24. 46 f.   695 Hes. Op. 78 (vgl. 67): ψεύδεά θ'αἱμυλίους τε λόγους καὶ ἐπίκλοπον ἦθος. Th. 608 ... ἀρηρυῖαν

bringt alle Frauen, auch die guten, in Verruf⁶⁹⁶. Nichts gibt es, das furchtbarer und »hündischer« (κύντερον) ist als eine Frau, die Böses vorhat. Die Bedeutungsnuancen von κύντερον reichen von 'blindwütig' bis 'zudringlich' und 'unverschämt'⁶⁹⁷.

»Hündin« κύων⁶⁹⁸, »Hundsäugige« κυνῶπις⁶⁹⁹, »Hundefliege« κυνάμυια⁷⁰⁰ sind Schimpfwörter, mit denen weibliche Personen von männlichen bedacht werden, aber ebenso von ihresgleichen; auch zur Selbstschelte sind sie geeignet. Männer beschimpfen einander als »Hund«. Doch das Äußerste ist es, wenn man männliche Gegner »üble Hündinnen« κακαὶ κύνες schilt⁷⁰¹.

In der außerepischen Sprache gab es vermutlich als Elemente eines Sonderidioms, dessen Frauen sich untereinander bedienten, auch Redensarten, in denen Männer verspottet und angegriffen wurden. In der Gemeinde bilden 'die Männer' und 'die Frauen' zwei Gruppen, die manches gegeneinander haben und manches voreinander geheim halten. Einer solchen 'Frauensprache' mögen die anzüglichen Scherzreden angehören, mit denen im Demeterhymnos Iambe die vermeintliche alte Frau aufheitert. Der Inhalt wird dort nicht mitgeteilt. Daraus folgt nicht unbedingt, daß er obszön ist. Dem Publikum, bestimmt dessen weiblichem Teil, war er ohnehin bekannt⁷⁰².

δ) *Verstand – Vortrefflichkeit und Ruhm:* Von einer jungen Frau heißt es in der Ilias, sie übertreffe ihre Altersgenossinnen an Schönheit, Webkunst und Verstand⁷⁰³. Κάλλος, ἔργα, φρένες sind die von Göttern kommenden Gaben, welche weibliche Vollkommenheit bewirken. In der epischen Diktion erscheinen sie in wechselnder Zusammenstellung, oft in Formeln oder in formelhaften Wendungen⁷⁰⁴.

Φρένες sind zum einen Sachverstand und Sachkenntnis, welche die Frau braucht wie der Mann. Nicht nur für die Webarbeit, die ἔργα, sind sie nötig, sondern für alle die Tätigkeiten, die oben in den Abschnitten über die weiblichen Umgangsbereiche erwähnt werden. Spezieller Terminus für 'Sachverstand' ist νόος. Nausikaa kutschiert νόῳ. Aréte mangelt es nicht an νόος ἐσθλός für die Rechtspflege. Wenn eine Frau – wie Penelope – sich durch Sachverstand (νόος) und praktische Klugheit (ἐπίφρων μῆτις) auszeichnet, wenn ein Mädchen – wie Nausikaa – trotz seiner Jugend über tüchtiges Sachverständnis (νοήματα ἐσθλά) verfügt, wird der Gast nichts von dem entbehren, was ihm zusteht⁷⁰⁵.

πραπίδεσσι.   **696** 11, 409ff.; 24, 191–201; die Redensarten: 11, 441–443 (zu ἤπιος V.441 vgl. 10, 337); 11, 454–456. Die Formel: 11, 434 = 24, 202 = 15, 422 θηλυτέρῃσι γυναιξί, καὶ ἥ κ'εὐεργὸς ἔῃσιν folgt jedesmal einer negativen Feststellung. **697** 11, 427: ὡς οὐκ αἰνότερον καὶ κύντερον ἄλλο γυναικός; ähnlich Zeus zu Hera (VIII 483).   **698** VI 344. 356; 19, 372; κύον ἀδεές: VIII 423; XXI 481; 18, 338; 19, 91; ferner Hes. Op. 67 Pandoras κύνεος νόος; Semonides Fr. 7, 12–20 D. die Frau ἐκ κυνός. **699** III 180; 4, 145. – XVIII 396. – 11, 424; masc. nur I 159.   **700** XXI 394. 421. **701** XIII 623 (Menelaos zu den Troern).   **702** h. Cer. 202–205: χλεύης μιν ... πολλὰ παρασκώπτουσ' ἐτρέψατο ...; Richardson, Hymn to Demeter, ad l.   **703** XIII 431f.: ... πᾶσαν γὰρ ὁμηλικίην ἐκέκαστο κάλλεϊ καὶ ἔργοισιν ἰδὲ φρεσί.   **704** Ἔργα und φρένες: I 115; 2, 117 = 7, 111; h. Ven. 15. Schönheit und ἔργα: IX 388f. (s.o. Anm. 172); Schönheit und φρένες ἐῖσαι: 18, 248f. Penelope (V. 249 = 11, 337 Odysseus). **705** 6, 320; 7, 73; 19, 325f. (s.o. S.R 71); vgl. 2, 115–121. Νοήματα ἐσθλά: 7, 292 (s.o. S.R 61); Gegensatz ἀφραδέειν: 7,294. Ferner πινυτή »Klugheit« 20, 70f.; πινυτή »klug«, immer von Penelope: 11, 445; 20, 131 ≈ 21, 103 ≈ 23, 361; schlaue Pläne macht sie

Zum andern sind φρένες, manchmal näher bestimmt durch ἀγαθαί, ἐσθλαί, εἶσαι, Verstand und Verständigkeit im allgemeinen. Sie vermitteln die Kenntnis des jeweils Angemessenen und zeigen sich bei Frauen bald als kluge Zurückhaltung, bald, wenn Beherztheit (θάρσος) sich dazu findet, als energisches Handeln, bald auch als listiges Tun. Der Wortgebrauch läßt keinen Zweifel daran, daß in Hinsicht auf φρένες zwischen Mann und Frau kein Unterschied besteht. Gleiche oder ähnliche Formulierungen werden für beide Geschlechter gebraucht[706].

Von den drei Adjektiven ἐπίφρων, περίφρων, ἐχέφρων, etwa »vernünftig«, »umsichtig«, »verständig«, wird in der homerischen Sprache ἐπίφρων gelegentlich für Frauen verwendet[707], περίφρων nur für Frauen, vor allen für Penelope[708], ἐχέφρων für sie als einzige Frau, ein Epitheton, das Männern selten zuteil wird und in der Odyssee nur einem: Penelopes Gatten[709]. Die Eheleute sind von gleichem Sinn. Ὁμοφροσύνη ist Kennzeichen der guten Ehe[710]. Ἐχέφρων und περίφρων sind häufig mit dem Personennamen verbunden und treten nicht selten als Formel in Formeln auf. Dennoch wird in vielen Fällen vom Textumfeld her der Inhalt des Beiwortes voll bestätigt.

Eine weibliche Person, die Verständigkeit, Beherrschung vermissen läßt, ist ἄφρων, ist οὐκ ἐχέθυμος[711]. Der Tadel bezieht sich auf die fehlende Koordination von Handeln und Denken, nicht auf weibliche Emotionen. Gefühle zu äußern sind Frau und Mann berechtigt, mitunter sogar verpflichtet[712]. Wo weibliches Gefühl ins Übermaß gesteigert scheint, hat es entweder (wie Althaias Verfluchung des Sohnes[713], wie Hekabes Wunsch, Achills Leber zu verschlingen[714]) Parallelen in männlichen emotionellen, eigentlich magischen Handlungen oder ist (wie Eurykleias Ololyge beim Anblick der toten Freier[715]) vor dem Hintergrund weiblicher Ritualgewohnheit zu sehen.

Ἀρετή kommt in der Ilias Männern und Pferden zu, in der Odyssee außer Männern auch einer Frau, Penelope, zudem besitzt sie κλέος, und beides nach ihrer eigenen wie nach anderer Leute Meinung[716]. Der 'Bettler' erläutert, ohne das Wort zu gebrauchen, was weibliche ἀρετή ist, indem er Penelopes κλέος mit dem Ruhm des ἀμύμων βασιλεύς vergleicht, unter dessen gerechter Herrschaft (εὐδικίη) die Natur den Menschen den Lebensunterhalt gedeihen läßt und sie selbst tüchtig sind. Der Vergleich stellt implicite den männlichen Bereich des Regierens 'draußen' und den weiblichen Bereich des Regierens 'drinnen' auf eine Stufe. Penelope ist βασίλεια, Herrin des Hauswesens, und sie ist ἀμύμων. Weibliche

(κέρδεα 2,88. 118) genau wie ihr Mann (19,265 u.ö.). Gaben der Götter für die Frau: 20, 67ff.; Hes. Op. 60ff.   706 Φρ. ἀγαθαί: 3, 266 (≈ 14, 421 ≈ 16, 398); 24, 194; φρ. ἐσθλαί: 2, 117 = 7, 111; φρ. εἶσαι s. Anm.704; φρένας αἰσίμη: 23, 14; θάρσος ἐνὶ φρεσί: 6, 139f. Nausikaa (sehr ähnlich 3, 76f. Telemachos). – Hierzu und zum Folgenden: B.Snell, Glotta 55, 1971, 34–64; North a.O. (Anm.693).   707 23, 12 'Gegensatz ἄφρων), auf Eurykleia zu beziehen; vgl. 19, 385 ἐπιφρονεῖν; sie besitzt auch σαοφροσύνη (23, 13). Penelopes ἐπίφρων μῆτις: 19, 325f. (v.l. ἐχέφρων).   708 V 412; h. Cer. 370; Hes. Fr. 280, 27; 11, 345; 19, 357; 19, 491 = 20, 134; 21, 381 und rund 50mal für Penelope. – Masc.: Hes. Sc. 297 ≈ 313, neutr. περίφρονα τέκνα: Th. 894 (mit Bezug auf Athene).   709 4, 111; 13, 406; 16, 130. 458; 17, 390; 24, 198. 294 (immer Penelope); 13, 332 (Odysseus); masc. noch IX 341; Hes. Th. 88 und als nomen proprium 3, 413. 439.   710 s.o. S.R 75.   711 V 875. – 8, 320.   712 z.B. Schmerz der Witwe: 19, 262ff.; Angst der Mutter um den Sohn: 4, 703ff.   713 IX 566–572; zu vergleichen ist IX 453–457.   714 XXIV 212–215; zu vergleichen ist XXII 346f.   715 22, 407ff.; 2, 361f.   716 19, 124–128 ≈ 18, 251–255; 24, 193. 196f.: ... τῷ οἱ

Vortrefflichkeit erscheint als soziale Tugend. Diese ist auch Ursache der Ehre, welche der Basileia Aréte von allen, drinnen und draußen, erwiesen wird[717].

In der zweiten Nekyia verkündet Agamemnon vor den Freiern das κλέος von Penelopes ἀρετή. Ihr Ruhm wird dauern, denn sie wird Gegenstand einer ἀοιδή χαρίεσσα sein[718], während von Klytaimestra eine στυγερή ἀοιδή bleibt[719]. In der Zukunft, von welcher die Ilias spricht, fällt von Hektors Ruhm ein Abglanz auf Andromache[720], werden Helena und Paris gemeinsam Objekt eines Liedes sein[721]. Die beiden Frauen, die Agamemnon nennt, erlangen dies, die eine im Guten, die andere im Bösen, für sich allein. Was an ihnen durch Erzähltradition vorgegeben ist, tritt zurück hinter die Selbständigkeit des Handelns, durch welche sie, obwohl gegenbildlich dargestellt, verbunden sind. Es ist dies die weibliche Selbständigkeit nicht eines vergangenen 'Frauenzeitalters', sondern einer – gemessen an der Ilias – modernen Zeit.

Penelope und Klytaimestra, durch den Mythos überlieferte Figuren, erscheinen in der Odyssee als Angehörige der zeitgenössischen Oberschicht. Auf der Ebene der Dienerschaft aber wiederholt sich ihr Kontrast. Den getreuen Mägden und ihrer Protagonistin Eurykleia, die keineswegs ohne Selbständigkeit agiert, stehen die ungetreuen Mägde gegenüber, die nicht tun, was von ihnen erwartet wird, sondern was ihnen selbst gefällt, und dafür büßen müssen.

ε) *Schönheit:* Eine Landschaft, eine Stadt kann man καλλιγύναικα nennen: sie ist berühmt durch schöne Frauen[722]. Κάλλος ist auch eine männliche Qualität, doch vor allem eine weibliche. Zusammengesetzte Adjektive, deren erster Bestandteil καλλι- lautet, werden zumeist weiblich gebraucht, ihr zweiter Bestandteil spezifiziert dann die weibliche Schönheit, bezieht sich auf Haar, Wange, Taille, Fußknöchel[723]. Καλή, vielfach Beiwort weiblicher Personen und oft beim Namen stehend, verhält dagegen (wie die Steigerung περικαλλής[724]) im Allgemeinen und Unbestimmten. Ebenso κάλλος, etwa in der Formel θεῶν (Χαρίτων) ἄπο κάλλος ἔχουσα(ι)[725]. Unbestimmt bleibt auch der Inhalt der Formeln εἴκυῖα θεῆσι[726] und ἰκέλη χρυσέῃ Ἀφροδίτῃ[727], welche beide ein hohes oder höchstes Maß an Schönheit bezeichnen. Ein umfassender Begriff wie κάλλος ist εἶδος; er betrifft, etwa in der vielverwendeten Formel εἶδος ἀρίστη, das Aussehen, die Erscheinung

---

κλέος οὔ ποτ'ὀλεῖται; Helenas κλέος: Hes. Fr. 199, 9. 717 19, 106–114; V. 107–109: ὦ γύναι, οὐκ ἄν τίς σε βροτῶν ἐπ' ἀπείρονα γαῖαν νεικέοι· ἦ γάρ σευ κλέος οὐρανὸν εὐρὺν ἱκάνει· ὥς τέ τευ ἢ βασιλῆος ἀμύμονος ... – Zur weiblichen ἀρετή: A.W.H. Adkins, Merit and Responsability. A Study in Greek Values (1960) 36f.; Beye a.O. (Anm. 681); North a.O. (Anm. 693); P.W. Harsh, Penelope and Odysseus in Odyssey XIX. AJPh. 71, 1950, 1ff. 718 24, 191ff.; V. 197f.: ... τεύξουσι δ'ἐπιχθονίοισιν ἀοιδὴν ἀθάνατοι χαρίεσσαν ἐχέφρονι Πηνελοπείῃ (vgl. 3,203f. von Orest). 719 20, 200f.: ... στυγερὴ δέ τ'ἀοιδὴ ἔσσετ' ἐπ' ἀνθρώπους ... Στυγερή von Klytaimestra selbst: 3, 310; ferner III 404 (Helena) u. 11, 326 (Eriphyle). Andere tadelnde Beiwörter: ῥιγεδανός, οὐλομένη, δολόμητις, δολοφρονέουσα beziehen sich stets auf eine einzelne, bekannte weibliche Person. 720 VI 459ff. 721 VI 357f. 722 (Nur akk. sing.) II 683 u. IX 447 (Ἑλλάδα); III 75 = III 258 (Ἀχαιίδα); 13, 412 (Σπάρτην ἐς κ.); Hes. Op. 653 (Τροίην ἐς κ.); h. Hom. 30, 11 (πόλιν κατὰ κ.). 723 s.u. Anm. 736. 739. 742. 744. 745. 724 V 389; XVI 85; 11, 281; h. Cer. 405. 493; h. Merc. 244; h. Hom. 13, 2. 725 6, 18 (vgl. auch Hes. Fr. 215, 1); 8, 457. 726 VIII 305; XI 638; XIX 286; 7, 291. 727 XIX 282; XXIV 699; 17, 37; ähnliches IX 389; 4, 14;

im Ganzen⁷²⁸. Zu den allgemeinen Aussagen gehört ferner διὰ γυναικῶν, »leuchtend unter den Frauen«, Pendant zu δῖα θεάων⁷²⁹.

Deutlicher als der Vergleich mit Aphrodite ist der mit Artemis. Er zielt auf Mädchenhaftigkeit und hohe Gestalt (μῆκος, μέγεθος), welche die Göttin selbst besitzt und den Mädchen verleiht⁷³⁰. Daß Kalypso, die Nymphe, höher gewachsen ist als Penelope, die Frau, muß Odysseus zugeben, obwohl Penelope groß ist wie ihr Gatte⁷³¹. Der hohe Wuchs (φυή) gehört zur Vorstellung von weiblicher und von männlicher Schönheit und ebenfalls der wohlproportionierte Körper, die gute Figur (δέμας)⁷³². Odysseus fühlt sich beim Anblick Nausikaas an einen jungen Palmbaum erinnert, den er auf Delos gesehen hat⁷³³. Die hohe, straffe Gestalt der Parthenos ist (gleich der des Jünglings) Vorbild für das Ideal jugendlicher Schönheit, dem auch der reifere Mensch noch nachstrebt. Durch göttliche Hilfe sich erholend, sieht Penelope größer (μακροτέρη) und fester (πάσσων) aus; dasselbe geschieht mit Odysseus⁷³⁴. Penelope gewinnt einen weiteren Vorzug: sie erscheint »weißer als gesägtes Elfenbein« (λευκοτέρη πριστοῦ ἐλέφαντος). Das heißt: sie hat die hellschimmernde Haut, das für Frauen erwünschte Inkarnat, welches das Epos im besonderen am weiblichen Unterarm und Ellbogen preist⁷³⁵.

Wenn man die Wörter zusammenordnet, die jeweils eine einzelne Qualität der weiblichen Erscheinung hervorheben, so ergibt sich ein Katalog weiblicher Schönheit. Er konstatiert keinen Unterschied zwischen Frau und Göttin, keinen zwischen den sozialen Schichten, etwa zwischen Herrin und Dienerinnen, bezieht Kleidung und Schmuck mit ein, erstreckt sich jedoch nicht auf den ganzen Körper, sondern auf eine Auswahl seiner Teile. Gegenstände des vorzüglichen Interesses sind:

Haar (nach Beschaffenheit und Schmuck)⁷³⁶ – Augen und Augenpartie⁷³⁷ – Ohrläppchen (mit Ohrringen)⁷³⁸ – Wangen⁷³⁹;

Hes. Fr. 30, 25; 196, 5.   728 Vgl. ferner Hes. Th. 259 (εἶδος ἄμωμος) u. III 48 (εὐειδὴς γυνή).   729 s. Frisk, Nachtrag, s.v. δῖος.   730 20, 71; s.o. S. R 30; vgl. die Formel καλή τε μεγάλη τε, s.o. S. R 40.   731 5, 217; 18, 249.   732 Φυή und δέμας: I 115 = 5, 212; δέμας: VIII 305; Hes.Th. 260; 4, 796 = 13, 288 = 16, 157 = 20, 31; φυή: Hes.Th. 355; φυή und εἶδος: 6, 16; Hes. Th. 259; δέμας und εἶδος: 5, 213; εἶδος, μέγεθος, φυή: 6, 152; ἀρετή, εἶδος, δέμας: 18, 251 ≈ 19, 124; εἶδος, μέγεθος, νόος: Hes. Sc. 5.   733 6, 161–167; J.Th.Kakridis a.O. (Anm. 681) 141–150.   734 18, 195 ≈ 8, 20.   735 18, 196. – Zum Gesamtkomplex: K. Jax, Die weibliche Schönheit in der griechischen Dichtung (1933) 5–35; Marg a.O. (Anm. 94) 57f.; W.J. Verdenius, Mnemosyne 4, 2, 1949, 294–298; Treu, Von Homer zur Lyrik 43 ff., bes. 51f.   736 Haupt: εὐπλόκαμος häufig; εὐπλοκαμῖδες: 2, 119; 19, 542 (vgl. auch XIV 175f.); καλλιπλόκαμος: XIV 326; XVIII 407. 592; XX 207; 10, 220. 310; λιπαροπλόκαμος: XIX 126; χρυσοπλόκαμος: h. Ap. 205; ἠΰκομος häufig; καλλίκομος: IX 449; 15, 58. Farbe nur ξανθή: V 500; XI 740; h. Cer. 302; Hes. Th. 947; Fr. 26, 31. – καλλικρήδεμνος: 4, 623; λιπαροκρήδεμνος: XVIII 382; vgl. λιπαρὰ κρήδεμνα: 1, 334 = 16, 416 = 18, 210 = 21, 65; λιπαρὰ καλύπτρη: XXII 406; εὐστέφανος: 2, 120, häufig von Artemis und Aphrodite; χρυσοστέφανος: Hes. Th. 17. 136; vgl. στεφάνη: XVIII 597; Hes. Th. 578; h. Hom. 6, 7f.   737 Ὄμματα: III 397; h. Ven. 181; πρόσωπα: XIX 285; 18, 173. 192, auch μέτωπον: 6, 107; ἑλικῶπις: I 98; Hes. Th. 298. 307. 998; Fr. 43 (a) 19; 75, 15; 180, 13, auch ἑλικοβλέφαρος: Th. 16; εὐῶπις: 6, 113. 142; καλυκῶπις: h. Cer. 8; h. Ven. 284; βοῶπις außer für Hera: III 144; VII 10; XVIII 40; κυανῶπις für Amphitrite: 12, 60; γλαυκῶπις für Athene; zu κυνῶπις s.o. Anm. 699.   738 Λοβοί: XIV 182 (εὔτρητοι); h. Hom. 6, 8 (τρητοί); ἕρματα: XIV 182; 18, 297; ἄνθεμα: h. Hom. 6, 9.   739 Πα-

Abb. 11 a. b Frauendarstellungen des späten 8. Jhs. v. Chr. a: Böotische Terrakottapuppe mit Tanzdarstellung auf dem Gewand, Paris, Louvre
b: Bronzener Vollguß einer Krugträgerin aus Tegea

Hals und Brust (mit Schmuck und dem Oberteil des Gewandes)[740] – Unterarm und Ellbogen[741] – Taille (mit Gürtel)[742];
Unterteil des Gewandes[743] – Fußknöchel[744] – Füße (mit Bekleidung)[745].

ϱειαί häufig; παρήιον: 19, 208; καλλιπάρηος häufig. Der Mund wird nur indirekt erwähnt, wenn vom Lächeln (μειδιᾶν, μειδᾶν, γελᾶν) die Rede ist, die Nase gar nicht, falls sie nicht zu πρόσωπα gehört.   **740** Oberkörper: δειρή, στήθεα: III 396; XIX 285; h. Ven. 88. 181; h. Hom. 6, 10; βαθύκολπος: XVIII 122. 339; XXIV 215 (K. Nawratil, WSt. 72, 1959, 165–168); Hals- und Brustschmuck: XIV 180; h. Ap. 103 f.; h. Ven. 87–90. 162f.; h. Hom. 6, 10f.; 15, 460; 18, 295f. 299f. Zum Schmuck s. u. Anm. 765. **741** Λευκώλενος (Lorimer, HM. 384) von Hera sehr häufig, von anderen weiblichen Personen häufig; λευκὼ πήχεε: V 314; 17, 38; 23, 240. Hände werden bei der Webarbeit (s. o. Anm. 186) und beim Trauergestus erwähnt.   **742** Ζώνη s. o. Anm. 607–609; εὔζωνος: I 429; VI 467; IX 366 = XXIII 261; IX 590. 667; XXIII 760; Hes. Sc. 31; Fr. 221, 1; 33 (a) 7; βαθύζωνος: IX 594; 3, 154; Hes. Fr. 205, 5; καλλίζωνος: VII 139; XXIV 698; 23, 147; Hes. Fr. 26, 27.   **743** Ἑλκεσίπεπλοι (von den Troerinnen): VI 442 = XXII 105; VII 297; Sp. Marinatos, unser Kap. »Kleidung« A 43; εὔπεπλος: V 424; VI 372. 378. 383; XXIV 769; 6, 49; 21, 160; Hes. Th. 273; τανύπεπλος (bes. von Helena und Thetis): III 228; XVIII 385 = XVIII 424; 4, 305; 15, 171. – 12, 375; 15, 363; Hes. Sc. 83; Fr. 291, 3; κροκόπεπλος: VIII 1; Hes. Th. 273. 358; κυανόπεπλος: h. Cer. 319.

Die Erkenntnis, daß die Wiedergabe der menschlichen Gestalt in Bildkunst und Literatur der frühgriechischen Epoche im besonderen vom Prinzip der Gliederung bestimmt ist, wird durch den Kanon weiblicher Schönheit bestätigt[746]. Anzumerken ist, daß die Schönheit von Haar, Augenpartie, Wangen, Hals und Brust bei der Totenklage durch den weiblichen Trauergestus verletzt wird.

Weibliches κάλλος, sich darstellend im wohlgebildeten, -gepflegten, -gekleideten, -geschmückten Körper, welcher anmutig in Ruhe und Bewegung ist, übt erotischen Reiz aus, wirkt auf den Mann beunruhigend bis zu Erschrecken und Furcht. Das wird vom Verhalten der troischen Geronten beim Anblick Helenas[747], von der Reaktion der Freier beim Anblick Penelopes[748], durch die Essenz von Hesiods Pandora-Erzählung bezeugt[749]. Im Idealbild der Weiblichkeit erscheint κάλλος durch die Begleitung von φρένες oder νόος und durch die nützliche Gabe der ἔργα beruhigend domestiziert.

c) *Bildnis – Gegenstände des weiblichen Bereichs*

α) *Hinweis:* Im Vorausgehenden haben wir einige Male versucht, Verbindungen zwischen den in der epischen Dichtung aufzufindenden Realien einerseits, den Zeugnissen der zeitgenössischen Bildkunst und materiellen Kultur andererseits aufzuzeigen. Die folgenden Paragraphen ergänzen das bisher Vorgebrachte und fassen zusammen. Was sie ausführen, will als vorläufig, als Basis für weitere Überlegungen, als Ausgangspunkt für genauere Feststellungen verstanden sein.

Der Aspekt, unter dem im besonderen die Erzeugnisse der Bildkunst herangezogen werden, ist von der Annahme bestimmt, daß Motiv und Formen der Darstellung nicht beliebig gewählt sind, sondern dem jeweils speziellen Anlaß gemäß, daß sie einer festen, wenn auch nicht starren Typologie der weiblichen Erscheinung und der weiblichen Situation folgen.

Selbst für das erzählende Bild der Epoche bleibt diese Typologie wirksam. Zwar kann durch die Bilderzählung ein Typos, etwa 'Frau und Kind' (Abb. 10b), so stark variiert sein, daß die ursprüngliche Form schwer zu erkennen ist (Taf. R II c)[750]. Oft aber wird der gegebene Typos einfach benutzt und muß vom Betrachter im Bildzusammenhang richtig gelesen werden, so der Typos 'Frauenprozession' für die Gewanddarbringung der troischen Frauen (Taf. R II a–b)[751], so die beiden Typen des Hochzeitsbildes, 'Begegnung' und 'Heimführung', für verschiedene Szenen der Mythen- und Sagentradition (Abb. 1b, Abb. 9; Taf. R Va)[752].

360. 374. 442; Hes. Th. 406.   744 Ἐύσφυρος: Hes. Th. 254. 961; Sc. 16. 86; καλλίσφυρος: IX 557. 560; XIV 319; 5, 333; 11, 603; τανύσφυρος: h. Cer. 2. 77; Hes. Th. 364 (West, Theogony ad l.); Sc. 35; Fr. 43(a) 37; 73, 6; 75, 6; 141, 8; 198, 4.   745 Ἀργυρόπεζα (Beiwort der Thetis): 24, 92; καλλιπέδιλος: h. Merc. 57; χρυσοπέδιλος (Beiwort Heras): 11, 604; Hes. Th. 454. 952; πόδας ὠκέα (häufig von Iris): z.B. II 790; πόδες ἁπαλοί: XIX 92; Hes. Th. 3; ἁπαλός ist ferner Adjektiv bei δειρή, στήθεα, χρέα; ἁπαλόχροος: h. Ven. 14; Hes. Op. 519.   746 B. Snell, Die Entdeckung des Geistes[4] (1975) 16 ff.; R. Harder, Eigenart der Griechen (1949) 16; Treu, Von Homer zur Lyrik 3f. 747 III 144ff.   748 18, 208–213.   749 Hes. Op. 83–89.   750 s.o. S. R 112. 751 s.o. S. R 32f.   752 Ein Beispiel für die Verwendung des Typos 'Reigen' gibt die Reliefamphora mit dem Minotauros, Schefold, Sagenbilder Taf. 25 a, vgl. auch N. Konto-

β) *Bild der Parthenos:* Im Alltag, beim Wasserholen und Wäschewaschen, sind die jungen Mädchen schlicht angezogen, ohne daß dadurch ihre Anmut, die »mädchenhafte Blüte« (κουρήϊον ἄνθος), verdunkelt würde[753]. Beim Erscheinen in der Öffentlichkeit, zum Beispiel beim Reigen, tragen sie Festkleid und Diadem (στεφάνη). Die epische Dichtung bietet mehrere Szenen, in denen das heiratsfähige Mädchen in feinem Kleid und reichem Schmuck vor männliche Augen tritt. Die vermutlich jüngste Szene dieser Art bildet das Kernstück des kleinen Aphroditehymnos. Die Göttin, als Parthenos ausstaffiert mit Stephane, Ohrringen, Halsketten, wird von den Horen unter die übrigen Unsterblichen geleitet, und jeder Gott fühlt sogleich den Wunsch, sie als Gattin heimzuführen. Im älteren großen Aphroditehymnos kommt die Göttin, angeblich vom Reigen weggeholt, ähnlich gekleidet und geschmückt zu Anchises, der sofort von Liebe ergriffen ist[754]. Wiederum ähnlich wird in der Theogonie die Parthenos Pandora von den Göttern ausgestattet und zu Epimetheus geschickt, um ihn zur Heirat zu verlocken[755]. Kleid und Schmuck, wie die Heiratsfähige sie trägt, wenn sie sich den möglichen Bewerbern zeigt, empfängt in der Odyssee Penelope von den Freiern zum Geschenk[756]. In der Ilias geht Hera in solcher Kleidung und in solchem Schmuck zu Zeus, daß ihn die Erinnerung an die erste Liebesvereinigung (noch vor der öffentlichen Hochzeit) und zugleich heftiges Verlangen überkommen: Hera, längst seine Gattin, ist erneut in Gestalt der Parthenos vor ihn getreten[757].

Die Parthenos im Festschmuck ist literarisch ein Typos; sie ist es auch in der Bildkunst, und zwar als sogenannte Kore. Beides nimmt Bezug auf die Realität. Die Bedeutung der Korenbilder ist in der Richtung zu suchen, in welche die epischen Szenen weisen. Es scheint, daß die 'Koren' das Andenken an den Augenblick festhalten, in welchem das Mädchen durch ein kultisches Zeremoniell unter die Erwachsenen aufgenommen ist und nun in die Gesellschaft eingeführt, als heiratsfähig vorgestellt werden kann, so wie der kleine Aphroditehymnos es schildert. Die 'Koren' hätten dann einen Ursprung, wie wir ihn für die Mädchenreigen auf Vasen annehmen, welche die Parthenoi als Gruppe vor Augen führen. Von Vater, Mutter oder sonst einem Angehörigen einer speziellen Gottheit geweiht, zeigt das Korenbild öffentlich an, daß aus dem Kind ein mannbares Mädchen geworden ist. Stirbt eine Parthenos vor der Zeit, so kann man auf ihrem Grab eine 'Kore' aufstellen[758].

Bei den Mädchenbildern aus dem uns angehenden Zeitraum handelt es sich hauptsächlich um kleinere Formate. Aus mehr oder minder wertvollem Material gefertigt, könnten sie für unterschiedliche Käuferschichten bestimmt gewesen sein.

Die böotischen Terrakottapuppen (Abb. 11a; vor 700 v. Chr.)[759], von denen einige bewegliche Beine haben, wurden, wie es den Anschein hat, als Weih-

leon, Ἐφημ. 1969, Taf. 48. 50b.   753 h. Cer. 105–110, bes. 108. 169–178; Od. 6, 99–109.   754 h. Hom. 6, 5–18; h. Ven. 60–66. 82: παρθένῳ ἀδμήτῃ μέγεθος καὶ εἶδος ὁμοίη. 87–90. 162–165; In den Kyprien (Fr. 4–5 Allen) wird Aphrodite mit frischen Blumen geschmückt (vgl. Hes. Th. 576f.).   755 Hes. Th. 573ff.; vgl. Op. 72ff.   756 18, 290ff.   757 XIV 175–187. 294–296.   758 Zu den Reigenbildern s.o. S. R 27ff. sowie Abb. 1a. 2 u. Taf. R Ic. Zur Bedeutung und Entwicklung der Mädchenstatue Richter, Korai 1–26; zum Problem Schneider, Korenstatuen, passim.   759 Paris, Louvre Inv.-Nr. CA 623; H 33 cm; Mollard-Besques, Cat. des figurines I Taf. B 53; Umzeichnung nach Richter, Korai Abb. 6. Weitere Exemplare: Richter a.O. Abb. 1–4; Higgins, Greek Terracottas Taf. 6E. 7C. 9E; Winter, Typen I 6 Abb. 3–4; Richter a.O. 21; Grace, Archaic Sculpture 10ff. Beziehungen ergeben sich zu den jüngeren Terrakottastatuetten von weiblichen Gestal-

geschenke aufgehängt. Wir halten sie für Wiedergaben der festlich geschmückten Parthenos und erinnern an die oben erwähnte korinthische Pyxis des sechsten Jahrhunderts (Abb. 3), auf welcher die der Göttin dargebrachten Puppen ebenfalls Mädchen im Festschmuck gleichen. Aufgemalte Zweige neben den plastisch gebildeten Armen, ein Reigen als Muster des Rockes weisen manchmal die Terrakottapuppen als Reigentänzerinnen aus. Das glockenartig gebildete Kleid läßt die Gürtung der Taille vermissen, trotzdem wirkt die Gestalt nicht ungegliedert. Auffällig sind die kleinen modellierten Brüste (ein Charakteristikum der Parthenos), der überlange Hals, der aufgemalte Schmuck und die durch Sandalbänder betonten Fesseln: die Mädchen sind, mit Hesiod zu sprechen, τανύσφυροι[760].

Von den eigentlich statuarischen Darstellungen nennen wir einige Beispiele aus verschiedenen Landschaften. Sie zeigen Unterschiede des Stils, doch Einheitlichkeit der Konzeption, geben junge Frauen wieder, deren Taille, Brüste, Gesäß sie bald mehr, bald weniger deutlich markieren. Man kann sie, wenn auch nicht alle mit derselben Sicherheit wie die späteren attischen 'Koren', als Abbilder von Parthenoi ansehen. Die lakonische Bronzestatuette (Abb. 12 b) ist wohl gerade noch dem achten Jahrhundert zuzurechnen[761], die vermutlich böotische (Abb. 12 a) der ersten Hälfte des siebten[762]. Das Weihgeschenk der Naxierin Nikandre für die delische Artemis, die lebensgroße Marmorstatue, welche als die erste der großplastischen Koren gilt (Taf. R V d), gehört in die Mitte des Jahrhunderts[763], die wahrscheinlich aus Kreta stammende kleine Kalksteinstatue von Auxerre (Taf. R IV a) in dessen zweite Hälfte[764].

Die jungen Frauen haben Haar und Gewand streng geordnet. Der gliedernde und zierende Zweck des Gürtels, den die epische Dichtung hervorhebt, indem sie weiblichen Personen die Beiwörter εὔζωνος, καλλίζωνος, βαθύζωνος gibt, wird an der Dame von Auxerre besonders deutlich. Sie trägt auch Armbänder. Sonst fehlt den genannten Standbildern der Schmuck, welcher in der Dichtung typisches Accessoire des Mädchens ist, wenn es als Parthenos auftritt. An den Terrakottapuppen ist er ebenso zu beobachten wie an den jüngeren 'Koren'. Vielleicht erhielt das Mädchen, sobald es Parthenos war, von den Angehörigen den ersten kost-

ten mit hohem Kopfputz ('Papades') und deren 'vogelgesichtigen' Vorgängerinnen, Grace a.O. 21ff.; Higgins a.O. 45ff.; Richter, Handbook 30 zu Taf. 18 d. 760 s.o. Anm. 744. 761 Aus dem Menelaion in Sparta (H 12,5 cm); nach Alscher, Griech. Plastik I Taf. 40 a; Jenkins, Dedalica Taf. 3, 1; Müller, Frühe Plastik Taf. 28, 325; 33, 352; Matz, Griech. Kunst Taf. 62. 762 Vielleicht aus Theben (H 21 cm), ehem. Slg. Tyskiewicz, Baltimore, Walters Gallery Inv.-Nr. 54.773 (Kent Hill Kat.-Nr. 237 Taf. 47); nach Alscher, Griech. Plastik I Taf. 41; Richter, Korai Nr. 14 Abb. 62; vgl. ebd. Abb. 60f.; Grace, Archaic Sculpture 49 Abb. 46; Lamb, Bronzes 76 Taf. 22 b; Kaulen, Daidalika 187, 85 Abb. 4f. 763 Aus Delos (H 175 cm), Athen, Nat.-Mus. Inv.-Nr. 1 (DAI Athen, Neg.-Nr. 1100); Richter, Korai Nr. 1 Abb. 25–27; Kaulen, Daidalika 83 ff.; E. Vermeule, unser Kap. »Götterkult« V 149f. Die Weihende ist kaum die Dargestellte selbst, eher ihre Mutter. Zur Inschrift: Jeffery, Local Scripts 47. 291; M. Guarducci, Epigrafia Greca 1 (1967) 153 ff. Abb. 38 a-c; S. Levin, Kadmos 9, 1970, 157 ff. 764 Paris, Louvre Inv.-Nr. 3098 (H 65 cm); Lullies-Hirmer, Plastik Taf. 6 (danach unsere Taf. R IV a); Richter, Korai Nr. 18 Abb. 76–79. – Weitere Beispiele: Schweitzer, Geom. Kunst Taf. 124; Richter a.O. Nr. 16 u. 17; Müller, Frühe Plastik Taf. 29, 330; 33, 355; Lorimer, HM. Taf. 2; Langlotz-Hirmer, Kunst der Westgriechen Taf. 5, 1; Richter a.O. Nr. 15 a. – Als Adressaten solcher Weihungen kommen außer Artemis auch Apollon, Athene und lokal wichtige Gottheiten in Frage. Der Unterschied der Arm- und Handhaltung könnte mit den Unterschieden des Kultes zu tun

Abb. 12 a. b   Weibliche Bronzestatuetten
a: vermutlich aus Theben in Böotien
b: aus Sparta

baren Schmuck. Die Neuvermählte nahm ihn mit in die Ehe, und am Ende folgte er der Frau als ihr persönlicher Besitz ins Grab[765].

Die Standbilder typisieren, insofern bedeuten sie die Parthenos schlechthin. Zugleich jedoch meinen sie, auch ohne Namensnennung, diese oder jene bestimmte Parthenos. Mädchenbild und lebendiges Mädchen sind nicht voneinander zu trennen. Von dieser Identität ist in der Ilias einmal die Rede. Hephaistos wird beim Gehen von zwei goldenen Amphipoloi unterstützt, die ihm zur Seite sind wie sonst die Dienerinnen der Herrin. Sie sind nicht einfach Gebrauchsgegenstände,

haben.   765 Zu Taille und Gürtel Anm. 742; Müller, Frühe Plastik 182f.; Sp. Marinatos, unser Kap. »Kleidung« A 33. Zum Schmuck der 'Koren': Richter, Korai 11ff.; Schneider, Korenstatuen 19ff. Typische Schmuckstücke in der epischen Dichtung (s.o. Anm. 736. 738. 740): Diadem: außer στεφάνη auch ἄμπυξ (XXII 469), χρυσάμπυκες sind Musen und Horen (Hes. Th. 916; h. Hom. 6, 5. 12; in der Ilias nur Pferde), zu vergleichen ist etwa das Goldband mit dem Mädchenreigen in Berlin (s.o. Anm. 119) oder das mit Rosetten besetzte Goldband im Brit. Mus., London, Marshall, Cat. of Jewellery Taf. 13, 1160; Ohrringe: ἕρματα, ἄνθεμα; zwei Sorten Halsketten: ὅρμος, ἴσθμιον; Gewandschließen; Brustschmuck: die Terminologie ist undeutlich (h. Ven. 87–90. 163); die Terrakottapuppe (Abb. 11 a) trägt ein Brustgehänge; zu vergleichen ist ein Brustschmuck aus Kamiros (7. Jh. v. Chr.) im Brit. Mus., Marshall a. O. Taf. 11, 1103. Nicht erwähnt, doch durch Funde und Darstellungen belegt sind Fingerringe, Armreifen und Armbänder. Zu den einzelnen Schmuckstücken: Matz, Gr. Kunst I 467–475; E. Bielefeld, unser Kap. »Schmuck« C 3 ff. – Durch den Schmuck wird nicht allein Reichtum zur Schau gestellt, sondern auch auf den Status der Parthenos verwiesen. Daß zum Mädchen der goldene Schmuck gehört, bezeugt die Aussage über einen Krieger II 872: ὃς καὶ χρυσὸν ἔχων πόλεμόνδ' ἴεν ἠύτε κούρη. Andere Fragen, die Kleidung betreffend, lassen sich hier anschließen. So scheinen z.B. ζώνη und κρήδεμνον der Parthenos von anderer Art zu sein als ζώνη und κρήδεμνον der verheira-

etwa Krücken, sondern Kunstgebilde, Statuen, die lebendigen Mädchen gleichen (ζωῆσι νεήνισιν ἐοικυῖαι). Obwohl aus Gold, sind sie zugleich auch lebendige Mädchen, haben Verstand, Stimme, Lebenskraft und verstehen sich auf ἔργα[766].

γ) *Stehen und Schreiten – Sitzen:* Von den stehenden weiblichen Einzelfiguren sehen wir die Nackte, die mit dem Gestus des Brüstehaltens und die, welche ein Kind im Arm hat (Abb. 10a–b; Taf. R Vb–c) als Gottheiten an. Die menschliche Parthenos wird bekleidet abgebildet, im Stehen (Abb. 12a–b; Taf. R IVa. R Vd), als Reigentänzerin und Krugträgerin auch im Schreiten (Abb. 1a. 2. 11a–b; Taf. R Ic). Unter den schreitenden und stehenden Frauen der Klagedarstellungen (Taf. R Ia–b. R IIIc) sind vermutlich Parthenoi und sicher Verheiratete. Für diese, die 'Gattinnen', gibt es einen weiteren Erscheinungsmodus, das Sitzen. Sitzende Frauen finden sich manchmal unter den Figuren der Prothesis, gelegentlich als Hauptleidtragende bezeichnet (Taf. R Ia), oder als figürliches Ornament an Grabkeramik[767].
Die Thronende dagegen, welche auf einer spätgeometrischen Schale in den Zusammenhang einer Kultbegehung gehört (Abb. 4), ist eine Göttin, und Göttinnen sind auch die weiblichen Gestalten der plastischen Sitzbilder dieser Epoche, manche darunter mit einem Kind (Taf. R IVc), von spätgeometrischen Terrakottastatuetten an (Taf. R IVb) bis zu den beiden großen Sitzenden vom Tempel in Prinias, etwa im letzten Drittel des siebten Jahrhunderts[768].
Die thronenden Göttinnen freilich, Herrinnen ihres Heiligtums, sind nach dem Vorbild der menschlichen Herrin wiedergegeben, wie sie in der epischen Dichtung auf dem ihr gebührenden Platz im Megaron residiert. Im sechsten Jahrhundert erscheint diese dann eindeutig auch selbst im Sitzbild. In der samischen, von Geneleos geschaffenen Votivgruppe ist der Status der Verheirateten und der Status der Parthenos durch Stehen hier, durch Sitzen dort, durch die jeweils repräsentative Haltung also, genau unterschieden[769]. Auf der oben gezeigten Lekythos des Amasismalers (Abb. 5a–b) sieht man in einer häuslichen Szene die Herrin bei der Textilarbeit sitzend zwischen ihren stehend tätigen Frauen[770].

δ) *Haupt:* Darstellungen der vier Generationen von Frauen, welche in dem hier behandelten Zeitraum gelebt haben, vermitteln zueinandergerückt einen Eindruck

teten Frau.   766 XVIII 417–421; V. 419f.: τῆς ἐν μὲν νόος ἐστὶ μετὰ φρεσίν, ἐν δὲ καὶ αὐδὴ καὶ σθένος, ἀθανάτων δὲ θεῶν ἄπο ἔργα ἴσασιν. Auch bei Pandora (Hes. Th. 571f.; Op. 70f.) besteht diese Identität von Statue und lebendigem Wesen.   767 Ahlberg a.O. (Anm. 101) 101ff.; s.o. Anm. 103.   768 Taf. R IVb: Metr. Mus., New York, Inv.-Nr. 31.11.8 (nach Mus.-Photo Neg.-Nr. 85321 B); H 12,3 cm; Kranz, Sitzfiguren Taf. 2, 1; vgl. ebd. Taf. 2, 2; Higgins, Greek Terracottas Taf. 7 F-G. Weitere Statuetten: Kranz a.O. Taf. 2, 3 u. 3, 1–4; Perachora I Taf. 87 Nr. 3 u. Taf. 88 Nr. 6 a-b. Statuen: Kranz a.O. Taf. 10, 1–2 u. 11, 1; von Prinias ebd. Taf. 11, 2; Matz, Gr. Kunst I Taf. 84f. – Nur hingewiesen sei auf das Motiv der Darstellung von weiblichen Paaren, zumeist Göttinnen, in der Verbindung Mutter-Tochter oder Schwester-Schwester, z.B. Schefold, Sagenbilder Taf. 14; E. Vermeule, unser Kap. »Götterkult« Taf. V XIa-b; Th. Hadzistelliou-Price, JHS. 91, 1971, 48–69 bes. 50f. 67ff. Anderes hat Erzählcharakter, z.B. die Darstellung auf einem Bronzeblech vom Heraion in Argos, Schefold a.O. Taf. 32c; Richter, Korai Nr. 30 Abb. 103; wohl auch die auf dem Teller von Thera, Richter a.O. Taf. VIIIc.   769 E. Buschor, Altsamische Standbilder (1934ff.) 26ff. Taf. 90–95; Richter, Korai Nr. 67 u. 68.   770 Die Herrin im Megaron s.o. S. R 72f.   771 Nat.-Mus., Athen, Inv.-Nr.

von den zeitgenössischen Ansichten über weibliche Schönheit. Der spätgeometrische Kopf von Amyklai (Taf. R VIa; 3. Drittel des 8. Jhs.)[771] und der subgeometrische Kopf von der Akropolis in Sparta (Taf. R VIb; nach 700 v. Chr.)[772] bezeichnen etwa Anfang und Ende der Iliaszeit, der Kopf am Ausguß eines protokorinthischen Aryballos (Abb. 8) ungefähr die Mitte der Odysseezeit, wie auch ein in Berlin befindliches Reliefbild, wohl aus Olympia, das kurz nach der Mitte des 7. Jhs. anzusetzen sein mag (Taf. R VIc)[773]. Ein Köpfchen in Bonn, welches ein Fußgefäß nach oben abschließt (Taf. R VId; um 600 v. Chr.)[774], markiert schon den Ausgang des epischen Zeitalters. Was im einzelnen der Ausdruck der Gesichter bedeutet, das nachzuempfinden sind wir heute nicht mehr imstande. Sicher ist, daß jede der Dargestellten für ihre Zeit schön ist und verehrungswürdig dazu, καλή und αἰδοίη, Beiwörter, welche die epische Sprache der Göttin, der reifen Frau, der Parthenos zuteil werden läßt[775].

ε) *Ornamentaler Gebrauch:* Von der ornamentalen Wirkung der weiblichen Figurenreihe auf Klagebildern, vor allem am Ende des achten Jahrhunderts (Taf. R Ib), haben wir oben gesprochen. Für die Mädchenreihen der Reigenbilder ist der ornamentale Effekt mit dem Motiv von vornherein gegeben (Abb. 1a. 2. 11a). Weibliche Figuren als plastisches Ornament gewinnen im Lauf des siebten Jahrhunderts an Bedeutung. Eine Oinochoe des Kerameikos beispielsweise trägt auf der Schulter drei weibliche Statuetten, die mit den zur Klage erhobenen Armen den Mündungsrand des Gefäßes stützen (Taf. R IIIb; 3. Viertel d. 7. Jhs. v. Chr.)[776]. Wasserbecken, die auf den Häuptern von drei oder vier 'Koren' ruhen, sind seit der Mitte des Jahrhunderts im Gebrauch (Taf. R IIIa; nach 650 v. Chr.; aus Isthmia)[777].

Die weibliche Gestalt ist ferner als Griff, etwa an einem Spiegel, verwendbar, die weibliche Büste, das weibliche Haupt als Verzierung von Gefäßausguß

4382 (DAI Athen, Neg.-Nr. N. M. 3347); H 8 cm; R. J. H. Jenkins, BSA. 33, 1932/33, 67f.; Higgins, Greek Terracottas Taf. 9A; Zusatz der Redaktion: Dieser Kopf wurde bereits bei Chr. Tsountas, Ἐφημ., 1892, 13f. Taf. 4, 5 veröffentlicht. Er wurde von E. Kunze als mykenisch bezeichnet (AM. 55, 1930, 156 Beil. 42, 1 u. 43, 1).   772 Nat.-Mus., Athen (DAI Athen, Neg.-Nr. Sparta 382); H 10,5 cm; Higgins, Greek Terracottas Taf. 21A; Matz, Gr. Kunst 157 Taf. 65b; Grace, Archaic Sculpture 11f. Abb. 5; Jenkins, Dedalica Taf. 1, 1.   773 Staatl. Museen Preußischer Kulturbesitz, Antikenmuseum, Berlin, Inv.-Nr. Misc. 7102; getriebenes Bronzeblech, Dm 35 cm; s. U. Gehrig-A. Greifenhagen-N. Kunisch, Führer durch die Antikenabteilung (1968) 171 Taf. 7; U. Gehrig u.a., Kunst der Welt in den Berliner Museen, Antikenmuseum (1980) 34f. Nr. 10 mit Farbabbildung. – Zu Abb. 8 s.o. Anm. 215.   774 Akademisches Kunstmuseum, Bonn, Inv.-Nr. 465 (Photo-Nr. 81-626), aus Sammlung Margaritis, Gesamthöhe 9,2 cm, wohl kretisch, um 600 v. Chr.; s. Chr. Grunwald, Antiken aus dem Akademischen Kunstmuseum Bonn (1969) 118f. Nr. 134 Taf.-Abb. 74. – Eindrucksvoll sind die nebeneinander gereihten Abbildungen weiblicher Köpfe bei Payne, Necrocorinthia Taf. 47; Jenkins, Dedalica Taf. 1. 2. 4ff.   775 Hes. Th. 194; h. Hom. 6, 1; LfgrE. s.v. αἰδοῖος (Laser) 1a,β; 2a.   776 Kerameikos-Museum, Athen, Inv.-Nr. 143 (DAI Athen, Neg.-Nr. KER. 2538), H der Figuren 15,5 cm; Richter, Korai Nr. 3 Abb. 32; vgl. ebd. Abb. 31 u. Taf. VIa-c; Kübler, Kerameikos VI 2 S. 380ff. Kat.-Nr. 49 Taf. 38–40; s.o. S. R 21 u. Anm. 103.   777 Detail eines marmornen Perirrhanterion aus dem Bereich des Poseidontempels (H der Mädchen 50 cm), Arch. Mus., Korinth. Den amerikanischen Ausgräbern wird für die Bildvorlage gedankt; s.o. S. R 65 und Anm. 319; Richter, Korai Nr. 5 Abb. 35; vgl. ebd. Abb. 36 u. Nr. 6–7; O. Broneer, Hesperia 27, 1958, 24 Taf. 10b u. 11a; F. W. Hamdorf, AM. 89,

(Abb. 8), Gefäßhals, Gefäßhenkel, von Lampe und Anhänger. Der ornamentale Zweck scheint vielfach Bezug zu nehmen auf speziell weibliche Bereiche (Totenklage, Umgang mit Wasser, mit Öl, mit Licht) oder Gegenstände zu betreffen, die im persönlichen Gebrauch gerade von Frauen sind (Spiegel, Pyxis, Schmuck). Doch gilt dies nicht durchaus. Bei der Verwendung des weiblichen Kopfes als Stirnziegel zum Beispiel läßt sich eine solche Beziehung nicht ohne weiteres herstellen[778].

ζ) *Gerät und Erzeugnis*: Bei der Beschreibung der weiblichen Umgangsbereiche und ihrer Gegenstände konnten wir in einigen Fällen auf konkret vorhandene Objekte verweisen, für den Bereich von Kornfrucht und Wasser auf Behälter, Gefäße und auf die Nachbildung von Produkten, auf tönernes Votivgebäck (Abb. 7c u. f), für den Textilbereich auf Spinn- und Webzubehör (Abb. 7 a. b. d. e. g) und auf den Reflex von Produkten der Textilkunst in den Werken der Bildkunst (Abb. 1a. 6. 8. Taf. R Ib–c. R IIa–b)[779]. Wie weit der eigentümliche Charakter der weiblichen Bereiche, so wie er sich aus der epischen Dichtung ergibt, durch solche und ähnliche Objekte bestätigt wird, wäre an Gebrauchsgegenständen, Weihgeschenken, Grabbeigaben, nach Möglichkeit in deren jeweiligem Zusammenhang, weiterhin zu prüfen[780].

2. Ort im sozialen Gefüge

Wenn man es unternimmt, die Stellung der Frau im epischen Zeitalter zu beschreiben, wird man von den Realien selbst dazu geführt, an die frühgriechische Gesellschaft mit Fragen heranzutreten, die sich an jede Gesellschaft richten lassen, weil sie anthropologischer Natur sind. Das Ergebnis der Prüfung weist auf eine Gesellschaft, die deutlich typische Züge einer Frühkultur trägt, ohne doch der Charakteristika einer Entwicklung zum Besonderen zu entbehren. Merkmal der Frühgesellschaft ist die Regelhaftigkeit, die sämtliche Bezirke und Äußerungen des Lebens durchwaltet und alles andere ist als ein Zeichen für 'Naivität'. Wenn dennoch in der epischen Welt Spielraum für Individuelles zu beobachten bleibt, so bezeugt dies, daß die Regeln nicht starr sind. Aber sie sind mächtig[781].

1974, 47–64. Stützfigur eines Räucherbeckens: Richter, Korai Nr. 4; Kübler, Kerameikos VI 2 Kat.-Nr. 46–47 Taf. 36–37.   778 Spiegelgriff: Richter, Korai Nr. 29 Abb. 108; Bronzeattasche: ebd. Nr. 35 Abb. 117; Matz, Gr. Kunst I 439 Taf. 258a; Henkelprotome: Richter a. O. Taf. VIIc-e; Marmorlampe: Langlotz-Hirmer, Kunst der Westgriechen Taf. 2; Matz a. O. Taf. 261a; s.o. Anm. 332; Terrakotta-Antefix: Richter, Handbook Taf. 18g; Anhänger: Brock, Fortetsa Taf. 76; s.o. Anm. 646.   779 Vgl. die Abschnitte IV. 1. g), IV. 2. d) u. IV. 3. d).   780 Grabzusammenhang z. B. bei Smithson a. O. (Anm. 306); B. v. Freytag gen. Löringhoff, AM. 89, 1974, 1–22; vgl. auch R. Hampe, Ein frühattischer Grabfund (1960). Ergiebig sind Publikationen von Votivdepots, z. B. Perachora I u. II, Blinkenberg, Lindos I, A. Frickenhaus, Die Hera von Tiryns. Tiryns I (1912) 55 ff.; die dortigen Funde: Kalathoi, Lampen, Lebetes, Kochtöpfe mit drei Füßen, Nachbildungen von Broten und Kuchen, Bäckerinnen und Kanephoren mit Gebäck im Korb, fügen sich, auch wenn sie z.T. späteren Epochen angehören, gut zu den Beobachtungen, welche sich an der epischen Dichtung machen lassen.   781 Allgemeine Probleme der Frühgesellschaft behandeln, von unterschiedlichen Standpunkten ausgehend: Thurnwald, Gesellschaft, bes. c. II Die Stellung der Frau, S. 29–60; ders., Grundfragen menschlicher Gesel-

Die epische Dichtung überliefert die Regelhaftigkeit im realen Dasein vor allem durch die Verwendung vorgeformter Sprachglieder. Die 'typische Szene', etwa die der Mahleinleitung, des Bades, des Bettenrichtens, ist Element der Sängerdiktion, hat sich aber zuvor in der Realität herausgebildet und ist ein Teil von ihr. Die 'epische Formel', beispielsweise παρθένος αἰδοίη, κουριδίη ἄλοχος, πότνια μήτηρ, ist zunächst Formel der außerepischen Sprache. In ihr sind gesellschaftliche Forderungen und Zustände fixiert. In der Folge der Festlegung ist die Formel bei gebotenem Anlaß als Abbreviatur verwendbar und allgemein verständlich. Aus der mündlichen Tradition des realen Lebens gelangt sie in die Sängersprache.

Die Bildkunst arbeitet auf ihre Art gleichfalls mit Typen und Formeln, zum Beispiel wenn sie 'die Parthenos', 'den Reigen', 'die Klage' darstellt. Auch hier sind Typos und Formel in der Realität vorhanden, ehe der Künstler ihnen sichtbare Dauer gibt. Aus der Regelhaftigkeit als dem Prinzip des gemeinschaftlichen Lebens folgt, daß am Abbild nichts beliebig ist. Stehen oder Sitzen, diese oder jene Gebärde, Kleidung und Schmuck, alles spricht für den Zeitgenossen eine unmißverständliche Sprache. Auch die Gegenstände des täglichen wie des sublimierenden Gebrauchs haben einen genauen Bezug, eine feste Bedeutung. Wir vermögen das meiste davon nur zu ahnen, und in vielen Fällen können wir nicht einmal das.

Im Gefüge der auf Regelhaftigkeit gegründeten Gesellschaft haben beide Geschlechter ihren festen Platz. Mädchen und Junge werden durch Einübung in die geschlechtsspezifischen Umgangsbereiche auf die soziale Aufgabe vorbereitet, zu heiraten, Haus zu halten, Kinder aufzuziehen. Im besonderen gehört dazu für den jungen Mann, daß er die Fähigkeit erlangt, notfalls Frau und Kind mit der Waffe zu verteidigen, für das Mädchen, daß es alle Sparten der Textilkunst beherrschen lernt. Beides scheint außer dem Erreichen der Geschlechtsreife für die Aufnahme in die Gemeinschaft der Erwachsenen von Bedeutung zu sein, durch welche der Junge zum »Jung-Gesell« (ἠΐθεος), das Mädchen zur »Jung-Frau« (παρθένος) wird.

Aus dem Stand der Parthenos tritt die Frau durch Heirat in den Stand der »Gattin« (ἄλοχος). Damit ist verbunden, daß sie in Hinsicht auf die Familie »Mutter« (μήτηρ) wird, in Hinsicht auf das Hauswesen »Herrin« (δέσποινα). Zur Herrin treten die »im Hauswesen beschäftigten Frauen« (δμωαὶ γυναῖκες). Gemeinsam verwalten sie die weiblichen Umgangsbereiche.

Paradeigmatische weibliche Figuren gibt es in der epischen Dichtung, vor allem in den homerischen Epen, nicht wenige, mögen sie der Erzählüberlieferung entstammen und zeitgemäß umgestaltet sein wie Helena, Klytaimestra, Penelope oder wie Andromache, Aréte, Nausikaa, Eurykleia aufgrund gegenwärtiger Erfahrung neugeschaffen. Trotz mythischer Tradition, trotz persönlicher Erfindung, trotz der Tatsache, daß sie alle zu Gestalten der Weltliteratur werden konnten – keine von ihnen ist eigentlich zu begreifen, wenn man sie herausgelöst aus dem sozialen Geflecht ihrer Zeit und im besonderen ohne Beachtung dessen ansieht, was die Gesellschaft von der Frau erwartet. Denn gerade durch diese Verflechtung sind ihre poetischen Geschicke bestimmt. Für uns treten an Nausikaa die individuellen Züge hervor, für das Epos ist sie die Parthenos par excellence. Selbst die Gottheit fügt sich der gesellschaftlichen Regel. Wenn Athene in der menschlichen Welt die eigene Gestalt mit einer anverwandelten vertauscht, so gleicht sie der menschli-

---

lung. Ausgewählte Schriften (1957); M. Mead, Male and Female. A Study of the Sexes in a Changing World (1949), vor allem in den Abschnitten über die sieben pazifischen Kultu-

chen Frau in ihrer vollkommenen Erscheinung: δέμας δ'ἤϊκτο γυναικὶ καλῇ τε μεγάλῃ τε καὶ ἀγλαὰ ἔργα ἰδυίῃ[782].

Regelhaftigkeit schließt Veränderung, das Aufkommen neuer Regeln nicht aus. Konstant bleiben in der epischen Epoche die Verhältnisse der weiblichen Umgangsbereiche. Die Konventionen von Werbung und Brautgewinn, die Formen der Familie wechseln. Weniger deutlich als in der Iliaszeit treten in der Odysseezeit die repräsentativen Aufgaben der Frau in der Öffentlichkeit hervor. Doch als Herrin des Hauses hat sie hier größere Selbständigkeit, freilich auch größere Verantwortlichkeit als dort. Durch den gesamten Zeitraum hin aber ist die Frau im Rahmen des gesellschaftlich Gegebenen (und von nichts anderem kann man ausgehen) frei wie der Mann und ebenso viel wert wie er. Wenn Frauen Gewalt und Unterdrückung erleiden, etwa als Kriegsgefangene oder Unfreie, so geschieht Männern auf andere oder gleiche Weise dasselbe. Denn Gewalt und Unterdrückung nehmen ihren Ausgang nicht von einer Sexus-Mentalität, sondern sind im Freund-Feind-Denken der antiken Welt begründet.

In nachepischer Zeit verschlechtert sich die Situation der Frau. Wie man — vereinfachend — sagen kann: je demokratischer ein griechisches Gemeinwesen ist, desto größer wird die Menge der Unfreien, die es benötigt, so kann man auch sagen: je politischer das Leben des griechischen Mannes wird, desto eingeschränkter ist das Leben der Frau. Im epischen Zeitalter, auf der Stufe einer differenzierten Frühkultur, besitzt die Frau neben dem Mann Freiheit und Möglichkeit zur Entfaltung[783].

VII. Ausgewählte epische Wörter

Bei einigen Vokabeln wird nach J.Chadwick-L.Baumbach, The Mycenaean Greek Vocabulary (I: Glotta 41, 1963, 166ff.; II: Glotta 49, 1971, 155ff.) und A.Morpurgo, Mycenaeae Graecitatis Lexicon. Incunabula Graeca III (1963) auf lautverwandte mykenische Wortformen verwiesen (in der folgenden Zusammenstellung kursiv jeweils hinter der Bedeutungsangabe). Aus der Lautverwandtschaft folgt jedoch nur in seltenen Fällen Übereinstimmung des Wortinhalts. Gerade die Wörter der sozialen Sphäre sind einem starken und steten Bedeutungswandel unterworfen (G.Wickert, Gnomon 39, 1967, 597f.). Deutsche Übersetzungen und Umschreibungen betreffen jeweils nur die epische Vokabel:

ἄγγος	transportabler Behälter (*akea*)	R 62. 65.
ἄγεσθαι	ἄγεσθαι γυναῖκα = als Gattin heimführen	R 95. 98.
ἀδμης, ἀδμήτη	noch nicht an den Stall/das Haus gewöhnt (von Weidetieren und heiratsfähigen Mädchen)	R 104 mit Anm. 601; R 124 Anm. 754.

ren; G.Thomson, Frühgeschichte Griechenlands und der Ägäis (1974).   [782] 13, 288f. = 16, 157f.; vgl. 15, 418; ferner 20, 30 u. 7, 19f.   [783] Jenzer, Auffassung 79ff.; J.Vogt, Von der Gleichwertigkeit der Geschlechter in der bürgerlichen Gesellschaft der Griechen (1960) 8f.

αἰδοίη	Achtung und Rücksicht gebietend (bei weiblichen Namen und Bezeichnungen der sozialen Stellung)	R 82. 114. 128. 130.
ἄκοιτις (ἀκοίτης)	Lagergenossin (-genosse): rechtmäßige Gattin (Gatte)	R 81. 82 Anm. 437; R 94 Anm. 519; R 95. 116.
ἀλετρίς	Mahlfrau, Müllerin (*meretirija*)	R 51. 78. 80.
ἄλοχος	Lagergenossin: rechtmäßige Gattin	R 9. 31f. 68. 75f. 81. 82 Anm. 437. 449; R 83ff. 88 Anm. 480. 484; R 92. 94 Anm. 519; R 95 mit Anm. 527. 530; R 114. 130.
ἀλφεσίβοιαι	rindereinbringend (von heiratsfähigen Mädchen)	R 9. 91 mit Anm. 493.
ἄμβροτος	von ewiger Haltbarkeit	R 41 mit Anm. 177; R 48.
ἀμύμων	ohne Tadel (bei Bezeichnungen für die soziale Stellung der Frau)	R 116. 119.
ἀμφιμαίεσθαι	sauberwischen	R 59 mit Anm. 279.
ἀμφίπολος	'die sich zu seiten (der Herrin) bewegt': Begleiterin, Dienerin (*apikoro*)	R 57 mit Anm. 264; R 78 mit Anm. 410. 416; R 80 Anm. 424; R 126.
ἄνασσα	Herrin (von Göttinnen) (*wanasoi*)	R 76.
ἀντιάνειραι	männergleich (Amazonen)	R 116.
ἀρετή	(weibliche) Tüchtigkeit	R 119ff. mit Anm. 717. 732.
ἀσάμινθος	Badewanne (*asamito*)	R 58 Anm. 268.
ἀτιτάλλειν	an Stelle der Mutter aufziehen	R 70 mit Anm. 369; R 79 Anm. 420.
βασίλεια	Hausherrin (*qasirewija*)	R 76. 119.
βασιλεύειν	als Herrin residieren	R 76 Anm. 406.
βόθροι	Waschgruben	R 60.
γάλως	Schwägerin: Mannesschwester	R 87.
γαμβρός	Schwager: Schwestermann, Mannesschwestermann; Schwiegersohn	R 87 Anm. 475. 477; R 94 Anm. 522; R 95 Anm. 535.
γαμεῖν	Hochzeit machen (vom Mann)	R 95 mit Anm. 535; R 101. 102 Anm. 587; R 103 Anm. 594.
γαμεῖσθαι	Hochzeit machen (v.d. Frau)	R 95 Anm. 535.
γάμον δαινύναι	das Hochzeitsmahl richten	R 96 Anm. 538.
γάμος	Heiratsvertrag, Eheschließung, Kundbarmachung der Heirat, Hochzeitsmahl	R 38. 90 Anm. 489; R 95 mit Anm. 535; R 96 mit Anm. 538; R 100. 101.
γεραιαί, γεραιραί	Geraien: Frauen der Geronten, Mitglieder eines Kultkollegiums	R 31 mit Anm. 134. 138; R 32. 76.
γέρας	Ehrenanteil: erbeutete Frau (*kera* II)	R 12 Anm. 55.
γίγνεσθαι	zeugen, gebären	R 102 Anm. 587; R 105 mit Anm. 611.
γνήσιος	rechtbürtig: Kind der Hauptfrau	R 84. 85 mit Anm. 464.
γνωτή	Schwester (als Verwandte)	R 85 Anm. 463.

γρηΰς, γραίη	Frau jenseits der Gebärfähigkeit; alte Frau (*karawe*)	R 11. 52. 78. 106 Anm. 613; R 114 Anm. 668; R 115.
γυνή	geschlechtsreifes menschliches weibliches Wesen: Mädchen, Frau; Herrin, Dienerin; Gattin (*kunaja*). Ableitungen: γυναικεῖος, weibisch, weiblich; γυναιμανής weibstoll; γύναιος Weibliches betreffend; καλλιγύναικα (akk. sing.) mit schönen Frauen (von Landschaften und Städten)	R 5 ff. mit Anm. 4; R 9. 16. 31. 38. 41. 51. 52 Anm. 226; R 68. 69. 76. 78 mit Anm. 415; R 79 ff. 95. 100 Anm. 559; R 102 Anm. 584; R 110 Anm. 644; R 114 mit Anm. 664; R 116 mit Anm. 687; R 117 Anm. 694; R 118 Anm. 697; R 120. 121 mit Anm. 728; R 131.
δαήρ	Schwager: Mannesbruder	R 87 Anm. 476.
δαίδαλα	Muster (vgl. F. Eckstein, unser Kap. »Handwerk 1« L 12 f.); Ableitung: πολυδαίδαλος vielfältig gemustert	R 44 Anm. 202.
δαίς, δαός	Fackel	R 66 mit Anm. 333.
δάμαρ	'Ordnerin des Hauses': rechtmäßige Gattin (*duma*?)	R 76. 81. 82. 94 Anm. 519.
δέμας	Körperbau, Figur	R 121 mit Anm. 732; R 131.
δεσπόζειν	Hausherrin sein	R 75 mit Anm. 399.
δέσποινα	Herrin des Hauses	R 68. 75 f. mit Anm. 401; R 114. 130.
Δηλιάδες	Deliaden: Mitglieder eines Kultvereins für den delischen Apoll	R 23.
δῖα	leuchtend (von Frauen und Göttinnen)	R 121.
διακοσμέεσθαι	aufräumen	R 59.
διδόναι	zur Ehe geben (von Töchtern)	R 95 mit Anm. 528; R 97.
δμῳαὶ (γυναῖκες)	zum Haus gehörige, im Hauswesen beschäftigte Frauen	R 40. 41. 52 Anm. 226; R 57. 58. 69. 71. 78. 80. 130.
δούλη	Nebenfrau (*doera*)	R 83 mit Anm. 454; R 86. 95 Anm. 534.
δουλοσύνη	Dienstleistung	R 41 Anm. 180.
δουρικτήτη	speererworben	R 12 Anm. 55; R 84 mit Anm. 457.
δρήστειραι	Dienerinnen im Umkreis der Herrin	R 78.
ἕεδνα	Brautpfand; Ableitungen: ἀνέεδνος Frau, die ohne Brautpfand, aber aufgrund von Vertrag und Gegenleistung in die Ehe gegeben ist; ἐεδνόεσθαι mit dem Brautpfand ausstatten; ἐεδνωτής Brautpfandempfänger: Brautgeber	R 82 mit Anm. 448; R 90 mit Anm. 489 f.; R 91 mit Anm. 491. 498; R 92 Anm. 502; R 94 Anm. 520; R 103.
εἴδατα	Zukost, Beilagen	R 55.
εἶδος	Aussehen, Erscheinung	R 120 ff. Anm. 728. 732. 754.
Εἰλείθυια	Eileithyia (*ereutija*)	R 107 mit Anm. 621. 623.
εἰνάτηρ	Schwägerin: Brudersfrau, Mannesbrudersfrau	R 87.

εἴρια ξαίνειν, πέκειν	Wolle streichen, kämmen	R 42 Anm. 186.
εἰροκόμος	Wollarbeiterin	R 42. 78.
ἑκυρή (ἑκυρός)	Schwiegermutter (-vater): Mannesmutter (-vater)	R 87 mit Anm. 474.
ἐμπάσσειν	bunt weben	R 44 Anm. 202.
ἕπεσθαι	d. Manne in d. Ehe folgen	R 95.
ἔργα; ἐργάζεσθαι	Weben; Gewebe (*woka*); weben	R 38 ff. mit Anm. 162. 172. 177. 180; R 43 Anm. 200; R 44. 48. 116 Anm. 681; R 118 mit Anm. 704; R 123. 127. 131.
ἔριθος, συνέριθος	Aushilfe, Lohnarbeiterin (*erita*)	R 78 f. mit Anm. 412. 417.
ἕρματα	Ohrringe	R 121 Anm. 738; R 126 Anm. 765.
ἔρος	Lust (sexuell)	R 101.
ἐσχάρη	häuslicher Herd (*ekara*)	R 65. 67.
εὕδειν, καθεύδειν	schlafen (sexuell)	R 101.
εὐνάεσθαι	lagern (sexuell)	R 101.
εὐνή	Nachtlager, Sexuallager	R 68. 71. 96 f. Anm. 546 f.; R 101 mit Anm. 572; R 102 ff. Anm. 586. 590 f. 603; R 108.
ἐϋπλόκαμος (fem.)	wohlgelockt	R 121 Anm. 736.
ἐΰσφυρος (fem.)	mit schönen Fesseln	R 123 Anm. 744.
εὐῶπις (fem.)	mit schönen Augen	R 121 Anm. 737.
ἔχειν (γυναῖκα ἔ.)	zur Frau haben	R 95.
ζώνη	Gürtel als weibliches Kleidungsstück (vgl. E 122 Anm. 886); Ableitungen: βαθύζωνος, ἐΰζωνος, καλλίζωνος: tief, wohl-, schön gegürtet	R 32. 105 mit Anm. 609; R 122 Anm. 742; R 125. 126 Anm. 765.
ἡβᾶν	geschlechtsreif sein; Ableitungen: πρωθήβη, πρωθήβης gerade geschlechtsreif	R 29.
ἠΐθεος	geschlechtsreifer Jüngling: Junggesell	R 9. 29. 88 Anm. 483; R 104. 105 Anm. 604; R 114 mit Anm. 664; R 130; Hdt. 3,48,3.
ἠλάκατα	Vorgarn für den Rocken (*arakateja*)	R 39 mit Anm. 165; R 42 Anm. 186.
ἠλακάτη	Rocken; Ableitung: χρυσηλάκατος mit goldenem Rokken: Kultname der Artemis	R 29. 30 mit Anm. 129; R 34. 39 mit Anm. 167; R 40 Anm. 168; R 42 Anm. 186.
ἠλιτόμηνος	Frühgeburt, Siebenmonatskind	R 106 mit Anm. 613.
ἠΰκομος (fem.)	schönhaarig	R 121 Anm. 736.
θαλαμηπόλος	'die sich im Gemach (der Herrin) bewegt': Kammerfrau	R 71. 78. 79 Anm. 419.
θάλαμος	Raum der Abgeschlossenheit: Vorratskammer, Schlafzimmer (*taramata*)	R 55. 72.
θαλερή	Beiwort der rechtmäßigen Gattin, von ungeklärtem, jedenfalls sozialem Inhalt	R 82. 95 Anm. 527.

θεά, θέαινα, θεός	Göttin	R 6. 7 mit Anm. 9; R 8. 16. 38. 121.
θέμις	das von Natur Gesetzte: sexuelle Vereinigung von Mann und Frau	R 102 mit Anm. 584.
θεράπναι ἑκατηβελέταο	weibliches Kultgefolge Apollons auf Delos	R 23. 30.
θῆλυς, θήλεια	weiblich (von Göttinnen und Haustieren)	R 7. 8.
θηλύτεραι γυναῖκες	das menschliche Geschlecht der Frauen	R 8 mit Anm. 20; R 17. 118 Anm. 696.
θῆσθαι	saugen, säugen; Ableitungen: τιθήνη Amme, Kinderpflegerin; τιθαίνεσθαι Kinderpflegerin sein	R 7. 69. 70. 106 Anm. 619.
θρόνα	Ornamente	R 44 Anm. 202; R 46. 47 Anm. 212.
θυγάτηρ	Tochter in familienrechtlicher Beziehung (tukatere)	R 32. 92 Anm. 505; R 95 mit Anm. 528; R 114 mit Anm 664; R 116.
ἱέρεια	Priesterin (ijereja)	R 31. 35 mit Anm. 147.
ἵμερος	Verlangen (sexuell)	R 100 Anm. 558; R 101.
ἴσθμιον	kurze Halskette	R 126 Anm. 765.
ἱστός	Webebaum, Webstuhl; Gewebe (iteja); ἱστὸν ἐποίχεσθαι am Gewebe hin- und hergehen: weben; ἱστὸν στήσασθαι Gewebe anlegen, die Kette aufziehen	R 41 Anm. 181; R 42 mit Anm. 186; R 44 Anm. 202; R 46 mit Anm. 208.
ἰφθίμη	Beiwort des heiratsfähigen Mädchens, der rechtmäßigen Gattin, der Hausherrin, von ungeklärtem, jedenfalls sozialem Inhalt	R 82. 94 Anm. 519.
καθαίρειν	reinigen, spülen, putzen	R 59 mit Anm. 280; R 60 Anm. 286.
καλή	schön	R 30. 40. 120. 128. 131.
κάλλος	Schönheit; Ableitungen: καλλίκομος (fem.) schönhaarig; καλλιπάρῃος (fem.) schönwangig; καλλιπλόκαμος (fem.) schönlockig; καλλίσφυρος (fem.) mit schönen Fesseln	R 118. 120. 121 Anm. 736. 739; R 123 mit Anm. 744.
κάλπις	Gefäß zum Wasserholen	R 56 Anm. 252; R 62.
καμινώ	Backfrau	R 11. 52. 78.
κάνε(ι)ον	Korb für Brot, Zukost, Opfergerste	R 63.
κανών	Webstab	R 42 Anm. 186.
κασιγνήτη	Schwester (kasigono)	R 85 Anm. 463; R 88 Anm. 484.
κεδνή	Beiwort der rechtmäßigen Gattin, ungeklärten Inhalts, wohl auf den Begriff der Loyalität zielend	R 82. 108 Anm. 633. 634.
κερκίς	Weberschiffchen	R 42 Anm. 186.
κίστη	Korb für Proviant	R 63 Anm. 307.
κιών	Dachpfosten beim Herd	R 72.
κλέος	(weiblicher) Ruhm	R 119. 120 Anm. 716. 717.

κλισίη, κλισμός, κλιντήρ	Sitz der Hausherrin	R 72.
Κλῶθες	Spinnerinnen: Schicksalsgöttinnen; ἐπικλώθειν das Schicksal zuspinnen	R 46 Anm. 210.
κόλπος	Oberteil des Gewandes: Bausch; Ableitung: βαθύκολπος (fem.) mit überhängendem Bausch	R 70 mit Anm. 370; R 105 Anm. 609; R 107 Anm. 620; R 122 Anm. 740.
κορέειν	fegen, kehren	R 59.
κούρη	weiblicher Sprößling: Tochter, Mädchen (kowa)	R 23. 82. 84 mit Anm. 457; R 85 Anm. 460; R 91 Anm. 491; R 92. 114 mit Anm. 664; R 116. 126 Anm. 765.
κουρήϊον	mädchenhaft	R 124.
κουριδίη	in die Ehe gegeben, wie es der Tochter zukommt; ehelich	R 82. 84 Anm. 457; R 94 Anm. 519; R 104. 130.
κρήδεμνον	etwas, das Frauen um den Kopf legen oder binden; Ableitung: καλλικρήδεμνος mit schönem Kredemnon	R 100 mit Anm. 561; R 121 Anm. 736; R 126 Anm. 765.
κρήνη	Quelle	R 62 Anm. 298.
κρόξ	Einschlag (webtechnisch)	R 41 Anm. 181.
κυδρή	Beiwort der rechtmäßigen Gattin, von ungeklärtem, jedenfalls sozialem Inhalt	R 82. 88 Anm. 480; R 114 Anm. 664.
κυέειν, (ὑπο)κύεσθαι	schwanger sein	R 106.
κυκεών	(Gersten-) Mischtrunk	R 56 Anm. 250.
κύων (fem.)	Hündin (Schimpfwort); κυνάμυια Hundefliege; κύντερον etwas Blindwütiges, Zudringliches, Unverschämtes; κυνῶπις (fem.) hundsäugig	R 118 mit Anm. 697. 698; R 121 Anm. 737.
κωκύειν	den rituellen weiblichen Klagelaut ertönen lassen	R 18. 19 Anm. 97; R 116.
λέβης	Kochkessel, Becken	R 55. 63. 65.
λευκός	weiß: das Inkarnat der Frau; Ableitung: λευκώλενος (fem.) mit weißem Unterarm oder Ellbogen	R 121. 122 Anm. 741.
λέχος	Bett; Ableitung: παραλέγεσθαι beiliegen (sexuell)	R 68 mit Anm. 347; R 82 Anm. 437. 443; R 97 Anm. 548 f.; R 101 mit Anm. 572; R 103 Anm. 591.
λήκυθος	Ölkännchen	R 64.
λίκνον	Getreideschwinge, Babykorb	R 63 Anm. 307; R 106.
λοετρά	Badewasser, Bad (rewoterejo)	R 61 Anm. 294.
λοετροχόος	fem.: Badgießerin: Badefrau (rewotorokowo)	R 57 Anm. 264; R 64 mit Anm. 309; R 78.
λούειν, λούεσθαι	baden (trans. u. intrans.)	R 57. 61.
μαζός	Busen, Mutterbrust	R 70. 107 Anm. 620.
μαῖα	Mamma (Anrede für die Kinderfrau)	R 68 Anm. 347; R 71 mit Anm. 376.

μαινάς (fem.)	rasend; Mänade	R 35 Anm. 147.
μεγάλη	hochgewachsen	R 40. 121 Anm. 730; R 131.
μέγαρον, μέγαρα	die Halle: Hauptraum des Hauses, Residenz der Hausherrin, Arbeitsraum der Frauen, Gesellschaftsraum der Männer	R 69. 70. 72 mit Anm. 379; R 73. 109 Anm. 639.
μέγεθος	hohe Gestalt	R 121 Anm. 732; R 124 Anm. 754.
μῆκος	hoher Wuchs	R 121.
μήτηρ	Mutter (als familienrechtlicher Begriff)	R 76. 87. 105. 114. 116. 130.
μητροπάτωρ	Großvater mütterlicherseits	R 87 Anm. 479.
μητρυιή	Stiefmutter	R 85 mit Anm. 461; R 109.
μητρώϊον δῶμα	Elternhaus der Mutter	R 88 Anm. 479.
μήτρως	Oheim: Bruder der Mutter	R 87 Anm. 479.
μίσγεσθαι	sich mischen, vereinigen (sexuell)	R 101 mit Anm. 566.
μίτος	Zettel (webtechnisch)	R 42 Anm. 186.
μνάεσθαι	werben (um eine Frau); Ableitungen: μνηστεύειν freien; μνηστή rechtens gefreit; μνηστήρ Freier; μνηστύς Freite; πολυμνήστη vielumworben, d.h. reich ausgestattet durch die Geschenke der Bewerber	R 6 Anm. 4; R 82. 84. 91 Anm. 499; R 92. 103 Anm. 594.
μογοστόκοι	'in den Mühen des Gebärens zugegen' (Beiwort der Eileithyien)	R 107.
μοιχάγρια	Fanggeld bei Ehebruch	R 103 mit Anm. 591.
νεῆνις	geschlechtsreifes Mädchen: Jungfrau	R 9. 56 Anm. 252; R 114 mit Anm. 664; R 127.
νείκεα λύειν	Rechtsstreit schlichten	R 37 mit Anm. 154.
νεῖν	spinnen; Ableitung: ἐπινεῖν (das Schicksal) zuspinnen	R 46 Anm. 210.
νῆμα	gesponnenes Garn	R 39. 42 Anm. 186.
νόθος, νόθη	halbbürtig: Kind einer Nebenfrau	R 83 Anm. 454; R 84. 85 mit Anm. 460.
νόος	(weiblicher) Sachverstand	R 118. 121 Anm. 732; R 123. 127 Anm. 766.
νύμφη (νυμφίος)	Braut, Jungvermählte, junge Frau (Jungvermählter, junger Ehemann) (nuwaja?)	R 9. 94 Anm. 522; R 114.
νυός	Schwägerin: Brudersfrau, Mannesbrudersfrau; Schwiegertochter (nuwaja?)	R 87.
ξανθή	blond	R 121 Anm. 736.
ὄαρ	Gattin; Ableitungen: ὀαρίζειν vertraulich umgehen; ὀαριστύς vertraulicher Umgang; ὄαροι vertrauliche Nähe	R 11 Anm. 47; R 81 mit Anm. 435; R 94 Anm. 519; R 99 Anm. 556; R 100 Anm. 558.
οἶκον ἔχειν	haushalten (von Hausherr und Hausherrin)	R 75 mit Anm. 396.

ὀλολυγή	ritueller weiblicher Ruf, der die glückliche Vollendung (von Opfer, Geburt u. a.) anzeigt	R 31f. 106.
ὀλολύζειν	die Ololyge erheben	R 32. 106 Anm. 617; R 116.
ὅμιλος	(lockere) Versammlung der männlichen und weiblichen Gemeindemitglieder	R 23 mit Anm. 108; R 24.
ὁμογάστριος	aus gemeinsamem Leib: Bruder von derselben Mutter, Vollgeschwister	R 85 mit Anm. 463.
ὁμοφροσύνη	(eheliche) Eintracht	R 75. 119.
ὅπατρος	Bruder vom Vater her: Halbgeschwister	R 85 mit Anm. 463.
ὀπυίειν	in die Ehe führen (vom Mann)	R 83. 88. 95 mit Anm. 534; R 96 Anm. 537; R 101. 110 Anm. 643.
ὀπυίεσθαι	in die Ehe folgen (von der Frau)	R 83 Anm. 451; R 95 mit Anm. 534.
ὅρμος	kurze Halskette	R 126 Anm. 765.
ὀρχέεσθαι	tanzen	R 29 Anm. 121.
ὄψα	Zukost: Beilagen (zu Brot und Brei)	R 54 Anm. 237; R 55.
παίζειν	tanzen, springen	R 23 mit Anm. 112.
πάϊς (fem.)	weibliches Kind, Tochter	R 92 Anm. 505; R 114 mit Anm. 664.
παλλακίς	'Mädchen': Konkubine	R 80 Anm. 423; R 83. 95 Anm. 534; R 102 Anm. 589.
παλύνειν	(mit Mehl) bestreuen	R 52 Anm. 222.
παραδαρθάνειν	schlafen (sexuell)	R 101.
παράκοιτις (παρακοίτης)	Lagergenossin (-genosse): rechtmäßige Gattin (rechtmäßiger Gatte)	R 81f. mit Anm. 437; R 88 Anm. 480; R 92. 94f. mit Anm. 519. 532; R 97 Anm. 549.
παρθένος, παρθενική	heiratsfähiges Mädchen, Jungfrau; Ableitungen: παρθένιος zur Parthenos gehörig, auch: Kind einer Parthenos; παρθενοπίπης einer, der gern nach Mädchen schaut	R 9. 29. 31. 56 mit Anm. 252; R 81 Anm. 431; R 86 mit Anm. 467; R 91. 99f. Anm. 556. 559; R 102 Anm. 588; R 104f. mit Anm. 601. 604; R 114f. mit Anm. 664; R 124 Anm. 754; R 130; Hdt. 3,48,3.
πενθερός	Gegenschwäher: z.B. Schwiegervater = Vater der Braut	R 87.
πέπλος	das Frauengewand; Ableitungen: ἑλκεσίπεπλοι (fem.) mit langem Peplos: Beiwort der Troerinnen; εὔπεπλος (fem.) mit schönem Peplos; τανύπεπλος (fem.) mit langem Peplos	R 122 Anm. 743.
πηνίον	Einschlag (webtechnisch)	R 42 Anm. 186.
πίθος	großes Vorratsgefäß (qeto)	R 63.
πλύνειν	Wäsche waschen; Ableitungen: ἐΰπλυνές, νεόπλυτον, gut und frisch gewaschen	R 60 mit Anm. 286.
πλυνοί	Waschmulden	R 60.
ποδανίπτρα	Fußwaschwasser	R 63 Anm. 308.

Ausgewählte epische Wörter

ποικίλος	bunt; Ableitungen: παμποίκιλος durch und durch bunt gewirkt; ποικίλματα Muster	R 44 Anm. 202; R 45. 50. 100 Anm. 558.
πολύδωρος (fem.)	reich an Gaben (durch das Brautpfand)	R 82. 91.
πορσύνειν, πορσαίνειν	ordnen, richten (das Hauswesen, das Bett)	R 68. 75. 101 Anm. 572.
πόσις	'Herr': rechtmäßiger Gatte	R 76. 81. 82 Anm. 443; R 85 Anm. 460; R 94f. Anm. 519. 527
πότνια (*potinija*)	Herrin, von Göttinnen	R 76.
πότνια μήτηρ	Mutter, Herrin der Familie	R 76. 87. 130.
πρόχοος (fem.)	Gießerin: Gefäß zum Holen und Gießen von Wasser (*pokuta*?)	R 62.
πτύσσειν	(Wäsche) glätten	R 60.
ῥαίνειν	(den Fußboden) besprengen	R 59.
σῖτος	Brot, Speise (*sito*)	R 53. 54 Anm. 237; R 55 mit Anm. 248; R 61. 71.
σκότιος	illegitimes Kind	R 86.
σπάργανον, σπάργειν	Windel, windeln	R 106 Anm. 618.
σταθμός	Dachpfosten (beim Herd)	R 72.
στείβειν	(die Wäsche mit den Füßen) walken	R 60.
στεφάνη	Diadem; Ableitung: ἐϋστέφανος (fem.)	R 121 Anm. 736; R 126 Anm. 765.
στορέσαι	spreiten; στ. λέχος das Bett richten (*rekeetoroterijo*)	R 68 mit Anm. 347.
στροφαλίζειν	(das Vorgarn) drehen	R 42 Anm. 186.
στρωφᾶν	(den Faden) drehen: spinnen	R 39 Anm. 165; R 42 Anm. 186.
στρόφος	Wickelband	R 106 Anm. 618.
τάλαρος	Korb (für Textilarbeit)	R 39. 48. 49 Anm. 214; R 63 Anm. 307.
ταμίη	Beschließerin der Vorräte, Verwalterin des Hauses	R 52. 53 mit Anm. 232. 235; R 71 Anm. 375; R 78 Anm. 416.
τανύσφυρος (fem.)	mit langen (schlanken) Fesseln	R 123 Anm. 744; R 125.
τέρπεσθαι	sich sättigen (sexuell)	R 101.
τηρῆσαι	(das Haus) verwahren, verwalten	R 71.
τίκτειν, τίκτεσθαι	zeugen, gebären	R 70 Anm. 371; R 86 Anm. 467; R 102 Anm. 587; R 105 mit Anm. 611; R 106 Anm. 617; R 108 Anm. 630f.
τράπεζα	Tisch (*topeza*)	R 74 Anm. 393.
τρέφειν	aufziehen	R 70 mit Anm. 369ff.
τρίπο(υ)ς	Dreifußkessel (*tiripo*)	R 63. 64 mit Anm. 309.
τροφός	Kinderfrau	R 70 mit Anm. 368; R 71 Anm. 375; R 79 Anm. 416.
ὑδρεύειν, ὑδρεύεσθαι	Wasser holen, holen lassen	R 56 Anm. 257.
ὑμέναιος	das (öffentlich gesungene) Hochzeitslied	R 96.
ὑπερώϊον	Obergeschoß des Hauses	R 72 Anm. 385.
ὑπόπορτις (fem.)	mit Säugling	R 107 Anm. 619.
ὑποσχεσίαι	(Ehe-) Vertrag	R 90 Anm. 489.

ὑφαίνειν	weben (upojo?)	R 42 Anm. 186; R 46.
φάρμακον	Heilmittel, Arznei (pa-mako?); Ableitung: πολυ-φάρμακος viele Heilmittel kennend	R 36 mit Anm. 148. 152.
φίλη	zugehörig	R 82. 95 Anm. 527; R 101 Anm. 569.
φιλότης	(eheliche, dann auch sexuelle) Zugehörigkeit	R 82 Anm. 446; R 97 Anm. 547; R 99ff. Anm. 556. 558. 566; R 103f. Anm. 590. 592. 603; R 108.
φρέαρ	Brunnen (perewote)	R 56.
φρένες	Verstand (als eine der weiblichen Gaben); Ableitungen: ἐπίφρων vernünftig; ἐχέφρων verständig; περίφρων umsichtig	R 118 mit Anm. 703. 704; R 119 mit Anm. 706–708; R 120 Anm. 718; R 123. 127 Anm. 766.
φυή	Wuchs	R 121 mit Anm. 732.
φωριασμός	große Truhe	R 67.
χερνῆτις	Handwerkerin	R 41. 42 Anm. 182; R 78. 79.
χέρνιβον	Becken zum Händewaschen	R 63 Anm. 308.
χέρνιψ	Handwaschwasser	R 63 Anm. 308.
χηλός	kleine Truhe, Koffer	R 67.
χήν	Gans	R 69 Anm. 359. 360.
χήρη	'leer': Witwe	R 109 mit Anm. 639. 641.
χηρόειν	zur Witwe machen	R 109 Anm. 639.
χορός	Tanz-, Gesanggruppe	R 29. 30.
χυτρόποδες	Kochtöpfe auf Füßen	R 64.
ὠδῖνες, ὠδίνειν	Wehen, kreißen	R 106.
ὠνητή	Gekaufte: unfreie Frau	R 80 Anm. 423; R 84.

VIII. Literatur

Die Liste gibt eine Auswahl (vgl. o. S. R 5 und Anm. 1–3). Weitere Titel findet man bei Packard-Meyers mit Hilfe der Sachregister, bei Schwarz, Soziale Stellung XIII–XVIII, Hirvonen, Survivals 198–209, Zinserling (Anm. 3) 84–86, Pomeroy (Anm. 3) 251–259. S. B. Pomeroy, A Selected Bibliography on Women in Antiquity. Arethusa 6, 1973, 125–127.

1831		F. G. Welcker, Medea oder die Kräuterkunde bei den Frauen, in: Kleine Schriften 3 (1850) 20–26.
1833		ders., Entbindung, a.O. 185–208.
1881	Buchholz, Realien II 1	E. Buchholz, Die homerischen Realien II 1. Das öffentliche Leben der Griechen im heroischen Zeitalter.
1883	Buchholz, Realien II 2	ders., a.O. II 2. Das Privatleben der Griechen im heroischen Zeitalter.
1895		RE. II 1, 1335ff. s.v. Artemis (Wernicke).
1897		S. Butler, The Authoress of the Odyssey.
1904		L. R. Farnell, Sociological Hypotheses Concerning the Position of Women in Ancient Religion. ARW. 7, 70–94.
1904		G. Glotz, La solidarité de la famille dans le droit criminel en Grèce.

1906		W. A. Müller, Nacktheit und Entblößung in der altorientalischen und in der älteren griechischen Kunst.
1909		RE. VI 1, 114–117 s. v. ἐπίκληρος (Thalheim).
1912		RE. VII 2, 2592 s. v. ἕδνα (Thalheim).
1912		E. Buschor, Beiträge zur Geschichte der griechischen Textilkunst. Die Anfänge und der orientalische Export.
1912		A. Frickenhaus, Die Hera von Tiryns. Tiryns I, 1 ff.
1914		A. Nawrath, De Graecorum ritibus nuptialibus e vasculis demonstrandis.
1920		G. A. S. Snijder, De forma matris cum infante sedentis apud antiquos.
1921		M. Ninck, Die Bedeutung des Wassers in Kult und Leben der Alten. Eine symbolgeschichtliche Untersuchung (Ndr. 1960).
1921		M. Weber, Wirtschaft und Gesellschaft. Grundriß der verstehenden Soziologie (4. Aufl., 1956).
1922		P. Herfst, Le travail de la femme dans la Grèce ancienne (Ndr. 1980).
1923		O. von Allmen, Das Kind in der epischen Dichtung der Griechen.
1925		A. Brinkmann, Altgriechische Mädchenreigen. BJb. 130, 118–146.
1927		C. W. Westrup, Über den sogenannten Brautkauf des Altertums. Ztschr. für vergleichende Rechtswissenschaft 42, 47–145.
1929		J. H. Thiel, De feminarum apud Dores condicione. Mnemosyne 57, 193–205.
1932	*Thurnwald, Gesellschaft*	R. Thurnwald, Die menschliche Gesellschaft II: Werden, Wandel und Gestaltung von Familie, Verwandtschaft und Bünden im Lichte der Völkerforschung.
1933		W. Arend, Die typischen Szenen bei Homer (Problemata 7).
1933	*Jenzer, Wandlungen*	A. Jenzer, Wandlungen in der Auffassung der Frau im ionischen Epos und in der attischen Tragödie.
1934		W. Erdmann, Die Ehe im alten Griechenland. Münchener Beiträge zur Papyrusforschung und antiken Rechtsgeschichte 20.
1934		V. Georgiev, Die Etymologie des Verbums γαμέω und sein Gebrauch bei Homer und Hesiod.
1935		RE. XVI 2, 1541 ff. s. v. Nacktheit (Pfister).
1936		RE. XVII 1, 1066–74 s. v. νόθοι (Latte).
1937		P. Koschaker, Die Eheformen bei den Indogermanen. Ztschr. für ausländisches und internationales Privatrecht, Sonderheft zu Bd. 11, 77–140 b.
1938		W. Marg, Der Charakter in der Sprache der frühgriechischen Dichtung (Ndr. 1977).
1938		RE. XIX 2, 2041 ff. s. v. φερνή (Schultheß).
1939		H. Jeanmaire, Couroi et Courètes. Essai sur l'éducation spartiate et sur les rites d'adolescence dans l'antiquité hellénique.
1940		W. P. Clark, Iliad IX, 336 and the Meaning of ἄλοχος in Homer. CPh. 35, 188–190.
1941		L. Deubner, Ololyge und Verwandtes. AbhBerlin Nr. 1.
1942		F. Brommer, Gefäßformen bei Homer. Hermes 77, 356–372.

1944		R. Köstler, Raub- und Kaufehe bei den Hellenen, in: Homerisches Recht (1950) 29–48.
1944		ders., ἝΔΝΑ. Ein Beitrag zum homerischen Eherecht, a.O. 49–64.
1944		E. Risch, Betrachtungen zu den indogermanischen Verwandtschaftsnamen. MusHelv. 1, 115–122.
1944		C. W. Westrup, Introduction to Early Roman Law I 1, 1.
1946/47		P. Chantraine, Les noms du mari et de la femme, du père et de la mère en Grec. REG. 59/60, 219–250.
1948		A. J. B. Wace, Weaving or Embroidery. AJA. 52, 51–55.
1949		M. Mead, Male and Female. A Study of the Sexes in a Changing World (Deutsch 1958).
1949		P. J. Riis, The Syrian Astarte Plaques and their Western Connections. Berytus 9, 69–90.
1949		RE. XVIII 4, 2306 f. s. v. πατροῦχος (Schaefer).
1949		W. J. Verdenius, ΚΑΛΛΟΣ ΚΑΙ ΜΕΓΕΘΟΣ. Mnemosyne (Ser. 4) 2, 294–298
1950	Schwarz, Soziale Stellung	E. Schwarz, Die soziale Stellung der Frau in den homerischen Epen.
1951		É. Benveniste, Don et échange dans le vocabulaire indo-européen. L'année sociologique 3, 7–20.
1951		A. J. B. Wace, Notes on the Homeric House. JHS. 71, 203–211.
1952		R. Harder, Odysseus und Kalypso, in: Kleine Schriften (1960) 148–163.
1952		H. J. Wolff, Die Grundlagen des griechischen Eherechts. Tijdschrift vor Rechtsgeschiednis 20, 1 ff.
1953		M. Miller, Greek Kinship Terminology. JHS. 73, 46–52.
1954		É. Benveniste, Formes et sens de μνάομαι, in: Sprachgeschichte und Wortbedeutung 13–18.
1954		R. Kassel, Quomodo quibus locis apud veteres scriptores Graecos infantes atque parvuli pueri inducantur, describantur, commemorentur.
1954		M. Scheller, Griech. γνήσιος, altind. *jātha* und Verwandtes, in: Sprachgeschichte und Wortbedeutung 399–407.
1955	Finley, Marriage	M. J. Finley, Marriage, Sale and Gift in the Homeric World. RIDA. 3, 2, 1955, 167–194.
1955		H. Humbach, θεά und feminines θεός bei Homer. Münchener Studien zur Sprachwissenschaft 7, 46 ff.
1955	Micknat, Studien	G. Micknat, Studien zur Kriegsgefangenschaft und zur Sklaverei in der griechischen Geschichte. Erster Teil: Homer. AbhMainz 1954 Nr. 11.
1955	Treu, Von Homer zur Lyrik	M. Treu, Von Homer zur Lyrik. Wandlungen des griechischen Weltbildes im Spiegel der Sprache (Zetemata 12).
1956		J. Th. Kakridis, The rôle of Women in the Iliad, in: Homer Revisited (1971) 68–75.
1957		R. Thurnwald, Grundfragen menschlicher Gesellung (Forschungen zur Ethnologie und Sozialpsychologie 2).
1957		RE. XXIII 1, 133 ff. s. v. προίξ (Wolff).
1958		G. M. Bolling, ποικίλος und θρόνα. AJPh. 79, 275–282.
1958		L. A. Moritz, Grain-mills and Flour in Classical Antiquity.
1958		J. Rudhardt, Notions fondamentales de la pensée religieuse et actes constitutifs du culte dans la Grèce classique.

1960		W. Burkert, Das Lied von Ares und Aphrodite. RhMus. 103, 130–144.
1960		R. Flacelière, L'amour en Grèce.
1960		R. Hampe, Ein frühattischer Grabfund.
1960		J. Vogt, Von der Gleichwertigkeit der Geschlechter in der bürgerlichen Gesellschaft der Griechen, AbhMainz Nr. 2.
1961		W. Beringer, Zu den Begriffen für »Sklaven« und »Unfreie« bei Homer. Historia 10, 259–291.
1962	Ginouvès, Balaneutiké	R. Ginouvès, Balaneutiké. Recherches sur le bain dans l'antiquité grecque (BEF. 200).
1963		M. Ervin, A Relief Pithos from Mykonos. Δελτ. 18, 37–75.
1963		I. Jucker, Frauenfest in Korinth. Antike Kunst 6, 47–61.
1963		P. Thieme, 'Jungfrauengatte'. Sanscrit kaumārah patiḥ – Homer. κουρίδιος πόσις – Lat. maritus. ZvglSpr. 78, 161–248.
1964		P. Faure, Fonctions des cavernes crétoises.
1964	Tölle, Reigentänze	R. Tölle, Frühgriechische Reigentänze.
1965		L. Graz, Le feu dans l'Iliade et l'Odyssée ΠΥΡ. Champ d'emploi et signification.
1966		W. Burkert, Kekropidensage und Arrhephoria. Vom Initiationsritus zum Panathenäenfest. Hermes 94, 1–25.
1966		W. K. Lacey, Homeric ΕΔΝΑ and Penelope's ΚΥΡΙΟΣ. JHS 86, 55–68.
1966		J. Latacz, Zum Wortfeld 'Freude' in der Sprache Homers.
1968	Mele, Società	A. Mele, Società e lavoro nei poemi omerici.
1968	Hirvonen, Survivals	K. Hirvonen, Matriarchal Survivals and certain trends in Homer's female characters (Annales Academiae Scientiarum Fennicae 152).
1968	Richter, Korai	G. M. A. Richter, Korai. Archaic Greek Maidens. A Study of the Development of the Kore Type in Greek Sculpture.
1968		C. Segal, Circean Temptations: Homer, Vergil, Ovid. TAPhA. 99, 419–442.
1968		E. L. Smithson, The Tomb of a Rich Athenian Lady ca. 850 B.C. Hesperia 37, 77–116.
1969	Benveniste, Institutions I	É. Benveniste, Le vocabulaire des institutions indo-européennes. I. Économie, parenté, société.
1969		A. Brelich, παῖδες e παρθένοι.
1969		A. Giancalone Ramat, Richerche sulle denominazioni della donna nelle lingue europee. Archivio glottologico italiano 54, 105–147.
1969		Cl. Moussy, Recherches sur τρέφω et les verbs grecs signifiant 'nourrir'.
1969		J. Warden, ΊΦΘΙΜΟΣ. A semantic Analysis. Phoenix 29, 143 ff.
1970		J. Th. Kakridis, Ναυσικάα θεῶν ἄπο κάλλος ἔχουσα, in: Homer Revisited (1971) 141–150.
1970		G. Wickert-Micknat, Dichtung als historische Quelle. Saeculum 21, 57–70.
1971		G. Ahlberg, Prothesis and Ekphora in Greek Geometric Art (SIMA. 32).
1971		A. Athanassakis, An Inquiry into the Etymology and Meaning of ἴφθιμος in the Early Epic. Glotta 49, 1–21.
1971		H. Phelps Gates, The Kinship Terminology of Homeric

		Greek (Indiana University Publications in Anthropology and Linguistics, Mem. 27).
1971		B. Snell, φρένες – φρόνησις. Glotta 55, 34–64.
1972		A. Heubeck, Etymologische Vermutungen zu Eleusis und Eileithyia. Kadmos 11, 87–95.
1972		W. Kendall Freiert, The Motifs of Confrontation with Women in Homer's Odyssey.
1972	Kranz, Sitzfiguren	P. Kranz, Frühe griechische Sitzfiguren. Zum Problem der Typenbildung und des orientalischen Einflusses in der frühen griechischen Rundplastik. AM. 87, 1–55.
1972		W. K. Lacey, The Family in Classical Greece².
1972		Cl. Moussy, Ἀταλός, ἀτάλλω, ἀτιτάλλω, in: Mélanges de linguistique et de philologie grecques offerts à P. Chantraine, 161 ff.
1973		M. M. Arthur, The Origins of the Western Attitude toward Women. Arethusa 6, 7–58.
1973		G. Franzius, Tänzer und Tänze in der archaischen Vasenmalerei.
1973		M. O. Knox, Megarons and ΜΕΓΑΡΑ: Homer and Archaeology. ClQu. 67, 1–21.
1973	Ramming, Dienerschaft	G. Ramming, Die Dienerschaft in der Odyssee.
1973		J.-P. Vernant, Le mariage, in: Mythe et société en Grèce ancienne 57–81.
1974		Ch. R. Beye, Male and Female in the Homeric Poems. Ramus 3, 87–101.
1974		B. v. Freytag gen. Löringhoff, Ein spätgeometrisches Frauengrab vom Kerameikos. AM. 89, 1–25.
1974		K. Gaiser, Für und wider die Ehe. Antike Stimmen zu einer offenen Frage zusammengestellt und übersetzt.
1974		F. W. Hamdorf, Lakonische Perirrhanterien. AM. 89, 47–64.
1974		G. Klingenschmitt, Griechisch παρθένος, in: Antiquitates Indogermanicae. Gedenkschrift für H. Güntert, 273–278.
1974		A. M. Snodgrass, An Historical Homeric Society? JHS. 94, 114–125.
1974		G. Thomson, Frühgeschichte Griechenlands und der Ägäis. Forschungen zur altgriechischen Gesellschaft I (deutsche Übersetzung von »Studies in Ancient Greek Society I. The Prehistoric Aegean 1949, ³1961«).
1974		P. Vidal-Naquet, Les jeunes: le cru, l'enfant grec et le cuit, in: Faire de l'histoire. Nouveaux problèmes III 137–168.
1975		S. B. Pomeroy, Andromaque: un exemple méconnu de matriarcat. REG. 88, 16–19.
1975		J. Schelp, Das Kanoun. Der griechische Opferkorb (Beiträge zur Archäologie 8).
1975	Schneider, Korenstatuen	L. A. Schneider, Zur sozialen Bedeutung der archaischen Korenstatuen (Hamburger Beiträge zur Archäologie Beih. 2).
1975		H. J. v. Schumann, Sexualkunde und Sexualmedizin in der klassischen Antike.
1975		B. Snell, Die Entdeckung des Geistes⁴.
1975/76		N. P. Gross, Nausicaa: A Femine Threat. ClW. 69, 311–317.
1976	Gschnitzer, Terminologie II	F. Gschnitzer, Studien zur griechischen Terminologie der Sklaverei. Zweiter Teil: Untersuchungen zur älteren,

		insbesondere homerischen Sklaventerminologie (Forschungen zur antiken Sklaverei 7).
1976		A. Lesky, Vom Eros der Hellenen.
1976		H. Neitzel, Pandora und das Faß. Zur Interpretation von Hesiod Erga 42–105. Hermes 104, 387–419.
1977		F. E. Brenk, Aphrodite's Girdle: No Way to Treat a Lady. Class. Bull. 54, 17–20.
1977		C. Calame, Les choeurs de jeunes filles en Grèce archaïque. I Morphologie, fonction religieuse et sociale.
1977		H. F. North, The Mare, the Vixen and the Bee. *Sophrosyne* as the Virtue of Women in Antiquity. Illinois Class. Stud. 2, 35–48.
1977		P. Schmitt, Athène Apatouria et la ceinture. Les aspects féminins des Apatouries à Athènes. AnnEconSocCiv. 32, 1059–1073.
1977		O. Szemerényi, Das griechische Verwandtschaftsnamensystem vor dem Hintergrund des indogermanischen Systems. Hermes 105, 385–405.
1978		H. P. Foley, 'Reverse Similes' and Sex Roles in the Odyssee. Arethusa 11, 7–26.
1978	*Hadzistelliou-Price, Kourotrophos*	Th. Hadzistelliou-Price, Kourotrophos. Cults and Representations of the Greek Nursing Deities.
1978		N. Loraux, Sur la race des femmes et quelques-unes de ses tribus. Arethusa 11, 43–87.
1978		L. S. Sussman, Workers and Drones. Labor, Idleness, and Gender Definition in Hesiod's Beehive. Arethusa 11, 27–41.

Ferner erscheinen hier folgende Abkürzungen:

1. Antike Texte: Ausgaben und Kommentare

AHS.	The Homeric Hymns, ed. by T. W. Allen, W R. Halliday and E. E. Sikes (1936).
D.	Anthologia lyrica Graeca, ed. E. Diehl (1954ff.).
Diels-Kranz	Die Fragmente der Vorsokratiker. Griech. u. deutsch von H. Diels[10], hrsg. von W. Kranz (1960).
Hes. Fr.	Fragmenta Hesiodea ediderunt R. Merkelbach et M. L. West (1967).
Inscriptiones Creticae 4	Inscriptiones Creticae 4. Tituli Gortynii cur. M. Guarducci (1950).
Richardson, Hymn to Demeter	The Homeric Hymn to Demeter, ed. by N. J. Richardson (1974).
Solon	ΣΟΛΩΝΟΣ ΝΟΜΟΙ. Die Fragmente des solonischen Gesetzeswerkes mit einer Text- und Überlieferungsgeschichte von E. Ruschenbusch. Historia, Einzelschriften 9 (1966).
Stanford I–II	The Odyssey of Homer, ed. with general and grammatical introduction, commentary and indexes by W. B. Stanford[2] (1971–74).
West, Theogony	Hesiod, Theogony, ed. with Prolegomena and Commentary by M. L. West (1966).

West, Works	Hesiod, Works and Days, ed. with Prolegomena and Commentary by M. L. West (1978).
Wilamowitz	Hesiods Erga erklärt von U. v. Wilamowitz-Moellendorff (1928).

2. Lexika, Sammelwerke, archäologische Publikationen, Sprachgeschichte, Gesamtdarstellungen

Alscher, Griech. Plastik I	L. Alscher, Griechische Plastik I (1954).
Blinkenberg, Lindos I	Chr. Blinkenberg, Lindos. Fouilles et recherches I. Les petits objets (1931).
Buchholz-Karageorghis	H.-G. Buchholz - V. Karageorghis, Altägäis und Altkypros (1971).
Burkert, Griech. Religion	W. Burkert, Griechische Religion der archaischen und klassischen Epoche (1977).
Buschor, Vasen	E. Buschor, Griechische Vasen^2 (1969).
Buttmann, Lexilogus	Ph. Buttmann, Lexilogus oder Beiträge zur griechischen Worterklärung, hauptsächlich für Homer und Hesiod 1^2 und 2 (1825).
Chantraine	P. Chantraine, Dictionnaire étymologique de la langue grecque. Histoire des mots (1968 ff.).
Cunliffe	R. J. Cunliffe, A Lexicon of the Homeric Dialect (1924, neu ed. 1963).
Fittschen, Sagendarstellungen	K. Fittschen, Untersuchungen zum Beginn der Sagendarstellungen bei den Griechen (1969).
Grace, Archaic Sculpture	F. R. Grace, Archaic Sculpture in Boetia (1939).
Higgins, Greek Terracottas	R. A. Higgins, Greek Terracottas (1967).
Hofmann	J. B. Hofmann, Etymologisches Wörterbuch des Griechischen (1950).
Jenkins, Dedalica	R. J. H. Jenkins, Dedalica. A Study of Dorian Plastic in the Seventh Century B.C. (1936).
Kaulen, Daidalika	G. Kaulen, Daidalika. Werkstätten griechischer Kleinplastik des 7. Jahrhunderts v. Chr. (1967).
Kübler, Kerameikos VI 1–2	K. Kübler, Kerameikos. Die Nekropole des späten 8. bis frühen 6. Jahrhunderts (1959. 1970).
Kunze, Schildbänder	E. Kunze, Archaische Schildbänder. Ein Beitrag zur frühgriechischen Bildgeschichte und Sagenüberlieferung. Olymp. Forsch. 2 (1950).
Lamb, Bronzes	W. A. Lamb, Greek and Roman Bronzes^2 (1969).
Langlotz-Hirmer, Kunst der Westgriechen	E. Langlotz, Die Kunst der Westgriechen in Sizilien und Unteritalien. Aufnahmen von M. Hirmer (1963).
Marangou, LEB.	E.-L. Marangou, Lakonische Elfenbein- und Beinschnitzereien (1969).
Marinatos-Hirmer	Sp. Marinatos - M. Hirmer, Kreta, Thera und das mykenische Hellas^2 (1973).
Mollard-Besques, Cat. des figurines I	S. Mollard-Besques, Catalogue raisonné des figurines et reliefs en terre cuite grecs, étrusques et romains. I Époques préhellénique, géométrique, archaïque et classique (1954).
Packard-Meyers	D. W. Packard - T. Meyers, A Bibliography of Homeric Scholarship 1930–1970. Undena Publications (1974).
Payne, Necrocorinthia	H. Payne, Necrocorinthia. A Study of Corinthian Art in the Archaic Period (1931).

Perachora I, Perachora II	Perachora. The Sanctuaries of Hera Akraia and Limenia. Excavations of the British School of Archaeology at Athens 1930–1933 (1940. 1962).
Richter, Handbook	Metr. Mus. of Art. G. M. A. Richter, Handbook of the Greek Collection (1953).
Rouse, Votive Offerings	W. H. D. Rouse, Greek Votive Offerings. An Essay in the History of Greek Religion (1902).
Sprachgeschichte und Wortbedeutung	Sprachgeschichte und Wortbedeutung. Festschrift A. Debrunner (1954).
Schulze, Quaestiones epicae	Guilelmus Schulze, Quaestiones epicae (1892).
Schweitzer, Geom. Kunst	B. Schweitzer, Die geometrische Kunst Griechenlands. Frühe Formenwelt im Zeitalter Homers (1969).
Wackernagel, Unters.	J. Wackernagel, Sprachliche Untersuchungen zu Homer² (1970).
Waldstein, Heraion II	Ch. Waldstein, The Argive Heraion II (1905).

ARCHAEOLOGIA HOMERICA

Kapitel S

ARCHAEOLOGIA HOMERICA

Die Denkmäler und das frühgriechische Epos

Begründet von
Friedrich Matz† und Hans-Günter Buchholz

Im Auftrage des
Deutschen Archäologischen Instituts
herausgegeben von
Hans-Günter Buchholz

Kapitel S: S. Laser, Medizin und Körperpflege

GÖTTINGEN · VANDENHOECK & RUPRECHT · 1983

MEDIZIN UND KÖRPERPFLEGE

Von

Siegfried Laser

GÖTTINGEN · VANDENHOECK & RUPRECHT · 1983

Redaktion: Hans-Peter Gumtz

Manuskriptabgabe: 1980
Umschlagbild: Darstellung auf einer chalkidischen
Halsamphora, siehe S. S 110 f. mit Anm. 297 Abb. 8;
Zeichnung: M. Morkramer, Gießen

ISBN 3-525-25424-5

Gedruckt mit Unterstützung des Deutschen Archäologischen Instituts, Berlin

© Vandenhoeck & Ruprecht in Göttingen 1983. – Umschlag: Karlgeorg Hoefer. – Printed in Germany. – Ohne ausdrückliche Genehmigung des Verlages ist es nicht gestattet, das Buch oder Teile daraus auf foto- oder akustomechanischem Wege zu vervielfältigen.
Gesamtherstellung: Hubert & Co., Göttingen

Kapitel S

MEDIZIN UND KÖRPERPFLEGE

von Siegfried Laser, Kiel

1. Vorwort. – 2. Der menschliche Körper, a) Einführung, b) Die Knochen, c) Die Gelenke und Glieder im allgemeinen, d) Die Muskeln, Bänder und Sehnen, e) Die Gliedmaßen im einzelnen, α) Arme, β) Beine, f) Der Kopf, α) Das Gesicht, β) Augen, γ) Ohren, δ) Nase, ε) Mund, ζ) Unterkiefer, g) Der Hals, h) Der Rumpf, α) Brustpartie, β) Rücken und Gesäß, γ) Unterleib, i) Das Leibesinnere, α) Brusthöhle, β) Bauchhöhle, j) Die Oberfläche des Körpers und ihre Behaarung, α) Die Haut, β) Die Haare, k) Anthropologisch-paläopathologischer Anhang, α) Anthropologische Vorbemerkungen, β) Zu pathologischen Skelettbefunden, γ) Zum Zustand der Zähne. – 3. Krankheiten, a) Allgemeines zum epischen Krankheitsbegriff, α) Krankheit als göttliche Strafe, β) Chronischer Verlauf als Signum nichttraumatischer Krankheiten, γ) Ansätze zu rationaler Auffassung, δ) Krankheit und Jahreszeit, ε) Zur Herkunft des Terminus »Koma«, ζ) Zum Begriff der Gesundheit, b) Nichttraumatische Krankheiten im einzelnen, α) Die 'Pest', β) Malaria und Krankheiten der Erntezeit, γ) Hunger als Krankheit, δ) Das Alter als Krankheit, ε) Erkältung, ζ) Trunkenheit, η) Geisteskrankheiten, mit einem Exkurs über die Bildüberlieferung zum Selbstmord des Aias, ϑ) Haut- und Geschlechtskrankheiten, ι) Plötzlicher, nicht gewaltsamer Tod, ϰ) Anhang: Gynäkologisches. – 4. Heilung, a) Heilgötter, α) Apollon, β) Anhang: Apollon und Artemis als Todesgottheiten – Die Keren, γ) Eileithyien, δ) Paieon, ε) Poseidon, ζ) Chiron als heilkundiger Dämon, b) Ärzte, α) Asklepios, β) Machaon und Podaleirios, γ) Die anonymen Ärzte der Ilias, δ) Der Wanderarzt der Odyssee, ε) Drogenkundige Heilerinnen, c) Versorgung Verwundeter und Kranker, α) Transport Verwundeter und Stätten ihrer Versorgung, β) Wundbehandlung und Kriegschirurgie, γ) Magische Therapie, δ) Kultisch-kathartisches Heilverfahren, d) Heilmittel, α) Drogen und Gewürze zu mykenischer Zeit, β) Zum epischen Begriff φάρμακον, γ) Pharmaka in der chirurgischen Wundbehandlung, δ) Zur Frage innerlicher Verabreichung von Heilmitteln, ε) Pharmaka als Zaubermittel, ζ) Gifte. – 5. Körperpflege, a) Zum epischen Begriff der Pflege, b) Das Bad, α) Das Bad in der Ilias, β) Das Bad in der Odyssee und bei Hesiod, c) Reinigung der Extremitäten, α) Waschen der Hände, β) Fußwaschung, d) Pflege im Übergang zur Kosmetik, α) Pflege des Haars, β) Weibliche Schönheitspflege, γ) Totenkosmetik, e) Zur Rolle des Öls bei Körperpflege und Kosmetik. – 6. Zusammenfassung. – 7. Ausdrücke zum Kapitel Medizin und Körperpflege. – 8. Literatur.

1. Vorwort

Das als 'frühepisch' bezeichnete literarische Material, das dieser Arbeit zugrunde liegt, umfaßt vom homerischen Epos und Hesiod bis zu den Überresten des 'homerischen' Kyklos und der pseudohesiodischen 'Aspis' etwa zweihundert

Jahre. Gleichwohl diente es dem Zweck, in erster Linie zur Aufhellung der Verhältnisse des 8. Jhs. v. Chr. beizutragen. Im allgemeinen wurde aus dem fragmentarischen Fundus der älteren Epik nur das berücksichtigt, was in Versform vorlag.

Der Gegenstand des Kapitels machte es erforderlich, die Auseinandersetzung mit der literarischen Überlieferung zum Kernstück zu machen, und nötigte dazu, die materielle Hinterlassenschaft zum Thema, die äußerst dürftig ist, soweit dies gerade die Heilkunst betrifft, nicht in üblicher Weise in einem eigenen archäologischen Abschnitt, sondern jeweils als Ergänzung bzw. Erläuterung der epischen Aussagen zu behandeln. Dieses Verfahren empfahl sich auch für die der Körperpflege gewidmeten, archäologisch ergiebigeren Teile dieser Untersuchung, da hierfür ein monumentales Werk vorliegt, das den Gegenstand in vielen diese Arbeit betreffenden Bereichen auch archäologisch erschöpfend behandelt hat: R. Ginouvès, Balaneutikè. Recherches sur le Bain dans l'Antiquité Grecque (1962).

Der erste, anatomisch-semasiologische Teil, dem ein relativ breiter Raum zugewiesen wurde, weil der menschliche Körper sozusagen die eigentliche 'homerische Realie' dieses Kapitels ist, wird, da mit der Fertigstellung des Lexikons zur frühgriechischen Epik in absehbarer Zeit nicht zu rechnen ist, auch Hinweise auf einigermaßen gesicherte Worterklärungen enthalten, die mit einem breiteren Interesse rechnen können. Dazu wurde das etymologische Wörterbuch von J. B. Hofmann (1966) zugrunde gelegt, gelegentlich das von H. Frisk mit herangezogen. Daß hier keinen fachspezifischen Ansprüchen nachgekommen werden konnte, darf am Rande bemerkt werden. Dieser Teil wird die Aussagen des frühen Epos zur Physiologie des menschlichen Körpers mit enthalten, die zu spärlich sind, als daß sie eine Behandlung in einem gesonderten Abschnitt rechtfertigten.

Die dargebotenen Stellen des Originaltextes sollten stets verständlich gemacht werden, was freilich nicht schematisch, sondern je nach Erfordernis, bald durch Übersetzung, bald durch eine mehr oder weniger ausführliche Paraphrase geschehen wird. Für wertvolle Ergänzung des Bildmaterials und der Bibliographie bin ich H.-G. Buchholz zu größtem Dank verpflichtet[*].

2. Der menschliche Körper

a) Einführung

Wer ein Bild davon zu entwerfen versucht, welche Kenntnisse die Zeit des frühgriechischen Epos vom menschlichen Körper und seinen Funktionen besitzt, wird bald feststellen müssen, daß es dabei nur sehr bedingt möglich sein wird, einer anatomischen und physiologischen Systematik in modernem Sinne zu folgen, die den sinnvollen Bezug der Teile zueinander und zum Ganzen ins Auge faßt. Das Begreifen und Benennen von Teilen und Funktionen des Körpers, soweit sie in unserem Untersuchungsbereich semasiologisch faßbar sind, erfolgte zunächst

---

[*] H.-P. Gumtz sei für die redaktionelle Bearbeitung des Manuskripts gedankt, M. Morkramer für die Umzeichnungen von Abb. 1b; 2b; 3a.b; 4b.d.f.g; 5. 6b; 13a–d; 15. 16. 18a; 20. 22a–c; 23.

doch wohl aus einem urtümlichen Bedürfnis heraus, sichtbare körperliche Gegebenheiten zu lokalisieren[1] und zu veranschaulichen, die vorwiegend isoliert betrachtet sind, während sie als zusammenwirkende Teile einer organischen Einheit weitgehend unbeachtet blieben.

Nur vereinzelt und an offensichtlich jüngeren Stellen des Epos findet man gewisse Ansätze dazu, körperliche Bereiche in funktionellen Bezügen zueinander zu sehen. Wenn 9,293 der Kyklop die Gefährten des Odysseus – wir würden sagen »mit Haut und Haaren« – verspeist: ἔγκατά τε σάρκας τε καὶ ὀστέα μυελόεντα, »samt Eingeweiden, Fleisch und markreichen Knochen«, ist mit der Konzipierung dieser anatomischen Grundsubstanzen schon ein Schritt dahin getan, den menschlichen Körper als eine organische Einheit zu begreifen. 11,218f. wird Odysseus vom Eidolon seiner Mutter Antikleia, die ihm die Wesenlosigkeit der Totenseele (ψυχή) zu erklären versucht, über den leiblichen Verfall der Toten unterrichtet. Der Ton wirkt lehrhaft und mag vom Bewußtsein einer neuen Erkenntnis getragen sein:

ἀλλ' αὕτη δίκη ἐστὶ βροτῶν, ὅτε τίς κε θάνῃσιν·
οὐ γὰρ ἔτι σάρκας τε καὶ ὀστέα ἶνες ἔχουσιν, ...

»Ja, diesem Gesetz sind die Sterblichen unterworfen, sooft einer stirbt, denn nicht mehr halten die Sehnen das Fleisch und die Knochen zusammen.« Auch hier liegt der Versuch vor, den Körper insgesamt in substantiellen Komponenten zu erfassen, die überdies, wenigstens im Falle der ἶνες, in einem Funktionszusammenhang gesehen werden. Der Seher Theoklymenos verzichtet auf ein Geleit mit den Worten:

εἰσί μοι ὀφθαλμοί τε καὶ οὔατα καὶ πόδες ἄμφω
καὶ νόος ἐν στήθεσσι τετυγμένος οὐδὲν ἀεικής·
(20,365f.).

Das heißt soviel wie: wer Augen, Ohren, Beine und einen klaren Kopf besitzt, kann für sich selber sorgen. Hier sind wohl am umfassendsten Sinnesorgane, körperliche Regsamkeit und Denkvermögen zwar knapp, aber unmißverständlich als Funktionseinheit begriffen. Solche Ansätze zu anatomisch-physiologischer Subsumierung gehören eben zu den Ausnahmen. Dem entspricht es, wenn im homerischen Epos keine Bezeichnung für den lebendigen Leib als Einheit vorhanden ist. B. Snell hat in seinen Studien über die Auffassung des Menschen bei Homer gezeigt, daß der menschliche Körper dort als Addition von im Grunde selbständig agierenden Teilen aufgefaßt wird[2].

Das Wort σῶμα, das später den Körper bezeichnet, meint bei Homer nie den lebendigen Leib, sondern, wie νεκρός, den Leichnam[3]. Wo wir »Körper« sagen, werden, den jeweiligen Aussagen und Aktionen entsprechend, unter Umständen sehr verschiedene Ausdrücke gebraucht. Der Körper, in den das Geschoß eindringt oder den man wäscht, ist χρώς, eigentlich die Haut als begrenzende Oberfläche des Leibes. Der Körper als Ausdruck für die Gesamterscheinung menschlicher Gestalt ist δέμας, eigentlich »Bau«, oder φυή, »Wuchs«. Ist der Körper in Aktionen wie Bewegung, Ermattung und dergleichen gemeint, wird er als Summe

---

[1] Körner, Kenntnisse 23 spricht wohl etwas zu anspruchsvoll von Homer als dem »Begründer der topografischen Anatomie«.   [2] Snell, Entdeckung 17ff.   [3] Das früheste Zeugnis für σῶμα in der Bedeutung »(lebender) Körper« liegt Hes., Op. 540 vor. Vgl. unten S 54

Abb. 1a Perseus im Knielaufschema, hinter ihm die Göttin Athena, Detail eines frühattischen Dinos des Netosmalers in Berlin

tätiger Glieder und Gelenke (γυῖα, μέλεα, ἄψεα) bezeichnet. Dabei sind es besonders die großen Gelenke der Knie (γούνατα, γυῖα), die als augenfälligste Träger der Bewegung zur Bezeichnung des lebendigen Leibes in Aktion bevorzugt verwendet werden.

Man hat – generell zu Recht – auf die Menschendarstellung der geometrischen Vasenmalerei des ausgehenden 8. Jhs. v. Chr. mit ihrer Artikulation in Glieder und Gelenke als Zeugnisse vergleichbarer Auffassung hingewiesen. Die Knie als augenfälligster Träger lebendiger Körperlichkeit scheinen freilich in der bildenden Kunst erst im Schema des sogenannten Knielaufs seit dem letzten Viertel des 7. Jhs. v. Chr. überzeugend in Erscheinung zu treten (Abb. 1a)[4].

b) Die Knochen

Als anatomisch begriffene Grundsubstanz werden die Knochen, ὀστέα, Sing. ὀστέον (lat. *ossa*; ai. *ásthi*), in den auf S. S 3 behandelten Versen 9,293 und 11,219 genannt. Für ein zusammenhängendes Knochengerüst, das Skelett, gibt es noch keinen eigenen Begriff. Nach den sachlichen Gegebenheiten ist am ehesten dort davon die Rede, wo der körperliche Verfall des alten Laertes beschrieben wird: φθινύθει δ' ἀμφ' ὀστεόφι χρώς, »ihm schwindet das Fleisch um die Knochen«, so daß sie sichtbar hervortreten (16,145). Etwas Ähnliches beobachtet der

mit Anm. 122.   4 Perseus und Athena auf einem Becken des Netosmalers aus Aigina, in Berlin, Staatliche Museen, Inv.-Nr. F. 1682; A. Furtwängler, AZ. 40, 1882, 197 ff. Taf. 9 (danach unsere Abb. 1a); CVA. Berlin 1 (1938) Taf. 46. 47; Matz, Gr. Kunst I 335 ff. mit Anm. 369 f. Taf. 234–236. Zum Knielaufschema zusammenfassend: E. Schmidt in: Münchener Archäologische Studien, dem Andenken A. Furtwänglers gewidmet (1909) 251 ff. Vgl.

Abb. 1b Ariadne ergreift das linke Handgelenk des Theseus, Halsbild einer früharchaischen Oinochoe aus Arkades, Kreta, in Heraklion, Arch. Mus.

Dichter an verwesenden Leichen, die – besonders, wenn sie durch die ausdörrende Sonne mumifiziert werden – sich nur noch als »Haut und Knochen« darbieten (12,45f.; 14,134; Hes., Sc. 152; vgl. S. S 53). Apoll bedeckt Hektors Leichnam, μὴ πρὶν μένος ἠελίοιο | σκήλει' ἀμφὶ περὶ χρόα ἴνεσιν ἠδὲ μέλεσσιν, »damit nicht vorher die Kraft der Sonne rings das Fleisch ihm ausdörre um Sehnen und Glieder« (XXIII 190f.). Abgesehen von der typischen Situation, die später zum Begreifen und Benennen des Knochengerüsts geführt hat, finden wir hier auch das Verb σκέλλω, nach dessen Adjektiv σκελετός, »ausgetrocknet«, das Skelett benannt ist[5].

In der Mehrzahl aller Fälle sind mit ὀστέα die Gebeine Toter gemeint, zunächst als die Überreste Erschlagener oder Verunglückter, die den Verfall des Leibes am längsten überdauern (IV 174; XXI 320; 1,161; 12,45f.; 14,135f.). Von dem verschollenen Odysseus vermutet man, daß seine gebleichten Gebeine irgendwo im Regen modern: οὗ δή που λεύκ' ὀστέα πύθεται ὄμβρῳ (1,161). In einem ähnlichen thematischen Bereich wird man den Ursprung des Beiwortes λευκά zu ὀστέα zu suchen haben. Oft sind mit ὀστέα auch die Überreste verbrannter Leichname gemeint, die man sammelt und später in Urnen beisetzt (VII 334; XXIII 83. 91.239.252). Wenn auch diese Brandreste gelegentlich als »weiße Gebeine« (λεύκ' ὀστέα, ὀστέα λευκά) bezeichnet werden, liegt wohl formelhafter Gebrauch des Beiwortes vor. Bisweilen steht ὀστέα für den gesamten Leichnam. So findet man XXIII 222.224 auf die Verbrennung eines Leichnams bezogen ὀστέα καίων, wo mit ὀστέα, »Gebeine«, die sterblichen Überreste schlechthin gemeint sein müs-

---

noch G. Kurz, Darstellungsformen menschlicher Bewegung in der Ilias (1956).   5 Ὁ σκελετός in der Bedeutung »Mumie« ist erstmalig bei dem Komödiendichter Phrynichos (5. Jh. v. Chr.) nachzuweisen, die Bedeutung »Skelett« erst bei dem Epikureer Philodemos im 1. Jh.

sen, während in XXIII 252f. ὀστέα ... ἄλλεγον ἐς ... φιάλην wieder die Knochen in engerem Sinne, hier also als die Reste der Leichenverbrennung zu verstehen sind. Eigentümlich ist der formelhaft gebrauchte Versteil λίπε δ' ὀστέα θυμός, »die Lebenskraft verließ die Gebeine« (XII 386 = 12,414 u. ö.), mit der der Eintritt des Todes bezeichnet wird. Da ähnliche Wendungen begegnen, nach denen der θυμός die Glieder (μέλεα) im Tode verläßt (z. B. XIII 671 f.), scheint hier insoweit von den ὀστέα die Rede zu sein, als sie das Innere der durch den θυμός bewegten Glieder darstellen. Auch in diesem Bereich taucht einmal (11,221) formelhaft das Beiwort λευκός auf. Die Knochen im lebendigen Leibe sind auch 5,426 gemeint, wo dem schiffbrüchigen Odysseus durch die Brandung an der Felsenküste alle Knochen zerschmettert zu werden drohen (σὺν δ' ὀστέ' ἀράχθη), ebenso XXIII 673, wo ein Faustkämpfer seinem Gegner verspricht, ihm sämtliche Knochen zu zerbrechen.

Ein Bedürfnis, die Knochen zu differenzieren und einzeln zu benennen, ist nicht spürbar. In Verwundungsszenen sind jedoch, vorwiegend unter Verwendung des Singulars ὀστέον, jeweils bestimmte Knochen gemeint: der Oberschenkelknochen (V 662; XVI 310; 19,451), die unteren Teile des Waden- und Schienbeins vielleicht IV 521 (vgl. IV 518 f. παρὰ σφυρόν ... | κνήμην), der Oberarmknochen XVI 324, das Schulterblatt XVII 599, das Schambein V 67 und XIII 652. Bemerkenswert ist, daß es auch für den knöchernen Schädel keine andere Bezeichnung als ὀστέον gibt[6]. XII 384 f. (= 12,412 f.) zerschmettert Aias seinem Gegner mit einem Stein den Schädel: σὺν δ' ὀστέ' ἄραξε | πάντ' ἄμυδις κεφαλῆς. Der Ausdruck »alle Knochen des Schädels zusammen« läßt den Schluß zu, daß der Schädel bereits als ein mehrteiliges Gebilde begriffen wurde. Entsprechend lassen sich auch die beschriebenen Verwundungen des Schädels gelegentlich näher bestimmen. Während IV 460 und VI 10 der Gesichtsschädel gemeint ist, sind XVI 740 f. und XIII 616 das Stirnbein, XX 399 das Schläfenbein und XVI 347 die Schädelbasis betroffen. Welche Knochen Odysseus dem Bettler Iros zerbricht, als er ihn αὐχένα ... ὑπ' οὔατος, »am Halse unterhalb des Ohrs«, trifft (18,96), ist kaum zu bestimmen.

Eine Bezeichnung für die Wirbelsäule fehlt, obwohl das Rückgrat von Tieren mit ἄκνηστις (10,161) und ῥάχις (IX 208) benannt wird. Doch scheinen gewisse Kenntnisse von der Verbindung des Schädels mit den Halswirbeln, Sing. ἀστράγαλος und σφονδύλιον, vorzuliegen (ἀστράγαλος assimiliert aus *ὀστράγαλος, dieses zu ὀστέον; Hofmann 26). XIV 465 f. wird eine Verwundung in der Verbindung von Schädel und Nacken am obersten Halswirbel beschrieben: τόν ῥ' ἔβαλεν κεφαλῆς τε καὶ αὐχένος ἐν συνεοχμῷ, νείατον ἀστράγαλον. Weniger präzis ist die Ausdrucksweise von 10,559 f.: ἐκ δέ οἱ αὐχὴν | ἀστραγάλων ἐάγη, »der Nacken brach ihm aus den Halswirbeln«. Ein Schwerthieb in den Nacken trennt den Kopf vom Rumpf und läßt das Mark aus den Halswirbeln treten: μυελὸς αὖτε | σφονδυλίων ἔκπαλθ' ... (XX 481 ff.).

Auch für den Brustkorb und die Rippen in ihrer knöchernen Funktion gibt es keine eigenen Bezeichnungen. Zwar kennt das Epos πλευρή und πλευρόν (wohl aus *πλε-ϝρο zur Wz. pel- = ausbreiten; Hofmann 275), womit später die Rippe als Knochen bezeichnet werden konnte, benutzt es aber nur, um die Flanke des Körpers oder den seitlichen Brustkorb äußerlich zu lokalisieren[7]. Von knöchernen

v. Chr.   **6** Das später übliche Wort κρανίον gibt es nur VIII 84, wo es den Schädel eines Pferdes bezeichnet.   **7** S. S 29; βοὸς πλευρῇ erstmalig bei Herodot IV 64,2.   **8** Merk-

Teilen des Hüftgelenks ist schließlich noch V 305 f. die Rede. (Dazu ausführlicher S. S 10.)

Das Hirn als Inhalt des Schädels, ἐγκέφαλος, und dementsprechend das Mark der Knochen, μυελός, sind bekannt. Das Gehirn wird vornehmlich zur Ausmalung gräßlicher Verwundungen und grausiger Szenerie genannt (XVII 297; III 300; 9,458; 13,395 u. ö.)[8]. Besondere Aufmerksamkeit verdient VIII 85 f. Ein Pfeil trifft den Schädel eines Pferdes an einer Stelle, die als μάλιστα καίριον, »besonders gefährlich«, bezeichnet wird:

ἀλγήσας δ' ἀνέπαλτο, βέλος δ' εἰς ἐγκέφαλον δῦ,
σὺν δ' ἵππους ἐτάραξε κυλινδόμενος περὶ χαλκῷ.

Nachdem das Geschoß ins Hirn gedrungen ist, bäumt sich das Pferd also auf und »dreht sich um das Erz herum«. Daß Pferde mit Zwangsbewegungen der geschilderten Art auf Verletzung bestimmter Teile des Hirns reagieren, ist von Kennern des Veterinärwesens bestätigt worden[9]. Trotz solcher Beobachtungen, die zu gewissen Erkenntnissen der Hirnfunktion hätten führen können, fehlt jedes weitere Zeugnis dafür, daß man der physiologischen Rolle des Gehirns auf die Spur gekommen ist. Das Mark, μυελός, beurteilt man, soweit überhaupt darüber reflektiert wird, nach seinem Speisewert. Der Kyklop verzehrt die »markreichen Knochen«, ὀστέα μυελόεντα, von Odysseus' Gefährten (9,293), wie auch tierisches Mark als bevorzugte Nahrung gilt (XXII 501). Zum Mark der Halswirbel vgl. oben zu XX 481 ff.

c) Die Gelenke und Glieder im allgemeinen

Schon oben ließ sich zeigen, daß die Verbindung zwischen oberstem Halswirbel und dem Schädel funktionsgerecht συνεοχμός genannt wurde. Die einzige spezifische Bezeichnung für Gelenk, ἅψος (zu ἅπτω; Neutr., nur im Plur.), bedeutet ebenfalls »Verbindung«. Doch zeigen die beiden einzigen Stellen, an denen das Wort vorkommt (4,794 = 18,189), daß sich im epischen Sprachgebrauch die Begriffe »Gelenk« und »Körperglied« gar nicht trennen lassen. Penelope findet endlich sorgenbefreienden Schlaf: λύθεν δέ οἱ ἅψεα πάντα, »alle Gelenke lösten sich ihr«. Wir würden es als angemessener empfinden, wenn hier von einer Entspannung der Glieder gesprochen würde[10]. So werden sich auch in dieser Untersuchung die allgemeinen epischen Aussagen über die Glieder nicht gesondert von denen über die Gelenke behandeln lassen.

Die epischen Bezeichnungen sind μέλεα und γυῖα[11] (die Sing. μέλος und γυῖον episch nicht gebraucht). B. Snell differenziert γυῖα als Glieder, die durch Gelenke

---

würdig wird XI 97 f. (= XII 185 f.; XX 399 f.) nach Schilderung eines Speerwurfs in den Kopf fortgefahren: ἐγκέφαλος δὲ | ἔνδον ἅπας πεπάλακτο, »das Gehirn darinnen aber war ganz besudelt«, nämlich mit Blut, wie allgemein interpretiert wird (vgl. 13,395). Das Ganze wirkt gekünstelt, zumal sich der Vorgang den Blicken entzieht. Näheres bei Friedrich, Verwundung 46 f.   9 Nach Körner, Kenntnisse 43 f.   10 EM. 183,13 (zu ἅψος): κυρίως αἱ συναφαὶ τῶν μελῶν· καταχρηστικῶς δὲ τὰ μέλη.   11 Ein weiteres Wort, das im homerischen Epos erst sekundär die Bedeutung »Glieder« erhalten hat, ist ῥέθεα. Snell, Entdeckung 28 ff. hat gezeigt, wie das äolische Wort ῥέθος = πρόσωπον, homerisch wohl ursprünglich »Mund«, durch ein Rhapsodenmißverständnis XXII 68 im Plur. mit μέλεα =

bewegt werden, μέλεα als diejenigen, die durch Muskeln Kraft haben¹². Durch μέλεα, »Glieder«, wird häufig die Gesamtheit des lebenden Körpers umschrieben (vgl. S.S3f.). Das wird deutlich, wenn bestimmte vitale Aussagen von den »Gliedern« gemacht werden, die im Grunde den ganzen Leib betreffen. Wenn Schweiß ausbricht, πάντοθεν ἐκ μελέων (XVI 110 u.ö.), gilt dies für den ganzen Körper, desgleichen wenn sich das Körperhaar vor Furcht sträubt, ἐνὶ μελέεσσιν (XXIV 359; vgl. S.S54 zu τρίχες), oder Athene Odysseus vor dem Kampf mit Iros »die Glieder stattlich macht«, μέλε᾽ ἤλδανε ποιμένι λαῶν (18,70). Diese durch μέλεα umschriebene Gesamtheit des lebenden Körpers wird zugleich als Sitz der bewegenden Lebenskraft, des θυμός, empfunden, der die μέλεα im Tode verläßt, z.B. XIII 671f.: θυμὸς | ᾤχετ᾽ ἀπὸ μελέων. Dementsprechend nimmt eine tödliche Krankheit den θυμός aus den Gliedern, z.B. 11,201: (νοῦσος) μελέων ἐξείλετο θυμόν. Schließlich werden μέλεα als Sitz von Wehrhaftigkeit, Stärke, Energie und Lebenskraft (ἀλκή, σθένος XVII 212; ἴς XI 668f.; 11,393f.; κικῦς 11,393f.) genannt. Das Beiwort γναμπτός, »krümmbar« (XI 669 u.ö.), weist auf ihre sich in der Bewegung manifestierende Lebendigkeit. In rein anatomischem Sinne findet sich nur das Adverb μελεϊστί, »Glied für Glied« (XXIV 409 u.ö.).

Häufiger ist γυῖα für »Glieder« vertreten, ein Wort, das sich im Gebrauch mit μέλεα weitgehend deckt, nur daß es nie als Sitz des θυμός bezeichnet wird. Ganz überwiegend dient es dazu, in Gestalt der »Glieder« die Regsamkeit und Lebendigkeit des gesamten Körpers zum Ausdruck zu bringen (vgl. S.S3f.). Nur selten werden mit γυῖα bestimmte Gliedmaßen bezeichnet, z.B. V 122, wo Athene einem verwundeten Schützling hilft: γυῖα δ᾽ ἔθηκεν ἐλαφρά, πόδας καὶ χεῖρας ὕπερθεν, wo »Beine« und »Arme« den Oberbegriff »Glieder« näher bestimmen. Typisch für den Gebrauch von γυῖα sind Wendungen wie τρόμος ἔλαβε γυῖα, »Zittern erfaßte die Glieder« (III 34 u.ö.)¹³ und entsprechend 6,140 (τῇ) ... ἐκ δέος εἵλετο γυίων, »sie hatte ihr die Furcht aus den Gliedern genommen«, oder γυῖα κάμνει, »die Glieder ermüden« (XIX 169f. u.ö.), und γυῖα βαρύνεται, »die Glieder werden schwer« (XIX 165), besonders aber jener Ausdruck vom »Lösen« der Glieder (γυῖα λύειν bzw. λύεσθαι), womit der Eintritt des Todes, seltener einer Ohnmacht, Schwäche oder Handlungsunfähigkeit umschrieben wird. XIII 512 wird von Idomeneus gesagt οὐ γὰρ ἔτ᾽ ἔμπεδα γυῖα ποδῶν ἦν, wo man für γυῖα gewöhnlich die Bedeutung »Gelenke« annimmt, »die Gelenke seiner Füße waren nicht mehr intakt«, er kann sich nur noch schrittweise (βάδην, XIII 516) fortbewegen. Es ist wenig wahrscheinlich, daß hier in strikt anatomischem Sinne die »Fußgelenke« gemeint sind.

Die Gelenke, die rasche Fortbewegung am augenfälligsten ermöglichen, sind γούνατα (γοῦνα), die Knie. Hektor wird z.B. im Lauf so beschrieben: λαιψηρὰ πόδας καὶ γούνατ᾽ ἐνώμα, »rasch bewegte er Füße (= Beine) und Knie« (XV 269 = XXII 24). Πόδες καὶ γούνατα bezeichnen hier den gleichen Bewegungsapparat wie γυῖα ποδῶν in XIII 512. Γυῖα und γούνατα nähern sich der Bedeutung nach auch in den eben erwähnten Wendungen vom Typ γυῖα λύειν einander an, da die gleiche Umschreibung für Tod oder Ohnmacht auch durch γούνατα λύειν und entsprechende Wendungen erfolgt. Auch ist die Bedeutungsannäherung an γού-

---

»Glieder« gleichgesetzt wurde.   12 Snell, Entdeckung 22.   13 Es darf nicht verkannt werden, daß hier die »Glieder« (γυῖα) nicht unbedingt als Benennungssurrogat für eine fehlende Bezeichnung des ganzen Leibes angesehen werden dürfen. Auch wir sagen »der Schreck fuhr ihm in die Glieder«, obwohl wir über die Bezeichnung für den ganzen Leib

νατα nicht zu verkennen, wo es von dem neugeborenen Hermes heißt: μητρὸς ἀπ' ἀθανάτων θόρε γυίων, »er sprang von den ... Knien der Mutter« (h.Merc. 20). Vgl. S. S 87 f.

Γόνυ (vgl. γωνία, »Ecke«, lat. *genu*; Gen. γουνός und γούνατος) ist die eigentliche Bezeichnung des Knies. Auf die Gelenkfunktion verweisen die Ausdrücke ἐπὶ γοῦνα ἕζεσθαι, »sich auf die Knie niederlassen« (XIV 437) und γόνυ γνάμπτειν (XXIII 731) bzw. γούνατα κάμπτειν (5,453), »das Knie (die Knie) beugen, krümmen«. Einige Male werden γόνυ, γούνατα zur Lokalisierung von Verwundungen (VII 271; XX 458; XXI 591; 19,450) sowie neben anderen Körperteilen (κνήμη XIV 468 und XXI 591, πόδες XV 269 und XXI 611, κνῆμαί τε πόδες τε XVII 386, ὦμοι XVII 569) genannt. Kindern gelten die Knie von Mutter, Vater und anderen Vertrauten als Ort der Zuflucht und Geborgenheit (V 370. 408; IX 455.488; XXI 506; XXII 500; 16,443; 19,401), so daß sich in diesem Bereich die Knie, insofern sie mit den Oberschenkeln und dem Gewand eine Art Nest bildeten, gelegentlich auch als »Schoß« bezeichnen lassen. VI 92 erhalten die troischen Frauen den Auftrag, einen Peplos ᾿Αθηναίης ἐπὶ γούνασιν, »auf den Schoß (des Sitzbildes) der Athene« zu legen. Die Formel θεῶν ἐν γούνασι κεῖται, »es liegt im Schoße der Götter« (XVII 514 u.ö.), bezieht sich auf alles Unentschiedene, das sich in Gestalt noch ungesponnener Wolle im Schoß der Schicksalsgottheiten befindet[14].

Die entscheidende epische Bedeutung der Knie liegt aber darin, daß man, wie schon auf S.S4 angedeutet, in ihnen die Träger der Bewegung und lebendigen Regsamkeit schlechthin sah, am deutlichsten in der Formel εἰς ὅ κ' αὐτμὴ | ἐν στήθεσσι μένῃ καί μοι φίλα γούνατ' ὀρώρῃ, »solange mir Atem in der Brust bleibt und meine Knie sich regen« (IX 609 f. u. ö.). Ähnlich wird IV 313 f. durch γούνατα die leibliche Vitalität neben der durch θυμός bezeichneten geistigen Vitalität umschrieben[15], wo Agamemnon wünscht, daß Nestors noch ungebrochenem θυμός »die Knie folgen mögen«: ὡς θυμὸς ἐνὶ στήθεσσι ... | ὥς τοι γούναθ' ἕποιτο. Den gleichen Komponenten der Lebendigkeit begegnet man XVII 451, wo Zeus die Wiederbelebung der apathischen Rosse des Achilleus in Aussicht stellt: σφῶιν δ' ἐν γούνεσσι βαλῶ μένος ἠδ' ἐνὶ θυμῷ. Auch sonst werden die Knie in diesem Sinne genannt, wo Steigerung oder Beeinträchtigung der körperlichen Regsamkeit ihren Ausdruck finden sollen. (Ζεύς) ὅς μοι ἐπῶρσε μένος λαιψηρά τε γοῦνα, »Zeus, der mir (Lebens-)Kraft und hurtige Knie erregte«, sagt XX 93 Aineas. Entsprechend wird körperliche Ermattung an der Betroffenheit der Knie gemessen: ὁππότε μιν κάματός τε καὶ ἱδρὼς γούναθ' ἵκοιτο, »sooft ihm Ermüdung und Schweiß an die Knie gelangte« (XIII 711; vgl. XXI 51 f.). Wie in diesem Verwendungsbereich die anatomische Bedeutung von γούνατα schließlich völlig verblassen kann, zeigt XIX 354, wo Athene dem trauernden Achilleus Nektar und Ambrosia einflößt, ἵνα μή μιν λιμὸς ἀτερπὴς γούναθ' ἵκοιτο, »damit ihm nicht der unerfreuliche Hunger an die Knie gelange«. Wenn der todwunde Hektor den Achilleus bei dessen Leben (ψυχή), des-

---

verfüge; vgl. S.S4. **14** Daß mit der Vorstellung von Göttern, die am Schicksalsfaden der Menschen spinnen, zu rechnen ist, ergibt sich aus dem häufigen Gebrauch von ἐπικλώθω, ἐπινέω, »zuspinnen«, im Sinne einer das menschliche Schicksal bestimmenden göttlichen Fügung und aus der Konzeption der Moiren, die jedem bei der Geburt seinen Schicksalsfaden spinnen. Vgl. R.B.Onians, ClRev. 38, 1924, 2ff.; s.u. Anm. 239; anders Faesi-Kayser zu 1,267. **15** Θυμός aus *dhū-mós* in der Grundbedeutung »Dampf,

sen Knien (γούνατα) und dessen Eltern (τοκῆες) beschwört, ihm die Bestattung nicht zu verweigern (XXII 338), werden die Knie unter Kategorien von höchster existentieller Bedeutung erhoben[16]. Von hier aus mag sich die Gebärde des Flehenden recht begreifbar machen, der die Knie des Angesprochenen berührt, wie es in einer Fülle wiederkehrender Wendungen zum Ausdruck kommt, wie γούνων λαβεῖν, γούνων ἅψασθαι, γούνων λίσσεσθαι und γουνάζεσθαι, γούνατά τινος ἱκάνειν, περὶ γούνασι χεῖρας βάλλειν usw. Vom Küssen der Knie als Steigerung dieser Gebärde ist VIII 371 und 14,279 die Rede. So wird denn auch der Tod durch die Ausschaltung der sich in den γούνατα manifestierenden vitalen Regsamkeit umschrieben, am häufigsten in der Wendung γούνατ' ἔλυσεν, »er löste die Knie«, er tötete (zu γυῖα λύειν usw. s. S.S8). Die Formel λύτο γούνατα καὶ φίλον ἦτορ, »Knie und Herz lösten sich«, versagten ihren Dienst, bezeichnet in der Ilias einmal tödliche Verwundung (XXI 114), einmal Ohnmacht (XXI 425). Sie wird in der Odyssee nur noch verwandt, um Staunen, Schreck und andere schockartige Erregungszustände zu umschreiben.

Eine bemerkenswerte Schilderung eines Gelenks, die die sonst greifbaren primitiven Funktionsangaben wie γούνατα κάμπτειν, »die Knie beugen«, weit hinter sich läßt, findet sich V 305f.: Diomedes trifft den Aineas mit einem Stein an der Hüfte: τῷ βάλεν Αἰνείαο κατ' ἰσχίον, ἔνθα τε μηρὸς | ἰσχίῳ ἐνστρέφεται, κοτύλην δέ τέ μιν καλέουσι, »mit dem traf er Aineas an der Hüfte, wo sich der Oberschenkel(-Knochen) im Hüftgelenk(-Knochen) dreht; man nennt ihn Pfanne«. Diese Schilderung einer Gelenkfunktion, die sich nicht dem Augenschein entnehmen läßt, setzt schon gewisses forschendes Interesse voraus. Κοτύλη, eigentlich »Schälchen«, führte zur Prägung des noch heute aktuellen anatomischen Terminus »Gelenkpfanne«.

d) Die Muskeln, Bänder und Sehnen

Von Muskeln, μυῶνες (μυών zu μῦς, »Maus, Muskel«; lat. *mus,* ahd. *mūs* = »Muskel des Oberarms«; Hofmann 209), ist nur zweimal die Rede. XVI 323f. sind die Muskeln des Oberarms gemeint: πρυμνὸν δὲ βραχίονα δουρὸς ἀκωκὴ | δρύψ' ἀπὸ μυώνων, »die Lanze entblößte reißend den Oberarm von den Muskeln«, XVI 314f. die Muskelmasse des Oberschenkels: πρυμνὸν σκέλος, ἔνθα πάχιστος | μυῶν ἀνθρώπου πέλεται, »wo des Menschen Muskelfleisch am dicksten ist«. Sonst begnügt sich der epische Dichter damit, die Muskelsubstanz mit σάρξ, »Fleisch«, zu bezeichnen[17].

19,450 trifft der Zahn des Ebers Odysseus γουνὸς ὕπερ, »oberhalb des Knies«, πολλὸν δὲ διήφυσε σαρκὸς ὀδόντι, »und durchriß mit dem Hauer viel (Muskel-)Fleisch«. Ebenso wird Hes., Sc.364 und 461 mit σάρξ das Muskelfleisch des Oberschenkels benannt (vgl. noch 18,77)[18].

Alles Strang- und Sehnenartige wird durch ἶνες, νεῦρα und τένοντες ausgedrückt, ohne daß eine deutliche Differenzierung innerhalb dieser Bezeichnungen möglich ist. Ἶνες (Sing. ἴς, Fem., wohl von ἴς, »Kraft«, zu trennen; Hofmann 126)

Atem« würde αὐτμή in IX 609 in gewisser Weise entsprechen.   16 Vgl. Sittl, Gebärden 163.   17 Κρέας bezeichnet tierisches Fleisch als menschliche Speise oder Beute von Raubtieren. Von menschlichem Fleisch nur 9,297 und 347, wo es dem Kyklopen zur Speise dient.   18 Zu χρώς in der Bedeutung (menschliches) Fleisch S.S52.   19 Das notorisch junge

wird vorwiegend im Plural gebraucht. Der Akk. Sing. ἵνα πᾶσαν benennt kollektiv die Muskelstränge im Nacken eines Rindes (XVII 522), die von der Axt durchtrennt werden. XXIII 191 wird von den Sehnen (ἵνεσιν) und Gliedern eines Leichnams gesprochen (s. S. S 5), während nach 11,219 die Funktion der ἶνες darin besteht, Fleisch und Knochen zusammenzuhalten (s. S. S 3).

Νεῦρον (»Sehne, Saite«; lat. *nervus*) begegnet in anatomischem Sinne nur einmal im Plural νεῦρα, wo es die Muskelstränge oder Bänder des Oberschenkels (πρυμνὸν σκέλος) bezeichnet, die von einer Lanze durchschnitten werden (XVI 315f.).

Am häufigsten findet man τένοντες (zu τείνω, »spanne, strecke«; Sing. τένων episch nicht gebraucht). Im epischen Gebrauch des Wortes fällt eine gewisse Neigung zu formelhafter Verwendung des Duals ἄμφω τένοντε auf. X 455f. schlägt Diomedes dem wehrlosen Dolon das Haupt mit dem Schwert ab: ὁ δ' αὐχένα μέσσον ἔλασσε | φασγάνῳ ἀΐξας, ἀπὸ δ' ἄμφω κέρσε τένοντε. Sein Schwerthieb in den Nacken durchtrennt also ἄμφω τένοντε, worunter man die beiden Faszien der Nackenmuskulatur verstanden hat, die gelegentlich auch äußerlich wahrnehmbar sind (ihr Ansatzpunkt am Hinterhaupt wird ἰνίον genannt, das »Gestränge«). Der Versschluß X 456 wird XIV 466 wiederholt, wo Aias den Archelochos auf ähnliche Weise tötet. Daß Archelochos von hinten getroffen wird, kann man sich allenfalls erklären, wenn man das ἀπιόντος (XIV 461), das sich auf den zunächst anvisierten Gegner Polydamas bezieht, auch für den hinter ihm stehenden Archelochos annimmt. Daß freilich ein Wurf mit der Lanze (ἀκόντισε, XIV 461) die Nackenfaszien durchschneidet wie ein Schwerthieb, ist wenig glaubwürdig und eher durch formelhafte Übernahme des Versschlusses begründet[19]. Auch V 307, wo Diomedes dem Aineas das Hüftgelenk durch einen Steinwurf zerschmettert, πρὸς δ' ἄμφω ῥῆξε τένοντε – hier wurde mit Rücksicht auf den Stein als Waffe κέρσε durch ῥῆξε ersetzt – kann nicht mit einer den Nackenfaszien vergleichbaren Augenfälligkeit von »den beiden« Sehnen oder Bändern des Hüftgelenks gesprochen werden, dessen komplizierter Bewegungsapparat diese Ausdrucksweise kaum erwarten läßt[20]. Auch IV 518ff., wo Diores »am rechten Unterschenkel im Bereich des Knöchels« von einem Stein getroffen wird, der ihm ἀμφοτέρω δὲ τένοντε καὶ ὀστέα, »beide Sehnen und die Knochen« (IV 521), zerschmettert, scheint das »Sehnenpaar« mehr auf die anatomisch interessant klingende Formel als auf konkrete Vorstellungen zurückzugehen[21].

Von der Formel wohl nicht unbeeinflußt, aber anatomisch verständlich, wird der Dual τένοντε XXII 396 gebraucht, wo Achilleus an Hektors Leichnam ἀμφοτέρων μετόπισθε ποδῶν τέτρηνε τένοντε, »die beiden Sehnen hinten an beiden Füßen«, die »Achillessehnen«, durchbohrt. Schließlich wird XX 478f. eine Verwundung lokalisiert: ἵνα τε ξυνέχουσι τένοντες | ἀγκῶνος, »wo die Sehnen des Ellenbogens (sc. Ober- und Unterarm) zusammenhalten«[22]. Daß man sich über

---

zehnte Buch der Ilias braucht natürlich nicht unmittelbare Vorlage gewesen zu sein. 20 Der Dichter von Hes., Sc. 417ff.: μεσσηγὺς κόρυθός τε καὶ ἀσπίδος ἔγχεϊ μακρῷ | αὐχένα γυμνωθέντα θοῶς ὑπένερθε γενείου | ἤλασ' ἐπικρατέως· ἀπὸ δ' ἄμφω κέρσε τένοντε ist der Formel gefolgt. Wie XIV 461 durchtrennt auch hier ein Lanzenstoß »die beiden Sehnen« am Hals des Gegners, aber ὑπένερθε γενείου, »unterhalb des Kinns«. Falls er sich überhaupt noch anatomisch orientiert, scheint er die beiden 'Kopfwender' der Vorderseite zu meinen.   21 Von Sehnen im Bereich der Fußknöchel ist noch XVII 290 (τένοντας, v. l. τένοντε) die Rede.   22 Leaf ad l.: the point meant seems to be the insertion of the

die Funktion von Muskeln, Bändern und Sehnen als Teilen eines Bewegungsapparates im klaren war, läßt sich den Epen nicht entnehmen. Auch τένοντες, das zunächst wie ein aktives Partizip aussieht und bei Seiler-Capelle noch dementsprechend als »das Spannende« gedeutet wird, scheint wegen des fehlenden Bezuges zum Präsens- und Aoriststamm von τείνω wohl auch nur als ein Hinweis auf die Konsistenz von etwas »Gespanntem« deutbar zu sein [23].

e) Die Gliedmaßen im einzelnen

α) *Arme:* Die epischen Aussagen zum Arm und seinen Teilen sollen mit den Bemerkungen über die Schulter eröffnet werden. Ὦμος, »Schulter« (lat. *umerus;* altererbte Bezeichnung der Schulter; Frisk II 1148), stimmt im allgemeinen mit seinem deutschen Bedeutungswort im Sprachgebrauch überein. Man trägt den Bogen, das Schwertband, den Schild auf der Schulter bzw. den Schultern, desgleichen Rüstung und Kleidung, oder legt sie von den Schultern ab. Dem erschlagenen Feind die Rüstung abnehmen heißt ἀπ' ὤμων τεύχεα ἑλέσθαι. Verwundungen bieten häufig Gelegenheit zur Nennung dieses Körperteils in seinen anatomischen Relationen, z.B. XXII 324 ᾗ κληῖδες ἀπ' ὤμων αὐχέν' ἔχουσι, »wo die Schlüsselbeine den Hals von den Schultern scheiden«, oder V 146f. ξίφει ... κληῖδα παρ' ὦμον | πλῆξ', ἀπὸ δ' αὐχένος ὦμον ἐέργαθεν ἠδ' ἀπὸ νώτου, »mit dem Schwert hieb er ins Schlüsselbein bei der Schulter und trennte die Schulter von Nacken und Rücken«. Öfter wird die Nachbarschaft zu Rücken und Haupt hervorgehoben. Πρυμνὸς ὦμος bezeichnet den oberen, νείατος ὦμος den unteren Teil der Schulter oder des Schulterblatts. Als Sitz der Stärke werden die Schultern XVII 569 empfunden: »(ein Gott) legte Kraft in Schultern und Knie«. Dementsprechend macht sich dort auch Ermüdung bemerkbar: βαρύθει δέ μοι ὦμος, »die Schulter wird mir schwer« (XVI 519). Als Ausgangspunkt der Armeskräfte werden die Schultern Hes.,Op. 149 gesehen: μεγάλη δὲ βίη καὶ χεῖρες ἄαπτοι | ἐξ ὤμων ἐπέφυκον, »große Kraft und unbezwingliche Arme waren (den Menschen des ehernen Zeitalters) aus den Schultern erwachsen«. So figurieren die Schultern als wesentlicher und eindrucksvoller Teil der menschlichen Gesamterscheinung. Es überragt z.B. Menelaos die Argiver an Haupt und breiten Schultern (εὐρέας ὤμους, III 227). Εὐρύς und στιβαρός, »fest«, sind die bevorzugten Beiwörter in diesem Bereich. Γυρὸς ἐν ὤμοισιν, »krumm in den Schultern«, ist 19,246 der Herold Eurybates; deutlicher ist eine pathologische Verkrümmung im Falle des Thersites gemeint: τὼ δὲ οἱ ὤμω | κυρτώ (II 217f.; zu h.Merc. 90 s.u. Anm.196). In der Wendung ἀπ' ὤμοιιν κεφαλὴν τέμνειν, »das Haupt von den Schultern schneiden« (XVII 126 u.ö.), wird der Hals entweder zum Haupt oder zu den Schultern gerechnet oder ignoriert. Abgeleitet ist das Adjektiv κατωμάδιος, »von der Schulter her, weit ausholend« (XXIII 431), und das gleichbedeutende Adverb κατωμαδόν.

Die Achselhöhle, μασχάλη, findet sich erst h.Merc. 242 in der Wendung ὑπὸ μασχάλῃ ἔχειν, »etwas unter dem Arm tragen«. Ein eigenes Wort für den Arm liegt in dem selten gebrauchten βραχίων vor (besonders wohl »Oberarm« im Gegensatz zu »Unterarm«, πῆχυς. Pollux 2,138). Wenn der Oberarm gemeint ist,

---

muscles of the forearm into the elbow joint.   23 Lehrs, Aristarch 150: πάντα τὰ τεταμένα νεῦρα τένοντας Ὅμηρος λέγει.   24 Ebeling, LH. rechnet mit einer zweiten Bedeu-

wird gewöhnlich πρυμνός hinzugesetzt, so XVI 323, wo von den Muskeln des Oberarms die Rede ist (s. S.S 10). Öfter jedoch wird der Arm durch das Wort bezeichnet, das in der Grundbedeutung die Hand, χείρ, meint (s. S.S 13 ff.). XIII 529 sticht Meriones dem Deiphobos mit der Lanze in den Arm: δουρὶ βραχίονα τύψεν. Danach reißt Meriones die Lanze aus dem Arm des Gegners: ἐξέρυσε πρυμνοῖο βραχίονος ... ἔγχος (XIII 532). Auf dieselbe Verwundung bezieht sich schließlich XIII 539: κατὰ δ' αἷμα νεουτάτου ἔρρεε χειρός, »von dem frischverwundeten Arm floß das Blut herab«. XIII 529 wird also der Oberarm ohne Attribut βραχίων genannt, 532 πρυμνὸς βραχίων und 539 χείρ. Ebenso evident zeigt XI 252, daß χείρ den Arm bezeichnen kann. Koon durchsticht den Arm Agamemnons: νύξε δέ μιν κατὰ χεῖρα μέσην ἀγκῶνος ἔνερθε; »dicht unter der Ellenbeuge« schließt die Bedeutung »Hand« aus. Ähnlich liegen die Verhältnisse bei XX 478 f., wo eine Lanze διὰ χειρός dringt, ἵνα τε ξυνέχουσι τένοντες | ἀγκῶνος (s. S.S 11). XXI 166 trifft Asteropaios Achilleus mit der Lanze, »den unteren Teil des rechten Armes oberflächlich ritzend«, πῆχυν ἐπιγράβδην βάλε χειρὸς | δεξιτερῆς. Zu χείρ in der umfassenden Bedeutung »Arm« gehören also (πρυμνός) βραχίων, der Oberarm, ἀγκών, der Ellenbogen, und πῆχυς, Ellenbogen, Unterarm, worauf noch näher einzugehen sein wird.

Vielfältig sind die Benennungen, die sich auf den gekrümmten Arm beziehen. Ἀγκών (zur Wz. *ank- »biegen«) bezeichnet den Armbug[24], bald die Innenseite, was im Falle der oben erwähnten Verwundungen das Wahrscheinlichere ist, bald die Außenseite, z.B. da, wo jemand den Kopf auf (die Hand und) den Ellenbogen stützt: ἐπ' ἀγκῶνος κεφαλὴν σχέθεν (14,494). Ὠλένη (lat. ulna) für »Ellenbogen« ist erst h.Merc.388 nachzuweisen. Eine zweite Bedeutung »Arm« ist in dem häufigen Beiwort zur Bezeichnung weiblicher Schönheit λευκώλενος greifbar[25]. Ein seltener Ausdruck für den gebogenen Arm ist ἀγκοίνη in der formelhaften Wendung ἐν ἀγκοίνῃσί τινος ἰαύειν, »in jemandes Armen ruhen« (XIV 213 u.ö.). In der gleichen Bedeutung findet sich zweimal ἀγκαλίς, XVIII 555: ἐν ἀγκαλίδεσσι φέρειν, »in den (gekrümmten) Armen tragen«, und XXII 503: εὕδειν ἐν ἀγκαλίδεσσι τιθήνης, »in den Armen der Amme ruhen«. Ein Adverb zur Umschreibung der gleichen Haltung ist ἀγκάς. Man findet ἀγκὰς λάζεσθαι, μάρπτειν, ἑλεῖν, ἔχειν für »umarmen«, XXIII 711 von Ringern: ἀγκὰς δ' ἀλλήλων λαβέτην χερσί, »einander umfassend ergriffen sie sich mit den Händen«. Der schiffbrüchige Odysseus umklammert den Schiffskiel: τρόπιν ἀγκὰς ἑλών (7,252).

Schon auf S.S 12 mußte auf die spezielle Bezeichnung des Unterarms, πῆχυς (ai. bāhú, »Unterarm, Arm, Vorderfuß beim Tier, Elle«. Suid. 2,2,266: τὸ ἀπὸ τοῦ ἀγκῶνος μέχρι τῶν δακτύλων τῆς χειρὸς ἔκταμα) eingegangen werden. Vorwiegend wird das Wort für den ganzen Arm gebraucht, z.B. V 314 ἀμφὶ δ' ἑὸν φίλον υἱὸν ἐχεύατο πήχεε λευκώ, »sie schlang die weißen Arme um ihren lieben Sohn«. Im Beiwort ῥοδόπηχυς (Hes.,Th.246) wird die Funktion als pars pro toto ebenso deutlich wie oben im Falle von λευκώλενος.

Die Hand heißt χείρ (Gen. χειρός, Dat. χειρί und χερί, Akk. χεῖρα und χέρα, Dat.Plur. χείρεσσιν und χερσίν). Damit kann auch die Faust bezeichnet werden, z.B. XXIII 687, wo mit σὺν δέ σφι βαρεῖαι χεῖρες ἔμιχθεν die Schläge von Faust-

---

tung »bracchium«, die durch den epischen Sprachgebrauch jedoch nicht gefordert wird.
25 Hesych: λευκόπηχυς· ἀπὸ μέρους, ὅλη λευκὴ καὶ καλή. ὠλέναι γὰρ αἱ πήχεις.

kämpfern gemeint sind. »Den Faustkampf austragen« heißt 18,39 χερσὶ μάχεσθαι, wofür XXIII 621 πὺξ μάχεσθαι, »mit der Faust kämpfen«, steht. Anatomisch lokalisierend wird von der Hand oder den Händen in einer Fülle von Wendungen gesprochen, wie z.B. χεῖρας νίψασθαι, »sich die Hände waschen« (XVI 230 u.ö.), oft auch in der Verbindung πόδες καὶ χεῖρες oder zur Bezeichnung von Verwundungen, z.B. οὔτασε χεῖρα δουρί, »er verwundete die Hand mit der Lanze« (V 336), διὰ χειρὸς ἐλήλατο ἔγχος, »durch die Hand drang die Lanze« (XIII 595), ἀπὸ χειρῶν | ῥινοὶ ἀπέδρυφθεν, »die Haut wurde von den Händen abgeschunden« (5,434f.). Auf physische Reaktionen weisen etwa VIII 328 νάρκησε δὲ χείρ, »die Hand wurde gelähmt«, oder V 417 ἄλθετο χείρ, »die Hand wurde heil«. Mit χεὶρ ἐπὶ καρπῷ, »Hand an der (Hand-)Wurzel« (Abb. 1 b)[26], wird das Handgelenk bezeichnet, das auch mit ἄκρη χείρ, »Hand am äußersten Ende«, umschrieben wird (V 336), Χεὶρ καταπρηνής ist die (zum Schlag) niederfallende Hand, daher χειρὶ καταπρηνεῖ, »mit flacher Hand« (XVI 792 u.ö.). Wie die Knie, γούνατα, als Sitz der motorischen Lebenskraft angesehen werden, so empfindet man die χεῖρες als die Organe alles Wirkens und Schaffens. Ἐν χερσὶ φόως, »in den Händen, d.h. in kämpferischem Einsatz liegt das Heil«, sagt Aias zu den Achäern (XV 741), womit Körperteil und Funktion gleichgesetzt werden. So werden in Wendungen wie βίῃ καὶ χερσίν, μένος καὶ χεῖρας die χεῖρες mit Kraft und Stärke nahezu identifiziert. Zu χείρ auf dieser Bedeutungsebene gehören die Beiwörter παχύς, στιβαρός (»kräftig«), βαρύς (»schwer«), ἄαπτος (»unbezwinglich«).

Wie die Hände gewalttätiges Agieren verkörpern, so können sie in positivem Sinne Schutz und Obhut zum Ausdruck bringen. Besonders deutlich wird die Leistung der Hände bei allem wirkenden Schaffen empfunden. Von Phereklos, dessen Vater den sprechenden Namen Tekton trägt, heißt es V 60: ὃς χερσὶν ἐπίστατο δαίδαλα πάντα | τεύχειν· »der es verstand, mit seinen Händen jegliche Kunstwerke herzustellen«. Mit welcher Intensität die Wirksamkeit der Hände empfunden wird, geht daraus hervor, daß häufig die χεῖρες — für unser Gefühl 'pleonastisch' — auch bei solchen Aktionen genannt werden, deren manueller

---

[26] Halsbild einer 32 cm hohen Weinkanne aus Arkades, wohl Theseus und Ariadne darstellend, in Heraklion, Arch. Mus., Inv.-Nr. 6971; D. Levi, ASAtene 10–12, 1927–29, Abb. 443a-d Taf. 23; Matz, Gr. Kunst I 259f. mit Anm. 258 Taf. 166a; Schefold, Sagenbilder 37ff. Taf. 27b; G. Rizza–V. Santa Maria Scrinari, Il Santuario sull'Acropoli di Gortina I (1968) 237 Abb. 320; W. Schiering, Funde auf Kreta (1976) Taf.-Abb. 81; weitere Zeugnisse dieser Gebärde, die in der bildenden Kunst seit geometrischer Zeit zahlreich sind: Pfuhl, MuZ. III Abb. 15; Matz, Gr. Kunst I Taf. 142b; 288a; S. 32 Abb. 34; Schefold, Sagenbilder 80 Abb. 32. 33 Taf. 5c; 39. – Frisk 793 erschließt *κϝαρπός aus idg. *kurp, das auf eine Verbalwurzel in der Bedeutung »drehen, wenden« zurückgeht, auf die auch ahd. *hwerban*, »sich wenden«, hinweist. LS. vergleicht altnorwegisch *huerfa*, »turn round«. Danach müßte καρπός »Gelenk« bedeuten, genauer »Handgelenk«, da es nur in Verbindung mit χείρ vorkommt. Χεῖρα ἐπὶ καρπῷ λαβεῖν (ἑλεῖν, ἔχειν) heißt »jemanden am Handgelenk fassen«, anschaulich in dem Reigen XVIII 593f. (= h.Ap. 196) ἠΐθεοι καὶ παρθένοι ... | ὠρχεῦντ', ἀλλήλων ἐπὶ καρπῷ χεῖρας ἔχοντες. Sonst scheint der Griff ans Handgelenk – wofür vielleicht auch verkürzt χειρὸς λαβεῖν (ἑλεῖν, ἔχειν) gesagt wird – eine unserer Gestik nicht geläufige Gebärde zu bezeichnen, die im epischen Bereich als Ausdruck starker Gemütsbewegung, Besorgnis, Empörung und Beschwichtigung zu werten ist (vgl. IV 154; V 30; VII 108; XXIV 671; 18,258). Frisk verweist auf die Glosse καρπίζεσθαι, »an der Handwurzel gegriffen werden«, hin, die u.a. als Zeichen der Freilassung gegolten habe. – Für

Charakter selbstverständlich ist, z.B. χερσὶ δὲ ... | στήθεα πεπλήγοντο, »sie schlugen sich mit den Händen die Brüste« (XVIII 30f.), oder τὸν δ' ἄρ ... | χερσὶν ἀείραντες φέρον, »ihn aber hoben sie mit den Händen auf und trugen ihn« (XIV 428f.), oder in Ausdrücken wie χειρὶ λαβεῖν (ἑλέσθαι). Vollends verselbständigt werden die Hände in Redensarten wie χεῖρες οἱ μαίνονται, »ihm wüten die Hände« (XVI 244f.), oder ἐκορέσσατο χεῖρας τάμνων δένδρεα, »er hatte seine Hände mit Holzfällen ersättigt« (XI 87f.).

Ein seltener gebrauchtes Wort für »Hand« ist παλάμη (wie lat. *palma* eigentlich die gespreizte Hand). Im epischen Sprachgebrauch, besonders bei Hesiod, zeichnet sich eine gewisse Vorliebe dafür ab, παλάμη zu verwenden, wenn hochwertige Handwerksarbeit umschrieben wird, XV 411 die eines Zimmermanns, XVIII 600 die eines Töpfers, Hes.,Th. 580.866.929d die des Hephaistos und Hes.,Th. 929q die der Göttin Athene. Hes.,Op. 20 kennt das Adjektiv ἀπάλαμος, »handlos«, im Sinne von »unbeholfen«.

Einmal begegnet θέναρ (ahd. *tenar, tenra*, »flache Hand«; zur Wz. **dhen*-»flach«; Hofmann 113) für »Handfläche«. V 339 wird Aphrodite verwundet ὕπερ θέναρος, »oberhalb der Handfläche«. In der Formel ὁ δ' ἐν κονίῃσι πεσὼν ἕλε γαῖαν ἀγοστῷ, in der die Reaktion des Sterbenden, der mit der Hand in die Erde greift, beschrieben wird (XI 425 u.ö.), bedeutet das ungeklärte ἀγοστός vielleicht die Innenseite der Hand [27].

Die rechte Hand, die man zur Begrüßung, Bekräftigung oder Beschwichtigung reicht oder ergreift, ist δεξιή und δεξιτερή, letztere Form meist adjektivisch zu χείρ [28]. Σκαιή ist die »Linke«, von der stets nur im Gegensatz zur »Rechten« die Rede ist. Ein frühes literarisches Zeugnis für die sog. Ambidextrie bietet XXI 163. Asteropaios kann mit jeder Hand gleichzeitig eine Lanze schleudern ἐπεὶ περιδέξιος ἦεν. Περιδέξιος steht wohl für das metrisch nicht brauchbare ἀμφιδέξιος, wörtlich: »auf beiden Seiten rechts(händig)«. Bemerkenswert ist, daß die Sprache des frühen Epos kein Wort für »Finger« aufweist, obwohl das Beiwort der Eos, ῥοδοδάκτυλος, »mit rosigen Fingern«, das später gebräuchliche Wort δάκτυλος [29] voraussetzt.

β) *Beine:* Im Hüftgelenk (s. S.S 10) dreht sich der Knochen des Oberschenkels, V 305 μηρός genannt, sonst häufigste Bezeichnung für den (sichtbaren) Oberschenkel. Die Beiwörter παχύς, θαλερός, καλός, μέγας zeigen, daß ansehnliche, stattliche Oberschenkel zum Bilde eindrucksvoller Männlichkeit gehören. Am linken Oberschenkel hängt das Schwert, das am Schwertband um die rechte Schulter getragen wird, so daß gesagt wird: φάσγανον ἐρύσσασθαι παρὰ μηροῦ, »das Schwert vom Schenkel her zücken« (I 190 und besonders in der Odyssee). Μηρὼ πλήττεσθαι, »sich die beiden Schenkel schlagen«, ist als Gebärde der Klage und erregten Besorgnis zu verstehen (XII 162 u.ö.) [30]. Im Kampfe sind die Oberschenkel in besonderem Maße Verwundungen durch Pfeil oder Lanze ausgesetzt. In dem schon zitierten Vers XVI 314 (s. S.S 10) wird der Oberschenkel mit πρυμνὸν σκέλος (zu σκολιός, »krumm, gebogen«; lat. *scelus* war ursprünglich begrifflich identisch; Hofmann 317; Frisk 723f.) bezeichnet. Hier wird die ana-

---

die Umzeichnung dieser Abb. 1b ist M.Morkramer, Gießen, zu danken.   27 Hesych: τὸ ἐντὸς τῶν χειρῶν usw.   28 Der Händedruck zur Begrüßung bei einer Begegnung wird gewöhnlich durch die Formel ἐν δ' ἄρα οἱ φῦ χειρί ausgedrückt.   29 Episch erst in der pseudohomerischen »Batrachomyomachie« des 5. (?) Jhs. v.Chr.   30 Vgl. Sittl, Gebärden

tomische Beschaffenheit in Gestalt der Muskelmasse verdeutlicht: ἔνθα πάχιστος | μυῶν ἀνθρώπου πέλεται. Ebenfalls selten für »Oberschenkel« ist ἐπιγουνίς, eigentlich »der Teil oberhalb des Knies«. Als Zeichen einer kräftigen Konstitution wird es 17,225 und 18,74 genannt.

Über die Knie, γούνατα, denen ja eine weit über den anatomischen Aspekt hinausgehende Bedeutung zukommt, ist auf S.S 8 ff. in den allgemeinen Ausführungen zu den Gliedern und Gelenken gehandelt. Ein Adverb von der gleichen Wurzel, γνύξ, »mit gebogenem Knie«, begegnet stets in der Verbindung γνὺξ ἐριπεῖν, »in die Knie sinken«, fast immer zur Bezeichnung einer beginnenden Ohnmacht bei schweren Verwundungen (V 68 u.ö.). Ein weiteres Adverb, πρόχνυ (aus πρό und γόνυ), »vorwärts auf die Knie«, wird ähnlich verwandt (καθέζεσθαι IX 570; ἀπολέσθαι XXI 459f. u.ö.). Die Kniekehle heißt ἰγνύη (aus *ἐν-γνύα; Hofmann 122). XIII 212 wird damit die Stelle einer Verwundung bezeichnet. Ein anderes Wort für die Kniekehle ist κώληψ (zu κῶλον, »Glied«; Hofmann 168). XXIII 726 wird der Trick eines Ringkämpfers beschrieben, der den Gegner durch einen Stoß des Fußes in die Kniekehle zu Fall bringt: κόψ' ὄπιθεν κώληπα τυχών, ὑπέλυσε δὲ γυῖα.

Das Bein zwischen Knie und Knöchel trägt die Bezeichnung κνήμη. Besonders deutlich wird dieser Bedeutungswert XXI 591, wo ein Speer κνήμην ὑπὸ γούνατος trifft, und IV 146f., wo in anatomisch sinnvoller Reihenfolge die Teile des Beins genannt werden, auf die das Blut eines Verwundeten tropft: μιάνθην αἵματι μηροὶ | εὐφυέες κνῆμαί τε ἰδὲ σφυρά, »Oberschenkel, Unterschenkel und Knöchel«. Ähnlich auch XVII 386: γούνατά τε κνῆμαί τε πόδες θ' ..., »Knie, Unterschenkel und Füße«. In der Formel κνημῖδας ... περὶ κνήμῃσιν ἔθηκεν (XIX 369) ist in erster Linie an die Schienbeine zu denken, um die der Beinharnisch gelegt wird. 19,468 läßt Eurykleia in freudigem Schreck des Erkennens den Fuß des Odysseus in die Waschschüssel fallen: πόδα δὲ προέηκε φέρεσθαι. Wenn es dann weiter heißt: ἐν δὲ λέβητι πέσε κνήμη, muß κνήμη an dieser Stelle den Unterschenkel samt Fuß bezeichnen. Die Geschäftigkeit des lahmen Hephaistos wird wie folgt beschrieben: ἀνέστη | χωλεύων. ὑπὸ δὲ κνῆμαι ῥώοντο ἀραιαί (XVIII 410f.). Hier scheinen κνῆμαι die Beine schlechthin zu bezeichnen. Nur an dieser Stelle hat κνήμη in Gestalt von ἀραιός, »schwächlich«, ein Beiwort. Übrigens agieren hier die Beine, ähnlich wie die χεῖρες in den auf S.S 15 angeführten Beispielen, gleichsam als selbständige Wesenheiten.

Σφυρόν, »Knöchel« (verwandt mit σφῦρα, »Hammer, Schlegel«) gibt es nur in der Ilias. IV 518 wird Diores παρὰ σφυρὸν ... | κνήμην δεξιτερήν, »am Knöchel des rechten Unterschenkels«, von einem Stein getroffen. Hektors Leichnam werden die »Achillessehnen« ἐς σφυρὸν ἐκ πτέρνης, »von der Hacke bis zum Knöchel«, durchbohrt (XXII 397; zu IV 147 s. oben). Hektors großer, manndeckender Schild schlägt ihm, beim Gehen auf dem Rücken getragen, gegen Knöchel und Nacken: μιν σφυρὰ τύπτε καὶ αὐχένα (VI 117)[31]. Zu weiblicher Schönheit gehören schlanke, gestreckte Knöchel, wie es aus den Beiwörtern schöner Frauen καλλίσφυρος und (bei Hesiod) τανύσφυρος, εὔσφυρος hervorgeht.

Πόδες (Dat.Plur. ποδέσσιν, ποσσίν, ποσίν, Sing. πούς aus *pod-s, lat. pes, ahd. fuoz; Hofmann 282), die »Füße«, werden häufig formelhaft neben χεῖρες genannt. XVII 386 zeigt sie in ihrem anatomischen Konnex: γούνατά τε κνῆμαί τε πόδες τε, »Knie, Unterschenkel und Füße« geraten in Schweiß und ermüden. XIII

21. 25.   **31** Gegen die Knöchel kann der Schildrand nur dann stoßen, wenn der Schild den

512 versagen die γυῖα ποδῶν ihren Dienst (s. S.S8). Πόδες καὶ γούνατα, »Füße und Knie«, als Organe der Fortbewegung finden sich XV 269, XXIII 444 u.ö. In dieser Bedeutung ist auch sonst in der Mehrzahl aller Fälle von πόδες die Rede, als deren Muster die Formel vom »schnellfüßigen Achilleus« gelten mag.

Schnelligkeit der Füße, Beweglichkeit und Flinkheit im Angriff und bei der Flucht, gelten als kriegerische Tugenden ersten Ranges. So heißt es von dem Priamiden Polydoros: ποδῶν ἀρετὴν ἀναφαίνων | θῦνε διὰ προμάχων, »indem er der Füße Tüchtigkeit bewies, stürmte er durch die Kämpfer in vorderster Reihe« (XX 411f.). Periphetes ist besser als sein Vater παντοίας ἀρετάς, ἠμὲν πόδας ἠδὲ μάχεσθαι (XV 642). Euphorbos tut sich hervor ἔγχεί θ' ἱπποσύνῃ τε πόδεσσί τε καρπαλίμοισι (XVI 809). Die »Tüchtigkeit der Füße« ist also für den Kämpfer gerade so unentbehrlich wie die Fertigkeit im Waffengebrauch. Während des Phaiakenwettkampfs sagt Laodamas: οὐ μὲν γὰρ μεῖζον κλέος ἀνέρος ... | ἢ ὅ τι ποσσίν τε ῥέξῃ καὶ χερσὶν ἑῇσιν, »nichts bedeutet größeren Ruhm eines Mannes, als was er mit seinen Füßen und Händen vollbringt« (8,147f.). So steht πόδες oftmals für »Lauf«[32], ποσὶ νικᾶν heißt »im Schnellauf siegen« (XXIII 756). IX 522f. versucht Phoinix, Achilleus dazu zu bewegen, den Bitten der Gesandtschaft stattzugeben: τῶν μὴ σύ γε μῦθον ἐλέγξῃς | μηδὲ πόδας, »mache nicht ihre Worte zunichte und nicht ihre Füße«, was hier soviel bedeuten wird wie: »den Gang, den sie unternommen haben«. Von dieser Abstraktion her ließe sich 19,380f. verständlicher machen, wo die Amme Eurykleia zu dem noch unerkannten Bettler sagt: ἀλλ' οὔ πώ τινά φημι ἐοικότα ὧδε ἰδέσθαι | ὡς σὺ δέμας φωνήν τε πόδας τ' Ὀδυσῆϊ ἔοικας, »ich behaupte, noch nie jemanden gesehen zu haben, der Odysseus so ähnlich ist, wie du ihm an Wuchs, Stimme und Füßen gleichst«. Die Füße als Ausdrucksphänomen individueller Wesensart nehmen sich neben Wuchs und Stimme doch recht merkwürdig aus, was aber sofort verständlich würde, wenn wir hier unter πόδες den »Gang«, die »Art zu Gehen« verstehen[33]. Zur Umschreibung des gesamten Leibes dient die Wendung ἐκ κεφαλῆς ἐς πόδας, »von Kopf bis Fuß« (XVI 640; XVIII 353).

Von Verwundungen des Fußes hört man verständlicherweise nur selten. XI 377 trifft ein Pfeil ταρσὸν ποδός und heftet den Fuß an den Boden. Unter ταρσός versteht man den »Spann«, den oberen Teil des Fußes zwischen Knöchel und Zehen.

Häufig sind Wendungen wie ποδὸς λαβεῖν, ἕλκειν, »am Fuß packen, ziehen«, besonders, wenn sich jemand des Leichnams eines Gefallenen zu bemächtigen versucht. Etwas wird geworfen oder fällt προπάροιθεν (πρόσθε) ποδῶν oder μετὰ ποσσίν, jemandem »vor die Füße« (XIII 205.579 u.ö.). In spezieller Bedeutung meint πίπτειν μετὰ ποσσὶ γυναικός »geboren werden« (XIX 110; vgl. S. S87). Ähnlich wie bei χεῖρες lassen sich 'pleonastische' Ausdrücke finden, z.B. ἐς δ' ὄχεα ... ποσὶ βήσετο, »sie stieg mit den Füßen in den Wagen« (V 745). Auch zum Adverb λάξ, »mit der Ferse«, tritt gelegentlich der instrumentale Dativ ποδί hinzu. Auch an Beispielen dafür, daß die Füße wie selbständige Wesenheiten

---

Leib des Kriegers auch an den Seiten umwölbte. **32** Ähnliches zu χεῖρες S.S14. Grundsätzliches zur homerischen Gleichsetzung von Organ und Funktion als Vorstufe zur Abstraktion findet man bei Snell, Weg zum Denken 11f. **33** Πόδες werden zwar auch noch an anderer Stelle als Ähnlichkeitsmerkmale genannt, dann aber in formelhafter Verbindung mit χεῖρες (4,149; 19,359), womit dort der Körper insgesamt umschrieben werden soll, der hier zusätzlich genannt ist (δέμας). Zu πόδες καὶ χεῖρες in dieser Funktion siehe noch V 122

gesehen werden, fehlt es nicht. XIII 75 sagt Aias Oileus, von Poseidon mit neuer Kraft versehen: μαιμώωσι δ' ἔνερθε πόδες καὶ χεῖρες ὕπερθε, »voller Tatendrang zucken mir unten die Füße und die Hände darüber (vgl. XVIII 148. Zu XVIII 411 s. S. S 16). II 217 wird Thersites als χωλὸς ἕτερον πόδα, »auf einem Fuße lahm«, beschrieben. Auf die verkrüppelten Füße des Hephaistos spielt h. Ap. 317 ῥικνὸς πόδας an (ῥικνός eigentlich »starr, steif, zusammengezogen«)³⁴. Wie bei χείρ, »Hand« und »Arm«, wird auch bei πούς im Grunde nicht zwischen den Bedeutungen »Fuß« und »Bein« sprachlich geschieden. Ebensowenig wie Finger nennt das Epos Zehen. Als Umschreibung dafür kann πόδες ἄκροι gelten (XVI 640).

f) Der Kopf

Für »Haupt, Kopf« als Körperteil bietet das Epos am häufigsten κεφαλή (mit ahd. *gibil*, »Giebel«, verwandt; Hofmann 141), daneben κάρη (Neutr.) mit den Stämmen καρηατ-, καρητ-, κρατ-, selten κάρηνον und h. Ap. 309 κορυφή, wo das Haupt des Zeus gemeint ist. Ein sachlicher Unterschied zwischen den beiden ersten Bezeichnungen, die metrische Ausweichmöglichkeiten boten, ist nicht zu erkennen. Κάρηνα, vorwiegend auf Berggipfel bezogen, meint nur zweimal in der Ilias menschliche Häupter (XI 158. 500) und kommt dazu noch einige Male in der Odyssee vor, wo die Totenseelen νεκύων ἀμενηνὰ κάρηνα, »der Toten kraftlose Häupter«, genannt werden (10, 521 u. ö.). Mit der Wendung ἐκ κεφαλῆς ἐς πόδας, »von Kopf bis Fuß«, wird mehrfach der ganze Körper in seiner oberen und unteren Begrenzung umschrieben (vgl. S. S 17). In Verbindung mit dazugehörenden Organen und benachbarten Körperteilen findet man κεφαλὴ στόμα τε ῥῖνές τε, »Haupt samt Mund und Nase« (XIV 467), ὄμματα καὶ κεφαλήν, »an Antlitz und Haupt« (II 478), κάρη χαρίεν τε μέτωπον, »Haupt und anmutiges Antlitz« (XVI 798), κεφαλῆς ἐκ δέρκεται ὄσσε, »die Augen blicken aus dem Kopf« (XXIII 477). Auf das Haupthaar nimmt Bezug τρίχας τίλλων ἐκ κεφαλῆς, »sich die Haare aus dem Kopfe raufend« (XXII 77f.) und 18, 354f., wo dem Freier Eurymachos δαΐδων σέλας ... αὐτοῦ | κὰκ κεφαλῆς, »Fackelschein« vom Haupte des glatzköpfigen Odysseus zu erstrahlen scheint. Das Ohr wird XV 433 genannt: ἔβαλεν κεφαλὴν ὑπὲρ οὔατος, »er traf den Kopf oberhalb des Ohrs«, der Hals schließlich XIII 202: κεφαλὴν ἀπὸ δειρῆς κόψεν, »er hieb den Kopf vom Halse« und XIV 465, wo von einer Verwundung κεφαλῆς τε καὶ αὐχένος ἐν συνεοχμῷ, »an der Verbindung zwischen Haupt und Nacken«, die Rede ist. Vom Haupt als Sitz der Stimme hören wir XVI 76f.: οὐδέ πω 'Ατρεΐδεω ὀπὸς ἔκλυον αὐδήσαντος | ἐχθρῆς ἐκ κεφαλῆς, »noch hörte ich nicht des Atriden Stimme rufen aus dem verhaßten Haupt«. Dazu paßt die Bemerkung in Hes., Th. 829, daß die Schlangenhäupter des Typhoeus in allen Köpfen eigene Stimmen hatten: φωναὶ δ' ἐν πάσῃσιν ἔσαν ... κεφαλῇσι. Daß diese Ausdrucksweise wohl auf einer Vorstellung beruht, nach der sich auch die Stimmbildung im Haupte vollzieht, zeigt XI 462: ἤυσεν, ὅσον κεφαλὴ χάδε φωτός, »er schrie, was eines Menschen Kopf nur fassen konnte«³⁵. Immerhin finden sich an anderer Stelle Spuren eines tieferen Einblicks in die Physiologie des Sprechens³⁶.

---

u. ö. Vgl. Faesi-Kayser zu 19, 381 und 4, 149.   **34** Zu Hephaistos vgl. κυλλοποδίων XVIII 371 u. ö., χωλός XVIII 397 u. ö., χωλεύω XVIII 411 u. ö.   **35** Faesi-Kayser ad l. vergleicht *crier de toute sa tête, crier à pleine tête* in der französischen Umgangssprache.   **36** Vgl.

Verschiedene Haltungen und Bewegungen des Kopfes bieten X 80 (ähnlich 14,494): ἐπ' ἀγκῶνος κεφαλὴν ἐπαείρας, »den Kopf auf den Ellenbogen gestützt«, 13,29 κεφαλὴν τρέπε, »er wandte den Kopf«, 4,70 u. ö. ἄγχι σχὼν κεφαλήν, »den Kopf dicht (an den Gesprächspartner) heranhaltend«, und 24,242 κατέχων κεφαλήν, »den Kopf niederhaltend, in gebückter Haltung«. Vielfältig ist die Rolle des Hauptes in der Gebärdensprache. Es finden sich κεφαλῇ (κρατί) κατανεύειν (I 524 u. ö.) und κάρητι ἐπινεύειν (XV 75), »zustimmend nicken«, ἀνανεύειν καρήατι (XXII 205), eigentlich »durch Heben und Zurückwerfen des Kopfes verneinen«, »abschlagen, verweigern«[37], νεύειν κεφαλῇ, »durch Nicken ein Zeichen geben« (16,283). Zum Zeichen bedauernder Teilnahme oder grollenden Unwillens bewegen Götter ihr Haupt: κινήσας ῥα κάρη προτὶ ὃν μυθήσατο θυμόν (XVII 200 u. ö.). Auch heimliche Rachegedanken werden von einer Bewegung des Hauptes begleitet: ἀλλ' ἀκέων κίνησε κάρη, κακὰ βυσσοδομεύων (17,465 u. ö.). In der Gestik des Jammerns und der Klage – hier handelt es sich durchweg um Männer – begegnen ἐκ κεφαλῆς ἕλκεσθαι χαίτας (X 15; ähnlich XXII 77 f.), »sich die Haare aus dem Kopf reißen«, κεφαλὴν κόψασθαι χερσίν (XXII 33), »sich das Haupt mit den Händen schlagen«, und κόνιν χεύασθαι κὰκ κεφαλῆς XVIII 23 f.), »Staub über sein Haupt streuen«. Eine Entstellung des Hauptes wiegt als Leichenfrevel besonders schwer (XXII 74. 398 u. ö.). Küssen des Hauptes als Form leidenschaftlicher Begrüßung ist erst in der Odyssee anzutreffen (16,15 u. ö.). Im Kampf ist der Kopf als bevorzugtes Angriffsziel besonders gefährdet. Es genügt, hier auf die auf S.S 6 behandelten Verletzungen des knöchernen Schädels hinzuweisen. Gelegentlich hört man, daß dem Gegner der Kopf abgeschlagen wird, was – wenn die Aktion dem kämpfenden Feinde gilt – in nicht immer glaubhafter Weise geschieht. Doch ist auch der Kopf des erschlagenen Feindes als Trophäe geschätzt. So bemüht sich Hektor um den Leichnam des Patroklos, ἵν' ἀπ' ὤμοιιν κεφαλὴν τάμοι ὀξέϊ χαλκῷ (XVII 126; vgl. XVII 39; XVIII 175 f. 335). Als typisch kann noch der Ausdruck gelten: στῆναι ὑπὲρ κεφαλῆς τινος, »sich an das Kopfende jemandes stellen« (II 20 u. ö.), der bei Traumerscheinungen und Weckszenen Verwendung findet. Bemerkenswert ist, daß den häufigsten Anlaß zur Nennung von κεφαλή und κάρη die Erwähnung eines Helms oder anderer Kopfbedeckungen bietet, z.B. κρατὶ δ' ἐπ' ἰφθίμῳ κυνέην εὔτυκτον ἔθηκεν, »auf sein wackeres Haupt setzte er den wohlgefertigten Helm« III 336 u. ö.). Auch dieser Formelvers zeigt, welche Bedeutung dem Haupt als Träger von Wirkung und Ansehen einer Person beigemessen wird, mehr noch Wendungen wie ὄμματα καὶ κεφαλὴν ἴκελος Διί, »an Antlitz und Haupt Zeus ähnlich« (II 478), ἔξοχος κεφαλήν τε καὶ ὤμους, »hervorragend an Haupt und Schultern« (III 227), und – wo Götter ihre Hand im Spiele haben – τῷ κατέχευε χάριν κεφαλῇ τε καὶ ὤμοις, »Anmut goß (Athene) ihm über Haupt und Schultern« (6,235 u. ö.). So kann das Haupt, obwohl seine wesentliche physiologische Bedeutung noch nicht erfaßt ist (s. S.S 7), als augenfälligster Träger der Persönlichkeitsmerkmale und Sitz der Kommunikationsorgane schließlich stellvertretend für die Person, ihre Existenz und ihr Leben stehen. Ἴσας δ' ὑσμίνη κεφαλὰς ἔχεν, »der Kampf wies gleichviel Häupter auf« (XI 72), τὸν ἐγὼ ... τῖον ... | ἶσον ἐμῇ κεφαλῇ, »diesen ehrte ich gleich meinem eigenen Haupte« (XVIII 81 f.), und παρθέμενοι κεφαλάς, »ihre Häupter (= Leben) aufs Spiel setzend« (2,237), mögen aus der Fülle der Beispiele genügen.

S.S 27 f. zu ἀσφάραγος und S.S 29 mit Anm. 52 zu στῆθος.   37 Zu den Gebärden des

α) *Gesicht:* Die gebräuchlichsten Bezeichnungen des Gesichts und seiner Teile orientieren sich an der Benennung des Auges (ὤψ, Wz. ὀπ-). Die »Stirn« ist μετώπιον, μέτωπον, eigentlich der Bereich zwischen den Augen, πρόσωπον, »das Angesicht«, und einmal (XII 463) ὑπώπιον, was ursprünglich den Teil unter den Augen meint. Μέτωπον wird im Sinne der Grundbedeutung am deutlichsten in der Beschreibung der Kyklopen (Hes., Th. 143): μοῦνος δ᾽ ὀφθαλμὸς μέσσῳ ἐνέκειτο μετώπῳ und XIII 615f., wo ein Geschoß μέτωπον | ῥινὸς ὕπερ πυμάτης, »die Stirn oberhalb der Nasenwurzel«, trifft. Auch sonst wird μέτωπον am häufigsten bei Verwundungen erwähnt. Von πρόσωπον ist fast nur der Plural in Gebrauch, oft καλὰ πρόσωπα, »das schöne Antlitz«, das sich eine Frau aus Gram zerkratzt (XIX 285), durch Tränen entstellt (18,173), das man aus Scham verhüllt (8,85) und jemandem zuwendet (Hes., Op. 594). Formelhaft wird εἰς ὦπα, »ins Angesicht, von Angesicht«, in den Wendungen εἰς ὦπα ἐοικέναι (III 158 u.ö.) und εἰς ὦπα ἰδέσθαι (IX 373 u.ö.) gebraucht. Einmal (XV 320) findet sich κατ᾽ ἐνῶπα, »gerade ins Angesicht«, ferner ἐνωπῇ, »vor (aller) Augen« (V 374), und ἐνωπαδίως, »im Angesicht, gegenüber« (23,94). Zum gleichen Stammwort gehören vorwiegend weibliche Epitheta wie ἑλίκωψ und ἑλικῶπις, »mit lebhaften Augen«, κυανῶπις, »mit dunklen Augen«, und καλυκῶπις, »mit Blütenkelch-Antlitz«. Zu χρώς in der Bedeutung »Haut des Gesichts, Antlitz« s. S.S 52.

Singulär ist βρεχμός (vgl. nhd. »Bregen«, engl. »brain«) für den vorderen Teil des Kopfes. Mydon stürzt vom Wagen ἐπὶ βρεχμόν τε καὶ ὤμους, »auf Vorderhaupt und Schultern« (V 586).

»Die Schläfen« sind κρόταφοι (eigentlich »Klopfstelle«; zu κρότος, »das Klatschen«, κροτέω, »klatsche, klopfe«; Hofmann 161)[38]. Ὑπὸ κροτάφοισιν sprießt der jugendliche Bart (11,319). Am häufigsten werden die Schläfen genannt, wenn vom Helm die Rede ist. Typisch ist etwa κόρυς (ἐπὶ) κροτάφοις ἀραρυῖα, »der den Schläfen angepaßte Helm« (XVIII 611 u.ö.). Sonst werden die κρόταφοι noch bei Verwundungen genannt. Das gilt auch für die synonyme Bezeichnung κόρση. Κόρσην βάλλειν (ἐλαύνειν) heißt »die Schläfe treffen«. Bedeutungsgleichheit mit κρόταφος geht aus IV 501f. hervor: βάλε δουρὶ | κόρσην· ἡ δ᾽ ἑτέροιο διὰ κροτάφοιο πέρησεν | αἰχμή.

Παρειαί (stets Plur.), »die Wangen«, werden wie πρόσωπα, besonders in gefühlsbetonten Aussagen genannt, am häufigsten, wenn von Tränen die Rede ist, z.B. κατείβετο δάκρυ παρειῶν, »die Träne floß die Wangen hinab« (XXIV 794). Frauen zerkratzen sich die Wangen im Ausbruch des Schmerzes: τοῦ δὲ γυναικὸς μέν τ᾽ ἀμφίδρυφοί εἰσι παρειαί, (XI 393 u.ö.). Auf den Wangen spiegeln sich innere Regungen: ὠχρός τέ μιν εἷλε παρειάς, »Blässe überzog seine Wangen« (III 35), ἄχεϊ φθινύθουσι παρειαί, »vor Leid verblühen ihre Wangen« (8,530). Von den Wangen Aphrodites erstrahlt Schönheit: κάλλος παρειάων ἀπέλαμπε (h.Ven. 174). Wenn Penelope vor den Freiern erscheint, hält sie sich, wohl der Sitte entsprechend, ihr Kopftuch vor die Wangen, den unteren Teil ihres Gesichts: ἄντα παρειάων σχομένη λιπαρὰ κρήδεμνα (1,334 u.ö.). Selten gebraucht wird παρήιον für »Wange«. XXIII 690 ist es die Wange eines Faustkämpfers, getroffen vom Schlage des Gegners. 19,208 sind παρήια wiederum die Wangen einer weinenden Frau[39], καλλιπάρῃος, »mit schönen Wangen«, ist häufiges Beiwort schöner Frauen und Göttinnen. Zu γναθμοί in der Bedeutung »Wangen« s. S.S 26.

Hauptes vgl. Sittl, Gebärden 82f.   **38** S.S 165f. mit Anm. 436.   **39** Zu παρειαί und παρήϊα in der Bedeutung »Gesicht« S.S 52 mit Anm. 119.

Die einzige Bezeichnung, die sich auf das Hinterhaupt bezieht, ist ἰνίον (zu ἴς; Hofmann 126), womit zunächst wohl der Ansatz der Muskeln am Hinterhaupt bezeichnet wird, die zum Bewegungsapparat des Kopfes gehören (s. S.S11). Ein Speer, der κεφαλῆς κατὰ ἰνίον eindringt, tritt zum Munde heraus (V 73), während XIV 495 die in umgekehrter Richtung durch das Auge eindringende Lanze διὰ ἰνίου austritt.

β) *Augen:* Das häufigste Wort für Auge ist ὀφθαλμός. Daneben trifft man den Dual ὄσσε, »beide Augen« (bei Hesiod auch Gen. ὄσσων und Dat. ὄσσοισιν, ὄσσοις). Seltener ist ὄμμα (stets im Plur. ὄμματα). In der Odyssee gibt es dreimal (16,15; 17,39; 19,417), den Plural φάεα (zu φάος, »Licht«) in der Bedeutung »Augen«, ähnlich αὐγαί (deutsch »Augen«, eigentlich »Strahlen«), h.Merc.361. Zur existentiellen Bedeutung des Gesichtssinnes vergleiche 20,365 (s. S.S3). Einen anatomischen Konnex bieten die Verse XIV 493f.: τὸν τόθ' ὑπ' ὀφρύος οὖτα κατ' ὀφθαλμοῖο θέμεθλα, | ἐκ δ' ὦσε γλήνην, »ihm stach er da unterhalb der Augenbraue in die Gründung des Auges und stieß ihm den Augapfel heraus«, 19,211f.: ὀφθαλμοὶ δ' ... ἔστασαν | ἀτρέμας ἐν βλεφάροισι, »(des Odysseus) Augen standen unbewegt zwischen den Lidern«, und V 291: ῥῖνα παρ' ὀφθαλμόν, »die Nase in der Nähe des Auges«. In der Mehrzahl aller Fälle wird ὀφθαλμός 'pleonastisch' im Dat.instr. neben Verben des Sehens, Wahrnehmens und Erkennens wie ἰδεῖν, ὁρᾶσθαι, δέρκεσθαι, φράζεσθαι, νοῆσαι gebraucht. Als Muster können formelhafte Verbindungen wie ἴδον ὀφθαλμοῖσιν, »ich sah mit den Augen« (III 169 u.ö.) oder ὀφθαλμοῖσιν ἰδέσθαι dienen (XV 600 u.ö.). Neben der instrumentalen Ausdrucksweise findet man auch ἐν ὀφθαλμοῖσιν ἰδέσθαι, »vor Augen sehen« (I 587 u.ö.). Entsprechend heißt es ἐλθεῖν τινος ἐς ὀφθαλμούς, »jemand vor die Augen kommen« (XXIV 203f. u.ö.).

Eine Gleichsetzung von »Auge« und »Licht« ergab sich oben aus dem Gebrauch von φάεα und αὐγαί in der Bedeutung »Augen«. So wird denn auch von der Dunkelheit geredet, die bei Eintritt des Todes oder einer Ohnmacht mit dem Aussetzen des Gesichtssinnes einhergeht, zumeist in dem Formelvers: τὸν δὲ κατ' ὀφθαλμῶν ἐρεβεννὴ νὺξ ἐκάλυψε, »ihn aber verhüllte, sich über die Augen senkend, finstere Nacht« (V 659 u.ö.). Götter können ihren Schützlingen das Dunkel, das Orientierung und Erkennen trübt und das sich gelegentlich schon metaphorisch verstehen läßt, von den Augen nehmen, z.B. τοῖσι δ' ἀπ' ὀφθαλμῶν νέφος ἀχλύος ὦσεν Ἀθήνη (XV 668). Von Verwundungen und Verletzungen des Auges wird berichtet: ein Speer trifft ins Auge (XIV 493f.), infolge einer Zertrümmerung des Stirnbeins fallen Augen aus ihren Höhlen (XVI 741), bei einem Lanzenstoß durch den Mund füllen sich die Augen mit Blut (XVI 349). Mehrfach ist von der Blendung Polyphems durch Odysseus die Rede – ἀλαόω τινὰ ὀφθαλμοῦ heißt »ich blende jemanden« (1,69 u.ö.). Schließlich heißt ὀφθαλμοὺς καθελεῖν »(einem Toten) die Augen zudrücken«. Es fällt auf, daß ὀφθαλμός fast nie gebraucht wird, wenn von Tränen und Weinen die Rede ist, und nur selten, wenn Ausdruckskraft und Wirkung des Auges zur Sprache kommen. Unter den Synonyma scheint ὀφθαλμός am ehesten den anatomisch-physiologischen Bedeutungswert zu wahren. Dazu paßt, daß das Wort über kein Epitheton ornans verfügt.

Ὄσσε und ὄμματα werden dagegen dann mit Vorliebe gebraucht, wenn die Augen als eindrucksvolle Persönlichkeitsmerkmale fungieren. Immer wieder wird in variierenden Ausdrücken von dem Feuer und der Strahlungskraft in den Augen kampfesmutiger Helden gesprochen, etwa ὄσσε δέ οἱ πυρὶ λαμπετόωντι εἴκτην

(I 104) oder ὄσσε | δεινὸν ὑπὸ βλεφάρων ... ἐξεφάανθεν (XIX 16f.). Die bevorzugte Verwendung in gefühlsbetonten Bereichen mag die Formel τὼ δέ οἱ ὄσσε | δακρυόφι πλῆσθεν, »beide Augen füllten sich ihm mit Tränen« (XVII 695 u. ö.) verdeutlichen. Auch wo in Blickrichtung und Bewegung der Augen Regungen und Gefühle zum Ausdruck kommen sollen, trifft man ausschließlich ὄσσε bzw. ὄμματα an, so III 217 κατὰ χθονὸς ὄμματα πήξας, »die Augen zu Boden geheftet«, 16,179 ταρβήσας δ' ἑτέρωσε βάλ' ὄμματα, »voller Scheu wandte er die Augen zur anderen Seite« (vgl. h. Ven. 182; h. Cer. 194) und in der häufigen Verbindung ὄσσε τρέπειν, »die Augen hinwenden« (XIII 7 u. ö.). Typisch für ὄσσε und ὄμματα ist auch, daß ausschließlich sie verwandt werden, wo vom Schlaf die Rede ist. Οὔ μοι ἐπ' ὄμμασι ... ὕπνος | ἱζάνει, »nicht senkt sich mir der Schlaf auf die Augen«, sagt Agamemnon zu Nestor (X 91f.). Das Einschlafen und Aufwachen wird allerdings häufiger mit der Funktion der Lider (βλέφαρα) umschrieben. Hermes und Poseidon vermögen Augen zu »bezaubern«, ὄσσε (ὄμματα) θέλγειν, was einem Einschläfern (κοιμῆσαι) entspricht (XXIV 343; XIII 435 u. ö.). In anderen Bereichen stimmt der Sprachgebrauch von ὄσσε usw. wieder mit dem von ὀφθαλμοί überein, am häufigsten in der Umschreibung des Todesdunkels, das die Augen umfängt, besonders in der Formel τὸν δὲ σκότος ὄσσε κάλυψεν (IV 461 u. ö.). Auch bei Verwundungen findet man ὄσσε neben ὀφθαλμοί (vgl. XIII 616 mit XVI 741). Wie ὀφθαλμοὺς καθελεῖν, »(dem Toten) die Augen zudrücken«, sagt man auch ὄσσε καθαιρεῖν (XI 453) und, vergleichbar mit ἀλαόω (ἀμέρδω) τινὰ ὀφθαλμῶν, findet man ὄσσε δ' ἄμερδεν | αὐγή, »der Glanz blendete die Augen« (XIII 340f.; Hes., Th. 698f.).

Als der wesentliche Bestandteil des Auges wurde γλήνη, »der Augapfel«, schon auf S. S 21 zu XIV 494 genannt. In dieser Bedeutung begegnet das Wort nur noch 9,390, wo in der Blendungsszene Polyphems mit drastischer Übersteigerung von γλήνης καιομένης, dem »brennenden Augapfel«, gesprochen wird.

Die Augenlider (mit Wimpern) heißen βλέφαρα (zu βλέπω; Neutr. Plur.). Im Epos sind damit vorwiegend die den Schlaf vermittelnden Organe gemeint. XIV 165 beabsichtigt Hera, Zeus einzuschläfern: τῷ δ' ὕπνον ... | χεύῃ ἐπὶ βλεφάροισιν, »ihm Schlaf auf die Lider zu gießen«. In der Odyssee ist es besonders Athene, die jemandem »Schlaf auf die Lider wirft« (1,364 u. ö.). Sonst »fällt« oder »senkt sich« (πίπτειν, ἐφιζάνειν) ohne göttliches Dazutun der Schlaf auf die Lider (X 26; 2,398 u. ö.). Seltener wird entsprechend bildhaft das Erwachen umschrieben: μοι βλεφάρων ἐξέσσυτο νήδυμος ὕπνος, »mir enteilte der Schlaf von den Lidern« (12,366). Auch bei Umschreibungen des Weinens werden die βλέφαρα häufig genannt, z.B. δάκρυ δ' ἀπὸ βλεφάρων χαμάδις βάλε, »er ließ von den Lidern eine Träne zu Boden fallen« (4,114), schließlich auch aus einem dem epischen Stil eigenen Vervollständigungsbedürfnis: ὄσσε ὑπὸ βλεφάροισιν, »die Augen unter den Lidern« (XXIV 637) und ähnlich: ὀφθαλμοὶ ἐν βλεφάροισιν (19,211f.). Bei Hesiod wird βλέφαρα schon im Sinne von »Augen« gebraucht (Hes., Th. 910; Sc. 7). Dazu gehört das Beiwort ἑλικοβλέφαρος, »mit schön gerundeten« oder »lebhaften« Augen (Hesiod, Hymnen).

»Die Augenbraue« heißt ὀφρύς (ai. bhrūs. Fem; meist im Plur. ὀφρύες) und wird am häufigsten erwähnt als Instrument zustimmender, ablehnender oder gebietender Gebärde: Ἦ καὶ κυανέῃσιν ἐπ' ὀφρύσι νεῦσε Κρονίων, »so sprach Kronion und winkte zustimmend mit seinen dunklen Brauen« (I 528 u. ö.), ἀνὰ δ' ὀφρύσι νεῦον ἑκάστῳ | κλαίειν, »durch einen Wink mit den Brauen verbot ich zu weinen« (9,468) und λῦσαί τ' ἐκέλευον ἑταίρους, | ὀφρύσι νευστάζων,

»ich gebot den Gefährten durch einen Wink mit den Brauen, mich loszubinden« (12, 193 f.). Zu vergleichbaren Gebärden mittels des Hauptes s. S. S 19. Ähnlich wie die βλέφαρα werden auch ὀφρύες bei Umschreibungen des Weinens genannt, z.B. ὑπ' ὀφρύσι δάκρυα εἴβειν (λείβειν), »unter den Brauen Tränen vergießen« (4,153 u.ö.), desgleichen bei Lokalisierung anderer Körperteile: ὄσσε | ... βλοσυρῇσιν ὑπ' ὀφρύσιν, »die Augen unter den finsteren Brauen« (XV 607f.) oder μέτωπον ἐπ' ὀφρύσιν, »die Stirn an den Brauen« (XXIII 396). Auch hören wir von Verletzungen der Brauen, die durch einen Steinwurf abgeschunden (XVI 740) und durch einen Sturz vom Rennwagen lädiert werden (XXIII 396). Odysseus versengt Polyphem, als er ihn blendet, Lider und Brauen (9,389).

γ) *Ohren:* Das Ohr, οὖς (Neutr., Plur. οὔατα, Dat. οὔασιν und ὠσίν) markiert im epischen Sprachgebrauch hauptsächlich Verwundungen. Zumeist trifft eine Waffe ὑπ' οὔατος, »unterhalb des Ohrs« (XIII 177 u.ö.), mehrfach ὑπὸ γναθμοῖο καὶ οὔατος, »unterhalb der Kinnlade und des Ohrs« (XIII 671 u.ö.), seltener παρὰ οὖς, κατ' οὖς, »am Ohr« (XI 109; XX 473). XX 473 durchdringt eine Lanze den Schädel von einem Ohr zum anderen: δι' οὔατος ἦλθ' ἑτέροιο | αἰχμή. Über das Abschneiden der Ohren zur Strafe s.u. zu ῥίς. Eine generelle Würdigung der Ohren als Sinnesorgane findet sich 20,365 (vgl. S. S3). Ihrer Funktion gilt der 'pleonastische' Ausdruck οὔασιν ἀκούειν, »mit den Ohren hören« (XII 442), ebenso, mit auffallend physiologisierender Note, X 535: ἵππων μ' ... ἀμφὶ κτύπος οὔατα βάλλει, »Hufschlag von Pferden trifft zu beiden Seiten an meine Ohren«. Vor dem Gesang der Sirenen verschließt Odysseus den Gefährten die Ohren mit Wachs: ἐπ' οὔατα πᾶσιν ἄλειψα (12,177). Zweimal wird der Wunsch, eine Unglücksbotschaft nicht hören zu müssen, mit ἀπ' οὔατος γένοιτο bzw. ἀπ' οὔατος εἴη, »möge es meinem Ohr fern bleiben«, umschrieben (XVIII 272; XXII 454). Schließlich empfiehlt Hes., Op. 546, mit einer Filzmütze die Ohren vor feuchter Kälte zu schützen, ἵν' οὔατα μὴ καταδεύῃ. Von (weiblichen) Ohrläppchen, λοβοί (zu λέπω, »schäle ab«; lit. *lōpas*, »Flick, Lappen«; Hofmann 177), mit dem Beiwort (εὐ)τρητοί, »(wohl) durchbohrt« (zur Befestigung von Ohrschmuck) ist XIV 182 und h.Hom. 6,8 die Rede.

δ) *Nase:* Relativ selten wird die Nase, ῥίς, erwähnt (Fem.-Plur. ῥῖνες, »Nase« oder »Nasenlöcher«). Ein Geschoß trifft ῥῖνα παρ' ὀφθαλμόν, »die Nase neben dem Auge« (V 291) oder μέτωπον | ῥινὸς ὕπερ πυμάτης, »oberhalb der Nasenwurzel« (XIII 616). Bei Verletzungen der Mundhöhle und des Schlundes quillt Blut aus den Nasenlöchern (XVI 349; 22,18). Dem schiffbrüchigen Odysseus fließt Meerwasser aus Mund und Nase (5,456). Mehrfach wird vom Abschneiden der Ohren und der Nase gesprochen, einer entehrenden, grausamen Strafe, die Laomedon dem um seinen Lohn betrogenen Apollon androht (XXI 455), die die Lapithen an dem Frevler Eurytion vollziehen (21,300f.) und die Freier dem Bettler Iros nebst Ausreißen der Scham in Aussicht stellen, falls er im Faustkampf gegen Odysseus unterliege (18,86). Im letzten Fall soll als Vollstrecker der König Echetos von Epeiros fungieren, ein Popanz, mit dem noch öfter gedroht wird. Trotz des märchenhaften Kolorits dieser Berichte und Drohungen wird die Strafe in ihrer grausamsten Form an dem ungetreuen Hirten Melanthios in der Odyssee vollzogen, dem dazu noch Hände und Füße abgehackt werden: τοῦ δ' ἀπὸ μὲν ῥῖνάς τε καὶ οὔατα νηλέϊ χαλκῷ | τάμνον, μήδεά τ' ἐξέρυσαν ... | χεῖράς τ' ἠδὲ πόδας κόπτον (22,475 ff.).

XVI 502 f. wird von einem Sterbenden gesagt: τέλος θανάτοιο κάλυψεν | ὀφθαλμοὺς ῥῖνάς τε. In diesem Zeugma, dessen erstes Glied an die Wendungen des Todesdunkels erinnert, das sich über die Augen senkt (vgl. S.S21), scheint sich das κάλυψεν ... ῥῖνάς τε auf die Totenblässe zu beziehen, die sich an der Nase zuerst bemerkbar macht (so auch Faesi-Franke zur Stelle). Wenn Thetis dem toten Patroklos zur Konservierung des Leibes Ambrosia in die Nase träufelt, ἵνα οἱ χρὼς ἔμπεδος εἴη (XIX 39), können Erinnerungen an Praktiken ägyptischer Leichenkonservierung vorliegen, von denen Herodot (II 86,3) einen Eindruck vermittelt[40].

Eine einzige Stelle gilt der Nase als Riechorgan. 4,445f. praktiziert Eidothea dem Agamemnon und seinen Gefährten Ambrosia unter die Nasen, um den Gestank der Robbenfelle erträglich zu machen, unter denen sie verborgen liegen: ἀμβροσίην ὑπὸ ῥῖνα ἑκάστῳ θῆκε φέρουσα | ἡδὺ μάλα πνείουσαν, ὄλεσσε δὲ κήτεος ὀδμήν. Physiologisch gut beobachtet ist δριμὺ μένος, »das stechende Kribbeln«, das Odysseus als Anzeichen aufkommender Rührung beim Anblick des alten, vernachlässigten Vaters in die Nase steigt (24,318f.)[41]. Dem abstoßenden Bilde der Achlys, des Todesdunkels, auf dem Schild des Herakles fließt Rotz aus der Nase: τῆς ἐκ μὲν ῥινῶν μύξαι ῥέον (Hes., Sc. 267).

ε) *Mund:* Der Mund, στόμα, tritt als Organ der Sprache in den homerischen Epen selten, bei Hesiod häufiger in Erscheinung. Im Musenanruf des zweiten Buches der Ilias sagt der Dichter, er könne die Masse des Volks nicht namentlich nennen, οὐδ᾽ εἴ μοι δέκα μὲν γλῶσσαι, δέκα δὲ στόματ᾽ εἶεν, »auch wenn ich zehn Zungen und zehn Münder hätte« (II 489). Die Sirenen wissen, daß niemand an ihnen vorüberfährt, πρίν γ᾽ ἡμέων μελίγηρυν ἀπὸ στομάτων ὄπ᾽ ἀκοῦσαι, »bevor er die honigsüße Stimme von unserem Munde her vernommen hat« (12,187). Nach Hes., Th. 39f. fließt der Musen Stimme lieblich aus ihrem Munde: ῥέει αὐδή | ἐκ στομάτων ἡδεῖα (vgl. h. Hom. XXV 5). Aus »zarten Mündern«, ἐξ ἁπαλῶν στομάτων, läßt ein Hochzeitschor seine Stimmen erschallen (Hes., Sc. 279). Als Umschreibung für »reden« kennt man ἀνὰ στόμα ἔχειν, διὰ στόμα ἄγεσθαι, ähnlich unserem »im Mund führen« (II 250; XIV 91). Sonst bezeichnet στόμα die Stelle von Verwundungen (XVI 345 u.ö.). XVI 349 u.ö. tritt infolge einer Verwundung Blut aus dem Mund. Der schiffbrüchige Odysseus speit das Wasser aus, das er geschluckt hat: στόματος δ᾽ ἐξέπτυσεν ἅλμην (5,322). Bisweilen steht στόμα für das ganze Gesicht, z.B. wenn jemand πρηνής ... ἐπὶ στόμα fällt (VI 43 u.ö.). Als Sitz der Zähne wird der Mund X 375 genannt: ἄραβος δὲ διὰ στόμα γίγνετ᾽ ὀδόντων, »ihm klapperten die Zähne im Mund«. Mit der Gebärde des Bittenden streckt Priamos die Hand ποτὶ στόμα, »zum Munde« des Achilleus, wo man nach sonstiger Gepflogenheit ein Berühren des Kinns erwartet (XXIV 506; s. S.S26). Einem Toten wird, wie die Augen, auch der Mund geschlossen (στόμα συνερείδειν, 11,426).

»Die Zunge« heißt γλῶσσα. Als Sprechwerkzeug steht sie im Sprachgebrauch gleichwertig neben oder für στόμα, so II 489. Nach Hes., Th. 83f. gießen die Musen dem, den sie ehren, »süßen Tau auf die Zunge, und lieblich rinnen seine

---

[40] ... ὧδε τὰ σπουδαιότα ταριχεύουσι· πρῶτα μὲν σκολιῷ σιδήρῳ διὰ τῶν μυξωτήρων (Nasenlöcher) ἐξάγουσι τὸν ἐγκέφαλον, τὰ μὲν αὐτοῦ οὕτω ἐξάγοντες, τὰ δὲ ἐγχέοντες φάρμακα. Vgl. S.S53.
[41] Ähnlich wertet die Stelle Körner, Kenntnisse 51. [42] Vgl. Sittl, Gebärden 17.

Worte aus dem Munde«: τῷ μὲν ἐπὶ γλώσσῃ γλυκερὴν χείουσιν ἐέρσην, | τοῦ δ' ἔπε' ἐκ στόματος ῥεῖ μείλιχα. Von Nestor heißt es I 249: τοῦ καὶ ἀπὸ γλώσσης μέλιτος γλυκίων ῥέεν αὐδή, »von seiner Zunge floß die Rede süßer als Honig«. Wenn man über den Durst trinkt, lähmt der Wein Zunge und Verstand: δέει γλῶσσάν τε νόον τε (Hes., Fr. 121,3 Rz.). Mehrfach hört man von Verwundungen der Zunge. V 292 trennt eine Lanze γλῶσσαν πρυμνήν, »die Zunge an der Wurzel«, ab, XVII 618 durchschneidet ein Speer γλῶσσαν μέσσην, »die Zunge in der Mitte«. Häufiger als in anatomischem Sinne wird γλῶσσα in der übertragenen Bedeutung »Rede, Sprache, Idiom« gebraucht.

»Die Lippen« heißen χείλεα (in anatomischem Sinne stets Plur. zum Sing. χεῖλος. Neutr. »Rand, Saum«). Sie begegnen XXII 495 in Gegenüberstellung mit ὑπερῴη, »Gaumen« (zu ὑπερῷος, ὕπερος, »oben befindlich«): χείλεα μέν τ' ἐδίην', ὑπερῴην δ' οὐκ ἐδίηνε. »Die Lippen benetzte er ihm, den Gaumen aber benetzte er nicht«, heißt es hier von der fragwürdigen Mildtätigkeit, die das Waisenkind allenfalls kosten, aber nicht satt werden läßt. XV 101 ff. steht μέτωπον kontrastierend daneben, wo Hera, höhnisch oder konventionell, lediglich mit den Lippen lächelt, ohne daß sich ihre Stirn erheitert: ἡ δὲ γέλασσε | χείλεσιν, οὐδὲ μέτωπον ... | ἰάνθη. Eine Geste unmutsvoller Verlegenheit bedeutet es, wenn sich die Freier nach energischem Auftreten Telemachs auf die Lippen beißen[42]: ὣς ἔφαθ', οἱ δ' ἄρα πάντες ὀδὰξ ἐν χείλεσι φύντες | Τηλέμαχον θαύμαζον (1,381 u.ö.).

Ein seltenes Wort ist μάσταξ, das mit μασάομαι, »ich kaue«, in Verbindung gebracht wird. IX 324 ist damit der Bissen bezeichnet, mit dem ein Vogel seine Jungen füttert. In den beiden Zeugnissen der Odyssee, ἐπὶ μάστακα χερσὶ πιέζειν (4,287) und ἑλεῖν ἐπὶ μάστακα χερσίν (23,76)[43] hat man darunter den sich zum Sprechen öffnenden Mund zu verstehen, der, noch bevor es dazu kommt, von fremder Hand verschlossen wird.

Das Wort für »Zahn«, ὀδούς (Mask., Plur. ὀδόντες; zur Wz. ed- »essen«; Hofmann 225), begegnet besonders in einer formelhaften Umschreibung für den redenden Mund. Ἀτρείδη, ποῖόν σε ἔπος φύγεν ἕρκος ὀδόντων; sagt IV 350 Odysseus zu Agamemnon. In diesem poetischen Bilde (formelhaft in der Odyssee: τέκνον ἐμόν, ποιόν σε ἔπος usw.) werden die Zahnreihen gleichsam als Zäune und Einfriedung unziemlicher Rede gesehen. Ἕρκος ὀδόντων ἀμείβεσθαι heißt dann »die Mundöffnung (in beiden Richtungen) passieren«. IX 409 wird damit der Austritt der Seele aus dem Munde im Augenblick des Todes, 10,328 die Einnahme eines Zaubertranks umschrieben. Beschreibungen von Verwundungen des Mundes und Gesichts werden gelegentlich von drastischen Schilderungen ausgeschlagener Zähne begleitet. Bei einem Lanzenstoß durch den Mund in die Schädelbasis heißt es z.B.: ἐκ δὲ τίναχθεν ὀδόντες, »die Zähne wurden herausgestoßen« (XVI 348). Ein anderes Mal dringt eine Lanze durch Hinterkopf und Mund, und der tödlich Getroffene beißt auf die eherne Lanzenspitze: ψυχρὸν δ' ἕλε χαλκὸν ὀδοῦσιν (V 75). Auch sonst spielen die Zähne bei Schilderungen der Reflexhaltung Sterbender eine Rolle. Besonders in diesem Bereich begegnet das Adverb ὀδάξ, »mit den Zähnen«. Die formelhaften Wendungen ὀδὰξ ἑλεῖν οὖδας (XI 749; II 418: ὀδὰξ λάζεσθαι γαῖαν) lassen sich mit unserem »ins Gras beißen« vergleichen (Zu ὀδὰξ ἐν χείλεσι φύντες s. oben). Zähneklappern als

---

43 Der Vorgang, auf den sich 23,76 bezieht, wird 19,480 anders dargestellt: χεῖρ' ἐπιμασσάμενος φάρυγος λάβε δεξιτερῆφι. Dort faßt Odysseus Eurykleia also an der Kehle; 23,76 berichtet, er habe ihr den Mund mit der Hand verschlossen, was man nach 4,287 auch als

Reaktion der Furcht bieten XIII 283: πάταγος δέ τε γίγνετ' ὀδόντων und X 375 (s. S. S 24). Zähneknirschen als Ausdruck von Kampfeswut und zur Erregung von Furcht findet sich XIX 365 (ὀδόντων καναχή) und Hes., Sc. 249.

ζ) *Unterkiefer:* Als Bettung der Zähne werden γναθμοί, »die Kinnbacken«, gegenannt. Der Bettler Iros will Odysseus »alle Zähne aus den Kinnbacken schlagen« (γναθμῶν ἐξελάσαι, 18,29). Auch der Singular ist gebräuchlich: νύξε ... | γναθμὸν δεξιτερόν, »er stach ihn in den rechten Kinnbacken« (XVI 404f.) oder τὸν βάλ' ὑπὸ γναθμοῖο, »er traf ihn unterhalb des Kinnbackens« (XIII 671 u.ö.). Bei der Rückverwandlung eines Greisengesichts in ein blühendes Antlitz heißt es: γναθμοὶ δὲ τάνυσθεν, womit die fleischige Gesichtspartie der γναθμοί gemeint ist: »die Wangen strafften sich« (16,175). Diese spezielle Bedeutung liegt auch 20, 347 vor: γναθμοῖσι γελώων ἀλλοτρίοισιν, »sie lachten mit fremdartigen, d.h. verzerrten Wangen«.

Seltener wird das sprachlich verwandte γένυς (Gen. Plur. γενύων, Dat. Plur. γένυσσιν, Akk. Plur. γένῡς; lat. *gena,* got. *Kinnus,* »Wange«, ahd. *Kinni,* nhd. »Kinn«; Hofmann 43) für »Kinnbacken« gebraucht. »Schreckliches Krachen der Kinnbacken« (χρόμαδος γενύων) begleitet XXIII 688 einen Faustkampf. 11,320, wo vom Wachsen des ersten Bartes die Rede ist, steht der Singular γένυς für »Kinn«. Die übliche Bezeichnung für das Kinn ist γένειον, besonders in Wendungen, die die Gebärde des Bittenden wiedergeben[44], z.B. χειρὶ γενείου λαβεῖν (ἅψασθαι), »jemandem ans Kinn fassen« (VIII 371 u.ö.). Πολιὸν γένειον, »das graue Kinn«, gilt, wie das »graue Haupt«, als ein Zeichen achtunggebietenden Alters (XXII 74; XXIV 516).

Ein drittes Wort für »Kinn« meint wohl soviel wie »die struppige Stelle des Bartes« (Hofmann 5): ἀνθερεών. Eine von oben her durchs Auge eindringende Lanze tritt aus παρὰ νείατον ἀνθερεῶνα, »ganz unten am Kinn« (V 293). XIII 388 trifft ein Speer λαιμὸν ὑπ' ἀνθερεῶνα, »die Kehle unterhalb des Kinns«. I 501 wird das Wort statt γένειον bei Umschreibung der Gebärde des Bittenden verwendet, III 372, wo vom Kinnriemen eines Helms die Rede ist: ὑπ' ἀνθερεῶνος ὀχεὺς τέτατο τρυφαλείης.

g) Der Hals

Der Hals als Körperteil zwischen Kopf und Rumpf heißt δειρή oder αὐχήν. Obwohl beide Ausdrücke den Hals rundum bezeichnen können, meint δειρή in erster Linie die Vorderseite, αὐχήν die rückwärtige Partie.

Briseis zerkratzt sich beim Anblick des erschlagenen Patroklos »die Brust, den zarten Hals (ἁπαλὴν δειρήν) und das schöne Antlitz« (XIX 285). Weibliche Anmut hebt auch περικαλλὴς δειρή III 396 hervor (vgl. h. Ven. 181). Von ἁπαλὴ δειρή wird (formelhaft?) auch dann gesprochen, wenn vom Kopfabschlagen (δειροτομεῖν) die Rede ist: κεφαλὴν δ' ἁπαλῆς ἀπὸ δειρῆς | κόψεν (XIII 202; XVIII 177). XIV 412 wird στῆθος ... ὑπὲρ ἄντυγος ἀγχόθι δειρῆς, »die Brust über dem Schildrand, nahe am Hals« verwundet. Der Hals rundum ist 22,472 gemeint: ἀμφὶ δὲ πάσαις | δειρῆσι βρόχοι ἦσαν, »alle (ungetreuen Mägde) hatten Schlingen um den Hals«, ebenso in der Wendung ἀμφὶ χεῖρας δειρῇ βάλ-

angemessen empfinden müßte.   [44] Sittl, Gebärden 33. 282.   [45] EM. 557,15: καὶ γὰρ

λειν, »jemandem die Arme um den Hals legen« (23,208; vgl. 240). Das Innere des Halses, der »Schlund«, scheint h.Merc. 133 gemeint zu sein, wo die unsichere Überlieferung des Textes das weitere Verständnis der Stelle erschwert.

Αὐχήν, vorwiegend »Nacken, Genick«, kann, wie gesagt, auch den Hals schlechthin bedeuten. Wenn es heißt, daß den Beherzten kein Geschoß von hinten trifft: οὐκ ἂν ἐν αὐχέν' ὄπισθε ... οὐδ' ἐνὶ νώτῳ (XIII 289; vgl. XV 451) oder daß eine Lanze, die durch die Kehle eindringt, ἀντικρὺ δ' ἁπαλοῖο δι' αὐχένος (XVII 49) austritt, ist mit αὐχήν eindeutig der Nacken gemeint. Wenn vom Abschlagen eines Kopfes die Rede ist (αὐχένα μέσσον ἐλάσαι, ἀπὸ δ' αὐχένα κόψαι, αὐχένα πλῆξαι, θεῖναι), ergibt es sich aus den geschilderten Begleitumständen, ob mit αὐχήν der hintere (X 455), vordere (XI 146) oder seitliche Teil (XVI 339) des Halses gemeint ist. Eine Verwundung, ὅθι κληῒς ἀποέργει | αὐχένα τε στῆθός τε, »wo das Schlüsselbein Hals und Brust abgrenzt« (VIII 326), läßt wieder mehr an die Vorderseite des Halses denken. Nur selten wird αὐχήν außerhalb von Verwundungsszenen genannt und meint dann immer den Nacken, so z.B. 10,559f. ἐκ δέ οἱ αὐχὴν | ἀστραγάλων ἐάγη, »er brach sich das Genick«.

Nur einmal wird λόφος, sonst Nacken von Tieren, auf den Menschen bezogen. X 573 waschen sich Odysseus und Diomedes den Schweiß »von Beinen, Nacken und Schenkeln«, κνήμας τε ἰδὲ λόφον ἀμφί τε μηρούς. Das davon abgeleitete Adverb καταλοφάδεια, eigentlich »den Nacken herab«, ist 10,169 in der Wendung καταλοφάδεια φέρειν, »auf dem Nacken tragen«, greifbar.

Vorwiegend auf das Innere des Halses beziehen sich die Ausdrücke στόμαχος, φάρυγξ, λαυκανίη, λαιμός und ἀσφάραγος. Στόμαχος zu στόμα, eigentlich »Mündung«, bezeichnet den Schlund. Unter drei Belegstellen wird es nur XVII 47 auf den menschlichen Körper bezogen: κατὰ στομάχοιο θέμεθλα | νύξεν, »er stach ihn in die Gründung der Kehle, tief in den Schlund«. Φάρυγξ[45] ist die Speiseröhre, aus der sich beim Erbrechen der genossene Wein ergießt: φάρυγος δ' ἐξέσσυτο οἶνος (9,373). Φάρυγος λαβεῖν meint jedoch nur äußerlich »jemanden an der Kehle packen« (19,480). Ähnlich liegen die Dinge bei λαυκανίη. Αἴθοπα οἶνον | λαυκανίης καθέηκα heißt »ich sandte funkelnden Wein den Schlund hinab« (XXIV 641f.), womit also der Speisetrakt gemeint ist. Wenn jedoch λαυκανίη XXII 325 als tödlich verwundbare Stelle angesprochen wird (ἵνα τε ψυχῆς ὤκιστος ὄλεθρος), ist zunächst äußerlich die Kehle gemeint. Λαιμός (dazu λαῖτμα, »Abgrund, Meerestiefe«) bezeichnet mit einer Ausnahme stets äußerlich die Kehle, immer bei Beschreibung von Verwundungen: λαιμὸν βάλλειν, τύπτειν, ἀπαμᾶν, »die Kehle treffen bzw. durchschneiden« (XIII 388.542; XVIII 34; 22,15). Doch zeigt XIX 209f., daß damit auch der Speisetrakt bezeichnet werden kann: πρὶν δ' οὔ πως ἂν ἔμοιγε ... κατὰ λαιμὸν ἰείη | οὐ πόσις οὐδὲ βρῶσις, »vorher soll mir weder Speise noch Trank den Schlund hinabgehen«.

Während der Sprachgebrauch von φάρυγξ, λαυκανίη und λαιμός, womit einerseits der Nahrungstrakt, andererseits die äußere Region der Kehle bezeichnet werden konnte, noch keine genauere Kenntnis vom Inneren des Halses, insbesondere einer Trennung der Speise- und Atemwege verriet, gibt es eine bemerkenswerte Ausnahme. XXII 324ff. wird mit gewisser anatomischer Sorgfalt geschildert, wie Achilleus mit seiner Lanze Hektor an der Kehle (λαυκανίη) tödlich

---

τρεῖς πόροι εἰσὶ τοῦ τραχήλου, λάρυγξ, φάρυγξ καὶ ὁ νωτιαῖος μυελός. Λάρυγξ μὲν δι' οὗ λαλοῦμεν καὶ ἀναπνέομεν. φάρυγξ δὲ δι' οὗ ἐσθίομεν καὶ πίνομεν. ὁ δὲ νωτιαῖος

trifft. Die Waffe durchdringt die Gurgel und tritt am Nacken heraus: οὐδ' ἄρ' ἀπ' ἀσφάραγον μελίη τάμε χαλκοβάρεια, | ὄφρα τί μιν προτιείποι, »doch zerschnitt ihm der Speer nicht die Luftröhre, damit er noch etwas zu ihm rede« (XXII 328f.). Ἀσφάραγος wird hier deutlich gegenüber λαυκανίη, »Schlund, Kehle«, differenziert: λαυκανίη wird durchstoßen, ἀσφάραγος, ein zum Sprechen notwendiges Organ, dabei aber nicht lädiert. Die Deutungen »Luftröhre, Kehlkopf« haben seit je nahe gelegen. Dies bedeutet sicher einen Fortschritt gegenüber der auf S.S 18 betrachteten Vorstellung, die die stimmbildenden Vorgänge gewissermaßen in den Kopf verlegte. Die Verwundung selbst wirkt freilich konstruiert und zeigt, daß von der Anatomie des Halses im einzelnen noch keine klaren Vorstellungen herrschen [46].

h) Der Rumpf

α) Brustpartie: Die Behandlung der dem Halse benachbarten Teile des Rumpfes soll mit dem Schlüsselbein, κληΐς (lat. *clavis*), begonnen werden, das systematisch als Knochen hätte eingeordnet werden müssen, im epischen Sprachgebrauch allerdings nie in seiner knöchernen Funktion angesprochen wird, wenn man von seiner Benennung »Riegel« oder »Haken« absieht [47]. Das Wort wird in anatomischem Sinne nur in der Ilias angetroffen und markiert bei Schilderungen von Verwundungen eine äußere Körperregion. Ausdrücklich bezeichnet wird seine Lage zwischen Hals und Schulter (XXII 324) oder zwischen Hals und Brust (VIII 325 f., was eigentlich nur für seinen Ansatz am Brustbein gilt), sowie seine Nähe zur Schulter einerseits (V 146) und zum Halse andererseits (XXI 117). Die Stelle ὅθι κληῒς ἀποέργει | αὐχένα τε στῆθός τε, »wo das Schlüsselbein Hals und Brust abgrenzt«, wird VIII 325 f. als μάλιστα καίριον, »tödlich verwundbar«, bezeichnet. So wenig der weitere Verlauf der Szene das μάλιστα καίριον bestätigt – der vom Stein Hektors getroffene Teukros lebt weiter – zeigt XXI 115 ff., was gemeint ist. Der junge Priamossohn Lykaon hat Achilleus erfolglos um Schonung gebeten und erwartet, vor seinem Gegner niedergesunken, mit ausgebreiteten Armen den Todesstoß:

> ... ὁ δ' ἕζετο χεῖρε πετάσσας
> ἀμφοτέρας. Ἀχιλεὺς δὲ ἐρυσσάμενος ξίφος ὀξὺ
> τύψε κατὰ κληῖδα παρ' αὐχένα, πᾶν δέ οἱ εἴσω
> δῦ ξίφος ἄμφηκες. ὁ δ' ἄρα πρηνὴς ἐπὶ γαίῃ
> κεῖτο ταθείς.

Κατὰ κληῖδα παρ' αὐχένα, wo Achilleus sein Schwert bis zum Heft im Leibe des Gegners versenkt, entspricht durchaus der VIII 325 f. bezeichneten Stelle, deren Verwundbarkeit weniger ein Steinwurf, sondern ein beim linken Schlüssel-

---

μυελός, δι' οὗτινος τὰ νεῦρα ἐκφύονται.   46 Körner, Kenntnisse 50 würdigt die anatomisch-physiologischen Kenntnisse des Dichters, versucht darüber hinaus aber auch die geschilderte Verwundung, bei der doch Kehlkopf bzw. Luftröhre zuerst hätten zerstört werden müssen, realistisch zu erklären. Seltsam ist es auch, daß eine Lanze, die in die Kehle dringt und am Nacken austritt – an dieser Deutung läßt auch die Parallelstelle XVII 47 ff. keinen Zweifel – nicht auch die Halswirbel verletzt, was den Getroffenen allein am Sprechen hätte hindern müssen.   47 EM. 518,23: τὴν κατάκλειδα, παρὰ τὸ κλείεσθαι ὑπ' αὐτῆς

bein abwärts in Richtung auf das Herz geführter Stich demonstriert. Dieser – lateinisch als *iugulatio* bezeichnete – »Fangstoß«, der gewöhnlich am niedergesunkenen, wehrlosen Gegner vollzogen wird, muß nach Ausweis der Denkmäler über Jahrhunderte seinen Ruf als καίριον, »tödlich verwundend«, gewahrt haben. Achill vollzieht die *iugulatio* an der zusammengebrochenen Penthesilea im Innenbild der attisch-rotfigurigen Schale des Penthesileamalers in München (Abb. 2b)[48]. Auf dem Siegesdenkmal des Königs Attalos I. von Pergamon hat die Hauptfigur, ein Fürst der besiegten Galater, der mit der linken seine sterbende Frau zu halten sucht, mit der Rechten sein Schwert an der beschriebenen Stelle zur Selbsttötung angesetzt (Abb. 2a)[49].

Die Flanke des Körpers wird πλευραί genannt und ist im homerischen Epos nur als Plural anzutreffen; zur Etymologie und Bedeutung »Rippe« vgl. S. S 6. Schlaflos wälzt sich Achilleus ἄλλοτ' ἐπὶ πλευρὰς κατακείμενος, ἄλλοτε δ' αὖτε | ὕπτιος, ἄλλοτε δὲ πρηνής, »bald auf der Seite liegend, bald auf dem Rücken, bald auf dem Bauch« (XXIV 10f.). Die Flanken neben den Schultern werden noch XXIII 716 genannt: ἀνὰ πλευράς τε καὶ ὤμους. Der Plural zu einem Neutrum πλευρόν mit gleicher Bedeutung begegnet IV 468, wo er die Stelle einer Verwundung bezeichnet. Wird an dieser Körperstelle von Abschürfungen der Haut gesprochen, hat man schon in höherem Maße an die darunterliegende, knöcherne Substanz zu denken, was den späteren Bedeutungswandel zu »Rippe« begreiflich macht. So dringt XI 437 ein Speer durch Schild und Panzer und reißt dem Krieger »die ganze Haut von der Flanke«: πάντα δ' ἀπὸ πλευρῶν χρόα ἔργαθεν. Umgekehrt gesehen wird der Vorgang in der hyperbolischen Ausdrucksweise von 17,231f.: πολλὰ οἱ ... σφέλα ... | πλευραὶ ἀποτρίψουσιν, »seine Flanken werden viele Schemel abwetzen (die man nach ihm wirft)«.

»Die Brust« ist στέρνον (zur Wz. στορ- »ausbreiten«). Sie wird als ein Körperteil hervorgehoben, der das äußere Erscheinungsbild bestimmt: στέρνον δὲ Ποσειδάωνι (ἴκελος), »mit einer Brust wie Poseidon« (II 479). Odysseus ist kleiner als Agamemnon, aber εὐρύτερος δ' ὤμοισιν ἰδὲ στέρνοισιν ἰδέσθαι, »an Schultern und Brust breiter anzuschauen« (III 194)[50]. Singular und Plural wechseln nach metrischen Bedürfnissen ohne Bedeutungsunterschied[51]. Στέρνον wird am häufigsten im Bereich des Kampfes als verwundeter oder vor Verwundungen zu schützender Körperteil genannt, z. B. βάλε δουρὶ | στέρνον ὑπὲρ μαζοῖο, »er traf mit dem Speer die Brust oberhalb der Brustwarze« (IV 527f.). Eine Lanze, die in die Schulter dringt, tritt zur Brust heraus: στέρνοιο διέσσυτο (XV 542). Oder

τόν τε αὐχένα καὶ τὸν ὦμον. **48** Aus Vulci, um 460 v. Chr., in München, Museum Antiker Kleinkunst, Inv.-Nr. 2688; Beazley, ARV.² 879 Nr. 1; Pfuhl, MuZ. III 185 Abb. 501 oben; W. Kraiker, Die Malerei der Griechen (1958) Taf. 36; Arias-Hirmer Taf. 168. 169; Buschor, Vasen² 191 Abb. 203; E. Simon–M. und A. Hirmer, Die griechischen Vasen (1976) 130 Taf. 183; Farbtaf. 42. **49** Das Original stammt aus dem späten 3. Jh. v. Chr.; hier nach römischer Kopie in Rom, Thermenmuseum, Inv.-Nr. 8608; H 2,11 m, Marmor; unsere Abbildung nach der Rekonstruktion von A. Schober, RM. 51, 1936, 123 Abb. 5; vgl. L. Alscher, Griechische Plastik IV (1954) Taf. 12. 13; W. Fuchs in: W. Helbig, Führer durch die öffentlichen Sammlungen klassischer Altertümer in Rom III ⁴(1969) 255f. Nr. 2337; Chr. Havelock, Hellenistische Kunst (1971) 134ff. Nr. 140–142; zur Iugulatio vgl. noch Friedrich, Verwundung 45. 102. **50** Mit diesen körperlichen Merkmalen scheint eher Odysseus als Agamemnon dem von der anthropologischen Forschung ermittelten durchschnittlichen Erscheinungsbild der Menschen Altgriechenlands zu entsprechen; S. S 57. **51** s. unser Kap. P »Hausrat« 6 mit Anm. 12. **52** Wenn XI 462 Odysseus schreit ὅσον

IV 529f.: ἐκ δ' ... ἔγχος | ἐσπάσατο στέρνοιο, »er riß die Lanze aus der Brust«, XX 162f.: ἀσπίδα ... | πρόσθεν ἔχε στέρνοιο, »er hielt den Schild vor die Brust«. Ein Verwundeter wird von seinem Helfer ὑπὸ στέρνοιο, »unterhalb der Brust«, umfaßt (XI 842), der Beherzte kehrt die Brust dem Feinde zu (XIII 290). Die Brust birgt das (organische) Herz: ἐν δέ τέ οἱ κραδίη μεγάλα στέρνοισι πατάσσει, »gewaltig klopft ihm das Herz in der Brust« (XIII 282). Das Wort wird in den genannten Bereichen auf männliche Wesen bezogen, nur Hes., Th. 117 bietet Γαῖα εὐρύστερνος, »Gaia mit der breiten Brust«. IV 106 und 108 ist στέρνον (αἰγός) identisch mit στῆθος (Neutr.), das weit häufiger für »Brust«, ohne Unterschied des Geschlechtsbezuges, gebraucht wird.

Στῆθος kann einerseits, wie στέρνον, die Brust in eigentlich anatomischem Sinne bezeichnen, andererseits den Sitz von θυμός, νόος, νόημα, ἦτορ, κῆρ usw., wo sich Regungen und Strebungen des Geistes und Gemüts vollziehen, am häufigsten in der Formel θυμὸς ἐν στήθεσσι, die bisweilen nur noch für das (geistig und leiblich) reagierende Individuum steht. So heißt τῷ θυμὸν ἐν στήθεσσιν ἔπειθεν kaum mehr als »er überredete ihn«. Während die Ilias στῆθος vorwiegend als Körperteil in engerem Sinne gebraucht, überwiegt in der Odyssee die letztgenannte Verwendung. Der Plural kann, wie bei στέρνον, singularische Bedeutung haben. Als angrenzende Körperteile werden Hals und Schlüsselbein erwähnt (XIV 412; VIII 325f.). Eine Waffe, die in den Rücken dringt, tritt zur Brust heraus: διὰ δὲ στήθεσφιν ἔλασσεν (XI 448 u.ö.). In der Brust klopft das Herz: ἐν δέ μοι αὐτῇ | στήθεσι πάλλεται ἦτορ (XXII 452; vgl. X 94f.). Auch kennt man die Bedeutung der Brust für Stimmbildung und Atmung. XIV 150f. schreit Poseidon wie zehntausend Männer im Kampf: τόσσην ἐκ στήθεσφιν ὄπα κρείων ἐνοσίχθων | ἧκεν, »eine so gewaltige Stimme entsandte der mächtige Erderschütterer seiner Brust«. III 221 begegnet noch einmal ὄπα ἐκ στήθεος ἰέναι[52]. Mit den Worten εἰς ὅ κ' αὐτμὴ | ἐν στήθεσσι μένῃ, »solange mir Atem in der Brust bleibt«, wird lebendige Existenz der Funktion des Atems gleichgesetzt, der seinen Sitz in der Brust hat (IX 609f. = X 89f.). Achilleus und Poseidon haben eine behaarte Brust (ἐν στήθεσσι λασίοισι I 189, στήθεα λαχνήεντα XVIII 415). Quer über die Brust läuft das Tragband von Schwert, Schild und Köcher, z.B. τελαμὼν ἀμφὶ στήθεσφιν (II 388), δύω τελαμῶνε περὶ στήθεσσι τετάσθην (XIV 404). Die Brust wird mit dem Chiton umkleidet: ἔνδυνε περὶ στήθεσσι χιτῶνα (X 21 u.ö.) und vom Harnisch geschützt: θώρηκα περὶ στήθεσσι ἔδυνε (XI 19 u.ö.), τοῦ χαλκὸς ἔλαμπε περὶ στήθεσσι (XIII 245). Häufigste Gelegenheit zum Gebrauch des Wortes bieten wiederum die Kampfszenen. Gängige Formel ist hier βάλε στῆθος παρὰ μαζόν, »er traf die Brust an der Brustwarze« (IV 480 u.ö.), daneben πρὸς (κατὰ) στῆθος βαλεῖν, »an der Brust treffen« (XI 144 u.ö.), στῆθος μέσον οὐτάζειν, »die Brust in der Mitte verwunden« (XV 523 u.ö.), διὰ στήθεσφιν ἐλάσαι, »durch die Brust stoßen« (VIII 259 u.ö.). Der Sieger tritt dem Unterlegenen auf die Brust (λὰξ ἐν στήθεσι βάς), um seine Lanze aus dessen Leib zu reißen (VI 65).

Die weibliche Brust ist mit στῆθος recht selten gemeint; das Wort wird allerdings dann gebraucht, wenn sich Frauen in der Gebärde der Trauer an die Brust

κεφαλὴ χάδε φωτός, »was eines Mannes Kopf hergab«, Poseidon dagegen ἐκ στήθεσφιν (XIV 150), ist natürlich nicht an eine Differenzierung von Kopf- und Bruststimme in modernem physiologischen Sinne zu denken – ein Mann, der so laut wie möglich schreit, tut dies nicht in »Kopfstimme« –, sondern an grundsätzlich verschiedene Auffassungen vom Sitz der stimmbildenden Organe. Weiteres zur Physiologie der Stimme S. S 18 zu κεφαλή und S. S

a

b

Abb. 2a und b Selbsttötung eines Galaters, Rekonstruktion eines Siegesdenkmals des Königs Attalos I. von Pergamon (a) und Tötung der Penthesilea durch Achill, attisch-rotfiguriges Schaleninnenbild, München, Museum antiker Kleinkunst (b)

schlagen und sie zerkratzen: χερσὶ στήθεα πεπλήγοντο (XVIII 30f. u. ö.), χερσὶ δ' ἄμυσσε | στήθεα (XIX 284ff.; vgl. noch XXI 424; XXIII 761.763). Athene träufelt dem Achilleus Nektar und Ambrosia »in die Brust« (ἐνὶ στήθεσσι, XIX 348.353); dieser Gebrauch ist einmalig.

Μαζός (zu einer Wz. *mad- »naß«; Hofmann 187) bezeichnet die Brustwarze sowohl des Mannes als auch der Frau. In Kampfszenen dienen Angaben wie παρὰ (κατὰ) μαζόν, ὑπὲρ μαζοῖο der Lokalisierung von Verwundungen (s. o. zu στῆθος), dazu das Adjektiv μεταμάζιος, »(die Brust) zwischen den Brustwarzen« (V 19). Beim Spannen des Bogens wird die Sehne an die Brustwarze herangezogen: νευρὴν μὲν μαζῷ πέλασεν (IV 123). Als genauere Bezeichnung findet man μαζὸς δεξιτερός (δεξιός) und ἀριστερός, »die rechte« und »die linke Brustwarze« (V 393; IV 480f.; XI 321). Auf die Frau bezogen, wird zwischen (einzelner) Brust und Brustwarze nicht geschieden. Als Symbol der Bindung und Verpflichtung hält Hekabe ihrem Sohn Hektor die entblößte Mutterbrust entgegen, um ihn dazu zu bewegen, sich in den Schutz der Mauern zu begeben: ἑτέρηφι δὲ μαζὸν ἀνέσχεν (XXII 80), dieselbe Brust, die XXII 83 λαθικηδής, »die Kummer vergessen machende«, die »stillende« genannt wird. An der Mutterbrust saugen heißt θήσασθαι μαζόν (XXIV 58). Penelope hielt beim Abschied des Odysseus den kleinen Telemach ἐπὶ μαζῷ (11,448), sie nährte ihn wohl selbst, was gewöhnlich die Amme tut. So sagt Odysseus 19,482f. zu Eurykleia: σὺ δέ μ' ἔτρεφες αὐτή | τῷ σῷ ἐπὶ μαζῷ, »du nährtest mich an deiner eigenen Brust«.

Κόλπος, »Wölbung, Busen« (aus *quolpos zu *qolpos, ahd. (h)welban, »wölben«; Hofmann 153), sonst auch »Gewandbausch, Meeresbucht«, ist eine weitere Bezeichnung für die weibliche Brust. Man findet das Wort besonders in Wendungen, in denen vom Kleinkind an der Brust der Amme oder Mutter die Rede ist. Bisweilen kann man schwanken, ob κόλπος den Gewandbausch oder den darunter liegenden Körperteil meint. »An der Brust halten« heißt ἐν κόλποισιν ἔχειν (h. Cer. 238 von Demeter, die als Amme des kleinen Demophon fungiert), ἐπὶ κόλπῳ ἔχειν (VI 400 von der Amme, die den kleinen Astyanax trägt) und ὑπὸ κόλπῳ ἔχειν, was eigentlich »unter der Brust halten« bedeutet und an die nährende Brust denken läßt (h. Cer. 187 von Metaneira und ihrem Säugling Demophon). Entsprechend heißt κόλπῳ δέξασθαι »an die Brust nehmen«, VI 483 von Andromache, die den kleinen Astyanax aus Hektors Armen entgegennimmt: κηώδεϊ δέξατο κόλπῳ, »sie nahm ihn an ihren duftenden Busen«. Ähnlich wird h. Cer. 231 θυώδεϊ δέξατο κόλπῳ von Demeter und ihrem Pflegling Demophon gesagt. Dagegen könnte ἑῷ ἐγκάτθετο κόλπῳ (h. Cer. 286 von der Keleostochter, die den kleinen Bruder vom Boden aufgehoben hat) nach dem Vorbild von XIV 219 bedeuten: »sie barg ihn im Bausch ihres Gewandes«. Ὑπεδέξατο κόλπῳ wird außerhalb des typischen Bereichs noch zweimal von Thetis gesagt, die VI 136, nachdem Lykurgos die Ammen des Dionysos verjagt hat, den verängstigten Gott aufnimmt[53], und XVIII 398, wo sie Hephaistos einen ähnlichen Dienst erweist und die Wendung wohl nur noch als Metapher für Schutz und Obhut zu werten ist[54].

β) Rücken und Gesäß: Die epischen Bezeichnungen des Rückens sind μετάφρενον und νῶτον. Μετάφρενον, gewöhnlich gedeutet als »Teil hinter dem Zwerchfell« (LS.), wird oft zusammen mit den Schultern erwähnt: μετάφρενον

27f. zu ἀσφάραγος.   53 Zum Mythos s. Nilsson, GGR.³ I 581.   54 Vgl. h. Ap. 319f.

ἠδὲ καὶ ὤμῳ (II 265 u. ö.), insbesondere bei Verwundungen, denen sich der Fliehende aussetzt: μεταφρένῳ ἐν δόρυ πῆξεν | ὤμων μεσσηγύς, »er stieß ihm den Speer in den Rücken, mitten zwischen die Schultern« (V 40f. u. ö.). Dabei tritt gelegentlich eine in den Rücken eingedrungene Lanze zur Brust (διὰ στήθεσφιν) heraus (V 41 u. ö.). Der obere, dem Nacken benachbarte Teil ist wohl auch dort gemeint, wo ein Wagenlenker dem vorangehenden Krieger die Pferde so dicht folgen läßt, daß ihr Atem seinen Rücken trifft: ἐμπνείοντε μεταφρένῳ (XVII 502, ähnlich XXIII 380).

Seltener wird νῶτον (verwandt mit lat. *natis,* »Hinterbacke«; Hofmann 221) für den menschlichen Rücken gebraucht (häufig auch für den tierischen Rücken). Formelhaft ist die Metapher vom »Rücken des Meeres«: ἐπ' εὐρέα νῶτα θαλάσσης (II 159 u. ö.). Singular und Plural sind ohne Bedeutungsunterschied in Gebrauch. Der obere Teil des Rückens ist gemeint, wo ein Schwerthieb die Schulter von Nacken und Rücken (ἀπὸ νώτου) trennt (V 147; s. S. S 12 zu ὤμος). In Verbindung mit Schulter und Nacken wird νῶτον noch XIII 289 u. ö. genannt. Die Lanze fliegt über den Rücken (ὑπὲρ νώτου) des Kriegers, der ihr ausweicht, indem er sich bückt (XX 279 u. ö.). Μετὰ νῶτα βαλεῖν, »den Rücken werden«, ist eine Umschreibung für »fliehen« (VIII 94). XX 413ff. trifft ein Speer μέσσον νῶτα und dringt beim Nabel (παρ' ὀμφαλόν) heraus. Wenn man hier an entsprechende Verwundungen von μετάφρενον (s. o.) denkt, wo die in den Rücken gestoßene Lanze die Brust durchdringt, könnte mit νῶτα eine tiefer gelegene Rückenpartie gemeint sein[55]. Hes., Op. 533f. ist der τρίπους βροτός, »der dreibeinige Sterbliche«, der gebeugte Alte, der sich auf seinen Stab stützt, Sinnbild aller Kreatur, die Schutz vor der Winterkälte sucht; sein »gebrochener Rücken« (οὔ τ' ἐπὶ νῶτα ἔαγε, κάρη δ' εἰς οὖδας ὁρᾶται) meint im Grunde das pathologisch verkrümmte Rückgrat. Die Fläche des Rückens ist wiederum dort gemeint, wo empfohlen wird, den Rücken mit einer Rindshaut vor Regen zu schützen: ὄφρ' ἐπὶ νώτῳ | ὑετοῦ ἀμφιβάλῃ ἀλεήν (Hes., Op. 544f.).

Die »Gesäßhälfte«, γλουτός (eigentlich »Kugel, runder Körper«; Hofmann 46) wird zweimal genannt. V 66 trifft eine Lanze γλουτὸν κατὰ δεξιόν, XIII 651 ein Pfeil.

γ) *Unterleib:* Der Bauch als äußere Körperregion ist γαστήρ (Fem.; Gen. γαστέρος und γαστρός, Dat. γαστέρι und γαστρί). Zur Bedeutung »Magen« und »Mutterleib« sowie seinem Äquivalent νηδύς s. S. S 49f. Öfter ist davon die Rede, daß γαστὴρ μέση, »der Bauch in der Mitte«, verwundet wird (IV 531 u. ö.). Gleichbedeutend steht XXI 180 γαστέρα παρ' ὀμφαλόν, »am Nabel«. Ὀμφαλός (lat. *umbilicus*) dient in anatomischem Sinne auch sonst nur zur Lokalisierung von Verwundungen. Eine Lanze, die durch den Leibgurt dringt (διὰ ζωστῆρος), verletzt den unteren Teil des Bauches (νειαίρῃ γαστήρ, V 539 u. ö.), was wiederum der XIII 568f. geschilderten Verwundung αἰδοίων τε μεσηγὺ καὶ ὀμφαλοῦ, »zwischen Scham und Nabel«, entsprechen dürfte, die als besonders schmerzhaft (μάλιστα ἀλγεινός) gilt.

Wenn Odysseus XI 424 den vom Wagen springenden Chersidamas mit dem Speer κατὰ πρότμησιν trifft, »an dem Einschnitt vorn (am Unterleib)«, ist damit die gleiche Stelle gemeint. Πρότμησις, eigentlich »Abschnitt, Einschnitt«, bezeichnet nach Aristarchs Zeugnis die Gegend zwischen Scham und Nabel[56]. Gelegent-

---

[55] Ausführlicher zur Stelle äußert sich Friedrich, Verwundung 48f.   [56] Vgl. Faesi-Franke

lich treten bei Verwundungen der vorbezeichneten Teile des Unterleibs die Eingeweide heraus (ἔντερα, χολάδες s. S.S 51; XXI 180f. u.ö.).

Die Häufung der Benennungen für den vom Knochengerüst nicht geschützten Teil des Unterleibs ist bemerkenswert. So wird, wie der Gürtel, auch der Teil zwischen den Hüften und den kurzen Rippen, wo der Gurt getragen wurde, ζώνη genannt. Il 479 wird Agamemnon als Ἄρεϊ ζώνην ἴκελος bezeichnet; er hat eine »Taille« wie Ares. Die weibliche Taille heißt ἰξύς (Fem.), was sich zwei Stellen der Odyssee entnehmen läßt, die im Rahmen weiblicher Ankleideszenen vom Anlegen eines Gürtels sprechen: περὶ δὲ ζώνην βάλετ' ἰξυῖ (5,231; 10,544). Auf die gleiche Körperpartie bezieht sich κενεών (eigentlich »Höhlung, leere Stelle«; Hofmann 139). Diomedes sticht Ares mit der Lanze νείατον ἐς κενεῶνα, ὅθι ζωννύσκετο μίτρῃ, in den unteren Teil des Bauches also (V 857; 22,295: μέσον κενεῶνα). An allen nachweisbaren Stellen handelt es sich um Verwundungsszenen. Auch λαπάρη (zu λαπαρός, »schmächtig«) kann als synonym gelten. Die Waffe, die an dieser Stelle trifft, dringt in die Eingeweide ein: οὖτα κατὰ λαπάρην, διὰ δ' ἔντερα χαλκὸς ἄφυσσε (XIV 517). Wenn XXII 307 die Lage des umgehängten Schwertes am Körper eines Kriegers bezeichnet wird: τό οἱ ὑπὸ λαπάρην τέτατο, muß hier mit λαπάρη eine hüftnahe Stelle des Unterleibs gemeint sein.

Die Hüfte wird durch ἰσχίον bezeichnet (zu ἰσχίον, »Hüftgelenk« s. S.S 10). V 305 wird Aineas von einem Stein κατ' ἰσχίον getroffen, 17,233f. versetzt der Hirt Melanthios dem Odysseus einen Fußtritt gegen die Hüfte (λὰξ ἔνθορεν ... ἰσχίῳ).

Das Wort für »Leiste« ist βουβών (masc.; eigentl. »Drüse in der Schamgegend« zur Wz. *bu- »schwellen«; Hofmann 38), nach Aristoteles κοινὸν μέρος μηροῦ καὶ ἤτρου, ein Teil, der sowohl zum Oberschenkel wie zum Unterbauch gehört[57]. Die einzige Belegstelle (IV 492) läßt erkennen, daß eine Verwundung der Leiste (βεβλήκει βουβῶνα) den raschen Tod des Getroffenen zur Folge hat. Hier könnten Erfahrungen zugrunde liegen, die bei Verletzungen der Arteria femoralis gesammelt wurden.

Die männlichen Schamteile heißen αἰδοῖα, αἰδώς und μήδεα. Die erstgenannte Bezeichnung begegnet bei Homer nur XIII 568 (s. S.S33). Hes.,Op. 733 enthält das Verbot, sich αἰδοῖα γονῇ πεπαλαγμένος, »mit von Samen befleckter Scham«, am Herdfeuer zu zeigen[58], wo zugleich in γονή das älteste epische Wort für das männliche Sperma greifbar ist. (Vgl. Hes.,Op.736 σπερμαίνειν γενεήν für den Zeugungsakt und ὁμόσπορος, »von gleichem Samen«, h.Cer.85). Αἰδώς findet man Il 262, wo Odysseus dem Thersites androht, ihn zur Schmach öffentlich zu entblößen: ἀπὸ μὲν φίλα εἵματα δύσω, | ... τά τ' αἰδῶ ἀμφικαλύπτει. Als besonders jammervoll gilt es, wenn eines alten Mannes Leichnam verunstaltet wird und die Hunde ihm die Scham zerfleischen (αἰδῶ τ' αἰσχύνωσιν, XXII 75). Die Odyssee bietet viermal μήδεα (Neutr.Plur.). Der nackte, schiffbrüchige Odysseus bedeckt vor Nausikaa mit einem Zweige μήδεα φωτός, »die männliche Scham« (6,129). Als grausame Strafe wird das Ausreißen der Scham angedroht bzw. vollzogen (18,87; 22,476; vgl. S.S23). Bei Hesiod schneidet Kronos seinem Vater Uranos die Scham mit dem Sichelschwert ab: ἀπὸ μήδεα πατρὸς | ... ἤμησε (Hes.,Th. 180. 188). Für die weibliche Scham findet sich keine Bezeichnung.

---

ad l.; Schol. A ad l.: οἱ μὲν τὸν ἀπὸ κύστεως ἄχρι τοῦ ὀμφαλοῦ τόπον, οἱ δὲ τὴν ὀσφύν, ἣν οὐδαμοῦ ὁ ποιητὴς τιτρώσκει ὡς αἰτίαν τῶν ζῳογονούντων σπερμάτων.   **57** Aristoteles, HA 493ᵇ9.   **58** Zu diesem Reinheitsgebot vgl. Nilsson, GGR.³ I 93f.   **59** EM.

i) Das Leibesinnere

α) *Brusthöhle:* Für »Herz« bietet das Epos die Bezeichnungen καρδίη (κραδίη), κῆρ und ἦτορ. Bevor das Herz als Organ näher betrachtet werden soll, empfiehlt sich ein Überblick über die generelle Rolle der dafür gebräuchlichen Benennungen im epischen Sprachgebrauch. Καρδίη[59] und κῆρ (aus *κηρδ-) werden auf idg. *kērd zurückgeführt und im Ablaut mit lat. *cor, cordis* verglichen (Frisk I 787f.).

Episch erscheint fast nur die Form κραδίη. Vorwiegend wird damit das Herz als Sitz von Gemütsbewegungen wie Freude, Leid, Zorn usw. bezeichnet. Daneben erscheint es als Sitz von Antrieben und Strebungen und wird besonders in diesem Bereich oft synonym zusammen mit θυμός genannt. Antriebe in verschiedener Richtung lassen κραδίη gelegentlich zum Sitz von Zweifel und Ratlosigkeit werden. Wie Furcht und Feigheit, kann es auch Mut, Widerstandskraft und Beherrschung in sich tragen. In den letztgenannten Bereichen kann die Zuständigkeit von κραδίη über Emotionen hinausgehen und sich den Funktionen von νόος und φρένες annähern (z.B. III 60ff.; XVI 435; XXI 441.551). Als körperliches Organ ist κραδίη vergleichsweise selten zu verstehen (X 94; XIII 282.442; XXII 461; dazu ausführlicher S.S 36).

Κῆρ wird etwas häufiger gebraucht und umfaßt im wesentlichen die gleichen Funktionsbereiche. Noch eindeutiger bezeichnet es den Sitz von Gemütsbewegungen, zeigt stärkere Neigung zu formelhaftem Gebrauch und 'pleonastischen' Wendungen wie χωόμενος κῆρ, »im Herzen zürnend« (I 44 u.ö.), oder ἀχνύμενοι κῆρ, »sich im Herzen grämend« (VII 428 u.ö.). Formelhaft hebt (περὶ) κῆρι, »von Herzen«, die Intensität von Empfindungen und Gesinnungen hervor (IV 46 u.ö.). Anders als κραδίη steht κῆρ bisweilen nur noch stellvertretend für die Person, z.B. Ὀδυσσῆος ... κῆρ (4,270), was sich mit dem Gebrauch von ἴς, »Kraft«, in Wendungen wie ἴς Τηλεμάχοιο (2,409) vergleichen läßt. Als Träger von Strebungen und Antrieben tritt es zurück. Doch gibt es vereinzelt Wendungen, in denen κῆρ das 'Organ' der Überlegung bezeichnet, z.B. 18,344f.: ἄλλα δέ οἱ κῆρ | ὅρμαινε φρεσὶν ᾗσιν. Neu gegenüber κραδίη begegnet es auch im Sinne von »Lebenskraft, Bewußtsein«, so 5,454: ἁλὶ γὰρ δέδμητο φίλον κῆρ, »seine Lebenskraft war von der Salzflut gelähmt«, eine Bedeutung, die durch die folgenden Verse 5,456ff. erläutert und bestätigt wird (ähnlich XV 10). Öfter begegnet die Wendung κῆρ ἐν στήθεσσι, »das Herz in der Brust« (XIV 139f. u.ö.); λάσιον κῆρ, »das zottige Herz«, (II 851 u.ö.) wird gedeutet als »das (mutvolle) Herz in der behaarten Männerbrust«[60] (vgl. S.S 30 zu στῆθος). Nur eine Stelle versteht unter κῆρ das Herz in anatomischem Sinne (XVI 481; s. S.S 36f.).

Noch etwas häufiger als κραδίη und κῆρ ist ἦτορ (wird mit ἦτρον, »Unterleib«, in Verbindung gebracht, dgl. mit ahd. *ādara*, mhd. *āder*, »Ader«, Plur. »Eingeweide«; Frisk I 645). Das Wort wird ebenso wie κῆρ ganz überwiegend als Sitz von Gemütsbewegungen verstanden und erscheint sehr häufig, besonders in der Odyssee, in formelhaften Verbindungen wie φίλον τετιημένος ἦτορ (VIII 437 u.ö.), κατεκλάσθη φίλον ἦτορ (4,481 u.ö.) und ἀκαχημένος ἦτορ (9,62 u.ö.). Wie seine beiden Synonyma kann auch ἦτορ Herz im Sinne von »Mut« bedeuten, so V 529: ἄλκιμον ἦτορ ἕλεσθε, »faßt euch ein Herz«. Unter den übrigen Verwendungen steht die in der Bedeutung »Lebenskraft, Leben« an erster Stelle, die

---

491,56ff.: ... ἡ παρὰ τὸ κραδαίνω, τὸ σείω. ἀεικίνητος γὰρ ἡ καρδία.   60 Körner,

z. B. V 250 vorliegt: μή πως φίλον ἦτορ ὀλέσσῃς, »damit du nicht etwa dein Leben verlierst«[61]. Auch die Formel λύτο γούνατα καὶ φίλον ἦτορ (s. S.S 10) zeigt ἦτορ in der Bedeutung »Lebenskraft«. Diese Bedeutung dürfte auch in dem vieldiskutierten Verse II 490 vorliegen, wo man für ἦτορ auch die Bedeutung »Lunge« meinte in Anspruch nehmen zu dürfen[62]. Einige Male wird ἦτορ auf die Gesinnung bezogen, z.B. σιδήρειόν νύ τοι ἦτορ, »du hast ein Herz aus Eisen« (XXIV 205). Schließlich läßt sich auch ἦτορ als Sitz von Trieben und Strebungen verstehen, z. B. ἐν δέ οἱ ἦτορ | ἄλκιμον ὁρμᾶτο πτολεμίζειν, »sein wehrhaftes Herz verlangte zu kämpfen« (XXI 571 f.). Als Organ der Überlegung findet sich ἦτορ nur I 188 f.: ἐν δέ οἱ ἦτορ | στήθεσσι ... διάνδιχα μερμήριξεν. Lokalisierungen liegen vor in (ἦτορ) ἐν στήθεσσι (I 188 u. ö.), ἐν φρεσίν (XVII 111 u. ö.), ἐν κραδίῃ (XX 169). Nur einmal ist mit ἦτορ das Herz als körperliches Organ gemeint (XXII 452)[63].

Somit ergibt sich, daß alle drei Bezeichnungen für »Herz« in ihrer vorrangigen Verwendung als Sitz und Träger von Gemütsbewegungen engste Verwandtschaft aufweisen und sich gelegentlich sogar gegeneinander austauschen lassen[64]. Ebenso treten alle, besonders κραδίη, als Träger von Strebungen und Antrieben in Erscheinung. Ἦτορ entwickelt daneben besonders die Bedeutung »Lebenskraft, Leben«, während κῆρ die Besonderheit aufweist, daß es sich stellvertretend für die Person gebrauchen läßt. Das organische Herz ist bei allen relativ selten gemeint, am häufigsten noch bei κραδίη. Es ist bezeichnend, daß auch dort, wo das Herz als körperliches Organ ins Bewußtsein rückt, seine Rolle als Träger von Emotionen noch zu dominieren scheint. So spricht Agamemnon von seiner Furcht und Schlaflosigkeit: οὐδέ μοι ἦτορ | ἔμπεδον, ... κραδίη δέ μοι ἔξω | στηθέων ἐκθρῴσκει, »nicht ist mein Herz fest und ruhig, ... sondern will mir aus der Brust springen« (X 93 ff.). Auch sonst wird das Phänomen des klopfenden Herzens nicht primär organisch verstanden, sondern als Ausdruck von Furcht und Erregung gesehen: ἐν δέ τέ οἱ κραδίη μεγάλα στέρνοισι πατάσσει | κῆρας ὀιομένῳ (XIII 282f.), und von Andromache in ihrer Angst um Hektor heißt es: ἐν δ᾽ ἐμοὶ αὐτῇ | στήθεσι πάλλεται ἦτορ ἀνὰ στόμα, νέρθε δὲ γοῦνα | πήγνυται, »das Herz in meiner Brust klopft mir bis zum Mund hinauf, und unten, die Knie, sind mir gelähmt« (XXII 451ff.; vgl. noch XXII 461).

Anders ist XVI 481 vom organischen Herzen die Rede, wo lediglich Waffenwirkung lokalisiert werden soll: ἀλλ᾽ ἔβαλ᾽ ἔνθ᾽ ἄρα τε φρένες ἔρχαται ἀμφ᾽ ἁδι-

Kenntnisse 27f.   **61** EM. 661,42: φίλον ἦτορ, ἤγουν τὴν ψυχήν.   **62** Der Dichter, der die Namen der Griechenführer vor Troja genannt hat, sieht sich außer Stande, dies auch bei ihren Mannschaften zu tun: πληθὺν δ᾽ οὐκ ἂν ἐγὼ μυθήσομαι οὐδ᾽ ὀνομήνω, | οὐδ᾽ εἴ μοι δέκα μὲν γλῶσσαι, δέκα δὲ στόματ᾽ εἶεν, | φωνὴ δ᾽ ἄρρηκτος, χάλκεον δέ μοι ἦτορ ἐνείη (II 488ff.). Weil die ersten drei Glieder der Aufzählung zum organischen Bereich der Stimme gehören, lag es nahe das vierte Glied, ἦτορ, ohne ausreichenden semasiologischen Rückhalt unter der Bedeutung »Lunge« mit in diesen Bereich einzubeziehen. Gemeint ist: »auch nicht, wenn ich eine eherne Lebenskraft«, d.h. eine unverwüstliche Konstitution hätte; vgl. Leaf ad l.; Böhme, Seele 6 Anm. 2 mit anderer Begründung.   **63** Problematisch ist XVII 535: Ἄρητον δὲ κατ᾽ αὖθι λίπον δεδαϊγμένον ἦτορ. Nach XVIII 236 δεδαϊγμένον ὀξέι χαλκῷ sollte man zunächst nicht zweifeln, daß auch XVII 535 von dem von der Lanze durchbohrten Herzen die Rede ist, doch wurde Aretos nach XVII 519 νειαίρῃ ἐν γαστρί getroffen. Wenn auch Vergeßlichkeit des Dichters nicht ganz auszuschließen ist, erlaubt 13, 320 ἀεὶ φρεσὶν ᾗσιν ἔχων δεδαϊγμένον ἦτορ auch dort an die »Herzzerrissenheit« im Augenblick des Todes zu denken. Vgl. Böhme, Seele 7 Anm. 1.   **64** Die Stellen hat Böhme, Seele 7

νὸν κῆρ, »er traf ihn, wo das Zwerchfell[65] das feste Herz umgibt«. Ἀδινόν bezieht sich wohl auf die feste, muskulöse Konsistenz des Herzens. Einmalig in ihrer Drastik und zugleich physiologisch von Bedeutung sind die Verse XIII 442ff. (Alkathoos wird von Idomeneus tödlich getroffen): δούπησεν δὲ πεσών, δόρυ δ' ἐν κραδίῃ ἐπεπήγει, | ἥ ῥά οἱ ἀσπαίρουσα καὶ οὐρίαχον πελέμιζεν | ἔγχεος. Die Lanze ist also im Herzen steckengeblieben, dessen zuckende Bewegung den Lanzenschaft erzittern läßt. So wenig der Vorgang realer Beobachtung und Erfahrung entnommen zu sein scheint[66], verrät doch die Schilderung, deutlicher als an jenen Stellen, in denen der Herzschlag in erster Linie noch als ein Zeichen von Erregung verstanden wurde, Kenntnis einer Grundfunktion des organischen Herzens, insoweit es als eine motorische Kraft begriffen wird. Daß man sich irgendwelcher physiologischer Bezüge zwischen Herz und Blut bewußt war, entbehrt freilich jeden Hinweises.

Daß das Blut, αἷμα (vielleicht als *sai-men, »dickflüssiger Saft«, zu ahd. *seim*; Hofmann 7), als Lebensstoff verstanden wurde, geht daraus hervor, daß in der Nekromantie der Odyssee die wesenlosen Schatten der Toten vom Opferblut getrunken haben müssen, um Bewußtsein und Erinnerungsvermögen wiederzugewinnen (11,147ff.), wenn es sich in diesem Falle auch nur um das Blut der Opfertiere, ein Surrogat also menschlichen Blutes handelt. Eine vergleichbare Vorstellung vom Wesen des Blutes, die sich auf keinem empirischen Wege gewinnen ließ, liegt dort vor, wo das Blut als Träger der eigentümlichen Art einer Sippe verstanden wird, z.B. VI 211: ταύτης τοι γενεῆς τε καὶ αἵματος εὔχομαι εἶναι, »diesem Geschlecht und Blut rühme ich mich zu entstammen«, oder 4,611, wo Menelaos zu Telemach spricht: αἵματός εἰς ἀγαθοῖο, »du bist von gutem Blut«.

Gewöhnlich handelt es sich in den homerischen Epen um das Blut, das bei Verletzungen aus der Wunde (ὠτειλή, ἕλκος) dringt. Die häufigsten Zubenennungen sind μέλαν, κελαινόν, »schwarz, dunkel« und κελαινεφές, »dunkelwolkig«; seltener sind die Farbbezeichnungen für »rot«, πορφύρεον, φοίνιον, φοινόν, δαφοιν(ε)όν und die verbalen Ausdrücke αἵματι ἐρεῦσαι, ἐρυθαίνεσθαι, »vom Blute röten, rot werden« (XI 394; X 484 u. ö.). Die Wärme des Blutes heben θερμόν, λιαρόν und verbal ὑποθερμαίνεσθαι αἵματι, »vom Blute warm werden«, hervor (XVI 333 u. ö.).

Das Austreten des Blutes wird durch eine Reihe von Ausdrücken modifiziert. Im Sinne von »fließen, hervortreten, rieseln« werden (κατα-)ῥέω, ἐρωέω und κελαρύζω gebraucht, während ein jähes Hervorbrechen durch ἀνακοντίζω, ἀνακηκίω, ἀνήνοθε und (ἀνα-)σεύομαι wiedergegeben wird. Es liegt nahe, daß für die letzten Ausdrücke Beobachtungen beim Austritt arteriellen Blutes maßgeblich waren. So läßt sich bei VII 261f., (ἐγχείῃ) τμήδην δ' αὐχέν' ἐπῆλθε, μέλαν δ' ἀνεκήκιεν αἷμα, »schneidend fuhr die Lanze über den Hals hinweg, dunkles Blut spritzte hervor«, an eine Verletzung der Halsschlagader denken[67]. Allerdings setzt

---

Anm. 1 gesammelt. Dazu noch Hes., Th. 764 (von der Härte und Mitleidslosigkeit des Thanatos): τοῦ δὲ σιδηρέη μὲν κραδίη, χάλκεον δέ οἱ ἦτορ | νηλεές ἐν στήθεσσι· [65] Körner, Kenntnisse 26ff. versteht unter φρένες in anatomischem Sinne durchweg den Herzbeutel. Dagegen Böhme, Seele 3ff.; vgl. zu φρένες S.S45. [66] Friedrich, Verwundung, der die Stelle in seinem Kapitel »Phantasmata« behandelt (S.19), erklärt den geschilderten Vorgang unter Berufung auf medizinische Autoritäten nicht für völlig undenkbar; vgl. auch Körner, Kenntnisse 45. [67] Das »dunkle« Blut paßt schlecht zu einer Schlagaderverletzung. Doch werden auch sonst die Epitheta zu αἷμα nicht dazu benutzt, um zwischen arte-

Hektor den Kampf in einer Weise fort, die mit einer lebensbedrohenden Verwundung unvereinbar ist. XXI 166f. verletzt Asteropaios den Achilleus mit dem Speer: πῆχυν ἐπιγράβδην βάλε χειρὸς | ... σῦτο δ' αἷμα κελαινεφές. Dunkles Blut spritzt hervor, und es könnte sich um die Wirkung der Verletzung einer Arterie in der Ellenbeuge handeln. Doch schon die Bemerkung, daß die Verletzung ἐπιγράβδην, »oberflächlich ritzend«, erfolgte, wodurch, wie schon im Falle Hektors, die kämpferische Energie Achills nicht im mindesten beeinträchtigt wird, läßt erkennen, daß auch in Fällen, wo Verwundungen arterieller Gefäße scheinbar glaubhaft wiedergegeben werden, die Verwundeten doch physiologisch unglaubwürdig reagieren und Schilderungen hervorspritzenden Blutes eher stilistisch als physiologisch zu begründen sind.

Von der phantastischen Schilderung XIII 545ff. (s. S.S 40) abgesehen, wird dem Tode durch Verbluten bemerkenswert wenig Beachtung geschenkt, einer Todesart, die zu den pathologischen Urerfahrungen gehört haben muß[68] und sich an den realen Vorbildern epischer Kämpfe wohl häufig genug beobachten ließ. Glaubhafter reagiert Hektor, der, vom Stein des Aias »über dem Schildrand in der Nähe des Halses« (XIV 412) an der Brust getroffen, ohnmächtig von seinen Gefährten aus dem Kampf getragen wird. Nachdem er sein Bewußtsein erlangt hat, heißt es XIV 437: ἑζόμενος δ' ἐπὶ γοῦνα κελαινεφὲς αἷμ' ἀπέμεσσεν, »sich auf die Knie niedersetzend spie er dunkles Blut aus«[69]. Abermals verliert er die Besinnung und liegt in der Ebene: ἀργαλέῳ ἔχετ' ἄσθματι κῆρ ἀπινύσσων, | αἷμ' ἐμέων, »von schwerer Atemnot befallen, ohne Bewußtsein und Blut speiend« (XV 10f.)[70], bis er durch göttliche Hilfe wieder hergestellt wird. War hier das Blutspeien Folge schwerer innerer Verletzungen, ist es bei dem schwer getroffenen Faustkämpfer durch Schläge auf die Kinnbacken und dadurch verursachte Verletzungen des Mundraumes hervorgerufen: οἵ μιν ἄγον ... ἐφελκομένοισι πόδεσσιν | αἷμα παχὺ πτύοντα (XXIII 696f.). Ähnliches wird von Iros nach dem Faustkampf mit Odysseus berichtet (18,97). Dem Freier Antinoos, der von einem Pfeil des Odysseus in die Kehle getroffen ist, dringt ein dicker Blutstrom aus der Nase (αὐλὸς παχὺς αἵματος, 22,18f.). Erymas wird durch einen Speerstoß in den Rachen und die Schädelbasis getötet, wobei ihm die Zähne herausgesprengt werden und sich nicht nur Mund und Nase, sondern auch die Augen mit Blut füllen (XVI 345ff.)[71].

Im elften Buch der Ilias, das Spekulationen über das Wesen des Blutes enthält, die über den Rahmen des Üblichen hinausgehen, wird die Meinung vertreten, daß ein Verwundeter weiter zu kämpfen vermag, solange das Blut noch warm aus der Wunde quillt: ὄφρα οἱ αἷμ' ἔτι θερμὸν ἀνήνοθεν ἐξ ὠτειλῆς (XI 266). Sobald

riellem und venösem Blut zu unterscheiden. **68** P.Diepgen, Geschichte der Medizin I (1949) 15. **69** Dazu Friedrich, Verwundung 35f. Warum F. von der Deutung der antiken Erklärer abweicht und das Adverb ἐπὶ γοῦνα mit ἀπέμεσσεν verbindet, ist nicht recht einzusehen. Daß sich ein Halbohnmächtiger sitzend die Knie bespeit, scheint mir von der natürlichen Körperhaltung her eher gezwungen, als daß er sich auf die Knie niederläßt. **70** Daß hier die Folgen einer schweren Kontusion des Thorax medizinisch richtig wiedergegeben sind, wird von O.Körner, Wesen und Wert der homerischen Heilkunde (1904) 26f. nachdrücklich hervorgehoben. **71** Schilderung einer grausigen Verwundung scheint hier die eigentliche Absicht des Dichters zu sein. Der Realitätscharakter der geschilderten Folgen ist umstritten. Friedrich, Verwundung 27 denkt an ein Produkt der Phantasie. Sigerist, History II 25 gilt die Stelle dagegen als Muster einer Wiedergabe realer Erfahrungen auf dem

aber die Wunde verharsche, stelle sich mit den Schmerzen die Kampfunfähigkeit ein (XI 267ff.)[72]. Eine andere Stelle dieses Buches scheint die Kenntnis eines Zusammenhanges zwischen Blut und geistiger Verfassung zu verraten, an der es von einem Verwundeten heißt: ἀπὸ δ' ἕλκεος ἀργαλέοιο | αἷμα μέλαν κελάρυζε· νόος γε μὲν ἔμπεδος ἦεν, »von der schlimmen Wunde floß das dunkle Blut; sein Bewußtsein jedenfalls war voll da« (XI 812). Der emphatische Hinweis auf den noch vorhandenen νόος läßt erkennen, daß man unter Umständen mit einem Schwinden der Besinnung rechnet, dessen Ursache aber nicht, wie man zunächst glaubt, im Blutverlust gesehen wird, sondern in der Qualität des Blutes. Als Begründung für das noch vorhandene Bewußtsein gilt auch hier: sein Blut war noch warm. Wenn in dieser Physiologie körperliche Regsamkeit – im letzteren Fall wird allein die geistige angesprochen, weil dem Verwundeten ein Pfeil im Schenkel steckt, der seine Beweglichkeit behindert und eine weitere Beteiligung am Kampf ausschließt – durch die Wärme des Blutes bedingt ist, muß ein Nachlassen dieser Regsamkeit durch das Erkalten des Blutes begründet werden [73].

Auch sonst wird generell vom Blut gesprochen, um einen allgemeinen Eindruck vom Schrecken und Grauen des Kampfes zu vermitteln, z.B. αἵματι καὶ λύθρῳ πεπαλαγμένος von den mit Blut bespritzten Kämpfern (VI 268 u.ö.), oder ῥέε δ' αἵματι γαῖα, »die Erde schwamm von Blut« (VIII 65 u.ö.). Bisweilen wird vom Abwaschen des Blutes geredet (αἷμα ὕδατι νίζειν, XI 829 u.ö.). Besonders dann findet man auch das Wort βρότος (zu ai. *mūrtá*, »geronnen, erstarrt«, Frisk I 271; III 57) für Blut, womit im allgemeinen das geronnene Blut bezeichnet wird. Es hat fast immer das Attribut αἱματόεις, »blutig«, bei sich, z.B. VII 425, wo es sich um die Waschung Gefallener handelt: ὕδατι νίζοντες ἄπο βρότον αἱματόεντα. Unter dem Schlage von Odysseus' Stab schwillt auf dem Rücken des Thersites ein blutiger Striemen auf (σμῶδιξ αἱματόεσσα, II 267). Solche blutigen Striemen zeigen sich auch an den Leibern der Ringkämpfer als Spuren ihrer Griffe (XXIII 716f.). Neben αἱματόεις findet sich gleichbedeutend βροτόεις, jedoch fast nur in der Verbindung ἔναρα βροτόεντα, »die blutige Rüstung« (VI 480 u.ö.).

Die Vorstellungen, die das Epos von ἰχώρ (Akk. ἰχῶ, vermutlich Fremdwort [74]), dem Saft, den die Götter anstelle des Blutes haben, entwickelt, können das bisher

---

Schlachtfeld. **72** Dementsprechend entkommt der verwundete Hirsch im Gleichnis den Schakalen, »solange sein Blut noch warm ist und seine Knie sich regen« (ὄφρ' αἷμα λιαρὸν καὶ γούνατ' ὀρώρῃ, XI 477). **73** Diese Vorstellungen nehmen in mancher Hinsicht hippokratisches Gedankengut vorweg, in dem man auch das ausgesprochen findet, was sich oben lediglich aus der Analogie ergab (περὶ φυσῶν, ed. Nelson 26 Z. 15–28 Z. 8): ἡγεῦμαι οὐδὲν ἔμπροσθεν οὐδενὶ εἶναι μᾶλλον τῶν ἐν τῷ σώματι συμβαλλόμενον ἐς φρόνησιν ἢ τὸ αἷμα· τοῦτο δ' ὅταν μὲν ἐν τῷ καθεστεῶτι μένῃ, μένει καὶ ἡ φρόνησις· ἑτεροιουμένου δὲ τοῦ αἵματος μεταπίπτει καὶ ἡ φρόνησις. ὅτι δὲ ταῦτα οὕτως ἔχει, πολλὰ τὰ μαρτυρέοντα· πρῶτον μέν, ὅπερ ἅπασι τοῖς ζώοις κοινόν ἐστιν, ὁ ὕπνος, οὗτος μαρτυρεῖ τοῖς εἰρημένοισιν· ὅταν γὰρ ἐπέλθῃ τῷ σώματι, τὸ αἷμα ψύχεται· φύσει γὰρ ὁ ὕπνος πέφυκεν ψύχειν· ψυχθέντι δὲ τῷ αἵματι νωθρότεραι γίνονται αἱ διέξοδοι. δῆλον δέ· ῥέπει τὰ σώματα καὶ βαρύνεται· πάντα γὰρ τὰ βαρέα πέφυκεν ἐς βυσσὸν φέρεσθαι. »Ich glaube, daß von den Stoffen im Körper nichts mehr zur Vernunft beiträgt als das Blut. Wenn dieses im Normalzustand bleibt, bleibt auch die Vernunft. Für diesen Sachverhalt gibt es viele Zeugnisse. Erstens ist der Schlaf, der etwas allen Lebewesen Gemeinsames ist, Zeuge für das Gesagte. Wenn er sich dem Körper naht, wird das Blut abgekühlt. Denn seiner Natur nach wirkt der Schlaf abkühlend. Wenn das Blut aber abgekühlt ist, wird seine Bewegung träger. Man sieht es daran, daß die Körper schlapp und schwer werden;« übersetzt von H. Diller, Hippokrates' Schriften in: Rowohlts Klassiker (1962) 184f. **74** Nach A. Heubeck,

gewonnene Bild von den Ansichten über das menschliche Blut ergänzen. V 339 ff. handelt von einer Verwundung Aphrodites durch Diomedes:

> ... ῥέε δ' ἄμβροτον αἷμα θεοῖο,
> ἰχώρ, οἷός πέρ τε ῥέει μακάρεσσι θεοῖσιν·
> οὐ γὰρ σῖτον ἔδουσ', οὐ πίνουσ' αἴθοπα οἶνον,
> τούνεκ' ἀναίμονές εἰσι καὶ ἀθάνατοι καλέονται.

»es floß das Blut der Göttin, Ichor, wie es eben den unsterblichen Göttern fließt, denn sie essen kein Brot und trinken keinen feuerfarbenen Wein. Daher haben sie kein Blut und werden Unsterbliche genannt«. Auch hier gilt Blut-Ichor als Lebensstoff. Wie das eine dem Wesen des Menschen entspricht, so das andere dem des Gottes. Dabei wird die Qualität dieses Lebensstoffes jeweils in Abhängigkeit von der Nahrung gesehen. Mensch sowohl als auch Gott »ist, was er ißt«[75], bzw. was er trinkt, worauf es hier ja vornehmlich ankommt. Außerdem scheint der »feuerfarbene Wein« als Grundbestandteil menschlicher Nahrung in substantieller Verwandtschaft zum menschlichen Blut verstanden zu werden[76].

Von einer Blutader, φλέψ (zu einer idg. Wurzel in der Bedeutung »schwellen«; Hofmann 400), wird nur einmal geredet (XIII 545 ff.):

> Ἀντίλοχος δὲ Θόωνα μεταστρεφθέντα δοκεύσας
> οὔτασ' ἐπαΐξας, ἀπὸ δὲ φλέβα πᾶσαν ἔκερσεν,
> ἥ τ' ἀνὰ νῶτα θέουσα διαμπερὲς αὐχέν' ἱκάνει

»Antilochos faßte den Thoon ins Auge, wie er sich umdrehte, stürmte herbei, stieß zu und durchtrennte ihm ganz und gar die Ader, die den Rücken durchgehend bis zum Nacken hinaufläuft«. Da die folgenden Verse auf seinen augenblicklichen Tod hinweisen, ist dies das einzige epische Beispiel für die Verletzung einer Blutader als Todesursache. Um eine anatomische Deutung dieser Stelle hat man sich ebenso hartnäckig wie erfolglos bemüht[77]. Eine recht vage Vorstellung von der Existenz großer Blutgefäße, deren Verletzung tödlich ist, schlägt sich in dieser Schilderung nieder, die sich den Anschein anatomischer Spezialkenntnisse zu geben weiß, ohne darüber zu verfügen[78]. Möglicherweise hat diese Iliasstelle auf die Gestaltung der Sage vom ehernen Unhold Talos aus Kreta eingewirkt, die erkennen läßt, daß das Verbluten als physiologisches Phänomen und Todesursache sui generis deutlich ins Bewußtsein gerückt ist[79].

WüJbb. 4, 1949/50, 212 ff. zu αἷμα–ἰχώρ geht Letzteres auf hethit. *išḫar* = »Blut« zurück, das vielleicht über die Sprache der Lyker ins Griechische gelangte und dort der Sphäre des Göttlichen reserviert blieb. 75 Vgl. L. Feuerbach, Das Geheimnis des Opfers oder: der Mensch ist, was er ißt (1864/66) 6: »Gott ist, was er ißt; er ißt Ambrosia, d. h. also Unsterblichkeit oder unsterbliche Speise, also ist er ein Gott; der Mensch dagegen ißt Brot, ißt Früchte der Erde, also Irdisches Nicht-Ambrosisches, Sterbliches, also ist er ein Mensch, ein Sterblicher«. 76 Daß das Verhältnis von Nahrung zu innerkörperlichen Elementarbestandteilen in den Naturspekulationen der Vorsokratiker eine Rolle gespielt haben dürfte, zeigt Kudlien, Beginn 53. 67; vgl. noch C.W. Müller, Gleiches zu Gleichem. Ein Prinzip frühgriechischen Denkens (1965) 43. 69 ff. 77 Auf die wichtigsten neueren Deutungsversuche verweist Friedrich, Verwundung 43; Sigerist, History II 34: »I am inclined to believe that it was an imaginary blood vessel«. 78 Friedrich, Verwundung 43 ff. gilt die Stelle als ein Muster jener Verwundungsszenen der Ilias, die er als »Scheinrealismus« zusammengefaßt hat. 79 Nach Apollod., Bibliotheca I 9, 26, 3 ff. (Unterstreichungen vom Verf.) werden die Argonauten von Talos daran gehindert, Kreta anzulaufen: τοῦτον οἱ μὲν τοῦ χαλ-

Von der Lunge, πνεύμων (ursprünglich πλεύμων, »Schwimmer«, weil die Lungen im Gegensatz zu Herz und Leber oben schwammen, wenn sie nach dem Schlachten ins Wasser geworfen wurden; Frisk II 558f.; sekundär volksetymologisch πνεύμων zu πνέω) wird nur an einer Stelle der Epen gesprochen. IV 527f. trifft Thoas seinen Gegner oberhalb der Brustwarze mit der Lanze, die in der Lunge stecken bleibt: τὸν δὲ Θόας ... βάλε δουρὶ | στέρνον ὑπὲρ μαζοῖο, πάγη δ' ἐν πνεύμονι χαλκός. Die Lokalisierung ist korrekt. Über spezifische Reaktionen des Verwundeten erfährt man nichts weiter. Gleichwohl gibt es manche Reflexe dafür, daß man sich der vitalen Bedeutung des Organs bewußt war. Für »solange ich lebe« sagt Achilleus: εἰς ὅ κ' ἀϋτμὴ | ἐν στήθεσσι μένῃ καί μοι φίλα γούνατ' ὀρώρῃ, »solange mir Atem in der Brust bleibt und meine Knie sich regen« (IX 609f.). Im Atem und in der Regsamkeit der Glieder macht sich Lebendigkeit am ursprünglichsten begreifbar[80] (s.o. S.S9). Auch das Verb »ich atme« wird gelegentlich gebraucht, um Lebendigkeit zu umschreiben. Nach XVII 446f. (V. 447 = 18,131) gibt es nichts Armseligeres als den Menschen πάντων, ὅσσα τε γαῖαν ἔπι πνείει τε καὶ ἕρπει, »von allem, was auf der Erde atmet und sich fortbewegt«. Entsprechend wird eine Minderung der Vitalität am Atem gemessen: ἄπνευστος καὶ ἄναυδος | κεῖτ' ὀλιγηπελέων, »ohne Atem und ohne Stimme lag er ohnmächtig da« (5,456f.). Häufig findet man in diesem Bereich ἀναπνεῖν »aufatmen, sich erholen«, in dieser Bedeutung auch ἐμπνεῖν, besonders in dem Formelvers: ἀλλ' ὅτε δή ῥ' ἔμπνυτο καὶ ἐς φρένα θυμὸς ἀγέρθη, »als er aber wieder zu Atem kam und sich die Lebenskraft im Herzen (Zwerchfell) gesammelt hatte« (5,458 u.ö.).

Ein Wort, das in diesem Zusammenhang erwähnt werden muß, im Rahmen dieser Untersuchung aber nicht erschöpfend behandelt werden kann, ist ψυχή. Verwandt mit ψύχειν, »hauchen«, bezeichnet es wohl auch zunächst den Atem als Lebenskraft, die bei Ohnmacht oder Tod schwindet (z.B. V 696; IX 408f.; vgl. S.S25). Daß ψυχή dennoch nicht nur der organischen Funktion des Atems gleichzusetzen ist, zeigen die Stellen, an denen sie den Leib nicht, wie oben, durch den Mund, sondern durch eine Wunde verläßt (XIV 518f.; XVI 505)[81]. Eine

κοῦ γένους εἶναι λέγουσιν, οἱ δὲ ὑπὸ Ἡφαίστου Μίνωι δοθῆναι· ὃς ἦν χαλκοῦς ἀνήρ, οἱ δὲ ταῦρον αὐτὸν λέγουσιν. εἶχε δὲ φλέβα μίαν ἀπὸ αὐχένος κατατείνουσαν ἄχρι σφυρῶν. κατὰ δὲ τὸ τέρμα τῆς φλεβὸς ἧλος διήρειστο χαλκοῦς ... ἐξαπατηθεὶς δὲ ὑπὸ Μηδείας ἀπέθανεν, ὡς μὲν ἔνιοι λέγουσι, διὰ φαρμάκων αὐτῷ μανίαν Μηδείας ἐμβαλούσης, ὡς δέ τινες, ὑποσχομένης ποιήσειν ἀθάνατον καὶ τὸν ἧλον ἐξελούσης, ἐκρυέντος τοῦ παντὸς ἰχῶρος αὐτὸν ἀποθανεῖν. Seiner Rolle nach paßt Talos gut in das eherne Geschlecht Hesiods ἐκ μελιᾶν, δεινόν τε καὶ ὄβριμον (Hes., Op. 145). Anscheinend wurde aus dem Angehörigen des χαλκοῦν γένος der χαλκοῦς ἀνήρ, das eherne Geschöpf des Hephaistos, bei dem sich in wunderlicher Weise Automat mit »blutvollem« Wesen verbindet. Bei Apollonios Rhodios IV 1638ff. ist er ein Überlebender des ehernen Geschlechts, der nunmehr unter den ἡμίθεοι, den Heroen weilt (l.c. 1641f.). Seine einzige Blutader kann man sich ähnlich verlaufend denken wie XIII 547, nur wird hier ihn Verlauf in umgekehrter Richtung wiedergegeben: ἀπὸ αὐχένος κατατείνουσαν ἄχρι σφυρῶν. Demgegenüber XIII 547: ἀνὰ νῶτα θέουσα διαμπερὲς αὐχέν' ἱκάνει. Am Ende (τέρμα) der Ader befindet sich ein eherner Stift (ἧλος), den Medea wie einen Spund herauszieht, so daß der Lebenssaft verrinnt (hier übrigens ἰχώρ, obwohl es sich um keinen Gott handelt). Somit könnte ein anatomisches Mißverständnis der älteren Epik die phantastische Gestaltung des Topos von der verwundbaren Stelle dieses Märchenhelden angeregt haben.   80 Ähnlich läßt Platon in der Apologie (29 d 4–5) Sokrates kreatürliche Lebendigkeit zum Ausdruck bringen: ἕωσπερ ἂν ἐμπνέω καὶ οἷός τε ὦ, οὐ μὴ παύσωμαι φιλοσοφῶν.   81 Ausführlich bei Snell, Entdeckung 26ff.

Beeinträchtigung der normalen Atmung und Lebenskraft durch Verwundung oder Anstrengung wird durch ἄσθμα, »Atemnot, Keuchen« (XV 10 u.ö.), und das dazugehörende Verb ἀσθμαίνω ausgedrückt (V 585 u.ö.).

Eine zusammenfassende Bezeichnung für die soweit behandelten Organe der Brusthöhle gibt es nicht. Ἔγκατα, »die Eingeweide«, können sich sowohl auf die Innereien der Brusthöhle wie der Bauchhöhle beziehen (s.u. S.S 50).

Das Zwerchfell, das die Organe der Brust- und Bauchhöhle voneinander trennt, heißt φρήν, φρένες (Fem.-Sing. und Plur. nach metrischen Bedürfnissen ohne Bedeutungsunterschied) und πραπίδες (nur im Plur.). Das Zwerchfell gehört in den Bereich der schon behandelten Begriffe κραδίη, κῆρ, ἦτορ, die Körperteil und seelisch-geistigen Bezirk zugleich bezeichnen, und erweist sich unter den genannten Begriffen als besonders problematisch. Die antiken Glossare und Scholien bieten z.T. anatomisch zutreffende Erklärungen, wie z.B. φρένες δὲ ὑμένες εἰσὶν μεταξὺ τῆς καρδίας καὶ ἥπατος (EM. 581,20) oder φρένας ὁ ποιητὴς καὶ πάντες οἱ παλαιοὶ ἐκάλουν τὸ διάφραγμα (Schol. AD zu XI 579). Schwer verständlich bleibt es, wie ein nach Lage, Beschaffenheit und Funktion keineswegs auffälliges Organ zu früher Zeit nicht allein anatomisch ins Bewußtsein gerückt ist, sondern auch seine vorrangige Bedeutung als Sitz und Vermittler geistig-seelischer Vorgänge erhalten hat. J.Böhme, dem entscheidende Grundüberlegungen zum Verständnis des Begriffs zu verdanken sind, weist darauf hin, daß man im 5.Jh. v.Chr. unter φρένες mit Sicherheit das Zwerchfell verstanden hat[82], und hält es für unwahrscheinlich, daß das Wort zu homerischer Zeit etwas anderes bedeutet hat. Die moderne Etymologie kommt zu keinem sicheren Ergebnis. Frisk erwähnt eine semantisch bestechende Verknüpfung mit φράσσω, »umzäune, sperre«, die sich aber als unhaltbar erweist. Weiteres wird sich bei Behandlung der Stellen bemerken lassen, die φρένες in anatomischem Sinne erwähnen.

Mit φρήν, φρένες kann also, wie dies schon für κραδίη, κῆρ, ἦτορ galt, der Sitz von Affekten und Empfindungen wie Schmerz (XV 61 u.ö.), Freude (I 474 u.ö.), Zorn (II 241 u.ö.), Furcht (I 555 u.ö.) oder Erschrecken (XVI 403 u.ö.) bezeichnet werden. Der entscheidende Unterschied besteht jedoch darin, daß die oben genannten epischen Bezeichnungen für »Herz« sich im Wesentlichen auf die Wiedergabe emotionaler Regungen und Strebungen beschränken, während φρήν, φρένες über den Bereich des Emotionalen hinausgehend vorwiegend Bezirk und Instrument[83] des Überlegens und Wahrnehmens, d.h. intellektueller Regungen bezeichnen[84]. So wird φρήν (häufig neben θυμός) als Ort oder Mittel der Überle-

---

[82] Nachweise aus dem Corpus Hippocraticum bei Böhme, Seele 3 Anm.5.   [83] Ob der Dativ φρεσίν lokativisch oder instrumental zu verstehen ist, wird sich nicht immer sicher entscheiden lassen.   [84] Mehr als die Hälfte der untersuchten Stellen meine ich für Aussagen aus dem Bereich des Verstandes und Intellekts in Anspruch nehmen zu dürfen. Man wird sich hier mit ungefähren Aussagen begnügen müssen, da die Entscheidung, ob eine Aussage in den Bereich der Emotion oder des Intellekts gehört, häufig subjektiven Schwankungen unterworfen ist. Obwohl damit der Hauptverwendungsbereich für φρένες feststeht, wird man doch davon ausgehen müssen, daß das Wort primär als Träger von Affekten verstanden wurde, denn als Körperteil hängt φρήν eng mit dem Herzen zusammen, dem Organ also, dessen körperliche Reaktionen seelisches Erleben recht eigentlich bewußt gemacht haben. Warum das Wort dennoch in erster Linie als Organ des Intellekts fungierte, ist problematisch, doch verwischen sich diese Bereiche moderner Kategorisierung, wenn man, wie Snell jüngst gezeigt hat, in der Funktion der φρένες auch dort, wo »geistige Tätigkeit« ihren

gung und des Nachdenkens in Anspruch genommen, etwa in dem Formelvers: ἦος ὁ ταῦθ' ὥρμαινε κατὰ φρένα καὶ κατὰ θυμόν (I 193) oder μερμήριζε κατὰ φρένα (II 3). Daneben begegnen Wendungen wie φρεσὶ νοεῖν (IX 600 u.ö.), φράζεσθαι ἐνὶ φρεσί (IX 423 u.ö.), φρεσὶ μήδεσθαι (XXI 19 u.ö.). Φρένες als den Ort des Sehens, Erkennens und Wissens heben die Verbindungen ἐνὶ φρεσίν (κατὰ φρένα, φρεσίν) ἰδέσθαι, γνῶναι, συντίθεσθαι, νοῆσαι, εἰδέναι hervor (z.B. XXI 61; VIII 446; 1,328.322; II 301). Auffallend physiologisierende Ausdrucksweise liegt X 139 vor, wo Nestor Odysseus mit Rufen aus dem Schlafe weckt: τὸν δ' αἶψα περὶ φρένας ἤλυθ' ἰωή, »ihm aber drang die Stimme rasch an die Sinne«, die, so soll man wohl hören, den Weckruf aufnehmen und bewußt machen[85]. Äußerlich ähnlich und doch anders zu bewerten ist 9,362: αὐτὰρ ἐπεὶ Κύκλωπα περὶ φρένας ἤλυθεν οἶνος, »als aber dem Kyklopen der Wein an die Sinne gedrungen war«, wo φρένες als organischer Bereich vernünftiger Überlegung anzusprechen sind, die, wie es aus 9,454 δαμασσάμενος φρένα οἴνῳ hervorgeht, durch übermäßigen Weingenuß beeinträchtigt wird. So nimmt auch sonst noch φρένες in einer »Verstand, Vernunft« sich annähernden Bedeutung einen weiten Raum im epischen Sprachgebrauch ein[86].

Unsere besondere Beachtung verdienen nun die relativ seltenen Stellen, an denen φρένες als körperliches Organ greifbar ist. Einen gewissen anatomischen Aspekt scheinen zunächst die Stellen aufzuweisen, an denen φρένες das Epitheton ἀμφὶ μέλαιναι, »ringsumdunkelt«, beigegeben wird. I 103 reagiert Agamemnon auf die Mitteilung des Sehers, daß sein Verhalten Ursache für die Pest im Achäerlager sei, folgendermaßen: μένεος δὲ μέγα φρένες ἀμφὶ μέλαιναι | πίμπλαντ', »mit wildem Zorn füllte sich, ringsumdunkelt[87], sein Zwerchfell« (= 4,661f.). XVII 83 ist es der Schmerz über den Tod des Euphorbos, der Hektors φρένας ἀμφὶ μελαίνας umhüllt. XVII 498f. erhält Automedon durch ein Gebet in Kamp-

---

Ausdruck zu finden scheint, im Grunde ein Berührtwerden, ein schockartiges Betroffensein von plötzlichen Eindrücken zu verstehen hat (Snell, Weg zum Denken 53–90, bes. 55f.). [85] Snell, Weg zum Denken 52 benutzt gerade diesen Vers, um einen Eindruck von der Grundfunktion der φρένες zu vermitteln: »Es geht nicht darum, daß er Wörter versteht, 'geistig' in sich aufnimmt, sondern daß ein Laut 'Eindruck' macht, ihn aus dem Schlaf emportreibt«. Doch ist es dem durchgehend zu beobachtenden fortgeschrittenen Abstraktionsvermögen des (späten) Dichters des 10. Iliasbuches, der übrigens nicht nur hier dazu neigt, Sinneswahrnehmungen in physiologisierender Manier zu zergliedern (vgl. X 535 nach 16,6: ἵππων ... ἀμφὶ κτύπος οὔατα βάλλει, »Hufschlag von Pferden trifft an meine beiden Ohren«), durchaus zuzutrauen, daß er, wie er das unartikulierte Geräusch des Hufschlages zum Hörorgan gelangen läßt, den Weckruf, der eine spezifische Reaktion des Betroffenen erwarten läßt, darüber hinaus zum Bereich der Bewußtmachung vordringen läßt. Zur geistigen Physiognomie des Dichters vgl. Verf., Studien zur Dolonie, Diss. Kiel 1949 (ungedr.) 82ff. 95.; ders., Hermes 86, 1958, 395ff. 420f.   [86] Vgl. Böhme, Seele 37–52. Snell hat sich in seiner oben zitierten Abhandlung erneut ausführlich mit φρένες auseinandergesetzt, in der er Böhmes Auffassung, daß das Wort bei Homer schon etwas wie »Geist« bedeutet habe, entschieden widerspricht und den Weg eines Begriffs der frühepischen Sprache verfolgt, der recht eigentlich ein auf Eindrücke reagierendes Organ bezeichnete, dessen Zuständigkeit auf ein immer weiteres Feld des Wissens und Könnens übergriff, wobei differenzierende Adjektive vom Typ δαΐφρων, ἄφρων, εὔφρων usw. Entscheidendes zur Entwicklung des Begriffs von einem Organ geistiger Tätigkeit beitrugen. Vgl. S.S 42 Anm. 84.   [87] Ἀμφὶ μέλαινα ist I 103 und an den folgenden Stellen nach der hier vorgetragenen Deutung kein Attribut, sondern Prädikativum, das das Ergebnis der Verbalaktion bezeichnet (Kühner–Gerth I

fesnot neue Kraft: ἀλκῆς καὶ σθένεος πλῆτο φρένας ἀμφὶ μελαίνας. XVII 573 entspricht Athene dem Wunsch des Menelaos und füllt (πλῆσε) ihm φρένας ἀμφὶ μελαίνας mit der unverdrossenen Kühnheit der Stechfliege. J. Böhme meint, daß eine nur symbolische Deutung des Adjektivs ἀμφὶ μέλαιναι im Sinne von XVII 591: ἄχεος νεφέλη μέλαινα, »die düstere Wolke des Leids«, bei XVII 83 möglich sei, wo die Regung des Schmerzes eine bildhafte Ausmalung dieser Art vertrage, vielleicht noch bei I 103, gewiß aber nicht bei XVII 499 und 573, wo von Kampfkraft und Kühnheit die Rede ist [88]. Er entschließt sich zu einer zweiten Deutung, nach der der Ausdruck ἀμφὶ μέλας auf der Vorstellung beruhe, daß im Affekt in die dem Zwerchfell oben und unten benachbarten inneren Organe wie Herz, Lunge und Leber Blut strömt und es so »zu beiden Seiten« verdunkelt (μέλας und κελαινός sind, wie auf S. S 37 ausgeführt, die häufigsten Zubenennungen des Blutes). Der Ausdruck »sich füllen« bzw. »füllen« in den Beispielen I 104 (= 4,662), XVII 499 und XVII 573 galt freilich einer Füllung des Zwerchfells mit abstrakten Regungen (μένος, ἀλκή, θάρσος), so daß man zur Annahme genötigt ist, daß das prädikative ἀμφὶ μέλαιναι (ἀμφὶ μελαίνας) assoziativ zum Ausdruck bringt, daß die Füllung des Zwerchfells mit den genannten Erregungszuständen einer Füllung mit Blut gleichzusetzen ist. Dabei ist das Zwerchfell selbst von dem physiologischen Vorgang nicht auszunehmen, die verdunkelnde Füllung mit Blut ist nicht nur auf die Nachbarorgane zu beziehen, sondern auf einen das Zwerchfell mit umfassenden organischen Komplex [89].

Bekannt sind drei Beispiele aus Tragödien des Aischylos, in denen jeweils Hoffnungslosigkeit, Sorge und Furcht in einer Weise zum Ausdruck kommen, die eine physiologische Interpretation in vorbezeichnetem Sinne nahelegt: σπλάγχνα δέ μοι κελαινοῦται, »dunkel färben sich meine inneren Organe« (Choeph. 413), κελαινόχρως δὲ πάλλεταί μοι καρδία, »dunkelverfärbt klopft mein Herz« (Hik. 785), ταῦτά μοι μελαγχίτων φρὴν ἀμύσσεται φόβῳ, »deshalb zerquält sich, dunkelumkleidet, mein Zwerchfell mit Furcht« (Pers. 114f.) [90].

F. Kudlien, der zuletzt der Geschichte des Begriffs der »schwarzen Galle« im Rahmen der alten Viersäftelehre nachgegangen ist [91], kommt zu der Überzeugung, daß man in dem Ausdruck φρένες ἀμφὶ μέλαιναι, besonders im Falle von I 103f., den Ursprüngen jener Vorstellung näher kommt, und beruft sich dabei auf den Arzt Aretaios aus dem 1. Jh. n. Chr., der den Homerversen I 101–104 in seiner Schilderung der »Melancholie« eine Art Schlüsselstellung einräumt [92]. Als Kriterien einer organbezogenen Sicht wertet auch F. Kudlien die Ausdrücke des (Sich-)Füllens [93], die konkret an ein Anschwellen denken lassen, von dem in einem verwandten Bereich ausdrücklich die Rede ist: ἀλλά μοι οἰδάνεται κραδίη χόλῳ, »aber mir schwillt das Herz vor Groll« (IX 646).

276,3).   **88** Böhme, Seele 39f. Angesichts der elementaren Dämonie, die H. Schrade, Götter und Menschen Homers (1952) in der homerischen Auffassung von Kampf und Kriegertum sichtbar gemacht hat (besonders 93ff.), sind hier gewisse Vorbehalte am Platz. **89** Das Zwerchfell als einen ursprünglich organischen Komplex anzusehen, wobei der körperliche und geistig-seelische Aspekt noch ungetrennt in einer für uns schwer nachzuvollziehenden Einheit aufgingen, entspricht ebenfalls einer Grundtendenz Böhmes (Seele 8f.). **90** Die Beispiele sind z. T. schon von Böhme, Seele 40 und Kudlien, Beginn 84 herangezogen worden. Noch nicht bemerkt wurde m. E. Hes., Sc. 429: ἐμ μένεος δ' ἄρα τοῦ γε κελαινὸν πίμπλαται ἦτορ, »mit Zorn füllt sich dunkel sein Herz«.   **91** Kudlien, Beginn 77ff., bes. 83f.   **92** Corpus Medicorum Graecorum II 39 Z. 21–25 (ed. Hude).   **93** Kudlien,

Φρένες als körperliches Organ, wieder in Verbindung mit seelischem Erleben, findet sich X 10, wo des schlaflosen Agamemnon Sorge und Angst geschildert werden: ἀναστενάχιζ' Ἀγαμέμνων | νειόθεν ἐκ κραδίης, τρομέοντο δέ' οἱ φρένες ἐντός, »aufseufzte Agamemnon aus der Tiefe des Herzens und im Innern erbebte ihm das Zwerchfell«. Einerseits kann schon unter Berücksichtigung der Eigentümlichkeit des zehnten Buches der Ilias, seelisches Erleben durch starke körperliche Reaktion auszudrücken, an der organischen Auffassung von φρένες kaum gezweifelt werden [94], andererseits fällt es schwer, sich ein Zittern des Zwerchfells als fühlbare körperliche Reaktion vorzustellen, wenn nicht auch hier ein das Herz mit umfassender organischer Bereich gemeint ist, der auf Affekte physisch reagiert [95].

Ausschließlich anatomische Bedeutung liegt in der Verwundungsszene XVI 481 vor: ἔβαλ' ἔνθ' ἄρα τε φρένες ἔρχαται ἀμφ' ἀδινὸν κῆρ, »er traf ihn, wo das Zwerchfell das ... Herz umschließt«. Das Herz, das in einer leichten Einbuchtung zwischen den beiden Zwerchfellkuppeln liegt, wird, streng genommen, vom Zwerchfell nicht »umschlossen«. Immerhin mag der Dichter so reden können. Wer aber, wie O. Körner [96], unter φρένες den Herzbeutel versteht, gibt zwar dem ἔρχαται ἀμφί hier vollen Sinn, sieht sich aber anderen Schwierigkeiten gegenübergestellt. Abgesehen davon, daß der Herzbeutel in früher Zeit mit dem Herzen wohl als Einheit verstanden wurde, müßte er 9,301, wo die Stelle bezeichnet wird, an der Odysseus dem Kyklopen den Todesstoß versetzen will (πρὸς στῆθος, ὅθι φρένες ἧπαρ ἔχουσι) [97], den Herzbeutel unmittelbar an die Leber grenzen lassen. Der Speer, dessen Eindringen in den Körper XVI 481 geschildert wurde (s.o.), wird XVI 504 aus dem Leib des Verwundeten gerissen: ἐκ χροὸς ἕλκε δόρυ, προτὶ δὲ φρένες αὐτῷ ἕποντο, »er riß aus dem Leib den Speer, und ihm (dem Speer) folgte dabei das Zwerchfell nach« [98]. J. Böhme hat unter sachkundiger Beratung ermittelt, daß auch diese Angabe eher zum Zwerchfell als zum Herzbeutel paßt. Auch die Bedeutung »Lunge«, die von Justessen für XVI 504 vorgeschlagen wurde, lehnt Böhme unter Hinweis auf X 10: τρομέοντο δὲ φρένες zu Recht ab [99]. Die Wendung ὅθι φρένες ἧπαρ ἔχουσιν [100] in dem schon oben genannten Vers 9,301 will schließlich wohl das Gleiche sagen, was das EM. so ausdrückt: φρένες δὲ ὑμένες εἰσὶ μεταξὺ τῆς καρδίας καὶ τοῦ ἥπατος, »das Zwerchfell ist ein hautartiges Gebilde zwischen Herz und Leber« (s. S.S 42).

Beginn 83 ff.   94 Vgl. Verf., Studien zur Dolonie 82; Eust. ad l.: φρένες δὲ καὶ νῦν αἱ σωματικαί.   95 Dieser Vers wird gern mit XV 627 f. verglichen, wo von Seeleuten im Sturm die Rede ist: τρομέουσι δέ τε φρένα ναῦται | δειδιότες, »sie zittern vor Furcht im Herzen«; φρένα gehört hier aber zu δειδιότες und bezeichnet den geistig-seelischen Bezirk der Furcht im Sinne der zahlreichen Wendungen vom Typ δείδοικα κατὰ φρένα (I 555; S. S 42), ist also nicht mehr organisch zu verstehen. Eust. ad l.: τὸ δὲ, τρομέουσι φρένα, διέσταλται τοῦ κατὰ σῶμα τρόμου.   96 Kenntnisse 26 f.; zur Stelle vgl. auch Böhme, Seele 4 f.   97 Näheres zur Stelle s. u. Anm. 100.   98 Eust. ad l.: ἐνσχεθέντων πάντως τῷ δόρατι τῶν τοῦ διαφράγματος ὑμένων. Ein ἐνέχεσθαι = »sich verfangen, hängenbleiben« läßt an eine Lanze mit Widerhaken denken; s. u. Anm. 302.   99 Les Principes Psychologiques d'Homère (1928). Zu weiteren Vertretern dieser Ansicht s. Snell, Weg zum Denken 57 Anm. 15; s. Böhme, Seele 4.   100 Die Ausdrucksweise ist verschwommen und mehrdeutig. Zunächst könnte man – anatomisch unrichtig – verstehen: »wo das Zwerchfell die Leber hält«, d.h. »trägt«. (So lokalisiert offenbar Hesych die Leber: φρένες· μέρος τι τῶν ἐντοσθίων τὸ ὑπὸ τῷ ἥπατι κείμενον, τὸ διάφραγμα τοῦ στήθεος). Oder man übersetzt dem anatomischen Befund entsprechend, den der Ausdruck ἧπαρ ὑπὸ πραπίδων, »die

Eine zweite Benennung des Zwerchfells liegt in Gestalt von πραπίδες (Fem., immer im Plur., Etymologie ebenfalls dunkel) vor. An den Stellen, an denen das Wort organische Bedeutung hat, dient es dazu, die Lage der Leber anatomisch zu bestimmen, z. B. formelhaft in Verwundungsszenen: βάλε ... ἧπαρ ὑπὸ πραπίδων, »er traf die Leber unterhalb des Zwerchfells« (XI 579; XIII 412; XVII 349). Auch in den übrigen Bedeutungswerten kann das wesentlich seltener gebrauchte Wort als Äquivalent zu φρήν, φρένες gelten, denn es bezeichnet ebenso den Sitz von Gefühlen und Strebungen (z. B. XXII 43; XXIV 514) wie den vernünftigen Sinn (Hes., Th. 608. 656). Nur auf die technische Geschicklichkeit des Hephaistos bezogen heißt es fünfmal ἰδυίῃσι πραπίδεσσι, »mit kundigem Sinn« (I 608 u. ö.).

β) *Bauchhöhle:* Die Leber, das große, schon seit ältesten Zeiten aus der Analogie der Opferpraxis bekannte Organ, das unmittelbar unter der rechten Zwerchfellkuppel liegt, heißt ἧπαρ (Neutr., lat. *iecur;* ai. *yákr̥t*). Sie wird in ihrer Lage durch ὑπὸ πραπίδων (s. o.) korrekt bestimmt. Ein Lanzenstich oder Pfeilschuß in die Leber führt sofort zum Tode: ἀκόντισε δουρὶ φαεινῷ, | καὶ βάλε ... | ... ἧπαρ ὑπὸ πραπίδων, εἶθαρ δ' ὑπὸ γούνατ' ἔλυσεν (XI 579 u. ö.; 22, 82 ff.). Ein Schwerthieb in die Lebergegend führt dazu, daß die Leber aus dem Leibe gleitet: ἐκ δέ οἱ ἧπαρ ὄλισθεν (XX 470), was sicher mehr auf Phantasie als auf reale Beobachtung und Erfahrung zurückgeht[101]. In wildem Rachedurst wünscht Hekabe, in die Leber Achills zu beißen und sie zu verzehren: τοῦ ἐγὼ μέσον ἧπαρ ἔχοιμι | ἐσθέμεναι προσφῦσα· τότ' ἂν τιτὰ ἔργα γένοιτο | παιδὸς ἐμοῦ (XXIV 212 ff.). Warum Hekabes Begehren gerade der Leber des verhaßten Feindes gilt, ist problematisch. Da sie meint, erst dann (τότε) angemessene Rache dafür genommen zu haben, daß Achilleus ihrem Sohn die Bestattung vorenthält, wäre es denkbar, daß dem Feinde durch das Verzehren der Leber ein Gleiches zugefügt, d. h. auch seine Seele damit einer Friedlosigkeit anheimgegeben werden soll, von der die Worte, die das Eidolon des noch unbestatteten Patroklos an Achilleus richtet, gewisse Vorstellungen vermitteln (XXIII 69 ff.). Doch würde damit der Leber die Bedeutung eines Seelensitzes zugewiesen werden, die sie im homerischen Epos sonst nicht besitzt. Möglich wäre auch, daß Achills Leber im Sinne einer Auffassung, die wenigstens schon im elften Buch der Odyssee greifbar ist, wie gleich gezeigt werden soll, als Sitz seiner Unbeherrschtheit und Grausamkeit vertilgt werden soll. Daß sich übersteigertes Rachebedürfnis in kannibalischen Wünschen äußert, ist nicht auf diese Stelle beschränkt[102]. Es scheint, daß dort, wo äußerste elementare Wut und Erbitterung zu Wort kommen sollen, menschliche Dimensionen nicht ausreichen und das Verhalten des wilden Tieres

---

Leber unterhalb des Zwerchfells«, richtig wiedergibt, »wo das Zwerchfell die Leber einschließt, umgibt«; vgl. LS. s. v.   **101** Friedrich, Verwundung 45.   **102** Schon XXIV 207 hat Hekabe den leichenschänderischen Achilleus einen ὠμηστής, d. h. »einen, der rohes Fleisch verschlingt«, genannt. XXII 346 ff. spricht Achilleus zu Hektor, der angesichts des Todes um Zusicherung einer ordentlichen Bestattung fleht, αἲ γάρ πως αὐτόν με μένος καὶ θυμὸς ἀνείη | ὤμ' ἀποταμνόμενον κρέα ἔδμεναι, οἷα ἔοργας, »daß mich doch wildes Verlangen dazu triebe, dir Fleisch abzuschneiden und roh zu verzehren, für das, was du mir angetan hast«. Auf der Götterszene findet man Ähnliches. IV 34 f. sagt Zeus zu Hera, sie würde erst dann von ihrem Zorn ganz geheilt werden, wenn sie Priamos und seine Sippe roh verschlänge: εἰ δὲ σύ γ' εἰσελθοῦσα πύλας ... | ὠμὸν βεβρώθοις Πρίαμον Πριάμοιό τε

zum Ausdruck einer alles Menschliche hinter sich lassenden Wildheit wird, wobei die Omophagie, ein Brauch, der den ältesten dionysischen Orgien nachgesagt wird [103], nicht ohne Einfluß gewesen sein mag [104].

Ein Reflex einer für die frühe Epik sonst nicht nachweisbaren Rolle der Leber, die später zum Sitz von Affekten und Leidenschaften, auch erotischer Art, geworden ist [105], liegt 11,578 vor, wo die Strafe des Giganten Tityos beschrieben wird, der versucht hatte, Leto Gewalt anzutun. In der Unterwelt liegt er am Boden, und zwei Geier fressen an seiner Leber: γῦπε δέ μιν ἑκάτερθε παρημένω ἧπαρ ἔκειρον. Damit wird er gewissermaßen an dem Organ bestraft, das ihn zu seiner Freveltat trieb. Eine vergleichbare Motivierung fehlt bei dem berühmteren Pendant des Tityosmythos: Prometheus büßt für seine Auflehnung gegen Zeus damit, daß ein Adler an der stets nachwachsenden Leber des Gefesselten frißt: αὐτὰρ ὅ γ' ἧπαρ | ἤσθιεν ἀθάνατον (Hes., Th. 523 f.) [106].

Χόλος (auszugehen ist von einem primären Verb, das sich auf die hellgrüne oder gelbgrüne Farbe bezog. Lat. helus, [h]olus, »Grünzeug, Gemüse«; ahd. galla, »Galle«. Auch mit lat. helvus, »honiggelb«, ahd. gelo, »gelb«, gold, »Gold« verwandt; Frisk II 1110) dient im Epos fast ausschließlich einer Umschreibung der Affekte »Zorn, Groll, Haß« und bezeichnet organisch die »Galle«, eine Bedeutung, die im epischen Sprachgebrauch fast nur in Spuren greifbar ist. In der Bedeutung »Zorn« findet man das Wort am häufigsten in den Wendungen χόλος αἱρεῖ (λαμβάνει, ἵκει) τινά, »jemanden ergreift Zorn« (IV 23 u.ö.), χόλος ἐμπίπτει θυμῷ, »Zorn befällt das Gemüt« (IX 436 u.ö.), χόλον παύειν (μεθιέναι), »den Zorn beenden (aufgeben)« (I 192. 283 u.ö.), χόλοιο λήγειν, »mit dem Zorn aufhören« (I 224 u.ö.), χόλον (κατα-)πέσσειν, »den Zorn verdauen« (I 81 u.ö.). Χόλος wird im allgemeinen nicht näher im Körper lokalisiert, doch werden θυμός (VI 326 u.ö.), στῆθος (IV 24 u.ö.) und einmal φρένες (II 241) als Sitz genannt. Als synonym oder doch annähernd synonym sind μῆνις (XV 122), κότος (I 81f.) und μένος (IX 678f.) zu werten. Obwohl die abstrakte Bedeutung »Zorn« nicht zu bezweifeln ist, lassen einige Ausdrücke erkennen, daß sich χόλος der Möglichkeit einer organischen Betrachtung nicht völlig entzogen hat.

Wie schon der Wendung φρένες ἀμφὶ μέλαιναι offenbar die Vorstellung zugrunde lag, daß eine innere Regung von einer Füllung oder Schwellung innerer Organe begleitet wurde (s.o. S. S 43 f.), läßt sich im Sprachgebrauch von χόλος etwas Ähnliches beobachten. So wird IX 646 (s. S. S 44) gesagt: »es schwillt mir das Herz vor Zorn (χόλῳ)«, und auch an anderen Stellen wird der Eintritt von χόλος mit der Vorstellung des Anschwellens, Sich-Füllens und Vergleichbarem assoziiert: χόλος, ὅς τε καὶ ἄλλων | οἰδάνει ἐν στήθεσσι νόον, »der Zorn, der auch anderen das Herz [107] in der Brust schwellen läßt« (IX 553 f.); οὐκ ἐθέλει σβέσσαι χόλον, ἀλλ' ἔτι μᾶλλον | πιμπλάνεται μένεος, »er will seinen Groll

παῖδας.   103 Vgl. Anm. 204.   104 Daß die Wurzeln dieser Äußerungen in einem eigentlichen Kannibalismus und seinen animistischen Motivierungen liegen könnten, halte ich für wenig wahrscheinlich. Vgl. noch H. Hagen, Die physiologische und psychologische Bedeutung der Leber in der Antike, Diss. Bonn (1961) 46.   105 Timaios Locr. 100 a (ed. Hermann): τῷ δ' ἀλόγῳ μέρεος τὸ μὲν θυμοειδὲς περὶ τὰν καρδίαν, τὸ δ' ἐπιθυματικὸν περὶ τὸ ἧπαρ. EM. 433,13: ... ἐν τούτῳ τῷ μέρει τὰ τῆς ἡδονῆς καὶ τὰ τῆς ἐπιθυμίας ἔγκειται.   106 Hagen a.O. 50ff. hält im Rahmen einer ausführlichen Behandlung der Frage unter Beibringung reichen Quellenmaterials diese Form der Bestrafung im Prometheusmythos für spätere Zutat.   107 Νόος ist hier »Gemüt, Herz« wie I 363 u.ö.

nicht löschen, sondern füllt sich noch mehr mit wildem Zorn« (IX 678 f.). Auch XVIII 108 ff., χόλος ... ὅς τε ... | ἀνδρῶν ἐν στήθεσσιν ἀέξεται ἠΰτε καπνός, »der Zorn, der sich in der Menschen Brust erweitert, der aufquillt wie Rauch«, ist das durch den Vergleich modifizierte ἀέξεται ähnlich zu verstehen wie das οἰδάνεται IX 646. Ebenso dürfte IV 24, οὐκ ἔχαδε στῆθος χόλον, von der Vorstellung beherrscht sein, daß der schwellende Zorn die Brust zu sprengen droht. Das Beiwort ἐπιζάφελος (Adverb ἐπιζαφελῶς), das fast ausschließlich bei Ausdrücken des Zorns und Zürnens zu finden ist und gewöhnlich mit »heftig, hitzig« wiedergegeben wird[108], scheint in diesem Zusammenhang einer etymologischen Revision zu bedürfen. Vermutlich bedeutet es das, was die Alten meinten und wofür sich schon einmal Etymologen der Neuzeit entschieden hatten, nämlich »sehr angeschwollen«[109].

Eindeutig organischen Sinn hat χόλος nur XVI 203[110], wo Achilleus die Vorwürfe zitiert, die die Myrmidonen einst gegen ihn erhoben: σχέτλιε Πηλέος υἱέ, χόλῳ ἄρα σ' ἔτρεφε μήτηρ, »harter Sohn des Peleus, mit Galle also nährte dich deine Mutter«, und nicht mit Milch, wie es sonst zu erwarten wäre. »Daher«, so heißt es XVI 206 weiter, »befiel schlimmer Zorn dein Gemüt« (τοι ... κακὸς χόλος ἔμπεσε θυμῷ, wo χόλος wieder im üblichen Sinne steht). Demnach versteht das frühe Epos unter χόλος ein Sekret, das im Verlauf einer nicht näher bezeichneten organischen Füllung oder Schwellung im Bereich von στῆθος und καρδίη die Regung des Zorns auslöst und mit dieser gleichgesetzt wird. Wie man diese Regung beurteilt, zeigt Achilleus' Wunsch: ὡς ἔρις ἔκ τε θεῶν ἔκ τ' ἀνθρώπων ἀπόλοιτο | καὶ χόλος, »möge Zwietracht und Zorn aus Göttern und Menschen getilgt werden« (XVIII 107 f.). Wenn dazu IV 36 und 3,145 von χόλον ἐξακέσασθαι, »den Zorn heilen«, die Rede ist und XV 217 die Wendung ἀνήκεστος χόλος, »unheilbarer Zorn«, gebraucht wird, läßt diese 'medizinische' Ausdrucksweise vermuten, daß χόλος als Defekt empfunden und pathologisch gewertet wurde. Sieht man die Stellen, an denen von χόλον (κατα-)πέσσειν, »seinen Zorn verdauen«[111], die Rede ist (I 81; IV 513; IX 565), einmal physiologisch, wozu die Tatsache berechtigt, daß dem epischen Dichter χόλος Gemütsbewegung und organisches Sekret zugleich bedeutete, würde die Wendung soviel heißen wie: eine als schädlich empfundene, innerorganische Sekretion »zur Reife bringen«[112].

---

108 IX 525 ἐπιζάφελος χόλος, IX 516 ἐπιζαφελῶς χαλεπαίνειν, 6,330 ἐπιζαφελῶς μενεαίνειν, Ap., Rh. 4,1672 ἐπιζάφελον κοτέουσα; nur h. Merc. 487 ἐπιζαφελῶς ἐρεείνειν (formelhafter Versschluß nach 6,330).   **109** EM. 408,16: ἐπιζάφελος χόλος· ἀντὶ τοῦ ἄγαν ηὐξημένος. Neben dem unproblematischen ἐπι- und ζα (äol. = δια- »sehr«) sollte man φελ- wieder der Wz. *bhel- »schwellen« zuordnen, zu der auch φλέψ = »Ader« gehört. So schon L. Doederlein, Homerisches Glossarium III (1858) 230 Nr. 2296 und A. Goebel, Philologus 18, 1862, 211. Nach Chantraine und Frisk »ein expressives Wort ohne Etymologie«.   **110** Vielleicht auch XXII 94 (von der Giftschlange): ἔδυ δέ τέ μιν χόλος αἰνός; S. S 132.   **111** Die wohl älteste greifbare Bedeutung »zur Reife bringen« liegt 7,119 vor, wo vom milden Westwind die Rede ist, der die Früchte reifen läßt. Die Ausdrücke χόλον (κατα-)πέσσειν setzen vermutlich die Bedeutung »verdauen« voraus, die in eigentlich physiologischem Sinne in den Epen nicht zu belegen ist; καταπέσσειν (I 81) meint wohl »ver-dauen«, d.h. den Vorgang zu Ende führen, πέσσειν (IV 513; IX 565) dagegen mit dem Vorgang beschäftigt sein. Auch die ironische Verwendung des Verbs im Sinne von II 236 f.: τόνδε δ' ἐῶμεν | ... γέρα πεσσέμεν (ähnlich VIII 513) wird doch erst verständlich, wenn man an die Verdauung von Speisen denkt, die einem mehr oder weniger schwer im Magen liegen: »den da wollen wir sein Ehrengeschenk verdauen lassen«.   **112** Auch bei Aristoteles, EN

Von dieser wenigstens in Reflexen greifbaren 'Physiologie' führt ein Weg zu späteren Konzeptionen der hippokratischen Medizin, nach denen Heilung und Gesundheit auf der »Reifung« und »Kochung« schädigender Ausscheidungen beruht[113]. Die insgesamt spärlichen epischen Aussagen zur organischen Rolle der Galle lassen sich durch ein poetisches Zeugnis ergänzen, das zwar nicht zur Epik gehört, aber ihrer Frühzeit noch nahesteht. Aus den Jamben des Archilochos (etwa Mitte 7. Jh. v. Chr.) ist überliefert: χολὴν γὰρ οὐκ ἔχεις ἐφ' ἤπατι, »du hast ja keine Galle auf der Leber« (Fr. 96 Diehl). Χολή, das später für χόλος übliche Wort, meint auch hier die Galle in ihrer Zornesfunktion, an dieser Stelle etwa »die Fähigkeit zum Zürnen«, über die ein rechter Mann verfügen muß, wenn er seine Sache energisch vertreten will[114]. Der Archilochosvers zeigt auch jene eigentümliche Doppelsichtigkeit, mit der das Epos Emotion und Organ gleichzeitig empfindet und bringt dabei erstmalig zum Ausdruck, daß man Kenntnis von der organischen Einheit von Leber und Gallenblase besitzt. Dazu lehrt uns das Fragment die Worte des Thersites besser verstehen, mit denen er Achilleus schmäht: ἀλλὰ μάλ' οὐκ Ἀχιλῆϊ χόλος φρεσίν, ἀλλὰ μεθήμων, »Achilleus hat keinen rechten Zorn (= Fähigkeit zum Zürnen) im Zwerchfell, sondern ist ein Weichling« (II 241). Nur in diesem Sinne hat χόλος gewissen positiven Klang. Zur späteren Bedeutungsangleichung Galle–Gift s. S. S 132 mit Anm. 356.

»Der Magen« ist γαστήρ. Damit konnte auch, wie auf S. S 33 gezeigt wurde, der Bauch als äußere Körperregion bezeichnet werden. Als Organ, das der Nahrungsaufnahme dient, wird der Magen mehrfach in der Odyssee genannt, z.B. 17,558f., wo Eumaios zum Bettler sagt: σῖτον δὲ καὶ αἴτιζων κατὰ δῆμον | γαστέρα βοσκήσεις, »indem du dir im Volke Nahrung erbittest, wirst du deinen Magen füllen«. 17,228 wird der Magen des Bettlers ἄναλτος, »unersättlich«, genannt. Die Freßgier des Bettlers Iros wird 18,2f. so umschrieben: ἔπρεπε γαστέρι μάργῃ | ἀζηχὲς φαγέμεν καὶ πιέμεν, »er zeichnete sich durch einen Magen aus, der danach gierte, unablässig zu essen und zu trinken«. So wird γαστήρ zur Metapher für den nur noch aufs Essen Erpichten, wie die Hirten in Hes., Th. 26, die γαστέρες οἶον, »nur noch Bäuche«, genannt werden. 4,369 wird vom Hunger gesprochen, der den Magen quält: ἔτειρε δὲ γαστέρα λιμός· XIX 225 steht γαστήρ metaphorisch für Hungern und Nahrungsenthaltung: γαστέρι δ' οὔ πως ἔστι νέκυν πενθῆσαι Ἀχαιούς, »es geht nicht an, daß die Achäer einen Toten mit dem Magen betrauern«. Das Bettlermilieu in der Odyssee gibt immer wieder Gelegenheit, auf den »leidigen, verwünschten« Magen (λυγρή, οὐλομένη, κακοεργός, στυγερὴ γαστήρ) hinzuweisen, der ohne Rücksicht auf die Gemütsverfassung seines Besitzers sein Recht fordert (7,216ff.), ihm Leiden und Entbehrungen aufnötigt (15,344f.) und die Menschen sogar zu Raubzügen auf das Meer treibt (17,286ff.).

VI 58f. ist in der Wendung γαστέρι φέρειν mit γαστήρ der Mutterleib gemeint, wobei es fraglich ist, ob damit die Gebärmutter als eigenes Organ erkannt war.

1126[a] 24, wo es sich um die Beruhigung »cholerischer« Naturen handelt, die sich nicht durch Rache Befreiung von ihrem Zorn erwirken können, klingt in der Diktion einiges von dieser Vorstellung an: ἐν αὐτῷ δὲ πέψαι τὴν ὀργὴν χρόνου δεῖ, d.h. ein solcher muß »im Laufe der Zeit in seinem Innern den Zorn verdauen«.   113 Vgl. den Beginn des 11. Kapitels im 1. Buch der »Epidemien«: ὅσα διὰ κινδύνων, πεπασμοὺς τῶν ἀπιόντων πάντας πάντοθεν ἐπικαίρους ... σκοπεῖσθαι, »bei allen gefährlichen Erkrankungen muß man auf jede zur rechten Zeit kommende Reifung aller Ausscheidungen achten« (in der Übersetzung von H. Diller, Hippokrates' Schriften 21).   114 Weiteres dazu bei H. Fränkel, Dichtung

Hierzu gehört das Adjektiv ὁμογάστριος (κασίγνητος), »aus dem selben Mutterleib« (XXI 95; XXIV 47; vgl. ὁμόσπορος S.S34). XXIV 496 rühmt sich Priamos, neunzehn Söhne besessen zu haben ἰῆς ἐκ νηδύος, »aus einem einzigen Mutterleib«.

Νηδύς, ein weiteres Wort für den Mutterleib, gibt es noch Hes.,Th.460, wo Kronos seine Kinder unmittelbar nach der Geburt verschlingt, ὥς τις ἕκαστος | νηδύος ἐξ ἱερῆς μητρὸς πρὸς γοῦναθ' ἵκοιτο (vgl. πίπτειν μετὰ ποσσίν für »geboren werden« S.S17). Das seltener gebrauchte νηδύς ist auch in allen übrigen Bedeutungen mit γαστήρ synonym: XIII 290 bezeichnet es den Bauch als äußere Körperzone (s. zu γαστήρ S.S33), 9,296 den Magen: ἐπεὶ Κύκλωψ μεγάλην ἐμπλήσατο νηδύν, »als sich der Kyklop seinen großen Wanst gefüllt hatte«, und bei Hesiod findet man ἑὴν ἐσκάτθετο νηδύν, »er barg (ihn) in seinem Magen«, wo Kronos den Stein anstelle des Zeus verschlingt (Hes.,Th.487), und Zeus die Metis (Hes.,Th.890).

Kenntnis der erst später literarisch nachweisbaren (Diogenes von Apollonia, 5.Jh. v.Chr.), νεφροί benannten Nieren, verrät das Adjektiv ἐπινεφρίδιος, »auf den Nieren befindlich«. XXI 204 schildert, wie Fische im Fluß am Nierenfett eines Leichnams zupfen: δημὸν ἐρεπτόμενοι ἐπινεφρίδιον κείροντες. Die Bildung des Adjektivs zeigt, daß offenbar richtige Vorstellungen von den Fettkapseln vorliegen, in die die Nieren eingebettet sind. Δημός bezeichnet Fett am tierischen und menschlichen Körper. Da tierisches Fett als bevorzugte Nahrung galt (vgl. XXII 501), mag man es auch am menschlichen Körper ähnlich angesehen haben, denn nicht nur dann, wenn die Aale am Nierenfett des Leichnams zupfen (XXI 204), sondern auch an allen übrigen Belegstellen wird von menschlichem Fett nur gesprochen, wenn es Tieren zur Nahrung dient, z.B. VIII 379f.: τις καὶ Τρώων κορέει κύνας ἠδ' οἰωνοὺς | δημῷ καὶ σάρκεσσιν, »auch von den Troern wird mancher mit seinem Fett und Fleisch die Hunde und Vögel satt machen« (ähnlich noch XIII 831f. sowie XI 818 und XXI 127 mit dem Beiwort ἀργῆς, »weiß schimmernd«).

Mit δέρτρον (»Haut im Körperinnern«, zu δέρω; Hofmann 55f.), dem »Netz«, scheint 11,579 das sog. kleine Netz *(omentum minus)* gemeint zu sein: Zwei Geier fressen an der Leber des Tityos δέρτρον ἔσω δύνοντες, »indem sie tief in das Netz eindrangen« (s. S.S47).

Νήδυια (Plur.), eine Erweiterung zu νηδύς, dient einmal als Bezeichnung für die Eingeweide (XVII 524). Eine Lanze dringt in den Unterleib (νειαίρῃ γαστήρ) und bleibt ἐν νηδυίοισιν, in den Eingeweiden des Unterbauches, stecken. XXIII 806 steht ἔνδινα (Plur.) für das Innere des Körpers, wo ἐνδίνων ψαύειν soviel bedeutet, wie »(dem Gegner im Turnier) eine blutige Verletzung beibringen«.

Eine weitere Bezeichnung für die Eingeweide liegt in dem Plural ἔγκατα (lakonisch ἔγκυτον, süddt. Kuttel?) vor. Wenn XI 438 Athene verhindert, daß eine Lanze, die zuvor die Haut von der Flanke gerissen hat, μιχθήμεναι ἔγκασι φωτός, »in die Eingeweide des Mannes drang«, bleibt offen, ob damit die Innereien des Brustraums oder des Oberbauchs gemeint sind. Noch weiter gefaßt ist das Wort, wo der Kyklop die Gefährten des Odysseus »samt Innereien, Fleisch und Knochen« frißt (vgl. S.S3).

Σπλάγχνα (Plur.), sonst nur auf die edlen tierischen Innereien des Opferschmauses bezogen, bezeichnet Hes., Th.929n das Leibesinnere des Zeus, wo sich die zuvor von ihm verschlungene Metis befindet (Hes.,Th.890 steht dafür νηδύς; siehe oben).

Häufiger trifft man ἔντερα (einmal Sing. ἔντερον) im Sinne von »Innereien« an. XIII 507 durchreißt eine Lanze, die den Bauch in der Mitte getroffen hat, die Eingeweide: διὰ δ' ἔντερα χαλκὸς | ἤφυσ'... Ähnlich sind XIV 517, wo die Lanze κατὰ λαπάρην trifft, mit ἔντερα ebenfalls die Eingeweide des Unterbauchs gemeint. XX 418 dringt einem Krieger der Speer durch den Rücken und tritt am Nabel heraus: προτὶ οἷ δὲ λάβ' ἔντερα χερσὶ λιασθείς, »zusammengekrümmt zog er die Eingeweide mit den Händen an sich« (hierauf bezogen XX 420: ἔντερα χερσὶν ἔχοντα)[115]. Daß bei ἔντερα an die Därme zu denken ist, bestätigt 21,408, wo die Saite einer Phorminx als ἐϋστρεφὲς ἔντερον οἰός, »wohlgedrehter Darm des Schafes«, bezeichnet wird.

Ebenfalls die Därme, die bei Kriegsverletzungen in der Nabelgegend heraustreten, werden durch χολάδες (Plur. zu χολάς. Etym. unsicher. Keine Beziehungen zu χόλος) bezeichnet, XXI 181 nach einem Schwerthieb: χύντο χαμαὶ χολάδες, IV 526 weniger glaubhaft, aber ethnographisch belegbar, nach einem Stoß mit der Lanze[116]. Daß die Därme gemeint sind, zeigt auch h. Merc. 123, wo blutwurstähnliche Gebilde als μέλαν αἷμα ἐργμένον ἐν χολάδεσσι bezeichnet werden.

Die Fülle der synonymen, semantisch wenig ergiebigen Benennungen für die Eingeweide des Unterleibs entspricht der Vielfalt unpräziser Bezeichnungen für die entsprechende äußere Körperregion (s. S.S 33 f.).

Schließlich ist κύστις (Fem., wird mit nachepisch κύσθος, »weibliche Scham«, in Verbindung gebracht. Verglichen werden weitere idg. Wz. in der Bedeutung »Behälter, Beutel«; Hofmann 167), die »Harnblase«, unter den inneren Organen zu nennen. XIII 651 f. trifft Meriones seinen Gegner γλουτὸν κάτα δεξιόν· αὐτὰρ ὀϊστὸς | ἀντικρὺ κατὰ κύστιν ὑπ' ὀστέον ἐξεπέρησεν, d.h. »in die rechte Gesäßhälfte. Aber der Pfeil trat an der entgegengesetzten Seite bei der Harnblase unterhalb des Knochens wieder heraus«[117]. Das Gleiche wird V 67 weniger glaubhaft von einem Speer behauptet, wenn die geschilderte Verwundung nicht überhaupt nur um der Gräßlichkeit willen konstruiert wurde. Immerhin verrät die Lokalisierung von Blase und Schambein anatomische Kenntnisse, die über das sonstige Niveau hinausgehen[118].

j) Die Oberfläche des Körpers und ihre Behaarung

α) *Die Haut:* Χρώς (Mask., Gen. χροός und χρωτός, Dat. χροΐ, Akk. χρόα und χρῶτα) bezeichnet die begrenzende Oberfläche des Körpers, insoweit auch die Haut und Hautfarbe. Häufig dient das Wort zur Bezeichnung des Leibes in seiner Gesamtheit, vornehmlich des lebenden, für den es, wie S.S 3 bemerkt,

und Philosophie des frühen Griechentums (1951) 193. 115 Zu dem wenig glaubhaften Heraustreten der Eingeweide bei einem Lanzenstoß durch den Rücken vgl. Friedrich, Verwundung 48 f. 116 Friedrich, Verwundung 70 f.; vgl. dagegen Buschan, Medizinzauber 386 (nach Roscoe, Waganda 358): »Eine ähnliche Verletzung erlitt ein Wagandamann. Infolge eines Lanzenstichs waren auch ihm die Baucheingeweide vorgefallen. Die eingeborenen Doktoren putzten ihm zuerst die Eingeweide, brachten sie in die Bauchhöhle zurück«. 117 Gemeint ist das Schambein; S.S 6; Körner, Kenntnisse 23 verweist auf die Deutung von J.F.Malgaigne: »la lance avait donc probablement traversé le grand trou sciatique, la vessie, l'arcade des pubis«. 118 Schol. A zu V 67: βία δὲ δηλοῦται τῆς πληγῆς. ὀστέοις γὰρ σκέπεται ἡ κύστις ἃ παρῆλθε τὸ δόρυ. Vgl. noch Friedrich, Verwundung 52 ff. Sigerist, History II 25 gilt die Stelle dagegen als Muster für »a keen sense of observation and expe-

zunächst kein eigenes episches Wort gibt. In dieser Bedeutung begegnet es besonders in Rüstungs- und Bekleidungsszenen, wie z.B. ἐπεὶ δὴ πάντα περὶ χροῒ ἕσσατο τεύχεα, »als er den Leib mit der vollständigen Rüstung umkleidet hatte« (VII 207) oder κακὰ δὲ χροῒ εἵματα εἷται, »er trägt schlechte Kleider am Leibe« (11,191). Instruktiv für die Bedeutungsbreite des Wortes sind die Verse XV 314ff.:

... πολλὰ δὲ δοῦρα θρασειάων ἀπὸ χειρῶν
ἄλλα μὲν ἐν χροῒ πήγνυτ' ἀρηϊθόων αἰζηῶν,
πολλὰ δὲ καὶ μεσσηγύ, πάρος χρόα λευκὸν ἐπαυρεῖν
ἐν γαίῃ ἵσταντο λιλαιόμενα χροὸς ἆσαι.

Die Speere also, die ihr Ziel nicht verfehlten, blieben im Leibe (V.315: ἐν χροΐ) stecken, »viele aber blieben auch auf halbem Wege in der Erde stecken, bevor sie die weiße Haut gekostet hatten« (V.316). Das Beiwort λευκός läßt mit Vorrang an die Haut denken und hebt dazu 'sarkastisch' den Gegensatz zu blutiger Verletzung hervor. Vers 317 spricht verlebendigend von den Lanzen wie von Raubtieren, die jäh daran gehindert sind, ihr Ziel zu erreichen, nämlich χροὸς ἆσαι, »sich am Fleisch zu ersättigen«. Letztere Bedeutung dürfte auch 16,145 vorliegen, wo der Prozeß des Abmagerns umschrieben wird: φθίνυται δ' ἀμφ' ὀστέοφι χρώς, »das Fleisch rings um die Knochen schwindet«. Die Bedeutung »Haut« liegt noch nahe, wenn bei Verwundungsszenen ausdrücklich von oberflächlich ritzenden Verletzungen die Rede ist (IV 139) oder die Beiwörter diese Bedeutung nahelegen (namentlich λευκός, »weiß«, τέρην, »zart«, λειριόεις, »lilienhaft«) oder der Vorgang in anderer Weise ausschließlich die Oberfläche des Leibes betrifft, z.B. μελαίνετο δὲ χρόα καλόν (V 354): »ihre schöne Haut färbte sich dunkel (von Blut)«. Daß sich zwischen den Bedeutungen »Körper« und »Haut« nicht immer wird mit Sicherheit entscheiden lassen, liegt in der Natur der Sache (6,220 u.ö.).

Wenn der Wunsch geäußert wird, Penelope möge nicht weinen, ὡς ἂν μὴ ... κατὰ χρόα καλὸν ἰάπτῃ, »damit sie nicht ihre schöne Haut verunstalte« (2,376 = 4,749), ist speziell die Haut des Gesichts, der »Teint«, gemeint. Noch deutlicher wird diese Bedeutung, wo Penelope empfohlen wird, ihr verweintes Gesicht wieder herzurichten: χρῶτ' ἀπονιψαμένη καὶ ἐπιχρίσασα παρειάς (18,172). Penelope soll hier kein Vollbad nehmen, wie seit Voß gelegentlich immer noch übersetzt wird, sondern ihr Gesicht waschen und salben, um ihre Tränenspuren zu beseitigen. Daß χρώς bisweilen »das Gesicht« meinen kann, ergibt sich aus 19,204, τῆς ... τήκετο δὲ χρώς, »ihr Antlitz zerfloß« (wiederum von der weinenden Penelope), und dem darauf bezogenen Parallelismus 19,208, ὡς τῆς τήκετο καλὰ παρήϊα, mit Evidenz. Von hier aus macht sich die Bedeutungsentwicklung zu »Farbe« begreiflich, denn in der älteren Epik handelt es sich an den Belegstellen stets um das Gesicht, an dem sich Verfärbung als Zeichen der Erregung bemerkbar macht[119]. Nach XIII 279 wechselt der Furchtsame ständig seine Gesichtsfarbe: τρέπεται χρὼς ἄλλυδις ἄλλῃ (τράπετο χρώς als Zeichen der Furcht noch XVII

---

rience acquired on the battlefield«.   [119] III 35 beschreibt die Furcht eines Mannes, der auf eine Schlange trifft: ὠχρός τέ μιν εἷλε παρειάς, »Blässe ergriff seine Wangen«; 11,529 wird die tapfere Haltung des Neoptolemos im hölzernen Pferd gewürdigt: κεῖνον δ' οὔ ποτε ... ἴδον ... | οὔτ' ὠχρήσαντα χρόα κάλλιμον οὔτε παρειῶν | δάκρυ' ὀμορξάμενον, »nie sah ich jenen in seinem edlen Antlitz erbleichen noch sich Tränen von den Wangen wischen«. Abgesehen davon, daß die Zitate ein weiteres Mal erkennen lassen, wie sehr sich die Bedeutungen von χρώς und παρειαί in diesem Bereich annähern, sprechen sie ausdrücklich von

733, als Zeichen von Betrübnis 21,412f.). Entsprechend bedeutet μελάγχροος, v.l. μελανόχροος (19,246) und μελαγχροιής (16,175), »mit dunkler Gesichtsfarbe«.

Χρώς wird schließlich auch auf den Leib eines Toten (sonst νεκρός, νέκυς, σῶμα; vgl. S.S3) bezogen. Χρὼς σήπεται heißt »der Leichnam bzw. das Fleisch des Toten verwest« (XXIV 414; vgl. XIX 24ff.). Seine Unversehrtheit wird durch χρὼς ἔμπεδός ἐστιν ausgedrückt (XIX 33.39). Die Sonne dörrt das Fleisch des Toten (χρώς) an Gliedern und Sehnen aus (XXIII 191). 24,44 bezeichnet χρώς einen Leichnam, der gewaschen wird.

Wie χρώς in der Bedeutung »Leib« wird XIV 164 χροιή gebraucht. Hera will Zeus anregen, παραδραθέειν φιλότητι | ᾗ χροιῇ, »in Liebe bei ihrem Leibe zu ruhen«. 16,175 bezeichnet μελαγχροιής wie oben μελάγχροος »von dunkler Gesichtsfarbe«.

Für »Haut« in anatomischem Sinne gebraucht das Epos ῥινός (Fem.) und δέρμα. Ῥινός bezeichnet auch die abgezogene tierische Haut, zumeist die des Rindes, daher auch »Leder, Lederschild« seltener das (abgezogene) Fell. Im menschlichen Bereich ist es die Haut, die durch Gewalteinwirkung abgeschürft wird, dem Krieger V 308: ὦσε δ' ἀπὸ ῥινὸν τρηχὺς λίθος, oder dem Schiffbrüchigen durch scharfkantige Klippen: τοῦ πρὸς πέτρῃσι ... ἀπὸ χειρῶν | ῥινοὶ ἀπέδρυφθεν (5,434f.; vgl. 426). 22,278 ist ῥινός die Haut des Handgelenks, das vom Speer oberflächlich geritzt wird. »Haut und Knochen« (ῥινοί, ὀστέα) werden als die wesentlichen Substanzen vertrocknender oder verwesender Leichen genannt: πολὺς δ' ἀμφ' ὀστεόφιν θὶς | ἀνδρῶν πυθομένων, περὶ δὲ ῥινοὶ μινύθουσιν, »rings ein Haufen modernder menschlicher Gebeine, die Haut um sie herum schrumpft ein« (12,45f.; vgl. Hes.,Sc. 152; 14,134).

Wesentlich seltener wird δέρμα (zu δέρω, »häute, schinde«) für die menschliche Haut gebraucht, seiner Wortbildung nach zunächst »die abgezogene Haut«. Häufiger bezeichnet es die abgezogene Tierhaut, das Fell, gelegentlich die als Leder verarbeitete Haut (Schild, Schlauch). XVI 340f. wird nach einem Schwerthieb in den Hals ein Haupt nur noch durch die Haut gehalten: ἔσχεθε δ' οἷον | δέρμα, παρηέρθε δὲ κάρη[120]. 13,430ff. wird Odysseus' Verwandlung durch Athene beschrieben: κάρψε μέν οἱ χρόα ... ἐνὶ ... μέλεσσι, | ... ἀμφὶ δὲ δέρμα | πάντεσσι μελέεσσι παλαιοῦ θῆκε γέροντος, »sie ließ ihm das Fleisch an den Gliedern schrumpfen und gab allen Gliedern die Haut eines Greises«. In diesem Zusammenhang ist das Adjektiv ῥυσός, »runzelig«, zu nennen, das nur IX 503 begegnet, wo es auf die Litai, die personifizierten Bitten bezogen wird.

β) *Die Haare:* Vielfältig sind die Bezeichnungen für die Behaarung des menschlichen Körpers. Zunächst bezeichnet θρίξ, episch nur im Plural τρίχες (Fem.), tierisches oder menschliches Haar, insbesondere das menschliche Haupthaar, so XXII 77: πολιὰς δ' ἄρ' ἀνὰ τρίχας ἕλκετο χερσί, »er raufte sich seine grauen Haare«. Athene verwandelt Odysseus in einen alten, kahlköpfigen Bettler: ξαν-

---

einer Verfärbung des Gesichts. Im Anschluß an diese Ausdrucksweise ließ sich χρώς in der Formel χρὼς τρέπεται leicht als »Gesichtsfarbe« verstehen, obwohl in der Bedeutung des Verbs τρέπεσθαι kein Hinweis auf eine Verfärbung steckt. Wie sehr sich andererseits bei Verwendung eines formelhaften Ausdrucks außerhalb des typischen Bereichs die Bedeutung völlig verschieben kann, zeigt Hes., Op. 416f.: μετὰ δὲ (d.h. wenn die Hundstage vorbei sind und der Herbstregen einsetzt) τρέπεται βρότεος χρώς | πολλὸν ἐλαφρότερος, »wird der menschliche Leib wieder viel unbeschwerter«. Vgl. S.S66.   **120** Zur offenbar ge-

θὰς δ' ἐκ κεφαλῆς ὄλεσε τρίχας, »sie tilgte seine blonden Haare vom Haupt« (13,431; vgl. 13,399), so daß ihn die Freier wegen seiner spiegelnden Glatze verspotten: ἐπεὶ οὔ οἱ ἔνι τρίχες, οὐδ' ἠβαιαί, »da er überhaupt keine Haare mehr auf dem Kopf hat« (18,355; s. S.S 18). Auf ein Haaropfer bezieht sich XXIII 135, wo die Myrmidonen den Leichnam des Patroklos mit ihrem abgeschnittenen Haupthaar bedeckt haben: θριξὶ δὲ πάντα νέκυν καταείνυσαν [121].

Das Körperhaar insgesamt wird durch τρίχες an zwei Stellen bezeichnet, die vom Sträuben der Haare reden. XXIV 359 sträuben sich Priamos die Haare vor Furcht: ὀρθαὶ δὲ τρίχες ἔσταν ἐνὶ γναμπτοῖσι μέλεσσι. Bei Hes., Op. 539 f. wird empfohlen, zur Winterzeit warme Kleider zu tragen, ἵνα τοι τρίχες ἀτρεμέωσι, | μηδ' ὀρθαὶ φρίσσωσιν ἀειρόμεναι κατὰ σῶμα [122], »damit die Haare nicht zittern und sich nicht aufwärts sträuben, indem sie sich am Körper emporheben«, womit uns in reizender Anschaulichkeit das Phänomen der »Gänsehaut« verdeutlicht wird.

Ausschließlich für das menschliche Haupthaar steht κόμη (lat. *coma;* Sing. kann kollektiv für den Plur. stehen). Während τρίχες kaum über Beiwörter verfügt und vornehmlich den anatomischen Aspekt berücksichtigt, wird κόμη, κόμαι in höherem Maße als natürlicher Schmuck und Komponente menschlicher Schönheit empfunden und auf die geordnete Frisur bezogen. Hektor sagt zu Paris, daß ihm im Zweikampf mit Menelaos seine Vorzüge wenig nützen würden: οὐκ ἄν τοι χραίσμῃ κίθαρις τά τε δῶρ' Ἀφροδίτης, | ἥ τε κόμη τό τε εἶδος. Neben Saitenspiel, Liebestalent und Schönheit wird also auch das Haupthaar zu den verführerischen Reizen des Paris gezählt (III 54f.). Als Athene Odysseus vor Nausikaa besonders schön und strahlend erscheinen läßt, gilt ihre Sorgfalt auch seinem Haar: κὰδ' δὲ κάρητος | οὔλας ἧκε κόμας [123], ὑακινθίνῳ ἄνθει ὁμοίας, »vom Haupt ließ sie ihm lockiges Haar hinabfließen, der Hyazinthenblüte vergleichbar« (6,230f.) [124]. Die Haare des Euphorbos, κόμαι Χαρίτεσσιν ὁμοῖαι, »den Charitinnen gleich«, sind mit Gold und Silber zu einer kostbaren Frisur verflochten (XVII 51). Sonst erscheint κόμη in den gleichen Verwendungsbereichen wie τρίχες.

Κόμην δαΐζων αἰσχύνειν heißt »das Haar (zum Zeichen der Trauer) durch Zerwühlen entstellen« (XVIII 27), κόμην τίλλειν, »das Haar raufen« (XXII 406), und mit κόμην κείρασθαι bzw. κείρειν (XXIII 46.146) und einigen ähnlichen Wendungen ist die schon oben erwähnte Sitte gemeint, sich zum Zeichen der Trauer das Haar zu scheren und es – gewöhnlich einem Toten – zu opfern (vgl. XXIII 150ff.). Von den Komposita wird ἠΰκομος, »mit schönem Haar« (I 36 u.ö.), und das gleichbedeutende καλλίκομος (IX 449; 15,58) immer auf Göttinnen oder Frauen bezogen. Apollon hat das Beiwort ἀκερσεκόμης, »mit ungeschnittenen, langen Haaren« (XX 39; h.Ap. 134), Dionysos χρυσοκόμης, »mit goldenen Haaren« (Hes.,Th. 947). Einmal (Hes.,Fr. 135,5 Rz.) ist ξανθοκόμης, »mit blonden Haaren«, zu belegen, eine Erweiterung zu ξανθός, einem bevorzugten epischen Beiwort für das menschliche Haupthaar. Ἀκρόκομος ist ein Beiwort der Thraker und meint entweder »mit Haarknoten« oder »mit Bürstenhaar« auf dem wohl teilweise rasierten Schädel [125].

---

suchten Gräßlichkeit s. Friedrich, Verwundung 27.   **121** Zum Haaropfer vgl. Nilsson, GGR.³ I 180f.   **122** Ältester Nachweis für σῶμα = »(lebender) Körper«. Bei Homer nur »Leichnam«; S.S 3.   **123** Dazu das Adjektiv οὐλοκάρηνος, »mit krausem Haar« (19,246).   **124** S.S 154.   **125** Näheres bei Sp. Marinatos, unser Kap. »Haar- und

Zum Verb κομάω, »bin behaart«, gehört das Partizip in der formelhaften Verbindung κάρη κομόωντες Ἀχαιοί, »die auf dem (ganzen) Haupte behaarten, langhaarigen Achäer« (II 11 u.ö.); im Gegensatz dazu die Ἄβαντες ... ὄπιθεν κομόωντες, »die am hinteren Haupt behaarten, vorn geschorenen Abanten« (II 542)[126].

Eine Bezeichnung sowohl für die Mähne von Pferden als auch für das (lange) menschliche Haupthaar ist χαίτη (häufiger im Plur. χαῖται ohne Bedeutungsunterschied). In dieser Bedeutung erscheint das Wort in den gleichen typischen Bereichen wie τρίχες und κόμη, so in der Gebärde des Haareraufens: πολλὰς ἐκ κεφαλῆς προθελύμνους[127] ἕλκετο χαίτας, »viele Haare riß er sich mit den Wurzeln aus dem Haupt« (X 15; nur hier ist der Plural nicht kollektiv zu verstehen, sondern auf einzelne Haare bezogen), oder χαίτας τίλλεσθαι, »sich das Haar raufen« (10,567). Auch im Bereich der rituellen Haarschur findet sich χαίτη. Nach XXIII 141 schor sich Achilleus sein blondes Haar (ξανθὴν ἀπεκείρατο χαίτην) als Totenopfer für Patroklos, obwohl sein Vater Peleus es dem Spercheios für eine glückliche Heimkehr des Sohnes zu opfern gelobt hatte (XXIII 146; dort: κόμην κερέειν). 24,46 scheren sich die Danaer aus Trauer um den toten Achilleus die Haare: κείραντό τε χαίτας. Zeigten schon XXIII 141 und 146 synonymen Gebrauch von χαίτη und κόμη, stimmen beide Wörter auch darin überein, daß sie der Ausmalung von Schönheit und Anmut dienen. I 529 hebt ἀμβρόσιαι δ᾽ ἄρα χαῖται ἐπερρώσαντο, »sein ambrosisches Haar geriet in Wallung«, die Majestät des Göttervaters hervor, h.Cer. 177f. die Anmut der Töchter des Keleos: ἀμφὶ δὲ χαῖται | ὤμοις ἀΐσσοντο κροκηΐῳ ἄνθει ὁμοῖαι, »um ihre Schultern flatterte das Haar, der Krokosblüte vergleichbar«, während XXII 401ff. den Kontrast von Anmut und Entstellung deutlich werden läßt, wo Hektors Leichnam durch den Schmutz geschleift wird: ἀμφὶ δὲ χαῖται | κυάνεαι πίτναντο, κάρη δ᾽ ἅπαν ἐν κονίῃσι | κεῖτο πάρος χαρίεν, »langhin flatterte sein dunkles Haar, und ganz im Staube lag sein sonst so liebliches Haupt«.

Der Pflege des Haars gilt χαίτας πέξασθαι, »sich das Haar kämmen« (XIV 175f. von Hera; s. S.S 155f.). Von einem pathologischen Haarausfall spricht Hes., Fr.29 Rz.: ἐκ δέ νυ χαῖται | ἔρρεον ἐκ κεφαλέων, ψιλοῦτο δὲ καλὰ κάρηνα, »aus ihren (der Proïtiden) Häuptern fiel das Haar, und ihre hübschen Köpfe wurden kahl« (s. S.S 84). Das Kompositum κυανοχαίτης, »mit (langem) dunklen Haar«, ist ein Beiwort des Poseidon (XX 144 u.ö.), einmal des Hades (h.Cer. 347) und wird gelegentlich auch auf Pferde bezogen (XX 224; Hes., Sc. 120). Gleichbedeutend ist μελαγχαίτης (Hes., Sc. 186 von dem Kentauren Mimas). Hes., Th. 977 nennt Aristaios, Sohn des Apollon, βαθυχαίτης, »langhaarig«.

Ein Wort, das in der Ilias ausschließlich Mähne und Schweif der Pferde bezeichnet, ἔθειρα (stets im Plur., fehlt in der Odyssee), wird später auch für das menschliche Haar im Sinne von χαίτη gebraucht; h.Hom. VII 4f. spricht von καλαὶ ἔθειραι κυάνεαι, »der schönen dunklen Mähne« des Dionysos, h.Ven. 228 von πολιαὶ ἔθειραι, dem »ergrauenden (langen) Haar« des Tithonos.

Λάχνη, was sonst »Wolle« bedeutet, bezeichnet einmal (II 219) in der karikierenden Beschreibung des Thersites dessen spärliches (ψεδνή) Haupthaar. Λαχνήεις, »haarig, wollig«, zunächst auf das Körperhaar von Tieren bezogen, begegnet II 743 als Beiwort der Kentauren, der Φῆραι λαχνήεντες, der »zottigen Unholde«.

Barttracht« B 3. 126 Plut., Thes. 5: ὅπως μὴ παρέχοιεν ἐκ τῶν τριχῶν ἀντίληψιν τοῖς πολεμίοις ἐπεκείραντο. 127 Zu προθέλυμνος s. H.Diller, Kleine Schriften zur antiken

Στήθεα λαχνήεντα ist die behaarte Brust des Hephaistos (XVIII 415). In der gleichen Bedeutung zur Bezeichnung der behaarten Männerbrust begegnet λάσιος (I 189; zur Behaarung der Brust vgl. noch S. S 30 und S 35).

Gegenüber der Fülle von Bezeichnungen für das Haupthaar gibt es nur wenig Benennungen für das relativ selten erwähnte Barthaar und den Bart. Γενειάδες (sc. τρίχες) sind die Haare am Kinn (γένειον), erwähnt bei der Rückverwandlung des Odysseus: κυάνεαι δ' ἐγένοντο γενειάδες ἀμφὶ γένειον, »die Barthaare am Kinn wurden wieder dunkel« (16,176). XXII 74 und XXIV 516, wo von πολιόν τε κάρη πολιόν τε γένειον, »einem grauen Haupt und einem grauen Kinn«, die Rede ist, steht γένειον für den »Kinnbart«. Ἠϋγένειος, »mit stattlichem Bart«, findet man nur als Beiwort des Löwen. Alle übrigen Stellen beziehen sich auf den jugendlichen Erstlingsbart. Apollon tötet Otos und Ephialtes πρίν σφωϊν ὑπὸ κροτάφοισιν ἰούλους | ἀνθῆσαι πυκάσαι τε γένυς εὐανθέϊ λάχνῃ, »bevor ihnen unter den Schläfen das erste Barthaar sproß und sich ihr Kinn mit der Blüte wolligen Pflaums bedeckte« (11,319f.). Λάχνη, »Wolle« (II 219 für das Haupthaar des Thersites), und ἴουλος (zu οὖλος »wollig«, wohl aus *ϝολνος mit Reduplikation ϝι-; Hofmann 125.244) dienen hier der poetischen Umschreibung des keimenden, jugendlichen Bartes.

Ein eigenes Wort für »Bart«, ὑπήνη, ist in dem Adjektiv ὑπηνήτης, »bärtig«, greifbar. Obwohl die Ableitung unsicher ist, neigt man doch dazu, unter ὑπήνη den Bart auf der Oberlippe, den »Schnurrbart«, zu verstehen[128]. XXIV 348 gleicht der Gott Hermes einem fürstlichen Jüngling: πρῶτον ὑπηνήτῃ, τοῦ περ χαριεστάτη ἥβη, »dem erstmalig der Bart sprießt, dessen Jugend eben das höchste Maß an Anmut besitzt« (= 10,279).

k) Anthropologisch-paläopathologischer Anhang

α) Anthropologische Vorbemerkungen: Unter Skelettfunden größeren Umfangs, die auch pathologisch Beachtung fanden, sind besonders die von der Agora in Athen zu nennen, die durch J. L. Angel anthropologisch ausgewertet wurden und den wesentlichen Teil einer Untersuchung bilden, die das Fundmaterial von ganz Attika vom Neolithikum bis in nachchristliche Zeit berücksichtigt[129]. Für die submykenischen Funde vom Kerameikos in Athen wird eine ähnliche Untersuchung E. Breitinger verdankt[130], deren Ergebnisse von Angel mit verwertet und erweitert wurden. Der Bevölkerung von Argos und der Argolis gilt eine Studie von R. P. Charles, die Skelettmaterial von mittelhelladischer bis zu vorbyzantinischer Zeit erfaßt und die früheren Ergebnisse von C. M. Fürst (Zur Anthropologie der prähistorischen Griechen in Argolis, 1930) mit heranzieht, um eine zuverlässigere Grundlage zu gewinnen[131]. J. L. Angel und G. E. Mylonas untersuchten die aus der 2. Hälfte des 17. bis 1. Hälfte des 16. Jhs. v. Chr. stammenden Skelette aus dem Gräberrund B von Mykene[132]. Aus mittelminoischer Zeit stammt das Knochen-

---

Literatur (1971) 16 ff.   **128** LS.: »hair on the upper lip ..., moustache«. Vgl. Aristoteles HA 518ᵇ18. Sp. Marinatos (unser Kap. B 23 f.) glaubt nicht an einen Oberlippenbart bei Homer.   **129** Angel, Attica 279 ff.   **130** Die Skelette aus den submykenischen Gräbern. Kerameikos I. Ergebnisse der Ausgrabungen (1939) 223 ff.   **131** Charles, Argos 268 ff.
132 G. E. Mylonas, SIMA. VII (1964); ders., MMA. 104 mit Anm. 61; ders., Taph. Kyklos

material von Kato Zakro an der kretischen Ostküste, das von M. J. Becker ausgewertet wurde[133].

Angel sieht – was er auch für den hier besonders interessierenden Zeitraum von etwa 1500–700 v. Chr. summarisch gelten läßt – die Griechen jener Frühzeit als Angehörige einer durch mediterrane und alpine Merkmale geprägten Rasse[134] und entwirft anhand des Knochenmaterials das Bild eines stämmigen, relativ kleinwüchsigen Menschenschlages (durchschnittliche Körpergröße der Männer 162,2 cm, die der Frauen 153,35 cm)[135], mit kräftigen, deutlich artikulierten Gliedmaßen, breiten Schultern und ausgeprägten Gesäßmuskeln[135]. Als mittleres Todesalter wurden an 22 männlichen Individuen 35 Jahre, an 16 weiblichen 27 Jahre errechnet (Angel, Attica 285). Charles (Argos 309) kommt unter Verwendung der von Fürst ermittelten Werte zu dem bemerkenswerten Ergebnis, daß die Bevölkerung der Argolis während der Bronzezeit ein deutlich höheres Lebensalter aufweist, als es für die Bewohner Westeuropas während dieser Zeit angesetzt wird – für Frauen auf weniger als 30, für Männer auf etwa 35 Jahre – und führt dies auf bessere, durch einen höheren Stand der Zivilisation bedingte hygienische Verhältnisse zurück[137].

β) *Zu pathologischen Skelettbefunden:* Die Ermittlungen der Paläopathologie beschränken sich naturgemäß auf solche Krankheiten, die vorwiegend in Gestalt arthritischer Deformierungen, Exostosen und Entzündungen ihre Spuren am Knochengerüst hinterlassen haben. Diese machen sich im Bereich des hier herangezogenen Materials besonders an den Knochen der Hände[138] und den Wirbeln der Lendenregion[139], aber auch am Becken[140], den langen Knochen der Extremitä-

B; darin J. L. Angel, Human Skeletons from Grave Circles at Mycenae. 133 Becker, Kato Zakro. 134 »the Ancient Greeks must show a combination of Alpine with generalized Mediterranean characters« (Angel, Attica 284). 135 Ermittelt an 61 männlichen und 43 weiblichen Skeletten. Auf der unsicheren Basis stark fragmentierten Knochenmaterials errechnet Becker (274) für das ostkretische Kato Zakro ca. 167 cm für Männer und ca. 157,5 cm für Frauen. Charles, Argos 303 kommt für die Männer der Argolis auf eine Körpergröße zwischen 153 und 167 cm, für die Frauen zwischen 137 und 155 cm. Eine signifikante Abweichung von diesen Werten ergab sich bei den männlichen Skeletten der Schachtgräber von Mykene, wo als mittlere Körpergröße für 14 Individuen 171,5 cm errechnet wurden; vgl. J. L. Angel in: Mylonas, Taph. Kyklos B Taf. 1 und 2. Laut einer Pressemeldung vom 23. 7. 1982 soll in Theben in einem bronzezeitlichen Grab das Skelett eines 1,84 m großen Mannes gefunden worden sein. Die Bestattung wird auf die Zeit um 1600 v. Chr. datiert. 136 Angel, Attica bietet auf S. 284 f. weitere anatomische Einzelheiten zum Knochenbau. 137 Becker, Kato Zakro 276: »This population appears to have had a high death rate between the ages of 18 and 50«. Das mittlere Todesalter von 19 männlichen Individuen in den Schachtgräbern von Mykene betrug ca. 35 Jahre; vgl. J. L. Angel in: Mylonas, Taph. Kyklos B Taf. 1. Unter den ersten griechischen Kolonisten in Italien, den Besiedlern von Pithekoussai (Ischia) des 8. Jhs. v. Chr., herrschte nach vorläufigen Ermittlungen von F. R. Munz hohe Kindersterblichkeit und geringe Lebenserwartung. In 83 Gräbern aus der 2. Hälfte des 8. Jhs. v. Chr. waren 71 Individuen unter 20 Jahre und nur eines über 25 (AA. 1970, 464). 138 Athen, Agora: Angel, Attica 296 Nr. 37 (SH III); 306 Nr. 86 (geometr.). 139 Athen, Kerameikos: Breitinger (s. o. Anm. 130) Grab 93 = Angel, Attica 300 Nr. 52 (submyk.). Eleusis: Angel, Attica 304 Nr. 80 (geometr.). Argos: Charles, Argos 311 Grab 16 (frühgeometr.) Taf. 16. 140 Thorikos: Angel, Attica 295 Nr. 25 (SH II). Argos: Charles, Argos 311 Grab 16 (frühgeometr.) Taf. 16.

ten[141], den Ansätzen der Rippen am Brustbein[142], dem Kiefergelenk[143] und dem Schlüsselbein[144] bemerkbar. Angel weist auf die Bedeutung der Arthritis als Volkskrankheit hin, ohne freilich entscheiden zu können, ob ihr damals größere Bedeutung als heute zukam. Auffallend für Attika und so häufig, daß sich Einzelnachweise erübrigen, sind Abnutzungs- und Degenerationserscheinungen an den Oberschenkelhälsen und -köpfen. Angel denkt an eine Überbeanspruchung des Hüftgelenks, die durch häufigen, raschen Abstieg auf steilen Hängen bedingt sein könnte (Angel, Attica 330). Charles kann in Argos einen Fall von angeborener Hüftluxation nachweisen, die zu einer Periostitis ossificans geführt hat[145], macht aber grundsätzlich auf die geringe Zahl von pathologisch zu bewertenden Knochenrelikten in der Argolis aufmerksam.

Unter pathologischen Befunden, die auf Einwirkung äußerer Gewalt zurückgehen, finden sich im ganzen gut gerichtetete und verheilte Knochenbrüche, so z. B. an einer rechten Ulna, wo der Umstand, daß der dazugehörende Radius heil geblieben ist, auf eine Schlagverletzung schließen läßt[146].

Auf eine Verwundung könnte auch die Fraktur des rechten Radius am Skelett eines männlichen Erwachsenen mittleren Alters zurückzuführen sein[147], das zugleich eine runde Vertiefung im rechten Schulterblatt aufweist, die durch Pfeilschuß oder Speerwurf von hinten verursacht sein kann. Eine geheilte Fraktur der 8. und 9. rechten sowie der 11. linken Rippe, daneben eine mögliche Fraktur der Dornfortsätze zwischen dem 4. und 9. Brustwirbel vervollständigen das Bild eines arg blessierten Mannes, der zudem unter arthritischen Beschwerden gelitten haben muß[148]. Eine kraterartige Knochennarbe weist der Schädel eines älteren Mannes vom Kerameikos in der linken Hälfte des Stirnbeins auf[149]. Manche Rätsel gibt die linke Hälfte eines Schädels auf, die in einer in den Fels geschnittenen Höhlung auf der Agora, nahe beim Hephaisteion, gefunden wurde. Sie gehört einem Heranwachsenden, dem mit einem offenbar schräg von vorn geführten Hieb der Kopf beim 5. Halswirbel abgetrennt wurde. Spuren eines zunächst erfolglosen Hiebes befinden sich etwa 1 cm oberhalb dieser Stelle[150].

Besonders zu erwähnen ist das Skelett eines etwa 28-jährigen Mannes aus dem Grab Gamma im Gräberrund B von Mykene (2. Hälfte 17. bis 1. Hälfte 16. Jh. v. Chr.), dessen Schädel eine saubere Trepanation aufweist, mit der einem Schädelbruch offenbar Erleichterung verschafft werden sollte[151]. Der Schädel eines

---

[141] Athen, Kerameikos: Breitinger (s. o. Anm. 130) Grab 34 = Angel, Attica 302 Nr. 62 (submyk.). Thorikos: Angel, Attica 295 Nr. 25 (SH II). Athen, Agora: Angel, Attica 296 Nr. 37 (SH III).   [142] Eleusis: Angel, Attica 304 Nr. 80 (geometr.).   [143] Athen, Kerameikos: Breitinger (s. o. Anm. 130) Grab 100, Schädel A = Angel, Attica 303 Nr. 68 (submyk.). [144] Charles, Argos 311 Grab 93 (protogeometr.).   [145] Charles, Argos 311 (Grab 16). [146] Athen, Kerameikos: Breitinger (s. o. Anm. 130) Grab 93 = Angel, Attica 300 Nr. 52 (submyk.).   [147] Angel, Attica 298 Abb. 3.   [148] Athen, Agora: Angel, Attica 296 Nr. 37 (SH III); vgl. Anm. 138.141.   [149] Athen, Kerameikos: Breitinger (s. o. Anm. 130) Grab 100, Schädel C = Angel, Attica 301 f. Nr. 58 (submyk.).   [150] Athen, Agora: Angel, Attica 303 f. 330 Nr. 74 Abb. 6 (geometr.).   [151] Mylonas, SIMA. VII (1964) 6; ders., MMA. 104 mit Anm. 61; Angel in: Mylonas, Taph. Kyklos B 380 Taf. 244 (Γ 51). Die Trepanation ist ein mit Sicherheit seit dem Neolithikum nachweisbarer, in den verschiedensten Teilen der Welt, vereinzelt bis in die Gegenwart ausgeübter chirurgischer Großeingriff zur Eröffnung der Schädeldecke, was durch Aufschaben des Schädelknochens bis auf die Dura mater oder durch Ausheben ausgeschnittener oder ausgefräster Knochenplatten geschehen konnte.

30- bis 35-jährigen Mannes in dem schon mehrfach zitierten frühgeometrischen Grab 16 in Argos weist an der linken Stirnseite eine durch einen tiefen Entzündungsherd hervorgerufene trichterartige Vertiefung auf; neben diesem Trichter befindet sich ein halbkreisförmiger Einschnitt, der auf den erfolglosen Versuch einer Trepanation hinweist (Abb. 3 a)[152]. In Grab Sigma des Gräberrunds B von Mykene fand man zwischen den rechten unteren Rippen und dem Darmbeinkamm eines Skeletts zwei Gallensteine[153]. An dem Knochenmaterial aus dem ostkretischen Kato Zakro (mittelminoisch) bemerkte M. J. Becker ausgedehnte Exostosen, arthritische Deformierungen an den Fingergelenken, Spuren von Spondylolisthesis, eine Nebenhöhleninfektion, besonders aber schwere Zahnschäden (S. S 60). Er kommt zu dem Urteil, daß man es hier mit einer Bevölkerung zu tun habe, die trotz der künstlerischen und technischen Errungenschaften ihrer Zeit nicht als gesund in modernem Sinne zu bezeichnen sei[154].

γ) *Zum Zustand der Zähne:* Die Zahnbefunde der submykenischen Skelette vom Kerameikos in Athen bieten kaum ein außergewöhnliches Bild. Molarenverluste zu Lebzeiten sind bei Individuen von über 50 Jahren die Regel. Relativ häufig finden sich Spuren von Alveolarfisteln. Im allgemeinen hebt Breitinger jedoch den guten Zustand der Gebisse hervor, deren Abnutzungsgrad im großen ganzen dem Lebensalter entspricht. Auch Angel beurteilt den Zustand der Zähne bei den Skeletten von der Athener Agora und den übrigen attischen Fundstätten grundsätzlich als gut[155]. In diesem Zusammenhang ist der Schädel eines schon mehrfach erwähnten männlichen Erwachsenen von der Agora zu nennen[156], der bei sonst sehr gesundem Gebiß eine ausgedehnte Kavität in einem oberen Weisheitszahn aufweist, bei dem außerdem ein periapikaler Prozeß zu einer Perforation des Kieferhöhlenbodens geführt hat. Ein anderer Schädel eines Jugendlichen von der Agora[157] weist den Verlust von 27 Zähnen vor dem Tode auf.

Typische Indikation für prähistorische Trepanationen bildeten Impressionsfrakturen bei Schlagverletzungen, wo sich jene als empirisch-therapeutische Maßnahmen zur Entfernung zertrümmerter Knochensubstanz und zur Erleichterung des intrakraniellen Drucks verstehen lassen. Doch weisen zahlreiche Trepanationen an offensichtlich intakten Schädeln auf magisch-dämonische Vorstellungen hin, denen zufolge die Schädeleröffnung bei Kopfschmerzen, intrakraniellen Gefäßerweiterungen, Meningitis, Epilepsie, kurz, bei allen Krankheiten, deren Lokalisierung im Kopf nahelag, dem Krankheitsdämon den Austritt ermöglichen sollte. Da auch die Motivierungen rezenter Trepanationen beiden Grundvorstellungen entsprechen, ist es nicht möglich, hier historische Prioritäten zu setzen. Das prähistorische und ethnologische Material läßt in manchen Fällen an rein rituell zu begründende Schädeleröffnungen denken. Auch im Corpus Hippocraticum (περὶ τῶν ἐν τῇ κεφαλῇ τρωμάτων 19. 21, ed. Littré) und bei Celsus (VIII 3 und 4) finden sich Empfehlungen u. Anweisungen zur Trepanation bei Kopfverletzungen. Die am Gesamtmaterial errechneten Überlebenschancen dürften 50% mehr oder weniger überstiegen haben. Vgl. Buschan, Medizinzauber 442 ff.; F. P. Lisowski in: Brothwell-Sandison, Diseases in Antiquity (1967) 651 ff.; E. H. Ackerknecht, Geschichte der Medizin (1977) 12.   **152** Charles, Argos 310 Taf. 15,1; danach unsere Umzeichnung.   **153** Mylonas, SIMA. VII S. 6; ders., Taph. Kyklos B 226.   **154** Becker, Kato Zakro 275 f.   **155** Angel, Attica 284: »Ancient teeth were good, with medium degree of wear [Abnutzung] at death, little crowding [Engstand], relatively few caries or abscesses, and often a mill-like type of bite, in which the incisor teeth meet edge to edge [Kopfbiß] instead of overlapping. The younger age at death of the Ancient Greeks is not adequate to explain their contrast to the dental degeneration of modern times«   **156** Angel, Attica 296 Nr. 37 (SH III); vgl. Anm. 148.   **157** Angel, Attica 304 Nr. 78 (geometr.).

Charles, der generell den vergleichsweise guten Gesundheitszustand der Bevölkerung von Argos hervorhebt, hat dort keinen Fall von Karies angetroffen und schließt daraus, daß, wenn stärkehaltige Kost eine wesentliche Voraussetzung zur Kariesbildung darstellt, die Ernährung auf Getreidebasis nur eine sekundäre Rolle gespielt haben kann. Eine gewisse Tendenz zu Retention und Verkümmerung der Weisheitszähne sieht Charles als ein schon damals aktuelles, auch heute zu beobachtendes Merkmal einer fortschreitenden Urbanisierung an [158].

Ein ganz anderes Bild als Breitinger, Angel und Charles entwirft Becker vom Zustand der Zähne der mittelminoischen Bevölkerung von Kato Zakro, wo nach seinem Urteil schwere Schädigungen des Gebisses eine Art Volkskrankheit gewesen sein müssen, von der kaum ein Individuum verschont geblieben ist. Hier ist fast vollständiger Zahnausfall, auch vor dem 40. Lebensjahr, keine Seltenheit, Karies ungewöhnlich weit verbreitet und hochgradige Abnutzung der Zähne selbst jüngerer Individuen typisch [159].

F. R. Munz, der die Zähne aus einer griechischen Nekropole mit 728 Gräbern des 8. und 7. Jhs. v. Chr. im alten Pithekoussai auf Ischia, unterhalb von Lacco Ameno, untersucht hat, stellt ebenfalls einen außerordentlich starken Abnutzungsgrad der Zähne, schon bei Individuen kindlichen und jugendlichen Alters fest, hervorgerufen durch Zubereitungspraktiken der Nahrung, wie sie den in Anm. 159 geschilderten entsprechen. Absolute Kariesfreiheit wird auf den dort noch heute zu beobachtenden hohen Fluorgehalt des Wassers zurückgeführt, desgleichen eine gelegentlich anzutreffende Verfärbung der Zähne, die für eine Hyperfluorosis typisch ist. Zur Frage paradentaler Alveolarerkrankungen kommt Munz wegen des schlechten Erhaltungszustandes der Kieferknochen zu keinem Urteil. Als Besonderheit erwähnt er einen Fall von Makrodontie bei einem etwa achtjährigen Kinde [160].

Von konservierender Zahnbehandlung oder Zahnersatz wird für unser Untersuchungsfeld nichts mitgeteilt. G. Buschan berichtet von Zahnplomben der alten Babylonier, die hohle Zähne mit einer Mischung aus Harz (Mastix) und schmerzstillendem Bilsenkraut gefüllt haben sollen. Über Zahnersatz im alten Ägypten liegen Berichte aus der 19. Dynastie vor, die durch Gebißfunde bei einer Reihe von Mumien bestätigt wurden, die künstliche, mit Golddraht an die Nachbarzähne befestigte Zähne besaßen [161]. Entsprechendes ist auch aus dem Libanon bekannt, und zwar sind an einem männlichen Unterkiefer aus einem Felskammergrab des 5. Jhs. v. Chr. bei Sidon die Schneidezähne mit den beiden Eckzähnen mittels Golddraht verbunden (Abb. 3b) [162].

---

158 Charles, Argos 309f.   **159** Diese Erscheinung wird von Becker darauf zurückgeführt, daß die Kost vorwiegend aus geschroteten Getreideprodukten bestand, bei deren Herrichtung auf steinernen Handmühlen und nachfolgender Zubereitung in schlecht gebranntem, tönernem Geschirr sich Rückstände des Materials mit den im Getreide ohnehin vorhandenen Sandspuren verbanden und die Nahrung durchsetzten. Vgl. Becker, Kato Zakro 275. **160** AA. 1970, 452–475.   **161** Buschan, Medizinzauber 476 nach E. Liek, Aus der Geschichte der Heilkunde. Schriften der Naturforsch. Ges. Danzig XVIII 2 (1927) 125. – Buschan, Medizinzauber 473; Sigerist, History I 347; J. A. Donaldson, The Use of Gold in Dentistry. An Historical Overviews I, in: Gold Bulletin 13 Nr. 3, 1980, 117ff.   **162** In Beirut, Archäologisches Museum der amerikanischen Universität. Unsere Umzeichnung nach N. Jidejian, Sidon through the Ages (1971) 140 Taf.-Abb. 132; vgl. D. Clawson, Berytus 1, 1934, 27 Abb. 5; Bossert, Altsyrien 53 Nr. 794. Ähnliches gibt es auch bei weiblichen Zähnen, die sogar angebohrt sind: D. Clawson a.O. 26 Abb. 3; Bossert, Altsyrien 53 Nr. 793

Der menschliche Körper S 61

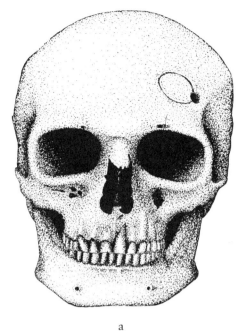

a

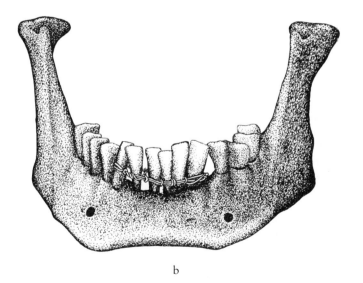

b

Abb. 3a und b Männlicher Schädel frühgeometrischer Zeit mit Trepanation über der linken Schläfe, Argos (a), männlicher Unterkiefer mit Golddraht-Stabilisierung der Eck- und Schneidezähne, aus einem Felskammergrab des 5. Jhs. v. Chr. bei Sidon, Libanon (b), beide ohne Maßstab

Meister in der Herstellung von Zahnprothesen waren die Etrusker, deren hohen technischen Stand auf diesem Gebiete Zahnersatzstücke seit dem 7. Jh. v. Chr. bezeugen[163]. Freilich dürften die meisten der ägyptischen und etruskischen Zahnprothesen weniger zum Kauen gedient als kosmetischen Bedürfnissen Rechnung getragen haben.

3. Krankheiten

a) Allgemeines zum epischen Krankheitsbegriff

α) Krankheit als göttliche Strafe: Eine urtümliche Auffassung vom Wesen der nichttraumatischen Krankheit liegt am Anfang der Ilias vor, wo geschildert wird, wie Apollon zur Strafe für die Beleidigung seines Priesters Chryses den Achäern die Pest ins Lager sendet (I 44–52):

βῆ δὲ κατ' Οὐλύμποιο καρήνων χωόμενος κῆρ,
τόξ' ὤμοισιν ἔχων ἀμφηρεφέα τε φαρέτρην·
ἔκλαγξαν δ' ἄρ' ὀϊστοὶ ἐπ' ὤμων χωομένοιο,
αὐτοῦ κινηθέντος· ὁ δ' ἤϊε νυκτὶ ἐοικώς.
ἕζετ' ἔπειτ' ἀπάνευθε νεῶν, μετὰ δ' ἰὸν ἕηκε·
δεινὴ δὲ κλαγγὴ γένετ' ἀργυρέοιο βιοῖο·
οὐρῆας μὲν πρῶτον ἐπῴχετο καὶ κύνας ἀργούς,
αὐτὰρ ἔπειτ' αὐτοῖσι βέλος ἐχεπευκὲς ἐφιεὶς
βάλλ'· αἰεὶ δὲ πυραὶ νεκύων καίοντο θαμειαί.

Der in düsterer Majestät gezeichnete Gott entsendet die Krankheit in Gestalt seiner Pfeile, trifft zunächst die Maultiere und Hunde, schließlich die Menschen, deren Leichenfeuer unablässig brennen. Erreger der Krankheit ist also der erzürnte Apollon. Auch die Betroffenen scheinen an keinen anderen Urheber zu denken, denn sie beauftragen einen Seher, den Grund für »Apollons Zorn« zu ermitteln: ὅς κ' εἴποι ὅ τι τόσσον ἐχώσατο Φοῖβος Ἀπόλλων (I 64). Dementsprechend vollzieht sich die 'Heilung' in religiösen Bereichen. Sie besteht in Sühneopfern, weiteren kathartischen Maßnahmen und Gebeten[164], womit der erzürnte Gott, von dem man allein Heilung erwartet, milde gestimmt werden soll[165].

(ohne genauere Datierung). **163** Buschan, Medizinzauber 474; P. Diepgen, Geschichte der Medizin I (1949) 103; K. Pollak, Die Heilkunde der Antike. Wissen und Weisheit der alten Ärzte II (1969) 162. **164** Zum kathartischen Heilverfahren im einzelnen S. S 117 ff. **165** In Sophokles' OT., wo die Pest ja auch als göttliche Strafe für menschlichen Frevel empfunden wird, tritt sie als selbsttätig wirkende Gottheit in Erscheinung (27 ff.): ἐν δ' ὁ πυρφόρος θεὸς σκήψας ἐλαύνει, λοιμὸς ἔχθιστος, πόλιν, ὑφ' οὗ κενοῦται δῶμα Καδμεῖον. Im weiteren Verlauf wird sie mit Ares gleichgesetzt, der hier, wo er ohne seine Kriegsrüstung agiert, als eine Art Todesdämon empfunden wird (190 ff.). Auch hier ist es Apollon, an den man sich hilfesuchend wendet und von dem man Heilung erwartet (149 f.): Φοῖβος δὲ ὁ πέμψας τάσδε μαντείας ἅμα σωτήρ θ' ἵκοιτο καὶ νόσου παυστήριος, freilich nicht mehr der Gott, der, wie in der Ilias, zugleich als persönlich Betroffener in eigener Sache wirksam wird. Eine die Krankheit auslösende göttliche Instanz wird bei Sophokles nicht sichtbar, da

Während im ersten Buch der Ilias nicht weiter darüber reflektiert wird, daß die Krankheit als Strafe für die Verfehlung Agamemnons zugleich alle Achäer trifft, ein Schuldiger also viele Unschuldige in Mitleidenschaft zieht[166], macht Hesiod die gleiche Erfahrung zum Gegenstand einer räsonierenden Betrachtung (Op. 240ff.):

> πολλάκι καὶ ξύμπασα πόλις κακοῦ ἀνδρὸς ἀπηύρα,
> ὅς τις ἀλιτραίνῃ καὶ ἀτάσθαλα μηχανάαται.
> τοῖσιν δ' οὐρανόθεν μέγ' ἐπήγαγε πῆμα Κρονίων,
> λιμὸν ὁμοῦ καὶ λοιμόν· ἀποφθινύθουσι δὲ λαοί.
> οὐδὲ γυναῖκες τίκτουσιν, μινύθουσι δὲ οἶκοι
> Ζηνὸς φραδμοσύνῃσι Ὀλυμπίου ...

Auch hier ist Krankheit eine Strafe für Verfehlungen. Vollzogen wird sie aber nicht durch einen von menschlichen Freveln persönlich betroffenen Gott, sondern durch Zeus, der in der Sicht Hesiods die Kompensation von Schuld und Strafe nach dem Prinzip der Gerechtigkeit vornimmt, auch wenn der Augenschein wie hier die Beobachtung, daß viele Unschuldige für einen einzigen Frevler mit büßen müssen, gelegentlich dagegen spricht. Zu dem μέγα πῆμα, das Zeus schickt, gehören neben der verheerenden Seuche (λοιμός) die Hungersnot (λιμός), mit der Krankheit in einem Atemzuge genannt[167], und Fehlgeburten der Frauen[168].

β) *Chronischer Verlauf als Signum der nichttraumatischen Krankheit:* In einem Gleichnis der Odyssee nimmt der schiffbrüchige Odysseus den Anblick des Phäakenlandes mit so tiefer Erleichterung auf, wie die Kinder die Genesung des Vaters von langer Krankheit (5,394ff.):

> ὡς δ' ὅτ' ἂν ἀσπάσιος βίοτος παίδεσσι φανήῃ
> πατρός, ὃς ἐν νούσῳ κεῖται κρατέρ' ἄλγεα πάσχων,
> δηρὸν τηκόμενος, στυγερὸς δέ οἱ ἔχραε δαίμων,
> ἀσπάσιον δ' ἄρα τόν γε θεοὶ κακότητος ἔλυσαν,
> ὡς Ὀδυσῆ' ἀσπαστὸν ἐείσατο γαῖα καὶ ὕλη[169], ...

Die Krankheit scheint zwar auch hier außerirdischen Bereichen zu entstammen, und (anonyme) Götter bringen Heilung, doch ist der »furchtbare Daimon« nicht mehr die Gottheit, die die Krankheit sendet, sein Angriff (ἔχραε) ist gewissermaßen der Anfall der Krankheit selbst, er ist »Krankheitsdämon«, ähnlich wie die 'Pest' bei Sophokles (s.o. Anm. 165). Ein Hinweis, daß die Krankheit als Strafe zu verstehen ist, fehlt und ist in der Stimmung des Gleichnisses auch kaum zu erwarten. Die Wendung ἐν νούσῳ κεῖται ... δηρὸν τηκόμενος vermittelt die Vorstellung langwierigen Dahinsiechens, die sich auch anderen Beispielen entnehmen läßt und zum Wesen des epischen Krankheitsbegriffs zu gehören scheint. So antwortet in der Odyssee die Seele der Mutter Antikleia ihrem Sohn Odysseus auf dessen Frage, ob sie einer langwierigen Krankheit (δολιχὴ νοῦσος) erlegen sei oder einen raschen Tod ohne lange Plage gefunden habe (11,200ff.; vgl. 171ff.):

---

sie mit der Krankheit identifiziert wird. **166** Vgl. dazu noch Anm. 313. **167** Nach Hofmann 181 gehen beide Wörter auf die Wz. *lēi-, *lī- zurück, die ein »Hinschwinden, Abnehmen« bezeichnet. **168** So auch bei Sophokles, OT. 26f. in der Beschreibung der göttlichen Heimsuchung: φθίνυσα (πόλις) ... τόκοισί τε ἀγόνοις γυναικῶν. Zur pathologischen Deutung s.u. Anm. 214. **169** Die Verse Hes., Sc. 42f., die dem Gleichnis man-

> οὔτε τίς οὖν μοι νοῦσος ἐπήλυθεν, ἥ τε μάλιστα
> τηκεδόνι στυγερῇ μελέων ἐξείλετο θυμόν·
> ἀλλά με σός τε πόθος .../... θυμὸν ἀπηύρα.

»... auch hat mich keine Krankheit befallen, die zumeist durch furchtbare Auszehrung dem Leib die Lebenskraft entzieht, sondern die Sehnsucht nach dir ... nahm mir das Leben«. Dem Euchenor in der Ilias ist geweissagt, daß er die Wahl habe, an einer Krankheit daheim »hinzusiechen« oder den Tod im Kampf vor Troja zu finden (XIII 667f.):

> νούσῳ ὑπ᾽ ἀργαλέῃ φθίσθαι οἷς ἐν μεγάροισιν,
> ἢ μετ᾽ Ἀχαιῶν νηυσὶν ὑπὸ Τρώεσσι δαμῆναι.

An allen vorbetrachteten Stellen, die von nichttraumatischen Krankheiten reden, fehlt nie ein Hinweis auf Langwierigkeit und Siechtum, ein Begriff, dem an sich schon die Vorstellung der Dauer innewohnt: φθίσθαι (XIII 667), ἐν νούσῳ κεῖται [170] (5,395), δηρὸν τηκόμενος (5,396), δολιχὴ νοῦσος (11,172), τηκεδόνι (11,201), ἀποφθινύθουσι (Hes., Op. 243); dazu noch Soph., OT 26: φθίνυσα (s.o. Anm. 168). Nichttraumatische Krankheit und chronischer Verlauf bilden also in der Vorstellung des frühen Epos eine feste begriffliche Einheit [171].

γ) Ansätze zu rationaler Auffassung: In Hesiods Erga wird in einem Mythos berichtet, wie die Krankheiten unter die Menschen kamen. Nach Op. 90ff. lebten die Menschen vordem in einem paradiesischen Zustand, unbehelligt von Krankheit und Todespein. Erst zum Entgelt für den zu höherer Kultur verhelfenden Feuerdiebstahl des Prometheus habe Zeus das Weib Pandora mit dem Pithos voller Übel gesandt, unter denen sich auch die Krankheiten befanden (Op. 102ff.):

> νοῦσοι δ᾽ ἀνθρώποισιν ἐφ᾽ ἡμέρῃ, αἱ δ᾽ ἐπὶ νυκτὶ
> αὐτόματοι φοιτῶσι κακὰ θνητοῖσι φέρουσαι
> σιγῇ, ἐπεὶ φωνὴν ἐξείλετο μητίετα Ζεύς.

Auch hier sind die Krankheiten als eine Art Strafe aufgefaßt, doch liegt die Strafe in dem einmaligen, das Schicksal der Menschen grundlegend ändernden Akt, der sie nunmehr auch den Krankheiten aussetzt, die nun nicht mehr von Göttern für den Frevel einzelner Menschen geschickt werden. Sie kommen αὐτόματοι, »von selbst«. Das bedeutet einen wichtigen Schritt zu rationaler Betrachtungsweise der Krankheiten [172]. Zeus hat ihnen »die Stimme genommen« [173], lautlos und unverse-

---

ches entlehnt haben, sind unergiebig.   **170** II 721 ff. ist vom kranken Philoktet auf Lemnos die Rede: ἀλλ᾽ ὁ μὲν ἐν νήσῳ κεῖτο κρατέρ᾽ ἄλγεα πάσχων, | Λήμνῳ ἐν ἠγαθέῃ, ὅθι μιν λίπον υἷες Ἀχαιῶν | ἕλκει μοχθίζοντα κακῷ ὀλοόφρονος ὕδρου· Auch hier liegt in dem κεῖτο die Vorstellung der Dauer und Langwierigkeit.   **171** Kudlien, Beginn 64: »ursprünglich scheinen sogar alle nichttraumatischen Krankheiten als 'chronisch' aufgefaßt worden zu sein in dem Sinne, daß der Patient an ihnen 'dahinschwand', während die Verwundung ein 'rasches' Ereignis war (vgl. Homer Ilias XIII 666–672).« Vgl. auch ebendort 108. Sichere Belege für den von Kudlien konstatierten gesellschaftlichen Makel der nichttraumatischen Krankheit, der für Altägypten ebenfalls anzunehmen ist (Sigerist, History I 270), kann ich aus dem frühepischen Material nicht beibringen.   **172** Fränkel a.O. (s.o. Anm. 114) 163: »Von den gottgesandten Leiden der Ilias und den Pestpfeilen, wie Apoll sie schießt, führt nicht leicht ein Weg zur medizinischen Wissenschaft; aber von Hesiods Er-

hens überfallen sie die Menschen. Eigentümlich ist die Scheidung in »Tag- und Nachtkrankheiten« [174].

Wie die Krankheit, aus mythisch-dämonischer Sicht sich lösend, weiterhin zunehmend rationaler Betrachtung unterworfen wird, lassen schließlich die Verse 15,407ff. erahnen, mit denen Eumaios den Bericht seiner Lebensgeschichte einleitet, in dem wohl mehr als anderswo Zeitgeschehen und Umwelt des Dichters ihre Spuren hinterlassen haben. Eumaios beschreibt dort seine – geographisch nicht lokalisierbare – Heimatinsel Syrie, der er zunächst vorzügliche Eignung zur Rinder- und Schafzucht sowie zum Anbau von Weizen und Wein nachsagt, und fährt dann fort:

πείνη δ' οὔ ποτε δῆμον ἐσέρχεται, οὐδέ τις ἄλλη
νοῦσος ἐπὶ στυγερὴ πέλεται δειλοῖσι βροτοῖσιν·
ἀλλ' ὅτε γηράσκωσι πόλιν κάτα φῦλ' ἀνθρώπων,
ἐλθὼν ἀργυρότοξος Ἀπόλλων Ἀρτέμιδι ξὺν
οἷς ἀγανοῖς βελέεσσιν ἐποιχόμενος κατέπεφνεν.

»Niemals kommt eine Hungersnot ins Volk und auch keine andere verhaßte Krankheit befällt die unglücklichen Sterblichen, sondern« – wir paraphrasieren weiter – »wenn die Menschen alt werden, wird ihnen ein Tod ohne quälendes Siechtum zuteil« [175]. Die Schilderung geht darauf aus, die Insel als eine optimale Lebensgrundlage zu kennzeichnen. Mit ihrer Eignung zu gewissen Formen der Viehzucht und des Landbaus werden implizit auch geographische und klimatische Gegebenheiten angesprochen. Aufgrund ihrer Fruchtbarkeit kommt es nie zu einer Hungersnot – in frühepischer Zeit als Volksbedrohung κατ' ἐξοχήν verstanden –, die hier nicht nur in enger Verbindung mit Seuche und Krankheit genannt, sondern zu den Krankheiten schlechthin gerechnet wird, vor denen die Bewohner der Insel sicher sind. Der Hinweis auf deren sanften Alterstod schließt das Bild eines grundgesunden Lebensraumes ab. Kurzum, die Schilderung ist nicht mehr weit davon entfernt, Krankheiten in ihrer Gebundenheit an geographische und klimatische Verhältnisse zu sehen. Es bahnt sich ein endemisches Verständnis der Krankheit an, von dem ein Weg zu Hippokrates' Schrift über die Umwelt führt.

δ) *Krankheit und Jahreszeit:* An eine in diesem Zusammenhang erwähnenswerte Verbindung zwischen Jahreszeit und Krankheit ist in einem Vergleich der Ilias zu denken. Achilleus wird in seiner Erscheinung mit dem Glanz des Sirius,

---

kenntnis, daß Krankheiten und andere Übel gemäß ihrem eigenen Trieb und Wesen den Menschen befallen, leitet eine gerade Linie zur Theorie und Empirie eines Hippokrates.« 173 Φωνὴν ἐξείλετο: Im Grunde kann nur genommen werden, was schon vorhanden war. Da aber an eine Präexistenz derart 'kompletter' Krankheiten offenbar nicht zu denken ist und der Mythos von ihrem Weg zu den Menschen doch zugleich auch ihr Aition beinhaltet, wird man das ἐξείλετο so verstehen dürfen, daß Zeus schon bei ihrer Entstehung die Stimmen »ausnahm«, d.h. sie ihnen vorenthielt. 174 Reflexen dieser Kategorisierung begegnet man bei Hippokrates, Aer. 3,7 in Gestalt der ἐπινυκτίδες, von H. Diller mit »Nachtblattern« übersetzt, und Aristophanes, Vesp. 1038f., wo von Fiebern (πυρετοί) gesprochen wird, die sich nachts (νύκτωρ) bemerkbar machen. Man könnte auch daran denken, daß besonders Beschwerden im Bereich der Herzinsuffizienzen, die nachts durch die Ruhelage des Körpers ausgelöst werden, bei dieser Unterscheidung eine Rolle gespielt haben. 175 Zur Rolle von Apollon und Artemis als Todesgottheiten S. S90ff.

des »Hundssternes«, verglichen, der im Spätsommer aufgeht (ὀπώρης εἴσιν) und von dem weiter gesagt wird (XXII 30f.):

λαμπρότατος μὲν ὅ γ' ἐστί, κακὸν δέ τε σῆμα τέτυκται,
καί τε φέρει πολλὸν πυρετὸν δειλοῖσι βροτοῖσιν·

»Er ist der Strahlendste, ist aber als ein schlimmes Zeichen geschaffen und bringt viel Gluthitze den unglücklichen Sterblichen«. Gleichgültig, ob man πυρετός auf das Klima bezieht oder pathologisch als »Fieber« versteht[176], hat man im Altertum den »Hundsstern« als Erreger von beidem verstanden[177]. Auch Hesiod spricht von einem Einfluß des Sirius auf das körperliche Befinden der Menschen (Op. 414ff.):

ἦμος δὴ λήγει μένος ὀξέος ἠελίοιο
καύματος ἰδαλίμου, μετοπωρινὸν ὀμβρήσαντος
Ζηνὸς ἐρισθενέος, μετὰ δὲ τρέπεται βρότεος χρὼς
πολλὸν ἐλαφρότερος· δὴ γὰρ τότε Σείριος ἀστὴρ
βαιὸν ὑπὲρ κεφαλῆς κηριτρεφέων ἀνθρώπων
ἔρχεται ἠμάτιος ...

»Wenn der Sonne Kraft mit der schweißtreibenden Hitze aufhört und der gewaltige Zeus spätherbstlichen Regen einsetzen läßt, wandelt sich danach das leibliche Befinden[178] der Menschen und wird bedeutend erleichterter. Denn dann geht der Siriusstern bei Tage nur noch ein wenig über der unglücklichen Sterblichen Haupt hinweg ...«[179].

ε) *Zur Herkunft des Terminus »Koma«:* Die allgemeinen Ausführungen zum epischen Krankheitsbegriff lassen sich durch eine Hesiodstelle ergänzen und abschließen, die wohl als Ursprungsstelle eines Terminus gelten darf, mit dem die rezente Medizin einen Zustand tiefer Bewußtlosigkeit zu bezeichnen pflegt, aus dem der Kranke auch durch stärkere äußere Reize nicht erweckt werden kann und der unmittelbar in den Tod übergehen kann, das Koma (κῶμα, vielleicht verwandt mit κεῖμαι, »liege«, κοιμάω, »schläfere ein«; LS.). An seiner ältesten Stelle (XIV 359) ist κῶμα der tiefe, sanfte (μαλακόν) Schlaf, in den Hypnos, die Personifizierung des Schlafes, den Göttervater hat sinken lassen. Der Umstand, daß Hypnos hier selbst als Schlafbringer fungiert, erklärt die Verwendung des seltenen κῶμα anstelle des sonst üblichen ὕπνος. 18,201 findet sich noch einmal μαλακὸν κῶμα zur Bezeichnung des sanften Schlafes der Penelope, der zwei Verse davor γλυκὺς ὕπνος genannt war. Κῶμα ist also zunächst mit ὕπνος identisch.

---

176 »Fieber«, was angemessen erscheint und was es auch später bezeichnen kann, bei Seiler-Capelle, während LS. »burning heat« bietet; vgl. Lain Entralgo, Therapy 7 Anm. 11. Zur Bedeutungsgeschichte W.H.S. Jones (1909) in: Brothwell-Sandison a.O. (s.o. Anm. 151) 170f. 174.   177 Eingehender unterrichtet Vergil, Aen. X 273f.: *... Sirius ardor, ille sitim morbosque ferens mortalibus aegris* (δειλοῖσι βροτοῖσιν), wo der Sirius als Erreger von Gluthitze, Durst und Krankheit figuriert, und Aen. III 137ff.: *... subito cum tabida membris corrupto caeli tractu miserandaque venit arboribusque satisque lues et letifer annus. linquebant dulces animos aut aegra trahebant corpora, tum steriles exurere Sirius agros, arebant herbae et victum seges aegra negabat,* wo mit des Sirius' Gluthitze »verdorbenes Klima«, Mißwachs und Seuche assoziiert sind. Vgl. S.S 69.   178 Vgl. Anm. 119.   179 Vgl. Hippokrates, Aer. 2,6 (Diller): οὐκ ἐλάχιστον μέρος ξυμβάλλεται ἀστρονομίη εἰς ἰητρικήν, ἀλλὰ πολὺ πλεῖστον. ἅμα γὰρ τῇσιν ὥρῃσι καὶ αἱ κοιλίαι (Diller: »die Beschaffenheit des

Nun erzählt Hesiod (Th. 795 ff.), was mit einem Gott geschieht, der beim Wasser der Styx einen Meineid geschworen hat:

κεῖται νήυτμος τετελεσμένον εἰς ἐνιαυτόν·
οὐδέ ποτ' ἀμβροσίης καὶ νέκταρος ἔρχεται ἆσσον
βρώσιος, ἀλλά τε κεῖται ἀνάπνευστος καὶ ἄναυδος
στρωτοῖς ἐν λεχέεσσι, κακὸν δέ ἑ κῶμα καλύπτει.
αὐτὰρ ἐπεὶ νοῦσον τελέσῃ μέγαν εἰς ἐνιαυτόν,
ἄλλος γ' ἐξ ἄλλου δέχεται χαλεπώτερος ἄεθλος.

»Ohne Atem liegt er da, bis sich ein Jahr vollendet hat; niemals nähert er sich der Speise Ambrosia und Nektar, sondern liegt, ohne Luft zu holen und ohne reden zu können, auf einem hergerichteten Lager, und schlimmer Schlaf hüllt ihn ein. Aber sobald er ein langes Jahr die Krankheit durchmessen hat, folgt, immer drückender, Mühsal auf Mühsal«.
Der Meineid bei der Styx, das schwerste Vergehen der Götter, heischt schwerste Strafe. Da die Unsterblichen nicht mit dem Tode bestraft werden können, wird an dessen Stelle ein todähnlicher Zustand über sie verhängt, ein Schlaf, der, wenn er Strafe sein soll, aller Annehmlichkeiten des Schlafes entbehren muß. Zur Verwendung bot sich das Wort an, das schon einmal (XIV 359) gebraucht war, um den Tiefschlaf eines Gottes zu bezeichnen. Dort freilich μαλακὸν κῶμα, hier κακὸν κῶμα (Hes., Th. 798). Der Betroffene zeigt keine sichtbaren Lebensäußerungen mehr, sein dem Tode gleichkommender Zustand wird schließlich νοῦσος, »Krankheit«, genannt (V. 799), womit der pathologische Charakter dieser Art von Schlaf deutlich gemacht wird[180] und zugleich gewisse Wahrscheinlichkeit gegeben ist, daß die Beobachtung eines »echten« Komas die poetische Erfindung dieser Götterstrafe beeinflußte.

ζ) *Zum Begriff der Gesundheit:* Während die Krankheit, wie man sah, begrifflich ins Bewußtsein gerückt ist, fehlt ein eigenes Wort für »Gesundheit«. Im Gleichnis von der Genesung des Vaters (5,394ff., S.S63) erscheint als Gegenbegriff zur Krankheit βίοτος, »das Leben«, als der Zustand funktionstüchtiger Existenz. Die Gesundheit, die die Bewohner der Insel Syrie auszeichnet (15,407ff., S.S65), wird durch das Fehlen von Krankheiten ausgedrückt, und wenn in einer Lügengeschichte des Odysseus (14,254ff.) die Tüchtigkeit und Gesundheit von Männern deutlich werden soll, die eine Fahrt nach Ägypten unternehmen, heißt es: ἀσκηθέες καὶ ἀνούσοι ἤμεθα, »wohlbehalten und ohne Krankheit saßen wir da«. Gesundheit ist also die intakte, von Krankheiten unbehelligte Lebendigkeit[181]. Erst mit der älteren Lyrik des ausgehenden 7. Jhs. v. Chr. erscheint ein eigener Begriff für »Gesundheit« im Rahmen der Wortfamilie um ὑγιαίνω[182].

Leibesinnern«) μεταβάλλουσι τοῖσιν ἀνθρώποισιν.   **180** Pathologischer Terminus seit Hippokr., Epid. III 6, wo Symptome einer fieberhaften Erkrankung geschildert werden: κῶμα συνεχές, οὐκ ὑπνῶδες, »ständige Schläfrigkeit, ohne schlafen zu können« (Diller 46). Die ursprüngliche Synonymität von κῶμα und ὕπνος ist hier aufgehoben.   **181** Ausführlich dazu E. Kornexl, Begriff und Einschätzung der Gesundheit des Körpers in der griechischen Literatur von ihren Anfängen bis zum Hellenismus (1970) 13 ff.   **182** Kornexl a.O. 17. Einzige Ausnahme in den homerischen Epen findet sich VIII 524, wo Hektor seine taktischen Anweisungen als μῦθος δ' ὅς μὲν νῦν ὑγιής, als »das Wort, das jetzt heilsam ist«, bezeichnet. Der Vers wurde von Aristarch und Zenodot athetiert. Näheres bei Kornexl 13.

b) Nichttraumatische Krankheiten im einzelnen

α) Die 'Pest': Recht spärlich sind alle Angaben, die Rückschlüsse auf das Vorkommen bestimmter (nichttraumatischer) Krankheiten zulassen. Der Schilderung der 'Pest' in der Ilias (I 44ff.; S.S 62) liegt die Kenntnis einer Massenerkrankung zugrunde, die durch die mangelhaften hygienischen Verhältnisse des Lagerlebens mit seinem engen menschlichen Kontakt begünstigt wird[182a]. Die Angabe, daß die

---

[182a] Auf ein Massensterben im Heerlager des assyrischen Königs Sanherib (vgl. 2. Könige 18,13) bezieht sich 2. Könige 19,35: »und in der selben Nacht fuhr aus der Engel des Herrn und schlug im Lager von Assyrien 185 000 Mann. Und da sie sich des Morgens früh aufmachten, siehe da lag's, alles eitel tote Leichname« und Jesaja 37,37: »und der König von Assyrien Sanherib brach auf, zog weg und kehrte wieder heim und blieb zu Hause«. Herodot II 141 bietet eine andere Version dieses Ereignisses, wonach Mäuse den Soldaten des Sanacharibos die Köcher, Bogen und Griffe an den Schilden zernagt und sie so zur Flucht genötigt hätten: ὥστε τῇ ὑστεραίῃ φευγόντων σφέων γυμνῶν πεσεῖν πολλούς. Klärung dieser Divergenz ergibt sich zunächst aus einer alten Beobachtung, daß der Ausbruch einer Seuche mit dem Auftreten von 'Mäusen' einhergehen kann. So werden z.B. 1. Samuel VI 4–5 die Philister zur Strafe für die Entführung der Bundeslade von einer Seuche heimgesucht, die Beulen hervorruft. Von ihren Priestern und Sehern wird ihnen ein Sühneopfer von fünf goldenen Beulen und fünf goldenen Mäusen auferlegt: »so müsset ihr nun machen Bilder eurer Beulen und eurer Mäuse, die euer Land verderbt haben, daß ihr dem Gott Israels die Ehre gebet« (übrigens soll auch hier, wie im Falle der 'Pest' im Achäerlager, ein kultisches Heilverfahren praktiziert werden; vgl. S. S 62. S. S 117 ff.). Auch die Gestalt des Apollon in der Ilias reflektiert die Vorstellung eines Zusammenhanges zwischen 'Pest' und 'Mäusen'. Bevor er die Seuche sendet, wird er von seinem Priester Chryses mit »Smintheus« angeredet (I 39), was nach einem vorgriechisch-kleinasiatischen Lehnwort etwa »Herr der Mäuse« bedeutet. In dieser Eigenschaft wurde der Gott besonders in der Troas verehrt. Schließlich wird die gleiche Vorstellung von Strabo III 4,18 bezeugt: τὸ τῶν μυῶν πλῆθος ... ἀφ' οὗ καὶ λοιμικαὶ νόσοι πολλάκις ἠκολούθησαν, »das massenhafte Auftreten von Mäusen, das oft pestartige Krankheiten zur Folge hat«. Da man diesen Zusammenhang zwar kannte, nicht aber die eigentliche Rolle der Nager als Zwischenträger des Pestflohs, läßt sich die merkwürdige Darstellung bei Herodot als eine rationalisierende Umdeutung der Überlieferung verstehen, hinter der die Absicht steht, den Mäusen, die ursprünglich wohl zur Tradition von der Seuche im assyrischen Heerlager gehörten, eine begreifbare Funktion zuzuweisen. Die 'Pest', auf die auch die Beulen, d.h. Lymphknotenerkrankungen, im Bericht von den Philistern verweisen, ist eine Seuche, die durch Nager übertragen wird. Doch sind die Zwischenträger des Pestflohs nicht Mäuse, von denen in den Zeugnissen immer wieder die Rede ist, sondern Ratten. Außerdem ist die Ratte *(mus rattus)* nach Hehn-Schrader, Kulturpflanzen 469f. erst zur Völkerwanderungszeit aus Asien nach Europa gedrungen. Dagegen ließe sich einwenden, daß im Hebräischen wie im Griechischen keine zuverlässige sprachliche Differenzierung zwischen Maus und Ratte möglich ist und daß man angesichts des frühen Vorkommens der Ratte in Ägypten auch ihr Auftreten zu fraglicher Zeit in Palästina für wahrscheinlich und in Kleinasien für möglich hält. Zum letzten Einwand siehe G.F. Hill, JHS. 36, 1916, 134ff. Zur Seuche der Philister: J. Preuss, Biblisch-talmudische Medizin (1911) 175ff. Zum Fall des Sanherib: Herodotos, erklärt von H. Stein (1864) zu II 141. R.W. Rogers in: Festschr. für J. Wellhausen (1914) 327. How-Wells, A Commentary on Herodotos (1928) I 236. Zu Apollon Smintheus ist noch zu nennen M. Riemschneider, Der Wettergott (1956) 161 ff. und H. Grégoire in Zusammenarbeit mit R. Goossens und M. Mathieu, Asklèpios, Apollon Smintheus et Rudra. Études sur le Dieu à la Taupe et le Dieu au Rat dans la Grèce et dans l'Inde (1950), wo Beziehungen zwischen einem Maulwurfgott Asklepios, Apollon Smintheus und dem indischen Krankheitsgott Rudra gesehen werden. Resümee bei Sigerist,

Maultiere und Hunde zuerst betroffen wurden, kann eigentlich nicht Erfindung sein und scheint auf Erfahrung zu beruhen. Doch hat sich der geschilderte Krankheitsverlauf der Identifizierung mit einer bekannten Seuche bislang entzogen [183].

β) *Malaria und Krankheiten der Erntezeit:* Das Unwohlsein, das die spätsommerlichen Tage mit dem Aufgang des Sirius mit sich bringen (zu XXII 30f. und Hes., Op. 414 ff. s. S.S66), das, wie Vergil zum Ausdruck bringt (s.o. Anm. 177), in Krankheiten und Seuchen ausarten kann, findet neben der nächstliegenden Erklärung, daß eine Dürre zu Mißernten, Hungersnot und ihren pathologischen Folgeerscheinungen führen kann, auch darin eine mögliche Deutung, daß sich besonders in sumpfigen Niederungen zu dieser Jahreszeit die Malaria bemerkbar machen mochte. Wenn Vergil (s.o. Anm. 177) zu den Ursachen einer Seuche zur Zeit des Siriusaufganges auch *corruptus caeli tractus* zählt, fühlt man sich an den äquivalenten italienischen Ausdruck *mala aria*, »schlechte Luft«, erinnert, der der Benennung der Malaria zugrunde liegt [184]. Man könnte auch an eine der zahlreichen, durch Leptospiren hervorgerufenen Infektionskrankheiten denken, für die eine Kulmination zur Erntezeit typisch ist [185].

γ) *Hunger als Krankheit:* Die gravierende Rolle, die der Hunger unter den krankheitsähnlichen Zuständen spielt, trat schon in unseren allgemeinen Ausführungen zum epischen Krankheitsbegriff hervor und wird in dem Ausspruch des Eurylochos in der Odyssee noch einmal besonders deutlich (12,341 f.):

πάντες μὲν στυγεροὶ θάνατοι δειλοῖσι βροτοῖσι,
λιμῷ δ' οἴκτιστον θανέειν καὶ πότμον ἐπισπεῖν.

»Alle Todesarten sind den unglücklichen Sterblichen verhaßt. Am jammervollsten aber ist es, durch Hunger zu sterben und sein Ende zu finden«.

Mit den Seuchen in einem Atemzuge genannt [186], gelegentlich zu den Krankheiten gerechnet [187], läßt sich der Hunger in den epischen Aussagen zu seinen eigentlich pathologischen Folgeerscheinungen nur schwer abgrenzen. Wenn Demeter kein Getreide wachsen läßt, sind die Menschen dem Hungertode preisgegeben (h. Cer. 310f.), und wir dürfen dabei kaum erwarten, Näheres zur Pathologie des Verhungerns zu erfahren. Als Nachfahre der Nacht wird »Limos«, der Hunger, in

---

History II 54ff. und Nilsson, GGR.³ I 535 Anm. 1 mit weiterer Literatur.   **183** Sigerist, History II 21 Anm. 16 bemerkt resignierend: »It is futile to speculate on the nature of this plague. An epic is not meant to be an epidemiological report«. Körner, Kenntnisse 63 verweist auf Volksseuchen, »die mit dem völligen Aussterben ihrer Erreger auf immer erloschen sind«.   **184** An Malaria denkt auch Körner, Kenntnisse 64 unter Berufung auf Finsler, Homer I 76. 100. Die 'Pest' (ἐμπεσόντος λοιμοῦ), von der Empedokles nach dem Bericht des Diogenes Laertios VIII 70 die Selinunter durch die Drainage eines Flusses befreite, der wegen seiner übelriechenden Ausdünstungen als Ursache der Krankheit galt, wird medizinhistorisch als Malaria gedeutet. Siehe E.H. Ackernknecht, Geschichte und Geographie der wichtigsten Krankheiten (1963) 79 (ebd. 80 kritische Würdigung der überspitzten Theorie von W.H.S. Jones in: Malaria and Greek History [1909], daß der Niedergang Griechenlands auf die Malaria zurückzuführen sei). Die bemerkenswerte Doppelrolle des Empedokles als eines modern anmutenden Hygienikers einerseits und Wundertäters andererseits wird von Kudlien, Beginn 59 beleuchtet; vgl. Pollak a.O. (s. o. Anm. 163) 69 f.   **185** Vgl. die Übersicht im Großen Brockhaus 11, 1970, 361.   **186** Hes., Op. 243; S.S63. Vgl. Herodot VII 171; Thukydides II 54.   **187** 15,407; S.S65.   **188** »Der an Hungerödem Erkrankte

Hesiods Theogonie unter den Heimsuchungen der Menschen noch vor »Kämpfen, Schlachten, Mord und Totschlag« genannt (Hes., Th. 227f.). Ebenso vorrangig sendet Zeus den Frevlern zur Strafe λιμὸν ὁμοῦ καὶ λοιμόν, dann erst Fehlgeburten, Krieg und Schiffbruch (Hes., Op. 242ff.). In Hesiods Erga wird immer wieder zu Arbeit, Fleiß und Sparsamkeit aufgerufen, damit man dem lebensbedrohenden Hunger entgehe (Hes., Op. 299. 302. 404). In diesem Bereich erfährt man auch etwas über eine durch Hunger hervorgerufene krankhafte Veränderung: Hesiod warnt vor den Folgen mangelnder Vorsorge für den Winter (Hes., Op. 496f.):

μή σε κακοῦ χειμῶνος ἀμηχανίη καταμάρψῃ
σὺν πενίῃ, λεπτῇ δὲ παχὺν πόδα χειρὶ πιέζῃς.

»... damit dich nicht zur schlimmen Winterszeit Mittellosigkeit und Armut ereile und du mit magerer Hand den geschwollenen Fuß drückst«. Hier ist unverkennbar ein Hungerödem gemeint[188].

Gewisse pathologische Reflexe liefert noch eine Stelle der pseudohesiodischen 'Aspis'. Unter den Dämonen auf dem Schilde des Herakles wird die Achlys, das »Todesdunkel«, neben allerlei widerwärtigen Zügen körperlichen Verfalls folgendermaßen geschildert (Hes., Sc. 264ff.):

πὰρ δ' Ἀχλὺς εἱστήκει ἐπισμυγερή τε καὶ αἰνή,
χλωρὴ αὐσταλέη λιμῷ καταπεπτηυῖα, | γουνοπαχής, ...

Daß der Dichter das personifizierte Todesdunkel mit den Merkmalen eines Verhungernden ausstattet, zeigt einmal mehr, welcher Stellenwert dem Hunger als lebensbedrohendem Faktor beigemessen wird. Für γουνοπαχής, »mit dicken Knien«, dürfte eine Erklärung darin zu suchen sein, daß bei hochgradiger Dystrophie die Kniegelenke an den fleischlosen Beinen des Verhungernden als unförmig dicke Knoten hervortreten. Angesichts solcher Tendenzen, den Hunger dem Todesbegriff schlechthin anzunähern, scheint mir ein entlegenes Beiwort zu λιμός in die gleiche Richtung zu weisen[189].

δ) *Das Alter als Krankheit:* Ähnlich wie der Hunger wird auch das Alter gelegentlich als eine Art Krankheit empfunden[190], zumal es auch darin dem Hunger gleicht, daß es von echten pathologischen Zuständen begleitet wird. In Hesiods Mythos gehört das Alter ebenso wie die Krankheiten zu den Übeln, die zum Entgelt für den Feuerdiebstahl des Prometheus über die Menschen verhängt wurden (S. S 64). Diese waren vorher »noch nicht dem unglückseligen Alter unterworfen. Bei ungeschmälerter körperlicher Regsamkeit freuten sie sich, fern von allem Ungemach, ihres Lebens. Und wenn es zum Sterben kam – es handelt sich um die Menschen des goldenen Zeitalters –, war es, als schliefen sie ein«[191]. Alter und

---

sieht blaß, das Gesicht gedunsen aus. Beim Eindrücken des Fingers in der Knöchelgegend ... bleiben Dellen stehen.« (Der Große Brockhaus 8, 1969, 747).   **189** In Gestalt von αἶθοψ, »feuerfarben, funkelnd«, wohl auch »dunkel«, besitzt λιμός ein Beiwort, das in seinen Bedeutungswerten an πορφύρεος, ein Beiwort von θάνατος, erinnert (V 83; XVI 334; XX 477). Beide Adjektive sind in ihrer Bedeutung als Epitheta der genannten Begriffe noch nicht ausreichend geklärt, doch scheinen beide ein in Todesnähe erfahrenes optisches Phänomen zu bezeichnen, so daß Hes., Op. 363: ὃς δ' ἐπ' ἐόντι φέρει, ὁ δ' ἀλέξεται αἴθοπα λιμόν eher meinen dürfte, daß der Vorsorgende nicht dem Hunger, sondern dem Hungertode entgehe.   **190** Vgl. Kornexl a.O. (s.o. Anm. 181) 15f. 64.   **191** Hes., Op. 113ff.

Tod sind Kinder der Nacht (Hes., Th. 212. 225), und wo sie sonst erwähnt werden, geschieht dies nicht selten in einer Form, die sie mit Krankheiten und Gebrechen auf eine Stufe stellt[192]. Der homerische Apollonhymnos spricht davon, daß es den Menschen nicht möglich ist, gegen diese Unabänderlichkeiten ihres Schicksals »Heilmittel und Schutz«, ἄκος καὶ ... ἄλκαρ, zu finden (h. Ap. 193). Der homerische Hymnos an Aphrodite nennt das Alter οὐλόμενον, καματηρόν, ὅ τε στυγέουσι θεοί περ, »das verderbliche, beschwerliche, vor dem sich selbst die Götter entsetzen« (h. Ven. 246). Man sagt γῆρας τείρει, »das Alter quält jemanden« (IV 315)[193], oder γήραϊ τείρεσθαι, »am Alter leiden« (V 153; 24, 233), und bedient sich damit eines Verbs, das zwar allgemein »(sich) plagen, aufreiben« meinen kann, sich aber bevorzugt auf den Schmerz bezieht, den Verwundungen verursachen[194].

Wie es schon bei Hes., Op. 114f. (s. Anm. 191) indirekt zum Ausdruck kommt, ist es namentlich das Nachlassen der körperlichen Regsamkeit und Leistungsfähigkeit, was das Alter gewissermaßen zum Gebrechen macht. Der Mythos von der Göttin Eos, die es versäumt hat, ihrem Geliebten Tithonos neben der Unsterblichkeit auch ewige Jugend zu verschaffen, bietet in seiner komischer Züge nicht entbehrenden Gestaltung im homerischen Aphroditehymnos (h. Ven. 218ff.) eine kleine Pathologie des Greisenalters. Als sich bei Tithonos in Gestalt grauer Haare die ersten Anzeichen des Alters einstellen, bricht Eos die erotischen Beziehungen ab (V. 230: τοῦ δ' ἤ τοι εὐνῆς μὲν ἀπείχετο πότνια Ἠώς, ...), was doch wohl weniger auf die grauen Haare als auf die damit dezent angedeutete nachlassende Potenz ihres Partners zurückzuführen ist. So wird auch weiter von Tithonos' fortschreitendem körperlichen Verfall berichtet: Eos muß ihn fortan hegen und füttern wie ein Kind (V. 231: ἀτίταλλεν ...). Schließlich vermag er überhaupt nicht mehr die Glieder zu bewegen (V. 234: οὐδέ τι κινῆσαι μελέων δύνατ' οὐδ' ἀναεῖραι, ...) und kann zu guter Letzt nur noch unablässig schwatzen (V. 237: τοῦ δ' ἤ τοι φωνὴ ῥέει ἄσπετος). Obwohl diese Hilflosigkeit und Bewegungsunfähigkeit sich als Karikatur einer an den fortschreitenden Altersverfall gebundenen Unsterblichkeit verstehen lassen, orientiert sich die Schilderung im Grunde an der Wirklichkeit. Degenerative Arthrosen, die zu völliger Bewegungsunfähigkeit führen können, sind in ihrem Erscheinungsbilde offenbar ebenso bekannt wie die Symptome eines senilen Infantilismus, der jenes Stadium hinter sich gelassen hat, in dem sich die verminderte körperliche Regsamkeit noch durch eine auf der höheren Einsicht und Erfahrung des Alters basierende βουλή kompensieren läßt[195].

Zweifellos häufige, altersbedingte Spondylosen, die erstarrende Verbiegungen der Wirbelsäule nach sich zogen, führten zur gängigen Vorstellung des gebückten

---

in Paraphrase. **192** Daß dies nicht durchweg geschieht und mit einer einheitlichen Sicht des Alters in den frühepischen Dichtungen auch gar nicht zu rechnen ist, versteht sich von selbst. Einen umfassenden Überblick bietet F. Preisshofen, Untersuchungen zur Darstellung des Greisenalters in der frühgriechischen Dichtung (1977). **193** Der leidvolle Aspekt des Alters wird übrigens nur an Männern demonstriert. Das braucht nicht mit einer minderen Achtung der Frau zusammenzuhängen. Der in den häuslichen Praktiken der Selbsterhaltung weniger versierte und auf die Dienste der Frau angewiesene Mann war bei Vereinsamung und Vernachlässigung im Alter wohl seit je eher geeignet, die leidvolle Seite des Alters zu veranschaulichen, wie es an Laertes in der Odyssee besonders deutlich wird. **194** V 352; XI 283. 841; XIII 251. 539; XV 61; XVI 510; XVII 376 u.ö. **195** Besonders deutlich an

Alten (z. B. 2, 15 f.: Αἰγύπτιος … | ὅς δὴ γήραϊ κυφὸς ἔην καὶ μυρία ᾔδη.) und zum Bilde des »Dreibeinigen«, das sich auch im Rätsel der Sphinx in der Ödipussage findet. Der Alte mit verkrümmtem Rücken, der sich zudem wegen Beeinträchtigung seiner Gehfähigkeit auf einen Stock stützt, wird bei Hesiod zum Sinnbild aller sich gleichsam vor der Winterkälte duckenden Kreatur (Hes., Op. 533 ff.):

> … τότε δὴ τρίποδι βροτῷ ἶσοι
> οὗ τ' ἐπὶ νῶτα ἔαγε, κάρη δ' εἰς οὖδας ὁρᾶται,
> τῷ ἴκελοι φοιτῶσι, ἀλευόμενοι νίφα λευκήν.

»Dann also gleichen sie dem dreibeinigen Sterblichen, dessen Rücken gebrochen ist und dessen Haupt zu Boden schaut; dem ähnlich gehen sie einher und suchen dem weißen Schnee zu entkommen«.

ε) *Erkältung:* Möglicherweise sieht man dabei einen Zusammenhang zwischen der Kälte und pathologischen Verkrümmungen. Wo Hesiod die schlimme Wirkung des kalten Nordwindes beschreibt, heißt es u. a. τροχαλὸν δὲ γέροντα τίθησιν, »er macht den Alten krumm wie ein Rad« (Hes., Op. 518)[196]. Elementarem Empfinden entspricht es, Kälte und Nässe als eine Beeinträchtigung und Gefährdung der Lebenskraft anzusehen, besonders dann, wenn diesen Unbilden ein Erschöpfter ausgesetzt ist, wie im Falle des schiffbrüchigen Odysseus, der die vom Fluß aufsteigende Morgenkälte zusammen mit dem Reif und Frühtau als lebensbedrohend empfindet (5, 466 ff.):

> εἰ μέν κ' ἐν ποταμῷ δυσκηδέα νύκτα φυλάσσω,
> μή μ' ἄμυδις στίβη τε κακὴ καὶ θῆλυς ἐέρση
> ἐξ ὀλιγηπελίης δαμάσῃ κεκαφηότα θυμόν·
> αὔρη δ' ἐκ ποταμοῦ ψυχρὴ πνέει ἠῶθι πρό.

Ähnlich warnt Hesiod vor den Folgen der Morgenkälte, die von den Flüssen aufsteigt, verschärft durch das Blasen des Nordwindes (Op. 547 ff.).

ζ) *Trunkenheit:* Unter den als krankhaft empfundenen Zuständen ist auch die Trunkenheit zu nennen. Als sich auch Odysseus als noch unerkannter Bettler am Bogenwettkampf beteiligen will, halten ihn die Freier für betrunken, wie es die Worte des Antinoos erkennen lassen (21, 293 ff.):

> οἶνός σε τρώει μελιηδής, ὅς τε καὶ ἄλλους
> βλάπτει, ὅς ἄν μιν χανδὸν ἕλῃ μηδ' αἴσιμα πίνῃ.
> οἶνος καὶ Κένταυρον, ἀγακλυτὸν Εὐρυτίωνα,
> ἄασ' ἐνὶ μεγάρῳ μεγαθύμου Πειριθόοιο,
> ἐς Λαπίθας ἐλθόνθ'· ὁ δ' ἐπεὶ φρένας ἄασεν οἴνῳ,
> μαινόμενος κάκ' ἔρεξε δόμον κάτα Πειριθόοιο·

der Rolle Nestors in der Ilias. **196** Zur umstrittenen Deutung von τροχαλός = »radförmig, gekrümmt« oder »hurtig, schnellaufend« siehe Preisshofen a.O. 47 Anm. 121. Der Hes., Op. 518 genannte Greis ist im Typus der gleiche, der 533 ff. im Bilde erscheint, wo er noch ausführlicher beschrieben wird: er hat nicht nur einen verkrümmten Rücken, sondern geht auch am Stock. Dies allein sollte die Bedeutung »schnell« ausschließen. Neben 2, 16, Hes., Op. 518 und 533 f. meint auch h. Merc. 90: ἐπικαμπύλος ὤμους (von dem Alten im Weingarten) einen alterskrummen Rücken. Ähnlich von dem (nicht altersbedingten) Buckel

Wein, im Übermaß genossen, macht also krank (τρώει, βλάπτει) und läßt den Trunkenen, wie am Beispiel des Kentauren Eurytion gezeigt wird, durch seine die Vernunft beeinträchtigende und die Sinne trübende Wirkung (φρένας ἄασεν) in eine Art Wahnsinn geraten (μαινόμενος) und Missetaten verüben. Noch umfassender schildert das Hesiodfragment 121 Rz. die Folgen des Weinmißbrauchs:

οἷα Διώνυσος δῶκ' ἀνδράσι χάρμα καὶ ἄχθος.
ὅς τις ἄδην πίνῃ, οἶνος δέ οἱ ἔπλετο μάργος,
σὺν δὲ πόδας χεῖράς τε δέει γλῶσσάν τε νόον τε
δεσμοῖς ἀφράστοισι· φιλεῖ δέ ἑ μαλθακὸς ὕπνος.

Danach versetzt im Übermaß genossener Wein nicht nur in einen wahnsinnsähnlichen Zustand, sondern lähmt (δέει) überdies Füße, Hände, Zunge und Verstand und schläfert ein. Das Polyphemabenteuer, in dem Odysseus diese Wirkung des Weins planvoll nutzt, vervollständigt die Symptome der Trunkenheit. Als der betrunkene Polyphem von Müdigkeit übermannt sich zum Schlaf niederlegt, muß er sich erbrechen (9,373f.):

... φάρυγος δ' ἐξέσσυτο οἶνος
ψωμοί τ' ἀνδρόμεοι· ὁ δ' ἐρεύγετο οἰνοβαρείων.

Die Trunkenheit wird somit als eine Art befristeter, selbstverursachter [197] Wahnsinn gesehen.

η) *Geisteskrankheiten:* Jemanden als »verrückt« oder »wahnsinnig« zu bezeichnen gehört zur Hyperbolik der Umgangssprache, die in dieser Weise Unmut und Empörung über unerwartetes und als unpassend empfundenes Verhalten abreagiert und sich dabei eines Ausdrucks für eine pathologische Geistesverfassung bedient, ohne diese jedoch ernsthaft in Betracht zu ziehen. Auch im Epos sind die meisten Ausdrücke für geistige Defekte auf diesen Gebrauch beschränkt.

Eine geistige Störung, die sich in 'Rasen' und 'Toben' äußert, wird am häufigsten durch μαίνεσθαι ausgedrückt. So wird z.B. Eurytion im Zustande der Trunkenheit μαινόμενος genannt (s.o. zu 21,298), wie auch Dionysos in der Ekstase (VI 132).

Unbändige Wut im Kampf ist λύσσα (speziell die Tollwut der Hunde) und wird im Epos mit keinem deutlichen Bezug auf eigentlich krankhafte Zustände gebraucht (IX 239 u.ö.). Μάργος, »verrückt«, meint ursprünglich eine gierig-triebhafte Abweichung von der Norm (z.B. 16,421).

Häufig wird eine Geistesgestörtheit als eine Beeinträchtigung der Organe vernünftiger Überlegung (φρένες, νοῦς) gesehen. Es wird etwa von den Göttern gesprochen, die jemandem den Verstand zugrunde richten (φρένας ὀλέσαι, VII 360) oder den Verstand rauben (φρένας ἐξελέσθαι, VI 234).

Unserem Bilde des Ver-rückt-Seins entsprechen Wendungen, die gewissermaßen eine gewaltsame Veränderung der Verstandesorgane aus ihrer natürlichen Lage durch Schlag oder Stoß zum Ausdruck bringen. Als Athene in der Odyssee die Freier eine Zeitlang in geistige Verwirrung geraten läßt, heißt es μνηστῆρσι ...

des Thersites: τὼ δέ οἱ ὤμω | κυρτώ, ἐπὶ στῆθος συνοχωκότε (II 217f.).   [197] Allerdings lassen die Worte der ψυχή des Elpenor, die sich auf dessen tödlichen Sturz vom Dache beziehen, etwas von dem Bewußtsein deutlich werden, daß man zugleich mit dem Weingenuß dämonischen Mächten ausgeliefert ist (11,61): ἆσέ με δαίμονος αἶσα κακὴ καὶ ἀθέσφατος

Ἀθήνη |... παρέπλαγξεν δὲ νόημα, »sie schlug den Freiern ihr Denkvermögen aus der Bahn« (20,345 f.)[198].

Mit unserem Bilde vom Irr-Sinn vergleichbar sind Wendungen, die von einem (Umher-)Irren der Sinne sprechen. Hier bedient sich die epische Sprache des mit ἀλᾶσθαι, »umherirren«, verwandten Adjektivs ἠλεός, das gewöhnlich durch den Akkusativ φρένας näher bestimmt wird: φρένας ἠλ(ε)έ, »du Irrsinniger« (XV 128; 2,243)[199].

Auf eine Vorstellung, die den Wahnsinn auf dämonische Besessenheit zurückführt, weist Mattes a.O.41 und 109 hin. IX 239, wo Hektor in rasender Kampfeswut vorgeführt wird, läßt der Ausdruck κρατερὴ δέ ἑ λύσσα δέδυκεν, »gewaltige Raserei hat ihn durchdrungen«, schon an Λύσσα, den Dämon der attischen Tragödie denken, der von dem Helden Besitz ergreift[200]. Gewisse Grundvorstellungen davon, wie im frühen Epos geistige Defekte eingeschätzt werden, vermitteln die Verse 23,11 ff., in denen Penelope auf die Mitteilung Eurykleias, daß Odysseus heimgekehrt sei und die Rache an den Freiern vollzogen habe, völlig fassungslos zunächst an eine geistige Störung der alten Dienerin denkt und entsprechend antwortet:

> μαῖα φίλη, μάργην σε θεοὶ θέσαν, οἵ τε δύνανται
> ἄφρονα ποιῆσαι καὶ ἐπίφρονά περ μάλ' ἐόντα,
> καί τε χαλιφρονέοντα σαοφροσύνης ἐπέβησαν·
> οἵ σέ περ ἔβλαψαν· πρὶν δὲ φρένας αἰσίμη ἦσθα.

»Mütterchen, die Götter machten dich verrückt, die einen unvernünftig machen können, auch wenn er durchaus bei Sinnen war, und auch einen Beschränkten ließen sie zu vernünftigem Sinn kommen. Die haben dich arg geschädigt. Zuvor warst du aber gebührend bei Verstand«. Der mögliche jähe Wechsel geistiger Verfassung und das Bewußtsein, den Göttern dabei völlig ausgeliefert zu sein, scheinen ein besonderes Anliegen dieser Aussage zu sein.

Als der von Odysseus geblendete Polyphem vor Schmerz brüllt und ihn die umwohnenden Kyklopen aufgrund des Wortspiels mit dem Namen Οὖτις, »Niemand«, so zu verstehen glauben, daß ihn »niemand mit List und auch nicht mit (offener) Gewalt zu töten versuche« (9,408), und sie ihn wegen seines scheinbar unmotivierten Geschreis für geistesgestört halten, können sie ihm nur empfehlen, zu seinem Vater Poseidon (um Heilung) zu beten, denn gegen die Krankheit, die von Zeus komme, könne man nichts machen (9,411 f.):

> νοῦσόν γ' οὔ πως ἔστι Διὸς μεγάλου ἀλέασθαι,
> ἀλλὰ σύ γ' εὔχεο πατρὶ Ποσειδάωνι ἄνακτι.

Daß Krankheiten von Göttern kommen, entspricht, wie wir sahen, gängiger Vorstellung. Darüber hinaus wurde die Geisteskrankheit, je mehr sie sich in Gestalt unbegreiflichen Verhaltens und plötzlicher Anfälle von sonst gewohnten,

οἶνος.   198 Wie sich gerade die niedere Umgangssprache oftmals auf alten Bahnen bildlichen Denkens bewegt, zeigen Redewendungen, die von einem Geistesgestörten als einem, »der einen Schlag seitwärts hat«, sprechen.   199 J. Mattes, Der Wahnsinn im griechischen Mythos und in der Dichtung bis zum Drama des 5. Jahrhunderts (1970), dem ich in seinen Ausführungen zu den sprachlichen Ausdrücken für das Irresein gefolgt bin (s. Mattes, Anhang 100 ff.), zeigt 63 f., daß dies geistige Irren bisweilen mit einem leiblich-konkreten Umherirren zusammenfällt. Das trifft in unserem Bereich für den Fall des Bellerophon zu (VI 201; S. S 76).   200 Vgl. XVII 210: δῦ δέ μιν Ἄρης ...   201 Zahlreiche Parallelen aus

einschätzbaren Abläufen körperlicher Krankheiten unterschied und je unerklärlicher sie dadurch wirken mochte, um so prononcierter göttlichen Ursprungsbereichen zugewiesen[201], so daß man sie als νοῦσος Διός, Krankheit des Zeus, bezeichnete, gerade so, wie man später die Epilepsie die »heilige Krankheit« nannte, die im Corpus Hippocraticum, wo ihre Benennung, Ätiologie und landläufige Therapie einer rationalen Kritik unterzogen wird, als Sonderfall einer krankhaften Störung des Gehirns verstanden wird[202]. Der Vorstellung von der »Krankheit des Zeus« entspricht der formelhafte Versschluß φρένας ἐξέλετο Ζεύς, »Zeus raubte den Verstand«[203].

Merkwürdig ist die temporäre Geistesgestörtheit, mit der Athene die Freier schlägt (20,345ff.). Nachdem Telemach vor den Freiern abgelehnt hat, die Mutter im Falle einer erneuten Heirat zum Verlassen des Hauses zu nötigen, erregt Athene unter den Freiern ein unbändiges, grundloses Gelächter:

ἄσβεστον γέλω ὦρσε, παρέπλαγξεν δὲ νόημα.
οἱ δ' ἤδη γναθμοῖσι γελώων ἀλλοτρίοισιν,
αἱμοφόρυκτα δὲ δὴ κρέα ἤσθιον· ὄσσε δ' ἄρα σφέων
δακρυόφιν πίμπλαντο, γόον δ' ὠίετο θυμός.

Athene bringt sie, wie es heißt, von Sinnen (vgl. S 73 f.), und sie lachen mit sonderbar verzerrter Miene, essen blutbesudeltes Fleisch[204] und ihre Augen füllen sich mit Tränen in (unbewußter) Ahnung kommenden Leids. Von einem Bedürfnis zu realistischer Darstellung eines geistigen Defekts läßt der epische Zusammenhang wenig spüren. Offenbar soll zum Ausdruck kommen, daß die Göttin, wie schon 20,284ff., die Erbitterung des Odysseus durch das Verhalten der Freier steigern will, das zugleich geeignet ist, auf die anschließende Unheilsvision des Sehers Theoklymenos einzustimmen, die dann die Freier veranlaßt, ihrerseits den Theoklymenos für verrückt zu erklären (20,360: ἀφραίνει ξεῖνος).

In einer vergleichbaren Rolle, in der die Göttin ebenfalls als Helferin des Odysseus Wahnsinn sendet, haben wir uns Athene in der sogenannten kleinen Ilias der kyklischen Epen vorzustellen. Durch das Schiedsgericht, das die Waffen des Achilleus dem Odysseus zugesprochen hat, in seiner Ehre tief gekränkt, trachtet Aias, sich an seinen vermeintlichen Widersachern zu rächen. Bevor es dazu kommt, schlägt ihn Athene als Helferin des Odysseus mit Wahnsinn. In dem Wahn, die Achäer vor sich zu haben, metzelt er das Vieh im Lager nieder und begeht, als ihm Erkenntnis seines Tuns dämmert, aus Scham Selbstmord.

Ein weiteres kyklisches Epos, die Iliupersis, behandelt den gleichen Stoff, doch läßt der Dichter den Helden nach dem ihn entehrenden Urteil in Trübsinn verfal-

---

dem Bereich der Völkerkunde hat Buschan, Medizinzauber 584ff. zusammengetragen. 202 Περὶ ἱερῆς νόσου, Kap. 14. 203 VI 234 auf Glaukos, Hes., Katal. Fr. 70 (Merkelbach-West) auf Athamas bezogen, Hes., Sc. 89 auf Iphikles (U.v.Wilamowitz, Euripides Herakles II [1895, Ndr. 1959] 50 Anm. 85). 204 So wenig hier mit veristischer Wiedergabe von Symptomen einer Geisteskrankheit zu rechnen ist, könnte das Essen »blutbesudelten«, d.h. rohen Fleisches durch Reminiszenzen an die Omophagie im orgiastischen Kult des Dionysos ausgelöst sein (vgl. Nilsson, GGR.³ I 156. 572f.), dessen rauschhafte Zustände im Bewußtsein der Zeit als eine Art Prototyp des Wahnsinns gegolten zu haben scheinen. Schon XXII 460 heißt es von der fassungslosen Andromache: μεγάροιο διέσσυτο μαινάδι ἴση und h.Cer. 386: ἠΰτε μαινὰς ὄρος κάτα. Mattes (a.O. 101f.) erwähnt, daß Euripides zur Bezeichnung von Geistesgestörtheit Ausdrücke benutzt, die den orgiastischen Bereichen des

len, der ihn dann »in der Morgendämmerung« zum Selbstmord treibt[205]. Es ist der auch in der Ilias genannte Arzt Podaleirios, der als erster seinen Zustand an seinem »funkelnden Blick« und seinem schwermütigen Gebaren erkennt[206]:

ὅς ῥα καὶ Αἴαντος πρῶτος μάθε χωομένοιο
ὄμματά τ' ἀστράπτοντα βαρυνόμενόν τε νόημα.

Da für seinen Fall der Arzt als zuständig empfunden wird, kann man von einer pathologisch verstandenen Depression reden, wozu auch das Morgengrauen als Zeitpunkt des Suizids paßt (Archäologisches zur Sache am Ende dieses Abschnitts).

Auch die Ilias bietet ein Beispiel dafür, daß pathologische Störungen des Gemüts ins Bewußtsein gerückt sind. Bellerophontes, der die Liebeswerbungen Anteias, der Gemahlin des Königs Proïtos von Tiryns, zurückgewiesen hat, wird von der Verschmähten bei Proïtos verleumdet, der ihn mit einem Uriasbrief zu seinem Schwiegervater, dem König von Lykien, schickt. Dieser stellt Bellerophontes allerlei gefährliche Aufgaben in der Erwartung, daß jener dabei den Tod finden werde. Als Bellerophontes alle Proben besteht, ist der lykische König von der göttlichen Art des Jünglings überzeugt, setzt ihn zum Mitregenten ein und gibt ihm seine Tochter zur Frau, die ihm drei Kinder gebiert. Nachdem das Schicksal des Bellerophontes diese glückliche Wendung genommen hat, erfährt man, daß er den Göttern verhaßt wurde und »umherirrte, seine Lebenskraft verzehrend und den Pfad der Menschen meidend« (VI 200ff.) :

ἀλλ' ὅτε δὴ καὶ κεῖνος ἀπήχθετο πᾶσι θεοῖσιν,
ἤτοι ὁ κὰπ πεδίον τὸ Ἀλήϊον οἶος ἀλᾶτο,
ὃν θυμὸν κατέδων, πάτον ἀνθρώπων ἀλεείνων·

Der abrupte Wechsel im Gemütszustand des Helden und sein geschildertes Verhalten weisen auf eine Depression hin[207], und daß dem Hörer ein Grund für den Haß der Götter nicht genannt wird, entspricht der Hilflosigkeit, mit der man einer krankhaften Veränderung des Geistes und Gemüts gegenübersteht, und läßt an die Worte Penelopes in der Odyssee denken, in denen diese Haltung ihren Ausdruck findet (23,11ff.; S.S74).

Von einem Wahnsinn der Proïtostöchter war schließlich in den hesiodischen Heroinenkatalogen die Rede (Fr. 27 Rz.), der über sie verhängt wurde, ὅτι τὰς Διονύσου τελετὰς οὐ κατεδέχοντο (Apollod. 2,2,1). Wenn ihr Frevel also in

Dionysoskults entstammen.   205 Schol. Pind., Isthm. III 53: περὶ τὸν ὄρθρον. Zum Problem einer Zuweisung zu Aithiopis oder Iliupersis s. W.Kullmann, Die Quellen der Ilias (1960) 216.   206 Schol. BT Eust. zu XI 515 (Allen V 139 Nr. V. Z. 7f.). Die homerische Nekyia, die Iliupersis, der das Fragment entstammt, und Pindar wissen nichts von einem Wahnsinn des Aias. Auch Ovid, Met. XIII 390ff. geht auf eine alte Version zurück, die von einem Wahnsinn des Aias noch nichts weiß. Vgl. F.W.Schneidewin–A.Nauck, Einleitung zu Sophokles' Aias (1865) 42; J.Toepffer, RE. I (1894) 933 s.v. Aias; H.v.Geisau, KlPauly I (1964) 153 s.v. Aias. Vgl. Anm. 266. – Bei Sophokles, Aias 654 versteht der Held den Tod als »sühnendes Bad«, durch das er dem Zorn der Götter ausweichen will. Vgl. noch B.Simon, Mind and Madness in Ancient Greece. The Classical Roots of Modern psychiatry (1978) und R.W.B.Burton, The Chorus in Sophocles' Tragedies (1980), Rez. von G.Müller, Gnomon 52, 1980, 707.   207 Der Tod seiner Kinder, von dem erst in der Folge die Rede ist, ist eher eine weitere, durch den »Haß der Götter« begründete Heimsuchung als der Grund für seine Depression, wofür man ihn seit Eust. in Anspruch nahm, offenbar deshalb,

einer Beleidigung des Dionysos bestand, dessen Kult sie sich zu entziehen suchten, wird man sich ihren 'Wahnsinn' in der Art jener dem Dionysoskult eigenen rauschhaften Verzückung vorzustellen haben (vgl. VI 132), die freilich, wenn sie Strafe sein sollte, jedes reinigenden und beseligenden Effektes entbehren mußte[208]. Nach einer anderen Überlieferung[209] war eine Beleidigung der Hera Grund ihres Wahnsinns, von dem auch andere Frauen ergriffen wurden[210], bis ihnen der Seher Melampus Heilung brachte[211].

Die Bildüberlieferung zum Selbstmord des Aias
Exkurs von Hans-Günter Buchholz und Hans-Peter Gumtz

Die antike Phantasie fühlte sich durch die Schilderung des Selbstmordes von Aias stark angeregt, so daß die Reflexe in der Bildkunst überraschend zahlreich sind. Das Motiv findet sich in der schwarz- und rotfigurigen Vasenmalerei (Kat.-Nr. 16–19), auf archaischen Gemmen (Kat.-Nr. 12) und Schildbändern (Kat.-Nr. 8a–c), ferner auf etruskischen Vasen (Kat.-Nr. 23. 26. 27. 28) und Skarabäen (Kat.-Nr. 30–44). Die Etrusker haben das Thema auch auf Spiegel gesetzt (Kat.-Nr. 29) und rundplastisch dargestellt (Kat.-Nr. 24. 25).

In der Vasenkunst ist auffallend, daß nur die Produktion von Korinth (im 7. Jh. v. Chr. und in der ersten Hälfte des 6. Jhs. v. Chr.; Kat.-Nr. 1–7. 9) und die von Athen (zweite Hälfte des 6. Jhs. v. Chr. und erste Hälfte des 5. Jhs. v. Chr.) beteiligt sind. K. Schefold hat nachgewiesen, in welch ausgeprägter Weise einige der attischen Vasenbilder von Sophokles' bald nach 460 v. Chr. uraufgeführter Aias-Tragödie abhängig waren (s. dazu Kat.-Nr. 19, Abb. 4b). Das trifft freilich auf die Behandlung des Themas durch Exekias und Brygos, die wohl unmittelbar aus dem frühgriechischen Epos schöpften, nicht zu.

Überliefert sind als Bildvarianten die verschiedenen Phasen des Geschehens: Der unglückliche Held stellt das Schwert auf (Abb. 4a), er betet zur Gottheit (Abb. 4b), stürzt sich ins Schwert, das ihn durchbohrt (Abb. 4c-f); seine Leiche wird mit einem Tuch verhüllt (Abb. 4g). Unsere Abbildungsfolge vollzieht den Ablauf der Handlung schrittweise nach. Dies ist nur deshalb möglich, weil die antiken Künstler bei Kenntnis derselben Geschichte in den verschiedenen Kunst-

---

weil man sich krankhafte Schwermut nur reaktiv vorzustellen vermochte. **208** Dazu ausführlich Mattes a.O. 39. **209** Zur Überlieferung der Sage von den Proitostöchtern: G. Radke, RE. XXIII (1957) 117ff. s.v. Proitides; J. Dörig, Lysippe und Iphianassa, in: AM. 77, 1962, 72ff. **210** Wahrscheinlich ist auch das Vorbild für »ansteckenden Wahnsinn« unter Frauen in dem orgiastischen Getriebe des Dionysoskultes zu suchen. Andere Erklärungen findet man bei G. Thomson, Studies in Ancient Greek Society (1954) 179f. **211** Nach Theophr., hist. plant. IX 10,4 heilt Melampus den Wahnsinn der Proitostöchter mit schwarzem Nieswurz *(Helleborus niger)*, der auch später als Heilmittel bei Geisteskrankheiten verwandt wurde. Angesichts alter Vorstellungen, die Erregungszustände von einer Dunkelfärbung innerer Organe begleitet sein ließen (S. S 43 f.; S. S 47), die schließlich zum Begriff Melancholie, »Schwarzgalligkeit«, im Sinne einer Geistesgestörtheit führten, kann man von einem urtümlichen, magisch-homöopathischen Heilverfahren sprechen. Ausführlich dazu C. W. Müller a.O. (s.o. Anm. 76) 147f. mit Anm. 142; Kudlien, Beginn 80ff. Ungewiß bleibt, ob diese Therapie des Melampus Bestandteil des hesiodischen Epos war. Nach der Mehrzahl der Quellen vollzog Melampus die Heilung durch ein kathartisches Ritual.

landschaften und zu verschiedenen Zeiten recht unterschiedlich aus dem Ablauf der Handlung auswählten.

Überraschend variantenreich ist die Übernahme des Themas durch die Etrusker und die Häufigkeit in deren Kleinkunst (Kat.-Nr. 20–44), was sich durch seine apotropäische Funktion und den Jenseitsbezug erklären läßt. Die bildlichen Darstellungen in der griechischen Kunst sind nachfolgend nach dem neuesten Stand unserer Kenntnis über die einschlägigen Denkmäler beigetragen.

Zusätzlich zu den im zweiten vorläufigen Abkürzungsverzeichnis erfaßten und den nach den üblichen Regeln benutzten Kürzeln sind im anschließenden Katalog einige Siglen verwandt worden, die sonst nicht auftreten und auf Seite S 188 aufgelöst sind.

A. *Selbstmord des Aias auf nordostpeloponnesischen, hauptsächlich korinthischen Denkmälern*

1. Mittelprotokorinthischer Aryballos in Berlin, Staatl. Museen, Inv.-Nr. 3319; um 680 v.Chr.; A.Furtwängler, AA. 1895, 33f. Nr. 14 Abb. 5; J.Friis Johansen, Vases Sicyoniens (1923) 144 Taf. 23,2a; Payne, Necrocorinthia 137; Dunbabin, Greeks 78 Nr. 5; 82 Nr. 1; Fittschen, Sagendarstellungen 181 Nr. SB 93; D.Papastamos, Delt. 25, 1970, 37 Taf. 16α; T.Fischer-Hansen, Meddelelser fra Ny Carlsberg Glyptotek 30, 1973, 77f. Abb. 16; F.Canciani in: R.Bianci-Bandinelli, Storia e Civiltà dei Greci II (1978) 470 Taf. 19c rechts; M.B.Moore, AJA. 84, 1980, 431.

2. Spätprotokorinthische Goldschmiedematrix aus Kerkyra, in Oxford, Ashmolean Museum; Mitte des 7.Jhs. v.Chr.; H.Stuart Jones, JHS. 16, 1896, 329 Abb. 3; Payne, Necrocorinthia 137. 222 Taf. 45,3; Dunbabin, Greeks 82 Nr. 3; Fittschen, Sagendarstellungen 181 Nr. SB 94; Papastamos a.O. 39 Taf. 16δ; Fischer-Hansen a.O. 78 Abb. 17; Moore a.O. 431.

3. Frühkorinthischer Eurytioskrater aus Cerveteri, in Paris, Louvre, Inv.-Nr. E 635; vom Ende des 7.Jhs. v.Chr.; A.de Longpérier, Musée Napoléon III Taf. 66,2; E.Pottier, Vases Antiques du Louvre I (1897) 56f.; G.Perrot – Ch.Chipiez, Histoire de l'Art dans l'Antiquité IX (1911) 620 Abb. 335 (hier Inv.-Nr. E 634); Pfuhl, MuZ. III Taf. 41,176 (Rückseite); Payne, Necrocorinthia 137. 302 Nr. 780; Dunbabin, Greeks 82 Nr. 5; Arias-Hirmer Taf. 32; Farbtaf. 9 (Rückseite); Schefold, Sagenbilder 86 Taf. 78a; Fittschen, Sagendarstellungen 182 Nr. SB 96; Papastamos a.O. 39 Taf. 16ε; Brommer, Vasenlisten[3] 380 Nr. C 2; Fischer-Hansen a.O. 78f. Abb. 18.

4. Scherbe einer mittelkorinthischen Lekythos (nach A.Furtwängler), eines Alabastron (nach H.Payne) aus Theben, in Berlin, Staatl. Museen, Inv.-Nr. 3182; 1. Viertel des 6.Jhs. v.Chr.; Der Name Αιϝας ist auf dem Körper eingeritzt; A.Furtwängler, AA. 1891, 116 Nr. 5 Abb. 5; H.Stuart Jones, JHS. 16, 1896, 329; Payne, Necrocorinthia 137. 162 Nr. 9 (Inschrift); 303 Nr. 790; Papastamos a.O. 40 Taf. 17α; Brommer, Vasenlisten[3] 380 Nr. C 3.

5. Mittelkorinthische Trinkschale des Cavalcade-Malers in Basel, Antikenmuseum, Sammlung Moretti; um 580 v.Chr.; Papastamos a.O. 52 Taf.

22α.β; M.I.Davies, AntK. 14, 1971, 148 Taf. 46,1; Brommer, Vasenlisten³ 380 Nr. C 8; E.Simon – M. und A.Hirmer, Die griechischen Vasen (1976) 51f. Taf. 28; K.Schefold, Götter- und Heldensagen der Griechen in der spätarchaischen Kunst (1978) 251 Abb.337; s. bereits H.A.Cahn, Kunstwerke der Antike, Münzen und Medaillen, Basel, Auktion 40 (1969) 21ff. Nr.40 Taf. 9–11; unsere Abb.4d.

6. Mittelkorinthischer Aryballos, um 580 v.Chr., in Dunedin, Otago-Museum, Inv.-Nr.60.13; s. K.Schauenburg in: Ars Antiqua AG, Luzern, Auktion II (1960) 46f. Nr. 122 Taf. 49; Brommer, Vasenlisten², Nachtrag zu S. 280 Nr. C 7; J.R. Green, AntK. 9, 1966, 7ff. Taf. 2.3 (mit Zweifel an Deutung als Selbstmord des Aias); Brommer, Vasenlisten³ 380, ohne Kat.-Nr. (Vergleichsstück zum Thema ‚Aias verübt Selbstmord').

7. Spätkorinthischer Aryballos in Boston; 575–550 v.Chr.; Payne, Necrocorinthia 137. 320 Nr.1258 A; Brommer, Vasenlisten³ 380 Nr. C 4; Fischer-Hansen a.O. 79f. Abb.19.

8 a–c Drei Bildfelder bronzener Schildbänder nordostpeloponnesischer Herkunft aus Olympia; 1. Hälfte des 6. Jhs. v.Chr.; Kunze, Schildbänder 154ff. a: S. 10 Taf. 18 Nr. 8c Form IV (unsere Abb. 4e); b: S. 21 Taf. 45 Nr. 30b Form XVII; c: S.27f. Taf.55 Nr.41x Form XXVI; Papastamos a.O. 41 Taf. 18α (unsere Nr. 8a); Moore a.O. 431.

9. Korinthischer Aryballos aus Kamiros, in Paris, Louvre, Inv.-Nr. A 473; 570 v.Chr.; CVA. Louvre (8) III Ca S.20 mit Abb.; Taf.20 (Frankr. 489); A. de Longpérier, Musée Napoléon III Taf. 66,1; E.Pottier, Vases Antiques du Louvre I (1897) 20; G.Perrot – Ch.Chipiez, Histoire de l'Art dans l'Antiquité IX (1911) 620 Abb.334; Payne, Necrocorinthia 137; Papastamos a.O. 40f. Taf. 17β; Brommer, Vasenlisten³ 380 Nr. C 5 = C 7.

10.11. Zwei nordostpeloponnesische Bronzereliefs von der Akropolis, in Athen, Nat.-Mus., Inv.-Nr.6962 und 6965; aus dem letzten Viertel des 6.Jhs. v.Chr.; P.Wolters, AM. 20, 1895 Taf. 14,1.4; Payne, Necrocorinthia Taf. 45,4.8; Kunze, Schildbänder 155f. 243 Beil. 10,2 (Inv.-Nr.6962).

B. *Selbstmord des Aias auf kykladischen, lakonischen und westgriechischen Denkmälern (Varia)*

12. Melische Gemme aus Perachora, in New York, Metr. Mus., Inv.-Nr.42.11.13; vom Ende des 7.Jhs. v.Chr.; Beischrift HAHIFAΣ; G.M.A. Richter, Catalogue of Engraved Gems (1956) Nr.13 Taf.3; Dunbabin, Greeks 82 Nr.2; J.Boardman, Island Gems (1963) 49f. Nr.178 Taf.7; Schefold, Sagenbilder 24. 43 Taf.32a; Fittschen, Sagendarstellungen 181f. Nr. SB 95; Marangou, LEB. 101; Papastamos a.O. 38f. Taf. 16β; Fischer-Hansen a.O. 79ff. Abb.20; Moore a.O. 431; unsere Abb.4f.

13. Elfenbeinkamm aus Sparta, in Athen, Nat.-Mus., Inv.-Nr.15.522; um 600 v.Chr.; Dawkins, Orthia 223 Taf.130,1; 131,3; Payne, Necrocorinthia 137; Dunbabin, Greeks 82 Nr.4; Marangou, LEB. 94 Nr.40; 101 Abb. 69a.b; Fittschen, Sagendarstellungen 182 Nr. SB 97; Papastamos a.O. 37 Taf. 16γ; Moore a.O. 431.

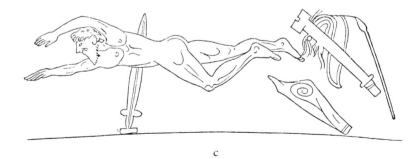

Abb. 4a–c Selbstmord des Aias a: s. Kat.-Nr. 16 b: s. Kat.-Nr. 19
c: s. Kat.-Nr. 23

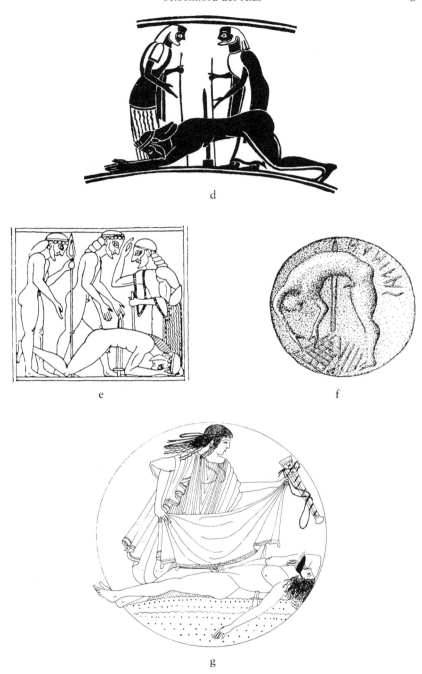

Abb. 4d–g Selbstmord des Aias d: s. Kat.-Nr. 5   e: s. Kat.-Nr. 8a   f: s. Kat.-Nr. 12
g: s. Kat.-Nr. 17

14. Terrakotta-Altar von Sizilien, 6. Jh. v. Chr., in Kopenhagen, Ny Carlsberg Glyptotek, Inv.-Nr. 3408; Fischer-Hansen a.O. 72 ff., bes. 75 f. Abb. 14. 15; Moore a.O. 431.

15. Westgriechische Metope des archaischen Heraion von Foce del Sele, im Museum von Paestum; Mitte des 6. Jhs. v. Chr.; P. Zancani-Montuoro, Atti Magna Grecia, N.S. 5, 1964, Taf. 16; A. W. van Buren, AJA. 69, 1965, 361 Taf. 88,3; M. Napoli, Il Museo di Paestum (1969) Taf. 14; Fischer-Hansen a.O. 81. 83 Abb. 22; Moore a.O. 431 Anm. 115.

C. Selbstmord des Aias auf attischen Vasen

16. Attisch-schwarzfigurige Bauchamphora des Exekias in Boulogne-sur-Mer, Musée Communal, Inv.-Nr. 558; 530/525 v. Chr.; Beazley, ABV. 145,18; Paralipomena 60,18; Pfuhl, MuZ. III Taf. 59,234; W. Technau, Exekias (1936) 14 f. Taf. 24; K. Kerenyi, Die Heroen der Griechen (1958) 348 Taf. 74; W. Kraiker, Die Malerei der Griechen (1958) Taf. 23 oben; J. Beazley, The Development of Attic Black-Figure² (1964) 69. 113 Anm. 29 Taf. 32,1; Buschor, Vasen² 125 Abb. 136; Papastamos a.O. 43 Taf. 18β; Brommer, Vasenlisten³ 380 Nr. A 1; Fischer-Hansen a.O. 80 ff. Abb. 21; B. Shefton, RA. 1973, 213 Anm. 2; E. Simon – M. und A. Hirmer, Die griechischen Vasen (1976) 88 Taf. 46; K. Schefold, Götter- und Heldensagen der Griechen in der spätarchaischen Kunst (1978) 252 Abb. 338; Moore a.O. 431 f. Taf. 53,13; unsere Abb. 4 a.

17. Innenbild einer Schale des Brygos-Malers in New York, Metr. Mus., Inv.-Nr. L 69.11.35; Sammlung Bareiss, Nr. 346; J. Beazley, Paralipomena (1971) 367 Nr. 1 bis; Brommer, Vasenlisten³ 380 Nr. B 2; M.I. Davies, AntK. 16, 1973, 60 ff. Taf. 9,1 (Außenbilder auf Taf. 10); J. Boardman, Athenian Red Figure Vases. The Archaid Period (1975) Abb. 246; Moore a.O. 431 Anm. 117; unsere Abb. 4 g.

18. Attisch-rotfiguriger Askos aus der 1. Hälfte des 5. Jhs. v. Chr.; früher Nola, Sammlung Barone; Bullettino Napolitano, N.S. 1, 1853, Taf. 10; S. Reinach, Répertoire des Vases Peints Grecs et Étrusques I² (1923/24) 475,6–8; Kunze, Schildbänder 156; Papastamos a.O. 43 Taf. 18γ; Brommer, Vasenlisten³ 380 Nr. B 1; Moore a.O. 432.

19. Attisch-rotfigurige Lekythos des Alkimachosmalers, vor 450 v. Chr., in Basel, Antikenmuseum (Leihgabe); K. Schefold, AntK. 19, 1976, 71 ff. Taf. 15,1–3; Moore a.O. 432; unsere Abb. 4 b; zum Alkimachos-Maler s. Beazley, ARV.² 529 ff.

D. Selbstmord des Aias in der etruskischen Kunst

a) auf Vasen und Spiegeln, als Reliefs und rundplastische Figürchen

20. Relieffragment von einer Grabtür aus Corneto; Notizie degli Scavi 1881, 337; H. Stuart-Jones, JHS. 16, 1896, 329.

21.22. Zwei Nenfroreliefs aus Tarquinia, in Tarquinia, Mus. Arch.; aus dem frühen 6. Jh. v. Chr.; Boll. d'arte 2, 1908, 366 Abb. 4. 5; G. Giglioli, L'arte Etrusca (1935) Taf. 79,3; 157,2; Beazley, EVP. 138; Kunze, Schildbänder 154 mit Anm. 2; G. Cressedi, EAA. I (1958) 167 Abb. 246 s. v. Aiace.

23. Schwarzfigurige Oinochoe des Micali-Malers; unbekannte Aufbewahrung, ehemals Campana-Sammlung; H. Heydemann, AZ. 29, 1871, 61 mit Abb.; Beazley, EVP. 15 Nr. 3; 139 Nr. 1; Brommer, Vasenlisten[3] 380 Nr. C 6; M. I. Davies, AntK. 14, 1971, 150 Anm. 13; ders., AntK. 16, 1973, 64 Abb. 1 (danach unsere Abb. 4c).

24. Bronzestatuette aus Populonia, in Florenz, Mus. Arch., Inv.-Nr. 12193; 480–460 v. Chr.; Beazley, EVP. 139; G. Cressedi, EAA. I (1958) 167 Abb. 245 s. v. Aiace; W. A. Lamb, Greek and Roman Bronzes[2] (1969) Taf. 41b; M. I. Davies, AntK. 14, 1971, 153 Anm. 29 Taf. 48,2.

25. Bronzestatuette in Basel, Antikenmuseum, Inv.-Nr. Kä 531; 2. Viertel des 5. Jhs. v. Chr.; M. I. Davies, AntK. 14, 1971, 148ff. Taf. 45,1–4; 46,3.

26. Rotfiguriger Stamnos des letzten Viertels des 5. Jhs. v. Chr. aus Chiusi, in Palermo, Mus. Arch. Nazionale, Inv.-Nr. 1490; Beazley, EVP. 39ff. 42. 139 Nr. 2; M. I. Davies, AntK. 14, 1971 154 Taf. 48,1; Brommer, Vasenlisten[3] 381 Nr. D 1.

27. Rotfiguriger Stamnos des Settecamini-Malers (frühes 4. Jh. v. Chr.) aus Vulci, in Paris, Cabinet des Médailles, Inv.-Nr. 947; Beazley, EVP. 53f. 139 Nr. 3; M. I. Davies, AntK. 14, 1971, 154f. Taf. 48,4; Brommer, Vasenlisten[3] 381 Nr. D 2.

28. Rotfiguriger Kelchkrater aus Vulci, in London, Brit. Mus., Inv.-Nr. F 480; Beazley, EVP. 136 Nr. 2; 139 Nr. 4 Taf. 32,1.2; Brommer, Vasenlisten[3] 381 Nr. D 3.

29. Bronzespiegel aus dem frühen 4. Jh. v. Chr.; in Boston; Mus. of Fine Arts, Inv.-Nr. 99. 494; E. von Mach, The Death of Ajax: On an Etruscan Mirror in the Museum of Fine Arts in Boston, Harvard Studies in Classical Philology 11, 1900, 93ff.; Beazley, EVP. 139; Kunze, Schildbänder 157 Anm. 1; M. I. Davies, AntK. 14, 1971, 154 mit Anm. 35 Taf. 48,3.

b) *auf Karneol-Skarabäen*

30. aus Kerkyra, in Boston, Mus. of Fine Arts, Inv.-Nr. 21.1199, ehemals Lewes House Coll. Nr. 37; Anfang des 5. Jhs. v. Chr.; Strenger Stil; J. D. Beazley, The Lewes House Collection of Ancient Gems (1920) 33f. Taf. 3,37; Beazley, EVP. 138 Gemme Nr. 1; Zazoff, Skarabäen 145 Nr. 333; M. I. Davies, AntK. 16, 1973, 63 Taf. 9,3.

31. in Boston, Museum of Fine Arts, Inv.-Nr. 27.717, ehemals Lewes House Coll. Nr. 41; um 480 v. Chr.; Freier Stil; J. D. Beazley, The Lewes House Collection of Ancient Gems (1920) 37 Taf. 3 und 9 Nr. 41; Beazley, EVP. 138 Nr. 2 Taf. 32,5; Zazoff, Skarabäen 146 Nr. 335; M. I. Davies, AntK. 14, 1971, 150 Taf. 46,2.

32. in Paris, Cabinet des Médailles, Inv.-Nr. 1820bis; frühes 4. Jh. v. Chr.; Freier Stil; Beazley, EVP. 138 Nr. 5 Taf. 32,6; Zazoff, Skarabäen 83 Nr. 146 Taf. 30,146; M. I. Davies, AntK. 16, 1973, 63 Taf. 9,4.

33. in Genf, Musée d'Art et d'Histoire, Inv.-Nr. 1963,19870; Freier Stil; Zazoff, Skarabäen 83 Nr. 145 Taf. 30,145.
34. aus Chiusi (?), in London, Brit. Mus., Inv.-Nr. 72.6–4.1159; frühes 4. Jh. v. Chr.; Freier Stil; Beazley, EVP. 138 Nr. 4 Taf. 32,4; Kunze, Schildbänder 157 Anm. 1; Zazoff, Skarabäen 146 Nr. 334 (dort weitere Literatur).
35. in Paris, Cabinet des Médailles, Inv.-Nr. 1820; Freier Stil; Zazoff, Skarabäen 146 Nr. 336 (dort weitere Literatur).
36. in New York, Metr. Mus., Inv.-Nr. 41.160.489; Freier Stil; Beazley, EVP. 138f. Nr. 6 Taf. 32,7; Zazoff, Skarabäen 146 Nr. 337.
37. in Cambridge, Fitzwilliam Museum, ehemals Shannon-Coll. Nr. 8; Übergangsstil; Zazoff, Skarabäen 84 Nr. 147 Taf. 31,147; M. I. Davies, AntK. 16, 1973, 63 Taf. 9,5.
38. in Genf, Musée d'Art et d'Histoire, Inv.-Nr. 1962,19784; Früher a globolo-Stil; Zazoff, Skarabäen 93 Nr. 177 Taf. 35,177.
39. in Neapel, Nationalmuseum; A globolo-Stil; Zazoff, Skarabäen 128 Nr. 258 Taf. 49,258.
40. in Kopenhagen, Nationalmuseum, Inv.-Nr. DFa 740; spätes 4., frühes 3. Jh. v. Chr.; A globolo-Stil; Beazley, EVP. 139 Nr. 7; Zazoff, Skarabäen 135 Nr. 280 Taf. 52,280.
41. in Rom, Vatikan, Coll. Borgia Nr. 623; A globolo-Stil; Zazoff, Skarabäen 146 Nr. 338.
42. in Rom, Villa Giulia, ohne Inv.-Nr.; A globolo-Stil (?); Zazoff, Skarabäen 128 Nr. 259 Taf. 49,259.
43. in Neapel, Nationalmuseum, Inv.-Nr. 126453; Spätetruskischer freier Stil; Zazoff, Skarabäen 146 Nr. 339.
44. in Kopenhagen, Thorvaldsen-Museum, Inv.-Nr. 41; Später, nicht-etruskischer Stil; Beazley, EVP. 138 Nr. 3; Zazoff, Skarabäen 146 Nr. 340.

ϑ) *Haut- und Geschlechtskrankheiten:* Hesiod berichtet weiter von den Folgen des »Wahnsinns«, der sich bei den Proïtiden in μαχλοσύνη, krankhafter Liebesgier, äußert (Hes., Fr. 28 Rz.):

εἵνεκα μαχλοσύνης στυγερῆς τέρεν ὤλεσαν ἄνθος.

In aller Ausführlichkeit werden die Folgen geschildert (Hes., Fr. 29 Rz.):

καὶ γάρ σφιν κεφαλῇσι κατὰ κνύος αἰνὸν ἔχευεν·
ἀλφὸς γὰρ χρόα πάντα κατέσχεθεν, ἐκ δέ νυ χαῖται
ἔρρεον ἐκ κεφαλέων, ψιλοῦντο δὲ καλὰ κάρηνα.

»... denn (die Gottheit) goß ihnen schreckliche Krätze über ihre Häupter. 'Aussatz' ergriff ihren ganzen Leib; ihr Haar fiel aus und ihre hübschen Köpfe wurden kahl«[212]. Die ungewöhnliche Akribie, mit der hier Krankheitsmerkmale geschil-

---

[212] In ähnlicher Weise wird Teuthras wegen eines Frevels im Heiligtum der Artemis Orthia durch Wahnsinn und ἀλφός bestraft (Ps. Plut., de fluv. 21,4). Wahnsinn und Aussatz (λειχῆ-

dert werden, läßt vermuten, daß von realen Beobachtungen ausgegangen wurde, und lädt überdies dazu ein, Vergehen und Strafe in einem sinnvollen Zusammenhang zu sehen und in der Schilderung Symptome einer venerischen Erkrankung als Folge geschlechtlicher Ausschweifung in Betracht zu ziehen [213].

ι) *Plötzlicher, nicht gewaltsamer Tod:* Körperliche Defekte, die zu einem raschen Tode führen, sind im Epos insoweit erschließbar, als man sich Gedanken über ein plötzliches Lebensende macht, einen Tod, der ohne vorhergehende Krankheit »aus dem Leben heraus« erfolgt und gewissermaßen als gottgesandter Vorzug empfunden wird. Ein Muster dieser Art enthält der Bericht des Nestor im dritten Buch der Odyssee (3,279ff.), in dem man erfährt, daß der Tod den Steuermann des Menelaos auf der Heimfahrt von Troja derart plötzlich mitten in seiner Tätigkeit ereilt habe, daß er noch das Steuerruder in seinen Händen behalten habe und das Schiff in Fahrt geblieben sei. Das Beispiel lehrt, daß Erfahrungen mit plötzlichen Todesfällen, wie wir sie etwa als Folge von Gehirnschlag, Infarkten etc. kennen, vorliegen müssen. Eine eingehendere Behandlung empfahl sich unter dem Abschnitt »Apollon und Artemis als Todesgottheiten«; s.u. Anm. 228.

ϰ) *Anhang: Gynäkologisches:* Im Gebären gesunder, den Eltern gleichender Kinder wird bei Hesiod die eigentliche Aufgabe der Frau gesehen und daran das Wohlergehen einer Gesellschaft gemessen. Dort, wo das Recht obwaltet, heißt es bei Hesiod (Op.225ff.), herrscht überall Gedeihen, insbesondere (V. 235):

τίκτουσιν δὲ γυναῖκες ἐοικότα τέκνα γονεῦσιν·

Bricht ein Unheil über eine Stadt herein, ist es wiederum das Ausbleiben der Geburten, womit neben Krankheit und Hungersnot die Vorstellung von der Heimsuchung eines Gemeinwesens vermittelt werden soll [214] (V. 244):

οὐδὲ γυναῖκες τίκτουσιν, μινύθουσι δὲ οἶκοι.

νες) sind Orest von Apoll angedroht (Aisch., Ch. 280ff.); vgl. Mattes a.O. 69 Anm. 49. Pathologisch am ehesten begreifbar wäre die Kombination von Wahnsinn und Hautaffektionen im Falle der Proitiden, wenn es sich dort um eine durch die Sonderform ihres »Wahnsinns« hervorgerufene Geschlechtskrankheit handelte.   **213** Die Syphilis zeigt – wenn man einmal die opinio communis zur Frage ihres Auftretens in Europa außer acht lassen will (Ackerknecht a.O. [s.o. Anm. 151] 90) – in ihrem zweiten Stadium einige Merkmale, die bei oberflächlicher Betrachtung durch unser Fragment angesprochen sein könnten. Dazu gehört namentlich die Alopecia (Haarausfall). Mit ἀλφός (lat. *albus*) könnte das Leucoderma syphiliticum, fleckförmige Aufhellungen der Haut, gemeint sein (Der Große Brockhaus VIII [1969] 9; XVIII [1973] 397). Dr. med. H.Schirren in Kiel hatte die Freundlichkeit, mir zu bestätigen, daß die genannten syphilitischen Symptome zwar als kosmetisch störend, indessen nicht als so gravierend anzusehen sind, daß man sie abstoßend und schrecklich nennen müßte, wie es das Attribut αἰνός erfordert. Er denkt eher, zumal im Fragment von κνύος die Rede ist, an eine Sonderform der Krätze in der Art der Scabies norvegica (Borkenkrätze), die mit hornartigen Auflagerungen im Bereich des ganzen Körpers (also auch des Kopfes) einhergeht, eine Krankheit, die die Bezeichnung »schrecklich« voll verdient und vermutlich auch zu einer erheblichen Alopezie führt. Daß die Scabies durch enge körperliche Kontakte, insbesondere durch Geschlechtsverkehr, übertragen wird, würde unserer Hypothese entgegenkommen. Mit Evidenz lassen sich die Symptome freilich nicht auf eine bestimmte Krankheit beziehen. Vgl. noch S.S76f.   **214** Zu diesem Topos (S.S63) könnten Erfahrungen mit Infektionskrankheiten geführt haben, die besonders schwangerschaftsgefährdend sind,

Die Fähigkeit zum Gebären empfindet man so sehr als Wesensbestandteil der Frau, daß eine alte Frau begriffen wird als eine, die nicht mehr gebären kann, wie Demeter, die sich in diesem Habitus zu den Menschen begibt (h. Cer. 101 f.):

γρηὶ παλαιγενέϊ ἐναλίγκιος, ἥ τε τόκοιο
εἴργηται δώρων τε φιλοστεφάνου Ἀφροδίτης,

»... einer alten Frau ähnlich, die davon ausgeschlossen ist, zu gebären und teilzuhaben an den Gaben der kränzeliebenden Aphrodite«[215]. Das eine vom anderen nicht zu trennen, entsprach wohl dem πρέπον.

Schwanger sein heißt κύειν (XIX 117), ὑποκύσασθαι (VI 26; 11,254), oder man drückt es durch γαστέρι φέρειν, »im Leibe tragen«, aus. Ein eigenes Wort für die Gebärmutter gibt es nicht. Dieses Organ wird durch γαστήρ und das synonyme νηδύς mit bezeichnet, ἡ ὑστέρη erscheint erstmalig bei Herodot IV 109,2 (S. S 49 f.). Die Vorstellung des Geburtsaktes wird beherrscht von den Schmerzen, welche die Geburtsgottheiten, die μογοστόκοι Εἰλείθυιαι, als »schneidende Pfeile« der Kreißenden (ὠδίνουσα) senden (S. S 93 zu XI 269 ff.). Über den Ablauf einer Geburt werden wir am ausführlichsten im homerischen Hymnos an den delischen Apoll unterrichtet, wo Leto Apoll gebiert (V. 115 ff.):

εὖτ' ἐπὶ Δήλου ἔβαινε μογοστόκος Εἰλείθυια,
τὴν τότε δὴ τόκος εἷλε, μενοίνησεν δὲ τεκέσθαι.
ἀμφὶ δὲ φοίνικι βάλε πήχεε, γοῦνα δ' ἔρεισε
λειμῶνι μαλακῷ, μείδησε δὲ γαῖ' ὑπένερθεν·
ἐκ δ' ἔθορε πρὸ φόως δέ, θεαὶ δ' ὀλόλυξαν ἅπασαι.

»Als aber die wehenerregende Eileithyia gen Delos ging, da kam über jene die Geburt, und sie trachtete niederzukommen. Um eine Palme schlang sie beide Arme und stemmte ihre Knie in die weiche Wiese, und unter ihr lächelte die Erde. Er aber sprang ans Licht, und alle Göttinnen brachen in Jubel aus«. In dieser poetisch verklärenden Schilderung wird die Wiedergabe der Geburtshaltung keine dichterische Erfindung sein. Die gleiche kniende Haltung ist dem Hesiodvers Th. 460 zu entnehmen, wo geschildert wird, wie Kronos seine Kinder unmittelbar nach der Geburt verschlingt, »sobald ein jedes an die Knie der Mutter gelangt war« (μητρὸς πρὸς γούναθ' ἵκοιτο; S. S 50)[216].

Eine Terrakottastatuette einer Eileithyia aus dem Heraion an der Sele-Mündung bei Paestum zeigt die Haltung ἐν γόνασιν (Abb. 5)[217].

wie z. B. Röteln oder Toxoplasmose. 215 Auf eine sexualbiologische Betrachtung der δῶρα Ἀφροδίτης läßt sich Teiresias in der hesiodischen Melampodie ein, als er, der der Sage nach über die Erfahrungen beider Geschlechter verfügt und von Zeus und Hera befragt wird, ob der Mann oder die Frau die größere Freude an der geschlechtlichen Vereinigung habe, zur Antwort gibt (Hes., Fr. 162 Rz.): οἵην μὲν μοῖραν δέκα μοιρέων τέρπεται ἀνήρ, | τὰς δέκα δ' ἐμπίμπλησι γυνὴ τέρπουσα νόημα. 216 Dazu ausführlich E. Samter, Geburt, Hochzeit und Tod (1911) 6 ff., der den Ursprung dieser Geburtshaltung weniger in Überlegungen anatomischer Zweckmäßigkeit als in einer chthonischen Kultgebärde sieht. Vgl. F. G. Welcker, Kleine Schriften III (1850) 185 ff.; Sittl, Gebärden 15. 190 f.; Buschan, Medizinzauber 527; M. Eliade, Die Religionen und das Heilige (1976) 282; G. Wickert-Micknat, unser Kap. »Die Frau« R 106 f. – Antike Literatur zur Frauenheilkunde ist durchweg erst nachhomerisch; vgl. H. Grensemann, Hippokratische Gynäkologie. Die gynäkologischen Texte des Autors C. Nach den pseudo-hippokratischen Schriften De muliebris I, II und De sterilibus (1982). 217 Votivfigur in Paestum, Museo Nazionale; aus dem 4. Jh.

Abb. 5 Westgriechisch-klassische Terrakotta einer Eileithyia in kniender Gebärhaltung aus dem Hera-Heiligtum an der Selemündung (nach M. Napoli, Il Museo di Paestum [1969] Farbtafel 7)

In der Geburtsgeschichte von Herakles und Eurystheus, wo die Geburt durch πίπτειν μετὰ ποσσὶ γυναικός umschrieben wird (XIX 110), gewinnen wir zwar keine sichere Bestätigung der ermittelten Geburtshaltung, doch wird durch den Gebrauch von πίπτειν eine Niederkunft im Liegen ausgeschlossen.

Zyprische Votivgruppen aus Stein oder Ton stellen ebenfalls den Geburtsakt dar, in der Regel in halbsitzender Stellung auf einer Kline. Es gibt allerdings unter diesen Skulpturen auch ein Beispiel für das Gebären im Liegen: Die Kreißende liegt waagerecht mit gespreizten Beinen auf einem hergerichteten Bett, die 'Hebamme' ist am Fußende des Bettes angedeutet, wie sie ihre Arme ausstreckt, um das neugeborene Kind in Empfang zu nehmen[217a].

In epischen Berichten von zu frühen oder zu späten Geburten werden Erfahrungen mit gewissen Unregelmäßigkeiten und Komplikationen transparent. So sorgt Hera für eine Frühgeburt des Eurystheus im siebten Monat (ὁ δ' ἕβδομος ἑστήκει μείς), während sie die Geburt des Herakles, der zeitgerecht zur Welt kommen soll, aufhält (XIX 117ff.). In Gestalt von ἠλιτόμηνος (XIX 118) gibt es ein eigenes Wort für einen zu früh Geborenen. Der Gott Hermes wird im zehnten Monat

v. Chr.; H 17 cm; U. Zanotti-Bianco, JHS. 56, 1936, 232 Abb. 12; P. Zancani-Montuoro – U. Zanotti-Bianco, Heraion alla Foce del Sele (1938) 223 Abb. 8; L. v. Matt – U. Zanotti-Bianco, Großgriechenland (1961) 46 Abb. 46; E. Langlotz – M. Hirmer, Die Kunst der Westgriechen in Sizilien und Unteritalien (1963) 45. 88 Taf. 131, mit anderer Interpretation; P. C. Sestieri, Paestum (1950) 52 Abb. a; Umzeichnung M. Morkramer. Weitere Bildzeugnisse bei V. Lehmann, Die Geburt in der Kunst (1978) 16f. **217a** F. N. Price, Catalogue of Sculpture, British Museum I 2 (1931) 131f. Nr. C 410–412 Abb. 208–210; P. Dikaios, A Guide to the Cyprus Museum³ (1961) 204f. Taf. 21,2 (Terrakottagruppen).

geboren (h. Merc. 10ff.), während die Musen, Kinder des Zeus und der Mnemosyne, nach einem Jahr geboren werden (Hes., Th. 58). Leto liegt neun Tage und neun Nächte in den Wehen, ehe sie von Eileithyia erlöst wird (h. Ap. 91 f.).

Auf Unfruchtbarkeit, hervorgerufen durch Komplikationen bei einer Entbindung, könnten die Verse 4, 12 ff. hinweisen, die davon berichten, daß Helena seit der Geburt der Hermione weitere Nachkommenschaft versagt geblieben sei:

> ... Ἑλένῃ δὲ θεοὶ γόνον οὐκέτ' ἔφαινον,
> ἐπεὶ δὴ τὸ πρῶτον ἐγείνατο παῖδ' ἐρατεινήν,
> Ἑρμιόνην, ἣ εἶδος ἔχε χρυσέης Ἀφροδίτης.

Das bekannteste Beispiel für eine eigentümliche humangenetische Auffassung, die nichts Ungewöhnliches darin sieht, eine Zwillingsgeburt auf verschiedene Väter zurückzuführen [218], bietet die Version der Geburtssage des Herakles, nach der Alkmene den Herakles von Zeus empfangen hat, der ihr in der Gestalt des Gatten Amphitryon beiwohnte, Iphikles dagegen, den Zwillingsbruder des Herakles, von dem wahren Amphitryon. So heißt es Hes., Sc. 48 ff. von Alkmene:

> ἣ δὲ θεῷ δμηθεῖσα καὶ ἀνέρι πολλὸν ἀρίστῳ
> Θήβῃ ἐν ἑπταπύλῳ διδυμάονε γείνατο παῖδε,
> οὐ καθ' ὁμὰ φρονέοντε· κασιγνήτω γε μὲν ἤστην·
> τὸν μὲν χειρότερον, τὸν δ' αὖ μέγ' ἀμείνονα φῶτα,
> δεινόν τε κρατερόν τε, βίην Ἡρακληείην·
> τὸν μὲν ὑποδμηθεῖσα κελαινεφέϊ Κρονίωνι,
> τὸν δ' ἄρα Ἰφικλῆα δορυσσόῳ Ἀμφιτρύωνι,
> κεκριμένην γενεήν· τὸν μὲν βροτῷ ἀνδρὶ μιγεῖσα,
> τὸν δὲ Διὶ Κρονίωνι, θεῶν σημάντορι πάντων.

Im ganzen läßt die frühepische Hinterlassenschaft nur wenig von der außerordentlichen Bedeutung erkennen, die die mit der biologischen Rolle der Frau verbundenen Äußerungen weiblichen Geschlechtslebens für die Gestaltung des Kults und religiösen Lebens innerhalb der griechischen Gesellschaft gewannen.

4. Heilung

a) Heilgötter

α) *Apollon:* Unter den Göttern und Dämonen, zu deren Wesen das Heilen gehört, ist Apollon an erster Stelle zu nennen. Der homerische Hymnos auf den pythischen Apollon verehrt den Gott in Delphi als Ἰηπαιήων, »den als Heiler Angerufenen« (272)[219]. Wie die Heilung, liegen auch Tod und Vernichtung in seiner Hand. In dieser Doppelfunktion wird der Gott in den Versen I 44 ff. vorgeführt[220], wo er den Achäern die Pest sendet und wieder von ihnen nimmt,

---

218 Zur mythischen Anschauung über Zwillingsgeburten siehe H. J. Rose, Griechische Mythologie (1955) 209 f.   **219** Hier als Zuname des Gottes, h. Ap. 500 und 517 als das Lied, mit dem man den Gott in dieser Eigenschaft anruft. Die gleiche Doppeldeutigkeit macht sich bei »Paieon« bemerkbar; S. S 93 ff.   **220** S. S 62. Nach Buschan, Medizinzau-

nachdem sie Sühne geleistet haben. In der Ilias erhält er von Zeus den Auftrag, den von einem Stein des Aias schwer getroffenen Hektor[221] zu heilen (XV 231ff.). Diese Heilung empfinden die Achäer wie ein Wunder, als der schon Totgeglaubte wieder am Kampf teilnimmt (XV 286ff.).

Das eindringliche, schlichte Gebet, das der vom Pfeil des Teukros getroffene Glaukos in seiner Not an den Heilgott richtet, erhellt vielleicht am eindrucksvollsten diese Rolle des Gottes:

ἕλκος μὲν γὰρ ἔχω τόδε καρτερόν, ἀμφὶ δέ μοι χεὶρ
ὀξείης ὀδύνῃσιν ἐλήλαται, οὐδέ μοι αἷμα
τερσῆναι δύναται, βαρύθει δέ μοι ὦμος ὑπ' αὐτοῦ·
ἔγχος δ' οὐ δύναμαι σχεῖν ἔμπεδον, οὐδὲ μάχεσθαι
ἐλθὼν δυσμενέεσσιν. ... (XVI 517ff.)
ἀλλὰ σύ πέρ μοι, ἄναξ, τόδε καρτερὸν ἕλκος ἄκεσσαι,
κοίμησον δ' ὀδύνας, δὸς δὲ κράτος, ... (XVI 523f.)

»Ich habe ja diese schwere Verwundung hier; rings ist mir der Arm von heftigen Schmerzen durchdrungen; auch kann mir das Blut nicht trocken werden, und schwer wird mir daher die Schulter. Die Lanze kann ich nicht sicher halten, kann nicht hingehen und mit den Feinden kämpfen ... Du aber, Herr, heile mir diese schwere Wunde, schläfere die Schmerzen ein und gib Kraft«. Der Gott aber erhört sein Gebet (XVI 528f.):

αὐτίκα παῦσ' ὀδύνας, ἀπὸ δ' ἕλκεος ἀργαλέοιο
αἷμα μέλαν τέρσηνε, μένος δέ οἱ ἔμβαλε θυμῷ.

»Sofort machte er den Schmerzen ein Ende, trocknete das dunkle Blut von der schlimmen Wunde und kräftigte seinen Mut«.

An einer anderen Stelle entrückt Apollon den verwundeten Aineas, um ihn vor den Angriffen des Diomedes zu retten, und setzt ihn in seinem Tempel auf der Burg von Troja nieder, wo ihn Leto und Artemis im Allerheiligsten (Adyton) versorgen und heilen[222] (V 445ff.):

Αἰνείαν δ' ἀπάτερθεν ὁμίλου θῆκεν Ἀπόλλων
Περγάμῳ εἰν ἱερῇ, ὅθι οἱ νηός γε τέτυκτο.
ἤτοι τὸν Λητώ τε καὶ Ἄρτεμις ἰοχέαιρα
ἐν μεγάλῳ ἀδύτῳ ἀκέοντό τε κύδαινόν τε·

ber 266 übt Ninurta unter den altassyrischen Göttern eine vergleichbare Doppelfunktion aus. E.R.Dodds, Die Griechen und das Irrationale (1970) 42f. neigt zu der Ansicht, »daß Apollon, der Urheber und Erlöser von Plagen, kein anderer sei als der hethitische Gott Apulunas«. Die den Griechen geläufige Vorstellung des ὁ τρώσας ἰάσεται (Eur., Fr. 700) beruht auf einer der vielfältigen Variationen des Glaubens an die Wirksamkeit des Gleichen oder Ähnlichen (Typologie bei Müller a.O. [s.o. Anm. 76] 148 Anm. 142). Das klassische Beispiel für diese magischem Denken entspringende Vorstellung bietet die Telephosepisode der Kyprien (Procl., Chr., Allen V 104), wo Telephos einem Orakel zufolge nur durch Achilleus von jener nichtheilenden Wunde geheilt werden kann, die ihm dieser einst schlug: εἰπόντος αὐτῷ τοῦ Ἀπόλλωνος τότε τεύξεσθαι θεραπείας, ὅταν ὁ τρώσας ἰατρὸς γένηται (Apollod., Epitom. 3,20). Das Schema der Heilung wird dadurch kompliziert, daß nicht nur ὁ τρώσας die Heilung vollzieht, sondern auch τὸ τρῶσαν, die Waffe, die die Wunde schlug: Achilleus heilt mit dem Rost, den er von seiner Lanze abgeschabt hat: θεραπεύεται (sc. Τήλεφος) ἀποξύσαντος Ἀχιλλέως τῆς Πελιάδος μελίας τὸν ἰόν. (Apollod. l.c.). Zu Rost als Heilmittel S.S125.   221 S.S38. S116.   222 Vgl. S.S116f.

Wenn der Gott hier als Heiler auch nur mittelbar in Aktion zu treten scheint und Mutter und Schwester als seine Gehilfen fungieren, ist es doch auffällig, daß die Heilung im Adyton seines Tempels[223] erfolgt, die doch, wie sonst auch, ohne Bindung an einen bestimmten Ort hätte erfolgen können, so daß hier Gottesraum und Heilung möglicherweise in einem Zusammenhang gesehen werden, für den der spätere Asklepioskult das vornehmste Beispiel bietet[224].

β) *Anhang: Apollon und Artemis als Todesgottheiten – Die Keren:* Als tötender Gott hat Apollon nicht nur ein erschreckendes Antlitz. In der Odyssee (in der Ilias nur XXIV 758f.) sendet er auch den Tod ohne Qual und langes Siechtum, den man als einen Vorzug einschätzt. Das göttliche Geschwisterpaar teilt sich diese Aufgabe: Apollon verhilft Männern zu einem Tode solcher Art, Artemis den Frauen. Diese Rolle des Götterpaares wird am deutlichsten in dem Lebensbericht des Eumaios, der dort von den Vorzügen seiner Heimat spricht (15, 409 ff.):

ἀλλ' ὅτε γηράσκωσι πόλιν κάτα φῦλ' ἀνθρώπων,
ἐλθὼν ἀργυρότοξος Ἀπόλλων Ἀρτέμιδι ξὺν
οἷς ἀγανοῖς βελέεσσιν ἐποιχόμενος κατέπεφνεν.

»Aber wenn die Geschlechter der Menschen in der Stadt alt werden, kommt, zusammen mit Artemis, Apollon mit dem silbernen Bogen, tritt an sie heran und tötet sie mit seinen sanften Geschossen«[225]. Hier also sind Apollons (bzw. Artemis') Pfeile ἀγανά, »sanft«, und nicht στονόεντα, »seufzerreich«, wie sie h. Ven. 152 genannt werden und wie es der üblichen Zubenennung des Pfeils entspricht[226]. Der Alterstod als Inbegriff eines sanften Todes mag hier dem vollen Sinn des Beiwortes ἀγανός entsprechen[227]. Nachdrücklicher wird aber von den »sanften Geschossen« des Gottes geredet, wo ein rascher, quälendes Siechtum ausschließender Tod junge Menschen trifft. So sagt Hekabe in ihrer Totenklage um Hektor, sein Leichnam sehe frisch und blühend aus, wie jemand, »den Apoll mit seinen sanften Geschossen getötet hat«: ... ὅν τ' ἀργυρότοξος Ἀπόλλων | οἷς ἀγανοῖς βελέεσσιν ἐποιχόμενος κατέπεφνεν (XXIV 758f.). Dieser Art scheint auch der Tod zu sein, der den Steuermann des Menelaos auf hoher See ereilt (3, 279ff.):

ἔνθα κυβερνήτην Μενελάου Φοῖβος Ἀπόλλων
οἷς ἀγανοῖς βελέεσσιν ἐποιχόμενος κατέπεφνε,
πηδάλιον μετὰ χερσὶ θεούσης νηὸς ἔχοντα, ...[228]

---

[223] Ist schon die Erwähnung eines Tempels in den hom. Epen selten, so ist dies die einzige Stelle, die von einem Tempeladyton spricht. [224] Es ist das Verdienst von H. Schrade (s. Anm. 88), auf diesen Sachverhalt aufmerksam gemacht zu haben. – Ein Adyton oder Abaton war für thaumaturgisch-divinatorische Heilkulte in Trikka und Epidauros, wo Apollon später von Asklepios verdrängt wurde, ein besonderes Merkmal. Vgl. U. v. Wilamowitz, Isyllos von Epidauros (1886) 45f. mit Anm. 2; Nilsson, GGR.³ I 539; Sigerist, History II 57; W. Fauth, KlPauly I (1964) 646 s. v. Asklepios. Daß ein alter Tempelheilkult Apollons in Kleinasien nichts Außergewöhnliches zu sein braucht, zeigen spätere Inkubationsstätten des Gottes; vgl. E. Stemplinger, Antike und moderne Volksmedizin (1925) 28. 32 und Nilsson, GGR.³ I 546 mit Anm. 9.   [225] Vgl. S. S 65.   [226] Neben στονόεις (VIII 159 u. ö.) auch πικρός (IV 118 u. ö.). Vgl. noch βέλος ἐχεπευκές von Apolls Pfeil I 51.   [227] Ein Alterstod dieser Art scheint auch im Falle von Andromaches Mutter VI 428 gemeint zu sein. [228] Daß einen Steuermann der Tod ereilte, während er sein Ruder in der Hand hielt und sich

Den Phäaken Rhexenor, der nur eine Tochter, aber keinen männlichen Erben hinterließ, hat Apollon als Jungvermählten entrafft (7,64f.):

τὸν μὲν ἄκουρον ἐόντα βάλ' ἀργυρότοξος Ἀπόλλων
νυμφίον ἐν μεγάρῳ, μίαν οἴην παῖδα λιπόντα ...

Hier trifft der Tod durch Apollons Bogen nicht nur einen jungen Menschen, sondern einen, der sich als νύμφιος in der Blüte des Lebens schlechthin befindet[229]. Wenn hier auch nicht ausdrücklich von ἀγανὰ βέλεα die Rede ist, läßt sich der Ausdruck als Verkürzung im Sinne des Formelverses verstehen. Diese formale Feststellung gilt auch für die Verse 17,251 f., denen sich zugleich entnehmen läßt, daß sich der Tod durch »Apolls sanfte Geschosse« nicht auf jeden raschen Tod bezieht:

αἲ γὰρ Τηλέμαχον βάλοι ἀργυρότοξος Ἀπόλλων
σήμερον ἐν μεγάροις, ἢ ὑπὸ μνηστῆρσι δαμείη, ...

Wenn Melanthios wünscht, daß Telemach umkommen möge, entweder durch den Bogen Apolls oder durch die Freier, wird ein Tod durch Einwirkung menschlicher Gewalt ausdrücklich davon ausgenommen[230].

Der Tod, den die Pfeilschützin Artemis den Frauen bringt, gehört im wesentlichen in die umrissenen Bereiche. Noch ganz im formelhaften Schema und den Gegensatz zu langwierigem Siechtum hervorhebend, fragt Odysseus das Eidolon (Schattengestalt) der Mutter Antikleia, ob eine lange Krankheit oder »Artemis mit ihren sanften Geschossen« ihr den Tod gebracht habe (11,172f.; vgl. 11,198f.)[231]:

ἢ δολιχὴ νοῦσος, ἢ Ἄρτεμις ἰοχέαιρα
οἷς ἀγανοῖς βελέεσσιν ἐποιχομένη κατέπεφνεν;

---

das Schiff in Fahrt befand, ist doch eine recht triviale Aussage, die erst Prägnanz erhält, wenn man das ἔχοντα als Prädikativum des Resultats (vgl. Anm. 87) versteht. Dann wäre damit ausgedrückt, daß der vom Tode Ereilte sein Ruder in der Hand behält und das Schiff seine Fahrt nicht unterbricht, und die Mitteilung erhielte dadurch eine gewisse sensationelle Note wie aktuelle Pressemeldungen vom »Herztod am Steuer«. Vgl. S.S85.   229 Ganz ungebrochen scheint die Diesseitsbezogenheit des homerischen Menschen doch nicht zu sein (vgl. M.Pohlenz, Der hellenische Mensch [1947] 77ff.) und, wenn auch sehr verhalten, schon im homerischen Epos ein Pessimismus zu Wort zu kommen, der seinen schroffsten Ausdruck in dem der frühen Epik noch nahestehenden Volksbuch vom Wettstreit des Homer und Hesiod findet, wo Homer auf die Frage, was für den Menschen das Förderlichste sei, mit der (später noch öfter kolportierten) Sentenz antwortet (Allen V 228 Z. 78f.): ἀρχὴν μὲν μὴ φῦναι ἐπιχθονίοισιν ἄριστον, | φύντα δ' ὅμως ὥκιστα πύλας Ἀΐδαο περῆσαι.   230 Zu nennen ist noch 17,492 ff., wo Penelope, als sie soeben erfahren hat, daß Odysseus von dem Schemel des Freiers Antinoos getroffen (βλημένου) wurde, diesem wünscht, daß ihn ebenso Apoll mit seinem Bogen treffen möge (βάλοι).   231 Anders faßt Lain Entralgo, Therapy 7 sein Urteil über die epische Funktion von Apollon und Artemis zusammen: »the terrifying human problem of undeserved suffering is hinted at in these illnesses inflicted on mortals by the arrows of Apollo and Artemis«. Ihre Pfeile, die übrigens nicht Krankheit, sondern den Tod bringen (Ausnahme nur Apollon I 44ff.), entheben ja gerade der Qualen eines langwierigen Siechtums. Nur in dieser durchaus positiv empfundenen Rolle können sie als Todesgottheiten gelten. Wo Apollon und Artemis sonst töten, rächen sie sich oder strafen in eigener Sache: I 44ff. straft Apoll die Achäer für die Beleidigung seines Priesters Chryses; VI 205 tötet Artemis Laodameia, die Tochter (nicht »Mutter«, wie bei Lain Entralgo 7 zu lesen) des Bellerophontes aus nicht näher motiviertem Zorn; XXIV 605f. töten Apollon und Artemis

Der Tod, den Penelope von Artemis erbittet, soll sanft und rasch sein (18,202f.):

αἴθε μοι ὣς μαλακὸν θάνατον πόροι Ἄρτεμις ἁγνὴ
αὐτίκα νῦν ...

Die phönikische Magd im Lebensbericht des Eumaios findet durch einen Unfall auf der Fahrt in die Heimat den Tod. Sie stürzt vom Deck des Schiffes in den Kielraum. Auch dieser vielleicht rasche, aber sicher nicht sanfte Tod wird noch als von Artemis gesandt empfunden (15,478f.):

τὴν μὲν ἔπειτα γυναῖκα βάλ' Ἄρτεμις ἰοχέαιρα,
ἄντλῳ δ' ἐνδούπησε πεσοῦσ' ὡς εἰναλίη κήξ.

Schließlich bittet Penelope ein weiteres Mal Artemis um den Tod (20,61f.):

Ἄρτεμι, πότνα θεά, θύγατερ Διός, αἴθε μοι ἤδη
ἰὸν ἐνὶ στήθεσσι βαλοῦσ' ἐκ θυμὸν ἕλοιο ...

Wenn sie sich nun aber als Alternative wünscht, von Stürmen in den Okeanos entrafft zu werden, wie es einst den Töchtern des Pandareos geschah, wird neben dieser leeren Exaltation kaum noch etwas von der Besonderheit des Todes, den Artemis sendet, verständlich.

Es ist nicht möglich, von Apollon und Artemis als todbringenden Gottheiten zu reden, ohne auf eine im Epos genannte Todesgottheit eigener Art, die Ker (auch im Plural: die Keren) kurz zu verweisen, die als eine Art Todesdämon ausschließlich unter düsteren Aspekten betrachtet wird und besonders für den gewaltsamen, aber auch sonst gefürchteten und unerwünschten Tod jeder Art als zuständig erachtet wird[232]. Diesem Gebrauch des Wortes, das eigentlich »Verderben« bedeutet[233], geht ein anderer nebenher, der es appellativ für »Todeslos, Todesart, Tod« verwendet.

γ) Eileithyien: Die Nähe von Geburt und Tod rückt eine Gottheit ins Blickfeld, die mit dem Lebensschicksal der Frau aufs engste verbunden ist, die Eileithyia[234] (oder im Plural: die Eileithyien), Helferin bei der Geburt und Senderin der Geburtsschmerzen, worauf auch ihr Beiwort μογοστόκος weist. Im Sprachgebrauch wirkt ihr Name, besonders im Plural, gelegentlich nur wie eine Hypostase der Geburtswehen.

In der Odyssee wird Amnisos, der Hafen des kretischen Knossos, als Kultort der Eileithyia genannt, wo sie ein Grottenheiligtum besaß (19,188: ... ἐν Ἀμνισῷ, ὅθι τε σπέος Εἰλειθυίης). Diese durch Ausgrabungen und spätere literari-

---

die Niobiden aus Zorn über die Beleidigung ihrer Mutter Leto durch Niobe. Gewisse Abweichung von der sich sonst deutlich abzeichnenden Typik ist lediglich 5,124 zu beobachten, wo Artemis den Orion, erstmalig also ein männliches Wesen, tötet; doch der fällt als Jäger in den Bereich ihrer Zuständigkeit; vgl. Nilsson, GGR.³ I 482.   232 In die Diskussion des noch nicht restlos geklärten Bedeutungsproblems einzutreten, namentlich zur Frage, ob κῆρες auch die Totenseelen meinen konnten, erübrigt sich hier. Das Wichtigste steht bei Nilsson, GGR.³ I 222ff.   233 Nach der Hesychglosse, die κήρ zu κηραίνειν = φθείρειν stellt. Nilsson, GGR.³ I 224.   234 Zu den Schwierigkeiten der Namensdeutung und den Problemen der Herkunft siehe Nilsson, GGR.³ I 312ff. Nach Frisk I 456 sieht Güntert in E(ἰ)λείθυια ein nichtgriechisches Wort, das dem aktiven und faktitiven ἐλεύθω = »bringe« (dor. nur in ἐλεύσω, ἐλευσέω) im Sinne von »Hervorbringerin« (vgl. lat. *Fortuna – ferre*) volksetymologisch angeglichen wäre; G. Wickert-Micknat, unser Kap. »Die Frau« R 107.

sche Zeugnisse erhärtete Mitteilung des Epos[235] bestätigte in überzeugender Weise die Lesung einer Linear B-Tafel aus Knossos (Ventris-Chadwick, Documents 127. 310: KN 206 = Gg 705): *a-mi-ni-so e-re-u-ti-ja*, wo die Eileithyia von Amnisos als Empfängerin eines Kruges Honig genannt wird[236].

Hesiod (Th. 922) nennt Eileithyia neben Hebe und Ares unter den Kindern von Zeus und Hera. XI 269 ff. wird geschildert, wie Agamemnon nach einer Verwundung durch Lanzenstoß von heftigen Schmerzen ergriffen wird, nachdem die Blutung aus der Wunde zum Stillstand gekommen ist (vgl. S. S 38 f.), die mit den Schmerzen einer Gebärenden verglichen werden[237]:

> ὡς δ' ὅτ' ἂν ὠδίνουσαν ἔχῃ βέλος ὀξὺ γυναῖκα,
> δριμύ, τό τε προϊεῖσι μογοστόκοι Εἰλείθυιαι,
> Ἥρης θυγατέρες πικρὰς ὠδῖνας ἔχουσαι,
> ὣς ὀξεῖ' ὀδύναι δῦνον μένος Ἀτρεΐδαο.

Abgesehen davon, daß die Eileithyien auch hier, wo sie im Plural erscheinen, als Töchter der Hera bezeichnet sind, werden die Schmerzen, die sie senden, Pfeilen gleichgesetzt, die nicht von ungefähr an die Pfeile der Artemis erinnern[238]. Ἐξαγαγεῖν πρὸ φόωσδε (XVI 188; vgl. XIX 118) oder φόωσδε ἐκφαίνειν (XIX 103 f.), »ans Licht befördern«, sind typische Wendungen, die die Tätigkeit der Göttin (Göttinnen) bezeichnen[239].

δ) *Paieon:* Die Ilias kennt den einmal auch in der Odyssee genannten Paieon als Arztgott, dem die Heilbehandlung der Götter obliegt. Seine göttliche Individualität wird dadurch verschwommen, daß mit dem Wort παιήων auch ein Heilsgesang bezeichnet wird, den die Achäer – freilich zu Ehren des Apollon – singen, als dieser im Begriff ist, die Pest wieder von ihnen zu nehmen (I 472 ff.):

> οἱ δὲ πανημέριοι μολπῇ θεὸν ἱλάσκοντο
> καλὸν ἀείδοντες παιήονα κοῦροι Ἀχαιῶν,
> μέλποντες ἑκάεργον·

---

[235] Nach Nilsson, GGR³. I 262 wurde eine Grotte bei Amnisos durch die Ausgrabungen von Sp. Marinatos mit der oben erwähnten sicher identifiziert.   [236] Sp. Marinatos, Minos 4, 1956, 18.   [237] Wie verhaltene Kritik und Korrektur der Homerstelle wirken die Verse in Eur., Med. 248 ff.: λέγουσι δ' ἡμᾶς ὡς ἀκίνδυνον βίον | ζῶμεν κατ' οἴκους, οἱ δὲ μάρνανται δόρι· | κακῶς φρονοῦντες· ὡς τρὶς ἂν παρ' ἀσπίδα | στῆναι θέλοιμ' ἂν μᾶλλον ἢ τεκεῖν ἅπαξ.   [238] Außer der kretischen Eileithyia von Amnisos ist auch die Bogenschützin Artemis als Eileithyia verehrt worden. Vgl. Nilsson, GGR.³ I 312 und Thomson a.O. (s.o. Anm. 210) 172. 195.   [239] Hera scheint als Mutter der Eileithyia (Eileithyien) jederzeit in deren Kompetenzen eingreifen zu können: Was nach der Ankündigung des Zeus in den letztgenannten Versen durch Eileithyia erfolgen soll, wird durch Hera getan (XIX 118), die nicht nur die (frühzeitige) Geburt des Eurystheus persönlich herbeiführt, sondern auch die des Herakles hemmt, indem sie die Eileithyien fernhält (XIX 119). Im hom. Apollonhymnos hält Hera die Eileithyia aus Eifersucht gegen Leto zunächst fern (h. Ap. 97 ff.), bis diese schließlich, unbemerkt von Hera, doch als Geburtsgöttin in Aktion treten kann (h. Ap. 115 ff.). In gewisser Weise treten auch die Moiren (Klotho, Atropos und Lachesis), kollektiv Κλῶθες, die »Spinnerinnen«, genannt, als Geburtsgöttinnen insoweit in Erscheinung, als sie jedem bei seiner Geburt seinen Schicksalsfaden, spinnen. Vgl. 7, 197 f.: πείσεται ἅσσα οἱ αἶσα κατὰ Κλῶθές τε βαρεῖαι | γεινομένῳ νήσαντο λίνῳ, ὅτε μιν τέκε μήτηρ. Siehe noch XX 127 f.; XXIV 525; 1, 17; Hes., Th. 218 f. Thomson a.O. (s.o. Anm. 210) 279 f.; Nilsson, GGR.³ I 363 mit Anm. 3. Vgl. S. S 9 zu »θεῶν ἐν γούνασι κεῖται«.

Schließlich meint das Wort auch ein Triumph- und Siegeslied, das Achilleus die Achäer nach der Tötung Hektors anstimmen läßt (XXII 391f.):

νῦν δ' ἄγ' ἀείδοντες παιήονα κοῦροι Ἀχαιῶν
νηυσὶν ἔπι γλαφυρῇσι νεώμεθα, τόνδε δ' ἄγωμεν.

Die folgenden Verse: »Großen Ruhm trugen wir davon, wir haben den göttlichen Hektor getötet ...« lassen sich als Inhalt dieses Liedes verstehen. Als Heilgott ist Paieon – darauf deuten schon die oben zitierten Verse I 472ff. hin – später in Apollon aufgegangen (zu h.Ap.272 vgl. S.S88). In seiner ärztlichen Tätigkeit ist er am deutlichsten V 899ff. zu erkennen, wo Zeus den verwundeten Ares durch Paieon versorgen läßt:

Ὣς φάτο, καὶ Παιήον' ἀνώγειν ἰήσασθαι·
τῷ δ' ἐπὶ Παιήων ὀδυνήφατα φάρμακα πάσσων
ἠκέσατ'· οὐ μὲν γάρ τι καταθνητός γ' ἐτέτυκτο.
ὡς δ' ὅτ' ὀπὸς γάλα λευκὸν ἐπειγόμενος συνέπηξεν
ὑγρὸν ἐόν, μάλα δ' ὦκα περιτρέφεται κυκόωντι,
ὣς ἄρα καρπαλίμως ἰήσατο θοῦρον Ἄρηα.

»So sprach er und befahl dem Paieon, ihn zu heilen. Paieon aber heilte ihn, indem er ihm schmerzstillende Heilmittel auflegte, denn er war nicht sterblich geschaffen. Wie wenn Lab eilends weiße Milch fest werden läßt, die doch flüssig ist, sehr schnell aber gerinnt sie rings, wenn man sie rührt, so rasch also heilte er den stürmenden Ares«. Paieon behandelt also göttliche Patienten als Wundarzt[240], legt schmerzstillende Pharmaka auf und – das meint offensichtlich das Gleichnis – bringt die Blutung so schnell zum Stillstand, wie Lab Milch gerinnen läßt[241]. Weniger ausführlich berichtet V 398ff., daß Paieon den Hades geheilt habe, als ihn Herakles durch einen Pfeilschuß in die Schulter verwundet hatte (V 401f. = V 900f.).

Von besonderem Interesse ist die einzige Stelle der Odyssee, die Paieon erwähnt (4,229ff.), wo von den vielfältigen Pharmaka die Rede ist, die Ägypten hervorbringe. Dem entspreche die Beschlagenheit seiner Bewohner im Umgang mit Heilmitteln, »denn sie sind vom Geschlechte des Paieon« (4,232: ἦ γὰρ Παιήονός εἰσι γενέθλης·)[242]. Ein Scholion zu 4,232 weist an dieser Stelle darauf hin, daß Paieon nicht mit Apollon identisch sei, und zitiert zur Stütze seiner Auffassung eine Hesiodstelle (Hes., Fr. 194 Rz.):

εἰ μὴ Ἀπόλλων Φοῖβος ὑπὲκ θανάτοιο σαώσαι
ἢ αὐτὸς Παιήων, ὃς ἁπάντων φάρμακα οἶδεν.

Sie nennt Paieon neben Apoll als den Arzt, von dem noch Rettung vor dem Tode zu erwarten ist, »da er Heilmittel gegen alles kennt«. Soweit lassen alle Zeugnisse, die von Paieon als Arzt sprechen, erkennen, daß besondere Kenntnis und Fertigkeit im Umgang mit Heilmitteln die Vorstellung vom Wesen und Wirken des

---

240 Das zunächst etwas blaß wirkende οὐ μὲν γάρ τι καταθνητός γ' ἐτέτυκτο (V 901) bringt wohl, auf den Patienten bezogen, zum Ausdruck, daß dieser als Gott eben nicht sterben darf; vgl. K.Kerényi, Der göttliche Arzt (1956) 81 Anm. 131.   **241** H.Fränkel, Die homerischen Gleichnisse (1921) 56f.   **242** Edelstein, Asclepios II 56; Sigerist, History II 45 Anm. 3. Vollständiges Zitat der Odysseestelle und ausführliche Behandlung S.S128f.

Gottes beherrschen. Eustathios nennt ihn einen ῥιζικὸς ἰατρός, einen »Wurzelarzt«, der Kräuter reibe und sie (auf Wunden) appliziere [243].

Die Identifizierung des (wohl ungriechischen) Namens Paieon mit dem Heilsgesang und Siegeslied ließen an ähnliche Gegebenheiten wie im Falle von Iakchos [244] und Hymenaios [245] denken, wo jeweils der Gott als eine aus einem kultischen Jubelruf hervorgegangene Personifikation zu verstehen ist. Dementsprechend sieht Nilsson in Paieon ursprünglich das bei Krankheiten gesungene Zauberlied, die ἐπαοιδή, die zu den Praktiken magischer Therapie gehörte, von der die Odysseestelle 19,457 eine Vorstellung vermittelt, wo die Blutung einer Wunde des Odysseus durch 'Besingen' gestillt werden soll [246]. Für die ursprüngliche Individualität eines Gottes Paieon spricht dagegen die Lesung eines *pa-ja-wo* = *Παιάϝων auf der Knossostafel KN 208, wo der Name neben denen der Athena, des Enyalios und des Poseidon erscheint [247].

ε) *Poseidon:* Sieht man von Dione ab, die V 416 ihre an der Hand leicht verwundete Tochter Aphrodite wieder herstellt, ohne daß sie unter den Göttern besondere Heilungsfunktionen ausübt, desgleichen von Leto und Artemis, die V 447f. als Heilgehilfinnen Apollons den verwundeten Aineas versorgen (S. S 89f.), gibt es für Poseidon gewisse Anzeichen dafür, daß möglicherweise auch Heilung zu seinen göttlichen Aufgaben gehörte.

Wenn die Kyklopen 9,412 dem Polyphem, den sie für geistesgestört halten, anraten, zu seinem Vater Poseidon um Hilfe zu beten (S. S 74), brauchte man die darin angedeutete Erwartung, daß der Sohn durch seinen göttlichen Vater Heilung finden werde, zunächst nicht anders zu bewerten als oben im Fall der Dione; doch liegt in einem Fragment der Iliupersis, das Schol. BT Eust. zu XI 515 überliefert haben [248], eine Sagenversion vor, die nicht, wie in der Ilias, Asklepios, sondern den κλυτὸς Ἐννοσίγαιος, also Poseidon, zum Vater der Ärzte Machaon und Podaleirios macht und weiter davon spricht, daß er die ärztliche Kunst an seine Söhne weitergegeben habe. Den einen, Machaon, habe er zum Chirurgen gemacht, Podaleirios aber zum Arzt für innere Krankheiten (ἄσκοπα), der ja auch als erster den Zustand des Aias als Gemütskrankheit diagnostiziert habe (S. S 76). Wenn also unter diesen ἄσκοπα gerade eine Krankheit des Gemüts dazu verwandt wird, den ärztlichen Zuständigkeitsbereich des Poseidonsohnes Podaleirios zu kennzeichnen, könnte man angesichts der Heilerrolle, die die Kyklopen im Falle des »geisteskranken« Polyphem dem Poseidon zuweisen, einen Hinweis auf einen spezifischen Wirkungsbereich eines heilenden Poseidon sehen.

Die Vorstellung, daß Poseidon heilende Funktionen ausübte, könnte auch durch die Zuversicht genährt werden, mit der Polyphem 9,520f. unter allen Göttern und Menschen nur von seinem Vater Poseidon die Heilung seines verbrannten Auges erwartet:

αὐτὸς δ', αἴ κ' ἐθέλησ', ἰήσεται, οὐδέ τις ἄλλος
οὔτε θεῶν μακάρων οὔτε θνητῶν ἀνθρώπων.

---

[243] Vollständiges Zitat und Näheres zur Heilmittelapplikation S.S 126. [244] Nilsson, GGR.³ I 664. [245] W. Fauth, KlPauly II (1967) 1267 s.v. Hymenaios. [246] Nilsson, GGR.³ I 159. 543. Zur ἐπαοιδή (19,457) S.S 117 mit Anm. 310. [247] Ventris-Chadwick, Documents 126. 311f. Vgl. Kerényi a.O. S. X; A. Lesky, Gymn. 62, 1955, 11; s. noch Anm. 348. [248] Ausführliche Behandlung S.S 99f. [249] In lokalen Bereichen ist Poseidon

Wer den Poseidon zum Vater der beiden Arztheroen machte und ihn die ärztliche Kunst an seine Söhne weitergeben ließ, sah in ihm jedenfalls einen Heilgott, von dem man sonst nichts erfährt [249].

ζ) *Chiron als heilkundiger Dämon* [250]: Unter den heilenden Göttern und Dämonen ist schließlich der Kentaur Chiron zu nennen. Als Naturwesen weiß er um lindernde Pharmaka in Gestalt von Kräutern und Wurzeln. Die Pharmaka, mit denen Machaon IV 218f. die Wunde des Menelaos versorgt (S. S 109f.), hatte einst Chiron Machaons Vater Asklepios gegeben. XI 828ff. bittet der verwundete Eurypylos den Patroklos um Versorgung seiner Verwundung, insbesondere um Auflegung lindernder Heilmittel, da er, Patroklos, darin doch von seinem Freunde Achilleus unterwiesen sei, der seine Kenntnisse wiederum von Chiron habe (830ff.):

... ἐπὶ δ' ἤπια φάρμακα πάσσε,
ἐσθλά, τά σε προτί φασιν Ἀχιλλῆος δεδιδάχθαι,
ὃν Χείρων ἐδίδαξε, δικαιότατος Κενταύρων.

Abgesehen davon, daß Chiron, hier im Gegensatz zu seinen wilden Artgenossen, den φῆραι, der »gerechteste der Kentauren« genannt wird, ist das Vertrauen auf seine Heilkunst und Arzneimittelkenntnis so groß, daß es noch seiner zweiten Schülergeneration entgegengebracht wird. Da selbst Asklepios dem heilkundigen Kentauren verpflichtet ist (s.o. zu IV 218f. und S.S 97), kann Chiron als eigentlicher Mentor der epischen Ärzteschaft und Heilkunde gelten. Bei Hesiod tritt seine Rolle als Heroenerzieher hervor. So betreut er nach Hes., Fr. 96, 49ff. Rz. den jugendlichen Achilleus, der dagegen nach IX 438ff. von Phoinix erzogen wird, erzieht nach Hes., Th. 1000f. den Jasonsohn Medeios und nach Hes., Fr. 19,2 Rz. Jason selbst.

b) Ärzte

α) *Asklepios:* Der spätere Heilgott schlechthin, auf den manche der ursprünglichen Funktionen Apollons übergingen [251], ist in der Ilias zwar als Arzt, nicht aber als Gott zu erkennen [252]. Im Schiffskatalog ist er der Vater des Machaon und Podaleirios, die dort als Anführer eines Kontingents von dreißig Schiffen, aufgeboten von drei 'thessalischen' Städten [253], genannt werden (II 729ff.):

Οἳ δ' εἶχον Τρίκκην καὶ Ἰθώμην κλωμακόεσσαν,
οἵ τ' ἔχον Οἰχαλίην, πόλιν Εὐρύτου Οἰχαλιῆος,
τῶν αὖθ' ἡγείσθην Ἀσκληπιοῦ δύο παῖδε,
ἰητῆρ' ἀγαθώ, Ποδαλείριος ἠδὲ Μαχάων·
τοῖς δὲ τριήκοντα γλαφυραὶ νέες ἐστιχόωντο.

zwar als Heilgott nachzuweisen, aber das gilt auch für viele andere Götter, die primär nichts mit Heilung zu tun hatten; s. Nilsson, GGR.³ I 539.   250 W. R. Dawson, Journal of the History of Medicine 4, 1949, 267ff. Zu Kentauren als Ärzte: Pind, P. IV 270ff.   251 Vgl. z.B. Anm. 224.   252 Grundlage jeder Beschäftigung mit Asklepios ist das monumentale Werk von E. und L. Edelstein. Zum Asklepios-Stab s. unser Kap. »Würdezeichen«. 253 Thessalisch ist mit Sicherheit nur Trikka. Zum geographischen Problem s. Edelstein,

Als Vater der beiden Ärzte wird er noch mehrfach erwähnt, so in Gestalt des Patronymikons Ἀσκληπιάδης, das nur auf Machaon bezogen wird (IV 204; XI 614; XIV 2), und IV 194, wo der Herold Talthybios den Arzt Machaon zur Behandlung des verwundeten Menelaos herbeirufen soll:

Ταλθύβι', ὅττι τάχιστα Μαχάονα δεῦρο κάλεσσον,
φῶτ' Ἀσκληπιοῦ υἱόν, ἀμύμονος ἰητῆρος, ...

Hier wird Asklepios selbst als ἰητὴρ ἀμύμων, »untadliger Arzt«[253a], bezeichnet (so noch XI 518). Dann begegnen wir ihm IV 219, wo Machaon Menelaos Pharmaka auflegt, »die seinem Vater einst Chiron in freundlicher Gesinnung gegeben hatte«. Schließlich finden sich in den Fragmenten der hesiodischen Katalogdichtung genealogische und biographische Beiträge[254], zur Frage etwa, ob Asklepios Sohn des Apollon und der Koronis oder der Arsinoe gewesen sei, von der es heißt (Hes., Fr. 87 Rz.):

ἣ δ' ἔτεκ' ἐν μεγάροις Ἀσκληπιόν, ὄρχαμον ἀνδρῶν,
Φοίβῳ ὑποδμηθεῖσα, ἐυπλόκαμόν τ' Ἐριῶπιν.

Auch hier ist Asklepios trotz des göttlichen Vaters kein Gott, was allein schon aus der sehr menschlichen Bezeichnung ὄρχαμος ἀνδρῶν hervorgeht[255]. Wahrscheinlich enthielten die hesiodischen Ehoien auch die Mitteilung, daß Apollon nach Tötung der Mutter (Koronis) durch Artemis das dem Mutterleib entnommene Kind Asklepios dem Kentauren Chiron zur Erziehung übergab[256]. Auf sein Ende bezieht sich Hes., Fr. 125 Rz., wonach Zeus ihn wegen seiner hybriden Betätigung als Totenerwecker[257] durch einen Blitz tötete. Der nicht mehr der Zeit des frühen Epos angehörende sechzehnte homerische Hymnos ist schon an den Heilgott Asklepios gerichtet.

β) *Machaon und Podaleirios:* Die einzigen, vor Troja eingesetzten Ärzte, die die Ilias mit Namen nennt, sind die Asklepiossöhne Machaon und Podaleirios. Beide werden ἰητῆρ' ἀγαθώ, »tüchtige Ärzte«, genannt (II 732), ihr Vater selbst als ἰητὴρ ἀμύμων, »untadliger Arzt«, bezeichnet (s. oben). Wenn wir es auch nicht ausdrücklich erfahren, dürfen wir doch unterstellen, daß damit zugleich zum Ausdruck kommt, daß der Vater auch der Lehrmeister der Söhne war. Somit ist die den späteren »Asklepiaden« nachgesagte Sitte, daß die ärztliche Kunst vom Vater an den Sohn weitergegeben wurde[258], schon im Epos angelegt. Daß freilich Erfahrungen und Praktiken der Volksmedizin von allgemeinem Nutzen in ihrer Weitergabe nicht auf die Sippe beschränkt blieben, wird sich aus der Art, wie Chiron mit seinen Kenntnissen in der Heilkunde verfährt, entnehmen lassen (S. S 96). Von den beiden Ärzten wird Podaleirios nie praktizierend vorgeführt, was zu Spekulationen führte, auf die noch einzugehen ist. Sie üben ihre Kunst als ἰητῆρες (eigentlich »Heiler«) im Heer der Achäer[259] nicht ausschließlich aus. Als Anführer des thessalischen Schiffskontingents (II 729ff. S.S 96) tun sie in erster

---

Asclepios II 17ff.   253a Linear B bietet einmal *i-ja-te*; Ventris-Chadwick, Documents 123 (»physician«).   254 Dazu ausführlich s. Edelstein, Asclepios II 24ff.   255 So wird II 837 der Thraker Asios, 14,22 u.ö. der Sauhirt Eumaios und 20,185 u.ö. der Rinderhirt Philoitios genannt.   256 Edelstein, Asclepios II 25. 31. 38.   257 Pind., P. 3, 55ff.; Eur., Alc. 3f. 122ff.; Kerényi a.O. (s.o. Anm. 240) 99f.   258 Edelstein, Asclepios II 57f. 300; J. Kollesch, Ärztliche Ausbildung in der Antike, in: Klio 61, 1979, 507ff.   259 Von

Linie das, was auch die übrigen adeligen Krieger tun[260]. Erst bei dringendem Bedarf und Abkömmlichkeit werden sie aus dem Kampf zu Verwundeten geholt. Als Agamemnon durch den Herold Talthybios Machaon zu seinem verwundeten Bruder Menelaos rufen läßt, muß der Arzt mitten aus der Schar seiner Krieger herausgeholt werden (IV 200ff.):

> ... τὸν δ' ἐνόησεν
> ἑσταότ'. ἀμφὶ δέ μιν κρατεραὶ στίχες ἀσπιστάων
> λαῶν, οἵ οἱ ἕποντο Τρίκης ἐξ ἱπποβότοιο.

Noch deutlicher wird die Beteiligung der Ärzte am Kampf XI 506f., wo Paris Machaon durch Pfeilschuß verwundet, als sich der Arzt gerade durch besondere Tapferkeit hervortut[261]:

> παῦσεν ἀριστεύοντα Μαχάονα, ποιμένα λαῶν
> ἰῷ τριγλώχινι βαλὼν κατὰ δεξιὸν ὦμον.

Sogleich werden sich die Achäer des Risikos bewußt, das der Ausfall eines Arztes bedeutet[262], und Idomeneus, der Nestor auffordert, den Verwundeten schleunigst mit seinem Wagen aus dem Kampfe zu fahren, spricht es aus (XI 514f.):

> ἰητρὸς γὰρ ἀνὴρ πολλῶν ἀντάξιος ἄλλων
> ἰούς τ' ἐκτάμνειν ἐπί τ' ἤπια φάρμακα πάσσειν.

»Denn ein Arzt wiegt viele andere an Wert auf, Pfeile auszuschneiden und lindernde Heilmittel aufzulegen«. Damit wird der Wert des Arztes nicht uneingeschränkt gepriesen, sondern im Bereich der Kriegschirurgie gesehen: Er wiegt viele andere auf, wenn es sich darum handelt, die üblichen Kriegsverletzungen zu versorgen. Damit wird zugleich unterstellt, daß auch andere, wenn auch mit minderem Erfolg, sich darin betätigen. Der Gegensatz zu den ἄλλοι liegt in den speziellen Kenntnissen und Fertigkeiten, die nicht von jedermann erwartet werden können.

Von Machaons Einsatz als Arzt berichtet die Ilias nur an einer Stelle, dort nämlich, wo ihn Agamemnon durch den Herold Talthybios zu seinem verwundeten Bruder Menelaos beordert. Er kommt zu dem Verwundeten, entfernt den Pfeil, der nur oberflächlich in den Körper gedrungen ist, und versorgt die Wunde (zu IV 213ff. S. S 109f.). Obwohl in der Not des Kampfes auch der ärztlich nicht geschulte Mitstreiter dem Verwundeten bisweilen die erste Hilfe leisten muß[263], kommt doch das verständliche Bedürfnis zum Ausdruck, sich bei Verwundungen, wenn möglich, der Hilfe 'regulärer' Ärzte zu versichern.

Ärzten auf trojanischer Seite weiß die Ilias nichts zu berichten.   260 Dies kommt schon im Namen des Machaon durch sein Stammwort μάχη zum Ausdruck. Vgl. Kerényi a.O. (s. o. Anm. 240) 76.   261 Edelstein (Asclepios II 6f. 9) glaubt, daß der heldische Habitus Erfindung des epischen Dichters ist, der den Arzt aus Gründen der Angemessenheit in heldischem Gewande meinte vorführen zu müssen.   262 Welche Bedeutung Achilleus der Verwundung des Arztes beimißt, geht daraus hervor, daß er, der auf Nestors Wagen Machaon undeutlich bemerkt zu haben glaubt, Patroklos ausschickt, um sich Gewißheit zu verschaffen (XI 597ff.). Diese Maßnahme setzt die Entsendung des Patroklos in den Kampf in Gang und führt die Handlung der Entscheidung zu.   263 So wird V 111f. Diomedes von Sthenelos behandelt, V 694f. Sarpedon von Pelagon, XIII 598ff. Helenos von Agenor usw. XI 397f. und XI 456f. befreien sich Diomedes und Odysseus ohne fremde Hilfe von

Als Patroklos von Nestor kommt, um Achilleus zu bestätigen, daß es sich bei dem Verwundeten, den man aus dem Kampf gefahren habe, tatsächlich um Machaon handele (s. Anm. 262), begegnet ihm bei den Schiffen Eurypylos, dem ein Pfeil des Paris im Schenkel steckt. Der Schwerverwundete fleht ihn an, ihn durch sofortige Behandlung zu retten, da er, Patroklos, im Ruf stehe, durch seinen Freund Achilleus manches von der Wundbehandlung des Chiron gelernt zu haben (S. S 96), und begründet seine Bitte (XI 833 ff.):

ἰητροὶ μὲν γὰρ Ποδαλείριος ἠδὲ Μαχάων,
τὸν μὲν ἐνὶ κλισίῃσιν οἴομαι ἕλκος ἔχοντα,
χρηΐζοντα καὶ αὐτὸν ἀμύμονος ἰητῆρος,
κεῖσθαι· ὁ δ' ἐν πεδίῳ Τρώων μένει ὀξὺν Ἄρηα.

»Denn von den Ärzten Podaleirios und Machaon liegt der eine, so meine ich, verwundet in der Hütte und bedarf selbst eines untadeligen Arztes, der andere aber stellt sich in der Ebene der Troer dem hitzigen Ares«. Die, an die man sich eigentlich um Hilfe wenden wollte, stehen also gerade nicht zur Verfügung. Dies ist übrigens die einzige Stelle, an der überhaupt von irgendeiner Tätigkeit des Podaleirios vor Troja die Rede ist [264]. Da wir von Podaleirios auch sonst nichts weiter in der Ilias hören und die Kampfsituation der Ilias ausschließlich Gelegenheit zu chirurgischer Betätigung bot, lag es, sobald die Behandlung nichttraumatischer Krankheiten in der Ausübung ärztlicher Kunst zunehmende Aufmerksamkeit zu beanspruchen begann, nahe, Podaleirios als Fachmann und Heros der Internistik in Anspruch zu nehmen [265], womit zugleich die merkwürdige Untätigkeit des Arztes vor Troja ihre Erklärung fand. Dies geschieht in einem schon in anderem Zusammenhang genannten Fragment aus der Iliupersis, das Schol. BT Eust. zu XI 515 überliefert haben (S. S 76. S 95). Der Scholiast knüpft an die oben besprochene Feststellung von XI 514f. an, daß ein Arzt in seiner chirurgischen Tätigkeit viele andere Männer wert sei, und meint dazu: »Einige behaupten, dieses Lob gelte nicht den Ärzten insgesamt, sondern Machaon, dem man nachsage, daß er nur die Wundbehandlung ausgeübt habe (χειρουργεῖν), denn Podaleirios habe die (inneren) Krankheiten behandelt (διαιτᾶσθαι). Dies – so heißt es weiter – scheint auch Arktinos in der Iliupersis zu meinen, wo er sagt:

αὐτὸς γάρ σφιν ἔδωκε πατὴρ κλυτὸς Ἐννοσίγαιος
ἀμφοτέροις, ἕτερον δ' ἑτέρου κύδιον' ἔθηκε·
τῷ μὲν κουφοτέρας χεῖρας πόρεν ἔκ τε βέλεμνα
σαρκὸς ἑλεῖν τμῆξαί τε καὶ ἕλκεα πάντ' ἀκέσασθαι,
τῷ δ' ἄρ' ἀκριβέα πάντα ἐνὶ στήθεσσιν ἔθηκεν
ἄσκοπά τε γνῶναι καὶ ἀναλθέα ἰήσασθαι·
ὅς ῥα καὶ Αἴαντος πρῶτος μάθε χωομένοιο
ὄμματά τ' ἀστράπτοντα βαρυνόμενόν τε νόημα.«

»Denn ihr Vater selbst, der ruhmvolle Erderschütterer, versah beide mit Gaben, aber machte den einen berühmter als den anderen. Dem einen verlieh er leichtere Hände, um Geschosse aus dem Fleisch zu entfernen und zu schneiden und alle Wunden zu heilen. Dem anderen aber legte er es in die Brust [266], alles dem Blick

Geschossen, die in ihrem Leibe stecken.   **264** Nach Edelstein, Asclepios II 13ff. ist Podaleirios' Name aus den kyklischen Epen, in denen das Ärztepaar eine wesentlich bedeutendere Rolle spielte, in die Ilias interpoliert worden.   **265** Ausführlich bei Edelstein, Asclepios II 12f.   **266** Kudlien, Beginn, der sich 31ff. mit der Frage der Priorität im Verhältnis der

Verborgene genau zu erkennen und alles Unheilbare zu heilen. Erkannte er doch auch als erster des zürnenden Aias funkelnden Blick und niedergedrückten Sinn«. Mag diese Rollenverteilung durch die passive Haltung des Podaleirios in der Ilias mit angeregt sein, eine Bestätigung findet sie dort freilich nicht: der verwundete Eurypylos rechnet mit der chirurgischen Hilfeleistung des Podaleirios so gut wie der des Machaon (XI 833ff.; S.S 99). Auf Machaons ärztliches Wirken ist nach dem Zeugnis des Proklos [267] noch die kleine Ilias eingegangen, wonach er den Philoktet geheilt habe [268], den Diomedes aus Lemnos hergebracht hatte (vgl. Anm. 170). Nach Pausanias III 26,9 habe ebenfalls in der kleinen Ilias gestanden, daß Machaon von dem Telephossohn Eurypylos getötet worden sei.

γ) *Die anonymen Ärzte der Ilias:* Wenn XI 833ff. der verwundete Eurypylos seine an Patroklos gerichtete Bitte um Wundversorgung damit begründet, daß die Ärzte Machaon und Podaleirios nicht verfügbar seien (S.S 99), muß der Eindruck entstehen, daß sie die einzigen Ärzte im Heer der Achäer sind. Doch an zwei Stellen erfährt man, daß noch mit weiteren Ärzten zu rechnen ist. XIII 211ff. heißt es von Idomeneus, der Poseidon in der Gestalt des Andraimon begegnet:

ἐρχόμενος παρ' ἑταίρου, ὅ οἱ νέον ἐκ πολέμοιο
ἦλθε κατ' ἰγνύην βεβλημένος ὀξέϊ χαλκῷ.
τὸν μὲν ἑταῖροι ἔνεικαν, ὁ δ' ἰητροῖς ἐπιτείλας
ἤϊεν ἐς κλισίην· ἔτι γὰρ πολέμοιο μενοίνα
ἀντιάαν·

Der Sachverhalt, der dieser stark raffenden Darstellung zugrunde liegt, scheint folgender zu sein [269]: Idomeneus kommt von der Hütte eines Gefährten, der in

Chirurgie zur Internistik befaßt, will πάντα ἐνὶ στήθεσσιν ... ἄσκοπα im Sinne von »alles im Körperinnern Verborgene« verbinden. Die Zerreißung der traditionellen Wendung ἐνὶ στήθεσσι τιθέναι ist hart, und das dadurch isolierte ἔθηκε schafft weitere Schwierigkeiten, ohne daß durch diese Umstellung Entscheidendes gewonnen wird. Στῆθος als »Körperinneres« wäre zudem einmalig; S.S 30. Unrichtig ist Kudliens Übersetzung des vorletzten Verses »des wahnsinnigen Aias« (Beginn, 158). Abgesehen davon, daß χώομαι nie mit μαίνομαι gleichgesetzt wird, ist auch der Wahnsinn des Aias, der in der Niedermetzelung des Viehs seinen Ausdruck findet, lediglich für die kleine Ilias gesichert; s.o. Anm. 206.   **267** Allen V 106 Z. 26. Ausführlich zur Rolle der beiden Ärzte in den kyklischen Epen bei Kullmann a.O. (s.o. Anm. 205) 114f.   **268** Das Scholion zu Pind., P. 1, 109 zitiert den Grammatiker Dionysios (Skytobrachion), der, wenn er nach der kyklischen kleinen Ilias berichtet hat, bemerkenswerte Details chirurgischer Praktiken aus früher Zeit bietet: φησὶ γὰρ Διονύσιος χρησμοῖς Ἀπόλλωνος ἀπολουσάμενον τὸν Φιλοκτήτην ἀφυπνῶσαι, τὸν δὲ Μαχάονα ἀφελόντα τοῦ ἕλκους τὰς διασαπείσας σάρκας καὶ ἐπικλύσαντα οἴνῳ τὸ τραῦμα ἐπιπάσαι βοτάνην ἣν Ἀσκληπιὸς εἰλήφει παρὰ Χείρωνος, καὶ οὕτως ὑγιασθῆναι τὸν ἥρωα: Nicht näher ersichtlichen Orakelsprüchen Apolls zufolge sinkt Philoktet nach einem Bade in Schlaf, in dessen Verlauf Machaon das gangränöse Fleisch des Geschwürs entfernt, die Wunde mit Wein ausspült und ein Kraut auflegt, »das (sc. sein Vater) Asklepios von Chiron erhalten hatte«, worauf der Held gesundet. Der chirurgische Eingriff an dem schlafenden Patienten erinnert freilich an späte Wunderheilungsberichte. Vgl. Dodds a.O. (s.o. Anm. 220) 66 mit Anm. 72. Zum Wein als urtümlichem Antiseptikum äußert sich G.Majno, The Healing Hand. Man and Wound in the Ancient World (1975) 186ff. mit eingehenden chemisch-pharmazeutischen Untersuchungen. Die Weitergabe bewährter Heilkräuter ist homerischer Topos (vgl. IV 218f.; 4,227f.); vgl. noch Sigerist II 30f.; Edelstein, Asclepios I Test. 174; v.Wilamowitz a.O. (s.o. Anm. 224) 48 Anm. 6.   **269** Vgl. Faesi-Franke ad l. Dort

der Kniekehle verwundet worden ist. Kameraden hatten ihn dorthin getragen[270], wobei sie Idomeneus begegneten, der ihnen half, den Verwundeten zu bergen[271]. Nachdem Idomeneus »den Ärzten« Weisung für seine weitere Versorgung erteilt hat (ἰητροῖς ἐπιτείλας), begibt er sich in seine eigene Hütte, um sich wieder für den Kampf zu rüsten. Mit einer gewissen Selbstverständlichkeit wird hier von ἰητροί gesprochen, die offenbar sogleich verfügbar sind. Sollten Machaon und Podaleirios gemeint sein? Der eine liegt nach XI 834 verwundet ἐν κλισίῃσιν, »bei den Hütten« oder »in der Hütte«[272], wie denn ja auch andere Verwundete, soweit wir ihrem Schicksal nachgehen können, in Lagerhütten Aufnahme finden (s. Anm. 271), während sich der andere im Kampf befindet (XI 836). Wenn wir auch mit keinem Lazarett rechnen können, so wäre es doch denkbar, daß dem Dichter »bei den Hütten« ein Sammelplatz, eine zentrale Versorgungsstelle für Verwundete vorschwebt, wo sich Ärzte verfügbar halten. Eine solche Einrichtung könnte auch XVI 23ff. gemeint sein, wo Patroklos dem Achilleus die Notlage schildert, die nach Verwundung der tüchtigsten Kämpfer eingetreten ist:

οἱ μὲν γὰρ δὴ πάντες, ὅσοι πάρος ἦσαν ἄριστοι,
ἐν νηυσὶν κέαται βεβλημένοι οὐτάμενοί τε.
βέβληται μὲν ὁ Τυδεΐδης κρατερὸς Διομήδης,
οὔτασται δ' Ὀδυσεὺς δουρικλυτὸς ἠδ' Ἀγαμέμνων,
βέβληται δὲ καὶ Εὐρύπυλος κατὰ μηρὸν ὀϊστῷ.
τοὺς μέν τ' ἰητροὶ πολυφάρμακοι ἀμφιπένονται,
ἕλκε' ἀκειόμενοι·

Wir hören also, welche Helden, verwundet durch Wurfgeschoß (βεβλημένοι) oder Hieb (οὐτάμενοι), »bei den Schiffen« (ἐν νηυσίν) liegen, wo heilmittelkundige Ärzte ihre Wunden versorgen. Daß »bei den Schiffen« soviel bedeutet wie »bei den Hütten«, wird noch deutlicher werden (S. S 106). Es spricht hier manches gegen die Homogenität der Berichte, die die Ilias von der Tätigkeit der Ärzte liefert. So stimmt hier z. B. die Aussage von der Behandlung des Eurypylos durch die Ärzte »bei den Schiffen« nicht mit früheren Aussagen überein, nach denen er von Patroklos in seine Hütte geführt worden war und dort betreut wurde (XI 842f.; XV 390ff.; vgl. Anm. 271). Wir werden den Bericht seiner Wundbehandlung und Pflege durch Patroklos – es ist der ausführlichste seiner Art – besonders aufmerksam weiter zu verfolgen haben. Jedenfalls bieten die kurzen Bemerkungen über das Wirken der anonymen Ärzte »bei den Schiffen« bzw. »bei den Hütten« doch gewisse Reflexe einer geregelten Verwundetenversorgung und tragen somit realen Verhältnissen überzeugender Rechnung, als wir es von dem, was wir über Machaons ärztlichen Einsatz hören – von Podaleirios ganz zu schweigen – behaupten können. Eine ständige Präsenz solcher Ärzte spräche eher dafür, daß sie sich, anders als Machaon, schon ausschließlich oder doch vorwiegend ihrer chirurgischen Tätigkeit widmen[273].

---

auch zu anderen, hier nicht zu erörternden Inkonvenienzen der Stelle.   270 Da man nach XVIII 233 und 236 Tragbahren (φέρτρον) zum Transport von Gefallenen verwendet, wird man sie zur Bergung von Verwundeten generell voraussetzen dürfen; vgl. Anm. 442. 271 Der Verwundete wurde offenbar in seine Hütte gebracht, wie XI 842f. Eurypylos von Patroklos, der ihn dort betreut. Vgl. XV 390ff. Nestor fährt Machaon XI 618ff. in seine eigene Hütte, wo er ihn weiter versorgt. Vgl. XIV 1ff.   272 Vgl. Anm. 51.   273 Zur Frage der anonymen Ärzte in der Ilias äußert sich unter Heranziehung analytischer Argu-

δ) *Der Wanderarzt der Odyssee:* Zweifelsfrei wird von Berufsärzten erst in der Odyssee gesprochen, und zwar dort, wo sich Eumaios gegen den Vorwurf des Freiers Antinoos, er habe mit dem Bettler (Odysseus) einen unnützen Fresser ins Haus geholt, mit der Bemerkung verteidigt, daß wohl niemand von sich aus einen Fremden ins Haus hole, wenn es sich nicht um einen handele, der zum allgemeinen Nutzen tätig sei (δημιοεργός; 17,383ff.):

    ... εἰ μὴ τῶν οἳ δημιοεργοὶ ἔασι,
    μάντιν ἢ ἰητῆρα κακῶν ἢ τέκτονα δούρων,
    ἢ καὶ θέσπιν ἀοιδόν, ὅ κεν τέρπῃσιν ἀείδων·
    οὗτοι γὰρ κλητοί γε βροτῶν ἐπ' ἀπείρονα γαῖαν·
    πτωχὸν δ' οὐκ ἄν τις καλέοι τρύξοντα ἓ αὐτόν.

Der Arzt wird also zu den δημιοεργοί gerechnet, zu denen man hier noch den Wahrsager, den Zimmermann und den Sänger zählt. Sie werden κλητοί genannt, d.h. sie werden als professionelle Spezialisten ins Haus gerufen, sobald man ihrer bedarf. Sie scheinen selten genug zu sein, so daß man ἐπ' ἀπείρονα γαῖαν, »über die endlose Erde hin«, nach ihnen schickt, um sich ihrer Dienste zu versichern, die sie am ehesten wohl von Ort zu Ort wandernd möglichst vielen zu leisten vermögen. Sigerist hebt hervor, daß die Bezeichnung ἰητὴρ κακῶν eher auf die Behandlung innerer Krankheiten hinweise als auf chirurgische Tätigkeit[274]. Auch wird man sich ihr Wirken weitgehend in kathartisch-religiösen Praktiken vorzustellen haben. Nicht von ungefähr wird hier der Arzt neben dem Wahrsager (μάντις) genannt, von dessen Zuständigkeitsbereich sich der seine wohl nicht immer scharf trennen ließ, und seine Berufsbezeichnung als ἰητὴρ κακῶν, »Heiler von Übeln«, läßt an ἄκος κακῶν, das »Heilmittel gegen Übel«, denken, womit 22,481 der Schwefel bezeichnet wird, mit dem das Megaron des Odysseus nach dem Freiermord »gereinigt« werden soll[275].

ε) *Drogenkundige Heilerinnen:* W. Artelt hat darauf hingewiesen, daß es ausschließlich Nichtärzte, und zwar Frauen sind, in deren Händen im Epos die innerliche Verabreichung von Pharmaka liege, und verwies auf die Helena und Kirke der Odyssee und die Agamede der Ilias[276]. Wenn in diesem Abschnitt über einen Typus drogenkundiger Heilerinnen gehandelt werden soll, ist dabei, auch wenn es sich hier erübrigt, auf die Applikationsweise ihrer Pharmaka näher einzugehen, ein gewisser Vorgriff auf die noch ausstehende Behandlung der Heilmittel (S. S 119ff.) nicht zu vermeiden. Zum anderen wird hier von »Heilerinnen« gesprochen, auch wenn die Praktiken mancher der in diesem Abschnitt behandelten Frauengestalten mehr Schaden als Nutzen bringen. Da sie so gut mit schädlichen wie mit nützlichen Ingredienzien umzugehen vermögen, lassen sie sich wenigstens potentiell unter die mit Heilung befaßten Individuen einordnen.

Zu den drei von Artelt genannten Frauengestalten läßt sich die Ägypterin Polydamnia, Gattin des Thon, hinzuzählen, denn von ihr hat Helena die euphorisierende Droge erhalten, mit der sie ihre Gäste in einem Augenblick allgemeiner

---

mente, auf die hier grundsätzlich zu verzichten ist, auch v. Wilamowitz a.O. (s.o. Anm. 224) 45f. Anm. 2.   **274** Sigerist, History II 32; siehe auch Artelt, Heilmittel-Gift 44; F.G. Welcker, Kleine Schriften III (1850) 48.   **275** Kathartisch ist auch die Reinigung mit Schwefel zu verstehen, die Achilleus XVI 228 an dem Becher vornimmt, mit dem er Zeus zu spenden pflegt.   **276** Artelt, Heilmittel-Gift 41.   **277** S. S 128.   **278** S. S 130f.

Betrübnis aufheitert (4,220ff.)²⁷⁷. Um so mehr muß Polydamnia selbst mit den φάρμακα ἐσθλά und λυγρά, den guten und schlimmen Mitteln, die Ägypten wachsen läßt (4,229f.), vertraut sein.

Von Agamede, der Tochter des Augeias von Elis, wird im Exkurs vom Kampf der Pylier gegen die Epeier in ähnlicher Weise, jedoch unvermittelt, berichtet, sie habe soviel Pharmaka gekannt, wie sie die weite Erde hervorbringt (XI 741):

ἣ τόσα φάρμακα ᾔδη ὅσα τρέφει εὐρεῖα χθών.

Auch Kirke, die 10,276 πολυφάρμακος genannt wird, wie die anonymen Ärzte der Achäer (XVI 28; S.S 101), ist im Umgang mit bösen und guten Mitteln bewandert²⁷⁸. Nicht mehr zum homerischen Epos, aber doch noch in frühepische Bereiche gehören schließlich Medea, der Prototyp der zauberkundigen Frau im griechischen Mythos²⁷⁹ und Demeter in Gestalt der kräuterkundigen Amme im homerischen Hymnos, die den ihr anvertrauten Säugling mit zauberkräftigen Kräutern zu schützen weiß²⁸⁰.

Während wir von Polydamnia und Agamede nicht erfahren, ob sie ihre Kräuterkenntnis mehr zum Schaden oder Heil verwandten, Medea und Kirke dagegen die Märchengestalten der Zauberin, Hexe oder 'bösen Fee' verkörpern und Helena wiederum schon einer realen Welt angehört, wie sie die Telemachie in ihrem biotischen Kolorit widerspiegelt²⁸¹, zeigen doch alle, trotz ihrer Verschiedenheit im einzelnen, als drogenkundige weibliche Wesen die Züge eines Archetypus, über dessen Entstehungsbereiche sich wenigstens Vermutungen anstellen lassen²⁸². Bei dem Versuch, diesem Typus auf den Grund zu gehen, sollte eine rationale Komponente nicht außer acht bleiben: Mutter und Amme sind schon aufgrund ihrer biologischen und sozialen Rolle dazu bestimmt, als Heilerinnen im Hause, wenigstens bei der Aufzucht der Kinder, zu fungieren, wie es sich hier für Demeter als Amme im Hause des Keleos von Eleusis geltend machen läßt.

279 S.S 132. 280 S.S 131 f. Thetis, die göttliche Mutter des Achilleus, gehört nicht in diesen Kreis. Daß sie nach Homer ärztliche Kenntnisse besessen und Arznei- und Einbalsamierungsmittel beherrscht habe, wie W. Schönfeldt, Frauen in der abendländischen Heilkunde (1947) 4 behauptet, trifft nicht zu und ist offenbar aus XIX 38f. entnommen, wo sie dem Leichnam des Patroklos Nektar und Ambrosia in die Nase träufelt, um ihn vor Fäulnis zu bewahren. Auch andere Götter verwenden »ambrosische« Salben, um die Leichname bevorzugter Schützlinge zu konservieren; S.S 160f. 281 Was man über die Beschaffenheit und Anwendung ihrer Droge erfährt, trägt rationale Züge (vgl. S.S 130). Ihre Kenntnisse im Umgang mit Pharmaka eignen weniger ihrem Wesen, sind beiläufig angelernt und beschränken sich zudem, wie aus 4,227f. hervorgeht, auf die φάρμακα ἐσθλά. Das ließe sich immerhin gegen Kudliens Einschätzung der Verse 4,219ff. und der Rolle Helenas (Beginn, 33 mit Anm. 2) einwenden. 282 Der Umgang mit Heil- und Zauberkräutern läßt sich als Teilaspekt jener Bestrebungen verstehen, die vegetative Natur in menschlichen Dienst zu zwingen, deren spezifische Leistung die 'Erfindung' des Ackerbaus war. Die damit verbundene Konzeption einer Muttergottheit, deren Schoß das Mysterium der lebenserhaltenden und nahrungspendenden Natur barg, mochte dazu geführt haben, daß auch für die Mobilisierung der geheimen Kräfte der Pflanzenwelt in erster Linie weibliche Wesen als zuständig empfunden wurden. Lain Entralgo, Therapy 25 f. weist darauf hin, daß sich magische Praktiken nicht in der relativ einfachen Denkweise vorangehender Grundkulturen, sondern erst unter den verwickelteren Verhältnissen agrarischer Kulturen auszubilden vermochten. Ähnlich R. Muth, Träger der Lebenskraft (1954) 8f. in analogen Zusammenhängen.

c) Versorgung Verwundeter und Kranker

a) Transport Verwundeter und Stätten ihrer Versorgung: Im Kampfgeschehen der Ilias halten die Wagenlenker im allgemeinen ihre Gespanne am Rande der Kampfzone, so daß sie in kritischen Lagen für den Wagenritter schnell erreichbar sind, um zu retirieren oder bei Verwundungen rasch an Plätze zu gelangen, wo eine Versorgung möglich ist. Dies gilt grundsätzlich für Achäer wie für Trojaner, und eine Szene auf troischer Seite bringt es am ausführlichsten zum Ausdruck: Der Trojaner Deiphobos, den Meriones mit der Lanze verwundet hat, wird von seinem Bruder Polites betreut (XIII 535 ff.):

> ἐξῆγεν πολέμοιο δυσηχέος, ὄφρ' ἵκεθ' ἵππους
> ὠκέας, οἵ οἱ ὄπισθε μάχης ἠδὲ πτολέμοιο
> ἕστασαν ἡνίοχόν τε καὶ ἅρματα ποικίλ' ἔχοντες·
> οἳ τόν γε προτὶ ἄστυ φέρον βαρέα στενάχοντα, ...

»Er führte ihn aus dem mißtönenden Kampf, bis er die raschen Rosse erreichte, die ihm hinter der Front und dem Kampf standen, bei sich den Wagenlenker und den verzierten Wagen. Diese trugen ihn, der schwer stöhnte, zur Stadt hin«.

In einer Parallelszene wird Hektor, der von einem Stein des Aias schwer getroffen ist, von seinen Gefährten aus dem Kampf getragen (XIV 428f.; daß in solchen Fällen mit der Benutzung von Tragbahren gerechnet werden kann, wurde Anm. 270 gezeigt). Als man seinen Wagen erreicht hat, läßt man ihn, wie im Falle des Deiphobos, auch προτὶ ἄστυ, »zur Stadt«, fahren (XIV 430–432 = XIII 536–538). XI 273f. springt Agamemnon, der nach einer Verwundung noch geraume Zeit weitergekämpft hat, auf seinen Wagen und gibt dem Wagenlenker die Anweisung, ihn »zu den gewölbten Schiffen« zu fahren:

> ἐς δίφρον δ' ἀνόρουσε, καὶ ἡνιόχῳ ἐπέτελλε
> νηυσὶν ἔπι γλαφυρῇσιν ἐλαυνέμεν·

Die Verse werden XI 399f. wiederholt. Dort ist es der verwundete Diomedes, der seinem Wagenlenker den gleichlautenden Auftrag gibt.

Nicht immer steht der eigene Wagen zur Verfügung. XI 511 ff. wird Nestor von Idomeneus angewiesen, den verwundeten Machaon bei sich aufsteigen zu lassen und »zu den Schiffen« zu fahren: ἐς νῆας δὲ τάχιστ' ἔχε μώνυχας ἵππους· (XI 513). XI 487f. führt Menelaos den verwundeten Odysseus aus dem Kampf (ἔξαγ' ὁμίλου), bis sein Knappe (θεράπων) das Gespann herangefahren hat. Der Platz, an dem Diomedes, der seiner Verwundung ungeachtet [283] weitergekämpft hat, sein Gespann in Bereitschaft hält, dient ihm zu vorübergehendem Aufenthalt, um seine Wunde zu kühlen. Dort trifft ihn Athene (V 794f.):

> εὗρε δὲ τόν γε ἄνακτα παρ' ἵπποισιν καὶ ὄχεσφιν
> ἕλκος ἀναψύχοντα, τό μιν βάλε Πάνδαρος ἰῷ.

Ist kein Wagen verfügbar, muß der Verwundete, soweit er dazu in der Lage ist, den Versorgungsplatz zu Fuß erreichen. Mühselig hinkt der durch Pfeilschuß am Oberschenkel schwer verwundete Eurypylos aus der Schlacht (σκάζων ἐκ πολέμου, XI 811). Da begegnet ihm Patroklos »bei den Schiffen des Odysseus, wo sie ihren Versammlungsplatz und ihre Gerichtsstätte hatten und sie sich auch Götter-

---

[283] V 98 war er durch einen Pfeil des Pandaros verwundet worden, den ihm Sthenelos

Heilung S 105

a

b

Abb. 6a und b Durch Pfeilschuß des Apollon getöteter Niobide, Kelchkrater des Niobiden-Malers in Paris (a), der sterbend zusammensinkende Tityos, von den Pfeilen des Apollon getroffen, Halsamphora des Eucharides-Malers in London (b)

altäre errichtet hatten« (XI 806ff.). Im Verlauf der Begegnung bittet der Schwerverwundete: ἀλλ' ἐμὲ μὲν σὺ σάωσον ἄγων ἐπὶ νῆα μέλαιναν, »du aber rette mich und führe mich zum schwarzen Schiff« (XI 828). Dort erwartet er, von Patroklos weiter versorgt zu werden (vgl. S.S 99). Patroklos entspricht seiner Bitte, führt ihn aber in dessen Lagerhütte[284]: ὑπὸ στέρνοιο λαβὼν ἄγε ποιμένα λαῶν | ἐς κλισίην· (XI 842f.). Man darf daraus schließen, daß die Zielangaben ἐπὶ νῆα und ἐς κλισίην hier gewissermaßen als identisch empfunden werden. Die Hütten liegen bei den Schiffen, so daß es gleichgültig ist, ob man »bei den Schiffen« oder »bei den Hütten« sagt, besonders, wenn man damit einen Platz meint, der gelegentlich Ruhe und Sicherheit vor dem Kampf bietet. Abgesehen von den Stellen, wo die Wundbehandlung in einer näher bezeichneten Lagerhütte erfolgt, wie in diesem Falle (vgl. Anm. 271), wird also durch Ziel- und Ortsangaben wie ἐς νῆας, πὰρ νηῶν, ἐν ναυσίν, ἐν κλισίῃσιν möglicherweise ein zentraler Sammel- und Versorgungsplatz für verwundete Achäer bezeichnet, wie schon auf S.S 101 vermutet wurde[285]. Wo die Lage es zuläßt, erfolgt die erste Hilfe bei Verwundungen an Ort und Stelle (V 109ff.; vgl. Anm. 283; XIII 596ff.; S.S 113)[286].

Die Trojaner fahren ihre Verwundeten, wie gezeigt wurde, προτὶ ἄστυ, womit kein bestimmter Versorgungsplatz gemeint ist. Es kann nur »stadtwärts« bedeuten und nicht »in die Stadt«. XIV 433 wird Hektor, den man προτὶ ἄστυ fährt (XIV 432), bereits an der Furt des Xanthos versorgt. Ebenso wird Sarpedon, der von Gefährten aus dem Kampfgetümmel getragen wird (ἐξέφερον πολέμοιο, V 664), an keinem spezifischen Verbandsplatz versorgt: »Unter der Eiche des Zeus« wird er niedergelegt und dort von dem Speer befreit, der in seinem Schenkel steckt (V 692ff.). Das Adyton im Apollontempel zu Troja (S.S 90) kann die Erinnerung an eine alte Wunderheilungsstätte festhalten, aber kaum einen der üblichen Versorgungsplätze für Verwundete bezeichnen.

β) Wundbehandlung und Kriegschirurgie: Bei den kriegerischen Auseinandersetzungen kommt es zu sehr schweren Verwundungen, die oft zum Tode führen. So ist in vielen Fällen bei Darstellungen von Pfeileinschüssen der Tod gemeint, wie

---

entfernt hatte. Zur Stelle vgl. Finsler, Homer II 48.   **284** Daß es die Hütte des Eurypylos ist, geht aus XV 392 hervor.   **285** Die Begegnung zwischen Patroklos und Eurypylos findet »bei den Schiffen des Odysseus« statt, wo, wie wir oben hören, ein Versammlungsplatz der Achäer eingerichtet ist (XI 806ff.). Vielleicht schwebt dem Dichter dort auch eine Sammelstelle für Verwundete vor. Von dort könnten dann auch die verwundeten βασιλῆες, Diomedes, Odysseus und Agamemnon kommen, die XIV 27f. Nestor begegnen (πὰρ νηῶν ἀνιόντες) und in Sorge den weiteren Verlauf der Schlacht beobachten wollen, indem sie sich mühsam auf ihre Lanzen stützen: ὀψείοντες ἀϋτῆς καὶ πολέμοιο | ἔγχει ἐρειδόμενοι (XIV 37f.). Obwohl die schwer verständlichen Angaben über die Lage der Schiffe (XIV 30ff.) keine Klarheit schaffen, käme der oben bezeichnete Versammlungsplatz am ehesten für die Lokalisierung einer Versorgungsstelle für Verwundete in Frage, weil er (im Gegensatz zu II 53f., wo von einer Beratung beim Schiffe Nestors, und VII 382f., wo von einer Versammlung beim Schiffe Agamemnons die Rede ist) als eine dauerhaft hergerichtete Anlage angesehen werden kann – man hat dort auch Altäre errichtet (VIII 249; XI 808) – und sich auch durch seine zentrale Lage im Schiffslager (VIII 222ff.) besonders empfiehlt.   **286** Dabei kommt gelegentlich zum Ausdruck, daß der Verwundete von Mitkämpfern gedeckt wird: XI 396f. stellt sich Odysseus vor Diomedes, damit sich dieser im Sitzen den Pfeil aus dem Fuß ziehen kann. Als Machaon IV 210f. die Stelle erreicht, »an der sich der verwundete Menelaos befand«, haben die Tapfersten ihn im Kreis umstellt, – eben auch, um ihn zu schützen.

es auf einem Krater des Niobidenmalers an den geschlossenen Augen des von rückwärts Getroffenen erkenntlich ist (Abb. 6a)[287] und wie es sich aus dem Sagenzusammenhang der Tötung des Tityos durch Apollon auf einer Halsamphora des Eucharides-Malers im British Museum ergibt (Abb. 6b)[287a]. Archäologisch sind solche Todesfälle nur selten nachweisbar. Wir haben einen markanten Befund, der den Tatbestand eines Pfeilschusses ins Rückenmark zeigt (Abb. 7)[288].

In solchen Fällen, in denen nicht sofort der Tod eintrat, wurde eine Behandlung erforderlich. Bei Homer wird die Wundbehandlung selbst mit wechselnder Ausführlichkeit geschildert. Daß man nichts von Ärzten auf troischer Seite hört, sollte man als kulturhistorisches Kriterium ex silentio nicht überbewerten, es aber auch nicht ausschließlich auf die Orientierung des Erzählers zurückführen, dessen Blick in erster Linie auf die Achäer gerichtet ist (vgl. Anm. 259). Am sorgfältigsten wird von der Behandlung und Pflege berichtet, die Eurypylos durch Patroklos erfährt, nachdem er, dem ein Pfeil des Paris im Schenkel steckt, sich hilfeflehend an den Gefährten gewandt hat (vgl. S. S 99. S 101. S 106).

Die Bemerkung, daß dem Pfeil beim Eindringen in den Schenkel der Rohrschaft abbrach (ἐκλάσθη δὲ δόναξ, XI 584), ist wohl weniger als Ausführlichkeit und Breite, sondern als Hinweis auf das besondere chirurgische Problem zu verstehen, das der Fall mit sich bringt. Der Verwundete hat erst nach geraumer Zeit seinen in der Wundbehandlung nicht unerfahrenen Helfer (S. S 99) getroffen. Obwohl ihm die Verwundung stark zu schaffen macht, ist er bei voller Besinnung (S. S 39). Schon in seiner Bitte um Wundversorgung (XI 829ff.) artikuliert er die wesentlichen Einzelverrichtungen, die dann sein Helfer an ihm vornehmen wird: Entfernung des Geschosses, Auswaschen der Wunde und Auflage von »Pharmaka«. Patroklos führt ihn behutsam (ὑπὸ στέρνοιο λαβών) in seine Hütte. Dort läßt er Rinderfelle ausbreiten, auf denen er den Verwundeten bettet (XI 844ff.):

ἔνθα μιν ἐκτανύσας ἐκ μηροῦ τάμνε μαχαίρῃ
ὀξὺ βέλος περιπευκές, ἀπ' αὐτοῦ δ' αἷμα κελαινὸν
νίζ' ὕδατι λιαρῷ, ἐπὶ δὲ ῥίζαν βάλε πικρὴν
χερσὶ διατρίψας, ὀδυνήφατον, ἥ οἱ ἁπάσας
ἔσχ' ὀδύνας· τὸ μὲν ἕλκος ἐτέρσετο, παύσατο δ' αἷμα.

»Dort streckte er ihn aus und schnitt mit einem Messer das spitze, sehr schmerzende Geschoß aus dem Schenkel, wusch ihm mit warmem Wasser das dunkle Blut ab, tat eine bittere Wurzel darauf, die er mit seinen Händen zerrieben hatte, eine schmerzstillende, die ihm alle Pein abhielt. Da wurde die Wunde trocken und

---

287 Ausschnittsumzeichnung von einem Kelchkrater des Niobiden-Malers, um 460 v. Chr., aus Orvieto, in Paris, Louvre, Inv.-Nr. 341; CVA. Louvre (2) III 1d Taf. 4,1; Arias-Hirmer 86 Taf. 173ff.; Beazley, ARV.² 601 Nr. 22; S. 1661; weitere Literatur in den beiden letztgenannten Werken; Abb.: Bildarchiv H.-G. Buchholz. **287a** Inv.-Nr. E 278; MonInst. I (1830) Taf. 23; J.D. Beazley, BSA. 18, 1911/12, 220 Taf. 13 und 14 (danach unsere Umzeichnung). **288** T. Cuyler Young, Rotunda, Bull. of the Royal Ontario Museum 3, 1970, Nr. 2: Fund des 2. Jts. v. Chr., Godin Tepe, Iran; drei Rückenwirbel mit bronzener, weidenblattförmiger Pfeilspitze; Abb.: Bildarchiv H.-G. Buchholz. – Eine Pfeilspitze skythischer Form, die im Gelenkkopf eines menschlichen Knochens steckt, zeigt K. Jettmar, Die frühen Steppenvölker (1964/1980) 86 Abb. 47. – Ein att.-geometr. Vasenfragment im Louvre (Inv.-Nr. A 519) zeigt u. a. ein zusammensinkendes Opfer eines Bogenschützen, das am Kopf von einem Pfeil getroffen worden ist; CVA. Louvre (11) III Hb Taf. 5,7–9; s. E. Kunze in: Neue Beiträge zur Klassischen Altertumswissenschaft. Festschrift B. Schweitzer

die Blutung hörte auf«. Da die Pfeilspitze ohne den Schaft im Schenkel steckt, wird hier, gegenüber anderen Methoden der Entfernung, auf die noch einzugehen ist, die des Herausschneidens gewählt (s. hierzu ausführlich Anm. 299). Das dazu benutzte chirurgische Gerät (μάχαιρα) kann kaum mit dem sonst so bezeichneten schweren Schlachtmesser identisch sein. Darauf folgt das Auswaschen der Wunde und die Applizierung eines schmerz- und blutstillenden pflanzlichen Heilmittels[289].

Bemerkenswert ist, daß wir bei dieser ausführlichsten epischen Schilderung einer Wundbehandlung nichts über das Anlegen eines Verbandes hören, obwohl dies dem Epos nicht unbekannt ist[290]. Dabei wird im Falle des verwundeten Eurypylos deutlich gemacht, daß nach so schwerer Verwundung über die lebensrettende Operation hinaus auch einer Rekonvaleszenz Zeit und Sorgfalt zu gelten hat. »So also war der wehrhafte Sohn des Menoitios in der Lagerhütte mit der Heilung des Eurypylos befaßt«, beginnt das folgende zwölfte Buch der Ilias und bezieht sich damit nicht nur auf die geschilderte Operation, sondern bringt mit dem Imperfekt ἰᾶτο (XII 2) zum Ausdruck, daß die Heilung nicht abgeschlossen ist, obwohl es der Handlung nach zunächst so scheint. Erst als die Entwicklung der Ereignisse Patroklos dazu nötigt, seine Rolle als Krankenpfleger aufzugeben, hören wir erneut von Eurypylos und seinem Betreuer (XV 390ff.):

Πάτροκλος δ' ἧος μὲν 'Αχαιοί τε Τρῶές τε
τείχεος ἀμφεμάχοντο θοάων ἔκτοθι νηῶν,
τόφρ' ὅ γ' ἐνὶ κλισίῃ ἀγαπήνορος Εὐρυπύλοιο
ἧστό τε καὶ τὸν ἔτερπε λόγοις, ἐπὶ δ' ἕλκεϊ λυγρῷ
φάρμακ' ἀκέσματ' ἔπασσε μελαινάων ὀδυνάων.

»Solange die Troer und Achäer um die Mauern außerhalb der schnellen Schiffe kämpften, solange saß Patroklos in der Hütte des tapferen Eurypylos und erfreute ihn mit Erzählungen, auf die schlimme Wunde aber tat er Pharmaka als Heilmittel gegen die finsteren Schmerzen«. Da aber die bedrohliche Entwicklung der Lage ihn dazu drängt, Achilleus zuzureden, sich wieder am Kampf zu beteiligen, verläßt er seinen Patienten unter lebhafter Kundgabe seines Bedauerns (XV 399f.) und nicht ohne dabei zu versichern, daß sich nun – er ist ein wahres Muster karitativen Verhaltens – ein anderer um ihn kümmern werde (XV 401):

ἀλλὰ σὲ μὲν θεράπων ποτιτερπέτω ...

»Ein Gefolgsmann aber soll dich dabei erheitern«. Die Wunde wird also auch weiterhin mit schmerzstillenden Mitteln behandelt[291], doch bemerkenswerter bleibt dabei, daß die Zerstreuung und Erheiterung des Patienten jetzt offenbar die wesentlichen Maßnahmen dieser Nachbehandlung bilden (XV 393: ἔτερπε λόγοις; 401: ποτιτερπέτω). Hier könnte schon etwas von der Erfahrung zu Wort kommen, welche Bedeutung einer psychischen Stabilisierung als Beitrag zur Genesung beizumessen ist[292], und es ist wohl kein Zufall, daß dieser Patroklos an der Stelle, wo er von der Notwendigkeit spricht, Achilleus wieder zur Teilnahme am

(1954) 52ff.   **289** Zum Heilmittel im besonderen S. S 127.   **290** Zu XIII 599 S. S 113. **291** Mit XI 848 ist nicht gesagt, daß die Schmerzen nicht erneut auftreten können. Die Beanstandung von XV 394 durch Faesi-Franke ist nicht berechtigt.   **292** Lain Entralgo, Therapy 24 spricht im Hinblick auf XV 393 von »psychological or, better, psychosomatic

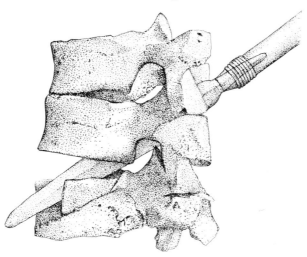

Abb. 7 Tödliche Rückenmarkverletzung, Skelettfund der Bronzezeit aus Persien mit Pfeilspitze in situ

Kampf zu bewegen, den Grundsatz vertritt: »gutes Zureden hilft« (ἀγαθὴ δὲ παραίφασίς ἐστιν ἑταίρου; XV 404).

Recht ausführlich wird auch über die ärztliche Betreuung des Menelaos durch Machaon (vgl. S.S98) berichtet. Menelaos ist von einem Pfeil des Pandaros in den Leib getroffen (IV 134). Der Dichter nimmt vorweg, daß der Pfeil, durch den Panzer gehemmt, nur oberflächlich eingedrungen ist. Doch ist die Blutung stark und die Geringfügigkeit der Verwundung noch nicht zu übersehen. Mit Entsetzen reagiert der Verwundete, nicht weniger auch sein Bruder Agamemnon, der dabeisteht, denn die eigentlichen Qualen einer Schußverletzung durch einen Pfeil begannen erst nach der Verwundung.

Die Entfernung des mit Widerhaken (ὄγκοι) versehenen Geschosses konnte zu langwierigem Siechtum führen [293] und bedeutete auf alle Fälle eine äußerst schmerzhafte Operation. Daher ist die Erleichterung des Verwundeten begreiflich, als er bemerkt, daß die Widerhaken und die Sehne, mit der die Pfeilspitze am Schaft befestigt ist, sich noch »außerhalb« befinden (IV 151): ὡς δὲ ἴδεν νευρόν τε καὶ ὄγκους ἐκτὸς ἐόντας, ... Machaon kann unter diesen Umständen den Pfeil, der ζωστήρ, ζῶμα und μίτρη (Teile des Panzers zum Schutz des Unterleibs [294]) durchdrungen hat, einfach herausreißen (IV 213 ff.):

αὐτίκα δ' ἐκ ζωστῆρος ἀρηρότος ἕλκεν ὀϊστόν·
τοῦ δ' ἐξελκομένοιο πάλιν ἄγεν ὀξέες ὄγκοι.
λῦσε δέ οἱ ζωστῆρα παναίολον ἠδ' ὑπένερθε

effects«. **293** Die beiläufige Drohung Hektors (VIII 510ff.), daß die Flucht der Achäer nicht bequem werde vonstatten gehen, sondern so, daß mancher von ihnen, von Pfeil oder Lanze getroffen, noch daheim das Geschoß werde zu verdauen haben (ἀλλ' ὥς τις τούτων γε βέλος καὶ οἴκοθι πέσσῃ), läßt einiges von den Spätfolgen von Verwundungen dieser Art mit all ihren Leiden, für die das Epos keinen Raum bot, erahnen. **294** Siehe hierzu

> ζῶμά τε καὶ μίτρην, τὴν χαλκῆες κάμον ἄνδρες.
> αὐτὰρ ἐπεὶ ἴδεν ἕλκος, ὅθ' ἔμπεσε πικρὸς ὀϊστός,
> αἷμ' ἐκμυζήσας ἐπ' ἄρ' ἤπια φάρμακα εἰδὼς
> πάσσε, τά οἵ ποτε πατρὶ φίλα φρονέων πόρε Χείρων.

»Sogleich aber zog er aus dem gefügten Gürtel den Pfeil. Als der nun herausgezogen wurde, brachen seine spitzen Widerhaken nach rückwärts ab. Er löste ihm den schimmernden Gürtel und darunter die Binde und den Schurz, den erzbearbeitende Männer gefertigt hatten. Als er aber die Wunde sah, wo der bittere Pfeil eingedrungen war, sog er das Blut aus und streute kundigen Sinns Heilmittel darauf, die Chiron einst seinem Vater in freundlicher Gesinnung gegeben hatte«[295].

Vergleicht man die Praktiken der Behandlung mit denen des Patroklos (S. S 107f.), bleibt es im ganzen beim gleichen Schema: Entfernung des Geschosses, Reinigen der Wunde, was hier durch Aussaugen geschieht[296], Applizierung von schmerz- und blutstillenden Mitteln. Daß auch die Palpation der Wunde, ihre Erkundung durch Abtasten, zur chirurgischen Routine gehörte, zeigt IV 190: ἕλκος δ' ἰητὴρ ἐπιμάσσεται (s. u. Anm. 337a).

Diomedes, dem ein Pfeil des Pandaros durch die Schulter gedrungen und darin stecken geblieben ist (V 100: ἀντικρὺ δὲ διέσχε), wendet sich an Sthenelos mit der Bitte um Entfernung des Geschosses (V 109f.): Sein Kampfgenosse springt vom Wagen und leistet die erbetene Hilfe (V 111ff.):

> ὣς ἄρ' ἔφη, Σθένελος δὲ καθ' ἵππων ἆλτο χαμᾶζε,
> πὰρ δὲ στὰς βέλος ὠκὺ διαμπερὲς ἐξέρυσ' ὤμου·
> αἷμα δ' ἀνηκόντιζε διὰ στρεπτοῖο χιτῶνος.

Da hier ein Herausziehen des Pfeils im üblichen Sinne wegen der Widerhaken nicht ohne neuerliche Zerfleischungen möglich ist, wird er in der Richtung des Eindringens ganz durch die Schulter hindurchgezogen (V 112: διαμπερὲς ἐξέρυσ' ὤμου). Eine stärkere Blutung ist die Folge dieser Prozedur. Von einer weiteren Wundbehandlung ist nicht mehr die Rede. Diomedes setzt den Kampf dank seiner heroisch-übermenschlichen Konstitution fort (s. auch S. S 114).

Nach einer anderen Version muß Diomedes an der rechten Hand verletzt worden sein, denn in der Bildkunst ist eine Szene, die diesen Tatbestand wiedergibt, durch Namensbeischriften auf Diomedes und Sthenelos bezogen (Abb. 8)[297].

H. Brandenburg in unserem Kap. »Kriegswesen 1« E 119ff., bes. E 122. 141. **295** Hier sind gewisse Unstimmigkeiten gegenüber IV 151 zu verzeichnen. Dort scheint man doch durch den Augenschein festzustellen, daß Widerhaken und Schnur »außerhalb« sind, also außerhalb des Panzers. Doch hätten dann die Widerhaken beim Herausziehen des Pfeils nicht abbrechen können. Also kann man nur »außerhalb des Körpers« interpretieren, was sich wiederum erst nach der IV 213ff. geschilderten Prozedur feststellen läßt. **296** Es könnte bei dieser Maßnahme der Volksglaube an die Heilkraft des Speichels (dazu generell R. Muth a.O. [s. o. Anm. 282] 82ff.) oder an den Dämon der Krankheit und des Schmerzes, der auf diesem Wege entfernt werden soll (Buschan, Medizinzauber 232ff.), eine Rolle spielen. Ein wohl rationales Verfahren dieser Art, das seit je bei Schlangenbissen praktiziert wurde, ließ Murray daran denken, daß der Pfeil des Pandaros vergiftet war (W. Morel, RE. Suppl. V [1931] 228 s. v. Gifte), was durch Dirlmeier (s. Anm. 359) widerlegt ist. Da sich das Aussaugen der Wunde schließlich auch als situationsbedingter Notbehelf für ein Auswaschen ansehen läßt, kann auch Kudlien, Beginn 50 recht haben, der es als eine empirisch-rationale Maßnahme auffaßt. **297** Chalkidische Halsamphora, um 550 v. Chr., einst Slg.

Abb. 8 Sthenelos legt Diomedes einen Verband an,
Darstellung auf einer verschollenen chalkidischen
Halsamphora

Im Zuge späterer Systematisierung chirurgischer Praktiken wurde die oben beschriebene Art der Entfernung eines eingedrungenen Geschosses ἡ κατὰ διωσμὸν βελουλκία, »die Geschoßentfernung in Form des Hindurchstoßens« genannt[298]. Zum Verständnis weiterer Schilderungen dieser Art gilt es festzuhalten, daß auch bei diesem Verfahren von ἐξερύειν, »herausziehen«, die Rede ist, dann nämlich, wenn man das eingedrungene Geschoß soweit durch den verwundeten Körperteil »hindurchgestoßen« hat – falls es nicht schon beim Schuß soweit hindurchgedrungen ist –, daß die Spitze gegenüber der Einschußstelle heraustritt, so daß man jetzt das Geschoß an der Spitze fassen und es – in Richtung des Eindringens also – herausziehen kann. Ein 'einfaches' Herausziehen eines Geschosses (nach rückwärts) wie im Falle des verwundeten Menelaos (zu IV 214 S. S 109f.) nannte man ἐξολκή[299].

Pembroke Hope, heute verschollen. MonInst. I (1833) Taf. 51; Pfuhl, MuZ III Taf. 38, 163; H. E. Stier, Historia 1, 1950, 201 Abb. 1 (danach unsere Abbildung); S. 214f.; K. Schefold, Götter- und Heldensagen der Griechen in der spätarchaischen Kunst (1978) 219 Abb. 297.   298 Eust. 464,41; Paul., Aeg. 6,88.   299 Die zur Entfernung in den Körper eingedrungener Geschosse geübten Praktiken, wie sie Celsus im 1. Jh. n. Chr. festhielt (De medicina Kap. VII 5, 1–2), werden im großen ganzen auch für die homerische Chirurgie gegolten haben. Danach kommt für ein Geschoß, das nicht tief eingedrungen ist und nicht große Adern und Sehnen durchtrennt hat, die ἐξολκή in Frage: *si non alte telum insedit et in summa carne est aut certe magnas venas et loca nervosa non transit, nihil melius, quam qua venit id evellere.* Dabei soll, um Zerfleischungen und nachfolgende Entzündungen zu vermeiden, die Wunde vorher mit dem Messer erweitert werden: *sed si retro telum recipiendum, amplianda scalpello plaga est, quo facilius id sequatur quoque minor oriatur inflammatio; quae maior fit, si ab illo ipso telo, dum redit, corpus laniatur.* Hat das Geschoß aber schon mehr als die Hälfte eines Körperteils durchdrungen und schon Gefäße und Sehnen verletzt,

Einmal hören wir, daß eine Operation im Sinne des διωσμός auch bei einer Verwundung durch einen Speer vorgenommen wird. Sarpedon ist ein Wurfspeer des Tlepolemos durch den Oberschenkel gedrungen (V 660f.):

Τληπόλεμος δ' ἄρα μηρὸν ἀριστερὸν ἔγχεϊ μακρῷ
βεβλήκειν, αἰχμὴ δὲ διέσσυτο μαιμώωσα ...

Gefährten tragen ihn aus der Schlacht, da ihm der nachschleifende Speerschaft ein Gehen unmöglich macht. Keiner von seinen Helfern, die in der Kampfesnot zu größter Eile gezwungen sind, denkt daran, »die Lanze aus dem Schenkel zu ziehen« (V 666: μηροῦ ἐξερύσαι δόρυ). Unter dem Schutz Hektors legen ihn die Gefährten schließlich nieder, und Pelagon entfernt den Speer (V 694ff.):

ἐκ δ' ἄρα οἱ μηροῦ δόρυ μείλινον ὦσε θύραζε
ἴφθιμος Πελάγων, ὅς οἱ φίλος ἦεν ἑταῖρος.
τὸν δὲ λίπε ψυχή, κατὰ δ' ὀφθαλμῶν κέχυτ' ἀχλύς·

»Aus dem Schenkel (nach draußen) stieß ihm den Speer aus Eschenholz der wackere Pelagon; er war ihm ein lieber Gefährte. Den aber verließ die Lebenskraft, und Dunkel hatte sich über seine Augen ergossen«[300]. Einzelheiten zum Verfahren werden nicht mitgeteilt, doch besagt es genug, daß Sarpedon dabei ohnmächtig wird[301].

---

wird empfohlen, den restlichen Weg mit dem Messer zu eröffnen und es (in Schußrichtung) herauszuziehen: *si vero plus est, per quod telo revertendum quam quod perrumpendum est, iamque venas nervosaque id transit, commodius est aperire quod superest, eaque extrahere.* Das entspricht dem διωσμός, der bei Celsus freilich erst erfolgt, wenn dem Geschoß zuvor der Austrittsweg mit dem Messer gebahnt ist. Auf dieses Verfahren geht Celsus ausführlicher ein, wo er von Pfeilverletzungen im besonderen spricht (VII 5,2), bei denen er wegen der hohen Durchschlagskraft dieser Waffe das letztgenannte Verfahren häufiger für angezeigt hält. Nachdem man, wie oben beschrieben, dem Pfeil den Weg eröffnet hat, soll man den Rohrschaft, wenn er noch vorhanden ist, soweit vorstoßen, bis man die Spitze von der anderen Seite her fassen und den Pfeil herausziehen kann: *Si mucroni harundo inhaeret, propellenda est, donec ab altera adprehendi et extrahi possit.* Ist der Schaft verlorengegangen (S. S 107 zu XI 584), soll man versuchen, die Spitze mit den Fingern oder einer Zange zu fassen und herauszubringen: *si iam illa decidit solumque intus ferrum est, mucro vel digitis adprehendi vel forfice atque ita educi debet.* XI 844f., wo dieser Fall eingetreten ist (S. S 107), heißt es: ἐκ μηροῦ τάμνε μαχαίρῃ | ὀξὺ βέλος. Nach Celsus hätte man sich vorzustellen, daß die Pfeilspitze so tief in den Schenkel eingedrungen war, daß nach dem Schneiden einer Austrittsöffnung gegenüber der Stelle des Einschusses die Aussicht bestand, sie zu fassen und zu entfernen. Interessant ist noch eine Empfehlung des Celsus für den Fall, daß die Entfernung eines Pfeils mit starken Widerhaken durch die Einschußwunde (ἐξολκή) unumgänglich war: »man decke die Widerhaken mit gespaltenen Schreibrohren ab (nicht »mit Splittern eines Schreibrohrs«, wie Müri, Der Arzt im Altertum [1943] 177, schreibt), damit sie keine Zerfleischungen hervorrufen, und ziehe sie so heraus«: *fissis scriptoris calamis contegenda (spicula) ac, ne quid lacerent, sic evellenda sunt.*   300 Seiler-Capelle[9] s. v. ὠθέω zu V 694 ἐκ μηροῦ δόρυ ..., »den Speer aus dem Schenkel reißen«, kehrt mit der Bedeutung »reißen« den Bewegungsvorgang, den ὠθέω sonst ausnahmslos bezeichnet, um; sie beruht auf einer Fehlinterpretation des Sachverhalts.   301 Daß es sich um einen διωσμός handelt, wird durch ὦσε θύραζε ausdrücklich gesagt. Das wiederum läßt darauf schließen, daß dieser Wurfspeer mit Widerhaken versehen war (s.u. Anm. 302). Dabei mag man sich kaum vorstellen, daß der ganze Schaft durch die Wunde gezogen wurde. Vielleicht hat man, soweit das Material und die Umstände dies zuließen, die Lanzenspitze, wenn sie vollständig heraus-

Die Deutung dieser Operation als διωσμός legt es nahe, eine Stelle (XIII 593 ff.), die als Gegenstück zu V 660ff. gelten kann, aber weniger deutlich von der Entfernung eines ebenfalls eingedrungenen Wurfspeeres spricht, in gleichem Sinne zu interpretieren. In diesem Fall wird dem Trojaner Helenos von dem Speer des Menelaos die Hand durchbohrt. Er läßt das verletzte Glied herabhängen und schleift den darinsteckenden Speer hinterher (XIII 597f.):

χεῖρα παρακρεμάσας· τὸ δ' ἐφέλκετο μείλινον ἔγχος.
καὶ τὸ μὲν ἐκ χειρὸς ἔρυσεν μεγάθυμος Ἀγήνωρ.

In beiden Fällen ist also ein Körperglied von einem Wurfspeer durchbohrt worden, dessen Schaft die Betätigung des betroffenen Gliedes behindert, und man wird kaum auf den Gedanken kommen, daß dem Dichter in der Parallelszene ein anderer Speertyp vorschwebte als im ersten Falle[302]. Ἀντικρὺ διὰ χειρὸς ἐλήλατο χάλκεον ἔγχος (XIII 595) sagt wohl noch deutlicher als αἰχμὴ δὲ διέσσυτο (V 661), daß der Speer das betroffene Glied völlig durchdrungen hat. Seine Spitze muß demnach so weit herausgetreten sein, daß es sich erübrigte, hier noch die Entfernung auf dem Wege des διωσμός besonders zu verdeutlichen: ἐκ χειρὸς ἔρυσεν, »er zog (den Speer) aus der Hand« (XIII 598). Man wird sich also die Beseitigung des Wurfgeschosses in der gleichen Richtung vorzustellen haben wie das ὦσε θύραζε (V 694), in Richtung des Schusses.

Besondere Aufmerksamkeit verdient bei der beschriebenen Wundversorgung des Trojaners Helenos noch die abschließende Bemerkung, daß Agenor dessen Hand mit der wollenen Schleuder seines leichtbewaffneten Knappen verbindet (XIII 599f.):

αὐτὴν δὲ ξυνέδησεν ἐϋστρεφεῖ οἰὸς ἀώτῳ,
σφενδόνῃ, ἥν ἄρα οἱ θεράπων ἔχε ποιμένι λαῶν.

Obwohl nur hier vom Verbinden einer Wunde die Rede ist, wird man mit dieser urtümlich rationalen Methode der Blutstillung und Wundschließung generell zu rechnen haben, wie völkerkundliche Parallelen zeigen (Buschan, Medizinzauber 381f.; vgl. auch S.S 127).

Die Anlegung einer Wundbinde ist auf einer attisch-rotfigurigen Schale des Sosias anschaulich dargestellt (Abb. 9 a)[303]. In diesem Fall handelt es sich um eine

---

getreten war, vom Schaft getrennt, der sich dann rückwärts herausziehen ließ.   [302] Neben den hier behandelten Fällen gibt es weitere Hinweise dafür, daß im Epos mit einem besonderen Typ von Wurfspeeren zu rechnen ist, die als fernwirkende Waffe, deren Verlust einkalkuliert war, ebenso wie der Pfeil, mit wirkungsteigernden Widerhaken versehen waren. Die Stoßlanze, die nach Möglichkeit nicht verloren gehen sollte, war, auch wenn sie gelegentlich als Wurfwaffe benutzt wurde, so beschaffen, daß man sie wieder ohne größere Mühe aus dem Körper des Feindes ziehen konnte. Dazu vgl. V 855f. 859; XII 529. 532; XIII 567ff. 574 u.ö. Die Stoßlanze des Sokos, die nach Durchdringung des Schildes ohnehin mehr im Panzer als im Leibe steckt, zieht sich Odysseus XI 456f. selbst heraus. Die schreckliche Wirkung einer mit Widerhaken versehenen Wurflanze, die gegen den sonst üblichen Brauch aus dem Körper des getroffenen Feindes gerissen wird, was nur mit äußerster Anstrengung gelingt (vgl. XVI 503: λὰξ ἐν στήθεσι βαίνων), führt XVI 504 drastisch vor Augen (S.S 45 mit Anm. 98). Auch Finsler, Homer I 140 rechnet mit einem besonderen Typ homerischer Wurfspeere, die nicht mit der üblichen Lanze des Schwerbewaffneten identisch waren. Diese Speere könnten besonders auch dort gemeint sein, wo generell von der Wirkung von Speeren im Verein mit Pfeilen die Rede ist, wie z.B. XV 313ff. und VIII 514 (vgl. Anm. 293).   [303] Aus Vulci, um 500 v.Chr., in Berlin, Staatl. Museen, Inv.-Nr. F 2278;

Szene aus dem Lager der Griechen: Achilleus verbindet Patroklos am linken Oberarm. Daß eine Verwundung durch einen Pfeil vorliegt, verdeutlicht der Vasenmaler, indem er einen solchen schräg vor dem rechten Unterschenkel in den Boden gesteckt angibt.

Bildliche und literarische Tradition sind nicht immer zur völligen Deckung zu bringen. So kennt die Ilias die oben behandelte Darstellung nicht (Abb. 9 a), wohl aber die Unterweisung des Patroklos durch Achill in der Wundbehandlung (XI 831). Die erwähnte Handverletzung des Trojaners Helenos im Epos (XIII 593 ff.) entspricht einer Handverletzung des Achäerhelden Diomedes im Bild (Abb. 8).

Eine Elektronvase aus Kul Oba bei Kertsch zeigt skythische Krieger während oder nach der Schlacht, dabei die Szene eines am linken Unterschenkel Verwundeten, den ein anderer verbindet (Abb. 9 b)[304].

Nach diesem Blick auf Zeugnisse der Bildkunst kommen wir auf weitere Schilderungen im frühgriechischen Epos zurück: Im elften Buch der Ilias wird von einem Pfeilschuß des Paris berichtet, der den Diomedes im Spann des rechten Fußes trifft. Der Pfeil durchdringt den Fuß und heftet ihn an die Erde (XI 375 ff.):

> ὁ δὲ τόξου πῆχυν ἄνελκε
> καὶ βάλεν, οὐδ' ἄρα μιν ἅλιον βέλος ἔκφυγε χειρός,
> ταρσὸν δεξιτεροῖο ποδός· διὰ δ' ἀμπερὲς ἰὸς
> ἐν γαίῃ κατέπηκτο·

Paris jubelt und provoziert den Verwundeten, der die Blessur jedoch als Kratzer abtut (XI 388 f.), von Odysseus gedeckt sich niedersetzt und das Geschoß selbst aus dem Fuß zieht (XI 397 f.):

> ὁ δ' ὄπισθε καθεζόμενος βέλος ὠκὺ
> ἐκ ποδὸς ἕλκ', ὀδύνη δὲ διὰ χροὸς ἦλθ' ἀλεγεινή.

Da man sich auch hier den Pfeil kaum ohne Widerhaken wird vorstellen können, käme das ἐκ ποδὸς ἕλκε einem διωσμός gleich, der, vom Verwundeten selbst vorgenommen, übermenschliche Konstitution voraussetzt, über die Diomedes allerdings gelegentlich zu verfügen scheint, so daß gerade seine Reaktionen auf Verwundungen den Schluß auf menschliches Verhalten kaum zulassen. Daß er, während er den Pfeil durch den Fuß zieht, Schmerzen hat (XI 398), ist immerhin noch eine Konzession an menschliche Art.

In einem Falle hören wir gegen die sonstige Gepflogenheit nichts Näheres über die chirurgische Behandlung und Wundversorgung eines Verwundeten. Der Arzt Machaon, den Paris mit einem Pfeil in die Schulter getroffen hatte (XI 507: ἰῷ τριγλώχινι βαλὼν κατὰ ... ὦμον), war von Nestor in seiner Hütte aufgenommen

---

unsere Abb. nach MonInst. I (1830) Taf. 25; s.a. Pfuhl, MuZ. III Taf. 137, 418; K. Kerényi, Der göttliche Arzt. Studien über Asklepios und seine Kultstätten (1956) 81 Abb. 48; Beazley, ARV.² 21 Nr. 1; Buschor, Vasen² 154 Abb. 167; J. Charbonneaux–R. Martin–F. Villard, Das archaische Griechenland (1969) 333 Abb. 382 (Farbabb.); Brommer, Vasenlisten³ 352 Nr. B 1; E. Simon–M. und A. Hirmer, Die griechischen Vasen (1976) 102 f. Taf. 117 (Innenbild). 118. 119; K. Schefold, Götter- und Heldensagen der Griechen in der spätarchaischen Kunst (1978) 203 Abb. 277; J. Boardman, Rotfigurige Vasen aus Athen (1981) Abb. 50,1.
304 Aus dem 4. Jh. v. Chr. Unsere Abb. nach K. Jettmar, Die frühen Steppenvölker (1964/1980) 16 Abb. 4; s.a. From the Lands of the Scythians. Ausstellungskatalog des Metr. Mus., New York (o. J.) Kat.-Nr. 81 Farbtaf. 18; vgl. M. Ebert, Südrußland im Altertum

Heilung S 115

a

b

Abb. 9a und b Achill verbindet Patroklos, Innenbild einer attisch-rotfigurigen Schale des Sosias in Berlin (a), Wundbehandlung skythischer Krieger, Reliefdarstellung auf einer Elektronvase aus Kul Oba bei Kertsch, in Leningrad (b)

und dort versorgt worden (XI 516ff.; vgl. S.S 98; Anm. 271; S.S 101). Empfand man es als anstößig, den großen Heiler als Patienten vorzuführen? Was ihm XI 622ff. und XIV 5ff. in Nestors Hütte widerfährt, erinnert jedenfalls mehr an die Bewirtung eines Gastes[305] als an die Behandlung und Pflege eines Verwundeten. XIV 6f. stellt ihm Nestor lediglich in Aussicht, daß ihm seine Dienerin Hekamede ein warmes Bad bereiten und das geronnene Blut abwaschen werde[306].

Wo der Dichter seine Helden nicht als Opfer von Routineverwundungen vorführt, denen, soweit sie nicht zum Tode führen, mit entsprechender chirurgischer Routine begegnet wird, macht sich im helfenden und heilenden Bemühen seiner handelnden Personen gelegentlich eine Ratlosigkeit bemerkbar, die wohl auch darin, daß in solchen Fällen Götter die Heilung vollbringen, etwas von den Grenzen epischer Heilkunst sichtbar werden läßt. XIV 409ff. wird Hektor von einem Stein des Aias »an der Brust, oberhalb des Schildrandes in Halsnähe« getroffen. Die veristische Schilderung der Symptome seiner Verletzung scheint auf wirklicher Beobachtung und Erfahrung zu beruhen[307]. Ohnmacht, Blutsturz, erneute Ohnmacht (XIV 436ff.), schwere Atemnot und erneutes Blutspeien (XV 9ff.) deuten auf schwere Verletzungen im Brustraum und an den Atmungsorganen. Die Gefährten, die ihn aus dem Kampf geborgen haben, wissen nichts anderes zu tun, als ihn mit einem Wasserguß aus der Ohnmacht zu erwecken (XIV 435f.). Ihre Hilflosigkeit zeigt vollends die Situation, in der sie von Zeus erblickt werden (XV 9ff.):

Ἕκτορα δ' ἐν πεδίῳ ἴδε κείμενον, ἀμφὶ δ' ἑταῖροι
ἥαθ', ὁ δ' ἀργαλέῳ ἔχετ' ἄσθματι κῆρ ἀπινύσσων,
αἷμ' ἐμέων, …

Hektor liegt ohnmächtig da, erbricht Blut und ringt keuchend mit dem Tode, »um ihn herum aber saßen die Gefährten«. Schließlich gibt Zeus dem Heiler Apollon die Anweisung, den zu Tode Getroffenen, dessen Schicksal sich noch nicht erfüllen soll, mit neuer Lebenskraft zu versehen (XV 221. 231f.). Apollon tut wie befohlen (XV 262):

ὣς εἰπὼν ἔμπνευσε μένος μέγα ποιμένι λαῶν.

In einem weiteren Falle, der dem eben gewürdigten in mancher Hinsicht gleicht, sorgt Apollon für die Heilung eines schon vom Tode Gezeichneten. V 305ff. wird dem Aineas von Diomedes – wiederum ist ein Stein die Waffe – das Hüftgelenk zerschmettert. Er sinkt nieder, und das Dunkel der Ohnmacht umfängt ihn. Hier verzichtet der Dichter ganz darauf, menschliche Hilfe zu mobilisieren: »und da wäre der Herrscher der Männer, Aineas, umgekommen, hätte nicht seine Mutter Aphrodite, Tochter des Zeus, scharf achtgegeben« (V 311f.). Aphrodite entrückt den Sohn aus dem Kampf. Und als sie selbst von Diomedes angegriffen wird und Aineas aufgeben muß (V 343), übernimmt Apollon seinen Schutz und läßt ihm

---

(1921) 173f. Abb. 56. [305] Es wird daher auch unterlassen, den Mischtrank aus Käse und pramnischem Wein, den Nestor sich und Machaon servieren läßt (XI 638f.), als Verwundetendiät zu apostrophieren, was bisweilen unter dem Einfluß der (mißverstandenen) Platonstelle Polit. III 405d–406a geschieht, wo – abgesehen davon, daß dort Nestor-Machaon als Pfleger und Patient mit Patroklos-Eurypylos verwechselt wurden – doch gerade der Nachweis erbracht werden soll, daß die homerischen Ärzte noch nichts von Diätetik wußten. Vgl. Kudlien, Beginn 34. [306] Auch das Bad wirkt eher wie ein Teil der Besuchsetikette (S.S 138f.), und Hekamede ist mehr Badedienerin als Krankenschwester. [307] S.

unter der Pflege von Leto und Artemis im Adyton seines Tempels in Troja die Wunderheilung zuteil werden (V 445 ff.), von der schon oben (S. S 89 f.) gehandelt wurde.

γ) *Magische Therapie:* Von besonderer Bedeutung ist schließlich ein Bericht der Odyssee, der im Gegensatz zu den rationalen, chirurgisch-pharmazeutischen Wundversorgungen der Ilias auf magische, im Volksglauben wurzelnde Praktiken verweist. Im neunzehnten Buch der Odyssee erkennt Eurykleia ihren Herrn bei der Fußwaschung an der Narbe einer Wunde, die ihm einst ein Eber auf einer Jagd im Parnass geschlagen hatte (19,392 ff.). Bei dieser Gelegenheit rekapituliert der Dichter jenes lang zurückliegende Ereignis und berichtet, wie es Odysseus, dem der Hauer eines Ebers tief in den Oberschenkel gedrungen war, noch gelungen sei, das Tier zu erlegen, und fährt fort (19,455 ff.):

> τὸν μὲν ἄρ' Αὐτολύκου παῖδες φίλοι ἀμφιπένοντο,
> ὠτειλὴν δ' Ὀδυσῆος ἀμύμονος ἀντιθέοιο
> δῆσαν ἐπισταμένως, ἐπαοιδῇ δ' αἷμα κελαινὸν
> ἔσχεθον, αἶψα δ' ἵκοντο φίλου πρὸς δώματα πατρός.
> τὸν μὲν ἄρ' Αὐτόλυκός τε καὶ υἱέες Αὐτολύκοιο
> εὖ ἰησάμενοι ... | ... ἔπεμπον | εἰς Ἰθάκην.

»Um diesen machten sich also die lieben Söhne des Autolykos [308] zu schaffen. Die Wunde aber des ... Odysseus banden sie sachkundig [309], und mit Besingen hemmten sie das dunkle Blut. Rasch gelangten sie zum Haus des lieben Vaters. Nachdem ihn aber Autolykos und seine Söhne trefflich geheilt hatten ... sandten sie ihn nach Ithaka«. Die erste Hilfe besteht also darin, daß nach dem »Binden« der Wunde (s. Anm. 309) das Blut durch »Besingen«, d. h. auf magischem Wege, gestillt wird. Es ist im Grunde das gleiche Verfahren, das als »Besprechen« zu bis heute geübten und bis zu einem Grade 'anerkannten' Praktiken der Volksmedizin gehört [310]. Die eigentliche Heilbehandlung scheint freilich im Hause des Autolykos erfolgt zu sein (εὖ ἰησάμενοι ..., 19,460).

δ) *Kultisch-kathartisches Heilverfahren:* In kathartisch-religiöse Bereiche gehören die Maßnahmen, mit denen man der von Apollon gesandten Seuche (zu I 44 ff.; S. S 62) zu begegnen versucht. Wie schon oben auf S. S 62 f. ausgeführt, gilt generell die nichttraumatische Krankheit als göttliche Strafe. Ihr Wesen ist Befleckung (λῦμα), und ihre Heilung besteht in Reinigung und Sühne. Das erklärt, warum sich Agamemnon, als die Seuche über das Heer hereinbricht, nicht an die

---

S 38 mit Anm. 70. 308 Der Name von Odysseus' Großvater mütterlicherseits Autolykos (was ja soviel wie »Werwolf« bedeutet), der diesen Exkurs beherrscht (19,392–466 wird er dreizehnmal genannt), ist außer dem, was sonst über ihn berichtet wird, an sich schon bezeichnend für die Provenienz der nachfolgend geschilderten Wundbehandlung. Vgl. auch Lain Entralgo, Therapy 26 f. 309 Während man hier zunächst an ein Verbinden denken möchte, machte es F. Pfister (RE. Suppl. IV [1924] 325 s. v. Epode) wahrscheinlich, daß dieses »Binden« ebenfalls magisch zu verstehen ist. 310 Zahlreiche Beispiele für dieses Heilverfahren in der deutschen Volksmedizin seit den Merseburger Zaubersprüchen bei Buschan, Medizinzauber 723 ff. Nilsson, GGR.³ I 543 sah in dem bei Verwundungen und Krankheiten gesungenen Zauberlied die älteste Manifestation des Paieon, was durch die Lesung als Eigenname unter anderen Götternamen in Linear B in Frage gestellt wird; S.

im Lager befindlichen Ärzte wendet[311], sondern von einem Seher, Priester oder Traumdeuter Hinweise erwartet, unter welchen Bedingungen der Gott bereit sei, die Krankheit aufzuheben (I 62f.):

ἀλλ' ἄγε δή τινα μάντιν ἐρείομεν ἢ ἱερῆα,
ἢ καὶ ὀνειροπόλον.

Als man von dem Seher Kalchas erfahren hat, daß Briseis dem Vater ohne Lösegeld zu übergeben, dazu eine Hekatombe nach Chryse zu führen sei (I 97ff.) und ein Schiff unter Odysseus' Führung mit allem zur Erfüllung der Bedingungen Notwendigem in See gegangen ist (I 308ff.), befiehlt Agamemnon dem Heere, sich von der Befleckung zu reinigen, was folgendermaßen geschieht (I 314):

οἱ δ' ἀπελυμαίνοντο καὶ εἰς ἅλα λύματα βάλλον,

»Sie aber entledigten sich der Befleckung und ließen die Verunreinigungen (in Gestalt des zur Reinigung benutzten Wassers) ins Meer fließen«. Es handelt sich um ein therapeutisch wie rituell zu verstehendes Reinigungsbad im Meer[312], das der Befleckung gilt, die man sich in Gestalt der Krankheit sowohl wie der Schuld[313] zugezogen hat. Als weitere Sühnemaßnahme werden Apollon Hekatomben am Strand geopfert (I 315f.):

ἔρδον δ' Ἀπόλλωνι τεληέσσας ἑκατόμβας
ταύρων ἠδ' αἰγῶν παρὰ θῖν' ἁλὸς ἀτρυγέτοιο·

Das Ritual ist damit nicht abgeschlossen und wird in Chryse, dem Ziel der Sühnegesandtschaft, fortgesetzt. Wie der Priester Chryses seinen Gott um Bestrafung der Achäer gebeten hatte, als ihm durch ihre Mißachtung Unrecht geschehen war, so bittet er jetzt, wo ihm Genugtuung widerfahren ist, Apollon darum, das Verderben von ihnen zu nehmen (I 456):

ἤδη νῦν Δαναοῖσιν ἀεικέα λοιγὸν ἄμυνον.

Dann wird die mitgeführte Hekatombe geschlachtet, und bei einem gemeinsamen Opferschmaus suchen die Jünglinge der Achäer den Gott gnädig zu stimmen, indem sie ihn mit Tanz und Gesang (μολπή) feiern und den Päan erklingen lassen

---

S 95 mit Anm. 247.   311 Das wird im Proömium des Celsus sehr klar mit der ausschließlich chirurgischen Tätigkeit der Ärzte in der Ilias begründet: *Aesculapii duo filii Podalirius et Machaon bello Troiano ducem Agamemnonem secuti non mediocrem opem commilitonibus suis attulerunt; quos tamen Homerus non in pestilentia neque in variis generibus morborum aliquid attulisse auxilii, sed vulneribus tantummodo ferro et medicamentis mederi solitos esse proposuit.*   312 Weitere Beispiele zur Rolle des Wassers bei rituellen Reinigungen führt Nilsson, GGR.³ I 101 ff. und 542 an.   313 Genau genommen ist es die Schuld Agamemnons (S. S 63), doch macht der Kontakt mit dem Schuldigen offenbar ebenso unrein. Vgl. Nilsson, GGR.³ I 91. Lain Entralgo, Therapy 19 begründet die Heimsuchung der schuldlosen Achäer mit ihrer stammesgebundenen Mitverantwortlichkeit. Dodds a.O. (s.o. Anm. 220) 24 mit Anm. 43 findet bei Homer keinen Hinweis auf den Glauben, daß Befleckung ansteckend wirkt, und sieht ihn Hes., Op. 240 (S.S 63) erstmalig bezeugt. Dazu läßt sich sagen, daß man kaum ausdrückliche Hinweise auf den Glauben an die ansteckende Wirkung des Miasma erwarten darf, solange er ungebrochen ist und man sich dabei beruhigt, wie es offenbar I 40ff. der Fall ist, wo man es keiner weiteren Betrachtung unterzieht, daß die Strafe für die Verfehlung Agamemnons zugleich alle Achäer trifft. Greifbar ist dieser Glaube erst da, wo er fragwürdig geworden ist wie dort, wo er mit Hesiods Prinzip der

(I 473: καλὸν ἀείδοντες παιήονα), der hier vielleicht einem alten, zur Bannung von Krankheiten gesungenen Zauberlied nahesteht[314], zumal auch dem Tanz, der hier im Begriff μολπή mit enthalten ist, eine bedeutende Rolle in krankheitsbannenden magischen Riten zukommt[315].

d) Heilmittel

α) Drogen und Gewürze zu mykenischer Zeit: Die Fresken der minoischen Paläste Kretas zeigen in ihrer Vorliebe für die Wiedergabe von Park- und Gartenlandschaften eine starke Bindung ihrer Bewohner an die vegetative Natur. Gelegentlich erlaubt es die naturalistische Wiedergabe, unter den dargestellten Blüten, Blättern und Fruchtständen botanische Bestimmungen vorzunehmen, wie z.B. im Falle des Krokus (Abb. 10 a-m) oder der Schwertlilie (Abb. 11 a-e), Pflanzen, die in ihrer doppelten Bedeutung als Gartenblumen und Drogenlieferanten hier von besonderem Interesse sind[316]. Obwohl sich Wesensmerkmale der Minoer nicht ohne weiteres auf die späteren mykenischen Palastherren übertragen lassen, gibt es doch Anzeichen dafür, daß diese nicht nur in der Übernahme (und selbständigen Verarbeitung) eines vegetativen oder animalischen Formenschatzes in der bildenden Kunst, sondern auch im vitalen Verhältnis zur Natur, soweit sich dies nicht auf spezielle Kulteinrichtungen bezog, ihren Vorgängern nicht allzu fern standen. Auch sprechen sprachliche Zeugnisse der Linear B-Tafeln für die Rolle, die Gärten und Obstkulturen bei ihnen gespielt haben müssen[317].
Die Schilderungen der Grotte der Kalypso im fünften oder der Gärten des Alkinoos im siebten Buch der Odyssee sind besonders bekannte epische Beispiele für ein vergleichbares Naturgefühl. Diese Gärten werden sowohl einem ästhetischen Bedürfnis als auch der Nahrungsvorsorge und der Beschaffung von Gewürzen und Drogen zu Heilzwecken gedient haben. Frühzeitig wird man sich bemüht haben, begehrte Pflanzen, die eingeführt werden mußten, im eigenen Lande zu kultivieren.
Es spricht nun für die Bedeutung der Gewürz- und Arzneipflanzen zu mykenischer Zeit, daß sich an allen Hauptfundorten der Linear B-Tafeln, in Knossos, Pylos und Mykene, diesbezügliche Zusammenstellungen gefunden haben, unter denen sich eine Gruppe von sieben Tafeln aus dem »Haus der Sphingen« in Mykene am ergiebigsten erweist[318]. Daß die Mehrzahl der genannten Drogen auch

---

Gerechtigkeit unvereinbar geworden ist (S. S 63).   **314** Nilsson, GGR.³ I 543; zu berücksichtigen ist oben Anm. 310.   **315** Buschan, Medizinzauber 59 und passim; Nilsson, GGR.³ I 543; zu einer kathartischen Heilbehandlung der Proitostöchter durch den Seher Melampus s.o. Anm. 211; vgl. auch die Bemerkungen zum Typ des Wanderarztes der Odyssee oben S.S 102.   **316** Unsere Abb. 10 a-m nach M. Möbius, JdI. 48, 1933, 1ff. Abb. 4 A-P; unsere Einteilung entspricht der von Möbius folgendermaßen: a = A; b = P; c = G; d = H; e = F; f = K; g = I; h = E; i = L; j = D; k = O; l = N; m = M. – Unsere Abb. 11 a-e nach Möbius a.O. Abb. 5 A-F mit folgender Entsprechung: a = A; b = D; c = C; d = E; e = F.   **317** z.B. *pu-ta*, KN 166 = Gv 864, Plur. zu φυτόν (vgl. 24,227), *pu-te-ri-ja*, KN 155 = Uf 981, Plur. zu φυτήριον (siehe noch Stella, Civiltà 174 Anm. 33). Ferner *ke-po*, MY 105 = Ge 602, κῆπος (VIII 306 u.ö.); Stella, Civiltà 176f. und Anm. 40.   **318** Ventris-Chadwick, Documents 52. 131. 221–231. Stella, Civiltà 178 Anm. 40 und passim. Eine Würdigung der bis dahin gelesenen Drogennamen aus pharmazeutischer Sicht

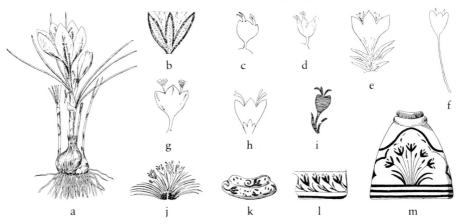

Abb. 10a–m Safran a: Haupt- und Nebenknolle des *Crocus sativus* mit Wurzeln, Blatt- und Blütentrieben b–g: Darstellungen desselben auf einem minoischen Barbotinegefäß (b), auf dem ‚Fresko des Safranpflückers' in Knossos (c. d. g), auf einer Kamaresvase (e) und einer minoischen Scherbe aus Gournia (f) h. i: einzelne Blüten auf einem Kelch aus Hagia Triada und einer Scherbe aus Knossos j: Krokuspflanze mit Blüten und Blättern auf Tuff aus Knossos, ‚Haus der Fresken' k–m: Safrandarstellungen auf minoischen Votivkleidern

als Gewürze oder Gemüsepflanzen Verwendung finden konnten[319], ist eine alte Erfahrungstatsache, auf die auch in der botanisch-historischen Literatur hingewiesen wird. Die Verwendungsbreite dieser Pflanzen ergibt sich aus ihrer Erwähnung an anderer Stelle als Färbemittel[320]. Keine der identifizierten Pflanzen ist als Giftpflanze in eigentlichem Sinne anzusprechen. An den Anfang unserer Zusammenstellung läßt sich die Lesung *pa-ma-ko*, φάρμακον, auf der Pylostafel PY Sb 1314 stellen. Die Bedeutungen »Zaubermittel, Heilmittel, Gift« ergeben sich aus dem epischen Sprachgebrauch[321].

Im einzelnen sind folgende Pharmaka in den Linear B-Tafeln überliefert:

Auf einer Knossostafel (KN X 771,2) ist *a-ne-to*, Dill (ἄνηθον, *Anethum graveolens*) überliefert. Dill wurde im Altertum als Küchengewürz, zu Kränzen bei Gelagen, zur Salbenbereitung und als vielseitig verwendbares Heilmittel gebraucht; vgl. F. Olck, RE. V (1905) 639ff.; Stella, Civiltà 176 Anm. 37; Der Große Brockhaus IV (1968) 746.

ka-da-mi-ja (Fem. oder Neutr. Plur., Tafel MY 107 = Ge 604) gehört zu κάρδαμον, *Lepidium sativum*, Gartenkresse, die im Orient beheimatet war; vgl.

erfolgte durch W.-H. Hein, Pharmazeutische Zeitung 106 Nr. 38, 1961, 1145 ff.   319 Ihre Verwendung als Nahrungsmittel wird gewürdigt von G. Bruns, unser Kap. »Küchenwesen und Mahlzeiten« Q 8.   320 Zur engen Beziehung zwischen Medizinaldrogen und Färbemitteln siehe Schmidt, Drogen 80 mit Anm. 5; S. 81 f. Die Deutung von *po-ni-ki-jo*, KN 99 = Ga 418, wird in dieser Richtung zu suchen sein; Ventris-Chadwick, Documents 222; Stella, Civiltà 208 Anm. 41.   321 S. S 124 f.; dazu und zu möglicherweise greifbaren Reflexen über Spinnweben als Volksmedizin auf den Linear B-Tafeln (– über Spinnweben als uraltes blutstillendes Mittel der Volksmedizin s. A. Steier, RE. III A [1927] 1797 s. v. Spinnentiere –) s. Stella, Civiltà 183 Anm. 49, wo auch auf die Lesung *pa-na-ki*, MY 93 = Fo 101 = *πανακις (vgl. πάναξ) im Sinne von Panazee, »Allheilmittel«, aufmerksam gemacht wird. Zu botanischen Bestimmungen s. H. Gossen, RE. XVIII 2 (1949) 446 f. s. v. Panakes.

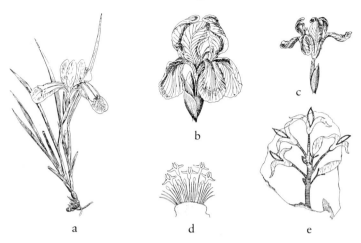

Abb. 11a–e   Schwertlilie   a: *Iris graminea*   b: *Iris germanica*
c: *Iris biflora*   d: blaue Iris auf dem ‚Fresko mit dem blauen Vogel',
Knossos   e: stilisierte Iris, Fresko der minoischen Villa von Amnisos

Ventris-Chadwick, Documents 226. 231; Stella, Civiltà 178 Anm. 40; Der Große Brockhaus VI (1968) 776.

Zu *ka-na-ko* (Tafel MY 105–107 = Ge 602–604), κνῆκος, vergleiche das dorische Adjektiv κναχός. Es steht bisweilen mit Attributen für 'rot' oder 'weiß': *e-ru-ta-ra, eruthra* bzw. *re-u-ka, leuka*. Es handelt sich dabei um die auch Saflor genannte Färberdistel *(Carthamus tinctorius)*. Sie war wohl ursprünglich in Persien oder Indien heimisch und ist in Ägypten spätestens seit der Zeit des Neuen Reiches bekannt. Die safrangelben, später roten Blüten wurden als Färbemittel, das Öl in der Küche und zu Heilzwecken verwandt; vgl. Hehn-Schrader, Kulturpflanzen 269f.; Singer-Holmyard, HT. I 246; Ventris-Chadwick, Documents 226. 228; Stella, Civiltà 178 Anm. 40; Der Große Brockhaus XVI (1973) 334f.

ka-ra-ko (vielleicht boiot. γλάχων, att. βλήχων, ion. γλήχων, Tafel MY Ge 607) ist als Poleiminze *(Mentha pulegium)* identifiziert worden, die als Küchengewürz und Volksarznei im Hymnos an Demeter (209) genannt ist; vgl. Hehn-Schrader, Kulturpflanzen 501; A. Steier, RE. XV (1932) 2021 s.v. Minze; Ventris-Chadwick, Documents 226. 395; Stella, Civiltà 178 Anm. 40; Der Große Brockhaus XII (1971) 601f. Jetzt jedoch: J. Chadwick, Die mykenische Welt (1979, engl. Originalausg. 1976) 165: »Einem Fehler bei der Entzifferung ist es ... wohl zuzuschreiben, daß wir das Wort für 'Poleiminze' gefunden zu haben glaubten. Es sollte daher gestrichen werden, obwohl diese Pflanze gut in unsere Aufzählung gepaßt hätte«.

Das Wort *ki-da-ro* auf der Knossostafel KN E 842,3 scheint 'Zwiebel' *(Alium cepa)* zu bedeuten, siehe Hesych. κίδαλον κρόμμυον. Die im Altertum hochgeschätzte Gemüsepflanze wurde auch im Heilzauber und in der Volksmedizin verwandt. Im Epos begegnet man der Zwiebel (κρόμυον) freilich nur als Nahrungsmittel (XI 630; 19,233); vgl. Hehn-Schrader, Kulturpflanzen 501; H. Stadler, RE. XII (1925) 986ff. s.v. Lauch; Stella, Civiltà 176 Anm. 37; Der Große Brockhaus XX (1974) 802f.

ko-ri-ja-do-no (KN 98 = Ga 415) bezeichnete den Koriander, κορίαννον, κορίανδρον, *Coriandrum sativum*. Er war ursprünglich wohl in Syrien beheimatet. Koriandersamen sind aus dem alten Ägypten als Grabbeigaben bekannt, sie wurden als Gewürz und Arznei verwandt; vgl. Hehn-Schrader, Kulturpflanzen 209f.; Ventris-Chadwick, Documents 227; Stella, Civiltà 178 Anm.40; Der Große Brockhaus X (1970) 508.

ko-ro-ki-no, κρόκινος, ist das zu κρόκος, Krokus, Safran *(Crocus sativus)* gehörige Adjektiv und kommt auf Tafel L 5742 vor. Das Substantiv ist vorerst in Linear B nicht zu belegen, doch durch ein Ideogramm vertreten. Der Name 'Safran' stammt aus dem Arabischen, während κρόκος als Lehnwort von dem semitischen *karkôm*, 'gelb', abgeleitet ist (vgl. Hoheslied 4,14). Die Pflanze spielte bei den Kulturvölkern des Orients und der Mittelmeerländer eine bedeutende Rolle als kostbares Färbemittel, Gewürz und Heilmittel und fand auch in der Salben- und Parfümbereitung Verwendung. Als königliche Farbe war sie dem Purpur gleichgeachtet. Sie ist durch Vermittlung der Phöniker – vielleicht von Indien – zu den Griechen gelangt. Bei Homer wird die Göttin Eos als »die mit dem safranfarbenen Gewand« bezeichnet (κροκόπεπλος, VIII 1 u.ö.). An zwei Stellen ist mit κρόκος die Blüte in ästhetischer Wertung gemeint (XIV 348; h.Cer.6); vgl. Hehn-Schrader, Kulturpflanzen 264ff.; F.Orth, RE. I A (1920) 1728ff. s.v. Safran; Schmidt, Drogen 19. 127f.; Ventris-Chadwick, Documents 35. 130; Stella, Civiltà 177 Anm.38; Der Große Brockhaus XVI (1973) 335.

Kreuzkümmel, *Cuminum cyminum*, in den Linear B-Texten *ku-mi-no* (MY 105 = Ge 602), war ein beliebtes Gewürz und Arzneimittel im Altertum. Das griechische Wort κύμινον entspricht dem ugarit. *kmn* und ist als Beigabe in altägyptischen Gräbern und im Papyrus Ebers bekannt; s.a. Jes. 28,25 und 27. Wort und Sache dürften mithin semitisch-orientalischen Ursprungs sein; vgl. Hehn-Schrader, Kulturpflanzen 208ff.; Ventris-Chadwick, Documents 227; H.Gossen, RE. Suppl. VIII (1956) 255ff. s.v. Kümmel; Stella, Civiltà 178 Anm.40; Der Große Brockhaus X (1970) 747.

Der Begriff *ku-pa-ro* der Knossostafel KN G 519,102 = Ga 517 ist mit κύπειρος, dorisch κύπαιρος, *Cyperus rotundus*, einer besonderen Variante des Zypergrases, gleichgesetzt worden, während das bei Homer als Futterpflanze für Pferde und Rinder genannte κύπειρος und κύπειρον (XXI 351; 4,603; h.Merc. 107) mit *Cyperus longus* identifiziert wurde. *Cyperus rotundus* wurde besonders zur Herstellung von Ölen für kosmetische Zwecke verwandt. Nach Herodot sind die Leichname skythischer Könige mit gestoßenem κύπερος (sic) und anderen aromatischen Kräutern gefüllt worden (IV 71); vgl. Ebeling, LH. s.v. κύπειρον; Ventris-Chadwick, Documents 223; Stella, Civiltà 176 mit Anm.37; Der Große Brockhaus XX (1974) 818.

ma-ra-tu-wo auf Tafel MY 105 = Ge 602, *marathwon*, klassisch μάραθον oder μάραθρον bedeutet Fenchel *(Foeniculum vulgare)* und ist im Fernen Osten, Ägypten, Griechenland und Rom als Arznei und Küchengewürz in Gebrauch gewesen; vgl. F.Olck, RE. VI (1909) 2172 s.v. Fenchel; Hehn-Schrader, Kulturpflanzen 501; Ventris-Chadwick, Documents 227; Stella, Civiltà 178 Anm.40; Der Große Brockhaus VI (1968) 138f.

mi-ta auf einer Linear B-Tafel aus Mykene (MY 105 = Ge 602) ist ein vorgriechisches Wort und entspricht μίνθα, μίνθη. Es handelt sich um eine der in Südeuropa heimischen Minzenarten, nach LS. *Mentha viridis*. Verschiedene Minzenarten waren im Altertum als Würzpflanzen, Arzneien und als Lieferanten ätheri-

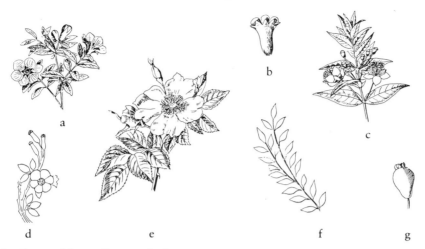

Abb. 12 a–g Myrte, Rose und Granate *Punica granatum* mit Blättern, Blüten und Knospen (a), Steinintarsien aus Knossos, wohl in Gestalt von Granatblüten und -früchten (b), Heckenrose, ‚Fresko mit dem blauen Vogel', Knossos (d), *Rosa camina* mit Blättern, Blüten und Knospen (e), *Myrtus communis* mit Blättern, Blüten und Knospen (c), Myrtenzweig auf dem ‚Fresko mit dem Rebhuhnfries', Knossos (f) und Frucht der Myrte (g)

schen Öls bekannt (vgl. oben *ka-ra-ko*); vgl. A. Steier, RE. XV (1932) 2020ff. s.v. Minze; Ventris-Chadwick, Documents 227; Stella, Civiltà 178 Anm. 40; Der Große Brockhaus XII (1971) 601 f.

Die Identifikation von *ra-ke-da-no* auf der Tafel MY 106 = Ge 603 ist bisher unsicher geblieben[322]. Die in diesem Zusammenhang genannte Myrte war als Lieferant vielseitig verwendbarer Heilmittel, Gewürze, Parfüme und Färbemittel hochgeschätzt. Besonders ihre Beeren und Blätter lieferten ein ätherisches Öl von adstringierender Wirkung (Abb. 12 a–g)[323].

sa-sa-ma (MY 105 = Ge 602), das dem dorischen σάσαμον, auch σησάμη oder σήσαμα, und ugarit. *ssmn* entspricht, bedeutet Sesam *(Sesamum Indicum)*. Sesam wurde aus Indien in Mesopotamien eingeführt und dort angebaut (vgl. Codex Hammurabi). In Ägypten ist er erst seit der Mitte des 1. Jahrtausends v. Chr. bekannt. Das hochgeschätzte Öl und die Kerne wurden in Küche, Kult und zu Heilzwecken verwandt; vgl. A. Steier, RE. II A (1923) 1849 ff. s.v. Sesamon; Ventris-Chadwick, Documents 227; Stella, Civiltà 178 Anm. 40; Der Große Brockhaus XVII (1973) 334 f.

[322] Bei Ventris-Chadwick, Documents noch als Eigenname mit Λακεδαίμων (?) verglichen. Stella, Civiltà 178 Anm. 40 ist leider nicht zu entnehmen, woher die Glosse ῥακέδανον· μυρτίδανον stammt. Letzteres Wort bezeichnete nach Diosc. I 112,4 einen Rindenauswuchs der Myrte, der auch zu Heilzwecken verwandt wurde (nach Stella dagegen: *bacca di mirto*).
[323] Unsere Abb. (nach M. Möbius, JdI. 48, 1933, Abb. 6 A-G) zeigt neben der Myrte auch Darstellungen von Rose und Granate. Die Entsprechungen zwischen unserer Abbildung und der von Möbius lauten: a = C; b = D; c = E; d = B; e = A; f = G; g = F. Zur Myrte s. Hehn-Schrader, Kulturpflanzen 223 ff.; A. Steier, RE. XVI (1935) 1171 ff. s.v. Myrtos; Der

se-ri-no (MY 107 = Ge 604, σέλινον, Sellerie, *Apium graveolens*), eine Gemüse-, Arznei- und Zierpflanze, hatte Beziehungen zum Totenkult und ist seit altägyptischer Zeit nachzuweisen. Die Stadt Selinunt war nach ihr benannt. Im homerischen Epos gibt es σέλινον nur als Futterpflanze[324] und Zierpflanze[325]. So wie im Falle von *ku-pa-ro* verschiedene Varianten dieser Pflanzenart in den Linear B-Texten und bei Homer vermutet werden, liegt es auch im vorliegenden Fall nahe, im homerischen σέλινον – wenigstens Il 776 – eine andere Art Sellerie als *Apium graveolens*, vielleicht *Apium palustre*, zu vermuten; vgl. Ebeling, LH. s.v. σέλινον; F. Olck, RE. VI 1 (1909) 252ff. s.v. Eppich; Ventris-Chadwick, Documents 227; Stella, Civiltà 177f. mit Anm. 40; Der Große Brockhaus XVII (1973) 291f.[326].

β) Zum epischen Begriff φάρμακον: Das homerische Wort für die Droge in ihren vielfältigen Anwendungsbereichen ist φάρμακον. Der jeweilige Bedeutungswert des Wortes ergibt sich im allgemeinen aus attributiven Bestimmungen, z. B. φάρμακα ἐσθλά, die »nützlichen«, φάρμακα λυγρά, die »schädlichen« Pharmaka. Das Wort ist also vox media, und was bisher zu seiner Etymologie ermittelt wurde, läßt vermuten, daß es ursprünglich »Zaubermittel, Zauberkraut« bedeutete[327]. Daraus folgerte W. Artelt, daß die Verwendung von Pharmaka zum Nutzen oder Schaden im magischen Denken wurzelte[328].

Neben den sich im Gebrauch artikulierenden Bedeutungen »Heilmittel« und »Gift« sollte die bei Homer nicht anzutreffende, doch schon seit Herodot (I 98,6) belegbare Bedeutung »Färbemittel, Farbe« nicht außer acht bleiben, die nach dem indirekten Zeugnis des stammverwandten Verbs φαρμάσσω (9,393) auch der homerischen Zeit schon geläufig gewesen sein kann[329].

Große Brockhaus XIII (1971) 139.   **324** Il 776 fressen die Pferde ἐλεοθρεπτὸν σέλινον.   **325** 5,72 wird von λειμῶνες μαλακοὶ ἴου ἠδὲ σελίνου rings um die Grotte der Kalypso gesprochen.   **326** Bei Hein a.O. (s. o. Anm. 318) 1147 werden noch als Attribute zum Olivenöl (*e-ra₃-wo*, PY Gn 1184) aufgeführt: 1. *ku-pa-ro-we (kupairowen)* = »mit Cyperus parfümiert« (PY 1203); 2. *pa-ko-we (sphakowen)* = »mit Salbei parfümiert«; 3. *wo-do-we (rodowen)* = »mit Rose parfümiert« (PY 1203); siehe auch Stella, Civiltà 175 Anm. 35.   **327** Hofmann stellt es zu *φάρμα, idg. *bhr̥men-* n., vielleicht zu lit. *buriù, bùrti*, »allerhand Wahrsagerei treiben«, lett. *burt*, »zaubern«. (Nach H. Osthoff, Bezzenbergers Beiträge 24, 1899, 144ff.).   **328** Artelt, Heilmittel-Gift 39ff.   **329** 9,391ff. wird innerhalb der drastischen Schilderung der Blendung Polyphems das Zischen, das der in den Augapfel eindringende, glühende Pfahl verursacht, mit dem Geräusch verglichen, das entsteht, wenn ein Schmied ein (glühendes) eisernes Werkstück in kaltes Wasser taucht, um es zu härten: ὡς δ᾽ ὅτ᾽ ἀνὴρ χαλκεὺς πέλεκυν μέγαν ἠὲ σκέπαρνον | εἰν ὕδατι ψυχρῷ βάπτῃ μεγάλα ἰάχοντα | φαρμάσσων· τὸ γὰρ αὖτε σιδήρου γε κράτος ἐστίν· »Wie wenn ein Schmied eine große Axt oder ein Schlichtbeil unter gewaltigem Zischen in kaltes Wasser taucht« – was meint nun φαρμάσσων? Die Bedeutung »härten« gibt das Stammwort nicht her. Dieser erwartete Effekt wird durch die folgenden Worte τὸ γὰρ σιδήρου κράτος ἐστίν umschrieben. Ebeling bietet: »*remedium adhibeo, ut acies induretur*«, aber von der Anwendung eines besonderen Mittels zur Erreichung dieses Zwecks kann in unseren Versen nicht die Rede sein. LS. schränkt dementsprechend ein: »prop. treat by using φάρμακα, generally treat«. Dann bliebe also für φαρμάσσων das ziemlich nichtssagende »indem er es behandelt«. Doch war hier ein ganz spezifisches »Behandeln« gemeint, das mit dem Begriff der Droge den des Färbemittels verband und damit den Vorgang des Tauchens, Durchtränkens und Verfärbens assoziierte. Wie eng im technologischen Denken die Begriffe »Färben« und »Eintauchen«

Eine Abschwächung der Bedeutung »Zauber- und Heilmittel« zu »Hilfsmittel« ist seit Hesiod zu beobachten, wo dem Landmann, der zu spät pflügt, ein »Pharmakon« gegen sich daraus ergebende Nachteile empfohlen wird (Hes., Op. 485)[330]:

εἰ δέ κεν ὄψ' ἀρόσῃς, τόδε κέν τοι φάρμακον εἴη·

Eine für die volle Würdigung des Begriffs bedeutsame Abwandlung ist das Wort φαρμακός, das im Bereich des frühen Epos nicht vorkommt und gewöhnlich mit »Sündenbock« übersetzt wird[331]. Es bedeutet soviel wie ein zur Person gewordenes Pharmakon[332]. Man bezeichnete damit Individuen, die bei den attischen Thargelien, aber auch in Kolophon[333], Abdera und Massilia im Rahmen eines Reinigungsrituals dergestalt als »Sündenböcke« fungierten, daß sie überall in der Stadt herumgeführt wurden, um alle Übel und Verunreinigungen auf sich zu ziehen und schließlich davongejagt oder getötet wurden. Aus der Rolle und Bezeichnung des Pharmakos geht hervor, daß mit φάρμακον auch ein Reinigungs- und Sühnemittel gemeint sein konnte, wie es im Bereich kathartisch-religiöser Heilpraktiken zur Anwendung kam[334]. Das einzige »Heilmittel« dieser Art, dem man in den homerischen Epen begegnet, ist der Schwefel (θέειον, θήιον). 22,493 wird damit das Megaron des Odysseus von der Befleckung durch den Freiermord »gereinigt«. In diesem Zusammenhang wird er ἄκος κακῶν, »Heilmittel gegen Übel«, genannt (22,481; S. S 102), gerade so, wie die in der Wundbehandlung gebräuchlichen pflanzlichen Pharmaka als ἀκέσματα, »Heilmittel«, definiert werden (XV 394)[335]. Eine Art mineralischen Heilmittels könnte auch in den Kyprien mit dem Rost gemeint sein, den Achilleus von seiner Lanze schabt, um Telephos zu heilen (s.o. Anm. 220). Majno weist darauf hin[336], daß sowohl Eisen- als auch Bronzerost als Mittel zur Wundreinigung galten; insbesondere war Rost in Form von Kupferazetat für antiseptische und adstringierende Wirkung bekannt[337].

γ) *Pharmaka in der chirurgischen Wundbehandlung:* Bei der chirurgischen Wundbehandlung steht die Anwendung pflanzlicher Arzneimittel im Epos so eindeutig im Vordergrund, daß die Versorgung eines Verwundeten mit Heilmit-

ineinander übergriffen, läßt sich daran zeigen, daß Ausdrücke, die primär ein »Eintauchen« meinten, die Bedeutung »färben, Farbe« erhalten konnten, wie es aus βάπτω (Herod. VII 67), βαπτός (Plat., Leg. 847c) und βαφή (Aisch., Ag. 239) hervorgeht. 330 Dabei blieb man sich der Bedeutung »Heilmittel«, in der das Wort weiter verwandt wurde, stets bewußt, wie Artelt, Heilmittel-Gift 47 meint, wo er weitere Beispiele für die übertragene Bedeutung aus dem Bereich der frühen Lyrik beibringt. 331 Zum Begriff des Sündenbocks vgl. 3. Mose 16,20ff. 332 Nilsson, GGR.³ I 542. 333 L. Deubner, Attische Feste (1962) 179ff.; Nilsson, GGR.³ I 107ff. 133. 534. 542. Die ältesten, sich auf Kolophon beziehenden Nachrichten gehen auf Hipponax, den jonischen Dichter des 6. Jhs. v. Chr., zurück (Fr. 6–11 Diehl) und sind in den »Chiliades« des Joh. Tzetzes (12. Jh. n. Chr.) überliefert. Unsere zwangsläufig stark vereinfachenden Bemerkungen zur Rolle der φαρμακοί können auf die zahlreichen Einzelprobleme, namentlich solche, die sich aus der Überlieferung ergeben, daß man dem φαρμακός im Verlaufe des Rituals sieben Schläge mit Feigenruten und Meerzwiebeln auf sein Zeugungsglied versetzte, nicht eingehen. Daß die Reinigungs- und Sühnefunktion der φαρμακοί die wesentliche war, steht jedenfalls außer Frage. 334 Vgl. Artelt, Heilmittel-Gift 89f. 335 Ein Unterschied zu den sonst üblichen Pharmaka scheint wenigstens nach den frühepischen Zeugnissen darin zu bestehen, daß wir von keinem kathartischen Mittel hören, das der Heilung eines einzelnen Menschen von einer Krankheit dient; vgl. Lain Entralgo, Therapy 17. 336 Majno a.O. (s.o. Anm. 268) 371. 337 Zum

teln einer Wundbehandlung und Heilung gelegentlich geradezu gleichgesetzt wird (IV 190f.[337a]; V 401f. und 900f.). Die Kenntnis vieler Pharmaka findet bei der Bewertung des Wundarztes stärkere Beachtung als manuelle Geschicklichkeit. Besonders deutlich wurde dies am Bilde des Götterarztes Paieon (S.S 94), von dem das Hesiodfragment 194 Rz. bemerkt: ὃς ἁπάντων φάρμακα οἶδεν, »er kennt Heilmittel gegen alles«. Dementsprechend werden die Ärzte der Ilias, die »bei den Schiffen« die Verwundeten behandeln (S.S 101), πολυφάρμακοι, »vieler Heilmittel kundig«, genannt.

Die ausschlaggebende Bedeutung, die man in der Wundbehandlung den Kenntnissen wirksamer Heilmittel beimißt, ergibt sich auch aus XI 830ff., wo der verwundete Eurypylos den Patroklos um Behandlung seiner Wunde bittet, da dieser über Kenntnisse im Umgang mit Heilmitteln verfüge, die ihm von Achilleus beigebracht worden seien, den wiederum Chiron darin unterwiesen habe (S.S 96). Diese immer wieder anzutreffende Prononcierung des Wissens, Lehrens und Lernens, wo von Pharmaka als Heilmitteln die Rede ist[338], läßt bereits an einen Bestand tradierbarer Grundkenntnisse im Umgang mit erprobten Mitteln, eine Art Heilmittelkunde denken.

Wie schon oben (S.S 125) erwähnt, werden die als Medikamente verwandten Pharmaka ἀκέσματα, »Heilmittel«, genannt. In einem Falle wird genauer gesagt, worin sie bestehen. Die Bitte des Eurypylos ἐπὶ δ' ἤπια φάρμακα πάσσε, »lege mir lindernde Heilmittel auf« (XI 830), wird XI 846f. erfüllt: ἐπὶ δὲ ῥίζαν βάλε πικρὴν | χερσὶ διατρίψας, »er legte ihm eine bittere Wurzel auf, die er mit den Händen zerrieben hatte«[339]. Daß damit eine besonders gebräuchliche Erscheinungsform im Bestande pflanzlicher Heilmittel genannt wird, ergibt sich auch aus der Bemerkung des Eustathios zu V 900, wo er zur Erläuterung der wundärztlichen Tätigkeit des Paieon (vgl. S.S 95 mit Anm. 243) bemerkt: τὸ δὲ »πάσσειν« ἐμφαίνει ῥιζικὸν ἰατρὸν εἶναι καὶ τὸν Παιήονα τρίβοντα βοτάνας καὶ καταπάσσοντα, ὡς καὶ ἀλλαχοῦ ἐφ' ἑτέρων οἶδεν ὁ ποιητής: »der Ausdruck 'aufstreuen' zeigt, daß auch Paieon ein Wurzelarzt ist, der Kräuter zerreibt und aufstreut, wie es der Dichter auch anderenorts in anderen Fällen kennt«. Der Kommentator, der Paieon zunächst einen Wurzelarzt nennt, ihn dann aber mit βοτάναι, »Kräuter« (ein Wort, das bei Homer übrigens nur die Futterpflanze bezeichnet), umgehen läßt, macht damit den Vorrang der Wurzel unter anderen zu Heilzwecken verwendeten Pflanzenteilen deutlich.

Als Beiwörter zu φάρμακον als Heilmittel findet man an den zehn relevanten Stellen dreimal ἤπιος, »lindernd, mild« (IV 218; XI 515; XI 830), dreimal

---

Rost als Heilmittel s. a. Schmidt, Drogen 17. 23.   337a ἕλκος δ' ἰητὴρ ἐπιμάσσεται ἠδ' ἐπιθήσει | φάρμαχ' ... Die Stelle ist noch in anderer Hinsicht interessant, da sie mit ἐπιμαίομαι, »betasten, befühlen«, das einzige Zeugnis dafür liefert, daß die Palpation, die in der altägyptischen Medizin, speziell in der Wundbehandlung, eine äußerst wichtige Rolle spielte (Pap. Edwin Smith 1–8 et passim), auch den homerischen Chirurgen nicht fremd war. Vgl. Sigerist I 328: »The surgeon laid his hand upon the wound, palpated it, probed it with a finger.«.   338 Auch das εἰδώς in IV 218, wo Menelaos von Machaon behandelt wird (S. S 110), wird sich weniger auf sein manuelles Geschick als auf die auf reicher Kenntnis beruhende Wahl des richtigen Mittels beziehen. Vgl. auch XI 741 (von Agamede): ἣ τόσα φάρμακα ᾔδη usw. S.S 103, desgl. ἐπιστάμενος 4, 231 (S.S 128).   339 O. Schmiedeberg, Über die Pharmaka in der Ilias und Odyssee (1918) 6 dachte an die Zwiebel, obwohl der sprachliche Ausdruck nicht recht zur Konsistenz der Zwiebel paßt. Näheres S.S 127 mit Anm. 344.

ὀδυνήφατος, »schmerztötend« (V 401; V 900; XI 847), und einmal ἐσθλός, »tüchtig, gut«, was als Gegensatz zu den »schlimmen Mitteln« (S.S 124. S.S 129) zu verstehen ist. Die schmerzstillende Wirkung wird also besonders hervorgehoben, dreimal durch das Beiwort ὀδυνήφατος (s. o.), zweimal durch andere Umschreibungen[340]. Schließlich könnte man für diese Indikation auch die drei Stellen in Anspruch nehmen, die von ἤπια φάρμακα, »lindernden Heilmitteln«, sprechen. Zweimal wird die Wirkung als blutstillend bezeichnet[341]. Die Heilmittel des Götterarztes Paieon sind universal indiziert: er kennt Heilmittel gegen alles (S.S 94).

Die Anwendung der genannten Heilmittel zur Wundbehandlung erfolgt im homerischen Epos durchweg äußerlich. Den Verben, die diese Applikationsweise bezeichnen, lassen sich einige Hinweise auf die Beschaffenheit der Mittel entnehmen. Man findet sechsmal ἐπιπάσσειν (immer in Tmesis; IV 213; V 401; V 900; XI 515; XI 830; XV 394), einmal ἐπιτιθέναι (IV 190) und einmal ἐπιβάλλειν (XI 846). Das am häufigsten gebrauchte (ἐπι)πάσσω (att. πόττω, »streue, besprenge«; in der Webersprache: »webe bunte Figuren ein«, vielleicht mit lat. *quatio*, »schüttle« verwandt; Hofmann 254) weist durch seine Bedeutung auf eine streubare Konsistenz des jeweiligen Heilmittels. Danach würde man am ehesten auf getrocknete[342] und pulverisierte oder geriebene Pflanzenteile schließen, was ja auch der zitierten Mitteilung des Eustathios entspricht. Auf eine dauerhaft haltbare Form weist auch IV 219 hin, wonach Machaon Pharmaka aus dem Bestande des Chiron benutzt, die dieser einst seinem Vater überlassen hatte[343]. Weniger präzis ließ sich die Applikation durch ἐπιτιθέναι und ἐπιβάλλειν, »auflegen, darauftun«, ausdrücken, ohne daß es sich dabei um andersartige Mittel handeln mußte. Die flüssige Form ist für die homerische Wundbehandlung auszuschließen, die salbenförmige unwahrscheinlich, für die man nach 10,392: προσάλειψεν ... φάρμακον (von Kirkes Zaubersalbe) eine deutlichere Bezeichnung erwartet.

Aus der Sicht der Heilmittelapplikation läßt sich schließlich zu der oben S.S 108 und S.S 113 angeschnittenen Frage des Verbindens noch soviel sagen, daß es auch das Verfahren der Heilmittelauflage nahelegt, daß diese Packungen in der Praxis öfter durch einen Verband festgehalten wurden, als im Epos davon die Rede ist. Soweit die Wirkung von Heilmitteln in der Wundbehandlung genannt wurde, handelte es sich, wie wir sahen, um einen analgetischen und blutstillenden Effekt. Man hat dabei an die adstringierende Wirkung der Gerbsäure gedacht, die sich aus Galläpfeln und anderen pflanzlichen Erscheinungsformen gewinnen ließ, insbesondere an die Zwiebel, an der man nicht nur eine adstringierende, sondern auch eine bakterizide Wirkung festgestellt hat[344]. Unter den im Altertum bekannten Drogen sollte in diesem Zusammenhang auch die zu Heilzwecken vielfach verwandte Myrte nicht außer Betracht bleiben, aus deren Blättern und Beeren man Substanzen von adstringierender Wirkung gewann (s.o. Anm. 323).

---

[340] IV 191: φάρμαχ', ἅ κεν παύσῃσι μελαινάων ὀδυνάων und XV 394: φάρμακ' ἀκέσματ' ἔπασσε μελαινάων ὀδυνάων.   [341] XI 848: ... τὸ μὲν ἕλκος ἐτέρσετο, παύσατο δ' αἷμα und V 902ff. (S.S 94).   [342] Der Name »Droge« (zu französisch *drogues*, 16./17. Jh.) weist auf einen getrockneten Zustand. Durch die Trocknung, wenn sie schnell und schonend erfolgt, unterbindet man die Abbaureaktion der Wirkstoffe (Der Große Brockhaus V [1968] 107).   [343] Das gilt auch für Helenas Droge (4,220ff.), die eine ähnliche Vorgeschichte hat; S.S 128.   [344] Schmiedeberg a.O. 6 zu XI 846 (s.o. Anm. 339); Sigerist, History II

δ) *Zur Frage innerlicher Verabreichung von Heilmitteln:* Von Pharmaka in einem sehr umfassenden Sinne ist an einer vielbesprochenen Stelle der Odyssee die Rede, wo Helena anläßlich des Besuchs von Telemach ihren Gästen in Sparta eine euphorisierende Droge, die sie aus Ägypten mitgebracht hat, in den Wein mischt (4,220ff.):

αὐτίκ' ἄρ' ἐς οἶνον βάλε φάρμακον, ἔνθεν ἔπινον,
νηπενθές τ' ἄχολόν τε, κακῶν ἐπίληθον ἁπάντων.
ὅς τὸ καταβρόξειεν, ἐπεὶ κρητῆρι μιγείη,
οὔ κεν ἐφημέριός γε βάλοι κατὰ δάκρυ παρειῶν,
οὐδ' εἴ οἱ κατατεθναίη μήτηρ τε πατήρ τε,
οὐδ' εἴ οἱ προπάροιθεν ἀδελφεὸν ἢ φίλον υἱὸν
χαλκῷ δηϊόῳεν, ὁ δ' ὀφθαλμοῖσιν ὁρῷτο.
τοῖα Διὸς θυγάτηρ ἔχε φάρμακα μητιόεντα,
ἐσθλά, τά οἱ Πολύδαμνα πόρεν, Θῶνος παράκοιτις,
Αἰγυπτίη, τῇ πλεῖστα φέρει ζείδωρος ἄρουρα
φάρμακα, πολλὰ μὲν ἐσθλὰ μεμιγμένα, πολλὰ δὲ λυγρά·
ἰητρὸς δὲ ἕκαστος ἐπιστάμενος περὶ πάντων
ἀνθρώπων· ἦ γὰρ Παιήονός εἰσι γενέθλης.

Helenas Maßnahme kommt nicht unvermittelt. In einem Augenblick allgemeiner, tränenreicher Kriegserinnerungen (4,183 ff.) will sie – was Menelaos schon angeregt hat (4,212) – einen Stimmungsumschwung herbeiführen und den Übergang zu frohem Genuß des Mahles erleichtern[345]. Das Mittel, dessen sie sich bedient, hat die Eigenschaft, von Leid und Kummer zu befreien (νηπενθές), Zorn zu beseitigen (ἄχολον) und alles Schlimme vergessen zu machen (κακῶν ἐπίληθον ἁπάντων). »Wer das hinunterschluckt«, heißt es weiter, »dürfte wohl selbigen Tags keine Träne die Wangen hinabrinnen lassen, auch wenn ihm Vater und Mutter gestorben wären und würde man ihm den eigenen Bruder oder Sohn vor seinen Augen niedermetzeln«. Ἐφημέριος, »selbigen Tags«, befristet die Wirkung des fraglichen Mittels (4,223), das wohl nichts anderes als Opium gewesen sein kann[346].

Für den bronzezeitlichen Opiumhandel von Zypern nach Ägypten, Syrien, Palästina und vereinzelt in die Ägäis sind kleine Gefäße der sogenannten 'Basering-Ware' in Anspruch genommen worden, die auffällige Ähnlichkeit mit Mohnkapseln haben. Gelegentliche 'Verzierungen' dieser Gefäße durch parallele Striche scheinen die Ritzungen auf Mohnkapseln imitieren zu wollen, mittels derer man nach einem noch heute üblichen Verfahren den Mohnsaft für das

---

28f. mit Anm. 82. Zur Zwiebel im Epos S. S 121.   **345** Das Thema ist Topos der Lyrik seit Anakreon (Fr. 96): οὐ φιλέω, ὃς κρητῆρι παρὰ πλέῳ οἰνοποτάζων | νείκεα καὶ πόλεμον δακρυόεντα λέγει·   **346** Schmidt, Drogen 57; ähnlich Schmiedeberg a.O. 9; Majno a.O. (s. o. Anm. 268) 109 berichtet, daß Opium wahrscheinlich während der 18. Dynastie (etwa 1590–1340 v.Chr.) nach Ägypten gelangte (nach F. Daumas, La Civilisation de l'Égypte Pharaonique [1965] 556). Dr. H. Kroll, Archäobotaniker am Kieler Institut für Ur- und Frühgeschichte, verdanke ich die Mitteilung, daß sich jetzt bei Grabungen in Kastanas, Makedonien, Samen von Schlafmohn (Papaver somniferum) von der frühen Bronzezeit bis in die Eisenzeit nachweisen ließen, desgleichen in spätbronzezeitlicher Lage in der Unterburg von Tiryns (H. Kroll, AA. 1982, 477 Abb. 1,5; S. 479). Vgl. noch J. Schultze-Motel, Die urgeschichtlichen Reste des Schlafmohns (Papaver somniferum L.) und die Entstehung der

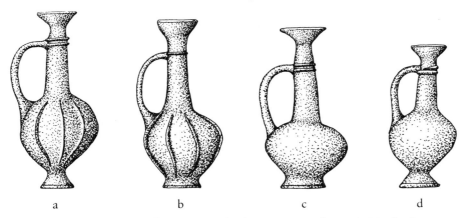

Abb. 13 a–d Kyprische ‚Basering-Flaschen' aus Ras Schamra in Nordsyrien

Opium gewann (Abb. 13 a-d)[347]. Dr. H. Kroll, dem ich für freundliche Beratung in allen Fragen zur Urgeschichte des Schlafmohns zu danken habe, sieht freilich weder in der Form der Gefäße noch in ihrer Gebrauchshaltung, die gegenüber dem natürlichen Wuchs der Mohnkapsel um 180° gedreht wäre, einen ausreichenden Beweis für ihre Verwendung als Opiumbehälter. Die 'Mohngöttin von Gazi' beweist mit ihrem Kopfschmuck, aufrecht stehenden Mohnkolben, die religiöse Wertschätzung der Pflanze. Sie erlaubt nicht ohne weiteres den Rückschluß auf die Existenz des Opiums im Kult oder in der Medizin[347a].

Die »sinnreichen, vortrefflichen Mittel« hatte nach oben bereits angeführter Aussage des Dichters (4,227f.) Helena in Ägypten von Polydamna erhalten, was jenen weiter veranlaßt, von der Fülle pflanzlicher Pharmaka zu reden, die dieses Land hervorbringe, nicht nur guter und nützlicher (ἐσθλά), sondern auch verderblicher (λυγρά), und zu bemerken, wie kenntnisreich auf diesem Gebiete die Ägypter sind – jeder ist (sozusagen) ein Arzt –, da sie vom Geschlechte Paieons seien[348].

Art, in: Kulturpflanze 27, 1979, 207ff.   347 Umzeichnung nach C. F. A. Schaeffer, Ugaritica II (1949) 263 Abb. 112, 28–31: kyprische 'Basering-Flaschen' aus Ras Schamra, Nordsyrien, 14./13. Jh. v. Chr.; vgl. Majno a.O. (s. o. Anm. 268) 110 Abb. 3, 21; R. S. Merrillees, Opium Trade in the Bronze Age Levant, in: Antiquity 36, 1962, 287ff. Taf. 42. 43 und ders., The Cypriote Bronze Age Pottery Found in Egypt (SIMA. 18 [1968]); ferner V. Karageorghis, A Twelfth-Century BC Opium Pipe from Kition, in: Antiquity 50, 1976, 125ff. 347a Tonidol, SM III, in Heraklion, Arch. Mus.; R. Higgins, Minoan and Mycenaean Art (1967/1971) 126 Abb. 152; Marinatos-Hirmer² Taf.-Abb. 136. 137; s. a. Sp. Marinatos, unser Kap. B 14 Taf. B Ib.   348 F. G. Welcker (Kleine Schriften III 49) erkennt in den Versen 4,231f. gar keinen Bezug auf Ägypten, sondern versteht sie als einen allgemeinen Preis des Arztes in der Art von XI 514 (S. S 98): »'Und ein jeglicher Arzt, der kundig ist, geht vor allen Sterblichen wohl denn, von dem Geschlecht sind sie des Päeon'. Dies ist nur in anderen Worten und erweitert dasselbe Sprichwort, welches in der Ilias Idomeneus gebraucht, als er den Nestor auffordert, den verwundeten Machaon zu den Schiffen zu bringen, daß ein Arzt so viel als viele andere Menschen wert sei«. Doch käme hier ein allgemeiner Preis des Arztes reichlich unvermittelt. Man hat, was die Nennung des Paieon angeht, wohl doch mit einer Interpretatio Graeca eines Götterarzt-Stammvaters der Ägypter zu

Jene als Heilmittel zu verstehenden φάρμακα ἐσθλά führt uns das Epos, sehen wir von Helenas Pharmakon zunächst ab, zwar nur in der Wundbehandlung vor. Doch zeigt neben der so oft zu beobachtenden generellen Wertschätzung und Würdigung der Pharmaka gerade diese Stelle mit ihrem Preis der Fülle und Wirkung pflanzlicher Heilmittel, die hier ärztliches Wirken schlechthin verkörpern, das in Gestalt des Götterarztes, genauer gesagt, in seiner umfassenden Heilmittelkenntnis, höchste Vollkommenheit erreicht hat, daß man sich diesen Reichtum nicht nur für die Praxis des Wundarztes bestimmt dachte. Es wäre schon seltsam, wenn man, wie das Beispiel der Helena lehrt, von einer euphorisierenden Droge und ihrer Nutzung Kenntnis hat, dagegen von anderen, nicht nur äußerlich anwendbaren Heilmitteln im Falle nichttraumatischer Affektionen nichts wissen sollte. Unter die zunächst so gewichtig klingende Kategorie der nichttraumatischen Krankheit fallen auch Husten, Schnupfen, Durchfall und andere Unpäßlichkeiten, wofür es seit je auch innerlich applizierbare Hausmittel gegeben haben wird, wovon wir nichts hören, weil das Epos für derartigen Stoff keinen Raum bot. Jedenfalls bietet die Odysseestelle 4,220ff. ein Beispiel für die innerliche Verabreichung eines Pharmakon, das zwar keinem körperlichen Gebrechen oder einem in medizinischem Sinne pathologischen Zustand gilt, aber doch nicht ohne eine gewisse therapeutische Absicht wie ein Psychopharmakon verabreicht wird[349].

ε) *Pharmaka als Zaubermittel:* In die Welt des Märchens führt uns die Zauberin Kirke, die Herrin der φάρμακα λυγρά, der schlimmen Zaubermittel. In ihrem Gehöft hält sie Tiere, einstmals Menschen, die sie mittels ihrer κακὰ φάρμακα verzaubert hat. Sie ist gerade so, wie die Ärzte »bei den Schiffen« (S. S 101), πολυφάρμακος, »vieler Mittel kundig«, setzt ihr Wissen jedoch nur ein, um zu schaden[350]. Den Gefährten des Odysseus mischt sie φάρμακα λυγρά in ihr Essen, damit sie ihr Vaterland vergäßen, und verwandelt sie durch einen Schlag mit dem Zauberstab in Schweine (10,235ff.). In den Bereich von Zauber und Gegenzauber gehört das lediglich als Gegenmittel vorgesehene φάρμακον ἐσθλόν, das Hermes dem Odysseus zur Verfügung stellt (10,287. 292).

Während Kirkes Zaubermittel stets dadurch wirken, daß sie mit der Nahrung aufgenommen werden, wird von einer entsprechenden Applizierung des Gegenmittels nichts berichtet. 10,316ff., wo Odysseus dem Zauber der Kirke standhält, hören wir nichts von einer besonderen Manipulation dieses Mittels. Es wirkt offenbar wie ein Amulett, d.h. dadurch, daß es Odysseus bei sich trägt. Es ist jenes Wunderkraut Moly, das durch seine ausführliche Beschreibung zu ebenso

---

rechnen. Vgl. Anm. 441. Siehe noch Edelstein, Asclepios II 56; Sigerist, History II 45 mit Anm. 3. Herodot II 84: ἡ δὲ ἰητρικὴ κατὰ τάδε σφι δέδασται· μῆς νόσου ἕκαστος ἰητρός ἐστι καὶ οὐ πλεόνων. πάντα δ' ἰητρῶν ἐστι πλέα· οἱ μὲν γὰρ ὀφθαλμῶν ἰητροὶ κατεστέασιν, οἱ δὲ κεφαλῆς, οἱ δὲ ὀδόντων, οἱ δὲ τῶν κατὰ νηδύν, οἱ δὲ τῶν ἀφανέων νούσων. (Unterstreichung vom Verf.).   349 Auf die rationalen Züge dieser Schilderung wurde schon in Anm. 281 eingegangen. Es kann dem hinzugefügt werden, daß unter allen innerlich verabreichten epischen Pharmaka sich Helenas Mittel am ehesten verifizieren läßt (s.o. Anm. 346), ihm eine befristete Wirkung zugeschrieben wird (ἐφημέριος 4,223) und der Verabreichung ein vernünftiger Zweck zugrunde liegt.   350 »Daß den Ärzten in der Ilias dasselbe Epitheton πολυφάρμακος erteilt wird, wie in der Odyssee der Kirke, die ja ihre φάρμακα λυγρά (10,236) – die an anderer Stelle (4,230) ausdrücklich zusammen mit den φάρμακα ἐσθλά Heilmittel genannt werden – ihren Opfern innerlich beibrachte« (Artelt,

zahlreichen wie erfolglosen Versuchen einer botanischen Bestimmung animierte (10,302 ff.)[351]:

ὣς ἄρα φωνήσας πόρε φάρμακον ἀργειφόντης
ἐκ γαίης ἐρύσας, καί μοι φύσιν αὐτοῦ ἔδειξε.
ῥίζῃ μὲν μέλαν ἔσκε, γάλακτι δὲ εἴκελον ἄνθος·
μῶλυ δέ μιν καλέουσι θεοί· χαλεπὸν δέ τ' ὀρύσσειν
ἀνδράσι γε θνητοῖσι· θεοὶ δέ τε πάντα δύνανται.

Es handelt sich also um ein Kraut mit schwarzer Wurzel und einer weißen Blüte. Die Götter nennen es Moly – eine irdische Bezeichnung wird nicht mitgeteilt –, und es ist für Menschen schwierig, es auszugraben[352]; Götter freilich können es. Als die Macht der Zauberin gebrochen ist und sie genötigt ist, den Gefährten des Odysseus ihre Menschengestalt wiederzugeben, tut sie dies mit Hilfe einer Zaubersalbe, worauf die Haare, die das φάρμακον οὐλόμενον hatte wachsen lassen, wieder von ihnen abfallen (10,391 ff.):

... ἡ δὲ δι' αὐτῶν
ἐρχομένη προσάλειφεν ἑκάστῳ φάρμακον ἄλλο.
τῶν δ' ἐκ μὲν μελέων τρίχες ἔρρεον, ἃς πρὶν ἔφυσε
φάρμακον οὐλόμενον, τό σφιν πόρε πότνια Κίρκη·

Der Vorstellungswelt der Amulette und Kräuter zum Zweck des Zaubers und Gegenzaubers gehören auch die prophylaktischen Maßnahmen an, die Demeter im Hause des Keleos als Amme des kleinen Demophoon zu ergreifen verspricht, der als Säugling Magie und dämonischen Kräften besonders ausgesetzt ist (h.Cer. 227 ff.):

θρέψω, κοὔ μιν ἔολπα κακοφραδίῃσι τιθήνης
οὔτ' ἄρ' ἐπηλυσίη δηλήσεται οὔθ' ὑποτάμνον·
οἶδα γὰρ ἀντίτομον μέγα φέρτερον ὑλοτόμοιο,
οἶδα δ' ἐπηλυσίης πολυπήμονος ἐσθλὸν ἐρυσμόν.

»Ich werde ihn aufziehen, und nicht, so erwarte ich, wird ihm, durch Arglist einer Amme, Behexung oder Zauberkraut Schaden bringen. Denn ich kenne ein Gegenkraut, viel stärker als das im Walde geschnittene. Ich weiß einen tüchtigen Schutz gegen leidvolle Behexung«. Von den genannten Kräutern[353] wird man sich das

Heilmittel-Gift 44), beweist für die Applikationsweise jener Ärzte nichts. 351 Schmiedeberg a.O. 27 glaubte, die geschilderten Merkmale am ehesten bei der Christrose, dem *Helleborus niger*, zu finden. Zuletzt behandelt in dem toxikologisch interessanten, um rationale Aufhellung auch der Zaubermittel Kirkes bemühten Aufsatz von H.Philipp, Gymn. 66, 1959, 509 ff. K.Ziegler nennt solche Versuche »ein prinzipiell ebenso aussichtsloses Beginnen, wie wenn man das Haus der sieben Zwerge lokalisieren wollte« (KlPauly III [1969] 1403 s.v. Moly). 352 Das wird auch der Ginsengwurzel und anderen Wunderkräutern nachgesagt (Buschan, Medizinzauber 643) sowie der Mandragora (Alraune), die auch als Amulett nachzuweisen ist (Buschan a.O. 197ff. 646. 649; E.Stemplinger, Antiker Volksglaube [1948] 141). 353 Um solche wird es sich bei ὑποτάμνον, ἀντίτομον und ὑλότομον handeln, auch wenn eine Deutung im einzelnen schwer und eine Textverderbnis nicht auszuschließen ist (vgl. Nilsson, GGR.³ I 797 mit Anm.1). Die dem Volksglauben sehr entgegenkommende Deutung von Evelyn-White, wonach unter ὑποτάμον und ὑλότομον (»Undercutter«, »Woodcutter«) verschlüsselte Bezeichnungen im Stile Hesiods für den »Zahnwurm« verstanden werden, der den Schmerz des Zahnes verursacht, findet sprachlich zu wenig Rückhalt. Wir sind im Sinne der Deutung Nilssons der Übersetzung von A.Weiher

ἀντίτομον zum Amulett (nachepisch φυλακτήριον) hergerichtet zu denken haben, das der Säugling um den Hals trägt.

Der Kirke begegnet man noch einmal in der nachhomerischen Epik, wo sie im »Töpferfluch« der Vita Herodotea, Vers 453 f. (Allen V 213), als Schadenshelferin angerufen wird:

δεῦρο καὶ ἡελίου θύγατερ πολυφάρμακε Κίρκη·
ἄγρια φάρμακα βάλλε [354], κάκου αὐτούς τε καὶ ἔργα.

Schließlich berichteten die »Nostoi« des epischen Kyklos (Allen V 141 Nr. VI) von einem Verjüngungszauber, den Medea mittels eines Sudes an Aison vornimmt:

αὐτίκα δ' Αἴσονα θῆκε φίλον κόρον ἡβώοντα
γῆρας ἀποξύσασα ἰδυίῃσι πραπίδεσσι,
φάρμακα πόλλ' ἕψουσ' ἐπὶ χρυσείοισι λέβησιν.

ζ) *Gifte:* In eine realere Umwelt führen wieder die Zeugnisse, nach denen Pharmaka als Gifte zur tödlichen Waffe werden. Wie sehr hier zunächst der Gedanke an den pflanzlichen Ursprung jeglichen Giftes vorherrscht, zeigt die einzige Stelle der Ilias, die auf diese Bedeutung weist. Der Dichter vergleicht dort Hektor, der sich Achilleus zum Kampf stellt, mit einer in ihrem Bau aufgeschreckten Giftschlange (XXII 93 ff.):

ὡς δὲ δράκων ἐπὶ χειῇ ὀρέστερος ἄνδρα μένῃσι,
βεβρωκὼς κακὰ φάρμακ', ἔδυ δέ τέ μιν χόλος αἰνός,
σμερδαλέον δὲ δέδορκεν ἑλισσόμενος περὶ χειῇ ...

»wie eine Schlange im Gebirge, die schlimme Pharmaka (Gifte) gefressen hat, bei ihrem Loch einen Mann erwartet, – heftiger Zorn aber durchdrang sie, und schrecklich ist ihr Blick, während sie sich um ihr Loch ringelt ...«. Danach kann die Schlange ihr Gift erst dann als Waffe einsetzen, wenn sie es in Form giftiger Kräuter gefressen hat [355], deren Genuß zugleich ihre eigene Kampfeswut (χόλος) steigert [356].

(1970) gefolgt. **354** Φάρμακα βάλλε bzw. ἧκε wurde vom Hineinpraktizieren eines Pharmakon in ein Getränk oder eine Speise gesagt (4,220; 10,317). **355** Artelt, Heilmittel-Gift 25. 40f. **356** Χόλος ist im epischen Sprachgebrauch Gallensekret und Zorn zugleich (S. S 48), und die enge Verbindung von »Gift« und »Galle«, die darin zum Ausdruck kommt, daß die Schlange sogleich mit dem Genuß des Giftes, den κακὰ φάρμακα, von χόλος durchdrungen wird, läßt an die Verse XVI 203 ff. denken, in denen der Zorn des Achilleus darauf zurückgeführt wird, daß ihn seine Mutter mit Galle genährt habe (S. S 48). Es scheint sich in diesen epischen Bereichen eine Funktionsangleichung des Begriffs »Galle« zu »Gift« anzubahnen, deren Vollzug sich im Bereich des frühen Epos zwar nicht weiter verfolgen läßt, dort aber einmal erfolgt sein muß. In der mythographischen Überlieferung des Dodekathlos schneidet Herakles der lernäischen Schlange nach ihrer Erlegung den Bauch auf und vergiftet seine Pfeile mit ihrer Galle: τὸ δὲ σῶμα τῆς ὕδρας ἀνασχίσας τῇ χολῇ τοὺς ὀιστοὺς ἔβαψεν (Apollod. II 5, 2, 5. So übrigens schon bei Diod. Sic. IV 11, 6 und Paus. II 37, 4.) In diesem Aition der Giftpfeile des Herakles sind Gift und Galle bereits identisch. Daß Apollodor einer alten Sagengestaltung folgt (vielleicht der Oichalias Halosis; S. S 134), geht daraus hervor, daß schon in Sophokles' Trachinierinnen 573, wo die Pfeile (besser der Pfeil) des Herakles μελάγχολοι genannt werden, diese Version vorausgesetzt werden muß. Dieses

Einer Stelle der Odyssee läßt sich entnehmen, daß der Gebrauch vergifteter Pfeile bekannt war, wenn er auch gewiß nicht zu den üblichen Gepflogenheiten des Waffengebrauches gehörte. 1,259ff. berichtet Athene in Gestalt des Gastfreundes Mentes dem jungen Telemach, er habe einst Odysseus in Taphos im Hause seines Vaters Anchialos, wo jener auf der Rückreise von Ephyra als Gast geweilt habe, kennengelernt:

ἐξ Ἐφύρης ἀνιόντα παρ' Ἴλου Μερμερίδαο.
οἴχετο γὰρ καὶ κεῖσε θοῆς ἐπὶ νηὸς Ὀδυσσεὺς
φάρμακον ἀνδροφόνον διζήμενος, ὄφρα οἱ εἴη
ἰοὺς χρίεσθαι χαλκήρεας· ἀλλ' ὁ μὲν οὔ οἱ
δῶκεν, ἐπεί ῥα θεοὺς νεμεσίζετο αἰὲν ἐόντας,
ἀλλὰ πατήρ οἱ δῶκεν ἐμός· φιλέεσκε γὰρ αἰνῶς.

Odysseus sei also von Ilos, dem Sohn des Mermeros gekommen, wohin er sich zur Beschaffung »männermordenden Giftes« zu Schiff begeben hatte, um damit seine Pfeile zu bestreichen. Der habe es ihm nicht gegeben, »weil er Scheu vor den ewigen Göttern hatte«, doch habe ihm dann besagter Anchialos als guter Freund welches gegeben.

Da Odysseus auf der Heimreise nach Ithaka Taphos berührt, ist mit Ephyra wohl die Stadt im epirotischen Thesproterlande (Apollod. II 7,6,1) gemeint. Man könnte daran denken, daß Ilos[357], Sohn des Mermeros, dort das Monopol für ein Pflanzengift besitzt, in der Art, wie im frühen 6.Jh. v.Chr. Arkesilaos von Kyrene den Handel der im Altertum hochgeschätzten Droge Silphion beherrschte. Das Wiegen, Verpacken und Verladen auf ein Schiff in Gegenwart des genannten Königs zeigt auf anschauliche Weise ein Schaleninnenbild (Abb. 14)[358].

Die Skrupel, die den genannten Ilos bewegen, dem Odysseus das Gift vorzuenthalten, sind in der Gefährlichkeit seiner Ware begründet. Um konsequent zu bleiben, müßte man annehmen, daß der Taphier Anchialos, der Odysseus aus seinem eigenen Bestande aushilft, sein Gift ebenfalls von Ilos bezogen hat. Von der Verwendung vergifteter Pfeile hört man im homerischen Epos sonst nichts[359].

Faktum, das schon in der Sophoklesausgabe von Schneidewin-Nauck (1864) zu Trach. 572ff. festgehalten wird, scheint in Vergessenheit geraten zu sein, was gewisse Ratlosigkeit bei neueren Deutungsversuchen der Sophoklesstelle erklären mag. Vgl. W.Müri, MusHelv. 10, 1953, 36 Anm. 21; H.Flashar, Melancholie und Melancholiker in den medizinischen Theorien der Antike (1966) 37; Kudlien, Beginn 81f.; Mattes a.O. (s. o. Anm. 199) 67 Anm. 37; Th.Zielinski, Exkurse zu den Trachinierinnen (9. »Medizinisches«), Eos Suppl. 2, 1931, 351ff. blieb mir unerreichbar. **357** Eine Genealogie, in der auch die Giftmischerin Medea nicht fehlt, liefert ein Scholion zu 1,259: Ἰάσων ἅμα τῇ Μηδείᾳ ἐν Ἐφύρᾳ τῆς Θεσπρωτίας παραγενόμενος ἴσχει Φέρητα, οὗ ὁ Ἴλος, οἵτινες ἐβασίλευον Θεσπρωτίας, ὥς ἱστορεῖ Ἀπολλόδωρος ὁ Ἀθηναῖος· διὸ φαρμάκων ἐστὶν ἔμπειρος. **358** Lakonische Trinkschale des Arkesilasmalers aus Vulci, um 560 v.Chr., in Paris, Bibliothèque Nationale, Cabinet des Médailles, Inv.-Nr. 189; unsere Abb. nach MonInst. I (1832) Taf. 47; s.a. Pfuhl, MuZ. III Taf. 45,193; S.Ferri, EAA. I (1958) 541 Abb. 727 s.v. Arcesilao II; L.Curtius, Die antike Kunst. Die klassische Kunst Griechenlands² (1959) Taf. 19,211; Buschor, Vasen² 79 Abb. 85; J.Charbonneaux–R.Martin–F.Villard, Das archaische Griechenland (1969) 79 Abb. 84 (Farbabb.); E.Simon–M. und A.Hirmer, Die griechischen Vasen (1976) 59ff. Taf. 38; Farbtaf. 15 (Innenbild); Näheres bei Schmidt, Drogen 61; s.a. A.Steier, RE. III A (1927) 103ff. s.v. Silphion. **359** F.Dirlmeier (SBHeidelberg [1966] 7ff.) hat gezeigt, daß die Annahme antiker Homererklärer, Odysseus habe bei der Rache an

Sie mag im entlegenen, halbbarbarischen Nordwesten üblich gewesen sein, woher auch das Gift stammte[360]. Ein weiteres Mal wird Ephyra im homerischen Epos als Ort genannt, aus dem man sich Gift, in diesem Falle zum Meuchelmord, beschaffen kann. In der Odyssee äußern die Freier den Verdacht, Telemach könnte – unter anderen Möglichkeiten, sich ihrer zu entledigen – sich welches von dort besorgen, um es ihnen in den Wein zu mischen und sie so aus dem Wege zu räumen (2,328ff.):

ἠὲ καὶ εἰς Ἐφύρην ἐθέλει, πίειραν ἄρουραν,
ἐλθεῖν, ὄφρ' ἔνθεν θυμοφθόρα φάρμακ' ἐνείκῃ,
ἐν δὲ βάλῃ κρητῆρι καὶ ἡμέας πάντας ὀλέσσῃ.

Von einem Giftmord Medeas an ihrem Gatten Kreon in Korinth berichtete nach dem Scholion zu Euripides' Medea 264 Kreophilos von Samos[361], der als Verfasser des kyklischen Epos Oichalias Halosis galt (Allen V 147 Nr. IV), dessen Inhalt in Grundzügen durch die »Trachinierinnen« des Sophokles reflektiert wird. Herakles, der Held dieses Epos, ist mehr als andere Heroen durch ein besonderes Verhältnis zum Gift gekennzeichnet. Er hat seine Pfeile mit der Galle der von ihm erlegten Wasserschlange vergiftet[362]. Einer dieser Giftpfeile bringt dem Kentauren Nessos den Tod, als dieser versucht, Deianeira, der Gattin des Herakles, Gewalt anzutun. Mit dem vom Pfeil vergifteten Blut des Nessos tränkt Deianeira im Glauben, damit einen besonders wirksamen Liebeszauber zu besitzen, jenes Gewand, das Herakles schreckliche Qualen bringen und seinen Entschluß zur Selbstverbrennung auslösen wird[363].

Auch in der epischen Dichtung des Hesiod wird davon die Rede gewesen sein, wie es aus Hes.,Fr. 135,21 Rz. hervorgeht. Wenn die Wirkung dieses Giftes bei Apollodor II 7,7,9 so beschrieben wird: ὁ τῆς ὕδρας ἰὸς τὸν χρῶτα ἔσηπε, »das Gift der Hydra ließ sein Fleisch faulen«, und der Scholiast zu Pind., P. I 109 bei Schilderung der Wundoperation, die Machaon an Philoktet vornimmt, von τοῦ ἕλκους τὰς διασαπείσας σάρκας, dem »verfaulten Fleisch des Geschwürs« spricht (s.o. Anm. 268), ist nicht auszuschließen, daß auch im letzteren Falle nicht

den Freiern – der einzigen Gelegenheit, wo er als Bogenkämpfer auftritt – vergiftete Pfeile benutzt, mit der epischen Konzeption des als Hoplit kämpfenden Trojakriegers Odysseus, der als solcher auch die Rache in angemessener Weise vollziehen muß, völlig unvereinbar ist, und sieht in der kleinen Geschichte von den Giftpfeilen Relikte eines »vortrojanischen«, wenn nicht gar vorgriechischen Odysseus-Mythos.   **360** Schmiedeberg, der von der Voraussetzung ausging, daß es sich um ein pflanzliches Herzgift gehandelt haben muß, das sich in Form eines wässerigen, eindickbaren Extraktes gewinnen und evtl. mit einem Klebemittel versehen ließ, kommt zu dem Schluß, daß unter Berücksichtigung der damaligen technischen Möglichkeiten nur die weiße Nießwurz *(Helleborus orientalis Lam)* diese Bedingungen erfüllen konnte und bringt Belege für das häufige Vorkommen dieser Pflanze in den epirotischen und thessalischen Bergen bei (a.O. 23). Doch scheint ein Monopol des Ilos weniger auf der Kontrolle der dort wachsenden Giftpflanzen als vielmehr auf seiner Kunst der Aufbereitung des Giftes zu beruhen, was wohl auch Eustathios zum Ausdruck bringen will, wenn er zur Stelle bemerkt: ὅτι Ἶλος ... φαρμάκων ἦν σκευαστὴς ἐν Ἐφύρῃ τῇ ὡς εἴρηται πολυφαρμάκῳ.   **361** v. Wilamowitz a.O. (s.o. Anm. 203) II 71ff.   **362** s.o. Anm. 356. – Obwohl auch er in der Sagenüberlieferung mit Ephyra in Verbindung gebracht wird – nach Apollod. II 7,6,1 zieht er mit den Kalydonern gegen die Thesproter und erobert Ephyra –, spielt der Ort im Zusammenhang mit Giftbeschaffung bei ihm keine Rolle.   **363** Apollod. II 7,6,6.; II 7,7,8.

Abb. 14 Silphionhandel des Königs Arkesilas II. von Kyrene, Innenbild einer lakonischen Schale in Paris

nur ein gangränöses Geschwür schlechthin bezeichnet werden soll, sondern sich im Gebrauch des gleichen Verbs σήπειν, σήπεσθαι eine alte Vorstellung von der spezifischen Wirkung des Giftes der »Hydra« (die Wasserschlange sonst ὕδρος) niederschlägt, der ja auch Philoktet zum Opfer fiel (II 721 ff.):

>   ἀλλ' ὁ μὲν ἐν νήσῳ κεῖτο κρατέρ' ἄλγεα πάσχων,
>   Λήμνῳ ἐν ἠγαθέῃ, ὅθι μιν λίπον υἷες Ἀχαιῶν
>   ἕλκεϊ μοχθίζοντα κακῷ ὀλοόφρονος ὕδρου.

5. Körperpflege

a) Zum epischen Begriff der »Pflege« (κομιδή)

Das umfassendste homerische Wort für die körperliche Pflege ist κομιδή; als Verben gehören κομέω und κομίζω dazu. Während κομιδή in der Ilias nur auf Wartung und Pflege von Pferden bezogen wird, begegnet das Wort in der Odyssee erstmalig und vornehmlich im menschlichen Bereich. Als Odysseus bei den Phäaken aufgefordert wird, sich an den sportlichen Wettkämpfen zu beteiligen und man sein anfängliches Zögern als Ausdruck mangelnder Leistungsfähigkeit mißdeutet, beeilt sich der Held, seinen Gastgebern durch Wort und Tat klarzumachen, daß er im Agon niemanden zu fürchten brauche. Nur im Lauf gebe es da gewisse Schwierigkeiten (8,230ff.):

> οἴοισιν δείδοικα ποσὶν μή τίς με παρέλθῃ
> Φαιήκων· λίην γὰρ ἀεικελίως ἐδαμάσθην
> κύμασιν ἐν πολλοῖς, ἐπεὶ οὐ κομιδὴ κατὰ νῆα
> ἦεν ἐπηετανός· τῷ μοι φίλα γυῖα λέλυνται.

Die Furcht, im Lauf zu versagen, wird also damit begründet, daß es ihm während der langen, beschwerlichen Seefahrt an ausreichender Pflege (κομιδή) gefehlt habe. Freilich müßte dies Argument auch für die übrigen Kampfarten gelten, für die er vorgibt, sich noch stark genug zu fühlen. Doch wird es wohl deshalb nur für den Lauf beansprucht, weil sich bei dieser Art sportlicher Betätigung die mangelnde Bewegungsmöglichkeit während der Seefahrt besonders nachteilig bemerkbar macht. Trotz dieser Unschärfe zeichnet sich doch das Bewußtsein ab, daß körperliche Leistungsfähigkeit von einer bestimmten Lebensweise abhängt, die sich allerdings vorerst in einem passivischen Aspekt als »Pflege« begreiflich macht. Ein weiteres Zeugnis dafür liegt in den Versen 21,281ff., wo sich der Bettler Odysseus den Bogen von den Freiern ausbittet mit den Worten: »So gebt mir denn den wohlgeglätteten Bogen, damit ich unter euch der Arme Kraft erprobe und prüfe, ob ich noch über die Stärke verfüge, die sonst in meinen beweglichen Gliedern war, oder ob mir diese bereits mein Landstreicherleben mit seinem Mangel an Pflege (ἄλη τ' ἀκομιστίη τε) zugrunde richtete«.

Was im einzelnen zur κομιδή gehört, sagt zunächst 8,449ff., wo Odysseus bei den Phäaken zum Abschied ein Bad vorbereitet wird:

> αὐτόδιον δ' ἄρα μιν ταμίη λούσασθαι ἀνώγει
> ἔς ῥ' ἀσάμινθον βάνθ'· ὁ δ' ἄρ' ἀσπασίως ἴδε θυμῷ
> θερμὰ λοέτρ', ἐπεὶ οὔ τι κομιζόμενός γε θάμιζεν,
> ἐπεὶ δὴ λίπε δῶμα Καλυψοῦς ἠϋκόμοιο·
> τόφρα δέ οἱ κομιδή γε θεῷ ὣς ἔμπεδος ἦεν.

Er, der solange vernachlässigt wurde, sieht mit Freude das Bad, das die Dienerin für ihn bereitet hat, »denn häufige Pflege wurde ihm nicht zuteil, seitdem er das Haus der Kalypso mit dem schönen Haar verlassen hatte. Bis dahin freilich hatte er wie ein Gott beständige Pflege genossen«. Obwohl die κομιδή nicht nur in einem regelmäßigen Bade besteht, wird doch hier in einer Weise vom Bade gesprochen, die es nicht nur als einen wesentlichen Bestandteil körperlicher Pflege, sondern auch als eine geradezu unentbehrliche Einrichtung hervorhebt.

Weitere Einzelheiten zum Begriff der Pflege erfährt man im vierundzwanzigsten Buch der Odyssee, wo Odysseus dem alten Vater Laertes begegnet, ohne sich diesem zunächst zu erkennen zu geben. Eine sikelische Alte betreut zwar Laertes (24,211. 389) – den alten Herrn ohne Dienerin zu belassen, hätte seine Standesehre geschmälert –, doch merkt man im Grunde wenig davon. Die äußere Aufmachung des alten Vaters ist ganz darauf abgestellt, ihn im Zustande äußerster, durch sein Alter mit bedingter Vernachlässigung vorzuführen und Mitleid zu erregen. »Keine Pflanze in deinem Garten entbehrt der Pflege« (ἄνευ κομιδῆς), sagt der noch unerkannte Sohn (24,247). »Dir selbst aber wird keine gute Pflege zuteil (αὐτόν σ' οὐκ ἀγαθὴ κομιδὴ ἔχει, 24,249). Zu deinem altersbedingten körperlichen Verfall bist du schmutzig und schlecht gekleidet (αὐχμεῖς τε κακῶς καὶ ἀεικέα ἕσσαι, 24,250), und doch meint man in deiner Erscheinung eher etwas Königliches als Knechtisches wahrzunehmen (οὐδέ τί τοι δούλειον ἐπιπρέπει εἰσοράασθαι | ... βασιλῆι γὰρ ἀνδρὶ ἔοικας. 24,252f.), so daß man für dich ein bequemes Ruhelager nach Bad und Mahlzeit als angemessen empfinden müßte (τοιούτῳ δὲ ἔοικας, ἐπεὶ λούσαιτο φάγοι τε, | εὑδέμεναι μαλακῶς, 24,254f.)«. Danach besteht die κομιδή, die hier speziell für einen alten Herrn als erforderlich erachtet wird, in Bad, sauberer Kleidung, ausreichendem Essen, bequemem Bett.

Daß auch saubere, und zwar regelmäßig gewechselte Kleidung zur κομιδή gerechnet wird, läßt sich weiteren Stellen deutlicher entnehmen, und es ist nicht ausgeschlossen, daß hier nicht nur, wie zunächst bei allen Komponenten der κομιδή, eine sonst zweckfreie Steigerung des Wohlbefindens das Kriterium bildete, sondern auch hygienische Grunderfahrungen dabei mitspielten[364]. Eumaios erteilt dem Bettler (Odysseus), der ihm zu verstehen gegeben hat, daß ihm ein neues Gewand recht willkommen wäre, eine abschlägige Antwort (14,513f.):

οὐ γὰρ πολλαὶ χλαῖναι ἐπημοιβοί τε χιτῶνες
ἐνθάδε ἕννυσθαι, μία δ' οἴη φωτὶ ἑκάστῳ.

Aus ἐπημοιβοί entnimmt man, daß regelmäßiger Wechsel der Kleidung zwar zur κομιδή gehört (vgl. auch 8,249; S.S140), aber zu einer 'gehobenen' Pflege, die eine Standesfrage ist. Dem Knecht auf dem Vorwerk, der nur ein Kleid besitzt, gebührt eine andere κομιδή als dem Herrn, was ja schon oben zu 24,254f. anklang. Dessen ungeachtet scheint neue Kleidung, gewöhnlich geschieden in Ober- und Unterkleid (χλαῖνα, χιτών), den Teil der κομιδή zu bilden, auf den gerade der wandernde Bettler (ἀλήτης), dessen Kleidung Verschleiß und Verschmutzung besonders ausgesetzt ist, Wert legt.

Nach Mitteilung des Eumaios mißtrauen Penelope und Telemach umherziehenden Bettlern (14,124 als κομιδῆς κεχρημένοι ἄνδρες, »Leute, der Pflege bedürftig«, bezeichnet), weil sie dazu neigen, ihren Gastgebern etwas über Odysseus vorzulügen, um diese zur Großzügigkeit zu veranlassen. Mit diesem Verdacht wendet sich Eumaios auch an seinen Gast (14,131f.):

αἶψά κε καὶ σύ, γεραιέ, ἔπος παρατεκτήναιο,
εἴ τίς τοι χλαῖνάν τε χιτῶνά τε εἵματα δοίη.

»Gar bald könntest auch du, Alter, eine Geschichte zurechtzimmern, um womöglich von jemand Mantel und Rock zu erhalten«.

So kann sich κομιδή mit den dazugehörenden Verben κομέω, κομίζω auf alles beziehen, was insbesondere zur Versorgung eines Gastes (ξένος, ἀλήτης, ἱκέτης) mit dem Lebensnotwendigsten gehört, wie 16,82 bei Aufnahme des Bettlers Odysseus durch Eumaios und Telemach, 17,113 bei Aufnahme des Telemach durch Nestor, 12,450 des Odysseus durch Kalypso und h.Ap. 320 von der Aufnahme und Pflege, die Hephaistos bei Thetis findet:

δέξατο καὶ μετὰ ᾗσι κασιγνήτῃσι κόμισσεν[365].

---

[364] Derart etwa, daß verschmutzte Kleidung zu Schädigungen durch Krätze und Kleiderlaus führten; s.u. Anm. 402. [365] In der Version der Geschichte, die die Ilias I 594 bietet, nach der die Sintier sich des gestürzten Hephaistos annehmen, steht das glei-

Soweit die κομιδή in einem Kausalzusammenhang mit der körperlichen Leistungsfähigkeit gesehen wird, ist sie bereits in gewissem Sinne 'hygienisch' bewußt geworden. Dennoch treten ihre Vorteile noch nicht als Ergebnis bewußter Lebensgestaltung, sondern als Folge dargebotener Leistungen in Erscheinung, in deren Genuß übrigens nie Frauen gelangen. Κομιδή wird im Epos nur Männern, vorwiegend von Frauen, erwiesen.

b) Das Bad

α) Das Bad in der Ilias: Im zweiundzwanzigsten Buch der Ilias läßt Andromache, die den Gatten noch am Leben wähnt, für Hektor ein Bad vorbereiten, wenn er aus der Schlacht zurückkehre (442 ff.):

κέκλετο δ' ἀμφιπόλοισιν ἐϋπλοκάμοις κατὰ δῶμα
ἀμφὶ πυρὶ στῆσαι τρίποδα μέγαν, ὄφρα πέλοιτο
Ἕκτορι θερμὰ λοετρὰ μάχης ἐκ νοστήσαντι, ...

Die Reinigung von Schweiß, Staub und Blut, an anderen Stellen deutlicher ausgesprochen, lassen sich als Zweck des Bades erahnen. Die knappe Schilderung beschränkt sich auf die wichtigsten Vorkehrungen. Auf einem Dreifuß (τρίπος, myk. *ti-ri-po*) soll Wasser heißgemacht werden, damit es Hektor zum Bade diene. F. Brommer hat mit Evidenz gezeigt, daß der homerische Dreifuß, der zweimal ὠτώεις, »mit zwei Henkeln versehen«, genannt wird (XXIII 264. 513) und mit einem Kessel fest verbunden ist (vgl. γάστηρ τρίποδος, »der Bauch des Dreifußes«, XVIII 348; 8,437), nur den Kessel mit drei festen Füßen und zwei senkrechten Ringhenkeln am oberen Rande meinen kann, wie er von mykenischer bis in klassische Zeit nachzuweisen ist[366]. Vom Typ des Stabdreifußes, der lediglich dazu bestimmt war, einen Kessel zu tragen, ist er zu unterscheiden.

XXIII 39 f. geben die Könige der Achäer ihren Herolden Anweisung, in gleicher Weise Badewasser für Achilleus vorzubereiten, um ihn, der sich beharrlich weigert, vor der Bestattung des Freundes ein Bad zu nehmen, zu einer Reinigung vom verkrusteten Blut des Kampfes zu bewegen: εἰ πεπίθοιεν | Πηλεΐδην λούσασθαι ἄπο βρότον αἱματόεντα[367]. Wie in der Burg von Troja wird also auch unter den primitiveren Verhältnissen des achäischen Feldlagers auf den Aufwand eines warmen Reinigungsbades nicht verzichtet.

Noch anspruchsvoller wirkt das Bad, das Nestor für Machaon herrichten läßt, den er als Verwundeten[368] in seiner Lagerhütte aufgenommen hat (XIV 5ff.):

ἀλλὰ σὺ μὲν νῦν πῖνε καθήμενος αἴθοπα οἶνον,
εἰς ὅ κε θερμὰ λοετρὰ ἐϋπλόκαμος Ἑκαμήδη
θερμήνῃ καὶ λούσῃ ἄπο βρότον αἱματόεντα·

---

che Verb, ebenso XXIV 541, wo von der Pflege des alternden Peleus die Rede ist. Es sind dies die beiden einzigen Iliasstellen, die das Verb im Sinne des κομιδή-Begriffs gebrauchen.   **366** F. Brommer, Hermes 77, 1942, 367. – Zu mykenischen Dreifußkesseln der hier angesprochenen Art zusammenfassend: Catling, Bronzework 169f. Nr. 8–19 Taf.-Abb. 18,8; s. a. E. Kunze, Olymp. Ber. II Taf. 44; Matz, Gr. Kunst 87 Taf. 37a. **367** Es ist nicht zu verkennen, daß bei Reinigung von Blut, namentlich fremdem, immer auch katharische Beweggründe mitsprechen können. Vgl. VI 268 (S. S 149) und Nilsson, GGR.³ I 92.   **368** Daß er mehr wie ein Gast als wie ein Verwundeter behandelt wird, wurde oben

Nestor kann Machaon in Gestalt seiner Dienerin Hekamede sogar eine Badewärterin bieten, wie sie in den Adelssitzen der Odyssee zur festen Institution geworden ist (S. S 142).

Aufwendiger baden Odysseus und Diomedes, nachdem sie erfolgreich von ihrem nächtlichen Abenteuer zurückgekehrt sind (X 572 ff.):

αὐτοὶ δ' ἱδρῶ πολλὸν ἀπονίζοντο θαλάσσῃ
ἐσβάντες κνήμας τε ἰδὲ λόφον ἀμφί τε μηροὺς.
αὐτὰρ ἐπεί σφιν κῦμα θαλάσσης ἱδρῶ πολλὸν
νίψεν ἀπὸ χρωτὸς καὶ ἀνέψυχθεν φίλον ἦτορ,
ἐς ῥ' ἀσαμίνθους βάντες ἐϋξέστας λούσαντο.
τὼ δὲ λοεσσαμένω καὶ ἀλειψαμένω λίπ' ἐλαίῳ
δείπνῳ ἐφιζανέτην, ...

Nachdem sie sich im Meer sorgfältig ihren Schweiß abgewaschen haben und sich darüber hinaus von »der Woge des Meeres« haben abspülen lassen – der Verfasser kennt offenbar den Genuß eines Bades in der Brandung und dessen erfrischende Wirkung, die er als eine Art Wiederbelebung empfinden läßt (ἀνέψυχθεν φίλον ἦτορ)[369] –, leisten sie sich noch den Luxus eines warmen Wannenbades, um sich anschließend zu salben und zum Mahl niederzusetzen. Abgesehen davon, daß hier das Badeschema der Odyssee in Grundzügen transparent wird (S. S 141), gibt es ἀσάμινθος, »Badewanne«, ein vorgriechisches Wort für eine ursprünglich vorgriechische Sache[370], in der Ilias nur hier, öfter dann in der Odyssee.

Nach den betrachteten Stellen dient das Bad in der Ilias, wo es noch nicht als Teil eines komplexen κομιδή-Begriffs verstanden wird, der Reinigung des Kriegers nach dem Kampf. Das ist zunächst auch noch beim Bade des Odysseus und Diomedes im zehnten Buch der Ilias der Fall[371], wo dann freilich der weitere Verlauf dieses ausgedehnten Bades zeigt, daß es über den Reinigungszweck hinausgehend nicht weniger dem Genuß und Wohlbefinden gelten soll und damit den verfeinerten Badesitten der Odyssee näher steht. Immerhin wurden alle Szenen durch das Motiv 'Reinigung des Kriegers nach dem Kampf' zusammengehalten. Es wird sich zeigen lassen, daß wir außerhalb dieser Thematik grundsätzlich nicht mit analogen Schilderungen rechnen dürfen.

S. S 116 bemerkt. **369** Eine vergleichbare Reflexion hygienisch verstandener Wirkung eines Bades gibt es nur noch 10, 363. Vgl. S. S 141. **370** Das Beiwort ἐϋξεστος läßt zunächst an Holzarbeit denken, und dekorative Elemente der durchweg tönernen Badewannen der minoisch-mykenischen Paläste, (für die diese Zubenennung auch nicht ganz unpassend wäre), weisen in diese Richtung (Ginouvès, Balaneutikè 46). Die silbernen Badewannen, die Menelaos in der Odyssee als Gastgeschenke in Ägypten erhielt (4, 128), finden in Gestalt metallener Wannen aus dem Vorderen Orient (Mitteilungen aus den orientalischen Sammlungen 15, 1943, Ausgrabungen in Sendschirli V: W. Andrae, Die Kleinfunde 118 f. 139 Abb. 192. 193 Taf. 57 b-d) technische Bestätigung. Siehe Ginouvès a. O. 46. Zum letztlich ungeklärten Wort ἀσάμινθος ebd. Anm. 13. Die nachepische Bezeichnung dieses Geräts ist πύελος. – Vgl. zu ἀσάμινθος G. Wickert-Micknat, unser Kap. »Die Frau« R 58 Anm. 269. **371** Gewisse Verwandtschaft mit dieser Stelle weist XXI 560 f. auf, wo Agenor, schwankend, ob er sich Achilleus zum Kampf stellen soll, Flucht und abendliche Rückkehr nach einem Bade im Fluß in Erwägung zieht: ἑσπέριος δ' ἂν ἔπειτα λοεσσάμενος ποταμοῖο | ἱδρῶ ἀποψυχθεὶς προτὶ Ἴλιον ἀπονεοίμην· Das aus dem Rahmen fallende Bad im Fluß (zum Flußbad Nausikaas 6, 96 f., S. S 147) läßt sich mit dem Meerbade des Odysseus und Diomedes insoweit vergleichen, als neben der Reinigung von Schweiß schon der Gedanke an eine

In den Leichenspielen im dreiundzwanzigsten Buch der Ilias ist Aias während eines Wettlaufs als Konkurrent des Odysseus im Mist von Rindern ausgeglitten, die man zuvor dort geschlachtet hatte, und fällt mit seinem Gesicht mitten in den Kot (XXIII 777):

ἐν δ' ὄνθου βοέου πλῆτο στόμα τε ῥῖνάς τε.

»... mit Mist füllten sich ihm Mund und Nase«. Nach dieser burlesken Schilderung, die, wenn irgendetwas, genügend Anlaß hätte bieten können, von einer gründlichen Reinigung des unglücklichen Sportsfreundes zu reden, geht der Dichter auf eine andere Szene über. Ihn scheint körperliche Reinigung weniger in der Fülle ihrer Möglichkeiten und akuten Anlässe zu interessieren als in ihrer Gebundenheit an eine traditionelle thematische Formel.

In einer anderen Szene der Leichenspiele stehen sich die eben Genannten als Kontrahenten im Ringkampf gegenüber. Als sie nach zwei unentschiedenen Treffen ein drittes Mal, von Schweiß und Staub verdreckt (XXIII 732), aufeinander losgehen, bricht Achilleus den Kampf ab. Hier wird die Erwartung, etwas über ihre Reinigung zu erfahren, nicht enttäuscht, und die Mitteilung ist umso wertvoller, je unabhängiger sie von formelhafter Thematik bleibt (XXIII 739):

καί ῥ' ἀπομορξαμένω κονίην δύσαντο χιτῶνας.

»... und als sich beide den Dreck abgewischt hatten, zogen sie sich ihre Kleider an«. Ihre Körperreinigung ist damit abgeschlossen, und unsere unter dem Eindruck der Badeszenen möglicherweise überhöhte Vorstellung vom Stande homerischer 'Hygiene' auf ein bescheideneres Maß reduziert.

β) Das Bad in der Odyssee und bei Hesiod: Wenn der Dichter von 8,248 f. den Phäakenkönig Alkinoos zu Odysseus sagen läßt:

αἰεὶ δ' ἡμῖν δαίς τε φίλη κίθαρίς τε χοροί τε
εἵματά τ' ἐξημοιβὰ λοετρά τε θερμὰ καὶ εὐναί.

»Stets ist uns ein Mahl lieb, dazu die Kithara und Reigentänze, Gewänder zum Wechseln, warme Bäder und Ruhelager«, schwingt in dem, was der König des genußfrohen Märchenvolkes äußert, des Dichters Herz mit, und von Musik und Reigentänzen abgesehen, enthält dieser Katalog der Lebensfreuden nichts, was nicht auch zu dem der Odyssee eigenen Begriff der κομιδή gehörte. Besonders wird sich die Vorliebe für das warme Bad in Gestalt der Badesitten, wie sie in den Herrenhäusern der Odyssee im Rahmen der Gastlichkeit gepflegt werden, immer wieder bestätigt finden.

Als Telemach und der Nestorsohn Peisistratos im Hause des Menelaos in Sparta eintreffen, erhalten sie, obwohl noch fremd und unerkannt, sofort Gelegenheit zu Bad und Mahlzeit (4,47 ff.):

αὐτὰρ ἐπεὶ τάρπησαν ὁρώμενοι ὀφθαλμοῖσιν,
ἔς ῥ' ἀσαμίνθους βάντες ἐϋξέστας λούσαντο.
τοὺς δ' ἐπεὶ οὖν δμωαὶ λοῦσαν καὶ χρῖσαν ἐλαίῳ,
ἀμφὶ δ' ἄρα χλαίνας οὔλας βάλον ἠδὲ χιτῶνας,
ἔς ῥα θρόνους ἕζοντο παρ' Ἀτρεΐδην Μενέλαον.

Erfrischung in Gestalt von ἀποψυχθείς Ausdruck findet. 372 Zur Typik der Badeszenen

»Als sie aber ihr Auge (am Glanz des Hauses) erfreut hatten, stiegen sie in wohlgeglättete Wannen und badeten. Als nun Dienerinnen sie gewaschen und mit Öl gesalbt hatten, legten sie ihnen wollene Mäntel und Unterkleider an. Sie aber setzten sich auf Lehnstühle neben den Atreussohn Menelaos«, und sogleich wird ihnen, wie wir im Folgenden hören, ein Mahl vorgesetzt.

3,464ff. enthält eine vergleichbare Schilderung eines Bades, zu dem Telemach als Gast im Hause des Nestor in Pylos Gelegenheit erhält. 8,454ff. beschreibt ein Bad des Odysseus im Hause des Alkinoos, 17,85ff. badet Telemach mit seinem Gast Theoklymenos im Herrenhaus von Ithaka, 10,358ff. badet Odysseus im Hause der Kirke und 10,449ff. ebendort die von ihm erlösten Gefährten.

Obwohl noch häufiger von Bädern die Rede ist, handelt es sich bei den zitierten Stellen um solche, die im Rahmen einer sehr verbindlichen Typik vier Phasen sichtbar werden lassen [372] und deutlich machen, daß das Bad in der Odyssee vorwiegend im Rahmen einer festen Besuchs- und Bewirtungsetikette seinen Platz findet. Auf die Schilderung des eigentlichen Bades folgt jeweils der Hinweis auf das Einfetten des Körpers mit Olivenöl, die Ausstattung mit frischer Kleidung und die anschließende Mahlzeit. Die Schilderung des Bades selbst variiert und beginnt gelegentlich mehr oder weniger ausführlich mit der Erwärmung des Badewassers. Dies geschieht mittels eines Dreifußkessels, τρίπος λοετροχόος (8,435; vgl. 10,359; XXII 443; XXIII 40; XVIII 346 und S.S 138. S.S 161), der mit Holz angeheizt wird. 10,361ff. läßt Kirke [373], als das Wasser im Dreifuß kocht, Odysseus in die Wanne steigen und gießt ihm aus dem Kessel nunmehr temperiertes Wasser über Haupt und Schultern [374]:

ἐς ῥ' ἀσάμινθον ἕσασα λό' ἐκ τρίποδος μεγάλοιο,
θυμῆρες κεράσασα κατὰ κρατός τε καὶ ὤμων,
ὄφρα μοι ἐκ κάματον θυμοφθόρον εἵλετο γυίων.

Mit der Zweckbestimmung dieses Bades, das die »verzehrende Ermattung aus den Gliedern nehmen« soll, liegt überdies eines der seltenen Zeugnisse hygienisch verstandener Wirkung eines Bades vor (S.S 139 zu X 575).

Eine Terrakottagruppe des 7. Jhs. v.Chr. aus Zypern zeigt zwei Figuren, die eine in einer länglich-ovalen Wanne, die andere dahinter stehend, indem sie offenbar die badende wäscht (Abb. 15). Es gibt weitere Badegruppen kypro-archaischer Zeit und ferner einen ähnlichen Grabfund aus Karthago [375].

Auf die Form eines Duschbades weist wohl auch die Ausdrucksweise des Demeterhymnos, wo davon die Rede ist, daß Demeter aus Gram um ihre Tochter keine Nahrung mehr zu sich nimmt und die Körperpflege vernachlässigt: οὐδὲ χρόα βάλλετο λουτροῖς, »und nicht mehr ließ sie sich ihren Leib mit Badewasser begie-

---

vgl. Arend 124ff. 373 Ob man Kirke oder die Badedienerin als Subjekt zu verstehen hat, ist umstritten; vgl. Arend 125; Ginouvès, Balaneutikè 162 Anm. 4; Dagegen H.Lutz, Beiträge zur Frage der Leibesübungen und zur Erklärung einzelner Stellen in Homers Odyssee. Diss. Erlangen (1927) 14f. 374 Minutiöse Interpretation der Stelle und Auseinandersetzung mit früheren Deutungen bei Lutz a.O. 18f.; s.u. Anm. 397. 375 Unsere Abb. 15: in New York, Sammlung Cesnola; Umzeichnung nach Ginouvès, Balaneutikè 35 Taf. 3,8; vgl. V.Karageorghis, RDAC. 1981, 150f. Anm. 27; weitere Stücke: 1. in Paris, Privatsammlung, 6.Jh. v.Chr.; Ginouvès, Balaneutikè 35 Taf. 4,10.11; Karageorghis a.O. 150; 2. aus Amathous an der Südküste Zyperns, Mitte des 6.Jhs. v.Chr., kypro-archaisch II, in Limassol, Arch. Mus.; Karageorghis a.O. 150f. Taf. 27. Zum Grabfund des 6.Jhs. v.Chr. aus Karthago siehe A.-M.Bisi, Antiquités Africaines 14, 1979, 26ff. (dort weitere Literatur); Kara-

Abb. 15 Badeszene, kyprische Terrakottagruppe des späten 7. Jhs. v. Chr. in New York

ßen« (h. Cer. 50). In der Ilias ist einmal vom Verzicht auf das Bad als einem Zeichen der Trauer die Rede (XXIII 39 ff.; S. S 138).

Einmal wird vom Auskleiden vor dem Bade gesprochen: Telemach und Theoklymenos legen ihre Kleidung im Männersaal ab (17, 86):

χλαίνας μὲν κατέθεντο κατὰ κλισμούς τε θρόνους τε.

Besonders bemerkenswert ist die Sitte, daß dem Gast beim Baden, Salben und Ankleiden von weiblichen Bediensteten Hilfe geleistet wird, gelegentlich auch von der Hausfrau selbst oder weiblichen Familienangehörigen des Gastgebers. Dienerinnen in dieser Funktion heißen λοετροχόοι (myk. re-wo-to-ro-ko-wo). 20, 296 f. verspricht ein Freier dem Bettler ironisch, er werde ihm etwas geben, was ihm ermögliche, seiner Badedienerin ein 'Trinkgeld' zu geben: ὄφρα καὶ αὐτὸς | ἠὲ λοετροχόῳ δώῃ γέρας ἠέ ... Gewöhnlich ist jedoch von δμῳαί oder ἀμφίπολοι die Rede. Sie werden also nicht nur dem angesehenen Gast zur Verfügung gestellt; auch ein Bettler kann mit ihren Diensten rechnen, wie oben aus 20, 296 f. und 19, 317 hervorgeht, wo Penelope ihre Dienerinnen anweist:

ἀλλά μιν, ἀμφίπολοι, ἀπονίψατε, κάτθετε εὐνήν,

»wascht ihn, Mägde, und bereitet ihm ein Lager«[376]. Am nächsten Tag in der Frühe sollen sie ihm dann zu einem regulären Bade verhelfen (19, 320):

ἠῶθεν δὲ μάλ' ἦρι λοέσσαι τε χρῖσαί τε.

Dreimal (4, 49; 8, 454; 17, 88) wird ihre Tätigkeit durch den Formelvers wiedergegeben:

τοὺς (τόν) δ' ἐπεὶ οὖν δμῳαὶ λοῦσαν καὶ χρῖσαν ἐλαίῳ,

»als diese(n) nun Dienerinnen gewaschen und mit Öl gesalbt hatten«.

georghis a. O. 150 f. mit Anm. 29 Taf. 26, 2. 3.   [376] Daß dieses Waschen auf eine Fußwaschung hinausläuft, zeigt 19, 343. – Vgl. St. Hiller, Homerische Badediener?, in: Symmicta Philologica Salisburgensia, Georgio Pfligersdorffer Sexagenario Oblata (1980) 245 ff.

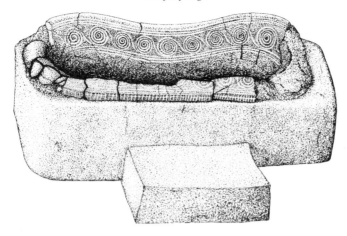

Abb. 16 Mit Spiralornamenten bemalte Badewanne aus Ton, Pylos

In anderen Fällen verrichten vertraute alte Dienerinnen ihren Herren diesen Dienst: Hekamede dem Nestor (XIV 6), Eurynome dem Odysseus (23,154) und die alte sikelische Dienerin dem Laertes (24,366). Die Hausfrau selbst leistet Badedienste im Falle Helenas, die Odysseus als ihren Gast badet, nachdem er als Bettler verkleidet in Troja eingedrungen ist (4,252f.):

ἀλλ' ὅτε δή μιν ἐγὼ λόεον καὶ χρῖον ἐλαίῳ,
ἀμφὶ δὲ εἵματα ἕσσα, ...

Ebenso badet Kirke Odysseus, nachdem dieser ihre Macht gebrochen hat (zu 10,360ff.; S. S 141), und seine erlösten Gefährten persönlich (10,449ff.):

τόφρα δὲ τοὺς ἄλλους ἑτάρους ἐν δώμασι Κίρκη
ἐνδυκέως λοῦσέν τε καὶ ἔχρισεν λίπ' ἐλαίῳ,
ἀμφὶ δ' ἄρα χλαίνας οὔλας βάλεν ἠδὲ χιτῶνας·
δαινυμένους δ' εὖ πάντας ἐφεύρομεν ἐν μεγάροισιν.

Einen Gast durch diesen Dienst zu ehren, mochte zwar nicht zu den Alltäglichkeiten gehören, wird aber kaum poetische Erfindung sein. Anders zu bewerten ist es, wenn Kalypso als Hausfrau und Geliebte zugleich Odysseus beim Abschied Badedienste erweist (5,264). Eine besondere Auszeichnung im Rahmen der Badeetikette bedeutet es schließlich, wenn Telemach während seines Besuchs bei Nestor in Pylos von der jüngsten Tochter seines Gastgebers beim Bade bedient wird (3,464ff.)[377]:

τόφρα δὲ Τηλέμαχον λοῦσεν καλὴ Πολυκάστη,
Νέστορος ὁπλοτάτη θυγάτηρ Νηληϊάδαο.

[377] Fälle wie die letzterwähnten bereiten unserem Verständnis gewisse Schwierigkeiten, auch wenn man der frühepischen Zeit grundsätzlich ein anderes Verhältnis zur Nacktheit konzediert, als es – keineswegs einheitlich – der Gegenwart zu eigen ist (auf Züge im neuzeit-

αὐτὰρ ἐπεὶ λοῦσέν τε καὶ ἔχρισεν λίπ' ἐλαίῳ,
ἀμφὶ δέ μιν φᾶρος καλὸν βάλεν ἠδὲ χιτῶνα,
ἔκ ῥ' ἀσαμίνθου βῆ δέμας ἀθανάτοισιν ὁμοῖος·

Bei den amerikanischen Ausgrabungen in Pylos sind mehrere Räume mit eingebauten, in der Regel prächtig verzierten Badewannen zu Tage getreten (Abb. 16). Dieser festländische Brauch folgt offensichtlich kretischem Vorbild, denn Badewannen sind auch aus dem Palast von Knossos bekannt, während bronzezeitliche steinerne und elfenbeinerne Miniaturnachbildungen von Badewannen aus Zypern erhalten geblieben sind (Abb. 17)[377a].

lichen japanischen Badewesen, die in mancher Hinsicht mit homerischen Verhältnissen vergleichbar sind, hat Arend 126 hingewiesen). Doch treffen wir auch im Epos nicht durchgängig das Maß an Unbefangenheit an, das aus diesen Szenen spricht. So zeigt der nackte schiffbrüchige Odysseus bei seiner Begegnung mit Nausikaa und ihren Mägden ein hohes Maß an Schamhaftigkeit. Er bedeckt seine Blöße mit einem Zweig (6, 128f.), entschließt sich mit Rücksicht auf seine Nacktheit (und die abstoßende Wirkung seiner äußeren Erscheinung), nur aus gebührendem Abstand Nausikaa um Hilfe anzuflehen (6, 141ff.). Als Nausikaa ihren Mädchen befiehlt, den Schiffbrüchigen mit Speise und Trank zu versorgen und ihn im Fluß zu baden (6,209f.), legen die Mädchen, nun auch ihrerseits schamhafter, als man es von Badedienerinnen der Odyssee sonst gewohnt ist, frische Kleidung und Salböl, womit sie ihn im Rahmen des üblichen Zeremoniells eigenhändig versehen hätten, neben ihm nieder und fordern ihn auf, sich selbst zu bedienen (6,214ff.). Auch das genügt Odysseus noch nicht. Er bittet die Mädchen, sich mit Rücksicht auf sein Schamgefühl zu entfernen (6,221f.): ἄντην δ' οὐκ ἂν ἐγώγε λοέσσομαι· αἰδέομαι γὰρ | γυμνοῦσθαι κούρῃσιν ἐϋπλοκάμοισι μετελθών. Diese Inkonvenienz in der epischen Einstellung zur Nacktheit dürfte bis zu einem gewissen Grade darin eine Erklärung finden, daß unbefangene Nacktheit im Rahmen häuslicher Gastlichkeit üblich war, d. h. an einen konventionellen Bereich gebunden blieb. Dazu macht es die Zartheit, die der Schilderung der Nausikaaepisode zu eigen ist, begreiflich, daß hier mit allem, was das Schamgefühl berührte, besonders behutsam umgegangen wurde. Für die Deutung von Lutz a.O. 19ff., der in der Haltung des Odysseus gespielte Schamhaftigkeit aus berechnendem Raffinement zu erkennen glaubt, kann ich mich nicht erwärmen. Vgl. noch C.F.Naegelsbach, Die homerische Theologie (1840) 218ff.; Finsler, Homer II 304.   377a Zu den Wannensarkophagen Kretas zusammenfassend: B. Rutkowski, Larnaksy Egejskie (1966) Taf. 25–40. – Unsere Abb. 16: Badewanne im Raum 43 des Nestor-Palastes, s. Blegen, Pylos I 187ff. Taf.-Abb. 139. 140 (danach unsere Umzeichnung). C.W.Blegen erwähnte ferner eine Wanne an der Außenseite der Westecke des Nordmagazins: AJA. 63, 1959, 124 Taf. 33,11. – Wannen aus Knossos: Evans, PM. I 580 Abb. 424 = III 386 Abb. 257; Ginouvès, Balaneutikè 30 Taf. 2,5 (bemalte Terrakotta-Wanne, MM IIIb). – Evans, PM. III 384f. Abb. 255. 256 (bemalte Terrakotta-Wanne, SM II, und Rekonstruktion des Baderaums); vgl. Index-Bd. S. 12 s. v. baths; St.Hiller, Acts of the Fourth International Cretological Congress, Heraklion 1976 (1980) 217 mit Anm. 8 (Wannenfragmente im Südpropylaeum von Knossos). – Unsere Abb. 17: Dikaios, Enkomi II 768; III Taf. 147,8; 176,55 Fund-Nr. 3269, Steatit, IIIc. Weitere Miniaturbadewannen: a) aus Enkomi, schwedische Grabungen, in Stockholm, Medelhavsmuseet, Inv.-Nr. 42; L. Åström, Studies on the Arts and Crafts of the Late Cypriote Bronze Age (1967) 72 Nr. 'Basin 1' Abb. 71, 43 (SCE. IV 1 D 534 Abb. 71, 43); V. Karageorghis–C.-G. Styrenius–M.-L.Winblath, Medelhavsmuseet-Memoir 2, 1977, 47 Taf. 39,1. b) aus Kition, Grab 9, obere Bestattung, Elfenbein; V.Karageorghis, BCH. 88, 1964, 348f. Abb. 86; Åström a.O. 81 Nr. 5; S. 83 Abb. 77; V.Karageorghis, Mycenaean Art from Cyprus (1968) 45 Taf. 41,1; Buchholz-Karageorghis Nr. 1742; V.Karageorghis, Excavations at Kition I (1974) 91 Nr. 354 Taf. 87. c) aus Amathous, in New York, Metr. Mus.; J.L.Myres, Handbook of the Cesnola Collection (1914) Nr. 1544; Åström a.O. 72 Nr. 'Basin 1'. d) Kouklia, Arch. Mus., Inv.-Nr. KTAV

Körperpflege S 145

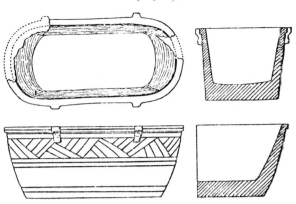

Abb. 17 Bronzezeitliches Modell einer Badewanne aus Steatit, Enkomi, Zypern

Es findet sich – wie beim oben erwähnten Bad Telemachs in Pylos – bisweilen die Bemerkung, daß der Gebadete das Bad verläßt, nachdem er angekleidet wurde, was man ebenso wie die Reihenfolge, in der die Kleidungsstücke angelegt werden, als stilistische Eigentümlichkeit im Sinne des Hysteron Proteron verstanden hat[378]. Dem natürlichsten Bedürfnis entsprach es, wenn der Gast unmittelbar nach den Strapazen der Reise nach Ankunft im Hause des Gastgebers Gelegenheit zum Bade erhielt, wie sie Telemach als Gast im Hause des Menelaos geboten wird (zu 4,47ff.; S.S 140f.). Das Bad, das Odysseus und seine Gefährten im Hause der Kirke erhalten, nachdem die Macht der Zauberin gebrochen ist, liegt als gleichsam nachgeholtes Begrüßungszeremoniell noch auf dieser Ebene (zu 10,360ff. und 449ff.; S.S 143).

129; Åström a.O. 72 Nr. 'Basin 1'. e) unbekannte Herkunft; aus Andesit, L = 6,2 cm, H = 3 cm; Nikosia, Cyprus Museum, Inv.-Nr. 1977/VI-2,3. f) unbekannte Herkunft; aus Steatit, mit Kreuzschraffur an den Seiten, L = 7,5 cm, H = 3 cm; Nikosia, Cyprus Museum, Inv.-Nr. 1980/VII-1, 110. – Gebrauchsgroße Wannen aus Zypern: Stein- und Tonwannen verschiedenen Fundorts, 14. und 13. Jh. v.Chr.: E.Gjerstad, Studies on Prehistoric Cyprus (1926) 43; ders., SCE. I 356 Nr. 52 Abb. 137; II 543. 552; J.F.Daniel, AJA. 42, 1938, 271 Abb. 12; P.Dikaios, ILN. vom 27.8.1949, 316f. Abb. 2; Åström a.O. 72 Nr. 'Basin 2.3'; A.K.South, RDAC. 1980, 39 Taf. 8,2; V.Karageorghis, RDAC. 1981, 151. – Tonwanne des 12. Jhs. v.Chr., Palaiopaphos, Aphroditetempel: F.G.Maier, RDAC. 1976, 95f. Taf. 19,4; Karageorghis a.O. 151. – Kalksteinwanne des 11. Jhs. v.Chr., aus Palaiopaphos, Grabfund: V.Karageorghis, CRAI. 1980, 131f.; ders., RDAC. 1981, 151. – Vgl. neuerdings einige Wannen bzw. Wannensarkophage in Palästina und weiter östlich eine Badewanne im Palast von Mari (B.Neutsch, AA. 1973, 693 Abb. 9). Eine Poroswanne späterer Zeit aus Samos: E.Buschor in: E.Boehringer, Neue deutsche Ausgrabungen im Mittelmeergebiet und im Vorderen Orient (1959) 214f. Abb. 19.   378 Lutz (a.O. 25 ff.) hat, ohne überzeugen zu können, den Ablauf der Geschehnisse in dieser Reihenfolge zu halten und zu erklären versucht und sah dabei in den χλαῖναι (hier ausnahmsweise durch φᾶρος ersetzt), die sonst immer neben den χιτῶνες genannt werden, Badetücher zum Abtrocknen. Wenn er u.a. auf S. 29 den Vers 24,367 als Beweis dafür wertet, daß χλαῖνα ein Badetuch meinen müsse, da anderenfalls auch χιτών hätte mit erwähnt werden müssen, so übersieht er, daß 17,86 die Kleidung, die Telemach und Theoklymenos vor dem Bade ablegen, auch nur (pro toto) mit

Da bei der Ankunft des Telemach in Pylos die Nestorsippe gerade mit einem feierlichen Opfer beschäftigt ist und auch die Ereignisse des nächsten Tages zu weiterem Aufschub nötigen, findet das Bad des Gastes während einer erneuten Opferzeremonie statt und rückt damit in die Nähe des Aufbruchs (zu 3,464 ff.; S. S 143 f.). Doch ist auch das Bad zum Abschied des Gastes nicht unüblich. So sagt Telemach zu Athene, die als sein Gast in Gestalt des Mentes zum Aufbruch drängt (1,309 ff.):

ἀλλ' ἄγε νῦν ἐπίμεινον, ἐπειγόμενός περ ὁδοῖο,
ὄφρα λοεσσάμενός τε τεταρπόμενός τε φίλον κῆρ
δῶρον ἔχων ἐπὶ νῆα κίῃς ...

»So bleibe doch noch, auch wenn du darauf drängst weiterzureisen, damit du erst nach einem Bade und im Herzen erquickt mitsamt einem Geschenk dich zum Schiff begibst«. Ein gleiches akutes Bedürfnis zu Reinigung und Erfrischung wie bei einer Ankunft liegt hier nicht mehr vor. Das Bad soll in erster Linie Genuß bereiten und wird, da es unmittelbar neben dem Gastgeschenk erwähnt wird, als gerade so erfreulich empfunden wie dieses. Es ist gewissermaßen ein Teil davon. Ähnlich ist das Bad zu bewerten, das Kalypso dem scheidenden Odysseus bereitet (5,264), noch ähnlicher jenes, das Odysseus am Vorabend seiner Abreise von den Phäaken (8,454) geboten wird. Vorher hat Alkinoos die Anweisung gegeben, Gastgeschenke für ihn bereitzuhalten und ihm ein Bad vorzubereiten, und fährt fort (8,427 ff.):

ὄφρα λοεσσάμενός τε ἰδών τ' εὖ κείμενα πάντα
δῶρα, τά οἱ Φαίηκες ἀμύμονες ἐνθάδ' ἔνεικαν,
δαιτί τε τέρπηται καὶ ἀοιδῆς ὕμνον ἀκούων.

»... damit er sich an einem Bade und dem Anblick aller schöngestapelten Geschenke ... und einem Mahl erfreue und dabei dem Lied des Sängers lausche«. Der Abschied, auch hier noch Motiv des Bades, soll durch das Auftreten eines Sängers beim Mahl festlich gestaltet werden.

Daß auch ein Fest Anlaß zu einem Bade bilden kann, lehrt jenes »Fest«, das Odysseus fingiert, um die Angehörigen der erschlagenen Freier zu täuschen und angesichts zu erwartender Blutrache Zeit zu gewinnen. Zunächst empfiehlt Odysseus Telemach und seinen Helfern zu baden, frische Kleider anzulegen und die Mägde sich putzen zu lassen. Dann soll ein Sänger zum Reigentanz aufspielen, damit man draußen meine, es finde eine Hochzeit (sc. der Penelope) statt. Die Verse 23,142 ff. schildern die Ausführung:

πρῶτα μὲν οὖν λούσαντο καὶ ἀμφιέσαντο χιτῶνας,
ὅπλισθεν δὲ γυναῖκες· ὁ δ' εἵλετο θεῖος ἀοιδὸς
φόρμιγγα γλαφυρήν, ἐν δέ σφισιν ἵμερον ὦρσε
μολπῆς τε γλυκερῆς καὶ ἀμύμονος ὀρχηθμοῖο.

Danach scheint zu den Präliminarien wenn nicht jedes Festes, so doch einer Hochzeit zu gehören, daß sich die Teilnehmer baden.

Daß schließlich auch der Reigen, der als Inbegriff festlichen Treibens hier nicht fehlen darf (23,145), in besonderer Weise mit dem Bade verbunden ist, verraten die Verse zu Beginn von Hesiods Theogonie, die vom Bade der Musen vor dem Tanz handeln (5 ff.):

καί τε λοεσσάμεναι τέρενα χρόα Περμησσοῖο
ἢ Ἵππου κρήνης ἢ Ὀλμειοῦ ζαθέοιο
ἀκροτάτῳ Ἑλικῶνι χοροὺς ἐνεποιήσαντο ...

Doch ist in den beiden letzten Fällen, die sich auf Veranstaltungen außerhalb der eigentlichen Besuchsetikette beziehen, das Bad wohl eher im Sinne einer sakralen Reinigung zu verstehen[379].

Nur selten hören wir, daß jemand außerhalb der konventionellen Thematik schlicht aus eigenem Bedürfnis ein Bad nimmt. Nausikaa und ihre Dienerinnen baden im Fluß[380], nachdem sie ihre Arbeit beendet haben (6,96f.):

αἱ δὲ λοεσσάμεναι καὶ χρισάμεναι λίπ' ἐλαίῳ
δεῖπνον ἔπειθ' εἵλοντο παρ' ὄχθῃσιν ποταμοῖο, ...

Während schwarzfigurige Vasenbilder gelegentlich Mädchen bei der Körperreinigung zeigen, sind regelrechte Badeszenen im Freien überaus selten. Eine attische Amphora des Priamos-Malers aus der Zeit um 520–515 v. Chr. zeigt sieben Mädchen, die ihre Kleider an umstehenden Bäumen aufgehängt haben und sich an einer grottenartigen Wasserstelle die Haare waschen, herumtollen und ins Wasser springen (Abb. 23)[380a]. Bewuchs und verschiedene Ebenen der Badestelle haben J. Borchhardt veranlaßt, dieses Bild in seine Beobachtungen zu den Anfängen der griechischen Landschaftsmalerei einzubeziehen.

χλαῖναι bezeichnet wird (S.S 142). **379** Zum Bad der Musen vgl. Ginouvès, Balaneutikè 339 Anm. 5. **380** Einiges dazu ist schon oben Anm. 377 gesagt. Daß Nausikaa und ihre Mädchen im Meer gebadet haben, den schiffbrüchigen Odysseus aber ein Bad im Fluß nehmen lassen, woraus gefolgert wird, daß hier ein Bewußtsein der höheren Reinigungskraft des Süßwassers vorliege (H. Schadewaldt, Ärztliche Praxis 20, 1968, 396), ist nicht zu belegen, da der Text an keiner Stelle von einem Meerbad der Mädchen spricht. Sie kommen zu den Waschgruben am Flußufer (6,85f.), waschen dort die Wäsche, die sie dann am Meeresstrand ausbreiten. Daran schließen die oben zitierten Verse 6,96f. an, die nicht expressis verbis mitteilen, wo sie gebadet haben. Da sie aber ihr Mahl, das nach der Typik der Badeszenen gewissermaßen den letzten Teil eines Bades bildet (S.S 141), wieder am Flußufer einnehmen, ist es das Natürlichste, daß sie auch dort, also im Fluß, gebadet haben, wo sie ihre Wäsche wuschen und dann auch Odysseus baden wird. (Auch Ginouvès, Balaneutikè 109 und Lutz a.O. 24 lassen, obwohl sie sich nicht primär mit der Frage befassen, erkennen, daß sie an ein Flußbad der Mädchen denken.) Die Erfahrung, daß Süßwasser besser reinigt, muß man gemacht haben, seitdem man Vergleichsmöglichkeiten hatte. Doch scheint das Meerwasser von vorrangiger kathartischer Bedeutung geblieben zu sein. Bei Eurip., Iph. Taur. 1196 antwortet Iphigenie auf die Frage des Thoas, ob die vor Opferung der Fremden zu vollziehenden Weihen mit Quell- oder Meerwasser vorzunehmen sind: θάλασσα κλύζει πάντα τἀνθρώπων κακά, was trotz ihrer dahinterstehenden Absicht, Zeit zu gewinnen, nur glaubhaft wirken konnte, wenn es den religiösen Vorstellungen entgegenkam. **380a** Badende Mädchen, vielleicht Nymphen, auf einer attisch-schwarzfigurigen Amphora des Priamos-Malers aus dem Grab 610 der Nekropole von Monte Abetone bei Cerveteri, um 520–515 v. Chr., in Rom, Villa Giulia; M. Moretti, Tomba Martini Marescotti, Quaderni di Villa Giulia I (1966) mit Detail-Abb.; J. Charbonneaux–R. Martin–F. Villard, Das archaische Griechenland (1969) 305ff. Abb. 350. 351; A. Greifenhagen in: W. Helbig, Führer durch die öffentlichen Sammlungen klassischer Altertümer in Rom III[4] (1969) 574f. Nr. 2609; J. Borchhardt in: Tainia. Festschrift R. Hampe (1980) 259f. mit Anm. 14 Taf. 55,1 (danach unsere Umzeichnung); zum Priamos-Maler s. Beazley, ABV. 330ff. 694. 715.

Bei Hesiod wird ein noch unverheiratetes Mädchen zu den Lebewesen gerechnet, denen die winterlichen Unbilden nichts anhaben; denn es kann es sich noch daheim bei der Mutter »gemütlich« machen (Op. 520ff.):

ἥ τε δόμων ἔντοσθε φίλῃ παρὰ μητέρι μίμνει
οὔ πω ἔργα ἰδυῖα πολυχρύσου Ἀφροδίτης·
εὖ τε λοεσσαμένη τέρενα χρόα καὶ λίπ᾽ ἐλαίῳ
χρισαμένη μυχίη καταλέξεται ἔνδοθι οἴκου.

Hier wird das Bad zum Inbegriff häuslicher Behaglichkeit im Gegensatz zur Winterkälte draußen. Auf ein unkonventionelles Baden bezieht sich auch das Tabu bei Hesiod (Op. 759), welches verbietet, sich in Flußmündungen »zu erleichtern« (ἐναποψύχειν). Eine andere Reinigungsvorschrift der Erga verbietet es dem Manne, das Waschwasser einer Frau zu seiner eigenen Reinigung zu benutzen (Hes., Op. 753)[381].

c) Reinigung der Extremitäten

α) *Waschen der Hände:* Einer Genreszene im achtzehnten Buch der Ilias, die den Besuch der Thetis beim Schmiedegott Hephaistos beschreibt, verdanken wir die Schilderung einer körperlichen Reinigung, die, fern aller formelhaften Thematik, spontan aus einmaliger Situation erwächst. Hephaistos, der eben noch schwitzend an Blasebalg und Amboß hantiert hat, stellt bei Ankunft der Göttin seine Arbeit ein, ordnet sein Gerät und reinigt sich von den Spuren der Schmiedearbeit, bevor er seinem Gast gegenübertritt (414ff.):

σπόγγῳ δ᾽ ἀμφὶ πρόσωπα καὶ ἄμφω χεῖρ᾽ ἀπομόργνυ
αὐχένα τε στιβαρὸν καὶ στήθεα λαχνήεντα,
δῦ δὲ χιτῶν᾽ ...

»... mit einem Schwamm wischte er sich das Gesicht ab, die beiden Hände, den kräftigen Nacken und die zottige Brust und zog einen Rock an«. Ἀπομοργνύναι, »abwischen«, geschieht nach dem Sprachgebrauch sonst unmittelbar ohne ein reinigendes Medium. Hier wird ein Schwamm als Reinigungsgerät verwandt. Ob Wasser dazu mit benutzt wird, ist nicht auszuschließen, nach den Reinigungspraktiken von XXIII 739 (S. S 140) aber nicht selbstverständlich. Auf alle Fälle scheint bei vordergründig-hygienischen Reinigungen, wie den genannten, das Wasser zur Not entbehrlich, es bleibt unerwähnt und hat nicht die Bedeutung, die es offenbar bei kathartischen Reinigungen besitzt. Daß die sonst stets in typischen Bereichen des Epos begegnenden Handwaschungen kathartischen Ursprungs sind, sollen die folgenden Ausführungen zeigen.

Eindeutig ritueller Reinigungsakt ist das Händewaschen (χερνίπτεσθαι) der Achäer vor dem Sühneopfer bei Rückgabe der Chryseis (I 449):

χερνίψαντο δ᾽ ἔπειτα καὶ οὐλοχύτας ἀνέλοντο.

So wird man auch in der Odyssee die Reinigung der Penelope vor der Darbringung der Opfergerste und dem Gebet an Athene zu deuten haben (4,759/61)[382]:

---

[381] Dahinter steht die Vorstellung von der verunreinigenden Wirkung der Menstruation; s. Thomson a.O. (s.o. Anm. 210) 163; Ginouvès, Balaneutikè 265 Anm. 1. [382] Das unspe-

> ἡ δ' ὑδρηναμένη ...
> ἐν δ' ἔθετ' οὐλοχύτας κανέῳ, ἠρᾶτο δ' Ἀθήνῃ·

Ebenso wäscht sie sich auch vor ihrem Gebet und Opfergelübde (17,58ff.), und dem gleichen Zweck dient auch das »Handwaschwasser« (χέρνιψ) bei Nestors großem Opfer in Pylos, wo es auch in Verbindung mit der Opfergerste erwähnt wird (3,445f.):

> χέρνιβά τ' οὐλοχύτας τε κατάρχετο, πολλὰ δ' Ἀθήνῃ
> εὔχετ' ἀπαρχόμενος ...

In der Odyssee kennt man auch die Handwaschung vor einem Gebet, das in keinem Zusammenhang mit Opfer oder Mahl steht. Telemach betet am Strand von Ithaka zu Athene »mit gewaschenen Händen« (χεῖρας νιψάμενος, 2,261), ebenso Odysseus auf Thrinakia (12,336)[383].

In der Ilias ist noch mehrfach von einem Waschen der Hände vor der Trankspende die Rede, die gewöhnlich mit einem Gebet in Verbindung steht. VI 266ff. sagt Hektor:

> χερσὶ δ' ἀνίπτοισιν Διὶ λείβειν αἴθοπα οἶνον
> ἄζομαι· οὐδέ πῃ ἔστι κελαινεφέϊ Κρονίωνι
> αἵματι καὶ λύθρῳ πεπαλαγμένον εὐχετάασθαι.

Zeus mit ungewaschenen Händen Wein zu spenden, verbietet auch Hesiod (Op. 724f.). Händewaschen vor Trankspende und Gebet wird auch IX 174 (≈ 3,338; 21,270) bezeugt:

> αὐτίκα κήρυκες μὲν ὕδωρ ἐπὶ χεῖρας ἔχευαν,

desgleichen durch XVI 230 und XXIV 305. Besonders zu erwähnen ist noch die Handwaschung vor dem Eid, mit dem die Achäer und Trojaner ihren Vertrag bekräftigen (III 270). Freilich folgt auch hier Weinspende und Opfer.

Am häufigsten wird – ausschließlich in der Odyssee – vom Händewaschen vor dem Mahl gesprochen, was noch am ehesten die Vermutung nahelegen könnte, daß es sich dabei um eine hygienische Reinigung handle. In aller Ausführlichkeit wird dies 1,136ff., wo Telemach Athene/Mentes bewirtet, und an fünf weiteren Stellen geschildert[384]:

> χέρνιβα δ' ἀμφίπολος προχόῳ ἐπέχευε φέρουσα
> καλῇ χρυσείῃ, ὑπὲρ ἀργυρέοιο λέβητος,
> νίψασθαι· παρὰ δὲ ξεστὴν ἐτάνυσσε τράπεζαν.

Hier bringt eine Dienerin Waschwasser für die Hände (χέρνιψ) in einer goldenen Kanne (πρόχοος). Derartige prächtige Gefäße sind den Herrschern in späthelladischer Zeit mit ins Grab gegeben worden. Als ein Beispiel verweisen wir auf ein kleines goldenes Exemplar dieser Art aus dem Schachtgrab III der Schliemannschen Grabung in Mykene (Abb. 18a)[385].

---

zifische ὑδραίνεσθαι ist hier an die Stelle des χερνίπτεσθαι getreten und wird wohl dasselbe meinen, wie es auch durch Nilsson, GGR.³ I 148f. nahegelegt wird; vgl. Ginouvès, Balaneutikè 311 Anm. 5; 312 Anm. 7.   [383] Während er sich 12,336 vor dem Gebet die Hände wäscht, fehlt die Handwaschung vor der vorausgehend geschilderten Mahlzeit 12,307ff. [384] 1,136–138 = 4,52–54; 7,172–174; 10,368–370; 15,135–137; 17,91–93.   [385] Karo, Schachtgräber Taf. 103,74 (danach unsere Umzeichnung). Diese Kanne läßt sich m.E. zur

Abb. 18 a: Goldene Schnabelkanne aus dem Gräberrund A in Mykene (SH I) b: Bronzenes Becken aus Knossos (SM I)

In unserer Odysseestelle wird dem Gast Wasser über einem silbernen Becken auf die Hände gegossen. Das hier λέβης[386] genannte Gefäß heißt XXIV 304 χέρνιβον. Vielleicht dienten Bronzebecken aus Knossos diesem Zweck (Abb. 18b)[387].

Obwohl bei den Mahlszenen dieses Typs nur auf 7,172ff. (s.o. Anm. 384) bezogen von einer Weinspende geredet wird (7,164f. 179ff.), darf man mit Rücksicht auf den stets aufgetischten Wein auch immer mit einer Spende rechnen, selbst wenn sie nicht ausdrücklich erwähnt wird, so daß man in der Handwaschung auch hier eher noch ein durch die Weinspende begründetes Ritual als eine profane Reinigung zu sehen hat.

Daß ein profanes Reinigungsbedürfnis zumindest nicht ausschlaggebend gewesen sein kann, geht auch daraus hervor, daß 4,52ff. Telemach und Peisistratos, 10,368ff. Odysseus und 17,91ff. Telemach und Theoklymenos Wasser zum Händewaschen vor dem Essen gereicht wird, nachdem die genannten gerade eben

Veranschaulichung der χρυσείη πρόχοος verwenden, obwohl der Terminus keine Kriterien für die Gefäßform ergibt: πρόχοος ist gewöhnlich Wasserkanne, doch wird 18,397 auch Wein daraus eingeschenkt; vgl. G. Bruns, unser Kap. »Küchenwesen und Mahlzeiten« Q 41. 50.   **386** Die Ansicht Brommers (a.O. [s.o. Anm. 366] 366), daß die Kessel mit Greifenprotomen im Epos ihre Spuren hätten hinterlassen müssen, wenn es sie zu homerischer Zeit schon gegeben hätte, ist durch Funde derartiger Gefäße aus dem 8. Jh. v. Chr. inzwischen widerlegt. Siehe Bruns a.O. Q 38 Anm. 341. 342. Der Wasserbehälter (λέβης), in dem der Opfernde 3,440 wohl auch die Handwaschung vollzieht, ist ἀνθεμόεις, »mit (getriebenen?) Blüten verziert«. Zu Bronzelebetes des 8. Jhs. v. Chr. s. u. Anm. 396.   **387** SM I; Evans, PM. II 637ff. Abb. 402–409. Unsere Abb. 18b nach Abb. 403; vgl. auch Zervos, Crète Abb. 423; Ginouvès, Balaneutikè 54 mit Anm. 5 Taf. 11,34; Catling, Bronzework 174f. Nr. 12 Taf.-Abb. 19,9. Schol. zu XXIV 304: τὸ ἀγγεῖον τὸ ὑποδεχόμενον τὸ ὕδωρ; s. a. Brommer

dem Bade entstiegen sind, das den Reinigungszweck schon zur Genüge erfüllt hat[388].

Zahlreicher sind jedoch Mahlszenen, wo von einem Waschen der Hände überhaupt nicht gesprochen wird und es häufig deutlich genug wird, daß mit Rücksicht auf die äußeren Umstände das übliche Ritual unterblieb[389]. Demgegenüber wirkt die Handwaschung vor dem Verzehren des erlegten Hirsches auf der Kirkeinsel (10,182) maniriert. Es gibt jedenfalls keine homerische Szene, in der sich ein Waschen der Hände primär mit einer vordergründig-hygienischen Reinigungsabsicht erklären läßt. Wo Helfer bei der Handwaschung in Aktion treten, sind es Dienerinnen (ἀμφίπολοι), Herolde (κήρυκες) und namentlich genannte Diener (θεράποντες; 4,216).

β) *Fußwaschung:* Eine weniger aufwendige Form der Reinigung und Erfrischung als das Bad war die Fußwaschung. Sie mochte von dem zu heißer Jahreszeit auf staubiger Straße reisenden Gast besonders begrüßt worden sein, wenn sie ihm bei kurzem Aufenthalt anstelle eines Bades oder als provisorische Vorreinigung geboten wurde. R. Ginouvès hat auf die bedeutende Rolle hingewiesen, die die Fußwaschung seit ältesten Zeiten bei den Völkern des Mittelmeerraumes gespielt hat[390]. In einem kleinen Empfangsbau des Palastes von Knossos befindet sich neben dem Vestibül ein gleichfalls zur Straße geöffneter Raum, der mit einem von steinernen Bänken umgebenen Bassin ausgestattet ist, das offensichtlich zur Fußwaschung der Besucher diente (Abb. 19)[391].

Daß die Fußwaschung für den, der sie vornahm, gelegentlich auch eine Geste der Demut und Ergebenheit bedeuten konnte, ist nicht zu übersehen. Wie unser unten behandeltes Beispiel aus der Odyssee zeigt, kann damit gerechnet werden, daß sie im allgemeinen von Dienerinnen des Hauses vollzogen wurde und zunächst einem lediglich physischen Reinigungsbedürfnis Rechnung trug. Doch fehlen auch hier nicht Spuren kultisch-kathartischer Motivierung. Nach der grausamen Hinrichtung des ungetreuen Gesindes begeben sich die Vollstrecker in das Haus des Odysseus ἀπονιψάμενοι χεῖράς τε πόδας τε, »nachdem sie sich Hände und Füße abgewaschen hatten« (22,478). Daß dabei nicht nur an physische Reinigung zu denken ist, sondern auch eine kathartische in Betracht zu ziehen ist[392], zeigen die Verse VI 266 ff. (vgl. Anm. 367) und die nachfolgend befohlene, ebenfalls kathartisch zu verstehende Reinigung des Megaron mit Schwefel, der als ἄκος κακῶν wirksam werden soll (22,481).

Ein Hesiodfragment, das von der Fußwaschung einer παρθένος ἀδμής, womit die Koronis gemeint ist, im Boibias-See redet, wird wegen der sakralen Sphäre, in der sich die überlieferten Verse bewegen, auch auf eine kultische Reinigung zu beziehen sein[393].

Vielbesprochen ist die Iliasstelle XVI 233ff., die die Selloi, die heiligen Männer des »pelasgischen« Zeus von Dodona, als ἀνιπτόποδες χαμαιεῦναι bezeichnet,

a.O. (s.o. Anm. 366) 367; Ginouvès, Balaneutikè 312 Anm. 2. **388** Das ist schon öfter bemerkt worden; zuletzt Ginouvès, Balaneutikè 152. **389** Abgesehen von Iliasstellen wie IX 216ff., VII 319f. und XXIV 625ff., die diese Erklärung im Grunde nicht beanspruchen können, fällt in der Odyssee bei kurzen Mahlszenen im Freien, beim Schiff, im Vorwerk des Eumaios und im ländlichen Refugium des Laertes die Handwaschung weg. **390** Ginouvès, Balaneutikè 155f. **391** Evans, PM. II 116ff. Abb. 55 (danach unsere Abb.). 56. 57; Matz, Kreta-Mykene-Troja 48 Taf. 27; vgl. Ginouvès, Balaneutikè 156 Anm. 10. **392** Vgl. Faesi-Kayser zu 23,131; zurückhaltender Ginouvès, Balaneutikè 319 Anm. 6. **393** Vgl.

»die mit den ungewaschenen Füßen, die ihr Ruhelager auf bloßer Erde haben«, worin M.P. Nilsson lediglich eine Umschreibung urtümlicher barbarischer Ungepflegtheit erkennt, während andere darin eine Art Askese erblicken[394].

Das Fußbad des Odysseus, bei dem die alte Magd ihren Herrn wiedererkennt, spielt im neunzehnten Buch der Odyssee eine tragende Rolle. Am Abend weist Penelope die Mägde an, dem Bettler vor der Nachtruhe die Füße zu waschen; am nächsten Morgen möge man für ein regelrechtes Bad des Gastes sorgen (19,317ff.; S.S 142). Doch der Bettler lehnt das Fußbad ebenso wie das angebotene bequeme Lager ab (19,337ff.). Derartiger Aufwand sei ihm angesichts seines entbehrungsreichen Daseins zuwider (19,343ff.)[395]:

οὐδέ τί μοι ποδάνιπτρα ποδῶν ἐπιήρανα θυμῷ
γίγνεται· οὐδὲ γυνὴ ποδὸς ἅψεται ἡμετέροιο
τάων αἵ τοι δῶμα κάτα δρήστειραι ἔασιν.

Als er sich schließlich bereit findet, sich von der alten Eurykleia die Füße waschen zu lassen, geht die Dienerin ans Werk (19,386ff.):

ὣς ἄρ' ἔφη, γρηῢς δὲ λέβηθ' ἕλε παμφανόωντα,
τῷ πόδας ἐξαπένιζεν, ὕδωρ ἐνεχεύατο πουλὺ
ψυχρόν, ἔπειτα δὲ θερμὸν ἐπήφυσεν...

»So sprach er. Die Alte aber nahm ein glänzendes Becken, in dem sie Fußwaschungen vorzunehmen pflegte[396], goß viel kaltes Wasser hinein und goß dann warmes dazu«[397]. Da erkennt sie ihren Herrn an der Narbe und verschüttet in freudigem Schreck des Erkennens das Waschwasser. Nachdem der Herr die alte Magd zum Stillschweigen verpflichtet hat, wird die Fußwaschung wieder aufgenommen (19,503ff.):

ὣς ἄρ' ἔφη, γρηῢς δὲ διὲκ μεγάροιο βεβήκει
οἰσομένη ποδάνιπτρα· τὰ γὰρ προτέρ' ἔκχυτο πάντα.
αὐτὰρ ἐπεὶ νίψεν τε καὶ ἤλειψεν λίπ' ἐλαίῳ,
αὖτις ἄρ' ἀσσοτέρω πυρὸς ἕλκετο δίφρον Ὀδυσσεὺς
θερσόμενος...

»Als sie aber (seine Füße) gewaschen hatte und mit Öl gesalbt hatte«, heißt es Vers 505f., »zog sich Odysseus den Stuhl näher ans Feuer, um sich zu wärmen«. Analog zu χέρνιψ (S.S 149) gibt es in Gestalt von ποδάνιπτρα (Plur.) ein eigenes Wort für das Wasser zum Waschen der Füße[397a].

Merkelbach-West 38 Fr. 59. **394** Nilsson, GGR.³ I 427. Der Frage kann hier nicht weiter nachgegangen werden, doch läßt sich das Barfußgehen – darauf scheint ἀνιπτόποδες hinauszulaufen – und das Schlafen auf der Erde in ähnlicher Weise wie die Geburtshaltung ἐν γόνασιν (s.o. Anm. 216) als Kontakt mit den magischen Kräften des Erdbodens verstehen. Das würde freilich chthonische Ursprünge für den Kult voraussetzen. Vgl. Eliade a.O. (s.o. Anm. 217) 281f. **395** Daß es ihm auch zuwider ist, daß die unverschämten Mägde seine Füße berühren, klingt 19,344 an und wird 19,373f. von Eurykleia als der eigentliche Grund seiner Zurückhaltung angesehen. **396** Mit drei Füßen versehene Metallschalen (nachepisch ποδανιπτῆρες), die sich auf Vasenbildern seit dem 6.Jh. v.Chr. nachweisen lassen, dienten speziell diesem Zweck. Vgl. Ginouvès, Balaneutikè 61ff. Zu Bronzelebetes des 8.Jhs. v.Chr. s. G.Bruns, unser Kap. »Küchenwesen und Mahlzeiten« Taf. Q VIb. **397** Von einer angenehmen Temperierung des Badewassers war schon 10,360f. die Rede. Vgl. S.S 141. **397a** Vgl. G.Wickert-Micknat, unser Kap. »Die Frau« R 63 Anm. 308.

Abb. 19 Becken zur Fußwaschung in der ‚Karawanserei' von Knossos, zeichnerische Rekonstruktion

Wie Baden und Salben generell zusammengehören, werden auch die Füße nach dem Waschen gesalbt. 17,409f. (vgl. XIV 241) ist von den »gesalbten Füßen« des Freiers Antinoos die Rede, die während des Mahls auf einer Fußbank ruhen:

... θρῆνυν ...
... ᾧ ῥ' ἔπεχεν λιπαροὺς πόδας εἰλαπινάζων.

In gleichem Sinne ist auch der in Ankleideszenen begegnende Formelvers (II 44 u. ö.) zu verstehen:

ποσσὶ δ' ὑπὸ λιπαροῖσιν ἐδήσατο καλὰ πέδιλα,

»unter die gesalbten Füße band er (sie) sich die schönen Sandalen«.

d) Pflege im Übergang zur Kosmetik

Mit dem Begriff der Pflege ist die Vorstellung einer Verschönerung der äußeren Erscheinung untrennbar verbunden, so daß es schwerfällt, einen kosmetischen Aspekt von dem hygienischen, soweit er im epischen Bewußtsein überhaupt schon greifbar ist, zu trennen. Wer ein warmes Bad genommen hat, dem verhilft die erhöhte Durchblutung der Haut zu frischer Gesichtsfarbe, und auch der Gebrauch des Salböls und die frischen Kleider machen schöner und stattlicher. In diesem Sinne heißt es von Telemach, der aus dem Bade kommt (3,468):

ἔκ ῥ' ἀσαμίνθου βῆ δέμας ἀθανάτοισιν ὁμοῖος·

»Er aber kam aus der Wanne[398], an Gestalt den Unsterblichen ähnlich«, und wo die irdischen Mittel in Form von Bad und Salböl nicht ausreichen, sind es die

---

[398] 3,467 ist er bereits mit frischer Kleidung versehen. Zum hier vorliegenden Hysteron

Götter, die ihren Schützlingen zur rechten Zeit zu eindrucksvoller Erscheinung verhelfen.

Im Rahmen dieser Vorstellungen ist es ganz plausibel, daß Athene ihrem Schützling Odysseus, der nach dem kalten Bad im Fluß [399] – abgesehen von dem Salböl und den Kleidern, die man ihm überlassen hat – über keine weiteren Mittel zur Toilette verfügt, helfend zur Seite steht, damit er auf die Königstochter den erwünschten Eindruck mache (6,227ff.)[400]:

> αὐτὰρ ἐπεὶ δὴ πάντα λοέσσατο καὶ λίπ' ἄλειψεν,
> ἀμφὶ δὲ εἵματα ἕσσαθ' ἅ οἱ πόρε παρθένος ἀδμής,
> τὸν μὲν Ἀθηναίη θῆκεν, Διὸς ἐκγεγαυῖα,
> μείζονά τ' εἰσιδέειν καὶ πάσσονα, κὰδ δὲ κάρητος
> οὔλας ἧκε κόμας, ὑακινθίνῳ ἄνθει ὁμοίας.

Sie macht ihn also »größer und voller anzuschauen« und läßt ihm »das Haar lockig vom Haupt herabfließen«.

α) Pflege des Haars: Daß die Haarpflege[401] nicht nur kosmetisch zu sehen war, sondern auch eine hygienische Seite hatte, dürfte zu den Urerfahrungen gehören, auch wenn sich das Epos nicht weiter darüber ausläßt[402]. Das lockige, fließende Haar des Odysseus, das im letzten Vers der oben zitierten Stelle (6,227ff.) mit der Hyazinthenblüte – wohl mehr seiner locker duftigen Konsistenz als des optischen Eindrucks wegen – verglichen wird, hat man sich als lange, ungekünstelte Haartracht vorzustellen, ausgestattet mit dem Reiz des Natürlichen, wie im homerischen Hymnos an Demeter (177f.) das Haar der Keleostöchter, das im Zauber ihrer Jugend um ihre Schultern flattert, »der Krokusblüte vergleichbar«[403]:

> ... ἀμφὶ δὲ χαῖται | ὤμοις ἀΐσσοντο κροκηΐῳ ἄνθει ὁμοῖαι.

Doch wird auch Olivenöl zur Pflege des Haars verwandt. XIX 126 wird Ate, die verführerische Göttin der Verblendung, λιπαροπλόκαμος, »die mit den glänzenden Haarflechten«, genannt. In der Odyssee sagt Eumaios, als er den Kontrast der alerten Dienerschaft der Freier zur ungepflegten Greisengestalt des Bettlers recht deutlich machen will (15,331ff.):

> ἀλλὰ νέοι, χλαίνας εὖ εἱμένοι ἠδὲ χιτῶνας,
> αἰεὶ δὲ λιπαροὶ κεφαλὰς καὶ καλὰ πρόσωπα,
> οἵ σφιν ὑποδρώωσιν· ἐΰξεστοι δὲ τράπεζαι
> σίτου καὶ κρειῶν ἠδ' οἴνου βεβρίθασιν.

Proteron S.S 145.   399 s.o. Anm. 377.   400 Die kosmetische Hilfe, die Athene 23,153ff. dem Odysseus, 24,365f. dem Laertes leistet, schließt sich auch noch jeweils an ein Bad an, dem aber alle Mittel häuslichen Komforts zu Gebote stehen. Zumeist jedoch machen die Götter kraft ihrer Allmacht schön (oder häßlich) und unter Verzicht auf menschliche Vorarbeiten. Vgl. 16,207ff.   401 Zur Einschätzung des Haupthaars als Kriterium menschlicher Schönheit S.S 54. Zu allen über den engeren Bereich der Pflege hinausgreifenden Fragen der Frisur s. Sp. Marinatos, unser Kap. »Haar- und Barttracht«.   402 Das Läuserätsel der Homerviten, die der epischen Überlieferung noch nahestehen (Allen V 242 Z. 67), ὅσσ' ἕλομεν λιπόμεσθ', ὅσσ' οὐχ ἕλομεν φερόμεσθα, muß sich nach der ebendort gebotenen Lösung, »daß sie die Läuse, die sie fingen, töteten und zurückließen, die sie aber nicht fingen, in ihrer Kleidung bei sich trügen«, auf die Kleiderlaus beziehen.   403 Hier ist

Abb. 20 Darstellung einer Ägypterin bei der Schönheitspflege, Szene auf einem Papyrus in Turin

»... jung sind sie, sind in Mäntel und Röcke schön gekleidet; stets glänzt ihr Haupt und schönes Antlitz, ihre wohlgeglätteten Tische sind schwer von Brot und Wein«[404]. Nach der Zubenennung der Ate λιπαροπλόκαμος werden wir auch hier λιπαροὶ κεφαλάς auf ihr geöltes Haar beziehen dürfen. Im homerischen Hymnos an Hestia steht (24,3):

αἰεὶ σῶν πλοκάμων ἀπολείβεται ὑγρὸν ἔλαιον·

»Stets tropft aus deinen Haarflechten flüssiges Öl«. Was diese sich zwar deutlich genug auf das Öl als Haarpflegemittel beziehende, im einzelnen aber schwer verständliche Bemerkung meint, hat Sp. Marinatos zu klären versucht[405].

Öl als Mittel zur Pflege und Kosmetik des Haars findet schließlich weitere Bestätigung durch die Verse XXIII 281f., wo von der Pflege der Rosse des Achilleus die Rede ist, deren Lenker Patroklos in Analogie zu menschlichen Praktiken ihre Mähnen mit Öl salbte, wenn er sie gebadet hatte:

... ὅς σφωϊν μάλα πολλάκις ὑγρὸν ἔλαιον
χαιτάων κατέχευε, λοέσσας ὕδατι λευκῷ.

Von der wohl urtümlichsten Verrichtung zur Pflege des Haars, dem Kämmen (πέκειν) ist nur einmal die Rede, und zwar in der großen Toilettenszene im vierzehnten Buch der Ilias, wo die kosmetischen Vorbereitungen Heras zur Verfüh-

Helbig, HE. 165 zu widersprechen, der bei der Haartracht des Odysseus »an künstlich disponierte Haarmassen, ähnlich denen, die auf archaischen Bildwerken dargestellt sind«, denkt. Das ἧκε 6,231 weist ebenso wie das ἀΐσσοντο der Vergleichstelle h. Cer. 178 auf eine natürliche Bewegung des Haupthaars hin. [404] Damit verfügen die Diener der Freier über alles, was zur »Pflege« (κομιδή) gehört. Ein fehlender direkter Hinweis auf ihre Gewohnheit zu baden wird ersetzt durch den Hinweis auf ihre glänzenden Gesichter – die übrigen Teile des Körpers sind vorwiegend bedeckt –, denn ein Einölen, dem kein Baden oder Waschen vorangeht, gibt es im Epos nicht. [405] Siehe Marinatos a.O. B 4 Anm. 13; vgl. noch

rung des Göttervaters geschildert werden und der Dichter schließlich auch auf die Herrichtung ihrer Frisur eingeht (175 ff.):

> ... ἰδὲ χαίτας
> πεξαμένη χερσὶ πλοκάμους ἔπλεξε φαεινοὺς
> καλοὺς ἀμβροσίους ἐκ κράατος ἀθανάτοιο.

»... und nachdem sie ihre Haare gekämmt hatte[406], flocht sie mit ihren Händen, vom unsterblichen Haupte abwärts, glänzende Flechten«[407].

β) Weibliche Schönheitspflege: Die oben genannte Szene ist die ausführlichste ihrer Art und vermittelt, obwohl eine Göttin agiert, einen Eindruck von der – im Grunde zeitlosen – Toilette einer Dame zu epischer Zeit (XIV 170ff.):

> ἀμβροσίῃ μὲν πρῶτον ἀπὸ χροὸς ἱμερόεντος
> λύματα πάντα κάθηρεν, ἀλείψατο δὲ λίπ' ἐλαίῳ
> ἀμβροσίῳ ἑδανῷ, τό ῥά οἱ τεθυωμένον ἦεν·
> τοῦ καὶ κινυμένοιο Διὸς κατὰ χαλκοβατὲς δῶ
> ἔμπης ἐς γαῖάν τε καὶ οὐρανὸν ἵκετ' ἀϋτμή.

Ambrosia, das Mittel, mit dem sie zunächst alle Unreinheiten des Gesichts[408] entfernt, ist sonst göttliche Speise, wird aber im Bereich göttlicher Kosmetik auch zur Reinigung und Pflege der Haut benutzt. Dann salbt sie sich mit einem duftenden Öl, ebenfalls »ambrosisch« genannt, dessen Duft, »wenn es bewegt wurde« – das heißt doch wohl, wenn man es benutzte –, »im Hause des Zeus mit der ehernen Schwelle bis zu Erde und Himmel drang«[409]. Es folgt die oben vorweggenommene Pflege des Haars, Beschreibung des Kostüms, mit dem sie sich kleidet, und des Schmucks, den sie anlegt.

Dieser Szene ähnlich und wohl auch formal verpflichtet sind zwei weitere Schilderungen kosmetischer Verrichtungen Aphrodites, die in unmittelbarem Zusammenhang mit Liebesabenteuern der Göttin stehen. Im Aphroditehymnos läßt sich die Göttin für die erste Begegnung mit ihrem sterblichen Geliebten Anchises von ihren Charitinnen schön herrichten (h. Ven. 61 ff.):

> ἔνθα δέ μιν Χάριτες λοῦσαν καὶ χρῖσαν ἐλαίῳ
> ἀμβρότῳ, οἷα θεοὺς ἐπενήνοθεν αἰὲν ἐόντας,
> ἀμβροσίῳ ἑδανῷ, τό ῥά οἱ τεθυωμένον ἦεν.

Die Charitinnen fungieren als ihre Helferinnen beim Bade, das, im Gegensatz zur Heraszene unmißverständlich ein Bad, als kosmetisch-hygienische Vorbereitung zu geschlechtlicher Vereinigung verstanden werden kann. Das Öl, das ja untrennbar zum Bade gehört, ist »unsterblich, ambrosisch und köstlich, von der Art, wie es sich an unsterblichen Göttern befindet«, eine duftende Salbe gleicher Provenienz also, wie die von Hera benutzte, die mit denselben Worten beschrieben wird (h. Ven. 63 = XIV 172). Ebenso folgen Hinweise auf ihre Kleidung und den

---

Schmidt, Drogen 26.   406 Zu Kämmen vgl. Marinatos a.O. B 28ff. mit Taf. IIIc; Ve.f. 407 Φαεινός, sonst unspezifisches Epitheton ornans, könnte sich hier, wie oben λιπαρός, gleichfalls auf geöltes Haar beziehen.   408 Χρώς auch hier als Haut des Gesichts zu verstehen, wird durch die S. S 52 angeführten Stellen nahegelegt; καθαίρω wäre zur Umschreibung eines Vollbades singulär. Vgl. 18, 192 und Anm. 410.   409 In der Odyssee (4, 445 ff.) hilft Eidothea mit Ambrosia dieser Art dem Menelaos und seinen Gefährten, den

Schmuck, den sie anlegt. Verwandtschaft weisen schließlich die Verse 8,364 ff. auf, wo sich die Göttin, freilich nach einem Liebesabenteuer (mit Ares), von den Charitinnen baden läßt[409a], wodurch dieses Bad seiner eigentlichen kosmetischen Motivierung entkleidet wird. Nach Erwähnung der duftenden Göttersalbe (8,364f. = h.Ven. 61f.) folgt, wie auch an den Vergleichsstellen, der durch die Typik der Badeszenen bedingte Hinweis auf das Ankleiden, nicht aber mehr auf das Anlegen des Schmucks.

Im achtzehnten Buch der Odyssee gibt die Gestalt der Penelope dem Dichter mehrfach Gelegenheit, Dinge weiblicher Kosmetik zu berühren. Auf Eingebung Athenes will sie sich den Freiern zeigen, um auf sie Eindruck zu machen und dem Sohn Rat zu erteilen. Die Dienerin Eurynome empfiehlt ihr, zunächst die Tränenspuren auf ihrem Gesicht zu beseitigen (18,171 ff.):

ἀλλ' ἴθι καὶ τῷ σῷ παιδὶ ἔπος φάο μηδ' ἐπίκευθε,
χρῶτ' ἀπονιψαμένη καὶ ἐπιχρίσασα παρειάς·
μηδ' οὕτω δακρύοισι πεφυρμένη ἀμφὶ πρόσωπα
ἔρχευ, ...

»So geh denn ... wenn du dein Gesicht[410] gewaschen und die Wangen gesalbt hast«, sagt die Dienerin. Doch Penelope ist nicht nach Pflege ihrer Schönheit zumute (18,178 ff.):

Εὐρυνόμη, μὴ ταῦτα παραύδα, κηδομένη περ,
χρῶτ' ἀπονίπτεσθαι καὶ ἐπιχρίεσθαι ἀλοιφῇ·
ἀγλαΐην γὰρ ἐμοί γε θεοί, τοὶ Ὄλυμπον ἔχουσιν,
ὤλεσαν, ἐξ οὗ κεῖνος ἔβη κοίλης ἐνὶ νηυσίν.

Seit Odysseus davonging, ist ihr Sinn für Glanz und Schönheit erloschen[411]. Eindruck und Würde will sie sich offenbar dadurch sichern, daß sie sich von ihren beiden Kammerdienerinnen begleiten läßt (18,182 ff.). So muß denn wieder Athene als kosmetische Helferin einspringen, nachdem sie ihren Schützling zuvor hat in Schlaf sinken lassen (18,192 ff.):

κάλλεϊ μέν οἱ πρῶτα προσώπατα καλὰ κάθηρεν
ἀμβροσίῳ, οἵῳ περ ἐϋστέφανος Κυθέρεια
χρίεται, εὖτ' ἂν ἴῃ Χαρίτων χορὸν ἱμερόεντα·
καί μιν μακροτέρην καὶ πάσσονα θῆκεν ἰδέσθαι,
λευκοτέρην δ' ἄρα μιν θῆκε πριστοῦ ἐλέφαντος.

Der Einfluß der oben gewürdigten Hera- und Aphroditeszenen ist auch hier nicht zu verkennen. Doch während Hera das eine »ambrosische« Mittel zur Reinigung der Haut, das andere dagegen als duftende Salbe benutzte (XIV 170f.),

Gestank der Robben zu ertragen; S.S 24.   409a Das klingt zunächst recht 'hygienisch', doch daran ist wohl ebensowenig zu denken, wie man etwas von einem Händewaschen nach der Mahlzeit hört.   410 Zu χρώς in dieser Bedeutung S.S 52 zu 2,376 = 4,749 und 19,204 ff.; s.o. Anm. 408.   411 Ἀγλαΐη kann hier nicht »Schönheit« heißen, denn daß sie nichts mehr für ihr Äußeres tun will, weil die Götter ihre Schönheit verdarben, kann kaum gemeint sein. Das Wort muß hier eine innere Haltung meinen, wie es in dem Gebrauch des Wortes schon 17,244 angelegt ist, etwa: »Sinn für äußeren Glanz«. Voß übersetzt »prangenden Sinn« und meint wohl etwas Ähnliches. Vergleichbar in ihrer Haltung ist die verzweifelte Demeter, die auf der Suche nach ihrer Tochter aus Gram nichts mehr ißt und sich nicht mehr badet (zu h.Cer. 49f.: οὐδέ ποτ' ἀμβροσίης καὶ νέκταρος ἡδυπότοιο |

erfüllt hier (18,192f.) ein einziges Ambrosion beide Funktionen (wobei unter κάλλος in sprachlich recht entlegener Weise ein Schönheitsmittel[412] verstanden werden muß). Es ist das Mittel, so erfährt man weiter, dessen sich Aphrodite bedient – seine Eigenschaften kennen wir aus h.Ven. 61ff. und 8,364f. –, wenn sie sich zum lieblichen Reigen der Charitinnen begibt, die wir in den vorbezeichneten Szenen als Badedienerinnen der Göttin kennengelernt haben[413].

Schließlich verhilft Athene Penelope zu einem stattlicheren Aussehen, was mit Worten ausgedrückt wird, die sich in vergleichbaren Verschönerungsszenen auf männliche Akteure beziehen[414]. Und doch verdanken wir dieser centohaften, an originalen Formulierungen armen Stelle eine Bemerkung, die unsere Kenntnis von epischen Idealvorstellungen weiblicher Schönheit bereichert, denn Athene macht im Verlaufe ihrer Verschönerungsprozedur Penelope »weißer als geschnittenes Elfenbein« (18,196).

Die Odyssee bietet eine Szene, die sich als Gegenstück gut daneben stellen läßt, weil sie der Absicht folgt, so etwas wie ein Idealbild männlicher Schönheit zu entwerfen. Bevor sich der Bettler Odysseus dem Sohn zu erkennen gibt, erhält er von Athene vorübergehend seine frühere, so ansehnliche Gestalt wieder (16,172ff.):

ἦ καὶ χρυσείῃ ῥάβδῳ ἐπεμάσσατ' Ἀθήνη.
φᾶρος μέν οἱ πρῶτον ἐϋπλυνὲς ἠδὲ χιτῶνα
θῆκ' ἀμφὶ στήθεσσι, δέμας δ' ὤφελλε καὶ ἥβην.
ἂψ δὲ μελαγχροιὴς γένετο, γναθμοὶ δὲ τάνυσθεν,
κυάνεαι δ' ἐγένοντο γενειάδες ἀμφὶ γένειον.

»So sprach Athene und berührte ihn mit dem goldenen Stab. Zunächst zog sie ihm Obergewand und Rock, frisch gewaschen, über die Brust, stärkte seinen Wuchs und seine jugendliche Frische. Seine Hautfarbe wurde wieder dunkel, seine Wangen strafften sich, und schwarz wurde der Bart um sein Kinn«.

Jeweils bildet die Hautfarbe mit ein Kriterium der Schönheit, im Falle der Frau λευκοτέρη ἐλέφαντος, »weißer als Elfenbein«, im Falle des Mannes μελαγχροιής, »mit dunkler Hautfarbe«. Letzteres ist die Farbe des sich draußen der Sonne aussetzenden, einer wie auch immer gearteten Tätigkeit im Freien nachgehenden Mannes[415], während der Frau der Aufenthalt in Haus und Schatten – eine Frage der sozialen Stellung – zur idealen Hautfarbe verhalf, die sich freilich auch durch kosmetische Maßnahmen erreichen ließ[416]. Dennoch erfahren wir von einem in

πάσσατ' ἀκηχεμένη, οὐδὲ χρόα βάλλετο λουτροῖς vgl. S.S141f. **412** Eust. ad. l.: τὸ δὲ κάλλος θεῖόν τι ὑγρὸν ἡ ποίησις πλάττει. **413** Immerhin ist auch der Reigen typischer Anlaß zum Baden und Salben; S.S146f. **414** 6,230; 8,20; 23,157; 24,369. **415** Der Herold Eurybates, der 19,246 sicher nicht als Idealbild eines schönen Mannes gezeichnet werden soll, ist γυρὸς ἐν ὤμοισιν, μελανόχροος, οὐλοκάρηνος, »krumm in den Schultern, von dunkler Hautfarbe und krausem Haar«. Odysseus teilt also nicht nur die Hautfarbe mit Eurybates, sondern auch das Attribut seines Haupthaars, das an anderer Stelle (6,231) οὖλαι κόμαι genannt wird (S.S154). Doch ist das »lockige« Haar des Odysseus, das vor seiner Verwandlung blond war (ξανθός, 13,399. 431), etwas ganz anderes als das Kraushaar des Eurybates, bei dem die prononcierende Verbindung der beiden Attribute μελανόχροος, οὐλοκάρηνος individuelle Persönlichkeitsmerkmale bezeichnet, die auf negriden, besser wohl aithiopiden Einschlag hinweisen sollen wie bei Herodot II 104,2, wo die Bewohner von Kolchis für Ägypter gehalten werden mit der Begründung ὅτι μελάγχροές εἰσι καὶ οὐλότριχες. **416** Das ist das älteste literarische Zeugnis der Griechen für die Sitte, die

Körperpflege S 159

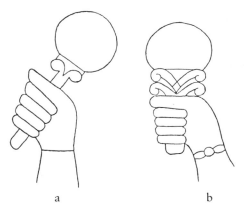

Abb. 21a und b   Darstellungen von Spiegeln auf späthethitischen Grabstelen aus Marasch

diesem Zusammenhang naheliegenden und wohl auch ausgeübten Schminken aus den epischen Texten nichts[417].

Es ist davon auszugehen, daß es einen unübersehbaren ägyptischen Einfluß auf die Kosmetik griechischer Frauen gegeben hat. Ein Turiner Papyrus zeigt das Bild einer Frau, die sich die Lippen bemalt und dabei in einen Spiegel schaut (Abb. 20)[418]. Ein solcher war so sehr für die Kosmetik des weiblichen Gesichts

Frau mit heller, den Mann dagegen mit dunkler (gewöhnlich rotbrauner) Haut- und Gesichtsfarbe darzustellen, die schon in minoisch-mykenischer Zeit bei den Fresken in der Malerei eine fast feststehende Regel ist, an die man sich auch seit der altattischen und korinthischen Vasenmalerei des 7. Jhs. v. Chr. zwar nicht überall konsequent hält, die aber als traditionelle Manier auch später deutlich genug erkennbar bleibt. Vgl. G. Richter, AJA. 52, 1948, 321ff.; K. Kübler, Altattische Malerei (1950) 18f.; A. Rumpf, Malerei und Zeichnung. HdA. (1951) 32ff.; Marinatos-Hirmer 79.   417 Vielleicht stammt das (apotropäisch gemeinte) homerische Beiwort von Schiffen μιλτοπάρῃος »mit rotgefärbten Wangen« (Il 637; 9,125) ursprünglich aus der weiblichen Kosmetik. – Nach Wiesner, Grab S. 130 (Einzelnachweise ebd.) bargen Knochenröhren in Kykladengräbern rote und blaue Schminke und sind manche der Kykladenpfannen als Schminkpaletten benutzt worden, worauf nicht nur Farbspuren, sondern auch zugehörige Reiber weisen. In der Nekropole von Yortan fanden sich kleine Salbgefäße mit starken Spuren roter Farbe. Ebenso gehörte Schminke zu den Beigaben von Frauengräbern der Insel Syros (ebd. 172).   418 Unsere Umzeichnung nach Sigerist, History I Taf. 28,60 (dort weitere Nachweise). – Sigerist, History I 246f. berichtet von der hochentwickelten Schminktechnik der Frauen im alten Ägypten. Danach war es insbesondere im Alten Reich Sitte, das Oberlid schwarz, das Unterlid grün zu schminken (nach Erman-Ranke, Ägypten 257). Später wurden beide Regionen schwarz getönt, um das Weiße des Auges wirkungsvoller hervortreten zu lassen. Bleisulfid lieferte die Mehrzahl aller Schminkfarben. Mit dem Schminken der Augenregion soll man auch magisch-medizinische Absichten zum Schutz der Augen verfolgt haben. Die Haare dunkel zu färben, sobald sie grau wurden, war bei Frauen und Männern üblich. Ebenso verfügte man über Mittel gegen Haarausfall (nach Pap. Ebers 65–67). Im AT. finden sich 2. Könige 9,30 und Jer. 4,30 Bemerkungen über das Schminken der Frauen (um Männern zu gefallen). Einen Beitrag zur Kosmetik griechischer Frauen zu klassischer Zeit liefert am Rande Plutarch (Alk. 39), wo er von einem Traum des Alkibiades vor seinem Tode erzählt: ἐδόκει περικεῖσθαι μὲν αὐτὸς

notwendig, daß er förmlich zum Sinnbild weiblicher Schönheit und auch der Göttin der Schönheit geworden ist. Als vornehmes weibliches Attribut taucht er deshalb in den Händen von Göttinnen oder edlen Frauen in der hethitischen Kunst auf (Abb. 21a.b)[419].

Seit mykenischer Zeit gibt es in Frauengräbern Griechenlands bronzene Spiegelscheiben, die mit prächtigem Elfenbeingriff oder einem Griff aus anderem Material versehen sind (Abb. 22c). Bronzespiegel dieser Art sind auch in Italien während der frühen Eisenzeit beliebt gewesen (Abb. 22a)[420].

γ) *Totenkosmetik:* Die mit Duftstoffen verarbeitete, als »ambrosisch« bezeichnete Salbe, die bei der Darstellung weiblicher Schönheitspflege einen gewissen Luxus kennzeichnete und nach den betrachteten Stellen durchweg der Verfügung von Göttinnen vorbehalten blieb, spielt auch im Rahmen einer Totenkosmetik und -konservierung[421] eine bemerkenswerte, zumeist jedoch phantastisch anmutende Rolle, zumal auch hier nur Göttinnen (einmal ein Gott) für ihre Anwendung zuständig sind. Offenbar in ihrer Eigenschaft als Göttin der Schönheit behandelt Aphrodite damit den geschundenen Leichnam Hektors, um ihn vor Fäulnis und Entstellung zu bewahren (XXIII 185ff.):

ἀλλὰ κύνας μὲν ἄλαλκε Διὸς θυγάτηρ Ἀφροδίτη
ἤματα καὶ νύκτας, ῥοδόεντι δὲ χρῖεν ἐλαίῳ
ἀμβροσίῳ, ἵνα μή μιν ἀποδρύφοι ἑλκυστάζων.

τὴν ἐσθῆτα τῆς ἑταίρας, ἐκείνην δὲ τὴν κεφαλὴν ἐν ταῖς ἀγκάλαις ἔχουσαν αὐτοῦ κοσμεῖν τὸ πρόσωπον ὥσπερ γυναικὸς ὑπογράφουσαν καὶ ψιμυθιοῦσαν. Man schminkte sich also das Gesicht weiß und untermalte die Augen. Als Gesichtsschminke diente τὸ ψιμύθιον, Bleiweiß, ein Wort, das man auch in dem Katalog weiblicher Schminken, Salben und Toilettenartikel bei Aristoph., Fr. 320 vorfindet. Es war, ebenso wie die Bezeichnung für die schwarze Schminke, τὸ στίβι (στίμμι), die zum Nachziehen der Augenbrauen und Untermalung der Augen (ὑπόγραμμα) benutzt wurde, ägyptisches Lehnwort (vgl. Hofmann 337. 427). Siehe Aristoph., Fr. 320,3 und 5. – Zu ägyptischen Spiegeln s. Ch.Lilyquist, Ancient Egyptian Mirrors from the Earliest Times through the Middle Kingdom (1975); s. auch M.Yon, La Dame ou Miroir in: Studies presented in Memory of P.Dikaios (1979) 63ff.
419 Reliefdarstellungen von Spiegelgriffen auf zwei Grabstelen aus Marasch, Ende des 8.Jhs. v.Chr., in Istanbul; E.Akurgal, Späthethitische Bildkunst (1949) 88f. Abb. 55. 56 Taf. 40. 41; Bossert, Altsyrien 34. 153 Nr. 499; J.Schäfer, AM. 73, 1958, 85f. mit Anm. 37 Abb. 6 (danach unsere Abb.); E.Akurgal, Die Kunst Anatoliers (1961) 305 Abb. 17; anders in der Deutung: M.Riemschneider, Augengott und heilige Hochzeit (1953) 208 und dies., Der Wettergott (1956) 17f.; vgl. noch H.Weippert in: K.Galling, Biblisches Reallexikon² (1977) 309f. s.v. Spiegel. **420** Unsere Abb. 22c: Bronzespiegel mit Elfenbeingriff aus dem Grab 2 in Myrsinochorion bei Pylos; BCH. 81, 1957, 565 Abb. 30 (danach unsere Umzeichnung); Spiegel aus Knossos: s. Sp. Marinatos, unser Kap. »Haar- und Barttracht« B 36 Taf. B Vd; vgl. auch den mit reicher Gravur versehenen Bronzegriff in Boston, Museum of Fine Arts: E.Townsend Vermeule, unser Kap. »Götterkult« Taf. V X a. Zu Elfenbeinspiegelgriffen s. J.Schäfer, AM. 73, 1958, 73ff. – Unsere Abb. 22a: Bronzespiegel, Früh-Villanova I, in Florenz, Mus. Arch.; H.Hencken, Tarquinia and Etruscan Origins (1968) 45. 47. 117. 229 Taf.-Abb. 59 (danach unsere Umzeichnung); Hencken hält diesen Spiegeltypus für eine Weiterentwicklung eines aus 'Pantalica I' bekannten mykenischen Typus. Vgl. noch H.Hencken, Tarquinia, Villanovans and Early Etruscans (1968) 47 Abb. 35 (Bronzespiegel aus Selciatello, Grab 77, Villanova Ia); siehe im übrigen zu den überaus zahlreichen etruskischen Metallspiegeln E.Gerhard, Etruskische Spiegel I–V (1843). **421** Zum Waschen, Salben und Konservieren des Leichnams siehe generell M.Andronikos, unser Kap. »Toten-

Es ist wohl an eine mit Rosenöl bereitete Salbe zu denken, die trotz ihres Beiwortes »ambrosisch« durch die Lesung der Pylostafel Py 1203 an Realitätscharakter gewinnt (s. o. Anm. 326 zum Beiwort des Olivenöls *wo-do-we, rodowen*), zumal auch Pausanias (IX 41,7) von ihrer fäulnishemmenden Wirkung berichtet. Mit ihrem intensiven Duft hält sie zugleich die Hunde fern.

Zeus, der Apollon den Auftrag gibt, Sarpedons Leichnam zu waschen, zu schmücken und für einen Transport nach Lykien herzurichten, sagt dabei (XVI 670): χρῖσόν τ' ἀμβροσίῃ, »salbe ihn mit Ambrosia«.

Am ausführlichsten wird die Versorgung von Patroklos' Leichnam durch Achill und seine Leute geschildert, wobei die Beschreibung der Waschung als Ergänzung zu den in den vorbereitenden Maßnahmen meist weniger eingehend behandelten Badeszenen dienen kann (XVIII 343 ff.; S. S 141). Dort heißt es u. a. (XVIII 350f.):

καὶ τότε δὴ λοῦσάν τε καὶ ἤλειψαν λίπ' ἐλαίῳ,
ἐν δ' ὠτειλὰς πλῆσαν ἀλείφατος ἐννεώροιο·

»Da wuschen sie ihn und salbten ihn mit dem Öl glatt[422]; die Wunden aber füllten sie mit neunjähriger Salbe«. Was »neunjährige Salbe« bedeuten soll, ist schwer zu sagen. Offenbar soll die heilige Zahl nur die Qualität unterstreichen[423]. Wesentlicher scheint es, daß wir es hier, wo Menschen agieren, nicht mehr mit einem »ambrosischen« Mittel zu tun haben, das offenbar ebenso bewußt und konsequent wie in der Schönheitspflege, auch hier den Menschen vorenthalten bleibt. Als sich dann aber bei Achill Zweifel regen, ob diese Maßnahme die Fliegen daran hindern wird, »Maden in den Wunden zu erzeugen« (XIX 24ff.), setzt seine göttliche Mutter Thetis das Mittel zur Konservierung des Leichnams ein, von dem größere Wirkung zu erwarten ist (XIX 38f.):

Πατρόκλῳ δ' αὖτ' ἀμβροσίην καὶ νέκταρ ἐρυθρὸν
στάξε κατὰ ῥινῶν, ἵνα οἱ χρὼς ἔμπεδος εἴη.

Neben Ambrosia wird dem Leichnam auch noch »rötlicher Nektar« in die Nasenlöcher eingeträufelt[424].

Vieldeutig und verschwommen ist die Rolle des Salböls bei der Bestattung von Achills Leichnam in der sogenannten zweiten Nekyia der Odyssee. Die Achäer bahren ihn auf, nachdem die Totenwäsche und was sonst dazu gehört, vollzogen ist (24,44f.):

κάτθεμεν ἐν λεχέεσσι, καθήραντες χρόα καλὸν
ὕδατί τε λιαρῷ καὶ ἀλείφατι·

Ist ἄλειφαρ (myk. *a-re-pa*), worunter sich sowohl Öl als auch tierisches Fett verstehen ließ[425], als Reinigungsmittel gemeint, wie Heras Ambrosia XIV 170f. (S.

---

kult« W 2ff.; vgl. auch Schmidt, Drogen 42ff. [422] Zu der häufig gebrauchten Wendung λίπ' ἐλαίῳ s. Leumann, Wörter 309f. [423] Über die Zahl Neun zur Bezeichnung der vollen Reife vgl. Leaf ad l. Weitere Beiträge bei Andronikos a.O. 3ff. Zu ἄλειφαρ, das hier etwas anderes zu meinen scheint als ἔλαιον, s. u. Anm. 425. [424] Hier scheinen dunkle Erinnerungen an ägyptische Methoden der Leichenkonservierung vorzuliegen. Vgl. Herodot II 86 (S. S 24). [425] Eindeutig ist Öl gemeint, wenn von ἔλαιον die Rede ist. Fett jeder Art, also pflanzliches und tierisches, kann durch ἀλοιφή und ἄλειφαρ bezeichnet werden; letzteres Wort ist sechsmal anzutreffen, mit einer Ausnahme (3,408) nur im Totenkult. Nach Andronikos a.O. 25f. ist 3,408; XVIII 351 und 24,73 tierisches Fett gemeint, XXIII 170;

S 156)? Oder soll nur zum Ausdruck kommen, daß auch hier, wie bei jedem Baden und Waschen, das Salben nicht fehlen darf, obwohl es in strengem Sinne nicht mehr zur Reinigung gehört? 24,67f. wird dann der Leichnam verbrannt, und zwar ἐν ... ἀλείφατι πολλῷ | καὶ μέλιτι γλυκερῷ, wo man ἄλειφαρ und Honig für Beigaben bzw. Totenopfer halten muß, wie die beiden Amphoren mit Honig und ἄλειφαρ, die in der Ilias (XXIII 170) mit der Leiche des Patroklos verbrannt werden. Schließlich werden 24,72ff. die Brandüberreste gesammelt οἴνῳ ἐν ἀκρήτῳ καὶ ἀλείφατι, »in ungemischtem Wein und ἄλειφαρ«, und in einer goldenen Amphore geborgen.

e) Zur Rolle des Öls bei Körperpflege und Kosmetik

Die Ausführungen zur Pflege und Kosmetik haben schon am Rande deutlich werden lassen, welche wichtige Rolle das Olivenöl bei der Pflege des lebenden Körpers, ja selbst noch des Leichnams, spielte[426]. Die Tatsache, daß auf jede Erwähnung eines Bades oder einer der körperlichen Reinigung dienenden Waschung gewöhnlich auch ein Hinweis auf das Salben mit Öl folgte, wies es als eine unverzichtbare Zutat zum Bade aus, die die Haut vor der Sonne schützte, sie vor dem Austrocknen bewahrte und geschmeidig erhielt. Dieser Verwendungszweck muß die Vorstellung der Griechen zu frühepischer Zeit so vorrangig beherrscht haben, daß die andere, existentiell wichtigere Rolle als Grundnahrungsmittel verblaßte. Nie wird in unserem literarischen Untersuchungsbereich von Öl zu Speisezwecken gesprochen. Auch erfährt man nichts von seinem später so wichtigen Gebrauch in der Gymnastik[426a].

Als Nausikaa mit ihren Mägden zum Waschplatz fährt, gibt ihr die Mutter Salböl in einer goldenen Lekythos[427] zum Gebrauch nach dem Bade mit (6,79f.):

δῶκεν δὲ χρυσέῃ ἐν ληκύθῳ ὑγρὸν ἔλαιον,
ἧος χυτλώσαιτο σὺν ἀμφιπόλοισι γυναιξίν.

Χυτλόεσθαι, ein Verb, das nur an dieser Stelle gebraucht wird, steht für das sonst übliche χρίεσθαι (ἀλείφεσθαι) ἐλαίῳ, »sich (nach dem Bade) mit Öl salben«, und wurde später ein Spezialausdruck für das Einölen der nassen Haut[428] im Gegensatz zum Salben des trockenen Körpers (ξηραλοιφεῖν). Mag der hier genannte Behälter des Badeöls, die goldene Lekythos (6,79. 215), den märchenhaften Verhältnissen des Phäakenlandes angepaßt sein[429]: Wer ein kostbares Gefäß in die Dichtung bringt, will auch, daß man an einen kostbaren Inhalt denkt, dessen Wert man in diesem Falle, da das Öl selbst billig war, in veredelnden, aromatischen Zutaten zu suchen hat.

24,45 und 67 dagegen Öl.   **426** s. Anm. 425. – Wahrscheinlich diente in der Bronzezeit Bimsstein zur Körperreinigung; s. P. Faure in: Acta of the 1. Int. Scient. Congr. on the Volcano of Thera 1969 (1971) 422ff.; K. Davaras, Stadion V 2, 198. – Bestimmte Formen von Seife waren erst später bekannt: R. J. Forbes, Studies in Ancient Technology III (1965) 187f. **426a** Hierzu: Chr. Ulf, Die Einreibung des griechischen Athleten mit Öl, in: Stadion V 2, 220ff.   **427** Das Gefäß der homerischen Zeit für verfeinerte Öle und parfümierte Salben ist der kleine kugelförmige Aryballos; s. u. Anm. 431.   **428** Suid.: χύτλα δὲ λέγεται κυρίως τὸ ὑγροῦ ἔτι ἀπὸ ὕδατος ὄντος τοῦ σώματος ἀλείψασθαι ... χύτλος γὰρ τὸ μεθ' ὕδατος ἔλαιον.   **429** Vgl. die Schilderung des Alkinoospalastes 7,84ff.   **430** s. o.

Körperpflege

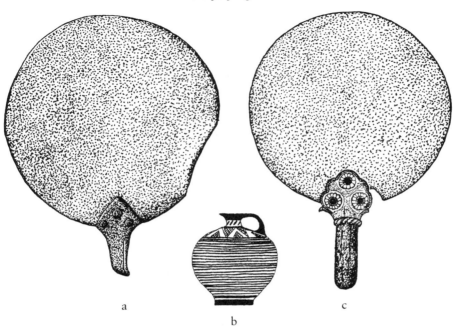

Abb. 22 a–c Bronzespiegel der Villanova-Zeit aus Tarquinia (a) und des SH aus Myrsinochorion, Messenien (c), protokorinthischer Aryballos aus Cumae (b)

Im Thalamos des Odysseus befindet sich neben allerlei Kostbarkeiten und Vorräten auch ἅλις τ' εὐῶδες ἔλαιον, »reichlich duftendes Öl« (2,339), was nicht anders zu verstehen ist und schließlich auch epigraphisch durch jene Linear B-Tafeln bestätigt wird, die Zypergras, Rose und Salbei als wohlriechende Zutaten zum Olivenöl nennen[430], das, in dieser Weise veredelt, in der minoisch-mykenischen Palastkultur sicher eine bedeutende Rolle spielte. Und doch ist es auffallend, daß überall, wo uns der Gebrauch parfümierter Salben zu kosmetischen Zwecken oder zur Totenkonservierung im Epos vorgeführt wird, nur Götter darüber verfügen. Jene Salben werden mit Ambrosia gleichgesetzt oder ambrosisch genannt, und es wird deutlich genug, daß sie damit dem Gebrauch der Menschen entzogen sind, denen für die genannten Zwecke nur Öl (ἔλαιον, ἀλοιφή, ἄλειφαρ) zur Verfügung steht, das allenfalls als »wohlriechend« oder einmal, im Falle von ἄλειφαρ (S.S 161), als »neunjährig« hervorgehoben werden kann. Der distanzierenden Haltung, die darin zum Ausdruck kommt, möchte man entnehmen, daß der Zeit des Dichters, der wohlriechende Salben zwar nicht fremd waren, gleichwohl daneben noch eine Art »Luxuserzeugnis« vorschwebte, dessen Gebrauch, wenn er auch der minoisch-mykenischen Zeit einst geläufig war, für das karge 8. Jh. v.Chr. in außermenschliche Bereiche entrückt, ein göttliches Vorrecht blieb.

Der kleine runde Aryballos, ein charakteristischer Behälter für Parfüm und aromatische Öle, der in Kreta und auf Zypern eine lange Geschichte aufzuweisen hat, erscheint gegen Ende des 8. Jhs. v.Chr. in der protokorinthischen Vasenproduktion, vereinzelt auch an anderen Fundstätten geometrischer Keramik (Abb. 22 b), was als Zeichen eines sich anbahnenden Parfümhandels mit syrisch-kleinasiatischen Produktionsstätten über ostgriechische Umschlagplätze gedeutet wird, der erst in der zweiten Hälfte des 7. Jhs. v. Chr. seiner Entfaltung entgegengeht, wohl unter korinthischem Handelsmonopol, was man dem massenhaften Auftreten protokorinthischer Parfümgefäße entnehmen möchte, unter denen jetzt erstmalig auch das Alabastron – eine ebenfalls orientalische Gefäßform mit alter Geschichte – erscheint [431].

Neben dem Gebrauch als Hautpflegemittel und Kosmetikum wurde das Öl von beiden Geschlechtern auch zur Pflege und Festigung des Haupthaars benutzt, wie es sich aus dem Gebrauch des sonst vieldeutig verwendbaren Adjektivs λιπαρός, »fett, fettig«, entnehmen ließ, das auch zur Bezeichnung der nach dem Waschen gesalbten Füße, λιπαροὶ πόδες, diente. Die geschniegelten Diener der Freier, die über alles verfügen, was zur κομιδή gehört (S. S 154) und an deren Gepflegtheit der Kontrast zur ungepflegten Greisengestalt des Bettlers deutlich werden sollte, hießen αἰεὶ λιπαροὶ κεφαλὰς καὶ καλὰ πρόσωπα (15, 332): sie ölen stets ihr Haar und Antlitz [432]. In der Schilderung ihrer Lebensumstände (S. S 154) wird gerade der Gebrauch des Öls in Gestalt des Beiwortes λιπαρός zu einer Sigle für κομιδή, zu Inbegriff und Ausweis 'gepflegter' Lebenshaltung, so wie 19, 71 f., wo der Bettler Odysseus zu der frechen Magd Melantho sagt: »Du schiltst mich wohl, weil ich nicht von Öl glänze und schlechte Kleider trage« [433]. Von hier aus lassen sich Wendungen wie λιπαρὸν γῆρας (19, 368 u. ö.) und λιπαρῶς γηράσκειν (4, 210) am ehesten verstehen. Es wird damit ein Alter in kultivierten, gesicherten und auskömmlichen Lebensverhältnissen bezeichnet, das nicht, wie es so leicht geschehen kann und wie es als menschliches Problem dem Odysseedichter besonders am Herzen liegt, der Vernachlässigung anheimfällt.

6. Zusammenfassung

Auch ohne weitere Vergleiche wird man das Interesse, das dem menschlichen Körper in den literarischen Zeugnissen der frühen Epik entgegengebracht wird, als außerordentlich rege bezeichnen dürfen. Es entspricht jener homerischen Vorstellung, daß sich das Schicksal des Menschen ausschließlich in seiner leiblich-irdischen Existenz erfüllt [434].

Anm. 326; Schmidt, Drogen 25 ff.   431 Unsere Abb. 22 b: frühprotokorinthischer Aryballos aus Cumae, in London, Brit. Mus., Inv.-Nr. 1950.1–24.1; Coldstream, GGP. 106 Taf. 21 j (danach unsere Umzeichnung). – Payne, Necrocorinthia 5 Anm. 3; S. 269. 281. Auch in der literarischen Überlieferung scheint der Gebrauch duftender Salben mit dem ausgehenden 7. Jh. v. Chr. wieder größere Bedeutung zu gewinnen. Die häufigste Bezeichnung des parfümierten Öls zu jener Zeit ist μύρον (zu σμύρις, verwandt mit neuhochdeutsch »schmieren«; Hofmann 323). Vgl. μύροισι ἀλείφεσθαι Archilochos, Fr. 27; Semonides, Fr. 7, 64.   432 s. o. Anm. 404.   433 ῏Η ὅτι οὐ λιπόω, κακὰ δὲ χροΐ εἵματα εἷμαι. Das besser bezeugte οὐ λιπόω wurde als ἅπαξ εἰρημένον von Wolf durch das armselige, den gut epischen negativen Parallelismus zerstörende δὴ ῥυπόω ersetzt und seitdem als Vulgata geführt. Siehe Faesi-Kayser ad. l.   434 Daß das schemenhafte Dasein der Totenseele keine Erweiterung der Existenz bedeutet, lehrt die Seele des Achilleus in der Nekyia der Odyssee

Den häufigsten Anlaß, vom menschlichen Körper zu reden, boten die Kampfszenen der Ilias. Die Ausführlichkeit, mit der Verwundungen geschildert wurden, ließ auf ein sachkundiges Publikum schließen, das sich von den oft makaber anmutenden Detailschilderungen fesseln ließ, bei denen sich der Dichter nicht mit einfachen Lokalisierungen begnügt, sondern öfter, als es im Kampf der Fall gewesen sein dürfte, Gliedmaßen und Körperteile von Geschossen durchbohren läßt und den Weg von Lanze oder Pfeil, bisweilen auf den ausgefallensten Bahnen, weiter verfolgt: da durchdringt der Speer den Kopf von einem Ohr zum anderen, trifft die Kehle und tritt beim Nacken heraus, durchbohrt das Hinterhaupt und dringt von hinten durch den Mund, so daß der Getroffene die Spitze mit den Zähnen erfaßt; fährt in der Nähe des Auges und der Nase in den Kopf, zerschmettert die Zähne, zerschneidet die Zunge und kommt beim Kinn wieder zum Vorschein (V 290ff.); oder ein Pfeil durchdringt das Gesäß und tritt im Bereich der Harnblase unterhalb des Schambeins heraus (XIII 651f.). Aus diesem Interesse am gräßlichen Detail spricht zugleich ein Wissensdrang, der sich, wie im eben genannten Falle, hier und da Kenntnis anatomischer Gegebenheiten im Körperinneren zu verschaffen verstand. Manche Körperteile werden eigentlich nur erwähnt, um Begleitumstände schrecklicher Verwundungen auszumalen, wie etwa Hirn, Zähne und Eingeweide. Die Erfahrung des Kampfes hat besonders wirksame Verwundungen kennen gelehrt: den tödlichen Schwertstoß beim linken Schlüsselbein, die Verletzung der Leber, Kehle oder Leiste. Als besonders schmerzhaft gelten die Verwundungen der vom Knochengerüst nicht geschützten Teile des Unterleibs, und aus der Vielzahl der Benennungen spricht das beklommene Interesse, das der Krieger der Körperregion zwischen Scham und Nabel entgegenbrachte.

Bezeichnend für das Verhältnis zum eigenen Leibe ist schließlich die Zubenennung von Körperteilen mit dem Beiwort φίλος[435], das sowohl »lieb, vertraut« als auch »eigen, zur Person gehörig« bedeuten konnte. Auch werden Körperteile genannt, um Stattlichkeit und äußere Wirksamkeit im Erscheinungsbilde einer Person zum Ausdruck zu bringen. Schultern, Schenkel, Brust, Haupt und Haar verdanken ihre Nennung oftmals dieser Absicht. Einen weiteren Anlaß, von Körperteilen zu reden, boten auch Ankleide- und Rüstungsszenen.

Daß Körperteile isoliert gesehen werden und bisweilen wie selbständig agierende Wesenheiten, war für die epische Sichtweise vom menschlichen Körper kennzeichnend. Daneben machte sich ein gewisses Vollständigkeitsbedürfnis, häufig in Form 'pleonastischer' Ausdrucksweise, bemerkbar, das die Neigung spüren ließ, körperliche Gegebenheiten mit zu nennen, deren Erwähnung zum Verständnis einer leiblichen Aktion entbehrlich war. Bezeichnend war auch die Gleichsetzung von Körperteil und Funktion von der Art etwa, daß πόδες, die Füße, für »Lauf« stehen konnten.

Die wichtigsten inneren Organe waren bekannt, zu deren Kenntnis in erster Linie Krieg, Küche und Opferpraxis beigetragen haben dürften. Über manche ihrer Grundfunktionen ist man sich im klaren, wie z.B. über die vitale Rolle des Atems und das Klopfen des Herzens, doch sind tiefere Einblicke in physiologische Zusammenhänge kaum vorhanden. Die Etymologie von κρόταφοι, Schläfen, als »Klopfstelle« könnte auf Kenntnisse eines Zusammenhanges mit dem Klopfen des

(11,487ff.). **435** Φίλος als Beiwort zu γούνατα: VII 271; IX 610; X 90; XXII 388; 13,231; 21,55; zu γυῖα: XIII 85; 8,233; 18,242; zu χείρ (χεῖρες): VII 130; XVIII 27; XX

Herzens durch das Medium des Blutes hinweisen⁴³⁶. Doch sichere Belege dafür, daß dem Epos ein physiologischer Zusammenhang zwischen Herz und Blut bekannt war, gibt es nicht. Andererseits sah man im Blut einen Lebensstoff und den Träger vererbbarer Eigenschaften, und es war bekannt, daß die Verletzung großer blutführender Gefäße zum Tode führen konnte. Eine eigentümliche Auffassung vom Blut war im elften Buch der Ilias greifbar, wo die Temperatur des Blutes als eine Art Vitalitätsindikator angesehen wurde. Derartige Spekulationen nahmen schon hippokratisches Gedankengut vorweg, wie sich denn auch die epische Vorstellung einer Füllung und Schwellung innerer Organe bei Erregungszuständen als eine Ausgangsposition hippokratischer Konzeptionen verstehen ließ und die organbezogene Sicht des Zorns (χόλος) als einer schädlichen Sekretion, die es zu »verdauen« (καταπέσσειν) gelte, an therapeutisch-physiologische Grundvorstellungen der hippokratischen »Epidemien« erinnerte. Schließlich ließen sich gewisse Ansätze zu einer Physiologie der Stimmbildung beobachten, die einen Fortschritt gegenüber gleichzeitig greifbaren, primitiveren Vorstellungen bedeuteten.

Krankheit galt dem Epos generell als göttliche Strafe, die bald von einem persönlich betroffenen Gott, bald von Zeus in seiner Eigenschaft als Sachwalter der Gerechtigkeit, bald von einem anonymen, mit der Krankheit selbst identifizierten Daimon vollstreckt wurde. Mit Hesiods Verständnis von den Krankheiten, die αὐτόματοι, »von selbst«, kommen, d.h. die sich nicht durch individuelle menschliche Verfehlungen begründen lassen, bahnte sich eine entmythologisierte Sicht der Krankheit an, die rationale Züge gewann, wo von Krankheiten in Verbindung mit jahreszeitlichen Einflüssen und Umweltbedingungen gesprochen wurde.

Welche Krankheit mit der 'Pest' am Anfang der Ilias gemeint ist – möglicherweise handelt es sich um eine ausgestorbene Seuche – muß weiterhin im dunkeln bleiben. Daß es Malaria gegeben hat, kann als einigermaßen gesichert gelten. Von angeborenen Mißbildungen abgesehen (Thersites, Eurybates), konnte mit altersbedingten Deformierungen des Knochengerüsts, Spondylosen, Arthrosen, arthritischen Erkrankungen aller Art sowie Verschleißerscheinungen der Gelenke, Steinkrankheiten und Zahnschäden, kurz, all jenen Schädigungen gerechnet werden, wie sie sich in erster Linie paläopathologischen Befunden entnehmen ließen. Bezüglich des Auftretens weiterer nichttraumatischer Krankheiten blieb man mehr oder weniger auf Vermutungen angewiesen.

Da alles Lebensbedrohende gleichermaßen ein Krankheitskriterium bildete, wurde, wie das Alter, auch der Hunger wie eine Krankheit gesehen. Als volksbedrohende Heimsuchung gewann die epische Trias Seuche-Hungersnot-Geburtenschwund topische Geltung. Auch die Trunkenheit wurde pathologisch gesehen. Da sie vernünftiges Handeln ausschließt, galt sie als eine Art Wahnsinn. Überraschend mag die Bedeutung sein, die die Geisteskrankheit im pathologischen Spektrum der epischen Frühzeit einnimmt. Von dem Odium, das später auf ihr lastete, scheint sie zu epischer Zeit frei gewesen zu sein⁴³⁷. Durch den Glauben an Kontakte des Geistesgestörten mit übernatürlich-göttlichen Bereichen erfuhr sie eine gewisse Verklärung; zum anderen hatte man in Gestalt des dionysischen

479; XXIII 99; 5,462; 11,211; 21,433; zu βλέφαρα: 5,493; 23,17; zu λαιμός: XIX 209; vgl. Verf., ArchHom.-Kap. »Hausrat« P 9.   **436** Vergleichbar mit dem Gedanken vom »Herz in allen Gliedern«, der in den medizinischen Papyri Altägyptens mehrfach zum Ausdruck kommt und sich auf den Herzschlag bezieht, der sich in den Blutgefäßen eines jeden Körpergliedes bemerkbar macht. Vgl. Sigerist, History I 329. 349.   **437** Vgl. Dodds a.O.

Abb. 23 Badende Mädchen, vielleicht Nymphen, auf einer attisch-schwarzfigurigen Amphora des Priamos-Malers (s. oben S. S 147)

Rausches eine Art Prototyp dieses Wahnsinns vor Augen. Ebenso verdient die Unbedenklichkeit, mit der auch Depressionen als Krankheiten anerkannt werden, besondere Beachtung. Der Wahnsinn der Proitiden, der als μαχλοσύνη, »Liebestollheit«, über sie kommt, läßt an Platons Kategorisierung des Wahnsinns im Phaidros denken[438]. Ihre in dem Hesiodfragment beschriebenen Hautaffektionen konnten – von dem vorgetragenen Deutungsversuch (s. o. Anm. 213) abgesehen – auch zu einer Reihe anderer Erkrankungen gehören, für die man den unspezifischen Sammelbegriff »Aussatz« bereithält[439].

Unter den Heilgöttern nahm Apollon den ersten Rang ein. Seine Rolle als Sender der Krankheit und Heiler zugleich, die am Anfang der Ilias so augenfällig wurde und für die sich hier und da Parallelen beibringen ließen, scheint generell ein Merkmal der Götter der Alten Welt gewesen zu sein[440]. Es fand sich eine Iliasstelle, die man als Reflex eines thaumaturgischen Tempelheilkultes des Apollon verstehen könnte. Als Heilgott ist Apollon von dem in der Ilias noch menschlichen Asklepios verdrängt worden. Obwohl er den Tod sendet, ist Apollon nicht Todesgottheit schlechthin geworden. Zunächst tötet er als persönlich Betroffener, um zu strafen oder Rache zu üben. Wo er sonst den Tod sendet, hat er ein mildes Antlitz. »Mit seinen sanften Geschossen« bringt er den Männern – seine Schwe-

(s. o. Anm. 220) 38ff.   **438** Bei Platon, Phaidros 265b wird als vierte und letzte Art des Wahnsinns die ἐρωτικὴ μανία aufgeführt. Zum näheren Verständnis s. Dodds a.O. 117. **439** Eine kurze Übersicht über die sich möglicherweise hinter diesem Begriff verbergenden Krankheiten bei Pollak a.O. (s. o. Anm. 163) 315f.   **440** Sigerist, History I 287.

ster Artemis den Frauen – einen Tod, der die Betroffenen der Qualen eines langen Siechtums enthebt.

Der nur schemenhaft greifbare Paieon, in dem man noch die Inkarnation eines ursprünglich zum Zweck des Heilzaubers gesungenen Liedes gesehen hat, gewann als göttliches Individuum wieder deutlichere Konturen, seit sein Name neben denen anderer Gottheiten auf einer Knossostafel gelesen wurde, wie auch die Existenz einer Eileithyia von Amnisos, von der die Odyssee spricht, in gleicher Weise schönste Bestätigung fand. In der Ilias war Paieon ausschließlich Wundarzt der Götter. Wer sich hinter jenem Paieon verbirgt, der in der Odyssee als Stammvater der so heilkundigen Ägypter in Anspruch genommen wird, entzieht sich unserer Kenntnis[441]. Eine Prüfung, ob auch Poseidon heilende Funktionen ausübte, schien gerechtfertigt, blieb aber ohne greifbares Ergebnis. Die Übersicht zu den Heilgöttern beschloß Chiron, der als kräuterkundiger Kentaur und Lehrmeister des Asklepios als eigentlicher Mentor der epischen Heilkunde gelten darf.

Asklepios, in der Ilias noch Mensch, Arzt und Vater der Ärzte Machaon und Podaleirios, wird allmählich zum Gott, so wie ihn die spätere Mythentradition zum Sohn des Apollon gemacht hat. Die frühe Epik kannte ihn noch nicht als Heilgott. Seine Söhne Machaon und Podaleirios waren in erster Linie Ritter, so daß ihr Einsatz im Kampf sie weitgehend ihrer ärztlichen Aufgabe entzog. Nur wenig erfuhr man über ihre Tätigkeit als Feldchirurgen. In den kyklischen Epen war mehr von ihnen berichtet. Dort galt Podaleirios als erster Internist und Diagnostiker. Eine geregelte ärztliche Versorgung der Trojakämpfer, die sich in der Tätigkeit der beiden namentlich genannten Ärzte nicht niederschlägt, zeichnete sich schon eher im Wirken zweimal genannter anonymer Ärzte ab, die ihre Tätigkeit als Feldschere vielleicht schon ausschließlich ausübten. Unmißverständlich wurde erst in der Odyssee von (wandernden) Berufsärzten gesprochen, deren Wirken man sich zunehmend internistisch und gelegentlich im Gewande des Priesterarztes vorstellt.

Ein weiterer Typus heilender Tätigkeit machte sich im Wirken drogenkundiger Heilerinnen bemerkbar, deren Praktiken im Umgang mit Zauber- und Heilkräutern man sich erst auf dem Boden agrarischer Kulturen entstanden denkt.

Zur Frage, wie und wo der homerische Krieger Hilfe bei Verwundungen erhielt, ließ sich den Kampfszenen der Ilias einiges entnehmen. Die Wagen, die den Ritter in den Kampf fuhren, hielten sich hinter der Kampflinie für den Transport Verwundeter bereit. Auch wurden Verwundete aus dem Kampf getragen, wofür man wahrscheinlich Tragbahren benutzte[442]. Schließlich gingen Blessierte, soweit sie noch bei Kräften waren, zu Fuß zum nächsten Versorgungsplatz. Soweit eine Versorgung nicht schon am Kampfplatz möglich und angezeigt war, erfolgte sie in den Lagerhütten im Schiffslager. Manches deutet auf eine zentrale Sammel- und Versorgungsstelle für Verwundete hin, die man sich am ehesten beim Schiff des Odysseus zu denken hat.

---

[441] Fugenlos paßt niemand. Eher als Imhotep, der überdies erst spät zum Gott geworden ist (Sigerist, History I 290), käme noch der Schreibergott Thot in Frage, Kulturbringer, Patron der Ärzte und Götterarzt, der auf Geheiß des Re den Horus heilt, als diesen ein Skorpion gebissen hat. Paieon heilt auf Geheiß des Zeus den Ares. Freilich wurde Thot von den Griechen später mit Hermes gleichgesetzt. Vgl. Sigerist, History I 287f.   [442] Eine Vorstellung von der Beschaffenheit diesem Zwecke dienender, sehr einfacher Geräte vermittelt ein Totenbett aus Baghouz (ca. 15. Jh. v. Chr.); s. Verf., ArchHom., Kap. »Hausrat« P 23

Die kurzen Beschreibungen der Wundbehandlung ließen eine gewisse Routine erkennen, die in der Entfernung des eingedrungenen Geschosses, Auswaschen der Wunde und Auflegen von Heilmitteln bestand. Eine Palpation der Wunde konnte der Behandlung vorausgehen. Auch war häufig mit dem Anlegen eines Wundverbandes zu rechnen, obwohl nur einmal davon gesprochen wurde. Ein besonderes chirurgisches Problem lag in der Entfernung von Pfeilen und Speeren mit Widerhaken, und wenn die dazu ergriffenen Maßnahmen auch nicht im einzelnen geschildert wurden, erlaubte die Diktion doch den Schluß, daß sich bereits eine feste Systematik der Pfeilchirurgie herausgebildet hatte, von der ausführliche Berichte bei Celsus sich ein Bild zu machen erlauben. Allen die Wundbehandlung betreffenden Schilderungen des Epos ließ sich entnehmen, daß die Heilmittelapplikation als besonders wichtiger und wirksamer Teil der Behandlung galt. Es konnten auch Belege dafür beigebracht werden, daß man psychosomatische Effekte zu nutzen verstand, die sich auf die Heilung günstig auswirkten.

Spärlich waren gegenüber der chirurgisch-pharmazeutischen Wundbehandlung, die freilich schon vom Thema her den breitesten Raum einnehmen mußte, Zeugnisse für irrationale Heilverfahren, die in der Volksmedizin sicher gleichrangig nebenhergegangen sind. Ein wertvolles Beispiel dieser Art lieferte die Inkantation, mit der nach dem Bericht der Odyssee die Blutung einer Jagdverletzung des Odysseus gestillt werden soll. Das Muster für ein kultisch-kathartisches Heilverfahren bot die von Apollon gesandte 'Pest' am Anfang der Ilias. Die Heilung lag hier nicht in der Hand des Arztes, sondern des Priesters und Sehers; die Heilmittel waren keine üblichen Pharmaka, sondern reinigende Waschungen und Gebete, womit die durch Schuld und Krankheit zugezogenen Befleckungen getilgt werden sollten.

Zur Frage der im Epos verwendeten Heilmittel blieb man nicht auf die epische Überlieferung beschränkt, sondern konnte in Gestalt der Linear B-Kataloge von Gewürz- und Arzneipflanzen auf gut 500 Jahre älteres Material zurückgreifen. Unter den identifizierten Pflanzen – eine ganze Reihe hat semitische Namen –, für die vielfach auch die Verwendung als Färbemittel typisch ist, befinden sich nicht wenige, die auch in den medizinischen Papyri Altägyptens genannt werden, wo Drogen als wirksamstes Mittel der Therapeutik galten[443], was die Odyssee ja auch nachdrücklich und historisch zutreffend hervorhebt.

Der Gebrauch des Opiums, der wahrscheinlich seine Spuren in jenen vielerörterten Versen der Odyssee (4,220ff.) hinterlassen hat und von H.E.Sigerist für die vorgriechische Zeit Ägyptens noch in Abrede gestellt wurde[444], ist durch neuere Forschungen jetzt auch für Altägypten wahrscheinlich gemacht[445]. Doch scheint

---

Abb. 2e. **443** Sigerist (vgl. zunächst History I 336. 340), der uns in so anschaulicher Weise mit der Überlieferung zur altägyptischen Heil- und Heilmittelkunde vertraut gemacht hat, sieht sich bei Sichtung der Rezepte und Medikamentenlisten immer wieder veranlaßt, auch auf den Honig einzugehen, der als vielseitig verwendbares Pharmakon in der altägyptischen Medizin eine höchst wichtige Rolle gespielt haben muß und den man, auf Scharpie gestrichen, selbst äußerlich auf Wunden applizierte (I 344 und passim). Honig = *me-ri* erscheint auch in Linear B (KN 206 = Gg 705; PY 171 = Un 718), doch als Genußmittel und Opfergabe. Ebenso trifft man ihn im homerischen Epos ausschließlich als Genußmittel und Totenopfer an. Über den Honig als »mythisches Pharmakon« in der nachepischen griechischen Medizin handelt ausführlich Kudlien, Beginn 100ff. **444** Sigerist, History I 341. **445** Vgl. Anm. 347.

nach den bisherigen Ergebnissen zur Geschichte des Schlafmohns der ursprüngliche Weg der Droge eher in umgekehrter Richtung verlaufen zu sein, als es den Intentionen der Odysseestelle entspricht.

Pharmakon, die griechische Bezeichnung für »Heilmittel«, stammte aus magischen Bereichen und meinte wohl das Zaubermittel, das ursprünglich erst durch ein positives Beiwort in seiner nützlichen Funktion kenntlich gemacht werden konnte. Den Hauptbestand jener epischen Pharmaka bildeten pflanzliche, zumeist wohl getrocknete Mittel, während nur wenig mineralische in Erscheinung traten; tierische, die namentlich in den magischen Praktiken der »Dreckapotheke« Verwendung fanden, fehlten völlig, womit nicht gesagt ist, daß es sie nicht gegeben hat. Die pflanzlichen Pharmaka, die in der Wundbehandlung rational verwendet wurden und deren therapeutische Wirksamkeit auf Erfahrung beruht haben muß, hatten adstringierende, bisweilen wohl auch bakterizide Wirkung mit blut- und schmerzstillendem Effekt.

Während diese Mittel durchweg äußerlich appliziert wurden, galten die anschließenden Ausführungen der Frage, wieweit mit innerlicher Verabreichung von Medikamenten zu rechnen war. Daß probate Hausmittel der Volksmedizin seit je auch in dieser Weise appliziert worden sind, schien uns unabweisbar, auch wenn das Epos nichts darüber zu berichten wußte. Eine weitergehende Frage war, ob auch dies rational erfolgt sein kann. Die Art, wie Helena in der Odyssee ihr euphorisierendes Mittel handhabte, trug rationale Züge und glich, wenn sie auch keine Heilung in klinischem Sinne bedeutete, ihrer Struktur nach einer solchen doch so sehr, daß man eine rational verstandene innerliche Applikation eines Heilmittels auch im Falle wirklicher Krankheiten für die frühepische Zeit nicht so entschieden ausschließen möchte, wie dies geschehen ist [446].

Kein Zweifel konnte darüber herrschen, daß die 'Heilerinnen' jenes Typs, dem sich Helena äußerlich zuordnen ließ, ihre Mittel magisch handhaben, soweit es sich um notorische Zauberinnen und Hexen handelte. Kirke und Medea bedienten sich in verschiedenster Weise ihrer Zaubermittel, unter denen das Kräuteramulett wieder aus dem Märchen zu wirklich geübten Praktiken des Volksglaubens hinführte. Das Gift als tödliche Waffe, wie es zweimal in der Odyssee beschrieben wird, gab Gelegenheit, auf eine begriffliche Annäherung von »Galle« zu »Gift« hinzuweisen, die sich in frühepischer Zeit vollzogen haben kann und von wesentlicher Bedeutung für das Verständnis des nachepischen Melancholiebegriffs sein dürfte.

Nach Auswertung der epischen Aussagen, die die Heilung betrafen, wurde zu ermitteln versucht, ob und wieweit im Epos mit vorbeugenden Maßnahmen zur Erhaltung der Gesundheit zu rechnen ist. Es läßt sich vorwegnehmen, daß man zwar vielen Handlungen und Verrichtungen begegnete, die darauf hinausliefen, daß aber nur in seltenen Fällen eine hygienisch motivierte Körperpflege greifbar war [447]. Obwohl auch die Ilias an wenigen Stellen von der Betreuung Hilfloser

---

[446] Vgl. Anm. 281 und 349. Wie problematisch es ist, in der Beurteilung von Heilmitteln, Krankheiten und Therapien empirisch (oder theoretisch)-rationale, magische und religiöse Betrachtungsweisen im Sinne einer Entwicklung und Abfolge zu begreifen, bringt Sigerist (History I 267) zum Ausdruck: »in primitive medicine magical, religious and empirico-rational elements are inextricably combined.« Vgl. auch Anm. 151 zur Trepanation und zu den Inkonvenienzen in der ärztlichen Physiognomie des Empedokles, auf die Kudlien (Beginn 59 mit Anm. 1) aufmerksam macht; s. o. Anm. 184.   [447] Auch hygienisch begriffene Leibesübungen gibt es im frühen Epos nicht; s. E. Kornexl, Leibesübungen bei Homer und

oder Alter spricht[448], läßt erst die Odyssee in Gestalt des κομιδή-Begriffs einen Kanon von Annehmlichkeiten erkennen, die zunächst existentieller Art sind, wie Speisung, Kleidung, Beherbergung und Reinigung, dann aber in ihren Verfeinerungen dem Genuß dienen und zugleich die Kriterien gehobener Lebensverhältnisse bilden.

Wenn an zwei Stellen der Odyssee körperliche Leistungsfähigkeit von der »Pflege« (κομιδή) abhängig gemacht wird[449], erkennt man bereits eine primitive Hygiene, die sich vorerst im passivischen Aspekt der Pflege, noch nicht aber in bewußter Lebensgestaltung äußert. Das Bad als wohl bemerkenswertester Teil der Pflege, das in der Ilias im ganzen noch vordergründig-zweckgebunden der körperlichen Reinigung des Kriegers diente, gewann in verfeinerter Form in der Odyssee besondere Bedeutung im Rahmen der Besuchs- und Bewirtungsetikette, entwickelte hier ein festes Zeremoniell und ließ erkennen, daß es, über den Reinigungszweck hinausgehend, dem Genuß und Wohlbefinden des Gastes dienen sollte. Vereinzelt zeigten sich auch hier Ansätze zu einer hygienischen Betrachtungsweise, dann nämlich, wenn man sich vom Bade ausdrücklich eine körperliche Regenerierung versprach.

Auch dem Salben mit Öl, das sich – vom späten zehnten Buch der Ilias abgesehen – erst in der Odyssee zum festen Bestandteil des Badezeremoniells entwickelt hat[450], wird man eine gewisse hygienische Motivierung zubilligen müssen, da man dabei wohl immer schon so etwas wie eine hygienische Prophylaxe und weniger eine Steigerung des körperlichen Wohlbefindens ins Auge gefaßt hat. Die Sitte, daß weibliche Bedienstete, gelegentlich sogar Familienangehörige des Gastgebers dem (stets männlichen) Gast Badedienste leisteten, ist ein sittengeschichtliches Kuriosum, das sich bis zu einem gewissen Grade durch die gesellschaftliche Konvention erklären ließ.

Als bevorzugter Anlaß zum Bade erwies sich die Ankunft des Gastes, aber auch der bevorstehende Aufbruch bot Gelegenheit, dem Gast in Gestalt eines Bades gleichsam ein zusätzliches Gastgeschenk zu machen. Auch scheinen Fest, Hochzeit und Reigen typische Anlässe zu einem Bade gewesen zu sein, bei denen freilich der Gedanke an eine sakrale Reinigung stärker mitsprechen dürfte. Selten waren die Zeugnisse für ein Bad außerhalb der typischen Thematik. Dazu gehörten das Flußbad der Nausikaa und ihrer Mägde und das anschließende Bad des Odysseus oder das Bad des jungen Mädchens bei Hesiod, wo man, abgesehen von einigen Badetabus, dem Bad – insbesondere in der für die Odyssee so bezeichnenden Form – nicht mehr begegnet.

Das Waschen der Hände, dieser zunächst so simpel anmutende Reinigungsakt, konnte an keiner Stelle der Epen mit Sicherheit als physische Säuberung belegt werden, sondern war wohl überall im Grunde sakral motiviert. Schon in der Ilias erforderte die Trankspende eine vorausgehende Handwaschung, worin in der Odyssee der Hauptgrund für ein Waschen der Hände vor einer Mahlzeit zu sehen war, auch wenn die Spende nicht immer erwähnt wurde. Ebenfalls erforderten Opfer und Gebet in beiden Epen eine Handwaschung. Mahlszenen ohne Handwaschung gab es sowohl in der Ilias wie in der Odyssee. Doch während hier das Ausbleiben der Waschung mit den primitiven äußeren Verhältnissen begründet

---

Platon (1969) 50 ff.   **448** s. o. Anm. 365.   **449** S. S 136.   **450** In der Ilias wird nur der Leichnam nach dem Waschen gesalbt. Vgl. S. S 161 und M. Andronikos, unser Kap. »Totenkult« W 3 ff.

werden konnte, unter denen diese Mahlzeiten stattfanden, fehlte die Handwaschung in der Ilias, auch bei komfortablen Mahlzeiten (um die es sich vorwiegend handelt) stets. Man möchte daraus schließen, daß dort die Trankspende als festes Ritual der Mahlzeit noch nicht üblich war. Anders war bei der Fußwaschung, von wenigen Spuren kathartischer Motivierung abgesehen, lediglich eine physische Reinigung beabsichtigt. Auf die Waschung der Füße erfolgte, wie beim Vollbade, ein Salben mit Öl.

Die Körperpflege ließ sich begrifflich im Epos nur schwer von der Kosmetik trennen, denn die Maßnahmen zur Pflege waren gewöhnlich auch mit einer kosmetischen Absicht oder einem kosmetischen Effekt verbunden. Dies galt generell für das Bad, die Pflege der Haut und des Haars. Letztere konnte teilweise wohl auch eine hygienische Motivierung für sich beanspruchen. Beispiele weiblicher Kosmetik wurden Szenen entnommen, in denen Göttinnen sich herrichteten, um ihren Liebhabern zu gefallen, und an den dabei üblichen Praktiken und Mitteln im einzelnen – Gesichtslotion, Tagescreme, Parfüm – hat sich bis heute nicht allzuviel geändert.

Der Odyssee verdankten wir einen literarischen Beleg dafür, daß – was sich der griechischen Malerei seit mykenischer Zeit entnehmen läßt – ein weißer Teint der Idealvorstellung weiblicher Schönheit, ein sonnengebräunter der des Mannes entsprach. Daß die Frauen mit Puder und Schminke nachhalfen, darf als ziemlich sicher gelten, auch wenn sich die Epen dazu nicht äußern. Aus späteren literarischen Zeugnissen wurde deutlich, wie sehr die Schönheitspflege griechischer Frauen durch Ägypten beeinflußt war. Griechische Bezeichnungen für wichtige kosmetische Ingredienzien erwiesen sich als ägyptische Fremdwörter.

Daß sowohl im Rahmen der weiblichen Kosmetik als auch der anschließend kurz gewürdigten Totenkosmetik der Gebrauch parfümierter Salben und Öle ausschließlich ein göttliches Vorrecht bildete und die Abgrenzung der menschlichen und göttlichen Kompetenzen in diesen Bereichen mit einer gewissen Pedanterie betrieben wurde, glaubten wir als einen Hinweis dafür werten zu dürfen, daß hochwertige kosmetische Erzeugnisse dieser Art, die vordem schon einmal historische Realität waren, sich der Zeit des Dichters gleichsam in göttliche Fernen entrückt darboten und erst wieder im 7. Jh. v. Chr., wofür manche literarische und archäologische Zeugnisse sprechen, menschlichem Gebrauch vertrauter wurden.

7. Ausdrücke zum Kapitel Medizin und Körperpflege

ἀγανός	sanft	S 90 f.
ἀγκαλίς	(gekrümmter) Arm	S 13.
ἀγκάς (Adv.)	in, mit, auf den Armen	S 13.
ἀγκοίνη	(gekrümmter) Arm	S 13.
ἀγκών	gebogener äußerer und innerer Arm, Ellenbogen	S 13.
ἀγλαΐη	Schönheit, Sinn für äußeren Glanz	S 157 mit Anm. 411.
ἀγοστῷ (Adv.)	mit der Hand	S 15.
ἄδυτον	Allerheiligstes eines Tempels	S 89 f. 106. 117.

Ausdrücke zum Kapitel Medizin und Körperpflege   S 173

αἰδοῖα (Plur.), αἰδώς	männliche Scham	S 34.
αἶθοψ	funkelnd	S 70 Anm. 189.
αἷμα	Blut	S 37 ff. 165 f.
ἀκέομαι	ich heile	S 89. 94. 99. 101.
ἀκερσεκόμης	mit ungeschnittenem Haar	S 54.
ἄκεσμα	Heilmittel	S 108. 125 f.
ἄκνηστις	Rückgrat von Tieren	S 6.
ἀκομιστίη	Mangel an Pflege	S 136.
ἄκος	Heilmittel	S 71. 102. 125. 151.
ἀκρόκομος	mit Haarknoten, mit Bürstenhaar	S 54.
ἄλειφαρ	Salbe, Fett, Öl	S 161 f.
ἀλείφω	ich salbe	S 139. 152. 154. 156. 161.
ἀλοιφή	Salbe, Fett, Öl	S 157. 163.
ἀλφός	Aussatz	S 84 f. mit Anm. 213; S 167.
ἀμβροσίη	Ambrosia (als Kosmetikum)	S 24. 156. 161.
ἀναλθής	unheilbar	S 99.
ἀνθερεών	Kinn	S 26.
ἀνιπτόπος	mit ungewaschenen Füßen	S 151.
ἄνιπτος	ungewaschen	S 149.
ἄνουσος	ohne Krankheit	S 67.
ἀπάλαμος	handlos, unbeholfen	S 15.
ἀπολυμαίνομαι	ich entledige mich einer Befleckung	S 118.
ἀπομόργνυμι	ich wische ab	S 140. 148.
ἀπονίπτομαι	ich wasche mir ab	S 139. 142. 151. 157.
ἀποφθινύθω	ich komme um	S 163 f.
ἀσάμινθος	Badewanne	S 136. 139 Anm. 370; S 140 ff. 153.
ἆσθμα	Atemnot	S 42. 116.
ἄσκοπα	Verborgenes, innere Krankheiten	S 95. 99 mit Anm. 265.
ἀστράγαλος	Wirbelknochen	S 6. 27.
ἀσφάραγος	Kehlkopf, Luftröhre	S 27 f. 29 Anm. 52.
αὐγαί	Strahlen, Augen	S 21.
αὐδή	Stimme	S 25.
αὐτμή	Atem	S 41.
αὐχήν	Nacken, Hals	S 27 f.
ἀφραίνω	ich bin unvernünftig	S 75.
ἄψεα	Glieder, Gelenke	S 4. 7.
βαγυχαίτης	langhaarig	S 55.
βίοτος	Leben	S 63. 67.
βλάπτω	ich schädige, mache krank	S 72.
βλέφαρον	Augenlid, Auge	S 22 f.
βουβών	Leiste, Weiche	S 34.
βραχίων	Arm	S 13.
βρεχμός	Vorderhaupt	S 20.
βρότος	Blut	S 39.
γαστήρ	Bauch, Magen, Mutterleib	S 33. 49. 86.
γενειάδες	Haare des Kinnbarts	S 56. 158.
γένειον	Kinn	S 26. 56. 158.
γένυς	Kinnbacken, Kinn	S 26.
γλήνη	Augenstern, Augapfel	S 21 f.
γλήχων	Poleiminze (?)	S 121.

γλουτός	Gesäßhälfte	S 33. 51.
γλῶσσα	Zunge, Sprache	S 24 f.
γναθμός	Kinnbacken, Wange	S 20. 26. 158.
γναμπτός	krümmbar	S 8.
γνύξ (Adv.)	mit gebogenem Knie	S 16.
γονή	Same, Sperma	S 34.
γόνυ	Knie	S 8 ff. 16.
γούνατα	Knie, Schoß	S 4. 8 ff. 16.
γουνοπαχής	mit geschwollenen Knien	S 70.
γυῖα	Glieder, Gelenke	S 4. 7 ff.
γυμνόομαι	ich entblöße mich	S 143 Anm. 377.
γυρός	krumm	S 12. 158 Anm. 415.
δειρή	Hals, Nacken	S 26.
δέμας	Körperbau, Gestalt	S 3. 17.
δεξιή, δεξιτερή	Rechte (Hand)	S 15.
δέρμα	Haut	S 53.
δέρτρον	Darmfell, Netzhaut	S 50.
δέω	ich binde (magisch)	S 117 mit Anm. 309.
δημός	Fett	S 50.
ἔγκατα	Eingeweide	S 3. 42. 50.
ἐγκέφαλος	Gehirn	S 7.
ἔθειραι	Mähne, Haupthaar	S 55.
ἔλαιον	Olivenöl	S 124 Anm. 326; S 139 f. 142 f. 147 f. 152. 155 f. 160 ff.
ἑλικοβλέφαρος, ἑλικῶπις, ἑλίκωψ	mit schönen (gerundeten) Augen	S 20. 22.
ἕλκος	Wunde	S 64 Anm. 170; S 89. 99. 101. 104. 107 f. 110. 126 Anm. 337 a; S 135.
ἐμπνέω	ich komme zu Atem, hauche darauf, hauche ein	S 41.
ἔνδινα	Inneres, Eingeweide	S 50.
ἔντερα	Eingeweide, Gedärm	S 51.
ἐνωπαδίως (Adv.)	im Angesicht, gegenüber	S 20.
ἐνωπῇ (Adv.)	vor aller Augen	S 20.
ἐπαοιδή	Zauberlied	S 95. 117.
ἐπηλυσίη	Behexung	S 131.
ἐπιγουνίς	Oberschenkel	S 16.
ἐπιζάφελος	sehr geschwollen, sehr angewachsen	S 48 mit Anm. 108.
ἐπικαμπύλος	gebeugt, krumm	S 72 Anm. 196.
ἐπιμαίομαι	ich betaste	S 126 Anm. 337 a; S 169.
ἐπινεφρίδιος	auf den Nieren befindlich	S 50.
ἐπιπάσσω	ich streue darauf	S 96. 98. 108. 126 f.
εὐρύστερνος	mit breiter Brust	S 30.
εὔσφυρος	mit schönen Knöcheln	S 16.
ζώνη	Taille	S 34.
ἠλεός	verwirrt, töricht	S 74.
ἧπαρ	Leber	S 46 f.
ἦτορ	Herz	S 35 f.
ἠυγένειος	mit schönem Kinnbart	S 56.
ἠύκομος	mit schönem Haar	S 54.
θέειον, θήιον	Schwefel	S 102. 125.
θέναρ	Handfläche	S 15.
θρίξ	s. τρίχες	

Ausdrücke zum Kapitel Medizin und Körperpflege S 175

θυμός	Lebenskraft	S 8 ff. Anm. 15; S 30. 35.
ἰάομαι	ich heile	S 94 ff. 99. 108. 117.
ἰγνύη	Kniekehle	S 16.
ἰητήρ, ἰητρός	Arzt	S 96 ff. Anm. 253 a; S 102. 128.
ἶνες (ἴς)	Sehnen	S 10 f.
ἰνίον	Hinterhaupt, Nacken	S 21.
ἰξύς	Taille	S 34.
ἴουλος	Bartflaum	S 56.
ἰσχίον	Hüftgelenk, Hüfte	S 10. 34.
ἰχώρ	Götterblut	S 39 f. mit Anm. 74. 79.
καίριος	am rechten Ort, tödlich	S 28 f.
καλλίκομος	mit schönem Haar	S 54.
καλλιπάρηος	mit schönen Wangen	S 20.
καλλίσφυρος	mit schönen Knöcheln	S 16.
καλυκῶπις	mit Blütenkelch-Antlitz	S 20.
καρδίη	Herz	S 35 ff.
κάρη, κάρηνον	Haupt	S 18 f.
καρπός	Handgelenk	S 14 mit Anm. 26.
καταλοφάδεια (Adv.)	den Nacken herab, auf dem Nacken	S 27.
καταπέσσω	s. πέσσω	
καταπρηνής	nach vorn abwärts gesenkt	S 14.
κατωμάδιος, κατωμαδόν (Adv.)	weit ausholend	S 12.
κενεών	Flanke zwischen Hüften und Rippen, Unterleib	S 34.
κεφαλή	Kopf, Haupt	S 18 f.
κῆπος	Garten	S 119 Anm. 317.
κῆρ	Herz	S 35 ff.
κληΐς	Schlüsselbein	S 28.
κνήμη	Unterschenkel, Schienbein, Wade	S 16.
κνύος	Krätze	S 84 mit Anm. 213.
κόλπος	Busen	S 32.
κομάω	ich trage langes Haar	S 55.
κομέω	ich pflege, umsorge	S 135. 137.
κόμη	Haupthaar	S 54. 154 mit Anm. 403.
κομιδή	Pflege	S 135 ff. 138. 140. 155 Anm. 404; S 164. 171.
κομίζω	ich pflege, umsorge	S 135 ff. mit Anm. 365.
κόρση	Schläfe	S 20.
κορυφή	Haupt, Gipfel	S 18.
κοτύλη	Gelenkpfanne	S 10.
κραδίη	s. καρδίη	
κρέας	Fleisch	S 10 Anm. 17.
κροκόπεπλος	mit safranfarbigem Gewand	S 122.
κρόκος	Krokus, Safran	S 122.
κρόμυον	Zwiebel	S 121. 126 f. mit Anm. 339. 344.
κρόταφοι	Schläfen	S 20. 166 mit Anm. 436.
κυάνεος	blauschwarz, dunkel	S 56. 158.
κυανοχαίτης	mit dunklem Haar	S 55.
κυανῶπις	mit dunklen Augen	S 20.
κυλλοποδίων	hinkend	S 18 Anm. 34.
κύπειρον(-ος)	Zypergras	S 122. 124.

κυρτός	krumm, buckelig	S 12. 72 Anm. 196.
κύστις	Harnblase	S 51.
κυφός	gebückt, krumm	S 72.
κύω (κυέω)	ich bin schwanger	S 86.
κώληψ	Kniekehle	S 16.
κῶμα	Tiefschlaf	S 66 f.
λαιμός	Kehle, Schlund	S 27.
λάξ (Adv.)	mit der Ferse, mit dem Fuß (stoßend)	S 17.
λαπάρη	Flanke zwischen Hüfte und Rippen, Unterleib	S 34.
λάσιος	behaart, zottig	S 30. 35. 56.
λαυκανίη	Schlund, Kehle	S 27 f.
λάχνη	wolliges Haar, Wolle	S 55.
λαχνήεις	dicht behaart, zottig	S 30. 56.
λέβης	Kessel, Becken	S 149 f. 152 mit Anm. 386. 396.
λευκώλενος	mit weißen Armen	S 13.
λήκυθος	Ölflasche	S 162.
λιμός	Hunger, Hungersnot, Hungertod	S 63. 69 f. mit Anm. 189.
λιπαροπλόκαμος	mit ölglänzenden Haarflechten	S 155.
λιπαρός	gesalbt, ölglänzend	S 153 ff. 156 Anm. 407; S 164.
λιπάω	ich glänze von Öl	S 164 mit Anm. 433.
λοβός	Ohrläppchen	S 23.
λοετρόν (λουτρόν)	Bad, Badewasser	S 136. 138. 140 f.
λοετροχόος	Badewasser gießend, Badedienerin	S 141 f.
λοιμός	Seuche, Pest	S 63. 69 Anm. 184; S 70.
λούω	ich wasche, bade	S 136 ff. 142 ff. 146 ff. 154 ff. 161.
λόφος	Hals, Nacken	S 27.
λῦμα	Befleckung, Schmutz	S 117 f. 156.
λύσσα	Raserei, Kampfeswut	S 74.
μαζός	weibliche Brustwarze, Brust	S 32.
μαίνομαι	ich rase, bin von Sinnen	S 72 f. 99 f. Anm. 266.
μάργος	rasend, toll	S 73 f.
μάσταξ	Mund, Mundvoll, Bissen	S 25.
μασχάλη	Achselhöhle, Achsel	S 12.
μαχλοσύνη	weibliche Liebesgier	S 84. 167.
μελαγχαίτης	schwarzhaarig	S 55.
μελαγχροιής, μελάγχροος, μελανόχροος	von dunkler Haut- oder Gesichtsfarbe	S 53. 158 mit Anm. 415.
μέλεα	Glieder	S 4. 7 f.
μελεϊστί (Adv.)	gliedweise	S 8.
μέλι	Honig	S 169 Anm. 443.
μεταμάζιος	zwischen den Brustwarzen	S 32.
μετάφρενον	Rücken	S 32 f.
μετώπιον, μέτωπον	Stirn	S 20.
μήδεα (Plur.)	männliche Scham	S 34.
μηρός	Oberschenkel	S 10. 15.
μιλτοπάρηος	mit rotgefärbten Wangen	S 159 Anm. 417.
μογοστόκος	Wehen erregend	S 92 f.
μυελόεις	markreich	S 7.

Ausdrücke zum Kapitel Medizin und Körperpflege

μυελός	Mark	S 7.
μυών	Muskel, Muskelmasse	S 10. 16.
μῶλυ	Moly	S 131.
νεκρός, νέκυς	Leichnam	S 3. 53.
νεῦρα	Sehnen	S 10 f.
νήδυια (Plur.)	Eingeweide	S 50.
νηδύς	Bauch, Magen, Mutterleib	S 50. 86.
νίζω	ich wasche	S 139. 149. 152.
νοῦσος	Krankheit	S 63 ff. 67. 74.
νῶτον	Rücken	S 32 f. 72.
ξανθοκόμης	mit blonden Haaren	S 54.
ξανθός	blond	S 53 f. 158 Anm. 415.
ξυνδέω	ich verbinde	S 113.
ὀδάξ (Adv.)	mit den Zähnen	S 25.
ὀδούς	Zahn	S 25 f.
ὀδύνη	Schmerz	S 89. 93. 108. 114. 127 Anm. 340.
ὀδυνήφατος	schmerztötend	S 127.
ὁμογάστριος	aus demselben Mutterleib	S 50.
ὄμματα	Augen	S 21 f.
ὁμόσπορος	von gleichem Samen	S 34. 50.
ὀμφαλός	Nabel	S 33.
ὄσσε	beide Augen	S 21 f.
ὀστέα	Knochen	S 2 ff. 53.
οὐλοκάρηνος	mit krausen Haaren	S 54 Anm. 123; S 158 Anm. 415.
οὖλος	wollig, kraus, lockig	S 56. 158 Anm. 415.
οὖς	Ohr	S 3. 23.
ὀφθαλμός	Auge	S 3. 21 f.
ὀφρύς	Augenbraue	S 22 f.
ὄψ	Stimme	S 24. 30.
παιήων	Heilsgesang, Siegeslied	S 93 ff. 117 ff. mit Anm. 310.
παλάμη	Hand	S 15.
παρειαί	Wangen	S 20. 52 Anm. 119; S 157.
παρήιον	Wange	S 20. 52.
πάσσω	s. ἐπιπάσσω	
πείνη	Hunger, Hungersnot	S 65.
πέκω	ich kämme	S 155 f.
περιδέξιος	mit beiden Händen geschickt	S 15.
πέσσω	ich bringe zur Reife, verdaue	S 48 mit Anm. 111. 112; S 109 Anm. 293; S 166.
πῆχυς	Ellenbogen, Unterarm, Arm	S 13.
πλεύμων	Lunge	S 41.
πλευραί	Flanken des Körpers	S 6. 29.
πλευρόν	Flanke des Körpers	S 6. 29.
πνεύμων	Lunge	S 41.
ποδάνιπτρα (Plur.)	Wasser zum Waschen der Füße	S 152.
πολιός	grau	S 26. 56.
πολυφάρμακος	vieler Heil-(Zauber-)Mittel kundig	S 101. 103. 126. 130 mit Anm. 350; S 132.
πορφύρεος	schimmernd	S 70 Anm. 189.
πούς	Fuß, Bein	S 3. 16 ff. 136. 151 ff. 165.
πραπίδες	Zwerchfell	S 42. 46.
προσαλείφω	ich streiche daran	S 127. 131.

πρόσωπον	Antlitz	S 20. 157.
πρότμησις	Unterleib, Nabelgegend	S 33.
πρόχνυ (Adv.)	vorwärts auf die Knie	S 16.
πρόχοος	Kanne	S 149 mit Anm. 385.
πτέρνη	Ferse	S 16.
πύξ (Adv.)	mit der Faust	S 14.
πυρετός	Fieber, Gluthitze	S 65 f. mit Anm. 174. 176.
ῥάχις	Rückgrat eines Tiers	S 6.
ῥέθεα(-ος)	Glieder	S 7 Anm. 11.
ῥίζα	Wurzel	S 107. 126. 131.
ῥικνός	krumm, verkrüppelt	S 18.
ῥινός	Haut	S 53.
ῥίς	Nase	S 23 f.
ῥοδοδάκτυλος	mit rosigen Fingern	S 15.
ῥοδόπηχυς	mit rosigen Armen	S 13.
ῥυσός	runzelig	S 53.
σάρξ	Fleisch	S 10.
σέλινον	Eppich, Sellerie	S 124.
σήπω	ich lasse verwesen	S 134 f.
σκαιή	Linke (Hand)	S 15.
σκέλλω	ich dörre aus	S 5.
σκέλος	Schenkel	S 15.
σπλάγχνα (Plur.)	Leibesinneres	S 50.
σπόγγος	Schwamm	S 148.
στέρνον	Brust	S 29 f.
στῆθος	Brust	S 30. 32. 99 mit Anm. 266.
στόμα	Mund	S 24.
στόμαχος	Schlund, Kehle	S 27.
συνεοχμός	Verbindung	S 7.
σφονδύλιον(-ος)	Rückenwirbel	S 6.
σφυρόν	Knöchel	S 16.
σῶμα	Leichnam, Körper	S 3. 54 mit Anm. 122.
τανύσφυρος	mit schlanken Knöcheln	S 16.
ταρσός	Spann des Fußes	S 17.
τείρω	ich reibe auf, quäle	S 71.
τένοντες	Sehnen, Faszien	S 10 ff.
τηκεδών	Auszehrung	S 64.
τήκομαι	ich sieche dahin	S 63.
τίκτω	ich gebäre, erzeuge	S 63. 85 f.
τόκος	Gebären, Geburt	S 86.
τρίπος	Dreifußkessel	S 138 mit Anm. 366; S 141.
τρίχες	Haupthaar	S 53 f.
τρώω	ich verwunde, mache krank	S 72 f.
ὑδραίνομαι	ich wasche mich	S 148 f. Anm. 382.
ὑπερῴη	Gaumen	S 25.
ὑπηνήτης	bärtig	S 56.
ὑποκύομαι	ich werde schwanger	S 86.
ὑπώπιον	Angesicht	S 20.
φάεα(-ος)	Augen	S 21.
φάρμακον	Heilmittel, Gift	S 94. 96. 103 mit Anm. 281; S 108. 110. 120. 124 ff. 169 f.
φαρμάσσω	ich behandele nach Färberart	S 124 Anm. 329.
φάρυγξ	Schlund, Kehle	S 27.

φέρτρον	Tragbahre	S 101 Anm. 270.
φθίνομαι	ich schwinde, sieche dahin	S 64.
φίλος	zur Person gehörig, eigen	S 165 mit Anm. 435.
φλέψ	Ader	S 40. 48 Anm. 109.
φρένες (φρήν)	Zwerchfell	S 42 ff. 47.
φυή	Wuchs, Gestalt, Leib	S 3.
φυτόν	Pflanzung	S 119 Anm. 317.
φωνή	Stimme	S 17 f. 36 Anm. 62; S 64 Anm. 173; S 71.
χαίτη	Mähne, Haupthaar	S 55. 154 f.
χαμαιεύνης	auf der Erde ruhend	S 151 f. mit Anm. 394.
χείλεα	Lippen	S 25.
χείρ	Hand, Faust, Arm	S 12 ff. 148 f. 151.
χέρνιβον	Becken zur Handwaschung	S 150.
χερνίπτομαι	ich wasche mir die Hände	S 148.
χέρνιψ	Wasser zum Händewaschen	S 149. 152.
χιτών	Leibrock, Unterkleid	S 137. 140. 143 ff. mit Anm. 378; S 146. 154 f.
χλαῖνα	Mantel	S 137. 140. 142 ff. mit Anm. 378; S 154 f.
χολάδες	Därme, Eingeweide	S 51.
χόλος	Galle, Zorn	S 47 ff. 132 mit Anm. 356; S 166.
χρίω	ich salbe, bestreiche	S 142 ff. 147 f. 156 f. 160. 162.
χροιή	Haut, Leib	S 53.
χρυσοκόμης	mit goldenem Haar	S 54.
χρώς	Haut, Leib, Teint, Hautfarbe	S 3. 51 ff. 66. 156 f.
χυτλόομαι	ich salbe mich nach dem Bade	S 162.
χωλεύω	ich hinke	S 18 Anm. 34.
χωλός	hinkend, lahm	S 18.
ψεδνός	spärlich, dünn	S 55.
ψυχή	Hauch, Lebenskraft, Seele	S 41.
ὠδῖνες	Geburtsschmerzen, Wehen	S 93.
ὠδίνω	ich erleide Geburtsschmerz	S 86. 93.
ὠλένη	Ellenbogen	S 13.
ὦμος	Schulter	S 12. 158 Anm. 415.
ὠτειλή	Wunde	S 117. 161.
ὤψ	Auge, Antlitz	S 20.

8. Literatur

Auf das zweite vorläufige Abkürzungsverzeichnis (1982) wird verwiesen. Zur homerischen Medizin und Körperpflege finden sich weiterführende Aufsätze, Rezensionen usw. besonders in folgenden Zeitschriften: Beiträge zu Geschichte und Literatur der Naturwissenschaften und Medizin, Bulletin of the History of Medicine, Sudhoffs Archiv für Geschichte der Medizin, gelegentlich auch: Deutsches Ärzteblatt.

a) Homerische Medizin und Pathologie

1842   J. F. Malgaigne, Étude sur l'Anatomie et la Physiologie d'Homère.

1865		C. Daremberg, La Médicine dans Homère.
1879		O. Braumüller, Krankheit und Tod bei Homer, in: Jahresber. des Kaiser-Wilhelm-Gymnasiums, Berlin.
1879		H. Frölich, Die Militärmedizin Homers.
1904		O. Körner, Wesen und Wert der homerischen Heilkunde.
1922		B. Coglievina, Die homerische Medizin.
1923		Q. Celli, La Medicina Greca nelle Tradizioni Mitologiche e Omeriche.
1929	*Körner, Kenntnisse*	O. Körner, Die ärztlichen Kenntnisse in Ilias und Odyssee.
1931		O. Körner, Über Spuren des jonischen Forschungstriebs in Ilias und Odyssee und über die Verwertung homerischer Erkenntnisse im Corpus Hippocraticum und in der Tiergeschichte des Aristoteles, in: Archiv für Geschichte der Medizin 24, 185 ff.
1956	*Friedrich, Verwundung*	W. H. Friedrich, Verwundung und Tod in der Ilias. Homerische Darstellungsweisen.
1981		H. Tzavella-Evjen, Homeric Medicine, ungedruckter Vortrag, 2. Int. Symposium des Schwedischen Instituts in Athen, Juni 1981.

b) Ausgewähltes Schrifttum zur antiken Medizin

1875		H. Haeser, Lehrbuch der Geschichte der Medicin und der epidemischen Krankheiten I: Geschichte der Medicin im Alterthum und Mittelalter (Ndr. 1971).
1886		U. v. Wilamowitz, Isyllos von Epidauros.
1925		E. Stemplinger, Antike und moderne Volksmedizin.
1943		W. Müri, Der Arzt im Altertum (^{4}1979).
1949		P. Diepgen, Geschichte der Medizin I.
1955	*Sigerist, History I*	H. E. Sigerist, A History of Medicine I.
1956		L. Cohn-Haft, The Public Physicians of Ancient Greece, Smith College Studies in History 42.
1961	*Sigerist, History II*	H. E. Sigerist, A History of Medicine II.
1962		M. Michler, Das Problem der westgriechischen Heilkunde, in: Sudhoffs Archiv 46, 137 ff.
1963		E. H. Ackerknecht, Geschichte und Geographie der wichtigsten Krankheiten.
1963		H. E. Sigerist, Die Anfänge der Medizin (einbändige deutsche Fassung von *A History of Medicine I. II, 1955/1961*).
1964		J. Steudel, Bau und Funktion der Haut in der Antike, in: Studium generale 17, 583 ff.
1965		J. Schuhmacher, Die Anfänge abendländischer Medizin in der griechischen Antike.
1967		L. Edelstein, Ancient Medicine.
1967	*Kudlien, Beginn*	F. Kudlien, Der Beginn des medizinischen Denkens bei den Griechen.
1967		G. Lanata, Medicina Magica e Religione Popolare in Grecia *(Rez. F. Kudlien, Gnomon 42, 1970, 206 f.).*
1969		K. Pollak, Die Heilkunde der Antike II: Wissen und Weisheit der alten Ärzte.
1970		K. Deichgräber, Medicus gratiosus, AbhMainz Nr. 3.
1970		H. Kornexl, Begriff und Einschätzung der Gesundheit des Körpers in der griechischen Literatur von ihren Anfängen

		bis zum Hellenismus *(zahlreiche Rez., s. Archäologische Bibliographie 1972, 435 Nr. 6460).*
1970	*Lain Entralgo, Therapy*	P. Lain Entralgo, The Therapy of the Word in Classical Antiquity.
		P. Lain Entralgo, Heilkunde in geschichtlicher Entscheidung.
1971		H. Flashar (Hrsg.), Antike Medizin, WdF. 221.
1973		E. D. Phillips, Greek Medicine *(Rez. F. L. D. Steel, GaR. 20, 1973, 195f.).*
1974		Ch. Lichtenthaeler, Geschichte der Medizin *(Rez. F. Kudlien, Gnomon 51, 1979, 417ff.).*
1975		G. Majno, The Healing Hand. Man and Wound in the Ancient World.
1977		E. H. Ackerknecht, Geschichte der Medizin.
1977		H. M. Koelbing, Arzt und Patient in der antiken Welt *(Rez. H.-W. Nörenberg, Gnomon 51, 1979, 379ff.).*
1979		J. Kollesch, Ärztliche Ausbildung in der Antike, in: Klio 61, 507ff.
1979		F. Kudlien, Der griechische Arzt im Zeitalter des Hellenismus. Seine Stellung in Staat und Gesellschaft, AbhMainz Nr. 6.

c) Hippokrates und Galen, Textausgaben, Kommentare, Übersetzungen und Interpretationen

1824	J. H. Driebach, Die Arzneimittel des Hippokrates (Ndr. 1969).
1936	W. John (Hrsg.), Galenus, Protrepticus ad medicinam. Galens Werbeschrift 'Studiert Medizin', griechisch und deutsch.
1960	H. Grensemann, Die hippokratische Schrift Περὶ ὀκταμήνων. De octimestri partu.
1962	H. Diller, Hippokrates' Schriften, in: Rowohlts Klassiker.
1968	Sp. Marinatos, The Medical and Human Genius of Hippocrates. The Origins of Medicine in Greece, in: Acts of the 5th. Congress of Cardiology 31ff.
1969	J. Kollesch u.a. (Hrsg. des Ndr.), Galen, On the Parts of Medicine, on Cohesive Causes, on Regimen in Acute Diseases, in Accordance with the Theories of Hippocrates. 1st Ed. of the Arabic Versions with English Translation by M. Lyons; The Latin Versions of 'on the Parts of Medicine' ed. by H. Schoene; 'on Cohesive Causes' ed. by K. Kalbfleisch.
1974	R. Wittern, Die hippokratische Schrift De morbis.
1975	La Collection Hippocratique et son Rôle dans l'Histoire de la Médecine. Kolloquium Straßburg, 23.-27.10.1972 (Auslieferung 1975).
1979	W. Müri (Hrsg.), Der Arzt im Altertum. Griechische und lateinische Quellenstücke von Hippokrates bis Galen mit deutscher Übersetzung.
1979	V. Nutton (Hrsg.), Galenus, On Prognosis, griechisch und englisch.

1978/80	Ph. Delacy (Hrsg.), Galenus, On the Doctrines of Hippocrates and Plato, griechisch und englisch (^{2}1981).
1980	P. Potter (Hrsg.), Hippokrates, Über die Krankheiten.
1981	I. M. Lonie (Hrsg.), The Hippocratic Treatises »On Generation«, »On the Nature of the Child« and »Diseases IV«.
1981	A. Thivel, Cnide et Cos? Essai sur les Doctrines Medicales dans la Collection Hippocratique.

d) Zu speziellen medizinischen Themen

1901	H. Magnus, Die Augenheilkunde der Alten.
1907	W. H. S. Jones, The Prevalence of Malaria in Ancient Greece, in: D. R. Brothwell–A. T. Sandison, Diseases in Antiquity (1967) 170 ff.
1907	J. G. Milne, Surgical Instruments in Greek and Roman Times (Ndr. 1976).
1926	O. Bernhard, Griechische und römische Münzbilder in ihren Beziehungen zur Geschichte der Medizin *(Rez. R. Fuchs, PhW. 1927, 49)*.
1928	J. Köhm, Zur Auffassung und Darstellung des Wahnsinns im klassischen Altertum.
1942	J. Steudel, Zur Geschichte der Lehre von den Geisteskrankheiten, in: Sudhoffs Archiv 35, 1 ff.
1947	W. Schönfeldt, Frauen in der abendländischen Heilkunde.
1953	W. Müri, Melancholie und schwarze Galle, in: MusHelv. 10, 21 ff.
1961	A. Esser, Das Antlitz der Blindheit in der Antike. Die kulturellen und medizinhistorischen Ausstrahlungen des Blindenproblems in den antiken Quellen, 2. Aufl.
1961	H. Hagen, Die physiologische und psychologische Bedeutung der Leber in der Antike, Diss. Bonn.
1966	H. Flashar, Melancholie und Melancholiker in den medizinischen Theorien der Antike.
1970	J. Mattes, Der Wahnsinn im griechischen Mythos und in der Dichtung bis zum Drama des 5. Jahrhunderts.
1973	C. R. S. Harris, The Heart and Vascular System in Ancient Greek Medicine.
1973	C. Préaux, La Lune dans la Pensée Grecque, in: Mémoires de la Classe des Lettres, Acad. Bruxelles, 2. Ser., Bd. 61, 4 (91 ff.: *Krankheiten*; 123: *Tod*).
1976	B. K. Lamprinoudakes, Anaskaphe sto Hiero tou Apollonos Maleata (neugriechisch), in: Prakt. 1976, 202 ff. Taf. 148 γ: *Medizinische Instrumente*.
1977	F. Preisshofen, Untersuchungen zur Darstellung des Greisenalters in der frühgriechischen Dichtung, Hermes Einzelschriften H. 34.
1980	E. Bennion, Antique Medical Instruments (2. Ndr.).
1980	P. Caselitz, Schwangerschaft im archäologischen Befund, in: Archaeological Advertiser 20 ff.
1981	L. Gorelick–A. J. Gwinnett, Close Work without Magnifying Lenses? A Hypothetical Explanation for the Ability of Ancient Craftsmen to Effect Minute Detail, in: Expedition, Winter 1981, 27 ff.

1981 M. Karras–J. Wieshöfer, Kindheit und Jugend in der Antike. Eine Bibliographie.

e) Anthropologisch-Paläopathologisches

1921		M. A. Ruffer, Studies in Paleopathology of Egypt.
1930		C. M. Fürst, Zur Anthropologie der prähistorischen Griechen in Argolis, in: Lunds Univ. Årsskr., N.F., Bd. 26.
1933		C. M. Fürst, Zur Kenntnis der Anthropologie der prähistorischen Bevölkerung der Insel Cypern.
1939		E. Breitinger, Die Skelette aus den submykenischen Gräbern, in: Kerameikos I 222 ff.
1945	*Angel, Attica*	J. L. Angel, Skeletal Material from Attica, in: Hesperia 14, 279 ff.
1957		D. Ferembach–M. Dothan, A propos d'un Crane Trépané trouvé à Timna, in: Bulletin de la Société d'Anthropologie de Paris 245 ff.
1958	*Charles, Argos*	R. P. Charles, Étude Anthropologique des Nécropoles d'Argos, in: BCH. 82, 268 ff.
1963		D. R. Brothwell, Digging up Bones (^{3}1981).
1963		G. Kurth, Bevölkerungsbewegungen im östlichen Mittelmeerraum, in: Archaeologia viva 2 Nr. 3: Zypern, S. 6 ff.
1964		G. E. Mylonas, Grave Circle B of Mycenae, SIMA. VII.
1964		C. Wells, Bones, Bodies and Disease.
1966		G. E. Mylonas, Mycenae and the Mycenaean Age.
1967		F. P. Lisowski, Prehistoric and Early Historic Trepanation, in: D. R. Brothwell–A. T. Sandison, Diseases in Antiquity 651 ff.
1970		F. R. Munz, Die Zahnfunde aus der griechischen Nekropole von Pithekoussai auf Ischia, in: AA. 1970, 452 ff.
1971		A. N. Poulianos, He Katagoge ton Kreton (neugr.).
1973		J. L. Angel, Human Skeletons from Grave Circles at Mycenae, in: Mylonas, Taph. Kyklos B, S. 379 ff.
1975	*Becker, Kato Zakro*	M. J. Becker, Human Skeletal Remains from Kato Zakro, in: AJA. 79, 271 ff.
1975		M. Paidoussis–Ch. N. Sbarouvies, A Study of Cremated Bones from the Cemetery of Perati (SH IIIC), in: OpAth. 11, 129 ff.
1977		F. W. Rösing, Methoden und Aussagemöglichkeiten der anthropologischen Leichenbrandbearbeitung, in: Archäologie und Naturwissenschaften 1, 53 ff.
1980		E. Breitinger, Skelette spätmykenischer Gräber in der Unterburg von Tiryns, in: Tiryns IX 181 ff. Taf. 71.
1980		P. Fischer, Eine Untersuchung der Kieferfragmente und Zähne aus zwei Gräbern von Trypes bei Dromolaxia, Cypern, in: OpAth. 13, 139 ff.
1980		E. Protonotariou-Deilake, The Practice of Medicine in the Prehistoric Argolid, Vortrag auf dem 2. Int. Congress of Peloponnesian Studies, Patras 25.-31.5.1980.
1981		L. Gernet, The Anthropology of Ancient Greece.
1982		S. Zivanovic, Ancient Diseases. The Elements of Palaeopathology.

f) Heilgötter, göttliche Ärzte, Heilheroen

1844		K. O. Müller, Die Dorier 347 *(Apollon)*.
1896		H. Usener, Götternamen (³1948).
1909		O. Weinreich, Antike Heilungswunder. Untersuchungen zum Wunderglauben der Griechen und Römer (Ndr. 1969).
1945	*Edelstein, Asclepios*	E. und L. Edelstein, Asclepios. A Collection and Interpretation of the Testimonies I. II.
1949		W. R. Dawson, Chiron, the Centaur, in: Journal of the History of Medicine 4, 267 ff.
1956		K. Kerényi, Der göttliche Arzt.
1960		E. Roos, De Incubationis Ritu per Ludibrium apud Aristophanem Detorto *(Asklepios)*.
1978		L. Press, The Worship of Healing Divinities and the Oracle in the 2nd Millennium B.C.
1978		W. Sale, Existentialism and Euripides. Sickness, Tragedy and Divinity in the Medea, the Hippolytus and the Bacchae.
1978		S. M. Sherwin-White, Ancient Cos, passim.
1979		A. Walton, Asklepios. The Cult of the Greek God of Medicine.

g) Vergleichsliteratur: Der Alte Orient, Ägypten und Etrurien

1890	H. Joachim, Papyros Ebers. Das älteste Buch über Heilkunde (Ndr. 1973).
1904	F. Küchler, Beiträge zur Kenntnis der assyrisch-babylonischen Medizin.
1911	J. Preuss, Biblisch-talmudische Medizin.
1911	K. Sudhoff, Die Krankheiten *bennu* und *sibtu* der babylonisch-assyrischen Rechtsurkunden, in: Archiv für Geschichte der Medizin 4, 353 ff.
1913	M. Jastrow, The Medicine of the Babylonians and Assyrians, in: Proceedings of the Royal Society of Medicine, Section of the History of Medicine, 109 ff.
1914	R. W. Rogers, Sennacherib and Judah, in: Festschrift für Julius Wellhausen.
1930	C. P. Bryan, The Papyrus Ebers.
1931	M. Meyerhof, Über den »Papyrus Edwin Smith«, das älteste Chirurgiebuch der Welt, in: Deutsche Zeitschrift für Chirurgie 231, 645 ff.
1938	G. Contenau, La Médecine en Assyrie et Babylonie.
1950	J. Hempel, Heilung als Symbol und Wirklichkeit im biblischen Schrifttum, in: NGA. Nr. 3.
1953	R. H. Major, The Etruscans and their Medicine, in: Sudhoffs Archiv für Geschichte der Medizin 37, 299 ff.
1954–1964	H. Grapow, Grundriß der Medizin der Alten Ägypter I–IX.
1956	M. Riemschneider, Der Wettergott.
1958	R. Watermann, Die altägyptischen Augenärzte, in: Sudhoffs Archiv für Geschichte der Medizin 42, 117 ff.
1960	L. Buchheim, Die Verordnung von »lebendem« Fleisch in altägyptischen Papyri, in: Sudhoffs Archiv für Geschichte der Medizin 44, 97 ff.

1962	H. G. Güterbock, Hittite Medicine, in: Bulletin of the History of Medicine 36, 109 ff.
1962	A. L. Oppenheim, Mesopotamian Medicine, in: Bulletin of the History of Medicine 36, 97 ff.
1963–1979	F. Köcher, Die babylonisch-assyrische Medizin in Texten und Untersuchungen I–VI.
1968	K. Pollak, Die Heilkunst der frühen Hochkulturen.
1970	K. R. Weeks, The Anatomical Knowledge of the Ancient Egyptians and the Representation of the Human Figure in Egyptian Art.
1971	A.-P. Leca, La Médecine Égyptienne au Temps des Pharaons.
1971	E. Neufeld, Hygiene Conditions in the Ancient Israel (Iron Age), in: The Biblical Archaeologist 34, 42 ff.
1972	H. Freydank, Chirurgie im alten Mesopotamien?, in: Altertum 18, 133 ff.
1974	C. Burde, Hethitische medizinische Texte, Studien zu den Boğazköy-Texten, H. 19.
1975	Ch. F. Myer, The Use of Aromatics in Ancient Mesopotamia.
1976	E. Edel, Ägyptische Ärzte und ägyptische Medizin am hethitischen Königshof.
1978	J. B. Hurry, Imhotep. The Egyptian God of Medicine.

h) Vergleichsliteratur: Völkerkundliches und Exotisches

1936		St. Chauvet, La Medecine chez les Peuples Primitifs.
1941	*Buschan, Medizinzauber*	G. Buschan, Über Medizinzauber und Heilkunst im Leben der Völker.
1951		C. L. Elgood, A Medical History of Persia and the Eastern Caliphate (Ndr. 1979).
1958		P. C. Dutta, Medicine in India, in: Indian Journal of the History of Medicine 3, 14 ff.
1969		D. Brandenburg, Priesterärzte und Heilkunst im alten Persien. Medizinisches bei Zarathustra und im Königsbuch des Firdausi.
1970		F. Sezgin, Geschichte des arabischen Schrifttums III: Medizin-Pharmazie, Zoologie-Tierheilkunde.
1979		P. V. A. Williams, Primitive Religion and Healing *(Brasilien)*.
1980		A. und E. Cockburn (Hrsg.), Mummies, Disease and Ancient Cultures.
1980		P. U. Unschuld, Medizin in China. Eine Ideengeschichte.

i) Heilmittel, Drogen, Gifte, Kräuter

1831	F. G. Welcker, Medea oder die Kräuterkunde bei den Frauen, in: Kleine Schriften III (1850) 20 ff.
1890	J. Murr, Die Pflanzenwelt in der griechischen Mythologie (Ndr. 1969).
1891	J. Berendes, Die Pharmacie bei den alten Culturvölkern I.II (Ndr. 1965).

1904		H. Schelenz, Geschichte der Pharmazie (Ndr. 1962).
1911	Hehn-Schrader, Kulturpflanzen	V. Hehn–O. Schrader, Kulturpflanzen und Haustiere in ihrem Übergang aus Asien nach Griechenland und Italien sowie in das übrige Europa[8] (Ndr. 1963).
1918		O. Schmiedeberg, Über die Pharmaka in der Ilias und Odyssee, Schriften der wissenschaftlichen Gesellschaft Straßburg 36.
1920		L. Lewin, Heilmittel und Gifte bei Homer, in: Münchner Medizinische Wochenschrift 33.
1924	Schmidt, Drogen	A. Schmidt, Drogen und Drogenhandel im Altertum (Ndr. 1979).
1928		E. A. W. Budge, The Divine Origin of Craft of the Herbalist.
1933		M. Möbius, Pflanzenbilder der minoischen Kunst in botanischer Betrachtung, in: JdI. 48, 8 ff.
1937	Artelt, Heilmittel-Gift	W. Artelt, Studien zur Geschichte der Begriffe »Heilmittel« und »Gift« (Ndr. 1968).
1961		W.-H. Hein, Die Bedeutung der Entzifferung des Linear B für die Arzneimittel-Geschichte, in: Pharmazeutische Zeitung, 106, 1145 ff.
1965	Stella, Civiltà	L. A. Stella, La Civiltà Micenea nei Documenti Contemporanei.
1966		F. Dirlmeier, Die Giftpfeile des Odysseus, SBHeidelberg S. 7 ff.
1966		N. Taylor, Plant Drugs that changed the World.
1973	Ventris–Chadwick, Documents[2]	M. Ventris–J. Chadwick, Documents in Mycenaean Greek. Three hundred Selected Tablets from Knossos, Pylos and Mycenae with Commentary and Vocabulary[2] 221 ff.
1978		T. Stobart, Lexikon der Gewürze, Kräuter und Würzmittel[3] (dt. Übersetzung).
1979		R. Germer, Untersuchung über Arzneimittelpflanzen im Alten Ägypten, Diss. Hamburg.
1980		R. E. Schultes–A. Hofmann, Pflanzen der Götter. Die magischen Kräfte der Rausch- und Giftgewächse.
1981		R. Janko, Herbal Remedies at Pylos, in: Minos 17, 30 ff.

j) Bad und Körperpflege

1910		K. Sudhoff, Aus dem antiken Badewesen.
1927		H. Lutz, Beiträge zur Frage der Leibesübungen und zur Erklärung einzelner Stellen in Homers Odyssee, Diss. Erlangen.
1961		F. Kretzschmer, Antikes Badewesen, in: Ärztliche Praxis 13, 1743 ff.
1962	Ginouvès, Balaneutikè	R. Ginouvès, Balaneutikè. Recherches sur le Bain dans l'Antiquité Grecque *(Rez. E. Diehl, Gnomon 35, 1963, 700 ff.).*
1967		Sp. Marinatos, unser Kap. »Haar- und Barttracht« B 26 ff. *(Zubehör und Geräte zur Haar- und Bartpflege).*
1967		N. Platon, Bathrooms and Lustral Basins in Minoan Dwellings, in: Europa. Festschrift E. Grumach 236 ff.
1968		H. Schadewaldt, Zur Geschichte des griechisch-römischen Badewesens, in: Ärztliche Praxis 20, 396 ff. 447 ff.

1969		E. Kornexl, Leibesübungen bei Homer und Platon, Studientexte zur Leibeserziehung Bd. 5.
1972		S. Alexiou, About the Minoan Lustral Chambers, in: KChron. 24, 414ff.
1977		J. W. Graham, Bathrooms and Lustral Chambers, in: Greece and the Eastern Mediterranean in Ancient History and Prehistory. Festschrift F. Schachermeyr 110ff.
1977		H. Weippert in: Galling, Bibl. Reallex. 30ff. s. v. Bad und Baden.
1978		F. Crüsemann, Ein israelitisches Ritualbad aus vorexilischer Zeit, in: ZDPV. 94, 68ff.
1983		E. Brödner, Die römischen Thermen und das antike Badewesen.

k) Zur frühgriechischen Geistesgeschichte

1840		C. F. Nägelsbach, Die homerische Theologie.
1850		F. G. Welcker, Kleine Schriften III.
1864/65		F. W. Schneidewin–A. Nauck, Sophokles
1890	*Sittl, Gebärden*	C. Sittl, Die Gebärden der Griechen und Römer.
1895		U. v. Wilamowitz, Euripides Herakles (Ndr. 1959).
1911		E. Samter, Hochzeit, Geburt und Tod.
1921		H. Fränkel, Die homerischen Gleichnisse.
1924		R. B. Onians, On the Knees of the Gods, in: ClRev. 38, 2ff.
1929	*Böhme, Seele*	J. Böhme, Die Seele und das Ich bei Homer.
1933	*Arend*	W. Arend, Die typischen Szenen bei Homer.
1948	*Snell, Entdeckung*	B. Snell, Die Entdeckung des Geistes (^{3}1955).
1948		E. Stemplinger, Antiker Volksglaube.
1949/50		A. Heubeck, Die homerische Göttersprache, in: WüJbb. 4, 197ff.
1950	*Leumann, Wörter*	M. Leumann, Homerische Wörter.
1951		H. Fränkel, Dichtung und Philosophie des frühen Griechentums.
1952		K. Deichgräber, Die Stellung des griechischen Arztes zur Natur, in: ders., Der listensinnende Trug des Gottes. Vier Themen des griechischen Denkens.
1952		H. Schrade, Götter und Menschen Homers.
1953		O. Temkin, Greek Medicine as Science and Craft, in: Isis 44, 213ff.
1954		R. Muth, Träger der Lebenskraft. Ausscheidungen des Organismus im Volksglauben der Antike.
1954		G. Thomson, Studies in Ancient Greek Society.
1957		H. Rueß, Gesundheit, Krankheit, Arzt bei Plato. Bedeutung und Funktion.
1960		W. Kullmann, Die Quellen der Ilias, Hermes Einzelschriften H. 14.
1962		H. Gärtner, Rufus von Ephoros. Die Fragen des Arztes an den Kranken.
1965		C. W. Müller, Gleiches zu Gleichem. Ein Prinzip frühgriechischen Denkens, Klassisch-philologische Studien H. 31.
1966		E. R. Dodds, Die Griechen und das Irrationale (Ndr. 1970).
1971		H. Diller, Kleine Schriften zur antiken Literatur.

1976	M. Eliade, Die Religionen und das Heilige.
1978	V. Lehmann, Die Geburt in der Kunst.
1978 *Snell, Weg zum Denken*	B. Snell, Der Weg zum Denken und zur Wahrheit, Hypomnemata H. 57.
1979	W. H. S. Jones, Philosophy and Medicine in Ancient Greece.
1979	G. Scherer, Das Problem des Todes in der Philosophie.
1980	Ph. Aries, Geschichte des Todes.
1980	J. Griffin, Homer on Life and Death *(Rez. A. M. Bowie, ClRev. 31, 1981, 157ff.; J. S. Clay, AJPh. 103, 1982, 102ff.).*
1981	R. Garland, The Causation of Death in the Iliad. A Theological and Biological Investigation, in: BICS. 28, 43ff.
1982	G. Steiner, Das Bedeutungsfeld »Tod« in den Sprachen des Alten Orients, in: Orientalia 51, 239ff.

l) Texte und weitere Sekundärliteratur

Allen	T. W. Allen, Homeri Opera III–V (1917–1946).
Beazley, EVP.	J. D. Beazley, Etruscan Vase-Painting (1947).
	F. Brommer, Gefäßformen bei Homer, in: Hermes 77, 1942, 356ff.
Brommer, Vasenlisten[3]	F. Brommer, Vasenlisten zur griechischen Heldensage[3] (1973).
Dunbabin, Greeks	Th. J. Dunbabin, The Greeks and their Eastern Neighbours (1957).
EM.	Etymologicum Magnum (1848).
Faesi–Franke	J. U. Faesi–F. R. Franke, Homers Iliade. Kommentierte Ausgabe (1877–1886).
Faesi–Kayser	J. U. Faesi–W. K. Kayser, Homers Odyssee. Kommentierte Ausgabe (1871–1874).
How–Wells	W. W. How–J. Wells, A Commentary on Herodotos (1928).
Leaf	W. Leaf, The Iliad. Kommentierte Ausgabe (1900–1902).
	A. Lesky, Die Entzifferung von Linear B, in: Gymnasium 62, 1955, 1ff.
Monro–Allen	D. B. Monro–T. W. Allen, Homeri Opera I. II (1920).
Rz.	A. Rzach, Hesiodi Carmina (1913).
Seiler–Capelle	E. E. Seiler–C. Capelle, Vollständiges Wörterbuch über die Gedichte des Homeros und der Homeriden (1889).
Zazoff, Skarabäen	P. Zazoff, Etruskische Skarabäen (1968).

m) Weitere Abkürzungen

Adv.	Adverb
ahd.	althochdeutsch
dt.	deutsch
mhd.	mittelhochdeutsch
nhd.	neuhochdeutsch

ARCHAEOLOGIA HOMERICA
Kapitel T

ARCHAEOLOGIA HOMERICA

Die Denkmäler und das frühgriechische Epos

Begründet von
Friedrich Matz † und Hans-Günter Buchholz

Im Auftrage des
Deutschen Archäologischen Instituts
herausgegeben von
Hans-Günter Buchholz

Kapitel T: Siegfried Laser, Sport und Spiel

V&R

GÖTTINGEN · VANDENHOECK & RUPRECHT · 1987

SPORT UND SPIEL

Von

Siegfried Laser

V&R

GÖTTINGEN · VANDENHOECK & RUPRECHT · 1987

Redaktion: Hans-Peter Gumtz

Umschlagbild:
Ringer auf einem geometrischen Pithos in Argos
(siehe auch Abb. 15 und Anm. 260)
Zeichnung: M. Morkramer, Gießen

ISBN 3-525-25426-1

Gedruckt mit Unterstützung des Deutschen Archäologischen Instituts, Berlin

© 1987, Vandenhoeck & Ruprecht in Göttingen. – Printed in Germany. –
Alle Rechte vorbehalten. Das Werk einschließlich seiner Teile ist urheberrechtlich geschützt. Jede Verwertung außerhalb der engen Grenzen des Urheberrechtsgesetzes ist ohne Zustimmung des Verlages unzulässig und strafbar. Das gilt insbesondere für Vervielfältigungen, Übersetzungen, Mikroverfilmungen und die Einspeicherung und Verarbeitung in elektronischen Systemen.
Umschlaggestaltung: Karlgeorg Hoefer
Gesamtherstellung: Hubert & Co., Göttingen

Erich Burck
zum 85. Geburtstag
am 30. November 1986

Kapitel T

SPORT UND SPIEL

von Siegfried Laser, Kiel

mit einem Exkurs über »Rasseln und Schellen, Reifen,
Wippen und Schaukeln« und einem Anhang über
»Brettspielende Helden«

von Hans-Günter Buchholz, Gießen

I. Vorwort. – II. Einleitung: Zur gemeinsamen Wurzel von Sport und Spiel. – III. Leibesübungen, 1. Motive und Anlässe sportlicher Betätigung, das agonale Prinzip, a) Zur sogenannten agonalen Lebenshaltung im frühgriechischen Epos, b) Zur Grundbedeutung von ἀγών, c) Motive sportlichen Betätigungsdranges, d) Anlässe zu sportlichen Veranstaltungen, α) Herausforderungen, β) Brautwerbung, γ) Feste zu Ehren Lebender, δ) Feste zu Ehren Toter, ε) Feste zu Ehren von Göttern. – 2. Sportarten im einzelnen, a) Wagenrennen und Reiten, b) Lauf, c) Faustkampf, d) Ringen, e) Speerwerfen, f) Diskoswerfen, g) Bogenschießen, h) Springen. – 3. Akrobatik und Verwandtes, a) Artistische Darbietungen, b) Zum sogenannten kretischen Stierspiel. – 4. Preise, Sportfunktionäre und Zuschauer, a) Preise, b) Funktionäre, c) Zuschauer. – 5. Götter und Athleten. – IV. Spiele, 1. Ἄθυρμα, Allgemeines zu kindlichem Spiel und Spielzeug, a) Spiele mit dem Ball, α) Reflexe sportlicher Ballspiele, β) Tänzerisches Ballspiel, b) Figürliches Spielzeug, c) Puppen als Spielzeug, d) Spiel mit dem Kreisel, e) Rasseln und Schellen, Reifen, Wippen und Schaukeln (Exkurs von Hans-Günter Buchholz), α) Rasseln und Schellen, β) Reifen, γ) Wippen und Schaukeln. – 2. Spiele mit Spielsteinen, a) Ἀστράγαλοι als Spiel- und Rechensteine, b) Ἀστράγαλοι beim Glücksspiel, c) Kubische Würfel, d) Πεσσοί, e) Brettspielende Helden (Anhang von Hans-Günter Buchholz), α) Einführende Bemerkungen, β) Das Thema der Brettspielenden Helden in Kleinkunst und Glyptik, γ) Zum sonstigen Vorkommen der ‚Brettspielenden Helden' in der außerattischen griechischen Kunst, δ) Nichtgriechische ‚Brettspieler'-Darstellungen, ε) Die attischen Vasendarstellungen der Brettspielenden Helden, ζ) Schlußbetrachtung. – V. Zusammenfassung. – VI. Wortverzeichnis. – VII. Literatur.

I. Vorwort

Der in der Mitarbeit an der »Archaeologia Homerica« durch die wichtigen Beiträge »Hausrat« und »Medizin und Körperpflege« vielfach bewährte Verfasser der hiermit vorgelegten Studie über »Sport und Spiel«, Siegfried Laser, stellt insofern die lebendige Verbindung zum »Lexikon des frühgriechischen Epos« her, als er früher als Mitarbeiter Bruno Snells in Hamburg tätig war. Als Schüler der Altphilologen Hans Diller und Erich Burck hat er seine wissenschaftliche Ausbildung in Kiel erhalten, wo er mit einer Arbeit über die Dolonie promoviert worden ist.

Er widmete seinerzeit seinen Beitrag über den homerischen Hausrat seinem inzwischen verstorbenen akademischen Lehrer Hans Diller und jetzt die neue Studie zur Homerarchäologie Erich Burck. Das begrüßt der Herausgeber um so mehr, als er ebenfalls in Kiel unter anderem bei Hans Diller und Erich Burck studiert hat.

Zugleich gilt Bruno Snell allergrößter Respekt, der – als er mit dem »Lexikon des frühgriechischen Epos« begann – durch seine ins Archäologische und Historische ausgreifenden Pläne zur Homerphilologie den Anstoß zur »Archaeologia Homerica« gab. Bruno Snell vollendete am 18. Juni 1986 sein 90. Lebensjahr und verstarb am 31. Oktober desselben Jahres.

Schließlich ist noch eine während der Drucklegung erschienene Einführung in die Homerproblematik anzuzeigen, die auch unseren Lesern von großem Nutzen sein wird (J. Latacz, Homer, Artemis-Einführungen Band 20, 1985). Zwar ließ der Verfasser das weite Gebiet der sogenannten homerischen Realien unberücksichtigt und sagt damit unmittelbar zu dem Thema dieser Lieferung der »Archaeologia Homerica« nichts, aber er rückt doch das frühgriechische Epos in eine neue Aktualität: »Der kulturgeschichtliche Einschnitt, den Homer bedeutet, ist in seinem Rang tatsächlich kaum zu überschätzen. Seit Ilias und Odyssee ist die Kultur des Abendlandes eine Schrift- und Textkultur, d. h. eine Kultur, die ihr gesamtes Wissen, Können und Wollen schriftlich konserviert und Schicht auf Schicht kontinuierlich speichert; sie ist dadurch ebenso vor Vergessen geschützt wie zur Überbietung verurteilt. Die Konsequenzen dieser Textualität für die Entwicklung, den gegenwärtigen Zustand und die Perspektiven der modernen Gesellschaft werden zur Zeit – besonders in den USA – intensiv erörtert. Es ist nur konsequent, daß diese von der kulturhistorischen Funktion her neubegründete Aktualität Homers ein neues Interesse auch an der spezifischen Eigenart seiner Dichtung erzeugt hat. ... Wenn aber der eigentliche Grund für die jahrhundertelange Prägekraft Homers seine dichterische Qualität ist, dann kann die wirkliche 'homerische Frage' nicht die nach der Genese von Ilias und Odyssee sein, sondern nur die nach dem, was diese Qualität ausmacht«.

Freilich vertritt unser Thema »Sport und Spiel« keineswegs nur kulturhistorische Nebenaspekte, es spiegelt vielmehr in mancherlei Brechungen das Wertgefüge der frühgriechischen Gesellschaft und Dichtung, von dem J. Latacz bemerkt, daß es im Menschlichen, im Denken, Fühlen, Werten und Streben, uns Heutige unmittelbar anspricht, so etwa »der hohe Rang von Leistung, Erfolg, Schönheit, Gefälligkeit der Umgangsformen und der Ausdrucksfähigkeit, daneben aber auch Stolz, Selbstachtung und Gefühl für Würde«.

Wenn wir im folgenden vom 'agonalen Prinzip' zu sprechen haben werden, dann liegt ihm die persönliche Leistung, erprobt und gemessen an der Leistung

Vorwort

anderer, zugrunde. Das knüpft an den Lataczschen Gedanken an, eine Kultur könne durch besondere Umstände »zur Überbietung verurteilt« sein. Ohne dieses Prinzip gäbe es eine wettkampfmäßige Betätigung, die wir Sport nennen, nicht.

Verfasser und Herausgeber haben zahlreichen Kolleginnen und Kollegen für mancherlei Hilfe zu danken[1], ebenso dem Verlag für die geduldige und umsichtige Zusammenarbeit. Geduld war besonders in diesem Fall vonnöten, als »Sport und Spiel« in der Planung zu den früh – und das heißt in der Mitte der sechziger Jahre – erwarteten Beiträgen gehörte. Nach verschiedenen Bearbeitern hat schließlich Siegfried Laser die Aufgabe übernommen und ist in die entstandene Bresche gesprungen.

Es kam zur fruchtbaren Zusammenarbeit unter altphilologischen und archäologischen Aspekten, indem ich mich um die Bildbelege kümmerte und die Abschnitte »Rasseln und Schellen, Reifen, Wippen und Schaukeln« beitrug. Insbesondere habe ich einen Anhang über die »Brettspielenden Helden« verfaßt. S. Laser berücksichtigte vom Thema und vom Grundkonzept der »Archaeologia Homerica« her nur solche Fakten, die bei Homer oder in der sonstigen Dichtung seiner Epoche überliefert sind. Durch meinen Anteil an der Arbeit treten Erscheinungen ins Blickfeld, die im erhaltenen Homertext fehlen. Ich sah mich veranlaßt, im Bereich 'Spiel' auch solche Dinge zu behandeln, weil sie archäologisch bereits in der ägäischen Bronzezeit oder in östlichen Nachbarländern nachweisbar sind und deshalb Homer bekannt sein mußten oder konnten. Im Falle der »Brettspielenden Helden« ist es so gut wie sicher, daß der Kern der Episode auf ältere Dichtung zurückging.

Gießen, Dezember 1986   Hans-Günter Buchholz

---

[1] Verfasser und Herausgeber danken H.-P. Gumtz, Gießen, für die redaktionelle Bearbeitung des Manuskripts; ihm sowie Frau Chr. Sandner, Gießen, dankt H.-G. Buchholz besonders für die Unterstützung bei der Erstellung des Katalogs des Bildthemas der 'Brettspielenden Helden'. M. Morkramer, Gießen, ist für das Umzeichnen folgender Abbildungen zu danken: Abb. 2. 3a. b; 5. 6a. c; 7. 9. 10a–f; 11a–f; 12, 15. 16a. b; 17. 18a–c; 19. 20a; 21a–e; 22. 26a. c. d; 27a. b; 28. 29a. b; 31a; 32. 33. 34. 36. 38a. d; 41a. b; 42a–d; 43a–d; 44a. b; 45b. c; 46a. c. d; 47a–d; 49a–f; 50a. b; 51b. c; 52a. b; 53. 54. 55a; 57a (nach einem freundlicherweise vom Museum Folkwang, Essen, zur Verfügung gestellten Photo) und b; 58a. b; 59a. b. C. Müller, Gießen, ist für die Zeichnung von Abb. 46b zu danken. Abb. 31b; 37. 39. 40a–d stammen von H.-G. Buchholz. Folgende Kollegen und wissenschaftliche Institutionen haben bei der Beschaffung des auf den Tafeln wiedergegebenen Bildmaterials geholfen, wofür wir vielmals danken: Kunsthistorisches Museum, Wien, Museumsphoto (Taf. T Ia), Antikenmuseum, Staatliche Museen Preußischer Kulturbesitz, Berlin (Taf. T IIa), Frau Prof. Dr. N. Leipen, Royal Ontario Museum, Toronto (Taf. T IIb; T IVa; T VIc), Prof. Dr. W. Martini, Gießen, vormals Kiel (Taf. T IIIa), Archäologisches Museum, Herakleion, Museumsphoto (Taf. T IIIb), British Museum, London, Museumsphoto (Taf. T IIId), Prof. J. Boardman, Ashmolean Museum, Oxford (Taf. T IVb. e), Dr. S. Oppermann, Professor für Klassische Archäologie, Gießen (Taf. T IVc. d), Vatikanische Museen, Museumsphoto (Taf. T Vb), Prof. Dr. C. Vermeule, Museum of Fine Arts, Boston (Taf. T Va; T VIa), Frau Dr. B. Schauenburg, Kiel (Taf. T VIb), Dr. U. Gehrig, Hannover, vormals Berlin (Taf. T VIIa), Prof. Dr. K. T. Luckner, Toledo Museum of Art, Toledo, Ohio (Taf. T VIIb), DAI Rom (Taf. T VIII); Archiv H.-G. Buchholz (Taf. T Ib. c; T IIIc).

II. Einleitung: Zur gemeinsamen Wurzel von Sport und Spiel

Die Themen des vorliegenden Kapitels, das sich einerseits mit den Leibesübungen und sportlichen Veranstaltungen der frühepischen Zeit, andererseits ihren nicht in den Bereich der Athletik fallenden, vorwiegend kindlichem Betätigungsdrange entspringenden Spielen befaßt, werden hier in einer praktisch vertretbaren, morphologisch freilich unbegründeten Gegenüberstellung behandelt. Mit dem Begriff 'Spiel' umfassen wir nicht nur jenes soeben angesprochene Spielen in engerem Sinne, sondern auch die verschiedensten, sich nach Regeln vollziehenden sportlichen Wettkämpfe und Leibesübungen zum Leistungsvergleich. Schließlich kann nach dem Ausweis unserer Sprache mit 'Spiel' und 'spielen' auch die Betätigung eines Musikinstruments bezeichnet werden, womit die Weite des Begriffs, der damit nicht annähernd erschöpft ist, verdeutlicht wäre. Johan Huizinga, dem die klassische Behandlung des Themas zu verdanken ist[2], hat – ausgehend vom Begriff des Spiels in umfassendem Sinne – an den höher entwickelten, analysierbaren Formen des Spiels wie Wettkampf und Schaustellungen aller Art ihre kulturschaffende Funktion aufgezeigt, die er in der Gleichartigkeit der menschlichen Natur im Streben nach Höherem in der Form des Spielens begründet sieht[3]. Seine aufschlußreichen Gegenüberstellungen der Bezeichnungen für 'Spiel' bei einigen Kulturvölkern zeigen, wie trotz unbezweifelbarer faktischer Zusammengehörigkeit der verschiedensten Spielformen die Herausbildung eines umfassenden Spielbegriffs sich durchaus nicht überall und mit gleichem Geltungsbereich vollzogen hat[4]. Unter den hier vornehmlich interessierenden Sprachen gibt ihm das lat. *ludus*[5] besonders umfassend den Spielbegiff wieder, im Gegensatz zum Griechischen, wo mit dem Wort ἀγών der so wichtige Komplex der Kampf- und Wettspiele dem Spielbereich im wesentlichen entzogen wird[6].

Das umfassendste epische Wort für 'spielen' ist seit der Odyssee παίζω. Seine Verbindung mit παῖς, »Kind«, ist durchsichtig. Das Substantiv παιδιά kommt im frühepischen Bereich noch nicht vor. Die Ilias kennt das etymologisch unsichere ἀθύρω, »spiele« mit dem Substantiv ἄθυρμα, »Spielzeug«. Παίζω begegnet einige Male, ohne die spezifische Art des Spielens erkennen zu lassen[7], einmal in Verbindung mit σφαίρῃ, »Ball spielen«[8]; einmal ist das Spielen auf einem Musikinstrument gemeint[9], öfter ist ein mehr oder weniger deutlicher Bezug auf den Tanz zu erkennen[10]. Somit sind folgende epische Bedeutungen greifbar: Spielen, sich tum-

---

[2] J. Huizinga, Homo Ludens (1938, holländisch); in deutscher Übersetzung zuletzt 1981; im folgenden: Huizinga, Homo Ludens.   [3] Huizinga, Homo Ludens 88.   [4] Huizinga, Homo Ludens 37 ff.   [5] Huizinga, Homo Ludens 46.   [6] Huizinga sieht die Erklärung darin, daß die Agonistik in der frühgriechischen Gesellschaft schon früh einen so hohen Rang einnahm, daß man sich ihres Spielcharakters nicht mehr bewußt war (Homo Ludens 40). Daneben wird an anderer Stelle (Homo Ludens 175) noch geltend gemacht, daß die alten Stammwörter für 'spielen' im Griechischen (παιδιά, παίζειν) wegen ihrer Gedankenverbindung mit kindlichem Tun kaum dazu geeignet waren, höheren Spielformen Ausdruck zu verleihen.   [7] 6,106; 7,291; h. Cer. 5. 425.   [8] 6,100.   [9] h. Ap. 206, auf den zitherspielenden Apoll bezogen.   [10] 8,251; 23, 147; h. Ap. 201; Ven. 120; h. Hom 30,15. Zu παίζω im Sinne eines mit Ballspiel verbundenen Reigens, besonders in Verbindung mit ὀρχεῖσθαι und Stammverwandtem s. u. S. T 92. Auf diese Bedeutung weisen die Wendungen φιλοπαίγμονος ὀρχηθμοῖο (23,134) und φιλοπαίγμονες ὀρχηστῆρες (Hes., Fr. 198 Rz.) hin.

meln; Ball spielen; ein Musikinstrument spielen; tanzen[11]. Zu nennen ist noch das etymologisch undurchsichtige ἐψιάομαι, was man zunächst mit »spielen, Kurzweil treiben« wiedergeben kann. So 17,530, wo man nach Analogie zu 1,106 ff. an ein Brettspiel denken könnte. Mit ἐψιάασθαι μολπῇ καὶ φόρμιγγι (21,429 f.) ist wiederum ein musisches Spielen gemeint. Daneben begegnen ἐφεψιάομαι[12] und καθεψιάομαι[13] im Sinne von verspotten, was an lat. *illudere* erinnert. Ἀθύρω, das an der einzigen Stelle in der Ilias[14] kindliches Spielen bezeichnet, wird in den homerischen Hymnen auch vom Spielen eines Musikinstruments gesagt[15]. Gymnastische Betätigung erscheint also, wie schon eingangs bemerkt, zunächst wenigstens nicht unter den epischen Spielformen der Griechen.

Bemerkenswert ist, daß Spiel und Sport im frühen Griechisch wieder als homogen empfunden werden, wo es um ihre Motivierung geht: Es ist die Freude an elementarem Lebensgenuß, die übrigens fast ausschließlich durch τέρπω oder τέρπομαι wiedergegeben wird[16]. Dabei handelt es sich in der Mehrzahl der Fälle um die Freude an musischer Betätigung. So erfreut sich Apoll am Sühnegesang und Tanz der Achaier (I 474): ὁ δὲ φρένα τέρπετ' ἀκούων. Die Freude Achills am eigenen Spiel bringt eine andere Stelle zum Ausdruck: τὸν δ' εὗρον φρένα τερπόμενον φόρμιγγι λιγείῃ (IX 186). Spiel in engerem Sinne als Quelle des Lebensgenusses findet man an einer Odysseestelle, wo ein Brettspiel gemeint ist (1,107): πεσσοῖσι ... θυμὸν ἔτερπον. Entsprechend wird nun gymnastische Betätigung und sportlicher Wettkampf motiviert, etwa dort, wo sich die Myrmidonen mit Diskos, Speer und Bogen die Zeit vertreiben (II 774 f.): δίσκοισιν τέρποντο καὶ αἰγανέῃσιν ἱέντες τόξοισίν θ' oder wo von der Freude an den Phaiakenwettkämpfen die Rede ist (8,131): αὐτὰρ ἐπεὶ δὴ πάντες ἐτέρφθησαν φρέν' ἀέθλοις. Die Freude des Zuschauers an gymnastischer Darbietung, ausgedrückt durch ein Substantiv von gleichem Stamme, findet sich 18,37, wo Antinoos angesichts des bevorstehenden Faustkampfs der Bettler sagt: οἵην τερπωλὴν θεὸς ἤγαγεν ἐς τόδε δῶμα.

Was die übrigen durch τέρπω bezeichneten Lebensfreuden betrifft, lassen sie sich wohl nicht immer unter dem weiteren Aspekt des Spiels begreifen. Einen relativ breiten Raum nimmt hier noch die Freude am Essen und Trinken ein[17], die Freude am Schlaf, vorwiegend wohl in erotischem Sinne[18], sowie die Freude an materiellem Besitz. Artemis' Freude an jagdbarem Wild: τερπομένη κάπροισι καὶ

---

11 Später kommen zu den vier genannten noch die Bedeutungen 'spielen (in erotischem Sinne)', 'jagen' und 'Scherz treiben' hinzu; siehe LS. s. v. παίζω. **12** 19, 331. 370. **13** 19, 372. **14** XV 364. **15** h. Merc. 485; h. Hom. 19,15. Wie man sah, läßt sich sowohl παίζω wie ἐψιάομαι und ἀθύρω von der Betätigung eines Musikinstruments sagen. Das ist Huizinga entgangen, der diesen Gebrauch des Spielbegriffs für das Griechische in Abrede stellte; s. Huizinga, Homo Ludens 53. 173. **16** Für uns schwer verständlich, daß auch die Ersättigung mit Jammer und Klage dazugehört, die zumeist in der Verbindung τέρπεσθαι γόοιο Ausdruck findet. Γηθέω, öfter synonym mit χαίρω, meint wohl mehr momentane Regungen als Zeichen des Wohlgefallens und der Genugtuung. Ἥδομαι ist noch weitgehend unbekannt (ἅπαξ λεγ. 9, 353). **17** Immerhin fehlt hier nie eine festliche bzw. sakrale Note, die als Spielelement im Sinne Huizingas gilt; vgl. Huizinga, Homo Ludens 30 f. **18** Παίζω hat nachepisch auch diese Bedeutungsnuance; vgl. Anm. 11. Huizinga bestreitet, daß sich die Kennzeichen des Spiels auf den eigentlichen, biologischen Zeugungsakt anwenden lassen; Huizinga, Homo Ludens 54 f.

... ἐλάφοισι (6, 104; vgl. h. Hom. 27, 5: ἄγρῃ τερπομένη) weist freilich auf die Jagd als echte Spielform hin [19].

Hinzuweisen ist schließlich auch auf die immer wieder anklingende Freude am Gespräch jeder Art, so etwa XI 643: μύθοισιν τέρποντο πρὸς ἀλλήλους ἐνέποντες oder 4, 597 f.: μύθοισιν ἔπεσσί τε σοῖσιν ἀκούων τέρπομαι. Daß Rede und Gegenrede ein spielerisches und agonales Element innewohnt, ist unverkennbar. Man vergleiche nur die Stelle, an der es von Thoas heißt (XV 283 f.): ... ἀγορῇ δέ ἑ παῦροι Ἀχαιῶν νίκων, ὁππότε κοῦροι ἐρίσσειαν περὶ μύθων, »in der Versammlung besiegten ihn nur wenige der Achaier, sooft die Jünglinge mit Reden wetteiferten«. Später wird bei Apollonios von Rhodos in diesem Bereich sogar ein Wort gebraucht, das »spielen« heißt und oben in Gestalt von ἐψιάομαι bereits vorgestellt wurde. Dort heißt es:

    ... ἀμοιβαδὶς ἀλλήλοισιν
    μυθεῦνθ', οἷά τε πολλὰ νέοι παρὰ δαιτὶ καὶ οἴνῳ
    τερπνῶς ἐψιόωνται ... (I 457 ff.)

»Im Wechsel führten sie miteinander Gespräche, womit sich ja oftmals junge Männer beim Mahl und Wein froh ergötzen«. Daß im Griechischen schließlich auch der gymnastisch-agonale Bereich der Spielsphäre begrifflich zugeordnet werden konnte, läßt die Hesychglosse ἐψιάτιμον· γυμναστικόν, παιγνιῶδες vermuten. Dem gymnastischen Bereich sollen die folgenden Ausführungen zunächst gelten. Im Abschnitt IV wird dann das Spiel in engerem Sinne behandelt werden [20].

III. Leibesübungen

1. Motive und Anlässe sportlicher Betätigung, das agonale Prinzip

a) *Zur sogenannten agonalen Lebenshaltung im frühgriechischen Epos*

Seit Ernst Curtius[21] und Jakob Burckhardt[22] das 'Agonale' als ein die griechische Lebenshaltung bestimmendes Prinzip ihren Interpretationen des Griechentums voranstellten, sah man darin ein Kriterium, dem man nicht nur für die Entfaltung des europäischen Sports, sondern auch für die Sonderstellung griechischer Kulturleistung entscheidende Bedeutung beimaß. Diese – von Modifizierungen abgesehen – bis heute vorherrschende Sicht[23] sah sich in neuerer Zeit

---

[19] Zu παίζω nachepisch in der Bedeutung 'jagen' s. Anm. 11. Vielleicht liegt diese Bedeutung schon 6, 106 vor, wie Sophokles, Elektra 566 f., wo sich θεᾶς παίζων κατ' ἄλσος offensichtlich auf die Jagd bezieht; vgl. noch Huizinga, Homo Ludens 52. 57.   [20] Die musischen Spielformen sind in der 'Archaeologia Homerica' schon bei M. Wegner, Musik und Tanz (Kap. U), die der Jagd bei H.-G. Buchholz – G. Jöhrens – I. Maull, Jagd und Fischfang (Kap. J) erfaßt.   [21] E. Curtius, Der Wettkampf, in: Altertum und Gegenwart, Gesammelte Reden und Vorträge (1877) 132 ff.   [22] J. Burckhardt, Der koloniale und agonale Mensch, in: Griechische Kulturgeschichte, hrsg. von R. Marx, Bd. 3 (1941) 61 ff.   [23] Unter Neueren seien genannt H. Berve, Vom agonalen Geist der Griechen, in: Gestaltende Kräfte der Antike, Aufsätze und Vorträge zur griechischen und

recht energischer Kritik ausgesetzt[24], deren Absicht es war, im Zuge einer 'universalhistorischen' Betrachtungsweise Vorrang und vermeintliche Einmaligkeit griechischer Agonistik und ihrer kulturschaffenden Potenz in Frage zu stellen, wobei sie sich in zunehmendem Maße auch ethnologischer Forschungen und Erkenntnisse bediente, die unbestreitbar erwiesen, daß auch bei anderen, alten wie rezenten Völkern nicht nur mit einem z. T. hochentwickelten Sportbetrieb zu rechnen ist, sondern auch ihr sonstiges gesellschaftliches Verhalten von Regeln des Wettbewerbs bestimmt ist und war, worin man sicher zu Recht eine der menschlichen Natur immanente Regung wirksam sah[25]. Obwohl damit Ansätze gemacht sind, die Konzeption eines vorrangig 'agonal' geprägten Griechentums ad absurdum zu führen, sieht sich der Verfasser nicht der Notwendigkeit enthoben, erneut zu prüfen, welche Zeugnisse für die Durchdringung griechischen Lebens mit dem Geist des Wettbewerbs speziell das frühe Epos beisteuert und ob für die sich darin abzeichnende 'agonale' Haltung der Anspruch besonderer Qualität zu Unrecht erhoben wird.

Der Dichter Hesiod von Askra, den eine Erbauseinandersetzung mit dem Bruder Perses zu einem epischen Gedicht inspiriert, das uns unter dem Titel »Werke und Tage« bekannt ist, sieht sich, um dem Bruder klar zu machen, daß man nur durch ehrliche Arbeit zu Wohlstand und Sicherheit gelange, um 700 v. Chr. zu einer Betrachtung über das Wesen des Streits (Eris) veranlaßt, wobei er einer sehr bemerkenswerten Erkenntnis Ausdruck verleiht (Hes., Op. 11 ff.):

Οὐκ ἄρα μοῦνον ἔην Ἐρίδων γένος, ἀλλ' ἐπὶ γαῖαν
εἰσὶ δύω· τὴν μέν κεν ἐπαινέσσειε νοήσας,
ἡ δ' ἐπιμωμητή· διὰ δ' ἄνδιχα θυμὸν ἔχουσιν.
Ἡ μὲν γὰρ πόλεμόν τε κακόν καὶ δῆριν ὀφέλλει,
σχετλίη· οὔ τις τήν γε φιλεῖ βροτός, ἀλλ' ὑπ' ἀνάγκης
ἀθανάτων βουλῇσιν Ἔριν τιμῶσι βαρεῖαν.
Τὴν δ' ἑτέρην προτέρην μὲν ἐγείνατο Νὺξ ἐρεβεννή,
θῆκε δέ μιν Κρονίδης ὑψίζυγος, αἰθέρι ναίων,
γαίης τ' ἐν ῥίζῃσι καὶ ἀνδράσι πολλὸν ἀμείνω·
ἥ τε καὶ ἀπάλαμόν περ ὁμῶς ἐπὶ ἔργον ἔγειρεν·
εἰς ἕτερον γάρ τίς τε ἰδὼν ἔργοιο χατίζει
πλούσιον, ὃς σπεύδει μὲν ἀρώμεναι ἠδὲ φυτεύειν
οἶκόν τ' εὖ θέσθαι· ζηλοῖ δέ τε γείτονα γείτων
εἰς ἄφενος σπεύδοντ'· ἀγαθὴ δ' Ἔρις ἥδε βροτοῖσι.
Καὶ κεραμεὺς κεραμεῖ κοτέει καὶ τέκτονι τέκτων,
καὶ πτωχὸς πτωχῷ φθονέει καὶ ἀοιδὸς ἀοιδῷ.

---

römischen Geschichte (1966) 1 ff.; H. Bengtson, Agonistik und Politik im Alten Griechenland, in: Kleine Schriften zur alten Geschichte (1974) 191 ff.; O. Murray, Early Greece (1980), hier zitiert nach der deutschen Ausgabe: Das frühe Griechenland (1982) 254. 388 (Anm. zu Kap. 12).   **24** Besonders I. Weiler, Der Agon im Mythos (1974), im folgenden: Weiler, Agon; ders., Der Sport bei den Völkern der Alten Welt (1981), im folgenden: Weiler, Sport; F. Hampl, Universalhistorische Betrachtungsweise als Problem und Aufgabe, in: Innsbrucker Beiträge zur Kulturwissenschaft 18, 1974, 121 ff. und ebendort I. Weiler, Von 'Wesen', 'Geist' und 'Eigenart' der Völker der Alten Welt, S. 243 ff.   **25** Berve a.O. 1; Weiler, Agon 35.

»Es gab also nicht nur ein Eris-Geschlecht [26], sondern zwei sind es auf der Erde. Wer die eine Eris erkennt, könnte sie loben. Die andere ist dagegen zu tadeln. Denn die eine, die schlimme, fördert üblen Krieg und Kampf. Sie freilich liebt kein Sterblicher, aber nach dem Willen der Unsterblichen erweisen sie unter Zwang der beschwerlichen Eris Ehre. Die andere aber gebar die dunkle Nacht als die Ältere. Sie versetzte der Kronide, der droben hoch im Äther wohnt, an die Wurzeln der Erde, und sie ist für den Menschen viel besser. Sie macht selbst einen Unbeholfenen zur Arbeit munter. Denn wenn einer auf einen Reichen schaut, der Eifer zeigt zu pflügen, pflanzen und sein Haus gut zu bestellen, verlangt er zu schaffen. Nachbar eifert dem Nachbarn nach, der sich sputet, reich zu werden. Diese Eris ist gut für die Sterblichen. Und so grollt denn der Töpfer dem Töpfer, der Zimmermann dem Zimmermann, und mit Neid schaut der Bettler auf den Bettler, der Sänger auf den Sänger«. Die Abstraktion, die in der Erkenntnis liegt, daß dem an sich bösen Prinzip des Streites eine förderliche Wirkung innewohnen kann, darf ebenso wie die Selbstreflexion eines alle Lebensbereiche durchdringenden 'agonalen' Verhaltens als eine spezifisch griechische Leistung angesprochen werden [27]. Sie steht exemplarisch für eine Sublimierung des 'Agonalen' und deutet an, wie hier aus einem angeborenen Verhaltenstypus eine sich ihrer selbst bewußte Geisteshaltung und Maxime erwuchs [28].

Obwohl es nicht beabsichtigt ist, die zahlreichen bisher von anderer Seite vorgebrachten Argumente für die Durchdringung griechischen Lebens mit dem Prinzip des 'Agonalen' zu wiederholen [29], sollen wenigstens einige Zeugnisse dieser Art, soweit sie für den hier im Vordergrund stehenden frühepischen Bereich kennzeichnend sind, das bisher Ermittelte ergänzen.

Ein Bedürfnis nach Rangordnung und Wahrung der gebührenden τιμή [30], was sich mit »Ehre, Wertschätzung« nur unvollkommen wiedergeben läßt, ist durchgehend spürbar und findet nicht zuletzt in der olympischen Hierarchie seinen Ausdruck. Zeus ist »bei weitem der Mächtigste« (I 581). Er will die übrigen Götter drastisch erkennen lehren, daß er »von allen der Stärkste« ist (VIII 17)[31]. Hera ist sich bewußt, stärker als Artemis zu sein, die sich ihr gleich stark wähnt (XXI 488). Athena rühmt sich, besser zu sein als Ares (XXI 410), während sich Hermes Leto unterlegen weiß (XXI 500). Thetis, die sich beim Göttervater für ihren Sohn einsetzt, äußert, daß eine Ablehnung ihres Wunsches ihr deutlich ma-

---

26 Diese Ausdrucksweise wird allgemein als Bezug auf Hesiods ursprüngliche Konzeption von einer einzigen Eris (Th. 225 ff.) verstanden, die hier vom Dichter berichtet werden soll; vgl. H. Diller, Die dichterische Form von Hesiods Erga (1962), wieder abgedruckt in: Kleine Schriften (1971) 45. Zur Interpretation dieser Hesiodpartie siehe generell H. Fränkel, Dichtung und Philosophie des frühen Griechentums (1951) 159 f. **27** Weiler, Agon 14 bemerkt zu dieser Hesiodstelle lediglich: »... das Vorhandensein wirtschaftlicher Konkurrenzformen, wie sie wohl auch Hesiod meint, bestätigt der Ethnologe R. Thurnwald ebenso für jene Naturvölker, die noch auf der untersten Stufe der Naturalwirtschaft stehen«. **28** Förderlich zum allgemeinen Verständnis des Phänomens ist die 'Einführung' bei B. Snell, Die Entdeckung des Geistes, Studien zur Entstehung des europäischen Denkens³ (1955) 7 ff. **29** s. o. Anm. 23. **30** Vgl. O. Murray, Das frühe Griechenland (1982) 60: »Da es keine fortdauernde Bindung als 'Untertan' an die Aristokratie gab (obwohl es sich um einen Erbadel handelte), schuf das Bemühen um den persönlich hohen Status, die 'Ehre' (time), eine Gesellschaft, die auf dem Wettbewerb beruhte«. **31** Es ist eine Art Tauziehen, das den Beweis liefern soll.

chen würde, wie wenig τιμή sie unter allen Göttern habe: ὅσσον ἐγὼ μετὰ πᾶσιν ἀτιμοτάτη θεός εἰμι (I 516).

Wie Zeus unter den Göttern, hat Agamemnon unter den βασιλῆες Anspruch auf den höchsten Rang. So fordert er von Achill Unterordnung, »weil er königlicher und älter« sei (IX 160 f.)[32]. Zahlreich sind die äußeren Zeichen von Rang und Würde in Form von Ansprüchen und Privilegien. Dazu gehören γερούσιος οἶνος, der »Ehrenwein« (IV 259; vgl. VII 470 f.), die Gerontenmahlzeit (IV 344), Ehrensitz und Ehrenportion beim Mahl (XII 310 f.)[33] und Bevorzugung bei der Beuteverteilung (IX 334). Wo von den erwähnten Vorrechten der lykischen Könige beim Mahl die Rede ist (XII 310 ff.), findet sich auch eine Begründung ihres Anpruchs: »aber auch ihre Kraft ist tüchtig; denn sie kämpfen bei den Lykiern unter den Ersten« (XII 320 f.). Deutlicher hebt Hektor im Gespräch mit Andromache seine Verpflichtung zu tapferem Kampf hervor: »da ich es gelernt habe, stets ein Edler zu sein und unter den ersten Troern zu kämpfen, indem ich meines Vaters großen Ruhm bewahre und meinen eigenen« (VI 444 ff.). Die vom Geiste des Agons geprägte Standesverpflichtung des homerischen Adels zeigt sich am klarsten in folgenden Versen (XI 783 f.):

Πηλεὺς μὲν ᾧ παιδὶ γέρων ἐπέτελλ' Ἀχιλῆι
αἰὲν ἀριστεύειν καὶ ὑπείροχον ἔμμεναι ἄλλων.

»Der alte Peleus trug seinem Sohn Achilleus auf, stets der Beste zu sein und anderen überlegen«[34].

Dem kurz umrissenen Bedürfnis, Rang und 'Ehre' zu wahren, entspricht eine Neigung zu Qualifizierung und wertendem Vergleich bei Hervorhebung von Vorzügen und Leistungen aller Art. So soll der Schiffskatalog im zweiten Buch der Ilias zum Ausdruck bringen, welches jeweils die besten Männer und Pferde im Aufgebot der Achaier waren (II 761 f.), oder es wird festgehalten, daß Nireus nächst Achilleus der Schönste aller Danaer war, die nach Ilios kamen (II 673), daß Apisaon nächst Asteropaios der Beste im Kampf (XVII 350 f.) war. Während des Mauerkampfes ermuntern die beiden Aias jeden ihrer Mitstreiter, »sei er hervorragend, sei er mittelmäßig, sei er auch schlechter«, für alle gelte es, sich jetzt im Kampf zu bewähren (XII 269 ff.). Wenn nicht der Kampf, so bietet die Agora dem Manne Gelegenheit, sich mit Rat und Rede zu bewähren. Hier zeigt schon die epische Diktion, wie sehr die Adelsversammlung als Wettkampfstätte empfunden wird: Agamemnon sagt zu Nestor: »Da besiegst du wieder einmal im Rat (ἀγορῇ νικᾷς) die Söhne der Achaier« (II 370). Phoinix spricht von der Agora als der Stätte, »wo sich Männer auszeichnen« (ἵνα τ' ἄνδρες ἀριπρεπέες τελέθουσι; IX 441). Der Aitoler Thoas wird eingeführt als einer, »den nur wenige Achaier in der Versammlung besiegten, sooft die Jünglinge einen Wettstreit in Worten austrugen« (XV 283 f.):

... ἀγορῇ δέ ἑ παῦροι Ἀχαιῶν
νίκων, ὁππότε κοῦροι ἐρίσσειαν περὶ μύθων,

---

[32] Im 'aufgeklärten' zehnten Buch der Ilias fordert Agamemnon den Diomedes auf, sich bei der Wahl eines Begleiters nur von dessen Qualität und nicht von seinem königlichen Rang bestimmen zu lassen (237 ff.).   [33] Vgl. S.T 80 mit Anm. 397 zu XXIII 810.
[34] So noch VI 208, auf Glaukos bezogen.

und wenn Odysseus redet, »könnte kein anderer Sterblicher mit ihm wetteifern« (III 223): οὐκ ἂν ἔπειτ' Ὀδυσῆΐ γ' ἐρίσσειε βροτὸς ἄλλος.

Ἐρίζω und stammverwandten Wörtern wird man auch weiterhin begegnen, wo vom Wettstreit im Sinne von Hesiods guter Eris die Rede ist. Voller Besorgnis versucht Agamemnon den ungleichen Zweikampf des Menelaos mit Hektor zu verhindern (VII 111):

μηδ' ἔθελ' ἐξ ἔριδος σεῦ ἀμείνονι φωτὶ μάχεσθαι,

»und wolle nicht aus Wetteifer mit einem Manne kämpfen, der besser ist als du«. An keiner anderen Stelle bietet die Ilias ἔρις in dieser Bedeutung, die in der Odyssee gelegentlich schon anzutreffen ist. Die Mägde Nausikaas, die die Wäsche zur Reinigung in den Waschgruben treten, gestalten diese Tätigkeit zu einem Wettkampf (6,92):

στεῖβον δ'ἐν βόθροισι θοῶς ἔριδα προφέρουσαι,

und der Bettler Odysseus, vom Freier Eurymachos verdächtigt, daß er lieber bettele als ehrlicher Landarbeit nachgehe, erklärt sich bereit, seinen Tadler in den genannten Verrichtungen in Form eines Wettkampfs zu übertreffen (18,366 ff.):

Εὐρύμαχ', εἰ γὰρ νῶϊν ἔρις ἔργοιο γένοιτο
ὥρῃ ἐν εἰαρινῇ, ὅτε τ' ἤματα μακρὰ πέλονται,
ἐν ποίῃ, δρέπανον μὲν ἐγὼν εὐκαμπὲς ἔχοιμι,
καὶ δὲ σὺ τοῖον ἔχοις, ἵνα πειρησαίμεθα ἔργου
νήστιες ἄχρι μάλα κνέφαος, ποίη δὲ παρείη.
εἰ δ' αὖ καὶ βόες εἶεν ἐλαυνέμεν, οἵ περ ἄριστοι,
αἴθωνες μεγάλοι, ἄμφω κεκορηότε ποίης,
ἥλικες ἰσοφόροι, τῶν τε σθένος οὐκ ἀλαπαδνόν,
τετράγυον δ' εἴη, εἴκοι δ' ὑπὸ βῶλος ἀρότρῳ·
τῷ κέ μ' ἴδοις, εἰ ὦλκα διηνεκέα προταμοίμην.

»Eurymachos, wenn es doch zu einem Wettstreit der Arbeit zwischen uns käme, zur Frühlingszeit, wenn die Tage lang werden, bei der Grasmahd, und ich hätte eine gutgekrümmte Sichel, und auch du hättest so eine, daß wir es mit der Arbeit versuchten, nüchtern bis tief in die Dunkelheit, und Gras wäre vorhanden – oder es wären auch Rinder anzutreiben, die die besten sind, rotbraune, große, beide von Gras gesättigt, gleichaltrig und gleich im Ziehen, und unerschöpflich wäre ihre Kraft; und da wäre ein Stück von vier Morgen, und unter dem Pflug wiche die Ackerscholle: dann könntest du sehen, ob ich lange Furchen in einem Zuge schnitte«.

Von diesem Paradebeispiel abgesehen, wird auch in einer Reihe weniger auffälliger Redewendungen die Vorliebe für eine 'agonale' Sicht deutlich, wobei stets das Verb ἐρίζειν Verwendung findet. So behauptet der Bettler weiterhin von sich, niemand könne mit ihm in der Erledigung häuslicher Dienste wetteifern (15,321): δρηστοσύνῃ οὐκ ἄν μοι ἐρίσσειε βροτὸς ἄλλος. Oder »es gab keinen (dem Menestheus) gleichartigen Mann, Gespanne und Bewaffnete zum Kampf zu ordnen. Nur Nestor 'wetteiferte' mit ihm« (II 555). Keiner kann mit dem Ruhm des Pandaros als Bogenschützen 'wetteifern' (V 172). Im Kampf aus dem Stand heraus gibt Aias selbst Achill nicht nach. Im Lauf ist es unmöglich, mit ihm zu 'wetteifern' (XIII 325). Eine Tochter Agamemnons will Achill nicht heiraten, auch wenn sie an Schönheit mit Aphrodite 'wetteiferte' (IX 389). Kalypso meint, sterbliche Frauen könnten mit Göttinnen an Schönheit nicht 'wetteifern' (5, 213). Menelaos stellt dahin, ob jemand mit ihm an Besitz 'wetteifern' könnte (4, 80). Odysseus' Rat ist der beste unter den Menschen, und niemand der Sterblichen könne darin mit ihm 'wetteifern' (23, 126). Selbst seine einzigartige Fähigkeit, seinen Vorteil zu wahren, wird 'agonal' gesehen (19, 285 f.):

ὣς περὶ κέρδεα πολλὰ καταθνητῶν ἀνθρώπων
οἶδ' Ὀδυσεύς, οὐδ' ἄν τις ἐρίσσειε βροτὸς ἄλλος.

Als schließlich in der Odyssee der Kampf gegen die Angehörigen der erschlagenen Freier bevorsteht, jubelt der alte Laertes, selbst zum Kampf gerüstet, als er Sohn und Enkel gleichermaßen bewaffnet vor sich sieht (24, 514 f.):

τίς νύ μοι ἡμέρη ἥδε, θεοὶ φίλοι; ἦ μάλα χαίρω·
υἱός θ' υἱωνός τ' ἀρετῆς πέρι θῆριν ἔχουσι.

»Götter, welch ein Tag für mich! Wie freue ich mich! Sohn und Enkel tragen einen Wettstreit um die Tüchtigkeit aus«. Nicht nur die Welt des Adels ist vom Geist des Wettkampfs geprägt. Die Mägde der Nausikaa, die die Wäsche 'um die Wette' stampfen, oder der Bettler, der 'um die Wette' zu mähen und zu pflügen bereit ist, zeigen, daß auch das Milieu der kleinen Leute davon erfüllt ist. Auch die oben (S. T 7 f.) behandelten Verse Hesiods redeten von einem Wettbewerb unter Bauern und Handwerkern (Demiourgoi). Auch wenn sie, in der Absicht, dem Bruder zu helfen, in erster Linie der ökonomischen Seite des Phänomens gelten mochten, zeigt besonders der Wettstreit der Sänger (Hes., Op. 26), daß auch hier 'agonaler' Geist um der 'Ehre' willen vorherrscht, von dem der Dichter selbst erfüllt ist, der an anderer Stelle berichtet, daß er bei den Leichenspielen des Amphidamas den Sieg im Gesang davon getragen habe (Hes., Op. 656 f.; s. u. S. T 22 f.).

b) *Zur Grundbedeutung von ἀγών*

Die Grundbedeutung von ἀγών ist nach Ausweis der ältesten Stellen »Versammlung, Ansammlung« von lebenden Wesen wie von Dingen. Θεῖος ἀγών ist »Versammlung der Götter«[35], νεῶν ἀγών[36] »Versammlung der Schiffe«, womit das Schiffslager bezeichnet wird. Bevorzugt wird das Wort im XXIII. Buch der Ilias und im 8. Buch der Odyssee verwandt, wo es jeweils eine zu hippischen bzw. gymnischen Wettkämpfen versammelte Menschenmenge bezeichnet. Als Schlüsselstelle kann XXIII 258 gelten: αὐτοῦ λαὸν ἔρυκε καὶ ἵζανεν εὐρὺν ἀγῶνα, »dort hielt (Achill) das Volk zurück und ließ die Versammlung weit auseinandergezogen Platz nehmen«. Bei Beendigung der Wettkämpfe treffen wir eine entspre-

---

35 VII 298; XVIII 376. Im zweiten Fall ist die Götterversammlung auf dem Olymp gemeint. Problematischer ist die Stelle VII 298, wo von den Trojanerinnen erwartet wird, daß sie εὐχόμεναι θεῖον δύσονται ἀγῶνα, »sich im Gebet in die Versammlung der Götter begeben werden«, d. h. dort beten werden. Mette (LfgrE. s. v. ἀγών) glaubt, daß hier an eine Ansammlung von Götterbildern im Sinne eines 'Göttervereins' zu denken sei; vgl. Schol. BT ad l.: θεῖον ἀγῶνα τὸν περὶ τὰ ἱερά, ἔνθα οἱ θεοὶ αὐλίζονται διὰ τὰ ἀγάλματα. Aischylos, Agamemnon 513; dazu H. Fränkel, Aisch. Ag. II 260–263; Leaf ad l.
36 XV 428; XVI 239. 500; XIX 42; XX 33.

chende Ausdrucksweise an (XXIV 1 f.): Λῦτο δ' ἀγών, λαοὶ δὲ θοὰς ἐπὶ νῆας ἕκαστοι | ἐσκίδναντ' ἰέναι, »die Versammlung löste sich auf, die Männer zerstreuten sich« usw. Aus dem sich auf diese Situation beschränkenden Gebrauch erwuchsen die weiteren Bedeutungen »Wettkampf« und »Kampfplatz‹, deren Nachweis im frühen Epos jedoch umstritten ist. Bei Liddell-Scott findet man für »Wettkampf« (*contest*) überhaupt keine epischen Belegstellen. Doch scheint der Übergang zu dieser Bedeutung schon in der Ilias durchsichtig, wenn es heißt (XXIII 531): ἥκιστος δ' ἦν αὐτὸς ἐλαυνέμεν ἅρμ' ἐν ἀγῶνι, »er war der Schlechteste, einen Wagen zu fahren bei einer Sportversammlung«[37], wobei sich aus einem 'modal' verstandenen ἐν ἀγῶνι der Übergang zur Bedeutung »Sportveranstaltung, Wettkampf« leicht nachvollziehen läßt[38]. Wo jedoch die Grundbedeutung[39] ohne Gefährdung des Verständnisses beibehalten werden kann, sollte dies geschehen. Das würde besonders bei der zweiten, häufig in Anspruch genommenen Sekundärbedeutung in lokalem Sinn: »Kampfstätte, Arena« zu weitgehender Einschränkung führen[40]. Dabei bieten präpositionale Verbindungen mit ἀγών nicht immer Gewähr für eine lokale Bedeutung des Wortes[41]. Wer z.B. ἐκτὸς ἀγῶνος sitzt, wie Idomeneus beim Wagenrennen (XXIII 451), befindet sich nicht außerhalb der Wettkampfstätte, sondern abseits von der übrigen Zuschauermenge.

An anderen Stellen ist die Entscheidung schwerer zu fällen. Wenn es von Faustkämpfern heißt (XXIII 685): βήτην ἐς μέσσον ἀγῶνα[42], soll damit gewiß nicht gesagt werden, daß sie sich unter die Zuschauer mischen, und doch begeben sie sich in gewisser Weise »mitten in die Versammlung«, nämlich in die Mitte jenes je nach Art des Wettkampfes bald mehr, bald weniger geöffneten Kreises, den die Zuschauer bilden. Es ist ein Platz, der lediglich durch die um ihn versammelten Menschen existiert, die auch hier noch mit ἀγών gemeint sind. Eine Übersetzung mit »Kampfplatz« würde gewiß der Situation voll entsprechen, wobei freilich zum Ausdruck käme, daß an eine hergerichtete Kampfstätte, eine 'Arena', nicht zu denken ist. Die Wiedergabe unterliegt in diesem Bereich naturgemäß subjektiver Entscheidung, was in den starken Schwankungen in Lexika und Übersetzungen zum Ausdruck kommt[43].

37 Genauer wohl: »unter solchen, die (zur Sportausübung) versammelt sind«. **38** Im Sinne von »Wettkampf« am ehesten noch 8, 259; Hes., Th. 435; h. Hom. 6, 19. **39** Weiler, Agon 26 ff. sieht die Wettkampfsphäre als Ursprungsbereich des Wortes an, dem er eine primär lokale Bedeutung beilegt (S. 35), wobei er sich im wesentlichen statistischer Argumente bedient, die semasiologisch ohne Belang sind. Daß »der fragliche Ausdruck in seinen frühesten greifbaren Belegen bereits in enger Verbindung mit dem Wettkampf zu denken ist« (S. 26), trifft nicht zu. Diesem Präjudiz Weilers entsprechen seine Versuche, die beiden Belegstellen zu θεῖος ἀγών, insbesondere XVIII 376, »in einem für uns nicht mehr erkennbaren Zusammenhang mit einem Wettspiel« (S. 26 Anm. 19) zu sehen, weil dort von Dreifüßen die Rede ist, die sonst als typische Kampfpreise bekannt seien. Des weiteren wird νεῶν ἀγών gedeutet als »Lagerplatz bei den Schiffen (sic), in dessen Nähe die sagenhaften Spiele wohl zu lokalisieren sind« (S. 26) und damit eine Verbindung dieser Redewendungen mit der Wettkampfsphäre suggeriert, die an keiner der Belegstellen zu finden ist. Zu Weilers unhaltbarer Interpretation von 24, 85 ff. (Agon 27) s. u. S. T 22. **40** W. Schadewaldt, der in seiner Prosaübersetzung der Odyssee von 1958 noch nicht nach diesem Prinzip zu verfahren scheint, folgt ihm in seiner heute wohl maßgeblichen deutschen Übersetzung der Ilias von 1975 konsequent. **41** Zu Weiler, Agon 28. **42** Ähnlich von Ringkämpfern: XXIII 710. **43** Mette gibt z.B. im LfgrE. sämtliche elf Stellen von XXIII 273–886 lokal wieder (»Versammlungsplatz der

In dem so verstandenen ἀγών lassen sich nicht nur Wettkämpfe austragen, sondern auch die Preise niederlegen [44]. Wettkämpfe wie das Wagenrennen oder die Wurfübungen erforderten eine andere Lokalisierung der Zuschauer. Achill läßt sie zu Beginn der Leichenspiele für Patroklos im Hinblick auf das gleich folgende Wagenrennen wohl in weit geöffnetem Halbkreis um den Startplatz, der ja zugleich das Ziel bildet [45], Platz nehmen: ἵζανεν εὐρὺν ἀγῶνα (XXIII 258). Inmitten dieses Halbkreises macht dann auch das siegreiche Gespann Halt: στῆ δὲ μέσῳ ἐν ἀγῶνι (XXIII 507). Ähnlich wird man sich die Anordnung der Zuschauer beim Diskoswurf vorzustellen haben, die den Ort des zu erwartenden Aufpralls der Scheibe in gebührendem Abstand umstehen. Über sie wirft Polypoites seinen Diskos noch weit hinaus: τόσσον παντὸς ἀγῶνος ὑπέρβαλε (XXIII 847)[46]. Am weitesten scheint das Wort auf dem Weg zu einer lokalen Bedeutung in der Odyssee fortgeschritten zu sein, wo von den Vorbereitungen zum Ephebenreigen im Rahmen der Phaiakenspiele die Rede ist (8,260): λείηναν δὲ χορόν, καλὸν δ' εὔρυναν ἀγῶνα. Das erste Kolon des Verses ist klar: »sie ebneten einen Tanzplatz«. Im zweiten zeigt schon das Attribut καλόν, daß sich ἀγῶνα nicht mehr in traditionellen Sinne als »Versammlung« verstehen läßt. Andererseits erinnert εὔρυναν noch an die Ausweitung des Zuschauerkreises im Vers XXIII 258 (s. o. S.T11), so daß ἀγῶνα zwischen effiziertem und affiziertem Objekt zu schweben scheint: »sie weiten den Zuschauerkreis zu einer schönen Wettkampfstätte«.

Über die sich im frühepischen Bereich abzeichnende Bedeutung »Wettkampf« erfuhr das Wort im späteren Gebrauch eine Erweiterung zu »Kampf« schlechthin, gelegentlich mit der besonderen Note von Mühsal und Bedrängnis. Diesen Bedeutungszuwachs gewann es wohl durch eine partielle Synonymie mit ἄεθλος, das schon zu epischer Zeit über eine entsprechende Bedeutungsbreite verfügte [47].

c) *Motive sportlichen Betätigungsdranges*

Zur τιμή des Adeligen gehört körperliche Kraft. Achill kann den Riegelbalken des Lagertors, mit dem sich sonst drei Mann abmühen, allein bedienen (XXIV 456): Ἀχιλεὺς δ' ἄρ ἐπιρρήσσεσκε καὶ οἶος. Körperliche Kräfte erfordert in besonderem Maße eine urtümliche Waffe des Epos, die zugleich als eines der ältesten Sportgeräte gelten darf: der Stein. Vom Stein, mit dem Aias den Epikles tötet, wird berichtet, daß ihn ein Mann »vom heutigen Schlage« (οἷοι νῦν βροτοί εἰσιν), »selbst wenn er in der Blüte seiner Kraft stünde« (μάλ' ἡβῶν), nicht mühelos mit beiden Händen halten könnte (XII 381 ff.). Den Stein, mit dem Diomedes den Hektor trifft, könnten nicht zwei Männer »vom heutigen Schlage« tragen. »Er aber schwang ihn mühelos ganz allein« (V 304): ὁ δέ μιν ῥέα πάλλε καὶ οἶος[48]. Schließlich liest man von einem Stein, den Hektor als Waffe benutzt, daß ihn nicht »zwei Männer, des Volkes beste, von der Art, wie die Menschen heute

---

Wettkämpfer«), die Schadewaldt (mit Ausnahme von XXIII 531) mit »Versammlung« übersetzt.   **44** XXIII 273. 799. 886; 24,86; Hes., Sc. 312; entsprechend XXIII 654. Zu Weiler, Agon 27 s. u. S.T22.   **45** s. u. S.T27.   **46** Dazu s. u. S.T24. T59. **47** Die Bedeutung »Wettkampf« gaben beide Wörter her. XXIII 531 ἐν ἀγῶνι und XVI 590 ἐν ἀέθλῳ, »in einem Wettkampf«, sind sogar metrisch austauschbar.   **48** XX 285 ff. gleichlautend von einem Stein des Aias.

sind, mühelos mit Hebeln auf einen Lastwagen wälzen könnten«. Selbst diesen »schwang er mühelos ganz allein« (XII 447 ff.).

An diese sagenhaften Kraftleistungen homerischer Helden erinnert ein 143,5 kg schwerer, in Olympia ausgegrabener Stein des 6. Jhs. v.Chr., der eine linksläufig von innen nach außen zu lesende Spiralinschrift trägt, die wahrscheinlich lautet: Βύβων τητέρη χερὶ ὑπερκεφαλά μ' ὑπερεβάλετο ὁ Φό[λ]α »Bybon, Sohn des Pholas (?), hat mich mit einer Hand über seinen Kopf geworfen« (Abb. 1)[49].

Abgesehen von der Einschätzung der Körperkraft zeigen die Homerzitate, daß der Dichter die Kraftleistungen seiner Helden an denen seiner eigenen Gegenwart mißt und sie diesen als überlegen empfindet. Dementsprechend läßt er seinen Nestor nicht müde werden, die körperlichen Leistungen seiner Generation seinen jüngeren epischen Zeitgenossen als Beispiel vorzuhalten[50]. Daß man volle Jugendkraft als Voraussetzung zu körperlicher Höchstleistung empfindet, besagte schon das oben genannte μάλ' ἡβῶν (XII 382), was noch drastischer in Nestors formelhaftem Stoßseufzer zum Ausdruck kommt: εἴθ' ὡς ἡβώοιμι, βίη δέ μοι ἔμπεδος εἴη, »wäre ich doch noch so in der Blüte meiner Jahre und ungeschmälert meine Kraft«[51]. Im Bereich dieser Vorstellungen nimmt also die Körperkraft nicht nur im Leben des Einzelmenschen ab, sondern verfällt auch von Generation zu Generation[52].

Wie sehr man sich der Bedeutung körperlicher Kraft bewußt ist, geht schon aus der Fülle der Bezeichnungen hervor (σθένος, ἴς, βίη, μένος, ἀλκή, ἥβη). Gleichwohl findet man keinen Hinweis dafür, daß man Sport treibt, um Körperkraft zu erringen oder zu erhalten. Ein erstes Motiv sportlichen Betätigungsdranges zeichnet sich in XV 358 f. ab, wo ein Streckenmaß verdeutlicht werden soll:

... ὅσον τ' ἐπὶ δουρὸς ἐρωὴ
γίγνεται, ὁππότ' ἀνὴρ σθένεος πειρώμενος ᾖσι.

»Soweit eines Speeres Wurf reicht, wenn ihn ein Mann schleudert, der seine Kraft erprobt«. Ähnliches sagen die Verse XVI 589 ff., die wiederum ein Streckenmaß umschreiben:

---

49 E.N.Gardiner, JHS. 27, 1907, 1 f.; ders., Olympia, its History and Remains (1925) 97 Abb. 29 (danach unsere Abb.); F.Mezö, Geschichte der Olympischen Spiele (1930) 126 Abb.62; Gardiner, Athletics 54; L.Drees, Olympia, Götter, Künstler und Athleten (1967) 86 Abb.18.   **50** I 260 ff. 271 f. u.ö.; in gleichem Sinne auf Odysseus bezogen: 8,221 ff.   **51** VII 157; XI 670 u.ö.   **52** Der Glaube an die höhere Leistungsfähigkeit der jeweils älteren Generation scheint an einer Stelle mit der Vorstellung in gewisse Kollisionen zu geraten, daß zur Höchstleistung Jugendkraft gehört. Während der Leichenspiele für Patroklos (XXIII 787 ff.) geht der junge Antilochos, bester Läufer seiner Altersgenossen (XXIII 756), beim Laufwettbewerb hinter Odysseus und Aias als letzter durchs Ziel und zeigt sich als guter Verlierer: εἰδόσιν ὔμμ' ἐρέω πᾶσιν, φίλοι, ὡς ἔτι καὶ νῦν | ἀθάνατοι τιμῶσι παλαιοτέρους ἀνθρώπους. | Αἴας μὲν γὰρ ἐμεῖ' ὀλίγον προγενέστερός ἐστιν, | οὗτος δὲ προτέρης γενεῆς προτέρων τ' ἀνθρώπων· | ὠμογέροντα δέ μίν φασ' ἔμμεναι ... »Ich sage euch allen Bekanntes, Freunde, daß nämlich die Unsterblichen auch jetzt noch die älteren Menschen ehren. Denn Aias ist nur wenig älter als ich. Dieser aber (Odysseus) gehört zu einem früheren Geschlecht und früheren Menschen. Ein 'Frischgreis' ist er, wie man sagt«. Odysseus siegt im Lauf, weil er eine Generation älter ist; weil er aber die Blüte seiner Jahre überschritten hat, muß sein Sieg durch einen Sonderstatus erklärt werden: er ist ein ὠμογέρων, ein 'Frischgreis'; vgl. S.T 33.

Abb. 1 Inschrift auf einem Wurfstein des 6. Jhs. v. Chr. aus Olympia

ὅσση δ' αἰγανέης ῥιπὴ τανaοῖο τέτυκται,
ἥν ῥά τ' ἀνὴρ ἀφέῃ πειρώμενος ἢ ἐν ἀέθλῳ
ἠὲ καὶ ἐν πολέμῳ ...

»Soweit der Wurf eines schlanken Speers reicht, den ein Mann entsendet, zur Erprobung im Wettkampf oder auch im Kriege«. Hier wird sogar ausdrücklich von einem Wettkampf (ἄεθλος) gesprochen, und die 'Erprobung' (πειρώμενος) kann auch hier nichts anderem gelten als der Körperkraft[53]. An einer weiteren Stelle (XXIII 431 ff.) wird wiederum eine Wegstrecke umschrieben, diesmal durch einen Diskoswurf:

ὅσσα δὲ δίσκου οὖρα κατωμαδίοιο πέλονται,
ὅν τ' αἰζηὸς ἀφῆκεν ἀνὴρ πειρώμενος ἥβης,

»soweit die Strecke eines weitausholend geworfenen Diskos reicht, den ein kräftiger Mann entsandte, der seine Jugendkraft erprobt«. Schließlich motiviert der Bettler in der Bogenprobe der Odyssee seine Bitte um den Bogen (21, 281 ff.):

... ὄφρα μεθ' ὑμῖν
χειρῶν καὶ σθένεος πειρήσομαι, ἤ μοι ἔτ' ἐστὶν
ἴς, οἵη πάρος ἔσκεν ...

»... damit ich unter euch Arme und Kraft erprobe, ob mir noch die Stärke zu Gebote steht, wie sie früher war ...«. Sich seiner Kraft zu vergewissern, ist also das nachdrücklichste Motiv sportlichen Betätigungsdranges im homerischen Epos.

Daß man es hier u. U. mit einem Bündel von Motivierungen zu tun hat, in dem, je nach Situation bald die eine, bald die andere stärker hervortritt, ist nicht zu übersehen. So wird namentlich in den Fällen, wo Sportgerät und Waffe identisch sind, wie z. B. beim Speerwerfen und Bogenschießen, auch die Vorbereitung für den Krieg als Motiv sportlicher Betätigung eine Rolle spielen (s. oben zu XVI 591 und Anm. 53), selbst wenn nicht ausdrücklich davon die Rede ist. Vitale Freude an körperlicher Betätigung[54] tritt als Triebfeder zu sportlicher Betriebsamkeit

---

[53] Die Gegenüberstellung ἐν ἀέθλῳ - ἐν πολέμῳ zeigt, daß auch die Übung für den Krieg ein spezielles Anliegen dieser 'Erprobung' sein konnte.   [54] s. o. S. T 5; vgl. auch die Wendung: ἥβης ταρπῆναι, »sich der Jugendkraft erfreuen« (23, 212).

dort am stärksten hervor, wo die Myrmidonen, die durch Achills Entschluß zur Untätigkeit verdammt sind, sich die Zeit vertreiben (II 773 ff.):

> ... λαοὶ δὲ παρὰ ῥηγμῖνι θαλάσσης
> δίσκοισιν τέρποντο καὶ αἰγανέῃσιν ἱέντες
> τόξοισίν θ' ...,

»... die Männer aber erfreuten sich am Meeresstrand mit Diskoswurf, Speerwerfen und Bogenschießen«. In gleicher Weise, nur auf anderem Terrain, betätigen sich die Freier in der Odyssee (4,625 ff.):

> μνηστῆρες δὲ πάροιθεν Ὀδυσσῆος μεγάροιο
> δίσκοισιν τέρποντο καὶ αἰγανέῃσιν ἱέντες,
> ἐν τυκτῷ δαπέδῳ, ...

»die Freier aber erfreuten sich vor dem Megaron des Odysseus mit Diskoswurf und Speerwerfen auf einem festgestampften Platz«[55].

Schließlich ist im frühgriechischen Epos bei jeder Art von Kampf ein Motiv nicht zu vergessen: κῦδος (κλέος, εὖχος) ἀρέσθαι[56], »Ruhm gewinnen«. Während die Ilias für dieses sicher seit je vorhandene Motiv sportlicher Betätigung sprachlich nur schwache Reflexe bietet[57], wird es in der Odyssee anläßlich der Phaiakenspiele zu Ehren des Odysseus mit Emphase zu Gehör gebracht, als der Gast zur Teilnahme aufgefordert wird (8, 147 f.):

> οὐ μὲν γὰρ μεῖζον κλέος ἀνέρος ὄφρα κεν ᾖσιν
> ἢ ὅ τι ποσσίν τε ῥέξῃ καὶ χερσὶν ἐῇσιν,

»denn es gibt keinen größeren Ruhm für einen Mann, solange er lebt, als das, was er mit seinen Beinen und Armen vollbringt«. Das Streben, durch sportliche Leistung Ruhm zu erwerben, schließt nicht aus, daß die bei sportlichen Veranstaltungen – wie z. B. bei den Leichenspielen zu Ehren des Patroklos im XXIII. Buch der Ilias – ausgesetzten Kampfpreise einen nicht zu unterschätzenden zusätzlichen Anreiz zur Teilnahme darstellten[58].

d) *Anlässe zu sportlichen Veranstaltungen*

α) *Herausforderungen*: Das vielleicht älteste Zeugnis des homerischen Epos für sportliche Betätigung liegt im IV. Buch der Ilias in Gestalt einer Episode vor, die noch in die Zeit der 'vortrojanischen' Generation fällt. Tydeus, der Vater des Diomedes, zieht zusammen mit seinem Schwager Polyneikes, den er in seinem Herrschaftsanspruch unterstützt, gegen Theben. Am Asopos schicken 'die Achaier' Tydeus als Botschafter voraus, um zunächst auf gütlichem Wege Einigung zu erzielen (IV 384 ff.)[59]:

---

55 Die Verse sind identisch mit 17, 167 ff. Diese sportlichen Übungen finden nach 4,659 in Form von Wettkämpfen (ἄεθλοι) statt; vgl. S. T 5.   56 XII 407; XVII 287 u. ö.; V 3. 273; XVIII 121 u. ö.; VII 203; XI 290 u. ö.   57 Als Diomedes mit Hilfe Athenes beim Wagenrennen in Führung geht, heißt es (XXIII 400/406): ἐπ' αὐτῷ κῦδος ἔθηκε, »sie verlieh ihm Ruhm«.   58 s. u. S. T 79 ff.   59 Vgl., auf diese Episode bezogen, X 288: μειλίχιον μῦθον φέρε Καδμείοισι.

ἔνθ' αὖτ' ἀγγελίην ἐπὶ Τυδῆ στεῖλαν Ἀχαιοί.
αὐτὰρ ὁ βῆ, πολέας δέ κιχήσατο Καδμεΐωνας
δαινυμένους κατὰ δῶμα βίης Ἐτεοκληείης.
ἔνθ' οὐδὲ ξεῖνός περ ἐὼν ἱππηλάτα Τυδεύς,
τάρβει, μοῦνος, ἐὼν πολέσιν μετὰ Καδμείοισιν,
ἀλλ' ὅ γ' ἀεθλεύειν προκαλίζετο, πάντα δ' ἐνίκα
ῥηϊδίως· τοίη οἱ ἐπίρροθος ἦεν Ἀθήνη.

Obwohl er also allein als Fremder unter vielen potentiellen Feinden weilt, »fürchtete er sich nicht, sondern forderte sie (nach der Mahlzeit)[60] zu einem Wettkampf heraus und siegte in allem mühelos«. Anschließend wird berichtet, daß ihm 50 zornige Thebaner auf dem Rückweg einen Hinterhalt legen mit dem Ergebnis, daß nur einer von ihnen am Leben bleibt. Auf die offenbar berühmte, dem thebanischen Sagenkreis entstammende Episode wird auch an anderer Stelle der Ilias Bezug genommen[61]. Die Herausforderung zum Agon in so bedrohlicher Lage soll wohl das Ansehen dieses später mit zunehmend finsteren Zügen ausgestatteten Recken, der im Epos den besonderen Schutz Athens genießt, erhöhen[62]. Am ehesten ist hier an einen Ring- oder Faustkampf zu denken.

Gleichfalls auf eine der epischen Haupthandlung vorausgehende Episode bezieht sich ein weiteres Beispiel für einen Herausforderungswettkampf. In der Odyssee wünscht Menelaos gegenüber Telemach, Odysseus möge den Freiern den Garaus machen (4, 342 ff. = 17, 133 ff.):

τοῖος ἐὼν οἷός ποτ' ἐϋκτιμένῃ ἐνὶ Λέσβῳ
ἐξ ἔριδος Φιλομηλεΐδῃ ἐπάλαισεν ἀναστάς,
κὰδ' δ' ἔβαλε κρατερῶς, κεχάροντο δὲ πάντες Ἀχαιοί,

»in solcher Verfassung, wie er einmal in ... Lesbos aus Ehrgeiz[63] gegen Philomeleides aufstand, mit ihm rang und ihn gewaltig niederwarf; und alle Achaier freuten sich«. Der Philomeleides von Lesbos, offenbar eine ähnliche Plage wie Kerkyon in der Theseussage[64], mag, wie dieser, die Vorüberkommenden zum Ringkampf aufgefordert haben[65], in dessen Verlauf er sie tötete. Aus der Absicht des Vergleichs und in Analogie zur Parallelsage[66] ergibt sich, daß κὰδ' δ' ἔβαλε κρατερῶς (4, 344) zugleich den Tod des Herausforderers bedeutet.

Einer der berühmtesten Herausforderungswettkämpfe, für den das frühe Epos freilich kein direktes Zeugnis bietet, ist der Faustkampf, zu dem der Bebrykerkönig Amykos, der damit alle Besucher ähnlich drangsaliert, wie Philomeleides und Kerkyon, den Dioskuren Polydeukes herausfordert[67].

---

[60] Siehe Faesi-Franke zu IV 389 und vgl. aus dem Parallelbericht V 805: δαίνυσθαί μιν ἄνωγον.   [61] V 801 ff.; X 285 ff. Während im Buch V nichts über den Hinterhalt auf dem Rückweg enthalten ist, berichtet Buch X nichts über die Herausforderung zum Wettkampf; vgl. noch Diodor IV 65, 4 und Apollodor, Bibliotheca III 6, 5, 1–2.   [62] Siehe IV 390; X 284 f.   [63] Zu ἐξ ἔριδος vgl. S. T 10 zu VII 111.   [64] Dazu Weiler, Agon 153 ff.   [65] Für das ἀναστάς (4, 343) wird ebenso eine vorausgegangene Herausforderung zu gelten haben wie bei ἀνίστατο (XXIII 709).   [66] Apollodor, Bibliotheca epitoma 1, 3; οὗτος (sc. Kerkyon) ἠνάγκαζε τοὺς παριόντας παλαίειν καὶ παλαίων ἀνῄρει· Θησεὺς δὲ αὐτὸν μετέωρον ἀράμενος ἤρραξεν εἰς γῆν.   [67] Dazu ausführlich unten S. T 37 f.

Auch der Boxkampf, zu dem der Bettler Iros seinen vermeintlichen Konkurrenten herausfordert, ist hier zu nennen (18, 30 f.):

ζῶσαι νῦν, ἵνα πάντες ἐπιγνώωσι καὶ οἵδε
μαρναμένους·

»Gürte dich nun, damit auch diese alle hier erkennen, wie wir kämpfen«. Obwohl es sich eher um eine Prügelei unter niederem Volk als um einen Sportwettkampf handelt, entbehrt auch diese Auseinandersetzung nicht völlig einer sportlichen Note[68].

β) Brautwerbung: Einen weiteren Anlaß zum Agon bildet die Werbung um eine vielbegehrte Braut[69]. Einen Wettkampf dieser Art stellt die Bogenprobe in der Odyssee dar, deren Sieger Penelope als Frau und damit die Herrschaft über Ithaka[70] gewinnen soll. Penelope, die die Freier nicht länger hinhalten kann, gibt ihnen bekannt (21, 75 ff.):

ὃς δέ κε ῥηΐτατ' ἐντανύσῃ βιὸν ἐν παλάμῃσι
καὶ διοϊστεύσῃ πελέκεων δυοκαίδεκα πάντων,
τῷ κεν ἅμ' ἑσποίμην, ...

»Wer in seinen Händen am leichtesten den Bogen einspannt und den Pfeil durch alle zwölf Äxte schießt, dem würde ich wohl folgen«[71].
In der Hinterlassenschaft der hesiodischen Katalogdichtung befindet sich ein größeres Fragment, das den Stoff der boiotischen Atalantesage behandelt[72]. Die spröde Jungfrau Atalante, die nur dem Freier folgen will, der sie im Wettlauf besiege – anderenfalls habe er den Tod zu erwarten –, erliegt dem Hippomenes, der mit Hilfe Aphrodites den Lauf gewinnt[73]. Der fragmentierte Zusammenhang läßt an einer Stelle die Bekanntgabe der Bedingungen durch den Brautvater einigermaßen zuverlässig erkennen[74].
Ein weiterer Hochzeitsagon, bei dem die Bewerber im Falle einer Niederlage ebenfalls den Tod zu erwarten hatten, war in den Hesiod zugeschriebenen 'Großen Ehoien' episch gestaltet worden: das von Oinomaos von Pisa für die Freier seiner Tochter Hippodameia veranstaltete Wagenrennen. Doch sind davon keine originalen Bruchstücke erhalten[75].

γ) Feste zu Ehren Lebender: Das Fest, das die Phaiaken im 8. Buch der Odyssee zu Ehren ihres Gastes Odysseus veranstalten, enthält nächst den Leichenspielen im XXIII. Buch der Ilias die ausführlichste Schilderung eines festlichen Sportwettkampfs. Nach einem Mahl, bei dem der Sänger nicht fehlt (8, 71 ff.), regt König Alkinoos an, zu Sportwettkämpfen überzugehen, »damit der Fremde nach

---

68 s. u. S. T 40 ff.   69 Generell zum Hochzeitsagon s. Weiler, Agon 256 ff.
70 Vgl. M. I. Finley, Die Welt des Odysseus (1979) 87.   71 s. u. S. T 64 ff.
72 Dazu ausführlich Weiler, Agon 189 ff.; Verf., Hermes 80, 1952, 372 ff.
73 Nach Schol. T zu XXIII 683 habe Hesiod in diesem Gedicht Hippomenes als Läufer nackt auftreten lassen, was als Kriterium einer nachhomerischen Zeit gewertet wird; vgl. unten S. T 43 mit Anm. 224.   74 Merkelbach-West Fr. 75, 18 ff. = Rzach Fr. 21 b, 18 ff.   75 Zum Mythos vgl. Weiler, Agon 209 ff.; Paus. VI 21, 10 ff. zählt κατὰ τὰ ἔπη τὰς μεγάλας ʽΗοίας die von Oinomaos getöteten Freier namentlich auf.

seiner Heimkehr seinen Lieben berichte, wie sehr wir im Faustkampf, Ringkampf, Sprung und Lauf anderen überlegen sind« (8,102 f.):

> ... ὅσσον περιγιγνόμεθ' ἄλλων
> πύξ τε παλαιμοσύνῃ τε καὶ ἅλμασιν ἠδὲ πόδεσσιν[76].

Man begibt sich auf den Markt, und es melden sich, namentlich aufgezählt, die aktiven Teilnehmer (8,110 ff.). Die Wettspiele beginnen mit dem Lauf (8,120 ff.), auf den der Ringkampf folgt (8,126 f.). Dem anschließenden Sprungwettbewerb, Diskoswurf und Faustkampf wird jeweils nur noch ein Vers gewidmet (8,128–130). Die Wettkämpfe könnten damit abgeschlossen sein, wenn nicht Laodamas, Sohn des Gastgebers, jetzt die Aufmerksamkeit auf den Fremden lenken würde (8,133 ff.):

> Δεῦτε, φίλοι, τὸν ξεῖνον ἐρώμεθα εἴ τιν' ἄεθλον
> οἶδέ τε καὶ δεδάηκε· φυήν γε μὲν οὐ κακός ἐστι,
> μηρούς τε κνήμας τε καὶ ἄμφω χεῖρας ὕπερθεν
> αὐχένα τε στιβαρὸν μέγα τε σθένος· οὐδέ τι ἥβης
> δεύεται, ἀλλὰ κακοῖσι συνέρρηκται πολέεσσιν.
> οὐ γὰρ ἐγώ γέ τί φημι κακώτερον ἄλλο θαλάσσης
> ἄνδρα γε συγχεῦαι, εἰ καὶ μάλα καρτερὸς εἴη.

»Hierher, Freunde! Fragen wir den Fremden, ob er irgendeinen Wettkampf kennt und erlernt hat. An Wuchs jedenfalls ist er nicht schlecht, an Schenkeln, Beinen und beiden Armen darüber, festem Nacken und großer Stärke. Auch an Jugendkraft fehlt es ihm nicht; aber er ist gebrochen durch viele Übel. Denn ich behaupte, daß es nichts Schlimmeres sonst gibt als das Meer, um einen Mann niederzuwerfen, mag er noch so stark sein«.

Über die Jugendkraft, ἥβη[77], hinausgehend, die auch hier als Voraussetzung körperlicher Höchstleistung genannt ist, wird die φυή des Helden in einer Ausführlichkeit geschildert, die sich auf dem Weg zur begrifflichen Erfassung einer idealen 'Konstitution' des Athleten befindet, deren volle Effektivität jedoch sogleich in Frage gestellt wird wegen der Strapazen, die Odysseus als Schiffbrüchiger erlitt, und damit zugleich in ihrer Bedingtheit als 'Kondition' ins Bewußtsein zu rücken beginnt.

Von anderen darin bestärkt, fordert Laodamas den Fremden nunmehr auf, sich auch an den Wettspielen zu beteiligen (8,145 f.):

> δεῦρ' ἄγε καὶ σύ, ξεῖνε πάτερ, πείρησαι ἀέθλων,
> εἴ τινά που δεδάηκας· ἔοικε δέ σ' ἴδμεν ἀέθλους,

»so komm denn, Fremder, Vater, versuche dich an den Wettkämpfen, falls du einen erlernt hast. Wie es scheint, verstehst du dich aber auf Wettkämpfe«. Der schon oben (8,133 f.) zu beobachtende Nachdruck, der auf dem Wissen, Erlernen und Verstehen von Wettkämpfen liegt, läßt bereits auf eine höhere Entwicklung der sportlichen Disziplinen schließen, die wohl in Regelhaftigkeit und 'Technik' der Ausführung zu suchen ist. Es folgen die schon behandelten Verse, die den

---

[76] Dies wird später von Alkinoos berichtigt (8,252 f.): ὅσσον περιγιγνόμεθ' ἄλλων | ναυτιλίῃ καὶ ποσσὶ καὶ ὀρχηστυῖ καὶ ἀοιδῇ, »wie sehr wir anderen im Schiffswesen, im Lauf, Tanz und Gesang überlegen sind«.   [77] Zu ἥβη, ἡβάω s. o. S. T 13 f.

Ruhm sportlicher Erfolge über jeden anderen stellen[78], und schließlich die nochmalige Aufforderung zur Teilnahme (8,149), die jedoch von Odysseus, der sich offenbar verspottet fühlt, mit dem Bemerken abgelehnt wird, daß er jetzt andere Sorgen habe und sein Sinn nach allem, was er erlitten habe, nur auf die Heimkehr gerichtet sei. Jetzt provoziert ihn der Phaiake Euryalos unmißverständlich (8,159 ff.):

οὐ γάρ σ' οὐδέ, ξεῖνε, δαήμονι φωτὶ ἐΐσκω
ἄθλων, οἷά τε πολλὰ μετ' ἀνθρώποισι πέλονται,
ἀλλὰ τῷ ὅς τ' ἅμα νηῒ πολυκληῗδι θαμίζων,
ἀρχὸς ναυτάων οἵ τε πρηκτῆρες ἔασι,
φόρτου τε μνήμων καὶ ἐπίσκοπος ᾖσιν ὁδαίων
κερδέων θ' ἁρπαλέων· οὐδ' ἀθλητῆρι ἔοικας.

»Gewiß nicht, Fremder, siehst du mir wie ein Mann aus, der sich auf Wettkämpfe versteht, wie sie in großer Zahl unter den Menschen stattfinden, sondern wie einer, der häufig mit vielrudrigem Schiffe kommt und geht, ein Führer von Schiffsleuten, die Handeltreibende sind, seine Ladung im Kopf und bedacht auf die Rückfracht und gierig gesuchten Gewinn. Wie ein Wettkämpfer siehst du aber nicht aus«. Diese Provokation setzt sich über das Lob, mit dem man die äußere Erscheinung des Fremden bedacht hatte (8,133 ff.), bewußt hinweg, um ihn als Typ des besitzgierigen Handelsmannes dem Typ des 'Athleten'[79] gegenüberzustellen. Dieser im Grunde unepischen Abwertung des Besitzstrebens[80] entspricht es, daß in den Wettspielen der Phaiaken nicht die sonst üblichen Kampfpreise in Erscheinung treten[81].

In dieser Weise gereizt und gekränkt, zeigt der Held, was er zu leisten vermag. Nach einem gewaltigen Diskoswurf, den er lässig αὐτῷ φάρει, »mitsamt dem Mantel« (8,186) ausführt[82], erklärt er sich bereit, ἢ πὺξ ἠὲ πάλῃ ἢ καὶ ποσίν, »im Faustkampf, Ringkampf oder im Lauf« sich jedem zu stellen, außer seinem Gastgeber Laodamas[83], da er fürchtet, sich in diesem Falle selbst Schaden zuzufügen[84]. Darüber hinaus preist er seine Leistungen im Bogenschießen (8,215 ff.)

---

78 s.o. S.T16.   **79** ἀθλητήρ episch nur an dieser Stelle.   **80** Uneingeschränkt erstrebenswert galt der Besitz, der zu Ehre und Ansehen verhalf; vgl. M.I. Finley, Die Welt des Odysseus (1979) 124 ff. Dafür spricht das Gewicht, das gerade in der Phaiakenepisode auf angemessene Geschenke für den Gast gelegt wird (5,38 f.; 8,389 ff. 424 ff.; 13,10 ff. 135 f. 217 f. 230. 367 ff.). Dieser Einschätzung des Erwerbs hätten freilich auch sportliche Kampfpreise nicht widersprochen, von denen hier möglicherweise nicht geredet wird, um die beabsichtigte Kontrastierung nicht abzuschwächen.   **81** Vgl. unten Anm. 391.   **82** Wie manch moderner Athlet den Trainingsanzug nicht ablegt, wenn er zeigen will, daß er sich noch nicht voll gefordert fühlt; vgl. unten Anm. 335.   **83** Im Grunde ist nicht Laodamas sein Gastgeber, sondern dessen Vater Alkinoos.   **84** 8,208: ξεῖνος γάρ μοι ὅδ' ἐστί· τίς ἂν φιλέοντι μάχοιτο; – Die Gastfreundschaft sollte kein Hinderungsgrund für die Austragung eines sportlichen Wettkampfs sein. Doch droht der Wettkampf, zu dem Odysseus sich bereit erklärt, in einen Herausforderungsagon auszuarten, der auf eine Demütigung des Unterlegenen hinausliefe. Im weiteren Kontext wird der als töricht und nichtsnutzig bezeichnet, »der seinem Gastgeber eine Herausforderung zum Wettkampf anträgt in einem fremden Volk; beeinträchtigt er doch alles seine« (8,211: ἕο δ'αὐτοῦ πάντα κολούει). Voll verständlich wären diese Verse, wenn sie sich auf einen Herausforderungsagon in der Situation des Tydeus bei den Kadmeern bezögen (zu IV 384 ff. s.o. S.T16 f.). Doch hat Odysseus, zu dessen Ehren das Fest veranstaltet wird, kein

und Speerwerfen (8,229). Nur im Lauf fürchtet er zu versagen, da es ihm während der beschwerlichen Seefahrt an beständiger 'Pflege' (κομιδή) gefehlt habe (8,232f.):

ἐπεὶ οὐ κομιδὴ κατὰ νῆα
ἦεν ἐπηετανός· τῷ μοι φίλα γυῖα λέλυνται.

Trotz der Schwierigkeiten, die sich daraus ergeben, daß man dadurch nur die Fähigkeit zum Laufen beeinträchtigt sieht, zeichnet sich doch das Bewußtsein ab, daß körperliche Leistungsfähigkeit von einer bestimmten Lebensweise abhängt, die sich hier vorerst in einem passivischen Aspekt als 'Pflege' begreiflich macht[85]. Damit zeichnet sich ein weiteres Mal das Interesse ab, das der Verfasser der Phaiakenspiele – erstmalig im Epos – den Wechselbeziehungen zwischen sportlicher Leistung und körperlicher Verfassung entgegenbringt.

δ) *Feste zu Ehren Toter*: Unter allen sportlichen Veranstaltungen dominieren im frühen Epos die Wettkämpfe, die bei Totenfeiern zu Ehren angesehener Verstorbener veranstaltet wurden. Die Verse XXII 162 ff., die den Todeslauf Hektors mit einem Wagenrennen zu Ehren eines Toten vergleichen, bei dem »ein stattlicher Preis, ein Dreifuß oder eine Frau«, ausgesetzt ist, zeigen, wie geläufig derartige Veranstaltungen waren:

ὡς δ' ὅτ' ἀεθλοφόροι περὶ τέρματα μώνυχες ἵπποι
ῥίμφα μάλα τρωχῶσι· τὸ δὲ μέγα κεῖται ἄεθλον,
ἢ τρίπος ἠὲ γυνή, ἀνδρός κατατεθνηῶτος·

Die Leichenspiele zu Ehren des Patroklos im XXIII. Buch der Ilias bieten den ausführlichsten Bericht eines Leichenagons. Es scheint, daß man für diese Art sportlicher Betätigung mit den bisher greifbaren Motivierungen nicht ganz auskommt[86]. In eigentümlicher Weise wird diese Ehrung unter die κτέρεα, ursprünglich die mit dem Toten zu bestattenden persönlichen Besitztümer und Opfergaben[87], gerechnet, wie es Nestors Aufforderung an Achill zu entnehmen ist (XXIII 646): ἀλλ' ἴθι καὶ σὸν ἑταῖρον ἀέθλοισι κτερέιζε, »so fahre denn fort und erweise mit den Wettkämpfen (oder: Kampfpreisen) deinem Gefährten die Totenehren«[88]. Nestor, dem eine aktive Teilnahme nicht mehr möglich ist, erinnert sich an frühere Leichenspiele und damit an die Zeit seiner eigenen sportlichen Erfolge (XXIII 630f.):

... ὁπότε κρείοντ' Ἀμαρυγκέα θάπτον Ἐπειοὶ
Βουπρασίῳ, παῖδες δὲ θέσαν βασιλῆος ἄεθλα.

vergleichbares Risiko zu befürchten. Woran der Dichter bei ἕο δ' αὐτοῦ πάντα κολούει gedacht haben könnte, zeigt 11,339f., wo Arete den Phaiaken empfiehlt, Odysseus nicht übereilt fortzuschicken und ihm so seine Gastgeschenke zu schmälern: τῷ μὴ ἐπειγόμενοι ἀποπέμπετε, μηδὲ τὰ δῶρα | οὕτω χρηίζοντι κολούετε. Das seltene κολούω (nur noch XX 370) scheint den gleichen sachlichen Bezug auch 8,211 zu signalisieren.   85 Dazu ausführlich Verf., ArchHom., Kap. »Medizin und Körperpflege« S 135 ff.   86 L. Malten, RE. XII 2 (1925) 1859 ff. s.v. Leichenagon, glaubt, daß sich ein ursprüngliches Menschenopfer für den Toten zu einem Zweikampf entwickelt habe, bei dem der Sieger frei kam. Dieser Opferkampf hätte sich schließlich zu agonistischen Veranstaltungen abgeschwächt; s. noch unten S.T186.   87 Zu κτέρεα κτερέιζειν vgl. M. Andronikos, unser Kap. W »Totenkult« W 27.   88 Siehe noch unten S.T79.

»als die Epeier den mächtigen Amarynkeus bestatteten in Buprasion, die Söhne des Königs aber die Kampfpreise aussetzten«. »Dort«, so rühmt sich der alte Recke (XXIII 634 ff.), »besiegte ich im Faustkampf Klytomedes, des Enops Sohn, den Ankaios aus Pleuron im Ringen, der gegen mich aufstand. Iphiklos[89], den tüchtigen, überholte ich im Lauf, mit dem Speer warf ich weiter als Phyleus und Polydoros. Allein mit dem Gespann überholten mich die beiden Aktorionen«[90].

Von weiteren Leichenspielen hören wir bei der Vorbereitung zum Faustkampf, wo sich dem Herausforderer Epeios der Argeier Euryalos stellt, Sohn des Mekisteus (XXIII 679 f.):

ὅς ποτε Θήβασδ' ἦλθε δεδουπότος Οἰδιπόδαο
ἐς τάφον· ἔνθα δὲ πάντας ἐνίκα Καδμείωνας,

»der einmal nach Theben kam, als Ödipus gefallen war, zur Bestattung[91]; da besiegte er alle Kadmeionen«. Aus der Erwähnung der Bestattung ergibt sich hier mit einer gewissen Selbstverständlichkeit die Durchführung von athletischen Wettkämpfen. In der sogenannten 2. Nekyia der Odyssee berichtet die Seele Agamemnons von den Leichenspielen zu Ehren Achills (24, 85 ff.)[92]:

μήτηρ δ' αἰτήσασα θεοὺς περικαλλέ' ἄεθλα
θῆκε μέσῳ ἐν ἀγῶνι ἀριστήεσσιν Ἀχαιῶν.
ἤδη μὲν πολέων τάφῳ ἀνδρῶν ἀντεβόλησας
ἡρώων, ὅτε κέν ποτ' ἀποφθιμένου βασιλῆος
ζώννυνταί τε νέοι καὶ ἐπεντύνονται ἄεθλα·
ἀλλά κε κεῖνα, μάλιστα ἰδὼν θηήσαο θυμῷ,

»Die Mutter erbat von den Göttern besonders schöne Kampfpreise und legte sie mitten im Zuschauerrund für die Edlen der Achaier nieder[93]. Schon vieler Helden Bestattung hast du beigewohnt, wenn einmal beim Tode eines Königs sich die Jünglinge gürten und zu den Kampfspielen rüsten[94]. Aber wenn du jene Preise gesehen hättest, dann hättest du am meisten im Herzen gestaunt«.

Schließlich berichtet Hesiod von seiner einzigen Seefahrt, die ihn von Aulis nach Euboia zur Teilnahme an den Leichenspielen des Amphidamas führte (Hes., Op. 654 ff.):

ἔνθα δ' ἐγὼν ἐπ' ἄεθλα δαΐφρονος Ἀμφιδάμαντος
Χαλκίδα τ' εἰς ἐπέρησα· τὰ δὲ προπεφραδμένα πολλὰ
ἄεθλ' ἔθεσαν παῖδες μεγαλήτορος· ἔνθα μέ φημι
ὕμνῳ νικήσαντα φέρειν τρίποδ' ὠτώεντα.

»Da setzte ich über nach Chalkis zu den Kampfspielen des bewährten Amphidamas. Die Kampfpreise hatten die Söhne des Hochherzigen zuvor öffentlich gezeigt und in großer Zahl ausgesetzt. Da habe ich, wie ich sage, mit einem Liede

---

89 Auch nach Hes., Fr. 117 Rz. ein berühmter Läufer.   **90** Zu diesem merkwürdigen Zwillingspaar siehe R. Hampe, Frühe griechische Sagenbilder in Böotien (1936) 45 ff.; J. Wiesner, unser Kap. »Fahren und Reiten« F 69 Abb. 19 b; F. Canciani, unser Kap. »Bildkunst II« N 48 ff. mit Anm. 214–220 Abb. 13.   **91** Von der Leichenfeier des Ödipus war auch in der Katalogdichtung Hesiods die Rede; vgl. Hes., Fr. 99,4 Evelyn-White. **92** Die von Weiler, Agon 27 benutzte Übersetzung dieser Verse durch H. Rupé ist eine untaugliche Grundlage zur Klärung der Begriffe ἀγών und ἄεθλον.   **93** s.o. S. T 13 Anm. 44.   **94** Eigentlich: »sich rüsten zu den Kampfpreisen«; LfgrE. s. v. ἄεθλον, B 4.

Abb. 2 Zeichnerisch ergänzte Darstellung eines Wagenrennens auf einer spätmykenischen Amphora aus Tiryns

gesiegt und einen ... Dreifuß gewonnen«. Dies ist das älteste literarische Zeugnis eines musischen Agons[95].

Von einem Wagenrennen »um das Grab des Zeus« (ἀμφὶ Διὸς τύμβῳ) wird schließlich im Certamen Homeri et Hesiodi gesprochen, um damit ein Adynaton zu umschreiben[96]. Noch vor näherer Prüfung der Spiele für Patroklos läßt sich den sechs aufgeführten Zeugnissen einiges generell entnehmen: Veranstalter von Leichenspielen sind die nächsten Angehörigen. Zweimal werden die Söhne genannt[97], einmal die Mutter[98]. Sie setzen die Kampfpreise aus[99]. Die Bedeutung, die man den Preisen beimißt, geht daraus hervor, daß sich die Wendung »Preise aussetzen« (ἄεθλα τιθέναι) als Umschreibung für die Veranstaltung von Wettkämpfen schlechthin verstehen läßt und man offenbar um besonders attraktive Preise bemüht ist[100]. Wo Preise genannt werden, scheint der Dreifuß eine bevorzugte Rolle zu spielen[101] und unter den Kampfarten das Wagenrennen zu dominieren[102].

Die Leichenspiele zu Ehren des Patroklos im XXIII. Buch der Ilias beginnen, nachdem man den Grabhügel über dem ausgebrannten Scheiterhaufen errichtet hat. Ihr unmittelbarer Anschluß an die eigentlichen Bestattungsfeierlichkeiten scheint nicht zum Ritual zu gehören, denn die Achaier zeigen danach zunächst die Absicht, zu den Schiffen zurückzukehren, und werden erst von Achill daran gehindert und genötigt, sich zu setzen (XXIII 257 f.)[103]:

χεύαντες δὲ τὸ σῆμα πάλιν κίον. αὐτὰρ Ἀχιλλεὺς
αὐτοῦ λαὸν ἔρυκε καὶ ἵζανεν εὐρὺν ἀγῶνα[104].

Nun läßt Achill die Kampfpreise herbeischaffen: νηῶν δ' ἔκφερ' ἄεθλα (V. 259) und setzt zunächst die Preise für das Wagenrennen aus, womit die Spiele eröffnet sind (V. 262 f.):

ἱππεῦσιν μὲν πρῶτα ποδώκεσιν ἀγλά' ἄεθλα
θῆκε ...

---

95 Vgl. dazu Allen V S. 228, 62 ff. Diese Verse wurden schon im Altertum und in neuerer Zeit vielfach für interpoliert gehalten; für Echtheit traten U. v. Wilamowitz-Moellendorff und M. P. Nilsson ein, s. F. Pfister, Der Reliquienkult im Altertum (1909/12, Ndr. 1974) 495. 554 Anm. 203.   96 Vgl. dazu Allen V S. 229, 100 f.   97 XXIII 631; Hes., Op. 656.   98 24, 85 f.   99 XXIII 631; 24, 85 f.; Hes., Op. 656 f.   100 24, 85. 90 f.; Hes. Op. 655 f.   101 XXII 163 f.; Hes., Op. 657; XI 700.   102 XXII 162 ff. und Certamen, Allen V S. 229, 100 f., steht allein das Wagenrennen für die Leichenspiele.   103 Ähnlich urteilt E. Kornexl, Leibesübungen bei Homer und Platon (1969) 50.   104 s. o. S. T 11. T 13.

Das Wagenrennen endet mit der Preisverteilung (V. 650) und beansprucht damit 388 der insgesamt 635 Verse umfassenden Schilderung. Danach setzt Achill die Preise für den Faustkampf aus (V. 653):

αὐτὰρ ὁ πυγμαχίης ἀλεγεινῆς θῆκεν ἄεθλα.

Epeios, der sich zunächst meldet, fordert seinerseits einen Gegner heraus. Ihm stellt sich Euryalos (s. o. S. T 22). Nach Beendigung des Faustkampfs eröffnet Achill den Ringkampf (XXIII 700 f.):

Πηλεΐδης δ' αἶψ' ἄλλα κατὰ τρίτα θῆκεν ἄεθλα,
δεικνύμενος Δαναοῖσι, παλαισμοσύνης ἀλεγεινῆς.

Auch hierzu melden sich zwei Teilnehmer, Aias und Odysseus, deren Kampf schließlich unentschieden abgebrochen wird (V. 736). Mit Vers 740, ... αἶψ' ἄλλα τίθει ταχυτῆτος ἄεθλα, wird der Wettlauf durch Achill eröffnet, in dem Odysseus vor Aias Oileus und Antilochos siegt[105].

Während die ersten vier Wettkämpfe jeweils gleichförmig mit der Aussetzung der Kampfpreise eingeleitet wurden, ist diese strenge Typik bei den folgenden Konkurrenzen nicht mehr zu beobachten[106]. Der nächste Wettkampf ist ein Zweikampf mit Schild und Speer, zu dem Achill »die beiden Besten« auffordert (V. 802). Sieger soll sein, wer dem Gegner zuerst eine blutige Verletzung beibringt. Ehe es zu einer Verwundung eines der beiden Turnierteilnehmer, Aias und Diomedes, kommt, setzen die um Aias besorgten Achaier einen Abbruch des Kampfes durch (V. 822 f.)[107].

Der nächste Wettbewerb besteht in einem Wurf mit dem σόλος αὐτοχόωνος, einer »roh gegossenen Eisenscheibe« (V. 826), die Wettkampfgerät und Preis zugleich darstellt: sie soll dem Gewinner einen bequemen Vorrat an Eisen für den ländlichen Bedarf liefern (V. 832–835). Unter vier Teilnehmern siegt schließlich Polypoites mit einem gewaltigen Wurf, der weit über die versammelten Zuschauer hinaus geht[108].

Eisernes Gerät bildet auch den Preis im nächsten Wettbewerb, dem Bogenschießen (V. 850 f.):

αὐτὰρ ὁ τοξευτῇσι τίθει ἰόεντα σίδηρον,
κὰδ δ' ἐτίθει δέκα μὲν πελέκεας, δέκα δ' ἡμιπέλεκκα.

Die genannten zehn doppelschneidigen Äxte[109] winken dem Sieger als Preis, die zehn einfachen Äxte dem Zweitbesten. Es gilt eine an eine Stange gebundene

---

105 s. o. Anm. 52 und unten S. T 33.   **106** s. u. S. T 80 mit Anm. 398.   **107** s. o. Anm. 86 und unten S. T 186.   **108** s. o. S. T 13 und unten S. T 59.   **109** Zwischen den Doppeläxten als Preis für das Bogenschießen und den gleichen Werkzeugen, die bei der Bogenprobe in der Odyssee (s. u. S. T 64) als 'Wettkampfgerät' (ἄεθλα) Verwendung finden, bestehen sicherlich Verbindungen. Die eisernen Äxte als Kampfpreis, dessen primärer Anreiz vielleicht auch mehr im Metallwert als im Gebrauchswert der Werkzeuge zu suchen ist, folgen der gleichen thematischen Linie, wie die zuvor als Preis ausgesetzte eiserne Scheibe. Da diese Kampfpreis und Kampfgerät zugleich ist, schafft sie die Ausgangsposition für die singuläre Bedeutungsentwicklung von ἄεθλον, »Kampfpreis« zu »Wettkampfgerät« (vgl. LfgrE. s. v. ἄεθλον 4. b). Schol. BT zu XXIII 851 spricht davon, daß man mit πέλεκυς auch (doppelaxtförmige) Eisenbarren verschiedenen Wertes bezeichnen konnte: πελέκεας: οἱ δὲ ὄνομα σταθμοῦ ἐξάμνου, παρὰ τοῖς Βοιωτοῖς οὕτω λεγόμενον. οἱ δὲ κατά τινας τάλαντον σιδήρου, κατὰ δὲ ἐνίους ἑκατὸν μνᾶς. Vgl. S. T 67.

Taube zu treffen. Wer dabei die Schnur trifft, soll den zweiten Preis erhalten. Die beiden Bewerber, Teukros und Meriones, losen um den ersten Schuß. Dadurch, daß der erste Schütze, Teukros, die Schnur trifft und den Vogel befreit, ermöglicht er Meriones, der den Vogel im Fluge trifft, den Meisterschuß[110].

Zum letzten Wettkampf, dem Speerwerfen, für den ein Speer und ein Kessel als Preise vorgesehen sind (XXIII 884 ff.), kommt es nicht mehr, weil die überragende Tüchtigkeit Agamemnons, eines der Bewerber, auf diesem Gebiet so sehr außer Frage steht, daß ihm Achill empfiehlt, kampflos den Kessel entgegenzunehmen und den Speer seinem Konkurrenten Meriones zu überlassen.

Leichenspiele gehören zu dem bevorzugten Themenkreis spätgeometrischer Vasenmalerei, die den literarisch belegbaren Vorrang des Wagenrennens bestätigt[111].

ε) *Feste zu Ehren von Göttern*: Das einzige Götterfest in der hier relevanten Funktion, von dem die frühepische Überlieferung berichtet, sind die Spiele zu Ehren des Apolls von Delos. In dem ältesten Teil der sogen. homerischen Hymnen, dem Proömium auf den delischen Apoll, das wohl noch in das 7. Jh. v.Chr. zu datieren ist[112], wird ein anschauliches Bild von dem festlichen Getriebe entworfen, das bei dieser Gelegenheit dort herrscht (h. Ap. 146 ff.):

ἀλλὰ σὺ Δήλῳ Φοῖβε μάλιστ' ἐπιτέρπεαι ἦτορ,
ἔνθα τοι ἑλκεχίτωνες Ἰάονες ἠγερέθονται
αὐτοῖς σὺν παίδεσσι καὶ αἰδοίῃς ἀλόχοισιν.
οἱ δέ σε πυγμαχίῃ τε καὶ ὀρχηθμῷ καὶ ἀοιδῇ
μνησάμενοι τέρπουσιν ὅταν στήσωνται ἀγῶνα.
φαίη κ' ἀθανάτους καὶ ἀγήρως ἔμμεναι αἰεὶ
ὅς τότ' ἐπαντιάσει' ὅτ' Ἰάονες ἀθρόοι εἶεν·
πάντων γάρ κεν ἴδοιτο χάριν, τέρψαιτο δὲ θυμὸν
ἄνδρας τ' εἰσορόων καλλιζώνους τε γυναῖκας.

»Du aber, Phoibos, erfreust dich in deinem Herzen am meisten an Delos[113]. Dort versammeln sich dir in langen Gewändern die Ioner mit ihren Kindern und züchtigen Frauen. Deiner gedenkend, erfreuen sie dich mit Faustkampf, Tanz und Gesang, sooft sie ihre Festversammlung[114] veranstalten. Wer den Ionern dann begegnete, wenn sie versammelt sind, könnte meinen, sie seien unsterblich und allzeit ohne Alter. Denn bei allen dürfte er Anmut bemerken und sich im Herzen erfreuen beim Anblick der Männer und schöngegürteten Frauen«[115]. Das Festprogramm, das neben Tanz und Gesang das Boxen als einzige athletische Disziplin vorsieht, ist bemerkenswert. Diese Prononcierung des Faustkampfs erinnert

---

110 Näheres zu der wenig realistisch anmutenden Schilderung unten S.T63f.
111 Siehe unser Kap. »Totenkult« W 121 ff. mit Taf. IX–XII; weitere Bildnachweise und Abbildungen unter Abschnitt 2. Sportarten im einzelnen.   112 H. Fränkel, Dichtung und Philosophie des frühen Griechentums (1951) 325.   113 Ein Apolloheiligtum auf Delos ist schon der Odyssee (6, 162) bekannt.   114 Man beachte die Übersetzung von Evelyn-White: »so often as they hold their gathering«; vgl. zu ἀγών S.T11 ff.
115 Die Frauen dürfen hier – anders als in Olympia – zuschauen. Das entspricht nach Plutarch, Theseus XIX einer kretischen Sitte: Ἔθους δὲ ὄντος ἐν Κρήτῃ θεᾶσθαι (sc. τὰς ἀθλήσεις) καὶ τὰς γυναῖκας; siehe auch Ridington, Background 69.

an minoische Verhältnisse [116], besonders verbunden mit Gesang und Tanz [117]. Dabei läßt auch das vorher erwähnte Vorrecht der Frauen, bei den Spielen zuzuschauen (s. Anm. 115), vermuten, daß hier Einrichtungen geschildert werden, die kretisch beeinflußt sind [118].

Die Spiele zu Ehren der Hera und des Zeus von Olympia sind im homerischen Epos lediglich in Reflexen greifbar. Nach XI 699 ff. hat man Kenntnis von hippischen Agonen, die in der Landschaft Elis ausgetragen wurden. Von 'olympischen' Spielen ist freilich ebensowenig die Rede wie von einem Götterfest zu Ehren des Zeus.

Schließlich kann man darauf hinweisen, daß einige attisch-geometrische Vasenbilder wahrscheinlich den 'Apobatenagon', eine Kombination von Wagenrennen und Waffenlauf, wiedergeben wollen [119] und damit zeigen, daß eine bei den späteren Panathenäen [120] bevorzugte Art des Wettkampfs schon zu 'homerischer' Zeit in Attika üblich war.

2. Sportarten im einzelnen

a) *Wagenrennen und Reiten*

Das Wagenrennen mit dem Zweigespann nimmt den größten Teil epischer Wettkampfschilderungen ein. Auch außerhalb der Leichenspiele für Patroklos gibt es Hinweise auf Wagenrennen [121]. In diesem Zusammenhang sind die Beziehungen hervorzuheben, die zwischen Pylos, dem Reich des »Wagenkundigen Nestor« [122] und der »göttlichen Elis, wo die Epeier herrschen« [123], bestehen, der Landschaft also, in der man das spätere Heiligtum von Olympia findet und der Mythos vom König Oinomaos von Pisa auf alte Bindungen des Orts zu Wagenrennen verweist [124]. Neleus, dem Vater Nestors, schuldeten die Epeier »vier preisgekrönte Pferde mitsamt dem Wagen, die gekommen waren, um Preise zu gewinnen; denn um einen Dreifuß sollten sie laufen. Aber Augeias, der Herr der Männer, hielt sie dort zurück; den Lenker aber schickte er fort, der sich um die Pferde betrübte« (XI 699 ff.):

τέσσαρες ἀθλοφόροι ἵπποι αὐτοῖσιν ὄχεσφιν,
ἐλθόντες μετ' ἄεθλα· περὶ τρίποδος γὰρ ἔμελλον
θεύσεσθαι· τοὺς δ' αὖθι ἄναξ ἀνδρῶν Αὐγείας
κάσχεθε, τὸν δ' ἐλατῆρ' ἀφίει ἀκαχήμενον ἵππων.

116 Zum Boxerrhyton von Hagia Triada und dem Boxerfresko von Thera s. u. S. T 43 f. T 188. 117 Ridington, Background 30 ff. und passim. 118 s. u. S. T 188 f. 119 s. u. S. T 31. 120 Vgl. noch H. W. Pleket, Zur Soziologie des antiken Sports, in: Mededelingen Nederlands Instituut te Rome 36, 1974, 61. 121 XI 699 ff.; 13, 81 ff.; XXII 162 f.; XXIII 638; Certamen, Allen V S. 229, 100 f. 122 Γερήνιος ἱππότα Νέστωρ (II 336 u. ö.). Das Pylos Nestors im homerischen Epos ist das triphylische; vgl. E. Meyer, KlPauly IV (1972) 1249 ff. s. v. Pylos; Ridington, Background 41. 123 13, 275: ... εἰς Ἤλιδα δῖαν, ὅθι κρατέουσι Ἐπειοί. 124 »Die ältesten Funde von Weihgaben gehen in das 11./10. Jh. v. Chr. zurück. Sie belegen Wettkämpfe mit Zweigespannen und Dreifüße als Siegespreis wie bei Hom. Il. 11, 698 ff.« (E. Meyer, KlPauly IV [1972] 279 s. v. Olympia); zurückhaltender äußert sich E. Kunze im vierten

Das Wagenrennen, hier dem Zugriff des Augeias von Elis ausgesetzt, dessen Name mit dem Lokalmythos von Olympia fest verbunden ist[125], macht es mehr als unwahrscheinlich, daß hier keine Kenntnis 'olympischer' Spiele bzw. ihrer Vorläufer vorliegen sollte, wenngleich das Wagenrennen – mit Viergespannen – nach Paus. V 8,7 dort erst in der 25. Olympiade (680 v.Chr.) aufgenommen wurde, der Name Olympia bei Homer nicht erscheint und im Epos sonst nur Zweigespanne im Rennen vorgeführt werden[126].

Auch zwischen dem Inselreich des Odysseus und den Epeiern von Elis scheinen recht enge Verbindungen zu bestehen, und mancher Adlige aus Ithaka mag, wie Noemon, – auf welcher rechtlichen Grundlage auch immer – seine Pferde dort weiden lassen[127], da Ithaka zur Pferdezucht ungeeignet ist[128]. Ohne Zweifel haben Pferdezucht und Rennsport zur Zeit der homerischen Epen bereits eine alte Tradition. Ἀεθλοφόρος, »preisgekrönt« als stehendes Beiwort von Pferden[129], das Interesse an ihrer Herkunft[130] und die Sitte, Pferde mit Namen zu bezeichnen[131], sprechen für den Entwicklungsstand und die Rolle dieses Sports in der homerischen Adelsgesellschaft.

Bei dem Wagenrennen der Patroklosspiele wird ein geeignetes Geländestück zur Rennbahn improvisiert. Ein Mal im Gelände, Grabstein oder schon früher zu gleichem Zweck gesetzter Prallstein (νύσσα), soll als Wendemarke (τέρμα) zur Begrenzung der Rennstrecke dienen[132], deren Ausgangspunkt in Meeresnähe liegt, die dann um das τέρμα herum- und zum Ausgangspunkt zurückführt[133]. Das Gros der Zuschauer (ἀγών) wird kaum die gesamte Rennstrecke gesäumt haben, sondern wird sich um die Wendemarke, besonders aber um das Ziel, das ja mit dem Startplatz identisch ist, in weitem Halbkreis niedergelassen haben[134].

Der Aufforderung Achills, sich zum Rennen zu melden, soweit man es sich zutraue[135], folgen Eumelos als der erfahrenste Praktiker[136], Diomedes, der die besten Pferde hat[137], Menelaos als Lenker eines gleichfalls hervorragenden Gespanns[138], der Nestorsohn Antilochos, ein begabter junger Wagenlenker, dessen Pferden aus dem heimischen Stall von Pylos am wenigsten zugetraut wird[139], und Meriones, von dem man zunächst nichts Näheres erfährt.

Die taktische Anweisung, die Nestor seinem Sohn gibt, wirkt im Grunde simpel: es gilt, von vornherein Ziel und Gegner ins Auge zu fassen, die Wendemarke möglichst eng von rechts nach links zu umrunden, ohne sie jedoch zu streifen. Dabei lehne man sich leicht nach links, lockre dem rechten Pferd die Zügel und treibe es zusätzlich an[140]. Wichtiger ist die darin mit ausgesprochene Erkenntnis,

---

Olympiabericht 1941/42 (1944) 109f.   **125** Nicht nur Augeias, sondern auch Neleus befindet sich nach Pausanias V 8,2f. unter den mythischen Agonotheten von Olympia.   **126** Von einem Viergespann wie XI 699 ist sonst nur noch 13,81 die Rede. H. V. Herrmann glaubt, daß mit der Einführung des Viergespanns in Olympia ein schon vorher übliches Zweigespann verdrängt wurde (Gymnasium 80, 1973, 176 Anm. 7; im übrigen siehe unsere Anm. 124.   **127** 4, 634ff.; vgl. dazu noch 13, 275; 15, 298; 21, 346f.; 24, 430ff.   **128** 4, 601ff.   **129** IX 124; XI 699; XXII 22. 162.   **130** II 763ff.; VIII 185ff.; XVI 149ff.; XXIII 276ff. 291ff. 294ff.   **131** VIII 185; XVI 149; XXIII 346 u.ö.   **132** XXIII 326ff.; allgemein: K. Friis Johansen, Chariot-Race at the Funeral Games for Patroklos, in: The Iliad in Early Greek Art (1967) 86ff.   **133** XXIII 364f. 373f.   **134** Vgl. oben S. T 13.   **135** XXIII 285f.   **136** XXIII 289.   **137** XXIII 290ff.   **138** XXIII 293ff.   **139** XXIII 303. 309f.   **140** XXIII 306–348.

daß, wie auch sonst überall, menschliche Klugheit entscheidet, die auch den Nachteil schlechterer Pferde auszugleichen vermag (XXIII 318):

μήτι δ' ἡνίοχος περιγίγνεται ἡνιόχοιο.

Da das Gespann der in einer Reihe nebeneinander startenden Fahrzeuge am weitesten links den größten Vorteil hat, der mit der Position weiter nach rechts zunehmend geringer wird, muß um die Plätze gelost werden[141]. Den besten Platz gewinnt der junge Antilochos, den schlechtesten Diomedes[142]. Das Rennen beginnt (XXIII 362 ff.):

Οἱ δ' ἅμα πάντες ἐφ' ἵπποιιν μάστιγας ἄειραν,
πέπληγόν θ' ἱμᾶσιν, ὁμόκλησάν τ' ἐπέεσσιν
ἐσσυμένως· οἱ δ' ὦκα διέπρησσον πεδίοιο.

»Sie aber erhoben alle zugleich die Peitschen[143] über den Pferden, schlugen sie mit den Riemen und riefen ihnen voller Eifer zu. Die aber liefen rasch durch die Ebene«. Nach Umrundung der Wendemarke gewinnt das Gespann des Eumelos Vorsprung, dicht gefolgt von Diomedes, der, als er im Begriff ist, seinen Rivalen zu überholen, die Peitsche verliert und zurückbleibt. War dies das Werk seines Widersachers Apollon, korrigiert wiederum seine Helferin Athena den Eingriff, indem sie ihm die Peitsche wieder in die Hand gibt, dem Eumelos dagegen das Joch des Wagens zerbricht und ihn damit gänzlich aus dem Rennen wirft (392 ff.)[144]:

ἵππειον δέ οἱ ἦξε θεὰ ζυγόν· αἱ δέ οἱ ἵπποι
ἀμφὶς ὁδοῦ δραμέτην, ῥυμὸς δ' ἐπὶ γαῖαν ἐλύσθη.
αὐτὸς δ' ἐκ δίφροιο παρὰ τροχὸν ἐξεκυλίσθη.

Ein schwerer Unfall dieser Art, der – anders als der hier geschilderte – tödlich ausgehen konnte, gehörte zum Risiko dieser Sportart[145], worin zugleich ein makabrer Reiz für die Zuschauer liegen mochte. Nach dem Sturz des Eumelos kann Diomedes wieder die Führung übernehmen. Knapp hinter ihm fährt Menelaos, dem der junge, ehrgeizige Antilochos folgt und auf eine Gelegenheit wartet, an ihm vorbeizugehen. Ein Hohlweg[146], über den die Rennstrecke führt, scheint sie

---

141 XXIII 358: μεταστοιχί. Technische Zurüstungen, wie sie später z. B. in Olympia den schwierigen Start von Rennwagen egalisieren (Paus. VI 10 ff.), sind hier nicht erkennbar.   **142** XXIII 352 ff.   **143** Das gleiche Gerät wird bald μάστιξ, bald κέντρον, bald ἱμάσθλη genannt: XXIII 384. 387. 582.   **144** Siehe zu 'Götter und Athleten' unten S. T 86.   **145** In der bekannten Schilderung in Sophokles' Elektra 696–756 erreicht infolge einer Massenkarambolage, die ein durchgehendes Gespann verursacht, von zehn gestarteten Rennwagen nur einer das Ziel. – Eine merkwürdige Sitte in dem berühmten Poseidonhain von Onchestos in Boiotien, die in vieler Hinsicht noch ungeklärt ist, schildert der homerische Apollonhymnus (230 ff.), bei der es sich um ein Wagenopfer zu handeln scheint, das den gefürchteten Wagenbruch magisch-rituell vorwegnimmt; zuletzt behandelt von W. Burkert, Griechische Religion der archaischen und klassischen Epoche (1977) 217. Auch der Kult des 'Taraxippos', des »Pferdeverwirrers« in Olympia bezeugt indirekt die Gefährlichkeit des Wagenrennens; hierzu: H. v. Geisau, KlPauly V (1975) 517. Zu Wagenunfällen im Kampf vgl. VI 38 ff.; VIII 402 f.; XI 159 ff.; XV 452 f.; XVI 370 f. 378 f. 470 f.   **146** Στεῖνος ὁδοῦ κοίλης (XXIII 419).

a

b

Abb. 3a und b Wagenmodelle aus Troja (a Blei) und Olympia (b Bronze)

ihm zu bieten: nur wer sein eigenes Leben riskiert und das des Rivalen gefährdet, kann daran denken, noch vor der Enge zu überholen. Sturz und Bruch beider Fahrzeuge könnte die Folge sein [147]. Antilochos schert sich indessen nicht um Menelaos' warnenden Zuruf. Seine Rechnung, daß der Ältere, Einsichtigere sein Gespann schon rechtzeitig zügeln werde, geht auf [148]. So kommt es zu keinem »Rad an Rad« [149] in der Enge, und der Rücksichtslose setzt sich durch. Diese Unsportlichkeit, die Antilochos den zweiten Platz hinter Diomedes einträgt, »nachdem er

147 XXIII 425 ff.   **148** XXIII 433 ff.   **149** XXIII 422: ἁματροχιή.

mit List, nicht aber mit Schnelligkeit den Menelaos überholt hat«[150] und die vom Dichter keineswegs in Widerspruch zu dem oben vertretenen Grundsatz μήτι δ' ἡνίοχος περιγίγνεται ἡνιόχοιο gesetzt wird, veranlaßt Menelaos zu einem Protest, der im weiteren Verlauf Antilochos zu einem Eid nötigt, den Wagen des Menelaos »nicht absichtlich mit List behindert zu haben«[151]. Das kann der junge Rennfahrer nun wirklich nicht beschwören; er ist jetzt sogar bereit, seinen Preis dem Menelaos zu überlassen, und erklärt sein Verhalten – etwas altklug – mit dem Ungestüm und der Unerfahrenheit seiner Jugend[152]. Der Schwur, der hier bei Poseidon zu leisten ist[153], zeigt, daß man sich gegen grobe Unsportlichkeit zwar abzusichern versucht, eine klare begriffliche Abgrenzung taktisch klugen Verhaltens[154] und verwerflicher Hinterlist[155] dabei aber nicht zu bieten vermag.

Mit Diomedes siegt der beste Fahrer (XXIII 357), der außerdem über vorzügliche Pferde verfügt. Antilochos, der, wenn auch mit unlauteren Mitteln, als nächster durchs Ziel geht, hat das langsamste Gespann (V. 309 f.). Menelaos, der Dritte, ist mächtig hinter Antilochos aufgekommen und »hätte ihn überholt, wenn der Lauf der beiden noch weitergegangen wäre«[156]. Es folgt Meriones, ein wenig begabter Wagenlenker mit besonders langsamen Pferden (V. 530 f.). Schließlich schleppt der unglückliche Eumelos, »die Pferde vor sich her treibend«[157], die Überreste seines Wagens durchs Ziel, was Achill veranlaßt, vom vorgesehenen Schema der Preisverteilung zugunsten des unverdienten Verlierers abzurücken[158]. Insgesamt ein trotz des etwas mechanisch wirkenden göttlichen Ränkespiels ausgewogenes, realistisch anmutendes Fazit, bei dem der Grundsatz, daß nicht die Kraft der Pferde, sondern die Klugheit ihres Lenkers den Ausschlag gibt, gebührende Beachtung beansprucht.

Für Wagenrennen zu mykenischer Zeit vermochte J. Wiesner noch kein eindeutiges Zeugnis beizubringen[159]. Daß sie wenigstens über die 'homerische' Zeit zurückreichen, wird durch den schon oben (siehe Anm. 124) bezeichneten archäologischen Befund nahegelegt. Darstellungen auf Grabstelen und Vasen vom 16.–13. Jh. v. Chr. können Wagenrennen meinen, wie auch I. Sakellarakes glaubt, der im Wagenrennen eine spezifische Errungenschaft des mykenischen Griechentums sieht, die im Gegensatz zum Schaucharakter der älteren, kretischen Sportarten Boxen, Akrobatik, Stierspringen einen ausgeprägten Wettbewerbscharakter aufwies[160]. Daß auf den Fragmenten einer spätmykenischen Amphora, die K. Kilian vor kurzem bekannt gemacht hat, ein Wagenrennen gemeint ist, dürfte kaum mehr einem Zweifel unterliegen (Abb. 2)[161].

150 XXIII 515: κέρδεσιν, οὔ τι τάχει γε παραφθάμενος Μενέλαον. **151** XXIII 585: ... μὴ μὲν ἑκὼν τὸ ἐμὸν δόλῳ ἅρμα πεδῆσαι. **152** XXIII 586 ff.; in diesem Sinne äußert sich schließlich auch Menelaos: XXIII 604. **153** s. u. S. T 87. **154** Durch μῆτις ausgedrückt: XXIII 313. 315. 316. 318. **155** XXIII 515: κέρδος; XXIII 585: δόλος; doch wird κέρδος häufiger in positivem Sinne gebraucht und einmal (V. 725) der unbeanstandete Trick eines Ringkämpfers δόλος genannt; s. u. S. T 50. **156** XXIII 526 f.; εἰ δέ κ' ἔτι προτέρω γένετο δρόμος ἀμφοτέροισι, | τῷ κέν μιν παρέλασσ' ... **157** XXIII 533. **158** Hier gehen die fünf Teilnehmer nacheinander durchs Ziel. Ein sogenanntes 'totes Rennen' schildert die ps.-hesiodische Aspis: (310 f.): οἳ μὲν ἄρ' ἀίδιον εἶχον πόνον (sc. οἱ ἡνίοχοι), οὐδέ ποτέ σφιν | νίκη ἐπηνύσθη, ἀλλ' ἄκριτον εἶχον ἄεθλον. **159** s. unser Kap. »Fahren und Reiten« F 98 f. **160** I. Sakellarakes, in: Gialoures, Athletics 22 f. **161** Ergänzte Darstellung eines Wagenrennens; Abrollung des Dekors einer SH III C-Bauchamphora mit kurzem Hals aus Tiryns, in Nauplia, Arch. Mus.; K. Kilian, AM. 95, 1980, 21 ff. Abb. 1. 2 Taf. 9, 1; 10; J. H. Crouwel, Chariots and

Abb. 4 Viergespann, Detail einer attisch-schwarzfigurigen Schale in Tarquinia

Der mit dem Kriegswagen identische zweispännige Rennwagen des homerischen Epos (ἅρμα) bestand aus Achse, Deichsel, Joch, Wagenkorb, zwei Rädern und war zerlegbar [162]. Abb. 3b zeigt ein bronzenes Wagenvotiv des 8. Jhs. v. Chr. aus Olympia [163]. Heinrich Schliemann grub in Troja ein 9 cm langes, bleiernes Streitwagenmodell mit zwei Pferdchen aus (Abb. 3a) [164]. In der Bildkunst des 8. Jhs. v. Chr. sind Wagenfahrten ein bevorzugtes Thema, wobei das Zweigespann, wie im Epos, überwiegt. Darstellungen von Wagenrennen sind im Gegensatz zu einfachen Wagenumzügen an galoppierenden Pferden, vorgebeugter Haltung der Wagenlenker, die das Kentron in der Hand halten, und dem langen Chiton, der Spezialtracht der Wagenlenker, kenntlich [165]. Diese Charakteristika werden in der Vasenmalerei zunehmend verdeutlicht, wie ein nach rechts springendes Viergespann auf einer attisch-schwarzfigurigen Vase der Mitte des 6. Jhs. v. Chr. neben vielen ähnlichen Beispielen zeigt (Abb. 4) [166].

Geometrische Vasenbilder, auf denen gerüstete Krieger zwischen galoppierenden Gespannen dargestellt sind, hat man als Apobatenagone gedeutet, bei denen ein gerüsteter Krieger in voller Fahrt aus dem Wagen springen und hinterherlaufen mußte [167]. Diese zu archaischer Zeit bei den Panathenäen in Athen beliebte und sicher schon früher ausgeübte Form des Wagensports [168] ist im frühgriechischen Epos nicht nachzuweisen [169].

other Means of Land Transport in Bronze Age Greece (1981) 165 Kat.-Nr. V 51 Taf.-Abb. 66.   **162** s. J. Wiesner, unser Kap. »Fahren und Reiten« F 14ff. 63ff. 102ff.   **163** W.-D. Heilmeyer, Olymp. Ber. X (1981) 59ff. Taf. 3,1; vgl. E. Kunze, Olymp. Ber. IV (1944) 108ff. Taf. 33–35.   **164** Troja VIII; archaisch-klassisch; in Sonneberg/DDR, Deutsches Spielzeugmuseum; E. Schmidt, Spielzeug 32 Taf. 12.   **165** So auf einer Amphora in Oxford: Davison, Workshops Abb. 54; vgl. auch J. Wiesner, unser Kap. »Fahren und Reiten« F 67 Abb. 18 b; Fittschen, Sagendarstellungen 26 ff.; vgl. noch unten S. T 187.   **166** Schwarzfigurige Schale der Mitte des 6. Jhs. v. Chr. in Tarquinia, Mus. Naz., Inv.-Nr. RC 4194; CVA. Tarquinia II (1956) Taf. 21,6; P. R. Franke, Olympia Antiqua (1972) 11 mit Abb.; vgl. B. Neutsch, Der Sport im Bilde griechischer Kunst (1949) 31 Abb. 36. 37.   **167** Siehe M. Andronikos, unser Kap. »Totenkult« Taf. W XII; Fittschen, Sagendarstellungen 27 f.   **168** E. Reisch, RE. I (1897) 2814 s. v. ἀποβάτης; L. Ziehen, RE. XVIII (1949) 478 s. v. Panathenaia; H. A. Thompson, AA. 1961, 224 f.   **169** R. Toelles Deutung von h. Ap. 232 f. auf den Apobaten-Agon ist verfehlt (AA. 1963, 225). Dort springt der Lenker selbst ab, und der leere Wagen bleibt führerlos.

Frühepische Zeugnisse für sportliches Reiten sind nicht zu belegen[170]. Obwohl das Reiten an sich den Verfassern der Epen nicht unbekannt war und gelegentlich deutlich wird, daß dem adligen Krieger auch diese Art der Fortbewegung vertraut war[171], scheint es doch in der frühepischen Darstellung generell unterdrückt worden zu sein[172]. Die frühesten griechischen Reiterbilder treten zu spätmykenischer Zeit im 13. Jh. v. Chr. auf[173]. Die früheste bildliche Darstellung, die sich mit einiger Wahrscheinlichkeit als die eines Rennreiters deuten läßt, findet sich auf einem frühattischen Vasenfragment von der Agora in Athen[174].

b) *Lauf*

Nicht nur die Beherrschung der Waffen, sondern auch die Fähigkeit zu schnellem Lauf zeichnet den Kämpfer der homerischen Epen aus. Den fliehenden Feind verfolgen und in Kampfesnot selbst rasch retirieren zu können, galten als kriegerische Tugenden ersten Ranges[175]. Diese Auffassung findet ihren Niederschlag in zahlreichen Zeugnissen, die auch an hervorragenden Kämpfern besondere Leistungen im Lauf hervorheben[176]. Als Muster dieses Typs kann πόδας ὠκὺς Ἀχιλλεύς, der 'schnellfüßige' Achilleus (XXII 14 u. ö.) gelten. Außergewöhnliche Leistungen im Lauf konnten zum Gegenstand mythischer Verklärung werden, wie bei Iphiklos aus Phylake in Thessalien, der mit den Winden um die Wette lief[177].

Angesichts dieser Einschätzung dürfte der Lauf als gymnastische Übung am ehesten wegen seiner Nutzbarkeit im Kriege betrieben worden sein[178]. Auch sind kultische Ursprünge für den Lauf in Anspruch genommen worden[179], namentlich wegen des Vorrangs des Stadionlaufes, der nach der olympischen Chronik während der ersten 13 Olympiaden von 776–728 v. Chr. der einzige sportliche Wettkampf in Olympia blieb[180]. Doch bieten die frühepischen Zeugnisse keinen Hinweis, der es erlaubte, sich konkretere Vorstellungen solcher kultischen Ursprünge im Falle des Laufs zu machen.

Am ausführlichsten wird der Wettlauf geschildert, der im XXIII. Buch der Ilias als vierter Wettkampf der Leichenspiele zu Ehren des Patroklos ausgetragen

---

Zum Sinn dieser Prozedur s. o. Anm. 145.   **170** Im späten Hes., Sc. 285 f. (τοὶ δ᾽ ... | νῶθ᾽ ἵππων ἐπιβάντες ἐθύνεον) könnte ein Wettreiten gemeint sein.   **171** »Reiten« heißt κελητίζειν, das »Reitpferd« κέλης (sc. ἵππος). Die einschlägigen Stellen, besonders X 498 ff.; XV 676 ff., 5, 370 f., sind von J. Wiesner, unser Kap. »Fahren und Reiten« F 110 ff., ausführlich behandelt worden.   **172** Schol. zu 5, 371: οἶδε μὲν ὁ ποιητὴς τὸν κέλητα, οὐκ εἰσάγει δὲ τοὺς ἥρωας αὐτῷ χρωμένους, εἰ μὴ ἐξ ἀνάγκης ἐν τῇ Δολωνείᾳ τὸν Διομήδην (sc. X 513 f.).   **173** Siehe J. Wiesner, unser Kap. »Fahren und Reiten« F 114 ff. mit Abb. 20. 21.   **174** Siehe J. Wiesner a. O. F 120 und Abb. 20 g; M. Andronikos, unser Kap. »Totenkult« Taf. W X a.   **175** Vgl. Verf., ArchHom., Kap. »Medizin und Körperpflege« S 17 zu πόδες.   **176** Etwa XIII 324 f. (Achill); XIV 520 ff. (Aias Oileus); XV 569 f.; 3, 112 = 4, 202 (Antilochos); XV 642 (Periphetes); XVI 186 (Eudoros); XVI 808 f. (Euphorbos); XX 410 ff. (Polydoros); 13, 260 f. (Orsilochos).   **177** Hes., Fr. 117 Rz. Zu XXIII 636 s. o. S. T 22.   **178** Bei Atalante, einer Art mythischer Allround-Sportlerin (vgl. Weiler, Agon 189 ff.), wird man ihre besondere Leidenschaft für den Lauf (s. o. S. T 18) wohl auf andere Wurzeln zurückführen müssen. Sie ist Jägerin und pflegt in Gestalt des Laufs eine für die Wildbeuter lebensnotwendige Fertigkeit.   **179** Einige Literaturhinweise zu Hypothesen dieser Art bei Weiler, Sport 106 f.   **180** Pausanias V 8, 5 f.

Abb. 5 Wettläufer auf einer kyprisch-
mykenischen Vase des 13. Jhs. v. Chr.
aus dem Gebiet von Kition, Zypern

wird. Achill eröffnet den Wettlauf mit der Aussetzung der Preise (V. 740). Auf seine Aufforderung zur Teilnahme melden sich Aias Oileus, Odysseus und Antilochos. Sie starten, wie die Gespanne vor dem Wagenrennen, μεταστοιχί (V. 757 = V. 358), in einer Reihe nebeneinander. Über eine besondere Startmarkierung oder -vorrichtung wird nichts mitgeteilt. Achill bezeichnet ein Ziel, das nicht näher genannt wird: σήμηνε δὲ τέρματ' Ἀχιλλεύς (V. 757), während der Start von einem Prallstein aus erfolgt, der mit der Wendemarke des Wagenrennens identisch sein kann[181]: τοῖσι δ' ἀπὸ νύσσης τέτατο δρόμος (V. 758)[182]. Aias erringt einen Vorsprung, Odysseus bleibt ihm dicht auf den Fersen. Auf dem letzten Teil der Laufstrecke[183] richtet Odysseus ein Stoßgebet an Athena[184], die darauf seinen Konkurrenten, der sich seines Sieges schon sicher wähnt, in dem Mist von Rindern, die man dort zuvor geschlachtet hat, ausgleiten läßt[185] und zugunsten ihres Schützlings um den Sieg bringt. Als Dritter geht der junge Nestorsohn Antilochos durchs Ziel, der in dem Ergebnis den Vorrang des Lebensalters im Sinne einer göttlichen Wertvorstellung verwirklicht sieht[186].

In den Phaiakenspielen des 8. Buchs der Odyssee werden die Wettkämpfe mit dem Schnellauf eröffnet, der von den drei Alkinoossöhnen Laodamas, Halios und Klytoneos bestritten wird. Über den äußeren Ablauf erfährt man auch nicht mehr als in der Ilias. Immerhin verdient die Beschreibung des Vorsprungs, mit dem der Sieger Klytoneos vor den übrigen gewinnt, besondere Beachtung (8, 124 f.):

181 s. o. S. T 27.   182 So auch 8, 121 beim Wettlauf der Phaiakenspiele.   183 V. 768: ἀλλ' ὅτε δὴ πύματον τέλεον δρόμον wird nicht »den letzten Lauf«, sondern prädikativ »den letzten Teil der Laufstrecke« meinen, da die Schilderung nicht an ein mehrmaliges Durchlaufen einer Bahn denken läßt. Auch Vergil scheint die Stelle so verstanden zu haben (Aen. V 327): *Iamque fere spatio extremo fessique sub ipsam finem adventabant*; vgl. noch Jüthner-Brein, Leibesübungen II 96.   184 s. u. S. T 86.   185 Vgl. Verf., ArchHom., Kap. »Medizin und Körperpflege« S 140.   186 Dazu ausführlich Anm. 52.

Abb. 6 a–c Kurzstreckenläufer auf attisch-schwarzfigurigen Vasen vom Kerameikos (a), aus Nola (b) und Vulci (c)

Abb. 7 Langstreckenläufer an der Wendemarke auf einer
panathenäischen Preisamphora aus Vulci

ὅσσον τ' ἐν νειῷ οὖρον πέλει ἡμιόνοιϊν,
τόσσον ὑπεκπροθέων λαοὺς ἵκεθ', οἱ δ' ἐλίποντο.

»Soweit auf einem Acker die Pflugstrecke zweier Maultiere reicht«, d. h. wahrscheinlich die Strecke, die ein Maultiergespann in einem Zuge durchzupflügen vermag, ohne zu verschnaufen[187]. Obwohl damit ein nur sehr vages Maß vorliegt, scheint doch ein so beträchtlicher Vorsprung gemeint zu sein, daß man darin eher einen Hinweis auf eine Mittelstrecke als auf eine Kurzstrecke zu sehen glaubte[188]. Gleichwohl wird der Lauf als Sport in allen Aussagen nie mit dem Begriff der Ausdauer[189], sondern immer nur mit dem der Schnelligkeit assoziiert.

Nach I. Sakellarakes gehört der Lauf wie das Wagenrennen zu den Sportarten, die die mykenischen Griechen nicht vom minoischen Kreta übernommen haben, sondern die sie als eigene, ihrem Wesen gemäße Leibesübungen kultiviert haben [190]. Eine kyprisch-mykenische Vase des 13. Jhs. v. Chr. zeigt zwischen zwei Faustkämpferpaaren[191] zwei Läufer mit ornamental wirkenden Kopfbedeckungen (Abb. 5)[192]. Dies ist nach I. Sakellarakes der älteste Bildnachweis eines griechischen Wettlaufs[193].

187 Vgl. Verf., Hermes 86, 1958, 410. 412 Anm. 4.   **188** E. Kornexl, Leibesübungen bei Homer und Platon (1969) 44; H. Lutz, Beiträge zur Frage der Leibesübungen und zur Erklärung einzelner Stellen in Homers Odyssee, Diss. Erlangen (1927) 53, der unter οὖρον ἡμιόνοιϊν lediglich die Ausmaße eines Maultiergespanns verstand, dachte an einen Kurzstreckenlauf.   **189** Dazu unten S. T 39.   **190** I. Sakellarakes, in: Gialoures, Athletics 22 f.   **191** Auf der Gegenseite drei Faustkämpferpaare, s. Taf. T I c.
192 Krater des SH III b, wahrscheinlich aus dem Gebiet von Kition, in Nikosia, Sammlung G. G. Pierides, Inv.-Nr. 35; V. Karageorghis, CVA. Cyprus II (1965) Taf. 2. 3; Buchholz-Karageorghis (1971) Nr. 1623; dort Abb. der Gegenseite, hier Taf. T I c; Vermeule-Karageorghis, Vase Painting Nr. V 32; W. D. Asmus, Die Kunde, N. F. 30, 1979, 81 ff. Taf.-Abb. 24 a; E. Rystedt, OpAth. 16, 1986, 107 Abb. 9 (Boxer). 10 (Läufer).
193 I. Sakellarakes, in: Gialoures, Athletics 22; aus der Stellung der Figuren zwischen

Wettläufer in ähnlich bewegungsarmer Wiedergabe sind vielleicht auch auf einem geometrischen Kraterfragment von der Piräusstraße gemeint[194]. Doch sind schon früh Bemühungen der Vasenmaler spürbar, verschiedene Laufstile darzustellen, die Rückschlüsse auf die Art des jeweiligen Laufs zulassen[195]. So wird der Sprinter gewöhnlich mit weitausholender Bewegung der Arme dargestellt (Abb. 6 a–c; Taf. T II a. b).

Die hier in den zitierten Abbildungen wiedergegebenen Läuferdarstellungen gehören ausnahmslos der attisch-schwarzfigurigen Vasenmalerei an. Besonders altertümlich wirkt Abb. 6 a, in der jeweils die Silhouette der vorderen Läufer die anderen fast vollständig verdeckt. Im übrigen handelt es sich bei dieser Darstellung um eine der wenigen im Bewegungsablauf nach links gerichteten[196].

Altertümliche, schematische Reihung bei gleichförmiger, akzentuierter Arm- und Beinhaltung weist die Darstellung auf einer Randschale der Zeit um die Mitte des 6. Jhs. v. Chr. in Berlin-Charlottenburg auf (Taf. T II a)[197].

Eine weitere, aber wesentlich jüngere, in Berlin-Charlottenburg befindliche panathenäische Preisamphora des Berliner Malers zeigt eine Gruppe von vier ebenfalls nach links gerichteten Läufern in erheblich gesteigerter Darstellungsdynamik mit zahlreichen Überschneidungen (Abb. 6 b)[198].

In dichtem Gedränge sind Kurzstreckenläufer in der angegebenen Art, nach rechts laufend, des öfteren auf attisch-schwarzfigurigen Vasen zu sehen, beispielsweise auf panathenäischen Amphoren in New York (Abb. 6 c)[199] und in Toronto (Taf. T II b)[200].

Andererseits wird der Langstreckenläufer an den abgewinkelten Armen, geballten Fäusten und der geringeren Schrittweite kenntlich gemacht, wie es ein Beispiel in Northampton zeigt (Abb. 7)[201].

---

zwei boxenden Paaren ergibt sich der athletische Charakter der Szene. Deutlicher lassen sich zwei Läufer auf dem Fragment eines Freskos aus dem mykenischen Palast von Orchomenos als Athleten erkennen: Th. Spyropoulos, AAA. 7, 1974, 313 ff. Farbtaf. 2 b oben. **194** Unsere Abb. W 11 g bei M. Andronikos, Kap. »Totenkult« W 123; s. auch E. Pernice, AM. 17, 1892, 205 ff. Taf. 10; R. Hampe, Ein frühattischer Grabfund (1960) 54 f. Abb. 38; nicht als Wettläufer, sondern als Reigen (gegen Hampe) gedeutet von R. Tölle, Frühgriechische Reigentänze (1964) 18 zu Nr. 30, was auch angesichts des kypro-mykenischen Vasenbildes (unsere Abb. 5) an Wahrscheinlichkeit verliert. **195** L. Gründel, Die Darstellung des Laufens in der griechischen Kunst, Ein Beitrag zur Frage der Bewegungsgestaltung in der griechischen Kunst, Diss. Würzburg (1934); Jüthner-Brein, Leibesübungen II 22 ff.; vgl. Weiler, Sport 149. **196** Amphora vom Kerameikos (Inv.-Nr. PA 443); Töpfer Hypereides, vor 560 v. Chr.; J. Frel, Panathenäische Preisamphoren (1973) 11 Abb. 7. **197** Antikenmuseum, Inv.-Nr. V. I. 3755; aus Rhodos, Mitte 6. Jh. v. Chr.; U. Gehrig u. a., Führer durch die Antikenabteilung (1968) 177 f.; K. Schauenburg, AA. 1974, 214 Abb. 24. **198** Antikenmuseum, Inv.-Nr. 1832; um 480/470 v. Chr., aus Nola; Beazley, ABV. 408 Nr. 4; ders., Der Berliner Maler (1930) 21 Nr. 4; U. Gehrig u. a., Führer durch die Antikenabteilung (1968) 186; J. Boardman, Schwarzfigurige Vasen aus Athen (1977) 189 Abb. 302. **199** Metr. Mus., Inv.-Nr. 14. 130. 12; Euphiletos-Maler, um 520 v. Chr., aus Vulci; Beazley, ABV. 322 Nr. 6; J. Frel, Panathenäische Preisamphoren (1973) 10 Abb. 6; vgl. auch Jüthner-Brein, Leibesübungen II Taf. 5. **200** R. O. M., Inv.-Nr. 915. 24; Ende des 6. Jhs. v. Chr.; J. W. Hayes, CVA. Toronto I (1981) Taf. 22; D. M. Robinson – C. G. Harcum, A Catalogue of the Greek Vases in the Royal Ontario Museum of Archaeology Toronto (1930) Nr. 349 Taf. 53; H. de Santana, Danby, Images of Sport (1979) 8 mit Farbabb. . **201** Northampton, Castle Ashby; Berliner Maler, 480/470 v. Chr.; aus Vulci; J. Boardman – M.

Abb. 8 Sportler im Schurz auf einem attisch-schwarzfigurigen
Stamnos aus Vulci

Dem sportlichen Habitus des homerischen Epos kommen Vasenbilder des 6. Jhs. v. Chr. aus Vulci entgegen, die Läufer im Schurz zeigen (Abb. 8, rechts im Bild)[202].

c) *Faustkampf*

Im III. Buch der Ilias vermißt Helena in der sogenannten 'Mauerschau' ihre Brüder unter den Achaiern (V. 237 f.):

Κάστορά θ' ἱππόδαμον καὶ πὺξ ἀγαθὸν Πολυδεύκεα,
αὐτοκασιγνήτω, τώ μοι μία γείνατο μήτηρ.

»Kastor, den rossezähmenden, und Polydeukes, den tüchtigen Faustkämpfer[203], meine leiblichen Brüder, die mit mir ein und dieselbe Mutter geboren hat«. Der Faustkämpfer Polydeukes ist also den homerischen Epen bekannt, die freilich über seine besondere Begabung nicht Näheres berichten. Auf den Faustkämpfer Polydeukes beziehen sich in leichter Abwandlung des offenbar alten Formelverses auch ein Hesiodfragment (94 Rz. 27 und 31) und ein Fragment der Kyprien (Allen V Nr. XI 6, 122):

Κάστορά θ' ἱππόδαμον καὶ ἀεθλοφόρον Πολυδεύκεα,

Robertson, CVA. Castle Ashby (1979) Taf. 17,3; Beazley, ABV. 408 Nr. 1; ders., Der Berliner Maler (1930) 21 Nr. 2; ders., The Development of Attic Black-Figure² (1964) 95 Taf. 44,2; Jüthner-Brein, Leibesübungen II Taf. 4b.   202 Paris, Cabinet des Médailles, Inv.-Nr. 252; Beazley, ABV. 344 Nr. 1; vgl. ebd. 345 Nr. 2 (Kantharos); Jüthner-Brein II 29 Abb. 4; vgl. ebd. 27 Abb. 2; zu den abgebildeten Boxern s. u. S. T 43; vgl. noch einen Stamnos in Oxford, Ashmolean Museum, Inv.-Nr. 1965.97; Beazley, ABV. 343 Nr. 6; Ashmolean Museum, Exhibition of Antiquities and Coins, Purchased from the Late Captain E. G. Spencer-Churchill (1965) Taf. 12, 68; J. Boardman, Schwarzfigurige Vasen aus Athen (1977) 151 Abb. 219.   203 III 237 = 11, 300.

wo Polydeukes als »preisgekrönt« bezeichnet wird[204]. Ein Faustkampf des Polydeukes bildet einen integrierenden Bestandteil der Argonautensage[205], die wahrscheinlich schon früh zum Epos ausgestaltet wurde, wofür, von den Reflexen in der hellenistischen Epik abgesehen[206], auch die Odyssee einen Hinweis liefert[207]. Die Argonauten kommen ins Land der Bebryker, deren König Amykos, seiner Gewohnheit folgend, die Ankömmlinge bzw. ihren Vertreter vor dem Verlassen des Landes zum Faustkampf herausfordert, der, wie die Beispiele des Kerkyon und Philomeleides für den Sagentyp der Herausforderungsagone lehren, mit dem Tod des Provozierten zu enden pflegt[208]. Polydeukes nimmt den Kampf an, in dessen Verlauf er den Herausforderer tötet[209]. In der Darstellung des Apollonios zeigt die Wortwahl an dieser Stelle Einfluß eines Formelverses, der älter als das 18. Buch der Odyssee sein muß und am ehesten aus dem vorauszusetzenden Argonautenepos stammen könnte[210]:

κόψε μεταΐγδην ὑπὲρ οὔατος, ὀστέα δ' εἴσω | ῥῆξεν·

»Nachdrängend schlug er ihn oberhalb des Ohrs und brach die Knochen einwärts«[211].

Von einem weiteren Boxkampf berichtet die Ilias anläßlich der Leichenspiele für Patroklos. Nestor, der nicht mehr aktiv daran teilnimmt, renommiert mit seinen früheren sportlichen Erfolgen. So habe er einst bei den Leichenspielen für Amarynkeus unter anderen Siegen auch den im Faustkampf errungen (XXIII 634):

πὺξ μὲν ἐνίκησα Κλυτομήδεα, Ἤνοπος υἱόν.

204 Im frühen Epos sonst Beiwort von Rennpferden. Ἀεθλοφόρος Πολυδεύκης als Versschluß noch Theokrit XXII 53; vgl. Anm. 129.   **205** Dazu ausführlich Weiler, Agon 174 ff.   **206** Vornehmlich Apollonios Rhodios II 1 ff. und Theokrit XXII 75–134. **207** Im zwölften Buch erzählt Kirke Odysseus und seinen Gefährten, daß als einziges Schiff die 'Argo' auf der Rückfahrt vom Kolcherlande die 'Plankten' (Irrfelsen) ohne Schaden passiert habe, und nennt sie Ἀργὼ πᾶσι μέλουσα (12,70), »die Argo, die das Interesse aller erfüllte«, was auf die Aktualität eines Argonautengedichts schließen läßt. Vgl. A. Lesky, Geschichte der griechischen Literatur³ (1971) 29. 47. 667.   **208** s. o. S. T 17. **209** So bei Apollonios Rhodios II 97 und Apollodor, Bibl. I 9, 20, 2, was der alten Fassung entsprechen dürfte. Bei Theokrit XXII 131 bleibt er am Leben.   **210** s. Anm. 207.   **211** Apollonios Rhodios II 95 f.; der wesentliche Teil von Vers 95 begegnet im epischen Vergleichsmaterial fast unverändert nur noch in der Odyssee (18, 96), wo Odysseus dem Iros im Faustkampf der Bettler den entscheidenden Schlag versetzt: ... ὁ δ' αὐχέν' ἔλασσεν ὑπ' οὔατος, ὀστέα δ' εἴσω | ἔθλασεν, »er (Odysseus) aber schlug ihm den Hals unterhalb des Ohrs und schmetterte die Knochen einwärts« (s. u. S. T 42). Da die Odysseestelle nicht von Apollonios abhängen kann, bleibt die umgekehrte Abhängigkeit zu prüfen, die aus folgenden Gründen auszuschließen ist: Polydeukes trifft seinen Gegner ὑπὲρ οὔατος, also an der Schläfe, wo die knöcherne Substanz des Schädels besonders schwach ist und von der Wucht des Schlages eingedrückt wird: er schlägt ihm den Schädel ein; zu ὀστέα in der Bedeutung »Knochen des Schädels, Schädel« siehe Verf., ArchHom., Kap. »Medizin und Körperpflege« S 6. Der Dichter des Odysseeverses läßt »den Hals unterhalb des Ohrs« treffen und benutzt dafür Versmaterial, das kaum dafür geprägt wurde, Lokalisierung und Wirkung dieses Schlages zu verdeutlichen. Halswirbel können nicht »eingeschlagen« werden, und auch die Annahme, daß εἴσω hier die nachhomerische Bedeutung »darinnen« aufweise – nur für 7, 13 wird sie gelegentlich in Anspruch genommen – würde wenig einbringen. Beide Stellen werden einem älteren Vorbild verpflichtet sein,

Die Darstellung des Faustkampfs der Patroklosspiele – das gilt generell für alle bei dieser Gelegenheit ausgetragenen Zweikämpfe – ist gerafft, soweit auf Schilderung von Vergleichskämpfen und Vorentscheidungen verzichtet wird. Achill eröffnet »den schmerzhaften Faustkampf« (πυγμαχίη ἀλεγεινή), den derjenige gewinnen werde, »dem Apollon Standfestigkeit verleiht« (660 f.):

ᾧ δέ κ' Ἀπόλλων
δώῃ καμμονίην, γνώωσι δὲ πάντες Ἀχαιοί.

Hier begegnen wir erstmalig einem Begriff, mit dem man das 'Durchhaltevermögen' als Voraussetzung einer athletischen Dauerleistung zu erfassen beginnt[212]. Es meldet sich der selbstbewußte Epeios, der in bissiger Ironie denjenigen auffordert »näherzutreten«, der Lust auf den zweiten Preis habe (V. 667):

ἆσσον ἴτω ὅς τις δέπας οἴσεται ἀμφικύπελλον·

Auch in der weiteren Darstellung beeindrucken gewisse physiognomische Ähnlichkeiten, die sich gerade in dieser Sportart über Jahrtausende erhalten zu haben scheinen, wenn der Herausforderer vor dem eigentlichen Kampf 'Nervenkrieg' führt, indem er sich rühmt, »der Beste« zu sein (V. 669: εὔχομαι εἶναι ἄριστος) und seinem Gegner verspricht, ihm »alle Knochen zu zerbrechen« (V. 673)[213]:

ἀντικρὺ χρόα τε ῥήξω σύν τ' ὀστέ' ἀράξω.

Euryalos, der sich diesem 'Schläger' zu stellen wagt, ist aus feinerem Holz, dabei wohl auch selbst kein unerfahrener Athlet, wie man es den Erfolgen seines Vaters bei den Leichenspielen des Ödipus (V. 680; vgl. o. S. T 22) entnehmen kann. Diomedes betreut ihn (V. 681 ff.):

τὸν μὲν Τυδεΐδης δουρυκλυτὸς ἀμφεπονεῖτο
θαρσύνων ἔπεσιν, μέγα δ' αὐτῷ βούλετο νίκην.
ζῶμα δέ οἱ πρῶτον παρακάββαλεν, αὐτὰρ ἔπειτα
δῶκεν ἱμάντας ἐυτμήτους βοὸς ἀγραύλοιο.
τὼ δὲ ζωσαμένω βήτην ἐς μέσσον ἀγῶνα,
ἄντα δ' ἀνασχομένω χερσὶ στιβαρῇσιν ἅμ' ἄμφω
σύν ῥ' ἔπεσον, σὺν δέ σφι βαρεῖαι χεῖρες ἔμιχθεν.

das Apollonios, der die gleiche Geschichte erzählte, mehr oder weniger wörtlich übernehmen konnte, während der Odysseedichter, der zudem den Kampf nicht tödlich enden lassen wollte, Versmaterial eines inhaltlich verwandten, berühmten epischen Vorbildes nicht ohne Unebenheiten verarbeitete. **212** Καμμονίη zu κατα-μένω ist eigentlich das 'Dableiben', hier im Sinne von Ausdauer. Das Wort begegnet noch einmal (XXII 257), dort vielleicht in etwas anderer Nuance. Hektor, der sich bis dahin in wilder Flucht vor Achill zu retten suchte, zieht erstmalig in Erwägung, sich dem Verfolger zu stellen (V. 253: στήμεναι ἀντία σεῖο, vgl. V. 252: μεῖναι ἐπερχόμενον), und verspricht, den Gegner im Falle seines Sieges nicht zu schänden, αἴ κεν ἐμοὶ Ζεὺς | δώῃ καμμονίην, »wenn Zeus es mir gibt, daß ich 'dableibe', 'mich dir stelle' «. Trotz der variierenden Bedeutung lassen beide Stellen etwas von der Selbstüberwindung spüren, die für die jeweils mit καμμονίη bezeichnete Haltung kennzeichnend ist. Von den Leiden, mit denen eine körperliche Dauerleistung verbunden ist, wird erstmalig außerhalb des athletischen Bereiches geredet: Menelaos und Meriones, die den Leichnam des Patroklos bergen, werden mit balkenschleppenden Maultieren verglichen (XVII 744 f.): ἐν δέ τε θυμὸς | τείρεθ' ὁμοῦ καμάτῳ τε καὶ ἱδρῷ σπευδόντεσσιν, »ihre Lebenskraft drinnen wird aufgerieben durch Ermattung und Schweiß, während sie sich abmühen«. **213** Noch unflätiger provoziert der Bettler

»Ihn betreute der speerberühmte Sohn des Tydeus, ermutigte ihn mit Worten und wünschte ihm sehr den Sieg. Zunächst legte er ihm den Schurz hin, dann aber gab er ihm die gutgeschnittenen Riemen vom Rind, das im Freien lebt. Nachdem beide den Schurz angelegt hatten, traten sie mitten ins Zuschauerrund. Mit starken Händen, die sie gegeneinander emporhielten, fielen sie beide einander an und ihre schweren Fäuste mischten sich«. Der Dichter schildert weiter, wie ihre Kinnbacken unter den Hieben knirschen und der Schweiß fließt, bis Epeios den entscheidenden Schlag anbringt (V. 690 f.):

κόψε δὲ παπτήναντα παρήιον· οὐδ' ἄρ' ἔτι δὴν
ἑστήκειν· αὐτοῦ γὰρ ὑπήριπε φαίδιμα γυῖα.

»Und wie er spähte, traf er seine Wange. Da blieb er nicht mehr lange stehen. Denn die herrlichen Glieder gaben unter ihm nach«. Der folgende Vergleich, der den Getroffenen wie einen Fisch emporschnellen läßt, scheint die Wirkung eines 'Aufwärtshakens' wiedergeben zu wollen. Euryalos sinkt zusammen, sein Gegner fängt ihn auf[214], und die Freunde schaffen ihn mit allen Anzeichen eines 'Knockout' fort (V. 696 f.):

οἵ μιν ἄγον δι' ἀγῶνος ἐφελκομένοισι πόδεσσιν
αἷμα παχὺ πτύοντα, κάρη βάλλονθ' ἑτέρωσε.

»Die führten ihn durchs Zuschauerrund mit nachschleppenden Füßen, während er dickes Blut spie und den Kopf zur Seite sinken ließ«. Ob die Betreuerrolle des Diomedes zum Reglement gehört oder spontan übernommen wird, ist nicht klar. Ein Ringrichter tritt nicht in Erscheinung, Kampfregeln sind nicht ersichtlich, Kampfpausen gibt es nicht[215]. Der Kampf endet mit der Kampfunfähigkeit eines der beiden Kontrahenten. Das wird das Übliche gewesen sein. Daß in diesem Kampf nicht das grobschlächtige Großmaul die verdiente Lektion erhält, sondern sein edler Gegner ramponiert wird, ist eine bemerkenswerte Konzession an die Wirklichkeit.

In diesem Sinne nicht enttäuscht wird die Kompensationserwartung im Bettlerfaustkampf des 18. Odysseebuches[216], der zu einem ungetrübten Genuß der Zuschauer gerät. Iros, der durch das Auftreten des fremden Bettlers seine Einkünfte im Hause des Odysseus gefährdet sieht, erwartet von ihm, daß er das Feld räumt, wozu er ihn unter Androhung von Tätlichkeiten auffordert. Die ruhige Reaktion des Fremden, der sich durch die anmaßende Schelte nicht einschüchtern läßt, reizt Iros so sehr, daß er ihn mit provozierenden Worten zum Faustkampf herausfordert und sich dabei so vernehmen läßt (18, 27 ff.):

... ὃν ἂν κακὰ μητισαίμην
κόπτων ἀμφοτέρῃσι, χαμαὶ δέ κε πάντας ὀδόντας
γναθμῶν ἐξελάσαιμι συὸς ὣς ληϊβοτείρης.

Iros in der Odyssee seinen Gegner vor dem Faustkampf (18, 26 ff.); siehe unten. **214** Man sollte darin nicht unbedingt eine ritterliche Geste sehen, was häufig geschieht. Χερσὶ λαβὼν ὤρθωσε (V. 695) meint nicht, daß er ihn vom Boden aufhebt, sondern vor dem Fallen bewahrt. W. Schadewaldt: »... faßte ihn mit den Händen und hielt ihn aufrecht«. **215** Bei Apollonios Rhodios II 86 f. führt die gleichzeitige Ermattung beider Gegner zu einer kurzen Kampfpause, bei Theokrit XXII 106 wird Amykos niedergeschlagen, und Polydeukes setzt so lange aus, bis sich der Gegner wieder erhebt. Letzteres kann im Sinne einer Regel erfolgt sein. **216** s. o. S. T 18.

Abb. 9 Jüngling beim Anlegen des Faustriemens, rotfiguriges Schaleninnenbild

»Den will ich wohl übel bedenken, indem ich mit beiden Händen schlage und ihm alle Zähne aus den Kiefern schlage wie einer Sau, die im Saatfeld frißt«. Obwohl sich hier keine Adligen im Agon messen, sondern sich gemeines Volk in Form eines Faustkampfs prügelt, entbehrt dieser nicht jeder sportlichen Note. Dazu zählt die Aufforderung des Iros: ζῶσαι νῦν, »gürte dich nun« (V. 30), lege einen Schurz an, wie er zu einem ordentlichen Faustkampf gehört (s. u. S. T 42), ferner die Aussetzung eines Preises, wofür die Freier in karikierender Anpassung an das Bettlermilieu sorgen: Der Sieger soll sich die schönste der zum Nachtmahl bereitgelegten Blutwürste auswählen und weitere Vorrechte ähnlicher Art erhalten (V. 43–49). Schließlich bedeutet die Bitte des unerkannten Bettlers an die Freier, ihm unter Eid zu versichern, daß sie nicht zugunsten des Iros in den Kampf eingreifen würden (V. 55–57), eine weitere Reglementierung dieses Faustkampfes. Nachdem Odysseus sich gegürtet hat [217] und seine athletische Gestalt dabei sichtbar geworden ist, entsinkt dem großmäuligen Herausforderer aller Mut. Gewaltsam wird er von Dienern gegürtet und zum Kampf vorgeführt [218]. Odysseus beschließt, seinen Gegner nur niederzuschlagen und nicht zu töten, um sein Inkognito nicht zu gefährden, und der Kampf beginnt (V. 95 ff.):

217 Im Gegensatz zum Faustkampf der Leichenspiele, wo Euryalos einen Schurz anlegt, den sein Betreuer für ihn bereithält (XXIII 683), scheint Odysseus seine zerlumpte Kleidung zu einem Schurz zu drapieren (18,67): ζώσατο μὲν ῥάκεσι περὶ μήδεα; s. u. S. T 42.   218 Vom Anlegen der Faustriemen hören wir hier nichts. Vielleicht ließen sie sich nicht so leicht improvisieren wie ein Schurz.

> δὴ τότ' ἀνασχομένω ὁ μὲν ἤλασε δεξιὸν ὦμον
> Ἶρος, ὁ δ' αὐχέν' ἔλασσεν ὑπ' οὔατος, ὀστέα δ' εἴσω
> ἔθλασεν· αὐτίκα δ' ἦλθε κατὰ στόμα φοίνιον αἷμα,
> κὰδ δ' ἔπεσ' ἐν κονίῃσι μακών, σὺν δ' ἤλασ' ὀδόντας
> λακτίζων ποσὶ γαῖαν· ἀτὰρ μνηστῆρες ἀγαυοὶ
> χεῖρας ἀνασχόμενοι γέλῳ ἔκθανον.

»da also hoben beide die Arme empor, und der eine, Iros, traf die rechte Schulter. Er aber schlug ihm den Hals unterhalb des Ohrs und schmetterte die Knochen einwärts[219]. Sofort kam ihm das rote Blut aus dem Mund; schreiend sank er in den Staub, klapperte mit den Zähnen und schlug die Erde mit den Füßen. Aber die erhabenen Freier hoben die Arme empor und starben vor Lachen«. Den Zustand des unglücklichen Iros schildert Telemach seiner Mutter Penelope anschließend so (V. 240 ff.):

> ἧσται νευστάζων κεφαλῇ, μεθύοντι ἐοικώς,
> οὐδ' ὀρθὸς στῆναι δύναται ποσὶν οὐδὲ νέεσθαι
> οἴκαδ', ὅπῃ οἱ νόστος, ἐπεὶ φίλα γυῖα λέλυνται.

»Er sitzt da, schwankend mit dem Haupt einem Betrunkenen ähnlich, kann nicht aufrecht auf seinen Füßen stehen, kann auch nicht nach Hause heimkehren, wohin immer ihm Heimkehr ist, da ihm seine Glieder gelöst sind«.

In den Phaiakenspielen der Odyssee wird der Faustkampf nach dem Lauf, dem Ringkampf, Diskoswurf und Sprung als letzter Wettkampf ausgetragen und, wie die drei vorangehenden Konkurrenzen, nur durch Nennung des Siegers abgehandelt (8, 130):

> πὺξ δ' αὖ Λαοδάμας, ἀγαθὸς πάις Ἀλκινόοιο
> (sc. φέρτατος ἦεν).

Daß der Königssohn Laodamas Sieger wird, ist gewiß kein Zeichen für eine Geringschätzung dieser Disziplin.

Wie man sah, gehörte bei Homer zu den Vorbereitungen eines Faustkampfs das Anlegen von Schurz und Faustriemen. Eine spätere Darstellung, nämlich ein frührotfiguriges Schalenbild des Epidromos-Malers in Dublin, New Hampshire, zeigt einen sitzenden Jüngling bei der Wicklung der linken Hand (Abb. 9)[220].

Schurz (ζῶμα)[221] und Chiton[222] bildeten die Sportkleidung, mit der für die 'homerische' Zeit generell zu rechnen ist. Nach anekdotenhafter Überlieferung soll der Spartaner Orsippos zur fünfzehnten Olympiade erstmals nackt gelaufen

---

[219] Daß sich die Stelle einer anatomischen Interpretation entzieht, versuchten wir in Anm. 211 zu zeigen. J. Jüthner – E. Mehl, RE. Suppl. IX (1962) 1341 s. v. Pygme deuten die Schilderung als Kieferbruch. Dazu paßt aber nicht die Angabe, daß Iros am Hals (αὐχένα, 18, 96) getroffen wird.   [220] 520–500 v. Chr.; H. A. Cahn, Kunstwerke der Antike, Münzen und Medaillen, Auktion 18, Basel (1958) 37 f. Nr. 111 Taf. 32; Beazley, ARV.² 117 Nr. 6; D. M. Buitron, Attic Vase Painting in New England Collections (1972) 78 f. mit Abb. Eine sehr ähnliche Art der Riemenwicklung zeigt eine weitere rotfigurige Scherbe mit Boxkampfszene, unten Abb. 13. Vgl. noch das Fragment einer Grabstele eines Boxers aus Athen, Themistokles-Mauer, in Athen, Kerameikos-Museum: J. Charbonneaux – R. Martin – F. Villard, Das archaische Griechenland (1969) 112 Abb. 123.   [221] Zum Schurz siehe Sp. Marinatos, unser Kap. »Kleidung« A 21 ff. mit Abb. 3; S. 52; siehe unsere Abb. 8.   [222] Zu erschließen aus Stellen wie 8, 186; vgl. oben S. T 20.

sein[223]. In diesem Zusammenhang berichten antike Homererklärer von Hesiod, er habe bereits die neue Sitte gekannt, da er in seinem Atalante-Gedicht den Hippomenes im Wettlauf habe nackt auftreten lassen[224]. Thukydides sagt freilich, es sei noch nicht lange her, daß man mit der alten Sitte aufgehört habe. Die Spartaner seien die ersten gewesen, die sich beim Sport entblößten. Auch hätten sie die Sitte eingeführt, sich dabei einzuölen[225].

Obwohl seit geometrischer Zeit in der Darstellung agonaler Szenen die Nacktheit vorherrscht[226], finden sich im 6. Jh. v. Chr. einige Vasenbilder von Athleten im Schurz bei verschiedenen Sportarten, darunter auch beim Boxkampf (Abb. 8)[227], so daß man an eine vorübergehende Wiedereinführung einer Sportkleidung unter dem Einfluß des jonischen Ostens gedacht hat, auf die man auch die sonst schwer verständliche Bemerkung des Thukydides bezog[228].

Neben dem Schurz gehörte der 'Riemen aus Rindshaut' zum ältesten Zubehör der Ausrüstung eines Faustkämpfers. Er hielt, um die Hand geschlungen, vier Finger zusammen und schützte vor Verletzungen. Man hat festgestellt, daß »die heute verwendeten Binden der Faustkämpfer und die Art ihrer Anlegung genau den antiken Faustkampfriemen entsprechen« (Abb. 8. 9. 12. 13)[229]. Seit dem 4. Jh. v. Chr. entwickelten sie sich zu Instrumenten, die die Wirkung des Schlages verstärken und dem Gegner Verletzungen zufügen sollen[230].

Die ältesten Darstellungen von Faustkämpfern im griechischen Raum reichen bis in minoische Zeit zurück. Abb. 10a und b zeigen Ausschnitte von Reliefszenen aus Knossos und Hagia Triada[231]. In beiden Fällen ballen die Kämpfer beide

223 Schol. AD zu XXIII 683; Pausanias I 44,1; W. A. Müller, Nacktheit und Entblößung in der altorientalischen und älteren griechischen Kunst (1906) 91 f.   **224** Schol. T zu XXIII 683: νεώτερος οὖν Ἡσίοδος γυμνὸν εἰσάγων Ἱππομένη ἀγωνιζόμενον Ἀταλάντῃ; vgl. oben S. T 18. Boxer mit Gürtel, Schurz oder beidem: unsere Abb. 8. 10 a–c. f; völlig nackte Boxer: unsere Abb. 9. 10 d–f; Abb. 11 a–f; 12. 13.   **225** Thukydides I 6,5: (Λακεδαιμόνιοι) ἐγυμνώθησάν τε πρῶτοι καὶ ἐς τὸ φανερὸν ἀποδύντες λίπα μετὰ τοῦ γυμνάζεσθαι ἠλείψαντο. τὸ δὲ πάλαι καὶ ἐν τῷ Ὀλυμπικῷ ἀγῶνι διαζώματα ἔχοντες περὶ τὰ αἰδοῖα οἱ ἀθληταὶ ἠγωνίζοντο καὶ οὐ πολλὰ ἔτη ἐπειδὴ πέπαυνται.   **226** Zur Nacktheit der geometrischen Vasenmalerei als Wiedergabe der Wirklichkeit s. Müller a. O. 76 ff.; F. Pfister, RE. XVI (1935) 1545 s. v. Nacktheit.   **227** s. o. Anm. 202; vgl. einen att.-sf. Stamnos in Rom, Vatikanische Museen, Inv.-Nr. 414; Beazley, ABV. 343 Nr. 3; E. N. Gardiner, JHS 25, 1905, 288 Abb. 24; Gardiner, Athletics Abb. 163 (Ringer).   **228** Müller a. O. 93 f.; Gardiner, Athletics 191 zu Abb. 163.   **229** J. Jüthner – E. Mehl, RE. Suppl. IX (1962) 1308 Abb. 1 s. v. Pygme; vgl. Gialoures, Athletics 218 Abb. 121. Nach Platon, Gesetze 7, 796 A, war Amykos der Erfinder der Faustriemen.   **230** S. Mendner, Boxhandschuhe im Altertum, in: Gymnasium 60, 1953, 20; W. Rudolph, Olympischer Kampfsport in der Antike (1965) 8 ff.   **231** Neuerdings zusammenfassend: J. Coulomb, Les Boxeurs Minoens, in: BCH. 105, 1981, 27 ff.; Abb. 10a: Rhytonfragment aus Steatit, zeichnerisch ergänzt; aus Knossos, in Herakleion, Arch. Mus., Inv.-Nr. 255 Knossos 4; A. J. Evans, BSA 7, 1900/01, 95 Abb. 31; Evans, PM. I 689 Abb. 510; Zervos, Crète 330 Abb. 480; Pendlebury, Crete² 213 Taf. 37, 4 links; P. Warren, Minoan Stone Vases (1969) 174 ff.; B. Kaiser, Untersuchungen zum minoischen Relief (1976) 13 (mit weiterer Lit.) Taf.-Abb. 2 a; dieselbe Boxhaltung auf einem kretischen Siegelabdruck aus Knossos: Evans, PM. I 689 Abb. 509; Kenna, CS. 43 Abb. 70; Abb. 10 b: zeichnerisch ergänzter Ausschnitt des Boxerrhytons aus Hagia Triada, in Herakleion, Arch. Mus., Inv.-Nr. 342. 498. 676; 1550–1500 v. Chr.; Pendlebury² 213 Taf. 37, 1; Warren a. O.; Buchholz-Karageorghis (1971) 93 Nr. 1162; Marinatos-Hirmer 97 Taf. 106. 107; Kaiser a. O. Taf.-Abb. 24 a; I. Sakellarakes, in: Gialoures, Athletics 18 Abb. 5; Weiler,

Hände zur Faust; eine Umwicklung ist nicht angegeben, während möglicherweise – wenn auch nicht in allen Fällen – mit Boxhandschuhen zu rechnen ist. Merkwürdig und noch nicht ausreichend geklärt sind die Helme einiger in unserer Abbildung nicht wiederholter Kämpfer. In Abb. 10a und b liegt der geschlagene Gegner am Boden bzw. stürzt er gerade.

Ein Fresko aus Thera aus der Zeit um 1500 v. Chr. zeigt zwei jugendliche Faustkämpfer (Abb. 10c). Der Ausgräber Sp. Marinatos sieht trotz starker Zerstörung des Bildes jeweils nur eine Faust der Kämpfer bewehrt, so daß es sich um einen Boxkampf handeln könnte, bei dem die 'Schildhand' lediglich zur Defensive diente [232].

Auch auf dem griechischen Festland und in der übrigen Koine muß zu mykenischer Zeit das Boxen ein vielgeübter Sport gewesen sein (Abb. 10d–f; Taf. T Ic). Späthelladische Vasen des 14. und 13. Jhs. v. Chr., die auf Zypern gefunden wurden, lassen vermuten, daß dieser Sport von mykenischen Kolonisten auf die Insel gebracht wurde [233].

Eines dieser Vasenbilder auf einem kypro-mykenischen Krater in Boston zeigt je ein Boxerpaar einander gegenüber zwischen zwei Gespannen. Diese Kämpfer sind in Hüfthöhe durch eine merkwürdige Doppellinie verbunden, die ähnlich gezeichnet ist wie der jeweils angegebene Gürtel. Es ist denkbar, daß auch in Wirklichkeit Boxer mittels Riemen miteinander verbunden waren. Insofern wäre dieses Bild in der Tat ein Dokument für die Weiterentwicklung des mykenischen Boxkampfs auf Zypern. Allerdings hat der Vasenmaler die Hände wie Haken gezeichnet, weshalb einige Erklärer an Ringkampf denken. Andererseits kann man ebenso gut auf bloße Flüchtigkeit bei der Wiedergabe geballter Fäuste schließen (Abb. 10f)[234].

In zwei weiteren Fällen sind die Hände eindeutig zur Faust geballt angegeben, infolgedessen werden die betreffenden Szenen als Boxkämpfe anzusprechen sein (Abb. 10 d. e)[235].

Sport 75; s. a. Ridington, Background 64. Neben verschiedenen Phasen und Arten des Faustkampfs zeigt das Rhyton auch Stierspiele, vgl. unten S. T75 ff. Hier nicht abgebildet: Fragment eines Steatit-Rhytons in Boston, Museum of Fine Arts, Inv.-Nr. 214. 64, nach H.-G. Buchholz, APA. 1, 1970, 118 f. mit Anm. 39 (vollständige Bibliographie) in seiner Echtheit angezweifelt.   232 Athen, Nationalmuseum; Sp. Marinatos, AAA. 4, 1971, 407 ff. Abb. 3; M. Andronikos, Nationalmuseum, die griechischen Museen (1975) 38 Abb. 11; W. Orthmann, Propyläen-Kunstgeschichte XIV (1975) Fartbtaf. 58; I. Sakellarakes, in: Gialoures, Athletics 21 Abb. 6. Bei der erschlossenen Form der 'Boxhandschuhe' handelt es sich um die ältesten Beispiele einer später σφαῖραι, 'Kugeln', genannten Art, zu deren Verständnis Mendner (a. O. 21 f.) Entscheidendes beigetragen hat.   233 Taf. T Ic: s. Anm. 192 und Abb. 5; zu Abb. 10 d–f siehe die folgenden Anmerkungen.   234 Boston, Museum of Fine Arts, Inv.-Nr. 01.8044; Vermeule-Karageorghis, Vase Painting 201 Nr. V 14 (Ringer!); dort umfangreiche Literatur; vgl. Boxerdarstellungen ebd. Nr. IX 17 und 18; s. auch V. Karageorghis, RDAC. 1983, 166. Vgl. ders., OpAth. 3, 1960, 139 f. Taf. 2 d.   235 Abb. 10 d: aus Enkomi, in London, Brit. Mus., Inv.-Nr. C 334; A. H. Smith, CVA. British Museum I (1925) Taf. 11, 15; A. S. Murray, Excavations in Cyprus (1900) 9 Abb. 15; F. Poulsen, JdI. 26, 1911, 220 Abb. 5; W. Deonna, BCH. 50, 1926, 354 Abb. 13, 2; H. Catling, BSA. 60, 1965, Taf. 58, 1; Vermeule-Karageorghis, Vase Painting Nr. V 29; Abb. 10 e: aus Maroni, in London, Brit. Mus., Inv.-Nr. C 335; zeichnerisch ergänzt nach H. Catling, BSA. 60, 1965, Taf. 60, 1; Vermeule-Karageorghis, Vase Painting Nr. V 31.

Leibesübungen

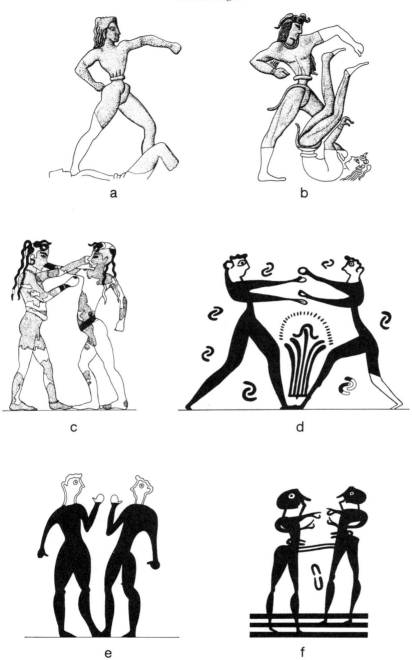

Abb. 10 a-f Boxkampfszenen auf einem Rhytonfragment aus Knossos (a), auf dem ‚Boxerrhyton' aus Hagia Triada, Kreta (b), auf einem Fresko aus Thera (c) und auf späthelladischen Vasen aus Zypern (d-f)

Für das 8. Jh. v. Chr. erhärten eine Reihe geometrischer Vasenbilder von Faustkämpfen im Rahmen von Leichenspielen die große, auch episch bezeugte Bedeutung dieses Sports (Abb. 11 a–c)[236].

Ein Faustkämpferpaar ist in einem Fall mit einer prononciert unterschiedlichen Wiedergabe der Hände dargestellt (Abb. 11 c). Während jeweils nur eine Faust – offenbar mit einem Handschuh oder einer vergleichbaren Umwicklung – bewehrt ist, zeigen die gespreizten Finger der anderen Hand, daß diese unbekleidet gedacht werden muß. In diesem Sinne läßt sich eine Menge geometrischer Faustkampfbilder verstehen[237], die darin an das genannte Fresko von Thera erinnern (Abb. 10 c).

Diese deutliche Unterscheidung von geballter rechter Schlaghand und offenbar linker Verteidigungshand ist in archaischer Zeit überaus häufig dargestellt worden (Abb. 11 d–f; 12). In unseren Bildbeispielen steht zwischen dem Kämpferpaar ein Dreifußkessel (Abb. 11 d–f) wie manchmal bereits in der geometrischen Vasenmalerei (Abb. 11 b). Unsere Abb. 12, ein schwarzfiguriges Vasenbild, zeigt anstelle des Dreifußes einen Kessel; in diesem Fall ist die Unterscheidung der beiden Hände überdeutlich angegeben[238].

Unsere Abb. 11 e. f zeigen, daß das Motiv des Boxkampfs aus der Vasenmalerei auch von der Toreutik übernommen worden ist. Es handelt sich um Darstellungen auf Schildbändern (Abb. 11 e. f)[239]. Abb. 11 d ist die genaue Entsprechung im Relief einer etruskischen Bucchero-Vase[240].

Die Worte des Iros im achtzehnten Buch der Odyssee, er werde in dem bevorstehenden Faustkampf »mit beiden Händen« schlagen[241], erscheinen angesichts

---

236 Abb. 11 a: Boiotische Oinochoe aus Theben, in Paris, Louvre, Inv.-Nr. A 568; J. L. Benson, Horse, Bird and Man (1970) 100 mit Anm. 63 Taf. 37, 5; A. Ruckert, Keramik Böotiens, AntK., 10 Beih. (1976) 17. 41 ff. 76 f. Taf. 2, 2 (mit vollständiger Bibliographie); Abb. 11 b: geometrische Scherbe aus dem argivischen Heraion; M. Laurent, BCH. 25, 1901, 150 Abb. 3; Ch. Waldstein, The Argive Heraeum II (1905) 113 Taf. 57, 11; vgl. eine att.-geometrische Kanne in Berlin-Charlottenburg, Antikenmuseum, Inv.-Nr. V. I. 3374, s. P. Kahane, AntK. 16, 1973, Taf. 28, 2; Abb. 11 c: Krater aus Theben, in Athen, Nat.-Mus., Inv.-Nr. 12896; Hampe, Sagenbilder Taf. 29; P. Courbin, La Céramique Géométrique de l'Argolide (1966) 155 Taf. 150 links oben; Coldstream, GGP. Taf. 44 j; Ruckert a. O. 27 f. 50. 92 (mit Lit.) Taf. 17, 3; vgl. Fittschen, Sagendarstellungen 28 f.   **237** Besonders deutlich auf einem Kantharos in Dresden, Staatliche Kunstsammlungen: Hampe, Sagenbilder Taf. 23; M. Andronikos, unser Kap. »Totenkult« W 124 Taf. XI b; Gialoures, Athletics 29 Abb. 10; vgl. noch eine Terrakotta-Gruppe des 7. Jhs. v. Chr., die zu dem gleich zu behandelnden Typ vom Boxkampf um den Dreifuß gehört, wo die gestreckten Finger der Defensiv-Hand aufgemalt sind: B. Neutsch, Der Sport im Bilde der griechischen Kunst (1949) 27 Taf.-Abb. 23; R. Hampe – H. Gropengießer, Aus der Sammlung des Archäologischen Institutes der Universität Heidelberg (1967) 28. 95 Taf. 8: Heidelberg. Arch. Inst., Inv.-Nr. TK 49.   **238** Schulterbild einer Lekythos der Zeit um 530 v. Chr.; Basel, Münzen und Medaillen, Kunstwerke der Antike, Auktion 18 (1958) 31 f. Nr. 94 Taf. 26, 94.   **239** Abb. 11 e: aus Olympia; Kunze, Schildbänder 9 Taf. 14 III a; Abb. 11 f: aus Olympia; Kunze, Schildbänder 38 Taf. 66 XLII β.   **240** Ausschnitt des abgerollten Stempelbildes einer Bucchero-Amphora in Wiesbadener Privatbesitz; U. Höckmann, RM. 82, 1975, 193 ff. Taf. 56, 3; s. Fittschen, Sagendarstellungen 28 ff. Nr. F 1–F 8. Das Boxermotiv auch auf etruskischen Gürtelschließen, s. F.-W. von Hase, Neue Ausgrabungen und Forschungen in Niedersachsen 6, 1970, 41 ff. Taf. 4; dazu I. Krauskopf, Der Thebanische Sagenkreis und andere griechische Sagen in der etruskischen Kunst (1974) 68 Anm. 70; ferner auf Situlen und Zisten, s. W. Lucke – O. H. Frey, Die Situla in Providence (1962) Taf. 7.   **241** 18, 28: κόπτων ἀμφοτέρῃσι; das würde man sonst als 'epische

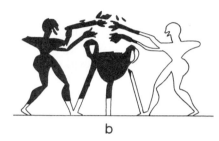

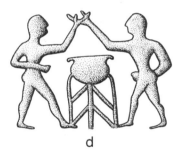

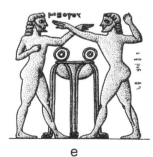

Abb. 11 a–f Geometrische und archaische Boxkampfszenen mit und ohne Dreifuß; boiotische Oinochoe (a), geometrische Scherbe aus dem argivischen Heraion (b), Krater in Athen (c), etruskische Bucchero-Vase (d), Schildbänder aus Olympia (e und f)

Abb. 12 Boxkampfszene auf einer schwarzfigurigen Lekythos; zwischen den beiden Athleten ein Kessel als Siegespreis

des geometrischen Abbildungsschemas in neuem Licht und wirken wie die Ankündigung, daß er auf eine Art boxen werde, die sich von einer sonst üblichen, bei der man nur eine Hand zum Schlagen benutzte, unterschied und zugleich eine Verschärfung der Auseinandersetzung bedeutete.

Zu der oben beschriebenen Szene zweier sich in Ausgangsposition gegenüberstehender Boxer, zwischen denen sich ein Dreifuß befindet (Abb. 11 b. d. e. f), ist das Reliefbild eines bronzenen Dreifußbeins des 8. Jhs. v. Chr. aus dem Stadion von Olympia zu stellen [242]. Die beiden behelmten Kämpfer packen den Dreifuß, und jeder von ihnen scheint davon Besitz ergreifen zu wollen. Dies wurde mit der Sage vom Kampf des Herakles und Apoll um den Dreifuß von Delphi in Verbindung gebracht [243]. K. Fittschen, der die Frage ausführlich behandelt hat [244], verneint auch in diesem Falle jede Beziehung zum Mythos und sieht in dem Dreifuß den für einen Faustkampf ausgesetzten Preis [245].

Während dieses frühe Bronzerelief aus Olympia in strenger Symmetrie nicht erkennen läßt, wer als Sieger aus dem Streit hervorgeht, hat die rotfigurige Vasenmalerei gerade den Ausgang des Kampfgeschehens außerordentlich differenziert: Das Fragment einer Schale des Douris, vormals in Berlin, zeigt den hoch aufgerichteten Sieger über dem zusammengesunkenen, mit dem linken Arm das Gesicht abdeckenden Unterlegenen (Abb. 13)[246].

Breite' deuten.   **242** s. J. Borchardt, in: H.-G. Buchholz – J. Wiesner, unser Kap. »Kriegswesen, Teil 1« E 69 Taf. E VI b; vgl. noch E. Townsend Vermeule, unser Kap. »Götterkult« V 161 Abb. 16 c; S. V 165 mit Anm. 305 (Literatur).   **243** Nach Apollodor, Bibl. II 6,2 hat Herakles wegen Heilung von einer Krankheit, die ihn als Strafe für den Mord an Iphitos befallen hatte, beim Orakel von Delphi angefragt. Als ihm Auskunft verweigert wird, versucht er, den Dreifuß zu rauben und ein eigenes Orakel einzurichten, was zu einem Kampf mit Apoll führt.   **244** Fittschen, Sagendarstellungen 28 ff. **245** Daß der Dreifuß auf dem Bronzebein handgreiflich umkämpft wird, wie der Darstellung eines 'normalen' Faustkampfs wie beispielsweise auf einem protokorinthischen Aryballos des 7. Jhs. v. Chr. aus Ithaka (S. Benton, BSA. 35, 1934/35, 108 Abb. 14) und auf einem boiotisch-schwarzfigurigen Exaleiptron, um 570 v. Chr., s. H. Hoffmann, in: O. Muscarella, Ancient Art, the N. Schimmel Collection (1974) Nr. 53, ja nicht entspricht – würde man, wenn ein üblicher, anonymer Faustkampf gemeint wäre, als eine Art Symbolisierung zu deuten haben. Diese Erklärung scheint mir eher hergeholt als der Bezug auf eine konkrete mythische Begebenheit.   **246** Um 490 v. Chr.; B. Neutsch, Der

Abb. 13 Sieger und Besiegter beim Boxkampf mit Faustriemen auf einem Schalenfragment des Douris

d) *Ringen*

Die erste epische Nachricht über einen Ringkampf liegt im XXIII. Buch der Ilias vor, wo Nestor berichtet, daß er bei den Leichenspielen zu Ehren der Amarynkeus unter anderen Erfolgen auch den Sieg im Ringkampf über Ankaios aus Pleuron errungen habe (V. 635)[247]. Ausführlich wird der Ringkampf geschildert, der während der Leichenspiele für Patroklos zwischen Aias und Odysseus ausgetragen wird[248], die der Aufforderung Achills zur Teilnahme gefolgt sind (V. 710 f.):

ζωσαμένω δ' ἄρα τώ γε βάτην ἐς μέσσον ἀγῶνα,
ἀγκὰς δ' ἀλλήλων λαβέτην χερσὶ στιβαρῇσιν.

»Nachdem sie beide den Schurz angelegt hatten[249], traten sie mitten in den Zuschauerkreis; einander mit den Armen umfassend, packten sie sich mit starken Händen«. Ihre Haltung vergleicht der Dichter mit Λ-förmig aneinandergefügten Dachsparren und fährt dann fort (V. 714 ff.):

τετρίγει δ' ἄρα νῶτα θρασειάων ἀπὸ χειρῶν
ἑλκόμενα στερεῶς· κατὰ δὲ νότιος ῥέεν ἱδρώς,
πυκναὶ δὲ σμώδιγγες ἀνὰ πλευράς τε καὶ ὤμους
αἵματι φοινικόεσσαι ἀνέδραμον·

»Es knirschten ihre Rücken, von den mutvollen Händen hart gezerrt. Naß floß der Schweiß herab, und dicht bei dicht quollen blutunterlaufene Striemen an den Flanken und Schultern auf«[250]. Dann heißt es weiter (V. 719 f.):

Sport im Bilde griechischer Kunst (1949) 26 Abb. 4; P. R. Franke, Olympia Antiqua (1972) 29 mit Abb.; vgl. eine Amphora mit ähnlicher Darstellung in Athen, Nat.-Mus., s. Gialoures, Athletics 225 Abb. 127. In der älteren korinthischen Vasenmalerei treten in derartigen Szenen Beischriften hinzu, z. B. φεύγει neben einem Boxer, dessen Nase bereits blutet, s. P. Kretschmer, Die griechischen Vaseninschriften (1894/1969) 24 f. Nr. 31; zur Beischrift des Duals πύκτα s. unser Wortverzeichnis, S. T 193. **247** s. o. S. T 22. **248** Vgl. dazu Weiler, Agon 169 ff. **249** Zum Schurz s. o. S. T 42. **250** Die Schilderung erklärt das Beiwort des Ringkampfs ἀλεγεινός, schmerzhaft (V. 701).

οὔτ' Ὀδυσεὺς δύνατο σφῆλαι οὔδει τε πελάσσαι,
οὔτ' Αἴας δύνατο, κρατερὴ δ' ἔχεν ἲς Ὀδυσῆος.

»Weder konnte Odysseus (den Gegner) straucheln lassen und zu Boden bringen, noch vermochte es Aias. Die starke Kraft des Odysseus hielt stand«. Der Standkampf, aus dem die Gegner eine zeitlang vergeblich versuchen, einen entscheidenden Griff anzubringen, ermüdet die Ringer und langweilt die Zuschauer (V. 721), was Aias veranlaßt, seinem Gegner zu erklären, daß jetzt ein entscheidender Griff fällig sei (V. 724 ff.):

ἢ μ' ἀνάειρ', ἢ ἐγὼ σέ· τὰ δ' αὖ Διὶ πάντα μελήσει.
Ὣς εἰπὼν ἀνάειρε· δόλου δ' οὐ λήθετ' Ὀδυσσεύς,
κόψ' ὄπιθεν κώληπα τυχών, ὑπέλυσε δὲ γυῖα,
κὰδ δ' ἔβαλ' ἐξοπίσω· ἐπὶ δὲ στήθεσσιν Ὀδυσσεὺς
κάππεσε·

»Entweder hebe mich empor oder ich dich[251]. Um alles weitere wird Zeus sich kümmern. So sprach er und hob ihn empor. Doch Odysseus vergaß nicht der List. Er schlug ihn von hinten (sc. mit dem Fuß), traf die Kniekehle und löste ihm die Glieder. Rücklings warf Odysseus ihn nieder und fiel ihm auf die Brust«. Der Trick des Odysseus wird zwar als δόλος bezeichnet, aber nicht als Regelwidrigkeit gewertet[252]. Den Gegner zu Boden zu werfen (οὔδει πελάσσαι), war offenbar das Ziel des Kampfes, das hier erreicht zu sein scheint. Der moderne Betrachter könnte an einen 'Schultersieg' des Odysseus denken. Doch der Kampf geht weiter[253]. Daß jetzt Odysseus versucht, seinen Gegner emporzuheben (V. 729), setzt voraus, daß die Kämpfer erneut in Ausgangsposition gegangen sind. Odysseus bewegt ihn nur wenig vom Boden, kann ihn aber nicht weiter heben (V. 730). Das folgende ἐν δὲ γόνυ γνάμψεν, »er bog das Knie ein«, entzieht sich einer sicheren Deutung, da hier sowohl hinsichtlich des Subjekts- als auch des Objektsbezuges alle Möglichkeiten offen sind. Jedenfalls hat die Maßnahme zur Folge, daß beide erneut zu Boden fallen, was eine neue 'Runde' erforderlich machen würde (V. 733 f.):

καί νύ κε τὸ τρίτον αὖτις ἀναΐξαντε πάλαιον,
εἰ μὴ Ἀχιλλεὺς αὐτὸς ἀνίστατο καὶ κατέρυκε·

»Und nun hätten sie, nachdem sie wieder aufgestanden waren, ein drittes Mal gerungen, wenn sich nicht Achill erhoben hätte und sie zurückgehalten hätte«. Da dieser durch eine Fortsetzung des Ringens die Durchführung der übrigen Wettkämpfe gefährdet sieht (V. 737), erklärt er beide zu Siegern und erkennt ihnen »gleiche Kampfpreise«[254] zu. Nur hier erfahren wir ausnahmsweise etwas über

---

251 Der 'Ausheber' mit anschließendem Niederwurf scheint erstrebtes Ziel dieser Art von Ringkampf gewesen zu sein, wie auch im mythischen Herausforderungskampf des Philomeleides von Lesbos (4, 342 ff. = 17, 132 ff.; s. o. S. T 17). Etwas ähnliches scheint Odysseus ins Auge zu fassen, als er in Erwägung zieht, den gewalttätigen Ziegenhirten Melanthios zu töten (17, 237): ἢ πρὸς γῆν ἐλάσειε κάρη ἀμφουδὶς ἀείρας.   252 Das wäre beim heutigen 'griechisch-römischen' Ringkampf verboten.   253 Zum Ablauf dieses Kampfes und seinen mutmaßlichen Regeln s. W. Rudolph, Olympischer Kampfsport in der Antike (1965) 32 ff.   254 s. u. S. T 81.

Abb. 14 Ringkampfszenen, Grabmalereien des Mittleren Reiches, Beni Hassan

eine Körperreinigung nach dem Sport, die in ihrer Kargheit einigermaßen überrascht (V. 739):

καί ῥ' ἀπομορξαμένω κονίην δύσαντο χιτῶνας,

»und als sich beide den Dreck abgewischt hatten, zogen sie ihre Kleider an«[255]. In den Phaiakenspielen im 8. Buch der Odyssee wird der Ringkampf als zweite Veranstaltung nach dem Lauf ausgetragen. Es siegt Euryalos (8, 126 f.):

οἱ δὲ παλαιμοσύνης ἀλεγεινῆς πειρήσαντο·
τῇ δ' αὖτ' Εὐρύαλος ἀπεκαίνυτο πάντας ἀρίστους.

Während dort die übrigen Disziplinen nach dem Lauf (Sprung, Diskoswurf, Faustkampf) mit jeweils nur einem Vers abgehandelt werden, sind dem Ringkampf zwei Verse gewidmet, worin sich vielleicht ein gewisser Vorrang dieser Sportart bei den Phaiaken abzeichnen soll. Obwohl der Ringkampf ohne Zweifel zu den ältesten Sportarten der alten Welt gehört, sind zeitlich und räumlich relevante monumentale Zeugnisse dieser Disziplin nicht so zahlreich, wie es die literarische Überlieferung erwarten läßt[256].

Ein Bild von der hohen Entwicklung des Ringsports um 2000 v. Chr. in Ägypten vermitteln Wandmalereien aus den Gräbern von Beni Hassan, die Ringkämpfe in Einzelphasen festhalten, an denen verschiedene Griffe und Techniken demonstriert werden (Abb. 14)[257].

255 Vgl. Verf., ArchHom., Kap. »Medizin und Körperpflege« S 140. 256 Zumal manche bildliche Darstellung sich der eindeutigen Interpretation entzieht; siehe das teils auf Ring-, teils auf Boxkampf bezogene Vasenbild oben Abb. 10f mit Anm. 234. 257 P. E. Newberry, Beni Hasan I (1893) Grab 2 Taf. 16; A. B. Gosse, The Civilization of the Ancient Egyptians (o. J.) 17 Abb. 15; Jüthner-Brein, Leibesübungen I 52 f. Abb. 1 nach S. 52 (danach unser Ausschnitt). Weitere altägyptische Ringerdarstellungen: W. Kaiser, Ägyptisches Museum, Berlin (1967) Nr. 730 mit Taf.-Abb. (Ostrakon); zuletzt: W. Decker, Neue Dokumente zum Ringkampf im alten Ägypten, in: Kölner Beiträge zur Sportwissenschaft 1976, 7 ff. Zu altorientalischen Ringermotiven: A. Moortgat, Tammuz (1947) 60; vgl. bes. eine kupferne Ringergruppe und eine Reliefplatte, beide aus Chafadje, um 2600 v. Chr., in Bagdad, Iraqmuseum: E. Strommenger – M. Hirmer, Fünf Jahr-

Ob das kretische Trichterrhyton von Hagia Triada auch Ringkämpfe wiedergibt, ist umstritten (Abb. 10 b)[258]. Die Kämpfer auf den drei Friesen mit Zweikampf-Darstellungen scheinen durchweg bewehrte Hände aufzuweisen, so daß man eher an verschiedene Formen oder Phasen des Faustkampfs denken möchte.

Auf den geometrischen Abbildungen des 8. Jhs. v. Chr. läßt sich die Entscheidung, ob ein Faustkampf oder ein Ringkampf dargestellt ist, nicht immer treffen[259]. Die klarste Wiedergabe eines Ringkampfs, die zudem wie eine Erläuterung zu Vers XXIII 712 anmutet, der Ringkämpfer in Ausgangsposition mit den Sparren eines Giebeldachs vergleicht, befindet sich auf einem geometrischen Pithos mit drei Schlaufenfüßen in Argos (Abb. 15)[260].

Auch in griechisch-archaischer Zeit (7. und 6. Jh. v. Chr.) ist der in der geometrischen Vasenmalerei geprägte Bildtypus der im Sinne zusammengefügter Dachsparren ein Dreieck bildenden Ringkämpfer häufig vertreten (Abb. 16 a; 18 a. b)[261].

Dieses Schema wurde offenbar als so aussagestark empfunden, daß es auch Eingang in die etruskische Monumentalmalerei fand (Abb. 17)[262].

Daneben wurde in archaischer Zeit auch mit der Darstellung ganz anderer Situationsmomente aus dem Ablauf des Ringkampfs experimentiert. Beispielsweise stellt eine rundplastische Ringergruppe des 8./7. Jhs. v. Chr. der sardischen Nuraghen-Kultur den auf dem Rücken liegenden Besiegten und den auf ihm knienden Sieger dar (Abb. 16 b)[263].

Andererseits ist auf einer panathenäischen Preisamphora in Karlsruhe in drastischer Weise zur Anschauung gelangt, wie ein muskelstrotzender, dickbäuchiger Ringkämpfer seinen Gegner in den 'Schwitzkasten' nimmt, während dieser ihn durch 'Beinhakeln' zu Fall zu bringen sucht (Abb. 18 c)[264].

tausende Mesopotamien (1962) Taf. 46 a; 48 a; Yadin, Warfare I 71 mit Abb.; W. Orthmann, Propyläen-Kunstgeschichte XIV (1975) Taf. 35. 81 b.   **258** s. Anm. 231; I. Sakellarakes, in: Gialoures, Athletics 19 f. vermutet in einer Szene auf dem oberen Band links einen Ringkampf; so auch Buchholz-Karageorghis (1971) 93 Nr. 1162; vgl. Weiler, Sport 75.   **259** Nachweise bei Fittschen, Sagendarstellungen 28 Anm. 99 und 100. **260** Argos, Arch. Mus., Inv.-Nr. P 209; P. Courbin, BCH. 78, 1954, 180. 184 Abb. 51 Taf. 6 a; zu Gefäßen mit Schlaufenfüßen zusammenfassend H.-G. Buchholz, JdI. 83, 1968, 58 ff., bes. 65 Anm. 17 (mit Literatur) Abb. 3 (das hier behandelte Gefäß).   **261** Abb. 16 a: aus Olympia; Kunze, Schildbänder 9 Taf. 11 II e; Abb. 18 a: Korinthischer Krater; 1. Hälfte bis Mitte des 6. Jhs. v. Chr.; in Berlin, Staatliche Museen; A. Furtwängler, Beschreibung der Vasensammlung im Antiquarium, Königliche Museen zu Berlin (1885) 225 ff. Nr. 1655; Furtwängler-Reichhold III 121; D. Müller, Handwerk und Sprache (1974) 92 Abb. 24; Abb. 18 b: Chalkidische Amphora in Paris, Louvre, Inv.-Nr. E 805; 2. Hälfte des 6. Jhs. v. Chr.; DA. II 1156 Abb. 3094; A. Rumpf, Chalkidische Vasen (1927) 25 f. Nr. 106 Taf. 113; Jüthner-Brein, Leibesübungen I 176 f. Abb. 10; R. Lullies, RA. 1982, 48 f. Nr. 8 Abb. 4.   **262** Wandgemälde in Tarquinia, Tomba degli Auguri; 520/510 v. Chr.; M. Pallottino, La Peinture Étrusque (1957) 37 ff. mit Abb. auf S. 39; L. Banti, Die Welt der Etrusker² (1962) 52. 131 Taf. 63; R. Bloch, Die Etrusker (1970) Abb. 87; St. Steingräber, Etruskische Wandmalerei (1985) 291.   **263** Cagliari, Arch. Mus., Inv.-Nr. 817; aus Monti Arcosu; G. Lilliu, La Civiltà dei Sardi (1966) Nr. 10 Taf. 42 b; Kunst und Kultur Sardiniens, Ausstellungskatalog Karlsruhe (1980) 124 Abb. 91; L. Aigner Foresti, Der Ostalpenraum und Italien, ihre kulturellen Beziehungen im Spiegel der anthropomorphen Kleinplastik aus Bronze des 7. Jhs. v. Chr. (1980) Taf. 16, 5. **264** Karlsruhe, Badisches Landesmuseum, Inv.-Nr. 65/45; aus Etrurien, Frühwerk des Vasenmalers Exekias, 550–540 v. Chr.; Bildhefte des Badischen Landesmuseums Karls-

Abb. 15 Ringkampfszene auf geometrischem Pithos in Argos

e) *Speerwerfen*

Das sportliche Speerwerfen besitzt in der frühepischen Überlieferung zwar nicht das Gewicht wie Laufen, Ringen oder Boxen, gehört doch aber mit zu den ältesten und bevorzugten gymnastischen Disziplinen. In den Leichenspielen für Amarynkeus (XXIII 630 ff.) wird es unter den fünf dort genannten Wettkampfarten an vierter Stelle aufgeführt[265]. Nestor rühmt sich, damals über seine Mitbewerber Phyleus und Polydoros gesiegt zu haben (V. 637):

δουρὶ δ' ὑπειρέβαλον Φυλῆά τε καὶ Πολύδωρον.

In den Leichenspielen für Patroklos wird nach dem Bogenschießen als achter und letzter Wettbewerb das Speerwerfen vorbereitet, zu dessen Durchführung es aber nicht mehr kommt (V. 884 ff.), so daß man an dieser Stelle nichts zur näheren Erläuterung der Sportart erfährt[266]. Bei den Festspielen der Phaiaken im 8. Buch der Odyssee, wo ein Speerwerfen nicht vorgesehen ist[267], sagt Odysseus, nachdem man ihn zu einem Beweis seiner sportlichen Leistungsfähigkeit provoziert hat, unter anderem (V. 229):

δουρὶ δ' ἀκοντίζω ὅσον οὐκ ἄλλος τις ὀιστῷ.

»Mit dem Speer aber schleudere ich so weit, wie kein anderer mit dem Pfeil (sc. schießt)«. Damit reiht er den Speerwurf unter die seinen Hörern geläufigen Wett-

ruhe, Griechische Vasen (1969) Nr. 10; J. Frel, Panathenäische Preisamphoren (1973) 12 Abb. 8. Zu Ringergruppen auf panathenäischen Preisamphoren aus Eretria s. P. Themelis, in: Stele, Gedenkschrift für N. Kontoleon (1980) 265 ff. Taf. 97 ff., bes. Taf. 113.
265 Vgl. oben S. T 22. **266** Vgl. oben S. T 25. **267** Vgl. oben S. T 19.

T 54　　　　　　S. Laser, Sport und Spiel

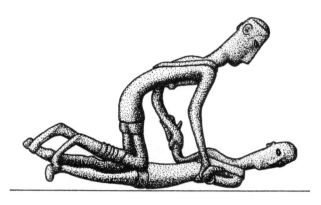

Abb. 16a und b Ringkampfszene auf griechisch-archaischem Schildband (a) und rundplastische Gruppe der sardischen Nuraghen-Kunst (b)

kampfarten ein. In der Ilias hören wir noch, daß sich Achills Myrmidonen mit Diskoswerfen, Speerwerfen und Bogenschießen die Zeit vertreiben (II 774 f.):

δίσκοισιν τέρποντο καὶ αἰγανέῃσιν ἱέντες
τόξοισίν θ'.

Mit den gleichen Versen beschreibt die Odyssee, wie die Freier vor dem Megaron des Odysseus »auf einem festgestampften Platz«[268] Kurzweil treiben[269]. Ein tüchtiger Lanzenkämpfer zu sein, war eine hervorgehobene kriegerische Tugend[270], so daß für das sportliche Speerwerfen, ähnlich wie für den Lauf, die Vorbereitung für den Krieg als wesentliches Motiv gelten darf. Die homerische Lanze (δόρυ,

[268] Ἐν τυκτῷ δαπέδῳ (4, 625 ff. = 17, 167 ff.). Der Platz scheint zu eben diesem Zweck hergerichtet zu sein; vgl. oben S. T 13 zu 8, 260.　　[269] s. o. S. T 15 f. zur Motivierung sportlichen Betätigungsdranges.　　[270] III 179; XIV 124 f.; XV 282. 525; 16, 242 u. ö.

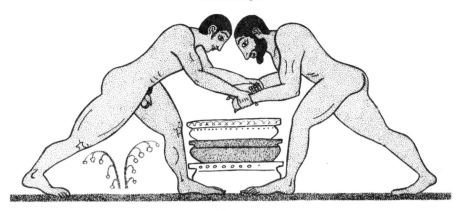

Abb. 17 Ringkämpfer mit drei Becken als Siegespreise, Wandgemälde in der Tomba degli Auguri, Tarquinia

ἔγχος, ἐγχείη, αἰχμή, μελίη) wird ebenso zum Stechen und Stoßen wie zum Wurf verwendet. Leichtere, nur zum Werfen benutzte Speere sind ἄκων und αἰγανέη. Ihre doppelte Verwendung zum Krieg wie zum Wettkampf wird in der Ilias bezeugt (XVI 589 ff.), wo eine Strecke mit der Wurfweite einer Aiganee umschrieben wird, »die ein Mann, der seine Kraft erprobt, im Wettkampf oder im Krieg abwirft«[271], ein Vorgang, der so geläufig war, daß δουρὸς ἐρωή, die »Speerwurfweite« zum Streckenmaß wurde[272]. Wer bei dieser Übung »seine Kraft erprobt« (XV 359; XVI 590)[273], erstrebt die größtmögliche Wurfweite. Nestor behauptet, weiter geworfen zu haben als seine Gegner[274]. Odysseus rühmt sich, mit dem Speer weiter zu werfen, als ein anderer mit dem Bogen schieße[275]. Demnach war der sportliche Speerwurf, wie ihn das frühe Epos reflektiert, ein Weitwurf[276]. Wenn auch grundsätzlich gilt, daß jeder als Kriegswaffe benutzte Speer auch zum Werfen gebraucht werden konnte, liegt doch in Gestalt der homerischen Aiganee[277] ein ganz spezielles Sportgerät vor (Abb. 19)[278], von dessen Verwendung als Jagdwaffe und Kriegswaffe wir daneben je einmal hören (9,156; XVI 589), wobei der Gebrauch als Jagdwaffe als primär anzusehen ist[279]. Die Aiganee ist eine Sonderform des mittels einer Schleuder betätigten Speeres[280]. Die Speerschleuder

271 s.o. S.T14f.   **272** Sonst noch XV 358; XXI 251; XXIII 529.   **273** s.o. S. T15.   **274** XXIII 637: ὑπειρέβαλον; s.o. S.T53.   **275** 8,229; s.o. S.T53. **276** E.Mehl, RE. VII A (1948) 2527 s.v. Turnkunst (T-Nachträge) sieht im Hinblick auf die praktischen Bedürfnisse des Jägers und Kriegers den Zielwurf als die ursprüngliche Form gymnastischen Speerwerfens an. Im Epos fehlt jedoch jeder entsprechende Hinweis. Pindar, Ol. X 71: ἄκοντι Φράστωρ ἔλασε σκοπόν scheint den Zielwurf für Olympia zu sichern.   **277** II 774; XVI 589; 4,626 = 17,168.   **278** Panathenäische Preisamphora des Euphiletos-Malers aus Vulci, in London, Brit.Mus., Inv.-Nr. B 134; Beazley, ABV. 322 Nr.1; E.N.Gardiner, JHS. 27, 1907, Taf. 18; Verf., Gymnasium 60, 1953, 118 Taf. 5,1; Jüthner-Brein, Leibesübungen II Taf. 89c; zu Weitspringer und Diskoswerfer s. u.   **279** Siehe H.-G.Buchholz – G. Jöhrens – I. Maull, unser Kap. »Jagd und Fischfang« J 96.   **280** Grundlegendes bei Jüthner-Brein, Leibesübungen II 326; E.Mehl, RE. VII A (1948) 2528 s. v. Turnkunst (T-Nachträge). Αἰγανέη zur Wz. αἰγ-,

ist eine uralte waffentechnische Errungenschaft, die es erlaubte, beim Werfen des Speeres die Muskelkraft durch Hebel- und Schleudereffekt wirksamer zu nutzen und eine erhebliche Steigerung der Wurfweite zu erzielen. Die bei den Naturvölkern übliche Form der Speerschleuder war ein Stock oder eine Leiste, die mit einem Haken in das Schaftende des Speers eingriff und beim Abwurf, der eine besondere Technik erforderte, abgezogen wurde, wodurch dem Geschoß mittels Hebelwirkung erhöhte Geschwindigkeit verliehen wurde (Abb. 20 b)[281].

Seltener findet man im ethnologischen Inventar den mit einer Wurfschlinge versehenen Speer, dem die Aiganee zuzurechnen ist. So ist z. B. »das Ounep in Neukaledonien ein kurzes Stück Schnur mit einer Schlinge für den Zeigefinger und einer Öse oder einem Knoten am anderen Ende, womit es in der Mitte des Speers festgemacht ist. Im Augenblick des Abwurfs fällt es ab«[282]. Der Schlederriemen der Aiganee ermöglichte es dem Werfer, eine erhöhte Reichweite zu erzielen: Die Schlaufe der Schleuder wurde vor dem Abwurf mit einem oder zwei Fingern der Wurfhand, gewöhnlich Zeige- und Mittelfinger, straff gespannt. Der Werfer gab den zunächst zwischen Zeigefinger und Daumen eingeklemmten Speer beim Abwurf schließlich frei und bediente sich nur noch der Zug- und Schleuderkraft der Wurfschlinge, die den Flug mitmachte, da sie mit dem Speer fest verbunden war[283]. Der auf diese Weise betätigte Speer kann als eine Art Vorläufer des Bogens gelten, und es ist wohl kein Zufall, daß er als eine bis in spätere Zeiten geschätzte Waffe gelegentlich in gewisser Rivalität zum Bogen gesehen wird, so beispielsweise, wenn Odysseus sagt, er erziele mit dem Speer (δουρί) eine größere Weite als ein anderer mit dem Bogen[284], woraus zudem hervorgeht, daß auch unter unspezifischen Bezeichnungen wie δόρυ der Riemenschleuder-Speer verstanden werden konnte. Auch Senecas Ausspruch gehört hierher, daß selbst die bogenberühmten Kreter mit ihrem leichten Pfeil nicht die Weite erzielten wie ein kraftvoll geworfener Riemenschleuder-Speer[285], ebenso die Mitteilung des rezenten Ethnologen, daß »die Pfeile der einfachen Jäger nicht weiter und nur wenig genauer treffen als die mit einer Speerschleuder geworfenen Speere«[286]. Über den Gebrauch und die Wirkungsweise der homerischen Aiganee ist in der »Archaeologia Homerica« so ausführlich gehandelt, daß sich weitere Ausführungen erübrigen[287].

»heftig bewegen, schwingen«; dazu auch αἰγίς, »Sturmwind«. Von *αἴγανον, »Werkzeug zum Schwingen, Schleudern«, das Adjektiv αἰγανέη (sc. αἰχμή), »die mit einer Schleuder versehene Lanze«, nachepisch ἀγκύλη; siehe Verf., Gymnasium 60, 1953, 115 ff. **281** R. Gould berichtet, daß die Jäger der australischen Gibson-Wüste ihre Speere auf diese Weise bis 100 Meter weit werfen (Brockhaus-Völkerkunde I [1974] 53). **282** N. David, in: Brockhaus-Völkerkunde X (1974) 101. **283** Nach Jüthner-Brein, Leibesübungen II 326 ff. mit Abb. 73; diese Abb. auch in: H.-G. Buchholz – G. Jöhrens – I. Maull, unser Kap. »Jagd und Fischfang« J 83 Abb. 25 a. b. **284** Zu 8, 229 s. o. S. T 55. **285** Phaedra 812 ff.: *amentum digitis tende prioribus | et totis iaculum dirige viribus; | tam longe dociles spicula figere, | non mittet gracilem Cretes harundinem.* **286** N. David, in: Brockhaus-Völkerkunde X (1974) 101. **287** H.-G. Buchholz – G. Jöhrens – I. Maull, unser Kap. »Jagd und Fischfang« 88 ff.; O. Höckmann, in: H.-G. Buchholz, unser Kap. »Kriegswesen, Teil 2« E 290 ff.; eine Zusammenstellung der Abbildungsnachweise findet man Kap. J 91–96 mit Nachträgen im Kap. E 290–292 (H.-G. Buchholz); die Mehrzahl der monumentalen Zeugnisse bezieht sich auf die Verwendung der Aiganee als Sportgerät.

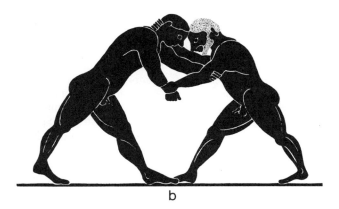

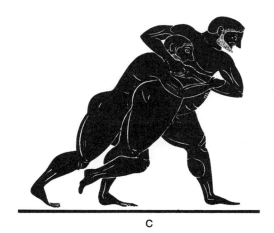

Abb. 18 a–c Ringkampfszenen auf schwarzfigurigen Vasen; korinthischer Krater (a), chalkidische Amphora (b), panathenäische Preisamphora (c)

f) Diskoswerfen

Bei den Leichenspielen zu Ehren des Patroklos im XXIII. Buch der Ilias wird als sechster Wettkampf eine Wurfübung durchgeführt, auf die schon an anderer Stelle hingewiesen wurde [288]. Es handelt sich um den Wurf des σόλος αὐτοχόωνος, der »roh gegossenen Scheibe« (V. 826), die zugleich als Kampfpreis für den Sieger ausgesetzt ist. Sie hat Geschichte, denn mit ihr pflegte Eetion, Andromaches Vater, zu werfen, bis sie in den Besitz Achills überging, als dieser Eetions Stadt erobert hatte [289]. Ihr besonderer Wert als Kampfpreis besteht darin, daß sie dem Gewinner für fünf Jahre einen Vorrat an Roheisen für seinen ländlichen Bedarf liefern werde (V. 833 ff.):

ἕξει μιν καὶ πέντε περιπλομένους ἐνιαυτοὺς
χρεώμενος· οὐ μὲν γάρ οἱ ἀτεμβόμενός γε σιδήρου
ποιμὴν οὐδ' ἀροτὴρ εἶσ' ἐς πόλιν, ἀλλὰ παρέξει.

Ein Wurfgerät, aus dem jemand jahrelang seinen Eisenbedarf decken kann, ist eine poetische Übertreibung, gleichgültig, wie man sich die Form dieses Solos zu denken hat, dessen gymnastische Betätigung man sich auch als eine Art Kugelstoßen oder Gewichtheben vorgestellt hat [290]. Jedoch weist die epische Diktion eindeutig auf eine Wurfübung hin [291], so daß die antiken Erklärer nicht zögerten, σόλος [292] dem Diskos gleichzusetzen [293], was offenbar auch die Absicht des epischen Erzählers war. Vier Bewerber, Polypoites, Leonteus, Aias der Telamonier, und Epeios, den man bereits als Sieger im Faustkampf kennengelernt hat, treten zum Wurf an. Epeios macht den Anfang (V. 839 f.):

ἑξείης δ' ἵσταντο, σόλον δ' ἕλε δῖος Ἐπειός,
ἧκε δὲ δινήσας· γέλασαν δ' ἐπὶ πάντες Ἀχαιοί.

»... die Scheibe aber ergriff der göttliche Epeios und warf sie mit drehender Bewegung. Es lachten dabei aber alle Achaier«. Wahrscheinlich geht der rohe Boxer zu plump mit dem Gerät um, dessen Handhabung eine Geschicklichkeit erfor-

---

288 Vgl. oben S. T 24.   **289** XXIII 826 ff.; I 366 f.; VI 414 ff. Das Urbild dieses phantastischen Wurfgeräts scheint ein fladenförmiger 'Gußkuchen' gewesen zu sein, eine Barrenform, in der Kupfer bzw. Bronze zu prähistorischer Zeit überall in der alten Welt in den Handel gelangte; vgl. R. J. Forbes, unser Kap. »Bergbau, Steinbruchtätigkeit und Hüttenwesen« K 14 Abb. 8; K 21 Abb. 11; K 23; s. bereits G. und A. Körte, Gordion, Ergebnisse der Ausgrabung im Jahre 1900 (1904) 79 Nr. 97. Solche Barren fanden sich auch – neben anderen, gebräuchlicheren Formen – in der Ladung eines Schiffes, das um 1200 v. Chr. vor der Südwestküste Kleinasiens beim Kap Gelidonya scheiterte: G. F. Bass, AJA. 65, 1961, 267 ff. Taf. 87, 21; ders., TransactphilSoc. 57, Heft 8, 1967, Abb. 93. 94. Σόλος läßt an den Namen der kyprischen Stadt Soloi denken und ist vielleicht verwandt mit hethit. *sulais*, »Blei«. Der Name dieses urtümlichen 'Diskos' ist also ebenso ungriechisch wie der vormalige Besitzer des Geräts, Eetion, Kleinkönig von Thebe in Kilikien. Den Hinweis auf den Fund vom Kap Gelidonya und die mögliche Herkunft des Wortes verdanke ich der Freundlichkeit von W. Decker, Köln; siehe dazu auch W. Decker, Zum Ursprung des Diskuswerfens, in: Stadion 2, 1976, 196 ff.; vgl. noch Lorimer, HM 118 Anm. 10 zu σόλος.   **290** Weiler, Sport 162.   **291** Durchweg ist von ῥίπτειν, ἱέναι, βάλλειν, »werfen«, einmal (V. 840) von einem 'Drehwurf' die Rede; vgl. die Verse 827. 841. 842. 843. 845. 847.   **292** Etymologisch ungeklärt.   **293** E. N. Gardiner, JHS.

Abb. 19 Sportler auf panathenäischer Preisamphora; Weitspringer mit Halteren, Diskoswerfer und zwei Athleten mit Riemenspeer

dert, über die er nicht verfügt. Leonteus wirft als nächster, nach ihm Aias (V. 842 f.):

> τὸ τρίτον αὖτ' ἔρριψε μέγας Τελαμώνιος Αἴας,
> χειρὸς ἄπο στιβαρῆς καὶ ὑπέρβαλε σήματα πάντων.

»An dritter Stelle wiederum warf der große Telamonier Aias aus starker Hand und warf über die Male aller hinweg«. An vierter Stelle wirft Polypoites (V. 844 ff.):

> ἀλλ' ὅτε δὴ σόλον εἷλε μενεπτόλεμος Πολυποίτης,
> ὅσσον τίς τ' ἔρριψε καλαύροπα βουκόλος ἀνήρ,
> ἡ δέ θ' ἑλισσομένη πέτεται διὰ βοῦς ἀγελαίας,
> τόσσον παντὸς ἀγῶνος ὑπέρβαλε· τοὶ δὲ βόησαν.

»Als aber der standhafte Polypoites die Scheibe ergriffen hatte, warf er sie, wie ein Rinderhirt ein Wurfholz wirft, das, sich drehend, dahinfliegt durch die Rinder der Herde, so weit über die ganze Versammlung hinweg«. Der Solos wird hier mit dem Wurfholz der Hirten, wohl einer Art Bumerang, verglichen, was offenbar nicht nur die Weite des Wurfs, sondern auch die drehende Bewegung der Scheibe während des Fluges verdeutlichen soll. Sie fliegt über die gesamte Zuschauerschaft hinweg (παντὸς ἀγῶνος)[294].

Bei den Phaiakenspielen wird der Diskoswurf als dritter Wettkampf durchgeführt[295]. Die Schilderung begnügt sich mit der Nennung des Siegers (8, 129):

> δίσκῳ δ' αὖ πάντων πολὺ φέρτατος ἦεν Ἐλατρεύς.

27, 1907, 3 ff. äußert sich zur Sacherklärung ausführlich. **294** Vgl. zu ἀγών oben S. T 13 und unten S. T 61. **295** In dem Programm 8, 102 f. war der Diskoswurf nicht genannt, jedoch in der folgenden Aufzählung der durchgeführten Wettkämpfe; s. o. S. T 19.

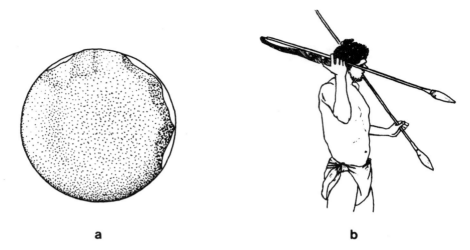

Abb. 20 a und b Griechischer Marmordiskos (a), Völkerkundliches Beispiel für die Verwendung der Speerschleuder (b)

Mehr gibt die Schilderung dort her, wo der gekränkte Odysseus mit seinem Diskoswurf renommiert (V. 186 ff.):

ἦ ῥα καὶ αὐτῷ φάρει ἀναΐξας λάβε δίσκον
μείζονα καὶ πάχετον, στιβαρώτερον οὐκ ὀλίγον περ
ἢ οἵῳ Φαίηκες ἐδίσκεον ἀλλήλοισι.
τόν ῥα περιστρέψας ἧκε στιβαρῆς ἀπὸ χειρός,
βόμβησεν δὲ λίθος· κατὰ δ' ἔπτηξαν ποτὶ γαίῃ
Φαίηκες ...,
λαὸς ὑπὸ ῥιπῆς· ὁ δ' ὑπέρπτατο σήματα πάντων
ῥίμφα θέων ἀπὸ χειρός· ἔθηκε δὲ τέρματ' Ἀθήνη
ἀνδρὶ δέμας εἰκυῖα, ...

»So sprach er, sprang auf mitsamt dem Mantel[296] und ergriff einen Diskos, größer, dicker und nicht wenig kompakter als der, mit dem die Phaiaken sich miteinander im Wurf maßen. Nachdem er ihn im Kreis herumgedreht hatte, entsandte er ihn der kräftigen Hand. Es sauste der Stein, und zu Boden duckten sich die Phaiaken vor dem Wurf. Der aber überflog die Wurfmale aller, der Hand behende enteilend. Athena aber setzte das Wurfmal, einem Manne an Gestalt gleichend«.

War bislang von Würfen mit dem phantastischen Solos die Rede, tritt hier der eigentliche Diskos, die ausschließlich als Sportgerät benutzte Wurfscheibe, in Erscheinung[297]. In der Ilias (II 774) heißt es von den zur Untätigkeit verdammten

---

296 s. o. S. T 20 mit Anm. 82.   **297** Δίσκος in unklarer Verbindung zur Wz. δικ-, »werfen«; Hofmann 60. Da es sich hier um ein Gerät sui generis ohne einen besonderen Gebrauchswert handelt, scheinen im Hinblick auf die kosmische Symbolik der Scheibe und des Hakenkreuzes, das eine der häufigsten Verzierungen des griechischen Gebrauchsdiskos ist, religiöse Ambitionen dieser Sportart nicht ausgeschlossen; Weiler, Sport 161.

Myrmidonen, daß sie sich mit Diskos- und Speerwerfen sowie mit Bogenschießen die Zeit vertreiben[298], wie auch die Freier vor dem Megaron des Odysseus sich den beiden erstgenannten Sportarten widmen, sie freilich ἐν τυκτῷ δαπέδῳ, auf einem festgestampften Platz, der ihnen einen sicheren Abwurf ermöglicht[299]. Dem Diskoswurf des Odysseus (8, 186 ff.) kann man entnehmen, daß mit Wurfscheiben verschiedener Größe und verschiedenen Gewichts zu rechnen ist, daß der Werfer eine drehende Bewegung vollführt, daß die Scheibe aus Stein besteht und daß die Wurfweiten der Teilnehmer markiert werden. Daß auch der Wurf mit dem ungefügen Solos wie ein Diskoswurf geschildert wird, war schon oben bemerkt worden[300]. Weitere Übereinstimmungen gibt es auch in den Schilderungen des jeweiligen Meisterwurfs: Polypoites wirft den Solos ὑπὲρ παντὸς ἀγῶνος, was nach unseren Ermittlungen zu ἀγών mit »über die ganze Versammlung hinweg« übersetzt wurde[301]. Auch Odysseus wirft den Diskos über die Wurfmale aller hinweg[302]. Dabei ducken sich die Phaiaken zu Boden[303], offenbar doch deshalb, weil der Diskos auch über sie hinwegfliegt, was im Falle des Solos (XXIII 847) mit παντὸς ἀγῶνος ὑπέρβαλε zum Ausdruck kam.

Der steinerne Diskos der Odyssee läßt vermuten, daß flache, runde Steine von Flüssen und Stränden die Urform dieses Sportgeräts waren. Steinern sind die ältesten erhaltenen Diskoi (Abb. 20 a)[304], und die Vasenbilder des 6. Jhs. v. Chr. weisen auf das gleiche Material hin (Abb. 19; Diskos und Halteren sind als aus Stein bestehend weiß wiedergegeben, während die hölzernen Speere schwarz sind)[305]. Obwohl sie nach Größe und Gewicht variieren, wird man annehmen dürfen, daß bei Wettkämpfen gleiche Bedingungen geschaffen wurden. Auch konnte sich das der Ilias geläufige Maß der 'Diskos-Wurfweite' (δίσκου οὖρα, δίσκουρα)[306] nur herausbilden, wenn es so etwas wie einen 'Normaldiskos' gab. Die von P. Jacobsthal besprochenen steinernen Diskoi des 6. Jhs. v. Chr.[307] haben ziemlich einheitlich einen Durchmesser von etwa 28 cm, eine Dicke von etwa 6 cm und ein Gewicht von etwa 7 kg, was für einen Gebrauchsdiskos reichlich schwer erscheint. J. Jüthner, der von den Relationen der Vasenbilder ausging, konstruierte einen Marmordiskos mit einem Durchmesser von 24 cm, einer gleichbleibenden[308] Dicke von 3,5 cm und einem Gewicht von 3,8 kg. Im 5. Jh. v. Chr.

298 s. o. S. T 16.   **299** 4,627 = 17,169; s. o. S. T 16. T 54 mit Anm. 268. Eine den Abwurfbereich eingrenzende Schwelle (nachepisch βαλβίς) oder eine entsprechende Markierung ist vorauszusetzen, auch wenn man nichts darüber erfährt, da sonst ein Leistungsvergleich nicht möglich war.   **300** Siehe S. T 58 mit Anm. 291 und 293.   **301** s. o. S. T 13.   **302** 8,192.   **303** 8,190: κατὰ δ' ἔπτηξαν ποτὶ γαίῃ.   **304** Marmordiskos, vormals Berlin, jetzt unbekannten Verbleibs; Jüthner-Brein, Leibesübungen II 235 Taf. 73a; vgl. auch B. Schröder, Der Sport im Altertum (1927) Taf. 56a. Ob ein Diskos wirklich als Sportgerät benutzt wurde, ist kaum beweisbar. Viele sind sicher Votivgaben. Auch mit Fälschungen ist zu rechnen. Literarisch sind Weihungen von Diskoi der Argonauten in Kolchis (Timonax im Scholion zu Apollonios von Rhodos IV 1217) und des Iphitos in Olympia überliefert (Aristoteles bei Plutarch, Lykurg 1; Pausanias V 20, 1; dazu E. Meyer, RhMus. 42, 1887, 92).   **305** Zur Abb. 19 siehe oben Anm. 278.   **306** XXIII 431. 523; s. o. S. T 15. Rotfigurige Vasenbilder zeigen das Abstecken der Wurfentfernung und damit die Festlegung der Wurfweite (Abb. 21 d. e). Der Linkshänder (Abb. 21 b) ist, was die Deutung des Wurfablaufs oder ebenfalls das Abstecken der Wurfweite angeht, umstritten, s. dazu E. N. Gardiner, JHS. 27, 1907, 26.   **307** P. Jacobsthal, Diskoi, 93. BWPr. (1933) 17 ff.   **308** Generell ist damit zu rechnen, daß sich die Steindiskoi zum Rande zu etwas abflachen; siehe Jüthner-Brein, Leibesübungen II 233.

bestanden die Gebrauchsdiskoi fast ausschließlich aus Bronze, was insgesamt zu einer Verminderung ihrer Größe und ihres Gewichts führte[309].

Viel erörtert ist die Technik des Wurfs, die sich den Denkmälern nicht evident entnehmen läßt (vgl. Abb. 21 a–e)[310]. Die epischen Zeugnisse sprechen von einer Drehung beim Abwurf[311], doch läßt die Ausdrucksweise zunächst offen, ob damit die rotierende Bewegung zu verstehen ist, in die die Scheibe beim Abwurf versetzt wird[312], oder ob der Werfer eine Drehung um die eigene Achse macht, bevor er die Scheibe (in horizontaler Wurfebene) entsendet. In diesem Sinne haben spätere Dichter, die den epischen Schilderungen offenbar noch verpflichtet sind, die Drehung verstanden[313]. Diese Wurftechnik, die hinsichtlich der Wurfrichtung ein erhöhtes Risiko mit sich brachte, würde auch die mythischen Berichte von tödlichen Unfällen bei Diskoswürfen voll verständlich machen[314]. J. Jüthner dachte an ein Schwungholen durch Hin- und Herschwingen der Scheibe und versuchte, ohne damit zu überzeugen, aus dem allgemeinen Sprachgebrauch von δινέω (δινεύω) und περιστρέφω[315] eine seinen Vorstellungen entgegenkommende Bedeutung zu gewinnen[316]. In der Neuzeit setzte sich der Drehwurf als einzig zweckmäßige Wurfweise bald durch, und es ist anzunehmen, daß man im Altertum die gleiche Erfahrung gemacht hat[317]. Die in jedem Falle für den Diskoswurf typische, weitausholende Bewegung wird durch das Adjektiv κατωμάδιος, eigentlich »von der Schulter«[318], ausgedrückt (Abb. 21 c).

g) *Bogenschießen*

Der Bogen nimmt im Epos als Waffe wie als Sportgerät eine eigentümliche Stellung ein, da ihm eine gewisse Fremdartigkeit anhaftet, wobei seine Verbindung zu Apoll gelegentlich verklärend wirkt, ohne daß sich dies auf das Ansehen des Bogenschützen als Kämpfer auswirkt: oft ist eine Abwertung gegenüber dem Schwerbewaffneten nicht zu überhören.

Im Mythos bringt es Eurytos, dem Vater jenes Iphitos, der den ererbten Bogen dem jungen Odysseus einst als Gastgeschenk überlassen hatte[319], den Tod, als er in frevler Selbstüberschätzung den Gott zum Bogenwettkampf herausfordert[320]. Wie der Speer gehört der Bogen zu den Waffen, die gleichzeitig als Sportgerät Verwendung finden und im Training für den Krieg den eigentlichen Sinn ihrer agonalen Betätigung erkennen lassen. Daher wird die Übung der Treffsicherheit

---

309 E. N. Gardiner, JHS. 27, 1907, 6f.   **310** Abb. 21 a–e nach E. N. Gardiner, JHS. 27, 1907, 11 Abb. 2 (unsere Nr. d. e); S. 26 Abb. 14 (unsere Nr. b); S. 27 Abb. 16. 17 (unsere Nr. a. c); dort zahlreiche weitere Abbildungen.   **311** XXIII 840: ἧκε δὲ δινήσας; 8, 189: τὸν ... περιστρέψας ἧκε.   **312** Das meint offenbar das Gleichnis XXIII 844ff.   **313** Pindar, Ol. X 72: ἔδικε πέτρῳ χέρα κυκλώσαις; Properz III 14, 10: *disci pondus in orbe rotat*; Statius, Thebais VI 709: *lacertos | consulit ac vasto contorquet turbine.*   **314** Auf diese Weise tötet Apoll den Hyakinthos, Perseus den Akrisios, Oxylos den Thermios und Peleus den Phokios; siehe Jüthner-Brein, Leibesübungen II 251 Anm. 75; Weiler, Agon 227 f.   **315** s. o. Anm. 311.   **316** Jüthner-Brein, Leibesübungen II 256ff.; vgl. H. Lutz, Beiträge zur Frage der Leibesübungen und zur Erklärung einzelner Stellen in Homers Odyssee, Diss. Erlangen (1927) 43ff.; Übersicht zu den Theorien der Wurftechnik bei Weiler, Sport 162 ff.   **317** E. Mehl, RE. VII A (1948) 2526 s. v. Turnkunst (T-Nachträge).   **318** XXIII 431; s. o. S. T 15.   **319** 21, 11 ff.   **320** 8, 224 ff.; zum Mythos s. Weiler, Agon 237 f.

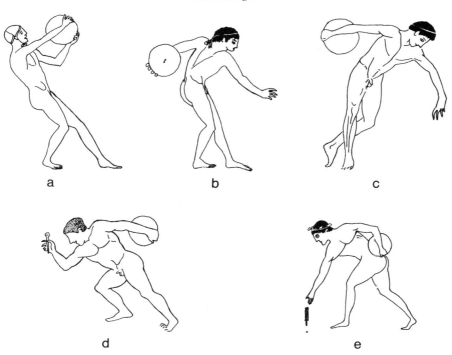

Abb. 21 a-e Phasen des Diskoswurfs auf attisch-rotfigurigen Vasen, Festlegung der Wurfweite durch Abstecken (d und e)

eigentliches Ziel sportlichen Bogenschießens gewesen sein, obgleich Reflexe für den Weitschuß mit dem Bogen nicht fehlen[321]. In der Ilias (II 774f.) wird das Bogenschießen zunächst neben Diskos- und Speerwerfen genannt, womit sich die untätigen Myrmidonen die Zeit vertreiben[322].

Die beiden ausführlichsten epischen Berichte über einen Bogenwettkampf tragen phantastische Züge, und die dabei erzielten Leistungen erinnern eher an Märchen als an real deutbare sportliche Ereignisse. Das Bogenschießen bei den Patroklosspielen der Ilias folgt als siebter Wettkampf auf das Diskoswerfen[323]. Die beiden Teilnehmer, Teukros und Meriones, sind auch sonst als Bogenschützen vor Ilios bekannt. Das Ziel, das es zu treffen gilt, eine Taube, die auf einer Stange festgebunden ist, wirkt zunächst realistisch und steht möglicherweise in einer historischen Tradition[324]. Das Schießen selbst mit seinen näheren Bedingungen und den dargebotenen Leistungen mutet wirklichkeitsfremd und phantastisch an. Teukros, der erste Schütze, trifft nur die Schnur (was als die mindere Leistung gilt!). Er hat es versäumt, dem Herrn des Bogens ein Opfer zu geloben, während

---

321 Odysseus rühmt sich, mit dem Speer weiter zu werfen, als ein anderer mit dem Bogen schieße (8,229); s. o. S. T 53. **322** s. o. S. T 54. **323** s. o. S. T 24f. **324** Über wettkampfmäßiges Bogenschießen auf Vögel bei den Assyrern siehe Weiler, Sport 65. Eine späte Filiation des Schießens nach dem Vogel auf der Stange dürfte das bei deutschen Stämmen weit verbreitete Armbrustschießen nach einem hölzernen Vogel sein.

Meriones, der Apoll ein Opfer versprochen hat, den Vogel in freiem Fluge trifft. Damit nicht genug. Sein Pfeil, offenbar senkrecht nach oben geschossen, fährt vor den Füßen des Schützen in die Erde, nachdem er die Taube durchschlagen hat (XXIII 862–877)[325]. Daß sich beide desselben Bogens bedienen, spiegelt wiederum die Realität des Wettkampfs wieder, der damit unter gleichen Bedingungen stattfinden soll.

Die Bogenprobe der Odyssee[326], die den aussichtsreichsten Bewerber unter den Freiern der Penelope ermitteln soll, findet während eines Apollonfestes statt[327], was wiederum auf die enge Verbindung zwischen Gott und Bogen verweist. Der Bogen, ein Gastgeschenk des Iphitos, hat Geschichte und wird von den Bewohnern des Hauses mit Ehrfurcht betrachtet[328]. Er befindet sich nebst Köcher (21,11 f.: φαρέτρη ἰοδόκος), Pfeilen (V. 12: ὀιστοί) und den gleich näher zu betrachtenden Doppeläxten, die in einer Kiste (V. 61: ὄγκιον) aufbewahrt und einschließlich des Bogens »Wettkampfgeräte« (V. 62: ἄεθλια) genannt werden[329], in einem Thalamos des Obergeschosses (V. 5). Ein Futteral (V. 54: γωρυτός) dient seinem Schutz. Odysseus benutzt ihn nie als Kriegswaffe, achtet ihn als Erinnerungsstück an den Gastfreund und trägt ihn nur daheim (V. 38 ff.). Mit ihm soll der Wettkampf ausgetragen werden, den Penelope eröffnet (V. 73 ff.):

ἀλλ' ἄγετε, μνηστῆρες, ἐπεὶ τόδε φαίνετ' ἄεθλον·
θήσω γὰρ μέγα τόξον Ὀδυσσῆος θείοιο·
ὃς δέ κε ῥηΐτατ' ἐντανύσῃ βιὸν ἐν παλάμῃσι
καὶ διοϊστεύσῃ πελέκεων δυοκαίδεκα πάντων,
τῷ κεν ἅμ' ἑσποίμην, ...

»Wohlan, ihr Freier, da sich dieser Kampfpreis hier bietet[330]: hinsetzen werde ich den großen Bogen des göttlichen Odysseus[331]. Wer mit geringster Mühe in seinen Händen den Bogen einspannt und durch alle zwölf Äxte hindurchschießt, dem will ich wohl folgen«. Die Aufgabe, die hier gestellt wird, ist eine doppelte, und die Freier werden bereits an der ersten, dem Einspannen des Bogens, scheitern. Um das Gerät schußfertig zu machen, muß ein Ende der Sehne in den Ring oder Haken (IV 111: κορώνη), der sich an einem Ende des Bogens befindet, eingehakt werden[332]. Bevor die Freier mit dem Wettkampf beginnen, reizt es Telemach, die eigenen Kräfte zu erproben und der Mutter womöglich mit einem gelungenen Schuß die neue Heirat zu ersparen (21,114 ff.). Vor seinem Versuch baut er die zwölf Doppeläxte auf, durch die es gilt 'hindurchzuschießen' (21, 120 f.)[333]:

πρῶτον μὲν πελέκεας στῆσεν διὰ τάφρον ὀρύξας
πᾶσι μίαν μακρήν, καὶ ἐπὶ στάθμην ἴθυνεν.

»Zuerst stellte er die Doppeläxte auf, nachdem er für alle eine einzige, lange Furche gegraben hatte, und richtete sie aus nach der Richtschnur«. Damit folgt er ei-

---

[325] Hier macht sich eine ähnliche Ignoranz ballistischer Gesetze bemerkbar wie beim Schuß des Odysseus 'durch die Äxte'; s. u. S. T 66.   [326] s. o. S. T 18.   [327] 20, 156. 276 ff.; 21, 258 f.   [328] 21, 55 ff. 80 ff.   [329] Vgl. noch 21, 4.   [330] Sie selbst ist der Kampfpreis.   [331] Daß die Sprache des Agons hier gegenüber den Leichenspielen im dreiundzwanzigsten Buch der Ilias degeneriert ist, zeigt der Gebrauch von τιθέναι, das in der Wettkampfsprache das Aussetzen von Preisen bezeichnet: XXIII 263. 653. 700. 740 u. ö.; vgl. oben S. T 23.   [332] Ἐντανύεσθαι: 19, 577. 587; 21, 75. 114 u. ö.; τόξου τανυστύς: 21, 111 f.   [333] Διὰ σιδήρου εἶναι: 21, 328; 24, 177. Σιδήρου διοϊστεύειν: 19, 587; 21, 97. 114. 127. Πελέκεων διοϊστεύειν: 19, 578; 21, 76.

ner alten Schießübung des Odysseus, und schon vorher hatte Penelope, als ihr der Gedanke kam, einen Brautagon der Freier zu veranstalten, die Vorkehrungen geschildert, die Odysseus traf, sooft er vorhatte, den Schuß 'durch die Äxte' zu tun (19,573 ff.):

> ... τοὺς πελέκεας κεῖνος ἐνὶ μεγάροισιν ἑοῖσιν
> ἵσταχ᾽ ἑξείης, δρυόχους ὥς, δώδεκα πάντας·
> στὰς δ᾽ ὅ γε πολλὸν ἄνευθε διαρρίπτασκεν ὀιστόν.

»diese Äxte pflegte jener in seinem Hause, eine nach der anderen, wie Kielhölzer [334] aufzustellen, zwölf insgesamt; dann stellte er sich weit davon entfernt auf und schoß den Pfeil hindurch«. So versucht nun Telemach, es dem Vater gleichzutun (21,125 ff.): »Dreimal ließ er ihn (den Bogen) erzittern im Bestreben, ihn anzuziehen (ἐρύσσασθαι), dreimal aber ließ er in seiner Kraft nach, obwohl er im Herzen doch hoffte, die Sehne einzuspannen (νευρὴν ἐντανύειν) und durch das Eisen zu schießen«. Nach einigen vergeblichen Versuchen, die auch dann erfolglos bleiben, als man den Bogen erwärmt und mit Fett eingerieben hat, kommen die Freier überein, sich vorerst dem Apollonfest zu widmen und das Schießen am nächsten Tage fortzusetzen. Da bittet der Bettler, auch ihn durch einen Versuch mit dem Bogen prüfen zu lassen, ob er noch bei Kräften sei oder ob sein »Wanderleben ohne ausreichende Pflege« [335] ihn entscheidend geschwächt habe. Trotz der empörten Reaktion der Freier, die ihn für betrunken halten, gelangt Odysseus in den Besitz des Bogens, prüft ihn sorgfältig und spannt ihn »mühelos, wie ein Sänger eine Saite um einen neuen Wirbel spannt« (21,407), zupft dann an der eingespannten Sehne, um ihren Ton zu prüfen, nimmt einen Pfeil und trifft die Vorbereitungen zum Schuß (21,419 ff.):

> τόν ῥ᾽ ἐπὶ πήχει ἑλὼν ἕλκεν νευρὴν γλυφίδας τε,
> αὐτόθεν ἐκ δίφροιο καθήμενος, ἧκε δ᾽ ὀιστὸν
> ἄντα τιτυσκόμενος, πελέκεων δ᾽ οὐκ ἤμβροτε πάντων
> πρώτης στειλειῆς, διὰ δ᾽ ἀμπερὲς ἦλθε θύραζε
> ἰὸς χαλκοβαρής·

»Diesen (Pfeil) faßte er beim Bügel des Bogens (πῆχυς) [336], zog die Sehne und die Kerben (des aufgelegten Pfeils) zurück, daselbst von seinem Stuhl aus, wo er saß, schoß, indem er zielte, den Pfeil ab und verfehlte nicht die Äxte allesamt, oben beim Stiel, und hindurch drang nach außen der erzbeschwerte Pfeil«.

Die Äxte, durch die Odysseus 'hindurchzuschießen' pflegte, hat Telemach vor seinem Versuch mit dem Bogen so, wie es auch der Vater machte, wie δρύοχοι hintereinander aufgestellt. Das Wort hat schon den alten Erklärern Schwierigkeiten bereitet und ist von ihnen zumeist als Stützhölzer des Kiels beim Bau eines

---

334 Zur Sache s. u. S. T 65 f.   335 21,282 ff.: ... ἤ μοι ἔτ᾽ ἐστὶν | ἴς, οἵη πάρος ἔσκεν ἐνὶ γναμπτοῖσι μέλεσσιν, ἢ ἤδη μοι ὄλεσσεν ἄλη ἀκομιστίη τε. Hier wird das gleiche Interesse für die Wechselbeziehung zwischen sportlicher Leistung und körperlicher Verfassung sichtbar wie bei den Phaiakenspielen (8,232 f.); s. o. S. T 21. Von gleichem Geiste ist auch die Zeichnung des Odysseus, der dort seinen Meisterwurf mit dem Diskos vollbringt, ohne sich erst des Mantels zu entledigen (s. o. Anm. 82), wie er hier als Bettler – was gleich zu erörtern sein wird – den Meisterschuß im Sitzen vornimmt (21,420), d. h. ohne sich erst zu erheben; s. u. S. T 68 mit Anm. 358.   336 Die Linke umfaßt den Pfeil und das Mittelstück des Bogens zugleich.

Abb. 22 Aufstellung von Doppeläxten beim Meisterschuß des Odysseus

Abb. 23 (S. T 67) Ägyptischer Pharao beim Zielschießen auf einem Rollsiegel aus Bet Schean, Palästina

Schiffes verstanden worden[337]. Auf konstruktive Ähnlichkeiten kann sich der Vergleich kaum beziehen und wird lediglich etwas gleichmäßig Ausgerichtetes meinen. Noch größere Schwierigkeiten bot und bietet die Deutung des Schusses selbst. Fußend auf der Annahme, daß στειλειαί nicht die Stiele, sondern die Stiellöcher seien[338], hat die Mehrzahl der alten und neuen Erklärer gemeint, der Schuß sei durch die Stiellöcher der senkrecht hintereinander in den Boden geschlagenen, stiellosen Äxte erfolgt[339]. Sieht man hier von weiteren Schwierigkeiten dieser Deutung ab – wie groß müßten z. B. die Äxte sein, wenn man in dieser Anordnung durch ihre Ösen schießen sollte –, bieten auch andere Deutungen keine Lösung. So wollte man die Äxte mit ihren Stielen auf dem Kopf stehen und Odysseus durch Ösen oder Ringe am unteren Stielende schießen lassen, an denen man sie sonst aufgehängt habe[340]. Andere dachten an langstielige Doppeläxte mit halbkreisförmigen Klingen, die oberhalb und unterhalb des Stielloches nahezu kreisförmige Öffnungen bildeten, so daß man den Pfeil durch die Öffnung am oberen Stielende (21, 422: πρώτης στειλειῆς) schießen konnte, und brachten damit die verschwommenen homerischen Angaben noch am ehesten in einen verständlichen Zusammenhang (Abb. 22)[341].

Daß alle vorgeschlagenen Lösungen unrealistisch sind, sofern sie sich den Schuß durch eine mehr oder weniger enge fiktive Röhre geführt denken müssen, welche durch die in einem gewissen Abstand von einander aufgebauten Äxte gebildet wird, zeigen Berechnungen, nach denen ein Pfeil auf den ersten 10 Metern um 20 cm abfällt, wenn er waagerecht mit der Anfangsgeschwindigkeit abgeschossen wird, die einer historisch vertretbaren Schußweite von 250 m entspricht[342].

Unter eingehender Würdigung aller bisherigen Erklärungsversuche hat W. Burkert neuerlich einen Beitrag zum Verständnis der Stelle geliefert[343], der den ho-

---

[337] Schol. zu 19, 574 u. ö.   [338] Schol. zu 5, 236: στελεὰ ἡ τρύπη τοῦ πελέκεως, στειλεὸν δὲ τὸ ξύλον. Hesych s. v. δρύοχοι setzt diese bereits mit den Stiellöchern (ὀπαί) gleich.   [339] z. B. Faesi-Kayser zu 19,574; Stanford zu 19,572ff.; Wace-Stubbings, Companion 534.   [340] So Finsler, Homer II 402 in der zweiten Auflage von 1918, nicht mehr in der dritten von 1924.   [341] Zuerst A. Goebel, JPhil. 113, 1876, 169ff.
[342] W. Burkert, Von Amenophis II. zur Bogenprobe des Odysseus, in: Grazer Beiträge 1, 1973, 71 Anm. 10.   [343] Siehe die vorherige Anm.

merischen Wortlaut zwar auch nicht erklärt, aber entscheidende Hinweise auf mögliche Vorbilder der Bogenprobe des Odysseus und ihre Abwandlung in die uns vorliegende, verschwommene Gestalt gibt. Danach war der Pfeilschuß 'durch einen kupfernen Ziegel'[344] ein Beweis königlicher Stärke, der in den Urkunden Thutmosis' III.[345] und seines Sohnes Amenophis' II.[346] verherrlicht worden ist. Darüber hinaus zeigt ein Rollsiegel aus dem syrischen Bet Schean, wie Ramses II. einen 'Kupferziegel' mit mehreren Pfeilschüssen durchbohrt (Abb. 23)[347].

Somit gehörte dieser 'Königsschuß' zur ägyptischen Tradition, die sich auch in einer ägyptischen Garnison Altsyriens bemerkbar machte, wo zur Zeit der Seevölker- und Philisterinvasion mit einem regen Kulturaustausch zu rechnen ist[348]. Da der zur Zielscheibe dienende 'Kupferziegel' auf den Bilddokumenten an eine Doppelaxt erinnert, jedoch eher eine im 2. Jt. v. Chr. typische Barrenform meinen dürfte[349], die im Griechischen, wie es scheint, auch mit dem Namen der Doppelaxt, πέλεκυς, bezeichnet werden konnte[350], wird wenigstens in Umrissen begreiflich, wie es in der mündlichen Epentradition aus dem schließlich nicht mehr verstandenen ägyptischen Vorbild zum Schuß des Odysseus »durch die Äxte« kommen konnte.

344 Zur technischen Möglichkeit s. Burkert a.O. 74. **345** Nach Burkert a.O. 74 Anm. 24 auf Stelen Thutmosis III., s. K. Sethe, Urkunden des ägyptischen Altertums IV, Urkunden der 18. Dynastie Nr. 1245 Übersetzung. **346** Nach Burkert a.O. 73 Anm. 19 auf der 'Sphinxstele', s. Sethe a.O. Nr. 1280 f. Übersetzung; E. Edel, ZDPV. 67, 1945, 97; R. Stadelmann, Syrisch-palästinensische Gottheiten in Ägypten (1967) 74 f. **347** Bet Schean, Palästina, Schicht V, Raum 1021; mittelsyrisch, um 1250 v. Chr.; H: 5 cm; in Jerusalem, Rockefeller Museum; A. Rowe, A Catalogue of Egyptian Scarabs, Scaraboids, Seals and Amuletts in the Palestine Archaeological Museum in Jerusalem (1936) 61. 252 f. Taf. 28; Yadin, Warfare I 200 f. mit Abb. (Zeichnung und weitere Belege für Schießen auf Scheiben); J. B. Pritchard, The Ancient Near East in Pictures Relating to the Old Testament² (1969) Nr. 338; Stadelmann a.O. 74 f.; Burkert a.O. 75 mit Abb.; P. Matthiae, Propyläen-Kunstgeschichte XIV (1975) 492 Taf. 433 g. **348** Dazu Burkert a.O. 75. **349** Zu den sogenannten 'Kissenbarren' siehe R. J. Forbes, unser Kap. »Bergbau, Steinbruchtätigkeit und Hüttenwesen« K 25 Abb. 13 a.b; vgl. auch H.-G. Buchholz, PZ. 37, 1959, 1 ff. Weiteres zum Bogenschuß durch die Doppeläxte bei H.-G. Buchholz, unser Kap. »Kriegswesen, Teil 3«. **350** Vgl. Burkert a.O. 76 und oben Anm. 109.

Es wird allgemein angenommen, daß mit dem Bogen des Odysseus ein 'zusammengesetzter' Bogen gemeint ist[351], der im Gegensatz zu dem 'einfachen' Bogen, der aus einem Stab einheitlichen Materials bestand, aus mehreren Teilen heterogenen Materials zusammengesetzt war. Vom Bogen des Pandaros (IV 105 ff.), der aus den Hörnern einer wilden Ziege gefertigt war, glaubt man nicht mehr, daß diese unverarbeitet miteinander verbunden waren, sondern daß sie, zu Hornplatten zersägt, unter Verwendung von Holz und Sehnen zu einem Bogen von besonderer Spannkraft verleimt waren[352]. Daß auch der Bogen des Odysseus von ähnlicher Art war, geht daraus hervor, daß sein Besitzer prüft, ob seine Hornbestandteile nicht von Bohrwürmern zerfressen sind (21, 395), und daß die Freier ihn einfetten und erwärmen, um ihn besser einspannen zu können (21, 176 ff.)[353].

Einen weiteren Hinweis auf seine Beschaffenheit gibt noch das Beiwort παλίντονος[354]. Seine Bedeutung »rückwärtsgekrümmt, entgegengewandt« weist auf den sogenannten Reflexbogen hin, dessen Krümmung in ungespanntem Zustande der Kurve des gespannten Bogens entgegengesetzt verlief[355], eine Form des Bogens, die man außerdem an ihren aufgebogenen Enden zu erkennen glaubt (Abb. 24)[356]. Daß Odysseus im Sitzen spannt und schießt (21, 419 f.), hat man mit der Notwendigkeit in Verbindung gebracht, beim Einspannen des später als 'skythisch' bezeichneten Bogens die Beine mit zu benutzen[357]. Wir erkennen darin die gleiche betonte Lässigkeit, die Odysseus zeigt, als er während der Phaiakenspiele beim Diskoswurf den Mantel anbehält[358].

h) *Springen*

Sportliches Springen (ἅλμα, ἅλλεσθαι), das in der griechischen Sportgeschichte zu nachepischer Zeit unter Benutzung der eigentümlichen Sprunggewichte verschiedenster Form aus Stein oder Metall (ἁλτῆρες)[359] einen hervorra-

---

351 H. Miltner, RE VI A (1936) 1848 s. v. τόξον; Lorimer, HM. 298; W. E. McLeod, AJA. 62, 1958, 401; Wace-Stubbings, Companion 519; G. Rausing, The Bow, Some Notes on its Origin and Development (1967) 96.   **352** A. Schaumberg, Bogen und Bogenschütze bei den Griechen, Diss. Erlangen (1910) 72 f.; Lorimer, HM. 290; Rausing a. O. 97 f.; F. Canciani, unser Kap. »Bildkunst, Teil 2« N 33 f.   **353** Rausing a. O. 98 teilt mit, daß auf ein Erwärmen nicht die Holz- und Hornbestandteile reagieren, sondern ausschließlich die Sehnensubstanz.   **354** 21, 11. 59; vgl. VIII 266; X 459; XV 443. **355** Eustathios 712, 24: τὸ ἐπὶ θάτερα μέρη κλινόμενον (vgl. Eustathios 375, 8 ff.); Hesychios: τὰ ἐπὶ θάτερα τρεπόμενα.   **356** Rausing a. O. Abb. 2; Schaumberg a. O. 74; Wace-Stubbings, Companion 519; Lorimer, HM. 295.   **357** Wace-Stubbings, Companion 519 mit Abb. 59; Lorimer, HM 292.   **358** s. o. S. T20 mit Anm. 82 und Anm. 335. Wie auch die Freier nach ihm, versucht Telemach den Bogen stehend einzuspannen (21, 124), und der Dichter macht deutlich, daß er es in dieser Haltung auch geschafft hätte, wenn ihm Odysseus nicht »abgewinkt« hätte (21, 128 f.). Somit wird das Spannen im Sitzen nicht als unumgänglich notwendig hingestellt. Außerdem war Bedingung, den Bogen ἐν παλάμῃσιν, »in den Händen« (19, 577 = 21, 75), schußfertig zu machen. Selbst wenn es genügend Beispiele einer formelhaft-'pleonastischen' Verwendung derartiger Ausdrücke gibt (vgl. unser Kap. S 14 f.), bliebe es beispiellos, wenn man sich gerade dieser Formel zur Kennzeichnung eines Vorganges bediente, der sich nicht weniger mit Hilfe der Beine als der Hände vollzieht. Daß auch Odysseus seine Schießübung sonst nicht anders als im Stehen absolvierte, scheint mir auch aus 19, 575 (s. o. S. T65) deutlich genug hervorzugehen.   **359** Sie sollten bei gleichzeitigem Absprung und Voraus-

genden Rang im Fünfkampf (πένταθλον) einnimmt und in der Fachdiskussion bis heute ungeklärte Fragen aufwirft[360], wird in der Ilias überhaupt nicht erwähnt[361]. In der Odyssee wird der Sprung neben Faustkampf, Ringkampf und Lauf als eine von den Phaiaken bevorzugte Disziplin aufgeführt (8,103). In den Phaiakenspielen folgt er als dritter Wettkampf auf das Laufen und Ringen. Sieger wird Amphialos (8,128):

ἅλματι δ' Ἀμφίαλος πάντων προφερέστατος ἦεν·

Über die Art des Sprunges, namentlich über die Verwendung von Halteren, erfährt man nichts.

Da nach der Mitteilung Philostrats die Halteren eine Erfindung des Fünfkampfs waren[362], der im frühen Epos noch nicht bezeugt ist, wird man ihre Verwendung im Phaiakenwettkampf ausschließen dürfen. Daß sie gleichwohl schon früh im Gebrauch waren, zeigt das älteste bekannte Exemplar, ein einzelnes bleiernes Sprunggewicht aus Eleusis mit der Weihinschrift des Epainetos, das in die Zeit um 600 v.Chr. datiert wird (Abb.25)[363]. Ein Vasenbild aus etwas späterer Zeit zeigt einen Athleten in der Endphase des Sprunges. Seine mit Handgriffen versehenen Sprunggewichte geben eine auch später gebräuchliche Form der Halteren wieder (Abb.26a)[364], während auf rotfigurigen Vasenbildern die schlankeren Halteren 'griffiger' erscheinen, in ihrer Mitte umfaßt werden und deshalb ohne die archaischen Handhaben ausgestattet sind (Abb.26b.d)[365]. Es

schwingen der Arme die Sprungweite erhöhen und den Sprungstil verbessern. Aristoteles, De incessu animalium 3, 705a, 16 bezeugt ihre leistungssteigernde Wirkung: οἱ πένταθλοι ἅλλονται πλέον ἔχοντες τοὺς ἁλτῆρας ἢ μὴ ἔχοντες. In diesem Sinne urteilt auch E.Lindner, Die Benutzung der Halteren im Weitsprung der Antike, in: AA. 1956, 128ff. **360** Zur Problemlage Jüthner-Brein, Leibesübungen II 209f.; Weiler, Sport 157ff. **361** Der Sprung des Aeneas, der mit Hilfe Poseidons »über viele Reihen der Helden und Gespanne« hinwegspringt (XX 326f.: πολλὰς δὲ στίχας ἡρώων, πολλὰς δὲ καὶ ἵππων | Αἰνείας ὑπεράλτο θεοῦ ἀπὸ χειρὸς ὀρούσας) könnte ein Reflex dieser sportlichen Disziplin sein, zumal sich in einem außergriechischen Epos eine Szene von ähnlicher Struktur auf ein sportliches Ereignis bezieht: Im Nibelungenlied (Strophe 480 Genzmer) trägt Sigfrid, durch die Tarnkappe unsichtbar, König Gunther im Sprung mit sich, als dieser seinen Wettkampf mit Brunhild austrägt. Die Tarnung des Truges hat auch in der Ilias ihre Entsprechung: Poseidon »gießt Dunkelheit auf die Augen« des Achilleus, um seinen Schützling dem Verfolger unbemerkt zu entziehen (XX 321). **362** Philostrat, Über Gymnastik 55: Ἁλτὴρ δὲ πεντάθλων μὲν εὕρημα. Zu Peleus als sagenhaftem Erfinder des Fünfkampfs siehe Weiler, Agon 167. **363** In Athen, Nat.-Mus., Inv.-Nr. 9075; Gardiner, Athletics 146 Abb. 100a; Jüthner-Brein, Leibesübungen II 163 Abb. 35. Die Inschrift lautet: ἁλόμενος νίκεσεν Ἐπαίνετος hόνεκα τόδε hά. Obwohl der Sinn der drei letzten Wörter noch nicht ausreichend geklärt ist, wird etwa folgendes gemeint sein: Im Sprung errang Epainetos diesen Sieg dank dieses (Geräts); vgl. U. v. Wilamowitz-Moellendorff, Euripides III (1895, Ndr. 1959) 42; Jüthner-Brein, Leibesübungen II 164 Anm. 16. Nach K. Palaiologos, in: Gialoures, Athletics 176 ist das Sprunggewicht von Eleusis das einzige Zeugnis dafür, daß auch der Weitsprung als selbständige Disziplin außerhalb des Fünfkampfs betrieben wurde. **364** Schwarzfigurige Amphora der tyrrhenischen Gruppe, zweite Hälfte des 6. Jhs. v.Chr.; in London, Brit. Mus., Inv.-Nr. B 48; Beazley, ABV. 100 Nr. 70; A. E. J. Holwerda, JdI. 5, 1890, 243 mit Abb.; Gardiner, Athletics 148. 150 Taf.-Abb. 106; Jüthner-Brein, Leibesübungen I Taf. 20a; K. Palaiologos, in: Gialoures, Athletics 186 Abb. 89. **365** Abb. 26b: Rotfigurige Schale des Onesimos; frühes 5. Jh. v. Chr.; in Boston, Museum of Fine Arts, Inv.-Nr. 01.8020; aus Orvieto; Beazley, ARV.^{2}

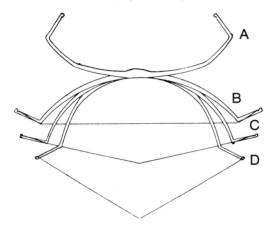

Abb. 24 Reflexbogen mit und ohne Sehne bzw. in voll gespanntem Zustand

Abb. 25 Weihinschrift des Epainetos auf einem bleiernen Sprunggewicht aus Eleusis

ist darauf hinzuweisen, daß diese sich zunächst als jünger gebende Gestalt der Halteren ebenfalls bereits im 6. Jh. v. Chr. nachzuweisen ist (Abb. 8 links; Abb. 19 links).

Bereits in der geometrischen und archaischen Vasenmalerei kommen nackte männliche Figuren ohne Halteren, mit angezogenen Knien im Sprunge befindlich,

321 Nr. 22 (umfangreiche Literatur); vgl. noch Gardiner, Athletics 148. 150 Taf.-Abb. 105; Jüthner-Brein, Leibesübungen II Taf. 64 unten; K. Palaiologos, in: Gialoures, Athletics 185 Abb. 88; Abb. 26 d: rotfigurige Schale des Douris, 480 v. Chr.; in Basel, Antikenmuseum, Inv.-Nr. Kä 425; Beazley, ARV.² 430 Nr. 31; J. Boardman, Rotfigurige Vasen aus Athen (1981) Abb. 286; K. Palaiologos, in Gialoures, Athletics 184 Abb. 87; C. Bérard – J.-L. Durand, in: C. Bérard – J.-P. Vernant, Die Bilderwelt der Griechen (1985) 34 Abb. 24; vgl. noch einen attischen Beckenuntersatz, ebenfalls um 480 v. Chr., in Berlin-Ost, Staatl. Museen, Inv.-Nr. 2325: Jüngling mit Sprunggewichten; Beazley, ARV.² 335 Nr. 1; B. Neutsch, Der Sport im Bilde griechischer Kunst (1949) 18. 23 Taf.-Abb. 18 links.

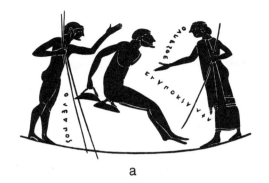

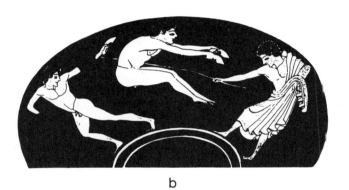

 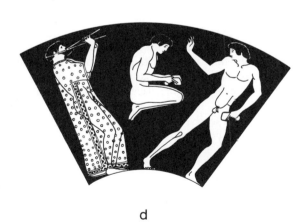

Abb. 26 a-d Weitspringer mit Halteren und Sprungtänzer auf attisch-schwarzfigurigen Amphoren (a und c) und attisch-rotfigurigen Schalen (b und d)

vor (Abb. 26 c)[366]. Bei vielen dieser Bilder erlaubt der Kontext die Deutung auf tänzerische Sprünge beim Reigen[367].

3. Akrobatik und Verwandtes

a) *Artistische Darbietungen*

Mit den soweit behandelten Sportarten ist die Reihe der wettkampfmäßig betriebenen Leibesübungen, die durch die frühepische Überlieferung bezeugt werden, abgeschlossen. Eine Sonderstellung nehmen Darbietungen ein, die zwar nicht mehr dem sportlichen Leistungsvergleich dienen und in erster Linie als Schaustellungen anzusprechen sind, in weiterem Sinne aber doch den Leibesübungen zugerechnet werden müssen. Im XV. Buch der Ilias sind die Trojaner bis zu den Schiffen vorgedrungen. Im Abwehrkampf springt Aias, eine lange Bootsstange in den Händen, von Schiff zu Schiff, wie ein Mann, »der gut zu reiten versteht« (V. 680 ff.):

ὅς τ' ἐπεὶ ἐκ πολέων πίσυρας συναείρεται ἵππους,
σεύας ἐκ πεδίοιο μέγα προτὶ ἄστυ δίηται
λαοφόρον καθ' ὁδόν· πολέες τέ ἑ θηήσαντο
ἀνέρες ἠδὲ γυναῖκες· ὁ δ' ἔμπεδον ἀσφαλὲς αἰεὶ
θρῴσκων ἄλλοτ' ἐπ' ἄλλον ἀμείβεται, οἱ δὲ πέτονται·

»der sich aus einer großen Zahl vier Pferde zusammenschirrt, sie aus der Ebene treibt und der großen Stadt zustürmt auf volkreicher Straße, und viele Männer und Frauen schauen zu. Er aber springt sicher und ohne je zu straucheln im Wechsel von einem auf das andere; sie aber eilen dahin«. Wer in dieser Weise auf Pferden stehend voltigiert, muß, wie der Text sagt (V. 679), ein guter Reiter sein. Das Kunststück findet dort statt, wo mit einer großen Zahl von Zuschauern gerechnet werden kann[368]. Eine ähnliche Darbietung kann auf dem Fragment eines spätmykenischen Kraters aus Ugarit (Ras Schamra) gemeint sein, wo ein auf einem Pferde stehender Bewaffneter abgebildet ist[369].

Auf dem Schild des Achill (XVIII 591 ff.) hat Hephaist einen Reigen[370] von Mädchen und jungen Männern abgebildet, »dem gleich, den einst im weiten Knossos Daidalos für Ariadne gefertigt hat« (V. 591). Nachdem der Dichter die reizvolle Bewegung der Reigentänzer geschildert hat, fährt er fort (V. 603 ff.):

---

366 Attisch-schwarzfigurige Amphora in Privatbesitz; 540–530 v. Chr.; W. Hornbostel, Aus Gräbern und Heiligtümern, die Antikensammlung W. Kropatschek (1980) 80 ff. Nr. 52 mit Abb.; das Photo, das als Vorlage zum Umzeichnen diente, stellte freundlicherweise W. Hornbostel, Hamburg, zur Verfügung; s. a. E. Böhr, Der Schaukelmaler (1982) 19 Taf. 188.   **367** Zum Sprungtanz siehe auch den folgenden Abschnitt.   **368** Daraus schließe ich im Gegensatz zu J. Wiesner, der an ein improvisiertes Kunststück denkt (s. unser Kap. »Fahren und Reiten« F 110 f.), daß es sich um eine regelrechte artistische Schaustellung handelt.   **369** J. Wiesner, unser Kap. »Fahren und Reiten« F 116 f. Abb. 21 a. Vgl. C. Bérard – J.-P. Vernant, Die Bilderwelt der Griechen (1984) 160 Abb. 155 b: 'Salto mortale' auf dem Rücken eines Pferdes auf einer panathenäischen Preisamphora in Paris, Bibl. Nat., Inv.-Nr. 243.   **370** Zur umstrittenen Bedeutung von χορός (XVIII 590) siehe M. Wegner, unser Kap. »Musik und Tanz« U 40 f.; K. Fittschen, unser Kap. »Bildkunst, Teil 1« N 15 f.; F. Canciani, unser Kap. »Bildkunst, Teil 2« N 72.

πολλὸς δ' ἱμερόεντα χορὸν περιίσταθ' ὅμιλος
τερπόμενοι· μετὰ δέ σφιν ἐμέλπετο θεῖος ἀοιδὸς
φορμίζων· δοιὼ δὲ κυβιστητῆρε κατ' αὐτοὺς
μολπῆς ἐξάρχοντες ἐδίνευον κατὰ μέσσους.

»Und eine zahlreiche Menge umstand den anmutigen Reigen voller Freude. In ihrer Mitte sang der göttliche Sänger zum Spiel seiner Leier, und zwei Sprungtänzer, die das Spiel anführten, drehten sich in ihrer Mitte«[371]. Κυβιστητήρ, das Wort für »Sprungtänzer«, gehört zu κυβιστάω, »schlage einen Purzelbaum, stürze kopfüber«[372], und meint streng genommen den, der einen 'Salto' oder 'Überschlag' macht, eine Übung, die also auch zum tänzerischen Repertoire der κυβιστητῆρες gehört haben wird[373].

Akrobatik, beispielsweise der Salto von zwei Männern, im Reliefschmuck eines figurenreichen frühhethitischen Gefäßes aus dem Tempel von Inandik-Tepe, 110 Kilometer nördlich von Ankara, im Archäologischen Museum der türkischen Hauptstadt, gehörte zusammen mit Musik von Zupfinstrumenten und Zymbeln zur Kultfeier des Hieros Gamos. Damit ist das geistige Umfeld angezeigt, in dem ein Sich-von-der-Erde-Lösen (Schweben, Schwingen, Schaukeln, Wippen, Springen) zu Hause war. Diese bisher ausführlichste Darstellung einer hethitischen religiösen Feier wird von T. Özgüç demnächst veröffentlicht werden.

Akrobatische Kunststücke waren den Ägyptern nicht fremd. Es ist beispielsweise auf ein Bild-Ostrakon in Turin zu verweisen, auf dem eine Frau zu sehen ist, wie sie sich nach hinten zur 'Brücke' herabläßt (Abb. 27 a)[374].

Ein minoisches Siegel in Oxford zeigt zwei Akrobaten, die sich im Handstand gegenüber stehen, was sich auch als Phase eines gegeneinander gerichteten Handstand-Überschlags verstehen läßt (Abb. 27 b)[375].

371 VXIII 604–606 = 4,17–19.   372 Hofmann 163.   373 Siehe oben Abb. 26c; vgl. M. Wegner, unser Kap. »Musik und Tanz« U 65 f. Taf. U III a; U VI a d; M. Andronikos, unser Kap. »Totenkult« W 122 Abb. 10 a; W 123 Abb. 11 a.b; s. a E. Kunze, AM. 57, 1932, 134; B. Aign, Die Geschichte der Musikinstrumente des ägäischen Raumes bis um 700 v. Chr. (1963) 336 f. mit Abb. 149; R. Hampe – E. Simon, Tausend Jahre frühgriechische Kunst (1980) 152 Taf.-Abb. 239; ferner A. Malagardes, AntK. 28, 1985, 75 Taf. 21,1; ebd. 90 Taf. 22,6 zu einem attisch-schwarzfigurigen Skyphos in Athen, Nat.-Mus., Inv.-Nr. 20100; Sprungtänzer auf einem mittelkorinthischen Aryballos, um 580 v. Chr., in Korinth, Arch. Mus., Inv.-Nr. C 54.1; Malagardes a. O. 75 Taf. 21,3.4; ein spätgeometrischer Skyphos aus Eretria bei H. W. Catling, Archaeological Reports 1983/84, 16 Abb. 23.   374 Turin, Museo Egizio, Inv.-Nr. 7052; aus Theben; um 1300 v. Chr., Neues Reich, 19. Dynastie; H: 10,5 cm; Br: 16,8 cm; E. Otto, Ägypten, der Weg des Pharaonenreiches³ (1958) Taf.-Abb. 29 a; C. Aldred, Ägypten (1959, deutsch 1962) Taf.-Abb. 62; H.-G. Buchholz, Vor- und Frühgeschichte der Alten Welt in Stichworten (1966) 46 Abb. 65; C. Vandersleyen, Das Alte Ägypten, Propyläen-Kunstgeschichte XV (1975) Taf. 33 b; A. Eggebrecht, Nofret, die Schöne, Hildesheim, Römer- und Pelizaeus-Museum, Ausstellungskatalog (1985) 120 f. Nr. 156 mit Farbabb. Schon im Mittleren Reich gab es Darstellungen akrobatischer Übungen wie Radschlagen, s. H. Schäfer, Von ägyptischer Kunst⁴ (1963) 233 Abb. 243.   375 Aus Knossos, in Oxford, Ashmolean Museum, Inv.-Nr. 1938. 955; Evans, PM. IV 502 Abb. 444; Matz, Kreta-Mykene-Troja, Taf. 53 unten links; Kenna, CS. 118 Nr. 204 Taf. 9.23; I. Sakellarakes, in: Gialoures, Athletics 15 Abb. 1. Ein lentoïdes Chalkedon-Siegel mit Akrobaten im Handstand aus Mykene, Grab 91: CMS. I 148 Nr. 131; A. Xenake-Sakellariou, Hoi Thalamotoi Taphoi ton Mykenon (1985) 256. 261 Inv.-Nr. 3208 Taf. 124. Vgl. ferner: Akrobat auf einem mittelkorinthi-

I. Sakellarakes hat das Siegel, das die δοιὼ κυβιστητῆρε auch hinsichtlich der ursprünglichen Wortbedeutung exakt erläutert, vor kurzem herangezogen, um die engen Beziehungen dieser Bodenakrobatik zu dem kretischen Stierspiel vor Augen zu führen[376]. Auf die Herkunft tänzerischer Akrobatik aus Kreta verweist auch die Bemerkung des Dichters, daß die Reigendarstellung des Hephaist einem berühmten kretischen Kunstwerk ähnlich gewesen sei (V. 591 f.)[377].

Daß es sich bei dieser Art von Tanz um eine Besonderheit handelte, mit der nicht allerorten gerechnet werden konnte, zeigt der sarkastische Ausspruch des Patroklos, mit dem er die Todesumstände des tödlich getroffenen Kebriones kommentiert, der in hohem Bogen vom Wagen gefallen ist (XVI 750): ἦ ῥα καὶ ἐν Τρώεσσι κυβιστητῆρες ἔασιν, »jetzt gibt es doch wirklich schon unter den Trojanern Sprungtänzer!«[378]. Der in dieser Weise zu den κυβιστητῆρες gezählte Kebriones war bei seinem Sturz vom Wagen auch mit einem 'Luftspringer' verglichen worden (V. 742: ἀρνευτῆρι ἐοικώς)[379], und spottend bemerkt Patroklos, er würde mit seiner Fähigkeit zu behenden Luftsprüngen (V. 745: ὡς ῥεῖα κυβιστᾷ) einen guten Austernfischer abgeben, der selbst bei stürmischem Wetter vom Schiff herabspringt (V. 746 ff.). So kann der κυβιστητήρ auch als ἀρνευτήρ, »Luftspringer«, bezeichnet werden[380], wie für die Tätigkeit des ἀρνευτήρ das Verb κυβιστᾶν eintreten kann. Obwohl mit κυβιστητήρ weitgehend synonym, scheint der ἀρνευτήρ von erhöhtem Standort (vornehmlich ins Wasser) zu springen, wie denn auch der Steuermann, den ein plötzlicher Tod auf See ereilte, »wie ein Luftspringer« (12, 413: ἀρνευτῆρι ἐοικώς) vom Deck seines Schiffes ins Wasser stürzt. So kommt ἀρνευτήρ wohl auch zu der Bedeutung »Taucher«, d. h. einer, der, um rasch in die Tiefe vordringen zu können, auf einen Absprung von erhöhter Position aus angewiesen ist. Die enge begriffliche Verbindung zwischen »Taucher« und »Luftspringer« verdeutlicht die Abbildung eines Schwimmers[381] in der Tomba del Tuffatore von Paestum, der von einem erhöhten Podest nach Art eines modernen Kunstspringers ins Wasser springt (Abb. 28)[382].

---

schen Krater aus Naukratis in London, Brit. Mus., Inv.-Nr. 86.4–1.1119, s. Payne, Necrocorinthia 117 Abb. 42; S. 317 Nr. 1180; desgleichen auf att.-sf. Schale in Würzburg, M. v. Wagner-Museum, Inv.-Nr. 428; Beazley, Paralipomena 100 Nr. 1; J. Boardman, Schwarzfigurige Vasen aus Athen (deutsch, 1977) 137 Abb. 184. Zum Thema auch F. Magi, Etruskische Akrobatinnen, in: La Raccolta Guglielmi II (1941) 179 ff.   [376] I. Sakellarakes, in: Gialoures, Athletics 14.   [377] Zur Herkunft akrobatischen Tanzens aus Kreta siehe Ridington, Background 31 f. Auf noch heute lebendige Relikte in Kreta verweist I. Sakellarakes, in: Gialoures, Athletics 14: »... it is perhaps not a mere coincidence that tumbling is still common in Crete today as a display of dexterous and lithe body movement in the so-called 'leaping dance'«.   [378] Kein Zufall wird es sein, daß Meriones, der nach dem Schiffskatalog zum Truppenkontingent der Kreter gehört (II 651), später einmal – gewissermaßen in Anspielung auf seine Herkunft – ὀρχηστήρ, »Tänzer«, genannt wird (XVI 617).   [379] Im zwölften Buch der Ilias, Vers 385, stürzt Epikles, von einem Stein des Aias tödlich getroffen, ἀρνευτῆρι ἐοικώς vom Turm.   [380] Eigentlich der, der einen 'Bockssprung' macht; dazu alt. ἀρνεώς, »Widder«, ἄρρην, »männlich« (Hofmann 24).   [381] Das Schwimmen, dessen praktischer Wert den Griechen besonders augenfällig war – bei Platon (Leg. 689 D 4) gehört das Schwimmen zu den Grundkenntnissen wie Lesen und Schreiben –, scheint auch später nicht wettkampfmäßig betrieben worden zu sein; vgl. K. Schütze, Warum kannten die Griechen keine Schwimmwettkämpfe?, in: Hermes 73, 1938, 357. Odysseus ist ein vorzüglicher Schwimmer: 5, 344. 364. 375. 399. 417. 439. 442; 7, 276. 280; 14, 350 ff.   [382] Ausschnittszeichnung nach M. Napoli, Il Museo di Paestum (1969) Farbtaf. 15; ders., La Civiltà dei

Abb. 27 a: Akrobatin auf einem Ostrakon aus Theben, Ägypten, Neues Reich b: Akrobaten auf einem minoischen Siegel aus Knossos

b) *Zum sogenannten kretischen Stierspiel*

Als vornehmste jener akrobatischen Darbietungen, die für das minoische Kreta bezeichnend zu sein scheinen und von denen sich manches, wie zu zeigen versucht wurde, bis in 'homerische' Zeit – und darüber hinaus – erhalten hat, kann das sogenannte kretische Stierspiel gelten. Man ist dem Kern jener faszinierenden, religiös motivierten Schaustellung kretischer Jünglinge und junger Mädchen, die nach dem Ausweis zahlreicher Monumente (z. B. Abb. 29 a–c) in einem wahren 'Spiel mit dem Tode' in akrobatischer Manier über den Stier hinwegsprangen, seit den Tagen ihrer Entdeckung kaum näher gekommen [383].

Größere Klarheit scheint hinsichtlich der Durchführung des Sprungs und seiner einzelnen Phasen gewonnen zu sein. Nach A. Evans faßte der Springer den Stier bei den Hörnern, nutzte, wenn der Stier seinen Nacken zurückwarf, den Schwung zu einem Überschlag über den Stier und sprang, sobald er auf dem Widerrist des Tiers mit den Füßen gelandet war, von dort nach hinten zu Boden (Abb. 30 a) [384]. Dieses Schema stützte sich auf eine relativ spärliche monumentale Grundlage, die ausschließlich in die minoische Zeit vor der Zerstörung von Knossos gehört. Da die Berechenbarkeit des Stiers in seinen Bewegungen in Zweifel gezogen wurde, ist der Realitätscharakter dieses Schemas seit Bekanntwerden in Frage gestellt worden. Spanische Toreros erklärten die Übung für undurchführbar.

Magna Grecia Taf. 75; Th. Karagiorga-Stathakopoulou, in: Gialoures, Athletics 263 Abb. 152; Boardman, Handel 216 Abb. 222; in Paestum, Arch. Mus.; Anfang des 5. Jhs. v. Chr. **383** Zusammenfassung bei Weiler, Sport 75 ff. (mit Literatur); vgl. noch F. Matz, Minoischer Stiergott?, in: KChron. 15/16, 1961/62, 215 ff. **384** Evans, PM. III 223 Abb. 156; vgl. ders., JHS. 41, 1921, 247 ff.; I. G. Younger, AJA. 80, 1976, 127 Abb. 1; vgl. das Wandfresko mit Stierspringern im kleinen Hof des Ostflügels des Palastes von Knossos, SM I, um 1500 v. Chr.; Buchholz-Karageorghis (1971) Nr. 1054 (mit Literatur); Abb. eines Stierspringers im Ausschnitt bei Sp. Marinatos, unser Kap. »Haar- und Barttracht« B 9 Abb. 2 a; vgl. noch J.-C. Poursat, Les Ivoires Mycéniens (1977) 76.

Abb. 28 Springer auf einem Wandbild der Tomba del Tuffatore in Paestum

Auf einer erneuten Sichtung der Monumente durch A. Sakellariou[385] aufbauend, meint J. G. Younger, ein monumental weit besser fundiertes Schema entgegenstellen zu können, dem man sowohl in Kreta wie auf dem Festland begegnet und dessen Blüte er etwas später datiert[386]. Dieses Schema setzt voraus, daß der Springer von einem erhöhten Absprungsort, einem Podest oder dergleichen, wie ein Kopfspringer mit ausgestreckten Armen über den Kopf des Stiers auf dessen Rücken sprang, dort einen Handstand-Überschlag machte und hinter dem Stier mit den Füßen auf der Erde landete (Abb. 30 b)[387]. Er nennt es »Schema of the Diving Leaper«, »Kopfsprung-Schema«, wie es durch die Elfenbeinstatuette eines Stierspringers von einer nicht mehr erhaltenen Gruppe aus Knossos schön verdeutlicht wird (Abb. 29 b)[388].

In einem dritten Schema, das den Springer gleichsam erstarrt über dem Stier schweben läßt, sieht J. G. Younger keine Sprungphase, sondern hält die Anordnung für vorwiegend ästhetisch motiviert (Abb. 29 a und c)[389]. Er zieht daher

[385] Les Cachets Minoens (1958). [386] Younger a. O. 125 ff. [387] Younger a. O. 128 Abb. 2. [388] SM I, um 1550 v. Chr.; in Herakleion, Arch. Mus.; L: 28,7 cm; A. J. Evans, BSA. 8, 1901/02, Taf. 2.3; R. Dussaud, Les Civilisations Préhelléniques (1914) 70 Abb. 49; G. Rodenwaldt, Der Fries des Megarons von Mykenai (1921) 46 Abb. 24; Evans, PM. III Abb. 296; Bossert, Altkreta³ Nr. 305 mit Abb.; Pendlebury, Crete² Taf. 39, 1; Marinatos-Hirmer Taf. 97. [389] Abb. 29 a: Fragment eines Rhytons (?) aus Mykene, zeichnerisch ergänzt; Vermeule-Karageorghis, Vase Painting Nr. IX 18.1 (mit Literatur); Abb. 29 c: Rundplastische Bronzegruppe, ehemals in Sammlung Spencer-Churchill, jetzt in London, Brit. Mus., Inv.-Nr. 1966.3–28.1; G. Karo, RV. VII (1926) Taf. 71 a. b s. v. Kreta; W. Lamb, Greek and Roman Bronzes (1929) Taf. 6; Evans, PM. III 221 Abb. 155; Buchholz-Karageorghis (1971) unter Nr. 1054.

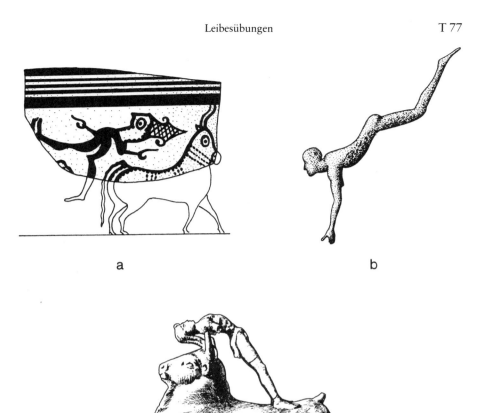

Abb. 29 a-c Stierspringer auf einem mykenischen Vasenfragment, zeichnerisch ergänzt (a), als Elfenbeinstatuette (b) und als rundplastische Bronzegruppe aus Kreta (c)

Darstellungen dieser Art, die er als »mykenisches Schema« bezeichnet, nicht zur Rekonstruktion des Stierspringens heran. Abb. 29a gehört in der Tat der mykenischen Vasenmalerei an. Die Rundplastik Abb. 29c ist hingegen mit Sicherheit ein minoisches Werk.

I. Sakellarakes, der grundsätzlich an dem Schema von A. Evans festhält, glaubt jedoch, daß die Stierspiele zu spätmykenischer Zeit und auf dem Festland eine einfachere Gestalt annahmen und sich der Springer mit einem Sprung über den rennenden Stier von der Seite her begnügte [390].

[390] Les Cachets Minoens (1958) 19.

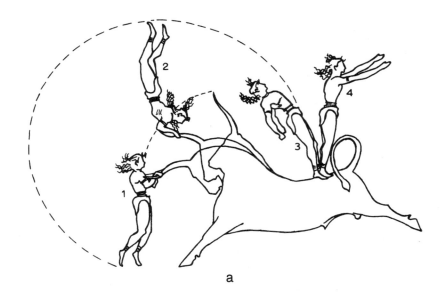

a

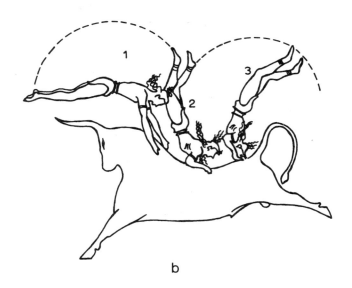

b

Abb. 30 a und b Rekonstruktionsversuche des kretischen Stiersprungs nach A. Evans (a) und J. G. Younger (b)

4. Preise, Sportfunktionäre und Zuschauer

a) *Preise*

Auf die Bedeutung der Kampfpreise als Anreiz zur Teilnahme an sportlichen Wettkämpfen wurde schon oben verwiesen. Obwohl sie im frühgriechischen Epos vorwiegend in Verbindung mit Leichenspielen in Erscheinung treten, werden sie nicht nur auf diese beschränkt gewesen sein[391]. Dennoch scheint zwischen der Aussetzung von Kampfpreisen und der Veranstaltung von Leichenspielen eine besondere Verbindung zu bestehen. Wenn Nestor Achill mit den Worten: ἀλλ' ἴθι καὶ σὸν ἑταῖρον ἀέθλοισι κτερέιζε (XXIII 646)[392] zur Fortsetzung der Spiele auffordert, so versteht er die Leichenspiele als einen Teil jener Totenehrung, die durch Opferung materieller Güter (κτέρεα) erfolgte. Man könnte also daran denken, daß die Aussetzung von Kampfpreisen, die, wie die übrigen κτέρεα, im Normalfall aus dem Nachlaß des Toten stammten, im Grunde als Totenopfer verstanden wurde, woraus zugleich erhellt, daß hier mit dem doppeldeutigen ἀέθλοισι weniger die Spiele als vielmehr die Preise gemeint sind. Daß es sich um wertvollen Besitz handelte, der von den nächsten Angehörigen zu diesem Zweck bereitgestellt wurde, war eine Prestigefrage und ergibt sich daraus, daß die Kampfpreise vorher ausgestellt wurden, um gebührend bewundert zu werden[393].

Achill, der als engster Vertrauter des Patroklos die Leichenspiele für den fern der Heimat gefallenen Freund ausrichtet, läßt die Kampfpreise »aus den Schiffen« holen (XXIII 259). Über die Eigentumsverhältnisse wird zunächst nichts Näheres mitgeteilt. Doch im weiteren Verlauf erfährt man, daß der silberne Krater (V. 741 ff.) und die Rüstung des Sarpedon (V. 800) aus dem Nachlaß des Patroklos, das Schwert des Asteropaios (V. 807 ff.) und der eiserne Solos (V. 826 ff.) aus dem Besitz Achills stammen. Die Preise im einzelnen entsprechen dem, was in frühepischer Zeit als wertvolles Gut (κειμήλια) gilt. Dreifuß (τρίπος) und wertvolle Metallgefäße aller Art (λέβης, κρητήρ, δέπας, φιάλη) stehen an der Spitze. Ferner genannt werden weibliche Unfreie, deren Fertigkeiten hervorgehoben werden, sowie Waffen (ἔγχος, δόρυ, φάσγανον, ἀσπίς, βοείη, τρυφάλεια), Pferde, Maultiere, Rinder und Metalle (χρυσός, σίδηρος)[394].

Bemerkenswert ist an den Preisen der Patroklosspiele die relativ geringe Bewertung des Goldes, das unter den in der Odyssee genannten Kostbarkeiten dominiert. Während die Kampfpreise soweit dem entsprechen, was auch sonst als er-

---

[391] In unserem Untersuchungsbereich lassen sich zumindest die Brautagone (s. oben S. T 18) und der Bettlerfaustkampf (s. o. S. T 40 f.) als Preiswettkämpfe verstehen. In den Phaiakenspielen der Odyssee wird wohl deshalb nicht von Kampfpreisen geredet, weil sie die dort beabsichtigte Kontrastierung zwischen dem Typ des Athleten und dem des besitzgierigen Handelsmannes abgeschwächt hätten. Daß damit nicht ein Erwerb um die 'Ehre' willen in Frage gestellt werden soll, zeigt das beispiellose Gewicht, das gerade in der Phaiakenepisode auf die Gastgeschenke des Odysseus gelegt wird (vgl. oben Anm. 80).
[392] s. o. S. T 21.   [393] Hes., Op. 654 ff.; 24, 85 ff. (s. o. S. T 22); XXIII 700 f.
[394] Zu den eisernen Doppeläxten und Halbäxten als Preis für das Bogenschießen s. o. Anm. 109. Wie diese wird auch der Solos, der ebenfalls auf eine typische Barrenform der Bronzezeit zurückzugehen scheint (s. o. S. T 58 mit Anm. 289), vom Dichter – anachronistisch – als eisern dargestellt, wohl um seinen Wert als Kampfpreis zu erhöhen (vgl. R. J. Forbes, unser Kap. »Bergbau, Steinbruchtätigkeit und Hüttenwesen« K 30. Das sonst häufiger genannte Erz (χαλκός) fehlt unter den Preisen.

strebenswerter Besitz gilt, fällt eine Ausnahme ins Auge: Die besonders in der Odyssee so geschätzten Gewebe (εἵματα, ἐσθής) fehlen unter den Kampfpreisen völlig. An einigen Stellen werden Spuren einer Rinderwährung sichtbar. Der Dreifuß, der als Siegespreis für den Ringkampf ausgesetzt ist, wird auf den Wert von zwölf Rindern, der zweite Preis, eine Sklavin, auf den von vier Rindern geschätzt (XXIII 702 ff.)[395]. Ein Kessel als Preis für das Speerwerfen ist ein Rind wert (V. 885).

Geometrische Dreifußkessel in den panhellenischen Heiligtümern sind als Weihungen zu verstehen, unter denen es nicht wenige Siegespreise aus Wettkämpfen geben mag. Kessel und Dreifuß haben so sehr die typische Vorstellung vom Siegespreis und von der Weihgabe bestimmt, daß sie auch in der geometrischen Vasenikonographie Eingang fanden (Abb. 31 a. b)[396].

Die Ehrenmahlzeit, die die Teilnehmer am Waffenkampf erhalten sollen[397], läßt sich als Vorform späterer Ehrungen siegreicher Athleten wie etwa durch Speisung im Prytaneion verstehen.

In den Leichenspielen für Patroklos ist eine einheitliche Typik insoweit zu beobachten, als die Anzahl der Preise eines jeden Wettbewerbs der Zahl seiner Teilnehmer entspricht. Die einzige Ausnahme liegt im Falle des Solos-Wurfes vor, wo bei vier Teilnehmern nur ein Preis ausgesetzt ist. Ein deutlicher Bruch in der formalen Typik liegt insoweit vor, als die ersten vier Wettkämpfe jeweils mit der Form θῆκε (τίθει) ἄεθλα, »er setzte Kampfpreise (dieses oder jenes Wettbewerbs) aus«, eingeleitet werden, was bei den folgenden Wettkämpfen nicht mehr der Fall ist[398]. Zudem gewinnt man den Eindruck, daß mit dem bezeichneten formalen Verfall auch der Realitätscharakter der letzten vier Wettbewerbe verblaßt[399].

395 Nach 1,431 hatte Laertes die junge Eurykleia für zwanzig Rinder gekauft.
396 Abb. 31 a: Detail einer attisch-geometrischen Amphora in Athen, Slg. Empedokles; S. Benton, BSA. 35, 1934/35, 105 Taf. 25,1; Abb. 31 b: Detail einer geometrischen Kanne; s. Benton a. O. 105 Abb. 12; vgl. noch eine attisch-geometrische Schale in Athen, Nat.-Mus., Inv.-Nr. 874; B. Borell, Attisch geometrische Schalen (1978) 18.65 Nr. 62 Taf. 14; die Schale ist erwähnt bei M. Wegner, unser Kap. »Musik und Tanz« U 72 Nr. 31 mit Abb. 2 a.   **397** XXIII 810: καί σφιν δαῖτ' ἀγαθὴν παραθήσομεν ἐν κλισίῃσιν.
398 Bei Einleitung des Waffenkampfes (XXIII 798 ff.) sind Objekt zu θῆκε zwar auch noch die Kampfpreise, die aber nicht mehr ausdrücklich als ἄεθλα bezeichnet werden. Diese Funktion geht erst aus der Schilderung des Wettkampfs, für den sie ausgesetzt sind, hervor. Weitere Komplikationen ergeben sich daraus, daß die Verse 802 ff. zunächst auszudrücken scheinen, daß um den Preis dieser Waffen gekämpft werden soll, während man im weiteren Verlauf erfährt, daß sie (neben der Ehrenmahlzeit) beiden Teilnehmern als gemeinsamer Preis zugedacht sind, dem Sieger aber ein thrakisches Schwert zufallen soll. Bei Einleitung des Solos-Wurfes (V. 826) meint θῆκε σόλον, wie man des weiteren erfährt, sowohl Aussetzung des Preises als auch die Bereitstellung des mit diesem identischen Kampfgeräts. Die Aussetzung der Preise für das Bogenschießen (V. 850 f.) wird wieder ähnlich geschildert wie bei der Einleitung des Wagenrennens (V. 262 ff.), nur ist auch hier nicht ausdrücklich von ἄεθλα die Rede, sondern diese Funktion ergibt sich aus einer untypischen Umschreibung. Wo Achill Lanze und Kessel »niederlegt« (V. 884 ff.), entnimmt man nur indirekten Angaben, daß es sich um die Preise für das Speerwerfen handelt, das wegen der Überlegenheit Agamemnons nicht mehr zur Ausführung kommt. Bei der Preisverteilung – Agamemnon wird empfohlen, den Kessel zu nehmen – bleibt im Grunde unklar, ob dieser oder die Lanze als der mindere Preis anzusehen ist (vgl. Faesi-Franke ad l.)   **399** Vgl. die vorherige Anm. sowie oben S. T 24.

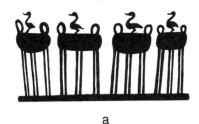

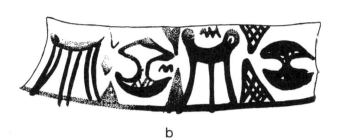

Abb. 31 a und b Dreifußkessel als Siegespreise auf attisch-geometrischen Gefäßen

Gelegentlich sind die Entscheidungen des Preisrichters schwer mit den Preisen in Einklang zu bringen. Für den Ringkampf sind ein Kessel als erster Preis und eine Magd als zweiter Preis ausgesetzt (XXIII 702 ff.). Der Kampf wird unentschieden abgebrochen, und die Teilnehmer sollen »die gleichen Preise« (ἄεθλια ἶσα, V. 736) erhalten. Soll die ausgesetzte Prämie 'kapitalisiert' werden, damit sie gleichmäßig geteilt werden kann? Eine Lösung hat der Dichter wohl gar nicht mehr ins Auge gefaßt. Ähnlich liegen die Dinge beim Waffenkampf, wo die Waffenrüstung des Sarpedon beiden Bewerbern gemeinsam zufallen soll (V. 809).

Aus den genannten Preisen auf die Bewertung der einzelnen Wettbewerbe zu schließen, liegt nahe, scheint mir aber nur sehr bedingt möglich. Sicher kommt dem Wagenrennen nach dem Wert seines Siegespreises, eine Magd, dazu ein Dreifuß (V. 263 f.), der höchste Rang zu. Das läßt sich aber auch anderen Kriterien entnehmen[400]. Schon bei den übrigen Wettbewerben geraten wir in Zweifel, zumal wir in vielen Fällen kaum in der Lage sind, die fraglichen Dinge in die Bewertungsskala ihrer Zeit einzuordnen.

b) *Funktionäre*

Bei den Patroklosspielen fungiert Achill als Veranstalter und Agonothet. Er hält die Preise bereit[401], verteilt sie und tritt dabei als Schiedsrichter in Aktion. Bei der Preisverteilung verfährt er mehr nach Billigkeit als streng juridisch. Er geht auf Einsprüche sich benachteiligt Wähnender ein und 'läßt mit sich reden'.

400 s. o. S. T 24. T 26 f. T 30 f.   401 s. o. S. T 23 ff.

Nach dem Wagenrennen schlägt er vor, den im weiteren Verlauf zwischen Antilochos und Menelaos umstrittenen zweiten Preis dem unglücklich gestürzten Eumelos zu übergeben (XXIII 536 ff.), ehrt diesen jedoch auf Einspruch und Vorschlag des Antilochos mit einem Sonderpreis (V. 555 ff.).

Im Streit zwischen Antilochos und Menelaos um den zweiten Preis werden die Grenzen seiner Entscheidungsvollmachten sichtbar: Der benachteiligte Menelaos sorgt selbst für sein Recht, indem er zunächst »die Führer und Ratgeber der Argeier« (V. 573) um Entscheidung ersucht, dann aber eine eidliche Versicherung des Antilochos, daß er ihn nicht vorsätzlich behindert habe, für die bessere Lösung hält[402]. Schließlich vergibt Achill den nach Abfindung des Eumelos freibleibenden fünften und letzten Preis als Ehrengabe an Nestor (V. 615 ff.). Er zeigt sich nicht nur Einreden, sondern auch Schmeicheleien der Wettkämpfer zugänglich. So verdoppelt er dem Antilochos seinen Preis im Schnellauf, nachdem ihn dieser als unübertrefflichen Läufer gepriesen hat (V. 795 f.).

Er kann Wettkämpfe nicht nur unentschieden abbrechen wie den Ringkampf (V. 734 ff.), sondern auch wegen offensichtlicher Überlegenheit eines Bewerbers auf ihre Durchführung verzichten, wie im Falle des Speerwerfens (V. 890 ff.). Ein anderes Mal folgt er dem Willen der Zuschauer, die sich für einen Abbruch des Waffenkampfes einsetzen, entscheidet jedoch gegen ihren Wunsch nach einem 'Unentschieden', indem er Diomedes zum Sieger erklärt (V. 822 ff.). Als Ordner tritt er in Erscheinung, wo er Ziel- und Wendemarken bezeichnet (V. 333. 757) und Startplätze auslost (V. 353)[403].

Spärlich sind Hinweise auf weitere mit der Wettkampfordnung befaßte Helfer. Vor Beginn des Wagenrennens (V. 359 ff.) postiert Achill den alten Phoinix an der Wendemarke des Rennens, »damit er sich den Lauf einpräge und die Wahrheit melde«[404]. Damit steht die Wendemarke als besonders kritischer Punkt der Rennstrecke unter der Kontrolle eines Kampfrichters (σκοπός). In der Rolle eines Betreuers begegnet Diomedes beim Faustkampf des Euryalos gegen Epeios (V. 681 ff.)[405]. Während beim Solos-Wurf Wurfmale (σήματα) erwähnt werden (V. 843), die die Wurfweiten der einzelnen Teilnehmer markieren, ohne daß Helfer genannt werden, die diese Zeichen setzen, werden solche bei den Phaiakenspielen der Odyssee transparent in Gestalt Athenas, die beim Diskoswurf des Odysseus »die Wurfmale setzt« (8, 193 f.): ἔθηκε δὲ τέρματ' Ἀθήνη | ἀνδρὶ δέμας ἐϊκυῖα. Dort treten in der knappen Schilderung der Sportveranstaltungen Agonotheten überhaupt nicht in Erscheinung[406]. Erst nachdem Alkinoos nach Abschluß der Sportwettkämpfe in engerem Sinn ein Tanzspiel angekündigt hat, werden Kampfordner (αἰσυμνῆται[407]) erwähnt, die den Reigenplatz herrichten (8, 258 f.)[408]:

αἰσυμνῆται δὲ κριτοὶ ἐννέα πάντες ἀνέσταν
δήμιοι, οἳ κατ' ἀγῶνας ἐῢ πρήσσεσκον ἕκαστα,

»insgesamt neun auserwählte Schiedsrichter[409], öffentliche, erhoben sich, die bei den Wettkämpfen alles gut zu besorgen pflegten«.

402 Zum rechtlichen Aspekt der Szene siehe M. I. Finley, Die Welt des Odysseus (1979) 113 f.   **403** Die Teilnehmer des Bogenschießens losen selbst darum, wer den ersten Schuß abgibt (V. 861).   **404** ὡς μεμνέῳτο δρόμους καὶ ἀληθείην ἀποείποι. **405** s. o. S. T 39 f.   **406** s. o. S. T 18 ff.   **407** Zu αἶσα, »Anteil«, αἰσυμνάω, »spreche Recht«; Hofmann 8.   **408** s. o. S. T 13.   **409** s. u. Anm. 448.

Abb. 32 Zeichnerisch ergänzte Darstellung von Zuschauern bei einer Darbietung auf einem Miniaturfresko aus Knossos

c) *Zuschauer*

Die Zuschauer haben nicht nur, wie wir sahen, Einwirkungsmöglichkeiten auf den Schiedsrichter: Das Publikum ist der eigentliche 'Nährboden' des Agons; die versammelte Zuschauerschaft ist dem griechischen Wort ἀγών begrifflich immanent[410]. Zuschauermassen bei offenbar kultischen Darbietungen kennen wir bereits auf Monumenten minoischer Zeit, z.B. auf einem Miniaturfresko aus Knossos (Abb. 32), wo ein Tanz den Gegenstand des Interesses bildet[411]. Wie die

---

[410] s.o. S. T 11 ff.   [411] Ergänzte Darstellung; s. Evans, PM. III Taf. 18 nach S. 66; Matz, Göttererscheinung 388 Taf.-Abb. 2; Matz, Kreta–Mykene–Troja Taf. 37; H.A. Groenewegen-Frankfort, Arrest and Movement (1951/²1972) 203 Taf. 92a; zu einem weiteren Miniaturfresko aus Knossos mit Zuschauermassen s. Evans, PM. III Taf. 16 nach S. 46; vgl. auch Nilsson, GGR. I 273. 279 Taf. 6; Nilsson, MMR. 175 Abb. 80; Matz, Göttererscheinung 386 Taf.-Abb. 1; Matz, Kreta–Mykene–Troja Taf. 36; Groenewegen-

Zuschauer auf die Athleten, sind auch diese in gewisser Weise auf die Zuschauer angewiesen. Erst unter den Augen einer kritischen Zuschauerschaft wird manche Höchstleistung erzielt, eine menschliche Erfahrung, die auch sonst im frühen Epos ihren Niederschlag findet[412]. Das Publikum genießt die Darbietungen der Wettkämpfer als unterhaltsame Schau. So heißt es gleich zu Beginn beim Wagenrennen der Patroklosspiele von den Argeiern (XXIII 448):

Ἀργεῖοι δ' ἐν ἀγῶνι καθήμενοι εἰσορόωντο | ἵππους·

»Sitzend in der Versammlung schauten sie den Gespannen zu«. Noch deutlicher wird der Schaucharakter einer sportlichen Veranstaltung bei den Phaiakenspielen, die »die Edlen der Phaiaken staunend bewundern« (8,108): Φαιήκων οἱ ἄριστοι, ἀέθλια θαυμανέοντες.

Gelegentlich wird der Hörer auch zwischendurch an die Präsenz einer aufs Schauen versessenen Menge erinnert, wie in einer Phase des Ringkampfs der Patroklosspiele, wo an sich kein Anlaß besteht, von Zuschauern zu reden (XXIII 728):

... λαοὶ δ' αὖ θηεῦντό τε θάμβησάν τε.

»Die Leute aber schauten und staunten«. Die Zuschauer 'gehen mit', äußern durch Zuruf Mißfallen, Ungeduld, Begeisterung und Heiterkeit. Beim Lauf feuern sie Odysseus an, der dem führenden Aias Oïleus dicht folgt und offenbar die größeren Sympathien besitzt (XXIII 766 f.). Als Aias kurz vor dem Ziel strauchelt und stürzt[413], schütten sie sich vor Lachen aus (V.784):

... οἱ δ' ἄρα πάντες ἐπ' αὐτῷ ἡδὺ γέλασσαν.

Ein Schrei geht durch die Menge, als Teukros seinen gelungenen Schuß abgibt (V.869), während es ihr beim Meisterschuß des Meriones vor Staunen die Stimme zu verschlagen scheint (V.881).

Als Iros in der Odyssee den Bettler (Odysseus) zum Faustkampf provoziert[414], können die Freier ihre Freude über das bevorstehende Schauspiel nicht verbergen (18,37):

οἵην τερπωλὴν θεὸς ἤγαγεν ἐς τόδε δῶμα.

»Welches Ergötzen führte ein Gott in dieses Haus hier!«. Welcher Art dieses Ergötzen ist, zeigt ihre Reaktion auf das Ende dieses Faustkampfs, das beinahe auch das Ende des halb totgeschlagenen Herausforderers bedeutet (V.99 f.):

... ἀτὰρ μνηστῆρες ἀγαυοὶ
χεῖρας ἀνασχόμενοι γέλῳ ἔκθανον ...

»aber die hochgemuten Freier warfen die Arme empor und starben vor Lachen«. Hier wird die barbarische Seite der Schaulust sichtbar, die weniger im Leistungsvergleich als an Sensation und Grausamkeit Gefallen findet[415].

Frankfort a.O. Taf.92 oben; Taf.93a–c.   **412** Hektor gewinnt die Kraft und Selbstüberwindung, sich dem übermächtigen Feind zu stellen, aus dem Gedanken daran, was seine Stammesgenossen von ihm erwarten und wie sie sein Verhalten beurteilen werden (VI 441 ff.).   **413** s.o. S.T33.   **414** s.o. S.T40f.   **415** Vgl. zum Wagenrennen oben S.T28.

Abb. 33 Zuschauer beim Wagenrennen auf einem attisch-schwarzfigurigen Krater des Sophilos

Stets heißblütig und temperamentvoll verfolgen die Zuschauer die Wettkämpfe und schaffen eine spannungsgeladene Atmosphäre, wie sie der Vasenmaler Sophilos auf einem attischen Krater unübertrefflich eingefangen hat (Abb. 33)[416].
Bei Homer erhält die Schilderung des Einlaufs, der entscheidenden Phase des Wagenrennens, die auch der Vasenmaler festzuhalten scheint, besonderen Reiz dadurch, daß sie zunächst aus der Sicht der Zuschauer erfolgt. In einer groß angelegten Szene[417] streiten sich Idomeneus, der bei Beobachtung des Einlaufs eine Änderung in der Führung erkannt zu haben glaubt[418], und Aias Oileus, der die zutreffende Wahrnehmung des Kreters in Abrede stellt, mit so großer Erregung, daß sich Idomeneus schließlich bereit erklärt, um einen beträchtlichen Einsatz für die Richtigkeit seiner Behauptung zu wetten (XXIII 485 ff.):

> δεῦρό νυν, ἢ τρίποδος περιδώμεθον ἠὲ λέβητος,
> ἴστορα δ' Ἀτρεΐδην Ἀγαμέμνονα θείομεν ἄμφω,
> ὁππότεραι πρόσθ' ἵπποι, ἵνα γνώῃς ἀποτίνων.

»Hierher nun! Laß uns beide um einen Dreifuß wetten oder um einen Kessel und den Atriden Agamemnon zum Schiedsrichter setzen, welche Pferde vorn liegen, damit du's erkennst, indem du bezahlst«. Auch wenn das moderne Totalisator- und Buchmacherwesen – anders als hier – auf der Prognose des Einlaufs basiert, mutet diese Wette als Ausfluß einer gleichartigen, derselben noblen Sportart verpflichteten Leidenschaft geradezu 'derbytypisch' an.

Abschließend läßt sich auf das Bild jener festlich gekleideten und froh gestimmten Menge verweisen, die sich zu Faustkämpfen und musischen Veranstaltungen anläßlich der delischen Spiele zu Ehren Apolls versammelt, das der Dichter des Hymnos an Apoll so lebensnah vor Augen führt und das schon in anderem Zusammenhang behandelt wurde[419].

416 Athen, Nat.-Mus., Inv.-Nr. 15499; aus Pharsalos, 570/560 v. Chr., Fragment; Beazley, ABV. 39 f. Nr. 16; G. Hanfmann, AJA. 61, 1957, Taf. 28,6; Schefold, Sagenbilder 87 Farbabb. 6; ders., Die Griechen und ihre Nachbarn, Propyläen-Kunstgeschichte I (1967) Taf.-Abb. 185a; Buschor, Vasen 116 Abb. 128; J. Boardman, Schwarzfigurige Vasen aus Athen (1977) 32 Abb. 26; G. Kuhn, JdI. 100, 1985, 283 Abb. 37.   **417** XXIII 450–498.   **418** Er sitzt höher und hat den weitesten Ausblick (XXIII 451): ἧστο γὰρ ἐκτὸς ἀγῶνος ὑπέρτατος ἐν περιωπῇ.   **419** s. o. S. T 25.

5. Götter und Athleten

Epischer Manier entsprechend werden die Wettkampfschilderungen auch vom Wirken der Götter durchdrungen, das sich nicht selten auf grob mechanische Eingriffe beschränkt und im ganzen wenig von echt religiösem Geiste spüren läßt. Als während des Wagenrennens Diomedes im Begriff ist, Eumelos mit seinem Gespann zu überholen, reißt ihm Apoll die Peitsche aus der Hand (XXIII 384), um dadurch dem favorisierten Eumelos, dessen Rosse er selbst einst aufgezogen hat (II 766), die führende Position zu sichern, was wiederum Athena veranlaßt, ihrem Schützling Diomedes die Peitsche wieder in die Hand zu praktizieren (XXIII 390: δῶκε δέ οἱ μάστιγα), den Eumelos aber durch Bruch des Wagenjochs (V. 392) endgültig aus dem Rennen zu werfen.

Beim Wettlauf der Patroklosspiele gelingt es Odysseus nicht, den führenden Aias zu überholen. Während des Endspurts betet Odysseus zu Athena um neue Kraft, was von der Göttin prompt erhört wird, die ihrem Schützling nicht nur »schnelle Glieder« (XXIII 772) verleiht, sondern auch seinen Konkurrenten im Rindermist zu Fall kommen läßt (V. 774).

Vor dem Faustkampf mit dem Bettler Iros beschränkt sich Athena darauf, Odysseus mit athletischem Habitus auszustatten (18,70): μέλε' ἤλδανε ποιμένι λαῶν. Als Tydeus nach Theben kommt, besiegt er mit Hilfe Athenas alle Kadmeier im Wettkampf (IV 390)[420]: τοίη οἱ ἐπίρροθος ἦεν Ἀθήνη.

Galt in den herangezogenen Beispielen die Hilfe der Gottheit im Agon speziellen Günstlingen, sucht man sich in anderen Fällen durch Opfergelübde an die Gottheit, die etwa für das benutzte Kampfgerät zuständig ist, des göttlichen Beistandes zu versichern. Der Bogenschütze Teukros verfehlt die Taube, weil er es versäumt hat, dem Bogengott Apoll eine Hekatombe zu geloben (XXIII 863 f.):

... οὐδ' ἠπείλησεν ἄνακτι
ἀρνῶν πρωτογόνων ῥέξειν κλειτὴν ἑκατόμβην.

Seinem Mitbewerber Meriones, der dies zu tun verspricht (V. 872 f.), gelingt der Meisterschuß. In welchem Maße das Gebet im Wettkampf nur noch zum Klischee absinken kann, zeigt die Reaktion des Antilochos auf den Vorschlag Achills, den zweiten Preis im Wagenrennen dem unglücklich gestürzten Eumelos zu verleihen: Der junge Nestorsohn, der selbst darauf Anspruch erhebt und seinen Erfolg nicht seiner Frömmigkeit, sondern seiner Rücksichtslosigkeit zu verdanken hat, protestiert mit dem Bemerken, jener hätte nur zu den Göttern beten müssen, um erfolgreicher abzuschneiden (V. 546 f.): ἀλλ' ὤφελεν ἀθανάτοισιν | εὔχεσθαι.

Verbindungen bestimmter Götter zu gewissen Bereichen sportlichen Wettkampfs zeigte sich schon im Falle des Bogengotts Apoll. Daß derselbe Gott auch als Patron der Faustkämpfer beansprucht wurde, wird schon im homerischen Epos angedeutet. Bei Ankündigung des Faustkampfs stellt Achill demjenigen den Preis in Aussicht, »dem Apoll die Fähigkeit verleiht, durchzuhalten« (V. 660 f.): ᾧ δέ κ' Ἀπόλλων | δῴη καμμονίην[421]. Dieser Funktion Apolls entspricht es, daß im Hymnos an Apoll (h. Ap. 149) unter den Wettspielen zu Ehren des delischen Apoll der Faustkampf als einzige gymnische Disziplin genannt wird[422].

420 s.o. S.T 16 ff.   **421** Zum Begriff der 'Ausdauer' s.o. S.T 39 mit Anm. 212.
422 s.o. S.T 25; zu Apoll als Gott des Faustkampfs siehe noch Pausanias V 7,10.

Eine alte, noch in mykenische Zeit zurückreichende Verbindung mit dem Wagen und Wagenrennen weist Poseidon auf[423]. Diese Beziehung wird besonders deutlich, wo Menelaos den Antilochos auffordert, unter Wahrung eines feierlichen Rituals[424] bei Poseidon zu schwören, daß er ihn nicht absichtlich behindert habe (XXIII 584f.):

... γαιήοχον ἐννοσίγαιον
ὄμνυθι μὴ μὲν ἑκὼν τὸ ἐμὸν δόλῳ ἅρμα πεδῆσαι.

An anderer Stelle (VIII 440) schirrt Poseidon dem Zeus nach einer Wagenfahrt die Rosse vom Wagen. Die zunächst subaltern anmutende Dienstleistung des Gottes wird wohl auch erst aus seinem nahen Verhältnis zum Pferd begreiflich. Ein anderes Mal (XIII 23 ff.) rüstet sich Poseidon selbst zur Wagenfahrt, die von Aigai über das Meer führt.

Während des Wagenrennens wird beiläufig über das Pferd des Adrast gesprochen, »das seiner Herkunft nach von den Göttern stammte« (XXIII 347) und nach mythographischer Überlieferung einer Verbindung Poseidons mit Demeter Erinys entsprang[425]. Am Wagenrennen will Achill nicht teilnehmen wegen der Überlegenheit seiner unsterblichen Pferde, die Poseidon einst seinem Vater Peleus schenkte (V. 277 ff.). Schließlich hatte Poseidon im boiotischen Onchestos einen heiligen Hain (II 506, h. Merc. 186), wo ein merkwürdiger Opferbrauch nach dem Bericht des homerischen Apollonhymnos (230 ff.) nur in Verbindung mit dem Wagenrennen annähernd zu verstehen ist[426].

Indirekte Zeugnisse für die Beziehungen Poseidons zum Pferd ergeben sich zusätzlich aus den Bindungen der Pylier zu Poseidon einerseits[427] und ihrer Vertrautheit mit Pferdezucht und Rennsport andererseits. Poseidon selbst hat – neben Zeus – den Nestorsohn Antilochos die Kunst gelehrt, mit Pferden umzugehen (XXIII 306 ff.). Neleus, der Vater Nestors, ist ein Sohn des Poseidon (11, 254). In der Telemachie bringen die Pylier bei Ankunft des Telemach Poseidon gerade ein Opfer am Strande dar (3, 5 f.). Nestors stehendes Beiwort ist ἱππότα, »der sich auf Pferde versteht«. Über die Vertrautheit der Pylier mit der Pferdezucht und ihre damit zusammenhängenden Kontakte zur Landschaft Elis und ihren Bewohnern wurde schon gehandelt[428].

Einzigartig in ihrer Zuständigkeit für die Athletik, insbesondere die hippische, ist Hekate, eine bei Homer nicht genannte weibliche Gottheit karischen Ursprungs, die in einer sicher alten, hinsichtlich ihrer Echtheit umstrittenen Partie der hesiodischen Theogonie begegnet[429]. Dort wird Hekate dargestellt als Mittlerin zwischen Göttern und Menschen, »als eine Gottheit, die an allem Anteil hat,

---

[423] Würdigung des Poseidonbildes Homers bei F. Schachermeyr, Poseidon und die Entstehung des griechischen Götterglaubens (1950) 47 f.; W. Burkert, Die griechische Religion der archaischen und klassischen Epoche (1977) 214 ff. [424] XXIII 582 ff.: »stelle dich vor die Pferde und den Wagen, die Peitsche aber halte in den Händen ... und berühre die Pferde ...«. [425] Pausanias VIII 25, 7–10. [426] s. o. Anm. 145. Vgl. dazu noch M. P. Nilsson, Griechische Feste von religiöser Bedeutung unter Ausschluß der attischen (1906) 70. [427] Die überragende Bedeutung Poseidons für Pylos ist durch die Linear B-Tafeln von Pylos glänzend bestätigt worden; dazu und zur Lesung *po-se-da-o-(ne)* siehe E. Townsend Vermeule, unser Kap. »Götterkult« V 62. [428] s. o. S. T 26 f. [429] Für Echtheit setzt sich ein H. Diller, Gnomon 12, 1936, 239, wieder abgedruckt in: ders., Kleine Schriften (1971) 91 f.

wozu Menschen göttlichen Beistand brauchen«[430]. Obwohl sie noch dem alten, titanischen Göttergeschlecht angehört, hat Zeus ihr allein alle Ehren ungeschmälert belassen. Eingehend werden die verschiedenen Bereiche geschildert, in denen sie den Menschen zu helfen vermag, unter anderen folgende (Hes., Th. 435 ff.):

ἐσθλὴ δ' αὖθ', ὁπότ' ἄνδρες ἀεθλεύωσι ἀγῶνι,
ἔνθα θεὰ καὶ τοῖς παραγίγνεται ἠδ' ὀνίνησιν·
νικήσας δὲ βίῃ καὶ κάρτεϊ καλὸν ἄεθλον
ῥεῖα φέρει χαίρων τε, τοκεῦσι δὲ κῦδος ὀπάζει.
ἐσθλὴ δ' ἱππήεσσι παρεστάμεν, οἷς κ' ἐθέλῃσιν.
καὶ τοῖς, οἳ γλαυκὴν δυσπέμφελον ἐργάζονται,
εὔχονται δ' Ἑκάτῃ καὶ ἐρικτύπῳ Ἐννοσιγαίῳ,
ῥηιδίως ἄγρην κυδρὴ θεὸς ὤπασε πολλήν.

»Tüchtig ist sie andererseits, wenn Männer im Wettkampf streiten. Auch diesen steht sie dann bei und nützt ihnen. Wer aber gesiegt hat durch Kraft und Stärke, trägt behend und froh den schönen Kampfpreis davon und bringt seinen Eltern Ruhm. Tüchtig ist sie auch, den Reitern (bzw. Wagenlenkern) beizustehen, welchen sie will. Auch denen, die auf dem stürmischen Meer ihre Arbeit verrichten, zu Hekate aber und dem lautdröhnenden Erderschütterer beten, beschert die ruhmvolle Göttin mühelos reichen Fang«. Am Schluß der hymnenartigen Partie wird sie noch mit Nachdruck als die κουροτρόφος (V. 450. 452), »die Kinder Aufziehende« gepriesen.

Die hier angesprochene Zuständigkeit der Göttin auch für hippische Agone, die wie ein Eingriff in die Kompetenzen Poseidons wirkt, rückt sie in die Nähe des Gottes, die wohl auch in den Versen 440 f. zum Ausdruck kommen soll, wenngleich das Gebet an Poseidon, von dem dort die Rede ist, zunächst durch das Meer als Betätigungsbereich der Fischer bedingt ist. In diesem Zusammenhang sei auf die Lesung einer Potnia Hippeia (*po-ti-ni-ja* | *i-qe-ja*) und einer Potnia Asia (*a-si-wi-ja*) – vielleicht verschiedene Kultnamen derselben Gottheit – auf den Pylos-Tafeln verwiesen[431]. In ihrer umfassenden Funktion als Schutzgöttin der Wettkämpfer ist die Hekate der Theogonie ohne Beispiel[432].

IV. Spiele

Nachdem schon eingangs eine Übersicht zum griechischen Spielbegriff und seinen sprachlichen Ausdrucksmitteln gegeben wurde, sollen die folgenden Ausführungen den frühepischen und monumentalen Zeugnissen der Spielformen im en-

---

430 Diller a. O. 239 (Kleine Schriften 92).   **431** Siehe E. Townsend Vermeule, unser Kap. »Götterkult« V 62. 72; zu Abbildungen spätmykenischer Göttinnen zu Pferde s. ebenda V 54 mit Taf. IV a und c; zu einer archaischen Bronzestatuette einer reitenden Göttin aus Samos im Habitus der 'Kourotrophos' s. ebenda V 164 mit Taf. IV b. Da Hekate häufig mit Artemis identifiziert wurde, soll hier noch auf den Kult der Artemis Heurippa und des Poseidon Hippios zu Pheneos in Arkadien aufmerksam gemacht werden (Pausanias VIII 14, 5).   **432** Wenn der Dichter des homerischen Hymnus VI auf Aphrodite die Göttin um den Sieg im musischen Agon bittet, erwartet er gewissermaßen die Gegenleistung für seine Huldigung und wendet sich nicht an eine Schutzgöttin der Wettkämpfer

geren Sinne gelten[433], wie sie mit der Welt des Kindes verbunden sind, aber nicht nur auf diese beschränkt bleiben. An den Anfang läßt sich eine alte Anekdote stellen, die Herodot überliefert hat[434], nach der die Lyder die Erfindung aller Spiele (παιγνίαι), »die es heutigen Tags bei ihnen und den Griechen gibt«, für sich beanspruchen: Während einer Hungersnot zur Zeit des Königs Atys hätten sie, um von ihrem Hunger abzulenken, das Spiel mit den Würfeln und Knöcheln, das Ballspiel und alle übrigen Arten von Spielen erfunden, außer dem Brettspiel, dessen Erfindung die Lyder nicht für sich in Anspruch nehmen[435]. Hier zeichnet sich bereits eine gewisse Auswahl bevorzugter Spiele und Spielgeräte ab, in der das Brettspiel – hier eine Kollektivbezeichnung für eine ganze Reihe von Spielen – eine Sonderstellung einnimmt[436].

Einige spielerische Verhaltensweisen bzw. kindliche Spiele sind im folgenden deshalb nicht zu behandeln, weil sie nicht bis in das homerische Zeitalter zurückverfolgt werden können[437]. Einigen von ihnen mag durchaus ein höheres Alter zukommen, als es den Anschein hat[438].

1. Ἄθυρμα, Allgemeines zu kindlichem Spiel und Spielzeug

Die älteste Stelle, die kindliches Spiel beschreibt, gehört zu einem Gleichnis der Ilias (XV 361 ff.). Apoll führt dort die Trojaner zum Sturm auf das griechische Schiffslager. Nachdem er den Graben durch Einreißen der Hänge eingeebnet hat, dringt er weiter gegen die Mauer vor:

... ἔρειπε δὲ τεῖχος Ἀχαιῶν
ῥεῖα μάλ', ὡς ὅτε τις ψάμαθον πάις ἄγχι θαλάσσης,
ὅς τ' ἐπεὶ οὖν ποιήσῃ ἀθύρματα νηπιέῃσιν,
ἂψ αὖτις συνέχευε ποσὶν καὶ χερσὶν ἀθύρων.

»Er aber riß die Mauer der Achaier ein, ganz leicht, wie wenn ein Kind nahe am Meer, das sich Spielwerke in kindlichem Sinn errichtet hat, den Sand wiederum im Spiel, mit Händen und Füßen durcheinanderwirft«. Unberechenbarkeit und Willkür göttlichen Zugriffs werden am Bilde des spielenden Kindes verdeutlicht[439], dessen Werken, den ἀθύρματα, kein Ziel und Plan zugrunde liegen, sofern sie aus νηπιέη geschehen, was stets den Nebensinn kindlicher Torheit mit umgreift. Zum Wesen dieses kindlichen Spiels gehört, daß auf das Schaffen die

schlechthin; zu Weiler, Agon 27 Anm. 25. **433** Im folgenden habe ich mich auf solche Spiele und Spielgeräte beschränkt, die durch die frühepische Überlieferung berührt werden; H.-G. Buchholz hat freundlicherweise Bemerkungen zu Rasseln, Reifen, Wippen und Schaukeln beigetragen. **434** Herodot I 94, 2–4. **435** I, 94,3: ἐξευρεθῆναι δὴ ὦν τότε καὶ τῶν κύβων καὶ τῶν ἀστραγάλων καὶ τῆς σφαίρης καὶ τῶν ἀλλέων πασέων παιγνιέων τὰ εἴδεα, πλὴν πεσσῶν· τούτων γὰρ ὦν τὴν ἐξεύρεσιν οὐκ οἰκηιοῦνται Λυδοί. **436** Siehe den Exkurs von H.-G. Buchholz 'Brettspielende Helden'. **437** Nicht behandelt sind z. B. das kindliche Huckepack-Spielen und das Kottabos-Spiel Erwachsener usw.; s. dazu: F. Brommer, Huckepack, in: Paul Getty Museum Journal 6/7, 1978/79, 139 ff. und P. Zazoff, AuA. 11, 1962, 35 ff. **438** Siehe im folgenden Astragalspiele bereits in der Bronzezeit; auch Würfel mit hohem Alter sind bekannt. **439** Vgl. Goethe, Prometheus: »Bedecke deinen Himmel, Zeus, mit Wolkendunst und übe, dem Knaben gleich, der Disteln köpft, an Eichen dich und Bergeshöhn«.

Freude an hemmungsloser Zerstörung folgt. Sand, in dem sich nach Belieben Gebilde schaffen und tilgen lassen, dürfte zu den Urformen des 'Spielzeugs' gehören. Als ältestes griechisches Wort für Spielzeug begegnet ἄθυρμα noch in der Odyssee (18, 323)[440], wo von den Verdiensten Penelopes um die mißratene Magd Melantho die Rede ist:

παῖδα δὲ ὣς ἀτίταλλε, δίδου δ' ἄρ' ἀθύρματα θυμῷ·

»Wie eine Tochter zog sie sie auf und gab ihr Spielzeug für's Herz«. Auch das Darbieten von Spielzeug soll die ganze Wärme einer Aufzucht empfinden lassen, die sonst nur dem leiblichen Kinde zuteil wird.

a) *Spiele mit dem Ball*

α) *Reflexe sportlicher Ballspiele*: Neben ἄθυρμα begegnet nur in der Ilias ein weiteres Wort für Spielzeug, μέλπηθρον[441], stets im Plural in der sarkastischen Wendung: κυνῶν (κυσίν) μέλπηθρα γενέσθαι, »zum Spielzeug der Hunde werden«, d. h. den Hunden zum Fraß überlassen werden[442]. Da die Hunde den Leichnam hin und her zerren, wobei jeder das Ziel verfolgt, ihn für sich zu gewinnen, könnte dieses Bild durch ein Kampfspiel angeregt worden sein, in dem ein Ball von zwei Parteien umkämpft wurde, ein Spiel, bei dem der Ball vorwiegend dicht über dem Boden bewegt wurde[443].

Eine weitere Stelle dürfte sich mit größerer Wahrscheinlichkeit als Reflex eines Ballspiels deuten lassen. Dort wird erzählt, wie die Winde das Blockschiff des schiffbrüchigen Odysseus hin und her treiben (5, 331 f.):

ἄλλοτε μέν τε Νότος Βορέῃ προβάλεσκε φέρεσθαι,
ἄλλοτε δ' αὖτ' Εὖρος Ζεφύρῳ εἴξασκε διώκειν.

»Bald warf es der Südwind dem Nordwind zu, es weiter zu befördern, bald überließ es der Ost dem West, es weiter zu verfolgen«. Abgesehen davon, daß auch unsere Sprache die Metapher vom 'Spielball der Wogen, Winde' usw. kennt, läßt sich eine Bestätigung dieser Deutung aus den 'Argonautika' des Apollonios von Rhodos gewinnen, der im IV. Buch, 948 ff., die Argo im Seesturm mit einem Ball vergleicht, den sich die Nereïden abwechselnd zuwerfen (V. 953 f.):

ὣς αἱ νῆα θέουσαν ἀμοιβαδὶς ἄλλοθεν ἄλλη
πέμπε διηερίην ἐπὶ κύμασιν,

»So warfen diese das dahineilende Schiff abwechselnd, die eine von hier, die andere von dort, über die Wogen durch die Luft sich zu«. Anders als bei der oben behandelten Metapher müßte es bei diesem Spiel auf das geschickte Werfen und Fangen des Balls ankommen[444].

---

440 Nach Hofmann (S. 5) vielleicht zu θοῦρος, »stürmisch«.   **441** Zu μέλπω, μολπή, »(Spiel mit) Gesang und Tanz«; Frisk II 204.   **442** XIII 233; XVII 255; XVIII 179.
443 Zur Überlieferung vergleichbarer Kampfspiele siehe Mendner, Ballspiel 94–100 und passim.   **444** Zur griechisch-römischen Überlieferung einfacher Wurf- und Fangspiele im Kreis s. Mendner, Ballspiel 85 f.

Abb. 34 Relief der 'Ballspielerbasis' vom Kerameikos, Athen

Der Ball (σφαῖρα) als Spielgerät wird erstmalig in der Ilias in Form des Adverbs σφαιρηδόν genannt, als Aias Oileus dem Leichnam des Imbrios das Haupt abschlägt und es »wirbelnd wie einen Ball« durch die Menge wirft (XIII 204):

ἧκε δέ μιν σφαιρηδὸν ἑλιξάμενος δι' ὁμίλου·

Obwohl die betrachteten Reflexe nicht ausreichen, um sie für bestimmbare Spiele in Anspruch nehmen zu können, kann ein Relief auf einer Marmorbasis vom Kerameikos in Athen, das von S. Mendner als eine Szene des 'Grenzballspiels' (ἐπίσκυρος) gedeutet wird, als anschauliches Beispiel eines Fang- und Wurfspiels aus archaischer Zeit dienen. Der Jüngling links hält den Ball wurfbereit in der Rechten (Abb. 34)[445].

β) Tänzerisches Ballspiel: Den im Spiel bewegten Ball zeigt uns erst die Odyssee. Nausikaa und ihre Begleiterinnen spielen nach dem Essen Ball (6, 99 ff.):

αὐτὰρ ἐπεὶ σίτου τάρφθεν δμῳαί τε καὶ αὐτή,
σφαίρῃ ταί γ' ἄρα παῖζον, ἀπὸ κρήδεμνα βαλοῦσαι·
τῇσι δὲ Ναυσικάα λευκώλενος ἄρχετο μολπῆς.

»Als sie sich aber an der Speise erfreut hatten, die Dienerinnen und sie selbst, da also spielten sie Ball, nachdem sie ihre Kopftücher abgeworfen hatten. Unter ihnen aber führte Nausikaa mit den weißen Armen das Tanzspiel an«. Da der Begriff μολπή neben Spiel und Tanz auch Musik umfaßt, hat man sich das Spiel der Mädchen als einen Reigen vorzustellen, bei dem gesungen und gleichzeitig ein Ball in gymnastischer Manier in Bewegung gesetzt wurde[446]. S. Mendner weist nach Athenaios I 24b darauf hin, daß sich diese Art zu tanzen unter den Frauen von Kerkyra lange erhalten hat[447]. Deutlicher wird die Verbindung von Tanz und Ballspiel, wo zum Abschluß der Phaiakenspiele die Jünglinge Halios und Laoda-

---

445 'Ballspielerbasis'; Ende des 6. Jhs. v. Chr.; in Athen, Nat.-Mus., Inv.-Nr. 3476; Mendner, Ballspiel 104 Taf. 16 a; J. Charbonneaux – R. Martin – F. Villard, Das archaische Griechenland (1969) 261 Abb. 302; M. Robertson, A History of Greek Art (1975) 227 Abb. 74 a; J. Boardman, Griechische Plastik, die archaische Zeit (1981) Abb. 242.
446 Vgl. M. Wegner, unser Kap. »Musik und Tanz« U 42 f.; Mendner, Ballspiel 86 f.
447 Mendner, Ballspiel 87.

mas von Alkinoos zu einer tänzerischen Einzeldarbietung (μουνὰξ ὀρχήσασ-θαι[448]) aufgefordert werden (8, 372 ff.):

οἱ δ' ἐπεὶ οὖν σφαῖραν καλὴν μετὰ χερσὶν ἕλοντο,
πορφυρέην, τήν σφιν Πόλυβος ποίησε δαΐφρων,
τὴν ἕτερος ῥίπτασκε ποτὶ νέφεα σκιόεντα
ἰδνωθεὶς ὀπίσω· ὁ δ' ἀπὸ χθονὸς ὑψόσ' ἀερθεὶς
ῥηϊδίως μεθέλεσκε, πάρος ποσὶν οὖδας ἱκέσθαι.
αὐτὰρ ἐπεὶ δὴ σφαίρῃ ἀν' ἰθὺν πειρήσαντο,
ὀρχείσθην δὴ ἔπειτα ποτὶ χθονὶ πουλυβοτείρῃ
ταρφέ' ἀμειβομένω· κοῦροι δ' ἐπελήκεον ἄλλοι
ἑσταότες κατ' ἀγῶνα, πολὺς δ' ὑπὸ κόμπος ὀρώρει.

»Als diese aber nun den schönen Ball mit den Händen ergriffen hatten, einen purpurfarbenen, den ihnen der kundige Polybos gemacht hatte, warf ihn der eine zu den schattigen Wolken empor, wobei er sich zurückbeugte. Der andere aber sprang von der Erde in die Höhe und fing ihn mit Leichtigkeit, ehe er mit den Füßen den Boden erreichte. Als sie sich aber mit dem Ball im Sprung gerade aufwärts versucht hatten, tanzten sie dann beide auf der fruchtbaren Erde, wobei sie häufig den Schritt wechselten. Die anderen Jünglinge aber, die in der Versammlung standen, klatschten dazu, und lautes Dröhnen erhob sich«.

Das Tanzspiel mit dem Ball gewann in der gelehrten Diskussion an Interesse, als H. Hommel den Versuch machte, die – neben der etwa gleichzeitigen Inschrift auf dem geometrischen 'Nestorbecher' von Pithekussai[449] – älteste, noch ins 8. Jh. v.Chr. gehörende griechische Inschrift auf einer geometrischen Oinochoe vom Dipylon erneut zu interpretieren[450]. Lesbar und unbestritten ist ein einwandfreier Hexameter:

ὃς νῦν ὀρχηστῶν πάντων ἀταλώτατα παίζῃ.

Es folgen weitere zwölf Schriftzeichen, die bislang keine anerkannte Deutung fanden, aber soviel deutlich werden lassen, daß das Gefäß dem im Relativsatz Angesprochenen als Preis in Aussicht gestellt wird[451]. Hatte F. Studniczka den Hexameter noch so verstanden[452]: »Wer nun von den Tänzern am zierlichsten tanzt«, fand H. Hommel mit seiner Deutung allgemeine Zustimmung, daß παίζειν in der Verbindung mit ὀρχεῖσθαι und stammverwandten Wörtern nach Ausweis des epischen Vergleichsmaterials auch ohne ausdrückliche Nennung eines Balls sich auf das oben erörterte tänzerische Ballspiel beziehen müsse, das der Dichter, wie es danach scheint, aus seiner realen Umwelt in das Märchenreich der Phaiaken versetzte. Tänzerisches Ballspiel[453] ist möglicherweise noch in einem Odysseevers gemeint, wo Odysseus nach seinem Meisterschuß sich Telemach gegenüber in grimmiger Ironie äußert, daß es jetzt an der Zeit sei, den Freiern »das

---

[448] 8, 371; Mendner, Ballspiel 87 sieht in den beiden die Sieger eines Ausscheidungswettbewerbs, der sich aus der Erwähnung der neun Kampfrichter erschließen lasse (8, 258).   [449] Siehe A. Heubeck, unser Kap. »Schrift« X 109 ff. Abb. 41.
[450] Umzeichnung der originalen linksläufigen Inschrift bei Heubeck a.O. X 116 Abb. 42; H. Hommel, Gymnasium 56, 1949, 201 ff.   [451] Heubeck a.O. X 117 f.
[452] AM. 18, 1893, 225.   [453] Siehe dazu noch A. Mau, RE II (1896) 2834 s. v.

Abb. 35 Ballspielreigen, Grabmalerei des Mittleren Reiches, Beni Hassan

Mahl zu rüsten« und »danach auch auf andere Weise Kurzweil zu treiben mit Tanzspiel und Leier; denn dies sind die Zierden des Mahls« (21, 429 f.)[454]:

... αὐτὰρ ἔπειτα καὶ ἄλλως ἐψιάασθαι
μολπῇ καὶ φόρμιγγι· τὰ γάρ τ' ἀναθήματα δαιτός.

Das Spiel, das hier mit ἐψιᾶσθαι bezeichnet wird, ist also ein musisches in engerem Sinne. Der komplexe Ausdruck μολπή, der Tanz, Spiel und Musik umfaßt und sich schon beim Ballspielreigen Nausikaas und ihrer Mädchen fand[455], läßt offen, ob, wie dort, auch hier an den Gebrauch eines Balls zu denken ist.

Daß Ballspielreigen vergleichbarer Art in der Alten Welt auf eine lange Tradition zurückblicken, zeigt ein Wandbild aus einem Felsengrab von Beni-Hassan in Ägypten, das mangels geeigneterer Abbildungen aus dem griechischen Kulturbereich hier in Abb. 35 wiedergegeben wird[456]. Die Bälle, die man dazu benutzte, schildert das Epos als bunt und reich verziert[457]. Der Ball, den die Phaiakenjünglinge zu ihrem Tanzspiel gebrauchen, ist »purpurfarben«, und auch aus der Nennung seines Herstellers Polybos ergibt sich eine Kostbarkeit[458]. Über die sonstige Beschaffenheit dieser Bälle, die sich durch ihre preziöse Aufmachung von den zu sportlichen Kampfspielen benutzten werden unterschieden haben, berichten spätere Quellen, daß sie aus verschiedenen Stücken von Stoff oder Leder zusammengesetzt und mit Haaren gefüllt waren[459].

b) *Figürliches Spielzeug*

Stellvertretend für alles Spielzeug, das – wie oben ausgeführt – unter dem Sammelbegriff der ἀθύρματα nicht näher bezeichnet wird, soll hier eine im Grunde zeitlose Form eines weitverbreiteten Spielzeugs in Gestalt eines tönernen attisch-geometrischen Pferdchens aus der 1. Hälfte des 8. Jhs. v. Chr. abgebildet werden (Abb. 36)[460]. Obwohl über die Verwendung noch keine endgültige Klarheit

Ballspiel; Gardiner, Athletics 230.   **454** Wohl eine Anspielung auf das fingierte Fest, mit dem die Nachbarn nach dem Freiermord getäuscht werden sollen; s. Faesi-Kayser zur Stelle.   **455** s. o. S. T 91.   **456** P. E. Newberry, Beni Hasan II (1893) 47 Taf. 4. 8 a; Mendner, Ballspiel 45 Taf. 6 b. c; Sp. Marinatos, Excavations at Thera II (1969) 46 Abb. 32.   **457** Vgl. auch die Beschreibung des Balls, den Aphrodite dem Eros bei Apollonios Rhodios III 132 ff. verspricht.   **458** s. o. S. T 92. Zu Polybos als dem Hersteller des Balles s. F. Eckstein, unser Kap. »Handwerk, Teil 1« L 19 f. und F. Canciani, unser Kap. »Bildkunst, Teil 2« N 99.   **459** Besonders Anthologia Palatina XIV 62; vgl. J. Marquardt, Das Privatleben der Römer (1886/1964) 842; Mendner, Ballspiel 77 f.; R. Schmidt, Kinderspielzeug 19. 30. Vgl. noch M. Dolch, Der Ursprung des luftgefüllten Lederballs, in: Stadion 7, 1981, 53 ff.   **460** Umzeichnung nach U. Gehrig u. a., Tierbilder

herrscht, zeigt die Durchbohrung unten an den Beinen, daß es ursprünglich mit Achsen zur Befestigung von Rädern versehen war, eine Verlebendigung, die die Verwendung als Kinderspielzeug doch wahrscheinlich macht. Eine besondere Rolle spielt das Wort im homerischen Hermeshymnos, der eine Fülle reizender Detailschilderungen kindertümlichen Verhaltens bietet. Dort begrüßt der kleine Hermes die Schildkröte, die ihm am Hoftor entgegenkommt (h. Merc. 31 ff.):

χαῖρε φυὴν ἐρόεσσα χοροιτύπε δαιτὸς ἑταίρη,
ἀσπασίη προφανεῖσα· πόθεν τόδε καλὸν ἄθυρμα
αἰόλον ὄστρακον ἔσσο χέλυς ὄρεσι ζώουσα;

»Sei gegrüßt, Liebliche an Wuchs, die du Tänze begleitest, Gefährtin des Mahls! Woher legtest du das hübsche Spielzeug da, dies buntschillernde Gehäuse an, Schildkröte, die du in den Bergen lebst?« Der Gruß an die »Begleiterin der Tänze« und »Gefährtin des Mahls« ist Vorwegnahme der im weiteren Verlauf geschilderten Erfindung der Lyra, deren Klangkörper vom Gehäuse der Schildkröte gebildet wird. Der Panzer der griechischen Landschildkröte war besonders geeignet, Aufmerksamkeit und Freude von Kindern zu erregen, und ist ein beliebtes Spielzeug gewesen. Dabei ist es ziemlich gleichgültig, ob, wie hier, nur der Panzer oder die gesamte Schildkröte (h. Merc. 40) ἄθυρμα genannt wird. Auch die lebende Schildkröte war, wie heute, als Spieltier geschätzt. Mit welch unbekümmerter Grausamkeit mit diesem 'Spielzeug' umgegangen wurde, zeigt sowohl die scheußliche Prozedur, mit der der kleine Hermes die Schildkröte zur Lyra umrüstet (h. Merc. 40 ff.), wie auch ein Vasenbild, auf dem ein festlich gekleideter Knabe eine Schildkröte an einer Schnur, die um eines ihrer Hinterbeine gebunden ist, über ein Hündchen hält, um dieses zu reizen [461].

Im Royal Ontario Museum, Toronto, befinden sich zwei plastische Schildkröten von je 10,5 cm Länge, die aus Zypern stammen und der Zeit um 700 v. Chr. angehören, mithin dem Zeitalter Homers noch recht nahestehen [462]. Eine weitere Schildkröte aus Terrakotta, die aus dem boiotischen Theben stammt, war vermutlich ebenfalls ein Kinderspielzeug [463].

aus vier Jahrtausenden, Antiken der Sammlung Mildenberg (1983) 75 f. Nr. 73; weitere Spielzeugpferde mit Rädern: a) aus einem attischen Kindergrab: O. Alexandre, Delt. 22, 1967, Chron. 49 Taf. 70a, s. V. d'A. Desborough, The Greek Dark Ages (1972) 145; b) aus Enkomi, Spätkyprisch III, s. J.-C. Courtois, Alasia III (1984) 85 Nr. 817; S. 201 Abb. 31, 6; c) gleichen Datums, ähnlich, aber stark fragmentarisch und zu einem Wagen mit Gespann gehörig: Courtois a.O. 88 Nr. 852 Abb. 31, 8; kypro-geometrische Stücke: d) aus Lapithos, Zypern, in Nikosia, Cyprus Museum, Inv.-Nr. 1983/VI-27/9, L: 20,9 cm; kypro-geometr. I; Pferd mit hohlem zylindrischen Körper, nur zwei Räder erhalten, zwei weitere ergänzt; Ton, bemalt; V. Karageorghis, RDAC. 1984, 208 Taf. 35, 3.4; ders., BCH. 108, 1984, 897 Nr. 11; S. 899 Abb. 12; e) aus Palaipaphos-Skales, Zypern, Grab 45; kypro-geometr. IB; V. Karageorghis, Palaepaphos-Skales (1983) Taf. 42, 82; f) ein weiteres Stück bei de Ridder, Collection de Clercq V Taf. 21, 133. – g) Kalkstein-Pferd mit Reiter; wie Spielzeug-Pferde besaß die Skulptur – jetzt verlorene – Räder; gefunden am Aphroditealtar von Tamassos; s. H.-G. Buchholz, AA. 1978, 222 f. Abb. 63 a; G. Nobis – H.-G. Buchholz, APA. 7/8, 1976/77, 300 Abb. 8.   461 L. Deubner, Spiele und Spielzeug der Griechen, in: Die Antike 6, 1930, 170 Abb. 18; vgl. noch O. Keller, Die antike Tierwelt II (1913/1980) 259 Abb. 98.   462 Inv.-Nr. 975. 181. 1 und 2, vormals Loch Collection, zu dieser N. Leipen, The Loch Collection of Cypriote Antiquities (1966); hohl, mit der Drehscheibe gefertigt, sogenannte 'White-painted III-IV-Ware'; unpubliziert, freundlicher Hinweis von H.-G. Buchholz.   463 5. Jh. v. Chr.; bei den Tierfiguren ist

Abb. 36 Tönernes attisch-geometrisches Pferdchen auf Rädern in Schweizer Privatsammlung

Abb. 37 Tonpuppe mit beweglich eingesetzten Beinen, boiotisches 'Glockenidol'

Als der kleine Hermes nach dem Rinderraub wieder in der Wiege liegt, »spielt« er mit seinem Laken (h. Merc. 152: λαῖφος ἀθύρων) und hält die »geliebte Schildkröte«, die nun bereits zur Leier umgerüstet ist, fest im Arm, wie es Kinder mit ihrem Lieblingsspielzeug tun (h. Merc. 153):

κεῖτο, χέλυν ἐρατὴν ἐπ' ἀριστερὰ χειρὸς ἐέργων.

Auch Vers 242, wo Apoll den Kleinen in eben dieser Haltung vorfindet (χέλυν δ' ὑπὸ μασχάλῃ εἶχε), ist die Schildkröte mehr Spielzeug als Musikinstrument. Wie im Fall der Schildkröte, deren Panzer als αἰόλον ὄστρακον, »buntschillerndes Gehäuse« angesprochen wird[464], ist es ebenfalls eine optische Reizwirkung, die im homerischen Demeterhymnos die Blütendolde der Narzisse zum ἄθυρμα Persephones und ihrer Gespielinnen werden läßt (h. Cer. 15 f.):

ἡ δ' ἄρα θαμβήσασ' ὠρέξατο χερσὶν ἅμ' ἄμφω
καλὸν ἄθυρμα λαβεῖν·

»Sie aber streckte sich staunend, um mit beiden Händen das hübsche Spielzeug zu ergreifen«. Damit beginnt ἄθυρμα aus dem Lebensbereich des Kindes in den der Frau überzugreifen[465], insoweit das Wort generell Dinge bezeichnen kann, die auch auf Frauen einen Reiz ausüben, die das Epos gelegentlich mit Kindern

eine Unterscheidung zwischen Spielzeug und Kultgabe häufig nicht möglich; E. Schmidt, Spielzeug 29 f. Taf. 8,2.   **464** h. Merc. 33; siehe oben.   **465** Vgl. Verf., LfgrE I (1979) 229 s. v. ἄθυρμα.

gleichsetzt[466], deren Spielverhalten durch νηπιέη, νηπιαχεύειν usw., d. h. durch einen gewisse Planlosigkeit und Unvernunft gekennzeichnet ist[467]. Daher fällt der Putz und Tand, den die phoinikischen Händler in der Odyssee auf ihren Schiffen mit sich führen (15, 415 f.) und der im weiteren Verlauf das besondere Interesse der Frauen erregt (15, 459 ff.), auch unter den Begriff des ἄθυρμα:

ἔνθα δὲ Φοίνικες ναυσίκλυτοι ἤλυθον ἄνδρες,
τρῶκται, μυρί' ἄγοντες ἀθύρματα νηῒ μελαίνῃ.

c) *Puppen als Spielzeug*

Ein weiteres urtümliches Spielzeug, das sich sicher auch unter den homerischen ἀθύρματα befand, ist die Puppe. Lediglich ein schwacher Reflex, wiederum in Gestalt eines bildhaften Ausdrucks, bezeugt ihr Vorhandensein im epischen Inventar. Als Diomedes im achten Buch der Ilias vor dem übermächtigen Hektor seine Pferde zur Flucht wendet, vergleicht ihn dieser mit einem Weibe und schmäht ihn mit den Worten (VIII 164): ἔρρε, κακὴ γλήνη, »fahr dahin, du kümmerliche Puppe«[468].

Hölzerne Puppen befanden sich bereits seit dem 3. Jt. v. Chr. in ägyptischen Kindergräbern[469]. Das meistgebrauchte nachepische Wort für Puppe ist im Griechischen κόρη[470], was gleichzeitig »junges Mädchen, junge Frau« bezeichnete. Synonym wird auch νύμφη für Puppe gebraucht, ein Wort, das nicht nur die Bedeutungen von κόρη erfaßt, sondern darüber hinaus auch »die Braut« meinen kann. Die Nomenklatur ist für das Verständnis vom Wesen griechischer Puppen von entscheidender Bedeutung, denn aus ihr erhellt, daß nicht die unserem Verständnis so naheliegende Babypuppe, sondern die Darstellung des heiratsfähigen Mädchens griechischer Puppengestaltung zugrunde lag[471]. Selbst die ältesten griechischen Puppen aus geometrischer Zeit zeigen Andeutungen der Brüste. Im Spiel mit der bräutlich dekorierten Puppe schlug sich in erster Linie die Sehnsucht der griechischen Mädchen nieder, mit dem Brautstand dereinst die eigene Lebensbestimmung zu erfüllen[472]. Späteren Abbildungen und literarischen Zeugnissen

---

466 z. B. XI 389: οὐκ ἀλέγω, ὡς εἴ με γυνὴ βάλοι ἢ πάις ἄφρων (Diomedes zu Paris); vgl. Goethe, Hermann und Dorothea III 62: »Sind doch ein wunderlich Volk die Weiber, so wie die Kinder«.   **467** Ob hier von 'Verhalten' oder 'Spielverhalten' gesprochen wird, läuft nach dem Verständnis des Epos auf dasselbe hinaus, wie bei lat. *puerilia tractare*; vgl. XXII 502 f.; XVI 259 ff. u. ö.   **468** Γλήνη eigentlich »Augenstern«, zur Wz. *gel- (γελάω). In ihm wurden Gestalten verkleinert reflektiert; vielleicht daher »Puppe«. Nachepisch κόρη weist unter seinen Bedeutungen ebenfalls »Augenstern« und »Puppe« auf; LS. s. v. γλήνη; Hofmann 42 f.; ähnlich wird im Deutschen 'Hampelmann', die Bezeichnung eines puppenähnlichen Spielzeugs, bisweilen als abwertende Metapher gebraucht.   **469** K. McK. Elderkin, Jointed Dolls in Antiquity, in: AJA. 34, 1930, 457 f. Abb. 1–3; man findet u. a. solche, denen mit Hilfe von Pflöcken Naturhaar eingesetzt war. Vgl. Elfenbeinpuppen im Alten Ägypten bei Singer-Holmyard, HT. I 669 Abb. 461; s. auch F. J. Dölger, Die Kinderpuppe als Grabbeigabe, in: Antike und Christentum 5, 1936, 77 ff.   **470** s. Anm. 468.   **471** Die Dominanz der Babypuppe ist erst im 20. Jh. zu verzeichnen; vgl. E. Schmidt, Spielzeug 42. Doch wird auch das einem mütterlichen Urinstinkt eigene Spiel mit der als Kleinkind vorgestellten Puppe nicht gefehlt haben.   **472** Entscheidendes zum Verständnis griechischer Puppen ist dem Aufsatz von J. Dörig, Von griechischen Puppen, in: AntK. 1, 1958, 41 ff. zu verdanken.

zufolge blieb das Spiel mit der Puppe daher auch nicht auf das Kindesalter der Mädchen beschränkt, sondern endete erst mit der Vermählung. Bei dieser Gelegenheit wurde neben anderem Spielzeug auch die Puppe einer weiblichen Gottheit wie Hera, Artemis, Aphrodite oder Demeter geweiht [473].

Die griechische Puppe konnte Spielzeug, Weihgeschenk bzw. 'Idol' und dekorative Figurine zugleich sein. Sachliche Kriterien zu einer Abgrenzung der Funktionsbereiche gab es nicht [474]. Dennoch wird sich die Beweglichkeit der Glieder, die schon bei den ältesten Typen zu beobachten ist, selbst wenn man sie nicht als Spielzeugkriterium schlechthin gelten lassen will, doch am ehesten mit den Bedürfnissen der Spielzeugfunktion erklären lassen [475], zumal mit dieser 'Verlebendigung' bei späteren Puppen, die eine naturnahe Darstellung anstrebten, ästhetische Einbußen offensichtlich in Kauf genommen wurden [476]. Ton war das bevorzugte Material griechischer Puppen, doch gab es auch solche aus Wachs, Holz, Gips und anderen Materialien [477].

Als älteste griechische Puppen können die sogenannten boiotischen 'Glockenidole' des 8. Jhs. v.Chr. gelten (Abb. 37) [478]. Typisch für diese Art von Tonpuppen ist ein glockenförmiger Leib, übergehend in einen langen Hals, auf dem ein kleiner Kopf sitzt. Unter dem Glockenleib sind die Beine beweglich, während unbewegliche, verkümmerte Arme an den Leib geklebt sind. Durch Andeutung von Brüsten sind die Figuren als weiblich ausgewiesen und nach geometrischer Art reich bemalt. Bemerkenswert sind die Maße bei manchen Stücken dieser Gattung [479] – die in Abb. 37 gezeigte Puppe mißt 39,5 cm –, so daß man hier auch an Paradepuppen vorwiegend sakraler Zweckbestimmung gedacht hat, so J. Dörig [480], der nichtsdestoweniger davon überzeugt ist, daß die Puppen, mit denen die Mädchen zur Zeit Hesiods von Askra spielten, der Form nach nicht anders ausgesehen haben. Gerade in Boiotien spielte die Puppe im Kult der 'Daidala', des Puppenfestes, eine besondere Rolle, in dessen Verlauf Puppen zum Zeichen einer Versöhnung zwischen Hera und Zeus verbrannt wurden [481].

Ein weiterer Typ von Gliederpuppen, der seit archaischer Zeit in der ganzen griechischen Welt verbreitet war, soll hier nicht unerwähnt bleiben, weil er den spätesten Bereichen unseres literarischen Untersuchungsfeldes nahesteht [482]. Diese etwa 15 cm hohen Tonpüppchen mit beweglichen Armen und Beinen haben einen flachen Leib mit mehr oder weniger deutlicher Ausprägung der Brüste. An einem quer von Schulter zu Schulter durchlaufenden Draht sind die Arme befestigt.

473 Anthologia Palatina VI 280.   **474** Dörig a.O. 41.   **475** Vgl. zu dem geometrischen Pferdchen auf Rädern oben S. T 93 f. Abb. 36.   **476** Zu dieser Beobachtung vgl. Elderkin a.O. 461; R. Schmidt, Kinderspielzeug 115 hält an der Beweglichkeit der Glieder als dem eigentlichen Kriterium für die Puppe als Spielzeug fest; vgl. noch Elderkin a.O. 456.   **477** Elderkin a.O. 456.   **478** Paris, Louvre, Inv.-Nr. C A. 573; F. Poulsen, JdI. 21, 1906, 186 f.; Elderkin a.O. (s.o. Anm. 469) 459 Abb. 5; Dörig a.O. (s.o. Anm. 472) 41 Taf. 22, 1; R. Schmidt, Kinderspielzeug 116 Nr. 294; H.-G. Buchholz, APA. 16/17, 1984/85, 99 Abb. 8 a (mit zahlreicher Literatur); in den genannten Werken auch Erwähnungen weiterer Stücke dieser Gattung; s. auch J. Bouzek, Eirene 8, 1970, 101 f.; E. Schmidt, Spielzeug 102 f. 121 Abb. 3; J. N. Coldstream, Geometric Greece (1977) 203 Abb. 65 f.; G. Wickert-Micknat, unser Kap. »Die Frau« R 122 Abb. 11 a.   **479** Zehn Exemplare hat Dörig a.O. 50 Anhang 1 in einem Katalog erfaßt.   **480** Dörig a.O. 42.   **481** Pausanias IX 3. Wahrscheinlich liegt ursprünglich die Darstellung eines ἱερὸς γάμος des Götterpaares zugrunde. Dazu ausführlich Dörig a.O. 42 ff.   **482** Elderkin a.O. 460 ff.; Dörig a.O. 44; R. Schmidt, Kinderspielzeug 117.

Durch drei zapfenartige Vorsprünge am unteren Ende des Rumpfes werden zwei Buchten gebildet, in denen sich die das Kniegelenk nicht artikulierenden Beine bewegen, die an einem von Hüfte zu Hüfte durchlaufenden Draht aufgehängt sind (Taf. T III a)[483]. Gelegentliche Farbspuren deuten einen kurzen Chiton an. Das Gesicht ist von einer Lockenfrisur umgeben und von einem hohen Polos oder einer anderen feierlichen Kopfbedeckung gekrönt. Das hier abgebildete Püppchen aus der Kieler Antikensammlung dürfte zeitlich an die untere Grenze des von Regine Schmidt als archaisch-frühklassisch bezeichneten Puppentyps gehören[484]. Zum Unterschied dazu zeigt ein späterer Typ einen einschließlich der Oberschenkel modellierten Rumpf, an den die Unterschenkel im Kniegelenk beweglich angesetzt sind[485].

d) *Spiel mit dem Kreisel*

In einer Kampfszene der Ilias trifft Aias seinen Gegner Hektor mit einem schweren Stein (XIV 412f.):

στῆθος βεβλήκει ὑπὲρ ἄντυγος ἀγχόθι δειρῆς,
στρόμβον δ' ὣς ἔσσευε βαλών, περὶ δ' ἔδραμε πάντῃ.

»Er traf ihn an der Brust oberhalb des Schildrandes, dicht am Hals, und setzte ihn wie einen Kreisel mit dem Wurf in rasche Bewegung, und er drehte sich rundherum«. Ähnlich wie bei der ersten Erwähnung des Balls[486] soll auch hier eine Kampfszene durch Vergleich mit der Funktion eines Spielgeräts drastisch verdeutlicht werden. Der Kreisel (στρόμβος, στρόβος[487], nachepisch ῥόμβος, βέμβιξ) ist ein uraltes, schon im Alten Ägypten nachweisbares Spielzeug[488], das sich nach Ausweis monumentaler Zeugnisse von den rezenten Kinderkreiseln kaum unterscheidet. Neben Abbildungen auf Vasen sind Funde von Originalen aus Terrakotta, Bronze, Blei, Stein und Glas bekannt[489], die teils als Grabbeigaben, teils als Weihgeschenke junger Leute bei Eintritt in das Erwachsenenalter anzusprechen sind[490]. Als Fundort erwies sich das Kabirion von Theben als besonders ergiebig[491], so daß hier zu fragen ist, ob dem Kreisel nicht auch im Mysterienkult von Theben eine besondere Rolle zufiel[492].

Es lassen sich unter den in größerer Menge erst seit dem 5. Jh. v. Chr. nachweisbaren Funden zwei Grundformen unterscheiden: Seltener anzutreffen ist der einfache konische Kreisel, wie ihn die Bronzestatuette eines Knaben zwischen

---

483 Kiel, Kunsthalle, Antikensammlung, Inv.-Nr. B 70; vgl. Elderkin a. O. 461 Abb. 7. 8; Ch. Bauchhenß, AA. 1973, 10 f. Abb. 7. 8 (weitere Parallelstücke). **484** R. Schmidt, Kinderspielzeug 117 Anm. 2. **485** Elderkin a. O. 463; R. Schmidt, Kinderspielzeug 118. **486** Zu XIII 204 s. o. S. T 91. **487** Zu στρεβλός, »gedreht, gewunden«; *strebh-* zu στρέφω, »drehe«; Hofmann 340. **488** A. Hug, RE. VII A (1948) 1374 s. v. Turbo. **489** P. Wolters – G. Bruns, Das Kabirenheiligtum bei Theben I (1940) 123 f.; K. Schauenburg, Antike Welt 1976, 43; R. Schmidt, Kinderspielzeug 39 f. **490** Wolters-Bruns a. O. 123. **491** Wolters-Bruns a. O. Taf. 18, 2. 4. 5. 7. 8. 9. 10. 11; Taf. 19, 4–6; siehe auch unsere Abb. 38 a. **492** Zur Rolle des Kreisels in den Dionysosmysterien sowie beim Abwehr- und Liebeszauber s. A. Hug, RE. VII A (1948)

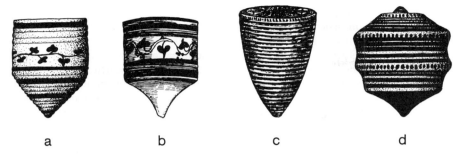

Abb. 38 a-d Griechische Tonkreisel verschiedener Epochen (geometrisch bis spätklassisch); a und b aus dem Kabirion bei Theben

Daumen und Mittelfinger hält[493] und wie er gelegentlich unter den realen Funden vorkommt (Abb. 38 c)[494].

Häufiger findet man jenen, bei dem ein Zylinder auf einer konischen Basis aufsitzt, der Raum für Rankenverzierungen oder andere Ornamente bietet (Abb. 38 a. b)[495]. Von besonderer Wichtigkeit ist eine Heidelberger Neuerwerbung, und zwar deshalb, weil sie in der Formgebung abweicht (Abb. 38 d)[496]. Der Kreisel ist als Doppelkonus gebildet mit Eintiefungen in dem Teil, um den sich die Peitschenschnur wickeln sollte. Die einfache Bemalung dieses Kreisels mit Streifen und Punktreihe macht es wahrscheinlich, daß das Stück zu den ältesten bisher aus dem griechischen Raum bekannt gewordenen Beispielen zählt. Es ist spätgeometrisch und fällt somit in das Zeitalter Homers.

Die erwähnten parallel umlaufenden Rillen gaben also der Peitschenschnur, die man um den Kreisel wickelte und abzog, wenn man ihn in Gang setzen wollte, Führung und Halt. Eine andere Art, ihn zwischen Daumen und Mittelfinger in Drehung zu versetzen, ergibt sich aus der bereits oben erwähnten Bronzestatuette eines Knaben. Mit der Peitsche (μάστιξ) wurde der Kreisel in Gang gehalten. Das ist auf einer apulischen Pelike in Matera dargestellt. Dort betreibt ein geflügelter Eros das Kreiselspiel; links verfolgt eine Frau sein Spiel, rechts beginnt eine andere, einen reich verzierten Ball auf den Boden zu prellen[497]. Ein ebener und harter Untergrund wird die Voraussetzung zu diesem Spiel gewesen sein.

1375 f. s. v. Turbo.   493 Die Bronzen der Sammlung Loeb 66 Taf. 27; B. Schröder, Der Sport im Altertum (1927) Taf. 37 b; Münchner Jahrbuch der bildenden Kunst 8, 1913, 86 Abb. 3.   494 L. Deubner, Die Antike 6, 1930, 165 Abb. 4 unten rechts.   495 Abb. 38 a: G. Bruns, AA. 1967, 242 Abb. 17, aus dem Kabirion bei Theben; Abb. 38 b: Deubner a. O. 165 Abb. 4 unten links; vgl. einen Kreisel in Heidelberg, Universität, Inv.-Nr. S 154, aus Athen; K. Schauenburg, CVA. Heidelberg I (1954) Taf. 29, 5; Wolters-Bruns a. O. Taf. 61, 4.   496 Heidelberg, Universität, Inv.-Nr. 60/6; zweite Hälfte des 8. Jhs. v. Chr.; F. Canciani, CVA. Heidelberg III (1966) 51 Taf. 114, 4 (mit umfangreicher Lit. zu Kreiseln); R. Hampe, Neuerwerbungen 1957–1970 (1971) 11 f. Nr. 22 Taf. 12, 22.   497 K. Schauenburg, Antike Welt 3, 1976, 52 Abb. 24; ders., RM. 83, 1976, 269; Hermes mit Kreisel: auf einer Lekythos in Tübingen (Inv.-Nr. E 78) und auf einem Schaleninnenbild (att.-rf., nach 480 v. Chr.) in Baltimore, Robinson Coll.: Hermes lehrt Ganymed das Kreiselspiel; Beazley, ARV.² 445 Nr. 251 (Douris), CVA. Robinson Coll., Baltimore (1937) 16 Taf. 12; W. Zschietzschmann, Hellas und Rom (1959) Taf.-Abb. 181

e) *Rasseln und Schellen, Reifen, Wippen und Schaukeln*
   (Exkurs von Hans-Günter Buchholz)

α) *Rasseln und Schellen*: Nicht nur heute, sondern bereits im Altertum, ja, in prähistorischer Zeit gab man Kleinkindern im frühesten Lebensalter Spielzeug in die Wiege, dessen Hauptreiz klanglicher, an zweiter Stelle auch optischer und haptischer Art sein konnte. Ich meine Rasseln und Schellen[498]. Das sind Klanginstrumente unterschiedlicher Art aus mancherlei Material mit mehreren oder nur einem Anschlagkörper, meist einem Tonkügelchen, einem Kiesel oder Metallelement. Zwei bis zu vielen Dutzenden solcher Anschlagkörper kennzeichnen die Rassel. Man denke an getrocknete Naturgebilde wie Kürbisse oder Mohnkolben, welche unendlich viele Samenkörner enthalten, die in Bewegung gesetzt mit prasselndem Geräusch an die Innenwand der trockenen Frucht stoßen. Ein einziger Anschlagkörper kennzeichnet die Schelle mit scheppernden, meist zartem Klang. Hängt der Anschlagkörper an einem Ende fest, so daß er mit dem freien Ende nur an vorgegebenen Stellen die Wandung des Klanginstruments zu berühren vermag, sprechen wir von Glocken[499].

In der ältesten literarischen Überlieferung bediente sich Herakles der Lärminstrumente – Klappern oder Rasseln –, um die Stymphalischen Vögel zu vertreiben, so wie mittels der von Hephaistos verfertigten Klappern in der Argonautensage die Vögel von der Aresinsel des Pontos verscheucht wurden. Erst die bildende Kunst, hauptsächlich die Vasenmalerei, hat in das genannte Herakles-Abenteuer das Element der Tötung der Vögel mittels der Schleuder oder mit Pfeil und Bogen hineingetragen[500], während die Vorstellung von der vertreibenden Wirkung durch Lärminstrumente die ursprüngliche war.

---

unten; E. Zwierlein-Diehl, Helena und Xenophon (1973) Nr. 7 mit Abb.; K. Schefold, Die Göttersage in der klassischen und hellenistischen Kunst (1981) 213 Abb. 293; vgl. ferner eine Frau mit Kreisel auf einem Schaleninnenbild des Sotades-Malers in Brüssel, Mus. Royaux, Inv.-Nr. A 891; F. Mayence, CVA. Brüssel, Mus. Royaux de Cinquantaire I (1926) III J b Taf. 1, 2 b; L. Deubner, Die Antike 6, 1930, 165 Abb. 4 oben; U. E. Paoli, Die Frau im alten Hellas (1955) 37 Abb. 13; I. Wehgartner, Attisch weißgrundige Keramik (1983) Taf. 31; L. Burn, AntK. 28, 1985, 101 Taf. 25, 2.   498 Ἡ πλαταγή; vgl. die Zusammenfassung in: E. Fernique, DA. I 1561f. s. v. Crepitaculum; A. Mau, RE. IV (1901) 1706f. s. v. Crepitaculum und Crepundia; W. H. Gross, KlPauly I 1334 s. v. Crepundia; R. Forrer, Reallexikon der prähistorischen, klassischen und frühchristlichen Altertümer (1907) 402f. s. v. Kinderrasseln; B. Aign, Die Geschichte der Musikinstrumente des ägäischen Raumes bis um 700 v. Chr. (1963) 92ff. geht nur beiläufig und widersprüchlich auf 'Lärmgeräte' ein.   499 E. Espérandieu, DA. V 341ff. s. v. Tintinnabulum; E. Porada, Iranica Antiqua 7, 1967, 99ff.; P. Calmeyer, RAss. s. v. Glocke; N. Spear, A Treasury of Archaeological Bells (1979). Zum Fundstoff aus Griechenland (Glocken und Schellen): H. Möbius, Marburger Studien (1938) 156ff.; wieder abgedruckt in: ders., Studia Varia (1967) 1ff.; vgl. ferner U. Jantzen, Samos VIII (1972) 81ff. Taf. 80; dazu H.-V. Herrmann, Gnomon 47, 1975, 400; ferner J. Bouzek, Homerisches Griechenland (1969) 158f. Abb. 59; ders., Graeco-Macedonian Bronzes (1974) 87ff. Zur Unterscheidung von Klappern, Rasseln, Schellen, Glocken vgl. C. Sachs, Geist und Werden der Musikinstrumente (1929).   500 Hierzu U. v. Wilamowitz-Moellendorff, Euripides Herakles[2] (1909) 63 Anm. 115 (mit Quellen). Zur Bildüberlieferung vgl. Brommer, Vasenlisten[3] 207f.; zu den Vögeln als Repräsentanten einer schädlichen Wettermacht: W. Fiedler, Studien zum antiken Wetterzauber (Diss. Würzburg 1930) 5.29; K. Kerényi,

Völlig entsprechend dürfte bei vielen Spielzeugarten nicht in erster Linie die Befriedigung des Spieltriebes, sondern die Absicht, durch Geräusche ungünstige, dämonische Einflüsse vom Kleinkind fernzuhalten, am Anfang stehen[501]. Die Anbringung von Glöckchen, Schellen, Rasseln oder 'Klapperblechen' an der Wiege, am Pferdegeschirr, Wagen[502] oder priesterlichen Gewand[503] verdankt in erster Linie einem Schutz- und Abwehrbedürfnis seine Entstehung, in zweiter Linie der Freude am spielerischen, belebenden Klang. Da die magische Absicht vorherrscht, sprechen wir von 'Klangzauber', deshalb kann die Erwachsenensphäre in diesem Zusammenhang nicht von der des spielenden Kindes getrennt werden[504]. Es ist im übrigen wiederholt bemerkt worden, daß die Verwendung von Klapperblechen ein innerasiatisch-schamanistisches Kulturelement darstellt[505].

Aus der griechischen Welt homerischer Zeit sind zahlreiche Tonbälle und -granatäpfel bekannt, die einen oder mehrere Anschlagkörper enthalten, also der Form nach Symbole aus der Pflanzenwelt, der Funktion nach aber Rasseln bzw. Schellen sind. Weil sie manchmal in Kindergräbern gefunden werden, hat man sie auch zum Spielzeug gerechnet[506]. Wir stellen hier eine solche, bisher unpublizierte Granatapfelrassel aus einer attisch-geometrischen Werkstatt in der Samm-

Die Heroen der Griechen (1958) 165f.   501 Volks- und völkerkundlich ist das Verscheuchen böser Geister durch Lärmen mittels Rasseln, Schellen, Glocken, Gongs usw. weltweit zu belegen, s. Handwörterbuch des Deutschen Aberglaubens V (1932/33) 914ff. s. v. Lärm; ferner H. Güntert, Von der Sprache der Götter und Geister (1921) 58; O. Seewald, Beiträge zur Kenntnis der steinzeitlichen Musikinstrumente Europas (1934) passim. Noch heute ist in manchen Gegenden Griechenlands das apotropäische Auge aus Glas, das man Babys vor der Taufe an die Schulter oder die Windeln heftet, manchmal zusätzlich mit Klapperblechen aus Silber ausgestattet.   502 Der in der »Archaeologia Homerica« bei F. Canciani, »Bildkunst II« N 34f. Abb. 11 a. b vorgestellte figürliche Wagenachsnagel aus Zypern ist hohl und enthält rasselnde Anschlagkügelchen (8. Jh. v. Chr.). Zu apotropäischen Schellen und Glöckchen am orientalischen Pferdegeschirr s. R. M. Boehmer, AA. 1965, 802ff.; vgl. auch B. Hrouda, Die Kulturgeschichte des assyrischen Flachbildes (1965) 135.   503 F. J. Dölger, Die Glöckchen am Gewand des jüdischen Hohenpriesters, in: Antike und Christentum 4 (1934) 233ff.; vgl. ferner P. Jacobsthal, Greek Pins (1956) 188f. Klapperbleche an Gewandnadeln, z. B. ebenda 114 und 143 Nr. 424; S. 151 Nr. 472 Taf.-Abb. 424 und 472 (Nordeuropa).   504 E. Schmidt, Spielzeug 25ff.   505 Vgl. K. Bakay, Scythian Rattles in the Carpathian Basin and their Eastern Connections (1971), Rez.: M. Parović-Pešikan, Starinar N.S. 22, 1971, 188ff. Zu 'Schamanenrasseln' u. a.: A. Lommel, Die Welt der frühen Jäger (1965) 122 mit Abb. 22; M. Eliade, Schamanismus und archaische Ekstasetechnik (deutsch, 1957) 148ff. (»Die Symbolik der Schamanentracht und -trommel«).   506 Jacobsthal a.O. 187f. hat geometrisch-archaische Vasen in Granataßform behandelt, ohne zu bemerken, daß manche von ihnen Rasseln oder Schellen sind. Zuletzt: F. Muthmann, Der Granatapfel, Symbol des Lebens in der Alten Welt (1982). Attisch-geometrische, bzw. ionisch-geometrische Granatäpfel aus Ton, meist reich bemalt, sind als Rasseln oder Schellen nur dann zu erkennen, wenn es in den Publikationen ausdrücklich vermerkt ist, z. B. G. Kopcke, AM. 83, 1968, 252 Nr. 1; S. 256 Nr. 15 Taf. 92, 1.2; 94,7 (Samos, Heraion); F. Hölscher, CVA. Würzburg I (1975) Taf. 12,4; E. Simon, Führer durch die Antikenabteilung des M. von Wagner-Mus. (1975) 49 Nr. H 5340 Taf. 7,1 (att.-geometr.); J.-P. Descœudres, CVA. Basel I (1981) Taf. 18, 17. 18; R. Lullies, CVA. München III (1952) Taf. 129,7 (Inv.-Nr. 5605); London, Brit. Mus., Inv.-Nr. 1904/7–8/4 (att.-geometr., angeblich aus Korinth, 2. Hälfte des 8. Jhs. v. Chr.); Athen, Nat.-Mus., Inv.-Nr. 18839 (boiot.-geometr., um 700 v. Chr.), Inv.-Nr. 12920 (korinth.-geometr., 2. Hälfte des 8. Jhs. v. Chr.); Erlangen, Sammlung des Arch. Inst., Inv.-Nr. I 379a (Anschlagkugeln mögen herausgefallen sein,

lung des Archäologischen Instituts der Justus Liebig-Universität in Gießen vor (Taf. T IV c. d, heller Ton, braune Firnisbemalung, mehrere Anschlagkörperchen im Inneren, H: 10,5 cm, Dm: 9 cm).

Häufig verbanden sich in tönernen Rasseln und Schellen bestimmte Tierformen mit der betreffenden Klangfunktion. Sofern derartige Stücke in Kindergräbern gefunden wurden, hielt man sich für berechtigt, sie ebenfalls als 'Spielzeug' anzusprechen. Da gibt es Rasseln in Gestalt von Igeln oder Rindern [507], die ohne Berücksichtigung ihrer Fähigkeit zur Geräuscherzeugung zunächst einfach bei dem bereits behandelten figürlichen Spielzeug einzureihen wären [508]. Der Bronzezeit gehören sogenannte 'Eulenrasseln' Zyperns an (Taf. T IV a. b)[509]. Ich habe an anderer Stelle bereits kyprische 'Schweinerasseln' besprochen (Taf. T IV e)[510]. Die

da das Stück ein großes Loch aufweist). 507 Igel: Ton, mit Anschlagkügelchen, spätantik, aus Ägypten, in Hildesheim, Pelizaeus-Mus., Inv.-Nr. 831. Ägyptische Babyrassel mit Kuhkopf: roter Ton, Theben, Grab 65, MR/NR, Grabung von Lord Carnarvon, s. A. H. Gardiner, JEA. 4, 1917, 28 ff. Taf. 7 oben links. Pferd: Nikosia, Cypr. Mus., Inv.-Nr. CS 1828.173, s. V. Karageorghis, RDAC. 1975, 66. Hasen, Eichhörnchen, Schildkröten, Frösche, Hühner, Hähne, Enten, Gänse und Tauben; E. Schmidt, Spielzeug 27. Zu Vogelrasseln vgl. unten Anm. 511 und 512. 508 s. o. S. T 93 ff. 509 Taf. T IV a: grauer Ton, dunkelbraune Streifenbemalung, H: 10 cm, eine einzige Anschlagkugel im Inneren, Toronto, Royal Ontario Mus., Inv.-Nr. 965. 114. 125, N. Leipen, The Loch Collection of Cypriote Antiquities (1966) 25 f. Nr. 48 mit Abb. (unsere Aufnahme wird der Liebenswürdigkeit von N. Leipen verdankt). Taf. T IV b: Oxford, Ashmolean Mus., Inv.-Nr. 1947. 136 (die Aufnahme wird J. Boardman verdankt); vgl. die Liste derartiger 'Eulenrasseln' bei P. Åström, SCE. IV 1 C (1972) 63 f. Taf.-Abb. 41, 13–15; ders., Hala Sultan Tekke I (1976) 81 Nr. 152 Taf. 61 und 82. Weiteres in Auswahl, ich bereite die Behandlung des gesamten kyprischen Materials vor: Ost-Berlin, Staatl. Mus., Inv.-Nr. Misc. 6684, 22 (»flaschenartiges Klapperinstrument aus Sammlung Lang, Larnaka, vor 1878, H: 11 cm«, unpubliziert). M. Ohnefalsch-Richter, ZfE. 31, 1899, Verhandl. 65. 303 Anm. 2; S. 337 f. Abb. 24 a 12 (mit Streifen bemalte Eulenrassel aus einem 'mykenischen' Grab von Pyla, in welchem ein berühmtes Bronzeszepter gefunden wurde; der Grabkomplex später in Leipzig, Völkerkundemuseum, jetzt in Berlin, vgl. E. Hoffmann, Das Altertum 18, 1972, 72 f.). Ferner P. Dikaios, Enkomi III (1969) Taf. 53, 18; 122, 18. K. Nikolaou, RDAC. 1972, 75 Nr. 179 Taf. 17, 6 ('Whitepainted shaved ware', Ankastina, Grab 1, spätkypr., SH III A/B). J. Johnson, Maroni de Chypre, SIMA. LIX (1980) Taf. 33, 170 und Taf. 64, 170. V. Karageorghis, Ancient Cypriote Art, Ausstellungskat. Athen (1975) 70 Nr. 39 ('Whitepainted VI'-Ware, weiß überzogen, mit rotbrauner Streifenbemalung, H: 14 cm, aus Zypern in Athen, Nat.-Mus., Inv.-Nr. 11956). Zu den Beispielen in New York vgl. J. L. Myres, Handbook of the Cesnola Collection (1914) 43 f. Nr. 387. 388 (2017); zu den Beispielen in London vgl. H. B. Walters, Cat. of the Greek and Etruscan Vases in the Brit. Mus. I 2 (1912) Nr. C 322–C 325; A. H. Smith, CVA. Brit. Mus. I (1925) 6 f. Taf. 5, 29; 6, 12. 16. Zu kyprischen Beispielen aus Grabungen in Palästina s. R. A. S. Macalister, The Excavation of Gezer III (1912) Taf. 66 (Grab 7, zusammen mit mykenischer und kyprischer 'Whiteslip-Ware'); F. J. Bliss, Mound of Many Cities, Taf. 4, 175 (Tell-el-Hesi). 510 Taf. T IV e: Oxford, Ashmolean Mus., Inv.-Nr. 1933. 1689 (die Aufnahme wird dem freundlichen Bemühen von J. Boardman verdankt). Vgl. zu dieser kyprischen Gattung meinen Aufsatz »Tönerne Rasseln aus Zypern«, in: AA. 1966, 140 ff. Bereits M. Ohnefalsch-Richter, ZfE. 31, 1899, Verhandl. 63 Abb. 12, 19; S. 77 Abb. 19, 15 und P. di Cesnola, Cyprus Antiquities (1881) Taf. 27 (5 Schweinerasseln), Taf. 28 (6 Schweinerasseln), Taf. 54 (2 Schweinerasseln). Unpubliziert: München, Mus. für antike Kleinkunst, Inv.-Nr. 5262 (Acc.-Verz. S. 61 Nr. 158: »Schwein von Terrakotta, mit eingeschlossenem Spielsteinchen, H: 8 cm, aus Zypern, 1875 zu Paris erworben«). In meiner Schrift a. O. ist S. 147 Nr. 15 die Inv.-Nr. wie folgt zu ergänzen: 1963/XI–4/49. In mei-

besonders weit verbreiteten und auch unterschiedlichen Zeithorizonten zuzurechnenden Vogelrasseln sind immer wieder in den Blick gerückt, teils unter dem Aspekt religionshistorischer Zusammenhänge, teils als kulturgeschichtlicher Fundstoff, der beweise, daß es im Bereich des Spielens weltweit zu analogen oder doch sehr ähnlichen Ausprägungen komme. G. Kossack hat beispielsweise in seinen »Studien zum Symbolgut der Urnenfelder- und Hallstattzeit Mitteleuropas« eine Konzentration derartiger Vogelrasseln oder -schellen aus Ton zwischen Elbe und Weichsel nachgewiesen[511], während V. R. d'A. Desborough – ohne auf ihre Rasseleigenschaft oder deren Fehlen zu achten – zeigte, daß Vogelgefäße im protogeometrischen und geometrischen Hellas mit entsprechenden Erscheinungen des Ostens, besonders Zyperns, zusammenhängen[512].

Auf die vielen sonstigen Funktionsformen von Rasseln oder Schellen soll hier nicht weiter eingegangen werden[513]. Herausgegriffen sei der Kürbis ('gourd-

---

ner Liste sind u. a. nachzutragen: ein Exemplar in der Privatsammlung V. Karageorghis, ein weiteres Stück, Sammlung Pierides, Larnaka, sowie Cypr. Mus., Inv.-Nr. 1981/VIII–28/6 (L: 16,5 cm, H: 8,5 cm, hellgelber Ton, geritzte Rippen, Fundort unbekannt; V. Karageorghis, BCH. 106, 1982, 689 f. Abb. 9) und ein Stück in der Privatsammlung L. Mildenberg, s. J. Neils, in: U. Gehrig, Tierbilder aus vier Jahrtausenden, Ausstellung Berlin (1983) 152 Nr. 146 mit Abb.   **511** RGF. 20 (1954) 50 f. Taf. 24 (Verbreitungskarte; vogelförmige Rasseln und Schellen heißen hier 'Vogelklappern'), bes. S. 51 Anm. 2 zur Frage, ob Kinderspielzeug oder religiöse Symbole vorliegen. Vgl. ferner A. von Müller – W. Nagel, Kunst im Handwerk früher Völker, Ausstellungskat. Berlin (1961) 22 Nr. 73. 74 mit Abb. (tönerne Rasseln in Vogelform, Lausitzer Kultur, etwa um 800 v. Chr., aus West-Sternberg, in Berlin-Charlottenburg, Staatl. Mus., Inv.-Nr. II 16519 und II 20723), ferner T. Kovács, Askoi, Bird-shaped Vessels, Bird-shaped Rattles in Bronze Age Hungary, in: Folia Archaeologica 23, 1972, 7 ff.; J. M. Coles – A. F. Harding, The Bronze Age in Europe (1979) 369 Abb. 132,2 (Przeczyce, Lausitzer Kultur); I. Kubach-Richter, Jahresber. des Instituts für Vorgeschichte der Univ. Frankfurt a. M. 1978/79 (1980) 157 f. Anm. 109 (allein 80 Rasseln ausschließlich aus Kindergräbern des Lausitzer Gräberfeldes von Laski, Polen).   **512** »Bird Vases«, in: KChron. 1972, 245 ff. Vgl. z. B. Vogelrasseln aus Palästina: O. Tufnell, Lachish III (1953) 230. 235. 326 Taf. 28, 12; M. Dothan – Y. Porath, Ashdod I (1967) 168 f. Abb. 46, 4; IV (1982) 12 Abb. 6, 4 Taf. 12, 1; H. P. Rüger, in: Galling, Bibl. Reallex. 235 s. v. Musikinstrumente, und H. Weippert, ebenda 310 s. v. Spielgerät. J. Bouzek, Die Anfänge des griechisch-geometrischen Symbolguts (Eirene 8, 1970, 97 ff., bes. 110 ff.: Vogelaskos), neigte einer helladischen Genese der Vogelgefäße zu, drückte sich aber nicht entschieden aus.   **513** R. Nicholls, Antike Tonfiguren, Katalog der Sammlung Chesterman (1978) Nr. 11 und 12 (Inv.-Nr. C 49: minoische handgeformte kugelförmige Rasseln des 2. Jts. v. Chr. mit Ritzlinien, die auf genähtes Leder hindeuten könnten, aus der Umgebung von Knossos, Dm: 3,6 und 2,7 cm); J. Wiesner, Vor- und Frühzeit der Mittelmeerländer I (1943) 45 (»... idolförmige Klapper aus Troja«; da Nachweise fehlen, ist das Zitat unüberprüfbar; es gibt allerdings prähistorische weibliche Figürchen aus Cucuteni, die Anschlagkügelchen enthalten, also als Rasseln oder Schellen fungierten). Während der Bronzezeit waren z. B. im Vorderen Orient tönerne Rasseln in Spulen- oder Tonnenform, mit und ohne Schallöcher, weit verbreitet, z. B. W. Needler, Palestine, Ancient and Modern, a Handbook and Guide to the Palestinian Coll. of the Royal Ontario Mus. (1949) 27 Taf. 5. Etwa ein Dutzend in Haifa, Univ.-Mus., mehrere in Chicago, Orient. Inst. Mus., Inv.-Nr. A 18362 und A 18924 (Megiddo, 11. Jh. v. Chr.), eine Spulenrassel aus Lachish, Grab 502, in Cambridge, Mus. of Arch. and Ethnology. Eine merkwürdige Analogie zwischen Kulturerscheinungen der Alten und Neuen Welt stellen Gefäße mit Rasseleinrichtung dar. Sie sind aus der Mayakultur Mittelamerikas bekannt, z. B. Kunst der Maya, Ausstellungskat. Köln (1966) 134 Nr. 175 Taf. 76 (Guate-

Abb. 39 Tönerne Nachbildung einer Kürbisrassel aus Praeneste

rattle' der Pueblosindianer)[514], weil er gewissermaßen schon von der Natur als Rassel vorgebildet und als solche ohne weitere Präparierung wirklich benutzt wurde. In Berlin wird ein wohlerhaltenes Beispiel einer Kürbisrassel, in Ton nachgebildet, aufbewahrt (Abb. 39)[515]. Das Exemplar stammt aus Praeneste und ist prä- oder frühetruskischer Zeit zuzurechnen. Genau solche Kürbisrasseln hat es zur Zeit Homers gegeben. Es ist nicht ausgeschlossen, daß es sich dabei um wirkliche, vergängliche Kürbisse handelte und deshalb dieser Typus weder im Original

mala); F. W. Lange – R. M. Accola, Archaeology 28 Heft 5, 1975, 30 und 66 (Costa Rica); P. D. Sheets, Archaeology 32 Heft 3, 1979, 36 f. (El Salvador). Beispiele aus den Balkanländern, Griechenland und Süditalien: E. v. Mercklin, AA. 1928, 377 f.; H. Sichtermann, Griechische Vasen aus Unteritalien (1966) 61 f. Nr. 111 Taf. 156; O. Seewald, MAGW. 98, 1968, 47 ff. (Kernos mit Rasseleinrichtung aus Watsch, Krain); M. Vickers, JHS. 90, 1970, 199 ff. Taf. 45 und ders., AJA. 77, 1973, Taf. 40, 3.4 (att.-schwarzgefirnißte Schale in Dublin, University College, Rasselgefäß); ders., a. O. 196 f. Taf. 40, 1.2 (Oxford, Ashmolean Mus., Rasselschale), Anm. 4 (weitere Nachweise). Würzburg, M. von Wagner-Mus., Inv.-Nr. L 699/H 3097 (schwarzgefirnißte Babyflasche, inwendig mit Rasselkörper, deutlicher Bezug zur Welt des Kleinkindes); s. ferner M. Jahn, Ein germanisches Klappergefäß aus Schlesien und sein Gegenstück ..., in: Altschlesische Blätter 15, 1940, 45 ff.; W. Novothnig, Die Rasselschale von München, ebenda 16, 1941, 175 ff.
514 Schöne Beispiele in Harvard-Univ., Peabody-Mus., Inv.-Nr. 73498/1908 (Navacho, Arizona-Neumexiko); W. Krickeberg, Altmexikanische Kulturen (1975) 249 und 253 mit Abb. Tönerne Kürbisrasseln aus Tepe Gawra: Propyläen-Kunstgeschichte XIII (1974) Taf.-Abb. 62 a; desgl. aus Kroatien im Mus. Zagreb: B. v. Richthofen, Serta Hoffilleriana (1940) 59 (»durchaus lausitzisch sind ... zwei birnenförmige Tonklappern von Dalj und Vukovar«).   **515** Berlin-Charlottenburg, Antikenmus., Inv.-Nr. 31154: L

Abb. 40 a–d Sitzende Personen mit Rasseln (wie Abb. 39) auf attisch-geometrischen Grabvasen

noch als tönerne Nachbildung im Repertoire der Gräber und Heiligtümer entdeckt wurde. Es gibt aber eine attisch-geometrische Bildserie, die in mancherlei Variationen als stets konstantes Element sitzende Personen zeigt, die mit Kürbisrasseln in beiden Händen hantieren (Abb. 40 a–d)[516]. Was die relativ flüchtigen

14 cm, größter Dm 8,4 cm, dichter, schwerer, lederbrauner Ton, handgemacht, Ritzmuster weiß inkrustiert, am Stielende ein Loch zum Durchziehen einer Schnur, Boden leicht gewölbt, Dm: 4 cm, 7 Schallöcher; in nicht ganz regelmäßigen Abständen darum herum, ebenfalls nicht ganz regelmäßige halbmondförmige Einritzungen. Im Innern ein Anschlagstein, vielleicht aus Ton, denn der erzeugte Klang ist ziemlich leise.   **516** Abb. 40 a: 'Kynosargeskanne' in Athen, Sammlung der British School, Ergänzungszeichnung H.-G. Buchholz nach W. Hahland, in: Festschrift für F. Zucker (1954) 178 Nr. 1 Taf. 7, 1 (mit

Zeichnungen freilich nicht erkennen lassen, ist die Tatsache, ob es sich um wirkliche Kürbisse, bzw. um einen Teil davon handelt, der mit einem Holzstiel versehen ist, oder um tönerne Nachbildungen.

Die fraglichen Bilder zieren durchweg Kannen, die im Grabkult zur Ausschüttung von Flüssigem, wohl Wasser, bestimmt waren[517]. J. N. Coldstream hat sie zu einer 'Rattle Group' zusammengefaßt und in den engen Zeitraum von 730 bis 715 v. Chr datiert[518].

W. Hahland ging m. E. seinerzeit richtig von der rituellen Bedeutung der Szenen aus. Ihm schienen allerdings die mehrfach, jedoch nicht auf allen Kannen vorkommenden Schilde die Hauptsache zu sein, so daß er die Gesamtthematik als 'Schildverehrung' bezeichnete: »Die Waffen der großen Toten galten als Unterpfänder ihres Schutzes, und wenn wir auf geometrischen Gefäßen Schilde dargestellt finden, vor denen kultische Feiern begangen werden, so möchte man in ihnen Waffen eines Gründerheros erkennen, denen die Verehrung gezollt wird«[519]. Die Bilder enthalten aber gewiß keine Anbetungsrituale, denn die Akteure sind sitzend dargestellt[520]. Das ist merkwürdig, gehören doch nach üblicher Vorstellung rhythmische Klanggeräte und tänzerische Bewegung zusammen.

J. M. Cook ging andererseits von der Hypothese aus, daß Grabgefäße im Bildschmuck auf den Totenkult abgestimmt seien[521]; das trifft für einen Teil geome-

Lit.) und G. Ahlberg, OpAth. 7, 1967, 179 Abb. 1, s. bereits J. Harrison, Themis (1963) 76 ff. Abb. 10 b; Abb. 40 b: London, Brit. Mus., Inv.-Nr. 1916. 1–8. 2, Umzeichnung nach Hahland a. O. 178 Nr. 2 Taf. 7,2, s. Ahlberg a. O. Taf. 1 a; Abb. 40 c: Grasmere, Westmoreland, Sammlung J. R. Danson, Umzeichnung nach J. Boardman, JHS. 86, 1966, 1 ff. Taf. 4 b, Ahlberg a. O. 186 Abb. 4 (Detail); Boardman, Handel 92 Abb. 85; Abb. 40 d: Paris, Louvre, Inv.-Nr. (A 1940), Umzeichnung nach Hahland a. O. 178 Nr. 4 Taf. 11, 8; Ahlberg a. O. Taf. 1 c. Details dieser Gruppe geometrischer Vasenbilder hat S. Laser bereits besprochen: unser Kap. »Hausrat« (1968) P 63 mit Abb. 10 b. c (Tische, Sockelschalen, 'Plemochoen-[Rassel ?–] Schwinger'); ausführlicher bei M. Wegner, »Musik und Tanz« (1968) U 22 f. 39. 73 f. Nr. 45 Taf. U II a (widersprüchliche Deutung und Benennung: Spendegefäße, Sprenggefäße, Rasseln). Details gelegentlich in weiterer sekundärer Homerliteratur, u. a. ein Kitharaspieler der Kanne Athen, Nat.-Mus., Inv.-Nr. 17497 in Kirk, Songs Taf. 7 a (»flanked by two figures wielding rattles [probably] ...«); J. L. Benson, Horse, Bird and Man, the Origins of Greek Painting (1970) 105 Taf. 40, 7 (Detail, unzulängliche Umzeichnung einer sitzenden Rasslerin, att.-geometr. Oinochoe in England, Privatsammlung, nach J. Boardman, JHS. 86, 1966, 4 f. Taf. 4 b); L. A. Stella, Tradizione Micenea e Poesia dell' Iliade (1978) 288 Taf. 51, 82, identisch mit Kirk a. O. Taf. 7 a. Weiteres unten Anm. 518.   517 D. C. Kurtz – J. Boardman, Greek Burial Customs (1971) 60 f. Abb. 7 (unsere Abb. 40 b); S. 352 (Bibliographie), vgl. auch die unter dem Titel »Thanatos« von M. Buchholz übersetzte, von H.-G. Buchholz herausgegebene deutsche Ausgabe (1985) 77 Abb. 13.   518 Coldstream, GGP. 71 f. (mit weiterer Lit.) 291 f. 331, chronolog. Tabelle, Taf. 13 b (London, Brit. Mus., Inv.-Nr. 1916. 1–8. 2, unsere Abb. 40 b). In der Benennung der Gruppe folgt Coldstream J. M. Cook, BCH. 70, 1946, 97 ff.   519 Corolla L. Curtius (1937) 128 f. mit Anm. 67. Schilde stehen gleichrangig neben Dreifußkesseln als Siegespreise (unsere Abb. 31 b) und Weihgeschenke, s. S. Benton, BSA. 35, 1934/35, 104 f. Abb. 11 b und 12.   520 Feierliches Thronen kommt Göttern und Priestern in Vertretung der Gottheit zu, vgl. dazu ein ungewöhnliches geometrisches Schalenbild, das eine thronende Göttin darstellt, vor der Frauen tanzen, Athen, Nat.-Mus., Inv.-Nr. 784: A. Brueckner – E. Pernice, AM. 18, 1893, 113 ff. Abb. 10, veränderte Umzeichnung in G. Wickert-Micknat, unser Kap. »Die Frau« (1982) R 34 f. Anm. 146 (wo ich die Literatur vollständig nachgetragen habe) Abb. 4; M. Wegner, unser Kap. »Musik und Tanz« (1968) U 55 f. Nr. 27.   521 J. M. Cook, BCH. 70, 1946, 97 ff.

trischer Vasen sicher zu. Unter diesem Aspekt würden Schilde (z. B. auf der 'Kynosarges-Kanne', Abb. 40 a) ein Symbol für das Grab oder ein sichtbares Zeichen auf dem Grab bedeuten, der Altar wäre der Speisetisch für das Totenmahl[522], dreieckige Gebilde auf einem solchen Tisch müßten Kuchen sein und der Inhalt von Kesseln und Kantharoi vor den Rasselschüttlern (z. B. auf der Kanne 'Athen 17497')[523] wäre als Totenumtrunk zu deuten. Doch das ist ausnahmslos moderne Konstruktion; denn für Mahlzeiten fehlen alle Anzeichen. Die beteiligten Personen machen samt und sonders 'Musik', sie essen nicht.

Stehende kommen in keiner der Darstellungen vor. Die Anzahl der Rasselspieler ist verschieden; sieben Bilder zeigen deren zwei in symmetrischer Komposition[524], ein ungewöhnliches Bild weist asymmetrisch dreizehn sitzende Raßlerinnen auf[525]. Stets sind sie, wie erwähnt, gleichmäßig auf beide Seiten verteilt, stets der Mitte zugewandt, immer bedienen sie ein Rasselpaar[526]. Auf drei Kannen ist die Szene durch Leierspieler bereichert, zweimal sind es zwei, die – auf beide Bildhälften verteilt – Rücken an Rücken sitzen und ihren rasselnden Partnern zugewandt sind[527]. Es handelt sich eigentlich bereits um eine in sich weniger stimmende Variante, man möchte sagen: gedankenlose Weiterbildung, wenn ein einzelner, nach rechts gerichteter Leierspieler das Zentrum einnimmt[528]. Insgesamt helfen derartige Musikanten aber, unsere Bilder als Musikszenen zu sichern. Doch gewiß handelt es sich nicht um irgendein Musizieren, auch der Begriff 'Kultmusik' ist noch zu unbestimmt[529].

522 Zum Problem »Das Grab als Tisch« s. M. Murko, WuS. 2, 1910, 79 ff. Daß unsere Abb. 40 a–d im Zentrum der Handlung jeweils einen Altar zeigen, erscheint unabweisbar, wenn man derartige geometrische Gebilde mit weiteren Altardarstellungen der ägyptischen Welt vergleicht, wie bei Cook, Zeus I 511 f. Abb. 377–386 (a. O. Abb. 378 = Detail unserer Abb. 40 a).   **523** S. Karouzou, CVA. Athen, Nat.-Mus. II (1954) III H d Taf. 12, 1–4; W. Hahland, Festschrift für F. Zucker (1954) 179 Nr. 8; Davison, Workshops Abb. 129; G. S. Kirk, The Songs of Homer (1962) Taf. 7 a; B. Aign, Die Geschichte der Musikinstrumente des ägäischen Raumes bis um 700 v. Chr. (1963) 92 f. Abb. 59 (Detail); Coldstream, GGP. 71 Nr. 2; M. Wegner, unser Kap. »Musik und Tanz« U 22 f. 39. 73 f. Nr. 45 Taf. U II a; L. A. Stella, Tradizione Micenea e Poesia dell' Iliade (1978) 288 Taf. 51, 82.   **524** Außer den behandelten Beispielen (Abb. 40 a–d) ist auf die in Anm. 525–528 genannten zu verweisen. Coldstream, GGP. 71 f. erfaßte außerdem Nr. 7. 8. 11. 12 – teilweise unpubliziert – in seiner 'Rassler-Gruppe', die ich nicht geprüft habe: Prag 2500, Paris CA 2516, Athen 18474, Baltimore, ehem. Sammlung Robinson.   **525** Att.-geometr. Kanne in Boston, Mus. of Fine Arts, Inv.-Nr. 03.777, s. A. Fairbanks, Catalogue of Greek and Etruscan Vases in Boston, Taf. 22, 267; J. M. Cook, BCH. 70, 1946, 97; W. Hahland, Festschrift für F. Zucker (1954) 178 Nr. 3 Taf. 9, 4. 5; 10; Coldstream, GGP. 71 Nr. 6.   **526** Andere, nicht überzeugende Deutungen: Spindeln, Spende- oder Sprenggefäße, Mohnkolben oder Granatäpfel, s. oben Anm. 516 und E. Hinrichs, Annales Univ. Saraviensis 4, 1955, 143.   **527** Athen, Nat.-Mus., Inv.-Nr. 18542, s. G. Karo, AA. 1934, 144; Hahland a. O. 179 Nr. 6 Taf. 13–15; Coldstream a. O. Nr. 8. – Kopenhagen, Nat.-Mus., Inv.-Nr. 9367, vgl. Ch. Hofkes-Brukker, Frühgriechische Gruppenbildung (1935) 5 Anm. 21; Hahland a. O. 177 und 179 Nr. 7 Taf. 16. 17 a; Coldstream a. O. Nr. 9.   **528** Athen, Nat.-Mus., Inv.-Nr. 17497, s. o. Anm. 523. Beschreibung von E. Kunze bei W. Hahland a. O. Nr. 8: »Im Zentrum des Mittelfeldes sitzt auf lehnenlosem Stuhl nach rechts ein Leierspieler. Ihm zugewandt beiderseits je eine 'Spinnerin' (Geschlecht nicht kenntlich) auf Stuhl mit Rückenlehne. Unter jeder der beiden 'Spindeln' ein Gefäß, unmittelbar auf dem Boden aufstehend …«.   **529** Vgl. Nilsson, GGR. I³ 163. Merkwürdig unsicher in der Beurteilung und ohne bessere Deutung: P. Aign, Die Geschichte der Musikinstrumente des ägäischen Raumes bis um 700 v. Chr. (1963) 92 ff.

Wie immer wieder richtig erkannt wurde, liegt im Zentrum der Darstellungen der Schlüssel zu ihrem Verständnis: Die 'Kynosarges-Kanne' zeigt den besprochenen Altartisch mit einem Schild darauf (Abb. 40a), dem entsprechen zwei Schilde ohne Altar in einem bereits erwähnten Kannenbild in Boston[530]. Ein weiteres Beispiel in Brüssel zeigt an gleicher Stelle einen Kessel mit Untersatz, darauf einen Wasservogel[531]. Auf einer anderen, ebenfalls schon vorgestellten Kanne nimmt jeweils ein kleiner Kantharos auf einem Tischchen die Bezugspunkte ein[532]. In Abb. 40d fehlen Altar, Schild oder Kessel, dafür bilden zwei antithetisch angeordnete Vögel das Zentrum der Handlung. Auf der mehrfach erwähnten Kanne 'Athen 17497' hat der Maler vor jeden Rasselspieler je ein Gefäß gesetzt[533].

Eine attisch-geometrische Steilrandschale aus der Mitte des 8. Jhs. v. Chr. fällt insofern aus dem Rahmen, als sie einen nach rechts orientierten Fries von sechs sitzenden Männern mit Helm und je zwei Rasseln erkennen läßt, dem der gesuchte Bezugspunkt, auf den das Rasseln gerichtet ist, fehlt[534]. Die Tatsache, daß hier ausschließlich Männer agieren, will wenig besagen, ist doch der Befund sonst uneinheitlich. Jedenfalls gehört das, was unsere Bilder darstellen, nicht ausschließlich in die ritterlich-männliche Welt des homerischen Zeitalters – wohin wir 'Schildverehrung' wohl rechnen müßten –, sondern in ein agrarisches Stratum, in welchem Frauen – Göttinnen, Priesterinnen, Zauberinnen – nicht fehlen. Je zwei Männer sind beispielsweise die Rassel schwingenden Akteure auf unseren Abb. 40a und b; auf Abb. 40c erscheinen rechts eine Frau, links ein Mann; Abb. 40d zeigt zwei Frauen als Raßlerinnen.

Sehen wir Wasserbehälter und Wasservögel als den Bedeutungskern an, dann ergibt sich ein Zusammenhang mit späteren Münzbildern der Stadt Krannon, die Amphoren auf einem Wagen abbilden, zuweilen von Vögeln flankiert[535]. Der

---

530 s. oben Anm. 525. Kombination von Regenzauber und Dipylonschild bereits bei J. Harrison, Themis (1963) 76 ff.: »two rain-makers are working their rattles before a sacred shild ...«.   **531** Brüssel, Musées Royaux d'Art et d'Histoire. Inv.-Nr. A 1941, s. F. Mayence – V. Verhoogen, CVA. Brüssel II (1937) III H b Taf. 1, 2a. b; J. M. Cook, BCH. 70, 1946, 97 f.; Hahland a. O. 178 f. Nr. 5 Taf. 12.   **532** Athen, Nat.-Mus., Inv.-Nr. 18542, s. oben Anm. 527.   **533** Vgl. oben Anm. 528.   **534** Mt. Holyoke College, USA, s. Sh. McNally, AJA. 73, 1969, 459 ff. Taf. 127, deren inhaltliche Interpretation der von J. Harrison und A. B. Cook zuneigt (unten Anm. 536). – Ich habe in unserem Zusammenhang zwei weitere att.-geometr. Schalen nicht berücksichtigt, weil sie zwar auch thronende musizierende Personen darstellen, deren Instrumente sind jedoch nicht Rasseln, eher Klangstäbe, Zinken oder eine Art Triangel: Athen, Nat.-Mus., Inv.-Nr. 729 und London, Brit. Mus., Inv.-Nr. 1950. 11–9. 1, s. Hahland a. O. 179 f. Nr. 9 (mit älterer Lit.); Davison, Workshops 61 Abb. 83; M. Wegner, in: Opus Nobile, Festschrift zum 60. Geburtstag von U. Jantzen (1969) 178 f. Taf. 29, 3. 4; B. Borell, Attisch geometrische Schalen (1978) 8 Nr. 23; S. 21 f. Nr. 79 Taf. 10. 11.   **535** Münzen von Krannon: Cook, Zeus II 832 Abb. 789–792; E. Simon, in: Sp. Marinatos, Acta of the Second Int. Colloquium on Aegean Prehistory, Athen (1972) 162 Abb. (auf dem Kopf; München, Staatl. Münzsammlung). Vgl. zum sachlichen Zusammenhang: W. Fiedler, Studien zum antiken Wetterzauber (Diss. Würzburg 1930) passim. Zu Gefäßwagen aus Terrakotta, wohl kaum 'Spielzeug', sondern Votive und Grabbeigaben aus geometrischer Zeit vgl. J. Boardman, BSA. 52, 1957, 15 Taf. 3 (a: Athen, Nat.-Mus., Inv.-Nr. 14481; b: London, Brit. Mus., Inv.-Nr. 1921. 11–29. 2; c: K. Kübler, Kerameikos V 245 Taf. 144). – Zu prähistorischen Kesselwagen: V. Sümeghy, Bericht über den 5. internat. Kongreß für Vor- und Frühgesch., Hamburg (1958) 786 ff. mit Taf. 57; Simon a. O. 157 ff., bes. 164 mit Abb. (bronzener Kesselwagen von Acholshausen).

Mythos des Königs Salmoneus[536] erweist den 'Kesselwagen' der Prägungen von Krannon als Gegenstand des Regenzaubers: Die 'Raben' auf den genannten Münzen sind Regenvögel[537], der Wagen selber imitiert mit seinem Rasseln das prasselnde, Segen bringende Naß. Salmoneus war der Sage nach der Imitator des Gewittergottes Zeus. Die gedankliche Kette Rassel–Wassergefäß–Kesselwagen–Regen ist zwingend, die Rassel war mindestens in diesem Zusammenhang in homerischer Zeit kein bloßes Spielzeug!

Im Orinokogebiet besitzen Rasseln eine gewisse Heiligkeit. In ihnen soll ein Geist wohnen, dessen Stimme man vernimmt[538]. Bei den Urundi erfährt sie Wertschätzung als Abzeichen der Zauberer[539]. Ihre Hauptaufgabe ist nach C. Sachs Geistervertreibung[540], Totenklage und in Hackbaukulturen Begleitung des Regentanzes[541]. Wir haben es sowohl mit Abwehrzauber[542] als auch mit Analogiezauber zu tun, indem die Ähnlichkeit der menschlichen Handlung mit der Wettererscheinung beabsichtigt ist. Allerdings muß das, was dem modernen Denken als bloße 'Ähnlichkeit' erscheint, in »mythischer Auffassung« als der unmittelbare »Ausdruck einer Identität des Wesens« verstanden werden[543].

β) *Reifen*: Das Wort τροχός kommt bereits bei Homer mit der Bedeutung 'Rad' vor (VI 42; XXIII 394 u.ö.) und stimmt mit altirisch *droch*, 'Rad', überein (idg. **dhrogho-*)[544]. Ferner hat τροχός die Bedeutung 'Töpferscheibe' (XVIII 600) und 'runder Kuchen' (XII 173; XXI 178). Im Sinne von 'Reifen' bezeichnete unser Wort – zwar nicht bei Homer nachweisbar – eins der beliebtesten Kinderspielzeuge des Altertums. Jugendliche beiderlei Geschlechts weihten häufig derartige Reifen als eine Art Initiationsopfer in bestimmten Tempeln ihrer Heimatorte: In einer Inschrift aus dem Kabirenheiligtum von Theben ist der Reifen als Weihgabe

---

536 Apollodor I 9,7; Vergil, Aen. VI 585 ff.; Servius zu Vergil a.O. Vgl. ferner Frazer, Golden Bough I 310; J. Harrison, Themis (1963) 79 ff.; Cook, Zeus II 825. 833. 1088. Der Name Salmoneus ist von einem thessalischen (bzw. peloponnesischen) vorgriechischen Toponym abgeleitet, s. H. von Kamptz, Homerische Personennamen (1982) 124. 301 f. s. v. Σαλμωνεύς, und bereits O. Weinreich, Menekrates Zeus und Salmoneus, in: Tübinger Beiträge zur Altertumswiss. 18, 1933.   **537** Nach Antigonos von Karystos gehörten zwei Raben und ein bronzener Wagen zu den Wahrzeichen der Stadt Krannon (Mirabilia, Kap. 15; s. K. Müller, Fragmenta Historicum Graecorum I 292).   **538** R. Thurnwald, RV. XII (1928) 368.   **539** W. Fiedler, Studien zum antiken Wetterzauber (Diss. Würzburg 1930) 11.   **540** C. Sachs, Geist und Werden der Musikinstrumente (1929) 121: weiteres zur Schreckwirkung unter Anm. 542.   **541** Zahlreiche Beispiele bei Fiedler a.O. passim und Frazer, The Golden Bough, passim.   **542** Rassel als Schreckinstrument in einer Stierspielszene auf einem iberischen Vasenfragment: A. Garcia – Y. Bellido, AJA. 52, 1948, 250 Abb. 11. Zur Schreckwirkung des 'Rasselstabs', der 'Rassellanze', einer gewöhnlichen Waffe, die zusätzlich mit Geräuschelementen ausgestattet ist, s. W. Ridgeway, The Early Age of Greece II (1931) 35 ff.; F. Behn, Mainzer Zeitschrift 7, 1912, 46; Dio Cassius 76,12 (zu antiken Beispielen von den Britischen Inseln).   **543** E. Cassirer, Wesen und Wirkung des Symbolbegriffs ²(1959) 51 f. 152. 193.   **544** Vgl. Frisk 927 ff. s. v. τρέχω. Zu τροχός weiterhin: K. Brugmann, IF. 17, 1904/05, 360 (Bedeutungsgeschichte); H. Pedersen, ZvglSpr. 39, 1906, 345 (Etymologie); P. Kretschmer, Glotta 13, 1924, 103 (Wortbildung); Delebecque, Cheval 178; Hermann, Sprachwiss. Komm. 49; Struck, Bedeutungslehre 62.

neben Knöchel, Kreisel und Peitsche genannt[545]. Τροχός tritt mit der Bedeutung 'Reifen als Kinderspielzeug' beispielsweise auch bei Antyllos auf[546].

Zwar besitzen wir Räder aus Metall und Ton schon aus geometrischer und archaischer Zeit, wir wissen aber nicht, ob und wie mit ihnen gespielt wurde. Sie sind in der Regel kleiner als jene hüfthohen Reifen, die im 5. Jh. v. Chr. als typisches Spielzeug des trojanischen Prinzen Ganymedes erscheinen, der vor Zeus flieht und von ihm der Sage nach geraubt wurde[547]. Eine rf.-lukanische Hydria zeigt als Nebenfigur den Erosknaben mit Reifen und Stecken[548]. Wie heute noch, wurde nämlich ein solcher Reifen mit einem kleinen Stock angetrieben (Abb. 41 a. b)[549]. Der τροχός bestand gemäß späterer Quellen aus Holz, Kupfer oder Bronze und war manchmal mit Speichen oder Klapperelementen, Schellen bzw. Ringen, versehen[550].

Wie so häufig, mag es sich bei diesem Gerät um ein in die Kindersphäre abgesunkenes Religionsgut handeln, so daß frühgriechische Funde von Rädern und Rädchen – auch bronzezeitliche oder geometrische Radsymbole des ägäischen Raumes – unter einem solchen Aspekt entwicklungsgeschichtlich als Vorläufer

---

545 P. Wolters – G. Bruns, Das Kabirenheiligtum bei Theben I (1940) 21 ff. Nr. 2. 546 Oribasium VI 26,5 (2. Jh. n. Chr.); zu weiteren – meist lateinischen – Belegen s. unten Anm. 550. 547 V 266; XX 232, s. H. von Kamptz, Homerische Personennamen (1982) 187; zu unserer Abb. 41 b s. Anm. 549; ferner att.-rf. Kantharos des Brygosmalers in Boston, Mus. of Fine Arts, Inv.-Nr. 95. 36 (um 490 v. Chr.); L. D. Caskey – J. D. Beazley, Attic Vase Paintings in the Museum of Fine Arts, Boston I (1931) 13 ff. Taf. 16; K. Schefold, Gymnasium 61, 1954, 286; ders., Wort und Bild, Studien zur Gegenwart der Antike (1975) 87. 93 f.; ders., Die ältesten Bilder von Apollon und Daphne, in: Mélanges Mansel (1974) 56; H. Walter, Griechische Götter (1971) 74 Abb. 58; Beazley, ARV.² 381 Nr. 182; ders., Paralipomena 366. 368; K. Schefold, Die Göttersage in der klassischen und hellenistischen Kunst (1981) 12 Abb. 3; M. Eisner, APA. 16/17, 1984/85, 280 ff. Abb. 21. – Att.-rf. Glockenkrater des Berliner Malers in Paris, Louvre, Inv.-Nr. G 175 (um 490 v. Chr.), J. Beazley, Der Berliner Maler (1930) 18 Nr. 90 Taf. 20; H. Sichtermann, AntK. 2, 1959, 10 ff. Taf. 6, 1. 2; P. E. Arias – M. Hirmer – B. B. Shefton, A History of Greek Vase Painting (1962) 345 Taf. 155 ff.; Beazley, ARV.² 206 Nr. 124; S. 1633; S. Kaempf-Dimitriadou, AntK., 11. Beih. (1979) 77; E. Simon, Die griechischen Vasen² (1981) 111 Taf. 143. 144; J. Boardman, Rotfigurige Vasen aus Athen (1981) 117 Abb. 150; K. Schefold, Die Göttersage in der klassischen und hellenistischen Kunst (1981) 212 Abb. 291. – Abwandlung des Themas: Hermes verfolgt Ganymed, auf att.-rf. Strickhenkelamphora des Alkimachosmalers in Leningrad, Ermitage, Inv.-Nr. B 2100 (B 611, um 470 v. Chr.), Beazley, ARV.² 530 Nr. 26; A. Peredolskaja, Krasnofigurnye Atticeskie Vazy Ermitage (1967) 91 ff. Nr. 91 Taf. 66. 67 (Panmaler); S. Kaempf-Dimitriadou, AntK., 11. Beih. (1979) 80 Nr. 45 Taf. 5, 5; K. Schefold, Die Göttersage in der klassischen und hellenistischen Kunst (1981) 298 Abb. 432.   548 A. Furtwängler, Beschreibung der Vasensammlung im Antiquarium (1885) 873 ff. Nr. 3164; vgl. ferner A. Greifenhagen, Griechische Eroten (1957) 14 f. Abb. 7 (rf. Halsamphora des Tithonos-Malers in London, Brit. Mus., Inv.-Nr. E 296; um 460 v. Chr.).   549 Abb. 41 a: unbenannter Knabe mit Reifen, Innenbild einer att.-rf. Schale des Colmarmalers, um 500 v. Chr., aus Chiusi; in Oxford, Ashmolean Mus., Inv.-Nr. 300, s. Beazley, ARV.² 357 Nr. 69; J. Boardman, Rotfigurige Vasen aus Athen 164 Nr. 236; E. Zwierlein-Diehl, Helena und Xenophon (1973) Nr. 15 mit schöner Abb.; Abb. 41 b: Umzeichnung nach Boardman a. O. 207 Abb. 339, s. Beazley, ARV.² 553 Nr. 39, att.-rf. Nolanische Amphora des Pan-Malers aus Suessula, in Boston, Museum of Fine Arts, Inv.-Nr. 10. 184.   550 Zusammenfassend G. Lafaye, DA. V 492 f. s. v. Trochus; ferner E. Schmidt, Spielzeug 52 f. (mit Nachweisen überwiegend römischer Quellen); vgl. das Innenbild einer att.-rf. Schale des Makron in München,

a b

Abb. 41a und b Knabe mit Reifen auf dem Innenbild einer attisch-rotfigurigen Schale des Colmar-Malers (a), Zeus und Ganymed auf einer attisch-rotfigurigen Amphora des Pan-Malers (b)

des späteren Spielzeugs anzusehen wären. Dies gilt im besonderen für die hier nicht behandelten 'Jo-jo'-Spiele[551], Iynxräder und ähnliches[552].

γ) *Wippen und Schaukeln*: Ein Spielgerät, das wir heute noch kennen, ist die Wippe. Sie besteht aus einem Brett, das sich mit den beiden freien Enden auf und ab bewegt, während die Mitte aufliegt. Es handelt sich um ein Spiel, dem sich besonders Mädchen zu zweit widmen, wie es beispielsweise ein fragmentarischer attisch-rotfiguriger Kolonettenkrater des Leningrad-Malers in Boston zeigt (Abb. 42 c)[553]. Ähnliche Spielszenen bieten zwei attisch-rotfigurige Hydrien in Madrid

Staatl. Antikensammlungen, Inv.-Nr. 2674; O. Jahn, Beschreibung der Vasensammlung König Ludwigs in der Pinakothek zu München (1854) 80 Nr. 275; Beazley, ARV.² 479 Nr. 326; J. Perfahl, Wiedersehen mit Argos (1983) 75 mit Abb.; nicht näher benennbare Knaben mit Reifen (Nebenfiguren) auf att.-rf. Hydrien in Berlin: A. Furtwängler, Beschreibung der Vasensammlung im Antiquarium (1885) 741 ff. Nr. 2633 und 2634; ferner attisches Grabrelief des frühen 4. Jhs. v. Chr. in Athen, Nat.-Mus.; W. Zschietzschmann, Hellas und Rom (1959) Taf.-Abb. 178; vgl. H. A. Harris, Sport in Greece and Rome (1972) Taf.-Abb. 5 a.   551 Beispielsweise ein tönernes attisch-weißgrundiges Votiv-'Jo-jo' des 5. Jhs. v. Chr. in New York, Metr. Mus., Inv.-Nr. 28. 167; I. Wehgartner, Attisch weißgrundige Keramik (1983) 154 ff., bes. 157 Nr. 6; zwei weitere, ebenfalls aus Attika, in Würzburg, Martin von Wagner-Museum, Inv.-Nr. H 5399 und H 5400.   552 G. Lafaye, DA. V 541 s. v. Turben; W. Richter, KlPauly V (1975) 1366 f. s. v. Wendehals; vgl. bes. J. B. Bury, Ἴυγξ in Greek Magic, in: JHS. 7, 1886, 157 ff.; Cook, Zeus I 253 ff.; A. S. F. Gow, JHS. 54, 1934, 1 ff. und E. Brandt, AntK. 12, 1969, 61 ff., bes. 66 f. Zu einem homer-hesiod-zeitlichen Ἴυγξ-Rad aus Ton in Boston s. C. W. Nelson, AJA. 44, 1940, 443 ff. Abb. 1; M. P. Nilsson, GGR. II (1950) 209 Anm. 5.   553 Museum of Fine Arts, Inv.-Nr. 10. 191; unsere Abb. 42 c nach L. D. Caskey – J. D. Beazley, Attic Vase Paintings in the Museum of Fine Arts, Boston III (1963) 48 f. Taf. 85; vgl. auch J. Boardman, Rotfigurige Vasen aus Athen (1981) 199 Abb. 322; Beazley, ARV.² 569

und Athen sowie eine attisch-rotfigurige Schale des Kodros-Malers in New Yorker Privatbesitz[554].

Es ist wohl eine unteritalische Besonderheit, daß sich zwei Eroten anstelle von Mädchen auf einer Wippe vergnügen; das zeigt ein Glockenkrater in Reggio di Calabria[555] und ferner eine Gnathia-Pelike der Mitte des 4. Jhs. v. Chr. in Privatbesitz[556]. Zwar gibt es bei Homer keinen Hinweis, ja, es ist über Geschichte und Hintergrund dieses Spielgeräts so gut wie nichts bekannt, wir müssen aber einen Sinnzusammenhang mit der Schaukel erkennen, und die läßt sich bis in das zweite vorchristliche Jahrtausend zurückverfolgen.

Ich will nicht näher auf die Möglichkeit eingehen, daß gewisse trogartige 'Marmorpaletten' aus frühkykladischer Zeit (Mitte des 3. Jts. v. Chr.) vielleicht als 'Hängewiegen oder -liegen' zu deuten sind. Ist das richtig, dann wären Kykladenidole – sofern auf ihnen ruhend – als 'Puppen' anzusprechen und die genannten Paletten würden nach Art von Hängematten und Verwandtem tatsächlich in kleinem Format Schaukelwiegen für Babys nachahmen[557]. Abwegig wäre ein solcher Zusammenhang schon deshalb nicht, weil der neugeborene Hermes ja auch in eine Art Hängeschaukelwiege gelegt wird, nämlich in ein Liknon, dem Ursprung nach also in eine Kornschwinge[558]. Eine solche wurde in primärer Funktion bei der Ernte ebenfalls schaukelartig hin- und hergeschwungen und dabei zum Worfeln des Getreides benutzt[559].

Ein mittelminoisches Haus in Hagia Triada, Südkreta, das in spätminoischer Zeit für Bestattungen gebraucht wurde[560], barg u.a. ein sitzendes weibliches Tonfigürchen mit erhobenen, durchlochten Händen, durch die ursprünglich eine Schnur gelaufen sein muß. Zwei Pfeiler, die nach Material und Bemalung dazugehören, ließen sich als Träger einer Schaukel ergänzen, auf der die Frau saß (Abb. 42a, SM I/II)[561]. M. P. Nilsson vermerkte: »This ingenious restoration

---

Nr. 49; Olmos a. O. (s. nächste Anm.) 109 Taf. 18,2.   554 Madrid, Mus. Arch. Nat., Inv.-Nr. 11128, aus Apulien, Beazley, ARV.² 1011 Nr. 17; J. R. Mélida, CVA. Madrid II (o. J.) III Id Taf. 6,1; R. Olmos, Archedike und Hapaline, Hetären auf einer Wippe, Zur Interpretation einer rotfigurigen Hydra in Madrid, in: Studien zur Mythologie und Vasenmalerei, Festschrift für K. Schauenburg zum 65. Geburtstag (1986) 108 Abb. 1; Athen, Nat.-Mus., Inv.-Nr. 1178, 'Maler von Athen 1454', S. Papaspyridi, Guide du Musée National, Athènes (1927) 324; Beazley, ARV.² 1179 Nr. 5; New York, Sammlung Love, Beazley, ARV.² 1271 Nr. 38bis. Vgl. ferner die Darstellung auf einem sizilianischen Kelchkrater: P. E. Arias, CVA. Syrakus I (1941) IV E Taf. 3,1; weitere Beispiele: G. Lafaye, DA. IV 256 Abb. 5439 s. v. Oscillatio.   555 K. Schauenburg, Antike Welt 7, Heft 3, 1976, 50 Abb. 20, in einem anderen Fall ein Satyrpaar, s. Lafaye a. O. Abb. 5440.   556 Schauenburg a. O. 51 Abb. 22; ders., in: W. Hornbostel, Kunst der Antike, Schätze aus Norddeutschem Privatbesitz (1977) 370 Nr. 318 mit Abb.   557 P. Getz-Preziosi, AA. 1978, 8ff. Abb. 12–15 und 16a–c (zeichnerischer Rekonstruktionversuch).   558 h. Merc. 21. 150.   559 Vgl. Frisk 122f. s. v. λικμάω; Nilsson, GGR.³ 588 Taf. 38,1 (mit Nachweisen).   560 I. Pini, Beiträge zur minoischen Gräberkunde (1968) 76 Nr. 109,2 (mit älterer Lit.).   561 Zum Kontext und seiner Deutung s. M. P. Nilsson, MMR.² 300ff., zu der rekonstruierten Gruppe (H der Pfeiler: 16cm, H der Figur: 6,3cm): ebd. 331f. Anm. 7 mit Abb. 153; s. R. Paribeni, MonAnt. 14, 1904, 747 Abb. 42. 43; Ch. Picard, RA. 1928, Heft 2, 47ff. und AJA. 33, 1929, 229; Evans, PM. IV (1935) 24ff. Abb. 13; Bossert, Altkreta³ Abb. 291; Ch. Delvoye, BCH. 70, 1946, 120; Zervos, Crète Abb. 578; S. Hood, The Minoans (1971) 137 Abb. 121. Zum Schaukeln mit kultischer Bedeutung auch G. van Hoorn, La Résurrection de Dionysos Liknitis, in: BAnt-

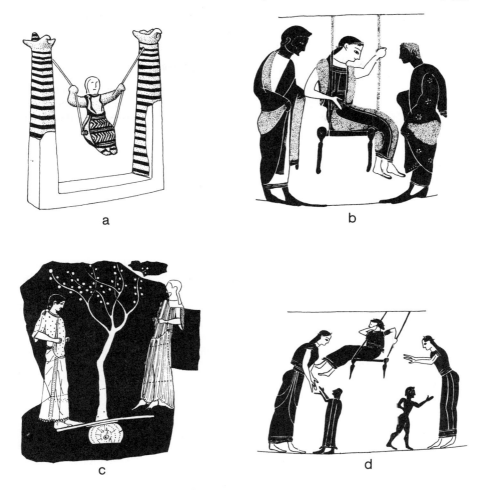

Abb. 42 a-d Schaukeln und Wippen; rekonstruiertes minoisches Tonmodell einer Schaukel mit weiblicher Figur (a), schaukelnde Mädchen auf attisch-schwarzfigurigen Bauchamphoren (b und d), wippende Mädchen auf dem Fragment eines attisch-rotfigurigen Kolonettenkraters (c)

seems correct, indeed the only possible one«[562]. Die Tatsache, daß Schaukeln in so früher Zeit der plastischen Darstellung für wert befunden wurde, sowie Sinnzusammenhang und Tradierung über das Homerische Zeitalter hinweg sollen uns später beschäftigen.

Zunächst ist festzustellen, daß es in der archäologischen Literatur einen 'Schaukelmaler' gibt. Es handelt sich um einen der produktiven Vasenmaler der Zeit vom Übergang des reif- zum spätarchaischen Stil. J. Boardman hat seine Tätigkeit mittels Vergleichs im Umfeld des Exekias bis zum Lysippides-Maler auf die Jahre

Beschav. 24–26, 1949–51, 7 ff., weiteres unten Anm. 567. Anm. 7.

[562] Nilsson a O. 331 f.

540 bis 520 v. Chr. festgelegt[563]. Vom Schaukelmaler blieb die Darstellung unseres Bildthemas in zwei Beispielen erhalten:

1. Att.-sf. Bauchamphora, um 540 v. Chr. (Abb. 42 b), in Boston, Mus. of Fine Arts, Inv.-Nr. 98. 918: Auf einem Schemel, der an zwei Stricken aufgehängt ist, sitzt ein Mädchen, das gerade das Schaukeln unterbrochen hat; es unterhält sich mit drei Männern und einem Knaben. Mit der Linken hält sie sich an einem der Seile fest, die Rechte ist im Redegestus angewinkelt. AA. 1899, 143 Nr. 27; Beazley, ABV. 306 Nr. 41; J. Boardman, Schwarzfigurige Vasen aus Athen (1977) 105 Abb. 142; E. Böhr, Der Schaukelmaler (1982) 52. 87 Nr. 63 (mit Lit.) Taf. 64 a; 191 e (Detail).

2. Att.-sf. Bauchamphora des Schaukelmalers mit Bildthema wie zuvor, aus Vulci, in Paris, Louvre, Inv.-Nr. F 60. Beazley, ABV. 308 Nr. 74 (mit Lit.); ders., Paralipomena 133; Böhr a. O. 52. 98 Nr. 120 (mit Lit.) Taf. 126 b.

J. D. Beazley vermutete in dem sogenannten 'Princeton-Maler' den Lehrer des Schaukelmalers. Auch wenn noch nicht gesichert ist, daß beide Maler in so engem Verhältnis zueinander standen, gibt es ein drittes attisch-schwarzfiguriges Schaukelbild eben dieses Malers (Abb. 42 d), das in die Zeit um 540 v. Chr. gehört:

3. Bauchamphora in Stuttgart, Württembergisches Landesmuseum, Inv.-Nr. Arch. 65/1. Die Hauptseite zeigt links einen Bärtigen mit Stab, rechts daneben eine Frau, die sich einem kleinen Mädchen zuwendet, das die Arme zu ihr ausstreckt; darüber nach links schwingende Schaukel, auf der ein größeres Mädchen sitzt. Es handelt sich um einen lehnenlosen Stuhl, der an zwei Stricken hängt. Rechts daneben ein kleiner, nackter, nach rechts gewandter Knabe vor einem weiteren Mädchen, das nach links gewandt in der Haltung des Oberkörpers und der Arme ausdrückt, daß es gerade die Schaukel abgestoßen hat. Auf Seite B der Vase ist u. a. ein Mädchenpaar zu sehen, das mit ineinander verschränkten Armen, Rücken an Rücken, sich wechselseitig durch Vorbeugen des Oberkörpers hebt; mithin ist auch dies eine Art Wippspiel. K. Schauenburg, Ars Antiqua V (1964) 29 Nr. 121 Taf. 29; ders., Antike Welt 7, Heft 3, 1976, 43 Abb. 18; E. Böhr, Der Schaukelmaler (1982) 52. 74 Anm. 538 (mit Lit.) Taf. 163 a; H. Rühfel, Kinderleben im klassischen Athen (1984) 22 Abb. 9 a.

Während im zweiten Jahrtausend und auch im sechsten Jahrhundert ausschließlich Mädchen beim Schaukeln festzustellen sind, fehlen uns bildliche und literarische Nachweise für die dazwischen liegende Zeit. Im 5. Jh. v. Chr. fließt der Dokumentationsstrom reicher; nun sind neben Mädchen auch Jungen beteiligt. Es gibt schließlich Darstellungen, welche Eros oder Silene und Satyrn im Zusammenhang mit Schaukelszenen zeigen:

4. Att.-rf. Skyphos des Penelopemalers aus Chiusi, 440 v. Chr. (W. Zschietzschmann: 470 v. Chr.), mit einem schaukelnden Mädchen, das von einem Silen angestoßen wird. Ein lehnenloser Stuhl ist mit mehreren Schnüren aufgehängt. Ost-Berlin, Staatl. Mus., Inv.-Nr. F 2589; Hunziker, DA. I 171 Abb. 196;

---

[563] J. Boardman, Schwarzfigurige Vasen aus Athen (1977) 71; zusammenfassend jetzt E. Böhr, Der Schaukelmaler (1982), dazu die Rez. von B. A. Sparkes, GaR. 30, 1983, 225.

A. Furtwängler, Beschreibung der Vasensammlung im Antiquarium I (1885) 730 f. Nr. 2589; Furtwängler-Reichhold Taf. 125; Pfuhl, MuZ. 510 f. 571 Taf. 225, 567; L. Deubner, Die Antike 6, 1930, 168 f. Taf. 16 a; J. Beazley, BSA. 32, 1931/32, Taf. 6; K. A. Neugebauer, Führer durch das Antiquarium II, Vasen (1932) 107 Nr. F 2589 Taf. 60 unten (mit Bibliographie); H. Diepolder, Griechische Vasen, in: Antiken aus Berliner Museen, H. 6 (1947) 49 Abb. 33; U. E. Paoli, Die Frau im alten Hellas (1955) Taf. 19 b; W. Zschietzschmann, Hellas und Rom (1959) Taf. 181 oben; Nilsson, GGR.^{3} I 585 Anm. 5 Taf. 37, 2; Beazley, ARV.^{2} 1301 Nr. 7 (mit Lit.); E. Simon, AntK. 6, 1963, 6 ff. Taf. 3, 1.

5. Att.-rf. Hydria des 'Washing Painter' aus Nola, um 430 v. Chr.: Ein Mädchen schaukelt ein anderes, das auf einem lehnenlosen, mit roten Stricken befestigten Stuhl sitzt. Diese Schaukel ist weit nach rechts herausgestoßen und im Begriff zurückzukommen. Berlin-Charlottenburg, Staatl. Museen, Inv.-Nr. F 2394; Furtwängler a. O. 659 f. Nr. 2394; G. Lafaye, DA. IV 256 Abb. 5441; U. E. Paoli, Die Frau im alten Hellas (1955) Taf. 19 a (Umzeichnung); U. Gehrig-A. Greifenhagen-N. Kunisch, Führer durch die Antikenabteilung (1968) 149 Taf. 66; E. Zwierlein-Diehl, Helena und Xenophon (1973) Nr. 19 mit Abb.; Beazley, ARV.^{2} 1131 Nr. 172 (mit Lit.).

6. Att.-rf. Hydria des 'Washing Painter', um 430 v. Chr.: Eros schaukelt eine Frau. Paris, Louvre, Inv.-Nr. CA 2191; Beazley, ARV.^{2} 1131 Nr. 173.

7. Att.-rf. Choenkanne des Eretriamalers in Athen, Sammlung Vlastos, um 430 v. Chr., zeigt einen Stuhl mit kurzen Beinen, der an vier Seilen hängt, von denen zwei mit Kränzen geschmückt sind. Ein bekränzter Bärtiger setzt gerade einen ebenfalls bekränzten Knaben auf diese Schaukel. Beazley, ARV.^{2} 1249 Nr. 14; A. Pickard-Cambridge, The Dramatic Festivals of Athens^2 (1968) 11 Abb. 9 a. b; H. Rühfel, Kinderleben im klassischen Athen (1984) 127 Abb. 68; S. 197 Anm. 167 (mit weiterer Lit.); H. Metzger, in: Lebendige Altertumswissenschaft, Festschrift für H. Vetters (1985) 70 Taf. 12.

8. Att.-rf. Bauchlekythos in München, Staatl. Antikensammlungen, Inv.-Nr. 2520; O. Jahn, Beschreibung der Vasensammlung König Ludwigs (1854) Nr. 234; ders., AbhLeipzig 1854, 243 ff. Taf. 11.

Zu den hier gesammelten Belegen lassen sich weitere unteritalische stellen[564]; in der Hauptsache sind wir jedoch allein auf attische Bildzeugnisse angewiesen[565]. Deren Aussagen werden durch eine Choenkanne des Meidiasmalers (420/410 v. Chr.) in New York erweitert. Sie zeigt die Situation unmittelbar vor

---

564 z. B. Skyphos in London, Brit. Mus., Inv.-Nr. F 123, E. Gerhard, Antike Bildwerke Taf. 54; apulisch-rf. Lekythos in New York, Metr. Mus., Inv.-Nr. 13. 232. 3, A. Cambitoglou – A. D. Trendall, Apulian Redfigured Vase-Painters of the Plain Style (1961) 59 Nr. 5. 565 K. Schauenburg, Ars Antiqua V (1964) 29 unter Nr. 121; dort als weiterer Beleg ein att.-rf. Kelchkrater in Wien, Kunsthistorisches Museum, Antikensammlung; die Angabe ist wie folgt zu ergänzen und zu berichtigen: Inv.-Nr. IV 1104; Beazley, ARV.^{2} 1078 Nr. 2; F. Eichler, CVA. III (1974) Taf. 106. 107; es ist allerdings darauf hinzuweisen, daß die betreffende Mänade wohl nicht auf einer Schaukel sitzt, sondern auf einer Geländeerhebung; für diesen Hinweis ist Dr. A. Bernhard-Walcher vielmals zu danken.

der Schaukelzeremonie: »Hier sind zwei Frauen damit beschäftigt, auf einer Schaukel liegende Gewänder mit Duftstoffen zu räuchern. Ein kleiner, bekränzter Junge, der sich für die Schaukelzeremonie bereithält, sieht ihnen dabei aufmerksam zu«[566].

Die αἰώρα, das attische Schaukelfest, war eng mit dem Frühjahrs- und Blütenfest der Anthesterien verknüpft[567]. Das Schaukeln gehört zu den Bräuchen, die auch für Kolophon überliefert sind[568]. Auf archäologische Zeugnisse aus Magna Graecia wurde bereits verwiesen[569]. Schon im zweiten Jahrtausend v. Chr. begegnet – abgesehen von dem erwähnten minoischen Beispiel (Abb. 42a) – derartiges in Mari am Euphrat[570]. J. G. Frazer hat Schaukelbräuche weltweit verglichen[571]; danach will man durch das Schaukeln Reinigung und Segnung herbeiführen. M. P. Nilsson sprach von einem 'Vegetationsritus'[572], L. Deubner von 'attischem Frühlingszauber'[573]. Einige der oben zusammengestellten Vasenbilder weisen mit den beteiligten Satyrn auf ein 'dionysisches Gesamtfest'[574], Eros und Eroten auf aphrodisische Aspekte. »Der Sinn der Bräuche ist dunkel, sie sind zur Volksbelustigung geworden«[575]; wir dürfen hinzufügen: Aus ursprünglich religiösem Tun wurde Kinderspiel. Das, was wir eingangs ein Absinken in die kindliche Spielsphäre nannten, ist aus vielen Gründen nicht einfach umkehrbar. Es geht mithin nicht an, einer Kritik Deubners[576] zu folgen und gegen U. von Wilamowitz-Moellendorff zu argumentieren[577], daß wir ja nicht wissen können, ob Schaukeln im minoischen Kreta zum reinen Vergnügen stattfand (Abb. 42a) und erst später bei den Griechen dann einen tieferen rituellen Sinn erhielt.

Das Thema hat also insofern etwas mit der Welt und Zeit Homers zu tun, als es zwischen den ältesten ägäischen und den späten attischen Zeugnissen liegt und nicht einfach übersprungen worden sein kann. Wir wissen durch die Homerischen Gedichte viel vom Geist der Adelsschicht, sehr wenig jedoch vom 'Volksglauben', von Sitten und Gebräuchen einfacher Volksschichten.

---

566 Metr. Mus., Inv.-Nr. 75. 2. 11; Beazley, ARV.² 1313 Nr. 11 (mit Lit.); M. Bieber, Griechische Kleidung (1928) 9 Abb. 11; U. E. Paoli, Die Frau im alten Hellas (1955) Taf. 27a, nannte die Szene ein 'Wäschefest'; E. Simon, Die Götter der Griechen (1969) 238 Abb. 224; Textzitat nach H. Rühfel, Kinderleben im klassischen Athen (1984) 126. 129 Abb. 69.   **567** Wie aus Kallimachos 8, 1 ff. hervorgeht; s. M. P. Nilsson, Die Anthesterien und die Aiora, in: Eranos 15, 1916, 187 ff.; F. Boehm, Das attische Schaukelfest, in: Festschrift für E. Hahn (1917) 280 ff.; L. Deubner, Attische Feste (1932/²1959) 118 ff.; ferner S. Eitrem, Opferritus und Voropfer der Griechen und Römer (1915) 56; B. C. Dietrich, Hermes 89, 1961, 36 ff.; W. Burkert, Homo Necans (1972) 266 ff.; ders., Griech. Religion 363 f.; s. auch oben Anm. 561.   **568** Aristoteles bei Athenaios XIV 618 E; M. P. Nilsson, Griechische Feste von religiöser Bedeutung (1906/²1957) 233 Anm. 2; S. 236; ders., GGR.³ 585 f.   **569** Siehe oben Anm. 564.   **570** Ch. Picard, RA. 17, 1941, 84.   **571** Frazer, Golden Bough IV³ 277 ff.   **572** Nilsson, MMR. 531.   **573** Festschrift für P. Clemen (1926) 115 ff.   **574** L. Deubner, Attische Feste (1932/²1959) 119.   **575** Nilsson, GGR.³ 586.   **576** Deubner a.O. 121 Anm. 4: »Die Terrakotta der schaukelnden Frau aus Hagia Triada kann nicht dafür in Anspruch genommen werden, daß es schon ein minoisches Fest Aiora gegeben hätte. Es ist ja mehr als zweifelhaft, ob ein rituelles Schaukeln dargestellt sein soll und nicht einfach eine profane Belustigung«. Vgl. dagegen Matz, Kreta–Mykene–Troja 96 f.: »Ausdruck eines Fruchtbarkeitszaubers«.   **577** Der Glaube der Hellenen I (1931/²1955/³1959) 255 Anm. 3, wo es um ein hohes Alter der Erigone als Tochter des Aigisthos und der Aiora geht.

2. Spiele mit Spielsteinen

a) Ἀστράγαλοι als Spiel- und Rechensteine

Ein weiteres Spielgerät, von dem das Epos berichtet, sind die 'Knöchel', ἀστράγαλοι[578], womit zugleich das Spiel mit den Knöcheln bezeichnet werden kann. Der dazu benutzte ἀστράγαλος war ein Knochen aus dem Sprunggelenk junger Kälber, Schafe oder Ziegen, der in verschiedener Weise als Spielgerät Verwendung fand. Solche Knöchel haben sich in großer Zahl als Grabbeigaben, namentlich in Kindergräbern finden lassen[579], darunter auch Nachbildungen in Ton, Elfenbein oder Knochen, Glas, Metallen (Taf. T I a) oder anderen Materialien[580]. Zunächst wurden sie, wie auch Fruchtkerne, Nüsse und dergleichen als Wertmarken benutzt, und in dieser Verwendung lassen sie sich mit den Murmeln unserer Kinder vergleichen. Man konnte sie auch zu allerlei Geschicklichkeitsspielen verwenden. Außerhalb der eben genannten Verwendungsbereiche liegen die eigentlichen Glücksspiele, bei denen man die Astragale wie Würfel (nachepisch κύβοι) handhabte, wovon noch zu handeln sein wird.

Ehe man das homerische Astragalspiel (XXIII 83 ff.) näher betrachtet, sollen charakteristische Beispiele der ersten Gruppe vorgeführt werden. An einer für das Verständnis des Astragalspiels wichtigen Platonstelle (Lys. 206 e), an der erzählt wird, wie sich Jungen damit die Zeit vertreiben, heißt es: ἠρτίαζον ἀστραγάλοις παμπόλλοις, »mit sehr vielen Knöcheln spielten sie 'grad oder ungrad' (ἀρτιάζω)«, ein Spiel, bei dem es darauf ankam, die Anzahl der jeweils verdeckten Spielsteine zu bestimmen[581].

Als Beispiel für ein reines Geschicklichkeitsspiel kann das außerordentlich weit verbreitete 'Fünfsteinspiel', πεντέλιθα, dienen[582]. Auch dieses Spiel hatte zwei Teilnehmer und konnte, statt mit Astragalen, mit anderen geeigneten Steinchen gespielt werden. Fünf Astragale wurden hochgeworfen, wobei es galt, die Hand umzudrehen und die emporgeworfenen mit dem Handrücken aufzufangen oder,

---

578 Assimiliert aus *ὀστράγαλος; zu ὀστέον, »Knochen«; Hofmann 26; Frisk I 172 s. v. ἀστράγαλος.   579 Reiche Nachweise bei R. Hampe, Die Stele aus Pharsalos im Louvre, 107. BWPr. (1951) Anm. 28–36. Zu neolithischen 'Knöchelspielen' in Gräbern: J. Wahl, PZ. 57, 1982, 35 Anm. 118; S. Lloyd, Beycesultan III 1 (1972) 12 Taf. 6 a (77 Astragaloi in einem mittelbronzezeitlichen Gefäß); bronze- und eisenzeitliche Astragaloi in kyprischen Gräbern: V. Karageorghis, RDAC. 1965, 19 Nr. 80; S. 26 (Tamassos, spätbronzezeitlich) und ders., Excavations in the Necropolis of Salamis II (1970) Taf. 109, 10–13 (archaisch). Nach Pausanias X 30,2 spielen auf einem Gemälde Polygnots Mädchen im Hades mit Astragalen, dazu D. C. Kurtz – J. Boardman, Thanatos (1985) 247; s. a. B. Neutsch, Spiel mit dem Astragal, in: R. Herbig, Ganymed (1949) 18 ff.
580 E. Schmidt, Spielzeug 55, generell (u. a. *Ton*); ferner *Elfenbein* oder *Knochen*: Schmidt, Schliemanns Slg. Nr. 7682–7690; H. Payne – T. J. Dunbabin, Perachora II (1962) 447 Nr. A 376 Taf. 189, A 376; CCM. 139 Nr. 4950; V. Karageorghis, BCH. 108, 1984, 914 Abb. 69; *Glas*: CCM. 138 Nr. 4949 (hellenistische Astragaloi aus Zypern); *Stein*: R. M. Boehmer, Die Kleinfunde von Boğazköy (1972) Taf. 76, 2120–2122 (undatierte Astragaloi); *Gold*: Hamburg, Museum für Kunst und Gewerbe, Inv.-Nr. 1967, 44 a. b, H. Hoffmann – V. v. Claer, Antiker Gold- und Silberschmuck (1968) 71 Nr. 46; zu Astragaloi aus anderen Metallen s. Anm. 592.   581 E. Schmidt, Spielzeug 54 mit Anm. 58; Pollux IX 101: τὸ δ' ἀρτιάζειν ἐν ἀστραγάλων πλήθει, κεκρυμμένων ὑπὸ ταῖν χεροῖν, μαντείαν εἶχε τῶν ἀρτίων ἢ καὶ περιττῶν.   582 Zahlreiche Beispiele für die Verbreitung dieses erstmalig bei Aristophanes (Fr. 366) erwähnten Spiels bis in die Neu-

wenn nicht alle darauf liegen blieben, die restlichen mit den Fingern aufzunehmen, wobei die oben liegenden darauf bleiben mußten[583]. Ein italiotisch-rotfiguriger Krater in London zeigt Eros als geflügelten Jüngling beim Fünfsteinspiel. Zwei Knaben sehen ihm zu[584].

b) *Ἀστράγαλοι beim Glücksspiel*

An der einzigen Stelle der homerischen Epen, die das Spiel mit den Knöcheln erwähnt, wünscht die Seele des noch unbestatteten Patroklos, daß man die Gebeine des Toten dereinst mit denen des Achill in einer Urne vereint beisetze, wie sie beide seit ihrer Kindheit im Hause des Peleus vereint waren (XXIII 84 ff.):

> ... ὡς τράφομέν περ ἐν ὑμετέροισι δόμοισιν,
> εὖτέ με τυτθὸν ἐόντα Μενοίτιος ἐξ Ὀπόεντος
> ἤγαγεν ὑμέτερόνδ' ἀνδροκτασίης ὕπο λυγρῆς,
> ἤματι τῷ ὅτε παῖδα κατέκτανον Ἀμφιδάμαντος,
> νήπιος, οὐκ ἐθέλων, ἀμφ' ἀστραγάλοισι χολωθείς.

»... so, wie wir aufwuchsen in eurem Hause, sobald mich, als ich noch klein war, Menoitios aus Opoeis in euer Haus geführt hatte wegen eines unseligen Totschlags, an dem Tage, als ich den jungen Sohn des Amphidamas in kindlichem Unverstand, nicht vorsätzlich, aus Zorn beim Knöchelspiel erschlug«. Der tödliche Ausgang dieses kindlichen Spiels läßt etwas von der Leidenschaft spüren, mit der man es gelegentlich betrieben haben mag, einer Leidenschaft, die man eher Männern im Spiel um einen hohen Einsatz zutrauen möchte als Kindern[585]. Nichtsdestoweniger blieb das Spiel mit den Knöcheln in der literarischen Überlieferung der Griechen eine typische Form kindlichen Zeitvertreibs[586], was sicher nicht nur auf das homerische Vorbild zurückzuführen ist, das sich für eine Szene in den 'Argonautika' des Apollonios von Rhodos in gewissem Maße noch in Anspruch nehmen läßt. Dort trifft Aphrodite Ganymed und den Erosknaben beim Spiel mit »goldenen Knöcheln« an (III 117 f.):

> ... ἀμφ' ἀστραγάλοισι δὲ τώγε
> χρυσείοις, ἅ τε κοῦροι ὁμήθεες, ἑψιόωντο.

zeit bei Hampe a.O. 17 f. **583** Pollux IX 126. **584** London, Brit. Mus., Inv.-Nr. E 501; A. D. Trendall, Frühitaliotische Vasen (1938) Taf. 6 a; Hampe a.O. 23 Abb. 13; R. Schmidt, Kinderspielzeug 51 Nr. 87. **585** Daß auch Erwachsene das Würfelspiel pflegten, und zwar geradezu im Sinne einer Herausforderung des Schicksals, einer Orakelbefragung, zeigen bereits von J. J. Bachofen beachtete Hinweise in der antiken Literatur, nach denen der Verlierende gewinnt; K. Meuli, J. J. Bachofens Gesammelte Werke IV, Versuch über die Gräbersymbolik der Alten (1954) 15 f. mit Anm. 2 auf S. 16 (Quellen): »Artemidor erzählt von zwei Raben, die ... miteinander kämpfen; ... der unterliegende siegt. Das will sagen: der Tod ist die Vorbedingung des Lebens; der Verlierende gewinnt, wie in dem Würfelspiele, das der Tempeldiener dem Herakles anbietet, der Unterliegende bereichert wird«; siehe auch H. Th. Bossert, Ein hethitisches Königssiegel (1944) 184; E. Stemplinger, Antiker Volksglaube (1948) 76 f.; W. Burkert, Homo Necans (1972) 163; K. Schefold, Wort und Bild (1975) 16. **586** Aristophanes, Wespen 291–295; Platon, Alkibiades I 110 b und Lysis 206 e; Apollonios von Rhodos III 117 ff.; Anthologia Palatina VI 308 f.; Plutarch, Alkibiades 2; Pausanias VI 24,7. Nach Plutarch, Lysander 8

Im Verlauf des Spiels gerät Ganymed, dem sein Gegenspieler schon alle Knöchel bis auf zwei abgewonnen hat, in Zorn (III 124: κεχόλωτο δὲ καγχαλόωντι) wie der junge Patroklos in der Ilias, freilich nicht mit den gleichen schlimmen Folgen wie dort. Da sich Apollonios ausführlicher zu Einzelheiten des Spiels äußert, könnte er damit, wie schon an anderer Stelle, vielleicht auch hier zum Verständnis der Homerstelle beitragen. Eros und Ganymed knobeln offenbar in der Weise, daß beide mit der gleichen Anzahl von Astragalen als Spielkapital beginnen, jeweils mit einem Astragalos werfen und mit dem höheren Wurf[587] der ausgeworfene Knöchel des Mitspielers gewonnen wird, wobei der zeitweilig Unterlegene natürlich auch wieder dazugewinnen kann, bis der Kampf schließlich nach aufregendem Hin und Her seinen Sieger findet, wenn ein Spieler alle Knöchel verloren hat. Wenn nicht, wie hier, die goldenen Astragale selbst einen beträchtlichen Gewinn oder Verlust darstellten, wurde wohl um einen besonderen Einsatz gespielt. Daß auch bei Homer mit Spielen um einen Einsatz zu rechnen ist, wird durch Redewendungen aus der Spielersprache wie ψυχὰς (κεφαλὰς) παραθέσθαι, »das Leben aufs Spiel setzen«[588], nahegelegt. Obwohl man beim Knöchelspiel des Ganymed und Eros auch an das 'Grad- und Ungrad-Spiel' (ἀρτιάζειν) gedacht hat[589], scheint doch die geschilderte Form des Spiels, die R. Hampe dem im Altertum weit verbreiteten 'Meistwurf-Spiel' (πλειστοβολίνδα) zurechnete[590], auch eher geeignet, den dramatischen Ausgang des Astragalspiels der Ilias verständlich zu machen. Eine Terrakottagruppe aus der Zeit um 300 v. Chr. zeigt zwei Mädchen, die – in der typischen Haltung von Meistwurf-Spielern sich gegenüber hockend – ihren Knöchelvorrat jeweils mit der Linken umklammern und mit der Rechten einen einzelnen Astragalos werfen[591].

Wurde, wie hier, ein Astragalos – wir zeigen auf Taf. TI a ein Bronzegewicht in Astragalform aus Gela[592] – an Stelle eines Würfels zum Glücksspiel geworfen,

soll Polykrates von Samos gesagt haben: »Knaben soll man durch Astragale, Männer durch Eide betören«. Ein Astragal als Glückszeichen neben Hermes auf einem Karneol-Skarabäus, s. J. Boardman, Archaic Greek Gems (1968) 111 Taf. 24, 338. 587 Siehe unten zur Bewertung der Astragalwürfe. 588 2, 237 von den Freiern, die das Gut des Odysseus verzehren; 3, 74 = 9, 255 von Seeräubern, die sich auf dem Meer herumtreiben. 589 Marquardt, Privatleben 849 Anm. 5. 590 Hampe a. O. (s. o. Anm. 579) 18 ff. 591 London, Brit. Mus., Inv.-Nr. D 161, um 300 v. Chr., aus Capua; W. Fuchs, Die Skulptur der Griechen (1969) 366 Abb. 406; R. Schmidt, Kinderspielzeug 47 Nr. 79 Abb. 2; hellenistische Knöchelspielerin aus Ton (um 250 v. Chr.) in Basel, Sammlung Käppeli, Inv.-Nr. Kä 306, A. Monteil, Basler Museen (1977) 102 f. mit Farbabb.; Knöchelspielerin, erhalten in mehreren römischen Repliken, denen ein hellenistisches Vorbild zugrunde liegt, s. G. Heres – M. Kunze, Staatliche Museen zu Berlin-Ost, Führer durch die Ausstellungen, Antikensammlung I, Griechische und römische Plastik (1984) 73 Abb. 82 und auch E. Rohde, Griechische und römische Kunst in den Staatlichen Museen zu Berlin (1968) 11. 115 Taf.-Abb. 86. Leto und Niobe hockend beim Knöchelspiel auf einem Gemälde auf Marmor des Atheners Alexandros aus Herculaneum, in Neapel, Mus. Naz., Inv.-Nr. 9562: British Museum, A Guide to the Exhibition Illustrating Greek and Roman Life (1908) 194 Abb. 203 (Umzeichnung); Pfuhl, MuZ. Abb. 629; H. Swindler, Ancient Painting (1929) 323 ff. Abb. 271; R. M. Cook, Niobe and her Children (1964) 18; H. Mielsch, RM. 86, 1979, 233 ff. Taf. 49–51; K. Schefold, Die Göttersage in der klassischen und hellenistischen Kunst (1981) 167 Abb. 220. 592 In Wien, Kunsthistorisches Museum, Antikensammlung; 5. Jh. v. Chr.; W. Kubitschek, ÖJh. 10, 1907, 127 f. Taf. 6; ein wohl römischer Bronze-Astragalos aus Istanbul, in Boston, Museum of Fine Arts, Inv.-Nr. 65.1184; M. Comstock – C. Vermeule, Greek, Etruscan and Roman Bronzes in the

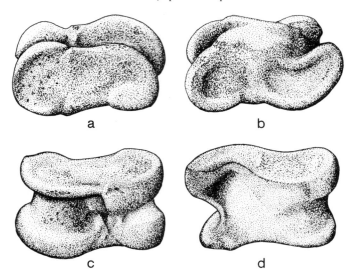

Abb. 43 a-d Verschiedene Lagen eines rezenten Astragals mit den Bezeichnungen ὕπτιον (a), πρανές (b), κῷον (c) und χῖον (d)

konnte er normalerweise nur auf jeweils vier Seiten zum Liegen kommen[593], die verschiedene, sich an den Seiten des Würfels orientierende Zahlwerte darstellten, die aber nicht, wie beim Würfel, besonders bezeichnet zu werden brauchten, da ihre natürliche Beschaffenheit ausreichende Unterscheidungsmerkmale bot[594]. Am häufigsten landete der Knöchel auf einer der breiten Langseiten (Abb. 43 a. b). Von diesen wurde die eine, konkave, ὕπτιον (Abb. 43 a)[595], die andere, konvexe, πρανές (Abb. 43 b)[596] genannt. Weniger häufig kam er auf einer der sich ebenfalls gegenüberliegenden schmalen Langseiten zu liegen (Abb. 43 c. d). Davon

Museum of Fine Arts, Boston (1971) 436 f. Nr. 639 mit Abb.; archaischer bronzener Astragal mit Weihinschrift im Louvre: Boardman, Handel 126 Abb. 125; ein noch unpublizierter Astragalos aus Blei stammt aus Tamassos, Zypern: Inv.-Nr. 1329/1978. Gefäße in Astragalform: 1) Astragal des Sotades in London, Brit. Mus., Inv.-Nr. E 804; H. B. Walters, CVA. British Museum IV (1929) III c Taf. 26. 27; FR. Taf. 136,2; L. Curtius, SBHeidelberg 1923 Nr. 4; A. Rumpf, HdA. IV 1, 100 Taf. 29, 1; Beazley, ARV.[2] 765 Nr. 20; G. Neumann, Gesten und Gebärden in der griechischen Kunst (1965) 25 Abb. 9. – 2) Rom, Villa Giulia, Inv.-Nr. 866 (1793a), aus Falerii, um 480 v. Chr.; rotfigurig, strenger Stil; G. Q. Giglioli, CVA. Villa Giulia I (o. J.) III c Taf. 1. 2, 1. 2; Beazley, ARV.[2] 264 Nr. 67; P. Zanker, Helbig[4] III 692 f. Nr. 2777 (mit älterer Lit.); A. Greifenhagen, Griechische Eroten (1957) 25 Abb. 19. – 3) New York, Metr. Mus., Inv.-Nr. 40. 11. 12; Beazley, ARV.[2] 965 (ohne Nr.); 460 v. Chr.; BMetrMus. 36, 1941, 123; Greifenhagen a. O. 27 Abb. 20. – 4) Nikosia, Cyprus Museum, Inv.-Nr. 1964/IV–25/1; attisch-schwarzgefirnißt; aus Polis (Marion), Zypern; V. Karageorghis, BCH. 89, 1965, 242 f. Abb. 15.
593 Auf den beiden 'spitzen' Enden kam der Astragalos normalerweise nicht zu stehen. Zu seltenen Ausnahmefällen s. Marquardt, Privatleben 850 f.; G. van Hoorn, De vita atque cultu puerorum monumentis antiquis explanato (1909) 65 Anm. 3; E. Schmidt, Spielzeug 55.   594 Marquardt, Privatleben 851 Anm. 4 zu Pollux IX 99.   595 »rücklings«; Umzeichnung der Abb. 43 nach Photos des Verfassers.   596 »vornüber«.

Spiele

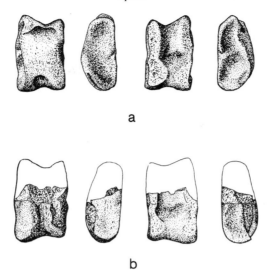

Abb. 44 a und b Zur Verbesserung der Lage beim Spielen angeschliffene Astragale kleiner Wiederkäuer aus Tamassos, Zypern

hieß die volle, annähernd ebene Seite κῷον (Abb. 43 c), die andere, eingedrückte und leicht s-förmig gekrümmte χῖον (Abb. 43 d)[597]. Gezählt wurde die jeweils oben liegende Seite[598]. Dabei wurde ὕπτιον mit 3, πρανές mit 4, χῖον mit 1 und κῷον mit 6 bewertet. Die Werte 2 und 5 gab es also nicht. Wie beim Würfel ergab die Summe der sich jeweils gegenüberliegenden Seiten sieben[599].

Bei einer anderen Form der πλειστοβολίνδα, wie sie bei Gelagen und Gesellschaften üblich war, wurden mehrere – zumeist vier – Astragale gleichzeitig geworfen. Die dabei möglichen Wurfkombinationen trugen eigene Bezeichnungen. Unter ihnen galt der Wurf 'Aphrodite' am meisten, der alle vier Werte des Astragalos, also 1 – 3 – 4 – 6 zeigte[600].

597 So benannt nach den geographischen Termini 'Kos' und 'Chios' in einem nicht mehr erkennbaren Zusammenhang. Mit dieser Seitenzuweisung folgen wir van Hoorn a. O. 65: »κῷον satis planum ..., χῖον formam auris humanae sive litterae s praebens«; so auch L. Deubner, AA. 1929, 276. D. C. Kurtz – J. Boardman, Thanatos (1985) 316: »Ein Epitaph des Leonidas ... erklärt, warum ein Astragal auf dem Grab befindet – er liegt da wie ein chiotischer Wurf, der schlechteste, den es gibt, denn der Tote starb an chiotischem Wein«.   598 Da die Zahlwerte der Astragale denen des Würfels entsprachen, wird auch die jeweils oben liegende Seite gezählt worden sein; siehe van Hoorn a. O. 66 und Deubner a. O. 276.   599 L. Deubner, Die Antike 6, 1930, 173 f.; ders., AA. 1929, 277; J. Jüthner, ÖJh. 27, 1932, Beiblatt 97 ff.; doch ist bei den Würfeln mit dieser kanonischen Anordnung der Seiten zunächst nicht durchgehend zu rechnen. Ein frühattischer Würfel zeigt die sich gegenüberliegenden Werte 1 und 5 sowie 2 und 6 und schließlich 3 und 4. Bei einem weiteren frühattischen Exemplar liegen sich 1 und 2, 3 und 5 sowie 4 und 6 gegenüber: S. Karouzou, AM. 88, 1973, 55 (s. a. Anm. 624). Zur kanonischen Anordnung vgl. Anthologia Palatina XIV 8.   600 Marquardt, Privatleben 850 ff.; R. Hampe, Die Stele aus Pharsalos im Louvre, 107. BWPr. (1951) 21. Wir kennen

Nicht einfach, wie von der Natur vorgegeben, sondern so angeschliffen, daß sie nach jedem Wurf gut liegen, waren linke Tali (Astragale) von Schafen und Ziegen aus der Nähe des Aphrodite-Altars von Tamassos, Zypern (Abb. 44 a. b)[601]. Sie sind Zeugen kypro-archaischen Würfelspiels in Heiligtümern. Zu gleichem Zweck angeschliffene Astragale sind im Libanon bereits während der Bronzezeit nachweisbar[602].

Die Knöchel wurden entweder aus der Hand oder später aus einem Würfelbecher (φιμός)[603] auf eine feste Unterlage geworfen und konnten nach dem Spiel in einem Körbchen (φορμίσκος)[604] aufbewahrt werden.

c) *Kubische Würfel*

Auch der Typus des kubischen Würfels, wie er heute noch in Gebrauch ist, muß hier Erwähnung finden, obwohl ihn die frühgriechische Literatur nicht kennt (ὁ κύβος)[605]; denn er war auf Kreta schon seit der Bronzezeit im Gebrauch[606] und auch mit Sicherheit im Nahen Osten zur Zeit Homers[607]. Es sind Stücke – meist späteren Datums – aus Stein und Bronze[608] sowie Terrakotta[609],

das Beispiel einer mit Astragalen spielenden Aphrodite mit Pan als Partner von einem Bronzespiegel der Zeit um 380/370 v. Chr. in London, Brit. Mus., Inv.-Nr. 289; Pfuhl, MuZ. II 720; III 251 Abb. 622; W. Lamb, Greek and Roman Bronzes (1929) 179 Taf. 69b; W. Züchner, Griechische Klappspiegel, JdI., Erg.-H. 14 (1942) 24ff. Nr. KS 26 Abb. 10; L. Curtius, Die Antike Kunst (1959) 372 Abb. 556; G. M. A. Richter, A Handbook of Greek Art (1959) 210 Abb. 314 ([6]1969: S. 222 Abb. 310); K. Schefold, Die Griechen und ihre Nachbarn (1967) Taf. 234; H. Walter, Pans Wiederkehr (1980) 52 Abb. 40; K. Schefold, Die Göttersage in der klassischen und hellenistischen Kunst (1981) 302 Abb. 437.   601 Abb. 44a: intakt, von kleinem Wiederkäuer, aus Planquadrat ββ 1/1979; Abb. 44b: desgleichen, beschädigt, aus Planquadrat αα 7/1979 (beide aus der Ausgrabung von H.-G. Buchholz, zoologische Bestimmung: G. Nobis, Bonn).   602 R. Hachmann, Frühe Phöniker im Libanon, Ausstellungskatalog (1983) 130 Nr. 29 mit Abb.   603 Seit dem 4. Jh. v. Chr. (Aischines I 59).   604 Platon, Lysis 206e; es gibt Nachbildungen in Ton: R. Hampe, AA. 1976, 192ff.; E. Kunze-Götte, AM. 99, 1984, 187 Anm. 6 (mit Nachweisen für Darstellungen von Phormiskoi in der Vasenmalerei); siehe auch einen attisch-rotfigurigen Kolonettenkrater in Würzburg, Martin von Wagner-Museum, Inv.-Nr. L 529, E. Simon, Führer durch die Antikenabteilung des Martin von Wagner Museums der Universität Würzburg (1975) 147.   605 Vgl. Frisk II 39 s. v. κύβος; danach bedeutet κυβευτικός »geschickt im Würfelspiel«, wie πεττευτικός »geschickt im Brettspiel«, s. Platon, Staat 374 B.   606 Unpublizierter Würfel aus Chania-Kastelli: Vortrag von E. Hallager, Mannheim 1986; minoischer Würfel aus Siteia, Ostkreta: K. Dabaras, Delt. 31, 1976, Chron. Taf. 296a.   607 Außer den üblichen sechsseitigen auch ein achtseitiger Elfenbeinwürfel (9./8. Jh. v. Chr.): K. Jaroš, Sichem (1976) 53 Taf.-Abb. 140.   608 Stein: M. Dothan – Y. Porath, Ashdod IV (1982) 48 Taf. 27, 8 (Oberflächenfund); G. und A. Körte, Gordion, Ergebnisse der Ausgrabung im Jahre 1900, JdI., Erg.-H. V (1904) 175 Nr. 18 Abb. 157: Würfel aus einheimischem Alabaster; die tief gebohrten Löcher sind mit einer schwarzen Masse ausgefüllt. Bronze: Cl. Rolley, Die griechischen Bronzen (deutsch, 1984) 232 Abb. 240: lakonischer Würfel (7. oder 6. Jh. v. Chr.) in Sparta, Arch. Mus., Inv.-Nr. 2147, mit Würfelaugen und Weihinschriften. 609 C. Rolley, in: P. Amandry, Coll. H. Stathatos III (1963) 126 Nr. 78 Taf. 19; A. Laumonier, Exploration Archéologique de Délos XXIII (1956) 281 Nr. 1361 Taf. 100; H. Gropengießer, in: R. Hampe, Neuerwerbungen 1957–1970, Heidelberg, Sammlung des Archäologischen Instituts (1971) 31f. Nr. 53 Taf. 34 (mit Lit.); Nikosia, Cyprus Mu-

Elfenbein und Knochen[610] bekannt. Die Zahlzeichen, 'Würfelaugen', wurden als τὸ σημεῖον, ἡ στιγμή, ὁ τώπος oder τὸ τρῆμα bezeichnet[611].

d) *Πεσσοί*

Πεσσός[612], der Spielstein, meist im Plural gebraucht, konnte – wie auch Kerne, Nüsse, gelegentlich wohl auch mit Blei ausgegossene Muscheln[613] und dergleichen – bei verschiedenen Spielen als Zähl- und Rechenstein benutzt werden, diente aber speziell als Spielstein bei Brettspielen, so daß der Plural das Brettspiel selbst bezeichnen konnte. Das Wort begegnet nur einmal in der Odyssee, wo geschildert wird, wie sich die Freier die Zeit vertreiben (1, 106 ff.):

εὗρε δ' ἄρα μνηστῆρας ἀγήνορας. οἱ μὲν ἔπειτα
πεσσοῖσι προπάροιθε θυράων θυμὸν ἔτερπον,
ἥμενοι ἐν ῥινοῖσι βοῶν, ...

»(Athena/Mentes) fand also die hochgemuten Freier. Die erfreuten da ihr Herz draußen vor den Türen mit Brettspiel, wobei sie auf Rinderhäuten saßen«[614]. Für Ägypten ist das Brettspiel seit dem zweiten vorchristlichen Jahrtausend nachweisbar. Eine der Hieroglyphen stellt ein Brettspiel mit Steinen dar[615]. Derartige Setzsteine sind aus zahlreichen prä- und frühhistorischen Kulturen des Nahen und Mittleren Ostens bekannt[616].

seum, Inv.-Nr. 1934/I–15/3, aus Salamis, Zypern, unpubliziert; U. Liepmann, Griechische Terrakotten, Bronzen, Skulpturen im Kestnermuseum, Hannover (1975) 73 Nr. T 63 (Inv.-Nr. 1937/232, aus Eleusis); Ei. Peppa-Papaioannou, Pelina Eidola apo to Iero tou Apollona Maleata Epidaurias, Diss. Athen 1985, S. 135 Nr. B 607 Taf. 76 (Inv.-Nr. AE 76, mit tief eingedrückten Würfelaugen). 610 H. Payne – T. J. Dunbabin, Perachora II (1962) 447 Nr. 379. 380 Taf. 189, A 379. A 380 (mit Würfelaugen); E. M. De Juliis, Archeologia in Puglia, Il Museo Naz. di Taranto (1983) 62 mit Farbabb. 135: drei Würfel mit Würfelaugen; im Kestnermuseum, Hannover, sind sechs unpublizierte antike Würfel ausgestellt. 611 Ein Terrakottawürfel, der 1846 in Athen erworben wurde, L: 4,5 cm, weist ungewöhnlich eingetiefte Ziffern auf; Kopenhagen, Nationalmuseum, vgl. Chr. Blinkenberg, AM. 23, 1898, 13 f. Abb. 10: »... der Würfel war also wahrscheinlich nicht etwa als Votivstück oder Totenbeigabe gemacht, sondern zum wirklichen Gebrauch bestimmt« (S. 14 Anm. 1). – Beim Wurf mit drei Kuboi war die höchste erreichbare Zahl 18 (drei mal sechs). So läßt denn Aischylos in seinem 'Agamemnon' (32) die siegreiche Rückkehr des Königs sprichwörtlich mit dem 'Wurf von drei Sechsen' ausdrücken. 612 Nach Frisk II 519 Fremdwort unbekannter Herkunft. 613 Aus Perati (ebenso Mykene und Theben): Sp. Iakovides, Perati, the Cemetery C (1970) 364; ders., Excavations of the Necropolis at Perati (1980) 98; D. S. Reese, BSA. 78, 1983, 356. 614 Die Verse 17, 530 f., in denen Penelope den Wunsch äußert, die Freier sollten »entweder vor den Türen sitzend spielen oder daselbst im Hause, da ihnen das Herz froh gestimmt ist« (... ἠὲ θύρῃσι καθήμενοι ἑψιαάσθων | ἢ αὐτοῦ κατὰ δώματ', ἐπεί σφισι θυμὸς εὔφρων), lassen angesichts formaler und thematischer Anklänge daran denken, daß der Dichter auch hier ein Brettspiel vor Augen hatte. 615 A. H. Gardiner, Egyptian Grammar³ (1956) 534 Nr. Y 5; zu ägyptischen Spielsteinen z. B. W. M. Flinders Petrie, Naqada and Ballas (1896/1974) Taf. 7, 2. 616 z. B. Spielsteine der Harappazeit: H. Mode, Das frühe Indien² (1963) Taf. 31 b; phrygische Spielsteine: R. O. Arik, Belleten 3, 1939, 34 f. 51 f.; vgl. ferner scheiben-, halbkugel- und kegelförmige Brettsteine aus Muscheln, Kno-

In Knossos fanden sich sowohl πεσσοί[617] als auch Überreste von Spielbrettern und ein relativ gut erhaltenes Exemplar mit kostbarer Einlegearbeit aus der Blütezeit der Paläste (Taf. T III b)[618]. Ein elfenbeinernes Spielkästchen aus Enkomi in London bezeugt aufwendige Spielutensilien für die Zeit um 1200 v. Chr. auf Zypern (Taf. T III d)[619].

In dem spätbronzezeitlichen phönikischen Tempel von Kamid el-Loz im Libanon wurden kürzlich zwei gut erhaltene elfenbeinerne Spielkästen gefunden, die auf der einen Seite ein Zwanzig-Felder-Spielbrett, auf der anderen Seite ein solches von dreißig Feldern aufweisen, auf denen Spielsteine nach Astragalwürfen gesetzt wurden (Abb. 45 b)[620]. Derartige Spielkästen gab es auch aus edlen Hölzern, teilweise tischartig auf hohe Füße gestellt. Sie sind uns besonders aus Pharaonenbesitz vertraut (Abb. 45 c)[621].

Die oben auf S. T 89 zitierte Anekdote, die den Lydern die Erfindung aller den Griechen geläufigen Spiele mit Ausnahme des Brettspiels zuschreibt, spricht dafür, daß eben dieses Spiel den Griechen für älter galt als alle übrigen[622]. Nach Platon erfand der ägyptische Gott Theuth (Thoth) das Brettspiel[623]. Eine andere Mythentradition führte es auf den griechischen Universalerfinder Palamedes zurück[624].

Alte Berichte, die es erlauben, 'homerische' Brettspiele zu rekonstruieren, fehlen. Spiele, von denen sich nach späten, hellenistisch-römischen Quellen gewisse Vorstellungen gewinnen ließen, waren z. B. das 'Städtespiel'[625], das sich mit dem Schachspiel vergleichen läßt, das Fünf-Linien-Spiel oder das Zwölf-Linien-Spiel, bei denen zusätzlich Würfel oder Astragale benutzt und die Spielsteine je nach dem Wert der Würfe vorgerückt wurden[626]. Einen steinernen Spieltisch aus Epi-

chen und Ton aus Troja: Schmidt, Schliemanns Slg. 284 f. Nr. 7672–7681.   **617** A. Evans, BSA. 7, 1900/01, 77 ff.; S. Hood, The Minoans (1971) 122 Abb. 99. In dem minoischen Zentrum Westkretas, Chania-Kastelli, fanden sich marktstückgroße, runde Tonscheibchen mit eingeritzten Schriftzeichen. Möglicherweise handelt es sich auch bei diesen um Spielmarken (Museum Chania), s. noch Kenna, CS.: minoische Spielsteine in Oxford, Ashmolean Museum (FM III).   **618** A. J. Evans, BSA. 7, 1900/01, 79 Abb. 25; Evans, PM. I 472 ff. Abb. 338–340 und Farbtaf. 5 nach S. 472; Bossert, Altkreta³ Nr. 383; Nilsson, MMR.² 417 Anm. 79; L. v. Matt u. a., Das antike Kreta (1967) 83; Pendlebury, Crete 167; R. S. Brumbaugh, AJA. 79, 1975, 135 ff.; B. Kaiser, Untersuchungen zum minoischen Relief (1976) 363 Anm. 287.   **619** Siehe Verf., unser Kap. »Hausrat« P 76 Abb. 14 a sowie unten H.-G. Buchholz, Anhang »Brettspielende Helden« Anm. 646, dort Bibliographie.   **620** Abb. 45 b: R. Hachmann, Frühe Phöniker im Libanon, Ausstellungskatalog (1983) 126 f. Nr. 24 mit Abb. und Farbabb. auf S. 120; vgl. S. 127 f. Nr. 25 mit Abb. und Farbabb. auf S. 92 f.; zu den Spielbrettern ausführlich ebd. S. 101 ff. (mit Lit.); zu Astragalwürfen siehe oben.   **621** In Kairo, Ägyptisches Museum, Inv.-Nr. JE 62058; aus dem Grab des Tutenchamun; J. Settgast, Tutenchamun, Ausstellungskatalog Berlin (1980) 148 f. Nr. 44; L des Spielbretts: 46 cm, Gesamthöhe: 20,2 cm.   **622** Arik a. O. (s. o. Anm. 616).   **623** Phaidros 274 d: τοῦτον δὲ πρῶτον ἀριθμόν τε καὶ λογισμὸν εὑρεῖν καὶ γεωμετρίαν καὶ ἀστρονομίαν, ἔτι δὲ πεττείας τε καὶ κυβείας καὶ δὴ καὶ γράμματα.   **624** Sophokles, Fr. 479 (Pearson): ἐφηῦρε ... | πεσσοὺς κύβους τε. In dieser Eigenschaft ist Palamedes auf einem frühattischen Würfel der Zeit vor der Mitte des 7. Jhs. v. Chr. in Athen, Nat.-Mus., Inv.-Nr. 19366, abgebildet; siehe S. Karouzou, AM. 88, 1973, 55 ff. Taf. 53–55, bes. 54,1; vgl. noch K. Kerényi, Die Heroen der Griechen (1958) 352 (mit Nachweisen); H.-G. Buchholz, APA. 13/14, 1982, 67; ders., AA. 1984, 560.   **625** Pollux IX 98; Marquardt, Privatleben 855 ff.   **626** Marquardt, Privatleben 854 ff.; L. Deubner, Die Antike 6, 1930, 174 ff.; E. Schmidt, Spielzeug 58. Zur ver-

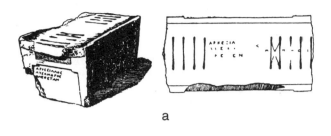

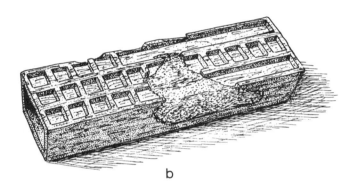

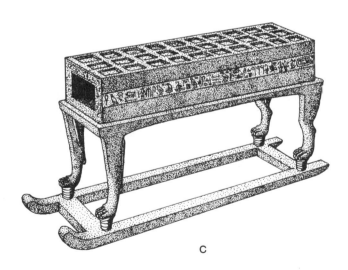

Abb. 45 a-c Spieltische aus verschiedenen Materialien und Kulturkreisen; Stein, Ansicht und Aufsicht, Epidauros (a), Holz, Kamid el-Loz (b), Holz, Grab des Tutenchamun (c)

dauros mit einer Strichgravierung, die sich als Zurüstung für das Fünf-Linien-Spiel verstehen läßt, hat L. Deubner besprochen (Abb. 45 a)[627].

Ergänzend zu den Ausführungen über Spielsteine (oben S. T 123) sei bemerkt, daß in großer Häufigkeit von prähistorischer Zeit bis zur klassischen Antike mit Vorliebe aus zerbrochenen Gefäßen kreisrunde Scheibchen hergestellt wurden, mit denen man nach Art unserer Mühlesteine spielte (vgl. Taf. T III c)[628]. Aufgrund des geometrischen Dekors haben wir es bei den hier abgebildeten Beispielen mit solchen aus homerischer Zeit zu tun[629]. Aus der vorausgegangenen protogeometrischen Phase sind in Gräbern Kieselsteine mit gleicher Spielfunktion gefunden worden[630].

Kyprische Beispiele für diese aus Topfscherben hergestellten runden Spielscheibchen wurden u. a. in Tamassos ausgegraben (Taf. T I b)[631]. Daneben existierten verschiedenartige kegelförmige und figürliche Typen (Abb. 49 a. c. d)[632]. In diesen Fällen ist allerdings ein Nachweis für das homerische Zeitalter in Griechenland nicht zu führen. Unsere Beispiele stammen aus Ägypten und dem Vorderen Orient.

e) *Brettspielende Helden (Anhang von Hans-Günter Buchholz)*

α) *Einführende Bemerkungen*: Bei der Bildüberlieferung vom Brettspiel der Helden Achill und Aias vor Troja muß es sich um ein bedeutendes homerisches Thema gehandelt haben, auch wenn in diesem Punkt die literarische Überlieferung versagt. Gemäß späteren Nachrichten wurde im Lager der Achaier der natürliche Steinblock gezeigt, auf dem das von Palamedes erfundene Brettspiel ge-

---

schiedenen Bewertung der Astragalwürfe siehe oben. **627** Chr. Blinkenberg, AM. 23, 1898, 2 Abb. 1. 2; Deubner a. O. 171 Abb. 22. **628** Zu Taf. T III c s. die folgende Anmerkung; zu solchen aus Scherben zurechtgeschlagenen Spielscheibchen vgl. O. R. Sellers, AASOR. 38, 1968, 83 (Beth-zur); P. E. Pecorella, SMEA. 16, 1975, Taf. 25, 1. 2 (Topakli); J. Boehlau – K. Schefold, Larisa am Hermos III (1942) 52 f. (4. Jh., u. a. bemalt); L. Bernabò Brea, Poliochni I (1964) Taf. 80 a; Clara Rhodos VI/VII (1932) 359 Abb. 108 Mitte; aus dem Heiligtum von Hephaisteia, Lemnos, im Museum von Myrina; vgl. auch H. Schliemann, Mykenae (1878/⁴1983) 129 Abb. 190 (nicht mit Schriftzeichen, wie Schliemann meint). **629** Aus Athen, vom Nordabhang des Areopag; in Athen, Agora-Museum, Inv.-Nr. P 538. P 1793–1795. P 471. P 1796–1799. P 537. P 1800; D. Burr, Hesperia 2, 1933, 603 Abb. 71; vgl. G. V. Lalonde, Hesperia 37, 1968, Taf. 37 b und R. S. Young, Hesperia Suppl. II (1939) 191 f. Abb. 142. 166. 167. 169. 171 (Athen, Agora). **630** A. J. B. Wace, JHS. Suppl. XL, S. 23; zum Spielen mit Kieselsteinen sind neo-hethitische Darstellungen zu vergleichen (Abb. 49 b). **631** Fragment eines Spielbretts mit Pessoi aus Tamassos, Zypern; H.-G. Buchholz, APA. 13/14, 1982, 68 Abb. 4. Die Zahl derartiger, noch unpublizierter Spielsteine aus Tamassos beträgt mindestens dreißig. Sie wurden im bzw. in der Nähe des Aphrodite-Heiligtums ausgegraben, dabei das auf Taf. T I b abgebildete Spielbrettfragment und ein Beispiel für kleine tönerne pyramidale Setzsteine, s. H.-G. Buchholz, AA. 1974, 560 Abb. 6 a. b; zu den pyramidalen Spielsteinchen s. W. F. Albright, Mizraim 1, 1933, 130 ff.; K. Kenyon, Archäologie im Heiligen Land (deutsch, 1967) Taf.-Abb. 34 a; J. B. Pritchard, The Ancient Near East in Pictures² (1969) Nr. 214 mit Lit. **632** Einzelnachweise zu den Abbildungen siehe unten.

spielt wurde⁶³³. Als Spielbrett hergerichtete natürliche Felsen erinnern an Zusammenhänge zwischen Opferaltar und Spielbrett bei vielen alten Völkern, insbesondere den Hethitern⁶³⁴. Man fühlt sich an die zahlreichen 'Schalensteine' in Griechenland und Anatolien erinnert, von denen einige mit Sicherheit zum Spiel verwendet wurden, andere als Kernoi Opfergaben aufnahmen (Abb. 46 a–d)⁶³⁵.

Die oben bereits erwähnten Steintische mit Spielfeldern, Weihgaben im Asklepieion von Epidauros (Abb. 45 a)⁶³⁶, weisen darauf hin, daß auch später Zusammenhänge mit dem Altar bestanden haben. Vor allem stoßen wir nochmals auf altarähnliche Spieltische, wenn von jener Variante der 'Brettspielenden Helden' auf attischen Vasenbildern die Rede sein wird, in der die Handlung anstelle von 'Spielen' wohl genauer als 'Losen' zu bezeichnen ist (Abb. 58 a. b; 59 a. b). Einmal steht das Wort AΘENAIAS an einem solchen 'Spielaltar' in der Szene regelrechten Spiels zweier gewappneter Helden im Beisein der Göttin Athena (Abb. 57 a)⁶³⁷.

Daneben gab es zu nahezu allen Zeiten behelfsmäßige Brettspielvorrichtungen, beispielsweise Grübchenreihen auf Tor- und Türschwellen von Tempeln und anderen Gebäuden⁶³⁸ oder Feldereinteilungen, die auf Säulenkapitellen⁶³⁹ sowie

---

633 Zu Palamedes: Pausanias II 20, 3; s. o. S. T 124. Zum Stein vor Troja: Eustathius zu II 308; F. Pfister, Der Reliquienkult im Altertum (1909/1974) 364; H.-G. Buchholz, in: Studien zur Bronzezeit, Festschrift für W. A. von Brunn (1981) 93 Anm. 56; ders., APA. 13/14, 1982, 67; ders., AA. 1984, 560.   634 M. Riemschneider, Der Wettergott (1956) 18: »Warum die Hethiter einen weißen und einen schwarzen Steinaltar unterscheiden, wird deutlich ... Der schwarze ist der eigentliche Opferaltar, der weiße das Spielbrett«; s. dies., Das hethitische Brettspiel, in: Festschrift für E. Unger (1971) 103 ff.
635 Abb. 46 a. c. d: P. Åström, OpAth. 15, 1984, 24 Abb. 25. 23. 24; ders., in: Aux Origines de l'Hellénisme, Hommage à H. van Effenterre (1984) 43 ff.; ders., Medusa 5, 1984, 2 Abb. 1; Abb. 46 b: G. Rizza – V. Santa Maria Scrinari, Il Santuario sull' Acropoli di Gortina I (1968) 20 Abb. 33, 6; zur Problematik s. H.-G. Buchholz, in: Studien zur Bronzezeit, Festschrift für W. A. von Brunn (1981) 63 ff., bes. 86 ff.; ders., APA. 13/14, 1982, 67 ff. (S. 73 Abb. 13: Schalenstein aus Gortyn); ders., AA. 1984, 561; s. ferner S. Swiny, Bronze Age Gaming Stones from Cyprus, in: RDAC. 1980, 54 ff.; dazu: V. Karageorghis – M. Demas, Pyla-Kokkinokremos (1984) 14. 36. 40 f. 91 Taf. 32, 41. 100; 48, 41. 100; S. Hood, Games at Knossos?, in: Aux Origines de l'Hellénisme, Hommage à H. van Effenterre (1984) 39 ff.; Schalensteine aus Mallia: G. Daux, BCH. 82, 1958, 827; H. van Effenterre, BCH. 87, 1963, 239 Abb. 8; H.-G. Buchholz, Festschrift v. Brunn 73 ff. Nr. 70–76 (mit Lit.); Ch. F. Herberger, The Mallia Table, Kernos or Clock, in: Archaeoastronomy 6, 1983, 114 ff.; aus Juktas: A. Karetsou, in: R. Hägg – N. Marinatos, Sanctuaries and Cults in the Aegean Bronze Age, Proceedings of the 1. International Symposium at the Swedish Institute in Athens 1980 (1981) 148 Abb. 13 (Kernos aus Porosstein); wie oben erwähnt, wurde mit Pessoi auch gerechnet, s. einen Beinkalender aus Palästina bei Bossert, Altsyrien Nr. 1103.   636 Siehe oben Anm. 627.   637 Siehe unten Kat.-Nr. 117.   638 S. Swiny, RDAC. 1980, 59 Abb. 3, 6; P. Åström, in: Aux Origines de l'Hellénisme, Hommage à H. van Effenterre (1984) 44 Taf. 12, 6; zum Spielen in Heiligtümern s. L. Preller – C. Robert, Griechische Mythologie I⁴ (1894) 205 (Nachricht aus dem Heiligtum der Athena Skiras). Vgl. noch P. Wolters, AM. 18, 1893, 1 Anm. 2 (Mühlebrett-Ritzungen, Athen).   639 Ionisches Kapitell aus Tamassos, Zypern, in: Nikosia, Cyprus Museum, Inv.-Nr. 1935/V-27/2; I. Nikolaou, BCH. 94, 1970, 549 f. Abb. 1. 2; H.-G. Buchholz, AA. 1974, 558 Abb. 4; ders., APA. 13/14, 1982, 69 Abb. 2 a. b; ders., in: V. Karageorghis, Archaeology in Cyprus (1985) 247. 250 Abb. 10; andere Deutung bei H. R. Immerwahr, AA. 1986, 195 ff.

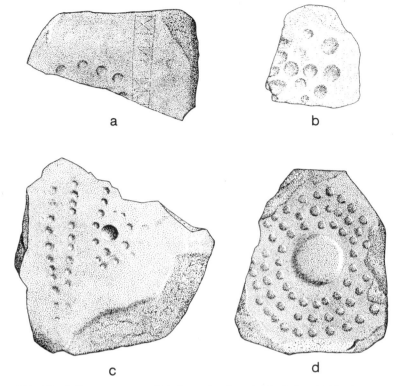

Abb. 46 a-d Fragmente von 'Schalensteinen' aus Hala Sultan Tekke, Zypern (a. c. d) und Gortyn, Kreta (b)

auf Stein- und Tonplatten⁶⁴⁰, besonders auf Dachziegeln⁶⁴¹, eingeritzt sind (Taf. T I b)⁶⁴².

Im allgemeinen waren bereits in der Bronzezeit kostbare, teils komplizierte, Spielbretter in Verwendung wie das berühmte Stück aus den Königsgräbern von Ur im British Museum oder andere aus dem Palast von Knossos (Taf. T III b) und

640 In Hama, Assur, Tell Halaf, Zincirli und auf der Halbinsel von Halikarnassos; 8./7. Jh. v. Chr.; s. W. Radt, Siedlungen und Bauten auf der Halbinsel von Halikarnassos, IstMitt., Beih. 3 (1970) 172f. (mit Lit. zu den einzelnen Stücken, die teils wohl auch Türschwellen waren, s. Anm. 638); Tonspielplatten: H. Payne – J. T. Dunbabin, Perachora II (1962) 131 Nr. 1325–1327; Chr. Blinkenberg, AM. 23, 1898, 8 Abb. 9.   **641** Fragment aus grauweißem Kalkstein aus Tamassos, Zypern, Inv.-Nr. 1418/1979; H.-G. Buchholz, AA. 1984, 563 Abb. 6 a. b; Pergamon: W. Radt, AA. 1985, 478 Abb. 7; Samos: H. Kyrieleis, AA. 1985, 433 Abb. 78; Dritsa, Boiotien: J. M. Fossey, AAA. 2, 1969, 398 f. Abb. 1 und Zeichnung 1.   **642** Tamassos, Inv.-Nr. 440/1975, Fundstelle ϑ 3, –30 cm, erh. L 14 cm, erh. Br 10,5 cm; vgl. oben Anm. 631. Weitere Fragmente von Spielbrettern aus Tamassos, sämtlich aus Kalkstein und mit geritzten Spielfeldern: Inv.-Nr. 700/1976, aus ζ 11, archaisch, erh. L 23,3 cm, erh. Br 22,5 cm, Stärke 5 cm (H.-G. Buchholz, APA. 13/14, 1982, 68 Abb. 3); Inv.-Nr. 1008/1977, aus γ 12, –60 cm, archaisch, erh. L 3,4 cm, erh. Br 4,5 cm, Stärke 1,3 cm (unpubliziert, 7. 9. 1977); Inv.-Nr. 1418/1979, Oberflä-

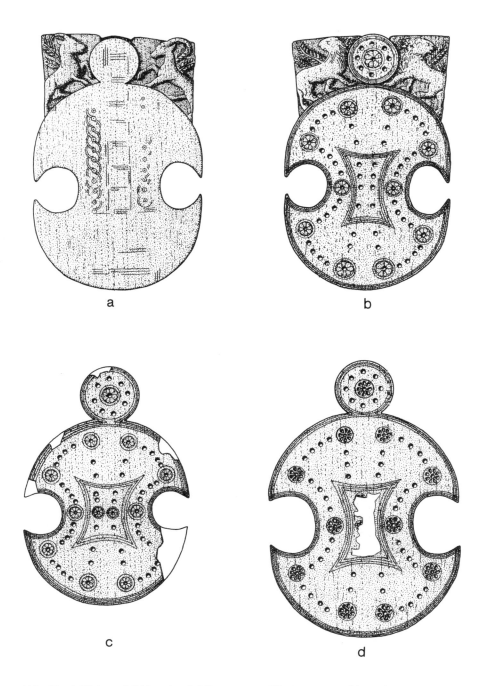

Abb. 47 a–d Kleine schildförmige Spielbretter aus Elfenbein; Megiddo, Palästina. Bei dem oberen Beispiel sind Spielseite (b) und Unterseite (a) wiedergegeben

a   b

Abb. 48 a und b Kretische Siegel mit Darstellungen von Spieltischen mit Setzsteinen

aus einem der Schachtgräber von Mykene[643], wie schließlich einige recht ungewöhnliche, schildförmige Exemplare aus Elfenbein (Megiddo, Abb. 47 a–d)[644], außerdem Spielkästen mit Feldereinteilung auf der Oberseite (Abb. 45 b, Kamid el-Loz[645]; Taf. T III d, Enkomi[646]) wie schließlich regelrechte Spieltische (Abb.

chenfund aus Ta III (15. 4. 1979, stratigraphisch undatiert), erh. L 13,5 cm, erh. Br 16 cm, Stärke 3,5 cm; H.-G. Buchholz, AA. 1984, 562 f. mit Anm. 19 Abb. 6 a. b. Es mag nicht unerwähnt bleiben, daß Nomaden in ihren Zelten wohl auch auf Bildteppichen spielten. J. Wiesner hat den berühmten Teppich von Pazyrik als Spielbrett gedeutet; J. Wiesner, Atlantis 1, 1954, 13 ff.; s. a. J. Zick-Nissen, AA. 1966, 569 Anm. 1 (mit Lit.).   **643** Siehe oben Anm. 618; Wiesner, Grab 146 Anm. 6 (mit Lit. zu den genannten Stücken). Zum Spielbrett aus Ur insbesondere C. L. Woolley, Ur Excavations II, the Royal Cemetery, 62 ff. Taf. 96. 221; A. Moortgat, Tammuz (1949) 56 Taf. 23 b; J. B. Pritchard, The Ancient Near East in Pictures Relating to the Old Testament² (1969) Nr. 212.   **644** 'Spiel der 58 Löcher', aus Ägypten übernommen, s. G. Loud, The Megiddo Ivories (OIP. 52, 1939) 47 Nr. 220; S. 48 Nr. 221. 222; C. Decamps de Mertzenfeld, Inventaire Commenté des Ivoires Phéniciens et Apparentés Découverts dans le Proche-Orient (1954) 92 Nr. 377 a. b Taf. 41. 42 (unsere Abb. 47 a. b); S. 96 Nr. 454 Taf. 55 (unsere Abb. 47 d); S. 96 Nr. 455 Taf. 56 (unsere Abb. 47 c). Vgl. noch H. Weippert, in: Galling, Bibl. Reallex.² 310 f. mit Abb. 80, 2 (unsere Abb. 47 b) sowie Pritchard a. O. Nr. 215.   **645** Siehe oben Anm. 620.   **646** Elfenbeinerner Spielkasten aus Enkomi, Grab 58, Spätkyprisch III a; L 29 cm, Br 7,5 cm, H 8,5 cm; in London, Brit. Mus., Inv.-Nr. 97/4–1/996; W. Ridgeway, JHS. 16, 1896, 290 Abb. 5; A. Furtwängler, Die antiken Gemmen III (1900) 437. 439 f. (zur Datierung); A. S. Murray, Excavations in Cyprus (1900) 12 ff. Abb. 19 Taf. 1; F. Studniczka, JdI. 22, 1907, 161 f. Abb. 11 a; R. Dussaud, Les Civilisations Préhelléniques dans le Bassin de la Mer Égée² (1914) 277 Abb. 199; W. Flinders Petrie, Objects of Daily Use (1927) 55; R. D. Barnett, PEQ. 1939, 11 f. Taf. 7; Kantor, Aegean Taf. 26 a; Lorimer, HM. Taf. 11, 1; C. Decamps de Mertzenfeld, Inventaire Commenté des Ivoires Phéniciens et Apparentés Découverts dans le Proche-Orient (1954) 116 f. Nr. 788 Taf. 69; H. Frankfort, The Art and Architecture of the Ancient Orient (1954) 154 f. Abb. 70; R. D. Barnett, Fine Ivory Work, in: Singer-Holmyard, HT. I 677 f. Abb. 476 a. b; G. A. Wainwright, JHS. 83, 1963, 146 f. Abb. 2; Y. Yadin, The Art of Warfare in Biblical Lands II (1963) 339; P. Demargne, Naissance de l'Art Grec (1964, ²1974) Abb. 192; ders., Die Geburt der griechischen Kunst (1965) 285 Abb. 367. 368; M. G. Amadasi, Studi Semitici 17, 1965, 57 ff. Abb. 9, 2; 11; W. Culican, The First Merchant Venturers (1966) 48 Farbabb. 49; W. Nagel, Der mesopotamische Streitwagen und seine Entwicklung im ostmediterranen Bereich (1966) 67 Abb. 36; L. Åström, Studies on the Arts and Crafts of the Late Cypriote Bronze Age (1967) 82 ff. Abb. 78; S. Laser, unser Kap. »Hausrat« P 71 Anm. 333; P 76 f. Abb. 14 a; Buchholz-Karageorghis (1971) Nr. 1749; J. M. Blázquez, Minos 12, 1971, 398 ff.

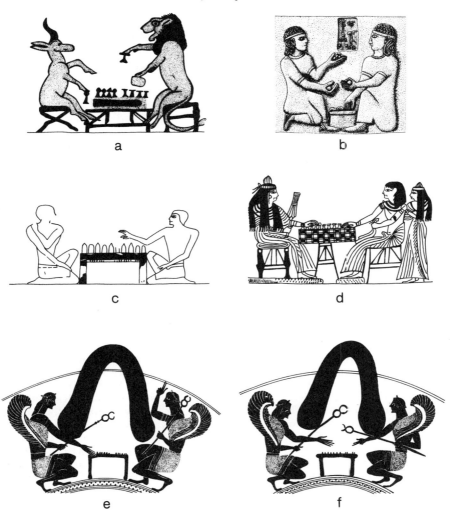

Abb. 49 a–f Brettspielszenen, Steinbock und Löwe auf einem ägyptischen Papyrus (a), die Kinder des Königs Araras auf einem Orthostatenrelief aus Karkemisch (b), Männer und Frauen auf ägyptischen Wandmalereien (c und d), Flügelwesen auf einer attisch-schwarzfigurigen Augenschale des Amasis-Malers (e und f)

Abb. 3–6; Borchhardt, Helme 76 Taf. 17, 1. 3; W. Orthmann, Der Alte Orient, Propyläen-Kunstgeschichte XIV (1975) Taf. 472; F. Vandenabeele, RDAC. 1977, 103 ff. Nr. 2; S. 107 Taf. 24, 1–4; W. Helck, Die Beziehungen Ägyptens und Vorderasiens zur Ägäis (1979) 143. 301 Anm. 36; H. Müller-Karpe, Handbuch der Vorgeschichte IV, Bronzezeit (1980) Taf. 185; V. Karageorghis, Ancient Cyprus, 7000 Years of Art and Archaeology (1981) 100 Abb. 78; ders., Palaepaphos-Skales (1983) 182 Anm. 211; H.-G. Buchholz, AA. 1984, 560 Anm. 13.

45 c, aus dem Grab Tutenchamuns)⁶⁴⁷. Derartige Kästen können auch auf transportablen tischartigen Untersätzen gestanden haben, die nicht fest mit ihnen verbunden waren (Abb. 49 a. d, ägyptische bildliche Beispiele)⁶⁴⁸. Wie S. Laser oben ausgeführt hat, verwendeten die Ägypter in ihrer Schrift als Hieroglyphe die Darstellung eines Brettspiels bereits im Übergang von der Prähistorie zur Zeit der 1. Dynastie, womit für den außerordentlichen Rang dieser Art Spiele ein frühes Datum erwiesen ist⁶⁴⁹.

Es kommt überaus selten vor, daß ein Spieltisch mit Beinen und Feldeinteilung, dazu ein pyramidaler Setzstein und ein davor auf einem Stuhl sitzender Spieler, bereits im Bilde eines frühkretischen Siegels auf Kreta nachweisbar ist (Abb. 48 a)⁶⁵⁰. Ein ebensolches Spielbrett, von oben gesehen und ohne Angabe der Beine, jedoch mit drei Setzsteinen nach Art unserer Halmasteine, ist auf einem weiteren minoischen Siegel überliefert (Abb. 48 b)⁶⁵¹.

Es gab freilich von Ägypten bis Hellas auch Tische ohne den Kastenaufbau zur Aufnahme der Spielsteine: Ein Tisch dieser Art, neben dem zwei Spieler am Boden hocken, zeigt eine ägyptische Wandmalerei. Die Setzsteine sind zur Verdeutlichung des Gemeinten stark vergrößert wiedergegeben (Abb. 49 c)⁶⁵². Auf einer attisch-schwarzfigurigen Schale in Kopenhagen ist unter beiden Henkeln je ein solcher Spieltisch zu sehen (Abb. 49 e. f). Die Brettspieler sind in diesem Fall nicht Sterbliche, sondern Flügelwesen mit Kerykaia⁶⁵³. Als kleine Nachbildung muß je-

---

647 Siehe oben Anm. 621; s. noch W. J. Tait, Game-Boxes and Accessoires from the Tomb of Tutankhamun (1982). Vgl. Brettspiel des Sennefer, Neues Reich, 18. Dynastie, um 1500 v. Chr., in Berlin, Ägyptisches Museum, Inv.-Nr. 10756; W. Kaiser, Ägyptisches Museum Berlin, Katalog (1967) Nr. 584; Spielbrett mit 30 Feldern, 18./19. Dynastie, in New York, Sammlung N. Schimmel; O. W. Muscarella, Ancient Art, the Norbert Schimmel Collection (1974) Nr. 197 mit Abb. (Ausstellung Berlin 1978: Nr. 224); zu Dreißig-Felder-Brettern: W. Needler, JEA. 39, 1953, 60 ff.; Spielbrett aus Theben, Ägypten, gefunden in Toumba tou Skourou, Zypern, in New York, Metr. Mus., s. E. Vermeule – F. Z. Wolsky, RDAC. 1977, 87 Taf. 18 unten.   **648** Abb. 49 a: Umzeichnung nach A. Bothwell Gosse, The Civilisation of the Ancient Egyptians (o. J.) 96 Abb. 110; s. a. H. W. Müller, Ägyptische Kunst (1970) Abb. 160 oben, auf einem Papyrus in London, Brit. Mus.; Abb. 49 d: P. A. Piccione, Archaeology 33 Heft 4, 1980, 58 mit Abb. (danach unsere Umzeichnung, auf der zwei Astragale über den Setzsteinen fehlen); s. H. Schäfer, Von ägyptischer Kunst³ (1963) 167. 173 f. Abb. 155, Neues Reich; ähnlich: H. Müller-Karpe, Frauen des 13. Jhs. v. Chr. (1985) Taf. 4 nach S. 32: Nofretari beim Brettspiel, allein; Darstellung im Grab der Nofretari nach G. Thausing – H. Goedicke, Nofretari, eine Dokumentation der Wandgemälde ihres Grabes (1971).   **649** Siehe oben Anm. 615; vgl. noch S. Schott, Hieroglyphen, Untersuchungen zum Ursprung der Schrift, AbhMainz 1950 Nr. 24, S. 1751; K.-Th. Zauzich, Hieroglyphen ohne Geheimnis (1980) 27 und 123 Nr. Y 5.   **650** Evans, PM. I 124 Abb. 93 A 2 oben; P. Yule, Early Cretan Seals, a Study of Chronology (1980) Taf. 2, 38.   **651** Evans, PM. I 125 Abb. 93 Ca.   **652** P. A. Piccione, Archaeology 33, Heft 4, 1980, 55 mit Abb. unten; vgl. eine ähnliche Darstellung bei H. Schäfer, Von ägyptischer Kunst³ (1963) 212 f. Abb. 208 (Mittleres Reich).   **653** Wohl Eroten oder Oneiroi auf einer att.-sf. Augenschale des Amasis-Malers aus Etrurien, um 540/535 v. Chr. Kopenhagen, Nat.-Mus., Inv.-Nr. 13521; K. Friis Johansen, CVA. Kopenhagen, Nationalmuseum VIII (o. J.) Taf. 326; A. Greifenhagen, Griechische Eroten (1957) 48 f. Abb. 36. 37; E. Metropoulou, Five Contributions to the Problems of Greek Reliefs (1976) 74 Nr. 6 Abb. 5; E. Simon – M. Hirmer, Die griechischen Vasen (1976) 83 Taf. 69. 70 oben; H. Mommsen, in: Tainia, Festschrift für R. Hampe (1980) 147 Anm. 26; A. Kossatz-Deissmann, LIMC. I (1981) 102 s. v. Achilleus; S. Woodford,

a

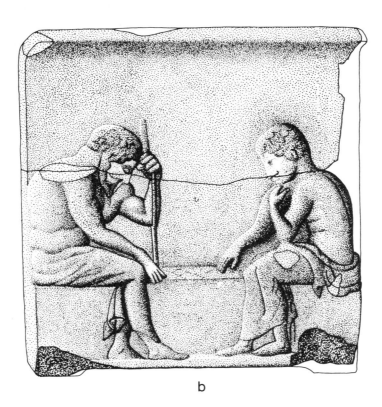

b

Abb. 50 a und b Brettspieler auf einer attisch-schwarzfigurigen Amphora aus Cerveteri (a) und auf einem frühhellenistischen Relief aus Eretria, Euboia (b)

nes schwarzfigurige Tischchen, eine Grabbeigabe aus dem Kerameikos, angesehen werden, das M. Andronikos in unserem Kapitel »Totenkult« behandelt hat (Taf. W VI)[654].

Eher dem Steinblock, wie er dem Brettspiel der Helden vor Troja als Vorstellung zugrunde liegen mag, entspricht das 'Tischchen' auf einem Orthostatenrelief aus Karkemisch: Die Kinder des Königs Araras (Jariris) spielen etwas anderes als die sonst dargestellten Setzspiele. Sie haben Kugeln in den Händen, auf dem Steinblock könnten Astragale liegen (Abb. 49 b, um 760 v. Chr.)[655]. Ein frühhellenistisches Relief in Eretria, Euboia, folgt zwar abgewandelt dem Schema der 'Brettspielenden Helden', es zeigt aber unbewaffnete Spieler, einen Bärtigen links und einen bartlosen Jüngling rechts, beiderseits eines kubischen Steinblocks (Abb. 50 b)[656]. Diese Darstellung ist zugleich ein hochbedeutendes Dokument für die künstlerische Weiterwirkung des Bildes von den 'Brettspielenden Helden'.

Die blockhaft-kubische Form des Spieltisches oder -steins ist in den Szenen der 'Brettspielenden Helden' überaus häufig wiedergegeben, so auch in einem attisch-schwarzfigurigen Vasenbild, das ebenfalls unbewaffnete Spieler zeigt, beide bärtig, beide mit Stöcken ausgestattet, beide auf Klappstühlen sitzend (Abb. 50 a)[657].

Unter den Bildern von Spielerpaaren befinden sich etliche ohne Besonderheiten, ohne den heroischen Aspekt der bekanntesten beiden Spieler vor Troja. Sodann gibt es einige Darstellungen, auf denen zum Spieltisch noch ein Gefäß hinzutritt, bzw. nur ein solches, ohne den Spieltisch. Zunächst Beispiele unmythischer Spielsituationen:

a) Zwei Knaben beim Brettspiel; dem einen dient ein einfacher Kubus als Sitz, dem anderen ein nur flüchtig angedeuteter Klappstuhl. Auf dem Sockel, der als Spieltisch gebraucht wird, stehen vier Steine. Lebhaft auf den Partner einredend, halten beide die rechte Hand über dem Spiel, einer mit ausgestrecktem Zeigefinger, der andere mit der Handfläche nach oben. Verschollene att.-rf. Amphora aus Vulci, um 500 v. Chr.; ehem. Rom, Kunsthandel (Depoletti). A. Greifenhagen, Alte Zeichnungen nach unbekannten Vasen, SBMünchen 1976, Nr. 3, S. 18 ff. Nr. 9 Abb. 17; S. Woodford, JHS. 102, 1982, 177 Anm. 35.

b) Ein Greis und ein jüngerer Mann im Himation, beide bärtig, mit Stöcken in der Hand, auf Klappstühlen beim Brettspiel (Abb. 50 a); att.-sf. Amphora aus Cerveteri, in Brüssel, Musée Cinquantenaire, Inv.-Nr. R 328 (216 a). F. Mayence, CVA. Bruxelles, Mus. Royaux du Cinquantenaire I (1926) III He Taf. 11, 5 a; H. Möbius, AM. 41, 1916, 196; B. Schweitzer, JdI. 44, 1929, 116

JHS. 102, 1982, 177 Taf. 6 c.　　654 S. W 45 Anm. 278; S. W 98 Anm. 825; D. C. Kurtz – J. Boardman, Greek Burial Customs (1971) 91 Abb. 18 ('Spieltisch'), S. 78 wird diese Bedeutung abgelehnt. Vgl. auch die deutsche Version des Buches: dies., Thanatos, Tod und Jenseits bei den Griechen (1985) 90 f. Abb. 18. Ein weiteres, ähnliches Stück bei G. Daux, BCH. 87, 1963, 715 f. Abb. 28 (aus Vari).　　655 Ankara, Arch. Mus., Inv.-Nr. 93, 2. Hälfte des 8. Jhs. v. Chr.; D. G. Hogarth, Kings of the Hittites (1926) 36 ff.; E. Akurgal, Die Kunst der Hethiter (1961) Taf. 122; W. Orthmann, Propyläen-Kunstgeschichte XIV (1975) 431 Taf.-Abb. 359; K. Bittel, Die Hethiter (1976) 261 Abb. 295; M. Baran, in: The Proceedings of the 10th International Congress of Classical Archaeology, Ankara-Izmir 1973, Bd. I (1978) 433 Anm. 8.　　656 P. Auberson – K. Schefold, Führer durch Eretria (1972) 174. Unsere Abb. 50 b ist eine Umzeichnung nach einem freundlichst von P. Themelis zur Verfügung gestellten Photo.　　657 F. Mayence, CVA. Brüssel I (1926) Taf.

Anm. 1; I. Scheibler, Die symmetrische Bildform in der frühgriechischen Flächenkunst (1960) 71 f.; M. B. Moore, AJA. 84, 1980, 421 Anm. 34; S. Woodford, JHS. 102, 1982, 177 Anm. 34.

c) Zwei Männer im Spielgestus auf Hockern beiderseits eines Tisches, dahinter ein Baum, in dessen Zweigen ein Vogel sitzt und Musikinstrumente hängen; att.-sf. Pelike des Plousios-Malers, um 510 v. Chr. in New York, Metr. Mus., Inv.-Nr. 68. 27 (Leihgabe des Louvre, Cp 11990 und Cp 12647; Geschenk Walter Bareiss, 1968). D. v. Bothmer, Les Vases de la Collection Campana, un Exemple de Collaboration avec le Metropolitan Museum, in: Revue du Louvre 27, 1977, 216; S. Woodford, JHS. 102, 1982, 177 Anm. 32 (nicht Brettspieler, sondern Musiker) Taf. 6 d.

Das zuletzt angeführte Vasenbild (c) wird als Spieldarstellung durch ein weiteres Werk desselben Malers bestätigt (d)[658], eine attisch-schwarzfigurige Pelike aus dem Jahrzehnt zwischen 520 und 510 in Toronto. Sie zeigt auf beiden Seiten zwar nicht völlig identische, jedoch sehr ähnliche Spielszenen (Abb. 51 b. c)[659]. Hier sitzen sich zwei bärtige Männer mit bloßem Oberkörper und Himation um Hüften und Beine am Spieltisch gegenüber, der jeweils linke auf einem lehnenlosen Hocker, der rechte auf einem Stuhl mit hoher Lehne. In beiden Bildvarianten[660] setzt letzterer seinen Stein, während jeweils der linke in sprechender Gebärde mit Zeige- und Mittelfinger der Rechten die Zahl Zwei anzeigt. Stilisierte Pflanzen geben eine Außensituation an. Ungewöhnlich ist an den Spielszenen, daß jeweils außer dem bemerkenswert großen Spieltisch noch ein stattlicher Kelchkrater dazu gehört, der ebenfalls zwischen den Spielern steht, unter oder neben dem Tisch.

Es geht nicht an, das Gefäß an so zentraler und auffälliger Stelle als bloße Zutat oder als Gegenstand mangelnder Kenntnis des Malers vom Spielen abqualifizieren zu wollen. Im Gegenteil könnte man geradezu meinen, dieser Krater sei wichtiger als der Spieltisch, ist doch die den Spielstein setzende Hand des rechten Mannes über beiden. Es ist freilich weiterzufragen, ob ein Gefäß beim Spiel überhaupt eine Funktion gehabt haben kann. Ich weise darauf hin, daß in motivgleichen Spielszenen (Abb. 52 a und c) der Gegenstand, auf oder über dem gespielt wird, einmal die Form eines Blocks besitzt (Abb. 52 c), einmal die einer Schüssel (Abb. 52 a).

Die Mitte des Schulterbildes einer Pontischen Oinochoe der ersten Hälfte des 6. Jh. v. Chr. aus Vulci zeigt links einen älteren bärtigen, rechts einen jungen Mann, beide mit gebeugtem Knie, beiderseits einer ionischen Kylix hockend, indem sie heftig über dieser gestikulieren (Abb. 51 a). Dies wurde einmal als Tanz, dann als Wettkampf oder Spiel verstanden[661]. Der Tanz scheidet als Thema wohl

---

11, 5 a; siehe Beispiel b).   658 Zuweisung: D. v. Bothmer, Revue du Louvre 27, 1977, 216.   659 J. R. Guy, in: N. Leipen, Glimpses of Excellence, a Selection of Greek Vases and Bronzes from the E. Borowski Collection, Toronto, Royal Ontario Museum (1984) 11 Nr. 7 mit Abb. Ich habe N. Leipen und E. Borowski vielmals für mancherlei Hilfe beim Studium dieses und anderer Stücke in Toronto zu danken.   660 Vgl. K. Schauenburg, Zu Repliken in der Vasenmalerei, in: AA. 1977, 194 ff.   661 Vgl. Text zu Nr. 218 in D. M. Robinson – C. G. Harcum – J. H. Iliffe, A Catalogue of the Greek Vases in the Royal Ontario Museum of Archaeology I (1930) 72 ff. mit Textabb. und Taf. 19, 218 (danach unsere Abb. 51 a; für Gelegenheit zum Studium der Vase ist N. Leipen zu danken).

ganz aus, während das agonale Element des Wettkampfes gleichermaßen jedem Spiel eignet. Die Tatsache, daß nur eine Hand der beiden Männer mit gestreckten Fingern wirklich agiert, aber die andere geschlossen ist und demnach einen oder mehrere unsichtbare Gegenstände über das Gefäß hält, deutet auf eine Spielsituation, bei der jene – vielleicht Astragale, Würfel – in letzteres werfen. Ist das richtig, dann nähert sich diese Art von Spiel dem Loswerfen[662] und hilft, den Sinnzusammenhang der zuvor besprochenen Vasenbilder zu deuten (Abb. 51 b. c).

Auf einer etruskisch-archaischen Reliefabrollung sitzen sich zwei Personen am Spieltisch gegenüber. Beide sind mit szepterartigen Stäben ausgestattet, der linke mit dem Gabelstab mancher Herolde (unten Nr. 12, Abb. 52 b). In diesem Bild 'schwebt' ein Gefäß, ein großer Kantharos, gleichsam über der Szene, so als ob man darum wisse, daß zum Spiel ein Gefäß gehöre, nicht aber die Zusammenhänge wirklich durchschaue. Mancher Betrachter wird dazu neigen, den Kantharos als Symbol des Weins zu deuten und dann in diesem Spiel ausschließlich die Freuden des Gelages zu sehen.

β) Das Thema der Brettspielenden Helden in Kleinkunst und Glyptik: Ist es richtig, daß in der Regel das Kunsthandwerk nicht unmittelbar aus der Literatur schöpft, sondern sich durch die monumentale Kunst anregen läßt – danach vor allem durch die Vasenmalerei –, so müßten alle Belege für unser Thema in kleinformatigen Bronzegüssen und auf Siegeln zeitlich und sachlich die motivischen Ausformungen vor allem der Gefäßbilder voraussetzen. Neuerdings ist nun für die Darstellungen auf Schildbändern (Abb. 52 c) ein Datum gegen Mitte des 6. Jhs. v. Chr. vorgeschlagen worden: »... ein Teil der Schildbänder gehört zu den wenigen vor Exekias entstandenen Brettspielerbildern«[663]. Leider fehlen aber noch immer datierende Kriterien, und der Erhaltungszustand der Bronzen ist meist so schlecht, daß stilistische Beobachtungen kaum möglich sind. So urteilte denn auch E. Kunze etwas anders: »Der bezeichnende Zug der Komposition ist der dichtere Zusammenschluß der beiden Krieger, bewirkt nicht nur durch deren räumlich näheres Aneinanderrücken, sondern auch durch die in dieser räumlichen Enge besonders wirksame strenge Responsion von Haltung und Gebärde. Die hohen aufgestützten Lanzen zumal, die trotz ihrer geringen Divergenz die Mitte so eindrucksvoll betonen, binden die Figuren aufs engste aneinander ... *Es gibt keinen Grund, eines unserer Bilder früher anzusetzen als die Amphora des Exekias*«[664] (vgl. zu dieser unsere Taf. TV b).

Die ins Quadrat komponierte streng symmetrische Bildform der Schildbänder bedient sich erstens einer begrenzten Differenzierung beider Gestalten in der Höhe des Helmbuschs des Achill und dadurch, daß er sich etwas aus der Kniestellung erhebt (Abb. 52 c), zweitens hat sich gerade die Ausprägung des Themas im kleinformatigen Bronzeguß auch in Erzeugnissen der Steinschneidekunst niedergeschlagen (Abb. 52 a, unten Nr. 9. 10) und die Vasenbilder unberücksichtigt gelassen. Ich möchte diesen Traditionsstrang als unabhängig und eigenständig ansehen. Er enthält womöglich mehr von den in der verlorenen literarischen Quelle geäußerten Gedanken über das 'Losen' im Spiel als die Tradition der Vasenbilder nach Exekias: Die beiden Helden spielen doch nicht nur deshalb vollgerüstet, weil

---

662 Vgl. Kat.-Nr. 188–195 und zu anderen Bildern bereits A. Furtwängler, s. unten Nr. 170 und 171.   663 A. Kossatz-Deissmann, LIMC. I (1981) 100.   664 Kunze, Schildbänder 142 ff. (Kursive vom Verfasser).

Abb. 51 a-c Spielergruppen auf griechischen schwarzfigurigen Vasen in Toronto

das Bildfeld hinter ihnen keinen Platz für abgelegte Waffenstücke läßt, sondern weil es sich um einen Vorgang im Zusammenhang mit dem Kampf handelt. Sie bedürfen nicht bequemer Sitzgelegenheiten; Hocken oder Knien verbindet das Tun unserer Helden mit dem Stehen beim Brettspiel[665] und dem Herantreten oder Stehen beim 'Abstimmen', bzw. 'Losen' (Abb. 58 a. b; 59 a. b).

Im folgenden sind Schildbänder und Skarabäen zusammengefaßt:

1. Brettspielende Helden, behelmt (mit tief herabreichenden, symmetrischen Helmbüschen) und mit senkrecht gestellten Lanzen, auf dem Fragment eines Schildbandes – nach A. Kossatz-Deissmann: Mitte des 6. Jhs. v. Chr. – aus Aigina, Inv.-Nr. II 61. A. Furtwängler, Aegina, das Heiligtum der Aphaia (1906) 392 Nr. 21 Taf. 113,5; 114,9 (Umzeichnung); H. Möbius, AM. 41, 1916, 195 Anm. 7; Kunze, Schildbänder 143; Brommer, Denkmälerlisten II 84 Nr. 4; H. Mommsen, in: Tainia, Festschrift für R. Hampe (1980) 141 Anm. 6; A. Kossatz-Deissmann, LIMC. I (1981) 99f. Nr. 415 s.v. Achilleus.

2. Fragment eines bronzenen Schildbandes mit demselben Bildthema, Aigina, Aphaia-Tempel, Fund-Nr. B 40: Formenvariante mit abweichendem Randornament (2. Hälfte des 6. Jhs. v. Chr.). M. Maass, AA. 1984, 271 ff. Abb. 7a. b.

---

665 Vgl. Bronzespiegel in Rom, Villa Giulia, Inv.-Nr. 6425, unten Nr. 14.

3. Brettspielende Helden mit Helmen, Schwertern und senkrecht aufgesetzten Lanzen knien beiderseits eines kubischen Steinblocks, Schildband aus Olympia, Fund-Nr. B 968, Form XVIIc (Mitte bis 3. Drittel des 6. Jhs. v. Chr.). Kunze, Schildbänder 21. 142 ff. Taf. 44, 29c; Brommer, Denkmälerlisten II 84 Nr. 7; Mommsen a.O. 141 Anm. 6; Kossatz-Deissmann a.O. 99 f. Nr. 415.

4. Brettspielende Helden auf einem Schildband, angeblich aus der Mitte des 6. Jhs. v. Chr., Olympia, Fund-Nr. B 4810, unpubliziert. Kossatz-Deissmann a.O.

5. Brettspielende Helden auf einem Schildband aus Olympia, Fund-Nr. B 5007, Form XVIIc; unpubliziert. Kossatz-Deissmann a.O.

6. Hockende, behelmte Helden beim Brettspiel auf dem trapezförmigen Teil eines stark zerstörten Schildarmbügels aus Olympia, 2. Südwall, Fund-Nr. B 1559 (Mitte bis 3. Drittel des 6. Jhs. v. Chr.). E. Kunze-H. Schleif, Olymp. Ber. III (1938/39) 91 Abb. 86. 87; Kunze, Schildbänder 143 Anm. 3 Beil. 10, 1; Brommer, Denkmälerlisten II 84 Nr. 5; Mommsen a.O. 141 Anm. 6; Kossatz-Deissmann a.O.

7. Der obere Teil einer entsprechend typisierten Szene mit brettspielenden Helden findet sich auf dem schlecht erhaltenen Schildband Fund-Nr. B 926 aus Olympia (von der Schatzhausterrasse, Raum östlich des Nymphaeums). Kunze, Schildbänder 143 Anm. 2; Brommer, Denkmälerlisten II 84 Nr. 6; Mommsen a.O. 141 Anm. 6; Kossatz-Deissmann a.O.

8. Kniende Helden, behelmt und bewaffnet, beim Brettspiel auf einem Schildband aus Olympia (Abb. 52c), Nr. B 1647, Form XXXIIIγ (nach 500 v. Chr.). Kunze, Schildbänder 33 f. 142 Taf. 59; Brommer, Denkmälerlisten II 84 Nr. 8; Kemp-Lindemann, Achilleus 79 mit Abb.; Mommsen a.O. 141 Anm. 6; Kossatz-Deissmann a.O. Nr. 415 mit Abb.

9. Zwei behelmte Krieger knien einander gegenüber und stützen sich auf ihre senkrecht gestellten Lanzen, in der Mitte steht zwischen ihnen ein Gegenstand, der ein Gefäß sein könnte, statt des üblichen Spieltisches (Abb. 52a); A. Furtwängler dachte in diesem Fall an das Ziehen von Losen; Karneol-Skarabäus aus der Gegend von Tarent in nicht etruskischem, vielleicht gräko-phönikischem Stil mit kyprischen Anklängen des 3. Viertels des 6. Jhs. v. Chr. (J. Boardman, dagegen P. Zazoff: 4. Jh. v. Chr.). Paris, Bibl. Nat., Cab. Méd., Inv.-Nr. 4120 (vormals: Slg. Evans). A. Furtwängler, AG. Taf. 9, 8; P. Zazoff, Etruskische Skarabäen (1968) 190 Nr. 1149; J. Boardman, Archaic Greek Gems (1968) 85 Nr. 234 Taf. 14, 234.

10. Zwei Helden mit Helm und Schild bewaffnet, im Schema der Brettspieler einander gegenüber kniend, strecken je eine Hand zur Mitte hin aus, als ob sie Spielsteine greifen wollten. Nicht-etruskischer Karneol-Skarabäus des 4. Jhs. v. Chr. im a globolo-ähnlichen Stil. Paris, Bibl. Nat., Cab. Méd., Inv.-Nr. 1832. G. Micali, Monumenti Storia (1832) Taf. 116, 23; Zazoff a.O. 190 Nr. 1150.

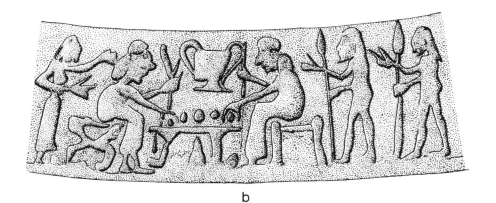

Abb. 52 a-c Brettspielszenen auf einem Skarabäus (a: Kat.-Nr. 9), auf einer etruskischen Bucchero-Kanne (b: Kat.-Nr. 12) und auf einem Schildband aus Olympia (c: Kat.-Nr. 8)

γ) *Zum sonstigen Vorkommen der 'Brettspielenden Helden' in der außerattischen griechischen Kunst*: Wenn das Thema der 'Brettspielenden Helden' bereits im dritten Viertel des 6. Jhs. v. Chr. in die korinthische Vasenmalerei eingedrungen ist (Nr. 11) und wenn man außerdem nach E. Kunzes Ansicht im Falle Korinths nicht von einer 'Kopie' des Exekiasbildes sprechen darf[666], dann muß es vor diesem, spätestens neben ihm, bereits eine breitere Themen-Tradition in der Bildkunst gegeben haben.

> 11. Zwei behelmte Helden sitzen im Spielgestus einander gegenüber, der Spieltisch fehlt; korinth.-sf. Olpe aus Korinth nach attischen Vorbildern, um 540/530 v. Chr. Korinth, Arch. Mus., Inv.-Nr. 944. K. Schefold, JdI. 52, 1937, 68 ff.; M. Thorne-Campbell, Hesperia 7, 1938, 561 Abb. 3, 21; Kunze, Schildbänder 144 Anm. 1; Brommer, Vasenlisten³ 339 Nr. C 1; Kemp-Lindemann, Achilleus 78 Anm. 208; M. B. Moore, AJA. 84, 1980, 419 Anm. 18; A. Kossatz-Deissmann, LIMC. I (1981) 100 Nr. 416 s. v. Achilleus; S. Woodford, JHS. 102, 1982, 181 Nr. B 11.

Andererseits betonte wiederum Kunze an gleicher Stelle: »Für die Bildgeschichte geben daher die Bronzereliefs nicht allzuviel aus. Sie berechtigen keineswegs, die Schöpfung des Urbildes der peloponnesischen Metallkunst zuzuschreiben« (gemeint sind Schildbänder wie unsere Abb. 52 c). Das klingt im Zusammenhang merkwürdig zwiespältig: Einerseits nach Betonung der Mehrgleisigkeit der Bildgeschichte, nach der relativen Unabhängigkeit gewisser Ausformungen des Motivs, andererseits dann doch wieder nach totaler Abhängigkeit sämtlicher Bilder von der attischen Vasenmalerei, dort allerdings dann nicht so absolut von dem großartigsten der Meisterwerke, dem des Exekias (Taf. T V b), wie das die meisten Forscher möchten.

Kunze blieb den Beweis schuldig, daß das Knien oder Hocken anstelle des Sitzens auf Klötzen oder Stühlen beim Spiel die abgeleitete, jüngere Form sei, er machte dies aber – neben anderen Kriterien – mit zum Indiz für eine spätere Entstehung der Schildbänder[667].

δ) *Nichtgriechische 'Brettspieler'-Darstellungen*: Sowohl die streng symmetrische Zweiergruppe der 'Brettspielenden Helden' als auch die Komposition des 'Abstimmens' mit Athena im Zentrum haben auf die Kunst außerhalb Griechenlands eingewirkt. Diese Tatsache macht den Stellenwert des Bildinhalts und die Einprägsamkeit des von attischen Vasenmalern und peloponnesischen Toreuten entwickelten Kompositions-Schemas deutlich. Zwar sind fast alle bekannten außergriechischen Reflexe, gemessen am Datum der Bilderfindung, spät, aber doch mindestens in einem Fall schon im 6. Jh. v. Chr. anzusetzen (Abb. 52 b, unten Nr. 12). Unsere Belege stammen nahezu ausnahmslos aus dem Westen; es handelt sich um die Abrollung auf einer etruskischen Bucchero-Kanne, um etruskische Spiegelbilder (Abb. 53, Nr. 14–16) und Darstellungen auf Skarabäen (Nr. 13).

Gegen Ende des 4. Jhs. v. Chr. entstand ein Grabgemälde in Tarquinia, das Theseus und Peirithoos beim Brettspiel in der Unterwelt zeigt. Die Komposition setzt das griechische Schema 'Achill und Aias, zwischen die Athena tritt' voraus: Die Stelle der hellenischen Gottheit nimmt in dem etruskischen Wandbild der

---

666 Kunze, Schildbänder 144.   667 Kunze, Schildbänder 144.

ebenfalls weiblich gedachte, vogelgesichtige Unterweltsdämon 'Tuchulcha' mit drohender Gebärde ein (unten Nr. 17). Die Frau in der Mitte des Bildes auf einem etruskischen Spiegel ist ebenfalls nicht Athena, aber diese Komposition steht dennoch den attischen Darstellungen des fraglichen Themas sehr nahe (Nr. 16). Die Benennung eines etruskischen Brettspielers als 'Palamedes' ist möglich, aber nicht gesichert (Nr. 13)[668].

Im ganzen läßt sich zwar die Nachwirkung griechischer Vorbilder im Bereich bildgewordener Mythologie erkennen[669]; nur vereinzelt gestatten jedoch unsere Beispiele mit Gewißheit die Benennung der Brettspieler als Achill und Aias (Nr. 14. 16).

12. Brettspielende bzw. würfelnde Helden an einem Spieltisch, über dem ein Kantharos schwebt. Die Szene ist rechts von Kriegern flankiert (Abb. 52b). Etruskische Bucchero-Kanne des 6. Jhs. v. Chr. aus Chiusi. Florenz, Museo Archeologico. L. Banti, Die Welt der Etrusker[2] (1962) Taf. 28a; G. A. Mansuelli, Etrurien und die Anfänge Roms (1963) 54 Abb. 23 (»Bucchero-Vasen ... entwickeln schließlich erzählende Themen ...«). Vgl. H. Möbius, AM. 41, 1916, 195 zu der etruskischen Bucchero-Vase bei Micali, Storia, Taf. 20, 21: »Dort ist das Spiel wohl als Beschäftigung der seligen Heroen gedacht ...«.

13. Brettspieler auf einem etruskischen Skarabäus. L. D. Caskey – J. D. Beazley, Attic Vase Painting in the Museum of Fine Arts, Boston, III (1963) 2 Anm. 2; Mommsen a. O. 140 Anm. 4. Zu denken wäre an Skarabäen wie unsere Nr. 9 und 10, die allerdings nicht mehr zur etruskischen Kunstproduktion gezählt werden, ferner: Palamedes beim Brettspiel auf einem etruskischen Karneol-Skarabäus des 'Übergangsstils' (um 400 v. Chr.). London, Brit. Mus.; ehem. Slg. Pulsky. Furtwängler, AG. Taf. 17, 19; H. B. Walters, Art of the Greeks (1906) Taf. 93, 15; ders., Catalogue of Engraved Gems in the British Museum (1926) 77 Taf. 11, 630; Zazoff a. O. 84 Nr. 149; S. 87 Taf. 31, 149.

14. Stehend um den Spieltisch gruppierte, barhäuptige, auf ihre senkrecht gehaltenen Lanzen aufgestützte 'Brettspielende Helden', links der bärtige Aias, rechts der jugendlich-unbärtige Achill, durch Beischriften gesichert; Bronzespiegel aus Corchiano (Abb. 53). Rom,

---

[668] So bereits A. Furtwängler. Folgende Stücke lasse ich beiseite, weil P. Zazoff, der sie als 'Brettspielende Helden' führt, sie für nicht-etruskisch erklärt oder weil die Behandlung des Themas ganz unbestimmt blieb: a) 'Palamedes' und ein anderer Held beim Brettspiel auf einem nicht-etruskischen Sardonyx-Skarabäus im a globolo-ähnlichen Stil; ehem Slg. C. N. Robinson. Furtwängler, AG. Taf. 63, 25; P. Zazoff, Etruskische Skarabäen (1968) 190 Nr. 1148. – b) Zwei Krieger mit Lanzen, einander auf Felsen gegenüber sitzend, Spieltisch fehlt. Karneol-Skarabäus in a globolo-Stil. Göttingen, Sammlung des Archäologischen Instituts, Inv.-Nr. G 16. F. Crome, NGA. 1931, 123 Taf. 1, 6; Zazoff a. O. 119 Nr. 223 Taf. 43, 223. – c) Zwei Krieger sitzen einander gegenüber. Verbrannter Karneol-Skarabäus im a globolo-Stil. Rom, Villa Giulia. Zazoff a. O. 183 Nr. 1039. [669] Als 'Nachwirkung' der Vorstellung vom Brettspiel als Beschäftigung der seligen Heroen zählte H. Möbius (AM. 41, 1916, 195) Darstellungen auf oberitalischen Grabsteinen der Kaiserzeit auf: R. v. Schneider, ÖJh. 8, 1905, 294 f. Abb. 68–70 Taf. 2. 3.

Villa Giulia, Inv.-Nr. 6425. F. Weege, in: W. Helbig, Führer durch die öffentlichen Sammlungen Klassischer Altertümer in Rom³ II (1913) 379 Nr. 1807d (nicht in die 4. Auflage aufgenommen, s. dort IV 458); A. Della Seta, Museo di Villa Giulia (1918) 85; G. A. Mansuelli, StEtr. 17, 1943, 501 ff. Abb. 4 Taf. 35; ders., StEtr. 20, 1949, 83; Caskey-Beazley a. O. 2 Anm. 2; Brommer, Denkmälerlisten II 84 Nr. 3; G. Pfister-Roesgen, Die etruskischen Spiegel des 5. Jhs. v. Chr. (1975) 41. 60. 155 f. Taf. 45,2; Kemp-Lindemann, Achilleus 75. 80; Mommsen a. O. Anm. 141 Anm. 6.

15. Brettspielende Helden auf einem etruskischen Spiegel in Basel, Antikenmuseum, Inv.-Nr. 'Züst 5'. Brommer, Denkmälerlisten II 84 Nr. 1.

16. Behelmte und bewaffnete Helden sitzen an einem länglichen Spieltisch mit sieben Querlinien, dieser ähnelt dem Tonmodell eines Spieltisches aus Athen in Kopenhagen, Nationalmuseum (Chr. Blinkenberg, AM. 23, 1898, 8 Abb. 9; L. Deubner, Die Antike 6, 1930, 171 Abb. 23), rechts: Achill, anhand eines Inschriftenrestes identifizierbar. Zwischen ihm und seinem Partner, sicher Aias, steht eine nach rechts blickende Frau, die mit einem Chiton bekleidet, mit Perlenhalsband und Diadem geschmückt ist. Etruskischer Spiegel unbekannter Herkunft in Mailand, Museo Zentrale, ehem. röm. Kunsthandel. F. G. Welcker, Alte Denkmäler III (1851) 3 ff.; A. Schneider, Der troische Sagenkreis in der alten griechischen Kunst (1886) 110 f. 165; E. Gerhard, Etruskische Spiegel V (1896) 144 f. Taf. 109 (Umzeichnung); B. Neutsch, Marburger Jahrb. für Kunstwissenschaft 15, 1949/50, 61 ff. Abb. 33; A. Stenico, StEtr. 23, 1954, 204 Abb. 3 (danach im Museo Teatrale alla Scala); G. Cressedi, EAA. I (1958) 168 f. s. v. Aiace; L. D. Caskey-J. D. Beazley, Attic Vase Painting in the Museum of Fine Arts, Boston, III (1963) 2 Anm. 2; Brommer, Denkmälerlisten 84 Nr. 2; Kemp-Lindemann, Achilleus 75. 77 Anm. 205; S. 80f.; Mommsen a. O. 142 Anm. 7; S. 145.

17. Theseus und Perithoos (Namenbeischriften) beim Brettspiel in der Unterwelt auf einem Wandgemälde in Tarquinia, Tomba dell' Orco, um 300 v. Chr. Der Spieltisch ist mit Feldereinteilung, perspektivisch in schräger Oberaufsicht, wiedergegeben. Zum Brettspiel auf den Inseln der Seligen anstelle der Unterwelt s. Threnos Pindars (Fr. 129, 6, ed. B. Snell). F. Weege, Etruskische Malerei (1921) 29 Abb. 25; K. Schefold, JdI. 52, 1937, 32 ff.; R. Herbig, Götter und Dämonen der Etrusker (1948/1965) 21. 46 f. Abb. 6 Taf. 41 (mit Lit.); E. Diehl, Berichte der Berliner Museen, N. F. 12, 1962, 32 ff.

18. Ähnliches Thema, oskisches Grabgemälde der ersten Hälfte des 5. Jhs. v. Chr. F. Weege, JdI. 24, 1909, 108 Abb. 4; H. Möbius, AM. 41, 1916, 195.

ε) Die attischen Vasendarstellungen der Brettspielenden Helden: Im folgenden habe ich die attischen Vasenbilder mit dem hier behandelten Thema wie folgt aufgegliedert: Zunächst die schwarzfigurigen Darstellungen von Achill und Aias

Abb. 53 Aias und Achill beim Brettspiel auf einem
etruskischen Bronzespiegel (Kat.-Nr. 14)

allein (Nr. 19–70); das bedeutendste Denkmal dieser Art ist die berühmte Exekias-Amphora des Vatikans (Nr. 21 Taf. TV b). Es folgt die Gruppe der rotfigurigen Vasen mit gleichem Bildkonzept (Nr. 71–76). In der darauffolgenden Liste sind schwarzfigurige und rotfigurige Vasenbilder zusammengefaßt, bei denen ein Laubbaum oder eine Palme in der Mitte zwischen den Brettspielenden Helden hinter dem Spieltisch zu sehen ist (Nr. 77–97). Daran haben wir die ungewöhnlich zahlreichen schwarzfigurigen Vasenbilder angeschlossen, auf denen die Göttin Athena beim Brettspiel der Helden anwesend ist (Nr. 98–178). Unsere Liste beschließen einige rotfigurige Vasen gleicher Komposition (Nr. 179–186).

A. *Brettspielende Helden ohne Athena auf attisch-schwarzfigurigen Vasenbildern (Mitte des 6. bis erstes Viertel des 5. Jhs. v. Chr.)*

19. 20. Brettspielende Helden mit korinthischen Helmen und Rundschilden auf Hockern beiderseits eines Spielblocks, von je einem Hopliten und je zwei weiteren Gestalten flankiert, zahlreiche Beischriften. Von Exekias unabhängiger Bildtypus. In der Bildmitte fliegen zwei Vögel aufeinander zu (Seite A). Seite B: Die beiden Spieler geben sich beim Aufbruch die Hand; einzigartige Abschiedsszene in Verbindung mit der besonderen Situation. Sie sind gerüstet wie auf Seite A und hocken ähnlich wie dort, der Maler hat ihnen aber keine Sitze gegeben. Hinter dem linken, bartlosen Helden ein einzelner Vogel. Die Beziehung der beiden Darstellungen auf Aias und Achill wurde von H. Mommsen in Zweifel gezogen. Rom, Vatikan, Inv.-Nr. 343: att.-sf.

Schale, um 550 v. Chr. (zuletzt K. Schefold: »noch vor 550«). C. Albizzati, Vasi Antichi Dipinti del Vaticano (1925–1939) 123 Nr. 343 Taf. 38; B. Schweitzer, JdI. 44, 1929, 116 Anm. 1; K. Schefold, JdI. 52, 1937, 68 (540/530 v. Chr.); B. Neutsch, Marburger Jb. für Kunstwissenschaft 15, 1949/50, Abb. 31; I. Scheibler, Die symmetrische Bildform in der frühgriechischen Flächenkunst (1960) 71 f.; Brommer, Vasenlisten[3] 338 Nr. A 106; Kemp-Lindemann, Achilleus 86; K. Schefold, Götter- und Heldensagen der Griechen in der spätarchaischen Kunst (1978) 245 f. Abb. 330 (Seite A). 331 (Seite B); H. Mommsen, in: Tainia, Festschrift für R. Hampe (1980) 142. 147 Anm. 26 Taf. 34, 1–3; A. Kossatz-Deissmann, LIMC. I (1981) 98 Nr. 398 mit Taf.-Abb. s. v. Achilleus; S. Woodford, JHS. 102, 1982, 181 Nr. B 15. B 16.

21. Die am häufigsten besprochene und abgebildete Darstellung der Brettspieler zeigt zwei Helden an einem einfachen kubischen Block beim Spiel (Taf. TV b). Sie sind durch Inschriften bezeichnet; der rechte, unbehelmte ist Aias, der linke, mit Helm Achilleus. Die gewürfelten Punktzahlen sind beigeschrieben, so hat Achilleus eine Vier geworfen, die gegen die Drei des Aias steht. Bauchamphora des Exekias aus Vulci (3. Viertel des 6. Jhs. v. Chr.). Rom, Vatikan, Museo Gregoriano Etrusco, Inv.-Nr. 16757 (344). Bibliographie: Wiener Vorlegeblätter 1888, Taf. 6, 2; J. Boehlau, Aus ionischen und italischen Nekropolen (1898) 78 f. Abb. 33 (zur Ornamentik der Mäntel); MonInst. I Taf. 26, 2; II Taf. 22; F. Hauser, in: Furtwängler-Reichhold III 65 ff. Taf. 131; H. Möbius, AM. 41, 1916, 195; Pfuhl, MuZ. 268 Taf. 57, 229; ders., Meisterwerke der griechischen Zeichnung und Malerei (1924) 17 f. Taf. 14, 21; J. C. Hoppin, A Handbook of Greek Black-Figured Vases (1924) 106 f. (mit umfangreicher Bibliographie); C. Albizzati, Vasi Antichi Dipinti del Vaticano (1925–1939) Nr. 344 Taf. 40–42; L. Deubner, Die Antike 6, 1930, 174 Abb. 25; W. Technau, Exekias (1936) Taf. 41; B. Neutsch, Marburger Jb. für Kunstwissenschaft 15, 1949/50, passim, Abb. 30; E. Homann-Wedeking, in: Studies Presented to D. M. Robinson II (1951) 34 ff.; Beazley, ABV. 145 Nr. 13; W. Kraiker, Die Malerei der Griechen (1958) Taf. 20. 21; L. Curtius, Die klassische Kunst Griechenlands[2] (1959) Taf. 20, 217; W. Zschietzschmann, Hellas und Rom (1959) 122 oben; G. Richter, Handbook of Greek Art[1] (1959/[6]1969) 33 Abb. 446; S. 383 Abb. 513; I. Scheibler, Die symmetrische Bildform in der frühgriechischen Flächenkunst (1960) 71 f.; Arias-Hirmer 49 Taf. 62 Farbtaf. 17; E. Diehl, Berichte der Berliner Museen, N. F. 12, 1962, 33 Anm. 6; S. 37; H. Sichtermann, in: Helbig[4] I Nr. 877; J. D. Beazley, The Development of Attic Black-Figure (1964) 65 f.; H. Walter, Bauwerk und Bildwerk (1965) 41 Abb. 23; E. Homann-Wedeking, Das archaische Griechenland (1966/[3]1979) 157 Farbabb. 51; S. 171; Snodgrass, Arms ([2]1982) Taf.-Abb. 37; K. Schefold, Die Griechen und ihre Nachbarn (1967) 220 f. Taf. 193; L. Schneider, AJA. 72, 1968, 385 f.; J. Charbonneaux – R. Martin – F. Villard, Das archaische Griechenland (1969) 100

Abb. 110; Buschor, Vasen 127 Abb. 138; Beazley, Paralipomena 60 Nr. 13; Historia tou Hellenikou Ethnous, Archaïkos Hellenismos (neugriechisch, 1971) 374 mit Abb.; Brommer, Vasenlisten³ 335 Nr. A 9; J. Boardman, Athenian Black Figure Vases (1974, deutsch 1977) 90 Abb. 100; A. Pilali-Papasteriou, Hellenika 27, 1974, 17 ff. Abb. 1; Kemp-Lindemann, Achilleus 75. 77 f.; L. Thompson, Exekias and the 'Brettspieler', in: ArchCl. 28, 1976, 30 ff. mit Anm. 2 (Lit.) Taf. 5; E. Simon –M. Hirmer, Die griechischen Vasen (1976) 86 f. Farbtaf. 25; J. Hurwit, AJA. 81, 1977, 1 f. Abb. 1; B. Cohen, Attic Bilingual Vases and their Painters (1978) Taf. 7,1; K. Schefold, Götter- und Heldensagen der Griechen in der spätarchaischen Kunst (1978) 247 Abb. 332; O. Stumpfe, Die Heroen Griechenlands (1978) Taf.-Abb. 36 vor S. 209; Mommsen a. O. 142. 144 f. 148 ff. Taf. 35,1; M. B. Moore, AJA. 84, 1980, 418 Anm. 9 Taf. 49,1; F. Richter – W. Hornbostel, Unser tägliches Griechisch (1981) 222 f. mit Abb.; Kossatz-Deissmann a. O. 97 Nr. 397 mit Taf.-Abb.; H.-G. Buchholz, APA. 13/14, 1982, 68 Abb. 1; L. Deubner, Kleine Schriften zur Klassischen Altertumskunde (1982) 372 Abb. 25 und S. 374; Woodford a. O. 173 f. 183 Nr. F 1 Taf. 49,1; A. Snodgrass, Wehr und Waffen im antiken Griechenland (1984) 193 Abb. 111. Vgl. schließlich A. Raubitschek (Brief vom 30. 6. 1980): »Die 'brettspielenden' Helden haben mit den ψῆφοι ἀπὸ βωμοῦ (nicht Brettsteinen) gerade bestimmt, daß Aias den Memnon bekämpfen soll, s. Dictys Cretensos, Belli Troiani IV 6. Daher gehört das Bild in den Aiaszyklus des Exekias«.

22. Brettspielende Helden ohne Athena mit zwei frontal gesetzten, angelehnten Schilden; Amphorenfragmente des Exekias, jüngere Replik der berühmten Exekias-Vase im Vatikan (oben Nr. 21): Leipzig, Antikenmuseum der Karl-Marx-Universität, Inv.-Nr. T 391 und T 355 a–c, verschollen, sowie in Cambridge, Mass., Inv.-Nr. UP 114. W. Technau, Exekias (1936) Taf. 19 c–f; Kunze, Schildbänder 142 Anm. 2; Beazley, ABV. 145 Nr. 15 und S. 714; W. Herrmann, Verschollene Vasen, in: Wissenschaftliche Zeitschrift der Universität Rostock 16, 1967, 455 ff.; Brommer, Vasenlisten³ 334 Nr. A 2; E. M. Mackay, JHS. 98, 1978, 162 Taf. 4 c (Anpassung der Fragmente in Cambridge, Mass., Inv.-Nr. UP 114); Mommsen a. O. 144 Anm. 17; Moore a. O. 418 Anm. 9 Taf. 49,2; Kossatz-Deissmann a. O. 97 f. Nr. 397; Woodford a. O. 173. 184 Nr. F 4; E. Böhr, Der Schaukelmaler (1982) 45 mit Anm. 460.

23. Achill und Aias beim Brettspiel. Die »Darstellung ... veranlaßt zum Schmunzeln. Was ist aus den zum Kampf gerüsteten Helden geworden? Sie tragen zwar ihre Helme diesmal auf dem Kopf, und Aias hat Beinschienen angelegt, jedoch fehlen in der gefausteten Linken die Speere. Außerdem sind sie wie Bürger gekleidet ... Ungewöhnlich für das Brettspielschema sind auch der Diphros und der Hocker« (E. Böhr). »Noch drastischer sind die beiden lanzenschwingenden Krieger auf der Amphora des Schaukelmalers den Spielern zugeordnet. Diese Darstellung wirkt wie eine auseinandergezogene Zweikampf-

gruppe, bei der die Brettspieler zwischen die beiden Kämpfer eingefügt sind« (H. Mommsen). Att.-sf. Bauchamphora des Schaukelmalers in Los Angeles, Sammlung A. Silver. Vgl. Beazley, Paralipomena 134 Nr. 22ter; Brommer, Vasenlisten³ 335 Nr. A 12 (Emmerich Gall., 1964, Nr. 14); Kemp-Lindemann, Achilleus 78. 86; Mommsen a. O. 147; Woodford a. O. 181 Nr. B 2; Böhr a. O. 45. 88 Nr. 67 A Taf. 68.

24. Unbehelmte Helden beim Brettspiel auf einer frühen Bauchamphora des Schaukel-Malers in Anlehnung an die Exekias-Amphora im Vatikan, aus Nola, um 540/530 v. Chr. Neapel, Museo Nazionale, Inv.-Nr. 81305 (2460). J. Beazley, BSA. 32, 1931/32, 14 Nr. 39; Kunze, Schildbänder 143 Anm. 1; A. Adriani, CVA. Neapel I (1950) III He Taf. 7, 4; 8, 4; Beazley, ABV. 307 Nr. 56; Brommer, Vasenlisten³ 335 Nr. A 8; Kemp-Lindemann, Achilleus 78; Mommsen a. O. 142; Kossatz-Deissmann a. O. 97 Nr. 395 und Taf.-Abb. (um 520 v. Chr.); Woodford a. O. 181 Nr. A 2; Böhr a. O. 45. 90 Nr. 78 B, mit Lit., Taf. 81 c.

25. Behelmte Krieger beim Brettspiel auf einer att.-sf. Olpe; das Spielbrett ist ein altarähnlicher Sockel mit der Inschrift: Neokleides kalos (Taf. T VIII), um 540–530 v. Chr. Rom, Konservatorenpalast, Inv.-Nr. 6. V. Bianco, CVA. Rom, Mus. Capitol. I (1962) III H Taf. 28, 3. 4; K. Schefold, JdI. 52, 1937, 168 ff.; Beazley, ABV. 176 (Conservatori 30 [87]), S. 671 Nr. 3; H. Sichtermann, in: Helbig⁴ II Nr. 1561; Brommer, Vasenlisten³ 338 Nr. A 98 (Inv.-Nr. 3); Kemp-Lindemann, Achilleus 78 Anm. 208 (Oinochoe des Taleides, älter als 3. Viertel des 6. Jhs.); Mommsen a. O. 140 Anm. 4; S. 142; Kossatz-Deissmann a. O. 98 Nr. 399 und Taf.-Abb. (nach Exekias angesetzt); Woodford a. O. 181 Nr. B 10.

26. Zwei behelmte brettspielende Helden (Abb. 54), von je einem Krieger an beiden Bildseiten flankiert. Ausführliche Beschreibung bei H.-G. Buchholz (s. unten). Att.-sf. Oinochoe des Euphiletos-Malers, aus Marion, Zypern, um 530 v. Chr.; Nikosia, Cyprus Mus., Inv.-Nr. C 433. Von M. Ohnefalsch-Richter, KBH. 497 erwähnt, aber nicht abgebildet; J. L. Myres – M. Ohnefalsch-Richter, CCM. 84 f. Nr. 1603; J. D. Beazley, Some Attic Vases in the Cyprus Museum, Proceedings of the British Academy 33, 1947, 33 Taf. 3, 2; Kunze, Schildbänder 143 Anm. 1; Beazley, ABV. 325 Nr. 41; S. 441 Nr. 2; Brommer, Vasenlisten³ 338 Nr. A 95; Pilali-Papasteriou a. O. 18 Anm. 6; Kemp-Lindemann, Achilleus 78. 86; Mommsen a. O. 142 Anm. 12 (setzt die Exekias-Amphora voraus); S. 147; Moore a. O. 421 Anm. 31; Kossatz-Deissmann a. O. 97 Nr. 396; Woodford a. O. 181 Nr. B 9; H.-G. Buchholz, AA. 1984, 555 ff. Abb. 3 (nach zeichnerischer Abrollung des Vasenbildes von M. Morkramer, Gießen, dankenswerterweise angefertigt, hier Abb. 54).

27. Brettspielende Helden: erhalten ist der Körper des Aias. Fragment einer att.-sf. Amphora des Chiusi-Malers aus Tarent, 530/520 v. Chr. Amsterdam, Allard Pierson Museum, Inv.-Nr. 2100. Haspels, ABL.

Abb. 54 Brettspielende Helden auf einer attisch-schwarzfigurigen Oinochoe in Nikosia, Zypern (Kat.-Nr. 26)

59; Allard Pierson Museum, Algemeene Gids (1937) Taf. 64, 1; Beazley, ABV. 368 Nr. 102; C. W. Lunsingh Scheurleer, CVA. Scheurleer (1931) III H e Taf. 6, 1; E. Diehl, Berichte der Berliner Museen, N. F. 12, 1962, 39; Beazley, Paralipomena 170 Nr. 4; Brommer, Vasenlisten³ 335 Nr. A 18; Mommsen a. O. 143 Anm. 14; Woodford a. O. 184 Nr. F 5.

28. Zwei lorbeerbekränzte Helden beim Brettspiel, sie sind mit je zwei, mit den Spitzen nach oben gerichteten Speeren bewaffnet. Der linke Spieler ist durch Beischrift als Achilleus gekennzeichnet; att.-sf. Amphora des Bareiss-Malers, um 530 v. Chr., in Mannheim; ehem. Basel, Münzen und Medaillen 51 (1975) 49 f. Nr. 128 Taf. 25; Kemp-Lindemann, Achilleus 75 Anm. 196 a; Mommsen a. O. 141 Nr. 1; S. 142 (das Bild setzt die Exekias-Amphora im Vatikan voraus); Moore a. O. 420 Anm. 30; Kossatz-Deissmann a. O. 98 Nr. 400; Woodford a. O. 181 Nr. A 7.

29. Zwei unbehelmte bärtige Helden in prächtigen Gewändern nach Art des Exekias sitzen auf den Hockern beim Brettspiel, zwischen ihnen der Block mit den Spielsteinen, hinter ihnen Schild und Helm; durch Beischriften ist – ziemlich ungewöhnlich – der rechte Spieler als Achilleus und der linke als Aias ausgewiesen; beide schultern links je ein Paar langer Speere; att.-sf. Halsamphora aus Vulci, um 525 v. Chr., München, Antikensammlungen, Inv.-Nr. 1567 (J. 567). E. Kunze-Götte, CVA. München VIII (1973) 15 ff. (mit umfassender Lit.) Taf. 369, 1; E. Diehl, Berichte der Berliner Museen, N. F. 12, 1962, 33 Anm. 9; L. D. Caskey – J. D. Beazley, Attic Vase Paintings in the Museum of Fine Arts, Boston, III (1963) 3 Anm. 4; M. B. Moore – D. v. Bothmer, AJA. 76, 1972, 1 ff. Taf. 3, 8 (Bareiss-Maler);

Brommer, Vasenlisten³ 335 Nr. A 24; Kemp-Lindemann, Achilleus 75. 78; Mommsen a. O. 142. 145; Kossatz-Deissmann a. O. 97 Nr. 394 und Taf.-Abb.; Woodford a. O. 181 Nr. A 5.

30. Brettspielende Helden auf einer att.-sf. und rf. Amphora aus Orvieto, um 525 v. Chr.; rf. Seite A des Andokides: Achilleus und Aias behelmt und mit je zwei Speeren, deren Spitzen nach unten weisen, bewaffnet beim Brettspiel auf altarartigem Stein (s. unten Nr. 71); sf. Seite B des Lysippides Malers: ebenfalls brettspielende Helden, die aber im Gegensatz zur Seite A nicht behelmt sind und deren Speerspitzen nach oben zeigen; Spiel auf schlichtem, schwarzem Spieltisch (Taf. T V a). Boston, Museum of Fine Arts, Inv.-Nr. 01.8037. R. Norton, AJA. 11, 1896, 40 f. Abb. 15. 16; L. D. Caskey, Geometry of Greek Vases (1922) 60 f.; G. M. A. Richter, Ancient Furniture (1926) 44 Taf.-Abb. 122 (Seite A); G. H. Chase, BMusFA. 44, 1946, 45 ff.; A. Fairbanks – G. H. Chase, Greek Gods and Heroes (1948) 66 Abb. 72 (Seite A); A. Rumpf, Malerei und Zeichnung (1953) 60 f. Taf. 16, 1. 2; G. Cressedi, EAA. I (1958) 168 f.; Beazley, ABV. 254 Nr. 2 (Lysippides-Maler); Beazley, ARV.² 4 Nr. 7 (Andokides); K. Schauenburg, JdI. 76, 1961, 64 f. Abb. 20. 21; S. 68 Anm. 43 (umfangreiche Bibliographie); E. Diehl, Berichte der Berliner Museen, N. F. 12, 1962, 34; L. D. Caskey – J. D. Beazley, Attic Vase Paintings in the Museum of Fine Arts, Boston, III (1963) 1 ff. Nr. 114 Taf. 65, 3. 4; Taf. 66; H. Walter, Bauwerk und Bildwerk (1965) 41 Abb. 24; G. M. A. Richter, The Furniture of Greeks, Etruscans and Romans² (1966) Abb. 259 f.; D. M. Buitron, Attic Vase Painting in New England Collections, New Haven, Fogg Art Museum, Ausstellungskatalog (1972) 36 f. Nr. 14 mit Abb. und Lit.; Beazley, Paralipomena 113 Nr. 2; S. 320; Brommer, Vasenlisten³ 335 Nr. A 11; S. 338 Nr. B 1; Kemp-Lindemann, Achilleus 78; B. Cohen, Attic Bilingual Vases and their Painters (1977) 26. 55 B 1; S. 163 B 1 Taf. 7, 3 (Seite B); Taf. 7, 2 (Seite A); K. Schefold, Götter- und Heldensagen der Griechen in der spätarchaischen Kunst (1978) 248 Abb. 333 (Seite A); J. Boardman, Rotfigurige Vasen aus Athen (1981) 21 Abb. 2, 1 (rf.) und 2, 2 (sf.); Mommsen a. O. 142. 144 Anm. 17; S. 145; Kossatz-Deissmann a. O. 97 Nr. 392 mit Taf.-Abb., ferner S. 102 Nr. 421 mit Taf.-Abb.; Woodford a. O. 181 Nr. A 3 und Nr. B 3.

31. Behelmte Helden beim Brettspiel auf der sf. Seite einer att.-'bilinguen' Amphora des Andokides, d. h. mit einer sf. und einer rf. Seite. London, British Museum, Inv.-Nr. B 193. H. B. Walters, CVA. British Museum III (1927) III I c Taf. 1 a. c (Great Brit. 166); Beazley, ABV. 254 Nr. 3; Beazley, ARV.² 4 Nr. 8; S. 1617 Nr. 8; K. Schauenburg, JdI. 76, 1961, 55; E. Diehl, Berichte der Berliner Museen, N. F. 12, 1962, 34; L. D. Caskey – J. D. Beazley, Vase Paintings in the Museum of Fine Arts, Boston, III (1963) 5 Anm. 3 Taf. 17; Beazley, Paralipomena 113 Nr. 3; Brommer, Vasenlisten³ 335 Nr. A 5; Kemp-Lindemann, Achilleus 78; Moore a. O. 418 Anm. 26; Woodford a. O. 181 Nr. B 1.

32. Zwei behelmte Krieger beim Brettspiel sind durch Beischriften gekennzeichnet: als Achilleus der rechte, als Aias der linke; att.-sf. Amphora des Lysippides-Malers aus Chiusi. London, British Museum, Inv.-Nr. B 211. H. B. Walters, CVA. British Museum IV (1929) III H c Taf. 49, 3 a; P. Jacobsthal, Ornamente der griechischen Vasen (1927) Taf. 39 b; Beazley, ABV. 256 Nr. 14; K. Schauenburg, JdI. 76, 1961, 66 Abb. 22; S. 68 Anm. 43 (umfangreiche Bibliographie); E. Diehl, Berichte der Berliner Museen, N. F. 12, 1962, 33 Anm. 8; L. D. Caskey – J. D. Beazley, Attic Vase Paintings in the Museum of Fine Arts, Boston, III (1963) 3 Anm. 4; Beazley, ARV.² 1617; Beazley, Paralipomena 113 Nr. 14; M. D. Moore – D. v. Bothmer, AJA. 76. 1972, 8 Taf. 5, 15; Brommer, Vasenlisten³ 335 Nr. A 27; Kemp-Lindemann, Achilleus 75. 78; B. Cohen, Attic Bilingual Vases and their Painters (1978) 20 A 9 Taf. 6, 1; Mommsen a. O. 142 (setzt die Exekias-Amphora voraus). 145; Moore a. O. 420 Anm. 24 Taf. 49, 3; Kossatz-Deissmann a. O. 97 Nr. 393; Woodford a. O. 181 Nr. B 6 Taf. 3 c.

33. Gewappnete, aber unbehelmte bärtige Krieger sitzen auf Klötzen beiderseits eines blockartigen Spieltisches auf einer att.-sf. Halsamphora aus Vulci (530/520 v. Chr.). Sie tragen prächtige Mäntel wie auf der Exekiasvase; Schilde und Helme sind – wie dort – rechts und links seitlich abgelegt; jeder schultert eine Lanze, hier ausnahmsweise mit der Spitze nach unten; zahlreiche Beischriften. Basel, Antikenmuseum, Inv.-Nr. BS 21/328 (vormals im Besitz von J. J. Bachofen). K. Schauenburg, Ars Antiqua, Luzern, V (1964) 30 Text zu Nr. 122; K. Schefold, Führer durch das Antikenmuseum (1966) 71 Nr. 103, 4; J.-P. Descoeudres, CVA. Basel I (1981) III H 102 Taf. 40, 1–3; 41, 1 (E-Gruppe); Brommer, Vasenlisten³ 336 Nr. A 37; Mommsen a. O. 140 Anm. 4; Kossatz-Deissmann a. O. 97 Nr. 391 und Taf.-Abb.; Woodford a. O. 181 Nr. A 4.

34. Brettspielende Helden ohne Helme, begleitet von einem Vogel; att.-sf. Amphora in Sèvres, Musée Céramique, Inv.-Nr. 6405. CVA. Frankreich XIII, He Taf. 15, 4; G. Cressedi, EAA. I (1958) 168 f.; Brommer, Vasenlisten³ 335 Nr. A 7; Pilali-Papastericu a. O. 18 Anm. 6; Mommsen a. O. 142; Moore a. O. 421 Anm. 31; Woodford a. O. 181 Nr. A 1.

35. Aias und Achill, unbehelmt, beim Brettspiel ohne Athena, auf einer att.-sf. Halsamphora in Boulogne, Musée Communal, Inv.-Nr. 92. Le Musée 2, 1905, 277; K. Schauenburg, Ars Antiqua, Luzern, V (1964) 30 Text zu Nr. 122; Brommer, Vasenlisten³ 335 Nr. A 14; Woodford a. O. 181 Nr. A 7 bis.

36. Unbehelmte Helden beim Brettspiel. In der Mitte fliegt ein Vogel auf den linken Spieler zu. Schilde und Helme sind seitlich abgelegt (Abb. 55 c; Taf. T VI c); att.-sf. Halsamphora des Toulouse-Malers aus Vulci; letztes Viertel des 6. Jhs. v. Chr. Toronto, Royal Ontario Museum, Inv.-Nr. 923. 13. 30 bzw. 925. 97 (C 863); ehem Durand

Coll., s. J. de Witte, Description des Antiquités ... M. le Chevalier – E. Durand (1836) 111 f. Nr. 320; D. M. Robinson – C. G. Harcum – J. H. Cliffe, Catalogue of the Greek Vases in the Royal Ontario Museum (1930) 133 Nr. 312 Abb. 312 a Taf. 46; Kunze, Schildbänder 143 Anm. 1; Beazley, Paralipomena 141 Nr. 2; Brommer, Vasenlisten[3] 336 Nr. A 34; Kemp-Lindemann, Achilleus 78; Mommsen a. O. 142. 144; J. W. Hayes, CVA. Toronto I (1981) 13 f. Taf. 19, 1–2; 20, 2 (Detail); Woodford a. O. 181 Nr. A 6.

37. Behelmte Helden beim Brettspiel, mit Vogel, auf einer att.-sf. Halsamphora der Medea-Gruppe; Genfer Kunsthandel. Beazley, Paralipomena 141 Nr. 2 bis; Pilali-Papasteriou a. O. 18 Anm. 6; Woodford a. O. 181 Nr. B 8.

48. Brettspielende, behelmte Helden ohne Athena auf einer att.-sf. Halsamphora der Gruppe 'Neapel 2473'. Richmond, Virginia/Basel, Kunsthandel. Beazley, Paralipomena 142 Nr. 1; Woodford a. O. 181 Nr. B 7.

39. Brettspielende Helden auf einer unpublizierten att.-sf. Halsamphora in Tarent, Mus. Naz., Inv.-Nr. IG 4584. Beazley, Paralipomena 300 (dort ohne Angabe der Inv.-Nr.); K. Schauenburg, Ars Antiqua, Luzern, V (1964) 30 Text zu Nr. 122; vgl. Brommer, Vasenlisten[3] 336 Nr. A 31; Mommsen a. O. 140 Anm. 4.

40. Behelmte Brettspieler, flankiert von Frauen, auf einer att.-sf. Halsamphora des Red-line-Malers. Kopenhagen, Thorvaldsen Museum, Inv.-Nr. 12. Beazley, ABV. 601 Nr. 7; Brommer, Vasenlisten[3] 335 Nr. A 19; Kemp-Lindemann, Achilleus 86; Woodford a. O. 181 Nr. B 5.

41. Auf einem Knie kauernde, behelmte, brettspielende Helden, jeder hält in der Linken eine Lanze; von beiden Seiten eilen Frauen herbei. In der Mitte eine niedrige viereckige Basis, darauf vier kleine weiße Steine, welche der rechte Held eben zu rücken im Begriffe ist; der Raum ist durch Zweige mit Trauben gefüllt; att.-sf. Amphora, 'späterer Stil'. Berlin-Ost, Pergamonmuseum, Inv.-Nr. F 1876. E. Gerhard, Etruskische und Kampanische Vasenbilder (1843) E 22; A. Furtwängler, Beschreibung der Vasensammlung im Antiquarium (1885) 363 Nr. 1876; Mommsen a. O. 141 Nr. 6; S. 147; Woodford a. O. 181 Nr. B 4.

42. Unbehelmte, brettspielende Helden auf einer Amphora in Magdeburg; s. Woodford a. O. 181 Nr. A 3 bis.

43. Brettspielende Helden auf einer att.-sf. Halsamphora in der Art des Antimenes-Malers aus Tarquinia. Tarquinia, Museo Civico, Inv.-Nr. 648. Beazley, ABV. 278 Nr. 25; Brommer, Vasenlisten[3] 336 Nr. A 32.

44. Brettspielende Helden auf einer att.-sf. Halsamphora aus Tarquinia; Umkreis des Antimenes-Malers. Tarquinia, Museo Civico, Inv.-

a

b

c

Abb. 55 a–c Brettspielende Helden   a: Kat.-Nr. 61
b: Kat.-Nr. 80   c: Kat.-Nr. 36

Nr. RC 1052. Beazley, ABV. 270 Nr. 54; Brommer, Vasenlisten³ 336 Nr. A 33.

45. Brettspielende Helden auf einer sf. Amphora in Florenz, Inv.-Nr. 73322. Einzelheiten sind mir unbekannt, s. K. Schauenburg, Ars Antiqua, Luzern, V (1964) 30 Text zu Nr. 122.

46. Unbehelmte Helden beim Brettspiel, Schilde und Helme liegen hinter ihnen; att.-sf. des späten 6. Jhs. v. Chr. Paris, Louvre, Inv.-Nr. F 291. E. Pottier, CVA. Louvre VI (o. J.) III He 49 Taf. 70, 1; ders., Vases Antiques du Louvre II, Nr. F 291 Taf. 83; B. Schweitzer, JdI. 44, 1929, 116 Anm. 1; I. Scheibler, Die symmetrische Bildform in der frühgriechischen Flächenkunst (1960) 71 f.; Brommer, Vasenlisten³ 336 Nr. A 43; Kemp-Lindemann, Achilleus 78; Mommsen a. O. 142; Woodford a. O. 181 Nr. A 8.

47. Brettspielende Helden auf einer att.-sf. Hydria in Philadelphia, Inv.-Nr. MS 4831. Mir fehlen nähere Angaben, vgl. den Museums-Katalog von 1921 (S. 71 Nr. 106); Brommer, Vasenlisten³ 336 Nr. A 46.

48. Unbehelmte Helden (Aias und Achill) mit geschulterten Speeren beim Brettspiel an ungewöhnlichem Spieltisch; Schild und Helm hinter jedem der beiden; att.-sf. Oinochoe aus Vulci; im Zentrum der Darstellung große Fehlstelle. London, British Museum, Inv.-Nr. B 501. H. B. Walters, Catalogue of the Greek and Etruscan Vases in the British Museum II (1893) 27 Nr. He 2; Beazley, ABV. 430 Nr. 16; Brommer, Vasenlisten³ 338 Nr. A 92; Woodford a. O. 181 Nr. A 9 Taf. 3 b.

49. Zwei Brettspieler ohne Helm zusammen mit einem Vogel auf einer att.-sf. Olpe, München, Museum antiker Kleinkunst, Inv. Nr. 1790 (J. 1334). Brommer, Vasenlisten³ 338 Nr. A 96; Pilali-Papasteriou a. O. 18 Anm. 6; Woodford a. O. 181 Nr. A 10.

50. Brettspielende Helden, von Reitern flankiert, auf einer att.-sf. Lekythos des Haimon-Malers oder seiner Werkstatt aus Delphi. Delphi, Arch. Mus., Inv.-Nr. 4718. Haspels, ABL. 130 ff. (zur Werkstatt); Beazley, Paralipomena 279; Brommer, Vasenlisten³ 337 Nr. A 70; Pilali-Papasteriou a. O. 18 Anm. 6.

51. Brettspielende Helden, von reitenden Amazonen flankiert, auf einer att.-sf. Lekythos aus dem Umkeis des Haimon-Malers aus Delphi; Delphi, Arch. Mus.; vgl. Haspels, ABL. 130 ff. (zur Werkstatt); Beazley, Paralipomena 279; Brommer, Vasenlisten³ 337 Nr. A 71; Pilali-Papasteriou a. O. 18 Anm. 6.

52. Brettspielende Helden zwischen zwei Frauen auf einer att.-sf. Lekythos im Stile des Haimon-Malers. Lincoln, City and County Museum (Geschenk von A. Bornemann), s. C. Vermeule – D. v. Bothmer, AJA. 63, 1959, 160; K. Schauenburg, Ars Antiqua, Luzern, V (1964) 30 unter Nr. 122; Brommer, Vasenlisten³ 337 Nr. A 88; Kemp-Lindemann, Achilleus 86; Pilali-Papasteriou a. O. 18 Anm. 6; S. 36 Anm. 8.

53. Brettspielende Helden auf einer att.-sf. Lekythos in Eleusis; Näheres ist nicht bekannt; s. K. Schauenburg, Ars Antiqua, Luzern, V (1964) 30 Text zu Nr. 122; Brommer, Vasenlisten[3] 337 Nr. A 72.

54. Brettspielende Helden auf einer att.-sf- Lekythos aus Agrigent; Näheres ist nicht bekannt. Agrigent, Museo Civico. Beazley, Paralipomena 238; Brommer, Vasenlisten[3] 337 Nr. A 76.

55. Brettspielende Helden auf einer att.-sf. Lekythos in Bari; Näheres ist nicht bekannt, s. K. Schauenburg, Ars Antiqua, Luzern, V (1964) 30 Text zu Nr. 122; Brommer, Vasenlisten[3] 337 Nr. A 77.

56. Brettspielende Helden auf einer att.-sf. Lekythos in Neapel; Näheres ist nicht bekannt, s. Brommer, Vasenlisten[3] 337 Nr. A 81.

57. Brettspielende Helden auf einer att.-sf. Lekythos in Leningrad; Näheres ist nicht bekannt, s. Brommer, Vasenlisten[3] 337 Nr. A 90.

58. Brettspielende Helden auf einer Lekythos in Bologna; Näheres ist nicht bekannt, s. K. Schauenburg, Ars Antiqua, Luzern, V (1964) 30 Text zu Nr. 122.

59. Brettspielende Helden auf einer att.-sf., weißgrundigen Lekythos aus Lipari; Näheres ist unbekannt. Lipari, Museo Archeologico Eoliano. L. Bernabò-Brea – M. Cavalier, Meligunia-Lipàra II (1965) Taf. 45, 2; Beazley, Paralipomena 238; Brommer, Vasenlisten[3] 337 Nr. A 80; Pilali-Papasteriou a. O. 18 f. Anm. 7.

60. Brettspielende Helden auf einer att.-sf., weißgrundigen Lekythos in Basel, Antikenmuseum, Inv.-Nr. BS 1921. 340 (vormals Historisches Museum, aus der Sammlung von J. J. Bachofen); J.-P. Descoeudres, CVA. Basel I (1981) 121 Taf. 54, 6. 9; K. Schauenburg, Ars Antiqua, Luzern, V (1964) 30 Text zu Nr. 122; Brommer, Vasenlisten[3] 337 Nr. A 86.

61. Zwei gewappnete und behelmte Helden sitzen mit dem Schild auf dem Rücken, je zwei Speeren in der Linken auf Blöcken einander gegenüber (Abb. 55a); als Spieltischchen haben sie ein säulenartiges Gebilde zwischen sich. Beide setzen – mit übergroßen Händen – gleichzeitig ihre Spielsteine. Die Komposition ist steif und disproportioniert, setzt aber die Exekias-Amphora voraus, nach J. Beazleys erstem Urteil handelt es sich um eine Fälschung, während er die kleinen Bilder auf dem Rand für echt erklärte (ABV., bei Schefold a. O. 68, vgl. aber Beazley, Paralipomena 33 Nr. 6). Innenbild eines att.-sf. Tellers (andere landschaftliche Zuweisungen s. unten) der 'Burgon-Gruppe', Berlin-Charlottenburg, Antikenmuseum, Inv.-Nr. F 3267. Im umlaufenden Fries: zwei Kampfhähne. A. Furtwängler, AA. 1893, 83 Nr. 12; K. Neugebauer, Führer durch das Antiquarium II, Vasen (1932) 66; K. Schefold, JdI. 52, 1937, 68; Beazley, ABV. 90 Nr. 6; E. Diehl, Berichte der Berliner Museen, N. F. 12, 1962, 35 f. mit Anm. 19 Abb. 6; Beazley, Paralipomena 33 Nr. 6; Brommer, Vasenlisten[3] 338 Nr. A 111; H. Hoffmann, RA. 1974, 201 f. Abb. 6; D.

Kallipolites-Feytmans, Les Plats Attiques à Figures Noires (1974) 159f. (nichtatt.) Taf. 53, 11; Kemp-Lindemann, Achilleus 79; Mommsen a.O. 140 Anm. 3; S. 142 Anm. 11; S. 147; Woodford a.O. 173f. Anm. 6; S. 181 Nr. B 17 (nichtatt.).

62. 63. Zweimal Bild brettspielender Helden (Aias und Achill); Weinranken in der freien Hintergrundfläche; Krieger und weitere Männer beiderseits der Hauptszene; att.-sf. Schale des Caylus-Malers. Paris, Cabinet des Médailles. Inv.-Nr. 328. A. de Ridder, Cat. Nr. 328; S. Lambrino, CVA. Bibl. Nat. II (o. J.) 41 Taf. 55, 9; Kunze, Schildbänder 143 Anm. 1; Beazley, ABV. 646 Nr. 199; Brommer, Vasenlisten[3] 338 Nr. A 100; Pilali-Papasteriou a.O. 18 Anm. 6; S. 36 Anm. 8; Kemp-Lindemann, Achilleus 86 (flankiert von Kriegern und Frauen); Mommsen a.O. 143. 147 (Frauen); Woodford a.O. 181 Nr. B 13. B 14.

64. Behelmte Brettspieler, umgeben von Weinranken; beiderseits Krieger und Männer, auf einer att.-sf. Schale. London, Brit. Mus., Inv.-Nr. B 438; Brommer, Vasenlisten[3] 338 Nr. A 105; Kemp-Lindemann, Achilleus 86 (von Kriegern und Frauen flankiert); Woodford a.O. 181 Nr. B 12.

65. Brettspielende Helden auf einem Schalenfragment in Moskau, Puschkin-Museum, Inv.-Nr. 927. Näheres ist nicht mitgeteilt, s. Woodford a.O. 184 Nr. F 14.

66. 67. Zweimal Bild unbehelmter Brettspieler mit je zwei Speeren, umgeben von Weinranken; auf beiden Seiten eines nur in Bruchstücken erhaltenen att.-sf. Skyphos vom Nordhang der Akropolis; Athen, Agora Museum, Inv.-Nr. P 75. M. Z. Pease, Hesperia 4, 1935, 259f. Nr. 82 Abb. 23 (frühes 5 Jh. v. Chr.); Kunze, Schildbänder 143 Anm. 1; Brommer, Vasenlisten[3] 338 Nr. A 108; Mommsen a.O. 143; Woodford a.O. 181 Nr. A 11.

68. Ein att.-sf. Schalenfragment mit dem unteren Teil einer Darstellung brettspielender Helden. Athen, Akropolis-Museum, Inv.-Nr. 1721. B. Graef – E. Langlotz, Die antiken Vasen der Akropolis zu Athen (1919–1933) Nr. 1721; RA. 1918, 21; K. Schauenburg, Ars Antiqua, Luzern, V (1964) 30 Text zu Nr. 122; Brommer, Vasenlisten[3] 338 Nr. A 113; Woodford a.O. 184 Nr. F 6.

69. Brettspielende Helden auf einem att.-sf. Fragment, der Henkelplatte eines Kolonettenkraters, in Heidelberg, Sammlung des Archäologischen Instituts, Inv.-Nr. S 57; s. K. Schauenburg, Ars Antiqua, Luzern, V (1964) 30 Text zu Nr. 122.

70. Brettspielende Helden auf einem att.-sf., weißgrundigen Lekythosfragment aus Gela; Näheres ist unbekannt. Gela, Museo Civico. Beazley, Paralipomena 238; Brommer, Vasenlisten[3] 337 Nr. A 79; Pilali-Papasteriou a.O. 18f. Anm. 7.

B. *Brettspielende Helden ohne Athena auf attisch-rotfigurigen Vasenbildern*

71. Zur Andokides-Amphora mit je einer sf. und einer rf. Darstellung der 'Brettspielenden Helden' s. Näheres und Literatur bei Nr. 30.

72. Behelmte, brettspielende Helden; die freie Fläche hinter ihnen füllt eine Pflanze aus. Der Spieltisch steht unter einem der Schalenhenkel; die Hauptbilder sind Schlachtenszenen. Frühe att.-rf. Schale des Euergides-Malers aus Vulci (um 510 v.Chr.). London, British Museum, Inv.-Nr. E 10. E. Gerhard, AV. (1840–1858) 186, 1. 2; J. Overbeck, Bildwerke zum thebischen und troischen Heldenkreis (1857) 356; Beazley, ARV.[2] 90 Nr. 33; L. D. Caskey – J. D. Beazley, Attic Vase Paintings in the Museum of Fine Arts, Boston, III (1963) 2 Anm. 1; Brommer, Vasenlisten[3] 339 Nr. B 9; A. Pilali-Papasteriou, Hellenika 27, 1974, 18 Anm. 6; S. 36 Anm. 3; Kemp-Lindemann, Achilleus 86 (mit falscher Erwähnung Athenas); J. Boardman, AJA. 82, 1978, 22 Abb. 5 a–d; W. A. P. Childs, The City-Reliefs of Lydia (1978) 63 Taf. 31, 4; Mommsen a.O. 143. 147. 150; Kossatz-Deissmann a.O. (s. S. T 202) 101 Nr. 424 mit Taf.-Abb.; Woodford a.O. 177. 181 Nr. B 18.

73. Zwei Fragmente einer att.-rf. Schale des Euergides-Malers aus Athen mit Resten von Füßen und Schenkeln in einer Haltung, die das Bildthema der brettspielenden Helden wahrscheinlich machen. Athen, Akropolis-Museum. Beazley, ARV.[2] 90 Nr. 34; Brommer, Vasenlisten[3] 339 Nr. B 8.

74. Vom Bild brettspielender Helden ist auf dem Randfragment einer att.-rf. Schale aus dem Umkreis des Nikosthenes-Malers (um 510 v. Chr.) nur der Oberkörper des links am Spieltisch sitzenden Achilleus erhalten (Namensbeischrift). Er beugt sich zum Spielbrett vor, trägt korinthischen Helm und Rundschild mit sf. Schildzeichen; Palme hinter ihm. Würzburg, Martin v. Wagner-Museum, Inv.-Nr. H 4405 (L. 494). P. Hartwig, Die griechischen Meisterschalen (1893) 277 Abb. 39; E. Langlotz, Griechische Vasen in Würzburg (1932) Nr. 494 Taf. 217; Beazley, ARV.[2] 135 (a); Brommer, Vasenlisten[3] 339 Nr. B 6; F. Hölscher, CVA. Würzburg II (1981) 51 Taf. 37, 5; Woodford, JHS. 102, 1982, 184 Nr. F 7.

75. Stark beschädigte Darstellung der brettspielenden Helden auf einem att.-rf. Schalenfragment des Epiktetos aus Athen. Athen, Akropolis-Museum, Inv.-Nr. 75. B. Graef-E. Langlotz, Die antiken Vasen der Akropolis zu Athen (1909–1933) Taf. 5; Beazley, ARV.[2] 80 Nr. 1; Brommer, Vasenlisten[3] 339 Nr. B 7.

76. Ein gerüsteter, bärtiger Krieger hockt an einem Spieltisch im Spielgestus, sein rechtes Gegenüber fehlt: Innenbild einer att.-rf. Schale aus dem Umkreis des Thalia-Malers. Basel, Sammlung Cahn, Inv.-Nr. 133 (ehem. in Philadelphia, Kunsthandel). Beazley, ARV.[2] 1626 Nr. 115; S. 1708; Beazley, Paralipomena 332; Brommer, Vasenlisten[3]

339 Nr. B 12; H. A. Cahn, RA. 1973, 3 ff. Abb. 1. 2; Mommsen a. O. 143; Kossatz-Deissmann a. O. 101 Nr. 419 mit Taf.-Abb.; Woodford a. O. 184 Nr. F 9.

C. *Laubbaum oder Palme zwischen Brettspielenden Helden ohne Athena auf attischen schwarz- und rotfigurigen Vasenbildern*

Eine zahlenmäßig kleine Gruppe von Vasenbildern der hier behandelten Thematik fällt dadurch aus dem bisherigen Rahmen, daß an auffallender Stelle in der Bildmitte hinter dem Spieltisch ein Baum zu sehen ist. In der Regel haben die Maler diesen als Palme oder Laubbaum kenntlich gemacht. Es besteht die Möglichkeit, daß auf diese Weise der Außenraum, in dem das Spiel stattfindet, bezeichnet sein soll, während man sich andererseits den Ort des Spiels im Feldlager vor Troja auch als in einem Zelt oder in einer Soldatenhütte stattfindend vorstellen kann.

Einige der in unseren Vasengruppen A und B aufgeführten Stücke zeigen auf der Hintergrundsfläche Wein- und Efeuranken. Auch dies könnte man als Angabe der Örtlichkeit auffassen, doch andererseits stellen derartige Ranken gewöhnlich einen Bezug zum Dionysischen her. Daran gemessen sind die kompakt dargestellten Bäume eine unübersehbare besondere Erscheinung, zumal sie regelmäßig die Bildmitte einnehmen, wie dies auch die Göttin Athena in unseren Gruppen D und E tut. Somit steht der Baum im Zentrum in Analogie zur Gottheit: Bereits F. G. Welcker erkannte, daß die Palme nicht irgendein Requisit ist, vielmehr die 'Palme Apollons' [670].

77. Zwei behelmte Helden sitzen auf Blöcken an einem Tisch beim Brettspiel; hinter diesem, in der Mitte des Bildes, ein Laubbaum; att.-sf. Halsamphora aus Vulci, 530–510 v. Chr. Berlin-Charlottenburg, Antikenmuseum, Inv.-Nr. F 1870. A. Furtwängler, Beschreibung der Vasensammlung im Antiquarium, Berlin (1885) 359 f. Nr. 1870; K. Peters, Studien zu den panathenäischen Preisamphoren (1940) Taf. 2; Kunze, Schildbänder 143 Anm. 1; Beazley, ABV. 330 (nahe dem Madrider Maler); U. Gehrig – A. Greifenhagen – N. Kunisch, Führer durch die Antikenabteilung (1968) 183; Brommer, Vasenlisten[3] 335 Nr. A 20; A. Pilali-Papasteriou, Hellenika 27, 1974, 18 Anm. 6; Kemp-Lindemann, Achilleus 78; H. Mommsen, in: Tainia, Festschrift für R. Hampe (1980) 140 Anm. 3; S. 144; A. Kossatz-Deissmann, LIMC. I (1981) 99 Nr. 410 Taf.-Abb. s. v. Achilleus; S. Woodford, JHS. 102, 1982, 183 Nr. E 2.

78. Beiderseits eines Spieltischs hocken zwei behelmte Krieger, hinter dem Tisch ein Laubbaum; att.-sf. Halsamphora aus dem Umkreis des Antimenes-Malers (um 530/520 v. Chr.). Rom, Villa Giulia, Inv.-Nr. 74909 (vormals Sammlung Pesciotti). M. Moretti, Nuove Sco-

---

[670] F. G. Welcker, Würfelorakel vor Pallas Athene und vor der Palme Apollons, RhMus. 1835; wieder abgedruckt in: ders., Alte Denkmäler III (1851) 3 ff. Da die Zeugnisse mit einer Palme oder einem Laubbaum in der Mitte, gemessen am Gesamtbestand der einschlägigen Vasenbilder, spät sind (um 500 v. Chr. und danach), setzt ein Baum die Darstellungen mit der Göttin Athena in der Bildmitte voraus.

perte e Acquisizioni nell' Etruria Meridionale (1975) 217f. Nr. 10 Taf. 57; Mommsen a. O. 141 Nr. 3; S. 143; Kossatz-Deissmann a. O. 99 Nr. 413; Woodford a. O. 183 Nr. E 3 bis.

79. Behelmte Krieger beim Brettspiel; Laubbaum oder Palme in der Bildmitte; att.-sf. Halsamphora, um 530/520 v. Chr. oder jünger. Rom, Villa Giulia, Inv.-Nr. M 484. P. Mingazzini, Vasi della Collezione Castellani (1930) Nr. 484 Taf. 69, 3; 71; Kunze, Schildbänder 143 Anm. 1; Beazley, ABV. 288 Nr. 14 (Gruppe 'Würzburg 199'); Brommer, Vasenlisten³ 336 Nr. A 30; Pilali-Papasteriou a. O. 18 Anm. 6; Kemp-Lindemann, Achilleus 78; Mommsen a. O. 143; Kossatz-Deissmann a. O. 99 Nr. 412; Woodford a. O. 183 Nr. E 3.

80. Zwei unbehelmte Helden sitzen auf Hockern beim Brettspiel (Abb. 55b nach MonInst. I, wo die Linke des Aias die Speere umfaßt, während das Photo beide Hände als erhoben erweist); Schild und Helm sind jeweils hinter ihnen abgelegt; sie schultern zwei Speere, deren Spitzen nach oben weisen; links wohl Achilleus, rechts Aias, beide mit Bart. In der Bildmitte wächst ein gegabelter Laubbaum hinter dem Spielbrett hervor; att.-sf. Amphora der 'Leagros-Gruppe' des späten 6. Jhs. v. Chr. aus Vulci. München, Museum antiker Kleinkunst, Inv.-Nr. 1417 (J. 3). E. Gerhard, MonInst. I Taf. 26, 2; ders., Auserlesene Vasenbilder (1840–1858) Taf. 114; R. Lullies, CVA. München I (1939) Taf. 48, 2; 49, 2; 52, 2; Beazley, ABV. 367 Nr. 86; Brommer, Vasenlisten³ 334 Nr. A 3; Kemp-Lindemann, Achilleus 78; Mommsen a. O. 143; M. B. Moore, AJA. 84, 1980, 421 Anm. 31; Kossatz-Deissmann a. O. 99 Nr. 411 mit Taf.-Abb.; Woodford a. O. 177. 183 Nr. E 1.

81. Zwei Brettspieler, die beide durch Beischriften als Achilleus, links, und Aias ausgewiesen sind. In der Bildmitte wächst eine Palme. Fragment einer Hydria aus Orvieto, Pariser Kunsthandel. Vente Drouot 11.–14. Mai 1903, S. 19 Nr. 63; L. D. Caskey – J. D. Beazley, Attic Vase Paintings in the Museum of Fine Arts, Boston, III (1963) 3 Anm. 2; Mommsen a. O. 141f. Nr. 7; S. 145; Kossatz-Deissmann a. O. 98 Nr. 401; Woodford a. O. 184 Nr. F 12.

82. Brettspielende Helden, flankiert von tanzenden Mänaden, in der Mitte eine Palme. Fragment einer späten att.-sf. Schale aus Athen. Athen, Akropolis-Museum, Inv.-Nr. 1997. B. Graef – E. Langlotz, Die antiken Vasen der Akropolis zu Athen (1909–1933) Taf. 90; Beazley, ABV. 646 Nr. 201; Brommer, Vasenlisten³ 338 Nr. A 102; Pilali-Papasteriou a. O. 18 Anm. 6; Kemp-Lindemann, Achilleus 79. 86; Mommsen a. O. 147; Woodford a. O. 183 Nr. E 7.

83. 84. Behelmte Helden beim Brettspiel mit einer Palme in ihrer Mitte, flankiert von tanzenden Mänaden. Auf den beiden Seiten einer späten att.-sf. Schale, wahrscheinlich aus Sizilien. Paris, Louvre, Inv.-Nr. F 414. F. Villard, CVA. Louvre X (1951) 100f. Taf. 114, 13. 15; 115, 4; Beazley, ABV. 646 Nr. 200; Brommer, Vasenlisten³ 338 Nr. A 101;

Pilali-Papasteriou a. O. 18 Anm. 6; S. 36 Anm. 8; Kemp-Lindemann, Achilleus 79. 86; Mommsen a. O. 147; Woodford a. O. 183 Nr. E 6.

85. Brettspielende Helden auf einer att.-sf. Schale der 'Leafless-Gruppe'. Capesthorne Hall, Sammlung Sir W. H. Bromley-Davenport. Beazley, Paralipomena 313; C. Vermeule – D. v. Bothmer, AJA. 63, 1959, 148 Nr. 13; Brommer, Vasenlisten[3] 338 Nr. A 104; Kemp-Lindemann, Achilleus 79.

86. Brettspielende, behelmte Helden; der linke Spieler ist bartlos, Palme zwischen beiden; die Gruppe ist flankiert von Hopliten und Unbewaffneten; att.-sf. Kylix. Londoner Kunsthandel: Sotheby, 6.–7. Mai 1982, Nr. 432; Woodford a. O. 183 Nr. E 7 bis.

87. Behelmte, brettspielende Helden mit einem Laubbaum in ihrer Mitte auf einem att.-sf. Skyphos in Manchester, Städt. Museum, Inv.-Nr. 1977. 1048; Woodford a. O. 183 Nr. E 5 Taf. 5 b.

88. Von einer Brettspieler-Gruppe ist der linke, behelmte Spieler und ein in der Mitte stehender Laubbaum erhalten; sf. Skyphosfragment des frühen 5. Jhs. v. Chr. Athen, Deutsches Archäologisches Institut. F. Brommer, AM. 90, 1975, 185 Taf. 62,1; Woodford a. O. 184 Nr. F 13.

89. Brettspielende, behelmte Helden mit einer Palme im Bildmittelpunkt; die Szene wird umrahmt von tanzenden Mänaden; att.-sf. Kyathos der Haimon-Gruppe. London, Brit. Mus., Inv.-Nr. B 466. F. G. Welcker, Alte Denkmäler III (1851) Taf. 2; Haspels, ABL. 140; Kunze, Schildbänder 143 Anm. 1; Beazley, ABV. 556 Nr. 446; Brommer, Vasenlisten[3] 336 Nr. B 49; Pilali-Papasteriou a. O. 18 Anm. 6; S. 36 Anm. 8; Mommsen a. O. 147; Woodford a. O. 183 Nr. E 8.

90. Behelmte, brettspielende Helden mit einer Palme in ihrer Mitte; auf der linken Seite ein Bogenschütze; att.-sf. Lekythos in der Art des Emporion-Malers aus Halai. Theben, Arch. Mus.; Haspels, ABL. 165 ff. (zum Maler); H. Goldman – F. Jones, Hesperia 11, 1942, 375 f. Taf. 2 unten (525/480 v. Chr.); Beazley, ABV. 586 Nr. 12; Brommer, Vasenlisten[3] 337 Nr. A 74; Kemp-Lindemann, Achilleus 86; Mommsen a. O. 147; Woodford a. O. 183 Nr. E 9.

91. Zwei behelmte Brettspieler, mit Rundschild am linken Arm und je einem Speerpaar, hocken in Kniebeuge beiderseits einer niedrigen Spielbasis, beide Spieler bewegen gerade ihren Stein. In der Bildmitte wächst hinter der Spielbasis eine Palme. Palmen finden sich außerdem als seitliches Rahmenelement; att.-sf. Lekythos der Phanyllis-Werkstatt, 'Arminggroup', um 500/490 v. Chr. (Haspels, ABL. 64 f. 201 f. und Beazley, ABV. 463 f., zur Werkstatt). Im Kunsthandel. K. Schauenburg, Ars Antiqua, Luzern, II (1960) 55 Nr. 147 Taf. 58; Beazley, Paralipomena 206; Coins and Antiquities, London, IV (1972) Nr. 355; Brommer, Vasenlisten[3] 336 Nr. A 58; Pilali-Papasteriou a. O. 18 Anm. 6; Mommsen a. O. 141 f. Nr. 11; Kossatz-Deissmann a. O. 99 Nr. 414; Woodford a. O. 183 Nr. E 11.

92. 93. 94. Zwei behelmte Helden beim Brettspiel, Palme in der Mitte; drei sf.-weißgrundige Lekythoi des 5. Jhs. v. Chr. Athen, Kerameikos. U. Knigge, Kerameikos IX (1976) 93 f. Grab-Nr. 29 Fund-Nr. 10–12 Taf. 20, 5. 7; Mommsen a. O. 141 Nr. 15–17; Woodford a. O. 183 Nr. E 12–14.

95. Fast wie eine Replik zu den vorhergehenden Stücken wirkt eine att.-sf. Lekythos in Kiel, Kunsthalle, Inv.-Nr. B 46 (Taf. T VI b), 1906 in Athen erworben; sehr flüchtige Arbeit. H: 10,8 cm, vgl. Brommer, Vasenlisten[3] 336 Nr. A 52. Bildvorlage und Angaben zum Stück werden B. Freyer-Schauenburg verdankt.

96. Zwei nackte Helden in Waffen hocken ohne Sitzgelegenheit beiderseits eines Spieltisches. Der linke, bartlose Spieler ist Achilleus, der rechte bärtige ist Aias. Die Bildmitte nimmt eine Palme ein; att.-weißgrundige Lekythos der Diosphos-Werkstatt (um 500 v. Chr.) aus Athen. Paris, Louvre, Inv.-Nr. MNB 911 (L 34). Haspels, ABL. 112. 154 Taf. 40, 1 a. b; Kunze, Schildbänder 143 Anm. 1; Beazley, ARV.[2] 301 Nr. 1; S. 303; L. D. Caskey – J. D. Beazley, Attic Vase Paintings in the Museum of Fine Arts, Boston, III (1963) 3 Anm. 3; D. C. Kurtz, Athenian White Lekythoi (1975) Taf. 59, 4 a–c; Brommer, Vasenlisten[3] 336 Nr. A 60 und S. 339 Nr. B 4; Pilali-Papasteriou a. O. 18 Anm. 6; Mommsen a. O. 140 Anm. 3; S. 145. 150 Anm. 35 (zum monumentalen Charakter der Gruppe); Moore a. O. 421 Anm. 31; Kossatz-Deissmann a. O. 102 Nr. 426 mit Taf.-Abb.; Woodford a. O. 183 Nr. E 10 Taf. 5 c.

97. Zwei vollgerüstete Krieger auf Sitzblöcken beim Brettspiel, links sitzt der bartlose Achilleus und rechts der bärtige Aias; das Mittelmotiv bildet hier ein Laubbaum. Schulterbild einer att.-rf. Hydria des Berliner Malers, 490 v. Chr. New York, Metr. Mus., Inv.-Nr. 65. 11. 12; ehem. Genf, Kunsthandel (Koutoulakis). J. Overbeck, Galerie heroischer Bildwerke I (1853) 314 Nr. 20; L. D. Caskey – J. D. Beazley, Attic Vase Paintings in the Museum of Fine Arts, Boston, III (1963) 3 Anm. 3; Beazley, ARV.[2] 1634 Nr. 75 bis; Beazley, Paralipomena 343 Nr. 175 bis; New York, Metropolitan Museum of Art, Notable Acquisitions (1965–1975) 123; Brommer, Vasenlisten[3] 338 Nr. B 3; Mommsen a. O. 143. 145. 149 Anm. 32; S. 150 f. Taf. 36: wahrscheinlich identisch mit E. Gerhard, Auserlesene Vasenbilder III (1847) 97 Anm. 79 (vormals den Herren Campanari gehörig); Moore a. O. 421 Anm. 33; Kossatz-Deissmann 102 Nr. 425 mit Taf.-Abb.; Woodford a. O. 183 Nr. E 4.

Brettspielende Helden mit Athena auf attisch-schwarzfigurigen Vasenbildern

98. Zwei bärtige, bekränzte Krieger beim Brettspiel, sie sind mit je zwei Speeren bewaffnet (Taf. T VII a). In der Bildmitte Athena vor dem altarähnlichen Spieltisch, auf den linken Krieger blickend. Eingehende Beschreibung bei E. Diehl (s. unten); att.-sf. Amphora des Chiusi-

Malers, gegen 510 v. Chr.; Berlin-Charlottenburg, Antikenmuseum, Inv.-Nr. 1962. 28. E. Diehl, Berichte der Berliner Museen, N. F. 12, 1962, 32 ff. Abb. 1. 4. 5. 10. 11 (Details); S. 39 Anm. 30; U. Gehrig – A. Greifenhagen – N. Kunisch, Führer durch die Antikenabteilung (1968) 182 Taf. 53 (Ende des 6. Jhs. v. Chr.); Beazley, Paralipomena 170; Brommer, Vasenlisten[3] 334 Nr. A 1; A. Pilali-Papasteriou, Hellenika 27, 1974, 18 f. Anm. 7; S. 20; Anm. 1; S. 25 Anm. 6. 11; S. 26 Anm. 5. 11; H. Mommsen, in: Tainia, Festschrift für R. Hampe (1980) 143 f. mit Anm. 14; A. Kossatz-Deissmann, LIMC. I (1981) 98 Nr. 402 mit Taf.-Abb. s.v. Achilleus; S. Woodford, JHS. 102, 1982, 181 Nr. C 1.

99. Zwei unbehelmte Helden während des Brettspiels, der linke Spieler ist bekränzt. In der Mitte steht Athena zusammen mit Hermes; att.-sf. Amphora des Chiusi-Malers. Orvieto, Sammlung Faina, Inv.-Nr. 186. Haspels, ABL. 59; W. Technau, RM. 53, 1938, 97 f.; E. Diehl, Berichte der Berliner Museen, N. F. 12, 1962, 39 Taf. 24; Beazley, ABV. 368 Nr. 98; Beazley, Paralipomena 170 Nr. 2; Brommer, Vasenlisten[3] 335 Nr. A 17; Pilali-Papasteriou a. O. 18 f. Anm. 7; S. 20 Anm. 1. 8; S. 21 Anm. 3; S. 26 Anm. 2; S. 32 Anm. 2; Mommsen a. O. 143 f. mit Anm. 14; Woodford a. O. 182 Nr. C 6.

100. Unbehelmte, brettspielende Helden mit Athena auf einer att.-sf. Amphora des Chiusi-Malers. Chiusi, Museo Civico, Inv.-Nr. 1812. Haspels, ABL. 59; Bd'A. 35, 1950, 332 f. Abb. 3. 4; Beazley, ABV. 368 Nr. 97; E. Diehl, Berichte der Berliner Museen, N. F. 12, 1962, 39; Beazley, Paralipomena 170 Nr. 1; Pilali-Papasteriou a. O. 18 Anm. 7; S. 20 Anm. 1; S. 21 Anm. 3; S. 26 Anm. 11; Brommer, Vasenlisten[3] 335 Nr. A 15; Mommsen, a. O. 143 Anm. 14; Woodford a. O. 182 Nr. C 5.

101. Unbehelmte Helden beim Brettspiel mit Athena auf einer att.-sf. Amphora des Chiusi-Malers. Tarquinia, Museo Nazionale. Inv.-Nr. RC 1627. NSc. 1885, 510; G. Iacopi, CVA. Tarquinia II (1956) III H Taf. 37, 1; Pilali-Papasteriou a. O. 18 f. Anm. 7; S. 21 Anm. 3; Mommsen a. O. 141 Nr. 4; S. 143 Anm. 14; Woodford a. O. 184 Nr. F 3.

102. Unbehelmte Helden beim Brettspiel, der rechte hockt ohne Sitz neben dem Spieltisch, vor dem Athena steht, während der linke bequem sitzt; att.-sf. Amphora, dem Chiusi-Maler nahestehend. Madrid, Prado, Inv.-Nr. M 10918 (L. 64). H. Möbius, AM. 41, 1916, 195 Anm. 6 (zur sitzenden Gestalt); G. Leroux, Vases d. Mus. de Madrid Nr. 64 Taf. 7; Alvarez-Ossorio, Vasos Griegos... Taf. 20; B. Schweitzer, JdI. 44, 1929, 116 Anm. 1; E. Diehl, Berichte der Berliner Museen, N. F. 12, 1962, 39; Beazley, ABV. 367 Nr. 96; CVA. Madrid I (o. J.) III H e Taf. 23, 2; 26, 2; Brommer, Vasenlisten[3] 335 Nr. A 10; Pilali-Papasteriou a. O. 20 Anm. 1; S. 21 Anm. 3; S. 26 Anm. 2. 5; S. 30 Anm. 2; E. Metropoulou, Five Contributions to the Problems of Greek Reliefs (1976) 75 Nr. 7 Abb. 6; Mommsen a. O. 145; Woodford a. O. 182 Nr. C 4.

103. Unbehelmte Helden sitzen an einem Spieltisch, dahinter eine barhäuptige Athena; att.-sf. Halsamphora, 530/520 v. Chr. Aberdeen, University-Museum, Inv.-Nr. 685. Beazley, ABV. 290 Nr. 2; Brommer, Vasenlisten³ 336 Nr. A 35; Pilali-Papasteriou a. O. 18 Anm. 7; S. 20 Anm. 1; S. 21 Anm. 2; S. 25 Anm. 9. 11; S. 26 Anm. 11; Kemp-Lindemann, Achilleus 76; Mommsen a. O. 143; Woodford a. O. 182 Nr. C 9.

104. Unbehelmte Helden beim Brettspiel mit Athena als kleiner Nebenfigur hinter dem Spieltisch, sie erhebt die Linke zum Grußgestus, mit der Rechten senkt sie die Lanze; Aias zeigt mit der Rechten eine 'Zwei' an; att.-sf. Halsamphora der Medea-Gruppe, um 530 v. Chr. Malibu, P. Getty-Museum, Inv.-Nr. 71. AE. 441. Mommsen a. O. 141 ff. Nr. 2; Woodford a. O. 182 Nr. C 13 Taf. 4a.

105. Behelmte Helden am Spieltisch mit Athena; att.-sf. Halsamphora aus dem Umkreis des Antimenes-Malers aus Vulci. Cambridge, Fitzwilliam Museum, Inv.-Nr. 50. W. Lamb, CVA. Cambridge I (1930) 19 III H Taf. 12, 1; E. Gardner, Catalogue of Greek Vases in the Fitzwilliam Museum (1897) Nr. 50 Taf. 12; B. Schweitzer, JdI. 44, 1929, 116 Anm. 1; Beazley, ABV. 270 Nr. 67; G. Cressedi, EAA. I (1958) 168 f.; E. Diehl, Berichte der Berliner Museen, N. F. 12, 1962, 37; Brommer, Vasenlisten³ 335 Nr. A 25; Pilali-Papasteriou a. O. 20 Anm. 2; S. 21 Anm. 2. 3. 4; S. 24 Anm. 1; S. 26 Anm. 4; Kemp-Lindemann, Achilleus 76; Mommsen a. O. 143; M. B. Moore, AJA. 84, 1980, 421 Anm. 33; Woodford a. O. 182 Nr. D 2.

106. Zwei bärtige Krieger mit je zwei Speeren in der Linken sitzen an einem Spieltisch, Schilde und Helme befinden sich hinter ihnen. In der Mitte hinter dem Tisch steht Athena Skiras, sie blickt nach links, in der rechten Hand hält sie waagerecht den Speer, die Linke ist erhoben (Abb. 56a); att.-sf. Amphora; ehem. in der Pizzatischen Sammlung, Florenz; Verbleib unbekannt. E. Gerhard, Gesammelte Akademische Abhandlungen und Kleine Schriften I (1866) 362 Nr. 9 Taf. 26, 9.

107. Zwei unbehelmte Helden im Spielgestus, aber ohne Spieltisch (Abb. 56b). Der linke Spieler ist durch Beischrift als Achilleus gekennzeichnet, der rechte als Aias. Athena in der Bildmitte, sie hält in der Rechten die Lanze fast waagerecht, erhebt die Linke im Grußgestus und wendet den Kopf nach links, dem Achilleus zu; att.-sf. Halsamphora der 'Three-Line Group', um 520/510 v. Chr. New York, Sammlung I. Theodorakopoulos (1843 bei Emil Braun, Rom). F. G. Welcker, Alte Denkmäler III (1851) 13 Nr. 17; D. v. Bothmer, Ancient Art from New York Private Collections (1961) Nr. 205 Taf. 76. 77; L. D. Caskey – D. Beazley, Attic Vase Paintings in the Museum of Fine Arts, Boston, III (1963) 3 Anm. 1; K. Schauenburg, Ars Antiqua, Luzern, V (1964) 30 Text zu Nr. 122; Beazley, Paralipomena 140 Nr. 6ter; Brommer, Vasenlisten³ 336 Nr. A 39; Pilali-Papasteriou a. O. 18 Anm. 7; S. 20 Anm. 1. 8; S. 22 Anm. 2; S. 25 Anm. 1; Kemp-Linde-

mann, Achilleus 75. 81; A. Greifenhagen, AA. 1978, 519 ff. Nr. 19 Abb. 33; Moore a. O. 421 Anm. 32; Mommsen a. O. 142; Kossatz-Deissmann a. O. 99 Nr. 406; Woodford a. O. 182 Nr. C 10.

108. Unbehelmte Helden an einem Spieltisch, hinter jedem Spieler rankt ein Pflanzenmotiv. Athena steht vor dem Spieltisch; späte att.-sf. Amphora des Eucharides-Malers aus Aigina. London, Brit. Mus., Inv.-Nr. 93.7–12.11. H. B. Walters, JHS. 18, 1898, 294 Abb. 5; ders., CVA. Brit. Mus. III (1927) III He Taf. 34, 3 b; Beazley, ABV. 397 Nr. 28; Brommer, Vasenlisten³ 335 Nr. A 6; Pilali-Papasteriou a. O. 20 Anm. 1; S. 22 Anm. 2; S. 25 Anm. 11; S. 26 Anm. 5; Mommsen a. O. 143; Woodford a. O. 181 Nr. C 3.

109. Zwei unbehelmte Helden beim Brettspiel mit Athena, auf einer att.-sf. Halsamphora. München, Museum antiker Kleinkunst, Inv.-Nr. 1482 (J. 717). G. Lippold, in: Münchener Archäologische Studien, dem Andenken Adolf Furtwänglers gewidmet (1909) 426 Abb. 9; B. Schweitzer, JdI. 44, 1929, 116 Anm. 1; Beazley, ABV. 486 Nr. 1; Brommer, Vasenlisten³ 335 Nr. A 21; Pilali-Papasteriou a. O. 21 Anm. 2; S. 23 Anm. 1; S. 24 Anm. 1; S. 26 Anm. 3. 5. 8; S. 33 Anm. 6; Woodford a. O. 182 Nr. C 8.

110. Zwei helmlose Krieger beim Brettspiel. Athena mit Schild in der Bildmitte; att.-sf. Amphora in Orléans. M. Massoul, RA. 8, 1918, 21 Abb. 10; K. Schauenburg, Ars Antiqua, Luzern, V (1964) 30 Text zu Nr. 122; Brommer, Vasenlisten³ 338 Nr. A 114; Pilali-Papasteriou a. O. 18 f. Anm. 7; S. 20 Anm. 6; S. 26 Anm. 5. 7. 11; Woodford a. O. 182 Nr. C 7.

111. Brettspielende Helden, behelmt und bewaffnet, ohne Spieltisch, begleitet von Athena; auf einer att.-sf. Halsamphora nach Art des Malers 'München 1519'. Paris, Cabinet des Médailles, Inv.-Nr. 232. S. Lambrino, CVA. Bibl. Nat. I (1928) III He Taf. 43, 5; 44, 1; G. Cressedi, EAA. I (1958) 168 f.; Beazley, ABV. 395 Nr. 9; Brommer, Vasenlisten³ 335 Nr. A 28; Pilali-Papasteriou a. O. 20 Anm. 4; S. 22 Anm. 4. 11; S. 23. 26 Anm. 8; S. 33 Anm. 6 Taf. 3 α; Woodford 182 Nr. D 3.

112. Behelmte brettspielende Helden mit Athena, auf einer att.-sf. Halsamphora. New York, Bareiss Coll., ehem. München. Weltkunst aus Privatbesitz, Ausstellung Köln (1968) Nr. W 24; Brommer, Vasenlisten³ 335 Nr. A 23; Pilali-Papasteriou a. O. 18 f. Anm. 7; Woodford a. O. 182 Nr. D 5 bis.

113. Zwei unbehelmte Helden beim Brettspiel. Athena blickt in Richtung des linken bekränzten Spielers; att.-sf. Halsamphora. Tarquinia, Museo Civico, Inv.-Nr. RC 2464. StEtr. 36, 1968, 242 Nr. 22 Taf. 59; Mommsen a. O. 141 Nr. 5; S. 144; Woodford a. O. 182 Nr. C 14.

114. Zwei brettspielende, behelmte Helden mit Athena auf einer att.-sf. Halsamphora. Liverpool, Museum, Inv.-Nr. 1977.114.15; ehem. Grasmere, Sammlung J. R. Danson. The Burlington Magazine, Sep-

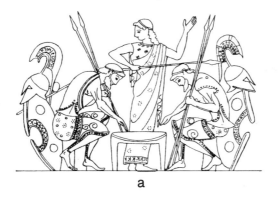

a

b

Abb. 56 a und b Brettspielende Helden   a: Kat.-Nr. 106
b: Kat.-Nr. 107

tember 1966, 471 Abb. 36; Brommer, Vasenlisten³ 335 Nr. A 26; Pilali-Papasteriou a. O. 18 f. Anm. 7; Mommsen a. O. 143. 145; Woodford a. O. 182 Nr. D 5.

115. Zwei unbehelmte Helden während des Brettspiels, mit Athena, auf einer att.-sf. Halsamphora. Rom, Villa Giulia, Inv.-Nr. 24999. G. Q. Giglioli, CVA. Villa Giulia I (o. J.) III He Taf. 3, 4; Pilali-Papasteriou a. O. 21 Anm. 2; Woodford a. O. 182 Nr. C 11.

116. Zwei Helden hocken ohne Sitze an einem altarähnlichen Spieltisch; zwischen den beiden steht Athena mit nach rechts gesenkter Lanze. Sie blickt auf den Spieler links, Helme und Schilde hinter den barhäuptigen Helden; att.-sf. Halsamphora. Richmond, Virginia Museum, Inv.-Nr. 60–10; ehem. Basel, Kunsthandel 1959. Brommer, Vasenlisten³ 336 Nr. A 36 = A 38; Ancient Art in the Virginia Mu-

seum (1973) Nr. 99; Mommsen a. O. 140 Anm. 4; S. 150; Woodford a. O. 182 Nr. C 16 Taf. 6 b.

117. Zwei behelmte Krieger hocken beiderseits eines Altars mit der Aufschrift ΑΘΕΝΑΙΑΣ (Abb. 57 a). Die dahinterstehende Göttin hält mit der linken Hand die Aigis hoch, mit der rechten hält sie ihre Lanze schräg vor dem Körper; att.-sf. Bauchamphora der Leagros-Gruppe, um 510 v. Chr. Essen, Museum Folkwang, Inv.-Nr. K 1049. K. Schauenburg, Ars Antiqua, Luzern, V (1964) 30 Nr. 122 Taf. 29; Beazley, Paralipomena 166 Nr. 108 bis; Brommer, Vasenlisten³ 335 Nr. A 13; Pilali-Papasteriou a. O. 18 f. Anm. 7; S. 20 Anm. 3; S. 21 Anm. 1. 2. 3; S. 23 Anm. 4; S. 25 Anm. 11; S. 26 Anm. 4; S. 27 Anm. 2; Mommsen a. O. 144. 150; Kossatz-Deissmann a. O. 99 Nr. 409; H. Froning, Katalog der griechischen und italischen Vasen, Museum Folkwang Essen (1982) 137 ff. Nr. 57 mit Abb.; Woodford a. O. 182 Nr. D 1.

118. Brettspielende Helden, unbehelmt (Abb. 57 b). In der Bildmitte steht Athena vor dem Spielbrett und schaut nach links auf den Spieler, der als Achilleus gedeutet wird. Das Konzept ist bis in viele Einzelheiten – trotz der hinzugefügten Göttin – dem berühmten Exekiasvorbild so ähnlich, daß dieses als bekannt vorauszusetzen ist; sf. Seite einer att.-'bilinguen' Amphora »sehr altertümlichen Charakters« (P. Hartwig) aus Vulci, um 510 v. Chr. München, Museum antiker Kleinkunst, Inv.-Nr. 2300 (J. 375). P. Hartwig, JdI. 14, 1899, 158 Anm. 12 Nr. 4; R. Lullies, CVA. München IV (1956) 10 f. Taf. 159, 2; 160, 2; G. Cressedi, EAA. I (1958) 168 Abb. 249 s. v. Aiace; E. Diehl, Berichte der Berliner Museen, N. F. 12, 1962, 35 Abb. 7; S. 37 Anm. 21; Beazley, ARV.² 11 Nr. 1; Beazley, Paralipomena 321; Brommer, Vasenlisten³ 335 Nr. A 4; Pilali-Papasteriou a. O. 20 Anm. 1. 7; S. 21 Anm. 3; S. 26 Anm. 3. 5. 11; B. Cohen, Attic Bilingual Painters (1978) 194 Nr. B 8 Taf. 36, 2; Mommsen a. O. 140 Anm. 3; S. 143 Anm. 13; Moore a. O. 421 Anm. 33; Kossatz-Deissmann a. O. 98 Nr. 404 mit Taf.-Abb.; Woodford a. O. 181 Nr. C 2.

119. Unbehelmte Helden beim Brettspiel; mit Athena, die ihren Helm in der rechten Hand hält; att.-sf. Halsamphora in der Art des Acheloos-Malers aus Vulci (um 510/500 v. Chr.). München, Museum antiker Kleinkunst, Inv.-Nr. 1547 (J. 434). Beazley, ABV. 385 Nr. 3; Brommer, Vasenlisten³ 335 Nr. A 22; Pilali-Papasteriou a. O. 26 Anm. 5; S. 27 Anm. 2; Kossatz-Deissmann a. O. 99 Nr. 405 mit Taf.-Abb.; Woodford a. O. 182 Nr. C 15.

120. Brettspielende Helden mit Athena auf einem Fragment einer att.-sf. Amphora der Leagros-Gruppe. Florenz, Arch. Mus. Beazley, ABV. 368 Nr. 99; K. Schauenburg, Ars Antiqua, Luzern, V (1964) 30 Text zu Nr. 122; Brommer, Vasenlisten³ 335 Nr. A 16; Pilali-Papasteriou a. O. 18 f. Anm. 7.

121. Brettspielszene mit Athena; zwei behelmte Helden hocken am Spieltisch, hinter jedem Spieler wächst eine Pflanze; nach H. Möbius hal-

a

b

Abb. 57 a und b Brettspielende Helden a: Kat.-Nr. 117
b: Kat.-Nr. 118

ten die beiden Helden, »statt zu spielen, Lanzen in den Händen, die sie schließlich sogar gegeneinander zu richten scheinen«; att.-sf. Halsamphora der Leagros-Gruppe. Bologna, Museo Civico, Inv.-Nr. PU 196. E. Gerhard, Auserlesene Vasenbilder (1840–1858) Taf. 219, 1. 4; H. Möbius, AM. 41, 1916, 195 Anm. 12; L. Laurinsich, CVA. Bologna II (o. J.) III He Taf. 13, 1. 3; Beazley, ABV. 371 Nr. 146; Brommer, Vasenlisten[3] 336 Nr. A 29; Pilali-Papasteriou a. O. 21 Anm. 1; S. 24 Anm. 2 Taf. 4; Kemp-Lindemann, Achilleus 77; Mommsen a. O. 143. 150; Woodford a. O. 182 Nr. D 4.

122. Helmlose, brettspielende Helden mit Athena auf einer Amphora in Neapel, Mus. Naz., Inv.-Nr. 81109 (H 2530); Woodford a. O. 182 Nr. C 12.

123. Zwei behelmte, brettspielende Helden mit kleiner Athena auf einer att.-sf. Hydria des Euphiletos-Malers (um 530 v. Chr.). Es handelt sich um die älteste Darstellung mit Athena, die uns erhalten ist. Paris, Louvre, Inv.-Nr. F 290. E. Pottier, CVA. VI (o. J.) III He Taf. 69, 6. 7; Beazley, ABV. 324 Nr. 37; I. Scheibler, Die symmetrische Bildform in der frühgriechischen Flächenkunst (1960) 71 f. Anm. 401; Brommer, Vasenlisten[3] 336 Nr. A 42; Pilali-Papasteriou a. O. 20 Anm. 7; S. 21 Anm. 3; S. 26 Anm. 2. 11; Mommsen a. O. 142; Kossatz-Deissmann a. O. 99 Nr. 407; Woodford a. O. 182 Nr. D 6.

124. Zwei behelmte, brettspielende Helden mit Lanzen in den Händen und ihren Schilden am Arm, flankiert von Hopliten, in der Mitte Athena; att.-sf. Hydria der Leagros-Gruppe. Paris, Louvre. Inv.-Nr. F 299. E. Pottier, Vases Antiques du Louvre (1897–1922) Taf. 84; ders., CVA. Louvre VI (o. J.) III He Taf. 72, 1; H. Möbius, AM. 41, 1916, 195 Anm. 11; G. Cressedi, EAA. I (1958) 168 f.; I. Scheibler, Die symmetrische Bildform in der frühgriechischen Flächenkunst (1960) 72 Anm. 402; Beazley, ABV. 362 Nr. 29; Brommer, Vasenlisten[3] 336 Nr. A 44; Pilali-Papasteriou a. O. 21 Anm. 2; S. 23 Anm. 3; S. 26 Anm. 4; S. 36 Anm. 1 Taf. 3 β; Mommsen a. O. 147. 150; Woodford a. O. 182 Nr. D 7.

125. Behelmte, brettspielende Helden mit kurzem Mäntelchen bekleidet – nach A. Furtwängler: »Würfelnde oder losende Helden« –, in der Mitte steht Athena, flankiert von Hopliten; att.-sf. Hydria der Leagros-Gruppe aus Vulci. Berlin, Pergamonmuseum, Inv.-Nr. F 1908. A. Furtwängler, Beschreibung der Vasensammlung im Antiquarium (1885) 396 Nr. 1908; Beazley, ABV. 365 Nr. 70; Brommer, Vasenlisten[3] 336 Nr. A 40; Pilali-Papasteriou a. O. 20 Anm. 2; S. 21 Anm. 3; S. 25 Anm. 6. 11; S. 30 Anm. 7; Mommsen a. O. 140 Anm. 3; Woodford a. O. 182 Nr. D 9.

126. Zwei unbehelmte Helden beim Brettspiel mit Athena in der Bildmitte. Die Szene ist flankiert von Kriegern; att.-sf. Hydria der Leagros-Gruppe, um 510 v. Chr. Würzburg, Martin v. Wagner-Museum, Inv.-Nr. 311. E. Langlotz, Griechische Vasen (1932) 58 Nr. 311 Taf. 97; Beazley, ABV. 362 Nr. 35; Brommer, Vasenlisten[3] 336

Nr. A 41; Pilali-Papasteriou a. O. 20 Anm. 1; S. 22 Anm. 1; S. 24 Anm. 1; S. 26 Anm. 5; S. 36 Anm. 1; Kemp-Lindemann, Achilleus 86; Mommsen a. O. 147; Woodford a. O. 182 Nr. C 17.

127. Unbehelmte Helden beim Spiel mit Athena auf einer att.-sf. Hydria der Leagros-Gruppe. New York, Metr. Mus., Inv.-Nr. 56. 171. 29, ehem. San Simeon, Sammlung Hearst, Inv.-Nr. 9969. BMetrMus. 1957, 174; Beazley, ABV. 362 Nr. 30; Beazley, Paralipomena 161 Nr. 30; Brommer, Vasenlisten[3] 336 Nr. A 45; Pilali-Papasteriou a. O. 18 Anm. 7; S. 20 Anm. 1; S. 26 Anm. 5; Mommsen a. O. 143 Anm. 14; Woodford a. O. 182 Nr. C 18.

128. Behelmte, brettspielende Helden mit Athena, flankiert von Hopliten, Schulterbild auf einer att.-sf. Hydria, in Neapel, Mus. Naz., Inv.-Nr. Santangelo 32. A. Adriani, CVA. I (1950) 17 Taf. 38, 2; 39, 2; Woodford a. O. 182 Nr. D 10.

129. Zwei behelmte Helden beim Brettspiel (Taf. T VII b). Der linke Krieger ist durch eine Beischrift als Achilleus gekennzeichnet, der rechte als Aias; hinter jedem der Spieler eine Palme. Athena steht in der Mitte hinter dem Spieltisch; att.-sf. Kelchkrater des Rycroft-Malers (H 40 cm), 520–510 v. Chr. Toledo/Ohio, Museum of Art, Inv.-Nr. 63. 26, vormals Münzen und Medaillen, Basel, XXVI (1963) 55 f. Nr. 109 Taf. 37, 109 (mit Lit., aus Arlesheim, Sammlung S. Schweitzer). L. D. Caskey – J. D. Beazley, Attic Vase Paintings in the Museum of Fine Arts, Boston, III (1963) 3 Anm. 1; Beazley, Paralipomena 149 Nr. 23 bis; C. G. Boulter – K. T. Luckner, CVA. Toledo I (1976) 11 ff. Taf. 17, 1; Brommer, Vasenlisten[3] 336 Nr. A 47; J. Boardman, Athenian Black Figure Vases (1974, deutsche Ausgabe 1977) Abb. 227; Pilali-Papasteriou a. O. 18 Anm. 7; S. 21 Anm. 2. 3. 5; S. 23 Anm. 4; S. 25 Anm. 4. 11; S. 26 Anm. 4; Kemp-Lindemann, Achilleus 75. 81; K. T. Luckner, Toledo Museum News 15, 1972, 71 Abb. 12; Mommsen a. O. 142. 144. 150; Moore a. O. 421 Anm. 32; Kossatz-Deissmann a. O. 99 Nr. 408 mit Taf.-Abb.; Woodford a. O. 182 Nr. D 11.

130. Unbehelmte, brettspielende Helden mit Athena auf einem att.-sf. Kolonettenkrater. Pittsburgh, Carnegie Museum. K. Schauenburg, Ars Antiqua, Luzern, V (1964) 30 Text zu Nr. 122; H. Scribner, Catalogue of the Sprang Collection of Greek and Italian Vases in the Carnegie Museum, Taf. 37; Brommer, Vasenlisten[3] 338 Nr. A 110; Pilali-Papasteriou a. O. 18 f. Anm. 7; Woodford a. O. 182 Nr. C 19 bis.

131. Zwei brettspielende Helden in Rüstung, ohne Spieltisch; hinter dem rechten Spieler eine Säule, in der Mitte Athena; att.-sf. Stangenkrater vom Ende des 6. Jhs. v. Chr. Orvieto, Sammlung Faina, Inv.-Nr. 46. W. Technau, JdI. 52, 1937, 76 Abb. 1; Kunze, Schildbänder 143 Anm. 1; Brommer, Vasenlisten[3] 338 Nr. A 109; Mommsen a. O. 140 Anm. 4; S. 144. 150; Woodford a. O. 182 Nr. D 15.

132. Behelmte Helden beim Brettspiel; Athena anwesend; Stangenkrater in Neapel, Mus. Naz., Inv.-Nr. 2732; Woodford a. O. 182 Nr. D 14.

133. Behelmte, brettspielende Helden, flankiert von Sphingen und einem Vogel; Athena hebt die rechte Hand grüßend nach links; att.-sf. Volutenkrater. Paris, Louvre, Inv.-Nr. C 11291. Brommer, Vasenlisten[3] 338 Nr. A 112; Mommsen a. O. 144. 147; Pilali-Papasteriou a. O. 18 f. Anm. 7; Woodford a. O. 182 Nr. D 12.

134. Brettspielende Helden, unbehelmt, mit Athena; att.-sf. Oinochoe aus Bologna. Bologna, Museo Civico, Inv.-Nr. 74; L. Laurinsich, CVA. Bologna II (o. J.) Taf. 34,5; Beazley, ABV. 527 Nr. 23; Brommer, Vasenlisten[3] 338 Nr. A 93; Pilali-Papasteriou 20 Anm. 6; S. 22 Anm. 1; S. 26 Anm. 5; Woodford a. O. 182 Nr. C 22.

135. Zwei bärtige, unbehelmte Männer mit je zwei Speeren schräg auf der Schulter hocken, halb kniend, ohne Stühle an einem kleinen, altarähnlichen Spieltisch, dahinter steht Athena in Aigis und Helm mit erhobener Linker und schräg vor dem Körper gehaltener Lanze vor rankender Pflanze; sie blickt auf den linken Spieler; links und rechts sind hinter diesen Schilde und Helme abgesetzt; att.-sf. Oinochoe mit Kleeblattmündung (H: 17,3 cm), flüchtige Arbeit. Freiburg, Kunsthandel; s. Katalog: Kunst der Antike, Galerie Günter Puhze (1977/1978) 17 Nr. 119; Mommsen a. O. 141 Nr. 10; S. 143; Woodford a. O. 182 Nr. C 24.

136. Helmlose, brettspielende Helden; Athena mit Schild in der Linken; att.-sf. Olpe des 'Malers von Oxford 224'. Oxford, Ashmolean Museum, Inv.-Nr. 224. P. Gardner, Catalogue of Greek Vases in the Ashmolean Museum (1893) 13; Beazley, ABV. 435 Nr. 2; Brommer, Vasenlisten[3] 338 Nr. A 97; Mommsen a. O. 144; Woodford a. O. 173 Anm. 1; S. 182 Nr. C 23.

137. Brettspielende Helden mit Helm; Athena in der Bildmitte; att.-sf. Olpe in New Haven, Yale University, Inv.-Nr. 108. P. Baur, Catalogue of the Rebecca Darlington Stoddard Collection of Greek and Italian Vases (1922) Taf. 3; Brommer, Vasenlisten[3] 338 Nr. A 99; Pilali-Papasteriou a. O. 18 f. Anm. 7; Woodford a. O. 182 Nr. D 16.

138. Behelmte, brettspielende Helden mit nach rechts blickender Athena; späte att.-sf. Olpe. Rom, Villa Giulia, Inv.-Nr. 50620 (M. 519). P. Mingazzini, Vasi della Collezione Castellani (1930) Taf. 81, 10; Beazley, ABV. 443 Nr. 14; Brommer, Vasenlisten[3] 338 Nr. A 94; Pilali-Papasteriou a. O. 18 Anm. 7; S. 20 Anm. 5; S. 21 Anm. 1. 3; S. 27 Anm. 1; Kemp-Lindemann, Achilleus 81; Mommsen a. O. 144 Anm. 16; Woodford a. O. 182 Nr. D 17.

139. Zwei behelmte, brettspielende Helden mit der Lanze über der Schulter, flankiert von stehenden Kriegern und Sphingen. Der linke Spieler sitzt auf einem kubischen Hocker, der rechte hockt halb kniend ohne Sitzgelegenheit vor dem Spieltisch. Die unbehelmte, mit Aigis ausgestattete Athena steht in der Mitte hinter dem Spieltisch und wendet sich dem linken Spieler zu; hinter ihr und den Helden eine Weinrebe mit Trauben; att.-sf. Kyathos des Caylus-Malers. Brüssel, Musées

Royaux d'Art et d'Histoire, Inv.-Nr. R 2512. F. Mayence, CVA. Bruxelles, Mus. Royaux du Cinquantenaire I (1926) Taf. 4, 1 a–c; Beazley, ABV. 548 Nr. 232; Brommer, Vasenlisten³ 336 Nr. A 48; Pilali-Papasteriou a.O. 20 Anm. 5. 8; S. 21 Anm. 3. 4. 5; S. 26 Anm. 7. 11; S. 27 Anm. 4; Mommsen a.O. 143 f. 145. 147; Woodford a.O. 182 Nr. D 19.

140. Behelmte Helden beim Brettspiel. Hinter Athena wächst eine Ranke; att.-sf. Kalpis in Tübingen, Antikensammlung des Archäologischen Instituts der Universität, Inv.-Nr. 5330. J. Burow, CVA. Tübingen III (1980) III Taf. 17, 5. 6; Mommsen a.O. 141 Nr. 8; S. 143; Woodford a.O. 182 Nr. D 8.

141. Behelmte Helden während des Brettspiels in Anwesenheit von Athena; att.-sf. Schaleninnenbild; Mykonos, Arch. Mus. Ch. Dugas, Délos X (1928) 181 Nr. 605; Brommer, Vasenlisten³ 338 Nr. A 103; Pilali-Papasteriou a.O. 20 Anm. 5. 9; S. 21 Anm. 1. 3; S. 25 Anm. 6. 11; S. 26 Anm. 5; S. 27 Anm. 5; Woodford a.O. 183 Nr. D 43.

142. 143. Zwei Außenbilder einer späten att.-sf. Schale: Behelmte, brettspielende Helden mit Athena, die nach rechts schaut. Auf der einen Seite ist die Szene von Feigenbäumen flankiert. Brooklyn, Brooklyn Museum, Inv.-Nr. 33. 399. Beazley, ABV. 646 Nr. 202; Beazley, Paralipomena 284; Brommer, Vasenlisten³ 338 Nr. A 107; Pilali-Papasteriou a.O. 18 Anm. 6; S. 32 Anm. 2; S. 36 Anm. 8; Kemp-Lindemann, Achilleus 79. 86; Woodford a.O. 183 Nr. D 44. D. 45.

144. Behelmte Helden beim Brettspiel; nach rechts blickende Athena; die Gruppe ist flankiert von weiblichen Gestalten, vielleicht Amazonen; Schalenaußenbild. London. British Mus., Inv.-Nr. 64. 10–7. 1692. Woodford a.O. 183 Nr. D 46.

145. Unbehelmte, brettspielende Helden mit Athena auf einer att.-sf. Lekythos des 'Malers von Vatican G 31' aus dem Umkreis des Edinburgh-Malers (510/500 v. Chr.). New York, Metr. Mus., Inv.-Nr. 62. 11. 2. Haspels, ABL. 86 ff. (zum Maler); Beazley, ABV. 486 Nr. 7; BMetrMus. 21, 1962, 5 Abb. 4; K. Schauenburg, Ars Antiqua, Luzern, V (1964) 30 Text zu Nr. 122; Beazley, Paralipomena 222 Nr. 7; Brommer, Vasenlisten³ 337 Nr. A 61; Pilali-Papasteriou a.O. 18 f. Anm. 7; Woodford a.O. 182 Nr. C 20.

146. Achilleus und Aias beim Brettspiel (Taf. T VI a). Beide sind unbehelmt und hocken auf Sitzblöcken beiderseits eines niedrigen Tisches. Achilleus, links, hat eine Vier und Aias hat eine Zwei gewürfelt (Beischriften). Athena wendet sich nach links und hebt die Rechte zum Gruß, sie schreitet dabei nach rechts und hält mit der Linken ihre Lanze waagerecht vor dem Körper; att.-sf. Lekythos des Edinburgh-Malers (510/500 v. Chr.). Boston, Museum of Fine Arts, Inv.-Nr. 95. 15. AA. 1896, 96. 98; J. Hambidge, Dynamic Symmetrie, the Greek Vase (1920) 132 Abb. 11; L. D. Caskey, Geometry of Greek Vases (1922) 210 Abb. 164; Haspels, ABL. 221 Nr. 4; A. Fairbanks – G. H. Chase,

Greek Gods and Heroes (1948) 65. 67 Abb. 73; G. H. Chase, BMusFA. 44, 1946, 48 Abb. 3; Beazley, ABV. 480; E. Diehl, Berichte der Berliner Museen, N. F. 12, 1962, 33 Anm. 9; L. D. Caskey – J. D. Beazley, Attic Vase Paintings in the Museum of Fine Arts, Boston, III (1963) 3 Anm. 1; Brommer, Vasenlisten³ 337 Nr. A 87; Pilali-Papasteriou a. O. 18 f. Anm. 7; S. 20 Anm. 1; S. 22 Anm. 2; S. 24 Anm. 1; S. 25 Anm. 10; S. 26 Anm. 2. 5. 8; S. 27 Anm. 3; S. 33 Anm. 6; Kemp-Lindemann, Achilleus 75. 81; Mommsen a. O. 142. 143 Anm. 14; S. 144 f. Taf. 35, 2; Moore a. O. 421 Anm. 32; The Trojan War in Greek Art, a Picture Book, Museum of Fine Arts (o. J.) Nr. 34 A; Kossatz-Deissmann a. O. 98 Nr. 403 mit Taf.-Abb.; Woodford a. O. 182 Nr. C 21.

147. Brettspielende Krieger, behelmt und begleitet von Athena; att.-sf. Lekythos aus Agrigent, um 500 v. Chr. Karlsruhe, Badisches Landesmuseum, Inv.-Nr. 171. G. Hafner, CVA. Karlsruhe I (1951) Taf. 13, 10; Beazley, ABV. 492 Nr. 73; G. Cressedi, EAA. I (1958) 168 f.; Brommer, Vasenlisten³ 336 Nr. A 51; Pilali-Papasteriou a. O. 18 f. Anm. 7; S. 20 Anm. 2; S. 21 Anm. 3; S. 25 Anm. 11; Woodford a. O. 182 Nr. D 20.

148. In hockender Stellung, ohne Sitzgelegenheiten zwei brettspielende Helden mit Helm und je zwei Speeren, nur links von einem Jüngling flankiert; in der Mitte hinter dem flachen Spieltisch: Athena mit Rundschild und Lanze, sie schaut nach rechts; hinter ihr ein rankendes Gewächs; flüchtig bemalte, späte att.-sf. Lekythos (um 500 v. Chr.). Palermo, Sammlung Mormino, Inv.-Nr. 136. J. de la Genière, CVA. Palermo, Coll. Mormino I (1971) III H Taf. 10, 6–8; Brommer, Vasenlisten³ 337 Nr. A 84; Pilali-Papasteriou a. O. 18 f. Anm. 7; Kemp-Lindemann, Achilleus 81; Mommsen a. O. 143. 144 Anm. 16; Woodford a. O. 183 Nr. D 32.

149. Brettspielende, behelmte Helden mit nach rechts blickender Athena; att.-sf. Lekythos der Haimon-Gruppe. Neapel, Museo Nazionale, Inv.-Nr. Santangelo 183. Haspels, ABL. 130 ff. (zur Werkstatt); Beazley, ABV. 706 Nr. 329 bis; Brommer, Vasenlisten³ 337 Nr. A 82; Woodford a. O. 183 Nr. D 30.

150. Behelmte Helden während des Brettspiels, mit einer nach rechts blickenden Athena; att.-sf. Lekythos; Athen, Agora-Museum, Inv.-Nr. P 24316. Beazley, Paralipomena 231; Brommer, Vasenlisten³ 337 Nr. A 63; Pilali-Papasteriou a. O. 14 Anm. 5; S. 15. 18 f. Anm. 7; S. 22 Anm. 3; Woodford a. O. 182 Nr. D 23.

151. Brettspielende Helden mit Helm, dabei Athena; att.-sf. Lekythos; Athen, Agora-Museum, Inv.-Nr. P 24317. Beazley, Paralipomena 231; Brommer, Vasenlisten³ 337 Nr. A 64; Pilali-Papasteriou a. O. 18 f. Anm. 7; S. 22 Anm. 3; S. 36 Anm. 6; Woodford a. O. 182 Nr. D 24.

152. Att.-sf., weißgrundige Lekythos aus Athen. Athen, Agora-Museum, Inv.-Nr. P 24318; mir ist das Stück ausschließlich durch Brommer und Beazley bekannt, danach: »Achilles and Ajax playing: and Athena«. Beazley, Paralipomena 238; Brommer, Vasenlisten[3] 337 Nr. A 69; Pilali-Papasteriou a. O. 18 f. Anm. 7; S. 22 Anm. 3; S. 36 Anm. 10.

153. Behelmte, brettspielende Helden mit Athena; att.-sf. Lekythos. Athen, Agora-Museum, Inv.-Nr. P 24319; Beazley, Paralipomena 230; Brommer, Vasenlisten[3] 337 Nr. A 65; Pilali-Papasteriou a. O. 18 f. Anm. 7; S. 22 Anm. 3; S. 26 Anm. 9; Woodford a. O. 182 Nr. D 25.

154. Brettspielende, behelmte Helden mit Athena auf einer att.-sf. Lekythos in Athen, Agora-Museum, Inv.-Nr. P 24320. Beazley, Paralipomena 230; Brommer, Vasenlisten[3] 337 Nr. A 66; Pilali-Papasteriou a. O. 15 Anm. 1; S. 18 f. Anm. 7; S. 26 Anm. 6; Woodford a. O. 182 Nr. D 26.

155. Behelmte Helden beim Brettspiel mit Athena; auf einer att.-sf. Lekythos. Athen, Agora-Museum, Inv.-Nr. P 24321. Beazley, Paralipomena 230; Brommer, Vasenlisten[3] 337 Nr. A 67; Pilali-Papasteriou a. O. 18 f. Anm. 7; S. 26 Anm. 9; S. 36 Anm. 9; Woodford a. O. 182 Nr. D 27.

156. Behelmte Helden beim Brettspiel mit Athena auf einer att.-sf. Lekythos. Athen, Agora-Museum, Inv.-Nr. P 24322. Beazley, Paralipomena 231; Brommer, Vasenlisten[3] 337 Nr. A 68; Pilali-Papasteriou a. O. 14 Anm. 5; S. 15. 18 f. Anm. 7; S. 22 Anm. 3; S. 26 Anm. 9; Woodford a. O. 182 Nr. D 28.

157. Brettspielende Helden mit Helm, begleitet von Athena, auf einer sf.-weißgrundigen Lekythos. Athen, Kerameikos. K. Schauenburg, Ars Antiqua, Luzern, V (1964) 30 Text zu Nr. 122; Pilali-Papasteriou a. O. 18 f. Anm. 7; U. Knigge, Kerameikos IX (1976) 99 Grab-Nr. 42 Fund.-Nr. 7 Taf. 21, 5; Mommsen a. O. 141 Nr. 20; Woodford a. O. 183 Nr. D 36.

158. Behelmte Helden beim Brettspiel. Athena hält einen Kranz und blickt nach rechts; auf der rechten Seite stehen Frauen; att.-sf. Lekythos. Patras, Arch. Mus., Inv.-Nr. 820. Brommer, Vasenlisten[3] 337 Nr. A 73; Pilali-Papasteriou a. O. 11 ff. Taf. 1. 2; Woodford a. O. 183 Nr. D 42 bis.

159. Zwei behelmte Krieger, ins Spiel vertieft. Die in der Bildmitte stehende Athena hält mit ihrer linken Hand die Aigis hoch; att.-sf. Lekythos des Athena-Malers. London, Brit. Mus., Inv.-Nr. B 541. Brit. Mus. Cat. Vases II Taf. 27, 35; Haspels, ABL. 254 Nr. 6; Brommer, Vasenlisten[3] 336 Nr. A 55; Pilali-Papasteriou a. O. 20 Anm. 2; S. 21 Anm. 1. 2; S. 22 Anm. 1; S. 25 Anm. 11; S. 26 Anm. 10; S. 28; Mommsen a. O. 144; Woodford a. O. 182 Nr. D 21.

160. Zwei Krieger beim Brettspiel, der linke Spieler ist behelmt, während der rechte barhäuptig ist; Athena in der Bildmitte ist ebenfalls unbehelmt; att.-sf. Lekythos. London, Brit. Mus., Inv.-Nr. B 638. Brommer, Vasenlisten[3] 337 Nr. A 57; Pilali-Papasteriou a. O. 18f. Anm. 7; S. 20 Anm. 2; S. 21 Anm. 1; S. 25 Anm. 11; S. 26 Anm. 5; Woodford a. O. 184 Nr. F 2 Taf. 4c.

161. Behelmte, brettspielende Helden Achill und Aias mit Athena auf einer att.-sf. Lekythos der Werkstattgruppe 'Athen 581'; das Fragment mit dem Kopf des Aias gehört nicht dazu. Utrecht, Universität. Beazley, ABV. 500 Nr. 42; Brommer, Vasenlisten[3] 337 Nr. A 75; Woodford a. O. 183 Nr. D 29.

162. Brettspielende Helden zusammen mit Athena und Reitern auf einer att.-sf. Lekythos in Amiens. K. Schauenburg, Ars Antiqua, Luzern, V (1964) 30 Text zu Nr. 122; Brommer, Vasenlisten[3] 336 Nr. A 59; Pilali-Papasteriou a. O. 18f. Anm. 7.

163. Brettspielende Helden mit Athena auf einer att.-sf. Lekythos in Florenz. K. Schauenburg, Ars Antiqua, Luzern, V (1964) 30 Text zu Nr. 122; Brommer, Vasenlisten[3] 337 Nr. A 78; Pilali-Papasteriou a. O. 18f. Anm. 7.

164. Brettspielende Helden zusammen mit Athena auf einer mir nicht näher bekannten Lekythos in Zagreb. K. Schauenburg, Ars Antiqua, Luzern, V (1964) 30 Text zu Nr. 122; Pilali-Papasteriou a. O. 18f. Anm. 7.

165. Brettspielende, behelmte Helden mit Athena auf einer att.-sf. Lekythos aus Kourion, Zypern. New York, Metr. Mus., Inv.-Nr. 74.51.1353, ehem. Cesnola Coll. P. di Cesnola, Atlas of the Cesnola Collection (1885–1903) Taf. 149, 1105; Beazley, ABV, 500 Nr. 43; Brommer, Vasenlisten[3] 338 Nr. A 91; Woodford a. O. 183 Nr. D 34 Taf. 6a.

166. Zwei behelmte Helden beim Brettspiel mit Athena in der Bildmitte; att.-sf. Lekythos in Los Angeles, County Museum of Art, Inv.-Nr. 50.8.12a (A 5933. 50–18a). Cat. Sotheby 14. Mai 1946, 5 Nr. 26; P. A. Clement, Hesperia 24, 1955, 23; P. M. Packard – P. A. Clement, CVA. Los Angeles, County Museum of Art I (1977) 23 Taf. 21, 1.2; Brommer, Vasenlisten[3] 337 Nr. A 89; Mommsen a. O. 140 Anm. 3; Woodford a. O. 182 Nr. D 38.

167. Behelmte Helden beim Brettspiel, hinter jedem Spieler steht eine Palme, mit Athena in der Mitte; att.-sf. Lekythos. Columbia, USA, Columbia Museum of Art, Inv.-Nr. 73.49.1. Ch. Randall Mack, Classical Art from Carolina Collections (1974) 15 Nr. 20; Mommsen a. O. 141 Nr. 9; S. 143; Woodford a. O. 183 Nr. D 35.

168. Brettspielende, behelmte Helden in kauernder Stellung beiderseits einer niedrigen Basis mit elf weißen Spielsteinchen, in der Mitte Athena, beiderseits je eine Frau; att.-sf. Lekythos 'späteren Stils' aus

Ruvo. Ost-Berlin, Staatliche Museen, Inv.-Nr. F 1987. A. Furtwängler, Beschreibung der Vasensammlung im Antiquarium (1885) 422f. Nr. 1987; Brommer, Vasenlisten³ 336 Nr. A 50; Mommsen a: O. 140 Anm. 3; Woodford a. O. 183 Nr. D. 42.

169. Brettspielende Helden mit korinthischen Helmen und je zwei langen, geschulterten Speeren, hinter jedem ein boiotischer Schild. Der linke Spieler sitzt auf einem Stein, der rechte auf einem Klappstuhl; in der Mitte niedrige Basis, dahinter Athena; att.-sf. Lekythos, 'späterer Stil'. Berlin, Staatliche Museen, Inv.-Nr. F 1953. Furtwängler a.O. 413 Nr. 1953; Mommsen a.O. 141 Nr. 12; S. 147; Woodford a.O. 183 Nr. D 39.

170. 'Brettspielende oder losende', behelmte Helden in kauernder Stellung; in der Mitte Basis, auf der zahlreiche weiße Steinchen liegen, dahinter Athena, links und rechts je eine Frau; beschädigte, sehr flüchtig bemalte att.-sf. Lekythos, 'späterer Stil'. Berlin, Staatliche Museen, Inv.-Nr. F 1982. Furtwängler a.O. 421 Nr. 1982; Mommsen a.O. 141 Nr. 13; Woodford a.O. 183 Nr. D 40.

171. 'Brettspielende oder losende' Helden mit attischem Helm, Schwert und Lanze in kauernder Stellung, hinter ihnen je ein Rundschild; in der Mitte Athena, aus Nachlässigkeit ist die Spielbasis fortgelassen; die Helden strecken aber je einen Arm vor, wie zum Zuge; att.-sf. Lekythos 'späteren Stils'. Berlin, Staatliche Museen, Inv.-Nr. F 1984. Furtwängler a.O. 421f. Nr. 1984; Mommsen a.O. 141 Nr. 14; Woodford a.O. 183 Nr. D 41.

172. Behelmte Helden während des Brettspiels, umgeben von Frauen. Athena blickt nach rechts, hinter ihr ein Rankengewächs; späte att.-sf. Lekythos. Tübingen, Antikensammlung des Archäologischen Instituts der Universität, Inv.-Nr. 7413 (O.Z. 213). K. Schauenburg, JdI. 76. 1961, 68 Anm. 43; ders., Ars Antiqua, Luzern, V (1964) 30 Text zu Nr. 122; J. Burow, CVA. Tübingen III (1980) 62 Taf. 49, 9–11; Brommer, Vasenlisten³ 336 Nr. A 53; Mommsen a.O. 140 Anm. 4; S. 143f. Anm. 16; S. 147; Woodford a.O. 183 Nr. D 37.

173. Behelmte, brettspielende Helden mit Athena auf einer späten att.-weißgrundigen Lekythos; ehem. Sammlung Schacky; s. Kunstsammlung des verstorbenen Herrn Ludwig Freiherrn von Schacky und Schönfeld (1914) Taf. 36 Nr. 465; Beazley, ABV. 510 Nr. 14; Brommer, Vasenlisten³ 336 Nr. A 54; Mommsen a.O. 144 Anm. 16; Woodford a.O. 183 Nr. D 32bis.

174. Brettspielende Helden beiderseits eines flachen Spielbretts kniend, Athena hinter letzteren in der Mitte, sehr flüchtige Arbeit; att.-sf. Lekythos der Gruppe 'Athen 581' bzw. des 'Athena-Malers' (Beginn des 5. Jhs. v. Chr.), Oberfläche verrieben, stark beschädigt. Palermo, Slg. Mormino, Inv.-Nr. 553. E. Gàbrici, MonAnt. 32, 1927, 328 Abb. 138; Haspels, ABL. 258 Nr. 89; J. de la Genière, CVA. Palermo, Coll. Mormino I (1971) III H Taf. 10, 5; Brommer, Vasenlisten³ 337

Nr. A 83; Pilali-Papasteriou a. O. 18 f. Anm. 7; S. 20 Anm. 2. 8; S. 21 Anm. 1. 3; Woodford a. O. 183 Nr. D 31.

175. Behelmte Helden in kniender Stellung ohne Hocker beim Brettspiel, jedoch ohne Spielbrett; gewappnete Athena mit aufgestellter Lanze in der Linken frontal in der Mitte, sie neigt den Kopf dem linken Spieler zu, hinter ihr flüchtig gemalte Ranke; att.-sf. Lekythos aus dem Umkreis des 'Beldam-Malers', um 480 v. Chr. Palermo, Slg. Mormino, Inv.-Nr. 115. J. de la Genière, CVA. Palermo, Coll. Mormino I (1971) III H. Taf. 16, 8–10; Brommer, Vasenlisten[3] 337 Nr. A 85; Pilali-Papasteriou a. O. 18 f. Anm. 7; Mommsen a. O. 143; Woodford a. O. 183 Nr. D 33.

176. Brettspielende, behelmte Helden mit Athena auf einer att.-sf. Lekythos des 'Beldam-Malers'. London, Brit. Mus., Inv.-Nr. B 637. Haspels, ABL. 268 Nr. 34; Brommer, Vasenlisten[3] 336 Nr. A 56; Pilali-Papasteriou a. O. 18 f. Anm. 7; S. 20 Anm. 2; S. 21 Anm. 1; S. 25 Anm. 11; Woodford a. O. 182 Nr. D 22.

177. Brettspielende Helden, Athena und zwei Palmen. Lekythos des Pariser Kunsthandels. K. Schauenburg, Ars Antiqua, Luzern, V (1964) 30 Text zu Nr. 122; Pilali-Papasteriou a. O. 18 f. Anm. 7. Vielleicht identisch mit Münzen und Medaillen, Auktion 70 (1986) Nr. 199.

178. Behelmte, brettspielende Helden mit Athena, von Kriegern flankiert, auf einer Lekythos. London, Kunsthandel. Katalog Christies IV (1974) Nr. 281 Taf. 17; Woodford a. O. 183 Nr. D 28 bis.

E. *Brettspielende Helden in Anwesenheit der Athena auf attisch-rotfigurigen Vasenbildern*

179. Auf einem att.-rf. Amphorenfragment sind Reste eines brettspielenden Helden erhalten: der Unterarm des rechten Spielers, der durch Namensbeischrift als Aias gekennzeichnet ist, sowie der linke Arm Athenas. Bryn Mawr/Penn., Bryn Mawr Coll., Inv.-Nr. P 976. A. Harnwell Ashmed – K. M. Phillips, CVA. Bryn Mawr I (1971) 44 Taf. 30, 2; L. D. Caskey – J. D. Beazley, Attic Vase Paintings in the Museum of Fine Arts. Boston, III (1963) 3 Anm. 1; Mommsen a. O. 141 Nr. 19; S. 142. 145; Moore a. O. 419 Anm. 20; Kossatz-Deissmann a. O. 101 Nr. 422; Woodford a. O. 184 Nr. F 11.

180. Helmlose, brettspielende Helden mit je zwei Speeren, deren Spitzen nach oben zeigen. Athena hält hoch in der linken Hand ihren Helm; att.-rf. Hydria des Nikoxenos-Malers aus Vulci. London, Brit. Mus., Inv.-Nr. E 160. H. B. Walters – E. J. Forsdyke, CVA. British Museum V (1930) III Ic Taf. 70, 2; J. Beazley, BSA. 19, 1912/13, Taf. 17, 2; 19; Beazley, ARV.[2] 222 Nr. 19; G. Cressedi, EAA. I (1958) 168 f.; E. Diehl, Berichte der Berliner Museen, N. F. 12, 1962, 37; Brommer, Vasenlisten[3] 338 Nr. B 2; A. Pilali-Papasteriou, Hellenika 27, 1974, 20 Anm. 1; S. 26 Anm. 5; S. 27 Anm. 2; H. Mommsen, in: Tainia,

Festschrift für R. Hampe (1980) 144; M. B. Moore, AJA. 84, 1980, 421 Anm. 33; S. Woodford, JHS. 102, 1982, 182 Nr. C 19.

181. Zwei Krieger in Hoplitenrüstung, mit Rundschilden ausgestattet, kauern fast kniend ohne Sitze auf einer niedrigen Basis beiderseits eines Blocks, der den Spieltisch vertritt. Der linke, jüngere Spieler – wohl Achill – ist bartlos im Gegensatz zu Aias auf der rechten Seite, dessen Wappentier auf dem Schild ein Esel ist. Beide haben die rechte Hand zum Spielblock ausgestreckt, hinter dem in der Mitte der Komposition Athena mit Helm und Aigis steht, nach links zu Achill blickt und ihm eine Nike entgegenhält. In der Linken hat sie die Lanze. Die Göttin ist in verhaltener Aktion wiedergegeben, aber doch wohl von der Phidiasischen Athena inspiriert. Auf dem Spielblock zählt man bei dem Helden links vier, bei dem Helden rechts fünf Setzsteine, die A. Furtwängler und S. Karouzou als Würfel ansahen. Die Szene ist wie eine Statuengruppe auf niedriger Basis wiedergegeben, links davon steht eine weitere Figur, ein Jüngling mit Petasos; att.-rf. Kolonettenkrater des Hephaistos-Malers aus Gela, um 430/ 420 v. Chr. Ost-Berlin, Pergamonmuseum, Inv.-Nr. V. I. 3199. A. Furtwängler, AA. 1892, 102 f. Nr. 10 mit Abb. (»... sind zwei Helden gedacht, die vor dem Kampfe durch Würfeln ihr Schicksal zu erfahren suchen; als Göttin des Schlachtengeschicks ist Athena gegenwärtig, die auf unserem Bilde so deutlich dem einen den Sieg verleiht. Einen selbständigen zweiten Typus, wo die Helden nur bei ruhigem gleichgültigem Spiele vereinigt wären, hat es nicht gegeben. Die Vasenbilder, welche dies darzustellen scheinen, sind doch abhängig von jenem ursprünglichen Typus ... Die berühmte Amphora des Exekias im Vatikan gehört zu den modifizierten Darstellungen; die individuellen Namen [Aias und Achilleus], die sie den Helden gibt, waren dem ursprünglichen Typus wahrscheinlich auch noch fremd«). Ferner K. Schefold, JdI. 52, 1937, 30 ff. Abb. 1; G. H. Chase, BMusFA. 44, 1946, 49 Abb. 5; W. F. Otto, Die Götter Griechenlands (1947) 54 (zur Athena); B. Neutsch, Marburger Jb. für Kunstwissenschaft 15, 1949/50, 62 Abb. 32; K. Schefold, Die griechische Kunst als religiöses Phänomen (1959) 88 Taf. 12; K. Schauenburg, Ars Antiqua, Luzern, II (1960) 55 Text zu Nr. 147 mit Taf.-Abb.; Beazley, ARV.[2] 1114 Nr. 9; L. D. Caskey – J. D. Beazley, Attic Vase Paintings in the Museum of Fine Arts, Boston, III (1963) 3 Anm. 3; Beazley, Paralipomena 452 Nr. 9; F. Schiff, AntK. 16, 1973, 9 f. 20. 22. Taf. 2, 1; S. Karouzou, AM. 88, 1973, 56 Anm. 2; Brommer, Vasenlisten[3] 339 Nr. B 14; Pilali-Papasteriou a. O. 20 Anm. 3; S. 21 Anm. 3; S. 23 Anm. 4; S. 25 Anm. 10; S. 26 Anm. 1. 4. 11; S. 27 Anm. 4; S. 34 Anm. 6; S. 36 Anm. 6; Kemp-Lindemann, Achilleus 81 f. (eine der spätesten Darstellungen); D. L. Thompson, ArchCl. 28, 1976, Taf. 8; J. Boardman, AJA. 82, 1978, 21 Abb. 4; Mommsen a. O. 140 Anm. 3; S. 145 f. Anm. 20. 21; S. 148 Taf. 35, 3; A. Kossatz-Deissmann, LIMC. I (1981) 101 Nr. 420 mit Taf.-Abb. s v. Achilleus (späteste Darstellung); Woodford a. O. 182 Nr. D 13; C. Bérard – J.-L. Durand, in: C. Bérard – J.-P. Vernant, Die Bilderwelt der Griechen

(1985) 31 Abb. 22 (Zeichnung; nach der Bildlegende: Marmorgruppe auf der Akropolis, richtig laut Bildnachweis: Vasenbild Berlin 3199).

182. Zwei gewappnete Krieger beim Brettspiel, der linke hat τεσσαρα gewürfelt; Athena eilt nach rechts davon. Ein Hoplit und ein skythischer Bogenschütze flankieren die Szene; att.-rf. Schale des Epiktet. Aberdeen, Marischall College, Inv.-Nr. 744; ein Fragment dieser Schale in Florenz, Mus. Arch., Inv.-Nr. 1 B 29. Gerhard, AV. III Taf. 195; W. Kraiker, JdI. 44, 1929, 184f. Nr. 49 Abb. 26–28; J. D. Beazley, JHS. 51, 1931, 41 ff. Nr. 8 Abb. 3 (Abb. 2, Fragment in Florenz); I. Scheibler, Die symmetrische Bildform in der frühgriechischen Flächenkunst (1960) 72 Anm. 403; Beazley, ARV.[2] 73 Nr. 28; L. D. Caskey – J. D. Beazley, Attic Vase Paintings in the Museum of Fine Arts, Boston, III (1963) 2 Anm. 1 Nr. 2; Brommer, Vasenlisten[3] 339 Nr. B 11; Pilali-Papasteriou a. O. 20 Anm. 3; S. 21 Anm. 1. 3. 4; S. 25 Anm. 11; S. 27 Anm. 2; S. 33 Anm. 8; S. 36 Anm. 3; J. Boardman, AJA. 82, 1978, 19 f. Abb. 3 a–c; Mommsen a. O. 144. 147; Moore a. O. 420 Anm. 33; Kossatz-Deissmann a. O. 100 Nr. 418; Woodford a. O. 183 Nr. D 48.

183. Zwei gewappnete Krieger hocken beim Brettspiel; Athena wendet sich nach links, sie hält den Schild in ihrer Linken. Links von der Mittelgruppe steht ein Musikant mit einer Trompete. Auf der anderen Schalenseite befinden sich Krieger, nach H. Mommsen anmarschierende Feinde; att.-rf. Schale des Makron (490/480 v. Chr.) in Florenz, Mus. Arch., Inv.-Nr. 3929. P. J. Meier, AZ. 1884, 248; W. Klein, Meistersignaturen[2] (1887) 172; P. Hartwig, Die griechischen Meisterschalen (1893) 273 ff. Taf. 28; H. Möbius, AM. 41, 1916, 195 Anm. 10 (Hieronschale); A. Magi, CVA. Florenz III (1959) III I Taf. 95, 1; Beazley, ARV.[2] 460 Nr. 15; S. 481; L. D. Caskey – J. D. Beazley, Attic Vase Paintings in the Museum of Fine Arts, Boston, III (1963) 2 Anm. 2 Nr. 3; Brommer, Vasenlisten[3] 339 Nr. B 10; Pilali-Papasteriou a. O. 20 Anm. 3; S. 21 Anm. 3. 4; S. 25 Anm. 5; S. 26 Anm. 1. 4; S. 31 Anm. 2 Abb. 2; S. 33 Anm. 8; S. 36 Anm. 3. 4; Mommsen a. O. 144. 146f.; Moore a. O. 421 Anm. 33; Kossatz-Deissmann a. O. 101 Nr. 423 mit Taf.-Abb.; Woodford a. O. 184 Nr. F 8.

184. Zwei brettspielende Helden; der rechte mit einem Helm gewappnete, bärtige Krieger ist durch Beischrift als Achilleus ausgewiesen; von Athena sind nur Schlangen ihrer Aigis erhalten; Palme rechts im Bildhintergrund. Fragmente einer att.-rf. Schale in der Art des Oltos. New York, Metr. Mus., Inv.-Nr. 06. 1021. 139 (Fragment); außerdem zwei zugehörige in Paris, Cab. Méd. (ehem. Bourguignon), und ein Fragment in Amsterdam, Allard Pierson Museum, Inv.-Nr. 2782. P. Hartwig, Die griechischen Meisterschalen (1893) 277 Abb. 39 (Paris); Beazley, ARV.[2] 1600f.; L. D. Caskey – J. D. Beazley, Attic Vase Paintings in the Museum of Fine Arts, Boston, III (1963) 3 Anm. 4; Brommer, Vasenlisten[3] 339 Nr. B 13; Kemp-Lindemann, Achilleus

86; Mommsen a.O. 141 Nr. 20; S. 143. 145. 150; Moore a.O. 418 Anm. 23; Kossatz-Deissmann a.O. 102f. Nr. 427; Woodford a.O. 184 Nr. F 10.

185. Zwei bewaffnete Helden während des Brettspiels; links bartloser Achilleus im Gegensatz zum bärtigen Aias auf der rechten Seite. Hinter jedem Spieler befindet sich ein lanzenschwingender Reiter. Athena hält in der linken Hand den Schild und hebt grüßend die Rechte zu Achilleus hin. Fragmente einer att.-rf. Schale des Oltos. Kopenhagen, Thorvaldsen-Museum, Inv.-Nr. 100; weitere zugehörige Fragmente in Rom, Villa Giulia (Achill); in Florenz, Mus. Arch., Inv.-Nr. I B 24 Fr. (Kopf und Schulter der Athena). K. Friis Johansen, Iliaden Tidling Graesk Kunst (1934) 105 f.; A. Bruhn, Oltos (1943) 67 Nr. 68 Abb. 42; I. Scheibler, Die symmetrische Bildform in der frühgriechischen Flächenkunst (1960) 7 Anm. 403; L. D. Caskey – J. D. Beazley, Attic Vase Paintings in the Museum of Fine Arts, Boston, III (1963) 2 Anm. 1 Nr. 1; Beazley, ARV.^{2} 60 Nr. 67; Brommer, Vasenlisten^3 339 Nr. B 5; Mommsen a.O. 144f. 147f.; Woodford a.O. 183 Nr. D 47.

186. Behelmte Helden beim Brettspiel mit Athena in der Bildmitte auf einer nicht näher bestimmten, mir nur aus der genannten Liste bekannten Oinochoe in Edinburgh, Royal Scottish Museum, Inv.-Nr. 1881. 4422. Woodford a.O. 182 Nr. D 18.

ζ) *Schlußbetrachtung*: Die Frage, wer die Szene der 'Brettspielenden Helden' in den Rang eines bedeutenden Themas der Kunst erhoben hat – Dichter, Vertreter der Monumentalmalerei oder Bildhauer –, umfaßt zugleich die Frage nach der Gestalt des 'Urbildes'. Es ist jedenfalls strittig, ob man sich die Göttin Athena notwendig bereits auf diesem vorzustellen habe, »da doch erst sie die Beziehung der Szene zur epischen Situation herstelle«[671]. E. Kunze urteilte anläßlich der Behandlung der Schildbänder[672]: »Ich glaube, die Bronzereliefs entscheiden für eine negative Antwort ... Auch ist die Geschlossenheit ihrer Komposition kaum die Folge einer Verkürzung, eher darf umgekehrt die Einführung der Göttin als nachträgliche Erweiterung angesehen werden. Die knappere Formulierung ist hier wie meist auch die ursprüngliche«. Insoweit scheidet eine häufig als 'Urbild' herangezogene Marmorgruppe auf der Akropolis von Athen als solches aus. Da die Fragmente ihrem Stile nach kaum vor, jedenfalls nicht wesentlich vor 510 v. Chr. datiert werden dürfen, hat es die 'Brettspielenden Helden' nachweislich mindestens ein Menschenleben früher gegeben. G. Lippold bemerkte lapidar: »Problematisch ist die Zusammenstellung einer Gruppe der vor Athena losenden Helden«[673]. Auf unsere ständig gegenwärtige Frage nach der Unterscheidung vom Spielen, Losen, Abstimmen bzw. den inneren Zusammenhängen gehe ich hier nicht ein, möchte jedoch in dem wenigen, was vom Gewand der beiden Knienden erhalten blieb, auf zwei 'zivile' Jünglinge, aber nicht auf gewappnete homerische Helden schlie-

---

671 Zitat nach Kunze, Schildbänder 144 bezüglich der Argumentation von B. Schweitzer, JdI. 44, 1929, 116 f.   **672** Vgl. oben Nr. 1–8, im übrigen die vorige Anm.
673 Die griechische Plastik, HdA. III 1 (1950) 79.

ßen. Weiterhin reicht der Befund nicht aus – wie es die bisherigen Rekonstruktionsvorschläge vom freistehenden dreifigurigen Denkmal bis zum vielfigurigen Giebel ausweisen[674] –, Antworten auf Kompositionsfragen im Zusammenhang mit unseren Bildtypen auf Vasen zu finden.

187. Athen, Akropolis-Museum, Inv.-Nr. 142. 159. 160. 161. 168, Fragmente einer Marmorgruppe, um 510/500 v. Chr. Vgl. H. Schrader, Archaische Marmor-Skulpturen im Akropolis-Museum zu Athen (1909) 67 ff. Abb. 57–60; H. Möbius, AM. 41, 1916, 195; Ch. Picard, REG. 42, 1929, 121 ff. Abb. 1 (Rekonstruktionsskizze); W. Deonna, REG. 43, 1930, 384 ff. (mit Rekonstruktionsskizzen); P. de la Coste-Messelière, REG. 44, 1931, 279 ff. Abb. A-D; A. Raubitschek, Bulletin de l'Institut Archéologique Bulgare 12, 1938, 145 Anm. 13; K. Schefold, JdI. 52, 1937, 30 ff., bes. 32; W.-H. Schuchhardt, in: H. Schrader, Die archaischen Marmorbildwerke der Akropolis (1939) 284 ff. Taf. 160; E. Lapalus, Le Fronton Sculpté en Grèce des Origines à la Fin du IVe Siècle (1947) 132 ff. Abb. 17; S. 425 f.; Kunze, Schildbänder 144; Brommer, Denkmälerlisten II 85; M. S. Brouskari, The Acropolis Museum, a Descriptive Catalogue (1974) 102 f. Abb. 201; Kemp-Lindemann, Achilleus 80. 82 ff.; D. L. Thompson, ArchCl. 28, 1976, 30 ff. Abb. 1–4 Taf. 6. 7; H. Mommsen, in: Tainia, Festschrift für R. Hampe (1980) 150.; M. B. Moore, AJA. 84, 1980, 418 Anm. 7; A. Kossatz-Deissmann, LIMC. I (1981) 100 Nr. 417 s. v. Achilleus; C. Bérard – J. L. Durand, in: C. Bérard – J.-P. Vernant, Die Bilderwelt der Griechen (1985) 31 Abb. 22 (Strichzeichnung des Berliner Vasenbildes V. I. 3199, jedoch Bildlegende: »Skulpturengruppe, Akropolis«).

Unentbehrlich ist freilich die Göttin dann, wenn an geheiligtem Ort, auf ihrem Altar ihre Entscheidung angerufen wird. Einen solchen, vom Epos angeregten Vorgang finden wir mehrfach auf Vasen dargestellt (Abb. 58 a. b; 59 a. b). Derartige figurenreiche Bilder gehören mithin nicht an den Anfang der Entwicklung, sondern an ihr Ende. Die Akteure sind durchweg barhäuptig und ungerüstet. Dennoch handelt es sich um ein Ereignis vor Troja, nämlich um die Schlichtung des Streites um die Waffen des Achill mittels einer Abstimmung[675]. Bei den Kampfhähnen, die beide glauben, ein Anrecht auf diese Waffen zu besitzen, handelt es sich um Odysseus und Aias. Die Zusammenhänge wurden bereits von C. Robert erkannt[676], unter Vorlage neuen Bildmaterials von D. Williams[677] und zuletzt von F. Brommer behandelt[678].

---

674 Zusammengefaßt und erneut erörtert von D. L. Thompson, ArchCl. 28, 1976, 30 ff. mit Abb. 1–4 (Wiederholung der verschiedenen Rekonstruktionsversuche).   675 Zum Streit selber, nicht zur Schlichtung, F. Brommer, Odysseus (1983) 35 ff. (Quellen). Acht attische Vasen zeigen nach Brommer den Streit, mehrere davon als Bild auf der Gegenseite die Abstimmung. Zu ergänzen ist das Außenbild einer att.-rf. Schale des Penthesilea-Malers aus Spina, in Ferrara, Mus. Arch. N. Alfieri – P. E. Arias, Spina (1958) 35 ff. Taf. 31 oben; K. Schefold, Die Griechen und ihre Nachbarn (1967) 225 Taf. 221 b.   676 C. Robert, Bild und Lied (1881) 219 f.   677 D. Williams, AntK. 23, 1980, 137 ff.   678 F. Brommer, Odysseus (1983) 35 ff.

A. Boegehold hat sich mit den realen Vorgängen bei politischen Abstimmungen in Athen zur Zeit unserer Vasenbilder auseinandergesetzt[679]. So dürfen wir wohl in den Darstellungen Abb. 58a. b und Abb. 59a. b ein homerisches Thema erkennen, das jedoch der Praxis frühklassischer Zeit angeglichen ist.

188. Zwei stehende, unbehelmte Krieger – Odysseus und Aias – beim Losen um die Rüstung des toten Achill; im Innenbild ist deren Übergabe an Odysseus dargestellt. Athena in der Bildmitte hinter dem Altarblock (Spielstein). Die Szene ist flankiert von je zwei Männern; att.-rf. Schale des Douris aus Cerveteri (Abb. 58b). Wien, Kunsthistorisches Museum, Inv.-Nr. 3695. Pfuhl, MuZ. Taf. 161, 460; Furtwängler-Reichhold Taf. 54; F. Eichler, CVA. Wien I (1951) III I Taf. 12, 2; Beazley, ARV.² 429 Nr. 26; S. 1653; L. D. Caskey – J. D. Beazley, Attic Vase Paintings in the Museum of Fine Arts, Boston, III (1963) 4 Anm. 3; H. A. Thompson, Essays in Memory of K. Lehmann (1964) 323 ff. Abb. 1–3; G. Neumann, Gesten und Gebärden in der griechischen Kunst (1965) 98 f. Abb. 44; S. 198 Anm. 402 (Lit.). 403 (Eitrem, Geras Keramopulos 601, zur Gestik Athenas); J. Charbonneaux – R. Martin – F. Villard, Grèce Archaïque (1968) 352 Abb. 405; Beazley, Paralipomena 374; M. I. Davies, AntK. 16, 1973, 69 Anm. 47. 48; A. Pilali-Papasteriou, Hellenika 27, 1974, 29 Anm. 5; D. Williams, AntK. 23, 1980, 138 f. Taf. 34, 2; H. Mommsen, in: Tainia, Festschrift für R. Hampe (1980) 146 Anm. 24; J. Boardman, Rotfigurige Vasen aus Athen (1981) 183 Abb. 285, 1. 2; F. Brommer, Odysseus (1983) 37 ff. Taf. 5.

189. Helden bei einer Abstimmung mit Hilfe von Lossteinchen auf einer att.-rf. Schale des Brygos aus Vulci (Abb. 59a). London, British Museum, Inv.-Nr. E 69. Beazley, ARV.² 369 Nr. 2 (mit umfassender Bibliographie); Beazley, Paralipomena 365; J. Ch. Hofkes-Brukker, Frühgriechische Gruppenbildung, Diss. Leiden 1935, Taf. 10; M. I. Davies, AntK. 16, 1973, 67 Anm. 40; Williams a. O. 140 Taf. 35, 2; Brommer a. O. 36 ff. Abb. 9.

190. Männer bei einer Abstimmung mit Hilfe von Lossteinchen auf einer att.-rf. Schale des Malers von Louvre G 265 aus Vulci (Abb. 58a). Leiden, Rijksmuseum, Inv.-Nr. PC 75. Beazley, ARV.² 416 Nr. 7; Beazley, Paralipomena 373; Reinach, Rép. Vas. II 266 Nr. 2; J. Roulez, Choix de Vases Peints du Musée d'Antiquités de Leyde (1954) Taf. 2; Williams a. O. 141 Anm. 34 Taf. 36, 3; Brommer, a. O. 37 f. Abb. 10.

191. Von rechts und links treten je zwei bärtige Männer mit langen Krummstäben an eine niedrige, breite Basis, auf deren beiden Enden Lossteinchen liegen. In der Mitte hinter der Basis steht ein Schiedsrichter mit Stab, Athena ganz links, weiter nach links eine abschließende männliche Gestalt. Die Person am weitesten rechts ist Aias. Es wird demnach zwischen ihm und Odysseus um den Besitz der Tek-

---

[679] A. Boegehold, Toward a Study of Athenian Voting Procedure, in: Hesperia 32, 1963, 366 ff., bes. 368 ff. (zu den Vasenbildern).

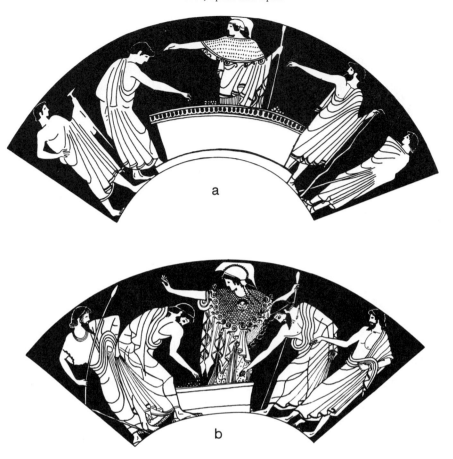

Abb. 58a und b Homerische Helden in Gegenwart der Göttin Athena beim Abstimmen   a: Kat.-Nr. 190   b: Kat.-Nr. 188

messa gelost; Aias verliert. Fragmentierte rf. Schale des Brygos-Malers (Abb. 59b). New York, Metr. Mus., Inv.-Nr. L 69. 11. 35 (Bareiss Coll. Nr. 346). M. I. Davies, AntK. 16, 1973, 60 ff., bes. 68 f. Taf. 10; Beazley, Paralipomena 367; Williams a. O. 137. 140 f. Taf. 36,2; Brommer a. O. 37. Vgl. auch P. Green, Ancient Greece to the Close of the Classical Era (1973/1981).

192. Männer benutzen Kiesel zum Loswerfen. Fragmentierte Schale des Makron. Athen, Akropolis-Museum, Inv.-Nr. 315. Beazley, ARV.² 459 Nr. 11; M. I. Davies, AntK. 16, 1973, 69 Anm. 47 und 48.

193–195. Die Abstimmung über den Waffenstreit zwischen Odysseus und Aias auf Fragmenten dreier att.-rf. Schalen, zwei in der Sammlung Astarita im Vatikan, eine in Paris, Cabinet des Médailles.

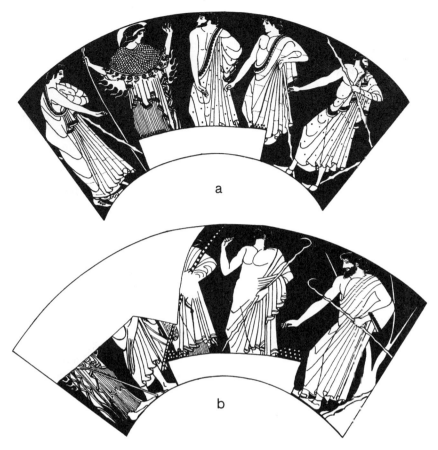

Abb. 59 a und b Homerische Helden in Gegenwart der Göttin Athena beim Abstimmen   a: Kat.-Nr. 189   b: Kat.-Nr. 191

Wir haben den Katalog des Vasenbildthemas der 'Brettspielenden Helden' um denjenigen des Losens und Abstimmens erweitert (Kat.-Nr. 188–195) und werden das im folgenden begründen. In beiden Gruppen scheint mir hinlänglich klar zu sein, daß es in irgendeinem Sinn um die Herbeiführung einer Entscheidung geht. Daß eine solche nicht von der Leistung des einzelnen abhängt, vielmehr dem Wirken höherer Kräfte zugeschrieben wird, unterscheidet eine elementare Spielauffassung häufig von der modernen. Dieser Gesichtspunkt wird in der psychologisierenden Betrachtungsweise augenfällig: »Ich möchte die Gelegenheit benutzen, darzulegen, daß die höchsten Kräfte des denkenden Intellekts entschiedener und nützlicher von dem bescheidenen Dambrettspiel als von der oberflächlichen Künstelei des Schachspiels in Anspruch genommen werden ... Beim Dambrettspiel, wo die Bewegungen einheitlich sind und nur wenig Abwechslung haben, sind die Gelegenheiten zur Unachtsamkeit geringer ... Es ist klar, daß hier – wenn die

Spieler gleich sind – das Spiel nur durch eine überlegte Bewegung, den Erfolg starker geistiger Anstrengung, siegreich entschieden werden kann ...«[680].

Diese Ausführungen eines Dichters zeigen, daß die Betrachtung des Spielens – im vorliegenden Fall handelt es sich um das Schach- und das Damespiel[681] – sich psychologisch auf die 'Leistung' der Spieler richtet. Wir verfolgen jedoch ein historisches Ziel, zumal wir es mit Spielen zu tun haben, bei denen das 'Glück' entschied, nicht die eigene Leistung. 'Glück' aber bedeutete für den Menschen früher Epochen den Eingriff eines Gottes. Von daher ergeben sich innere Zusammenhänge zwischen Spielen, Losen und Abstimmen. Das lassen unter anderem auch attische Vasendarstellungen erkennen, indem die Bildinhalte 'Brettspielender Helden' (Abb. 55 b; 57 a; Taf. T VI a; VII a. b; VIII) zu wesentlichen Teilen mit denen von ebenfalls literarisch greifbaren 'Abstimmungen' (Abb. 58 a. b; 59 a. b) übereinstimmen. So wie in der Praxis der Athener vom Ende des 6. Jahrhunderts an im Ostrakismos seine Stimme auf einer grob zurechtgeschlagenen Scherbe abgab, so richtete der Spieler seine Setzsteine häufig aus rundgeschlagenen Topfscherben her (Taf. T I b). Diese Sitte können wir bereits in prähistorischen Zeiten nachweisen. Der Epoche Homers war sie nicht unbekannt (Taf. T III c). Es ist also richtiger zu sagen, daß die Tonscherbe als Spielstein weitaus älter war als ihre Verwendung im 'Scherbengericht'.

Im übrigen konnte die Losbefragung in vielen Kulturen auch durch Würfeln geschehen. So hatte der altjüdische Priester im Halsbeutel stets zwei Würfel bei sich, *Urim* und *Thummim*: »Das Los wird geworfen in den Schoß, aber es fällt, wie der Herr will« (Sprüche 16,33).

Wir besitzen eine antike Nachricht über das Spielen im Heiligtum der Athena Skiras und damit über einen Zusammenhang zwischen Spiel und Gottheit[682]. Darüber hinaus erklärt dies die Gegenwart der Göttin in zahlreichen Spielszenen attischer Vasenmaler (Abb. 56 a. b; 57 a. b; Taf. T VI a; T VII a. b), auch wenn dies erst auf jüngeren Vasen seit 520/510 v. Chr. der Fall war. Dergleichen verselbständigt sich dabei so sehr, daß die Göttin vor den Spieltisch treten kann und die Hauptszene damit in den Hintergrund drängt[683]. In Darstellungen auf rotfigurigen Vasen wird sie durch ihre Größe und Masse mit einer gewaltigen Nike in der Rechten so sehr zur Hauptsache, daß die knienden Helden beim Brettspiel dagegen klein erscheinen[684].

In manchen Kulturen war das Brettspiel der Götter Abbild kosmischen Geschehens[685]. Das Senetspiel der Ägypter bedeutete den Gang durch die Unterwelt[686]. Dem ursprünglichen Sinn steht bei den Griechen die Darstellung brettspielender

---

680 E. A. Poe, Der Mord in der Rue Morgue; hier deutsche Übersetzung des gekürzten Textes der Einleitung.   681 S. F. G. Wahl, Der Geist und die Geschichte des Schachspiels bei den Indern, Persern, Arabern, Türken, Sinesen und übrigen Morgenländern, Deutschen und anderen Europäern (1798/Nachdruck 1981); H. Fuhrmann, AA. 1941, 616 ff. (Schachspiel im Altertum).   682 Eustathius zu Od. 1, 107; dazu L. Preller – C. Robert, Griechische Mythologie I⁴ (1894) 205; vgl. Anm. 638.   683 Vgl. z. B. H. Mommsen, in: Tainia, Festschrift für R. Hampe (1980) Taf. 35,2 (unsere Kat.-Nr. 146, Taf. T VI a).   684 z. B. Mommsen a. O. Taf. 35,3 (unsere Kat.-Nr. 181).   685 Es ist an das Brettspiel der Asen in der Völuspa zu denken; s. auch M. H. Vida, Schachspiel der Götter, Scacchia Ludus, eingeleitet und übersetzt von J. I. Hoffmann, herausgegeben von W. Ludwig (1979).   686 T. Kendall, Passing through the Netherworld, the Meaning and Play of Senet, an Ancient Egyptian Funerary Game (1978).

Flügeldämonen auf einer attisch-schwarzfigurigen Schale in Kopenhagen nicht fern (Abb. 49 e. f)[687].

Was uns zunächst als Parodie erscheint – Tiere beim Brettspiel (Abb. 49 a)[688] –, gehörte ursprünglich in einen religiösen Zusammenhang, in dem auch altorientalische Bilder von Tieren beim Symposium und beim Musizieren anzutreffen sind[689]. Grundsätzlich sind allerdings auch bei Hesiod menschliche und tierische Lebensform streng geschieden: Das Recht (Dike) kennzeichnet den Menschen, Allelophagie das Tier[690]. A. Moortgat hat den religiösen Standort der Umkehrung aller solcher Werte im altorientalischen Denken wie folgt umrissen: ›Wir wissen aus Keilschrifttexten, daß das Neujahrsfest teils der Wiedergeburt von Gott und Natur galt, teils die Erschaffung der Welt symbolisch jährlich erneuern sollte ... Der sterbende Gott muß die Weltordnung im Kampf gegen die Mächte des Chaos wiedererobern. Als Ausdruck für die aufgehobene Gesellschaftsordnung legt der König seine Gewalt nieder und tut Buße wie ein Sünder; ein Ersatzkönig, ein einfacher Mann, wird auf den Thron gehoben. Herr und Gesinde vertauschen die Rollen ... Es ist die Zeit der Saturnalien, des Karneval. Was wäre begreiflicher, als daß zu dieser Zeit Tiere oder Menschen in Tiermasken das höchste Kultfest des Jahres nachahmen zum Zeichen der Umkehrung aller Werte?«[691].

Bloßes Brettspielen aus reinem Vergnügen reicht unmöglich aus, bei den Griechen auf eine Palamedes-Tragödie zu schließen. Ein solches Spielen muß für den Zuschauer eine dramatische Komponente besessen haben. Wie Pausanias berichtet, gab es in der Lesche der Knidier in Delphi ein Gemälde des Polygnot mit der Darstellung des Palamedes und Thersites beim Würfeln, wobei Aias zuschaut[692]. Gemäß einer Sophoklesstelle ist die Erfindung der Würfel im Lager vor Troja gemacht worden[693], während sich nach Euripides Palamedes und Protesilaos vor dem Aufbruch des Griechenheeres dem Spiel hingaben[694]. Außerdem setzt ein weiteres Euripideszitat, das sich in den 'Fröschen' des Aristophanes findet, einen unserer brettspielenden Helden voraus: »Es hat Achilleus jetzt geworfen Zwei und Vier«[695].

Irgendwie stehen demnach alle literarischen Hinweise in schicksalsträchtigem Zusammenhang. Die Tragödie schöpft aus dem Mythos und nicht aus dem Zufallsbereich des Alltags. Was soll im übrigen ein anderes tragisches Thema, der Selbstmord des Aias, in dieser Bilderwelt, wenn man sie mit J. Boardman als die Aktualisierung historischen Geschehens erklärt?[696]. Überlebt hat doch in Wirklichkeit keiner der beiden Kämpfer vor Troja, es sei denn, auch der antike Betrachter der Vasenbilder dächte ausschließlich an den Moment des Spiels und übersähe dessen zukunftsweisenden Charakter.

Es soll nicht weiter ausgeführt werden, was meines Erachtens hinlänglich klar ist und öfter ausgesprochen wurde: daß wir es nicht mit einer gewöhnlichen

---

687 Siehe oben Anm. 653.   688 Siehe oben Anm. 648; vgl. noch E. Brunner-Traut, Tier-Geschichten aus dem Pharaonenreich (o. J.) 25 mit Bild (Affen beim Brettspiel).
689 A. Moortgat, Tammuz, der Unsterblichkeitsglaube in der altorientalischen Bildkunst (1949) 19 ff. (»Überzeitliche Bildgedanken«); bes. S. 58 ff.   690 Dazu H. Schwabl, Klio 66, 1984, 405 ff. 409 Anm. 5: »Die Aussage über den Unterschied von Mensch und Tier bietet eine Art Entschlüsselung und Antwort auf die Tierfabel«.
691 Moortgat a. O. 59 f.   692 Pausanias X 31,1; vgl. oben Anm. 668 und Kat.-Nr. 13.   693 Sophokles, Fragment 438 (ed. Nauck).   694 Euripides, Iphigenie in Aulis 193.   695 Scholion zu Aristophanes, Frösche 1400; Euripides, Fragment 888 (ed. Nauck).   696 J. Boardman, AJA. 82, 1978, 11 ff.; hierzu und zum folgenden:

Spielsituation des reinen Vergnügens zu tun haben – auch die Ansicht von der Überbrückung der Langeweile im Heereslager ist gelegentlich geäußert worden –, sondern mit einem Spiel um Leben und Tod, mit einer Schicksalsbefragung, gewissermaßen der Herausforderung eines 'Gottesurteils'. Erinnert sei daran, daß beim altmexikanischen Ballspiel der Sieger, nicht der Verlierer, sich den Tod erspielte[697].

Die weitaus größte Zahl unserer Bildbelege repräsentiert ein spezielles Athener Interesse an dem hier behandelten heroischen – eigentlich tragischen – Thema aus der Zeit zwischen 540 und 480 v.Chr. Unsere Abb. 60 verdeutlicht tabellarisch das Verhältnis von 152 attisch-schwarzfigurigen Belegen zu lediglich sechzehn rotfigurigen. Die Tabelle weist aus, daß die 'Brettspielenden Helden' ein Bild waren, das für große Gefäße, Amphoren, geschaffen wurde. Lediglich Lekythen, die wegen der zur Verfügung stehenden Malfläche eigentlich ungeeignet waren und tatsächlich wenig qualitätvolle, flüchtig ausgeführte Massenware darstellen, erreichen mit insgesamt 53 Stücken die Zahl der Amphoren. Bilder 'Brettspielender Helden' auf den übrigen Gefäßarten treten dagegen zurück.

	Attisch-schwarzfigurige Vasen			Attisch-rotfigurige Vasen		
	ohne Athena	mit Athena	mit zentraler Palme oder Laubbaum	ohne Athena	mit Athena	mit zentraler Palme oder Laubbaum
Amphoren	23	25	4	1	1	–
Hydrien	2	7	1	–	1	1
Kratere	1	5	–	–	1	–
Kannen	4	5	–	–	1	–
Lekythen	12	34	6	–	–	1
Trinkgefäße	9	4	7	5	4	–
Ausnahmeformen	1	1	1	–	–	–
	52	81	19	6	8	2
	152			16		

Abb. 60 Darstellungen Brettspielender Helden auf attischen Vasen, insgesamt 168 Bilder auf 162 Gefäßen, darunter 'bilingue' Amphoren und Bildpaare auf Trinkschalen und einem Skyphos

H.-G. Buchholz, AA. 1984, 562f.   697 W. Krickeberg, Altmexikanische Kulturen[14] (1979) 220ff. 253. 344. 413f. u.ö.; vgl. auch Huizinga, Homo Ludens 66f.

V. Zusammenfassung

Athletik und Spiel sind verschiedene Ausdrucksformen eines gleichartigen Betätigungsdranges. Obwohl in der älteren Epik der Griechen der sportliche Bereich von dem des Spiels sprachlich getrennt wird, werden doch beide Lebensäußerungen auch hier soweit als homogen empfunden, daß man sie als gleichwertige Regungen elementarer Lebensfreude versteht. Später gewinnt die gemeinsame Wurzel von Sport und Spiel im Griechischen auch sprachlich deutlichere Konturen.

Das Thema des Kapitels 'Sport' führte zwangsläufig zu einer Auseinandersetzung mit der vielbesprochenen 'agonalen' Lebenshaltung der Griechen, was zugleich Auseinandersetzung mit einer Kritik bedeutete, die in 'universalhistorischer' Betrachtungsweise in der Wettbewerbshaltung der Griechen nicht mehr sieht als eine auch anderen Völkern angeborene Verhaltensweise, die eine Apostrophierung der Griechen im Sinne einer vom Geiste des Agons geprägten Nation nicht rechtfertige. Demgegenüber wurde am Beispiel von Hesiods Konzeption einer bösen und guten Eris zu zeigen versucht, wie sich hier Wettbewerb begrifflich verdichtet, sich gleichsam seiner selbst bewußt wird und wie sich in der Erhebung der agonalen Haltung zur Maxime eine griechische Leistung manifestiert, die von anderer Qualität ist als das lediglich angeborene Wettbewerbsverhalten.

In welchem Maße das frühe Epos vom Geiste des Agons durchdrungen ist, wurde durch zahlreiche Beispiele zu zeigen versucht, wobei gerade die Stammwörter ἔρις, ἐρίζειν im Sinne von Hesiods Sicht vom Wesen des Streites Berücksichtigung fanden.

Vor näherer Betrachtung der epischen Wettkampfschilderungen galt es, in Gestalt von ἀγών einen zentralen Begriff frühepischer Sportschilderungen zu klären. Ἀγών, zunächst noch mit Attribut (θεῖος, νεῶν), ist »Versammlung, Ansammlung«. Im Bereich des Wettkampfs wurde ἀγών, ohne eines Attributs zur näheren Bestimmung zu bedürfen, zur Versammlung schlechthin, d. h. zum Begriff der zum Zuschauen – und zur aktiven Sportausübung – Versammelten. Hieraus ließ sich der Übergang zu einer lokalen Bedeutung im Sinne von »Kampfplatz« verhältnismäßig leicht vollziehen, da die eine Kampfstätte umschließende Zuschauerschaft sich zugleich als Markierung eines Areals verstehen ließ, während sich die Bedeutung »Wettkampf« im frühepischen Bereich erst zu entwickeln beginnt. Später gewann das Wort durch zunehmende Gleichsetzung mit ἄεθλος eine Bedeutungserweiterung im Sinne von »Kampf, Mühsal«.

Sich seiner Kraft zu vergewissern, bildet nach den Aussagen des Epos das nachdrücklichste Motiv sportlichen Betätigungsdranges. Dabei wurde deutlich, daß dieses 'Erproben' auch spezielleren Zielen wie dem Training für den Krieg und dem Erwerb von Ruhm gelten konnte. Schließlich wurde als vielleicht ursprünglichstes Motiv auch die vitale Freude an körperlicher Betätigung sichtbar. Auch die Aussetzung von Preisen bildete, wenn nicht ein tragendes Motiv, so doch einen zusätzlichen Anreiz für Athleten und Zuschauer.

Als ein Anlaß zu sportlichen Veranstaltungen erwies sich zunächst die Herausforderung, bei der die Provokation eines Gegners mit der Absicht einherging, die eigene Stärke zu demonstrieren. Innerhalb dieses thematischen Bereichs gewannen mythologische Berichte von Bösewichtern, die sich mit ihren Herausforderungen von ahnungslosen Ankömmlingen und Durchreisenden zu einer Landplage entwickeln, bis sie eines Tages doch ihren Bezwinger finden, gewisse typische Geltung. Der Bettlerfaustkampf zeigte, daß die Herausforderung zum Zweikampf auch als angemessenes Mittel empfunden wurde, einen Ehrenhandel auszutragen.

Einen weiteren typischen Anlaß zu Sportveranstaltungen bildeten Brautwerbungen, bei denen ein sportlicher Wettkampf den würdigsten Freier ermitteln sollte. In der epischen Überlieferung fanden sich Brautagone in Form eines Bogenschießens, eines Wettlaufs und eines Wagenrennens. Sportveranstaltungen aus anderen festlichen Anlässen waren im Gegensatz zu den soweit betrachteten zumeist komplexer Natur, d. h. es wurden Wettkämpfe in mehreren Disziplinen ausgetragen. Dazu gehörte zunächst das Fest, das der Phaiakenkönig im 8. Buch der Odyssee zu Ehren seines Gastes veranstaltet. Es sind hier weniger Daten technischer Art, die den Wert dieser Schilderung als Quelle zur Sportgeschichte ausmachen, sondern neue Erkenntnisse zum Wesen der Athletik, insbesondere solche von den Wechselbeziehungen zwischen sportlicher Leistung und körperlicher Verfassung.

Den weitaus häufigsten Anlaß zur Veranstaltung athletischer Agone bildeten jedoch Feste zu Ehren eines angesehenen Toten. Die Leichenspiele zu Ehren des Patroklos im XXIII. Buch der Ilias stellen den ausführlichsten Bericht eines Totenagons dar. Ihr kultischer Charakter geht daraus hervor, daß sie zu den κτέρεα, den Totenopfern, gerechnet wurden[698]. Ob der Speerkampf zwischen Aias und Diomedes, der abgebrochen wird, noch ehe er zu dem vorgesehenen Ergebnis führt[699], wirklich als Relikt eines ursprünglichen Totenopfers in Form eines Gefangenen-Zweikampfes anzusehen ist, der im Laufe der Entwicklung zum Kern eines vielfältigen agonistischen Getriebes wurde[700], muß wohl weiterhin offen bleiben[701]. Verbindungen zu blutigen Veranstaltungen der Etrusker, Campaner und zu den Gladiatorenspielen der Römer, die allesamt dem Totenkult nahestehen, sind freilich nicht zu übersehen[702]. Auf griechischen Monumenten zeichnet sich im Repertoire der Leichenagon-Bilder der Waffenkampf vielleicht deutlicher ab, als es seine blasse Schilderung in der Ilias erwarten läßt[703]. Wenn sich die Lei-

---

698 s. o. S. T 21. T 79. 699 s. o. S. T 24. 700 Zur Hypothese von L. Malten s. o. Anm. 86. Ausführlicher und mit vielen ethnographischen Parallelen dargestellt vom selben Verfasser in: Leichenspiel und Totenkult, RM. 38/39, 1923/24, 300ff. K. Meuli, der Malten grundsätzlich folgt, hat in seiner Abhandlung 'Der Ursprung der olympischen Spiele' (Die Antike 17, 1941, 189ff.) versucht, diesem Totenopfer weiter auf den Grund zu gehen, und sah darin ursprünglich einen von der Sippe des Toten arrangierten Zweikampf, der durch Gottesurteil einen 'Schuldigen' ermitteln und eine Sühne des Verstorbenen ermöglichen sollte. 701 Daß die Leichenspiele sicher nicht als Urgrund jeder Agonistik gelten können, hat schon L. Malten, RM. 38/39, 1923/24, 339 hervorgehoben. 702 Malten a. O. 317ff.; ders., RE. XII (1925) 1860f. s. v. Leichenagon; Weiler, Sport 221. 228f. 703 Ein geometrischer Kantharos vom Kerameikos in Kopenhagen (Davison, Workshops Abb. 128 und unser Kap. Totenkult W 122f. Abb. 10a. b; 11 a–e) zeigt neben athletischen und musischen Spielen je ein Paar von Speerkämpfern und Schwertfechtern. Paare von Schwertkämpfern zwischen hippischen Agon-Szenen befinden sich auf einem Sarkophag des frühen 5. Jhs. v. Chr. aus Klazomenai in London, Brit. Mus.: Gardiner, Athletics Abb. 9; ders., Greek Athletic Sports and Festivals (1910) 21 Abb. 2; Malten a. O. 313 f. Beil. 6. Auf einer spätmykenischen Larnax aus Tanagra, Grab 22, in Theben, deren Bemalung sich zweifellos auf den Totenkult der Zeit bezieht, befindet sich auf einer der beiden Langseiten unter einem Fries von Frauen in klagender Gebärde ein Paar von Schwertkämpfern, das sich zwischen zwei Gespannen in Fechterstellung gegenübersteht (Th. Spyropoulos, AAA. 3, 1970, 197 Abb. 17). W. Decker, dessen Freundlichkeit ich die Kenntnis des Fundes verdanke, weist brieflich auf die damit erstma-

chenspiele auch nicht als Wurzel der Agonistik schlechthin ansehen lassen, haben Toten- und Heroenkult doch in entscheidendem Maße zu ihrer Entfaltung und Kultivierung beigetragen.

In den Patroklosspielen machte die Wiedergabe des Wagenrennens, des Faustkampfs, des Ringkampfs und des Laufs einen im ganzen veristischen Eindruck, während die Schilderungen des Waffenkampfs, des Solos-Wurfs, des Bogenschießens und des Speerwerfens nur mit Einschränkung als Zeugnisse realer Agonistik verwendbar schienen. Für das Wagenrennen kann als sicher gelten, daß es schon lange vor seinem Ansatz durch die olympische Chronologie als Adelssport κατ' ἐξοχήν voll entwickelt war und schon zu mykenischer Zeit betrieben wurde (S. T 23 Abb. 2). Dabei fungieren die homerischen Helden noch selbst als Lenker ihrer Fahrzeuge. Zu historischer Zeit fiel dies bediensteten Wagenlenkern zu, während der Rennstallbesitzer als Sieger gefeiert wurde[704]. Auf geometrischen Vasenbildern ist die Tracht des Wagenlenkers, der lange Chiton (nachepisch ξυστίς) keine Seltenheit[705]. Daß unter den hippischen Agonen nie das Reiten erwähnt wird, obwohl es der frühepischen Zeit bekannt gewesen sein muß, scheint dafür zu sprechen, daß der Dichter – wenigstens hier – altertümliche Verhältnisse wiedergeben wollte, in denen das Reiten noch keinen Platz hatte.

Götterfeste, ein in nachhomerischer Zeit so wichtiger Anlaß zu agonalen Veranstaltungen, machen sich in dieser Funktion in der frühepischen Hinterlassenschaft kaum bemerkbar. Ausdrücklich werden nur die Spiele zu Ehren des delischen Apoll genannt.

Unter den Sportarten im einzelnen könnte besonders der Lauf wegen seiner exponierten Rolle in Olympia einen kultischen Ursprung haben, obwohl die epische Überlieferung über derartige Zusammenhänge nichts erkennen läßt. Wie das Wagenrennen aus der Praxis des Krieges erwuchs, wird man auch den Lauf in erster Linie als Kriegstraining betrieben haben. Da der sportliche Lauf nie mit dem Begriff der Ausdauer assoziiert wird, möchte man einen Langstreckenlauf ausschließen.

Für den Faustkampf glaubten wir schon aus einem vorhomerischen Argonautenepos ein literarisches Zeugnis nachweisen zu können. Im Epos zeigen die favorisierten Adepten dieser Sportart Härte und Roheit[706]. Die Boxkampf-Schilderungen boten Gelegenheit, auf die Sportbekleidung einzugehen, die vor der späteren Nacktheit beim Sport üblich war: Die homerischen Athleten kämpften entweder im Schurz oder im Chiton. In der vorbereitetenden Schilderung des Faustkampfs des Epeios mit Euryalos begegneten wir erstmalig in Gestalt von καμμονίη einem Begriff, der das 'Durchhaltevermögen' als Voraussetzung einer athletischen Dauerleistung zu erfassen beginnt. Die Monumente schienen uns Hinweise dafür zu geben, daß in minoischer und geometrischer Zeit auch mit einem Faustkampf zu rechnen ist, bei dem nur eine Schlaghand in Aktion trat.

---

lig belegte Sitte von Leichenspielen zu spätmykenischer Zeit und auf die Rolle hin, die dabei der Waffenkampf offenbar als Zwischenstufe zwischen einem ursprünglichen Menschenopfer am Grabe und den späteren rein agonistischen Veranstaltungen gespielt habe.   704 Das Gespann, das Neleus zum Wagenrennen nach Elis geschickt hatte, scheint freilich unter einem bediensteten Wagenlenker gefahren zu sein; zu XI 699 ff. s. o. S. T 26.   705 s. o. S. T 31.   706 Das bedeutet keine Abwertung dieser Sportart an sich; vgl. oben S. T 42 sowie H. W. Pleket, Zur Soziologie des antiken Sports, in: Mededelingen van het Nederlands Instituut te Rome 36, 1974, 58.

Der Ringkampf, uralter Kampfsport wie das Boxen, zeigt in seiner ausführlichsten Beschreibung vielleicht geringere Regelbindungen als der moderne 'griechisch-römische' Ringkampf[707], scheint mit diesem jedoch die Eigentümlichkeit zu teilen, daß sich die Kämpfer in ihren Kampfpositionen häufig 'festfahren', was zu aktionsarmen Phasen und Ungeduld der Zuschauer führt. Die lakonische Mitteilung, daß sich die Ringer nach dem Kampf den Schmutz abwischen, bevor sie den Chiton wieder anlegen, zeigt, daß eine hygienischen Ansprüchen genügende Reinigung nach dem Sport noch nicht die Regel ist. Ebensowenig ist dem Epos das später bei der Gymnastik übliche Einölen und der Gebrauch des Schabeisens (στλεγγίς) bekannt.

Das Speerwerfen wird, wie auch das Bogenschießen, als Vorübung für den Krieg betrieben worden sein. In Gestalt der αἰγανέη, der leichten, mit Wurfschlinge versehenen Lanze, enthält das epische Arsenal einen Wurfspeer, der mit Vorliebe zu sportlichen Zwecken verwendet wurde. Der Wurf mit dem Solos, der roh gegossenen Eisenscheibe, trägt phantastische Züge. Doch läßt die Schilderung der Ilias erkennen, daß ein normaler Diskoswurf von der Art, wie er in der Odyssee geschildert wird, dabei zum Vorbild diente. Die Wurfscheiben werden zu frühepischer Zeit aus Stein bestanden haben. Sie wurden später mehr und mehr durch bronzene verdrängt. Ein 'Normaldiskos' läßt sich nur unter Vorbehalten aus den erhaltenen und abgebildeten Diskoi erschließen, die nach Größe und Gewicht mehr oder weniger stark variieren. In wurftechnischer Hinsicht glauben wir, schon für die frühepische Zeit mit einem 'Drehwurf' rechnen zu dürfen.

Der vielbesprochene Bogenschuß des Odysseus »durch die Äxte« entzieht sich in seiner episch überlieferten Form einer plausiblen Erklärung. Wahrscheinlich wurde die epische Schilderung durch nicht mehr verstandene Berichte eines altägyptischen Königsschusses durch einen »kupfernen Ziegel« beeinflußt. Sportliches Springen wird lediglich in der Odyssee kurz erwähnt, das später unter Verwendung von Sprunggewichten (ἁλτῆρες) ausschließlich im Rahmen des Fünfkampfs (πένταθλον) betrieben wurde, von dem das Epos noch nichts weiß.

Die Leichenspiele zu Ehren des Amarynkeus und die Phaiakenwettkämpfe werden zwar in jeweils fünf Wettkampfarten ausgetragen, jedoch nicht durchweg den gleichen, die Patroklosspiele gar in acht Disziplinen. Eine kanonische Zusammenfassung zu einer Vielseitigkeitsübung ist also noch nicht erkennbar[708]. Doch ist in allen drei Spielen Faustkampf, Wettlauf und Ringkampf vertreten, so daß diese Sportarten am ehesten den Anspruch auf ein hohes Alter erheben können.

Akrobatische Übungen, namentlich solche tänzerischer Natur, wurzeln wahrscheinlich im minoischen Kreta, wo sie in Gestalt des sogenannten Stierspiels ihre vornehmste Ausprägung erfuhren. Auf kretischen Ursprung könnte unter den sonstigen athletischen Disziplinen der Griechen am ehesten noch der Faustkampf zurückgehen. Das Rhyton von Hagia Triada bietet neben dem Stierspiel wahrscheinlich nur Variationen des Faustkampfs und deutet damit die Bedeutung dieses Sports im minoischen Kreta an. Auch das Fresko der 'boxenden Prinzen' scheint den Vorrang dieses Sports zu minoischer Zeit zu bestätigen. So gesehen könnte das Apollonfest von Delos, bei dem neben musischen Veranstaltungen nur Faustkämpfe ausgetragen wurden[709], unter allen griechischen Sportfesten zu Eh-

---

707 Das gilt für den antiken Sport, namentlich den homerischen, wohl generell; siehe noch Pleket a.O. 59.   708 Eine Gegenüberstellung der genannten Totenspiele mit ihren Wettkampfarten bei M. Andronikos, unser Kap. »Totenkult« W 36.   709 S. T 25 f.

Zusammenfassung

ren von Göttern am ehesten auf kretische Ursprünge zurückgehen, die W. R. Ridington wohl zu Unrecht für den griechischen Sport insgesamt in Anspruch nahm[710].

Die Aussetzung von Kampfpreisen, die als die Regel gelten kann, wird in den Leichenagonen als Teil des Totenopfers verstanden. Die Wertpreise entsprechen dem, was auch sonst im Epos als kostbares Gut genannt wird. Wertvolle Preise auszusetzen war für die veranstaltenden Angehörigen eine Prestigefrage. Unter den Preisen spielte der Dreifuß eine hervorragende Rolle. In der Regel wurde für jeden Teilnehmer ein Preis bereitgehalten. Während die epische Schilderung in der Aufzählung wertvoller Kampfpreise geradezu schwelgt, nimmt sich die tönerne sogenannte Dipylon-Kanne, authentischer Kampfpreis für ein tänzerisches Ballspiel aus der Entstehungszeit des homerischen Epos, etwas dürftig und ernüchternd aus, selbst wenn man berücksichtigt, daß eine lokal begrenzte Veranstaltung von geringer Bedeutung zugrunde gelegen haben mag[711].

Agonothet und oberster Schiedsrichter war eine nicht an den Wettkämpfen beteiligte Respektsperson; in den Patroklosspielen ist es Achill. Er bezeichnete die Rennstrecken, Ziel- und Wendemarken, setzte weitere Funktionäre als Beobachter an kritischen Stellen ein, loste Startplätze aus, nahm die Preisverteilung vor und schlichtete Streitigkeiten unter den Teilnehmern. Die Wurfübungen erforderten weitere Helfer, die die Wurfweiten der Athleten markierten. Besondere Kampfordner mit Schiedsrichterfunktion (αἰσυμνῆται) werden in den Phaiakenspielen der Odyssee anläßlich der Veranstaltung eines Tanzspiels genannt. Von einem Trainer ist noch nicht die Rede. Wenn man dies auf den Improvisationscharakter des homerischen Sports zurückführen will, der als Nebenprodukt der adelig-militärischen Lebensart betrieben wurde[712], mag das ohne Einschränkung für die Ilias gelten, nicht jedoch für die Odyssee. Die dort im 8. Buch erstmalig greifbare Konzeption des Athleten als Typus wird mit der Vorstellung eines differenzierten und intensiven Bemühens um die Athletik verbunden. Der Nachdruck, mit dem auf ihre Erlernbarkeit hingewiesen wird (s. o. S. T 19), impliziert ihre Lehrbarkeit und legt auch das Vorhandensein geeigneter Institutionen nahe[713].

Die Physiognomie der Zuschauer verdeutlicht den Schaucharakter frühepischer Sportveranstaltungen. Wie die Zuschauer auf die Athleten, sind diese auf ihr Publikum angewiesen, das sie zur Höchstleistung anspornt. Die Zuschauer genießen die Darbietungen und verfolgen sie mit Temperament, Sensationslust und naiver Grausamkeit.

---

710 Ridington, Background. **711** s. o. S. T 92. **712** Pleket a. O. 60. **713** Das brauchen noch keine Trainer im Sinne von δημιοεργοί (vgl. 17, 383 ff.) gewesen zu sein. Gewöhnlich gab der eine Kunst weiter, der sie selber beherrschte (vgl. Pind., Ol. VIII 59 f., auf den Trainer Melesias bezogen: τὸ διδάξασθαι δέ τοι εἰδότι ῥᾴτερον). Während des Freiermords, in einem mit dem 8. Buch sicher homogenen Bereich der Odyssee, fleht der Sänger Phemios um sein Leben mit dem Bemerken (22, 347): αὐτοδίδακτος δ' εἰμί, »ich habe mir (meine Kunst) selbst beigebracht«, d. h. ich bin ein Naturtalent, das nicht, wie üblich, auf Unterrichtung (durch einen Sänger) angewiesen war. Beide Möglichkeiten wird es auch für den ἀθλητήρ im Sinne des 8. Odysseebuches gegeben haben, wobei man, wie man dies auch dem Urteil Pindars entnehmen kann (Ol. IX 100 f.: τὸ δὲ φυᾷ κράτιστον ἅπαν· πολλοὶ δὲ διδακταῖς ἀνθρώπων ἀρεταῖς κλέος ὤρουσαν ἀρέσθαι), dem Autodidakten den Vorzug gab. Auch Phemios will mit seinem Hinweis offenbar seinen Wert als Sänger erhöhen. Vgl. noch Pleket a. O. 64.

Daß die Götter in die Wettkämpfe eingreifen, entspricht zunächst epischer Manier. In der Darstellung ihres Agierens darf man weniger echte Frömmigkeit als poetische Konventionen wirksam sehen. Dabei zeichnen sich gewisse Kompetenzen bestimmter Götter ab. Apoll ist Schutzpatron nicht nur der Bogenschützen, sondern auch der Faustkämpfer. Unverkennbar ist die Zuständigkeit Poseidons für alles, was mit Fahren und Reiten zusammenhängt. Das Schwurzeremoniell, mit dem die 'Fairness' des Antilochos beim Wagenrennen ermittelt werden soll (XXIII 582 ff.), ist ein eindrucksvolles Zeugnis dafür. Einzigartig als Schutzgöttin aller Athleten ist Hekate, zugleich universale Helferin der Menschen in ihren Lebensnöten. Die Hesiodstelle, die von ihrem Wirken berichtet und sie in die Nähe Poseidons rückt (Th. 411–452), spricht zugleich für den Stellenwert, den man zu frühepischer Zeit unter sonstigem menschlichen Tun und Treiben der Agonistik einräumt.

Der sich anschließende Hauptabschnitt galt den Spielformen in engerem Sinne. Während die Thematik der Epen noch Gelegenheit gab, die Agonistik einigermaßen umfassend zu behandeln, berührt sie die Welt des Spiels, die sich in ihren Grundformen wohl überall und zu allen Zeiten sehr ähnlich gesehen hat, nur sporadisch, so daß man hier keine ähnlich umfassende Unterrichtung erwarten durfte. An den Anfang dieses Abschnitts stellten wir in Gestalt des homerischen Wortes ἄθυρμα einen Begriff, der das Wesen des Spiels, namentlich des kindlichen, in seiner Nutz- und Planlosigkeit erfaßt und zugleich alles bezeichnet, was Herz und Auge von Kindern und Frauen erfreut.

Ein urtümliches Spielzeug, das sich sowohl zu Geschicklichkeitsspielen einzelner wie zu Fang- und Kampfspielen mehrerer betätigen ließ, der Ball, begegnet im frühgriechischen Epos zunächst nur in Reflexen und Metaphern. Erst in der Odyssee ist von regulärem Spiel mit dem Ball die Rede, das in tänzerisch-gymnastischer Form einmal von Nausikaa und ihren Mägden, ein weiteres Mal von zwei Tänzern zum Abschluß des Phaiakenfestes aufgeführt wird. Der ästhetischen Note dieses Spiels entsprechend, waren die dabei benutzten Bälle reich verziert.

Einen schwachen Reflex eines Mädchenspielzeugs bot eine Iliasstelle, die γλήνη, das epische Wort für »Puppe«, in einer abwertenden Metapher gebrauchte. Nicht das Kleinkind, sondern die Braut war das Vorbild der altgriechischen Puppen. Die sogenannten 'Glockenidole' des 8. Jhs. v. Chr. vermitteln einen Eindruck davon, wie griechische Puppen zu homerischer Zeit aussahen.

Einem Vergleich der Ilias wird die Erwähnung des Kreisels verdankt, eines beliebten Kinderspielzeugs, über dessen Grundformen und Handhabung wir durch zahlreiche Funde und Vasenbilder aus nachepischer Zeit unterrichtet werden. Einen Exkurs über Rasseln, Reifen, Wippen und Schaukeln steuerte H.-G. Buchholz bei (S. T 100–T 116).

Ein weiteres, vielseitig verwendbares Spielgerät, das schon die Ilias nennt, war der Astragalos, der Knöchel, der sowohl als Spielstein wie als Würfel Verwendung fand. Zum ersteren Verwendungsbereich gehörten Rate- und Geschicklichkeitsspiele, zum letzteren Glücksspiele, die auf vier möglichen, verschieden bewerteten Würfen des Astragals beruhten.

Eine Odysseestelle, die davon spricht, daß sich die Freier beim Brettspiel die Zeit vertreiben, gab Gelegenheit, auf Spielsteine und frühe Formen des Brettspiels einzugehen, das hier im Anhang »Brettspielende Helden« von H.-G. Buchholz ausführlicher behandelt ist.

VI. Wortverzeichnis

ἀγών	Versammlung, versammelte Wettkämpfer und Zuschauer, Wettkampf	T 4. 11 ff.; Anmn. 86; T 23. 25 mit Anm. 114; T 39 f. 49. 59. 61. 84 f. mit Anm. 418; T 88. 92. 185.
ἀεθλεύω	ich trage einen Wettkampf aus	T 17. 88.
ἀέθλιον	Kampfpreis, Wettkampf, Kampfgerät	T 64. 81. 84.
ἄεθλον	Kampfpreis, Wettkampf	T 21 ff. 64. 79 f. 88.
ἄεθλος	Wettkampf	T 13 mit Anm. 47; T 15 mit Anm. 53. 54; T 19; Anm. 158; T 185.
ἀεθλοφόρος	preisgekrönt	T 21. 26 f. 37 f. mit Anm. 204.
ἀθλητήρ	Athlet	T 20; Anm. 713.
ἄθυρμα	Spielzeug, Putz, Tand	T 4. 89 f. 93 ff. 96.
ἀθύρω	ich spiele	T 4 f. mit Anm. 15; T 95.
αἰγανέη	Speer mit Wurfschleuder	T 5. 15 f. 54; Anm. 280; T 188.
αἷμα	Blut	T 40. 42. 49.
αἰσυμνήτης	Schiedsrichter	T 82. 189.
ἀκομιστίη	Mangel an Pflege	Anm. 335.
ἀκοντίζω	ich schleudere den Wurfspeer	T 53.
ἀλεγεινός	schmerzhaft	T 39; Anm. 250; T 51.
ἀλκή	Stärke, Wehrkraft	T 14.
ἅλλομαι	ich springe	T 68.
ἅλμα	Sprung	T 19. 68 f.
ἁματροχιή	das Nahekommen der Räder (zweier Wagen)	Anm. 149.
ἀμφιπονέομαι	ich betreue	T 39.
ἀμφοτέρῃσι	mit beiden Fäusten	T 40; Anm. 241.
ἀναείρω	ich hebe empor	T 50.
ἀνίσταμαι	ich erhebe mich (nach Aufruf), ich melde mich	T 17 Anm. 65.
ἀποκαίνυμαι	ich übertreffe	T 51.
Ἀπόλλων	Apollon, Patron der Bogenschützen und Faustkämpfer	T 25. 30. 39. 86.
ἀπομόργνυμι	ich wische ab	T 51.
ἀριστεύω	ich zeichne mich aus	T 9.
ἅρμα	Kampf- und Rennwagen	T 31. 87.
ἀρνευτήρ	Luftspringer, Taucher	T 74.
ἄρνυμαι	ich trage davon, gewinne	T 16.
ἀστράγαλος	Spielstein, Knöchel	T 117 ff. 190.
Αὐγείας	Augeias, König in Elis	T 26.
αὐτοδίδακτος	Autodidakt	Anm. 713.
Ἀχιλλεύς	Achilleus, Inbegriff des schnellen Läufers	T 32.
βίη	Gewalt	T 88.
γαιήοχος	s. Ποσειδάων	
γλήνη	Puppe	T 96. 190.
δάπεδον	Erdboden, (fester) Untergrund	T 16; Anm. 268; T 61.
δέδαα, δεδάηκα	ich habe gelernt, weiß	T 19.
Δῆλος	Delos, Kultort Apolls	T 25.
δινέω	ich drehe im Kreise	T 62 mit Anm. 311.
διοϊστεύω	ich schieße (mit dem Pfeil) hindurch	T 18. 64 mit Anm. 333.

δίσκος	Wurfscheibe	T5. 15. 54. 59 ff. mit Anm. 297.
δίσκουρα	Wurfweite eines Diskos	T61.
δόλος	List, Trug	Anm. 151. 155; T87.
δρόμος	Lauf	Anm. 156; T33.
δρύοχοι	Stützhölzer des Schiffskiels oder Spanten	T65.
Ἑκάτη	Hekate, Schutzgöttin der Athleten	T88.
ἐλατήρ	Wagenlenker	T26.
ἐννοσίγειος	s. Ποσειδάων	T87 f.
ἐντανύω	ich spanne (die Bogensehne) ein	T18. 64 f.
Ἐπειοί	Epeier, Bewohner des nördlichen Elis	Anm. 123.
ἐρίζω	ich wetteifere	T10. 185.
ἔρις	Wettstreit, Ehrgeiz	T7. 10. 17. 185.
ἐρωή	Schwung, Antrieb, Wurfweite	T14. 55.
εὖχος	Ruhm	T16.
ἑψιάομαι	ich spiele, treibe Kurzweil	T5 Anm. 15; T6. 93; Anm. 614.
ζῶμα	Schurz	T39. 42.
ζώννυμι	ich gürte, lege den Schurz an	T18. 22. 39; Anm. 217; T49.
ἡβάω	ich stehe in der Blüte des Alters	T14.
ἥβη	Jugend, Jugendkraft	T14 f. 19.
Ἧλις	Elis	Anm. 123.
ἡμιπέλεκκον	Halbaxt	T24.
ἡνίοχος	Wagenlenker	T28. 30 mit Anm. 158.
θέω	ich laufe	T26.
ἱδρώς	Schweiß	Anm. 212; T49.
ἱμάς	Riemen (der Faustkämpfer)	T39.
ἱμάσθλη	Peitsche	Anm. 143.
ἱππεύς	Wettkämpfer zu Wagen	T23. 88.
ἴς	Kraft, Stärke	T14 f. 50; Anm. 335.
ἴστωρ	Schiedsrichter	T85.
καθήμενος	im Sitzen	T65.
κάματος	Ermattung	Anm. 212.
καμμονίη	Standfestigkeit, Ausdauer	T39 mit Anm. 212; T187.
κάρτος	Stärke, Kraft	T88.
καταβάλλω	ich werfe nieder	T17.
κατωμάδιος	von der Schulter her	T15. 62.
κέλης	Rennpferd	Anm. 171.
κελητίζω	ich reite ein Rennpferd	Anm. 171.
κέντρον	Stachel, Peitsche	Anm. 143.
κέρδος	List	Anm. 150.
κλέος	Ruhm	T16.
κολούω	ich beeinträchtige, mindere	Anm. 84.
κομιδή	Pflege	T21.
κτέρεα	Totenopfer (aus den Besitztümern des Toten)	T21. 79. 186.
κτερεΐζω	ich bringe Totenopfer dar, bestatte	T21. 79.
κυβιστητήρ	akrobatischer Springtänzer	T73 f.
κῦδος	Ruhm	T16 mit Anm. 57.

Wortverzeichnis

λᾶας	Stein	T 13 f.
λείπομαι	ich bleibe zurück	T 35.
μάστιξ	Peitsche	T 28 mit Anm. 143; T 86. 99.
μέλπηθρον	Spielzeug	T 90.
μένος	Stärke, Gewalt	T 14.
μεταστοιχί	in Reihe nebeneinander	Anm. 141; T 33.
μῆτις	Klugheit, List	T 28. 30 mit Anm. 154.
μολπή	Spiel mit Tanz und Gesang	T 5. 73. 91. 93.
Νέστωρ	Nestor	Anm. 122.
νηπιαχεύω	ich treibe Kindliches	T 96.
νηπιέη	Kindersinn, Torheit	T 89. 96.
νήπιος	kindlich, einfältig	T 118.
νύσσα	Prallstein, Wendemarke	T 27. 33.
οἶδα	ich weiß, verstehe	T 19.
ὀρθόω	ich halte aufrecht	Anm. 214.
ὀρχηστήρ	Tänzer	Anm. 378; T 92.
ὀστέα	Knochen (Plural), Schädel	T 38 f. mit Anm. 211.
οὖας	Ohr	T 38 mit Anm. 211; T 42.
οὖρον	(Pflug-)Strecke	T 15. 35. 61.
παίζω	ich spiele	T 4 f. mit Anm. 6. 10. 11. 18; T 91 f.
παλαισμοσύνη	Ringen, Ringkunst	T 19. 24. 51.
παλαίω	ich ringe	T 17 mit Anm. 66; T 50.
πάλη	Ringen, Ringkampf	T 20.
παλίντονος	zurückgekrümmt, entgegegengespannt	T 68.
παρατίθεμαι	ich setze aufs Spiel	T 119.
παραφθάνω	ich überhole	Anm. 150.
παρελαύνω	ich fahre vorbei	Anm. 156.
πέλεκυς	Doppelaxt	T 18. T 24 mit Anm. 109; T 64 ff. mit Anm. 338; T 67.
περιγίγνομαι	ich übertreffe	T 19. 28. 30.
περιδίδωμι	ich wette um etwas	T 85.
περιστρέφω	ich drehe im Kreise	T 62 mit Anm. 311.
πεσσός	Spielstein; Plural: Brettspiel	T 5. 123 f.
πόδες	Füße (Beine) = Lauf	T 19 mit Anm. 76; T 20. T 32 mit Anm. 175.
Πολυδεύκης	Polydeukes, mythischer Faustkämpfer	T 37.
Ποσειδάων	Poseidon, Patron des Fahrens und Reitens	T 87 f.
προκαλίζομαι	ich fordere heraus	T 17.
προφερέστατος	der Beste (im Wettkampf)	T 69.
πυγμαχίη	Faustkampf	T 24 f. 39.
πυγμάχος	Faustkämpfer	Od. 8,246.
πύκτα	Dual, korinth. Vaseninschrift	Anm. 246. Dorisch, zu πύκτης, Boxer, s. Xenophon II 15.
πύξ	mit der Faust, im Faustkampf	T 19 f.
σῆμα	Zeichen (Markierung der Wurfweite)	T 59 f. 82.
σθένος	Stärke, Kraft	T 14 f. 19.
σίδηρος	Eisen (= Gerät)	T 24. 58; Anm 333.
σκοπός	Schiedsrichter (an der Wendemarke)	T 82.

σόλος	(ungefüge) Wurfscheibe	T 24. 58 f.; Anm. 398.
στειλειή	Stielloch, Stiel	T 65 f.
στρόμβος	Kreisel	T 98.
σφαῖρα	Kugel, Ball	T 4. 91 f.
σφαιρηδόν	wie einen Ball	T 91.
ταχυτής	Schnelligkeit, Schnellauf	T 24.
τείρομαι	ich reibe mich auf	Anm. 212.
τέρμα	Wendemarke, Ziel, Wurfmal	T 21. 27. 33. 60. 82.
τέρπομαι	ich freue mich	T 5 f.; Anm. 54; T 25. 73. 123.
τερπωλή	Freude, Ergötzen	T 84.
τίθημι ἄεθλα	ich setze Preise aus, veranstalte Wettkämpfe	T 21 ff.; Anm. 331. 398.
τιμή	Ehre, Geltung, Ansehen	T 8 f. 13.
τοξευτής	Bogenschütze	T 24.
τόξον	Bogen	T 16. 64 mit Anm. 332.
τρίπος	Dreifuß	T 21 f. 26. 85.
ὑπεκπροθέω	ich laufe voraus	T 35.
ὑπεράλλομαι	ich springe darüber	Anm. 361.
ὑπερβάλλω	ich werfe weiter	T 13 f. 53; Anm. 274; T 59. 61.
φᾶρος	Überwurf, Mantel	T 20. 60.
φέρτατος	der Beste (im Wettkampf)	T 42. 59.
φέρω, -ομαι	ich trage davon, gewinne	T 22. 88.
φιλοπαίγμων	das Tanzspiel liebend	Anm. 10.
φυή	Gestalt, Konstitution	T 19.
χέλυς	Schildkröte	T 94 f.
χορός	Tanzplatz, Reigen	T 13. 72 f. mit Anm. 370.
ὠκύς	schnell	T 32.

VII. Literatur

1. Der Sport in der frühgriechischen Dichtung

1841	J. H. Krause, Die Gymnastik und Agonistik der Hellenen.
1876	A. Goebel, Das Axtschießen in der Odyssee, in: JPhil. 113, 169 ff.
1923/24	L. Malten, Leichenspiel und Totenkult, in: RM. 38/39, 300 ff.
1925	L. Malten, RE. XII, 1859 ff. s. v. Leichenagon.
1927	H. Lutz, Beiträge zur Frage der Leibesübungen und zur Erklärung einzelner Stellen in Homers Odyssee, Diss. Erlangen.
1936	A. Pope, Die Gymnastik bei Homer, Diss. Rostock.
1952	S. Laser, Zu einer Vorlage der Ἕκτορος ἀναίρεσις im X der Ilias, in: Hermes 80, 372 ff.
1953	S. Laser, Αἰγανέη, ein Beitrag zur Geschichte der Hasta Amentata, in: Gymnasium 60, 111 ff.
1969	E. Kornexl, Leibesübungen bei Homer und Platon.
1969	K. Willimczik, Leibesübungen bei Homer, Theorie der Leibesübungen VI.
1973	W. Burkert, Von Amenophis II. zur Bogenprobe des Odysseus, in: Grazer Beiträge 1, 69 ff.
1977	W. Decker, Zur Bogenprobe des Odysseus, in: Kölner Beiträge zur Sportwissenschaft 6, 149 ff.

1977		L. R. Roller, Funeral Games in Greek Literature, Art and Life, Diss. University of Pennsylvania.
1979		S. Laser, LfgrE. I, 148 ff. s. v. Ἄεθλον.
1980		A. E. Raubitschek, Zum Ursprung und Wesen der Agonistik. in: Studien zur antiken Sozialgeschichte, Festschrift für F. Vittinghoff, 1 ff.
1981		A. Köhnken, Der Endspurt des Odysseus, Wettkampfdarstellung bei Homer und Vergil, in: Hermes 109, 129 ff.
1982		H. Maehler, Die Lieder des Bakchylides I, die Siegeslieder.
1982/83		W. Decker, Die mykenische Herkunft des griechischen Totenagons, in: Stadion 8/9, 1 ff.
1985		N. B. Crowther, Studies in Greek Athletics, Prehistoric and Epic, in: ClW. 78, 503 ff.

2. Schrifttum zum antiken Sport

1877		E. Curtius, Der Wettkampf, in: Altertum und Gegenwart, Gesammelte Reden und Vorträge.
1878		J. Bintz, Gymnast der Hellenen.
1888		W. Ridgeway, The Origin of the Stadion, in: JHS. 9, 18 ff.
1909		J. Jüthner, Philostratos über Gymnastik.
1910		E. N. Gardiner, Greek Athletic Sports and Festivals.
1918		T. Klee, Zur Geschichte der gymnischen Agone an den vier griechischen Hauptfesten (Ndr. 1980).
1930		A. J. Butler, Sport in Classical Times (Ndr. 1975).
1930	*Gardiner, Athletics*	E. N. Gardiner, Athletics of the Ancient World (Ndr. 1955).
1934		R. Knab, Die Periodoniken, ein Beitrag zur Geschichte der gymnischen Agone an den vier griechischen Hauptfesten.
1935	*Ridington, Background*	W. R. Ridington, The Minoan-Mycenaean Background of the Greek Athletics, Diss. Philadelphia (*Rez. M. P. Nilsson, Gnomon 13, 1937, 54 f.; ders., DLZ. 58, 1937, 1183 f.*).
1936		C. Blümel, Sport der Hellenen.
1938		K. Schütze, Warum kannten die Griechen keine Schwimmwettkämpfe?, in: Hermes 73, 357.
1941		J. Burckhardt, Der koloniale und agonale Mensch, Griechische Kulturgeschichte III (hrsg. von R. Marx).
1948		E. Mehl, RE. VII A, 2526 ff. s. v. Turnkunst.
1949		B. Neutsch, Der Sport im Bilde griechischer Kunst.
1949		L. Ziehen, RE. XVIII, 478 s. v. Panathenaia.
1959		C. Diem, Antiker und moderner Sport, in: AA. 1959, 357 ff.
1961		H. A. Thompson, The Panathenaic Festival, in: AA. 1961, 224 ff.
1963		J. Ebert, Zum Pentathlon in der Antike, AbhLeipzig 56, 1.
1965	*Jüthner-Brein, Leibesübungen I*	J. Jüthner – F. Brein, Die athletischen Leibesübungen der Griechen I.
1965		W. Rudolph, Olympischer Kampfsport in der Antike.

1966		H. Berve, Vom agonalen Geist der Griechen, in: Gestaltende Kräfte der Antike, Aufsätze und Vorträge zur griechischen und römischen Geschichte.
1966		H. A. Harris, Greek Athletes and Athletics (Ndr. 1979).
1967		B. J. Putnam, Concepts of Sport in Minoan Art, Diss. Univ. of Southern California.
1968	*Jüthner-Brein, Leibesübungen II*	J. Jüthner – F. Brein, Die athletischen Leibesübungen der Griechen II.
1971		J. G. Thompson, Sport, Athletics and Gymnastics in Ancient Greece, Diss. Pennsylvania State Univ.
1972		H. A. Harris, Sport in Greece and Rome (Ndr. 1984)
1972		R. Patrucco, Lo Sport nella Grecia Antica (*Rez. R. A. Stacciolo, ArchCl. 28, 1976, 420*).
1972		K. Rakatsanis, Sport und Mythos in der griechischen Kunst, Diss. Innsbruck.
1974		H. Bengtson, Agonistik und Politik im Alten Griechenland, in: Kleine Schriften zur Alten Geschichte.
1974		H. W. Pleket, Zur Soziologie des antiken Sports, in: Mededelingen van het Nederlands Instituut te Rome 36.
1974		M. F. Shelden, Greek Athletics in the Writings of the Greek Historians, Diss. Univ. of Southern California.
1974	*Weiler, Agon*	I. Weiler, Der Agon im Mythos.
1975		J. Murrel, Athletics, Sports and Games, Greek and Roman Topics V.
1977	*Gialoures, Athletics*	N. Gialoures (Herausgeber), Athletics in Ancient Greece, Ancient Olympia and the Olympic Games; 1982 wieder aufgelegt unter dem Titel »The Olympic Games in Ancient Greece, Ancient Olympia and the Olympic Games«.
1977		B. Legakis, Athletic Contests in Archaic Greek Art, Diss. Chikago.
1977		I. Sakellarakes, Sport in Crete and Mycenae, in: Gialoures, Athletics 13 ff.
1978		H. Ueberhorst u. a., Leibesübungen und Sport in der Antike, in: Geschichte der Leibesübungen II.
1979		H. J. Mette, LfgrE. I, 134 ff. s. v. ἀγών.
1979		R. Robinson, Sources for the History of Greek Athletics.
1980		F. Brein, Die Wertung im Pentathlon, in: Forschungen und Funde, Festschrift für B. Neutsch, 89 ff.
1981	*Weiler, Sport*	I. Weiler, Der Sport bei den Völkern der Alten Welt.
1982		N. B. Crowther, Athletic Dress and Nudity in Greek Athletics, in: Eranos 80, 163 ff.
1982		A. Kossatz-Deissmann, Zur Herkunft der Perizoma im Satyrspiel, in: JdI. 97, 65 ff. (*Perizoma als ursprünglich weibliche Sporttracht*).
1982		M. Baron Poliakoff, Studies in the Terminology of the Greek Combative Sports.
1983		A. Hönle, Die Einstellung der Römer zum Sport, in: AW. 14, Nr. 3, 56.
1983		D. Kyle, The Study of Greek Sport, a Survey, in EchosCl., N. S. 2, 46 ff.
1984		H. Aigner, Zur Organisation des Berufsathletentums in der Antike, in: Sport und Kultur, hrsg. von L. Burgener.
1986		H. D. Evjen, Competitive Athletics in Ancient Greece, the Search for Origins and Influences, in: OpAth. 16, 51 ff.

Literatur T 197

1986 E. Rystedt, The Foot-Race and other Athletic Contests in the Mycenaean World, the Evidence of the Pictorial Vases, in: OpAth. 16, 103 ff.
1987 D. Kyle, Athletics in Ancient Athens (Mnemosyne, Suppl. 95).

3. Literatur zu einzelnen Sportarten

a) Wagenrennen: Literatur in unserem Kapitel J. Wiesner, Fahren und Reiten, F 137 ff.; dazu weitere Literatur in: Weiler, Sport 206, ferner:

1894 E. Reisch, RE. I, 2814 ff. s. v. ἀποβάτης.
1975 H. v. Geisau, KlPauly V, 517 s. v. Taraxippos.

b) Lauf

1934 L. Gründel, Die Darstellung des Laufens in der griechischen Kunst, Diss. Würzburg.
1965 P. Roos, The Start of the Greek Foot Race, in: OpAth. 6, 149 f.
1984 T. F. Scanlon, The Footrace of the Heraia at Olympia, in: Ancient World 9, 77 ff.
1986 E. Rystedt, The Foot-Race and other Athletic Contests in the Mycenaean World, the Evidence of the Pictorial Vases, in: OpAth. 16, 103 ff.

c) Boxen

1940 W. H. Cook, Boxing in Greek Literature and Art.
1953 S. Mendner, Boxhandschuhe im Altertum, in: Gymnasium 60, 20 ff.
1955 D. Hagiopian, Pollux' Faustkampf mit Amykos.
1962 J. Jüthner – E. Mehl, RE. Suppl. IX, 1306 ff. s. v. Pygme.
1971 Sp. Marinatos, Divine Children?, in: AAA. 4, 407 ff.
1981 J. Coulomb, Les Boxeurs Minoens, in: BCH. 105, 27 ff.
1982/83 T. F. Scanlon, Greek Boxing Gloves, Terminology and Evolution, in: Stadion 8/9, 31 ff.
1984 A. J. Papalas, The Development of Greek Boxing, in: The Ancient World 9, 65 ff.

d) Ringen

1905 E. N. Gardiner, Wrestling, in: JHS. 25, 263 ff.

e) Diskoswerfen

1907 E. N. Gardiner, Throwing the Diskos, in: JHS. 27, 1 ff.
1908 E. Pernice, Zum Diskuswurf, in: JdI. 23, 94 ff.
1933 P. Jacobsthal, Diskoi, 93. BWPr., 17 ff.
1976 W. Decker, Zum Ursprung des Diskuswerfens, in: Stadion 2, 196 ff.
1982 R. Führer, LfgrE. II, 316 s. v. δίσκος.
1983/84 W. Anschütz – M.-L. Huster, Im Olympiajahr 1984: Der 'Diskobol' zwischen Leistungssport und Regelzwang, wie mußte er werfen?, in: Hephaistos 5/6, 71 ff.

f) Bogenschießen

1876 A. Goebel, Das Axtschießen in der Odyssee, in: JPhil 113, 169 ff.

1910	A. Schaumberg, Bogen und Bogenschütze bei den Griechen, Diss. Erlangen.
1936	H. Miltner, RE. VI A, 1847 ff. s. v. τόξον.
1958	W. E. McLeod, An Unpublished Egyptian Composite Bow in the Brooklyn Museum, in: AJA. 62, 397 ff.
1967	G. Rausing, The Bow, some Notes on its Origin and Development.
1973	W. Burkert, Von Amenophis II. zur Bogenprobe des Odysseus, in: Grazer Beiträge 1, 69 ff.
1977	W. Decker, Zur Bogenprobe des Odysseus, in: Kölner Beiträge zur Sportwissenschaft 6, 149 ff.
1984	W. E. McLeod, The Bow and the Axes, in: Studies presented to St. Dow, 203 ff.

g) Springen

1956	E. Lindner, Die Benutzung der Halteren im Weitsprung der Antike, in: AA. 1956, 128 ff.
1977	K. Palaiologos, Jumping, in: Gialoures, Athletics 176 ff.

h) Akrobatik und Verwandtes

1921	A. Evans, On a Minoan Bronze Group of a Galloping Bull and Acrobatic Figure from Crete, in: JHS. 41, 247 ff.
1953	W. Deonna, Le Symbolisme de l'Acrobatie Antique, Latomus IX.
1976	I. G. Younger, Bronze Age Representations of Aegean Bull-Leaping, in: AJA. 80, 125 ff.
1982	A. Kossatz-Deissmann, Zur Herkunft der Perizoma im Satyrspiel, in: JdI. 97, 65 ff. (*zahlreiche Bildbelege für antike Akrobatinnen*).
1983	J. Pinsent, Bull-Leaping, in: O. Krzyszkowska – L. Nixon, Minoan Society, Proceedings of the Cambridge Colloquium 1981.
1985	O. Pelon, L'Acrobate de Malia et l'Art de l'Epoque Protopalatiale en Crète, in: P. Darcque – J.-C. Poursat, L'Iconographie Minoenne, BCH. Suppl. XI, 35 ff.
1985	N. Platon, Chasses aux Taureaux et Tauromachies, in: P. Darcque – J.-C. Poursat, L'Iconographie Minoenne, BCH. Suppl. XI, 151.
1986	G. Walberg, Tradition and Innovation, Essays in Minoan Art, 109 ff. (*Stiersprung, Akrobatik*).

4. Literatur zu den Olympischen Spielen

1925	E. N. Gardiner, Olympia, its History and Remains.
1926	R. Vallois, Des Origines des Jeux Olympiques, in: REA. 28, 1926, 308 ff.
1930	F. Mezö, Geschichte der Olympischen Spiele.
1941	K. Meuli, Der Ursprung der Olympischen Spiele, in: Die Antike 17, 189 ff.
1962	L. Drees, Der Ursprung der Olympischen Spiele.
1965	W. Rudolph, Olympischer Kampfsport in der Antike.

1967		L. Drees, Olympia, Götter, Künstler und Athleten.
1972		P. R. Franke, Olympia Antiqua.
1972		H.-V. Herrmann, Olympia, Heiligtum und Wettkampfstätte.
1972		A. Hönle, Olympia in der Politik der griechischen Staatenwelt.
1972		E. Meyer, KlPauly IV, 279 ff. s. v. Olympia.
1973		H.-V. Herrmann, Olympia und seine Spiele im Wandel der Zeiten, in: Gymnasium 80, 172 ff.
1977	*Gialoures, Athletics*	N. Gialoures (Herausgeber). Athletics in Ancient Greece, Ancient Olympia and the Olympic Games; 1982 wieder aufgelegt unter dem Titel »The Olympic Games in Ancient Greece, Ancient Olympia and the Olympic Games.«
1980		J. Swaddling, The Ancient Olympic Games.
1980		Chr. Ulf – I. Weiler, Der Ursprung der antiken Olympischen Spiele, Versuch eines kritischen Kommentars, in: Stadion 6, 1 ff.
1981		L. Boutros, Phoenician Sports, their Influence on the Origin of the Olympic Games.
1981/82		N. Kalde-Henderson, He Gynaika kai hoi Agones eis archaion Olympian, in: Praktika tou 2. Diethnous Synhedrion Peloponnesiakon Spoudon II 87 ff.
1984		D. Mannsperger, Olympischer Wettkampf, Sportdarstellungen auf antiken Münzen und Medaillen.
1984		D. C. Young, The Olympic Myth of Greek Amateur Athletics (*Rez. St. Instone, JHS. 106, 1986, 238 f.*).
1985		R. und M. Brophy, Deaths in the Pan-Hellenic Games, 2. All Combative Sports, in: AJPh. 106. 171 ff.
1987		H.-V. Herrmann, Prähistorisches Olympia, in: H.-G. Buchholz, Ägäische Bronzezeit 426 ff., bes. 430: *Kult des Pelops, Leichenspiele.*

5. Literatur zu Sport und Spiel bei Ägyptern, Semiten und Etruskern

1892	E. Falkener, Games Ancient and Oriental (Ndr. 1961).
1902	W. L. Nash, Ancient Egyptian Draught-Boards and Draughts-Men, Proceedings of the Society of Biblical Archaeology XXIV.
1909	M. Pieper, Das Brettspiel der alten Ägypter.
1955	P. Montet, Le Jeu de Serpent, Chronique d'Egypte XXX Nr. 60.
1961	K. S. Abdon, Sports and Games in Ancient Egypt, Diss. India Univ.
1961	A. J. Hoerth, Game Boards in the Ancient Near East, unpublizierte Magisterarbeit, Univ. Chikago.
1963	A. F. Shore, A 'Serpent' Board from Egypt, in: BrMQu. 26, Heft 3. 4.
1969	J. B. Pritchard, The Ancient Near East in Pictures[2] Nr. 212 ff. (*Spieldarstellungen*).
1969	A. D. Touny – S. Wenig, Sport in Ancient Egypt (*Rez. G. Lukas, DLZ. 92, 1971, 235 ff.*).
1975	W. Decker, Quellentexte zu Sport und Körperkultur im alten Ägypten.

1977		H. Weippert, in: Galling, Bibl. Reallex.² 310 f. s. v. Spielgerät.
1978		T. Kendall, Passing through the Netherworld, the Meaning and Play of Senet, an Ancient Egyptian Funerary Game.
1979		E. Pusch, Das Senet-Brettspiel im Alten Ägypten.
1981		L. Boutros, Phoenician Sports, their Influence on the Origin of the Olympic Games.
1981		W. Decker, Bibliographie zum Sport im alten Ägypten für die Jahre 1980 und 1981, in: Stadion 7, 1981, 153 ff.
1981		J.-P. Thuillier, Les Sports dans la Civilisation Etrusque, in: Stadion 7, 173 ff.
1985		R. M. Boehmer – N. Wrede, Astragalspiele in und um Warka, in: Baghdader Mitteilungen 16, 399 ff.
1985		J.-P. Thuillier, Les Jeux Athlétiques dans la Civilisation Etrusque.

6. Spiel und Spielzeug in der Antike

1869		L. Becq de Fouquières, Les Jeux des Anciens.
1879		C. Robert, Griechische Kinderspiele auf Vasen, in: AZ. 35, 78 ff.
1886	*Marquardt, Privatleben*	J. Marquardt, Das Privatleben der Römer (Ndr. 1964).
1887		W. Richter, Die Spiele der Griechen und Römer.
1890		O. Benndorf, Über das Alter des Trojaspiels, Anhang zu: M. Büdinger, Die römischen Spiele und der Patriciat, SB Wien 23, 3, S. 47 ff.
1896		A. Mau, RE. II, 1793 ff. s. v. Astragalos.
1896		A. Mau, RE. II, 2832 ff. s. v. Ballspiel.
1907		G. Lafaye, DA. IV, 475 ff. s. v. Pila (Ndr. 1963).
1909		G. van Hoorn, De Vita atque Cultu Puerorum Monumentis Antiquis Explanato.
1911		F. Heinevetter, Würfel- und Buchstabenorakel.
1911		E. von Stern, Aus dem Kinderleben in den griechischen Kolonien an der Nordküste des Schwarzen Meeres, in: Sammlung archäol. Aufsätze für Bobrinskoj, 13 ff.
1925		L. Gründel, Griechische Ballspiele, in: AA. 1925, 80 ff.
1929		L. Deubner, Zum Astragalspiel, in: AA. 1929, 272 ff.
1930		L. Deubner, Spiele und Spielzeug der Griechen, in: Die Antike 6, 174 ff.
1930		K. McK. Elderkin, Jointed Dolls in Antiquity, in: AJA. 34, 457 ff.
1931/32		W. S. Hett, The Games of the Greek Boy, in: GaR. 1, 24 ff.
1936		F. J. Dölger, Die Kinderpuppe als Grabbeigabe, in: Antike und Christentum 5, 77 ff.
1938	*Huizinga, Homo Ludens*	J. Huizinga, Homo Ludens (deutsch zuletzt 1981).
1938		E. Wegner, Das Ballspiel der Römer, Diss. Rostock.
1939		H. von Petrikovits, Troiae Lusus, in: Klio 32 (N. F. 14), 209 ff.
1948		A. Hug, RE. VII A, 1374 ff. s. v. Turbo.
1949		H. Hommel, Tanzen und Spielen, in: Gymnasium 56, 211 ff.

1949		B. Neutsch, Spiel mit dem Astragal, in: R. Herbig, Ganymed 18 ff.
1951		R. Hampe, Die Stele aus Pharsalos im Louvre, 107. BWPr. (*zum Astragalspiel*).
1956	Mendner, Ballspiel	S. Mendner, Das Ballspiel im Leben der Völker.
1958		J. Dörig, Von griechischen Puppen, in: AntK. 1, 41 ff.
1961		E. Falkener, Games Ancient and Oriental.
1962		C. F. A. Schaeffer, Ugaritica IV, 103. 105 mit Abb. 64 a–d; 65 a. b (*Astragale*).
1963		G. Rohlfs, Antikes Knöchelspiel im einstigen Großgriechenland.
1964		R. Tölle, Frühgriechische Reigentänze.
1971	E. Schmidt, Spielzeug	E. Schmidt, Spielzeug und Spiele der Kinder im Altertum (*Rez. H. Herter, Gnomon 50, 1978, 675 f.*)
1973		S. Karouzou, Der Erfinder des Würfels, das älteste griechische mythische Portrait, in: AM. 88, 55 ff.
1976		K. Schauenburg, Erotenspiele, Teil 1, in: Antike Welt 7, H. 3, 39 ff.
1976		J. Väterlein, Roma Ludens, Kinder und Erwachsene beim Spiel im antiken Rom (*Rez. H. Herter, Gnomon 50, 1978, 676 ff.*).
1977	R. Schmidt, Kinderspielzeug	R. Schmidt, Die Darstellung von Kinderspielzeug und Kinderspiel in der griechischen Kunst.
1979		S. Laser, LfgrE. I, 229 f. s. v. ἄθυρμα.
1984		R. C. Jensen, The Kourion Ballplayer, in: RDAC. 1984, 281 ff.
1984		A. Rieche, Römische Kinder- und Gesellschaftsspiele.
1984		H. Rühfel, Das Kind in der griechischen Kunst.
1984		H. Rühfel, Kinderleben im Klassischen Athen.

7. Brettspielende Helden und Spielbretter

1962		E. Diehl, Eine attische Amphora mit brettspielenden Helden, in: Berichte der Berliner Museen, N. F. 12, 32 ff.
1973	Brommer, Vasenlisten[3]	F. Brommer, Vasenlisten zur griechischen Heldensage[3], 334 ff.
1974	Brommer, Denkmälerlisten II	F. Brommer, Denkmälerlisten zur griechischen Heldensage II, 84 f.
1974		A. Pilali-Papasteriou, Heroes Pesseuontes, in: Hellenika 27, 12 ff. (neugriechisch).
1975		R. S. Brumbaugh, The Knossos Game Board, in: AJA. 79, 135 ff.
1975	Kemp-Lindemann, Achilleus	D. Kemp-Lindemann, Darstellungen des Achilleus in griechischer und römischer Kunst, 75 ff.
1976		D. L. Thompson, Exekias and the *Brettspieler*, in: ArchCl. 28, 30 ff.
1978		J. Boardman, Exekias, in: AJA. 82, 18 ff.
1980		H. Mommsen, Achill und Aias pflichtvergessen?, in: Tainia, Festschrift für R. Hampe, 139 ff.
1980		M. B. Moore, Exekias and Telamonian Ajax, in: AJA. 84, 418 ff.
1980		St. Swiny, Bronze Age Gaming Stones from Cyprus, in: RDAC. 1980, 54 ff.

T 202 S. Laser, Sport und Spiel

1981	H.-G. Buchholz, 'Schalensteine' in Griechenland, Anatolien und Zypern, in: Studien zur Bronzezeit, Festschrift für W. A. von Brunn, 63 ff.
1981	A. Kossatz-Deissmann, LIMC. I, 96 ff. s. v. Achilleus.
1982	H.-G. Buchholz, Bronzezeitliche Brettspiele aus Zypern, in: APA. 13/14, 67 ff.
1982	S. Woodford, Ajax and Achilles Playing a Game on an Olpe in Oxford, in: JHS. 102, 173 ff.
1984	P. Åström, Stones with Cavities at Hala Sultan Tekke, in: Aux Origines de l'Hellenisme, la Crète et la Grèce, Festschrift für H. van Effenterre, 43 ff.
1984	H.-G. Buchholz, Eine attisch-schwarzfigurige Kanne im Cyprus Museum, Nikosia, in: AA. 1984, 555 ff.
1984	S. Hood, Games at Knossos?, in: Aux Origines de l'Hellenisme, la Crète et la Grèce, Festschrift für H. van Effenterre, 39 ff.

8. Weitere archäologische Literatur

1840–1858	Gerhard, AV.	E. Gerhard, Auserlesene Vasenbilder I–IV.
1849–1964		F. G. Welcker, Alte Denkmäler I–V.
1893	KBH.	M. Ohnefalsch-Richter, Kypros, die Bibel und Homer.
1893		A. Studniczka, Die älteste attische Inschrift, in: AM. 18, 225 ff.
1899	CCM.	J. L. Myres – M. Ohnefalsch-Richter, Catalogue of the Cyprus Museum.
1900	Furtwängler, AG.	A. Furtwängler, Die antiken Gemmen I–III.
1900		A. S. Murray, Excavations in Cyprus.
1906		W. A. Müller, Nacktheit und Entblößung in der altorientalischen und älteren griechischen Kunst.
1906		F. Poulsen, Zur Typenbildung in der archaischen Plastik, in: JdI. 21, 177 ff.
1911		F. Poulsen, Zur Zeitbestimmung der Enkomifunde, in: JdI. 26, 215 ff.
1923/24	Reinach, Rép. Vas.	S. Reinach, Répertoire des Vases Peints Grecs et Etrusques.
1935		F. Pfister, RE. XVI, 1541 ff. s. v. Nacktheit.
1936	Haspels, ABL.	E. Haspels, Attic Black-Figured Lekythoi.
1940		P. Wolters – G. Bruns, Das Kabirenheiligtum bei Theben I.
1944		E. Kunze – H. Schleif, IV. Olymp. Ber., 1940/41.
1962	Matz, Kreta-Mykene-Troja[5]	F. Matz, Kreta, Mykene, Troja[5].
1963–1972	Helbig[4]	W. Helbig, Führer durch die öffentlichen Samlungen klassischer Altertümer in Rom[4].
1963		R. Tölle, Eine geometrische Amphora in Essen, in: AA. 1963, 210 f.
1964	Beazley, Development	J. Beazley, The Development of Attic Black-Figure.
1971	Beazley, Paralipomena	J. Beazley, Paralipomena, Additions to Attic Black-Figure Vase-Painters and to Attic Red-Figure Vase-Painters.
1971	Pendlebury, Crete[3]	J. D. S. Pendlebury, The Archaeology of Crete[3].
1973	Brommer, Vasenlisten[3]	F. Brommer, Vasenlisten zur griechischen Heldensage[3].

1974	Brommer, Denkmäler-listen II	F. Brommer, Denkmälerlisten zur griechischen Heldensage II.
1974		Th. Spyropoulos, To Anaktoron tou Minyou eis ton Boiotikon Orchomenon, in: AAA. 7, 313 ff. (neugriechisch).
1982	Vermeule-Karageorghis, Vase Painting	E. Vermeule – V. Karageorghis, Mycenaean Pictorial Vase Painting.

9. Literatur zur frühgriechischen Geistesgeschichte

1906		M. P. Nilsson, Griechische Feste von religiöser Bedeutung unter Ausschluß der attischen.
1950		F. Schachermeyr, Poseidon und die Entstehung des griechischen Götterglaubens.
1951		H. Fränkel, Dichtung und Philosophie des frühen Griechentums.
1955		B. Snell, Die Entdeckung des Geistes, Studien zur Entstehung des europäischen Denkens.
1958		S. Laser, Über das Verhältnis der Dolonie zur Odyssee, in: Hermes 86, 385 ff.
1971		H. Diller, Kleine Schriften zur antiken Literatur, 1932–1970.
1971	Lesky 1971	A. Lesky, Geschichte der griechischen Literatur.
1974		F. Hampl, Universalhistorische Betrachtungsweise als Problem und Aufgabe, in: Innsbrucker Beiträge zur Kulturwissenschaft 18, 121 ff.
1974		I. Weiler, Vom 'Wesen', 'Geist' und 'Eigenart' der Völker der Alten Welt, in: Innsbrucker Beiträge zur Kulturwissenschaft 18, 243 ff.
1977	Burkert, Griech. Religion	W. Burkert, Die griechische Religion der archaischen und klassischen Epoche.
1979		M. J. Finley, Die Welt des Odysseus.
1982		O. Murray, Das frühe Griechenland.

10. Volkskundliche und Völkerkundliche Literatur

1798	S. F. G. Wahl, Der Geist und die Geschichte des Schachspiels bei den Indern, Persern, Arabern, Türken, Chinesen und übrigen Morgenländern, Deutschen und anderen Europäern (Ndr. 1981).
1896	R. Andree, Das Kreiselspiel und seine Verbreitung.
1896	E. B. Tylor, On American Lot-Games as Evidence of Asiatic Intercourse before the Time of Columbus, in: Internationales Archiv für Ethnologie, Suppl. IX.
1909	K. Göpel, Beiträge zur Geschichte des Ballspieles.
1921	C. Hagemann, Die Spiele der Völker.
1922	F. Rumpf – A. E. Oswald, Spielzeug der Völker.
1925	R. Davies, Some Arab Games and Puzzles, Sudan Notes and Records VIII.
1928	K. Gröber, Kinderspielzeug aus alter Zeit, eine Geschichte des Spielzeugs (^{2}1965).
1929	M. von Boehn, Puppen und Puppenspiele I. II.

1935	C. C. Gupta Das, A Few Types of Sedentary Games from Bihar, in: Journal of the Asiatic Society of Bengal 1, Heft 3.
1948	W. Krickeberg, Das mittelamerikanische Ballspiel und seine religiöse Bedeutung, in: Paideuma 3.
1949	I. Paulson, Über einen Prototyp des Fangspieles in Nordamerika und im prähistorischen Europa, in: Ethnos 14, 140 ff.
1951	R. Alegria, The Ball Game Played by the Aborigines of the Antilles, in: American Antiquity 16, Heft 4.
1973	G. Laszló, Der kosmische Zweikampf in der germanischen Kunst, in: Actes du 8. Congr. Int. Préhist. et Protohist., Belgrad 1971, Bd. III, 290 ff.
1974	R. Gould, Die Eingeborenen der Gibson Wüste, Australien, in: Brockhaus-Völkerkunde I, 49 ff.
1975	W. Krickeberg, Altmexikanische Kulturen.
1975	V. Kutschera, Spielzeug, Spiegelbild der Kulturgeschichte.
1977	W. Fischer, Das kultische Ballspiel der präkolumbianischen Hochkulturen Mesoamerikas, Diss. Graz.
1977	F. V. Grunfeld, Games of the World.
1978	M. Baran, Kinderspiele, in: The Proceedings of the 10th International Congress of Classical Archaeology, Ankara – Izmir 1973, Bd. I, 433 ff.
1978	T. J. J. Leyenaar, Uluma, the Perpetuation in Mexico of the Pre-Spanish Ball Game Ullamaliztli.
1979	I. Bernal – A. Seuffert, The Ballplayers of Dainzú.
1979	E. Norbeck – C. R. Farrer, Forms of Play of Native North Americans.
1981	Chr. Ulf, Sport bei den Naturvölkern, in: Weiler, Sport 14 ff.
1985	K. Blanchard – A. Cheska, The Anthropology of Sport.
1986	W. G. Thieme, Ullamaliztli, das altindianische Ballspiel, in: Glanz und Untergang des Alten Mexiko, Ausstellung Hildesheim, 155 ff.

11. Nachträge

1986	M. Wunnerlich, Griechische Wettkampf- und Palästradarstellungen, Diss. Freiburg.
1987	W. E. Sweet, Sport and Recreation in Ancient Greece.

12. Weitere Abkürzungen

Boardman, Handel	J. Boardman, Kolonien und Handel der Griechen (1981); Titel der englischen Originalausgabe: The Greeks Overseas (1964).
Cab, Méd.	Cabinet des Médailles.
EchosCl.	Echos du Monde Classique, Classical Views.
LIMC.	Lexicon Iconographicum Mythologiae Classicae.

TAFELN

I a—c) Hausmodelle aus dem Heraheiligtum, Samos

Tafel O I

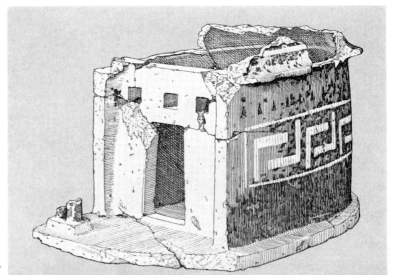

II Hausmodell aus dem Heiligtum der Hera Akraia, Perachora
a) Befund   b) Rekonstruktion

Tafel O II

III a) Hausmodell aus dem argivischen Heraion b) Hausmodell aus Archanes, ehemals Sammlung Giamalakis

Tafel O III

IV a) Modelle von Getreidespeichern. Athen, Agora
b) Hausmodell aus Chaniale Tekke

a

b

V a) Hausmodell aus Sala Consilina, Lukanien   b) Hüttenurne. Rom, Vatican

Tafel O V

VI a) Rekonstruktion eines sächsischen Bauernhauses
  b) Flechtwerkhütte bei Teheran c) Tomba Cima in San Giuliano

Tafel O VI

VII a) Samos, Reste der beiden frühen Heratempel
b) Samos, zweiter Heratempel, Südwestecke

a

b

VIII a) Sparta, älterer Tempel der Artemis Orthia   b) Didyma,
Südschenkel der ältesten Adytonmauer

I a—c) Klinendarstellungen auf Kabirenbecher in München (a), auf Schale in Würzburg (b), auf Pinax in Boston (c)   d. e) Modelle des Verfassers: Bettmatte in Köpertechnik und einer weiteren Technik geometrischer Vasendarstellungen   f) Hölzerner Fußschemel des mittleren 7. Jhs. v. Chr. aus Samos   g) Klinendetail auf geometrischer Scherbe in Florenz, Mus. Arch.

Tafel P I

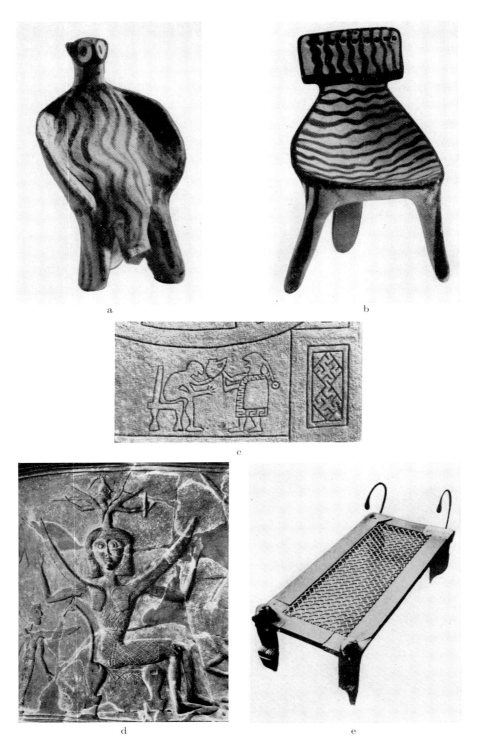

II a. b) Mykenische Miniaturstühle, Terrakotta   c) Stuhl mit hoher Lehne, Detail einer altitalischen Grabstele aus Siponto, Prov. Foggia   d) Detail eines Reliefpithos des 7. Jhs. v. Chr. aus Tenos   e) Kleines Modell eines ägyptischen Osirisbettes in Hildesheim

III a.b) Bronzener Miniaturthron mit Fußstütze aus Enkomi   c) Marmorthron von Branchidai bei Milet in London, Brit. Mus.   d) Rezenter Stuhl (1832) aus dem Kreise Cloppenburg, Oldenburg   e) Lehnstuhl auf Relief aus Marasch   f) Thron auf Relief aus Sendschirli

Tafel P III

IV a) Ägyptischer Stuhl mit geneigter Rückenlehne aus Theben in Turin, Ägypt. Mus. b) Rezenter Lehnsessel aus Norddeutschland   c) Tonmodell eines Liegestuhls aus Lachisch   d) Terrakotta-Modell eines dreibeinigen Speisetisches aus Zypern in New York   e) Terrakotta aus Tiryns, Thron mit Kreuzbandlehne (Rückseite)   f) Tisch auf neuassyrischem Relief aus Khorsabad in Bagdad, Iraq Mus.   g) Tisch von Kalksteinrelief aus Karkemisch in Ankara, Arch. Mus.

Tafel P IV

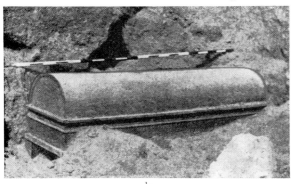

V a) Kleidertruhe, Darstellung auf großgriechischem Tonrelief in Reggio, Nat. Mus.
b) Sarg mit Tonnendeckel bei Auffindung in einem Grab von Abusir   c) Truhe des Tutenchamun in Kairo, Nat. Mus.   d) Bronzener Leuchter in Samos

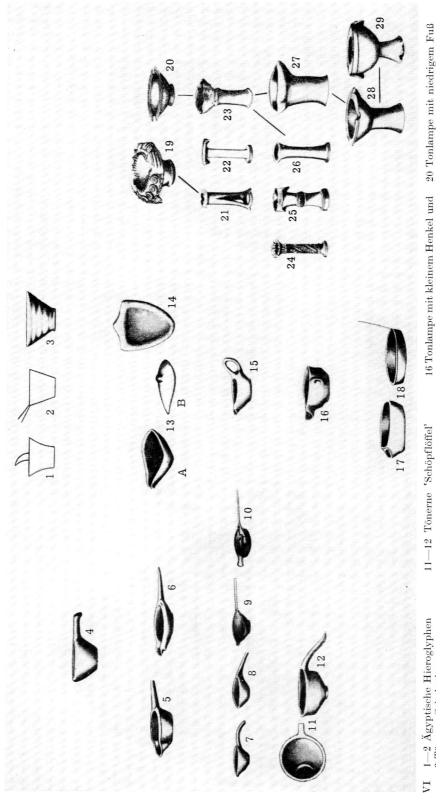

VI 1—2 Ägyptische Hieroglyphen
3 Tönerne Schalenlampe
4 Steinerne Grifflampe
5—10 Grifflampen: 5—8 Ton, 9—10 Bronze, mit langer horizontaler Handhabe
11—12 Tönerne 'Schöpflöffel'
13 A—B Grifflose Steinlampe mit Deckel
14 Dreieckige Steinlampe ohne Griff
15 Tonlampe mit Schlaufenhenkel
16 Tonlampe mit kleinem Henkel und seitlichem Ausguß
17 Tonlampe mit überbrückter Schnauze
18 Bronzene 'Pfannen'-Lampe
19 Steinlampe mit niedrigem Fuß
20 Tonlampe mit niedrigem Fuß
21—23 Ständer aus Ton (21) und Stein (22.23) mit aufgesetzten Lampen
24—29 Lampen auf hohem Fuß (24. 25.29: Stein; 26—28: Ton

Tafel P VI

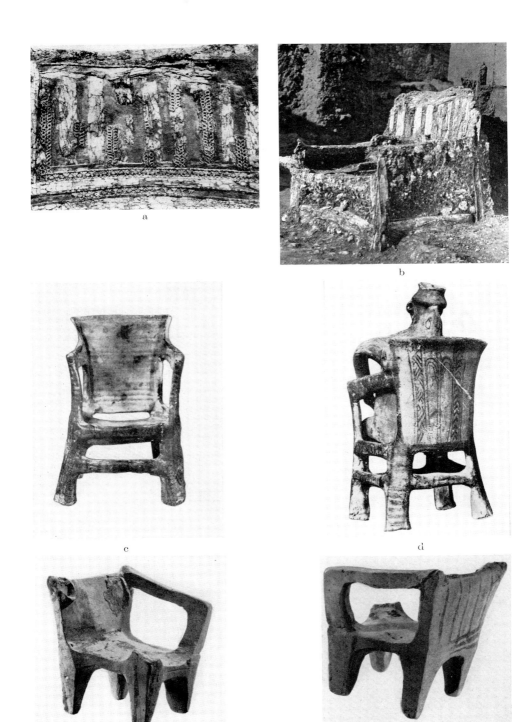

VII a. b) Elfenbein-Thron aus Salamis, Zypern, Detail der Rückenlehne (a), Fundsituation (b)
c—f) Tönerne Thronmodelle, aus Idalion in New York, Metr. Mus. (c. d) und aus Meniko in Nikosia, Cyprus Mus. (e. f)

Tafel P VII

VIII a.b) Thron von tönernem Miniaturheiligtum der frühen Bronzezeit aus Vounous
c.d) Thronende Gottheit, Terrakotta, beide Nikosia, Cyprus Mus.

Tafel P VIII

a

b

I a. b) Tragbarer Tonherd aus Mallia, Haus Zeta.
in Herakleion, Arch. Mus.

Tafel Q I

II a) Silberkanne aus Mykene, Schachtgrab V. Athen, Nat. Mus.
b) Bronzener Dreifuß aus einem Privathaus von Knossos. Herakleion, Arch. Mus.
c) Kupferkessel aus Mykene, Schachtgrab IV. Athen, Nat. Mus.

Tafel Q II

a

b

c

d e

III a) Kalathos aus Hagia Triada b) Korb aus Pseira c) Schüssel aus einem Grab von Gournia d. e) Feldflaschen aus Knossos und einem protogeometrischen Grab südlich des Eridanos, Athen   a—d: Herakleion, Arch. Mus.   e: Athen, Kerameikos Mus.

Tafel Q III

IV a—f) Geometrische Henkeltassen, Oinochoen und Fußkrater aus der Kerameikos-Nekropole, Athen (a. c. e. f) und der Agora, Athen (b. d)

Tafel Q IV

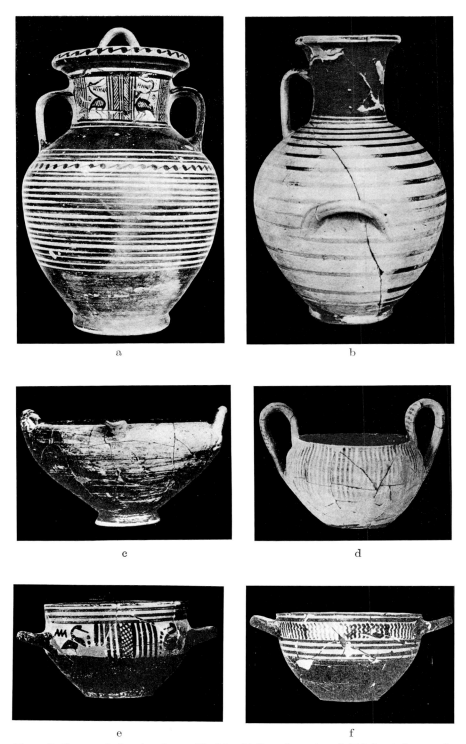

V a—f) Geometrische Amphora, Hydria, Tüllenschüssel und Trinkgefäße aus der Kerameikos-Nekropole, Athen (a—c) und der Agora, Athen (d—f)

Tafel Q V

VI a) Geometrischer Topf mit hohen Füßen, Kerameikos-Nekropole, Athen
b) Bronzelebetes aus Grab 5 und 10 unter dem Heroon von Eretria, Euboia
c. d) Eiserne Feuerböcke aus Salamis und Kouklia, Zypern

Tafel Q VI